Weil, Gotshal & Manges LLP
Maximilianhöfe 4. OG
Maximilianstr. 13
80539 München
Tel. 089-24243-0 Fax 089-24243-399

aussortiert
asy
17.07.2024

KI-3-2812

Gesamtherausgeber:
Prof. Dr. Barbara Dauner-Lieb, Köln
RA Dr. Thomas Heidel, Bonn
Prof. Dr. Gerhard Ring, Freiberg

NOMOSKOMMENTAR

Rom-Verordnungen

Rom I   Vertragliche Schuldverhältnisse
Rom II   Außervertragliche Schuldverhältnisse
Rom III   Ehescheidung, Trennung
Rom IV   Erbrecht (Überblick zur EuErbRVO)

Band 6

Herausgegeben von

Dr. Rainer Hüßtege, Vorsitzender Richter am Oberlandesgericht, München
Prof. Dr. Heinz-Peter Mansel, Universität zu Köln

in Verbindung mit dem Deutschen Anwaltverein

Zitiervorschlag: NK-BGB/*Bearbeiter* Art. ... Rn ...

Die Deutsche Nationalbibliothek verzeichnet diese Publikation in der Deutschen Nationalbibliografie; detaillierte bibliografische Daten sind im Internet über http://dnb.d-nb.de abrufbar.

ISBN 978-3-8329-7385-8

1. Auflage 2014
© Nomos Verlagsgesellschaft, Baden-Baden 2014. Printed in Germany. Alle Rechte, auch die des Nachdrucks von Auszügen, der fotomechanischen Wiedergabe und der Übersetzung, vorbehalten.

Vorwort der Herausgeber

Das für Deutschland geltende internationale Privatrecht wird fortschreitend durch EU-Verordnungen gestaltet. Sie regeln das internationale Privatrecht einheitlich auch im Verhältnis zu den Staaten, die selbst nicht Verordnungsstaat sind. Das internationale Privatrecht wächst auf diese Weise zu einem europäischen Rechtsgebiet mit einheitlichen Normen.

Der vorliegende Band trägt dieser Entwicklung Rechnung und versammelt Kommentierungen der EU-Verordnung zum internationalen Schuldvertragsrecht und dem internationalen Privatrecht der außervertraglichen Schuldverhältnisse.[1] Hinzu tritt die Kommentierung der scheidungsrechtlichen ROM III-Verordnung,[2] die zwar nicht in allen, aber in mehr als der Hälfte der EU-Staaten gilt. Die Kommentierung der EU Unterhaltsverordnung[3] und der EU-Eheverordnung[4] findet sich noch in Band 1 des NOMOS-Kommentars (BGB Allgemeiner Teil und EGBGB). Die EU-Erbrechtsverordnung,[5] die erst im Jahr 2015 in Kraft treten wird, wird in ihren Grundzügen bereits in der vorliegenden Auflage vorgestellt.

Der Kommentar hat den Anspruch, für Wissenschaft und Praxis ein wichtiges Arbeitsmittel zu sein. Daher sind Autoren und Herausgeber dankbar für Hinweise und Anregungen. Sie können gerichtet werden an BGB@nomos.de.

Unser besonderer Dank gilt unserem Lektor; ohne seinen stetigen Einsatz und seine sorgfältige Bearbeitung der Manuskripte hätte dieser Band nicht entstehen können.

Im Frühjahr 2013

Rainer Hüßtege, München
Heinz-Peter Mansel, Köln

---

[1] Rom I- und Rom II-Verordnung, EG-VO Nr. 593/2008 über das auf vertragliche Schuldverhältnisse anzuwendende Recht vom 17.6.2008 und EG-VO Nr. 864/2007 über das auf außervertragliche Schuldverhältnisse anzuwendende Recht vom 11.7.2007

[2] Rom III-Verordnung, EU-VO Nr. 1259/2010 vom 20.12.2010 zur Durchführung einer verstärkten Zusammenarbeit im Bereich des auf die Ehescheidung und Trennung ohne Auflösung des Ehebandes anzuwendenden Rechts.

[3] EG-VO Nr. 4/2009 über die Zuständigkeit, das anwendbare Recht, die Anerkennung und Vollstreckung von Entscheidungen und die Zusammenarbeit in Unterhaltssachen vom 18.12.2008.

[4] EG-VO Nr. 2201/2003 über die Zuständigkeit, Anerkennung und Vollstreckung von Entscheidungen in Ehesachen und in Verfahren betreffend die elterliche Verantwortung vom 27.11.2003

[5] EU-VO Nr. 650/2012 über die Zuständigkeit, das anzuwendende Recht, die Anerkennung und Vollstreckung von Entscheidungen und die Annahme und Vollstreckung öffentlicher Urkunden in Erbsachen sowie zur Einführung eines europäischen Nachlasszeugnisses vom 4.6.2012.

Inhaltsübersicht

Vorwort der Herausgeber	V
Bearbeiterverzeichnis	XI
Abkürzungsverzeichnis	XIII
Allgemeines Literaturverzeichnis	XXXIII

Das anwaltliche Mandat im internationalen Schuldrecht

I. Einführung	3
II. Die anwaltliche Beratungspraxis	8
1. Allgemeines	8
2. Beratende Praxis im Zusammenhang mit der Rom I-VO	9
3. Beratende Praxis im Zusammenhang mit der Rom II-VO	16
III. Forensische Praxis	21
1. Allgemeines	21
2. Zuständigkeit	22
3. Zustellung	24
4. Ermittlung und Beweis ausländischen Rechts	27
5. Anerkennung und Vollstreckung	30
IV. Schlussbemerkung	32

Verordnung (EG) Nr. 593/2008 des Europäischen Parlaments und des Rates vom 17. Juni 2008 über das auf vertragliche Schuldverhältnisse anzuwendende Recht (Rom I)

Kapitel I	**Anwendungsbereich**	42
Artikel 1	Anwendungsbereich	42
Artikel 2	Universelle Anwendung	57
Kapitel II	**Einheitliche Kollisionsnormen**	58
Artikel 3	Freie Rechtswahl	58
Artikel 4	Mangels Rechtswahl anzuwendendes Recht	84
Artikel 5	Beförderungsverträge	121
Artikel 6	Verbraucherverträge	130
Artikel 7	Versicherungsverträge	150
Artikel 8	Individualarbeitsverträge	172
Artikel 9	Eingriffsnormen	188
Artikel 10	Einigung und materielle Wirksamkeit	203
Artikel 11	Form	211
Artikel 12	Geltungsbereich des anzuwendenden Rechts	222
Artikel 13	Rechts-, Geschäfts- und Handlungsunfähigkeit	233
Artikel 14	Übertragung der Forderung	236
Artikel 15	Gesetzlicher Forderungsübergang	245
Artikel 16	Mehrfache Haftung	247
Artikel 17	Aufrechnung	249
Artikel 18	Beweis	252
Kapitel III	**Sonstige Vorschriften**	255
Artikel 19	Gewöhnlicher Aufenthalt	255
Artikel 20	Ausschluss der Rück- und Weiterverweisung	258
Artikel 21	Öffentliche Ordnung im Staat des angerufenen Gerichts	259
Artikel 22	Staaten ohne einheitliche Rechtsordnung	263
Artikel 23	Verhältnis zu anderen Gemeinschaftsrechtsakten	265
Artikel 24	Beziehung zum Übereinkommen von Rom	267

Artikel 25	Verhältnis zu bestehenden internationalen Übereinkommen	269
Artikel 26	Verzeichnis der Übereinkommen	271
Artikel 27	Überprüfungsklausel	271
Artikel 28	Zeitliche Anwendbarkeit	272
Kapitel IV	**Schlussbestimmungen**	273
Artikel 29	Inkrafttreten und Anwendbarkeit	273

Verordnung (EG) Nr. 864/2007 des Europäischen Parlaments und des Rates vom 11. Juli 2007 über das auf außervertragliche Schuldverhältnisse anzuwendende Recht („Rom II")

Vorbemerkungen zu Artikel 1		281
Kapitel I	**Anwendungsbereich**	285
Artikel 1	Anwendungsbereich	285
Artikel 2	Außervertragliche Schuldverhältnisse	305
Artikel 3	Universelle Anwendung	307
Kapitel II	**Unerlaubte Handlungen**	309
Artikel 4	Allgemeine Kollisionsnorm	309
Artikel 5	Produkthaftung	338
Artikel 6	Unlauterer Wettbewerb und den freien Wettbewerb einschränkendes Verhalten	359
Artikel 7	Umweltschädigung	371
Artikel 8	Verletzung von Rechten des geistigen Eigentums	378
Artikel 9	Arbeitskampfmaßnahmen	399
Kapitel III	**Ungerechtfertigte Bereicherung, Geschäftsführung ohne Auftrag und Verschulden bei Vertragsverhandlungen**	426
Artikel 10	Ungerechtfertigte Bereicherung	426
Artikel 11	Geschäftsführung ohne Auftrag	436
Artikel 12	Verschulden bei Vertragsverhandlungen	442
Artikel 13	Anwendbarkeit des Artikels 8	462
Kapitel IV	**Freie Rechtswahl**	463
Artikel 14	Freie Rechtswahl	463
Kapitel V	**Gemeinsame Vorschriften**	474
Artikel 15	Geltungsbereich des anzuwendenden Rechts	474
Artikel 16	Eingriffsnormen	482
Artikel 17	Sicherheits- und Verhaltensregeln	486
Artikel 18	Direktklage gegen den Versicherer des Haftenden	501
Artikel 19	Gesetzlicher Forderungsübergang	507
Artikel 20	Mehrfache Haftung	510
Artikel 21	Form	513
Artikel 22	Beweis	514
Kapitel VI	**Sonstige Vorschriften**	516
Artikel 23	Gewöhnlicher Aufenthalt	516
Artikel 24	Ausschluss der Rück- und Weiterverweisung	521
Artikel 25	Staaten ohne einheitliche Rechtsordnung	522
Artikel 26	Öffentliche Ordnung im Staat des angerufenen Gerichts	523
Artikel 27	Verhältnis zu anderen Gemeinschaftsrechtsakten	530
Artikel 28	Verhältnis zu bestehenden internationalen Übereinkommen	532
Kapitel VII	**Schlussbestimmungen**	535
Artikel 29	Verzeichnis der Übereinkommen	535
Artikel 30	Überprüfungsklausel	535
Artikel 31	Zeitliche Anwendbarkeit	541
Artikel 32	Zeitpunkt des Beginns der Anwendung	541

Verordnung (EU) Nr. 1259/2010 des Rates vom 20. Dezember 2010 zur Durchführung einer Verstärkten Zusammenarbeit im Bereich des auf die Ehescheidung und Trennung ohne Auflösung des Ehebandes anzuwendenden Rechts

Vorbemerkungen zu Artikel 1 552

Kapitel I	**Anwendungsbereich, Verhältnis zur Verordnung (EG) Nr. 2201/2003, Begriffsbestimmungen und universelle Anwendung**	568
Artikel 1	Anwendungsbereich	568
Artikel 2	Verhältnis zur Verordnung (EG) Nr. 2201/2003	590
Artikel 3	Begriffsbestimmungen	590
Artikel 4	Universelle Anwendung	593
Kapitel II	**Einheitliche Vorschriften zur Bestimmung des auf die Ehescheidung und Trennung ohne Auflösung des Ehebandes anzuwendenden Rechts**	594
Artikel 5	Rechtswahl der Parteien	594
Artikel 6	Einigung und materielle Wirksamkeit	617
Artikel 7	Formgültigkeit	619
Artikel 8	In Ermangelung einer Rechtswahl anzuwendendes Recht	624
Artikel 9	Umwandlung einer Trennung ohne Auflösung des Ehebandes in eine Ehescheidung	632
Artikel 10	Anwendung des Rechts des Staates des angerufenen Gerichts	639
Artikel 11	Ausschluss der Rück- und Weiterverweisung	647
Artikel 12	Öffentliche Ordnung (Ordre public)	652
Artikel 13	Unterschiede beim nationalen Recht	660
Artikel 14	Staaten mit zwei oder mehr Rechtssystemen – Kollisionen hinsichtlich der Gebiete	668
Artikel 15	Staaten mit zwei oder mehr Rechtssystemen – Kollisionen hinsichtlich der betroffenen Personengruppen	674
Artikel 16	Nichtanwendung dieser Verordnung auf innerstaatliche Kollisionen	678
Kapitel III	**Sonstige Bestimmungen**	678
Artikel 17	Informationen der teilnehmenden Mitgliedstaaten	678
Artikel 18	Übergangsbestimmungen	680
Artikel 19	Verhältnis zu bestehenden internationalen Übereinkommen	684
Artikel 20	Revisionsklausel	686
Kapitel IV	**Schlussbestimmungen**	686
Artikel 21	Inkrafttreten und Geltungsbeginn	686

Überblick: Die EU-Erbrechtsverordnung (EuErbRVO)

A.	**Kurzerläuterung der EuErbRVO**	691
	I. Geschichte	691
	II. Übergangsrecht/Inkrafttreten	691
	III. Die wichtigsten Änderungen	691
B.	**Text der EuErbRVO**	695

Stichwortverzeichnis 729

Bearbeiterverzeichnis

	hat bearbeitet:
Dr. Kai Bischoff, Dipl.-Kfm., LL.M. (NYU) Notar, Köln	Art. 11 Rom I-VO
Dr. Peter-Andreas Brand Rechtsanwalt, Berlin/London; Lehrbeauftragter an der Humboldt Universität, Berlin	Das anwaltliche Mandat im internationalen Schuldrecht
Dr. Christine Budzikiewicz Akad. Rätin, Universität zu Köln, Institut für internationales und ausländisches Privatrecht	Art. 12 Rom II-VO, Artt. 9–12 Rom III-VO
Dr. Rupert Doehner Rechtsanwalt, München	Artt. 8, 9, 14–19, 21 Rom I-VO
Dr. Florian Eichel Akad. Rat a.Z., Universität Passau, Lehrstuhl für Bürgerliches Recht, Zivilprozessrecht sowie Internationales Privatrecht	Artt. 27, 28 Rom II-VO
Prof. Dr. Martin Gebauer Eberhard Karls Universität Tübingen, Lehrstuhl für Bürgerliches Recht, Internationales Privatrecht und Rechtsvergleichung	Art. 14 Rom II-VO
Prof. Dr. Urs Peter Gruber Johannes Gutenberg Universität Mainz, Lehrstuhl für Zivilrecht und Zivilprozessrecht	Vor Art. 1, Artt. 1–4, 13 Rom III-VO
Prof. Dr. Michael Grünberger, LL.M. (NYU) Universität Bayreuth, Lehrstuhl für Bürgerliches Recht, Wirtschafts- und Technikrecht	Artt. 8, 13 Rom II-VO
Dr. Katharina Hilbig-Lugani Georg-August-Universität Göttingen, Institut für Privat- und Prozessrecht	Artt. 5–8 Rom III-VO
PD Dr. Oliver L. Knöfel Universität Hamburg	Vor Art. 1, Artt. 1–3, 16, 29–32 Rom II-VO
Dr. Ludwig Kroiß Dirketor des Amtsgerichts, Traunstein; Lehrbeauftragter an der Universität Passau	Überblick: EuErbRVO
Prof. Dr. Matthias Lehmann (D.E.A., LL.M., J.S.D.) Martin-Luther-Universität Halle-Wittenberg, Lehrstuhl für Bürgerliches Recht, Europäisches Privatrecht, Handels- und Wirtschaftsrecht, Internationales Privatrecht und Rechtsvergleichung	Artt. 4, 5, 17 Rom II-VO
Prof. Dr. Stefan Leible Präsident der Universität Bayreuth	Artt. 1–7, 10, 12, 13, 20, 22–29 Rom I-VO
Dr. Francis Limbach Wiss. Mitarbeiter, Christian-Albrechts-Universität zu Kiel, Lehrstuhl für Bürgerliches Recht, Europäische Privatrechtsgeschichte der Neuzeit und Rechtsvergleichung	Artt. 10, 11, 19–22 Rom II-VO
Dr. Carl Friedrich Nordmeier Richter, Landgericht Wiesbaden	Artt. 15, 18 Rom II-VO, Artt. 14–21 Rom III-VO
Dr. Thomas von Plehwe Rechtsanwalt beim BGH, Karlsruhe	Art. 7 Rom II-VO
Prof. Dr. Götz Schulze Universität Potsdam, Lehrstuhl für Bürgerliches Recht, Europäisches Privatrecht, Internationales Privat- und Verfahrensrecht und Rechtsvergleichung	Artt. 23–26 Rom II-VO

Bearbeiterverzeichnis

Dr. Felipe Temming (LL.M.) Art. 9 Rom II–VO
Akad. Rat a.Z., Universität zu Köln, Institut für Deutsches
und Europäisches Arbeits- und Sozialrecht

Prof. Dr. Matthias Weller (Mag. rer. publ.) Art. 6 Rom II–VO
EBS Law School, Lehrstuhl für Bürgerliches Recht, Zivilverfahrensrecht und Internationales Privatrecht

Abkürzungsverzeichnis

aA	anderer Auffassung	AIG	Auslandsinvestitionsgesetz
aaO	am angegebenen Ort	AJ Famille	Actualité Juridique Famille
AbfVerbrG	Abfallverbringungsgesetz	AKB	Allgemeine Bedingungen für die Kraftfahrtversicherung
abgedr.	abgedruckt		
ABl	Amtsblatt	AktG	Aktiengesetz
abl.	ablehnend	allg.	allgemein
ABl. EG/EU	Amtsblatt der Europäischen Gemeinschaften/Union	allgM	allgemeine Meinung
		ALR	Allgemeines Landrecht für die Preußischen Staaten von 1794
Abs.	Absatz		
Abschn.	Abschnitt	Alt.	Alternative
Abt.	Abteilung	AlterstzG	Altersteilzeitgesetz
abw.	abweichend	ALVB	Allgemeine Lebensversicherungs-Bedingungen
A.C.	Appeal Cases (Entscheidungen des House of Lords)		
AcP	Archiv für die civilistische Praxis	aM	anderer Meinung
		Am. J. Comp. L.	American Journal of Comparative Law
AdÜ	(siehe Haager AdÜ)		
AdVermG	Adoptionsvermittlungsgesetz	Am. J. Int'l L.	American Journal of International Law
AdWirkG	Adoptionswirkungsgesetz		
aE	am Ende	AMG	Arzneimittelgesetz
AEAO	Anwendungserlass zur Abgabenordnung	Amtl. Anz.	Amtlicher Anzeiger
		AN	Arbeitnehmer
AEDIPr	Anuario Español de Derecho Internacional Privado	ÄnderungsDV	Durchführung des Gesetzes über die Änderung von Familiennamen und Vornamen
AEntG	Arbeitnehmer-Entsendegesetz		
AErfG	Gesetz über Arbeitnehmererfindungen	ÄndG	Änderungsgesetz
		AnfG	Anfechtungsgesetz
AEUV	Vertrag über die Arbeitsweise der Europäischen Union	Angekl	Angeklagte(r)
		Anh.	Anhang
AEVO	Arbeitserlaubnisverordnung	Ank. L. Rev.	Ankara Law Review
aF	alte Fassung	Anm.	Anmerkung
AfA	Absetzung bzw Abschreibung für Abnutzung	Ann. Inst. Dr. int.	Annuaire de l'Institut de Droit international
AFG	Arbeitsförderungsgesetz (jetzt SGB III)	AnwBl	Anwaltsblatt
		AnwG	Anwaltsgericht
AfP	Archiv für Presserecht	AnwGH	Anwaltsgerichtshof
AFRG	Arbeitsförderungsreformgesetz	AO	Abgabenordnung
AG	Aktiengesellschaft; Amtsgericht; Arbeitgeber; Auftraggeber; Ausführungsgesetz; Die Aktiengesellschaft (Zeitschrift)	AöR	Archiv des öffentlichen Rechts (bis 26.1910: für öffentliches Recht)
		AO-StB	Der AO-Steuerberater
		AOW	Algemene Ouderdomswet (Allgemeines Altersversicherungsgesetz, Niederlande)
AGB	Allgemeine Geschäftsbedingungen		
AGBGB	Ausführungsgesetz zum Bürgerlichen Gesetzbuch	AP	Arbeitsrechtliche Praxis (Nachschlagewerk des Bundesarbeitsgerichts – Gesetzesstelle und Entscheidungsnummer)
AGFGG	Ausführungsgesetz zum Gesetz über die Angelegenheiten der Freiwilligen Gerichtsbarkeit		
AGGVG	Gesetz zur Ausführung des Gerichtsverfassungsgesetzes	ArbG	Arbeitsgericht
		ArbGG	Arbeitsgerichtsgesetz
AGH	Anwaltsgerichtshof	AR-Blattei	Arbeitsrechts-Blattei
AgrarR	Zeitschrift für das Recht der Landwirtschaft, der Agrarmärkte und des ländlichen Raumes	AR-Blattei SD	Arbeitsrecht-Blattei Systematische Darstellungen (Nummer, Randnummer)
		ArbNErfG	Gesetz über Arbeitnehmererfindungen
AGS	Anwaltsgebühren Spezial		

XIII

Abkürzungsverzeichnis

ArbPlSchG	Arbeitsplatzschutzgesetz	AVAVG	Gesetz über Arbeitsvermittlung und Arbeitslosenversicherung
ArbSchG	Arbeitsschutzgesetz		
ArbSichG	Arbeitssicherstellungsgesetz		
ArbZG	Arbeitszeitrechtsgesetz	AVB	Allgemeine Versicherungsbedingungen, Allgemeine Versorgungsbedingungen
ArchBürgR	Archiv für bürgerliches Recht		
ArchVR	Archiv des Völkerrechts		
arg.	argumentum		
ARGE	Arbeitsgemeinschaft	AVBl	Amts- und Verordnungsblatt
ARST	Arbeitsrecht in Stichworten	AVBV	Verordnung über Allgemeine Bedingungen für die Elektrizitätsversorgung – Fernwärmeversorgung – Gasversorgung – Wasserversorgung
Art.	Artikel		
ArVNG	Arbeiterrentenversicherungs-Neuregelungsgesetz		
ArztR	Arztrecht		
AStG	Außensteuergesetz		
AT	Allgemeiner Teil	AWD	Außenwirtschaftsdienst des Betriebsberaters (siehe RIW)
AtomG	Atomgesetz		
AuA	Arbeit und Arbeitsrecht	AWG	Außenwirtschaftsgesetz
AUB	Allgemeine Unfallversicherungsbedingungen	AW-Prax	Außenwirtschaftliche Praxis
		Az.	Aktenzeichen
		AZV	Arbeitszeitverordnung
AufenthG/EWG	Gesetz über Einreise und Aufenthalt von Staatsangehörigen der Mitgliedstaaten der Europäischen Wirtschaftsgemeinschaft	BA	Bundesanstalt/Bundesagentur für Arbeit
		BABl	Bundesarbeitsblatt
		BadRpr	Badische Rechtspraxis
		Bad-WürttAGBGB	Baden-Württembergisches Ausführungsgesetz zum Bürgerlichen Gesetzbuch
Aufl.	Auflage		
AÜG	Arbeitnehmerüberlassungsgesetz		
		BaFin	Bundesanstalt für Finanzdienstleistungsaufsicht
AuR	Arbeit und Recht (zuvor: ArbuR)		
		BAföG	Bundesausbildungsförderungsgesetz
ausdr.	ausdrücklich		
ausf.	ausführlich	BAG	Bundesarbeitsgericht
AusfG HZÜ/HBÜ	Gesetz über die Ausführung des Haager Übereinkommens vom 15. November 1965 über die Zustellung gerichtlicher und außergerichtlicher Schriftstücke im Ausland in Zivil- oder Handelssachen	BAGE	Entscheidungen des Bundesarbeitsgerichts
		BAnz	Bundesanzeiger
		BAT	Bundes-Angestelltentarif
		BauGB	Baugesetzbuch
		BauNVO	Verordnung über die bauliche Nutzung der Grundstücke
AuslG	Ausländergesetz	BauO	Bauordnung
AuslInvestmG	Gesetz über den Vertrieb ausländischer Investmentanteile und über die Besteuerung der Erträge aus ausländischen Investmentanteilen	BauR	Zeitschrift für das gesamte öffentliche und private Baurecht
		BausparkassenG	Gesetz über Bausparkassen
		BAV	Bundesaufsichtsamt für das Versicherungswesen; Betriebliche Altersversorgung
AuslInvStG	Gesetz über steuerliche Maßnahmen bei Auslandsinvestitionen der deutschen Wirtschaft		
		BaWü	Baden-Württemberg
		BayAGBGB	Bayerisches Ausführungsgesetz zum Bürgerlichen Gesetzbuch
AußenStG	Gesetz über die Besteuerung bei Auslandsbeziehungen		
AV	Ausführungsverordnung	BayAGGVG	Bayerisches Ausführungsgesetz zum Gerichtsverfassungsgesetz
AVAG	Gesetz zur Ausführung zwischenstaatlicher Anerkennungs- und Vollstreckungsverträge in Zivil- und Handelssachen		
		BayJMBl	Justizministerialblatt für Bayern
		BayObLG	Bayerisches Oberstes Landesgericht

Abkürzungsverzeichnis

BayObLGReport	Rechtsprechungsreport des BayObLG	BFH/NV	Sammlung der (bis 1997 amtlich nicht veröffentlichten) Entscheidungen des Bundesfinanzhofs
BayObLGZ	Entscheidungen des Bayerischen Obersten Landesgerichts in Zivilsachen	BFHE	Sammlung der Entscheidungen des Bundesfinanzhofs
BayRS	Bayerische Rechtssammlung	BG, die	Die Berufsgenossenschaft
BayStaatsbank	Bayerische Staatsbank	BGB	Bürgerliches Gesetzbuch
BayVBl	Bayerische Verwaltungsblätter	BGB-InfoV	BGB-Informationspflichten-Verordnung
BayVerfGH	Bayerischer Verfassungsgerichtshof	BGB-KE	Konsolidierte Fassung des Diskussionsentwurfs des Gesetzes zur Modernisierung des Schuldrechts
BayVerwG	Bayerischer Verwaltungsgerichtshof		
BayVGH	Bayerischer Verwaltungsgerichtshof		
BayZ	Zeitschrift für Rechtspflege in Bayern	BGBl I, II, III	Bundesgesetzblatt, mit oder ohne Ziffer = Teil I; mit II = Teil II; mit III = Teil III
BB	Der Betriebs-Berater		
BBankG	Gesetz über die Deutsche Bundesbank	BGE	Entscheidungen des Schweizerischen Bundesgerichts
BBauG	Bundesbaugesetz		
BBergG	Bundesberggesetz		
BBesG	Bundesbesoldungsgesetz	BGG	Behindertengleichstellungsgesetz
BBG	Bundesbeamtengesetz		
BBiG	Berufsbildungsgesetz	BGH	Bundesgerichtshof
Bd.	Band	BGHR	BGH-Rechtsprechung
BDG	Bundesdisziplinargesetz	BGHSt	Entscheidungen des Bundesgerichtshofes in Strafsachen
BDH	Bundesdisziplinarhof		
BDI	Bundesverband der Deutschen Industrie		
		BGHZ	Entscheidungen des Bundesgerichtshofs in Zivilsachen
BDiG	Bundesdisziplinargericht		
BDO	Bundesdisziplinarordnung		
BDSG	Bundesdatenschutzgesetz	BGleiG	Bundesgleichstellungsgesetz
BeamtVG	Gesetz über die Versorgung der Beamten und Richter in Bund und Ländern	BImSchG	Bundes-Immissionsschutzgesetz
		BinnSchG	Binnenschifffahrtsgesetz
BeckOK	Beck'scher Online-Kommentar	BKartA	Bundeskartellamt
BeckRS	Beck-Rechtsprechungsservice	BKGG	Bundeskindergeldgesetz
BEEG	Bundeselterngeld- und Elternzeitgesetz	BKleingG	Bundeskleingartengesetz
		BKR	Zeitschrift für Bank- und Kapitalmarktrecht
BEG	Bundesentschädigungsgesetz		
Beil.	Beilage	Bl	Blatt
Bekl	Beklagter	BlGWB	Blätter für Grundstücks-, Bau- und Wohnungsrecht
BerDGesVR	Berichte der Deutschen Gesellschaft für Völkerrecht		
		BLJ	Bucerius Law Journal
BerHG	Beratungshilfegesetz	BMA	Bundesministerium für Arbeit
BerlVerfGH	Berliner Verfassungsgerichtshof	BMF	Bundesminister der Finanzen
		BMI	Bundesministerium des Innern
BErzGG	Bundeserziehungsgeldgesetz	BMJ	Bundesministerium der Justiz
Beschl.	Beschluss	BNotO	Bundesnotarordnung
bestr.	bestritten	BORA	Berufsordnung für Rechtsanwälte
BetrAVG	Gesetz zur Verbesserung der betrieblichen Altersversorgung		
		BörsG	Börsengesetz
BetrVG	Betriebsverfassungsgesetz	BörsZulVO	Börsenzulassungsverordnung
BeurkG	Beurkundungsgesetz	BOStB	Berufsordnung für Steuerberater
BewertG	Bewertungsgesetz		
BezG	Bezirksgericht	BPatG	Bundespatentgericht
BfA	Bundesversicherungsanstalt für Angestellte	BPersVG	Bundespersonalvertretungsgesetz
BFH	Bundesfinanzhof		

XV

Abkürzungsverzeichnis

BPflV	Verordnung zur Regelung der Krankenhauspflegesätze	BVFG	Bundesvertriebenengesetz
BR	Bundesrat	BVG	Bundesversorgungsgesetz
BRAGO	Bundesgebührenordnung für Rechtsanwälte	BW	Baden-Württemberg
		BWNotZ	Zeitschrift für das Notariat in Baden-Württemberg
BRAK	Bundesrechtsanwaltskammer	bzgl	bezüglich
BRAK-Mitt	Bundesrechtsanwaltskammer-Mitteilungen	BZRG	Bundeszentralregistergesetz
BRAO	Bundesrechtsanwaltsordnung	bzw	beziehungsweise
BR-Drucks.	Bundesrats-Drucksache	C.	Codex Justinianus
BReg	Bundesregierung	C.cass.	Cour de cassation (Frankreich)
BRKG	Gesetz über die Reisekostenvergütung für die Bundesbeamten, Richter im Bundesdienst und Soldaten	c.civ.	code civil
		c.i.c.	culpa in contrahendo
		ca.	circa
		CDT	Cuadernos de Derecho Transnacional
Brook. J. Int'l L.	Brooklyn Journal of International Law	CHF	Schweizer Franken
		ChrID	Chroniká Idiotikoú Dikaíou
BRRG	Rahmengesetz zur Vereinheitlichung des Beamtenrechts	CIEC	Commission Internationale de l'État Civil
		CIM	Internationales Übereinkommen v. 7.2.1970 über den Eisenbahnfrachtverkehr
Brüssel I-VO	(siehe EuGVVO)		
Brüssel IIa-VO	(siehe EheVO 2003)		
BSG	Bundessozialgericht		
BSGE	Entscheidungen des Bundessozialgerichts	CISG	UN-Übereinkommen v. 11.4.1980 über den internationalen Warenkauf
BSHG	Bundessozialhilfegesetz		
bspw.	beispielsweise		
BStBl	Bundessteuerblatt		
BT	Besonderer Teil; Bundestag	CIV	Internationales Übereinkommen v. 7.2.1970 über den Eisenbahn-Personen- und -Gepäckverkehr
BtÄndG	Betreuungsrechtsänderungsgesetz		
BT-Drucks.	Bundestags-Drucksache		
BtG	Betreuungsgesetz	CJICL	Cambridge Journal of International and Comparative Law
BtGB	Betreuungsbehördengesetz		
BtMG	Betäubungsmittelgesetz		
BtPrax	Betreuungsrechtliche Praxis	CMLRev.	Common Market Law Review
Buchholz	Sammel- und Nachschlagewerk der Rechtsprechung des Bundesverwaltungsgerichts, hrsg. v. K. Buchholz (Loseblatt; 1957 ff)	CMR	Übereinkommen v. 19.5.1956 über den Beförderungsvertrag im internationalen Straßengüterverkehr
		COTIF	Übereinkommen v. 9.5.1980 über den internationalen Eisenbahnverkehr
BuchPrG	Gesetz über die Preisbindung für Bücher	CR	Computer und Recht
		CYELS	Cambridge Yearbook of European Legal Studies
Buchst.	Buchstabe		
Buff. L. Rev.	Buffalo Law Review		
Bull. civ.	Bulletin des arrêts Cour de Cassation, Chambres civiles	D.	Recueil Dalloz
		D.Col.	District of Colorado
BUrlG	Bundesurlaubsgesetz	DA	Dienstanweisung für die Standesbeamten und ihre Aufsichtsbehörden
BV	Betriebsvereinbarung; Bestandsverzeichnis		
BVerfG	Bundesverfassungsgericht		
BVerfGE	Entscheidungen des Bundesverfassungsgerichts	DAngVers	Die Angestelltenversicherung
		DAV	Deutscher Anwaltverein
BVerfGG	Gesetz über das Bundesverfassungsgericht	DAVorm	Der Amtsvormund
		DB	Der Betrieb
BVerwG	Bundesverwaltungsgericht	DBA	Doppelbesteuerungsabkommen
BVerwGE	Entscheidungen des Bundesverwaltungsgerichts		
		DCFR	Draft Common Frame of Reference

DDR	Deutsche Demokratische Republik	DStRE	Deutsches Steuerrecht – Entscheidungsdienst
DDR-ZGB	Zivilgesetzbuch der DDR	DStZ	Deutsche Steuer-Zeitung, Ausgabe A und B
DENIC	Deutsches Network Information Center	DSWR	Datenverarbeitung in Steuer, Wirtschaft und Recht
DepotG	Depotgesetz	dt.	deutsch
dergl.	dergleichen	DtZ	Deutsch-deutsche Rechtszeitschrift
ders.	derselbe	DuD	Datenschutz und Datensicherheit
DeuFamR	Deutsches und europäisches Familienrecht	DÜG	Diskontsatz-Überleitungs-Gesetz
DFG	Deutsche Freiwillige Gerichtsbarkeit	DVBl	Deutsches Verwaltungblatt
DGVZ	Deutsche Gerichtsvollzieher-Zeitung	DVEV	Deutsche Vereinigung für Erbrecht und Vermögensnachfolge e.V.
DGWR	Deutsches Gemein- und Wirtschaftsrecht	DVO	Durchführungsverordnung
dh	das heißt	DVR	Deutsche Verkehrsteuer-Rundschau
dies.	dieselbe, dieselben	DWW	Deutsche Wohnungswirtschaft
DIJuF	Deutsches Institut für Jugendhilfe und Familienrecht	DZWiR	Deutsche Zeitschrift für Wirtschaftsrecht
DIP	Dokumentations- und Informationssystem für Parlamentarische Vorgänge	e.V.	eingetragener Verein
Dir. mar.	Il Diritto Marittimo	EAS	Europäisches Arbeits- und Sozialrecht, Rechtsvorschriften, Systematische Darstellungen, Entscheidungssammlung, hrsg. v. Oetker/Preis
DIS	Deutsche Institution für Schiedsgerichtsbarkeit e.V.		
Diss.	Dissertation		
DiszH	Disziplinarhof	ebd.	ebenda
DJ	Deutsche Justiz	ecolex	(Fachzeitschrift für Wirtschaftsrecht)
DJT	Deutscher Juristentag		
DJZ	Deutsche Juristen-Zeitung	Edin. L.Rev.	Edinburgh Law Review
DNotI	Deutsches Notarinstitut	EErgD	Epitheorisi Ergatikou Dikaiou
DNotIR	Informationsdienst des Deutschen-Notarinstituts-Report	EFG	Entscheidungen der Finanzgerichte
		EFZG	Entgeltfortzahlungsgesetz
DNotV	Zeitschrift des Deutschen Notarvereins (1.1901–33.1933,5; dann Deutsche Notar-Zeitschrift)	eG	eingetragene Genossenschaft
		EG	Europäische Gemeinschaft; Einführungsgesetz
		EGAmtshilfeG	Gesetz zur Durchführung der EG-Richtlinie über die gegenseitige Amtshilfe im Bereich der direkten und indirekten Steuern
DNotZ	Deutsche Notar-Zeitschrift		
DöD	Der öffentliche Dienst		
DONot	Dienstordnung für Notare		
DÖV	Die Öffentliche Verwaltung		
DR	Deutsches Recht		
DRiG	Deutsches Richtergesetz		
DRiZ	Deutsche Richterzeitung	EGAO	Einführungsgesetz zur Abgabenordnung
DRpfl	Deutsche Rechtspflege		
DRS	Deutscher Rechnungslegungsstandard	EGBGB	Einführungsgesetz zum Bürgerlichen Gesetzbuch
DRspr	Deutsche Rechtsprechung, Entscheidungssammlung und Aufsatzhinweise	EGFamGB	Einführungsgesetz zum Familiengesetzbuch der DDR
		EGGVG	Einführungsgesetz zum Gerichtsverfassungsgesetz
Drucks.	Drucksache		
DRV	Deutsche Rentenversicherung		
DRZ	Deutsche Rechtszeitschrift (ab 1946)	EGH	Ehrengerichtshof der Rechtsanwaltskammer
DStJG	Deutsche Steuerjuristische Gesellschaft	EGHGB	Einführungsgesetz zum Handelsgesetzbuche
DStR	Deutsches Steuerrecht		

Abkürzungsverzeichnis

EGInsO	Einführungsgesetz zur Insolvenzordnung	EKMR	Europäische Kommision für Menschenrechte
EGMR	Europäischer Gerichtshof für Menschenrechte	ELR	European Law Review
		ElsLothZ	Juristische Zeitschrift für das Reichsland Elsaß-Lothringen
EGScheckG	Einführungsgesetz zum Scheckgesetz	EMRK	Europäische Konvention zum Schutz der Menschenrechte und Grundfreiheiten
EGV	Vertrag zur Gründung der Europäischen Gemeinschaft		
EG-VollstrTitelVO	VO (EG) Nr. 805/2004 v. 21.4.2004 zur Einführung eines europäischen Vollstreckungstitels für unbestrittene Forderungen	EMRKG	Gesetz über die Konvention zum Schutz der Menschenrechte und Grundfreiheiten
		endg.	endgültig (Materialien der Europäischen Kommission)
EGVVG	Einführungsgesetz zum Versicherungsvertragsgesetz	Entsch.	Entscheidung
EGZPO	Einführungsgesetz zur Zivilprozessordnung	Entschl.	Entschluss
		entspr.	entsprechend
EGZVG	Einführungsgesetz zu dem Gesetz über die Zwangsversteigerung und die Zwangsverwaltung	Entw.	Entwurf
		EnWG	Energiewirtschaftsgesetz
		EPA	Europäisches Patentamt
		EPolD	Epitheórisi Politikís Dikonomías
EheG	Ehegesetz		
EheGVO	(siehe EheVO 2003)	EPÜ	Europäisches Patentübereinkommen
EheVO 2000	VO (EG) Nr. 1347/2000 v. 29.5.2000 über die Zuständigkeit und die Anerkennung und Vollstreckung von Entscheidungen in Ehesachen und in Verfahren betreffend die elterliche Verantwortung für die gemeinsamen Kinder der Ehegatten	ERA-Forum	Europäische Rechtsakademie – Trier
		ErbbauVO	Erbbaurechtsverordnung
		ErbBstg	Erbfolgebesteuerung
		ErbGleichG	Erbrechtsgleichstellungsgesetz
		Erbinfo	Erbfolge, Erbrecht, Erbfolgebesteuerung, Unternehmensnachfolge
		ErbStDVO	Erbschaftsteuer-Durchführungsverordnung
EheVO 2003	VO (EG) Nr. 2201/2003 v. 27.11.2003 über die Zuständigkeit und die Anerkennung und Vollstreckung von Entscheidungen in Ehesachen und in Verfahren betreffend die elterliche Verantwortung und zur Aufhebung der Verordnung (EG) Nr. 1347/2000	ErbStG	Erbschaftsteuer- und Schenkungsteuergesetz
		ErfK	Erfurter Kommentar zum Arbeitsrecht (siehe Allg. Literaturverzeichnis)
		Erg.	Ergebnis
		ERJuKoG	Gesetz über elektronische Register und Justizkosten für Telekommunikation
Einf.	Einführung	Erkl.	Erklärung
eingetr.	eingetragen	Erl.	Erlass; Erläuterung
EinigungsV	Einigungsstellenverordnung; Einigungsvertrag	ERPL	European Review of Private Law
		ERVVOBGH	Elektronische Rechtsverkehrsverordnung
Einl.	Einleitung		
einschl.	einschließlich	ES	Entscheidungssammlung
einschr.	einschränkend	ESC	Europäische Sozialcharta
EJCL	Electronic Journal of Comparative Law	ESchG	Embryonenschutzgesetz
		EStB	Der Ertragsteuerberater
EJN	Europäisches Justizielles Netz für Zivil- und Handelssachen	EStDV	Einkommensteuer-Durchführungsverordnung
EKG	Einheitliches Gesetz über den internationalen Kauf beweglicher Sachen	EStG	Einkommensteuergesetz
		EStR	Einkommensteuer-Richtlinien

ESÜ	Übereinkommen v. 20.5.1980 über die Anerkennung und Vollstreckung von Entscheidungen über das Sorgerecht für Kinder und die Wiederherstellung des Sorgeverhältnisses	EuGVVO	VO (EG) Nr. 44/2001 v. 22.12.2000 über die gerichtliche Zuständigkeit und die Anerkennung und Vollstreckung von Entscheidungen in Zivil- und Handelssachen
etc.	et cetera	EuInsVO	VO (EG) Nr. 1346/2000 vom 29.5.2000 über Insolvenzverfahren
EU	Europäische Union		
EuBewVO	VO (EG) Nr. 1206/2001 v. 28.5.2001 über die Zusammenarbeit zwischen den Gerichten der Mitgliedstaaten auf dem Gebiet der Beweisaufnahme in Zivil- oder Handelssachen	EuLF	The European Legal Forum
		EuMahnVO	VO (EG) Nr. 1896/2006 vom 12.12.2006 zur Einführung eines Europäischen Mahnverfahrens
EuBVO	VO (EG) Nr. 1206/2001 v. 28.5.2001über die Zusammenarbeit zwischen den Gerichten der Mitgliedsstaaten auf dem Gebiet der Beweisaufnahme in Zivil- und Handelssachen	EuPartnerschafts VO-E	Vorschlag der Kommission vom 16.3.2011für eine Verordnung des Rates der Europäischen Gemeinschaften über die Zuständigkeit, das anzuwendende Recht, die Anerkennung und die Vollstreckung von Entscheidungen im Bereich des Güterrechts eingetragener Partnerschaften
EuEheGüRVO-E	Vorschlag v. 16.3.2011 für eine Verordnung über die Zuständigkeit, das anzuwendende Recht, die Anerkennung und die Vollstreckung von Entscheidungen im Bereich des Ehegüterrechts		
		EuR	Europarecht
		EUR	Euro
		Eur. L. Rev.	European Law Review
		EuroEG	Euro-Einführungsgesetz
		EuroSchVG	Gesetz zur Umstellung von Schuldverschreibungen auf Euro
EuErbRVO	VO (EU) Nr. 650/2012 v. 4.7.2012 über die Zuständigkeit, das anzuwendende Recht, die Anerkennung und Vollstreckung von Entscheidungen und die Annahme und Vollstreckung öffentlicher Urkunden in Erbsachen sowie zur Einführung eines Europäischen Nachlasszeugnisses	EuUntVO	VO (EG) Nr. 4/2009 v. 18.12.2008 über die Zuständigkeit, das anwendbare Recht, die Anerkennung und Vollstreckung von Entscheidungen und die Zusammenarbeit in Unterhaltssachen
		EUV	Vertrag über die Europäische Union
		EuVTVO	VO (EG) Nr. 805/2004 v. 21.4.2004 zur Einführung eines europäischen Vollstreckungstitels für unbestrittene Forderungen
EuG	Europäisches Gericht erster Instanz		
EuGH	Europäischer Gerichtshof		
EuGRZ	Europäische Grundrechte-Zeitschrift		
EuGVÜ	Übereinkommen v. 27.9.1968 über die gerichtliche Zuständigkeit und die Vollstreckung gerichtlicher Entscheidungen in Zivil- und Handelssachen	EuZA	Europäische Zeitschrift für Arbeitsrecht
		EuZPR	Europäisches Zivilprozessrecht
		EuZustVO	VO (EG) Nr. 1348/2000 v. 9.5.2000 über die Zustellung gerichtlicher und außergerichtlicher Schriftstücke in Zivil- oder Handelssachen in den Mitgliedstaaten

Abkürzungsverzeichnis

EuZVO	VO (EG) Nr. 1393/2007 v. 13.11.2007 über die Zustellung gerichtlicher und außergerichtlicher Schriftstücke in Zivil- oder Handelssachen in den Mitgliedsstaaten (Zustellung von Schriftstücken) und zur Aufhebung der Verordnung (EG) Nr. 1348/2000	FeV	Fahrerlaubnis-Verordnung
		FF	Forum Familien- und Erbrecht
		FG	Finanzgericht; Festgabe; Freiwillige Gerichtsbarkeit
		FGG	Gesetz über die Angelegenheiten der Freiwilligen Gerichtsbarkeit
		FGO	Finanzgerichtsordnung
		FGPrax	Praxis der Freiwilligen Gerichtsbarkeit
EuZW	Europäische Zeitschrift für Wirtschaftsrecht	FinFARL	Richtlinie über den Fernabsatz von Finanzdienstleistungen
eV	eidesstattliche Versicherung	FlaggRG	Flaggenrechtsgesetz
evtl.	eventuell	FLR	Family Law Reports (Großbritannien)
EVÜ	EG-Schuldvertragsübereinkommen	Fn	Fußnote
EWG	Europäische Wirtschaftsgemeinschaft	FördergebietsG	Gesetz über Sonderabschreibungen und Abzugsbeträge im Fördergebiet
EWGV	Vertrag zur Gründung der Europäischen Wirtschaftsgemeinschaft	FormVAnpG	Gesetz zur Anpassung der Formvorschriften des Privatrechts und anderer Vorschriften an den modernen Rechtsverkehr
EWHC	High Court of England and Wales		
EWiR	Entscheidungen zum Wirtschaftsrecht		
EWIV	Europäische Wirtschaftliche Interessenvereinigung	FortzahlungsG	Arbeitsentgelts an Feiertagen und im Krankheitsfall
EWS	Europäisches Wirtschafts- und Steuerrecht	FPR	Familie, Partnerschaft, Recht
		FR	Finanz-Rundschau
EzA	Entscheidungssammlung zum Arbeitsrecht	FreizügG/EU	Freizügigkeitsgesetz/EU
		FS	Festschrift
EZB	Europäische Zentralbank	FStrG	Bundesfernstraßengesetz
EzFamR	Entscheidungssammlung zum Familienrecht	FuR	Familie und Recht
		G	Gericht, Gesetz, Gesellschaft
f, ff	folgende, fortfolgende	G 10	Gesetz zur Beschränkung des Brief-, Post- und Fernmeldegeheimnisses
F.Supp. 2 d	Federal Supplement, 2nd Series		
FA	Fachanwalt Arbeitsrecht (Zeitschrift); Finanzamt	GA	Goltdammer's Archiv für Strafrecht; Generalanwalt
Fa.	Firma	GastG	Gaststättengesetz
Fam. L. Rep.	Family Law Reporter (USA)	GATS	General Agreement on Trade in Services
Fam.D.	Family Division		
Fam.Law	Family Law	GATT	General Agreement on Tariffs and Trade
FamG	Familiengericht		
FamNamRG	Gesetz zur Neuordnung des Familiennamensrechts	Gaz. Pal.	La gazette du palais et du notariat
		GBA	Grundbuchamt
FamR	Familienrecht	GBBerG	Grundbuchbereinigungsgesetz
FamRÄndG	Familienrechtsänderungsgesetz	GBl	Gesetzblatt
FamRB	Der Familienrechts-Berater	GBO	Grundbuchordnung
FamRBint	FamRB international	GbR	Gesellschaft bürgerlichen Rechts
FamRZ	Zeitschrift für das gesamte Familienrecht		
FAO	Fachanwaltsordnung	GdB	Grad der Behinderung
FARL	Fernabsatzrichtlinie	GE	Das Grundeigentum
Fasc.	Fascicule (Beitragsnummer im JurisClasseur)	geänd.	geändert
		GebO	Gebührenordnung
FAZ	Frankfurter Allgemeine Zeitung	GebrMG	Gebrauchsmustergesetz
		gem.	gemäß
FernUSG	Fernunterrichtsschutzgesetz		

GenG	Gesetz betreffend die Erwerbs- und Wirtschafts- genossenschaften	GoA	Geschäftsführung ohne Auftrag
GenRegVO	Verordnung über das Genossenschaftsregister	GOÄ	Gebührenordnung für Ärzte
		GoB	Grundsätze ordnungsgemäßer Buchführung
GenTG	Gesetz zur Regelung der Gentechnik (Gentechnikgesetz)	GOZ	Gebührenordnung für Zahnärzte
		GPR	Zeitschrift für Gemeinschaftsprivatrecht
GeschmMG	Geschmacksmustergesetz		
GesO	Gesamtvollstreckungsordnung	GPÜ	Gemeinschaftspatentüber- einkommen
GesR	Gesellschaftsrecht		
GewArch	Gewerbearchiv	GRC	Charta der Grundrechte der Europäischen Union
GewO	Gewerbeordnung		
GewSchG	Gewaltschutzgesetz	grds.	grundsätzlich
GewStDV	Gewerbesteuer- Durchführungsverordnung	GrdstVG	Grundstückverkehrsgesetz
		GrEStG	Grunderwerbsteuergesetz
GewStG	Gewerbesteuergesetz	GrS	Großer Senat
GewStR	Gewerbesteuer-Richtlinien	GRSSt	Großer Senat in Strafsachen
GFK	Genfer UN-Abkommen v. 28.7.1951 über die Rechtsstellung der Flüchtlinge	GrStG	Grundsteuergesetz
		GrStVG	Grundstücksverkehrsgesetz
		Gruchot	Beiträge zur Erläuterung des Deutschen Rechts
GG	Grundgesetz		
ggf	gegebenenfalls	GrundE	Grundeigentum
GGMVO	VO (EG) Nr. 6/2002 v. 12.12.2001 über das Gemeinschaftsgeschmacks- muster	GRUR	Gewerblicher Rechtsschutz und Urheberrecht
		GRUR Int.	Gewerblicher Rechtsschutz und Urheberrecht, Internationaler Teil
GI	Gerling Informationen für wirtschaftsprüfende, rechts- und steuerberatende Berufe	GRUR-PRax	Gewerblicher Rechtsschutz und Urheberrecht, Praxis im Immaterialgüter- und Wettbewerbsrecht
GK-BetrVG	Gemeinschaftskommentar zum Betriebsverfassungsgesetz		
		GRUR-RR	Gewerblicher Rechtsschutz und Urheberrecht/ Rechtsprechungs-Report
GKG	Gerichtskostengesetz		
Gl.	Gläubiger		
GleichberG	Gesetz über die Gleichberechtigung von Mann und Frau auf dem Gebiet des bürgerlichen Rechts	GRZS	Großer Senat in Zivilsachen
		GS	Großer Senat; Gedächtnisschrift
		GSiG	Grundsicherungsgesetz
GLJ	German Law Journal	GSortenVO	VO (EG) Nr. 2100/94 v. 27.7.1994 über den gemeinschaftlichen Sortenschutz
GmbH	Gesellschaft mit beschränkter Haftung		
GmbH i. Gr.	GmbH in Gründung		
GmbHG	Gesetz betreffend die Gesellschaften mit beschränkter Haftung	GüKG	Güterkraftverkehrsgesetz
		GüterstG	Gesetz über den ehelichen Güterstand von Vertriebenen und Flüchtlingen
GmbHR	GmbH-Rundschau		
GMBl	Gemeinsames Ministerialblatt der Bundesministerien des Innern, für Wohnungsbau, für gesamtdeutsche Fragen, für Angelegenheiten des Bundesrats	GV	Gebührenverzeichnis
		GV NW	Gesetz- und Verordnungsblatt für das Land Nordrhein- Westfalen
		GVBl	Gesetz und Verordnungsblatt
GmS-OGB	Gemeinsamer Senat der obersten Gerichtshöfe des Bundes	GVG	Gerichtsverfassungsgesetz
		GVGA	Geschäftsanweisung für Gerichtsvollzieher
GMVO	VO (EG) Nr. 207/2009 v. 26.2.2009 über die Gemeinschaftsmarke	GVKostG	Gesetz über Kosten der Gerichtsvollzieher
		GWB	Gesetz gegen Wettbewerbsbeschränkungen
GO	Gemeindeordnung		

Abkürzungsverzeichnis

Haager ADÜ	Haager Übereinkommen v. 29.5.1993 über den Schutz von Kindern und die Zusammenarbeit auf dem Gebiet der internationalen Adoption	HöfeO	Höfeordnung
		HöfeVfO	Verfahrensordnung für Höfesachen
		HpflG	Haftpflichtgesetz
		HPÜ	Haager Übereinkommen v. 2.10.1973 über das auf die Produkthaftung anzuwendende Recht
Haager Protokoll	Haager Protokoll v. 23.11.2007 über das auf Unterhaltspflichten anzuwendende Recht		
		HPUnt	Haager Übereinkommen v. 23.11.2007 über die internationale Geltendmachung der Unterhaltsansprüche von Kindern und anderen Familienangehörigen
HAdoptÜ	(siehe Haager AdÜ)		
Halbbd.	Halbband		
HandwO	Handwerksordnung		
HansRGZ	Hanseatische Rechts- und Gerichtszeitschrift		
		HRefG	Handelsrechts-Reformgesetz
HausratV	Hausratsverordnung	HReg	Handelsregister
HBÜ	Haager Übereinkommen v. 18.3.1970 über die Beweisaufnahme im Ausland in Zivil- und Handelssachen	HRR	Höchstrichterliche Rechtsprechung (Jahr, Nummer)
		Hrsg.	Herausgeber
		hrsg.	herausgegeben
HeimG	Heimgesetz	HRV	Handelsregisterverordnung
HeimsicherungsVO	Verordnung über die Pflichten der Träger von Altenheimen, Altenwohnheimen, und Pflegeheimen für Volljährige im Falle der Entgegennahme von Leistungen zum Zwecke der Unterbringung eines Bewohners oder Bewerbers	Hs	Halbsatz
		HStrÜ	Haager Übereinkommen v. 4.5.1971 über das auf Straßenverkehrsunfälle anzuwendende Recht
		HUntStProt	(siehe HPUnt)
		HUntÜ	Haager Übereinkommen v. 2.10.1973 über das auf Unterhaltspflichten anzuwendende Recht
HessFGG	Hessisches Gesetz über die Freiwillige Gerichtsbarkeit		
HessStGH	Hessischer Staatsgerichtshof		
HEZ	Höchstrichterliche Entscheidungen. Slg v. Entscheidungen d. Oberlandesgerichte u. d. Obersten Gerichte in Zivilsachen	HVA	Haager Abkommen v. 12.6.1902 zur Regelung der Vormundschaft über Minderjährige
		HwO	Gesetz zur Ordnung des Handwerks
HFR	Höchstrichterliche Finanzrechtsprechung	HypBG	Hypothekenbankgesetz
		HZPÜ	Haager Übereinkommen v. 1.3.1954 über den Zivilprozess
HGB	Handelsgesetzbuch		
HintO	Hinterlegungsordnung		
Hinw.	Hinweis(e)	HZÜ	Haager Übereinkommen v. 15.11.1965 über die Zustellung gerichtlicher und außergerichtlicher Schriftstücke im Ausland in Zivil- und Handelssachen
HK-BGB	Handkommentar BGB (siehe Allg. Literaturverzeichnis)		
HKEntfÜ	(siehe HKÜ)		
HKK	Historisch-kritischer Kommentar zum BGB		
HKÜ	Haager Übereinkommen v. 25.10.1980 über die zivilrechtlichen Aspekte internationaler Kindesentführung	i. Vorb.	in Vorbereitung
		I.C.L.Q.	International & Comparative Law Quarterly
		i.G.	in Gründung
hL	herrschende Lehre	i.L.	in Liquidation
hM	herrschende Meinung	i.R.d.	im Rahmen des/der
HmbSchRZ	Hamburger Zeitschrift für Schifffahrtsrecht	i.V.	in Vertretung
		i.W.	in Worten
HOAI	Honorarordnung für Architekten und Ingenieure	iA	im Auftrag
		ibid.	ibidem
		idF	in der Fassung

idR	in der Regel
idS	in diesem Sinne
IDW	Institut der Wirtschaftsprüfer in Deutschland
iE	im Ergebnis
ieS	im engeren Sinne
IFR	Internationales Familienrecht
IGH	Internationaler Gerichtshof
IHK	Industrie- und Handelskammer
IHKG	Gesetz über die Industrie- und Handelskammern
IHR	Internationales Handelsrecht
iHv	in Höhe von
ILJ	International Law Journal
ILM	International Legal Materials
ILQ	International and Comparative Law Quarterly
InDret	Revista para el Análisis del Derecho
INF	Die Information über Steuer und Wirtschaft
IngALG	Gesetz zur Regelung von Ingenieur- und Architektenleistungen
inkl.	inklusive
insb.	insbesondere
insg.	insgesamt
InsO	Insolvenzordnung
InsVV	Insolvenzrechtliche Vergütungsverordnung
int.	international
Int.GesR	Internationales Gesellschaftsrecht
Int.SachR	Internationales Sachenrecht
IntFam.	International Family Law
IntFamRVG	Gesetz zur Aus- und Durchführung bestimmter Rechtsinstrumente auf dem Gebiet des internationalen Familienrechts (Internationales Familienrechtsverfahrensgesetz – IntFamRVG)
IntScheidG	Gesetz über das Kollisionsrecht der Eheauflösung und Trennung von Tisch und Bett und deren Anerkennung vom 25.3.1981
IntV	Verordnung über die Durchführung von Integrationskursen für Ausländer und Spätaussiedler (Integrationskursverordnung) vom 13. Dezember 2004
IntWirtschR	Internationales Wirtschaftsrecht
InvestmG	Investmentgesetz
InVo	Insolvenz und Vollstreckung
IPG	Gutachten zum internationalen und ausländischen Privatrecht von Ferid/Kegel/Zweigert (Jahr, Nummer)
IPR	Internationales Privatrecht
IPrax	Praxis des Internationalen Privat- und Verfahrensrechts
IPRG	(siehe öIPRG und SchwIPRG)
IPRNG	Gesetz zur Neuregelung des Internationalen Privatrechts
IPRspr	Die deutsche Rechtsprechung auf dem Gebiete des internationalen Privatrechts (Jahr, Nummer)
iRv	im Rahmen von
iSd	im Sinne des/der
ISO	International Standard Organization
IStR	Internationales Steuerrecht
iSv	im Sinne von
ITRB	Der IT-Rechtsberater
iÜ	im Übrigen
iVm	in Verbindung mit
IWB	Internationale Wirtschafts-Briefe (Loseblatt)
IWPR	Internationales Wertpapierrecht
iwS	im weiteren Sinne
IZPR	Internationales Zivilprozessrecht
IZVR	Internationales Zivilverfahrensrecht
J. Int. Arb.	Journal of International Arbitration
J. Priv. Int. L.	Journal of Private International Law
J. Soc. P. T. L.	Journal of the Society of Public Teachers of Law
JA	Juristische Arbeitsblätter
JAmt	Das Jugendamt
JAO	Juristenausbildungsordnung
JArbSchG	Jugendarbeitsschutzgesetz
JBeitrO	Justizbeitreibungsordnung
JBItalR	Jahrbuch für italienisches Recht
JBl	Justizblatt
JbPraxSch	Jahrbuch für die Praxis der Schiedsgerichtsbarkeit
JbUTR	Jahrbuch des Umwelt- und Technikrechts
JCl. int.	JurisClasseur Droit International
JCP éd. G.	Juris Classeur périodique édition générale. La Semaine juridique
JDI	Journal du Droit International (Clunet)

Abkürzungsverzeichnis

JFG	Jahrbuch für Entscheidungen in Angelegenheiten der freiwilligen Gerichtsbarkeit und des Grundbuchrechts	KindUG	Gesetz zur Vereinheitlichung des Unterhaltsrechts minderjähriger Kinder
Jg.	Jahrgang	KJ	Kritische Justiz
JherJb	Jherings Jahrbücher für die Dogmatik des bürgerlichen Rechts	KJHG	Gesetz zur Neuordnung des Kinder- und Jugendhilferechts
		KKZ	Kommunal-Kassen-Zeitschrift
JICJ	Journal of International Criminal Justice	KO	Konkursordnung
		KonsG	Konsulargesetz
JJZ	Jahrbuch Junger Zivilrechtswissenschaftler	KonTraG	Gesetz zur Kontrolle und Transparenz im Unternehmensbereich
JMBl	Justizministerialblatt	KÖSDI	Kölner Steuerdialog
JMBlNW	Justizministerialblatt Nordrhein-Westfalen	KostenRÄndG	Gesetz zur Änderung und Ergänzung kostenrechtlicher Vorschriften
JP	Juristische Praxis		
JPIL	Journal of Personal Injury Law	KostO	Kostenordnung
JR	Juristische Rundschau	krit.	kritisch
JuMiG	Justizmitteilungsgesetz	KritV	Kritische Vierteljahresschrift für Gesetzgebung und Rechtswissenschaft
JURA	Juristische Ausbildung		
JurBüro	Das juristische Büro		
jurisPK	juris PraxisKommentar (siehe Allg. Literaturverzeichnis)	KSchG	Kündigungsschutzgesetz
		KStDV	Körperschaftsteuer-Durchführungsverordnung
JurPC	Internet-Zeitschrift für Rechtsinformatik		
		KStG	Körperschaftsteuergesetz
JuS	Juristische Schulung	KStR	Körperschaftsteuer-Richtlinien
Justiz	Die Justiz (ABl des Justizministeriums Baden-Württemberg)	KSÜ	Haager Übereinkommen v. 19.10.1996 über die Zuständigkeit, das anzuwendende Recht, die Anerkennung, Vollstreckung und Zusammenarbeit auf dem Gebiet der elterlichen Verantwortung und der Maßnahmen zum Schutz von Kindern
JVBl	Justizverwaltungsblatt		
JVEG	Justizvergütungs- und -entschädigungsgesetz		
JVKostO	Verordnung über Kosten im Bereich der Justizverwaltung		
JW	Juristische Wochenschrift		
JZ	Juristenzeitung		
		KTS	Konkurs-, Treuhand- und Schiedsgerichtswesen
K&R	Kommunikation und Recht		
KA	Netzwerk Kulturarbeit	KUG	Gesetz betreffend das Urheberrecht an Werken der bildenden Künste und der Photographie
KAGG	Gesetz über Kapitalanlagegesellschaften		
Kap.	Kapitel		
KapErhStG	Gesetz über steuerrechtliche Maßnahmen bei Erhöhung des Nennkapitals aus Gesellschaftsmitteln	KultgSchG	Gesetz zum Schutz deutschen Kulturgutes gegen Abwanderung
		KuR	Kirche und Recht
KfH	Kammer für Handelssachen	KUR	Kunstrecht und Urheberrecht
KG	Kommanditgesellschaft; Kammergericht	KV	Kostenverzeichnis
		KVLG	Gesetz über die Krankenversicherung der Landwirte
KGaA	Kommanditgesellschaft auf Aktien		
KGJ	Jahrbuch für Entscheidungen des Kammergerichts in Sachen der freiwilligen Gerichtsbarkeit in Kosten-, Stempel- und Strafsachen	KWG	Kreditwesengesetz
		L. Rev.	Law Review
		LAG	Landesarbeitsgericht; Lastenausgleichsgesetz
KG-Rp/KGR	Rechtsprechungsreport des Kammergerichts Berlin	LandPVerkG	Landpachtverkehrsgesetz
		LCIA	London Court of International Arbitration
Kind-Prax	Kindschaftsrechtliche Praxis		
KindRG	Kindschaftsreformgesetz	lfd.	laufend

LFGG	Landesgesetz über die freiwillige Gerichtsbarkeit	MDR	Monatsschrift für Deutsches Recht
LFZG	Lohnfortzahlungsgesetz	mE	meines Erachtens
LG	Landgericht	MHRG	Gesetz zur Regelung der Miethöhe
Lit.	Literatur		
lit.	litera (Buchstabe)	MiFID	Markets in Financial Instruments Directive (Richtlinie über Märkte für Finanzinstrumente – Finanzmarktrichtlinie)
LJ	Lord Justice		
LJV	Landesjustizverwaltung		
LK	Leipziger Kommentar zum Strafgesetzbuch		
LM	Nachschlagewerk des Bundesgerichtshofes, hrsg. v. Lindenmaier, Möhring u.a.	MinBl	Ministerialblatt
		mind.	mindestens
		Mio.	Million
LMBG	Lebensmittel- und Bedarfsgegenständegesetz	MitbestG	Mitbestimmungsgesetz
		Mitt.	Mitteilungen
LMCLQ	Lloyd's Maritime and Commercial Law Quarterly	MittBayNot	Mitteilungen des Bayerischen Notarvereins, der Notarkasse und der Landesnotarkasse Bayern
LMK	Kommentierte BGH-Rechtsprechung Lindenmaier-Möhring		
		MittRhNotK	Mitteilungen der Rheinischen Notarkammer
LoI	Letter of Intent		
LPachtVG	Gesetz über die Anzeige und Beanstandung von Landpachtverträgen	MiZi	Allgemeine Verfügung über Mitteilungen in Zivilsachen
		MM	Mietrechtliche Mitteilungen
LPartG	Lebenspartnerschaftsgesetz	MMR	MultiMedia und Recht
LRiG	Landesrichtergesetz	mN	mit Nachweisen
LS	Leitsatz	Mod. L. Rev.	Modern Law Review
LSchlG	Ladenschlussgesetz	MoMiG	Gesetz zur Modernisierung des GmbH-Rechts und zur Bekämpfung von Missbräuchen
LSG	Landessozialgericht		
LStDV	Lohnsteuer-Durchführungsverordnung		
LStR	Lohnsteuer-Richtlinien	MPU	Medizinisch-psychologische Untersuchung
LuftfzRG	Gesetz über Rechte an Luftfahrzeugen		
		MR	Medien und Recht
LuftVG	Luftverkehrsgesetz	MRVerbG	Gesetz zur Verbesserung des Mietrechts und zur Begrenzung des Mietanstiegs sowie zur Regelung von Ingenieur- und Architektenleistungen
LuftVO	Luftverkehrs-Ordnung		
LugÜ	Luganer Übereinkommen v. 16.9.1988 über die gerichtliche Zuständigkeit und die Vollstreckung gerichtlicher Entscheidungen in Zivil- und Handelssachen		
		MSA	Haager Übereinkommen v. 5.10.1961 über die Zuständigkeit der Behörden und das anzuwendende Recht auf dem Gebiet des Schutzes von Minderjährigen
LVA	Landesversicherungsanstalt		
LWG	Landwirtschaftsgericht		
LwVG	Gesetz über das gerichtliche Verfahren in Landwirtschaftssachen		
		MSchG	Mieterschutzgesetz
LZ	Leipziger Zeitschrift für Deutsches Recht	MSÜ	Europäisches Übereinkommen v. 6.5.1963 über die Verringerung der Mehrstaatigkeit und die Wehrpflicht von Mehrstaatern
m.a.W.	mit anderen Worten		
m.Anm.	mit Anmerkung		
m.w.H.	mit weiteren Hinweisen	MüKo-InsO	Münchener Kommentar zur Insolvenzordnung
MaBV	Makler- und Bauträgerverordnung		
		MüKo-ZPO	Münchener Kommentar zur Zivilprozessordnung
MarkenG	Markengesetz		
MdE	Minderung der Erwerbsfähigkeit	MünchArbR	Münchener Handbuch zum Arbeitsrecht (siehe Allg. Literaturverzeichnis)
MDP	Mitteilungen der deutschen Patentanwälte		

Abkürzungsverzeichnis

MuSchG	Mutterschutzgesetz	NotBZ	Zeitschrift für die notarielle Beratungs- und Beurkundungspraxis
MuW	Markenschutz und Wettbewerb		
mwN	mit weiteren Nachweisen		
MwSt	Mehrwertsteuer	Nr.	Nummer
mWv	mit Wirkung vom	NRW	Nordrhein-Westfalen
		NStE	Neue Entscheidungssammlung für Strafrecht
n.e.V.	nicht eingetragener Verein		
n.r.	nicht rechtskräftig	NStZ	Neue Zeitschrift für Strafrecht
n.v.	nicht veröffentlicht	NStZ-RR	Neue Zeitschrift für Strafrecht – Rechtsprechungs-Report
NachlG	Nachlassgericht		
Nachw.	Nachweis		
NachwG	Nachweisgesetz	NuR	Natur und Recht
NamÄndG	Gesetz über die Änderung von Familiennamen und Vornamen	NutzEV	Nutzungsentgeltverordnung
		NVersZ	Neue Zeitschrift für Versicherung und Recht
Namens-	Erste Verordnung zur		
NaStraG	Namensaktiengesetz	NVwZ	Neue Zeitschrift für Verwaltungsrecht
NdsFGG	Niedersächsisches Gesetz über die freiwillige Gesetzbarkeit		
		NW	Nordrhein-Westfalen
NdsRpfl.	Niedersächsische Rechtspflege	NWB	Neue Wirtschaftsbriefe für Steuer- und Wirtschaftsrecht
NdsVBl	Niedersächsische Verwaltungsblätter		
		NWBauKaG	Baukammerngesetz des Landes Nordrhein-Westfalen
NDV	Nachrichtendienst des Deutschen Vereins für öffentliche und private Fürsorge		
		NWVBl	Nordrhein-Westfälische Verwaltungsblätter
		NZA	Neue Zeitschrift für Arbeitsrecht
ne.	nichtehelich		
NEhelG	Gesetz über die rechtliche Stellung der nichtehelichen Kinder	NZA-RR	NZA – Rechtsprechungs-Report
		NZBau	Neue Zeitschrift für Baurecht
nF	neue Fassung	NZG	Neue Zeitschrift für Gesellschaftsrecht
NiemZ	Niemeyers Zeitschrift für internationales Recht		
		NZI	Neue Zeitschrift für Insolvenz- und Sanierungsrecht
NILR	Netherlands International Law Review		
		NZM	Neue Zeitschrift für Miet- und Wohnungsrecht
NIPR	Nederlands Internationaal Privaatrecht		
		NZS	Neue Zeitschrift für Sozialrecht
NJ	Neue Justiz		
NJB	Nederlands Juristenblad	NZV	Neue Zeitschrift für Verkehrsrecht
NJOZ	Neue Juristische Online-Zeitschrift		
		NZWehrR	Neue Zeitschrift für Wehrrecht
NJW	Neue Juristische Wochenschrift		
		o.	oben
NJW-CoR	Computerreport der NJW	o.a.	oben angegeben/angeführt
NJWE	NJW-Entscheidungsdienst	o.Ä.	oder Ähnliches
NJWE-FER	NJW-Entscheidungsdienst Familien- und Erbrecht	o.g.	oben genannt
		OBG-NW	Gesetz über Aufbau und Befugnisse der Ordnungsbehörden Nordrhein-Westfalen – Ordnungsbehördengesetz
NJWE-MietR	NJW-Entscheidungsdienst Mietrecht		
NJWE-VHR	NJW-Entscheidungsdienst Versicherungs- und Haftungsrecht		
		OECD	Organization for Economic Cooperation and Development
NJWE-WettbR	NJW-Entscheidungsdienst Wettbewerbsrecht		
		OFD	Oberfinanzdirektion
		OFH	Oberfinanzhof
NJW-RR	NJW-Rechtsprechungs-Report	OGH	Oberster Gerichtshof (Österreich)
NLCC	Le nuove leggi civili commentate		
NMV	Neubaumietenverordnung	OGHZ	Entscheidungen des Obersten Gerichtshofes für die Britische Zone in Zivilsachen
Northw. J. int. L. B.	Northwestern Journal of International Law & Business		
		OHG	Offene Handelsgesellschaft

öIPRG	Bundesgesetz vom 15. Juni 1978 über das internationale Privatrecht (Österreich)	PfandbSchuldvG	Gesetz über die Pfandbriefe und verwandte Schuldverschreibungen öffentlich-rechtlicher Kreditanstalten
OJLS	Oxford Journal of Legal Studies		
ÖJZ	Österreichische Juristen-Zeitung	PflegeVG	Pflegeversicherungsgesetz
		PflVG	Pflichtversicherungsgesetz
öKSchG	Konsumentenschutzgesetz (Österreich)	PHI	Haftpflicht international, Recht und Versicherung
OLG	Oberlandesgericht	PKH	Prozesskostenhilfe
OLGE	Entscheidungssammlung der Oberlandesgerichte	PKV	Prozesskostenvorschuss
		PrAGBGB	Preußisches Ausführungsgesetz zum Bürgerlichen Gesetzbuch
OLG-NL	OLG-Rechtsprechung Neue Länder		
OLGR	OLG-Report	PrFGG	Preußisches Gesetz betreffend die Angelegenheiten der Freiwilligen Gesetzbarkeit
OLGSt	Entscheidungen der Oberlandesgerichte zum Straf- und Strafverfahrensrecht		
		PrKV	Preisklauselverordnung
OLG-VerträndG	OLG.Vertretungsänderungsgesetz	ProdHaftG	Produkthaftungsgesetz
		ProstG	Prostitutionsgesetz
OLGZ	Entscheidungen der Oberlandesgerichte in Zivilsachen	Prot.	Protokolle; Protokolle der Kommission für die II. Lesung des Entwurfs des BGB
ÖNotZ	Österreichische Notariats-Zeitung	PRV	Partnerschaftsregisterverordnung
OSNC	Orzecznictwo Sądu Najwyższego Izba Cywilna (Entscheidungssammlung, Polen)	PStG	Personenstandsgesetz
		PVÜ	Pariser Verbandsübereinkunft v. 20.3.1883 zum Schutze des gewerblichen Eigentums in der Stockholmer Fassung v. 14.7.1967
Öst. JBl	Österreichische Juristische Blätter		
OVG	Oberverwaltungsgericht	pVV	positive Vertragsverletzung
OWi	Ordnungswidrigkeit	PWW	Prütting/Wegen/Weinreich (siehe Allgemeines Literaturverzeichnis)
OWiG	Ordnungswidrigkeitengesetz		
p.a.	pro anno		
P.C.I.J.	Permanent Court of International Justice	Q. B. D.	Queen's Bench Division
PachtKrG	Pachtkreditgesetz	r+s	Recht und Schaden
PACS	Pacte Civil de Solidarité	RA	Rechtsanwalt
PAngG	Preisangaben- und Preisklauselgesetz	RabelsZ	Zeitschrift für ausländisches und internationales Privatrecht
PAngV	Preisangabenverordnung	RAG	Reichsarbeitsgericht
PaPkG	Preisangaben- und Preisklauselgesetz	RAin	Rechtsanwältin
		RAuN	Rechtsanwalt und Notar
PartG	Parteiengesetz	RAuNin	Rechtsanwältin und Notarin
PartGG	Partnerschaftsgesellschaftsgesetz	RBerG	Rechtsberatungsgesetz
		RBÜ	Revidierte Berner Übereinkunft v. 9.9.1886 zum Schutz von Werken der Literatur und Kunst (Revision am 24.7.1971)
PatAO	Patentanwaltsordnung		
PatG	Patentgesetz		
PBefG	Personenbeförderungsgesetz		
PECL	Principles of European Contract Law	RCDIP	Revue critique de droit international privé
PEL	Principles of European Law	RdA	Recht der Arbeit
PersAG	Personalausweisgesetz	RdC	Requeil des cours
PersV	Die Personalvertretung	RdErl	Runderlass
		RDG	Gesetz über außergerichtliche Rechtsdienstleistungen (Rechtsdienstleistungsgesetz)

Abkürzungsverzeichnis

RdL	Recht der Landwirtschaft	RJA	Entscheidungen in Angelegenheiten der freiwilligen Gerichtsbarkeit und des Grundbuchrechts
RdSchr	Rundschreiben		
RDV	Recht der Datenverarbeitung		
RdW	Das Recht der Wirtschaft		
Re	In Sachen	RJD	Revista jurídica del deporte
Rec. des Cours	Recueil des cours de l'Académie de droit international de La Haye	RJPF	Revue juridique personnes et famille
		Rn	Randnummer
Recht	Das Recht	RNotZ	Rheinische Notar-Zeitschrift (ab 2001, zuvor: MittRhNotK)
rechtskr.	rechtskräftig		
Red.	Redaktion	Rom I-VO	VO (EG) Nr. 593/2008 v. 17.6.2008 über das auf vertragliche Schuldverhältnisse anzuwendende Recht
REDI	Revista española de Derecho internacional		
Reg.	Regierung; Register		
RegBl	Regierungsblatt		
RegelbetrVO	Regelbetrags-Verordnung	Rom II-VO	VO (EG) Nr. 864/2007 v. 11.7.2007 über das auf außervertragliche Schuldverhältnisse anzuwendende Recht
RegelsatzVO	Verordnung zur Durchführung des § 22 des Bundessozialhilfegesetzes		
RegEntw	Regierungsentwurf		
RegTP	Regulierungsbehörde für Telekommunikation und Post	Rom III-VO	VO (EU) Nr. 1259/2010 v. 20.12.2010 zur Durchführung einer Verstärkten Zusammenarbeit im Bereich des auf die Ehescheidung und Trennung ohne Auflösung des Ehebandes anzuwendenden Rechts
Rev. crit. dr. int. pr.	(siehe Rev. crit. DIP)		
Rev. dr. int. dr. comp.	Revue de droit international et de droit comparée		
Rev. trim. dr. fam.	Revue trimestrielle de droit familial		
Rev. crit. DIP	Revue critique de droit international privé		
Rev. hell. dr. int.	Revue hellenique de droit international	Rom IV-VO	(siehe EuErbRVO)
		ROW	Recht in Ost und West
RFH	Reichsfinanzhof	RPflAnpG	Rechtspflegeanpassungsgesetz
RG	Reichsgericht	Rpfleger	Der deutsche Rechtspfleger
RGBl	Reichsgesetzblatt	RPflG	Rechtspflegergesetz
RGRK	(siehe Allgemeines Literaturverzeichnis)	RpflJb	Rechtspfleger-Jahrbuch
		RpflStud	Rechtspfleger-Studienhefte
RGSt	Entscheidungen des RG in Strafsachen	RR	Rechtsprechungsreport
		RRa	Reiserecht aktuell
RGZ	Entscheidungen des RG in Zivilsachen	Rs.	Rechtssache
		RSDA	Schweizerische Zeitschrift für Wirtschaftsrecht
RheinZ	Rheinische Zeitschrift für Zivil- und Prozeßrecht des In- und Auslandes		
		Rspr	Rechtsprechung
		RsprEinhG	Gesetz zur Wahrung der Einheitlichkeit der Rechtsprechung der obersten Gerichtshöfe des Bundes
RhPfAGBGB	Rheinland-Pfälzisches Ausführungsgesetz zum Bürgerlichen Gesetzbuch		
RhPfGerichtsOrgG	Rheinland-Pfälzisches Gerichtsorganisationsgesetz	RStBl	Reichssteuerblatt
		RÜ	Rechtsprechungsübersicht
Ri	Richter	rückw.	rückwirkend
RiA	Das Recht im Amt	RuS	Recht und Sport
RiAG	Richter am Amtsgericht	RuStAG	Reichs- und Staatsangehörigkeitsgesetz
Riv. dir. int. priv. proc.	Rivista di diritto internazionale privato e processuale		
		RVA	Reichsversicherungsamt
RIW	Recht der internationalen Wirtschaft (von 4.1958–20.1974: AWD)	RVG	Rechtsanwaltsvergütungsgesetz
		RVO	Reichsversicherungsordnung
		RWS	Kommuniaktionsforum Recht-Wirtschaft-Steuern

S.	Satz; Seite	SJZ	Schweizerische Juristen-Zeitung
s.	siehe		
s.a.	siehe auch	Slg	Sammlung
s.o.	siehe oben	SoergelRspr	Rechtsprechung zum BGB, EGBGB, CPO, KO, GBO und RFG
s.u.	siehe unten		
SachBezV	Verordnung über den Wert der Sachbezüge in der Sozialversicherung		
		sog.	sogenannte/r/s
		SoldG	Gesetz über die Rechtsstellung der Soldaten
SächsArch	Sächsisches Archiv für Rechtspflege	SorgeRÜbkAG	Gesetz zur Ausführung des Haager Übereinkommens v. 25.10.1980 über die zivilrechtlichen Aspekte internationaler Kindesentführung und des Europäischen Übereinkommens v. 20.5.1980 über die Anerkennung und Vollstreckung von Entscheidungen über das Sorgerecht für Kinder und die Wiederherstellung des Sorgeverhältnisses
SAE	Sammlung Arbeitsrechtlicher Entscheidungen		
ScheckG	Scheckgesetz		
SchiedsVfG	Schiedsverfahrens-Neuregelungsgesetz		
SchiedsVZ	Die neue Zeitschrift für Schiedsverfahren		
SchiffRegO	Schiffsregisterordnung		
SchiffsRG	Gesetz über Rechte an eingetragenen Schiffen und Schiffsbauwerken		
SchlHA	Schleswig-Holsteinische Anzeigen		
		SozR	Sozialrecht. Rechtsprechung und Schrifttum, bearb. v. d. Richtern des Bundessozialgerichts (Loseblatt)
SchlHOLG	Oberlandesgericht Schleswig-Holstein		
SchlichtVerfVO	Verordnung über das Verfahren der Schlichtungsstellen für Überweisungen		
		SozSich	Soziale Sicherheit
		SozVers	Die Sozialversicherung
SchuldRÄndG	Schuldrechtsänderungsgesetz	SP	Schaden-Praxis
SchuldRAnpG	Schuldrechtsanpassungsgesetz	SprAuG	Sprecherausschussgesetz
SchuldRModG	Schuldrechtsmodernisierungsgesetz	SpuRt	Zeitschrift für Sport und Recht
		SR	Soziales Recht
SchwarzArbG	Gesetz zur Bekämpfung der Schwarzarbeit	st. Rspr	ständige Rechtsprechung
		StaatlÜbk	New Yorker UN-Übereinkommen v. 28.9.1954 über die Rechtsstellung der Staatenlosen
SchwBGE	Entscheidungen des Schweizerischen Bundesgerichts, Amtliche Sammlung, Zivilsachen		
		StAG	Staatsangehörigkeitsgesetz
SchwIPRG	Bundesgesetz vom 18.12.1987 über das Internationale Privatrecht (Schweiz)	StAnz	Staatsanzeiger
	StAZ	Das Standesamt
	StB	Der Steuerberater
SchwJbIntR	Schweizerisches Jahrbuch für internationales Recht	StBerG	Steuerberatungsgesetz
	StBGebV	Steuerberatergebührenverordnung
SeemG	Seemannsgesetz		
Sem.Jur.	Semaine Juridique (siehe JCP)	StBp	Die steuerliche Betriebsprüfung
SeuffA	Seufferts Archiv für Entscheidungen der obersten Gerichte in den deutschen Staaten		
		StGB	Strafgesetzbuch
		StGH	Staatsgerichtshof
		StiftFördG	Gesetz zur weiteren steuerlichen Förderung von Stiftungen
SG	Sozialgericht; Soldatengesetz		
SGB	Sozialgesetzbuch		
SGb	Die Sozialgerichtsbarkeit	StiftungsG	Stiftungsgesetz
SGG	Sozialgerichtsgesetz	StPO	Strafprozessordnung
SGOBau	Schiedsgerichtsordnung für das Bauwesen	str.	streitig
		StraFo	Strafverteidiger Forum
SigG	Signaturgesetz	StrÄndG	Strafrechtsänderungsgesetz
SJIR	Stanford Journal of International Relations		

Abkürzungsverzeichnis

StSenkG	Gesetz zur Senkung der Steuersätze und zur Reform der Unternehmensbesteuerung	UmwStG	Gesetz über steuerliche Maßnahmen bei Änderungen der Unternehmensform
StuB	Steuern und Bilanzen	UNCITRAL	United Nations Commission on International Trade Law
StudZR	Studentische Zeitschrift für Rechtswissenschaft	Unif. L. Rev.	Uniform Law Review
StuW	Steuer und Wirtschaft	Univ.	Universität
StV	Strafverteidiger	unstr.	unstreitig
StVj	Steuerliche Vierteljahresschrift	Unterabs.	Unterabsatz
SÜ	Sicherungsübereignung	UntVorschG	Unterhaltsvorschussgesetz
SVG	Gesetz über die Versorgung für die ehemaligen Soldaten der Bundeswehr und ihre Hinterbliebenen	unveröff.	unveröffentlicht
		UR	Umsatzsteuer-Rundschau
		UrhG	Urheberrechtsgesetz
		urspr.	ursprünglich
SZ	Süddeutsche Zeitung	Urt.	Urteil
SZIER	Schweizerische Zeitschrift für Internationales und Europäisches Recht	usf.	und so fort
		UStDV	Umsatzsteuer-Durchführungsverordnung
SZW	Schweizerische Zeitschrift für Wirtschaftsrecht	UStG	Umsatzsteuergesetz
		UStR	Umsatzsteuerrichtlinien
		usw.	und so weiter
TDG	Teledienstegesetz	uU	unter Umständen
tlw.	teilweise	uVm	und Vieles mehr
TPG	Transplantationsgesetz	UVR	Umsatz- und Verkehrsteuer-Recht
TranspR	Transportrecht		
TSG	Transsexuellengesetz	UWG	Gesetz gegen den unlauteren Wettbewerb
Tul. L. Rev.	Tulane Law Review		
TV	Tarifvertrag	UZwG	Gesetz über den unmittelbaren Zwang bei Ausübung öffentlicher Gewalt durch Vollzugsbeamte des Bundes
TVG	Tarifvertragsgesetz		
Tz	Textziffer		
TzBfG	Teilzeit- und Befristungsgesetz		
TzWrG	Teilzeit-Wohnrechtegesetz		
		v.	von; vom; vor
u.	unten	v.H.	vom Hundert
u.a.	unter anderem	VAG	Versicherungsaufsichtsgesetz
uÄ	und Ähnliches	VAHRG	Gesetz zur Regelung von Härten im Versorgungsausgleich
UÄndG	Unterhaltsänderungsgesetz		
UBGG	Gesetz über Unternehmensbeteiligungs-gesellschaften		
		VBl BW	Verwaltungsblätter Baden-Württemberg
UCC	Uniform Commercial Code	VerBAV	Veröffentlichungen des Bundesaufsichtsamtes für das Versicherungswesen
uE	unseres Erachtens		
UFITA	Archiv für Urheber-, Film-, Funk- und Theaterrecht		
		VerbrKrG	Verbraucherkreditgesetz
UfR	Ugeskrift for Retsvæsen (Wochenschrift für das Rechtswesen, Dänemark)	VereinsG	Gesetz zur Regelung des öffentlichen Vereinsrechts
		Verf.	Verfassung; Verfasser
UhVorschG	Gesetz zur Sicherung des Unterhalts von Kindern alleinstehender Mütter und Väter durch Unterhaltsvorschüsse oder -ausfalleistungen	VerfGH	Verfassungsgerichtshof
		VerfGHG	Gesetz über den Verfassungsgerichtshof
		VerfO	Verfahrensordnung
		VerglO	Vergleichsordnung
		VerjAnpG	Gesetz zur Anpassung von Verjährungsvorschriften an das Gesetz zur Modernisierung des Schuldrechts
UKlaG	Unterlassungsklagengesetz		
ULR	(siehe Unif. L. Rev.)		
umstr.	umstritten		
UmwBerG	Gesetz zur Bereinigung des Umwandlungsgesetzes	VermG	Vermögensgesetz
		Veröff.	Veröffentlichung
UmwG	Umwandlungsgesetz	VerschG	Verschollenheitsgesetz
UmwStErl	Umwandlungssteuererlass		

Abkürzungsverzeichnis

VersG	Gesetz über Versammlungen und Aufzüge	WBl.	Wirtschaftsrechtliche Blätter
VersPrax	Versicherungspraxis	WE	Wohnungseigentum
VersR	Versicherungsrecht	WEG	Wohnungseigentumsgesetz
VerstVO	Versteigererverordnung	WertErmVO	Wertermittlungsverordnung
Verz.	Verzeichnis	WEZ	Zeitschrift für Wohnungseigentumsrecht
Vfg.	Verfügung	WG	Wechselgesetz
VG	Verwaltungsgericht; Verwertungsgesellschaft	WHG	Wasserhaushaltsgesetz
		WiB	Wirtschaftsrechtliche Beratung
VGH	Verwaltungsgerichtshof; Verfassungsgerichtshof	WiKG, 1.	Erstes Gesetz zur Bekämpfung der Wirtschaftskriminalität
vgl	vergleiche	WiR	Wirtschaftsrecht
VglO	Vergleichsordnung	WiRO	Wirtschaft und Recht in Osteuropa
VGrS	Vereinigter Großer Senat		
VgV	Vergabeverordnung	WiStG	Wirtschaftsstrafgesetz
VHB	Allgemeine Hausratsversicherungsbedingungen	wistra	Zeitschrift für Wirtschafts- und Steuerrecht
		WM	Wertpapiermitteilungen
VIZ	Zeitschrift für Vermögens- und Investitionsrecht (bis 6.1996); Zeitschrift für Vermögens- und Immobilienrecht (ab 7.1996)	WoBindG	Wohnungsbindungsgesetz
		WP	Wirtschaftsprüfer
		WpG	Die Wirtschaftsprüfung
		WpHG	Wertpapierhandelsgesetz
		WPNR	Weekblad voor Privaatrecht, Notariaat en Registratie
VO	Verordnung		
VOBl	Verordnungsblatt	WPO	Wirtschaftsprüferordnung
VOL	Verdingungsordnung für Leistungen, ausgenommen Bauleistungen	WpÜG	Wertpapiererwerbs- und Übernahmegesetz
		WRP	Wettbewerb in Recht und Praxis
Vol.	Volume		
Vorbem.	Vorbemerkung	WRV	Weimarer Reichsverfassung
vorl.	vorläufig	WuW	Wirtschaft und Wettbewerb
VormG	Vormundschaftsgericht	WZG	Warenzeichengesetz
VRS	Verkehrsrechts-Sammlung		
VRV	Vereinsregisterverordnung	Yb. P.I.L.	Yearbook of Private International Law
VStG	Vermögensteuergesetz		
VStR	Vermögensteuer-Richtlinien	Yb.Eur.L.	Yearbook of European Law
VuR	Verbraucher und Recht	YEBL	(siehe Yb.Eur.L.)
VVaG	Versicherungsverein auf Gegenseitigkeit	ZAkDR	Zeitschrift der Akademie für Deutsches Recht
VVDStRL	Veröffentlichungen der Vereinigung der Deutschen Staatsrechtslehrer	ZaöRV	Zeitschrift für ausländisches öffentliches Recht und Völkerrecht
VVG	Versicherungsvertragsgesetz	ZAP	Zeitschrift für die Anwaltspraxis
VW	Versicherungswirtschaft		
VWG	Vereinigtes Wirtschaftsgebiet	zB	zum Beispiel
VwGO	Verwaltungsgerichtsordnung	ZBB	Zeitschrift für Bankrecht und Bankwirtschaft
VwKostG	Verwaltungskostengesetz		
VwVfG	Verwaltungsverfahrensgesetz	ZBernJV	Zeitschrift des Bernischen Juristen-Vereins
VwVG	Verwaltungsvollstreckungsgesetz		
		ZblFG	Zentralblatt für Freiwillige Gerichtsbarkeit und Notariat
VwZG	Verwaltungszustellungsgesetz		
VwZVG	Verwaltungszustellungs- und Vollstreckungsgesetz	ZErb	Zeitschrift für die Steuer- und Erbrechtspraxis
VZ	Veranlagungszeitraum	ZESAR	Zeitschrift für europäisches Sozial- und Arbeitsrecht
WahrnG	Gesetz über die Wahrnehmung von Urheberrechten und verwandten Schutzrechten	ZEuP	Zeitschrift für Europäisches Privatrecht
WarnR	Warneyer, Die Rechtsprechung des Reichsgerichts (Jahr und Nummer der Entscheidung)	ZEuS	Zeitschrift für Europarechtliche Studien

ZEV	Zeitschrift für Erbrecht und Vermögensnachfolge	ZNotP	Zeitschrift für die Notarpraxis
ZfA	Zeitschrift für Arbeitsrecht	ZNR	Zeitschrift für Neuere Rechtsgeschichte
ZfbF	Schmalenbachs Zeitschrift für betriebswirtschaftliche Forschung	ZPO	Zivilprozessordnung
		ZRHO	Rechtshilfeordnung für Zivilsachen
ZfBR	Zeitschrift für deutsches und internationales Bau- und Vergaberecht	ZRP	Zeitschrift für Rechtspolitik
		ZSchwR	Zeitschrift für Schweizerisches Recht
ZFE	Zeitschrift für Familien- und Erbrecht	Zshg.	Zusammenhang
		ZSR (NF)	Zeitschrift für schweizerisches Recht (neue Folge)
ZfF	Zeitschrift für Fürsorgewesen		
ZfIR	Zeitschrift für Immobilienrecht	ZSt	Zeitschrift für Stiftungswesen
ZfJ	Zentralblatt für Jugendrecht	zT	zum Teil
ZfRV	Zeitschrift für Rechtsvergleichung	ZTR	Zeitschrift für Tarifrecht
		ZUM	Zeitschrift für Urheber- und Medienrecht
zfs	Zeitschrift für Schadensrecht		
ZfSH/SGB	Zeitschrift für Sozialhilfe und Sozialgesetzbuch	zust.	zustimmend
		ZustErgG	Zuständigkeitsergänzungsgesetz
ZfV	Zeitschrift für Versicherungswesen		
		zutr.	zutreffend
ZGB	Schweizerisches Zivilgesetzbuch; Zivilgesetzbuch (DDR)	ZVersWiss	Zeitschrift für die gesamte Versicherungswirtschaft
		ZVG	Gesetz über die Zwangsversteigerung und die Zwangsverwaltung
ZGR	Zeitschrift für Unternehmens- und Gesellschaftsrecht		
ZGS	Zeitschrift für das gesamte Schuldrecht	ZVglRWiss	Zeitschrift für Vergleichende Rechtswissenschaft
ZHR	Zeitschrift für das gesamte Handelsrecht	ZVI	Zeitschrift für Verbraucher-Insolvenzrecht
Ziff.	Ziffer	ZWE	Zeitschrift für Wohnungseigentum
ZInsO	Zeitschrift für das gesamte Insolvenzrecht		
		ZWeR	Zeitschrift für Wettbewerbsrecht
ZIP	Zeitschrift für Wirtschaftsrecht		
zit.	zitiert	zzgl	zuzüglich
ZLW	Zeitschrift für Luftrecht und Weltraumrechtsfragen	ZZP	Zeitschrift für Zivilprozess
		ZZP Int.	Zeitschrift für Zivilprozess International
ZMR	Zeitschrift für Miet- und Raumrecht	zzt.	zurzeit

Allgemeines Literaturverzeichnis

Kommentare

Bamberger/Roth, Kommentar zum Bürgerlichen Gesetzbuch, 3. Auflage 2012; zitiert: Bamberger/Roth/*Bearbeiter*

Baumbach/Hopt, Handelsgesetzbuch, 35. Auflage 2012; zitiert: Baumbach/Hopt/*Bearbeiter*

Baumbach/Lauterbach/Albers/Hartmann, Zivilprozessordnung, 71. Auflage 2013; zitiert: Baumbach/Lauterbach/*Bearbeiter*, ZPO

BeckOK-BGB, Beckscher Online-Kommentar zum BGB, hrsg. von Bamberger/Roth, 2. Auflage 2007 ff; zitiert: BeckOK-BGB/*Bearbeiter*

Bumiller/Harders, Freiwillige Gerichtsbarkeit, FamFG, 10. Auflage 2010

Calliess, Rome Regulations, Commentary on the EC Regulations on Conflict Laws, 2011; zitiert: Calliess/*Bearbeiter*

Calliess/Ruffert, EUV/AEUV, Das Verfassungsrecht der Europäischen Union mit Europäischer Grundrechtecharta, 4. Auflage 2011; zitiert: Calliess/Ruffert/*Bearbeiter*

Erfurter Kommentar zum Arbeitsrecht, hrsg. von Müller-Glöge/Preis/Schmidt, 12. Auflage 2012; zitiert: ErfK/*Bearbeiter*

Erman, Bürgerliches Gesetzbuch, hrsg. von H. P. Westermann, 13. Auflage 2011; zitiert: Erman/*Bearbeiter*

Ferrari/Kieninger/Mankowski/Otte/Saenger/Schulze/Staudinger, Internationales Vertragsrecht: Intern. VertragsR, Rom I-VO, CISG, CMR, FactÜ, 2. Auflage 2012; zitiert: Ferrari u.a./*Bearbeiter*, Internationales Vertragsrecht

Geimer/Schütze, Europäisches Zivilverfahrensrecht, Kommentar zur EuGVVO, EuEheVO, EuZustellungsVO, EuInsVO, EuVTVO, zum Lugano-Übereinkommen und zum nationalen Kompetenz- und Anerkennungsrecht, 3. Auflage 2010; zitiert: Geimer/Schütze/*Bearbeiter*, EuZVR

Groeben/Schwarze, Vertrag über die Europäische Union und Vertrag zur Gründung der Europäischen Gemeinschaft, 4 Bde., 6. Auflage 2004; zitiert: Groeben/Schwarze/*Bearbeiter*

Handkommentar BGB, Bürgerliches Gesetzbuch, bearb. von Schulze, Dörner, Ebert, Hoeren, Kemper, Saenger, Schreiber, Schulte-Nölke, Staudinger, 7. Auflage 2012; zitiert: Hk-BGB/*Bearbeiter*

Hausmann, Internationales und Europäisches Ehescheidungsrecht, 2013; zitiert: *Hausmann*, IntEuSchR

Heidel/Schall, HGB, 2011; zitiert: Heidel/Schall/*Bearbeiter*, HGB

Historisch-kritischer Kommentar zum BGB, hrsg. von Schmoeckel/Rückert/Zimmermann, Band 1, Allgemeiner Teil §§ 1–240, 2003; zitiert: HKK/*Bearbeiter*

Huber, Rome II Regulation, Pocket Commentary, 2011; zitiert: Huber/*Bearbeiter*, Rome II Regulation

Jauernig, Bürgerliches Gesetzbuch, 14. Auflage 2011; zitiert: Jauernig/*Bearbeiter*

juris PraxisKommentar BGB, hrsg. von Herberger/Rüßmann/Martinek/Weth, 5. Auflage 2011; zitiert: jurisPK-BGB/*Bearbeiter*

Koller/Roth/Morck, Handelsgesetzbuch, 7. Auflage 2011

Koziol/Bydlinski/Bollenberger, Kurzkommentar zum ABGB, Allgemeines Bürgerliches Gesetzbuch, Ehegesetz, Konsumentenschutzgesetz, IPR-Gesetz, Rom I- und Rom II-VO, 3. Auflage 2010; zitiert: Koziol/Bydlinski/Bollenberger/*Bearbeiter*

Looschelders, Internationales Privatrecht – Artikel 3–46 EGBGB, 2004

Magnus/Mankowski, Brussels I Regulation, 2. Auflage 2011

Magnus/Mankowski, Brussels IIbis Regulation, 2012

Münchener Kommentar zum Bürgerlichen Gesetzbuch, hrsg. von Säcker/Rixecker, 5. Auflage 2006 ff plus Erg.-Band; zitiert: MüKo/*Bearbeiter*

Münchener Kommentar zum Lauterkeitsrecht, hrsg. von Heermann/Hirsch, 2 Bde., 2006; zitiert: MüKo-UWG/*Bearbeiter*

Münchener Kommentar zur Zivilprozessordnung, hrsg. von Rauscher/Wax/Wenzel, 3. Auflage 2007/2008/2010; zitiert: MüKo-ZPO/*Bearbeiter*

Musielak, Zivilprozessordnung, 9. Auflage 2012; zitiert: Musielak/*Bearbeiter*

Palandt, Bürgerliches Gesetzbuch, 72. Auflage 2013; zitiert: Palandt/*Bearbeiter*

Planck´s Kommentar zum Bürgerlichen Gesetzbuch, Band 1, 4. Auflage 1913; zitiert: Planck/*Bearbeiter*

Prütting/Wegen/Weinreich, Bürgerliches Gesetzbuch, 7. Auflage 2012; zitiert: PWW/*Bearbeiter*

Rauscher, Europäisches Zivilprozess- und Kollisionsrecht, 4 Bde., 2010/2011; zitiert: Rauscher/*Bearbeiter*, EuZPR/EuIPR

RGRK, Das Bürgerliche Gesetzbuch mit besonderer Berücksichtigung der Rechtsprechung des Reichsgerichts und des Bundesgerichtshofes, 12. Auflage 1974 ff; zitiert: RGRK/*Bearbeiter*

Saenger, Zivilprozessordnung, 5. Auflage 2013; zitiert: Hk-ZPO/*Bearbeiter*

Allgemeines Literaturverzeichnis

Schwarze, EU-Kommentar, 3. Auflage 2012; zitiert: Schwarze/*Bearbeiter*

Soergel, Bürgerliches Gesetzbuch mit Einführungsgesetz und Nebengesetzen, 13. Auflage 2000 ff; zitiert: Soergel/*Bearbeiter*

Staudinger, Kommentar zum Bürgerlichen Gesetzbuch, 13. Auflage 1993 ff; zitiert: Staudinger/*Bearbeiter*

Stein/Jonas, Kommentar zur Zivilprozessordnung, 22. Auflage 2002 ff; zitiert: Stein/Jonas/*Bearbeiter*

Thomas/Putzo, Zivilprozessordnung, 34. Auflage 2013; zitiert: Thomas/Putzo/*Bearbeiter*

Tonner/Willingmann/Tamm, Vertragsrecht, 2010; zitiert: TWT/*Bearbeiter*

unalex Kommentar zur Brüssel I-Verordnung, 2012, hrsg. von Simons/Hausmann; zitiert: *Bearbeiter* in: unalex Kommentar Brüssel I-VO

Wieczorek/Schütze, Zivilprozessordnung und Nebengesetze, 13 Bde, 3. Auflage 1994 ff, 4. Auflage 2013/2014; zitiert: Wieczorek/Schütze/*Bearbeiter*

Zöller, Zivilprozessordnung, 29. Auflage 2012; zitiert: Zöller/*Bearbeiter*

Lehr- und Handbücher, Monografien

Ahern/Binchy, Rome II Regulation on the Law Applicable to Non-contractual Obligations, 2009; zitiert: *Bearbeiter* in: Ahern/Binchy, Rome II Regulation

Andrae, Internationales Familenrecht, 2. Auflage, 2006

v. Bar/Mankowski, Internationales Privatrecht, Band 1, 2. Auflage 2003; zitiert: *v. Bar/Mankowski*, IPR I

Brödermann/Iversen, Europäisches Gemeinschaftsrecht und Internationales Privatrecht, 1994; zitiert: Brödermann/Iversen/*Bearbeiter*, IPR

Dickinson, The Rome II Regulation, The Law Applicable to Non-Contractual Obligations, 2008, Updating Supplement, 2010; zitiert: *Dickinson*, Rome II Regulation

Ferrari/Leible, Rome I Regulation, The Law Applicable to Contractual Obligations in Europe, 2009; zitiert: *Bearbeiter* in: Ferrari/Leible, Rome I Regulation

Gebauer/Wiedmann, Zivilrecht unter europäischem Einfluss, Die richtlinienkonforme Auslegung des BGB und anderer Gesetze, Kommentierung der wichtigsten EU-Verordnungen, Handbuch 2. Auflage 2010; zitiert: *Bearbeiter* in: Gebauer/Wiedemann

Geimer, Internationales Zivilprozessrecht, 6. Auflage 2009; zitiert: *Geimer*, IZPR

Geimer/Schütze, Internationaler Rechtsverkehr in Zivil- und Handelssachen, Loseblatt-Handbuch, mit Texten, Kommentierungen und Länderberichten, Handbuch, 43. Auflage 2012. Loseblatt, Stand: Juni 2012 – zitiert: Geimer/Schütze/*Bearbeiter*, IRV

Henrich, Internationales Scheidungsrecht, 3. Auflage 2012

v. Hoffmann/Thorn, Internationales Privatrecht, 9. Auflage 2007

Hüßtege/Ganz, Internationales Privatrecht, 5. Auflage 2013

Jayme/Hausmann, Internationales Privat- und Verfahrensrecht (Textsammlung), 16. Auflage 2012

Kegel/Schurig, Internationales Privatrecht, 9. Auflage 2004

Koch/Magnus/Winkler v. Mohrenfels, IPR und Rechtsvergleichung, 4. Auflage 2010

Kropholler, Internationales Privatrecht, 6. Auflage 2006

Linke/Hau, Internationales Zivilverfahrensrecht, 5. Auflage 2011

Münchener Handbuch zum Arbeitsrecht, hrsg. von Richardi/Wlotzke/Wißmann/Oetker, 2 Bde., 2009; zitiert: MünchArbR/*Bearbeiter*

Nagel/Gottwald, Internationales Zivilprozessrecht, 7. Auflage 2013

Raape, Internationales Privatrecht, 5. Auflage 1961

Raape/Sturm, Internationales Privatrecht, Band 1, 6. Auflage 1977

Rauscher, Internationales Privatrecht, 4. Auflage 2012

Schack, Internationales Zivilverfahrensrecht, 5. Auflage 2010

Schnyder/Liatowitsch, Internationales Privat- und Zivilverfahrensrecht, 3. Auflage 2011

Schotten/Schmellenkamp, Das Internationale Privatrecht in der notariellen Praxis, 2. Auflage 2007

Schulze/Zuleeg/Kadelbach, Europarecht, Handbuch für die deutsche Rechtspraxis, 2. Auflage 2010; zitiert: *Bearbeiter* in: Schulze/Zuleeg/Kadelbach

Schwimann, Internationales Privatrecht, 3. Auflage 2001

Siehr, Internationales Privatrecht, 2001

Das anwaltliche Mandat im internationalen Schuldrecht

Das anwaltliche Mandat im internationalen Schuldrecht

I. Einführung 1
II. Die anwaltliche Beratungspraxis 12
   1. Allgemeines 12
   2. Beratende Praxis im Zusammenhang mit der Rom I-VO 17
      a) Rechtswahl 17
      b) Rechtswahl und UN-Kaufrecht 25
      c) Die Bedeutung von Gerichtsstandsvereinbarungen im Rahmen von internationalen Vertragsverhandlungen 27
      d) Schiedsvereinbarungen 28
   3. Beratende Praxis im Zusammenhang mit der Rom II-VO 29
      a) Anwendungsbereich 29
      b) Rechtswahl 32
III. Forensische Praxis 40
   1. Allgemeines 40
   2. Zuständigkeit 42
   3. Zustellung 44
   4. Ermittlung und Beweis ausländischen Rechts 50
   5. Anerkennung und Vollstreckung 55
IV. Schlussbemerkung 59

I. Einführung

1 Das Internationale Privatrecht und das Internationale Zivilprozessrecht stellen klassisches Rechtsanwendungsrecht dar.[1] Beides hat die Funktion, die sachgerechte Lösung von grenzüberschreitenden Rechtsproblemen zu ermöglichen. Dabei besteht die große Bedeutung des Internationalen Privatrechts nicht nur in der Bereitstellung eines Mechanismus zur Lösung von Rechtsstreitigkeiten. Das Internationale Privatrecht hat im Schuldrecht insbesondere die Funktion, Rechtssicherheit für die an einem solchen grenzüberschreitenden Schuldverhältnis beteiligten Parteien zu schaffen.[2] Deshalb spielt das Internationale Privatrecht bei Weitem nicht nur in der forensischen, sondern insbesondere in der rechtsgestaltenden und -beratenden anwaltlichen Praxis eine immer bedeutsamere Rolle. Dies hängt vor allem mit der immer enger werdenden internationalen Verflechtung der Wirtschaftsbeziehungen zusammen, die sich nicht nur auf den Raum der Europäischen Union, sondern darüber hinaus auch auf das gesamte „global village" bezieht.

2 Rechtsstaatlichkeit im Allgemeinen und die Verlässlichkeit von Vertragsbeziehungen im Besonderen haben die Rechtssicherheit zur unabdingbaren Voraussetzung. Rechtssicherheit lebt von der Vorhersehbarkeit der Rechtsanwendung.[3] Die über einen Vertragsabschluss verhandelnden Parteien können nur dann die mit dem Vertragsabschluss verbundenen wirtschaftlichen Risiken einschätzen und eingehen, wenn sie sich über den Inhalt der über den reinen Vertragstext hinausgehenden Rechtsvorschriften im Klaren sind, wenn ihre Rechte und Pflichten, die sich aus dem Gesetz ergeben, feststehen und wenn sie so Vorsorge für den „worst case" treffen können, nämlich für den Fall von Störungen in der Vertragsabwicklung. Klarheit über das anwendbare Recht und über den Gerichtsstand zu schaffen, gehört deshalb zu den unabdingbaren Bestandteilen der anwaltlichen beratenden Tätigkeit. Dass dies in der forensischen Tätigkeit eine nicht mindergroße Rolle spielt, bedarf keiner Erläuterung.

3 Durch die **Rom I-VO**[4] und die **Rom II-VO**[5] ist ein weitgehend vereinheitlichtes europäisches Kollisionsrecht für vertragliche und außervertragliche Schuldverhältnisse geschaffen worden. Schon die Erwägungsgründe für beide Verordnungen erklären es zum allgemeinen Ziel dieser europäischen Rechtsakte, einen Beitrag zur Rechtssicherheit im europäischen Rechtsraum zu leisten.[6] Dabei ist die Verschränkung von Internationalem Privatrecht und Internationalem Zivilprozessrecht zur Herstellung von Rechtssicherheit und Vorhersehbarkeit ein entscheidender Faktor. Während das außereuropäische Internationale Zivilprozessrecht im Allgemeinen und auch das durch die EuGVVO[7] normierte Europäische Internationale Zivilpro-

---

1 *v. Bar/Mankowski*, Internationales Privatrecht Bd. 1, 2. Aufl. 2003, § 1 Rn 2; *Geimer*, Internationales Zivilprozessrecht, 6. Aufl. 2009, Rn 18.
2 *Kropholler*, Internationales Privatrecht, 6. Aufl. 2006, § 4 IV, 30; *Magnus*, Die Rom I-VO, IPRax 2010, 27 f.
3 *Kropholler*, Internationales Privatrecht, § 4 IV, 30.
4 Verordnung (EG) Nr. 593/2008 des Europäischen Parlaments und des Rates vom 17.6.2008 über das auf vertragliche Schuldverhältnisse anzuwendende Recht (ROM I), ABl. EU 2008 Nr. L 177 v. 4.7.2008, S. 6 ff; Berichtigung in ABl. EU 2009 Nr. L 309/87; in Kraft seit dem 17.12.2009.
5 Verordnung (EG) Nr. 864/2007 des Europäischen Parlaments und des Rates vom 11.7.2007 über das auf außervertragliche Schuldverhältnisse anzuwendende Recht, ABl. EU 2007 Nr. L 199, v. 31.7.2007, S. 40 ff; in Kraft seit dem 11.1.2009.
6 Erwägungsgrund 16 S. 1 zur Rom I-VO bzw Erwägungsgrund 6 zur Rom II-VO; siehe hierzu auch Rauscher/*v. Hein*, EuZPR/EuIPR, 2011, Einl. Rom I-VO Rn 1.
7 Verordnung (EG) Nr. 44/2001 des Rates vom 22.12.2000 über die gerichtliche Zuständigkeit und die Anerkennung und Vollstreckung von Entscheidungen in Zivil- und Handelssachen, ABl. EU 2011 Nr. L 12 v. 16.1.2001, S. 1, zuletzt geändert durch die Verordnung (EG) Nr. 1791/2006, ABl. EU 2006 Nr. L 363 v. 20.12.2006, S. 1.

zessrecht durch die dort vorgesehenen Wahlgerichtsstände ein „forum shopping" im Interesse des jeweiligen Mandanten ermöglichen,[8] führt die Vereinheitlichung des Kollisionsrechts zu einer deutlichen Einschränkung der „Wettläufe" um den Gerichtsstand, zumindest im Bereich der Europäischen Union. Das **„forum shopping"** eröffnet zwar den Parteien im Falle eines Rechtsstreits erhebliche Angriffsmöglichkeiten und schafft insbesondere für die anwaltlichen Berater und Vertreter die Möglichkeit zum Nachweis ihrer anwaltlichen Kunst, ist aber zu Recht ein rechtsstaatliches Ärgernis.[9] Insofern war die EuGVVO nur ein erster Schritt, der nun durch die Rom I-VO und die Rom II-VO seine Fortsetzung findet. Zwar ist es sinnvoll und richtig, Wahlgerichtsstände vorzusehen,[10] sie eröffnen jedoch ohne ein einheitliches Kollisionsrecht häufig die Möglichkeit, es dem Wahlrecht des Klägers zu überlassen, welches Recht auf eine bestimmte Rechtsstreitigkeit angewandt wird. Der anwaltlich beratene Kläger wird als Kriterium für die Auswahl eines eröffneten Wahlgerichtsstandes stets das für ihn günstigere materielle Recht berücksichtigen, das nach den Kollisionsregeln des Gerichtsstaates angewandt werden würde. Durch die Vereinheitlichung der Kollisionsnormen durch die Rom I-VO und die Rom II-VO fällt dieses Kriterium weg.[11] Dies gilt zumindest dann, wenn sichergestellt ist, dass das zuständige Gericht das ggf anzuwendende ausländische Recht auch richtig anwendet, was leider keineswegs immer vorausgesetzt werden kann.[12]

4   Ein weiterer für die Praxis bedeutsamer Vorteil, der durch die Vereinheitlichung der Kollisionsnormen im europäischen Rechtsraum geschaffen wird, ist der faktische Abschied von **Rück- und Weiterverweisungen**. Zwar gilt Art. 4 Abs. 1 EGBGB,[13] der die Gesamtverweisung, also den Grundsatz, wonach die Verweisung der deutschen Fusionsnorm ausländisches Recht auch dessen Kollisionsnormen umfasst,[14] weiter. Diese Bestimmung wird allerdings ihre Bedeutung weitgehend verlieren. Dies folgt einerseits aus Art. 20 Rom I-VO für das vertragliche Schuldrecht und andererseits aus Art. 24 Rom II-VO für das außervertragliche Schuldrecht. Anders als Art. 4 Abs. 1 EGBGB gehen die beiden Verordnungen so weit, die kollisionsrechtlichen Verweisungen als ausschließliche Sachnormverweisungen zu betrachten, also vom Prinzip der Gesamtverweisung Abstand zu nehmen.[15] Aufgrund der Tatsache, dass innerhalb der Europäischen Union für diese Materien ohnehin die Kollisionsnormen vereinheitlicht sind, könnten auch ohne diese Bestimmungen Rück- bzw Weiterverweisungen bei Sachverhalten mit rein inner-europäischem Rechtsbezug nicht mehr vorkommen. Nachdem allerdings die beiden Verordnungen als Bestandteil der jeweils nationalen Internationalen Privatrechtsordnungen zum unmittelbaren nationalen Kollisionsrecht geworden sind, wird das Verbot der Rück- und Weiterverweisung im Wesentlichen Wirkung in solchen Fallkonstellationen entfalten, in denen Bezüge zu Drittstaaten außerhalb der Europäischen Union bestehen.[16] Durch Art. 11

---

8   *Mankowski*, Überlegungen zur sach- und interessensgerechten Rechtswahl für Verträge des internationalen Wirtschaftsverkehrs, RIW 2003, 2.
9   Vgl nur *Kropholler*, in: FS Firsching 1985, S. 165; *Schack*, Internationales Zivilverfahrensrecht, 5. Aufl. 2010, Rn 250 ff; *Geimer*, Internationales Zivilprozessrecht, Rn 1095 ff; s. hierzu auch *Schütze*, Klagen vor US-amerikanischen Gerichten – Probleme und Abwehrstrategien, RIW 2005, 579 ff; *Paulus*, Abwehrstrategien gegen unberechtigte Klagen in den USA, RIW 2006, 258, 260; *Hess*, Aktuelle Brennpunkte des transatlantischen Justizkonflikts, AG 2005, 897 ff.
10 Vgl dazu *Brand*, Formularbuch zum Europäischen und Internationalen Zivilprozessrecht, 2011, A.I.3–A.I.19.
11 Vgl *Lagarde*, RabelsZ 68 (2004), 230; s. auch Rauscher/*v. Hein*, EuZPR/EuIPR, Einl. Rom I-VO Rn 1.
12 So ist bspw von englischen Untergerichten, die häufig nicht mit Juristen auf der Richterbank besetzt sind, bekannt, dass sie zwar die Verpflichtung, ausländisches Recht anzuwenden, zur Kenntnis nehmen, dann aber in Ermangelung näherer Kenntnisse des ausländischen Rechts nicht etwa den Versuch unternehmen, den Inhalt des ausländischen Rechts zu ermitteln, sondern davon ausgehen, dass das ausländische Recht dem englischen Recht gleich ist. Auf diese Weise wenden sie dann im Ergebnis englisches Recht an. Gegen derartige Unsitten in der Rechtspraxis sind natürlich keinerlei gesetzgeberischen Kräuter gewachsen; s. zur deutschen Rechtslage der Anwendung der *lex fori* bei Nicht-Ermittelbarkeit des ausländischen materiellen Rechts unten Rn 54.
13 *Kropholler*, Internationales Privatrecht, § 24 III, 178; NK-BGB/*Freitag*, Art. 4 EGBGB Rn 2 ff.
14 Vgl Palandt/*Thorn*, Bürgerliches Gesetzbuch, 72. Aufl. 2013, Art. 4 EGBGB Rn 1.
15 S. nur Palandt/*Thorn*, Art. 24 Rom II-VO Rn 1.
16 Palandt/*Thorn*, aaO.

Rom III-VO[17] sowie durch Art. 15 EuUnthVO[18] und durch Art. 26 der EU-Erbrechtsverordnung[19] ist das Prinzip der Gesamtverweisung auch für die Bereiche des Scheidungs- und Erbrechts ausgeschlossen worden. Wie in der Rom I-VO und der Rom II-VO wurde dort normiert, dass von einer internationalen privatrechtlichen Rechtsverweisung nur noch die Sachnormen umfasst sind, Somit wird Art. 4 Abs. 1 EGBGB zunächst lediglich noch für sachenrechtliche und gesellschaftsrechtliche Fragestellungen Bedeutung haben, also für alle anderen Rechtsgebiete weitgehend obsolet werden. Auf diese Weise wird ein erheblicher Beitrag zur Rechtssicherheit und zur Vorsehbarkeit des anwendbaren Rechts geleistet, der sich in der Praxis segensreich auswirken wird.

Dabei konnte schon bisher durch die vertragliche **Rechtswahl** die für die Parteien so wichtige Vorsehbarkeit der Rechtsanwendung sichergestellt werden. Dies erkennt auch beispielsweise Erwägungsgrund 11 der Rom I-VO, wonach die freie Rechtswahl der Parteien einer der Ecksteine des Systems der Kollisionsnormen im Bereich der vertraglichen Schuldverhältnisse ist, an. Gerade im internationalen schuldrechtlichen Mandat liegt dort einer der Schwerpunkte der beratenden Tätigkeit des Rechtsanwalts. Das Bedürfnis nach Beratung zum jeweils für die Partei günstigsten Recht im Vorfeld von Vertragsschlüssen wird mit der wachsenden Internationalisierung der Wirtschaftsbeziehungen weiter wachsen. Dieses Bedürfnis wird der meist nur mit seinem nationalen Recht vertraute Rechtsberater allein kaum erfüllen können. Aus diesem Grund wird die grenzüberschreitende Kooperation von Anwaltskanzleien weiter zunehmen. Längst befinden sich nicht nur die am Wirtschaftsleben Beteiligten, sondern auch die Rechtsordnungen selbst im Wettbewerb. Mit dem „Bündnis für das deutsche Recht"[20] und der Initiative „Law Made in Germany"[21] soll durch eine konzertierte Aktion sowohl des Bundesjustizministeriums als auch der Anwaltschaft für die Anwendung deutschen Rechts im internationalen Wettbewerb der Rechtsordnungen geworben werden. In diesem Wettbewerb wird man allerdings nicht allein durch Werbung bestehen können, sondern nur dadurch, dass die Vorschriften des nationalen Rechts an die Erfordernisse des internationalen Wirtschaftsverkehrs angepasst werden.[22] Das materielle Recht und das rechtsstaatliche Garantien umsetzende Verfahrensrecht stellen deshalb einen bedeutenden Standortvorteil dar.[23] Das neue europäische Kollisionsrecht bildet einen Baustein für einen solchen Standortvorteil für die Mitgliedstaaten der EU im internationalen Wettbewerb der Rechtsordnungen.

Wie tragfähig dieser Baustein in der Zukunft sein wird, wird sich anhand der weiteren Rechtsentwicklung zu erweisen haben. *Von Hein* hat zu Recht darauf hingewiesen,[24] dass beispielsweise die Rom I-VO zugleich der „Materialisierung des deutschen und europäischen IPR" dient.[25] Damit diene die Harmonisierung des IPR nicht nur den Interessen des Rechtsverkehrs und der Vorhersehbarkeit des anwendbaren Rechts, sondern auch der Durchsetzung von sozialen Anliegen, was sich schon – in Abkehr vom insoweit

---

17 Verordnung (EU) Nr. 1259/2010 des Rates vom 20.12.2010 zur Durchführung einer verstärkten Zusammenarbeit im Bereich des auf die Ehescheidung und Trennung ohne Auflösung des Ehebandes anzuwendenden Rechts (ROM-III); in Kraft ab dem 21.6.2012, ABl EU 2010 Nr. L 343/10 v. 29.12.2010.

18 Verordnung (EG) Nr. 4/2009 des Rates über die Zuständigkeit, das anwendbare Recht, die Anerkennung und Vollstreckung von Entscheidungen und die Zusammenarbeit in Unterhaltssachen v. 18.12.2008, ABl. EU 2009 Nr. L 7, S. 1 iVm Art. 12 des Haager Protokolls vom 23. November 2007 über das auf Unterhaltspflichten anzuwendende Recht, ABl. EU 2009 Nr. L 331, S. 19, auf die Artikel 15 EuUnthVO verweist und der ebenfalls die Rück- und Weiterverweisung ausschließt.

19 Verordnung (EU) Nr. 650/2012 über die Zuständigkeit, das anzuwendende Recht, die Anerkennung und Vollstreckung öffentlicher Urkunden in Erbsachen sowie zur Einführung eines europäischen Nachlasszeugnisses, ABl. EU 2012 Nr. L 201 vom 27.7.2012; s. hierzu ausführlich *Simon/Buschbaum*, Die neue EU-Erbrechtsverordnung, NJW 2012, 2393 ff.

20 Gegründet am 27.10.2008 mit dem Ziel, die Präsentation des deutschen Rechts im Ausland zu verbessern und den Zugang zu deutschen Rechtstexten zu erleichtern, vgl <http://www.bmj.de/cln_093/DE/Recht/Justizverwaltung/InternationalerechtlicheZusammenarbeit/Rechtsstaatsdialoge/_doc/Das_Buendnis_fuer_das_deutsche_Recht.html>.

21 Vgl die gemeinsame Broschüre der Bundesnotarkammer, der Bundesrechtsanwaltskammer, des Deutschen Anwaltvereins, des Deutschen Industrie- und Handelskammertages, des Deutschen Notarvereins, des Deutschen Richterbundes, abrufbar unter <www.lawmadeingermany.de>.

22 Vgl bspw die Initiative des Deutschen Anwaltvereins zur Verbesserung der Wettbewerbsfähigkeit Deutschen Rechts durch Änderung des AGB-Rechts für den unternehmerischen Rechtsverkehr; Stellungnahme Nr. 23/2012, abrufbar unter <www.anwaltverein.de/download/stellungnahmen-11/davsn-23-2005.pdf>.

23 *Brand*, US-Sammelklagen und kollektiver Rechtsschutz in der EU, NJW 2012, 1116, 1120; s. hierzu auch ausführlich *Kieninger*, Wettbewerb der Privatrechtsordnungen im europäischen Binnenmarkt, 2002; *Eidenmüller*, Recht als Produkt, JZ 2009, 641 ff; Rauscher/*v. Hein*, EuZPR/EuIPR, Einl. Rom I-VO Rn 2.

24 *v. Hein*, aaO, Rn 4 mwN; *ders.* Das Günstigkeitsprinzip im Internationalen Deliktsrecht, 1999, S. 73 ff.

25 So auch *Schaub*, Grundlagen und Entwicklungstendenzen des europäischen Kollisionsrechts, JZ 2005, 328, 335; *Mankowski* in: Aufbruch nach Europa, 75 Jahre Max-Planck-Institut für Privatrecht, 2001, 595, 598 f.

wertneutralen IPR klassischer Prägung – beispielsweise gegenüber Verbrauchern und Arbeitnehmern in den Vorschriften der Artt. 6 und 8 Rom I-VO zeige. Dies erkennt auch Erwägungsgrund 23 Rom I-VO ausdrücklich an, der die Bevorzugung der schwächeren Partei zum Schutzzweck der Kollisionsnormen erhebt. In dieser Tendenz liegt Chance und Risiko zugleich. Zwar mag ein größerer Verbraucher- und Arbeitnehmerschutz die Akzeptanz von europäischen Rechtsnormen insgesamt erhöhen. Die Überfrachtung von Rechtsanwendungsrecht mit sozial- und gesellschaftspolitischen Anliegen kann aber zugleich als Hemmschuh für die wirtschaftliche Entwicklung und damit zum Mühlstein am Hals der Attraktivität der europäischen Rechtsordnung werden. Dies gilt insbesondere dann, wenn Möglichkeiten zur Rechtswahl eingeschränkt werden.[26] Ob die Europäische Kommission ihrem Ziel der Standortsicherung durch die ständige Ausweitung der Verbraucherrechte – und sei es über den Umweg von Kollisionsnormen – tatsächlich näherkommt, mag ernsthaft bezweifelt werden.[27] Zwar stehen diese Bemühungen im Einklang mit Art. 169 AEUV, der einen hohen Verbraucherschutzstandard fordert; zu fragen ist jedoch, ob dies nicht eher durch materielle Rechtsvorschriften, wie beispielsweise die EU-Richtlinie über die Rechte der Verbraucher[28] und deren Umsetzung in nationales Recht, erzielt werden sollte als über das Rechtsanwendungsrecht.

7 Die vor allem von der Europäischen Kommission vorangetriebene Fortentwicklung des Europäischen Internationalen Privatrechts bewirkt in jedem Falle, dass sich der anwaltliche Berater künftig mehr denn je mit den Fragen des Internationalen Privatrechts vertraut machen muss. Schon in ihrer Verlautbarung vom 1. Mai 2004 hat die Europäische Kommission dies unmissverständlich deutlich gemacht. Dort hat sie ausgeführt, dass das Internationale Privatrecht zu einer eigenständigen europäischen Rechtsdisziplin, jenseits der nationalen Rechte der Mitgliedstaaten werden solle, was dazu führe, dass sich kein Jurist in diesem durch seine Grenzen und die Vielfalt der grenzüberschreitenden Rechtsverhältnisse geprägten Europa leisten könne, an dieser Entwicklung vorbeizugehen.[29] Dies gilt für die beratende Tätigkeit in gleichem Maße wie für die forensische Praxis, und selbstverständlich nicht nur für Rechtsanwälte, sondern auch für die Richterschaft, die sich gleichermaßen im „Dschungel" der europäischen Kollisionsregeln zurecht finden muss.[30] Diesen Dschungel zumindest für die Bereiche des vertraglichen und außervertraglichen Schuldrechts übersichtlicher zu machen, ist das Ziel der Rom I-VO und der Rom II-VO.

8 Internationale Sachverhalte führen nicht nur zu erweiterten Pflichten der anwaltlichen Berater, sondern auch zu erhöhten Anforderungen in der **notariellen Praxis**. An zwei einfachen Beispielen sei dies verdeutlicht:
Erstes Beispiel: Bestehen beispielsweise bei einer Beurkundung Zweifel an der Geschäftsfähigkeit einer Vertragspartei, treffen den Notar zusätzliche Informations- und Belehrungspflichten. § 11 Abs. 1 BeurkG sieht vor, dass für den Fall, dass bei einem Beteiligten nach der Überzeugung des Notars die erforderliche Geschäftsfähigkeit fehlt, die Beurkundung abgelehnt werden soll. Gemäß § 11 Abs. 1 S. 2 BeurkG soll der Notar Zweifel an der erforderlichen Geschäftsfähigkeit eines Beteiligten in der Niederschrift feststellen. In der Beurkundungssituation mit ausschließlich inländischen Beteiligten wird der Notar sich also in der Regel darauf beschränken, sich durch sein Gespräch mit den Beteiligten von deren Geschäftsfähigkeit iSv § 104 Nr. 2 BGB zu überzeugen und dies ggf in der Urkunde vermerken. § 11 BeurkG verpflichtet den Notar nicht, die Geschäftsfähigkeit jedes formell Beteiligten zu überprüfen, sondern bestimmt nur die Amtspflichten in den Fällen, in denen der Notar Zweifel an der Geschäftsfähigkeit einer der Vertragsparteien hat oder von deren Fehlen überzeugt ist.[31] Bestehen keine besonderen Anhaltspunkte, die den Zweifel an der Geschäftsfähigkeit begründen, muss der Notar auch keine Nachforschungen anstellen.[32] Bei reinen Inlandsverträgen wird der Notar das Thema der Volljährigkeitsrecht im Blick haben und eventuell notwendige Genehmigungen im Sinne von § 108 BGB einholen. Die Geschäftsfähigkeit richtet sich aber nach dem jeweiligen Heimatrecht der Parteien, was zu dem Problem führt, dass das ausländische Geschäftsfähigkeitsrecht einschließlich des Volljährigkeitsrechts – bei Erschienenen unterschiedlicher Nationalität, insbeson-

---

[26] Vgl hierzu allerdings befürwortend *Eidenmüller*, JZ 2009, 641, 651.
[27] Vgl hierzu auch *Tamm*, Die 28. Rechtsverordnung der EU: Gedanken zur Einführung eines grenzüberschreitenden B2C-Vertragsrechts, GPR 2010, 281.
[28] Richtlinie 2011/83/EU vom 25.10.2011 über die Rechte der Verbraucher, zur Abänderung der Richtlinie 93/13/EWG des Rates und der Richtlinie 1999/40/EG des Europäischen Parlaments und des Rates sowie zur Aufhebung der Richtlinie 85/577/EWG des Rates und der Richtlinie 97/7/EG des Europäischen Parlaments und des Rates, ABl. EU 2011 Nr. L 304 v. 22.11.2011, S. 64; siehe hierzu auch *Schwab/Giesemann*, Die Verbraucherrechte-Richtlinie: Ein wichtiger Schritt zur Vollharmonisierung im Binnenmarkt, EuZW 2012, 253 ff.
[29] Vgl Bekanntmachung der Generaldirektion Justiz und Inneres vom 1.5.2004; <http://www.eurozivil.info/news/newsitem.cvm?id=87>; s. hierzu auch *Schaub*, JZ 2005, 328, 329.
[30] *Schaub*, JZ 2005, 328 unter Berufung auf *Reimann*, Conflict of Laws in Western Europe, A Guide through the Jungle, Transnational Publishers, 1995.
[31] BeckOK-BeurkG/*Litzenburger*, Stand: 1.2.2009, Edition 12, § 11 BeurkG Rn 2.
[32] OLG Frankfurt DNotZ 1978, 506, vgl auch BGH DNotZ 1963, 315, 316 wo der BGH betont, dass nur bei objektiven Anhaltspunkten für das Bestehen einer Auslandsbeziehung eine Prüfungspflicht des Notars besteht.

dere wenn diese zwischen 18 und 21 Jahren alt sind – dem Notar in aller Regel nicht bekannt sein wird. In einem solchen Fall muss der Notar nach § 17 Abs. 3 BeurkG die Parteien darauf hinweisen, dass ausländisches Recht möglicherweise zur Anwendung kommen kann.[33] Es ist jedoch nicht die Pflicht des Notars, die Parteien über den Inhalt des ausländischen Rechts zu belehren, § 17 Abs. 3 S. 3 BeurkG.[34] Auch muss der Notar nicht bestimmen, welches Recht zur Anwendung kommt.[35] Der Notar muss die Vertragsparteien jedoch beispielsweise darauf hinweisen, dass durch die Anwendung ausländischen Rechts gegebenenfalls ein höheres Volljährigkeitsalter gelten und deshalb der zu beurkundende Vertrag möglicherweise unwirksam sein könnte.[36] Geht dann die von dem Notar aufgeklärte Vertragspartei dennoch nicht der Frage nach der Volljährigkeit ihres ausländischen Vertragspartners nach, so wird sie aufgrund ihrer Fahrlässigkeit nicht mehr durch Art. 13 Rom I-VO geschützt. Nach dieser Vorschrift kann sich eine natürliche Person, die nach dem Recht dieses Staates rechts-, geschäfts- und handlungsfähig wäre, dann auf ihre, sich nach dem Recht eines anderen Staates ergebende Rechts-, Geschäfts- und Handlungsunfähigkeit berufen, wenn die andere Vertragspartei bei Vertragsschluss diese Rechts-, Geschäfts- und Handlungsunfähigkeit kannte oder infolge von Fahrlässigkeit nicht kannte.

Ähnlich bedeutsam stellt sich die Situation in einem **zweiten Beispiel** dar: Wenn an der Urkunde eine **ausländische juristische Person** beteiligt ist, wird der Notar nicht ohne Weiteres in der Lage sein festzustellen, ob der für diese juristische Person Erschienene tatsächlich vertretungsbefugt ist oder ob seine Vollmacht von einem vertretungsberechtigten Gesellschaftsorgan unterzeichnet wurde. Bei einer deutschen juristischen Person ist dies durch den Handelsregisterauszug zumeist leicht feststellbar. In vielen ausländischen Staaten, auch innerhalb der Europäischen Union, gibt es aber kein dem deutschen System vergleichbares Registerwesen. Wer beispielsweise für eine britische Company with Limited Liability berechtigt ist, Verträge für die Gesellschaft abzuschließen oder eine Vollmacht auszustellen, ergibt sich aufgrund der Unterschiede zwischen dem deutschen Geschäftsführungsmodell und dem britischen Board-System aus den bei dem englischen „Companies House" geführten Unterlagen nicht. Häufig wird ein Beschluss des Board of Directors zur Vollmachtserteilung erforderlich sein. Ein Notar oder auch ein anwaltlicher Berater, der über diese Fragen beispielsweise bei dem Abschluss und der Beurkundung eines internationalen Unternehmenskaufvertrages ohne eigene Kenntnisverschaffung und ohne zumindest eine Belehrung über die mögliche Unwirksamkeit des Vertrages hinweggeht, gefährdet die Wirksamkeit des abzuschließenden Vertrages. Wichtig ist deshalb schon aus Haftungsgründen, dass der Notar in der Niederschrift zumindest einen Vermerk über seine Belehrung vornimmt. Allerdings dient der Belehrungsvermerk lediglich Beweiszwecken[37] zur Absicherung des Notars, wenn er die Notarhaftung vermeiden will, die nach § 19 BNotO möglich ist.

Dabei ist im Einzelnen durchaus umstritten, inwieweit der Notar seine Haftung in Fällen mit Auslandsberührung ausschließen oder einschränken kann. Auch wenn der Notar nicht verpflichtet ist, über ausländisches Recht zu belehren, sollte eine Haftung jedenfalls dann möglich sein, wenn sich ein Notar trotz fehlender Pflicht dazu entscheidet, eine Belehrung über das ausländische Recht vorzunehmen.[38] Durch die Einschränkung, zur Belehrung über den Inhalt ausländischer Rechtsordnungen nicht verpflichtet zu sein, wird somit lediglich die Belehrungspflicht des Notars einerseits begründet und andererseits begrenzt, nicht jedoch die Haftung des Notars.[39] Berät der Notar über ausländisches Recht – wovon grundsätzlich abzuraten ist –, haftet er auch für fehlerhafte Beratung.[40] Anstatt im ausländischen Recht zu beraten, sollten auch Notare deshalb viel stärker, als es in der Praxis heute noch der Fall ist, bei der Beurkundung von grenzüberschreitenden schuldrechtlichen Rechtsakten die Zusammenarbeit mit Notaren im Ausland suchen.[41] Aufgrund der notwendigen Beachtung der jeweiligen Souveränitätsrechte der Staaten und der damit verbundenen „territorialen Beschränkung der Urkundsgewalt"[42] ist eine Zusammenarbeit zwar nur nach jeweiligem Ersuchen des Notars möglich. Es ist jedoch erforderlich, dass auch Notare im Zeitalter der Globalisierung oder jedenfalls Europäisierung der Rechtsbeziehungen Mittel und Wege finden, um ihre Auftraggeber auch bei grenzüberschreitenden Transaktionen unterstützen zu können.[43]

---

33 *Amann*, Eigentumserwerb unabhängig vom ausländischen Güterrecht?, MittBayNot 1986, 222, 227.

34 Siehe dazu ausführlich: *Bardy* Belehrungspflicht und Haftung des Notars in Fällen mit Auslandsberührung, MittRhNotK 1993, 305, 307.

35 BeckOK-BeurkG/*Litzenburger*, § 11 BeurkG Rn 2.

36 *Schotten*, Der Schutz des Rechtsverkehrs im Internationalen Privatrecht, DNotZ 1994, 670, 674.

37 BGH DNotZ 1974, 296, 301.

38 *Bardy*, MittRhNotK 1993, 305, 307 mwN zum Streitstand.

39 Eylmann/Vaasen/*Frenz*, BNotO/BeurkG, Kommentar, 3. Aufl. 2011, § 17 BeurkG Rn 40.

40 *Frenz*, aaO.

41 Beispielsweise bei Unsicherheiten über die Vertretungsbefugnis für eine ausländische juristische Person durch eine Vertretungsbescheinigung eines ausländischen Notars wie sie § 21 Abs. 1 Nr. 1 BNotO für den umgekehrten Fall der Bestätigung der Vertretungsbefugnis für eine deutsche juristische Person vorsieht. s. zur Gleichwertigkeit ausländischer Vertretungsbescheinigungen Schippel/Bracker/*Reithmann*, Bundesnotarordnung, 9. Aufl. 2011, § 21 BNotO Rn 2 ff.

42 *Püls*, aaO, Rn 1.

43 *Fleischhauer*, Europäisches Gemeinschaftsrecht und notarielles Berufsrecht, DNotZ 2002, 325, 363.

Das anwaltliche Mandat im internationalen Schuldrecht

11 Vor diesem Hintergrund wurde schon am 4. Februar 1995 in Neapel der **Europäische Kodex des notariellen Standesrechts** verabschiedet, durch den die Möglichkeit für die grenzüberschreitende Zusammenarbeit von Notaren geschaffen werden sollte.[44] Aus diesem Kodex ging der § 11 a BNotO hervor, der bereits 1998 in die BNotO eingefügt wurde und Regelungen zu einer möglichen grenzüberschreitenden Zusammenarbeit von Notaren vorsieht. So wird dort bestimmt, dass ein Notar einen im Ausland bestellten Notar auf dessen Ersuchen bei seinen Amtsgeschäften unterstützen kann und sich zu diesem Zweck ins Ausland begeben kann. Nicht ausreichend ist es, wenn der deutsche Notar auf Veranlassung seines Klienten ihn ins Ausland begleitet.[45] Umgekehrt darf ein im Ausland bestellter Notar auf Ersuchen eines inländischen Notars diesem – unter Beachtung der für deutsche Notare geltenden Pflichten – kollegiale Hilfe leisten. Ist nach Ansicht des deutschen Notars die Zuziehung des ausländischen Kollegen zweckmäßig, so kann er dies auch ohne Zustimmung der Parteien tun.[46] Die oben zitierte Pflicht[47] eines jeden Juristen, sich mit der Internationalisierung der Rechtsbeziehungen und der sich daraus ergebenden Berufspflichten eingehend zu befassen, wird auch hier deutlich.

II. Die anwaltliche Beratungspraxis

12 **1. Allgemeines.** Die klassische anwaltliche Tätigkeit im internationalen Schuldrecht gliedert sich auf in die außergerichtliche beratende Praxis einerseits und die forensische Tätigkeit andererseits. Dabei wird die anwaltliche Beratung im internationalen Schuldrecht insbesondere bei grenzüberschreitenden Vertragsverhandlungen und -abschlüssen gesucht. Die anwaltliche Beratung wäre allerdings unvollständig und – schlimmstenfalls – mangelhaft, wenn sie nicht zu „gerichtsfesten" Verträgen führt, also die mögliche gerichtliche Auseinandersetzung in der Beratungsleistung nicht antizipiert. Beratende Praxis ist deshalb ohne forensische Erfahrung kaum möglich. Dies gilt insbesondere deshalb, weil der rechtsuchende Mandant sich durch die anwaltliche Beratung gegen den „worst case", nämlich den Fall von Leistungsstörungen im Vertragsverhältnis und anschließenden gerichtlichen Auseinandersetzungen absichern möchte.

13 Dabei besteht eine der gefährlichsten Fehlerquellen in der anwaltlichen Beratungspraxis im Schuldrecht häufig darin, dass die grenzüberschreitenden Aspekte der anwaltlichen Beratung übersehen werden. Der Mandant, der darum bittet, Allgemeine Geschäftsbedingungen zu entwerfen, geht möglicherweise wie selbstverständlich davon aus, dass diese Allgemeinen Geschäftsbedingungen sowohl für nationale Vertragsabschlüsse als auch für grenzüberschreitende vertragliche Beziehungen eingesetzt werden können. Es ist daher die Aufgabe des anwaltlichen Beraters, zu Beginn einer derartigen Beratung festzustellen, ob sich nicht möglicherweise grenzüberschreitende Bezüge ergeben können. Im Familien- und Erbrecht ist diese Notwendigkeit evident, weil die Parteien eines Ehevertrages beispielsweise im Verlauf ihrer Ehe entweder unterschiedliche Staatsangehörigkeiten besitzen[48] oder annehmen oder ins Ausland verziehen oder nach der Errichtung eines Testamentes Vermögensgegenstände im Ausland erwerben, die möglicherweise im Belegenheitsstaat besonderen Vorschriften im Sinne von Art. 3 a EGBGB unterliegen. Die zunehmende Internationalisierung der Rechtsbeziehungen zwingt aus diesem Grund den anwaltlichen Berater dazu, sich in jedem Mandat darüber bewusst zu sein, dass gegebenenfalls kollisionsrechtliche Fragestellungen auftauchen können, die im Ergebnis dann auch zur Befassung mit dem materiellen Recht ausländischer Rechtsordnungen zwingen können.

14 In der Rom I-VO und der Rom II-VO finden sich – naturgemäß, weil es sich um Kollisionsrecht handelt – keine Regelungen zum gerichtlichen Verfahren. Lediglich Art. 1. Abs. 3 Rom I-VO bestimmt, dass die Rom I-VO unbeschadet der Regelung des Art. 18 Rom I-VO zum Beweisrecht nicht für das Verfahren gilt. In der Rom II-VO findet sich eine Parallelbestimmung in Art. 1 Abs. 3 und mit dem Bezug auf Artt. 21 und 22 Rom II-VO zur Form einseitiger Rechtsgeschäfte und zum Beweisrecht. Somit behalten die Mitgliedstaaten die Freiheit, grundsätzlich ihr eigenes Beweiskollisionsrecht anzuwenden.[49] Auf Beweisfragen ist im Allgemeinen die *lex fori* anzuwenden.

15 Art. 21 Rom I-VO und der vom Wortlaut identische Art. 26 Rom II-VO sehen – wie auch zuvor schon Art. 6 EGBGB nach deutschem nationalen Kollisionsrecht – eine von Amts wegen zu berücksichtigende Ausnahme der Anwendung des nach der jeweiligen Verordnung bezeichneten Rechts vor, sofern die

---

44 Dazu ausführlich *Schippel*, Der europäische Kodex des notariellen Standesrechts, DNotZ 1995, 334.
45 *Schippel/Bracker/Püls*, § 11 a BNotO Rn 10.
46 Jedoch kann er sie bei fehlender Zustimmung nicht mit zusätzlichen Kosten belasten, Schippel/Bracker/*Püls*, aaO, Rn 11.
47 Siehe Bekanntmachung der Generaldirektion Justiz und Inneres vom 1.5.2004; <http://www.eurozivil.info/news/newsitem.cvm?id=87>; s. hierzu auch *Schaub*, JZ 2005, 328, 329.
48 Im Jahr 2011 waren in Deutschland 7 % aller Ehen gemischt-national. Im Jahr 1996 waren dies nur 3 %; vgl Statistisches Bundesamt –<https://www.destatis.de/DE/PresseService/Presse/Pressemitteilungen/zdw/2011/PD11_043_p002.html>; IPRax 2012, Heft 3, S. II.
49 Vgl BT-Drucks. 10/503, S. 68.

Anwendung dieses Rechts mit der **öffentlichen Ordnung** (*„ordre public"*) des Staates des angerufenen Gerichts offensichtlich unvereinbar ist. Dies ist der kollisionsrechtliche *ordre public*-Vorbehalt. Deutsche Gerichte dürfen sich also auf grundlegende Wertvorstellungen des deutschen Rechts berufen.[50] Dahinter verbergen sich einerseits eine Abwehrmöglichkeit gegenüber ausländischem Recht, zum anderen die Möglichkeit, die eigenen grundlegenden inländischen Wertvorstellungen durchzusetzen.[51] Beispielsweise hat das OLG Frankfurt einen *ordre public*-Verstoß in einem Fall bejaht, in dem das anwendbare ausländische Recht das Verbot des Rechtsmissbrauchs nicht kannte.[52] Der BGH hat einen Verstoß für den Fall angenommen, dass ein Bürge durch den Staat auf Zahlung in Anspruch genommen wird, nachdem der Staat dem Bürgen dessen Anteile am Hauptschuldner entschädigungslos entzogen hatte.[53] Es ist jedoch zu beachten, dass im Verhältnis der Mitgliedstaaten untereinander die kollisionsrechtliche *ordre public*-Kontrolle durch den fortschreitenden Prozess der Rechtsangleichung immer stärker zurücktritt und die Ausnahme darstellt.[54] Insbesondere im Vertragsrecht spielt der *ordre public*, zumindest bei der Anwendung von Recht eines anderen EU-Mitgliedsstaates,[55] deshalb eine nurmehr untergeordnete Rolle, zumal viele Wertentscheidungen bereits durch Sonderanknüpfungen (Art. 7 Rom I-VO) oder Eingriffsnormen (Art. 9 Rom I-VO) korrigiert werden.[56] Anders ist dies im Anwendungsbereich der Rom II-VO, weil das materielle Recht der außervertraglichen Schuldverhältnisse in den Mitgliedstaaten bislang nicht vereinheitlicht ist.[57]

Wann ein Verstoß gegen inländische Wertvorstellungen vorliegt und was darunter zu subsumieren ist, ist nicht immer einfach zu bestimmen. In den Anwendungsbereich des *ordre public* fallen die Grundprinzipien und Grundwertungen der jeweiligen nationalen Rechtsordnung.[58] Die Grundrechte stellen dabei den wesentlichen Bestandteil des deutschen *ordre public* dar.[59] Weiterhin sind die Schranken des Unionsrechts bei der Auslegung und Anwendung des *ordre public* zu beachten. Europäische Normen wie die Charta der Grundrechte der Europäischen Union[60] und die Europäische Menschenrechtskonvention (EMRK)[61] sind ebenfalls Bestandteil der innerstaatlichen öffentlichen Ordnung.[62] Der EuGH hat dabei die Aufgabe „über die Grenzen zu wachen, innerhalb deren sich das Gericht eines Vertragsstaates auf diesen Begriff stützen darf".[63] Erwägungsgrund 37 der Rom II-VO sowie Erwägungsgrund 32 der Rom II-VO betonen zudem, dass die Anwendung der Vorbehaltsklausel nur unter außergewöhnlichen Umständen gerechtfertigt ist. Von den Anwälten wird daher oft ein großer Argumentations-, von den Richtern anschließend ein großer Begründungsaufwand verlangt, so dass die Gerichte oft zurückhaltend mit der Annahme eines *ordre public*-Verstoßes sind und vielmals nur lapidar und ohne weiteren Begründungsaufwand feststellen, dass ein solcher nicht vorliegt. So lehnte jüngst das OLG Stuttgart einem vom Ehegatten gestellten Scheidungsantrag unter Anwendung türkischen Rechts mit der Begründung ab, dass verheiratete Frauen im Vergleich zu geschiedenen Frauen ein höheres Ansehen besitzen, und die Ehefrau daher ein schutzwürdiges Interesse daran habe, nicht durch eine Scheidung in ihrem Ansehen degradiert zu werden. Trotz Zerrüttung der Ehe wurde die Aufhebung der Ehe daher versagt.[64] Dass die Möglichkeit, im Fall einer gescheiterten Ehe geschieden zu werden, auch Ausfluss des persönlichen Freiheitsrechts aus Art. 2 GG ist und somit der *ordre public*-Vorbehalt durchaus einschlägig gewesen wäre, wurde nicht diskutiert.[65] Vielmehr wurde nur ohne weitere Begründung festgestellt, dass ein Verstoß nicht vorliege.

2. Beratende Praxis im Zusammenhang mit der Rom I-VO. a) Rechtswahl. Insbesondere die Beratung im vertraglichen Schuldrecht erfordert die Berücksichtigung kollisionsrechtlicher Regelungen. Die mangelnde Klarheit über das anwendbare Recht stellt ein unkalkulierbares Risiko bei grenzüberschreitenden Vertragsabschlüssen dar. Solange das materielle Schuldrecht weder innerhalb der Europäischen Union noch gar darüber hinaus harmonisiert ist, kommt der Feststellung des anwendbaren Rechts eine Bedeutung zu, die überhaupt nicht überschätzt werden kann. Eine jede Vertragspartei wird darauf bedacht sein dafür zu

---

50 MüKo/*Martiny*, Münchener Kommentar zum BGB, 5. Aufl. 2010, Band 10, Art. 21 Rom I-VO Rn 3; NK-BGB/*Schulze*, Art. 6 EGBGB Rn 25 ff.
51 MüKo/*Martiny*, aaO, Rn 1.
52 OLG Frankfurt IPRax 1981, 165, 176.
53 BGH NJW 1992, 3096, 3103 f.
54 Ferrari u.a./*Schulze*, Internationales Vertragsrecht, 2. Aufl. 2012, Art. 21 Rom I-VO Rn 2; Rauscher/*Thorn*, EuZPR/EuIPR, Art. 21 Rom I-VO Rn 3.
55 Die Rom I-VO beansprucht aber gem. Art. 2 die universale Anwendung, gilt also auch gegenüber Drittstaaten – wie im Übrigen auch im Bereich der außervertraglichen Schuldverhältnisse Art. 3 Rom II-VO.
56 MüKo/*Martiny*, Art. 21 Rom I-VO Rn 2; s. hierzu auch unten Rn 22 f.
57 MüKo/*Junker*, Art. 26 Rom II-VO Rn 1.
58 Ferrari u.a./*Schulze*, Internationales Vertragsrecht, Art. 21 Rom I-VO Rn 1 mit Verweis auf BVerfG NJW 2004, 3099.
59 Rauscher/*Thorn*, EuZPR/EuIPR, Art. 21 Rom I-VO Rn 7.
60 Vom 7.12.2000, ABl. Nr. C 364/1 v. 18.12.2000.
61 Vom 4.11.1950, BGBl. 1954 II, S. 14.
62 Ferrari u.a./*Schulze*, Internationales Vertragsrecht, Art. 21 Rom I-VO Rn 3.
63 EuGH, Rs. C-7/98, *Krombach*, Slg 2000, I-1935 = NJW 2000, 1853, 1854.
64 OLG Stuttgart, Beschl. v. 3.4.2012 – 17 UF 352/22.
65 Dazu kritisch: *Wagner*, in Legal Tribune ONLNE, 14.5.2012, <http://www.lto.de/recht/hintergruende/h/scheidung-einer-tuerkischen-ehe/>; s. zur Problematik islamischer Rechtstraditionen in der deutschen Gerichtspraxis *Bock*, Der Islam in der Entscheidungspraxis der Familiengerichte, NJW 2012, 122.

sorgen, dass das für sie günstigste Recht auf eine vertragliche Beziehung angewandt wird. Sicherzustellen ist dies am ehesten durch eine ausdrückliche Rechtswahl, die gem. Art. 3 Abs. 1 S. 2 Rom I-VO nicht nur grundsätzlich zulässig ist, sondern vom Verordnungsgeber im Erwägungsgrund 11 Rom I-VO nun als einer der „Ecksteine des Systems der Kollisionsnormen im Bereich der vertraglichen Schuldverhältnisse" bezeichnet wird.[66] Die **Rechtswahl** erfolgt in der Praxis häufig durch Anwendung von Rechtswahlklauseln in Form von AGB. Dabei wird die Rechtswahl in den AGB des Hauptvertrages wie ein eigenständiger Verweisungsvertrag behandelt.[67] Die Frage, ob diese Einbeziehung aber auch wirksam ist, richtet sich nach dem von den Parteien gewählten Recht, beispielsweise bei der Wahl deutschen Rechts nach den §§ 305 ff BGB.[68] Die Verwendung von Rechtswahlklauseln in AGB kann stets dann zu Problemen führen, wenn die Parteien sich widersprechende AGB als Grundlage für die Rechtswahl stellen. Im Falle einer solchen, in der Praxis oftmals auftretenden Kollision der AGB muss geklärt werden, inwieweit dennoch von einer wirksamen Rechtswahl ausgegangen werden kann, insbesondere nach welchem Rechtsstatut die Wirksamkeit der AGB beurteilt wird. Die Rechtsprechung hat sich dazu noch wenig geäußert,[69] von der Literatur wird das Problem kontrovers beurteilt. Zum einen wird vertreten, dass man mangels erzielten Konsenses zwischen den Parteien bereits eine wirksame Rechtswahl scheitern lassen müsse und an den Hauptvertrag nach Art. 4 Rom I-VO objektiv anknüpfen solle.[70] Andere fordern eine Einzelbetrachtung der Rechtswahlklauseln nach der jeweils berufenen Rechtsordnung.[71] Es ist deshalb die Aufgabe des anwaltlichen Beraters, eine Kollision der Rechtswahlklauseln – wie der AGB insgesamt – schon von Anfang an zu vermeiden und die Durchsetzung der von seinem Mandanten gewünschten Rechtswahl zu erreichen. Dies ist naturgemäß auch eine Frage der Verhandlungsstärke der an den Vertragsverhandlungen beteiligten Parteien. Häufig wird in Vertragsverhandlungen auch der Frage von kollidierenden AGB insgesamt keine oder nur eine geringe Bedeutung beigemessen. Selbst wenn die AGB Verhandlungsgegenstand werden, wird den meist am Ende der Druckwerke verzeichneten Rechtswahlklauseln keine größere Beachtung mehr geschenkt, weil man – wie an den Gerichtsstandsklauseln – daran den Vertragsabschluss insgesamt nicht scheitern lassen möchte. Dies ist allerdings gefährlich und kann zu erheblichen Nachteilen im Streitfall führen. Es ist deshalb die Pflicht des anwaltlichen Beraters, zumindest auf diese Problematik hinzuweisen und Lösungsvorschläge zu machen, auch wenn am Ende die Vertragsparteien aus kommerziellen Gründen bzw um den Vertragsabschluss nicht insgesamt zu gefährden, diesem Rat im Ergebnis nicht folgen.

18 Trotz des bereits beschriebenen hohen Stellenwerts, den die Rom I-VO der Möglichkeit zur Wahl des anwendbaren Rechts im Rahmen der Privatautonomie beimisst, sind dieser Rechtswahl durch die Rom I-VO auch Grenzen gesetzt. So sieht die Verordnung zugleich eine ganze Reihe von Einschränkungen der Rechtswahl vor, die von dem beratenden Anwalt beachtet werden müssen. Zwar gilt grundsätzlich, dass die Freiheit der Parteien sogar soweit geht, dass sie die Anwendung eines Rechts vereinbaren können, das in keinerlei Zusammenhang mit dem Vertrag steht. Es können also die nach den allgemeinen Kollisionsregeln an sich anwendbaren Sachvorschriften durch die Wahl einer völlig anderen Rechtsordnung abbedungen werden.[72] So ist es beispielsweise häufig bei Gewerbemietverträgen und Bauverträgen in den Nachfolgestaaten der Sowjetunion nach dem Fall des eisernen Vorhangs geschehen. Dort wurden wegen der Unsicherheiten, die das dort geltende Recht mit sich brachte, häufig derartige Verträge dem amerikanischen, deutschen oder englischen Recht unterworfen, auch wenn keine der am Vertrag beteiligten Parteien einen Bezug zu diesen Rechtsordnungen hatte. Die Rom I-VO setzt allerdings dieser völlig freien Rechtswahl Grenzen, und zwar einerseits solche grundsätzlicher Art durch Art. 3 Abs. 3 und Abs. 4 Rom I-VO als auch andererseits in besonderer Weise für bestimmte Arten von Verträgen, nämlich Beförderungsverträgen, Verbraucherverträgen, Versicherungs- und Individualarbeitsverträgen durch die Artt. 5 bis 8 Rom I-VO. So sieht zB Art. 3 Abs. 3 Rom I-VO vor, dass von den Bestimmungen des Staates, in dem alle Elemente des Sachverhalts zum Zeitpunkt der Rechtswahl belegen sind, nicht durch die Wahl des Rechts eines anderen Staates abgewichen werden kann, wenn und soweit die Bestimmungen des Rechts des „sachverhaltsnahen Staates" nicht dispositiv sind, also von ihnen nicht durch die Vereinbarung der Parteien abgewichen kann. Dabei fallen unter solche Bestimmungen im Sinne von Art. 3 Abs. 3 Rom I-VO nicht nur Gesetze, sondern auch Gewohnheitsrecht.[73] Für den anwaltlichen Berater bedeutet dies eine erhebliche Ausweitung seiner Aufklärungspflichten, weil er nicht nur über den Inhalt des durch Rechtswahl bestimmten Rechts beraten muss, sondern zudem auch die Bestimmungen im Sinne von Art. 3 Abs. 3 Rom I-VO kennen muss, die trotz

---

66 Vgl hierzu auch *Mankowski*, RIW 2003, 2 sowie *Magnus*, IPRax 2010, 27, 33.
67 MüKo/*Spellenberg*, Art. 10 Rom I-VO Rn 165.
68 *Thode*, Die ROM I-Verordnung, NZBau 2011, 449, 453.
69 Vgl *Dutta*, Kollidierende Rechtswahlklauseln in allgemeinen Geschäftsbedingungen, Ein Beitrag zur Bestimmung des Rechtswahlstatuts, ZVglRWiss.104 (2005), 461, 462 f.
70 *v. Bar*, Internationales Privatrecht, Band 2, 1991, Rn 45.
71 *Mankowski*, RIW 2003, 2, 4.
72 *Stürner*, Kollisionsrecht und Optionales Instrument, GPR 2011, 236, 237.
73 MüKo/*Martiny*, Art. 3 Rom I-VO Rn 89.

der Rechtswahl anwendbar bleiben. Die praktische Schwierigkeit wird deutlich, wenn man sich vor Augen hält, dass in einem Vertragsverhältnis mit rein deutschem Inlandsbezug die Wahl eines fremden Rechts die Bestimmungen des deutschen AGB-Rechts nicht ausschließt.[74] Art. 3 Abs. 3 Rom I–VO macht es deshalb unerlässlich, bei der Wahl eines fremden Rechts in Fällen mit reinem Inlandsbezug Rechtsrat zu beiden Rechtsordnungen einzuholen. Die Beschränkung der freien Rechtswahl in dieser Art – so gute Argumente man hierfür auch finden mag – bedeutet also eine erhebliche Ausweitung des Rechtsberatungsbedarfs und damit zugleich des Haftungsrisikos für den anwaltlichen Berater.

Art. 3 Abs. 3 Rom I–VO verhindert folglich eine Rechtsflucht durch Wahl einer anderen Rechtsordnung.[75] Zu berücksichtigen ist in diesem Zusammenhang, dass diese Beschränkung, die Art. 3 Abs. 3 Rom I–VO aufstellt, im Rahmen der **Schiedsgerichtsbarkeit** keine Anwendung findet.[76] Vor allem im Bereich des internationalen Handelsverkehrs werden Schiedsverfahren sehr häufig eingesetzt.[77] Die Privilegierung der Schiedsverfahren insoweit ergibt sich aus §§ 1025 ff ZPO. In § 1051 ZPO findet sich eine schiedsverfahrensrechtliche Rechtswahlklausel, die jedoch keine Einschränkungen wie die des Art. 3 Abs. 3 Rom I–VO vorsieht und somit von einer umfassenden Rechtswahlfreiheit ausgeht.[78] Von der wohl herrschenden Meinung in der Literatur[79] wird daher die Anwendung der Rom I–VO auf Schiedsverfahren verneint. Dies ergibt sich im Übrigen auch bereits aus Art. 1 Abs. 2 lit. e Rom I–VO, der Schiedsvereinbarungen ausdrücklich aus dem Anwendungsbereich der Rom I–VO ausnimmt. Die Konsequenz ist, dass die Parteien bei rein inländischen Sachverhalten im Verfahren vor den ordentlichen Gerichten in ihrer Rechtswahlfreiheit durch Art. 3 Abs. 3 Rom I–VO beschränkt, im schiedsgerichtlichen Verfahren jedoch in dieser Hinsicht vollkommen frei sind. Für die Anwendung von AGB-Recht bedeutet dies, dass im Rahmen von Schiedsverfahren auch bei rein deutschem Inlandssachverhalt durch die Wahl ausländischen Rechts die Geltung des deutschen Rechts über Allgemeine Geschäftsbedingungen ausgeschlossen werden kann.[80] Dies mag in bestimmten Fallkonstellationen für den anwaltlichen Berater Anlass sein, die Vereinbarung ausländischen Rechts bei reinen Inlandssachverhalten unter gleichzeitiger Vereinbarung einer Schiedsgerichtsklausel zu empfehlen, und zwar insbesondere dann, wenn die Nichtanwendung des deutschen AGB-Rechts für die beratene Vertragspartei von Vorteil sein kann.[81]

Während gem. Art. 3 Abs. 3 Rom I–VO die Rechtswahl bei reinen **Inlandssachverhalten** nicht die Anwendbarkeit des zwingenden Inlandsrechts beseitigt, wird durch Art. 3 Abs. 4 Rom I–VO dieser Grundsatz auf **Binnenmarktsachverhalte** ausgeweitet, wenn die Parteien das Recht eines Staates außerhalb der Europäischen Union gewählt haben.[82] Auf diese Weise bleiben über Art. 3 Abs. 4 Rom I–VO in solchen Fallkonstellationen die zwingenden Normen des Gemeinschaftsrechts – im Falle von Richtlinien-Recht in der von dem jeweiligen Mitgliedstaat der *lex fori* umgesetzten Form – anwendbar. Auf diese Weise setzt die Rom I–VO einen Schutzwall um zwingende Normen des Gemeinschaftsrechts bei der Wahl des Rechts eines Drittstaates. Art. 3 Abs. 4 Rom I–VO soll also – wie auch Art. 3 Abs. 3 Rom I–VO – die „Flucht aus

---

74 *Thode,* NZBau 2011, 449, 453; Kondring, Flucht vor dem deutschen AGB-Recht bei Inlandsverträgen, RIW 2010, 184, 186; MüKo/*Martiny,* Art. 3 Rom I-VO Rn 90; OLG Frankfurt NJW-RR, 1989, 1018: aA wohl Rauscher/*Thorn,* EuZPR/EuIPR, Art. 9 Rom I-VO Rn 49, der die Auffassung vertritt, dass es außerhalb des sachlichen Anwendungsbereichs des Art. 6 Rom I–VO den Bestimmungen der §§ 305 ff BGB am internationalen Geltungswillen iSv Art. 9 Abs. 1 Rom I–VO fehlt. Angesichts der Entscheidung des EuGH in der Rs C-40/08, Slg 2009, I-9579 = EuZW 2009, 852 = Asturcom Telecomunicaciones SL/Cristina Rodriguez Nogueira, sind Zweifel an dieser abweichenden Auffassung allerdings angebracht.
75 *Ostendorff,* Wirksame Wahl ausländischen Rechts auch bei fehlendem Auslandsbezug im Fall einer Schiedsgerichtsvereinbarung und ausländischem Schiedsort? SchiedsVZ 2010, 234.
76 *Kondring,* RIW 2010, 184, 186.
77 *Schab/Walter,* Schiedsgerichtsbarkeit, 7. Aufl. 2005, Kapitel 41, Die Grundlagen der internationalen Schiedsgerichtsbarkeit, Rn 1 mit Hinweis auf *Berger,* Aufgaben und Grenzen der Parteiautonomie in der internationalen Wirtschaftsgerichtsbarkeit, RIW 1994, 12; auch *Stumpf-Steinberger,* Bedeutung von internationalen Schiedsgerichten und ihre Vereinbarung in verschiedenen Ländergruppen, RIW 1990, 174: 80–90% aller grenzüberschreitenden Wirtschaftsverträge enthalten heute eine Schiedsvereinbarung.
78 *McGuire,* Grenzen der Rechtswahlfreiheit im Schiedsverfahrensrecht? Über das Verhältnis zwischen der Rom I–VO und § 1051 ZPO, SchiedsVZ 2011, 257, 260.
79 *McGuire,* SchiedsVZ 2011, 257, 266; *Kondring,* RIW 2010, 184, 187 mwN.
80 *Pfeiffer,* Die Abwahl des deutschen AGB-Rechts in Inlandsfällen bei Vereinbarung eines Schiedsverfahrens, NJW 2012, 1169 ff; *Ostendorff,* SchiedsVZ 2010, 234 ff; kritisch: *Aufdermauer,* Eine Alternative? Die Schiedsabrede als Fluchthelfer vor deutschem AGB-Recht, Deutscher Anwaltspiegel Nr. 17/2012, 8, 10.
81 *Ostendorff* bezeichnet die strenge AGB-Inhaltskontrolle aus „Hemmschuh für die Wettbewerbsfähigkeit der deutschen Rechtsordnung", SchiedsVZ 2010, 234.
82 *Pfeiffer,* Neues Internationales Vertragsrecht – Zur ROM I-Verordnung, EuZW 2008, 622, 625.

dem eigenen Recht" einschließlich des Gemeinschaftsrechts bei der Wahl eines Drittstaaten-Rechts verhindern.[83]

21 Hingegen sind die Einschränkungen der Rechtswahlmöglichkeiten für bestimmte Vertragstypen durch Artt. 5 bis 8 Rom I-VO im Wesentlichen auf den Schutz des Verbrauchers bzw der vermeintlich schwächeren Partei gerichtet. Soweit nach diesen Bestimmungen jeweils – trotz einer anderslautenden Rechtswahl – die zwingenden Vorschriften des ohne eine Rechtswahl anwendbaren Rechts zu beachten sind (für Verbraucher- und Individualarbeitsverträge gem. Art. 6 bzw Art. 8 Rom I-VO), oder aber die Rechtswahlmöglichkeiten insgesamt eingeschränkt werden (für Beförderungs- und Versicherungsverträge gem. Art. 5 und Art. 7 Rom I-VO), erhöht sich der Beratungsaufwand ebenfalls erheblich. Es erhöht sich aber vor allem auch der Argumentationsspielraum im anschließenden Rechtsstreit.

22 Die wohl größten Unsicherheiten im Zusammenhang mit der Einschränkung der Rechtswahl ergeben sich hingegen aus Art. 9 Rom I-VO.[84] Art. 9 Abs. 2 Rom I-VO sorgt dafür, dass die zwingenden Normen des Gerichtsstaates, deren Einhaltung von dem betroffenen Staat zur Wahrung seines öffentlichen Interesses als so entscheidend angesehen werden, dass sie ungeachtet der Maßgaben der Rom I-VO, und damit auch des nach einer Rechtswahl anwendbaren Rechts Geltung behalten (sog. **Eingriffsnormen**),[85] anwendbar bleiben. Solche zwingenden Vorschriften werden somit unabhängig von einer möglicherweise getroffenen Rechtswahl und des gewählten Vertragsstatuts angewandt.[86] Überdies bestimmt Art. 9 Abs. 3 Rom I-VO, dass zusätzlich den Eingriffsnormen des Erfüllungsorts – und zwar auch hier wiederum unabhängig von einer möglicherweise getroffenen Rechtswahl – Geltung verliehen werden kann, soweit diese Eingriffsnormen die Erfüllung des Vertrags unrechtmäßig werden lassen. Ob allerdings diesen Eingriffsnormen tatsächlich Wirkung verliehen werden soll, unterliegt gem. Art. 9 Abs. 3 S. 2 Rom I-VO der Entscheidung des im Streitfalle mit der Angelegenheit befassten Gerichts. Dieses hat dabei Art und Zweck dieser Normen so wie die Folgen zu berücksichtigen, die sich aus der Anwendung oder Nichtanwendung dieser Eingriffsnormen des Erfüllungsortstaates ergeben würden. In der Praxis wirft diese Vorschrift erhebliche Schwierigkeiten auf, weil sie den Eingriffsnormen des jeweiligen Erfüllungsortstaates Geltung verschaffen kann, diese aber – jedenfalls dann, wenn der Erfüllungsort im Ausland liegt – dem anwaltlichen Berater zumeist unbekannt sein werden.[87] Hinzuweisen ist darauf, dass Art. 9 Rom I-VO nicht nur zu beachten ist, wenn die Parteien sich auf ein anwendbares Recht verständigt haben, sondern auch dann, wenn nach den allgemeinen Vorschriften der Verordnung das Kollisionsrecht in Abwesenheit einer Rechtswahl bestimmt werden muss. In beiden Fällen muss der anwaltliche Berater schon bei der Vertragserstellung sowohl die Eingriffsnormen der möglichen *lex fori* als auch die Eingriffsnormen des Erfüllungsorts kennen und berücksichtigen. Die dadurch verursachten Unsicherheiten in der Rechtsanwendung sind allerdings nicht neu und nicht allein ein Geschöpf der Rom I-VO. Beklagenswert ist jedoch insbesondere der Umstand, dass es auch durch die Rom I-VO nicht gelungen ist, zur Formulierung eines in der Praxis handhabbaren Eingriffsrechts zu gelangen.[88] Es würde den Rahmen dieses Beitrages sprengen, die Entstehungsgeschichte und die dogmatischen Grundlagen, die zu Art. 9 Rom I-VO geführt haben, nachzuzeichnen. Insoweit sei auf die Kommentierungen zu Art. 9 Rom I-VO verwiesen. An dieser Stelle ist deshalb nur auf die in besonderer Weise problematischen Aspekte im Rahmen der anwaltlichen Beratung einzugehen.

23 Trotz des Versuchs, den Begriff der „Eingriffsnorm" in Art. 9 Abs. 1 Rom I-VO zu definieren, bestehen große Unsicherheiten bei der Feststellung, was im Einzelnen als Eingriffsnorm zu klassifizieren ist. Nach der Begriffsdefinition des Art. 9 Abs. 1 Rom I-VO bedarf es einerseits eines internationalen Geltungsanspruchs und andererseits einer überindividuellen Zielrichtung einer Norm, um sie als Eingriffsnorm bezeichnen zu können.[89] Somit zählen nicht nur öffentlich-rechtliche Vorschriften, sondern auch Bestim-

---

83 Staudinger/*Magnus*, Kommentar zum Bürgerlichen Gesetzbuch, Neubearbeitung 2002, Art. 27 EGBGB Rn 115.
84 Vgl hierzu eindrücklich: *Kunda*, Defining Internationally Mandatory Rules in European Private International Law of Contracts, GPR 2007, 210 ff; *Sonnenberger*, Eingriffsrecht – Das Trojanische Pferd im IPR oder notwendige Ergänzung?, IPRax 2003, 104 ff.
85 Vgl zur Begriffsbestimmung EuGH, Rs. C-369/96 und C-376/96, Slg 1999 I-8453, Rn 30 = NJW 2000, 1553 – Arblade/Leloup,; vgl auch *Stürner*, GPR 2011, 236, 237.
86 Palandt/*Thorn*, Art. 9 Rom I-VO Rn 5.
87 Vgl bspw zu den in Deutschland als Eingriffsnormen angesehenen Rechtsvorschriften Palandt/*Thorn*, aaO, Rn 6 ff sowie insb. Rn 15 ff der Kommentierung zu Art. 9 Rom I-VO in diesem Band.
88 Allein die Fülle der zu Fragen des Eingriffsrechts veröffentlichten Literatur macht deutlich, mit wie viel Unsicherheiten dieses Problem belastet ist, vgl insoweit die eindrucksvollen Schrifttumshinweise bei Bamberger/Roth/*Spickhoff*, Kommentar zum Bürgerlichen Gesetzbuch, 3. Aufl. 2012, Art. 9 Rom I-VO vor Rn 1 sowie insb. ausführlich *Benzenberg*, Die Behandlung ausländischer Eingriffsnormen im Internationalen Privatrecht – Eine Studie unter Berücksichtigung des Internationalen Schuldrechts, 2008.
89 Rauscher/*Thorn*, EuZPR/EuIPR, Art. 9 Rom I-VO Rn 7 ff; vgl auch EuGH, Rs. C-369/96 und C-376/96, Slg 1999 I-8453, Rn 30 = NJW 2000, 1553 – Arblade/Leloup.

mungen des Sonderprivatrechts zu den Eingriffsnormen, wenn mit ihnen nicht nur ein zivilrechtlicher Interessenausgleich der am Vertrag beteiligten Parteien, sondern zudem übergeordnete sozialpolitische, ordnungs- oder wirtschaftspolitische Zwecke verfolgt werden sollen.[90] Auch wenn im Einzelnen hoch umstritten ist, welche Bestimmungen des deutschen Rechts beispielsweise zu den Eingriffsnormen der *lex fori* iSv Art. 9 Abs. 2 Rom I-VO gehören, kann festgestellt werden, dass Beschränkungen des Außenwirtschaftsrechts, des europäischen (Artt. 101, 102 AEUV) und des deutschen Wettbewerbsrechts (§ 130 Abs. 2 GWB), gewerberechtliche Vorschriften, berufsrechtliche Vorschriften im Bereich der Medizin, das Arzneimittelpreisrecht, der Kulturgüterschutz, das Umweltschutzrecht, das Devisen- und Währungsrecht über Art. 9 Rom I-VO Geltung beanspruchen können.[91] Ebenfalls für Eingriffsnormen des nationalen Rechts gehalten werden in Deutschland Bestimmungen des zwingenden Preisrechts, beispielsweise des Rechtsanwaltsvergütungsgesetzes.[92] Für den Bereich der HOAI hat inzwischen dankenswerterweise § 1 HOAI in der Fassung von 2009 den Anwendungsbereich auf Leistungen für Architekten und Ingenieure mit Sitz im Inland, soweit die Leistungen vom Inland aus erbracht werden, beschränkt. Dies ist nun insbesondere für die Mindestsatzregelungen in § 7 Abs. 7 HOAI von Bedeutung. Im Übrigen hat sich aber die zuvor bestehende Unklarheit über die Bedeutung der HOAI als zwingende Norm des Eingriffsrechts durch die HOAI-Novelle 2009 überholt.[93] Dieses Beispiel der HOAI macht deutlich, dass Art. 9 Abs. 2 Rom I-VO dem jeweiligen nationalen Gesetzgeber einen erheblichen Spielraum eröffnet, bestimmte Normen des eigenen Rechts zu Eingriffsnormen iSd Art. 9 Abs. 1 Rom I-VO zu erklären. An diese mögliche Erweiterung der zwingend anzuwendenden Vorschriften durch den nationalen Gesetzgeber ist das nationale Gericht unmittelbar gebunden. Der EuGH hat nur die Möglichkeit, den jeweiligen nationalen Gesetzgebern insoweit Grenzen zu setzen, um ein Ausufern des Regimes der Eingriffsnormen zu verhindern.[94]

Noch größere Unsicherheiten in der anwaltlichen Beratungspraxis schafft Art. 9 Abs. 3 Rom I-VO, der die Möglichkeit eröffnet, auch **ausländischen Eingriffsnormen** Geltung zu verschaffen, freilich mit den in hohem Maße unklaren Einschränkungen, die schon nach dem Wortlaut der Bestimmung vorgegeben sind. So ist im Streitfalle das mit der Angelegenheit befasste Gericht nicht gezwungen, die ausländischen Eingriffsnormen zu berücksichtigen. Es kann dies lediglich tun, und auch nur insoweit als diese Eingriffsnormen die Erfüllung des Vertrages „unrechtmäßig" werden lassen. Zudem sollen Art und Zweck dieser Normen sowie die Folgen berücksichtigt werden, die sich aus ihrer Anwendung oder Nichtanwendung ergeben würden.[95] Selbst wenn man sich über die oben bereits beschriebenen Probleme bei der Bestimmung der „Eingriffsnormen" hinwegsetzt, kommt im Rahmen der Anwendung ausländischer Eingriffsnormen iSv Art. 9 Abs. 3 Rom I-VO das Problem hinzu, dass bereits bei den Vertragsverhandlungen zu berücksichtigen ist, wo denn – trotz einer möglichen Einigung auf das anzuwendende Recht – der Erfüllungsort ist, dessen Eingriffsnormen zu beachten sind. In der Literatur herrscht Unklarheit darüber, auf welche Weise der Erfüllungsort iSd Art. 9 Abs. 3 Rom I-VO festzustellen ist, ob er also nach der *lex causae*,[96] der *lex fori*[97] oder sogar verordnungsautonom in Anlehnung an Art. 5 Nr. 1 lit. b EuGVVO[98] zu bestimmen ist. Solange der EuGH diese Grundfrage nicht geklärt hat, ist Art. 9 Abs. 3 Rom I-VO praxisuntauglich und wird die verhandelnden Vertragsparteien und ihre Rechtsberater vor kaum übersehbare Risiken stellen. Die Regelung zwingt deshalb dazu, schon im Rahmen von Vertragsverhandlungen alle Eingriffsnormen aller Staaten zu berücksichtigen, die im Verlaufe der Vertragserfüllung in irgendeinen Zusammenhang mit der Vertrags-

---

90 Rauscher/*Thorn*, EuZPR/EuIPR, Art. 9 Rom I-VO Rn 11; Reithmann/Martiny/*Freitag*, Internationales Vertragsrecht, 7. Aufl. 2010, Rn 513 f; *Mankowski*, Der Vorschlag für die Rom I-Verordnung, IPRax 2006, 101,109 f; *Sonnenberger*, IPRax 2003, 104, 107 ff.

91 Vgl hierzu ausführlich Rauscher/*Thorn*, aaO, Rn 35 ff; MüKo/*Martiny*, Art. 9 Rom I-VO Rn 12 ff; *Schlachter*, Erfurter Kommentar zum Arbeitsrecht, 12. Aufl. 2012, Art. 9 Rom I-VO Rn 21ff; Reithmann/Martiny/*Freitag*, aaO, Rn 563 ff.

92 Zumindest für das inzwischen eingeschränkte Verbot von Erfolgshonorarvereinbarungen iSv § 4 a RVG iVm § 49 b Abs. 2 BRAO; siehe hierzu Rauscher/*Thorn*, aaO, Rn 43.

93 Reithmann/Martiny/*Freitag*, Internationales Vertragsrecht, Rn 575 f; vgl zur früheren Rechtslage auch *Kilian/Müller*, Öffentlich-Rechtliches Preisrecht als Eingriffsnorm iS des Art. 34 EGBGB (zu BGH VII ZR 169/02), IPRax 2003, 436 ff.

94 Rauscher/*Thorn*, EuZPR/EuIPR, Art. 9 Rom I-VO Rn 20 f; vgl bspw zu französischen Eingriffsnormen

und zur Möglichkeit, solche Eingriffsnormen auch als Handelshemmnis zu missbrauchen *Niggemann*, Eingriffsnormen auf dem Vormarsch, IPRax 2009, 444 ff.

95 Vgl zu diesem gesetzgeberischen Missgriff insb. Rauscher/*Thorn*, aaO, Rn 60; *Freitag*, Internationales Vertragsrecht, Rn 631 f.

96 In Anlehnung der Grundsätze des EuGH, Rs C-14/76, Slg 1976, 1497, Rn 9, 12 = NJW 1977, 490 – de Bloos/Bouyer; EuGH, Rs.C-12/76, Slg 1976, 1473 = NJW 1977, 491 – Tessili.

97 Dies würde allerdings die genannte EuGH-Rechtsprechung außer Acht lassen.

98 *Pfeiffer*, Neues Internationales Vertragsrecht, EuZW 2008, 622, 628; vgl zum Ganzen Reithmann/Martiny/*Freitag*, Internationales Vertragsrecht, Rn 638 ff; Rauscher/*Thorn,* EuZPR/EuIPR, Art. 9 Rom I-VO Rn 62 ff sowie Rn 44 ff der Kommentierung zu Art. 9 Rom I-VO in diesem Band; s. auch *Brand*, Formularbuch zum Europäischen und Internationalen Zivilprozessrecht, Formular A.I.5, Anm. 2 mwN.

durchführung geraten können.⁹⁹ Folge davon ist es, dass beinahe zu jeder kollisionsrechtlichen Vertragsberatung im Hinblick auf die Unklarheiten durch Art. 9 Rom I-VO umfangreiche Disclaimer erforderlich sind, um das Haftungsrisiko einzugrenzen. Diese sind zwar möglicherweise geeignet, den anwaltlichen Berater vor Risiken zu schützen, die rechtsuchende Vertragspartei bleibt allerdings im Ergebnis den durch die missglückte Verordnungsgebung verursachten Risiken ausgesetzt. Rechtssicherheit und Vorhersehbarkeit des anwendbaren Rechts, wie sie Erwägungsgrund 16 Abs. 1 der Rom I-VO postuliert, sehen anders aus. Die Lösung kann demnach einstweilen nur darin bestehen, neben einer möglichen Rechtswahl im Rahmen von schuldrechtlichen Verträgen zugleich eine Erfüllungsortvereinbarung zu treffen und vertraglich festzulegen, dass diese zugleich eine Erfüllungsortvereinbarung im Hinblick auf Art. 9 Abs. 3 Rom I-VO bedeutet. Dies scheint folgerichtig, weil beispielsweise nach Art. 5 Nr. 1 lit. b EuGVVO eine Erfüllungsvereinbarung ausdrücklich, aber auch im Rahmen von Art. 5 Nr. 1 lit. a EuGVVO zuständigkeitsbegründend ist.¹⁰⁰ Nur auf diese Weise lässt sich die Berücksichtigung der Eingriffsnormen ausländischen Rechts einigermaßen vorhersehbar bestimmen.

25 **b) Rechtswahl und UN-Kaufrecht.** Nicht erst seit Inkrafttreten der Rom I-VO ist im Zusammenhang mit der Rechtswahl für einen jeden grenzüberschreitenden Kaufvertrag zu prüfen, ob nicht das **UN-Kaufrecht** (CISG)¹⁰¹ nach dem vereinbarten Sachrecht zur Anwendung kommt. Da in den Vertragsstaaten des UN-Kaufrechts-Übereinkommens das CISG Bestandteil der jeweiligen nationalen Sachnormen ist, findet – häufig von den Parteien und auch den Gerichten unbemerkt – das UN-Kaufrecht automatisch Anwendung.¹⁰² Das CISG gilt folglich, sofern der Anwendungsbereich eröffnet ist, immer, es sei denn es wurde wirksam abbedungen. Da Deutschland Vertragsstaat des CISG ist und Art. 4 Abs. 1 lit. a Rom I-VO bei Kaufverträgen grundsätzlich das Recht am Aufenthaltsort des Verkäufers für anwendbar erklärt, würde daher grundsätzlich bei internationalen Warenkaufverträgen, bei denen ein deutsches Unternehmen als Verkäufer auftritt, das CISG anwendbar sein.¹⁰³ Das CISG ist somit Teil der deutschen Rechtsordnung geworden und findet als deutsches Recht unmittelbare Anwendung.¹⁰⁴ Da sich das UN-Kaufrecht nach wie vor großer Unbeliebtheit erfreut, wird es jedoch bisher routinemäßig im Rahmen der Rechtswahl abbedungen.¹⁰⁵ Auch wenn seit Inkrafttreten der Schuldrechtsreform mitunter empfohlen wird, der Anwendung des CISG den Vorrang gegenüber dem BGB zu gewähren,¹⁰⁶ empfiehlt es sich schon aus Gründen der Sicherheit in der Rechtsanwendung stets neben einer Rechtswahl auch ausdrücklich zusätzlich die Anwendung des CISG vertraglich auszuschließen, um die Anwendung der den Parteien und ihren anwaltlichen Beratern häufig unbekannten und von den nationalen Sachnormen abweichenden Vorschriften des CISG und die damit verbundenen Risiken zu vermeiden. Zumindest aber scheint eine Rechtswahlklausel bei internationalen Warenkaufverträgen immer dann unvollständig, wenn sich die Vertragsparteien bei der Wahl des anwendbaren Rechts keine Gedanken über die möglicherweise automatisch erfolgende Anwendbarkeit des CISG gemacht haben. Für den – wenn auch selteneren – Fall, dass sich die Parteien bewusst für die Anwendbarkeit des CISG entscheiden, heißt dies nicht, dass das nationale Recht gänzlich verdrängt wird. Das CISG tritt nur so weit an die Stelle des jeweiligen nationalen Rechts, wie sein Regelungsgehalt reicht. Weiterhin ist zu beachten, dass die Anwendung des CISG auch zu Veränderungen bei der Anwendung der Grundwertungen des jeweiligen nationalen Rechts führen kann,¹⁰⁷ weil das CSIG auch die Grundwertungen des nationalen Rechts durch seine eigenen Grundwertungen ersetzt.¹⁰⁸ Bei der Verwendung von AGB ist dies besonders signifikant. Bei einer Anwendbarkeit des CISG kommt es deshalb bei der Inhaltskontrolle nach § 307 Abs. 2 Nr. 1 BGB nicht auf die gesetzlichen Wertungen des BGB, sondern auf die des CISG an. Die jeweils festzustellen und ihre Anwendung auf die jeweils in Rede stehenden AGB durch die anschließend möglicherweise mit der Vertragsauslegung befassten Gerichte schon bei den Vertragsverhandlungen vorzusehen, überfordert in aller Regel nicht nur die Naturalparteien.

---

99 Siehe hierzu *Mankowski*, Die Rom I-Verordnung – Änderungen im europäischen IPR für Schuldverträge, IHR 2008, 133, 149; *Freitag*, aaO, Rn 640.

100 Vgl *Klemm*, Erfüllungsortvereinbarungen im Europäischen Zivilverfahrensrecht, Bd.2 (2005), 65 f; Rauscher/*Leible*, EuZPR/EuIPR, Art. 5 EuGVVO Rn 43; s. auch *Brand*, Formularbuch zum Europäischen und Internationalen Zivilprozessrecht, Formular A.1.3, Anm. 3.; s. hierzu auch *Althammer*, Die prozessuale Wirkung materiellrechtlicher Leistungsortvereinbarungen (§ 29 Abs. 1, 2 ZPO), IPRax 2011, 342, 345.

101 Übereinkommen der Vereinten Nationen über Verträge über den internationalen Warenkauf v. 11.4.1980 (BGBl. 1989 II S. 588).

102 *Schmidt-Kessel/Meyer*, Allgemeine Geschäftsbedingungen und UN-Kaufrecht, IHR 2008, 177; *Kampf*, UN-Kaufrecht und Kollisionsrecht, RIW 2009, 297, 298.

103 *Kampf*, aaO.

104 *Schillo*, UN-Kaufrecht oder BGB? – Die Qual der Wahl beim internationalen Warenkaufvertrag – Vergleichende Hinweise zur Rechtswahl beim Abschluss von Verträgen, IHR 2003, 257, 258.

105 *Schillo*, aaO, 257; *Koch*, Wider den formularmäßigen Ausschluss des UN-Kaufrechts, NJW 2000, 910.

106 *Schillo*, aaO, 257; *Piltz*, Gestaltung vom Exportverträgen nach der Schuldrechtsreform, IHR 2002, 2, 6.

107 *Schillo*, IHR 2003, 257, 258.

108 *Schillo*, IHR 2003, 257, 258.

26 In Kaufverträgen nach UN-Kaufrecht können wie in Verträgen, die nationalem materiellen Recht unterliegen, AGB vereinbart werden. Da das UN-Kaufrecht nach Art. 4 CISG ausdrücklich den „Abschluss des Kaufvertrages" regelt, beurteilt sich die Einbeziehung von AGB grundsätzlich auch nach den Bestimmungen des UN-Kaufrechts. Das UN-Kaufrecht verfügt über keine besonderen AGB-Bestimmungen, daher gelten die allgemeinen Vorschriften für das äußere Zustandekommen des UN-Kaufvertrages nach Artt. 14 ff CISG auch für die Einbeziehung von AGB.[109] Um die AGB wirksam einzubeziehen, muss darauf geachtet werden, dass die AGB-Klauseln bei Vertragsschluss in das zum Vertragsschluss führende Vertragsangebot mit aufgenommen werden. Ein bloßer Hinweis auf die Geltung der AGB genügt nicht.[110] Im Unterschied zum deutschen Recht, das von einer Erkundigungsobliegenheit[111] der anderen Vertragspartei ausgeht, sieht das UN-Kaufrecht eine Kenntnisverschaffungspflicht[112] des Verwenders vor. Das hat zur Folge, dass der Verwender der AGB dem Erklärungsgegner den Text der AGB übersenden oder anderweitig zugänglich machen muss.[113] Auch aufgrund dieser höheren Anforderungen an die Einbeziehung von AGB wird es für den Verwender oft vorteilhafter sein, die Anwendung des UN-Kaufrechts insgesamt auszuschließen.

27 c) Die Bedeutung von Gerichtsstandsvereinbarungen im Rahmen von internationalen Vertragsverhandlungen. Es gab Zeiten, in denen die politische Diskussion in Europa darum ging, ob man eher den Einigungsprozess vertiefen, also die Angleichung der Rechts- und Wirtschaftsbedingungen vorantreiben, oder aber die Europäische Union durch Aufnahme neuer Mitglieder erweitern sollte.[114] Die Europäische Union hat sich entgegen aller Warnungen dazu entschlossen, beides zu tun, nämlich nach dem Fall des eisernen Vorhangs in schneller Abfolge neue Mitglieder aufzunehmen und gleichzeitig den europäischen rechtlichen Integrationsprozess mit unverminderter Geschwindigkeit voranzutreiben. So beglückend aus vielfältigen Gründen die Erweiterung ist, so bedrückend sind zugleich manche Folgen der unverminderten rechtlichen Integration. So geht beispielsweise die EuGVVO wie selbstverständlich davon aus, dass Urteile aus einem Mitgliedstaat in allen anderen unmittelbar anerkannt und vollstreckt werden müssen, ohne dass der Vollstreckungsstaat die Möglichkeit hätte, das Urteil der Sache nach zu überprüfen, wenn man von dem *ordre public*-Vorbehalt des Art. 34 Nr. 1 EuGVVO absieht.[115] Tatsächlich kann aber keinesfalls davon ausgegangen werden, dass in allen Mitgliedstaaten der EU in gleicher Weise Recht gesprochen wird. Ohne Grund finden sich inzwischen in den Allgemeinen Geschäftsbedingungen der Betreiber sog. **Abofallen** im Internet mitunter Rechtswahlklauseln zugunsten des rumänischen Rechts und Gerichtsstandsklauseln zugunsten der rumänischen Gerichte. In Vertragsverhandlungen insbesondere mit Vertragspartnern aus dem östlichen und südöstlichen Teil der Europäischen Union, in jedem Fall aber aus Drittstaaten, ist deshalb ein noch größeres Augenmerk auf die Verhandlung von Gerichtsstandsklauseln zu legen als auf die Vereinbarung des anwendbaren Rechts. Diese möglicherweise zunächst überraschende Erkenntnis findet ihre Ursache darin, dass die Ausbildung der Justizsysteme in einigen der neuen EU-Mitgliedstaaten – und erst recht in vielen außereuropäischen Staaten – bei weitem noch nicht so vorangeschritten ist, wie dies den Anforderungen an rechtsstaatliche Verfahren entsprechen würde. Dies ist innerhalb der Europäischen Union auch keineswegs unbekannt.[116] Auf dem tabellarischen Ranking von Transparency Deutschland e.V. vom 1.12.2011 rangieren die Slowakei auf dem 66., Rumänien auf dem 75., Griechenland auf dem 80. und Bulgarien auf dem 86. Platz.[117] Wenn man unterstellt, dass die veröffentlichten Korruptionsverfahren nur jeweils die Spitze des Eisberges bezeichnen und sich darüber hinaus vor Augen hält, dass der gefährlichste,

---

109 BGHZ 149, 113-119 = NJW 2002, 370 m.Anm. *Schmidt-Kessel*, 3444.
110 *Piltz*, AGB in UN-Kaufverträgen, IHR 2004, 133, 134.
111 BGH NJW 1976, 1886 f.
112 *Drasch*, Einbeziehungs- und Inhaltskontrolle vorformulierter Geschäftsbedingungen im Anwendungsbereich des UN-Kaufrechts, 1999, S. 5 ff.
113 BGHZ 149, 113-119 = NJW 2002, 370.
114 Auch heute noch vielmals Diskussionsschwerpunkt, vgl dazu bspw das Forschungsprojekt des Instituts für Europäische Politik zur Erweiterung, Europäische Nachbarschaftspolitik und Konsolidierung der Europäischen Union, <http://www.iep-berlin.de/erweiterung.html>; allgemein aus historischer Perspektive zu den Problemen des europäischen Integrationsprozesses: *Thiemeyer*, Europäische Integration: Motive-Prozesse-Strukturen, 2010.
115 Vgl hierzu *Brand*, Formularbuch zum Europäischen und Internationalen Zivilprozessrecht, Formular D. 1.11.; s. hierzu auch unten Rn 57.
116 Vgl Bericht der Kommission an das Europäische Parlament und den Rat (Zwischenbericht) vom 8.2.2012 über Bulgariens Fortschritte im Rahmen des Kooperations- und Kontrollverfahrens, KOM (2012) 57 endg., basierend auf der Entscheidung 2006/929/EG der Kommission vom 13. Dezember 2006 zur Einrichtung eines Verfahrens für die Zusammenarbeit und die Überprüfung der Fortschritte Bulgariens bei der Erfüllung bestimmter Vorgaben in den Bereichen Justizreform und Bekämpfung der Korruption und des organisierten Verbrechens (ABl. L 354 vom 14.12.2006, S. 58). Aus diesem Bericht ergibt sich, dass Anfang 2012 allein in Bulgarien 27 Strafverfahren gegen 28 Richter wegen Verdachts der Korruption und des Amtsmissbrauchs anhängig waren.
117 <www.transparency.de/tabellarischesranking.2021.0.html>; vgl auch den Bericht des Committee on Legal Affairs and Human Rights der parlamentarischen Versammlung des Europarats vom 6. November 2009 zum Thema „Judicial Corruption" (Doc. 12058).

weil etwa neun mal größere, Teil eines Eisbergs stets unter der Wasseroberfläche, also unsichtbar ist, wird deutlich, dass bei internationalen schuldrechtlichen Verträgen größter Wert auf die Vermeidung von Gerichtsständen gelegt werden muss, die ein rechtsstaatliches Verfahren (noch) nicht garantieren können. Auch wenn der Erfolg solcher Vertragsverhandlungen eine Frage der Stärke der Verhandlungsposition ist, wird man häufig mit Verhandlungsführern aus den betroffenen Staaten recht schnell Einigkeit darüber erzielen können, dass die Gerichtsbarkeit bestimmter Staaten auf jeden Fall zu vermeiden ist. Für den Fall, dass ein korruptionssicherer Gerichtsstand nicht konsensfähig ist, bietet sich die Vereinbarung von exklusiven Schiedsklauseln an, die in aller Regel helfen, Korruptionsprobleme zu vermeiden.

28 **d) Schiedsvereinbarungen.** Die Vereinbarung einer **Schiedsklausel** ist insbesondere dann zu empfehlen, wenn ohne die Vereinbarung eines Schiedsgerichts eine fremde ausländische Gerichtsbarkeit in Betracht käme, in der die Durchführung eines Prozesses über Gebühr mühsam, zeitaufwändig und kostspielig wäre.[118] Hinzukommt das bereits erwähnte, oftmals zu Recht bestehende Misstrauen gegenüber der ausländischen Gerichtsbarkeit. Besonderes Augenmerk bei der Verhandlung von Schiedsklauseln ist dabei auf die Vereinbarung des Schiedsorts zu legen. Nach § 1059 iVm § 1062 Abs. 1 Nr. 4 ZPO, der der Bestimmung des Art. 34 UNCITRAL-Modellgesetzes entspricht,[119] ist das staatliche Gericht am Schiedsort für mögliche Aufhebungsanträge, aber auch für die Vollstreckbarerklärung von Schiedssprüchen zuständig. In jedem Schiedsverfahren muss somit damit gerechnet werden, dass die Hilfe staatlicher Gerichte in Anspruch genommen werden muss. Auf eine von jedem staatlichen Gericht gelöste „freie" Schiedsgerichtsbarkeit kann sich keine Partei verlassen.[120] Gerade in Verhandlungen über Schiedsklauseln mit Vertragspartnern mit Sitz in korruptionsgefährdeten Staaten wird allerdings häufig eine unangemessene Großzügigkeit gezeigt, wenn es darum geht, dem Vertragspartner aus dem korruptionsgefährdeten Staat wenigstens den Schiedsort zu belassen. So wird beispielsweise bei der Vereinbarung eines ad hoc Schiedsgerichts, das über einen bestimmten Sachverhalt nach deutschem Recht entscheiden soll, möglicherweise als Schiedsort Rumänien vereinbart, ohne zugleich festzulegen, welches das zuständige Gericht für Aufhebungsanträge im Sinne von § 1059 iVm 1062 Abs. 1 Nr. 4 ZPO sein soll. Dies kann dann die fatale Folge haben, dass ein noch so richtiger Schiedsspruch von dem dann zuständigen rumänischen Gericht aus nicht sachgerechten Gründen aufgehoben bzw ihm die Anerkennung und Vollstreckbarerklärung verweigert wird. Die Gerichtszuständigkeit ist zudem insbesondere wegen der jeweils unter Umständen sehr unterschiedlichen Auslegung des Begriffs *ordre public* von großer Bedeutung.[121] Die Parteien sollten daher einen **Schiedsort** wählen, an dem sie bei Anfechtung des Schiedsspruchs ein faires Verfahren erwarten.[122] Folglich ist bei der Beratung und Verhandlung von internationalen schuldrechtlichen Verträgen stets darauf zu achten, dass entweder ein korruptionssicherer staatlicher Gerichtsstand vereinbart oder aber im Falle von Schiedsvereinbarungen durch die Vereinbarung des zuständigen Gerichts iSv § 1059 ZPO ein rechtssicheres Schiedsverfahren gewährleistet wird.

29 **3. Beratende Praxis im Zusammenhang mit der Rom II-VO. a) Anwendungsbereich.** Mit der Rom II-VO wurde die Harmonisierung der Kollisionsnormen im Bereich der außervertraglichen Schuldverhältnisse vorgenommen.[123] Besonders die Sicherung eines reibungslos funktionierenden Binnenmarkts und die Gewährung von Rechtssicherheit waren die wesentlichen Ziele des Verordnungsgebers.[124] Naturgemäß hält sich der außergerichtliche Beratungsbedarf in Fällen **ungerechtfertigter Bereicherung** und **unerlaubter Handlung** in Grenzen, weil weder ungerechtfertigt Bereicherte noch der (künftige) Täter eines Delikts im Vorfeld Rechtsberatung suchen werden. Nach Art. 2 Abs. 1 gilt die Verordnung allerdings auch für Ansprüche aus Geschäftsführung ohne Auftrag[125] oder *culpa in contrahendo*,[126] für die durch Art. 11 und Art. 12 Rom II-VO Sondervorschriften geschaffen worden sind, so dass sich die vorbereitende Beratung im

---

118 *Schab/Walter*, Schiedsgerichtsbarkeit, Kapitel 4, Rn 1.
119 Prütting/Gehrlein/*Raeschke-Kessler*, ZPO, 5. Aufl. 2013, § 1059 ZPO Rn 1.
120 *Schwab/Walter*, Schiedsgerichtsbarkeit, Kapitel 41, Rn 21.
121 Dazu *Hobeck/Stubbe,* Genese einer Schiedsklausel, SchiedsVZ 2003, 15, 19, 21.
122 *Hobeck/Stubbe,* SchiedsVZ 2003, 15, 19.
123 Vgl zum alten IPR im Recht der ungerechtfertigten Bereicherung aus rechtsvergleichender Sicht: *Plaßmeier*, Ungerechtfertigte Bereicherung im Internationalen Privatrecht und aus rechtsvergleichender Sicht, Berlin, 1996.
124 Vgl Erwägungsgründe 6 und 7 der Rom II-VO.
125 Vgl hierzu und zu den mitunter komplizierten Abgrenzungsfragen *Nehne*, Die Internationale Geschäftsführung ohne Auftrag nach der ROM II-Verordnung – Anknüpfungsgegenstand und Anknüpfungspunkte, IPRax 2012, 136 ff.
126 Siehe zu den insoweit entstehenden Abgrenzungsfragen auch *Bach*, Zurück in die Zukunft – Die dogmatische Einordnung der Rechtsscheinvollmacht im gemeineuropäischen IPR, IPRax 2011, 116 ff; *Behnen*, Die Haftung des falsus procurator im IPR – nach Geltung der ROM I- und ROM II-Verordnungen, IPRax 2011, 221 ff, 225; *Engert/Groh*, Internationaler Kapitalanlegerschutz vor dem Bundesgerichtshof, IPRax 2011, 458 ff, 468; *Seibel*, Verbrauchergerichtsstände, Vorprozessuale Dispositionen und Zuständigkeitsprobleme bei Ansprüchen aus c.i.c., IPRax 2011, 234, 240.

Rahmen der Rom II-VO häufig auf derartige Fallkonstellationen bezieht. Darüber hinaus gilt die Rom II-VO gem. Art. 9 auch für Schäden aus Arbeitskampfmaßnahmen, so dass sich auch insoweit im Vorfeld von Arbeitskämpfen Beratungsbedarf ergeben kann. Am stärksten allerdings dürfte der anwaltliche Berater im gewerblichen Rechtsschutz, zB das grenzüberschreitenden Werbekampagnen, sowie darüber hinaus im Kartellprivatrecht in Anspruch genommen werden, weil nach Art. 6 Rom II-VO sowohl das Lauterkeitsrecht als auch das Kartellprivatrecht sowie nach Art. 8 Rom II-VO auch Ansprüche aus der Verletzung von Rechten des geistigen Eigentums unter den Anwendungsbereich der Verordnung fallen.[127] Die Rom II-VO gilt darüber hinaus für Ansprüche aus Prospekthaftung[128] und solche aus dem Eigentümer-Besitzer-Verhältnis,[129] für nachbarrechtliche Ansprüche[130] sowie Ansprüche aus Verträgen mit Schutzwirkung zugunsten Dritter.[131] Anders als für den Anwendungsbereich der Rom I-VO ist durch die Rom II-VO das jeweilige bisherige nationale Kollisionsrecht der Mitgliedstaaten nicht vollständig obsolet geworden. Aufgrund der Vielzahl der aus dem Anwendungsbereich der Rom II-VO gem. seines Art. 1 Abs. 2 ausgenommenen Anwendungsbereiche gelten Artt. 38 bis 42 EGBGB nicht nur für Altfälle, sondern auch weiterhin für die vom Anwendungsbereich der Rom II-VO ausgenommenen gesetzlichen Schuldverhältnisse fort.[132] Insbesondere die Tatsache, dass durch Art. 1 Abs. 2 lit. g Rom II-VO außervertragliche Schuldverhältnisse aus der Verletzung der Privatsphäre oder der Persönlichkeitsrechte, einschließlich der Verleumdung aus dem Anwendungsbereich Verordnung ausgenommen wurden, ist heftig kritisiert worden.[133] Art. 30 Abs. 2 Rom II-VO, die sog. Überprüfungsklausel, hat deshalb insoweit eine Anpassung der Verordnung bereits inzident angekündigt.[134]

30 Schon die Auflistung der Rechtsverhältnisse, die in den Anwendungsbereich der Rom II-VO fallen und der hiervon gemachten Ausnahmen, machen die Schwierigkeiten deutlich, die sich aus den unterschiedlichen Rechtsdogmatiken innerhalb der Mitgliedstaaten der Europäischen Union ergeben. So ist beispielsweise nach deutschem Rechtsverständnis die Einbeziehung von Ansprüchen aus *culpa in contrahendo* in die außervertraglichen Schuldverhältnisse dogmatisch nur schwer nachvollziehbar. Auch die Einbeziehung von Ansprüchen aus Verträgen mit Schutzwirkung zugunsten Dritter in die Kollisionsnormen der außervertraglichen Schuldverhältnisse ist zumindest auf den ersten Blick nur bedingt einleuchtend.[135] Für die praktische Handhabung der Verordnung ist dies zunächst nicht von wesentlicher Bedeutung, weil die vereinheitlichten Kollisionsregeln der Verordnung vernünftig und sachgerecht und in aller Regel auch unmittelbar nachvollziehbar erscheinen. So ist beispielsweise bei Ansprüchen aus culpa in contrahendo die in Art. 12 Abs. 1 Rom II-VO vorgesehene Anknüpfung an das Recht des Staates, das anwendbar wäre, wenn der Vertrag zustande gekommen wäre, nicht nur interessengerecht, sondern auch im Sinne der Vorhersehbarkeit geradezu zwingend. Dies gilt insbesondere dann, wenn man sich vor Augen hält, dass es den Interessen der Parteien von Vertragsverhandlungen, also auch schon vor Abschluss eines Vertrages, entspricht, auch ihre zu diesem Zeitpunkt entstehenden Schuldverhältnisse im Sinne der Rechtssicherheit vorhersehbar und in ihren wirtschaftlichen Risiken einschätzbar zu machen.

31 Die grundlegende Vorschrift der Rom II-VO findet sich in Art. 4. Ziel des Verordnungsgebers war es, einen flexiblen Rahmen kollisionsrechtlicher Regelungen zu schaffen.[136] Auf ein außervertragliches Schuldverhältnis aus unerlaubter Handlung ist nach Art. 4 Abs. 1 Rom II-VO grundsätzlich das Recht des Staates anzuwenden, in welchem der Schaden, der Folge der unerlaubten Handlung ist, eintritt, und zwar unabhän-

---

127 *Mankowski*, Ausgewählte Einzelfragen zur Rom II-VO: Internationales Umwelthaftungsrecht, Internationales Kartellrecht, Renvoi, Parteiautonomie, IPRax 2010, 389, 395 ff.
128 *v. Hein*, Europäisches Internationales Deliktsrecht nach der Rom II-VO, 6 (12), ZEuP 2009, 6, 12; *Junker*, Der Reformbedarf im Internationalen Deliktsrecht der Rom II-VO 3 Jahre nach ihrer Verabschiedung, RIW 2010, 257, 261.
129 Palandt/*Thorn*, Art. 1 Rom II-VO Rn 5.
130 *Hohloch*, The Rome II Regulation: An overview – place of injury, habitual residence, closer connection and substantive scope: The basic principles. Yearbook Private International Law 9 (2007), 1, 14; Palandt/*Thorn*, Art. 1 Rom II-VO Rn 5.
131 *Dutta*, Das Statut der Haftung aus Vertrag mit Schutzwirkung für Dritte, IPrax 2009, 293, 294.
132 Palandt/*Thorn*, Vorbem. vor Art. 1 Rom II-VO Rn 1; NK-BGB/*Huber*, Art. 38 EGBGB Rn 4.
133 *Junker*, RIW 2010, 257 mwN der dies als „höchst ärgerliche Kerbe" im vereinheitlichten europäischen Kollisionsrecht bezeichnet hat; *Wagner*, Die neue ROM II-Verordnung, IPRax 2008, 1, 3, 10; s. auch *Brand*, Persönlichkeitsrechtsverletzungen im Internet, E-Commerce und „Fliegender Gerichtsstand", NJW 2012, 127 ff.
134 Siehe hierzu den Bericht des Rechtsausschusses mit Empfehlungen an die Kommission zur Änderung der Verordnung (EG) Nr. 864/2007 über das auf außervertragliche Schuldverhältnisse anzuwendende Recht (ROM II) vom 2.5.2012, Plenarsitzungsdokument A 7-0152/2012, der einstimmig die Einführung eines Art. 5 a gefordert hat, der künftig auch die außervertraglichen Schuldverhältnisse aus einer Verletzung der Privatsphäre oder der Persönlichkeitsrechte einschließlich der Verleumdung in den Geltungsbereich der Verordnung einbeziehen soll, der grundsätzlich das Recht des Staates für anwendbar erklären soll, in dem der Schaden im Wesentlichen eintritt oder einzutreten droht.
135 *Dutta*, IPrax 2009, 293, 295.
136 Vgl Erwägungsgrund 14 der Rom II-VO.

gig davon, in welchem Staat das schadensbegründende Ereignis oder indirekte Schadensfolgen eingetreten sind. Der europäische Gesetzgeber hat folglich zugunsten des reinen Erfolgsortes entschieden.[137] Damit weicht er von der Regelung des Art. 40 Abs. 1 EGBGB ab, der zumindest grundsätzlich und vorbehaltlich der Ausübung des Wahlrechts durch den Verletzten auf das Recht des Handlungsortes, also das Recht des Staates abstellt, in dem der Ersatzpflichtige gehandelt hat.[138] Begründet wird die Entscheidung, nun in der Verordnung stattdessen allein auf den Erfolgsort abzustellen – neben der Vorhersehbarkeit gerichtlicher Entscheidungen –, dass dadurch angeblich ein angemessener Ausgleich zwischen Schädiger und Geschädigtem erreicht werde.[139] Das leuchtet nicht unmittelbar ein, sondern ist allenfalls der Versuch einer Begründung. Eine weitere Grundanknüpfung enthält Art. 4 Abs. 2 Rom II-VO. Diese Vorschrift hat insbesondere im internationalen Unfallrecht Bedeutung.[140] Korrigiert werden können die beiden Grundanknüpfungen durch die Ausweichklausel des Art. 4 Abs. 3 Rom II-VO.[141] Im Unterschied zum EGBGB enthält die Rom II-VO darüber hinaus Spezialnormen für bestimmte außervertragliche Schuldverhältnisse, wie zB die Produkthaftung (Art. 5 Rom II-VO),[142] Wettbewerbsverletzungen (Art. 6 Rom II-VO) oder Umweltschädigungen (Art. 7 Rom II-VO).[143] Für diese Bereiche gelten jeweils besondere Anknüpfungsregeln.[144]

32 **b) Rechtswahl.** Auch im Bereich der **außervertraglichen Schuldverhältnisse** wird den Parteien eine Rechtswahl ermöglicht (Art. 14 Rom II-VO). Erwägungsgrund 31 der Rom II-VO betont hierbei die Wichtigkeit der Rechtswahlmöglichkeit zur Wahrung der Privatautonomie.[145] Da im außervertraglichen Bereich von der individuellen Statutbestimmung weit weniger Gebrauch gemacht wird als bei vertraglichen Schuldverhältnissen, wird das Prinzip der freien Rechtswahl – im Unterschied zur Rom I-VO – gesetzgebungstechnisch den Bestimmungen der Rom II-VO über die objektiven Anknüpfungen auch nicht voran-, sondern nachgestellt.[146] Da im Übrigen die Rechtswahl nicht im gleichen Normierungsumfang geregelt ist wie in der Rom I-VO, ist ergänzend ein Rückgriff auf Art. 3 Rom I-VO erforderlich.[147] Deutlich wird die Notwendigkeit eines Rückgriffs auf die Bestimmungen der Rom I-VO beispielsweise dadurch, dass im Rahmen von Art. 14 Rom II-VO nicht geregelt ist, nach welchem Recht sich Zustandekommen und Wirksamkeit der Rechtswahlvereinbarung richten. Es sind daher Art. 3 Abs. 5, Art. 10 Rom I-VO in entsprechender Anwendung heranzuziehen, wonach insoweit das Recht des Staates maßgeblich ist, das anzuwenden wäre, wenn der Verweisungsvertrag wirksam wäre.[148]

33 Die praktische Relevanz der Rechtswahl im Bereich der außervertraglichen Schuldverhältnisse wird naturgemäß nicht an die im Bereich der vertraglichen Schuldverhältnisse herankommen.[149] Insbesondere die praktische Bedeutung der Rechtswahl im außervertraglichen Bereich vor Eintritt des schädigenden Ereignisses ist auf bestimmte Fallkonstellationen begrenzt, in denen sie dann aber freilich umso größere Bedeutung erlangen kann. Bei regelmäßig zufälligen Schadensereignissen im Bereich des klassischen Deliktsrechts besteht vor dem Entstehen der Ansprüche meist kein Kontakt zwischen den Beteiligten und somit auch keine Möglichkeit einer Rechtsvereinbarung.[150] Besonders evident ist dies beispielsweise bei einer antizipierten Rechtswahl bei der Geschäftsführung ohne Auftrag gemäß Art. 11 Rom II-VO. Es ist zu Recht darauf hingewiesen worden, dass in Fällen der Geschäftsführung ohne Auftrag die Parteien sich nicht über einen Vertrag geeinigt haben. Häufig wird der auftraglose Geschäftsführer den Geschäftsherrn noch nicht einmal kennen. Selbst wenn sie sich kennen, müssten sie trotz fehlender Einigung eine Rechtswahlvereinbarung treffen. Es ist offensichtlich, dass derlei kaum je vorkommen dürfte.[151] Es gibt aber durchaus

---

137 *Junker*, Die Rom II-Verordnung: Neues Internationales Deliktsrecht auf europäischer Grundlage, NJW 2007, 3675, 3679.
138 *Leible/Lehmann*, Die neue EG-Verordnung über das auf außervertragliche Schuldverhältnisse anzuwendende Recht („ROM II"), RIW 2007, 721, 724; NK-BGB/*Wagner*, Art. 40 EGBGB Rn 16.
139 Vgl Erwägungsgrund 16.
140 *Junker*, NJW 2007, 3675, 3679;. s. zu den praktischen Schwierigkeiten in diesem Zusammenhang BGH VI ZR 28/08, IPRax 2010, 367 mit Anm. *Seibl*, IPRax 2010, 347 ff.
141 Siehe hierzu näher Rn 27 f der Kommentierung von Art. 4 Rom II-VO in diesem Band.
142 *v. Hein*, Die Produkthaftung des Zulieferers im Europäischen und Internationalen Zivilprozessrecht, IPRax 2010, 330 ff; *Illmer*, The new European Private International Law of Product Liability – Steering Through Troubled Waters, RabelsZ 2009, 269 ff; *Spickhoff*, Die Produkthaftung im Europäischen Kollisions- und Zivilverfahrensrecht, in: *Baetge/von Hein/von Hinden*, FS für Jan Kropholler zum 70. Geburtstag, 2008, S. 671 ff.
143 Vgl zum Reformbedarf insoweit *Mankowski*, IPRax 2010, 3189 ff.
144 Siehe hierzu die Kommentierung der entsprechenden Vorschriften.
145 Siehe hierzu *Mankowski*, IPRax 2010, 389, 399.
146 *Leible/Lehmann*, RIW 2007, 721, 726.
147 MüKo/*Junker*, Art. 14 Rom II-VO Rn 8; dies ergibt sich schon aus dem Gebot der einheitlichen Anwendung der Rom I-VO und Rom II-VO, Erwägungsgrund 7.
148 *Bamberger/Roth/Spickhoff*, Art. 14 Rom II-VO Rn 3; ebenso Palandt/*Thorn*, Art. 14 Rom II-VO Rn 11; für den Rückgriff auf die *lex fori* MüKo/*Junker*, Art. 14 Rom II-VO Rn 26.
149 MüKo/*Junker*, Art. 14 Rom II-VO Rn 1.
150 *Hohloch*, Rechtswahl im internationalen Deliktsrecht, NZV 1988, 161, 164.
151 *Rugullis*, Die antizipierte Rechtswahl in außervertraglichen Schuldverhältnissen, IPRax 2008, 319, 322, der dies als „kurios" bezeichnet hat.

Situationen, in denen die Parteien im außervertraglichen Bereich die Möglichkeit zur und auch Interesse an einer – auch vorherigen – Rechtswahl und diesbezüglichen Beratungsbedarf durch einen Anwalt haben werden. Beispielsweise werden dies Situationen sein, in denen ein Vertrag durchgeführt werden soll, bei dem erkennbar ein erhebliches Risiko des Entstehens außervertraglicher Schuldverhältnisse besteht und die Parteien daher vorsorglich handeln wollen oder wenn vor Entstehen des Schuldverhältnisses die Parteien bereits in Kontakt stehen und die Entstehung von Ansprüchen aus culpa in contrahendo möglich erscheint.[152] Treten dann Schäden auf, für die kraft vertragsrechtlicher oder deliktsrechtlicher Regeln einzustehen ist, liegt es im Interesse der Parteien neben dem Vertragsstatut auch das Deliktsstatut von vornherein festzulegen.[153] Gerade in Fällen, in denen das Entstehen von Ansprüchen aus *culpa in contrahendo* von den verhandelnden Parteien für möglich gehalten wird, ist eine solche Rechtswahl durch eine vorvertragliche Vereinbarung, wie sie häufig beispielsweise im Vorfeld von Unternehmenskäufen oder anderen Transaktionen, die den vorvertraglichen Austausch von Informationen oder Daten oder eine *due diligence* erforderlich machen, abgeschlossen werden, nicht nur sinnvoll, sondern aus Sicht des anwaltlichen Beraters geradezu zwingend geboten. Eine solche Rechtswahl ist dann nicht nur über Art. 14 Rom II-VO zu berücksichtigen, sondern findet auch über Art. 12 Abs. 1 Rom II-VO Beachtung.[154]

34 Eine Rechtswahl ist wie bei vertraglichen Schuldverhältnissen sowohl ausdrücklich als auch stillschweigend möglich. Es ist evident, dass bei außervertraglichen Schuldverhältnissen die Feststellung eines die Rechtswahl begründenden schlüssigen Verhaltens mit besonderen Schwierigkeiten verbunden ist, so dass es erforderlich ist, dass sich die Rechtswahl „mit hinreichender Sicherheit" aus den Umständen ergibt. Wie auch schon bei der Rechtswahl im Rahmen vertraglicher Schuldverhältnisse taucht die Frage auf, inwieweit man von einem bestimmten Verhalten Rückschluss auf die Rechtswahl ziehen kann. Man sollte hier schon deshalb noch zurückhaltender sein als bei vertraglichen Schuldverhältnissen, da anzunehmen ist, dass die Parteien von einer Rechtswahlmöglichkeit bei außervertraglichen Schuldverhältnissen oftmals nichts wissen.[155] Es ist deshalb die Aufgabe des Anwalts, dieser Unwissenheit zu begegnen und seinen Mandanten in dieser Hinsicht aufzuklären. Auf diese Weise gilt es beispielsweise zu verhindern, dass schon im Rahmen der Vertragsanbahnung von künftigen Vertragsparteien – in diesem Stadium noch Verhandlungspartnern – Verhaltensweisen gezeigt werden, die anschließend als konkludente Wahl eines ungünstigen Rechts angesehen werden könnten.

35 Art. 14 Rom II-VO differenziert zwischen einer Rechtswahl vor und nach dem Eintritt des schädigenden Ereignisses. In der Praxis wird eine Rechtswahl ex post für die meisten Fälle ausreichend sein, weil die rechtlichen Beziehungen zwischen den Parteien häufig erst durch das schädigende Ereignis erstmals entstehen.[156] Da aber durch eine Rechtswahlmöglichkeit *ex ante* oftmals etwaige Haftungsrisiken besser kalkuliert werden können, ist die Aufnahme dieser Möglichkeit in der Rom II-VO zu begrüßen.[157] Durch die Möglichkeit, eine Rechtswahl schon vor Eintritt des schädigenden Ereignisses zu treffen, wird auch deutlich, dass der Parteiwille und die Privatautonomie in der Rom II-VO eine stärkere Beachtung finden als im deutschen EGBGB, weil Art. 42 EGBGB bei außervertraglichen Schuldverhältnissen nur eine nachträgliche Rechtswahl zuließ.[158]

36 Rechtswahlvereinbarungen nach dem Eintritt des schadensbegründenden Ereignisses sind zunächst uneingeschränkt und formlos möglich, sofern es sich nicht um eine der in der Rom II-VO von der Rechtswahl ausgeschlossenen Rechtsmaterien handelt, wie beispielsweise den Bereich des Geistigen Eigentums (Art. 8 Abs. 3 Rom II-VO). Wie auch bei AGB im vertraglichen Schuldrecht richtet sich die Einbeziehungskontrolle nach der jeweils einschlägigen Rechtsordnung. Eine Rechtswahlvereinbarung ex ante unterliegt nur unter besonderen Tatbestandsvoraussetzungen möglich. Zum einen es gem. Art. 14 Abs. 1 S. 1 lit. b Rom II-VO erforderlich, dass beide Parteien einer **„kommerziellen Tätigkeit"** nachgehen. Gegenüber Verbrauchern kommt mithin eine solche Rechtswahl regelmäßig nicht in Betracht. Warum allerdings nicht auch Privatpersonen untereinander oder auch im Bereich der Anbahnung von Verbraucherverträgen von der Rechtswahlmöglichkeit ex ante Gebrauch machen können sollen, findet in der Rom II-VO oder ihren Erwägungsgründen keine explizite Begründung. Dies liegt vermutlich daran, dass diese Wertung mit den europarechtlichen Grundsätzen der Verbraucherschutzrichtlinien übereinstimmt. Auch die Frage, was genau unter einer „kommerziellen Tätigkeit" zu verstehen ist und warum in Abweichung zur sonstigen Begriffsbestimmung nicht der Begriff des „Unternehmers" verwendet wird, ist nicht eindeutig geklärt, weil vom Verordnungsgeber offen gelassen worden. Es kann allerdings nicht davon ausgegangen werden, dass hiermit tat-

---

152 Rauscher/*Jakob/Picht*, EuZPR/EuIPR, Art. 14 Rom II-VO Rn 3.
153 *Hohloch*, NZV 1988, 161, 164.
154 Palandt/*Thorn*, Art. 12 Rom II-VO Rn 5.
155 Rauscher/*Jakob/Picht*, EuZPR/EuIPR, Art. 14 Rom II-VO Rn 31.
156 *Leible*, Rechtswahl im IPR der außervertraglichen Schuldverhältnisse nach der ROM II-Verordnung, RIW 2008, 257, 258.
157 So auch *Leible*, aaO.
158 Rauscher/*Jakob/Picht*, EuZPR/EuIPR, Art. 14 Rom II-VO Rn 2; NK-BGB/*Wagner*, Art. 42 EGBGB Rn 4.

sächlich ein inhaltlicher Unterschied geschaffen werden sollte. Es scheint deshalb richtig, unter „kommerziell Tätigen" in Übereinstimmung mit § 14 BGB bzw den EU-Verbraucherrichtlinien „Unternehmer" zu verstehen.[159]

37 Neben dem Merkmal der „kommerziellen Tätigkeit" ist es gem. Art. 14 Abs. 1 lit. b Rom II-VO für die Wirksamkeit einer Rechtswahl *ex ante* darüber hinaus erforderlich, dass die Vereinbarung „frei ausgehandelt" ist. Dieses Tatbestandsmerkmal führt zu folgendem Problem: Im Bereich der vertraglichen Schuldverhältnisse ist es gängige Vertragspraxis, die Rechtswahl in Wege von **AGB** festzulegen. Im Bereich der außervertraglichen Schuldverhältnisse treten diesbezüglich jedoch – zumindest im Bereich der antizipierten Rechtswahl – Probleme auf. Das liegt daran, dass die Rom II-VO in Art. 14 Abs. 1 lit. b voraussetzt, dass die zwischen den Parteien erfolgte Vereinbarung „frei ausgehandelt" sein muss. Das Problem des freien Aushandelns stellt sich nur bei einer Rechtswahl vor Eintritt des schadensbegründenden Ereignisses; denn das Kriterium des „freien Aushandelns" wird in Art. 14 Abs. 1 lit. a Rom II-VO für die nachträgliche Rechtswahl nicht erwähnt. Inwieweit eine auf AGB beruhende Rechtswahl als frei ausgehandelt gelten kann, ist schon grundsätzlich fraglich. Zum einen lässt sich ausführen, dass sich bereits qua definitionem nicht von einem „aushandeln" sprechen lässt, wenn die Rechtswahlvereinbarung von einer Partei gestellt wurde.[160] Wesensmerkmal von AGB ist es ja gerade, dass die Bedingungen einseitig gestellt werden und nicht auf Verhandlungen der Parteien beruhen. Zum anderen kann man aber auch auf die Üblichkeiten des internationalen und nationalen Handelsverkehrs abstellen und hervorheben, dass die Verwendung vorformulierter Vertragsentwürfe in diesem Bereich üblich ist und allein die Vorformulierung nicht dazu führen darf, die Rechtswahlklauseln als nicht frei ausgehandelt zu qualifizieren.[161] Bei einer allfälligen Reform der Rom II-VO scheint es deshalb sinnvoll, die anfängliche Rechtswahl auch durch AGB zuzulassen, also auf jegliche Modalitäten des Aushandelns als Voraussetzung für eine wirksame anfängliche Rechtswahl zu verzichten.[162] Das lässt sich vor allem damit begründen, dass es der Wille des europäischen Gesetzgebers war, die Rechtswahlfreiheit auch ex ante zu gewähren und bei Fehlen einer Möglichkeit, dies durch AGB zu tun, Art. 14 Abs. 1 lit. b Rom II-VO seiner praktischen Bedeutung in großem Umfang beraubt werden würde,[163] zumal wenn man bedenkt, dass eine solche Rechtswahl im Verhältnis zu Verbrauchern gem. Art. 14 Abs. 1 S. 1 lit. b Rom II-VO ohnedies nicht möglich ist.

38 Auch im Bereich der außervertraglichen Schuldverhältnisse ist die Rechtswahl freilich nicht grenzenlos möglich. In Anlehnung an Art. 3 Abs. 3 und 4 Rom I-VO sichern Art. 14 Abs. 2 und 3 Rom II-VO die Anwendung zwingenden Inlandsrechts.[164] Zudem müssen nach Art. 14 Abs. 1 lit. b Rom II-VO durch die Rechtswahl die Rechte Dritter unberührt bleiben. In Art. 16 Rom II-VO ist die Geltung der sog. **Eingriffsnormen** verankert, durch die die Anwendung der international zwingenden Vorschriften des Staates des angerufenen Gerichts gestattet wird. Eingriffsnormen im Bereich der außervertraglichen Schuldverhältnisse sind beispielsweise im Bereich des Arzneimittelrechts in § 84 AMG, zu finden.[165] Die praktische Bedeutung ist im Vergleich zu der Parallelbestimmung in der Rom I-VO zwar geringer, doch der beratende Anwalt muss schon aus Haftungsgründen die mögliche Anwendung von ausländischen Eingriffsnormen in seiner Beratung berücksichtigen (Rn 22–24). Für die Definition des Begriffs der Eingriffsnorm ist Art. 9 Abs. 1 Rom I-VO heranzuziehen.[166] Zu beachten ist aber, dass Art. 16 Rom II-VO – anders als Art. 9 Rom I-VO – nur Eingriffsnormen nach dem Recht des Staates des angerufenen Gerichts betrifft. Eine Sonderanknüpfung für ausländisches Eingriffsrecht innerhalb der Rom II-VO ist nicht zulässig.[167] Dies erfolgt schon daraus, dass eine entsprechende Bestimmung über die Berücksichtigung ausländischer Eingriffsnormen, die noch im Entwurf vorhanden war, in die endgültige Fassung der Rom II-VO nicht übernommen wurde. Als weitere Grenze der Rechtswahl ist der *ordre public*-Vorbehalt nach Art. 26 Rom II-VO zu beachten. Darüber hinaus schließen Art. 6 Abs. 4, Art. 8 Abs. 3 und Art. 13 iVm Art. 8 Rom II-VO für ihre Anwendungsbereiche eine Rechtswahl grundsätzlich aus. Wie auch im internationalen Vertragsrecht kann die von den Parteien getroffene Rechtswahl nachträglich aufgehoben oder geändert werden, Art. 3 Abs. 2 S. 1 Rom I-VO in Verbindung mit Erwägungsgrund 7.[168]

39 Insbesondere bei der Anbahnung von vertraglichen Schuldverhältnissen mit **Vertragspartnern in den USA** ist eine Rechtswahl dringend zu empfehlen. Dies gilt natürlich in nicht minderem Maße für vertragliche

---

159 *Wagner*, Die neue ROM II-Verordnung, IPRax 2008, 1, 13; Bamberger/Roth/*Spickhoff*, Art. 14 Rom II-VO Rn 5; Palandt/*Thorn*, Art. 14 Rom II-VO Rn 8.
160 *Leible*, RIW 2008, 257, 260; *Rugullis*, IPRax 2008, 319, 322.
161 *Wagner*, IPRax 2008, 1, 14; Bamberger/Roth/*Spickhoff*, Art. 14 Rom II-VO Rn 5.
162 *Mankowski*, IPRax 2010, 389, 399 ff, 402.
163 *Wagner*, aaO.

164 Vgl dazu die Ausführungen zu Art. 3 Abs. 3 und 4 Rom I-VO oben unter Rn 18–20.
165 MüKo/*Junker*, Art. 16 Rom II-VO Rn 15.
166 Rauscher/*Jakob/Picht,* EuZPR/EuIPR, Art. 16 Rom II-VO Rn 4.
167 *Wagner*, IPRax 2008, 1, 15; aA *Leible/Lehmann* RIW 2007, 721, 726 die den Rückgriff auf ausländische Eingriffsnormen für die Wahrung wirtschafts- und sozialpolitischer Interessen für erforderlich halten.
168 MüKo/*Junker*, Art. 14 Rom II-VO Rn 24.

Schuldverhältnisse, die dann tatsächlich eingegangen werden. Insbesondere aber im Bereich des Schadensersatzrechts bietet das amerikanische Rechts- und Justizsystem für Kläger erhebliche Vorteile, während es insbesondere für ausländische Beklagte mit erheblichen Nachteilen verbunden ist.[169] Die exorbitanten Schadensersatzsummen, die amerikanische Gerichte zusprechen, verbunden mit dem amerikanischen System des Erfolgshonorars, das eine Klage für den Kläger risikolos macht, weil er seinen Anwalt nur im Falle des Prozesssieges, und dann auch nur durch einen Anteil am erstrittenen Betrag, bezahlen muss, während der Beklagte seine Prozesskosten unabhängig vom Verfahrensausgang selbst trägt, sind die hierfür markanten Stichworte.[170] Aus diesem Grunde ist schon bei der Aufnahme von Verhandlungen über wie auch immer geartete anschließende vertragliche Beziehungen mit Vertragspartnern aus den USA dringend dazu zu raten, eine Rechtswahlvereinbarung iSv Art. 14 Rom II-VO zu treffen und die Anwendung deutschen Rechts sowohl für vertragliche als auch für außervertragliche Ansprüche zu vereinbaren. Art. 26 Rom II-VO, wonach die Anwendung einer Vorschrift des nach der Verordnung anzuwendenden Rechts nur versagt werden kann, wenn die Anwendung des ausländischen Rechts mit dem *ordre public* des Gerichtsstaates offensichtlich unvereinbar ist, wird ebenso wie Art. 40 Abs. 3 EGBGB, der sogar einen ausdrücklichen Vorbehalt gegenüber Ansprüchen auf nicht-kompensatorischen Schadensersatz enthält, kaum sonderlich hilfreich sein, weil eine amerikanische Konfliktpartei in aller Regel versuchen wird, ihre Ansprüche bei einem amerikanischem Gericht anhängig zu machen, so dass die deutschen Gerichte selten in die Verlegenheit kommen, die Anwendung bestimmter Vorschriften des amerikanischen Rechts über Art. 26 Rom II-VO bzw Art. 40 Abs. 3 EGBGB zu verweigern. Selbst wenn ein solcher Rechtsstreit vor einem deutschen Gericht anhängig gemacht wird, hat sich die Situation eines deutschen Beklagten, der sich mit Ansprüchen konfrontiert sieht, die der Rom II-VO unterliegen, im Vergleich zur vorherigen Rechtssituation unter Art. 40 Abs. 3 EGBGB verschlechtert. Zwar findet sich auch in Erwägungsgrund 32 der Rom II-VO eine gewisse Konkretisierung von Art. 26 Abs. Rom II-VO in der Hinsicht, dass ein unangemessener, über den Ausgleich des entstandenen Schadens hinausgehender Schadensersatz mit abschreckender Wirkung oder Strafschadensersatz als mit dem *ordre public* der *lex fori* unvereinbar angesehen werden könnte. Auch wenn diese Formulierung insbesondere auf amerikanische *punitive damages* und *treble damages* abzielt, ist diese Aussage in den Erwägungsgründen nicht bindend. Es ist deshalb keinesfalls sichergestellt, dass Erwägungsgrund 32 der Rom II-VO stets von den Gerichten bei der Anwendung von Art. 26 Rom II-VO berücksichtigt wird. Zu hoffen ist, dass sich zumindest die deutschen Gerichte insoweit an Art. 40 Abs. 3 EGBGB auch weiterhin in den Fällen orientieren, die nunmehr der Rom II-VO unterfallen.[171] Nur so wird man sich vor den Unwägbarkeiten des amerikanischen materiellen Schadensersatzrechts schützen können. Zusätzlich sind natürlich auch Gerichtsstandsvereinbarungen oder zumindest Schiedsvereinbarungen anzustreben, die den amerikanischen Gerichtsstand vermeiden.[172]

III. Forensische Praxis

1. Allgemeines. Eine jede Beratung im Internationalen Schuldrecht wäre unvollständig, wenn sie nicht neben den Fragen des nach dem Kollisionsrecht anwendbaren materiellen Rechts auch die anschließende gerichtliche Auseinandersetzung antizipieren würde, also Vorsorge für den Fall von gerichtlichen Auseinandersetzungen trifft. Auf die besondere Bedeutung von Gerichtsstands- und Schiedsvereinbarungen im internationalen Rechtsverkehr ist bereits hingewiesen worden. Wenn sich eine gerichtliche Auseinandersetzung dann anschließend tatsächlich nicht vermeiden lässt, gilt es, die Besonderheiten des **Internationalen Zivilprozessrechts** und dessen Fallstricke zu beachten. Es darf die These gewagt werden, dass vermutlich mehr als die Hälfte aller internationalen Zivilverfahren – zumindest auf Beklagtenseite – allein mit der richtigen Anwendung der verfahrensrechtlichen Vorschriften gewonnen werden kann, und zwar unabhängig von der materiellen Rechtslage. Ganz sicher ist jedoch, dass man in 100 % aller internationalen Zivilverfahren unterliegen wird, wenn man das Internationale Zivilverfahrensrecht nicht kennt oder fehlerhaft anwendet. Effektiver Rechtsschutz im Internationalen Schuldrecht kann dabei nur dann gewährleistet werden, wenn schon vor der Einleitung eines Rechtsstreits die Fragen der Anerkennungsfähigkeit und Vollstreckbarkeit des zu erstreitenden Urteils in den Blick genommen werden. Anderenfalls kann es geschehen, dass derartige Urteile aufgrund von Fehlern im Rahmen der Ermittlung der gerichtlichen Zuständigkeit, der Zustellung oder aufgrund von rein faktischen Problemen eines im Ausland durchzuführenden *exequatur-*

40

---

169 *Paulus*, Abwehrstrategien gegen unberechtigte Klagen in den USA, RIW 2006, 258 ff; *Hess*, Aktuelle Brennpunkte des transatlantischen Justizkonflikts, AG 2005, 897 ff., Aktuelle Brennpunkte des transatlantischen Justizkonflikts, AG 2005, 897 ff.
170 *Hess*, aaO.
171 So auch Palandt/*Thorn*, Art. 26 Rom II-VO Rn 3.
172 Vgl zur Gesamtproblematik auch *Schütze*, Klagen vor US-amerikanischen Gerichten – Probleme und Abwehrstrategien, RIW 2005, 579 ff; *Brand*, US-Sammelklagen und kollektiver Rechtsschutz in der EU, NJW 2012, 1116 f.

41 Während im Fall von Rechtsstreitigkeiten mit außereuropäischem Bezug insbesondere die **Anerkennung und Vollstreckung** häufig schwierig, wenn nicht unmöglich ist, werden innerhalb der Europäischen Union ergangene Urteile in den anderen Mitgliedstaaten in aller Regel ohne jede weitere Schwierigkeit anerkannt und vollstreckt. Hierin liegen für die prozessführenden Parteien erhebliche Risiken und Chancen zugleich. § 328 ZPO und die darin normierten Anerkennungsversagungsgründe für Urteile aus dem außereuropäischen Ausland stellen einen erheblichen Schutz für deutsche Beklagte vor der Vollstreckung ausländischer Urteile dar, weil sowohl die Zuständigkeit des ausländischen Gerichts als auch die Ordnungsgemäßheit der Zustellung vom deutschen Anerkennungsgericht überprüft werden können. Im Falle von Urteilen aufgrund deliktischer Ansprüche muss deshalb das deutsche Gericht in spiegelbildlicher Anwendung der Grundsätze des § 32 ZPO bei der Überprüfung der Zuständigkeit des ausländischen Gerichts nachprüfen, ob tatsächlich eine unerlaubte Handlung vorgelegen hat. Es muss also faktisch der gesamte ausländische Vorprozess einschließlich der Beweiserhebung in Deutschland wiederholt werden.[173] Dies führt dazu, dass schon aus praktischen Gründen das Verfahren nach §§ 722, 723 ZPO, das zum Vollstreckungsurteil führen soll, scheitert, weil der im Ausland erfolgreiche Kläger häufig – zumal wenn er auch noch ausländersicherheitspflichtig iSv § 110 ZPO ist – das Aufrollen des gesamten Vorprozesses mit ungewissem Ausgang in Deutschland scheuen wird. Umgekehrt stellt sich allerdings das gleiche Problem für deutsche Kläger, die ein in Deutschland erstrittenes Urteil im außereuropäischen Ausland vollstrecken wollen. Der deutsche Kläger, der ein solches Urteil im Inland erstritten hat, wird beispielsweise in den USA oder in Brasilien einen erneuten Prozess über die Vollstreckbarkeitserklärung führen müssen, der mit den gleichen Kosten verbunden ist wie ein gleich im Ausland geführtes Ausgangsverfahren. Die Freude über die Möglichkeit, im Inland klagen zu können, wird dann häufig der Enttäuschung weichen, die sich dann einstellt, wenn die Vollstreckbarerklärung im Ausland mit so prohibitiven Schwierigkeiten verbunden ist, dass das deutsche Urteil im Ergebnis nicht viel wert ist. Insbesondere vor der Einleitung von internationalen Zivilrechtsstreiten, in denen die Vollstreckung im außereuropäischen Ausland erforderlich ist, muss deshalb sorgsam abgewogen werden, ob sich das Führen eines solchen Rechtsstreits überhaupt wirtschaftlich rechtfertigen lässt. Wenn schon ganz grundsätzlich gilt, dass der forensisch tätige Anwalt schon bei Beginn des Mandats „vom Ende her" denken muss, so gilt dies im internationalen Verfahrensrecht umso mehr.

42 **2. Zuständigkeit.** Ganz anders – aber nicht weniger risikoreich für die Parteien – stellt sich die Situation dar, wenn Urteile aus einem Mitgliedstaat der Europäischen Union in einem anderen Mitgliedstaat vollstreckt werden sollen. Nach Art. 35 Abs. 3 EuGVVO kann die **internationale Zuständigkeit** des Ausgangsgerichts im Anerkennungsverfahren nicht nachgeprüft werden. Die EuGVVO nimmt also die unzutreffende Annahme seiner Zuständigkeit durch ein europäisches Gericht hin, so dass die Anerkennung einer Entscheidung eines Gerichts eines EU-Mitgliedsstaates in einem anderen Mitgliedstaat auch nicht unter Berufung auf den *ordre public* verweigert werden kann.[174] Eine Ausnahme hiervon besteht nur im Bereich des Verbraucherrechts gemäß Art. 35 Abs. 1 EuGVVO, wonach ein Anerkennungshindernis dann besteht, wenn das entscheidende Gericht in einer Verbrauchersache seine Zuständigkeit zu Unrecht entgegen der Vorschriften der Artt. 15–17 EuGVVO angenommen hat.[175] Der Europäische Verordnungsgeber hat deshalb mit dem vormals ehernen Grundsatz des Internationalen Zivilprozessrechts gebrochen, nach dem kein Beklagter gezwungen werden kann, sich vor einen unzuständigen ausländischen Gericht zu verteidigen. Das Grundprinzip, dass der Beklagte vor ungerechtfertigten Klagen in möglicherweise exzessiven ausländischen Gerichtsständen geschützt werden soll, ist damit im Bereich der Europäischen Union obsolet geworden.[176] Der Europäische Verordnungsgeber geht deshalb davon aus, dass jedem EU-Bürger die Rechtsverteidigung vor einem Gericht des anderen EU-Mitgliedsstaates zumutbar ist. Dies darf – zumindest solange nicht in allen Mitgliedstaaten der EU sichergestellt ist, dass sich die Gerichte frei von Korruption an Gesetz und Recht halten – als eine verheerende Fehlentwicklung bezeichnet werden, die die Prozessgrundrechte von Beklagten innerhalb der Europäischen Union unzumutbar einschränkt. Die Prozessparteien eines innereuropäischen Zivilrechtsstreites müssen sich gleichwohl auf diese Situation einstellen und sich trotz aller nach wie vor existierender Sprach-, Kosten- und Rechtsstaatlichkeits-Probleme stets gegen Klagen vor Gerichten

---

173 BGH NJW 1969, 1536; BGHZ 124, 237; BGH NJW 1993, 1073; OLG Düsseldorf IPRax 2009, 517.
174 Thomas/Putzo/*Hüßtege*, ZPO, 34. Aufl. 2013, Art. 35 EuGVVO Rn 1; OLG Frankfurt IPRax 2002, 523; *Piltz*, V. EuGVÜ zur Brüssel-I-VO, NJW 2002, 789, 790; vgl auch *Brand*, Grenzüberschreitender Verbraucherschutz in der EU – Ungereimtheiten und Wertungswidersprüche im System des Europäischen Kollisions- und Verfahrensrechts, IPRax 2013, 126, 130.
175 Thomas/Putzo/*Hüßtege*, aaO, Rn 3; *Rott*, Bedrohung des Verbraucherschutzes im Internationalen Verfahrens- und Privatrecht durch den Binnenmarkt, EuZW 2005, 167, 168.
176 *Brand*, Aktuelle Probleme bei Zivilrechtsstreiten mit Auslandsbezug – Zuständigkeit, Zustellung, Vollstreckung, HFR 2007, 229, 238.

im EU-Ausland verteidigen. Während also im Verhältnis zur außereuropäischen Drittstaaten durchaus in vielen Fällen der Rat erteilt werden kann, sich gegen eine Klage vor einem unzuständigen ausländischen Gericht wegen des Anerkennungsversagungsgrundes des § 328 Abs. 1 Nr. 1 ZPO nicht zu verteidigen und den Erlass eines Versäumnisurteils in Kauf zu nehmen, kann ein derartiger Rat bei innereuropäischen Rechtsstreitigkeiten keineswegs erteilt werden.

Freilich ermöglicht das System der EuGVVO, das an sich dazu geschaffen worden ist, **Zuständigkeitswettläufe** zu vermeiden, zumindest noch in gewissen Grenzen prozesstaktisches Verhalten, wenn es darum geht, ein der jeweiligen Partei genehmes Forum anzurufen oder ein unangenehmes, aber gleichwohl zuständiges Forum zumindest zeitweilig zu vermeiden. Durch das Verbot, die Zuständigkeit des entscheidenden Gerichts im Rahmen des Anerkennungs- und Vollstreckungsverfahrens zu überprüfen (Art. 35 Abs. 3 EuGVVO), wird entgegen der Intention des Verordnungsgebers ein solcher Wettlauf mitunter noch begünstigt. Bekannt geworden sind derartige Prozesstaktiken unter den Stichworten „**Windhundprinzip**" und „**Torpedo**".[177] Im Kern geht es dabei darum, sich die Bestimmung des § 27 Abs. 1 EuGVVO zunutze zu machen, die das Ziel hat, widerstreitende Entscheidungen verschiedener Gerichte innerhalb der Mitgliedstaaten der Europäischen Union zu vermeiden. Insoweit entspricht die Regelung des § 27 EuGVVO und die darin normierte Rechtshängigkeitssperre dem Prinzip, das § 261 Abs. 3 Nr. 1 ZPO für die parallele Rechtshängigkeit bei Gerichten im Inland normiert hat, freilich mit dem Unterschied, dass ein deutsches unzuständiges Gericht einen Rechtsstreit an das zuständige deutsche Gericht verweisen kann, während die Verweisung eines Rechtsstreits an ein Gericht eines anderen Staates nach der EuGVVO nicht möglich ist.[178] Art. 27 EuGVVO schreibt vor, dass wenn bei Gerichten verschiedener Mitgliedstaaten Klagen wegen desselben Anspruchs zwischen denselben Parteien anhängig gemacht werden, das später angerufene Gericht das Verfahren von Amts wegen auszusetzen hat, bis das zuerst angerufene Gericht seine Zuständigkeit festgestellt hat. Wenn zuerst das angerufene Gericht zu der Überzeugung gelangt ist, dass es zuständig ist, muss sich gem. Art. 27 Abs. 2 EuGVVO das später angerufene Gericht für unzuständig erklären. Aufgrund des weiten Verfahrensgegenstandsbegriffs des EuGH, der sich in der „Kernpunkttheorie" ausdrückt,[179] führt dies dazu, dass die positive Leistungsklage und die umgekehrte negative Feststellungsklage auf Nichtbestehen der Leistungspflicht als identisch iSv Art. 27 EuGVVO angesehen werden.[180] Der Wettlauf um die Zuständigkeit besteht nun darin, dass derjenige, der eine Leistungsklage bei einem ausländischen Gericht gegen sich befürchtet, zuvor die umgekehrte negative Feststellungsklage[181] bei seinem Heimatgericht erhebt. Selbst wenn diese negative Feststellungsklage ganz offenkundig bei einem unzuständigen Gericht erhoben worden ist, weil die Parteien vertraglich eine anderslautende Gerichtsstandsvereinbarung getroffen haben oder aufgrund der Zuständigkeitsregelungen der EuGVVO ein anderes Gericht zuständig ist, tritt die Rechtshängigkeitssperre des Art. 27 EuGVVO gleichwohl ein.[182] Der Gläubiger, der mit seiner positiven Leistungsklage in seinem Heimatstaat vor dem an sich zuständigen Gericht „zu spät" gekommen ist, so dass das mit der Leistungsklage befasste Gericht das später angerufene Gericht iSv Art. 27 EuGVVO ist, wird nun zu gewärtigen haben, dass er sich zunächst im Ausland gegen die negative Feststellungsklage[183] verteidigen und die fehlende Zuständigkeit des ausländischen Gerichts rügen muss. Erst wenn dieses Verfahren – möglicherweise nach mehreren Instanzen – rechtskräftig abgeschlossen ist, was mitunter mehrere Jahre dauern kann, wird sich das eigentlich zuständige Gericht seines Heimatstaates mit der positiven Leistungsklage befassen dürfen, und auch nur dann, wenn der Beklagte der negativen Feststellungsklage mit seiner Zuständigkeitsrüge beim zuerst angerufenen Gericht durchgedrungen ist.[184] Zu Recht ist deshalb in der Literatur dieses „Windhundprinzip" als eine „empfindliche Blockade des Rechtsschutzes" bezeichnet wor-

---

177 Siehe hierzu ausführlich *Thode*, Windhunde und Torpedos, BauR 2005, 1533 ff; Geimer/Schütze/*Geimer*, Europäisches Zivilverfahrensrecht, 3. Aufl. 2010, Art. 27 EuGVVO Rn 10.
178 Zöller/*Greger*, Zivilprozessordnung, 29. Aufl. 2012, § 281 ZPO Rn 5; Geimer/Schütze/*Geimer*, aaO, Rn 3; anders allerdings nach Art. 15 EuEheVO.
179 EuGH, Urt. v. 6.12.1994 – Rs. C-406/92, Slg 1994 I, 5439 – The Tatry, s. hierzu Geimer/Schütze/*Geimer*, Art. 27 EuGVVO Rn 30, Fn 62 mwN; EuGH, Urt. v. 8.12.1987, Rs 144/86, Slg 1987, 4861 = NJW 1989, 665 – Gubisch/Palumbo; s. auch *Mansel/Nordmeier*, Partei- und Anspruchsidentität im Sinne des Art. 27 Abs. 1 EuGVVO bei Mehrparteienprozessen – Ein Beitrag zur Konkretisierung des europäischen Streitgegenstandsbegriffs und der Kernbereichslehre, in: FS für Athanassios Kaissis zum 65. Geburtstag, 2012, S. 629 ff.
180 EuGH aaO; s. auch Rauscher/*Leible*, EuZPR/EuIPR, Art. 27 EuGVVO Rn 9.
181 Dies ist der sog. Torpedo; s. hierzu auch *Schlosser*, Art. 27 EuGVVO Rn 4 c.
182 *Thode*, aaO.
183 Siehe zB die Fallkonstellation in BGH NJW 2002, 2795.
184 Dies ist aufgrund der oben (Rn 42) bereits beschriebenen Tatsache, dass nicht alle Gerichte aller EU-Mitgliedstaaten die EuGVVO richtig anwenden, sondern sich mitunter auch von sachfremden Motiven wie Korruption bei der Urteilsfindung leiten lassen, aber noch nicht einmal sicher.

den,[185] die die hiervon belastete Partei sowohl kostenmäßig überfordern als auch zum Abschluss ansonsten nicht erforderlicher Vergleiche zwingen kann. Zu begegnen wäre dem zumindest teilweise mit der Einführung einer Verweisungsmöglichkeit ähnlich der des § 281 ZPO[186] auch im System der EuGVVO. Wirksam wäre dies aber nur dann, wenn die Verweisung mit Bindungswirkung für das aufnehmende Gericht ausgestattet wäre, also langwierige Zuständigkeitsrechtsstreite tatsächlich vermieden würden.[187]

44 **3. Zustellung.** In der Praxis mit nicht unerheblichen Schwierigkeiten verbunden stellt sich die Situation im Zusammenhang mit der **Zustellung der verfahrenseinleitenden Schriftstücke** dar. Mit Inkrafttreten der EuGVVO am 1. März 2002 wurde der zuvor geltende Art. 27 Nr. 2 EuGVÜ[188] grundlegend verändert. Bis 2002 wurde nach dieser Regelung eine Entscheidung eines Gerichtes eines EU-Mitgliedsstaates in anderen EU-Mitgliedsstaaten nicht anerkannt und für vollstreckbar erklärt, wenn das verfahrenseinleitende Schriftstück dem Beklagten, der sich auf das Verfahren nicht eingelassen hatte, nicht ordnungsgemäß und nicht so rechtzeitig zugestellt worden war, dass er sich verteidigen konnte.[189] Der Beklagte war also nach Art. 27 Nr. 2 EuGVÜ in doppelter Hinsicht geschützt: Die **Rechtzeitigkeit** und die **Ordnungsgemäßheit** der Zustellung des verfahrenseinleitenden Schriftstücks waren – trotz Kritik in der Literatur[190] – Kernbestand des europäischen Zivilverfahrensrechts.[191] Art. 34 Nr. 2 EuGVVO hat diesen Schutz des Beklagten und seines Anspruchs auf rechtliches Gehör erheblich ausgedünnt. Ein Verstoß gegen die Zustellungsvorschriften gilt nun nicht mehr als Grund, die Anerkennung und Vollstreckung zu versagen. Ein solcher Anerkennungsversagungsgrund liegt nur noch dann vor, wenn das verfahrenseinleitende Schriftstück dem Beklagten nicht so rechtzeitig und in einer Weise zugestellt worden ist, dass er sich verteidigen konnte. Auch dies gilt nach Art. 34 Nr. 2 EuGVVO nur dann, wenn der Beklagte gegen die Entscheidung im Ursprungsstaat einen Rechtsbehelf eingelegt hat. Anders stellt sich die Rechtslage nach wie vor bei der Anerkennung von Urteilen ausländischer Gerichte außerhalb der Europäischen Union dar. Nach § 328 Abs. 1 Nr. 2 ZPO ist nach wie vor die Ordnungsgemäßheit der Zustellung Voraussetzung für die Anerkennungsfähigkeit eines solchen Urteils in Deutschland. Während sich also ein Beklagter, der sich mit einer unter Verstoß gegen beispielsweise die Bestimmungen des Haager Zustellungsübereinkommens[192] mit der einfachen Post zugestellten verfahrenseinleitenden Schriftstücks aus dem außereuropäischen Ausland konfrontiert sieht, nicht zwingend im Ausland verteidigen muss, sondern den Erlass eines **Versäumnisurteils** in Kauf nehmen kann – jedenfalls dann, wenn er nicht über pfändbare Vermögenswerte im Ausland verfügt –, weil ein solches in Deutschland nicht vollstreckbar wäre, gilt dies für den Beklagten eines Verfahrens vor einem Gericht innerhalb der Europäischen Union nicht mehr, auch wenn die Zustellung unter einem offenkundigen Verstoß gegen die Europäische Zustellungsverordnung (EuZVO)[193] erfolgt ist.

45 Dabei enthält die EuZVO selbst eine Reihe von Vorschriften, die der Sicherung des Anspruchs auf rechtliches Gehör dienen. Als Wichtigste müssen insoweit Art. 5 und Art. 8 EuZVO betrachtet werden, die vorschreiben, dass die Annahme einer Zustellung verweigert werden kann, wenn „das zuzustellende Schriftstück" nicht entweder in einer Sprache abgefasst oder übersetzt ist, die der Empfänger versteht, oder die die Amtssprache des Empfangsmitgliedsstaates ist. Zur Sicherstellung dieses Annahmeverweigerungsrechts ist

---

185 Geimer/Schütze/*Geimer*, aaO, Art. 27 EuGVVO Rn 10, der zu Recht darauf hingewiesen hat, dass die Widerklagemöglichkeit des Art. 6 Nr. 3 EuGVVO hierfür nicht in jedem Falle einen angemessenen Ausgleich schaffen kann; s. kritisch auch *Schlosser*, EU-Zivilprozessrecht, 3. Aufl. 2009, Art. 27 EuGVVO Rn 4 c; *Mankowski*, Entwicklungen im Internationalen Privat- und Prozessrecht 2003/2004 (Teil 1), RIW 2004, 481 ff, 496.

186 Siehe auch §§ 17–17 b GVG, § 48 ArbGG und § 12 LwVG.

187 Auch Art. 15 Abs. 5 EuEheVO sieht – wohl aufgrund von Bedenken gegen anderenfalls mögliche Souveränitätseinschränkungen – eine Bindungswirkung für das aufnehmende Gericht nicht vor, vgl Zöller/*Geimer*, Art. 15 EuEheVO Rn 8 f.

188 Brüsseler EWG-Übereinkommen über die gerichtliche Zuständigkeit und die Vollstreckung gerichtlicher Entscheidungen in Zivil- und Handelssachen (EuGVÜ) vom 27. September 1968, BGBl. 1972 II, S. 774 in der Fassung des 4. Beitrittsübereinkommens vom 29. November 1996, BGBl. 1998 II, S. 1412.

189 Zur Definition des verfahrenseinleitendes Schriftstücks *Bach*, Die Art und Weise der Zustellung in Art. 34 Nr. 2 EuGVVO: Autonomer Maßstab versus Nationales Zustellungsrecht, IPRax 2011, 241, 243; *Braun*, Beklagtenschutz nach Art. 27 Nr. 2 EuGVÜ, 1992, S. 63 ff.

190 *Geimer*, Der doppelte Schutz des Beklagten, der sich auf den Erstprozess nicht eingelassen hat, gemäß Art. 20 II–III und Art. 27 Nr. 2 EuGVÜ, IPRax 1985, 6 f., s. auch *Bach*, aaO, 241, Fn 4.

191 EuGH, Urt. v. 3.7.1990 – Rs. C-305/88, Slg 1990, I-2725, Rn 20 – Lancray ./. Peters und Sickert KG.

192 Haager Übereinkommen über die Zustellung gerichtlicher und außergerichtlicher Schriftstücke im Ausland in Zivil- oder Handelssachen vom 15. November 1965, BGBl. 1977 II, 1453; s. hierzu auch *Brand*, Formularbuch zum Europäischen und Internationalen Zivilprozessrecht, 2011, Formular B. I. 2. und 5.

193 Verordnung (EG) Nr. 1393/2007 des Europäischen Parlaments und des Rates über die Zustellung gerichtlicher und außergerichtlicher Schriftstücke in Zivil- oder Handelssachen in den Mitgliedsstaaten („Zustellung von Schriftstücken") und zur Aufhebung der Verordnung (EG) Nr. 1348/2000 des Rates vom 13. November 2007, ABl. EU 2007 Nr. L 324, S. 79; s. hierzu *Brand*, aaO, Formular B. I. 2. bis 4. und 6.

gem. Art. 5 Abs. 1 EuZVO der Antragsteller von der Übermittlungsstelle über dieses Recht, das gem. Art. 8 Abs. 1 EuZVO innerhalb einer Woche auszuüben ist, zu belehren.[194] Zwar bestimmt Art. 8 Abs. 3 EuZVO, dass bei einer Annahmeverweigerung aufgrund **fehlender Übersetzung** die nicht ordnungsgemäße Zustellung geheilt werden kann, wenn dann das Schriftstück mit den notwendigen Übersetzungen erneut zugestellt wird. Art. 8 Abs. 3 S. 3 EuZVO bestimmt insoweit, dass dann bereits die erste Zustellung als entscheidend angesehen werden soll, wenn nach dem Recht eines Mitgliedstaates ein Schriftstück innerhalb einer bestimmten Frist zugestellt werden muss. Diese Bestimmung bedeutet allerdings lediglich, dass das Fehlen einer Übersetzung nicht zur Unwirksamkeit der ersten Zustellung führt und die Gerichte und sonstigen Rechtshilfebehörden aus diesem Grund die Zustellung nicht ablehnen dürfen.[195] Die Auswirkungen dieser Heilung auf den Zeitpunkt der Zustellung sind nach Art. 9 Abs. 2 EuZVO zu bestimmen, so sieht es Art. 8 Abs. 3 S. 3 EuZVO ausdrücklich vor. Damit ist allerdings die Verjährungsproblematik im Zusammenhang mit der Rückwirkung und der Hemmungswirkung des § 204 Abs. 1 Nr. 1 BGB iVm § 167 ZPO nicht gelöst.[196] Daran ändert auch die Entscheidung des Europäischen Gerichtshofs in der Rechtssache „Leffler"[197] nichts. Der EuGH hat nämlich in dieser Entscheidung nur festgestellt, dass die Nichtbeachtung der Art. 8 Abs. 1 EuZVO nicht die Nichtigkeit der Zustellung zur Folge hat, sondern der Zustellungsbetreiber sich dann auf den Zeitpunkt der ursprünglichen Zustellung berufen können muss, wenn er das erforderliche dafür veranlasst hat, dass der Mangel der Zustellung dadurch geheilt wird, dass so schnell wie möglich eine Übersetzung nachgesandt wird.[198] Der EuGH bestreitet dabei nicht, dass es Sache der nationalen Gerichte ist, die Interessen der Beteiligten zu berücksichtigen und zu schützen. § 167 ZPO hat allerdings eine Schutzfunktion nicht nur für den Kläger, sondern auch für den Beklagten, der sich darauf verlassen können muss, dass er ab einem bestimmten Zeitpunkt nicht mehr mit verjährten Forderungen konfrontiert wird.[199] Die nationalen Gerichte sind deshalb in der Anwendung der Grundsätze des § 167 ZPO frei, so dass es durchaus als dem Zustellungsbetreiber vorzuwerfende Nachlässigkeit angesehen werden kann, wenn er es unterlässt, für die Zustellung der erforderlichen Übersetzungen iSv Art. 8 Abs. 1 EuZVO zu sorgen, wenn er durch die Erhebung der Klage der Verjährung hemmen will.[200]

Tatsächlich wird allerdings in der Praxis gegen die **Belehrungspflicht** der Artt. 5, 8 EuZVO nur allzu häufig dadurch verstoßen, dass die in Art. 5 EuZVO vorgesehene Belehrung schlicht unterbleibt.[201] Das Recht zur Annahmeverweigerung läuft deshalb in der Praxis häufig leer, zumal die EuZVO keinerlei Rechtsfolgen an die unterbliebene Belehrung im Sinne von Art. 5 EuZVO knüpft. Seit Inkrafttreten der EuGVVO ist – wie oben dargestellt – die unterlassene Aufklärung über das Annahmeverweigerungsrecht auch nicht mehr im Anerkennungs- und Vollstreckungsverfahren zu berücksichtigen, weil es auf die Ordnungsgemäßheit der Zustellung bei der Feststellung des Anerkennungsversagungsgrundes des Art. 34 Nr. 2 EuGVVO nicht (mehr) ankommt. Auf diese Weise wird innerhalb der Europäischen Union ein Beklagter, der eine in einer Fremdsprache gehaltene Klageschrift nebst ebenfalls nicht übersetzten gerichtlichen Verfügungen eines Gerichtes eines EU-Mitgliedsstaates zugestellt erhält, gezwungen, sich auf das Verfahren einzulassen, wenn er nicht rechtzeitig, dh innerhalb der 1-Wochen-Frist des Art. 8 Abs. 1 EuZVO zufällig Kenntnis von seinem **Annahmeverweigerungsrecht** erhält.[202] Die Anerkennung wäre gem. Art. 34 Nr. 2 EuGVVO nur dann zu verweigern, wenn zugleich geltend gemacht werden kann, dass sich der Zustellungsempfänger nicht ordnungsgemäß verteidigen konnte. Dies dürfte allerdings bei hinreichend bemessenen Fristen zur Anzeige der Verteidigungsbereitschaft und zur Vorlage einer Klageerwiderung schwierig werden, so dass ein Vertrauen auf die Nichtanerkennung für den Zustellungsempfänger mit erheblichen Risiken

---

194 Diese Annahmeverweigerung kann auch gegenüber der Übermittlungsstelle erklärt werden, also nicht nur der Empfangsstelle, OLG Frankfurt aM NJW-RR 2009, 71; s. auch Zöller/*Geimer*, Art. 8 EuZVO Rn 1.
195 Zöller/*Geimer*, aaO, Rn 7.
196 Siehe hierzu *Brand*, Die Verjährungsunterbrechung nach § 167 ZPO bei der Auslandszustellung, NJW 2004, 1138 ff sowie *Brand/Reichhelm*, Fehlerhafte Auslandszustellung – Ein Beitrag zur Frage der „ordnungsgemäßen Zustellung" nach § 27 Abs. 1 Nr. 2 EuGVÜ und zu den Folgen einer fehlerhaften Zustellung, IPRax 2001, 173 ff; so wohl auch Zöller/*Geimer*, aaO, Art. 9 EuZVO Rn 2.
197 EuGH, Urt. v. 8.11.2005, Rs, C-443/03, Slg I-9543 – Leffler.
198 EuGH aaO, Rn 66.
199 BGH NJW 1999, 3125; Zöller/*Greger*, § 167 ZPO Rn 1 u 10; *Brand*, NJW 2004, 1138, 1139.
200 Siehe auch Rauscher/*Heiderhoff*, EuZPR/EuIPR, Art. 8 EuZVO Rn 12 f; *Schlosser*, Art. 8 EuZVO Rn 4;.offen gelassen von *Stadler*, Ordnungsgemäße Zustellung im Wege der *remise au parquet* und Heilung von Zustellungsfehlern nach der Europäischen Zustellungsverordnung, IPRax 2006 116, 121 ff.
201 *Stadler,* IPRax 2006, 116, 123; s. auch den Bericht der Kommission an den Rat, das Europäische Parlament und den Europäischen Wirtschafts- und Sozialausschuss über die Anwendung der Verordnung (EG) Nr. 1348/2000 des Rates über die Zustellung gerichtlicher und außergerichtlicher Schriftstücke in Zivil- oder Handelssachen in den Mitgliedstaaten vom 1.10.2004, KOM (2004) 603 endgültig [SEC (2004) 1145].
202 Siehe hierzu auch *Brand*, Formularbuch zum Europäischen und Internationalen Zivilprozessrecht, Formular B.I.4 Rn 2, S. 371.

belastet ist.²⁰³ Daher besteht das Risiko einerseits darin, dass das Ausgangsgericht oder auch das Anerkennungsgericht zu dem Ergebnis gelangen, dass der Zustellungsempfänger ausreichende Sprachkenntnisse iSv Art. 8 Abs. 1 lit. a EuZVO besitzt. Viel größer noch ist das Risiko allerdings dann, wenn der Zustellungsempfänger im Gerichtsstaat Vermögenswerte besitzt, die aufgrund eines unter diesen Umständen ergangenen Urteils der unmittelbaren Zwangsvollstreckung unterliegen.²⁰⁴

47 In der Praxis als wenig tauglich hat sich auch erwiesen, dass in Art. 8 EuZVO nicht geklärt ist, auf wessen Sprachkenntnisse abzustellen ist, wenn geprüft werden muss, ob das zuzustellende Schriftstück in einer Sprache gehalten ist, „die der Empfänger versteht". ²⁰⁵ Dabei dürfte es nicht zwingend auf die persönlichen Sprachkenntnisse der Geschäftsführer einer juristischen Person ankommen, sondern hinreichend sein, wenn das Schriftstück nach vernünftiger und redlicher Arbeitsorganisation in die Hände eines leitenden Angestellten gelangen kann, der in der Lage ist, das zugestellte Schriftstück auch in der Fremdsprache zu verstehen.²⁰⁶ Es dürfte allerdings weder für eine Partei noch für deren Prozessbevollmächtigte im Vorhinein abzuschätzen sein, ob denn das Schriftstück tatsächlich in die Hände eines solchen leitenden Angestellten gelangen wird und ob – verneinendenfalls – nachgewiesen werden kann, dass dies einer vernünftigen und redlichen Arbeitsorganisation widersprochen hätte. Sofern also nicht positive Kenntnisse über die Sprachkenntnisse eines Geschäftsführers einer juristischen Person vorliegen, sollte schon aus Gründen der Vorsicht stets darauf geachtet werden, dass nach der EuZVO zuzustellende Schriftstücke stets in die Sprache des Empfangsstaates übersetzt sind.

48 Zudem ist nach wie vor unklar, was denn genau unter dem Begriff des **„zuzustellenden Schriftstücks"** im Sinne von Artt. 4 und 8 EuZVO zu verstehen ist. Hieran hat auch die Entscheidung des Europäischen Gerichtshofs vom 8. Mai 2008²⁰⁷ nichts geändert. Die praktische Schwierigkeit stellt sich häufig bei der Entscheidung der Frage, ob bei der Erforderlichkeit einer Klagezustellung im europäischen Ausland nicht nur die Klageschrift selbst, sondern auch deren Anlagen übersetzt werden müssen.²⁰⁸ Der EuGH hat entschieden, dass jeweils das mit der Sache befasste nationale Gericht zu prüfen hat, ob der Inhalt der Klageschrift ausreicht, um dem Beklagten eine Rechtsverteidigung zu ermöglichen oder ob hierfür auch die Übersetzung der **Anlagen zur Klageschrift** erforderlich ist. Diese Feststellung dürfte *ex ante* für das die Zustellung veranlassende Gericht unmöglich sein. Für die forensische Bearbeitung eines internationalen schuldrechtlichen Mandates wäre es deshalb gefährlich, sich darauf zu verlassen, dass das zuständige Gericht, das die Zustellung zu betreiben hat, die Übersetzungserfordernisse bei der Zustellung im Ausland zutreffend beurteilt. Üblicherweise machen sich die hiermit betrauten Zustellungsabteilungen der Gerichte auch keine Gedanken. Sie müssen sich diese Gedanken auch nicht machen, weil die **„Rechtshilfeordnung für Zivilsachen (ZRHO)"**²⁰⁹ eine derartige Verpflichtung nicht vorsieht. Es obliegt deshalb im Ergebnis dem Kläger, entweder vernünftigerweise bereits unmittelbar mit der Klageschrift beglaubigte Übersetzungen derselben und ihrer Anlagen bei Gericht einzureichen oder mit dem Antrag auf Zustellung im Ausland das Gericht zu bitten beglaubigte Übersetzungen der Klageschrift und sämtlicher Anlagen anfertigen zu lassen. Nur eine Übersetzung der Klageschrift ohne eine Übersetzung von deren Anlagen bei Gericht einzureichen, wird jedenfalls das Gericht dazu verleiten, die Zustellung in dieser Weise vorzunehmen. Der Kläger trägt dann das Risiko einer möglichen Annahmeverweigerung gem. Art. 8 EuZVO. Sofern diese vom Gericht später als berechtigt angesehen wird, durch die Erhebung der Klage allerdings eine Verjährungsfrist gehemmt werden sollte, dürfte das erhebliche Risiko bestehen, dass aufgrund der verzögerten Zustellung **die verjährungshemmende Rückwirkung der Klageerhebung** iSv § 167 ZPO nicht mehr eintritt. Der Kläger kann also allein aus diesem Grunde dem Risiko ausgesetzt sein, seine Forderung nicht mehr durchsetzen zu können.²¹⁰ Der Kläger wäre in einem solchen Fall dann ggf auf Amtshaftungsansprüche iSv § 839 BGB iVm Art. 34 GG verwiesen, wenn er die Anforderung von Übersetzungen vor der Zustellung der Zustellungsabteilung des angerufenen Gerichts überlassen hat und dieses in Verkennung der EuGH-Rechtsprechung nicht geprüft hat, ob die Klageschrift auch ohne ihre Anlagen aus sich heraus verständlich ist, so dass auf eine Übersetzung der Anlagen verzichtet werden konnte. Im Ergebnis hat deshalb der EuGH den Parteien und auch den Gerichten und ihren Zustellungsabteilungen Steine statt Brot gegeben. In der Konsequenz bedeutet dies, dass – wie oben bereits ausgeführt – der Kläger stets dafür Sorge zu tragen hat, dass

---

203 Rauscher/*Heiderhoff*, EuZPR/EuIPR, Art. 8 EuZVO Rn 11 und 12.
204 *Brand*, aaO.
205 *Hess*, Übersetzungserfordernis im Europäischen Zivilverfahrensrecht, 400 ff.
206 *Schlosser*, Art. 8 EuZVO Rn 2 a; *Schütze*, Übersetzungen im Europäischen und Internationalen Zivilprozessrecht – Probleme der Zustellung, RIW 2006, 352 ff.
207 EuGH, Urteil vom 8.5.2008, Rs. C-14/07, Slg 2008 I-3367 = IPRax 2008, 419 – Ingenieurbüro Michael Weiss & Partner GbR ./. Industrie- und Handelskammer Berlin; s. hierzu auch die Anmerkung von *Hess*, aaO.
208 Die gleiche Frage stellt sich im Übrigen bei dem Übersetzungserfordernis nach Art. 5 Abs. 3 HZÜ.
209 Abzurufen über <www.datenbanken.justiz.nrw.de>.
210 Vgl zum Ganzen *Brand*, HFR 2007, 229, 236, Rn 27 und 28.

sämtliche Schriftstücke, die zusammen mit der Klageschrift zugestellt werden sollen, ebenfalls übersetzt werden, und zwar auch dann, wenn er nicht beweisen kann, dass der Zustellungsempfänger die Sprache des zuständigen Gerichts versteht, selbst wenn er glaubt für derartige Sprachkenntnisse Indizien zu besitzen. Aus Gründen der äußersten Vorsicht ist deshalb stets davon auszugehen, dass unter dem Begriff des „zuzustellenden Schriftstücks" nicht nur die Klageschrift, sondern auch sämtliche Anlagen gehören, so dass für eine wirksame Zustellung iSv Artt. 4, 8 EuZVO stets alle Anlagen der Klageschrift zu übersetzen sind.

Weitere Vorsorge im forensischen internationalen Mandat ist geboten, wenn – auch unabhängig von allen Übersetzungsfragen – der Zustellungsweg bestimmt werden soll. Art. 14 EuZVO hat – als wesentliche Neuerung gepriesen – die Möglichkeit eingeführt, gerichtliche Schriftstücke auch per **Einschreiben und Rückschein** zuzustellen. Gleiches ist durch § 183 Abs. 1 S. 2 ZPO und § 1068 ZPO auch im nationalen Verfahrensrecht nunmehr für die internationale Zustellung geregelt. In der Tat würde zumindest theoretisch eine Zustellung per Einschreiben und Rückschein die erhebliche Dauer des Zustellungsverfahrens über die offiziellen Wege nach der EuZVO oder dem HZÜ verkürzen. Die Regelung ist allerdings nach wie vor nicht praxistauglich. Nach § 1068 Abs. 1 ZPO genügt zum Nachweis der Zustellung nach Art. 14 EuZVO der Rückschein oder ein gleichwertiger Beleg. Tatsächlich geschieht es allerdings immer wieder, dass ein solcher Rückschein trotz erfolgter Zustellung nicht wieder zur Gerichtsakte gelangt. Dies liegt daran, dass es innerhalb der Europäischen Union bis heute keine Rechtsvereinheitlichung auf dem Gebiet der mitgliedsstaatlichen Zustellungssysteme gibt.[211] Weil es bis heute keinen einheitlichen Rückschein für internationale Einschreiben gibt, verwendet jeder Mitgliedsstaat der Europäischen Union – wie im Übrigen auch jeder andere Staat der Welt – seine eigenen Formulare für internationale Einschreiben. Nach dem Internationalen Postabkommen[212] ist die internationale Postsprache Französisch. Englisch ist erst im Jahr 1994 als Arbeitssprache des Internationalen Büros des Weltpostvereins zusätzlich eingeführt worden. Dies hat zur Folge, dass die Formulare für Einschreiben und Rückschein üblicherweise lediglich in französischer Sprache und zusätzlich in der Sprache des Absenderlandes gehalten sind. Ein englischer Postbote wird also ein Rückscheinformular, das in französischer und zum Beispiel lettischer Sprache gehalten ist, nicht lesen können, ebenso wenig wie er ein Einschreibenformular aus Deutschland sinnvoll einordnen kann. In der Folge wird deshalb der Rückschein üblicherweise bei der zuzustellenden Sendung und damit bei dem Zustellungsempfänger verbleiben. Der Rückschein wird also nie zur Gerichtsakte gelangen, so dass der Nachweis der Zustellung bei der Versendung per Einschreiben und Rückschein in aller Regel misslingen wird.[213] Die Probleme mit dem Nachweis der Zustellung – nicht nur bei der Prüfung der „Demnächstigkeit" der Zustellung iSv § 167 ZPO, wenn durch die Klageerhebung die Verjährung gehemmt werden soll, sind evident. Es ist deshalb in jedem Falle einer erforderlichen Zustellung der Klageschrift im Ausland das Gericht ausdrücklich darum zu bitten, von einer Zustellung per Einschreiben und Rückschein abzusehen – es sei denn, die Zustellung soll im französischsprachigen bzw. deutsch-sprachigen Ausland erfolgen. Nur so können die Risiken einer nie nachweisbaren Zustellung, die bestenfalls nur zu einer Zeitverzögerung, schlimmstenfalls aber zur Rechtsvereitelung führt, vermieden werden.

4. Ermittlung und Beweis ausländischen Rechts. In der forensischen Praxis im internationalen Schuldrecht spielen die Ermittlung und der Beweis ausländischen Rechts naturgemäß eine große Rolle. Nicht nur das jeweils angerufene Gericht, sondern schon zuvor die Prozessbevollmächtigten der Parteien müssen in der Lage sein, sich Kenntnisse über den Inhalt des ggf **anzuwendenden ausländischen Rechts** zu verschaffen. Von Bedeutung innerhalb eines gerichtlichen Verfahrens sind neben den jeweiligen nationalen Zivilprozessordnungen, zumindest für dessen Signatarstaaten,[214] insbesondere das Londoner Europäische Übereinkommen betreffend Auskünfte über ausländisches Recht (Europäisches Rechtsauskunftsübereinkommen)[215] sowie in Deutschland das das Übereinkommen betreffende deutsche Ausführungsgesetz.[216] Durch das Übereinkommen soll der internationale Informationsaustausch gefördert werden und die Rechts-

---

211 *Tsikrikas*, Probleme der Zustellung durch die Post im europäischen Rechtsverkehr, ZZPInt 2003, 309 ff, 326; *Jastrow*, Europäische Zustellung und Beweisaufnahme 2004 – Neuregelungen im deutschen Recht und konsularische Beweisaufnahme, IPRax 2004, 11 ff; *Schmidt*, Parteizustellung im Ausland durch Einschreiben mit Rückschein – Ein gangbarer Weg? – Anmerkungen zum neuen Zustellungsrecht und dem EG-Beweisaufnahmedurchführungsgesetz; IPRax 2004, 13 ff; *Möller*, Auslandszustellung durch den Gerichtsvollzieher, NJW 2003, 1571 ff.
212 Weltpostvertrag vom 15.9.1999.
213 Siehe hierzu ausführlich *Brand*, HFR 2007, 229, 233 ff mwN.
214 Dies sind gegenwärtig in Europa neben der Bundesrepublik Deutschland u.a. Belgien, Dänemark, Estland, Finnland, Frankreich, Griechenland, Großbritannien, Irland, Lettland, Liechtenstein, Litauen, Luxemburg, Malta, Niederlande, Norwegen, Österreich, Polen, Portugal, Rumänien, Schweden, Schweiz, Slowakei, Slowenien, Spanien, Tschechien, Ungarn und Zypern; s. die gesamte Liste der Vertragsstaaten bei *Jayme/Haussmann*, Internationales Privat- und Verfahrensrecht, 15. Aufl., S. 716, Rn 1.
215 Vom 7.6.1968 (BGBl. II 1974 S. 938).
216 Gesetz zur Ausführung des Europäischen Übereinkommens betreffend Auskünfte über ausländisches Recht und seines Zusatzprotokolls vom 5.7.1994 (Auslands-Rechtsauskunftsgesetz) (BGBl. I S. 1433).

auskunft über den Inhalt des Rechts fremder Staaten erleichtert werden. Gemäß § 293 ZPO ist das anwendbare Recht von Amts wegen vom Gericht zu bestimmen.[217] Der Richter muss auch den Inhalt des ausländischen Rechts ermitteln, wobei er nach § 293 S. 2 ZPO alle ihm zugänglichen Erkenntnisquellen benutzen kann. Wie sich der Tatrichter die notwendigen Erkenntnisse verschafft, liegt dabei in seinem Ermessen.[218] Die Parteien haben dagegen nach der Gesetzeslage nur einen beschränkten Einfluss auf den Weg der Erkenntnisverschaffung durch das Gericht.[219] Meist wird der Richter zunächst versuchen, sich durch eigene Recherchen Kenntnis des ausländischen Rechts zu verschaffen, insbesondere wenn es sich um Rechtsnormen des deutschsprachigen Auslands handelt.[220] Es handelt sich dann nicht um eine Beweiserhebung im eigentlichen Sinne, sondern um einen gerichtsinternen Vorgang, so dass es folglich nicht mehr des Beweises im Sinn von § 293 S. 1 ZPO bedarf.[221]

51 Da jedoch der **Zugang zu ausländischen Rechtsquellen** recht schwierig sein kann, gerät diese Ermittlungsmethode in der Praxis oft schnell an ihre Grenzen. Neben den gerichtsinternen Nachforschungen wird dem Gericht durch § 293 S. 2 ZPO auch die Möglichkeit eröffnet, innerhalb des Verfahrens alle ihm zugänglichen Erkenntnisquellen in formloser Weise heranzuziehen. In diesem Rahmen kann das Gericht formlose Auskünfte von Privatpersonen oder in- und ausländischen Behörden einholen. In diesem Fall sind für die Ermittlung des Inhalts des ausländischen Rechts die Grundsätze des Freibeweises einschlägig.[222] Dem Gericht steht weiterhin auch die Möglichkeit der Einholung eines Sachverständigengutachtens zum Inhalt des ausländischen Rechts im Wege eines Beweisverfahrens offen.[223] In der Praxis wird meist für die Ermittlung ausländischen Rechts ein **wissenschaftliches Gutachten** eingeholt, sehr viel seltener hingegen wird das Instrument des Europäischen Rechtsauskunftsübereinkommens genutzt.[224] Dabei wird für Rechtsgutachten vor allem auf die Forschungsarbeiten des Max-Planck-Instituts für ausländisches und internationales Privatrecht zurückgegriffen. Ein solcher Gutachtenauftrag wird nicht nur allein die Ermittlung des Inhalts des ausländischen Rechts zum Inhalt haben, sondern häufig auch die konkrete, auf den zu entscheidenden Fall bezogene Rechtsanwendungsfrage.[225] Folglich muss der Gutachter durch Mitteilung des gesamten Sachverhalts in die Lage versetzt werden, für die Bestimmung des Rechts erforderliche Anknüpfungspunkte zu ermitteln.[226] Im Unterschied zu Sachverständigengutachten, die in der Praxis meist sehr detailliert und konkret ausfallen, gestattet das Europäische Rechtsauskunftsübereinkommen hingegen allein das Stellen von abstrakten Rechtsfragen.[227] Ein fallbezogenes Gutachten wird folglich nicht erstellt.[228] Die genauen Anforderungen an den Inhalt eines Auskunftsersuchens sind in Art. 4 des Übereinkommens geregelt. Die Anwendung des **Europäischen Rechtsauskunftsübereinkommens** hat für die Parteien jedoch gegenüber einem Rechtsgutachten den entscheidenden Vorteil der weitgehenden Kostenfreiheit, es fallen lediglich Übersetzungskosten an.[229] Zum anderen sprechen die relativ kurze Erledigungsdauer sowie die Qualität der Auskunft für eine Nutzung der Möglichkeiten, die das Abkommen eröffnet.[230] Dennoch ist oftmals trotz dieser Vorteile des Übereinkommens die – möglicherweise auch zusätzliche – Einholung eines Rechtsgutachtens erforderlich.[231] Die Einholung einer bloßen Rechtsauskunft über das Europäische Rechtsauskunftsübereinkommen ist einem Gutachten lediglich in den Fällen vorzuziehen, in denen von vornherein nur einzelne Fragen zum Inhalt des ausländischen Rechts beantwortet werden müssen, die in abstrakter Weise beantwortet werden können.[232] Inwieweit die Einholung von Auskünften über das Europäische Rechtsauskunftsübereinkommen dabei den Erfordernissen einer ermessensfehlerfreien Ermittlung ausländischen Rechts genügt, ist deshalb jeweils vom Einzelfall abhängig.[233] Unzureichend ist die Einholung einer solchen Auskunft jedenfalls dann, wenn es nicht nur auf den Inhalt eines ausländischen Gesetzes, sondern auf dessen Auslegung und Anwendung durch die Gerichte des betreffenden Landes ankommt.[234] Dies ist allerdings der Regelfall. Auch wenn sich das Übereinkommen in der Praxis noch nicht weitreichend durch-

---

217 BGH NJW 1988, 647; vgl dazu auch *Sommerlad/Schrey*, Die Ermittlung ausländischen Rechts im Zivilprozessrecht und die Folgen, NJW 1991, 1377.
218 BGH NJW 1995, 1032.
219 *Sommerlad/Schrey*, NJW 1991, 1377, 1379.
220 Prütting/Gehrlein/*Laumen*, ZPO, § 293 ZPO Rn 7.
221 Musielak/*Huber*, ZPO, 10. Aufl. 2013, § 293 ZPO Rn 4.
222 *Geimer*, Internationales Zivilprozessrecht, Rn 2583; siehe dazu auch EuGH, Rs. C-7/98, Slg 2000, I-1935 = NJW 2000, 1853 – Krombach.; EuGH, Rs. C-145/86, Slg 1988, 645 = IPRax 1989, 189 – Hoffmann.
223 Musielak/*Huber*, ZPO, § 293 ZPO Rn 6; vgl auch die Zusammenstellung von geeigneten Sachverständigen bei *Hetger*, Sachverständige für ausländisches und internationales Privatrecht, DNotZ 2003, 310.
224 *Jastrow*, Zur Ermittlung ausländischen Rechts – Was leistet das Londoner Auskunftsübereinkommen in der Praxis?, IPRax 2004, 402, 403.
225 *Hetger*, DNotZ 2003, 310.
226 *Hetger*, aaO, 311.
227 *Hüßtege*, Zur Ermittlung ausländischen Rechts – Wie man in den Wald hineinruft, so hallt es auch zurück, IPRax 2002, 292, 293.
228 Musielak/*Huber*, ZPO, § 293 ZPO Rn 5.
229 *Gruber*, Die Anwendung ausländischen Rechts durch deutsche Gerichte, ZRP 1992, 6, 7.
230 *Jastrow*, IPrax 2004, 402, 403 f.
231 *Hüßtege*, IPrax 2002, 292, 294.
232 *Linke/Hau*, Internationales Zivilverfahrensrecht, 5. Aufl. 2011, Rn 278.
233 BGH IPRax 2002, 203; BayObLG IPRax 1999, 387.
234 BGH NJW 2003, 2865.

gesetzt hat, wird dessen Anwendung von vielen Seiten empfohlen, so veröffentlichte beispielsweise der Europarat einen *Best-Practice-Bericht* mit Empfehlungen zu dessen Anwendung.[235] Auch die Bundesrepublik Deutschland erstellte einen empfehlenden Bericht.[236]

Die **Kosten** eines im Rahmen des gerichtlichen Verfahrens durch das Gericht eingeholten Rechtsgutachtens – sei es über Sachverständige oder im Wege des Europäischen Rechtsauskunftsübereinkommens – stellen Kosten im Sinne von § 91 Abs. 1 ZPO dar und sind deshalb von der unterlegenen Partei zu tragen. Dies ist auch sicher sinnvoll und sachgerecht. Allerdings stellt sich die Frage der Ermittlung des ausländischen Rechts ja keineswegs nur innerhalb des Prozesses, sondern für die Parteien schon bereits vor der Entscheidung, ob ein Rechtsstreit überhaupt mit Erfolg geführt werden kann. Die Parteien sind also in Fällen, in denen ein Gericht ausländisches Recht anwenden muss, stets darauf angewiesen, schon zuvor Gewissheit über den Inhalt des anwendbaren ausländischen Rechts und seiner Anwendung auf den konkreten Fall einzuholen. Das Londoner Rechtsauskunftsübereinkommen hilft insoweit nicht weiter, weil nach seinem Artikel 3 zu Auskunftsersuchen nur die Gerichte berechtigt sind. So bestimmt es im Übrigen auch § 1 des deutschen Ausführungsgesetzes. Die Parteien und ihre Prozessbevollmächtigten sind deshalb vor Einleitung eines Rechtsstreits auf eigene Erkundigungen bzw die Einholung von Privatgutachten angewiesen. Wenn dann aufgrund des Ergebnisses des eingeholten Privatgutachtens zum ausländischen Recht der Anspruch mangels Erfolgsaussichten nicht weiter verfolgt wird, findet naturgemäß eine Erstattung der möglicherweise erheblichen Kosten nicht statt. Im Fall, dass aufgrund eines solchen Privatgutachtens bereits eine vorgerichtliche Einigung mit der Gegenpartei erzielt wird, kann die Frage der Kostenerstattung zum Gegenstand der Vergleichsgespräche gemacht werden, wird jedoch erfahrungsgemäß stets Gegenstand von kontroversen Diskussionen sein. Es wäre deshalb zu begrüßen, wenn die Möglichkeiten, die das Rechtsauskunftsübereinkommen bietet, nicht nur den Gerichten, sondern auch den vorprozessual tätigen Anwälten zur Verfügung stünde. Hierzu würde es allerdings einer Ergänzung des Rechtsauskunftsübereinkommens bedürfen.

Solange es eine solche Möglichkeit zur – bis auf mögliche Übersetzungskosten – kostenfreien Rechtsauskunft im vorprozessualen Stadium nicht gibt, sind also die Parteien auf die Einholung von **Privatgutachten** angewiesen, wenn sie ihrer Darlegungslast genügen und zudem die Prozessaussichten realistisch einschätzen und einen schlüssigen Klagevortrag bzw eine erhebliche Klageerwiderung vorlegen wollen.[237] Zusätzlich mag es erforderlich sein, die Feststellungen des vom Gericht eingeschalteten Sachverständigen zum Inhalt des ausländischen Rechts durch ein privates Gegengutachten zu erschüttern. Über die Frage, ob und in welchem Umfang die Kosten für derartige Privatgutachten über ausländisches Recht erstattungsfähig sind, weil sie zur zweckentsprechenden Rechtsverfolgung iSd § 91 Abs. 1 erforderlich waren, wird mitunter heftig gestritten. Aus dem Grundgedanken des § 293 ZPO folgt jedoch, dass derartige Kosten grundsätzlich für erstattungsfähig gehalten werden müssen. Zwar sind die Parteien zur Mitwirkung bei der Ermittlung ausländischen Rechts iSv § 293 ZPO nur berechtigt und nicht verpflichtet.[238] Wenn die Parteien allerdings im Rahmen ihrer Darlegungslast an der Ermittlung des Inhalts des ausländischen Rechts durch die Einholung von Privatgutachten mitwirken, so sind sie insofern unterstützend bei den internen Ermittlungen des Gerichts tätig.[239] Daraus folgt, dass das Gericht die Ausführungen der Parteien zum Inhalt des ausländischen Rechts nicht ignorieren darf, sondern zumindest bei seiner Ermessensausübung berücksichtigen muss.[240] Kosten für Privatgutachten zu der Frage, welches Recht denn nach dem anwendbaren inländischen Kollisionsrecht auf den konkreten Fall anzuwenden ist, sind hingegen nicht erstattungsfähig, weil das deutsche Internationale Privatrecht, so wie es nunmehr in der Rom I-VO und der Rom II-VO verankert ist, nicht ausländisches Recht, sondern deutsches Recht ist und somit nicht unter § 293 ZPO fällt.[241] Selbstverständlich ist es auch möglich, einen ausländischen Korrespondenzanwalt hinzuzuziehen, wenn die vertretene Partei selbst ihren Sitz im Ausland hat. In einem solchen Fall wird der Korrespondenzanwalt in der Lage sein, zum Inhalt des ausländischen Rechts Stellung zu nehmen. Dessen Kosten sind dann als notwendige Kosten der Rechtsverfolgung iSv § 91 ZPO als Kosten des Verkehrsanwalts nach VV 3400 RVG erstattungsfähig.[242] Ob in einem solchen Fall darüber hinaus dann allerdings noch weitere Kosten für ein Privatgutachten für erstattungsfähig gehalten werden können, erscheint zumindest zweifelhaft,[243] bedarf aber in jedem Fall einer Entscheidung im Einzelfall.

---

235 <http://www.coe.int/T/E/Legal_Affairs/Legal_co-operation/Steering_Committees/CDCJ/Documents/2002/cdcj15%20e%202002.pdf>.

236 <http://www.coe.int/t/dghl/standardsetting/cdcj/2003/CDCJ%20_2003_%205%20E%20rev%20Observations%20by%20the%20Federal%20Republic%20o%E2%80%A6.pdf> (Bericht CDCJ 2003/5).

237 *Mankowski*, Privatgutachten über ausländisches Recht – Erstattungsfähigkeit der Kosten, MDR 2001, 194, 195.

238 MüKo-ZPO/*Prütting*, § 93 ZPO Rn 51; Prütting/Gehrlein/*Laumen*, ZPO, § 293 ZPO Rn 10.

239 MüKo-ZPO/*Prütting*, § 93 ZPO Rn 25.

240 BGH NJW 1984, 2763; 1992, 2026, 2029.

241 *Mankowski*, MDR 2001, 194, 199.

242 Zöller/*Herget*, § 91 ZPO, Nr. 13 „Ausländer" mwN auf die Rspr.

243 *Mankowski*, MDR 2001, 194, 197.

54 Auch dann ist man mitunter trotz aller Bemühungen des Gerichts und der Parteien, den Inhalt des ausländischen Rechts zu ermitteln, nicht vor Überraschungen gefeit. In der Praxis kommt es durchaus vor, dass es weder dem Gericht noch den Parteien gelingt, den Inhalt des auf den konkreten Fall anzuwendenden ausländischen Rechts zu ermitteln, beispielsweise weil eine endgültige Klärung nur mit unverhältnismäßig hohem Aufwand möglich ist oder zu einer erheblichen Verfahrensverzögerung führen würde, oder aber, weil das ausländische Recht zu der entscheidenden Fallkonstellation mangels Kodifikation und verfügbarer Rechtsprechung keine Anhaltspunkte zur Lösung liefert.[244] Der BGH hat für eine solche Situation eine pragmatische Lösung gefunden: Für den Fall, dass das vom Gericht ermittelte ausländische Recht die konkrete Rechtsfrage nicht hinreichend beantwortet, darf das Gericht das deutsche Recht als die *lex fori* anwenden.[245] Gleiches gilt, wenn der Inhalt des ausländischen Rechts trotz aller Bemühungen überhaupt nicht feststellbar ist.[246] In einem solchen Fall waren dann alle Bemühungen des Gerichts und der Parteien und die hierfür aufgewendeten Kosten nutzlos. Diese Kosten werden allerdings gleichwohl im Regelfall von der unterlegenen Partei zu erstatten sein. Die Gerichtskasse und damit den Steuerzahler mit derartigen Kosten zu belasten und sie als Folgen unrichtiger Sachbehandlung gem. § 21 Abs. 1 S. 1 GKG zu behandeln, scheint vom Grundsatz her nicht sachgerecht, weil auch diese Kosten ja durch die Ermittlungspflicht des § 293 ZPO gedeckt sind.[247]

55 **5. Anerkennung und Vollstreckung.** Die Situation eines Beklagten aus Deutschland, der vor dem Gericht eines anderen EU-Mitgliedstaates verklagt worden ist, hat sich durch die EuGVVO auch dadurch erheblich verschlechtert, dass das **Exequatur-Verfahren** gemäß Art. 41 EuGVVO zunächst *ex parte* und ohne Prüfung der Anerkennungsversagungsgründe Artt. 34 und 35 EuGVVO erfolgt.[248] Der Schuldner eines Versäumnisurteils, dem das verfahrenseinleitende Schriftstück nicht nur nicht ordnungsgemäß, sondern möglicherweise überhaupt nicht zugestellt worden ist, und der sich deshalb auch gegen das Urteil im Ausgangsstaat nicht verteidigen konnte, wird also zum ersten Mal von dem Verfahren erfahren, wenn der Gerichtsvollzieher vor der Tür steht, weil die Entscheidung ihm dann erst zusammen mit der Vollstreckbarerklärung gemäß Art. 42 Abs. 2 EuGVVO zugestellt wird. Hiergegen kann er sich dann nur mit einem Rechtsbehelf im Sinne von Art. 43 EuGVVO wehren, sieht sich aber in der Zwischenzeit gleichwohl gemäß Art. 47 Abs. 3 EuGVVO Maßnahmen der Sicherungsvollstreckung ausgesetzt.[249] Anders, und für den Beklagten wesentlich vorteilhafter, war das Verfahren noch nach Artt. 31 ff EuGVÜ ausgestaltet, wonach auch schon das Verfahren bei einem Antrag auf Vollstreckungsklauselerteilung als Verfahren *inter partes* ausgestaltet war. Dies gilt nach dem dem EuGVÜ nachgebildeten Luganer-Übereinkommen[250] nur noch im Verhältnis zu Island, Norwegen und der Schweiz. Diese Entwicklung wird sich zulasten von Beklagten, freilich aber zugunsten von Klägern fortsetzen, wenn sich die Vorschläge der Kommission zur Novellierung der EuGVVO realisieren. Hiervon ist auszugehen, nachdem am 8. Juni 2012 der Europäische Rat der Justizminister den Vorschlag der Kommission bestätigt hat, wonach das Exequatur-Verfahren im Rahmen der EuGVVO endgültig abgeschafft werden soll.[251] Insoweit wird also voraussichtlich künftig nach der Novelle der EuGVVO die Entwicklung fortgesetzt, die bereits durch die Verordnung zur Einführung eines **europäischen Vollstreckungstitels** für unbestrittene Forderungen (EuVTVO)[252] vorgezeichnet worden war. Durch die EuVTVO ist für unbestrittene Forderungen bereits auf das Vollstreckbarerklärungsverfahren im Vollstreckungsstaat vollständig verzichtet worden, so dass die Mitgliedstaaten der EU zur Zwangsvollstreckung aus einem solchen europäischen Vollstreckungstitel verpflichtet sind, wenn der ausländische Titel als sol-

---

244 Ausführlich zu der Problematik der Nichtermittelbarkeit des ausländischen Rechts: *Sommerlad/Schrey*, Die Ermittlung ausländischen Rechts im Zivilprozess und die Folgen der Nichtermittlung, NJW 1991, 1377 ff; *Kreuzer*, Einheitsrecht als Ersatzrecht – Zur Frage der Nichtermittelbarkeit fremden Rechts, NJW 1983, 1943 ff; NK-BGB/*Freitag*, Art. 3 EGBGB Rn 48 mwN.
245 BGH NJW 1982, 1215.
246 BGH NJW 1978, 496.
247 Vgl insoweit Zöller/*Greger*, § 293 ZPO Rn 1.
248 Siehe zur grenzüberschreitenden Vollstreckung in Europa auch in rechtsvergleichender Hinsicht: *Harsági/Kengyel* (Hrsg.), Grenzüberschreitende Vollstreckung in der Europäischen Union, 2011.
249 Siehe hierzu *Brand*, Formularbuch zum Europäischen und Internationalen Zivilprozessrecht, Formular D.I.4.; Locher/Mes/*Schütze*, Beck'sches Prozessformularbuch, Formular I.T.7.
250 Luganer-Übereinkommen v. 30. Oktober 2007 über die gerichtliche Zuständigkeit und die Anerkennung und Vollstreckung von Entscheidungen in Zivil- und Handelssachen, ABl. EU 2009 Nr. L 147, S. 5; s. hierzu auch *Brand,* aaO, Formular D.I.5., Fn 1.
251 KOM, 2010 748 endg. v. 14.12.2010; s. auch *Kropholler/von Hein*, Europäisches Zivilprozessrecht, 9. Aufl., Einl., Rn 36.
252 Verordnung (EG) Nr. 805/2004 des Europäischen Parlaments und des Rates vom 21.4.2004 zur Einführung eines europäischen Vollstreckungstitels für unbestrittene Forderungen, ABl. Nr. L 143, S. 15, berichtigt ABl. 50, 71; s. hierzu ausführlich Brand/*Wildfeuer*, Formularbuch zum Europäischen und Internationalen Zivilprozessrecht, S. 479 ff.

cher vom Ursprungsgericht bestätigt worden ist.[253] Die **Novellierung der EuGVVO**[254] sieht nun vor, die EuVTVO wieder aufzuheben und in die EuGVVO in der Weise zu integrieren, dass der Verzicht auf das Exequatur-Verfahren verallgemeinert wird. Die unzutreffende Annahme des Europäischen Verordnungsgebers, dass innerhalb der Europäischen Union bereits eine weitere Integrationsstufe zu erklimmen sei, führt somit zu weiteren Einschränkungen der verfahrensrechtlichen Grundsätze zum Schutz eines Beklagten. Für die forensische Tätigkeit bedeutet dies, dass eine Partei, die eine – wie auch immer geartete – Zustellung eines gerichtlichen Schriftstücks aus einem EU-Mitgliedsstaat erhalten hat, sich in jedem Falle im EU-Ausland verteidigen muss, wenn sie möglicherweise gravierende Nachteile vermeiden und sich nicht auf eine mögliche Vollstreckungsgegenklage im Anschluss an ein inzwischen rechtskräftiges ausländisches Urteil verlassen möchte.[255]

Über die oben (Rn 44 ff) im Zusammenhang mit Zustellungsfragen bereits erörterten Fragen der Anerkennungsversagungsgründe des Art. 34 Nr. 2 EuGVVO hinaus kann einem Urteil aus einem EU-Mitgliedsstaat die Anerkennung in einem anderen Mitgliedstaat auch dann verweigert werden, wenn die Anerkennung den *ordre public* des Anerkennungsstaates verletzen würde, Art. 34 Nr. 1 EuGVVO. Neben dem kollisionsrechtlichen *ordre public*-Vorbehalt in der Rom I-VO und Rom II-VO (Rn 15 und 16), sieht das Europäische Verfahrensrecht somit in Art. 34 Nr. 1 EuGVVO durch den anerkennungsrechtlichen *ordre public*-Vorbehalt die Möglichkeit vor, die Anerkennung und Vollstreckung einer Entscheidung aufgrund einer Unvereinbarkeit mit der eigenen öffentlichen Ordnung abzulehnen.[256] Der Vorbehalt ist ebenfalls beschränkt auf „offensichtliche" Verstöße gegen den *ordre public* und wird von den deutschen Gerichten sehr zurückhaltend eingesetzt.[257] Der EuGH betont, dass eine Anwendung der *ordre public*-Klausel nur dann in Betracht kommt, wenn die Anerkennung oder Vollstreckung der in einem anderen Vertragsstaat erlassenen Entscheidung gegen einen wesentlichen Rechtsgrundsatz verstößt und deshalb in einem nicht hinnehmbaren Gegensatz zur Rechtsordnung des Vollstreckungsstaates steht.[258] Der Anwendungsbereich dieses anerkennungsrechtlichen *ordre public* ist weiter gefasst als der des kollisionsrechtlichen *ordre public*.[259] Durch den anerkennungsrechtlichen *ordre public* wird auch das dem ausländischen Urteil vorausgegangene Verfahren auf seine Vereinbarkeit mit unverzichtbaren inländischen Grundsätzen geprüft.[260] Dies ist auch deshalb Gegenstand der Diskussion, weil die Erforderlichkeit der Vorbehaltsklausel im Rahmen der EuGVVO im Gegensatz zum Anwendungsbereich der Rom I-VO und der Rom II-VO vielmals verneint wird. Begründet wird dies mit der Tatsache, dass eine nach der EuGVVO anzuerkennende Entscheidung immer aus einem anderen Mitgliedstaat stammt, dessen Justiz – so sieht es auch Erwägungsgrund 16 der Verordnung vor – ein besonderes Vertrauen entgegengebracht wird, während im Rahmen der Rom I-VO und der Rom II-VO es auch zur Verweisung auf drittstaatliches Recht kommen kann und somit größere Differenzen zwischen den Rechtsordnungen anzunehmen sind.[261] Zudem ist nach herrschender Ansicht einem Schuldner die Berufung auf Art. 34 Nr. 2 EuGVVO – anders als bei der Vollstreckbarerklärung nach §§ 722, 723 ZPO iVm § 328 ZPO – abgeschnitten, wenn er sich nicht im Ausgangsprozess im Ursprungsstaat mit den dort verfügbaren Rechtsbehelfen und Rechtsmitteln gewehrt hat.[262] Zu berücksichtigen ist jedenfalls schon heute, dass der anerkennungsrechtliche *ordre public*-Vorbehalt nach der EuGVVO nur in krassen Fällen, in denen es um

---

253 *Stadler,* Das Europäische Zivilprozessrecht – Wie viel Beschleunigung verträgt Europa?, IPRax 2004, 2, 6; s. auch *Bittmann,* Die Voraussetzungen der Zwangsvollstreckung eines europäischen Vollstreckungstitels, IPRax 2008, 445.

254 Verordnung (EU) Nr. 1215/2012 des Europäischen Parlaments und des Rates vom 12. Dezember 2012 über die gerichtliche Zuständigkeit und die Anerkennung und Vollstreckung von Entscheidungen in Zivil- und Handelssachen, ABl. EU 2012 Nr. L 351 vom 20.12.2012, S. 1–32, die ab dem 10. Januar 2015 gilt.

255 Siehe hierzu auch *Halfmeier,* Die Vollstreckungsgegenklage im Recht der internationalen Zuständigkeit, IPRax 2007, 381; *Hess,* Europäischer Vollstreckungstitel und nationale Vollstreckungsgegenklage, IPRax 2004, 493; *Wagner,* Das Gesetz zur Durchführung der Verordnung (EG) Nr. 805/2004 zum europäischen Vollstreckungstitel – unter besonderer Berücksichtigung der Vollstreckungsabwehrklage, IPRax 2005, 401, 402; s. zur Kritik an dieser Entwicklung im Übrigen *Brand,* IPRax 2013, 126, 130 ff.

256 Siehe hierzu umfassend: *Völker,* Zur Dogmatik des ordre public – Die Vorbehaltsklauseln bei der Anerkennung fremder gerichtlicher Entscheidungen und ihr Verhältnis zum ordre public des Kollisionsrechts, Berlin, 1998.

257 *Staudinger*, Der ordre-public-Einwand im Europäischen Zivilverfahrensrecht, The European Legal Forum 5-2004, 273; Geimer/Schütze/*Geimer*, Europäisches Zivilverfahrensrecht, Art. 34 EuGVVO Rn 15 mwN.

258 EuGH, Rs. C-7/98, Slg 2000, I-1935 = NJW 2000, 1853, 1854 – Krombach, mit Anm. *Mansel,* IPRax 2001, 50; s. hierzu auch umfassend *Jayme,* Nationaler ordre public und europäische Integration – Betrachtungen zum Krombach-Urteil des EuGH, Wien 2000; EuGH Rs. C 414/92, Slg 1994 I. 2237 – Solo Kleinmotoren; EuGH, Rs. 145/86, Slg 1988, 645 – Hoffmann.

259 Geimer/Schütze/*Geimer*, Europäisches Zivilverfahrensrecht, Art. 34 EuGVVO Rn 16 ff.

260 *Geimer*, Internationales Zivilprozessrecht, Rn 23.

261 *Kropholler/v. Hein*, Europäisches Zivilprozessrecht, Art. 34 EuGVVO Rn 3.

262 *Staudinger*, aaO (Fn 256), 275; Rauscher/*Leible*, EuZPR/EuIPR, Art. 34 EuGVVO Rn 18 mwN.

die Wahrung unverzichtbarer Werte der Rechtsordnung des Zweitstaates geht, durchgreift.[263] Dies dürfte bei Urteilen aus EU-Mitgliedstaaten nur selten der Fall sein, zB, wenn einem von einem ausländischen Gericht verurteilten Schuldner der – freilich kaum mögliche – Beweis gelingen sollte, dass das anzuerkennende Urteil aufgrund von Rechtsbeugung oder **Korruption** zustande gekommen sein sollte.[264]

57 Anders verhält es sich demgegenüber mit dem anerkennungsrechtlichen *ordre public*-Vorbehalt gegenüber Urteilen aus Drittstaaten außerhalb der EU, wie er in § 328 Abs. 1 Nr. 4 ZPO normiert ist.[265] Hier sind der anwaltlichen Argumentationskraft keine Grenzen gesetzt, auch wenn wie im Rahmen von Art. 34 Nr. 2 EuGVVO der *ordre public*-Vorbehalt als Abweichung vom Grundsatz der Unüberprüfbarkeit der ausländischen Entscheidung nur in besonders krassen Fällen eingreifen soll.[266] Die deutsche Rechtsprechung und Literatur haben sich in diesem Zusammenhang immer wieder mit Fragen der *ordre public*-Widrigkeit einiger Besonderheiten des US-amerikanischen Zivilprozesses wie Sammelklage,[267] *pre-trial discovery*, *punitive damages* und *treble damages* befasst.[268] Auch wenn inzwischen die deutschen Gerichte auch insoweit stetig anerkennungsfreundlicher judizieren,[269] kann über § 328 Abs. 1 Nr. 4 ZPO den schlimmsten Auswüchsen ausländischer Rechtsbesonderheiten aus Drittstaaten begegnet werden.

58 Durchaus bedeutsam, aber in der Praxis viel zu selten angewandt ist die Möglichkeit der Vollstreckung aus **notariellen Urkunden** innerhalb der Europäischen Union. Auch eine von einem Notar aus einem EU-Mitgliedstaat errichtete Urkunde kann in den anderen Mitgliedstaaten ohne große Schwierigkeiten und unter den gleichen Voraussetzungen wie ein ausländisches Urteil vollstreckt werden. Einschlägig ist neben Art. 57 EuGVVO[270] auch Art. 3 Abs. 1 lit. d EuVTVO.[271] Bei Forderungen aus dortigen Urkunden wird es sich ja in aller Regel um unbestrittene Forderungen iSd EuVTVO handeln. Nach Art. 57 EuGVVO sind vollstreckbare öffentliche Urkunden, die in einem Mitgliedstaat errichtet worden sind, in den anderen Mitgliedstaaten auf Antrag für vollstreckbar zu erklären.[272] Die Vollstreckbarerklärung ausländischer vollstreckbarer Notarurkunden kann in Deutschland nach § 55 Abs. 3 AVAG auch von einem Notar vorgenommen werden. Die dafür erforderliche Bescheinigung gem. Art. 57 Abs. 4 EuGVVO wird von dem beurkundenden Notar selbst ausgestellt.[273] Gerade im grenzüberschreitenden Rechtsverkehr sollte deshalb von der Möglichkeit der Errichtung vollstreckbarer Urkunden sehr viel häufiger Gebrauch gemacht werden als bisher. Der notarielle Abschluss beispielsweise einer Ratenzahlungsvereinbarung mit Unterwerfung unter die sofortige Zwangsvollstreckung, gegebenenfalls auch verbunden mit einer Verpfändung von bestimmten Vermögenswerten, dürfte ein probates Mittel sein, bei vorübergehenden Zahlungsschwierigkeiten eines Vertragsteils das berechtigte Sicherungsinteresse des Gläubigers zu befriedigen, auch ohne den langwierigen Weg zur Erlangung eines gerichtlichen Titels beschreiten zu müssen.

IV. Schlussbemerkung

59 Das europäische und das internationale Privat- und Zivilverfahrensrecht unterliegen einer erheblichen Dynamik.[274] Schon durch die Entwicklung der vergangenen Jahre ist innerhalb der Europäischen Union der

---

263 Geimer/Schütze/*Geimer*, Europäisches Zivilverfahrensrecht, Art. 34 EuGVVO Rn 14.
264 Zöller/*Geimer*, § 328 ZPO Rn 217; s. zur *ordre public*-Prüfung im Rahmen von Art. 34 EuGVVO umfassend: Geimer/Schütze/*Geimer*, aaO, Art. 34 EuGVVO Rn 19 ff.
265 Siehe hierzu umfassend Zöller/*Geimer*, § 328 ZPO Rn 208–263 mit umfangreichen Nachw. zu Rspr und Lit.
266 BGH NJW 1993, 3269; OLG Saarbrücken IPRax 1998, 38; OLG Düsseldorf OLGR 2007, 161, 162.
267 Siehe hierzu die *ordre public*-Widrigkeit bejahend: *Mann*, Die Anerkennungsfähigkeit von US-amerikanischen „class-action"-Urteilen, NJW 1994, 1189; aA *Hess*, Die Anerkennung eines Class Action Settlement in Deutschland, JZ, 2000, 373 ff; s. hierzu auch *Brand*, NJW 2012, 1116 ff.
268 Siehe die umfangreichen Nachweise bei *Brockmeier*, Punitive damages, multiple damages und deutscher ordre public, 1999; Zöller/*Geimer*, § 328 ZPO Rn 249–252; s. auch *Mansel*, Vermögensgerichtsstand und Inlandsbezug bei der Entscheidungs- und Anerkennungszuständigkeit am Beispiel der Anerkennung US-amerikanischer Urteile in Deutschland, in: FS für Erik Jayme, 2004, S. 561 ff.
269 ZB BGHZ 118, 312; s. hierzu auch die Nachw. bei Zöller/*Geimer*, § 328 ZPO Rn 250; *ders.*, IZPR, Rn 2974.
270 Gilt nicht im Verhältnis zu Dänemark. Diesbezüglich gilt seit dem 1.7.2007 das Abkommen vom 19.10.2005 über die gerichtliche Zuständigkeit und die Anerkennung und Vollstreckung von Entscheidungen in Zivil- und Handelssachen (ABl. EG 2005 Nr. L 299 v. 16.11.2005, S. 62; 2007 Nr. L 94 v. 4.4.2007, S. 70).
271 Vgl Brand/*Wildfeuer*, aaO (Fn 249), S. 500, Anm. 7.
272 *Kropholler/v. Hein*, Europäisches Zivilprozessrecht, Art. 57 EuGVO Rn 1.
273 Die Verordnung sieht hierfür die Verwendung des Formblattes vor, das in Anhang VI zur EuGVVO wiedergegeben ist.
274 Siehe nur *Mansel/Thorn/Wagner*, Europäisches Kollisionsrecht 2011: Gegenläufige Entwicklungen, IPRax 2012, 1 ff; *dies.*, Europäisches Kollisionsrecht 2010: Verstärkte Zusammenarbeit als Motor der Vereinheitlichung?, IPRax 2011, 1 ff; *dies.*, Europäisches Kollisionsrecht 2009: Hoffnungen durch den Vertrag von Lissabon, IPRax 2010, 1 ff.

Zwang, sich als Beklagter oder Antragsgegner in einem anderen EU-Mitgliedstaat der dortigen Gerichtsbarkeit zu stellen, erheblich gewachsen. Dieser Prozess schreitet weiter auf dem Weg zur Schaffung eines einheitlichen Rechtsraums in Europa voran. Die Reste des autonomen nationalen internationalen Privatrechts behalten ihre Geltung, die des internationalen Zivilverfahrensrechts bleiben im Verhältnis zu Drittstaaten von Bedeutung. Die an grenzüberschreitenden Schuldverhältnissen beteiligten Parteien sehen sich deshalb unterschiedlichen Rahmenbedingungen gegenüber. Gerade für international tätige Wirtschaftsunternehmen besteht deshalb aufgrund der Internationalisierung der Wirtschaftsbeziehungen einerseits und der dynamischen Fortentwicklung der anzuwendenden Rechtsvorschriften andererseits ein stetig wachsender Beratungsbedarf. Die grenzüberschreitende Kooperation innerhalb der rechtsberatenden Berufe ist deshalb inzwischen tägliche Praxis. Internationales Privat- und Verfahrensrecht sind keine exotischen Rechtsgebiete mehr, sondern gehören zum Kernbestand der Expertise, die international tätige Handelsunternehmen zu Recht von ihren rechtlichen Beratern, aber auch von den Gerichten, erwarten. Hier gibt es nicht unerheblichen Nachholbedarf sowohl in der Juristenausbildung insgesamt als auch in der berufsbegleitenden Fortbildung. Nur schlaglichtartig konnten in diesem Beitrag einige Hinweise zur Bearbeitung von Mandaten im internationalen Schuldrecht gegeben werden, die die Chancen und Herausforderungen aufzeigen sollen, die die Befassung mit der Materie bieten. Aufgrund der sich in kurzer Folge ergebenden Weiterentwicklung des Internationalen Privatrechts und des Internationalen Zivilverfahrensrechts durch den Europäischen und die nationalen Gesetzgeber und die Rechtsprechung insbesondere des EuGH bleiben grenzüberschreitende schuldrechtliche Mandate nicht nur intellektuell und juristisch spannend, sondern auch in hohem Maße haftungsträchtig.

Die Schaffung eines einheitlichen Wirtschafts- und Rechtsraums in Europa – oder wie es der Amsterdamer Vertrag in Art. 61 formuliert hat: „eines Raumes der Freiheit, der Sicherheit und des Rechts" – ist eines der bedeutendsten Friedenswerke der Geschichte. Manche Entwicklungen mag man für verfrüht halten, andere für halbherzig. Die Vereinheitlichung auch der zivilrechtlichen und zivilverfahrensrechtlichen Vorschriften innerhalb der Europäischen Union verfolgt aber stets auch den Zweck, „the rule of law" auch in den Ländern der Europäischen Union zu vollem Durchbruch zu verhelfen, wo es Nachbesserungsbedarf gibt. Insbesondere für die Bundesrepublik Deutschland lag der europäische Einigungsprozess nie ausschließlich im wirtschafts- oder rechtspolitischen Interesse. Es waren vielmehr zuvörderst die sicherheitspolitischen Bedürfnisse nach dem Ende des zweiten Weltkrieges und später nach der Öffnung des Eisernen Vorhangs, die den europäischen Integrationsprozess zur deutschen Staatsräson haben werden lassen. Daraus sind neben dem allseitigen und offenkundigen Nutzen für die Menschen in Europa inzwischen handfeste Standortvorteile geworden, die weiter zu entwickeln Aufgabe nicht nur des europäischen und des nationalen Gesetzgebers, sondern auch der Rechtsanwender ist.

ROM I-VO

Verordnung (EG) Nr. 593/2008 des Europäischen Parlaments und des Rates vom 17. Juni 2008 über das auf vertragliche Schuldverhältnisse anzuwendende Recht (Rom I)

(ABl. L 177 vom 4.7.2008, S. 6; berichtigt in ABl. L 309 vom 24.11.2009, S. 87)

DAS EUROPÄISCHE PARLAMENT UND DER RAT DER EUROPÄISCHEN UNION – gestützt auf den Vertrag zur Gründung der Europäischen Gemeinschaft, insbesondere auf Artikel 61 Buchstabe c und Artikel 67 Absatz 5, zweiter Gedankenstrich, auf Vorschlag der Kommission, nach Stellungnahme des Europäischen Wirtschafts- und Sozialausschusses[1], gemäß dem Verfahren des Artikels 251 des Vertrags[2], in Erwägung nachstehender Gründe:

(1) Die Gemeinschaft hat sich zum Ziel gesetzt, einen Raum der Freiheit, der Sicherheit und des Rechts zu erhalten und weiterzuentwickeln. Zur schrittweisen Schaffung dieses Raums muss die Gemeinschaft im Bereich der justiziellen Zusammenarbeit in Zivilsachen, die einen grenzüberschreitenden Bezug aufweisen, Maßnahmen erlassen, soweit sie für das reibungslose Funktionieren des Binnenmarkts erforderlich sind.

(2) Nach Artikel 65 Buchstabe b des Vertrags schließen diese Maßnahmen solche ein, die die Vereinbarkeit der in den Mitgliedstaaten geltenden Kollisionsnormen und Vorschriften zur Vermeidung von Kompetenzkonflikten fördern.

(3) Auf seiner Tagung vom 15. und 16. Oktober 1999 in Tampere hat der Europäische Rat den Grundsatz der gegenseitigen Anerkennung von Urteilen und anderen Entscheidungen von Justizbehörden als Eckstein der justiziellen Zusammenarbeit in Zivilsachen unterstützt und den Rat und die Kommission ersucht, ein Maßnahmenprogramm zur Umsetzung dieses Grundsatzes anzunehmen.

(4) Der Rat hat am 30. November 2000 ein gemeinsames Maßnahmenprogramm der Kommission und des Rates zur Umsetzung des Grundsatzes der gegenseitigen Anerkennung gerichtlicher Entscheidungen in Zivil- und Handelssachen verabschiedet[3]. Nach dem Programm können Maßnahmen zur Harmonisierung der Kollisionsnormen dazu beitragen, die gegenseitige Anerkennung gerichtlicher Entscheidungen zu vereinfachen.

(5) In dem vom Europäischen Rat am 5. November 2004 angenommenen Haager Programm[4] wurde dazu aufgerufen, die Beratungen über die Regelung der Kollisionsnormen für vertragliche Schuldverhältnisse („Rom I") energisch voranzutreiben.

(6) Um den Ausgang von Rechtsstreitigkeiten vorhersehbarer zu machen und die Sicherheit in Bezug auf das anzuwendende Recht sowie den freien Verkehr gerichtlicher Entscheidungen zu fördern, müssen die in den Mitgliedstaaten geltenden Kollisionsnormen im Interesse eines reibungslos funktionierenden Binnenmarkts unabhängig von dem Staat, in dem sich das Gericht befindet, bei dem der Anspruch geltend gemacht wird, dasselbe Recht bestimmen.

(7) Der materielle Anwendungsbereich und die Bestimmungen dieser Verordnung sollten mit der Verordnung (EG) Nr. 44/2001 des Rates vom 22. Dezember 2000 über die gerichtliche Zuständigkeit und die Anerkennung und Vollstreckung von Entscheidungen in Zivil- und Handelssachen („Brüssel I")[5] und der Verordnung (EG) Nr. 864/2007 des Europäischen Parlaments und des Rates vom 11. Juli 2007 über das auf außervertragliche Schuldverhältnisse anzuwendende Recht („Rom II")[6] im Einklang stehen.

(8) Familienverhältnisse sollten die Verwandtschaft in gerader Linie, die Ehe, die Schwägerschaft und die Verwandtschaft in der Seitenlinie umfassen. Die Bezugnahme in Artikel 1 Absatz 2 auf Verhältnisse, die mit der Ehe oder anderen Familienverhältnissen vergleichbare Wirkungen entfalten, sollte nach dem Recht des Mitgliedstaats, in dem sich das angerufene Gericht befindet, ausgelegt werden.

(9) Unter Schuldverhältnisse aus Wechseln, Schecks, Eigenwechseln und anderen handelbaren Wertpapieren sollten auch Konnossemente fallen, soweit die Schuldverhältnisse aus dem Konnossement aus dessen Handelbarkeit entstehen.

---

1 **Amtl. Anm.:** ABl. C 318 vom 23. 12. 2006, S. 56.
2 **Amtl. Anm.:** Stellungnahme des Europäischen Parlaments vom 29. November 2007 (noch nicht im Amtsblatt veröffentlicht) und Beschluss des Rates vom 5. Juni 2008.
3 **Amtl. Anm.:** ABl. C 12 vom 15.1.2001, S. 1.
4 **Amtl. Anm.:** ABl. C 53 vom 3.3.2005, S. 1.
5 **Amtl. Anm.:** ABl. L 12 vom 16.1.2001, S. 1. Zuletzt geändert durch die Verordnung (EG) Nr. 1791/2006 (ABl. L 363 vom 20.12.2006, S. 1).
6 **Amtl. Anm.:** ABl. L 199 vom 31.7.2007, S. 40.

(10) Schuldverhältnisse, die aus Verhandlungen vor Abschluss eines Vertrags entstehen, fallen unter Artikel 12 der Verordnung (EG) Nr. 864/2007. Sie sollten daher vom Anwendungsbereich dieser Verordnung ausgenommen werden.
(11) Die freie Rechtswahl der Parteien sollte einer der Ecksteine des Systems der Kollisionsnormen im Bereich der vertraglichen Schuldverhältnisse sein.
(12) Eine Vereinbarung zwischen den Parteien, dass ausschließlich ein Gericht oder mehrere Gerichte eines Mitgliedstaats für Streitigkeiten aus einem Vertrag zuständig sein sollen, sollte bei der Feststellung, ob eine Rechtswahl eindeutig getroffen wurde, einer der zu berücksichtigenden Faktoren sein.
(13) Diese Verordnung hindert die Parteien nicht daran, in ihrem Vertrag auf ein nichtstaatliches Regelwerk oder ein internationales Übereinkommen Bezug zu nehmen.
(14) Sollte die Gemeinschaft in einem geeigneten Rechtsakt Regeln des materiellen Vertragsrechts, einschließlich vertragsrechtlicher Standardbestimmungen, festlegen, so kann in einem solchen Rechtsakt vorgesehen werden, dass die Parteien entscheiden können, diese Regeln anzuwenden.
(15) Wurde eine Rechtswahl getroffen und sind alle anderen Elemente des Sachverhalts in einem anderen als demjenigen Staat belegen, dessen Recht gewählt wurde, so sollte die Rechtswahl nicht die Anwendung derjenigen Bestimmungen des Rechts dieses anderen Staates berühren, von denen nicht durch Vereinbarung abgewichen werden kann. Diese Regel sollte unabhängig davon angewandt werden, ob die Rechtswahl zusammen mit einer Gerichtsstandsvereinbarung getroffen wurde oder nicht. Obwohl keine inhaltliche Änderung gegenüber Artikel 3 Absatz 3 des Übereinkommens von 1980 über das auf vertragliche Schuldverhältnisse anzuwendende Recht[7] („Übereinkommen von Rom") beabsichtigt ist, ist der Wortlaut der vorliegenden Verordnung so weit wie möglich an Artikel 14 der Verordnung (EG) Nr. 864/2007 angeglichen.
(16) Die Kollisionsnormen sollten ein hohes Maß an Berechenbarkeit aufweisen, um zum allgemeinen Ziel dieser Verordnung, nämlich zur Rechtssicherheit im europäischen Rechtsraum, beizutragen. Dennoch sollten die Gerichte über ein gewisses Ermessen verfügen, um das Recht bestimmen zu können, das zu dem Sachverhalt die engste Verbindung aufweist.
(17) Soweit es das mangels einer Rechtswahl anzuwendende Recht betrifft, sollten die Begriffe „Erbringung von Dienstleistungen" und „Verkauf beweglicher Sachen" so ausgelegt werden wie bei der Anwendung von Artikel 5 der Verordnung (EG) Nr. 44/2001, soweit der Verkauf beweglicher Sachen und die Erbringung von Dienstleistungen unter jene Verordnung fallen. Franchiseverträge und Vertriebsverträge sind zwar Dienstleistungsverträge, unterliegen jedoch besonderen Regeln.
(18) Hinsichtlich des mangels einer Rechtswahl anzuwendenden Rechts sollten unter multilateralen Systemen solche Systeme verstanden werden, in denen Handel betrieben wird, wie die geregelten Märkte und multilateralen Handelssysteme im Sinne des Artikels 4 der Richtlinie 2004/39/EG des Europäischen Parlaments und des Rates vom 21. April 2004 über Märkte für Finanzinstrumente[8], und zwar ungeachtet dessen, ob sie sich auf eine zentrale Gegenpartei stützen oder nicht.
(19) Wurde keine Rechtswahl getroffen, so sollte das anzuwendende Recht nach der für die Vertragsart spezifizierten Regel bestimmt werden. Kann der Vertrag nicht einer der spezifizierten Vertragsarten zugeordnet werden oder sind die Bestandteile des Vertrags durch mehr als eine der spezifizierten Vertragsarten abgedeckt, so sollte der Vertrag dem Recht des Staates unterliegen, in dem die Partei, welche die für den Vertrag charakteristische Leistung zu erbringen hat, ihren gewöhnlichen Aufenthalt hat. Besteht ein Vertrag aus einem Bündel von Rechten und Verpflichtungen, die mehr als einer der spezifizierten Vertragsarten zugeordnet werden können, so sollte die charakteristische Leistung des Vertrags nach ihrem Schwerpunkt bestimmt werden.
(20) Weist ein Vertrag eine offensichtlich engere Verbindung zu einem anderen als dem in Artikel 4 Absätze 1 und 2 genannten Staat auf, so sollte eine Ausweichklausel vorsehen, dass das Recht dieses anderen Staats anzuwenden ist. Zur Bestimmung dieses Staates sollte unter anderem berücksichtigt werden, ob der betreffende Vertrag in einer sehr engen Verbindung zu einem oder mehreren anderen Verträgen steht.
(21) Kann das bei Fehlen einer Rechtswahl anzuwendende Recht weder aufgrund der Zuordnung des Vertrags zu einer der spezifizierten Vertragsarten noch als das Recht des Staates bestimmt werden, in dem die Partei, die die für den Vertrag charakteristische Leistung zu erbringen hat,

---

[7] Amtl. Anm.: ABl. C 334 vom 30.12.2005, S. 1.

[8] Amtl. Anm.: ABl. L 145 vom 30.4.2004, S. 1. Zuletzt geändert durch die Richtlinie 2008/10/EG (ABl. L 76 vom 19.3.2008, S. 33).

ihren gewöhnlichen Aufenthalt hat, so sollte der Vertrag dem Recht des Staates unterliegen, zu dem er die engste Verbindung aufweist. Bei der Bestimmung dieses Staates sollte unter anderem berücksichtigt werden, ob der betreffende Vertrag in einer sehr engen Verbindung zu einem oder mehreren anderen Verträgen steht.

(22) In Bezug auf die Auslegung von „Güterbeförderungsverträgen" ist keine inhaltliche Abweichung von Artikel 4 Absatz 4 Satz 3 des Übereinkommens von Rom beabsichtigt. Folglich sollten als Güterbeförderungsverträge auch Charterverträge für eine einzige Reise und andere Verträge gelten, die in der Hauptsache der Güterbeförderung dienen. Für die Zwecke dieser Verordnung sollten der Begriff „Absender" eine Person bezeichnen, die mit dem Beförderer einen Beförderungsvertrag abschließt, und der Begriff „Beförderer" die Vertragspartei, die sich zur Beförderung der Güter verpflichtet, unabhängig davon, ob sie die Beförderung selbst durchführt.

(23) Bei Verträgen, bei denen die eine Partei als schwächer angesehen wird, sollte die schwächere Partei durch Kollisionsnormen geschützt werden, die für sie günstiger sind als die allgemeinen Regeln.

(24) Insbesondere bei Verbraucherverträgen sollte die Kollisionsnorm es ermöglichen, die Kosten für die Beilegung von Rechtsstreitigkeiten zu senken, die häufig einen geringen Streitwert haben, und der Entwicklung des Fernabsatzes Rechnung zu tragen. Um die Übereinstimmung mit der Verordnung (EG) Nr. 44/2001 zu wahren, ist zum einen als Voraussetzung für die Anwendung der Verbraucherschutznorm auf das Kriterium der ausgerichteten Tätigkeit zu verweisen und zum anderen auf die Notwendigkeit, dass dieses Kriterium in der Verordnung (EG) Nr. 44/2001 und der vorliegenden Verordnung einheitlich ausgelegt wird, wobei zu beachten ist, dass eine gemeinsame Erklärung des Rates und der Kommission zu Artikel 15 der Verordnung (EG) Nr. 44/2001 ausführt, „dass es für die Anwendung von Artikel 15 Absatz 1 Buchstabe c nicht ausreicht, dass ein Unternehmen seine Tätigkeiten auf den Mitgliedstaat, in dem der Verbraucher seinen Wohnsitz hat, oder auf mehrere Staaten – einschließlich des betreffenden Mitgliedstaats –, ausrichtet, sondern dass im Rahmen dieser Tätigkeiten auch ein Vertrag geschlossen worden sein muss." Des Weiteren heißt es in dieser Erklärung, „dass die Zugänglichkeit einer Website allein nicht ausreicht, um die Anwendbarkeit von Artikel 15 zu begründen; vielmehr ist erforderlich, dass diese Website auch den Vertragsabschluss im Fernabsatz anbietet und dass tatsächlich ein Vertragsabschluss im Fernabsatz erfolgt ist, mit welchem Mittel auch immer. Dabei sind auf einer Website die benutzte Sprache oder die Währung nicht von Bedeutung."

(25) Die Verbraucher sollten dann durch Regelungen des Staates ihres gewöhnlichen Aufenthalts geschützt werden, von denen nicht durch Vereinbarung abgewichen werden kann, wenn der Vertragsschluss darauf zurückzuführen ist, dass der Unternehmer in diesem bestimmten Staat eine berufliche oder gewerbliche Tätigkeit ausübt. Der gleiche Schutz sollte gewährleistet sein, wenn ein Unternehmer zwar keine beruflichen oder gewerblichen Tätigkeiten in dem Staat, in dem der Verbraucher seinen gewöhnlichen Aufenthalt hat, ausübt, seine Tätigkeiten aber – unabhängig von der Art und Weise, in der dies geschieht – auf diesen Staat oder auf mehrere Staaten, einschließlich dieses Staates, ausrichtet und der Vertragsschluss auf solche Tätigkeiten zurückzuführen ist.

(26) Für die Zwecke dieser Verordnung sollten Finanzdienstleistungen wie Wertpapierdienstleistungen und Anlagetätigkeiten und Nebendienstleistungen nach Anhang I Abschnitt A und Abschnitt B der Richtlinie 2004/39/EG, die ein Unternehmer für einen Verbraucher erbringt, sowie Verträge über den Verkauf von Anteilen an Organismen für gemeinsame Anlagen in Wertpapieren, selbst wenn sie nicht unter die Richtlinie 85/611/EWG des Rates vom 20. Dezember 1985 zur Koordinierung der Rechts- und Verwaltungsvorschriften betreffend bestimmte Organismen für gemeinsame Anlagen in Wertpapieren (OGAW)[9] fallen, Artikel 6 der vorliegenden Verordnung unterliegen. Daher sollten, wenn die Bedingungen für die Ausgabe oder das öffentliche Angebot bezüglich übertragbarer Wertpapiere oder die Zeichnung oder der Rückkauf von Anteilen an Organismen für gemeinsame Anlagen in Wertpapieren erwähnt werden, darunter alle Aspekte fallen, durch die sich der Emittent bzw. Anbieter gegenüber dem Verbraucher verpflichtet, nicht aber diejenigen Aspekte, die mit der Erbringung von Finanzdienstleistungen im Zusammenhang stehen.

---

[9] **Amtl. Anm.:** ABl. L 375 vom 31.12.1985, S. 3. Zuletzt geändert durch die Richtlinie 2008/18/EG des Europäischen Parlaments und des Rates (ABl. L 76 vom 19.3.2008, S. 42).

(27) Es sollten verschiedene Ausnahmen von der allgemeinen Kollisionsnorm für Verbraucherverträge vorgesehen werden. Eine solche Ausnahme, bei der die allgemeinen Regeln nicht gelten, sollten Verträge sein, die ein dingliches Recht an unbeweglichen Sachen oder die Miete oder Pacht unbeweglicher Sachen zum Gegenstand haben, mit Ausnahme von Verträgen über Teilzeitnutzungsrechte an Immobilien im Sinne der Richtlinie 94/47/EG des Europäischen Parlaments und des Rates vom 26. Oktober 1994 zum Schutz der Erwerber im Hinblick auf bestimmte Aspekte von Verträgen über den Erwerb von Teilzeitnutzungsrechten an Immobilien[10].

(28) Es muss sichergestellt werden, dass Rechte und Verpflichtungen, die ein Finanzinstrument begründen, nicht der allgemeinen Regel für Verbraucherverträge unterliegen, da dies dazu führen könnte, dass für jedes der ausgegebenen Instrumente ein anderes Recht anzuwenden wäre, wodurch ihr Wesen verändert würde und ihr fungibler Handel und ihr fungibles Angebot verhindert würden. Entsprechend sollte auf das Vertragsverhältnis zwischen dem Emittenten bzw. dem Anbieter und dem Verbraucher bei Ausgabe oder Angebot solcher Instrumente nicht notwendigerweise die Anwendung des Rechts des Staates des gewöhnlichen Aufenthalts des Verbrauchers zwingend vorgeschrieben sein, da die Einheitlichkeit der Bedingungen einer Ausgabe oder eines Angebots sichergestellt werden muss. Gleiches sollte bei den multilateralen Systemen, die von Artikel 4 Absatz 1 Buchstabe h erfasst werden, gelten, in Bezug auf die gewährleistet sein sollte, dass das Recht des Staates des gewöhnlichen Aufenthalts des Verbrauchers nicht die Regeln berührt, die auf innerhalb solcher Systeme oder mit dem Betreiber solcher Systeme geschlossene Verträge anzuwenden sind.

(29) Werden für die Zwecke dieser Verordnung Rechte und Verpflichtungen, durch die die Bedingungen für die Ausgabe, das öffentliche Angebot oder das öffentliche Übernahmeangebot bezüglich übertragbarer Wertpapiere festgelegt werden, oder die Zeichnung oder der Rückkauf von Anteilen an Organismen für gemeinsame Anlagen in Wertpapieren genannt, so sollten darunter auch die Bedingungen für die Zuteilung von Wertpapieren oder Anteilen, für die Rechte im Falle einer Überzeichnung, für Ziehungsrechte und ähnliche Fälle im Zusammenhang mit dem Angebot sowie die in den Artikeln 10, 11, 12 und 13 geregelten Fälle fallen, so dass sichergestellt ist, dass alle relevanten Vertragsaspekte eines Angebots, durch das sich der Emittent bzw. Anbieter gegenüber dem Verbraucher verpflichtet, einem einzigen Recht unterliegen.

(30) Für die Zwecke dieser Verordnung bezeichnen die Begriffe „Finanzinstrumente" und „übertragbare Wertpapiere" diejenigen Instrumente, die in Artikel 4 der Richtlinie 2004/39/EG genannt sind.

(31) Die Abwicklung einer förmlichen Vereinbarung, die als ein System im Sinne von Artikel 2 Buchstabe a der Richtlinie 98/26/EG des Europäischen Parlaments und des Rates vom 19. Mai 1998 über die Wirksamkeit von Abrechnungen in Zahlungs- sowie Wertpapierliefer- und -abrechnungssystemen[11] ausgestaltet ist, sollte von dieser Verordnung unberührt bleiben.

(32) Wegen der Besonderheit von Beförderungsverträgen und Versicherungsverträgen sollten besondere Vorschriften ein angemessenes Schutzniveau für zu befördernde Personen und Versicherungsnehmer gewährleisten. Deshalb sollte Artikel 6 nicht im Zusammenhang mit diesen besonderen Verträgen gelten.

(33) Deckt ein Versicherungsvertrag, der kein Großrisiko deckt, mehr als ein Risiko, von denen mindestens eines in einem Mitgliedstaat und mindestens eines in einem dritten Staat belegen ist, so sollten die besonderen Regelungen für Versicherungsverträge in dieser Verordnung nur für die Risiken gelten, die in dem betreffenden Mitgliedstaat bzw. den betreffenden Mitgliedstaaten belegen sind.

(34) Die Kollisionsnorm für Individualarbeitsverträge sollte die Anwendung von Eingriffsnormen des Staates, in den der Arbeitnehmer im Einklang mit der Richtlinie 96/71/EG des Europäischen Parlaments und des Rates vom 16. Dezember 1996 über die Entsendung von Arbeitnehmern im Rahmen der Erbringung von Dienstleistungen[12] entsandt wird, unberührt lassen.

(35) Den Arbeitnehmern sollte nicht der Schutz entzogen werden, der ihnen durch Bestimmungen gewährt wird, von denen nicht oder nur zu ihrem Vorteil durch Vereinbarung abgewichen werden darf.

(36) Bezogen auf Individualarbeitsverträge sollte die Erbringung der Arbeitsleistung in einem anderen Staat als vorübergehend gelten, wenn von dem Arbeitnehmer erwartet wird, dass er nach seinem Arbeitseinsatz im Ausland seine Arbeit im Herkunftsstaat wieder aufnimmt. Der Abschluss eines neuen Arbeitsvertrags mit dem ursprünglichen Arbeitgeber oder einem Arbeit-

---

10 **Amtl. Anm.:** ABl. L 280 vom 29.10.1994, S. 83.
11 **Amtl. Anm.:** ABl. L 166 vom 11.6.1998, S. 45.
12 **Amtl. Anm.:** ABl. L 18 vom 21.1.1997, S. 1.

geber, der zur selben Unternehmensgruppe gehört wie der ursprüngliche Arbeitgeber, sollte nicht ausschließen, dass der Arbeitnehmer als seine Arbeit vorübergehend in einem anderen Staat verrichtend gilt.

(37) Gründe des öffentlichen Interesses rechtfertigen es, dass die Gerichte der Mitgliedstaaten unter außergewöhnlichen Umständen die Vorbehaltsklausel („ordre public") und Eingriffsnormen anwenden können. Der Begriff „Eingriffsnormen" sollte von dem Begriff „Bestimmungen, von denen nicht durch Vereinbarung abgewichen werden kann", unterschieden und enger ausgelegt werden.

(38) Im Zusammenhang mit der Übertragung der Forderung sollte mit dem Begriff „Verhältnis" klargestellt werden, dass Artikel 14 Absatz 1 auch auf die dinglichen Aspekte des Vertrags zwischen Zedent und Zessionar anwendbar ist, wenn eine Rechtsordnung dingliche und schuldrechtliche Aspekte trennt. Allerdings sollte mit dem Begriff „Verhältnis" nicht jedes beliebige möglicherweise zwischen dem Zedenten und dem Zessionar bestehende Verhältnis gemeint sein. Insbesondere sollte sich der Begriff nicht auf die der Übertragung einer Forderung vorgelagerten Fragen erstrecken. Vielmehr sollte er sich ausschließlich auf die Aspekte beschränken, die für die betreffende Übertragung einer Forderung unmittelbar von Bedeutung sind.

(39) Aus Gründen der Rechtssicherheit sollte der Begriff „gewöhnlicher Aufenthalt", insbesondere im Hinblick auf Gesellschaften, Vereine und juristische Personen, eindeutig definiert werden. Im Unterschied zu Artikel 60 Absatz 1 der Verordnung (EG) Nr. 44/2001, der drei Kriterien zur Wahl stellt, sollte sich die Kollisionsnorm auf ein einziges Kriterium beschränken, da es für die Parteien andernfalls nicht möglich wäre, vorherzusehen, welches Recht auf ihren Fall anwendbar ist.

(40) Die Aufteilung der Kollisionsnormen auf zahlreiche Rechtsakte sowie Unterschiede zwischen diesen Normen sollten vermieden werden. Diese Verordnung sollte jedoch die Möglichkeit der Aufnahme von Kollisionsnormen für vertragliche Schuldverhältnisse in Vorschriften des Gemeinschaftsrechts über besondere Gegenstände nicht ausschließen. Diese Verordnung sollte die Anwendung anderer Rechtsakte nicht ausschließen, die Bestimmungen enthalten, die zum reibungslosen Funktionieren des Binnenmarkts beitragen sollen, soweit sie nicht in Verbindung mit dem Recht angewendet werden können, auf das die Regeln dieser Verordnung verweisen. Die Anwendung der Vorschriften im anzuwendenden Recht, die durch die Bestimmungen dieser Verordnung berufen wurden, sollte nicht die Freiheit des Waren- und Dienstleistungsverkehrs, wie sie in den Rechtsinstrumenten der Gemeinschaft wie der Richtlinie 2000/31/EG des Europäischen Parlaments und des Rates vom 8. Juni 2000 über bestimmte rechtliche Aspekte der Dienste der Informationsgesellschaft, insbesondere des elektronischen Geschäftsverkehrs, im Binnenmarkt („Richtlinie über den elektronischen Geschäftsverkehr")[13] ausgestaltet ist, beschränken.

(41) Um die internationalen Verpflichtungen, die die Mitgliedstaaten eingegangen sind, zu wahren, darf sich die Verordnung nicht auf internationale Übereinkommen auswirken, denen ein oder mehrere Mitgliedstaaten zum Zeitpunkt der Annahme dieser Verordnung angehören. Um den Zugang zu den Rechtsakten zu erleichtern, sollte die Kommission anhand der Angaben der Mitgliedstaaten ein Verzeichnis der betreffenden Übereinkommen im Amtsblatt der Europäischen Union veröffentlichen.

(42) Die Kommission wird dem Europäischen Parlament und dem Rat einen Vorschlag unterbreiten, nach welchen Verfahren und unter welchen Bedingungen die Mitgliedstaaten in Einzel- und Ausnahmefällen in eigenem Namen Übereinkünfte mit Drittländern über sektorspezifische Fragen aushandeln und abschließen dürfen, die Bestimmungen über das auf vertragliche Schuldverhältnisse anzuwendende Recht enthalten.

(43) Da das Ziel dieser Verordnung auf Ebene der Mitgliedstaaten nicht ausreichend verwirklicht werden kann und daher wegen des Umfangs und der Wirkungen der Verordnung besser auf Gemeinschaftsebene zu verwirklichen ist, kann die Gemeinschaft im Einklang mit dem in Artikel 5 des Vertrags niedergelegten Subsidiaritätsprinzip tätig werden. Entsprechend dem ebenfalls in diesem Artikel festgelegten Grundsatz der Verhältnismäßigkeit geht diese Verordnung nicht über das zur Erreichung ihres Ziels erforderliche Maß hinaus.

(44) Gemäß Artikel 3 des Protokolls über die Position des Vereinigten Königreichs und Irlands im Anhang zum Vertrag über die Europäische Union und im Anhang zum Vertrag zur Gründung der Europäischen Gemeinschaft beteiligt sich Irland an der Annahme und Anwendung dieser Verordnung.

---

13 Amtl. Anm.: ABl. L 178 vom 17.7.2000, S. 1.

(45) Gemäß den Artikeln 1 und 2 und unbeschadet des Artikels 4 des Protokolls über die Position des Vereinigten Königreichs und Irlands im Anhang zum Vertrag über die Europäische Union und zum Vertrag zur Gründung der Europäischen Gemeinschaft beteiligt sich das Vereinigte Königreich nicht an der Annahme dieser Verordnung, die für das Vereinigte Königreich nicht bindend oder anwendbar ist.

(46) Gemäß den Artikeln 1 und 2 des Protokolls über die Position Dänemarks im Anhang zum Vertrag über die Europäische Union und dem Vertrag zur Gründung der Europäischen Gemeinschaft beteiligt sich Dänemark nicht an der Annahme dieser Verordnung, die für Dänemark nicht bindend oder anwendbar ist – HABEN FOLGENDE VERORDNUNG ERLASSEN:

Kapitel I
Anwendungsbereich

Artikel 1 Anwendungsbereich

(1) Diese Verordnung gilt für vertragliche Schuldverhältnisse in Zivil- und Handelssachen, die eine Verbindung zum Recht verschiedener Staaten aufweisen.
Sie gilt insbesondere nicht für Steuer- und Zollsachen sowie verwaltungsrechtliche Angelegenheiten.

(2) Vom Anwendungsbereich dieser Verordnung ausgenommen sind:
a) der Personenstand sowie die Rechts-, Geschäfts- und Handlungsfähigkeit von natürlichen Personen, unbeschadet des Artikels 13;
b) Schuldverhältnisse aus einem Familienverhältnis oder aus Verhältnissen, die nach dem auf diese Verhältnisse anzuwendenden Recht vergleichbare Wirkungen entfalten, einschließlich der Unterhaltspflichten;
c) Schuldverhältnisse aus ehelichen Güterständen, aus Güterständen aufgrund von Verhältnissen, die nach dem auf diese Verhältnisse anzuwendenden Recht mit der Ehe vergleichbare Wirkungen entfalten, und aus Testamenten und Erbrecht;
d) Verpflichtungen aus Wechseln, Schecks, Eigenwechseln und anderen handelbaren Wertpapieren, soweit die Verpflichtungen aus diesen anderen Wertpapieren aus deren Handelbarkeit entstehen;
e) Schieds- und Gerichtsstandsvereinbarungen;
f) Fragen betreffend das Gesellschaftsrecht, das Vereinsrecht und das Recht der juristischen Personen, wie die Errichtung durch Eintragung oder auf andere Weise, die Rechts- und Handlungsfähigkeit, die innere Verfassung und die Auflösung von Gesellschaften, Vereinen und juristischen Personen sowie die persönliche Haftung der Gesellschafter und der Organe für die Verbindlichkeiten einer Gesellschaft, eines Vereins oder einer juristischen Person;
g) die Frage, ob ein Vertreter die Person, für deren Rechnung er zu handeln vorgibt, Dritten gegenüber verpflichten kann, oder ob ein Organ einer Gesellschaft, eines Vereins oder einer anderen juristischen Person diese Gesellschaft, diesen Verein oder diese juristische Person gegenüber Dritten verpflichten kann;
h) die Gründung von „Trusts" sowie die dadurch geschaffenen Rechtsbeziehungen zwischen den Verfügenden, den Treuhändern und den Begünstigten;
i) Schuldverhältnisse aus Verhandlungen vor Abschluss eines Vertrags;
j) Versicherungsverträge aus von anderen Einrichtungen als den in Artikel 2 der Richtlinie 2002/83/EG des Europäischen Parlaments und des Rates vom 5. November 2002 über Lebensversicherungen[1] genannten Unternehmen durchgeführten Geschäften, deren Zweck darin besteht, den unselbstständig oder selbstständig tätigen Arbeitskräften eines Unternehmens oder einer Unternehmensgruppe oder den Angehörigen eines Berufes oder einer Berufsgruppe im Todes- oder Erlebensfall oder bei Arbeitseinstellung oder bei Minderung der Erwerbstätigkeit oder bei arbeitsbedingter Krankheit oder Arbeitsunfällen Leistungen zu gewähren.

(3) Diese Verordnung gilt unbeschadet des Artikels 18 nicht für den Beweis und das Verfahren.
(4) ¹Im Sinne dieser Verordnung bezeichnet der Begriff „Mitgliedstaat" die Mitgliedstaaten, auf die diese Verordnung anwendbar ist. ²In Artikel 3 Absatz 4 und Artikel 7 bezeichnet der Begriff jedoch alle Mitgliedstaaten.

---

[1] Amtl. Anm.: ABl. L 345 vom 19.12.2002, S. 1.
   Zuletzt geändert durch die Richtlinie 2008/19/EG
   (ABl. L 76 vom 19.3.2008, S. 44).

Anwendungsbereich

Artikel 1 ROM I

Literatur: *Bairlein*, Internationales Vertragsrecht für Freie Berufe, 2009; *v. Bar*, Wertpapiere im deutschen Internationalen Privatrecht, in: FS W. Lorenz 1991, S. 273; *Bernstein*, Wechselkollisionsrecht und excuses for non-performance bei Enteignung des Wechselschuldners, in: FS Reimers 1979, S. 229; *Beckmann/Matusche-Beckmann*, Versicherungsrechts-Handbuch, 2. Auflage 2009; *Berger*, Die Rom I-Verordnung – was im Vergleich zum EVÜ anders wird, ÖAnwBl 2009, 113; *Behnen*, Die Haftung des falsus procurator im IPR – nach Geltung der Rom I- und Rom II-Verordnungen, IPrax 2011, 221; *v. Bernstorff*, Das internationale Wechsel- und Scheckrecht, 2. Auflage 1992; *ders.*, Neuere Entwicklungen im internationalen Wechselrecht, RIW 1991, 896; *Bitter*, Auslegungszusammenhang zwischen der Brüssel I-Verordnung und der künftigen Rom I-Verordnung, IPrax 2008, 96; *Bonomi*, The Rome I Regulation on the law applicable to contractual obligations, Yearbook of Private International Law, Volume 10 (2008), 165; *Bülow*, Kommentar zum Wechselgesetz, Scheckgesetz und zu den Allgemeinen Geschäftsbedingungen, 4. Auflage 2004; *Calliess*, Rome Regulations – Commentary on the European Rules oft he Conflict Laws, 2011; *Clausnitzer/Woopen*, Internationale Vertragsgestaltung – Die neue EG-Verordnung für grenzüberschreitende Verträge (Rom I-VO), BB 2008, 1798; *Czempiel/Kurth*, Schiedsvereinbarung und Wechselforderung im deutschen und internationalen Privatrecht, NJW 1987, 2118; *Czermak*, Der express trust im IPR, 1986; *Czernich/Heiss*, EVÜ – Das Europäische Schuldvertragsübereinkommen, 1999; *Ebenroth/Bader*, Rechtliche Qualifikation und aufsichtsrechtliche Behandlung grenzüberschreitender Wertpapierpensionsgeschäfte, ZBB 1990, 75; *Einsele*, Wertpapiere im elektronischen Bankgeschäft, WM 2001, 7; *dies.*, Wertpapierrecht als Schuldrecht, 1995; *Eschelbach*, Deutsches Internationales Scheckrecht, 1990; *v. Escher*, Einheitsgesetz und Einheitsrecht – Ausländische Gerichtsurteile zum Genfer Einheitlichen Wechsel- und Checkrecht und deren Einflüsse auf die inländische Rechtsprechung, 1992; *Firsching*, „Spanische Wechsel", IPrax 1982, 174; *Fumagalli*, La Convenzione di Roma ed il „trust", Rev.dir.com.int. 1993, 893; *Francq*, Le réglement „Rom I" sur la loi applicable aux obligations contractuelles, JDI 2009, 41; *Furtak*, Wechselrückgriff und Art. 5 Nr. 1 EuGVÜ, IPrax 1989, 212; *Kleinschmidt*, Stellvertretung, IPR und ein optionales Instrument für ein europäisches Vertragsrecht, RabelsZ 75 (2011), 497; *Koch*, Konfliktprobleme des angelsächsischen und des deutschen Scheckrechts, ZHR 140 (1976), 1; *Kötz*, Die 15. Haager Konferenz und das Kollisionsrecht des trust, RabelsZ 50 (1986) 562; *ders.*, Zur Anknüpfung des unter Lebenden errichteten trust, IPrax 1985, 205; *Kozuchowski*, Der internationale Schadensversicherungsvertrag im EG-Binnenmarkt, 1995; *Kramer*, Internationales Versicherungsvertragsrecht, 1995; *Kronke/Berger*, Wertpapierstatut, Schadensersatzpflichten beim Inkassobank, Schuldnerschutz in der Zession – Schweizer Orderschecks auf Abwegen, IPrax 1991, 316; *Leible*, Rom I und Rom II: Neue Perspektiven im europäischen Kollisionsrecht, 2009; *Leible/Lehmann*, Die Verordnung über das auf vertragliche Schuldverhältnisse anzuwendende Recht („Rom I"), RIW 2008, 528; *Liesecke*, Der internationale Wechsel, WM 1973, 442; *ders.*, Neuere Entwicklungen im internationalen Wechselrecht, WM 1971, 294; *Lüttringhaus*, Übergreifende Begrifflichkeiten im europäischen Zivilverfahrens- und Kollisionsrecht – Grund und Grenzen der rechtsaktsübergreifenden Auslegung dargestellt am Beispiel vertraglicher und außervertraglicher Schuldverhältnisse, RabelsZ 77 (2013), 31; *Magnus*, Anmerkungen zum sachlichen Anwendungsbereich der Rom I-VO, in: FS Kühne, 2009, 779; *ders.*, Die Rom I-Verordnung, IPrax 2010, 27; *Mankowski*, Die Rom I-Verordnung – Änderungen im europäischen IPR für Schuldverträge, IHR 2008, 133; *Martiny*, Neues deutsches internationales Vertragsrecht mit der Rom I-Verordnung, RIW 2009, 737; *ders.*, Neuanfang im Europäischen Internationalen Vertragsrecht mit der Rom I-Verordnung, ZEup 2010, 747; *Morawitz*, Das internationale Wechselrecht: eine systematische Untersuchung der auf dem Gebiet des Wechselrechts auftretenden kollisionsrechtlichen Fragen, 1991; *M. Müller*, Finanzinstrumente in der Rom I-Verordnung, 2011; *Pertegás*, The Notion of Contractual. Obligation in Brussels I and Rome I, in: Meeusen/Pertegás/Straetmanns (Hrsg.), Enforcement of International Contracts in the European Union, 2004, 175; *Pfeiffer*, Neues Internationales Vertragsrecht – Zur Rom I-Verordnung, EuZW 2008, 622; *Philip*, Private International Law of Insurance in Denmark and the European Communities, in: Festskrift till Grönfors 1991, S. 347; *Pirrung*, Die XV. Tagung der Haager Konferenz für Internationales Privatrecht – Trustübereinkommen vom 1. Juli 1985, IPrax 1987, 52; *Plender/Wilderspin*, The European Private International Law of Obligations, 2009; *Rauscher*, Europäisches Zivilprozessrecht, 2. Auflage 2006; *Reithmann/Martiny*, Internationales Vertragsrecht, 7. Auflage, 2010; *Rudolf*, Europäisches Kollisionsrecht für vertragliche Schuldverhältnisse – Rom I-VO, ÖJZ 2011, 149; *Schefold*, Grenzüberschreitende Wertpapierübertragungen und IPR, IPrax 2000, 468; *ders.*, Zur Rechtswahl im internationalen Scheckrecht, IPrax 1987, 150; *Schlechtriem*, Zur Abdingbarkeit von Art. 93 Abs. 1 WG, IPrax 1989, 155; *Staudinger*, Anknüpfung von Gerichtsstandsvereinbarungen und Versicherungsverträgen, in: Leible (Hrsg.), Das Grünbuch zum Internationalen Vertragsrecht, 2004, S. 37; *Steindorff*, Europäisches Gemeinschaftsrecht und deutsches IPR, EuR 16 (1981), 426; *Steinebach*, Entwurf eines Übereinkommens der Haager Konferenz über das auf Trusts anzuwendende Recht und über ihre Anerkennung, RIW 1986, 1; *Stöcklin*, Eurocheque und deutsches Internationalprivatrecht, JZ 1976, 310; *Straub*, Zur Rechtswahl im internationalen Wechselrecht, 1995; *ders.*, Zwei Wechselfälle der Parteiautonomie, IPrax 1994, 432; *Volken*, Das UNO-Übereinkommen vom 9. Dezember 1988 über internationale Wechsel, SZW 1990, 100; *Weitnauer*, Der Vertragsschwerpunkt, 1981; *Wirth/Phillips-Rinke*, Wechselprotest und Rückgriff mangels Zahlung und ihre kollisionsrechtliche Behandlung im deutschen Recht, in: FS Zajtay 1982, S. 527; *Wittuhn*, Das IPR des trust (1987).

A. Allgemeines	1
I. Normzweck und Entstehung	1
II. Regelungsstruktur	3
B. Regelungsgehalt	4
I. Sachlicher Anwendungsbereich	4
1. Positive Anwendungsvoraussetzungen (Abs. 1)	4
a) Vertragliche Schuldverhältnisse	5
b) Zivil- und Handelssache	13
c) Verbindung zum Recht verschiedener Staaten	17
2. Ausnahmen (Abs. 2, 3)	18
a) Personenstand sowie Rechts-, Geschäfts- und Handlungsfähigkeit natürlicher Personen (Abs. 2 lit. a)	18
aa) Allgemeines	18
bb) Regelungsgehalt	19
b) Schuldverhältnisse aus Familienverhältnissen oder Verhältnissen mit vergleichbaren Wirkungen einschließlich Unterhaltspflichten (Abs. 2 lit. b) sowie aus ehelichen Güterständen, aus Güterständen aufgrund von Verhältnissen mit vergleichbaren Wirkungen, aus Testamenten und Erbrecht (Abs. 2 lit. c)	22

c)	Verpflichtungen aus Wechseln, Schecks, Eigenwechseln und anderen handelbaren Wertpapieren, soweit die Verpflichtungen hieraus aus deren Handelbarkeit entstehen (Abs. 2 lit. d)		28
aa)	Allgemeines......................		28
bb)	Wechsel...........................		31
(1)	Grundsatz.........................		31
(2)	Wechselfähigkeit, Art. 91 WG......		33
(3)	Form der Wechselerklärung, Art. 92 WG......................		36
(4)	Wirkungen der Wechselerklärungen, Art. 93 WG.......................		40
(5)	Rechtswahl........................		43
(6)	Sonderanknüpfungen...............		44
cc)	Scheck............................		45
(1)	Grundsatz.........................		45
(2)	Scheckfähigkeit, Artt. 60, 61 ScheckG.............		47
(3)	Form, Art. 62 ScheckG.............		49
(4)	Wirkungen der Scheckerklärungen, Art. 63 ScheckG....................		52
(5)	Rechtswahl........................		54
(6)	Sonderanknüpfungen...............		55
dd)	Andere handelbare Wertpapiere.....		56
d)	Schieds- und Gerichtsstandsvereinbarungen (Abs. 2 lit. e)................		60
e)	Gesellschaftsrecht, Vereinsrecht und das Recht der juristischen Personen (Abs. 2 lit. f)........................		62
f)	Vertretungsrecht (Abs. 2 lit. g)........		66
g)	"Trusts" (Abs. 2 lit. h)................		71
h)	Vorvertragliche Schuldverhältnisse (Abs. 2 lit. i)........................		76
i)	Betriebliche Altersvorsorge (Abs. 2 lit. j)........................		77
j)	Beweis- und Verfahrensfragen (Abs. 3)...........................		79
II. Räumlicher Anwendungsbereich (Abs. 4).....			81

A. Allgemeines

I. Normzweck und Entstehung

1 Art. 1 ist eine der zentralen Vorschriften der Rom I-Verordnung, da sie deren sachlichen Anwendungsbereich festlegt und zugleich in Abs. 4 über die Definition des Begriffs „Mitgliedstaat" und die nachfolgende Ausnahmeregelung ihre territoriale Reichweite absteckt.

2 Bereits das Europäische Schuldvertragsübereinkommen (EVÜ) vom 19. Juni 1980,[2] die erste europäische Konvention im Bereich des Internationalen Schuldvertragsrechts,[3] legte in seinem Art. 1, der (teilweise) mittels Art. 37 EGBGB in deutsches Recht inkorporiert wurde, fest, unter welchen Voraussetzungen das Übereinkommen anwendbar sein sollte. Gefordert wurde ein vertragliches Schuldverhältnis bei Sachverhalten, die eine Verbindung zum Recht verschiedener Staaten aufweisen.[4] Anschließend nahm dann Art. 1 Abs. 2 EVÜ einzelne zivil – und handelsrechtliche Bereiche vom Anwendungsbereich des EVÜ aus, da die Artt. 3 ff EVÜ für die dort aufgeführten Rechtsverhältnisse aufgrund ihrer **besonderen Charakteristika** nicht passten und außerdem bestehendes internationales Einheitsrecht, wie etwa die Genfer Scheck- und Wechselkonventionen, berücksichtigt werden sollte. Die Rom I–VO übernimmt diese Struktur. Inhaltlich grenzt sie in Art. 1 den Anwendungsbereich aber weiter ein, um eine Abstimmung mit der EuGVVO und der Rom II–VO zu gewährleisten.[5]

II. Regelungsstruktur

3 Art. 1 Abs. 1 bis 3 begrenzt den Anwendungsbereich der Rom I-VO in zweifacher Weise. Einerseits werden in Abs. 1 bestimmte Schuldverhältnisse der Rom I-VO unterstellt, andererseits in Abs. 2 und 3 einzelne Materien vom Anwendungsbereich der Rom I-VO herausgenommen. Abs. 4 steuert schließlich über die Definition des Begriffs „Mitgliedstaat" den räumlichen Anwendungsbereich der Rom I-VO.

B. Regelungsgehalt

I. Sachlicher Anwendungsbereich

4 **1. Positive Anwendungsvoraussetzungen (Abs. 1).** Nach Abs. 1 S. 1 gilt die Rom I-VO für vertragliche Schuldverhältnisse in Zivil- und Handelssachen, die eine Verbindung zum Recht verschiedener Staaten aufweisen.

5 **a) Vertragliche Schuldverhältnisse.** Der Begriff „vertraglich" dient der Abgrenzung zur Rom II-VO, die auf „außervertragliche Schuldverhältnisse" Anwendung findet. Die genaue Bedeutung ist allerdings ungeklärt. Klar ist auf jeden Fall, dass der Vertragsbegriff **autonom auszulegen** und nicht unter Rückgriff auf nationales Recht oder nationale Rechtsvorstellungen ausgefüllt werden darf.

---

2 BGBl. II 1986 S. 810.
3 Vgl *Leible*, in: Leible, Das Grünbuch zum Internationalen Vertragsrecht, 2004, 2 f.
4 Vgl Art. 1 Abs. 1 EVÜ.
5 Vgl Erwägungsgrund 7.

Überwiegend wird unter Hinweis auf Erwägungsgrund 7 eine Parallele zu Art. 5 Nr. 1 EuGVVO sowie **6**
Art. 15 EuGVVO gezogen, die für die Eröffnung des Vertrags- bzw des Verbrauchergerichtsstands fordern, dass „ein Vertrag oder Ansprüche aus einem Vertrag" den Verfahrensgegenstand bilden.[6] Das setzt nach Auffassung des EuGH insbesondere voraus, dass eine Partei gegenüber einer anderen **freiwillig Verpflichtungen** eingegangen ist.[7]

Gegen eine Übertragung des vom EuGH für Art. 5 Nr. 1 EuGVVO entwickelte Vertragsbegriffs[8] ist grund- **7**
sätzlich nichts einzuwenden. Denn angesichts von Erwägungsgrund 7 ist ganz grundsätzlich von einer Pflicht zu einer einheitlichen Auslegung jedenfalls dann auszugehen, wenn kein besonderer Grund für eine abweichende Behandlung besteht.[9] Gerade beim Vertragsbegriff muss man sich freilich immer vor Augen führen, dass dieser noch äußerst rudimentär und zudem oft nur aus den Besonderheiten der prozessualen Situation erklärbar ist.[10] Für die Abgrenzung der Rom I-VO von der Rom II-VO reicht dies nicht immer aus.[11] Es empfiehlt sich daher ein funktionales Verständnis: Soweit die grundlegenden Prinzipien der Rom I-VO, allen voran der Grundsatz der Parteiautonomie, auf einen Sachverhalt passen, sollte man vom Vorliegen eines vertraglichen Schuldverhältnisses im Sinne der Verordnung ausgehen; soweit sie dagegen schon praktisch keine Anwendung finden können, sollte man den Sachverhalt als außervertraglich ansehen.[12] Mit Hilfe dieser Methode lässt sich zum Beispiel erklären, dass faktische Vertragsverhältnisse der Rom I-VO unterstehen.[13]

Der **Begriff des Vertrags** ist ebenso wie in Art. 5 Nr. 1 EuGVVO[14] möglichst **weit auszulegen**. Das ver- **8**
meidet Lücken zwischen den Anwendungsbereichen der Rom I- und Rom II-VO.[15] Erfasst werden alle zweiseitigen Verträge, mögen sie auch nicht synallagmatisch, sondern lediglich unvollkommen zweiseitig sein. Für die Annahme eines vertraglichen Schuldverhältnisses genügt darüber hinaus aber überhaupt jede rechtsgeschäftliche Verbindung, die auf einer willensgetragenen Verpflichtung mindestens einer Partei beruht. Unter die Rom I-VO fallen daher auch einseitige Rechtsgeschäfte, sofern sie verpflichtende Kraft haben, wie die Auslobung nach §§ 657 ff BGB.[16] Darauf, ob die Verpflichtung tatsächlich gewollt war (Irrtum, Mentalreservation etc), kommt es nicht an. Bereits die normative Verknüpfung eines willentlich erfüllten Tatbestands einer als Rechtsgeschäft anzusehenden Handlung mit dem Entstehen einer Verpflichtung genügt. Das Kriterium der Freiwilligkeit ist folglich zwar brauchbarer Ausgangspunkt für die Feststellung einer privatautonomen Selbstbindung, sein Fehlen aber kein letztgültiges Ausschlusskriterium.[17] Entscheidend ist nicht die Freiwilligkeit der Bindung, sondern die der zu einer rechtsgeschäftlichen Bindung führenden Handlung. Und selbst hierauf kommt es nicht an, wenn das Gesetz eine Partei zur Vornahme einer solchen Handlung verpflichtet (Kontrahierungszwang).[18]

Von einseitigen Rechtsgeschäften zu unterscheiden sind Ansprüche aus **Gewinnmitteilungen** (zB § 661 a **9**
BGB, § 5 j öKSchG). Eine vertragliche Qualifikation müsste, nähme man die Voraussetzung der Freiwilligkeit wirklich ernst, zumindest bei isolierten Gewinnmitteilungen ausscheiden, da es zu einer Haftung selbst bei Kenntnis des Mitteilungsempfängers vom fehlenden Bindungswillen des Mitteilenden kommt. Einschlägig wäre dann grundsätzlich die Rom II- und nicht die Rom I-VO.[19] Nach Ansicht des EuGH reicht es jedenfalls im europäischen Zivilprozessrecht bereits aus, dass die Gewinnmitteilung an vom Absender ausgewählte Empfänger und mit von ihm gewählten Mitteln gesendet wird und die Sendung allein seinem Wil-

---

6 Vgl etwa *Bairlein*, S. 70; *Dutta*, IPrax 2009, 295 f; *Garcimartin Alférez*, EuLF 2/2008, I-1, I-2; *Lüttringhaus*, RabelsZ 77 (2013), 31, 47; Palandt/*Thorn*, Art. 1 Rn 3; Rauscher/*v. Hein*, EuZPR/EuIPR, Art. 1 Rn 5.

7 EuGH, Rs C-26/91, Slg 1992, I-3967 Rn 15 – Handte/Traitements mécano-chimiques des surfaces; Rs C-51/97, Slg 1998, I-6511 Rn 17 – Réunion européenne/Spliethoff's Bevrachtingskantoor; Rs C-334/00, Slg 2002, I-7357 Rn 23 – Tacconi/Wagner; Rs C-265/02, Slg 2004, I-1543 Rn 24 – Frahuil/Assitalia; Rs C-27/02, Slg 2005, I-481 Rn 50 – Engler/Janus Versand; Rs C-180/06, Slg 2009, I-3961 Rn 55 – Renate Ilsinger/Martin Dreschers.

8 Zum Vertragsbegriff der EuGVVO vgl zB *Bitter*, IPrax 2008, 97 f; *Pertegás*, in: Meeusen/Pertegás/Straetmanns (Hrsg.), Enforcement of International Contracts in the European Union, 2004, 17 f f; ausführlich mwN auch Rauscher/*Leible*, Art. 5 Brüssel I-VO Rn 18 ff.

9 *Leible*, Rom I und Rom II: Neue Perspektiven im europäischen Kollisionsrecht, 2009, S. 47.

10 *Plender/Wilderspin*, 2-023.

11 *Leible/Lehmann*, RIW 2009, 528, 529.

12 Näher *Lehmann*, in: Ferrari/Leible (Hrsg.), Ein neues Internationales Vertragsrecht für Europa, 2007, S. 17, 28-30.

13 Vgl *Lehmann*, in: Ferrari/Leible (Hrsg.), Ein neues Internationales Vertragsrecht für Europa, 2007, S. 17, 30 f.

14 Vgl dazu Rauscher/*Leible*, EuZPR/EuIPR, Art. 5 Brüssel I-VO Rn 20.

15 jurisPK-BGB/*Ringe*, Art. 1 Rn 8; Rauscher/*v. Hein*, EuZPR/EuIPR, Art. 1 Rn 7.

16 *Bach*, IHR 2010, 23; *Bitter*, IPrax 2008, 97; *Lüttringhaus*, RabelsZ 77 (2013), 31, 47; jurisPK-BGB/*Ringe*, Art. 1 Rn 8; Rauscher/*v. Hein*, Art. 1 Rn 8.

17 Rauscher/*Leible*, Art. 5 Brüssel I-VO Rn 20; *Martiny*, FS Geimer 2002, S. 650.

18 jurisPK-BGB/*Ringe*, Art. 1 Rn 8; Palandt/*Thorn*, Art. 1 Rn 3.

19 So konsequent Rauscher/*v. Hein*, EuZPR/EuIPR, Art. 1 Rn 8.

len entspringt.²⁰ Nach überwiegender Auffassung soll nichts anderes für die Qualifikation unter der Rom I-VO gelten.²¹

10 Nicht vertraglicher Art sind Ansprüche des späteren Erwerbers einer Sache gegen deren Hersteller, der nicht zugleich ihr Verkäufer ist, aus **Produkthaftung**,²² wohl aber solche des Letztverkäufers gegen den vorherigen Veräußerer in der Lieferkette nach § 478 BGB; denn während es zwischen Hersteller und Letzterwerber an einer vertraglichen Beziehung fehlt, handelt es sich beim Letztverkäuferregress um eine besondere Ausgestaltung des zwischen dem Letztverkäufer und seinem Lieferanten geschlossenen Vertrags.²³ Ebenfalls als vertraglich anzusehen ist das aus einer (harten) **Patronatserklärung** resultierende Rechtsverhältnis zwischen Patron und Kreditgeber.²⁴

11 Die Anwendung der Rom I-VO setzt nicht zwingend die Existenz bzw Wirksamkeit eines Vertrags voraus. Dies ergibt sich bereits aus Art. 10 Abs. 1 Rom-VO, der ua auf das Recht abstellt, das nach dieser Verordnung anzuwenden wäre, wenn der Vertrag wirksam wäre. Zudem erstreckt Art. 12 Abs. 1 lit. e Rom I-VO das Vertragsstatut auf „die Folgen der Nichtigkeit des Vertrags". Und schließlich eröffnet auch Art. 5 Nr. 1 EuGVVO eine Zuständigkeit für Klagen bereits dann, wenn in Frage steht, ob überhaupt ein Vertrag wirksam zustande gekommen ist.²⁵ Zu beachten bleibt allerdings, dass sich die Anknüpfung bereicherungsrechtlicher Ansprüche und solcher aus GoA und c.i.c. vorrangig nach der Rom II-VO richten.

12 Der Rom I-VO unterfallen nur verpflichtende, nicht aber verfügende Verträge. Verträge, mittels derer Rechte übertragen, geändert, belastet oder aufgehoben werden, unterstehen dem jeweiligen Verfügungsstatut, das etwa nach sachenrechtlichen Grundsätzen zu bestimmen sein kann, bei dem es sich aber auch um das Gesellschaftsstatut handeln kann.

13 b) Zivil- und Handelssache. Der Begriff „Zivil- und Handelssache" fand sich im EVÜ noch nicht und wurde in die Rom I-VO aufgenommen, um öffentlich-rechtliche Streitigkeiten explizit von ihrem Anwendungsbereich auszunehmen. Er wurde aus der EuGVVO übernommen, findet sich auch in allen anderen Rechtsakten zum europäischen internationalen Privat- und Verfahrensrecht und ist in Kohärenz mit diesen auszulegen. Zurückgegriffen werden kann insbesondere auf die umfangreiche Rechtsprechung des EuGH zu Art. 1 Abs. 1 EuGVVO.²⁶ Erforderlich ist lediglich eine Ausgrenzung von Ansprüchen hoheitlicher Natur. Einer konkreten Abgrenzung zwischen zivil- und handelsrechtlichen Ansprüchen bedarf es hingegen nicht.²⁷

14 Abs. 1 S. 2 nimmt beispielhaft Steuer- und Zollsachen sowie verwaltungsrechtliche Angelegenheiten vom Anwendungsbereich der Rom I-VO aus. Das hat freilich nur klarstellende Funktion, da dies auch unter Geltung des EVÜ bereits so gehandhabt wurde. Entscheidend ist freilich stets die Qualifikation des jeweiligen Anspruchs und nicht der zu seiner Durchsetzung gewählte Rechtsweg. Auch Verwaltungs- und Finanzgerichte sind ebenso wie Strafgerichte (im Rahmen von Adhäsionsverfahren, vgl. Art. 5 Nr. 4 EuGVVO) gehalten, bei ihnen geltend gemachte zivil- oder handelsrechtliche Ansprüche anhand der Rom I-VO anzuknüpfen.

15 Wann ein vertraglicher Anspruch öffentlich-rechtlicher Natur ist, ist autonom anhand der Maßstäbe der Rom I-VO und nicht etwa unter Rückgriff auf nationales Recht zu bestimmen. Das gilt auch bei einem Verweis auf drittstaatliches Recht.²⁸ Ansprüche sind nur dann als hoheitlich einzustufen und dementsprechend

---

20 EuGH, Rs C-27/02, Slg 2005, I-481 Rn 53 – Engler/Janus Versand = EWiR 2005, 387 (*Mankowski*) = JZ 2005, 782 m.Anm. *Mörsdorf-Schulte*; vgl auch die Bspr von *Blobel*, VuR 2005, 164; *Leible*, NJW 2005, 796.

21 Vgl zB jurisPK-BGB/*Ringe*, Art. 1 Rn 8; Palandt/*Thorn*, Art. 1 Rn 3.

22 Vgl zu Art. 5 Nr. 1 EuGVVO EuGH, Rs C-26/91, Slg 1992, I-3967 Rn 16 – Handte/Traitements mécano-chimiques des surfaces (zur Warenherstellerhaftung des franz. Rechts). Zu dieser Entscheidung vgl *Nordemann-Schiffel*, Deutsch-französische Produkthaftung im Spannungsfeld zwischen Vertrag und Delikt, 2000; *Schley*, Das französische Produkthaftungsrecht und die bei Vertragsketten im deutsch-französischen Rechtsverkehr auftretenden Probleme, 2001.

23 *Dutta*, ZHR 171 (2007) 84 ff; Rauscher/*v. Hein*, EuZPR/EuIPR, Art. 1 Rn 10.

24 LG Düsseldorf RIW 2005, 629 m.Anm. *Mecklenbrauck*; jurisPK-BGB/*Ringe*, Art. 1 Rn 12; MüKo/*Spellenberg*, Art. 12 Rn 22.

25 EuGH, Rs 38/81, Slg 1982, 825 Rn 7 – Effer/Kantner; Rs C-27/02, Slg 2005, I-481 Rn 46 – Engler/Janus Versand; vgl auch BGH IPrax 1983, 67; BAG RIW 1987, 464; OLG Hamm RIW 1980, 662; OLG Koblenz IPrax 1986, 105; LG Trier NJW-RR 2003, 287; *Mölnlycke AB v Procter & Gamble Ltd.* [1992] 1 WLR 1112 (CA) = [1992] 4 All ER 47; *Boss Group Ltd. v Boss France SA* [1996] 4 All ER 970 (CA); Ostre Landsret UfR 1998, 1092 ØLD m Bspr *Fogt*, IPrax 2001, 358.

26 Vgl zB EuGH, Rs. 29/76, Slg 1976, 1541 Rn 4 – LTU; Rs. 814/79, Slg 1980, 3807 Rn 7 – Rüffer; Rs. C-172/91, Slg 1993, I-1963 Rn 19 – Sonntag; Rs. 271/00, Slg 2002, I-10489 Rn 31–33 – Baten; Rs. 266/01, Slg 2003, I-4867 – Préservatrice foncière TIARD; Rs. C-265/02, Slg 2004, I-1543 Rn 20 – Frahuil; Rs. C-292/05, Slg 2007, I-1519 Rn 37-39 – Eirini Lechouritou.

27 *Calliess/Weller*, Art. 1 Rn 7.

28 Rauscher/*v. Hein*, EuZPR/EuIPR, Art. 1 Rn 15; aA *Basedow*, FS Thue, 2007, S. 164.

vom sachlichen Anwendungsbereich der Rom I-VO ausgeschlossen, wenn ihre Begründung auf der Inanspruchnahme spezifisch hoheitlicher Befugnisse beruht.

Maßgeblich ist das zu qualifizierende Rechtsverhältnis. Daher ist zB ein Bürgschaftsanspruch auch dann zivilrechtlich, wenn die Forderung, für die gebürgt wurde, einen öffentlich-rechtlichen Ursprung hat.[29] Zivilrechtlich sind weiterhin Kostenerstattungsansprüche von Rechtsanwälten, nicht aber solche von Notaren. Verträge zwischen Privatpersonen und staatlichen Stellen sind so lange als Zivilsachen einzuordnen, wie die jeweilige Stelle nicht auf spezifisch hoheitliche Gestaltungsformen zurückgegriffen, also nicht anders als eine Privatperson gehandelt hat. Folglich sind auch Arbeitsverträge mit Angestellten im öffentlichen Dienst grundsätzlich als Zivilsachen einzustufen. Die Grenze ist dort erreicht, wo die vom Arbeitnehmer verrichteten Aufgaben unter die Ausübung typischer hoheitlicher Befugnisse – wie etwa der Polizei, der Justiz, der Streitkräfte oder des diplomatischen Dienstes – fallen.[30]

c) Verbindung zum Recht verschiedener Staaten. Das Erfordernis einer „Verbindung zum Recht verschiedener Staaten" fand sich noch nicht im EVÜ, war dort aber wie selbstverständlich vorausgesetzt, da schließlich die Lösung von Kollisionen zwischen dem Recht verschiedener Staaten originäre Aufgabe des Internationalen Privatrechts („conflict of laws") ist. Ihm kommt keine eigenständige Bedeutung zu; denn wenn der Sachverhalt nur mit einer einzigen Rechtsordnung verbunden ist, werden kollisionsrechtliche Fragen schließlich gar nicht erst aufgeworfen.[31] Die Anforderungen an eine derartige Verbindung sind zudem, wie insbesondere Art. 3 Abs. 3 Rom I-VO deutlich macht, äußerst gering. Wichtig ist jedoch, dass Abs. 1 S. 1 von „Staaten" und nicht von „Mitgliedstaaten" spricht. Das verdeutlicht einmal mehr den universellen Geltungsanspruch der Rom I-VO (näher dazu Art. 2).

2. Ausnahmen (Abs. 2, 3). a) Personenstand sowie Rechts-, Geschäfts- und Handlungsfähigkeit natürlicher Personen (Abs. 2 lit. a). aa) Allgemeines. Abs. 2 lit. a übernimmt fast wortgleich Art. 1 Abs. 2 lit. a EVÜ und schließt den Personenstand sowie die Rechts-, Geschäfts- und Handlungsfähigkeit natürlicher Personen, unbeschadet des Art. 13, aus dem sachlichen Anwendungsbereich der Rom I-VO aus, da diese in den europäischen Rechtsordnungen unterschiedlich qualifiziert werden. Während die meisten kontinental-europäischen Rechte diese Materien als nicht-vertraglich einordnen und teilweise anknüpfen, werden sie im Common Law dem Vertragsstatut unterstellt. Eine Klarstellung im Rahmen der Rom I-VO war daher erforderlich.[32]

bb) Regelungsgehalt. Der Begriff des „Personenstands" ist ebenso wie in Art. 1 Abs. 2 lit. a EuGVVO auszulegen.[33] Gemeint sind damit alle eine Person berührenden **Statusfragen**, insbesondere aus dem Ehe- und Kindschaftsrecht.[34] Die Rechtsfähigkeit einer Person beschreibt ihre allgemeine Fähigkeit, Träger von Rechten und Pflichten zu sein, während unter Geschäftsfähigkeit ihre Fähigkeit zu verstehen ist, wirksam Rechtsgeschäfte vorzunehmen. Der Anwendungsbereich von lit. a ist ausdrücklich auf natürliche Personen begrenzt. Für juristische Personen ist lit. f maßgeblich.

Der Begriff der Handlungsfähigkeit wird im deutschen Sprachgebrauch gemeinhin als Oberbegriff für die Geschäfts- und Deliktsfähigkeit gebraucht. Das ist von der Rom I-VO indes nicht gemeint. Diese sprachliche Ungenauigkeit ist Folge einer fehlerhaften Übersetzung der französischen Fassung des EVÜ ins Deutsche. Im französischen Text wird der Begriff der „capacité" neben der Rechts- und Geschäftsfähigkeit angeführt. Gemeint sind damit familienrechtliche Handlungsbeschränkungen, wie etwa der Umfang der gesetzlichen Vertretungsmacht von Eltern, Vormündern und Pflegern.[35]

Fragen des Personenstandes sowie der Rechts-, Geschäfts- und Handlungsfähigkeit natürlicher Personen sind unter Ausnahme von Art. 13 Rom I-VO nach dem autonomen Internationalen Privatrecht der jeweiligen *lex fori* anzuknüpfen.[36] In Deutschland ist, sofern nicht Art. 13 Rom I-VO einschlägig ist (näher Art. 13), hierfür auf Art. 7 EGBGB zurückzugreifen.

b) Schuldverhältnisse aus Familienverhältnissen oder Verhältnissen mit vergleichbaren Wirkungen einschließlich Unterhaltspflichten (Abs. 2 lit. b) sowie aus ehelichen Güterständen, aus Güterständen aufgrund von Verhältnissen mit vergleichbaren Wirkungen, aus Testamenten und Erbrecht (Abs. 2 lit. c). Abs. 2 lit. b übernimmt zusammen mit Abs. 2 lit. c die vormals in Art. 1 Abs. 2 lit. b EVÜ geregelte Ausnahme für familien- und erbrechtliche Verhältnisse und weitet sie dabei inhaltlich etwas aus.

---

29 Vgl auch EuGH, Slg 2004, I-1543 Rn 21 – Frahuil/Assitalia.
30 Ähnlich EuGH, Rs C-154/11, RIW 2012, 630 Rn 56 – Mahamdia.
31 Palandt/*Thorn*, Art. 1 Rn 5.
32 Vgl *Plender/Wilderspin*, The European Private International Law of Obligations, 2009, S. 101.
33 Vgl *Plender/Wilderspin*, The European Private International Law of Obligations, 2009, S. 102; *Calliess/Weller*, Art. 1 Rn 23.
34 Musielak/*Lackmann*, Art. 1 EuGVVO Rn 4.
35 Vgl MüKo/*Spellenberg*, Art. 13 Rn 36.
36 Vgl *Plender/Wilderspin*, The European Private International Law of Obligations, 2009, S. 101.

23 Unter **Familienverhältnissen** sind die Verwandtschaft in gerader Linie oder in der Seitenlinie, die Ehe und die Schwägerschaft zu verstehen.[37] Durch die Erweiterung um „Verhältnisse mit vergleichbaren Wirkungen" sollen – in Fortentwicklung des EVÜ – auch eheähnliche Verhältnisse aus dem Anwendungsbereich der Rom I-VO ausgenommen werden. Diese Ausnahme zielt insbesondere auf gleichgeschlechtliche Lebensgemeinschaften. Ihr unterfallen zB deutsche Lebensgemeinschaften iSd Lebenspartnerschaftsgesetzes. Sehr wohl nach der Rom I-VO zu beurteilen sind hingegen Schuldverhältnisse, die zwar aus dem Zusammenleben mit einem Partner resultieren, aber keine ehegleichen Wirkungen entfalten, wie zum Beispiel der französische *pacte civil de solidarité* (PACS).[38]

24 Ausgenommen sind Familienverhältnisse „einschließlich der **Unterhaltspflichten**". Für sie gilt das Haager Protokoll vom 23.11.2007.[39] Weiterhin nach der Rom I-VO zu beurteilen sind hingegen Unterhaltsverträge zwischen Personen, zwischen denen weder ein Familien- noch ein vergleichbares Verhältnis besteht, also etwa zwischen Schwester und Bruder.[40]

25 Die Ausnahme **ehelicher Güterstände** findet ihre Parallele in Art. 1 Abs. 2 lit. a EuGVVO. Sie sollte ebenso wie dort ausgelegt werden unter Berücksichtigung der Weiterung um Verhältnisse vergleichbarer Wirkung. Angezeigt ist zur Vermeidung schwieriger Abgrenzungsfragen ein weites Verständnis, das alle vermögensrechtlichen Beziehungen umfasst, die sich speziell aus der Ehe oder deren Auflösung ergeben,[41] und zwar einschließlich von Vereinbarungen zum Versorgungsausgleich.[42]

26 Ob **Verhältnisse vergleichbare Wirkungen entfalten**, ist gem. Art. 1 Abs. 2 lit. b und c dem auf sie anwendbaren Recht, dh der *lex causae*, zu entnehmen. Allerdings verlangt Erwägungsgrund 8 Satz 2, dass die Bezugnahme auf diese Verhältnisse in Art. 1 Abs. 2 nach der *lex fori* des angerufenen Gerichts ausgelegt wird. Auf den ersten Blick scheint darin ein Widerspruch zu liegen. Er lässt sich jedoch dadurch auflösen, dass man den Begriff „Recht des Mitgliedstaates" in Erwägungsgrund 8 Satz 2 auf das Internationale Privatrecht der *lex fori* und nicht auf das Sachrecht bezieht. Das angerufene Gericht muss also zunächst nach den Kollisionsregeln der *lex fori* das auf das Verhältnis anzuwendende Recht, die *lex causae*, bestimmen, und anschließend nach diesem Recht feststellen, ob das Verhältnis vergleichbare Wirkungen wie ein Familienverhältnis oder ein ehelicher Güterstand entfaltet. Diese Methode ist kompliziert und führt im Ergebnis dazu, dass die Ausnahme von den Gerichten unterschiedlicher Staaten verschieden weit verstanden wird.[43] Der Unionsgesetzgeber hat diese Konsequenz aufgrund der unversöhnlichen Haltung der Mitgliedstaaten gegenüber solchen Verhältnissen sehenden Auges in Kauf genommen.[44]

27 Weiterhin ausgeschlossen sind Schuldverhältnisse aus **Testamenten und Erbrecht**. Auch dieser Ausschluss findet eine Parallele in der EuGVVO (Art. 1 Abs. 2 lit. a) und sollte dementsprechend wiederum wie dort ausgelegt werden. Dabei sollte bereits heute die künftige europäische EuErbRVO[45] berücksichtigt werden, die als „Rechtsnachfolge von Todes wegen" (und damit erbrechtlich) jede Form des Übergangs von Vermögenswerten, Rechten und Pflichten von Todes wegen, sei es im Wege der gewillkürten Erbfolge durch eine Verfügung von Todes wegen oder im Wege der gesetzlichen Erbfolge, definiert. Damit unterfallen der Rom I-VO lediglich solche Schuldverhältnisse, die nicht auf dem Erbfall gründen, sondern für die der Erbfall lediglich eine Vorfrage ist, wie etwa die Schenkung unter Lebenden auf den Todesfall oder Ansprüche aus vom Erblasser abgeschlossenen Verträgen, die erst nach dem Erbfall geltend gemacht werden.[46]

28 c) Verpflichtungen aus Wechseln, Schecks, Eigenwechseln und anderen handelbaren Wertpapieren, soweit die Verpflichtungen hieraus aus deren Handelbarkeit entstehen (Abs. 2 lit. d). aa) Allgemeines. Abs. 2 lit. d entspricht der Vorgängernorm Art. 1 Abs. 2 lit. c EVÜ, die in Deutschland mittels Art. 37 S. 1 Nr. 1 EGBGB inkorporiert wurde. Die Vorschrift nimmt Verpflichtungen aus **Wechseln, Schecks, Eigenwechseln und anderen handelbaren Wertpapieren, soweit die Verpflichtungen aus diesen anderen Wertpapieren aus deren Handelbarkeit entstehen,** vom Anwendungsbereich der Rom I-VO aus.

---

37 Erwägungsgrund 8.
38 *Leible/Lehmann*, RIW 2008, 530.
39 Vgl Art. 15 VO (EG) Nr. 4/2009 des Rates vom 18. Dezember 2008 über die Zuständigkeit, das anwendbare Recht, die Anerkennung und Vollstreckung von Entscheidungen und die Zusammenarbeit in Unterhaltssachen, ABl EU 2009 L 7/1.
40 Rauscher/*v. Hein*, EuZPR/EuIPR, Art. 1 Rn 27.
41 Rauscher/*Mankowski*, EuZPR/EuIPR, Art. 1 Brüssel I-VO Rn 12.
42 jurisPK-BGB/*Ringe*, Art. 1 Rn 26; Palandt/*Thorn*, Art. 1 Rn 9.
43 Krit. daher Max-Planck-Institut für ausländisches und internationales Privatrecht, RabelsZ 71 (2007), 225, 236.
44 *Leible/Lehmann*, RIW 2008, 530.
45 VO (EU) Nr. 650/2012 des Europäischen Parlaments und des Rates vom 4. Juli 2012 über die Zuständigkeit, das anzuwendende Recht, die Anerkennung und Vollstreckung von Entscheidungen und die Annahme und Vollstreckung öffentlicher Urkunden in Erbsachen sowie zur Einführung eines Europäischen Nachlasszeugnisses, ABl. EU 2012 L 201/107.
46 jurisPK-BGB/*Ringe*, Art. 1 Rn 27; Rauscher/*v. Hein*, EuZPR/EuIPR, Art. 1 Rn 30.

Der Ausschluss von Verpflichtungen aus handelbaren Wertpapieren ist vor allem darauf zurückzuführen, dass bereits andere Übereinkommen weite Teile dieser Materie regeln.⁴⁷ Von Bedeutung sind insbesondere das Genfer Wechselübereinkommen⁴⁸ und das Genfer Scheckübereinkommen,⁴⁹ die in Artt. 91 ff WG bzw Artt. 60 ff ScheckG Eingang gefunden haben. Hinzu kommt, dass die Regelungen der Artt. 3 ff nur bedingt zur Anknüpfung derartiger Schuldverhältnisse geeignet sind und eine Einigung über eine entsprechende Anknüpfungsregel deshalb schwer fiel, weil einige Mitgliedstaaten sie als außervertragliche Schuldverhältnisse betrachten.⁵⁰ **29**

Die Begriffe „Wechsel", „Schecks", „Eigenwechsel" sowie „andere handelbare Wertpapiere" sollen nicht europäisch-autonom, sondern nach dem Recht der *lex fori* (einschließlich deren Kollisionsrechts) auszulegen sein, da einer europäisch-autonomen Auslegung lediglich die Termini, die vom Anwendungsbereich der Rom I-VO erfasst sind, bedürften.⁵¹ Das überzeugt freilich nicht, da dadurch die einheitliche Anwendung der Rom I-VO gefährdet wird (vgl auch Rn 7). **30**

bb) Wechsel. (1) Grundsatz. Das IPR für Wechselverbindlichkeiten ist in Deutschland in Artt. 91 ff WG umfassend geregelt. Die Normen beruhen auf dem **Genfer Wechselübereinkommen von 1931**. Aufgrund der Übernahme der Regelungen des Übereinkommens in das deutsche Wechselgesetz finden die staatsvertraglich determinierten Kollisionsnormen aber auch gegenüber Staaten Anwendung, die nicht Vertragsstaaten des Genfer Wechselübereinkommens sind.⁵² **31**

Soweit das WG keine Regelungen enthält, sollte in Anlehnung an die Vorgehensweise unter Geltung des EVÜ⁵³ auf die Grundgedanken der Rom I-VO entsprechend zurückgegriffen werden.⁵⁴ **Rück- und Weiterverweisungen** sind schon des Rückgriffs auf den staatsvertraglichen Ursprung der Artt. 91 ff WG unbeachtlich.⁵⁵ Hiervon auszunehmen ist lediglich die Verweisung des Art. 91 Abs. 1 S. 2 WG. **32**

(2) Wechselfähigkeit, Art. 91 WG. Nach Art. 91 Abs. 1 S. 1 WG bestimmt grundsätzlich das **Heimatrecht**, ob eine Person wechselfähig ist.⁵⁶ Die Regelung stimmt damit inhaltlich mit Art. 7 Abs. 1 S. 1 EGBGB überein.⁵⁷ Bei Staatenlosen ist auf ihren gewöhnlichen Aufenthalt bzw ihren schlichten Aufenthalt zurückzugreifen (Art. 5 Abs. 2 EGBGB).⁵⁸ Bei Mehrstaatern ist das Recht des Staates relevant, mit dem die Person die engste Verbindung hat (Art. 5 Abs. 1 S. 1 EGBGB).⁵⁹ Ist der Mehrstaater auch Deutscher, so ist deutsches Recht maßgeblich (Art. 5 Abs. 1 S. 2 EGBGB).⁶⁰ **33**

Bei der Anknüpfung an die **Staatsangehörigkeit** der Person, deren Wechselfähigkeit infrage steht, sind allerdings gem. Art. 91 Abs. 1 S. 2 WG **Rück- und Weiterverweisungen** zu beachten. Bei einer Rückverweisung auf deutsches Recht findet deutsches Sachrecht Anwendung (Art. 4 Abs. 1 S. 2 EGBGB).⁶¹ Zweck des Art. 91 Abs. 1 S. 2 WG war es wohl, die Akzeptanz des Wechselübereinkommens insbesondere im angloamerikanischen Rechtskreis zu erhöhen. Dieses Ziel wurde freilich verfehlt.⁶² **34**

Eine weitere Ausnahme von Art. 91 Abs. 1 S. 1 WG statuiert Art. 91 Abs. 2 S. 1 WG. Danach ist eine Person, auch wenn sie nach dem nach Abs. 1 bestimmten Recht nicht wechselfähig ist, gleichwohl als wechselfähig anzusehen, wenn der Wechsel im Gebiet eines Landes unterzeichnet wurde, nach dessen Recht der Unterzeichner wechselfähig ist. Das dient dem **Verkehrsschutz**.⁶³ Dieser geht allerdings weiter als Art. 13 Rom I-VO und Art. 12 EGBGB, da der Geschäftspartner nicht gutgläubig sein muss.⁶⁴ Eine Einschränkung erfährt er jedoch durch die Inländerschutzklausel des Art. 91 Abs. 2 S. 2 WG; danach findet S. 1 keine **35**

---

47 Bericht *Giuliano/Lagarde*, BT-Drucks. 10/503, S. 33, 43.
48 Genfer Abkommen über Bestimmungen auf dem Gebiet des internationalen Wechselprivatrechts v. 7.6.1930 (RGBl II 1933 S. 444.).
49 Genfer Abkommen über Bestimmungen auf dem Gebiet des internationalen Scheckprivatrechts v. 19.3.1931 (RGBl II 1933 S. 594.).
50 Vgl Bericht *Giuliano/Lagarde*, BT-Drucks. 10/503, S. 33, 43.
51 Vgl *Plender/Wilderspin*, The European Private International Law of Obligations, 2009, S. 110.
52 BGHZ 21, 155, 157; OLG München IPRspr 1974 Nr. 26; *Baumbach/Hefermehl/Casper*, vor Art. 91 Rn 1; Soergel/*v. Hoffmann*, Art. 37 EGBGB Rn 13; MüKo/*Martiny*, Art. 1 Rn 28 f.
53 Vgl zur Lösung unter Geltung des EVÜ *Morawitz*, S. 18; Soergel/*v. Hoffmann*, Art. 37 EGBGB Rn 13.
54 So auch MüKo/*Martiny*, Art. 1 Rn 17 ff mwN; *Martiny*, RIW 2009, 740.
55 *V. Bar*, in: FS W. Lorenz 1991, S. 273, 290 f; Soergel/*v. Hoffmann*, Art. 37 EGBGB Rn 25; Staudinger/*Magnus*, Anh I zu Art. 1 Rn 20; MüKo/*Martiny*, Art. 1 Rn 41; *Morawitz*, S. 139 f; Czernich/Heiss/*Nemeth*, Art. 1 EVÜ Rn 27; aA zB BGHZ 108, 353, 357 (für das Scheckrecht); LG Mainz IPRspr 1974 Nr. 27; OLG Koblenz IPRspr 1976 Nr. 20; *Eschelbach*, S. 163 ff (für das Scheckrecht); *Müller-Freienfels*, in: FS Zepos 1973, S. 491, 505 ff; dahin gehend offenbar auch *Kronke/Berger*, IPrax 1991, 316.
56 *Morawitz*, S. 76; Soergel/*v. Hoffmann*, Art. 37 EGBGB Rn 14.
57 *Bülow*, Art. 91 WG Rn 1.
58 *Bülow*, Art. 91 WG Rn 1; *Morawitz*, S. 78.
59 *Baumbach/Hefermehl/Casper*, Art. 91 WG Rn 2.
60 *Baumbach/Hefermehl/Casper*, Art. 91 WG Rn 2; aA *Morawitz*, S. 77 f (mit den Zielen der Rechtsvereinheitlichung nicht vereinbar).
61 *Bülow*, Art. 91 WG Rn 2.
62 Vgl *Morawitz*, S. 79.
63 Vgl *Morawitz*, S. 80; *Bülow*, Art. 91 WG Rn 3.
64 *Morawitz*, 1991, S. 80.

Anwendung, wenn die Verbindlichkeit von einem Inländer im Ausland übernommen worden ist. Unterzeichnet ein Deutscher im Ausland einen Wechsel, ist für die Wechselfähigkeit allein das (deutsche) Heimatrecht maßgeblich.[65] Diese Form der **Inländerbegünstigung** ist bei Sachverhalten im Anwendungsbereich des AEUV nicht mit Art. 18 AEUV vereinbar.[66]

36 **(3) Form der Wechselerklärung, Art. 92 WG.** Die Form der Wechselerklärung ist nach Art. 92 WG anzuknüpfen. Sie richtet sich nach dem Recht des Landes, in dessen Gebiet die Erklärung unterschrieben worden ist (Art. 92 Abs. 1 WG).[67] **Unterzeichnungsort** ist der tatsächliche Vornahmeort und nicht der auf dem Wechsel angegebene.[68] Im Gegensatz zu Art. 11 EGBGB findet das Recht des Ortes, an dem die Wechselerklärungen wirken sollen, keine Beachtung.[69]

37 Gem. Art. 92 Abs. 2 WG ist die **Unwirksamkeit einer Wechselerklärung** nach dem nach Abs. 1 bestimmten Recht unbeachtlich, wenn sie nach dem Recht des Staates, in dem eine spätere Wechselerklärung vorgenommen wurde, formwirksam wäre. Die Vorschrift führt die in Art. 7 WG angeordnete Unabhängigkeit der Wechselerklärungen im IPR fort.[70] Im Ergebnis bewirkt Abs. 2 die volle Wirksamkeit der späteren Wechselerklärungen; die Ausstellererklärung bleibt aber ungültig und zieht keine wechselrechtliche Haftung nach sich.[71]

38 Eine weitere **Inländerschutzklausel** findet sich in Art. 92 Abs. 3 WG: Gibt ein Inländer im Ausland eine Wechselerklärung ab, so ist sie im Inland gegenüber jedem Inländer gültig, wenn sie den inländischen Formvorschriften entspricht. An der Ungültigkeit im Ausland ändert sich dadurch jedoch nichts.[72] Diese Regelung geht auf die Ermächtigung des Art. 3 Abs. 3 des Internationalen Wechselübereinkommens von 1930 zurück.[73]

39 Der Form des Wechsels zugehörig sind sämtliche Erfordernisse der **Gültigkeit einer Wechselerklärung**.[74] Das sind insbesondere die sich aus Artt. 1 und 2 WG ergebenden Anforderungen[75] bzw die Anforderungen des Art. 75 WG beim eigenen Wechsel.[76] Dazu zählen etwa die Unterschrift des Ausstellers,[77] die Möglichkeit, den Wechsel in einer Fremdsprache auszustellen (insb. Bezeichnung als Wechsel in der Ausstellungssprache)[78] sowie einen Blankettwechsel durch Ausfüllen durch den Blankettnehmer zu einem formwirksamen Wechsel werden zu lassen.[79] Ob und in welchem Umfang ein Wechselblankett durch den Blankettnehmer ausgefüllt werden kann, richtet sich hingegen nicht nach dem nach Art. 92 WG bestimmten Recht, sondern nach dem Schuldstatut, da durch das Blankett selbst noch keine Wechselverbindlichkeit entsteht.[80]

40 **(4) Wirkungen der Wechselerklärungen, Art. 93 WG.** Das für die **Wirkungen der Wechselerklärungen** maßgebliche Recht ist nach Art. 93 WG zu ermitteln. Als Frage der Wirkung sind dabei die **Art der Verpflichtungen** des/der Wechselschuldner(s) sowie ihr **Umfang** und weiterhin die **Voraussetzungen für die Verpflichtungen** des Wechselschuldners zu qualifizieren.[81] Sie unterstehen dem nach Art. 93 WG bestimmten Recht, soweit nicht eine der Sonderanknüpfungen der Artt. 94 ff WG bzw die Sonderregelung zum Formstatut (Art. 92 WG) greift.[82] So ist das nach Art. 93 WG ermittelte Statut auch maßgeblich für die Beantwortung der Frage, ob der Wechselschuldner Einwendungen gegen den Wechsel geltend machen kann[83] (Verjährungseinreden[84] auch dann, wenn sie nach dem maßgeblichen Recht prozessual behandelt

---

65 Zur Kritik an dieser Vorschrift, die auf die Vorbehaltsermächtigung des Art. 2 Abs. 3 des internationalen Wechselübereinkommens von 1930 zurückgeht, vgl *Morawitz*, S. 81.
66 Vgl Staudinger/*Magnus*, Anh I zu Art. 1 Rn 7.
67 BGHZ 21, 155, 157; Soergel/*v. Hoffmann*, Art. 37 EGBGB Rn 15; MüKo/*Martiny*, Art. 1 Rn 30; *Baumbach/Hefermehl/Casper*, Art. 92 WG Rn 1.
68 MüKo/*Martiny*, Art. 1 Rn 30; Soergel/*v. Hoffmann*, Art. 37 EGBGB Rn 15; *Morawitz*, S. 70; *Baumbach/Hefermehl/Casper*, Art. 92 WG Rn 1.
69 *Morawitz*, S. 67.
70 *Morawitz*, S. 69; *Baumbach/Hefermehl/Casper*, Art. 92 WG Rn 3; *Bülow*, Art. 92 WG Rn 4; Soergel/*v. Hoffmann*, Art. 37 EGBGB Rn 16; MüKo/*Martiny*, Art. 1 Rn 31.
71 OLG Frankfurt NJW 1982, 2734; *Bülow*, Art. 92 WG Rn 4; *Baumbach/Hefermehl/Casper*, Art. 92 WG Rn 3.
72 *Baumbach/Hefermehl/Casper*, Art. 92 WG Rn 4; Staudinger/*Magnus*, Anh I zu Art. 1 Rn 12.
73 Krit. dazu *Morawitz*, S. 69 f.
74 BGHZ 21, 155, 158; *Baumbach/Hefermehl/Casper*, Art. 92 WG Rn 1; MüKo/*Martiny*, Art. 1 Rn 32; *Firsching*, IPrax 1982, 174, 176.
75 MüKo/*Martiny*, Art. 1 Rn 32.
76 *Bülow*, Art. 92 WG Rn 3.
77 BGH WM 1977, 1322, 1323; MüKo/*Martiny*, Art. 1 Rn 32; Soergel/*v. Hoffmann*, Art. 37 EGBGB Rn 17.
78 BGH IPrax 1994, 454, 455 m. Anm. *Straub*, S. 432, 434; BGH IPrax 1982, 189 m. Anm. *Firsching*, S. 174, 176; Soergel/*v. Hoffmann*, Art. 37 EGBGB Rn 17; MüKo/*Martiny*, Art. 1 Rn 32.
79 Soergel/*v. Hoffmann*, Art. 37 EGBGB Rn 17 Fn 43; MüKo/*Martiny*, Art. 1 Rn 32; *Bülow*, Art. 92 WG Rn 3.
80 OLG München OLGZ 1966, 34; Soergel/*v. Hoffmann*, Art. 37 EGBGB Rn 17; MüKo/*Martiny*, Art. 1 Rn 32; *Bülow*, Art. 92 WG Rn 3; *Baumbach/Hefermehl/Casper*, Art. 92 WG Rn 1.
81 MüKo/*Martiny*, Art. 1 Rn 35; *Bülow*, Art. 93 WG Rn 2; Soergel/*v. Hoffmann*, Art. 37 EGBGB Rn 20; *Morawitz*, S. 96.
82 *Morawitz*, S. 96.
83 KG WM 2003 2093, 2094; *Baumbach/Hefermehl/Casper*, Art. 93 WG Rn 1; *Morawitz*, S. 96; *Bülow*, Art. 93 WG Rn 2.
84 OLG Saarbrücken WM 1998, 2465, 2467.

werden),[85] wann ein wechselrechtlicher Anspruch untergeht,[86] ob ein Protest zur Erhaltung des Anspruchs notwendig ist[87] und ob ein Begebungsvertrag notwendig ist.[88]

Welche Wirkungen den Wechselerklärungen des Annehmers eines gezogenen Wechsels und des Ausstellers eines eigenen Wechsels zukommen, entscheidet nach Art. 93 Abs. 1 WG das **Recht am Zahlungsort**. Die Wirkungen der übrigen Wechselerklärungen, insbesondere der Verpflichtungserklärung des Ausstellers und der Indossanten[89] sowie der Wechselbürgen,[90] richten sich nach dem Recht des Ortes, an dem sie (tatsächlich) unterschrieben wurden (Art. 93 Abs. 2 WG). Umstritten ist, ob auch die Übertragung der Wechselurkunde bzw -forderung(en) durch **Indossament** von Art. 93 Abs. 2 WG erfasst wird oder es für die Verfügungswirkung einer eigenständigen Anknüpfung bedarf. Rechtsprechung,[91] internationalprivatrechtliches Schrifttum[92] und Teile des wechselrechtlichen Schrifttums[93] befürworten eine Übertragungswirkung, während nach anderer Ansicht eine Erstreckung mit Blick auf den Wortlaut des zugrunde liegenden Übereinkommens nicht in Betracht kommen soll.[94] Eine echte Alternative wird freilich nicht geboten und letztlich ebenfalls an den Unterzeichnungsort angeknüpft.[95] **41**

Soweit die Wechselrechte nicht durch Indossament, sondern durch **einfache Abtretung** übertragen werden, greift Art. 93 Abs. 2 WG nicht ein. Für die Wirkungen der Abtretung ist stattdessen entsprechend dem Gedanken des Art. 14 das Recht der übertragenen Forderung maßgeblich.[96] **42**

(5) Rechtswahl. Artt. 91 ff WG treffen keine Aussage darüber, ob von der Anknüpfung nach Artt. 92, 93 WG durch Rechtswahl abgewichen werden kann.[97] Nach herrschender und zutreffender Ansicht ist eine **Rechtswahl möglich**.[98] Die Parteien können daher ausdrücklich, aber auch stillschweigend[99] ein anderes Recht für anwendbar erklären. Soweit jedoch weitere Wechselbeteiligte von der Rechtswahl betroffen sind, muss sich diese hinreichend **aus dem Wechsel** ergeben.[100] Dem wird wohl nur eine ausdrückliche Rechtswahlvereinbarung genügen. **43**

(6) Sonderanknüpfungen. In welcher Frist ein Beteiligter **Rückgriffsrechte** geltend machen kann, richtet sich gem. Art. 94 WG nach dem Recht des Ausstellungsortes. Erfasst werden von dieser Regelung nach hM auch die Verjährungsfristen.[101] Ob der Inhaber eines **gezogenen Wechsels** auch die dem Wechsel zugrunde liegende Forderung erwirbt, richtet sich gem. Art. 95 WG ebenfalls nach dem Recht des Ausstellungsortes. Das **Recht des Zahlungsortes** ist maßgeblich dafür, ob ein Wechsel teilweise angenommen werden kann und ob der Inhaber zur Annahme einer Teilzahlung verpflichtet ist (Art. 96 WG). Eine abweichende Rechtswahl ist möglich.[102] Sind **Rechtserhaltungsmaßnahmen** wie ein Protest erforderlich, so bestimmen sich deren Form und Fristen nach dem Recht des Landes, in dem die Handlung vorzunehmen ist (Art. 97 WG). Dieses Recht entscheidet außerdem darüber, wer zuständig ist, die Handlung vorzunehmen, und an welcher Örtlichkeit sie zu erfolgen hat.[103] Eine abweichende Rechtswahl ist möglich.[104] Das Recht des Zahlungsortes legt fest, welche Maßnahmen bei **Verlust oder Diebstahl** eines Wechsels zu ergreifen sind (Art. 98 WG). **44**

---

85 RGZ 145, 121, 126 ff; *Bülow*, Art. 93 WG Rn 2.
86 *Bülow*, Art. 93 WG Rn 2.
87 BGH WM 1999, 1561, 1562; NJW 1963, 252, 253; *Bülow*, Art. 93 WG Rn 2.
88 OLG Düsseldorf 1976 Nr. 19 (zum Scheckrecht); Soergel/*v. Hoffmann*, Art. 37 EGBGB Rn 20; MüKo/*Martiny*, Art. 1 Rn 35.
89 *Baumbach/Hefermehl/Casper*, Art. 93 WG Rn 4.
90 BGH NJW 1963, 252, 253; *Baumbach/Hefermehl/Casper*, Art. 93 WG Rn 4; *Morawitz*, S. 97 ff.
91 BGHZ 108, 353, 357 (zum gleich lautenden Art. 63 ScheckG).
92 *v. Bar*, in: FS W. Lorenz 1991, S. 273, 293 f; Soergel/*v. Hoffmann*, Art. 37 EGBGB Rn 21; MüKo/*Martiny*, Art. 1 Rn 37.
93 *Staub/Stranz*, WG, 13. Aufl. 1934, Art. 93 Anm. 22.
94 *Morawitz*, S. 114–117; so ebenfalls für Blankoübergabe, nicht aber für Blankoindossament *Baumbach/Hefermehl/Casper*, Art. 93 WG Rn 1, 4.
95 *Morawitz*, S. 122 f.
96 Soergel/*v. Hoffmann*, Art. 37 EGBGB Rn 22; MüKo/*Martiny*, Art. 1 Rn 38.
97 Umfassend dazu *Straub*, Zur Rechtswahl im internationalen Wechselrecht, 1995.
98 BGH IPrax 1994, 452, 453; BGHZ 104, 145, 147 f; 108, 353,356; OLG Hamm NJW-RR 1992, 499; Soergel/*v. Hoffmann*, Art. 37 EGBGB Rn 19; MüKo/*Martiny*, Art. 1 Rn 34; Czernich/Heiss/*Nemeth*, Art. 1 EVÜ Rn 28; *Baumbach/Hefermehl/Casper*, vor Art. 91 WG Rn 2; *Straub*, Zur Rechtswahl im internationalen Wechselrecht, 1995, S. 53 ff; *ders.*, IPrax 1994, 432, 434; *Schlechtriem*, IPrax 1989, 155, 156; *Morawitz*, S. 149 ff; *Wirth/Philipps/Rinke*, in: FS Zajtay 1982, S. 527, 545–547; *v. Bar*, in: FS W. Lorenz 1991, S. 273, 287 f; aA etwa *Eschelbach*, S. 153 ff (zum Scheckrecht); RGRK/*Wengler*, Art. 37 S. 620; *Wolff*, in: FS Wieland 1934, S. 438, 459.
99 Vgl etwa BGH IPrax 1994, 452, 453.
100 BGHZ 104, 145, 148 f; Soergel/*v. Hoffmann*, Art. 37 EGBGB Rn 19.
101 *Baumbach/Hefermehl/Casper*, Art. 94 WG Rn 1; *Bülow*, Art. 94 WG Rn 1.
102 *Bülow*, Art. 96 WG Rn 1.
103 *Bülow*, Art. 96 WG Rn 1.
104 Ebenda.

45 **cc) Scheck. (1) Grundsatz.** Das IPR für Scheckverbindlichkeiten ist in Deutschland in Artt. 60 ff ScheckG geregelt. Die Normen beruhen auf dem **Genfer Scheckübereinkommen von 1931**. Sie gelten aber auch gegenüber Staaten, die nicht Vertragsstaat dieses Übereinkommens sind.[105]

46 Soweit das ScheckG keine Regelungen enthält, sollte auf die Grundgedanken der Anknüpfungsregeln in der Rom I-VO entsprechend zurückgegriffen werden.[106] **Rück- und Weiterverweisungen** sind schon aus Rücksicht auf den staatsvertraglichen Ursprung der Artt. 60 ff ScheckG unbeachtlich.[107] Hiervon auszunehmen ist lediglich die Verweisung des Art. 60 Abs. 1 S. 2 ScheckG.

47 **(2) Scheckfähigkeit, Artt. 60, 61 ScheckG.** Art. 60 ScheckG regelt die **aktive Scheckfähigkeit** in gleicher Weise wie Art. 91 WG die Wechselfähigkeit. Abzustellen ist auf das Recht des Landes, dessen **Staatsangehörigkeit** die Person hat (Art. 60 Abs. 1 S. 1 ScheckG). Rück- und Weiterverweisungen sind zu beachten (Art. 60 Abs. 1 S. 2 ScheckG). Eine Person, die nach dem derart bestimmten Recht nicht zur Eingehung einer Scheckverbindlichkeit fähig ist, kann sich gleichwohl wirksam verpflichten, wenn sie ihre Unterschrift in dem Gebiet eines Landes abgegeben hat, nach dessen Recht sie scheckfähig ist (Art. 60 Abs. 2 S. 1 ScheckG). Gegenüber der Inländerschutzklausel des Art. 60 Abs. 2 S. 2 ScheckG bestehen bei Sachverhalten mit Binnenmarktbezug im Hinblick auf Art. 18 AEUV die gleichen Bedenken wie gegenüber derjenigen des Art. 91 Abs. 2 S. 2 WG.

48 Die **passive Scheckfähigkeit**, dh die Fähigkeit, Bezogener sein zu können, richtet sich hingegen nach dem Recht des **Zahlungsorts** (Art. 61 Abs. 1 ScheckG). Ist danach der Scheck im Hinblick auf die Person des Bezogenen nichtig, so sind aus Gründen des Verkehrsschutzes Verpflichtungen aus Unterschriften, die in Ländern auf den Scheck gesetzt worden sind, deren Recht die Nichtigkeit aus einem solchen Grunde nicht vorsieht, gleichwohl gültig (Art. 61 Abs. 2 S. 2 ScheckG).

49 **(3) Form, Art. 62 ScheckG.** Die **Form der Scheckerklärungen** richtet sich gem. Art. 62 Abs. 1 ScheckG nach dem Recht des jeweiligen Zeichnungsorts. Entscheidend ist der tatsächliche, nicht der auf dem Scheck angegebene Ort.[108] Eine Formunwirksamkeit nach diesem Recht ist unbeachtlich, sofern die Scheckerklärung immerhin nach dem Recht des Zahlungsorts wirksam ist.

50 Eine Scheckerklärung, die sowohl nach dem Recht des Zeichnungs- als auch dem des Zahlungsorts ungültig ist, berührt die Wirksamkeit späterer, in einem weiteren Staat unterschriebener Scheckerklärung nicht, sofern sie nach dem Recht dieses Staates wirksam wäre (Art. 62 Abs. 2 ScheckG). Hat ein Inländer eine **Scheckerklärung im Ausland** abgegeben, so ist sie im Inland gegenüber anderen Inländern gültig, sofern sie den Formerfordernissen des inländischen Rechts genügt (Art. 62 Abs. 3 ScheckG). An der Ungültigkeit im Ausland ändert sich dadurch jedoch nichts.[109]

51 Der Form des Schecks zugehörig sind sämtliche **Erfordernisse der Gültigkeit einer Scheckerklärung**. Das sind insbesondere die sich aus Art. 1 ScheckG ergebenden Anforderungen, also etwa die Bezeichnung als Scheck im Texte der Urkunde in der Sprache, in der der Scheck ausgestellt wurde, die Anweisung, eine bestimmte Geldsumme zu zahlen,[110] der Name des Bezogenen, die Angabe des Zahlungsortes oder die Unterschrift des Ausstellers.[111]

52 **(4) Wirkungen der Scheckerklärungen, Art. 63 ScheckG.** Die Wirkungen der Scheckerklärungen, wie etwa die Ausstellerhaftung[112] oder die Haftung des Bezogenen,[113] bestimmen sich gem. Art. 63 ScheckG nach dem Recht des **tatsächlichen Zeichnungsortes**. Gleiches gilt für die Voraussetzungen von Scheckerklärungen und die Zulässigkeit von Einwendungen, sofern nicht bereits Art. 62 ScheckG greift.[114] Zu beachten bleiben außerdem die Sonderanknüpfungen der Artt. 64–66 ScheckG.

---

105 *Baumbach/Hefermehl/Casper*, Art. 60 ScheckG Rn 1; *Soergel/v. Hoffmann*, Art. 37 EGBGB Rn 27; *Staudinger/Magnus*, Anh I zu Art. 1 Rn 22; MüKo/*Martiny*, Art. 1 Rn 42.

106 So auch MüKo/*Martiny*, Art. 1 Rn 17 ff mwN; *Martiny*, RIW 2009, 740.

107 *v. Bar*, in: FS W. Lorenz 1991, S. 273, 290 f; *Soergel/v. Hoffmann*, Art. 37 EGBGB Rn 28; Staudinger/*Magnus*, Anh I zu Art. 1 Rn 31; MüKo/*Martiny*, Art. 1 Rn 42; Czernich/Heiss/*Nemeth*, Art. 1 EVÜ Rn 31; aA zB BGHZ 108, 353, 357; *Eschelbach*, S. 163 ff.

108 MüKo/*Martiny*, Art. 1 Rn 43; Staudinger/*Magnus*, Anh I zu Art. 1 Rn 26.

109 *Baumbach/Hefermehl/Casper*, Art. 62 ScheckG Rn 1 iVm Art. 92 WG Rn 3 f.

110 Vgl zu einem Scheck ohne Währungsangabe OLG Köln RIW 1985, 329.

111 BGH IPRspr 1977 Nr. 30; OLG Düsseldorf IPRspr 1976 Nr. 19; OLG Hamm NJW-RR 1992, 499; OLG München RIW 2000, 228; außerdem *Eschelbach*, S. 81 ff; Soergel/*v. Hoffmann*, Art. 37 EGBGB Rn 31; Staudinger/*Magnus*, Anh I zu Art. 1 Rn 25; MüKo/*Martiny*, Art. 1 Rn 43.

112 BGH NJW 1988, 647; LG München II IPrax 1987, 175.

113 OLG München, RIW 2000, 228; LG Köln RIW 1980, 215.

114 *Looschelders*, Art. 28 Rn 10; MüKo/*Martiny*, Art. 1 Rn 44.

Nicht vom Wirkungsstatut erfasst wird der **Eigentumsübergang am Scheck**, sofern er ohne Indossament übertragen wurde.[115] Maßgeblich ist das Wertpapiersachstatut (dazu Art. 43 EGBGB Rn 25) und damit nach Art. 43 das Recht des Lageorts.[116]

(5) Rechtswahl. Eine ausdrückliche oder konkludente Rechtswahl ist ebenso wie im Internationalen Wechselrecht zulässig,[117] doch gilt auch hier, dass sie Dritten nur entgegengehalten werden kann, wenn sie **aus der Scheckurkunde ersichtlich**, also ausdrücklich erfolgt ist.[118] Ansonsten entfaltet sie nur Wirkung *inter partes*.

(6) Sonderanknüpfungen. Die **Rückgriffsfristen** richten sich für alle Scheckverpflichteten nach dem Recht des Ausstellungsortes (Art. 64 ScheckG), die **Vorlegungsfrist**[119] sowie zahlreiche weitere Fragen hingegen nach dem Recht des Zahlungsorts (vgl Art. 65 Nr. 1–9 ScheckG). Die **Form des Protestes** und die **Fristen für die Protesterhebung** sowie die Form der übrigen Handlungen, die zur Ausübung oder Erhaltung der Scheckrechte erforderlich sind, bestimmen sich nach dem Recht des Landes, in dessen Gebiet der Protest zu erheben oder die Handlung vorzunehmen ist (Art. 66 ScheckG). Ob es eines Protestes oder einer gleichbedeutenden Feststellung zur Erhaltung des Rückgriffs gegen die Indossanten, den Aussteller und die anderen Scheckverpflichteten bedarf, entscheidet hingegen das Recht des Zahlungsorts (Art. 65 Nr. 9 ScheckG).

dd) Andere handelbare Wertpapiere. Ausgeschlossen sind nach Abs. 2 lit. d weiterhin Verpflichtungen aus „anderen handelbaren Wertpapieren, sofern die Verpflichtungen aus diesen anderen Wertpapieren aus deren Handelbarkeit entstehen". Um **Wertpapiere** handelt es sich bei Urkunden, die private Rechte dergestalt verbriefen, dass zu Geltendmachung des Rechts ihre Innehabung erforderlich ist.[120] Sie sind handelbar, wenn sie **umlauffähig** sind. Sie müssen außerdem ein Recht verbriefen, das erst mit der Übertragung der entsprechenden Urkunde auf den Erwerber übergeht.[121] Dieser Übergang ist zudem regelmäßig mit bestimmten verkehrsschützenden Wirkungen verbunden.[122]

Während der Begriff der Handelbarkeit also europäisch-autonom ausgefüllt werden kann, orientiert sich die Einordnung der verschiedenen nationalen Wertpapiere an ihrer jeweiligen **nationalen Ausgestaltung**. Ob ein Wertpapier handelbar ist, ist daher nach der *lex fori* einschließlich ihrer internationalprivatrechtlichen Vorschriften zu entscheiden.[123] Zu befragen ist das Wertpapierrechtsstatut (dazu Art. 43 EGBGB Rn 25), dh das Statut des in dem Wertpapier verbrieften Rechts.[124] Heranzuziehen ist das Recht, das anwendbar wäre, wenn es sich um ein Inhaber- oder Orderpapier handeln sollte.[125] Über die Handelbarkeit von Aktien entscheidet daher zB das Gesellschaftsstatut,[126] über die eines Ladescheins das Schuldstatut.[127] Aus deutscher Sicht sind vor allem die **Orderpapiere des § 363 HGB** handelbar. Das sind zum einen die „geborenen" Orderpapiere, wie etwa die Namensaktie (§ 68 Abs. 1 AktG), und zum anderen alle solchen Papiere, die privatautonom zu Orderpapieren gemacht werden können, indem sie im Papier mit einer wirksamen Orderklausel versehen werden.[128] Hinzu treten die **Inhaberpapiere**, also Inhaberschuldverschreibungen (§ 793 BGB) und Inhaberaktien (§ 10 Abs. 1 AktG). Ausgenommen bleiben müssen dagegen **Rektapapiere**, wie etwa die handelsrechtlichen Wertpapiere des § 363 HGB, die nicht an Order gestellt sind, oder zB das Rektakonnossement.[129]

Die **sachenrechtliche Übertragung** der handelbaren Wertpapiere fällt von vornherein nicht in den Anwendungsbereich des Vertragsstatuts, sondern untersteht einem eigenen Statut, dem sog. **Wertpapiersachstatut** (näher Art. 43 EGBGB Rn 25). Abs. 2 lit. d nimmt die schuldrechtliche Seite von Wertpapiergeschäften nicht vollständig vom Vertragsstatut aus, sondern nur insoweit, als es sich um schuldrechtliche Verpflichtungen aus dem Wertpapier handelt, die aus dessen Handelbarkeit entstehen, also im Interesse der Ver-

---

115 BGHZ 108, 353, 356.
116 BGHZ 108, 353, 356; *Looschelders*, Art. 28 Rn 11; Staudinger/*Magnus*, Anh I zu Art. 1 Rn 35.
117 BGHZ 104, 145, 147 f (zum Wechselrecht); 108, 353, 356; BGH WM 1974, 558; aA *Eschelbach*, S. 152 ff; Czernich/Heiss/*Nemeth*, Art. 1 EVÜ Rn 31.
118 Soergel/*v. Hoffmann*, Art. 37 EGBGB Rn 32; *Looschelders*, Art. 37 Rn 10; Staudinger/*Magnus*, Anh I zu Art. 1 Rn 30; MüKo/*Martiny*, Art. 1 Rn 45.
119 Vgl dazu OLG Düsseldorf WM 1982, 622, 623; außerdem zB OLG München NJW 1985, 567; LG München II IPrax 1987, 175.
120 Ausführlich *M. Müller*, S. 136 ff.
121 Soergel/*v. Hoffmann*, Art. 37 EGBGB Rn 35; *Looschelders*, Art. 37 Rn 12; Staudinger/*Magnus*, Art. 1 Rn 67; MüKo/*Martiny*, Art. 1 Rn 52; Czernich/Heiss/*Nemeth*, Art. 1 EVÜ Rn 33.
122 Ausführlich *M. Müller*, S. 136 ff.
123 Soergel/*v. Hoffmann*, Art. 37 EGBGB Rn 35; Staudinger/*Magnus*, Art. 1 Rn 66; Reithmann/Martiny/*Mankowski*, Rn 56; MüKo/*Martiny*, Art. 1 Rn 52; *M. Müller*, S. 185.
124 OLG Karlsruhe RIW 2002, 797; *v. Bar*, in: FS W. Lorenz 1991, S. 273; *Kieninger*, IPrax 1997, 449, 454; *Mankowski*, in: FS Herber 1999, S. 147, 170; MüKo/*Martiny*, Art. 1 Rn 53; Staudinger/*Magnus*, Anh I zu Art. 1 Rn 33.
125 *Mankowski*, in: FS Herber 1999, S. 147, 170 f.
126 BGH NJW 1994, 939, 940.
127 Soergel/*v. Hoffmann*, Art. 37 EGBGB Rn 35; Czernich/Heiss/*Nemeth*, Art. 1 EVÜ Rn 33.
128 Vgl zB zum Orderkonnossement BGHZ 99, 207.
129 Reithmann/Martiny/*Mankowski*, Rn 2875 ff.

kehrsfähigkeit des Wertpapiers besonders geformt wurden. Gemeint sind damit „alle schuldrechtlichen Verpflichtungen aus dem Wertpapier..., die im Interesse seiner Verkehrsfähigkeit besonders ausgestaltet sind, etwa die durch Übertragung des Papiers zustande kommenden Verpflichtungen sowie der weitgehende Ausschluss von Einwendungen".[130] Dazu zählen sicherlich die schuldrechtlichen Folgen, die sich aus der besonderen Übertragungsform des Papiers (Indossament o.Ä.) ergeben. Zur Vermeidung eines bzw Verminderung des Nebeneinanders von Vertrags- und Wertpapierrechtsstatut erscheint es jedoch sinnvoll, unter Abs. 2 lit. d überhaupt alle aus dem Papier resultierenden **Primär- und Sekundäransprüche** zu subsumieren.[131] Beim Begebungsvertrag ist funktionsadäquat zu differenzieren.[132]

59 Das Internationale Privatrecht von anderen handelbaren Wertpapieren als Wechseln (Rn 31 ff) und Schecks (Rn 45 ff) ist nicht gesetzlich geregelt, sieht man einmal von der Vorschrift des Art. 6 EGHGB für Konnossemente ab. Es gelten die allgemeinen kollisionsrechtlichen Grundsätze. Das in der Urkunde verbriefte Recht unterliegt der Rechtsordnung, die durch die für das jeweilige Recht einschlägigen Kollisionsnormen bestimmt wird (**Wertpapierrechtsstatut**).[133] Eine entsprechende Heranziehung der in Artt. 3 ff dargelegten Grundsätze wird durch Abs. 2 lit. d für handelbare Wertpapiere nicht ausgeschlossen.[134] Eine Rechtswahl ist daher möglich, sollte aber – ebenso wie bei Wechseln und Schecks (vgl Rn 43, 54) – aus dem Papier ersichtlich sein und sonst nur *inter partes* wirken.[135] Bei Fehlen einer Rechtswahlvereinbarung sollte in Anlehnung an die Lösung unter Geltung des EVÜ das Recht des Staates anzuwenden sein, „in dem die jeweilige wertpapierrechtliche Erklärung, aus der eine Verpflichtung folgen soll, tatsächlich unterschrieben wurde".[136]

60 **d) Schieds- und Gerichtsstandsvereinbarungen (Abs. 2 lit. e).** Abs. 2 lit. e übernimmt wortgleich die Vorgängervorschrift Art. 1 Abs. 2 lit. d EVÜ und grenzt Schieds- und Gerichtsstandsvereinbarungen aus dem Anwendungsbereich der Rom I-VO aus.

61 Der Grund für die Ausnahme der Schieds- und Gerichtsstandsvereinbarungen liegt darin, dass diese Materien Teil des Verfahrensrechts sind, die der *lex fori* unterstehen und überdies bereits in anderen internationalen Übereinkommen und Verordnungen geregelt sind.[137]

62 **e) Gesellschaftsrecht, Vereinsrecht und das Recht der juristischen Personen (Abs. 2 lit. f).** Abs. 2 lit. f übernimmt nahezu wortgleich seine Vorgängernorm Art. 1 Abs. 2 lit. e EVÜ, die in Deutschland mittels Art. 37 S. 1 Nr. 2 EGBGB inkorporiert wurde. Die Vorschrift nimmt das Gesellschafts- und Vereinsrecht sowie das Recht der juristischen Personen aus dem Anwendungsbereich der Rom I-VO aus.

63 Der Hintergrund für die Ausnahme liegt darin, dass diese Materien **eigenen kollisionsrechtlichen Regeln** unterliegen (vgl näher Anhang zu Art. 12 EGBGB), die deutliche Unterschiede zu den Anknüpfungsgrundsätzen des Internationalen Vertragsrechts aufweisen.[138]

64 Die Abgrenzung zwischen Gesellschafts- und Vertragsstatut darf nicht aus nationaler Sicht, sondern muss **europäisch-autonom** erfolgen. Sie ist gleichwohl nicht leicht. Abs. 2 lit. f führt aus diesem Grund einige Regelungsbereiche auf, die stets dem Gesellschafts- und nicht dem Vertragsstatut angehören. Dies sind die Errichtung, die Rechts- und Handlungsfähigkeit, die innere Verfassung und die Auflösung von Gesellschaften, Vereinen und juristischen Personen sowie die persönliche gesetzliche Haftung der Gesellschafter und der Organe für die Schulden der Gesellschaft, des Vereins oder der juristischen Person. Diese Aufzählung ist zwar sehr umfassend, hat aber, wie die Formulierung „zum Beispiel" deutlich macht, keinen abschließenden Charakter.[139]

65 Nicht dem Gesellschaftsrecht zuzurechnen sind zB **schuldrechtliche Vereinbarungen zwischen Gesellschaftern**, die nicht in die Struktur der Gesellschaft eingreifen (Art. 4 Rn 14), sowie Verträge zur Bildung von Gelegenheits-, Innen- oder sonstigen Gesellschaften ohne eigene, nach außen tretende Organisations-

---

130 BT-Drucks. 10/504, S. 20, 84; vgl außerdem Bericht *Guiliano/Lagarde*, BT-Drucks. 10/503, S. 21, 23 und 43.
131 Soergel/*v. Hoffmann*, Art. 37 EGBGB Rn 37; Staudinger/*Magnus*, Art. 1 Rn 69.
132 Näher *M. Müller*, S. 155 ff, 186.
133 BGHZ 108, 353, 356. Näher Art. 43 EGBGB Rn 25.
134 So auch Reithmann/Martiny/*Martiny*, Rn 55; *Martiny*, RIW 2009, 740.
135 So bereits die Ansicht unter Geltung des EVÜ, vgl Soergel/*v. Hoffmann*, Art. 37 EGBGB Rn 39; Staudinger/*Magnus*, Anh I zu Art. 1 Rn 33; Czernich/Heiss/*Nemeth*, Art. 1 EVÜ Rn 35.
136 Staudinger/*Magnus*, Anh I zu Art. 1 Rn 35.
137 Hierzu zählen insbesondere das New Yorker UN-Übereinkommen über die Anerkennung und die Vollstreckung ausländischer Schiedssprüche v. 10. Juni 1958, BGBl. II 1961 S. 122, das Genfer Europäische Übereinkommen über die internationale Handelsschiedsgerichtsbarkeit v. 21. April 1961, BGBl. II 1964 S. 426, für Schiedsvereinbarungen sowie die EuGVVO/das Luganer Übereinkommen über die gerichtliche Zuständigkeit und die Vollstreckung gerichtlicher Entscheidungen in Zivil- und Handelssachen v. 16. September 1988, BGBl. II 1994 S. 2660, für Gerichtsstandsvereinbarungen.
138 Reithmann/Martiny/*Martiny*, Rn 60.
139 Näher zum Umfang des Gesellschaftsstatuts Anhang zu Art. 12 EGBGB Rn 2; *Lehmann*, in: FS Fischer, 2010, S. 237, 239 f.

struktur (Art. 4 Rn 164). Gleiches soll für Verträge oder Vorverträge gelten, die allein die Verpflichtung zur Gründung einer Gesellschaft schaffen.[140] So wird etwa der **Vorvertrag** von der hM dem Schuldvertragsstatut unterstellt[141] und zur Begründung angeführt, dass lediglich Rechte und Pflichten *inter partes* betroffen seien und eine „Teilnahme am Rechtsverkehr als Gesellschaft... in diesem Stadium noch nicht hinreichend konkretisiert werden" könne.[142] Das überzeugt jedoch nicht. Führt – wie etwa bei verschiedenen Gesellschaftsformen des deutschen Rechts[143] – schon der Vorvertrag zu einem als Gesellschaft zu qualifizierenden Gebilde (**Vorgründungsgesellschaft**), sollte auch dieser dem für jene maßgeblichen Personalstatut unterstellt werden.[144] Andernfalls ist gegen eine Geltung des Vertragsstatuts jedoch nichts einzuwenden.

f) Vertretungsrecht (Abs. 2 lit. g). Die Rom I-VO ist nach Abs. 2 lit. g weiterhin nicht maßgeblich für die Beantwortung der Frage, ob ein Vertreter die Person, für deren Rechnung er zu handeln vorgibt, Dritten gegenüber verpflichten kann oder ob das Organ einer Gesellschaft, eines Vereins oder einer juristischen Person diese Gesellschaft, diesen Verein oder diese juristische Person gegenüber Dritten verpflichten kann. Diese Ausnahmevorschrift entstammt fast wortgleich der Vorgängernorm Art. 1 Abs. 2 lit. f EVÜ, die in Deutschland mittels Art. 37 S. 1 Nr. 3 EGBGB inkorporiert wurde. Sie erfasst freilich nur das **Außenverhältnis**, dh die Wirkungen der Stellvertretung gegenüber Dritten, nicht aber das **Innenverhältnis**, dh die der Erteilung der Vollmacht zugrunde liegende Rechtsbeziehung zwischen Vertreter und Vertretenem. Dabei wird es sich meist um einen Auftrag oder einen Dienst- oder Geschäftsbesorgungsvertrag handeln, für dessen Anknüpfung auf Artt. 3 ff zurückgegriffen werden kann. 66

Die rechtsgeschäftliche Vertretung richtet sich grundsätzlich nach einem eigenen Statut, dem sog. **Vollmachtsstatut**. Ihm unterfallen sämtliche Formen der Vollmacht einschließlich solcher kraft Rechtsscheins, wie zB die Anscheins- und Duldungsvollmacht.[145] 67

Von der rechtsgeschäftlichen zu unterscheiden ist die **organschaftliche Vertretung von Gesellschaften**. Über die Beantwortung der Frage, welche Organe die Gesellschaft in welchem Umfang vertreten können, entscheidet deren Personalstatut.[146] So bestimmt das Gesellschaftsstatut etwa darüber, ob einzelne Gesellschafter von der Vertretung ausgeschlossen sind, ob sie die Gesellschaft einzeln oder nur gemeinsam vertreten können oder müssen, ob der Umfang ihrer Vertretungsmacht durch den Gesellschaftszweck begrenzt ist, ob sie zum Selbstkontrahieren befugt sind[147] usw. Art. 13 findet entsprechende Anwendung.[148] Bleibt der Umfang der Vertretungsbefugnis[149] hinter dem vergleichbarer Organe inländischer Gesellschaften zurück, gelangt das dem Geschäftspartner günstigere Ortsrecht zur Anwendung, sofern dieser von der Divergenz nichts wusste oder wissen konnte. Nicht das Gesellschafts-, sondern das Vollmachtsstatut befindet hingegen über die Frage, ob eine **Anscheins- oder Duldungsvollmacht** vorliegt, da die Grundsätze über die Anknüpfung der Anscheins- und Duldungsvollmacht auch für juristische Personen gelten.[150] Das Vollmachtsstatut ist bei Gesellschaften schließlich auch für die mit einer **Vertretung ohne Vertretungsmacht**[151] zusammenhängenden Fragen zuständig.[152] 68

Entgegen dem insoweit etwas missverständlichen Wortlaut des Gesetzes beschränkt sich der Ausschluss des Abs. 2 lit. g nicht auf die organschaftliche Vertretung juristischer Personen, sondern erfasst ebenso deren 69

---

140 Vgl zB Bericht *Guiliano/Lagarde*, BT-Drucks. 10/503, 33, 44; Soergel/*v. Hoffmann*, Art. 37 EGBGB Rn 47; Erman/*Hohloch*, Art. 1 Rn 10; Staudinger/*Magnus*, Art. 1 Rn 87; MüKo/*Martiny*, Art. 1 Rn 61; Bamberger/Roth/*Spickhoff*, Art. 1 Rn 31.
141 RG IPRspr 1931 Nr. 11; BGH WM 1975, 387; dahingestellt in BGH WM 1969, 291, 292; *Kaligin*, DB 1985, 1449, 1453; MüKo/*Kindler*, Int. GesR, Rn 524; Staudinger/*Großfeld*, Int. GesR, Rn 257.
142 So zB MüKo/*Kindler*, Int. GesR, Rn 524.
143 So entsteht zB durch den Vorvertrag zur Gründung einer GmbH (Vorgründungsvertrag) zwischen den Parteien eine Vorgründungsgesellschaft, bei der es sich idR um eine BGB-Gesellschaft handelt, vgl Michalski/*Michalski*, GmbHG, 2002, § 11 Rn 14 ff.
144 *Behrens*, Die Gesellschaft mit beschränkter Haftung im internationalen und europäischen Recht, 2. Aufl. 1997, Rn IPR 28; Michalski/*Leible*, GmbHG, 2002, Syst. Darst. 2 Rn 64.
145 *Leible*, IPrax 1998, 257; Soergel/*v. Hoffmann*, Art. 37 EGBGB Rn 53; MüKo/*Martiny*, Art. 1 Rn 68 f; Bamberger/Roth/*Spickhoff*, Art. 1 Rn 32.
146 BGHZ 32, 256, 258; 40, 197; 128, 41, 44; BGH NJW 1965, 1664; 1992, 618; 1993, 2744, 2745; MüKo/

Kindler, Int. GesR, Rn 557; Michalski/*Leible*, GmbHG, 2002, Syst. Darst. 2 Rn 95; Staudinger/*Großfeld*, Int. GesR, Rn 278; ausf. dazu *Niemann*, Die rechtsgeschäftliche und organschaftliche Stellvertretung und deren kollisionsrechtliche Einordnung, 2004.
147 Vgl zB BGH NJW 1992, 618; OLG Düsseldorf RIW 1995, 325, 326.
148 Kritisch hierzu *Lehmann*, in: FS Fischer, 2010, S. 237, 238 ff.
149 Zu Beschränkungen der Vertretungsmacht von Gesellschaftsorganen rechtsvergleichend mwN *Zimmer*, Internationales Gesellschaftsrecht, 1996, S. 244 ff. Hierzu wird man heute auch in großen Teilen die Folgen der sog. *ultra-vires*-Lehre zu zählen haben, vgl *Leible*, in: Hirte/Bücker, Grenzüberschreitende Gesellschaften, 2005, § 10 Rn 48.
150 Vgl etwa Michalski/*Leible*, GmbHG, 2002, Syst. Darst. 2 Rn 97; Staudinger/*Großfeld*, Int. GesR, Rn 266.
151 Zur Haftung des *falsus procurator* im IPR *Behnen*, IPrax 2011, 221 ff.
152 Dazu *Leible*, IPrax 1998, 257, 258 ff.

rechtsgeschäftliche Vertretung. Die Vertretungsmacht von Hilfspersonen der Gesellschaft aufgrund rechtsgeschäftlich erteilter Vollmachten richtet sich allerdings nicht nach dem Gesellschafts-, sondern dem Vollmachtsstatut.[153] Darauf, ob ihr Inhalt bzw ihr Umfang gesetzlich zwingend geregelt ist – wie etwa bei der Prokura –, kommt es nicht an.[154] Eine analoge Anwendung von Art. 13 auf die rechtsgeschäftlich erteilte Vollmacht ist nicht angezeigt.[155]

70 Abs. 2 lit. g erwähnt nicht die gesetzliche Vertretung aufgrund **familienrechtlicher Beziehungen**. Ein ausdrücklicher Ausschluss wäre auch überflüssig gewesen, da diese ohnehin nicht nach der Rom I-VO, sondern nach den einschlägigen familienrechtlichen Kollisionsnormen anzuknüpfen ist.[156]

71 **g) "Trusts" (Abs. 2 lit. h).** Abs. 2 lit. h übernimmt wortgleich seine Vorgängernorm Art. 1 Abs. 2 lit. g EVÜ, welche die Gründung von „trusts" und die hieraus resultierenden Rechtsbeziehungen vom Anwendungsbereich der Rom I-VO heraus nimmt.

72 Die Existenz dieser Ausnahmevorschrift resultiert daraus, dass die Rechtsfigur des „trust" lediglich im Common Law vorherrscht.[157]

73 Der Begriff „trust" ist eng auszulegen und wie im Common Law zu verstehen.[158] Ein „trust" zeichnet sich dadurch aus, dass ein „settlor" durch Rechtsgeschäft einen Dritten, den „trustee", berechtigt und verpflichtet, das trust-Gut zugunsten eines Begünstigten, dem „beneficiary", oder bestimmter Zwecke zu verwalten bzw darüber zu verfügen.[159] Unter bestimmten Voraussetzungen kommt eine analoge Anwendung des Abs. 2 lit. h auf ähnliche Rechtsinstitute anderer Mitgliedstaaten in Betracht.[160]

74 Das für die Verpflichtung des „trustee" maßgebliche Recht (*trust-Statut*) kann durch Rechtswahl bestimmt werden. Mangels einer Rechtswahl ist auf die charakteristische Leistung des „trustee" abzustellen. Dies führt grundsätzlich zum Recht seines gewöhnlichen Aufenthaltsortes.[161] Das Verhältnis zwischen „beneficiary" und „trustee" folgt dem trust-Statut. Das Verhältnis zwischen „settlor" und „beneficiary" bestimmt sich demgegenüber nach den Regeln über die Schenkung.[162] Sachrechtliche Fragen unterstehen der *lex rei sitae*.[163]

75 Zu berücksichtigen ist schließlich auch das Übereinkommen über das auf trusts anzuwendende Recht und über ihre Anerkennung vom 1. Juli 1985.[164]

76 **h) Vorvertragliche Schuldverhältnisse (Abs. 2 lit. i).** Die Ausnahmevorschrift Abs. 2 lit. i ist eine Innovation im Bereich des Internationalen Vertragsrechts. Bis zum Inkrafttreten der Rom I-VO herrschte Uneinigkeit über die kollisionsrechtliche Einordnung der vorvertraglichen Schuldverhältnisse.[165] Dies hat sich mittels Abs. 2 lit. i nun erledigt. Vorvertragliche Schuldverhältnisse werden in Abs. 2 lit. i explizit aus dem Anwendungsbereich der Rom I-VO herausgenommen und gem. Artt. 2 Abs. 1, 12 Rom II-VO der Rom II-Verordnung unterstellt. Damit wurde sogleich statuiert, dass vorvertragliche Schuldverhältnisse außervertragliche Schuldverhältnisse darstellen.[166]

77 **i) Betriebliche Altersvorsorge (Abs. 2 lit. j).** Abs. 2 lit. j ist ein Überbleibsel der Vorgängervorschrift Art. 1 Abs. 3 EVÜ. Wohingegen unter Geltung des EVÜ noch sämtliche Versicherungsverträge, die in den

---

153 OLG Frankfurt BB 1976, 569; *von Caemmerer*, RabelsZ 24 (1959), 201, 205; *Spellenberg*, Geschäftsstatut und Vollmacht im internationalen Privatrecht, 1979, S. 225.
154 Dazu mwN *Leible*, IPrax 1997, 133, 135. Anders hingegen für kaufmännische Vollmachten etwa BGH NJW 1992, 618; MüKo/*Kindler*, Int. GesR Rn 558 mwN (Anknüpfung an den Ort des Unternehmenssitzes).
155 Michalski/*Leible*, GmbHG, 2002, Syst. Darst. 2 Rn 96; *Leible*, in: Hirte/Bücker, Grenzüberschreitende Gesellschaften, 2005, § 10 Rn 51; MüKo/*Spellenberg*, Art. 13 Rn 50; aA *Fischer*, Verkehrsschutz im internationalen Vertragsrecht, 1990, S. 281 ff und 300 ff.
156 *Looschelders*, Art. 37 Rn 16; Staudinger/*Magnus*, Art. 1 Rn 92.
157 Stellungnahme des Europäischen Wirtschafts- und Sozialausschusses zu dem Vorschlag für eine Verordnung des Europäischen Parlaments und des Rates über das auf vertragliche Schuldverhältnisse anzuwendende Recht (Rom I) KOM (2005) 650 endg. – 2005/0261 (COD), Erwägungsgrund 3.1.5.
158 Vgl *Plender/Wilderspin*, The European Private International Law of Obligations, 2009, S. 121.
159 Vgl Reithmann/Martiny/*Martiny*, Rn 62.
160 Vgl *Plender/Wilderspin*, The European Private International Law of Obligations, 2009, S. 122 f.
161 Vgl *Wittuhn*, 1987, S. 139.
162 Vgl *Czermak*, 1986, S. 157 ff, 166 ff, 210 ff.
163 Vgl *Czermak*, 1986, S. 212 ff.
164 Deutsche Übersetzung in IPrax 1987, 52.
165 Vgl zB OLG München IPRspr 1954/55 Nr. 18 = BB 1955, 205; LG Hamburg/OLG Hamburg IPRspr 1976 Nr. 125 a, b; BGH NJW 1987, 1141; OLG Frankfurt IPrax 1986, 373, 377; LG Braunschweig IPrax 2002, 213, 215; *Looschelders*, Art. 32 Rn 29 sowie RGZ 159, 33, 53; OLG München WM 1983, 1093, 1095 und OLG München WM 1983, 1093, 1097; OLG Frankfurt IPrax 1986, 373, 378; *Bernstein*, RabelsZ 41 (1977), 281, 288 f; *Canaris*, in: FS Larenz 1983, S. 27, 109; Erman/*Hohloch*, Art. 32 EGBGB aF Rn 21; *Kreuzer*, IPrax 1988, 16, 17; *Mankowski*, IPrax 2002, 257, 265; *Scheffler*, IPrax 1995, 20, 21; *Stoll*, in: FS Ferid 1988, S. 495, 505; *Thorn*, IPrax 2002, 349, 361.
166 Vgl *Plender/Wilderspin*, The European Private International Law of Obligations, 2009 S. 126.

Hoheitsgebieten der Mitgliedstaaten des Europäischen Wirtschaftsraums belegene Risiken abdecken, aus dem Anwendungsbereich des EVÜ ausgenommen wurden, werden unter Geltung der Rom I–VO lediglich Versicherungsverträge über die betriebliche Altersvorsorge ausgenommen.

Diese Erweiterung des Anwendungsbereichs resultiert aus der neu eingefügten Kollisionsnorm für Versicherungsverträge, Art. 7 (näher Art. 7). Unter Geltung des EVÜ wurden sämtliche Versicherungsverträge mit Bezug zum EWR vom Anwendungsbereich des EVÜ ausgenommen, da in diesem Bereich Harmonisierungsmaßnahmen im Gange waren.[167] Diese Maßnahmen sind durch die Rom I-Verordnung erfolgreich beendet worden und haben ihren Niederschlag in Art. 7 gefunden. Die bestehende Ausnahme für Versicherungsverträge über die betriebliche Altersvorsorge wurde Art. 3 Nr. 3 der Richtlinie 2002/83/EG[168] entnommen und für bestimmte Bereiche (arbeitsbedingte Krankheit und Arbeitsunfälle) erweitert.[169]

j) Beweis- und Verfahrensfragen (Abs. 3). Abs. 3 übernimmt die Vorgängernorm Art. 1 Abs. 2 lit. h EVÜ. Demnach gilt die Rom I–VO unbeschadet des Art. 18 nicht für den Beweis und das Verfahren.

Der Grund für diese Ausnahme ist darin zu sehen, dass Beweis- und Verfahrensfragen zum Verfahrensrecht zählen und daher grundsätzlich die *lex fori* Anwendung findet. Eine Ausnahme von der Anwendung der *lex fori* besteht nur für gesetzliche Vermutungen und Beweislastfragen (vgl Art. 18 Abs. 1).

II. Räumlicher Anwendungsbereich (Abs. 4)

Abs. 4 definiert den Begriff „Mitgliedstaat". Grundsätzlich umfasst dieser Begriff lediglich die Mitgliedstaaten, auf die die Rom I–VO anwendbar ist, Abs. 4 S. 1. Dies sind nach Erklärung des opt-ins seitens Irlands[170] und Englands[171] alle Mitgliedstaaten der EU mit Ausnahme Dänemarks.[172] Für Dänemark bleibt es daher weiterhin bei der Geltung des EVÜ (näher Art. 24).

Eine Ausnahme von dieser Definition besteht jedoch nach Abs. 4 S. 2 bei Art. 3 Abs. 4 sowie Art. 7. Hier meint der Begriff „Mitgliedstaat" alle Mitgliedstaaten und somit auch Dänemark. Dieser Unterschied rechtfertigt sich damit, dass Art. 3 Abs. 4 sowie Art. 7 auf europäisches Richtlinienrecht zurückgehen (näher Art. 3 Rn 82 und Art. 7 Rn 28).

Artikel 2 Universelle Anwendung

Das nach dieser Verordnung bezeichnete Recht ist auch dann anzuwenden, wenn es nicht das Recht eines Mitgliedstaats ist.

Literatur: *Leible/Lehmann,* Die Verordnung über das auf vertragliche Schuldverhältnisse anzuwendende Recht („Rom I"), RIW 2008, 528; *Martiny,* Neues deutsches internationales Vertragsrecht, RIW 2009, 737; *Reithmann/Martiny,* Internationales Vertragsrecht, 7. Auflage, 2010.

A. Allgemeines

Art. 2 übernimmt nahezu wortgleich seine Vorgängernorm Art. 2 EVÜ und regelt den Fall, dass das Recht eines Nicht-Mitgliedstaates zur Anwendung berufen wird. Die Rom I–VO beschränkt sich also nicht auf die Schaffung von Kollisionsnormen für binnenmarktbezogene Sachverhalte, sondern beansprucht universelle Geltung.

B. Regelungsgehalt

Keine Frage des räumlichen Anwendungsbereichs (dazu Art. 1 Abs. 4), aber eng damit zusammenhängend ist die nach der universellen Anwendung der Rom I–VO. Die Reichweite der Rom I–VO ergibt sich aus dem Zusammenspiel zwischen Art. 1 Abs. 1 und Art. 2. Die Rom I–VO gilt gem. Art. 1 Abs. 1 für vertragliche Schuldverhältnisse, „die eine Verbindung zum Recht verschiedener Staaten aufweisen". Darauf, ob es sich

---

167 Vgl *Plender/Wilderspin*, The European Private International Law of Obligations, 2009, S. 126 f.
168 Richtlinie 2002/83/EG des Europäischen Parlaments und des Rates v. 5. November 2002 über Lebensversicherungen, ABl. EG 2002 L 345/1.
169 Vgl *Plender/Wilderspin*, The European Private International Law of Obligations, 2009, S. 129.
170 Vgl Erwägungsgrund 44.
171 Vgl Entscheidung der Kommission vom 22. Dezember 2008 über den Antrag des Vereinigten Königreichs auf Annahme der Verordnung (EG) Nr. 593/2008 des Europäischen Parlaments und des Rates über das auf vertragliche Schuldverhältnisse anzuwendende Recht (Rom I), ABl. EU 2009 L 10/22.
172 Vgl Erwägungsgrund 46.

dabei um „Mitgliedstaaten" handelt, kommt es nicht an. Und nach Art. 2 ist das durch sie berufene Recht auch dann anzuwenden, wenn es nicht das eines Mitgliedstaates, sondern das eines Drittstaates ist. Damit folgt die Rom I-VO dem Ansatz des EVÜ und beansprucht als „loi uniforme" für sämtliche Vertragsverhältnisse, die in ihren Anwendungsbereich fallen, **universelle Anwendung**.

3 Die nach der Rom I-VO maßgebliche Rechtsordnung ist sowohl anzuwenden, wenn sie mitgliedstaatlichen Ursprungs ist (näher Art. 1 Rn 17), als auch dann, wenn es sich um eine solche eines Drittstaates handelt. Daher kann im Rahmen einer Rechtswahl auch das **Recht von Nicht-EU-Staaten** vereinbart werden oder dieses mittels einer objektiven Anknüpfung nach Artt. 4 bis 8 zur Anwendung gelangen. Der Sachverhalt braucht überhaupt keine Beziehung zu einem anderen Mitgliedstaat aufzuweisen.[1]

4 Diese Ausgestaltung der Rom I-VO ist zwar ebenso wie die universelle Anwendung der Rom II-VO – insbesondere unter Hinweis auf das Fehlen einer Kompetenzgrundlage – immer wieder kritisiert worden.[2] Sie ist jedoch zu begrüßen, da sie eine Fragmentierung des Kollisionsrechts der vertraglichen Schuldverhältnisse vermeidet und damit dessen **Anwendung** ungemein **erleichtert**. Und sie ist aufgrund der zumindest potentiellen Binnenmarktrelevanz von Drittstaatensachverhalten und der durch unterschiedliche Kollisionsnormen für Drittstaatensachverhalte begründeten Gefahr von Wettbewerbsverfälschungen durch die Ermächtigungsgrundlage des Art. 81 AEUV gedeckt.[3]

Kapitel II
Einheitliche Kollisionsnormen

Artikel 3 Freie Rechtswahl

(1) [1]Der Vertrag unterliegt dem von den Parteien gewählten Recht. [2]Die Rechtswahl muss ausdrücklich erfolgen oder sich eindeutig aus den Bestimmungen des Vertrags oder aus den Umständen des Falles ergeben. [3]Die Parteien können die Rechtswahl für ihren ganzen Vertrag oder nur für einen Teil desselben treffen.

(2) [1]Die Parteien können jederzeit vereinbaren, dass der Vertrag nach einem anderen Recht zu beurteilen ist als dem, das zuvor entweder aufgrund einer früheren Rechtswahl nach diesem Artikel oder aufgrund anderer Vorschriften dieser Verordnung für ihn maßgebend war. [2]Die Formgültigkeit des Vertrags im Sinne des Artikels 11 und Rechte Dritter werden durch eine nach Vertragsschluss erfolgende Änderung der Bestimmung des anzuwendenden Rechts nicht berührt.

(3) Sind alle anderen Elemente des Sachverhalts zum Zeitpunkt der Rechtswahl in einem anderen als demjenigen Staat belegen, dessen Recht gewählt wurde, so berührt die Rechtswahl der Parteien nicht die Anwendung derjenigen Bestimmungen des Rechts dieses anderen Staates, von denen nicht durch Vereinbarung abgewichen werden kann.

(4) Sind alle anderen Elemente des Sachverhalts zum Zeitpunkt der Rechtswahl in einem oder mehreren Mitgliedstaaten belegen, so berührt die Wahl des Rechts eines Drittstaats durch die Parteien nicht die Anwendung der Bestimmungen des Gemeinschaftsrechts – gegebenenfalls in der von dem Mitgliedstaat des angerufenen Gerichts umgesetzten Form –, von denen nicht durch Vereinbarung abgewichen werden kann.

(5) Auf das Zustandekommen und die Wirksamkeit der Einigung der Parteien über das anzuwendende Recht finden die Artikel 10, 11 und 13 Anwendung.

Literatur: *Abend*, Die lex validitatis im internationalen Vertragsrecht – Zugleich eine Untersuchung Ehrenzweigs Lehre von der Rule of Validation im amerikanischen Kollisionsrecht für Verträge, 1994; *Abicht*, Die Parteiautonomie im Schatten der Unterwerfungsklauseln – Die Unterwerfung unter fremdes Außenhandelsrecht in Schuldverträgen, 1991; *Aubin*, Vertragsstatut und Parteierwartungen im deutschen Internationalen Privatrecht, in: FS Seidl-Hohenveldern 1988, S. 1; *Bairlein*, Internationales Vertragsrecht für Freie Berufe, 2009; *Basedow*, Rechtswahl und Gerichtsstandsvereinbarungen nach neuem Recht, 1987; *ders.*, Theorie der Rechtswahl oder Parteiautonomie als Grundlage des Internationalen Privatrechts, RabelsZ 75 (2011), 33; *Bauer*, Grenzen nachträglicher Rechtswahl durch Rechte Dritter im internationalen Privatrecht, 1992; *Beck*, Floating Choice of Law Clauses, LMCLQ 1987, 523; *Bendref*, Geschäfte unter im Inland lebenden ausländischen Arbeitnehmern, MDR 1980, 639; *ders.*, Vereinbarung neutralen Rechts in internationalen Verträgen, RIW 1980, 386; *Berger*, Formalisierte oder „schleichende" Kodifizierung des transnationalen Wirtschaftsrechts – Zu den methodischen und praktischen Grundlagen der lex mercatoria, 1996; *Blase*, Die Grundregeln des Europäischen Vertrags-

---

1 Vgl zur inhaltsgleichen Vorgängernorm Art. 2 EVÜ Bericht *Giuliano/Lagarde* BT-Drucks. 10/503, S. 23 f; *Leible/Lehmann*, RIW 2008, 528 (529); *Garcimartín Alférez*, EuLF 2008, I-61 (I-62).

2 Vgl zB zur Rom II-VO *Dickinson*, J. Priv. Int. L. 1 (2005), 197, 222 ff.; zweifelnd auch *G. Wagner*, IPrax 2006, 372, 389 f.

3 Näher Streinz/*Leible*, EUV/AEUV, 2. Aufl. 2012, Art. 81 AEUV Rn 12.

rechts als Recht grenzüberschreitender Verträge, 2001; *Blaurock*, Übernationales Recht des Internationalen Handels, ZEuP 1993, 247; *Böckstiegel*, Der Staat als Vertragspartner ausländischer Privatunternehmen, 1971; *ders.*, Das anwendbare Recht bei öffentlich-rechtlich geprägten Staatsaufträgen, AWD 1973, 117; *ders.*, Die Bestimmung des anwendbaren Rechts in der Praxis internationaler Schiedsgerichtsverfahren, in: FS Beitzke 1979, S. 443; *Bonell*, Das autonome Recht des Welthandels – rechtsdogmatische und rechtspolitische Aspekte, RabelsZ 42 (1978), 485; *ders.*, Die UNIDROIT-Prinzipien der internationalen Handelsverträge – Eine neue Lex mercatoria?, ZfRV 37 (1996), 152; *Booysen*, Völkerrecht als Vertragsstatut internationaler privatrechtlicher Verträge, RabelsZ 59 (1995), 245; *Borchers*, Verträge von Staaten mit ausländischen Privatpersonen, 1966; *Böse*, Der Einfluß des zwingenden Rechts auf internationale Anleihen, 1963; *Briggs*, The Validity of „Floating" Choice of Law and Jurisdiction Clauses, LMCLQ 1986, 508; *Brödermann/Iversen*, Europäisches Gemeinschaftsrecht und internationales Privatrecht, 1994; *Büchner*, Rechtswahl- und Gerichtsstandsklauseln im Rechtsverkehr mit Common-Law-Staaten, RIW 1984, 180; *Buchta*, Die nachträgliche Bestimmung des Schuldstatuts durch Prozeßverhalten im deutschen, österreichischen und schweizerischen IPR, 1986; *Clausnitzer/Woopen*, Internationale Vertragsgestaltung – Die neue EG-Verordnung für grenzüberschreitende Verträge (Rom I-VO), BB 2008, 1798; *Colin-Sinkondo*, Les relations contractuelles des organisations internationales avec les personnes privées, Rev. dr. int. dr. comp. 69 (1992), 7; *Czernich/Heiss*, EVÜ – Das Europäische Schuldvertragsübereinkommen, 1999; *Czernich/Tiefenthaler/Kodek*, Europäisches Gerichtsstands- und Vollstreckungsrecht, 3. Auflage 2009; *Danilowicz*, „Floating" Choice-of-Law Clauses and Their Enforceability, Int. Lawyer 20 (1986), 1005; *Dasser*, Internationale Schiedsgerichte und lex mercatoria, Zürich 1989; *Delaume*, What is an International Contract? An American and a Gallic Dilemma, I.C.L.Q. 28 (1979), 258; *Dutta*, Kollidierende Rechtswahlklauseln in allgemeinen Geschäftsbedingungen. in Beitrag zur Bestimmung des Rechtswahlstatuts, ZVglRWiss 104 (2005), 461; *Einsele*, Rechtswahlfreiheit im Internationalen Privatrecht, RabelsZ 60 (1996), 417; *ders.*, Auswirkungen der Rom I-VO auf Finanzdienstleistungen, WM 2009, 289; *Ekelmans*, Le dépeçage du contrat dans la Convention de Rome du 19 juin 1980 sur la loi applicable aux obligations contractuelles, Mélanges Vander Elst I, Brüssel 1986, S. 243; *Fiedler*, Stabilisierungsklauseln und materielle Verweisung im internationalen Vertragsrecht, 2001; *P. Fischer*, Bemerkungen zur Lehre von Alfred Verdross über den „quasi-völkerrechtlichen Vertrag" im Lichte der neuesten Entwicklung, in: FS Verdross 1980, S. 379; *Foyer*, Le contrat d'electio juris à la lumière de la Convention de Rome du 19 juin 1980, Mélanges Loussouarn, Paris 1994, S. 169; *Fudickar*, Die nachträgliche Rechtswahl im Internationalen Schuldvertragsrecht, Diss. Bonn 1983; *Gamillscheg*, Rechtswahl, Schwerpunkt und mutmaßlicher Parteiwille im internationalen Vertragsrecht, AcP 157 (1958/59), 303; *Gebauer*, Parteiautonomie im deutschen und europäischen Internationalen Vertragsrecht, in: Riesenhuber/Nishitani (Hrsg.), Wandlungen und Erosion der Privatautonomie?, 2007, S. 257; *Goltz*, Vertragsgestaltung bei Roll-Over-Eurokrediten, 1980; *Goode*, Usage and its Reception in Transnational Commercial Law, I.C.L.Q. 45 (1997), 1; *Grigera Naon*, Choice of Law Problems in International Commercial Arbitration, 1992; *Grundmann*, Lex mercatoria und Rechtsquellenlehre, JJZ 1991, 62; *Harries*, Die Parteiautonomie in internationalen Kreditverträgen als Instrument der Vertragsgestaltung, in: FS Heinsius 1991, S. 201; *Hartenstein*, Die Parteiautonomie im Internationalen Privatrecht als Störung des europäischen Entscheidungseinklangs, 2000; *Heiderhoff*, Das Vertragsstatut, JA 2002, 246; *Heini*, Die Rechtswahl im Vertragsrecht und das neue IPR-Gesetz, in: FS Moser 1987, S. 67; *ders.*, Vertrauensprinzip und Individualanknüpfung im internationalen Vertragsrecht, in: FS Vischer, Zürich 1983, S. 149; *Heiss*, Inhaltskontrolle in AGB nach europäischem Internationalem Privatrecht?, RabelsZ 65 (2001), 634; *ders.*, Party Autonomy, in: Ferrari/Leible (Hrsg.), Rome I Regulation, 2009, S. 1.; *Henry*, Kollisionsrechtliche Rechtswahl – Eine Untersuchung ihrer Wirkungen und Grenzen, 2009; *Hoffmann*, Art. 3 Abs. 4 Rom I-VO: das Ende des Quellenpluralismus im europäischen internationalen Vertragsrecht?, EWS 2009, 254; *Hoffmann/Stegemann*, Die Parteiautonomie im internationalen Schuldvertragsrecht. Grundlagen der Rechtswahlfreiheit vor staatlichen und privaten Gerichten, JuS 2013, 207; *von Hoffmann*, „Lex mercatoria" vor staatlichen Schiedsgerichten, IPrax 1984, 106; *ders.*, Grundsätzliches zur Anwendung der „lex mercatoria" durch internationale Schiedsgerichte, in: FS Kegel 1987, S. 215; *Hohloch/Kjelland*, Abändernde stillschweigende Rechtswahl und Rechtswahlbewußtsein, IPrax 2002, 30; *Howard*, Floating Choice of Law Clauses, LMCLQ 1995, 1; *Jacquet*, Principe d'autonomie et contrats internationaux, 1983; *Jaspers*, Nachträgliche Rechtswahl im internationalen Schuldvertragsrecht, 2002; *Jayme*, Betrachtungen zur „dépeçage" im Internationalen Privatrecht, in: FS Kegel 1987, S. 253; *ders.*, Inhaltskontrolle von Rechtswahlklauseln in Allgemeinen Geschäftsbedingungen, in: FS W. Lorenz 1991, S. 435; *ders.*, L'autonomie de la volonté des parties dans les contrats internationaux entre personnes privées, Ann. Inst. Dr. int. 1991, 14; *Junker*, Die freie Rechtswahl und ihre Grenzen, IPrax 1993, 1; *Kaczorowska*, Règles uniformes d'interprétation d'un contrat international, Rev. dr. int. dr. comp. 68 (1991), 294; *dies.*, L'internationalité d'un contrat, Rev. dr. int. dr. comp. 72 (1995), 204; *Kappus*, „Lex mercatoria" als Geschäftsstatut vor staatlichen Gerichten im deutschen internationalen Schuldrecht", IPrax 1993, 137; *ders.*, „Lex mercatoria" in Europa und Wiener UN-Kaufrechtskonvention 1980, 1990; *Kegel*, Die Bankgeschäfte im deutschen IPR, in: GS R. Schmidt 1966, S. 215; *Kindler*, Zur Anknüpfung von Handelsvertreter- und Vertragshändlerverträgen im neuen bundesdeutschen IPR, RIW 1987, 160; *Kipp*, Verträge zwischen staatlichen und nichtstaatlichen Partnern, BerDGesVR 5 (1964), 133; *Kischel*, State contracts – Völker-, schieds- und internationalprivatrechtliche Aspekte des anwendbaren Rechts, 1992; *Klumb*, Teilrechtswahl in standardisierten Kreditverträgen. Ein Ansatz zur Vermeidung unwirksamer Klauseln?, ZBB 2012, 449; *Kortenkamp*, Der Abschluß privatrechtlicher Verträge durch ausländische Staaten – Internationale Vertretungs- und Haftungsgrundsätze, 1995; *Kost*, Konsensprobleme im internationalen Schuldvertragsrecht, 1995; *Kötters*, Parteiautonomie und Anknüpfungsmaximen, 1989; *Kötz*, Allgemeine Rechtsgrundsätze als Ersatzrecht, RabelsZ 34 (1970), 663; *Kreuzer*, Das IPR des Warenkaufs in der deutschen Rechtsprechung, 1964; *ders.*, Know-how-Verträge im deutschen IPR, in: FS v. Caemmerer 1978, S. 705; *Kropholler*, Europäisches Zivilprozeßrecht, 8. Auflage 2005; *ders.*, Das kollisionsrechtliche System des Schutzes der schwächeren Vertragspartei, RabelsZ 42 (1978), 634; *ders.*, Elastische Anknüpfungsmomente für das Internationale Vertrags- und Deliktsrecht?, RIW 1981, 359; *ders.*, Internationales Privatrecht, 6. Auflage 2006; *Lagarde*, Le „dépeçage" dans le droit international privé des contrats, Riv. dir. int. priv. proc. 11 (1975), 649; *ders.*, Le nouveau droit international privé des contrats après l'entrée en vigueur de la convention de Rome du 19 juin 1980, Rev. crit. DIP 1991, 287; *ders./Tenenbaum*, De la Convention de Rome au Règlement Rome I, Rev. crit. DIP 2008, 727; *Lalive*, Réflexions sur l'Etat et ses contrats internationaux, Genf 1976; *ders.*, Sur une notion de „Contrat international", in: FS Lipstein 1980, S. 135; *Lando*, Consumer Contracts and Party Autonomy in the Conflict of Laws, Mélanges Malmström, 1972, S. 141; *ders.*, New American Choice-of-law Principles and the European Conflict of Laws Contracts, Am. J. Comp. L. 1982, 19; *Langen*, Transnationales Recht, 1981; *R. Lehmann*, Zwingendes Recht dritter Staaten im internationalen Vertragsrecht,

1986; *Leible,* Außenhandel und Rechtssicherheit, ZVglRWiss. 97 (1998), 286; *ders.,* Parteiautonomie im IPR – Allgemeines Anknüpfungsprinzip oder Verlegenheitslösung?, in: FS Jayme 2004, S. 485; *ders.,* Rechtswahl, in: Ferrari/Leible (Hrsg.), Ein neues internationales Vertragsrecht für Europa, 2007, S. 41; *ders.,* Choice of the Applicable Law, in: Cashin Ritaine/Bonomi (Hrsg.), Le nouveau règlement européen «Rome I» relatif à la loi applicable aux obligations contractuelles, 2008, S. 61; *ders.,* Rom I und Rom II, 2009; *ders.,* Brauchen wir noch Art. 46 b EGBGB?, in: FS v. Hoffmann 2011, S. 230; *Lochner,* Darlehen und Anleihe im IPR, 1954; *E. Lorenz,* Die Rechtswahlfreiheit im internationalen Schuldvertragsrecht – Grundsätze und Grenzen, RIW 1987, 569; *ders.,* Die Auslegung schlüssiger und ausdrücklicher Rechtswahlerklärungen im internationalen Schuldvertragsrecht, RIW 1992, 697; *ders.,* Zum neuen internationalen Vertragsrecht aus versicherungsvertraglicher Sicht, in: FS Kegel 1987, S. 303; *W. Lorenz,* Vom alten zum neuen internationalen Schuldvertragsrecht, IPrax 1987, 269; *ders.,* Die Lex mercatoria – Eine internationale Rechtsquelle?, in: FS Neumayer 1985, S. 407; *ders.,* Konsensprobleme bei internationalschuldrechtlichen Distanzverträgen, AcP 159 (1960/61), 193; *Lüderitz,* Anknüpfung im Parteiinteresse, FS Kegel, 1977, S. 31; *ders.,* Wechsel der Anknüpfung in bestehendem Schuldvertrag, in: FS Keller 1989, S. 459; *Lüthge,* Die kollisionsrechtliche Funktion der Schiedsgerichtsvereinbarung, 1975; *Ly de,* International Business Law and Lex mercatoria, 1992; *Magold,* Die Parteiautonomie im internationalen und interlokalen Vertragsrecht der Vereinigten Staaten von Amerika, 1987; *Maire, Die Quelle der Parteiautonomie und das Statut der Rechtswahlvereinbarung im internationalen Vertragsrecht: Eine Untersuchung zum auf die Rechtswahl anwendbaren Recht in der Schweiz, der EU und den USA mit Hinweisen zur Schiedsgerichtsbarkeit und zur Wahl von Einheitsrecht, 2011; Malau,* L'extension du champ d'application d'une convention d'unification matérielle par la volonté des parties, JDI 2004, 443; *Mankowski,* Zu einigen internationalprivat- und internationalprozeßrechtlichen Aspekten bei Börsentermingeschäften, RIW 1996, 1001; *ders.,* Überlegungen zur sach- und interessengerechten Rechtswahl für Verträge des internationalen Wirtschaftsverkehrs, RIW 2003, 2; *ders.,* Stillschweigende Rechtswahl und wählbares Recht, in: Leible (Hrsg.), Das Grünbuch zum Internationalen Privatrecht, 2004, S. 63; *ders.,* Die Rom I-Verordnung – Änderungen im europäischen IPR für Schuldverträge, IHR 2008, 133; *Mann,* Die Gültigkeit der Rechtswahl- und Gerichtsstandsklausel und das IPR, NJW 1984, 2740; *ders.,* Die internationalprivatrechtliche Parteiautonomie in der Rechtsprechung des BGH, JZ 1962, 6; *Mansel,* Kollisions- und zuständigkeitsrechtlicher Gleichlauf der vertraglichen und deliktischen Haftung – Zugleich ein Beitrag zur Rechtswahl durch Prozeßverhalten, ZVglRWiss. 86 (1987), 1; *ders.,* Parteiautonomie, Rechtsgeschäftslehre der Rechtswahl und Allgemeinen Teil des europäischen Kollisionsrechts, in: Leible/Unberath (Hrsg.), Brauchen wir eine Rom 0-Verordnung?, 2013, S. 229; *Markert,* Rohstoffkonzessionen in der internationalen Schiedsgerichtsbarkeit, 1989; *Maulitsch, Rechtswahl und ius cogens im Internationalen Schuldvertragsrecht, RabelsZ 75 (2011), 60; McGuire,* Grenzen der Rechtswahlfreiheit im Schiedsverfahrensrecht? Über das Verhältnis zwischen der Rom I-VO und § 1051 ZPO, SchiedsVZ 2011, 257; *Mengel,* Erhöhter völkerrechtlicher Schutz durch Stabilisierungsklauseln in Investitionsverträgen zwischen Drittstaaten und privaten Investoren?, RIW 1983, 739; *Merkt,* Investitionsschutz durch Stabilisierungsklauseln, 1990; *Meyer-Sparenberg,* Rechtswahlvereinbarung in Allgemeinen Geschäftsbedingungen, RIW 1989, 347; *Michaels,* Privatautonomie und Privatkodifikation. Zur Anwendbarkeit und Geltung allgemeiner Vertragsprinzipien, RabelsZ 62 (1998), 580; *Mincke,* Die Parteiautonomie – Rechtswahl oder Ortswahl?, IPrax 1985, 313; *P. Mitterer,* Die stillschweigende Wahl des Obligationsstatuts nach der Neufassung des EGBGB vom 1.9.1986, Diss. Regensburg 1993; *Möll,* Kollidierende Rechtswahlklauseln in Allgemeinen Geschäftsbedingungen im internationalen Vertragsrecht, 2012; *Möllenhoff,* Nachträgliche Rechtswahl und Rechte Dritter, 1993; *Moser,* Vertragsschluß, Vertragsgültigkeit und Parteiwille im internationalen Obligationenrecht, 1948; *de Nova,* Wann ist ein Vertrag international?, in: FS Ferid 1978, S. 307; *Nygh,* Autonomy in International Contracts, 1999; *Ofner,* Voraussetzungen für das Vorliegen von schlüssiger Rechtswahl und Geltungsannahme gemäß § 35 Abs. 1 IPRG, ZfRV 36 (1995), 149; *Oschmann,* Faktische Grenzen der Rechtswahl, in: FS Sandrock 1995, S. 25; *Ostendorf,* Die Wahl des auf internationale Wirtschaftsverträge anwendbaren Rechtsrahmens im Europäischen Kollisionsrecht: Rechtswahlklauseln 2.0, IHR 2012, 177; *Pfeiffer,* Grenzüberschreitende Internetverträge, in: Hohl/Leible/Sosnitza (Hrsg.), Vernetztes Recht, 2002, S. 21; *ders.,* Welches Recht gilt für elektronische Geschäfte, JuS 2004, 282; *ders.,* Neues Internationales Vertragsrecht – Zur Rom I-Verordnung, EuZW 2008, 622; *Pfister,* Die nachträgliche Vereinbarung des Schuldstatuts, AWD 1973, 440; *Pfütze,* Die Inhaltskontrolle von Rechtswahlvereinbarungen im Rahmen der Verordnungen Rom I bis III, ZEuS 2011, 35; *Pierce,* Post-Formation Choice of Law in Contract, Mod. L. Rev. 50 (1987), 176; *Piltz,* Zum Ausschluß des Haager Einheitlichen Kaufrechts durch Rechtswahlklauseln, NJW 1986, 1405; *ders.,* Anwendbares Recht in grenzüberschreitenden Kaufverträgen, IPrax 1994, 191; *Plender/Wilderspin,* The European Private International Law of Obligations, 2009; *Pommier,* Principe d'autonomie et loi du contrat en droit international privé conventionnel, Paris 1992; *Pulkowski,* Internationale Zuständigkeit und anwendbares Recht bei Streitigkeiten aus grenzüberschreitenden Bauverträgen, IPrax 2001, 306; *Püls,* Parteiautonomie. Die Bedeutung des Parteiwillens und die Entwicklung seiner Schranken bei Schuldverträgen im deutschen Rechtsanwendungsrecht des 19. und 20. Jahrhunderts, 1996; *Raape,* Nachträgliche Vereinbarung des Schuldstatuts, in: FS Boehmer 1954, S. 111; *Rasmussen-Bonne,* Alternative Rechts- und Forumswahlklauseln, 1999; *Rauscher,* Europäisches Zivilprozessrecht, 2. Auflage 2006; *Rees,* Die eindeutige Verknüpfung von Verträgen und ihre Auswirkung auf die Parteiautonomie, Diss. Zürich 1978; *Reimann,* Zur Lehre vom „rechtsordnungslosen" Vertrag, 1970; *Reinhart,* Zur nachträglichen Änderung des Vertragsstatuts nach Art. 27 Abs. 2 EGBGB durch Parteivereinbarung im Prozeß, IPrax 1995, 365; *Reithmann/Martiny,* Internationales Vertragsrecht, 7. Auflage 2010; *Remien,* Das anwendbare Recht bei elektronisch geschlossenen Verträgen, in: Leible (Hrsg.), Die Bedeutung des Internationalen Privatrechts im Zeitalter der neuen Medien, 2003, S. 21; *Rengeling,* Privatvölkerrechtliche Verträge, 1971; *Rinze,* The Scope of Party Autonomy under the 1980 Rome Convention on the Law Applicable to Contractual Obligations, J. B. L. 1994, 412; *W.-H. Roth,* Zur Wählbarkeit nichtstaatlichen Rechts, in: FS Jayme 2004, S. 757; *Rühl,* Party Autonomy in the Private International Law of Contracts: Transatlantic Convergence and Economic Efficiency, in: Gottschalk/Michaels/Rühl/von Hein (Hrsg.), Conflict of Laws in a Globalized World, 2007, S. 153; *dies.,* Rechtswahlfreiheit im europäischen Kollisionsrecht, in: FS Kropholler, 2008, S. 187; *Sandrock,* „Versteinerungsklauseln" in Rechtswahlvereinbarungen für internationale Handelsverträge, in: FS Riesenfeld 1983, S. 211; *ders.,* Internationales Wirtschaftsrecht in Theorie und Praxis, 1995, S. 29; *ders.,* Die Bedeutung des Gesetzes zur Neuregelung des Internationalen Privatrechts für die Unternehmenspraxis, RIW 1986, 848; *ders.,* Zur ergänzenden Vertragsauslegung im materiellen und internationalen Schuldvertragsrecht, 1966; *Schaack,* Zu den Prinzipien der Privatautonomie im deutschen und französischen Rechtsanwendungsrecht, 1990; *ders.,* Keine stillschweigende Rechtswahl im Prozeß!, IPrax 1986, 272; *ders.,* Rechtswahl im Prozeß?, NJW 1984, 2736; *Scheuch,* Luftbeförderung und Chartervertrag unter besonderer Berücksichtigung des IPR, 1979;

Schmeding, Zur Bedeutung der Rechtswahl im Kollisionsrecht, RabelsZ 41 (1977), 299; *Schmitz*, Haftungsausschlußklauseln nach englischem und internationalem Privatrecht, 1977; *Schnitzer*, Die funktionelle Anknüpfung im internationalen Vertragsrecht, in: FS Schönenberger 1968, S. 387; *ders.*, Die Zuordnung der Verträge im IPR, RabelsZ 33 (1969), 17; *Schröder*, Auslegung und Rechtswahl, IPrax 1985, 131; *ders.*, Vom Sinn der Verweisung im internationalen Schuldvertragsrecht, IPrax 1987, 90; *Schwander*, Subjektivismus in der Anknüpfung im internationalen Privatrecht, in: FS Lalive 1993, S. 181; *ders.*, Zur Rechtswahl im IPR des Schuldvertragsrechts, in: FS Keller 1989, S. 473; *Schwimann*, Rechtswahl durch die Parteien im neuen IPR, JBl 1981, 617; *Schwung*, Die Grenzen der freien Rechtswahl im Internationalen Vertragsrecht, WM 1984, 1301; *Segerath*, Die Teilverweisung der Parteien im internationalen Obligationenrecht, Diss. Basel 1961; *Siehr*, Die Parteiautonomie im Internationalen Privatrecht, FS Keller 1989, S. 485; *Simitis*, Aufgaben und Grenzen der Parteiautonomie im internationalen Vertragsrecht, JuS 1966, 209; *Spellenberg*, Atypischer Grundstücksvertrag, Teilrechtswahl und nicht ausgeübte Vollmacht, IPrax 1990, 295; *Spickhoff*, Der ordre public im internationalen Privatrecht, 1989; *ders.*, Internationales Handelsrecht vor Schiedsgerichten und staatlichen Gerichten, RabelsZ 56 (1992), 116; *ders.*, Internationales Handelsrecht vor Schiedsgerichten und staatlichen Gerichten, RabelsZ 56 (1992), 116; *ders.*, Nachträgliche Rechtswahl: Interlokales und intertemporales Kollisionsrecht, Form, Rückwirkung und Beweislast, IPrax 1998, 462; *ders.*, Richterliche Aufklärungspflicht und materielles Recht, 1999; *Stankewitsch*, Entscheidungsnormen im IPR als Wirksamkeitsvoraussetzungen der Rechtswahl, 2003; *Staudinger*, Anknüpfung von Gerichtsstandsvereinbarungen und Versicherungsverträgen, in: Leible (Hrsg.), Das Grünbuch zum Internationalen Vertragsrecht, 2004, S. 37; *Stein*, Lex mercatoria – Realität und Theorie, 1995; *ders.*, The Drafting of Effective Choice-of-Law Clauses, J. Int. Arb. 8 (1991), 69; *Steiner*, Die stillschweigende Rechtswahl im Prozeß im System der subjektiven Anknüpfungen im deutschen IPR, 1998; *Steinle*, Konkludente Rechtswahl und objektive Anknüpfung nach altem und neuem deutschen Internationalen Vertragsrecht, ZVglRWiss. 93 (1994), 300; *Stoll*, Das Statut der Rechtswahlvereinbarung – eine irreführende Konstruktion, in: FS Heini 1995, S. 429; *ders.*, Dinglicher Gerichtsstand, Vertragsstatut und Realstatut bei Vereinbarungen zum Miteigentümerverhältnis, IPrax 1999, 29; *ders.*, Rechtsnatur und Bestandsschutz von Vereinbarungen zwischen Staaten und ausländischen privaten Investoren, RIW 1981, 808; *ders.*, Vereinbarungen zwischen Staat und ausländischem Investor, 1982; *Straub*, Zwei Wechselfälle der Parteiautonomie, IPrax 1994, 241; *Sturm*, Fakultatives Kollisionsrecht – Notwendigkeit und Grenzen, in: FS Zweigert 1981, S. 329; *Sumampouw*, Rechtswahl im Vertragsrecht, RabelsZ 30 (1966), 334; *Tassikas*, Dispositives Recht und Rechtswahlfreiheit als Ausnahmebereiche der EG-Grundfreiheiten, 2004; *Thode*, Die Bedeutung des neuen internationalen Schuldvertragsrechts für grenzüberschreitende Bauverträge, ZfBR 1989, 43; *Tiedemann*, Kollidierende AGB – Rechtswahlklauseln in österreichischen und deutschen IPR, IPrax 1991, 424; *Thüsing/Kroh*, Rechtswahlklauseln nach Inkrafttreten der Rom I-VO, ZGS 2010, 346; *Tschanz*, Contrats d'État et mesures unilatérales de l'État devant l'arbitre international, Rev. crit. DiP 74 (1985), 47; *Umbricht*, Die immanenten Schranken der Rechtswahl im internationalen Schuldrecht, Diss. Zürich 1963; *Vander Elst*, Liberté, respect et protection de la volonté en droit international privé, in: Hommage à F. Rigaux, Brüssel 1993, S. 507; *Velten*, Die Anwendung des Völkerrechts auf State Contracts in der internationalen Schiedsgerichtsbarkeit, 1987; *Veltins*, Umfang und Grenzen von Rechtswahlklauseln, JbPraxSch 3 (1989), 126; *Vischer*, Veränderungen des Vertragsstatuts und ihre Folgen, in: FS Keller 1989, S. 547; *ders.*, Internationales Vertragsrecht, 1962; *Wagner*, Der Grundsatz der Rechtswahl und das mangels Rechtswahl anwendbare Recht (Rom I-Verordnung), IPrax 2008, 377; *Wälde*, Transnationale Investitionsverträge, RabelsZ 42 (1978), 28; *Weise*, Lex mercatoria, 1990; *Wengler*, Allgemeine Rechtsgrundsätze als wählbares Geschäftsstatut?, ZfRV 23 (1982), 11; *ders.*, IPR-Rechtsnormen und Wahl des Vertragsstatuts, 1991; *ders.*, Rechtswahl unter Zwang, in: FS Lalive 1993, S. 211; *Wenner*, Die HOAI im internationalen Rechtsverkehr, RIW 1998, 173; *ders.*, Internationale Architektenverträge, insbes. das Verhältnis Schuldstatut – HOAI, BauR 1993, 257; *von Westphalen*, Fallstricke bei Verträgen und Prozessen mit Auslandsberührung, NJW 1994, 2113; *Wichard*, Die Anwendung der UNIDROIT – Prinzipien für internationale Handelsverträge durch Schiedsgerichte und staatliche Gerichte, RabelsZ 60 (1996), 269; *Wicki*, Zur Dogmengeschichte der Parteiautonomie im Internationalen Privatrecht, 1965; *Wiesner*, Die Zulässigkeit der kollisionsrechtlichen Teilverweisung im internationalen Obligationenrecht, Diss. Regensburg 1971; *Wildersprin*, Les perspectives d'une révision de la convention de Rome sur la loi applicable aux obligations contractuelles, in: Fuchs/Muir Watt/Pataut (Hrsg.), Les conflits de lois et le système communautaire, 2004, S. 173; *von Wilmowsky*, EG-Vertrag und kollisionsrechtliche Rechtswahlfreiheit, RabelsZ 62 (1998), 1; *Windmöller*, Die Vertragsspaltung im Internationalen Privatrecht des EGBGB und EGVVG, 2000; *Wohlgemuth*, Veränderungen im Bestand des Geltungsgebietes des Vertragsstatuts, 1979; *Zweigert*, Verträge zwischen staatlichen und nichtstaatlichen Partnern, BerDGesVR 5 (1964), 194.

A. Allgemeines ... 1
  I. Grundsatz ... 1
  II. Entwicklung ... 2
  III. Gründe für die Gewährung von Parteiautonomie ... 4
  IV. Regelungsziel und Regelungsstruktur ... 7
  V. E-Commerce ... 9
B. Regelungsgehalt ... 10
  I. Geltung allgemeiner Regeln ... 10
    1. Rück- und Weiterverweisung ... 10
    2. Ordre public ... 12
  II. Verhältnis zu anderen Vorschriften ... 15
    1. Verhältnis zu Art. 4 ... 15
    2. Verhältnis zu Artt. 6 und 8 sowie 46 b EGBGB ... 16
    3. Verhältnis zu Artt. 5 und 7 ... 19
    4. Verhältnis zu Art. 9 ... 20
  III. Freie Rechtswahl ... 21
    1. Grundsatz ... 21
    2. Schranken ... 22
    3. Kreis der wählbaren Rechte ... 23
      a) Nationales Recht ... 23
      b) Stabilisierungs- und Versteinerungsklauseln ... 24
        aa) Versteinerungsklauseln ... 24
        bb) Stabilisierungsklauseln ... 28
      c) Anationales Recht ... 29
        aa) Rechtsordnungsloser Vertrag ... 29
        bb) Allgemeine Rechtsprinzipien ... 30
        cc) Transnationales Handelsrecht (lex mercatoria) ... 31
        dd) Prinzipienkataloge ... 33
        ee) UN-Kaufrecht ... 37
    4. Teilrechtswahl und bedingte Rechtswahl ... 38
      a) Teilrechtswahl (dépeçage) ... 38
      b) Optionale Rechtswahl (floating choice of law clauses) ... 42
  IV. Rechtswahl als Vertrag ... 45
    1. Einigung ... 45
      a) Ausdrückliche Rechtswahl ... 45

b)	Stillschweigende Rechtswahl.........	49	3.	Zustandekommen und Wirksamkeit......	69
aa)	Grundsatz...........................	49		a) Grundsatz...........................	69
bb)	Gerichtsstandsvereinbarung.........	51		b) Rechtswahl in AGB.................	72
cc)	Schiedsgerichtsvereinbarung........	54		c) Form...............................	76
dd)	Bezugnahme auf Normen oder Institute eines bestimmten Rechts.......	56		d) Verkehrsschutz.....................	77
ee)	Prozessverhalten....................	58	V.	Unzureichende Auslandsberührung..........	78
ff)	Sonstige Umstände.................	61	VI.	Binnenmarktklausel.........................	81
2. Zeitpunkt....................		62	**C.**	**Internationale Zuständigkeit**.................	85
a)	Anfängliche Rechtswahl..............	62	I.	Überblick...................................	85
b)	Nachträgliche Rechtswahl............	63	II.	EuGVVO/LugÜ...........................	86
			III.	Autonomes Recht...........................	98

A. Allgemeines

I. Grundsatz

1 Parteiautonomie ist das kollisionsrechtliche Pendant zur Privatautonomie. Während mit **Privatautonomie** die Freiheit der Parteien bezeichnet wird, den materiellen Vertragsinhalt selbst zu bestimmen, meint **Parteiautonomie** die kollisionsrechtliche Freiheit der Rechtswahl. Systematisch sind Privat- und Parteiautonomie voneinander zu unterscheiden. Auch wenn es den Parteien im Rahmen der Privatautonomie verwehrt ist, die Geltung unabdingbarer innerstaatlicher Normen des materiellen Rechts auszuschließen, können sie das gewünschte Ergebnis im internationalen Rechtsverkehr gleichwohl durch die parteiautonome Wahl einer fremden Rechtsordnung erreichen. Die kollisionsrechtliche Freiheit kann also über die materiellrechtliche hinausreichen.[1]

II. Entwicklung

2 Ansätze zur Gewährung von Rechtswahlfreiheit sollen bereits im ptolemäischen Ägypten vorhanden gewesen sein.[2] Gemeinhin wird jedoch *Dumoulin* **als Begründer der Parteiautonomie** angesehen.[3] In Rechtsprechung und Lehre ist man sich jedenfalls insbesondere seit *Savigny*[4] und *Mancini*[5] darüber einig, dass in erster Linie das von den Parteien gewollte Recht anzuwenden ist. Was dies im Einzelnen bedeutet, blieb freilich lange Zeit umstritten. Vor allem die deutsche Lehre zur Jahrhundertwende widersprach vehement der Annahme, die Bestimmung des maßgeblichen Rechts könne ***allein*** dem Willen der Parteien überlassen werden. Man wandte ein, dass der Wille der Parteien Rechtswirkungen nur insoweit auslösen könne, wie er vom Gesetz anerkannt würde. „Denn was die Parteien vereinbaren, ist rechtliche Luft, wenn nicht zuvor bereits eine Rechtsordnung maßgebend ist, aus der solche Abreden rechtliche Wirksamkeit schöpfen können."[6] Daher sei zunächst nach rein objektiver Anknüpfung die „primär" geltende Rechtsordnung zu ermitteln. Erst in einem weiteren Schritt könne gefragt werden, inwieweit die in ihr enthaltenen Normen es gestatten, der „Parteiverweisung" zu entsprechen. Die von den Parteien vorgenommene Rechtswahl wurde also nur als eine in heutiger Terminologie rein materiellrechtliche Verweisung begriffen.[7] Rechtsprechung

---

1 *Leible*, in: FS Jayme 2004, S. 485; *Pfütze*, ZEuS 2011, 37, 39.
2 *Sturm*, in: FS E. Wolff 1985, S. 637.
3 So etwa *Gutzwiller*, Geschichte des Internationalprivatrechts, 1977, S. 74 und 78; *Meili*, Das internationale Civil- und Handelsrecht aufgrund der Theorie, Gesetzgebung und Praxis, 1902, S. 93; *Moser*, Vertragsschluss, Vertragsgültigkeit und Parteiwille im internationalen Obligationenrecht, 1948, S. 135; *Nussbaum*, Deutsches Internationales Privatrecht, 1932, S. 22 und 215; *Raape*, Internationales Privatrecht, 5. Aufl. 1961, S. 456; *Wicki*, Zur Dogmengeschichte der Parteiautonomie im Internationalen Privatrecht, 1965, S. 18 ff; *M. Wolff*, Das Internationale Privatrecht Deutschlands, 3. Aufl. 1954, S. 14 (in Fn 12); aA *Gamillscheg*, Der Einfluss Dumoulins auf die Entwicklung des Kollisionsrechts, 1955, S. 110 ff; *ders.*, AcP 157 (1958), 303, 307; *Nygh*, Autonomy in International Contracts, S. 4.
4 Zwar spricht sich *Savigny* nicht explizit für die Verweisungsfreiheit aus, doch rechtfertigt er die Anwendung der Erfüllungsortregel mit der freiwilligen Unterwerfung der Parteien und gelangt damit – wenn auch unter anderen Prämissen – letztlich zum gleichen Erg., vgl *Savigny*, System des heutigen Römischen Rechts, Band VIII (2. Neudruck 1981), S. 203 und 206.
5 Vgl vor allem *Mancini*, Clunet 1 (1874), S. 221 ff, 285 ff, insb. 295 ff.
6 *Neumeyer*, Internationales Verwaltungsrecht, Bd. II (unveränd. Nachdruck von 1980), S. 456.
7 Vgl bereits *Wächter*, AcP 25 (1842), 1, 35 f; später ebenso *L. v. Bar*, Theorie und Praxis des Internationalen Privatrechts, Band II, 2. Aufl. 1889, S. 4 ff; *Frankenstein*, Internationales Privatrecht, Band II, 1929, S. 159 ff; *Gutzwiller*, Internationalprivatrecht, 1930, S. 1605; *Lewald*, Das deutsche Internationale Privatrecht auf der Grundlage der Rechtsprechung, 1931, S. 201 ff; *Neumeyer*, Internationales Privatrecht, 2. Aufl. 1930, S. 6 und 29; *Zitelmann*, Internationales Privatrecht, Band II, 1912, S. 375. Eine ausf. Darstellung der Entwicklung findet sich u.a. bei *Püls*, Parteiautonomie.

und Lehre sind jedoch über diese Einwände zu Recht hinweggegangen.[8] Das RG ließ die kollisionsrechtliche Rechtswahl entgegen der Kritik der damals hM in der Literatur bereits frühzeitig zu.[9] Der BGH ist dem gefolgt.[10] Die Parteiautonomie hat sich zumindest im Internationalen Vertragsrecht als Anknüpfungsmaxime **nahezu weltweit durchgesetzt**[11] und kann als dessen wichtigster Grundsatz bezeichnet werden.[12]

Seine heutige Gestalt erhielt Art. 3 durch Überführung des Europäischen Schuldvertragsübereinkommens (EVÜ) in eine Verordnung. Bereits das EVÜ hatte die Parteiautonomie als gemeineuropäisches Rechtsprinzip in **Art. 3 EVÜ**, der in deutsches Recht mittels **Art. 27 EGBGB** inkorporiert wurde, anerkannt. Die Rom I-VO hat Art. 3 EVÜ weitgehend übernommen.[13] Die Privatautonomie steht dort, wie bereits im EVÜ und im EGBGB, an prominenter Stelle, nämlich zu Beginn des Kapitels II, welches die einheitlichen Kollisionsnormen statuiert. Die Anknüpfungsmaxime der Parteiautonomie ist damit im Internationalen Vertragsrecht beibehalten worden. 3

III. Gründe für die Gewährung von Parteiautonomie

Positivrechtlich zu legitimieren vermag die freie Rechtswahl allein das geltende staatliche Recht, nicht jedoch ein wie auch immer ausgestaltetes Prinzip der persönlichen Freiheit. Die *lex fori* muss erklären, welches Recht anwendbar ist. Es sind daher die Kollisionsnormen des Forums und nicht die Parteien, die die für den Vertrag maßgeblichen internationalprivatrechtlichen Anknüpfungskriterien festlegen.[14] Sie bilden den „archimedischen Punkt", von dem aus die Geltung des inländischen materiellen Rechts aus den Angeln gehoben werden kann.[15] 4

Für die innere, sozusagen rechtspolitische Berechtigung der freien Rechtswahl sprechen viele Gründe: der Grundsatz *„in dubio pro libertates"*,[16] die Parallelität kollisions- und sachrechtlicher Wertungen,[17] der Gewinn an Rechtssicherheit,[18] die Überwindung ansonsten bestehender Anknüpfungsschwierigkeiten usw.[19] Die Parteiautonomie ermöglicht es den Parteien außerdem, die Rechtsordnung zu wählen, die **ihren Interessen im Einzelfall am ehesten entspricht**. Parteiautonomie dient damit nicht der Verwirklichung individueller Gerechtigkeit, sondern fördert gleichzeitig die **internationalprivatrechtliche Gerechtigkeit**. Denn es sind die Parteien selbst, die schließlich wissen müssen, „was ihnen frommt".[20] Eine allseitige Berücksichtigung aller für die Parteien wirtschaftlich relevanten Faktoren kann von objektiven Anknüpfungen offensichtlich nicht erbracht werden, da das Recht notwendigerweise abstrakt sein muss, um eine Vielzahl im Vorhinein nicht absehbarer Fälle erfassen zu können. 5

Letztlich ausschlaggebend für die Zulassung einer freien Rechtswahl ist jedoch die besondere Bedeutung, die dem menschlichen Willen in jeder einem freiheitlichen Menschenbild verschriebenen Rechtsordnung zukommt. Der **Respekt vor der individuellen Entscheidung** bildet eine **Leitmaxime**, die nicht nur das 6

---

8 Grundlegend *Haudek*, Die Bedeutung des Parteiwillens im Internationalen Privatrecht, 1931, S. 47 ff, und *Mayer*, NiemZ 44 (1931), 103, 121 ff; vgl weiterhin *Melchior*, Die Grundlagen des deutschen internationalen Privatrechts, 1932, S. 498 ff; *Neumann*, Vertragsgültigkeit und Parteiwille in Lehre und Rechtsprechung des internationalen Schuldrechts, 1930.
9 Vgl zB RGZ 4, 224, 247; 6, 125, 132; 34, 72, 81. Ausf und mwN zur Rspr des RG *Püls*, Parteiautonomie, S. 126 ff.
10 Vgl zB BGHZ 7, 231, 234; 7, 110, 111.
11 Kurzer rechtsvergleichender Überblick bei *Nygh*, S. 13 f; vgl außerdem *Lando*, in: International Enciclopedia of Comparative Law III, 1976, Kap. 24, Nr. 13–33; *Sandrock*, Handbuch der Internationalen Vertragsgestaltung I, 1980, Rn 263 ff; *Vischer*, Internationales Vertragsrecht, S. 39 ff; *Basedow*, RabelsZ 75 (2011), 33, 34.
12 *Lalive*, Rec. des Cours 1967-I, 569, 621. Vgl auch Erwägungsgrund 11: „... einer der Ecksteine des Systems der Kollisionsnormen im Bereich der vertraglichen Schuldverhältnisse ...".
13 Reithmann/Martiny/*Martiny*, Rn 87; *Heiss*, in: Ferrari/Leible, Rome I Regulation, 2009, S. 1; *Pfeiffer*, EuZW 2008, 622, 624.
14 *Kropholler*, IPR, § 40 I (S. 292 f); *Melchior*, Die Grundlagen des deutschen internationalen Privatrechts, 1932, S. 500; *Raape*, Internationales Privatrecht, 5. Aufl. 1961, S. 457; *Siehr*, in: FS Keller 1989, S. 485, 486; *Vischer*, Internationales Vertragsrecht, S. 24.
15 *Dölle*, RabelsZ 17 (1952), 170, 173 f; *Neuhaus*, Die Grundbegriffe des internationalen Privatrechts, 2. Aufl. 1976, S. 256.
16 *Kropholler*, IPR, § 40 III 2 (S. 296); *Neuhaus*, Die Grundbegriffe des internationalen Privatrechts, 2. Aufl. 1976, S. 257; *Diedrich*, RIW 2009, 378, 379.
17 *Kropholler*, IPR, § 40 III 2 (S. 296); *Neuhaus*, Die Grundbegriffe des internationalen Privatrechts, 2. Aufl. 1976, S. 257.
18 *Leible*, ZVglRWiss 97 (1998), 286 (289); *W.-H. Roth*, Internationales Versicherungsvertragsrecht, 1985, S. 435; *Schack*, Liber amicorum Kegel 2002, S. 179, 190; *Spellenberg*, Geschäftsstatut und Vollmacht im internationalen Privatrecht, 1979, S. 193; *Diedrich*, RIW 2009, 378, 379.
19 Überblick bei *Schmeding*, RabelsZ 41 (1977), 298, 305 f; zur theoretischen Begründung der Rechtswahl siehe außerdem *Basedow*, RabelsZ 75 (2011), 33, 50 ff.
20 *Raape*, Internationales Privatrecht, 5. Aufl. 1961, S. 458. Ähnlich *W.-H. Roth*, Internationales Versicherungsvertragsrecht, 1985, S. 436; *Spellenberg*, Geschäftsstatut und Vollmacht im internationalen Privatrecht, 1979, S. 192.

nationale, sondern auch das internationale Privatrecht beherrscht bzw so weit als möglich beherrschen sollte. Manche halten die Rechtswahlfreiheit daher zumindest in ihrem Kern für durch die Verfassung gewährleistet.[21] Ein ähnlicher Gewährleistungsgehalt wird den europäischen Grundfreiheiten zugeschrieben.[22] Auf jeden Fall muss die Parteiautonomie im Zentrum eines gewandelten Kollisionsrechts stehen, das heute nicht mehr nur vornehmlich der Durchsetzung staatlicher Interessen dienen kann.[23] Parteiautonomie stellt sich insoweit **nicht** als Fortschreibung nationaler Privatautonomie dar, sondern ist **Ausfluss eines überpositiven Autonomie- und Freiheitsgedankens**;[24] denn wo sich aufgrund der Internationalität des Sachverhalts die Anwendung eines bestimmten Rechts nicht mehr von selbst versteht, ist es für die Parteien „die natürliche Reaktion, die rechtliche Ordnung ihrer Beziehungen selbst in die Hand zu nehmen".[25]

IV. Regelungsziel und Regelungsstruktur

7 Art. 3 statuiert den Grundsatz der Privatautonomie: „Der Vertrag unterliegt dem von den Parteien gewählten Recht". Die Rechtswahl kann ausdrücklich, aber auch konkludent erfolgen und für den ganzen Vertrag oder auch nur einen Teil von ihm (*depeçage*) getroffen werden (Abs. 1). Sie ist jederzeit möglich, doch lässt eine nachträgliche Rechtswahl die Formgültigkeit des Vertrages sowie Rechte Dritter unberührt (Abs. 2). Das Zustandekommen und die Wirksamkeit der Rechtswahl richten sich nach dem gleichen Recht, das für den Hauptvertrag gilt (Abs. 5).

8 Die Rechtswahl hat, sofern die Parteien nichts anderes vereinbart haben, grundsätzlich **kollisionsrechtliche Wirkung**.[26] Das bei objektiver Anknüpfung eigentlich anwendbare Recht wird – gegebenenfalls unter Ausnahme seiner Eingriffsnormen (Art. 9) – insgesamt verdrängt. Sind alle anderen Elemente des Sachverhalts zum Zeitpunkt der Rechtswahl allerdings in einem anderen als demjenigen Staat belegen, dessen Recht gewählt wurde, so berührt die Rechtswahl der Parteien nicht die Anwendung derjenigen Bestimmungen des Rechts dieses anderen Staates, von denen nicht durch Vereinbarung abgewichen werden kann (Abs. 3). Die Rechtswahl hat dann eine nur **materiellrechtliche Wirkung**.[27] Ähnliches gilt im Falle, dass alle anderen Elemente des Sachverhalts zum Zeitpunkt der Rechtswahl in einem oder mehreren Mitgliedstaaten belegen sind. Hier berührt die Wahl des Rechts eines Drittstaates nicht die Anwendung der Bestimmungen des Gemeinschaftsrechts, seit Lissabon nunmehr Bestimmungen des Unionsrechts, – gegebenenfalls in der von dem Mitgliedstaat des angerufenen Gerichts umgesetzten Form –, von denen nicht durch Vereinbarung abgewichen werden kann (Abs. 4). Die Rechtswahl nimmt dann eine **Zwischenstellung zwischen kollisionsrechtlicher und materiellrechtlicher Rechtswahl** ein.[28]

V. E-Commerce

9 Art. 3 ist auch bei Schuldverträgen im E-Commerce zu beachten. Denn gem. § 3 Abs. 3 Nr. 1 Telemediengesetz (TMG),[29] der an die Stelle des früheren § 4 Abs. 2 Nr. 1 Teledienstgesetzes (TDG) getreten ist, wird „die Freiheit der Rechtswahl" ausdrücklich vom Herkunftslandprinzip des § 3 TMG nicht berührt. Das Regelungsregime des Art. 3 gibt daher auch für die Anknüpfung von Schuldverträgen im elektronischen Geschäftsverkehr Maß.[30]

---

21 So zB *Beitzke*, Grundgesetz und Internationalprivatrecht, 1961, S. 16 f; *Junker*, Internationales Arbeitsrecht im Konzern, 1992, S. 54; vgl mwN auch *Laufkötter*, Parteiautonomie im Internationalen Wettbewerbs- und Kartellrecht, 2001, S. 56 ff; aA zB *Kühne*, Die Parteiautonomie im internationalen Erbrecht, 1973, S. 30; *Neuhaus*, Die Grundbegriffe des internationalen Privatrechts, 2. Aufl. 1976, S. 255.
22 Vgl zB *von Wilmowsky*, Europäisches Kreditsicherungsrecht, 1996, S. 46; *ders.*, RabelsZ 62 (1998), 1, 5; ähnlich *Drasch*, Das Herkunftslandprinzip im internationalen Privatrecht, 1997, S. 244 ff; *Freitag*, Der Einfluss des Europäischen Gemeinschaftsrechts auf das Internationale Produkthaftungsrecht, 2000, S. 370; *Grundmann*, IPrax 1992, 1, 4; *Leible*, in: FS Jayme 2004, S. 485, 501 f.
23 *Flessner*, Interessenjurisprudenz im internationalen Privatrecht, 1990, S. 102 f; *Keller/Siehr*, Allgemeine Lehren des internationalen Privatrechts, 1986, S. 372; *Junker*, IPrax 1993, 1, 2; *Püls*, Parteiautonomie. S. 162; *Sandrock*, in: FS Riesenfeld 1983, S. 211, 221.
24 Ähnlich *Jayme*, RdC 251 (1995), 9, 147 ff.
25 *Flessner*, Interessenjurisprudenz im internationalen Privatrecht, 1990, S. 100; *Junker*, IPrax 1993, 1, 2.
26 Reithmann/Martiny/*Martiny*, Rn 87; Rauscher/*v. Hein*, EuZPR/EuIPR, Art. 3 Rn 4; jurisPK-BGB/*Ringe*, Art. 3 Rn 9; Ferrari u.a./*Ferrari*, Internationales Vertragsrecht, Art. 3 Rn 6.
27 Staudinger/*Magnus*, Art. 3 Rn 39.
28 *Pfeiffer*, EuZW 2008, 622, 625; ähnlich Staudinger/*Magnus*, Art. 3 Rn 149, der jedoch eine rein materiellrechtliche Wirkung annimmt.
29 BGBl I 2007 S. 179.
30 Vgl dazu auch mwN MüKo/*Martiny*, Art. 9 Anhang III Rn 27 ff.

B. Regelungsgehalt

I. Geltung allgemeiner Regeln

1. Rück- und Weiterverweisung. Die von Abs. 1 ausgesprochene Verweisung ist gem. Art. 20 grundsätzlich eine **Sachnormverweisung**, führt also direkt zu den Sachvorschriften des Staates, auf dessen Recht verwiesen wurde. Rück- und Weiterverweisung sind daher unbeachtlich. Umstritten ist, ob es den Parteien darüber hinaus frei steht, auch eine **Gesamtverweisung** zu vereinbaren. Der Wortlaut von Art. 15 EVÜ schloss die Wahl eines ausländischen Kollisionsrechts nicht ausdrücklich aus.[31] Unter Geltung dieser Norm sprachen die besseren Argumente dafür, dann den rechtswahlbefugten Parteien auch die Wahl eines ausländischen Kollisionsrechts zu gestatten, sofern sie es denn eindeutig genug vereinbart haben, zumal sie dies in Schiedsvereinbarungen ohnehin können.[32] Indes lässt die derzeitige Fassung der Rom I-VO eine derartige Auslegung nicht mehr zu; denn wenn die Vereinbarung einer Gesamtverweisung ohnehin zulässig wäre, hätte es der in Art. 20 vorgesehenen Ausnahme für bestimmte Versicherungsverträge (vgl Art. 20 Rn 4) nicht bedurft (vgl auch Art. 20 Rn 5).[33]

10

Umfasst **ein Staat mehrere Gebietseinheiten,** von denen jede für vertragliche Schuldverhältnisse ihre eigenen Rechtsvorschriften hat (USA, Kanada, Australien, Großbritannien usw.), können die Parteien unmittelbar das Recht einer Gebietseinheit wählen, etwa das Recht des Staates Kalifornien. Die Verweisung führt dann direkt zu den kalifornischen Sachvorschriften, da gem. Art. 22 Abs. 1 jede Gebietseinheit als Staat zu behandeln ist. Ein möglicherweise existentes interlokales Privatrecht des Zentralstaates wird dadurch ausgeschaltet. Wird allerdings nur das Recht des Zentralstaates gewählt, etwa „amerikanisches Recht",[34] geht die Verweisung ins Leere. Dann ist durch Auslegung zu ermitteln, ob die Parteien das Recht einer Gebietseinheit zur Anwendung bringen wollten. Lässt sich ein dahin gehender Parteiwille nicht feststellen, ist die Rechtswahl unwirksam und stattdessen objektiv anzuknüpfen.[35]

11

2. Ordre public. Zwar kann gem. Art. 21 die Anwendung einer Vorschrift des nach der Rom I-VO bezeichneten Rechts versagt werden, wenn ihre Anwendung mit der öffentlichen Ordnung („ordre public") des Staates des angerufenen Gerichts offensichtlich unvereinbar ist. Die praktische Relevanz der *ordre-public*-Klausel ist allerdings gering, da bereits mit den Artt. 6, 8, 9 Rom I-VO sowie Art. 46 b EGBGB Normen zur Verfügung stehen, die einen kollisionsrechtlichen Schwächerenschutz sicherstellen und helfen, einen Widerspruch zu öffentlichen Interessen zu vermeiden sowie die Geltung zwingenden Rechts zu gewährleisten.

12

Ein *ordre-public*-Verstoß wurde etwa angenommen bei der Inanspruchnahme eines **Bürgen**, der sich für die Verbindlichkeiten seines im Ausland gelegenen Unternehmens verbürgt hatte, wenn die im Inland ansässige Bürgschaftsgläubigerin von demjenigen ausländischen Staat beherrscht wird, der sämtliche Anteile des Bürgen an der Hauptschuldnerin entschädigungslos enteignet hat.[36] *Ordre-public*-Verstöße sind weiterhin möglich bei Bürgschaften geschäftlich unerfahrener Personen für Verbindlichkeiten naher Angehöriger.[37] Bei **Schadensersatzansprüchen** ist zu differenzieren. Ob die Voraussetzungen und Folgen des Schadensersatzanspruchs mit denen des ausländischen Rechts übereinstimmen, gehört grundsätzlich nicht zur deutschen öffentlichen Ordnung,[38] wohl aber die Zubilligung exorbitanter Schadensersatzansprüche mit Strafcharakter (*punitive damages*).[39] Korrigiert werden kann auch die Vereinbarung übermäßiger Vertragsstrafen, wenn

13

---

31 Vgl Czernich/Heiss/*Czernich*, Art. 15 EVÜ Rn 5; Freitag/Leible, ZVglRWiss 99 (2000), 101, 140; Staudinger/*Hausmann*, Art. 20 Rn 12; Soergel/ v. *Hoffmann*, Art. 35 EGBGB Rn 7; Erman/*Hohloch*, Art. 3 Rn 3; *Kropholler*, IPR, § 24 II 2, 3 (S. 175 f); MüKo/*Martiny*, Art. 20 Rn 5 f; Reithmann/Martiny/ *Martiny*, Rn 218; Staudinger/*Magnus*, Art. 3 Rn 19; v. *Bar*/Mankowski, IPR I, § 7 Rn 938; aA Palandt/ *Thorn*, Art. 3 Rn 3; *Looschelders*, Art. 27 EGBGB Rn 2; *W. Lorenz*, IPrax 1987, 269, 276; Bamberger/ Roth/*Spickhoff*, Art. 35 EGBGB Rn 3; Rauscher/v. *Hein*, EuZPR/EuIPR, Art. 3 Rn 65.

32 Das gestehen auch die Vertreter der Gegenauffassung (vorige Fn) zu, vgl *Looschelders*, Art. 27 EGBGB Rn 3; v. *Bar*, IPR II, Rn 424.

33 Rauscher/*Freitag*, EuZPR/EuIPR, Art. 20 Rn 2; Ferrari u.a./*Kieninger*, Internationales Vertragsrecht, Art. 20 Rn 6; *Looschelders*, Art. 27 EGBGB Rn 2; *W. Lorenz*, IPrax 1987, 269, 276; MüKo/*Martiny*, Art. 20 Rn 6; Reithmann/Martiny/*Martiny*, Rn 218;

Calliess/*Rödl*, Art. 20 Rn 7 f; Bamberger/Roth/*Spickhoff*, Art. 20 Rn 3; Ferrari u.a./*Ferrari*, Internationales Vertragsrecht, Art. 3 Rn 16; Palandt/*Thorn*, Art. 20 Rn 1; v. *Hein*, in: Leible/Unberath (Hrsg.), Brauchen wir eine Rom 0-Verordnung?, 2013, S. 356.

34 Vgl dazu OLG München IPrax 1983, 120.

35 *Looschelders*, Art. 27 EGBGB Rn 5; Staudinger/ *Magnus*, Art. 3 Rn 48; Reithmann/Martiny/*Martiny*, Rn 220, 307; v. *Bar*, IPR II, Rn 464; Rauscher/ v. *Hein*, EuZPR/EuIPR, Art. 3 Rn 67.

36 BGHZ 104, 240.

37 So unter Hinw. auf die einschlägige BGH- und BVerfG-Rspr *Dörner*, in: FS Sandrock 2000, S. 205; *Looschelders*, Art. 27 EGBGB Rn 8; Staudinger/ *Magnus*, Art. 4 Rn 421; vorsichtiger *Martiny*, ZEuP 1995, 67, 86.

38 BGHZ 141, 286, 299; ähnlich BGHZ 118, 312, 330 f.

39 BGHZ 118, 312, 334 ff; *Looschelders*, Art. 27 EGBGB Rn 7; Staudinger/*Magnus*, Art. 3 Rn 24.

das Schuldstatut keine Korrekturmöglichkeiten kennt.[40] Als Beispiel für eine *ordre-public*-Widrigkeit wird mitunter die nach ausländischem Vertragsstatut bestehende Durchsetzbarkeit von Ansprüchen, die nach deutschem Verständnis Naturalobligationen sind, angeführt, etwa bei Spiel- und Wettverträgen oder Differenzgeschäften.[41] Dabei ist – jedenfalls im Anwendungsbereich der europäischen Grundfreiheiten – freilich Vorsicht geboten.[42]

14 Art. 21 erlaubt nur eine Korrektur des ausländischen Vertragsstatuts, kann aber grundsätzlich nicht zur Unwirksamkeit der Rechtswahlvereinbarung führen.[43] **Ausnahmen** sind allenfalls dann denkbar, wenn die Rechtswahlvereinbarung durch Täuschung oder Drohung herbeigeführt wurde und das gewählte Recht keine Vorschriften enthält, die den Mindestanforderungen zum Schutz des Getäuschten oder Bedrohten entsprechen.[44]

II. Verhältnis zu anderen Vorschriften

15 **1. Verhältnis zu Art. 4.** Art. 3 ist die „Königsnorm", Art. 4 ihr untergeordnet. Zu einer objektiven Anknüpfung kann es nur kommen, wenn es an einer Rechtswahlvereinbarung fehlt, sie unwirksam ist oder sich auf einen Teil des Vertrages beschränkt.

16 **2. Verhältnis zu Artt. 6 und 8 sowie 46 b EGBGB.** Artt. 6 Abs. 2, 8 Abs. 1 setzen den Grundsatz der freien Rechtswahl nicht außer Kraft, sondern vielmehr das Vorliegen einer wirksam zustande gekommenen Rechtswahlvereinbarung (Artt. 3 Abs. 5, 10) voraus. Das gewählte Recht ist auch grundsätzlich anwendbar. Verbraucher- und arbeitnehmerschützende Vorschriften des Aufenthaltsstaats des Verbrauchers bzw des objektiven Arbeitsvertragsstatuts sind lediglich dann anzuwenden, wenn sie für den Verbraucher bzw Arbeitnehmer **günstiger** als das gewählte Recht sind.

17 Sowohl bei Verbraucher- als auch bei Arbeitsverträgen kann die Rechtswahl ausdrücklich oder stillschweigend, anfänglich oder nachträglich erfolgen und sich auch nur auf einen Teil des Vertrags beschränken. Bei **reinen Inlandsfällen** kommt Abs. 3 der Vorrang vor Artt. 6 Abs. 2 bzw 8 Abs. 1 zu. Auch Abs. 4 ist zu beachten.

18 **Art. 46 b EGBGB** greift nur, sofern der Anwendungsbereich des Art. 6 nicht eröffnet ist, und führt zu einer partiellen Wirkungsbegrenzung des Art. 3 (näher Art. 46 b EGBGB Rn 23 f).

19 **3. Verhältnis zu Artt. 5 und 7.** Art. 5 Abs. 2 Unterabs. 2 und Art. 7 Abs. 3 schränken den Umfang der wählbaren Rechte bei Personenbeförderungsverträgen und Versicherungsverträgen über Massenrisiken ein.[45] Sie sind daher als **leges speciales** zu beachten.

20 **4. Verhältnis zu Art. 9.** Art. 9 berührt die Rechtswahl als solche nicht, sondern gestattet als Öffnungsklausel lediglich die Durchsetzung bestimmter Normen mit unbedingtem Anwendungswillen gegen ein ausländisches Vertragsstatut. **Art. 3 Abs. 3** erfasst im Gegensatz zu Art. 9 nicht nur Eingriffsnormen, sondern auch einfach zwingende Bestimmungen. Da über den allseitig ausgestalteten Art. 3 Abs. 3 jedoch nicht nur deutsches *ius cogens*, sondern ebenso ausländisches zwingendes Recht zur Anwendung gelangen kann, während der einseitig ausgestaltete Art. 9 Abs. 2 lediglich deutsches international zwingendes Recht erfasst, kommt es zu einem **Spannungsverhältnis**, sofern sich die beiden Normbereiche widersprechen. In einem solchen Fall ist das über Art. 9 Abs. 2 berufene deutsche Recht vorrangig anzuwenden.[46]

III. Freie Rechtswahl

21 **1. Grundsatz.** Art. 3 behält das erstmals durch Art. 3 EVÜ verwirklichte gemeineuropäische **Prinzip der freien Rechtswahl** bei. Wählbar ist jedes nationale Recht (vgl Rn 23). Der Sachverhalt braucht keinen besonderen sachlichen oder räumlichen Bezug zum gewählten Recht aufzuweisen. Auch ein besonderes

---

40 Erman/*Hohloch*, Art. 6 EGBGB Rn 53; aA *Rau*, RIW 1978, 23, 26; rechtsvergleichend zur Moderationsmöglichkeit *Leible*, ZEuP 2000, 322.

41 Palandt/*Thorn*, Art. 21 Rn 5; *Looschelders*, Art. 27 EGBGB Rn 8, unter Hinw. auf OLG Hamm NJW-RR 1997, 1007, 1008; LG Mönchengladbach WM 1994, 1374. Vgl zu Börsen- oder Warentermingeschäften u.a. OLG Köln OLGR 1998, 166; OLG München OLGR 2003, 330.

42 Vgl dazu *Leible*, Wege zu einem Europäischen Privatrecht, 2005, § 4 D IV 3 b, aa; *Remien*, Zwingendes Vertragsrecht und Grundfreiheiten des EG-Vertrags, 2003, S. 367 ff, sowie EuGH Rs C-15/78, Slg 1978, 1971 – Koestler.

43 Staudinger/*Magnus*, Art. 3 Rn 23; MüKo/*Martiny*, Art. 3 Rn 115; aA LG Berlin NJW-RR 1995, 754, 755.

44 Zutr. *Looschelders*, Art. 27 EGBGB Rn 9.

45 *Nordmeier*, in: Gebauer/Wiedmann, Kap. 37, Rn 32.

46 Staudinger/*Magnus*, Art. 3 Rn 148; Bamberger/Roth/*Spickhoff*, Art. 3 Rn 33; Ferrari u.a./*Ferrari*, Internationales Vertragsrecht, Art. 3 Rn 58 f; MüKo/*Martiny*, Art. 3 Rn 97; Rauscher/*v. Hein*, EuZPR/EuIPR, Art. 3 Rn 125; jurisPK-BGB/*Ringe*, Art. 3 Rn 46; so schon zum bisherigen Recht *Junker*, IPrax 1989, 73; *E. Lorenz*, RIW 1987, 579 f.

Interesse der Parteien an der gewählten Rechtsordnung wird nicht verlangt.[47] Der Wille der Parteien findet vorbehaltlose Anerkennung. Selbst eine Teilrechtswahl oder eine nachträgliche Änderung des Vertragsstatuts ist möglich.

2. Schranken. Handlungsfreiheit eröffnet immer die **Möglichkeit missbräuchlichen Handelns**. Sind die Verhandlungspositionen ungleich, kann sich der Stärkere gegen den Schwächeren durchsetzen. Und bei gleicher Verhandlungsstärke mögen die Parteien versucht sein, staatliche Vorschriften durch Ausweichen auf ein anderes Recht zu umgehen oder Dritten durch eine nachträgliche Veränderung des Vertragsstatuts bis dahin zustehende Rechte zu entziehen. Der Parteiautonomie werden daher, zumindest in bestimmten Teilbereichen, auch **Grenzen** gezogen. Abs. 3 gesteht der Rechtswahl bei fehlendem Auslandsbezug keine kollisions-, sondern eine lediglich materiellrechtliche Wirkung zu, Abs. 4 verschafft bei Wahl eines Drittstaatrechts dem Unionsrecht unter bestimmten Voraussetzungen Geltung. Erfolgt die Rechtswahl nachträglich, bleiben Rechte Dritter unberührt (Abs. 2 S. 2). Seit den Siebzigerjahren des vergangenen Jahrhunderts besonders ausgeprägt ist der kollisionsrechtliche Schwächerenschutz, der sich vor allem durch Sonderanknüpfungen im Verbrauchervertragsrecht (Art. 6), im Arbeitsvertragsrecht (Art. 8) und im Versicherungsvertragsrecht (Art. 7) manifestiert. Wichtigen Staatsinteressen dienende nationale Normen werden bei hinreichendem Inlandsbezug gegen das fremde Vertragsstatut durchgesetzt (Art. 9). Vor als mit nationalen Gerechtigkeitsvorstellungen schlichtweg unvereinbar empfundenen Ergebnissen der Anwendung ausländischen Rechts schützt schließlich Art. 21. All dies schränkt die Zulässigkeit der Rechtswahl als solcher freilich nicht ein, sondern beschränkt lediglich ihre Wirkungen.[48]

3. Kreis der wählbaren Rechte. a) Nationales Recht. Die Frage, ob der Kreis wählbarer Rechte begrenzt ist oder die Parteien jede ihnen beliebige Rechtsordnung wählen dürfen, hat ganze Generationen von Kollisionsrechtlern beschäftigt. Mittlerweile ist jedoch weitgehend anerkannt, dass die Parteien ihren Vertrag dem Recht eines **jeden Staates dieser Welt** unterstellen können und es weder eines besonderen sachlichen oder räumlichen Bezugs zum gewählten Recht bedarf noch ein besonderes Interesse der Parteien gerade an dem gewählten Recht bestehen muss.[49] Die Parteien können und sollen fernab von staatlicher Kontrolle selbst entscheiden. Damit wird ihnen vor allem die Möglichkeit der Wahl eines neutralen Rechts eröffnet, für die in der Praxis viele Gründe sprechen können (kein Konsens über die Wahl des Rechts einer der Parteien,[50] Verträge mit ausländischen Staaten, besonders ausgeprägte Regeln für einen bestimmten Vertragstyp,[51] Gleichlauf mit einer Gerichtsstandsklausel etc.).[52]

b) Stabilisierungs- und Versteinerungsklauseln. aa) Versteinerungsklauseln. Gewählt werden kann immer **nur geltendes Recht**. Die Wahl außer Kraft getretenen Rechts, etwa römischen Rechts oder des Rechts der DDR, ist zwar nicht unzulässig,[53] aber nur als materiellrechtliche Verweisung beachtlich.[54] Recht ist nicht statisch, sondern einem ständigen Wandel unterworfen. Das anwendbare Recht und seine stets mitgewählten intertemporalen Vorschriften haben zu erklären, ob und wie sich Änderungen auf unter altem Recht abgeschlossene Verträge auswirken.[55] Vor allem bei **Dauerschuldverhältnissen**, sich **abzeichnenden politischen Reformen** oder beim Handel mit Geschäftspartnern in **politisch unruhigen Weltgegenden** kann aber das Bedürfnis bestehen, das zum Vertragsstatut berufene Recht in seinem jetzigen

---

47 Zweifelnd freilich immer noch *Kegel/Schurig*, § 18 I 1 c (S. 653): „irgendein anerkennenswertes Interesse an der Herrschaft des gewählten Rechts muss erkennbar sein". Aber warum? Und wer schwingt sich zur Bewertung der Parteiinteressen auf?
48 Staudinger/*Magnus*, Art. 3 Rn 31 ff.
49 OLG Frankfurt IPrax 1990, 236, 239; *Heiss*, in: Ferrari/Leible (Hrsg.), Rome I Regulation, 2009, S. 2; Czernich/Heiss/*Heiss*, Art. 3 EVÜ Rn 43; Palandt/*Thorn*, Art. 3 Rn 4; Erman/*Hohloch*, Art. 3 Rn 7; Soergel/*v. Hoffmann*, Art. 27 EGBGB Rn 7; Looschelders, Art. 27 EGBGB Rn 11; Staudinger/*Magnus*, Art. 3 Rn 42; Bamberger/Roth/*Spickhoff*, Art. 3 Rn 8; aA *Kegel/Schurig*, § 18 I 1 c (S. 653); Rauscher/*v. Hein*, EuZPR/EuIPR, Art. 3 Rn 47; *Coester-Waltjen*/*Coester*, in: FS Schurig, Liber Amicorum 2011, S. 33, 37; *Nordmeier*, in: Gebauer/Wiedmann, Kap. 37 Rn 25; Ferrari u.a./*Ferrari*, Internationales Vertragsrecht, Art. 3 Rn 14.
50 Allg. dazu *Mankowski*, RIW 2003, 2, 4.
51 Gängiges Beispiel ist die Wahl englischen Rechts für Getreidelieferungsverträge wegen der führenden Rolle der London Corn Trade Association, vgl *v. Hoffmann/Thorn*, IPR, § 10 Rn 27. Abweichend freilich *Hanebuth*, zit. bei *Remien*, RabelsZ 56 (1992), 300, 310. Allg. dazu *Mankowski*, RIW 2003, 2, 6 f.
52 Vgl zur Vereinbarung neutralen Rechts in internationalen Verträgen auch *Bendref*, RIW 1980, 386; *Mankowski*, RIW 2003, 2, 4 ff.
53 So jedoch Staudinger/*Magnus*, Art. 3 Rn 50.
54 Erman/*Hohloch*, Art. 3 Rn 10; *Looschelders*, Art. 27 EGBGB Rn 14; Bamberger/Roth/*Spickhoff*, Art. 3 Rn 11; *v. Bar*, IPR II, Rn 482; Rauscher/*v. Hein*, EuZPR/EuIPR, Art. 3 Rn 68; jurisPK-BGB/*Ringe*, Art. 3 Rn 40; Ferrari u.a./*Ferrari*, Internationales Vertragsrecht, Art. 3 Rn 17.
55 Reithmann/Martiny/*Martiny*, Rn 99; vgl auch Art. 3 der Resolution des Institut de Droit International (Tagung Dijon 1982), Annuaire de l'Institut de Droit International, Session de Dijon, 1982, Vol. 59 II, 249: „L'effet dans le temps d'un changement dans le droit applicable est déterminée par ce droit".

Zustand festzuschreiben, es „einzufrieren" oder zu „versteinern".[56] Die Parteien können so sichergehen, dass sich ihre bei Abschluss des Vertrages erkennbaren Rechte und Pflichte während der Vertragslaufzeit nicht durch Rechts- oder Rechtsprechungsänderungen wandeln.

26 Die durch **Versteinerungsklauseln** (*freezing clauses*) bewirkte „zeitliche Arretierung" des vereinbarten Rechts wird von der hM zwar anerkannt, jedoch nur als materiellrechtliche Verweisung,[57] da nur dadurch gewährleistet sei, dass die – auch künftigen – zwingenden Bestimmungen des Vertragsstatuts unangetastet bleiben.[58] Damit wird den Parteien freilich in den seltensten Fällen geholfen sein, ist es doch regelmäßig das zwingende Recht, das Kopfzerbrechen bereitet. Überzeugende Gründe, warum die Vereinbarung einer Versteinerungsklausel nicht auch als kollisionsrechtliche Verweisung zulässig sein soll, sind nicht ersichtlich.[59] Schließlich wird der Vertrag durch eine zeitliche Fixierung des anwendbaren Rechts nicht rechtsordnungslos, sondern untersteht weiterhin einer Rechtsordnung, nur eben keiner „lebenden". Die Anwendung „toten" Rechts[60] ist außerdem dem Internationalen Privatrecht durchaus geläufig.[61] Klassisches Beispiel ist Art. 15 Abs. 1 EGBGB, der die güterrechtlichen Wirkungen der Ehe dem bei der Eheschließung für die allgemeinen Wirkungen der Ehe maßgebenden Recht unterstellt.[62] Ähnliches sieht der Entwurf für eine Europäische Güterstandsverordnung[63] vor, deren Art. 17 Abs. 1 lit. a mangels Rechtswahl der Ehegatten den ehelichen Güterstand primär dem Recht des Staates unterstellt, in dem die Ehegatten nach der Eheschließung ihren ersten gemeinsamen gewöhnlichen Aufenthalt haben, und das Güterrechtsstatut ebenfalls unwandelbar ausgestaltet, sofern die Parteien nichts anderes vereinbaren. Als Grund für die Unwandelbarkeit des Ehegüterstatuts wird u.a. die äußere Rechtssicherheit ins Feld geführt.[64] Rechtssicherheit ist aber auch eines der entscheidenden Begründungselemente für die Zulässigkeit parteiautonomen Handelns im Internationalen Vertragsrecht. Eine **gerichtliche Anwendung „toten" Rechts** ist zudem in weiteren Fällen möglich. So darf der Richter zB auf die früher geltenden Vorschriften der *lex causae* zurückgreifen, wenn sich der Inhalt der derzeit geltenden Normen mit hinreichender Sicherheit bestimmen lässt.[65] Gleiches ist möglich, wenn der Staat der *lex causae* einen Rechtssatz durch einen neuen Rechtssatz eingeschränkt und damit teilweise aufgehoben hat, der einschränkende Rechtssatz aber dem deutschen *ordre public* widerspricht.[66] Gestattet wird sie schließlich auch bei einem Souveränitätswechsel,[67] uU nach einer Revolution[68] oder der grundlegenden Schiedsordnung eines institutionellen Schiedsgerichts.[69]

27 Auch wenn Versteinerungsklauseln daher entgegen der hM **kollisionsrechtliche Wirkung** zukommt, ist den Parteien eine Versteinerung von Eingriffsrecht gleichwohl verwehrt. Da überwiegend öffentlichen Interessen dienendes Recht der Parteidisposition entzogen ist, kann mithilfe der Parteiautonomie auch sein Inhalt nicht zeitlich fixiert werden.[70]

---

56 Vgl den Formulierungsvorschlag für eine derartige „Versteinerungsklausel" bei *Sandrock*, in: FS Riesenfeld 1983, S. 211: „Die Vorschriften dieses Rechts sollen in derjenigen Fassung maßgeblich sein, in der sie zum Zeitpunkt des Wirksamwerdens dieser Rechtswahlvereinbarung gelten; spätere Änderungen des gewählten Rechts sollen also nicht berücksichtigt werden, ohne Rücksicht darauf, ob sie durch Gesetz bewirkt werden oder auf einen Wechsel in der Rechtsprechung zurückzuführen sind."

57 *Soergel/v. Hoffmann*, Art. 27 EGBGB Rn 23; *Erman/Hohloch*, Art. 3 Rn 10; *Looschelders*, Art. 27 EGBGB Rn 15; *Staudinger/Magnus*, Art. 3 Rn 51; MüKo/*Martiny*, Art. 3 Rn 26; Reithmann/Martiny/*Martiny*, Rn 99, 106 ff; Bamberger/Roth/*Spickhoff*, Art. 3 Rn 10; *v. Bar*, IPR II, Rn 482.

58 Vgl auch Art. 8 der Baseler Resolution des Institut de Droit International von 1991, abgedruckt bei *Jayme*, IPrax 1991, 429 (430) = RabelsZ 56 (1992) 560 mit Bericht *Rigaux*, ebda., 547: „Si les parties conviennent que la loi choisie doit être entendue comme celle en vigueur au moment de la conclusion du contrat, ses dispositions seront appliquées comme clauses matérielles incorporées dans le contrat; si toutefois, cette lois a été modifiée ou abrogée par des règles qui entendent impérativement régir les contrats en cours, ces règles doivent etre appliquées".

59 Für eine kollisionsrechtliche Wirkung daher Palandt/*Thorn*, Art. 12 Rn 3; *Leible*, ZVglRWiss 97 (1998), 286, 305 f; *ders.*, in: FS Jayme 2004, S. 485, 490; *Nygh*, Autonomy in International Contracts, S. 66;

Sandrock, in: FS Riesenfeld 1983, S. 193, 211; *Vischer*, in: FS Keller 1989, S. 547, 552.

60 Das ist zu unterscheiden von der Wahl fremden Rechts!

61 Vgl dazu zB *Makarov*, Grundriß des internationalen Privatrechts, 1970, S. 90 f.

62 Unter bestimmten Voraussetzungen kann es sogar zu einer Versteinerung des materiellen Rechts, also des Ehegüterstandes, kommen, vgl Staudinger/*Mankowski*, Art. 15 EGBGB Rn 58 ff mwN.

63 Vorschlag für eine Verordnung des Rates über die Zuständigkeit, das anzuwendende Recht, die Anerkennung und die Vollstreckung von Entscheidungen im Bereich des Ehegüterrechts KOM (2011) 126/2.

64 Vgl Begr. RegE, BT-Drucks. 10/504, S. 58.

65 *Koch/Magnus/Winkler von Mohrenfels*, S. 21; *Raape/Sturm*, IPR, Bd. I, § 17 II 5 m (S. 311); *Sandrock*, in: FS Riesenfeld 1983, S. 211, 229.

66 *M. Wolff*, Das Internationale Privatrecht Deutschlands, 3. Aufl. 1954, S. 85.

67 RGZ 107, 121, 123; 108, 298, 303; 121, 337, 341; 131, 41, 48 f.

68 BayObLG JW 1928, 2030.

69 OLG Frankfurt VersR 1983, 299.

70 *Leible*, ZVglRWiss 97 (1998), 286, 307; *Sandrock*, in: FS Riesenfeld 1983, S. 211, 223. Wohl auch *Vischer*, in: FS Keller 1989, S. 547, 553. Etwas anderes mag bei den Stabilisierungsklauseln gelten, da bei ihnen ja nicht ein Privater, sondern der Staat über *seine* Eingriffsnormen disponiert.

bb) Stabilisierungsklauseln. Kommt schon Versteinerungsklauseln eine **kollisionsrechtliche Wirkung** 28
zu, muss Gleiches entgegen der hM[71] erst recht für die mitunter in Staatshandels- oder Investitionskontrakten vorzufindenden Stabilisierungsklauseln (*stabilization clauses*) gelten,[72] mittels deren sich Private vor nachträglichen Rechtsänderungen durch den als Vertragspartei beteiligten Staat schützen.[73]

c) Anationales Recht. aa) Rechtsordnungsloser Vertrag. Der Vertrag allein kann nicht einzige 29
Grundlage der Rechte und Pflichten der Parteien sein; denn „in absence of any ‚jus cogens' international trade would be ruled by jungle law".[74] Es bedarf daher einer den Vertrag kontrollierenden Rechtsordnung. Einen rechtsordnungslosen Vertrag kann es nicht geben.[75] Der Vertrag ist trotz einer Abwahl aller Rechtsordnungen **objektiv anzuknüpfen**.

bb) Allgemeine Rechtsprinzipien. Für zulässig gehalten wird jedoch die Wahl allgemeiner Rechtsprinzipien (*general principles of law*). Sie führt nach überwiegender Ansicht jedoch nur zu einer **materiellrechtlichen Verweisung**,[76] während manche ihr auch eine kollisionsrechtliche Wirkung zusprechen, zT allerdings beschränkt auf Verträge zwischen Privaten und Staaten.[77] Letzteres begegnet freilich, zumindest in Verfahren vor staatlichen Gerichten, Bedenken, da die Ermittlung allgemeiner Rechtsprinzipien zwar theoretisch möglich, praktisch aber kaum durchführbar ist.[78] Unklar ist außerdem, wie allgemein ein Rechtsprinzip sein muss, damit es ein „allgemeines Rechtsprinzip" sein kann.[79]

cc) Transnationales Handelsrecht (lex mercatoria). Dem Einwand fehlender Publizität sieht sich auch 31
die Lehre von der *„lex mercatoria"*[80] ausgesetzt: „The law is public, if it is anything".[81] Fehlende Publizität führt zu Rechtsunsicherheit. Woher sollen die Parteien und die Gerichte wissen, was außer internationalen Handelsbräuchen im Einzelnen zu den einheitlichen Regeln des internationalen Handels zählt, wenn diese Rechtssätze nicht veröffentlicht sind? Ungeklärt geblieben ist bis heute außerdem, welche Regelungswerke überhaupt *„lege mercatorium"* sein sollen und welche nicht. Solange es an **hinreichender Publizität man-**

---

71 Die hM knüpft die Zulässigkeit von Stabilisierungsklauseln an die *lex causae* und lehnt damit wiederum eine kollisionsrechtliche Wirkung der Verweisung ab, vgl Erman/*Hohloch*, Art. 27 EGBGB Rn 10; *Lagarde*, Rev. crit. DIP 80 (1991), 287, 303; *Looschelders*, Art. 27 EGBGB Rn 15; Staudinger/*Magnus*, Art. 3 Rn 52; Ferrari u.a./*Ferrari*, Internationales Vertragsrecht, Art. 3 Rn 17; Reithmann/Martiny/*Martiny*, Rn 108 ff; Bamberger/Roth/*Spickhoff*, Art. 3 Rn 10; *v. Bar*, IPR II, Rn 482.

72 *Leible*, ZVglRWiss 97 (1998), 286, 307; *Sandrock*, in: FS Riesenfeld 1983, S. 211, 215 ff; *Vischer*, in: FS Keller 1989, S. 547, 550; Rauscher/*v. Hein*, EuZPR/EuIPR, Art. 3 Rn 70.

73 Dies geschieht idR durch eine Vereinbarung, dass spätere Rechtsänderungen den Vertrag nicht berühren. Vgl näher zu Stabilisierungsklauseln u.a. *David*, Clunet 113 (1986), 79; *Fiedler*, Stabilisierungsklauseln und materielle Verweisung im internationalen Vertragsrecht; *Higgins*, Rec. des Cours 176 (1982-III) 259, 300 ff; *Lalive*, Contrats entre Etats et Entreprises étatiques et Personnes privées, 1984, S. 76; *Mengel*, RIW 1983, 739; *Merkt*, Investitionsschutz durch Stabilisierungsklauseln; *Weil*, Rec. des Cours 128 (1969-III) 95, 226; *ders.*, Mélanges Rousseau, 1974, S. 301; *J. Stoll*, Vereinbarungen zwischen Staat und ausländischem Investor. Rechtsnatur und Bestandsschutz, S. 105 ff.

74 *Tallon*, J. Soc. P. T. L. 10 (1968/69), 271, zit. nach *Kropholler*, IPR, § 52 II 3 e(S. 464).

75 Palandt/*Thorn*, Art. 3 Rn 4; Soergel/*v. Hoffmann*, Art. 27 EGBGB Rn 19; MüKo/*Martiny*, Art. 3 Rn 40; Staudinger/*Magnus*, Art. 3 Rn 55; Reithmann/

Martiny/*Martiny*, Rn 104; Bamberger/Roth/*Spickhoff*, Art. 3 Rn 11; *Spickhoff*, RabelZ 56 (1992), 116, 126.

76 *Kropholler*, IPR, § 52 II 3 e(S. 464 f); *Looschelders*, Art. 27 EGBGB Rn 56; Staudinger/*Magnus*, Art. 3 Rn 56; Ferrari u.a./*Ferrari*, Internationales Vertragsrecht, Art. 3 Rn 18; *Mankowski*, in: Leible, Das Grünbuch zum Internationalen Vertragsrecht, 2004, S. 63, 102.

77 Soergel/*v. Hoffmann*, Art. 27 EGBGB Rn 29; Reithmann/Martiny/*Martiny*, Rn 101.

78 *Grundmann*, in: Liber amicorum Richard M. Buxbaum, 2000, S. 213, 223.

79 *Mankowski*, in: Leible, Das Grünbuch zum Internationalen Vertragsrecht, 2004, S. 63, 102.

80 Vgl dazu zB *Booysen*, International Transactions and the International Law Merchant, 1996; *Dasser*, Internationale Schiedsgerichtsbarkeit und lex mercatoria; *Kappus*, „Lex mercatoria" in Europa und Wiener UN-Kaufrechtskonvention 1980; *Kassis*, Théorie générale des usages du commerce, 1984, S. 271 ff; *de Ly*, De lex mercatoria. Inleiding op de studie van het transnationaal handelsrecht, 1989; *R. Meyer*, Bona fides und lex mercatoria in der europäischen Rechtstradition, 1994; *Stein*, Lex mercatoria. Realität und Theorie, 1995; *Weise*, Lex mercatoria. Materielles Recht vor der internationalen Handelsschiedsgerichtsbarkeit, 1990. Weitere Nachw. bei *Mankowski*, in: Leible, Das Grünbuch zum Internationalen Vertragsrecht, 2004, S. 61, 96; *Schroeder*, Jahrbuch Junger Zivilrechtswissenschaftler 2002, 2003, 257; *Zumbansen*, RabelsZ 67 (2003), 637.

81 *Kegel*, Rec. des Cours 112 (1964-II), S. 87, 262; ähnlich *W. Lorenz*, in: FS Neumayer 1985, S. 407, 408.

gelt,[82] kann einer Inbezugnahme der *„lex mercatoria"* schon aus diesem Grunde allenfalls die Wirkung einer materiellrechtlichen,[83] nicht aber einer kollisionsrechtlichen Verweisung zukommen.[84]

32 In der **internationalen Handelsschiedsgerichtsbarkeit** scheint der Vormarsch der *„lex mercatoria"* allerdings unaufhaltsam zu sein. Immer mehr Rechtsordnungen erkennen an, dass die Parteien für Schiedsverfahren anstelle staatlich gesetzten Rechts die Anwendung nichtstaatlichen Rechts vereinbaren können.[85] Die Anerkennung von Schiedssprüchen, die auf Grundlage der *„lex mercatoria"* gefällt wurden, durch die nationalen Gerichte nimmt zu. Ein Vollstreckungsrisiko solcher Schiedssprüche besteht, sofern sie wenigstens eine gewisse Präzisierung der allgemeinen Rechtsregeln vornehmen, in vielen Staaten nicht mehr. Für die Rechtsanwendung durch staatliche Gerichte lässt sich daraus freilich nichts gewinnen.

33 **dd) Prinzipienkataloge.** Der Einwand fehlender Publizität greift freilich nicht bei verschiedenen, in der Vergangenheit veröffentlichten Prinzipienkatalogen, etwa den **„Principles of European Contract Law"** (PECL)[86] der Lando-Kommission oder den **„Principles of International Commercial Contracts"** (PICC)[87] von UNIDROIT, die sich u.a. auch als eine moderne Formulierung der *lex mercatoria* verstehen. Daher ist die Wirkung einer Wahl dieser Kataloge fraglich. Zumindest der Wortlaut von Art. 3 schließt eine kollisionsrechtliche Verweisung nicht aus; denn im Gegensatz zu Art. 4, der bei fehlender Rechtswahl nur eine Anknüpfung an staatliches Recht zulässt, spricht Art. 3 in wesentlich allgemeinerer Form von dem „von den Parteien gewählten Recht".[88]

34 Begrifflich kann damit sowohl staatliches als auch nichtstaatliches Recht gemeint sein.[89] Allerdings kommt nach Erwägungsgrund 13 der Wahl nichtstaatlichen Rechts lediglich **materiellrechtliche Wirkung** zu.[90] Und auch aus einer historischen und systematischen Auslegung von Art. 3 ergibt sich unzweifelhaft, dass eine kollisionsrechtliche Wahl nichtstaatlichen Rechts ausgeschlossen sein soll.[91]

35 Erwägungsgrund 14 sieht vor, dass die Union, sollte sie in einem geeigneten Rechtsakt Regeln des materiellen Vertragsrechts, einschließlich vertragsrechtlicher Standardbestimmungen, festlegen, in diesem auch vorsehen kann, dass die Parteien entscheiden können, diese Regeln anzuwenden. Damit soll die Möglichkeit offen gehalten werden, eine etwa auf der Basis des **Common Frame of Reference (CFR)** zu kreierende Vertragsrechtsordnung kollisionsrechtlich wählbar zu machen.[92] Die Kommission hat sich bei Vorlage ihres

---

82 Hinreichende Publizität hält hingegen für gegeben Schroeder, JJZ 2002, 2003, S. 257, 273.

83 Erman/*Hohloch*, Art. 3 Rn 9; *Looschelders*, Art. 27 EGBGB Rn 10; Staudinger/*Magnus*, Art. 3 Rn 59; *Mankowski*, RIW 2003, 2, 13 f; *W.-H. Roth*, in: FS Jayme 2004, S. 757, 766; *Spickhoff*, RabelsZ 56 (1992), 116, 133 f; *v. Bar/Mankowski*, IPR I, § 2 Rn 86; Rauscher/*v. Hein*, EuZPR/EuIPR, Art. 3 Rn 59.

84 So aber *Coing*, in: Klein/Vischer, Colloque de Bale sur la loi régissant les obligations contractuelles, 1983, S. 29, 49 ff; *Weise*, Lex mercatoria, 1990, S. 141 f. Für einen Vorrang der „lex mercatoria", dh ihre Anwendung ohne Einschaltung des Kollisionsrechts gar *Goldman*, in: FS Lalive 1993, S. 241, 252 ff.

85 So unterliegen die Parteien zB auch nach § 1051 ZPO nicht den Grenzen, die das EGBGB einer Rechtswahl zieht, vgl Musielak/*Voit*, § 1051 Rn 3.

86 *Lando/Beale*, The Principles of European Contract Law Parts I and II, 1999; *Lando/Clive/Prüm/Zimmermann*, Principles of European Contract Law Part III, 2003.

87 UNIDROIT, Principles of International Commercial Contracts, 2004; UNIDROIT, Principes relatifs aux contrats du commerce international, 2004.

88 *Leible/Lehmann*, RIW 2008, 528, 533.

89 *Basedow*, Jahrb. f d. Prax. d. Schiedsgerichtsbarkeit 1 (1989), 3, 10; *Kappus*, IPrax 1993, 137; *Spickhoff*, RabelsZ 56 (1992), 116, 133; *Wichard*, RabelsZ 60 (1996), 269, 282. Gegenteiliges lässt sich auch nicht dem EVÜ entnehmen, obgleich in den englischen Fassung von Art. 1 Abs. 1 EVÜ der Anwendungsbereich des Übereinkommens scheinbar nur auf eine „choice between the laws of different countries" begrenzt wird. Aus den anderssprachigen Fassungen und dem Bericht von *Giuliano/Lagarde* ergibt sich jedoch, dass diese Aussage lediglich sachverhaltsbezogen ist. Voraussetzung der Anwendbarkeit des EVÜ ist, dass der Sachverhalt Verbindungen zum Recht verschiedener Staaten aufweist, also (theoretisch) die Rechtssysteme mehrerer Länder angewandt werden können („*conflit des lois*"). Die Folgerung, dass bei Erfüllung dieser Voraussetzung lediglich das Recht eines Landes, dh nationales Recht, gewählt werden kann, ist hingegen nicht zwingend, vgl *Leible*, ZVglRWiss 97 (1998), 286, 314.

90 Reithmann/Martiny/*Martiny*, Rn 101; Calliess/*Calliess*, Art. 3 Rn 21; *Wagner*, IPrax 2008, 380; MüKo/*Martiny*, Art. 3 Rn 32; Rauscher/*v. Hein*, EuZPR/EuIPR, Art. 3 Rn 54; so bereits die hM unter Geltung des EVÜ: vgl zB *Canaris*, in: Basedow, Europäische Vertragsrechtsvereinheitlichung und deutsches Recht, 2000, S. 5, 18 f; *Ferrari*, Tul. L. Rev. 69 (1995), 1225, 1229; *ders.*, JZ 1998, 9, 17; *Giardina*, JDI 122 (1995), 547, 549 f; *Looschelders*, Art. 27 EGBGB Rn 12; Staudinger/*Magnus*, Art. 3 Rn 57; *Michaels*, RabelsZ 62 (1998), 580, 597 f; *Parra-Aranguren*, Tul. L. Rev. 69 (1995), 1239, 1245; *Siehr*, IPR, 2001, S. 122; *v. Bar/Mankowski*, IPR I, § 2 Rn 86. Weitere Nachw. bei *Mankowski*, RIW 2003, 2, 11 in Fn 132; *Pfütze*, ZEuS 2011, 35, 51.

91 *Rühl*, in: FS Kropholler 2008, S. 187, 189; ebenso *Garcimartín Alférez*, EuLF 2008, I-77, I-83; *Leible*, in: Cashin Ritaine/ Bonomi (Hrsg.), Le nouveau règlement européen «Rome I» relatif à la loi applicable aux obligations contractuelles. Actes de la 20ᵉ Journée de droit international privé du 14 mars 2008 à Lausanne, 2008, S. 61, 69; *Mankowski*, IHR 2008, 133, 136.

92 *Magnus*, IPrax 2010, 27, 33.

Vorschlags für ein **Gemeinsames Europäisches Kaufrecht (GEK)** freilich für einen anderen Weg entschieden. Obwohl der Wortlaut des GEK dies offen lässt, soll es sich bei der Vereinbarung der Parteien über dessen Anwendung nicht um eine kollisionsrechtliche Rechtswahl handeln, sondern um eine "Wahl zwischen zwei verschiedenen Kaufrechtssystemen innerhalb derselben einzelstaatlichen Rechtsordnung".[93] Das GEK soll also innerhalb der mitgliedstaatlichen Rechtsordnung neben das nationale Kaufrecht treten als eine zweite Vertragsrechtsordnung.[94] Die Kommission spricht sich damit ganz klar für eine sog. **Vorschaltlösung** aus. Das Internationale Privatrecht wird dem GEK vorgeschaltet und von diesem nicht berührt. Rechtspolitisch ist der von der Kommission eingeschlagene Weg wenig überzeugend.[95] Vorzugswürdig wäre stattdessen eine einheitsrechtliche Lösung, dh eine entsprechende EU-Verordnung mit eigenen Kollisionsnormen, die eine Wahl des optionalen Instruments ermöglichen und vor der Rom I-VO genießen.[96]

Rechtstatsächlich ist der von der Kommission beschrittene Weg aber ungeachtet kritischer Gegenstimmungen[97] gangbar.[98] Das GEK tritt trotz seines supranationalen Ursprungs innerhalb der durch das Internationale Privatrecht nach Artt. 3, 4 oder 6 Abs. 1 Rom I-VO zur Anwendung berufenen mitgliedstaatlichen Rechtsordnung neben das nationale Kaufrecht als eine **zweite Vertragsrechtsregelung**, ein Phänomen, das bereits aus dem CISG (Art. 1 Abs. 1 lit. b CISG)[99] bekannt ist, an dem sich der Regelungsvorschlag der Kommission ganz offensichtlich orientiert – wobei es beim CISG freilich keiner zusätzlichen Vereinbarung der Geltung des CISG bedarf, sondern die Parteien – wenn sie eine Anwendung des CISG nicht wünschen – dieses abwählen müssen (Art. 6 CISG). Das GEK ist für den Vertrag hingegen nur maßgeblich, sofern sein räumlich-persönlicher Anwendungsbereich eröffnet ist *und* die Parteien seine Anwendung vereinbart haben. 36

ee) UN-Kaufrecht. Ebenso wie die Wahl nichtstaatlichen Rechts möglich sein sollte, sollte es den Parteien auch gestattet sein, **internationales Einheitsrecht** – wie zB das Wiener Kaufrechtsübereinkommens – in Fällen, in denen seine räumlichen Anwendungsvoraussetzungen nicht vorliegen, zum Vertragsstatut bestimmen können.[100] De lege lata ist eine derartige, mit kollisionsrechtlicher Wirkung ausgestattete Wahl jedoch nicht möglich. Ihr kommt eine lediglich materiellrechtliche Wirkung zu.[101] 37

4. Teilrechtswahl und bedingte Rechtswahl. a) Teilrechtswahl (dépeçage). Die Parteien haben gem. Abs. 1 S. 3 die Möglichkeit, die **Rechtswahl** nicht nur für den gesamten Vertrag, sondern auch **für einen Teil** von ihm zu treffen. Das erlaubt es ihnen nicht nur, hinsichtlich eines Teiles eine Rechtswahl zu vereinbaren und den anderen der objektiven Anknüpfung zu überlassen, sondern gestattet es ihnen auch, jeden Vertragsteil parteiautonom einem anderen Recht zu unterstellen. Die Teilrechtswahl kann von Beginn an oder nachträglich sowie ausdrücklich oder stillschweigend erfolgen.[102] Da die Aufspaltung des Vertrages 38

---

93 KOM (2011) 635 endg., S. 7. Vgl auch *Staudenmayer*, NJW 2011, 3491, 3495.
94 Allg. zu diesem Ansatz mwN *Heiss*, in: FS Günter H. Roth 2011, S. 237 ff.
95 Vgl *Leible*, in: Remien/Herrler/Limmer (Hg.), Gemeinsames Europäisches Kaufrecht für die EU?, 2012, S. 21, 23.
96 Vgl *Leible/Müller*, K&R 2009, 7, 13. Für eine einheitsrechtliche Lösung u.a. *Basedow*, in: FS v. Hoffmann 2011, S. 50, 56 f; *Fornasier*, RabelsZ 76 (2012), 401, 417 f; *Rühl*, MJ 19 (2012), 148, 161 ff; *Stadler*, AcP 212 (2012), 473, 477 f.
97 Vgl etwa *Basedow*, in: FS v. Hoffmann 2011, S. 50, 56; *Flessner*, ZEuP 2012, 726; *Rühl*, MJ 19 (2012), 148, 159; *Stadler*, AcP 212 (2012), 473, 478 ff. Kritisch auch *Riesenhuber*, GPR 2012, 1. Unentschieden *Eidenmüller/Jansen/Kieninger/Wagner/Zimmermann*, JZ 2012, 269, 273.
98 Ebenso *Ayad/Schnell*, BB 2012, 1487, 1489; *Balthasar*, RIW 2012, 361, 362; *Fornasier*, RabelsZ 76 (2012), 401, 421; *Leible*, in: Remien/Herrler/Limmer (Hg.), Gemeinsames Europäisches Kaufrecht für die EU?, 2012, S. 21, 27; *Lein*, Issues of private international law, jurisdiction and enforcement of judgments linked with the adoption of an optional EU contract law, 2010, S. 21; *Mankowski*, RIW 2012, 97, 101; *W.-H. Roth*, EWS 2012, 12, 14; *Schmidt-Kessel*, in: Schmidt-Kessel (Hrsg.), Ein einheitliches europäisches Kaufrecht? Eine Analyse des Vorschlags der Kommission, 2012, S. 29, 37.
99 Vgl dazu etwa *Ferrari*, ZEuP 1998, 162.
100 Hoge Rad NJ 1992, 103, 105; Hoge Rad NJ 2001, 391; OLG Jena TranspR-IHR 2000, 25; *Honsell/Siehr*, Art. 6 CISG, Rn 14 ff; *Karollus*, UN-Kaufrecht, 1991, S. 39; *Leible*, ZVglRwiss 97 (1998), 286, 317 in Fn 144; *Lindbach*, Rechtswahl im Einheitsrecht am Beispiel des Wiener UN-Kaufrechts, 1996, S. 203; *Piltz*, NJW 1989, 615, 617; *W.-H. Roth*, in: FS Jayme 2004, S. 757, 770 f; *Siehr*, RabelsZ 52 (1988), 587, 612; *Vischer*, in: FS Keller 1989, S. 547, 552; *v. Bar*, IPR II, Rn 425.
101 Vgl Erwägungsgrund 13; Reithmann/Martiny/*Martiny*, Rn 101; *Wagner*, IPrax 2008, 380; Schlechtriem/Schwenzer/*Ferrari*, Kommentar zum einheitlichen UN-Kaufrecht, 5. Aufl. 2008, Art. 6 CISG Rn 43; *Freitag*, in: Leible/Sosnitza, Versteigerungen im Internet, 2004, Rn 824; *Looschelders*, Art. 27 EGBGB Rn 13; Staudinger/*Magnus*, Art. 6 CISG Rn 62; *Mankowski*, RIW 2003, 2, 9 f; Schlechtriem, Internationales UN-Kaufrecht, 4. Aufl. 2007, Rn 23; Rauscher/*v. Hein*, EuZPR/EuIPR, Art. 3 Rn 63.
102 Erman/*Hohloch*, Art. 3 Rn 19; Staudinger/*Magnus*, Art. 3 Rn 104 f; MüKo/*Martiny*, Art. 3 Rn 67; Bamberger/Roth/*Spickhoff*, Art. 3 Rn 27; Ferrari u.a./*Ferrari*, Internationales Vertragsrecht, Art. 3 Rn 36.

unter Umständen zu erheblichen Anpassungsproblemen führen kann, ist gegenüber der Annahme einer stillschweigenden Teilrechtswahl aber **äußerste Zurückhaltung** geboten.[103]

39 Eine Teilrechtswahl ist nur zulässig, wenn die Teilfrage auch **abspaltbar** ist. Es muss sich um eine Rechtsfrage mit einer gewissen Selbständigkeit handeln. Abgespalten werden kann nur ein Vertragsteil, der mit keinem anderen Vertragsteil aus materiellrechtlichen Gründen in einer unauflösbaren Wechselbeziehung steht. Im Zweifel sollte zugunsten einer Abspaltbarkeit entschieden werden, da auch Abs. 1 S. 3 Ausdruck der Rechtswahlfreiheit ist.[104] Führt die Teilrechtswahl allerdings zu widersprüchlichen Ergebnissen, die sich auch durch Auslegung oder Anpassung nicht verhindern lassen, ist sie wegen **Perplexität** unwirksam.[105]

40 Als zulässig angesehen wird es, den Vertragsschluss dem einen und die **Erfüllung einem anderen Recht zu unterstellen**.[106] Trennen lässt sich auch zwischen Formgültigkeit auf der einen und materieller Gültigkeit auf der anderen Seite.[107] Untrennbar miteinander verbunden ist hingegen der materielle Konsens beim Vertragsschluss. Ob ein Vertrag durch zwei übereinstimmende Willenserklärungen zustande gekommen ist, kann nur einheitlich nach einem Recht beurteilt werden.[108] Ob das zwischen den Parteien bestehende Pflichtengefüge „horizontal" aufgespalten werden kann, indem etwa die Folgen der Nichterfüllung des Vertrages für jede Partei einem anderen Recht unterstellt wird, ist umstritten.[109]

41 Die Teilrechtswahl hat nicht lediglich eine materiell-, sondern auch eine **kollisionsrechtliche Wirkung**.[110] Das kann sie zur Umgehung zwingender Vorschriften des ansonsten kraft objektiver oder subjektiver Anknüpfung für den gesamten Vertrag geltenden Rechts attraktiv machen. Die Grenzen von Art. 3 Abs. 3, 4 und Art. 9[111] bleiben freilich zu beachten. Ob man „im Interesse der Vermeidung spannungsträchtiger Rechtszersplitterungen im Zweifel nur eine Rechtswahl und eine damit verbundene materiellrechtliche Verweisung annehmen (kann)",[112] erscheint fraglich. Das Gesetz entscheidet sonst auch nicht „im Zweifel" zugunsten einer materiellrechtlichen Verweisung. Auch hier gilt der Grundsatz *„in dubio pro libertate"*, dh einer kollisionsrechtlichen Wirkung. Für eine lediglich materiellrechtliche Verweisung bedarf es schon über mögliche Anpassungsschwierigkeiten hinreichender Anhaltspunkte.[113]

42 **b) Optionale Rechtswahl (floating choice of law clauses).** Optionale Rechtswahlklauseln (*floating choice of law clauses*) sind Klauseln, die erst **durch Ausübung eines Optionsrechts seitens einer Partei** zu einer subjektiven Anknüpfung führen. In der Praxis begegnen vor allem Klauseln, in denen das Recht am Sitz des jeweiligen Klägers bzw des jeweiligen Beklagten, für anwendbar erklärt wird.[114] Zu einer Aktualisierung kommt es dann erst im Moment der Klageerhebung. Bis dahin ist objektiv anzuknüpfen. Der Sache nach handelt es sich um eine Rechtswahl unter der aufschiebenden Bedingung der Klageerhebung. Ob die mit Bedingungseintritt vorgenommene Wahl auf den Zeitpunkt des Vertragsschlusses zurückwirken soll, ist durch Auslegung zu ermitteln und im Zweifel zu bejahen.[115]

43 Derartige Klauseln begegnen keinen durchgreifenden Bedenken. Die Rechtswahl beruht nicht auf der einseitigen Ausübung eines Optionsrechts, sondern auf dessen **vorheriger Vereinbarung** und der durch sie ausgestalteten Bedingung für den Wirkungseintritt. Obgleich die Rechtswahlvereinbarung bereits ursprünglich getroffen wird, ist sie aufgrund ihrer erst späteren Aktualisierung wie eine nachträgliche Rechtswahl zu behandeln.[116] Die Formgültigkeit des Vertrags und zwischenzeitlich entstandene Rechte Dritter bleiben auf jeden Fall unberührt.

---

103 So auch Rauscher/*v. Hein*, EuZPR/EuIPR, Art. 3 Rn 86; Calliess/Ruffert/*Calliess*, Art. 3 Rn 48.
104 Erman/*Hohloch*, Art. 3 Rn 21; jurisPK-BGB/*Ringe*, Art. 3 Rn 24.
105 *Windmöller*, S. 70 ff; Staudinger/*Magnus*, Art. 3 Rn 109; MüKo/*Martiny*, Art. 3 Rn 71; Ferrari u.a./*Ferrari*, Internationales Vertragsrecht, Art. 3 Rn 39.
106 OLG Frankfurt IPrax 1992, 314, 316; vgl auch LG Aurich IPRspr 1973 Nr. 10; Rauscher/*v. Hein*, EuZPR/EuIPR, Art. 3 Rn 76.
107 OLG Hamm IPRspr 1995 Nr. 36; *Looschelders*, Art. 27 EGBGB Rn 20.
108 Soergel/*v. Hoffmann*, Art. 27 EGBGB Rn 58; Staudinger/*Magnus*, Art. 3 Rn 109.
109 Abl. Palandt/*Thorn*, Art. 3 Rn 10; Soergel/*v. Hoffmann*, Art. 27 EGBGB Rn 59; *Jayme*, in: FS Kegel 1987, S. 253, 263; *Kropholler*, IPR, § 52 II 3 b (S. 462); *Looschelders*, Art. 27 EGBGB Rn 20; Rauscher/*v. Hein*, EuZPR/EuIPR, Art. 3 Rn 77; aA *W. Lorenz*, IPrax 1987, 269, 272; Staudinger/*Magnus*,

Art. 3 Rn 109; Reithmann/Martiny/*Martiny*, Rn 95; Bamberger/Roth/*Spickhoff*, Art. 3 Rn 28.
110 Rauscher/*v. Hein*, EuZPR/EuIPR, Art. 3 Rn 87; Ferrari u.a./*Ferrari*, Internationales Vertragsrecht, Art. 3 Rn 38; MüKo/*Martiny*, Art. 3 Rn 68; Bamberger/Roth/*Spickhoff*, Art. 3 Rn 44.
111 Näher zur Umgehung von Eingriffsnormen durch Teilrechtswahl Rauscher/*v. Hein*, EuZPR/EuIPR, Art. 3 Rn 80 f.
112 So *Kropholler*, IPR, § 52 II 3 b (S. 463).
113 Staudinger/*Magnus*, Art. 3 Rn 111.
114 Umfassend *Rasmussen-Bonne*, Alternative Rechts- und Forumswahlklauseln, S. 34 ff.
115 *Kropholler*, IPR, § 52 II 3 c (S. 463); Rauscher/*v. Hein*, EuZPR/EuIPR, Art. 3 Rn 72; jurisPK-BGB/*Ringe*, Art. 3 Rn 29.
116 Siehe nur *Jaspers*, S. 136 ff; *Kötters*, S. 49; *Kropholler*, IPR, § 52 II 3 c (S. 463); *Mankowski*, in: Leible, Das Grünbuch zum Internationalen Vertragsrecht, 2004, S. 63, 106; *Rasmussen-Bonne*, Alternative Rechts- und Forumswahlklauseln, S. 121 ff.

Englische Gerichte stehen – trotz gewichtiger anders lautender Stimmen in der englischen Literatur[117] – optionalen Rechtswahlklauseln traditionell skeptisch gegenüber.[118]   **44**

IV. Rechtswahl als Vertrag

1. Einigung. a) Ausdrückliche Rechtswahl. Die Rechtswahl ist ein vom Hauptvertrag unabhängiger, eigenständiger Vertrag. Dieser sog. **Verweisungsvertrag** erfordert eine Einigung der Parteien, die ausdrücklich oder stillschweigend erfolgen kann. Eine einseitige Rechtswahl gibt es hingegen nicht. Auch optionale Rechtswahlklauseln begründen kein Recht zur einseitigen Rechtswahl, sondern beruhen auf einer gemeinsamen Vereinbarung (vgl Rn 43). Eine ausdrückliche Rechtswahl wird **individualvertraglich**, häufiger aber mittels **AGB** getroffen. Das ist grundsätzlich zulässig, doch sind Artt. 3 Abs. 5, 10 zu beachten (vgl Rn 72 ff). Von einer ausdrücklichen Rechtswahl ist auch auszugehen, wenn die Rechtswahlklauseln enthaltenden AGB stillschweigend in den Vertrag einbezogen wurden.[119] Wird ausdrücklich die Geltung eines bestimmten Rechts vereinbart („Dieser Vertrag unterliegt deutschem Recht."), ist zu beachten, dass dies zugleich einheitsrechtliche Regelungen – wie etwa das CISG – umfassen kann.[120] Möchte man dies vermeiden, muss die Rechtswahl- mit einer Rechtsabwahlklausel verbunden werden („Dieser Vertrag unterliegt deutschem Recht unter Ausschluss des UN-Kaufrechts.").   **45**

Sog. *construction clauses*, mittels deren der Vertrag ausdrücklich den Auslegungsgrundsätzen eines bestimmten Rechts unterstellt wird, werden häufig zugleich als ausdrückliche Rechtswahl verstanden.[121] Auf jeden Fall können sie aber ein gewichtiges Indiz für eine schlüssige Rechtswahl sein.[122]   **46**

Die Rechtswahl muss nicht positiv, sondern kann **auch negativ formuliert** sein („Dieser Vertrag unterliegt nicht deutschem Recht."). Fehlt es an einer gleichzeitigen ausdrücklichen Verweisung auf ein anderes Recht, ist, sofern auch keine stillschweigende Rechtswahl erkennbar ist, objektiv anzuknüpfen. Führt die objektive Anknüpfung zum ausdrücklich abgewählten Recht, ist das Recht anzuwenden, zu dem die zweitengste Verbindung besteht.[123] Eine Abwahl sämtlichen staatlichen Rechts ist ausgeschlossen, da es einen rechtsordnungslosen Vertrag nicht geben kann (vgl Rn 29).   **47**

Ist die **Rechtswahlvereinbarung unklar**, soll sich ihre Auslegung nach einer Ansicht nach der *lex fori* richten.[124] Zum Teil wird auch allein oder in Kombination hiermit auf die Kriterien des Abs. 1 S. 2 rekurriert.[125] Nach wieder anderer Ansicht sollen die Auslegungskriterien dem zunächst hypothetisch zu ermittelnden Vertragsstatut zu entnehmen sein.[126] Im Hinblick auf eine einheitliche Auslegung verdient jedoch keine dieser Meinungen den Vorzug. Vielmehr hat sich die Auslegung an **europäisch-autonomen Auslegungskriterien** zu orientieren.[127] In der Sache führt das freilich zu keinem großen Unterschied im Vergleich zur *lex-fori*-Lösung, da die eher generalklauselartigen §§ 133, 157 BGB zugleich den europäischen *common sense* abbilden[128] wie schon ein Blick in die Principles of European Contract Law (Art. 5:101 ff) deutlich macht.   **48**

b) Stillschweigende Rechtswahl. aa) Grundsatz. Die Rechtswahl muss nicht ausdrücklich, sondern kann auch stillschweigend erfolgen. Die Annahme einer stillschweigenden Rechtswahl setzt allerdings vor-   **49**

---

117 Vgl zB *Plender/Wilderspin*, The European Contracts Convention, 2. Aufl. 2001, Rn 5–06; *Pierce*, Mod. L. Rev. 50 (1987), 176, 197 ff.
118 Vgl die Nachweise bei *Mankowski*, in: Leible, Das Grünbuch zum Internationalen Vertragsrecht, 2004, S. 63, 105; *Rasmussen-Bonne*, Alternative Rechts- und Forumswahlklauseln, S. 3 f; Calliess/*Calliess*, Art. 3 Rn 36.
119 BGHZ 108, 353, 361 f; Staudinger/*Magnus*, Art. 3 Rn 64; Bamberger/Roth/*Spickhoff*, Art. 3 Rn 23; Rauscher/*v. Hein*, EuZPR/EuIPR, Art. 3 Rn 6; Ferrari u.a./*Ferrari*, Internationales Vertragsrecht, Art. 3 Rn 24.
120 Vgl zB BGH 1997, 3309; OLG Hamburg IHR 2001, 109; OLG München VersR 1997, 875, 876; OLG Düsseldorf IPrax 1993, 412, 413; LG Kassel IPRspr 1996 Nr. 30.
121 Vgl zB OLG München IPrax 1989, 42; MüKo/*Martiny*, Art. 3 Rn 57; *Schröder*, IPrax 1985, 131, 132.
122 LG München IPrax 1984, 318; Palandt/*Thorn*, Art. 3 Rn 7; Czernich/Heiss/*Heiss*, Art. 3 EVÜ Rn 7; Staudinger/*Magnus*, Art. 3 Rn 89.
123 Soergel/*v. Hoffmann*, Art. 27 EGBGB Rn 20; *v. Hoffmann/Thorn*, IPR, § 10 Rn 28; Staudinger/*Magnus*, Art. 3 Rn 67; Bamberger/Roth/*Spickhoff*, Art. 3 Rn 17; Rauscher/*v. Hein*, EuZPR/EuIPR, Art. 3 Rn 71; jurisPK-BGB/*Ringe*, Art. 3 Rn 11; Ferrari u.a./*Ferrari*, Internationales Vertragsrecht, Art. 3 Rn 15.
124 Soergel/*v. Hoffmann*, Art. 27 EGBGB Rn 34; *v. Hoffmann/Thorn*, IPR, § 10 Rn 31; *Hohloch/Kjelland*, IPrax 2002, 30, 31; Looschelders, Art. 27 EGBGB Rn 16; MüKo/*Martiny*, Art. 3 Rn 44.
125 *Jayme*, in: FS W. Lorenz 1991, S. 435, 438; *E. Lorenz*, RIW 1992, 697, 704; *Mankowski*, in: Leible, Das Grünbuch zum Internationalen Vertragsrecht, 2004, S. 63, 64.
126 *Von Bar*, IPR II, Rn 539 in Fn 540.
127 Vgl Bamberger/Roth/*Spickhoff*, Art. 3 Rn 18; i. Erg. ebenso teilweise: *Jayme*, in: FS W. Lorenz 1991, S. 435, 438; *E. Lorenz*, RIW 1992, 697, 704; *Mankowski*, in: Leible, Das Grünbuch zum Internationalen Vertragsrecht, 2004, S. 63, 64; Ferrari u.a./*Ferrari*, Internationales Vertragsrecht, Art. 3 Rn 25; Rauscher/*v. Hein*, EuZPR/EuIPR, Art. 3 Rn 9.
128 *Hohloch/Kjelland*, IPrax 2002, 30, 31.

aus, dass ein entsprechender Parteiwille „eindeutig aus den Bestimmungen des Vertrages oder aus den Umständen des Falles" entnommen werden kann. Daher genügen vage Anhaltspunkte nicht. Vielmehr muss sich die Rechtswahl mit Bestimmtheit ergeben.[129] Ein **bloß hypothetischer Parteiwille genügt** – anders als vor Inkrafttreten des IPRNG[130] – **nicht**.[131] Es kommt nicht darauf an, was die Parteien gewollt hätten, sondern was sie gewollt haben. Das setzt voraus, dass sie die Möglichkeit, das anwendbare Recht frei zu bestimmen, auch tatsächlich erkannten (und nicht zB von einem reinen Inlandsfall, Abs. 3, ausgingen). Gefordert ist ein aktuelles Erklärungsbewusstsein im Sinne eines **Rechtswahlbewusstseins**. Anders als im internen deutschen Sachrecht reicht ein bloß potenzielles Erklärungsbewusstsein nicht aus.[132] Es bedarf eines kollisionsrechtlichen Gestaltungswillens.[133] Lässt sich ein realer Wille nicht ermitteln, muss objektiv angeknüpft werden.

50 Wie der **Parteiwille zu ermitteln** ist, verrät Abs. 1 S. 2 nicht. Die Vorschrift verzichtet insbesondere darauf, bestimmte Indizien für eine schlüssige Rechtswahl zu benennen, hervorzuheben oder zu bewerten. Das schafft, solange es an einschlägiger Rechtsprechung fehlt, Rechtsunsicherheit. Bis zu einer gerichtlichen Entscheidung muss man sich daher mit der Herausarbeitung von Indizien behelfen, die Anhaltspunkte für das Vorliegen einer Rechtswahlvereinbarung geben können. Zurückgreifen lässt sich dabei u.a. auf die Kriterien, die bei der objektiven Bestimmung des Vertragsstatuts herangezogen werden können. Dabei ist freilich zu beachten, dass trotz einer derartigen Typisierung die Entscheidung immer einzelfallbezogen bleiben muss. Zu berücksichtigen ist, dass zum einen den einzelnen Indizien ein durchaus unterschiedliches Gewicht zukommen kann und es zum anderen stets einer Abwägung zwischen allen gewichteten **Indizien** bedarf.[134] Nur wenn unter Berücksichtigung „aller Umstände des Einzelfalls"[135] alle oder wenigstens die überwiegende Anzahl dieser Indizien zu einer bestimmten Rechtsordnung hinführt, kann von Eindeutigkeit iSv Abs. 1 S. 2 und damit von einer schlüssigen Rechtswahlvereinbarung ausgegangen werden. Die Prüfung, ob die Parteien eine konkludente Rechtswahl getroffen haben, erfolgt von Amts wegen.[136]

51 **bb) Gerichtsstandsvereinbarung.** Die Vereinbarung eines **ausschließlichen** Gerichtsstands ist ein zwar nicht unwiderlegliches, aber doch gewichtiges Indiz dafür, dass die Parteien zugleich das am Gerichtsort geltende Recht gewählt haben (*qui eligit forum vel iudicem eligit ius*).[137] Für eine Gerichtsstandsvereinbarung zu Gunsten der Gerichte eines Mitgliedsstaates legt dies Erwägungsgrund 12 zumindest eindeutig fest.

52 Die Anwendung des materiellen Rechts der *lex fori* liegt im Parteiinteresse, da sie Zeit und Rechtsermittlungskosten spart und zudem die Richtigkeitsgewähr der Entscheidung erhöht. Nach hM soll die Indizwirkung allerdings entfallen, wenn die Gerichtsstandsvereinbarung **nicht wirksam vereinbart** wurde.[138] Dem ist in dieser Pauschalität freilich zu widersprechen. Entscheidend muss der Grund der Unwirksamkeit sein. Fehlt es an einer wirksamen Einbeziehung aufgrund Nichterfüllung der formellen Konsenserfordernisse, kommt eine Indizwirkung nicht in Betracht. Scheitert die Gerichtsstandsvereinbarung hingegen aus anderen Gründen, vermag ihre Unwirksamkeit die Indizwirkung nicht zu vermindern, da es schließlich um die Ermittlung des zum Zeitpunkt des Vertragsschlusses vorliegenden Parteiwillens geht.[139]

---

129 Reithmann/Martiny/*Martiny*, Rn 114; Calliess/*Calliess*, Art. 3 Rn 37; Rauscher/*v. Hein*, EuZPR/EuIPR, Art. 3 Rn 11, 13 ff.

130 Bis dahin st. Rspr, vgl zB BGHZ 7, 231, 235; 44, 183, 186; 61, 221, 223; BGH NJW 1977, 1586; 1996, 2569.

131 BT-Drucks. 10/504, S. 77; Ferrari u.a./*Ferrari*, Internationales Vertragsrecht, Art. 3 Rn 27.

132 Erman/*Hohloch*, Art. 3 Rn 13; Hohloch/*Kjelland*, IPrax 2002, 30, 32; *Mansel*, ZVglRwiss 86 (1987), 1, 12; Bamberger/Roth/*Spickhoff*, Art. 3 Rn 19; Rauscher/*v. Hein*, EuZPR/EuIPR, Art. 3 Rn 12.

133 *Hartenstein*, S. 118; *E. Lorenz*, RIW 1987, 569; *Mankowski*, in: Leible, Das Grünbuch zum Internationalen Vertragsrecht, 2004, S. 63, 65; Rauscher/*v. Hein*, EuZPR/EuIPR, Art. 3 Rn 12.

134 Staudinger/*Magnus*, Art. 3 Rn 74; Ferrari u.a./*Ferrari*, Internationales Vertragsrecht, Art. 3 Rn 28; Bamberger/Roth/*Spickhoff*, Art. 3 Rn 20; Calliess/*Calliess*, Art. 3 Rn 38; Rauscher/*v. Hein*, EuZPR/EuIPR, Art. 3 Rn 18 f.

135 OLG Köln RIW 1994, 970; Calliess/*Calliess*, Art. 3 Rn 38.

136 Staudinger/*Magnus*, Art. 3 Rn 103; BGH NJW 2009 916, 917.

137 BGHZ 104, 268, 269; BGH NJW-RR 1990, 183 f; NJW 1991, 1418, 1420; 1996, 2569, 2570; OLG Celle RIW 1988, 137, 138; OLG Hamburg TranspR 1993, 111, 112; OLG Frankfurt RIW 1989, 911, 912; 1998, 477; LAG Düsseldorf RIW 1987, 61; Czernich/Heiss/*Heiss*, Art. 3 EVÜ Rn 10; Palandt/*Thorn*, Art. 3 Rn 7; Staudinger/*Magnus*, Art. 3 Rn 76; Reithmann/Martiny/*Martiny*, Rn 116; *Plender/Wilderspin*, European Contracts Convention, 2. Aufl. 2001, Rn 5.11; *Nordmeier*, in: Gebauer/Wiedmann, Kap. 37 Rn 27; Bamberger/Roth/*Spickhoff*, Art. 3 Rn 21; Rauscher/*v. Hein*, EuZPR/EuIPR, Art. 3 Rn 20; Ferrari u.a./*Ferrari*, Internationales Vertragsrecht, Art. 3 Rn 29; jurisPK-BGB/*Ringe*, Art. 3 Rn 20; Calliess/*Calliess*, Art. 3 Rn 39; *Leible/Lehmann*, RIW 2008, 528, 532.

138 BGH DB 1969, 1053; Staudinger/*Magnus*, Art. 3 Rn 77; *Mankowski*, in: Leible, Das Grünbuch zum Internationalen Vertragsrecht, 2004, S. 63, 67; MüKo/*Martiny*, Art. 3 Rn 49; Bamberger/Roth/*Spickhoff*, Art. 3 Rn 21; aA OLG Celle IPRspr 1999 Nr. 31.

139 Vgl auch *Leible/Lehmann*, RIW 2008, 528, 533; *Pfeiffer*, EuZW 2008, 622, 624; Staudinger/*Magnus*, Art. 3 Rn 77.

Nicht ausschließlichen Gerichtsstandsvereinbarungen kommt keine vergleichbare Indizwirkung zu, da es ihnen an der Eindeutigkeit fehlt. Dies gilt vor allem für fakultative oder optionale Gerichtsstandsvereinbarungen.[140]

cc) Schiedsgerichtsvereinbarung. Eine den Gerichtsstandsklauseln ähnliche Indizwirkung entfalten Schiedsklauseln (*qui eligit arbitrum eligit ius*).[141] Als weitere Bedingung hinzukommen muss freilich noch, dass das Schiedsgericht das materielle Recht seines Sitzortes anzuwenden hat. Das setzt zum einen einen festen Tagungsort und zum anderen eine Bindung an dessen Recht voraus.[142]

Nach hM scheidet eine Indizwirkung grundsätzlich bei einer Unwirksamkeit der Schiedsvereinbarung aus.[143] Gegenüber einer derart pauschalen Aussage bestehen jedoch die gleichen Bedenken wie bei einer unwirksamen Gerichtsstandsvereinbarung (vgl Rn 29). Optionale Schiedsvereinbarungen bleiben unberücksichtigt.[144]

dd) Bezugnahme auf Normen oder Institute eines bestimmten Rechts. Die **ausdrückliche Bezugnahme** des Vertrages[145] **auf Vorschriften oder Rechtsinstitute einer bestimmten Rechtsordnung** ist ein gewichtiges Indiz für das Vorliegen einer Rechtswahl.[146] Verweisen zB die Nutzungsbedingungen des Betreibers einer Internet-Auktionsplattform auf Normen eines bestimmten US-amerikanischen Bundesstaates, führt ihre Einbeziehung in die vertragliche Einigung zwischen Ersteigerer und Einlieferer zu einer konkludenten Rechtswahl.[147] Gleiches gilt, wenn der Vertrag erkennbar auf die Gepflogenheiten oder Anforderungen einer bestimmten Rechtsordnung Rücksicht nimmt[148] oder die Parteien Formulare oder Standardbedingungen verwenden, die offenkundig auf der Basis eines bestimmten Rechts entwickelt wurden.[149] Ein Indiz dafür, dass stets das Recht (Sitzrecht oder Personalstatut) dessen gelten soll, der vorformulierte Vertragsbedingungen verwendet,[150] besteht freilich nicht. Für die Berechtigung einer derartigen Annahme müssen schon weitere Anhaltspunkte hinzutreten. Zu fordern ist auch hier eine erkennbare Rücksichtnahme auf ein bestimmtes Recht.[151] Zu „*construction clauses*" vgl Rn 46.

Von einer stillschweigenden Rechtswahl kann weiterhin auszugehen sein, wenn der Vertrag auf einen anderen Bezug nimmt, der eine ausdrückliche Rechtswahlklausel enthält, oder mit diesem wirtschaftlich eng verbunden ist.[152] Indizwirkung kann außerdem im Rahmen einer ständigen Geschäftsbeziehung einer **bis-**

---

140 Czernich/Heiss/*Heiss*, Art. 3 EVÜ Rn 10; Staudinger/*Magnus*, Art. 3 Rn 78; *Mankowski*, in: Leible, Das Grünbuch zum Internationalen Vertragsrecht, 2004, S. 63, 68; MüKo/*Martiny*, Art. 3 Rn 50; *Patrzek*, Die vertragsakzessorische Anknüpfung im Internationalen Privatrecht, 1992, S. 9; Bamberger/Roth/*Spickhoff*, Art. 3 Rn 21; Rauscher/*v. Hein*, EuZPR/EuIPR, Art. 3 Rn 26 Staudinger/*Magnus*, Art. 3 Rn 78; BGH IPRspr 1958/59 Nr. 53; LG Freiburg IPRspr 1966/67 Nr. 34A; *Leible/Lehmann*, RIW 2008, 528, 532; *Nordmeier*, in: Gebauer/Wiedmann, Kap. 37 Rn 27.

141 OLG Hamburg IPRspr 1982 Nr. 38; OLG Düsseldorf TranspR 1992, 415, 417; OLG Hamm NJW-RR 1993, 1445; LG Hamburg RIW 1997, 873; Schiedsgericht Hamburger Freundschaftliche Arbitrage RIW 1999, 394, 395; Staudinger/*Magnus*, Art. 3 Rn 80; Calliess/*Calliess*, Art. 3 Rn 39; *Mankowski*, in: Leible, Das Grünbuch zum Internationalen Vertragsrecht, 2004, S. 63, 69; Reithmann/Martiny/*Martiny*, Rn 118; Bamberger/Roth/*Spickhoff*, Art. 3 Rn 22; Ferrari u.a./*Ferrari*, Internationales Vertragsrecht, Art. 3 Rn 30; Calliess/Ruffert/*Calliess*, Art. 3 Rn 42.

142 Rauscher/*v. Hein*, EuZPR/EuIPR, Art. 3 Rn 30; Soergel/*v. Hoffmann*, Art. 27 EGBGB Rn 48.

143 S. nur Staudinger/*Magnus*, Art. 3 Rn 81; *Mankowski*, in: Leible, Das Grünbuch zum Internationalen Vertragsrecht, 2004, S. 63, 69; Reithmann/Martiny/*Martiny*, Rn 120; Bamberger/Roth/*Spickhoff*, Art. 3 Rn 22.

144 Staudinger/*Magnus* Art. 3 Rn 81; *Mankowski*, VersR 2002, 1177, 1180; Bamberger/Roth/*Spickhoff*, Art. 3 Rn 22; Rauscher/*v. Hein*, EuZPR/EuIPR, Art. 3 Rn 29.

145 Allein eine einseitige Bezugnahme durch eine Partei genügt nicht, vgl OLG Brandenburg IPRspr 2000 Nr. 28.

146 BGH -RR 1996, 1034; 1997, 686, 687; WM 1999, 1177, IPrax 2002, 37; BAG NZA 2003, 339, 340; OLG Köln RIW 1993, 414, 415; IPRspr 2000 Nr. 21; LG Waldshut-Tiengen IPrax 1984, 100; AG Rostock IPRspr 1997 Nr. 30; AG Hamburg NJW-RR 2000, 352, 353; Soergel/*v. Hoffmann*, Art. 27 EGBGB Rn 45; Erman/*Hohloch*, Art. 3 Rn 16; Staudinger/*Magnus*, Art. 3 Rn 90; MüKo/*Martiny*, Art. 3 Rn 58; *Pulkowski*, IPrax 2001, 306, 309; Ferrari u.a./*Ferrari*, Internationales Vertragsrecht, Art. 3 Rn 33; Bamberger/Roth/*Spickhoff*, Art. 3 Rn 23; Rauscher/*v. Hein*, EuZPR/EuIPR, Art. 3 Rn 33; Calliess/*Calliess*, Art. 3 Rn 46.

147 *Freitag*, in: Leible/Sosnitza, Versteigerungen im Internet, 2004, Rn 773.

148 BGH RIW 1992, 54, 55; OLG Köln NJW-RR 1994, 200.

149 BGH NJW-RR 1999, 813.

150 Vgl etwa BGH RIW 1976, 447, 448; OLG Hamburg RIW 1986, 462, 463; RIW 1991, 61, 62; OLG München RIW 1983, 957; IPrax 1989, 42; OLG Schleswig NJW-RR 1988, 283, 284: Palandt/*Thorn*, Art. 3 Rn 7; Erman/*Hohloch*, Art. 3 Rn 16; MüKo/*Martiny*, Art. 3 Rn 61.

151 Staudinger/*Magnus*, Art. 3 Rn 93; *Meyer-Sparenberg*, RIW 1989, 347, 348; Bamberger/Roth/*Spickhoff*, Art. 3 Rn 23.

152 BGH NJW 2001, 1936, 1937; *Mankowski*, in: Leible, Das Grünbuch zum Internationalen Vertragsrecht, 2004, S. 63, 80 f; Rauscher/*v. Hein*, EuZPR/EuIPR, Art. 3 Rn 31.

58 **ee) Prozessverhalten.** Auch aus dem Prozessverhalten der Parteien können sich Indizien für eine (nachträgliche) stillschweigende Rechtswahl der Parteien ergeben, sofern sie während des Rechtsstreits übereinstimmend von der Anwendbarkeit einer bestimmten Rechtsordnung ausgegangen sind.[154] Indes ist bei Rückschlüssen aus dem Prozessverhalten Vorsicht geboten. Erforderlich ist auch hier stets die Feststellung eines entsprechenden beiderseitigen **aktuellen Erklärungs- oder besser Rechtswahlbewusstseins**, und zwar nicht nur, aber besonders dann, wenn eine früher getroffene Rechtswahlvereinbarung geändert werden soll.[155]

her gepflegten **Vertragspraxis** zukommen, sofern keine Anhaltspunkte dafür ersichtlich sind, dass diese gerade mit dem vorliegenden Vertrag aufgegeben werden sollte.[153]

59 Von einem tatsächlichen Willen zur Rechtswahl kann in der Regel ausgegangen werden, wenn die Parteien vor einem deutschen Gericht übereinstimmend **nach ausländischem Recht verhandeln**. In diesem Fall ist ihnen jedenfalls bewusst, dass der Vertrag einen Auslandsbezug hat. Dann werden ihnen aber auch die von Art. 3 eröffneten Möglichkeiten bekannt sein.[156] Im umgekehrten Fall, dh einer sich aufgrund objektiver Anknüpfung ergebenden Anwendbarkeit ausländischen Rechts und Verhandlung ausschließlich zum deutschen Recht, kann man von einem realen Rechtswahlwillen nicht ohne weiteres,[157] sondern zunächst nur bei einem vorherigen richterlichen Hinweis oder einer zwischenzeitlichen Erörterung der Rechtsanwendungsfrage durch die Parteien ausgehen. Ansonsten bedarf es **anderer gewichtiger Anhaltspunkte**, denen sich entnehmen lässt, dass den Parteien die Möglichkeit einer Rechtswahl bewusst war und sie hiervon Gebrauch machen wollten.[158] Vor einem allzu schnellen Heimwärtsstreben, wie es immer noch zahlreiche Gerichtsentscheidungen aufgrund der vorschnellen Annahme einer schlüssigen Rechtswahlvereinbarung durch übereinstimmendes Prozessverhalten erkennen lassen, ist jedenfalls **nachdringlich zu warnen**. Gehen die Parteien zu Unrecht von der Maßgeblichkeit der Rechtsordnung aus, auf deren Grundlage sie verhandeln, fehlt es am erforderlichen Rechtswahlbewusstsein als unabdingbarer Voraussetzung einer wirksamen Rechtswahl.[159]

60 Wurde die Partei im Verfahren **anwaltlich vertreten**, ist eine schlüssige Rechtswahlerklärung nur bei bestehender Vertretungsmacht wirksam.[160] Die unwidersprochene Hinnahme, dass die Vorinstanz aufgrund einer vorgeblich schlüssigen Rechtswahl fälschlich nach deutschem Recht entschieden hat, soll im Rechtsmittelverfahren zur Präklusion führen können,[161] nach anderer – allerdings zweifelhafter – Ansicht hingegen ihrerseits als schlüssige Rechtswahl zu interpretieren sein.[162]

61 **ff) Sonstige Umstände.** Der **Abschlussort** des Vertrages ist nur von untergeordneter Bedeutung.[163] Gleiches gilt für die Vereinbarung eines einheitlichen **Erfüllungsortes**, der von der älteren Rechtsprechung noch Bedeutung zugemessen wurde,[164] der heute aber ein entsprechender Wille, das Recht am Erfüllungsort angewendet sehen zu wollen, nur bei Hinzutreten weiterer Umstände entnommen werden kann.[165] Ähnlich schwach ausgeprägt ist die von der **Vertragssprache**, der **Vertragswährung**[166] oder der **Ansässigkeit der Parteien** ausgehende Indizwirkung. Hier bedarf es schon einer sehr weit reichenden Kumulation einzelner

---

153 Soergel/*v. Hoffmann*, Art. 27 EGBGB Rn 47; Looschelders, IPrax 1998, 296, 297; *ders.*, Art. 27 EGBGB Rn 18; Staudinger/*Magnus*, Art. 3 Rn 95; *Mankowski*, in: Leible, Das Grünbuch zum Internationalen Vertragsrecht, 2004, S. 63, 79 f; Bamberger/Roth/*Spickhoff*, Art. 3 Rn 24; Calliess/*Calliess*, Art. 3 Rn 45.
154 Vgl zB BGHZ 53, 189, 191; 119, 392, 396; BGH NJW-RR 1986, 456, 457; 1990, 248, 249; NJW 1991, 1292, 1293.
155 BGH NJW 1991, 1292, 1293; NJW-RR 2000, 1002, 1004; OLG München RIW 1996, 329, 330.
156 BGH NJW 1990, 248, 249; OLG Celle RIW 1990, 320, 322; Ferrari u.a./*Ferrari*, Internationales Vertragsrecht, Art. 3 Rn 31.
157 *Hartenstein*, S. 118; *Koch*, RabelsZ 61 (1997): 623, 644; *Schack*, NJW 1994, 2736, 2737; *ders.*, IPrax 1986, 272, 273; *Steinle*, ZVglRWiss 93 (1994), 300, 313.
158 So auch Staudinger/*Magnus*, Art. 3 Rn 82; Ferrari u.a./*Ferrari*, Internationales Vertragsrecht, Art. 3 Rn 31.
159 BGH NJW-RR 2000, 1002, 1004; vgl auch BGH BGHR 2004, 679.
160 Erman/*Hohloch*, Art. 3 Rn 17; *Mansel*, ZVglRWiss 86 (1987), 1, 13; *Schack*, NJW 1984, 2736, 2739; Bamberger/Roth/*Spickhoff*, Art. 3 Rn 26.
161 Soergel/*v. Hoffmann*, Art. 27 EGBGB Rn 52; Looschelders, Art. 27 EGBGB Rn 19; Staudinger/*Magnus*, Art. 3 Rn 85.
162 So BGH NJW 1991, 1292, 1293.
163 BGH NJW 2001, 1936, 1937.
164 RGZ 58, 366, 367; 81, 273, 275.
165 Czernich/Heiss/*Heiss*, Art. 3 EVÜ Rn 10; Erman/Hohloch, Art. 3 Rn 18; *v. Hoffmann/Thorn*, IPR, § 10 Rn 35; Staudinger/*Magnus*, Art. 3 Rn 96; Rauscher/*v. Hein*, EuZPR/EuIPR, Art. 3 Rn 34; *Mankowski*, in: Leible, Das Grünbuch zum Internationalen Vertragsrecht, 2004, S. 63, 78; *Thorn*, IPrax 1996, 257, 258; vgl aber auch OLG Köln RIW 1994, 970; IPrax 1996, 270.
166 Eine andere Beurteilung soll aber bei einem Wechsel der ursprünglich in Aussicht genommenen Währung einer Partei auf die Währung der anderen Partei geboten sein, vgl BGH NJW-RR 1995, 245, 246 (zweifelhaft).

Indizien, um eine schlüssige Rechtswahl anzunehmen.[167] Das Zusammentreffen weniger schwacher Indizien genügt noch nicht.[168]

2. Zeitpunkt. a) Anfängliche Rechtswahl. Die Rechtswahl kann zusammen **mit dem Hauptvertrag,** aber auch **danach** vereinbart werden. Darüber hinaus ist sie sogar **vor Abschluss des Hauptvertrags** möglich.[169] Die anfängliche Rechtswahl ist in der Praxis die Regel. Zu einer nachträglichen Rechtswahl kommt es des Öfteren im Prozess, weil die Parteien mitunter überhaupt erst jetzt die Möglichkeit einer Rechtswahl erkennen oder die Gerichte ihnen allzu leichtfertig eine schlüssige Rechtswahl durch Prozessverhalten unterstellen. **62**

b) Nachträgliche Rechtswahl. Die Parteien sind an eine einmal getroffene Rechtswahlvereinbarung nicht gebunden, sondern können sie nach Abs. 2 S. 1 **jederzeit aufheben oder ändern.** Auch eine **erstmalige nachträgliche Rechtswahl** ist möglich und führt dann zu einem Wechsel des bislang kraft objektiver Anknüpfung bestimmten Vertragsstatuts. Geändert bzw erstmalig vereinbart werden kann auch eine Teilrechtswahl (Abs. 1 S. 3). **63**

Die nachträgliche Rechtswahl unterliegt im Wesentlichen den gleichen Grundsätzen wie die anfängliche Rechtswahl. Sie kann ausdrücklich oder durch schlüssiges Verhalten getroffen werden.[170] Auch für eine nachträgliche konkludente Rechtswahl durch übereinstimmendes Prozessverhalten bedarf es der Feststellung eines dahin gehenden **realen Parteienwillens,**[171] der nicht allein deshalb unterstellt werden darf, weil die bisherige Rechtswahl (oder objektive Anknüpfung des Vertragsstatuts) zur Geltung eines Rechts führt, das den Vertrag unwirksam sein lässt.[172] **64**

Die **Zulässigkeit** einer nachträglichen Rechtswahl beurteilt sich ausschließlich nach dem IPR der *lex fori*, in Deutschland also vor allem Art. 3, nicht aber nach dem Prozessrecht des Forums. Prozessual beachtlich kann allenfalls sein, ob die für eine nachträgliche Rechtswahl erforderlichen Tatsachen dargetan und ordnungsgemäß in das Verfahren eingeführt wurden.[173] Aus der Maßgeblichkeit des IPR der *lex fori* ergibt sich außerdem, dass es für die Zulässigkeit der nachträglichen Rechtswahl nicht darauf ankommt, ob sie vom Kollisionsrecht des ursprünglich geltenden oder nunmehr vereinbarten Vertragsstatuts akzeptiert wird.[174] **65**

Zustandekommen und Wirksamkeit der nachträglichen Rechtswahlvereinbarung richten sich nach dem von Abs. 5 für maßgeblich erklärten Recht. Ist sie danach wirksam, kommt ihr grundsätzlich kollisionsrechtliche Wirkung zu, sofern die Parteien sich nicht ausnahmsweise auf eine materiellrechtliche Verweisung beschränkt haben. Ob die **Wirkungen** der nachträglichen Rechtswahl *ex nunc* oder *ex tunc* eintreten, hängt von der Parteiabsprache ab.[175] Im Zweifel ist von einer Rückwirkung auf den Zeitpunkt des Vertragsschlusses auszugehen,[176] sofern diese nicht zur Unwirksamkeit des Vertrages führt.[177] **66**

Die **Formgültigkeit des Vertrages** nach Art. 11 wird gem. Abs. 2 S. 2 Hs 1 durch eine nachträgliche Rechtswahl nicht berührt. War der Vertrag nach dem alten Statut formwirksam, kann die nachträgliche Wahl eines anderen, formstrengeren Rechts nicht zu seiner Formunwirksamkeit führen. Umgekehrt können aber die Parteien durch die Wahl eines in Formfragen laxeren Rechts den ursprünglich formwirksamen Vertrag *ex tunc* formwirksam werden lassen (**Heilung durch Statutenwechsel**).[178] **67**

---

167 Staudinger/*Magnus*, Art. 3 Rn 98; Ferrari u.a./*Ferrari*, Internationales Vertragsrecht, Art. 3 Rn 35; vgl dazu – im Einzelnen mitunter durchaus zweifelhaft – BGH RIW 1997, 42; ZIP 1998, 956; OLG Brandenburg IPRspr 1996 Nr. 161; OLG Celle NJW-RR 1992, 1126; OLG Düsseldorf NJW-RR 1991, 55; NJW-RR 1995, 1396; OLG Köln RIW 1994, 970; OLG Nürnberg NJW-RR 1997, 1484; OLG München RIW 1997, 507; VersR 2001, 459.

168 LG Hamburg RIW 1993, 144, 145; Staudinger/*Magnus*, Art. 3 Rn 99.

169 Staudinger/*Magnus*, Art. 3 Rn 114; Rauscher/*v. Hein*, EuZPR/EuIPR, Art. 3 Rn 88; Erman/*Hohloch*, Art. 3 Rn 22; Calliess/*Calliess*, Art. 3 Rn 31.

170 *V. Bar*, IPR II, Rn 480; Ferrari u.a./*Ferrari*, Internationales Vertragsrecht, Art. 3 Rn 43; Rauscher/*v. Hein*, EuZPR/EuIPR, Art. 3 Rn 92.

171 BGH NJW 2000, 1002, 1004; BGHR 2004, 679.

172 Staudinger/*Magnus*, Art. 3 Rn 118.

173 OLG Düsseldorf, RIW 1987, 793; Erman/*Hohloch*, Art. 3 Rn 23; Staudinger/*Magnus*, Art. 3 Rn 120.

174 Reithmann/Martiny/*Martiny*, Rn 130.

175 LG Essen RIW 2001, 943, 944; Erman/*Hohloch*, Art. 3 Rn 23; Soergel/*v. Hoffmann*, Art. 27 EGBGB Rn 73; MüKo/*Martiny*, Art. 3 Rn 80; Palandt/*Thorn*, Art. 3 Rn 11; Rauscher/*v. Hein*, EuZPR/EuIPR, Art. 3 Rn 95.

176 BGH WM 1970, 1454, 1455; IPrax 1998, 479, 481; OLG Bremen VersR 1978, 277; OLG Koblenz RIW 1982, 354; OLG Saarbrücken OLGZ 1966, 142, 145 f; Palandt/*Thorn*, Art. 3 Rn 11; Erman/*Hohloch* Art. 3 Rn 23; Reithmann/Martiny/*Martiny*, Rn 130; *Reinhart*, IPrax 1995, 365, 367 ff; *Thorn*, IPrax 2002, 349, 361; aA OLG Frankfurt IPrax 1992, 314, 317; LG Essen RIW 2001, 943, 944; *W. Lorenz*, IPrax 1987, 269, 273; Rauscher/*v. Hein*, EuZPR/EuIPR, Art. 3 Rn 95; jurisPK-BGB/*Ringe*, Art. 3 Rn 28.

177 LG Essen RIW 2001, 943, 944; *Looschelders*, Art. 27 EGBGB Rn 23.

178 Palandt/*Thorn*, Art. 3 Rn 11; Ferrari u.a./*Ferrari*, Internationales Vertragsrecht, Art. 3 Rn 46; Erman/*Hohloch*, Art. 3 Rn 23; Staudinger/*Magnus*, Art. 3 Rn 126; Reithmann/Martiny/*Martiny*, Rn 132; Bamberger/Roth/*Spickhoff*, Art. 3 Rn 31.

68 **Rechte Dritter** werden nach Abs. 2 S. 2 Hs 2 durch einen mit der nachträglichen Rechtswahl einhergehenden Statutenwechsel ebenfalls nicht berührt. Dritte idS können zB Bürgen, Pfändungsgläubiger, Begünstigte aus einem Vertrag zugunsten Dritter oder mit Schutzwirkung für Dritte usw sein.[179] Bleibt das nachträglich gewählte Recht im Hinblick auf Rechte Dritter hinter dem ursprünglich geltenden zurück, gilt im Verhältnis der Parteien zu diesen Dritten weiterhin das Altstatut. Das neue Statut wirkt dann gegebenenfalls nur *inter partes*.[180] Abs. 2 S. 2 Hs 2 soll Dritte nur vor einem Rechtsverlust durch Statutenwechsel bewahren, nicht aber eine Rechtsverbesserung verhindern. **Begünstigt** der Statutenwechsel **den Dritten**, kommt der Statutenwechsel grundsätzlich auch ihm zugute.[181] Die Parteien haben es in der Hand, eine Drittbegünstigung zu verhindern, indem sie sich – sofern zulässig (vgl Rn 39) – für eine Teilrechtswahl entscheiden.[182] Da gegenüber der Annahme einer stillschweigenden Teilrechtswahl allerdings äußerste Zurückhaltung geboten ist (vgl Rn 38), ist freilich im Zweifel von einem Willen zur Drittbegünstigung auszugehen.[183]

69 **3. Zustandekommen und Wirksamkeit. a) Grundsatz.** Haupt- und Verweisungsvertrag sind voneinander zu unterscheiden. Es handelt sich um zwei rechtlich selbständige Verträge, auch wenn sie zusammen abgeschlossen werden.[184] Die Wirksamkeit des einen berührt die Wirksamkeit des anderen nicht. Der – dann objektiv anzuknüpfende – **Hauptvertrag** kann auch wirksam sein, wenn die Rechtswahlvereinbarung unwirksam ist. Umgekehrt wird die Wirksamkeit des **Verweisungsvertrages** nicht dadurch beeinträchtigt, dass er zur Anwendung eines Rechts führt, nach dem der Hauptvertrag unwirksam ist.

70 Das **Zustandekommen** und die **Wirksamkeit** der Rechtswahlvereinbarung[185] sind gem. Abs. 5 iVm Art. 10 Abs. 1 nach dem Recht zu beurteilen, das anzuwenden wäre, wenn die Rechtswahl wirksam wäre,[186] und zwar auch dann, wenn der Hauptvertrag aus Sicht des gewählten Rechts unwirksam ist.[187] Die Verweisung auf Art. 10 Abs. 1 bezieht sich allerdings nicht auf die **Zulässigkeit** einer Rechtswahlvereinbarung. Darüber, ob die Parteien das Vertragsstatut überhaupt parteiautonom bestimmen können, entscheidet allein die *lex fori*.[188] Und für die Auslegung der Rechtswahlvereinbarung sind weder die *lex fori* noch die (potenzielle) *lex causae* zu beachten. Sie hat sich vielmehr an europäisch-autonomen Kriterien zu orientieren (vgl Rn 48).

71 Ist die Wirkung des Verhaltens einer Partei zu beurteilen, muss gem. Abs. 5 iVm Art. 10 Abs. 2 auch das Recht an deren gewöhnlichem Aufenthalt berücksichtigt werden. Art. 10 Abs. 2 dient dem Schutz der anderen Partei vor einer unzumutbaren, da für sie unvorhersehbaren vertraglichen Bindung (vgl Art. 10 Rn 27). Dementsprechend ist lediglich zu prüfen, ob das Verhalten der Partei überhaupt als äußerliche Zustimmung zum Abschluss des Rechtswahlvertrages gewertet werden kann. Bedeutung kann Art. 10 Abs. 2 uU für ein Schweigen auf ein eine Rechtswahlvereinbarung wiedergebendes **kaufmännisches Bestätigungsschreiben**[189] oder eine **Rechtswahlvereinbarung mittels AGB**[190] haben.

72 **b) Rechtswahl in AGB.** Eine Rechtswahl durch AGB ist grundsätzlich zulässig.[191] Über ihr **Zustandekommen** und ihre materielle Wirksamkeit entscheidet die *lex causae*. Art. 10 Abs. 2 bleibt zu beachten. Im Einzelnen gilt Folgendes:

73 Nach Abs. 5 iVm Art. 10 Abs. 1 beurteilen sich **Zustandekommen** (äußerer Konsens) und rechtsgeschäftliche **Wirksamkeit** von Rechtswahlvereinbarungen einschließlich solcher in AGB nach dem gewählten Recht. Damit unterliegen Rechtswahlklauseln in AGB der **Einbeziehungskontrolle** derjenigen Rechtsordnung, die sie als maßgeblich bezeichnen. Eine Einbeziehungskontrolle gem. §§ 305 Abs. 2 bis 306 BGB

---

179 Staudinger/*Magnus*, Art. 3 Rn 127; Ferrari u.a./*Ferrari*, Internationales Vertragsrecht, Art. 3 Rn 48; Reithmann/Martiny/*Martiny*, Rn 132 f; Bamberger/Roth/*Spickhoff*, Art. 3 Rn 32; ähnlich Rauscher/*v. Hein*, EuZPR/EuIPR, Art. 3 Rn 97.
180 *Kropholler*, IPR, § 52 II 4 (S. 465); *Möllenhoff*, S. 134; Ferrari u.a./*Ferrari*, Internationales Vertragsrecht, Art. 3 Rn 47; Reithmann/Martiny/*Martiny*, Rn 133.
181 Ferrari u.a./*Ferrari*, Internationales Vertragsrecht, Art. 3 Rn 47; Staudinger/*Magnus*, Art. 3 Rn 128; Rauscher/*v. Hein*, EuZPR/EuIPR, Art. 3 Rn 98.
182 IdS wohl auch Czernich/Heiss/*Heiss*, Art. 3 EVÜ Rn 42; Soergel/*v. Hoffmann*, Art. 27 EGBGB Rn 79; Bamberger/Roth/*Spickhoff*, Art. 3 Rn 32; *v. Bar*, IPR II, Rn 481.
183 AA die in der vorigen Fn Genannten; im Erg. wie hier Staudinger/*Magnus*, Art. 3 Rn 128.
184 jurisPK-BGB/*Ringe*, Art. 3 Rn 9; Rauscher/*v. Hein*, EuZPR/EuIPR, Art. 3 Rn 39; Staudinger/*Magnus*, Art. 3 Rn 166; Calliess/*Calliess*, Art. 3 Rn 23; Ferrari u.a./*Ferrari*, Internationales Vertragsrecht, Art. 3 Rn 7.
185 Umfassend dazu *Kost*, S. 29 ff; *Stankewitsch*, S. 415 ff.
186 Reithmann/Martiny/*Martiny*, Rn 88, 266; *Heiss*, in: Ferrari/Leible, Rome I Regulation, 2009, S. 3; vgl auch BGHZ 123, 380, 383; Ferrari u.a./*Ferrari*, Internationales Vertragsrecht, Art. 3 Rn 8; *Looschelders*, Art. 27 EGBGB Rn 28; Staudinger/*Magnus*, Art. 3 Rn 167; MüKo/*Martiny*, Art. 3 Rn 104 f; Bamberger/Roth/*Spickhoff*, Art. 3 Rn 13.
187 *Meyer-Sparenberg*, RIW 1989, 347, 349.
188 *Kost*, S. 26 ff; *Looschelders*, Art. 27 EGBGB Rn 28; MüKo/*Martiny*, Art. 3 Rn 104, 106; Staudinger/*Magnus*, Art. 3 Rn 168.
189 Vgl dazu BGHZ 57, 72, 77.
190 Vgl *Einsele*, WM 2009, 289, 290.
191 BGHZ 123, 380, 383; Staudinger/*Magnus*, Art. 3 Rn 176; Calliess/*Calliess*, Art. 3 Rn 28.

findet demnach nur statt, wenn deutsches Recht gewählt wurde. Zwar ist es im Einzelfall durchaus denkbar, dass eine Rechtswahlklausel überraschend ist,[192] doch ist dies im Allgemeinen bei einem Auslandsbezug des Sachverhalts nicht der Fall.[193] Ist das in den AGB bezeichnete Recht ein ausländisches, muss dieses über die wirksame Einbeziehung der Rechtswahlklausel entscheiden. War sie für die andere Partei nicht verständlich oder überraschend, wird es ihre wirksame Einbeziehung bereits verneinen. Dann ist der Vertrag objektiv anzuknüpfen. Eine Umdeutung in eine stillschweigende Rechtswahlvereinbarung kommt nicht in Betracht. Ist die Rechtswahlklausel danach ausnahmsweise doch wirksam einbezogen, kann über Art. 10 Abs. 2 auf das Umweltrecht der anderen Partei zurückgegriffen werden, sofern es nicht gerechtfertigt ist, die Wirkung ihres Verhaltens nach dem in der Rechtswahlklausel bezeichneten Recht zu bestimmen. Einer Partei mit gewöhnlichem Aufenthalt in Deutschland kann dann der Schutz der §§ 305 b und 305 c Abs. 1 BGB zugute kommen.

Bei **kollidierenden Rechtswahlklauseln**[194] entscheidet zunächst das in der jeweiligen Klausel bezeichnete Recht darüber, ob sie wirksam in den Vertrag einbezogen worden ist. Gelangt eines der beiden Rechte zur Unwirksamkeit, unterliegt der Vertrag dem durch die wirksame Klausel berufenen Recht. Sind beide Klauseln unwirksam, ist objektiv anzuknüpfen. Sind schließlich beide Klauseln wirksam, kommt es zu einem unlösbaren Normenwiderspruch. Er muss durch Bildung einer Sachnorm im IPR gelöst werden, die unmittelbar aus Abs. 1 abgeleitet werden kann. Abs. 1 fordert Konsens. Daran fehlt es aber. Eine Rechtswahlvereinbarung liegt nicht vor. Auch in diesem Fall ist daher objektiv anzuknüpfen.[195]

74

Eine **Inhaltskontrolle der Rechtswahlvereinbarung findet nicht statt**, und zwar weder nach der *lex fori* noch nach der in Aussicht genommenen *lex causae* (sehr str., vgl Art. 10 Rn 25 f).[196] Der Gesetzgeber hat sich für die freie Rechtswahl entschieden und deren Zulässigkeit abschließend an die Erfüllung der Voraussetzungen des Abs. 1 S. 2 geknüpft. Eine darüber hinausreichende Inhaltskontrolle ist nicht geboten und sogar kontraproduktiv. Der durch Abs. 5 iVm Art. 10 Abs. 1 ausgesprochene Verweis auf das in Aussicht genommene Recht bezieht sich nur auf die rechtsgeschäftliche Wirksamkeit (Anfechtung wegen Irrtums, Täuschung, Drohung etc.).

75

c) Form. Die Form der Rechtswahlvereinbarung richtet sich gem. Art. 3 Abs. 5 nach Art. 11. Sie ist **selbständig**, dh unabhängig vom Hauptvertrag zu betrachten,[197] und formgültig, wenn sie den Formvorschriften des in Aussicht genommenen Hauptvertragsstatuts, denen des Rechts am Vornahmeort (Art. 11 Abs. 1) oder – sofern sich die Parteien bei Vertragsabschluss in unterschiedlichen Staaten befinden – denen des Rechts am Ort, in dem eine der Vertragsparteien bei Vertragsabschluss ihren gewöhnlichen Aufenthalt hat, entspricht (Art. 11 Abs. 2). Folglich gibt es im Falle, dass sich die Parteien in unterschiedlichen Staaten befinden, drei Alternativanknüpfungen, andernfalls zwei Alternativanknüpfungen. Dies kann zur Folge haben, dass zwar die Rechtswahlvereinbarung formgültig, der Hauptvertrag hingegen formungültig ist.[198] Bei **Verbraucherverträgen** iSv Art. 6 Abs. 1 unterliegt die Form der Rechtswahl dem Recht am gewöhnlichen Aufenthalt des Verbrauchers (Art. 11 Abs. 4).

76

d) Verkehrsschutz. Kommt es nach dem in Aussicht genommenen Recht für die Wirksamkeit der Rechtswahlvereinbarung auf die Geschäftsfähigkeit der Parteien an, ist gem. Art. 3 Abs. 5 Art. 13 zu beachten. Demnach kann sich eine Person bei einer zwischen Personen, die sich in demselben Staat befinden, geschlossenen Vereinbarung nur dann auf ihre sich nach dem Recht eines anderen Staates ergebenden **Rechts-, Geschäfts-** und **Handlungsfähigkeit** berufen, wenn die andere Vertragspartei bei Vertragsschluss diese Rechts-, Geschäfts- und Handlungsunfähigkeit kannte oder infolge von Fahrlässigkeit nicht kannte (näher Art. 13).

77

V. Unzureichende Auslandsberührung

(Kollisionsrechtliche) Rechtswahlfreiheit scheidet aus, wenn der Sachverhalt überhaupt keine Auslandsberührung aufweist. Den Parteiinteressen gebührt nur dann der Vorrang, wenn sich die Anwendung des nationalen Rechts nicht von selbst versteht. Mangelt es an der notwendigen Internationalität, ist das Interesse der Parteien gegenüber dem Geltungsanspruch des nationalen Rechts nicht anerkennenswert. Rechts-

78

---

192 OLG Düsseldorf NJW-RR 1994, 1132.
193 BGHZ 123, 380, 383; Reithmann/Martiny/*Martiny*, Rn 282; Staudinger/*Magnus*, Art. 3 Rn 176 f.
194 Ausführlich *Dutta*, ZVglRWiss 104 (2005), 461 ff.
195 Vgl zB Palandt/*Thorn*, Art. 27 EGBGB Rn 9; *Kost*, S. 60; Staudinger/*Magnus*, Art. 3 Rn 174; *v. Bar*, IPR II, Rn 475; im Ergebnis auch *Dutta*, ZVglRWiss 104 (2005), 461 ff; *Ostendorf*, IHR 2012, 177, 179.
196 So auch mwN Rauscher/*v. Hein*, EuZPR/EuIPR, Art. 3 Rn 43.
197 BGH WM 1997, 1713, 1715; Erman/*Hohloch*, Art. 3 Rn 31; *Looschelders*, Art. 27 EGBGB Rn 32; Staudinger/*Magnus*, Art. 3 Rn 179; Ferrari u.a./*Ferrari*, Internationales Vertragsrecht, Art. 3 Rn 11; MüKo/*Martiny*, Art. 3 Rn 109; Bamberger/Roth/*Spickhoff*, Art. 3 Rn 15; Rauscher/*v. Hein*, EuZPR/EuIPR, Art. 3 Rn 44.
198 Vgl zB OLG Nürnberg NJW-RR 1997, 1484, 1485.

unsicherheit, die zu beseitigen die Parteiautonomie geeignet ist, besteht zudem nicht. Abs. 3 schränkt daher die Rechtswahlfreiheit für **reine Inlandsfälle** ein. Wenn der sonstige Sachverhalt im Zeitpunkt der Rechtswahl abgesehen von dieser mit nur einer Rechtsordnung verbunden ist, können die Parteien zwar das Recht eines anderen Staates wählen, doch bleiben die Bestimmungen der ersteren Rechtsordnung, von denen nicht durch Vereinbarung abgewichen werden kann, hiervon unberührt. Die Rechtswahl hat dann nur die Wirkung einer **materiellrechtlichen Verweisung**.[199]

79 Abs. 3 setzt eine **wirksame Rechtswahl** voraus. Sie kann ausdrücklich oder stillschweigend erfolgt sein. Letzteres etwa durch Vereinbarung eines ausländischen Gerichtsstands oder einer Schiedsklausel (vgl auch Rn 49 ff).[200]

80 Die Rechtswahl hat lediglich die Wirkung einer **materiellrechtlichen Verweisung**, wenn es an einem **hinreichenden Auslandsbezug** fehlt. Wann ein Sachverhalt mit lediglich einer Rechtsordnung verbunden ist bzw ein für eine kollisionsrechtliche Rechtswahl ausreichender Auslandsbezug vorliegt, führt Abs. 3, abgesehen von der Ausstellung eines Negativattests für die alleinige Maßgeblichkeit von Rechtswahl- und Gerichtsstandsklauselvereinbarungen,[201] nicht näher aus. Zurückgegriffen werden kann auf die bei der objektiven Anknüpfung von Schuldverträgen zu berücksichtigenden Merkmale (vgl auch Art. 4 Rn 82 ff),[202] also zB den Abschlussort, den Erfüllungsort, den gewöhnlichen Aufenthalt oder Sitz der Parteien, die Belegenheit des Vertragsgegenstands, die Vertragswährung usw. Eine Regel, dass bereits das Vorliegen eines Merkmals einen hinreichenden Auslandsbezug zu begründen vermag, gibt es nicht.[203] Es bedarf vielmehr einer **wertenden Betrachtung**, die einerseits zu berücksichtigen hat, dass Abs. 3 eine Umgehung des *ius cogens* verhindern soll, andererseits aber auch den Bogen nicht überspannen darf, da dies die grundsätzliche Entscheidung des Gesetzgebers für die (kollisionsrechtliche!) Rechtswahlfreiheit konterkarieren würde. In Zweifelsfällen sollte allerdings auch hier nach dem Grundsatz *„in dubio pro libertate"* entschieden werden. Daher kann oft schon ein ausländischer Abschlussort für die Vermittlung des notwendigen Auslandsbezugs genügen, auch wenn alle übrigen Merkmale in das Inland weisen.[204] Vorsicht ist allerdings bei der Staatsangehörigkeit geboten. Nur weil man beim „Italiener" in seiner Straße essen geht, kann man nicht durch die Wahl italienischen Rechts deutsches *ius cogens* ausschalten. Dafür müssen schon andere Umstände hinzutreten, wie etwa ein ausländischer gewöhnlicher Aufenthalt des Vertragspartners usw.[205]

VI. Binnenmarktklausel

81 Abs. 3 wird ergänzt durch die Binnenmarktklausel des Abs. 4, die im EVÜ noch nicht vorhanden war und im zur Rom I-VO führenden Gesetzgebungsverfahren einige bedeutende Änderungen erfahren hat.[206] Weist der der Anknüpfung zugrunde liegende Sachverhalt **keine Bezüge zu einem Drittstaat** auf, so berührt die Wahl des Rechts eines Drittstaats nicht die Anwendung von Bestimmungen des Unionsrechts – gegebenenfalls in der von dem Mitgliedstaat des angerufenen Gerichts umgesetzten Form –, von denen nicht durch Vereinbarung abgewichen werden kann. Abs. 4 überträgt damit den Rechtsgedanken des Abs. 3 auf Unions-

---

199 *Garcimartín Alférez*, EuLF 2008, I-61, I-64; Rauscher/*v. Hein*, EuZPR/EuIPR, Art. 3 Rn 106; MüKo/*Martiny*, Art. 3 Rn 96; Ferrari u.a./*Ferrari*, Internationales Vertragsrecht, Art. 3 Rn 49.
200 Staudinger/*Magnus*, Art. 3 Rn 135 f.
201 Vgl Erwägungsgrund 15; *Leible/Lehmann*, RIW 2008, 528, 534; *Maulitzsch*, RabelsZ 75 (2011), 61, 71.
202 Ferrari u.a./*Ferrari*, Internationales Vertragsrecht, Art. 3 Rn 51; Soergel/*v. Hoffmann*, Art. 27 EGBGB Rn 87; Erman/*Hohloch*, Art. 3 Rn 26; *Looschelders*, Art. 27 EGBGB Rn 25; Staudinger/*Magnus*, Art. 3 Rn 138; MüKo/*Martiny*, Art. 3 Rn 93; Bamberger/Roth/*Spickhoff*, Art. 3 Rn 34; Calliess/*Calliess*, Art. 3 Rn 53.
203 AA Rauscher/*v. Hein*, EuZPR/EuIPR, Art. 3 Rn 107.
204 So zB OLG Celle RIW 1991, 421; LG Stade IPRspr 1989 Nr. 39; LG Koblenz IPRspr 1989 Nr. 43; LG Hildesheim IPrax 1993, 173, 174; Palandt/*Thorn*, Art. 3 Rn 5; Staudinger/*Magnus*, Art. 3 Rn 139; *Man-*

kowski, RIW 1993, 453, 454; MüKo/*Martiny*, Art. 3 Rn 93; Bamberger/Roth/*Spickhoff*, Art. 3 Rn 34; *Taupitz*, BB 1990, 642, 648; aA OLG Frankfurt IPrax 1990, 138; LG Hamburg IPrax 1990, 239; Soergel/*v. Hoffmann*, Art. 27 EGBGB Rn 88; *Mäsch*, Rechtswahlfreiheit und Verbraucherschutz, 1993, S. 103.
205 Soergel/*v. Hoffmann*, Art. 27 EGBGB Rn 95; *E. Lorenz*, RIW 1987, 569, 575; *Looschelders*, Art. 27 EGBGB Rn 25; MüKo/*Martiny*, Art. 3 Rn 93; Staudinger/*Magnus*, Art. 3 Rn 140; Bamberger/Roth/*Spickhoff*, Art. 3 Rn 34; *v. Bar*, IPR II, Rn 419; Rauscher/*v. Hein*, EuZPR/EuIPR, Art. 3 Rn 109; für alleinige Maßgeblichkeit der Staatsangehörigkeit hingegen *Sandrock*, RIW 1986, 841, 846.
206 Zur Kritik am ursprünglichen Kommissionsentwurf vgl u.a. *Leible*, in: Ferrari/Leible (Hrsg.), Ein neues Internationales Vertragsrecht für Europa, 2007, S. 41, 51 ff; *Mankowski*, IPrax 2006, 101, 102 f; *Thorn*, in: Ferrari/Leible (Hrsg.), Ein neues Internationales Vertragsrecht für Europa, 2007, S. 129, 141 ff.

ebene, da sich für die Union ein reiner Binnenmarktfall nicht anders darstellt als für die Mitgliedstaaten ein reiner Inlandsfall.[207] Faktisch wird die EU wie ein Staat behandelt.[208]

Abs. 3 setzt eine wirksame Wahl des Rechts eines Drittstaats voraus. Die Rechtswahl muss den allgemeinen Grundsätzen der Abs. 1 und 2 genügen (vgl Rn 21 ff). Drittstaaten sind alle Staaten, die nicht Mitgliedstaaten der EU sind. Der Begriff „Mitgliedstaaten" ist im Sinne von Art. 1 Abs. 4 S. 2 zu verstehen, er umfasst folglich nicht lediglich die Mitgliedstaaten, in denen die Rom I-VO anwendbar ist (vgl Art. 1 Rn 82), sondern **alle Mitgliedstaaten der EU** und somit auch Dänemark.[209] Unbefriedigend ist freilich, dass die **Vertragsstaaten des EWR** nicht berücksichtigt werden, obgleich auch diese EU-Richtlinien in nationales Recht umzusetzen haben.[210] **82**

Zur Ermittlung, ob ein ausschließlicher Bezug des Sachverhalts zu einem oder mehreren Mitgliedstaaten vorliegt, ist, wie bei Abs. 3, auf die Kriterien zur Bestimmung der objektiven Anknüpfung von Schuldverträgen zurückzugreifen (vgl Art. 4 Rn 82 ff). **83**

Abs. 4 berührt nicht die Gültigkeit der Rechtswahl, sondern ordnet lediglich die Anwendung der zwingenden Bestimmungen des Unionsrechts, bei Richtlinien in der von dem Mitgliedstaat des angerufenen Gerichts umgesetzten Form, an. Maßgeblich ist also das Umsetzungsrecht der jeweilgen *lex fori*.[211] Eine überschießende Umsetzung der Richtlinie wird von Abs. 4 nicht abgedeckt.[212] Die Wahl eines drittstaatlichen Rechts bei reinen Binnenmarktsachverhalten nimmt damit eine **Zwischenstellung zwischen kollisionsrechtlicher und sachrechtlicher Rechtswahl** ein, in der sich die Mehrebenenstruktur der Rechtsquellen widerspiegelt.[213] **84**

C. Internationale Zuständigkeit

I. Überblick

Art. 5 Nr. 1 EuGVVO/LugÜ schafft einen besonderen Gerichtsstand für Streitigkeiten aus einem Vertrag, der indes nicht ausschließlicher, sondern fakultativer Natur ist und daher mit dem allgemeinen Gerichtsstand nach Art. 2 Abs. 1 EuGVVO/LugÜ konkurriert. Der Kläger kann seine Ansprüche sowohl vor den Gerichten des Mitgliedstaats, in dem der Beklagte seinen Wohnsitz hat, als auch vor den nach Art. 5 Nr. 1 EuGVVO/LugÜ bestimmten Gerichten verklagen. Eine Berufung des Klägers auf Art. 5 Nr. 1 EuGVVO/LugÜ ist jedoch ausgeschlossen, wenn der Anwendungsbereich des Abschnitts 4 (Verbrauchersachen) eröffnet ist, eine der ausschließlichen Zuständigkeiten des Art. 22 EuGVVO/LugÜ greift oder eine ausschließliche Gerichtsstandsvereinbarung vorliegt. **85**

II. EuGVVO/LugÜ

Gem. Art. 5 Nr. 1 lit. a EuGVVO/LugÜ kann eine Person, die ihren Wohnsitz im Hoheitsgebiet eines Mitgliedstaats hat, in einem anderen Mitgliedstaat verklagt werden, wenn ein Vertrag oder Ansprüche aus einem Vertrag den Gegenstand des Verfahrens bilden. Zuständig sind die Gerichte des Ortes, an dem die vertragliche Verpflichtung erfüllt worden ist oder zu erfüllen wäre. Nach lit. b ist, sofern nichts anderes vereinbart wurde, Erfüllungsort sämtlicher Verpflichtungen aus dem Verkauf beweglicher Sachen der Ort in einem Mitgliedstaat, an dem sie nach dem Vertrag geliefert worden sind oder hätten geliefert werden müssen, und für die Erbringung von Dienstleistungen derjenige, an dem sie nach dem Vertrag erbracht worden sind oder hätten erbracht werden müssen. Bei allen anderen Verträgen ist gem. lit. c der Erfüllungsort nicht autonom, sondern nach der *lex causae* zu bestimmen. **86**

---

207 *Leible*, in: FS v. Hoffmann 2011, S. 230, 237.
208 Rauscher/*v. Hein*, EuZPR/EuIPR, Art. 3 Rn 126; Ferrari u.a./*Ferrari*, Internationales Vertragsrecht, Art. 3 Rn 60; *Mankowski*, IHR 2008, 133, 135; MüKo/*Martiny*, Art. 3 Rn 100; Staudinger/*Magnus*, Art. 3 Rn 149.
209 Vgl *Leible/Lehmann*, RIW 2008, 528, 534; *Nordmeier*, in: Gebauer/Wiedmann, Kap. 37 Rn 34; Calliess/*Calliess*, Art. 3 Rn 56; Rauscher/*v. Hein*, EuZPR/EuIPR, Art. 3 Rn 129; *Hoffmann*, EWS 2009, 255.
210 Hierzu *Leible/Lehmann*, RIW 2008, 528, 534 und Fn 82.
211 Näher hätte es gelegen, auf diejenigen nationalen Umsetzungsnormen zu verweisen, die ansonsten aufgrund objektiver Anknüpfung zum Zuge gekommen wären. Oder man hätte ganz allgemein die Umsetzungsnormen des Mitgliedstaats für anwendbar erklären können, zu dem der Vertrag die engste Beziehung aufweist. Vgl zur Kritik an Abs. 4 *Leible/Lehmann*, RIW 2008, 528, 534.
212 Reithmann/Martiny/*Martiny*, Rn 139; Staudinger/*Magnus*, Art. 3 Rn 163.
213 Vgl *Pfeiffer*, EuZW 2008, 622, 625.

87 Der Begriff des Vertrags wird **europäisch-autonom qualifiziert**.[214] Ein vertragliches Rechtsverhältnis zeichnet sich dadurch aus, dass eine Partei gegenüber einer anderen freiwillig Verpflichtungen eingeht.[215] Darüber hinaus genügt aber überhaupt jede rechtsgeschäftliche Verbindung, die auf einer willensgetragenen Verpflichtung mindestens einer Partei beruht (zB Auslobung).[216]

88 Art. 5 Nr. 1 EuGVVO/LugÜ erfasst zunächst **Klagen, deren Gegenstand „ein Vertrag" ist**. Ausgeschlossen sind damit Klagen aus gesetzlichen Schuldverhältnissen, die in keinerlei Verbindung zu einem Vertragsverhältnis stehen, so etwa Ansprüche aus Quasi-Kontrakten oder GoA und selbständige Bereicherungsansprüche.[217] Art. 5 Nr. 1 EuGVVO/LugÜ geht nicht zwingend von der Existenz eines Vertrags aus, sondern eröffnet eine Zuständigkeit für Klagen bereits dann, wenn infrage steht, ob überhaupt ein Vertrag zustande gekommen ist,[218] weil zB der verklagte „Käufer" einwendet, das Gebot sei nicht von ihm, sondern nur unter seinem Namen von einem unbefugten Dritten abgegeben worden.[219] Der Vertragsgerichtsstand steht weiterhin zur Verfügung, wenn zwischen den Parteien die Fortexistenz eines Vertrages umstritten ist,[220] etwa aufgrund einer ausgesprochenen Kündigung, einer Vertragsaufhebung oder einer Anfechtung des Vertrags.

89 Art. 5 Nr. 1 EuGVVO/LugÜ unterfallen außerdem die in der Praxis wesentlich zahlreicheren Verfahren über „Ansprüche aus einem Vertrag". Gemeint sind damit nicht nur die aus dem Vertrag resultierenden Primäransprüche auf Erfüllung einer Haupt- oder Nebenpflicht,[221] sondern sämtliche vertragliche Sekundäransprüche, wie Schadensersatz wegen Vertragsverletzung, Rückerstattung zu viel entrichteten Entgelts nach Minderung usw.[222]

90 Für die beiden wichtigsten Vertragstypen, nämlich Verträge über den **Kauf** beweglicher Sachen sowie über die Erbringung von **Dienstleistungen**, bestimmt Art. 5 Nr. 1 lit. b EuGVVO/LugÜ den Erfüllungsort autonom. Um einen Kaufvertrag handelt es sich bei einem Vertrag, vermöge dessen sich der eine Teil zur Lieferung und Übereignung einer Sache und der andere zur Zahlung eines Kaufpreises verpflichtet.[223] Er muss allerdings den Verkauf beweglicher Sachen zum Inhalt haben. Patente, Lizenzen, Wertpapiere oder Gesellschaftsanteile etc. fallen nicht in den Anwendungsbereich des Art. 5 Nr. 1 lit. b EuGVVO/LugÜ.[224] Ob eine Sache beweglich oder etwa als „wesentlicher Bestandteil" eines Grundstücks unbeweglich ist, ist europäisch-autonom zu bestimmen.[225]

91 Gleiches gilt für die Ausfüllung des Terminus des **Dienstleistungsvertrags**. Auf den Dienstleistungsbegriff des AEUV kann zurückgegriffen werden, doch kommt der dortigen Definition für die EuGVVO/LugÜ kein abschließender Charakter zu, da der Begriff der Dienstleistung iSv Art. 5 EuGVVO/LugÜ anerkanntermaßen weit auszulegen ist.[226] Er umfasst entgeltliche gewerbliche, kaufmännische, handwerkliche und freiberufliche Tätigkeiten. Um Dienstverträge handelt es sich auch bei Werk- und Werklieferungsverträgen, soweit sie nicht als Kaufverträge zu qualifizieren sind.

---

214 Vgl mwN Rauscher/*Leible*, EuZPR/EuIPR, Art. 5 Brüssel I-VO Rn 15 ff.
215 EuGH Rs C-26/91, Slg 1992, I-3967 Rn 15 – Handte/Traitements mécano-chimiques des surfaces; Rs C-51/97, Slg 1998, I-6511 Rn 17 – Réunion européenne/Spliethoff's Bevrachtingskantoor; Rs C-334/00, Slg 2002, I-7357 Rn 23 – Tacconi/Wagner.
216 Rauscher/*Leible*, EuZPR/EuIPR, Art. 5 Brüssel I-VO Rn 20 a.
217 BGH JZ 1997, 88. Der Gerichtsstand des Art. 5 Nr. 1 EuGVVO ist allerdings gleichwohl bei der Leistungskondiktion aufgrund – auch anfänglicher – Vertragsnichtigkeit eröffnet, so etwa bei der Rückforderung geleisteter Vorauszahlungen für ersteigerte Gegenstände, deren Veräußerung gesetzlich verboten oder sittenwidrig ist (menschliche Organe, unter Artenschutz stehende Tiere usw.).
218 EuGH Rs C-38/81, Slg 1982, 825 Rn 7 – Effer/Kantner; vgl auch BGH IPrax 1983, 67; BAG RIW 1987, 464; OLG Hamm RIW 1980, 662; OLG Koblenz IPrax 1986, 105; LG Trier NJW-RR 2003, 287; *Mölnlycke AB* v. *Procter & Gamble Ltd.* [1992] 1 WLR 1112 (C.A.) = [1992] 4 All ER 47; *Boss Group Ltd.* v. *Boss France SA* [1996] 4 All ER 970 (C.A.); Ostre Landsret UfR 1998, 1092 OLD m. Bspr. Fogt, IPrax 2001, 358.
219 Vgl zu derartigen Konstellationen im nationalen Recht etwa OLG Köln MMR 2002, 813; LG Bonn CR 2002, 293 m. Anm. *Hoeren* = MMR 2002, 255 m. Anm. *Wiebe*; JurPC Web-Dok. 74/2004; LG Konstanz MMR 2002, 835 m. Anm. *Winter*; AG Erfurt MMR 2002, 127 m. Anm. *Wiebe* = CR 2002, 767 m. Anm. *Winter*.
220 OLG Frankfurt RIW 1980, 585; *Kropholler*, EuZPR, Art. 5 EuGVVO Rn 8.
221 Vgl zB zur Erfüllungsklage BGH RIW 1991, 513.
222 Rauscher/*Leible*, EuZPR/EuIPR, Art. 5 Brüssel I-VO Rn 23 und 30.
223 *Kropholler*, EuZPR, Art. 5 EuGVVO Rn 39; Rauscher/*Leible*, EuZPR/EuIPR, Art. 5 Brüssel I-VO Rn 46; *Magnus*, IHR 2002, 45, 47.
224 *Czernich*, in: Czernich/Tiefenthaler/Kodek, Art. 5 EuGVVO Rn 32; *Magnus*, IHR 2002, 45, 47; Thomas/Putzo/*Hüßtege*, Art. 5 EuGVVO Rn 6; *Kropholler*, EuZPR, Art. 5 EuGVVO Rn 41; Rauscher/*Leible*, EuZPR/EuIPR, Art. 5 Brüssel I-VO Rn 47.
225 *Kropholler*, EuZPR, Art. 5 EuGVVO Rn 41; Rauscher/*Leible*, EuZPR/EuIPR, Art. 5 Brüssel I-VO Rn 48; aA (*lex fori*) *Czernich*, in: Czernich/Tiefenthaler/Kodek, Art. 5 EuGVVO Rn 32; (*lex rei sitae*) Thomas/Putzo/*Hüßtege*, Art. 5 EuGVVO Rn 6.
226 *Kropholler*, EuZPR, Art. 5 EuGVVO Rn 42; Rauscher/*Leible*, EuZPR/EuIPR, Art. 5 Brüssel I-VO Rn 49; *Leipold*, in: GS Lüderitz 2000, S. 431, 446.

Art. 5 Nr. 1 lit. b EuGVVO/LugÜ verknüpft den Gerichtsstand nicht mit dem Erfüllungsort der streitigen Verpflichtung, sondern dem der **vertragscharakteristischen Leistung**, sofern dieser in einem Mitgliedstaat (Art. 1 Abs. 3 EuGVVO/LugÜ) liegt. Wurde die Leistung als vertragsgemäß angenommen, ist der Ort der tatsächlichen Leistungserbringung zugleich der maßgebliche Erfüllungsort, mag auch zuvor eine andere vertragliche Regelung getroffen worden sein.[227] Wurde die Leistung hingegen noch nicht erbracht, ist auf den Ort abzustellen, an dem nach dem Vertrag hätte geliefert bzw die Dienstleistung erbracht werden müssen. Bleiben bei der Auslegung des Vertrags Zweifel, verdient diejenige Auslegung den Vorzug, die Sinn und Zweck des Gerichtsstands am Erfüllungsort sowie den Zielen der EuGVVO/LugÜ am ehesten Rechnung trägt.[228] Entscheidend ist eine genaue Betrachtung des ausgemachten Pflichtenprogramms. Haben die Parteien eine Beförderung durch den Verkäufer oder einen von diesem beauftragten Dritten vereinbart, ist zu fragen, wann und wo die Erfüllungshandlung des Verkäufers als abgeschlossen betrachtet werden kann.[229] 92

Der Erfüllungsort gilt für alle Ansprüche aus dem Vertrag, also auch für die Zahlungsverpflichtung des Käufers oder Dienstleistungsgläubigers. Damit wird eine Konzentration aller Streitigkeiten aus einem Vertrag an einem Gericht erreicht. 93

Liegen kein Kaufvertrag über bewegliche Sachen und auch kein Dienstleistungsvertrag iSv lit. b vor oder ist der Erfüllungsort in keinem Mitgliedstaat der EuGVVO/LugÜ situiert, gelangt die **Auffangregel der lit. a** zur Anwendung. Sie unterscheidet sich in zweierlei Hinsicht von lit. b. 94

Zum einen ist zur Bestimmung der Zuständigkeit nicht auf die vertragscharakteristische Leistung, sondern auf die konkret streitige Verpflichtung abzustellen.[230] Für Geld- auf der einen und Sachleistungsschulden auf der anderen Seite können daher bei unterschiedlichen Erfüllungsorten verschiedene Gerichtsstände bestehen. Maßgeblich ist nicht die streitgegenständliche Verpflichtung, sondern diejenige, „die dem vertraglichen Anspruch entspricht, auf den der Kläger seine Klage stützt".[231] Entscheidend ist folglich auch bei der Geltendmachung von Sekundärpflichten die verletzte Primärpflicht.[232] Daher werden zB durch Leistungsstörungen entstandene Sekundärpflichten auf Leistung von Schadensersatz nicht gesondert angeknüpft. Wer Schadensersatz wegen Lieferung mangelhafter Ware verlangt, muss die Klage beim Gericht des Erfüllungsorts der Liefer-, nicht aber der Schadensersatzpflicht erheben.[233] Bei mehreren Verpflichtungen gibt grundsätzlich die Hauptverpflichtung das Maß.[234] Eine Berücksichtigung von Nebenpflichten kommt nicht in Betracht. Bei mehreren gleichrangigen Verpflichtungen ist jedes Gericht nur für die Verpflichtung zuständig, die am Gerichtsort erfüllt werden muss.[235] 95

Zum anderen ist der Erfüllungsort nach der vom EuGH zum EuGVÜ entwickelten **Tessili-Formel**[236] nach der *lex causae*, dh dem auf den Vertrag anzuwendenden Recht zu ermitteln. Zwar sprechen die besseren Gründe für eine vertragsautonome Bestimmung des Erfüllungsorts,[237] doch ist angesichts der Begründung des Kommissionsentwurfs, in dem zur Erläuterung von lit. a ausdrücklich auf die Tessili-Formel verwiesen wird, ohne entsprechende legislative Flankierung mit keiner Änderung der EuGH-Rechtsprechung zu rechnen, da der EuGH bezüglich lit. a erst jüngst ausdrücklich das Kontinuitätsinteresse betont hat.[238] 96

Von Art. 5 Nr. 1 lit. a und b EuGVVO/LugÜ **abweichende Vereinbarungen** sind zulässig und begründen, anders als zum Teil im deutschen Recht (vgl § 29 Abs. 2 ZPO), einen auch prozessual relevanten Erfül- 97

---

227 *Magnus*, IHR 2002, 45, 47.
228 *Gsell*, IPrax 2002, 484, 487.
229 *Bajons*, in: FS Geimer 2002, S. 15, 52.
230 Vgl zum EuGVÜ EuGH Rs C-14/76, Slg 1976, 1497 Rn 9/12 – de Bloos; Rs C-266/85, Slg 1987, 251 Rn 20 – Shenavai/Kreischer; Rs C-288/92, Slg 1994, I-2913 Rn 23 ff – Custom Made Commercia/Stawa Metallbaul; Rs C-440/97, Slg 1999, I-6307 Rn 32 – GIE Groupe Concorde/Kapitän des Schiffes „Suhadiwarno Panjan"; Rs C-256/00, Slg 2002, I-1699 Rn 17 – Besix/Kretzschmar. Die Begründung des Kommissionsentwurfs geht davon aus, dass im Anwendungsbereich die jeweils konkret streitige Verpflichtung maßgeblich bleibt, vgl KOM 1999 (348) endg., S. 1 (15).
231 EuGH Rs C-14/6, Slg 1976, 1497 Rn 13/14 – Bloos/Bouyer.
232 BGH RIW 1979, 711; WM 1992, 1344; NJW 1996, 1819; BGHZ 134, 205; NJW 2001, 1936, 1937; OLG Stuttgart RIW 2000, 631.
233 Vgl zB OLG Hamm NJW-RR 1995, 188; BayObLG RIW 2001, 863.
234 EuGH Rs C-14/76 Slg 1976, 1497, Rn 9/12 – de Bloos/Bouyer; Rs C-266/85, Slg 1987, 251 Rn 19 – Shenavai/Kreischer.
235 EuGH Rs C-420/97, Slg 1999, I-6747 Rn 42 – Leathertex/Bodetex.
236 Vgl EuGH Rs C-12/76, Slg 1976, 1473 Rn 13, 15 – Tessili/Dunlop; Rs C-266/85, Slg 1987, 239 Rn 7 – Shenavai/Kreischer; Rs C-288/92, Slg 1994, I-2913 Rn 26 – Custom Made Commercial/Stawa Metallbau; Rs C-440/97, Slg 1999, I-6307 Rn 32 – GIE Groupe Concorde/Kapitän des Schiffes „Suhadiwarno Panjan"; Rs C-420/97, Slg 1999, I-6747 Rn 33 – Leathertex/Bodetex; Rs C-256/00, Slg 2002, I-1699 Rn 33 – Besix/Kretzschmar.
237 Vgl die Nachw. bei Rauscher/*Leible*, EuZPR/EuIPR, Art. 5 Brüssel I-VO Rn 41 in Fn 180 ff.
238 EuGH Rs C-533/07, Slg 2009, I- 3327 Rn 57 – Falco Privatstiftung und Thomas Rabitsch/Gisela Weller-Lindhorst.

lungsort. Ihre Wirksamkeit bemisst sich allein nach der *lex causae*.[239] Die Formanforderungen des Art. 23 EuGVVO/LugÜ sind nicht zu beachten.[240] Letzteres gilt freilich nur für „reale Erfüllungsortvereinbarungen". Handelt es sich hingegen um eine „abstrakte Erfüllungsortvereinbarung", weil der Erfüllungsort keinen Zusammenhang mit der Vertragswirklichkeit aufweist, sondern lediglich der Gerichtsstandsbestimmung dient, kommt ihr eine gerichtsstandsbegründende Wirkung nur zu, wenn sie den Anforderungen des Art. 23 EuGVVO/LugÜ genügt.[241]

III. Autonomes Recht

98 Gem. **§ 29 Abs. 1 ZPO** ist für Streitigkeiten aus einem Vertragsverhältnis und über dessen Bestehen das Gericht des Ortes zuständig, an dem die streitige Verpflichtung zu erfüllen ist. Art. 5 Nr. 1 EuGVVO/LugÜ gehen vor, sofern der Anwendungsbereich der VO bzw des Einheitsrechts eröffnet ist. Ansonsten begründet § 29 Abs. 1 ZPO bei einem Erfüllungsort in Deutschland auch die internationale Zuständigkeit deutscher Gerichte.[242]

99 Der Tatbestand des § 29 Abs. 1 ZPO setzt „Streitigkeiten aus einem Vertragsverhältnis" voraus. Qualifiziert wird nicht nach der *lex causae*, sondern nach der *lex fori*. Vertraglich iSv § 29 Abs. 1 ZPO sind alle schuldrechtlichen, auf eine Verpflichtung gerichteten Vereinbarungen, während dingliche Verträge und gesetzliche Schuldverhältnisse, zB Ansprüche aus Geschäftsführung ohne Auftrag oder ungerechtfertigter Bereicherung, nicht darunterfallen.[243] Der Erfüllungsort ist für die jeweils in Streit stehende Verbindlichkeit einzeln und gesondert zu bestimmen, nicht aber – wie nach Art. 5 Nr. 1 lit. b EuGVVO – für das gesamte Schuldverhältnis einheitlich.[244] Berücksichtigt werden nur die vertraglichen Primär-, nicht aber durch deren Verletzung ausgelöste gesetzliche Sekundärpflichten. Wo der maßgebliche Erfüllungsort liegt, ermittelt die herrschende Meinung anhand der *lex causae*, dh des auf die streitige Verpflichtung anwendbaren, also unter Umständen auch ausländischen Rechts.[245] Erfüllungsortvereinbarungen sind nach § 29 Abs. 2 ZPO zulässig, begründen eine Zuständigkeit aber nur, wenn die Vertragsparteien Kaufleute, juristische Personen des öffentlichen Rechts oder öffentlich-rechtliche Sondervermögen sind.

Artikel 4 Mangels Rechtswahl anzuwendendes Recht

(1) Soweit die Parteien keine Rechtswahl gemäß Artikel 3 getroffen haben, bestimmt sich das auf den Vertrag anzuwendende Recht unbeschadet der Artikel 5 bis 8 wie folgt:

a) Kaufverträge über bewegliche Sachen unterliegen dem Recht des Staates, in dem der Verkäufer seinen gewöhnlichen Aufenthalt hat.

b) Dienstleistungsverträge unterliegen dem Recht des Staates, in dem der Dienstleister seinen gewöhnlichen Aufenthalt hat.

c) Verträge, die ein dingliches Recht an unbeweglichen Sachen sowie die Miete oder Pacht unbeweglicher Sachen zum Gegenstand haben, unterliegen dem Recht des Staates, in dem die unbewegliche Sache belegen ist.

d) Ungeachtet des Buchstabens c unterliegt die Miete oder Pacht unbeweglicher Sachen für höchstens sechs aufeinander folgende Monate zum vorübergehenden privaten Gebrauch dem Recht des Staates, in dem der Vermieter oder Verpächter seinen gewöhnlichen Aufenthalt hat, sofern der Mieter oder Pächter eine natürliche Person ist und seinen gewöhnlichen Aufenthalt in demselben Staat hat.

e) Franchiseverträge unterliegen dem Recht des Staates, in dem der Franchisenehmer seinen gewöhnlichen Aufenthalt hat.

f) Vertriebsverträge unterliegen dem Recht des Staates, in dem der Vertriebshändler seinen gewöhnlichen Aufenthalt hat.

---

239 Vgl zB OLG Karlsruhe RIW 1994, 1046.
240 EuGH Rs C-56/79, Slg 1980, 89 Rn 4 – Zelger/Salinitri.
241 EuGH Rs C-106/95, Slg 1996, I-911 Rn 33 – MSG/Les Gravières Rhénanes; Rs C-440/97, Slg 1999, I-6307 Rn 28 – GIE Groupe Concorde/Kapitän des Schiffes „Suhadiwarno Panjan". Vgl auch BGH NJW-RR 1998, 755.
242 BGHZ 132, 105, 109.
243 BGHZ 132, 105, 109.
244 Vgl mwN *Einsiedler*, NJW 2001, 1549.
245 Vgl zB OLG Nürnberg NJW 1985, 1296, 1297; Stein/Jonas/*Roth*, § 29 Rn 52; MüKo-ZPO/*Patzina*, § 29 Rn 104; BGH NJW 1981, 2642, 2643; aA zB *Schack*, Internationales Zivilverfahrensrecht, 5. Aufl. 2010, Rn 301.

g) Verträge über den Kauf beweglicher Sachen durch Versteigerung unterliegen dem Recht des Staates, in dem die Versteigerung abgehalten wird, sofern der Ort der Versteigerung bestimmt werden kann.

h) Verträge, die innerhalb eines multilateralen Systems geschlossen werden, das die Interessen einer Vielzahl Dritter am Kauf und Verkauf von Finanzinstrumenten im Sinne von Artikel 4 Absatz 1 Nummer 17 der Richtlinie 2004/39/EG nach nicht diskretionären Regeln und nach Maßgabe eines einzigen Rechts zusammenführt oder das Zusammenführen fördert, unterliegen diesem Recht.

(2) Fällt der Vertrag nicht unter Absatz 1 oder sind die Bestandteile des Vertrags durch mehr als einen der Buchstaben a bis h des Absatzes 1 abgedeckt, so unterliegt der Vertrag dem Recht des Staates, in dem die Partei, welche die für den Vertrag charakteristische Leistung zu erbringen hat, ihren gewöhnlichen Aufenthalt hat.

(3) Ergibt sich aus der Gesamtheit der Umstände, dass der Vertrag eine offensichtlich engere Verbindung zu einem anderen als dem nach Absatz 1 oder 2 bestimmten Staat aufweist, so ist das Recht dieses anderen Staates anzuwenden.

(4) Kann das anzuwendende Recht nicht nach Absatz 1 oder 2 bestimmt werden, so unterliegt der Vertrag dem Recht des Staates, zu dem er die engste Verbindung aufweist.

Literatur: *Abel*, Die Qualifikation der Schenkung, 1997; *Abend*, Die lex validitatis im internationalen Vertragsrecht, 1994; *Ancel*, La loi applicable à défaut de choix, in: Cashin Ritaine/Bonomi (Hrsg.), Le nouveau règlement européen «Rome I» relatif à la loi applicable aux obligations contractuelles, 2008, S. 77; *Atrill*, Choice of Law in Contract: The Missing Pieces of the Article 4 Jigsaw?, I.C.L.Q. 53 (2004), 549; *Bachmann*, Internet und Internationales Privatrecht, in: Lehmann (Hrsg.), Internet- und Multimediarecht (Cyberlaw), 1996, S. 169; *Bairlein*, Internationales Vertragsrecht für Freie Berufe, 2009; *v. Bar*, Kollisionsrechtliche Aspekte der Vereinbarung und Inanspruchnahme von Dokumentenakkreditiven, ZHR 152 (1988), 38; *Basedow*, Internationales Factoring zwischen Kollisionsrecht und Unidroit-Konvention, ZEuP 1997, 615; *Beier*, Das auf internationale Markenlizenzverträge anwendbare Recht, GRUR Int. 1981, 299; *Bendref*, Erfolgshonorar und internationale Mandate, AnwBl BE 1997, 191; *ders.*, Geschäfte unter im Inland lebenden ausländischen Arbeitnehmern, MDR 1980, 639; *Birk*, Das Handelsvertreterrecht im deutsch-italienischen Wirtschaftsverkehr, ZVglRWiss. 79 (1980), 268; *Blaurock*, Vermutungen und Ausweichklausel in Art. 4 EVÜ – ein tauglicher Kompromiß zwischen starren Anknüpfungsregeln und einem flexible approach?, in: FS Stoll 2001, S. 463; *Böckstiegel*, Die Bestimmung des anwendbaren Rechts in der Praxis internationaler Schiedsgerichtsverfahren, in: FS Beitzke 1979, S. 443; *Böhmer*, Das deutsche Internationale Privatrecht des timesharing, 1993; *Bopp*, Vertragsstrukturen internationaler Kompensationsgeschäfte, 1992; *Borges*, Weltweite Geschäfte per Internet und deutscher Verbraucherschutz, ZIP 1999, 565; *ders.*, Verträge im elektronischen Geschäftsverkehr, 2. Auflage, 2007; *Bork-Stöve*, Schiedsgerichtsbarkeit bei Börsentermingeschäften, 1992; *Böse*, Der Einfluss des zwingenden Rechts auf internationale Anleihen, 1963; *Braun*, Die internationale Coproduktion von Filmen im Internationalen Privatrecht, 1996; *Bülow*, Scheckrechtliche Anweisung und Überweisungsvertrag, WM 2000, 58; *Carrillo Pozo*, El contrato internacional – La prestación caracteristica, Bolonia 1994; *Clausnitzer/ Woopen*, Internationale Vertragsgestaltung – Die neue EG-Verordnung für grenzüberschreitende Verträge (Rom I-VO), BB 2008, 1798; *Czernich/Heiss*, EVÜ – Das Europäische Schuldvertragsübereinkommen, 1999; *Czernich/ Tiefenthaler/ Kodek*, Europäisches Gerichtsstands- und Vollstreckungsrecht, 3. Auflage 2009; *Dageförde*, In-Kraft-Treten der UNIDROIT-Konvention von Ottawa vom 28.5.1988 über Internationales Finanzierungsleasing, RIW 1995, 265; *ders.*, Internationales Finanzierungsleasing – Deutsches Kollisionsrecht und Konvention von Ottawa, 1992; *Dannhoff*, Das Recht der Warentermingeschäfte, 1993; *Detzer/Thamm*, Verträge mit ausländischen Vertragshändlern, 1991; *Detzer/Zwernemann*, Ausländisches Recht der Handelsvertreter und Vertragshändler, 1997; *Deutsch*, Das IPR der Arzthaftung, in: FS Ferid 1978, S. 117; *Diehl-Leistner*, Internationales Factoring, 1992; *Dieselhorst*, Anwendbares Recht bei internationalen Online-Diensten, ZUM 1998, 293; *Dörner*, Die Auskunftshaftung italienischer Banken im deutsch-italienischen Geschäftsverkehr, WM 1977, 962; *Drobnig*, Billige Flaggen im Internationalen Privatrecht, BerDGesVR 31 (1990), 31; *ders.*, Vergleichende und kollisionsrechtliche Probleme der Girosammelverwaltung von Wertpapieren im Verhältnis Deutschland – Frankreich, in: FS Zweigert 1981, S. 73; *Dünnweber*, Vertrag zur Erstellung einer schlüsselfertigen Industrieanlage im internationalen Wirtschaftsverkehr, 1984; *Ebenroth*, Das Vertragsrecht der internationalen Konsortialkredite und Projektfinanzierungen, JZ 1986, 731; *ders.*, Die internationalprivatrechtliche Anknüpfung von Finanzinnovationen aus deutscher und schweizerischer Sicht, in: FS Keller 1989, S. 391; *ders.*, Kollisionsrechtliche Anknüpfung der Vertragsverhältnisse von Handelsvertretern, Kommissionsagenten, Vertragshändlern und Handelsmaklern, RIW 1984, 165; *ders.*, Les clauses d'arbitrage comme mécanisme d'alternance au règlement des litiges dans les contrats internationaux de crédits consortiaux et les conventions de réaménagement de la dette, Rev. int. de comp. 1992, 213; *ders./Wilken*, Kollisionsrechtliche Einordnung transnationaler Unternehmensübernahmen, ZvglRWiss 90 (1990), 235; *Eberl*, Rechtsfragen der Bankgarantie im internationalen Wirtschaftsverkehr nach deutschem und schweizerischem Recht, 1992; *Eidenmüller*, Der nationale und der internationale Insolvenzverwaltervertrag, ZZP 114 (2001), 3; *Einsele*, Das neue Recht der Banküberweisung, JZ 2000, 9; *dies.*, Auswirkungen der Rom I-Verordnung auf Finanzdienstleistungen, WM 2009, 289; *Eschmann*, Die Auslegungsfähigkeit eines Standby letter of Credit, RIW 1996, 913; *Ferrari*, Der internationale Anwendungsbereich des Ottawa Übereinkommens von 1988 über Internationales Factoring, RIW 1996, 181; *ders.*, Objektive Anknüpfung, in: Ferrari/Leible (Hrsg.), Ein neues internationales Vertragsrecht für Europa, 2007, S. 57; *Freitag*, in: Leible/Sosnitza, Versteigerungen im Internet, 2004; *Frick*, Formerfordernisse schweizerischer Bürgschaften mit ausländischem Abschlussort, IPrax 1994, 241; *Frigo*, Brevi note sull'interpretazione dell'art. 4 della Convenzione di Roma, in: Ballarino (Hrsg.), La Convenzione di Roma sulla legge applicabile alle obbligazioni contrattuali, Bd. II, Mailand 1994, S. 187; *Fuchs*, § 92 c Abs. 1 HGB a.F. verstößt gegen den EG-Vertrag, IPrax 1997, 32; *dies.*, Zur rechtlichen Behandlung der Eurodevisen, ZVglRWiss. 95 (1996), 283; *Fülbier*, Das Vertrags- und Wirtschaftsrecht des Gegenkaufs im internationalen Wirtschaftsverkehr, 1992;

Furche, Internationale Entscheidungszuständigkeit und anwendbares Recht bei Bürgschaften mit Auslandsbezug, WM 2004, 205; *Garcimartín Alférez*, New Issues in the Rome I Regulation: The Special Provisions on Financial MarketContracts, Yb. P.I.L. 10 (2008), 246; *ders.*, The Rome I Regulation: Much ado about nothing, EuLF 2008, I-61; *ders.*, The Rome I Regulation: Exeptions to the Rule on Consumer Contracts an Financial Instruments, JPIL 5 (2009), 85; *Geimer*, Zuständigkeitskonzentration für Klagen gegen den Eigenhändler am Sitz des Lieferanten mittels Art. 5 Nr. 1 EuGVÜ, IPrax 1986, 85; *Geisler*, Die engste Verbindung im Internationalen Privatrecht, 2001; *Gildeggen*, Internationale Handelsgeschäfte, 3. Auflage, 2008; *Girsberger*, Grenzüberschreitendes Finanzierungsleasing, 1997; *Goerke*, Kollisionsrechtliche Probleme internationaler Garantien, 1982; *Goethel*, Grenzüberschreitende Unternehmenskaufverträge durch Anteilserwerb – kollisionsrechtliche Anknüpfung nach der Rom I-Verordnung, ZIP 2011, 505; *Goetz*, Das internationale Kreditverfahren, 1992; *Goltz*, Vertragsgestaltung bei Roll-Over-Eurokrediten, 1980; *Gralka*, Time-Sharing bei Ferienhäusern und Ferienwohnungen, 1986; *Gruber*, Die Befugnis des Darlehensgebers zur Vertragsbeendigung bei internationalen Kreditverträgen, 1997; *Grundmann*, Deutsches Anlegerschutzrecht in internationalen Sachverhalten, RabelsZ 54 (1990), 283; *Grützmacher/Laier/May*, Der internationale Lizenzverkehr, 8. Auflage 1997; *Gunst*, Die charakteristische Leistung: zur funktionellen Anknüpfung im internationalen Vertragsrecht Deutschlands, der Schweiz und der Europäischen Gemeinschaft, 1994; *Hanisch*, Bürgschaft mit Auslandsbezug, IPrax 1987, 47; *Harries*, Die Parteiautonomie in internationalen Kreditverträgen als Instrument der Vertragsgestaltung, in: FS Heinsius 1991, S. 201; *Hartmann*, Das Vertragsstatut in der deutschen Rechtsprechung seit 1945, Diss. Freiburg i.Br., 1972; *Heini*, Vertrauensprinzip und Individualanknüpfung im internationalen Vertragsrecht, in: FS Vischer 1983, S. 149; *Heldrich*, Kollisionsrechtliche Aspekte des Mißbrauchs von Bankgarantien, in: FS Kegel 1987, S. 175; *Henn*, Problematik und Systematik des internationalen Patentlizenzvertrages, 1967; *Henrich*, Die Anknüpfung von Spar- und Depotverträgen zugunsten Dritter auf den Todesfall, in: FS W. Lorenz 1991, S. 379; *Hepting*, Schwerpunktanknüpfung und Schwerpunktvermutungen im internationalen Vertragsrecht – zugleich ein Beitrag zur Beweislast bei der Konkretisierung von Generalklauseln, in: FS W. Lorenz 1991, S. 393; *Herber*, Gedanken zum In-Kraft-Treten der Hamburg-Regeln, TranspR 1992, 381; *Hiestand*, Die Anknüpfung internationaler Lizenzverträge, 1993; *ders.*, Die international-privatrechtliche Beurteilung von Franchise-Verträgen ohne Rechtswahlklausel, RIW 1993, 173; *Hoeren/Florian*, Rechtsfragen des internationalen Dokumentenakkreditivs und -inkassos unter besonderer Berücksichtigung der ICC-Richtlinie vom 1.1.1996, 1996; *von Hoffmann*, Verträge über gewerbliche Schutzrechte im internationalen Privatrecht, RabelsZ 40 (1976), 205; *von Hoffmann/Pauli*, Kollisions- und Währungsrechtliches zur Diskontierung von DM-Wechseln durch eine ausländische Bank, IPrax 1985, 13; *D. Hoffmann*, Die Patronatserklärung im deutschen und österreichischen Recht, 1989; *Hoffmann*, Die Urheberrechtsverträge im IPR, RabelsZ 5 (1931), 759; *St. Hofmann*, Internationales Anwaltsrecht, 2. Auflage 1992; *Hoppe*, Lizenz- und Know-how-Verträge im internationalen Privatrecht, 1994; *Horn*, Das Börsentermingeschäft in Wertpapieren mit dem Ausland, 1974; *ders.*, Das Recht der internationalen Anleihen, 1972; *Hövel*, Internationale Leasingtransaktionen unter besonderer Berücksichtigung der Vertragsgestaltung, DB 1991, 1029; *Hoyer*, Die Anknüpfung des privaten Darlehensvertrages, ZfRV 37 (1996), 221; *Hübner/Linden*, International-privatrechtliche Probleme ärztlicher Tätigkeit bei versicherten Krankenrücktransporten, VersR 1998, 793; *Ignatova*, Art. 5 Nr. 1 EuGVO – Chancen und Perspektiven der Reform des Gerichtsstands am Erfüllungsort, 2005; *Jander/Hess*, Die Behandlung von Patronatserklärungen im deutschen und amerikanischen Recht, RIW 1995, 730; *Jayme*, „Timesharingverträge" im Internationalen Privat- und Verfahrensrecht, IPrax 1995, 234; *ders.*, BOT-Projekte – Probleme der Rechtswahl, in: Nicklisch (Hrsg.), Rechtsfragen privatfinanzierter Projekte – Nationale und internationale BOT-Projekte, 1994, S. 65; *ders.*, Ferienhausvermittlung und Verbraucherschutz – Zur einschränkenden Auslegung des Art. 16 Nr. 1 EuGVÜ, IPrax 1993, 18; *ders.*, Kollisionsrecht und Bankgeschäfte mit Auslandsberührung, 1977; *ders.*, Komplexe Langzeitverträge und IPR, IPrax 1987, 63; *ders.*, Subunternehmervertrag und Europäisches Gerichtsstands- und Vollstreckungsübereinkommen (EuGVÜ), in: FS Pleyer 1986, S. 371; *Jessurun d'Oliveira*, „Characteristic Obligation" in the Draft EEC Obligation Convention, Am. J. Comp. L. 25 (1977), 303; *Kaiser*, Rechtsfragen des grenzüberschreitenden elektronischen Zahlungsverkehrs, EuZW 1991, 83; *Kappus*, „Lex mercatoria" als Geschäftsstatut vor staatlichen Gerichten im deutschen internationalen Schuldrecht, IPrax 1993, 137; *Kartzke*, Internationaler Erfüllungsortsgerichtsstand bei Bau- und Architektenverträgen, ZfBR 1994, 1; *ders.*, Verträge mit gewerblichen Ferienhausanbietern, NJW 1994, 823; *Katzenberger*, Urheberrechtsverträge im Internationalen Privat- und Konventionsrecht, in: FG Schricker 1995, S. 225; *Kaufmann-Kohler*, La prestation caractéristique en droit international privé des contrats et l'influence de la Suisse, SchwJbIntR 45 (1989), 195; *Kegel*, Die Bankgeschäfte im deutschen internationalen Privatrecht, in: GS R. Schmidt 1966, S. 215; *Kiel*, Internationales Kapitalanlegerschutzrecht, 1994; *Kindler*, Der Ausgleichsanspruch des Handelsvertreters im deutsch-italienischen Warenverkehr, 1987; *ders.*, L'arret Optelec – Deutsch-französisches zur objektiven Anknüpfung des Vertragshändlervertrages, in: FS Sonnenberger 2004, S. 433; *ders.*, Zur Anknüpfung von Handelsvertreter- und Vertragshändlerverträgen im neuen bundesdeutschen IPR, RIW 1987, 660; *Kissner*, Die praktische Abwicklung des à forfait-Geschäftes, Die Bank 1981, 56; *Kleine*, Urheberrechtsverträge im Internationalen Privatrecht, 1986; *Klimek/Sieber*, Anwendbares Recht beim Vertrieb digitalisierbarer Waren über das Internet am Beispiel der Softwareüberlassung, ZUM 1998, 902; *Klotz*, Kreditvergabe durch deutsche Banken und Verbraucherschutz in Frankreich, RIW 1997, 197; *Knaul*, Auswirkungen des europäischen Binnenmarktes der Banken auf das internationale Bankvertragsrecht unter besonderer Berücksichtigung des Verbraucherschutzes, 1995; *Kocher*, Analoge Anwendung des Handelsvertreterrechts auf Vertragshändler in Europa, RIW 2003, 512; *Könning-Feil*, Das internationale Arzthaftungsrecht, 1992; *Kränzlin*, Das deutsche internationale Handelsvertreterrecht im Rechtsverkehr mit den USA, ZVglRWiss. 83 (1984), 257; *Kretschmer*, Das Internationale Privatrecht der zivilen Verkehrsluftfahrt, 2002; *Kreuzer*, Berichtigungsklauseln im IPR, in: FS Zajtay 1982, S. 295; *ders.*, Know-how-Verträge im deutschen IPR, in: FS von Caemmerer 1978, S. 705; *ders.*, Kollisionsrechtliche Probleme der Produkthaftung, IPrax 1982, 1; *ders.*, Zur Anknüpfung der Sachwalterhaftung, IPrax 1988, 16; *Krings-Brand*, Vertragswidrige Transportmittel und Beförderung durch internationale Kurierdienste, IPrax 1994, 272; *Kronke*, Unfälle von Profi-Sportlern – Probleme zwischen charakteristischer Leistung und akzessorischer Anknüpfung, IPrax 1994, 472; *Kropholler*, Europäisches Zivilprozessrecht, 8. Auflage 2005; *Lagarde*, Le nouveau droit international privé des contrats après l'entrée en viguer de la convention de Rome du juin 1980, Rev. crit. DIP 1991, 287; *ders./Tenenbaum*, De la Convention de Rome au Règlement Rome I, Rev. crit. DIP 2008, 727; *Langefeld-Wirth*, Rechtsfragen des internationalen Gemeinschaftsunternehmens – Joint Venture, RIW 1990, 1; *Lehmann*, Financial Instruments, in: Ferrari/Leible (Hrsg.), Rome I Regulation, 2009, S. 85; *Leible*, in: Nordhausen (Hrsg.), Neue Entwicklungen in der Dienstleistungs- und Warenverkehrsfreiheit, 2002, S. 71; *Leible/Lehmann*, Die Verordnung über das auf vertragliche Schuldverhältnisse anzuwendende Recht („Rom I"), RIW 2008, 528; *Lipstein,* Characteristic performance – A new concept in the conflict of laws in matters of contract for the EEC, Northw. J. int. L. B. 3 (1982), 402; *Lochner,* Darlehen und Anleihe, Diss. Göttingen 1954; *W. Lorenz,* AGB-Kontrolle bei gewerbsmäßiger Überlassung von Ferienwohnungen im Ausland: Internationale Zuständigkeit für Verbandsklagen, IPrax 1990, 292; *ders.,* Die Beendigung von Vertriebsverträgen europäischer Produzenten mit Vertragshändlern in den Vereinigten Staaten von Amerika, in: FS Lipstein 1980, S. 157; *ders.,* Internationale Zuständigkeit für die Rückforderungsklage einer italienischen Bank nach fehlerhafter Ausführung einer Giroüberweisung nach Deutschland, IPrax 1993, 44; *ders.,* Verträge über im Ausland zu erbringende Bauleistungen – Vertragsstatut bei fehlender Rechtswahl, IPrax 1995, 329; *ders.,* Kollisionsrechtliche Betrachtungen zum Rembours beim Dokumentenakkreditiv, in: FS Steindorff 1990, S. 405; *Lüderitz,* Wechsel der Anknüpfung in bestehendem Schuldvertrag, in: FS Keller 1989, S. 459; *Lurger,* Der Timesharing-Vertrag im Internationalen Privatrecht und im Konsumentenschutzrecht, ZfRV 33 (1992), 348; *dies.,* Handbuch der internationalen Tausch- und Gegengeschäftsverträge, 1992; *Lynker,* Der besondere Gerichtsstand am Erfüllungsort in der Brüssel I-Verordnung (Art. 5 Nr. 1 EuGVVO), 2006; *Mackensen,* Der Verlagsvertrag im IPR, 1965; *Magagni,* La prestazione caratteristica nella convenzione di Roma del 19 giugno 1980, 1989; *Mäger,* Der Schutz des Urhebers im internationalen Vertragsrecht, 1995; *Magnus,* Article 4 Rome I Regulation: The Applicable Law in the Absence of a Choice, in: Ferrari/Leible (Hrsg.), Rome I Regulation, 2009, S. 27; *Mankowski,* „Timesharingverträge" und internationales Vertragsrecht, RIW 1995, 364; *ders.,* Anwendbares Recht beim Mandatsverhältnis einer internationalen Anwaltssozietät, AnwBl 2001, 249; *ders.,* Das Internet im Internationalen Vertrags- und Deliktsrecht, RabelsZ 63 (1999), 203; *ders.,* Die Ausweichklausel des Art. 4 V EVÜ und das System des EVÜ, IPrax 2003, 464; *ders.,* Timesharingverträge und Internationales Vertragsrecht, RIW 1995, 362; *ders.,* Zu einigen internationalprivat- und internationalprozeßrechtlichen Aspekten bei Börsentermingeschäften, RIW 1996, 1001; *ders.,* Die Rom I-VO – Änderungen im europäischen IPR für Schuldverträge, IHR 2008, 133; *ders.,* Gemischte Verträge, objektive dépeçage, Handhabung der Ausweichklausel und Auslegungsmethodik im Internationalen Schuldvertragsrecht, IHR 2010, 89; *Mann,* Börsentermingeschäfte und IPR, in: FS von Caemmerer 1978, S. 737; *Mansel,* Kollisions- und zuständigkeitsrechtlicher Gleichlauf der vertraglichen und deliktischen Haftung, ZVglRW 86 (1987), 1; *ders.,* Kollisionsrechtliche Bemerkungen zum Arzthaftungsprozess, in: Institut für ausländisches und internationales Privatrecht Heidelberg (Hrsg.), Einheit in der Vielfalt, 1985, S. 33; *Marsch,* Der Favor Negotii im deutschen IPR, 1976; *Martiny,* Spiel und Wette im Internationalen Privat- und Verfahrensrecht, in: FS W. Lorenz 2001, S. 375; *ders.,* Neuanfang im Europäischen Internationalen Vertragsrecht mit der Rom I-Verordnung, ZEuP 2010, 745; *Mehrings,* Internet-Verträge und internationales Vertragsrecht, CR 1998, 613; *Merkt,* Internationaler Unternehmenskauf durch Beteiligungserwerb, in: FG Sandrock 1995, S. 138; *ders.,* Internationaler Unternehmenskauf durch Erwerb der Wirtschaftsgüter, RIW 1995, 533; *Merschformann,* Die objektive Bestimmung des Vertragsstatuts beim internationalen Warenkauf, 1991; *C. Meyer,* Der Alleinvertrieb – Typus, vertragsrechtliche Probleme und Qualifikation im IPR, 1990; *D. M. Meyer,* Der Regreß im IPR, 1982; *Meyer-Sparenberg,* Internationalprivatrechtliche Probleme bei Unternehmenskäufen, WiB 1995, 849; *M. Müller,* Finanzinstrumente in der Rom I-VO, 2011; *Müller-Feldhammer,* Der Ausgleichsanspruch des Vertragshändlers im deutsch-schweizerischen Handelsverkehr, RIW 1994, 926; *Nadelmann,* Choice of Law Resolved by Rules or Presumptions with an Escape Clause, Am. J. Comp. L. 33 (1985), 145; *Neubert,* Die objektiven Anknüpfungen von Schuldverträgen gem. Art. 4 Rom I-Verordnung – Vergleich zur vormals geltenden Regelung des Art. 28 EGBGB aF; *Nicklisch,* Internationale Zuständigkeit bei vereinbarten Standardvertragsbedingungen (VOB/B), IPrax 1987, 286; *ders.,* Privatautonomie und Schiedsgerichtsbarkeit bei internationalen Bauverträgen, RIW 1991, 89; *Nielsen,* Neue Richtlinien für Dokumenten-Akkreditive, 1994; *Niggemann,* Gestaltungsformen und Rechtsfragen bei Gegengeschäften, RIW 1987, 169; *Otte,* Anwendbares Recht bei grenzüberschreitendem Timesharing, RabelsZ 62 (1998), 405; *Otto,* Deutsch-mauretanische Spendenaktionen: Vertragsstatut, Ausländersicherheit und Verfahrensfragen, IPrax 1996, 22; *Patocchi,* Characteristic Performance: A New Myth in the Conflict of Laws?, Études de droit international en l'honneur de Pierrre Lalive, 1993, S. 113; *Pfeiffer,* Die Entwicklung des Internationalen Vertrags-, Schuld- und Sachenrechts in den Jahren 1995/96, NJW 1997, 1207; *ders.,* Die Entwicklung des Internationalen Vertrags-, Schuld- und Sachenrechts 1997–1999, NJW 1999, 3674; *ders.,* Neues Internationales Vertragsrecht – Zur Rom I-Verordnung, EuZW 2008, 622; *ders.,* in Hohl/Leible/Sosnitza, Vernetztes Recht, 2002; *Piltz,* Anwendbares Recht in grenzüberschreitenden Kaufverträgen, IPrax 1994, 191; *Plender/Wilderspin,* The European Private International Law of Obligations, 2009; *Pleyer/Wallach,* Erfüllungszeitpunkt und Gefahrtragung bei grenzüberschreitenden Überweisungen nach deutschem und englischem Recht, RIW 1988, 172; *Poczobut,* Internationales Finanzierungsleasing, RabelsZ 51 (1987), 681; *Rammeloo,* Die Auslegung von Art. 4 Abs. 2 und Abs. 5 EVÜ – Eine niederländische Perspektive, IPrax 1994, 243; *Rauscher,* Europäisches Zivilprozessrecht, 2. Auflage 2006; *Rebmann,* Das Unidroit-Übereinkommen über das internationale Factoring (Ottawa 1988), RabelsZ 53 (1989), 599; *Rees,* Die eindeutige Verknüpfung von Verträgen und ihre Auswirkung auf die Parteiautonomie, Diss. Zürich 1978; *Reithmann/Martiny,* Internationales Vertragsrecht, 7. Auflage 2010; *Reuter,* Schuldübernahme und Bürgschaft im IPR, 1939; *Roden,* Zum Internationalen Privatrecht des Vergleichs, 1994; *Rosenau,* Das Eurodollar-Darlehen und sein anwendbares Recht, RIW 1992, 879; *W.-H. Roth,* Internationales Versicherungsvertragsrecht, 1985; *ders.,* Termingeschäfte an ausländischen Börsen und § 53 Börsengesetz, IPrax 1987, 147; *ders.,* Handelsvertretervertrag und Rom I-Verordnung – Eine Skizze, in: FS Spellenberg 2010, S. 309; *Sailer,* Gefahrübergang, Eigentumsübergang, Verfolgungs- und Zurückbehaltungsrecht beim Kauf beweglicher Sachen im IPR, 1966; *Samtleben,* Das IPR der Börsentermingeschäfte und der EWG-Vertrag, RabelsZ 45 (1981), 218; *ders.,* Termingeschäfte an Auslandsbörsen – Zur Neuregelung des Börsengesetzes, NJW 1990, 2670; *ders.,* Warentermingeschäfte im Ausland – ein Glücksspiel, IPrax 1989, 54; *ders.,* Warentermingeschäfte im Ausland und Schiedsverfahren – Neues Recht für alte Fälle, IPrax 1992, 362; *Sandrock,* Das Vertragsstatut bei japanisch-deutschen privatrechtlichen Verträgen, RIW 1994, 381; *Schack,* Zur Anknüpfung des Urheberrechts im IPR, 1979; *Schäfer,* Grenzüberschreitende Kreditsicherung an Grundstücken, 1992; *Schefold,* Die rechtsmissbräuchliche Inanspruchnahme von Bankgarantien und das Kollisionsrecht, IPrax 1995, 118; *ders.,* Neue Rechtssprechung zum anwendbaren Recht bei Dokumenten-Akkreditiven, IPrax 1996, 347; *ders.,* Zum IPR des Dokumenten-Akkreditivs, IPrax 1990, 20; *Schlemmer,* Kollisions- und sachrechtliche Fragen bei Franchising, IPrax 1988, 252; *Schlosser,* Gläubigeranfechtungsklage nach französischem Recht und Art. 16 EuGVÜ, IPrax 1991, 29 ff.; *Schmidt-Dencker,* Die Korrespondenzbank im Außenhandel, 1982; *Schneider-Troberg,* Finanzdienstleistungen im EG-Binnenmarkt: Sitzland- oder Gastlandrecht?, WM 1990, 165; *Schnelle,* Die objektive Anknüpfung von Darlehensverträgen im deutschen und amerikanischen IPR, 1992; *Schönning,* Anwendbares Recht bei grenzüberschreitenden Direktübertragungen, ZUM 1997, 34; *Schröder,* Vom Sinn der Verweisung im internationalen Schuldvertragsrecht, IPrax 1987, 90; *ders.,*

Zur Anziehungskraft der Grundstücksbelegenheit im internationalen Privat- und Verfahrensrecht, IPrax 1985, 145; *Schücking*, Das Internationale Privatrecht der Banken-Konsortien, WM 1996, 281; *Schultsz*, Fixity and flexibility in the objective choice of law rules regarding contracts, in: *v. Bar* (Hrsg.), Perspektiven des internationalen Privatrechts nach dem Ende der Spaltung Europas, 1993, S. 97; *Schurig*, Schiffbruch bei Eigentumsvorbehalt – Sachenrechtsstatut, Vertragsstatut, Sprachenrisiko, IPrax 1994, 27; *Schuster*, Die internationale Anwendung des Börsenrechts, 1996; *Schütze*, Internationales Privatrecht, in: Assmann/Schütze (Hrsg.), Handbuch des Kapitalanlagerechts, 2. Auflage 1997, S. 366; *ders.*, Kollisionsrechtliche Probleme der Forfaitierung von Exportforderungen, WM 1979, 962; *ders.*, Kollisionsrechtliche Probleme des Dokumentenakkreditivs, WM 1982, 226; *Schwander*, Die Behandlung der Innominatverträge im internationalen Privatrecht, in: FG Schluep 1988, S. 501; *ders.*, Die internationalprivatrechtliche Behandlung der Bankgarantien, in: FS Kleiner 1993, S. 41; *ders.*, Internationales Vertragsschuldrecht – Direkte Zuständigkeit und objektive Anknüpfung, in: FS Moser 1987, S. 79; *Schwenzer*, Einbeziehung von Spediteurbedingungen sowie Anknüpfung des Schweigens bei grenzüberschreitenden Verträgen, IPrax 1988, 86; *Schwimann*, Fragen der gesetzlichen Anknüpfung im internationalen Schuldvertragsrecht, in: FS Strasser 1985, S. 895; *Seeberg*, Der Termin- und Differenzeinwand und die internationale Zuständigkeit bei Geschäften mit ausländischen Banken nach der Börsengesetznovelle 1989, ZIP 1992, 600; *von der Seipen*, Akzessorische Anknüpfung und engste Verbindung im Kollisionsrecht der komplexen Vertragsverhältnisse, 1989; *Severain*, Die Bürgschaft im deutschen internationalen Privatrecht, 1990; *Sieg*, Internationale Anwaltshaftung, 1996; *Spellenberg*, Atypischer Grundstücksvertrag, Teilrechtswahl und nicht ausgeübte Vollmacht, IPrax 1990, 295; *Spickhoff*, Internationales Handelsrecht vor Schiedsgerichten und staatlichen Gerichten, RabelsZ 56 (1992), 117; *Stadler*, Grundzüge des Internationalen Vertragsrechts, Jura 1997, 505; *Starp*, Die Börsentermingeschäfte an Auslandsbörsen, 1985; *Stegemann*, Der Anknüpfungsgesichtspunkt der Most significant relationship nach dem Restatement of the Laws, second, Conflict of the Law 2nd im deutschen internationalen Deliktsrecht und Vertragsrecht, Diss. Mainz 1995; *Steinle*, Konkludente Rechtswahl und objektive Anknüpfung nach altem und neuem deutschem Internationalen Vertragsrecht, ZvglRWiss 93 (1994), 300; *Stimmel*, Die Beurteilung von Lizenzverträgen unter der Rom I-Verordnung, GRURInt 2010, 783; *Stucke*, Die Rechte der Gläubiger bei DM-Auslandsanleihen, 1988; *Sturm*, Der Eigenhändler im Außenprivatrecht, in: FS Wahl 1973, S. 207; *Sura*, Die Anknüpfung des internationalen Handelsvertretervertrages, DB 1981, 1269; *Thode*, Die Bedeutung des neuen internationalen Schuldvertragsrechts für grenzüberschreitende Bauverträge, ZfBR 1989, 43; *Thorn*, Ausländisches Akkreditiv und inländische Zahlstelle, IPrax 1996, 257; *Triebel/Peglow*, Positive Funktion des *ordre public* bei Termingeschäften?, ZIP 1987, 613; *Ullrich/Körner* (Hrsg.), Der internationale Softwarevertrag, 1995; *E. Ulmer*, Die Immaterialgüterrechte im IPR, 1975; *Ungnade*, Die Geltung von Allgemeinen Geschäftsbedingungen der Kreditinstitute im Verkehr mit dem Ausland, WM 1973, 1130; *Vischer/Huber/Oser*, Internationales Vertragsrecht, 2000; *Vischer*, Haftung des Kreditkartenunternehmens gegenüber dem Vertragsunternehmen, in: FG Schluep 1988, S. 515; *ders.*, The Concept of the Characteristic Performance Reviewed, in: Liber amicorum Droz, 1996, S. 499; *Vortmann*, Aufklärungs- und Beratungspflichten bei grenzüberschreitenden Bankdienstleistungen, WM 1993, 581; *Wagner*, Der Grundsatz der Rechtswahl und das mangels Rechtswahl anwendbare Recht (Rom I-Verordnung), IPrax 2008, 377; *Waldenberger*, Grenzen des Verbraucherschutzes beim Abschluss von Verträgen im Internet, BB 1996, 2365; *Wandt*, Zum Rückgriff im Internationalen Privatrecht, ZVglRWiss 86 (1987), 272; *Weber*, Swap-Geschäfte, in: FG Schluep 1988, S. 301; *Weimar/Grote*, Vertragsgestaltung internationaler Transfers von Managementleistungen, RIW 1998, 267; *Weitnauer*, Der Vertragsschwerpunkt, 1981; *Welter*, Kreditvergabe und Kreditsicherung über die Grenze, in: Hadding/Welter, Rechtsfragen bei Bankleistungen im Europäischen Binnenmarkt, 1994, 25; *Weller*, Die UNIDROIT-Konvention von Ottawa über internationales Factoring, RIW 1999, 161; *Wengler*, Zum IPR des Handelsvertretervertrages, ZHR 146 (1982), 30; *Wernicke*, Privates Bankvertragsrecht im EG-Binnenmarkt, dargestellt am Beispiel des kartengesteuerten Zahlungsverkehrs, 1996; *Westphal*, Die Handelsvertreterrichtlinie und ihre Umsetzung in den Mitgliedstaaten der Europäischen Union, 1994; *von Westphalen*, Grenzüberschreitendes Finanzierungsleasing, RIW 1992, 257; *Wichard*, Die Anwendung der UNIDROIT-Prinzipien für internationale Handelsverträge durch Schiedsgerichte und staatliche Gerichte, RabelsZ 60 (1996), 269; *Wildhaber*, Franchising im Internationalen Privatrecht, 1991; *Witthuhn*, Patronatserklärung im Anglo-amerikanischen Rechtskreis, RIW 1990, 495; *Zaccaria*, Internationales Factoring nach Inkrafttreten der Konvention von Ottawa, IPrax 1995, 279; *Zeiger*, Der Management-Vertrag als internationales Kooperationsinstrument, 1983; *Zenhäusern*, Der internationale Lizenzvertrag, 1991; *Zuck*, Internationales Anwaltsrecht, NJW 1987, 3033; *Zweigert/v. Hoffmann*, Zum internationalen Joint-venture, in: FS Luther 1976, S. 203.

A. Allgemeines		1
I. Grundsatz		1
II. Entstehungsgeschichte		2
III. Regelungsziel		4
IV. Regelungsstruktur		7
1. Überblick		7
2. Prüfungsreihenfolge		8
V. E-Commerce		9
B. Regelungsgehalt		10
I. Geltung allgemeiner Regeln		10
1. Rück- und Weiterverweisung		10
2. Ordre public		11
II. Verhältnis zu anderen Vorschriften		12
1. Verhältnis zu Art. 3		12
2. Verhältnis zu Artt. 5 bis 8 sowie Art. 46 b EGBGB		13
3. Andere besondere Anknüpfungsnormen		14
4. Verhältnis zu Art. 9		15
III. Ausdrückliche Anknüpfung der wichtigsten Vertragstypen (Abs. 1)		16
1. Grundsatz		16
2. Anknüpfung der einzelnen Vertragstypen		18
a) Kaufverträge über bewegliche Sachen (Abs. 1 lit. a)		18
aa) Grundsatz		18
bb) Begriff des Kaufvertrages über bewegliche Sachen		20
cc) Begriff des gewöhnlichen Aufenthalts		27
b) Dienstleistungsverträge (Abs. 1 lit. b)		28
aa) Grundsatz		28
bb) Begriff des Dienstleistungsvertrages		29
cc) Begriff des gewöhnlichen Aufenthalts		34
c) Immobilienverträge (Abs. 1 lit. c, d)		35
aa) Grundsatz		35
bb) Begriff der Verträge iSd Abs. 1 lit. c, d		37
cc) Timesharing		40
d) Franchiseverträge (Abs. 1 lit. e)		43
aa) Grundsatz		43
bb) Begriff des Franchisevertrages		44

cc)	Begriff des gewöhnlichen Aufenthalts	45	3. Tausch	102
e)	Vertriebsverträge (Abs. 1 lit. f)	46	4. Dienstleistungsverträge	103
aa)	Grundsatz	46	a) Grundsatz	103
bb)	Begriff des Vertriebsvertrages	47	b) Arbeitsverträge	104
cc)	Begriff des gewöhnlichen Aufenthalts	48	c) Arztverträge	105
			d) Beratungsverträge	106
f)	Verträge über den Kauf beweglicher Sachen durch Versteigerung (Abs. 1 lit. g)	49	e) Unterrichtsverträge	107
			5. Beförderungsverträge	108
aa)	Grundsatz	49	6. Speditionsverträge	109
bb)	Begriff des Vertrages iSd Abs. 1 lit. g	50	7. Beherbergungsverträge	110
			8. Internetverträge	111
g)	Verträge innerhalb eines multilateralen Systems über Finanzinstrumente im Sinne von Art. 4 Nr. 17 der Richtlinie 2004/39/EG (Abs. 1 lit. h)	52	a) Grundsatz	111
			b) Provider-Verträge	112
			c) Domainregistrierungsverträge	113
			d) Internetauktionen	116
aa)	Grundsatz	52	9. Franchiseverträge	118
bb)	Begriff des „multilateralen Systems"	56	10. Handelsvertreterverträge	119
			11. Kommissionsverträge	120
cc)	Zahlungs- und Wertpapierliefer-/ Wertpapierabrechnungssysteme	58	12. Vertragshändlerverträge	121
			13. Maklerverträge	123
3.	Maßgeblicher Zeitpunkt	61	14. Reiseverträge	126
IV.	Das Prinzip der charakteristischen Leistung (Abs. 2)	62	15. Verwahrungsverträge	127
			16. Auftrag und Geschäftsbesorgung	128
1.	Grundsatz	62	17. Bankgeschäfte	131
2.	Bestimmung der charakteristischen Leistung	63	a) Grundsatz	131
			b) Einlagen-, Giro- und Diskontgeschäft	132
3.	Räumliche Zuordnung	65	c) Dokumentenakkreditiv	133
4.	Nichtermittelbarkeit der charakteristischen Leistung	66	d) Factoring	134
			e) Forfaitierung	135
5.	Maßgeblicher Zeitpunkt	69	f) Inkassogeschäft	136
V.	Die Ausweichklausel (Abs. 3)	70	g) Andere Bankgeschäfte	137
1.	Grundsatz	70	18. Werkverträge	138
2.	Engere Verbindung	73	a) Grundsatz	138
3.	Maßgeblicher Zeitpunkt	78	b) Bauvertrag	139
VI.	Das Prinzip der engsten Verbindung (Abs. 4)	79	c) Anlagenvertrag	140
			d) Architektenvertrag	141
1.	Grundsatz	79	19. Gebrauchsüberlassungsverträge	142
2.	Die einzelnen Indizien	82	a) Miete, Pacht, Leihe	142
a)	Gewöhnlicher Aufenthalt und Niederlassung	82	b) Leasing	143
			c) Darlehen	146
b)	Belegenheit des Vertragsgegenstands	83	aa) Gelddarlehen	146
c)	Erfüllungsort	84	bb) Sachdarlehen	149
d)	Ort der Vertragsverhandlungen und des Vertragsschlusses	86	d) Anleihe	150
			20. Sicherungsverträge	151
e)	Vertragssprache und vereinbarte Währung	87	a) Grundsatz	151
			b) Bürgschaft	152
f)	Mitwirkung Dritter	88	c) Schuldversprechen und -anerkenntnis	154
g)	Staatsangehörigkeit der Vertragsparteien	89	d) Garantievertrag	155
			e) Patronatserklärung	156
h)	Favor negotii	90	f) Vertragsstrafversprechen	157
i)	Prozessverhalten	91	21. Vergleich	158
j)	Gerichtsstands- und Schiedsgerichtsvereinbarungen	92	22. Versicherungsverträge	159
			23. Spiel- und Wettverträge	160
k)	Verträge mit Staaten oder Staatsunternehmen	93	24. Auslobung, Preisausschreiben, Gewinnzusagen	162
l)	Registerort	94	25. Verträge zwischen Gesellschaftern	164
3.	Recht eines Staates	95	26. Verträge über geistiges Eigentum	165
4.	Maßgeblicher Zeitpunkt	96	a) Verlagsverträge	165
VII.	Einzelne Vertragstypen	97	b) Lizenzverträge	167
1.	Kauf- und Werklieferungsverträge	97	c) Know-how- und Technologietransferverträge	168
2.	Schenkung	100		

A. Allgemeines

I. Grundsatz

1 Nach Art. 4 ist das auf den Schuldvertrag anwendbare Recht (Vertragsstatut) in all denjenigen Fällen zu bestimmen, in denen es an einer (wirksamen) Rechtswahl nach Art. 3 fehlt. Das Vertragsstatut muss dann nicht nach subjektiven, sondern anhand objektiver Kriterien ermittelt werden (**objektive Anknüpfung**). Staatsvertragliche Regelungen oder speziellere Kollisionsnormen bleiben zu beachten.

II. Entstehungsgeschichte

2 „Schuldverträge anknüpfen ist schwer";[1] denn Parteiinteressen, die nach Anerkennung heischen, gibt es viele. Ebenso vielfältig ist die Anzahl der zur Verfügung stehenden Anknüpfungspunkte: Erfüllungs- oder Abschlussort des Vertrages, Geschäftssitz oder Aufenthaltsort der Parteien, Gerichtsort usw. Die deutsche Rechtsprechung stellte lange Zeit auf den sog. **„hypothetischen Parteiwillen"** ab. Dieser wurde nicht durch die subjektiven Vorstellungen der Parteien bestimmt, es handelte sich vielmehr um eine Abwägung der Interessen der Parteien auf objektiver Grundlage, um zu ermitteln, ob der Schwerpunkt des Vertrages objektiv auf eine bestimmte Rechtsordnung für das ganze Vertragsverhältnis hinweist.[2] Ließ sich ein hypothetischer Parteiwille nicht feststellen, gab das Recht am Erfüllungsort der streitigen Verpflichtung Maß.[3]

3 Art. 4 erhielt seine heutige Gestalt durch Überführung des Europäischen Schuldvertragsübereinkommens (EVÜ) in eine Verordnung. Bereits das EVÜ enthielt in Art. 4 eine Kollisionsnorm für die Anknüpfung von Schuldverträgen mangels Rechtswahl, die in deutsches Recht mittels Art. 28 EGBGB inkorporiert wurde. Art. 4 hält, sieht man einmal von der **objektiven Vertragsspaltung** ab, die nach der Rom I-VO nicht mehr möglich ist,[4] grundsätzlich am Konzept des Art. 4 EVÜ fest, will aber durch eine neue Struktur und eine Katalogisierung verschiedener Vertragstypen ein **höheres Maß an Rechtssicherheit** herbeiführen.[5]

III. Regelungsziel

4 Ziel der Vorschrift ist es, das Vertragsverhältnis bei Fehlen einer (wirksamen) Rechtswahl oder vorrangig anwendbarer anderer Kollisionsnormen einheitlich derjenigen Rechtsordnung zuzuweisen, zu der der Vertrag die „engste Beziehung" aufweist. Das **Prinzip der engsten Verbindung** ist zwar verschiedentlich wegen seiner Unbestimmtheit kritisiert worden,[6] doch ist es die moderne Fortschreibung des Savigny'schen Sitzbegriffes und als solche kollisionsrechtlich weithin anerkannt. Es findet sich in unterschiedlichen Schattierungen in zahlreichen anderen Rechtsordnungen, etwa als „engster Zusammenhang" im schweizerischen Recht,[7] „most significant relationship" in den USA[8] oder „closest ties" in der Konvention von Mexiko.[9] Es vermeidet starre Anknüpfungen und erlaubt eine Einbeziehung sämtlicher Umstände des Vertrages in den Prozess der Suche nach dem anwendbaren Recht.

5 Anders als verschiedene andere Rechte der Welt belässt es die Rom I-VO allerdings nicht beim generalklauselartigen Begriff der „engsten Verbindung". Um eine größere Rechtssicherheit zu erzielen[10] geht deren Art. 4 vielmehr **stufenweise** vor. Zunächst formuliert Abs. 1 für eine ganze Reihe von Vertragstypen die maßgebende Anknüpfung ausdrücklich. Für die nicht durch Abs. 1 typisierten Verträge sieht Abs. 2 anschließend eine Anknüpfung an das Recht des Staates vor, in dem der Erbringer der charakteristischen Leistung seinen gewöhnlichen Aufenthalt hat. „Ausreißer" können über die **Ausweichklausel** des Abs. 3 eingefangen werden. Kann das anzuwendende Recht auf diese Weise nicht ermittelt werden, ist schließlich auf die „engste Verbindung" abzustellen (Abs. 4).

---

1 *Kegel/Schurig*, § 18 I 1 a (S. 647).
2 Vgl zB BGHZ 7, 231, 235; 17, 89, 92; 19, 110; 57, 72, 75 f; 61, 221, 223; BGH NJW 1961, 25; 1960, 1720; 1976, 1581; 1977, 1586; 1987, 1141; Ferrari u.a./*Ferrari*, Internationales Vertragsrecht, Art. 4 Rn 1.
3 Vgl zB BGHZ 52, 239, 241; 73, 391, 393.
4 Palandt/*Thorn*, Art. 4 Rn 1; *Leible/Lehmann*, RIW 2008, 536; Calliess/*Gebauer*, Art 4 Rn 8; *Nordmeier*, in: Gebauer/Wiedmann, Kap 37 Rn 47; Ferrari u.a./ *Ferrari*, Internationales Vertragsrecht, Art. 4 Rn 101.
5 Reithmann/Martiny/*Martiny*, Rn 143; *Pfeiffer*, EuZW 2008, 622, 625; Ferrari u.a./*Ferrari*, Internationales Vertragsrecht, Art. 4 Rn 11.
6 Vgl *Juenger*, RabelsZ 46 (1982), 57, 72.
7 Art. 117 schweiz. IPRG.
8 Restatement (Second) § 188 (2).
9 Art. 9 Abs. 1 der Inter-American Convention on the Law of Applicable to International Contracts (CIDIP-V), OEA/Ser.C/VI.21.5., abgedruckt u.a. in IPrax 1998, 404.
10 Vgl Vorschlag für eine Verordnung des Europäischen Parlaments und des Rates über das auf vertragliche Schuldverhältnisse anzuwendende Recht (Rom I), KOM (2005) 650 endg., S. 6.

Auch das in Abs. 2 verwendete, auf *Adolf F. Schnitzer* zurückgehende[11] und von *Frank Vischer* fortentwickelte[12] **Prinzip der „charakteristischen Leistung"** sieht sich freilich bis heute der Kritik ausgesetzt.[13] Es bevorzuge eine Partei, die als Anbieter zudem die wirtschaftlich stärkere sei, nur wegen ihrer Leistung und vernachlässige den Abnehmer.[14] Zudem sei die Bestimmung der charakteristischen Leistung mitunter schwierig oder gar – wie etwa beim Tausch – unmöglich oder führe zu einer mit dem Sachverhalt gleichwohl nur schwach verbundenen Rechtsordnung.[15] Zu überzeugen vermag die Kritik freilich nicht. Eine einseitige Bevorzugung des Anbieters verhindern zumindest bei strukturellen Ungleichgewichtslagen die Artt. 6 und 8 Rom I–VO sowie Art. 46 b EGBGB. In Ausnahmefällen kann außerdem auf Art. 9 zurückgegriffen werden. Daher ist an der Konzeption der charakteristischen Leistung festzuhalten. Korrekturen mögen allenfalls in Randbereichen angezeigt sein.[16]

IV. Regelungsstruktur

1. Überblick. Abs. 1 formuliert katalogartig feste Regeln für die Anknüpfung der **wichtigsten Vertragstypen**. Diese Vertragstypen sind Kauf- und Dienstleistungsverträge (Abs. 1 lit. a, b), Immobilienverträge (Abs. 1 lit. c, d), Franchiseverträge (Abs. 1 lit. e), Vertriebsverträge (Abs. 1 lit. f), Verträge über den Verkauf beweglicher Sachen durch Versteigerung (Abs. 1 lit. g) sowie Verträge über Finanzinstrumente im Sinne von Art. 4 Abs. 1 Nr. 17 der Richtlinie 2004/39/EG[17] (Abs. 1 lit. h). Abs. 2 sieht für **alle sonstigen Verträge** eine Anknüpfung an das Recht des Staates vor, in dem der Erbringer der charakteristischen Leistung seinen gewöhnlichen Aufenthalt hat. Die **Ausweichklausel** des Abs. 3 verhindert, dass die Anknüpfung nach Abs. 1 oder 2 zur Anwendung eines Rechts führt, mit dem der Sachverhalt nur lose verbunden ist, und stellt so sicher, dass sich eine offensichtlich engere Verbindung zu einer anderen Rechtsordnung auch kollisionsrechtlich niederschlägt. Abs. 4 regelt mit der Anknüpfung an die **„engste Verbindung"** die Verträge, die nicht über die Abs. 1 oder 2 angeknüpft werden können.

2. Prüfungsreihenfolge. Die Liste des Abs. 1 ist vor Abs. 2 zu prüfen, da Abs. 2 nach seinem Wortlaut nur zur Anwendung gelangen kann, wenn der Vertrag nicht unter Abs. 1 fällt oder die Bestandteile des Vertrags durch mehr als einen der Buchstaben a bis h des Abs. 1 abgedeckt sind. Liegen die tatbestandlichen Voraussetzungen von Abs. 1 oder Abs. 2 vor, bedarf es stets gleichwohl noch einer **Abwägung** mit den übrigen in Betracht kommenden Anknüpfungspunkten. Führt sie zum Ergebnis, dass der Sachverhalt ausnahmsweise eine offensichtlich engere Verbindung zu einem anderen als dem von Abs. 1 oder 2 bezeichneten Recht hat, ist nach Abs. 3 dieses anzuwenden. Führen weder Abs. 1 noch Abs. 2 zum anwendbaren Recht, ist zuletzt Abs. 4 zu prüfen.

V. E-Commerce

Besonderheiten sind bei der objektiven Anknüpfung von im E-Commerce geschlossenen Schuldverträgen zu beachten. Im Anwendungsbereich des Telemediengesetzes (TMG),[18] das an die Stelle des früheren Teledienstgesetzes (TDG) getreten ist, gilt dessen § 3. Die Abs. 1 und 2 dieser Vorschrift statuieren ein **Her-**

---

11 Vgl *Schnitzer*, Internationales Privatrecht, Bd. 2, 4. Aufl. 1958, S. 639 ff.

12 Vgl *Vischer*, Internationales Vertragsrecht, 1962, S. 108 ff; zur Verteidigung des Konzepts etwa *ders.*, in: Liber amicorum Droz 1996, S. 499.

13 Vgl zB *Juenger*, RabelsZ 46 (1982), 57, 75 ff; *Kaye*, The New Private International Law of Contract of the European Community, 1993, S. 188 ff; *Morse*, Yb.Eur.L. 2 (1982), 107, 125 ff.

14 Vgl etwa *Jessurun d'Oliveira*, Am. J. Comp. L. 25 (1977), 303; *Ferrari* u.a./*Ferrari*, Internationales Vertragsrecht, Art. 4 Rn 62.

15 Vgl zB *Juenger*, RabelsZ 46 (1982), 57, 78 ff; *Kaye*, The New Private International Law of Contract of the European Community, 1993, S. 188 ff.

16 Vgl etwa *Martiny*, in: Leible (Hrsg.), Das Grünbuch zum Internationalen Vertragsrecht, 2004, S. 109, 121, der lediglich dafür plädiert, den Ausnahmecharakter von Abs. 5 deutlicher hervorzuheben.

17 Richtlinie 2004/39/EG des Europäischen Parlaments und des Rates v. 21. April 2004 über Märkte für Finanzinstrumente, zur Änderung der Richtlinien 85/611/EWG und 93/6/EWG des Rates und der Richtlinie 2000/12/EG des Europäischen Parlaments und des Rates und zur Aufhebung der Richtlinie 93/22/EWG des Rates, ABl. EU 2004 L 145/1.

18 BGBl 2007 I, S. 179.

kunftslandprinzip, das allerdings nicht kollisionsrechtlicher Natur ist,[19] sondern eine Korrektur auf der Ebene des Sachrechts fordert.[20]

B. Regelungsgehalt

I. Geltung allgemeiner Regeln

10 **1. Rück- und Weiterverweisung.** Die von Art. 4 ausgesprochene Verweisung ist gem. Art. 20 grundsätzlich eine **Sachnormverweisung**, führt also direkt zu den Sachvorschriften des Staates, auf dessen Recht verwiesen wurde. Rück- und Weiterverweisung sind unbeachtlich. Etwas anderes gilt gem. Art. 20 Hs 2 nur, sofern in der Rom I-VO etwas Gegenteiliges bestimmt ist. **Umfasst ein Staat mehrere Gebietseinheiten**, von denen jede für vertragliche Schuldverhältnisse ihre eigenen Rechtsvorschriften hat (USA, Kanada, Australien, Großbritannien usw.), führt die Verweisung unmittelbar zu den Sachvorschriften der jeweiligen Gebietseinheit, da gem. Art. 22 Abs. 1 jede Gebietseinheit als Staat zu behandeln ist. Ein möglicherweise existentes interlokales Privatrecht des Zentralstaates wird dadurch ausgeschaltet. Maßgeblich ist das Recht derjenigen Gebietseinheit, in der der Anbieter der charakteristischen Leistung ansässig ist oder sich gewöhnlich aufhält, das Grundstück belegen ist usw.

11 **2. Ordre public.** Der *ordre public* (Art. 21) kann auch der Anwendung des kraft objektiver Anknüpfung berufenen Rechts entgegenstehen, doch ist **die praktische Relevanz** der *ordre-public*-Klausel **gering**, da bereits mit den Artt. 6, 8, 9 Rom I-VO sowie Art. 46 b EGBGB Normen zur Verfügung stehen, die einen kollisionsrechtlichen Schwächerschutz sicherstellen und helfen, einen Widerspruch zu öffentlichen Interessen zu vermeiden sowie die Geltung zwingenden Rechts zu gewährleisten, das unbedingte Anwendung erheischt. Vgl dazu Art. 3 Rn 12.

II. Verhältnis zu anderen Vorschriften

12 **1. Verhältnis zu Art. 3.** Art. 3 ist die „Königsnorm", Art. 4 die ihr untergeordnete „**Auffangnorm**". Zu einer objektiven Anknüpfung kann es nur kommen, wenn es an einer Rechtswahlvereinbarung fehlt, sie unwirksam ist oder sich auf einen Teil des Vertrages beschränkt.

13 **2. Verhältnis zu Artt. 5 bis 8 sowie Art. 46 b EGBGB.** Artt. 5 bis 8 Rom I-VO und Art. 46 b EGBGB enthalten **Sondervorschriften** für die objektive Anknüpfung spezieller Vertragstypen (Beförderungs-, Verbraucher-, Versicherungs-, Arbeitsverträge), die der allgemeinen Regel des Art. 4 vorgehen.

14 **3. Andere besondere Anknüpfungsnormen.** Für bestimmte Vertragstypen gelten besondere Anknüpfungsregeln, die die allgemeine Vorschrift des Art. 4 verdrängen. Dies ist etwa bei **Verpflichtungsgeschäften aus Schecks** (Artt. 60 ff ScheckG) oder **Wechseln** (Artt. 91 ff WG) der Fall. Soweit Gesellschafter schuldrechtliche Vereinbarungen treffen, die nicht in die Struktur der Gesellschaft eingreifen, ist bei fehlender Rechtswahl für diese Vereinbarung das maßgebliche Recht nach Art. 4 zu bestimmen, andernfalls jedoch nach dem **Gesellschaftsstatut**.[21] Besonderheiten sind weiterhin bei der objektiven Anknüpfung im Rahmen von in Deutschland durchgeführten **Schiedsverfahren** (vgl § 1051 ZPO)[22] sowie der Bestimmung des auf **Gerichtsstands- und Schiedsvereinbarungen** anwendbaren Rechts zu beachten.[23]

15 **4. Verhältnis zu Art. 9.** Art. 9 gestattet die Durchsetzung bestimmter Normen mit unbedingtem Anwendungswillen gegen ein kraft objektiver Anknüpfung geltendes ausländisches Vertragsstatut. Zur Anknüpfung von **Eingriffsrecht** der mittels objektiver Anknüpfung ermittelten *lex causae* vgl Art. 9 Rn 4 (Fn 6), zur Anknüpfung drittstaatlichen Eingriffsrechts vgl ebenfalls Art. 9 Rn 43 ff.

---

19 So noch *Landfermann*, in: FS 75 Jahre MPI 2001, S. 503, 514; *Leible*, in: Nordhausen (Hrsg.), Neue Entwicklungen in der Dienstleistungs- und Warenverkehrsfreiheit, 2002, S. 71, 80; *Lurger/Vallant*, MMR 2002, 203, 206; *dies.*, RIW 2002, 188, 201; *Mankowski*, ZVglRWiss 100 (2001), 137, 144 f; *ders.*, IPrax 2002, 257, 258 ff; *Thünken*, IPrax 2000, 15, 20; *ders.*, Das kollisionsrechtliche Herkunftslandprinzip, 2003, S. 67 ff; aA zB *Arndt/Köhler*, EWS 2001, 102, 106 f; *Fezer/Koos*, IPrax 2000, 349, 352 ff; *Freitag*, in: Leible/Sosnitza (Hrsg.), Versteigerungen im Internet, 2004, Rn 754; *Glöckner*, ZVglRWiss 99 (2000), 278, 305 f; *Grundmann*, RabelsZ 67 (2003), 246, 262 ff; MüKo/*Martiny*, Art. 9 Anhang III Rn 19 ff; *Pfeiffer*, in: Hohl/Leible/Sosnitza (Hrsg.), Vernetztes Recht, 2002, S. 21, 23 ff; *Sonnenberger*, ZVglRWiss 100 (2001), 107, 127 f; *Spindler*, RabelsZ 66 (2002), 633, 649 ff Ein Überblick über die im Einzelnen vertretenen Ansichten findet sich bei *Leible*, aaO, S. 79 f; MüKo/*Martiny*, Art. 9 Anhang III Rn 27 ff.

20 EuGH verb. Rs C-509/09 u. C-161/10, AfP 2011, 565 – eDate Advertising und Martinez.

21 BGH NJW 1996, 54, 55; vgl auch Michalski/*Leible*, GmbHG, 2002, Syst. Darst. 2 Rn 103 ff.

22 Näher *Martiny*, in: FS Schütze 1999, S. 529, 538; *Sandrock*, RIW 2000, 321.

23 Näher dazu mwN Reithmann/Martiny/*Hausmann*, Rn 6352 ff.

III. Ausdrückliche Anknüpfung der wichtigsten Vertragstypen (Abs. 1)

1. Grundsatz. Haben die Parteien das auf den Vertrag anwendbare Recht weder ausdrücklich noch stillschweigend festgelegt, ist nach Art. 4 objektiv anzuknüpfen. Um die Rechtssicherheit zu erhöhen,[24] normiert Abs. 1 hierfür eine **Liste der wichtigsten Vertragstypen** und knüpft diese explizit anhand bestimmter Anknüpfungsmomente an. Bei den dergestalt normierten Vertragstypen handelt es sich um Kaufverträge über bewegliche Sachen (lit. a), Dienstleistungsverträge (lit. b), Immobilienverträge (lit. c, d), Franchiseverträge (lit. e), Vertriebsverträge (lit. f), Verträge über den Kauf beweglicher Sachen durch Versteigerung (lit. g) sowie Verträge innerhalb eines multilateralen Systems über Finanzinstrumente im Sinne von Art. 4 Abs. 1 Nr. 17 der Richtlinie 2004/39/EG[25] (lit. h).

16

Die Qualifikation der einzelnen Vertragstypen hat anhand **autonomer Maßstäbe** zu erfolgen.[26] Bei Dienstleistungsverträgen und Kaufverträgen über bewegliche Sachen sollte hierbei auf die Auslegung von Art. 5 EuGVVO zurückgegriffen werden.[27]

17

2. Anknüpfung der einzelnen Vertragstypen. a) Kaufverträge über bewegliche Sachen (Abs. 1 lit. a). aa) Grundsatz. Kaufverträge über bewegliche Sachen sind nach Abs. 1 lit. a anzuknüpfen. Sie unterliegen dem Recht des Staates, in dem der Verkäufer seinen **gewöhnlichen Aufenthalt** hat.

18

Die praktische Relevanz dieser Kollisionsnorm ist jedoch gering, da **vorrangig** die Regeln des Wiener UN-Übereinkommens über Verträge über den internationalen Warenkauf (**CISG**) vom 11. April 1980[28] anzuwenden sind.[29]

19

bb) Begriff des Kaufvertrages über bewegliche Sachen. Der Begriff „Kaufvertrag über bewegliche Sachen" ist im Sinne von Art. 5 Nr. 1 lit. b EuGVVO zu verstehen.[30] Er umfasst sämtliche Verträge, die die **Lieferung und Übereignung** einer beweglichen Sache **gegen Zahlung eines Entgelts** zum Gegenstand haben. Hierzu zählen auch Werklieferungsverträge. Nicht erfasst sind dagegen die Schenkung und der Tausch.[31] Bei **gemischten Verträgen**, die sowohl Elemente des Kaufs als auch des Tauschs enthalten, ist danach zu differenzieren, ob eine der Tauschleistungen überwiegt und die andere das Entgelt darstellt.[32]

20

Um **Sachen** handelt es sich bei **körperlichen Gegenständen**.[33] Kaufverträge über Rechte, wie etwa Forderungen, Patente, Lizenzen, Wertpapiere, Gesellschaftsanteile etc fallen genauso wenig in den Anwendungsbereich des Art. 4 Abs. 1 lit. a wie „Kaufverträge" über virtuelle Güter, wie etwa Sendezeit. Eine Ausnahme mag man bei **Software** und anderen Daten machen, die sowohl in verkörperter Form auf einem Datenträger (CD, DVD, Buch etc.) als auch durch einfachen Download erworben werden können. Beide Fälle sollten gleich behandelt und lit. a unterstellt werden. Auszunehmen ist freilich die Lieferung von **Individualsoftware**, da hier der Dienstleistungscharakter überwiegt.[34] Sachen iSv Art. 5 Nr. 1 lit. b erster Spiegelstrich sind auch **See- und Binnenschiffe** sowie **Luftfahrzeuge**, da es an einer Art. 2 lit. f CISG vergleichbaren Ausnahmeregelung fehlt.[35] Körperlich sind weiterhin **Öl** und **Gas**. Umstritten ist dies hingegen bei **Elektrizität**.[36]

21

Unternehmenskaufverträge fallen nicht unter den Begriff des Kaufvertrages iSd Abs. 1 lit. a, sondern, da es sich hierbei primär um einen Rechtskauf handelt, unter Abs. 2. Dies gilt unabhängig davon, ob sie in Form eines *asset deals* oder eines *share deals*[37] geschlossen werden.[38] Ob und unter welchen Voraussetzun-

22

---

24 Vgl Vorschlag für eine Verordnung des Europäischen Parlaments und des Rates über das auf vertragliche Schuldverhältnisse anzuwendende Recht (Rom I), KOM (2005) 650 endg., S. 6.
25 Richtlinie 2004/39/EG des Europäischen Parlaments und des Rates v. 21. April 2004 über Märkte für Finanzinstrumente, zur Änderung der Richtlinien 85/611/EWG und 93/6/EWG des Rates und der Richtlinie 2000/12/EG des Europäischen Parlaments und des Rates und zur Aufhebung der Richtlinie 93/22/EWG des Rates, ABl. EU 2004 L 145/1.
26 Rauscher/*Thorn*, EuZPR/EuIPR, Art. 4 Rn 22; Calliess/*Gebauer*, Art. 4 Rn 9; jurisPK-BGB/*Ringe*, Art. 4 Rn 13.
27 Erwägungsgrund 17 Rom I-VO.
28 BGBl 1989 II, S. 588.
29 *Nordmeier*, in: Gebauer/Wiedmann, Kap 37 Rn 39; Ferrari u.a./*Ferrari*, Internationales Vertragsrecht, Art. 4 Rn 22.
30 Erwägungsgrund 17 Rom I-VO.
31 Staudinger/*Magnus*, Art. 4 Rn 37; Rauscher/*Thorn*, EuZPR/EuIPR, Art. 4 Rn 23; Ferrari u.a./*Ferrari*, Internationales Vertragsrecht, Art. 4 Rn 17, 19.
32 Rauscher/*Thorn*, EuZPR/EuIPR, Art. 4 Rn 24.
33 *Ferrari*, IPrax 2007, 65.
34 OLG München CR 2010, 156 m. Bspr. *Mankowski*, 137.
35 Rauscher/*Leible*, EuZPR/EuIPR, Art. 5 Brüssel I-VO Rn 47.
36 Rauscher/*Leible*, EuZPR/EuIPR, Art. 5 Brüssel I-VO Rn 47.
37 Vgl zB zur Frage der Geltung deutschen Rechts für einen Kaufvertrag, der Aktien eines belgischen Unternehmens zum Gegenstand hatte, BGH NJW 1987, 1141.
38 Umfassend dazu *Merkt*, Internationaler Unternehmenskauf, 2. Aufl. 2003; *Göthel*, ZIP 2011, 505 ff.

23 gen bei einem *share deal* Gesellschaftsanteile durch Rechtsgeschäft übertragen werden können, entscheidet hingegen das Gesellschaftsstatut.[39]

23 Handelt es sich um einen *asset deal* und besteht das Unternehmensvermögen nahezu ausschließlich aus Grundstücken, greift hingegen nicht Abs. 2, sondern Abs. 1 lit. c mit der Folge einer Geltung der *lex rei sitae*, sofern die Grundstücke alle oder doch zum überwiegenden Teil in einem Staat belegen sind.

24 Bei Verträgen über den Kauf beweglicher Sachen durch **Versteigerung** wird nicht nach lit. a, sondern nach lit. g als *lex specialis* angeknüpft. Maßgebend ist das Recht des Staates, in dem die Versteigerung abgehalten wird, sofern der Ort der Versteigerung bestimmt werden kann (näher lit. g). **Internetauktionen** fallen hingegen unter lit. a, da lit. g mangels ermittelbarem Versteigerungsort nicht greift (näher Rn 51).[40]

25 Bei **Verbraucherverträgen** ist mangels Rechtswahl nicht auf lit. a, sondern auf Art. 6 Abs. 1 als speziellere Kollisionsnorm abzustellen. Anzuknüpfen ist an das Recht des Staates, in dem der Verbraucher seinen gewöhnlichen Aufenthalt hat (näher Art. 6 Rn 64 ff).

26 Fraglich ist, nach welchem Recht sich die Feststellung richtet, ob eine Sache **beweglich** ist. Verschiedentlich wird für eine Maßgeblichkeit der *lex fori* plädiert,[41] nach anderer Ansicht soll auf die *lex rei sitae* abzustellen,[42] der Begriff gemeinschaftsrechtlich autonom auszufüllen[43] oder in Anlehnung an das CISG weit auszulegen sein.[44] Problematisch ist die Abgrenzung zu unbeweglichen Sachen insbes bei **Zubehör**, das nach nationalem Recht nicht nur „bloßes Zubehör", sondern möglicherweise „wesentlicher Bestandteil" eines Grundstücks sein kann. Eine rechtsvergleichend-gemeinschaftsrechtlich **autonome Bestimmung** mag hier schwer fallen, ist aber zu leisten und geboten,[45] zumal sich das Abgrenzungsproblem auch bei anderen gemeinschaftsrechtlichen Rechtsakten stellt (vgl Art. 2 Abs. 1 lit. b Verbrauchsgüterkauf-Richtlinie).[46]

27 **cc) Begriff des gewöhnlichen Aufenthalts.** Der Begriff „gewöhnlicher Aufenthalt" wird in Art. 19 näher präzisiert. Bei **natürlichen Personen**, die in Ausübung ihrer beruflichen Tätigkeit handeln, ist der Ort der Hauptniederlassung maßgeblich, Art. 19 Abs. 1 S. 2, bei **Gesellschaften, Vereinen und juristischen Personen** der Ort der Hauptverwaltung, Art. 19 Abs. 1 S. 1. Handelt eine Zweigniederlassung, Agentur oder **sonstige Niederlassung** ist deren Sitz relevant, Art. 19 Abs. 2 (näher Art. 19).

28 **b) Dienstleistungsverträge (Abs. 1 lit. b). aa) Grundsatz.** Dienstleistungsverträge sind nach Abs. 1 lit. b anzuknüpfen. Sie unterliegen dem Recht des Staates, in dem der Dienstleister seinen **gewöhnlichen Aufenthalt** hat.

29 **bb) Begriff des Dienstleistungsvertrages.** Der Begriff „Dienstleistungsvertrag" ist im Sinne von Art. 5 Nr. 1 lit. b EuGVVO auszulegen.[47] Von einem Dienstleistungsvertrag ist daher auszugehen, wenn eine Partei sich zur Erbringung einer bestimmten **Tätigkeit gegen Entgelt** verpflichtet.[48] Um Dienstverträge handelt es sich folglich bei **Werk- und Werklieferungsverträgen**, soweit sie nicht als Kaufverträge zu qualifizieren sind,[49] so etwa bei Softwareentwicklungsverträgen.[50] Nicht erfasst werden mangels Entgeltlichkeit der **Auftrag** oder sonstige **unentgeltliche Geschäftsbesorgungen**.[51]

30 **Arztverträge** unterliegen demnach dem Recht am Ort der Niederlassung des Arztes.[52] Das am Niederlassungsort geltende Recht ist außerdem bei Verträgen mit anderen Angehörigen der **Heilberufe** (Heilprakti-

---

39 Staudinger/*Großfeld*, Int. GesR, Rn 340; Michalski/*Leible*, GmbHG, Syst. Darst. 2, 2002, Rn 106; vgl auch OLG Karlsruhe IPRspr 1983 Nr. 20; OLG Celle WM 1984, 494, 500.
40 *Wagner*, IPrax 2008, 377, 384; *Nordmeier*, in: Gebauer/Wiedmann, Kap 37 Rn 45.
41 Czernich/Tiefenthaler/Kodek/*Czernich*, 2003, Rn 32.
42 Thomas/Putzo/*Hüßtege*, Art. 5 EuGVVO Rn 6; Czernich/Tiefenthaler/Kodek/*Tiefenthaler*, 2009, Art. 22 Rn 10.
43 *Kropholler/v. Hein*, Art. 5 EuGVVO Rn 41; anders *ders.* hingegen bei „unbeweglichen Sachen" iSv Art. 22, vgl Art. 22 EuGVVO Rn 11: „Abgrenzung nach der *lex rei sitae* verdient Beachtung".
44 *Schlosser*, Art. 5 EuGVVO Rn 10 a, ohne sich freilich inhaltlich näher zu äußern.
45 Dasser/Oberhammer/*Oberhammer*, Art 5 LugÜ Rn 37; *Lynker*, S. 54; *Ignatova*, S. 186. Ebenso für das CISG Schlechtriem/Schwenzer/*Ferrari*, Art. 1 CISG Rn 34 f; aA und für eine Bestimmung nach der *lex rei sitae* Staudinger/*Magnus*, 2005, Art. 1 CISG Rn 54.
46 Für eine autonome Begriffsbestimmung hier wohl auch *Luna Serrano*, in: Grundmann/Bianca, EU-Kaufrechts-Richtlinie, 2002, Art 1 Rn 31; vgl außerdem *Leible*, in: Gebauer/Wiedmann, Zivilrecht unter europäischem Einfluss, 2010, Kap 10 Rn 129.
47 Erwägungsgrund 17 Rom I-VO.
48 EuGH Rs C-533/07, Slg 2009, I-3327 Rn 29 – Falco Privatstiftung und Thomas Rabitsch/Gisela Weller-Lindhorst.
49 OLG Düsseldorf IPRspr 2003 Nr. 129; IHR 2004, 110. In der Praxis wird die Abgrenzung meist offen bleiben können, vgl etwa EuGH Rs C-99/96, Slg 1999, I-2277 Rn 33 – Mietz/Intership Yachting.
50 OLG München CR 2010, 156 m Bspr. *Mankowski*, 137.
51 AA Geimer/Schütze/*Geimer*, Art. 5 EuGVVO Rn 90.
52 *Deutsch*, in: FS Ferid 1978, S. 117, 121 ff; Palandt/*Thorn*, Art. 4 Rn 9; Soergel/*v. Hoffmann*, Art. 28 EGBGB Rn 210; Erman/*Hohloch*, Art. 4 Rn 14; *Hübner/Linden*, VersR 1998, 793, 794; Staudinger/*Magnus*, Art. 4 Rn 298; Bamberger/Roth/*Spickhoff*, Art. 4 Rn 15; *v. Bar*, IPR II, Rn 496.

ker, Psychologen, Physiotherapeuten, Hebammen usw.) heranzuziehen. Das gilt auch bei einem Vertragsschluss und/oder einer Behandlung via **Internet** („Telemedizin").[53]

Verträge mit **Anwälten** und **Notaren** unterstehen bei Fehlen einer Rechtswahl dem Recht am Ort der Niederlassung des Anwalts[54] bzw Notars.[55] Bei mehreren Niederlassungen ist die Niederlassung maßgeblich, welche die geschuldete Leistung erbringt.[56] Ebenso sind Verträge mit **Steuerberatern** oder **Wirtschaftsprüfern** anzuknüpfen.[57] **31**

Verträge über die Erteilung von Unterricht unterstehen dem am Niederlassungsort des Veranstalters geltenden Recht,[58] und zwar auch bei **Fernunterrichtsverträgen**.[59] Auf den Unterrichtsort (Sprachkurs im Ausland etc.) kommt es nicht an, doch kann dieser in Zusammenhang mit anderen Kriterien eine abweichende Anknüpfung nach Abs. 3 rechtfertigen.[60] **32**

Arbeitsverträge werden bei Fehlen einer Rechtswahl nicht nach Abs. 1 lit. b, sondern nach der spezielleren Anknüpfungsnorm Art. 8 Abs. 2–4 **gesondert angeknüpft**. Abzustellen ist auf den gewöhnlichen Arbeitsort bzw bei wechselnden Arbeitsorten auf den Einstellungsort, sofern nicht ausnahmsweise die Ausweichklausel des Art. 8 Abs. 4 greift (näher Art. 8). **33**

cc) Begriff des gewöhnlichen Aufenthalts. Der Begriff „gewöhnlicher Aufenthalt" wird in Art. 19 näher präzisiert. Bei **natürlichen Personen**, die in Ausübung ihrer beruflichen Tätigkeit handeln, ist der Ort der Hauptniederlassung maßgeblich, Art. 19 Abs. 1 S. 2, bei **Gesellschaften, Vereinen und juristischen Personen** der Ort der Hauptverwaltung, Art. 19 Abs. 1 S. 1. Handelt eine Zweigniederlassung, Agentur oder **sonstige Niederlassung** ist deren Sitz relevant, Art. 19 Abs. 2 (näher Art. 19). **34**

c) Immobilienverträge (Abs. 1 lit. c, d). aa) Grundsatz. Verträge, die ein **dingliches Recht an unbeweglichen Sachen** sowie die **Miete oder Pacht unbeweglicher Sachen** zum Gegenstand haben, sind grundsätzlich nach Abs. 1 lit. c anzuknüpfen. Sie unterliegen demnach dem Recht des Staates, in dem die unbewegliche Sache **belegen** ist. Dies entspricht der schon vor Inkrafttreten des IPRNG gängigen Rechtsprechung[61] und soll einen Gleichklang zwischen schuldrechtlichem und dinglichem Rechtsgeschäft (Übereignung, Bestellung von Grundpfandrechten etc.), das nach Art. 43 EGBGB ebenfalls der *lex rei sitae* untersteht, sichern. Die Anknüpfung nach Abs. 1 lit. c ist vorrangig zur Anknüpfung nach Abs. 2. Sie kann jedoch nach Abs. 3 durch eine **engere Verbindung** zu einer anderen Rechtsordnung verhindert werden, sofern die hierfür streitenden Indizien nicht ohnehin zur Begründung einer stillschweigenden Rechtswahl geeignet sind. In der Rechtsprechungspraxis spielen vor allem die **Beurkundung durch einen Notar**[62] und die **Staatsangehörigkeit der Parteien**[63] eine Rolle. **35**

Die **Miete oder Pacht** unbeweglicher Sachen **für höchstens sechs aufeinanderfolgende Monate zum vorübergehenden privaten Gebrauch** wird hingegen nicht an die *lex rei sitae* angeknüpft. Sie wird vielmehr gem. lit. d an das Recht des Staates angeknüpft, in dem der Vermieter oder Verpächter seinen gewöhnlichen Aufenthalt hat, sofern der Mieter oder Pächter eine natürliche Person ist und seinen gewöhnlichen Aufenthalt in demselben Staat hat. Dies ist eine Neuerung gegenüber dem EVÜ, die einen Gleichlauf mit Art. 22 Abs. 1 Nr. 1 S. 2 EuGVVO herbeiführen will.[64] Abs. 1 lit. d ist insoweit *lex specialis*. Art. 6 Abs. 1 ist aufgrund der Bereichsausnahme in Art. 6 Abs. 4 lit. c nicht anwendbar. Bei gewöhnlichem Aufenthalt der Vertragsparteien in verschiedenen Staaten sowie bei der Miete durch juristische Personen oder zu gewerblichen Zwecken kommt Abs. 1 lit. d nicht zum Tragen. In diesen Fällen bleibt es bei der Anknüpfung an die *lex rei sitae* nach Abs. 1 lit. c.[65] **36**

---

53 *Pfeiffer*, in: Gounalakis, Rechtshandbuch Electronic Commerce, 2003, § 12 Rn 120 f.
54 Vgl zB BGHZ 22, 162; 44, 183, 186; BGH RIW 1991, 513, 514; KG Rpfleger 2000, 85; LG Hamburg NJW-RR 2000, 510, 514; LG Paderborn EWS 1995, 248; SozG Münster AnwBl. 1992, 238; *Berger*, NJW 2001, 1530, 1533; *Mankowski*, AnwBl 2001, 249, 253; Ferrari u.a./*Ferrari*, Internationales Vertragsrecht, Art. 4 Rn 105.
55 IPG 1976 Nr. 11.
56 Näher Reithmann/Martiny/*Mankowski*, Rn 1245 ff.
57 Zur Anknüpfung des Vertrags mit einem Wirtschaftsprüfer vgl *Ebke*, in: FS Sandrock 2000, S. 243, 251.
58 Erman/*Hohloch*, Art. 4 Rn 14; Soergel/*v. Hoffmann*, Art. 28 EGBGB Rn 203; Staudinger/*Magnus*, Art. 4 Rn 311; MüKo/*Martiny*, Art. 4 Rn 57; vgl auch AG Heidelberg IPrax 1987, 25.
59 Zur Frage des Eingriffsnormcharakters der §§ 2–10 FernUG vgl Staudinger/*Magnus*, Art. 4 Rn 313.
60 Staudinger/*Magnus*, Art. 4 Rn 312.
61 Vgl zB WM 1976, 792: Anwendung des Belegenheitsrechts aufgrund von Rechtswahl; NJW-RR 1996, 1034; OLG Frankfurt NJW-RR 1993, 182, 183; OLG Hamm IPRspr 1985 Nr. 28; OLG Köln RIW 1975, 350.
62 Vgl zB OLG Köln RIW 1993, 415; LG Hamburg RIW 1977, 787; LG Amberg IPrax 1982, 29.
63 Vgl zB (teilweise allerdings auch zur stillschweigenden Rechtswahl) BGH NJW 1970, 999, 1000; OLG Celle RIW 1988, 137, 138; OLG Frankfurt OLGR 1995, 15; OLG Köln OLGR 2001, 69.
64 *Magnus*, in: Ferrari/Leible, Rome I Regulation, 2009, S. 40.
65 Palandt/*Thorn*, Art. 4 Rn 17; Ferrari u.a./*Ferrari*, Internationales Vertragsrecht, Art. 4 Rn 41. Kritisch zum Ausschluss gewerblicher Mietverträge Rauscher/*Thorn*, EuZPR/EuIPR, Art. 4 Rn 72.

37 **bb) Begriff der Verträge iSd Abs. 1 lit. c, d.** Abs. 1 lit. c, d erfasst nur die Anknüpfung von **schuldrechtlichen**, nicht aber von dinglich wirkenden **Verträgen**. Die einzelnen Verträge iSd Abs. 1 lit. c, d sind europarechtlich – autonom zu qualifizieren.[66]

38 Der Begriff „**Verträge über ein dingliches Recht an unbeweglichen Sachen**" meint Verträge über **absolute**, also gegenüber jedermann wirkende Rechte an unbeweglichen Sachen.[67] Hierzu zählen etwa der Kauf,[68] der Tausch oder die Schenkung von Grundstücken, weiterhin Verträge über die Bestellung von Grundstückssicherheiten (Hypothek, Grundschuld etc.), Grunddienstbarkeiten, einen Nießbrauch o.Ä. Bau- oder Hausreparaturverträge werden hingegen nicht erfasst, da sie weder ein dingliches Recht an einem Grundstück noch dessen Nutzung, sondern nur die Ausführung einer Bauleistung zum Gegenstand haben,[69] wohl aber Verträge über einen Kauf vom Bauträger.[70]

39 Der Begriff „**Verträge, die die Miete oder Pacht unbeweglicher Sachen zum Gegenstand haben**" ist weit zu verstehen. Er umfasst sämtliche Verträge, die einen **obligatorischen Anspruch auf** die zeitweilige **Gebrauchsüberlassung** von Grundstücken einräumen[71] und somit nicht lediglich Miet-und Pachtverträge, sondern – wie bereits unter Art. 28 Abs. 3 EGBGB – auch **Leihe** sowie das **Immobilienleasing**,[72] nicht jedoch die Haus- oder Grundstücksverwaltung.[73] Das Nutzungsrecht kann sich auf das gesamte Grundstück erstrecken, aber auch nur auf Teile hiervon, etwa Wohnungen, einzelne Räume,[74] Park- und Stellplätze[75] usw. **Kurzfristige Mietverträge**, insbesondere über Ferienwohnungen im Ausland, sind jedoch idR nicht von Abs. 1 lit. c erfasst. Vielmehr ist hier Abs. 1 lit. d zu beachten.

40 **cc) Timesharing.** Die Anknüpfung an die Belegenheit des Grundstücks nach Abs. 1 lit. c gilt auch für den schuldrechtlichen Vertrag über eine periodisch wiederkehrende Gebrauchsüberlassung von Immobilien oder Teilen hiervon (**Timesharing**), unabhängig davon, ob das Nutzungsrecht selbst **obligatorisch** oder **dinglich** ausgestaltet ist.[76]

41 Nicht herangezogen werden kann Abs. 1 lit. c bei einer **gesellschaftsrechtlichen Ausgestaltung** des Timesharing. Beim derivativen Erwerb von Gesellschaftsanteilen handelt es sich um einen Rechtskauf. Anzuwenden ist nach Abs. 2 das Recht am gewöhnlichen Aufenthaltsort des Verkäufers.[77] Den Beitritt zu einem Verein oder einer Gesellschaft regelt hingegen das Gesellschaftsstatut, auf das außerdem zur Bestimmung der aus der Mitgliedschaft resultierenden Rechte und Pflichten zurückzugreifen ist.[78]

42 Handelt es sich bei dem Erwerber des Timesharingrechts um einen **Verbraucher**, gewährt ihm Art. 46 b Abs. 4 EGBGB besonderen kollisionsrechtlichen Schutz (vgl Art. 46 b EGBGB Rn 58 ff). Art. 6 kann nur bei echten Timesharingverträgen herangezogen werden, bei denen die zeitweilige Nutzungsüberlassung im Vordergrund steht. Überwiegt hingegen ausnahmsweise das dienstvertragliche Element, kommt die Ausnahmevorschrift Art. 6 Abs. 4 lit. c zum Tragen (näher Art. 6 Rn 44).

---

[66] Rauscher/*Thorn*, EuZPR/EuIPR, Art. 4 Rn 63; jurisPK-BGB/*Ringe*, Art. 4 Rn 27; Ferrari u.a./*Ferrari*, Internationales Vertragsrecht, Art. 4 Rn 36.

[67] EuGH Rs C-115/88, Slg 1990, I-27 Rn 9 – Reichert und Kockler/Dresdner Bank; Rs C-292/93, Slg 1994, I-2535 Rn 14 – Lieber/Göbel; Ferrari u.a./*Ferrari*, Internationales Vertragsrecht, Art. 4 Rn 37.

[68] OLG Hamburg IPRspr 1989 Nr. 38; OLG Frankfurt NJW-RR 1993, 182, 183; OLG Brandenburg RIW 1997, 424, 425.

[69] BGH RIW 1999, 456 (Bauvertrag); NJW 2003, 2020 (Architektenvertrag); Staudinger/*Magnus*, Art. 4 Rn 50; Reithmann/Martiny/*Thode*, Rn 1084. Gleiches gilt für Verträge, in denen die Verpflichtung zur Bebauung eines Grundstücks übernommen wird, vgl OLG Hamm NJW-RR 1996, 1144, 1145.

[70] Ein Überwiegen des wirtschaftlichen Werts des Grundstücks verlangt Bamberger/Roth/*Spickhoff*, Art. 4 Rn 36.

[71] *Magnus*, in: Ferrari/Leible, Rome I Regulation, 2009, S. 38 f.

[72] Dazu Reithmann/Martiny/*Mankowski*, Rn 1703 ff.

[73] Reithmann/Martiny/*Mankowski*, Rn 1714; Soergel/*v. Hoffmann*, Art. 28 EGBGB Rn 240; Staudinger/*Magnus*, Art. 4 Rn 51; Bamberger/Roth/*Spickhoff*, Art. 4 Rn 36; offen gelassen von MüKo/*Martiny*, Art. 4 Rn 114; vgl aber auch BGH WM 1959, 354.

[74] LG Hamburg IPRspr 1991 Nr. 40.

[75] AG Mannheim IPrspr. 1994 Nr. 36; übersehen von AG Delmenhorst IPRspr 1994 Nr. 45.

[76] OLG Frankfurt RIW 1995, 1033; LG Detmold NJW 1994, 3301, 3302; Palandt/*Thorn*, Art. 4 Rn 16; Reithmann/Martiny/*Mankowski*, Rn 4324, 4329; Soergel/*v. Hoffmann*, Art. 28 EGBGB Rn 167; Staudinger/*Magnus*, Art. 4 Rn 274; *Mankowski*, RIW 1995, 364, 365; MüKo/*Martiny*, Art. 4 Rn 108 ff; Otte, RabelsZ 62 (1998), 405, 414; Bamberger/Roth/*Spickhoff*, Art. 4 Rn 36; Rauscher/*Thorn*, EuZPR/EuIPR, Art. 4 Rn 68.

[77] Soergel/*v. Hoffmann*, Art. 28 EGBGB Rn 168; *Looschelders*, Art. 28 EGBGB Rn 66; Staudinger/*Magnus*, Art. 4 Rn 273; *Mankowski*, RIW 1995, 364, 365; Reithmann/Martiny/*Mankowski*, Rn 4335; Bamberger/Roth/*Spickhoff*, Art. 4 Rn 39; aA Rauscher/*Thorn*, EuZPR/EuIPR, Art. 4 Rn 68; MüKo/*Martiny*, Art. 4 Rn 111.

[78] Staudinger/*Magnus*, Art. 4 Rn 273; *Mankowski*, RIW 1995, 364, 365; Reithmann/Martiny/*Mankowski*, Rn 4332; MüKo/*Martiny*, Art. 4 Rn 111.

d) Franchiseverträge (Abs. 1 lit. e). aa) Grundsatz. Die Anknüpfung von Franchiseverträgen war **43**
lange Zeit heftig umstritten.[79] Abs. 1 lit. e schafft nun Klarheit. Es gilt das Recht des Staates, in dem der
Franchisenehmer seinen **gewöhnlichen Aufenthalt** hat. Hierbei handelt es sich nicht nur um Klarstellungen hinsichtlich der charakteristischen Leistung.[80] Die Kommission hat diese Regelungen vielmehr damit
erklärt, dass das materielle Unionsrecht den Franchisenehmer als die schwächere Partei ansieht.[81] Auf diese
Weise wurde der Schwächerenschutz auch in Art. 4 integriert.[82] Mit der Suche nach dem Sitz des Rechtsverhältnisses im *Savigny'schen* Sinn hat dies nichts zu tun.

bb) Begriff des Franchisevertrages. Der Begriff des Franchisevertrages ist europarechtlich-autonom **44**
auszulegen. **Bei einem** Franchisevertrag handelt es sich um einen gegenseitigen Vertrag, in dem sich der
Franchisenehmer verpflichtet, ein **vom Franchisegeber entwickeltes Business-Konzept** zu **realisieren**.
Der Franchisegeber gestattet dem Franchisenehmer dabei die Benutzung von Produkt- oder Markennamen
und Warenzeichen und räumt ihm das Recht ein, die Ausstattung, das Verfahren oder System des Franchisegebers zu verwenden und unter dieser für alle Franchisenehmer einheitlichen Bezeichnung Waren oder
Leistungen zu vertreiben. Der Franchisenehmer hat dafür ein Entgelt zu zahlen und den Absatz der Waren
oder Dienstleistungen zu fördern.[83] Das Abhängigkeitsverhältnis zwischen Franchisegeber und Franchisenehmer kann hierbei beliebig ausgestaltet werden.[84]

cc) Begriff des gewöhnlichen Aufenthalts. Der Begriff „gewöhnlicher Aufenthalt" wird in Art. 19 **45**
näher präzisiert. Bei **natürlichen Personen**, die in Ausübung ihrer beruflichen Tätigkeit handeln, ist der Ort
der Hauptniederlassung maßgeblich, Art. 19 Abs. 1 S. 2, **bei Gesellschaften, Vereinen und juristischen
Personen** der Ort der Hauptverwaltung, Art. 19 Abs. 1 S. 1. Handelt eine Zweigniederlassung, Agentur oder
sonstige Niederlassung ist deren Sitz relevant, Art. 19 Abs. 2 (näher Art. 19).

e) Vertriebsverträge (Abs. 1 lit. f). aa) Grundsatz. Die Anknüpfung von Vertriebsverträgen erfolgte in **46**
Europa bislang uneinheitlich.[85] Daher wurden Vertriebsverträge aus Gründen der Rechtsklarheit ebenfalls
in die Liste des Abs. 1 aufgenommen.[86] Vertriebsverträge unterliegen nun gem. Abs. 1 lit. f dem Recht des
Staates, in dem der **Vertriebshändler** seinen **gewöhnlichen Aufenthalt** hat. Dadurch soll der Vertriebshändler als strukturell schwächere Partei geschützt werden.[87]

bb) Begriff des Vertriebsvertrages. Der Begriff „Vertriebsvertrag" ist europarechtlich – autonom zu **47**
verstehen. Er beschreibt vertragliche Beziehungen, aufgrund derer der Vertriebshändler versucht, Produkte
des Prinzipals, der regelmäßig auch Hersteller dieser Produkte ist, abzusetzen. Hierbei handelt es sich um Vertriebshändler nicht im fremden, sondern **im eigenen Namen** und auf **eigenes Risiko**.[88] Erfasst sind somit
lediglich Vertragshändlerverträge, nicht jedoch Handelsvertreterverträge und Kommissionsverträge.[89]

cc) Begriff des gewöhnlichen Aufenthalts. Der Begriff „gewöhnlicher Aufenthalt" wird in Art. 19 **48**
näher präzisiert. Bei natürlichen Personen, die in Ausübung ihrer beruflichen Tätigkeit handeln, ist der Ort

---

79 Problematisch war hierbei die Anknüpfung an die charakteristische Leistung. Einige erachteten die Leistung des Franchisegebers als vertragscharakteristisch und stellten folglich auf dessen Niederlassung ab, so zB *Bräutigam*, WiB 1997, 897, 899; *v. Bar*, IPR II, Rn 499; *Hiestand*, RIW 1993, 173, 179; andere wiederum sahen in der Leistung des Franchisenehmers die charakteristische Leistung und stellten auf dessen Recht ab, so zB *Looschelders*, Art. 28 EGBGB Rn 38; Staudinger/*Magnus*, Art. 28 EGBGB Rn 297; Bamberger/Roth/*Spickhoff*, Art. 28 EGBGB Rn 54; *Schlemmer*, IPrax 1988, 252, 253; wieder andere sprachen sich für eine einzelfallabhängige Anknüpfung aus, so zB Martinek/Semler/Habermeier/*Jacobsson*, Handbuch des Vertriebsrechts, 2. Aufl. 2003, § 55 Rn 22; für eine Differenzierung auch Czernich/Heiss/*Czernich*, Art. 4 EVÜ Rn 93; Soergel/*v. Hoffmann*, Art. 28 EGBGB Rn 275.
80 So *Mankowski*, IPrax 2006, 101, 103 f.
81 Vgl Vorschlag für eine Verordnung des Europäischen Parlaments und des Rates über das auf vertragliche Schuldverhältnisse anzuwendende Recht (Rom I), KOM (2005) 650 endg., S. 6.
82 Kritisch hierzu mwN Ferrari u.a./*Ferrari*, Internationales Vertragsrecht, Art. 4 Rn 45.
83 Rauscher/*Thorn*, EuZPR/EuIPR, Art. 4 Rn 57; Staudinger/*Magnus*, Art. 4 Rn 62; jurisPK-BGB/*Ringe*, Art. 4 Rn 33.
84 *Magnus*, in: Ferrari/Leible, Rome I Regulation, 2009, S. 41.
85 So vertrat die französische Rechtsprechung bislang eine Anknüpfung an die Niederlassung des Prinzipals, vgl Cour Cass. Rev. crit. DIP 91 (2002), 148 und dazu *Kindler*, in: FS Sonnenberger 2004, S. 433, wohingegen in Deutschland und in anderen europäischen Ländern auf die Niederlassung des Vertriebshändlers abgestellt wurde, vgl für Deutschland BGHZ 127, 368, 370 f; OLG Düsseldorf RIW 1993, 761, 762; 1996, 958, 959; OLG Hamm IPRspr 1997 Nr. 160 a; OLG Koblenz RIW 1992, 1019, 1020; OLG Stuttgart RIW 1999, 782; Soergel/*v. Hoffmann*, Art. 28 EGBGB Rn 266; Staudinger/*Magnus*, Art. 4 Rn 77.
86 *Magnus*, in: Ferrari/Leible, Rome I Regulation, 2009, S. 41 f.
87 Calliess/*Gebauer*, Art. 4 Rn 28; Rauscher/*Thorn*, EuZPR/EuIPR, Art. 4 Rn 53; jurisPK-BGB/*Ringe*, Art. 4 Rn 35.
88 *Magnus*, in: Ferrari/Leible, Rome I Regulation, 2009, S. 42.
89 Ebenso MüKo/*Martiny*, Art. 4 Rn 118; *Martiny*, ZEuP 2010, 747, 757; *Roth*, in: FS Spellenberg 2010, S. 309, 310; aA Rauscher/*Thorn*, EuZPR/EuIPR, Art. 4 Rn 55 ff; *Neubert*, EWS 2011, 369, 372.

der Hauptniederlassung maßgeblich, Art. 19 Abs. 1 S. 2, bei Gesellschaften, Vereinen und juristischen Personen der Ort der Hauptverwaltung, Art. 19 Abs. 1 S. 1. Handelt eine Zweigniederlassung, Agentur oder sonstige Niederlassung ist deren Sitz relevant, Art. 19 Abs. 2 (näher Art. 19).

49 **f) Verträge über den Kauf beweglicher Sachen durch Versteigerung (Abs. 1 lit. g). aa) Grundsatz.** Verträge über den Kauf beweglicher Sachen durch Versteigerung werden nach Abs. 1 lit. g angeknüpft. Sie unterliegen dem Recht des Staates, in dem die Versteigerung abgehalten wird. Das Recht des Versteigerungsorts ist dadurch für die Parteien besser vorhersehbar, etwa in Fällen, in denen der Vertragspartner des Veräußerers unklar ist.[90] Sofern der **Ort der Versteigerung** nicht ermittelt werden kann, ist Abs. 1 lit. g nicht anwendbar.

50 **bb) Begriff des Vertrages iSd Abs. 1 lit. g.** Der Begriff „Vertrag über den Kauf beweglicher Sachen durch Versteigerung" ist europarechtlich-autonom auszulegen. In Anlehnung an Art. 3 Abs. 3 Haager Übereinkommen betreffend das auf internationale Kaufverträge über bewegliche Sachen anzuwendende Recht von 1955[91] und Art. 2 lit. b Wiener UN-Übereinkommen über Verträge über den internationalen Warenkauf von 1980 (CISG)[92] sind hierunter Verkäufe während **öffentlicher Versteigerungen** zu verstehen, bei denen jeder Interessierte teilnehmen kann und bei dem der Vertragsschluss über den Zuschlag an den Höchstbietenden erfolgt.[93] Ausgenommen hiervon sind jedoch solche Versteigerungen, deren **Versteigerungsort nicht ermittelbar** ist (vgl Abs. 1 lit. g Hs 2). Weiterhin sind nur privatrechtliche Versteigerungen erfasst. Bei hoheitlichen Versteigerungen liegt keine Zivil-und Handelssache nach Art. 1 Abs. 1 vor, so dass die Rom I-VO schon gar keine Anwendung findet.[94]

51 Verträge über bewegliche Sachen durch **Internetversteigerung** werden nicht nach Abs. 1 lit. g angeknüpft. Internetversteigerungen sind Versteigerungen, deren Versteigerungsort nicht ermittelbar ist, Abs. 1 lit. g Hs 2.[95] Bei Internetversteigerungen über bewegliche Sachen ist daher auf Abs. 1 lit. a, bei Versteigerungen über Immobilien auf Abs. 1 lit. c zurückzugreifen. Im Übrigen ist eine Anknüpfung gem. Abs. 2 und 3 erforderlich.

52 **g) Verträge innerhalb eines multilateralen Systems über Finanzinstrumente im Sinne von Art. 4 Abs. 1 Nr. 17 der Richtlinie 2004/39/EG (Abs. 1 lit. h).**[96] **aa) Grundsatz.** Eine **spezielle Anknüpfungsnorm** für Verträge innerhalb eines multilateralen Systems sieht der nicht ganz leicht verständlich formulierte Abs. 1 lit. h vor. Danach unterliegen „Verträge, die innerhalb eines multilateralen Systems geschlossen werden, das die Interessen einer Vielzahl Dritter am Kauf und Verkauf von Finanzinstrumenten i.S.v. Artikel 4 Absatz 1 Nummer 17 der Richtlinie 2004/39/EG nach nicht diskretionären Regeln und nach Maßgabe eines einzigen Rechts zusammenführt oder das Zusammenführen fördert", diesem Recht.

53 Der **ursprüngliche Kommissionsentwurf** sah eine derartige Norm ebenso wenig vor wie das EVÜ. Erst auf Betreiben Großbritanniens und Irlands und der dahinter stehenden Finanzwirtschaftslobby fand ihr Grundgedanke einer Marktortanknüpfung für Finanzinstrumente im Gesetzgebungsverfahren Berücksichtigung.[97] Im Folgenden wurde heftig um ihre konkrete Ausgestaltung im Spannungsfeld von Verständlichkeit und Präzision **gestritten**.[98] Stets war zudem der Zusammenhang mit den Ausnahmetatbeständen vom internationalen Verbrauchervertragsrecht zu beachten. War die Marktortanknüpfung gegenüber dem kollisionsrechtlichen Verbraucherschutz zu immunisieren, so rückte bei den Verhandlungen zu Abs. 1 lit. h zugleich die Frage nach dem angemessenen Interessenausgleich zwischen berechtigten Interessen der Finanzindustrie und dem Schutzbedürfnis des Verbrauchers in den Blick.[99]

54 Die **Erforderlichkeit der Norm** ist in der Literatur mit guten Gründen infrage gestellt worden.[100] Allerdings ist im Ergebnis die Entscheidung des Gesetzgebers nicht zu beanstanden, denn wenn auch regelmäßig

---

90 Calliess/*Gebauer*, Art. 4 Rn 29; Rauscher/*Thorn*, EuZPR/EuIPR, Art. 4 Rn 31; *Neubert*, EWS 2011, 369, 373.
91 Abgedruckt als Amtliche Schweizer Übersetzung in AS 1972, S. 1882.
92 Abgedruckt in BGBl 1989 II, S. 588.
93 *Magnus*, in: Ferrari/Leible, Rome I Regulation, 2009, S. 43.
94 Rauscher/*Thorn*, EuZPR/EuIPR, Art. 4 Rn 33; Staudinger/*Magnus*, Art. 4 Rn 85.
95 *Leible/Lehmann*, RIW 2008, 528, 535; jurisPK-BGB/ *Ringe*, Art. 4 Rn 39; *Wagner*, IPrax 2008, 377, 384; *Nordmeier*, in: Gebauer/Wiedmann, Kap 37 Rn 45; Ferrari u.a./*Ferrari*, Internationales Vertragsrecht, Art. 4 Rn 52.
96 Richtlinie 2004/39/EG des Europäischen Parlaments und des Rates v. 21. April 2004 über Märkte für Finanzinstrumente, zur Änderung der Richtlinien 85/611/EWG und 93/6/EWG des Rates und der Richtlinie 2000/12/EG des Europäischen Parlaments und des Rates und zur Aufhebung der Richtlinie 93/22/EWG des Rates, ABl. EU 2004 L 145/1.
97 Vgl Vermerk der Delegation des Vereinigten Königreichs an den Ausschuss für Zivilrecht (Rom I), 8805/07 JUSTCIV 106 CODEC 408, S. 2 f.; Vermerk der irischen Delegation an den Ausschuss für Zivilrecht (Rom I), S. 1 ff.
98 Vgl zur Entstehungsgeschichte *M. Müller*, Finanzinstrumente in der Rom I-VO, S. 222 ff.
99 Vgl *M. Müller*, Finanzinstrumente in der Rom I-VO, S. 349 f.
100 So etwa *Lehmann*, in: Ferrari/Leible, Rome I Regulation, S. 85, 89 f.

eine Rechtswahl die Regeln zur objektiven Anknüpfung verdrängt, so sind doch Fälle denkbar, in denen eine Rechtswahl unwirksam oder nicht verhandelbar ist. Zudem ist das für Einzelfälle konzipierte Prinzip der engsten Verbindung als Korrekturtatbestand in Abs. 3 nicht der geeignete Aufhänger für eine typisierende Anknüpfungsregel.

Ungeachtet der Erforderlichkeit vermag die konkrete Ausgestaltung der Marktortanknüpfung im Wesentlichen zu überzeugen. Zum einen sorgt sie für einen **angemessenen Interessenausgleich** zwischen den Beteiligten und ihrem kollisionsrechtlichen Interesse an der Anwendung des jeweils eigenen Rechts, indem sie sich für ein neutrales Recht entscheidet, das beiden Parteien gleichermaßen gut erkennbar ist.[101] Zum anderen sorgt sie durch den Gleichlauf von Marktorganisationsrecht und Markttransaktionsrecht für eine **Reduktion von Transaktionskosten**. Das dient einerseits unmittelbar den materiellen Interessen der Parteien an jeweiliger Nutzenmaximierung, mittelbar auch der Funktionsfähigkeit der Finanzmärkte, zudem dem kollisionsrechtlichen Prinzip des inneren Entscheidungseinklangs, da wirtschaftlich Zusammengehöriges nicht aufgrund unterschiedlicher Qualifikation auseinandergerissen wird.[102] Einzig die **Rechtsklarheit** leidet darunter, dass die Norm auf den Verständnishorizont eines Kapitalmarktrechtsspezialisten zugeschnitten ist.

55

bb) Begriff des „multilateralen Systems". Nach Erwägungsgrund 18 der Rom I-VO sollen unter **multilateralen Systemen** solche Systeme verstanden werden, in denen Handel betrieben wird, – ausdrücklich, aber nicht abschließend (vgl. „wie") Bezug genommen wird auf „die geregelten Märkte und multilateralen Handelssysteme im Sinne des Art. 4 der Richtlinie 2004/39/EG des Europäischen Parlaments und des Rates vom 21. April 2004 über Märkte für Finanzinstrumente"[103] – und zwar ungeachtet dessen, ob sie sich auf eine zentrale Gegenpartei stützen oder nicht. Demzufolge ist der Begriff des multilateralen Systems der **Oberbegriff** zu geregelten Märkten und multilateralen Handelssystemen im gemeinschaftsrechtlichen Sinne,[104] beschränkt sich jedoch nicht darauf, sondern geht darüber hinaus.[105] Erfasst wird jedes System, das die multilateralen Interessen am Kauf und Verkauf von Finanzinstrumenten nach nichtdiskretionären Maßnahmen nach Maßgabe eines einzigen Rechts zusammenführt. Der Systembegriff verlangt in diesem Kontext nur ein gegenüber seiner Umwelt abgegrenztes Regelwerk für den Handel mit Finanzinstrumenten.[106] **Bedeutungslos** für den Begriff des multilateralen Systems sind das Vorhandensein oder Fehlen einer zentralen Gegenpartei, die Trennlinien zwischen Primär- und Sekundärmarkt sowie Kassa- und Terminmarkt und die Differenzierung zwischen Parketthandel und elektronischem Handel.[107] Es genügt ein Markt, der nur aus einem Regelwerk besteht, das Fragen über die Mitgliedschaft, die Zulassung von Finanzinstrumenten zum Handel, den Handel zwischen Mitgliedern, die Meldung von Geschäften und gegebenenfalls die Transparenzpflichten regelt.[108] Multilateralität versteht sich dabei als Gegenbegriff zur Bilateralität. Unanwendbar ist die Vorschrift daher auf **bilaterale Systeme**,[109] die die Interessen zweier Parteien – in der Terminologie des Gemeinschaftsrechts ist eine dieser Parteien ein sog. Systematischer Internalisierer iSv Art. 4 Abs. 1 Nr. 7 MiFID[110] – unabhängig von Drittinteressen koordinieren. Die Interessen am Kauf und Verkauf von Finanzinstrumenten beziehen sich umfassend auf alle Tätigkeiten im Zusammenhang mit dem Vertragsschluss.[111] **Finanzinstrumente** sind übertragbare Wertpapiere – seien es Mitgliedschaftsrechte, Schuldtitel oder Optionsrechte –, Geldmarktinstrumente, Organismen für gemeinsame Anteile in Wertpapieren und Derivate.[112] Nichtdiskretionäre Maßnahmen beziehen sich auf das Vorliegen eines festgelegten Konditionalprogramms ohne Ermessensspielräume beim Zusammenführen von Angebot und Nachfrage.[113] Auf der Tatbestandsseite bedeutet der Begriff „Recht" das **öffentlich-rechtliche Marktorganisationsstatut**, womit zugleich der Anknüpfungspunkt für die akzessorische Anknüpfung des Vertragsstatuts in Bezug genommen wird.[114] Im Fall **zentralisierter multilateraler Systeme** findet sich für geregelte Märkte eine

56

---

101 Vgl *Magnus*, IPrax 2010, 27, 36.
102 Vgl hierzu auch *M. Müller*, Finanzinstrumente in der Rom I-VO, S. 292 f.
103 Vgl insoweit die Legaldefinitionen in Art. 4 Abs. 1 Nr. 14 u. 15 MiFID.
104 Vgl zum Begriff des geregelten Marktes und des multilateralen Handelssystems im Sinne der MiFID *Duve/Keller*, BB 2006, 2537 f.
105 Vgl auch *Garcimartín Alférez*, Yb. P.I.L. 10 (2008), 246, 248; *ders.*, EuLF 2008, I-61, I-69; *ders.*, JPIL 5 (2009), 85, 99.
106 *M. Müller*, Finanzinstrumente in der Rom I-VO, S. 228 f.
107 Vgl hierzu *M. Müller*, Finanzinstrumente in der Rom I-VO, S. 236 f.
108 Vgl Erwägungsgrund 6 der MiFID.
109 *Garcimartín Alférez*, Yb. P.I.L. 10 (2008), 246, 248; *ders.*, JPIL 5 (2009), 85, 99; *Mankowski*, RIW 2009, 98, 108; *M. Müller*, Finanzinstrumente in der Rom I-VO, S. 229.
110 Vgl zum Begriff des Systematischen Internalisierers im Sinne der MiFID *Duve/Keller*, BB 2006, 2537, 2538 f; Grunewald/Schlitt/*J. Schäfer*, Einführung in das Kapitalmarktrecht, S. 188.
111 *M. Müller*, Finanzinstrumente in der Rom I-VO, S. 230.
112 Vgl zum Begriff des Finanzinstruments in der Rom I-VO *M. Müller*, Finanzinstrumente in der Rom I-VO, S. 51 ff.
113 Vgl auch Erwägungsgrund 6 der MiFID.
114 *M. Müller*, Finanzinstrumente in der Rom I-VO, S. 230 ff.

spezielle Anknüpfungsnorm in Art. 36 Abs. 4 MiFID, für multilaterale Handelssysteme wird zum Teil auf eine Rechtswahl im Regelwerk des multilateralen Systems abgestellt,[115] teils auf den Staat, dem die aufsichtsübenden Behörden zugehören.[116] Überzeugender erscheint es jedoch, einheitlich über Art. 36 Abs. 4 MiFID (analog) primär auf den Satzungs-, subsidiär den Verwaltungssitz des Systems, bei fehlender organisatorischer Verfestigung des Systems auf den Satzungs-, subsidiär den Verwaltungssitz des Systembetreibers abzustellen.[117] Im Fall **dezentralisierter Systeme** ist der Sitz der Teilnehmer maßgeblich und zu prüfen, ob diese überwiegend in einem Staat lokalisiert sind.[118] Wenn die Norm letztlich die Maßgeblichkeit eines einzigen Rechts verlangt, so heißt das nur, dass überhaupt eine Rechtsordnung einen Regulierungsanspruch erhebt und bei mehreren Regulierungsansprüchen sich einer als dominant erweist.[119]

57 Paradigmatisch für multilaterale Systeme sind der Handel mit Derivaten am börslichen Terminmarkt – praktisch bedeutsam ist die Terminbörse **Eurex**[120] – und der börsliche Sekundärhandel mit Finanzinstrumenten. Eine Liste über die in der EU zugelassenen geregelten Märkte als Untergruppe von multilateralen Systemen wird in regelmäßigen Abständen im Amtsblatt veröffentlicht.[121] In Deutschland ist das wichtigste multilaterale System die **Frankfurter Wertpapierbörse**, an der ein umfassender Sekundärhandel aller Arten von Finanzinstrumenten stattfindet. Daneben existieren noch **Regionalbörsen** in Berlin, Hamburg, München, Düsseldorf, Hannover und Stuttgart. Von besonderer Bedeutung ist auch noch der Sekundärhandel mit Optionen im Handelssegment **EUWAX** in Stuttgart.[122]

58 **cc) Zahlungs- und Wertpapierliefer-/Wertpapierabrechnungssysteme.** Abzugrenzen sind die multilateralen Systemen dagegen von den Zahlungs- und Wertpapierliefer- und -abrechnungssystemen.[123] Erstere sind keine multilateralen Systeme, weil ihr Gegenstand Buchgeld ist, das **kein Finanzinstrument** darstellt.[124] Letztere beziehen sich zwar wie multilaterale Systeme auch auf Finanzinstrumente, allerdings betreffen sie anders als jene nicht die Vertragsschluss-, sondern die **Abwicklungsphase**.[125]

59 Verträge im Sinne der Marktortanknüpfung für Finanzinstrumente sind primär Kaufverträge, können aber auch Tausch-, Sicherungs- und Darlehensverträge über Finanzinstrumente sein.[126] Entscheidend ist, dass der **Vertragsschluss innerhalb des multilateralen Systems** erfolgt. Erforderlich hierfür ist der Abschluss des Vertrags nach den Regeln des Systems unter Nutzung des Systems.[127] Ob die Marktteilnehmer im eigenen Namen, aber für Rechnung ihrer Kunden oder im fremden Namen mit unmittelbarer Wirkung für ihre Kunden handeln, ist bedeutungslos.[128]

60 Liegen diese Voraussetzungen alle vor, so bestimmt sich das Vertragsstatut **akzessorisch** zum öffentlich-rechtlichen Marktorganisationsstatut. Eine Korrektur der Regelanknüpfung über das Prinzip der engsten Verbindung, ein Korrekturtatbestand erscheint ausgeschlossen, stellt sich diese doch als besondere Ausprägung des Prinzips der engsten Verbindung dar.[129] Dem entspricht es, dass Börsenverträge im früheren Recht auch ohne eine speziell normierte Marktortanknüpfung für Finanzinstrumente über das Prinzip der engsten Verbindung dem Recht am Börsenort unterworfen wurden.[130]

61 **3. Maßgeblicher Zeitpunkt.** Abs. 1 nennt keinen maßgeblichen Zeitpunkt für die Anknüpfung. Soweit er allerdings auf das Recht am gewöhnlichen Aufenthaltsort einer Vertragspartei verweist (lit. a, b, d, e, f), ist für die Bestimmung des maßgeblichen Zeitpunkts Art. 19 Abs. 3 heranzuziehen. Demnach ist der gewöhnliche Aufenthaltsort zum **Zeitpunkt des Vertragsschlusses** relevant. Wird ein anderes Anknüpfungsmoment

---

115 *Einsele*, WM 2009, 289, 292; für ein primäres Abstellen auf eine Rechtswahl im System auch *Mankowski*, RIW 2009, 98, 109.
116 *Garcimartín Alférez*, Yb. P.I.L. 10 (2008), 245, 249; *Lehmann*, in: Ferrari/Leible, Rome I Regulation, S. 85, 91; wohl auch *Wagner*, IPrax 2008, 377, 382.
117 *M. Müller*, Finanzinstrumente in der Rom I-VO, S. 232 f.; so wohl auch Staudinger/*Magnus*, Art. 4 Rn 94.
118 *Mankowski*, RIW 2009, 98, 110; *M. Müller*, Finanzinstrumente in der Rom I-VO, S. 233 f.
119 *M. Müller*, Finanzinstrumente in der Rom I-VO, S. 235 f.
120 Ausführlich zu Optionsgeschäften an der Eurex *Casper*, Der Optionsvertrag, S. 256 ff.
121 Vgl zuletzt ABl. EU 2009 Nr. C 158 v. 11.7.2009, S. 3.
122 Vgl dazu *Casper*, Der Optionsvertrag, S. 304.
123 Vgl Erwägungsgrund 31 der Rom I-VO.
124 *M. Müller*, Finanzinstrumente in der Rom I-VO, S. 237.
125 *M. Müller*, Finanzinstrumente in der Rom I-VO, S. 238 f.
126 *M. Müller*, Finanzinstrumente in der Rom I-VO, S. 239 f; vgl auch *Garcimartín Alférez*, Yb. P.I.L. 10 (2008), 245, 249 f; *ders.*, EuLF 2008, I-61, I-69; *ders.*, JPIL 5 (2009), 85, 100; *Tang*, MLR 2008, 785, 790.
127 *M. Müller*, Finanzinstrumente in der Rom I-VO, S. 240 f.
128 *Garcimartín Alférez*, Yb. P.I.L. 10 (2008), 246, 250; *ders.*, JPIL 5 (2009), 85, 100; *Lagarde/Tenenbaum*, Rev. crit. DIP 97 (2008), 727, 756 f.
129 *De Miguel Asensio*, Yb. P.I.L. 10 (2008), 199, 206; *M. Müller*, Finanzinstrumente in der Rom I-VO, S. 286; *Tang*, MLR 2008, 785, 790.
130 Vgl Staudinger/*Magnus*, EGBGB, Art. 28 Rn 176, 184 u. 581; MüKo/*Martiny*, 4. Aufl., Art. 28 EGBGB Rn 250; Palandt/*Heldrich*, Art. 28 EGBGB Rn 23; abweichend Soergel/*v. Hoffmann*, Art. 28 EGBGB Rn 146: Recht des Börsenortes anwendbar kraft „stillschweigenden Parteiwillens".

(Belegenheitsort, Versteigerungsort) herangezogen, wie es bei lit. c, g und h der Fall ist, erübrigt sich die Festlegung eines maßgeblichen Zeitpunkts. Denn hier sind die einschlägigen Kollisionsnormen schon selbst bestimmt genug. Ein Statutenwechsel ist damit jedenfalls ausgeschlossen.[131]

IV. Das Prinzip der charakteristischen Leistung (Abs. 2)

1. Grundsatz. Der in Abs. 2 statuierte **Grundsatz der charakteristischen Leistung** gilt für alle Verträge, bei denen sich eine charakteristische Leistung ermitteln lässt und die nicht von Abs. 1 erfasst sind oder gleichzeitig mehrere der in Abs. 1 genannten Vertragstypen abdecken. Die mit der Maßgeblichkeit der charakteristischen Leistung einhergehende **Bevorzugung des Sach- oder Dienstleistenden**, bei dem es sich häufig um eine berufsmäßig tätige Partei handelt, und gleichzeitige Benachteiligung desjenigen, der eine Gegenleistung „nur" in Geld zu erbringen hat, ist verschiedentlich kritisiert worden (vgl Rn 6), erscheint aber mit Blick auf die existenten Instrumente des kollisionsrechtlichen Schwächerenschutzes (Artt. 6, 8 und Art. 46 b EGBGB) hinnehmbar. Sie ermöglicht eine **typisierende Einordnung von Verträgen** und führt somit bei der Anknüpfung zu größerer **Rechtssicherheit** als eine allein am Einzelfall ausgerichtete Schwerpunktbildung. Sie lässt sich außerdem aus dem vertraglichen Leistungsgefüge erklären, ist doch die Sach- und Dienstleistung meist die kompliziertere, die eine umfangreichere rechtliche Regelung gefunden hat und den Vertragstypus bestimmt. Insoweit folgt das Kollisionsrecht der materiellrechtlichen Einordnung,[132] indem es in der charakteristischen Leistung zugleich das den Vertrag räumlich widerspiegelnde Element erkennt. Hinzu kommt ein **Rationalisierungseffekt**, da der die vertragstypische Leistung Erbringende sich mangels abweichender Rechtswahl stets nur an einer Rechtsordnung orientieren muss.[133] Der bei Typisierungen immer bestehenden Gefahr von Fehlabbildungen in Randbereichen kann mithilfe der **Ausweichklausel** des Abs. 3 begegnet werden, deren Existenz den Grundsatz nicht infrage stellt,[134] sofern man nur ihren exzeptionellen Charakter beachtet. 62

2. Bestimmung der charakteristischen Leistung. Der Begriff der charakteristischen Leistung ist nicht unter Rückgriff auf die *lex fori*, sondern rechtsvergleichend **autonom** auszulegen.[135] Charakteristische Leistung ist diejenige, die dem jeweiligen Vertragstyp sein **rechtliches Gepräge** verleiht und ihn von anderen Typen unterscheidbar macht.[136] Das ist bei **Austauschverträgen** regelmäßig „die Leistung, für die Zahlung geschuldet wird",[137] also zB bei der Miete die Nutzungsüberlassung auf Zeit, beim Werkvertrag die Erstellung des Werkes,[138] beim Dienstvertrag die Erbringung von Diensten usw. Bei **einseitig verpflichtenden Schuldverhältnissen** verleiht die Verpflichtung des Schuldners dem Vertrag sein typisches Gepräge, während bei **unentgeltlichen Verträgen** (Leihe, Schenkung etc.) in der unentgeltlichen zugleich die charakteristische Leistung zu sehen ist.[139] Ob die charakteristische Leistung auch die berufstypische ist, ist unerheblich.[140] 63

Bei typengemischten Verträgen ist zu differenzieren. Bei **Typenkombinations- und Typenverschmelzungsverträgen** werden jeweils nur für bestimmte Vertragsarten typische Leistungen miteinander kombiniert bzw verschmolzen, denen jedoch regelmäßig eine Geldleistung gegenübersteht. Die Bestimmung der charakteristischen Leistung bereitet dann keine Probleme.[141] Bei **typengemischten Verträgen mit andersartiger Gegenleistung** muss das Recht der engsten Verbindung hingegen unmittelbar nach Abs. 4 ermittelt werden, sofern keine der beiden im Synallagma stehenden Leistungspflichten dem Vertrag sein besonderes Gepräge verleiht.[142] 64

3. Räumliche Zuordnung. Der von Abs. 2 gewählte Anknüpfungspunkt ist der **gewöhnliche Aufenthalt** desjenigen, der die charakteristische Leistung erbringt. Der gewöhnliche Aufenthalt wird in Art. 19 näher präzisiert (näher Art. 19). 65

---

131 Staudinger/*Magnus*, Art. 4 Rn 24.
132 *Kropholler*, IPR, § 52 II 2 a (S. 468); krit. gegenüber dieser Begründung freilich MüKo/*Martiny*, Art. 4 Rn 147.
133 Soergel/*v. Hoffmann*, Art. 28 EGBGB Rn 30; Reithmann/Martiny/*Martiny*, Rn 155; *Schnitzer*, in: FS Schönenberger 1968, S. 387, 392 f; Rauscher/*Thorn*, EuZPR/EuIPR, Art. 4 Rn 82.
134 Generell skeptisch gegenüber Ausweichklauseln jedoch *Kegel/Schurig*, § 6 I 4 b (S. 305 ff).
135 Vgl Bamberger/Roth/*Spickhoff*, Art. 4 Rn 53.
136 *V. Hoffmann/Thorn*, IPR, § 10 Rn 45; Ferrari u.a./*Ferrari*, Internationales Vertragsrecht, Art. 4 Rn 61; *Kropholler*, IPR, § 52 III 2 (S. 468); Rauscher/*Thorn*, EuZPR/EuIPR, Art. 4 Rn 78; *Nordmeier*, in: Gebauer/Wiedmann, Kap 37 Rn 49.
137 Bericht *Giuliano/Lagarde*, BT-Drucks. 10/503, S. 33, 52; BAG NZA 2004, 58, 63.
138 OLG Düsseldorf, Urt. v. 23.9.2003 – 23 U 218/02, Juris-Dok.-Nr. KORE445332003.
139 Staudinger/*Magnus*, Art. 4 Rn 117; MüKo/*Martiny*, Art. 4 Rn 148; Ferrari u.a./*Ferrari*, Internationales Vertragsrecht, Art. 4 Rn 63; *Nordmeier*, in: Gebauer/Wiedmann, Kap 37 Rn 49.
140 Soergel/*v. Hoffmann*, Art. 28 EGBGB Rn 33; Staudinger/*Magnus*, Art. 4 Rn 115.
141 Vgl auch *v. Hoffmann/Thorn*, IPR, § 10 Rn 48; Reithmann/Martiny/*Martiny*, Rn 182 und 184; *v. Bar*, IPR II, Rn 500 f.
142 Vgl *v. Hoffmann/Thorn*, IPR, § 10 Rn 49; *v. Bar*, IPR II, Rn 502.

66 **4. Nichtermittelbarkeit der charakteristischen Leistung.** Ist für das Vertragsverhältnis keine der vereinbarten Leistungen charakteristisch, greift Abs. 2 nicht. In einem derartigen Fall muss nach Abs. 4 angeknüpft und **unter Berücksichtigung aller Umstände des Einzelfalls** das Recht des Staates ermittelt werden, mit dem der Vertrag die engste Verbindung aufweist (Rn 79 ff).

67 Die charakteristische Leistung lässt sich nicht ermitteln, wenn die einander versprochenen Leistungen **gleichartig** sind, also zB beide Parteien Sach- oder Dienstleistungen erbringen (Tausch, Kompensationsgeschäfte, private Wette, gegenseitige Vertriebspflichten[143] usw.) und keiner der beiden Leistungen der Vorrang gebührt, weil die andere nur an die Stelle einer Geldzahlung tritt. In der Praxis von Bedeutung sind vor allem komplexe Vertragswerke, wie etwa **Kooperationsverträge**, bei denen die Parteien eine Vielzahl gegenseitiger Verpflichtungen übernehmen, ohne dass eine der Leistungen dem Vertrag sein besonderes Gepräge verleiht. In derartigen Fällen ist die engste Verbindung nach Abs. 4 zu bestimmen.[144]

68 Nach Abs. 4 und nicht Abs. 2 ist außerdem dann anzuknüpfen, wenn sich zwar eine charakteristische Leistung ermitteln lässt, diese aber von zwei oder mehr **in verschiedenen Staaten ansässigen Vertragspartnern gemeinsam erbracht** wird. Da die Rom I-VO eine Vertragsspaltung nicht erlaubt, ist in derartigen Fällen der gesamte Vertrag über Abs. 4 an das Recht eines Staates anzuknüpfen.[145]

69 **5. Maßgeblicher Zeitpunkt.** Der maßgebliche Zeitpunkt bestimmt sich bei Abs. 2 über Art. 19 Abs. 3. Demnach ist der **Zeitpunkt des Vertragsschlusses** maßgeblich. Ein Statutenwechsel scheidet daher aus.[146]

V. Die Ausweichklausel (Abs. 3)

70 **1. Grundsatz.** Die Vermutungen der Abs. 1 und 2 gelten nach Abs. 3 nicht, wenn sich aus der Gesamtheit der Umstände ergibt, dass der Vertrag eine **offensichtlich engere Verbindung** zu einem anderen Staat aufweist. Maßgeblich ist dann die Rechtsordnung, zu der der Vertrag die **engere Verbindung** hat. Durch die Ausweichklausel soll verhindert werden, dass die Anknüpfung aufgrund der statischen Momente der Abs. 1 und 2 zu einem aus kollisionsrechtlicher Sicht sachfernen Recht führt, obgleich tatsächlich ein **sachnäheres Recht** ermittelbar ist.[147] Zu diesem Zweck wird die gewöhnliche Anknüpfung korrigiert.

71 Zu beachten ist freilich der **Ausnahmecharakter** der Ausweichklausel. Ihre Anwendung darf nicht dazu führen, dass die Abs. 1 und 2 ihren Regelcharakter verlieren. Sie ist daher **eng auszulegen**.[148] Dies wird insbesondere durch das Wort „offensichtlich" statuiert. Das Gewicht der Anknüpfungspunkte, die zu einem anderen als dem vermuteten Recht führen, muss das der von den Vermutungen verwendeten Anknüpfungspunkte **deutlich** übertreffen.[149] Zu weit geht jedoch die Annahme, die Anknüpfung an den gewöhnlichen Aufenthaltsort der die vertragscharakteristische Leistung erbringenden Partei sei für sich ohne Aussagewert;[150] denn beurteilen lässt sich der Aussagewert der Regelanknüpfung immer nur unter Heranziehung **aller Umstände des Einzelfalls**.

72 Ins Kalkül zu ziehende Anknüpfungspunkte können alle diejenigen sein, die im Rahmen von Abs. 4 in Betracht kommen (vgl Rn 82 ff). Auf sie kann eine Abweichung von den gesetzlichen Vermutungen freilich nur gestützt werden, wenn sich mit ihrer Hilfe **eindeutig** ein anderes Zentrum des Leistungsaustauschs ermitteln lässt.[151] Dass sie alle auf einen anderen Ort als den des gewöhnlichen Aufenthalts der die vertragscharakteristische Leistung erbringenden Partei hinweisen, ist nicht erforderlich.[152] Es genügt, wenn sich aus ihrer Mehrzahl ein **eindeutiger Hinweis** ergibt.[153] Ist ihre Hinweiswirkung hingegen **indifferent**, bleibt es beim Vorrang der Abs. 1 und 2.[154]

---

143 Vgl zB LG Dortmund IPrax 1989, 51.
144 Soergel/*v. Hoffmann*, Art. 28 EGBGB Rn 159; *Looschelders*, Art. 28 EGBGB Rn 60; Staudinger/*Magnus*, Art. 4 Rn 120; MüKo/*Martiny*, Art. 4 Rn 158; Bamberger/Roth/*Spickhoff*, Art. 4 Rn 85; Ferrari u.a./*Ferrari*, Internationales Vertragsrecht, Art. 4 Rn 145.
145 MüKo/*Martiny*, Art. 4 Rn 161; Ferrari u.a./*Ferrari*, Internationales Vertragsrecht, Art. 4 Rn 68.
146 MüKo/*Martiny*, Art. 4 Rn 156; Ferrari u.a./*Ferrari*, Internationales Vertragsrecht, Art. 4 Rn 67; Staudinger/*Magnus*, Art. 4 Rn 124.
147 So auch *Nordmeier*, in: Gebauer/Wiedmann, Kap 37 Rn 51.
148 Das wird von den Gerichten mitunter missachtet, vgl die Kritik im Grünbuch, KOM (2002) 654 endg., S. 30, und dazu *Martiny*, in: Leible, Das Grünbuch zum Internationalen Vertragsrecht, 2004, S. 109 ff; *Mankowski*, IHR 2010, 89, 91 ff.
149 BGH, Urt. v. 26.7.2004 – VIII ZR 273/03, Juris-Dok. KORE311922004.
150 So aber Czernich/Heiss/*Czernich*, Art. 4 EVÜ Rn 24, unter Hinw. auf Hooge Rad, Nederlandse Jurisprudentie 1992 Nr. 750 (dazu *Rameloo*, IPrax 1994, 243).
151 BGH, Urt. v. 26.7.2004 – VIII ZR 273/03, Juris-Dok.-Nr. KORE311922004.
152 So aber *Schultz*, in: North (Hrsg.), Contract Conflicts in the E.E.C. Convention on the Law Applicable to Contractual Obligation: A Comparative Study, 1982, S. 185, 187; ähnlich wohl Czernich/Heiss/*Czernich*, Art. 4 EVÜ Rn 24 f.
153 Soergel/*v. Hoffmann*, Art. 28 EGBGB Rn 101; MüKo/*Martiny*, Art. 4 Rn 249; *v. Bar*, IPR II, Rn 489; Rauscher/*Thorn*, EuZPR/EuIPR, Art. 4 Rn 137.
154 *Looschelders*, Art. 28 EGBGB Rn 81; Staudinger/*Magnus*, Art. 4 Rn 139.

2. Engere Verbindung. Anknüpfungspunkte, die gem. Abs. 3 eine engere Verbindung zu einer anderen Rechtsordnung begründen können, sind alle die im Rahmen von Abs. 4 zu berücksichtigen sind,[155] also auch eher personen- und nicht leistungsbezogene Momente wie Vertragssprache, Abschlussort oder Staatsangehörigkeit; eine Beschränkung „auf den objektiven Leistungsaustausch bezogene Elemente"[156] ist nicht angezeigt, da nach Abs. 3 ausdrücklich auf die **„Gesamtheit der Umstände"** abzustellen ist. Zu beachten bleibt freilich, dass nicht auf den objektiven Leistungsaustausch bezogenen Elementen auch im Rahmen von Abs. 4 ein geringeres Gewicht zukommt. Das gilt natürlich ebenso bei Anwendung der Ausweichklausel. 73

Die Regelanknüpfung nach Abs. 1 oder 2 kann über die Ausweichklausel des Abs. 3 verhindert werden, wenn eine **Kumulation mehrerer Elemente** eindeutig erkennen lässt, dass der Vertrag eine offensichtlich engere Beziehung zu einer anderen Rechtsordnung als der aufweist, die nach Abs. 1 oder 2 anzuwenden ist. Hiervon ist beispielsweise bei einer **Veräußerung einer Forderung** durch einen in Deutschland ansässigen Verkäufer auszugehen, wenn die deutschem Recht unterliegende Forderung durch eine an einem französischen Grundstück bestellte Hypothek gesichert ist, es dem Käufer entscheidend auf den Erwerb der Hypothek ankommt, eine Beurkundung des Kaufvertrags durch einen französischen Notar in französischer Sprache erfolgen soll, die Parteien dabei von französischen Rechtsanwälten vertreten werden sollen und der Kaufpreis in französischer Währung vereinbart ist.[157] Von der Regelanknüpfung ist weiterhin abzuweichen, wenn lediglich die Niederlassung des die Leistung erbringenden Schuldners im Ausland liegt, im Inland aber die Hauptniederlassung des Schuldners, der Sitz des Vertragspartners und der Erfüllungsort lokalisiert sind.[158] Ebenso wäre zB inländisches Recht bei **Bauvorhaben** anzuwenden, die von der ausländischen (unselbstständigen) Niederlassung eines inländischen Bauunternehmers im Inland für einen inländischen Auftraggeber durchgeführt werden.[159] Wird die Bauleistung hingegen nicht lediglich von einer ausländischen Niederlassung, sondern von einem dort ansässigen Schuldner erbracht, ist allein der Ort der Baustelle nicht geeignet, die Regelanknüpfung zu verhindern,[160] und zwar selbst dann nicht, wenn es sich um Großprojekte wie die Errichtung von Industrieanlagen, Wolkenkratzern, U-Bahnen etc. handelt.[161] 74

Verträge, die im Rahmen einer **Börse** oder **öffentlichen Versteigerung** geschlossen werden, weisen eine derart enge Beziehung zum Börsen- bzw Versteigerungsort auf, dass eine Abweichung von der Regelanknüpfung zugunsten des Rechts am Ort der Börse bzw der Versteigerung[162] gerechtfertigt ist. Ob Gleiches auch für Versteigerungsgeschäfte unter Privaten[163] und vor allem für im Rahmen von **Internetauktionen** geschlossene Verträge mit der Folge einer Anwendung des Plattformrechts gilt (vgl Rn 117),[164] ist umstritten. Auf jeden Fall bleibt es bei Verträgen, die auf **Messen** oder **Märkten** zustande kommen, bei der Geltung des Heimatrechts des die charakteristische Leistung Erbringenden; über Abs. 3 kann nicht auf das Recht des Messeortes abgestellt werden.[165] 75

Die Regelanknüpfung muss ferner unberücksichtigt bleiben, wenn der Vertrag in einer derartigen Nähebeziehung zu einem weiteren, anderem Recht unterliegenden Vertrag steht, dass eine hiervon abweichende Anknüpfung das zwischen beiden Verträgen bestehende enge Band zerreißt und zu wenig sachgerechten Ergebnissen führt. Steht der **andere Vertrag eindeutig im Vordergrund** und ist der anzuknüpfende ihm offensichtlich untergeordnet, sollte er über Abs. 3 auch akzessorisch an das Statut des Hauptvertrags angeknüpft werden.[166] Eine **akzessorische Anknüpfung** liegt etwa bei Sicherungsgeschäften nahe, die der 76

---

155 Staudinger/*Magnus*, Art. 4 Rn 131; MüKo/*Martiny*, Art. 4 Rn 249.
156 So *v. Hoffmann/Thorn*, IPR, § 10 Rn 59; Soergel/*v. Hoffmann*, Art. 28 EGBGB Rn 98; Ferrari u.a./*Ferrari*, Internationales Vertragsrecht, Art. 4 Rn 74.
157 BGH, Urt. 26.7.2004 – VIII ZR 273/03, Juris-Dok.-Nr. KORE311922004.
158 *V. Hoffmann/Thorn*, IPR, § 10 Rn 59; Staudinger/*Magnus*, Art. 4 Rn 133.
159 *Looschelders*, Art. 28 EGBGB Rn 83.
160 BGH RIW 1999, 456; OGH IPrax 1995, 326; *Kropholler*, IPR, § 52 III 2 c (S. 469).
161 Staudinger/*Magnus*, Art. 4 Rn 135.
162 Soergel/*v. Hoffmann*, Art. 28 EGBGB Rn 145 f; Staudinger/*Magnus*, Art. 4 Rn 215; Reithmann/Martiny/*Martiny*, Rn 199; aA Rauscher/*Thorn*, EuZPR/EuIPR, Art. 4 Rn 140.
163 Vgl einerseits (Recht am Auktionsort) OLG Düsseldorf IPrax 1991, 1492, und andererseits (Recht des Einlieferers) BGH NJW-RR 2003, 192 (allerdings kam es auf Abs. 5 nicht an, da sich der Versteigerungsort im Staat der Verkäuferniederlassung befand).
164 Für Heranziehung des Plattformrechts *Freitag*, in: Leible/Sosnitza, Versteigerungen im Internet, 2004, Rn 790 ff; für Geltung des Rechts der Verkäuferniederlassung hingegen *Bücker*, Internetauktionen. Internationales Privat- und Verfahrensrecht, 2003, S. 112; *Mankowski*, in: Spindler/Wiebe, Internet-Auktionen, 2001, Rn G 56; Reithmann/Martiny/*Martiny*, Rn 1033; *Schlömer/Dittrich*, eBay & Recht, 2004, Rn 444.
165 LG Aachen RIW 1990, 491; Soergel/*v. Hoffmann*, Art. 28 EGBGB Rn 144; Staudinger/*Magnus*, Art. 4 Rn 214; MüKo/*Martiny*, Art. 4 Rn 13; *Merschformann*, Die objektive Bestimmung des Vertragsstatuts beim internationalen Warenkauf, 1991, S. 221; Rauscher/*Thorn*, EuZPR/EuIPR, Art. 4 Rn 140.
166 Staudinger/*Magnus*, Art. 4 Rn 136; MüKo/*Martiny*, Art. 4 Rn 252.

Sicherung der Erfüllung einer vertraglichen Verbindlichkeit dienen,[167] aber auch bei sonstigen untergeordneten Verträgen[168] oder Verträgen, die lediglich der Ausfüllung eines Rahmenvertrags dienen.[169] Vorauszusetzen für eine akzessorische Anknüpfung ist stets Parteiidentität. Eine akzessorische Anknüpfung zulasten Dritter kommt nicht in Betracht. Bürgschaften und andere Sicherungsgeschäfte, bei denen lediglich Teilidentität besteht, sind daher stets selbstständig und nicht über Abs. 3 an das Statut des zu sichernden Rechtsgeschäfts anzuknüpfen. Das wird europaweit freilich nicht einhellig so gesehen[170] und macht schmerzlich das Fehlen einer allgemeinen Bestimmung über akzessorische Rechtsgeschäfte oder über zusammenhängende Verträge deutlich.[171]

77 Eine Abweichung nach Abs. 3 ist auch bei **schuldrechtlichen Verträgen über ein dingliches Recht an unbeweglichen Sachen sowie Miete und Pacht unbeweglicher Sachen** möglich. Die Rspr lässt es mitunter für Grundstücksgeschäfte genügen, dass der gewöhnliche Aufenthalt beider Parteien und der Abschlussort auf ein anderes Recht als die *lex rei sitae* hinweisen.[172] Angesichts der „Anknüpfungskraft" der Elemente, die die Regelanknüpfung des Abs. 1 lit. c, d bei Verträgen über dingliche Rechte an unbeweglichen Sachen tragen, sollte man aber **äußerste Zurückhaltung** walten lassen und von der Regelanknüpfung über Abs. 3 nur dann abweichen, wenn wirklich alle übrigen Anknüpfungsmerkmale auf eine andere Rechtsordnung hinweisen.[173] Großzügiger kann man hingegen bei Verträgen über Nutzungsrechte an unbeweglichen Sachen sein, da bei ihnen der Belegenheit des Grundstücks keine überragende Bedeutung zukommt.[174]

78 **3. Maßgeblicher Zeitpunkt.** Abs. 3 enthält keine Festlegung des maßgeblichen Zeitpunkts. Um einen Gleichlauf mit der Wertung in Abs. 1 und 2 zu erzielen, sollte hier jedoch ebenfalls auf den **Zeitpunkt des Vertragsschlusses** abgestellt werden (vgl Rn 61, 69).[175] Ein Statutenwechsel ist daher nicht möglich.

VI. Das Prinzip der engsten Verbindung (Abs. 4)

79 **1. Grundsatz.** Abs. 4 statuiert das **Prinzip der engsten Verbindung**: Anwendbar ist das Recht des Staates, mit dem der Vertrag die engsten Verbindungen aufweist. Zu beachten bleibt der **Vorrang der Abs. 1 und 2**. Den Kriterien des Abs. 4 ist allerdings auch im Rahmen der Ausweichklausel des Abs. 3 Rechnung zu tragen (vgl Rn 66).

80 Das Gesetz konkretisiert den generalklauselartigen Begriff der „engsten Verbindung" nicht näher. Welche Kriterien zu seiner Ausfüllung heranzuziehen sind, ist umstritten. Einigkeit besteht jedoch insoweit, dass nicht auf einen einzigen Anhaltspunkt abgestellt werden kann, sondern die **Gesamtheit der Umstände** zu berücksichtigen ist.[176] Dabei kann es sich in Abgrenzung zu Art. 3 freilich nur um **objektive Gegebenheiten** handeln. Ein Rekurs auf einen hypothetischen Parteiwillen ist ausgeschlossen. In der Praxis lassen sich die Grenzen zur stillschweigenden Rechtswahl gleichwohl nur schwer bestimmen.

81 Zur Konkretisierung der engsten Verbindung kann sowohl auf **gesetzlich verwendete Anknüpfungsmerkmale** (zB gewöhnlicher Aufenthalt, Belegenheit) als auch auf bestimmte in Rechtsprechung und Lehre herausgearbeitete und ebenfalls nachfolgend dargestellte **Indizien** zurückgegriffen werden. Sie werden freilich nur in den seltensten Fällen in ihrer Gesamtheit auf eine bestimmte Rechtsordnung hinweisen. Lassen sie Verbindungen zu mehr als einer Rechtsordnung erkennen, bedarf es einer Abwägung, in der insbesondere die unterschiedliche kollisionsrechtliche Signifikanz der einzelnen Gegebenheiten zu berücksichtigen ist.[177]

82 **2. Die einzelnen Indizien. a) Gewöhnlicher Aufenthalt und Niederlassung.** Gewichtiges Indiz zur Bestimmung des objektiven Vertragsstatuts ist der gewöhnliche Aufenthalt der Parteien, der in Art. 19 näher präzisiert wird, da sie dort regelmäßig ihre privaten oder geschäftlichen Tätigkeiten entfalten werden und auch andere Vorschriften die Bedeutung dieses Anknüpfungsmoments anerkennen (Artt. 4 Abs. 1 lit. a, b, d, e, f, 4 Abs. 2, 5 Abs. 1, 5 Abs. 2, 6 Abs. 1, 7 Abs. 2 S. 2, 10 Abs. 2, 11 Abs. 2, 11 Abs. 3, 11 Abs. 4).

---

167 Czernich/Heiss/*Czernich*, Art. 4 EVÜ Rn 31; Soergel/v. *Hoffmann*, Art. 28 EGBGB Rn 120; MüKo/*Martiny*, Art. 4 Rn 259.
168 OLG Düsseldorf, RIW 1997, 780.
169 Staudinger/*Magnus*, Art. 4 Rn 136; MüKo/*Martiny*, Art. 4 Rn 260; aA OLG Düsseldorf RIW 1996, 958, 959.
170 So knüpft etwa die französische Rspr die Bürgschaft nicht selbständig, sondern seit eh und je an die gesicherte Forderung an, vgl die Nachw. bei *Martiny*, ZEuP 1993, 298, 300 f; *ders.*, ZEuP 1999, 246, 256 f.
171 Vgl dazu auch *Martiny*, in: Leible (Hrsg.), Das Grünbuch zum Internationalen Vertragsrecht, 2004, S. 109, 119.
172 Vgl zB BGH NJW 1969, 1760; BGHZ 53, 189, 191.
173 Ähnlich Czernich/Heiss/*Czernich*, Art. 4 EVÜ Rn 188.
174 Czernich/Heiss/*Czernich*, Art. 4 EVÜ Rn 188.
175 So auch MüKo/*Martiny*, Art. 4 Rn 251, 267; Rauscher/*Thorn*, EuZPR/EuIPR, Art. 4 Rn 138.
176 Palandt/*Thorn*, Art. 4 Rn 30; Erman/*Hohloch*, Art. 4 Rn 46; Ferrari u.a./*Ferrari*, Internationales Vertragsrecht, Art. 4 Rn 98; *Looschelders*, Art. 28 EGBGB Rn 8; Staudinger/*Magnus*, Art. 4 Rn 147; MüKo/*Martiny*, Art. 4 Rn 269; Reithmann/Martiny/*Martiny*, Rn 186; Calliess/*Gebauer*, Art. 4 Rn 78; *Nordmeier*, in: Gebauer/Wiedmann, Kap 37 Rn 50.
177 *Looschelders*, Art. 28 EGBGB Rn 9; Staudinger/*Magnus*, Art. 4 Rn 149; MüKo/*Martiny*, Art. 4 Rn 282 f; Reithmann/Martiny/*Martiny*, Rn 190 ff.

Sind beide **Parteien in demselben Staat** ansässig, spricht dies in hohem Maße auch für die Geltung dessen Rechts. Halten sich die Parteien hingegen gewöhnlich **in verschiedenen Staaten** auf, kommt diesem Anknüpfungsmoment grundsätzlich keine Bedeutung zu, da sich die widersprechenden Hinweise gegeneinander aufheben, sofern nicht aufgrund besonderer Umstände des Einzelfalls die vorrangige Berücksichtigung des Aufenthalts- oder Niederlassungsorts einer Partei gerechtfertigt erscheint.[178]

b) Belegenheit des Vertragsgegenstands. Die Belegenheit des Vertragsgegenstands kann nicht nur für die Schwerpunktbestimmung bei Grundstücks-, sondern auch bei anderen Verträgen bedeutsam sein, sofern er in ähnlicher Weise wie ein Grundstück **ortsfest** ist. Zu denken ist etwa an Unternehmenskaufverträge in Form eines *asset deals* oder Lizenzverträge.[179]

83

c) Erfüllungsort. Der Erfüllungsort hat heute bei weitem nicht mehr die Bedeutung, die ihm noch vor Inkrafttreten des IPRNG zukam.[180] Ihm wird überwiegend eine nur **schwache Indizwirkung** zugesprochen.[181] Das ist freilich nicht unumstritten.[182] So begründete etwa der BGH – im Rahmen von Art. 28 Abs. 5 EGBGB, der weitgehend dem heutigen Art. 4 Abs. 3 entspricht – die Anwendung deutschen Rechts vor allem damit, dass die Beklagte die für ihre Verträge charakteristische Leistung in Deutschland erbrachte.[183] Einen Einfluss sollte man dem Erfüllungsort jedoch nur dann zugestehen, wenn er für die Leistungspflichten beider Vertragsparteien zu derselben Rechtsordnung führt.[184]

84

Wurde bereits geleistet und die Leistung als vertragsgemäß angenommen, ist auf den **tatsächlichen** und nicht den rechtlichen Erfüllungsort abzustellen.[185] Ansonsten ist der **rechtliche Erfüllungsort** entscheidend. Die hM entnimmt ihn der *lex fori*, bei einem deutschen Gerichtsstand also deutschem Recht (§§ 269, 270 BGB).[186] Dem Gedanken der einheitlichen Anwendung und Auslegung des internationalen Schuldvertragsrechts entspricht jedoch eher eine autonome Begriffsbestimmung, zumal sich mittlerweile auch das europäische Prozessrecht zumindest für Warenlieferungs- und Dienstleistungsverträge hierfür entschieden hat (vgl Art. 5 Abs. 1 lit. b EuGVVO).[187]

85

d) Ort der Vertragsverhandlungen und des Vertragsschlusses. Den Orten der Vertragsverhandlungen und des Vertragschlusses kommt nach zT vertretener Ansicht keine,[188] aber auch nach zutreffender Ansicht allenfalls geringe Bedeutung zu.[189] Beide Orte sind oft zufällig und können nicht für sich alleine, sondern lediglich im Einklang mit anderen Indizien eine enge Beziehung des Vertrags zu einer bestimmten Rechtsordnung vermitteln. Eine Ausnahme ist nur für Vertragsabschlüsse an **Börsen**[190] und uU auch bei **Versteigerungen,**[191] nicht aber auf **Märkten und Messen**[192] zu machen.[193]

86

e) Vertragssprache und vereinbarte Währung. Ebenfalls nur von **geringer Indizwirkung** sind die Vertragssprache und die vereinbarte Währung.[194] Denn auch Verhandlungs- und Vertragssprache sind **oft zufällig** und geben genauso wenig wie die vereinbarte Währung einen sicheren Hinweis auf die Rechtsordnung, mit der der Vertrag am engsten verbunden ist. Das gilt vor allem bei Sprachen (Deutsch, Englisch

87

---

178 *Looschelders*, Art. 28 EGBGB Rn 11; Reithmann/Martiny/*Martiny*, Rn 193; Ferrari u.a./*Ferrari*, Internationales Vertragsrecht, Art. 4 Rn 85; Calliess/*Gebauer*, Art. 4 Rn 80; Rauscher/*Thorn*, EuZPR/EuIPR, Art. 4 Rn 142.
179 Staudinger/*Magnus*, Art. 4 Rn 153; ähnlich Ferrari u.a./*Ferrari*, Internationales Vertragsrecht, Art. 4 Rn 86.
180 Vgl dazu zB BGHZ 57, 72, 75 ff; BGH NJW 1958, 750.
181 Vgl zB Bamberger/Roth/*Spickhoff*, Art. 4 Rn 82 a; Ferrari u.a./*Ferrari*, Internationales Vertragsrecht, Art. 4 Rn 88; Staudinger/*Magnus*, Art. 4 Rn 154; MüKo/*Martiny*, Art. 4 Rn 290.
182 Vgl vor allem Soergel/*v. Hoffmann*, Art. 28 EGBGB Rn 128.
183 BGHZ 109, 29, 36.
184 *Looschelders*, Art. 28 EGBGB Rn 14; Rauscher/*Thorn*, EuZPR/EuIPR, Art. 4 Rn 139.
185 Staudinger/*Magnus*, Art. 4 Rn 155; aA MüKo/*Martiny*, Art. 4 Rn 290.
186 BGH, NJW 1988, 966, 967; OLG Hamm NJW 1990, 652, 653; MüKo/*Martiny*, Art. 4 Rn 290.
187 Näher vgl *Kropholler*, EuZPR, Art. 5 Rn 37 ff; Rauscher/*Leible*, EuZPR/EuIPR, Art. 5 Brüssel I-VO Rn 45 ff; *Looschelders*, Art. 28 EGBGB Rn 15.
188 So zB BGH NJW 1976, 1581, 1582; OLG Frankfurt RIW 1995, 1033.
189 Vgl zB RGZ 61, 343, 345 f; OLG Düsseldorf WM 1989, 45, 46; MDR 2000, 575 = IPRspr 1999 Nr. 35; OLG München NJW-RR 1989, 663, 665; LG Frankfurt IPrax 1981, 134, 135; LG Hamburg RIW 1993, 144, 145; Erman/*Hohloch*, Art. 4 Rn 46; MüKo/*Martiny*, Art. 4 Rn 289; Staudinger/*Magnus*, Art. 4 Rn 157 f; Ferrari u.a./*Ferrari*, Internationales Vertragsrecht, Art. 4 Rn 87.
190 Reithmann/Martiny/*Martiny*, Rn 199; *Merschformann*, Die objektive Bestimmung des Vertragsstatuts beim internationalen Warenkauf, 1991, S. 214 f.
191 Vgl einerseits OLG Düsseldorf NJW 1991, 1492, und andererseits BGH NJW-RR 2003, 192. Zu Internetauktionen vgl *Freitag*, in: Leible/Sosnitza, Versteigerungen im Internet, 2004, Rn 790 ff.
192 Vgl dazu zB LG Aachen RIW 1990, 491, 492; *Merschformann*, Die objektive Bestimmung des Vertragsstatuts beim internationalen Warenkauf, 1991, S. 221; Soergel/*v. Hoffmann*, Art. 28 EGBGB Rn 144; MüKo/*Martiny*, Art. 4 Rn 289; Staudinger/*Magnus*, Art. 4 Rn 214.
193 Czernich/Heiss/*Czernich*, Art. 4 EVÜ Rn 16; Art. 4 Rn 158; Reithmann/Martiny/*Martiny*, Rn 200.
194 Calliess/*Gebauer*, Art. 4 Rn 79; Ferrari u.a./*Ferrari*, Internationales Vertragsrecht, Art. 4 Rn 94, 97; Rauscher/*Thorn*, EuZPR/EuIPR, Art. 4 Rn 145 f.

usw.) oder Währungen (Euro), die in verschiedenen Staaten verbreitet sind. Beide Hinweise können allenfalls bei einer Indizienkumulation von Bedeutung sein.

88 **f) Mitwirkung Dritter.** Wirken Dritte beim Vertragsschluss mit, ist zu differenzieren. Handelt es sich um **amtliche Stellen**, wie etwa Notare, Gerichte oder Behörden, ist dies jedenfalls dann ein gewichtiges Indiz für eine enge Verbindung zu dem Recht, auf dem die amtliche Eigenschaft dieser Stelle beruht, wenn ihre Mitwirkung für den Vertrag von einiger Bedeutung ist. Davon wird vor allem bei Beurkundungen auszugehen sein,[195] nicht aber bei der bloßen Beglaubigung von Unterschriften.[196] Die Hinzuziehung von **Rechtsanwälten**[197] oder **Privaten**, wie zB Maklern,[198] hat hingegen stets nur in Verbindung mit anderen Umständen, etwa einer gesetzlichen Pflicht zu ihrer Einschaltung, indizielle Kraft.

89 **g) Staatsangehörigkeit der Vertragsparteien.** Im internationalen Vertragsrecht kommt der Staatsangehörigkeit als Anknüpfungsmoment heutzutage eine nur noch geringe Bedeutung zu. An ihre Stelle ist vielfach der **gewöhnliche Aufenthalt** getreten. Daher sollte auch bei der Bestimmung der engsten Verbindung das Gewicht der Staatsangehörigkeit nur noch niedrig bemessen werden.[199] Beachtlich kann allenfalls eine gemeinsame Staatsangehörigkeit[200] der Vertragsparteien sein,[201] doch tritt sie hinter einen gemeinsamen gewöhnlichen Aufenthalt zurück,[202] sofern nicht noch weitere Verbindungen zum Heimatstaat der Kontrahenten bestehen,[203] weil der Vertrag dort zB beurkundet wurde, dort zu erfüllen ist usw. Einer über die gemeinsame Staatsangehörigkeit hinausreichenden Beziehung zum Heimatstaat bedarf es aber genauso, wenn es an einem gemeinsamen gewöhnlichen Aufenthalt fehlt (Vertrag zwischen in Hamburg und Marbella ansässigen Deutschen). Auf sie kann allenfalls bei einem nur vorübergehenden Auslandsaufenthalt, etwa aus beruflichen Gründen, verzichtet werden.[204]

90 **h) Favor negotii.** Keine eigenständige Bedeutung für die objektive Anknüpfung hat die **Gültigkeit oder Ungültigkeit des Vertrages** nach dem aufgrund anderer Indizien in Betracht kommenden Vertragsstatut.[205] Sie kann allerdings die bei der objektiven Anknüpfung zu berücksichtigende Interessenlage der Parteien beeinflussen.[206]

91 **i) Prozessverhalten.** Das Prozessverhalten der Parteien kann zwar Hinweise auf eine ausdrückliche oder stillschweigende Rechtswahl der Parteien geben, lässt jedoch die objektive Anknüpfung von Verträgen **unberührt**.[207]

92 **j) Gerichtsstands- und Schiedsgerichtsvereinbarungen.** Gerichtsstands- und Schiedsvereinbarungen können ein gewichtiges Indiz für eine stillschweigende Rechtswahl sein (Art. 3 Rn 51 ff). Sind sie allerdings im Rahmen der subjektiven Anknüpfung nicht geeignet, die Wahl eines bestimmten Rechts zu begründen, kann ihnen auch bei der objektiven Anknüpfung **keine Indizwirkung** zukommen.[208]

93 **k) Verträge mit Staaten oder Staatsunternehmen.** Nach verbreiteter Ansicht soll bei Verträgen mit Staaten oder Staatsunternehmen eine starke Vermutung für die Anwendbarkeit des Rechts des kontrahierenden Staates bestehen.[209] Überzeugende Gründe, warum Verträge mit Staaten anders als Verträge unter Pri-

---

195 Vgl zB OLG Frankfurt NJW-RR 1993, 182, 183; LG Hamburg RIW 1977, 787, 788; LG Amberg IPrax 1982, 29; Staudinger/*Magnus*, Art. 4 Rn 159.
196 Reithmann/Martiny/*Martiny*, Rn 201; Ferrari u.a./*Ferrari*, Internationales Vertragsrecht, Art. 4 Rn 89.
197 Vgl dazu OLG Köln RIW 1993, 415.
198 Vgl dazu OLG Köln IPRspr 2000 Nr. 26; OLG Hamburg RIW 1979, 482, 484; LG Hamburg IPRspr 1974 Nr. 154.
199 Czernich/Heiss/*Czernich*, Art. 4 EVÜ Rn 14; Rauscher/*Thorn*, EuZPR/EuIPR, Art. 4 Rn 143; Staudinger/*Magnus*, Art. 4 Rn 156; MüKo/*Martiny*, Art. 4 Rn 293; Reithmann/Martiny/*Martiny*, Rn 194; Bamberger/Roth/*Spickhoff*, Art. 4 Rn 82 a; Ferrari u.a./*Ferrari*, Internationales Vertragsrecht, Art. 4 Rn 96.
200 Zu Fällen gemeinsamer Staatsangehörigkeit vgl auch KG NJW 1957, 347, 348; OLG Frankfurt NJW-RR 1993, 182, 183; RIW 1995, 1033; OLG Köln IPRspr 2000 Nr. 26.
201 Bereits *a priori* unbeachtlich sein muss die Staatsangehörigkeit, wenn sie unterschiedlich ist, vgl zB OLG Celle NJW-RR 1987, 1190.
202 Vgl zB OLG Düsseldorf IPrax 1984, 270, 271; LG Hamburg IPRspr 1975 Nr. 14.
203 OLG Hamm NJW-RR 1995, 187.
204 Näher Czernich/Heiss/*Czernich*, Art. 4 EVÜ Rn 14.
205 Palandt/*Thorn* Art. 4 Rn 30; Erman/*Hohloch*, Art. 4 Rn 46; MüKo/*Martiny*, Art. 4 Rn 300; Reithmann/Martiny/*Martiny*, Rn 203; Ferrari u.a./*Ferrari*, Internationales Vertragsrecht, Art. 4 Rn 90. Anders vor In-Kraft-Treten des IPRNG BGH NJW 1961, 25; WM 1977, 793, 794.
206 *Looschelders*, Art. 28 EGBGB Rn 22; Staudinger/*Magnus*, Art. 4 Rn 166.
207 *Looschelders*, Art. 28 EGBGB Rn 19; Staudinger/*Magnus*, Art. 4 Rn 162; MüKo/*Martiny*, Art. 4 Rn 288; Bamberger/Roth/*Spickhoff*, Art. 4 Rn 82 a; anders vor In-Kraft-Treten des IPRNG BGH NJW 1962, 1005; NJW 1981, 918.
208 Soergel/*v. Hoffmann*, Art. 28 EGBGB Rn 109; *Looschelders*, Art. 28 EGBGB Rn 18; Staudinger/*Magnus*, Art. 4 Rn 163; MüKo/*Martiny*, Art. 4 Rn 284 f, aA wohl Bamberger/Roth/*Spickhoff*, Art. 4 Rn 82 a: „Von... Bedeutung sind Gerichtsstandsklauseln, sofern sie nicht iS stillschweigender Rechtswahl gem. Art. 27 den Ausschlag geben...".
209 Vgl KG IPRspr 1954/55 Nr. 7; OLG Hamburg WM 1969, 709, 711; OLG Frankfurt IPRspr 1979 Nr. 10 b; Palandt/*Thorn* Art. 4 Rn 30; Erman/*Hohloch*, Art. 28 EGBGB Rn 11; Staudinger/*Magnus*, Art. 4 Rn 161.

vaten zu behandeln sein sollen, sind freilich **nicht ersichtlich**. Eine solche Lösung orientiert sich außerdem zu einseitig an den Interessen des staatlichen Vertragspartners und **benachteiligt den Privaten**, der der Gefahr nachträglicher Änderungen des Vertragsstatuts durch seinen Vertragspartner ausgesetzt wird, über Gebühr. Bei einer subjektiven Anknüpfung hat er immerhin die Möglichkeit, sich durch **Versteinerungs- oder Stabilisierungsklauseln** zu schützen (Art. 3 Rn 24 ff), bei einer objektiven Anknüpfung nicht. Der Beteiligung von Staaten bzw Staatsunternehmen sollte daher keinerlei oder allenfalls eine ergänzende Indizwirkung zugebilligt werden.[210]

l) Registerort. Dem Registerort soll beachtliche Indizwirkung bei Verträgen über registrierte Schiffe, Flugzeuge, Kraftfahrzeuge oder sonstige Gegenstände sowie Rechten hieran zukommen.[211] Schwach ist die Hinweiswirkung hingegen bei Verträgen über eine Beförderung mit derartigen Fahrzeugen (Charterverträge, Frachtverträge etc.).[212]

3. Recht eines Staates. Abs. 4 verweist ausdrücklich auf das Recht eines Staates. Damit ist ebenso wie bei der subjektiven auch bei der objektiven Anknüpfung die Anwendung **nichtstaatlichen Rechts** ausgeschlossen und dem Richter daher ein Rückgriff auf die *lex mercatoria*, private Regelwerke wie die „Principles of European Contract Law"[213] der Lando-Kommission, die „Principles of International Commercial Contracts"[214] von UNIDROIT usw verwehrt.[215] Das bedeutet freilich nicht, dass derartige Prinzipienkataloge bei einem objektiv bestimmten Vertragsstatut völlig bedeutungslos sind. In Betracht kommt immerhin ihre Berücksichtigung als **„Ersatzrecht"** oder als **„Auslegungsleitlinie"**.[216]

4. Maßgeblicher Zeitpunkt. Eine Festlegung des für die Anknüpfung maßgeblichen Zeitpunkts fehlt in Abs. 4. Es existiert lediglich die allgemeine Vorschrift des Art. 19 Abs. 3, die jedoch für die engste Verbindung nicht greift.[217] Nach dem Bericht von *Guiliano/Lagarde* soll es möglich sein, zur Ermittlung der engsten Verbindung eines Vertrages auch **noch nach Vertragsschluss eingetretene Umstände** berücksichtigen zu können.[218] Was damit gemeint ist, ist unklar. Nach zT vertretener Auffassung soll ein **Statutenwechsel** grundsätzlich **ausgeschlossen** sein; eine Berücksichtigung nach Vertragsschluss eingetretener Umstände sei nur insoweit möglich, als aus ihnen Rückschlüsse auf die bereits bei Vertragsschluss bestehende engste Verbindung gezogen werden könnten.[219] Nach anderer Ansicht soll immerhin **bei einer grundlegenden Änderung** der die Anknüpfung determinierenden Umstände ein Wandel des Vertragsstatuts möglich sein, sofern hierfür – wie etwa bei langfristigen Verträgen – ein besonderes Bedürfnis besteht.[220] Überzeugender erscheint eine Differenzierung zwischen Umständen, die im Vertrag selbst liegen, und solchen, die einseitig von einer Partei herbeigeführt werden.[221] **Vertragsinterne Umstände** (wie zB ein Schuldner- oder Gläubigerwechsel) sind zu berücksichtigen, sofern sie die Verbindung zur bisher maßgeblichen Rechtsordnung locker werden lassen und eine engere Verbindung zu einer anderen Rechtsordnung herstellen.[222] Eine **einseitige Manipulation** der für die Anknüpfung maßgeblichen Umstände, wie etwa eine nachträgliche Änderung der Staatsangehörigkeit oder eine Verlegung des Sitzes oder gewöhnlichen Aufenthalts, ist hingegen ohne jede Relevanz.[223]

VII. Einzelne Vertragstypen

1. Kauf- und Werklieferungsverträge. **Kaufverträge über bewegliche Sachen** werden nach Abs. 1 lit. a angeknüpft. Maßgeblich ist somit das Recht des Staates, in dem der Verkäufer seinen gewöhnlichen

---

210 KG IPrax 1998, 280, 283; *v. Hoffmann*, BerfesVR 25 (1984), 35, 57 f; Soergel/*v. Hoffmann*, Art. 28 EGBGB Rn 108; *Looschelders*, Art. 28 EGBGB Rn 16; Ferrari u.a./*Ferrari*, Internationales Vertragsrecht, Art. 4 Rn 95; Reithmann/Martiny/*Martiny*, Rn 196.
211 Staudinger/*Magnus*, Art. 4 Rn 160; Reithmann/Martiny/*Martiny*, Rn 205.
212 Staudinger/*Magnus*, Art. 4 Rn 160; Reithmann/Martiny/*Martiny*, Rn 205.
213 *Lando/Beale*, The Principles of European Contract Law Parts I and II, 1999; *Lando/Clive/Prüm/Zimmermann*, Principles of European Contract Law Part III, 2003.
214 UNIDROIT, Principles of International Commercial Contracts, 1994; UNIDROIT, Principes relatifs aux contrats du commerce international, 1994.
215 Bamberger/Roth/*Spickhoff*, Art. 4 Rn 5; *Spickhoff*, RabelsZ 56 (1992), 116, 133 f; *Wichard*, RabelsZ 60 (1996), 269, 294.
216 Vgl dazu ausf. *Wichard*, RabelsZ 60 (1996), 269, 294 ff; Art. 9 Abs. 2 S. 2 und Art. 10 der Konvention von México haben eine Berücksichtigung der allgemeinen Prinzipien des Welthandelsrechts auch bei einer objektiven Vertragsanknüpfung ausdrücklich festgeschrieben, vgl zB *Boele-Woelki*, IPrax 1997, 161, 170.
217 MüKo/*Martiny*, Art. 4 Rn 280; Reithmann/Martiny/*Martiny*, Rn 187.
218 Bericht *Giuliano/Lagarde*, BT-Drucks. 10/503, S. 33, 52.
219 So etwa Staudinger/*Magnus*, Art. 4 Rn 168; ähnlich Bamberger/Roth/*Spickhoff*, Art. 4 Rn 87; MüKo/*Martiny*, Art. 4 Rn 280; *Nordmeier*, in: Gebauer/Wiedmann, Kap 37 Rn 50.
220 Reithmann/Martiny/*Martiny*, Rn 187.
221 Czernich/Heiss/*Czernich*, Art. 4 EVÜ Rn 9.
222 Czernich/Heiss/*Czernich*, Art. 4 EVÜ Rn 9.
223 BGH GRUR Int. 1980, 230.

Aufenthalt hat. Bei **Kaufverträgen über Grundstücke** ist nach Abs. 1 lit. c hingegen die *lex rei sitae* anzuwenden. Die **übrigen Kaufverträge**, insbesondere der Rechtskauf und somit auch grundsätzlich der Unternehmenskauf (näher Rn 22), sind schließlich nach Maßgabe des Abs. 2 anhand der charakteristischen Leistung anzuknüpfen.[224] Zu beachten bleibt bei allen Arten des Fahrnis-, nicht aber des Rechtskaufs außerdem das Wiener UN-Kaufrecht. Es beansprucht bei Eröffnung seines sachlichen, räumlichen und zeitlichen Anwendungsbereichs vorrangige Geltung. Auf das nach Abs. 1 oder 2 maßgebende Vertragsstatut kann dann nur zur Schließung externer Lücken zurückgegriffen werden.

98 Bei **Verbraucherverträgen** ist Art. 6 Abs. 1 zu beachten.[225]

99 **Werklieferungsverträge** sind ebenso anzuknüpfen wie Kaufverträge. Es gilt gem. Abs. 1 lit. a das Recht am gewöhnlichen Aufenthaltsort des Lieferanten.[226] Ist Lieferant ein Unternehmer und Empfänger ein Verbraucher, muss indes nach Art. 6 Abs. 1 angeknüpft werden, sofern der räumlich-situative Anwendungsbereich der Vorschrift (Art. 6 Rn 19 ff) eröffnet ist.

100 **2. Schenkung.** Mangels Auflistung in Abs. 1 ist die Schenkung nach **Abs. 2** anzuknüpfen.[227] **Charakteristische Leistung** bei einer Schenkung ist **stets die des Schenkenden**; denn der Beschenkte erbringt regelmäßig keine Gegenleistung. Es gilt nach Abs. 2 das Recht am gewöhnlichen Aufenthaltsort des Schenkers,[228] und zwar auch bei Schenkungen **unter Ehegatten**, die gleichfalls dem Schenkungsvertragsstatut unterfallen;[229] zu beachten können freilich vom Ehewirkungsstatut ausgesprochene Schenkungsverbote sein.[230] Bei der Schenkung von **Grundstücken**, beschränkt dinglichen Rechten oder obligatorischen Nutzungsrechten an Grundstücken greift hingegen nicht Abs. 2, sondern Abs. 1 lit. c.[231] Die Schenkung **von Todes wegen** untersteht nach hM dem Erbstatut.[232] Wird sie allerdings schon zu Lebzeiten vollzogen, gilt das Schenkungsvertragsstatut.[233]

101 Bei **gemischten Schenkungen** kommt es auf das Verhältnis der unentgeltlichen zur entgeltlichen Leistung an. Überwiegt die unentgeltliche, ist auf das Recht am Aufenthaltsort des Schenkers abzustellen; ansonsten gelten die Regeln über den Kauf.[234] In der Praxis spielt die Abgrenzung freilich keine Rolle, da die Anknüpfung in beiden Fällen regelmäßig zum Recht des (gemischt) Schenkenden führen wird.[235]

102 **3. Tausch.** Bei Tauschverträgen ist zu differenzieren. Tauschverträge über bewegliche Sachen werden, **sofern eine Leistung überwiegt**, gem. Abs. 1 lit. a angeknüpft (vgl Abs. 1 lit. a, Rn 20). Sind die Leistungen **gleichwertig**, greift mangels charakteristischer Leistung Abs. 4 ein. Tauschverträge über unbewegliche Sachen werden mangels einheitlichen Belegenheitsortes[236] und mangels charakteristischer Leistung[237] nach Abs. 4 angeknüpft. Vorrangiges Einheitsrecht existiert nicht.[238] **Kompensationsgeschäfte**,[239] bei denen der Vertragspartner kein besonderes Interesse gerade an dieser Gegenleistung hat und sie nur an die Stelle einer (der anderen Vertragspartei meist nicht möglichen) Geldzahlung tritt und der Vertrag daher durch die „Erst-

---

224 Reithmann/Martiny/*Martiny*, Rn 962.
225 So auch Ferrari u.a./*Ferrari*, Internationales Vertragsrecht, Art. 4 Rn 25.
226 Reithmann/Martiny/*Martiny*, Rn 965; OLG Düsseldorf RIW 1993, 845; OLG Frankfurt NJW 1992, 633, 634; Ferrari u.a./*Ferrari*, Internationales Vertragsrecht, Art. 4 Rn 19; Für eine Stellung zwischen Kauf- und Dienstleistungsvertrag Staudinger/*Magnus*, Art. 4 Rn 238; jurisPK-BGB/*Ringe*, Art. 4 Rn 97.
227 Palandt/*Thorn*, Art. 4 Rn 24; *Nordmeier*, in: Gebauer/Wiedmann, Kap 37 Rn 49.
228 OLG Düsseldorf FamRZ 1983, 1229; OLG Köln NJW-RR 1994, 1026; OLG Frankfurt IPRspr 1964/65, Nr. 37; IPRspr 1996 Nr. 122; GRUR 1998, 141, 142; Palandt/*Thorn*, Art. 4 Rn 24; Erman/*Hohloch*, Art. 4 Rn 36; *Looschelders*, Art. 28 EGBGB Rn 30; Bamberger/Roth/*Spickhoff*, Art. 4 Rn 74; *v. Bar*, IPR II, Rn 496; Rauscher/*Thorn*, EuZPR/EuIPR, Art. 4 Rn 90; Ferrari u.a./*Ferrari*, Internationales Vertragsrecht, Art. 4 Rn 157.
229 *Jaeger*, DNotZ 1991, 431, 445; Ferrari u.a./*Ferrari*, Internationales Vertragsrecht, Art. 4 Rn 157.
230 Vgl auch BGH NJW 1993, 385; näher *Abel*, Die Qualifikation der Schenkung, 1997, S. 149 ff.
231 Erman/*Hohloch*, Art. 4 Rn 36; Staudinger/*Magnus*, Art. 4 Rn 245; MüKo/*Martiny*, Art. 4 Rn 166; Rauscher/*Thorn*, EuZPR/EuIPR, Art. 4 Rn 90; Ferrari u.a./*Ferrari*, Internationales Vertragsrecht, Art. 4 Rn 157.
232 *Abel*, Die Qualifikation der Schenkung, 1997, S. 143; offen gelassen von BGH NJW 1983, 1487.
233 *Abel*, Die Qualifikation der Schenkung, 1997, S. 143; Staudinger/*Magnus*, Art. 4 Rn 248; *Winkler von Mohrenfels*, IPrax 1991, 237, 239.
234 Soergel/*v. Hoffmann*, Art. 28 EGBGB Rn 161; *Looschelders*, Art. 28 EGBGB Rn 31; MüKo/*Martiny*, Art. 4 Rn 166; Rauscher/*Thorn*, EuZPR/EuIPR, Art. 4 Rn 90.
235 Czernich/Heiss/*Czernich*, Art. 4 EVÜ Rn 134.
236 Erman/*Hohloch*, Art. 4 Rn 47; Staudinger/*Magnus*, Art. 4 Rn 244; Soergel/*v. Hoffmann*, Art. 28 EGBGB Rn 159; Ferrari u.a./*Ferrari*, Internationales Vertragsrecht, Art. 4 Rn 166.
237 Staudinger/*Magnus*, Art. 4 Rn 243; Palandt/*Thorn*, Art. 4 Rn 31.
238 Zur (Nicht-)Anwendbarkeit des UN-Kaufrechts vgl einerseits *Schlechtriem*, Internationales UN-Kaufrecht, 4. Aufl. 2007, Rn 24; Schlechtriem/*Schwenzer*, Kommentar zum einheitlichen UN-Kaufrecht, 5. Aufl. 2008, Art. 1 CISG Rn 30; Staudinger/*Magnus*, Art. 1 CISG Rn 29 und andererseits *Lurger*, ZfRV 1991, 415, 421 ff.
239 Vgl dazu *Niggemann*, RIW 1987, 169.

leistung" sein Gepräge erhält, sind schließlich nach Abs. 1 lit. a iVm Art. 19 an das Recht am Ort der Niederlassung des sie Erbringenden anzuknüpfen.

4. Dienstleistungsverträge. a) Grundsatz. Dienstleistungsverträge sind nach Abs. 1 lit. b anzuknüpfen. **103** Maßgeblich ist daher grundsätzlich das Recht am gewöhnlichen Aufenthaltsort des zur Dienstleistung Verpflichteten.[240] Das gilt selbst dann, wenn die Dienstleistung im Ausland erbracht wird.[241] Allerdings kann eine ausschließliche Dienstleistungserbringung im Ausland ein im Rahmen von Abs. 3 zu beachtendes Kriterium sein.[242]

b) Arbeitsverträge. Arbeitsverträge werden bei Fehlen einer Rechtswahl nach Art. 8 Abs. 2–4 **gesondert** **104** **angeknüpft**. Abzustellen ist auf den gewöhnlichen Arbeitsort bzw bei wechselnden Arbeitsorten auf den Einstellungsort (näher Art. 8).

c) Arztverträge. Verträge mit Ärzten sind Dienstleistungsverträge iSd Rom I-VO und unterliegen nach **105** Abs. 1 lit. b dem Recht am Ort der **Niederlassung des Arztes**.[243] Das am Niederlassungsort geltende Recht ist außerdem bei Verträgen mit anderen Angehörigen der **Heilberufe** (Heilpraktiker, Psychologen, Physiotherapeuten, Hebammen usw.) heranzuziehen. Das gilt auch bei einem Vertragsschluss und/oder einer Behandlung via **Internet** („Telemedizin").[244]

d) Beratungsverträge. Verträge mit **Anwälten** und **Notaren** unterstehen als Dienstverträge bei Fehlen **106** einer Rechtswahl gem. Abs. 1 lit. b dem Recht am Ort der Niederlassung des Anwalts bzw Notars.[245] Bei mehreren Niederlassungen ist die Niederlassung maßgeblich, welche die geschuldete Leistung erbringt.[246] Ebenso sind Verträge mit **Steuerberatern** oder **Wirtschaftsprüfern** anzuknüpfen.[247]

e) Unterrichtsverträge. Verträge über die Erteilung von Unterricht unterstehen als Dienstleistungsverträge gem. Abs. 1 lit. b dem am **Niederlassungsort des Veranstalters** geltenden Recht,[248] und zwar auch **107** bei **Fernunterrichtsverträgen**.[249] Auf den Unterrichtsort (Sprachkurs im Ausland etc.) kommt es nicht an, doch kann dieser in Zusammenhang mit anderen Kriterien eine abweichende Anknüpfung nach Abs. 3 rechtfertigen.[250]

5. Beförderungsverträge. Beförderungsverträge werden **gesondert** nach Art. 5 angeknüpft. Maßgeblich **108** ist der Ort des gewöhnlichen Aufenthalts des Beförderers oder der zu befördernden Person oder der vereinbarte Ablieferungsort (näher Art. 5).

6. Speditionsverträge. Speditionsverträge sind von Beförderungsverträgen abzugrenzen. Der Spediteur **109** ist im Gegensatz zum Beförderer **nicht zur Beförderung verpflichtet**, sondern übernimmt es nur, Güterversendungen durch einen Frachtführer zu besorgen (vgl zB § 453 Abs. 1 HGB). Speditionsverträge sind daher als Dienstleistungsverträge nach Abs. 1 lit. b anzuknüpfen.[251] Maßgeblich ist somit der **Niederlassungsort des Spediteurs**, Abs. 1 lit. b iVm Art. 19. Art. 5 kann bei Speditionsverträgen nur herangezogen werden, wenn der Spediteur – etwa aufgrund eines Selbsteintritts (§§ 458 bis 460 HGB) – ausnahmsweise selbst die Beförderungsleistung schuldet.[252]

---

240 Palandt/*Thorn*, Art. 4 Rn 9; MüKo/*Martiny*, Art. 4 Rn 16.
241 BGH RIW 1995, 1027, 1028.
242 BGHZ 128, 41, 49.
243 Palandt/*Thorn*, Art. 4 Rn 9; MüKo/*Martiny*, Art. 4 Rn 56; ähnliche Qualifikation unter Geltung des EVÜ, vgl Soergel/*v. Hoffmann*, Art. 28 EGBGB Rn 210; Erman/*Hohloch*, Art. 4 Rn 14; *Hübner/Linden*, VersR 1998, 793, 794; Staudinger/*Magnus*, Art. 4 Rn 309; Bamberger/Roth/*Spickhoff*, Art. 4 Rn 15; jurisPK-BGB/*Ringe*, Art. 4 Rn 76; *v. Bar*, IPR II, Rn 496; Ferrari u.a./*Ferrari*, Internationales Vertragsrecht, Art. 4 Rn 108.
244 *Pfeiffer*, in: Gounalakis, Rechtshandbuch Electronic Commerce, 2003, § 12 Rn 120 f.
245 Palandt/*Thorn*, Art. 4 Rn 9.
246 Näher Reithmann/Martiny/*Mankowski*, Rn 1425 ff.
247 Zur Anknüpfung des Vertrags mit einem Wirtschaftsprüfer vgl *Ebke*, in: FS Sandrock 2000, S. 243, 251.
248 MüKo/*Martiny*, Art. 4 Rn 57; Ferrari u.a./*Ferrari*, Internationales Vertragsrecht, Art. 4 Rn 170; ähnliche Qualifikation unter Geltung des EVÜ, vgl Erman/*Hohloch*, Art. 4 Rn 14; Soergel/*v. Hoffmann*, Art. 28 EGBGB Rn 203; Staudinger/*Magnus*, Art. 4 Rn 311; vgl auch AG Heidelberg IPrax 1987, 25.
249 Zur Frage des Eingriffsnormcharakters der §§ 2–10 FernUG vgl Staudinger/*Magnus*, Art. 4 Rn 312 f.
250 So auch Ferrari u.a./*Ferrari*, Internationales Vertragsrecht, Art. 4 Rn 170.
251 Ferrari u.a./*Ferrari*, Internationales Vertragsrecht, Art. 4 Rn 162; AA Rauscher/*Thorn*, EuZPR/EuIPR, Art. 5 Rn 28.
252 OLG München TranspR 1997, 33, 34; TranspR 1998, 353, 355; Czernich/Heiss/*Czernich*, Art. 4 EVÜ Rn 195; Soergel/*v. Hoffmann*, Art. 28 EGBGB Rn 83; Reithmann/Martiny/*Mankowski*, Rn 4081; Bamberger/Roth/*Spickhoff*, Art. 5 Rn 7; zum gleichen Ergebnis allerdings über Art. 4 Abs. 2 kommt Staudinger/*Magnus*, Art. 5 Rn 202.

110 **7. Beherbergungsverträge.** Beherbergungsverträge unterstehen als Dienstleistungsverträge gemäß Abs. 1 lit. b dem Recht am gewöhnlichen Aufenthaltsort **des Gastwirts**.[253] Das wird überwiegend das Recht am Unterbringungsort sein. Zum gleichen Ergebnis gelangt daher meist, wer aufgrund des mietvertraglichen Elements nach Abs. 1 lit. c anknüpft und die *lex rei sitae* heranzieht.[254] Beachtlich kann internationales Einheitsrecht in Form des „Europaratsübereinkommens über die Haftung von Gastwirten für die von Gästen eingebrachten Sachen vom 17.12.1962" sein.[255] Art. 6 Abs. 1 gewährt bei Vorliegen der persönlichen und räumlich-situativen Anwendungsvoraussetzungen kollisionsrechtlichen **Verbraucherschutz**, doch sind hiervon Verträge über ausschließlich im Ausland zu erbringende Beherbergungsleistungen ausgenommen (Art. 6 Abs. 4 lit. a).

111 **8. Internetverträge. a) Grundsatz.** Internetverträge bilden keine kollisionsrechtlich eigenständig zu behandelnde Kategorie, sondern sind nach den gleichen Grundsätzen anzuknüpfen wie in der „realen" Welt geschlossene Verträge. Besondere Anknüpfungsschwierigkeiten bestehen meist nicht, da die in den Abs. 1 und 2 verwendeten Anknüpfungsmomente personen- bzw sachbezogen (gewöhnlicher Aufenthalt, Belegenheit des Grundstücks) und sämtlich in der „realen" Welt belegen sind und sich damit leicht lokalisieren lassen.[256] Auf die **Standorte von Rechnern, Servern** usw kommt es nicht an.[257] Sie können allenfalls im Rahmen der Ausweichklausel des Abs. 3 oder bei Fehlen einer charakteristischen Leistung von Bedeutung sein, werden dann aber meist nicht das Gewicht wie personenbezogene Anknüpfungsmomente haben.[258] So wird etwa diskutiert, ob bei einem Download des Vertragsgegenstands (Software, Musik, Filme etc.) der Vertrag nicht dem am Standort des Rechners, auf den der Kunde die Dateien herunterlädt, geltenden Recht unterstellt werden sollte. Überzeugende Gründe, allein aufgrund des Rechnerstandorts von der Anknüpfung nach Abs. 1 und 2 abzuweichen, sind freilich nicht ersichtlich.[259]

112 **b) Provider-Verträge.** Provider-Verträge sind Verträge, mittels derer sich ein Diensteanbieter verpflichtet, eigene oder fremde Teledienste zur Nutzung bereitzuhalten oder den Zugang zu ihrer Nutzung zu vermitteln. Charakteristische Leistung ist stets die des Providers, unabhängig davon, ob er als Access-Provider, Internet-Service-Provider, Content-Provider oder Net-Provider tätig wird und zB nur den Anschluss an das Internet vermittelt oder auch eigene Inhalte zur Nutzung, Gesamtkonzeptionen für den Internetauftritt seiner Kunden anbietet usw.[260] Anzuwenden ist mangels Rechtswahl das am Ort der **Niederlassung des Providers** geltende Recht,[261] Abs. 1 lit. b. Der Ort der Einwahl in das Internet ist grundsätzlich ebenso unbeachtlich wie der Standort eines Servers.[262] Art. 6 Abs. 1 bleibt zu beachten.

113 **c) Domainregistrierungsverträge.** Charakteristische Leistung des Domainregistrierungsvertrags ist unabhängig davon, wie man ihn rechtlich einordnen mag,[263] die Aufnahme der Domain und ihrer technischen Daten in die Nameserver für die jeweilige Top Level Domain (Konnektierung). Mangels Rechtswahl unterliegt der Vertrag daher gem. Abs. 1 lit. b oder gem. Abs. 2 dem Recht des Staates, in dem der **Registrierer** seinen gewöhnlichen Aufenthalt hat.

114 Dieses Recht ist auch dann maßgeblich, wenn die Domainregistrierung nicht vom Kunden selbst, sondern für ihn durch einen **Provider** vorgenommen wird. Das im Vorfeld zwischen Kunden und Provider entstandene Vertragsverhältnis untersteht hingegen dem Recht des Providers (vgl Rn 112), da es durch die Pflicht des Providers zur Registrierung der Domain auf den Namen des Kunden bei der Registrierungsstelle, die für die gewünschte Domain zuständig ist, charakterisiert wird.[264]

---

253 Palandt/*Thorn*, Art. 4 Rn 10; Reithmann/*Martiny*/*Martiny*, Rn 1053; ähnliche Qualifikation unter Geltung des EVÜ, vgl OGH ZfRV 1994, 161, 163; LG Hamburg IPRspr 1991 Nr. 33; AG Bernkastel-Kues IPRspr 1993 Nr. 28; Erman/*Hohloch*, Art. 4 Rn 19; Rauscher/*Thorn*, EuZPR/EuIPR, Art. 4 Rn 36; zum gleichen Ergebnis allerdings über Art. 4 Abs. 2 kommen jurisPK-BGB/*Ringe*, Art. 4 Rn 80; Staudinger/*Magnus*, Art. 4 Rn 370.
254 So *v. Bar*, IPR II, Rn 515.
255 Deutschland hat das Übereinkommen in die §§ 701 ff BGB übernommen, vgl BGBl I 1966 S. 181.
256 Zu Sonderproblemen bei Leistungen durch „virtuelle" Unternehmen oder Niederlassungen vgl mwN *Pfeiffer*, in: Gounalakis, Rechtshandbuch Electronic Business, 2003, § 12 Rn 36 ff; *ders.*, in: Hohl/Leible/Sosnitza, Vernetztes Recht, 2002, S. 21, 30 f.
257 *Remien*, in: Leible, Die Bedeutung des Internationalen Privatrechts im Zeitalter der neuen Medien, 2003, S. 21, 29; *Pfeiffer*, in: Hohl/Leible/Sosnitza, Vernetztes Recht, 2002, S. 21, 30.
258 Ähnlich *Mankowski*, in: Spindler, Vertragsrecht der Internet-Provider, 2000, Teil III Rn 44.
259 Vgl auch *Mankowski*, CR 1999, 512, 515; RabelsZ 63 (1999), 203, 220 und 228; *Pfeiffer*, in: Hohl/Leible/Sosnitza, Vernetztes Recht, 2002, S. 21, 33.
260 Zur Typologie der Providerverträge vgl *Schneider*, Verträge über Internet-Access, 2001, S. 89 ff.
261 Staudinger/*Magnus*, Art. 4 Rn 608; *Pfeiffer*, in: Gounalakis, Rechtshandbuch Electronic Business, 2003, § 12 Rn 109.
262 Staudinger/*Magnus*, Art. 4 Rn 608; *Mankowski*, in: Spindler, Vertragsrecht der Internet-Provider, 2000, Teil III Rn 43.
263 Vgl etwa zu einem Domainregistrierungsvertrag mit der DENIC *Mankowski*, in: Hohl/Leible/Sosnitza, Domains, Frames und Links, 2002, S. 99, 109 ff.
264 *Mankowski*, in: Hohl/Leible/Sosnitza, Domains, Frames und Links, 2002, S. 99, 119; *Schuppert*, in: Spindler, Vertragsrecht der Internet-Provider, 2000, Teil VI Rn 14.

Obligatorische Verträge über die entgeltliche oder unentgeltliche **Übertragung**[265] oder **Nutzungsüberlassung**[266] **einer Domain** unterstehen mangels Rechtswahl nach Abs. 2 dem Recht des Übertragenden, da dieser die charakteristische Leistung erbringt. Eine nach Abs. 3 zu berücksichtigende engere Beziehung zum Recht am Ort der Registrierungsstelle besteht nicht. Dieses entscheidet allerdings darüber, ob die Domain überhaupt übertragbar ist.[267] **115**

d) Internetauktionen. Internetauktionen[268] werden mangels ermittelbarem Versteigerungsort nicht nach Abs. 1 lit. g angeknüpft (vgl Abs. 1 lit. g Rn 51). Hier ist vielmehr zu differenzieren. Verträge zwischen dem Betreiber der Auktionsplattform und ihren Nutzern unterstehen als Dienstleistungsverträge gem. Abs. 1 lit. b iVm Art. 19 stets dem am Ort der **Niederlassung des Internetauktionshauses** geltenden Recht. Auf das dort geltende Recht ist außerdem dann abzustellen, wenn das Internetauktionshaus, was mittlerweile allerdings äußerst selten ist, als Kommissionär für den Einlieferer tätig wird.[269] **116**

Umstritten ist hingegen die **Anknüpfung des zwischen den Nutzern der Plattform geschlossenen Vertrags**. Die hM gelangt über die Einordnung als Kaufvertrag nach Abs. 1 lit.a bei Mobilien bzw Abs. 2 bei Rechten regelmäßig zur Anwendung des am Ort des gewöhnlichen Aufenthalts oder der Niederlassung des Verkäufers geltenden Rechts.[270] Bei Versteigerungen von Grundstücken ist freilich Abs. 1 lit. c zu beachten. Nach anderer Ansicht ist der Vertrag hingegen über die Ausweichklausel auf das für die Versteigerungsplattform maßgebliche Recht abzustellen.[271] Für Letzteres sprechen scheinbar gute Gründe; denn nicht selten werden bereits im Vertrag zur Nutzung der Plattform Vorgaben für den Vertragsschluss und die inhaltliche Ausgestaltung von Verträgen zwischen den einzelnen Nutzern gemacht.[272] Hinzu kommt, dass die **Herkunft des Veräußerers** dem Ersteigerer **häufig nicht ohne weiteres erkennbar** ist, so dass er mit der Geltung dessen Heimatrechts – anders als mit der Geltung des Plattformrechts – nicht rechnen kann.[273] Hingewiesen wird außerdem auf die Parallele zu Verträgen, die im Rahmen einer Börse oder öffentlichen Versteigerung geschlossen werden (vgl auch Rn 75).[274] Ob all dies geeignet ist, statt nach Abs. 1 lit. a über Abs. 3 **regelmäßig** an das Recht der Auktionsplattform anzuknüpfen,[275] erscheint indes zweifelhaft. Vorzugswürdig ist es, es bei der nach Abs. 3 gebotenen **Einzelfallbetrachtung** zu belassen.[276] In diese sind zwar mit starkem Gewicht zugunsten des Plattformrechts die vorstehend aufgeführten Kriterien einzustellen, aber auch weitere Faktoren zu berücksichtigen. Von Bedeutung können die für die Angebotspräsentation verwendete Sprache, die Kenntlichmachung der ausländischen Niederlassung bereits auf der Angebotsseite, die Angabe eines Kontos im Staat des Plattformbetreibers, die Verwendung der dort geltenden Währung usw sein.[277] Nur wenn diese Kriterien in ihrer Gesamtheit oder jedenfalls zum überwiegenden Teil auf das Plattformrecht hindeuten, sollte von der Regelanknüpfung des Abs. 1 lit. a abgewichen werden. **117**

9. Franchiseverträge. Franchiseverträge werden nach Abs. 1 lit. e angeknüpft. Sie unterliegen dem Recht des Staates, in dem der Franchisenehmer seinen **gewöhnlichen Aufenthalt** hat (näher Abs. 1 lit. e, Rn 43 ff). **118**

10. Handelsvertreterverträge. Handelsvertreterverträge sind als Dienstleistungsverträge nach Abs. 1 lit. b anzuknüpfen. Sie unterliegen dem Recht des Staates, in dem der Handelsvertreter seinen gewöhnlichen **119**

---

265 Vgl dazu zB *Grützmacher/Siekmann*, ITRB 2001, 268; *Härting*, ITRB 2002, 96; *Ernst*, MMR 2002, 714, 720.
266 Vgl zur Domainmiete *Ernst*, MMR 2002, 714, 720; *Härting*, ITRB 2002, 96, 97 f.
267 Vgl zB zu rechtsgeschäftlichen und gesetzlichen Übertragungsverboten für bei der DENIC registrierten Domains *Stickelbrock*, in: Hohl/Leible/Sosnitza, Domains, Frames und Links, 2002, S. 49, 58 ff.
268 S. allg. zu Internetauktionen auch den Anhang zu § 156 BGB.
269 Staudinger/*Magnus*, Art. 4 Rn 611; *Mankowski*, in: Spindler/Wiebe, Internet-Auktionen, 2001, Rn G 77.
270 Vgl *Wagner*, IPrax 2008, 377, 384; *Bücker*, Internetauktionen, 2003, S. 159 ff; *Mankowski*, in: Spindler/Wiebe, Internet-Auktionen, 2001, Rn G Rn 55 f; Staudinger/*Magnus*, Art. 4 Rn 611; *Pfeiffer*, in: Gounalakis, Rechtshandbuch Electronic Commerce, 2003, § 12 Rn 112.
271 *Freitag*, in: Leible/Sosnitza, Versteigerungen im Internet, 2004, Rn 790 ff.
272 *Freitag*, in: Leible/Sosnitza, Versteigerungen im Internet, 2004, Rn 792.
273 *Borges*, Verträge im elektronischen Geschäftsverkehr, 2003, S. 875 ff; *Freitag*, in: Leible/Sosnitza, Versteigerungen im Internet, 2004, Rn 791.
274 *Freitag*, in: Leible/Sosnitza, Versteigerungen im Internet, 2004, Rn 793.
275 So wohl *Freitag*, in: Leible/Sosnitza, Versteigerungen im Internet, 2004, Rn 795: „nicht allein der Abschluss des Kaufvertrages, sondern dessen gesamter Inhalt (ist) nach dem Plattformrecht zu beurteilen".
276 So auch *Pfeiffer*, in: Hohl/Leible/Sosnitza, Vernetztes Recht, 2002, S. 21, 33.
277 Zur Berücksichtigungsfähigkeit dieser Kriterien im Rahmen der Ausweichklausel des Abs. 5 vgl *Mehrings*, CR 1998, 613, 617; *Pfeiffer*, in: Hohl/Leible/Sosnitza, Vernetztes Recht, 2002, S. 21, 32 f; *ders.*, in: Gounalakis, Rechtshandbuch Electronic Commerce, 2003, § 12 Rn 40.

Aufenthalt hat. Anzuwenden ist somit das **am Ort seiner Niederlassung geltende Recht**,[278] und zwar auch dann, wenn er in einem anderen Staat als dem seiner Niederlassung tätig wird.[279] Der andere Tätigkeitsort kann jedoch ein Kriterium sein, das in Zusammenschau mit weiteren Anhaltspunkten zu einer von Abs. 1 lit. b abweichenden Anknüpfung nach Abs. 3 führt. Abgestellt wurde in der Rechtsprechung u.a. auf die gemeinsame Staatsangehörigkeit der Parteien.[280]

120 **11. Kommissionsverträge.** Kommissionsverträge sind als Dienstleistungsverträge nach Abs. 1 lit. b anzuknüpfen. Sie unterliegen dem Recht des Staates, in dem der **Kommissionär** seinen **gewöhnlichen Aufenthalt** hat.[281] Das Statut des in Kommission vorgenommenen Geschäfts ist ebenso unbeachtlich wie der Ort seiner Durchführung. Beide Kriterien können aber zusammen mit anderen Kriterien geeignet sein, nach Abs. 3 eine Abweichung von der Regelanknüpfung des Abs. 1 lit. b zu begründen.

121 **12. Vertragshändlerverträge.** Vertragshändlerverträge sind nach Abs. 1 lit. f anzuknüpfen. Maßgeblich ist somit das Recht des Staates, indem der **Vertragshändler** seinen **gewöhnlichen Aufenthalt** hat (näher Abs. 1 lit. f Rn 46 ff).[282] Das Recht am gewöhnlichen Aufenthaltsort des Vertragshändlers beherrscht das Vertragsverhältnis auch bei einer Vertriebstätigkeit in einem oder mehreren anderen Staat(en).[283] Sind mehrere seiner Niederlassungen tätig, ist auf die **Hauptniederlassung** abzustellen.[284] Ein von der Niederlassung abweichender Tätigkeitsort kann freilich eines von mehreren, eine Abweichung von Abs. 1 lit. f begründenden Kriterien im Rahmen von Abs. 3 sein.

122 **UN-Kaufrecht** findet auf den Vertriebshändlervertrag grundsätzlich keine Anwendung.[285] Vom Vertriebsvertrag zu trennen sind die einzelnen Lieferverträge, die einem eigenen Statut unterstehen und als Kaufverträge entweder nach UN-Kaufrecht oder dem an der Niederlassung des Prinzipals (= Verkäufers) geltenden autonomen Recht zu beurteilen sind.[286]

123 **13. Maklerverträge.** Maklerverträge sind nach Abs. 1 lit. b anzuknüpfen. Sie unterliegen dem Recht des Staates, in dem der **Makler** seinen **gewöhnlichen Aufenthalt** hat.[287] Abs. 1 lit. b gilt auch bei Verträgen über die Vermittlung von Grundstücksverträgen. Abs. 1 lit. c ist nicht heranzuziehen, da eine Vermittlungstätigkeit, nicht aber die Einräumung von dinglichen Rechten oder Nutzungsrechten an Grundstücken geschuldet wird. Auf das Statut des vermittelten Geschäfts kommt es nicht an, doch kann dieses ein Kriterium im Rahmen des Abs. 3 sein, das zusammen mit anderen eine von der Regelanknüpfung des Abs. 1 lit. b abweichende Anknüpfung zu begründen vermag.[288] Art. 6 Abs. 1 bleibt zu beachten.[289]

---

278 BGHZ 127, 368, 370 f; BGH NJW-RR 1993, 741, 742; NJW 1993, 2754 f; OLG Düsseldorf RIW 1995, 53, 54; RIW 1996, 959; OLG Koblenz IPrax 1994, 46, 47; RIW 1996, 151, 152; OLG Stuttgart IPrax 1999, 103; Reithmann/Martiny/*Häuslschmid*, Rn 2137, 2217 f; Soergel/*v. Hoffmann*, Art. 28 EGBGB Rn 259; *Looschelders*, Art. 28 EGBGB Rn 39; Staudinger/*Magnus*, Art. 4 Rn 333 ff; aA Erman/*Hohloch*, Art. 4 Rn 28 a; jurisPK-BGB/*Ringe*, Art. 4 Rn 86; Rauscher/*Thorn*, EuZPR/EuIPR, Art. 4 Rn 55; Ferrari u.a./*Ferrari*, Internationales Vertragsrecht, Art. 4 Rn 49.

279 Bamberger/Roth/*Spickhoff*, Art. 4 Rn 44; Ferrari u.a./ *Ferrari*, Internationales Vertragsrecht, Art. 4 Rn 136; aA *Birk*, ZVglRWiss 79 (1980), 268, 282.

280 Vgl RG IPRspr 1930 Nr. 32; LG Hamburg IPrax 1981, 174.

281 Reithmann/Martiny/*Martiny*, Rn 1397; Palandt/ *Thorn*, Art. 4 Rn 12; Soergel/*v. Hoffmann*, Art. 28 EGBGB Rn 250; Erman/*Hohloch*, Art. 4 Rn 20; *Looschelders*, Art. 28 EGBGB Rn 40; Staudinger/ *Magnus*, Art. 4 Rn 322; MüKo/*Martiny*, Art. 4 Rn 62; Bamberger/Roth/*Spickhoff*, Art. 4 Rn 45; *v. Bar*, IPR II, Rn 498; ähnliche Qualifikation unter Geltung des EVÜ, vgl BGH NJW-RR 2003, 1582.

282 Reithmann/Martiny/*Häuslschmid*, Rn 2217, 2296; Erman/*Hohloch*, Art. 4 Rn 27; Soergel/*v. Hoffmann*, Art. 28 EGBGB Rn 266; Rauscher/*Thorn*, EuZPR/ EuIPR, Art. 4 Rn 53; Staudinger/*Magnus*, Art. 4

Rn 71; ähnliche Qualifikation bereits unter Geltung des EVÜ, vgl BGHZ 127, 368, 370 f; OLG Düsseldorf RIW 1993, 761, 762; 1996, 958, 959; OLG Hamm IPRspr 1997 Nr. 160 a; OLG Koblenz RIW 1992, 1019, 1020; OLG Stuttgart RIW 1999, 782.

283 Czernich/Heiss/*Czernich*, Art. 4 EVÜ Rn 176; aA und für Geltung des Rechts am Tätigkeitsort, allerdings noch zum alten IPR, BGH NJW-RR 1992, 421; OLG Hamburg IPRspr 1976 Nr. 125 b; LG München IPRspr 1982 Nr. 141.

284 Czernich/Heiss/*Czernich*, Art. 4 EVÜ Rn 177; Soergel/*v. Hoffmann*, Art. 28 EGBGB Rn 266; Staudinger/*Magnus*, Art. 4 Rn 79.

285 Vgl näher *Schlechtriem*, Internationales UN-Kaufrecht, 4. Aufl. 2007, Rn 24 a.

286 OLG Düsseldorf RIW 1996, 957, 958.

287 Palandt/*Thorn*, Art. 4 Rn 12; MüKo/*Martiny*, Art. 4 Rn 58; Reithmann/Martiny/*Martiny*, Rn 1052, 1392; ähnliche Anknüpfung bereits im alten IPR, vgl LG Frankfurt RIW 1994, 778; Czernich/Heiss/*Czernich*, Art. 4 EVÜ Rn 126; Soergel/*v. Hoffmann*, Art. 28 EGBGB Rn 246; *Looschelders*, Art. 28 EGBGB Rn 41 sowie BGH IPRspr 1962/63 Nr. 22; OLG Düsseldorf IPRspr 1973 Nr. 7; OLG München IPRspr 1974 Nr. 146.

288 Staudinger/*Magnus*, Art. 4 Rn 318; Reithmann/ Martiny/*Martiny*, Rn 1394.

289 Näher *Klingmann*, Maklerverträge im Internationalen Privatrecht, 1999, S. 105 ff.

Abweichend davon soll es bei **Börsenmaklern** nicht auf die Niederlassung des Maklers, sondern den Börsenort ankommen.[290] Eine derartige Abweichung ist indes nur bei amtlichen Kursmaklern, nicht aber bei Freiverkehrsmaklern gerechtfertigt.[291] **124**

Schaltet ein Makler weitere Makler als **Untermakler** ein, untersteht das zwischen ihnen bestehende Vertragsverhältnis dem Recht am Ort der Niederlassung des Untermaklers. Eine akzessorische Anknüpfung an das Recht des Hauptmaklervertrags ist nicht angezeigt.[292] **125**

14. Reiseverträge. Reiseverträge sind als **Dienstleistungsverträge** nach Abs. 1 lit. b anzuknüpfen. Anzuwenden ist daher das Recht am Ort des **gewöhnlichen Aufenthalts des Reiseveranstalters**[293] Art. 6 Abs. 1 bleibt zu beachten (vgl Rn 13 sowie Art. 6 Rn 48). **126**

15. Verwahrungsverträge. Verwahrungsverträge sind als Dienstleistungsverträge nach Abs. 1 lit. b anzuknüpfen. Maßgeblich ist somit das Recht, das am Ort des **gewöhnlichen Aufenthalts des Verwahrers** gilt.[294] Gleiches gilt für die treuhänderische Verwahrung.[295] Ebenso anzuknüpfen sind die **Hinterlegung** (Recht der Hinterlegungsstelle),[296] die **Lagerhaltung** (Recht des Lagerhalters)[297] und vergleichbare Vertragsgestaltungen.[298] Art. 6 Abs. 1 bleibt zu beachten. **127**

16. Auftrag und Geschäftsbesorgung. Mangels Auflistung in Abs. 1 ist der Auftrag nach Abs. 2 anzuknüpfen. Beim Auftrag erbringt die **charakteristische Leistung** der **Beauftragte**. Anwendbar ist daher das an seinem gewöhnlichen Aufenthaltsort geltende Recht.[299] Bei enger Verknüpfung des Auftrags mit anderen Geschäften kann dieser allerdings über Abs. 3 deren Statut folgen.[300] **128**

Die **Geschäftsführung ohne Auftrag** ist nach Art. 11 Rom II-VO anzuknüpfen. **129**

Geschäftsbesorgungsverträge stellen Dienstleistungsverträge iSd Abs. 1 lit. b dar (vgl Rn 29). Anzuknüpfen ist daher an das Recht des Staates, in dem derjenige, der das Geschäft zu besorgen hat, seinen gewöhnlichen Aufenthalt hat. Besonderheiten sind jedoch bei Management- und Betriebsführungsverträgen zu beachten.[301] **130**

17. Bankgeschäfte. a) Grundsatz. Vertragsbeziehungen zwischen der Bank und ihren Kunden unterstehen mangels Rechtswahl[302] regelmäßig gem. Abs. 1 lit. b iVm Art. 19 dem an der **Niederlassung der Bank** geltenden Recht, da solche Verträge als Dienstleistungsverträge zu qualifizieren sind.[303] Dies gilt auch für reine **Kreditverträge**.[304] Zu beachten ist jedoch Art. 6 Abs. 1, der bei grenzüberschreitenden Verträgen zwischen Banken und ihren **Privatkunden** nunmehr regelmäßig Anwendung findet.[305] Bei Rechtsgeschäften zwischen Banken gilt idR das Recht der beauftragten Bank.[306] Nach Abs. 4 ist nur dann anzuknüpfen, wenn es dem Vertragsverhältnis an einer charakteristischen Leistung fehlt.[307] **131**

---

290 Vischer/Huber/Oser, Rn 452.
291 Soergel/v. Hoffmann, Art. 28 EGBGB Rn 246; für eine stetige Anknüpfung an den Ort der Niederlassung des Maklers Staudinger/Magnus, Art. 4 Rn 317.
292 Staudinger/Magnus, Art. 4 Rn 317; Reithmann/Martiny/Martiny, Rn 1393; Ferrari u.a./Ferrari, Internationales Vertragsrecht, Art. 4 Rn 150; aA OLG Düsseldorf RIW 1997, 780, 781.
293 Palandt/Thorn, Art. 4 Rn 10; Ferrari u.a./Ferrari, Internationales Vertragsrecht, Art. 4 Rn 155; ähnliche Anknüpfung bereits unter Geltung des EVÜ, vgl KG IPRspr 1994 Nr. 21 b; Czernich/Heiss/Czernich, Art. 4 EVÜ Rn 130; Staudinger/Magnus, Art. 4 Rn 364; Bamberger/Roth/Spickhoff, Art. 4 Rn 32.
294 Palandt/Thorn, Art. 4 Rn 12; Ferrari u.a./Ferrari, Internationales Vertragsrecht, Art. 4 Rn 174; Staudinger/Magnus, Art. 4 Rn 402; jurisPK-BGB/Ringe, Art. 4 Rn 95; Rauscher/Thorn, EuZPR/EuIPR, Art. 4 Rn 36; Looschelders, Art. 28 EGBGB Rn 44; v. Bar, IPR II, Rn 496; andere Vorgehensweise über Art. 4 Abs. 2, aber gleiches Ergebnis MüKo/Martiny, Art. 4 Rn 63; ähnliche Anknüpfung bereits unter Geltung des EVÜ, vgl LG Aachen RIW 1999, 304.
295 OLG Hamm RIW 1994, 513, 516.
296 Soergel/v. Hoffmann, Art. 28 EGBGB Rn 223; Staudinger/Magnus, Art. 4 Rn 403; Ferrari u.a./Ferrari, Internationales Vertragsrecht, Art. 4 Rn 137.
297 OLG Hamburg IPRspr 1971 Nr. 23; Soergel/v. Hoffmann, Art. 28 EGBGB Rn 225; v. Bar, IPR II, Rn 497.
298 Vgl zB zu einem Archivierungsvertrag KG ZUM 1986, 550, 552.
299 MüKo/Martiny, Art. 4 Rn 34; Rauscher/Thorn, EuZPR/EuIPR, Art. 4 Rn 98; andere Vorgehensweise über Art. 4 Abs. 1 lit. b, aber gleiches Ergebnis Erman/Hohloch, Art. 4 Rn 16; Bamberger/Roth/Spickhoff, Art. 4 Rn 16; vgl zur ähnlichen Lösung im alten IPR OLG Hamm RIW 1994, 513, 515; NJW-RR 1997, 1007, 1008 sowie OLG Hamburg IPRspr 1974 Nr. 11A; KG IPRspr 1979 Nr. 13A; v. Bar, IPR II, Rn 496.
300 MüKo/Martiny, Art. 4 Rn 34.
301 Näher Staudinger/Magnus, Art. 4 Rn 376, 388 f.
302 Zur Rechtswahl durch Nr. 6 Abs. 1 AGB-Banken vgl BGH NJW 1981, 1101; 1987, 1825.
303 Reithmann/Martiny/Freitag, Rn 1267; Palandt/Thorn, Art. 4 Rn 13; Staudinger/Magnus, Art. 4 Rn 450.
304 EuGH, Rs C-45/96, Slg 1998, I-1199 – Bayerische Hypotheken- und Wechselbank/Dietzinger; Reithmann/Martiny/Freitag, Rn 1267.
305 Staudinger/Magnus, Art. 4 Rn 452.
306 BGHZ 108, 353, 362; OLG Düsseldorf RIW 1996, 155; Palandt/Thorn, Art. 4 Rn 13; Hoffmann, ZBB 2000, 391, 396; Pleyer/Wallach, RIW 1988, 172, 174.
307 Vgl zB zum Swapgeschäft Staudinger/Magnus, Art. 4 Rn 507.

132 **b) Einlagen-, Giro- und Diskontgeschäft.** Beim **Einlagengeschäft** steht nicht die Darlehensgewährung durch den Einlegenden, sondern das sichere Verfügbarhalten der Einlage durch die annehmende Bank im Vordergrund, so dass der Einlagevertrag gem. Abs. 1 lit. b dem am Ort der Bankniederlassung geltenden Recht zu unterstellen ist.[308] Das Recht der beauftragten Bank ist weiterhin für die Abwicklung des bargeldlosen Zahlungs- und Abrechnungsverkehrs (**Girogeschäft**),[309] den davon zu trennenden **Überweisungsvertrag**[310] sowie das **Diskontgeschäft** (Inkasso des unter Abzug eines Diskonts „angekauften" Wechsels oder Schecks)[311] maßgeblich.

133 **c) Dokumentenakkreditiv.** Mangels Rechtswahl untersteht das **Rechtsverhältnis zwischen Auftraggeber und eröffnender Bank** nach Abs. 1 lit. b dem Recht am **Niederlassungsort der Bank.** Das Rechtsverhältnis **zwischen Bank und Begünstigtem** wird hingegen nach Abs. 2 angeknüpft; dies führt aber ebenfalls zum Recht am Niederlassungsort der Bank, da sie die charakteristische Leistung erbringt.[312] Sofern eine Zweitbank eingeschaltet wurde, kommt es für die Anknüpfung des Rechtsverhältnisses zwischen Zweitbank und Begünstigtem entscheidend darauf an, welche Funktion die Zweitbank übernimmt.[313] Für das Rechtsverhältnis **zwischen Erst- und Zweitbank** gilt gem. Abs. 1 lit. b das Sitzrecht der Zweitbank.[314] Das Rechtsverhältnis **zwischen Auftraggeber und Begünstigtem** untersteht einem eigenen Statut, etwa dem Kaufvertragsstatut.

134 **d) Factoring.** Factoringverträge unterliegen als Dienstleistungsverträge gem. Abs. 1 lit. b iVm Artt. 14 Abs. 1, 19 dem am Ort der **Niederlassung des Factors** geltenden Recht.[315] Ob die Forderung übertragen werden kann, hängt nach Art. 14 Abs. 2 allerdings von dem Recht ab, dem die Forderung unterliegt. Beachtlich kann Internationales Einheitsrecht in Form des „UNIDROIT-Übereinkommens über das internationale Factoring vom 28.5.1988" sein.[316]

135 **e) Forfaitierung.** Die Forfaitierung ist gem. Abs. 1 lit. b iVm Art. 19 an das Recht des Staates anzuknüpfen, in dem der **Forfaiteur** als Dienstleistungserbringer seine **Niederlassung** hat.[317] Für den Übergang der forfaitierten Forderung gilt Art. 14.[318]

136 **f) Inkassogeschäft.** Beim Inkassogeschäft richten sich die Rechtsverhältnisse zwischen Einreicher und Einreicherbank sowie Inkassobank und Kunden nach dem am **Niederlassungsort der jeweiligen Bank** gel-

---

308 Reithmann/Martiny/*Freitag*, Rn 1282; so bereits auch die Anknüpfung unter Geltung des EVÜ, vgl OLG Düsseldorf RIW 1996, 155; Erman/*Hohloch*, Art. 4 Rn 21; Staudinger/*Magnus*, Art. 4 Rn 453; Bamberger/Roth/*Spickhoff*, Art. 4 Rn 18; aA Soergel/*v. Hoffmann*, Art. 28 EGBGB Rn 318 – Recht des Einlegenden.

309 BGH IPRspr 1987 Nr. 16; OLG Köln RIW 1993, 1023, 1025; Soergel/*v. Hoffmann*, Art. 28 EGBGB Rn 339; Staudinger/*Magnus*, Art. 4 Rn 470; Reithmann/Martiny/*Martiny*, Rn 1288; *v. Bar*, IPR II, Rn 497.

310 *Hoffmann*, ZBB 2000, 391, 395.

311 Reithmann/Martiny/*Freitag*, Rn 1329; vgl auch OLG Hamburg WM 1990, 538; OLG Frankfurt WM 1984, 20; Staudinger/*Magnus*, Art. 4 Rn 457; Bamberger/Roth/*Spickhoff*, Art. 4 Rn 18.

312 MüKo/*Martiny*, Art. 4 Rn 73; Reithmann/Martiny/*Freitag*, Rn 1314; Rauscher/*Thorn*, EuZPR/EuIPR, Art. 4 Rn 51; ähnliche Anknüpfung unter Geltung des EVÜ, vgl OLG Frankfurt RIW 1992, 315; OLG Karlsruhe RIW 1997, 781; Erman/*Hohloch*, Art. 4 Rn 21; *Kegel*, in: GS R. Schmidt 1966, S. 215, 240 ff; Staudinger/*Magnus*, Art. 4 Rn 483; *Schefold*, IPrax 1996, 347, 348; *Schütze*, WM 1982, 226, 227; *Thorn*, IPrax 1996, 257, 259; *v. Bar*, ZHR 152 (1988), 38, 53.

313 Näher Reithmann/Martiny/*Freitag*, Rn 1316; Ferrari u.a./*Ferrari*, Internationales Vertragsrecht, Art. 4 Rn 123.

314 Reithmann/Martiny/*Freitag*, Rn 1315; vgl auch OLG Frankfurt RIW 1988, 905, 906; Soergel/*v. Hoffmann*, Art. 28 EGBGB Rn 352; Staudinger/*Magnus*, Art. 4 Rn 490.

315 Reithmann/Martiny/*Freitag*, Rn 1332; Ferrari u.a./*Ferrari*, Internationales Vertragsrecht, Art. 4 Rn 128; ähnliche Qualifikation bereits unter Geltung des EVÜ, vgl *Basedow*, ZEuP 1997, 615, 620; Erman/*Hohloch*, Art. 4 Rn 21; *Looschelders*, Art. 28 EGBGB Rn 36; Staudinger/*Magnus*, Art. 4 Rn 460; aA für das echte Factoring hingegen Czernich/Heiss/*Czernich*, Art. 4 EVÜ Rn 74; Soergel/*v. Hoffmann*, Art. 28 EGBGB Rn 328 (Recht des Kunden als Verkäufer); Rauscher/*Thorn*, EuZPR/EuIPR, Art. 4 Rn 86.

316 Dazu *Basedow*, ZEuP 1997, 615; *Diehl-Leistner*, Internationales Factoring, 1992; *Ferrari*, RIW 1996, 181; *Häusler*, Das UNIDROIT-Übereinkommen über internationales Factoring, 1998; *Rebmann*, RabelsZ 53 (1989), 599; Reithmann/Martiny/*Freitag*, Rn 1331; *Weller*, RIW 1999, 161; *Zaccaria*, IPrax 1995, 279.

317 Reithmann/Martiny/*Freitag*, Rn 1325; MüKo/*Martiny*, Art. 4 Rn 86; Palandt/*Thorn*, Art. 4 Rn 13; Ferrari u.a./*Ferrari*, Internationales Vertragsrecht, Art. 4 Rn 130; ähnliche Qualifikation bereits unter Geltung des EVÜ, vgl *Bernard*, Rechtsfragen des Forfaitierungsgeschäfts, 1991, S. 180 f; Erman/*Hohloch*, Art. 4 Rn 21; Staudinger/*Magnus*, Art. 4 Rn 464; aA *Hakenberg*, RIW 1998, 906, 909; differenzierend Soergel/*v. Hoffmann*, Art. 28 EGBGB Rn 331.

318 OLG Hamburg IPRspr 1982 Nr. 24; Bamberger/Roth/*Spickhoff*, Art. 4 Rn 21.

tenden Recht, Abs. 1 lit. b iVm Art. 19.[319] Im **Interbankenverhältnis** gilt das Recht der beauftragten Bank.[320]

g) Andere Bankgeschäfte. Bei der Anschaffung und Veräußerung von Wertpapieren für Kunden (**Effektengeschäft**) untersteht das Rechtsverhältnis zwischen Bank und Kunden dem am Niederlassungsort der Bank geltenden Recht.[321] Gleiches gilt für das **Investment- und das Depotgeschäft**: Im Rechtsverhältnis zwischen Anleger und anlegendem bzw verwaltendem Institut gilt das Recht am Niederlassungsort der Kapitalanlagegesellschaft bzw Bank.[322] Über Ansprüche aus einem **Auskunftsvertrag** entscheidet das Recht am Niederlassungsort der Auskunft erteilenden Bank.[323]

137

18. Werkverträge. a) Grundsatz. Werkverträge sind als **Dienstleistungsverträge** iSd Abs. 1 lit. b zu qualifizieren (vgl Abs. 1 lit. b, Rn 29).[324] Mangels Rechtswahl gilt daher das Recht des Staates, in dem der Werkunternehmer als Dienstleister seinen gewöhnlichen Aufenthalt hat, so etwa bei der Reparatur von Kraftfahrzeugen[325] oder Schiffen,[326] dem Färben und Bügeln von Kleidungsstücken,[327] dem Erstellen einer Studie,[328] der Entwicklung von Software,[329] dem Binden von Büchern[330] usw.[331]

138

b) Bauvertrag. Bauverträge sind als spezielle Werkverträge nach dem Recht des Staates zu bemessen, in dem der Bauunternehmer seine Niederlassung hat, Abs. 1 lit. b iVm Art. 19. Auf den **Ort der Baustelle** kommt es nicht an. Er kann allerdings im Rahmen der Ausweichklausel des Abs. 3 von Bedeutung sein (näher Rn 74).[332] Abs. 1 lit. c ist bei **Bau- oder Hausreparaturverträgen** nicht einschlägig, da sie weder ein dingliches Recht an unbeweglichen Sachen noch dessen Miete oder Pacht, sondern nur die Ausführung einer Bauleistung zum Gegenstand haben,[333] wohl aber bei Verträgen über einen Kauf vom Bauträger.[334] Ebenfalls nicht von Abs. 1 lit. c, sondern von Abs. 2 erfasst wird der Anspruch des Bauunternehmers auf Bewilligung einer **Sicherungshypothek** (§ 648 BGB).[335] Ob Gleiches auch für das Pfandrecht nach § 647 BGB gilt, ist umstritten.[336]

139

c) Anlagenvertrag. Auch für internationale Anlagenverträge gilt grundsätzlich die Anknüpfungsregel des Abs. 1 lit. b und damit iVm Art. 19 das Recht am **Ort der Niederlassung des beauftragten Unternehmens**.[337] Mitunter wird auch auf das Recht am Sitz des Auftraggebers abgestellt.[338] Gründe, stets abweichend von Abs. 1 lit. b anzuknüpfen, sind indes nicht erkennbar. Es sollte bei einer einzelfallbezogenen Betrachtung im Rahmen von Abs. 3 bleiben, die aufgrund der Komplexität des Vertragsverhältnisses freilich wesentlich häufiger als beim „normalen" Bauvertrag zu einer Abweichung von der Regelanknüpfung führen wird.[339]

140

---

319 Reithmann/Martiny/*Freitag*, Rn 1320 f; ähnliche Qualifikation bereits unter Geltung des EVÜ, vgl BGH IPrax 1997, 45 f (zum Verhältnis Einreicher-Einreicherbank); Soergel/*v. Hoffmann*, Art. 28 EGBGB Rn 355; Staudinger/*Magnus*, Art. 4 Rn 496.

320 Reithmann/Martiny/*Freitag*, Rn 1322; ähnliche Anknüpfung unter Geltung des EVÜ, vgl Soergel/*v. Hoffmann*, Art. 28 EGBGB Rn 356; Staudinger/*Magnus*, Art. 4 Rn 496.

321 Reithmann/Martiny/*Freitag*, Rn 1333 f.

322 Czernich/Heiss/*Czernich*, Art. 4 EVÜ Rn 71; Soergel/*v. Hoffmann*, Art. 28 EGBGB Rn 335; Staudinger/*Magnus*, Art 4 Rn 501, 504; Rauscher/*Thorn*, EuZPR/EuIPR, Art. 4 Rn 48.

323 *Dörner*, WM 1977, 962 f; Erman/*Hohloch*, Art. 4 Rn 21; Staudinger/*Magnus*, Art. 4 Rn 508; Bamberger/Roth/*Spickhoff*, Art. 4 Rn 23; Ferrari u.a./*Ferrari*, Internationales Vertragsrecht, Art. 4 Rn 111.

324 Reithmann/Martiny/*Thode*, Rn 1081; Ferrari u.a./*Ferrari*, Internationales Vertragsrecht, Art. 4 Rn 175; Palandt/*Thorn*, Art. 4 Rn 10; jurisPK-BGB/*Ringe*, Art. 4 Rn 96.

325 LG Hamburg IPRspr 1974 Nr. 189; AG Mainz IPrax 1983, 299; IPG 1971 Nr. 6; IPG 1975 Nr. 3; Reithmann/Martiny/*Thode*, Rn 1081.

326 Reithmann/Martiny/*Thode*, Rn 1081.

327 OLG Schleswig NJW-RR 1993, 314.

328 OLG Köln RIW 1994, 970.

329 OLG Nürnberg IPRspr 1993 Nr. 31.

330 LG Köln RIW 1979, 128.

331 Vgl aus der Rspr zB noch OLG Brandenburg NJ 2001, 257.

332 So auch Ferrari u.a./*Ferrari*, Internationales Vertragsrecht, Art. 4 Rn 115.

333 BGH RIW 1999, 456 (Bauvertrag); NJW 2003, 2020 (Architektenvertrag); Staudinger/*Magnus*, Art. 4 Rn 350; Reithmann/Martiny/*Thode*, Rn 1084. Gleiches gilt für Verträge, in denen die Verpflichtung zur Bebauung eines Grundstücks übernommen wird, vgl OLG Hamm NJW-RR 1996, 1144, 1145.

334 Ein Überwiegen des wirtschaftlichen Werts des Grundstücks verlangt Bamberger/Roth/*Spickhoff*, Art. 4 Rn 36. Näher zum Bauträgervertrag im IPR *Martiny*, in: FS Ferid 1988, S. 363.

335 OLG Köln IPrax 1985, 161; Reithmann/Martiny/*Thode*, Rn 1086.

336 Näher *Kartzke*, ZfBR 1993, 205, 206.

337 Reithmann/Martiny/*Thode*, Rn 1088; ähnliche Qualifikation bereits unter Geltung des EVÜ, vgl Soergel/*v. Hoffmann*, Art. 28 EGBGB Rn 217; Ferrari u.a./*Ferrari*, Internationales Vertragsrecht, Art. 4 Rn 103; Staudinger/*Magnus*, Art. 4 Rn 356; Bamberger/Roth/*Spickhoff*, Art. 4 Rn 12; Thode/Wenner, Internationales Architekten- und Bauvertragsrecht, 1998, Rn 310 ff; v. Bar, IPR II, Rn 502; aA Erman/*Hohloch*, Art. 4 Rn 15.

338 So zB der frühere § 12 Abs. 1 lit. c DDR-RAnwG.

339 Näher zum Anlagenvertrag zB *Dünnweber*, Verträge zur Erstellung einer schlüsselfertigen Industrieanlage im internationalen Wirtschaftsverkehr, 1984; *Joussen*, Der Industrieanlagen-Vertrag, 2. Aufl. 1996; *Tiling*, RIW 1986, 91; *Vetter*, RIW 1984, 170; *ders.*, RIW 1986, 81.

141 **d) Architektenvertrag.** Der Architektenvertrag unterliegt vorbehaltlich des Art. 6 nach Abs. 1 lit. b iVm Art. 19 dem am **Ort der Niederlassung des Architekten** geltenden Recht.[340] Der Ort der Baustelle kann niemals für sich allein, sondern allenfalls in Zusammenschau mit anderen Kriterien über Abs. 3 die Anwendung eines anderen als des nach der Regel des Abs. 1 lit. b maßgeblichen Rechts begründen.[341] Nach Auffassung des BGH soll es sich bei der Mindestsatzregelung des § 4 **HOAI** um Eingriffsnormen iSv Art. 9 handeln, die auch dann anzuwenden ist, wenn der Architektenvertrag einem ausländischen Vertragsstatut untersteht.[342] Das ist freilich ebenso wie der Eingriffsnormcharakter weiterer Vorschriften des HOAI umstritten (vgl auch Art. 9 Rn 34).[343]

142 **19. Gebrauchsüberlassungsverträge. a) Miete, Pacht, Leihe.** Bei Gebrauchsüberlassungsverträgen (Miete, Pacht, Leihe) ist zwischen der Überlassung von beweglichen Sachen oder Rechten sowie der Überlassung von unbeweglichen Sachen zu differenzieren. Gebrauchsüberlassungsverträge über bewegliche Sachen und Rechte sind mangels Auflistung in Abs. 1 nach Abs. 2 anzuknüpfen. Charakteristische Leistung von Gebrauchsüberlassungsverträgen ist die Überlassung von Sachen oder Rechten auf Zeit. Daher findet bei **beweglichen Sachen und Rechten** das am Aufenthalts- oder Niederlassungsort des sie Überlassenden (Vermieter, Verpächter, Verleiher) geltende Recht Anwendung.[344] Bei der Gebrauchsüberlassung von **Grundstücken** ist hingegen grundsätzlich nach Abs. 1 lit. c die *lex rei sitae* maßgeblich.[345] Abs. 3 kann vor allem bei gleichem gewöhnlichem Aufenthalt der Parteien von Bedeutung sein. Art. 6 Abs. 1 greift nicht, sofern der Gebrauchsüberlassungsvertrag nicht ausnahmsweise von dienstvertraglichen Elementen dominiert wird (näher Art. 6 Rn 37). Zur Ferienhausmiete vgl Rn 39, zum Timesharing vgl Rn 40 ff.

143 **b) Leasing. Finanzierungsleasingverträge** sind Verträge eigener Art mit gleichgewichtigen Gebrauchsüberlassungs- und Finanzierungselementen.[346] Hier ist zwischen Finanzierungsleasingverträgen über Mobilien und Finanzierungsleasingverträgen über Immobilien zu differenzieren. Erstere werden mangels Auflistung in Abs. 1 nach Abs. 2 angeknüpft.[347] Die charakteristische Leistung wird vom Leasinggeber erbracht. Beim Finanzierungsleasing von **Mobilien** gilt daher das Recht seines Aufenthalts- bzw Niederlassungsortes,[348] sofern nicht internationales Einheitsrecht einschlägig ist. Beachtlich kann vor allem die „UNIDROIT-Konvention zum Internationalen Finanzierungsleasing"[349] sein,[350] in Ausnahmefällen aber auch das UN-Kaufrecht.[351] Bei Finanzierungsleasingverträgen über **Immobilien** findet grundsätzlich gem. Abs. 1 lit. c die *lex rei sitae* Anwendung. Allerdings ist die Ausweichklausel des Abs. 3 zu beachten.[352]

144 Mit **Operatingleasing** bezeichnet man die entgeltliche Überlassung von Investitionsgütern entweder für eine kurze Zeit oder auf unbestimmte Zeit mit der Möglichkeit der jederzeitigen Kündigung durch den Leasingnehmer.[353] Charakteristische Leistung ist auch hier die des Leasinggebers. Auf die Ausführungen in der vorigen Rn kann verwiesen werden.

145 Bei Finanzierungsleasingverträgen zwischen eine **Verbraucher** und Unternehmer ist Art. 6 Abs. 1 zu beachten.[354]

---

340 Reithmann/Martiny/*Thode*, Rn 1090; jurisPK-BGB/*Ringe*, Art. 4 Rn 75; Palandt/*Thorn*, Art. 4 Rn 10; Staudinger/*Magnus*, Art. 4 Rn 358.
341 Reithmann/Martiny/*Thode*, Rn 1090; *Wenner*, BauR 1993, 257, 260 f.
342 BGHZ 154, 110, 116; Reithmann/Martiny/*Thode*, Rn 1097 f; *Wenner*, RIW 1998, 173, 177; vgl zuvor bereits BGH NJW 2001, 1936, 1937; aA Reithmann/Martiny/*Freitag*, Rn 576 ff; Staudinger/*Magnus*, Art. 4 Rn 360.
343 Vgl auch mwN Reithmann/Martiny/*Freitag*, Rn 576 ff.
344 Palandt/*Thorn*, Art. 4 Rn 25; Erman/*Hohloch*, Art. 4 Rn 37; Soergel/*v. Hoffmann*, Art. 28 EGBGB Rn 162, 182; *Looschelders*, Art. 28 EGBGB Rn 45; MüKo/*Martiny*, Art. 4 Rn 102; Staudinger/*Magnus*, Art. 4 Rn 256, 259, 261; Rauscher/*Thorn*, EuZPR/EuIPR, Art. 4 Rn 92, 97; Ferrari u.a./*Ferrari*, Internationales Vertragsrecht, Art. 4 Rn 148, 152 f.
345 Palandt/*Thorn*, Art. 4 Rn 16; jurisPK-BGB/*Ringe*, Art. 4 Rn 89; Rauscher/*Thorn*, EuZPR/EuIPR, Art. 4 Rn 65; Ferrari u.a./*Ferrari*, Internationales Vertragsrecht, Art. 4 Rn 148, 152 f.
346 *Leible*, Finanzierungsleasing und „arrendamiento financiero", 1996, S. 94.
347 Reithmann/Martiny/*Dageförde*, Rn 1135; aA Palandt/*Thorn*, Art. 4 Rn 13.
348 Reithmann/Martiny/*Dageförde*, Rn 1136; Palandt/*Thorn*, Art. 4 Rn 25; Ferrari u.a./*Ferrari*, Internationales Vertragsrecht, Art. 4 Rn 147; ähnliche Anknüpfung bereits unter Geltung des EVÜ, vgl *Hövel*, DB 1991, 1029, 1032; Erman/*Hohloch*, Art. 4 Rn 38; *Knebel*, RIW 1993, 537, 538; Staudinger/*Magnus*, Art. 4 Rn 265; MüKo/*Martiny*, Art. 4 Rn 32.
349 Deutsche Übersetzung in FLF 1992, 56; englische und französische Fassung in RabelsZ 51 (1987), 736.
350 Dazu mwN *Dageförde*, Internationales Finanzierungsleasing, 1992; *ders.*, RIW 1995, 265; Reithmann/Martiny/*Dageförde*, Rn 1111 ff; Rauscher/*Thorn*, EuZPR/EuIPR, Art. 4 Rn 95.
351 Vgl zum Streitstand, ob und inwieweit Finanzierungsleasingverträge in den sachlichen Anwendungsbereich des UN-Kaufrechts fallen, Schlechtriem/*Schwenzer*, Kommentar zum einheitlichen UN-Kaufrecht, 5. Aufl. 2008, Art. 1 CISG Rn 28; Staudinger/*Magnus*, Art. 1 CISG Rn 34 ff.
352 Reithmann/Martiny/*Dageförde*, Rn 1136; Ferrari u.a./*Ferrari*, Internationales Vertragsrecht, Art. 4 Rn 147; Calliess/*Gebauer*, Art. 4 Rn 53.
353 *Leible*, Finanzierungsleasing und „arrendamiento financiero", 1996, S. 39.
354 Reithmann/Martiny/*Dageförde*, Rn 1137; Rauscher/*Thorn*, EuZPR/EuIPR, Art. 4 Rn 96.

c) Darlehen. aa) Gelddarlehen. Charakteristische Leistung eines Gelddarlehens ist die Überlassung der vereinbarten Geldsumme auf Zeit, während die Zinszahlung lediglich Entgeltcharakter hat.[355] Anwendbar ist daher gem. Abs. 2 das Recht am Ort des gewöhnlichen Aufenthalts **des Darlehensgebers**,[356] bei Banken gegebenenfalls der Zweigniederlassung, die das Darlehen ausgereicht hat.[357] Art. 6 Abs. 1 bleibt zu beachten.[358] 146

Bei einer **grundpfandrechtlichen Darlehenssicherung** spricht viel dafür, dass der Vertrag eine engere Verbindung zum Staat der Grundstücksbelegenheit aufweist. Sofern der Lageort des Grundstücks nicht völlig zufällig ist und auch nicht weitere Kriterien für die Regelanknüpfung streiten, sollte der Darlehensvertrag daher bei seiner grundpfandrechtlichen Sicherung in einem anderen Staat als dem der Niederlassung des Darlehensgebers über Abs. 3 der *lex rei sitae* unterstellt werden.[359] 147

Ein Darlehen, das nicht von einem einzelnen Darlehensgeber, sondern von mehreren gemeinsam gewährt wird (**Konsortialkredit**),[360] wird kollisionsrechtlich nicht aufgespalten,[361] sondern einheitlich angeknüpft, und zwar an die Niederlassung des Konsortialführers.[362] Dem dort geltenden Recht unterstehen auch die vertraglichen Beziehungen der Konsorten untereinander.[363] 148

bb) Sachdarlehen. Auch beim **Sachdarlehensvertrag** wird die charakteristische Leistung vom Darlehensgeber erbracht. Eine Parallele zum Tausch ist nicht zu ziehen und daher nach Abs. 2, nicht aber nach Abs. 1 lit. a anzuknüpfen. Anzuwenden ist das am Ort des gewöhnlichen Aufenthalts oder der Niederlassung des Darlehensgebers geltende Recht. 149

d) Anleihe. Anleihen werden nach Abs. 2 an den **Sitz des Anleiheschuldners** angeknüpft, da dieser und nicht der Anleihegläubiger mit seinem Schuldversprechen die charakteristische Leistung erbringt.[364] Das gilt auch für **Staatsanleihen**.[365] Ob der **Emissionsort** der Anleihe geeignet ist, eine engere Beziehung iSv Abs. 3 zu begründen, ist umstritten.[366] Für einen Handel mit Anleihen bleibt Abs. 1 lit. h zu beachten. 150

20. Sicherungsverträge. a) Grundsatz. Verträge zur Sicherung oder Feststellung einer Schuld werden nach Abs. 2 angeknüpft[367] und erhalten ihre Prägung durch die Leistung derjenigen Partei, welche die Schuld sichert oder anerkennt.[368] Eine mögliche **akzessorische Abhängigkeit** von Hauptgeschäften ist grundsätzlich unbeachtlich und kann lediglich im Rahmen der Ausweichklausel des Abs. 3 von Bedeutung sein. 151

---

355 OLG Celle IPrax 1999, 456, 457; OLG Düsseldorf NJW-RR 1995, 755, 756; NJW-RR 1998, 1145, 1146; OLG München RIW 1996, 329, 330; Palandt/*Thorn*, Art. 4 Rn 26; Erman/*Hohloch*, Art. 4 Rn 39; Staudinger/*Magnus*, Art. 4 Rn 283; MüKo/*Martiny*, Art. 4 Rn 170; Rauscher/*Thorn*, EuZPR/EuIPR, Art. 4 Rn 99.

356 Palandt/*Thorn*, Art. 4 Rn 26; MüKo/*Martiny*, Art. 4 Rn 170; ähnliche Anknüpfung bereits unter Geltung des EVÜ, vgl OLG Celle IPrax 1999, 456, 457; OLG Düsseldorf NJW-RR 1995, 755, 756; NJW-RR 1998, 1145, 1146; OLG München RIW 1996, 329, 330; Erman/*Hohloch*, Art. 4 Rn 39; Ferrari u.a./*Ferrari*, Internationales Vertragsrecht, Art. 4 Rn 120; Staudinger/*Magnus*, Art. 4 Rn 282; aA Reithmann/Martiny/*Martiny*, Rn 1162.

357 OLG München RIW 1996, 329; *Rosenau*, RIW 1992, 879, 882; Rauscher/*Thorn*, EuZPR/EuIPR, Art. 4 Rn 99.

358 Reithmann/Martiny/*Martiny*, Rn 1162.

359 Vgl zB OLG Karlsruhe NJW-RR 1989, 367; *Looschelders*, Art. 28 EGBGB Rn 46; Erman/*Hohloch*, Art. 4 Rn 39; Reithmann/Martiny/*Martiny*, Rn 1171; Bamberger/Roth/*Spickhoff*, Art. 4 Rn 80; aA Soergel/*v. Hoffmann*, Art. 28 EGBGB Rn 184; vgl aber auch BGH RIW 1997, 426; OLG Düsseldorf WM 1990, 1959.

360 Ausf. dazu Hinsch/Horn, Das Vertragsrecht der internationalen Konsortialkredite und Projektfinanzierungen, 1985; *Horn*, JBl 1987, 407; *Schücking*, WM 1996, 281.

361 AA Czernich/Heiss/*Czernich*, Art. 4 EVÜ Rn 67.

362 Soergel/*v. Hoffmann*, Art. 28 EGBGB Rn 321; Staudinger/*Magnus*, Art. 4 Rn 285; Reithmann/Martiny/*Martiny*, Rn 1163; *Schnelle*, Die objektive Anknüpfung von Darlehen im deutschen und amerikanischen IPR, 1992, S. 206 f; *Schücking*, WM 1996, 281, 283.

363 *Schücking*, WM 1996, 281, 288.

364 Reithmann/Martiny/*Freitag*, Rn 1364; vgl zur Rechtslage unter Geltung des EVÜ RGZ 118, 370, 371; 126, 196, 200; *Ebenroth*, in: FS Keller 1989, S. 391, 406 f; *Kegel*, in: GS R. Schmidt 1966, S. 215, 224; Staudinger/*Magnus*, Art. 4 Rn 291; *Mankowski*, AG 1998, 11, 20; Bamberger/Roth/*Spickhoff*, Art. 4 Rn 57; aA Soergel/*v. Hoffmann*, Art. 28 EGBGB Rn 190; Rauscher/*Thorn*, EuZPR/EuIPR, Art. 4 Rn 103.

365 RGZ 118, 370; Soergel/*v. Hoffmann*, Art. 28 EGBGB Rn 191; Staudinger/*Magnus*, Art. 4 Rn 292; MüKo/*Martiny*, Art. 4 Rn 175; Bamberger/Roth/*Spickhoff*, Art. 4 Rn 57.

366 Bejahend etwa *Böse*, Der Einfluß zwingenden Rechts auf internationale Anleihen, 1963, S. 59 f; Soergel/*v. Hoffmann*, Art. 28 EGBGB Rn 190; *Kegel*, in: GS R. Schmidt 1963, S. 215, 225; Staudinger/*Magnus*, Art. 4 Rn 291; MüKo/*Martiny*, Art. 4 Rn 179; ablehnend *Mankowski*, AG 1998, 11, 20; *Mankowski*, in: Spindler/Werner, Online-Banking, 2004, E Rn 91.

367 Vgl Palandt/*Thorn*, Art. 4 Rn 27.

368 Czernich/Heiss/*Czernich*, Art. 4 EVÜ Rn 137; *Looschelders*, Art. 28 EGBGB Rn 47; MüKo/*Martiny*, Art. 4 Rn 197.

152 **b) Bürgschaft.** Mangels Auflistung in Abs. 1 bestimmt sich die Anknüpfung der Bürgschaft nach Abs. 2.[369] Bei einem Bürgschaftsvertrag hat der **Bürge** die charakteristische Leistung zu erbringen. Anzuwenden ist daher das am Ort des gewöhnlichen Aufenthalts des Bürgen geltende Recht.[370] Ob dies auch für die **Prozessbürgschaft** gilt, ist umstritten.[371] Die Akzessorietät der Bürgschaft ist für sich allein nicht geeignet, eine engere Beziehung iSv Abs. 3 zu dem Recht, dem die Hauptschuld unterliegt, zu begründen.[372] Jedoch kann sich aus einer Kumulation verschiedener Kriterien ein derart enger Zusammenhang mit einem anderen Vertrag ergeben, dass über die Ausweichklausel auch die Bürgschaft dem Statut dieses Vertrags zu unterstellen ist.[373]

153 Das Bürgschaftsstatut entscheidet über die **Leistungspflicht des Bürgen** sowie die **Folgen seiner Inanspruchnahme**, während sich der **Umfang der Bürgenhaftung** nach dem Statut des Hauptvertrags richtet.[374] Die **Form** der Bürgschaft ist nach Art. 11 gesondert anzuknüpfen. So können etwa Bürgschaftsverträge, zu deren Gültigkeit nach deutschem Recht die schriftliche Erteilung der Bürgschaftserklärung erforderlich ist, nach Art. 11 Abs. 1, 2 auch ohne diese Schriftlichkeit formgültig sein.[375] Interzessionsverbote und andere familienrechtliche Schranken unterstehen nicht dem Bürgschafts-, sondern dem Ehewirkungs- oder Güterrechtsstatut (Artt. 14, 15 EGBGB).[376] Zu beachten ist Art. 21. **Ordre-public-Verstöße** sind insbesondere möglich bei Bürgschaften geschäftlich unerfahrener Personen für Verbindlichkeiten naher Angehöriger.[377] Ein *ordre-public*-Verstoß wurde außerdem zB angenommen bei der Inanspruchnahme eines Bürgen, der sich für die Verbindlichkeiten seines im Ausland gelegenen Unternehmens verbürgt hatte, wenn die im Inland ansässige Bürgschaftsgläubigerin von demjenigen ausländischen Staat beherrscht wird, der sämtliche Anteile des Bürgen an der Hauptschuldnerin entschädigungslos enteignet hat.[378]

154 **c) Schuldversprechen und -anerkenntnis.** Schuldversprechen und Schuldanerkenntnisse unterliegen, wenn sie **abstrakt** und nicht kausal sind, nach Abs. 2 dem Recht, das am gewöhnlichen Aufenthaltsort der das Versprechen bzw Anerkenntnis abgebenden Partei gilt.[379] **Kausale** Schuldversprechen und -anerkenntnisse beziehen sich hingegen auf ein bestimmtes Geschäft und haben einen derart engen Bezug zu dessen Statut, dass sie in der Regel nach Abs. 3 akzessorisch anzuknüpfen sind.[380]

155 **d) Garantievertrag.** Der Garantievertrag wird geprägt durch die **Leistung des Garantiegebers**. Anwendbar ist mangels Auflistung in Abs. 1 das am gewöhnlichen Aufenthaltsort des Garantiegebers geltende Recht, Abs. 2.[381] Es liegt in seinem Interesse, das Ausmaß seiner Verpflichtung nach der ihm vertrauten Rechtsordnung leicht und zuverlässig feststellen zu können,[382] während der Begünstigte sich darauf einstellen kann, welcher Inhalt und Wert einer Garantiezusage nach dem Recht des Verpflichteten zukommt.[383] Das gilt auch für die **Bankgarantie**, die dem Recht am Ort der Niederlassung der Bank untersteht,[384] sowie

---

369 Palandt/*Thorn*, Art. 4 Rn 27; Ferrari u.a./*Ferrari*, Internationales Vertragsrecht, Art. 4 Rn 118.
370 BGHZ 121, 224, 228; BGH NJW 1999, 2372, 2373; OLG Frankfurt RIW 1995, 1033; OLG Saarbrücken WM 1998, 2465, 2466; LG Hamburg RIW 1993, 144 f; Czernich/Heiss/*Czernich*, Art. 4 EVÜ Rn 138; Palandt/*Thorn*, Art. 4 Rn 27; Soergel/*v. Hoffmann*, Art. 28 EGBGB Rn 286; *Looschelders*, Art. 28 EGBGB Rn 47; Staudinger/*Magnus* Art. 4 Rn 415; Reithmann/Martiny/*Martiny*, Rn 1183; Bamberger/Rorth/*Spickhoff*, Art. 4 Rn 60; Rauscher/*Thorn*, EuZPR/EuIPR, Art. 4 Rn 104.
371 Bejahend Palandt/*Thorn*, Art. 4 Rn 27; Erman/*Hohloch*, Art. 4 Rn 40; Staudinger/*Magnus*, Art. 4 Rn 415; Reithmann/Martiny/*Martiny*, Rn 1183; ablehnend und für die Anwendung der *lex fori Fuchs*, RIW 1996, 280, 288.
372 Soergel/*v. Hoffmann*, Art. 28 EGBGB Rn 285.
373 Vgl auch OLG Oldenburg IPRspr 1975 Nr. 15; *Geisler*, Die engste Verbindung im Internationalen Privatrecht, 2001, S. 236 ff.
374 BGH NJW 1996, 1126. Näher Reithmann/Martiny/*Martiny*, Rn 1186 ff.
375 BGH NJW 1996, 1126.
376 Palandt/*Thorn* Art. 4 Rn 27; Erman/*Hohloch*, Art. 4 Rn 40; *Kühne*, JZ 1977, 439; Staudinger/*Magnus*, Art. 4 Rn 419; aA BGH NJW 1977, 1011.
377 So unter Hinweis auf die einschlägige BGH- und BVerfG-Rspr *Dörner*, in: FS Sandrock 2000, S. 205; *Looschelders*, Art. 27 EGBGB Rn 8; Staudinger/

Magnus Art. 4 Rn 421; vorsichtiger *Martiny*, ZEuP 1995, 67, 86; vgl außerdem BGH NJW 1999, 2372.
378 BGHZ 104, 240.
379 MüKo/*Martiny*, Art. 4 Rn 197; ähnliche Qualifikation bereits unter Geltung des EVÜ, vgl OLG Frankfurt, RIW 1987, 217; Staudinger/*Magnus*, Art. 4 Rn 433.
380 OLG Hamm RIW 1999, 785, 786; LG Hamburg NJW-RR 1995, 183, 184 f; LG München IPRspr 1981 Nr. 13A; Soergel/*v. Hoffmann*, Art. 28 EGBGB Rn 314; *Looschelders*, Art. 28 EGBGB Rn 48; Staudinger/*Magnus*, Art. 4 Rn 433; MüKo/*Martiny*, Art. 4 Rn 197; Rauscher/*Thorn*, EuZPR/EuIPR, Art. 4 Rn 112.
381 BGH NJW 1996, 54; NJW 1996, 2569, 2570; OLG Köln RIW 1992, 145; OLG Saarbrücken ZIP 2001, 1318; Czernich/Heiss/*Czernich*, Art. 4 EVÜ Rn 142; *Heldrich*, in: FS Kegel 1987, S. 175, 184 f; Staudinger/*Magnus*, Art. 4 Rn 426; Ferrari u.a./*Ferrari*, Internationales Vertragsrecht, Art. 4 Rn 132; MüKo/*Martiny*, Art. 4 Rn 188; Rauscher/*Thorn*, EuZPR/EuIPR, Art. 4 Rn 119.
382 *Goerke*, Kollisionsrechtliche Probleme internationaler Garantien, 1982, S. 90 ff.
383 BGH NJW 1996, 2569, 2570.
384 *Goerke*, Kollisionsrechtliche Probleme internationaler Garantien, 1982, S. 90 ff; *Heldrich*, in: FS Kegel 1987, S. 175, 184 f; *v. Westphalen*, Die Bankgarantie im internationalen Handelsverkehr, 2. Aufl. 1990, S. 324.

Sonderformen der Garantie oder einen **Standby Letter of Credit**.[385] Abweichungen von der Regelanknüpfung können sich bei einer Kumulation von Kriterien ergeben, die eine engere Beziehung zu einer anderen Rechtsordnung begründen. Davon ist etwa auszugehen, wenn der Vertrag in einem anderen Staat angebahnt sowie abgeschlossen und in der dortigen Sprache verhandelt wurde und zudem besondere Schutzinteressen auf dessen Recht hindeuten.[386]

e) Patronatserklärung. Charakteristische Leistung der Patronatserklärung ist die gegenüber dem Kreditgeber der Tochtergesellschaft abgegebene Erklärung der Muttergesellschaft, die Tochtergesellschaft hinreichend finanziell oder wirtschaftlich zu unterstützen.[387] Anwendbar ist daher gem. Abs. 2 iVm Art. 19 das **am Sitz oder der Niederlassung der Muttergesellschaft geltende Recht**. 156

f) Vertragsstrafversprechen. Vertragsstrafvereinbarungen sind nicht gesondert anzuknüpfen, sondern unterstehen als Vertragsbestandteil dem **Statut des Hauptvertrags**.[388] Im Übrigen würde man auch bei einer gesonderten Anknüpfung zum selben Ergebnis gelangen, da dann akzessorisch zum Hauptvertrag anzuknüpfen wäre.[389] 157

21. Vergleich. Die Form und prozessualen Wirkungen des **gerichtlichen Vergleichs** unterstehen der *lex fori*,[390] während für seine **materiellrechtlichen Wirkungen** dasselbe Statut wie für außergerichtliche Vergleiche gilt.[391] Fehlt es an einer Rechtswahl, ist nach Abs. 4 anzuknüpfen, da Vergleiche nicht in Abs. 1 genannt sind und sich aufgrund des beiderseitigen Nachgebens eine charakteristische Leistung meist nicht ermitteln lässt, und zwar akzessorisch an das Statut des ursprünglichen Vertragsverhältnisses.[392] 158

22. Versicherungsverträge. Versicherungsverträge werden gesondert nach Art. 7 angeknüpft (näher Art. 7). 159

23. Spiel- und Wettverträge. Bei Spiel- und Wettverträgen **unter Privaten** fehlt es an einer charakteristischen Leistung, weil sich Leistung und Gegenleistung der Parteien gleichgewichtig gegenüberstehen.[393] Anzuknüpfen ist daher mangels Auflistung in Abs. 1 nach Abs. 4.[394] Die engste Verbindung wird regelmäßig zum Recht des Ortes bestehen, an dem das Spiel oder die Wette durchgeführt wird.[395] Nach aA soll auf den Abschlussort abgestellt werden.[396] 160

Anders sind Spiel- und Wettverträge mit **gewerblichen Anbietern** (zB Fußball- oder Pferdewetten etc.) anzuknüpfen, da bei ihnen organisatorische Pflichten des Veranstalters hinzutreten, die dem Vertrag sein Gepräge verleihen. Es gilt daher gem. Abs. 2 iVm Art. 19 das Recht am Niederlassungsort des Veranstalters.[397] Das gilt auch bei im Internet geschlossenen Spiel- und Wettverträgen (Cyber-Casinos etc.).[398] 161

24. Auslobung, Preisausschreiben, Gewinnzusagen. Auslobung, Preisausschreiben und Gewinnzusagen fallen nicht unter Abs. 1. Sie sind daher nach Abs. 2 anzuknüpfen. Charakteristisch für die **Auslobung** ist das öffentliche Versprechen einer Belohnung bei Erbringung einer bestimmten Leistung. Anzuwenden ist daher das am Ort des gewöhnlichen Aufenthalts des Auslobenden geltende Recht.[399] Ebenso ist bei **Preisausschreiben** zu verfahren.[400] 162

---

385 Dazu *Eschmann*, RIW 1996, 913 f.
386 BGH NJW 1996, 2569, 2570.
387 LG Berlin IPrax 2000, 526; Czernich/Heiss/*Czernich*, Art. 4 EVÜ Rn 141; Soergel/*v. Hoffmann*, Art. 28 EGBGB Rn 309; *Jander/Hess*, RIW 1995, 730, 735; Staudinger/*Magnus*, Art. 4 Rn 432; Reithmann/Martiny/*Martiny*, Rn 1208; Bamberger/Roth/*Spickhoff*, Art. 4 Rn 73; *v. Bar*, IPR II, Rn 497; *Wolf*, IPrax 2000, 477, 482; Rauscher/*Thorn*, EuZPR/EuIPR, Art. 4 Rn 117; Ferrari u.a./*Ferrari*, Internationales Vertragsrecht, Art. 4 Rn 154.
388 BGH NJW-RR 1997, 686; OLG Hamm NJW 1990, 1012; OLG Koblenz IPRspr 1976 Nr. 139.
389 Czernich/Heiss/*Czernich*, Art. 4 EVÜ Rn 144.
390 OLG München IPRspr 1974 Nr. 10B; Ferrari u.a./*Ferrari*, Internationales Vertragsrecht, Art. 4 Rn 172.
391 Ausf. *Roden*, Zum Internationalen Privatrecht des Vergleichs, 1994.
392 OLG Hamm IPRspr 1985 Nr. 28; OLG Schleswig IPRspr 1989 Nr. 48; Soergel/*v. Hoffmann*, Art. 28 EGBGB Rn 53; *Looschelders*, Art. 28 EGBGB Rn 49; Staudinger/*Magnus*, Art. 4 Rn 439; *Roden*, Zum Internationalen Privatrecht des Vergleichs, 1994, S. 93 ff.

393 Czernich/Heiss/*Czernich*, Art. 4 EVÜ Rn 97.
394 Palandt/*Thorn*, Art. 4 Rn 32.
395 Palandt/*Thorn*, Art. 4 Rn 32; Ferrari u.a./*Ferrari*, Internationales Vertragsrecht, Art. 4 Rn 163; Soergel/*v. Hoffmann*, Art. 28 EGBGB Rn 526; *Looschelders*, Art. 28 EGBGB Rn 53; Staudinger/*Magnus*, Art. 4 Rn 520; *Martiny*, in: FS W. Lorenz 2001, S. 375, 383.
396 Czernich/Heiss/*Czernich*, Art. 4 EVÜ Rn 97.
397 BGH IPrax 1988, 228, 229; OLG Hamm NJW-RR 1997, 1007, 1008; Czernich/Heiss/*Czernich*, Art. 4 EVÜ Rn 98; *Martiny*, in: FS W. Lorenz 2001, S. 375, 383 f; Staudinger/*Magnus*, Art. 4 Rn 521; Ferrari u.a./*Ferrari*, Internationales Vertragsrecht, Art. 4 Rn 163; aA jedoch mit gleichem Erg. über Abs. 1 Soergel/*v. Hoffmann*, Art. 28 EGBGB Rn 526; *Looschelders*, Art. 28 EGBGB Rn 53.
398 *Pfeiffer*, in: Gounalakis, Rechtshandbuch Electronic Commerce, 2003, § 12 Rn 117.
399 Soergel/*v. Hoffmann*, Art. 28 EGBGB Rn 522; Staudinger/*Magnus*, Art. 4 Rn 525; *v. Bar*, IPR II, Rn 496.
400 Staudinger/*Magnus*, Art. 4 Rn 525.

163 Ansprüche auf Gewinnauskehr aufgrund von **Gewinnmitteilungen** (vgl zB § 661 a BGB oder § 5 j öKSchG) sind nach zutreffender, aber nicht unbestrittener Ansicht deliktisch zu qualifizieren[401] und daher nach Art. 4 Rom II–VO anzuknüpfen. Qualifiziert man sie hingegen rechtsgeschäftlich,[402] wäre nach Abs. 2 iVm Art. 19 das am Ort der Niederlassung des Absenders geltende Recht anzuwenden, da dieser die charakteristische Leistung (Zahlung der Gewinnsumme) erbringt.[403] Ob und inwieweit in beiden Fällen eine akzessorische Anknüpfung an den Hauptvertrag, bei dem es sich regelmäßig um einen Verbrauchervertrag iSv Art. 6 handeln wird, in Betracht kommt, ist umstritten.[404] Scheitern muss sie jedenfalls bei isolierten Gewinnzusagen.

164 **25. Verträge zwischen Gesellschaftern.** Schuldrechtliche Absprachen zwischen Gesellschaftern – wie zB Wettbewerbsvereinbarungen, interne Ausgleichsvereinbarungen oder Schiedsverträge – unterstehen nicht dem Gesellschafts-, sondern dem **Schuldvertragsstatut**.[405] Grundsätzlich ist je nach Vertragstyp nach Abs. 1 oder 2 anzuknüpfen, doch wird häufig eine engere Beziehung zum Recht am Sitz der Gesellschaft bestehen.[406] Gleiches gilt für Verträge oder Vorverträge, die allein die **Verpflichtung zur Gründung einer Gesellschaft** schaffen, sofern der Vorvertrag zu einem als Gesellschaft zu qualifizierenden Gebilde (Vorgründungsgesellschaft) führt (näher Art. 1 Abs. 2 lit. f, Rn 65), sowie für Verträge zur Bildung von Gelegenheits-, Innen- oder sonstigen Gesellschaften ohne eigene, nach außen tretende Organisationsstruktur. Da für sie Abs. 1 und 2 nicht passen, ist auf Abs. 4 zurückzugreifen und das an dem Ort geltende Recht anzuwenden, an dem der Geschäftszweck hauptsächlich verfolgt wird.[407] Vgl dazu auch Anhang zu Art. 12 EGBGB.

165 **26. Verträge über geistiges Eigentum. a) Verlagsverträge.** Verlagsverträge unterstehen ebenso wie Verträge über andere Immaterialgüterrechte[408] in ihrem verpflichtenden Teil[409] dem Vertragsstatut, sind also bei Fehlen einer Rechtswahl nach Abs. 2 anzuknüpfen.[410] **Charakteristische Leistung** des Verlagsvertrags ist die Verbreitung des Werkes durch den **Verleger** (vgl zB § 1 S. 2 VerlG). Anwendung findet daher das am Sitz des Verlegers geltende Recht.[411] Hat sich der Verleger hingegen nicht zur Nutzung der eingeräumten Rechte, sondern lediglich zur Zahlung einer Vergütung verpflichtet, wird die charakteristische

---

401 OLG Dresden IPrax 2002, 421, 422; *Felke/Jordans*, IPrax 2004, 409, 411 f; *Fetsch*, RIW 2002, 936, 938; *Feuchtmeyer*, NJW 2002, 3598 f; *Leible*, IPrax 2003, 28, 30 f; *ders.*, NJW 2003, 407; *Jauernig/Mansel*, § 661 a Rn 2; *Rauscher/Schülke*, EuLF 2000/01, 334, 337; *M. Vollkommer*, in: GS Blomeyer 2004, S. 845, 860 f.
402 So etwa OLG Nürnberg NJW 2002, 3637, 3639; *Leipold*, in: FS Musielak 2004, S. 317, 333; *S. Lorenz*, IPrax 2003, 192, 193; *Piekenbrock/Schulze*, IPrax 2003, 328, 332; MüKo/*Martiny*, Art. 4 Rn 241.
403 Zutr. *Felke/Jordans*, IPrax 2004, 409, 410.
404 Näher *Leible*, IPrax 2003, 28, 33.
405 Michalski/*Leible*, GmbHG, 2002, Syst. Darst. 2 Rn 107.
406 Vgl zB BGH NJW-RR 1996, 969, 970: Ausgleichsvereinbarung nach deutschem Recht beurteilt, obgleich die Parteien des Rechtsstreits indische Rechtssubjekte waren und die Ausgleichsvereinbarung in Indien in englischer Sprache niedergelegt wurde, da sie das Innenverhältnis zwischen den Gesellschaftern einer in Deutschland betriebenen GmbH betraf und der Kl. seinen Wohnsitz in Deutschland hatte.
407 Vgl zB OLG Frankfurt RIW 1998, 807, 808; Palandt/*Thorn*, Art. 4 Rn 33; Staudinger/*Magnus*, Art. 4 Rn 572 f.
408 Näher *Intveen*, Internationales Urheberrecht und Internet: Zur Frage des anzuwendenden Urheberrechts bei grenzüberschreitenden Datenübertragungen, 1999; *Kleine*, Urheberrechtsverträge im internationalen Privatrecht, 1986; *Mäger*, Der Schutz des Urhebers im internationalen Vertragsrecht, 1995; *Regelin*, Das Kollisionsrecht der Immaterialgüterverträge an der Schwelle des 21. Jahrhunderts, 2000; *Ulmer*, Die Immaterialgüterrechte im Internationalen Privatrecht, 1975.
409 Vgl zur Abgrenzung zwischen Urheberrechts- und Urhebervertragsstatut mwN Reithmann/Martiny/*Obergfell*, Rn 1771 ff.
410 Reithmann/Martiny/*Obergfell*, Rn 1989 f; ebenso bereits unter Geltung des EVÜ, vgl *Nordmeier*, in: Gebauer/Wiedmann, Kap 37 Rn 48; Soergel/*v. Hoffmann*, Art. 28 EGBGB Rn 495; Erman/*Hohloch*, Art. 4 Rn 42; Staudinger/*Magnus*, Art. 4 Rn 548; Bamberger/Roth/*Spickhoff*, Art. 4 Rn 77; *v. Bar*, IPR II, Rn 498.
411 BGH GRUR Int. 2002, 170, 171; zuvor bereits BGHZ 19, 110, 113; BGH GRUR 1959, 331, 333; GRUR 1980, 227, 230; außerdem zB OLG Hamburg GRUR Int. 1998, 431, 432; 1999, 76, 77 f; Czernich/Heiss/*Czernich*, Art. 4 EVÜ Rn 159; *Fallenböck*, ZfRV 1999, 98, 102; Möhring/Nicolini/*Hartmann*, Urheberrecht, 2. Aufl. 2000, vor §§ 120 ff Rn 40; Erman/*Hohloch*, Art. 4 Rn 42; Schricker/Loewenheim/*Katzenberger*, Urheberrecht, 4. Aufl. 2010, vor §§ 120 ff Rn 157; Staudinger/*Magnus*, Art. 4 Rn 548; *Nordemann-Schiffel*, in: FS Nordemann 2004, S. 479, 480; Reithmann/Martiny/*Obergfell*, Rn 1990; Bamberger/Roth/*Spickhoff*, Art. 4 Rn 77; *Nordemann*, in: Gebauer/Wiedmann, Kap 37 Rn 48; Wandtke/Bullinger/*von Welser*, Urheberrecht, 3. Aufl. 2008, vor §§ 120 ff Rn 24; Calliess/*Gebauer*, Art. 4 Rn 64; Rauscher/*Thorn*, EuZPR/EuIPR, Art. 4 Rn 127.

Leistung vom **Autor** erbracht mit der Folge einer Anwendung des an seinem gewöhnlichen Aufenthaltsort geltenden Rechts.[412]

Nach den gleichen Kriterien richtet sich die Anknüpfung von **Urheberrechtsverträgen**. Bei einer Verwertung in Deutschland finden §§ 32, 32 a UrhG auch bei einem ausländischen Vertragsstatut Anwendung (Art. 9).[413] **166**

b) Lizenzverträge. Charakteristische Leistung des Lizenzvertrags ist die Nutzungsgestattung, und zwar selbst dann, wenn der Lizenznehmer zur Ausübung verpflichtet ist.[414] Verträge über die Einräumung einer ausschließlichen wie auch einer nicht ausschließlichen Lizenz[415] unterstehen daher gem. Abs. 2 dem Recht am Ort des gewöhnlichen Aufenthalts oder der **Niederlassung des Lizenzgebers**.[416] Nach anderer Ansicht soll hingegen bei nur **einem Schutzland** auf das Recht dieses Schutzlandes abzustellen[417] und das Recht des Lizenzgebers lediglich dann maßgeblich sein, wenn der Lizenzvertrag mehrere Schutzländer umfasst.[418] **167**

c) Know-how- und Technologietransferverträge. Die charakteristische Leistung bei Know-how- und Technologietransferverträgen erbringt diejenige Partei, die sich zur entgeltlichen Vermittlung besonderen, etwa naturwissenschaftlichen oder ökonomischen, Wissens verpflichtet, das keinen Immaterialgüterschutz genießt.[419] Anzuwenden ist mangels Rechtswahl daher nach Abs. 2 das Recht am gewöhnlichen Aufenthaltsort des **Know-how-Gebers** bzw desjenigen, der technologisches Wissen transferiert.[420] **168**

Artikel 5 Beförderungsverträge

(1) ¹Soweit die Parteien in Bezug auf einen Vertrag über die Beförderung von Gütern keine Rechtswahl nach Artikel 3 getroffen haben, ist das Recht des Staates anzuwenden, in dem der Beförderer seinen gewöhnlichen Aufenthalt hat, sofern sich in diesem Staat auch der Übernahmeort oder der Ablieferungsort oder der gewöhnliche Aufenthalt des Absenders befindet. ²Sind diese Voraussetzungen nicht erfüllt, so ist das Recht des Staates des von den Parteien vereinbarten Ablieferungsorts anzuwenden.

(2) ¹Soweit die Parteien in Bezug auf einen Vertrag über die Beförderung von Personen keine Rechtswahl nach Unterabsatz 2 getroffen haben, ist das anzuwendende Recht das Recht des Staates, in dem die zu befördernde Person ihren gewöhnlichen Aufenthalt hat, sofern sich in diesem Staat auch der Abgangsort oder der Bestimmungsort befindet. ²Sind diese Voraussetzungen nicht erfüllt, so ist das Recht des Staates anzuwenden, in dem der Beförderer seinen gewöhnlichen Aufenthalt hat.

Als auf einen Vertrag über die Beförderung von Personen anzuwendendes Recht können die Parteien im Einklang mit Artikel 3 nur das Recht des Staates wählen,

---

412 Möhring/Nicolini/*Hartmann*, Urheberrecht, 2. Aufl. 2000, vor §§ 120 ff Rn 40; Schricker/Loewenheim/*Katzenberger*, Urheberrecht, 4. Aufl. 2010, vor §§ 120 ff Rn 156; *Nordemann-Schiffel*, in: FS Nordemann 2004, S. 479, 481; Wandtke/Bullinger/*von Welser*, Urheberrecht, 3. Aufl. 2008, vor §§ 120 ff Rn 24.

413 Näher dazu *Nordemann-Schiffel*, in: FS Nordemann 2004, S. 479 ff; Reithmann/Martiny/*Freitag* und *Obergfell*, Rn 621 und 2033 ff.

414 Reithmann/Martiny/*Hiestand*, Rn 1869; aA Soergel/*v. Hoffmann*, Art. 28 EGBGB Rn 502; *Nordmeier*, in: Gebauer/Wiedmann, Kap 37 Rn 48; Rauscher/*Thorn*, EuZPR/EuIPR, Art. 4 Rn 124; *Stimmel*, GRUR Int. 2010, 783, 787.

415 Vgl zu besonderen Problemen bei der Open-Source-Software *Spindler*, in: Spindler, Rechtsfragen bei open source, 2004, C Rn 134 ff und D Rn 41 ff.

416 *Hiestand*, Die Anknüpfung internationaler Lizenzverträge, 1993; Ferrari u.a./*Ferrari*, Internationales Vertragsrecht, Art. 4 Rn 149; Reithmann/Martiny/*Hiestand*, Rn 1869 f; MüKo/*Martiny*, Art. 4 Rn 222; Erman/*Hohloch*, Art. 4 Rn 42; Staudinger/*Magnus*, Art. 4 Rn 553; Bamberger/Roth/*Spickhoff*, Art. 4 Rn 71; *v. Bar*, IPR II, Rn 498; Calliess/*Gebauer*, Art. 4 Rn 63.

417 *Beier*, GRUR Int. 1981, 299, 305; Benkard/*Ullmann*, Patentgesetz, 10. Aufl. 2006, § 15 PatG Rn 230; *Liechtenstein*, NJW 1964, 1345, 1350; vgl auch OLG Düsseldorf GRUR Int. 1962, 256; wieder anders *Fallenböck*, ZfRV 1999, 98, 102 (Sitz des Lizenznehmers).

418 Benkard/*Ullmann*, Patentgesetz, 10. Aufl. 2006, § 15 PatG Rn 229; MüKo/*Martiny*, Art. 4 Rn 223. Für das Niederlassungsrecht des Lizenznehmers hingegen *Henn*, Problematik und Systematik des internationalen Patentlizenzvertrages, 1967, S. 90. Für das Recht des primären Schutzlandes schließlich LG Düsseldorf GRUR Int. 1999, 772; *Beier*, in: Holl/Klinke, Internationales Privatrecht, internationales Wirtschaftsrecht, 1985, S. 287, 298.

419 Ausf. *Hoppe*, Lizenz- und Know-How-Verträge im internationalen Privatrecht, 1994.

420 Reithmann/Martiny/*Hiestand*, Rn 1868; MüKo/*Martiny*, Art. 4 Rn 228; ähnliche Qualifikation bereits unter Geltung des EVÜ, vgl *Beier*, in: Holl/Klinke, Internationales Privatrecht, internationales Wirtschaftsrecht, 1985, S. 287, 302; Erman/*Hohloch*, Art. 4 Rn 43; *Kreuzer*, in: FS v. Caemmerer 1978, S. 705, 723; Staudinger/*Magnus*, Art. 4 Rn 566; Bamberger/Roth/*Spickhoff*, Art. 4 Rn 67; Rauscher/*Thorn*, EuZPR/EuIPR, Art. 4 Rn 130; Ferrari u.a./*Ferrari*, Internationales Vertragsrecht, Art. 4 Rn 143.

a) in dem die zu befördernde Person ihren gewöhnlichen Aufenthalt hat oder
b) in dem der Beförderer seinen gewöhnlichen Aufenthalt hat oder
c) in dem der Beförderer seine Hauptverwaltung hat oder
d) in dem sich der Abgangsort befindet oder
e) in dem sich der Bestimmungsort befindet.

(3) Ergibt sich aus der Gesamtheit der Umstände, dass der Vertrag im Falle fehlender Rechtswahl eine offensichtlich engere Verbindung zu einem anderen als dem nach Absatz 1 oder 2 bestimmten Staat aufweist, so ist das Recht dieses anderen Staates anzuwenden.

Literatur: *Basedow,* Der Transportvertrag, 1987; *ders.,* Kollisionsrechtliche Aspekte der Seerechtsreform von 1986, IPrax 1987, 333; *ders.,* Zulässigkeit und Vertragsstatut der Kabotagetransporte, ZHR 156 (1992), 413; *Böckstiegel,* Rechtsvereinheitlichung durch „International Instruments" unterschiedlicher Rechtsqualität – Der lange Weg vom Warschauer Abkommen 1929 zum Montrealer Übereinkommen 1999, in: FS Schiedermair, 2001, S. 889; *Clarke,* International Carriage of Goods by Road – CMR, 4. Auflage, 2003; *Clausnitzer/Woopen,* Internationale Vertragsgestaltung – Die neue EG-Verordnung für grenzüberschreitende Verträge (Rom I-VO), BB 2008, 1798; *Csoklich,* CMR und vertragliche Aufwendungsbeschränkungen, VersR 1985, 909; *Datoglou,* Luftverkehr und europäisches Recht, 1990; *Decker,* Das Übereinkommen über den Beförderungsvertrag im internationalen Straßengüterverkehr (CMR), 1985; *Deutsche Gesellschaft für Transportrecht* (Hrsg.), Aktuelle Fragen des deutschen und internationalen Landtransportrechts, 1995; *Dohse,* Der multimodale Gütertransportvertrag in der Bundesrepublik Deutschland, 1994; *Drews,* Zum anwendbaren Recht beim multimodalen Transport, TranspR 2003, 12; *Fischer,* Die CMR auf dem Vormarsch in Europa, TranspR 1994, 365; *ders.,* Internationale Umzugstransporte auf der Straße, TranspR 1996, 407; *ders.,* Ergänzung der CMR durch unvereinheitlichtes Recht nach der Transportrechtsreform, TranspR 1999, 261; *Freise,* Das neue internationale Eisenbahnfrachtrecht (CIM 1999), TranspR 1999, 417; *Frese,* Fragen des internationalen Lufttransportrechts der Luftfahrt, Diss. Köln, 1997, Der Einfluß privatrechtlicher Staatsverträge und nationaler Rechtsordnungen auf den internationalen Luftbeförderungsvertrag, Diss. Köln, 1975; *Glöckner,* Leitfaden zur CMR, 8. Auflage, 2005; *Groth,* Übersicht über die internationale Rechtsprechung zur CMR, 1982; *Guldimann,* Internationales Lufttransportrecht, 1965; *Hasche,* Das IPR der Passagierbeförderung, TranspR 2010, 282; *Häußer,* Das IPR des Stückgutfrachtvertrages, TranspR 2010, 246; *Helm,* Probleme der CRM: Geltungsbereich – ergänzendes Recht, Frachtbrief – Weisungsbefugnis – aufeinanderfolgende Frachtführer, VersR 1988, 548; *ders.,* Das Übereinkommen über den Beförderungsvertrag im Internationalen Straßengüterverkehr (CMR) und seine Anwendung auf den grenzüberschreitenden Speditionsvertrag, IPrax 1982, 255; *Herber,* Grundlagen und aktuelle Probleme des deutschen und internationalen Seefrachtrechts, 1987; *ders.,* Gedanken zur internationalen Vereinheitlichung des Seehandelsrecht, in: FS Stödter, 1979; *ders.,* Das internationale Seefrachtrecht der neunziger Jahre, TranspR 1990, 173; *ders.,* Seehandelsrecht, 1999; *Herber/Piper,* CMR – Internationales Straßentransportrecht, 1996; *Hill/Messent,* CMR – Contracts fort he International Carriage of Goods by Road, 2000; *Kadletz,* Das neue Montrealer Übereinkommen vom 28.5.1999 über den internationalen Luftbeförderungsvertrag („Neues Warschauer Abkommen"), VersR 2000, 927; *Kretschmer,* Das Internationale Privatrecht der zivilen Luftfahrt, 2003; *Lagarde/Tenenbaum,* De la Convention de Rome au Règlement Rome I, Rev. crit. dr. int. priv. 2008, 727; *Leible/Lehmann,* Die Verordnung über das auf vertragliche Schuldverhältnisse anzuwendende Recht („Rom I"), RIW 2008, 528; *Magnus,* Die Rom I-Verordnung, IPrax 2010, 27 *Mankowski,* Kollisionsrechtsanwendung bei Güterbeförderungsverträgen, TranspR 1993, 213; *ders.,* Seerechtliche Vertragsverhältnisse im Internationalen Privatrecht, 1995; *ders.,* Die Rom I-Verordnung – Änderungen im europäischen IPR für Schuldverträge, IHR 2008, 133; *ders.,* Neues aus Europa zum Internationalen Privatrecht für Transportverträge: Art. 5 Rom I–VO, TranspR 2008, 339; *ders.,* Die Rom I-VO – Änderungen im europäischen IPR für Schuldverträge, IHR 2008, 133; *ders.,* Pauschalreisen und europäisches Internationales Verbraucherschutzrecht, TranspR 2011, 70; *Martiny,* Objektive Anknüpfung des Güterbeförderungsvertrags, GPR 2011, 48; *ders.,* Neuanfang im Europäischen Internationalen Vertragsrecht mit der Rom I-Verordnung, ZEuP 2010, 747; *de la Motte,* COTIF – Das Übereinkommen über den internationalen Eisenbahnverkehr, TranspR 1985, 245; *Müller-Rostin,* Neuregelungen im internationalen Luftfrachtverkehr – Montrealer Protokoll Nr. 4 und Montrealer Übereinkommen, TranspR 2000, 234; *Mutz,* COTIF – der Weg ins 3. Jahrtausend, TranspR 1994, 173; *ders.,* Die Teilrevision des Übereinkommens über den internationalen Eisenbahnverkehr (COTIF) v. 9.5.1992, TranspR 1992, 126; *ders.,* Die Reform des internationalen Eisenbahntransportrechts im Lichte der CMR, in: FS Herber, 1999, S. 302; *Nielsen,* The Rome I Regulation and Contracts of Carriage, in: Ferrari/Leible (Hrsg.), Rome I Regulation, 2009, S. 99; *Okuda,* Zur Anwendungsnorm der Haager, Visby und Hamburg Regeln, 1983; *Ott,* Die Luftfrachtbeförderung im nationalen und internationalen Bereich, 1990; *Pfeiffer,* Neues Internationales Vertragsrecht – Zur Rom I-Verordnung, EuZW 2008, 622; *Precht/Endrigkeit,* CMR-Handbuch, 3. Auflage 1972; *Ramming,* Die neue Rom I-Verordnung und die Rechtsverhältnisse der Schifffahrt, HmbSchRZ 2009, 21; *Reithmann/Martiny,* Internationales Vertragsrecht, 7. Auflage, 2010; *Reuschle,* Übereinkommen zur Vereinheitlichung bestimmter Vorschriften über die Beförderung im internationalen Luftverkehr (Montrealer Übereinkommen), 2005; *Rudolf,* Erste Vorabentscheidung des EuGH zum EVÜ – Chartervertrag, ZfRV 2010, 18; *Ruhwedel,* Der Luftbeförderungsvertrag, 3. Auflage, 1998; *ders.,* Das Montrealer Übereinkommen zur Vereinheitlichung bestimmter Vorschriften im internationalen Luftverkehr vom 28.5.1999, TranspR 2001, 189; *ders.,* Das auf den Luftbeförderungsvertrag anwendbare Recht, TranspR 1983, 141; *Ruhwedel/Schmid,* Der lange Weg von Warschau über Brüssel nach Montreal, RRa 2000, 1479; *Saenger,* Harmonisierung des internationalen Luftprivatrechts, NJW 2000, 169; *Schadee/Claringbould* (Hrsg.), Transport – International Transport Treaties; *Scheuch,* Luftbeförderung und Chartervertrag unter besonderer Berücksichtigung des IPR, Diss. Zürich 1979; *Schmid/Müller-Rostin,* In-Kraft-Treten des Montrealer Übereinkommens von 1999, NJW 2003, 3516; *Schultsz,* The Concept of Characteristic Performance and the Effect of the E. E. C. Convention on Carriage of Goods, in: North (Hrsg.), Contract Conflicts, Amsterdam, New York, Oxford 1982, S. 185; *Shariatmadari,* Das IPR der Multimodal-Beförderung (unter Einschluss einer Seestrecke), TranspR 20010, 275; *Stahl,* Das IPR der Charterverträge (Reise-, Zeit- und Bareboat-Charter), TranspR 2010, 258; *Staudinger,* Das Transportrechtsreformgesetz und seine Bedeutung für das Internationale Privatrecht, IPrax 2001, 183; *Thesing,* Das Recht des nationalen und internationalen Straßengüterverkehrs, 1991; *Theunis* (Hrsg.), International Carriage of Goods by Road (CMR), 1993; *Wagner,* Neue kollisionsrechtliche Vorschriften für Beförderungsverträge in der Rom I-Verordnung, TransR 2008, 221; *Wagner,* Neue kollisionsrechtliche Vorschriften für Beförderungsverträge in der Rom I-VO, TranspR 2008, 221; *ders.*, Normenkonflikte zwischen den EG-Verordnungen Brüssel I, Rom I und Rom II und transportrechtlichen Rechtsinstrumenten, TranspR 2009, 103; *Widmann*, Übereinkommen über den Beförderungsvertrag im internationalen Straßengüterverkehr (CMR), 1993.

A. Allgemeines 1
   I. Normzweck und Entstehung 1
   II. Regelungsstruktur 4
B. Regelungsgehalt 5
   I. Geltung allgemeiner Regeln 5
      1. Rück- und Weiterverweisung 5
      2. Ordre public 6
   II. Verhältnis zu anderen Vorschriften 7
      1. Verhältnis zu Art. 3 7
      2. Verhältnis zu Art. 4 8
      3. Verhältnis zu Art. 6 und Art. 46 b EGBGB 9
   III. Verhältnis zu internationalen Abkommen 10
   IV. Güterbeförderungsverträge 11
      1. Grundsatz 11
      2. Begriff des Güterbeförderungsvertrags ... 12
      3. Subjektive Anknüpfung 17
      4. Objektive Anknüpfung 18

      a) Recht am Aufenthaltsort des Beförderers (Abs. 1 S. 1) 19
      b) Recht am vereinbarten Ablieferungsort (Abs. 1 S. 2) 23
      c) Kein vereinbarter Ablieferungsort (Art. 4 Abs. 4) 24
      d) Ausweichklausel 25
   5. Maßgeblicher Zeitpunkt 26
   6. Internationale Abkommen 27
  V. Personenbeförderung 32
      1. Grundsatz 32
      2. Begriff des Personenbeförderungsvertrages 33
      3. Subjektive Anknüpfung 37
      4. Objektive Anknüpfung 40
      5. Maßgeblicher Zeitpunkt 41
      6. Internationale Abkommen 42

A. Allgemeines

I. Normzweck und Entstehung

Art. 5 ist eine der wenigen **Neuerungen** beim Übergang vom EVÜ zur Rom I-VO. Mit ihm wird eine **1** eigene Kollisionsnorm für Beförderungsverträge geschaffen, die in dieser Form zuvor im EVÜ nicht enthalten war. Ihre Notwendigkeit wird damit begründet, dass eine Anknüpfung nach der Grundregel des Art. 4 den Besonderheiten von Beförderungsverträgen nicht gerecht wird. Denn eine alleinige Anknüpfung an den Ort, an dem sich der gewöhnliche Aufenthalt des Beförderers als Leistungserbringer befindet, führt in einigen Konstellationen zu nicht sachgerechten Ergebnissen.[1]

Art. 5 kann auf eine lange Entwicklungsgeschichte zurückblicken. Das EVÜ enthielt zwar keine eigenständige Kollisionsnorm für Beförderungsverträge, nahm sich aber der objektiven Anknüpfung von **Güterbeförderungsverträgen** in Art. 4 Abs. 4 EVÜ, der mittels Art. 28 Abs. 4 EGBGB in deutsches Recht inkorporiert wurde, an. **Personenbeförderungsverträge** wurden hingegen eher stiefmütterlich behandelt und nach der Vermutungsregel des Art. 4 Abs. 2 EVÜ, der mittels Art. 28 Abs. 2 EGBGB in deutsches Recht inkorporiert wurde, objektiv angeknüpft. Die subjektive Anknüpfung erfolgte einheitlich nach Art. 3 EVÜ (in Deutschland Art. 27 EGBGB). **2**

Im Zuge der Überführung des EVÜ in eine Verordnung entschied sich die Kommission in ihrem Vorschlag für eine Verordnung über das IPR der vertraglichen Schuldverhältnisse zunächst gegen eine eigenständige Kollisionsnorm für Beförderungsverträge. Beförderungsverträge sollten, wie alle anderen Verträge mit charakteristischer Leistung, mangels Rechtswahl an den Ort angeknüpft werden, an dem sich der gewöhnliche Aufenthalt des Beförderers als Leistungserbringer befindet.[2] Eine Rechtswahl sollte nach den allgemeinen Grundsätzen[3] zulässig sein. Man erkannte dann aber, dass dies den Besonderheiten von Beförderungsverträgen nicht gerecht wurde, und schuf während des Gesetzgebungsverfahrens[4] mit Art. 5 eine **besondere Kollisionsnorm** für Güter- und Personenbeförderungsverträge, die sowohl deren subjektive als auch deren objektive Anknüpfung regelt.[5] **3**

II. Regelungsstruktur

Art. 5 unterscheidet sowohl hinsichtlich der subjektiven als auch der objektiven Anknüpfung zwischen **4** Güter- (Abs. 1) und Personenbeförderungsverträgen (Abs. 2). In beiden Absätzen finden sich jeweils beson-

---

1 Vgl Bericht *Giuliano/Lagarde*, BT-Drucks. 10/503, S. 54, mit Beispielen.
2 Vgl Vorschlag für eine Verordnung des Europäischen Parlaments und des Rates über das auf vertragliche Schuldverhältnisse anzuwendende Recht (Rom I), KOM 2005, 650 endg., Art. 4 Abs. 1 lit. c.
3 Vorschlag für eine Verordnung des Europäischen Parlaments und des Rates über das auf vertragliche Schuldverhältnisse anzuwendende Recht (Rom I), KOM 2005, 650 endg., Art. 3.
4 Näher zur Entstehungsgeschichte *Nielsen*, in: Ferrari/Leible (Hrsg.), Rome I Regulation, 2009, S. 99 ff.
5 Kritisch hierzu *Mankowski*, IHR 2008, 133, 140.

dere Anknüpfungsregeln, während Abs. 3 für beide Vertragstypen eine Ausweichklausel zur Verfügung stellt.

B. Regelungsgehalt

I. Geltung allgemeiner Regeln

1. Rück- und Weiterverweisung. Art. 5 spricht gem. Art. 20 eine **Sachnorm- und keine Gesamtverweisung** aus. Rück- oder Weiterverweisungen sind daher unbeachtlich.[6] Führt die Verweisung zum Recht eines Staates mit lokaler Rechtsspaltung, ist nach Art. 22 Abs. 1 eine Unteranknüpfung vorzunehmen.

2. Ordre public. Der *ordre public* (Art. 21) kann auch der Anwendung des nach Art. 5 berufenen Rechts entgegenstehen, doch ist die praktische Relevanz der *ordre-public*-Klausel gering, da einerseits Art. 5 selbst dem **präsumtiven Schwächerenschutz** dient[7] und andererseits auch Artt. 6 und 9 einschlägig sein und helfen können, den kollisionsrechtlich Schwächeren zu schützen, einen Widerspruch zu öffentlichen Interessen zu vermeiden sowie die unbedingte Anwendung zwingenden Rechts zu gewährleisten. Vgl dazu Art. 3 Rn 12.

II. Verhältnis zu anderen Vorschriften

1. Verhältnis zu Art. 3. Art. 3 ist auf Beförderungsverträge anwendbar, da Art. 5 Abs. 1 und 2 explizit auf Art. 3 verweisen und dessen Geltung voraussetzen. Bei Personenbeförderungsverträgen ist jedoch zu beachten, dass eine **Rechtswahl** nach Art. 3 zwar zulässig, Abs. 2 aber **nur die Wahl bestimmter Rechte** gestattet. Die Rechtswahl für Personenbeförderungsverträge unterliegt folglich weiteren Restriktionen.

2. Verhältnis zu Art. 4. Art. 4 wird durch die objektiven Anknüpfungsregeln des Art. 5 **verdrängt**.

3. Verhältnis zu Art. 6 und Art. 46 b EGBGB. Im Rahmen des kollisionsrechtlichen Verbraucherschutzes ist zwischen Beförderungsverträgen und Pauschalreiseverträgen im Sinne der Richtlinie 90/314/EWG[8] zu differenzieren. **Beförderungsverträge**, dh sowohl Güter- als auch Personenbeförderungsverträge, fallen gem. Art. 6 Abs. 4 lit. b grundsätzlich nicht in den Anwendungsbereich des Art. 6,[9] sodass es insoweit zu keiner Kollision mit Art. 5 kommen kann.[10] Zu beachten ist jedoch, dass **Pauschalreiseverträge** über die Rückausnahme in Art. 6 Abs. 4 lit. b explizit dem Anknüpfungsregime des Art. 6 unterworfen werden, dem also innerhalb seines Anwendungsbereich als *lex specialis* Vorrang eingeräumt wird.[11] Zu beachten bleibt zudem Art. 46 b EGBGB.[12]

III. Verhältnis zu internationalen Abkommen

Bei einer Anknüpfung nach Art. 5 ist darauf zu achten, dass im Recht des Güter- und Personentransports in großem Umfang **internationale Abkommen** existieren (vgl bei Güterbeförderungsverträgen Rn 27 ff und bei Personenbeförderungsverträgen Rn 42 ff). Diese Abkommen gehen der Rom I-VO gem. Art. 25 Abs. 1 vor (näher Art. 25).

IV. Güterbeförderungsverträge

1. Grundsatz. Art. 5 Abs. 1 gestattet den Parteien, das auf den Güterbeförderungsvertrag anwendbare Recht nach Maßgabe des Art. 3 frei zu wählen (Abs. 1 S. 1). Fehlt es an einer Rechtswahlvereinbarung oder ist diese unwirksam, ist der Vertrag anhand der in Abs. 1 vorgesehenen **Anknüpfungsleiter** objektiv anzuknüpfen. Abs. 3 gestattet eine von Abs. 1 abweichende objektive Anknüpfung, wenn sich aus der Gesamtheit der Umstände ergibt, dass der Güterbeförderungsvertrag eine offensichtlich engere Verbindung zu einem anderen als dem nach Abs. 1 maßgeblichen Staat aufweist.

2. Begriff des Güterbeförderungsvertrags. Was unter einem Güterbeförderungsvertrag zu verstehen ist, erläutert Art. 5 Abs. 1 nicht. Einigkeit besteht jedoch darin, dass damit Verträge gemeint sind, kraft

---

6 Staudinger/*Magnus*, Art. 5 Rn 29; Ferrari u.a./*Staudinger*, Internationales Vertragsrecht, Art. 5 Rn 65; MüKo/*Martiny*, Art. 5 Rn 143; *Wagner*, TranspR 2008, 221, 224; jurisPK-BGB/*Ringe*, Art. 5 Rn 28.
7 Vgl Erwägungsgrund 32.
8 Richtlinie 90/314/EWG des Rates v. 13. Juni 1990 über Pauschalreisen, ABl. EG 1990 L 158/59.
9 Zur rechtspolitischen Kritik vgl Ferrari u.a./*Staudinger*, Internationales Vertragsrecht, Art. 5 Rn 8.
10 Staudinger/*Magnus*, Art. 5 Rn 28; ausführlich Reithmann/Martiny/*Mankowski*, Rn 2671 ff; *ders.*, TranspR 2011, 70, 74.
11 Palandt/*Thorn*, Art. 5 Rn 3; Staudinger/*Magnus*, Art. 5 Rn 21, 28; Ferrari u.a./*Staudinger*, Internationales Vertragsrecht, Art. 5 Rn 9.
12 Vgl dazu *Staudinger*, IPrax 2001, 183.

derer sich eine Person in der zum **Transport beweglicher Sachen** von einem Ort zu einem anderen verpflichtet.[13] Der Transport beweglicher Sachen muss außerdem **im Vordergrund** der vertraglichen Vereinbarung stehen. Ausgenommen bleiben daher zB Verträge über die Beförderung von Reisegepäck, die wegen ihres engen Zusammenhangs mit der Personenbeförderung wie diese anzuknüpfen sind.[14] **Umzugsverträge** werden hingegen von Abs. 1 erfasst, da die Zusatzleistungen (Ein-, Aus- und Zusammenbau von Möbeln) regelmäßig nicht überwiegen.[15]

Darauf, auf welchem Wege dieser Transport erfolgt (Straße, Wasser, Luft, Schiene) und welche Beförderungsmittel eingesetzt werden (Kfz, Eisenbahn, Schiff, Flugzeug), kommt es nicht an. Erfasst wird auch der **multimodale Transport**.[16] Weiterhin ist nicht erforderlich, dass der Beförderungsvertrag gewerbsmäßig oder entgeltlich erfolgt.[17]

13

Art. 5 Abs. 1 unterfallen grundsätzlich nur **Frachtverträge**. Darüber hinaus wird Abs. 1 zT aber auch auf alle **Speditionsverträge** angewandt.[18] Das überzeugt jedoch nicht, da der Spediteur sich grundsätzlich nicht zur Beförderung verpflichtet, sondern es nur übernimmt, Güterversendungen durch einen Frachtführer zu besorgen (vgl zB § 453 Abs. 1 HGB). Abs. 1 kann daher nur für die Speditionsverträge herangezogen werden, bei denen der Spediteur – etwa aufgrund eines Selbsteintritts (§§ 458–460 HGB) – ausnahmsweise selbst die Beförderungsleistung schuldet.[19] Andernfalls bleibt es bei der Anknüpfung nach Art. 4 Abs. 1 lit. b. Maßgebend ist dann das Recht am Niederlassungsort des Spediteurs (näher Art. 4 Rn 109).

14

Da Art. 5 Abs. 1 keine inhaltlichen Abweichungen zum EVÜ herbeiführen soll,[20] sind auch **Charterverträge für eine einzige Reise** und andere Verträge, die in der Hauptsache der Güterbeförderung dienen, als Güterbeförderungsverträge iSv Art. 5 Abs. 1 anzusehen.[21] Denn diese waren vormals explizit in Art. 4 Abs. 4 S. 2 EVÜ genannt. Entscheidendes Abgrenzungskriterium ist der **Güterbeförderungszweck**, der überwiegen muss. Nicht erfasst werden daher Charterverträge, die tatsächlich auf eine **Miete des Transportmittels** abzielen (*time charter* mit oder ohne employment clause, *demise charter*, *bareboat charter* usw.).[22] Deutlich im Vordergrund steht der Güterbeförderungszweck hingegen bei der Reisecharter. Erfasst werden neben der *single voyage charter* (Abs. 4 S. 2 Var. 1 EVÜ) auch *consecutive voyage charters* und *multi voyage charters*, da Abs. 4 S. 2 Var. 2 EVÜ ein offener Obertatbestand, der „Chartervertrag für eine einzige Reise" (Var. 1) hingegen nur ein Beispiel ist und die Gemeinsamkeiten zwischen diesen Vertragstypen überwiegen.[23]

15

Der EuGH legt Art. 5 Abs. 1 dahin gehend aus, dass das in dieser Vorschrift vorgesehene Anknüpfungskriterium des Güterbeförderungsvertrags für einen anderen **Chartervertrag** als einen solchen für eine einzige Reise nur dann gilt, wenn Hauptgegenstand des Vertrags nicht die bloße Zurverfügungstellung eines Beförderungsmittels ist, sondern die Beförderung der Güter im eigentlichen Sinn.[24] Dies müsse im Übrigen für

16

---

13 Einen gewissen Hinweis gibt auch Erwägungsgrund 22, in den die vormals in Art. 4 Abs. 4 S. 3 EVÜ enthaltene Legaldefinition aufgenommen wurde; vgl auch jurisPK-BGB/*Ringe*, Art. 5 Rn 11; Ferrari u.a./*Staudinger*, Internationales Vertragsrecht, Art. 5 Rn 20.

14 Czernich/Heiss/*Czernich*, Art. 4 EVÜ Rn 195; MüKo/*Martiny*, Art. 5 Rn 7; Staudinger/*Magnus*, Art. 5 Rn 35; Ferrari u.a./*Staudinger*, Internationales Vertragsrecht, Art. 5 Rn 23.

15 OLG Düsseldorf TranspR 1995, 350, 351; LG Bonn TranspR 1991, 25, 26), vgl auch *Fischer*, TranspR 1996, 407, 416; Rauscher/*Thorn*, EuZPR/EuIPR, Art. 5 Rn 29; Ferrari u.a./*Staudinger*, Internationales Vertragsrecht, Art. 5 Rn 20.

16 Soergel/*v. Hoffmann*, Art. 28 EGBGB Rn 84; MüKo/*Martiny*, Art. 5 Rn 7; Staudinger/*Magnus*, Art. 5 Rn 34; Ferrari u.a./*Staudinger*, Internationales Vertragsrecht, Art. 5 Rn 75; Calliess/*Schulze*, Art. 5 Rn 6.

17 Staudinger/*Magnus*, Art. 5 Rn 22.

18 OLG Düsseldorf TranspR 1994, 391, 392, OLG Hamburg TranspR 1989, 321, 322; OLG Hamm TranspR 1999, 442, 443; Palandt/*Thorn*, Art. 4 Rn 6; Erman/*Hohloch*, Art. 5 Rn 13; Rauscher/*Thorn*, EuZPR/EuIPR, Art. 5 Rn 28; jurisPK-BGB/*Ringe*, Art. 5 Rn 14.

19 OLG München TranspR 1997, 33, 34; TranspR 1998, 353, 355; Czernich/Heiss/*Czernich*, Art. 4 EVÜ Rn 195; Soergel/*v. Hoffmann*, Art. 28 EGBGB Rn 83; Staudinger/*Magnus*, Art. 5 Rn 202 f; Ferrari u.a./*Staudinger*, Internationales Vertragsrecht, Art. 5 Rn 21, 76; Reithmann/Martiny/*Mankowski*, Rn 4081; MüKo/*Martiny*, Art. 5 Rn 39; Bamberger/Roth/*Spickhoff*, Art. 5 Rn 7; *Häußer*, TranspR 2010, 246, 255; *Nordmeier*, in: Gebauer/Wiedmann, Kap. 37 Rn 55.

20 Erwägungsgrund 22 Rom I-VO.

21 jurisPK-BGB/*Ringe*, Art. 5 Rn 13; Ferrari u.a./*Staudinger*, Internationales Vertragsrecht, Art. 5 Rn 22.

22 Czernich/Heiss/*Czernich*, Art. 4 EVÜ Rn 199; Staudinger/*Magnus*, Art. 5 Rn 99, 101, 105; MüKo/*Martiny*, Art. 5 Rn 8; Rauscher/*Thorn*, EuZPR/EuIPR, Art. 5 Rn 22 ff.

23 Czernich/Heiss/*Czernich*, Art. 4 EVÜ Rn 199; Staudinger/*Magnus*, Art. 5 Rn 103; Calliess/*Schulze*, Art. 5 Rn 11; aA Soergel/*v. Hoffmann*, Art. 28 EGBGB Rn 443; Rauscher/*Thorn*, EuZPR/EuIPR, Art. 5 Rn 22 ff.

24 EuGH, Rs C-133/08, Slg 2009, I-9687 – Intercontainer Interfrigo SC (ICF) / Balkenende Oosthuizen BV, MIC Operations BV.

den gesamten Vertrag gelten, es sei denn, dass sich der Teil des Vertrags, der sich auf die Beförderung bezieht, gegenüber dem Rest des Vertrags als autonom darstellt.[25]

17 **3. Subjektive Anknüpfung.** Die subjektive Anknüpfung von Güterbeförderungsverträgen richtet sich gem. Art. 5 Abs. 1 S. 1 nach der **Grundregel des Art. 3**. Damit ist eine Rechtswahl in den Grenzen des Art. 3 zulässig. Weitere als die dort vorgesehenen Restriktionen (vgl insb. Art. 3 Abs. 3 und 4) werden nicht aufgestellt.

18 **4. Objektive Anknüpfung.** Die objektive Anknüpfung von Güterbeförderungsverträgen richtet sich grundsätzlich nach Art. 5 Abs. 1. Güterbeförderungsverträge sind **einheitlich anzuknüpfen**, da die einzelnen Transportabschnitte (Verladen, Befördern, Entladen, Abliefern) einen einheitlichen Transportvorgang bilden.[26]

19 **a) Recht am Aufenthaltsort des Beförderers (Abs. 1 S. 1).** Nach Art. 5 Abs. 1 ist mangels Rechtswahl das Recht des Staates anzuwenden, in dem der **Beförderer** seinen **gewöhnlichen Aufenthalt** hat, **sofern** sich in diesem Staat auch der **Übernahmeort** oder der **Ablieferungsort** oder der **gewöhnliche Aufenthaltsort des Absenders** befindet. Die Anknüpfung nach Art. 5 Abs. 1 S. 1 ist daher von zusätzlichen räumlichen Voraussetzungen abhängig, die sich in ähnlicher Form bereits in der Vorgängernorm des Art. 4 Abs. 4 EVÜ fanden. Durch sie soll das Risiko des Ausflaggens vermindert werden. Käme es, wie bei den nicht in Art. 4 Abs. 1 typisierten Vertragstypen, nur auf die charakteristische Leistung und damit regelmäßig die Niederlassung des Beförderers an, wäre eine Vielzahl der Transporteure bestrebt, in „Billigflaggenstaaten" eine nur formale Hauptniederlassung zu unterhalten, um sich so die Anwendung eines für sie günstigen Rechts zu sichern.[27] Dies wird durch die zusätzlichen Anforderungen verhindert.

20 **Beförderer** ist, wer sich verpflichtet, ein Gut zu befördern. Darauf, ob der Transport **selbst oder von Dritten** durchgeführt wird, kommt es nicht an.[28]

21 Der **gewöhnliche Aufenthalt** des Beförderers wird durch Art. 19 näher präzisiert. Daher ist der Ort der Hauptverwaltung bzw Hauptniederlassung oder ggf der Ort der Zweigniederlassung, Agentur oder sonstigen Niederlassung maßgeblich.

22 **Übernahmeort** ist derjenige Ort, an dem der Beförderer das Transportgut vertragsgemäß zu übernehmen hat, und **Ablieferungsort** der Ort der vertragsgemäßen Ablieferung.[29] Einseitige Änderungen des Übernahme- und Ablieferungsorts sind unbeachtlich,[30] nicht hingegen nachträgliche einvernehmliche Änderungen.[31] **Absender** ist der Vertragspartner des Beförderers, der diesem die Güter zur Beförderung zuliefert.[32] Sein gewöhnlicher Aufenthaltsort wird ebenso wie der des Beförderers durch Art. 19 näher präzisiert.

23 **b) Recht am vereinbarten Ablieferungsort (Abs. 1 S. 2).** Sofern die zusätzlichen räumlichen Voraussetzungen nach Abs. 1 S. 1 nicht gegeben sind, ist ein Rückgriff auf Abs. 1 S. 1 ausgeschlossen. In diesem Fall hat eine objektive Anknüpfung nach S. 2 zu erfolgen. Danach ist das Recht des Staates des von den Parteien **vereinbarten Ablieferungsorts** anzuwenden. Diese Vereinbarung kann sowohl individualvertraglich als auch mittels AGB erfolgen.[33]

24 **c) Kein vereinbarter Ablieferungsort (Art. 4 Abs. 4).** Haben die Parteien keinen Ablieferungsort vereinbart, scheidet eine Anknüpfung nach Art. 5 Abs. 1 aus. Auch Art. 5 Abs. 3 kann nicht herangezogen werden, da die Norm gerade davon ausgeht, dass eine Anknüpfung nach Abs. 1 möglich ist. Zurückzugreifen ist daher auf die allgemeine Regel des Art. 4. Herangezogen werden sollte jedoch nicht Art. 4 Abs. 2,[34] sondern Art. 4 Abs. 4; denn Art. 5 möchte gerade eine allgemeine Anknüpfung an das Recht am gewöhnlichen Aufenthaltsort des Beförderers als Leistungserbringer vermeiden. Maßgeblich ist in diesen Fällen folglich das

---

25 EuGH, Rs C-133/08, Slg 2009, I-9687 – Intercontainer Interfrigo SC (ICF) / Balkenende Oosthuizen BV, MIC Operations BV.
26 *Ramming*, HmbSchRZ 2009, 21, 25 f; Rauscher/*Thorn*, EuZPR/EuIPR, Art. 5 Rn 33.
27 BT-Drucks. 10/504, S. 20, 79.
28 Vgl Erwägungsgrund 22 Rom I-VO; jurisPK-BGB/*Ringe*, Art. 5 Rn 12; Rauscher/*Thorn*, EuZPR/EuIPR, Art. 5 Rn 34; *Garcimartín Alférez*, EuLF 2008, I-61, I-70; Ferrari u.a./*Staudinger*, Internationales Vertragsrecht, Art. 5 Rn 28; Calliess/*Schulze*, Art. 5 Rn 55; *Nordmeier*, in: Gebauer/Wiedmann, Kap. 37 Rn 54.
29 Vgl Bericht *Giuliano/Lagarde*, BT-Drucks. 10/503, S. 33, 54; *Mankowski*, TransR 2008 339, 346; jurisPK-BGB/*Ringe*, Art. 5 Rn 23; Calliess/*Schulze*, Art. 5 Rn 57 f; Ferrari u.a./*Staudinger*, Internationales Vertragsrecht, Art. 5 Rn 31. Zu den Problemen bei mehreren Übernahme-/Ablieferungsorten in verschiedenen Mitgliedsstaaten Staudinger/*Magnus* Art. 5 Rn 43.
30 Vgl MüKo/*Martiny*, Art. 5 Rn 19.
31 Soergel/*v. Hoffmann*, Art. 28 EGBGB Rn 436.
32 Vgl Erwägungsgrund 22 Rom I-VO; Staudinger/*Magnus*, Art. 5 Rn 24; Rauscher/*Thorn*, EuZPR/EuIPR, Art. 5 Rn 34; Calliess/*Schulze*, Art. 5 Rn 56.
33 Palandt/*Thorn*, Art. 5 Rn 7.
34 So aber *Nielsen*, in: Ferrari/Leible, Rome I Regulation, 2009, S. 107.

Recht desjenigen Staates, zu dem der Güterbeförderungsvertrag die **engste Verbindung** aufweist. Das kann das Recht am gewöhnlichen Aufenthaltsort des Beförderers sein, muss es aber nicht.[35]

d) Ausweichklausel. Sofern der Vertrag ausnahmsweise eine offensichtlich engere Verbindung zu einem anderen als dem nach Art. 5 Abs. 1 bestimmten Staat aufweist, ist nach Art. 5 Abs. 3 das Recht dieses Staates anzuwenden. Der Richter hat in solchen Fällen **von Amts wegen** die Kriterien des Abs. 1 unangewendet zu lassen und das Recht des Staates anzuwenden, mit dem der Vertrag **am engsten verbunden** ist.[36] Die Ausweichklausel ist als Ausnahmevorschrift restriktiv zu behandeln und greift nicht im Falle der Rechtswahl.[37] Bezüglich der inhaltlichen Voraussetzungen des Art. 5 Abs. 3 kann auf die Parallelvorschrift des Art. 4 Abs. 3 verwiesen werden.[38]

5. Maßgeblicher Zeitpunkt. Entscheidender Zeitpunkt ist der des **Vertragsschlusses**. Spätere einseitige Veränderungen der anknüpfungsrelevanten Merkmale (gewöhnlicher Aufenthaltsort des Beförderers bzw. Absenders, Übernahme- oder Ablieferungsort) lassen das Vertragsstatut grundsätzlich unberührt, sollen aber uU bei einer Prüfung von Abs. 3 zu berücksichtigen sein.[39] Zu den hiergegen bestehenden Bedenken vgl Art. 4 Rn 96. Zu einem Statutenwechsel kann es dagegen bei einer nachträglichen Vertragsänderung kommen, die zugleich zu einer Änderung der für die objektive Anknüpfung relevanten Merkmale führt (zB Vereinbarung eines anderen als den ursprünglich vorgesehenen Ablieferungsorts).

6. Internationale Abkommen. Das **internationale Gütertransportrecht** wird durch die Existenz einer Vielzahl von Staatsverträgen geprägt, die **materielles Einheitsrecht** schaffen und in ihrem Anwendungsbereich der Rom I–VO nach Art. 25 Abs. 1 vorgehen (näher Art. 25). Auf das Vertragsstatut ist jedoch bei Lückenhaftigkeit des Einheitsrechts zurückzugreifen, sofern sich diese Lücken nicht durch Auslegung schließen lassen oder die Konvention nicht zur Lückenschließung auf ein bestimmtes Recht verweist.[40] Einer Anknüpfung nach Art. 5 steht dann nichts entgegen.[41]

Bei der grenzüberschreitenden Beförderung von Gütern auf der Straße ist das Genfer Übereinkommen über den Beförderungsvertrag im internationalen Straßengüterverkehr (**Convention relative au Contrat de transport international de Marchandises par Route – CMR**) vom 19.5.1956[42] zu beachten. Es ist für die Bundesrepublik Deutschland am 5.2.1962 in Kraft getreten[43] und gilt im Verhältnis zu allen europäischen Staaten. Das Übereinkommen schafft materielles Einheitsrecht in wichtigen Fragen des grenzüberschreitenden Güterfernverkehrs (Beförderungspapiere, Haftung, Durchsetzung von Schadensersatzansprüchen usw.). Es gilt gem. Art. 1 Abs. 1 S. 1 CMR für jeden Vertrag über die entgeltliche Beförderung von Gütern auf der Straße mittels Fahrzeugen, wenn der Ort der Übernahme des Gutes und der für die Ablieferung vorgesehene Ort, wie sie im Vertrag angegeben sind, in zwei verschiedenen Staaten liegen, von denen mindestens einer ein Vertragsstaat ist. Die Bestimmungen des CMR sind zwingend und können von den Parteien nicht abbedungen werden (Art. 41 CMR).[44]

Auf dem Gebiet der grenzüberschreitenden Beförderung von Gütern auf der Schiene ist das Übereinkommen über den internationalen Eisenbahnverkehr (**Convention relative aux Transports International aux Ferroviaires – COTIF**) vom 9.5.1980[45] zu beachten. Es ist für die Bundesrepublik Deutschland am 1.5.1985 in Kraft getreten und gilt im Verhältnis zu den meisten europäischen Staaten. Die COTIF wird gem. Art. 3 § 1 durch zwei Anhänge (A und B) ergänzt, von denen für den Gütertransport die **CIM (Einheitliche Rechtsvorschriften für den Vertrag über die internationale Eisenbahnbeförderung von Gütern – Anhang B zum COTIF)** von Bedeutung sind.[46] Die CIM schafft materielles Einheitsrecht in wichtigen Fragen des grenzüberschreitenden Gütertransports auf der Schiene (Frachtbrief, Haftung, Durchsetzung von Schadensersatzansprüchen usw.). Es gilt gem. Art. 1 § 1 CIM für alle Sendungen von Gütern,

---

35 Vgl auch Palandt/*Thorn*, Art. 5 Rn 7; Staudinger/*Magnus*, Art. 5 Rn 46; Rauscher/*Thorn*, EuZPR/EuIPR, Art. 5 Rn 40; *Ramming*, HmbSchRZ 2009, 21, 25.

36 EuGH, Rs C-133/08, Slg 2009, I-9687 – Intercontainer Interfrigo SC (ICF) / Balkenende Oosthuizen BV, MIC Operations BV.

37 Calliess/*Schulze*, Art. 5 Rn 72; Ferrari u.a./*Staudinger*, Internationales Vertragsrecht, Art. 5 Rn 62, 64; *Nordmeier*, in: Gebauer/Wiedmann, Kap. 37 Rn 57.

38 So auch jurisPK-BGB/*Ringe*, Art. 5 Rn 57.

39 Vgl Ferrari u.a./*Staudinger*, Internationales Vertragsrecht, Art. 5 Rn 29; Staudinger/*Magnus*, Art. 5 Rn 48; *Nordmeier*, in: Gebauer/Wiedmann, Kap. 37 Rn 55.

40 MüKo/*Martiny*, Art. 5 Rn 3.

41 Vgl zB zum CMR OLG Düsseldorf RIW 1994, 774; OLG Koblenz RIW 1990, 931, 932; OLG München TranspR 1991, 61, 62; RIW 1997, 507, 508.

42 BGBl II 1961 S. 1119, mit Änderungsprotokoll vom 5.7.1978 (BGBl II 1980 S. 733). Weitere Literaturnachw. bei Reithmann/Martiny/*Mankowski*, Rn 2711; MüKo/*Martiny*, Art. 5 Rn 42 ff.

43 BGBl II 1962 S. 12.

44 Ausführlich zum CMR Staudinger/*Magnus*, Art. 5 Rn 72 ff; Rauscher/*Thorn*, EuZPR/EuIPR, Art. 5 Rn 42.

45 BGBl II 1985 S. 129. Neue Fassung BGBl II 2002, S. 2149 mit Änderung in BGBl II 2010, S. 1246. Literaturnachw. bei Reithmann/Martiny/*Mankowski*, Rn 2801.

46 BGBl II 1985 S. 144, idF des Protokolls vom 9.12.1990 (BGBl II 1992 S. 1182). Nachfolgend Protokoll von Vilnius (BGBl II 2002, S. 2142), vgl BGBl II 2006, S. 827.

die mit durchgehendem Frachtbrief zur Beförderung auf einen Weg gegeben werden, der die Gebiete mindestens zweier Mitgliedstaaten berührt und ausschließlich Linien umfasst, die in einer bestimmten Liste eingetragen sind. Die COTIF[47] samt ihrer Anhänge CIM und CIV sind durch das „Protokoll vom 3. Juni 1999 betreffend die **Änderung** des Übereinkommens vom 9. Mai 1980 über den internationalen Eisenbahnverkehr (COTIF)"[48] geändert worden.[49]

30 Für den Bereich der Güterbeförderung im internationalen Luftverkehr gilt das **Montrealer Übereinkommen zur Vereinheitlichung bestimmter Vorschriften über die Beförderung im internationalen Luftverkehr vom 28.5.1999 (MÜ)**,[50] das für die Bundesrepublik Deutschland am 28.6.2004 in Kraft getreten ist.[51] Das Montrealer Übereinkommen schafft u.a. materielles Einheitsrecht in wichtigen Fragen der internationalen Frachtbeförderung mit Luftfahrzeugen gegen Entgelt (Luftfrachtbrief, Haftung für Schäden am Frachtgut und Verspätungsschäden, Durchsetzung von Schadensersatzansprüchen usw.). Es findet Anwendung, wenn nach den Vereinbarungen der Parteien Abgangs- und Bestimmungsort in den Hoheitsgebieten von zwei Vertragsstaaten liegen oder wenn dieses Orte zwar im Hoheitsgebiet nur eines Vertragsstaats liegen, aber eine Zwischenlandung in dem Hoheitsgebiet eines anderen Staates vorgesehen ist, selbst wenn dieser kein Vertragsstaat ist (Art. 1). Entscheidend sind der vereinbarte erste Start und die vereinbarte letzte Landung.[52] Außerhalb des sachlichen oder räumlichen Anwendungsbereichs des Übereinkommens sowie bei Lückenhaftigkeit seiner materiellrechtlichen Regelungen darf auf das nach Abs. 4 bestimmte nationale Recht zurückgegriffen werden. Solange nicht alle Staaten das Montrealer Übereinkommen ratifiziert haben, kann auch noch das **Warschauer Abkommen (WA) zur Vereinheitlichung von Regeln über die Beförderung im internationalen Luftverkehr vom 12.10.1929**,[53] das für die Bundesrepublik Deutschland seit dem 29.12.1933 in Kraft ist, Anwendung finden.[54] Das WA enthält ebenfalls materielles Einheitsrecht für die entgeltliche internationale Luftbeförderung von Gütern. Art. 1 WA formuliert seinen internationalen Anwendungsbereich nahezu wortidentisch mit Art. 1 des Montrealer Übereinkommens.

31 Im Seefrachtvertragsrecht[55] können u.a. das **„Internationale Übereinkommen zur Vereinheitlichung von Regeln über Konnossemente" (Haager Regeln)** vom 25.8.1924,[56] dessen Änderung durch die **Visby Regeln vom 23.2.1968**[57] (vgl Art. 6 EGHGB) von Bedeutung sein. Die von UNCITRAL im Jahre 2008 entwickelten **Rotterdam Rules**[58] sind das jüngste Übereinkommen zum Recht der Güterbeförderung auf See. Sie werden jedoch nach der 20. Ratifikation in Kraft treten.[59]

V. Personenbeförderung

32 **1. Grundsatz.** Personenbeförderungsverträge werden **gesondert** nach Art. 5 Abs. 2 angeknüpft. Die Parteien können danach das auf den Personenbeförderungsvertrag anzuwendende Recht nach Maßgabe der Artt. 3 und 5 Abs. 2 Unterabs. 2 wählen. Sofern sie von dieser Möglichkeit keinen Gebrauch machen oder die Rechtswahl unwirksam ist, ist der Vertrag nach Art. 5 Abs. 2 Unterabs. 1 objektiv anzuknüpfen.

33 **2. Begriff des Personenbeförderungsvertrages.** Was unter einem Personenbeförderungsvertrag zu verstehen ist, erläutert Art. 5 Abs. 2 nicht. In Abgrenzung zum Güterbeförderungsvertrag ist unter einem Personenbeförderungsvertrag ein Vertrag zu verstehen, mit dem sich eine Person in der Hauptsache zum

---

47 Näher zum COTIF Rauscher/*Thorn*, EuZPR/EuIPR, Art. 5 Rn 46; Staudinger/*Magnus*, Art. 5 Rn 136 ff.
48 BGBl II 2002 S. 2149. Vgl auch die erste Verordnung zur Änderung des Übereinkommens vom 9. Mai 1980 über den internationalen Eisenbahnverkehr (COTIF) in der Fassung des Änderungsprotokolls vom 3. Juni 1999, BGBl II 2010 S. 1246. Zu den Änderungen *Freise*, TranspR 1999, 417; *Mutz*, in: FG Herber 1999, S. 302; *ders.*, in: GS Helm 2001, S. 243.
49 Das Protokoll nebst Angaben über seinen Zeichnungs- und Ratifikationsstand sowie die geänderte Fassung des COTIF können unter www.otif.ch abgerufen werden.
50 ABl. EG 2001 L 194/39. Vgl dazu *Bollweg*, ZLW 2000, 439; *Cheng*, ZLW 2000, 287 und 484; *Müller-Rostin*, TranspR 1999, 291; *ders.*, TranspR 2000, 234; *Saenger*, NJW 2000, 169; *Ruhwedel*, TranspR 2001, 189.
51 BGBl II 2004 S. 1027. Vgl dazu *Schmid/Müller-Rostin*, NJW 2003, 3516. Zeichnungs- und Ratifikationsstand können unter www.icao.int abgerufen werden.
52 OLG Hamm TranspR 2003, 201, 202.
53 BGBl II 1958 S. 312. Zu den nachfolgenden Änderungen durch das Haager Protokoll, das Protokoll von Guatemala, das Zusatzabkommen von Guadalajara sowie die Montrealer Protokolle vgl die Nachw. bei Reithmann/Martiny/*Mankowski*, Rn 2831 ff; MüKo/*Martiny*, Art. 5 Rn 60 ff; Calliess/*Schulze*, Art. 5 Rn 26 ff.
54 Vgl dazu auch Art. 55 Montrealer Übereinkommen sowie *Schmid/Müller-Rostin*, NJW 2003, 3516, 3520.
55 Vgl dazu mwN u.a. Staudinger/*Magnus*, Art. 5 Rn 86 ff; Reithmann/Martiny/*Mankowski*, Rn 2871 ff; MüKo/*Martiny*, Art. 5 Rn 94 ff.
56 RGBl II 1939 S. 1065; näher dazu Reithmann/Martiny/*Mankowski*, Rn 2919 f.
57 Näher dazu Reithmann/Martiny/*Mankowski*, Rn 2921 f.
58 UN Convention on Contracts for the International Carriage of Goods Wholly or Partly by Sea, UN Doc. A/RES/63/122 v. 11. Dezember 2008. Näher dazu Reithmann/Martiny/*Mankowski*, Rn 2922 a.
59 Calliess/*Schulze*, Art. 5 Rn 24.

Transport von einer oder mehreren Personen von einem Ort zu einem anderen verpflichtet.[60] Auf die Beförderungsart und das Beförderungsmittel kommt es nicht an.[61]

Darauf, ob die Beförderung entgeltlich oder unentgeltlich erfolgt, kommt es nicht an. Um einen Personenbeförderungsvertrag handelt es sich auch, wenn der Reisende **Gepäckstücke** oder **Tiere** mitnimmt, es sei denn, er hat für deren Beförderung einen eigenständigen Vertrag abgeschlossen.[62] 34

Pauschalreiseverträge sind Verträge *sui generis* und fallen nicht unter den Begriff des Personenbeförderungsvertrages.[63] Für ihre Anknüpfung gelten spezielle Regeln, vgl Art. 6 Abs. 4 lit. b Rn 48 f. 35

Art. 5 Abs. 2 erfasst nicht den Vertrag über die Vermittlung einer Personenbeförderung, etwa durch ein Reisebüro, da die aus diesem Vertrag geschuldete Leistung nicht der Transport des Reisenden ist. **Reisevermittlungsverträge** sind nach Art. 4 oder, sofern Vertragspartner ein Verbraucher ist, nach Art. 6 anzuknüpfen. 36

3. Subjektive Anknüpfung. Für die subjektive Anknüpfung von Personenbeförderungsverträgen verweist Art. 5 Abs. 2 Unterabs. 2 zunächst auf Art. 3. Es gelten daher die allgemeinen Grundsätze der Rechtswahl und deren durch Art. 3 gezogenen Grenzen (vgl insb. Art. 3 Abs. 3 und 4). So ist etwa auch bei Personenbeförderungsverträgen eine Rechtswahl mittels AGB möglich. Allerdings beschränkt Art. 5 Abs. 2 Unterabs. 2 die Zahl der wählbaren Rechte. Die Parteien können nicht jedes staatliche Recht dieser Welt wählen, sondern müssen sich alternativ für eines der in Abs. 2 Unterabs. 2 lit. a bis e aufgeführten Rechte entscheiden. Diese **Beschränkung der Rechtswahlmöglichkeit** soll dem Schutz der zu befördernden Person dienen.[64] Ob dieses Ziel erreicht wurde, erscheint jedoch fraglich.[65] 37

Die nach Abs. 2 Unterabs. 2 **wählbaren Rechte** sind das Recht des gewöhnlichen Aufenthaltsortes der zu befördernden Person (lit. a), das Recht des gewöhnlichen Aufenthaltsortes des Beförderers (lit. b) (näher Rn 19 ff), das Recht am Ort der Hauptverwaltung des Beförderers (lit. c), das Recht am Abgangsort (lit. d) sowie des Recht am Bestimmungsort (lit. e). Für die Bestimmung des gewöhnlichen Aufenthalts und des Orts der Hauptverwaltung gibt Art. 19 Maß. **Abgangsort** ist der Ort des Beginns der Reise und **Bestimmungsort** der Ort ihres vertraglich vereinbarten Ziels.[66] Bei einer aus mehreren Flügen bestehenden Flugverbindung ohne nennenswerten Aufenthalt auf den Umsteigeflughäfen ist auf den Beginn der Personenbeförderung, mithin den Abflugort der ersten Teilstrecke abzustellen.[67] 38

Unter der **zu befördernden Person** ist nicht diejenige zu verstehen, die tatsächlich befördert wird, sondern der Vertragspartner, der mit dem Beförderer den **Beförderungsvertrag abgeschlossen hat**. Schließt daher zB ein Arbeitgeber für einen seiner Angestellten einen Beförderungsvertrag ab, kommt es nicht auf den gewöhnlichen Aufenthaltsort dieses Angestellten, sondern den seines Arbeitgebers an.[68] 39

4. Objektive Anknüpfung. Die objektive Anknüpfung von Personenbeförderungsverträgen richtet sich nach Art. 5 Abs. 2 Unterabs. 1. Nach Abs. 2 Unterabs. 1 S. 1 ist mangels Rechtswahl das Recht des gewöhnlichen Aufenthaltsortes der zu befördernden Person anzuwenden, **sofern sich in diesem Staat** auch der **Abgangs- oder der Bestimmungsort** befindet. Sind diese zusätzlichen räumlichen Anforderungen nicht erfüllt, gilt gem. Abs. 2 Unterabs. 1 S. 2 das Recht des Staates, in dem der Beförderer seinen gewöhnlichen Aufenthalt hat. Liegt eine offensichtlich engere Verbindung vor, ist schließlich eine Anknüpfung nach Abs. 3 vorzunehmen (vgl Rn 25). 40

5. Maßgeblicher Zeitpunkt. Entscheidender Zeitpunkt ist der des **Vertragsschlusses**. Spätere einseitige Veränderungen der anknüpfungsrelevanten Merkmale lassen das Vertragsstatut grundsätzlich unberührt, sollen aber uU bei einer Prüfung von Abs. 3 zu berücksichtigen sein.[69] Zu den hiergegen bestehenden Bedenken vgl Art. 4 Rn 96. Zu einem Statutenwechsel kann es dagegen bei einer nachträglichen Vertragsänderung kommen, die zugleich zu einer Änderung der für die objektive Anknüpfung relevanten Merkmale führt (zB Vereinbarung eines anderen als den ursprünglich vorgesehenen Bestimmungsorts). 41

---

60 In Anlehnung an *Basedow*, Der Transportvertrag, 1987, S. 34; jurisPK-BGB/*Ringe*, Art. 5 Rn 39.
61 Ferrari u.a./*Staudinger*, Internationales Vertragsrecht, Art. 5 Rn 41; jurisPK-BGB/*Ringe*, Art. 5 Rn 39.
62 Ferrari u.a./*Staudinger*, Internationales Vertragsrecht, Art. 5 Rn 43.
63 Reithmann/Martiny/*Mankowski*, Rn 2622, 2672; *Magnus*, IPrax 2010, 27, 38; jurisPK-BGB/*Ringe*, Art. 5 Rn 34.
64 *Ministry of Justice*, Rome I – Should the UK opt in? Consultation Paper CP05/08 v. 2.4.2008, S. 24; Rauscher/*Thorn*, EuZPR/EuIPR, Art. 5 Rn 76.
65 Näher *Nielsen*, in: Ferrari/Leible, Rome I Regulation, 2009, S. 107; Staudinger/*Magnus*, Art. 5 Rn 3.
66 So auch *Nordmeier*, in: Gebauer/Wiedmann, Kap. 37 Rn 58; Calliess/*Schulze*, Art. 5 Rn 69; jurisPK-BGB/*Ringe*, Art. 5 Rn 45; Ferrari u.a./*Staudinger*, Internationales Vertragsrecht, Art. 5 Rn 54 f.
67 BGH, NJW 2013, 378, 380; Staudinger/*Magnus*, Art. 5 RomI-VO Rn 56, 52; MüKo/*Martiny*, Art. 5 Rn 29; vgl hierzu auch *Nordmeier*, in: Gebauer/Wiedmann, Kap. 37 Rn 59.
68 *Mankowski*, TranspR 2008, 339, 348; Ferrari u.a./ *Staudinger*, Internationales Vertragsrecht, Art. 5 Rn 50 f; dagegen will Calliess/*Schulze*, Art. 5 Rn 68 das Recht am gewöhnlichen Aufenthalt des Beförderers anwenden.
69 Vgl Staudinger/*Magnus*, Art. 5 Rn 48, 59.

42 **6. Internationale Abkommen.** Auch bei Personenbeförderungsverträgen existieren einige **internationale Abkommen**, die in ihrem Anwendungsbereich der Rom I-VO nach Art. 25 Abs. 1 vorgehen (näher Art. 25). Allerdings ist bei Lückenhaftigkeit dieser Abkommen wieder auf die Rom I-VO zurückzugreifen, sofern sich diese Lücken nicht durch Auslegung schließen lassen oder die Konventionen nicht zur Lückenschließung auf ein bestimmtes Recht verweisen.[70]

43 Relevante internationale Abkommen über Personenbeförderungsverträge, die auch von Deutschland ratifiziert wurden, sind das **Montrealer bzw Warschauer Abkommen** (näher Rn 30) sowie **Anhang A zum COTIF**,[71] der die Konventionen **CIV** über die Personenbeförderung in geänderter und ergänzter Form beinhaltet. Die CIV regeln vor allem die Bedingungen des Beförderungsvertrages und die Haftung der Eisenbahn.[72] Sie sind anwendbar bei einer Bahnbeförderung von Personen mit oder ohne Gepäck mit internationalem Beförderungsausweis und auf einem Weg, der das Gebiet mindestens zweier Mitgliedstaaten berührt und ausschließlich Linien umfasst, die in die Streckenliste gem. Artt. 3 und 10 COTIF eingetragen sind (Art. 1 § 1 CIV). Für Durchgangs- oder Grenzverkehr in der Hand nur einer Eisenbahn gelten die CIV nicht, auch wenn das Gebiet zweier Staaten berührt wird (Art. 2 CIV).

44 Daneben sind einige EU-Verordnungen zu beachten. Dies sind insbesondere die Eisenbahnfahrgastrechteverordnung,[73] die Fluggastrechteverordnung[74] sowie die Fluggäste-Personenschädenverordnung.[75][76]

Artikel 6 Verbraucherverträge

(1) Unbeschadet der Artikel 5 und 7 unterliegt ein Vertrag, den eine natürliche Person zu einem Zweck, der nicht ihrer beruflichen oder gewerblichen Tätigkeit zugerechnet werden kann („Verbraucher"), mit einer anderen Person geschlossen hat, die in Ausübung ihrer beruflichen oder gewerblichen Tätigkeit handelt („Unternehmer"), dem Recht des Staates, in dem der Verbraucher seinen gewöhnlichen Aufenthalt hat, sofern der Unternehmer

a) seine berufliche oder gewerbliche Tätigkeit in dem Staat ausübt, in dem der Verbraucher seinen gewöhnlichen Aufenthalt hat, oder

b) eine solche Tätigkeit auf irgendeiner Weise auf diesen Staat oder auf mehrere Staaten, einschließlich dieses Staates, ausrichtet

und der Vertrag in den Bereich dieser Tätigkeit fällt.

(2) [1]Ungeachtet des Absatzes 1 können die Parteien das auf einen Vertrag, der die Anforderungen des Absatzes 1 erfüllt, anzuwendende Recht nach Artikel 3 wählen. [2]Die Rechtswahl darf jedoch nicht dazu führen, dass dem Verbraucher der Schutz entzogen wird, der ihm durch diejenigen Bestimmungen gewährt wird, von denen nach dem Recht, das nach Absatz 1 mangels einer Rechtswahl anzuwenden wäre, nicht durch Vereinbarung abgewichen werden darf.

(3) Sind die Anforderungen des Absatzes 1 Buchstabe a oder b nicht erfüllt, so gelten für die Bestimmung des auf einen Vertrag zwischen einem Verbraucher und einem Unternehmer anzuwendenden Rechts die Artikel 3 und 4.

(4) Die Absätze 1 und 2 gelten nicht für:

a) Verträge über die Erbringung von Dienstleistungen, wenn die dem Verbraucher geschuldeten Dienstleistungen ausschließlich in einem anderen als dem Staat erbracht werden müssen, in dem der Verbraucher seinen gewöhnlichen Aufenthalt hat;

b) Beförderungsverträge mit Ausnahme von Pauschalreiseverträgen im Sinne der Richtlinie 90/314/EWG des Rates vom 13. Juni 1990 über Pauschalreisen;[1]

c) Verträge, die ein dingliches Recht an unbeweglichen Sachen oder die Miete oder Pacht unbeweglicher Sachen zum Gegenstand haben, mit Ausnahme der Verträge über Teilzeitnutzungsrechte an Immobilien im Sinne der Richtlinie 94/47/EG;

---

70 MüKo/*Martiny*, Art. 5 Rn 3.
71 BGBl 1985 II S. 178.
72 Staudinger/*Magnus*, Art. 5 Rn 152 ff und 140 ff.
73 Verordnung (EG) Nr. 1371/2007 des Europäischen Parlaments und des Rates v. 23.10.2007 über die Rechte und Pflichten der Fahrgäste im Eisenbahnverkehr, ABl. EU 2007 Nr. L 315/14.
74 Verordnung (EG) Nr. 261/2004 des Europäischen Parlaments und des Rates v. 11.2.2004 über eine gemeinsame Regelung für Ausgleichs- und Unterstützungsleistungen für Fluggäste im Fall der Nichtbeförderung und bei Annullierung oder großer Verspätung von Flügen und zur Aufhebung der Verordnung (EWG) Nr. 295/91, ABl. EU 2004 Nr. L 46/1.
75 Verordnung (EG) Nr. 2027/97 des Rates v. 9.10.1997 über die Haftung von Luftfahrtunternehmen bei Unfällen, ABl. EG 1997 Nr. L 285/1.
76 Näher Reithmann/Martiny/*Mankowski*, Rn 4003 ff.
1   **Amtl. Anm.:** ABl. L 158 vom 23.6.1990, S. 59.

d) Rechte und Pflichten im Zusammenhang mit einem Finanzinstrument sowie Rechte und Pflichten, durch die die Bedingungen für die Ausgabe oder das öffentliche Angebot und öffentliche Übernahmeangebote bezüglich übertragbarer Wertpapiere und die Zeichnung oder den Rückkauf von Anteilen an Organismen für gemeinsame Anlagen in Wertpapieren festgelegt werden, sofern es sich dabei nicht um die Erbringung von Finanzdienstleistungen handelt;
e) Verträge, die innerhalb der Art von Systemen geschlossen werden, auf die Artikel 4 Absatz 1 Buchstabe h Anwendung findet.

Literatur: *Aden*, Rechtswahl und Schiedsklausel im Verbraucherschutz, RIW 1997, 723; *Backert*, Kollisionsrechtlicher Verbraucherschutz im Mosaik der Sonderanknüpfungen des deutschen internationalen Schuldvertragsrechts: Eine Darstellung am Beispiel der „Gran Canaria-Fälle", 2000; *Bairlein*, Internationales Vertragsrecht für Freie Berufe, 2009; *Basedow*, Das neue Internationale Versicherungsvertragsrecht, NJW 1991, 785; *ders.*, Materielle Rechtsangleichung und Kollisionsrecht, in: Schnyder/Heiss/Rudisch, Internationales Verbraucherschutzrecht, 1995, S. 11; *ders.*, Internationales Verbrauchervertragsrecht – Erfahrungen, Prinzipien und europäische Reform, in: FS Jayme 2004, S. 3; *Baumert*, Die Umsetzung des Art. 6 Abs. 2 der AGB-Richtlinie im System des europäischen kollisionsrechtlichen Verbraucherschutzes, EWS 1995, 57; *ders.*, Europäischer ordre public und Sonderanknüpfung zur Durchsetzung von EG-Recht unter besonderer Berücksichtigung der sog. mittelbaren Wirkung von EG-Richtlinien, 1994; *Beise*, Rechtswahlklauseln in Time-Sharing-Verträgen, NJW 1995, 1724; *ders.*, Time-Sharing-Verträge und die Isle of Man, RIW 1995, 632; *B. Böhm*, Verbraucherschutz im Internationalen Privatrecht – Die Reichweite des Art. 29 EGBGB an Hand ausgesuchter Fälle, Diss. Bayreuth 1993; *Borges*, Weltweite Geschäfte per Internet und deutscher Verbraucherschutz, ZIP 1999, 565; *ders.*, Lokalisierung von Angeboten beim Electronic Banking, WM 2001, 1542; *Bröcker*, Verbraucherschutz im europäischen Kollisionsrecht, 1998; *Bülow*, Zum internationalen Anwendungsbereich des deutschen Verbraucherkreditgesetzes, EuZW 1993, 435; *Bureau*, Le droit de la consommation transfrontière, 1999; *Cachia*, Consumer contracts in European private international law: The sphere of operation of the consumer contract rules in the Brussels I and Rome I Regulations, Eur. L. Rev., Vol. 34 (2009), 476; *Calliess*, Coherence and Consistency in European Consumer Contract Law: a ProgressReport, GLJ 4 (2003), 333; *ders.*, Grenzüberschreitende Verbraucherverträge, 2006; *Clausnitzer/Woopen*, Internationale Vertragsgestaltung – Die neue EG-Verordnung für grenzüberschreitende Verträge (Rom I-VO), BB 2008, 1798; *Coester-Waltjen*, Der Eskimo-Mantel aus Spanien – Ist der kollisionsrechtliche Verbraucherschutz zu kurz gestrickt?, in: FS W. Lorenz 1991, S. 297; *Czernich/Heiss*, EVÜ – Das Europäische Schuldvertragsübereinkommen, 1999; *Czernich/Tiefenthaler/Kodek*, Europäisches Gerichtsstands- und Vollstreckungsrecht, 3. Aufl. 2009; *Ebke*, Erste Erfahrungen mit dem EG-Schuldvertragsübereinkommen, in: v. Bar, Europäisches Gemeinschaftsrecht und IPR, 1991, S. 77; *ders.*, Schuldrechtliche Teilzeitwohnrechte an Immobilien im Ausland und kein Widerrufsrecht: Zum Ende der Altfälle, IPrax 1998, 263; *Ehle*, Wege zu einer Kohärenz der Rechtsquellen im Europäischen Kollisionsrecht der Verbraucherverträge, 2002; *Einsele*, Auswirkungen der Rom I-VO auf Finanzdienstleistungen, WM 2009, 289; *Fischer*, Das Kollisionsrecht der Verbraucherverträge jenseits von Art. 5 EVÜ, in: FS Großfeld 1999, S. 277; *Francq*, Le réglement „Rom I" sur la loi applicable aux obligations contractuelles, JDI 2009, 41; *Garcimartín Alférez*, The Rome I Regulation: Much ado about nothing?, EuLF 2008, I-61; *ders.*, The Rome I Regulation: execptions tot he rule on consumer contracts and financial instruments, JPIL Vol. 5 (2009), 85; *ders.*, New issues in the Rome I Regulation: the special provisions on financial market contracts, Yb. P.I.L. Vol. 10 (2008), 245; *Grundmann*, Europäisches Vertragsrechtsübereinkommen, EWG-Vertrag und § 12 AGBG, IPrax 1992, 1; *Heiss*, Formvorschriften als Instrument europäischen Verbraucherschutzes, in: Schnyder/Heiss/Rudisch, Internationales Verbraucherschutzrecht, 1995, S. 87; *ders.*, Wandlungen im internationalen Verbraucherschutzrecht, in: FS G. Mayer, Wien 2004, S. 33; *Hill*, Cross-Border Consumer Contracts, 2008; *von Hoffmann*, Consumer Contracts and the 1980 Rome EC Convention on the Law Applicable to Contractual Obligations, J. Cons. Policy 15 (1992), 365; *ders.*, Inländische Sachnormen mit zwingendem internationalem Anwendungsbereich, IPrax 1989, 261; *ders.*, Über den Schutz des Schwächeren bei internationalen Schuldverträgen, RabelsZ 38 (1974), 396; *Imhoff-Scheier*, Protection du consommateur et contrats internationaux, Genf 1981; *Jasef*, Art. 29 EGBGB und grenzüberschreitende Verbraucherkreditverträge, FLF 1995, 103; *Jayme*, „Timesharing-Verträge" im Internationalen Privat- und Verfahrensrecht, IPrax 1995, 234; *ders.*, Internationale Zuständigkeit bei Haustürgeschäften, in: FS Nagel 1987, S. 123; *ders.*, Haustürgeschäfte deutscher Urlauber in Spanien – Horizontale Wirkungen der EG-Richtlinien und internationales Vertragsrecht, IPrax 1990, 220; *ders.*, Klauselrichtlinie und Internationales Privatrecht, in: FS Trinkner 1995, S. 575; *ders.*, Spanien: Umsetzung der EG-Richtlinie 85/577 über den Schutz von Verbrauchern für außerhalb der Geschäftsräume geschlossenen Verträgen, IPrax 1992, 203; *Joustra*, De internationale consumentenovereenkomst, 1997; *Junker*, Die freie Rechtswahl und ihre Grenzen, IPrax 1993, 1; *ders.*, Vom Citoyen zum Consommateur – Entwicklungen des Internationalen Verbraucherschutzes, IPrax 1998, 65; *Kartzke*, Verträge mit gewerblichen Ferienhausanbietern, NJW 1994, 823; *Keller*, Schutz des Schwächeren im Internationalen Vertragsrecht, in: FS Vischer 1983, S. 175; *Kieninger*, Der grenzüberschreitende Verbrauchervertrag zwischen Richtlinienkollision und Rom I-Verordnung, in: FS Kropholler, 2008, S. 499; *Klauer*, Das europäische Kollisionsrecht der Verbraucherverträge zwischen Römer-EVÜ und EG-Richtlinien, 2002; *Klingsporn*, Der Schutz des Verbrauchers im internationalen Privatrecht, WM 1994, 1093; *Klotz*, Kreditvergabe durch deutsche Banken und Verbraucherschutz in Frankreich, RIW 1997, 197; *Kluth*, Die Grenzen des kollisionsrechtlichen Verbraucherschutzes, 2009; *Knaul*, Auswirkungen des europäischen Binnenmarktes der Banken auf das internationale Bankvertragsrecht unter besonderer Berücksichtigung des Verbraucherschutzes, 1995; *Koch*, Verbrauchergerichtsstand nach dem EuGVÜ und Vermögensgerichtsstand nach der ZPO für Termingeschäfte?, IPrax 1995, 71; *Kohte*, Verbraucherschutz im Licht des europäischen Wirtschaftsrechts, EuZW 1990, 150; *Kren*, Schutz der schwächeren Partei im Internationalen Vertragsrecht, ZVglRWiss 1992, 52; *Kroeger*, Der Schutz der „marktschwächeren" Partei im Internationalen Vertragsrecht, 1984; *Kronke*, Electronic Commerce und Europäisches Verbraucher-IPR – Zur Umsetzung der Fernabsatzrichtlinie, RIW 1996, 985; *Kropholler*, Das kollisionsrechtliche System des Schutzes der schwächeren Vertragspartei, RabelsZ 42 (1978), 634; *Lagarde*, Le consommateur en droit international privé, 1999; *ders./Tenenbaum*, De la Convention de Rome au Règlement Rome I, Rev. crit. DIP 2008, 727; *Lando*, Consumer Contracts and Party Autonomy in the Conflict of Laws, Mélanges Malmström, 1972, S. 141; *Lange*, Haustürgeschäfte deutscher Spanienurlauber nach spanischem Recht – Verbraucherschutz, internationales Privatrecht und interregionales Zivilrecht, 1993; *Langenfeld*, Noch einmal – Die EG-Richtlinie zum Haustürwiderrufsgesetz und deutsches IPR, IPrax 1993, 155; *Langer*, Vertragsanbahnung und Vertragsschluss im Internet – Rechtswahl und Verbraucherschutz, EuLF 2000–01, 117; *Leible*, Rechtswahlfreiheit und kollisionsrechtlicher Verbraucherschutz, Jb. Junger ZivWiss. 1995, 245; *ders.*, Kollisionsrechtlicher Verbraucherschutz im EVÜ und in EG-Richtlinien, in: Schulte-Nölke/Schulze, Rechtsangleichung und nationale Privatrechte, 1999, S. 353; *ders.*, Verbesserung des kollisionsrechtlichen Verbraucherschutzes, in: Leible (Hrsg.), Das Grünbuch zum Internationalen Vertragsrecht, 2004, S. 133; *Leible/Lehmann*, Die Verordnung über das auf vertragliche Schuldverhältnisse anzuwendende Recht („Rom I"), RIW 2008, 528; *Lindacher*, AGB-Verbandsklage im Reiseveranstaltergeschäft mit auslandsbelegenen Ferienhäusern und -wohnungen, IPrax 1993, 228; *Loacker*, Der Verbrauchervertrag im internationalen Privatrecht. Zum Anwendungsbereich von Artikel 5 des Europäischen Schuldvertragsübereinkommens aus österreichischer und deutscher Sicht, 2006; *ders.*, Verbraucherverträge mit gemischter Zwecksetzung, JZ 2013, 234; *Loos*, Review of the European consumer acquis, GPR 2008, 117; *Looschelders*, Der Schutz von Verbrauchern und Versicherungsnehmern im Internationalen Privatrecht, in: FS E. Lorenz 2004, S. 441; *E. Lorenz*, Die Rechtswahlfreiheit im internationalen Schuldvertragsrecht, RIW 1987, 569; *ders.*, Zum neuen internationalen Verbraucherschutzrecht aus versicherungsvertraglicher Sicht, in: FS Kegel 1987, S. 303; *W. Lorenz*, Kollisionsrecht des Verbraucherschutzes – Anwendbares Recht und internationale Zuständigkeit, IPrax 1994, 429; *Lüderitz*, „Verbraucherschutz" im internationalen Vertragsrecht – ein Zuständigkeitsproblem, in: FS Riesenfeld 1983, S. 147; *ders.*, Ein Haustürgeschäft über Haustüren – Deutsch-französischer Justizkonflikt wegen Bagatellen, IPrax 1989, 25; *ders.*, Internationaler Verbraucherschutz in Nöten, IPrax 1990, 216; *Lurger*, Zur Umsetzung der Kollisionsnormen von Verbraucherschutzrichtlinien, in: FS Posch 1996, S. 179; *dies.*, Vollmacht und Verbraucherschutz im österreichischen IPR, IPrax 1996, 54; *dies.*, Internationaler Verbraucherschutz im Internet, in: Leible (Hrsg.), Die Bedeutung des Internationalen Privatrechts im Zeitalter der neuen Medien, 2003, S. 33; *Mankowski*, Aspekte des internationalrechtlichen Verbraucherschutzes beim Time-Sharing-Geschäft, VuR 1996, 392; *ders.*, Das Internet im Internationalen Vertrags- und Deliktsrecht, RabelsZ 63 (1999), 203; *ders.*, Keine Sonderanknüpfung deutschen Verbraucherrechts über Art. 34 EGBGB, DZWir 1996, 273; *ders.*, Spezielle vertragsrechtliche Gesetze und internationales Privatrecht, IPrax 1995, 230; *ders.*, Internationaler Verbraucherschutz und Internet, in: Studiengesellschaft für Wirtschaft und Recht (Hrsg.), Internet und Recht – Rechtsfragen von E-Commerce und E-Government, 2002, S. 191; *ders.*, Strukturfragen des internationalen Verbrauchervertragsrechts, RIW 1993, 453; *ders.*, Timesharingverträge und Internationales Vertragsrecht, RIW 1995, 364; *ders.*, Widerrufsrecht und Art. 31 Abs. 2 EGBGB, RIW 1996, 382; *ders.*, Zu einigen internationalprivat- und internationalprozeßrechtlichen Aspekten bei Börsentermingeschäften, RIW 1996, 1001; *ders.*, Zur Analogie im internationalen Schuldvertragsrecht, IPrax 1991, 305; *ders.*, Zur Auslegung des Art. 13 EuGVÜ, RIW 1997, 990; *ders.*, E-Commerce und Internationales Verbrauchervertragsrecht, MMR 2000, 22; *ders.*, „Gemischte" Verträge und der persönliche Anwendungsbereich des Internationalen Verbraucherschutzrechts, IPrax 2005, 503; *ders.*, Die Rom I-Verordnung – Änderungen im europäischen IPR für Schuldverträge, IHR 2008, 133; *ders.*, Consumer Contracts unter Article 6 of the Rome Regulation, in: Bonomi/Cashin Ritaine (Hrsg.), Le nouveau règlement européen «Rome I» relatif à la loi applicable aux obligations contractuelles, 2009, S. 139; *ders.*, Finanzverträge und das neue Internationale Verbrauchervertragsrecht des Art. 6 Rom I-VO, RIW 2009, 98; *Mäsch*, Die Time-Sharing-Richtlinie EuZW 1995, 8; *ders.*, Gran Canaria und kein Ende – Zur Sonderanknüpfung vorkonsensualer Elemente im internationalen Vertragsrecht nach Art. 31 Abs. 2 EGBGB, IPrax 1995, 371; *ders.*, Rechtswahlfreiheit und Verbraucherschutz, 1993; *De Matos*, Les contrats transfrontières conclus par les consommateurs au sein de l'Union Européenne, 2001; *Maulitzsch*, Kollisionsrechtliche Regeln und ius cogens im Internationalen Schuldvertragsrecht, RabelsZ 75 (2011), 60; *Mayer*, Die Vereinbarung Allgemeiner Geschäftsbedingungen bei Geschäften mit ausländischen Kontrahenten, 1984; *van Meeren*, Lauterkeitsrecht und Verbraucherschutz im IPR, 1995; *Morse*, Consumer Contracts, Employment Contracts and the Rome Convention, I.C.L.Q 41 (1992), 1; *M. Müller*, Finanzinstrumente in der Rom I-VO, 2011; *Nassall*, Die Auswirkungen der EU-Richtlinie über mißbräuchliche Klauseln in Verbraucherverträgen auf nationale Individualprozesse, WM 1994, 1645; *Nemeth*, Kollisionsrechtlicher Verbraucherschutz in Europa, 2000; *dies.*, Kollisionsrechtlicher Verbraucherschutz in Europa, WBl 2000, 341; *H.-H. Otto*, Allgemeine Geschäftsbedingungen und Internationales Privatrecht, 1984; *Paefgen*, Kollisionsrechtlicher Verbraucherschutz im Internationalen Vertragsrecht und europäisches Gemeinschaftsrecht, ZEuP 2003, 266; *Pfeiffer*, Grenzüberschreitende Internetverträge, in: Hohl/Leible/Sosnitza (Hrsg.), Vernetztes Recht. Das Internet als Herausforderung an eine moderne Rechtsordnung, 2002, S. 21; *ders.*, Neues Internationales Vertragsrecht – Zur Rom I-Verordnung, EuZW 2008, 622; *Plender/Wilderspin*, The European Private International Law of Obligations, 2009; *Pocar*, Protection of the Weaker Parties in the Rome Convention and the Rome I Proposal, in: Basedow/Baum/Nishitani (Hrsg.), Japanese and European International Law in Comparative Perspective, 2008, S. 127; *Ragno*, The Law Applicable to Consumer Contracts unter The Rome I Regulation, in: Ferrari/Leible (Hrsg.), Rome I Regulation, 2009, S. 129; *Rauscher*, Europäisches Zivilprozessrecht, 2. Auflage 2006; *ders.*, Gran Canaria – Isle of Man – Was kommt danach?, EuZW 1996, 650; *ders.*, Prozessualer Verbraucherschutz im EuGVÜ?, IPrax 1995, 289; *Reich*, Cleverles Binnenmarkt II – Vom Sieg der praktischen über die theoretische Vernunft, VuR 1992, 189; *Reichert-Facilides*, Zum internationalprivatrechtlichen Verbraucherschutz, in: FS Schwind 1993, S. 125; *Reinhart*, Zur Auslegung des Begriffs „Verbraucher" im Kollisionsrecht, in: FS Trinkner 1995, S. 657; *Reithmann/Martiny*, Internationales Vertragsrecht, 7. Auflage 2010; *W.-H. Roth*, Internationales Versicherungsvertragsrecht, 1985; *ders.*, Verbraucherschutz über die Grenze, RIW 1994, 275; *ders.*, Zum Verhältnis von Art. 7 Abs. 2 und Art. 5 der Römer Schuldvertragskonvention, in: Schnyder/Heiss/Rudisch, Internationales Verbraucherschutzrecht, 1995, S. 35; *ders.*, Grundfragen im künftigen internationalen Verbrauchervertragsrecht der Gemeinschaft, FS Sonnenberger 2004, S. 591; *Rudisch*, Grenzüberschreitender Schutz bei Verbrauchergeschäften im Gefüge von internationalem Privatrecht und internationalem Verfahrensrecht, in: Schnyder/Heiss/Rudisch, Internationales Verbraucherschutzrecht, 1995, S. 191; *Sachse*, Der Verbrauchervertrag im Internationalen Privat- und Prozessrecht, 2006; *Schlosser*, Sonderanknüpfung von zwingendem Verbraucherschutzrecht und europäisches Prozeßrecht – Eine Studie unter besonderer Berücksichtigung der deutschen Rechtsprechung zu Differenzeinwand und Börsentermingeschäftsfähigkeit, in: FS Steindorff 1990, S. 1379; *Schnyder*, Ausweichklausel und Verbraucherschutz, in: Schnyder/Heiss/Rudisch, Internationales Verbraucherschutzrecht, 1995, S. 57; *Schröder*, Das Günstigkeitsprinzip im Internationalen Privatrecht, 1996; *Schwander*, Internationales Vertragsschuldrecht – direkte Zuständigkeit und objektive Anknüpfung, in: FS Moser 1987, S. 79; *Schwarz*, Schutzkollisionen im internationalen Verbraucherschutz, dargestellt an der Neuregelung des Rechts der Allgemeinen Geschäftsbedingungen in Portugal, 1991; *Schwimann*, Verbraucherverträge im österreichischen IPR, IPrax 1989, 317; *ders.*, Zur internationalprivatrechtlichen Behandlung von Verbraucherverträgen, Miete und Wohnungseigentum, ÖJZ 1981, 309; *Solomon*, Verbraucherverträge, in: Ferrari/Leible (Hrsg.), Ein neues Internationales Vertragsrecht für Europa, 2007, S. 89; *Specovius*, Daphne, Verbraucherschutz bei einer Rechtswahlklausel im E-Commerce, 2011; *Stauder*, Contrats transfrontières de consommation conclus via Internet (b2 c) – droit international privé: compétence judiciaire et droit applicable, in: Koller/Müller (Hrsg.), Tagung 2001 für Informatikrecht, 2002, S. 115; *Staudinger*, Rom, Brüssel, Berlin und Amsterdam – Chiffren eines Europäischen Kollisionsrechts für Verbraucherverträge, ZfRV 2000, 93; *Stoll*, Das Statut der Rechtswahlvereinbarung – eine irreführende Konstruktion, in: FS Heini 1995, S. 429; *ders.*, Zur Neuordnung des internationalen Verbrauchervertragsrechts, in: FS Max-Planck-Institut 2001, S. 463; *Tang*, Electronic Consumer Contracts in the Conflict of Laws, 2009; *Taupitz*, Kaffeefahrt auf Gran Canaria – Deutscher Verbraucherschutz im Urlaubsgepäck, BB 1990, 642; *Thorn*, Verbrauchergerichtsstand nach EuGVÜ und örtliche Zuständigkeit, IPrax 1994, 426; *ders.*, Verbraucherschutz bei Verträgen im Fernabsatz, IPrax 1999, 1; *Tonner*, Gerichtsstand und anwendbares Recht bei Buchung bei einem ausländischen Reiseveranstalter, VuR 1988, 274; *Trapp*, Internationaler Verbraucherschutz durch das Gesetz zur Regelung des Rechts der Allgemeinen Geschäftsbedingungen, 1994; *Valdini*, Der Schutz der schwächeren Vertragspartei im Internationalen Vertragsrecht, 2013; *Wach-Weberpals*, Inländischer Gerichtsstand für Bereicherungsklagen gegen ausländische Brokerfirmen aus unverbindlichen Termin- und Differenzgeschäften, AG 1989, 193; *Wagner*, Verfahrens- und internationalprivatrechtliche Fragen beim Teleshopping, WM 1995, 1129; *Weber-Stecher/Isler*, E-Commerce: Konsum ohne Grenzen – Rechtsschutz mit Grenzen (Aspekte des IZPR und des IPR), in: Koller/Müller (Hrsg.), Tagung 2001 für Informatikrecht, 2002, S. 135; *Wilderspin*, Les perspectives d'une révision de la convention de Rome sur la loi applicable aux obligations contractuelles, in: Fuchs/Muir Watt/Pataut (Hrsg.), Les conflits de lois et le système communautaire, 2004, S. 173; *von Wilmowsky*, Der internationale Verbrauchervertrag im EG-Binnenmarkt, ZEuP 1995, 735; *Yeun*, Verbraucherschutz im internationalen Vertragsrecht, IPrax 1994, 257.

A. Allgemeines	1
I. Entstehung	1
II. Gründe für einen kollisionsrechtlichen Verbraucherschutz	2
III. Regelungsziel	3
IV. Regelungsstruktur	4
V. Europäisches Richtlinienkollisionsrecht	5
VI. E-Commerce	6
B. Regelungsgehalt	7
I. Geltung allgemeiner Regeln	7
1. Rück- und Weiterverweisung	7
2. Ordre public	8
II. Verhältnis zu anderen Vorschriften	10
1. Verhältnis zu Art. 3	10
2. Verhältnis zu Art. 4	12
3. Verhältnis zu Art. 46 b EGBGB	13
4. Verhältnis zu Art. 9	14
III. Anwendungsvoraussetzungen	19
1. Grundsatz	19
2. Beteiligung eines Verbrauchers und eines Unternehmers	20
a) Verbraucherbegriff	20
aa) Zweckrichtung	21
bb) Natürliche Person	26
b) Unternehmerbegriff	27
aa) Zweckrichtung	28
bb) Person	30
c) Zweiseitig funktionaler Verbraucherbegriff	31
3. Erfasste Vertragstypen	32
a) Überblick	32
b) Ausnahmen und Rückausnahme	34
aa) Dienstleistungserbringung im Ausland (Abs. 4 lit. a)	34
bb) Beförderungsverträge (Abs. 4 lit. b)	39
cc) Verträge, die ein dingliches Recht an unbeweglichen Sachen zum Gegenstand haben sowie die Miete oder Pacht unbeweglicher Sachen zum Gegenstand haben (Abs. 4 lit. c)	42
dd) Rechte und Pflichten aus Finanzinstrumenten ua (Abs. 4 lit. d)	45
ee) Verträge innerhalb von Systemen nach Art. 4 Abs. 1 lit. h (Abs. 4 lit. e)	46
ff) Versicherungs- und Individualarbeitsverträge	47
gg) Pauschalreisen (Rückausnahme)	48
4. Räumlich-situative Anwendungsvoraussetzungen (Abs. 1)	50
a) Überblick	50
b) Tätigwerden im Aufenthaltsstaat des Verbrauchers (Abs. 1 lit. a)	52
c) Ausrichtung der Tätigkeit auf den Aufenthaltsstaat des Verbrauchers (Abs. 1 lit. b)	53
d) Kausalität (Abs. 1)	60
e) Erweiterung des situativen Anwendungsbereichs?	61
IV. Rechtsfolgen	64
1. Objektive Anknüpfung (Abs. 1)	64
2. Subjektive Anknüpfung (Abs. 2)	65
a) Allgemeines	65
b) Günstigkeitsprinzip	67
c) Nicht abdingbare Bestimmungen	69
d) Günstigkeitsvergleich	71
3. Form (Art. 11 Abs. 4)	73
C. Internationale Zuständigkeit (EuGVVO/LugÜ)	74

A. Allgemeines

I. Entstehung

Einwände gegen eine unbeschränkte Geltung des Grundsatzes der **Parteiautonomie** wurden bereits in den Siebzigerjahren des 20. Jahrhunderts erhoben und mit der Forderung nach einer Begrenzung der Rechts- 1 wahlfreiheit zum Schutz der „marktschwächeren" Partei verbunden.[2] Gleichwohl fanden sich im deutschen – anders als im österreichischen[3] – Recht lange Zeit lediglich vereinzelte Normen, die einen – allerdings nur rudimentären – kollisionsrechtlichen Verbraucherschutz ermöglichten (§§ 10 Nr. 8, 12 AGBGB aF, § 11 FernUSG aF). Das **änderte sich** erst **grundlegend** mit der Aufnahme von Art. 29 in das EGBGB durch das IPRNG von 1986, der Art. 5 EVÜ in das deutsche Recht inkorporierte. Art. 6 übernimmt im Wesentlichen die Regel des EVÜ, passt sie jedoch an die Formulierungen des Abs. 15 EuGVVO[4] an.[5] Damit entschied man sich **gegen das Verbot einer Rechtswahl** bei Verbraucherverträgen,[6] das noch dem Entwurf zur Rom I-VO zugrunde lag.[7]

II. Gründe für einen kollisionsrechtlichen Verbraucherschutz

2 **Rechtswahlfreiheit** wird im Internationalen Schuldvertragsrecht u.a. deshalb gewährt, weil es zuvorderst die Parteien sind, die wissen, welches Recht das für ihr Rechtsverhältnis passendste ist. Sind die Kräfteverhältnisse allerdings ungleich, droht die Gefahr, dass die Rechtswahl nicht auf einer gemeinsamen Überzeugung der Parteien beruht, welches Recht das für ihre Leistungsbeziehung bessere ist, und die kollisionsrechtliche Wahlfreiheit von der marktstärkeren Partei ausgenutzt wird, um einseitig eigene Interessen durchzusetzen und Vorteile zu erlangen. Die Parteiautonomie verliert aber ihren Sinn, wenn sie zur Herrschaft des Stärkeren über den Schwächeren wird.[8] Die Parteiautonomie beruht ebenso wie die Privatautonomie auf dem Gedanken der freien Entfaltung der Persönlichkeit. Eine solche Selbstverwirklichung kann aber nur dort stattfinden, wo entsprechende Voraussetzungen gegeben sind. **Ungleichgewichtslagen** können das zur Vertragsaushandlung notwendige Gleichgewicht stören und damit das Entstehen „gerechter" Vertragsverhältnisse verhindern. Es ist daher Aufgabe des Staates, den zur freien Persönlichkeitsentfaltung notwendigen Rahmen zu schaffen. Wenn die Parteien durch ihre eigenverantwortliche Rechtswahl am ehesten zur Verwirklichung internationalprivatrechtlicher Gerechtigkeit in der Lage sind, entspricht es auch IPR-spezifischen Interessen, das Erzielen „richtiger" Ergebnisse durch Schaffung gleichwertiger Verhandlungspositionen sicherzustellen. Verbraucherschützende Einschränkungen der Parteiautonomie dienen somit nicht nur der Durchsetzung materiellrechtlicher Wertungen, sondern zielen gleichzeitig auf das Erreichen **internationalprivatrechtlicher Gerechtigkeit**.[9]

III. Regelungsziel

3 Art. 6 schützt nicht den „dynamischen" Verbraucher, der sich aus eigenem Antrieb auf den Auslandsmarkt begibt, sondern, wie bereits Art. 29 EGBGB, den „**passiven**" **Verbraucher**, der vom Anbieter auf seinem heimatlichen Markt angesprochen wird.[10] Durch das Handeln des Anbieters auf dem Inlandsmarkt wird ein schutzwürdiges Vertrauen des Verbrauchers auf die Geltung „seines" Rechts begründet. In diesen Fällen hat der „Marktstaat" ein legitimes Interesse daran, Verantwortung für den Inhalt der auf seinem Markt geschlossenen oder angebahnten Geschäfte zu übernehmen und einen aus seiner Sicht angemessenen Inter-

---

2 Vgl zB *v. Hoffmann*, RabelsZ 38 (1974), 396; *Imhoff-Scheier*, Protection du consommateur et contrats internationaux, 1981; *Keller*, in: FS Vischer 1983, S. 175; *Kroeger*, Der Schutz der „marktschwächeren" Partei im Internationalen Vertragsrecht; *Kropholler*, RabelsZ 42 (1978), 634; *Uebersax*, Der Schutz der schwächeren Partei im internationalen Vertragsrecht, 1976.

3 Vgl § 41 IPRG aF, (Österreichisches) BGBl. Nr. 304/1978; ein Vergleich zwischen § 41 IPRG und Art. 5 EVÜ findet sich bei *Reichert-Facilides*, in: FS Schwind 1993, S. 125.

4 Verordnung (EG) Nr. 44/2001 des Rates über die gerichtliche Zuständigkeit und die Anerkennung und Vollstreckung von Entscheidungen in Zivil-und Handelssachen, ABl. EG 2001 L 12/1.

5 Vgl *Clausnitzer/Woopen*, BB 2008, 1801 f; *Ragno*, in: Ferrari/Leible, Rome I Regulation, 2009, S. 132; jurisPK-BGB/*Limbach*, Rn 5 ff; Rauscher/*Heiderhoff*, EuZPR/EuIPR, Art. 6 Rn 3.

6 Kritisch gegenüber dieser Entscheidung *Maulitzsch*, RabelsZ 75 (2011), 60, 76 ff.

7 Vgl Art. 5 Vorschlag für eine Verordnung des Europäischen Parlaments und des Rates über das auf vertragliche Schuldverhältnisse anzuwendende Recht (Rom I), KOM (2005) 650 endg. und dazu mwN *Leible*, in: Leible (Hrsg.), Das Grünbuch zum Internationalen Vertragsrecht, 2004, S. 133 ff.

8 *Neuhaus*, Die Grundbegriffe des Internationalen Privatrechts, 2. Aufl. 1976, S. 172. Ähnlich *v. Hoffmann*, RabelsZ 38 (1974), 396; *Kropholler*, RabelsZ 42 (1978) 634, 645; *W.-H. Roth*, Internationales Versicherungsvertragsrecht, S. 442; *Valdini*, Der Schutz der schwächeren Vertragspartei im internationalen Privatrecht, 2012, S. 270..

9 *Leible*, JJZ 1995, 1996, S. 245, 252; *ders.*, in: FS Jayme 2004, S. 485, 492.

10 *Ragno*, in: Ferrari/Leible, Rome I Regulation, 2009, S. 144 ff; *Jayme*, in: Hommelhoff/Jayme/Mangold, Europäischer Binnenmarkt, Internationales Privatrecht und Rechtsangleichung, 1995, S. 35, 46; *Mankowski*, RIW 1993, 453, 457; *Martiny*, ZEuP 1995, 67, 79; *Garcimartín Alférez*, EuLF 2008, I-61, I-73; *Rudolf*, ÖJZ 2011, 149, 155; dagegen sieht Rauscher/*Heiderhoff*, EuZPR/EuIPR, Art. 6 Rn 2 auch den aktiven Verbraucher geschützt.

essenausgleich zu gewährleisten.[11] Sind Anbahnungsmarkt und Wohnsitzstaat des Verbrauchers hingegen verschieden, bleibt der Verbraucher ohne Schutz des Aufenthaltsstatuts. Das ist in der Regel auch interessengerecht. Verbraucher, die sich **aus eigener Initiative** ins Ausland begeben, um dort Waren zu kaufen oder Dienstleistungen in Anspruch zu nehmen, können (und werden) nicht erwarten, ihr heimisches Verbraucherschutzrecht als Handgepäck ständig mit sich zu führen. Eine uneingeschränkte Sonderanknüpfung von Verbraucherverträgen führte zudem zu einer nicht hinnehmbaren Risikoallokation auf Seiten des Anbieters. Denn keinem Waren- oder Dienstleistungsanbieter kann zugemutet werden, bei jeder Art von Geschäften mit (vielleicht sogar unerkannt) ausländischen Konsumenten stets das am Wohnsitz des Verbrauchers geltende Recht ermitteln zu müssen.[12]

IV. Regelungsstruktur

Abs. 1 und 4 umreißen den persönlichen, sachlichen sowie räumlich-situativen Anwendungsbereich der Norm. Ist er eröffnet, wird eine Rechtswahl – anders als im schweizerischen Recht (Art. 120 IPRG) – nicht ausgeschlossen, sondern von Abs. 2 lediglich in ihren **Wirkungen eingeschränkt**: Wenn das Recht, das nach Abs. 1 mangels einer Rechtswahl anzuwenden wäre, für den Verbraucher günstiger ist, findet dieses und nicht das gewählte Recht Anwendung. Beim Fehlen einer Rechtswahlvereinbarung ist das Recht des Staates, in dem der Verbraucher seinen gewöhnlichen Aufenthalt hat, nach Abs. 1 stets anwendbar. Auch die **Form** von Verbraucherverträgen unterliegt gem. Art. 11 Abs. 4 grundsätzlich dem Recht des Staates, in dem der Verbraucher seinen gewöhnlichen Aufenthalt hat.   **4**

V. Europäisches Richtlinienkollisionsrecht

Der Anwendungsbereich des Art. 6 ist sowohl in sachlicher als auch in räumlicher Sicht zu eng. Der Gemeinschaftsgesetzgeber, seit Lissabon nunmehr der Unionsgesetzgeber, hat daher im Laufe der Zeit in zahlreiche privatrechtsangleichende EU-Richtlinien **kollisionsrechtliche Regelungen** aufgenommen,[13] deren Umsetzung durch die Mitgliedstaaten die mit dem EVÜ und nun mit der Rom I-VO in Europa erreichte Einheitlichkeit des Kollisionsrechts der Schuldverträge stört (vgl näher Art. 46 b EGBGB Rn 8 f).[14] Diese Richtlinien genießen gem. Art. 23 Rom I-VO Vorrang vor der Rom I-VO (näher Art. 23).   **5**

VI. E-Commerce

Art. 6 ist auch bei **Verbrauchergeschäften im E-Commerce** zu beachten. § 3 Abs. 3 Nr. 2 TMG[15] nimmt „die Vorschriften für vertragliche Schuldverhältnisse in Bezug auf Verbraucherverträge" ausdrücklich vom kollisionsrechtlich zu verstehenden Herkunftslandprinzip des § 3 TMG aus. Von dieser Ausnahme werden alle vertraglichen Pflichten der Parteien und alle diesbezüglichen Normen einschließlich der kollisionsrechtlichen Verweisungsregeln erfasst. Damit bleibt es bei der Geltung der allgemeinen kollisionsrechtlichen Bestimmungen einschließlich Art. 6.[16]   **6**

B. Regelungsgehalt

I. Geltung allgemeiner Regeln

1. Rück- und Weiterverweisung. Art. 6 spricht gem. Art. 20 eine Sachnorm- und **keine Gesamtverweisung** aus. Rück- oder Weiterverweisungen durch das von Art. 6 berufene Recht sind daher unbeachtlich. Führt die Verweisung zum Recht eines Staates mit gespaltener Rechtsordnung, ist nach Art. 22 Abs. 1 eine Unteranknüpfung vorzunehmen. Anzuwenden sind die Sachvorschriften derjenigen Gebietseinheit mit eigenem Schuldrecht, in der der Verbraucher seinen gewöhnlichen Aufenthalt hat.   **7**

2. Ordre public. Sind die Abweichungen des von Art. 6 berufenen Rechts von den Gerechtigkeitsvorstellungen des angerufenen Gerichts besonders krass, eröffnet Art. 21 die Möglichkeit, von der Anwendung des ausländischen Rechts abzusehen. **Praktische Anwendungsfälle** sind allerdings kaum vorstellbar, da häufig schon der Günstigkeitsvergleich des Abs. 2 Korrekturmöglichkeiten gibt (vgl Rn 71 f), Art. 46 b EGBGB eine ergänzende Hilfestellung bietet und schließlich Art. 9, wenn auch unter engen Voraussetzungen, eine   **8**

---

11 Stoll, in: FS Kegel 1987, S. 623, 631.
12 Leible, JJZ 1995, 1996, S. 245, 256; Calliess/Calliess, Art. 6 Rn 5.
13 Näher zum Richtlinienkollisionsrecht Kieninger, in: FS Kropholler 2008, S. 499 ff.
14 Dazu zuletzt Leible, in: FS v. Hoffmann 2011, S. 230 ff.
15 BGBl 2007 I S. 251.
16 Näher dazu mwN MüKo/Martiny, Art. 9 Anhang III Rn 43 ff.

Durchsetzung von Eingriffsnormen gegen das Vertragsstatut ermöglicht (vgl Rn 14 ff).[17] Selbst wenn dies nicht weiterhilft, dürfen Widerrufsrechte und andere verbraucherschützende Rechtsbehelfe nicht leichtfertig zum Kernbestand der inländischen Rechtsordnung erklärt werden.[18] Art. 21 kann nicht zur weltweiten Durchsetzung von Wertmaßstäben der *lex fori* materialisiert werden, sondern muss funktionell auf die Abwehr besonders **schwerwiegender Verstöße** gegen deutsche Gerechtigkeitsvorstellungen beschränkt bleiben.

9 Art. 21 umfasst nicht nur die wesentlichen Grundsätze des Rechts der *lex fori*, sondern ebenso die des **Unionsrechts** („europäischer *ordre public*").[19] Gleichwohl kann von der Vorbehaltsklausel nicht allein deshalb Gebrauch gemacht werden, weil der Staat, auf dessen Recht verwiesen wurde, eine verbraucherschützende EG-Richtlinie nicht oder nicht zutreffend umgesetzt hat.[20] Selbst der EuGH lässt eine Nichtbeachtung des Unionsrechts nur dann für einen Verstoß gegen den *ordre public* genügen, wenn sie zu einem grundlegenden europäischen Gerechtigkeitsvorstellungen zuwiderlaufenden Ergebnis führt.[21] Zudem stellt das Unionsrecht für die Fälle einer unterbliebenen Richtlinien-Umsetzung das Instrument der **Staatshaftung** zur Verfügung, das insoweit Vorrang vor der *ordre public*-Klausel beansprucht.

II. Verhältnis zu anderen Vorschriften

10 **1. Verhältnis zu Art. 3.** Art. 6 setzt den Grundsatz der freien Rechtswahl nicht außer Kraft, sondern Abs. 2 das Vorliegen einer wirksam zustande gekommenen Rechtswahlvereinbarung (Artt. 3 Abs. 5, 10) vielmehr voraus. Es bleibt auch grundsätzlich bei der Anwendung des gewählten Rechts. Verbraucherschützende Vorschriften des Aufenthaltsstaats des Verbrauchers sind lediglich dann anzuwenden, wenn sie für den Verbraucher **günstiger** als das gewählte Recht sind.

11 Vor Inkrafttreten der Rom I-VO war das **Verhältnis zwischen Art. 29 EGBGB und Art. 27 Abs. 3 EGBGB** umstritten. Art. 27 Abs. 3 EGBGB führte bei fehlendem Auslandsbezug dazu, dass es zu keiner kollisions-, sondern lediglich einer materiellrechtlichen Verweisung kommt und daher die zwingenden Vorschriften des Aufenthaltsstaats des Verbrauchers ohnehin anwendbar bleiben.[22] Für Art. 29 EGBGB war daher eigentlich kein Raum mehr. Gleichwohl sollte nach verbreiteter Auffassung nicht nach Art. 27 Abs. 3 EGBGB, sondern nach Art. 29 Abs. 1 EGBGB entsprechend dem gewählten Recht anzuknüpfen sein, da es sich bei Art. 29 EGBGB um die **speziellere Vorschrift** handele und es außerdem für den Verbraucher vorteilhaft sei, wenn das gewählte Recht maßgeblich bleibe, sofern es für ihn günstiger ist.[23] Dem war schon damals zu widersprechen. Denn das in Art. 29 EGBGB vorgesehene Günstigkeitsprinzip überschritt das Maß des erforderlichen kollisionsrechtlichen Verbraucherschutzes ohnehin schon[24] und sollte folglich nicht auch noch auf reine Inlandsfälle ausgedehnt werden. Insoweit musste es mit dem Vorrang von Art. 27 Abs. 3 EGBGB sein Bewenden haben.[25] Art. 27 Abs. 3 EGBGB entspricht Art. 3 Abs. 3 und beansprucht **Vorrang vor** einer Anknüpfung nach **Art. 6**.

12 **2. Verhältnis zu Art. 4.** Art. 6 geht Art. 4 vor. Insbesondere kann das danach gefundene Ergebnis nicht über die Ausweichklausel des Art. 4 Abs. 3 korrigiert werden.[26]

---

17 So auch MüKo/*Martiny*, Art. 6 Rn 60; Staudinger/*Magnus*, Art. 6 Rn 22.
18 So aber zB OLG Celle RIW 1991, 421, 423; LG Bamberg NJW-RR 1990, 694; AG Lichtenfels IPrax 1990, 235, 236. Ähnlich *Löwe*, BB 1986, 821, 825; *Reich*, RabelsZ 56 (1992), 444, 483 in Fn 107; Bamberger/Roth/*Spickhoff*, Art. 6 Rn 36.
19 BGH NJW 1969, 980; *v. Bar/Mankowski*, IPR I, § 7 Rn 272; *Jayme*, Methoden der Konkretisierung des ordre public im Internationalen Privatrecht, 1989, S. 12; MüKo/*Martiny*, Art. 21 Rn 3.
20 So aber *Steindorff*, EuR 1981, 426, 434; ähnlich *Iversen*, in: Iversen/Brödermann, Europäisches Gemeinschaftsrecht und Internationales Privatrecht, 1994, Rn 1052; *Lüderitz*, IPrax 1990, 216, 219; wie hier zB OLG Düsseldorf NJW-RR 1995, 1396; LG Düsseldorf RIW 1995, 415; Soergel/*v. Hoffmann*, Art. 29 EGBGB Rn 35; *Leible*, JJZ 1995, 1996, 245, 267; Staudinger/*Magnus*, Art. 6 Rn 22; *Mankowski*, RIW 1995, 364, 367 f; MüKo/*Martiny*, Art. 21 Rn 7; offen gelassen von BGHZ 135, 124, 139.
21 Vgl (zum EuGVÜ) EuGH Rs C-38/98, Slg 2000, I-2973 – Renault/Maxicar.
22 Vgl näher *Mäsch*, Rechtswahlfreiheit und Verbraucherschutz, S. 95 f.
23 So etwa Soergel/*v. Hoffmann*, Art. 29 EGBGB Rn 30; Erman/*Hohloch*, Art. 29 EGBGB Rn 8; *Looschelders*, Art. 29 EGBGB Rn 7; *Lorenz*, in: FS Kegel 1987, S. 303, 337; Staudinger/*Magnus*, Art. 6 Rn 25.
24 Vgl zur Kritik des Günstigkeitsprinzips u.a. *Leible*, JJZ 1995, 1996, S. 245, 258 f; *ders.*, in: Leible, Das Grünbuch zum Internationalen Vertragsrecht, 2004, S. 133, 145 ff; *Mäsch*, Rechtswahlfreiheit und Verbraucherschutz, S. 65 ff.
25 Im Erg. ebenso Palandt/*Thorn*, Art. 6 Rn 8.
26 Palandt/*Thorn*, Art. 4 Rn 2; Staudinger/*Magnus*, Art. 6 Rn 27.

3. Verhältnis zu Art. 46 b EGBGB. Art. 6 ist auch im Verhältnis zu Art. 46 b EGBGB **vorrangig** anzuwenden (vgl Art. 46 b EGBGB Rn 23 und 57).[27] Auf Art. 46 b EGBGB kann daher nur zurückgegriffen werden, wenn der Anwendungsbereich von Art. 6 nicht eröffnet ist oder die Norm zum Recht eines Staates führt, der nicht Mitgliedstaat der EU oder Vertragsstaat des EWR ist. Und selbst in letzterem Fall greift Art. 46 b EGBGB nicht, sofern das gewählte Drittstaatenrecht von Art. 6 allein deshalb berufen wurde, weil es für den Verbraucher günstiger ist (vgl Art. 46 b EGBGB Rn 41).[28]

13

4. Verhältnis zu Art. 9. Ob zwingende Normen des zivilrechtlichen Verbraucherschutzes anderer Staaten über Art. 9 gegen das kraft subjektiver oder objektiver Anknüpfung bestimmte ausländische Vertragsstatut durchgesetzt werden können, hängt zum einen von ihrer **Eingriffsnormqualität** und zum anderen vom **Verhältnis zwischen Art. 9** auf der einen **und Art. 6** (und Art. 46 b EGBGB) auf der anderen Seite ab.[29]

14

Was eine **Eingriffsnorm** ist, definiert Art. 9 Abs. 1. Danach muss es sich um eine zwingende Vorschrift handeln, deren Einhaltung von einem Staat als so entscheidend für die Wahrung seines öffentlichen Interesses, insbesondere seiner politischen, sozialen oder wirtschaftlichen Organisation, angesehen wird, dass sie ungeachtet des nach Maßgabe dieser Verordnung auf den Vertrag anzuwendenden Rechts auf alle Sachverhalte anzuwenden ist, die in ihren Anwendungsbereich fallen. Art. 9 dient somit nur der Durchsetzung von Vorschriften, die auf die Verfolgung außerhalb des Vertragsverhältnisses liegender **überindividueller öffentlicher Interessen** gerichtet sind. Eine derartige Unterscheidung ist freilich nicht sehr überzeugungskräftig, weil gerade der „Schutz des Schwachen" meist auf der Grenze zwischen reinem Privatrecht und den rechts- oder staatspolitischen Eingriffsnormen liegt.[30]

15

Zwingende Verbraucherschutznormen haben häufig eine **Doppelfunktion**. Neben vertragsregulierenden Zwecken werden oft auch sozialpolitische Absichten verfolgt. Eine allgemein gültige Abgrenzung zwischen lediglich die „Mikrofunktion" des Vertrages betreffenden und gesamtwirtschaftlichen, auf die „Makrofunktion" des Vertrages bezogenen Normen lässt sich daher nicht treffen.[31] Dass Eingriffsnormen iSd Art. 9 grundsätzlich auch verbraucherschützende Normen (wie etwa zum Verbraucherdarlehensvertrag, §§ 491 ff BGB)[32] sein können, ergibt sich aus dem **Bericht von** *Giuliano/Lagarde*.[33] Indes sind nicht sämtliche Normen des zivilrechtlichen Verbraucherschutzes international zwingend. Es bedarf vielmehr einer sorgfältigen Analyse im Einzelfall, ob ihnen nach dem Willen des Gesetzgebers der Charakter einer Eingriffsnorm zukommen soll. Hierfür kann die dargelegte Differenzierung durchaus nützlich sein, vermag doch die öffentlich-rechtliche Natur oder die staats- oder wirtschaftspolitische Zielsetzung einer Norm immerhin einen ersten Anhaltspunkt geben; bei solchen Normen kann eher als bei primär privatrechtlichen Normen unterstellt werden, dass sie mit einem kollisionsrechtlichen Eingriffsbefehl ausgestattet werden sollten.[34] Bei **sozialpolitisch motivierten Vorschriften** des Verbraucherschutzes wird hingegen im Zweifel von einfach zwingendem Recht auszugehen sein.[35]

16

Maßgeblich für eine Abweichung vom Vertragsstatut sind stets die **mit der Sachnorm verfolgten Interessen**. Sind diese Interessen für Verbraucherverträge bereits durch die Anknüpfungspunkte des Art. 6 gesetz-

17

---

27 *Martiny*, RIW 2009, 737, 742; Palandt/*Thorn*, Art. 6 Rn 2; wohl auch jurisPK-BGB/*Limbach*, Art. 46 b EGBGB Rn 12 ff; so ebenfalls die hM hinsichtlich der Vorgängernorm, vgl BT-Drucks 14/2658, S. 50; *Freitag/Leible*, EWS 2000, 342, 346; *Looschelders*, Art. 29 EGBGB Rn 9; *Rauscher*, IPR, § 10 Rn 1154; Bamberger/Roth/*Spickhoff*, Art. 46 b EGBGB Rn 6; *Staudinger*, RIW 2000, 416, 419; aA Erman/*Hohloch*, Art. 29 a EGBGB Rn 24; Staudinger/*Magnus*, Art. 6 Rn 33; *v. Hoffmann/Thorn*, IPR, § 10 Rn 73 c; *Magnus*, IPrax 2010, 27, 39; Ferrari u.a./*Staudinger*, Internationales Vertragsrecht, Art. 6 Rn 5.

28 *Ehle*, S. 204. *Freitag/Leible*, EWS 2000, 342, 346; Erman/*Hohloch*, Art. 46 b EGBGB Rn 22; *Staudinger*, RIW 2000, 416, 419.

29 Zum Verhältnis zwischen Art. 6 Abs. 2 und Art. 9 ausf. *Valdini*, Der Schutz der schwächeren Vertragspartei im internationalen Privatrecht, 2012, S. 276 ff.

30 *Neuhaus*, RabelsZ 46 (1982), 4, 19.

31 So aber zB *Mankowski*, RIW 1993, 453, 461; wie hier *Leible*, JJZ 1995, 1996, 245, 261; *Mäsch*, Rechtswahlfreiheit und Verbraucherschutz, S. 138; *Meyer-Sparenberg*, Staatsvertragliche Kollisionsnormen, 1990, S. 180; *Schurig*, RabelsZ 54 (1990), 217, 227.

32 Vgl dazu zB *Bülow*, EuZW 1993, 435.

33 BT-Drucks 10/503, S. 36, 60: „Dieser Absatz ist auf den Wunsch einiger Delegationen zurückzuführen, die Anwendungen jener Bestimmungen des Rechts des Staates des angerufenen Gerichts sicherzustellen, die den Sachverhalt ohne Rücksicht auf das auf den Vertrag anzuwendende Recht zwingend regeln (vor allem auf den Gebieten des... Verbraucherschutzrechts)." Im Erg. ebenso, wenn auch mit unterschiedlichen Differenzierungen, zB BGHZ 123, 380, 391; 135, 124, 136; *Basedow*, RabelsZ 52 (1988), 20, 27 – „ordnungspolitische Normen des Gruppenschutzes"; *Bülow*, EuZW 1993, 435, 436; *Fischer*, JZ 1994, 367, 379; Palandt/*Thorn*, Art. 9 Rn 8; Soergel/*v. Hoffmann*, Art. 34 EGBGB Rn 54; *v. Hoffmann*, IPrax 1989, 261, 263 und 266; *ders.*, JCP 15 (1992), 365, 377; Erman/*Hohloch*, Art. 34 EGBGB Rn 15; *Klingsporn*, WM 1994, 1093, 1098; *Kohte*, EuZW 1990, 150, 153 ff; *Looschelders*, Art. 34 EGBGB Rn 19; *E. Lorenz*, RIW 1987, 569, 580; *W. Lorenz*, IPrax 1994, 429, 431; MüKo/*Martiny*, Art. 6 Rn 55; *Meyer-Sparenberg*, RIW 1989, 347, 349; Reich, NJW 1994, 2128; *W.-H. Roth*, RIW 1994, 275, 277; *Siehr*, RabelsZ 52 (1988), 41, 48.

34 *E. Lorenz*, RIW 1987, 569, 579.

35 *Leible*, JJZ 1995, 1996, 245, 263.

lich präzisiert, kommt eine hiervon abweichende Anknüpfung nicht mehr in Betracht; denn Schutznormen, die bei den in Abs. 1 genannten Geschäften zur Anwendung berufen werden und damit in den Anwendungsbereich des Verbrauchervertragsstatuts fallen, haben einen internationalen Anwendungsbereich.[36] Eine gesonderte Anknüpfung nach Art. 9 ist folglich nur bei nicht von Art. 6 erfassten Vertragstypen oder Vertragsschlusssituationen möglich, sofern Sinn und Zweck der infrage stehenden Schutznorm das gebietet.[37] Einer gesonderten Anknüpfung sind daher allenfalls die in Abs. 4 normierten Vertragstypen zugänglich.[38]

18 Soweit verbraucherschützende Vorschriften auf einer der in Art. 46 b Abs. 3 EGBGB genannten **Richtlinien** beruhen, wird Art. 9 außerdem durch Art. 46 b EGBGB verdrängt (vgl Art. 46 b EGBGB Rn 25). Art. 9 tritt schließlich auch dann zurück, wenn Art. 46 b EGBGB **analog** anzuwenden ist (vgl Art. 46 b EGBGB Rn 52 ff).

III. Anwendungsvoraussetzungen

19 1. **Grundsatz.** Der durch Art. 6 gewährte kollisionsrechtliche Verbraucherschutz ist **nicht vollkommen**. Der Anwendungsbereich der Vorschrift wird auf dreifache Weise – persönlich, sachlich und räumlich – eingegrenzt: Eine Partei muss „Verbraucher", die andere „Unternehmer" sein, es muss sich um einen bestimmten Kreis von Geschäften handeln und/oder der Vertrag unter bestimmten Umständen zustande gekommen sein.

20 2. **Beteiligung eines Verbrauchers und eines Unternehmers.** a) **Verbraucherbegriff.** Der Begriff des Verbrauchers wird in Abs. 1 **legal definiert**. Ein Verbraucher ist demnach eine natürliche Person, die einen Vertrag zu einem Zweck schließt, der nicht **ihrer beruflichen oder gewerblichen Tätigkeit** zugerechnet werden kann. Da der Verbraucherbegriff des Art. 6 dem aus Art. 15 ff EuGVVO entspricht, können die hierzu bestehenden Stellungnahmen aus der Rechtsprechung und Literatur als Auslegungshilfe herangezogen werden.[39]

21 aa) **Zweckrichtung.** Maßgeblich für die Bestimmung des Geschäftszwecks ist in erster Linie die **subjektive Absicht** des Kunden, die allerdings in hinreichender Weise nach außen manifestiert werden muss.[40]

22 Art. 6 unterfallen nur solche Geschäfte, die nicht den beruflichen oder gewerblichen Zwecken des Kontrahenten dienen. Es ist also eine **Negativabgrenzung** vorzunehmen. Ausgeschlossen sind auf jeden Fall alle Geschäfte, die im Rahmen und für die Ausübung einer gewerblichen oder selbständigen beruflichen Tätigkeit abgeschlossen werden, wie beispielsweise die Anschaffung von Büromaterial oder sonstigen betrieblichen Verbrauchsgütern, der Büroausstattung, von Maschinen, Arbeitsbekleidung für die Belegschaft usw.[41]

23 Kontrahieren Freiberufler oder andere Selbständige oder Gewerbetreibende hingegen zu Zwecken, die dem privaten Lebensbereich zuzuordnen sind, handeln sie als Verbraucher.[42] Indes sollen auch **berufsbezogene Geschäfte von unselbständig Beschäftigten**, wie etwa der Kauf von Berufskleidung, privaten Zwecken dienen und daher von Art. 6 erfasst werden. Das geht freilich über den Wortlaut von Art. 6 hinaus, der ebenso wie die EU-Richtlinien zum zivilrechtlichen Verbraucherschutz auch eine abhängige berufliche Tätigkeit genügen lässt. Während aber die Beschränkung von § 13 BGB auf eine selbständige berufliche Tätigkeit mit dem Mindestschutzcharakter der EU-Richtlinien begründet werden kann,[43] regelt Art. 6 die Materie abschließend.[44]

24 Zu beachten sind insbesondere Systematik und Zweck der Vorschriften. Der gleichberechtigt verwendete Begriff „**gewerblich**" umfasst das Merkmal der Selbständigkeit. Daher liegt die Annahme nahe, dass mit der Bezeichnung „**beruflich**" nur eine Erweiterung auf andere selbständige Tätigkeiten erfolgen sollte, die nicht gewerblicher, sondern zB freiberuflicher Natur (Ärzte, Anwälte, Architekten etc.) sind.[45] Auch der

---

36 Vgl *W.-H. Roth*, RIW 1994, 275, 278; dem folgend etwa BGHZ 123, 380. 391.
37 Grenzen dieser Sonderanknüpfung ergeben sich in der Europäischen Union lediglich aus den durch den AEUV gewährten Grundfreiheiten. Ausf. dazu *von Wilmowsky*, ZEuP 1995, 735, 737.
38 Vgl *Thorn*, in: Ferrari/Leible, Ein neues Internationales Vertragsrecht für Europa, 2007, S. 140; Palandt/*Thorn*, Art. 6 Rn 2.
39 jurisPK-BGB/*Limbach*, Art. 6 Rn 12.
40 Auf die objektiv erkennbaren Umstände stellen ab Ferrari u.a./*Staudinger*, Internationales Vertragsrecht, Art. 6 Rn 13; *Loacker*, Der Verbrauchervertrag im Internationalen Privatrecht, 2006, S. 73; *Kluth*, Die Grenzen des kollisionsrechtlichen Verbraucherschutzes, 2009, S. 40, 264.
41 Bericht *Giuliano/Lagarde*, BT-Drucks 10/503, S. 55; *Looschelders*, Art. 29 EGBGB Rn 19; Staudinger/*Magnus*, Art. 6 Rn 43, 52; Bamberger/Roth/*Spickhoff*, Art. 6 Rn 20; vgl auch jurisPK-BGB/*Limbach*, Art. 6 Rn 14 ff.
42 Vgl OLG Düsseldorf RIW 1995, 769 zu Börsentermingeschäften eines Arztes.
43 Vgl dazu *Bülow/Artz*, NJW 2000, 2049, 2050.
44 Ähnlich auch Ferrari u.a./*Staudinger*, Internationales Vertragsrecht, Art. 6 Rn 14.
45 Vgl ebenso zum Verbraucherbegriff der Verbrauchsgüterkauf-Richtlinie *Leible*, in: Gebauer/Wiedmann, Zivilrecht unter gemeinschaftsrechtlichem Einfluss, 2004, Kap. 9 Rn 162; Calliess/*Calliess*, Art. 6 Rn 24; aA Rauscher/*Heiderhoff*, EuZPR/EuIPR, Art. 6 Rn 20.

Zweck des Verbraucherschutzes fordert eine Ausnahme von Verträgen zu nicht selbständigen beruflichen Zwecken. Denn die Ungleichgewichtslage ist beim Erwerb von Arbeitsgeräten zur Ausübung einer unselbstständigen beruflichen Tätigkeit keine andere als beim Erwerb zu privaten Zwecken.[46] Ergänzend kann außerdem auf Art. 8 verwiesen werden, der den Arbeitnehmer als schwächere Vertragspartei bei einer kollisionsrechtlichen Rechtswahl schützt. Es liegt daher nahe, den Berechtigten nach Art. 6 auch bei Verträgen zu schützen, die im Zusammenhang mit einem Arbeitsverhältnis stehen.[47] Abgrenzungsschwierigkeiten ergeben sich bei gemischten Verträgen (**dual-use-Verträge**), die sowohl privaten als auch beruflichen oder gewerblichen Zwecken dienen. Der EuGH hat dazu im Bereich des Internationalen Prozessrechts entschieden, dass die Annahme eines Verbrauchervertrags in dual-use-Fällen lediglich dann möglich ist, wenn die gewerblichen/beruflichen Zwecke **nur eine ganz untergeordnete Rolle** spielen.[48] Zur Wahrung des Gebots der einheitlichen Auslegung wird verschiedentlich eine Übertragung dieser Entscheidung auf das Internationale Privatrecht befürwortet.[49] Angesichts des Umstands, dass die Entscheidung des EuGH zu einer doch sehr starken Einschränkung des internationalprivatrechtlichen Verbraucherschutzes führt,[50] erscheint es indes überzeugender, weiterhin mit der bisher hM auf den **überwiegenden Zweck** abzustellen.[51] Die Beweislast für den privaten Vertragszweck trägt in der Regel der Verbraucher.[52]

Der **Zweck eines Geschäfts** ist zwar grundsätzlich subjektiv zu bestimmen, doch erfordert bei einer privaten Zweckbestimmung der Schutz des Vertragspartners, dass er diese auch kannte oder zumindest erkennen konnte.[53] Fehlt es an einer gemeinsamen Festlegung durch die Parteien, kommt es für die Zurechnung des Vertrages daher entscheidend auf die dem Vertragspartner objektiv erkennbaren Umstände des Geschäfts an.[54] Im Zweifel ist das Geschäft als Verbrauchervertrag zu behandeln.[55]

bb) Natürliche Person. Nach der Legaldefinition in Abs. 1 können lediglich natürliche Personen als Verbraucher qualifiziert werden. Juristischen Personen kommt somit keine Verbrauchereigenschaft zu. Diese Differenzierung wird damit begründet, dass es bei juristischen Personen regelmäßig an einer **strukturellen Ungleichgewichtslage fehlt**.[56]

b) Unternehmerbegriff. Der Begriff des Unternehmers wird ebenfalls durch Abs. 1 **legal definiert**. Ein Unternehmer ist eine Person, die **in Ausübung** ihrer beruflichen oder gewerblichen Tätigkeit handelt.

aa) Zweckrichtung. Für die Bestimmung des Geschäftszwecks **sind die dem Schuldner objektiv erkennbaren Umstände des Geschäfts maßgeblich**.[57]

Geschäfte zum Zwecke der beruflichen oder gewerblichen Tätigkeit sind alle Geschäfte, die im Rahmen und für die Ausübung einer gewerblichen oder selbständigen beruflichen Tätigkeit abgeschlossen werden, wie beispielsweise die Anschaffung von Büromaterial oder sonstigen betrieblichen Verbrauchsgütern, der Büroausstattung, von Maschinen, Arbeitsbekleidung für die Belegschaft usw.[58]

---

46 Im Erg. ebenso Erman/*Hohloch*, Art. 6 Rn 10; *Junker*, IPrax 1998, 65, 68; Staudinger/*Magnus*, Art. 6 Rn 45; MüKo/*Martiny*, Art. 6 Rn 7; Reithmann/Martiny/*Martiny*, Rn 4177; *Reinhart*, in: FS Trinkner 1995, S. 657, 659 f; jurisPK-BGB/*Limbach*, Art. 6 Rn 14; Bamberger/Roth/*Spickhoff*, Art. 6 Rn 10.
47 *E. Lorenz*, RIW 1987, 569, 576; *Looschelders*, Art. 29 EGBGB Rn 20.
48 EuGH Rs C-464/01, Slg 2005, I-439, Rn 39 – Gruber/BayWa AG.
49 *Loacker*, JZ 2003, 234, 240; *ders.*, Der Verbrauchervertrag im internationalen Privatrecht, 2006, S. 60; *Kluth*, Die Grenzen des kollisionsrechtlichen Verbraucherschutzes, 2009, S. 50; wohl auch Ferrari u.a./*Staudinger*, Internationales Vertragsrecht, Art. 6 Rn 18; Callies/*Callies*, Art. 6 Rn 32; *Ragno*, in: Ferrari/Leible, Rome I Regulation, S. 129, 135; offen lassend Rauscher/*Heiderhoff*, EuZPR/EuIPR, Art. 6 Rn 21; für ein Wahlrecht des Verbrauchers jurisPK-BGB/*Limbach*, Art. 6 Rn 18.
50 Näher *Mankowski*, IPrax 2005, 503, 505 ff; Staudinger/*Magnus*, Art. 6 Rn 47; *Loos*, GPR 2008, 117 (118).
51 Czernich/Heiss/*Heiss*, Art. 5 EVÜ Rn 9; *Mankowski*, IPrax 2005, 503, 505 ff; Reithmann/Martiny/*Martiny*, Rn 4177; Staudinger/*Magnus*, Art. 6 Rn 47; aA *E. Lorenz*, RIW 1987, 569, 576; wohl auch *Lüderitz*, in: FS Riesenfeld 1983, S. 147, 156.
52 Näher *Mankowski*, IPrax 2009, 474, 478 f; Rauscher/*Heiderhoff*, EuZPR/EuIPR, Art. 6 Rn 23; Ferrari u.a./*Staudinger*, Internationales Vertragsrecht, Art. 6 Rn 18; aA *Kluth*, Die Grenzen des kollisionsrechtlichen Verbraucherschutzes, 2009, S. 45.
53 Reithmann/Martiny/*Martiny*, Rn 4178 f; jurisPK-BGB/*Limbach*, Art. 6 Rn 17; Staudinger/*Magnus*, Art. 6 Rn 46; MüKo/*Martiny*, Art. 6 Rn 10.
54 Palandt/*Thorn*, Art. 6 Rn 5; *Looschelders*, Art. 29 EGBGB Rn 22; Staudinger/*Magnus* Art. 6 Rn 46; Reithmann/Martiny/*Martiny*, Rn 4179; iE auch jurisPK-BGB/*Limbach*, Art. 6 Rn 17.
55 Bamberger/Roth/*Spickhoff*, Art. 6 Rn 20; Reithmann/Martiny/*Martiny*, Rn 4178; *Looschelders*, Art. 29 EGBGB Rn 22; mwN Staudinger/*Magnus*, Art. 6 Rn 47; aA Rauscher/*Heiderhoff*, EuZPR/EuIPR, Art. 6 Rn 21.
56 Vgl mwN zB Rauscher/*Staudinger*, EuZPR/EuIPR, Art. 15 Brüssel I-VO Rn 2. Dies muss ungeachtet einer möglicherweise bestehenden Schutzbedürftigkeit grundsätzlich auch für Idealvereine oder Stiftungen gelten.
57 Palandt/*Thorn*, Art. 6 Rn 5; Reithmann/Martiny/*Martiny*, Rn 4179; iE auch jurisPK-BGB/*Limbach*, Art. 6 Rn 23.
58 Bericht *Giuliano/Lagarde*, BT-Drucks 10/503, S. 55; *Looschelders*, Art. 29 EGBGB Rn 19; Staudinger/*Magnus*, Art. 6 Rn 52; Bamberger/Roth/*Spickhoff*, Art. 6 Rn 20.

30 **bb) Person.** Der Unternehmerbegriff ist im Gegensatz zum Verbraucherbegriff nicht beschränkt auf natürliche Personen. Daher können sowohl **natürliche** als auch **juristische Personen** Unternehmer iSd Art. 6 sein.[59]

31 **c) Zweiseitig funktionaler Verbraucherbegriff.** Der Verbraucherbegriff des Art. 6 ist nicht eindimensional, sondern durch das Erfordernis des Verbrauchers auf der einen und des Unternehmers auf der anderen Seite (**B2C**) zweiseitig funktional. Reine Privatgeschäfte (**C2C**), wie zB ein Gebrauchtwagenkauf unter Privaten, sind von Art. 6 nicht erfasst,[60] da es hier an einem zwischen den Parteien bestehenden Machtgefälle mangelt.[61] Anders als noch Art. 29 EGBGB ist Art. 6 jedoch auch **auf C2B-Verträge** anwendbar, also solche Fälle, in denen der Verbraucher der Erbringer der charakteristischen Leistung und der Unternehmer deren Empfänger ist (z.B. Verkauf eines gebrauchten PKW an einen Kfz-Händler). Der Verbraucher ist auch in diesen Konstellationen schutzwürdig. Zwar würde auch Art. 4 auf das Recht des Verbrauchers verweisen, doch käme bei einer Rechtswahl dann Art. 6 Abs. 2 nicht zur Anwendung, der der Abwahl des dem Verbraucher günstigeren Rechts entgegensteht.[62]

32 **3. Erfasste Vertragstypen. a) Überblick.** Anders als vormals Art. 5 EVÜ enthält Art. 6 **keine Beschränkung** auf Verträge über die Lieferung beweglicher Sachen oder die Erbringung von Dienstleistungen sowie Verträge zur Finanzierung solcher Geschäfte. Nach Abs. 1 unterfallen der Norm grundsätzlich sämtliche Verbraucherverträge.[63]

33 Zu beachten bleibt Abs. 4, der **bestimmte Verträge** vom sachlichen Anwendungsbereich des Art. 6 **ausnimmt**, ihr dann im Wege einer Unterausnahme aber Pauschalreiseverträge und Verträge über Teilnutzungsrechte an Immobilien wieder zuweist, Abs. 4 lit.b, c (näher Rn 44, 48 f). Darüber hinaus gehen Art. 6 die Artt. 5 und 7 **als Spezialregelungen** vor.[64]

34 **b) Ausnahmen und Rückausnahme. aa) Dienstleistungserbringung im Ausland (Abs. 4 lit. a).** Abs. 4 lit. a nimmt, wie bereits Art. 5 Abs. 4 lit. b EVÜ, der in Deutschland mittels Art. 29 Abs. 4 S. 1 Nr. 2 EGBGB inkorporiert wurde, Verträge über die Erbringung von Dienstleistungen, bei denen die dem Verbraucher geschuldeten Dienstleistungen **ausschließlich in einem anderen als dem Staat seines gewöhnlichen Aufenthalts** erbracht werden, vom Anwendungsbereich des Art. 6 heraus.[65]

35 Der Grund hierfür wird zum einen in der **fehlenden Schutzwürdigkeit** des Verbrauchers gesehen, der sich selbst auf den fremden Markt begeben hat; dann könne er auch keine Privilegierung gegenüber anderen Verbrauchern erwarten.[66] Zum anderen sei es nicht gerechtfertigt, den Schuldner in diesen Fällen mit den für ihn eventuell nachteiligen strengeren Voraussetzungen des fremden Rechts zu belasten.[67] Diese Argumentation trägt freilich **nur bedingt**. Denn auch bei derartigen Verträgen ist bereits die Werbung im Inland geeignet, ein hinreichend schutzwürdiges Vertrauen des Verbrauchers auf die Geltung seines Rechts entstehen zu lassen. Mit gutem Grund nimmt daher zB Art. 15 Abs. 3 EuGVVO nur Beförderungsverträge, nicht aber Verträge über eine ausschließlich im Ausland zu erbringende Dienstleistung von seinem sachlichen Anwendungsbereich heraus.

---

59 So auch Calliess/*Calliess*, Art. 6 Rn 28.
60 *Rauscher*, IPR, § 10 Rn 1128; *Nordmeier*, in: Gebauer/Wiedmann, Kap. 37 Rn 63; Rauscher/*Heiderhoff*, EuZPR/EuIPR, Art. 6 Rn 16. Bis zum In-Kraft-Treten der Rom I-VO war dies allerdings sehr umstritten: gegen eine Einbeziehung der Privatgeschäfte vgl zB *v. Bar*, IPR II, Rn 435; Soergel/*v. Hoffmann*, Art. 29 EGBGB Rn 14; *Leible*, in: Schulte-Nölke/Schulze, Rechtsangleichung und nationale Privatrechte, 1999, S. 353, 357; *ders.*, in: Leible, Das Grünbuch zum Internationalen Vertragsrecht, 2004, S. 133, 138; *Looschelders*, Art. 29 EGBGB Rn 21; *E. Lorenz*, RIW 1987, 569, 576; *W. Lorenz*, IPrax 1994, 429; *Reinhart*, in: FS Trinkner 1995, S. 657, 666; *Rudisch*, RabelsZ 63 (1999), 70, 96; Bamberger/Roth/*Spickhoff*, Art. 29 EGBGB Rn 10. Ausf. *Rudisch*, in: Schnyder/Heiss/Rudisch, Internationales Verbraucherschutzrecht, S. 191, 219–227; für eine Einbeziehung der Privatgeschäfte vgl die amtl. Begründung zu Art. 29 EGBGB, BT-Drucks 10/504, S. 79. Ebenso etwa *Bülow*, EuZW 1993, 435, 436; Staudinger/*Magnus*, Art. 29 EGBGB Rn 40; Erman/*Hohloch*, Art. 29 EGBGB Rn 22; *Medicus*, in: FS Kitagawa 1992, S. 471, 479; *Teske*, NJW 1991, 2793, 2800.
61 So auch *Kluth*, Die Grenzen des kollisionsrechtlichen Verbraucherschutzes, 2009, S. 265.
62 So auch *Garcimartín Alférez*, EuLF 2008, I-61, I-71 und Fn 48; Staudinger/*Magnus*, Art. 6 Rn 58; Ferrari u.a./*Staudinger*, Internationales Vertragsrecht, Art. 6 Rn 16 f; *Nordmeier*, in: Gebauer/Wiedmann, Kap. 37 Rn 63; aA Rauscher/*Heiderhoff*, EuZPR/EuIPR, Art. 6 Rn 17 f; *Kluth*, Die Grenzen des kollisionsrechtlichen Verbraucherschutzes, 2009, S. 266.
63 Calliess/*Calliess*, Art. 6 Rn 8; Ferrari u.a./*Staudinger*, Internationales Vertragsrecht, Art. 6 Rn 24 f; *Nordmeier*, in: Gebauer/Wiedmann, Kap. 37 Rn 63.
64 Vgl Erwägungsgrund 32; Rauscher/*Heiderhoff*, EuZPR/EuIPR, Art. 6 Rn 35; MüKo/*Martiny*, Art. 6 Rn 15; Calliess/*Calliess*, Art. 6 Rn 9.
65 Vgl *Ragno*, in: Ferrari/Leible, Rome I Regulation, 2009, S. 139; Calliess/*Calliess*, Art. 6 Rn 55; Ferrari u.a./*Staudinger*, Internationales Vertragsrecht, Art. 6 Rn 33.
66 Bericht *Giuliano/Lagarde*, BT-Drucks 10/503, S. 56 f; vgl auch BGHZ 123, 380, 388; MüKo/*Martiny*, Art. 6 Rn 17; Calliess/*Calliess*, Art. 6 Rn 55.
67 *Looschelders*, Art. 29 EGBGB Rn 38; ähnlich Staudinger/*Magnus*, Art. 6 Rn 66.

Der **Begriff der Dienstleistung** ist genauso wie bei Art. 4 Abs. 1 lit. b zu verstehen.[68] Der **Kreis der in Abs. 4 lit. a genannten Geschäfte** ist daher groß. Erfasst werden etwa Beherbergungsverträge (Hotelunterbringung im Ausland),[69] Verträge über Sprach-, Segel- oder Skikurse im Ausland,[70] Verträge über Finanzdienstleistungen im Ausland,[71] Verträge mit einem Arzt oder einem Rechtsanwalt über eine ausschließlich im Ausland erfolgende Behandlung bzw Rechtsbesorgung usw.[72] Entscheidend ist stets, dass die Dienstleistung nicht, auch nicht nur teilweise grenzüberschreitend, sondern stets **ausschließlich im Ausland erbracht** wird. Leistungen im Internet werden, wenn es zu ihrer Entgegennahme eines Abrufs oder einer online erfolgenden Lieferung (Zusendung von Unterrichtsmaterial, Inanspruchnahme einer auf einem ausländischen Server befindlichen Datenbank usw.) bedarf, stets am Rechner und damit meist am Aufenthaltsort des Verbrauchers erbracht, so dass in diesen Fällen Abs. 4 lit. a nicht greift.[73] Gleiches gilt für Verträge zur Nutzung einer ausländischen Plattform für **Internetauktionen**, weil das Auktionshaus seine Dienstleistung typischerweise online grenzüberschreitend erbringt und es damit an der rein lokalen Vertragserfüllung fehlt,[74] oder für Access-Provider-Verträge, weil hier schon die Zurverfügungstellung des inländischen Einwahlknotens ein inländisches Dienstleistungselement ist.[75] 36

Bei der **Miete ausländischer Ferienhäuser oder -wohnungen** ist zu differenzieren. Handelt es sich um reine Mietverträge, ist Abs. 4 lit. c einschlägig. Treten jedoch weitere Leistungsbestandteile hinzu, die das Gepräge des Vertrages entscheidend ändern, da nunmehr die Dienstleistungselemente (Auskunft und Beratung, Betreuung vor Ort, Vermittlung von Reiserücktrittsversicherungen, Reinigungspersonal oder sonstigen Zusatzleistungen usw.) deutlich in den Vordergrund treten und die Nutzungsüberlassung nur noch Teil eines Gesamtpakets ist, kommt auch dem Ort der Leistungserbringung Bedeutung zu. Ausländische gewerbliche Ferienhausanbieter erbringen ihre Leistung meist ausschließlich im Ausland, mögen sie auch im Inland hierfür geworben haben. Mit ihnen geschlossene Verträge unterfallen daher der **Ausnahme des Abs. 4 lit. a**,[76] nicht hingegen Verträge mit inländischen oder im Inland niedergelassenen ausländischen Anbietern, da in diesem Fall die Leistungen nicht ausschließlich im Ausland erbracht worden sind.[77] 37

Gleiches gilt für **Timesharingverträge**, die sich in einer periodisch wiederkehrenden Gebrauchsüberlassung von Immobilien oder Teilen hiervon erschöpfen.[78] Hier greift Abs. 4 lit. a nicht, Art. 6 bleibt vielmehr weiterhin anwendbar.[79] Daran vermag auch der Umstand nichts zu ändern, dass derartige Verträge meist nicht nur das Wohnrecht, sondern daneben die Erbringung von Wirtschafts- und Verwaltungsleistungen zum Gegenstand haben. Gegenteilig wäre nur bei einem ausnahmsweise auftretenden Überwiegen des Dienstleistungselements zu entscheiden. 38

bb) Beförderungsverträge (Abs. 4 lit. b). Art. 6 ist gem. Abs. 4 lit. b nicht auf Beförderungsverträge anwendbar. Die Rom I-VO hat folglich die etablierte Regelung des Art. 5 Abs. 4 lit. a EVÜ, die in Deutschland mittels Art. 29 Abs. 4 S. 1 Nr. 1 EGBGB inkorporiert wurde, übernommen.[80] Es bleibt daher bei der Geltung der allgemeinen Kollisionsnorm für Beförderungsverträge, **Art. 5** (vgl Rn 48 f zur Rückausnahme bei Pauschalreiseverträgen). Zu beachten ist allerdings **Art. 46 b EGBGB**, der eine Abs. 4 lit. b vergleichbare Regelung nicht kennt. Er kann auch bei Beförderungsverträgen Anwendung finden.[81] 39

Eine Ausnahme vom Regime des Art. 6 wurde deshalb für erforderlich gehalten, weil es dem Transporteur unzumutbar sei, bei einem einheitlichen Transportvorgang, etwa einer Schiffs- oder Flugreise, eine **Vielzahl von Aufenthaltsrechten** der zu transportierenden Personen beachten zu müssen. Zudem wird das Recht der internationalen Personen- und Güterbeförderung durch die Existenz **umfangreichen internationalen Ein-** 40

---

68 So auch Rauscher/*Heiderhoff*, EuZPR/EuIPR, Art. 6 Rn 41; Staudinger/*Magnus*, Art. 6 Rn 67 ff.

69 AG Bernkastel-Kues IPrax 1994, 141; jurisPK-BGB/*Limbach*, Art. 6 Rn 26; Calliess/*Calliess*, Art. 6 Rn 55.

70 Bericht *Giuliano/Lagarde*, BT-Drucks 10/503, S. 57; jurisPK-BGB/*Limbach*, Art. 6 Rn 26; *Nordmeier*, in: Gebauer/Wiedmann, Kap. 37 Rn 66.

71 Erman/*Hohloch*, Art. 6 Rn 33; Staudinger/*Magnus*, Art. 6 Rn 73; Reithmann/Martiny/*Martiny*, Rn 1054; jurisPK-BGB/*Limbach*, Art. 6 Rn 28.

72 jurisPK-BGB/*Limbach*, Art. 6 Rn 26; vgl näher zum Anwaltsvertrag mwN *Mankowski*, AnwBl 2001, 249, 252; Reithmann/Martiny/*Mankowski*, Rn 1411 ff.

73 Vgl mwN *Pfeiffer*, in: Gounalakis, Rechtshandbuch Electronic Business, 2003, § 12 Rn 81.

74 *Freitag*, in: Leible/Sosnitza, Versteigerungen im Internet, 2004, Rn 829.

75 *Mankowski*, in: Spindler, Vertragsrecht der Internet-Provider, 2000, 161, 178 f (Rn 29).

76 *Kartzke*, NJW 1994, 823, 825; *Mankowski*, RIW 1995, 364, 367; Calliess/*Calliess*, Art. 6 Rn 56.

77 BGHZ 119, 152, 158; unklar BGHZ 109, 29, 36; Erman/*Hohloch*, Art. 6 Rn 33; *Kartzke*, NJW 1994, 823, 825; *Lindacher*, BB 1990, 661; *ders.*, IPrax 1993, 228, 229; Bamberger/Roth/*Spickhoff*, Art. 6 Rn 13.

78 BGHZ 135, 124, 131; OLG Celle RIW 1996, 963, 964; LG Bielefeld NJW-RR 1999, 1282, 1283; aA LG Düsseldorf VuR 1994, 262, 264; *Jayme*, IPrax 1995, 234, 235 f.

79 Vgl Erwägungsgrund 27 Rom I-VO; BGHZ 135, 124, 131; LG Bielefeld NJW-RR 1999, 1282, 1283; *Looschelders*, Art. 29 EGBGB Rn 31; MüKo/*Martiny*, Art. 29 EGBGB Rn 11 a.

80 Vgl *Ragno*, in: Ferrari/Leible, Rome I Regulation, 2009, S. 139; Ferrari u.a./*Staudinger*, Internationales Vertragsrecht, Art. 6 Rn 35.

81 So auch Staudinger/*Magnus*, Art. 6 Rn 78.

heitsrechts geprägt, das auch Beförderungsverträge mit Verbrauchern erfasst (Montrealer Abkommen zur Vereinheitlichung bestimmter Vorschriften über die Beförderung im internationalen Luftverkehr vom 28.5.1999, COTIF mit den Anhängen A [CIM] und B [CIV] usw.).[82] Ob die Transportrechtskonventionen den Gedanken des zivilrechtlichen Verbraucherschutzes stets hinreichend verwirklichen, erscheint allerdings durchaus fraglich.[83]

41 Um Beförderungsverträge handelt es sich sowohl bei Verträgen über eine **Personen- als auch** über eine **Güterbeförderung**. Auf die Art des zur Beförderung eingesetzten Verkehrsmittels kommt es ebenso wenig an wie auf eine Entgeltlichkeit der Beförderung.[84]

42 **cc) Verträge, die ein dingliches Recht an unbeweglichen Sachen zum Gegenstand haben sowie die Miete oder Pacht unbeweglicher Sachen zum Gegenstand haben (Abs. 4 lit. c).** Abs. 4 lit. c ist eine **Neuerung** im Verhältnis zum EVÜ. Diese Vorschrift nimmt Verträge, die ein dingliches Recht an unbeweglichen Sachen oder die Miete oder Pacht unbeweglicher Sachen zum Gegenstand haben, aus dem Anwendungsbereich des Art. 6 heraus. Begründet wird dies mit der **besonderen Bedeutung des Anknüpfungsmoments „Belegenheitsort"** für derartige Verträge. Sowohl im Internationalen Privatrecht (vgl Art. 4 Abs. 1 lit. c) als auch im Internationalen Zivilprozessrecht (vgl Art. 22 Abs. 1 EuGVVO) wird bei Verträgen, die ein dingliches Recht an unbeweglichen Sachen oder die Miete oder Pacht unbeweglicher Sachen zum Gegenstand haben, auf den Belegenheitsort verwiesen. Im Internationalen Zivilprozessrecht ist die internationale **Zuständigkeit** der Gerichte am Belegenheitsort sogar eine **ausschließliche** (vgl Art. 22 Abs. 1 EuGVVO). Diese besondere Anknüpfung soll auch bei Verbraucherverträgen beibehalten werden.[85]

43 Was unter Verträgen, die ein dingliches Recht an unbeweglichen Sachen oder die Miete oder Pacht unbeweglicher Sachen zum Gegenstand haben, zu verstehen ist, ist ebenso zu beurteilen **wie bei Art. 4 Abs. 1 lit. c** (vgl Art. 4 Abs. 1 lit. c, d Rn 35 ff).

44 Zu differenzieren ist bei **Timesharingverträgen**. Überwiegt ausnahmsweise das Dienstleistungselement, ist ein Dienstleistungsvertrag, bei dem die Dienstleistungen ausschließlich im Ausland erbracht werden, gegeben, sodass bereits die Ausnahmevorschrift Abs. 4 lit. a einschlägig ist (näher Abs. 4 lit. a Rn 38). Steht hingegen die Überlassung von Wohnraum im Vordergrund, liegt ein Timesharingvertrag vor, der nach Abs. 4 lit. c Hs 2 explizit Art. 6 unterfällt. Abs. 4 lit. c Hs 2 nimmt Verträge über Teilnutzungsrechte an Immobilien iSd Richtlinie 94/47/EG,[86] an deren Stelle nunmehr die Richtlinie 2008/122/EG[87] getreten ist, nicht vom Anwendungsbereich des Art. 6 aus, da bei derartigen Verträgen eine **erhöhte Schutzbedürftigkeit der Verbraucher** gegeben ist, die den Belegenheitsort als Anknüpfungspunkt in den Hintergrund treten lässt. Art. 6 bleibt daher weiterhin anwendbar.[88]

45 **dd) Rechte und Pflichten aus Finanzinstrumenten ua (Abs. 4 lit. d).** Abs. 4 lit. d statuiert eine weitere Neuerung gegenüber dem EVÜ, die den Handel mit Finanzinstrumenten erleichtern soll. Rechte und Pflichten aus Finanzinstrumenten[89] iSd Art. 4 Abs. 1 lit. h sowie Vertragsverhältnisse infolge der Ausgabe bzw des Angebots bezüglich übertragbarer Wertpapiere und die Zeichnung oder der Rückkauf von Anteilen an Organismen für gemeinsame Anlagen in Wertpapieren sollen demnach nicht von Art. 6 umfasst sein, um auf diese Weise eine **Wesensänderung** der genannten Instrumente durch eine Anknüpfung an unterschied-

---

82 Czernich/Heiss/*Heiss*, Art. 5 EVÜ Rn 21; *Looschelders*, Art. 29 EGBGB Rn 37; Staudinger/*Magnus*, Art. 6 Rn 78; Reithmann/Martiny/*Martiny*, Rn 4191; MüKo/*Martiny*, Art. 6 EGBGB Rn 21.

83 Vgl dazu zB *Mankowski*, Seerechtliche Vertragsverhältnisse, 1995, S. 405 ff.

84 Czernich/Heiss/*Heiss*, Art. 5 EVÜ Rn 21; Erman/*Hohloch*, Art. 6 34; *Looschelders*, Art. 29 EGBGB Rn 37; Staudinger/*Magnus*, Art. 6 Rn 77; Reithmann/Martiny/*Martiny*, Rn 2671; MüKo/*Martiny*, Art. 6 Rn 21; Bamberger/Roth/*Spickhoff*, Art. 6 Rn 11.

85 Vgl *Ragno*, in: Ferrari/Leible, Rome I Regulation, 2009, S. 142; *Kluth*, Die Grenzen des kollisionsrechtlichen Verbraucherschutzes, 2009, S. 275; Calliess/*Calliess*, Art. 6 Rn 60.

86 Richtlinie 94/47/EG des Europäischen Parlaments und des Rates v. 26. Oktober 1994 zum Schutz der Erwerber im Hinblick auf bestimmte Aspekte von Verträgen über den Erwerb von Teilnutzungsrechten an Immobilien, ABl. EG 1994 L 280/83.

87 Richtlinie 2008/122/EG des Europäischen Parlaments und des Rates v. 14. Januar 2009 über den Schutz der Verbraucher im Hinblick auf bestimmte Aspekte von Teilnutzungsverträgen, Verträge über langfristige Urlaubsprodukte sowie Wiederverkaufs- und Tauschverträge, ABl. EU 2009 Nr. L 33/10.

88 Vgl *Ragno*, in: Ferrari/Leible, Rome I Regulation, 2009, S. 143; Ferrari u.a./*Staudinger*, Internationales Vertragsrecht, Art. 6 Rn 41.

89 Zum Begriff „Finanzinstrument" vgl Erwägungsgrund 30 zur Rom I-VO iVm Art. 4 und Anhang I Abschnitt C der RL 2004/39/RG vom 21.4.2004 über Märkte für Finanzinstrumente (MiFID), ABl. EG 2004 Nr. L 145, 1 zuletzt geändert durch RL 2008/10/EG ABl EU 2008 Nr L 76, 33.

liche Rechtsordnungen **zu vermeiden**.[90] Die Erbringung von **Finanzdienstleistungen** ist hiervon jedoch für beide[91] Alternativen des Abs. 4 lit. d ausgenommen (vgl Abs. 4 lit. d Hs 2).[92]

ee) Verträge innerhalb von Systemen nach Art. 4 Abs. 1 lit. h (Abs. 4 lit. e). Abs. 4 lit. h nimmt 46 schließlich Verträge innerhalb **multilateraler Handelssysteme** iSd Art. 4 Abs. 1 lit. h, zB an einer Börse (näher Art. 4 Abs. 1 lit. h Rn 56 f), aus dem Anwendungsbereich des Art. 6 heraus. Dies soll gewährleisten, dass die besonderen Regeln, die bei innerhalb solcher Systeme oder bei mit dem Betreiber solcher Systeme geschlossenen Verträge gelten, auch bei einem Verbrauchervertrag Anwendung finden. Denn die **Einheitlichkeit solcher Systeme** würde gestört, wenn jeder Vertrag seinem eigenen Recht unterläge.[93]

ff) Versicherungs- und Individualarbeitsverträge. Art. 6 ist nicht auf solche Versicherungs- und Indi- 47 vidualarbeitsverträge anzuwenden, für die die **Sonderanknüpfung** der Artt. 7 und 8 greift.[94]

gg) Pauschalreisen (Rückausnahme). Für Pauschalreiseverträge iSd Richtlinie 90/314/EWG[95] enthält 48 Abs. 4 lit. b eine **Rückausnahme**. Sie unterliegen den allgemeinen Anknüpfungsregeln des Art. 6. Nach der Pauschalreise-Richtlinie ist von einer **Pauschalreise** auszugehen, wenn mindestens zwei zu einer Gesamtleistung zusammengefasste Reiseleistungen erbracht werden, die länger als 24 Stunden dauern oder eine Übernachtung einschließen. Reiseleistungen können hierbei Beförderung und Unterbringung sowie sonstige touristische Dienstleistungen, die nicht Nebenleistungen der Beförderung oder Unterbringung sind und einen beträchtlichen Teil der Gesamtleistung ausmachen, sein.[96] Um Pauschalreisen handelt es sich daher zB bei **Schiffskreuzfahrten**, nicht aber bei einer bloßen Schiffspassage mit Übernachtungsmöglichkeit.[97] Von wem die Initiative zur Kombination einzelner Reiseleistungen ausgeht, ist unerheblich. Als Pauschalreise gilt auch eine Reise, die von einem Reisebüro auf Wunsch und nach den Vorgaben eines Verbrauchers organisiert wird.[98]

Darauf, ob die **Leistungen** im Zusammenhang mit der Pauschalreise **ausschließlich im Ausland zu** 49 **erbringen sind** oder die **Reise im Inland beginnt**, kommt es, wie bereits bei Art. 5 EVÜ, nicht an, da Abs. 4 lit. b für Pauschalreiseverträge die Regelung des Abs. 4 lit. a überwindet.[99] Erforderlich ist freilich stets, dass der Pauschalreisevertrag unter den Bedingungen des Abs. 1 zustande gekommen ist.[100]

4. Räumlich-situative Anwendungsvoraussetzungen (Abs. 1). a) Überblick. Art. 6 liegt der 50 Gedanke zugrunde, dass sich eine Einschränkung der Rechtswahlfreiheit bzw eine vom Grundsatz des Art. 4 abweichende objektive Anknüpfung zugunsten der schwächeren Vertragspartei nur dann rechtfertigen lässt, wenn der Verbrauchervertrag einen **über den gewöhnlichen Aufenthalt hinausreichenden Inlandsbezug** besitzt.[101] Ein solcher Inlandsbezug wird in Abkehr von Art. 5 EVÜ und in Anlehnung an Art. 15 Abs. 1 lit. c EuGVVO[102] angenommen, wenn der Unternehmer seine berufliche oder gewerbliche Tätigkeit in dem Staat ausübt, in dem der Verbraucher seinen gewöhnlichen Aufenthalt hat (Abs. 1 lit. a) oder der Unternehmer eine solche Tätigkeit auf irgendeiner Weise auf diesen Staat oder auf mehrere Staaten, einschließlich dieses Staates, ausrichtet (Abs. 1 lit. b) und der Vertrag in den Bereich dieser Tätigkeit

---

90 Vgl Erwägungsgrund 28 Rom I-VO sowie MüKo/*Martiny*, Art. 6 Rn 25; *Einsele*, WM 2009, 289, 294; Ferrari u.a./*Staudinger*, Internationales Vertragsrecht, Art. 6 Rn 42; Zur Rechtfertigung dieser Ausnahme vgl auch *M. Müller*, Finanzinstrumente in der Rom I-VO, 2011, 359 ff.

91 *M. Müller*, Finanzinstrumente in der Rom I-VO, 2001, 343 ff; Staudinger/*Magnus*, Art. 6 Rn 98; MüKo/*Martiny*, Art. 6 Rn 27; aA Mankowski, RIW 2009, 98, 104.

92 Zur Rechtfertigung dieser Gegenausnahme *M. Müller*, Finanzinstrumente in der Rom I-VO, 2011, 371 ff.

93 MüKo/*Martiny*, Art. 6 Rn 28; *Mankowski*, RIW 2009, 98, 108; *Leible/Lehmann*, RIW 2009, 528, 573; *Einsele*, WM 2009, 289, 295; *Garcimartín Alférez*, JPIL 2009, 85, 99; *Nordmeier*, in: Gebauer/Wiedmann, Kap. 37 Rn 69; Ferrari u.a./*Staudinger*, Internationales Vertragsrecht, Art. 6 Rn 43.

94 So explizit für Versicherungsverträge Erwägungsgrund 32 Rom I-VO; vgl auch jurisPK-BGB/*Limbach,* Art. 6 Rn 39.

95 Richtlinie 90/314/EWG des Rates v. 13. Juni 1990 über Pauschalreisen, ABl. EG 1990 L 158/59.

96 Vgl Art. 2 Nr. 1 Richtlinie 90/314/EWG des Rates v. 13. Juni 1990 über Pauschalreisen, ABl. EG 1990 L 158/59.

97 Näher *Mankowski*, Seerechtliche Vertragsverhältnisse, 1995, S. 400 ff; vgl auch Ferrari u.a./*Staudinger*, Internationales Vertragsrecht, Art. 6 Rn 37.

98 EuGH Rs C-400/00, Slg 2002, I-4051, 4071 f Rn 13 ff – Club Tour Viagens e Turismo.

99 Reithmann/Martiny/*Martiny*, Rn 4195; jurisPK-BGB/*Limbach,* Art. 6 Rn 30; *Ragno*, in: Ferrari/Leible, Rome I Regulation, 2009, S. 141; vgl auch Denkschrift zum EVÜ, BT-Drucks 10/503, S. 27; *Looschelders*, Art. 29 EGBGB Rn 20; MüKo/*Martiny*, Art. 6 Rn 22; aA Rauscher/*Heidorhoff*, EuZPR/EuIPR, Art. 6 Rn 40.

100 Vgl LG Konstanz NJW-RR 1993, 638; so auch Staudinger/*Magnus*, Art. 6 Rn 81.

101 Vgl *Ragno*, in: Ferrari/Leible, Rome I Regulation, 2009, S. 147; Rauscher/*Heidorhoff*, EuZPR/EuIPR, Art. 6 Rn 26.

102 Vgl *Leible/Lehmann*, RIW 2008, 528, 537 f; jurisPK-BGB/*Limbach*, Art. 6 Rn 40.

fällt. Die Voraussetzungen des Abs. 1 lit. a und b müssen **nicht kumulativ** erfüllt sein. Es genügt, wenn eine der Fallkonstellationen gegeben ist.[103]

51 Geschützt werden soll nicht der „dynamische" Verbraucher, der sich aus eigenem Antrieb auf den Auslandsmarkt begibt, sondern der **„passive" Verbraucher**, der vom Anbieter auf seinem heimatlichen Markt angesprochen wird.[104] Durch das Handeln des Anbieters auf dem Inlandsmarkt wird ein schutzwürdiges Vertrauen des Verbrauchers auf die Geltung „seines" Rechts begründet. In diesen Fällen hat der „Marktstaat" ein legitimes Interesse daran, Verantwortung für den Inhalt der auf seinem Markt geschlossenen oder angebahnten Geschäfte zu übernehmen und einen aus seiner Sicht **angemessenen Interessenausgleich** zu gewährleisten.[105] Sind Anbahnungsmarkt und Wohnsitzstaat des Verbrauchers hingegen verschieden, bleibt der Verbraucher ohne Schutz des Wohnsitzstatuts. Das ist in der Regel auch interessengerecht. Verbraucher, die sich aus eigener Initiative ins Ausland begeben, um dort Waren zu kaufen oder Dienstleistungen in Anspruch zu nehmen, können (und werden) nicht erwarten, ihr heimisches Verbraucherschutzrecht als Handgepäck ständig mit sich zu führen. Eine uneingeschränkte Sonderanknüpfung von Verbraucherverträgen führte zudem zu einer **nicht hinnehmbaren Risikoallokation** auf Seiten des Anbieters. Denn keinem Waren- oder Dienstleistungsanbieter kann zugemutet werden, bei jeder Art von Geschäften mit (vielleicht sogar unerkannt) ausländischen Konsumenten stets das am Wohnsitz des Verbrauchers geltende Recht ermitteln zu müssen.[106]

52 **b) Tätigwerden im Aufenthaltsstaat des Verbrauchers (Abs. 1 lit. a).** Ein Tätigwerden des Unternehmers im Aufenthaltsstaat des Verbrauchers liegt vor, wenn sich der Unternehmer **aktiv am** dortigen **Wirtschaftsverkehr beteiligt**, indem er zB vor Ort Dienstleistungen erbringt.[107] Eine (Zweig-)Niederlassung im Aufenthaltsstaat des Verbrauchers ist nicht erforderlich.[108]

53 **c) Ausrichtung der Tätigkeit auf den Aufenthaltsstaat des Verbrauchers (Abs. 1 lit. b).** Von wesentlich größerer praktischer Bedeutung ist die zweite räumlich-situative Alternative, das Ausrichten der Tätigkeit auf den Aufenthaltsstaat des Verbrauchers. Mit dem Kriterium des „Ausrichtens" soll vor allem der wachsenden Bedeutung des elektronischen Geschäftsverkehrs Rechnung getragen werden.[109] Den wichtigsten Fall stellt das Ausrichten via Internet dar. Die Voraussetzungen des Ausrichtens via Internet wurden unter Geltung des EVÜ vielfach diskutiert.[110] Seit Inkrafttreten der Rom I-VO hat sich dieser Streit jedoch erledigt. In den Erwägungsgründen zur Rom I-VO wurde klargestellt, dass sich die Auslegung des Art. 6 an der Auslegung des Art. 15 EuGVVO orientieren soll.[111]

54 Daher ist ein Ausrichten via Internet zu bejahen, wenn der Unternehmer sein **Angebot bzw seine Werbung erkennbar ausgerichtet** hat.[112] Allein die Nutzung einer Website als solcher führt noch zu keiner Ausrichtung der Tätigkeit auf andere Mitgliedstaaten. Erforderlich, aber auch ausreichend ist vielmehr das Vorliegen eines hinreichend klaren Indizes dafür, dass der Unternehmer mit seiner Website auch potentielle Kunden aus anderen Mitgliedstaaten ansprechen möchte.[113] Für die Feststellung, ob dies der Fall ist, muss daher geprüft werden, ob vor einem möglichen Vertragsschluss mit dem Verbraucher aus der Website und der gesamten Tätigkeit des Unternehmers hervorgeht, dass dieser mit Verbrauchern, die in einem oder mehreren Mitgliedstaaten, darunter dem Wohnsitzmitgliedstaat des Verbrauchers, wohnhaft sind, in dem Sinne

---

103 Vgl *Ragno*, in: Ferrari/Leible, Rome I Regulation, 2009, S. 144, 147.
104 Vgl *Ragno*, in: Ferrari/Leible, Rome I Regulation, 2009, S. 144 ff.
105 *Stoll*, in: FS Kegel 1987, S. 623, 631.
106 *Leible*, JJZ 1995, 1996, 245, 256.
107 *Hüßtege*, in: Thomas/Putzo, Art. 15 EuGVVO Rn 7; *Nordmeier*, in: Gebauer/Wiedmann, Kap. 37 Rn 71; Rauscher/*Staudinger*, EuZPR/EuIPR, Art. 15 Brüssel I-VO Rn 12; Calliess/*Calliess*, Art. 6 Rn 45; Ferrari u.a./*Staudinger*, Internationales Vertragsrecht, Art. 6 Rn 46.
108 *Leible/Lehmann*, RIW 2008, 528, 538; Rauscher/*Heiderhoff*, EuZPR/EuIPR, Art. 6 Rn 29; Ferrari u.a./*Staudinger*, Internationales Vertragsrecht, Art. 6 Rn 49; Calliess/*Calliess*, Art. 6 Rn 46.
109 So zur EuGVVO Vorschlag für eine Verordnung des Rates über die gerichtliche Zuständigkeit und die Anerkennung und Vollstreckung von Entscheidungen in Zivil- und Handelssachen, KOM (1999) 348 endg., S. 17.
110 Zum damaligen Streitstand vgl zB *Ernst*, VuR 1997, 259, 260; Soergel/*v. Hoffmann*, Art. 29 EGBGB Rn 18; *Junker*, RIW 1999, 809, 816; *Kronke*, RIW 1996, 985, 988; *Mankowski*, RabelsZ 63 (1999), 203, 234 ff; *Mochar/Seidl*, ÖJZ 2003, 241, 245 ff; *Scherer/Butt*, DB 2000, 1009, 1011; Staudinger/*Magnus*, Art. 29 EGBGB Rn 71; *Taupitz/Kritter*, JuS 1999, 839, 844; *Thorn*, IPrax 1999, 1, 4 f; *Waldenberger*, BB 1996, 2365, 2371 als Vertreter der früheren hM sowie *Borges*, ZIP 1999, 565, 569 f; Erman/*Hohloch*, Art. 6 Rn 25 a; Soergel/*v. Hoffmann*, Art. 29 EGBGB Rn 18; *Horn*, MMR 2002, 210, 213; *Mehrings*, CR 1998, 613, 619; *Pfeiffer*, NJW 1997, 1207, 1214; *ders.*, in: Hohl/Leible/Sosnitza, Vernetztes Recht, S. 21, 39 ff als Vertreter der Mindermeinung.
111 Vgl Erwägungsgrund 24 Rom I-VO. Ausführlich zu übergreifenden Begrifflichkeiten im europäischen Zivilverfahrens- und Kollisionsrecht *Lüttringhaus*, RabelsZ 77 (2013), 31.
112 *Borges*, ZIP 1999, 565, 569 f; Soergel/*v. Hoffmann*, Art. 29 EGBGB Rn 18; *Horn*, MMR 2002, 210, 213; *Mehrings*, CR 1998, 613, 619; *Pfeiffer*, NJW 1997, 1207, 1214; *ders.*, in: Hohl/Leible/Sosnitza, Vernetztes Recht, S. 21, 39 ff.
113 *Leible/Müller*, NJW 2011, 495.

Geschäfte zu tätigen beabsichtigt, dass er zu einem Vertragsschluss mit ihnen bereit ist.[114] Allein die bloße Zugänglichkeit der Website des Unternehmers genügt für eine solche Annahme nicht. Gleiches gilt nach Ansicht des EuGH für die Angabe einer elektronischen Adresse oder anderer Adressdaten oder die Verwendung einer Sprache oder Währung, die in dem Mitgliedstaat der Niederlassung des Unternehmers die üblicherweise verwendete Sprache und/oder Währung sind.[115] Zu beachten bleibt, dass diese Angaben **allein** für einen entsprechenden Schluss unzureichend sind. In Kombination können sie hingegen durchaus genügen.

Der EuGH hat eine **nicht erschöpfende Liste von Anhaltspunkten** formuliert, die die Feststellung erlauben können, dass die unternehmerische Tätigkeit auf den Wohnsitzmitgliedstaat des Verbrauchers ausgerichtet ist. Dazu zählen der internationale Charakter der Tätigkeit, die Angabe von Anfahrtsbeschreibungen von anderen Mitgliedstaaten aus zu dem Ort, an dem der Gewerbetreibende niedergelassen ist, die Verwendung einer anderen Sprache oder Währung als der in dem Mitgliedstaat der Niederlassung des Gewerbetreibenden üblicherweise verwendeten Sprache oder Währung mit der Möglichkeit der Buchung und Buchungsbestätigung in dieser anderen Sprache, die Angabe von Telefonnummern mit internationaler Vorwahl, die Tätigung von Ausgaben für einen Internetreferenzierungsdienst, um in anderen Mitgliedstaaten wohnhaften Verbrauchern den Zugang zur Website des Gewerbetreibenden oder seines Vermittlers zu erleichtern, die Verwendung eines anderen Domänennamens oberster Stufe als desjenigen des Mitgliedstaats der Niederlassung des Gewerbetreibenden und die Erwähnung einer internationalen Kundschaft, die sich aus in verschiedenen Mitgliedstaaten wohnhaften Kunden zusammensetzt. Es ist Sache des nationalen Richters, zu prüfen, ob diese Anhaltspunkte vorliegen.[116]

Nicht alle der vom EuGH für relevant gehaltenen Indizien sind freilich überzeugend. So kann etwa aus dem **internationalen Charakter der ausgeübten Tätigkeit** allenfalls geschlossen werden, dass der Unternehmer seine Dienstleistungen auch im Ausland erbringt. Es erlaubt hingegen nicht per se den Rückschluss, der Unternehmer richte sein Angebot (auch) an einen ausländischen Kundenkreis.[117] Und Relevanz kann der Art des **Domänennamens** oberster Stufe nur zukommen, sofern der Gewerbetreibende eine andere Länderkennung als die seines Sitzstaates verwendet. Problematisch sind hingegen generische Top Level Domains. So mag etwa die Entscheidung für die Nutzung einer „.com"-Adresse dadurch beeinflusst sein, nach außen ein besonders professionelles Image zu zeigen, obgleich allein der Heimatmarkt bedient werden soll.[118]

Fallen Gewerbetreibender und Betreiber der Website auseinander, so stellt sich die Frage, ob sich der Gewerbetreibende die internationale Ausrichtung der Website **zurechnen** lassen muss. Der EuGH bejaht dies, wenn der Betreiber der Website im Namen und für Rechnung des Gewerbetreibenden auftritt und der Gewerbetreibende die internationale Ausrichtung der Website kannte oder hätte kennen müssen.[119] **Zurechnungsgrund** sind mithin die Einschaltung eines Vertreters im eigenen Interesse und die zumindest fahrlässige Unkenntnis der internationalen Ausrichtung von dessen Website.[120]

Erforderlich ist ein Ausrichten der Website auf den Aufenthaltsstaat des Verbrauchers, nicht aber, dass der Vertrag auch im Wege des **Fernabsatzes** geschlossen wurde.[121] Zum einen wurde ein entsprechender Änderungsantrag des Ausschusses für Recht und Binnenmarkt des Europäischen Parlaments im Gesetzgebungsverfahren (zur EuGVVO) nicht angenommen. Und zum anderen würde das zusätzliche Erfordernis eines Vertragsschlusses im Fernabsatz dem mit Art. 6 verfolgten Ziel des Schutzes der Verbraucher als der schwächeren Vertragspartei zuwiderlaufen.[122]

Nach zT vertretener Auffassung sollen neben dem elektronischen Geschäftsverkehr mit dem Kriterium des Ausrichtens auch die sog. Gran Canaria-Fälle erfasst werden können;[123] denn allgemein formuliert umfasse das Kriterium des „Ausrichtens" jegliches Betreiben von Werbung für die eigenen Leistungen.[124] Sofern folglich bei den Gran Canaria-Fällen eine Absatzstrategie erkennbar sei, die gezielt auf ausländische Urlauber und damit auf die wirtschaftliche Ausweitung der Geschäftstätigkeit auf den ausländischen Markt gerichtet ist, fielen auch diese unter Art. 6.[125] Überzeugend ist das freilich nicht. Denn eine solche Argumentation übersieht, dass Art. 6 nur den „passiven" Verbraucher, der vom Anbieter auf seinem heimatlichen

---

114 EuGH verb Rs C-584/08 und C-144/09, Slg 2010, I-12527 – Pammer und Hotel Alpenhof.
115 EuGH aaO.
116 EuGH verb Rs C-584/08 und C-144/09, Slg 2010, I-12527 – Pammer und Hotel Alpenhof.
117 Leible/Müller, NJW 2011, 495, 496.
118 Leible/Müller, NJW 2011, 495, 497.
119 EuGH verb Rs C-584/08 und C-144/09, Slg 2010, I-12527, Rn 89 – Pammer und Hotel Alpenhof.
120 Leible/Müller, NJW 2011, 495, 497.
121 Vgl. dazu auch BGH, EuZW 2012, 236.
122 EuGH Rs C-190/11, NJW 2012, 3225 Rn 42 – Mühlleitner.
123 Zur Problematik der Gran Canaria-Fälle vor In-Kraft-Treten der Rom I-VO vgl zB Reithmann/Martiny/Martiny, Rn 816; Staudinger/Magnus, Art. 29 EGBGB Rn 84 ff.
124 Rauscher/Staudinger, EuZPR/EuIPR, Art. 15 Brüssel I-VO Rn 13.
125 So etwa Solomon, in: Ferrari/Leible, Ein neues internationales Vertragsrecht für Europa, 2007, 106; vgl auch Reithmann/Martiny/Martiny, Rn 4188; aA Rauscher/Heiderhoff, EuZPR/EuIPR, Art. 6 Rn 33.

Markt angesprochen wird und bei dem dadurch ein schutzwürdiges Vertrauen auf die Geltung „seines" Rechts begründet wird, schützen soll (vgl. Rn 3). Das kann nicht durch eine weite Auslegung des Kriteriums des Ausrichtens überspielt werden.

60 **d) Kausalität (Abs. 1).** Der Vertrag fällt in den Bereich dieser Tätigkeit, wenn der Vertragsschluss darauf zurückzuführen ist, dass der Unternehmer in diesem bestimmten Staat tätig wurde bzw eine Tätigkeit auf diesen bestimmten Staat ausgerichtet hat. Der BGH geht für Art. 15 EuGVVO von der Notwendigkeit eines derartigen Kausalzusammenhangs aus.[126] Für Art. 6 Abs. 1 ergibt sich dieses Erfordernis bereits aus Erwägungsgrund 25 aE, der klarstellt, dass der Verbraucher auch dann geschützt werden soll, wenn ein Unternehmer seine Tätigkeiten auf diesen Staat ausrichtet und der Vertragsschluss auf solche Tätigkeiten *zurückzuführen* ist.[127] Mithin ist **Kausalität** zwischen Tätigkeit bzw Ausrichtung der Tätigkeit und Vertragsschluss erforderlich. Denn wenn das Ausrichten der Tätigkeit nicht kausal war, fehlt es am Schutzbedürfnis des Verbrauchers. Aktive Verbraucher, die sich aus eigenem Antrieb zum Abschluss eines grenzüberschreitenden Vertrages entschlossen haben, sollen sich nicht auf den Schutz des Art. 6 berufen können,[128] sondern nur **passive Verbraucher** geschützt werden.

61 **e) Erweiterung des situativen Anwendungsbereichs?** Der situative Anwendungsbereich des Art. 6 ist aufgrund der zwingenden Identität von Anbahnungsmarkt und Aufenthaltsstaat des Verbrauchers deutlich **zu eng**. Das konfligiert zum einen mit den **kollisionsrechtlichen Vorgaben von EU-Richtlinien** des zivilrechtlichen Verbraucherschutzes, die bereits einen engen Zusammenhang zum Gebiet der Europäischen Union genügen lassen,[129] und hat zum anderen in der Vergangenheit im Rahmen der sog. „**Gran Canaria-Fälle**"[130] zu zahlreichen Problemen und vielfältigen, hier nicht im Detail nachzuzeichnenden Lösungsvorschlägen[131] geführt. In Betracht gezogen wurde insbesondere eine analoge Anwendung von Art. 29 EGBGB. Das war schon damals wenig überzeugend.[132] Und auch heute ist dem Gedanken einer analogen Anwendung von Art. 6 entschieden entgegen zu treten.

62 Zum einen lässt sich **keine Planwidrigkeit** erkennen. Ziel des Gesetzgebers war ersichtlich nicht die Schaffung eines erschöpfenden Verbraucherschutzes, sondern entscheidend war vielmehr die Gewährung einer möglichst umfassenden Rechtswahlfreiheit. Dies lässt sich insbesondere Abs. 3 entnehmen, demzufolge in Fällen, in denen die Anforderungen des Abs. 1 lit. a oder lit. b nicht erfüllt sind, auf die allgemeinen Vorschriften, Art. 3 und 4, zurückzugreifen ist. Lediglich in besonderen, eng umgrenzten Fällen sollte folglich die Möglichkeit parteiautonomen Handelns zum Schutz der schwächeren Partei eingeschränkt werden. Abs. 1 stellt insofern eine **abschließende Regelung** dar, die einer Analogie nicht zugänglich ist.[133] Einer analogen Anwendung von Abs. 1 steht zudem das Erfordernis einer einheitlichen europäisch-autonomen Auslegung entgegen. Grundsätzlich ausgeschlossen ist eine Analogie zwar auch bei **einheitlicher Auslegung** nicht. Jedoch können nationale Gerichte Normen der Rom I-VO nicht so auslegen, dass das Ergebnis

---

126 BGH, NJW 2009, 298 = EuZW 2009, 26 m. Anm. *Leible/Müller* = IPRax 2009, 258 m. Bspr. *Mankowski* 238.
127 Erwägungsgrund 25 Rom I-VO.
128 *Leible/Lehmann*, RIW 2008, 528, 538; jurisPK-BGB/*Limbach*, Art. 6 Rn 43; *Nordmeier*, in: Gebauer/Wiedmann, Kap. 37 Rn 73; kritisch Rauscher/*Heiderhoff*, EuZPR/EuIPR, Art. 6 Rn 34.
129 Vgl dazu mwN *Leible*, in: Schulte-Nölke/Schulze, Rechtsangleichung und nationale Privatrechte, 1999, S. 353, 365 f.
130 Umfassend dazu *Backert*, aaO; Staudinger/*Magnus*, Art. 29 EGBGB Rn 84 ff; BGHZ 135, 124.
131 Vertreten wurde u.a. das Vorliegen eines reinen Inlandsfalls iSv Art. 27 Abs. 3 (OLG Frankfurt IPrax 1990, 236; LG Hamburg IPrax 1990, 239, 241), das Fehlen einer wirksamen Vereinbarung gem. Art. 31 Abs. 2 (LG Aachen NJW 1991, 2221; LG Gießen NJW 1995, 406; LG Koblenz NJW-RR 1995, 1335), der Vorrang zwingenden deutschen Rechts gem. Art. 34 EGBGB (AG Lichtenfels IPrax 1990, 235, 236.), das Vorliegen eines *ordre-public*-Verstoßes (LG Bamberg NJW-RR 1990, 694) oder gar nicht unmittelbaren oder mittelbaren Geltung europäischen Richtlinienrechts (OLG Celle EuZW 1990, 550; LG Wiesbaden MDR 1991, 156; AG Bremerhaven EuZW 1990, 294).
132 Vgl zB OLG Stuttgart NJW-RR 1990, 1081, 1083; LG Konstanz NJW-RR 1992, 1332, 1333; AG Bremerhaven NJW-RR 1990, 1083, 1084; *Bernhard*, GRUR Int. 1992, 366, 373; *Böhm*, S. 171; *Klingsporn*, WM 1994, 1093, 1096; *Kohte*, EuZW 1990, 150, 156; *Lüderitz*, IPR, Rn 274; *ders.*, IPrax 1990, 216, 219; *Mäsch*, Rechtswahlfreiheit und Verbraucherschutz, S. 166–171; *Reich*, VuR 1992, 189, 192; *Sack*, IPrax 1992, 24, 28; *Yeun*, IPrax 1994, 257, 260.
133 Vgl auch Palandt/*Thorn*, Art. 6 Rn 1 sowie jurisPK-BGB/*Limbach*, Art. 6 Rn 48; so bereits für das EVÜ ausdr. auch BGHZ 123, 380, 391; „... in sich geschlossene Regelung des Gesetzes..."; vgl auch BGHZ 135, 124, 133 (zur Erweiterung des sachlichen Anwendungsbereichs im Wege der Analogie). Im Erg. ebenso OLG Hamm NJW-RR 1989, 496; OLG Celle IPrax 1991, 334, 335; *Baumert*, Europäischer ordre public, S. 103 ff und 209 ff; *Coester-Waltjen*, in: FS W. Lorenz 1991, S. 297, 309; *Droste*, Der Begriff der zwingenden Bestimmung" in den Artt. 27 ff EGBGB, 1991, S. 134 f; *Junker*, IPrax 1993, 1, 8; *Leible*, JJZ 1995, 1996, S. 245, 259 f; *Looschelders*, Art. 29 EGBGB Rn 58; *Mankowski*, IPrax 1991, 305, 310; *ders.*, RIW 1993, 453, 459; *Schlosser*, in: FS Steindorff 1990, S. 1379, 1388; *Taupitz*, BB 1990, 642, 649; Staudinger/*Magnus*, Art. 6 Rn 125.

für andere Vertragsstaaten nicht tragbar ist.[134] Eine rechtsvergleichende Betrachtung zeigt aber, dass in den anderen Vertragsstaaten eine Tendenz zur Extensivierung kollisionsrechtlichen Verbraucherschutzes nicht zu verzeichnen ist. Art. 6 wird vielmehr als exklusive und abschließende Regelung verstanden.[135]

Ein Teil der verbleibenden Schutzlücken lässt sich mittlerweile mit der Regelung des Art. 46 b EGBGB schließen, die einen ergänzenden kollisionsrechtlichen Verbraucherschutz gewährt. Außerdem macht die „Ingmar"-Rechtsprechung des EuGH bei hinreichendem Unionsbezug auch eine Durchsetzung der Normen zur Umsetzung von Richtlinien, die nicht in Art. 46 b EGBGB Abs. 4 aufgeführt sind, erforderlich. Dies sollte mittels einer analogen Anwendung von Art. 46 b EGBGB geschehen, sofern nicht Artt. 3 Abs. 4 oder 9 einschlägig sind (vgl näher Art. 46 b EGBGB Rn 52 ff). 63

IV. Rechtsfolgen

1. Objektive Anknüpfung (Abs. 1). Sind die Anwendungsvoraussetzungen des Art. 6 erfüllt (vgl Rn 19 ff), unterliegt der Verbrauchervertrag in Ermangelung einer wirksamen Rechtswahlvereinbarung gem. Abs. 1 dem **Recht des Staates am gewöhnlichen Aufenthaltsort des Verbrauchers**. Ein Günstigkeitsvergleich findet nicht statt. Art. 4 wird vollständig verdrängt. Selbst wenn der Vertrag eine engere Beziehung mit einem anderen Staat aufweist, bleibt es bei der Geltung des Aufenthaltsrechts des Verbrauchers, da die Ausweichklausel des Art. 4 Abs. 3 nicht zum Tragen kommt.[136] Die Reichweite des von Abs. 1 berufenen Vertragsstatuts richtet sich nach Artt. 10, 12. 64

2. Subjektive Anknüpfung (Abs. 2). a) Allgemeines. Art. 6 schließt eine **Rechtswahl nicht aus**, sondern führt lediglich dazu, dass an Stelle des gewählten Rechts die dem Verbraucher günstigeren Bestimmungen des Rechts seines Aufenthaltsstaats Anwendung finden, Art. 6 Abs. 2. 65

Die **Zulässigkeit** und **Wirksamkeit der Rechtswahlvereinbarung** richtet sich nach Art. 3. Die Rechtswahl kann ausdrücklich oder stillschweigend sowie vorher oder nachträglich erfolgen. Eine *dépeçage* ist zulässig. Die Parteien können außerdem – in den Grenzen des Art. 3 – frei darüber entscheiden, welches Recht sie wählen. Zum Verhältnis zu Art. 3 Abs. 3 vgl Rn 11. Über die Wirksamkeit der Rechtswahlvereinbarung entscheidet das gewählte Recht (Artt. 3 Abs. 5, 10). 66

b) Günstigkeitsprinzip. Berufen werden bei einem Verbrauchervertrag gem. Abs. 2 S. 2 neben dem gewählten Recht diejenigen Bestimmungen, von denen nach Abs. 1 maßgeblichen Recht nicht abgewichen werden darf. Abs. 2 ist ein Fall der **Alternativanknüpfung**. Welches Recht im konkreten Fall tatsächlich zur Anwendung gelangt, ist, wie bereits nach Art. 5 EVÜ, vom Richter in einem **Günstigkeitsvergleich** zu ermitteln (Rn 71 f). 67

Das Günstigkeitsprinzip ist **rechtspolitisch bedenklich**. Es schafft Rechtsunsicherheit, da sich das anwendbare Recht nicht bereits beim Vertragsschluss, sondern erst mit dem konkreten Prozessbegehren des Verbrauchers bestimmen lässt. Die Alternativanknüpfung bei Verbraucherverträgen dient zudem weder der materiellrechtlichen noch der kollisionsrechtlichen Gerechtigkeit.[137] Durch die Kumulation von Verbraucherschutzrechten werden nicht **materiellrechtliche Gerechtigkeitsvorstellungen** des Marktstaates durchgesetzt, sondern es wird im Ergebnis ein über beide beteiligte Sachrechtsordnungen hinausgehendes „neues Recht" geschaffen. Damit korrespondiert eine über die materielle *lex fori* hinausgehende unverhältnismäßige Mehrbelastung des Anbieters. Auch **kollisionsrechtliche Erwägungen** vermögen eine alternative Anknüpfung von Verbraucherverträgen nicht zu rechtfertigen.[138] Denn der kollisionsrechtliche Schutz der strukturell unterlegenen Vertragspartei kann sich nicht darauf beschränken, die „ungewollte" Wahl eines ungünstigen fremden Rechts zu verhindern. Zum kollisionsrechtlichen Schwächerenschutz sollte es stattdessen gehören, den Verbraucher angesichts der bei Geltung fremden Rechts stets bestehenden Informationsprobleme überhaupt vor der Anwendung eines ihm unbekannten Rechts zu schützen.[139] Überzeugend 68

---

134 Vgl *Ebke*, in: *v. Bar*, Europäisches Gemeinschaftsrecht und internationales Privatrecht, S. 77, 100 f; *Junker*, RabelsZ 55 (1991), 674, 679; *Martiny*, RabelsZ 45 (1981), 427, 442.
135 So für Art. 5 EVÜ *Mankowski*, RIW 1993, 453, 460 m. Nachw. in Fn 100.
136 Ferrari u.a./*Staudinger*, Internationales Vertragsrecht, Art. 6 Rn 75.
137 *Leible*, JJZ 1995, 1996, S. 245, 258 f.
138 Ausf. und überzeugend *Mäsch*, Rechtswahlfreiheit und Verbraucherschutz, S. 65–68.

139 *Leible*, JJZ 1995, 1996, S. 245, 259; *ders.*, in: Schulte-Nölke/Schulze, Rechtsangleichung und nationale Privatrechte, 1999, S. 353, 375; *Leible*, in: Leible, Das Grünbuch zum Internationalen Vertragsrecht, 2004, S. 133, 146; *Mäsch*, Rechtswahlfreiheit und Verbraucherschutz, S. 68; *W.-H. Roth*, Internationales Versicherungsvertragsrecht, S. 441, insb. Fn 52; *von Wilmowsky*, ZEuP 1995, 735 (739); aA Staudinger/*Magnus*, Art. 6 Rn 138.

und die Interessen beider Vertragsparteien hinreichend berücksichtigend ist daher allein die **strikte Anwendung des Aufenthaltsrechts des Verbrauchers**, wie sie etwa Art. 120 schwIPRG vorsieht.[140]

69 **c) Nicht abdingbare Bestimmungen.** Abs. 2 S. 2 erfasst alle nicht abdingbaren Normen des gewöhnlichen Aufenthaltsortes des Verbrauchers, die auf einen **Ausgleich typischer Ungleichgewichtslagen** zwischen den Parteien gerichtet sind. Dies müssen nicht unbedingt spezifische Verbraucherschutzregelungen sein. Berufen sind genauso Normen (und auch Richterrecht) des allgemeinen Vertragsrechts, sofern sie in gleicher Weise den schwächeren Vertragsteil vor Übervorteilung bewahren wollen.[141] Der besondere internationale Geltungswille dieser Vorschriften wird bei Vorliegen der Voraussetzungen des Art. 6 **unwiderleglich vermutet**.[142]

70 **Unabdingbare Normen des deutschen Rechts iSv Abs. 2** sind **zum Beispiel** die Bestimmungen über den Reisevertrag (§§ 651 a ff BGB), allgemeine Geschäftsbedingungen (§§ 305 ff BGB), Haustürgeschäfte (§§ 312, 312 a BGB), Fernabsatzverträge (§ 312 b ff BGB), Verträge im elektronischen Geschäftsverkehr (§ 312 e BGB), den Verbrauchsgüterkauf (§§ 474 ff BGB), Verbraucherdarlehensverträge (§§ 491 ff BGB), aber auch Vorschriften der allgemeinen Rechtsgeschäftslehre wie §§ 134, 138 BGB oder Normen des allgemeinen Schuldrechts, wie zB § 242 BGB.[143] Gesetzliche Regelungen mit einer allgemein wirtschaftlichen, sozialen oder außenpolitischen Zielsetzung, wie etwa **Ausfuhrbestimmungen** oder **Devisenvorschriften**, werden hingegen nicht erfasst, selbst wenn sie dem Verbraucher günstig sein sollten. Es bleibt dann nur ein Rückgriff auf Art. 9 (bzw die Grundsätze zur Anwendung ausländischen Eingriffsrechts), sofern ihnen Eingriffsnormcharakter zukommt.[144]

71 **d) Günstigkeitsvergleich.** Der Richter hat den Günstigkeitsvergleich **von Amts wegen** durchzuführen.[145] Er muss das Recht heranziehen, das dem im Prozess vorgetragenen Begehren des Verbrauchers (zB Widerruf der Vertragsannahmeerklärung) am ehesten entspricht. Im Übrigen bleibt es bei der Anwendbarkeit des gewählten Rechts. Es erfolgt also **kein abstrakter Gesamtvergleich**;[146] denn es ist unmöglich zu ermitteln, welche der zu vergleichenden Rechtsordnungen überhaupt für den Verbraucher günstiger ist – die Günstigkeit ist stets eine Frage der konkreten Interessensituation im Einzelfall. Damit kommt es beim Rechtsvergleich auf den konkreten Streitgegenstand an, dh auf das konkrete Rechtsanwendungsinteresse des Verbrauchers in der jeweiligen Situation. Verglichen werden können stets nur konkrete Teilbereiche.[147]

72 Unklar ist indes, **wie bei der konkreten Einzelfallbetrachtung vorzugehen** ist. So ließe sich zunächst an eine punktuelle Betrachtungsweise denken. Dem Verbraucher würde so allerdings die Möglichkeit gegeben, ihm günstige Rechte aus den beteiligten Rechtsordnungen „herauszupicken" und zu kumulieren (sog. Rosinentheorie).[148] Vorzugswürdig erscheint daher ein **Gruppenvergleich**. Die streitige Rechtsfrage ist dann für jede Rechtsordnung jeweils anhand sämtlicher Vorschriften zu prüfen, die für ihre Beantwortung erforderlich sind. In diese Betrachtung sind zB nicht allein die Voraussetzungen eines Unwirksamkeitstatbestandes, sondern auch diejenigen der Verjährung einzubeziehen.[149] So wäre es etwa unzulässig, dem gewählten Recht die Voraussetzungen für einen Anspruch des Verbrauchers zu entnehmen, der nach dessen Heimat-

---

140 *Fischer*, ZVglRWiss 88 (1989), 14, 26; *Mäsch*, Rechtswahlfreiheit und Verbraucherschutz, S. 72; *Schwenzer*, IPrax 1991, 129, 131. Krit. hingegen die überwiegende Ansicht im Schrifttum, so zB *Böhm*, S. 84; *Keller*, in: FS Vischer 1983, S. 175, 185: *Kren*, ZVglRWiss 88 (1989), 48, 56; *E. Lorenz*, RIW 1987, 569, 571; *ders.*, in: FS Kegel 1987, S. 303, 316.
141 *Böhm*, S. 129; *Droste*, Der Begriff der „zwingenden Bestimmung" in den Artt. 27 ff EGBGB, 1991, S. 213; *Mäsch*, Rechtswahlfreiheit und Verbraucherschutz, S. 51; MüKo/*Martiny*, Art. 6 Rn 43; der. Reithmann/*Martiny*/*Martiny*, Rn 4204 f; Rauscher/*Heiderhoff*, EuZPR/EuIPR, Art. 6 Rn 51; *Valdini*, Der Schutz der schwächeren Vertragspartei im internationalen Privatrecht, 2012, S. 274; Calliess/*Calliess*, Art. 6 Rn 71; Bamberger/Roth/*Spickhoff*, Art. 6 Rn 30 f. Enger: *Firsching*, IPrax 1981, 37, 41; *Schwarz*, S. 175 (konkret verbraucherschützender Bezug).
142 *W.-H. Roth*, RIW 1994, 275 (277); im Erg. ebenso *Mankowski*, RIW 1993, 453 (459): „... ersetzt".
143 *Looschelders*, Art. 29 EGBGB Rn 61; Staudinger/ *Magnus*, Art. 6 Rn 140; Reithmann/*Martiny*/*Martiny*, Rn 4205; jurisPK-BGB/*Limbach*, Art. 6 Rn 52; *Einsele*, WM 2009, 289, 293; Ferrari u.a./*Staudinger*, Internationales Vertragsrecht, Art. 6 Rn 74.
144 *Droste*, Der Begriff der „zwingenden Bestimmung" in den Artt. 27 ff EGBGB, 1991, S. 213; Erman/*Hohloch*, Art. 6 Rn 16; *Looschelders*, Art. 29 EGBGB Rn 62; Staudinger/*Magnus*, Art. 6 Rn 141; MüKo/ *Martiny*, Art. 6 Rn 43; *Stoll*, in: FS Beitzke 1979, S. 759, 776 f.
145 *Ragno*, in: Ferrari/Leible, Rome I Regulation, 2009, S. 151 f; Ferrari u.a./*Staudinger*, Internationales Vertragsrecht, Art. 6 Rn 73; *Mäsch*, Rechtswahlfreiheit und Verbraucherschutz, S. 41 f; Bamberger/Roth/ *Spickhoff*, Art. 6 Rn 32.
146 Für eine Gesamtbetrachtung plädiert *Mäsch*, Rechtswahlfreiheit und Verbraucherschutz, S. 41 f.
147 Für einen konkreten Ergebnisvergleich auch *Nordmeier*, in: Gebauer/Wiedmann, Kap. 37 Rn 74; Calliess/*Calliess*, Art. 6 Rn 73.
148 *Knüppel*, Zwingendes materielles Recht und internationale Schuldverträge, 1988, S. 7 und 131; *E. Lorenz*, RIW 1987, 569, 577; *Schurig*, RabelsZ 54 (1990), 217, 225; Calliess/*Calliess*, Art. 6 Rn 73.
149 Soergel/*v. Hoffmann*, Art. 29 EGBGB Rn 31; *Looschelders*, Art. 29 EGBGB Rn 62; MüKo/*Martiny*, Art. 6 Rn 47; Ferrari u.a./*Staudinger*, Internationales Vertragsrecht, Art. 6 Rn 73; ausf. *Mäsch*, Rechtswahlfreiheit und Verbraucherschutz, S. 37 ff.

recht nicht in Betracht kommt, um anschließend die nach dem gewählten Recht eingetretene Verjährung unter Berufung auf die langen Verjährungsfristen des Heimatrechts des Verbrauchers zu verneinen. Auch durch einen Gruppenvergleich wird sich freilich nicht mit letzter Sicherheit verhindern lassen, dass es unter Umständen doch zu Rechtsfolgen kommt, die über dem Schutzniveau beider beteiligter Rechtsordnungen liegen.

3. Form (Art. 11 Abs. 4). Das objektive Statut des Verbrauchervertrages ist gem. Art. 11 Abs. 4 und abweichend von Art. 11 Abs. 1–3 zugleich dessen **Formstatut**: Die Form des Verbrauchervertrages richtet sich ausschließlich nach dem Recht des Staates, in dem der Verbraucher seinen gewöhnlichen Aufenthalt hat, da der Verbraucher mit „seinen" Formvorschriften am ehesten vertraut ist und sie meist auch mit den materiellrechtlichen Normen des zivilrechtlichen Verbraucherschutzes abgestimmt sind.[150] Die starre **Anknüpfung** der Form **an das Aufenthaltsrecht** kann freilich bei einer Wahl günstigeren Sachrechts das Auseinanderfallen von Form- und Sachvorschriften nicht verhindern und dem Verbraucher zudem ein unter Umständen günstigeres, ansonsten nach Art. 11 beachtliches Formstatut entziehen.[151] Angesichts des eindeutigen Wortlauts der Norm kommt ein **formbezogener Günstigkeitsvergleich** jedoch **nicht in Betracht**.[152] Die Formerfordernisse des Aufenthaltsrechts gelten nicht nur für den Verbrauchervertrag selbst, sondern ebenso für die – meist in ihm enthaltene – Rechtswahlvereinbarung.[153]

73

C. Internationale Zuständigkeit (EuGVVO/LugÜ)

Artt. 15–17 EuGVVO/LugÜ enthalten für Verbrauchersachen ein **abgeschlossenes Zuständigkeitssystem** mit dem Ziel des Verbraucherschutzes. Mit Ausnahme der Zuständigkeitsbegründung durch rügeloses Einlassen (Art. 24 EuGVVO/LugÜ) sind die allgemeinen Zuständigkeitsbestimmungen verdrängt, soweit Artt. 15–17 EuGVVO/LugÜ nicht ausdrücklich auf sie verweisen.

74

Art. 15 Abs. 1 EuGVVO/LugÜ erfasst Verträge oder Ansprüche aus Verträgen, die eine Person zu einem Zweck geschlossen hat, der nicht ihrer beruflichen oder gewerblichen Tätigkeit zugerechnet werden kann (Verbraucher). Der Begriff des Verbrauchers ist autonom und in Anlehnung an Art. 6 Rom I-VO auszulegen.

75

In den **sachlichen Anwendungsbereich** fallen zum einen Teilzahlungskaufverträge (Art. 15 Abs. 1 lit. a EuGVVO/LugÜ) und andere Kreditgeschäfte zur Finanzierung des Kaufs beweglicher Sachen (Art. 15 Abs. 1 lit. b EuGVVO/LugÜ). Die Norm erfasst zum anderen aber auch „alle anderen Fälle" (Art. 15 Abs. 1 lit. c EuGVVO/LugÜ), dh alle übrigen Vertragstypen,[154] sofern hierfür nicht besondere Zuständigkeitsvorschriften bestehen (zB Artt. 8 ff. EuGVVO/LugÜ für Versicherungsverträge) oder eine ausschließliche Zuständigkeit (etwa Art. 22 Nr. 1 EuGVVO/LugÜ) greift. Gem. Art. 15 Abs. 3 EuGVVO/LugÜ sind Beförderungsverträge allerdings ausgenommen, nicht jedoch Pauschalreiseverträge.

76

Während bei **Teilzahlungskaufverträgen** (Art. 15 Abs. 1 lit. a EuGVVO/LugÜ) und anderen Kreditgeschäften zur Finanzierung des Kaufs beweglicher Sachen (Art. 15 Abs. 1 lit. b EuGVVO/LugÜ) allein der Abschluss eines entsprechenden Vertrags zwischen einem Unternehmer und einem Verbraucher genügt, um die Rechtsfolgen der Artt. 15–17 EuGVVO/LugÜ auszulösen, bedarf es bei allen anderen Vertragstypen darüber hinaus der Eröffnung des situativen Anwendungsbereichs von **Art. 15 Abs. 1 lit. c EuGVVO/LugÜ, der** verlangt, dass der andere Vertragspartner in dem Mitgliedstaat, in dessen Hoheitsgebiet der Verbraucher seinen Wohnsitz hat, eine **berufliche oder gewerbliche Tätigkeit ausübt oder** eine solche auf irgendeinem Wege auf diesen Mitgliedstaat oder auf mehrere Staaten, einschließlich dieses Mitgliedstaates, **ausrichtet**, und der Vertrag in den Bereich dieser Tätigkeit fällt.

77

Von der Ausübung einer beruflichen oder gewerblichen Tätigkeit in einem anderen Mitgliedstaat ist auszugehen, wenn sich der Vertragspartner **aktiv am dortigen Wirtschaftsverkehr beteiligt**, indem er zB vor Ort Dienstleistungen erbringt.[155] Eine (Zweig-)Niederlassung im Wohnsitzstaat des Verbrauchers ist dazu nicht erforderlich. Von wesentlich größerer praktischer Relevanz ist das in lit. c alternativ aufgeführte Kriterium des „Ausrichtens". Mit ihm sollte ausdrücklich der wachsenden Bedeutung des **elektronischen**

78

---

150 Bericht *Giuliano/Lagarde*, BT-Drucks 10/504, S. 64.
151 Krit. daher *Looschelders*, Art. 29 EGBGB Rn 71 f; Staudinger/*Magnus*, Art. 6 Rn 150.
152 Palandt/*Thorn*, Art. 6 Rn 11; Erman/*Hohloch*, Art. 6 Rn 18; *Mankowski*, in: Spindler/Wiebe, Internet-Auktionen, 2001, H Rn 92.
153 Erman/*Hohloch*, Art. 29 EGBGB Rn 21; Soergel/ *v. Hoffmann*, Art. 29 EGBGB Rn 40; *Leible*, JJZ 1995, 1996, S. 245, 254; Bamberger/Roth/*Spickhoff*, Art. 6 Rn 34; Staudinger/*Magnus*, Art. 3 Rn 181; *Einsele*, WM 2009, 289, 293.
154 Beispiele bei Rauscher/*Staudinger*, EuZPR/EuIPR, Art. 15 Brüssel I-VO Rn 8 f.
155 Thomas/Putzo/*Hüßtege*, ZPO, Art. 15 EuGVVO Rn 7; Rauscher/*Staudinger*, EuZPR/EuIPR, Art. 15 Brüssel I-VO Rn 12.

Geschäftsverkehrs Rechnung getragen werden.[156] Art. 15 Abs. 1 lit. c EuGVVO/LugÜ bezieht alle durch das Internet zu einem bestimmten Abschluss motivierten Verbraucher in die Kategorie der kollisionsrechtlich schützenswerten „passiven" Verbraucher ein. Es genügt bereits, dass der Anbieter seine Tätigkeit auf bzw auch auf den Staat ausrichtet, in dem der Verbraucher seinen Wohnsitz hat.[157]

79 Für die Feststellung, ob ein Gewerbetreibender, dessen Tätigkeit auf seiner Website oder der eines Vermittlers präsentiert wird, als ein Gewerbetreibender angesehen werden kann, der seine Tätigkeit auf den Mitgliedstaat, in dessen Hoheitsgebiet der Verbraucher seinen Wohnsitz hat, im Sinne von Art. 15 Abs. 1 lit. c EuGVVO **„ausrichtet"**, ist zu prüfen, ob vor einem möglichen Vertragsschluss mit dem Verbraucher aus diesen Websites und der gesamten Tätigkeit des Gewerbetreibenden hervorgeht, dass dieser mit Verbrauchern, die in einem oder mehreren Mitgliedstaaten, darunter dem Wohnsitzmitgliedstaat des Verbrauchers, wohnhaft sind, in dem Sinne Geschäfte zu tätigen beabsichtigte, dass er zu einem Vertragsschluss mit ihnen bereit war.[158] Art. 15 Abs. 1 lit. c der EuGVVO verlangt jedoch nicht, dass der Vertrag zwischen Verbraucher und Unternehmer im **Fernabsatz** geschlossen wurde.[159]

80 Der Verbraucher hat die **Wahl** zwischen einer Klage vor den Gerichten im Wohnsitzstaat des Vertragspartners oder im Staat seines Wohnsitzes (Art. 16 Abs. 1 EuGVVO/LugÜ). Hat der Vertragspartner zwar keinen Wohnsitz, aber eine Zweigniederlassung o.ä. in einem Mitgliedstaat, sind die Gerichte des Zweigniederlassungsstaats international zuständig. Entscheidend ist der Wohnsitz **zum Zeitpunkt der Klageerhebung**. Der Verbraucher kann nicht auf weitere Gerichtsstände zugreifen; insbesondere ist der Vertragsgerichtsstand des Art. 5 Nr. 1 EuGVVO/LugÜ auch für Klagen des Verbrauchers verdrängt. Art. 16 Abs. 1 Alt. 2 EuGVVO/LugÜ (Klagen im Wohnsitzstaat des Verbrauchers) regelt nicht nur die internationale, sondern zugleich **die örtliche Zuständigkeit** („Gericht des Ortes"), während durch Art. 16 Abs. 1 Alt. 1 EuGVVO/LugÜ nur die internationale Zuständigkeit determiniert wird und daher bei Klagen des Verbrauchers im Wohnsitzstaat des Unternehmers die örtliche Zuständigkeit nach der *lex fori* zu ermitteln ist.[160] Der Vertragspartner kann den Verbraucher nur vor den Gerichten des Wohnsitzstaates des Verbrauchers verklagen. Art. 16 Abs. 2 EuGVVO/LugÜ verdrängt alle Wahlgerichtsstände der Artt. 5 und 6 EuGVVO/LugÜ. Art. 16 Abs. 2 EuGVVO/LugÜ bestimmt nur die internationale Zuständigkeit. Die örtliche Zuständigkeit richtet sich nach der *lex fori*.

81 **Gerichtsstandsvereinbarungen** sind im Geschäftsverkehr mit Verbrauchern nach Maßgabe des Art. 17 EuGVVO/LugÜ nur zulässig, sofern sie eine der nachstehenden drei Voraussetzungen erfüllen, dh
– dem Verbraucher zusätzliche Gerichtsstände zur Wahl stellen oder
– nach Entstehung der Streitigkeit getroffen werden oder
– die Zuständigkeit der Gerichte eines Mitgliedstaats begründen, in dem sowohl der Verbraucher als auch sein Vertragspartner zum Zeitpunkt des Vertragsabschlusses ihren Wohnsitz oder gewöhnlichen Aufenthalt haben, sofern das Recht des prorogierten Gerichts eine derartige Vereinbarung zulässt.

82 Besteht danach Prorogationsfreiheit, sind weiterhin die Anforderungen des Art. 23 EuGVVO/LugÜ zu beachten. Ob und inwieweit sich darüber hinaus weitere Einschränkungen für **vorformulierte Gerichtsstandsklauseln** in Verbraucherverträgen aus der **Klausel-Richtlinie** und insbesondere deren Art. 3 iVm lit. q des Anhangs zu Art. 3 ergeben können, ist umstritten.[161]

Artikel 7 Versicherungsverträge

(1) Dieser Artikel gilt für Verträge nach Absatz 2, unabhängig davon, ob das gedeckte Risiko in einem Mitgliedstaat belegen ist, und für alle anderen Versicherungsverträge, durch die Risiken gedeckt werden, die im Gebiet der Mitgliedstaaten belegen sind. Er gilt nicht für Rückversicherungsverträge.

(2) Versicherungsverträge, die Großrisiken im Sinne von Artikel 5 Buchstabe d der Ersten Richtlinie 73/239/EWG des Rates vom 24. Juli 1973 zur Koordinierung der Rechts- und Verwaltungsvorschriften betreffend die Aufnahme und Ausübung der Tätigkeit der Direktversicherung (mit Ausnahme

---

156 KOM (1999) 348 endg., S. 1, 17; *Kropholler*, EuZPR, Art. 15 EuGVVO Rn 23; *Micklitz/Rott*, EuZW 2001, 325, 331; Rauscher/*Staudinger*, EuZPR/EuIPR, Art. 15 Brüssel I–VO Rn 14.
157 Zu den Einzelheiten *Leible*, in: Leible/Sosnitza, Versteigerungen im Internet, 2004, Rn 1008.
158 EuGH verb Rs C-584/08 und C-144/09, Slg 2010, I-12527 – Pammer und Hotel Alpenhof.
159 EuGH Rs C-190/11, NJW 2012, 3225 – Mühlleitner.
160 Rauscher/*Staudinger*, EuZPR/EuIPR, Art. 16 Brüssel I-VO Rn 3 und 4.
161 Vgl dazu mwN Rauscher/*Staudinger*, EuZPR/EuIPR, Art. 17 Brüssel I-VO Rn 6.

der Lebensversicherung)[1] decken, unterliegen dem von den Parteien nach Artikel 3 der vorliegenden Verordnung gewählten Recht.

Soweit die Parteien keine Rechtswahl getroffen haben, unterliegt der Versicherungsvertrag dem Recht des Staats, in dem der Versicherer seinen gewöhnlichen Aufenthalt hat. Ergibt sich aus der Gesamtheit der Umstände, dass der Vertrag eine offensichtlich engere Verbindung zu einem anderen Staat aufweist, ist das Recht dieses anderen Staates anzuwenden.

(3) Für Versicherungsverträge, die nicht unter Absatz 2 fallen, dürfen die Parteien nur die folgenden Rechte im Einklang mit Artikel 3 wählen:

a) das Recht eines jeden Mitgliedstaats, in dem zum Zeitpunkt des Vertragsschlusses das Risiko belegen ist;
b) das Recht des Staates, in dem der Versicherungsnehmer seinen gewöhnlichen Aufenthalt hat;
c) bei Lebensversicherungen das Recht des Mitgliedstaats, dessen Staatsangehörigkeit der Versicherungsnehmer besitzt;
d) für Versicherungsverträge, bei denen sich die gedeckten Risiken auf Schadensfälle beschränken, die in einem anderen Mitgliedstaat als dem Mitgliedstaat, in dem das Risiko belegen ist, eintreten können, das Recht jenes Mitgliedstaats;
e) wenn der Versicherungsnehmer eines Vertrags im Sinne dieses Absatzes eine gewerbliche oder industrielle Tätigkeit ausübt oder freiberuflich tätig ist und der Versicherungsvertrag zwei oder mehr Risiken abdeckt, die mit dieser Tätigkeit in Zusammenhang stehen und in unterschiedlichen Mitgliedstaaten belegen sind, das Recht eines betroffenen Mitgliedstaats oder das Recht des Staates des gewöhnlichen Aufenthalts des Versicherungsnehmers.

Räumen in den Fällen nach den Buchstaben a, b oder e die betreffenden Mitgliedstaaten eine größere Wahlfreiheit bezüglich des auf den Versicherungsvertrag anwendbaren Rechts ein, so können die Parteien hiervon Gebrauch machen.

Soweit die Parteien keine Rechtswahl gemäß diesem Absatz getroffen haben unterliegt der Vertrag dem Recht des Mitgliedstaats, in dem zum Zeitpunkt des Vertragsschlusses das Risiko belegen ist.

(4) Die folgenden zusätzlichen Regelungen gelten für Versicherungsverträge über Risiken, für die ein Mitgliedstaat eine Versicherungspflicht vorschreibt:

a) Der Versicherungsvertrag genügt der Versicherungspflicht nur, wenn er den von dem die Versicherungspflicht auferlegenden Mitgliedstaat vorgeschriebenen besonderen Bestimmungen für diese Versicherung entspricht. Widerspricht sich das Recht des Mitgliedstaats, in dem das Risiko belegen ist, und dasjenige des Mitgliedstaats, der die Versicherungspflicht vorschreibt, so hat das letztere Vorrang.
b) Ein Mitgliedstaat kann abweichend von den Absätzen 2 und 3 vorschreiben, dass auf den Versicherungsvertrag das Recht des Mitgliedstaats anzuwenden ist, der die Versicherungspflicht vorschreibt.

(5) Deckt der Vertrag in mehr als einem Mitgliedstaat belegene Risiken, so ist für die Zwecke von Absatz 3 Unterabsatz 3 und Absatz 4 der Vertrag als aus mehreren Verträgen bestehend anzusehen, von denen sich jeder auf jeweils nur einen Mitgliedstaat bezieht.

(6) Für die Zwecke dieses Artikels bestimmt sich der Staat, in dem das Risiko belegen ist, nach Artikel 2 Buchstabe d der Zweiten Richtlinie 88/357/EWG des Rates vom 22. Juni 1988 zur Koordinierung der Rechts- und Verwaltungsvorschriften für die Direktversicherung (mit Ausnahme der Lebensversicherung) und zur Erleichterung der tatsächlichen Ausübung des freien Dienstleistungsverkehrs[2], und bei Lebensversicherungen ist der Staat, in dem das Risiko belegen ist, der Staat der Verpflichtung im Sinne von Artikel 1 Absatz 1 Buchstabe g der Richtlinie 2002/83/EG.

Literatur: *Andrade Pissarra*, Breves considerações sobre a lei aplicável ao contrato de seguro, Cuadernos de Derecho Transnacional, Vol 3 Nr 2 (2011), 10; *Armbrüster*, Geltung ausländischen zwingenden Rechts für deutschem Recht unterliegende Versicherungsverträge, VersR 2006, 1; *ders.*, Das IPR der Versicherungsverträge in der Rom I-Verordnung, in: FS von Hoffmann 2011, S. 23; *Basedow/Drasch*, Das neue Internationale Versicherungsvertragsrecht, NJW 1991, 785; *Basedow*, Consumer Contracts and Insurance Contracts in a Future Rome I Regulation, in: Meeusen/Pertegás/Straetmans (Hrsg.), Enforcement of International Contracts in the European Union, 2004, S. 269; *Basedow/Scherpe*, Das internationale Versicherungsvertragsrecht und „Rom I", in: FS Heldrich 2005, S. 511; *Bialowons/Kerst*, Rahmenbedingungen bei der Gestaltung von internationalen Haftpflicht-Versicherungsprogrammen – Die non-admitted-Problematik, r+s 2011,

---

1 Amtl. Anm.: ABl. L 228 vom 16.8.1973, S. 3. Zuletzt geändert durch die Richtlinie 2005/68/EG des Europäischen Parlaments und des Rates (ABl. L 323 vom 9.12.2006, S. 1).

2 Amtl. Anm.: ABl. L 172 vom 4.7.1988, S. 1. Zuletzt geändert durch die Richtlinie 2005/14/EG des Europäischen Parlaments und des Rates (ABl. L 149 vom 11.6.2005, S. 14).

317; *Bonnamour*, Le nouveau droit des contrats internationaux: le règlement (CE) no. 593/2008 sur la loi applicable aux obligations contractuelles: article 7: contrats d'assurance, Revue Lamy droit des affaires, No. 29 (2008), 76; *Böttger*, Verbraucherversicherungsverträge – Vergleich der beiden Anknüpfungsregime nach Art. 6, 7 Rom I-VO und Vorschlag für eine zukünftig einheitliche Anknüpfung, VersR 2012, 156; *Caamiña Domínguez*, Los contratos de seguro en el art. 7 del Reglamento Roma I, Cuadernos de Derecho Transnacional, Vol 1 Nr 2 (2009), 30; *Cox/Merret/Smith*, Private International Law of Reinsurance and Insurance, 2006; *Deutsch*, Das Internationale Privatrecht und das Internationale Versicherungsrecht der klinischen Forschung, VersR 2006, 577; *Dörner*, Internationales Versicherungsvertragsrecht, 1997; *ders.*, Nachträgliche Wahl des Versicherungsvertragsstatuts und Anknüpfung vorvertraglicher Informationspflichten, IPrax 2005, 26; *Ehling*, Die Versicherung internationaler klinischer Prüfungen von Arzneimitteln, RPG 2010, 31; *ders.*, Die Versicherung und Rückversicherung von Pharmarisiken in nationaler und internationaler Beziehung, 2011; *Fernández Rozas/Sánchez Lorenzo*, Derecho aplicable al contrato de reaseguro internacional. Perspectiva española: in Estudios sobre el contrato de reaseguro, 1997; *Fricke*, Kollisionsrecht im Umbruch – Perspektiven für die Versicherungswirtschaft, VersR 2005, 726; *ders.*, Das Versicherungs-IPR im Entwurf der Rom-I-Verordnung: ein kurzer Überblick über die Änderungen, VersR 2006, 745; *ders.*, Das internationale Privatrecht der Versicherungsverträge nach Inkrafttreten der Rom I-Verordnung, VersR 2008, 443; *ders.*, Der Abschnitt über Versicherungssachen (Art. 8–14) in der Revision der EuGVVO, VersR 2009, 429; *Frigessi di Rattalma/Seatzu*, The Implementation Provisions of the E.C. Choice of Law Rules for Insurance Contracts. A Commentary, 2003; *Ganzer*, Internationale Versicherungsprogramme, 2012; Gruber, Internationales Versicherungsvertragsrecht, 1999; *ders.*, Der Direktanspruch gegen den Versicherer im neuen deutschen Kollisionsrecht, VersR 2001, 16; *ders*, International zwingende „Eingriffsnormen" im VVG, NVersZ 2001, 442; *ders.*, Insurance Contracts, in: *Leible/Ferrari* (Hrsg.), Rome I Regulation, 2009, S. 107; *Hahn*, Die „europäischen" Kollisionsnormen für Versicherungsverträge, 1992; *Heinze*, Insurance contracts under the Rome I Regulation, NiPR 2009, 445; *Heiss*, Das Kollisionsrecht der Versicherungsverträge nach Rom I und II, VersR 2006, 185; *ders.*, Mobilität und Versicherung, VersR 2006, 448; *ders.*, Reform des internationalen Versicherungsvertragsrechts, ZVersWiss. 96 (2007), 503; *ders.*, Versicherungsverträge in „Rom I": Neuerliches Versagen des europäischen Gesetzgebers, in: FS Kropholler 2008, S. 459; *ders.*, Europäisches Versicherungsvertragsrecht: Vom Gemeinsamen Referenzrahmen zum optionalen Instrument? in: Ganner, Michael (Hrsg.), Die soziale Funktion des Privatrechts, 2009; *Koch*, Kollisions- und versicherungsvertragsrechtliche Probleme bei internationalen D&O-Haftungsfällen, VersR 2009, 141; *Honsell* (Hrsg.), Berliner Kommentar zum Versicherungsvertragsgesetz, 1999; *Hübner*, Das Kollisionsrecht nach Rom I – ein Sonderweg für Versicherungsverträge?, EuZW 2006, 449; *Imbusch*, Das IPR der Versicherungsverträge über innerhalb der EG belegene Risiken, VersR 1993, 1059; *Katschthaler/Leichsenring*, Neues internationales Versicherungsvertragsrecht nach der Rom-I-Verordnung, r+s 2010, 45; *Kożuchowski*, Der internationale Schadensversicherungsvertrag im EG-Binnenmarkt, 1995; *U. Kramer*, Internationales Versicherungsvertragsrecht, 1995; *X. Kramer*, Conflict of Laws on Insurance Contracts in Europe, in: Hendrikse/Rinkes (Hrsg.), Insurance and Europe, Paris 2007, S. 85; *dies.*, The new European Conflict of Law Rules on Insurance Contracts in Rome I: a Complex Compromise, The Icfai University Journal of Insurance Law, Vol VI Nr 4 (2008), 23; *Langheid/Wandt* (Hrsg.), Münchener Kommentar zum Versicherungsvertragsgesetz, 2010; *Liauh*, Internationales Versicherungsvertragsrecht, 2000; *Looschelders*, Der Schutz von Verbrauchern und Versicherungsnehmern im Internationalen Privatrecht, in: FS E. Lorenz 2004, S. 441; *ders.*, Grundfragen des deutschen und internationalen Rückversicherungsvertragsrechts, VersR 2012, 1; *Looschelders/Smarowos*, Das internationale Versicherungsvertragsrecht nach Inkrafttreten der Rom-I-Verordnung, VersR 2010, 1; *Lübbert/Vogl*, Grenzüberschreitende Versicherungsverträge (Teil I), r+s 2000, 265; *dies.*, Grenzüberschreitende Versicherungsverträge (Teil II), r+s 2000, 311; *Mächler-Erne*, Parteiautonomie am Horizont des internationalen Versicherungsvertragsrechts der Schweiz, in: FS Heini 1995, S. 257; *dies.*, Internationale Versicherungsverträge – Formen und Inhalt, in: Reichert-Facilides/Schnyder (Hrsg.), Versicherungsrecht in Europa – Kernperspektiven am Ende des 20. Jahrhunderts, 1998, S. 153; *Mankowski*, Dienstleistungsfreiheit im internationalen Versicherungsvertragsrecht und Internet, VersR 1999, 923; *ders.*, Nationale Erweiterungen der Rechtswahl im neuen Internationalen Versicherungsvertragsrecht, VersR 1993, 154; *ders.*, Versicherungsverträge zugunsten Dritter, Internationales Privatrecht und Art. 17 EuGVÜ, IPrax 1996, 427; *ders*. Internationales Rückversicherungsrecht, VersR 2002, 1177; *Mansel*, Direktansprüche gegen den Haftpflichtversicherer, 1986; *Martiny*, Neues deutsches internationales Vertragsrecht. Das Gesetz zur Anpassung der Vorschriften des Internationalen Privatrechts an die Rom I-Verordnung, RIW 2009, 737; *Merret*, The Scope of Conflict of Laws Provisions in the European Insurance Directives, JPIL Vol 2 Nr 2 (2006), 409; *dies.*, Choice of law in Insurance Contracts under the Rome I Regulation, JPIL Vol 5 Nr 1 (2009), 49; *Merkin*, The Rome I Regulation and Reinsurance, JPIL Vol 5 Nr 1 (2009), 69 ff; *Mewes*, Internationales Versicherungsvertragsrecht unter besonderer Berücksichtigung der europäischen Dienstleistungsfreiheit im Gemeinsamen Markt, 1995; *Morse*, Party Autonomy in International Insurance Contract Law, in: Reichert-Facilides/Jessurun d'Oliveira (Hrsg.), International Insurance Contract Law, 1993, S. 23; *Navarro Contreras*, El nuevo régimen de los contratos de seguro en el comercio internacional, 2000; *Perner*, Das internationale Versicherungsvertragsrecht nach Rom I, IPrax 2009, 218; *Philip*, Private International Law of Insurance in Denmark and the European Communities, in: Festskrift till Grönfors 1991, S. 347; *Pilich*, Law Applicable to Insurance Contracts in the Light of the Rome I Regulation, Studia Iuridica, 54 (2012), 197; *Piroddi*, I contratti di assicurazioni tra mercato interno e diritto internazionale privato, in: *Boschiero* (Hrsg.), La nuova disciplina comunitaria della legge applicabile ai contratti (Roma I), 2009, S. 247; *Pocar*, Conflitti di legge e di giurisdizioni in materia di assicurazioni nella Comunità economica europea, Riv. dir. int. priv. proc. 23 (1987), 417; *Prax*, Österreichisches und italienisches Kollisionsrecht im Lichte der europäischen Versicherungsrichtlinien, 2002; *Reichert-Facilides*, Gesetzesvorschlag zur Neuregelung des deutschen Internationalen Versicherungsvertragsrechts, VersR 1993, 1177; *ders.*, Versicherungsverbraucherschutz und IPR, in: FS R. Schmidt 1976, S. 1023; *ders.*, Zur Kodifikation des deutschen internationalen Versicherungsvertragsrechts, IPrax 1990, 1; *Reichert-Facilides/Jessurun d'Oliveira* (Hrsg.), International Insurance Contract Law in the EC, 1993; *Richter*, Internationales Versicherungsvertragsrecht: eine kollisionsrechtliche Untersuchung unter besonderer Berücksichtigung des Rechts der Europäischen Gemeinschaften, 1980; *Richters*, Dienstleistungsfreiheit als Schranke des Internationalen Privatversicherungsrechts, 2011; *W.-H. Roth*, Das Allgemeininteresse im europäischen Internationalen Versicherungsvertragsrecht, VersR 1993, 129; *ders.*, Dienstleistungsfreiheit und Allgemeininteresse im europäischen Internationalen Versicherungsvertragsrecht, in: Reichert-Facilides (Hrsg.), Aspekte des internationalen Versicherungsvertragsrechts im europäischen Wirtschaftsraum, 1994, S. 1; *ders.*, Internationales Versicherungsvertragsrecht, 1985; *ders.*, Internationales Versicherungsvertragsrecht in der Europäischen Union – Ein Vorschlag zu seiner Neuordnung, in: FS E. Lorenz 2004, S. 631;

Rothe, Über deutsches internationales Privatversicherungsrecht, 1934; *Rudisch*, Europäisches Internationales Versicherungsvertragsrecht für Österreich, ZVglRWiss. 93 (1994), 80; *ders.*, Österreichisches Internationales Versicherungsvertragsrecht, 1994; *ders.*, Österreichisches internationales Versicherungsvertragsrecht für den EWR, ZEuP 1995, 45; *Ryser*, Der Versicherungsvertrag im IPR, 1957; *Seatzu*, Insurance in Private International Law: A European Perspective, 2003; *Schnyder*, Parteiautonomie im europäischen Versicherungskollisionsrecht, in: Reichert-Facilides (Hrsg.), Aspekte des internationalen Versicherungsvertragsrechts im europäischen Wirtschaftsraum, 1994, S. 49; *Sieg*, Versicherungsfragen zum Recht des Überseekaufs, RIW 1995, 100; *Staudinger*, Die Kontrolle grenzüberschreitender Versicherungsverträge anhand des AGBG, VersR 1999, 401; *ders.*, Anknüpfung von Gerichtsstandsvereinbarungen und Versicherungsverträgen, in: Leible (Hrsg.), Das Grünbuch zum Internationalen Vertragsrecht, 2004, S. 37; *ders.*, Internationales Versicherungsvertragsrecht – (k)ein Thema für Rom I?, in: Leible/Ferrari (Hrsg.), Ein neues Internationales Vertragsrecht für Europa – Der Vorschlag für eine Rom I-Verordnung, 2007; *ders.*, Ausgewählte Probleme der D&O Versicherung im internationalen Zivilverfahrens-, Kollisions- und Sachrecht, in: Lorenz (Hrsg.), Karlsruher Forum 2009: Managerhaftung, Schriftenreihe VersR 43 (2010), S. 41; *Stehl*, Die Überwindung der Inkohärenz des internationalen Privatrechts der Bank- und Versicherungsverträge, 2008; *Uebel*, Die deutschen Kollisionsnormen für (Erst-)Versicherungsverträge mit Ausnahme der Lebensversicherung über in der Europäischen Wirtschaftsgemeinschaft belegene Risiken, 1994; *van Schoubroeck*, The new European conflicts-of-law rules from an insurance perspective, EJCL, 4 (2009), 729; *Vara Parra*, El contrato de reaseguro en el derecho internacional privado, 2003; *Vaquero López*, El seguro de crédito a la exportación, 2003; *dies.*, La cuestión de la determinación del derecho aplicable al contrato de reaseguro en el ordenamiento jurídico español, in Estudios sobre el contrato de reaseguro, 1997; *Wandt*, Internationales Privatrecht der Versicherungsverträge, in: Reichert-Facilides/Schnyder (Hrsg.), Versicherungsrecht in Europa – Kernperspektiven am Ende des 20. Jahrhunderts, 1998, S. 85; *Windmöller*, Die Vertragsspaltung im internationalen Privatrecht des EGBGB und des EGVVG, 2000; *Wördermann*, Internationale zwingende Normen im Internationalen Privatrecht des europäischen Versicherungsvertrages, 1997.

A. Allgemeines	1	
B. Regelungsgehalt	5	
I. Allgemeines	5	
1. Sachlicher Anwendungsbereich	5	
2. Räumlicher Anwendungsbereich	10	
a) Versicherung unbeweglicher Sachen	11	
b) Fahrzeugversicherung	13	
c) Reise- und Ferienversicherung	16	
d) Sonstige Versicherungen	19	
e) Lebensversicherung	23	
f) Mehrfachbelegenheit der versicherten Risiken	24	
g) Mitgliedstaat	28	
II. Die Kollisionsnormen im Einzelnen	30	
1. Großrisikoverträge (Abs. 2)	30	
a) Rechtswahl	31	
b) Objektive Anknüpfung	32	
2. Massenrisikoverträge, Lebensversicherungsverträge über innerhalb des EWR belegene Risiken	35	
a) Rechtswahl	35	
aa) Risikobelegenheit zum Zeitpunkt des Vertragsschlusses (Abs. 3 lit. a)	37	
bb) Staat des gewöhnlichen Aufenthalts (Abs. 3 lit. b)	39	
cc) Lebensversicherung (Abs. 3 lit. c)	40	
dd) Divergenz zwischen Risikobelegenheit und Ort der Risikoverwirklichung (Abs. 3 lit. d)	45	
ee) Versicherung von Risiken aus geschäftlicher Tätigkeit (Abs. 3 lit. e)	47	
ff) Erweiterungsmöglichkeiten (Abs. 3 Unterabs. 2)	50	
b) Objektive Anknüpfung (Abs. 3 Unterabs. 3)	55	
3. Pflichtversicherung	56	
C. Weitere praktische Hinweise	64	
I. Andere Versicherungsverträge	64	
1. Massenrisikoverträge, Lebensversicherungsverträge über außerhalb des EWR belegene Risiken	65	
a) Rechtswahl (Art. 3)	65	
b) Objektive Anknüpfung (Art. 4)	67	
c) Verbraucherversicherungsverträge (Art. 6)	69	
2. Rückversicherung	75	
a) Rechtswahl (Art. 3)	75	
b) Objektive Anknüpfung (Art. 4)	76	
II. Verhältnis zu anderen Vorschriften	78	

A. Allgemeines

Bis zum 17. Dezember 2009 war das deutsche internationale Versicherungsvertragsrecht gespalten. Nach Art. 37 S. 1 Nr. 4 EGBGB waren **Versicherungsverträge**, die im Geltungsbereich des Vertrages zur Gründung der Europäischen Wirtschaftsgemeinschaft (EGV) oder des Abkommens über den Europäischen Wirtschaftsraum (EWR) belegene Risiken deckten, mit Ausnahme von **Rückversicherungsverträgen** vom Anwendungsbereich der Artt. 27 ff EGBGB ausgeschlossen. Soweit bei **Direktversicherungsverträgen** das Risiko innerhalb der EG oder des EWR belegen war, fanden die auf europäischem Richtlinienrecht beruhenden Artt. 7–14 EGVVG Anwendung. War das Risiko hingegen außerhalb belegen, waren die Artt. 27 ff EGBGB heranzuziehen. Ebenso waren ohne Rücksicht auf die Belegenheit des Risikos sämtliche Rückversicherungsverträge anzuknüpfen. Diese Zersplitterung des Kollisionsrechts für Versicherungsverträge wurde allgemein als unbefriedigend empfunden und auch im Grünbuch zum Internationalen Vertragsrecht zum Thema gemacht.[3]

1

---

3 Vgl „Grünbuch über die Umwandlung des Übereinkommens von Rom aus dem Jahre 1980 über das auf vertragliche Schuldverhältnisse anzuwendende Recht in ein Gemeinschaftsinstrument sowie über seine Aktualisierung", KOM (2002) 654 endg., S. 25 ff.

2   Trotz nahezu einhelliger Kritik[4] ist diese Zersplitterung auch durch den Übergang vom EVÜ zur Rom I-VO nicht beseitigt worden. Die dort enthaltenen Kollisionsnormen finden auf Versicherungsverträge Anwendung, die nach dem 17.12.2009 abgeschlossen wurden. Die **Rückversicherung** und die **Direktversicherungen über außerhalb der EU belegene Massenrisiken** unterliegen den allgemeinen Regeln der Artt. 3, 4 und gegebenenfalls Art. 6. Art. 7 bestimmt lediglich für Direktversicherungen über Massenrisiken innerhalb eines Mitgliedstaates und für sämtliche Großrisikoverträge ohne Rücksicht auf die Risikobelegenheit das anwendbare Recht. Nach Erwägungsgrund 32 gilt Art. 6 im Zusammenhang mit Art. 7 nicht. In Art. 27 Abs. 1 lit. a wird daher die Notwendigkeit anerkannt, die Anknüpfungsregeln für Versicherungsverträge **bis spätestens 17.6.2013 zu überprüfen**.

3   Inhaltlich beruht Art. 7 vorwiegend auf den Kollisionsnormen des alten Richtlinienrechts,[5] die durch Art. 7 nicht aufgehoben, sondern lediglich **verdrängt** wurden.[6] Der deutsche Gesetzgeber hat die entsprechenden Umsetzungsvorschriften in Artt. 7-15 EGVVG zum 17.12.2009 aufgehoben.[7] Eine dem Art. 12 EGVVG über Pflichtversicherungen entsprechende Norm befindet sich jetzt in Art. 46 c EGBGB.[8] Die Definition von Großrisiken in Art. 10 EGVVG und die Prozessstandschaft bei Versicherermehrheit in Art. 14 EGVVG sind jetzt jeweils in §§ 210, 216 VVG zu finden. Die spezielle Regelung der substitutiven Krankenversicherung in Art. 13 EGVVG hat man entfallen lassen, weil sie mit der Bestimmung der privaten Krankenversicherung als Pflichtversicherung seit dem 1.1.2009 nicht mehr notwendig ist.[9]

4   Bei der Entscheidung darüber, ob ein Risiko in einem Mitgliedstaat belegen ist, verweist Abs. 6 auf Art. 2 lit. d der RL 88/357/EWG. Bei Lebensversicherungen ist der Staat, in dem das Risiko belegen ist, der Staat der Verpflichtung im Sinne von Art. 1 Abs. 1 lit. g der RL 2002/83/EG. Beide Vorschriften wurden zwar zum 1. November 2012 aufgehoben, nach Art. 310 Abs. 2 der **Solvabilität II-Richtlinie** (SII-RL)[10] gelten Verweisungen auf die aufgehobenen Richtlinien aber als Verweisungen auf die entsprechenden Vorschriften dieser neuen Richtlinie. Der Mitgliedstaat der Risikobelegenheit und der Mitgliedstaat der Verpflichtung werden jeweils in Art. 13 Nr. 13 und 14 RL 2009/138/EG definiert.

B. Regelungsgehalt

I. Allgemeines

5   **1. Sachlicher Anwendungsbereich.** Was ein Direktversicherungsvertrag ist, ist verordnungsautonom zu bestimmen.[11] Der EuGH hat den **Direktversicherungsvertrag** selbst nicht definiert. In Urteilen zum Steuerrecht hat er jedoch das Wesen eines Versicherungsumsatzes in der Verpflichtung des Versicherers gesehen, dem Versicherten gegen vorherige Zahlung einer Prämie beim Eintritt des Versicherungsfalls die bei Vertragsschluss vereinbarte Leistung zu erbringen.[12] Das übernommene Risiko darf nicht die Übernahme von Verlusten aufgrund anderer Versicherungsverträge sein (dann Rückversicherung). Ansonsten ist **jedes Risiko** als Versicherungsgegenstand denkbar.[13] Insbesondere ist auch der Lebensversicherungsvertrag im Sinne der Definition in Art. 2 Abs. 3 iVm Anhang II SII-RL, vom Anwendungsbereich des Art. 7 erfasst.

---

4   Vgl u.a. Looschelders/Pohlmann/*Schäfer*, Art. 7 Rn 75; Rauscher/*Fricke*, EuZPR/EuIPR, Art. 7 Rn 15 f; *Heinze*, NiPR 2009, 445, 448; Bamberger/Roth/*Spickhoff*, Art. 7 Rn 3; *Heiss*, in: FS Kropholler 2008, S. 459, 462; Reithmann/Martiny/*Schnyder*, Rn 4725; *Mankowski*, IHR 2008, 133, 144; *X. Kramer*, The Icfai University Journal of Insurance Law, Vol IV Nr 4 (2008), 23, 35; *Max-Planck-Institut*, RabelsZ 71 (2007), 302; *Staudinger*, in: Leible/Ferrari, Ein neues Internationales Vertragsrecht für Europa – Der Vorschlag für eine Rom I-Verordnung, 2007, S. 233.

5   Art. 7 der Zweite Richtlinie 88/357/EWG des Rates vom 22. Juni 1988 zur Koordinierung der Rechts- und Verwaltungsvorschriften für die Direktversicherung (mit Ausnahme der Lebensversicherung) und zur Erleichterung der tatsächlichen Ausübung des freien Dienstleistungsverkehrs sowie zur Änderung der Richtlinie 73/239/EWG ABl Nr. L 172 vom 4. Juli 1988 S. 1-14; Art. 32 der Richtlinie 2002/83/EG des Europäischen Parlaments und des Rates vom 5. November 2002 über Lebensversicherungen, ABl EG Nr. L 345 vom 19. Dezember 2002, S. 1-51.

6   jurisPK-BGB/*Junker*, Art. 7 Rn 20.

7   Art. 2 des Gesetzes zur Anpassung der Vorschriften des Internationalen Privatrechts an die Verordnung (EG) 593/2008, vom 25.6.2009, BGBl S. 1574.

8   *Nordmeier*, in: Gebauer/Wiedmann, Kap. 37 Rn 76.

9   MüKo/*Martiny*, Art. 7 Rn 4 ff.

10 Richtlinie 2009/138/EG des Europäischen Parlaments und des Rates vom 25. November 2009 betreffend die Aufnahme und Ausübung der Versicherungs- und der Rückversicherungstätigkeit (Solvabilität II), ABl EU Nr. L 335 vom 17.12.2009, S. 1-155.

11 jurisPK-BGB/*Junker*, Art. 7 Rn 13; *Pilich*, Studia Juridica, 54 (2012), 197, 200.

12 EuGH, Rs C-349/1996, Slg 1999, I-00973 Rn 17, 20 – CPP; Rs C-240/1999, Slg 2001, S. I-01951 Rn 37 – Försakringsaktienbolaget Skandia; Rs C-8/2001, Slg 2003, S. I-13711 Rn 39 – Taksatorringen.

13 Vgl Auflistung der verschiedenen Versicherungssparten in den Anhänge I und II der RL 2009/138/EG.

Besondere Verträge, die wie der *credit default swap* eine der Versicherung ähnliche Funktion erfüllen, sind hingegen keine Versicherungsverträge im Sinne der Verordnung.[14]

Nach Art. 1 Abs. 2 lit. j findet die Rom I-VO nicht auf die von anderen Einrichtungen als den in Art. 2 der RL 2002/83/EG genannten Unternehmen durchgeführten Geschäften, deren Zweck darin besteht, den unselbständig oder selbstständig tätigen Arbeitskräften eines Unternehmens oder einer Unternehmensgruppe oder den Angehörigen eines Berufes oder einer Berufsgruppe im Todes- oder Erlebensfall oder bei Arbeitseinstellung oder bei Minderung der Erwerbstätigkeit oder bei arbeitsbedingter Krankheit oder Arbeitsunfällen Leistungen zu gewähren, Anwendung. Gemeint ist das Angebot der **betrieblichen Altersvorsorge** von Unternehmen mit **Niederlassung in Drittstaaten**.[15] Da die Fälle, in denen solche Geschäften von anderen als den in der RL 2002/83/EG genannten Unternehmen betrieben werden, recht selten sein werden, hat sich der deutsche Gesetzgeber auch nicht veranlasst gesehen, eine besondere Kollisionsnorm zu erlassen.[16] In diesem Fall wird vorgeschlagen, im Wege einer **akzessorischen Anknüpfung** das Recht anzuwenden, das die betriebliche Altervorsorge im betreffenden Staat regelt.[17] Von der Rom I-VO ebenfalls nicht erfasst ist das soziale Versicherungsrecht (Art. 1 Abs. 1 S. 2).[18] Bei Versicherungsverträgen, die mit Versicherungsvereinen abgeschlossen werden, müssen diejenigen Rechtsfragen bestimmt werden, die zum **Vereinsstatut** gehören und folglich nach Art. 1 Abs. 2 lit. f von der Rom I-VO nicht erfasst werden.[19]

Nicht erfasst von der Rom I-VO werden versicherungsrechtliche Fragen, die nach autonomer Qualifikation als **deliktisch** anzusehen sind. Die Anknüpfung von solchen Fragen richtet sich nach der Rom II-VO. Das gilt insbesondere für die **vorvertragliche Haftung** (Art. 12 Rom II-VO). Von Art. 12 Rom II-VO erfasst werden etwa die Verletzung von Aufklärungspflichten des Versicherers (§ 6 VVG) und die Verletzung der vorvertraglichen Anzeigepflicht des Versicherungsnehmers (§§ 19-21 VVG). Auch von Bedeutung ist die Haftung der Versicherungsvermittler wegen Verletzung von Offenlegungs-, Beratungs- und Dokumentationspflichten. Aus der Sicht des deutschen Rechts handelt es sich dabei um eine Unterart der Haftung des Sachwalters, die ebenfalls unter Art. 12 Abs. 1 Rom II-VO fällt. Die Verletzung von Offenlegungs-, Beratungs- und Dokumentationspflichten des Versicherungsmaklers richtet sich nach dem Statut des Maklervertrages.[20] Nicht in den Anwendungsbereich der Rom I-VO fallen auch die **Direktklage des Versicherers** (Art. 18 Rom II-VO) und der **gesetzliche Forderungsübergang** (Art. 19 Rom II-VO). Wird ein Regressanspruch in Verbindung mit einem Direktanspruch ausgeübt, kann die Anknüpfung des Forderungsübergangs je nach der Natur des Verhältnisses zwischen Schädiger und Opfer nach Art. 15 Rom I-VO oder nach Art. 19 Rom II-VO erfolgen. Aus der Anwendung beider Vorschriften ergibt sich in diesem Fall, dass das Direktanspruchsstatut das Zessionsgrundstatut ist.[21]

Nach Art. 7 Abs. 1 Rom I-VO finden die besonderen Kollisionsnormen nur auf Direktversicherungen Anwendung. **Rückversicherungsverträge** werden nicht erfasst. Für sie gelten die Artt. 3 und 4. Eine Definition der Rückversicherung findet sich in Art. 13 Abs. 7 SII-RL. Die Qualifikation eines Vertrages als Rückversicherung kann Schwierigkeiten bereiten.[22] Ein Rückversicherungsvertrag kann als Direktversicherungsvertrag anzusehen sein, wenn der Versicherte die Vereinbarung einer *cut through*-**Klausel** erzwingt, wodurch er einen Anspruch gegen den Rückversicherer auf Zahlung der Versicherungssumme erlangt.[23] Dazu kommt es insbesondere im Rahmen des sog. *fronting*, durch das Versicherungsunternehmen der Zugang zu Märkten ermöglicht wird, in denen die Tätigkeit ausländischer Versicherer nicht erlaubt ist.[24] Dagegen beeinflusst die Vereinbarung von *insolvency*-**Klauseln**, durch der Versicherungsnehmer im Fall der Insolvenz des Erstversicherers einen direkten Anspruch gegen den Rückversicherer erlangt, oder *claims control*-**Klauseln**, durch welche dem Rückversicherer vor allem die Entscheidung über die Zahlung der Versicherungssumme zusteht, die Qualifikation als Rückversicherungsvertrag nicht.[25]

Als Rückversicherungsvertrag sind weiterhin diejenigen Mitversicherungsverträge zu qualifizieren, bei denen ein Versicherer ohne Kenntnis des Versicherungsnehmers und ohne dass diesem ein direkter

---

14 AA *Pilich*, Studia Juridica, 54 (2012), 197, 203.
15 Bruck/Möller/*Dörner*, Art. 1 Rn 13.
16 *Martiny*, RIW 2009, 737, 749; Rauscher/*Fricke*, EuZPR/EuIPR, Art. 7 Rn 3; Reithmann/Martiny/*Schnyder*, Rn 4759.
17 Bruck/Möller/*Dörner*, Art. 1 Rn 13.
18 Bamberger/Roth/*Spickhoff*, Art. 7 Rn 3, *Pilich*, Studia Juridica, 54 (2012), 197, 200.
19 Rauscher/*Fricke*, EuZPR/EuIPR, Art. 7 Rn 3; jurisPK-BGB/*Junker*, Art. 7 Rn 16; Honsell/*Dörner*, Berliner Kommentar zum VVG, 1999, Art. 7 EGVVG Rn 7.
20 *Katschthaler/Leichsenring*, r+s 2010, 45, 47.
21 *Micha*, Der Direktanspruch im europäischen internationalen Privatrecht, 2010, S. 207.
22 *Cox/Merret/Smith*, Private International Law of Reinsurance and Insurance, 2006, S. 209.
23 *Fernández Rozas/Sánchez Lorenzo*, Derecho aplicable al contrato de reaseguro internacional: perspectiva española, in Estudios sobre el contrato de reaseguro, 1997, S. 221; *Parra Vara*, El contrato de reaseguro en Derecho internacional Privado, 2003, S. 40.
24 *Parra Vara*, El contrato de reaseguro en Derecho internacional Privado, 2003, S. 40.
25 *Fernández Rozas/Sánchez Lorenzo*, Derecho aplicable al contrato de reaseguro internacional: perspectiva española, in Estudios sobre el contrato de reaseguro, 1997, S. 220 f.

Anspruch eingeräumt wird, einen Anteil seines Risikos an einen anderen Versicherer abtritt (**verdeckte Mitversicherung**).[26] Die Folgen der Qualifikation eines Vertrages als Versicherung oder als Rückversicherung sind auf kollisionsrechtlicher Ebene nicht gravierend, weil damit in der Regel Großrisiken versichert werden und die Anknüpfungsregeln für Großrisikoverträge (vgl Rn 30 ff) fast identisch sind mit den allgemeinen Anknüpfungsregeln der Artt. 3 und 4.

10 **2. Räumlicher Anwendungsbereich.** Entscheidendes Abgrenzungskriterium zur Feststellung der Anwendbarkeit von Art. 7 oder Artt. 3 ff auf Massenrisikoverträge und auf Lebensversicherungen ist die **Risikobelegenheit**. Nach Art. 7 Abs. 6 ist die maßgebliche Norm für die Bestimmung der Risikobelegenheit Art. 2 lit. d der RL 88/357/EWG. Bei **Lebensversicherungen** ist der Staat, in dem das Risiko belegen ist, der Staat der Verpflichtung im Sinne von Artikel 1 Abs. 1 lit. g der RL 2002/83/EG. Beide Vorschriften wurden durch die inhaltsgleichen Art. 13 Nr. 13 und 14 SII-RL ersetzt. Die Risikobelegenheit wird im Moment des Vertragsschlusses bestimmt.[27] Vordergründig regeln Art. 13 Nr. 13 und 14 SII-RL zwar nur, in welchem Mitgliedstaat ein Risiko belegen ist, doch umreißen sie zugleich auch den **räumlichen Anwendungsbereich** von Art. 7. Denn hat man über Art. 13 Nr. 13 und 14 SII-RL den „Sitz" des Risikos festgestellt, gelangt man zur Anwendung der Kollisionsnormen von Art. 7 oder von Artt. 3 ff, je nachdem, ob die Voraussetzungen von Art. 13 Nr. 13 und 14 SII-RL erfüllt sind oder nicht. Daher können Art. 13 Nr. 13 und 14 SII-RL wie zuvor Art. 7 Abs. 2 EGVVG zu Recht als **„Metakollisionsnorm"** bezeichnet werden, da sie iVm Art. 7 Abs. 1, 3 Rom I-VO nicht nur die Frage des anwendbaren materiellen Rechts, sondern ebenso der anwendbaren Kollisionsnormen regeln.[28] Die Risikobelegenheit wird gelegentlich als ein Kunstbegriff[29] beschrieben; denn sie entspricht nicht immer der tatsächlichen örtlichen Verbindung eines Risikos mit einem Staat. Vielmehr werden bei der Bestimmung der Risikobelegenheit auch Versicherungsnehmerschutz und Rechtssicherheit angestrebt.[30] Die Bestimmung der Risikobelegenheit ist daher mitunter keine "echte Lokalisierung", sondern beruht auf einer Wertentscheidung.[31]

11 **a) Versicherung unbeweglicher Sachen.** Sind Risiken in Bezug auf **unbewegliche Sachen** versichert, so ist das Risiko in dem Mitgliedstaat zu lokalisieren, in dem auch die Sache selbst belegen ist. Unbewegliche Sachen im Sinne dieser Vorschrift sind **Grundstücke und Gebäude**. Für eine nähere Bestimmung bedarf es einer **verordnungsautonomen Qualifikation**.[32] Als Beispiel nannte der EG-Richtlinien umsetzende Art. 7 EGVVG Bauwerke und Anlagen. Bewegliche Sachen sind von der Vorschrift dann erfasst, wenn sie durch den gleichen Versicherungsvertrag versichert sind wie das versicherte Gebäude.[33] Bei verschiedenen Versicherungsverträgen besteht dagegen kein Bedürfnis nach einer einheitlichen Anknüpfung.[34]

12 Von Art. 13 Nr. 13 lit. a SII-RL erfasste Versicherungsverträge sind alle **Gebäudeversicherungen**. Das können sowohl Gebäudesachversicherungen (zB Feuerversicherungen) als auch Gebäudehaftpflichtversicherungen sein.[35] Nicht erfasst werden dagegen verselbständigte Hausratsversicherungen.[36]

13 **b) Fahrzeugversicherung.** Sind Risiken, die im Zusammenhang mit einem **Fahrzeug** auftreten können, versichert, ist das Risiko im Zulassungsmitgliedstaat belegen. Entsprechend der deutschen Umsetzung von

---

26 *Fernández Rozas/Sánchez Lorenzo*, Derecho aplicable al contrato de reaseguro internacional: perspectiva española, in Estudios sobre el contrato de reaseguro, 1997, S. 222; Prölss/Martin/*Armbrüster*, § 77 VVG Rn 1.

27 Langheid/Wandt/*Looschelders*, Internationales Versicherungsvertragsrecht, Rn 35; *Nordmeier*, in: Gebauer/Wiedmann, Kap. 37 Rn 80; Looschelders/Pohlmann/*Schäfer*, Art. 7 Rn 127.

28 Prölss/Martin/*Armbrüster*, VVG, 28. Aufl. 2010, vor Art. 7 EGVVG Rn 13; *Basedow/Drasch*, NJW 1991, 785, 787; Staudinger/*Armbrüster*, Vorbem zu Art. 7 Rn 12.

29 *Gruber*, 1999, S. 234; Looschelders/Pohlmann/ *Schäfer*, Art. 7 Rn 126.

30 *Gruber*, 1999, S. 257.

31 Bamberger/Roth/*Spickhoff*, Art. 7 Rn 5; Looschelders/Pohlmann/*Schäfer*, Art. 7 Rn 126.

32 Bruck/Möller/*Dörner*, Art. 7 Rn 29; Langheid/Wandt/ *Looschelders*, Internationales Versicherungsvertragsrecht, Rn 38.

33 Staudinger/*Armbrüster*, Vorbem zu Art. 7 Rn 18; Looschelders/*Smarowos*, VersR 2010, 1, 3; Looschelders/Pohlmann/*Schäfer*, Art. 7 Rn 131; Langheid/Wandt/*Looschelders*, Internationales Versicherungsvertragsrecht, Rn 38; Reithmann/Martiny/ *Schnyder* Rn 4761; Rauscher/*Fricke*, EuZPR/EuIPR, Art. 7 Rn 52; MüKo/*Martiny*, Art. 7 Rn 47.

34 Vgl Staudinger/*Armbrüster*, Vorbem zu Art. 7 Rn 18; Looschelders/*Smarowos*, VersR 2010, 1, 3; Looschelders/Pohlmann/*Schäfer*, Art. 7 Rn 131; Langheid/Wandt/*Looschelders*, Internationales Versicherungsvertragsrecht, Rn 38; Reithmann/Martiny/ *Schnyder*, Rn 4761; Rauscher/*Fricke*, EuZPR/EuIPR, Art. 7 Rn 52; MüKo/*Martiny*, Art. 7 Rn 47.

35 Honselt/*Dörner*, Berliner Kommentar zum VVG, 1999, Art. 7 EGVVG Rn 16; jurisPK-BGB/*Junker*, Art. 7 Rn 143; Looschelders/Pohlmann/*Schäfer*, Art. 7 Rn 128; MüKo/*Martiny*, Art. 7 Rn 46; Prölss/ Martin/ *Armbrüster*, VVG, 28. Aufl. 2010, Art. 7 EGVVG Rn 3; *Gruber*, 1999, S. 22 ff; Staudinger/ *Armbrüster*, Vorbem zu Art. 7 Rn 16; *Looschelders/ Smarowos*, VersR 2010, 1, 3; Langheid/Wandt/ *Looschelders*, Internationales Versicherungsvertragsrecht, Rn 38.

36 *Heß/Hub*, Die Umsetzung der EG-Richtlinien zum Internationalen Versicherungsrecht in Deutschland, in: Frigessi di Rattalma/Seatzu (Hrsg.), The Implementation Provisions of the E.C. Choice of Law Rules for Insurance Contracts. A Commentary, 2003, S. 74; Looschelders/*Smarowos*, VersR 2010, 1, 3.

Art. 2 lit. d RL 88/357/EWG in Art. 7 EGVVG ist als **Zulassungsmitgliedstaat** der Mitgliedstaat zu verstehen, in dem dieses Fahrzeug in ein amtliches oder amtlich anerkanntes Register eingetragen wurde und ein Unterscheidungskennzeichen erhalten hat.[37] Erfasst sind **Fahrzeuge aller Art**, also nicht nur Land-, sondern auch Wasser- und Luftfahrzeuge.[38] Sofern keine Registrierung vorgesehen ist, greift Art. 2 lit. d RL 88/357/EWG letzter Bindestrich ein (näher Rn 10).[39] Nach dem Wortlaut der Richtlinie könnte das Risiko auch in dem Mitgliedstaat belegen sein, wo eine freiwillige Registrierung stattgefunden hat.[40] Unerheblich ist dagegen der Ort, an dem sich das Fahrzeug tatsächlich befindet oder an dem es in der Regel benutzt wird.[41] Die Anknüpfung an den **Registrierungsort** soll verhindern, dass es zu einem Wechsel der anwendbaren internationalprivatrechtlichen Regelungen kommt, wenn der Standort des Fahrzeugs in ein Land außerhalb der EU oder des EWR verlagert wird. Sie würde es außerdem auch bei einem Standortwechsel innerhalb des Geltungsbereichs des AEUV bzw des EWR-Abkommens bei der Geltung des bislang anwendbaren Sachrechts belassen.[42] Jedoch ist diese Sorge unbegründet, wenn man davon ausgeht, dass die Risikobelegenheit im Moment des Vertragsschlusses bestimmt wird (vgl Rn 10). Im Ergebnis werden Versicherungsvertragsstatut und Pflichtversicherungsstatut zusammen fallen.[43]

Art. 13 Nr. 13 lit. b SII-RL unterfallen alle Versicherungsverträge, die **fahrzeugbezogene Risiken** betreffen. Das sind zum einen die Sachversicherungen, wie etwa die Kasko-Versicherung, und zum anderen die Haftpflichtversicherungen.[44] 14

Art. 15 Abs. 1 Kfz-Haftpflichtversicherungs-RL[45] enthält eine besondere Norm für die Bestimmung der Risikobelegenheit bei **Überführungsfällen**, wonach während eines Zeitraums von 30 Tagen nach Abnahme des Fahrzeugs durch den Käufer der Bestimmungsstaat als Mitgliedstaat der Risikobelegenheit anzusehen ist. Die Vorgängervorschrift von Art. 15 Abs. 1 Kfz- Haftpflichtversicherungs-RL modifizierte Art. 2 lit. d der RL 88/357/EWG und muss demzufolge auch im Rahmen der Rom I-VO beachtet werden.[46] 15

c) Reise- und Ferienversicherung. Werden **kurzfristige Reise- und Ferienrisiken** versichert (Laufzeit des Vertrages höchstens vier Monate), so ist das Risiko dort belegen, wo der Versicherungsnehmer den Vertrag geschlossen hat. Unter Ferien- und Reiserisiken sind dabei alle typischerweise mit Reise und Urlaub verbundenen Risiken zu verstehen,[47] beispielsweise Reisegepäck-, Reisehaftpflicht-, Reiserücktritts-, Reisekranken-, Reiseunfall- und Rücktransportversicherungen.[48] 16

Maßgeblich für die Risikobelegenheit und gleichzeitig für die Bestimmung des anwendbaren IPR ist der Ort, an dem die zum Abschluss des Vertrages erforderlichen **Rechtshandlungen** durch den Versicherungsnehmer vorgenommen wurden. In der Regel wird das am Ort des Wohnsitzes oder des **gewöhnlichen Aufenthalts** des Versicherungsnehmers geschehen.[49] Der Ort des gewöhnlichen Aufenthalts und der Ort der Vornahme von Rechtshandlungen können aber auch auseinander fallen. Das ändert aber nichts an der alleinigen Maßgeblichkeit des Ortes der Vornahme von Rechtshandlungen für die Bestimmung der Risikobelegenheit.[50] Wird der Versicherungsnehmer vertreten, ist auf den Handlungsort des **Vertreters** abzustellen.[51] 17

---

37 Looschelders/Pohlmann/*Schäfer*, Art. 7 Rn 133; Bruck/Möller/*Dörner*, Art. 7 Rn 31.
38 Langheid/Wandt/*Looschelders*, Internationales Versicherungsvertragsrecht, Rn 40; Bruck/Möller/*Dörner*, Art. 7 Rn 31; Prölss/Martin/*Armbrüster*, VVG, 28. Aufl. 2010, Art. 7 EGVVG Rn 4; *Gruber*, 1999, S. 31; *U. Kramer*, S. 157; *Liauh*, S. 28.
39 jurisPK-BGB/*Junker*, Art. 7 Rn 144; MüKo/*Martiny*, Art. 7 Rn 48; Soergel/*v. Hoffmann*, Art. 37 EGBGB Rn 79; Looschelders/Smarowos, VersR 2010, 1, 3; Langheid/Wandt/*Looschelders*, Internationales Versicherungsvertragsrecht, Rn 41.
40 Looschelders/Pohlmann/*Schäfer*, Art. 7 Rn 134.
41 Honsell/*Dörner*, Berliner Kommentar zum VVG, 1999, Art. 7 EGVVG Rn 17.
42 MüKo/*Martiny*, Art. 7 Rn 48; Looschelders/Pohlmann/*Schäfer*, Art. 7 Rn 133; Staudinger/*Armbrüster*, Vorbem zu Art. 7 Rn 19; *Imbusch*, VersR 1993, 1059, 1060.
43 Reithmann/Martiny/*Schnyder*, Rn 4761.
44 Honsell/*Dörner*, Berliner Kommentar zum VVG, 1999, Art. 7 EGVVG Rn 18.
45 Richtlinie 2009/103/EG des europäischen Parlaments und des Rates vom 16. September 2009 über die Kraftfahrzeug-Haftpflichtversicherung und die Kontrolle der entsprechenden Versicherungspflicht, ABl. EU L 263 vom 7. Oktober 2009, S. 11 ff.
46 Bruck/Möller/*Dörner*, Art. 7 Rn 34; MüKo/*Martiny*, Art. 7 Rn 48; *Heinze*, NiPR 2009, 445, 448 Fn 64; aA Looschelders/Pohlmann/*Schäfer*, Art. 7 Rn 137.
47 MüKo/*Martiny*, Art. 7 Rn 49.
48 Honsell/*Dörner*, Berliner Kommentar zum VVG, 1999, Art. 7 EGVVG Rn 21; Staudinger/*Armbrüster*, Vorbem zu Art. 7 Rn 20; Looschelders/Smarowos, VersR 2010, 1, 3; Langheid/Wandt/*Looschelders*, Internationales Versicherungsvertragsrecht, Rn 43.
49 Reithmann/Martiny/*Schnyder*, 6. Aufl. 2004, Rn 1353; MüKo/*Martiny*, Art. 7 Rn 49.
50 Looschelders/Pohlmann/*Schäfer*, Art. 7 Rn 139; Looschelders/Smarowos, VersR 2010, 1, 3; Honsell/*Dörner*, Berliner Kommentar zum VVG, 1999, Art. 7 EGVVG Rn 20; Prölss/Martin/*Armbrüster*, VVG, 28. Aufl. 2010, Art. 7 EGVVG Rn 5.
51 Bruck/Möller/*Dörner*, Art. 7 Rn 35; Looschelders/Smarowos, VersR 2010, 1, 3; Langheid/Wandt/*Looschelders*, Internationales Versicherungsvertragsrecht, Rn 44; *Gruber*, 1999, S. 37 f.

18 Nicht zu entnehmen ist Art. 13 Nr. 13 lit. c SII-RL, dass die Anwendbarkeit der Vorschrift nur auf **Verträge unter Anwesenden** beschränkt ist.[52] Der von der Gegenansicht geltend gemachten Gefahr der **Willkürlichkeit** der Ergebnisse muss zum einen der klare Wortlaut der Vorschrift entgegengehalten werden[53] und zum anderen, dass auch bei Vertragsschluss unter Anwesenden die Gefahr zufälliger Ergebnisse besteht.[54]

19 d) Sonstige Versicherungen. Bilden andere als die in Art. 13 Nr. 13 lit. a bis c SII-RL besonders behandelten Versicherungen den Anknüpfungsgegenstand, so bestimmt sich die Belegenheit des Risikos nach dem Auffangtatbestand des vierten Bindestrichs. Von der Vorschrift werden unter anderem **Unfall-, Kranken-, Transportgüter- und Haftpflichtversicherungen** erfasst. Unerheblich für die Risikobelegenheit ist das Kommunikationsmittel (zB das Internet) mittels dessen der Vertrag geschlossen wurde.

20 Unterschieden wird in Art. 13 Nr. 13 lit. d SII-RL allerdings danach, ob Versicherungsnehmer eine **natürliche Person** ist oder nicht. Ist er dies, so ist das Risiko in dem Mitgliedstaat belegen, in dem er seinen gewöhnlichen Aufenthalt hat. Sein Wohnsitz ist hingegen unerheblich.[55] Der Begriff des gewöhnlichen Aufenthaltes ist autonom zu bestimmen (näher Art. 19). Bei Fehlen eines gewöhnlichen Aufenthaltes genügt der schlichte Aufenthalt.[56] Handelt eine natürliche Person im Rahmen der Ausübung ihrer beruflichen Tätigkeit, ist ihr gewöhnlicher Aufenthalt ihre Hauptniederlassung (Art. 19 Abs. 1 Unterabs. 2).[57] Das Risiko kann sich auch am Ort der Zweigniederlassung, Agentur oder sonstigen Niederlassung der natürlichen Person befinden (Art. 19 Abs. 2).[58]

21 Ist der Versicherungsnehmer eine **juristische Person**, kommt eine Anknüpfung an den gewöhnlichen Aufenthalt nicht in Betracht. Daher ist Art. 19 Abs. 2 in diesem Zusammenhang auch nicht anwendbar.[59] Maßgeblich für die Bestimmung der Risikobelegenheit ist nach Art. 13 Nr. 13 lit. d ii) SII-RL in diesen Fällen der Ort, an dem sich die **Niederlassung** befindet. Der Begriff „juristische Person" ist im weitesten Sinne zu verstehen.[60] Deswegen wurde die Vorschrift in Deutschland in Art. 7 Abs. 2 Nr. 4 lit. b EGVVG mit dem Ausdruck **„keine natürlichen Personen"** umgesetzt. Dieser Begriff umfasst nicht nur juristische Personen, sondern ebenso nicht rechtsfähige Personenmehrheiten sowie Gesamthandgemeinschaften wie etwa eine Erbengemeinschaft.[61] Der Begriff Niederlassung ist ebenfalls autonom auszulegen. Dabei kann man sich an Art. 5 Abs. 5 EuGVVO orientieren.[62] Kann das Risiko keiner Niederlassung zugeordnet werden, wird in der Regel an die tatsächliche Hauptverwaltung angeknüpft.[63] Durch die Verwendung der Betriebsstätte bzw der entsprechenden Einrichtung als Anknüpfungsmoment erfolgt die Bestimmung der Risikobelegenheit nicht anhand des **Hauptsitzes des Unternehmens**, sondern anhand einer kleineren Einheit.[64] Unerheblich für die Auslegung des Begriffs der Risikobelegenheit ist, wie die Versicherungsprämie innerhalb eines Konzerns fakturiert oder gezahlt wird.[65]

22 Bei der Versicherung für **fremde Rechnung** ist auf den gewöhnlichen Aufenthalt oder die Niederlassung des Versicherungsnehmers und nicht des Versicherten abzustellen.[66]

---

52 So aber über Art. 7 Abs. 2 Nr. 3 EGVVG *Reichert-Facilides*, IPrax 1990, 1, 7; dagegen die hM vgl nur Prölss/Martin/*Armbrüster*, VVG, 28. Aufl. 2010, Art. 7 EGVVG Rn 7; MüKo/*Martiny*, Art. 7 Rn 49; vgl auch Looschelders/*Smarowos*, VersR 2010, 1, 3; Langheid/Wandt/*Looschelders*, Internationales Versicherungsvertragsrecht, Rn 44; Looschelders/Pohlmann/*Schäfer*, Art. 7 Rn 140.

53 Bruck/Möller/*Dörner*, Art. 7 Rn 36; Soergel/*v. Hoffmann*, Art. 37 EGBGB Rn 80.

54 Prölss/Martin/*Armbrüster*, VVG, 28. Aufl. 2010, Art. 7 EGVVG Rn 7.

55 MüKo/*Martiny*, Art. 7 Rn 51; aA *Mankowski*, VersR 1999, 923, 924, der den Wohnsitz zur Ausfüllung des Begriffs des gewöhnlichen Aufenthalts heranziehen will.

56 Bruck/Möller/*Dörner*, Art. 7 Rn 40; Langheid/Wandt/*Looschelders*, Internationales Versicherungsvertragsrecht, Rn 48; Looschelders/Pohlmann/*Schäfer*, Art. 7 Rn 142.

57 Rauscher/*Fricke*, EuZPR/EuIPR, Art. 7 Rn 55; mit Zweifel über das Verhältnis von Art. 19 Abs. 1 Unterabs. 2 und das Richtlinienrecht Langheid/Wandt/*Looschelders*, Internationales Versicherungsvertragsrecht, Rn 51; Looschelders/Pohlmann/*Schäfer*, Art. 7 Rn 143.

58 Langheid/Wandt/*Looschelders*, Internationales Versicherungsvertragsrecht, Rn 51. Vgl gegen die Anwendung von Art. 19 Abs. 2 auf natürliche Personen Bruck/Möller/*Dörner*, Art. 7 Rn 42, Art. 19 Rn 6.

59 Vgl Rauscher/*Fricke*, EuZPR/EuIPR, Art. 7 Rn 55; Looschelders/Pohlmann/*Schäfer*, Art. 7 Rn 143; Looschelders/*Smarowos*, VersR 2010, 1, 3 f; Langheid/Wandt/*Looschelders* Rn 51.

60 MüKo/*Martiny*, Art. 7 Rn 51; Looschelders/*Smarowos*, VersR 2010, 1, 3; Looschelders/Pohlmann/*Schäfer*, Art. 7 Rn 144.

61 Bruck/Möller/*Dörner*, Art. 7 Rn 43; MüKo/*Martiny*, Art. 7 Rn 51; Looschelders/Pohlmann/*Schäfer*, Art. 7 Rn 144.

62 Langheid/Wandt/*Looschelders*, Internationales Versicherungsvertragsrecht, Rn 49.

63 Bruck/Möller/*Dörner*, Art. 7 Rn 44; Rauscher/*Fricke*, EuZPR/EuIPR, Art. 7 Rn 55; Langheid/Wandt/*Looschelders*, Internationales Versicherungsvertragsrecht, Rn 49; Looschelders/Pohlmann/*Schäfer*, Art. 7 Rn 146.

64 U. Kramer, S. 161 f; Bamberger/Roth/*Spickhoff*, Art. 7 Rn 6; Reithmann/Martiny/*Schnyder*, Rn 4749.

65 EuGH, Rs C-191/99, Slg 2001, S. I-4447 Rn 59 f – Kvaerner plc/Staatssecretaris van Financiën.

66 Langheid/Wandt/*Looschelders*, Internationales Versicherungsvertragsrecht, Rn 46.

e) **Lebensversicherung.** Bei Lebensversicherungen ist der Staat, in dem das Risiko belegen ist, der **Staat** 23
der Verpflichtung im Sinne von Art. 13 Nr. 14 SII-RL. Dennoch führt diese Anknüpfung zum selben
Ergebnis wie in Art. 13 Nr. 13 lit. d SII-RL; denn Staat der Verpflichtung ist für natürliche Personen der
Staat des **gewöhnlichen Aufenthalts**, für juristische Personen der Staat der **Niederlassung**.

f) **Mehrfachbelegenheit der versicherten Risiken.** Umstritten ist, wie die Risikobelegenheit lokalisiert 24
werden soll, wenn durch einen Versicherungsvertrag mehrere **Risiken in verschiedenen Staaten** abgesichert werden sollen, wie etwa beim Abschluss einer einheitlichen Versicherung für Gebäude in verschiedenen Staaten. Dabei ist zu differenzieren.

Sind mehrere Massenrisiken durch einen einheitlichen Versicherungsvertrag abgesichert, aber in mehreren 25
Mitgliedstaaten belegen, wie etwa bei einer einheitlichen Kraftfahrzeugversicherung für verschiedene
Kraftfahrzeuge in unterschiedlichen Mitgliedstaaten (**innereuropäische Mehrfachbelegenheit**), wird die
Risikobelegenheit erst bei der Bestimmung des anwendbaren Sachrechts relevant. Denn dass die Kollisionsnormen von Art. 7 anzuwenden sind, wenn das Massenrisiko ausschließlich in einem Mitgliedstaat belegen
ist, ergibt sich bereits aus Abs. 1. Aus Abs. 3 lit. e ergibt sich zunächst, dass – soweit die in verschiedenen
Mitgliedstaaten belegenen Risiken in Verbindung mit einer gewerblichen, freiberuflichen oder bergbaulichen Tätigkeit des Versicherungsnehmers stehen – die Möglichkeit einer **Rechtswahl** zugunsten des Rechts
der Risikobelegenheit oder des gewöhnlichen Aufenthalts des Versicherungsnehmers eröffnet ist (vgl
Rn 47 ff). Mangels Rechtswahl findet eine **Vertragsspaltung** statt (Abs. 5).

Schwieriger fällt die Entscheidung, welche Kollisionsnormen heranzuziehen sind, wenn die versicherten 26
Massenrisiken **teilweise innerhalb und teilweise außerhalb des EWR** belegen sind. Bislang wurden in
diesem Fall eine einheitliche Anknüpfung nach Art. 7 EGVVG[67] oder eine **gespaltene Anknüpfung** je nach
Risikobelegenheit erwogen.[68] Erwägungsgrund 33 spricht sich jetzt ausdrücklich für die zuletzt genannte
Lösung aus: Wenn ein Massenrisikovertrag mehr als ein Risiko deckt und mindestens eines davon in einem
Mitgliedstaat und eines in einem dritten Staat belegen ist, so sollen die besonderen Regelungen der
Rom I-VO für Versicherungsverträge nur für die Risiken gelten, die in dem betreffenden Mitgliedstaat bzw
den betreffenden Mitgliedstaaten belegen sind. In der Folge ist das anwendbare Recht aufgrund unterschiedlicher Kollisionsnormen zu bestimmen. Dies mag die Rechtsanwendung erschweren, macht sie aber
nicht unmöglich. Zu einer **Vertragsspaltung** kann es zudem auf sachrechtlicher Ebene kommen, wenn
wegen einer unterschiedlichen Risikobelegenheit verschiedene Rechte zur Anwendung berufen werden.[69]
Es ist jedoch nicht klar, ob die Folgen der Existenz zweier Anknüpfungsregime stets durch eine aufeinander
abgestimmte einheitlichen Rechtswahl umgegangen werden könnten, da die Anwendbarkeit des Abs. 4 bei
Risikobelegenheit außerhalb des EWR umstritten ist.

Im Falle einer Vertragsspaltung könnte ein Teil des Versicherungsvertrages nach dem auf ihn anwendbaren 27
Recht unwirksam sein. In diesem Fall stellt sich die Frage, ob die Unwirksamkeit diesen Teils möglicherweise Folgen für die Wirksamkeit des gesamten Vertrages hat.[70] Über die Folgen einer **Teilnichtigkeit** auf
den gesamten Vertrag entscheidet das Vertragsstatut.[71] Im Falle einer Vertragsspaltung entscheidet aber das
jeweilige Teilstatut über die Wirksamkeit des jeweils anderen Vertragsteils.[72] Liegt eine Unter- oder Überversicherung in Bezug auf ein Teilrisiko vor, so ist manchmal der Bezug auf das andere Teilrisiko erforderlich, um das Missverhältnis zwischen Versicherungswert und Versicherungssumme zu kompensieren.[73]

g) **Mitgliedstaat.** Artt. 13 Nr. 13 und 14 SII-RL legen lediglich fest, wann ein Risiko in einem **EWR-Mit-** 28
gliedstaat belegen ist. Diese Vorschrift wird allerdings auch angewendet, um die Risikobelegenheit in
Drittstaaten zu bestimmen. Nach Art. 1 Abs. 4 bezeichnet der Begriff „Mitgliedstaat" im Rahmen von Art. 7
die EU-Mitgliedstaaten, dh auch Dänemark. Das bedeutet aber nicht, dass **Dänemark** selbst die Rom I-VO
anwendet (vgl Art. 1, Art. 24), sondern dass Art. 7 von den Richtern in den anderen EU-Mitgliedstaaten
auch dann angewendet wird, wenn das Risiko in Dänemark belegen ist.[74] Dänemark und die restlichen
EWR-Mitgliedstaaten, die keine EU-Mitgliedstaaten sind (Island, Liechtenstein und Norwegen), wenden
derzeit die eigenen Umsetzungsvorschriften zum alten Richtlinienrecht an,[75] das in einzelnen Aspekten von
Art. 7 abweicht. Art. 178 SII-RL ordnete aber in seiner früheren Fassung die Anwendung der Kollisionsnormen der Rom I-VO auch durch die EWR-Mitgliedstaaten an, für die die Rom I-VO eigentlich keine
Anwendung findet. Dies galt jedoch nur für die Versicherungsverträge, die in den Anwendungsbereich des

---

67 U. *Kramer*, S. 172 ff, insb. S. 175.
68 Honsell/*Dörner*, Berliner Kommentar zum VVG, 1999, Art. 7 EGVVG Rn 32; *Reichert-Facilides*, IPrax 1990, 1, 4; Reithmann/Martiny/*Schnyder*, Rn 4733.
69 *Fricke*, VersR 1994, 773, 775.
70 jurisPK-BGB/*Junker*, Art. 7 Rn 140.
71 Staudinger/*Hausmann*, Art. 10 Rn 31.
72 Möller/Bruck/*Dörner*, Art. 7 Rn 96; *Heinze*, NiPR 2009, 445, 448 Fn 66.
73 Möller/Bruck/*Dörner*, Art. 7 Rn 96.
74 Möller/Bruck/*Dörner*, Art. 3 Rn 11; *Plender/Wilderspin*, 2009, S. 296.
75 *Garcimartín Alférez*, EuLF 2008, I-61, I-75; *Heiss*, in: FS Kropholler 2008, S. 495, 462 f; *Plender/Wilderspin*, 2009, S. 299.

Art. 7 fallen. Daher haben **Island, Liechtenstein und Norwegen** weiterhin die Möglichkeit für Rückversicherungsverträge und Massenrisikoverträge über außerhalb des EWR belegene Risiken eigene Kollisionsnormen zu erlassen.[76] Im Beschluss des gemeinsamen EWR-Ausschusses Nr. 78/2011 vom 1. Juli 2011[77] wurde eine **geänderte Fassung des Art. 178 SII-RL** in den Anhang IX (Finanzdienstleistungen) des EWR-Abkommens aufgenommen. In dieser neuen Fassung gibt die Vorschrift nun Artt. 3, 10, 11 und 13 sowie – mit den entsprechenden Änderungen – Art. 7 Rom I-VO wieder.

29 Die EU-Mitgliedstaaten wenden aber weiterhin Artt. 3, 4 und 6 auf Massenrisikoverträge an, die in Island, Liechtenstein oder Norwegen belegene Risiken decken. Dieses Ergebnis sollte baldmöglichst durch eine Änderung von Art. 7 Abs. 1 beseitigt werden.[78] Die Anwendung von Art. 7 auf die EWR-Mitgliedstaaten ergibt sich jetzt aus dem in Art. 36 Abs. 1 EWR-Abkommen enthaltenen besonderen **Diskriminierungsverbot**.[79]

II. Die Kollisionsnormen im Einzelnen

30 **1. Großrisikoverträge (Abs. 2).** Sämtliche Großrisikoverträge werden ohne Rücksicht auf die Risikobelegenheit ausschließlich nach Art. 7 Abs. 2 angeknüpft. Für die Definition des Begriffs des Großrisikos wird auf Art. 5 lit. d RL 73/239/EWG (Art. 13 Nr. 27 SII-RL) verwiesen. Die Lebensversicherung ist damit nicht erfasst. Das ist insbesondere für Gruppenversicherungen von Bedeutung. Für die Erfüllung der Voraussetzungen ist der **Moment des Vertragsschlusses** maßgeblich.[80] Werden die erforderlichen Voraussetzungen nachträglich erfüllt, kann auch eine nachträgliche Rechtswahl erfolgen.[81]

31 **a) Rechtswahl.** Nach Art. 7 Abs. 2 S. 1 haben die Parteien bei Großrisikoverträgen **unbeschränkte Rechtswahlfreiheit**. Die allgemeinen Voraussetzungen für die Ausübung der Rechtswahl ergeben sich aus Art. 3. Liegt das Risiko in einem Mitgliedstaat und wird das Recht eines Drittstaates gewählt, kann die **Binnenmarktklausel** des Art. 3 Abs. 4 von Bedeutung sein. Der Versicherungsnehmer benötigt keinen besonderen Schutz, weil er in der Regel genügend Erfahrung im Umgang mit Versicherungsverträgen hat.[82] Die Parteien können folglich jede beliebige Rechtsordnung wählen.[83] Großrisikoverträge können auch von Verbrauchern abgeschlossen werden.[84] Allerdings ist Art. 6 in diesen Fällen nicht anwendbar.

32 **b) Objektive Anknüpfung.** Liegt keine Rechtswahl vor, bestimmt sich das anwendbare Recht nach Art. 7 Abs. 2 S. 2. Anwendbar ist das Recht am gewöhnlichen Aufenthalt **des Versicherers**. Nach Art. 19 Abs. 1 ist der gewöhnliche Aufenthalt von juristischen Personen ihre Hauptverwaltung. Wird der Vertrag mittels einer Zweigniederlassung, Agentur oder sonstige Niederlassung geschlossen oder sind diese für die Erfüllung verantwortlich, so befindet sich der gewöhnlichen Aufenthalt am Ort der Zweigniederlassung, Agentur oder sonstigen Niederlassung (Art. 19 Abs. 2). Der gewöhnliche Aufenthalt wird zum **Zeitpunkt des Vertragsschlusses** bestimmt (Art. 19 Abs. 3). Es ist daher unbeachtlich, wenn die Betreuung des Vertrages später einer Niederlassung anvertraut wird.[85]

33 Art. 7 Abs. 2 Unterabs. 2 sieht eine **Ausweichklausel** vor. Sofern sich aus der Gesamtheit der Umstände ergibt, dass eine offensichtlich engere Verbindung zum Recht eines anderen Staates vorliegt, ist nach Art. 7

---

76 Rauscher/*Fricke*, EuZPR/EuIPR, Art. 7 Rn 1; vgl Vernehmlassungsbericht der liechtensteinischen Regierung betreffend die Totalrevision des Gesetzes betreffend die Aufsicht über Versicherungsunternehmen und die Abänderung des Versicherungsvertragsgesetzes, des Gesetzes über das internationale Versicherungsvertragsrecht, des Pensionsfondsgesetzes, des Personen und Gesellschaftsrechts sowie des Versicherungsvermittlungsgesetzes vom 20. Dezember 2011.
ABl. EU Nr. L 262 vom 6. Oktober 2011, S. 45-49.
77 ABl. EU Nr. L 262 vom 6. Oktober 2011, S. 45-49.
78 Müko/*Martiny*, Art. 7 Rn 15.
79 *Richters*, Dienstleistungsfreiheit als Schranke des Internationalen Privatversicherungsrechts, S. 85 f. Vorher mit Bezug auf Art. 4 EWR-Abkommen *Heiss*, in: FS Kropholler 2008, S. 459, 463; *Piroddi*, I contratti di assicurazioni tra mercato interno e diritto internazionale privato, in: Boschiero (Hrsg.), La nuova disciplina comunitaria della legge applicabile ai contratti (Roma I), 2009, S. 278; Staudinger/*Armbrüster*, Art. 7 Rn 3; Langheid/Wandt/*Looschelders*, Internationales Versicherungsvertragsrecht, Rn 35;

jurisPK-BGB/*Junker*, Art. 7 Rn 29; Looschelders/Pohlmann/*Schäfer*, Art. 7 Rn 56. Gegen die Erstreckung des Anwendungsbereiches von Abs. 3 auf Versicherungsverträge mit Risikobelegenheit in den restlichen EWR-Mitgliedstaaten Bruck/Möller/*Dörner*, Art. 7 Rn 3; Ferrari u.a./*Staudinger*, Internationales Vertragsrecht. Art. 7 Rn 32.
80 Bruck/Möller/*Dörner*, Art. 7 Rn 15; Rauscher/*Fricke*, EuZPR/EuIPR, Art. 7 Rn 8; *Nordmeier*, in: Gebauer/Wiedmann, Kap. 37 Rn 78.
81 Bruck/Möller/*Dörner*, Art. 7 Rn 15.
82 *Caamiña Domínguez*, Cuadernos de Derecho Transnacional, Vol 1 Nr. 2 (2009), 30, 35; *Heinze*, NIPR 2009, 445, 447; Staudinger/*Armbrüster*, Art. 7 Rn 5; *Gruber*, 1999, S. 68 f; Langheid/Wandt/*Looschelders*, Internationales Versicherungsvertragsrecht, Rn 62. Looschelders/Pohlmann/*Schäfer*, Art. 7 Rn 57.
83 *Perner*, IPrax 2009, 218, 220; *Caamiña Domínguez*, Cuadernos de Derecho Transnacional, 2009, Vol 1 Nr. 2 (2009), 30, 35.
84 jurisPK-BGB/*Junker*, Art. 7 Rn 71.
85 Bruck/Möller/*Dörner*, Art. 7 Rn 24.

Abs. 2 Unterabs. 2 dieses Recht anwendbar. Genauso wie Art. 4 Abs. 3 ist diese Klausel eng auszulegen. Der abweichende gewöhnliche Aufenthalt des Versicherungsnehmers oder eine abweichende Risikobelegenheit genügen hierfür nicht, weil sie in der Regel vom Sitz des Versicherers abweichen.[86] Teilweise wird jedoch eine offensichtliche engere Verbindung angenommen, sofern diese beiden Elemente zum selben Recht führen.[87] Eine offensichtlich engere Verbindung könnte zum Beispiel bei einer Kreditversicherung zu dem Recht bestehen, dem der Kredit unterliegt.[88] Weil in Art. 7 Abs. 5 eine Vertragsspaltung nur im Rahmen von Massenrisikoverträgen vorgesehen wird, geht die hM davon aus, dass eine **Vertragsspaltung** bei Bestehen einer offensichtlich engeren Verbindung eines Teils des Vertrages zu einer anderen Rechtsordnung grundsätzlich nicht möglich ist.[89] Eine solche Vertragsspaltung wäre aber ausnahmsweise denkbar, wenn das Risiko Gegenstand eines eigenständigen Vertrages sein könnte.[90] Allerdings wird mangels einer offensichtlich engeren Verbindung zu einer einzigen Rechtsordnung eine Vertragsspaltung stattfinden, wenn die Mitversicherer den gewöhnlichen Aufenthalt in unterschiedlichen Staaten haben. Eine solche Vertragsspaltung lässt sich nur unter Rückgriff auf die **Ausweichklausel** vermeiden.[91] Art. 7 Abs. 5 ist im Rahmen von Großrisikoverträgen nur von Bedeutung, wenn mehrere Teilrisiken unterschiedlichen Pflichtversicherungsbestimmungen unterliegen.[92]

Die objektive Anknüpfung nach Art. 7 Abs. 2 führt damit grundsätzlich zum gleichen Ergebnis wie eine Anknüpfung nach Art. 4 Abs. 1 lit. b oder Abs. 2. Denn nach der hM wird bei Versicherungsverträgen die charakteristische Leistung vom Versicherer erbracht.[93] Im Rahmen der Anknüpfung von Großrisikoverträgen gilt es aber die **Besonderheiten von Art. 7** zu beachten. Dies betrifft zum einen die Regelung des Art. 7 Abs. 4[94] und zum anderen die Unanwendbarkeit des Art. 6. **34**

2. Massenrisikoverträge, Lebensversicherungsverträge über innerhalb des EWR belegene Risiken. a) Rechtswahl. Bei Versicherungsverträgen, die **keine Großrisikoverträge** sind (sog. Massenrisikoverträge, Lebensversicherungsverträge), wird den Parteien aufgrund der besonderen Schutzbedürftigkeit des Versicherungsnehmers (vgl Erwägungsgrund 32) nur eine **beschränkte Rechtswahlfreiheit** eingeräumt. Die Parteien können lediglich die Rechte wählen, die in Art. 7 Abs. 3 lit. a bis e aufgelistet sind. Grundgedanke der Beschränkung der Rechtswahlfreiheit ist der Schutz des Versicherungsnehmers als schwächere Vertragspartei. Art. 7 Abs. 3 gilt nur **bei Risikobelegenheit innerhalb des EWR**. Maßgeblicher Zeitpunkt für die Feststellung der Risikobelegenheit ist der des Vertragsschlusses. Dadurch wird ein Statutenwechsel, etwa nach Änderung des gewöhnlichen Aufenthalts, vermieden.[95] Eine Rückwirkung der Rechtswahl sollte indes nicht beschränkt werden, sofern die Möglichkeit zu einer Rechtswahl nach Art. 7 Abs. 3 erst nachträglich entstanden ist.[96] Dies wäre zB der Fall bei einer Gebäudeversicherung, wenn der gewöhnliche Aufenthalt von dem Mitgliedstaat, in dem das Gebäude belegen ist, in einen anderen Staat verlegt wird. **35**

Die Rechtwahl erfolgt nach Art. 3. Folglich sind eine **nachträgliche Rechtswahl und eine teilweise Rechtswahl möglich**. Zu einer Anwendung von Art. 3 Abs. 3 wird es nicht kommen, weil die in Art. 7 Abs. 3 vorgesehenen Rechtswahlmöglichkeiten stets einen Auslandsbezug voraussetzen.[97] Auch die **Binnenmarktklausel** wird nicht einschlägig sein, da nach Art. 7 Abs. 3 das Recht eines Drittstaates nur als Recht des gewöhnlichen Aufenthalts gewählt werden darf. Die Mitgliedstaaten dürfen aber nach Art. 7 Abs. 3 Unterabs. 2 die Wahl weiterer drittstaatlicher Rechtsordnungen erlauben. Nach Erwägungsgrund 32 findet Art. 6 auf Massenversicherungsverträge über innerhalb eines Mitgliedstaates belegene Risiken keine Anwendung.[98] Denn die Anwendung von Art. 6 würde dem in Art. 7 Abs. 3 enthaltenen eigenständigen Schutzkonzept für Versicherungsnehmer widersprechen. **36**

---

86 PWW/*Ehling*, Art. 7 Rn 5.
87 Dafür Bruck/Möller/*Dörner*, Art. 7 Rn 25; jurisPK-BGB/*Junker*, Art. 7 Rn 80; *Heinze*, NiPR 2009, 445, 447; unsicher Rauscher/*Fricke*, EuZPR/EuIPR, Art. 7 Rn 12; *Katschthaler/Leichsenring*, r+s 2010, 45, 50; MüKo/*Martiny*, Art. 7 Rn 22; *Pilich*, Studia Iuridica, 54 (2012), 197, 210; aA Ferrari u.a./*Staudinger*, Internationales Vertragsrecht, Art. 7 Rn 30; *Armbrüster*, in: FS von Hoffmann 2011, S. 23, 30; Calliess/*Gruber*, Art. 7 Rn 27; Langheid/Wandt/*Looschelders*, Internationales Versicherungsvertragsrecht, Rn 67; Looschelders/Pohlmann/*Schäfer*, Art. 7 Rn 70.
88 Erman/*Hohloch*, Art. 7 Rn 5.
89 StaudingerBGB/*Armbrüster*, Art. 7 Rn 9; Langheid/Wandt/*Looschelders*, Internationales Versicherungsvertragsrecht, Rn 68; Rauscher/*Fricke*, EuZPR/EuIPR, Art. 7 Rn 13; Looschelders/Pohlmann/

Schäfer, Art. 7 Rn 71. Ohne Bezug auf Abs. 5 Bruck/Möller/*Dörner*, Art. 7 Rn 25.
90 Bamberger/Roth/*Spickhoff*, Art. 7 Rn 11.
91 Rauscher/*Fricke*, EuZPR/EuIPR, Art. 7 Rn 46.
92 Bruck/Möller/*Dörner*, Art. 7 Rn 7.
93 *Gruber*, Insurance Contracts, in: Leible/Ferrari, Rome I Regulation, 2009, S. 112; *W.-H. Roth*, Internationales Vertragsrecht, 1985, S. 340 ff.
94 *Caamiña Domínguez*, Cuadernos de Derecho Transnacional, Vol 1 Nr 2 (2009), 30, 36.
95 *Caamiña Domínguez*, Cuadernos de Derecho Transnacional, Vol 1 Nr 2 (2009), 30, 39; Reithmann/Martiny/*Schnyder* Rn 4739; *Basedow/Drasch*, NJW 1991, 785, 787.
96 AA Looschelders/Pohlmann/*Schäfer*, Art. 7 Rn 159.
97 Vgl Bruck/Möller/*Dörner*, Art. 7 Rn 52.
98 So auch *Nordmeier*, in: Gebauer/Wiedmann, Kap. 37 Rn 81.

37 **aa) Risikobelegenheit zum Zeitpunkt des Vertragsschlusses (Abs. 3 lit. a).** Art. 7 Abs. 3 lit. a erlaubt die Wahl des Rechts des Mitgliedstaates, in dem zum Zeitpunkt des Vertragsschlusses das Risiko belegen ist. Diese Rechtswahlmöglichkeit ist nicht weiterführend, da das Recht der **Risikobelegenheit** ohnehin mangels Rechtswahl zu Anwendung kommen würde (vgl Art. 7 Abs. 3 Unterabs. 3).[99] Relevant kann diese Option erst dann werden, wenn der Mitgliedstaat der Risikobelegenheit entsprechend Art. 7 Abs. 3 Unterabs. 2 eine **größere Rechtswahlfreiheit** einräumt.[100] Insoweit hat Art. 7 Abs. 3 lit. a vor allem eine klarstellende Funktion.[101]

38 Die in lit. a enthaltene Rechtswahlmöglichkeit könnte an Bedeutung gewinnen, wenn sie im Falle einer innereuropäischen Mehrfachbelegenheit des Risikos zur Vermeidung einer Vertragsspaltung Anwendung fände. Indes wird die Rechtswahlfreiheit bei Mehrfachbelegenheit **ausdrücklich** auf die Fälle beschränkt, in denen die Voraussetzungen von Art. 7 Abs. 1 lit. e erfüllt sind.[102] Andernfalls könnte durch die Anknüpfung von verschiedenen Teilrisiken an eine Rechtsordnung, die zu ihnen keine Verbindung aufweist, das Ziel des Versicherungsnehmerschutzes umgegangen werden.[103] Im Gegensatz dazu wird die Heranziehung von Art. 7 Abs. 3 lit. a aber in dem seltenen Fall für möglich gehalten, dass ein einziges Risiko **in mehr als einem Mitgliedstaat** belegen ist.[104]

39 **bb) Staat des gewöhnlichen Aufenthalts (Abs. 3 lit. b).** Die Wahl des Rechts des **Aufenthaltsstaates** des Versicherungsnehmers ist ebenfalls nicht besonders weiterführend, da dieser in den meisten Fällen (mit Ausnahme der Versicherung unbeweglicher Sachen, der Fahrzeugversicherung und der Reise- und Ferienversicherung) mit dem Ort der Risikobelegenheit übereinstimmt.[105] Da lit. b nur von Staat, nicht aber Mitgliedstaat spricht, kann auch das Recht eines **Drittstaates** gewählt werden.[106] Die mögliche Anwendung einer Rechtsordnung, in welcher weder die Verordnung noch die Versicherungsrichtlinien gelten, ist dadurch gerechtfertigt, dass die Rechtswahl zur Anwendung des Rechts führt, mit dem der Versicherungsnehmer am besten vertraut ist.[107] Das Recht des Aufenthaltsstaates kann zur Vermeidung einer Vertragsspaltung bei Mehrrisikobelegenheit gewählt werden, und zwar ohne Rücksicht darauf, ob die versicherten Risiken in Zusammenhang mit einer gewerblichen oder beruflichen Tätigkeit stehen.[108]

40 **cc) Lebensversicherung (Abs. 3 lit. c).** Eine weitere Möglichkeit der Rechtswahl eröffnet Art. 7 Abs. 3 lit. c für Lebensversicherungsverträge (nach Art. 2 Abs. 3 iVm Anhang II SII-RL). Die Vorschrift trägt so dem starken Heimatbezug der Lebensversicherung (beabsichtigte Rückkehr ins Heimatland) Rechnung.[109] Allerdings erscheint es fraglich, ob aufgrund der Freizügigkeit im Binnenmarkt die Staatsangehörigkeit einen verlässlichen Rückschluss auf die Verbundenheit mit einem Mitgliedstaat zulässt.[110]

41 Eine Rechtswahl setzt voraus, dass der Versicherungsnehmer die Staatsangehörigkeit eines Mitgliedstaats und seinen gewöhnlichen Aufenthalt in einem anderen Mitgliedstaat hat. Welche Staatsangehörigkeit der Versicherungsnehmer hat, bestimmt sich nach dem jeweiligen Staatsangehörigkeitsrecht.[111] Besitzt eine

---

99 *Heiss*, in: FS Kropholler 2008, S. 459, 465; *Fricke*, VersR 2008, 443, 448; *Heinze*, NiPR 2009, 445, 449; MüKo/*Martiny*, Art. 7 Rn 27; *Perner*, IPrax 2009, 218, 221; *Looschelders/Smarowos*, VersR 2010, 1, 5; Palandt/*Thorn*, Art. 7 Rn 7.
100 *Heinze*, NiPR 2009, 445, 449; *Gruber*, in: Leible/Ferrari, Rome I Regulation, 2009, S. 120.
101 Looschelders/Pohlmann/*Schäfer*, Art. 7 Rn 77.
102 So die ganz überwiegende Meinung: Bruck/Möller/*Dörner*, Art. 7 Rn 89; Ferrari u.a./*Staudinger*, Art. 7 Rn 35, 42; Rauscher/*Fricke*, EuZPR/EuIPR, Art. 7 Rn 21; Looschelders/Pohlmann/*Schäfer*, Art. 7 Rn 80; *Plender/Wilderspin*, The European Private International Law of Obligations, S. 281; *Looschelders/Smarowos*, VersR 2010, 1, 5; *Piroddi*, in: Boschiero (Hrsg.), La nuova disciplina comunitaria della legge applicabile ai contratti (Roma I), S. 284; *Perner*, IPrax 2009, 218, 221; *Heinze*, NiPR 2009, 445, 450; *Heiss*, in: FS Kropholler 2008, S. 459, 466; *Gruber*, 1999, S. 104 f.
103 Langheid/Wandt/*Looschelders*, Internationales Versicherungsvertragsrecht, Rn 73.
104 *Plender/Wilderspin*, 2009, S. 281 f; *Heiss*, in: FS Kropholler 2008, S. 459, 465 f.
105 *Heiss*, in: FS Kropholler 2008, S. 459, 466; MüKo/*Martiny*, Art. 7 Rn 28.
106 *Plender/Wilderspin*, 2009, S. 282; *Caamiña Domínguez*, Cuadernos de Derecho Transnacional, Vol 1 Nr 2 (2009), 30, 40; Langheid/Wandt/*Looschelders*, Internationales Versicherungsvertragsrecht, Rn 74.
107 *Looschelders/Smarowos*, VersR 2010, 1, 5; *Gruber*, 1999, S. 100.
108 *Looschelders/Smarowos*, VersR 2010, 1, 6; Looschelders/Pohlmann/*Schäfer*, Art. 7 Rn 96; Beckmann/Matusche-Bechmann/*W.-H. Roth*, § 4 Rn 117; *Heiss*, in: FS Kropholler 2008, S. 459, 468; Rauscher/*Fricke*, EuZPR/EuIPR, Art. 7 Rn 21; *U. Kramer*, Internationales Versicherungsvertragsrecht, 1995, S. 198; Honsell/*Dörner*, Berliner Kommentar zum VVG, 1999, Art. 9 EGVVG Rn 17.
109 Looschelders/Pohlmann/*Schäfer*, Art. 7 Rn 84; *Gruber*, in: Leible/Ferrari, Rome I Regulation, 2009, S. 119; Langheid/Wandt/*Looschelders*, Internationales Versicherungsvertragsrecht, Rn 75.
110 *Heiss*, in: FS Kropholler 2008, S. 459, 467; *Stehl*, Die Überwindung der Inkohärenz des internationalen Privatrechts der Bank- und Versicherungsverträge, 2008, S. 267.
111 Bruck/Möller/*Dörner*, Art. 7 Rn 58; jurisPK-BGB/*Junker*, Art. 7 Rn 104; Langheid/Wandt/*Looschelders*, Internationales Versicherungsvertragsrecht, Rn 77.

Person mehrere Staatsangehörigkeiten, ist nicht auf die effektive abzustellen,[112] da dies dem Zweck des Art. 7 Abs. 3 lit. c, den möglichen Heimatbezug der Lebensversicherung zu berücksichtigen, widersprechen würde.[113] Art. 5 Abs. 1 S. 1 EGBGB ist nicht anwendbar.[114] Es gibt auch keinen Vorrang der deutschen Staatsangehörigkeit (Art. 5 Abs. 1 S. 2 EGBGB).[115] Vielmehr muss die Wahl all jener Mitgliedsstaaten zugelassen werden, denen der Versicherungsnehmer angehört.[116] Wenn in einer Versicherung auf verbundene Leben die beiden Versicherungsnehmer eine unterschiedliche Staatsangehörigkeit besitzen, kann der Versicherungsvertrag dem einen oder dem anderen Recht unterstellt werden.[117]

Der Versicherungsnehmer muss eine **natürliche Person** sein.[118] Dies ergab sich aus Art. 32 RL 2002/83/EG. Demzufolge kann ein Arbeitgeber, sofern er eine juristische Person ist, beim Abschluss einer Gruppenversicherung für seine Arbeitnehmer das Recht ihrer Staatsangehörigkeit nicht wählen.[119] **42**

Heimatstaat und Staat des gewöhnlichen Aufenthalts müssen zum Zeitpunkt des Vertragsschlusses auseinander fallen. Ein späterer Aufenthaltswechsel (in den Staat der Staatsangehörigkeit) oder der Erwerb einer anderen Staatsangehörigkeit (insb. des Aufenthaltsstaats) ist unerheblich.[120] Eine nachträgliche Rechtswahl ist in diesen Fällen jedoch immer noch möglich.[121] **43**

Art. 7 Abs. 3 lit. c kann nicht, und zwar auch nicht analog, herangezogen werden, wenn der Versicherungsnehmer nicht Staatsangehöriger eines Mitgliedstaats ist.[122] Unter Geltung des EGVVG wurde argumentiert, dass in diesem Fall die Gewährleistung eines dem harmonisierten Recht der Mitgliedstaaten vergleichbares Schutzniveau nicht gesichert wäre.[123] Wenigstens nach Einführung der Verordnung sollte aber der Grundsatz der Gleichwertigkeit der Rechtsordnungen beachtet werden.[124] Die Anwendung des Art. 7 Abs. 3 lit. c ist von vornherein ausgeschlossen, wenn der Versicherungsnehmer seinen gewöhnlichen Aufenthalt oder die Niederlassung **nicht innerhalb der EU** hat. Denn gem. Art. 13 Nr. 14 SII-RL wird bei Lebensversicherungsverträgen die Risikobelegenheit durch den gewöhnlichen Aufenthalt des Versicherungsnehmers bestimmt, wenn dieser eine natürliche Person ist, oder durch die Niederlassung, sofern er eine juristische Person ist. Ist das Risiko aber außerhalb der EU belegen, findet Art. 7 keine Anwendung. Eine analoge Anwendung auf die EWR-Staaten ist jedoch denkbar, weil auch dort das Versicherungsrichtlinienrecht gilt.[125] **44**

dd) Divergenz zwischen Risikobelegenheit und Ort der Risikoverwirklichung (Abs. 3 lit. d). Art. 7 Abs. 3 lit. d eröffnet den Parteien eine weitere Rechtswahlmöglichkeit, wenn die durch den Versicherungsvertrag gedeckten Risiken **ausschließlich in einem anderen Mitgliedstaat** eintreten können als dem Mitgliedstaat der Belegenheit des Risikos. Das kann beispielsweise der Fall sein, wenn ein Grundstück in Deutschland belegen ist (Risikobelegenheit dann nach Art. 13 Nr. 13 lit. a SII-RL in Deutschland), der Schaden aber nur in den Niederlanden eintreten kann (etwa Versicherung gegen Emissionsfolgen in diesem Staat). Zweck der Vorschrift ist es, den Parteien die Möglichkeit zu geben, den Versicherungsvertrag dem **45**

---

112 So aber *Gruber*, in: Leible/Ferrari, Rome I Regulation, 2009, S. 119 f; Prölss/Martin/*Armbrüster*, VVG, 28. Aufl. 2010, Art. 9 EGVVG Rn 24; Palandt/*Thorn*, Art. 7 Rn 7; Erman/*Hohloch*, Art. 7 Rn 7.

113 Honsell/*Dörner*, Berliner Kommentar zum VVG, 1999, Art. 9 EGVVG Rn 51; MüKo/*Martiny*, Art. 7 Rn 29.

114 *Looschelders/Smarowos*, VersR 2010, 1, 5; Staudinger/*Armbrüster*, Art. 7 Rn 13; Looschelders/Pohlmann/*Schäfer*, Art. 7 Rn 89.

115 Honsell/*Dörner*, Berliner Kommentar zum VVG, 1999, Art. 9 EGVVG Rn 51.

116 jurisPK-BGB/*Junker*, Art. 7 Rn 103; Looschelders/Pohlmann/*Schäfer*, Art. 7 Rn 85; Reithmann/Martiny/*Schnyder*, Rn 4752; Honsell/*Dörner*, Berliner Kommentar zum VVG, 1999, Art. 9 EGVVG Rn 51; MüKo/*Martiny*, 3. Aufl. 1998, Art. 37 EGBGB Rn 107; aA *X. Kramer*, The Icfai University Journal of Insurance Law, Vol IV Nr 4 (2008), 23, 38; *van Schoubroeck*, EJCL 4 (2009), 729, 764.

117 Bruck/Möller/*Dörner*, Art. 7 Rn 61.

118 jurisPK-BGB/*Junker*, Art. 7 Rn 105; Bruck/Möller/*Dörner*, Art. 7 Rn 62; Langheid/Wandt/*Looschelders*, Internationales Versicherungsvertragsrecht, Rn 77.

119 Kritisch Rauscher/*Fricke*, EuZPR/EuIPR, Art. 7 Rn 18.

120 Honsell/*Dörner*, Berliner Kommentar zum VVG, 1999, Art. 9 EGVVG Rn 50.

121 *W.-H. Roth*, in: Beckmann/Matusche-Beckmann, § 4 Rn 124.

122 Langheid/Wandt/*Looschelders*, Internationales Versicherungsvertragsrecht, Rn 76; *Looschelders/Smarowos*, VersR 2010, 1, 5.

123 Honsell/*Dörner*, Berliner Kommentar zum VVG, 1999, Art. 9 EGVVG Rn 49; MüKo/*Martiny*, 4. Aufl. 2006, Art. 37 EGBGB, Rn 115; Staudinger/*Armbrüster*, Anh. I zu Art. 37 EGBGB Rn 60.

124 *Plender/Wildersperin*, S. 283; vgl bereits *Gruber*, 1999, S. 138.

125 Rauscher/*Fricke*, EuZPR/EuIPR, Art. 7 Rn 18; *Looschelders/Smarowos*, VersR 2010, 1, 6.

gleichen Statut zu unterstellen wie die Haftungsfragen.[126] Erforderlich ist aber, dass der versicherte Schaden ausschließlich in einem anderen Mitgliedstaat als dem der Risikobelegenheit eintreten kann.[127]

46 Wählbar ist nach Art. 7 Abs. 3 lit. d das Recht des Mitgliedsstaates, in dem der Schaden eintreten kann, sofern es sich dabei um einen Mitgliedstaat handelt. Sind Schadensfälle in mehreren Mitgliedstaaten versichert, kommt die Wahl eines der dort geltenden Rechte für den gesamten Vertrag nicht in Betracht, da sich dadurch die mit Art. 7 Abs. 3 lit. d angestrebte Koordinierung von Haftungs- und Versicherungsvertragsrecht nicht erreichen lässt.[128] Sonst würde die Ausnahmevorschrift des Art. 7 Abs. 3 lit. d zum Regelfall.[129] Eine Teilrechtswahl ist aber möglich.[130] Der inländische Schaden könnte auch in einem anderen Versicherungsvertrag gedeckt werden.[131] Von dieser Möglichkeit kann aber auch Gebrauch gemacht werden, wenn mehrere in unterschiedlichen Staaten belegene Risiken versichert werden.[132]

47 **ee) Versicherung von Risiken aus geschäftlicher Tätigkeit (Abs. 3 lit. e).** Art. 7 Abs. 3 lit. e regelt einen speziellen Fall der Mehrfachbelegenheit innerhalb der EU. Die Vorschrift setzt voraus, dass der Versicherungsnehmer eine gewerbliche oder industrielle **Tätigkeit ausübt oder freiberuflich tätig** wird und der Versicherungsvertrag mit dieser Tätigkeit verbundene Risiken abdeckt. Diese Begriffe sind autonom zu bestimmen. Derartige Tätigkeiten können in der Land- und Forstwirtschaft ausgeübt werden, umfassen aber auch eine bergbauliche Tätigkeit und das Handwerk.[133] Zu den erfassten Verträgen können auch Lebensversicherungen gehören.[134] Hintergrund dieser Rechtswahlmöglichkeit ist, dass der betroffene Personenkreis in der Regel erfahrener oder besser beraten ist als ein privater Versicherungsnehmer und daher auch mit Versicherungsverträgen umgehen kann, in denen mehrere Risiken einer einheitlichen Rechtsordnung unterstellt wurden.[135]

48 Abs. 3 lit. e verlangt, dass die Risiken mit der geschäftlichen Tätigkeit **„in Zusammenhang stehen"**. Die Rechtsprechung des EuGH zum Verbrauchergerichtsstand in Art. 15 Abs. 1 EuGVVO verlangt, dass „der nach außen dem Vertragspartner erkennbare beruflich-gewerbliche Zweck derart nebensächlich ist, dass er im Gesamtzusammenhang des betreffenden Geschäfts nur eine ganz untergeordnete Rolle spielt".[136] Dieses Kriterium sollte auch im Rahmen von Art. 7 Abs. 3 lit. e benutzt werden.[137]

49 Werden **mehrere Risiken** gedeckt, von denen einige beruflich-gewerblicher, andere privater Natur sind, dürfen nur erstere Gegenstand einer einheitlichen Rechtswahl sein. Für die anderen Risiken bedarf es dann einer Teilrechtswahl.[138] Darüber hinaus muss der Vertrag zwei oder mehrere Risiken abdecken, die in verschiedenen Mitgliedstaaten belegen sind. Wählbar ist dann das am Ort eines dieser Risiken oder das im Aufenthaltsstaat des Versicherungsnehmers geltende Recht. Das kann auch das Recht eines Drittstaates sein, sofern sich der Versicherungsnehmer dort gewöhnlich aufhält.[139]

50 **ff) Erweiterungsmöglichkeiten (Abs. 3 Unterabs. 2).** Art. 7 Abs. 3 Unterabs. 2 gestattet den Mitgliedstaaten, in ihrem autonomen Recht **weitere Rechtswahlmöglichkeiten** vorzusehen. Diese Möglichkeit ist aus dem alten Richtlinienrecht übernommen worden, wo sie „den fehlenden Konsens in der Gemeinschaft über die Grenzen der Parteiautonomie im Versicherungsvertragsrecht... überwinden" sollte.[140] Beispiels-

---

126 jurisPK-BGB/*Junker*, Art. 7 Rn 106; Looschelders/Pohlmann/*Schäfer*, Art. 7 Rn 91; Rauscher/*Fricke*, EuZPR/EuIPR, Art. 7 Rn 20; Langheid/Wandt/*Looschelders*, Internationales Versicherungsvertragsrecht, Rn 79; Honsell/*Dörner*, Berliner Kommentar zum VVG, 1999, Art. 9 EGVVG Rn 36; Prölss/Martin/*Armbrüster*, VVG, 28. Aufl. 2010, Art. 9 EGVVG Rn 17; Soergel/*v. Hoffmann*, Art. 37 EGBGB Rn 100.
127 Bruck/Möller/*Dörner*, Art. 7 Rn 63; Rauscher/*Fricke*, EuZPR/EuIPR, Art. 7 Rn 20; Looschelders/*Smarowos*, VersR 2010, 1, 6; PWW/*Ehling*, Art. 7 Rn 10; Heiss, in: FS Kropholler 2008, S. 459, 467; Prölss/Martin/*Armbrüster*, VVG, 28. Aufl. 2010, Art. 9 EGVVG Rn 15; *Basedow/Drasch*, NJW 1991, 785, 791.
128 Honsell/*Dörner*, Berliner Kommentar zum VVG, 1999, Art. 9 EGVVG Rn 36; Langheid/Wandt/*Looschelders*, Internationales Versicherungsvertragsrecht Rn 81.
129 Prölss/Martin/*Armbrüster*, VVG, 28. Aufl. 2010, Art. 9 EGVVG Rn 15.
130 Rauscher/*Fricke*, EuZPR/EuIPR, Art. 7 Rn 20; Staudinger/*Armbrüster*, Art. 7 Rn 14; Langheid/Wandt/*Looschelders*, Internationales Versicherungsvertragsrecht, Rn 81; aA Looschelders/Pohlmann/*Schäfer*, Art. 7 Rn 94.
131 Vgl Calliess/*Gruber*, Art. 7 Rn 44.
132 Bruck/Möller/*Dörner*, Art. 7 Rn 91.
133 Langheid/Wandt/*Looschelders*, Internationales Versicherungsvertragsrecht, Rn 84 ff.
134 Bruck/Möller/*Dörner*, Art. 7 Rn 65; Langheid/Wandt/*Looschelders*, Internationales Versicherungsvertragsrecht, Rn 83.
135 Bruch/Möller/*Dörner*, Art. 7 Rn 65.
136 EuGH, Rs C-464/2001, Slg 2005, I-439 Rn 54 – Gruber.
137 Looschelders/Pohlmann/*Schäfer*, Art. 7 Rn 65.
138 Vgl aber Bruck/Möller/*Dörner*, Art. 7 Rn 67 (Eintritt der objektiven Anknüpfung für die nicht gewerblichen Risiken).
139 Bruck/Möller/*Dörner*, Art. 7 Rn 69; Langheid/Wandt/*Looschelders*, Internationales Versicherungsvertragsrecht Rn 83; *U. Kramer*, S. 191.
140 Soergel/*v. Hoffmann*, Art. 37 EGBGB Rn 119; *Mankowski*, VersR 1993, 154, 157; Langheid/Wandt/*Looschelders*, Internationales Versicherungsvertragsrecht Rn 92.

weise hat England traditionell auch für Massenrisikoverträge volle Rechtswahlfreiheit gewährt.[141] Eine solche Bestimmung widerspricht dem Sinn und Zweck der Verordnung,[142] die das autonome Kollisionsrecht ersetzen soll.[143] Der Unionsgesetzgeber hätte auf sie verzichten sollen[144] und sollte sie spätestens bei der nächsten Reform der Rom I-VO beseitigen.

Räumen in den Fällen der **Risikobelegenheit** (lit. a), des **gewöhnlichen Aufenthaltes** (lit. b) oder der **Mehrheit von Risiken** bei gewerblicher, industrieller oder freiberuflicher Tätigkeit (lit. e) die betreffenden Mitgliedstaaten eine größere Wahlfreiheit bezüglich des auf den Versicherungsvertrag anwendbaren Rechts ein, steht es den Parteien frei, ob sie hiervon Gebrauch machen oder nicht. Es handelt sich dabei um einen „Renvoi besonderer Art",[145] zu dem es ausschließlich auf der Ebene der subjektiven Anknüpfung kommt und der von der Ausnutzung der Optionsmöglichkeit durch die Mitgliedstaaten, deren Recht nach lit. a, b oder e gewählt werden kann, abhängig ist.[146] Art. 7 Abs. 3 Unterabs. 2 setzt keine Verweisung zum Recht dieses Mitgliedstaates aufgrund einer Rechtswahl voraus.[147] Es genügt, dass die Parteien die Möglichkeit zur Rechtswahl hätten. Die derart erweiterte Rechtswahlfreiheit ist von den anderen Mitgliedstaaten zu respektieren.[148]

51

Die Möglichkeit der erweiterten Rechtswahl besteht, sofern das Kollisionsrecht eines Mitgliedstaates, dessen materielles Recht anwendbar ist, diese zulässt. Nach dem Zweck der Vorschrift (Erweiterung der Rechtswahlmöglichkeiten) ist die Verweisung auf die Kollisionsnormen der anderen Staaten als alternative **Verweisung** zu verstehen.[149] Dies gilt auch im Falle einer mehrfachen Risikobelegenheit (lit. e). In diesem Fall könnte die Entscheidung, ob die Rechtswahl nur ein Teilrisiko oder auch die anderen Risiken betreffen kann, dem in Bezug genommenem Kollisionsrecht obliegen.[150] Dennoch liegt es näher, bei Vorliegen der Voraussetzungen von Abs. 3 lit. e die einheitliche Wahl einer Rechtsordnung nach den Kollisionsnormen eines Mitgliedstaates, in dem das Teilrisiko belegen ist, immer zu gestatten; denn schließlich ist Sinn und Zweck der Einführung von Abs. 3 lit. e die Vermeidung einer Vertragsspaltung durch Ausübung der Parteiautonomie angesichts der (angeblich) geringeren Schutzbedürftigkeit des gewerblich handelnden Versicherungsnehmers. Auf die **Fragen der Zulässigkeit, des Umfangs und der Grenzen der Rechtswahl** ist ebenfalls die Rechtsordnung anwendbar, die eine weitergehende Rechtswahlfreiheit einräumt.[151] Der Richter muss also alle Differenzierungen nach Versicherungsart oder Personenkreis sowie die Hinweise auf die Anwendung der günstigeren zwingenden Vorschriften respektieren.[152]

52

Art. 7 Abs. 3 Unterabs. 2 verlangt, dass „die betreffenden Mitgliedstaaten" den Parteien eine größere Rechtswahlfreiheit zugestehen. Die Wahl des Rechts eines **Drittstaates** ist möglich, wenn es nach dem Recht des Mitgliedstaates der Risikobelegenheit oder des gewöhnlichen Aufenthalts erlaubt ist.[153] Die Rechtswahl erfolgt im Rahmen von Art. 7 und unterliegt nicht den Schranken des Art. 6.[154] Um den Versicherungsnehmer bei einer Rechtswahlerweiterung nicht völlig ungeschützt zu lassen, soll nach zT vertretener Ansicht entgegen Erwägungsgrund 32 gleichwohl **Art. 6 Rom I-VO** in Zusammenhang mit der Ausübung der weitergehenden Rechtswahlfreiheit nach Art. 7 Abs. 3 Unterabs. 3 anzuwenden sein.[155] In einem solchen Fall würde Art. 6 nicht in unmittelbarer Verbindung mit Art. 7, sondern mit der jeweiligen mitgliedstaatlichen Umsetzungsnorm angewendet. Der Versicherungsnehmer erhielte zudem noch den Schutz des

53

---

141 *Merret*, JPIL Vol 2 Nr 2 (2009), 49, 60.
142 Looschelders/Pohlmann/*Schäfer*, Art. 7 Rn 101; *Piroddi*, in: Boschiero (Hrsg.), La nuova disciplina comunitaria della legge applicabile ai contratti (Roma I), 2009, S. 287; *Fricke*, VersR 2008, 443, 447. Vgl die bereits im Grünbuch ausgedrückten Bedenken der Kommission zur Übernahme der Kollisionsnormen der Versicherungsrichtlinien in eine Verordnung, KOM (2002) 654 endg., S. 26 f.
143 *Heinze*, NiPR 2009, 445, 449.
144 Kritisch auch Rauscher/*Fricke*, EuZPR/EuIPR, Art. 7 Rn 22; *Heiss*, in: FS Kropholler 2008, 459, 471; Leible/*Lehmann*, RIW 2008, 528, 539.
145 *Piroddi*, in: Boschiero (Hrsg.), La nuova disciplina comunitaria della legge applicabile ai contratti (Roma I), 2009, S. 287 f; *Andrade Pissarra*, CDT Vol 3 Nr 2 (2011), 10, 41. Vgl aber Erman/*Hohloch*, Art. 7 Rn 9.
146 *Caamiña Domínguez*, Cuadernos de Derecho Transnacional, Vol 1 Nr 2 (2009), 30, 42.
147 Bruck/Möller/*Dörner*, Art. 7 Rn 76.
148 Palandt/*Thorn*, Art. 7 Rn 7; *Gruber*, 1999, S. 121.
149 Looschelders/Pohlmann/*Schäfer*, Art. 7 Rn 103; Langheid/Wandt/*Looschelders*, Internationales Versicherungsvertragsrecht, Rn 94; MüKo/*Martiny*, Art. 7 Rn 32; *Gruber*, in: Leible/Ferrari, Rome I Regulation, 2009, S. 121; *Heiss*, in: FS Kropholler 2008, S. 459, 471; vgl zur alten Rechtslage *Stehl*, 2008, S. 39; *Basedow/Drasch*, NJW 1991, 785, 792; Soergel/v. *Hoffmann*, Art. 37 EGBGB Rn 120; *W.-H. Roth*, in: Beckmann/Matusche-Beckmann, § 4 Rn 127; *Mankowski*, VersR 1993, 154, 158; aA *Morse*, in: Reichert-Facilides/Jessurun d'Oliveira (Hrsg.), International Insurance Contract Law, 1993, S. 42.
150 Bruck/Möller/*Dörner*, Art. 7 Rn 93.
151 Auch Bruck/Möller/*Dörner*, Art. 7 Rn 76.
152 Beckmann/Matusche-Beckmann/*W.-H. Roth*, § 4 Rn 129; Looschelders/Pohlmann/*Schäfer*, Art. 7 Rn 102.
153 *Caamiña Domínguez*, Cuadernos de Derecho Transnacional, 2009, Vol 1 Nr 2 (2009), 30, 42 ff.
154 *Heinze*, NiPR 2009, 445, 449; Looschelders/Pohlmann/*Schäfer*, Art. 7 Rn 106.
155 *Heiss*, in: FS Kropholler 2008, S. 459, 472; Looschelders/*Smarowos*, VersR 2010, 1, 7.

Art. 46 b EGBGB, sofern dessen Voraussetzungen erfüllt sind.[156] Das lässt sich freilich nur schwer mit dem grundsätzlichen Vorrang von Art. 7 vor Art. 6 in Einklang bringen.[157]

54 Die Mitgliedstaaten hatten von der schon im **Richtlinienrecht** vorgesehenen Erweiterungsmöglichkeit auf unterschiedliche Art und Weise Gebrauch gemacht. Diese Erweiterungen der Rechtswahlfreiheit werden durch die Rom I-VO – leider – nicht in Frage gestellt.[158] Gleichwohl hat **Deutschland** die in Artt. 9 Abs. 4 und 10 Abs. 2 EGVVG enthaltenen Erweiterungen mit dem Gesetz zur Anpassung der Vorschriften des Internationalen Privatrechts an die Rom I-VO abgeschafft. Art. 9 Abs. 4 EGVVG sah die unbeschränkte Rechtswahlfreiheit bei Korrespondenzversicherungen vor.[159] Art. 10 Abs. 2 EGVVG gestattete eine einheitliche Rechtswahl auch dann, wenn die zu versichernden Risiken sowohl in einem oder mehreren Mitgliedstaaten als auch in einem anderen Staat belegen waren. Eine Neubestimmung der Rechtswahlmöglichkeiten nach Inkrafttreten der Rom I-VO hat zum Beispiel im Vereinigten Königreich,[160] den Niederlanden,[161] Österreich[162] oder in der Tschechischen Republik stattgefunden.[163]

55 **b) Objektive Anknüpfung (Abs. 3 Unterabs. 3).** Mangels Rechtswahl findet das Recht des Staates der **Risikobelegenheit** zum Zeitpunkt des Vertragsschlusses Anwendung, und zwar auch dann, wenn der Versicherungsvertrag eine engere Verbindung mit einer anderen Rechtsordnung aufweist.[164] Die Risikobelegenheit bestimmt sich nach Abs. 6 (vgl Rn 10). Diese starre Anknüpfung lässt sich damit begründen, dass der Schwerpunkt des Vertrages typischerweise am Ort der Risikobelegenheit loziert ist[165] und dass damit aufgrund des häufigen Zusammenfallens von Wohnsitz und gewöhnlichen Aufenthalt der **Gleichlauf** von internationaler Zuständigkeit (vgl Art. 9 Abs. 1 lit. b EuGVVO) und Internationalem Privatrecht hergestellt wird.[166] Mangels Ausweichklausel kann ein **selbständiger Teil** des Versicherungsvertrages nicht ausnahmsweise nach einem anderen Recht angeknüpft werden, wenn er eine engere Verbindung zu einem anderen Staat aufweist. Sind die Risiken in mehr als einem Mitgliedstaat belegen, kommt es nach Abs. 5 zu einer **Vertragsspaltung**.

56 **3. Pflichtversicherung.** Eine besondere Norm zur Pflichtversicherung findet sich in Art. 7 Abs. 4. Sie betrifft nur Versicherungspflichten, die in einem Gesetz im materiellen Sinne zwingend vorgeschrieben worden sind,[167] und gilt für Groß- und Massenrisikoverträge, sofern ein (EWR-)Mitgliedstaat eine Versicherungspflicht vorschreibt.Nach lit. a erfolgt eine **faktische Berücksichtigung**[168] der besonderen Vorschriften zur Pflichtversicherung. Nach lit. b dürfen die Mitgliedstaaten eine **Kollisionsnorm** für die Anknüpfung der Pflichtversicherungsverträge **einfügen**.

57 Manche Autoren hatten vor Geltung der Rom I-VO für eine analoge Anwendung von Art. 12 EGVVG plädiert, wenn die Versicherungspflicht von einem **Drittstaat** ausging.[169] Für eine analoge Anwendung von Art. 7 Abs. 4 auf drittstaatliche Versicherungspflichten sprechen nach wie vor gute Gründe. Zwar ist in

---

156 Bruck/Möller/*Dörner*, Art. 7 Rn 74.
157 *Heinze*, NIPR 2008, 445, 449; Ferrari u.a./ *Staudinger*, Internationales Vertragsrecht, Art. 7 Rn 44.
158 Vgl dazu *Stehl*, Die Überwindung der Inkohärenz des Internationalen Privatrechts der Bank- und Versicherungsverträge, 2008, S. 40 ff; *Frigessi di Rattalma/ Seatzu*, The Implementation Provisions of the E.C. Choice of Law Rules for Insurance Contracts. A Commentary, 2003. Vgl eine Auflistung der Vorschriften zur Umsetzung der Richtlinie 88/357/EWG in <http://eur-lex.europa.eu/LexUriServ/LexUriServ.do?uri=CELEX:71988L0357:DE:NOT>.
159 Kritisch zu seiner Abschaffung *Heiss*, in: FS Kropholler 2008, S. 459, 468.
160 Financial Services and Markets Act 2000 (Law Applicable to Contracts of Insurance) Regulations 2009.
161 Art. 155 Wet van 19 mei 2011 tot vaststelling en invoering van Boek 10 (Internationaal privaatrecht) van het Burgerlijk Wetboek (Vaststellings- en Invoeringswet Boek 10 Burgerlijk Wetboek), Staatsblad 2011, 272, S. 1 ff.
162 § 35 a IPR-Gesetz, BGBl Nr. 304/1978 zuletzt geändert durch BGBl I Nr. 21/2011.
163 § 87 Abs. 3 Předpis č. 91/2012 Sb. Zákon o mezinárodním právu soukromém (In-Kraft-Treten 1.1.2014).

164 MüKo/*Martiny*, Art. 7 Rn 36 45; *Heiss*, in: FS Kropholler 2008, S. 459, 474.
165 Rauscher/*Fricke*, EuZPR/EuIPR, Art. 7 Rn 23; PWW/*Ehling*, Art. 7 Rn 11.
166 Langheid/Wandt/*Looschelders*, Internationales Versicherungsvertragsrecht, Rn 100; Staudinger/*Armbrüster*, Art. 7 Rn 17; Honsell/*Dörner*, Berliner Kommentar zum VVG, 1999, Art. 8 EGVVG Rn 2; *Mankowski*, VersR 1999, 923, 928; *W.-H. Roth*, in: Beckmann/Matusche-Beckmann, § 4 Rn 86.
167 PWW/*Ehling*, Art. 7 Rn 13; jurisPK-BGB/*Junker*, Art. 7 Rn 125; Langheid/Wandt/*Looschelders*, Internationales Versicherungsvertragsrecht, Rn 103; Rauscher/*Fricke*, EuZPR/EuIPR, Art. 7 Rn 24; Basedow/ *Drasch*, NJW 1991, 785, 794; Looschelders/Pohlmann/*Schäfer*, Art. 7 Rn 116.
168 Bruck/Möller/*Dörner*, Art. 7 Rn 82.
169 *Basedow/Drasch*, NJW 1991, 785, 794; Honsell/*Dörner*, Berliner Kommentar zum VVG, 1999, Art. 12 EGVVG Rn 7; MüKo/*Martiny*, Art. 37 EGBGB Rn 143; Soergel/*v. Hoffmann*, Art. 37 EGBGB Rn 128; *Lübbert/Vogel*, r+s 2000, 311, 313; Prölss/ Martin/*Armbrüster*, VVG, 28. Aufl. 2010, Art. 12 EGVVG Rn 2. Differenzierend je nach Belegenheit des Risikos innerhalb oder außerhalb der EU bzw EWR *W.-H. Roth*, in: Beckmann/Matusche-Beckmann, § 4 Rn 100.

Art. 7 Abs. 4 anders als in Art. 8 Abs. 4 lit. c RL 88/357/EWG ausdrücklich von „Mitgliedstaat" die Rede,[170] doch ist die Beschränkung auf mitgliedstaatlichen Versicherungspflichten nur schwer mit dem **Prinzip der Gleichheit der Rechtsordnungen** vereinbar. Die Vorschrift sollte daher bei der bevorstehenden Reform der Verordnung dringend geändert[171] und in der Zwischenzeit analog angewendet werden.[172] Versicherungspflichten eines Nicht-Mitgliedstaats könnten zwar theoretisch im Rahmen von Art. 9 berücksichtigt werden,[173] doch werden in der Mehrzahl der Fälle die besonderen Vorschriften zur Pflichtversicherung die Voraussetzungen von Art. 9 Abs. 3 nicht erfüllen, da die Folge des Verstoßes gegen eine ausländische Versicherungspflicht normalerweise nicht die Unrechtmäßigkeit des Versicherungsvertrages, sondern lediglich eine Zweckverfehlung ist.[174]

Bei **Massenrisikoverträgen** muss das Risiko außerdem in einem EWR-Mitgliedstaat belegen sein. Andernfalls bestimmt sich das Versicherungsvertragsstatut ausschließlich nach Artt. 3, 4 und 6.[175] Für **Großrisikoverträge** gilt Art. 7 Abs. 4 ohne Rücksicht auf die Belegenheit des Risikos. Eine mögliche Anknüpfung an das Recht des die Versicherungspflicht auferlegenden Staates könnte in diesem Fall über die Ausweichklausel in Art. 4 Abs. 3 bzw Art. 7 Abs. 2 S. 2 oder nach Art. 4 Abs. 4 erfolgen.[176] Dies setzt aber voraus, dass **keine wirksame Rechtswahl** stattgefunden hat.[177] Auch hier ist zwar ein Weg über Art. 9 Abs. 3 denkbar, praktisch aber kaum gangbar. Während die Beschränkung der Anwendbarkeit von Art. 7 Abs. 4 auf Versicherungspflichten, die ausschließlich von Mitgliedstaaten auferlegt werden, das Ziel einer mehr oder weniger vertretbaren Privilegierung der Mitgliedstaaten gegenüber den Nichtmitgliedstaaten verfolgt, erscheint die Beschränkung auf Risiken, welche innerhalb eines Mitgliedstaates belegen sind, als eine unvorhergesehene Folge der fortbestehenden Zersplitterung der Anknüpfungsregime für Massenrisikoverträgen. Aus diesem Grund sollte Art. 7 Abs. 4 analog angewendet werden, wenn die Versicherungspflicht durch einen Mitgliedstaat angeordnet wird und das Risiko außerhalb eines Mitgliedstaates belegen ist.[178]

58

Art. 7 Abs. 4 lit. a bestimmt **nicht unmittelbar**, welches Recht auf Pflichtversicherungen Anwendung findet. Art. 7 Abs. 2 und 3 werden daher nicht verdrängt. Ebenfalls nicht verdrängt werden Artt. 3, 4 und 6 bei analoger Anwendung der Vorschrift auf Massenrisikoverträge über außerhalb des EWR belegene Risiken. Nach lit. a S. 1 genügt der Versicherungsvertrag der Versicherungspflicht nur, wenn er den von dem die Versicherungspflicht auferlegenden Mitgliedstaat vorgeschriebenen besonderen Bestimmungen für diese Versicherung entspricht. Mit „**besonderen Bestimmungen**" sind sowohl die inhaltlichen als auch die formellen Anforderungen des Pflichtversicherungsstaates gemeint.[179]

59

Für den Fall eines **Widerspruchs** zwischen dem Recht des Mitgliedstaats, in dem das Risiko belegen ist, und dem Recht des Mitgliedstaats, der die Versicherungspflicht vorschreibt, sieht Art. 7 Abs. 4 lit. a S. 2 den Vorrang des Rechts, das die Versicherungspflicht vorschreibt, vor. Dies gilt selbst dann, wenn zwar der Mitgliedstaat der Risikobelegenheit gleichfalls eine Versicherungspflicht vorsieht, diese aber hinter der Versicherungspflicht des anderen Mitgliedstaates inhaltlich zurückbleibt.[180] Dennoch ist nicht immer das Recht des Mitgliedstaats der Risikobelegenheit das anwendbare Recht. Bei **Großrisikoverträgen** besteht absolute Rechtswahlfreiheit, die sogar die Wahl des Rechts eines Drittstaates erlaubt. Mangels Rechtswahl kommen das Recht am gewöhnlichen Aufenthalt des Versicherers oder das Recht, zu dem eine offensichtlich engere Verbindung besteht (vgl Rn 30 ff), zur Anwendung. Nur bei **Massenrisikoverträgen** (vgl Rn 55) wird mangels Rechtswahl an das Recht der Risikobelegenheit angeknüpft.[181]

60

Art. 7 Abs. 4 lit. b Rom I-VO enthält eine **Ermächtigungsnorm** für die Mitgliedstaaten, um im autonomen Recht eine Kollisionsnorm für die Anknüpfung von Pflichtversicherungen einzufügen. Deutschland hat mit **Art. 46 c EGBGB** von dieser Möglichkeit Gebrauch gemacht. Zweck der Regelung ist es, dem starken ter-

61

---

170 Zutr. Langheid/Wandt/*Looschelders*, Internationales Versicherungsvertragsrecht, Rn 106.
171 PWW/*Ehling*, Art. 7 Rn 15.
172 Bruck/Möller/*Dörner*, Art. 7 Rn 50; Art. 46 c EGBGB Rn 5; Bamberger/Roth/*Spickhoff*, Art. 7 Rn 18; PWW/*Ehling*, Art. 7 Rn 16; *Gruber*, in: Leible/Ferrari, Rome I Regulation, 2009, S. 124; auch *Heiss*, Yb. P.I.L. 10 (2008), 261, 281. Zu Art. 46 c EGBGB *Martiny*, RIW 2009, 737, 751.
173 Deswegen verneint die Notwendigkeit einer Analogie *Böttger*, VersR 2012, 161; vgl auch *Heinze*, NiPR 2009, 445, 451; *Heiss*, Yb. P.I.L. 10 (2008), 261, 281; bezweifelnd *Lagarde/Tenenbaum*, Rev. crit. DIP 97 (2008), 727, 769.
174 Rauscher/*Fricke*, EuZPR/EuIPR, Art. 7 Rn 24; vgl zum materiellen deutschen Recht *Armbrüster/Dallwig*, VersR 2009, 150, 151.
175 Für die analoge Anwendung von Art. 7 Abs. 4 in Massenrisikoverträgen bei Risikobelegenheit in einem Drittstaat Staudinger/*Armbrüster*, Art. 7 Rn 21; PWW/*Ehling*, Art. 7 Rn 16.
176 Bamberger/Roth/*Spickhoff*, Art. 7 Rn 19; Rauscher/*Fricke*, EuZPR/EuIPR, Art. 7 Rn 26. Vgl auch *Heinze*, NiPR 2009, 445, 450.
177 Bruck/Möller/*Dörner*, Art. 46 c EGBGB Rn 5.
178 *Ehling*, RPG 2010, 31, 35 f; *Perner*, IPrax 2009, 218, 222; Bruck/Möller/*Dörner*, Art. 46 c EGBGB Rn 6.
179 MüKo/*Martiny*, Art. 7 Rn 38.
180 *Perner*, IPrax 2009, 218, 220.
181 Bruck/Möller/*Dörner*, Art. 7 Rn 83; *Caamiña Domínguez*, Cuadernos de Derecho Transnacional, Vol 1 Nr 2 (2009), 30, 50; *X. Kramer*, The Icfai University Journal of Insurance Law, Vol VI Nr 4 (2008), 23, 40.

ritorialen Bezug von öffentlich-rechtlichen Versicherungspflichten sowie dem jeweiligen besonderen öffentlichen Interesse an einem effektiven Versicherungsschutz Rechnung tragen zu können.[182] Art. 46 c EGBGB trat zeitgleich mit der Rom I–VO zum 17.12.2009 in Kraft.[183] Zuvor wurde die Pflichtversicherung nach dem fast gleichlautenden Art. 12 EGVVG angeknüpft.

62 Art. 46 c EGBGB ordnet die Anwendung des Rechts des **Mitgliedstaates der EU oder des EWR** an, der die Versicherungspflicht vorschreibt, sofern dieser die Anwendung seines Rechts selbst vorsieht. Trotz Erwähnung der EWR-Mitgliedstaaten bleibt Art. 46 c EGBGB innerhalb der Ermächtigung von Abs. 4.[184] Mit der eingeschränkten Anwendbarkeit des Rechts der Versicherungspflicht wird das Ziel erreicht, die Ausnahme von den allgemeinen Anknüpfungsregeln möglichst eng zu halten.[185] Wenn ein Recht eine Versicherungspflicht zwar vorsieht, aber seine eigene Anwendung nicht vorschreibt, bestimmt sich das Versicherungsvertragsstatut nach den allgemeinen Anknüpfungsregeln. Abs. 4 lit. a bleibt jedoch anwendbar.[186]

63 Werden von einem Versicherungsvertrag **mehrere Risiken** gedeckt und besteht für mindestens eines eine Versicherungspflicht, findet Abs. 5 Anwendung. Es ist daher für jeden Vertragsteil zu prüfen, ob der betreffende Mitgliedstaat die Anwendung seines Rechts verlangt oder ob seine besonderen Vorschriften zur Pflichtversicherung über Abs. 4 lit. a berücksichtigt werden sollen. Wenn ein und dasselbe Risiko von mehreren Versicherungspflichten getroffen wird, soll es zu einer **Statutenspaltung** kommen, sofern der Vertrag sich in mehrere sachlich-räumliche Komplexe zerlegen lässt.[187] Andersfalls soll auf den Mitgliedstaat mit der **engsten Verbindung** abgestellt werden.[188]

C. Weitere praktische Hinweise

I. Andere Versicherungsverträge

64 Auf Massenrisikoverträge und Lebensversicherungsverträge über ein **außerhalb eines Mitgliedstaates belegenes Risiko** finden Artt. 3, 4, und 6 Anwendung.[189] Die Risikobelegenheit bestimmt sich nach Art. 7 Abs. 6. **Rückversicherungsverträge** werden ohne Rücksicht auf die Risikobelegenheit nach Artt. 3 und 4 angeknüpft.

65 **1. Massenrisikoverträge, Lebensversicherungsverträge über außerhalb des EWR belegene Risiken. a) Rechtswahl (Art. 3).** Ist der Versicherungsvertrag **kein Verbrauchervertrag**, dürfen die Parteien nach Art. 3 jedes beliebige staatliche Recht wählen, auch wenn der Versicherungsnehmer Kleinunternehmer ist. Wählbar ist nur staatliches Recht. Die **Principles of European Insurance Law** (PEICL)[190] dürfen derzeit mangels Verabschiedung als optionales Instrument (Erwägungsgrund 14) nur im Wege einer materiellrechtlichen Verweisung herangezogen werden.[191] Nach Abs. 1 ist eine teilweise Rechtswahl möglich. Auch eine nachträgliche Rechtswahl ist nach Abs. 2 gestattet, doch dürfen Rechte Dritter nicht beeinträchtigt werden. Die Rechtswahl kann ausdrücklich erfolgen oder sich aus den Bestimmungen des Vertrags bzw den Umständen des Falles ergeben. Für die Annahme einer stillschweigenden Rechtswahl bedarf es des Vorliegens von auf einen entsprechenden Willen hindeutender Indizien (vgl Art. 3 Rn 49 f). **Besondere Indizwirkung** bei Versicherungsverträgen können zB die Vereinbarung eines Standardvertrags wie etwa der Seeversicherung von Lloyd's, die bekanntlich auf der Grundlage einer bestimmten Rechtsordnung entwickelt worden ist,[192] das Vorliegen einer Rechtswahlklausel im Hauptvertrag oder in der mit dem Versi-

---

182 Vgl über Art. 12 EGVVG Soergel/*v. Hoffmann*, Art. 37 EGBGB Rn 126; MüKo/*Martiny*, Art. 7 Rn 40; Prölss/Martin/*Armbrüster*, VVG, 28. Aufl. 2010, Art. 12 EGVVG Rn 1; ähnlich *Perner*, IPrax 2009, 218, 221; *Looschelders/Smarowos*, VersR 2010, 1, 7; Langheid/Wandt/*Looschelders*, Internationales Versicherungsvertragsrecht, Rn 102.
183 Vgl BT-Drucks 16/12104, S. 11.
184 Langheid/Wandt/*Looschelders*, Internationales Versicherungsvertragsrecht, Rn 110.
185 Langheid/Wandt/*Looschelders*, Internationales Versicherungsvertragsrecht, Rn 110.
186 Müko/*Martiny*, Art. 46 c EGBGB Rn 7; vgl aber Rauscher/*Fricke*, EuZPR/EuIPR, Art. 7 Rn 25; Bruck/Möller/*Dörner*, Art. 7 Rn 84.
187 Bruck/Möller/*Dörner*, Art. 46 c EGBGB Rn 14.
188 Langheid/Wandt/*Looschelders*, Internationales Versicherungsvertragsrecht, Rn 113; Looschelders/Pohlmann/*Schäfer*, Art. 7 Rn 122; für die kumulative Anwendung beider Rechtsordnungen im Rahmen von Art. 46 c EGBGB, Bruck/Möller/*Dörner*, Art. 46 c EGBGB Rn 14.
189 Das ist nicht auf einen „redaktionellen Fehler" zurückzuführen, vgl *Fricke*, VersR 2008, 443, 448.
190 *Restatement Group*, Principles of European Insurance Contract Law, 2009; siehe darüber etwa *Basedow*, ERA-Forum 2008, 111-117; *Hinchliffe*, ERA-Forum 2008, 167-175.
191 *Heiss*, in: FS Kropholler 2008, S. 459, 470 f; *Looschelders/Smarowos*, VersR 2010, 1, 8; Langheid/Wandt/*Looschelders*, Internationales Versicherungsvertragsrecht, Rn 117.
192 Bericht von *Giuliano/Lagarde*, BT-Drucks 10/503, S. 49; *Morse*, Party Autonomy in International Insurance Contract Law, in: Reichert-Facilides/Jessurun d'Oliveira (Hrsg.), International Insurance Contract Law, S. 27; *Seatzu*, 2003, S. 100; *Plender/Wilderspin*, 2009, S. 273.

cherungsvertrag verbundenen Rückversicherung haben.[193] Die Vereinbarung einer *to follow-Klausel* genügt dagegen nicht.[194]

Zu beachten ist die Beschränkung des Art. 3 Abs. 3 bei **Inlandsachverhalten**. Zu berücksichtigen sind die Risikobelegenheit, der Aufenthalt des Versicherungsnehmers und der Sitz des Versicherers. Von Bedeutung können außerdem der Abschlussort und der Erfüllungsort des Vertrages sein.[195] Die **Binnenmarktklausel** des Art. 3 Abs. 4 gelangt nicht zu Anwendung, wenn das Risiko außerhalb eines EU-Mitgliedstaates belegen ist.[196] 66

b) Objektive Anknüpfung (Art. 4). Mangels Rechtswahl ist Art. 4 anwendbar. Der Versicherungsvertrag ist eine **Dienstleistung** im Sinne des Art. 4 Abs. 1 lit. b.[197] Erwägungsgrund 17 verweist für den Begriff der Dienstleistung auf Art. 5 EuGVVO. Dort werden Versicherungsverträge als Dienstleistungsverträge qualifiziert.[198] Anwendbar ist folglich das Recht des Staates, in dem der Dienstleister im Moment des Vertragsschlusses seinen gewöhnlichen Aufenthalt hat. Für die Bestimmung des gewöhnlichen Aufenthaltes ist auf Art. 19 zurückzugreifen. Art. 4 Abs. 2 würde zum selben Ergebnis führen;[199] denn bei Versicherungsverträgen wird die **charakteristische Leistung** nach der hM vom Versicherer erbracht.[200] 67

Eine **engere Verbindung** zu einer anderen Rechtsordnung nach Art. 4 Abs. 3 kann zB bestehen, wenn ein inländischer Agent des Versicherers, der kein Makler ist, eingeschaltet wird. Vorgeschlagen wird in diesem Fall teilweise die Anwendung des Marktrechts.[201] Nach anderer Ansicht soll das Rechts des Staates Anwendung finden, in dem Risikobelegenheit und gewöhnlicher Aufenthalt des Versicherungsnehmers zusammenfallen, ohne dass die Risikobelegenheit nach dem gewöhnlichen Aufenthalt bestimmt wird, sofern der Vertrag mit einem Versicherer abgeschlossen wird, der in einem Mitgliedstaat ansässig ist und im Staat des gewöhnlichen Aufenthaltes des Versicherungsnehmers einen Agent eingeschaltet hat.[202] Eine Anknüpfung an die Risikobelegenheit, um den Gleichlauf mit Art. 7 Abs. 3 Unterabs. 3 zu gewährleisten[203] entspricht jedoch nicht dem **Willen des Gesetzgebers** und ist auch aufgrund des zurückhaltenden Gebrauchs von Art. 4 Abs. 3 grundsätzlich abzulehnen.[204] Auch wenn die Regel des Art. 7 Abs. 5 nur für Massenrisikoverträge über innerhalb des EWR belegene Risiken gilt, ist eine **dépeçage** aufgrund objektiver Anknüpfung im Rahmen von Art. 4 möglich.[205] 68

c) Verbraucherversicherungsverträge (Art. 6). Handelt der Versicherungsnehmer als **Verbraucher** im Sinne von Art. 6 Abs. 1 und schließt er einen Massenrisikovertrag über ein außerhalb der EU belegenes Risiko ab, bestimmt sich das auf den Versicherungsvertrag anwendbare Recht nach Art. 6. Nach Erwägungsgrund 32 soll zwar Art. 6 in Zusammenhang mit Versicherungsverträgen nicht gelten, doch ist Art. 6 zugleich „**unbeschadet**" Art. 7 anzuwenden. Folglich gilt Art. 6 für sämtliche Verbraucherversicherungsverträge, die nicht in unter Art. 7 fallen.[206] Andernfalls würde dem Versicherungsnehmer bei solchen Verträgen der Schutz als schwächerer Vertragspartei verweigert. Anders als im Rahmen von Art. 7 erhalten **Unternehmer**, die im Rahmen ihrer Tätigkeit einen Massenrisikovertrag abschließen, jedoch keinen kollisionsrechtlichen Schutz. 69

Der Versicherer muss seine gewerbliche Tätigkeit in dem Aufenthaltstaat des Verbrauchers **ausüben** (Abs. 1 lit. a) oder sie auf irgendeine Weise auf diesen Staat oder auf mehrere Staaten, einschließlich dieses 70

---

193 *Plender/Wilderspin*, 2009, S. 273; vgl zum englischen Recht *Cox/Merret/Smith*, 2006, S. 225 ff.
194 Looschelders/Pohlmann/*Schäfer*, Art. 7 Rn 153.
195 Langheid/Wandt/*Looschelders*, Internationales Versicherungsvertragsrecht, Rn 126.
196 Bruck/Möller/*Dörner*, Art. 3 Rn 11; *Heiss*, in: FS Kropholler 2008, S. 459, 478.
197 Überzeugend Bruck/Möller/*Dörner*, Art. 4 Rn 4 f; vgl auch Bericht von *Giuliano/Lagarde*, BT-Drucks 10/503, 56; Looschelders/Pohlmann/*Schäfer*, Art. 7 Rn 168; MüKo/*Martiny*, Art. 7 Rn 26; *X. Kramer*, The Icfai University Journal of Insurance Law, Vol IV Nr 4 (2008), 23, 33; Langheid/Wandt/*Looschelders*, Internationales Versicherungsvertragsrecht, Rn 143. Unsicher *Plender/Wilderspin*, 2009, S. 289; jurisPK-BGB/*Junker*, Art. 7 Rn 43; aA Rauscher/*Thorn*, EuZPR/EuIPR, Art. 4 Rn 132.
198 *Looschelders/Smarowos*, VersR 2010, 1, 8; mit Zweifel über die Einstufung des Versicherungsvertrages als Dienstleistungsvertrag angesichts der Einführung der Zuständigkeitsregeln für Versicherungsverträge in einem besonderen Abschnitt Rauscher/*Fricke*,
EuZPR/EuIPR, Art. 7 Rn 38 Fn 162; Calliess/*Gruber*, Art. 7 Rn 80.
199 Für Anknüpfung nach Art. 4 Abs. 2 PWW/*Ehling*, Art. 7 Rn 12; Reithmann/Martiny/*Schnyder*, Rn 4745.
200 Siehe zusammenfassend *W.-H. Roth*, in: Beckmann/Matusche-Beckmann, § 4 Rn 64; *ders.*, Internationales Versicherungsvertragsrecht, S. 313 ff.
201 *W.-H. Roth,* in: Beckmann/Matusche-Beckmann, § 4 Rn 65.
202 Bruck/Möller/*Dörner*, Art. 4 Rn 9.
203 So Rauscher/*Fricke*, EuZPR/EuIPR, Art. 7 Rn 40.
204 *Looschelders/Smarowos*, VersR 2010, 1, 8; Langheid/Wandt/*Looschelders*, Internationales Versicherungsvertragsrecht, Rn 145; Looschelders/Pohlmann/*Schäfer*, Art. 7 Rn 172 f.
205 *Mankowski*, in: FS Spellenberg 2010, S. 261, 267; aA MüKo/*Magnus*, Art. 4 Rn 129; vgl aber Rauscher/*Fricke*, EuZPR/EuIPR, Art. 7 Rn 48.
206 *Looschelders/Smarowos*, VersR 2010, 1, 8; Langheid/Wandt/*Looschelders*, Internationales Versicherungsvertragsrecht, Rn 127; *Nordmeier*, in: Gebauer/Wiedmann, Kap. 37 Rn 79.

Staates, **ausrichten** (Abs. 1 lit. b). Bei lit. a handelt es sich in der Regel um reine Inlandsfälle.[207] Als Ausnahmen könnte an das Angebot von Versicherungsprodukten durch eine Mittelsperson oder an die Bereitstellung von elektronischen Schaltern oder elektronischen Säulen gedacht werden.[208]

71 Ein Ausrichten der Tätigkeit auf den Aufenthaltsstaat des Versicherungsnehmers erfolgt durch gezielte Werbung mit traditionellen Mitteln (Presse, Radio usw.) auf dem Markt im Domizilstaat des Verbrauchers,[209] aber insbesondere auch durch das Internet (näher Art. 6).

72 Zu einer Anknüpfung nach Art. 6 Abs. 1 und 2 kommt es gem. Art. 6 Abs. 4 lit. a nicht bei Verträgen über die Erbringung von Dienstleistungen, die **ausschließlich in einem anderen Staat als dem Staat erbracht werden müssen, in dem der Verbraucher seinen gewöhnlichen Aufenthalt hat**. Der Tatbestand von Art. 6 Abs. 4 lit. a wird nicht bereits deswegen erfüllt, weil das Risiko außerhalb des Aufenthaltsstaates des Versicherungsnehmers belegen ist oder weil der versicherte Schaden ebenfalls außerhalb dieses Staates eintreten kann.[210] Dies ergibt sich allerdings nicht aus einer Bestimmung des Erfüllungsortes nach § 270 BGB,[211] der als Auslegungsmaßstab **für einen unionsrechtlichen Rechtsakt** nicht herangezogen werden darf. Die Dienstleistung wird außerdem nicht ausschließlich außerhalb des Aufenthaltsstaates erbracht, wenn die Zahlungen des Versicherers[212] oder die Erfüllung von vor- und nachvertraglichen Informationspflichten am gewöhnlichen Aufenthalt des Versicherungsnehmers stattfinden.[213]

73 Wenn die Anwendungsvoraussetzungen des Art. 6 erfüllt sind, dürfen die Parteien zwar nach Abs. 2 **jedes Recht** iSd Art. 3 wählen, doch darf durch diese Rechtswahl dem Versicherungsnehmer das Schutzniveau des Rechts im Staat seines gewöhnlichen Aufenthalts nicht entzogen werden. Damit sind die **unabdingbaren Normen** am Aufenthaltsort des Versicherungsnehmers gemeint, dh, die Normen, die auf einen Ausgleich typischer Ungleichgewichtslagen zwischen den Parteien gerichtet sind (vgl im Detail Art. 6 Rn 65 ff). In Betracht kommen insbesondere die Normen zum Schutz des Versicherungsnehmers.[214] Da sich das Versicherungsvertragsrecht in vielen Rechtsordnungen gerade durch eine Vielzahl von zwingenden Normen auszeichnet, ist ein **Günstigkeitsvergleich** in diesem Bereich kaum realisierbar.[215] Von einer Rechtswahl ist daher dringend abzuraten. Anwendbar ist dann **mangels Rechtswahl** das Recht des Staates, in dem der Versicherungsnehmer seinen gewöhnlichen Aufenthalt hat (Art. 6 Abs. 1).

74 Sind die Tatbestandsmerkmale von Art. 6 Abs. 1 lit. a oder b nicht gegeben oder ist Art. 6 Abs. 4 lit. a einschlägig, gelten die Artt. 3 und 4 (Art. 6 Abs. 3). Dies ist insbesondere dann der Fall, wenn der Versicherungsnehmer selbst als Verbraucher in einem anderen Staat Versicherungsschutz sucht (**Korrespondenzversicherung**).

75 **2. Rückversicherung. a) Rechtswahl (Art. 3).** Rückversicherungsverträge[216] unterliegen den allgemeinen Anknüpfungsregeln (vgl Art. 7 Abs. 1). Die Parteien genießen folglich **unbeschränkte Rechtswahlfreiheit** nach Art. 3. Für die Bejahung einer stillschweigenden Rechtswahl reichen allein Bezugnahmen auf den Erstversicherungsvertrag, etwa durch *back-to-back*-Klausel oder durch Klauseln mit Verweis auf das gemäß dem Erstversicherungsvertrag versicherte Risiko, nicht. Dagegen kann einer ausschließlichen Gerichtsstandsvereinbarung Indizwirkung zukommen. Weitere Indizien sind die Verwendung standarisierter Policen und Klauseln, die auf eine bestimmte Rechtsordnung zugeschnitten sind. Weniger gewichtige Indizien sind die Vertragssprache, vor allem wenn es sich um eine Weltsprache handelt, und der Marktort.[217]

76 **b) Objektive Anknüpfung (Art. 4).** Ein Rückversicherungsvertrag ist ein **Dienstleistungsvertrag** im Sinne von Art. 4 Abs. 1 lit. b. Mangels Rechtswahl findet das Recht des Aufenthaltsstaates des Dienstleistungserbringers Anwendung.[218] Dieses an sich klare Ergebnis wird allerdings von manchen in Frage gestellt. So wird teilweise die Anwendung des Rechts des Erstversicherers vertreten und damit begründet,

---

207 Rauscher/*Fricke*, EuZPR/EuIPR, Art. 7 Rn 33.
208 Looschelders/Pohlmann/*Schäfer*, Art. 7 Rn 184.
209 Ferrari u.a./*Staudinger*, Internationales Vertragsrecht, Art. 6 Rn 47; *Seatzu*, Insurance in Private International Law: A European Perspective, S. 107.
210 *Gruber*, 1999, S. 247.
211 So aber Langheid/Wandt/*Looschelders*, Internationales Versicherungsvertragsrecht, Rn 130.
212 *W.-H. Roth*, in: Beckmann/Matusche-Beckmann, § 4 Rn 61; *Gruber*, 1999, S. 246.
213 Bruck/Möller/*Dörner*, Art. 6 Rn 16; *Richters*, Dienstleistungsfreiheit als Schranke des Internationalen Privatversicherungsrechts, S. 121; jurisPK-BGB/*Junker*, Art. 7 Rn 40; *Heinze*, NiPR 2009, 445, 450; Langheid/Wandt/*Looschelders*, Internationales Versicherungsvertragsrecht, Rn 130.

214 Looschelders/Pohlmann/*Schäfer*, Art. 7 Rn 191.
215 *Heinze*, NiPR 2009, 445, 450; *Fricke*, VersR 2008, 443, 452.
216 Vgl Definition des EuGH, Rs C-242/08, Slg 2009, S. I-10099 Rn 38 – Swiss Re.
217 Rauscher/*Fricke*, EuZPR/EuIPR, Art. 7 Rn 6; jurisPK-BGB/*Junker*, Art. 7 Rn 49; *Mankowski*, VersR 2002, 1177, 1179.
218 Langheid/Wandt/*Looschelders*, Internationales Versicherungsvertragsrecht, Rn 143; *Katschthaler/Leichsenring*, r+s 2010, 45, 48; Bamberger/Roth/*Spickhoff*, Art. 7 Rn 8; iE Looschelders/Pohlmann/*Schäfer*, Art. 7 Rn 175. Unsicher Rauscher/*Fricke*, EuZPR/EuIPR, Art. 7 Rn 7; aA jurisPK-BGB/*Junker*, Art. 7 Rn 54; *Nordmeier*, in: Gebauer/Wiedmann, Kap. 37 Rn 77.

dass die charakteristische Leistung nicht vom Rückversicherer, sondern vom Erstversicherer erbracht werde, da der Rückversicherer an dessen Entscheidungen gebunden sei. Der Erstversicherer gestalte das Portfolio, dh die Gefahrengemeinschaft. Für den Rückversicherer bestehe eine Folgepflicht.[219] Das übersieht freilich, dass der Rückversicherer derjenige ist, der aufgrund der Bildung von Gefahrengemeinschaften und des Gesetzes der großen Zahlen in der Lage ist, Rückversicherungsschutz anzubieten. Der Erstversicherer ist auf ihn angewiesen. Deshalb ist der Rückversicherer auch der Erbringer der **charakteristischen Leistung**.[220]

Allerdings könnte es über Art. 4 Abs. 3 bzw Abs. 4 zur Anwendung des Rechts des Erstversicherers kommen.[221] Eine Anknüpfung über Art. 4 Abs. 3 verbietet sich jedoch aufgrund des **Ausnahmecharakters** der Vorschrift.[222] Eine offensichtlich engere Verbindung mit dem Sitzrecht des Erstversicherers lässt sich angesichts der wechselseitigen Interessenverflechtungen und des professionellen Zusammenwirkens zwischen Erstversicherer und Rückversicherer nicht feststellen.[223] Auch bei Bestehen mehrerer Rückversicherungen über ein einziges Risiko kommt eine akzessorische Anknüpfung an das Recht des Erstversicherungsvertrages nicht in Betracht.[224] Anders wäre zu entscheiden, wenn es einen **führenden Rückversicherer** gäbe. In diesem Fall wurde früher teilweise ausschließlich der führende Rückversicherungsnehmer als Erbringer der charakteristischen Leistung angesehen.[225] Da Rückversicherungsverträge nunmehr nach Art. 4 Abs. 1 lit. b angeknüpft werden, sollte stattdessen nunmehr der führende Rückversicherer als einziger Dienstleister angesehen werden. Alternativ wird die Anknüpfung an den Betriebssitz des Rückversicherers[226] oder an die Risikobelegenheit[227] vorgeschlagen. 77

II. Verhältnis zu anderen Vorschriften

Entsprechend heranzuziehen ist die Vorschrift des Art. 9, um international zwingenden Normen des deutschen Rechts Geltung zu verschaffen. International durchsetzen lassen werden sich danach vornehmlich Normen des deutschen Versicherungsaufsichtsrechts. Sie verfolgen überwiegend öffentliche Interessen und werden von der Legaldefinition der Eingriffsnorm in Art. 9 Abs. 1 erfasst. Nicht der Fall ist dies hingegen bei Vorschriften, die lediglich dem Schutz des Versicherungsnehmers dienen.[228] Außerdem wird dem Schutzbedürfnis des Versicherungsnehmers bereits durch Art. 7 Abs. 3 und (teilweise) Art. 6 Rechnung getragen. Auch **drittschützende Normen** des Versicherungsrechts können nicht über Art. 9 gegen das Vertragsstatut durchgesetzt werden. Denn auch sie dienen lediglich dem Ausgleich **privater Interessen** und sollten im Zweifel nur als innerstaatlich zwingend angesehen werden.[229] Dies betrifft zB Normen zum Schutz der Gefahrperson. Sie verfolgen zwar den Schutz der Persönlichkeit und der körperlichen Integrität des Dritten,[230] näherliegender ist aber die Beachtung solcher Normen über Art. 21.[231] 78

Bei der Wirkungsverleihung von **ausländischen Eingriffsnormen** des Erfüllungsstaats nach Art. 9 Abs. 3 kommt es darauf an, ob sie die Erfüllung des Vertrags unrechtmäßig erscheinen lassen. Ein Rückgriff auf Art. 5 Nr. 1 EuGVVO zur Bestimmung des Erfüllungsortes ist im Rahmen der Rom I-VO nicht angezeigt. Vorzugswürdig ist vielmehr ein faktisches Verständnis des Erfüllungsortes/der Erfüllungsorte.[232] Hat der Erfüllungsort der konkreten vertraglichen Verpflichtung (noch) nicht stattgefunden, sollte der Erfüllungsort nach dem Inhalt der entsprechenden vertraglichen Vereinbarung oder in dessen Ermangelung nach dem Versicherungsvertragsstatut bestimmt werden. Als Eingriffsnormen, die die Erfüllung des Vertrages unrechtmäßig erscheinen lassen, kommen diejenigen in Betracht, die die **Nichtigkeit oder die Unwirksamkeit des Vertrages anordnen** oder die **Erfüllung verbieten**.[233] In vielen Rechtsordnungen führt ein Ver- 79

---

219 jurisPK-BGB/*Junker*, Art. 7 Rn 57. Dafür auch Bamberger/Roth/*Spickhoff*, Art. 7 Rn 8.
220 Vgl Bruck/Möller/*Dörner*, Art. 4 Rn 8.
221 jurisPK-BGB/*Junker*, Art. 7 Rn 60 f; Reithmann/Martiny/*Schnyder,* Rn 4753; *Nordmeier*, in: Gebauer/Wiedmann, Kap. 37 Rn 77; unsicher Rauscher/*Fricke*, EuZPR/EuIPR, Art. 7 Rn 7.
222 MüKo/*Magnus*, Art. 4 Rn 128.
223 Bruck/Möller/*Dörner*, Art. 4 Rn 10.
224 AA Bruck/Möller/*Dörner*, Art. 4 Rn 11.
225 *Mankowski*, VersR 2002, 1177, 1186.
226 *Mankowski*, VersR 2002, 1177, 1187.
227 MüKo/*Martiny*, Art. 7 Rn 18.
228 *Heinze*, NiPR 2009, 445, 452; *Stehl*, S. 76; Prölss/Martin/*Armbrüster*, VVG, 28. Aufl. 2010, Art. 15 EGVVG Rn 3; Staudinger/*Armbrüster*, Anh zu Art. 7 Rn 61; Langheid/Wandt/*Looschelders*, Internationales Versicherungsvertragsrecht, Rn 152; aA *U. Kra-*
mer, S. 55 f; differenzierend *W.-H. Roth*, in: Beckmann/Matusche-Beckmann, § 4 Rn 135.
229 Staudinger/*Armbrüster*, Anh zu Art. 7 Rn 75; *Gruber*, 1999, 218 ff, 220 f; aA *U. Kramer*, S. 57.
230 Daher für die Einstufung solcher Vorschriften als Eingriffsnormen Looschelders/Pohlmann/*Schäfer*, Art. 7 Rn 202.
231 *Basedow/Drasch*, NJW 1991, 785, 790; Staudinger/*Armbrüster*, Art. 7 Rn 32; Langheid/Wandt/*Looschelders*, Internationales Versicherungsvertragsrecht, Rn 154; Looschelders/Pohlmann/*Schäfer*, Art. 7 Rn 201 (mit Ausnahme der Normen zum Schutz der Gefahrperson).
232 Rauscher/*Thorn*, EuZPR/EuIPR, Art. 9 Rn 62 f; Reithmann/Martiny/*Freitag,* Rn 643.
233 Rauscher/*Thorn*, EuZPR/EuIPR, Art. 9 Rn 65; *Ganzer*, Internationale Versicherungsprogramme, S. 264.

stoß gegen eine Aufsichtsnorm jedoch nicht zur Nichtigkeit des Versicherungsvertrages.[234] Ob ausländische Eingriffsnormen, die die Voraussetzungen von Art. 9 Abs. 3 nicht erfüllen, auf materiellrechtlicher Ebene berücksichtigt werden dürfen, ist umstritten.[235]

80 Das **Zustandekommen** und die **Wirksamkeit der Einigung** der Parteien über das anwendbare Recht richten sich gem. **Art. 3 Abs. 5** nach Artt. 10, 11 und 13.

81 Die aufgrund Rechtswahl oder objektiven Anknüpfung auf den Versicherungsvertrag anwendbaren Vorschriften können nach Art. 21 zu einem *ordre-public*-widrigen Ergebnis führen. Zu den tragenden Grundsätzen der deutschen Rechtsordnung gehören das **Verschuldens- und Kausalitätserfordernis** bei Obliegenheitsverletzungen (§ 28 VVG), die Verbote der betrügerischen **Über- oder Mehrfachversicherung** (§§ 74 Abs. 2, 78 Abs. 3 VVG), sowie **Geldstrafen- und Bußgeldversicherungen**.[236] Normen zum Schutz der öffentlichen Ordnung, die die Unwirksamkeit besonderer Versicherungsverträge (etwa die Bußgeldversicherung) vorsehen, können auch nach Art. 21 das Ergebnis der Anknüpfung korrigieren. Produkterpressungs- und Lösegeldversicherungen werden aber mittlerweile von der deutschen Versicherungsaufsicht akzeptiert.[237] Auch eine Versicherung von *punitive damages* würde gegen den *ordre public* verstoßen.[238]

82 Nach **Art. 23** berührt die Rom I–VO unter Ausnahme von Art. 7 nicht die Anwendung von Vorschriften des Unionsrechts, die in besonderen Bereichen Kollisionsnormen für vertragliche Schuldverhältnisse enthalten. Daraus folgt, dass das gesamte **Richtlinienkollisionsrecht** der Schuldverhältnisse mit Ausnahme der Kollisionsnormen der Versicherungsrichtlinien weiterhin in Kraft bleibt. Die Ausnahme für die Versicherungsverträge erfolgte, weil im letzten Moment die Kollisionsnormen der Versicherungsrichtlinien mit wenigen Änderungen in die Rom I–VO übernommen wurden. **Art. 46 b EGBGB** gilt dementsprechend auch im Zusammenhang mit Art. 7,[239] vorausgesetzt, dass sein Anwendungsbereich eröffnet ist (näher Art. 46 b EGBGB Rn 26 f).[240] Die Anwendung von Art. 46 b EGBGB wird dennoch praktisch ausgeschlossen sein, weil Art. 7 Abs. 2 in der Regel keine Verbraucherverträge betrifft und weil die Wahl des Rechts eines Drittstaates nach Art. 7 Abs. 3 nur für das Aufenthaltsrecht des Versicherungsnehmers zugelassen wird. Art. 46 b EGBGB kann allerdings von Bedeutung sein, wenn nach Art. 7 Abs. 3 Unterabs. 2 weitergehende Rechtswahlmöglichkeiten in Betracht kommen.[241]

Artikel 8 Individualarbeitsverträge

(1) ¹**Individualarbeitsverträge unterliegen dem von den Parteien nach Artikel 3 gewählten Recht.** ²**Die Rechtswahl der Parteien darf jedoch nicht dazu führen, dass dem Arbeitnehmer der Schutz entzogen wird, der ihm durch Bestimmungen gewährt wird, von denen nach dem Recht, das nach den Absätzen 2, 3 und 4 des vorliegenden Artikels mangels einer Rechtswahl anzuwenden wäre, nicht durch Vereinbarung abgewichen werden darf.**

(2) ¹**Soweit das auf den Arbeitsvertrag anzuwendende Recht nicht durch Rechtswahl bestimmt ist, unterliegt der Arbeitsvertrag dem Recht des Staates, in dem oder andernfalls von dem aus der Arbeitnehmer in Erfüllung des Vertrags gewöhnlich seine Arbeit verrichtet.** ²**Der Staat, in dem die Arbeit gewöhnlich verrichtet wird, wechselt nicht, wenn der Arbeitnehmer seine Arbeit vorübergehend in einem anderen Staat verrichtet.**

(3) **Kann das anzuwendende Recht nicht nach Absatz 2 bestimmt werden, so unterliegt der Vertrag dem Recht des Staates, in dem sich die Niederlassung befindet, die den Arbeitnehmer eingestellt hat.**

(4) **Ergibt sich aus der Gesamtheit der Umstände, dass der Vertrag eine engere Verbindung zu einem anderen als dem in Absatz 2 oder 3 bezeichneten Staat aufweist, ist das Recht dieses anderen Staates anzuwenden.**

---

234 Vgl zum deutschen Recht Reithmann/Martiny/*Schnyder*, Rn 4763.
235 Dafür Bruck/Möller/*Dörner*, Art. 9 Rn 4; Langheid/Wandt/*Looschelders*, Internationales Versicherungsvertragsrecht, Rn 155; Looschelders/Pohlmann/*Schäfer*, Art. 7 Rn 203; *Koch*, VersR 2009, 141, 146; aA *Hauser*, Eingriffsnormen in der Rom I–VO, 2012, S. 116; Rauscher/*Thorn*, EuZPR/EuIPR, Art. 9 Rn 61, 79; weniger streng *Maultzsch*, RabelsZ 75 (2011), 60, 98 f.
236 Langheid/Wandt/*Looschelders*, Internationales Versicherungsvertragsrecht, Rn 156 ff; Looschelders/Pohlmann/*Schäfer*, Art. 7 Rn 208; Bruck/Möller/*Dörner*,
Art. 21 Rn 4 (allenfalls die Normen zur Unter- und Überversicherung).
237 Bruck/Möller/*Dörner*, Art. 21 Rn 3; Staudinger/*Armbrüster*, Anh. zu Art. 7 Rn 81; Looschelders/Pohlmann/*Schäfer*, Art. 7 Rn 208.
238 Bamberger/Roth/*Spickhoff*, Art. 7 Rn 22.
239 Bruck/Möller/*Dörner*, Art. 23 Rn 6 f; Looschelders/Pohlmann/*Schäfer*, Art. 7 Rn 194; aA Ferrari u.a./*Staudinger*, Internationales Vertragsrecht, Art. 7 Rn 10.
240 AA Ferrari u.a./*Staudinger*, Internationales Vertragsrecht, Art. 7 Rn 10.
241 Bruck/Möller/*Dörner*, Art. 23 Rn 9.

Literatur: *Agel-Pahlke*, Der internationale Geltungsbereich des Betriebsverfassungsrechts, 1988; *Bayreuther*, Betriebsratswahl für das Luftfahrtpersonal von ausländischen Fluggesellschaften, NZA 2010, 262; *Behr*, Auf Schiene und Straße, über den Wolken und auf Hoher See, FS Buchner, 2009, S. 81; *Birk*, Das internationale Arbeitsrecht der Bundesrepublik Deutschland, RabelsZ 46 (1982), 385; *Birk*, Das Arbeitskollisionsrecht der Bundesrepublik Deutschland, RdA 1984, 129; *Birk*, Arbeitnehmer und arbeitnehmerähnliche Person im Urheberrecht bei Auslandsbeziehungen, in: FS Hubmann, 1985, S. 1; *ders.*, Die Bedeutung der Parteiautonomie im internationalen Arbeitsrecht, RdA 1989, 201; *Boehmke*, Ausländische Bestimmungen als Mitbestimmungssperre iSv. § 87 BetrVG, DB 2010, 843; *Clausnitzer/Woopen*, Internationale Vertragsgestaltung – die neue EG-Verordnung für grenzüberschreitende Verträge (Rom I-VO), BB 2008, 1798, *Däubler*, Das neue internationale Arbeitsrecht, RIW 1987, 249; *ders.*, Neue Akzente im Arbeitskollisionsrecht, RIW 2000, 255; *Deinert*, Arbeitnehmerentsendung im Rahmen der Erbringung von Dienstleistungen innerhalb der Europäischen Union, RdA 1996, 339; *ders.*, Reichweite des deutschen Kündigungsschutzgesetzes bei internationalen Sachverhalten, RIW 2008, 148; *ders.*, Zum Kündigungsschutz der Inlandsbeschäftigten eines Auslandsbetriebes, AuR 2008, 300; *ders.*, Neues Internationales Arbeitsrecht, RdA 2009, 144; *Drobnig/Puttfarken*, Arbeitskampf auf Schiffen fremder Flagge, 1989; *Ebenroth/Fischer/Sorek*, Das Kollisionsrecht der Fracht-, Passage- und Arbeitsverträge im internationalen Seehandelsrecht, ZVglRWiss 88 (1989), 124; *Elwan/Ost*, Kollisionsrechtliche Probleme bei Arbeitsstreitigkeiten zwischen einer Internationalen Organisation und ihren Ortskräften, dargestellt am Beispiel der Arabischen Liga, IPRax 1995, 1; *Erfurter Kommentar* zum Arbeitsrecht, 10. Auflage 2010 (zitiert: ErfK/*Bearbeiter*); *Esslinger*, Die Anknüpfung des Heuervertrages, 1991; *Franzen*, Der Betriebsinhaberwechsel nach § 613 a BGB im internationalen Arbeitsrecht, 1994; *ders.*, Internationales Arbeitsrecht, in: Oehmann/Dietrich (Hrsg.), Arbeitsrechts-Blattei SD Nr. 920, 1993; *ders.*, Rechtsangleichung der Europäischen Union im Arbeitsrecht, ZEuP 1995, 796; *Gamillscheg*, Ein Gesetz über das internationale Arbeitsrecht, ZfA 14 (1983), 307; *Hanau/Steinmeyer/Wank*, Handbuch des europäischen Arbeits- und Sozialrechts, 2002; *Heilmann*, Das Arbeitsvertragsstatut, 1991; *Hergenröder*, Der Arbeitskampf mit Auslandsberührung, 1987; *ders.*, Europäisches und internationales Tarifvertragsrecht, in: Oehmann/Dietrich (Hrsg.), Arbeitsrechts-Blattei SD Nr. 1550.15, 2004; *Heuser/Heidenreich/Fritz*, Auslandsentsendung und Beschäftigung ausländischer Arbeitnehmer, 3. Aufl. 2009; *Hohloch*, Arbeitsverhältnisse mit Auslandsbezug und Vergütungspflicht, RIW 1987, 353; *Hönsch*, Die Neuregelung des Internationalen Privatrechts aus arbeitsrechtlicher Sicht, NZA 1988, 113; *Junker*, Internationales Arbeitsrecht im Konzern, 1992; *ders.*, Internationales Arbeitsrecht in der geplanten Rom I-Verordnung, RIW 2006, 401; *ders.*, Arbeitsverträge, in: Ferrari/Leible (Hrsg.), Ein neues Internationales Vertragsrecht für Europa – Der Vorschlag für eine Rom I-Verordnung, 2007, S. 111; *ders.*, Arbeitnehmereinsatz im Ausland, 2007; *Klima*, Zur Frage der Vereinbarkeit von § 92 c HGB mit Art. 30 des Gesetzes zur Neuregelung des Internationalen Privatrechts, RIW 1987, 796; *Knöfel*, Kommendes Internationales Arbeitsrecht: Der Vorschlag der Kommission der Europäischen Gemeinschaften vom 15.12.2005 für eine „Rom I"-Verordnung, RdA 2006, 269; *Koberski/Asshoff/Hold*, Arbeitnehmer-Entsendegesetz, 2. Auflage 2002; *Krebber*, Internationales Privatrecht des Kündigungsschutzes bei Arbeitsverhältnissen, 1997; *ders.*, Die Bedeutung von Entsenderichtlinie und Arbeitnehmer-Entsendegesetz für das Arbeitskollisionsrecht, IPRax 2001, 22; *Mankowski*, Arbeitsverträge mit Seeleuten im deutschen Internationalen Privatrecht, RabelsZ 53 (1989), 487; *ders.*, Ausländische Scheinselbständige und Internationales Privatrecht, BB 1997, 465; *ders.*, Europäisches Internationales Arbeitsprozessrecht – Weiteres zum gewöhnlichen Arbeitsort, IPrax 2003, 21; *ders.*, Der Vorschlag für die Rom I-Verordnung, IPRax 2006, 101; *ders*, Die Rom I-Verordnung – Änderungen im europäischen IPR für Schuldverträge, IHR 2008, 133; *Mauer*, Die Kündigung komplexer grenzüberschreitender Arbeitsverhältnisse nach der EG-VO Rom I, RIW 2007, 92; *ders*, Die Vereinheitlichung des internationalen Arbeitsrechts durch die EG-VO Rom I, RIW 2008, 544; *Mauer/Sadtler*, Rom I und das internationale Arbeitsrecht, DB 2007, 1586; *Oppertshäuser*, Das Internationale Privat- und Zivilprozessrecht im Spiegel arbeitsgerichtlicher Rechtsprechung – Die Rechtsprechung 1995-1999, NZA-RR 2000, 393; *Otto/Mückl*, Kündigungsschutz bei Arbeitsverhältnissen mit Auslandsbezug, BB 2008, 1231; *Puttfarken*, Grundrechte im internationalen Rechtsraum, RIW 1995, 617; *Rüve*, Internationales Arbeitnehmererfindungsprivatrecht, 2009; *Schlachter*, Grenzüberschreitende Arbeitsverhältnisse, NZA 2000, 57; *dies.*, Fortentwicklung des Kollisionsrechts der Arbeitsverträge, in: Leible (Hrsg.), Das Grünbuch zum Internationalen Vertragsrecht, 2004, 155; *Schlüpers-Oehmen*, Betriebsverfassung bei Auslandstätigkeit, 1984; *Seidl-Hohenveldern*, Leiharbeitnehmer keine Bediensteten internationaler Organisationen, IPRax 1995, 14; *Thüsing*, Rechtsfragen grenzüberschreitender Arbeitsverhältnisse – Grundlagen und Neuigkeiten im Internationalen Arbeitsrecht, NZA 2003, 1303; *Wank/Börgmann*, Die Einbeziehung ausländischer Arbeitnehmer in das deutsche Urlaubskassenverfahren, NZA 2001, 177; *Webers*, Das Arbeitnehmer-Entsendegesetz, DB 1996, 574; *Winkler v. Mohrenfels*, Abschluss des Arbeitsvertrags und anwendbares Recht, in: Oetker/Preis (Hrsg.), Europäisches Arbeits- und Sozialrecht, Loseblatt, 1998, B 3000; *Wurmnest*, Das neue Internationale Arbeitsvertragsrecht der Rom I-VO, EuZA 2009, 481; *Zimmermann*, Folgen illegaler grenzüberschreitender Arbeitnehmerüberlassung aus der Sicht des Entleihers, 2009.

A. Allgemeines	1
I. Überblick	1
II. Verhältnis zu den allgemeinen Regeln	3
III. Verhältnis zu anderen Gemeinschaftsrechtsakten	5
B. Regelungsgehalt	6
I. Individualarbeitsvertrag	6
II. Reichweite des Arbeitsvertragsstatuts	9
III. Rechtswahl (Abs. 1)	10
1. Durchführung und Wirksamkeit	10
2. Zwingende Bestimmungen und Abgrenzung	15
a) Begriff	15
b) Verhältnis zu Art. 3 Abs. 3 und 4	17
c) Verhältnis zu Art. 9	18
3. Günstigkeitsvergleich	19
IV. Objektive Anknüpfung (Abs. 2 bis 4)	21
1. Allgemeines	21
2. Gewöhnlicher Arbeitsort (Abs. 2)	22
a) Gestufte Anknüpfung	22
aa) Arbeitsort	23
bb) Ort der Einsatzbasis	25
b) Vorübergehende Arbeitsleistung in einem anderen Staat	27
3. Ort der Einstellungsniederlassung (Abs. 3)	31
a) Allgemeines	31
b) Einstellende Niederlassung	33
4. Ausweichklausel (Abs. 4)	34
a) Allgemeines	34
b) Kriterien	35
c) Seeleute	36

C. Internationales kollektives Arbeitsrecht	38	III. Internationales Arbeitskampfrecht	44
I. Internationales Betriebsverfassungsrecht	39	D. Verfahrensrecht	45
II. Internationales Tarifvertragsrecht	42		

A. Allgemeines

I. Überblick

1 Art. 8 enthält im Anschluss an Art. 6 des VO-Entwurfs 2005[1] eine kollisionsrechtliche Norm zum Schutz des (typischerweise) sozial und wirtschaftlich schwächeren Arbeitnehmers. Die Bestimmung findet auf alle nach dem 17. Dezember 2009 geschlossenen Arbeitsverträge Anwendung (Art. 28).[2] Tiefgreifende Änderungen eines zu diesem Zeitpunkt bestehenden Arbeitsvertrags können als Neuabschluss ebenfalls Art. 8 unterfallen,[3] was freilich nur in Ausnahmefällen einen Statutenwechsel nach sich ziehen wird, denn Art. 8 entspricht strukturell und inhaltlich größtenteils Art. 6 EVÜ, der in Deutschland als Art. 30 EGBGB aF inkorporiert war.[4]

2 Der Arbeitsvertrag unterliegt in erster Linie dem von den Parteien nach Art. 3 gewählten Recht (Art. 8 Abs. 1 S. 1). Allerdings darf die Rechtswahl nicht dazu führen, dass dem Arbeitnehmer der Schutz entzogen wird, der ihm durch die zwingenden Bestimmungen desjenigen Rechts gewährt wird, welches mangels Rechtswahl infolge objektiver Anknüpfung anwendbar wäre (sog. Referenzstatut, s. Art. 8 Abs. 1 S. 2). Die – von Art. 4 Abs. 2 bis 4 abweichenden – objektiven Anknüpfungstatbestände für Individualarbeitsverträge sind im Einzelnen in Art. 8 Abs. 2, 3 und 4 verankert. Abzustellen ist hierbei zunächst auf das Recht am gewöhnlichen Arbeitsort, der sog. *lex loci laboris* (Abs. 2). Kann ein gewöhnlicher Arbeitsort (ausnahmsweise) nicht bestimmt werden, wird der Arbeitsvertrag objektiv dem Recht zugeordnet, welches am Ort der einstellenden Niederlassung gilt (Abs. 3). Nur wenn sich eine engere Verbindung zu einem anderen als den in Art. 8 Abs. 2 und 3 genannten Staaten ergibt, ist das Recht dieses Staats für die objektive Anknüpfung maßgeblich (Abs. 4). Klarstellende Erläuterungen zu der in Art. 8 Abs. 2 S. 2 geregelten vorübergehenden Entsendung von Arbeitnehmern ins Ausland finden sich in Erwägungsgrund 36 (vgl dazu Rn 27 ff). Soweit § 2 oder § 3 Abs. 4 AEntG (jeweils iVm Art. 9 Abs. 2) auf einen arbeitsrechtlichen Sachverhalt mit Auslandsberührung Anwendung finden, wird die praktische Bedeutung von Art. 8 durch die Sonderanknüpfung des Art. 9 Abs. 2 spürbar zurückgedrängt.

II. Verhältnis zu den allgemeinen Regeln

3 Die **gemeinschaftsrechtlich-autonom auszulegende** Regelung des Art. 8 enthält eine Sachnormverweisung, so dass Rück- oder Weiterverweisungen nicht in Betracht kommen (Art. 20). Bei Verweisung in das Recht eines Mehrrechtsstaats bestimmt sich die Unteranknüpfung nach Art. 22. Hinsichtlich der Geschäftsfähigkeit zum Eingehen von Arbeitsverhältnissen verbleibt es unter Berücksichtigung des Art. 13 bei den allgemeinen Regeln der Artt. 7, 12 EGBGB. Die Form des Arbeitsvertrags bestimmt sich nach Art. 11.[5] Behördliche Arbeitsgenehmigungen (etwa nach § 285 SGB III iVm der ArbeitsgenehmigungsVO) sind hingegen nur auf Arbeitsverhältnisse zu beziehen, die ihren Schwerpunkt in Deutschland haben.[6]

4 Ein Ausschluss des durch Art. 8 zur Anwendung berufenen ausländischen Rechts am Maßstab des *ordre public* der *lex fori* nach Art. 21 bleibt unberührt.[7] Art. 21 wird freilich nur dann virulent, wenn weder das gewählte noch das durch objektive Anknüpfung im Wege eines Günstigkeitsvergleichs anzuwendende und auch nicht das über eine Sonderanknüpfung nach Art. 9 zu berücksichtigende Recht mit dem *ordre public* der *lex fori* vereinbar ist, was praktisch nur in ganz speziellen Ausnahmefällen denkbar erscheint. Abgelehnt wurde der *ordre-public*-Vorbehalt nach Art. 6 EGBGB etwa beim Fehlen einer § 613 a BGB ver-

---

1 Ausführlich hierzu *Knöfel*, RdA 2006, 269; *Junker*, RIW 2006, 401; *ders.*, in: Ferrari/Leible, Ein neues Internationales Vertragsrecht für Europa, S. 111; zum Grünbuch *Schlachter*, in: Leible, Das Grünbuch zum Internationalen Vertragsrecht, S. 155.

2 Für vor Inkrafttreten des Art. 30 EGBGB aF, dh vor dem 1.9.1986, begründete Arbeitsverhältnisse, siehe Art. 220 Abs. 1 EGBGB. Soweit solche Arbeitsverhältnisse über den 1.9.1986 andauerten, galt die Anknüpfungsregel des Art. 30 EGBGB aF, vgl Staudinger/*Magnus*, Art. 8 Rn 28 mwN.

3 *Wurmnest*, EuZA 2009, 481, 486.

4 ErfK/*Schlachter*, Art. 8 Rom I-VO Rn 3; Staudinger/ *Magnus*, Art. 8 Rn 1, 4 f; *Leible/Lehmann*, RIW 2008, 528, 540; *Mankowski*, IHR 2008, 133, 145. Dänemark wendet allerdings weiter das EVÜ an, während die übrigen EU-Mitgliedstaaten auch im Verhältnis zu Dänemark die Rom I-VO zur Anwendung bringen, s. *Schneider*, NZA 2010, 1380.

5 Erman/*Hohloch*, Art. 8 Rn 9.

6 MünchArbR/*Oetker*, § 11 Rn 58; *Birk*, RabelsZ 46 (1982), 385, 394. Das Fehlen der nach deutschem Recht erforderlichen Arbeitserlaubnis hat keinen Einfluss auf die Wirksamkeit eines geschlossenen Arbeitsvertrags, vgl MüKo/*Martiny*, Art. 8 Rn 87.

7 Zur Rechtslage unter Art. 30 EGBGB aF vgl BAG NZA 1995, 1191, 1193; NJW 1985, 2910; 2911; NZA 1990, 841, 844; BAGE 63, 17, 30 f; LAG Düsseldorf RIW 1987, 61.

gleichbaren Regelung über den Betriebsübergang[8] oder dem Zurückbleiben des Kündigungsschutzniveaus hinter dem der (deutschen) *lex fori*.[9]

III. Verhältnis zu anderen Gemeinschaftsrechtsakten

Nach Art. 23 berührt die Rom I-VO nicht die Anwendung von Vorschriften des Gemeinschaftsrechts, die in besonderen Bereichen Kollisionsnormen für vertragliche Schuldverhältnisse enthalten. Art. 23 umfasst auch in Umsetzung von Richtlinien der Gemeinschaft geschaffene innerstaatliche Kollisionsnormen, da – von Ausnahmekonstellationen abgesehen – eben nicht das Richtlinienrecht, sondern das dieses umsetzende innerstaatliche Recht unmittelbar anwendbar ist. Nach **Erwägungsgrund 34** lässt Art. 8 die Anwendung von Eingriffsnormen des Staates, in den der Arbeitnehmer im Einklang mit der Entsende-Richtlinie[10] zur Erbringung von Dienstleistungen entsandt wird, unberührt. Art. 3 Abs. 1 der Entsende-Richtlinie enthält die an die Mitgliedstaaten gerichtete Verpflichtung, dafür Sorge zu tragen, dass unabhängig von dem auf das jeweilige Arbeitsverhältnis anwendbaren Recht das entsendende Unternehmen seinen Arbeitnehmern die Arbeits- und Beschäftigungsbedingungen garantiert, die in dem Mitgliedstaat, in dessen Hoheitsgebiet die Arbeitsleistung erbracht wird, durch Rechts- oder Verwaltungsvorschriften und/oder durch für allgemeinverbindlich erklärte Tarifverträge oder Schiedssprüche im Bereich des Baugewerbes festgelegt sind. Die Entsende-Richtlinie wurde durch das Korrekturgesetz[11] zum AEntG[12] in deutsches Recht transformiert. Durch die am 24. April 2009 in Kraft getretene Neufassung hat der Gesetzgeber das AEntG erheblich umgestaltet und von der in der Entsende-Richtlinie enthaltenen Option Gebrauch gemacht, die nationale Entsendegesetzgebung im Bereich der tarifvertraglich geregelten Arbeitsbedingungen, insbesondere der Mindestlöhne, über den Baubereich hinaus auf andere Branchen auszuweiten. Bei den in **§ 2 AEntG** genannten allgemeinen Arbeitsbedingungen (Mindestentgelt, Mindesturlaub, Höchstarbeitszeit, Arbeitnehmerüberlassung, Sicherheit am Arbeitsplatz, Jugend- und Schwangerenschutz sowie Gleichbehandlung) handelt es sich um Eingriffsnormen iSd Art. 9 Abs. 2.[13] Ebenfalls um Eingriffsnormen handelt es sich bei **tarifvertraglichen Arbeitsbedingungen** iSv § 3, sofern die Voraussetzungen der §§ 4 bis 6 AEntG erfüllt sind und der Tarifvertrag für allgemeinverbindlich erklärt wurde oder eine Rechtsverordnung nach § 7 AEntG vorliegt.[14] Derartige gesetzliche oder tarifvertragliche (allgemeinverbindliche) Bestimmungen finden maW zwingend auf Arbeitsverhältnisse zwischen einem im Ausland – auch außerhalb der EU – ansässigen Arbeitgeber und seinen im Inland beschäftigten Arbeitnehmern Anwendung, wenn ausländisches Recht vereinbart ist, ganz gleich ob es sich um eine kurzfristige Entsendung oder dauerhafte Abordnung nach Deutschland handelt.

B. Regelungsgehalt

I. Individualarbeitsvertrag

Art. 8 setzt das Vorliegen eines Individualarbeitsvertrags voraus. Der Begriff ist ebenso wie sein Pendant in Artt. 18–21 EuGVVO autonom, dh einheitlich-europäisch auszulegen.[15] Hierbei lässt sich auf die Rechtsprechung des Gerichtshofs zu Art. 45 AEUV (ex-Art. 39 EGV) und VO Nr. 1612/68 zurückgreifen.[16] Im Ergebnis dürfte darüber Einigkeit bestehen, dass unabhängig von der Bezeichnung oder gewählten Gestaltung unter einem **Individualarbeitsvertrag** jeder rechtlich wirksame Dienstvertrag zu verstehen ist, der eine fremdbestimmte und weisungsgebundene Tätigkeit des wirtschaftlich und persönlich abhängigen Arbeitnehmers gegen Vergütung zum Gegenstand hat und zugleich zu einer Einbindung des Verpflichteten in den Betrieb des Arbeitgebers führt. Erfasst werden danach – wie bisher unter Geltung des Art. 30

---

8 BAG IPRax 1994, 123, 128 f.
9 BAGE 63, 17, 30; LAG München IPRax 1992, 97.
10 Richtlinie 96/71/EG des Europäischen Parlaments und des Rates vom 16. Dezember 1996 über die Entsendung von Arbeitnehmern im Rahmen der Erbringung von Dienstleistungen, ABl. EG Nr. L 18 v. 21.1.1997, S. 1.
11 BGBl I 1998 S. 3843; dazu *Däubler*, RIW 2000, 255; *Krebber*, IPRax 2001, 22.
12 BGBl I 1996 S. 227; dazu *Webers*, DB 1996, 574; *Koberski/Asshoff/Hold*, Einl. Rn 6 ff; *Schwab*, NZA-RR 2004, 1.
13 ErfK/*Schlachter*, AEntG, § 2 Rn 1; Staudinger/*Magnus*, Art. 8 Rn 200.
14 ErfK/*Schlachter*, AEntG, § 2 Rn 1; Staudinger/*Magnus*, Art. 8 Rn 201.
15 Das gilt auch im Falle der Insolvenz des Arbeitgebers, vgl Staudinger/*Magnus*, Art. 8 Rn 50.
16 Vgl EuGH, Urt. v. 23.3.1982, Rs. 53/81, Slg 1982, 1035, 1048 – Levin ./. Staatsecretaris von Justitie; EuGH, Urt. v. 3.7.1986, Rs. 66/85, Slg 1986, 2121 Rn 17 – Lawrie-Blum/Baden-Wuerttemberg; EuGH, Urt. v. 12.5.1998, Rs.85/96, Slg 1998, I-2601 Rn 32 – Martinez Sala; EuGH, Urt. v. 12.5.1998, Rs.138/02, Slg 2004, I-2703 Rn 26 – Collins. Für eine subsidiäre Geltung der Maßstäbe der *lex fori* ErfK/*Schlachter*, Art. 8 Rom I-VO Rn 4.

EGBGB aF – Teilzeitarbeits-,[17] Ausbildungs-[18] oder Leiharbeitsverhältnisse[19] ebenso wie Verträge über Heim- oder Telearbeit[20] und Gruppenarbeitsverträge.[21] Weiter hinzufügen lassen sich Arbeitsverhältnisse mit leitenden Angestellten,[22] in Ausnahmekonstellationen auch der mit einem Gesellschafter abgeschlossene Dienstvertrag eines GmbH-Fremdgeschäftsführers,[23] ferner Arbeitsverträge zwischen Familienmitgliedern,[24] privatrechtliche Arbeitsverträge der Beschäftigten im öffentlichen Dienst[25] und je nach Ausmaß der Abhängigkeit auch Verträge mit sog. Scheinselbstständigen,[26] arbeitnehmerähnlichen Personen[27] oder Handelsvertretern.[28] Für Bedienstete internationaler Organisationen gelten oftmals Besonderheiten.[29]

7 Schließlich erfasst Art. 8 auch **nichtige, in Vollzug gesetzte** Arbeitsverträge sowie rein faktisch wirkende Arbeitsverhältnisse. Dies folgt aus Art. 12 Abs. 1 lit. e, wonach die Folgen der Nichtigkeit des Vertrags sich nach dem auf den Vertrag anzuwendenden Recht bestimmen. Dieses Ergebnis war ebenso schon explizit im Wortlaut des Art. 30 EGBGB aF und zudem systematisch in Art. 32 Abs. 1 Nr. 5 EGBGB aF angelegt, so dass sich gegenüber der bisherigen Rechtslage keine Änderung ergibt.

8 Nicht von Art. 8 erfasst werden kollektive Verträge wie Betriebsvereinbarungen oder Tarifverträge, was durch die Bezeichnung „Individualarbeitsvertrag", die sich an die Terminologie in Art. 18 ff EuGVVO („Zuständigkeit für individuelle Arbeitsverträge") anlehnt, explizit deutlich gemacht wird. Eine Änderung zu dem bisherigen Qualifikationsbegriff „Arbeitsverträge und Arbeitsverhältnisse von Einzelpersonen" (so Art. 6 EVÜ bzw Art. 30 EGBGB aF) ist nicht beabsichtigt. Daraus folgt zugleich, dass der mit einem individuellen Arbeitnehmer oder einer Gruppe von Arbeitnehmern abgeschlossene Formulararbeitsvertrag ohne Weiteres Art. 8 unterfällt, es hierfür also keiner „Individualvereinbarung" iSv § 305 Abs. 1 S. 3 BGB bedarf.[30]

II. Reichweite des Arbeitsvertragsstatuts

9 Der Umfang der in Art. 8 angeordneten Verweisung folgt den allgemeinen, in Artt. 10 und 12 niedergelegten Prinzipien. Das von den Parteien gewählte oder durch objektive Anknüpfung nach Abs. 2 berufene Arbeitsvertragsstatut regelt **alle mit dem Zustandekommen, der Wirksamkeit, der Auslegung, der Erfüllung, den Folgen der Nichterfüllung und des Erlöschens von Verpflichtungen zusammenhängenden Fragen**. Erfasst werden – wie bisher unter Geltung des Art. 30 EGBGB aF – vorvertragliche Pflichten (zB Aufklärungspflichten oder Gleichbehandlungspflichten bei Vertragsschluss, vgl Art. 12 Abs. 1 Rom II-VO, oder Beeinträchtigungen von Gleichbehandlungsgeboten),[31] das Direktionsrecht des Arbeitgebers, die Hauptleistungspflichten von Arbeitgeber und Arbeitnehmer, dh Arbeits- und Lohnzahlungspflicht[32] einschließlich einer etwaigen Mehrarbeitsvergütung oder variablen Vergütung,[33] die Verpflichtung zur Zahlung von Provisionen,[34] die Erstattung von Umzugskosten,[35] die Fürsorge- und Gleichbehandlungs-

---

17 EuGH, Urt. v. 23.3.1982, Rs. 53/81, Slg 1982, 1035 Rn 14 – Levin/Staatssecretaris van Justice; MüKo/*Martiny*, Art. 8 Rn 39; vgl auch *Mankowski*, BB 1997, 465, 468.
18 MünchArbR/*Oetker*, § 11 Rn 8; Staudinger/*Magnus*, Art. 8 Rn 40 aaO auch Soergel/*v. Hoffmann*, Art. 30 EGBGB Rn 7;.
19 Staudinger/*Magnus*, Art. 8 Rn 45; vgl auch Hess. LAG, AR-Blattei ES 920 Nr. 4 m. Anm. *Mankowski*.
20 Staudinger/*Magnus*, Art. 8 Rn 41; MünchArbR/*Oetker*, § 11 Rn 8.
21 Staudinger/*Magnus*, Art. 8 Rn 34; MüKo/*Martiny*, Art. 8 Rn 34; vgl auch *Gamillscheg*, ZfA 14 (1983), 307, 333; Soergel/*v. Hoffmann*, Art. 30 EGBGB Rn 10.
22 MüKo/*Martiny*, Art. 8 Rn 20; Das gilt auch bei einem GmbH-Geschäftsführer, soweit das Verhältnis zum Arbeitgeber und nicht die Wirkungen als Organ der Gesellschaft in Rede stehen, so bereits zum alten Recht OLG München IPRax 2000, 416 m. Anm. *Haubold*, 375.
23 Vgl OLG Düsseldorf NZG 2004, 869.
24 Staudinger/*Magnus*, Art. 8 Rn 45; FG Düsseldorf RIW 1992, 160.
25 EuGH, Urt. v. 3.7.1986, Rs. C-66/85, Slg 1986, 2121 Rn 20 – Lawrie-Blum/Baden-Württemberg; Bamberger/Roth/*Spickhoff*, Art. 8 Rn 9; Staudinger/*Magnus*, Art. 8 Rn 47; aA Soergel/*v. Hoffmann*, Art. 30 EGBGB Rn 7.
26 ErfK/*Schlachter*, Art. 8 Rom I-VO Rn 4; siehe auch *Mankowski*, BB 1997, 465; *Knöfel*, IPRax 2005, 552.
27 MünchArbR/*Oetker*, § 11 Rn 216.
28 Staudinger/*Magnus*, Art. 8 Rn 42; zum alten Recht *Klima*, RIW 1987, 796; vgl auch LAG Bremen, NZA-RR 1997, 107.
29 Weiterführend MüKo/*Martiny*, Art. 8 Rn 22 ff; Staudinger/*Magnus*, Art. 8 Rn 48.
30 *Junker*, RIW 2006, 401, 402.
31 MünchArbR/*Oetker*, § 11 Rn 57 ff; Erman/*Hohloch*, Art. 8 Rn 25; Staudinger/*Magnus*, Art. 8 Rn 214; Winkler v. Mohrenfels/*Block*, EAS, B 3000 Rn 194.
32 Staudinger/*Magnus*, Art. 8 Rn 221; Erman/*Hohloch*, Art. 8 Rn 26; vgl auch *Gamillscheg*, ZfA 14 (1983), 307, 360; *Deinert*, RdA 1996, 339, 343. Bei Mindestlöhnen ist § 2 Nr. 1 AEntG zu beachten.
33 Ausführlich MünchArbR/*Oetker*, § 11 Rn 72 ff; ebenso zu Art. 30 EGBGB aF *Hohloch*, RIW 1987, 353, 355 ff.
34 Vgl BAG NJW 1985, 2910, 2911; *Birk*, RabelZ 46 (1982), 384, 400.
35 Vgl BAG NJW 1996, 741.

pflicht des Arbeitgebers,[36] der Urlaubsanspruch,[37] die Elternzeit,[38] die Arbeitszeit,[39] die Vertragsübernahme bei Betriebsübergang (§ 613 a BGB),[40] die Zulässigkeit von Befristungen,[41] das Ruhen des Arbeitsverhältnisses,[42] die Kündigung[43] einschließlich Weiterbeschäftigungs- oder Abfindungsansprüchen[44] sowie der allgemeine Kündigungsschutz (etwa nach dem KSchG)[45] einschließlich seines gegenständlichen Anwendungsbereichs.[46] Auch die Wirksamkeit nachvertraglicher Wettbewerbsverbote[47] oder die mit Arbeitnehmererfindungen[48] bzw. der betrieblichen Altersversorgung[49] zusammenhängenden arbeitsrechtlichen Themen unterliegen dem Arbeitsvertragsstatut, nicht jedoch der besondere Kündigungsschutz von bestimmten Arbeitnehmern (zB Mitgliedern des Betriebsrats, Schwerbehinderter, Schwangerer und Mütter, Jugendlicher), die Entgeltfortzahlung im Krankheitsfall[50] sowie der Anspruch auf Zuschuss zum Mutterschaftsgeld (§ 14 MuSchG),[51] die als Eingriffsnormen zu behandeln sind. Anspruch auf Ausfallzahlung bei Insolvenz des Arbeitgebers (vgl etwa §§ 183 ff SGB III) richten sich nach dem Recht des gewöhnlichen Arbeitsorts im Geltungsbereich der anspruchsgewährenden Regelungen;[52] entsprechendes gilt für die Anknüpfung von Ansprüchen auf Saison-Kurzarbeitergeld.[53] Die Haftung für gefahrgeneigte Arbeit unterliegt dem Arbeitsvertragsstatut, das insoweit dem Deliktsstatut vorgeht (vgl auch Art. 4 Abs. 3 Rom II-VO).

---

36 Vgl *Schliemann*, BB 2001, 1303.
37 Erman/*Hohloch*, Art. 8 Rn 26 mwN; MünchArbR/*Oetker*, § 11 Rn 90; MüKo/*Martiny*, Art. 8 Rn 96; ebenso bereits *Franzen*, AR-Blattei Rn 144 f; *Gamillscheg*, ZfA 14 (1983), 307, 369; *Schmidt-Hermesdorf*, RIW 1988, 938, 941. Allerdings sind die Bestimmungen über den Mindesturlaub iSd § 2 Nr. 2 AEntG international zwingend nach Art. 9, sofern der Arbeitgeber im Ausland und der Arbeitnehmer im Inland beschäftigt ist.
38 Staudinger/*Magnus*, Art. 8 Rn 230. Zur Qualifikation von § 15 BEEG (Anspruch auf Verringerung der Arbeitszeit) vgl MünchArbR/*Oetker*, § 11 Rn 90; LAG Frankfurt aM, NZA-RR 2000, 401.
39 Staudinger/*Magnus*, Art. 8 Rn 231; allerdings ist § 2 Nr. 3 AEntG als Eingriffsnorm zu beachten. Zur Teilzeitarbeit MünchArbR/*Oetker*, § 11 Rn 64 mwN.
40 Staudinger/*Magnus*, Art. 8 Rn 218; MüKo/*Martiny*, Art. 8 Rn 88; ebenso bereits BAG IPRax 1994, 123, 126 ff m. Anm. *Mankowski*, 88; LAG Köln RIW 1992, 933; *Feudner*, NZA 1999, 1184; weiterführend *Franzen*, Betriebsinhaberwechsel, S. 74 ff; für eine Durchsetzung von § 613 a BGB als Eingriffsnorm *Jayme/Kohler*, IPRax 1993, 369 f; Reithmann/*Martiny/Freitag*, Rn 594.
41 Staudinger/*Magnus*, Art. 8 Rn 217, MüKo/*Martiny*, Art. 8 Rn 86; wobei § 14 Abs. 1 TzBfG nicht als Eingriffsnorm, sondern als Teil des unabdingbaren Rechts nach Art. 8 Abs. 1 S. 2 zu qualifizieren ist, s. MünchArbR/*Oetker*, § 11 Rn 63; *Winkler v. Mohrenfels/Block*, EAS, B 3000 Rn 151. Anders für § 14 Abs. 2 TzBfG MünchArbR/*Oetker*, § 11 Rn 63; Staudinger/*Magnus*, Art. 8 Rn 218.
42 Erman/*Hohloch*, Art. 8 Rn 26.
43 Vgl Art. 12 Abs. 1 lit. d, ferner Palandt/*Thorn*, Art. 8 Rn 4; MünchArbR/*Oetker*, § 11 Rn 108; Rauscher/*v. Hein*, EuZPR/EuIPR, Art. 8 Rn 38; Staudinger/*Magnus*, Art. 8 Rn 235; ebenso bereits BAGE 63, 17; *Franzen*, AR-Blattei Rn 166. Die Zustimmung des Betriebsrats nach § 102 BetrVG hängt hingegen davon ab, ob das BetrVG räumlich Anwendung findet.
44 Staudinger/*Magnus*, Art. 8 Rn 235.
45 Erman/*Hohloch*, Art. 8 Rn 27; Palandt/*Thorn*, Art. 8 Rn 9; MünchArbR/*Oetker*, § 11 Rn 111; Staudinger/*Magnus*, Art. 8 Rn 236; vgl auch *Franzen*, AR-Blattei Rn 167.
46 Str., das BAG begrenzt den gegenständlichen Anwendungsbereich des KSchG auf inländische Betriebe, vgl etwa BAG NZW 2008, 872; NZA 2004, 1381; aA allerdings offenbar BAG NZA 1999, 546. Nach dem Schrifttum ist der Frage, ob der gegenständliche Anwendungsbereich des KSchG eröffnet, die Frage vorangestellt, ob überhaupt deutsches Recht eingreift, was sich anhand des Arbeitsvertragsstatuts beantwortet, vgl Staudinger/*Magnus*, Art. 8 Rn 237; MüKo/*Martiny*, Art. 8 Rn 100; *Deinert*, RIW 2008, 148 ff; *Franzen*, AR-Blattei Rn 183.
47 Vgl LAG Frankfurt IPRspr 2000 Nr. 40; *Fischer*, DB 1999, 1702, 1703; *Thomas/Weidmann*, DB 2004, 2694.
48 Erman/*Hohloch*, Art. 8 Rn 26; MünchArbR/*Oetker*, § 11 Rn 95 f; Staudinger/*Magnus*, Art. 8 Rn 234; Müko/*Martiny*, Art. 8 Rn 97; vgl *Birk*, in: FS Hubmann, 1985, S. 1, 5 f.
49 Staudinger/*Magnus*, Art. 8 Rn 246; BAG IPRax 2005, 254. m.Anm. *Franzen*, 221; aA *Eichenhofer* IPRax 1992, 76. Zur Anknüpfung des BetrAVG s. BAGE 49, 225, 233.
50 Vorrangig (Art. 23) gegenüber Art. 8 ist hier die Verordnung (EWG Nr. 1408/71) vom 14.6.1971 zur Anwendung der Systeme der sozialen Sicherheit auf Arbeitnehmer und deren Familien, die innerhalb der Gemeinschaft zu- und abwandern, anzuwenden. Jenseits der genannten Verordnung gilt das EFZG für Arbeitnehmer, die im Inland arbeiten, selbst wenn das Arbeitsverhältnis ausländischem Recht unterliegt. Üblicherweise wird dieses Ergebnis aus Art. 9 Abs. 2 abgeleitet, vgl MüKo/*Martiny*, Art. 8 Rn 94; MünchArbR/*Oetker*, § 11 Rn 78; ebenso bereits BAGE 100, 130, 140 f; Soergel/*v. Hoffmann*, Art. 30 EGBGB Rn 23; gegen die Sonderanknüpfung als Eingriffsnorm und für die Anwendung des Arbeitsvertragsstatuts LAG Hessen, NZA-RR 2000, 401; *Franzen*, AR-Blattei, Rn 141.
51 Staudinger/*Magnus*, Art. 8 Rn 226.
52 Art. 8 a Abs. 1 RL 2002/74/EG, ABl. EG 2002 Nr. L 270, 10; EuGH, Urt. vom 16.12.1999, Rs. 198/98, Slg 1999, I-8903 – Everson, Barrass./. Bell Lines Ltd; ebenso Staudinger/*Magnus*, Art. 8 Rn 227; *Franzen*, AR-Blattei Rn 142.
53 Reithmann/Martiny/*Martiny*, Rn 4922.

III. Rechtswahl (Abs. 1)

10 **1. Durchführung und Wirksamkeit.** Nach Art. 8 Abs. 1 iVm Art. 3 sind die Parteien berechtigt, das Arbeitsverhältnis jeder in Geltung befindlichen Rechtsordnung zu unterstellen, selbst wenn diese keinerlei sachlichen Bezug zur Vertragsdurchführung haben sollte. **Eingeschränkt wird die Rechtswahl** allerdings durch die Berücksichtigung international zwingender Vorschriften der *lex fori* oder der am Erfüllungsort der vertraglichen Verpflichtung geltenden Rechtsordnung (Art. 9 Abs. 2 und 3), ferner durch die Beachtung von zwingenden Bestimmungen des Inlands bzw des Gemeinschaftsrechts bei reinen Inlands- oder Gemeinschaftssachverhalten (Art. 3 Abs. 3 und 4) sowie durch den in Art. 8 Abs. 1 angeordneten Günstigkeitsvergleich mit denjenigen national zwingenden Normen, die bei einer objektiven Anknüpfung nach Art. 8 Abs. 2 bis 4 auf das Arbeitsverhältnis Anwendung finden würden.

11 **Zustandekommen und Wirksamkeit der Rechtswahl** – als eigenständigen kollisionsrechtlichen Vertrag – richten sich wie üblich nach der ins Auge gefassten Rechtsordnung, vgl Art. 3 Abs. 5 sowie Art. 10. Die Rechtswahl kann mit dem Arbeitsvertrag oder eigenständig abgeschlossen werden, und zwar ausdrücklich, stillschweigend (Art. 3 Abs. 1 S. 2), nachträglich (Art. 3 Abs. 2 S. 1)[54] oder bei Trennbarkeit nur teilweise (Art. 3 Abs. 1 S. 3) – dann allerdings mit einem auf die nur teilweise erfolgte Rechtswahl bezogenen Günstigkeitsvergleich.[55]

12 Einer besonderen **Form** bedarf die Rechtswahl – anders als beim Verbrauchervertrag (vgl Art. 11 Abs. 4) – nicht, wenngleich bei einer über einen Monat andauernden Auslandstätigkeit § 2 Abs. 2 NachwG zu beachten ist, wonach die dem Arbeitnehmer auszuhändigende Niederschrift über das Arbeitsverhältnis ausdrücklich die Dauer der Auslandstätigkeit, die Währung des Entgelts, ein etwaiges zusätzliches Arbeitsentgelt für den Auslandsaufenthalt sowie die Bedingungen für die Rückkehr des Arbeitnehmers beinhalten muss. Zulässig sind auch Rechtswahlvereinbarungen durch die Tarifvertragsparteien für die dem Tarifvertrag unterworfenen Individualarbeitsverhältnisse,[56] wobei der Tarifvertrag bei ausschließlich im Ausland zu erfüllende Arbeitsverträge hinter den dort geltenden zwingenden Bestimmungen zurücktritt.[57] Zudem erfasst der in Abs. 1 niedergelegte Günstigkeitsvergleich selbstverständlich auch die mittels Tarifvertrag getroffene Rechtswahl.[58]

13 Für eine **stillschweigende** Rechtswahl genügt die Anknüpfung an einen hypothetischen Parteiwillen nicht, erforderlich ist vielmehr eine eindeutige Ableitung der Rechtswahl aus den Bestimmungen des Vertrags oder sonstigen Umständen des betreffenden Falles (Art. 3 Abs. 1 S. 2).[59] Nehmen die Vertragsparteien auf Tarifverträge, Betriebsvereinbarungen oder sonstige Regelungen am Sitz des Arbeitgebers Bezug, folgt daraus ein gewichtiges Indiz für die Annahme einer konkludenten Rechtswahl.[60] Entsprechendes gilt für Gerichtsstandsvereinbarungen (Art. 21 EuGVVO) oder die Zuständigkeit eines ortsgebundenen Schiedsgerichts.[61]

14 Zulässig ist auch eine Rechtswahl durch **Formularvertrag**, da eine besondere Einbeziehungskontrolle zum Schutz der schwächeren Vertragspartei schon deshalb nicht geboten ist, weil das internationale Arbeitsrecht mit Art. 8 Abs. 1 gerade ein eigenständiges Schutzmodell anbietet.[62] Im Einzelfall kann der Arbeitnehmer gegenüber einer formularmäßigen Rechtswahl freilich den Einwand erheben, dass die Bestimmungen am Ort seines gewöhnlichen Aufenthalts seinem Verhalten keine Vertragsschlusswirkung beimessen (s. Art. 10 Abs. 2), etwa mit Blick auf überraschende Klauseln (vgl § 305 c BGB).[63]

---

54 Staudinger/*Magnus*, Art. 8 Rn 61; MünchArbR/*Oetker*, § 11 Rn 15 ff; vgl auch BAG NJW-RR 1988, 482, 483; ebenso schon BAGE 16, 215, 221; einschr. *Schlachter*, NZA 2000, 57, 59. Eine Einlassung im arbeitsgerichtlichen Gütetermin wirkt jedoch nicht zuständigkeitsbegründend, BAG AP EuGVVO Art. 18 Nr. 1.

55 *Knöfel*, RdA 2006, 277; Staudinger/*Magnus*, Art. 8 Rn 61; ErfK/*Schlachter*, Art. 8 Rom I-VO Rn 5; Rauscher/*v. Hein*, EuZPR/EuIPR, Art. 8 Rn 25; vgl BAG IPrax 2006, 254 für den Fall der betrieblichen Altersvorsorge; vgl auch BAG NZA 1998, 813, 815 = IPRax 1999, 174 m. krit. Anm. *Krebber*, 164, 165 f; BAG NZA 1987, 21, 22; differenzierend *Gamillscheg*, ZfA 14 (1983), 307, 328.

56 MüKo/*Martiny*, Art. 8 Rn 27; ErfK/*Schlachter*, Art. 8 Rom I-VO Rn 7; MünchArbR/*Oetker*, § 11 Rn 14; vgl auch LAG Rheinland-Pfalz IPRspr 1984, Nr. 44; ebenso *Däubler*, NZA 1990, 673, 674 mwN; ErfK/*Schlachter*, Art. 27, 30, 34 Rn 6; *Heilmann*, S. 46 ff; krit. *Thüsing*, NZA 2003, 1303, 1304 f.

57 Vgl BAG NZA 1992, 321, 322.

58 Staudinger/*Magnus*, Art. 8 Rn 64.

59 *Wurmnest*, EuZA 2009, 489; *Markowska*, RdA 2007, 352, 353; MünchArbR/*Oetker*, § 11 Rn 15; vgl auch BGH NJW-RR 2005, 206.

60 *Wurmnest*, EuZA 2009, 489; ErfK/*Schlachter*, Art. 8 Rn 5; zu Art. 30 EGBGB aF vgl BAG NZA 2002, 734, 736; BAG NZA 1996, 20; LAG Köln NZA-RR 1999, 118; *Schlachter*, NZA 2000, 57, 58 f; *Junker*, RIW 2001, 94, 96; MünchArbR/*Birk*, § 20 Rn 11; vgl auch *Oppertshäuser*, NZA-RR 2000, 393, 394 mwN.

61 *Franzen*, AR-Blattei Rn 114.

62 Reithmann/*Martiny*, Rn 4842; *Thüsing*, NZA 2003, 1303, 1304 mwN; *Schlachter*, NZA 2000, 57, 59; aA *Gamillscheg*, ZfA 14 (1983), 307, 323.

63 Staudinger/*Magnus*, Art. 8 Rn 67; vgl *Mook*, DB 1987, 2252, 2253 f; *Birk*, RdA 1989, 201, 203.

2. Zwingende Bestimmungen und Abgrenzung. a) Begriff. Jenseits einer Sonderanknüpfung international zwingender Normen nach Art. 9 und der Berücksichtigung des zwingenden Rechts des Inlands bzw Gemeinschaftsrechts bei reinen Inlands- oder Gemeinschaftssachverhalten in Art. 3 Abs. 3 und 4 darf die Rechtswahl die Anwendung zwingender Bestimmungen, die den Schutz des Arbeitnehmers bezwecken und der nach Art. 8 Abs. 2 bis 4 ermittelten Rechtsordnung zugehören, nicht verhindern. Art. 8 Abs. 1 S. 2 setzt damit (inländisch) zwingende Arbeitnehmerschutzbestimmungen des objektiven Vertragsstatuts gegenüber der gewählten Rechtsordnung durch, ohne freilich die getroffene Rechtswahl unwirksam zu machen. Vielmehr unterliegt das Arbeitsverhältnis einem **„Mischrecht"** aus beiden anwendbaren Rechtsordnungen.[64] Die privatrechtliche oder öffentlich-rechtliche Natur der betreffenden Regelung ist ohne Belang, solange sich nur Auswirkungen auf den Inhalt, Bestand oder Beginn des Arbeitsvertrags ergeben.[65]

In Anbetracht der Zielsetzung, dem Arbeitnehmer den Schutzstandard des objektiven Vertragsstatuts zu erhalten, ist der **Begriff der zwingenden Bestimmungen** in Abs. 1 weit zu fassen und infolgedessen auf sämtliche (inländisch) unabdingbaren Regelungen einschließlich Tarifnormen[66] zu beziehen, soweit sie nur in irgendeiner Art die Position des Arbeitnehmers als strukturell schwächerer Vertragspartei verbessern.[67] Als Schutzbestimmungen sind damit nicht nur die besonderen Normen des Individualarbeitsrechts anzuerkennen, sondern auch zwingende Vorschriften des allgemeinen Vertragsrechts, wie etwa Verjährungsregeln oder die §§ 310 Abs. 4 S. 2, 305 ff BGB über die allgemeinen Geschäftsbedingungen.[68] Als zwingende Bestimmungen kommen nach dem Gesagten in Betracht: Vorschriften des Kündigungsschutzrechts,[69] Bestimmungen über gesetzliche Mindestlöhne und ähnliche garantierte Leistungen, der arbeitsrechtliche Gleichbehandlungsgrundsatz,[70] Urlaubsansprüche oder Arbeitnehmererfindungen, der Arbeitnehmerschutz beim Betriebsübergang (§ 613 a BGB),[71] Arbeitsschutz- und Arbeitszeitbestimmungen sowie Schutzvorschriften für Mütter, Schwerbehinderte oder Jugendliche[72] und die Vorgaben des Allgemeinen Gleichbehandlungsgesetzes (AGG).[73] Gleiches gilt für zwingende Vorschriften aus einem Tarifvertrag, dem zumindest eine Vertragspartei aufgrund Tarifgebundenheit oder Allgemeinverbindlicherklärung unterworfen ist.[74] Auch Regeln des Richterrechts zum Schutz eines Vertragspartners zählen zu den zwingenden Bestimmungen.[75]

b) Verhältnis zu Art. 3 Abs. 3 und 4. Allerdings fällt ins Auge, dass Art. 8 Abs. 1 weniger weit reicht als Art. 3 Abs. 3 und 4, der gegenüber dem gewählten Recht alle zwingenden (dh nicht einschließlich richterrechtlich geprägten) Bestimmungen desjenigen Landes bzw der europäischen Gemeinschaft für vorrangig erklärt, mit dem der Sachverhalt allein verbunden ist (vgl dazu Art. 3 Rn 78 ff), und zwar **unabhängig davon, ob die betreffende Norm dem Arbeitnehmerschutz dient.** Andererseits kennt Art. 3 Abs. 3 und 4 keinen Günstigkeitsvergleich, so dass bei einem reinen Inlands- oder Binnenmarktfall das zwingende Recht selbst dann anzuwenden wäre, wenn die gewählte Rechtsordnung für den Arbeitnehmer vorteilhaftere Regelungen enthalten würde. Richtigerweise ist dieses Spannungsverhältnis zugunsten von Art. 8 Abs. 1 aufzulösen, denn es ist – wie schon unter Geltung des Art. 30 EGBGB aF – kein überzeugender Grund ersichtlich, weshalb dem Arbeitnehmer im Rahmen der Art. 3 Abs. 3 und 4 das günstigere vereinbarte Recht vorenthalten werden sollte.[76]

c) Verhältnis zu Art. 9. Die im Wege des Günstigkeitsvergleichs durchzusetzende Schutzbestimmung iSd Art. 8 Abs. 1 muss nicht den Charakter einer Eingriffsnorm nach Maßgabe des Art. 9 Abs. 1 aufweisen. Nicht zuletzt mit Blick auf § 2 AEntG häufen sich freilich Konstellationen, in denen eine nach Abs. 1 im Wege des Günstigkeitsvergleichs zu berücksichtigende zwingende deutsche Schutznorm zugleich als international zwingend iSd Art. 9 zu qualifizieren sein wird. Solche Überschneidungen sollten im Wege eines relativen Vorrangs des Art. 9 Abs. 2 aufgelöst werden. Nach diesem Ansatz setzen sich die Eingriffsnormen nach Art. 9 Abs. 2 gegenüber dem nach Art. 8 berufenen Vertragsstatut durch,[77] allerdings nur unter **Aufrechterhaltung des Günstigkeitsprinzips**. Im Falle eines Konflikts von ausländischen Schutzbestimmungen, die im Wege des Günstigkeitsvergleichs nach Art. 8 Abs. 1 Geltung beanspruchen, und inländischen

---

64 Treffend ErfK/*Schlachter*, Art. 8 Rom I-VO Rn 19.
65 *Guillano/Lagarde*, BT-Drucks. 15/503, S. 57; *Kropholler*, IPR, § 52 V 2 a; MünchArbR/*Oetker*, § 20 Rn 76 f.
66 BAG TVG § 1 Tarifverträge: Bau Nr. 261.
67 Unstreitig, s. ErfK/*Schlachter*, Art. 8 Rom I-VO Rn 19; *Junker*, IPRax 1989, 69.
68 Staudinger/*Magnus*, Art. 8 Rn 75; ErfK/*Schlachter*, Art. 8 Rom I-VO Rn 19; enger *v. Bar*, IPR II, Rn 448.
69 Palandt/*Thorn*, Art. 8 Rn 9; Erman/*Hohloch*, Art. 8 Rn 10; vgl auch BAG NZA 1998, 813, 815.
70 Palandt/*Thorn*, Art. 8 Rn 9; Erman/*Hohloch*, Art. 8 Rn 10; vgl auch *Bittner*, NZA 1993, 161.
71 Palandt/*Thorn*, Art. 8 Rn 9; Erman/*Hohloch*, Art. 8 Rn 10; vgl auch BAG NZA 1993, 743, 746.
72 Erman/*Hohloch*, Art. 8 Rn 10; Erman/*Hohloch*, Art. 8 Rn 10; vgl auch *Junker*, IPRax 1989, 69, 72.
73 Palandt/*Thorn*, Art. 8 Rn 9; Erman/*Hohloch*, Art. 8 Rn 10.
74 Palandt/*Thorn*, Art. 8 Rn 9; Erman/*Hohloch*, Art. 8 Rn 10; vgl auch *Guillano/Lagarde*, BT-Drucks. 15/503, S. 57 (zum EVÜ).
75 Vgl BGH NJW-RR 2005, 1071.
76 Staudinger/*Magnus*, Art. 8 Rn 54; ErfK/*Schlachter*, Art. 8 Rn 20; aA MüKo/*Martiny*, Art. 8 Rn 42.
77 AA MüKo/*Martiny*, Art. 8 Rn 43 aE.

zwingenden Normen, beanspruchen letztere prinzipiell den Vorrang, allerdings wiederum nur, soweit sie gegenüber der ausländischen Schutzbestimmung für den Arbeitnehmer günstiger sind.[78] Zu den einzelnen international zwingenden Arbeitsrechtsbestimmungen des deutschen Rechts, die einen internationalen Anwendungswillen aufweisen vgl Art. 9 Rn 35.

19 **3. Günstigkeitsvergleich.** Im Rahmen des Günstigkeitsvergleichs ist festzustellen, ob das nach Abs. 1 gewählte Recht hinter dem Arbeitnehmerschutzniveau solcher zwingenden Bestimmungen zurückbleibt, die Bestandteil der nach Abs. 2 bis 4 ermittelten Rechtsordnung sind. Dies gilt selbstverständlich auch dann, wenn die Parteien die deutsche Rechtsordnung gewählt haben und das – davon abweichende – objektive Arbeitsvertragsstatut demgegenüber günstiger wäre.[79] Die Gegenüberstellung hat sich an der zwischen beiden Parteien streitigen Rechtsfrage auszurichten und ist auf denjenigen Zeitpunkt zu beziehen, in dem der Richter über diese Rechtsfrage von Amts wegen (§ 293 ZPO) auf Basis des geschilderten Sachverhalts zu entscheiden hat.[80]

20 Ebenso wie im Rahmen des Art. 30 EGBGB aF bereitet die praktische Durchführung des Günstigkeitsvergleichs erhebliche Probleme, insbesondere mit Blick auf die Reichweite der in den Vergleich einzubeziehenden Regelungen.[81] Teilweise wurde der Maßstab auf einen isolierten Vorschriftenvergleich (zB die Länge der Kündigungsfrist) verengt,[82] was nicht zuletzt bei der Geltendmachung funktional zusammengehörender Ansprüche eine Kumulation von Vorteilen nach sich ziehen würde, die keine der beiden in den Vergleich einbezogenen Rechtsordnungen für sich genommen zum Gegenstand hätte. Aus diesem Grund ist mit der bisher zu Art. 30 EGBGB aF überwiegend vertretenen Meinung auf einen **beschränkten Gruppenvergleich** abzustellen, der die Vergleichsbasis um diejenigen Normen erweitert, die inhaltlich mit der streitentscheidenden Regelung verbunden sind.[83] Erweisen sich hiernach zwingende Bestimmungen, die gemäß Art. 8 Abs. 2 bis 4 zur Anwendung berufen wären, für den Arbeitnehmer als günstiger, werden sie in das subjektive Vertragsstatut unter Verdrängung entgegenstehender Vorschriften eingeblendet. Aus Sicht der Praxis sollte allerdings immer genau untersucht werden, ob nicht schon das nach Art. 8 Abs. 1 gewählte Recht das Arbeitnehmerbegehren mit seinen zwingenden Bestimmungen ebenso stützt wie das nach Abs. 2 bis 4 ermittelte Recht. Unter diesen Vorzeichen wäre die beschwerliche Durchführung des Günstigkeitsvergleichs nicht streitentscheidend und damit entbehrlich. Ebenso wenig kommt es auf den Günstigkeitsvergleich an, wenn die gewählte Rechtsordnung mit derjenigen, die sich aus der objektiven Anknüpfung des Arbeitsverhältnisses ergibt, identisch ist, was in der Praxis oftmals sein dürfte.[84]

IV. Objektive Anknüpfung (Abs. 2 bis 4)

21 **1. Allgemeines.** Die in Abs. 2 bis 4 geregelten objektiven Anknüpfungstatbestände sind immer dann von Bedeutung, wenn es entweder an einer Rechtswahl fehlt, die Rechtswahl unwirksam ist (Art. 3 Abs. 5 iVm Art. 10) oder der nach Abs. 1 erforderliche Günstigkeitsvergleich zwischen der gewählten und der nach Abs. 2 bis 4 bestimmten Rechtsordnung durchgeführt werden muss. Abweichend von Art. 4 ist nicht das Recht am Sitz der charakteristischen Leistung entscheidend, sondern das Recht desjenigen Staats, in dem oder (nunmehr auch) von dem aus der Arbeitnehmer in Erfüllung des Vertrags gewöhnlich seine Arbeit verrichtet (Abs. 2). Kann ein solcher gewöhnlicher Arbeitsort nicht bestimmt werden, ist (alternativ) das Recht des Staats anzuwenden, in dem sich die Niederlassung befindet, die den Arbeitnehmer eingestellt hat (Abs. 3). Beide (alternativen) Anknüpfungen in Abs. 2 und 3 stehen unter dem Vorbehalt, dass der Individualarbeitsvertrag nach der Gesamtheit der Umstände keine engere Verbindung zu einem anderen als dem in Abs. 2 oder 3 bezeichneten Staat aufweist (Abs. 4). Aus dieser Struktur wird deutlich, dass Abs. 4 lediglich als Ausweichklausel und damit keineswegs als weitere Anknüpfungsvariante neben Abs. 2 und 3 fun-

---

78 Ebenso MüKo/*Martiny*, Art. 8 Rn 44.
79 Vgl BAG NJW 2008, 2665.
80 Staudinger/*Magnus*, Art. 8 Rn 88 ff mwN.
81 Ein umfassender Gesamtvergleich findet unstreitig nicht statt, vgl nur MünchArbR/*Oetker*, § 11 Rn 26; Staudinger/*Magnus*, Art. 8 Rn 86; MüKo/*Martiny*, Art. 8 Rn 40 mwN; *Franzen*, AR-Blattei Rn 107 mwN
82 So im Erg. zu Art. 30 EGBGB aF LAG Baden-Württemberg, BB 2003, 900, 902 ff m. krit. Anm. *Thüsing*, S. 898. Aus dem Schrifttum: *E. Lorenz*, RIW 1987, 569, 577; *Schurig*, RabelsZ 54 (1990), 217, 220; *v. Bar*, IPR II, Rn 449; dagegen bereits nach altem Recht *Gamillscheg*, ZfA 14 (1983), 307, 339; *Birk*, RdA 1989, 201, 206.
83 MüKo/*Martiny*, Art. 8 Rn 40; Bamberger/Roth/*Spickhoff*, Art. 8 Rn 18; Erman/*Hohloch*, Art. 8 Rn 12; MünchArbR/*Oetker*, § 11 Rn 26; ErfK/*Schlachter*, Art. 8 Rom I-VO Rn 19; Rauscher/*v. Hein*, EuZPR/EuIPR, Art. 8 Rn 30; ebenso bereits *Krebber*, S. 330 ff mwN; *Franzen*, AR-Blattei Rn 107 f.
84 *Junker*, RIW 2006, 401, 405.

giert.[85] Folglich muss selbst bei Tätigkeiten im extraterritorialen Raum (wie zB Hochseebohrinseln) zunächst eine Anknüpfung nach dem – als geschlossen zu qualifizierenden – Regelungssystem der Abs. 2 oder 3 erfolgen, bevor ein Rückgriff auf die Ausweichklausel des Abs. 4 in Betracht zu ziehen ist.

2. Gewöhnlicher Arbeitsort (Abs. 2). a) Gestufte Anknüpfung. Abs. 2 S. 1 enthält zwei Anknüpfungstatbestände. Maßgeblich ist in erster Linie das Recht desjenigen Staats, in dem der Arbeitnehmer in Erfüllung des Vertrags für gewöhnlich seine Arbeit verrichtet – *lex loci laboris* (Alt. 1).[86] Verrichtet ein Arbeitnehmer seine Tätigkeit für gewöhnlich nicht innerhalb eines Staats, existiert allerdings eine Einsatzbasis in einem Staat, *von der aus* er seine Arbeit für gewöhnlich erbringt, ist an das Recht dieses Staates anzuknüpfen (Alt. 2). 22

aa) Arbeitsort. Der gewöhnliche Arbeitsort nach Abs. 2 S. 1 Alt. 1 ist zunächst stets dort anzusiedeln, wo der Arbeitnehmer regelmäßig und im Wesentlichen seine geschuldete Arbeitsleistung tatsächlich erbringt.[87] Das wird in der Mehrzahl der Fälle zugleich der Betrieb sein, in den der Arbeitnehmer **organisatorisch eingegliedert** ist.[88] Allerdings begründen allein die Zuordnung zu einer bestimmten Niederlassung und die Eingliederung in die jeweilige Organisationsstruktur des Unternehmens keinen gewöhnlichen Arbeitsort.[89] Verrichtet der Arbeitnehmer etwa seine Arbeit zeitlich und inhaltlich schwerpunktmäßig – dh mit mehr als der Hälfte der Arbeitszeit – andernorts, etwa in Form von Heimarbeit (oder Telearbeit) auf dem Gebiet eines anderen Staats (etwa in einer Zweigniederlassung), so ist auf den Ort der tatsächlichen überwiegenden Arbeitsleistung abzustellen. Entsprechendes gilt, wenn vereinbarter und realer Arbeitsort in unterschiedlichen Staaten liegen oder der Arbeitnehmer abweichend vom Einstellungsort seine Arbeit in einem anderen Staat verrichtet.[90] Inländische Arbeitnehmer, die von ausländischen Arbeitgebern speziell für langfristige Projekte im Inland eingestellt werden (sog. Ortskräfte), unterliegen somit ebenso wie Leiharbeitnehmer dem Recht des realen Arbeitsorts.[91] Bei einem Einsatz an wechselnden Orten innerhalb eines Landes ist der Arbeitsort iSd Abs. 2 S. 1 Alt. 1 nicht auf einen einzelnen Betrieb begrenzt, sondern erfasst das gesamte Staatsgebiet.[92] Vor diesem Hintergrund ist es folgerichtig, wenn man fliegendes Personal, das von vornherein nur auf Inlandsflügen eingesetzt wird, Abs. 2 S. 1 Alt. 1 unterwirft. Befindet sich der Arbeitsort auf staatsfreiem Gebiet, aber innerhalb des Festlandsockels eines Staates, so ist der Arbeitsort diesem Staat zuzuordnen.[93] Vor Arbeitsaufnahme kommt es auf denjenigen Ort an, der für die Arbeitsleistung bestimmt wurde.[94] 23

Bestimmen die Vertragsparteien innerhalb desselben Arbeitsverhältnisses einen neuen, nicht nur vorübergehenden Mittelpunkt der tatsächlichen Arbeitsleistung, wird ein neuer gewöhnlicher Arbeitsort iSv Abs. 2 S. 1 begründet, was bei bestehender Rechtswahl ein neues Referenzstatut für den Günstigkeitsvergleich herbeiführt, ohne Rechtswahl sogar einen vollständigen Statutenwechsel. War zunächst nur eine vorübergehende Entsendung geplant (s. dazu Rn 27 ff), kommt es dann aber stattdessen zu einer vom Parteiwillen getragenen schwerpunktmäßigen Arbeitsleistung, ist für die Bestimmung des Arbeitsorts allein der Zeitpunkt der Willensänderung maßgeblich. Ein rückwirkender Statutenwechsel würde demgegenüber das Vertrauen der Parteien in die Vorhersehbarkeit des anwendbaren Rechts und damit ihre Planungssicherheit enttäuschen. 24

bb) Ort der Einsatzbasis. Vor allem beim Einsatz von Flug- oder Reisebegleitern in verschiedenen Ländern bestanden unter Geltung des Art. 30 EGBGB aF erhebliche Unsicherheiten. Trotz entgegenstehender Stimmen im Schrifttum, die für eine Anknüpfung an die Flagge des Flugzeugs eintraten,[95] haben das BAG und die überwiegende Ansicht im Schrifttum beim Flugpersonal einer Anknüpfung an das Recht desjenigen Staates, in dem das Flugzeug registriert ist, eine Absage erteilt und stattdessen eine Anwendung des Art. 30 25

---

85 Staudinger/*Magnus*, Art. 8 Rn 96 f; MünchArbR/*Oetker*, § 11 Rn 28; MüKo/*Martiny*, Art. 8 Rn 67; so schon der überwiegende Meinung zur Art. 30 Abs. 2 Hs 2 EGBGB aF, vgl BAGE 63, 39; BAG NZA 2004, 680; *Junker*, in: Festschrift 50 Jahre BAG, S. 1204; *Mankowski*, RabelsZ 53 (1989), 487, 491; aA *Puttfarken*, RIW 1995, 617, 623 f; wohl auch BAG IPRax 1996, 416, m. Anm. *Mankowski*, 405.

86 Ebenso Art. 19 Nr. 2 lit. a EuGVVO bzw Art. 5 Nr. 1 LugÜ.

87 Grundlegend EuGH, Urt. v. 10.7.1993, Rs. C-125/92, Slg 1993, I-4075 Rn 20 – Mulox/Geels; EuGH, Urt. v. 9.1.1997, Rs. C-383/95, Slg 1997 I-57 – Petrus Wilhelm Rutten/Cross Medical Ltd; ebenso MünchArbR/*Oetker*, § 11 Rn 30 mwN.

88 Vgl BAG NZA 1993, 743, 746; BAG BB 2006, 1391; MünchArbR/*Oetker*, § 11 Rn 30; *Junker*, Arbeitnehmereinsatz im Ausland, Rn 31.

89 Ebenso Staudinger/*Magnus*, Art. 8 Rn 100; MüKo/*Martiny*, Art. 8 Rn 47; MünchArbR/*Oetker*, § 11 Rn 30; vgl auch BAG NZA 2002, 734, 736; BAG BB 2006, 1391.

90 Staudinger/*Magnus*, Art. 8 Rn 101.

91 Zu Ortskräfte: Staudinger/*Magnus*, Art. 8 Rn 103; weiterführend *Mankowski*, IPRax 2001, 123 ff.

92 Vgl BAG NZA 1993, 743, 746; NZA-RR 2008, 24; ErfK/*Schlachter*, Art. 8 Rom I-VO Rn 9; MüKo/*Martiny*, Art. 8 Rn 47; Staudinger/*Magnus*, Art. 8 Rn 164.

93 MüKo/*Martiny*, Art. 8 Rn 51.

94 ErfK/*Schlachter*, Art. 8 Rom I-VO Rn 11.

95 *Franzen*, IPRax 2003, 239, 240; *Junker*, RIW 2006, 401, 407; *Mankowski*, RabelsZ 53 (1989), 487, 508; *ders.*, RabelsZ 54 (1990), 789, 793 f.

Abs. 2 Nr. 2 EGBGB aF – also eine Anknüpfung an die Einstellungsniederlassung – propagiert.[96] Innerhalb der herrschenden Meinung war wiederum umstritten, ob auf die vertragsschließende Niederlassung[97] oder auf die Einsatzniederlassung abzustellen sei.[98]

26 Um insbesondere für die Berufsgruppe der Flug- und Reisebegleiter ein höheres Maß an Rechtssicherheit zu schaffen, hat bereits der Verordnungsvorschlag der Europäischen Kommission unter Art. 6 Abs. 2 lit. a Alt. 2 den Passus „von dem aus" aufgenommen.[99] Dies war bereits durch die **Rechtsprechung des EuGH** zu Art. 5 Nr. 2 EuGVÜ vorgezeichnet, wonach als gewöhnlicher Arbeitsort auch der Ort angesehen wurde, von dem aus die Arbeit üblicherweise erbracht wird.[100] Individualarbeitsverträge von fliegendem Personal, von Eisenbahn- oder Fährpersonal, Bus-, Fern- sowie Wartungsarbeitern unterfallen dann Art. 8 Abs. 2 S. 1 Alt. 2, wenn die Arbeit von einem festen Ort aus organisiert und zumindest für eine gewisse Zeit erbracht wird, und der Arbeitnehmer zum Organisationszentrum immer wieder zurückkehrt.[101] Soweit ein Handelsvertreter ausnahmsweise als Arbeitnehmer iSd Art. 8 zu qualifizieren ist, wird bei dieser Berufsgruppe Abs. 2 S. 1 Alt. 2 unter der Voraussetzung eingreifen, dass ein länderübergreifendes Vertragsgebiet nach der arbeitsvertraglichen Übereinkunft zu betreuen und infolgedessen die Tätigkeit von einem Standort aus in einem anderen Staat nicht ungewöhnlich ist.[102]

27 **b) Vorübergehende Arbeitsleistung in einem anderen Staat.** Nach Abs. 2 S. 2 wechselt der Staat, in dem die Arbeit gewöhnlich verrichtet wird, nicht schon dann, wenn der Arbeitnehmer seine Arbeit vorübergehend in einem anderen Staat verrichtet. Abs. 2 S. 2 führt also dazu, dass der tatsächlich in ein anderes Land verlagerte Ort der Leistungserbringung für die Bestimmung des Arbeitsorts rechtlich unbeachtlich bleibt, solange die Entsendung des Arbeitnehmers nur vorübergehend ist. In der Praxis ist allerdings zu beachten, dass auch bei einer nur vorübergehenden Entsendung eines Arbeitnehmers, dessen Arbeitsvertrag ausländischem Recht unterliegt, nach Deutschland diejenigen Bedingungen für die inländische Tätigkeit Anwendung finden, die nach Art. 9 iVm § 2 sowie § 3 iVm §§ 4 ff AEntG **international zwingend ausgestaltet** sind und sich deshalb gegenüber dem ausländischen Vertragsstatut durchsetzen.

28 **Erwägungsgrund 36 konkretisiert Abs. 2 S. 2 in zweierlei Hinsicht**. Zum einen gilt die Erbringung der Arbeitsleistung in einem anderen Staat als vorübergehend, wenn von dem Arbeitnehmer erwartet wird, dass er nach seinem Arbeitseinsatz im Ausland seine Arbeit im Herkunftsstaat wieder aufnimmt.[103] Damit sind implizit die Rückkehrwille des Arbeitnehmers und der Rücknahmewille des Arbeitgebers angesprochen, deren Vorliegen jeweils subjektiv aus einer *ex-ante*-Perspektive zu beurteilen ist.[104] Zum anderen soll nach Erwägungsgrund 36 der Abschluss eines neuen Arbeitsvertrags mit dem ursprünglichen Arbeitgeber oder einem Arbeitgeber, der zur selben Unternehmensgruppe gehört wie der ursprüngliche Arbeitgeber, nicht ausschließen, dass der Arbeitnehmer „als seine Arbeit vorübergehend in einem anderen Staat verrichtend" gilt. Für die Praxis folgt daraus, dass der Abschluss eines Lokalarbeitsverhältnisses mit einer (ausländischen) Konzerngesellschaft das Rumpfarbeitsverhältnis mit einer anderen Konzerngesellschaft und den hieraus abzuleitenden gewöhnlichen Arbeitsort unberührt lässt. Soweit nicht eine vorrangige Rechtswahl getroffen wurde, wird im Anwendungsbereich der Rom I-VO das Rumpfarbeitsverhältnis dem Recht am bisherigen gewöhnlichen Arbeitsort unterliegen, das Lokalarbeitsverhältnis hingegen nur dann dem Recht am aktuellen gewöhnlichen Arbeitsort, sofern eine dauerhafte Entsendung vorliegt; im Falle einer nur

---

96 BAG NZA 2002, 734, 736 f; LAG Hessen NZA-RR 2000, 401, 402; ebenso *Benecke,* IPRax 2001, 449, 550; *Ebenroth/Fischer/Sorek,* ZVglRWiss 88 (1989), 124, 139; *Thüsing,* NZA 2003, 1303, 1306; *Gamillscheg,* ZfA 1983, 307, 334; *Däubler,* RIW 1987, 249, 251.

97 *Schlachter,* NZA 2000, 57, 60; *Benecke,* IPRax 2001, 449, 450.

98 *Gamillscheg,* ZfA 1983, 307, 334; *Däubler,* RIW 1987, 249, 251; *Ebenroth/Fischer/Sorek,* ZVglRWiss 88 (1989), 124, 139; *Thüsing,* NZA 2003, 1303, 1306.

99 Kommissionsvorschlag KOM (2005) 650 endg.; kritisch hiergegen MPI, RabelsZ 71 (2007) 225, 285 f; *Knöfel,* RdA 2006, 269, 274, 277; *Mankowski,* IPRax 2006, 101, 108. Vgl auch *Junker*, in: Ferrari/Leible (Hrsg.), Ein neues Internationales Vertragsrecht für Europa, 2007, S. 111, 121 ff.

100 So EuGH, Urt. v. 13.7.1993, Rs. C-125/92, Slg 1993 I, 4075, 4105 Rn 24 – Mulox/Geels („der Ort anzusehen, an dem oder von dem aus der Arbeitnehmer seine Pflichten gegenüber dem Arbeitgeber hauptsächlich erfüllt") = IPRax 1997, 110; EuGH, Urt. v. 9.1.1997, Rs. C-383/95, Slg 1997 I, 57, 78 Rn 25 – Petrus Wilhelm Rutten/Cross Medical Ltd („von dem aus er seine Arbeit organisiere und wohin er nach jeder Auslandsreise zurückkehrte").

101 EuGH, Urt. v. 9.1.1997, Rs. C-383/95, Slg 1997 I, 57, 78 – Petrus Wilhelm Rutten/Cross Medical Ltd; EuGH, Urt. v. 27.2.2002, Rs. C-37/00, Slg 2001 I-2013 – Herbert Weber/Universal Ogden Services Ltd; Staudinger/*Magnus*, Art. 8 Rn 100.

102 Vgl LAG Bremen NZA-RR 1997, 107, 108 f, das in diesen Fällen eine Anwendung des Art. 30 Abs. 2 Hs 1 Nr. 2 EGBGB aF favorisierte.

103 Kritisch hiergegen *Mankowski,* IPRax 2006, 101, 107.

104 MüKo/*Martiny*, Art. 8 Rn 56 mwN.

vorübergehenden Entsendung untersteht auch das Lokalarbeitsverhältnis dem Recht am bisherigen gewöhnlichen Arbeitsorts, das für das Rumpfarbeitsverhältnis maßgebend ist.[105]

Unter einer vorübergehenden Entsendung, die im Gegensatz zur Begründung eines neuen gewöhnlichen Arbeitsorts oder einer neuen Einsatzbasis keinen Statutenwechsel nach sich zieht, wird man wie bisher eine **temporäre, dh nicht endgültige Abordnung des Arbeitnehmers** in ein anderes Land zu verstehen haben. Damit kommt zugleich zum Ausdruck, dass eine vorübergehende Entsendung eine vorherige inländische Beschäftigung und beabsichtigte Weiterbeschäftigung voraussetzt;[106] infolgedessen sind gezielt für einen Auslandseinsatz rekrutierte Ortskräfte nicht vorübergehend entsendet, so dass allenfalls die Ausweichklausel nach Abs. 4 eine vom Arbeitsort abweichende Anknüpfung rechtfertigt. Für die Anwendung des Abs. 2 S. 2 wird es von den Umständen des Einzelfalles abhängen, ob der Arbeitnehmer trotz seines Auslandseinsatzes den Mittelpunkt des Arbeitsverhältnisses am ursprünglichen gewöhnlichen Arbeitsort aufrechterhält. Anzulegende Kriterien sind dabei in erster Linie der Inhalt einer etwaigen Parteivereinbarung, sekundär freilich auch objektive Faktoren, wie zB das ständige Zurückkehren zum inländischen Organisationszentrum, eine Befristung oder der (projektbezogene) Zweck der im Ausland zu erbringenden Tätigkeit, die Zuordnung der Weisungsbefugnis oder die Dauer des Auslandseinsatzes, die schon für sich genommen eine zuvor avisierte Rückkehrmöglichkeit ausschließen kann.[107] Im Schrifttum differieren freilich die Ansichten darüber, innerhalb welcher Frist eine vorübergehende Entsendung in die Begründung eines neuen gewöhnlichen Arbeitsortes umschlägt. Teilweise werden hier Zeiträume von einem bis zu drei Jahren genannt.[108] Allerdings hat der europäische Gesetzgeber davon abgesehen, eine Präzisierung des zeitlichen Rahmens vorzugeben, um eine flexible – am Einzelfall orientierte – Einordnung der Frage zu ermöglichen, wann eine vorübergehende in eine dauerhafte Entsendung gerade unter Berücksichtigung des Parteiwillens umschlägt.[109] Aufgrund dessen wird man *prima facie* eine vorübergehende Entsendung während der Probezeit, Befristung oder projektbezogenen kurzen Tätigkeit annehmen, hingegen bei einer endgültigen Abordnung trotz nur weniger Wochen Entsendung ablehnen dürfen.

Grenzüberschreitende **Arbeitnehmerüberlassung** wird sich nach dem Gesagten oftmals als ein Fall vorübergehender Entsendung nach Abs. 2 S. 2 darstellen. Die Frage, ob ein Arbeitsverhältnis mit dem Entleiher zustande kommt, richtet sich hierbei nach dem durch Art. 8 zu bestimmenden Recht; der Überlassungsvertrag selbst ist hingegen nach Artt. 3 f anzuknüpfen. Ob ein Arbeitsverhältnis nach § 10 AÜG mangels Erlaubnis des Verleihers fingiert wird, richtet sich bei Inlandsarbeit nach deutschem Recht, weil es bei § 10 AÜG um eine international zwingend ausgestaltete Norm iSv § 2 Nr. 4 AEntG handelt.[110]

3. Ort der Einstellungsniederlassung (Abs. 3). a) Allgemeines.

Während Arbeitsortanknüpfung und Anknüpfung an die einstellende Niederlassung nach Art. 30 Abs. 2 EGBGB aF durch ein „oder" verbunden waren, wird in Art. 8 Abs. 3 klargestellt, dass der Arbeitsvertrag dem Recht des Staats, in dem sich die Niederlassung befindet, die den Arbeitnehmer eingestellt hat, nur dann unterliegt, wenn eine Anknüpfung nach Abs. 2 S. 1 nicht durchgreift, also der Arbeitnehmer seine Arbeit gewöhnlich nicht in oder von ein und demselben Land aus erbringt.

Abs. 3 erfasst damit vor allem diejenigen (Ausnahme-)Konstellationen, in denen der Arbeitnehmer seine Arbeitsleistung für gewöhnlich in mehreren Staaten oder extraterritorial erbringt, ohne dass zugleich eine dauerhafte Einsatzbasis, von der aus er handelt (s. Abs. 2 S. 1 Alt. 2), existiert. Kennzeichnend für solche Fälle ist also der Mangel an einem homogenen Anknüpfungspunkt des Arbeitsverhältnisses, was freilich durch die alternative Bezugnahme auf den Ort der Einsatzbasis in Abs. 2 S. 1 Alt. 2 nur selten der Fall sein wird, ggf bei Schaustellerpersonal, Monteuren oder Seeleuten, nicht jedoch bei Arbeitnehmern, die per Telefon oder Internet von einem Ort Kunden aus verschiedenen Ländern betreuen.[111] Leiharbeitnehmer können Abs. 3 unterfallen, vorausgesetzt, ihr Einsatzort wechselt zwischen mehreren Staatsgebieten. Darüber hinaus ist Abs. 3 einschlägig, wenn der gewöhnliche Arbeitsort auf extraterritorialem Gebiet jen-

---

105 Staudinger/*Magnus*, Art. 8 Rn 110 mwN; *Wurmnest*, EuZA 2009, 494; aA – für Übergreifen des Erfüllungsorts des Lokalarbeitsverhältnisses auf das Rumpfarbeitsverhältnis – EuGH, Urt. v. 10.4.2003, Rs. 437/00, Slg 2003 I, 3573 = IPRax 2004, 324 – Pugliese/Finmeccanica, m.Anm. *Krebber*, 309, für die EuGVVO; dem folgend für die kollisionsrechtliche Betrachtung *Mankowski* RIW 2004, 136; auf das Recht am Sitz des Arbeitgebers des Rumpfarbeitsverhältnisses abstellend *Junker*, RIW 2006, 401, 407.
106 *Wurmnest*, EuZA 2009, 493; Staudinger/*Magnus*, Art. 8 Rn 108 mwN zum bisherigen Rechtszustand.
107 Palandt/*Thorn*, Art. 8 Rn 11; Staudinger/*Magnus*, Art. 8 Rn 109; MünchArbR/*Oetker*, § 11 Rn 31.

108 Bamberger/Roth/*Spickhoff*, Art. 8 Rn 23; vgl zum alten Recht etwa *Franzen*, AR-Blattei Rn 62; *v. Hoffmann/Thorn*, IPR, § 10 Rn 81; *Gamillscheg*, ZfA 14 (1983), 307, 333; *Heilmann*, 144; gegen zu starre Fristen *Däubler*, RIW 1989, 249, 251; *Junker*, 183; *E. Lorenz*, RdA 1989, 220, 223.
109 Rauscher/v. *Hein*, EuZPR/EuIPR, Art. 8 Rn 50; MüKo/*Martiny*, Art. 8 Rn 57; Staudinger/*Magnus*, Art. 8 Rn 111; *Schlachter*, in: Leible, Das Grünbuch zum Internationalen Vertragsrecht, 155, 157 ff.
110 *Deinert*, RdA 2009, 144, 146.
111 Staudinger/*Magnus*, Art. 8 Rn 116.

seits des Festlandsockels (zB auf Bohrinseln) liegt, ohne dass eine Organisationszentrale auf dem Festland existiert, die als Arbeitsort iSd 8 Abs. 2 S. 1 Alt. 2 zu qualifizieren ist.

33 b) Einstellende Niederlassung. Unter Niederlassung versteht man – ähnlich wie bisher in Art. 30 Abs. 2 Hs 1 Nr. 2 EGBGB aF – jede Organisationseinheit des Arbeitgebers auch ohne eigene Rechtspersönlichkeit, die eigene Entscheidungskompetenzen zum Abschluss von Arbeitsverträgen besitzt.[112] Uneinigkeit besteht über die Frage, ob unter der einstellenden Niederlassung nur derjenige Ort zu verstehen ist, an dem der Vertrag tatsächlich abgeschlossen wurde. Auch unter Geltung des Art. 30 Abs. 2 Hs 1 Nr. 2 EGBGB a.F war dies umstritten: Während die Frage zum Teil unter Hinweis auf den Wortlaut des Art. 30 Abs. 2 Hs 1 Nr. 2 EGBGB aF bejaht wurde,[113] sollte nach überwiegender Meinung zu Art. 30 Abs. 2 EGBGB der Ort des Vertragsschlusses jedenfalls dann unmaßgeblich sein, wenn der Arbeitnehmer sofort nach Abschluss des Vertrags bei einer anderen Niederlassung zum Einsatz kam.[114] Im Rahmen des Art. 8 Abs. 3 sollte man die einstellende Niederlassung ebenfalls nach dem Ort der tatsächlichen organisatorischen Eingliederung bestimmen.[115] Im Rahmen des Art. 8 Abs. 3 wird man der letztgenannten Meinung umso mehr folgen können, als die englische Fassung tatsächlich den Eindruck nahe legt, dass „einstellende" Niederlassung die im gelebten Arbeitsverhältnis betreuende ist.[116]

34 4. Ausweichklausel (Abs. 4). a) Allgemeines. Das aufgrund Abs. 2 und 3 (objektiv) bestimmte Recht – und nicht das nach Abs. 1 gewählte Recht – ist nach der Ausnahmeklausel des Abs. 4 nicht maßgebend, wenn sich aus der Gesamtheit der Umstände ergibt, dass der Arbeitsvertrag engere Verbindungen zu einem anderen als dem in Abs. 2 oder 3 bestimmten Staat aufweist; dann ist das Recht dieses anderen Staates anzuwenden. Wie zuvor bei Art. 30 Abs. 2 Hs 2 EGBGB aF und dem im Grundsatz gleichgerichteten Art. 4 Abs. 3 sollte im Interesse der Rechtssicherheit die Ausweichklausel eng ausgelegt werden und sich nur dann durchsetzen, wenn die für ihr Eingreifen sprechenden Kriterien gegenüber den Umständen deutlich überwiegen, die eine Anknüpfung nach den herkömmlichen Regeln stützen würden.[117] Dass Art. 8 Abs. 4 im Gegensatz zu Art. 4 Abs. 3 nicht „offensichtlich" engere Verbindungen postuliert, mag allenfalls auf eine flexiblere Einsatzmöglichkeit der Ausweichklausel hindeuten.

35 b) Kriterien. Umstände iSd Abs. 4 sind in erster Linie die Staatsangehörigkeit der Vertragsparteien, der Sitz bzw Aufenthaltsort des Arbeitgebers (Art. 19) und der Erfüllungs- bzw Arbeitsort.[118] Indizielle Bedeutung haben der Wohnsitz oder gewöhnlicher Aufenthaltsort des Arbeitnehmers, der Abschlussort des Vertrags sowie die Vertragssprache und -währung.[119] Ferner mag im Einzelfall die Zugehörigkeit des Arbeitnehmers zu einer bestimmten Altersversorgung oder der Registerort von Schiffen und Flugzeugen die Ausnahmeklausel stützen. Auch die Abwicklung des Arbeitsverhältnisses nach bestimmten sozialversicherungs- und steuerrechtlichen Bestimmungen kann von – freilich geringer – Bedeutung sein.[120]

36 c) Seeleute. Sonderregeln für Seeleute existieren auch unter Geltung der Rom I-VO nicht.[121] § 1 SeemG steht einer Anknüpfung durch Art. 8 nicht entgegen, da § 1 SeemG nicht die Wirkung einer Art. 8 verdrängenden (einseitigen) Kollisionsnorm hat,[122] was bereits die nahezu einhellige Meinung zu Art. 30 EGBGB aF war.[123] Seearbeitsverhältnisse unterliegen damit in erster Linie dem Recht, dass die Parteien – in den Grenzen der Art. 3 Abs. 3 und 4 sowie des Günstigkeitsvergleichs zum (objektiv anzuknüpfenden) Referenzstatut – wählen (Art. 8 Abs. 1). Die objektive Anknüpfung von Seearbeitsverhältnissen ist allerdings

---

112 Palandt/*Thorn*, Art. 8 Rn 12; Rauscher/*v. Hein*, EuZPR/EuIPR, Art. 8 Rn 65; MünchArbR/*Oetker*, § 11 Rn 34; MüKo/*Martiny*, Art. 8 Rn 64; ebenso *Franzen*, AR-Blattei Rn 78. Für eine Gleichsetzung von Niederlassung und Betrieb früher *Gamillscheg*, ZfA 14 (1983), 307, 334.
113 LAG Hessen NZA-RR 2000, 401, 403; LAG Niedersachsen, LAGE Art. 30 EGBGB Nr. 3; MünchArbR/*Birk*, § 20 Rn 49; *Benecke*, IPRax 2001, 449, 450; *Schlachter*, NZA 2000, 57, 60.
114 Soergel/*v. Hoffmann*, Art. 30 EGBGB Rn 44; *Gamillscheg*, ZfA 14 (1983), 307, 334.
115 PWW/*Lingemann*, Art. 8 Rn 12; Palandt/*Thorn*, Art. 8 Rn 12; Staudinger/*Magnus*, Art. 8 Rn 123.
116 MüKo/*Martiny*, Art. 8 Rn 65.
117 Palandt/*Thorn*, Art. 8 Rn 13; PWW/*Lingemann*, Art. 8 Rn 13; MünchArbR/*Oetker*, § 11 Rn 35; Staudinger/*Magnus*, Art. 8 Rn 130; ebenso zu Art. 30 Abs. 2, 2. Hs EGBGB aF BAG NZA 1990, 841, 843; LAG Hessen NZA-RR 2000, 401, 403 f; *Mankowski*,
IPRax 2001, 123, 126; zu weitgehend BAG NZA 2002, 734, 737 = IPRax 2003, 262 mit insoweit abl. Anm. *Franzen*, 239, 242.
118 Bamberger/Roth/*Spickhoff*, Art. 8 Rn 28; Staudinger/*Magnus*, Art. 8 Rn 134; MünchArbR/*Oetker*, § 11 Rn 36; MüKo/*Martiny*, Art. 8 Rn 68.
119 Bamberger/Roth/*Spickhoff*, Art. 8 Rn 28; Staudinger/*Magnus*, Art. 8 Rn 136; vgl auch BAG NZA 1990, 841, 843; LAG Bremen NZA-RR 1997, 107, 109; vgl auch BAG NZA 2003, 1424; *Oppertshäuser*, NZA-RR 2000, 393, 397 mwN.
120 Vgl BAG NZA 1997, 334, 335.
121 Angemahnt freilich von MPI, RabelsZ 71 (2007), 225, 294–297.
122 Staudinger/*Magnus*, Art. 8 Rn 141; MüKo/*Martiny*, Art. 8 Rn 74.
123 BAGE 63, 17, 33; Soergel/*v. Hoffmann*, Art. 30 EGBGB Rn *Franzen*, AR-Blattei Rn 86 mwN; *Drobnig*/*Puttfarken*, S. 14; aA *Esslinger*, S. 125.

auch unter Geltung der Abs. 2 bis 4 ausgesprochen umstritten.[124] Primär wird man eine Anwendung des Abs. 2 zu prüfen haben. Wenn der Arbeitsort das Territorium eines Staats nicht verlässt, dürfte eine Anknüpfung nach Abs. 2 S. 1 Alt. 1 naheliegend sein.[125] Operiert der Arbeitnehmer in verschiedenen Territorien oder exterritorial, kehrt er allerdings immer wieder zu einem Einsatzort zurück, kommt eine Anknüpfung nach Abs. 2 S. 1 Alt. 2 in Betracht.[126] In allen anderen Fällen erscheint das Recht der Flagge des Schiffes als das des Arbeitsorts nach Abs. 2 S. 1 Alt. 1 folgerichtig,[127] von dem namentlich bei Billigflaggenschiffen unter den Voraussetzungen der Ausweichklausel nach Abs. 4 abgewichen werden kann.

Eine abweichende Interpretation des Abs. 2 S. 1 Alt. 1 am Maßstab des § 21 Abs. 4 S. 1 FlaggenrechtsG scheidet demgegenüber aus. Nach dieser (zwar verfassungs-[128] und jedenfalls bislang noch gemeinschaftsrechtsgemäßen)[129] Bestimmung unterliegen Arbeitsverhältnisse von Besatzungsmitgliedern eines im Internationalen Seeschifffahrtsregister eingetragenen Kauffahrteischiffes, die im Inland keinen Wohnsitz oder ständigen Aufenthalt haben, bei der Anwendung des Art. 8 nicht schon aufgrund der Tatsache, dass das Schiff die Bundesflagge führt, dem deutschen Recht. Es mag sein, dass der deutsche Gesetzgeber hiermit die Flagge des Schiffs als taugliches Anknüpfungselement zu relativieren beabsichtigte; allerdings ist Art. 8 als unmittelbar geltendes Gemeinschaftsrecht autonom und nicht unter Rückgriff auf nationales Recht auszulegen. Aus diesem Grund bietet es sich an, § 21 Abs. 4 FlaggenrechtsG ein (eingeschränktes) Verständnis dergestalt beizumessen, dass bei Billigflaggen die Flagge als Anknüpfungsmerkmal hinter der Ausweichklausel zurücktritt,[130] die grundsätzliche Anknüpfung an die Flagge im Rahmen des Art. 8 Abs. 2 S. 1 Alt. 1 nicht in Abrede gestellt wird. Findet § 21 Abs. 4 S. 1 FlaggenrechtsG auf einen Sachverhalt direkt Anwendung, liegt also deutscher Zweitregisterfall vor, liegt es nach dem Gesagten nahe, die Ausweichklausel des Art. 8 Abs. 4 direkt zur Anwendung zu bringen.[131]

C. Internationales kollektives Arbeitsrecht

Infolge seines Zuschnitts auf Individualarbeitsverträge findet Art. 8 keine Anwendung auf das internationale kollektive Arbeitsrecht, dh das Betriebsverfassungs-, Tarif- und Arbeitskampfrecht. Folgende Hinweise mögen deshalb hier genügen:

I. Internationales Betriebsverfassungsrecht

Die **unternehmerische** Mitbestimmung teilt das Personalstatut der Gesellschaft, also das Recht am Gründungsort innerhalb der EU, außerhalb der EU das Recht am Hauptverwaltungssitz. Für die **betriebliche** Mitbestimmung ist demgegenüber – ebenso wie für das Personalvertretungsrecht[132] – das Territorialitätsprinzip (dh das Recht am Betriebssitz) entscheidend.[133] Dies hat im Ergebnis zur Folge, dass selbst Arbeitnehmer, deren Arbeitsverträge ausländischem Recht unterliegen und die ihren Wohnsitz im Ausland haben, die aber in einem im Geltungsbereich des BetrVG gelegenen Betrieb tätig sind, der deutschen betrieblichen Mitbestimmung unterfallen. Dies folgt aus dem Gedanken, dass Mitwirkungsbefugnisse des Betriebsrats

---

124 Für die Anknüpfung an die Flagge des Schiffes im Rahmen des Art. 8 Abs. 2 S. 1 Alt. 1: Rauscher/*v. Hein*, EuZPR/EuIPR, Art. 8 Rn 49; *Wurmnest*, EuZA 2009, 497 f; für eine Anknüpfung an die einstellende Niederlassung: *Deinert*, RdA 2009, 147 f; Palandt/*Thorn*, Art. 8 Rn 12; Bamberger/Roth/*Spickhoff*, Art. 8 Rn 26; zur Ausweichklausel nach Art. 8 Abs. 4 tendierend MüKo/*Martiny*, Art. 8 Rn 76; differenzierend Staudinger/*Magnus*, Art. 8 Rn 140 ff mwN.
125 Staudinger/*Magnus*, Art. 8 Rn 147.
126 Staudinger/*Magnus*, Art. 8 Rn 148.
127 Staudinger/*Magnus*, Art. 8 Rn 149. So zu Art. 30 Abs. 2 EGBGB aF: *Franzen*, AR-Blattei Rn 91 mwN; *Gamillscheg*, ZfA 14 (1983), 307, 342; *Däubler*, RIW 1987, 249, 251 f; *Mankowski*, RabelsZ 53 (1989), 487, 495. Der Missbrauchsgefahr bei „Billigflaggen" wurde dann ebenfalls durch Anwendung der Ausweichklausel nach Art. 30 Abs. 2 Hs 2 EGBGB (nunmehr Art. 8 Abs. 4) Rechnung getragen.
128 BVerfG 92, 26, 41 ff; dazu *Puttfarken*, RIW 1995, 617.
129 EuGH, Urt. v. 17.3.1993, verb. Rs. 72 und 73/91, Slg 1993, I-887 Rn 21 und 25 ff = IPRax 1994, 199 – Sloman Neptun Schiffahrts AG/Ziesemer, m. Anm. *Magnus*, S. 178.
130 Staudinger/*Magnus*, Art. 8 Rn 155 mwN; MüKo/*Martiny*, Art. 8 Rn 82. Gegen eine Anknüpfung an die Flagge wegen § 21 Abs. 4 S. 1 FlaggenrechtsG unter Geltung des Art. 30 EGBGB aF *Ebenroth/Fischer/Sorek*, ZVglRWiss 88 (1989), 124, 138 ff; *Esslinger*, S. 43; *Leffler*, RdA 1978, 97, 98.
131 So zum alten Recht: BAG NZA 1995, 1191, 1192; ebenso *Winkler v. Mohrenfels*, EAS, B 3000 Rn 79; *Drobnig/Puttfarken*, S. 15; offen gelassen noch in BAG NZA 1990, 841, 843.
132 Vgl BAG NZA 1997, 493.
133 BAG NZA 2000, 1119, 1121 mwN; vgl auch BAG NJW 1987, 2766; BAG NZA 1997, 493; ebenso ErfK/*Schlachter*, Art. 8 Rom I-VO Rn 29; Staudinger/*Magnus*, Art. 8 Rn 265; MüKo/*Martiny*, Art. 8 Rn 129; *Fitting*, BetrVG, § 1 Rn 12 ff; *Schlachter*, NZA 2000, 57, 63 f; *Schaub*, in: FS Söllner, 2000, S. 1011; weiterführend *Schlüpers-Oehmen*, S. 13 ff; *Agel-Pahlke*, S. 64 ff; kritisch *Franzen*, AR-Blattei Rn 187 f; *Fischer*, RdA 2002, 160, 162 ff.

nicht aus dem Arbeitsverhältnis resultieren, sondern von sich aus in den Organisationseinheiten gelten, in denen nach dem BetrVG Arbeitnehmervertretungen gebildet werden können.[134] Umgekehrt gilt das BetrVG für im Ausland liegende Betriebe selbst dann nicht, wenn der Betrieb einem deutschen Unternehmen zuzuordnen ist, der Arbeitnehmer deutscher Staatsangehöriger ist und auf den Individualarbeitsvertrag deutsches Recht Anwendung findet.[135]

40 Das BetrVG kann allerdings auf einen im Ausland tätigen Mitarbeiter seinem **persönlichen Geltungsbereich** nach anwendbar sein, soweit sich dessen Auslandstätigkeit als Ausstrahlung des Inlandsbetriebs darstellt,[136] was entweder eine nur vorübergehende Entsendung oder im Falle einer fortwährenden Entsendung voraussetzt, dass der Arbeitnehmer trotz seiner Auslandstätigkeit in einem inländischen Betrieb integriert bzw organisatorisch zugeordnet geblieben ist,[137] wovon bei einem Rückrufrecht des bisherigen Arbeitgebers oder einem von ihm ausgeübten Direktionsrecht mutmaßlich ausgegangen werden kann.[138] In solchen (Ausnahme-)Konstellationen muss also etwa der Betriebsrat vor der Kündigung des im Ausland eingesetzten Arbeitnehmers gehört werden (§ 102 BetrVG), und zwar selbst dann, wenn der Individualarbeitsvertrag einer ausländischen Rechtsordnung unterliegen sollte. Die Ausstrahlungswirkung eines inländischen Betriebs – und damit des BetrVG – ist hingegen zu verneinen, wenn der Arbeitnehmer ausschließlich für einen bestimmten Auslandseinsatz eingestellt worden ist und nicht im inländischen Betrieb tätig war.[139]

41 Ob ein Betriebsrat zu bilden ist, wer für den Betriebsrat aktiv und passiv wahlberechtigt ist und welche Befugnisse der Betriebsrat hat, richtet sich nach dem Recht am Betriebssitz, unabhängig davon, wo die Unternehmensleitung ihren Sitz hat.[140] Seine Mitwirkungsbefugnisse soll der Betriebsrat nach der Rechtsprechung wegen des Territorialitätsprinzips allerdings nur in demjenigen Staat ausüben dürfen, wo der Betrieb seinen Sitz hat. Dies soll selbst dann gelten, wenn der Betriebsrat Arbeitnehmer vertritt, die ins Ausland entsendet worden sind, und das Recht am Ort der Entsendung einer Tätigkeit des Betriebsrats nicht entgegensteht.[141] Die Errichtung eines Konzernbetriebsrats nach § 54 Abs. 1 S. 1 BetrVG iVm § 18 Abs. 1 AktG kommt nach der Rechtsprechung allerdings nur dann in Betracht, wenn nicht nur die unter einer einheitlichen Leitung zusammengefassten Unternehmen, sondern auch das herrschende Unternehmen oder zumindest eine (Teil-)Konzernspitze innerhalb eines Unterordnungskonzerns ihren Sitz in Deutschland haben.[142] Für die Seebetriebsverfassung ist eine spezielle Anknüpfung an die Bundesflagge in §§ 114 ff BetrVG geregelt, für Luftfahrbetriebe s. § 117 BetrVG.

II. Internationales Tarifvertragsrecht

42 Wegen seiner Fokussierung auf Individualarbeitsverträge trifft Art. 8 keine Aussagen für das internationale Tarifvertragsrecht, das allerdings den sonstigen Vorschriften des internationalen Vertragsrechts – namentlich Artt. 3, 4, 10 und 12 – unterfällt, und zwar nicht nur mit Blick auf den **schuldrechtlichen**,[143] sondern nach ganz überwiegender Meinung auch auf den **normativen Teil** des Tarifvertrags.[144] Tariffähigkeit, Tarifgebundenheit und Tarifwirkung folgen dem auf diese Weise ermittelten Statut, ebenso das Zustandekommen und die Beendigung des Tarifvertrags.[145] Voraussetzungen und Wirkungen von Allgemeinverbindlichkeitserklärungen richten sich demgegenüber nach dem Recht desjenigen Staats, in dem sie erklärt werden.[146] Fehlt es ausnahmsweise an einer ausdrücklichen Rechtswahl nach Art. 3 Abs. 1 S. 1 im Tarifvertrag, kann eine solche aus den Umständen des Falles (Art. 3 Abs. 1 S. 2) gefolgert werden (zB Anmeldung des Tarifvertrags nur zu einem bestimmten Tarifregister), andernfalls erfolgt eine objektive Anknüpfung

---

134 ErfK/*Schlachter*, Art. 8 Rom I-VO Rn 29.
135 BAG NZA 1990, 992; MünchArbR/*Oetker*, § 11 Rn 128; *Franzen*, AR-Blattei Rn 189.
136 BAG NZA 1990, 658; NZA 1997, 493; NZA 2000, 1119; ebenso MünchArbR/*Oetker*, § 11 Rn 129 f; Staudinger/*Magnus*, Art. 8 Rn 268; MüKo/*Martiny*, Art. 8 Rn 130; *Reiter*, NZA 2004, 1250.
137 BAG AP Nr. 17 zu Internat. Privatrecht Arbeitsrecht; AP Nr. 16 zu Internat. Privatrecht Arbeitsrecht; BAG NZA 1990, 992.
138 BAG NZA 2001, 1033; 1990, 658; BAG AP BetrVG 1972 § 101 Nr. 23.
139 BAG AuR 1981, 124; LAG Düsseldorf IPRspr 1982 Nr. 39 (Ortskräfte in Auslandsvertretungen); *Franzen*, AR-Blattei Rn 219; MünchArbR/*Oetker*, § 11 Rn 131; Staudinger/*Magnus*, Art. 8 Rn 269.
140 BAG NZA 2008, 1248.
141 BAG NJW 1983, 413; ablehnend das überwiegende Schrifttum: *Franzen*, AR-Blattei Rn 258 ff; Staudinger/*Magnus*, Art. 8 Rn 270; MüKo/*Martiny*, Art. 8 Rn 136. MünchArbR/*Oetker*, § 11 Rn 129; Zu der Kostenerstattung nach § 40 Abs. 1 BetrVG für Betriebsratstätigkeiten im Ausland vgl LAG Baden-Württemberg, NZA-RR 1998, 306.
142 BAG DB 2007, 1589.
143 Darauf begrenzt *Ebenroth/Fischer/Sorek*, ZVglRWiss 88 (1989), 124, 145; *Birk*, RdA 1984, 129, 136.
144 MünchArbR/*Oetker*, § 11 Rn 119 ff; Reithmann/*Martiny*/Martiny, Rn 4960 f; Palandt/*Thorn*, Art. 8 Rn 5; Staudinger/*Magnus*, Art. 8 Rn 251; vgl auch *Franzen*, AR-Blattei Rn 301 ff; *Junker*, Konzern, S. 417.
145 MünchArbR/*Oetker*, § 11 Rn 117 ff; MüKo/*Martiny*, Art. 8 Rn 139 ff; Staudinger/*Magnus*, Art. 8 Rn 254 ff.
146 MünchArbR/*Oetker*, § 11 Rn 118; MüKo/*Martiny*, Art. 8 Rn 141; Staudinger/*Magnus*, Art. 8 Rn 257.

nach Art. 4,[147] wobei mangels vertragscharakteristischer Leistung (Art. 4 Abs. 2 S. 1) die Verwaltungssitze der Tarifvertragsparteien – sofern diese innerhalb eines Landes liegen – entscheidend sein dürften, andernfalls derjenige Ort, an dem die meisten der dem Tarifvertrag unterfallenden Arbeitsverträge durchgeführt werden.[148] Auf diese Weise gelangt man im Ergebnis zur Anwendung desjenigen Rechts, zu dem die engste Verbindung besteht (Art. 4 Abs. 4).

Die normativen Bestimmungen des Tarifvertrags gehören – soweit sie für den in Rede stehenden Arbeitsvertrag Tarifwirkung entfalten – zu den **Sachnormen**, auf die Art. 8 verweist. Wählen die Arbeitsvertragsparteien deutsches Recht, ist auf den Arbeitsvertrag ein Tarifvertrag, der ebenfalls deutschem Recht unterliegt, unstreitig anwendbar. Haben die Parteien eines Arbeitsvertrags hingegen eine ausländischen Rechtsordnung gewählt, findet der inländische Tarifvertrag nach der Rechtsprechung[149] keine Anwendung, es sei denn, etwas anderes folgt aus dem in Art. 8 Abs. 1 angeordneten Günstigkeitsvergleich oder besagter Tarifvertrag enthält international zwingende Bestimmungen (vgl §§ 3 bis 5, 7 AEntG). 43

III. Internationales Arbeitskampfrecht

Abseits von Art. 8 wird schließlich auch das Arbeitskampfrecht angeknüpft. Hierzu bestimmt **Art. 9 Rom II-VO**, dass – unbeschadet von Art. 4 Abs. 2 Rom II-VO – auf außervertragliche Schuldverhältnisse in Bezug auf die Haftung einer Person in ihrer Eigenschaft als Arbeitnehmer oder Arbeitgeber oder der Organisationen, die deren berufliche Interessen vertreten, für Schäden, die aus bevorstehenden oder durchgeführten Arbeitskampfmaßnahmen entstanden sind, das Recht des Staates anzuwenden ist, in dem die Arbeitskampfmaßnahme erfolgen soll oder erfolgt ist (dazu Art. 9 Rn 30 ff). Nach Erwägungsgrund 27 der Rom II-VO ist bei Arbeitskampfmaßnahmen in mehreren Staaten auf das Recht desjenigen Staats abzustellen, in dem die jeweilige Einzelmaßnahme durchgeführt wird. Eine Rechtswahl ist innerhalb der Grenzen des Art. 14 Abs. 1 Rom II-VO möglich, ein Renvoi unbeachtlich (Art. 24 Rom II-VO). Der Geltungsbereich des Arbeitskampfstatuts (Art. 15 Rom II-VO) bestimmt die Zulässigkeitsvoraussetzungen der Maßnahme sowie ihre haftungsrechtlichen Folgen. 44

D. Verfahrensrecht

In individualarbeitsvertraglichen Verfahren wird Art. 8 durch die internationalen Zuständigkeitsregeln in **Artt. 18 bis 21 EuGVVO** flankiert, die vor allem den internationalen Gerichtsstand des Erfüllungsorts nach Art. 5 Nr. 1 lit. b EuGVVO verdrängen und den verfahrensrechtlichen Schutz des (typischerweise) schwächeren Arbeitnehmers verfolgen.[150] Danach kann der Arbeitnehmer den Arbeitgeber am Wohnsitz des Arbeitgebers (Art. 19 Nr. 1 EuGVVO), am gewöhnlichen Arbeitsort (Art. 19 Nr. 2 lit. a, vgl hierzu Art. 8 Abs. 2) oder ggf am Ort der Einstellungsniederlassung verklagen (Art. 19 Nr. 2 lit. b EuGVVO, vgl hierzu Art. 8 Abs. 3). Grundvoraussetzung ist freilich, dass die genannten Orte in einem EU-Mitgliedstaat (mit Ausnahme Dänemarks)[151] liegen oder der Arbeitgeber zumindest eine Zweigniederlassung in einem EU-Mitgliedstaat betreibt (Art. 18 Abs. 2 EuGVVO). Umgekehrt kann der Arbeitgeber den Arbeitnehmer nur vor den Gerichten des (bei Klageerhebung bestehenden) Wohnsitzes des Arbeitnehmers verklagen (Art. 20 Abs. 1 EuGVVO); im Falle einer Widerklage des Arbeitgebers kann er diese allerdings auch bei dem Gericht anhängig machen, bei dem die Klage anhängig ist (Art. 20 Abs. 2 EuGVVO). Von den genannten Zuständigkeitsvorschriften kann nur nach Entstehung der Streitigkeit vertraglich bzw durch rügeloses Einlassen oder ansonsten zugunsten des Arbeitnehmers abgewichen werden (Art. 21, Art. 23 Abs. 5 und Art. 24 EuGVVO). 45

Im Anwendungsbereich des **LugÜ** (also im Verhältnis zu Norwegen, Island und der Schweiz) finden sich ebenfalls besondere Zuständigkeitsvorschriften für Arbeitssachen, die den Regeln der EuGVVO entsprechen. Für Entsendesachverhalte existiert in § 15 AEntG eine auf Art. 6 der Entsende-Richtlinie beruhende internationale Zuständigkeitsregel, die auch durch die EuGVVO nicht berührt wird (vgl dort Art. 67). Kollektivarbeitsrechtliche Streitigkeiten fallen nicht unter Artt. 18 bis 21 EuGVVO;[152] sie sind in den Grenzen des Art. 23 EuGVVO Gerichtsstandsvereinbarungen zugänglich, jenseits dessen bei den Gerichten am 46

---

147 BAG AP TVG § 2 Nr. 54; *Zachert*, NZA 2000, 121, 122; ErfK/*Schlachter*, Art. 8 Rom I-VO Rn 32.
148 ErfK/*Schlachter*, Art. 8 Rom I-VO Rn 32 mwN; Reithmann/Martiny/*Martiny*, Rn 4961; Palandt/*Thorn*, Art. 8 Rn 5; vgl auch *Franzen*, AR-Blattei Rn 312 ff; *Junker*, IPRax 1994, 21; *Zachert*, NZA 2000, 122.
149 BAG AP BGB § 620 Befristeter Arbeitsvertrag Nr. 245; BAG AP TVG § 1 Tarifverträge: Bau Nr. 261.
150 Hierzu instruktiv *Junker*, NZA 2005, 199.
151 Im Verhältnis zu Dänemark gilt weiter das EuGVÜ-Abkommen vom 27.9.1968, ABl. EG 1998 C-27/1.
152 *Mankowski*, IPRax 2011, 93, 94.

Beklagtenwohnsitz (Artt. 2, 60 EuGVVO) oder Erfüllungsort (Art. 5 Abs. 1 EuGVVO) anhängig zu machen.

47 Ist die internationale Zuständigkeit nicht vorrangig durch einen EG-Rechtsakt sowie multi- oder bilaterale Verträge geregelt, so richtet sie sich grundsätzlich nach den nationalen Bestimmungen über die örtliche Zuständigkeit. Greift demnach eine örtliche Zuständigkeitsbestimmung der **§§ 12 ff ZPO** ein (etwa § 29, § 21 oder § 23 ZPO), so ist sind die deutschen Gerichte im Regelfall auch im Verhältnis zu ausländischen Gerichten zuständig.[153] In den Grenzen des § 38 Abs. 2 und 3 ZPO können die Parteien eines Arbeitsvertrags eine Gerichtsstandsvereinbarung treffen.

Artikel 9 Eingriffsnormen

(1) Eine Eingriffsnorm ist eine zwingende Vorschrift, deren Einhaltung von einem Staat als so entscheidend für die Wahrung seines öffentlichen Interesses, insbesondere seiner politischen, sozialen oder wirtschaftlichen Organisation, angesehen wird, dass sie ungeachtet des nach Maßgabe dieser Verordnung auf den Vertrag anzuwendenden Rechts auf alle Sachverhalte anzuwenden ist, die in ihren Anwendungsbereich fallen.

(2) Diese Verordnung berührt nicht die Anwendung der Eingriffsnormen des Rechts des angerufenen Gerichts.

(3) ¹Den Eingriffsnormen des Staates, in dem die durch den Vertrag begründeten Verpflichtungen erfüllt werden sollen oder erfüllt worden sind, kann Wirkung verliehen werden, soweit diese Eingriffsnormen die Erfüllung des Vertrags unrechtmäßig werden lassen. ²Bei der Entscheidung, ob diesen Eingriffsnormen Wirkung zu verleihen ist, werden Art und Zweck dieser Normen sowie die Folgen berücksichtigt, die sich aus ihrer Anwendung oder Nichtanwendung ergeben würden.

Literatur: *Anderegg*, Ausländische Eingriffsnormen im internationalen Vertragsrecht, 1989; *Basedow*, Wirtschaftskollisionsrecht. Theoretischer Versuch über die ordnungspolitischen Normen des Forumstaates, RabelsZ 52 (1988), 8; *Berger*, Devisenrecht in der internationalen Wirtschaftsschiedsgerichtsbarkeit, ZVglRWiss 96 (1997), 316; *Busse*, Die Berücksichtigung ausländischer „Eingriffsnormen" durch die deutsche Rechtsprechung, ZVglRWiss 95 (1996), 386; *Einsele*, Auswirkungen der Rom I-Verordnung auf Finanzdienstleistungen, WM 2009, 289; *Felke*, Internationale Konsumentenkredite: Sonderanknüpfung des VerbrKrG über Art. 34 EGBGB, RIW 2001, 30; *Fetsch*, Eingriffsnormen und EG-Vertrag, 2002; *Franzen*, Vertragsstatut und zwingende Bestimmungen im internationalen Arbeitsrecht, IPRax 2003, 239; *Freitag*, Einfache und international zwingende Normen, in: Leible (Hrsg.), Das Grünbuch zum Internationalen Vertragsrecht, 2004, 167; *Freitag/Leible*, Internationaler Anwendungsbereich der Handelsvertreter-Richtlinie – Europäisches Handelsvertreterrecht weltweit?, RIW 2001, 287; *Harris*, Mandatory Rules and Public Policy under the Rome I Regulation, in: Ferrari/Leible, Rome I Regulation. The Law Applicable to Contractual Obligations in Europe, 2009; *v. Hoffmann*, Inländische Sachnormen mit zwingendem internationalen Anwendungsbereich, IPRax 1989, 261; *Kilian/Müller*, Öffentlichrechtliches Preisrecht als Eingriffsnorm i.S. des Art. 34 EGBGB, IPRax 2003, 436; *Kothe*, Verbraucherschutz im Licht des europäischen Wirtschaftsrechts, EuZW 1990, 150; *Kuckein*, Die Berücksichtigung von Eingriffsnormen im deutschen und englischen internationalen Vertragsrecht, 2008; *Leible*, Außenhandel und Rechtssicherheit, ZVglRWiss 97 (1998), 286; *Magnus*, Die Rom I-Verordnung, IPRax 2010, 27; *Mankowski*, Strukturfragen des internationalen Verbrauchervertragsrechts, RIW 1993, 453; *ders.*, Art. 34 EGBGB erfaßt § 138 BGB nicht!, RIW 1996, 8; *ders.*, Keine Sonderanknüpfung deutschen Verbraucherschutzrechts über Art. 34 EGBGB, DZWiR 1996, 273; *ders.*, Die Rom I-Verordnung – Änderungen im europäischen IPR für Schuldverträge, IHR 2008, 133; *Pfeiffer*, Eingriffsnormen und ihr sachlicher Regelungsgegenstand, in: FS Geimer 2002, S. 821; *ders.*, Neues Internationales Vertragsrecht – Zur Rom I-Verordnung, EuZW 2008, 622; *Radtke*, Schuldstatut und Eingriffsrecht, ZVglRWiss 84 (1985), 325; *Reich*, Grundgesetz und internationales Vertragsrecht, NJW 1994, 2128; *Reithmann/Martiny*, Internationales Vertragsrecht, 6. Auflage 2004; *Remien*, Außenwirtschaftsrecht in kollisionsrechtlicher Sicht, RabelsZ 54 (1990), 217; *W. H. Roth*, Verbraucherschutz über die Grenze, RIW 1994, 275; *ders.*, Ausländische Eingriffsnormen und Reform des Römischen EWG-Übereinkommens, in: FS Immenga, 2004, S. 331; *ders.*, Savigny, Eingriffsnormen und die Rom I-Verordnung, in: FS Kühne, 2009, S. 859; *Schacherreiter*, Eingriffsnormen in der Rom I-VO zwischen Parteiautonomie und gesellschaftlichen Steuerungsinteressen, in: Verschraegen (Hrsg.), Rechtswahl – Grenzen und Chancen, 2010, S. 69; *Schubert*, Internationale Verträge und Einheitsrecht – ein Beitrag zur Methode des Wirtschaftskollisionsrechts, RIW 1987, 729; *Siehr*, Ausländische Eingriffsnormen im inländischen Wirtschaftskollisionsrecht, RabelZ 52 (1988), 41; *Staudinger*, Die ungeschriebenen kollisionsrechtlichen Regelungsgebote der Handelsvertreter-, Haustürwiderrufs- und Produkthaftungsrichtlinie, NJW 2001, 1975; *Thorn*, Eingriffsnormen, in: Ferrari/Leible (Hrsg.), Ein neues Internationales Vertragsrecht für Europa, 2007, S. 129; *Wengler*, Die Anknüpfung des zwingenden Schuldrechts im internationalen Privatrecht, ZVglRWiss 54 (1941), 168; *Wenner*, Die HOAI im internationalen Rechtsverkehr, RIW 1998, 173; *Zweigert*, Nichterfüllung aufgrund ausländischer Leistungsverbote, RabelsZ 14 (1942), 283.

---

153 BAG NZA 2003, 339; 1997, 1182; 1995, 1191.

A. Überblick und Entstehungsgeschichte	1	2. Grundstücksbezogene Vorschriften	31
B. Verhältnis zu anderen Bestimmungen	5	3. Gewerbe- und Berufsrecht	32
I. Inlands- bzw Binnenmarktfälle	6	4. Arbeitnehmerschutzvorschriften	35
II. Verbraucher- und Arbeitnehmerschutzbestimmungen	8	5. Schutz der Verbraucher, Mieter und Handelsvertreter	37
III. Belegenheits- und Erfüllungsort	9	6. Kapitalmarktrecht	41
IV. Ordre public	11	7. Transportrecht	42
V. Verhältnis zum Richtlinienkollisionsrecht	12	E. Eingriffsnormen eines Drittstaats (Abs. 3)	43
C. Eingriffsnormen	15	I. Tatbestand	45
I. Zwingende Vorschrift	17	II. Rechtsfolge	48
II. Öffentliches Interesse	18	III. Sperrwirkung	52
III. Internationaler Geltungswille	23	F. Rangverhältnis	53
D. Eingriffsnormen der lex fori (Abs. 2)	24		
I. Inlandsbezug	24		
II. Einzelne inländische Eingriffsnormen	27		
1. Außenhandel, Kulturgüterschutz und Devisenrecht	28		

A. Überblick und Entstehungsgeschichte

Art. 9 regelt das Verhältnis zwischen international zwingenden Vorschriften (sog. Eingriffsnormen) und dem nach herkömmlichen Anknüpfungsregeln auf den Vertrag (privatautonom oder objektiv) anzuwendenden Recht. Im Gegensatz zu der nur fragmentarischen Regelung des Art. 16 Rom II–VO[1] greift Art. 9 hierzu drei wesentliche Problemkreise heraus, erstens unter welchen (gemeinschaftsrechtlichen) Voraussetzungen Eingriffsnormen überhaupt vorliegen (Abs. 1), zweitens die Anwendbarkeit von Eingriffsnormen der *lex fori* (Abs. 2) und drittens die Berücksichtigung von Eingriffsnormen, die einer anderen Rechtsordnung als der *lex fori* entstammen (Abs. 3). **1**

Abs. 1 versucht sich erstmals – dh ohne Vorbild im EVÜ – an einer **Definition der Eingriffsnorm**, ohne dabei selbst zugleich eine Kollisionsnorm zu begründen.[2] Im Anschluss an die Rechtsprechung des **EuGH** in der Rechtssache „Arblade"[3] ist unter Eingriffsnorm eine zwingende Vorschrift zu verstehen, deren Einhaltung von einem Staat als so entscheidend für die Wahrung seines öffentlichen Interesses, insbesondere seiner politischen, sozialen oder wirtschaftlichen Organisation angesehen wird, dass sie ungeachtet des nach der Rom I–VO auf den Vertrag anzuwendenden Rechts auf alle Sachverhalte anzuwenden ist, die in ihren Anwendungsbereich fallen. Flankiert wird Abs. 1 durch **Erwägungsgrund 37**, wonach Eingriffsnormen von Bestimmungen, die nicht durch Vereinbarung abbedungen werden können, abzugrenzen sind. Infolgedessen genügt es nicht, dass eine Vorschrift lediglich unabdingbar ist; vielmehr müssen die in der Definition genannten weiteren Voraussetzungen vorliegen, damit eine nationale Bestimmung das (gemeinschaftsrechtliche) Prädikat der Eingriffsnorm verdient. Ferner soll der Begriff der Eingriffsnorm nach Erwägungsgrund 37 eng ausgelegt werden, was aus Sicht des Gemeinschaftskollisionsrechts unmittelbar einleuchtet, denn letztlich bringt die Anwendung einer Eingriffsnorm stets das Risiko mit sich, dass das durch das Anknüpfungssystem der Rom I–VO (Artt. 3 bis 8) an sich berufene Recht, dh die *lex causae*, (teilweise) außer Kraft gesetzt und das durch sie vorgezeichnete Ergebnis durch mitunter politisch motivierte nationale Bestimmungen eines anderen Staats verfälscht wird.[4] **2**

Entstammt eine Eingriffsnorm dem Recht des angerufenen Gerichts, dh der *lex fori*, wird ihre Anwendbarkeit nach Abs. 2 nicht durch die Rom I–VO berührt. Sind also die deutschen Gerichte (international) zuständig, setzen sich somit die deutschen Eingriffsnormen als vorrangige Sonderregeln gegenüber dem – **implizit vorausgesetzten**[5] – ausländischen Vertragsstatut durch. Dies entspricht der Regelung in Art. 34 EGBGB aF, der im Anschluss an Art. 7 Abs. 2 EVÜ ebenfalls den Einfluss zwingender Vorschriften der deutschen *lex fori* gegenüber einer ausländischen *lex causae* zum Gegenstand hatte. **3**

---

1   In der Tat wird man Art. 9 Rom I–VO als Ausdruck eines allgemeinen kollisionsrechtlichen Prinzips verstehen dürfen, das nicht nur für diejenigen außervertraglichen Schuldverhältnisse Geltung beansprucht, für welche die Rom II–VO auf die Rom I–VO verweist (s. Artt. 4 Abs. 3, 10 Abs. 1, 11 Abs. 1 und 12 Abs. 1 Rom II–VO), sondern auch für Vertragsverhältnisse, die unter die Rom I–VO fallen, s. Staudinger/*Magnus*, Art. 9 Rn 15; Bamberger/Roth/*Spickhoff*, Art. 9 Rn 5 f.

2   Bamberger/Roth/*Spickhoff*, Art. 9 Rn 1; vgl auch W. H. Roth, RIW 1994, 275, 277; *Gamillscheg*, ZfA 1983, 344.

3   EuGH, Urt. v. 23.11.1999, Rs. C-369/96 und C-374/96, Slg 1999, I-8453 – Arblade.

4   Bamberger/Roth/*Spickhoff*, Art. 9 Rn 8; ebenso zum alten Recht bereits *Mann*, NJW 1988, 3074, 3075.

5   Bamberger/Roth/*Spickhoff*, Art. 9 Rn 1. Ist hingegen deutsches Recht Vertragsstatut, gelten denknotwendig die Eingriffsnormen der deutschen *lex fori*, so dass eine Konfliktsituation, die Art. 9 Abs. 2 gerade voraussetzt, von vornherein ausscheidet. Dies ist unstreitig (s. Staudinger/*Magnus*, Art. 9 Rn 129; MüKo/*Martiny*, Art. 9 Rn 43; Reithmann/*Martiny*/ *Freitag*, Rn 646).

4 Steht hingegen eine **ausländische** (dh nicht der *lex fori* zugehörigen) **international zwingende Norm** im Raum, so kann danach unterschieden werden, ob diese Regelung aus derselben Rechtsordnung stammt, die bereits dem Vertragsstatut Maß gibt,[6] oder einer Rechtsordnung zugehört, die weder mit der *lex fori* noch mit der *lex causae* identisch ist. Auf die letztgenannten Alternative zielt Abs. 3 ab, unabhängig davon, ob *lex fori* und *lex causae* unterschiedlichen oder derselben Rechtsordnung(en) unterliegen. Nach Abs. 3 S. 1 kann solchen ausländischen Eingriffsnormen Wirkung verliehen werden, wenn sie demjenigen Staat zugehören, in dem die durch den Vertrag begründeten Verpflichtungen erfüllt werden sollen oder erfüllt worden sind, und besagte Eingriffsnorm die Erfüllung des Vertrags unrechtmäßig werden lässt. Bei der Entscheidung, ob dieser Eingriffsnorm Wirkung zu verleihen ist, muss das angerufene Gericht Art und Zweck dieser Normen sowie die Folgen berücksichtigen, die sich aus ihrer Anwendung oder Nichtanwendung ergeben würden (Abs. 3 S. 2). Gegenüber Art. 7 Abs. 1 EVÜ,[7] der die Berücksichtigung ausländischer Eingriffsnormen bei Bestehen einer engen Verbindung des Sachverhalts zu deren Erlassstaat zuließ, allerdings aufgrund des Vorbehalts in Art. 22 Abs. 1 lit. a EVÜ in Deutschland und in anderen EVÜ-Vertragsstaaten (zB Großbritannien, Luxemburg, Portugal) nicht in nationales Recht überführt worden ist,[8] schränkt Art. 9 Abs. 3 die Berücksichtigung ausländischer Eingriffsnormen nunmehr deutlich ein. Es können nur noch Eingriffsnormen des Staates des Erfüllungsorts Berücksichtigung finden, und zwar unter der weiteren Voraussetzung, dass diese Eingriffsnormen Auswirkungen auf die Wirksamkeit des Vertrags haben. Die Europäische Kommission konnte sich mit ihrem weiterreichenden – an der Formulierung des Art. 7 Abs. 1 EVÜ angelegten – Vorschlag vor allem gegen den Widerstand von Großbritannien nicht durchsetzen, die unkalkulierbare Abweichungen vom maßgeblichen Vertragsrecht befürchteten und sich nicht mehr auf eine Vorbehaltsklausel wie Art. 22 Abs. 1 lit. a EVÜ zurückziehen konnten.[9]

B. Verhältnis zu anderen Bestimmungen

5 Die Rom I-VO kennt neben Art. 9 vielfältige weitere Sonderanknüpfungen, die das zur Anwendung berufene Vertragsrecht überlagern, etwa in Art. 3 Abs. 3 und 4 (Inlands- bzw Binnenmarktfälle), Art. 6 Abs. 2 (Verbraucherschutzbestimmungen), Art. 8 Abs. 1 S. 2 (Arbeitnehmerschutzbestimmungen), Art. 11 Abs. 5 (Formrecht des Belegenheitsorts) und Art. 12 (Recht des Erfüllungsorts). Daneben steht Art. 9 in einem Spannungsverhältnis zu Art. 21 (*ordre public*) sowie zu gemeinschaftsrechtlich fundierten Kollisionsnormen. Potenzielle Normkonflikte sind wie folgt aufzulösen:

I. Inlands- bzw Binnenmarktfälle

6 Wählen die Vertragsparteien in einem reinen Inlandsfall eine ausländische Rechtsordnung, so berührt dies nicht die Anwendung der inländischen unabdingbaren Vorschriften (s. Art. 3 Abs. 3). Da jede Eingriffsnorm *qua definitionem* (zumindest) unabdingbar sein muss, kann es in dieser Konstellation praktisch dahin stehen, ob eine inländische Bestimmung unabdingbar oder sogar als Eingriffsnorm zu qualifizieren ist; sie gilt in jedem Fall, ganz gleich, ob man das Ergebnis auf Art. 3 Abs. 3 oder Art. 9 stützt.[10]

7 Wählen die Vertragsparteien in einem reinen Binnenmarktfall hingegen das Recht eines Drittstaats (Art. 3 Abs. 4), so können insbesondere mitgliedstaatliche Eingriffsnormen der *lex fori* (Art. 9 Abs. 2) bzw des

---

6   Im Ergebnis besteht allerdings keine Einigkeit darüber, ob mit dem durch die Rom I-VO zur Anwendung berufenen Vertragsrecht (*lex causae*) auch dessen Eingriffsnormen zu berücksichtigen sind, weil man diese Eingriffsnormen automatisch als Bestandteil der *lex causae* ansieht (so Bamberger/Roth/*Spickhoff*, Art. 9 Rn 34 mwN; ebenso RG RabelsZ 10 (1936), 385, 387; abl. BGH NJW 1960, 1101, 1102). Nach anderer Auffassung soll es – getrennt von der *lex causae* – zu einer Sonderanknüpfung der Eingriffsnormen der *lex causae* kommen (so Palandt/*Thorn*, Art. 9 Rn 15; vgl auch *Remien*, RabelsZ 54 (1990), 431, 462 f; *Anderegg*, S. 79 f; *Mankowski*, RIW 1996, 8, 9). Fraglich ist dann, ob man diese Sonderanknüpfung den Restriktionen des Art. 9 Abs. 3 unterwirft (Reithmann/Martiny/*Freitag*, Rn 646; Rauscher/*Thorn*, EuZPR/EuIPR, Art. 9 Rn 77) oder es für den die Sonderanknüpfung begründenden engen Bezug zu Eingriffsnormen der *lex causae* genügen lässt, dass die Parteien die *lex causae* gewählt haben oder diese durch objektiv Anknüpfungsregeln zur Anwendung berufen wird, vgl Staudinger/*Magnus*, Art. 9 Rn 4, 129 ff, 137.

7   BT-Drucks. 10/504, S. 83. Zu früheren Reformüberlegungen bezüglich Art. 7 EVÜ *Junker*, IPRax 2000, 65; *W. H. Roth*, in: FS Immenga, 2004, S. 331, 336 ff.

8   Die noch im Regierungsentwurf zum IPR-Neuregelungsgesetz von 1986 vorgesehene Übernahme des Art. 7 Abs. 1 EVÜ (BT-Drucks. 10/504, S. 83, zu Reformbemühungen *Junker*, IPRax 2000, 65; *W. H. Roth*, in: FS Immenga, 2004, S. 331, 336 ff), der die Berücksichtigung drittstaatlicher Eingriffsnormen ausdrücklich zugelassen hätte, wurde aufgrund des Vorbehalts nicht Gesetz, vgl BT-Drucks. 10/504, S. 100, 106; BT-Drucks. 10/5632, S. 45.

9   *Freitag*, IPRax 2009, 110 f; *Mankowski*, IHR 2008, 148.

10 Ebenso Bamberger/Roth/*Spickhoff*, Art. 9 Rn 4; Staudinger/*Magnus*, Art. 9 Rn 18.

Erfüllungsorts (Art. 9 Abs. 3) mit unabdingbaren Bestimmungen des Gemeinschaftsrechts bzw ihren mitgliedstaatlichen Umsetzungsnormen in Konflikt geraten. Diese Gemengelage lässt sich nur dann zugunsten besagter Eingriffsnormen auflösen, wenn und soweit diese mit (höherrangigem) Gemeinschaftsrecht in Einklang stehen.[11]

II. Verbraucher- und Arbeitnehmerschutzbestimmungen

Vorschriften des Verbraucher- und Arbeitnehmerschutzrechts der *lex fori* können (ausnahmsweise) zu den international zwingenden Vorschriften iSd Abs. 1 zählen und damit eine Normkollision gegenüber solchen zwingenden Vorschriften des objektiv bestimmten Verbraucher- bzw Arbeitsvertragsstatuts auslösen, welches für den Verbraucher bzw Arbeitnehmer – gemessen am gewählten Recht – günstiger ist (Art. 6 Abs. 2 bzw Art. 8 Abs. 1 S. 2). Unter Geltung des bisherigen Vertragskollisionsrechts wurde versucht, die entsprechende Frage nach dem Rangverhältnis zwischen Art. 34 EGBGB aF und Artt. 29 f EGBGB aF durch eine passgenaue Abgrenzung beider Normbereiche aufzulösen.[12] Andere Stimmen gingen zwar von einer Überschneidung beider Regelungskomplexe aus, plädierten aber für einen Vorrang der Artt. 29 f EGBGB aF[13] oder umgekehrt des Art. 34 EGBGB aF[14] Die überwiegende Meinung zum alten Vertragskollisionsrecht favorisierte demgegenüber einen (lediglich) relativen Vorrang des Art. 34 EGBGB aF, wonach die international zwingenden Normen des deutschen Rechts gegenüber dem nach Artt. 29 f EGBGB aF berufenen Vertragsstatut bevorrechtigt waren, allerdings nur unter Aufrechterhaltung des Günstigkeitsprinzips.[15] Auch unter Geltung der Rom I-VO sollte man die Streitfrage weder durch einen (einseitigen) Vorrang der Art. 6 bzw Art. 8 oder des Art. 9 lösen,[16] sondern ebenfalls im Wege des **relativen Vorrangs des Art. 9**,[17] was nicht zuletzt dem Ausnahmecharakter des Art. 9 Rechnung trägt (s. Erwägungsgrund 37). Nach dem Gesagten setzen sich deutsche Eingriffsnormen unter Geltung eines kraft Rechtswahl zur Anwendung berufenen ausländischen Vertragsstatuts durch, soweit das ausländische Recht kein vergleichsweise höheres Verbraucher- oder Arbeitnehmerschutzniveau aufweist und die deutsche Eingriffsnorm zudem nicht der Durchführung des Günstigkeitsvergleichs entgegensteht. Sofern sich deutsches Recht über Art. 6 Abs. 2 oder Art. 8 Abs. 1 S. 2 ohnehin als günstigeres Recht durchsetzen würde, kann die Frage nach der Rangkollision gegenüber Art. 9 Abs. 2 im Ergebnis dahinstehen. Ist hingegen eine international zwingende deutsche Verbraucher- oder Arbeitnehmerschutznorm Bestandteil des subjektiven Vertragsstatuts und kommt zugleich ausländisches Recht als objektiv geltendes Recht nach Art. 6 Abs. 2 bzw Art. 8 Abs. 1 S. 2 in Betracht, das sich gegenüber der deutschen Eingriffsnorm als günstiger erweisen würde, genießt Art. 6 bzw Art. 8 gegenüber Art. 9 Vorrang.

III. Belegenheits- und Erfüllungsort

Art. 11 Abs. 5 knüpft für die Form schuldrechtlicher Grundstücksverträge an die Formbestimmungen des Belegenheitsorts des Grundstücks an, wenn und soweit dieses Recht die Formvorschriften als zwingend ansieht und von ihnen auch nicht durch Rechtswahl abgewichen werden darf. Gegenüber Art. 9 ist Art. 11 Abs. 5 die speziellere Bestimmung, insbesondere verlangt der Wortlaut des Art. 11 Abs. 5 gerade keine Gemeinwohlorientierung. Innerhalb seines Anwendungsbereichs verdrängt Art. 11 Abs. 5 somit Art. 9.[18]

Gemäß Art. 12 Abs. 2 ist namentlich in Bezug auf die Erfüllungsmodalitäten das Recht des Staates, in dem die Erfüllung erfolgt, zu berücksichtigen. Eine Kollision mit Art. 9 Abs. 3 lässt sich allerdings vermeiden, wenn man den Erfüllungsort für beide Vorschriften identisch bestimmt, so dass sich Eingriffsnormen wie Erfüllungsmodalitäten aus derselben Rechtsordnung ableiten.[19] Art. 9 Abs. 2 wird hingegen gegenüber Art. 12 Abs. 2 Vorrang genießen.

---

11 PWW/*Remien*, Art. 9 Rn 22; Staudinger/*Magnus*, Art. 9 Rn 19; aA *Hoffmann*, EWS 2009, 259 ff.
12 *Mankowski*, DZWiR 1996, 273, 274 ff; Soergel/ *v. Hoffmann*, Art. 30 EGBGB Rn 22 f; hiergegen zu Recht *Pfeiffer*, in: FS Geimer, 2002, S. 821, 835, wonach „es dem Gesetzgeber ohne weiteres freisteht, eine Regelung mit dem angeblich unmöglichen Inhalt einer gleichzeitig allseitigen und zwingend einseitigen Geltung zu treffen."
13 BT-Drucks. 15/504, S. 83; MünchArbR/*Birk*, Bd. 1, 2. Aufl. 2002, § 19 Rn 85.
14 Palandt/*Heldrich*, 66. Aufl. 2007, Art 34 EGBGB Rn 3.
15 Soergel/*v. Hoffmann*, Art. 34 EGBGB Rn 36; *Pfeiffer*, in: FS Geimer, 2002, S. 821, 834; Erman/*Hohloch*, Art. 28 EGBGB Rn 8; MüKo/*Martiny*, 4. Aufl., Art. 34 EGBGB Rn 155; einschr. Bamberger/Roth/ *Spickhoff*, Art. 34 EGBGB Rn 4.
16 Reithmann/Martiny/*Freitag*, Rn 517, 525; Palandt/ *Thorn*, Art. 9 Rn 8;.
17 Staudinger/*Magnus*, Art. 9 Rn 25; Bamberger/Roth/ *Spickhoff*, Art. 9 Rn 4; MüKo/*Martiny*, Art. 9 Rn 139.
18 Reitmann/Martiny/*Freitag*, Rn 520; Staudinger/ *Magnus*, Art. 9 Rn 29.
19 Staudinger/*Magnus*, Art. 9 Rn 30.

IV. Ordre public

11 Art. 9 und Art. 21 lassen sich schließlich anhand ihrer **Zielrichtung** deutlich voneinander abgrenzen: Während Art. 21 die negative Funktion des *ordre public* in den Mittelpunkt der Betrachtung stellt und dazu führt, dass die Anwendung (inakzeptablen) ausländischen Rechts abgewehrt wird, führt Art. 9 zur positiven Berücksichtigung von Eingriffsnormen der *lex fori* (Abs. 2) oder des Erfüllungsstaats (Abs. 3). Aufgrund ihrer gegenläufigen Zielrichtung stehen demnach Art. 9 und Art. 21 nebeneinander. Freilich erweitert Art. 9 den Geltungsanspruch der *lex fori* (Art. 2) bzw des Erfüllungsstaats (Abs. 3) und greift damit erheblich weiter als der lediglich kassatorisch wirkende *ordre public* des Art. 21. Innerhalb des Anwendungsbereichs des Art. 9 wird sich ein Rückgriff auf Art. 21 deshalb in aller Regel erübrigen.[20]

V. Verhältnis zum Richtlinienkollisionsrecht

12 Die in Art. 46 b EGBGB genannten Richtlinien enthalten allesamt an die Mitgliedstaaten gerichtete Verpflichtungen, die in den Richtlinien genannten Zielvorgaben gegenüber der Wahl des Rechts eines Drittstaats unantastbar zu machen.[21] Diese Richtlinienkollisionsnormen bzw die sie umsetzende Vorschrift (Art. 46 b EGBGB) gehen der Rom I-VO und damit auch Art. 9 gemäß der Anordnung in **Art. 23** vor, so dass sich die Frage, ob die Zielvorgaben der in Art. 46 b EGBGB genannten Richtlinien Eingriffsnormen begründen, praktisch nicht stellt. Um die praktische Wirksamkeit des Gemeinschaftsrechts nicht zu beeinträchtigen, dürfen Eingriffsnormen der *lex fori* oder des Erfüllungsorts freilich nicht in Widerspruch zum Richtlinienkollisionsrecht stehen.[22]

13 Zum Schwur kommt es bei solchen privatrechtsangleichenden Richtlinien, die – anders als die in Art. 46 b EGBGB genannten – keine Verpflichtung an die Mitgliedstaaten richten, das Richtlinienrecht gegenüber Drittstaaten rechtswahlfest auszugestalten. Hier stellt sich – mangels Anwendbarkeit des Art. 23 – die Frage, ob die Richtlinienvorgaben (automatisch) als Eingriffsnormen iSd Art. 9 Abs. 1 zu qualifizieren sind.[23] Berechtigung hat diese Fragestellung vor allem durch die **Rechtsprechung des EuGH in der Rechtssache „Ingmar GB"** aus dem Jahr 2000 gewonnen. In dieser Entscheidung ging es um die Frage, ob ein in England für ein kalifornisches Unternehmen tätiger Handelsvertreter nach Vertragsbeendigung auch dann einen Ausgleichsanspruch geltend machen kann, wenn dem Handelsvertretervertrag kalifornisches Recht zugrunde gelegt wurde, das – anders als das im Zuge der Handelsvertreterrichtlinie[24] angeglichene englische Recht – keinen international zwingenden Ausgleichsanspruch kennt. Nach Auffassung des EuGH sind die richtlinienbedingten Vorschriften des englischen Rechts unabhängig davon anwendbar, „welchem Recht der Vertrag nach dem Willen der Parteien unterliegen soll, [...] wenn der Sachverhalt einen starken Gemeinschaftsbezug aufweist, etwa weil der Handelsvertreter seine Tätigkeit im Gebiet eines Mitgliedstaats ausübt."[25] Begründet hat der Gerichtshof diese ungeschriebene, gemeinschaftsrechtlich fundierte Kollisionsnorm mit der Schutzbedürftigkeit des Handelsvertreters, dem Schutz der Niederlassungsfreiheit sowie mit dem Abbau von Wettbewerbsverzerrungen im Binnenmarkt.[26]

14 Die „Ingmar"-Entscheidung lässt vermuten, dass der EuGH auch im Rahmen des Abs. 1 Richtlinienrecht als international zwingende Vorschriften interpretieren wird, wenn die mitgliedstaatlichen Umsetzungsnormen voneinander mehr oder weniger abweichen. Allerdings wird man für eine Anwendung des Art. 9 von vornherein nur denjenigen Regelungsbereich einer privatrechtsangleichenden Richtlinie reservieren dürfen, der – ohne gesetzgeberisches Ermessen – von Seiten der Mitgliedstaaten zwingend umgesetzt werden muss. Ist eine Richtlinie in einem Mitgliedstaat nicht oder nicht zutreffend umgesetzt, dann sollte man davon absehen, dem Richtlinienziel über Art. 9 Wirkung zu verleihen, sondern den insoweit Geschädigten auf Staatshaftungsansprüche verweisen (s. Staudinger/*Magnus*, Art. 9 Rn 43).

---

20 Bamberger/Roth/*Spickhoff*, Art. 9 Rn 3 mwN; Staudinger/*Magnus*, Art. 9 Rn 31.
21 Art. 6 Abs. 2 Klausel-Richtlinie (RL 93/13/EWG, ABl. EG Nr. L 95 v. 21.4.1993, S. 29); Art. 12 Abs. 2 Fernabsatz-Richtlinie (RL 97/7/EG, ABl. EG Nr. L 144 v. 4.6.1997, S. 19); Art. 7 Abs. 3 Verbrauchsgüterkauf-Richtlinie (RL 99/44/EG, ABl. EG Nr. L 171 v. 7.7.1999, S. 12); Art. 12 Abs. 2 Fernabsatzfinanzdienstleistungs-Richtlinie (RL 2002/65/EG, ABl. EG Nr. L 271 vom 9.10.2002, S. 16); Art. 22 Abs. 4 Verbraucherkredit-Richtlinie (RL 2008/48/EG, ABl. EG Nr. L 133 v. 22.5.2008, S. 66); Art. 12 Timesharing-Richtlinie (RL 2008/122/EG, ABl. EG Nr. L 33 vom 3.2.2009, S. 10).
22 Reithmann/Martiny/*Freitag*, Rn 529; Staudinger/*Magnus*, Art. 9 Rn 36; Rauscher/*Thorn*, EuZPR/EuIPR, Art. 9 Rn 30.
23 Sieht eine privatrechtsangleichende Richtlinie – wie üblich – nur eine Mindestharmonisierung vor oder enthält sie gar weiterreichende Gestaltungsmöglichkeiten zugunsten des nationalen Gesetzgebers, können die mitgliedstaatlichen Umsetzungergebnisse
24 RL 86/653/EWG (ABl. EG Nr. L 382 v. 31.12.1986, S. 17).
25 EuGH, Urt. v. 9.11.2000, Rs. C-381/98, Slg 2000, I-9305 Rn 25 = NJW 2001, 2007 = RIW 2001, 133 – Ingmar GB Ltd./Eaton Leonhard Technologies Inc., m. Anm. *Leible/Freitag*, S. 287 ff.
26 EuGH, Urt. v. 9.11.2000, Rs. C-381/98, Slg 2000, I-9305 Rn 21 ff – Ingmar GB Ltd./Eaton Leonhard Technologies Inc.

richtlinienbedingt der Parteidisposition entzogen sein müssen (dh unabdingbar auszugestalten sind), das Richtlinienrecht einen – durch gemeinschaftsrechtliche Auslegung zu ermittelnden – internationalen Geltungswillen beansprucht und der zur Entscheidung stehende Sachverhalt einen konkreten Gemeinschaftsbezug aufweist. Kernfrage wird darüber hinaus sein, welche Anforderungen der EuGH in diesem Zusammenhang an den in Abs. 1 enthaltenen Passus „zur Wahrung seines öffentlichen Interesses, insbesondere seiner politischen, sozialen oder wirtschaftlichen Organisation" stellen wird, denn es liegt auf der Hand, dass privatrechtsgestaltende Richtlinien oftmals primär auf den Schutz von Individualinteressen bestimmter Personenkreise gerichtet sind, also keinem überwiegenden öffentlichen Gemeinwohlzweck zu dienen bestimmt sind (hierzu weiterführend Rn 18 ff).

C. Eingriffsnormen

Wie aus Erwägungsgrund 37 deutlich wird, reicht die Zugehörigkeit einer gesetzlichen Bestimmung zum *ius cogens* nicht aus, um als international zwingende Vorschrift gegenüber dem an sich auf den Vertrag anwendbaren Recht Geltung zu beanspruchen.[27] Insoweit gehen die Anforderungen in Abs. 1 deutlich über das hinaus, was in Artt. 3 Abs. 3 und 4, 6 Abs. 2 sowie 8 Abs. 1 S. 2 als Recht bezeichnet wird, von dem nicht durch privatautonome Vereinbarung abgewichen werden kann.[28] Vielmehr meint Art. 9 Abs. 1 – in Anlehnung an die „Arblade"-Entscheidung des EuGH[29] – Bestimmungen, deren Einhaltung von einem Staat als so entscheidend für die Wahrung seines öffentlichen Interesses, insbesondere seiner politischen, sozialen oder wirtschaftlichen Organisation, angesehen werden, dass sie ungeachtet des nach Maßgabe dieser Verordnung auf den Vertrag anzuwendenden Rechts auf alle Sachverhalte anzuwenden sind, die in ihren Anwendungsbereich fallen. Abs. 1 stellt damit für das Vorliegen einer Eingriffsnorm – der *lex fori* oder einer ausländischen Rechtsordnung – drei Voraussetzungen auf: Erstens muss die betreffende Bestimmung **zwingend** sein, zweitens für die **Wahrung des öffentlichen Interesses des Staates entscheidend** sein, und zwar – drittens – in einem solchen Umfang, dass sie **ohne Rücksicht auf das an sich anwendbare Recht Geltung beansprucht**.

Die Konkretisierung der genannten Voraussetzungen hat aufgrund einer **gemeinschaftsrechtlich autonomen Auslegung** des Art. 9 Abs. 1 zu erfolgen, deren Inhalt zukünftig der EuGH vorgeben wird.[30] Aus diesem Grund verbietet es sich, die bisherigen und zu Art. 34 EGBGB aF angelegten Kriterien zur Bestimmung von Eingriffsnormen unbesehen auf die Auslegung des Art. 9 Abs. 1 zu übertragen. Es entscheidet vielmehr das Gemeinschaftsrecht in der ggf durch den *EuGH* konkretisierten Form, welche Voraussetzungen eine (regelmäßig nationale) Vorschrift erfüllen muss, um als Eingriffsnorm iSd Abs. 1 qualifiziert zu werden. Dass den Erlassstaaten durch Abs. 1 freilich ein **erhebliches Ermessen** dafür eingeräumt wird, ob sie die Einhaltung einer Norm als für die Wahrung ihres öffentlichen Interesses entscheidend ansehen, lässt das Prinzip der autonomen Auslegung des Art. 9 unberührt. Im Einzelnen ist zu den Voraussetzungen des Abs. 1 Folgendes zu sagen:

I. Zwingende Vorschrift

Art. 9 erfasst von vornherein nur Bestimmungen, die nach Anschauung des Staates, der sie erlassen hat, der Disposition der Vertragsparteien entzogen, also zwingend sind.[31] Sie müssen sich darüber hinaus zumindest potenziell auf den zur Beurteilung stehenden Vertrag auswirken können.[32] Gleichgültig ist, ob die Vorschrift, dem (zwingendem) geschriebenen Recht oder ungeschriebenen Recht, dh dem Richter- oder Gewohnheitsrecht, zugehört, oder sie dem Privatrecht oder öffentlichem Recht zuzuordnen ist.[33] Auch der Zeitpunkt ihres Erlasses ist für die Qualifikation als Eingriffsnorm ohne Belang.[34]

---

27 So bereits schon bei Art. 34 EGBGB aF unstreitig, vgl etwa BAG NZA 1990, 841, 844; *Becker*, RabelsZ 60 (1990), 691, 694; *E. Lorenz*, RIW 1987, 569, 578 f.

28 Dass einfach zwingendes Recht nicht zur Begründung von Eingriffsnormen ausreicht, war auch nach altem Recht unstreitig, vgl etwa BAG NZA 1990, 841, 844; *Becker*, RabelsZ 60 (1990), 691, 694; *E. Lorenz*, RIW 1987, 569, 578 f.

29 EuGH, Urt. v. 23.11.1999, Rs. C-369/96 und C-374/96, Slg 1999, I-8453 – Arblade.

30 Reithmann/Martiny/*Freitag*, Rn 511; Staudinger/*Magnus*, Art. 9 Rn 45; Palandt/*Thorn*, Art. 9 Rn 45; eher auf den Maßstab der *lex fori* abstellend MüKo/*Martiny*, Art. 9 Rn 1.

31 PWW/*Remien*, Art. 9 Rn 2; MüKo/*Martiny*, Art. 9 Rn 10.

32 Staudinger/*Magnus*, Art. 9 Rn 51.

33 Palandt/*Thorn*, Art. 9 Rn 8 ff; PWW/*Remien*, Art. 9 Rn 3; Reitmann/Martiny/*Freitag*, Rn 514; MüKo/*Martiny*, Art. 9 Rn 12; Staudinger/*Magnus*, Art. 9 Rn 49 f; ebenso schon zu Art. 34 EGBGB aF, vgl BT-Drucks. 10/504, S. 83; BAG NZA 1990, 841, 844 = IPRax 1991, 407 m. Anm. *Magnus*, S. 382; BAG NZA 1993, 743, 748 = IPRax 1994, 123 m. Anm. *Mankowski*, S. 88; *Schubert*, RIW 1987, 729, 731.

34 *Radtke*, ZVglRWiss 84 (1985), 325, 327 f; MüKo/*Martiny*, Art. 9 Rn 17 f.

II. Öffentliches Interesse

18 Die in Rede stehende Vorschrift muss vom Erlassstaat für die Wahrung seines öffentlichen Interesses, insbesondere seiner politischen, sozialen oder wirtschaftlichen Organisation, als entscheidend angesehen werden, um aus Sicht des Gemeinschaftsrechts als Eingriffsnorm qualifiziert zu werden. Dieser in Abs. 1 niedergelegte Passus lässt Ähnlichkeiten zur bisherigen herrschenden Meinung zu Art. 34 EGBGB aF erkennen, die namentlich durch die ständige Rechtsprechung des BAG geprägt wurde. Danach war für den international zwingenden Charakter einer Vorschrift entscheidend, dass der Zweck der Norm „sich nicht im Ausgleich widerstreitender Interessen der Vertragsparteien erschöpft, sondern auch auf öffentliche Interessen gerichtet ist."[35] Art. 34 EGBGB aF sollte danach nur bei zwingenden Vorschriften mit **vornehmlich wirtschafts- oder sozialpolitischem Gehalt** eingreifen, nicht jedoch, wenn der ordnungspolitische Charakter der Norm hinter dem primär angestrebten privaten Interessenausgleich zurückbleibt. In ähnlicher Form hatte der BGH im Jahr 2005 den bis dato nicht immer einheitlichen Verlauf der Rechtsprechung der ordentlichen Gerichte abgeschlossen und betont, dass Eingriffsnormen nur Bestimmungen sind, die nicht nur dem Schutz und Ausgleich widerstreitender Interessen der Vertragsparteien und damit reinen Individualbelangen dienen, sondern daneben zumindest auch öffentliche Gemeinwohlinteressen verfolgen.[36]

19 Das nahezu einhellige Schrifttum zur Rom I-VO sieht den bisherigen zu Art. 34 EGBGB aF vertretenen Ansatz prinzipiell auch als durch Art. 9 Abs. 1 verwirklicht an,[37] wenngleich mit Blick auf den Wortlaut des Abs. 1 überwiegend gefordert wird, dass der Gemeinwohlzweck gegenüber dem Ausgleich von Individualinteressen die Oberhand behalten müsse. Abs. 1 sei mithin auf Normen gerichtet, die der Wahrung des öffentlichen Interesses des Erlassstaats ausschließlich zu dienen bestimmt seien oder bei denen jedenfalls das öffentliche Interesse einem etwaigen individuellen Interessensausgleich überwiege.[38] Ein gegenüber dem Ausgleich von Privatinteressen nur sekundär verfolgter oder lediglich reflexartig eingreifender Gemeinwohlzweck sei hingegen für die Begründung einer Eingriffsnorm nicht genügend.

20 Vor diesem Hintergrund lassen sich – wie schon bisher bei Art. 34 EGBGB aF – viele Regelungen, die **(primär) öffentlichen Interessen** zu dienen bestimmt sind, als klassische Anwendungsfälle des Art. 9 Abs. 1 ausmachen, zB Ein- und Ausfuhrbestimmungen, Währungs- und Devisenvorschriften, Bestimmungen des Kartellrechts, Embargo- oder Boykottvorschriften oder Regelungen zum Arten- oder Kulturgüterschutz. Schwierigkeiten bereiten demgegenüber auch unter Geltung des Abs. 1 immer noch solche Bestimmungen, die zum **Schutz des schwächeren Vertragsteils** eine Ungleichgewichtslage kompensieren wollen, wie namentlich solche des Verbraucherschutz-, Wohnungsmiet- und Arbeitsrechts. Ob man sie durchweg als Ausdruck einer bestimmten sozial- und ordnungspolitischen Wertung und damit trotz ihres Individualbezugs als überwiegend gemeinwohlbezogen ansehen kann,[39] erscheint nach wie vor wenig überzeugend,

---

35 BAG NZA 1990, 841, 844 ff; ebenso BAG NZA 1995, 1191, 1193; BAG NZA 2002, 734, 737; *Kropholler*, IPR, § 52 VIII 1; *Anderegg*, S. 87 ff; *Mankowski*, DZWiR 1996, 273, 274; *Basedow*, RabelsZ 52 (1988), 8, 9. Gegen die (ausschließliche) Differenzierung zwischen Normen mit ordnungspolitischer und individualbezogener Ausrichtung *Pfeiffer*, in: FS Geimer, 2002, S. 821, 836; *W. -H. Roth*, in: FS Immenga, 2004, S. 331, 341 f; *Jayme*, IPRax 2001, 191; *Sonnenberger*, IPRax 2003, 104, 108 ff.

36 BGHZ 165, 248: Normen des Verbraucherkreditrechts sind vor diesem Hintergrund nicht als Eingriffsnormen qualifiziert worden, weil sie dem Schutz des einzelnen Verbrauchers dienen, während Belange der Allgemeinheit nur reflexartig mitgeschützt werden. Durch die Revision der Verbraucherkreditrichtlinie und die Aufnahme einer besonderen Kollisionsnorm, die in Art. 46 b EGBGB reflektiert wird, hat sich diese Problematik freilich im Ergebnis aufgelöst. Zur alten Rspr vgl insbesondere die noch zurückhaltenden Entscheidungen BGHZ 123, 380, 391; 135, 124, 135 f mwN.

37 Palandt/*Thorn*, Art. 9 Rn 5; PWW/*Remien*, Art. 9 Rn 2; Rauscher/*Thorn*, EuZPR/EuIPR, Art. 9 Rn 10; MüKo/*Martiny*, Art. 9 Rn 13; Staudinger/*Magnus*, Art. 9 Rn 59.

38 Bamberger/Roth/*Spickhoff*, Art. 9 Rn 13; Reithmann/Martiny/*Freitag*, Rn 515 ff.

39 v. *Hoffmann/Thorn*, IPR, § 10 Rn 95 f; Soergel/v. *Hoffmann*, Art. 34 EGBGB Rn 7; *ders.*, IPRax 1989, 261 ff; *ders.*, IPR, § 10 Rn 95 f; *Siehr*, RabelsZ 52 (1998), 41, 48; dagegen schon nach altem Recht *Sonnenberger*, IPRax 2003, 104 ff; *Mankowski*, RIW 1993, 453, 460; *Kothe*, EuZW 1990, 150, 153; *Schubert* RIW 1987, 729, 731. Kritisch nunmehr auch aus Sicht der Rom I-VO das ganz herrschende Schrifttum, s. Bamberger/Roth/*Spickhoff*, Art. 9 Rn 12; Staudinger/*Magnus*, Art. 9 Rn 62; MüKo/*Martiny*, Art. 9 Rn 16. Der Ansatz von *Reich*, NJW 1994, 2128 ff, wonach Verbraucherschutzrecht im Hinblick auf das verfassungsrechtlich verankerte Sozialstaatsprinzip stets international zwingend sei, wird unter Geltung der Rom I-VO offenbar nicht mehr vertreten und ist im Übrigen verfehlt, vgl Bamberger/Roth/*Spickhoff*, Art. 9 Rn 12. Der Bericht zum EVÜ von *Giuliano/Lagarde* nannte Verbraucherschutzvorschriften zwar als einen potentiellen Anwendungsfall des Art. 7 Abs. 2 EVÜ, BT-Drucks. 10/503, S. 60. Allerdings kann man dem kaum die Aussage beimessen, alle Verbraucherschutznormen seien – unabhängig von ihrem Gemeinwohlbezug im Einzelfall – Eingriffsnormen, s. Staudinger/*Magnus*, Art. 9 Rn 61.

allerdings wegen des vorrangigen Richtlinienkollisionsrechts (Art. 23) und Art. 6 Abs. 2 jedenfalls für das Verbraucherschutzrecht in der Praxis nicht mehr entscheidungserheblich zu sein.[40]

Jenseits des Verbraucherschutzrechts führt freilich kein Weg daran vorbei, jede – auch auf den Ausgleich von Privatinteressen gerichtete – Norm in den Blick zu nehmen und zu fragen, ob sie aus Sicht des Erlassstaats schwerpunktmäßig einen Gemeinwohlzweck – etwa die Aufrechterhaltung der sozialen Organisation des Staats – erfüllt. Ob eine Norm (überwiegend) Gemeinwohlzwecke verfolgt, hängt dabei letztlich von der **Beurteilung des (nationalen) Gesetzgebers** ab, dem nach dem Wortlaut des Abs. 1 insoweit ein erhebliches Ermessen zugestanden wird („… deren Einhaltung von einem Staat als so entscheidend für die Wahrung seines öffentlichen Interesses […] angesehen wird …"). Die Frage, ob eine Norm überwiegend Gemeinwohlinteressen verfolgt oder umgekehrt vorrangig Privatinteressen zum Ausgleich bringt, bleibt damit dem **Ermessen des Erlassstaats** vorbehalten. Es ist nicht zu erwarten, dass der EuGH eine mitgliedstaatliche Bestimmung, die internationalen Geltungswillen beansprucht, tiefgreifend daraufhin untersuchen wird, ob die Bestimmung in objektiver Hinsicht primär Gemeinwohlzwecke verfolgt, jedenfalls solange der mitgliedstaatliche Gesetzgeber in irgendeiner Form nachvollziehbar zum Ausdruck bringt, dass es besagter Norm schwerpunktmäßig einen überindividuellen Regelungszweck beimisst. Vergleichbares gemeinschaftsrechtliches Handeln ist bis dato ebenfalls ohne Beanstandung des EuGH geblieben: Privatrechtsangleichende Richtlinien im Verbraucherschutz einschließlich der Verpflichtung zum Erlass allseitiger Kollisionsnormen wurden seitens des Gemeinschaftsgeber etwa nur knapp damit begründet, dass hierdurch neben dem Abbau von Wettbewerbsverzerrungen gerade das Vertrauen der Konsumenten in den Binnenmarkt gestärkt werde und infolgedessen ein essentielles (überindividuelles) Gemeinschaftsziel verwirklicht werde,[41] obgleich auf der Hand liegt, dass derartige Richtlinien mindestens genauso dem Ausgleich von Privatinteressen dienen. Entsprechendes dürfte für die Rechtsprechung des EuGH in der Rechtssache „Ingmar GB" gelten, welche den Ausgleichsanspruch des Handelsvertreters – trotz Vereinbarung des Rechts eines Drittstaats – eher dürftig mit der Schutzbedürftigkeit des Handelsvertreters und zugleich mit dem Schutz der Niederlassungsfreiheit sowie dem Abbau von Wettbewerbsverzerrungen im Binnenmarkt begründete.[42]

Letztlich rückt damit die eigentliche Kernfrage in den Mittelpunkt, nämlich ob der Gesetzgeber einer Norm **internationalen Geltungswillen beimessen** möchte,[43] wie es der deutsche Gesetzgeber zB explizit in §§ 2 f AEntG, § 32 b UrhG sowie den §§ 449 Abs. 3, 451 h Abs. 3, 466 Abs. 4 HGB getan hat. Hierin dürfte – auch aus Sicht des Gemeinschaftsrechts – ein nahezu unwiderlegbares Indiz dafür liegen, dass der nationale Gesetzgeber einer Norm schwerpunktmäßig einen Gemeinwohlzweck beimisst, denn indem er inländische wie ausländische Fälle gleich zu behandeln beabsichtigt, will er innerhalb seines Herrschaftsbereichs gerade gleiche (sozialpolitische) Bedingungen herstellen, also jenseits des privaten Interessensausgleich für gleiche Standards sorgen. Dies dürfte in der Praxis einen für Art. 9 Abs. 1 hinreichenden Gemeinwohlzweck begründen. Mit Blick auf das Wohnungsmietrecht[44] und §§ 2 f AEntG[45] etwa dürfte nicht ernsthaft streitig sein, dass der deutsche Gesetzgeber Regelungen geschaffen hat, die er für die Wahrung des öffentliches Interesses iSv Art. 9 Abs. 1 für entscheidend erachtet.

III. Internationaler Geltungswille

Die Frage nach der internationalen Normgeltung bereitet ausnahmsweise dann keine Probleme, wenn der Zweck der Regelung, unabhängig vom anwendbaren Recht eingreifen zu wollen, in der betreffenden Norm selbst ersichtlich wird, was zB in § 130 Abs. 2 GWB, §§ 2 f AEntG, § 32 b UrhG sowie den §§ 449 Abs. 3, 451 h Abs. 3, 466 Abs. 4 HGB der Fall ist. Regelmäßig wird jedoch die internationale Reichweite einer zwingenden Vorschrift des deutschen Rechts nicht eindeutig aus dem Gesetz hervorgehen, so dass die Frage nach dem internationalen Durchsetzungsanspruch nur mittels Auslegung aufgeklärt werden kann. In diesem Fall ist anhand der Zielsetzung des Gesetzes zu bestimmen, ob trotz der Berufung ausländischen Sachrechts als Vertragsstatut die deutsche Norm Geltung beanspruchen soll.

---

40 Bamberger/Roth/*Spickhoff*, Art. 9 Rn 13; Reithmann/Martiny/*Freitag*, Rn 515 ff.

41 Vgl Erwägungsgrund 2 der RL 97/7/EG – Fernabsatz-Richlinie (ABl. EG Nr. L 144 v. 4.6.1997, S. 19); Erwägungsgründe 2 und 4 der RL 99/44/EG – Verbrauchsgüterkauf-Richtlinie (ABl. EG Nr. L 171 v. 7.7.1999, S. 12); Erwägungsgründe 2 und 5 f der RL 93/13/EWG – Klausel-Richtlinie (ABl. EG Nr. L 95 v. 21.4.1993, S. 29)vgl auch *Reich*, ZEuP 1994, 381, 387 f; *Heiss*, ZEuP 1996, 625, 641 ff; ähnlich schon für den Gemeinsamen Markt *Rambow*, EuR 1981, 240, 242.

42 EuGH, Urt. v. 9.11.2000, Rs. C-381/98, Slg 2000, I-9305 Rn 21 ff – Ingmar GB Ltd./Eaton Leonhard Technologies Inc.

43 So zu Art. 34 EGBGB aF überzeugend *Pfeiffer*, in: FS Geimer, 2002, S. 821, 824 ff, 828 ff.

44 BT-Drucks. 10/504, S. 83. Daneben lassen Art. 4 Abs. 1 lit. c sowie Art. 22 Nr. 1 EuGVVO erkennen, dass der Belegenheitsort der Wohnung als maßgeblicher Anknüpfungspunkt anzusehen ist, vgl Bamberger/Roth/*Spickhoff*, Art. 9 Rn 13.

45 BT-Drucks. 16/10486, S. 11.

D. Eingriffsnormen der lex fori (Abs. 2)

I. Inlandsbezug

24 Nach ganz überwiegender Ansicht zur Vorgängerbestimmung des Art. 34 EGBGB aF durften Eingriffsnormen der *lex fori* nur unter der Bedingung angewendet werden, dass **der zu entscheidende Sachverhalt einen hinreichenden Bezug zum Inland aufweist**.[46] Die gleiche Anforderung wird – sozusagen als ungeschriebenes (gemeinschaftsrechtliches) Tatbestandsmerkmal – vom herrschenden Schrifttum in Abs. 2 hineingelesen,[47] und zwar mit der zutreffenden Begründung, dass das international zuständige Gericht dann keinen Anlass hat, Eingriffsnormen der *lex fori* zur Anwendung zu bringen, wenn der Sachverhalt von vornherein keinerlei objektiven Bezug zum Inland aufweist. Das erscheint in der Praxis etwa in solchen Konstellationen denkbar, wenn die Parteien eines Vertrags deutsche Gerichte für international zuständig erklären, der Sachverhalt aber keine (sonstige) Verbindung zu Deutschland aufweist. Durch das Erfordernis eines hinreichenden Inlandsbezugs der Eingriffsnormen der *lex fori* lässt sich – worauf ebenfalls zu Recht hingewiesen wird – ein systematischer Gleichklang mit Abs. 3 herstellen, denn nach dieser Bestimmung können ausländische Eingriffsnormen auch nicht nach Belieben, sondern nur unter der Voraussetzung zur Anwendung gebracht werden, dass sie von demjenigen Staat aufgestellt worden sind, in dem der Vertrag erfüllt wird oder worden ist.[48] Dies lässt vermuten, dass Eingriffsnormen der *lex fori* ebenfalls nur dann zur Anwendung kommen sollen, wenn der Sachverhalt einen räumlichen Bezug zum Inland aufweist.

25 Freilich bedürfen das Erfordernis des Inlandsbezugs für Eingriffsnormen der *lex fori* und seiner Intensität noch der Bestätigung bzw Konkretisierung durch den EuGH, der über die Auslegung des Abs. 2 letztverbindlich entscheidet. Allerdings dürfte es verfehlt sein zu erwarten, dass der *EuGH* für jeden erdenklichen Sachverhalt Art und Ausmaß des erforderlichen Inlandsbezugs definiert, zu unterschiedlich sind die mit der Anwendung von Eingriffsnormen der *lex fori* in Zusammenhang stehenden Konstellationen.[49] Aus diesem Grund sollten die gemeinschaftsrechtlichen Anforderungen an den Inlandsbezug in Abs. 2 **nicht überspannt** werden. Dies gilt insbesondere dann, wenn international zwingende Normen der Mitgliedstaaten die notwendige Beziehung zum Inland explizit selbst zum Ausdruck bringen, wie etwa § 130 Abs. 2 GWB (Auswirkung von Wettbewerbsbeschränkungen im Inland), § 2 AEntG (im Inland beschäftigter Arbeitnehmer) oder §§ 449 Abs. 3, 451 h Abs. 3 sowie 466 Abs. 4 HGB (Ort der Übernahme oder Ablieferung im Inland), und damit in objektiv geeigneter Weise einen Inlandsbezug einführen. Dies dürfte dem (ungeschriebenen) gemeinschaftsrechtlichen Erfordernis des Inlandsbezugs in jedem Fall genügen, zumal dadurch das gesetzgeberische Ermessen der mitgliedstaatlichen Legislativen nicht über Gebühr eingeschränkt wird. Gleiches gilt mit Blick auf die deutschen Bestimmungen des Wohnungsmiet- und Grundstücksverkehrsrechts, bei denen der erforderliche Inlandsbezug immer dann gegeben sein wird, wenn das betroffene Grundstück bzw die relevante Wohneinheit im Inland belegen ist.[50] Vorschriften mit markt- oder gewerberegelnden Bezügen werden regelmäßig eine Tätigkeit am inländischen Markt, vertragsrechtliche Bestimmungen den Sitz oder Aufenthaltsort zumindest einer Partei im Inland voraussetzen.[51] Für wettbewerbsrechtliche Vorschriften genügen hingegen Auswirkungen des Verhaltens auf den Inlandsmarkt.

---

[46] Vgl BGH NJW 1997, 1697, 1699; MüKo/*Martiny*, Art. 34 EGBGB Rn 90; Staudinger/*Magnus*, Art. 34 EGBGB Rn 77; *E. Lorenz*, RdA 1989, 227; Kropholler, IPR, § 52 VIII 1; aA *Radtke*, ZVglRWiss 84 (1985), 325, 331.

[47] Reithmann/Martiny/*Freitag*, Rn 563 f; MüKo/*Martiny*, Art. 9 Rn 122 ff; Staudinger/*Magnus*, Art. 9 Rn 82 mwN; Bamberger/Roth/Spickhoff, Art. 9 Rn 16.

[48] Bereits in Art. 7 Abs. 1 EVÜ wurde explizit eine enge Verbindung des Sachverhalts mit demjenigen Staat einfordert, der die betreffende Eingriffsnorm erlassen hat. An dieser Aussage hatte sich nach herrschendem Schrifttum auch die Auslegung des Art. 7 Abs. 2 EVÜ und damit mittelbar auch die Interpretation des Art. 34 EGBGB aF zu orientieren. Mit dieser Argumentation wurde u.a. der Inlandsbezug für Eingriffsnormen der *lex fori* im Rahmen des Art. 34 EGBGB aF begründet.

[49] Ob der flexible Ansatz von Bamberger/Roth/*Spickhoff*, Art. 9 Rn 14 und 17 mwN, eine umso geringere Inlandsbeziehung zu fordern, je gewichtiger das betroffene Interesse (einschließlich verfassungsrechtlichen Wertungen) ist, sich als gemeinschaftsrechtlich fundiertes Prinzip eines Inlandsbezugs durchsetzt, bleibt der Konkretisierung durch den Gerichtshof vorbehalten.

[50] MüKo/*Martiny*, Art. 9 Rn 126; Staudinger/*Magnus*, Art. 9 Rn 85.

[51] Bamberger/Roth/*Spickhoff*, Art. 9 Rn 17 aE.

Der Klarstellung halber sei angemerkt, dass auch ein noch so starker **Inlandsbezug** das Vorliegen einer 26
Eingriffsnorm *nicht* zu beeinflussen vermag. Eine inländisch zwingende Vorschrift ist also keineswegs
umso eher als international zwingend zu qualifizieren, je intensiver die Inlandsberührung im konkreten Fall
ausfällt.[52] Das Vorliegen einer Eingriffsnorm richtet sich vielmehr ausschließlich nach den in Abs. 1
genannten Voraussetzungen. Alles andere würde zu einer Aufweichung der – durchweg eng zu interpretierenden
(s. Erwägungsgrund 37) – Merkmale des Abs. 1 führen.

II. Einzelne inländische Eingriffsnormen

Gemäß Abs. 2 setzt sich eine Eingriffsnorm der *lex fori* gegenüber dem ausländischen Recht durch, wenn 27
und soweit die Norm sämtliche Anforderungen des Abs. 1 erfüllt, ihre Tatbestandsvoraussetzungen gegeben
sind und der Sachverhalt den erforderlichen Inlandsbezug aufweist. Der Richter hat dann – ohne dass ihm
ein Ermessen zustünde – die betreffende Norm mittels Sonderanknüpfung einschließlich ihrer ausdrücklich
genannten oder durch die Rechtsprechung beigelegten Rechtsfolge anzuwenden. Das an sich berufene ausländische
Sachrecht wird insoweit verdrängt. Im Einzelnen lassen sich überblicksartig folgende Eingriffsnormen
des deutschen Rechts hervorheben:

1. Außenhandel, Kulturgüterschutz und Devisenrecht. Außenwirtschaftsregulierungen unterliegen 28
der ausschließlichen Kompetenz der Gemeinschaft (Artt. 205 ff AEUV), so dass Ein- und Ausfuhrbeschränkungen
nach dem AWG oder der AußenwirtschaftsVO – auch wenn sie als Eingriffsnormen zu qualifizieren
sind – dahinter zurücktreten.[53] Deutschen Bestimmungen des Außenwirtschaftsrechts kommt damit nur
noch eingeschränkte Bedeutung zu. Nach allgemeiner Auffassung stellen die in § 34 AWG enthaltenen Verbote
ebenso wie die des KriegswaffenkontrollG klassische Eingriffsnormen dar, die sich gegenüber einem
ausländischen Vertragsstatut durchsetzen.[54] Weitere Vorschriften, die außerhalb der Reichweite des § 31
AWG einen Ein- oder Ausfuhrvertrag über bestimmte Produkte von einer Genehmigung abhängig machen,
weisen ebenfalls potenziellen Eingriffsnormcharakter auf, wie etwa §§ 72 ff AMG, §§ 3 ff AtomG, § 3
BtMG, §§ 8, 14 GenTG sowie § 47 LMBG.

Ausfuhrverbote im Kulturgüterschutzrecht haben zum Ziel, dass für die kulturelle Identität eines Staats 29
besonders bedeutsame Güter nicht oder jedenfalls nicht ohne Genehmigung der zuständigen Behörde außer
Landes geschafft werden können.[55] Die betreffenden Verbote sind deshalb als international zwingend zu
qualifizieren. Die nach §§ 1 Abs. 4, 10 Abs. 3 KultSchG erforderliche Genehmigung für die Ausfuhr von
Kulturgütern ist zu versagen, wenn der betreffende Gegenstand in das Verzeichnis national wertvollen Kulturguts
aufgenommen wurde (§§ 4, 11 KultgSchG). Entsprechendes gilt mit Blick auf gemeinschaftsrechtliche
Bestimmungen, wie etwa die Verordnung Nr. 3911/92 über die Ausfuhr von Kulturgütern.[56]

Traditionell finden sich Eingriffsnormen auch im Bereich des Devisenrechts, wenngleich innerhalb des Bin- 30
nenmarktes etwaige Beschränkungen wegen der Kapital- und Zahlungsverkehrsfreiheit (Art. 64 AEUV) nur
noch im zwingenden Interesse des Allgemeinwohls möglich sind.[57]

2. Grundstücksbezogene Vorschriften. Unabhängig von dem Recht, dass auf den schuldrechtlichen 31
Vertrag über ein im Inland belegenes Grundstück Anwendung findet, sind § 2 GrundstückverkehrsG und
§§ 19, 24 ff BauGB als international zwingende Bestimmung zu beachten, da sie im öffentlichen Interessen
den Bodenverkehr steuern.[58] Das Verbot von Verfallvereinbarungen bei der Bestellung von Grundpfandrechten
(§ 1149 BGB) wird für inländische Grundstücke ebenfalls als international zwingend angesehen.[59]
Demgegenüber setzt § 311 b Abs. 1 BGB die Geltung deutschen Rechts als Formstatut voraus.[60]

---

52 So zu Art. 34 EGBGB aF etwa *Kothe*, EuZW 1990, 150, 153 ff; dagegen damals schon zu Recht *Mankowski*, DZWiR 1996, 273, 279; *ders.*, RIW 1998, 287, 290; *Kropholler*, IPR, § 52 IX 1; kritisch nunmehr auch aus Sicht der Rom I-VO Bamberger/Roth/*Spickhoff*, Art. 9 Rn 12 sowie 16.

53 Das gilt auch für das Washingtoner Artenschutzabkommen, vgl BGBl. II 1975 S. 773; BGBl. II 1976 S. 1237; zum Eingriffsnormcharakter Bamberger/Roth/*Spickhoff*, Art. 9 Rn 19.

54 Staudinger/*Magnus*, Art. 9 Rn 184; vgl BGH RIW 1981, 194; *Remien*, RabelsZ 54 (1990), 431, 460.

55 Dazu *Dolzer/Jayme/Mußgnug*, Die Rechtsfrage des internationalen Kulturgüterschutzes, 1994; *Schmeik*, International-privatrechtliche Aspekte des Kulturgüterschutzes, 1994; *Schwadorf-Ruckdeschel*, Rechtsfragen des grenzüberschreitenden rechtsgeschäftlichen Erwerbs von Kulturgütern, 1995; *ders.*, NJW 1993, 2206; *Jayme*, ZVglRWiss 95 (1996), 158.

56 ABl. EG Nr. L 395 v. 31.12.1992, S. 1, zuletzt geändert durch VO Nr. 974/01 (ABl. EG Nr. L 137 v. 19.5.2001, S. 10; weiterführend zum Sekundärrecht *Siehr*, ZVglRWiss 95 (1996), 170, 173 ff.

57 Eingehend dazu Staudinger/*Ebke*, Anhang zu Art. 9 Rom I-VO.

58 Reithmann/Martiny/*Freitag*, Rn 566; MüKo/*Martiny*, Art. 9 Rn 95; Rauscher/*Thorn*, EuZPR/EuIPR, Art. 9 Rn 53.

59 Reithmann/Martiny/*Freitag*, Rn 567; ebenso bereits *Reithmann*, DNotZ 2003, 463.

60 Staudinger/*Magnus*, Art. 9 Rn 153; ebenso zu Art. 34 EGBGB aF OLG Köln RIW 1993, 414, 415.

32 **3. Gewerbe- und Berufsrecht.** International zwingende Bestimmungen finden sich zudem im Gewerbe- und Berufsrecht. So werden etwa § 34 c GewO und die auf seiner Grundlage erlassenen Makler- und Bauträgerverordnung (MaBV) überwiegend als Eingriffsnormen qualifiziert.[61] Hinzukommen muss jedoch eine Tätigkeit des Bauträgers im Inland sowie die Durchführung eines inländischen Bauvorhabens.[62]

33 Ebenfalls von einem internationalen Geltungswillen getragen ist § 3 RDG, wonach die geschäftsmäßige Rechtsberatung im Inland erlaubnispflichtig ist.[63] Ebenfalls als Eingriffsnorm zu qualifizieren ist das Verbot der Erfolgshonorarvereinbarung in § 49 b Abs. 2 S. 1 BRAO, soweit es § 4 a RVG nicht wieder einschränkt.[64] Erforderlich ist jedoch eine anwaltlich geschuldete Tätigkeit in Deutschland, weil nur darauf der Schutzzweck des Gesetzes, nämlich das öffentliche Interesse an der deutschen Rechtspflege, bezogen ist. Keine Anwendung findet das Verbot der Erfolgshonorarvereinbarung auf die Tätigkeit ausländischer Rechtsanwälte vor ausländischen Gerichten oder in ausländischen Rechtsangelegenheiten. Entsprechendes wird mit Blick auf § 9 StBerG zu gelten haben.

34 Nach Auffassung des VII. Zivilsenats des BGH sollen auch die Mindestsatzregelung in § 4 HOAI zu den international zwingenden Bestimmungen gehören, wobei der erforderliche Inlandsbezug mit Blick auf die Regelung über die Mindestsätze nach § 4 Abs. 2 HOAI zumindest ein Bauvorhaben im Inland voraussetzt.[65] Zur Begründung wurde angeführt, die Honorarordnung sei Teil des öffentlichen Rechts und somit von vornherein nicht Teil der *lex causae*.[66] Dieser Begründungsansatz hätte Auswirkungen auf andere Gebührenordnungen, zB das RVG, die GOÄ sowie die StBGebV. Das Schrifttum ist dem zum Teil mit dem Argument entgegengetreten, Gebührenregelungen seien dem Privatrecht zugeordnet und dienen keinem vorrangigen öffentlichen Interesse (wie etwa dem Qualitätsniveau der Beratung oder dem Verhindern eines ruinösen Preiswettbewerbs), sondern in erster Linie dem Individualinteresse der beteiligten Parteien.[67]

35 **4. Arbeitnehmerschutzvorschriften.** Vorschriften zugunsten von Arbeitnehmern, die über ihre kollisionsrechtliche Berücksichtigung nach Art. 8 Abs. 1 S. 2 hinaus einen internationalen Durchsetzungsanspruch entfalten, finden sich in §§ 17 ff KSchG, in dem besonderen Kündigungsschutz für Betriebsverfassungsorgane (§ 103 BetrVG, § 15 KSchG),[68] im Kündigungsschutz für Mütter- und Schwerbehinderte,[69] in § 3 EFZG,[70] in §§ 15, 18 BErzGG (Anspruch auf Erziehungsurlaub)[71] sowie in § 14 MuSchG (Zuschuss zum Mutterschaftsgeld).[72] Die §§ 2 f AEntG sind nach ihrem Wortlaut explizit als Eingriffsnormen ausgestaltet.

36 Keinen eingriffsrechtlichen Gehalt spricht die überwiegende Meinung hingegen dem Kündigungsschutz nach dem KSchG,[73] der Urlaubsabgeltung, dem Betriebsübergang,[74] § 1 SeemG,[75] dem arbeitsrechtlichen Gleichbehandlungsgrundsatz sowie dem deutschen Mitbestimmungsrecht zu.

37 **5. Schutz der Verbraucher, Mieter und Handelsvertreter.** Während weitgehend Einigkeit darüber besteht, allgemeinen bürgerlich-rechtlichen Vorschriften wie etwa § 138 und § 242 BGB eine Sonderanknüpfung nach Art. 9 Abs. 2 zu versagen,[76] wurde und wird über den Eingriffsnormcharakter der §§ 312

---

61 Reithmann/Martiny/*Freitag*, Rn 579 mwN; Staudinger/*Magnus*, Art. 9 Rn 168; ebenso für Art. 34 EGBGB aF Soergel/*v. Hoffmann*, Art. 34 EGBGB Rn 50.

62 Reithmann/Martiny/*Freitag*, Rn 580 f; vgl auch *Lichtenberger*, MittBayNot 1977, 18, 184; *Reithmann*, FS Ferid, 1978, S. 369.

63 Reithmann/Martiny/*Freitag*, Rn 573; Rauscher/*Thorn*, EuZPR/EuIPR, Art. 9 Rn 43; Staudinger/*Magnus*, Art. 9 Rn 159. So bereits zu Art. 1 § 1 RBerG: OLG Hamm RIW 2000, 58, 59 m. Anm. *Armbrüster*, S. 583 = NJW-RR 2000, 509. Zur Vereinbarkeit mit der Dienstleistungsfreiheit EuGH, Urt. v. 12.12.1996, Rs. C-3/95, Slg 1996, I-6529 Rn 27 ff – Reisebüro Broede.

64 Eingehend Bamberger/Roth/*Spickhoff*, Art. 9 Rn 20; Reithmann/Martiny/*Freitag*, Rn 570; Palandt/*Thorn*, Art. 9 Rn 10. Zu Art. 34 EGBGB aF s. OLG Frankfurt NJW-RR 2000, 1367, 1369 = IPRax 2002, 399 m. Anm. *Krapfl*, S. 380; aA *Bendref*, AnwBl 1998, 309.

65 BGH NJW 2003, 2020 = IPRax 2003, 449 m. krit. Anm. *Kilian/Müller*, S. 436; BGH NJW 2001, 1936, 1937.

66 Die Qualifikation als öffentliches Recht offengelassen durch den IX. Zivilsenat, BGH IPRax 2005, 150.

67 Staudinger/*Magnus*, Art. 9 Rn 161, 166; Bamberger/Roth/*Spickhoff*, Art. 9 Rn 21 ff; aA Reithmann/Martiny/*Freitag*, Rn 572; zurückhaltend Rauscher/*Thorn*, EuZPR/EuIPR, Art. 9 Rn 42.

68 BAG NZA 1990, 841, 845.

69 BAG NZA 1990, 841, 845.

70 BAG NZA 2002, 734, 737 = IPRax 2003, 262 m. insoweit abl. Anm. *Franzen*, S. 239, 242.

71 LAG Hessen NZA-RR 2000, 401, 406.

72 BAG NZA 2002, 734, 737; zust. *Franzen*, IPRax 2003, 239, 243.

73 BAG NZA 1990, 841, 845; 1994, 743, 748.

74 BAG NZA 1993, 743, 748; dagegen mit Blick auf Art. 1 Abs. 2 der RL 77/187/EWG über den Betriebsübergang (ABl. EG Nr. L 201 v. 17.7.1998) zu Recht krit. *Pfeiffer*, in: FS Geimer, 2002, S. 821, 830 f; Reithmann/Martiny/*Freitag*, Rn 438; *Birk*, RdA 1989, 201, 207; *Krebber*, Internationales Privatrecht des Kündigungsschutzes bei Arbeitsverhältnissen, 1997, S. 312 ff.

75 BAG NZA 1995, 1191, 1193.

76 Palandt/*Thorn*, Art. 9 Rn 10; Staudinger/*Magnus*, Art. 9 Rn 147; vgl auch BGHZ 135, 124, 139 f mwN; *Kropholler*, IPR, § 52 VIII 2; *Mankowski*, RIW 1996, 8 ff.

Abs. 1, 355 f BGB bei Haustürgeschäften[77] gestritten. Es spricht hier einiges für eine analoge Anwendung des Art. 46 b EGBGB bzw Art. 23, dh eine ungeschriebene allseitige Kollisionsnorm, welche den Schutzstandard der Haustürwiderrufs-Richtlinie gegenüber der Wahl eines Drittstaats nach dem Muster anderer Verbraucherschutz-Richtlinien verteidigt.[78] Diese Frage muss jedenfalls bei nächster Gelegenheit dem EuGH zur Vorabentscheidung vorgelegt werden.

Zwingende Vorschriften über den Mieter- und Pächterschutz setzen sich trotz ihres (offenkundig) individualschutzbezogenen Zwecks gegenüber dem ausländischen Vertragsstatut durchsetzen, freilich immer vorausgesetzt, dass die vermieteten oder verpachteten Räume bzw Grundstücke im Inland belegen sind. Das gilt namentlich für die Mieterschutzvorschriften im BGB und das WohnraumbindungsG,[79] die eine angemessene Wohnraumversorgung im Inland unter gleichen Rechtsstandards bezwecken. 38

Das deutsche Bürgschaftsrecht findet hingegen nur bei deutschem Vertragsstatut Anwendung.[80] Ansprüche aus Gewinnzusagen nach § 661 a BGB, die unabhängig von einer Bestellung geltend gemacht werden, lösen nach hM eine Sonderanknüpfung gemäß Art. 9 Abs. 2 aus, die sich gegenüber dem zur Anwendung berufenen Vertragsstatut durchsetzt.[81] 39

Aufgrund der oben schon näher erläuterten Rechtsprechung des Gerichtshofs in der Sache „Ingmar GB" ist auch der durch die Handelsvertreter-Richtlinie veranlassten Ausgleichsanspruch nach § 89 b HGB international zwingend anzuknüpfen und damit gegenüber der Wahl einer drittstaatlichen Rechtsordnung resistent.[82] 40

6. Kapitalmarktrecht. Innerhalb des Anwendungsbereichs des § 1 WpHG sind einzelne Bestimmungen international zwingend, insbesondere die Insiderhandelsverbote in § 14 WpHG,[83] ferner die in § 31 Abs. 10 WpHG genannten Informationspflichten für Wertpapierdienstleistungsunternehmen mit Sitz in einem Drittstaat, die ihre Leistungen im Inland erbringen,[84] des Weiteren die in § 37 g WpHG genannten Verbote für bestimmte Finanztermingeschäfte,[85] das in § 37 h WpHG genannte Verbot von Schiedsvereinbarungen für Nicht-Kaufleute[86] sowie die in §§ 37 i bis 37 l WpHG enthaltenen Regeln über die Erlaubnis für die Gewährung des Zugangs für Märkte für Finanzinstrumente mit Sitz im Ausland.[87] Die Regeln des WpÜG über öffentliche Erwerbsangebote, öffentliche Übernahmeangebote und Pflichtangebote sind ebenfalls international zwingend, soweit der Anwendungsbereich des WpÜG eröffnet ist (§§ 1 f WpÜG). 41

7. Transportrecht. International zwingend sind die Vorschriften des Fracht-, Umzugs- und Speditionsvertragsrechts, die durch §§ 449 Abs. 3, 451 h Abs. 3 sowie 466 Abs. 4 HGB für den Fall der Wahl ausländischen Rechts berufen werden, immer unter der Voraussetzung, dass im Inland die Fracht zu übernehmen ist und der Transport für einen Verbraucher erfolgt.[88] 42

---

77 Gegen die Anwendung des Art. 9 Abs. 2 Staudinger/*Magnus*, Art. 9 Rn 147; MüKo/*Martiny*, Art. 9 Rn 90; Reithmann/Martiny/*Martiny*, Rn 4247; dafür unter Geltung des Art. 34 EGBGB aF OLG Celle RIW 1996, 964, 965; Ferrari/*Staudinger*, Art. 34 EGBGB Rn 8; *Mäsch*, IPRax 1995, 371, 374; *Klingsporn*, WM 1994, 1093, 1098 f; dagegen OLG Hamm, NJW-RR 1989, 496, 497; *Mankowski*, RIW 1998, 287, 290; *Junker*, IPRax 1993, 1, 9.
78 BGHZ 123, 380; 135, 124.
79 Staudinger/*Magnus*, Art. 9 Rn 155; MüKo/*Martiny*, Art. 9 Rn 94; Palandt/*Thorn*, Art. 9 Rn 8; vgl auch BT-Drucks. 10/504, S. 83 zu Art. 34 EGBGB aF; für einen Günstigkeitsvergleich mit der gewählten ausländischen Rechtsordnung überzeugend *Lurger*, IPRax 2001, 52, 55 f; Reithmann/Martiny/*Freitag*, Rn 568.
80 *Martiny*, ZEuP 1995, 67, 85 f; Staudinger/*Magnus*, Art. 9 Rn 172; aA *Reich*, NJW 1994, 2128, 2129 f.
81 So bereits unter Geltung des Art. 34 EGBGB aF BGHZ 165, 172 Rn 30 ff; OLG Nürnberg NJW 2002, 472. Unter Geltung der Rom I-VO ist die Frage umstritten, für Eingriffsnorm Staudinger/*Magnus*, Art. 9 Rn 180; Reithmann/Martiny/*Freitag*, Rn 599; dagegen Palandt/*Thorn*, Art. 9 Rn 8; MüKo/*Martiny*, Art. 9 Rn 93.
82 Für eine Sonderanknüpfung nach Art. 9 Abs. 2 Staudinger/*Magnus*, Art. 9 Rn 164; ebenso unter Geltung des Art. 34 EGBGB aF OLG München IPRax 2007, 322; im Ergebnis ebenso, aber für eine analoge Anwendung des Art. 46 b EGBGB Reithmann/*Freitag*, Rn 601.
83 MüKo/*Martiny*, Art. 9 Rn 77 f; Staudinger/*Magnus*, Art. 9 Rn 176.
84 Staudinger/*Magnus*, Art. 9 Rn 176; aA Reithmann/Martiny/*Freitag*, Rn 607.
85 MüKo/*Schnyder*, IntKapMarktR, Rn 354.
86 MüKo/*Schnyder*, IntKapMarktR, Rn 354.
87 Staudinger/*Magnus*, Art. 9 Rn 176.
88 Reithmann/Martiny/*Freitag*, Rn 617; Palandt/*Thorn*, Art. 9 Rn 10; Staudinger/*Magnus*, Art. 9 Rn 170.

E. Eingriffsnormen eines Drittstaats (Abs. 3)

43 Abs. 3 S. 1 hat zum Ziel, die Berücksichtigung von Eingriffsnormen, die weder der *lex fori* noch dem auf den Vertrag anwendbaren Recht zugehören, auf Eingriffsnormen desjenigen Staats zu reduzieren, in dem die durch den Vertrag begründeten Verpflichtungen erfüllt werden sollen oder erfüllt worden sind.[89] Ferner müssen besagte Eingriffsnormen die Erfüllung des Vertrags unrechtmäßig werden lassen. Im Gegensatz zu einer Eingriffsnorm der *lex fori* (Abs. 2) ist eine ausländische Eingriffsnorm nicht von Amts wegen zu berücksichtigen, sondern räumt dem Rechtsanwender ein Ermessen darüber ein, ob er ihr Wirkung verleihen möchte, was u.a. von Art und Zweck dieser Normen sowie den Folgen ihrer (Nicht-)Anwendung abhängt (Abs. 3 S. 2). Zur Entstehungsgeschichte des Abs. 3 siehe oben Rn 4.

44 Auch Abs. 3 ist **gemeinschaftsrechtlich autonom** auszulegen.[90] Es ist deshalb Aufgabe des EuGH, die durch Abs. 3 aufgeworfenen Fragen, von denen es bedauerlicherweise nicht wenige gibt, zukünftig einer Klärung zuzuführen. Tatsächlich muss man mit dem überwiegenden Schrifttum konstatieren, dass Abs. 3 in seiner gegenwärtigen – durch die Rechtsprechung des EuGH noch nicht konkretisierten – Form eine Regelung darstellt, die gerade der Praxis eine kaum rechtssichere Handhabe ermöglicht.[91]

I. Tatbestand

45 Das Vorliegen einer Eingriffsnorm des Erfüllungsstaats (Abs. 3) bestimmt sich nach Maßgabe des Abs. 1, dh sie muss zwingend sein, dem öffentlichen Interesse des Erlassstaats (überwiegend) dienen und von einem internationalen Geltungswillen getragen sein.[92] Nach Abs. 3 S. 1 muss sie darüber hinaus das Potenzial besitzen, **die Erfüllung der aus dem Vertrag resultierenden Verpflichtungen zu beeinflussen**,[93] und im Falle ihrer Nichtbeachtung die **Unwirksamkeit des Vertrags** nach sich zu ziehen. Hierfür ist allerdings nicht erforderlich, dass die Eingriffsnorm explizit die Rechtsfolge anordnet, die Erfüllung des Vertrags sei verboten. Vielmehr reicht es aus, wenn die Unwirksamkeit einer vertraglichen Verpflichtung aufgrund einer Verbots- oder Gebotsnorm angeordnet wird und der Vertrag deshalb – ganz oder in wesentlichen Teilen[94] – nicht durchgeführt werden darf oder kann.[95] In diesem Zusammenhang kommt es nicht darauf an, dass die Eingriffsnorm bereits bei Vertragsabschluss besteht; sie kann – nach Maßgabe des intertemporalen Rechts der Eingriffsnorm – auch dann berücksichtigt werden, wenn sie erst nach Vertragsabschluss erlassen worden ist.[96]

46 Im Schrifttum wird die Frage, auf welche Weise der Staat zu ermitteln ist, in dem die Erfüllung der vertraglichen Verpflichtungen erfolgt ist oder erfolgen wird, mangels näherer Angabe im Verordnungstext kontrovers diskutiert. Die herrschende Literatur geht richtigerweise von einer **eigenständigen, gemeinschaftsrechtlich-autonom Festlegung des Erfüllungsorts** aus. Ist die Erfüllung bereits vorgenommen, befindet sich der Erfüllungsort hiernach dort, wo der Leistungserfolg tatsächlich eingetreten ist,[97] andernfalls an demjenigen Ort, wo die Erfüllung tatsächlich erfolgen soll, was sich ggf nach dem Vertrag oder (subsidiär) nach der *lex causae* bestimmt. Die **Maßgeblichkeit des realen Erfüllungsorts** lässt sich mit der Rom I-VO in der Tat am besten vereinbaren. Hierdurch trägt man einerseits Erwägungsgrund 7 Rechnung, wonach die Bestimmungen der Rom I-VO u.a. mit der EuGVVO in Einklang stehen sollen. Art. 5 Nr. 1 lit. b EuGVVO hebt freilich ebenfalls auf den realen Erfüllungsort ab.[98] Darüber hinaus reicht es für Art. 9 Abs. 3 S. 1 – im Gegensatz zu Art. 7 Abs. 1 S. 1 EVÜ – gerade nicht aus, dass der Sachverhalt (lediglich) eine enge Verbindung zu dem Staat aufweist, der die ausländische Eingriffsnorm geschaffen hat; vielmehr muss es sich um eine Eingriffsnorm desjenigen Staats handeln, der mit seinen Regelungen de facto auf die Wirksamkeit der Erfüllung des Vertrags Einfluss nehmen kann. Diese Zielsetzung, die sich im europäischen Gesetzgebungs-

---

[89] *Freitag*, IPRax 2009, 109 ff; *Harris*, in: Ferrari/Leible, Rome I Regulation, 269 ff; Staudinger/*Magnus*, Art. 9 Rn 97.
[90] Staudinger/*Magnus*, Art. 9 Rn 96.
[91] Kritisch etwa *Mankowski*, IHR 2008, 148; Reithmann/Martiny/*Freitag*, Rn 632; s. auch Staudinger/*Magnus*, Art. 9 Rn 96.
[92] Staudinger/*Magnus*, Art. 9 Rn 98 f.
[93] Das dürfte bei etwa bei Bestimmungen über leistungsunabhängige Nebenpflichten oder Sekundäransprüche nicht der Fall sein, vgl Staudinger/*Magnus*, Art. 9 Rn 110, 113.
[94] Siehe den Wortlaut des Art. 9 Abs. 3 S. 1 („soweit"), vgl *Harris*, in: Ferrari/Leible, Rome I Regulation, 320; Staudinger/*Magnus*, Art. 9 Rn 112.
[95] Für ein weites Verständnis zutreffend Palandt/*Thorn*, Art. 9 Rn 11; PWW/*Remien*, Art. 9 Rn 37; MüKo/*Martiny*, Art. 9 Rn 112. Gegen die Einbeziehung von Widerrufsrechten *Freitag*, IPRax 2009, 112.
[96] *Freitag*, IPRax 2009, 113; Staudinger/*Magnus*, Art. 9 Rn 114.
[97] Reithmann/Martiny/*Freitag*, Rn 639 ff, 643; *ders.*, IPRax 2009, 114; MüKo/*Martiny*, Art. 9 Rn 116; Palandt/*Thorn*, Art. 9 Rn 12; Staudinger/*Magnus*, Art. 9 Rn 104 f; Rauscher/*Thorn*, EuZPR/EuIPR, Art. 9 Rn 64.
[98] Weitergehend freilich jurisPK-BGB/*Ringe*, Art. 9 Rn 27, wonach Art. 5 Nr. 1 EuGVVO insgesamt zur Bestimmung des Erfüllungsstaats in Art. 9 Abs. 3 herangezogen werden sollte. Hiergegen zu Recht *Freitag*, IPRax 2009, 113 f; MüKo/*Martiny*, Art. 9 Rn 116; Staudinger/*Magnus*, Art. 9 Rn 101.

verfahren letztlich als Zugeständnis an die restriktive britische Rechtsprechung herauskristallisierte,[99] korrespondiert bei der durchgeführter Erfüllung sinnvollerweise nur mit demjenigen Ort, wo die Leistungshandlung konkret erbracht und der Leistungserfolg demgemäß tatsächlich eingetreten ist, nicht hingegen mit dem vertraglich vereinbarten oder gar (subsidiär) nach der *lex causae* ermittelten Erfüllungsort.[100] Aus diesem Grund genießt der tatsächliche Erfolgsort gegenüber einem abweichenden, zuvor vertraglich vereinbarten Erfüllungsort oder dem der *lex causae* prinzipiell Vorrang.[101] Auf letztere sollte man nur dann zurückgreifen, wenn die Erfüllung tatsächlich noch aussteht und sich nicht ermitteln lässt, wo die vertragliche Verpflichtung tatsächlich zu erfüllen ist.[102]

Der Erfüllungsort ist für jede vertragliche Verpflichtung **gesondert** und nicht einheitlich für den gesamten Vertrag zu bestimmen.[103] Bestehen für eine Verpflichtung mehrere Erfüllungsorte in verschiedenen Staaten, können alle (erfüllungsbezogene) Eingriffsnormen in Betracht gezogen werden.[104] Welche Auswirkungen sich durch die Anwendung der Eingriffsnorm auf den Vertrag insgesamt ergeben, folgt aus dem auf den Vertrag anwendbaren Recht.[105]

II. Rechtsfolge

Ob die Voraussetzungen des Abs. 3 S. 1 vorliegen, muss das angerufene Gericht grundsätzlich **von Amts wegen** prüfen, wenngleich es bei ausländischen Eingriffsnormen in besonderem Maße auf entsprechenden Parteivortrag angewiesen sein wird,[106] da man gewiss nicht erwarten kann, dass einem Richter sämtliche Eingriffsnormen der in Betracht kommenden Erfüllungsstaaten bekannt sind.

Liegen sämtliche Voraussetzungen des Abs. 3 S. 1 vor, räumt der Verordnungsgeber dem angerufenen Gericht auf zwei Ebenen ein Ermessen ein, zum einen **ob** der ausländischen Eingriffsnorm – innerhalb der Vorgaben des Abs. 3 S. 2 – Wirkung zu verleihen ist, und zum anderen, **auf welcher Weise** ggf der zu berücksichtigenden ausländischen Eingriffsnorm Geltung zu verschaffen ist, das angerufene Gericht ihr also „Wirkung verleiht".

Was die Frage nach dem „Ob" der Berücksichtigung ausländischer Eingriffsnormen angeht, sind ihre Art und ihr Zweck sowie die Folgen ihrer Anwendung bzw Nichtanwendung einzubeziehen (Abs. 3 S. 2). Die Berücksichtigung anderer Kriterien, etwa die Existenz von Parteivereinbarungen, wird durch Abs. 3 S. 2 nicht ausgeschlossen.[107] Bei der Konkretisierung der in Abs. 3 S. 2 genannten Aspekte wird man sich an den Überlegungen orientieren können, die bereits für die vergleichbare Regelung des Art. 7 Abs. 1 S. 2 EVÜ galten.[108] Mit „Art und Zweck" der Eingriffsnorm ist danach vor allem die Interessenidentität mit den gesetzlichen Wertungen der *lex fori* gemeint bzw ob der Eingriffsnorm ein internationaler Konsens zugrunde liegt (etwa bei einem UN-Embargo).[109] Im Rahmen der (Nicht-)Anwendungsfolgen sind Friktionen gegenüber der *lex causae* sowie *lex fori* oder sonstigen Eingriffsnormen festzustellen und ggf aufzulösen,[110] weitere Kriterien können daneben die Anerkennungs- und Vollstreckungsfähigkeit mit oder ohne Berücksichtigung der besagten ausländischen Eingriffsnorm sein.[111]

Abs. 3 gewährt dem angerufenen Gericht darüber hinaus ein weitreichendes Ermessen darüber, auf welche Weise der ausländischen Norm Wirkung zu verschaffen ist. Zulässig ist in jedem Fall eine Sonderanknüp-

---

99 Zur britischen Rspr s. PWW/*Remien*, Art. 9 Rn 34; Staudinger/*Magnus*, Art. 9 Rn 92 mwN.
100 Generell auf die *lex causae* zur Bestimmung des Erfüllungsorts abstellend *Harris*, in: Ferrari/Leible, Rome I Regulation, 269; hiergegen zu Recht Staudinger/*Magnus*, Art. 9 Rn 102.
101 PWW/*Remien*, Art. 9 Rn 34; Reithmann/Martiny/*Freitag*, Rn 645; *Magnus*, IPRax 2010, 41; *Pfeiffer*, EuZW 2008, 628; *Freitag*, IPRax 2009. 114; Palandt/*Thorn*, Art. 9 Rn 12.
102 Vgl *Freitag*, IPRax 2009, 114; Reitmann/Martiny/*Freitag*, Rn 643.
103 *Freitag*, IPRax 2009, 114; MüKo/*Martiny*, Art. 9 Rn 116; Staudinger/*Magnus*, Art. 9 Rn 107; PWW/*Remien*, Art. 9 Rn 34 aE.
104 Reithmann/Martiny/*Freitag*, Rn 108.
105 Staudinger/*Magnus*, Art. 9 Rn 107 f.
106 Reitmann/Martiny/*Freitag*, Rn 554; Staudinger/*Magnus*, Art. 9 Rn 126.
107 Staudinger/*Magnus*, Art. 9 Rn 120; ebenso Reithmann/Martiny/*Freitag*, R 648.
108 *Giuliano/Lagarde*, ABl. EG 1980 Nr. L 282/1, S. 59 f.
109 Staudinger/*Magnus*, Art. 9 Rn 117 mwN.
110 Rauscher/*Thorn*, EuZPR/EuIPR, Art. 9 Rn 72; MüKo/*Martiny*, Art. 9 Rn 120.
111 *Pfeifer*, EuZW 2008, 628.

fung der ausländischen Eingriffsnorm,[112] ebenso allerdings die von deutschen Gerichten[113] in der Vergangenheit auf Basis des Territorialitätsgrundsatzes[114] ganz regelmäßig favorisierte materiellrechtliche Berücksichtigung von ausländischen Eingriffsnormen im Rahmen des auf den Vertrag anwendbaren Rechts.[115] Soweit die Rechtsprechung dieser Linie auch unter Geltung der Rom I-VO treu bleiben sollte, dürfte dies allerdings nur noch für solche ausländischen Eingriffsnormen gelten, welche die Voraussetzungen des Abs. 3 S. 1 erfüllen (s. sogleich Rn 52).

III. Sperrwirkung

52 Abs. 3 bezweckt – ganz gleich wie man dazu rechtspolitisch stehen mag – die potenzielle Berücksichtigung ausländischer Eingriffsnormen nur unter den dort genannten engen Voraussetzungen (dh Eingriffsnorm des Erfüllungsstaats mit Auswirkungen auf die Wirksamkeit der Vertragserfüllung). Ein Kompromiss mit Großbritannien über den in Art. 7 Abs. 1 S. 1 EVÜ genannten Ansatz (dh potenzielle Berücksichtigung aller Eingriffsnormen solcher Staaten, zu denen der Sachverhalt eine enge Verbindung aufweist) war nicht möglich (s. oben Rn 4). Aufgrund dessen sprechen neben dem Wortlaut und dem Vereinheitlichungszweck der Rom I-VO auch historische Argumente dafür, Abs. 3 im Grundsatz eine Sperrwirkung zu entnehmen. Dieser Sperrwirkung fallen jedenfalls solche Eingriffsnormen zum Opfer, die von Staaten erlassen worden sind, die keinen Bezug zur Erfüllung des Vertrags haben.[116] Ferner ist die Sperrwirkung unabhängig davon zu beachten, ob der ausländischen Eingriffsnorm im Wege der Sonderanknüpfung oder materiellrechtlich im Rahmen der *lex causae* Beachtung geschenkt wird.[117] Abs. 3 ist – als höherrangige Regelung – bereits bei der Auslegung der materiellrechtlichen Einbruchstellen für ausländische Eingriffsnormen zu wahren.

F. Rangverhältnis

53 Kommt es zur Konkurrenz zwischen mehreren Eingriffsnormen unterschiedlicher Herkunft – etwa Eingriffsnormen der *lex fori*, der *lex causae* und/oder des Erfüllungsstaats – und lässt sich diese Gemengelage

---

112 Den Weg über die Sonderanknüpfung de facto bevorzugend Staudinger/*Magnus*, Art. 9 Rn 120; hierauf beschränkt Reithmann/Martiny/*Freitag*, Rn 650 ff, insbesondere 652. Im Rahmen der Sonderanknüpfung ist dem Anwender freilich gestattet, die Rechtsfolge der Eingriffsnorm bei Bedarf zu modifizieren, s. *Pfeifer*, EuZW 2008, 628; MüKo/*Martiny*, Art. 9 Rn 121; Staudinger/*Magnus*, Art. 9 Rn 122.

113 BGHZ 31, 367, 372; 64, 182, 188 ff; 128, 41, 52. Auslandsnormen mit internationalem Durchsetzungsanspruch wurden etwa als faktischer Umstand unter dem Gesichtspunkt des § 826 BGB anerkannt, zB bei Gefährdung von Vermögensinteressen Dritter bei Verstoß gegen Boykottbestimmungen (BGH NJW 1991, 634, 636; 1993, 194, 195), ebenso im Rahmen der anfänglichen wie nachträglichen (praktischen) Unmöglichkeit nach § 275 BGB, zB bei Leistungsverboten oder -hindernissen (RGZ 91, 260, 261 f; 93, 182, 184; BGHZ 83, 197, 201 f; vgl auch BGHZ 128, 41, 53), innerhalb der Störung der Geschäftsgrundlage (BGH NJW 1984, 1746, 1747) oder bei der Begründung von Leistungsverweigerungsrechten (BAG NJW 1984, 575; LG Hamburg IPRax 1981, 174). Ferner hat die Rspr ausländische Eingriffsvorschriften auch zur Begründung der Nichtigkeit eines Vertrags herangezogen, der deutschem Recht unterliegt. Mangels kollisionsrechtlicher Berufung der ausländischen Eingriffsnorm geschah dies allerdings nicht nach § 134 BGB, sondern lediglich durch Ausfüllung der Generalklausel des § 138 Abs. 1 BGB mit den Vorgaben der ausländischen Eingriffsbestimmung, freilich immer unter der Voraussetzung, dass die verletzte ausländische Regelung mit den Wertvorstellungen der *lex fori* übereinstimmte (BGHZ 59, 82, 85; 69, 295, 296; 128, 41, 53). Zur Berücksichtigung von ausländischen Embargobestimmungen BGHZ 34, 169, 177; ebenso BGH NJW 1962, 1436, 1437. Zur Berücksichtigung von ausländischen Ausfuhrbestimmungen für Kulturgüter BGHZ 59, 82, 85 = NJW 1972, 1575. Der BGH beanstandete schließlich die Bestechung ausländischer Beamter bei der Anwendung deutschen Rechts, sofern die Täter in der Folge gegen die Rechtsordnung ihres Heimatlandes verstoßen und sich daraus zugleich eine Verletzung allgemein gültiger sittlicher Grundsätze ableiten lässt, BGHZ 94, 268, 271.

114 Danach können öffentlich-rechtliche Eingriffsnormen nur innerhalb ihres Ursprungslandes, nicht aber in Deutschland Wirkung entfalten, siehe BGHZ 9, 34, 39; 12, 79, 84; 25, 134, 143 f; 31, 367, 370 f; 64, 183, 189; einschränkend BGHZ 147, 178. Ob der Territorialitätsgrundsatz mit Art. 9 Abs. 3 noch vereinbar ist (hiergegen Palandt/*Thorn*, Art. 9 Rn 11), dürfte sich im Ergebnis selten auswirken, da es mit Art. 9 Abs. 3 als vereinbar angesehen wird, ausländischen Eingriffsnormen im Rahmen des materiellen Rechts Wirkung zu verleihen.

115 Vgl Palandt/*Thorn*, Art. 9 Rn 13; MüKo/*Martiny*, Art. 9 Rn 121; PWW/*Remien*, Art. 9 Rn 11.

116 *Freitag*, IPRax 2009, 115; Staudinger/*Magnus*, Art. 9 Rn 124; ebenso wohl Palandt/*Thorn*, Art. 9 Rn 14. Ausländische Eingriffsnormen, die sich gegenständlich nicht auf die Vertragserfüllung beziehen, sollen hingegen anwendbar sein, s. MüKo/*Martiny*, Art. 9 Rn 117, was freilich mit Wortlaut, Vereinheitlichungszweck und Historie des Art. 9 Abs. 3 nur schwer in Einklang zu bringen ist.

117 Str., für eine Sperrwirkung jurisPK-BGB/*Ringe*, Art. 9 Rn 25; Palandt/*Thorn*, Art. 9 Rn 14; dagegen *Freitag*, IPRax 2009, 115; Staudinger/*Magnus*, Art. 9 Rn 124.

nicht durch Aufspaltung des Rechtsverhältnisses in verschiedene wirksame Teile aufrechterhalten,[118] muss das Rangverhältnis der in Rede stehenden Eingriffsnormen geklärt werden. Regelmäßig wird für einen – jedenfalls faktischen – Vorrang international zwingender Normen der *lex fori* gegenüber solchen der *lex causae* oder dritten Staaten plädiert,[119] wofür Wortlaut des Abs. 2 spricht, wonach die Rom I-VO – einschließlich Abs. 3 – nicht die Anwendung der Eingriffsnormen des Rechts des angerufenen Gerichts berührt. Hingegen wird sich die Kollision von Eingriffsnormen der *lex causae* und dritter Staaten nur unter Abwägung der jeweiligen Regelungsinteressen auflösen lassen.[120]

Artikel 10 Einigung und materielle Wirksamkeit

(1) Das Zustandekommen und die Wirksamkeit des Vertrags oder einer seiner Bestimmungen beurteilen sich nach dem Recht, das nach dieser Verordnung anzuwenden wäre, wenn der Vertrag oder die Bestimmung wirksam wäre.

(2) Ergibt sich jedoch aus den Umständen, dass es nicht gerechtfertigt wäre, die Wirkung des Verhaltens einer Partei nach dem in Absatz 1 bezeichneten Recht zu bestimmen, so kann sich diese Partei für die Behauptung, sie habe dem Vertrag nicht zugestimmt, auf das Recht des Staates ihres gewöhnlichen Aufenthalts berufen.

Literatur: *Aden,* Auslegung und Revisibilität ausländischer AGB am Beispiel der Schiedsverfahrensordnung der Internationalen Handelskammer, RIW 1989, 607; *Bairlein,* Internationales Vertragsrecht für Freie Berufe, 2009; *Basedow,* Internationale Transporte und AGB-Gesetz, in: Symposium der Deutschen Gesellschaft für Transportrecht, 1987 – Transportrecht und Gesetz über Allgemeine Geschäftsbedingungen, 1988, S. 239 (zit. Symposium); *Basse,* Das Schweigen als rechtserhebliches Verhalten im Vertragsrecht. Eine rechtsvergleichende Untersuchung unter Berücksichtigung von England, Schottland und Deutschland, 1986; *Baumert,* Abschlußkontrolle bei Rechtswahlvereinbarungen, RIW 1997, 805; *Böhm,* Vertrauensschutz im Internationalen Privatrecht, 1993; *Böhmer,* Das deutsche Internationale Privatrecht des timesharing, 1993; *Boll,* Ausländische AGB und der Schutz des inländischen kaufmännischen Kunden, IPrax 1987, 11; *Brunner,* Allgemeine Geschäftsbedingungen im Internationalen Privatrecht, 1985; *Bülow,* Stillschweigen und Vertragsschluß im amerikanischen Recht unter besonderer Berücksichtigung des kaufmännischen Bestätigungsschreibens, NJW 1976, 2075; *Clausnitzer/Woopen,* Internationale Vertragsgestaltung – Die neue EG-Verordnung für grenzüberschreitende Verträge (Rom I-VO), BB 2008, 1798; *Dreis/von Borries,* Das Zustandekommen von Distanzverträgen Deutschland-USA, JuS 1967, 54; *Drobnig,* Allgemeine Geschäftsbedingungen im internationalen Handelsverkehr, in: FS Mann 1977, S. 591; *Dutta,* Kollidierende Rechtswahlklauseln in allgemeinen Geschäftsbedingungen. in Beitrag zur Bestimmung des Rechtswahlstatuts, ZVglRWiss 104 (2005), 461; *Ebenroth,* Das kaufmännische Bestätigungsschreiben im internationalen Handelsverkehr, ZVglRWiss 77 (1978), 61; *Eckert,* Das neue Recht der Allgemeinen Geschäftsbedingungen, ZIP 1996, 1238 ff; *Esser,* Die letzte Glocke zum Geleit – kaufmännische Bestätigungsschreiben im internationalen Handel, ZfRV 1988, 167; *Fischer,* Verkehrsschutz im Internationalen Vertragsrecht, 1990; *Freitag,* Sprachenzwang, Sprachrisiko und Formanforderungen im Internationalen Privatrecht, IPrax 1999, 142; *Heiss,* Inhaltskontrolle von Rechtswahlklauseln in AGB nach europäischem IPR, RabelsZ (2001), 634; *Hepting,* Die ADSp im internationalen Speditionsverkehr, RIW 1975, 457; *von Hoffmann,* Vertragsannahme durch Schweigen im internationalen Schuldrecht, RabelsZ 36 (1972), 510; *Hohloch,* Wirksamkeit der „Isle of Man"-Rechtswahlklausel im internationalen Time-Sharing-Vertrag, JuS 1997, 943; *Hübner,* Allgemeine Geschäftsbedingungen und IPR, NJW 1980, 2601; *Jayme,* Allgemeine Geschäftsbedingungen und IPR, ZHR 142 (1978), 105; *ders.,* Sprachrisiko und Internationales Privatrecht im Bankverkehr mit ausländischen Kunden, in: FS Bärmann 1978, S. 509; *Kost,* Konsensprobleme im internationalen Schuldvertragsrecht, 1995; *Kronke,* Zur Verwendung von Allgemeinen Geschäftsbedingungen im Verkehr mit Auslandsberührung, NJW 1977, 992; *Kühne,* Choice of Law and the Effects of Silence, in: v. Hoffmann/Lando/Siehr (Hrsg.), European Private International Law of Obligations, 1975, S. 121; *Lagarde,* The Scope of the Applicable Law in the E. E. C. Convention, in: North (Hrsg.), Contract Conflicts, Amsterdam, New York, Oxford 1982, S. 49; *Langer,* Vertragsanbahnung und Vertragsschluss im Internet, EuLF 2000–01, 117; *Linke,* Sonderanknüpfung der Willenserklärung? ZVglRWiss. 79 (1980), 1; *W. Lorenz,* Konsensprobleme bei international-schuldrechtlichen Distanzverträgen, AcP 159 (1960/61), 193; *Mankowski,* Strukturfragen des internationalen Verbrauchervertragsrechts, RIW 1993, 453; *ders.,* Art. 31 Abs. 2 EGBGB, RIW 1996, 382; *ders.,* Die Rom I-Verordnung – Änderungen im europäischen IPR für Schuldverträge, IHR 2008, 133; *Mann,* Die Gültigkeit der Rechtswahl- und Gerichtsstandsklauseln und das IPR, NJW 1984, 2740; *Martiny,* Zustandekommen von Gerichtsstandsvereinbarungen und stillschweigende Rechtswahl bei Vertragshändlerverträgen, AWD 1972, 165; *Mäsch,* Gran Canaria und kein Ende – Zur Sonderanknüpfung vorkonsensualer Elemente im internationalen Vertragsrecht nach Art. 31 Abs. 2 EGBGB, IPrax 1995, 371; *Maxl,* Zur Sonderanknüpfung des Schweigens im rechtsgeschäftlichen Verkehr, IPrax 1989, 398; *U. Mayer,* Die Verwendung Allgemeiner Geschäftsbedingungen bei Geschäften mit ausländischen Kontrahenten, 1984; *Meyer-Sparenberg,* Rechtswahlvereinbarung in Allgemeinen Geschäftsbedingungen, RIW 1989, 347; *Mezger,* Die Beurteilung der Gerichtsstandsvereinbarung nach dem Vertragsstatut und des Vertrages nach dem Recht des angeblich gewählten Gerichts, insbesondere im deutsch-französischen Rechtsverkehr, in: FS Wengler 1973, S. 541; *Möll,* Kollidierende Rechtswahlklauseln in Allgemeinen Geschäftsbedingungen im internationalen Vertragsrecht, 2012; *Moser,* Vertragsabschluß, Vertragsgültigkeit und Parteiwille im internationalen Obligationenrecht, 1948; *Niggemann,* Zustandekom-

---

118 MüKo/*Martiny,* Art. 9 Rn 138; Staudinger/*Magnus,* Art. 9 Rn 141.
119 Rauscher/*Thorn,* EuZPR/EuIPR, Art. 9 Rn 87; zurückhaltender Staudinger/*Magnus,* Art. 9 Rn 141.
120 Rauscher/*Thorn,* EuZPR/EuIPR, Art. 9 Rn 88; MüKo/*Martiny,* Art. 9 Rn 139.

men des Kaufvertrages, Einbeziehung und Inhaltskontrolle von Allgemeinen Geschäftsbedingungen, in: Witz-Bopp (Hrsg.), Französisches Vertragsrecht für deutsche Exporteure, 1989, S. 20; *Nörenberg*, Internationale Verträge und Allgemeine Geschäftsbedingungen, NJW 1978, 1082; *Ostendorf*, Die Wahl des auf internationale Wirtschaftsverträge anwendbaren Rechtsrahmens im Europäischen Kollisionsrecht: Rechtswahlklauseln 2.0, IHR 2012, 177; *H.-H. Otto*, Allgemeine Geschäftsbedingungen und Internationales Privatrecht, 1984; *Reinhart*, Zum Sprachenproblem im grenzüberschreitenden Handelsverkehr, IPrax 1982, 226; *Reinmüller*, Das Schweigen als Vertragsannahme im deutsch-französischen Rechtsverkehr unter besonderer Berücksichtigung der Allgemeinen Geschäftsbedingungen, Diss. Mainz 1976; *Reithmann/Martiny*, Internationales Vertragsrecht, 7. Auflage 2010; *Rott*, Informationspflichten in Fernabsatzverträgen als Paradigma für die Sprachenproblematik im Vertragsrecht, ZVglRWiss 98 (1999), 382; *Scheerer*, Die allgemeinen Geschäftsbedingungen im deutsch-italienischen Rechtsverkehr unter besonderer Berücksichtigung der AGB der Kreditinstitute, AWD 1974, 181; *Schlechtriem*, Die Kollision von Standardbedingungen beim Vertragsschluß, in: FS Wahl 1973, S. 67; *G. Schmitz*, Haftungsausschlußklauseln nach englischem und internationalem Privatrecht, 1977; *Schütze*, Allgemeine Geschäftsbedingungen bei Auslandsgeschäften, DB 1978, 2301; *Schwenzer*, Einbeziehung von Spediteurbedingungen sowie Anknüpfung des Schweigens bei grenzüberschreitenden Verträgen, IPrax 1988, 86; *Spellenberg*, Fremdsprache und Rechtsgeschäft, in: FS Ferid 1988, S. 463; *Stoll*, Internationalprivatrechtliche Probleme bei Verwendung Allgemeiner Geschäftsbedingungen, in: FS Beitzke 1979, S. 759; *Stoll*, Rechtliche Inhaltskontrolle bei internationalen Handelsgeschäften, in: FS Kegel 1987, S. 623; *ders.*, Das Statut der Rechtswahlvereinbarung – eine irreführende Konstruktion, in: FS Heini 1995, S. 429; *Tiedemann*, Kollidierende AGB-Rechtswahlklauseln im österreichischen und deutschen IPR, IPrax 1991, 424; *Thüsing/Kroh*, Rechtswahlklauseln nach Inkrafttreten der Rom I-VO, ZGS 2010, 346; *Ungnade*, Die Geltung von Allgemeinen Geschäftsbedingungen der Kreditinstitute im Verkehr mit dem Ausland, WM 1973, 1130; *v. Westphalen*, Anwendung des AGB-Rechts im Export, in: Heinrichs/Löwe/Ulmer (Hrsg.), Zehn Jahre AGB-Gesetz, 1987, S. 175.

A. Allgemeines 1	d) Zulässigkeit des Geschäftsinhalts 19
B. Regelungsgehalt 5	e) Wirksamkeit von AGB-Klauseln 24
I. Geltung allgemeiner Regelungen 5	IV. Sonderanknüpfung an das Aufenthaltsrecht
II. Verhältnis zu anderen Vorschriften 6	(Abs. 2) 27
III. Einheitliche Anknüpfung 7	1. Grundsatz 27
1. Grundsatz 7	2. Reichweite 28
2. Zustandekommen des Vertrags 11	3. Wirksamkeit des Vertrages nach dem
a) Einigung 11	Geschäftsstatut 31
b) Einbeziehung Allgemeiner Geschäfts-	4. Unterschiedlichkeit von Geschäfts- und
bedingungen 14	Aufenthaltsstatut 32
c) Schweigen mit Erklärungswirkung 15	5. Geltendmachung der Unwirksamkeit nach
3. Wirksamkeit 16	dem Aufenthaltsstatut 33
a) Grundsatz 16	6. Interessenabwägung 34
b) Willensmängel 17	7. Wirkung der Berufung auf das Recht des
c) Widerruf des Vertrages oder einer	gewöhnlichen Aufenthalts 38
Willenserklärung 18	

A. Allgemeines

1 Art. 10 übernimmt wortgleich seine Vorgängernorm Art. 8 EVÜ, der in deutsches Recht mittels Art. 31 EGBGB inkorporiert wurde. Gegenüber der bisherigen Rechtslage ergeben sich daher keine Neuerungen.[1] Die Vorschrift konkretisiert zusammen mit Art. 12 das Anknüpfungsmoment „Vertrag" der Artt. 3 – 8 und manifestiert in ihrem Abs. 1 die bereits vor Inkrafttreten des EVÜ in Deutschland und den meisten anderen europäischen Staaten geltende **Lehre vom Einheitsstatut**:[2] Abschluss, Wirksamkeit und Wirkungen des Vertrages unterliegen einem einheitlichen Recht. Abs. 1 hat daher keinen eigenen kollisionsrechtlichen Regelungsgehalt, sondern präzisiert lediglich den Umfang des Vertragsstatuts.

2 Eine einheitliche Anknüpfung ist von **Vorteil**, da es bei Wirksamkeit des Vertrages zu keinen Qualifikationsproblemen bei der Abgrenzung von Vertragsschluss und -wirkungen kommt.[3] Die Gefahr, dass durch unterschiedliche Anknüpfungen einzelner Teilfragen des Vertrags ein Normenmangel oder eine Normenhäufung entstehen, wird vermieden.[4] Zwingend ist eine einheitliche Anknüpfung jedoch nicht, da es den Parteien frei steht, durch eine Teilrechtswahl die einzelnen Teile des Vertrages verschiedenen Rechtsordnungen zu unterstellen (Art. 3 Abs. 1 S. 3).[5]

3 Die Einheitlichkeit des Vertragsstatuts wird außerdem für vorkonsensuale Elemente aus Billigkeitsgründen durch Abs. 2 durchbrochen.[6] Danach kann sich eine Partei im **Hinblick auf das Zustandekommen** des Vertrages auf das Recht ihres gewöhnlichen Aufenthalts berufen, wenn die Anwendung der *lex causae*

---

[1] Rauscher/*Freitag*, EuZPR/EuIPR, Art. 10 Rn 4; *Mankowski*, IHR 2008, 133, 149.
[2] Bamberger/Roth/*Spickhoff*, Art. 10 Rn 1; MüKo/*Spellenberg*, Art. 10 Rn 1; Erman/*Hohloch*, Art. 10 Rn 1; Rauscher/*Freitag*, EuZPR/EuIPR, Art. 10 Rn 1; rechtsgeschichtliche und rechtsvergleichende Nachw. bei Staudinger/*Hausmann*, Art. 10 Rn 8.
[3] *Rauscher*, IPR, § 10 Rn 1212; Calliess/*Schulze*, Art. 10 Rn 2.
[4] Soergel/*v. Hoffmann*, Art. 31 EGBGB Rn 1.
[5] Staudinger/*Hausmann*, Art. 10 Rn 12.
[6] Zur Entstehungsgeschichte der Sonderanknüpfung vgl Staudinger/*Hausmann*, Art. 10 Rn 2 ff.

unzumutbar wäre (näher dazu Rn 27 ff). Sie soll vor einer ungewollten, da für sie unvorhersehbaren vertraglichen Bindung bewahrt werden.

Art. 10 regelt nicht nur Zustandekommen und Wirksamkeit des Schuldvertrages selbst, sondern über Art. 3 Abs. 5 auch die **Rechtswahlvereinbarung**.[7] Gesondert angeknüpft werden hingegen Fragen der Form (Art. 11), der Rechts- und Geschäftsfähigkeit (Art. 13) sowie der Stellvertretung.[8]   4

B. Regelungsgehalt

I. Geltung allgemeiner Regelungen

Rück- und Weiterverweisungen sind – wie im gesamten internationalen Schuldvertragsrecht – auch im Rahmen von Art. 10 ausgeschlossen (Art. 20). Der *ordre-public*-Vorbehalt des Art. 21 ist zwar zu beachten, doch bleibt für ihn aufgrund der besonderen Schutzvorschriften des internationalen Schuldvertragsrechts (Artt. 3 Abs. 3 und 4, 6 Abs. 2, 8 Abs. 1, 9, 10 Abs. 2 sowie 46 b EGBGB) meist kein Raum.[9] Von einem ***ordre-public*-Verstoß** wurde zB bei mangelnder Respektierung der Willensfreiheit durch Nichtgewährung eines Anfechtungsrechts wegen Drohung oder arglistiger Täuschung ausgegangen.[10]   5

II. Verhältnis zu anderen Vorschriften

Soweit internationales Einheitsrecht, insbesondere das **UN-Kaufrecht**,[11] eingreift, ist eine Anwendung des IPR und damit auch des Art. 10 entbehrlich.[12] Das UN-Kaufrecht entscheidet auch darüber, ob AGB wirksam zum Vertragsinhalt geworden sind.[13]   6

III. Einheitliche Anknüpfung

1. Grundsatz. Abs. 1 ordnet für das Zustandekommen und die Wirksamkeit des Vertrages die Maßgeblichkeit desjenigen Rechts an, das bei unterstellter Wirksamkeit des Vertrages oder der Bestimmung anwendbar wäre. Abs. 1 trägt damit zur **einheitlichen Beurteilung** des Vertrages nach der *lex causae* bei.   7

Haben die Parteien das anwendbare Recht parteiautonom vereinbart, so ist im Hinblick auf das Zustandekommen und die Wirksamkeit des Schuldvertrages das gewählte Recht anzuwenden. Nach Art. 3 Abs. 5 gilt Art. 10 allerdings auch für **Rechtswahlvereinbarungen**, die getrennt vom Hauptvertrag zu beurteilen sind, so dass das gewählte Recht auch über deren Zustandekommen und Wirksamkeit[14] entscheidet.[15] Zu beachten sind hierbei aber die besonderen Schutzvorschriften der Artt. 6 Abs. 2, 8 Abs. 1 Rom I-VO sowie Art. 46 b EGBGB. Haben die Parteien **keine Rechtswahlvereinbarung** geschlossen, so beurteilt sich das Zustandekommen und die Wirksamkeit des Vertrages nach dem Recht, das nach den Artt. 4 ff zur Anwendung berufen ist.   8

Die **Unterscheidung** zwischen **Zustandekommen und Wirksamkeit des Vertrages** ist zwar nicht für Abs. 1, wohl aber für Abs. 2 von besonderer Bedeutung, da dieser den Parteien lediglich in Fragen der Zustimmung zu einem Vertrag die Möglichkeit einräumt, sich auf das Recht ihres gewöhnlichen Aufenthalts zu berufen, also lediglich das Zustandekommen des Vertrages betrifft.[16] Die Abgrenzung zwischen Zustandekommen und Wirksamkeit muss **europäisch-autonom** erfolgen.   9

Unter das **Zustandekommen** fällt der äußere Vertragsabschlussstatbestand, dh das zum Vertragsschluss führende oder den Vertragsschluss modifizierende Verhalten der Parteien.[17] Diese Auslegung lässt sich auf den   10

---

7 Rauscher/*Freitag*, EuZPR/EuIPR, Art. 12 Rn 5; Calliess/*Schulze*, Art. 10 Rn 5.
8 Ausführlich hierzu Staudinger/*Hausmann*, Art. 10 Rn 40 ff.
9 Erman/*Hohloch*, Art. 10 Rn 3; Staudinger/*Hausmann*, Art. 10 Rn 9 f.
10 KG IPRspr 1928 Nr. 10; OLG Düsseldorf IPRspr 1929 Nr. 48; LAG Düsseldorf RIW 1987, 61.
11 Wiener UN-Übereinkommen über Verträge über den internationalen Warenkauf v. 11. April 1980 (BGBl II 1989 S. 588).
12 Staudinger/*Hausmann*, Art. 10 Rn 7.
13 Vgl dazu *Piltz*, IHR 2004, 133; Staudinger/*Magnus*, Art. 14 CISG Rn 40; *Sieg*, RIW 1997, 811, 813 f.
14 Die Zulässigkeit solcher Rechtswahlvereinbarungen beurteilt sich jedoch nach der *lex fori*; vgl Staudinger/*Hausmann*, Art. 10 Rn 35; Rauscher/*Freitag*, EuZPR/EuIPR, Art. 10 Rn 12.
15 Staudinger/*Hausmann*, Art. 10 Rn 11, 34; MüKo/*Spellenberg*, Art. 10 Rn 20; Palandt/*Thorn*, Art. 3 Rn 9; Rauscher/*Freitag*, EuZPR/EuIPR, Art. 10 Rn 10; Calliess/*Schulze*, Art. 10 Rn 5; zu kollidierenden Rechtswahlklauseln in AGB mwN Staudinger/*Hausmann*, Art. 10 Rn 36 sowie *Dutta*, ZVglRWiss 104 (2005), 461.
16 Bericht *Giuliano/Lagarde*, BT-Drucks. 10/503, S. 33, 60.
17 Erman/*Hohloch*, Art. 10 Rn 6; Staudinger/*Hausmann*, Art. 10 Rn 14; Calliess/*Schulze*, Art. 10 Rn 10; Bamberger/Roth/*Spickhoff*, Art. 10 Rn 3 f; MüKo/*Spellenberg*, Art. 10 Rn 22; *Mäsch*, IPrax 1995, 371, 372; *Mankowski*, RIW 1996, 382; aA wohl LG Aachen NJW 1991, 2221; LG Gießen IPrax 1995, 395 f.

Wortlaut des Abs. 2 stützen, der auf das Verhalten der Parteien abstellt. Der innere Tatbestand des Vertragsabschlusses sowie die Zulässigkeit des Geschäftsinhalts sind hingegen vom Begriff **Wirksamkeit** umfasst.[18]

11 **2. Zustandekommen des Vertrags. a) Einigung.** Zum äußeren Vertragsabschlusstatbestand zählen zunächst Regelungen über **Angebot und Annahme**, im deutschen Recht also die §§ 145 ff BGB. Da für das Zustandekommen eines Vertrages überhaupt ein wirksames Angebot vorliegen muss, richtet sich auch die Abgrenzung zur *invitatio ad offerendum* nach der prospektiven *lex causae*,[19] des Weiteren die Bindungswirkung bzw Widerruflichkeit eines Angebots (Zugang, *mailbox rule* etc.), die Beantwortung der Frage, ob und inwieweit eine Leistung bestimmt oder bestimmbar sein muss, die Rechtsfolgen einer abändernden Angebotsannahme sowie Fragen eines Dissenses.[20]

12 Nach zum Teil vertretener Auffassung soll auch die Notwendigkeit einer Verpflichtung zur Gegenleistung (*consideration*) eine Frage der Wirksamkeit oder des Zustandekommens des Vertrages sein.[21] Geht man indes zutreffend davon aus, dass es sich bei der *consideration* um ein Seriositätsindiz handelt,[22] unterscheidet sie nichts von Formvorschriften des kontinentalen Rechts. Denn auch diese sind dazu bestimmt, die Ernsthaftigkeit eines Versprechens zum Ausdruck zu bringen. Zu einer wirklichen Verpflichtung kommt es erst, wenn die vorgeschriebene Form eingehalten wurde. Die *consideration* ist daher als der **Form** zugehörig zu qualifizieren, so dass Art. 11 und nicht Art. 10 anzuwenden ist.[23]

13 Weiter kann sich die Frage stellen, zwischen welchen Personen ein Vertrag zustande gekommen ist, wenn ein **Bote** oder **Vertreter** gehandelt hat. Auch zu ihrer Beantwortung wird man das Vertragsstatut heranziehen müssen.[24] Zulässigkeit und Wirkung der Stellvertretung werden dagegen gesondert angeknüpft (Wirkungs- bzw Gebrauchsland).[25] Die Zulässigkeit der Botenschaft richtet sich nach Art. 11, sofern das Formstatut die persönliche Anwesenheit der Erklärenden fordert.[26] Im Übrigen beurteilt sich die Wirksamkeit der Übermittlung einer fremden Willenserklärung durch den Boten jedoch nach dem Vertragsstatut, da es sich hierbei um eine Frage von Abgabe und Zugang der Willenserklärung handelt.[27]

14 **b) Einbeziehung Allgemeiner Geschäftsbedingungen.** Ob und inwieweit **AGB** Vertragsinhalt geworden sind – und somit die gesamte Einbeziehungskontrolle –, ist ebenfalls eine Frage des Zustandekommens des Vertrages.[28] Denn auch hier stellt sich die Frage, ob aus dem Verhalten der Parteien auf eine Einigung über den Inhalt der Klauseln geschlossen werden kann. Das gilt über Art. 3 Abs. 5 auch für **Rechtswahlvereinbarungen durch AGB** (vgl näher Art. 3 Rn 72 ff).[29] Die Wirksamkeit der AGB zugehörig ist hingegen die inhaltliche Prüfung der Klauseln, da in diesem Fall die Zulässigkeit des Vertragsinhalts infrage steht.

15 **c) Schweigen mit Erklärungswirkung.** Ob und inwieweit dem **Schweigen** eine Erklärungswirkung zukommt, ist eine Frage des Zustandekommens des Vertrages.[30] Schließlich geht es darum, ein Verhalten einer Partei als Bestandteil einer Einigung zu deuten. Bedeutung erlangt diese Einordnung insbesondere im Hinblick auf das Schweigen auf ein **kaufmännisches Bestätigungsschreiben**: Da es in anderen Vertragsstaaten nicht bzw nicht in dem Maße bekannt ist, wird häufig eine kumulative **Anknüpfung nach Abs. 2** in Betracht kommen.[31]

---

18 Soergel/*v. Hoffmann*, Art. 31 EGBGB Rn 13, 20; Staudinger/*Hausmann*, Art. 10 Rn 14; MüKo/*Spellenberg*, Art. 10 Rn 22.

19 Staudinger/*Hausmann*, Art. 10 Rn 16; Bamberger/Roth/*Spickhoff*, Art. 10 Rn 5; Calliess/*Schulze*, Art. 10 Rn 11.

20 Staudinger/*Hausmann*, Art. 10 Rn 15 ff; Soergel/*v. Hoffmann*, Art. 31 EGBGB Rn 15; *v. Bar*, IPR II, Rn 536.

21 Zustandekommen: *Dicey/Morris*, Conflict of Laws, 13. Aufl. 2003, Rn 32–154 ff; *Cheshire/North*, Private International Law, 13. Aufl. 1999, S. 587 f; Staudinger/*Hausmann*, Art. 10 Rn 20; Calliess/*Schulze*, Art. 10 Rn 13; Bamberger/Roth/*Spickhoff*, Art. 10 Rn 4; *v. Bar*, IPR II, Rn 536. Wirksamkeit: Soergel/*v. Hoffmann*, Art. 31 EGBGB Rn 23; *Mankowski*, RIW 1996, 382, 383.

22 *Kötz*, Europäisches Vertragsrecht I, 1996, S. 86; *Zweigert/Kötz*, Einführung in die Rechtsvergleichung, 2. Aufl. 1996, § 29 II.

23 *Kropholler*, IPR, 6. Aufl. 2006, § 41 III 3 a (S. 312) – zum US-amerikanischen Recht); MüKo/*Spellenberg*, Art. 10 Rn 31.

24 Erman/*Hohloch*, Art. 10 Rn 6.

25 BGHZ 64, 183, 192; *v. Hoffmann/Thorn*, IPR, § 7 Rn 50–51; *Junker*, IPR, Rn 333; aA (Anwendung des Geschäftsstatuts) MüKo/*Spellenberg*, Art. 10 Rn 29.

26 Erman/*Hohloch* Art. 11 EGBGB Rn 31; Bamberger/Roth/*Mäsch*, Art. 11 EGBGB Rn 20; MüKo/*Spellenberg*, Art. 10 Rn 29.

27 So wohl auch Erman/*Hohloch*, Art. 10 Rn 6.

28 Erman/*Hohloch*, Art. 10 Rn 8; Bamberger/Roth/*Spickhoff*, Art. 10 Rn 6; Staudinger/*Hausmann*, Art. 10 Rn 22, 80 ff; Soergel/*v. Hoffmann*, Art. 31 EGBGB Rn 17; jurisPK-BGB/*Limbach*, Art. 10 Rn 7; Ferrari u.a./*Ferrari*, Internationales Vertragsrecht, Art. 10 Rn 34.

29 *Thüsing/Kroh*, ZGS 2010, 346.

30 Vgl bereits *Giuliano/Lagarde*, Bericht zum Römischen Übereinkommen, BT-Drucks. 10/503 S. 60; Calliess/*Schulze*, Art. 10 Rn 14, 30.

31 Ferrari u.a/*Ferrari*, Internationales Vertragsrecht, Art. 10 Rn 37. Ausführlich zum Kaufmännischen Bestätigungsschreiben Staudinger/*Hausmann*, Art. 10 Rn 105 ff.

3. Wirksamkeit. a) Grundsatz. Die Wirksamkeit des Vertrages wird nach der *lex causae*, also dem nach Artt. 3 ff bestimmten Recht beurteilt. Im Gegensatz zum Zustandekommen des Vertrages ist aber eine **Sonderanknüpfung** an das Aufenthaltsstatut **gem. Abs. 2 nicht möglich**. Der Wirksamkeit des Vertrages sind alle diejenigen Fragen zuzuordnen, die nicht zur Zustimmung gehören und die auch sonst nicht gesondert angeknüpft werden müssen (wie etwa die Form sowie die Rechts- und Geschäftsfähigkeit). Erfasst sind daher neben **Willensmängeln** insbesondere der **Widerruf** eines Vertrags, die Zulässigkeit des Vertragsinhalts und die Inhaltskontrolle von AGB-Klauseln. [16]

b) Willensmängel. Beachtlichkeit und Rechtsfolgen von Willensmängeln sind als **Wirksamkeitserfordernis** zu qualifizieren.[32] Denn Willensmängel berühren den inneren Tatbestand der Willenserklärung. Im Einzelnen gehören hierher: Beachtlichkeit und Folgen – also unmittelbare Nichtigkeit, Anfechtbarkeit oder Notwendigkeit der gerichtlichen Geltendmachung – eines **Irrtums**, einer **Drohung** oder **arglistigen Täuschung**[33] oder von Erklärungen unter geheimem Vorbehalt und Scherzerklärungen.[34] [17]

c) Widerruf des Vertrages oder einer Willenserklärung. Auch der Widerruf eines Vertrages nach § 355 BGB ist als **Wirksamkeitsfrage** zu qualifizieren,[35] wird doch ein Widerrufsobjekt – die zu widerrufende Willenserklärung – vorausgesetzt.[36] Der Vertrag kommt zunächst – wenn auch nur „schwebend wirksam" – zustande.[37] Die Willenserklärung des Verbrauchers kann aber im Nachhinein durch Widerruf zerstört und der Vertrag dadurch (zB in ein Rückgewährschuldverhältnis) umgewandelt werden.[38] [18]

d) Zulässigkeit des Geschäftsinhalts. Ob der **Geschäftsinhalt** zulässig ist, ist eine Frage der Wirksamkeit des Vertrages. Hierher gehören zunächst die Folgen eines Verstoßes gegen die **guten Sitten** (§ 138 BGB bzw entsprechende Normen des ausländischen Rechts).[39] Eine Sonderanknüpfung über Art. 9 kommt hingegen nicht in Betracht, da es sich bei § 138 BGB nicht um eine international zwingende Norm deutschen Rechts handelt,[40] denn § 138 BGB ist als Instrument der Missbrauchskontrolle eine dem Interessenausgleich zwischen den Parteien dienende Norm.[41] [19]

Fraglich ist, inwieweit bei **Verstößen gegen gesetzliche Verbote des Vertragsstatuts** dieses über Abs. 1 zur Anwendung kommen soll. Übereinstimmung besteht lediglich dahin gehend, dass privatrechtsimmanente Verbote der *lex causae* als Teil des gewählten oder kraft objektiver Anknüpfung anwendbaren Rechts über Abs. 1 stets zu beachten sind.[42] [20]

Die sog. **Schuldstatutstheorie** ging unter Geltung des EVÜ ebenso bei wirtschaftsrechtlichen Normen der *lex causae* vor, da sie diese wie privatrechtliche Normen behandelte und den transnationalen Schuldvertrag insgesamt und ausschließlich dem vom IPR der *lex fori* berufenen Vertragsstatut unterstellte.[43] Die Rechtsprechung lehnte eine Einheitsanknüpfung seit Mitte des vergangenen Jahrhunderts freilich mit der Begründung ab, dass deutsche Gerichte ausländisches öffentliches Recht grundsätzlich nicht anzuwenden hätten.[44] Verfolgt wurde stattdessen ein **materiellrechtlicher Lösungsweg**. War deutsches Recht Vertragsstatut, sollte zB in der Umgehung ausländischer Eingriffsnormen ein Verstoß gegen die guten Sitten zu sehen sein, der gem. § 138 BGB zur Nichtigkeit des Vertrages führen[45] oder gem. § 826 BGB eine Pflicht zum Schadensersatz begründen konnte.[46] Offen blieb allerdings, wie bei Vereinbarung eines ausländischen Vertragsstatuts zu verfahren ist. Nach wiederum anderer Ansicht sollte schließlich bei Verstößen gegen solche Nor- [21]

---

32 Soergel/*v. Hoffmann*, Art. 31 EGBGB Rn 18 f; Staudinger/*Hausmann*, Art. 10 Rn 24 f; jurisPK-BGB/*Limbach*, Art. 10 Rn 6, 10; aA *v. Bar*, IPR II, Rn 536.

33 Bamberger/Roth/*Spickhoff*, Art. 10 Rn 5; Soergel/*v. Hoffmann*, Art. 31 EGBGB Rn 18 f; Staudinger/*Hausmann*, Art. 10 Rn 24 f; Calliess/*Schulze*, Art. 10 Rn 17.

34 Bamberger/Roth/*Spickhoff*, Art. 10 Rn 5; Erman/*Hohloch*, Art. 10 Rn 7; MüKo/*Spellenberg*, Art. 10 Rn 22, 90.

35 Soergel/*v. Hoffmann*, Art. 31 EGBGB Rn 19; insb. für das Widerrufsrecht nach § 1 HausTWG BGHZ 135, 125, 138; ausf. *Mankowski*, RIW 1996, 382, 386 f; aA LG Aachen NJW 1991, 2221; LG Gießen NJW 1995, 406; LG Koblenz NJW-RR 1995, 1335; LG Stuttgart RIW 1996, 424, 425; *Klingsporn*, WM 1994, 1093, 1097; Calliess/*Schulze*, Art. 10 Rn 20; Bamberger/Roth/*Spickhoff*, Art. 10 Rn 5.

36 *Mankowski*, RIW 1996, 382, 386.

37 Umfassend mwN *Mankowski*, Beseitigungsrechte, 2003, S. 33 ff.

38 Palandt/*Grüneberg*, § 355 BGB Rn 5.

39 Vgl zB RGZ 82, 308; BGHZ 44, 183, 190; 50, 63, 69; OLG Düsseldorf NJW 1963, 2227; Palandt/*Thorn*, Art. 10 Rn 3; MüKo/*Spellenberg*, Art. 10 Rn 24; jurisPK-BGB/*Limbach*, Art. 10 Rn 10.

40 BGHZ 135, 125, 139; *Leible*, JJZ 1995, 245, 263 f; zahlreiche weitere Nachw. bei Staudinger/*Hausmann*, Art. 10 Rn 28.

41 *Mankowski*, RIW 1996, 8, 12.

42 MüKo/*Spellenberg*, Art. 10 Rn 119 ff.

43 Vertreten vor allem von *Heini*, ZSchwR 100-I (1981), 65, 77, 83; *Mann*, Rec. des Cours 132 (1971), 107, 157, 190; *Vischer*, in: FS Gerwig 1960, S. 167, 170 f, 178.

44 BGHZ 31, 367, 371. Bis dahin ging auch die deutsche Rspr vom Grundsatz der Einheitsanknüpfung aus.

45 BGHZ 34, 169, 177; 59, 82, 86; BGH NJW 1962, 1436.

46 BGH NJW 1991, 634 m. Bespr. von *Junker*, JZ 1991, 699, und *v. Hoffmann*, IPrax 1991, 345; BGH NJW 1993, 194.

men, die wirtschafts- und sozialpolitische Ziele verfolgen, gesondert anzuknüpfen sein.[47] Eine derartige Abgrenzung ergab sich freilich nicht aus dem Gesetz.[48]

22 Im Vordringen befindlich und überzeugend war ein primär **kollisionsrechtlicher Lösungsansatz**. Danach waren ausländische Eingriffsnormen (ebenso wie international zwingendes Recht der *lex fori*) gesondert anzuknüpfen.[49] Eine Unterscheidung zwischen Eingriffsnormen der *lex causae* und dritter Staaten fand nicht statt. Damit das fremde Recht von der *lex fori* beachtet werden konnte, mussten im Wesentlichen drei Voraussetzungen erfüllt sein: Das fremde Recht musste überhaupt angewendet werden wollen, der Sachverhalt einen hinreichenden Bezug zum anwendungswilligen Recht aufweisen und die Berücksichtigung fremder Eingriffsnormen die Interessen des Gerichtsstaats fördern.[50] Kam eine kollisionsrechtliche Lösung nicht in Betracht, weil es zB am geforderten Interessengleichklang fehlte, das ausländische Eingriffsrecht gar völkerrechtswidrig war oder gegen den *ordre public* verstieß, blieb immer noch die Möglichkeit, die tatsächlichen Auswirkungen der Eingriffsnorm auf materiellrechtlicher Ebene, dh bei Anwendung der privatrechtlichen Normen der *lex causae*, zu berücksichtigen.[51]

23 Ob eine solche Lösung unter Geltung der Rom I-VO noch möglich ist, ist lebhaft umstritten und **erscheint zweifelhaft**. Zwar gestattet Art. 9 Abs. 3 den Gerichten, den Eingriffsnormen anderer Staaten Wirkung zu verleihen. Anders als nach Art. 7 Abs. 1 EVÜ gilt dies jedoch nicht für die Normen eines beliebigen Staats, sondern nur desjenigen, „in dem die durch den Vertrag begründeten Verpflichtungen erfüllt werden sollen oder erfüllt worden sind". Auch darf nicht allen Eingriffsnormen dieses Staates Wirkung verliehen werden, sondern nur solchen, die „die Erfüllung des Vertrags unrechtmäßig werden lassen". Damit scheidet eine vorzugswürdige einheitliche Behandlung iSd Rn 22 aus. Zumindest **Eingriffsnormen** solcher Drittstaaten, in denen kein Erfüllungsort des Vertrages situiert ist oder deren Recht nicht das Vertragsstatut bestimmt, können nicht zur Anwendung berufen werden und über die Wirksamkeit des Vertrags (mit-)entscheiden. Ungeklärt ist aber auch, ob Art. 9 Abs. 3 sogar die Anwendung von Eingriffsnormen des Vertragsstatuts ausschließt (ausführlich Art. 9 Rn 43 ff).[52]

24 e) **Wirksamkeit von AGB-Klauseln.** Die **Inhaltskontrolle von AGB-Klauseln** ist eine Frage der Wirksamkeit des Vertrages bzw ihrer Vertragsbestandteile. Denn es geht nicht darum, ob der Einbeziehung von AGB zugestimmt wurde, sondern ob sie rechtlich zulässig sind. Das ist durchaus mit der Frage vergleichbar, ob ein Geschäft als Ganzes rechtlich zulässig ist. Allerdings kann die Abgrenzung der Einbeziehung von AGB zu deren Inhaltskontrolle schwierig sein. Sie ist indes nur im Hinblick auf Abs. 2 von Bedeutung. Die Wirksamkeit von AGB meint nicht nur die Inhaltskontrolle im engeren Sinne, sondern auch **Fragen der Auslegung** oder die **Folgen unwirksamer Klauseln**.[53] Abs. 1 bezieht bei einem Verweis auf deutsches Recht daher nicht nur §§ 307 ff BGB, sondern zB auch § 306 BGB mit ein. Ob die Geltung überraschender Klauseln (§ 305 c Abs. 1 BGB) eine Frage der Wirksamkeit oder noch der Einbeziehung ist, ist streitig. Die besseren Gründe sprechen für Letzteres, da die Regelung primär den äußeren Konsens der Vertragsparteien betrifft und lediglich zu einer indirekten Inhaltskontrolle führt.[54]

25 Ob über Art. 3 Abs. 5 auch **Rechtswahlvereinbarungen** einer Inhaltskontrolle nach der prospektiven *lex causae* unterworfen sind,[55] ist umstritten. Da über die Zulässigkeit einer Rechtswahl allein die *lex fori* entscheidet, müssen auch Vorschriften der gewählten *lex causae*, die inhaltlich besondere Anforderungen an eine durch AGB vorgenommene Rechtswahl stellen, grundsätzlich unbeachtlich sein.[56] Selbst wenn es sich bei ihnen um primär sachrechtliche (zB § 307 BGB vergleichbare) Normen handeln sollte, kommt ihnen, soweit sie zur inhaltlichen Beurteilung von Rechtswahlklauseln herangezogen werden, allemal kollisions-

---

47 Staudinger/*Hausmann*, Art. 10 Rn 27; Soergel/ *v. Hoffmann*, Art. 31 EGBGB Rn 21.
48 Bamberger/Roth/*Spickhoff*, Art. 10 Rn 5.
49 Grundlegend *Wengler*, ZVglRWiss 54 (1941), 168 ff, und *Zweigert*, RabelsZ 14 (1942), 283 ff.
50 *Leible*, ZVglRwiss 97 (1998), 286, 299 ff.
51 So auch *Kropholler*, IPR, § 52 X 3 c (S. 509); *Siehr*, RabelsZ 52 (1988), 41, 97.
52 Vgl zum Streitstand *Mankowski*, IPrax 2006, 101, 110; *Thorn*, in: Ferrari/Leible (Hrsg.), Ein neues Internationales Vertragsrecht für Europa, 2007, 129, 145 f.
53 MüKo/*Spellenberg*, Art. 10 Rn 155 f; Staudinger/ *Hausmann*, Art. 10 Rn 102.
54 Wie hier Staudinger/*Hausmann*, Art. 10 Rn 103; *Mankowski*, RIW 1993, 453, 454 f; *ders.*, RIW 1996, 1001; Reithmann/Martiny/*Martiny*, Rn 296; *Rühl*, Obliegenheiten im Versicherungsvertragsrecht, 2004, S. 124 ff; *Thorn*, IPrax 1997, 98, 104; aA (Wirksamkeit) Soergel/*v. Hoffmann*, Art. 31 EGBGB Rn 47.
55 So etwa ausf. *Heiss*, RabelsZ 65 (2001), 634.
56 *Grundmann*, IPrax 1992, 1, 2; *Jayme*, in: FS W. Lorenz 1991, S. 435, 439; *Mankowski*, RIW 1993, 453, 455; *Meyer-Sparenberg*, RIW 1989, 347, 350; *W.-H. Roth*, RIW 1994, 275, 277; *Ostendorf*, IHR 2012, 177, 179; aA wohl *Thüsing/Kroh*, ZGS 2010, 346.

rechtlicher Gehalt zu. Einer Anwendung durch den deutschen Rechtsanwender[57] steht dann aber Art. 20 im Wege.[58]

Ebenso ausgeschlossen ist im Übrigen eine Inhaltskontrolle von Rechtswahlklauseln am **Maßstab des** **Sachrechts** der *lex fori*, da der Gesetzgeber Zulässigkeit und Grenzen der Rechtswahl abschließend an die Erfüllung der Voraussetzungen des Art. 3 Abs. 1 S. 2 geknüpft hat (vgl Art. 3 Rn 75).[59] Eine darüber hinausreichende Inhaltskontrolle nach §§ 307 ff BGB kann allerdings im Hinblick auf die Klausel-RL und die hierzu ergangene Rechtsprechung des EuGH[60] bei Verbraucherverträgen geboten sein.[61] 26

IV. Sonderanknüpfung an das Aufenthaltsrecht (Abs. 2)

1. Grundsatz. Der rechtliche Bedeutungsgehalt bestimmter Verhaltensweisen wird in den einzelnen Rechtsordnungen durchaus unterschiedlich bewertet. Die Unterstellung des Vertragsschlusses unter fremdes Recht kann für die Parteien daher zu einer für sie **überraschenden Bindung** führen. Um sie im Fall ihrer Schutzbedürftigkeit davor zu bewahren, kann bei der Beurteilung des Zustandekommens des Vertrages ausnahmsweise neben der *lex causae* gem. Abs. 2 **kumulativ** das Recht des Staates des gewöhnlichen Aufenthalts[62] einer Vertragspartei zur Anwendung kommen. 27

2. Reichweite. Art. 10 knüpft in seinem Abs. 2 an den vorausgehenden Abs. 1 an, wonach „das Zustandekommen und die Wirksamkeit" des Vertrags nach dem Recht zu beurteilen ist, das bei Wirksamkeit des Vertrags anzuwenden wäre. In Ergänzung hierzu bestimmt Abs. 2, dass sich eine Partei unter besonderen Umständen „für die Behauptung, sie habe dem Vertrag nicht zugestimmt", auf das Recht des Staats ihres gewöhnlichen Aufenthaltsorts berufen kann. Die Sonderregelung des Abs. 2 erfasst damit lediglich einen **begrenzten Ausschnitt** aus dem Regelungsbereich des Abs. 1. Sie bezieht sich nur auf die Frage des Zustandekommens der Einigung, nicht aber auf deren Wirksamkeit.[63] **Zweck** der Vorschrift ist es, der Partei für ihr Verhalten bei Vertragsabschluss das ihr vertraute Recht des Staats ihres gewöhnlichen Aufenthaltsorts zugutekommen zu lassen. Die Partei soll nicht nach einem ihr fremden Recht rechtsgeschäftlich gebunden werden, mit dessen Geltung sie noch nicht zu rechnen brauchte, so dass sie ihr Verhalten nicht nach diesen fremden rechtsgeschäftlichen Verhaltensregeln ausrichten musste. Abs. 2 schützt folglich nur vor dem **Fehlen des Erklärungsbewusstseins**. Die Vorschrift betrifft also allein die Frage, ob überhaupt eine rechtsgeschäftliche Willenserklärung einer Partei vorliegt, während nach ihrem eigenem Recht ihr Verhalten rechtsgeschäftlich (noch) irrelevant wäre, nicht dagegen die Frage, ob die Willenserklärung wirksam ist.[64] 28

Infolgedessen können zB nach dem Aufenthaltsrecht bestehende Widerrufsrechte oder ähnliche Rechtsbehelfe, die eine vertragliche Einigung voraussetzen, auch nicht über Abs. 2 berücksichtigt werden;[65] denn die **Endgültigkeit** der rechtsgeschäftlichen Bindung betrifft die Vertragswirksamkeit, die von Abs. 2 gerade nicht geregelt wird, sondern entsprechend dem in Abs. 1 aufgestellten Grundsatz nach der gewählten *lex causae* zu beurteilen ist.[66] Aus diesem Grunde verbietet es sich erst recht, Abs. 2 unter Heranziehung von § 307 BGB zu einer allgemeinen inhaltlichen Kontrollschranke für Rechtswahlklauseln umzufunktionieren.[67] Da Willensmängel grundsätzlich nicht das Vorliegen einer Erklärung an sich berühren, richtet sich 29

---

57 Befürwortend zB LG Limburg NJW-RR 1989, 119; LG Hamburg v. 29.3.1990, NJW-RR 1990, 695, 697; *Schwartz*, S. 197; *M. Wolf*, ZHR 153 (1989), 300, 301 f; *ders.*, JZ 1989, 695, 696.

58 *Leible*, JJZ 1995, 245, 253; *Mankowski*, VuR 1999, 138, 142; aA *Heiss*, RabelsZ 65 (2001), 634, 644. Übersehen und daher auch nicht problematisiert von BGHZ 123, 380; zu Recht krit. *Dörner*, JR 1995, 18, 19; *Fischer*, JZ 1994, 367, 369; *W.-H. Roth*, RIW 1994, 275, 277.

59 Wie hier zB *Baumert*, RIW 1997, 805, 809; *Junker*, RIW 1999, 809, 817; *Mankowski*, RabelsZ 63 (1999), 203, 210; *Sieg*, RIW 1997, 811, 816.

60 Vgl zB EuGH, Rs C-240–244/98, Slg 2000, I-4941 – Océano und zum vergleichbaren Problem des Verhältnisses zwischen Klausel-RL und Art. 23 EuGVVO auch *Leible*, RIW 2001, 422, 429.

61 Dazu *Heiss*, RabelsZ 65 (2001), 634, 647 ff.

62 Zur Bestimmung des gewöhnlichen Aufenthalts vgl *Baetge*, Der gewöhnliche Aufenthalt im Internationalen Privatrecht, 1994.

63 Bericht *Giuliano/Lagarde*, BT-Drucks. 10/503, S. 33, 60.

64 BGHZ 135, 128, 137; MüKo/*Spellenberg*, Art. 10 Rn 218, 225; *Mankowski*, RIW 1996, 382, 385; Rauscher/*Freitag*, EuZPR/EuIPR, Art. 10 Rn 16.

65 BGHZ 135, 128, 137.

66 *Böhm*, S. 93; *Iversen*, in: Iversen/Brödermann, Europäisches Gemeinschaftsrecht und Internationales Privatrecht, 1994, Rn 886; *Kost*, 1995, S. 113; *Leible*, JJZ 1995, 245, 253; *Mäsch*, Rechtswahlfreiheit und Verbraucherschutz, 1993, S. 118 f; *ders.*, IPrax 1995, 371, 372; *Mankowski*, RIW 1993, 453, 455; *ders.*, RIW 1995, 364, 367; Palandt/*Thorn*, Art. 10 Rn 3, 5; *Schomerus*, NJW 1995, 359, 361.

67 So aber *Reich*, VuR 1989, 158, 161; *ders.*, ZHR 153 (1989), 571 (590); *ders.*, VuR 1992, 189 (191). Fehl geht genauso der Hinw., die in einem Time-Sharing-Vertrag enthaltene Wahl des Rechts der Isle of Man sei ungerechtfertigt und daher unwirksam, weil das Recht der Isle of Man kein dem deutschen HWiG vergleichbares Widerrufsrecht kenne, so jedoch *Jäckel/Tonner*, VuR 1994, 9, 16; vgl auch LG Gießen NJW 1995, 406.

schließlich auch die Beantwortung der Frage, welche Folgen **Willensmängel** haben, nicht nach Abs. 2, sondern gemäß Abs. 1 allein nach dem Vertragsstatut.[68] Daher kann sich eine Partei nicht mit der Behauptung auf ihr Aufenthaltsrecht berufen, das Vertragsstatut versage eine Anfechtung der von ihr abgegebenen Willenserklärung.[69]

30 Eingefügt wurde die Regelung insbesondere im Hinblick auf die Bedeutung des **Schweigens** einer Partei für den Vertragsschluss.[70] Ihr Regelungsgehalt beschränkt sich aber nicht hierauf. Vielmehr wird jedes Parteiverhalten erfasst, sei es aktives oder passives Tun,[71] vorausgesetzt, es betrifft dessen rechtsgeschäftlichen Erklärungswert,[72] wie etwa die Einbeziehung von AGB[73] oder die Vertragsänderung durch widerspruchslose Entgegennahme eines Bestätigungsschreibens[74].

31 **3. Wirksamkeit des Vertrages nach dem Geschäftsstatut.** Eine Vertragspartei kann sich nur dann auf Abs. 2 berufen, wenn der Vertrag nach dem nach Artt. 3 ff bestimmten Geschäftsstatut **wirksam** zustande gekommen ist. Fehlt es bereits an einem wirksamen Vertrag, bedarf es auch keiner Sonderanknüpfung nach Abs. 2, um die Unwirksamkeit geltend zu machen.[75] Andererseits ist eine Partei nicht daran gehindert, geltend zu machen, der Vertrag sei nach ihrem Aufenthaltsrecht zustande gekommen, wenn er nach dem Geschäftsstatut unwirksam ist.[76]

32 **4. Unterschiedlichkeit von Geschäfts- und Aufenthaltsstatut.** Damit eine kumulative Anknüpfung überhaupt in Betracht kommt, müssen Geschäfts- und Aufenthaltsstatut **verschieden** sein. Die Partei, die sich auf Abs. 2 berufen will, darf daher ihren gewöhnlichen Aufenthalt nicht in dem Staat haben, dessen Recht gem. Artt. 3 ff das Vertragsstatut bildet.

33 **5. Geltendmachung der Unwirksamkeit nach dem Aufenthaltsstatut.** Das entscheidende Gericht kann eine Unwirksamkeit des Vertrages nach dem Aufenthaltsstatut einer Partei nicht von Amts wegen berücksichtigen, sondern nur auf deren **Einrede**.[77] Die Partei, die den Schutz ihres Aufenthaltsrechts in Anspruch nehmen will, muss hinreichend deutlich machen, dass sie den Vertrag nicht gegen sich gelten lassen will.[78] Einer ausdrücklichen Berufung auf ihr Aufenthaltsrecht bedarf es nicht.[79] Verzichtet sie auf die Geltendmachung der ihr zustehenden Einrede, ist der Vertrag wirksam. Der anderen Partei ist in diesem Fall eine Berufung darauf, der Vertrag sei nach dem Aufenthaltsrecht des Vertragspartners unwirksam, und damit die Möglichkeit, sich so von einem ihr ungünstig erscheinenden Vertrag zu lösen, verwehrt.[80]

34 **6. Interessenabwägung.** Eine Sonderanknüpfung nach Abs. 2 kommt nur in Betracht, wenn es nach den Umständen nicht gerechtfertigt ist, das Verhalten der Partei nach dem Vertragsstatut zu bewerten. Das erfordert eine **umfassende Abwägung** zwischen den Interessen der Partei, deren Verhalten nach dem Vertragsstatut als Zustimmung gewertet werden soll, und dem Interesse der anderen Partei am Erhalt des Vertrages, das wesentlich vom Verkehrsschutz getragen wird.[81] Dabei ist u.a. zu berücksichtigen, ob zwischen den Parteien bereits zuvor Verträge geschlossen wurden oder besondere Gepflogenheiten entstanden sind.[82] Von Bedeutung können außerdem die Umstände der Vertragsanbahnung, eine etwaige Kaufmannseigenschaft der Partei, die Kenntnis oder Möglichkeit der Kenntnisnahme von Gepflogenheiten am Empfangs- bzw Abgabeort der Erklärung[83] oder sonstige Gründe sein, die eine Partei zu der Annahme veranlassen konnten, ihr Verhalten werde nicht nach dem Recht ihres gewöhnlichen Aufenthalts bewertet.

---

68 Staudinger/*Hausmann*, Art. 10 Rn 52; Erman/*Hohloch*, Art. 10 Rn 6; Soergel/*v. Hoffmann*, Art. 31 EGBGB Rn 32; MüKo/*Spellenberg*, Art. 10 Rn 93 ff, 225.
69 So wohl auch Palandt/*Thorn*, Art. 10 Rn 3, 5; *Kegel/Schurig*, § 17 II (S. 616).
70 Vgl dazu zB OLG Karlsruhe RIW 1994, 1046, 1047; OLG Schleswig IPRspr 1989 Nr. 48.
71 Bericht *Giuliano/Lagarde*, BT-Drucks. 10/503, S. 33, 60.
72 MüKo/*Spellenberg*, Art. 10 Rn 218; Soergel/*v. Hoffmann*, Art. 31 EGBGB Rn 31; Staudinger/*Hausmann*, Art. 10 Rn 46.
73 Vgl dazu zB OLG Karlsruhe NJW-RR 1993, 567, 568; RIW 1994, 1046, 1047; OLG München IPrax 1991, 46, 49.
74 Staudinger/*Hausmann*, Art. 10 Rn 107 ff.
75 Bamberger/Roth/*Spickhoff*, Art. 10 Rn 11; Rauscher/*Freitag*, EuZPR/EuIPR, Art. 10 Rn 28.
76 Bericht *Giuliano/Lagarde*, BT-Drucks. 10/503, S. 33, 60.

77 *Kost*, 1995, S. 147 f; MüKo/*Spellenberg*, Art. 10 Rn 232; Bamberger/Roth/*Spickhoff*, Art. 10 Rn 13; Rauscher/*Freitag*, Art. 10 Rn 29.
78 MüKo/*Spellenberg*, Art. 10 Rn 232; Bamberger/Roth/*Spickhoff*, Art. 10 Rn 13; Palandt/*Thorn*, Art. 10 Rn 4.
79 Vgl auch OLG Düsseldorf RIW 1997, 780.
80 Staudinger/*Hausmann*, Art. 10 Rn 60.
81 *Mankowski*, RIW 1996, 382, 383; Staudinger/*Hausmann*, Art. 31 EGBGB Rn 55; Erman/*Hohloch*, Art. 10 Rn 16; Bamberger/Roth/*Spickhoff*, Art. 10 Rn 12.
82 Bericht *Giuliano/Lagarde*, BT-Drucks. 10/503, S. 60. Hierzu auch Staudinger/*Hausmann*, Art. 10 Rn 73; Calliess/*Schulze*, Art. 10 Rn 35.
83 Soergel/*v. Hoffmann*, Art. 31 EGBGB Rn 37 ff; Staudinger/*Hausmann*, Art. 10 Rn 61. Die Kenntnis oder die Möglichkeit der Kenntnisnahme des fremden Rechts schafft aber allein noch keine Handlungspflicht, wenn nach dem Vertragsstatut das Schweigen als Annahme verstanden wird. Vielmehr müssen noch weitere Umstände hinzutreten, vgl MüKo/*Spellenberg*, Art. 10 Rn 242 ff.

Bedeutung erlangt Abs. 2 insbesondere bei **internationalen Distanzgeschäften**,[84] da bei solchen Transaktionen die Parteien häufig nicht die Gepflogenheiten des anzuwendenden Rechts näher kennen.[85] So wird man vor allem von einer geschäftsunerfahrenen oder bislang nur überwiegend national handelnden Partei, die ein Angebot aus einem anderen Staat als ihrem Aufenthaltsstaat erhält, nicht erwarten können, dass sie ihr Verhalten an einem ausländischen Vertragsstatut ausrichtet.[86] Sofern das Vertragsstatut in einem solchen Fall zB das Schweigen auf ein Angebot als Annahme wertet, kann sie sich auf ihr Umweltrecht berufen. Etwas anderes gilt hingegen, wenn zwischen den Parteien bereits **geschäftliche Kontakte** bestanden und sich hieraus Gepflogenheiten entwickelt haben, die es gerechtfertigt erscheinen lassen, das Zustandekommen des Vertrages allein nach dem Vertragsstatut zu beurteilen. Davon ist etwa auszugehen, wenn die Parteien Verträge bisher immer demselben Recht unterstellt haben oder auf die Rechtsfolgen des Schweigens nach dem Vertragsstatut hingewiesen wurden.[87] Eine Schutzwürdigkeit kann außerdem bereits deshalb abzulehnen sein, weil die von der Partei verkannte Rechtsfolge ihres Handelns zu den offenkundigen **Gepflogenheiten des internationalen Handels** gehört, die ihr hätten bekannt sein müssen.[88]

35

Derjenige, der eine Erklärung ins Ausland versendet, kann sich nicht darauf berufen, sein Angebot sei nach seinem Aufenthaltsrecht lediglich als *invitatio ad offerendum* zu verstehen, wenn das Vertragsstatut von einem Angebot ausgeht; denn wer sein Handeln auf einen anderen Staat ausrichtet, muss grundsätzlich damit rechnen, dass ein anderes Recht als sein Umweltrecht zur Anwendung kommt.[89]

36

Begibt sich eine Partei **zum Vertragsschluss ins Ausland** und ist das Recht des Staates, in dem der Vertrag abgeschlossen wurde, zugleich Vertragsstatut, ist ihr eine Berufung auf ihr Aufenthaltsrecht verwehrt. Wer sich in einen anderen Staat begibt, um einen Vertrag abzuschließen, kann nicht darauf vertrauen, dass das Recht seines gewöhnlichen Umfeldes zur Anwendung kommt.[90] Nach anderer vor allem instanzgerichtlicher Ansicht soll in derartigen Fällen freilich über Abs. 2 ein verbraucherschützendes Widerrufsrecht des Aufenthaltsstaates zum Zuge kommen können.[91] Das verkennt freilich, dass der Widerruf die Vertragswirksamkeit betrifft und daher schon gar nicht in den Anwendungsbereich des Abs. 2 fällt (vgl Rn 18).

37

7. Wirkung der Berufung auf das Recht des gewöhnlichen Aufenthalts. Beruft sich eine Partei auf das Recht ihres gewöhnlichen Aufenthalts und liegen die weiteren Voraussetzungen des Abs. 2 vor, fällt also insbesondere die Interessenabwägung zu ihren Gunsten aus, gilt die **Zustimmung** zum Vertrag als **nicht erteilt** und der Vertrag als nicht zustande gekommen. Im Übrigen bleibt es bei der Geltung des Vertragsstatuts. Sollten Leistungen erbracht worden sein, richtet sich deren **Rückabwicklung** grundsätzlich gem. Art. 10 Abs. 1 Rom II-VO wieder nach dem Vertragsstatut, ausnahmsweise gem. Art. 10 Abs. 2 Rom II-VO nach dem Aufenthaltsrecht.

38

Art. 10 gilt **unmittelbar** nur für Schuldverträge. Eine analoge Anwendung auf andere, etwa dingliche Verträge ist mangels vergleichbarer Interessenlage nicht angezeigt.[92] Zudem fehlt es an einem konkreten Bedürfnis für eine **analoge Anwendung**.[93] Die zu Art. 10 entwickelten Grundsätze können aber für die Beurteilung von Rechtswahlvereinbarungen nach der Rom II-VO herangezogen werden.[94]

39

Artikel 11 Form

(1) Ein Vertrag, der zwischen Personen geschlossen wird, die oder deren Vertreter sich zum Zeitpunkt des Vertragsschlusses in demselben Staat befinden, ist formgültig, wenn er die Formerfordernisse des auf ihn nach dieser Verordnung anzuwendenden materiellen Rechts oder die Formerfordernisse des Rechts des Staates, in dem er geschlossen wird, erfüllt.

(2) Ein Vertrag, der zwischen Personen geschlossen wird, die oder deren Vertreter sich zum Zeitpunkt des Vertragsschlusses in verschiedenen Staaten befinden, ist formgültig, wenn er die Former-

---

84 Reithmann/Martiny/*Martiny*, Rn 269; Bamberger/Roth/*Spickhoff*, Art. 10 Rn 12; Staudinger/*Hausmann*, Art. 10 Rn 70.
85 Staudinger/*Hausmann*, Art. 10 Rn 70.
86 Bamberger/Roth/*Spickhoff*, Art. 10 Rn 12; Staudinger/*Hausmann*, Art. 10 Rn 63; Soergel/*v. Hoffmann*, Art. 31 EGBGB Rn 38; *Stoll*, in: FS Beitzke 1979, S. 770 ff; *Linke*, ZVerglRW 79 (1980) 1, 43.
87 Bamberger/Roth/*Spickhoff*, Art. 10 Rn 12; Soergel/*v. Hoffmann*, Art. 31 EGBGB Rn 38; Staudinger/*Hausmann*, Art. 10 Rn 73.
88 OLG Hamburg RIW 1997, 70.
89 Bamberger/Roth/*Spickhoff*, Art. 10 Rn 12; Staudinger/*Hausmann*, Art. 10 Rn 63.
90 Für einen Vertragsschluss in Deutschland bei deutschem Recht als Vertragsstatut: Staudinger/*Hausmann*, Art. 10 Rn 71; für den Vertragsabschluss in einem Drittstaat ebenda Rn 72.
91 LG Aachen NJW 1991, 2221; LG Gießen NJW 1995, 406; LG Koblenz NJW-RR 1995, 1335; LG Stuttgart RIW 1996, 424; weitere Rechtsprechungsnachweise bei *Kegel/Schurig*, § 17 V 1 a (S. 539).
92 MüKo/*Spellenberg*, Art. 10 Rn 214, 217.
93 Erman/*Hohloch*, Art. 10 Rn 17; MüKo/*Spellenberg*, Art. 10 Rn 217.
94 Dazu *Leible*, RIW 2008, 257.

fordernisse des auf ihn nach dieser Verordnung anzuwendenden materiellen Rechts oder die Formerfordernisse des Rechts eines der Staaten, in denen sich eine der Vertragsparteien oder ihr Vertreter zum Zeitpunkt des Vertragsschlusses befindet, oder die Formerfordernisse des Rechts des Staates, in dem eine der Vertragsparteien zu diesem Zeitpunkt ihren gewöhnlichen Aufenthalt hatte, erfüllt.

(3) Ein einseitiges Rechtsgeschäft, das sich auf einen geschlossenen oder zu schließenden Vertrag bezieht, ist formgültig, wenn es die Formerfordernisse des materiellen Rechts, das nach dieser Verordnung auf den Vertrag anzuwenden ist oder anzuwenden wäre, oder die Formerfordernisse des Rechts des Staates erfüllt, in dem dieses Rechtsgeschäft vorgenommen worden ist oder in dem die Person, die das Rechtsgeschäft vorgenommen hat, zu diesem Zeitpunkt ihren gewöhnlichen Aufenthalt hatte.

(4) [1]Die Absätze 1, 2 und 3 des vorliegenden Artikels gelten nicht für Verträge, die in den Anwendungsbereich von Artikel 6 fallen. [2]Für die Form dieser Verträge ist das Recht des Staates maßgebend, in dem der Verbraucher seinen gewöhnlichen Aufenthalt hat.

(5) Abweichend von den Absätzen 1 bis 4 unterliegen Verträge, die ein dingliches Recht an einer unbeweglichen Sache oder die Miete oder Pacht einer unbeweglichen Sache zum Gegenstand haben, den Formvorschriften des Staates, in dem die unbewegliche Sache belegen ist, sofern diese Vorschriften nach dem Recht dieses Staates

a) unabhängig davon gelten, in welchem Staat der Vertrag geschlossen wird oder welchem Recht dieser Vertrag unterliegt, und
b) von ihnen nicht durch Vereinbarung abgewichen werden darf.

Literatur: Siehe die Literaturhinweise in NomosKommentar BGB Band 1 zu Beginn der Kommentierung des Art. 11 EGBGB.

A. Allgemeines 2	3. Ortsrecht 22
I. Anwendungsbereich, Abgrenzung zu Art. 11 EGBGB 2	a) Allgemeines 22
II. Normzweck, Normstruktur 5	b) Lokalisierung des Vornahmeortes 23
1. Normzweck 5	c) Einschränkungen bei gesellschaftsrechtlichen Vorgängen 24
2. Normstruktur 6	4. Rechtswahl 25
III. Staatsvertragliche Regelungen 7	II. Distanzgeschäfte (Abs. 2) 28
IV. Geltung allgemeiner Regeln 8	III. Vertretergeschäfte 32
B. Regelungsgehalt 12	IV. Einseitige Rechtsgeschäfte, die sich auf den Vertrag beziehen (Abs. 3) 33
I. Vertragsabschluss in einem Staat: Anknüpfung an das Vertragsstatut oder Ortsstatut (Abs. 1) 12	V. Verbrauchergeschäfte (Abs. 4) 35
1. Grundsätzliches 12	VI. Schuldrechtliche Grundstücksgeschäfte (Abs. 5) 36
2. Vertragsstatut 14	C. Weitere praktische Hinweise 39
a) Gleichwertigkeit bei Erfüllung des Formerfordernisses im Ausland 15	I. Formfragen im Zusammenhang mit dem Beurkundungsverfahren 39
b) Gesellschaftsrechtliche Vorgänge 17	II. Registerrecht 40
c) Sonstige Vorgänge 18	
d) Erfüllung ausländischer Formerfordernisse im Inland; Inlandsbeurkundung . 20	

1 *Vorbemerkung:* Im Rahmen dieser Kommentierung wird an vielen Stellen auf die Rechtsprechung bzw Literatur zu Art. 11 EGBGB verwiesen. Hierzu wird klargestellt, dass Art. 11 Rom I-VO verordnungsautonom auszulegen ist. Da aber Art. 11 EGBGB – bis auf die nachstehend geschilderten Ausnahmen – Art. 11 Rom I-VO entspricht, wird im Folgenden, solange keine weitergehende Literatur/Rechtsprechung zu Art. 11 Rom I-VO vorliegt, teilweise auf die bisherige (deutsche) Literatur und Rechtsprechung zurückgegriffen.[1] Dies gilt insbesondere vor dem Hintergrund, dass Art. 11 EGBGB gem. Art. 18 EVÜ mit Auslegungsprärogative des EuGH[2] auch international auszulegen war und ist.[3]

---

[1] So auch Rauscher/*v. Hein*, EuZPR/EuIPR, Art. 11 Rn 1.

[2] Eine Vorlagebefugnis gem. Art. 267 AEUV besteht jedoch nur im Hinblick auf Art. 11 Rom I-VO, nicht im Hinblick auf Art. 11 EGBGB; insofern ist schon wegen der Garantie des gesetzlichen Richters stets klarzustellen, welcher der beiden Kollisionsnormen einer Entscheidung zugrunde liegt (Rauscher/*v. Hein*, EuZPR/EuIPR, Art. 11 Rn 1).

[3] PWW/*Mörsdorf-Schulte*, Art. 11 Rn 2.

A. Allgemeines

I. Anwendungsbereich, Abgrenzung zu Art. 11 EGBGB

Im Zuge des Inkrafttretens der Rom I–VO mit Wirkung zum 17. Dezember 2009 ist Art. 11 EGBGB durch Art. 11 der Verordnung Nr. 593/2008 (Rom I–VO) weitgehend verdrängt worden. Art. 11 EGBGB findet seitdem nur insoweit Anwendung, als Art. 11 Rom I–VO nicht anwendbar ist (Art. 3 Nr. 1 lit. b EGBGB). Art. 11 Rom I–VO findet demnach Anwendung für nach dem 17. Dezember 2009 geschlossene Schuldverträge und einseitige Rechtsgeschäfte, die sich auf einen Schuldvertrag beziehen. Art. 11 EGBGB bleibt anwendbar auf Verträge, die vor diesem Datum geschlossen wurden sowie auf Rechtsgeschäfte, die keine Schuldverträge sind bzw nicht mit diesen in Zusammenhang stehen. Nicht vom Anwendungsbereich des Art. 11 Rom I–VO erfasst sind insbesondere Verfügungsgeschäfte aller Art (zB über Mobilien, inländische Grundstücke, Geschäftsanteile).[4] Hier gilt Art. 11 Abs. 4 EGBGB. Art. 11 Rom I–VO entspricht – mit Ausnahme der Beschränkung auf Schuldverträge – im Wesentlichen Art. 11 EGBGB bzw Art. 9 EVÜ, der durch die Rom I–VO ersetzt wird. Allerdings enthält er für Distanzverträge zusätzlich in Abs. 2 eine weitere alternative Anknüpfung an den gewöhnlichen Aufenthalt der Parteien zum Zeitpunkt des Vertragsabschlusses.

Art. 11 gilt weiterhin nicht für die Form von einseitigen Rechtshandlungen, die außervertragliche Schuldverhältnisse betreffen. Hier gilt gem. Art. 21 Rom II–VO mit der Folge der Anwendbarkeit von *lex causae* oder des Ortsrechts. Der Anwendungsbereich dieser Norm ist jedoch denkbar gering: aus deutscher Sicht käme im Wesentlichen die Auslobung gem. §§ 657 ff BGB in Betracht.[5] Die Rom II–VO gilt ebenfalls für Ansprüche aus *culpa in contrahendo*.[6] Art. 11 ist ebenfalls nicht anzuwenden auf die Form von Rechtswahlvereinbarungen betreffend die Trennung oder Scheidung. Hier ist Art. 7 Rom III–VO maßgeblich (siehe dazu die Kommentierung an dieser Stelle). Schließlich gilt für die erbrechtlichen Formvorschriften die EuErbRVO, die allerdings erst auf Todesfälle ab dem 17. August 2015 anwendbar ist.[7] Die Form erbrechtlicher Verfügungen bestimmt sich nach Art. 27 EuErbRVO, für die Rechtswahl gilt Art. 22 und für erbrechtliche Ausschlagungen und Annahmeerklärungen Art. 28 EuErbRVO.

Gemäß Art. 1 Abs. 2 lit. f ist die Rom I–VO nicht anwendbar auf „Fragen betreffend das Gesellschaftsrecht, das Vereinsrecht und das Recht der juristischen Personen, wie die Errichtung durch Eintragung, die Rechts- und Handlungsfähigkeit, die innere Verfassung und die Auflösung von Gesellschaften..." (siehe dazu auch Rn 17).

Art. 11 gilt (wie auch Art. 11 EGBGB) **nicht** für die Frage, welches Recht für die Form von **Verfahrenshandlungen** und gerichtlichen Entscheidungen maßgeblich ist. Deren Formgültigkeit bestimmt die *lex fori*,[8] Für Art und Formen der Beweismittel bei Schuldverträgen gilt Art. 18 Rom I–VO, nicht Art. 11.[9] Einige ausländische Beweisvorschriften sind (nach der deutschen *lex fori*) als Formvorschriften zu qualifizieren und unterfallen dann Art. 11.[10]

II. Normzweck, Normstruktur

1. Normzweck. Durch Art. 11 wird für die Frage der Formgültigkeit eines Vertrages eine Kollisionsnorm bereitgestellt, die unabhängig von der Ermittlung des Geschäftsstatuts (auch Wirkungsstatut oder *lex causae*) ist. Das Formstatut ist also vom Geschäftsstatut streng zu unterscheiden. Die Form kann, muss aber nicht nach dem Geschäftsrecht beurteilt werden. Art. 11 hält neben dem Geschäftsrecht noch das Ortsstatut und – bei Aufenthalt der Vertragsparteien in unterschiedlichen Staaten – das Recht des gewöhnlichen Aufenthaltes zum Zeitpunkt des Vertragsschlusses bereit (Art. 11 Abs. 2 aE). Letztere Anknüpfungsalternative geht über den Regelungsgehalt des Art. 11 EGBGB hinaus. Alle Alternativen stehen gleichberechtigt nebeneinander. Zweck dieser alternativen Anknüpfungsmöglichkeiten ist – wie bei Art. 11 EGBGB – der *favor negotii*.[11] Die Formwirksamkeit eines Rechtsgeschäfts soll begünstigt werden. Die Anwendbarkeit des Ortsrechts gibt den Parteien darüber hinaus Rechtssicherheit, da sie sich am Ort der Vornahme des Rechtsgeschäftes am leichtesten über die dort geltenden Formerfordernisse informieren können. Dies dient den Verkehrsinteressen der Parteien (*favor gerentis*). Die Parteien können auch – im Rahmen der in Abs. 4

---

4 Rauscher/*v. Hein*, EuZPR/EuIPR, Art. 11 Rn 6.
5 Siehe dazu die Kommentierung zu Art. 21 Rom II-VO.
6 Ferrari u.a./*Schulze*, Internationales Vertragsrecht, Art. 11 Rn 4.
7 ABl. EG Nr. L 201 v. 27.7.2012.
8 Staudinger/*Winkler v. Mohrenfels*, Art. 11 Rn 54.
9 Ferrari u.a./*Schulze*, Internationales Vertragsrecht, Art. 11 Rn 10.
10 So zB im US-amerikanischen Recht (Sec. 2–201 UCC) die Unklagbarkeit eines Kaufvertrages, bei dem der Kaufpreis 500 USD überschritten und der Kaufvertrag nicht schriftlich geschlossen wurde, noch Teilleistungen erbracht wurden (so OLG Oldenburg RIW 1996, 66; Palandt/*Thorn*, Art. 11 EGBGB Rn 7).
11 BGHZ 57, 337, 340 f; Staudinger/*Winkler v. Mohrenfels*, Art. 11 Rn 1.

(Verbrauchervertrag) und Abs. 5 (Verträge über ein dingliches Recht) gesetzten Grenzen – durch Verlagerung des Ortes, an dem das Rechtsgeschäft vorgenommen wird, ein Recht zur Anwendung kommen lassen, das weniger strenge Formerfordernisse aufstellt. Art. 11 nimmt durch die alternative Anknüpfung an das Ortsrecht bewusst in Kauf, dass die uU strengeren Formvorschriften des Geschäftsstatuts durch das mildere Ortsrecht zur Makulatur werden. Kritik begegnet der alternativen Anknüpfung dann, wenn durch sie die den Schutz einer Vertragspartei bezweckende Warn-, Beweis- und Belehrungsfunktion der Formvorschriften konterkariert wird.[12] Der Wortlaut des Art. 11 ist aber trotz der Kritik eindeutig: Das mildere Formstatut setzt sich durch.

6 **2. Normstruktur.** **Abs. 1** stellt die Grundregel auf, dass sich die Formgültigkeit nach dem **Geschäftsrecht** oder alternativ nach dem Recht desjenigen Ortes richtet, an dem das Rechtsgeschäft – entweder von den Parteien selbst oder von deren Vertreter(n) – vorgenommen wird (**Ortsrecht**). Da das Ortsrecht bei sog. Distanzverträgen, bei denen sich die beiden Parteien (bzw deren Vertreter) bei Vertragsschluss in verschiedenen Staaten befinden, nach Abs. 1 nicht ermittelt werden könnte, stellt **Abs. 2** klar, dass sich die Formgültigkeit des Vertrages aus den Ortsrechten beider Parteien und nach dem Recht des gewöhnlichen Aufenthaltes eines dieser Parteien (oder dessen Vertreter) ergeben kann. Da zusätzlich auch das Geschäftsstatut herangezogen werden kann, kommen bis zu fünf verschiedene Rechtsordnungen in Betracht. **Abs. 3** unterstellt die einseitigen Rechtsgeschäfte, die sich auf einen geschlossenen oder noch zu schließenden Vertrag beziehen, dem (bei noch nicht geschlossenen Verträgen: dem potenziellen) Vertragsstatut oder dem Ortsstatut des Rechtsgeschäftes bzw dem Aufenthaltsrecht desjenigen, derein einseitiges Rechtsgeschäft vornimmt. **Abs. 4** stellt eine Spezialregelung für Verbraucherverträge auf. Auf diese sind nicht die Anknüpfungsregelungen der Absätze 1–3 anwendbar, sondern es gilt das Aufenthaltsstatut des Verbrauchers. Verträge, die sich auf dingliche Rechte an einem Grundstück (bzw grundstücksgleiches Recht) bzw Miete oder Pacht beziehen, sind nach **Abs. 4** nur formgültig, wenn die Formvorschriften desjenigen Rechts erfüllt sind, in dem das Grundstück belegen ist, sofern dieses ausschließliche Geltung beansprucht. Die ausschließliche Berufung der *lex rei sitae* durch Abs. 4 rechtfertigt sich durch den engen Bezug zum Belegenheitsstaat. Sie gilt jedoch nur für solche Formvorschriften, die unabhängig davon gelten, in welchem Staat der Vertrag geschlossen wird oder welchem Recht dieser Vertrag unterliegt, und sofern von ihnen nicht durch Vereinbarung abgewichen werden kann.

III. Staatsvertragliche Regelungen

7 Gemäß Art. 25 gehen Staatsverträge unter den dort genannten Voraussetzungen vor. Für Formfragen enthalten relevante Regelungen zur Form: (1.) das UN-Übereinkommen über den internationalen Warenkauf (CISG) vom 11. 4. 1980,[13] welches in Artt. 11, 12 und 29 materiellrechtliche Formregelungen enthält; (2.) das Genfer Übereinkommen über den Beförderungsvertrag im internationalen Straßengüterverkehr (CMR) vom 19.5.1956;[14] (3.) das Übereinkommen über den internationalen Eisenbahnverkehr (COTIF);[15] (4.) das internationale Abkommen zur Vereinheitlichung von Regeln über Konnossemente vom 25.8.1924.[16]

IV. Geltung allgemeiner Regeln

8 Art. 11 bestimmt das maßgebliche Recht, das auf die Formerfordernisse anwendbar ist. Dabei kann sich aber die Frage stellen, ob eine bestimmte Regel als Formvorschrift zu qualifizieren ist (dann Art. 11) oder ob es sich um eine Wirksamkeitsvoraussetzung des Rechtsgeschäfts handelt (dann Geschäftsstatut). Die **Qualifikation** einer Norm als Formvorschrift ist verordnungsautonom europarechtlich vorzunehmen.[17] Eine Formvorschrift ist demnach eine Norm, die die Art und Weise der Äußerung einer Willenserklärung regelt (schriftlich, mündlich, eigenhändig, notariell beurkundet, beglaubigt, Zuziehung von Zeugen oder Amtspersonen).[18] Zudem haben Formvorschriften verschiedene Zwecke (Übereilungsschutz, Beratungsfunktion, Beweisfunktion, Richtigkeitsgewähr). Nach diesen Kriterien lässt sich ermitteln, ob eine bestimmte Norm als Formvorschrift zu qualifizieren ist. Die Grenzfragen sind zahlreich und nicht immer einfach zu beantworten. Keine Formfrage ist das Verbot der Stellvertretung[19], die Registerpflichtigkeit,[20]

---

12 Zu Art. 11 EGBGB: Vgl zB *Kropholler*, ZHR 140 (1976), 394, 399; Staudinger/*Winkler v. Mohrenfels*, Art. 11 EGBGB Rn 37 ff.
13 BGBl. 1989 II, 588 und BGBl. II 1990, II 1699.
14 BGBl. II 1961, 1119 und BGBl. II 1980, 733.
15 BGBl. II 1985, 129.
16 RGBl II 1939, 1052.

17 Ferrari u.a./*Schulze*, Internationales Vertragsrecht, Art. 11 Rn 8; Palandt/*Thorn*, Art. 1 Rn 3; MüKo/*Spellenberg*, Art. 11 Rn 14.
18 Erman/*Hohloch*, Art. 11 Rn 3.
19 AA Staudinger/*Winkler v. Mohrenfels*, Art. 11 Rn 46.
20 Staudinger/*Winkler v. Mohrenfels*, Art. 11 Rn 51; *Köbl*, DNotZ 1983, 207, 209.

das im anglo-amerikanischen Recht existierende Erfordernis der *consideration*,[21] das Erfordernis von Zugang und Empfang einer Willenserklärung;[22] fraglich ist zB, wie Vorschriften über die Vertragssprache einzuordnen sind.[23]

Stellt das berufene Recht bestimmte Formerfordernisse auf (zB notarielle Beurkundung), so stellt sich die Frage, ob diese Erfordernisse auch außerhalb des räumlichen Geltungsbereichs dieses Statuts erfüllt werden können. Man spricht hier von **Substitution**.[24] Ob eine solche Substitution zulässig ist, hängt davon ab, ob der Auslandssachverhalt gleichwertig zu dem von der inländischen Sachnorm geforderten Erfüllungstatbestand ist. Dies ist letztlich eine Frage der Subsumtion: Kann dasjenige, was tatsächlich außerhalb des räumlichen Geltungsbereichs des Statuts stattgefunden hat, unter die Tatbestandsvoraussetzungen der Formvorschrift des Statuts subsumiert werden? Die Beantwortung der Frage hängt entscheidend vom Sinn und Zweck der Formvorschrift ab.[25] Konkret stellt sich die Frage der Substitution bei Beurkundungen von Rechtsgeschäften, für die das deutsche (Geschäfts-)Recht eine notarielle Beurkundung vorsieht (siehe dazu Rn 17 ff). 9

Ein **Renvoi** ist im gesamten Bereich des Art. 11 ausgeschlossen (vgl Art. 20) Zusätzlich stellt aber auch der Wortlaut des Art. 11 Abs. 1 klar, dass hier eine reine Sachnormverweisung gemeint ist, wenn er auf die Formerfordernisse des „materiellen Rechts" verweist. 10

Das durch Art. 11 gewonnene Recht steht grundsätzlich unter dem Vorbehalt des *ordre public* (Art. 21). Allerdings ist dessen Anwendungsbereich denkbar gering, da durch die Alternativität des Art. 11 deutlich wird, dass die deutschen Formvorschriften nicht zu den wesentlichen Grundsätzen des deutschen Rechts gehören. So verstößt zB eine vor einem schweizerischen Notar vorgenommene Übertragung von GmbH-Geschäftsanteilen nicht gegen die guten Sitten.[26] Gleiches gilt für einen in Deutschland formlos abgeschlossenen Erwerbsvertrag über ein Grundstück, welches in einem Land belegen ist, das keine Formerfordernisse für derartige Verträge aufstellt.[27] Ebenso ist eine im Ausland nach den dortigen Formvorschriften (privatschriftlich[28] bzw notariell beglaubigt) erteilte unwiderrufliche Vollmacht zur Veräußerung deutschen Grundbesitzes nicht *ordre-public*-widrig. Auch verstößt ein im Ausland nach den dortigen Formvorschriften wirksam geschlossener (schuldrechtlicher) Grundstückskaufvertrag nicht gegen den *ordre public*, da der durch § 311 b Abs. 1 BGB verfolgte Zweck nicht zu den wesentlichen Grundsätzen des deutschen Rechts gehört.[29] Selbiges gilt für vergleichbare Formvorschriften, zB §§ 518, 766 BGB.[30] Generell wird man die "Formerschleichung" nicht als Verstoß gegen den *ordre public* ansehen können,[31] da Art. 11 durch die Alternativität zu erkennen gibt, dass auch mildere als die deutschen Formvorschriften ausreichen. 11

B. Regelungsgehalt

I. Vertragsabschluss in einem Staat: Anknüpfung an das Vertragsstatut oder Ortsstatut (Abs. 1)

1. Grundsätzliches. Ein Vertrag ist grundsätzlich formwirksam, wenn er nach einem der beiden von Abs. 1 genannten Rechte (Geschäftsstatut und Ortsstatut) formwirksam ist (zu Distanzverträgen s.u. Rn 28 ff). Ist er nach einem dieser Rechte formunwirksam, so kann sich die Formgültigkeit auch aus dem anderen Recht ergeben. Dieses ist dann nicht gesperrt. Zum Zweck der Alternativität[32] siehe Rn 5. Auf die Kenntnis der Parteien von der Alternativität kommt es nicht an. Faktisch entfällt aber die Alternativität, wenn das Ortsrecht den Vertrag überhaupt nicht kennt (Formenleere).[33] Umgekehrt ist dies beim Vertrags- 12

---

21 Str., aA Rauscher/*v. Hein*, EuZPR/EuIPR, Art. 11 Rn 11.
22 Staudinger/*Winkler v. Mohrenfels*, Art. 11 Rn 43.
23 Für Zuordnung zum Formstatut Staudinger/*Winkler v. Mohrenfels*, Art. 11 Rn 61; *Downes/Heiss*, ZVglRWiss 1999, 28, 41 (differenzierend nach dem Zweck der Vorschrift); *Freitag*, IPRax 1999, 142, 146.
24 Grundsätzlich zur Substitution: *Reithmann*, NJW 2003, 385; *Mansel*, Substitution im deutschen Zwangsvollstreckungsrecht, in: FS Lorenz, 1991, S. 688; *Hug*, Die Substitution im IPR, 1983; *Schulz*, Die Subsumtion ausländischer Rechtstatsachen, 1997; *van Venrooy*, Internationalprivatrechtliche Substitution, 1999.
25 *Reithmann*, NJW 2003, 385 ff.
26 OLG Frankfurt DB 1981, 1456, 1457.
27 RGZ 63, 18 ff; OLG Köln IPRspr 1974 Nr. 15.
28 ZB OLG Stuttgart IPRspr 1981 Nr. 12 (Liechtenstein).
29 RGZ 121, 154, 156 f.
30 Staudinger/*Winkler v. Mohrenfels*, Art. 11 Rn 23.
31 Staudinger/*Winkler v. Mohrenfels*, Art. 11 Rn 21; MüKo/*Spellenberg*, Art. 11 EGBGB Rn 116.
32 Die Alternativität kann entfallen, wenn das Geschäftsrecht dem Ortsrecht entspricht, wenn eines der beiden Rechte keine Formvorschriften für das zu beurteilende Rechtsgeschäft bereithält oder wenn das IPR des Geschäftsrechts alleine das Ortsrecht beruft.
33 BGH NZG 2005, 41; OLG Bamberg FamRZ 2002, 1120; KG FamRZ 1993, 1363; *Bokelmann*, NJW 1972, 1729, 1731; *Lorenz*, IPRax 1994, 193, 196; Rauscher/*v. Hein*, EuZPR/EuIPR, Art. 11 Rn 17; Staudinger/*Winkler v. Mohrenfels*, Art. 11 Rn 88 f.

statut logisch nicht denkbar. Die völlige Unkenntnis des Ortsrechts ist aber selten gegeben. Es kommt nämlich nicht darauf an, dass die rechtliche Ausgestaltung des Rechtsgeschäfts im Vertragsstatut und im Ortsrecht vollständig übereinstimmt. Das Ortsrecht kann auch dann zur Anwendung kommen, wenn lediglich eine Übereinstimmung in den wesentlichen Zügen vorliegt.[34]

13 Die **Rechtsfolgen einer etwaigen Formunwirksamkeit** (einschließlich die Frage der Heilungsmöglichkeit) ergeben sich aus demjenigen Recht, welches zur Formunwirksamkeit führt.[35] Führen beide Rechte zur Formunwirksamkeit, so kann nach Sinn und Zweck der Alternativität (u.a. *favor negotii*) wiederum auch dasjenige angewendet werden, das die milderen Folgen der Formungültigkeit vorsieht (zB Heilungsmöglichkeit bzw schwebende Unwirksamkeit statt Nichtigkeit).[36]

14 **2. Vertragsstatut.** Das Vertragsstatut bestimmt sich nach den Anknüpfungsregeln, die für dieses maßgeblich sind, also in Anwendung der Artt. 3 ff. Dabei stellt Art. 3 Abs. 2 S. 2 klar, dass – bei Rechtswahl – die Formgültigkeit eines Vertrages durch eine nach Vertragsschluss erfolgende Änderung der Bestimmung des anwendbaren Rechtes nicht berührt wird.[37] Bei der Prüfung, ob die Formerfordernisse des Vertragsstatuts eingehalten wurden, stellt sich häufig die Frage der Substitution (siehe grundlegend dazu Rn 9). Diese ist im Rahmen des Vertragsstatuts nicht zu verwechseln mit der Anwendung der Ortsform. Denn bei der Substitution gelten die Formerfordernisse des Vertragsstatuts. Lediglich die Erfüllung dieser Formerfordernisse findet an einem anderen Ort als an demjenigen statt, an dem das Vertragsstatut gilt.[38] Das Problem der Substitution stellt sich in der Regel, wenn das (deutsche) Vertragsstatut notarielle Beurkundung verlangt und diese im Ausland vorgenommen werden soll. Es kann sich umgekehrt aber auch stellen, wenn ausländisches Vertragsstatut gilt und der formgebundene Vorgang in Deutschland erfüllt wird (zB Verkauf von Anteilen an einer ausländischen Gesellschaft in Deutschland), vgl dazu Rn 21 ff.

15 **a) Gleichwertigkeit bei Erfüllung des Formerfordernisses im Ausland.** Die Substitution eines nach dem Vertragsstatut geforderten Formerfordernisses im Ausland ist nur dann möglich, wenn der Tatbestand, durch den das Formerfordernis im Ausland erfüllt wird, der inländischen (aus unserer Sicht: deutschen) Form gleichwertig ist.[39] Praktisch stellt sich diese (sachrechtliche) Frage nur, wenn entweder die Ortsform nicht eingehalten wurde oder ein Rückgriff auf diese nicht möglich ist. Sie stellt sich in erster Linie bei Auslandsbeurkundungen (zu Beglaubigungen siehe Rn 18); hier bedeutet dies, dass die Urkundsperson und das Beurkundungsverfahren den Anforderungen des (deutschen) Geschäftsstatuts entsprechen müssen.[40] Die Gleichwertigkeit ist unter dem Aspekt von Sinn und Zweck der inländischen (deutschen) Formvorschrift zu beurteilen. Zu den näheren Voraussetzungen von Urkundsperson und Beurkundungsverfahren siehe die Kommentierung zu Art. 11 EGBGB Rn 20 ff.

16 Auch wenn nach den vorgenannten Kriterien für den konkreten Fall keine Substitution möglich ist, kann sich gleichwohl die Formwirksamkeit aus der Einhaltung des Ortsrechts ergeben. Dazu und wann die Beachtung des Ortsrechts alleine nicht ausreicht, siehe Rn 22.

17 **b) Gesellschaftsrechtliche Vorgänge.** Die Frage der Gleichwertigkeit einer Auslandsbeurkundung stellt sich insbesondere bei der Beurkundung gesellschaftsrechtlicher Vorgänge. Für Art. 11 EGBGB wurde teilweise die Anwendbarkeit des Art. 11 gänzlich bestritten und die Form allein nach dem Gesellschaftsstatut beurteilt.[41] Dies hätte zunächst nur zur Folge, dass die Ortsform nicht anwendbar ist, wohl aber das Geschäftsstatut, das dem Gesellschaftsstatut entspricht. Innerhalb dieser Auffassung gibt es darüber hinaus Stimmen, die eine Substitution durch Auslandsbeurkundung bei Geltung des Geschäftsrechts grundsätzlich ausschließen.[42] Richtigerweise ist jedoch zu unterscheiden zwischen Rechtsgeschäften, die die Verfassung der Gesellschaft, also deren Kernbereich betreffen und Geschäftsanteilsabtretungen. An dieser Stelle soll

---

34 Zu Art. 11 EGBGB: OLG Düsseldorf RIW 1989, 225; AG Berlin-Schöneberg, StAZ 2002, 81.
35 RGZ 133, 161, 165 f; OLG Celle NJW 1963, 2235 f. Staudinger/*Winkler v. Mohrenfels*, Art. 11 Rn 82 f.
36 Ferrari u.a./*Schulze*, Internationales Vertragsrecht, Art. 11 Rn 21; Palandt/*Thorn*, Art. 11 Rn 12.
37 Auch wenn Art. 3 Abs. 2 S. 2 dies nicht anspricht: umgekehrt müsste dann auch ein ursprünglich formunwirksamer Vertrag durch Wandlung der Formvorschriften, wenn diese milder sind, geheilt werden können.
38 Davon zu unterscheiden sind Urkunden, die von deutschen Konsularbeamten im Ausland aufgenommen werden. Diese stehen gem. § 10 Abs. 2 KonsularG inländischen Urkunden gleich.
39 ZB Ferrari u.a./*Schulze*, Internationales Vertragsrecht, Art. 11 Rn 15.
40 Zu Art. 11 EGBGB: BGHZ 80, 76, 78 = DNotZ 1981, 451, 452; OLG Hamm NJW 1974, 1057; OLG Düsseldorf RIW 1989, 225; OLG München RIW 1998, 147; OLG Bamberg FamRZ 2002, 1120.
41 Zu Art. 11 EGBGB: LG Augsburg NJW-RR 1997, 420; Staudinger/*Großfeld*, IntGesR, Rn 467 und 498; *Geimer*, DNotZ 1981, 406 ff; *Ebenroth/Wilken*, JZ 1991, 1061, 1064.
42 Zu Art. 11 EGBGB: LG Augsburg NJW-RR 1997, 420; Staudinger/*Großfeld*, IntGesR, Rn 467 ff und 497; *Knoche*, in: FS Rheinisches Notariat, 1998, S. 297, 302 ff; *Geimer*, DNotZ 1981, 406 ff; in diese Richtung geht auch das Urteil des OLG Hamburg (NJW-RR 1993, 1317), nach dem eine Satzungsbestimmung, nach der die Abhaltung der Hauptversammlung einer AG auch im Ausland möglich sein soll, unzulässig ist.

nicht weiter auf die Thematik eingegangen werden, sondern auf die Ausführungen in der Kommentierung zu Art. 11 EGBGB (dort unter Rn 26 ff und 28 ff) verwiesen werden, die auf. Art. 11 Rom I–VO weitgehend anwendbar sind. Im Ergebnis wird man die **Geschäfte, die die Verfassung der Gesellschaft** selbst betreffen, nicht durch eine Auslandsbeurkundung substituieren können.[43] Diese Frage stellt sich aber nicht im Rahmen von Art. 11 Rom I–VO, sondern im Rahmen von Art. 11 EGBGB, da gem. Art. 1 Abs. 2 lit. f die Rom I–VO nicht anwendbar auf „Fragen betreffend das Gesellschaftsrecht, das Vereinsrecht und das Recht der juristischen Personen, wie die Errichtung durch Eintragung, die Rechts- und Handlungsfähigkeit, die innere Verfassung und die Auflösung von Gesellschaften...". Bei der **Abtretung bzw Verpfändung von GmbH-Geschäftsanteilen** erscheint die Substitution durch Auslandsbeurkundung nicht ausgeschlossen, allerdings bestehen im Hinblick gerade im Hinblick auf die nach Inkrafttreten des MoMiG aufgewertete Gesellschafterliste starke Zweifel, ob eine Gleichwertigkeit der Beurkundung der Anteilsabtretung durch ausländische Notare weiterhin angenommen werden und damit die Tatbestandsvoraussetzung dieser Norm (die Beurkundung) substituiert werden kann.[44]

c) Sonstige Vorgänge. Bei **Unterschriftsbeglaubigungen** ist die Gleichwertigkeit wesentlich eher anzunehmen als bei Beurkundungen. Zwar muss auch hier Gleichwertigkeit bestehen, allerdings ist diese anders zu beurteilen als bei der Beurkundung.[45] Die Beglaubigung der Unterschrift dient lediglich der Identitätsfeststellung und der Bezeugung, dass die Unterschrift von der identifizierten Person stammt. Eine inhaltliche Prüfungs- und Belehrungspflicht besteht, jedenfalls wenn der Notar die Urkunde nicht selbst entworfen hat, nicht. Eine Beglaubigung kann demnach von Notaren der meisten Kulturstaaten gleichwertig vorgenommen werden.[46]

18

Bei **Verträgen über die Veräußerung eines Grundstücks** kann der schuldrechtliche Vertrag, der – wenn er deutschem Recht untersteht – gem. § 311 b BGB der notariellen Beurkundung bedarf, vor einem ausländischem Notar beurkundet werden, sofern die Beurkundung gleichwertig ist (oder die Ortsform erfüllt ist).[47] Die Auflassung kann hingegen nicht vor einem ausländischen Notar, sondern muss vor einem deutschen Notar erklärt werden.[48] Dies ergibt sich aus § 925 BGB. Die Vorschrift spricht zwar nicht ausdrücklich von einem deutschen Notar. Zweck dieser Vorschrift ist aber dennoch, wie sich auch aus der Auslegung ist jedoch, die Schaffung nach deutschem Recht einwandfreier und unzweideutiger Unterlagen als Grundlage für den Vollzug der Eigentumsumschreibung im Grundbuch zu gewährleisten.[49] Zur Vollstreckungsunterwerfung (etwa wegen des Kaufpreiszahlungsanspruchs) siehe die Kommentierung zu Art. 11 EGBGB Rn 32.

19

d) Erfüllung ausländischer Formerfordernisse im Inland; Inlandsbeurkundung. Umgekehrt können die vom ausländischen Vertragsstatut aufgestellten Formerfordernisse – jedenfalls aus der Sicht des deutschen Rechts (ob eine Substitution überhaupt zulässig ist, bestimmt dann ausschließlich das jeweilige ausländische Recht) – wirksam in Deutschland erfüllt werden, insbesondere (deutsche) Notare Vorgänge beurkunden, die ausländischem Recht unterliegen, zB Verträge über ausländische Grundstücke und über Geschäftsanteilsabtretungen. Dies ergibt sich indirekt aus § 17 Abs. 3 S. 2 BeurkG. Schließen die Parteien einen **Kaufvertrag über ein im Ausland belegenes Grundstück** und unterstellen sie diesen Vertrag dem

20

---

43 So deutlich (zu Art. 11 EGBGB) auch *Goette*, MittRhNotK 1991, 1, 5; LG Augsburg NJW-RR 1997, 1057 m. zust. Anm. *Wilken*, EWiR 1996, 1666; Staudinger/*Großfeld*, IntGesR, Rn 467 ff; Scholz/*Priester*, GmbHG, § 53 Rn 71 ff; aA BGHZ 80, 76; Lutter/*Hommelhoff*, GmbHG, § 53 Rn 16; Michalski/*Hoffmann*, GmbHG, 2002, § 53 Rn 78 ff; jeweils mwN; *Knoche*, in: FS Rheinisches Notariat 1998, S. 297, 302; *Gemer*, DNotZ 1981, 406 ff; nachdem eine Satzungsbestimmung, nach der die Abhaltung der Hauptversammlung einer AG auch im Ausland möglich sein soll, unzulässig ist. Der BGH hat zwar in seiner vom 16. Februar 1981 (BGHZ 80, 76) die Möglichkeit der Substitution auch in diesen Fällen bejaht. Ob diese Auffassung aber bei einer erneuten Entscheidungen immer noch vertreten würde, ist aufgrund der Ausführungen von *Götte* (s.o.) fraglich.

44 In BT-Drucks. 16/6140 heißt es auf Seite 37: „Die Bestimmungen zur Gesellschafterliste sind bereits durch das Handelsrechtsreformgesetz ... nachgebessert und verschärft worden. Es bestehen noch weitere Lücken, zB bei der Auslandsbeurkundung, die nunmehr geschlossen werden." AA OLG Düsseldorf NJW 2011, 1370; kritisch zu diesem Beschluss *Kindler*, RIW 2011, 257; *Gerber*, EWiR 2011, 255; *Wicke*, DB 2011, 2037; *Hermanns*, RNotZ 2011, 224; dem Beschluss zustimmend *Ulrich/Marniok*, GmbHR 2011, 420.

45 Vgl umfassend (zu Art. 11 EBGG) *Reithmann*, DNotZ 1995, 360 ff.

46 Zu Art. 11 EGBGB: *Blumenwitz*, DNotZ 1968, 712, 737; OLG Köln RIW 1989, 565 (Belgien); OLG Zweibrücken FGPrax 1999, 86 (Kanada, Provinz Ontario).

47 Hier wäre allerdings die Beurkundung der Auflassung wegen § 925 a BGB problematisch, da dieser die Vorlage eines der Form des § 311 b BGB entsprechenden (oder gleichwertigen) schuldrechtlichen Vertrages verlangt.

48 OLG Köln DNotZ 1972, 489; BayObLG DNotZ 1978, 58; KG DNotZ 1987, 44; LG Ellwangen BWNotZ 2000, 45; *Kropholler*, ZHR 140 (1976), 394, 410; *Riedel*, DNotZ 1955, 521; Palandt/*Thorn*, Art. 11 EGBGB Rn 10; *Bausback*, DNotZ 1996, 254; *Schotten*, Das internationale Privatrecht in der notariellen Praxis, 1995, S. 174 mwN; MüKo/*Kanzleiter*, § 925 BGB Rn 14.

49 MüKo/*Kanzleiter*, § 925 BGB Rn 14.

deutschen Recht, so findet auch § 311 b Abs. 1 BGB Anwendung: Der Vertrag bedarf der notariellen Form.[50] Wird diese nicht eingehalten, so kann eine Heilung in entsprechender Anwendung von § 311 b Abs. 1 S. 2 BGB dadurch erfolgen, dass eine wirksame Eigentumsübertragung nach dem Recht des Belegenheitsstaates erfolgt, etwa dadurch, dass der Belegenheitsstaat bereits durch eine privatschriftliche Einigung das Eigentum übergehen lässt.[51] Dies gilt auch dann, wenn das Recht des Belegenheitsortes keine Auflassung und keine Grundbucheintragung kennt[52] oder wenn es die Eintragung in ein dem Grundbuch ähnliches Register in das Belieben der Parteien stellt.[53]

21 Umstritten ist die Beachtung deutscher Formvorschriften, wenn sich der (schuldrechtliche) Kaufvertrag über **Geschäftsanteile an einer ausländischen Gesellschaft** nach deutschem Recht richtet. Dies ist wegen § 15 Abs. 4 GmbHG nur bei einer der deutschen GmbH vergleichbaren ausländischen Gesellschaftsform relevant, da nur hier Beurkundungspflicht besteht. Zu Recht wird überwiegend die Auffassung vertreten, dass die nach deutschem Recht bestehende Beurkundungspflicht jedenfalls dann besteht, wenn die ausländische Gesellschaft im Wesentlichen der deutschen GmbH entspricht.[54] Die Gegenmeinung will den Anwendungsbereich von § 15 Abs. 4 GmbHG auf deutsche Gesellschaften beschränken.[55] Siehe dazu auch die weiteren Ausführungen in der Kommentierung zu Art. 11 EGBGB (dort Rn 34 f).

22 **3. Ortsrecht. a) Allgemeines.** Es reicht auch aus, wenn das Rechtsgeschäft die Formerfordernisse desjenigen Ortes erfüllt, an dem es vorgenommen wird, ohne dass es auf die Aufenthaltsdauer des Erklärenden ankäme. Es gibt jedoch keinen Erfahrungssatz, dass bei Zuziehung eines ausländischen Notars die Formerfordernisse eingehalten wurden.[56] Da die Beachtung der Ortsform unabhängig von der Form des Geschäftsstatuts ist, kann die sie auch dann herangezogen werden, wenn das Geschäftsrecht dies nicht zulässt. Auf die Gleichwertigkeit von Urkundsperson und Beurkundungsverfahren kommt es bei der Ortsform nicht an;[57] das Ortsrecht muss also nicht den Formerfordernissen des Geschäftsrechts entsprechen. Die "**Formerschleichung**", also das Aufsuchen eines anderen Landes gerade aufgrund der milderen Formvorschriften oder der geringeren Kosten, wird – grundsätzlich – zu Bedenken bei GmbH-Anteilsabtretungen siehe unten Rn 24 – nicht wegen etwaiger Gesetzesumgehung sanktioniert.[58] Art. 11 lässt bewusst die Ortsform zu, ohne auf die Motivation eines Aufenthaltswechsels abzustellen. Auch (schuldrechtliche) **Grundstückskaufverträge** über ein im Inland belegenes Grundstück können im Ausland entsprechend den geltenden Formvorschriften – also auch formlos – abgeschlossen werden (siehe auch Rn 19).[59]

23 **b) Lokalisierung des Vornahmeortes.** Zur Bestimmung des Vornahmeortes wird bei Verträgen auf den Ort abgestellt, an dem diejenige Erklärung abgegeben wird, die den Vertrag wirksam werden lässt (Annahme).[60] Auf die Empfangsbedürftigkeit kommt es nicht. Unabhängig davon ergeben sich bei Distanzgeschäften Erleichterungen aus Abs. 2 (siehe Rn 28 ff). Bei Vertretergeschäften ist der Ort maßgebend, an dem sich der Vertreter befindet.

24 **c) Einschränkungen bei gesellschaftsrechtlichen Vorgängen.** Die Ortsform kann allerdings bei der Beurteilung gesellschaftsrechtlicher Vorgänge nicht herangezogen werden, so sah und sieht es jedenfalls die

---

50 ZB BGHZ 52, 239; 53, 189, 194; 57, 337, 339; 73, 391.

51 BGHZ 73, 391; OLG München OLGZ 1974, 19.

52 OLG München OLGZ 1974, 19.

53 BGHZ 73, 391; das OLG Düsseldorf (NJW 1981, 529 f) lehnt hingegen beim Verkauf einer spanischen Ferienimmobilie die Heilung nach § 311 b Abs. 1 S. 2 BGB wegen der unvollständigen Erfüllung nach spanischem Recht ab (nur Übergang des Miteigentums an dem Grundstück, kein Übergang des Eigentums an der Eigentumswohnung).

54 Zu Art. 11 EGBGB: OLG Celle NJW-RR 1992, 1126, 1127; Soergel/*Kegel*, Art. 11 EGBGB Rn 17; Staudinger/*Winkler v. Mohrenfels*, Art. 11 EGBGB Rn 318; MüKo/*Spellenberg*, Art. 11 EGBGB Rn 79 (Fn 165); *Merkt*, ZIP 1994, 1417, 1424; Bamberger/Roth/*Mäsch*, Art. 11 EGBGB Rn 40; *Dutta*, RIW 2005, 98; *Fetsch*, GmbHR 2008 133 ff.

55 Zu Art. 11 EGBGB: OLG München NJW-RR 1993, 998, 999; *Bungert*, DZWiR 1993, 494, 497; *Gätsch/Schulte*, ZIP 1999, 1909, 1911 ff; *Wrede*, GmbHR 1995, 365, 367 f; *Gärtner/Rosenbauer*, DB 2002, 1871 ff.

56 So auch Palandt/*Thorn*, Art. 11 Rn 11; aA OLG Wiesbaden Rpfleger 1988, 17; OLG Zweibrücken FGPrax 1999, 86.

57 Palandt/*Thorn*, Art. 11 Rn 10; *Bokelmann*, NJW 1972, 1729, 1731; *Janßen/Robertz*, GmbHR 2003, 433, 434.

58 Zu Art. 11 EGBGB: OLG Frankfurt OLGZ 1967, 374 (zur Formerleichterung); RGZ 62, 379, 380 f (zu Kostenüberlegungen); OLG Stuttgart Rpfleger 1982, 137; OLG Düsseldorf RIW 1989, 225; *Müller-Gindullis*, RabelsZ 38 (1974), 640, 644; *Maier-Reimer*, BB 1974, 1230, 1234; *Kropholler*, ZHR 76 (1976), 394, 399; krit. *Bredthauer*, BB 1986, 1864, 1865; aA *Reithmann*, DNotZ 1956, 469, 476; *Wolfsteiner*, DNotZ 1978, 532, 536; *Geimer*, DNotZ 1981, 406, 410.

59 RGZ 121, 154, 155 f; BayObLG DNotZ 1978, 58 f.

60 Hk-BGB/*Staudinger*, Art. 11 Rn 2; RGZ 62, 379; Palandt/*Thorn*, Art. 11 Rn 11.

vorherrschende Meinung unter Geltung des Art. 11 EGBGB[61] (zur vom Ortsrecht zu unterscheidenden Möglichkeit der Substitution bei Geltung des Geschäftsrechts, diese bleibt möglich; siehe Rn 17). Art. 11 ist hier nicht uneingeschränkt anwendbar.[62] Im Einzelnen ist hier vieles umstritten, teilweise wird die Grundsatz dahin gehend eingeschränkt, dass nur bei eintragungspflichtigen Vorgängen, also solchen, die die Verfassung der Gesellschaft betreffen,[63] die Ortsform nicht möglich sein soll.[64] Für weitere Ausführungen wird auf die Kommentierung unter Art. 11 EGBGB (dort unter Rn 38 ff) verwiesen. Soweit von den dort zitierten Auffassungen die Ortsform mit dem Hinweis, Art. 11 Abs. 4 EGBGB sei auf den schuldrechtliche Vertrag entsprechend anzuwenden, grundsätzlich abgelehnt wird, stellt sich im Rahmen der nunmehr anwendbaren **Rom I-VO** die Frage, ob dies auch unter Zugrundelegung dieser Verordnung gelten soll. Aus den in der Kommentierung zu Art. 11 EGBGB genannten Gründen (Interesse des Rechtsverkehrs an einer sichereren Rechtslage, Aufwertung der Gesellschafterliste, Missbrauchsgefahr) liegt eine Ablehnung der Anwendbarkeit der Ortsform nahe. Unabhängig von der Frage, ob die für den schuldrechtlichen Vertrag über die Anteilsübertragung bzw Verpfändung nur das Vertragsstatut und nicht das Ortsstatut Anwendung findet, ist für die Frage der **dinglichen Anteilsabtretung** nach § 15 Abs. 3 GmbHG die Rom I-VO von vorneherein nicht anwendbar.[65] Hier gilt Art. 11 Abs. 4 EGBGB mit der Folge, dass auf das dingliche Rechtsgeschäft das Geschäftsstatut (mit der Möglichkeit der Substitution), jedoch nicht das Ortsstatut anwendbar ist.[66]

4. Rechtswahl. Die beiden in Abs. 1 genannten Alternativen sind nicht zwingend, sie können durch die Parteien modifiziert werden. Insofern gilt hier für die Formwahl-Verträge Art. 3 Abs. 1 S. 3. Eine solche (Form-)Rechtswahl ist zum einen indirekt dadurch möglich, dass die Parteien das maßgebliche Geschäftsrecht entsprechend Art. 3 Abs. 1 S. 3 selbst wählen. Soweit Art. 11 Abs. 1 auf das Geschäftsrecht verweist, käme dann das von den Parteien gewählte Recht zur Anwendung. Die Parteien können aber auch direkt entweder das Ortsrecht oder das Geschäftsrecht als für die Form maßgebliches Recht abbedingen[67] oder wählen[68]. Wenn sich diese Rechtswahl nur auf die Form bezöge, wäre dies eine zulässige Teilrechtswahl.[69] So kann zB die Maßgeblichkeit der Ortsform ausgeschlossen werden.[70] Der BGH hat (zu Art. 11 EGBGB) in der Wahl des deutschen Vertragsstatuts (= Geschäftsrecht) zugleich die stillschweigende Abwahl des Ortsrechts für die Form angenommen.[71] Ein anderes Mal hat er hingegen bei einer Wahl deutschen Geschäfts-

25

---

61 Zu Art. 11 EGBGB: OLG Hamm NJW 1974, 1057; OLG Karlsruhe RIW 1979, 567, 568; LG Augsburg NJW-RR 1997, 420 = DB 1996, 1666; LG Mannheim IPRspr 1999 Nr. 23; Scholz/*Priester*, GmbHG § 53 Rn 71 ff; *Großfeld/Berndt*, RIW 1996, 625, 630; *H. Schmidt*, DB 1974, 1216 ff; *van Randenborgh*, BB 1974, 483 ff; *Winkler*, NJW 1974, 1032 f; *van Randenborgh/Kallmeyer*, GmbHR 1996, 908, 909; *Brambring*, NJW 1974, 1255 ff; *König/Götte/Bormann*, NZG 2009, 881; *Laeger*, BB 2010, 2647; *Kuntze*, DB 1975, 193, 194; *Barmeyer*, S. 74 ff; *Hermanns*, RNotZ 2011, 224; *Kindler*, RIW 2011, 257; *Knoche*, in: FS Rheinisches Notariat, 1998, S. 297, 303; *Janssen/Robertz*, GmbHR 2003, 433, 437; *Schervier*, NJW 1992, 593, 594 ff; Geßler/Hefermehl/Eckhardt/Kropff/*Eckhardt*, AktG, § 23 Rn 29; Staudinger/*Großfeld*, IntGesR, Rn 466 f und 497; *Geimer*, DNotZ 1981, 406 ff; *Ebenroth/Wilken*, JZ 1991, 1061, 1064 f; *Dignas*, GmbHR 2005, 139; *Pilger*, BB 2005, 1285; *Löber*, RIW 1989, 94, 95; *König/Bormann*, DNotZ 2008, 652; *Bayer*, DNotZ 2009, 887; *Rodewald*, GmbHR 2009, 196; *Böttcher*, ZNotP 2010, 6; *Hermanns*, RNotZ 2010, 38; *Reithmann*, GMbHR 2009, 699; *Gerber*, GmbHR 2010, 97; *Omlor*, WM 2009, 2105; *Mauch*, EWiR 2011, 79; *Kindler*, BB 2010, 74, 77. Der BGH hat in seiner Entscheidung vom 16.2.1981 (BGHZ 80, 76 ff) die Frage, ob Ortsrecht anwendbar sei, ausdrücklich offen gelassen, da in dem entschiedenen Fall jedenfalls die Formerfordernisse des Wirkungsstatuts im Wege der Substitution erfüllt waren). Auch das OLG Düsseldorf (NJW 2011, 1370) äußert sich nicht klar zur Ortsform, die Ausführungen fußen jedoch auf der Prämisse, dass die (unstreitig eingehaltene Ortsform) nicht ausreicht (so auch *Hermanns*, RNotZ 2011, 224).

62 AA (zu Art. 11 EGBGB) OLG Frankfurt DNotZ 1982, 186 ff (für GmbH-Anteilsabtretung); OLG Düsseldorf RIW 1989, 225 = GmbHR 1990, 169 (zur Satzungsänderung vor einem niederländischen Notar); Maier-Reimer, BB 1974, 1230 ff (für GmbH-Anteilsabtretung); Palandt/*Thorn*, Art. 11 EGBGB Rn 13; *Böttcher/Blasche*, NZG 2006, 766; *Müller*, RIW 2010, 591; *Mankowski*, NZG 2010, 201.

63 Zu Art. 11 EGBGB: *Goette*, MittRhNotK 1997, 1, 3 f; Scholz/*Westermann*, GmbHG, 9. Aufl. 2002, Einl. Rn 93.

64 Zu Art. 11 EGBGB: *Kropholler*, ZHR 140 (1976), 394, 402 f; *Mann*, ZHR 138 (1974), 448, 452 f; *Bredthauer*, BB 1986, 1864 f; Scholz/*Westermann*, GmbHG, Einl. 94; GroßKomm-AktG/*Röhricht*, § 23 Rn 48; *Goette*, MittRhNotK 1997, 1, 3; *Wolff*, ZIP 1995, 1489, 1491; *Geyrhalter*, RIW 2002, 386, 389; *Kröll*, ZGR 2000, 111, 122 ff.

65 Rauscher/v. *Hein*, EuZPR/EuIPR, Art. 11 Rn 6; jurisPK-BGB/*Ringe*, Art. 11 Rn 24; *Fetsch*, RNotZ 2007, 463, 533; *Mankowski*, NZG 2010, 206.

66 *Mankowski*, NZG 2010, 201, 206; *Olk/Nikoleyczik*, DStR 2010, 1576; *Maysenhölder*, WiRO 2011, 65, 67; *Fetsch*, RNotZ 2007, 456, 463; jurisPK-BGB/*Ringe*, Art. 11 Rn 21.

67 MüKo/*Spellenberg*, Art. 11 Rn 39; einschränkend Staudinger/*Winkler v. Mohrenfels*, Art. 11 EGBGB Rn 213 ff (mwN); aA Bamberger/Roth/*Mäsch*, Art. 11 EGBGB Rn 10.

68 Ferrari u.a./*Schulze*, Internationales Vertragsrecht, Art. 11 Rn 6.

69 MüKo/*Spellenberg*, Art. 11 Rn 39.

70 BGHZ 57, 337, 339 = NJW 1972, 385; aA *Jayme*, NJW 1972, 1618.

71 BGH GmbHR 2005, 53; BGHZ 57, 337, 3399 = NJW 1972, 385.

statuts auch die Geltung von Art. 11 Abs. 1 als vereinbart angenommen.[72] Was von den Parteien gemeint ist, ist eine Frage des Parteiwillens und somit der Auslegung der Vereinbarung.[73] In der Regel wollen die Parteien mit der Rechtswahl das Ortsrecht ausschließen, wenn dieses nicht mit dem Geschäftsrecht übereinstimmt. Bei Verbraucherverträgen (Abs. 4) und bei den vom Anwendungsbereich des Art. 11 ausgenommenen Rechtsgeschäften (siehe Rn 2) ist die Rechtswahlmöglichkeit hingegen eingeschränkt. Von der kollisionsrechtlichen Rechtswahl ist die materiellrechtliche Formvereinbarung zu unterscheiden (nach deutschem Recht zB § 127 BGB). Deren Zulässigkeit und Voraussetzungen richten sich nach dem Geschäftsstatut.[74]

26 Wählen die Parteien bei einem Schuldvertrag gem. Art. 3 Abs. 1 eine bestimmte Rechtsordnung, so ist die **Formgültigkeit des Rechtswahlvertrages** unabhängig von der Formgültigkeit des materiellen Vertrages zu beurteilen.[75]

27 Wird bei Schuldverträgen die **Rechtswahl nachträglich** getroffen und stellt das neue Geschäftsstatut andere Formerfordernisse auf, so gilt mit dem Grundsatz des *favor negotii* das Recht mit den milderen Formvorschriften.[76] Ein ursprünglich ungültiger Vertrag kann also durch Formrechtswahl rückwirkend geheilt werden.[77] Umgekehrt bleibt die ursprünglich vorhandene Formwirksamkeit auch dann erhalten, wenn das neu gewählte Recht Formunwirksamkeit annimmt.

II. Distanzgeschäfte (Abs. 2)

28 Abs. 2 eröffnet die Möglichkeit zusätzlicher Formstatute. Bei Verträgen, bei denen sich die beiden Vertragsparteien (bzw deren Vertreter) in unterschiedlichen Staaten befinden, kann sich die Formgültigkeit des Vertrages – neben dem Vertragsstatut – auch nach den Rechten beider (Vornahme-)Staaten richten. Es kommt nicht darauf an, wo der Vertrag rechtswirksam zustande kommt.

29 Weitergehend als Art. 11 EGBGB enthält Art. 11 Rom I-VO als zusätzliche Formstatute die jeweiligen Aufenthaltsstatute der Parteien. Diese werden nach Art. 19 ermittelt. Abzustellen ist auf den gewöhnlichen Aufenthalt, nicht auf den momentanen Aufenthalt zum Zeitpunkt des Vertragsabschlusses. Bei einem Vertreter(distanz)geschäft[78] kommt es nicht auf den gewöhnlichen Aufenthalt des Vertreters, sondern nach dem klaren Wortlaut auf denjenigen der Vertragsparteien an.[79] Bei juristischen Personen kommt es auf den Sitz der Hauptverwaltung an. Bei Verbrauchern wird – ähnlich wie nach Art. 5 Abs. 2 EGBGB – auf den „faktischen Wohnsitz" abzustellen sein. Dieser bestimmt sich nach den tatsächlichen Lebensumständen; der Wille zum dauerhaften oder unbestimmten Verbleib (*animus manendi*) ist nur von indizieller Bedeutung.[80]

30 Die Einführung des gewöhnlichen Aufenthaltes als weitere Anknüpfungsmöglichkeit stärkt zum einen den *favor negotii*, zum anderen entspricht sie der allgemeinen Tendenz, dem gewöhnlichen Aufenthalt eine stärkere Bedeutung zuzumessen. Ob den Parteien damit letztlich gedient ist, sei dahingestellt. Die Tatsache, dass letztlich fünf Formstatute anwendbar sein können,[81] kann leicht verwirren; für die Parteien sind die Formvorgaben nicht leicht zu ermitteln, weil ihnen möglicherweise das Aufenthaltsrechts des Vertragspartners gar nicht bekannt ist. Zudem ist nicht nachvollziehbar, warum das Aufenthaltsrecht nur bei Distanzgeschäften, nicht aber bei Vertragsschluss unter Anwesenden Anwendung finden soll.[82]

31 Ist der Vertrag nach sämtlichen Orts- und Aufenthaltsrechten (und nach dem Geschäftsrecht) ungültig, so gilt hinsichtlich der Rechtsfolgen das zu Abs. 1 Gesagte (siehe Rn 13). Die Folgen der Formunwirksamkeit beurteilen sich nach dem mildesten Recht.

III. Vertretergeschäfte

32 Der Wortlaut von Abs. 1 und 2 stellt klar, dass es bei Vertretergeschäften für die Bestimmung des Ortes, an dem das Rechtsgeschäft vorgenommen wird, nicht auf den Aufenthalt des Vertretenen, sondern auf denjenigen des Vertreters ankommt. Für durch Boten (zB per Post) übermittelte Erklärungen gilt dies jedoch nicht, hier muss auf den Ort der Abgabe der Erklärung abgestellt werden. Von der Frage der Formwirksamkeit des

---

72 BGH NJW 1971, 323, 324.
73 So auch MüKo/*Spellenberg*, Art. 11 Rn 41 ff.
74 MüKo/*Spellenberg*, Art. 11 Rn 47.
75 BGHZ 73, 391, 394.
76 MüKo/*Spellenberg*, Art. 11 Rn 45; *Spickhoff*, IPRax 1998, 462, 464.
77 LG Heidelberg IPRax 2005, 42; MüKo/*Spellenberg*, Art. 11 Rn 46.
78 Ein Distanzgeschäft liegt nicht vor, wenn die Vertreter beider Seiten den Vertrag an demselben Ort abschließen; Ferrari u.a./*Schulze*, Internationales Vertragsrecht, Art. 11 Rn 25.
79 Hk-BGB/*Staudinger*, Art. 11 Rn 3; PWW/*Mörsdorf-Schulte*, 5. Aufl. Art. 11 Rn 10; aA mit Hinweis auf systematische und entstehungsgeschichtliche Gründe: Rauscher/*v. Hein*, EuZPR/EuIPR, Art. 11 Rn 20.
80 OLG München FamRZ 2006, 1562, 1563; Ferrari u.a./*Schulze*, Internationales Vertragsrecht, Art. 11 Rn 24.
81 *Leible/Lehmann*, RiW 2008, 540; Rauscher/*v. Hein*, EuZPR/EuIPR, Art. 11 Rn 22.
82 MüKo/*Spellenberg*, Art. 11 Rn 22.

durch den Vertreter geschlossenen Hauptgeschäftes ist die Formwirksamkeit der Bevollmächtigung zu unterscheiden, hier kommt es auf die Formvorschriften des für die Vollmacht geltenden Geschäftsrechts oder auf die Formvorschriften desjenigen Ortes an, an dem die Vollmacht erklärt wird (siehe dazu Rn 34).

IV. Einseitige Rechtsgeschäfte, die sich auf den Vertrag beziehen (Abs. 3)

Da Art. 11 sich lediglich auf Formfragen bei Verträgen – also zweiseitige Rechtsgeschäften – bezieht, würden einseitige Rechtsgeschäfte, die sich auf den geschlossenen oder zu schließenden Vertrag (der dem Anwendungsbereich der Rom I-VO unterfällt) beziehen, nicht von der Norm erfasst. Abs. 3 erweitert daher den Anwendungsbereich auf solche einseitigen Rechtsgeschäfte, da diese Rechtsgeschäfte in einem engen Sachzusammenhang zu den Verträgen stehen. Somit gilt Art. 11 insbesondere auch für die Form von **Zustimmungen und Genehmigungen** von privaten Dritten (zB in schriftlicher oder öffentlich beglaubigter Form),[83] auch wenn sich deren Erfordernis aus dem Geschäftsstatut ergibt, und für die Form von Rücktrittserklärungen und Anfechtung wegen Willensmängeln[84] sowie von rechtsgeschäftsähnlichen Handlungen (zB Mahnung).[85] Er gilt auch für die Erteilung von Vollmachten.[86]   33

Anwendbar für Formfragen ist dann alternativ (1.) das Geschäftsstatut, (2.) das Recht des Ortes, an dem das einseitige Rechtsgeschäft (und nicht etwa der Vertrag) vorgenommen wird, sowie (3.) das Aufenthaltsstatut desjenigen, der das einseitige Rechtsgeschäft vornimmt. Der Vornahmeort ist bei einem einseitigen Rechtsgeschäft der Ort der Abgabe der Erklärung und nicht der Ort des Zugangs der Erklärung, da die Frage der Empfangsbedürftigkeit eines einseitigen Rechtsgeschäfts keine Formfrage ist.[87] Nach dem Wortlaut kommt es bei Vertretergeschäften nicht auf den Aufenthaltsort des Vertreters, sondern auf denjenigen, der das Rechtsgeschäft vorgenommen hat, an.[88]   34

V. Verbrauchergeschäfte (Abs. 4)

Abs. 4 nimmt Verbraucherverträge iSv Art. 6 aus dem Anwendungsbereich des Art. 11 Abs. 1 bis 3 vollständig aus. Deren Form bestimmt sich ausschließlich nach dem Aufenthaltsstatut des Verbrauches. Abs. 4 dient dem Schutz des strukturell unterlegenen Verbrauchers (nicht des Arbeitnehmers),[89] der darauf vertrauen können soll, dass die an seinem Aufenthaltsort geltende, ihm bekannte Form Anwendung findet. Der Verbraucherschutz schränkt insofern den *favor negotii* ein. Die Sonderanknüpfung der Verbrauchergeschäfte bestand bereits in Art. 9 Abs. 5 EVÜ (bzw Art. 29 Abs. 3 EGBGB). Der Herausnahme der der Verbrauchergeschäfte gründet auf dem engen Zusammenhang, der im Verbraucherschutzrecht zwischen zwingenden Formerfordernissen und materiellrechtlichen Schutzvorschriften besteht.[90]   35

VI. Schuldrechtliche Grundstücksgeschäfte (Abs. 5)

Abs. 5 bezieht sich nur auf schuldrechtliche Grundstücksgeschäfte, das auf die Form dinglicher Rechtsgeschäfte anwendbare Recht ergibt sich aus nationalem Kollisionsrecht, in Deutschland aus Art. 11 Abs. 4 EGBGB. Vom Anwendungsbereich erfasste Grundstücksgeschäfte können zum einen (schuldrechtliche) Verträge sein, die ein dingliches Recht an einer unbeweglichen Sache zum Gegenstand haben, und zum anderen solche, die eine Miete oder Pacht an einer unbeweglichen Sache zum Gegenstand haben. Der Anwendungsbereich von Art. 11 Abs. 5 Rom I-VO deckt sich insoweit mit dem objektiven Vertragsstatut gem. Art. 4 Abs. 1 lit. c, ebenfalls solche Geschäfte dem Belegenheitsrecht unterstellt. Art. 11 Abs. 5 hat demnach nur dann eine eigenständige Bedeutung, wenn das (a) anwendbare Recht durch Rechtswahl (Art. 3) bestimmt wird, oder (b) für Miet- und Pachtverträge mit einer Laufzeit von höchstens sechs Monaten (Art. 4 Abs. 1 lit. d), oder (c) der Vertrag auch noch von einem andern Buchstaben des Art. 4 Abs. 1 gedeckt ist, oder (d) die Regelanknüpfung durch eine offensichtlich engere Verbindung zu einem anderen Staat (Art. 4 Abs. 3) verdrängt wird.[91]   36

Nach Art. 11 Abs. 5 sind die Formvorschriften des Rechts desjenigen Landes, in dem das vertragsgegenständliche Grundstück belegen ist, immer dann anwendbar, wenn das Belegenheitsrecht ausschließliche Geltung beansprucht. Ausschließliche Geltung wird nach dem Wortlaut der Bestimmung dann beansprucht,   37

---

83 MüKo/*Spellenberg*, Art. 11 Rn 26.
84 MüKo/*Spellenberg*, Art. 11 Rn 25.
85 MüKo/*Spellenberg*, Art. 11 Rn 26.
86 Staudinger/*Winkler v. Mohrenfels*, Art. 11 123 ff; aA Rauscher/*v. Hein*, EuZPR/EuIPR, Art. 11 Rn 9; MüKo/*Spellenberg*, Art. 11 Rn 27, der mit Verweis auf Art. 1 Abs. 2 lit. g die Form der Vollmacht aus-nimmt. Art. 1 Abs. 2 lit. g verhält sich aber nur zum *falsus procurator*.
87 MüKo/*Spellenberg*, Art. 11 Rn 24; Palandt/*Thorn*, Art. 11 Rn 14.
88 Hk-BGB/*Staudinger*, Art. 11 Rn 4.
89 Rauscher/*v. Hein*, EuZPR/EuIPR, Art. 11 Rn 29.
90 Rauscher/*v. Hein*, EuZPR/EuIPR, Art. 11 Rn 28.
91 Rauscher/*v. Hein*, EuZPR/EuIPR, Art. 11 Rn 32.

wenn die Formvorschriften (a) unabhängig davon gelten, in welchem Staat der Vertrag geschlossen wird oder welchem Recht dieser Vertrag unterliegt, und (b) von Ihnen nicht durch Vertrag abgewichen werden kann. Das deutsche Recht tut dies grundsätzlich nicht,[92] so dass Abs. 1–3 uneingeschränkt anwendbar sind.[93] Ausnahmen werden nur für den Bereich des Mietrechts erwogen.[94] Ein Vertrag über ein deutsches Grundstück ist demnach auch im Ausland nach den dort geltenden Formvorschriften möglich. Ausländische Rechte können jedoch ausschließliche Geltung beanspruchen, zB das schweizerische Recht bei Kaufverträgen über schweizerische Grundstücke.[95] Sinn von Abs. 5 ist es, auf den Geltungsanspruch dieses Rechts Rücksicht zu nehmen, nicht zuletzt deshalb, weil man sich dagegen nicht durchsetzen könnte.[96]

38 Dem Anwendungsbereich des Abs. 5 unterfallen auch Verpflichtungsgeschäfte zur Übertragung und Einräumung beschränkter dinglicher Rechte (Grundpfandrechte, Nießbrauch, Wohnungsrecht etc.). Auch wenn Abs. 5 nur von Verträgen spricht, ist nach Sinn und Zweck dessen Anwendungsbereich auch auf einseitige Rechtsgeschäfte auszudehnen, etwa auf Kündigungen von Mietverträgen.[97] Sonst könnte möglicherweise die zwingende Anwendung der Formvorschriften der *lex rei sitae* nicht sichergestellt werden.

C. Weitere praktische Hinweise

I. Formfragen im Zusammenhang mit dem Beurkundungsverfahren

39 Ist nach dem Formstatut die Mitwirkung einer bestimmten Person bei dem Abschluss des Rechtsgeschäfts erforderlich, so sind auch die Regeln über die Beurkundungszuständigkeit von Behörden und Urkundspersonen (Standesbeamte, Notare)[98] und die Vorschriften über das Beurkundungsverfahren[99] diesem Recht zu entnehmen. Dabei ist zu beachten, dass die Hoheitsbefugnisse eines deutschen Notars auf das deutsche Staatsgebiet beschränkt sind.[100] Gilt also deutsches Formstatut, so ist eine Auslandsbeurkundung durch einen deutschen Notar nicht möglich.[101]

II. Registerrecht

40 Welche Wirkungen Registereintragungen (zB Handelsregister und Grundbuch) haben, ob sie also konstitutiv oder rein deklaratorisch wirken, entscheidet das Geschäftsrecht, nicht das Formstatut.[102] Dieses wird bei registerpflichtigen Vorgängen wegen Abs. 4 in den meisten Fällen mit dem Geschäftsstatut übereinstimmen. Das Registerverfahren, die Wirkungen der Registereintragung[103] und die Frage, wie bestimmte Nachweise zu erbringen sind (zB durch öffentliche Urkunden), regelt das Recht des Registerortes. Zur Legalisation und Apostille siehe die Kommentierung zu Art. 11 EGBGB Rn 60 ff.

Artikel 12 Geltungsbereich des anzuwendenden Rechts

(1) Das nach dieser Verordnung auf einen Vertrag anzuwendende Recht ist insbesondere maßgebend für
a) seine Auslegung,
b) die Erfüllung der durch ihn begründeten Verpflichtungen,
c) die Folgen der vollständigen oder teilweisen Nichterfüllung dieser Verpflichtungen, in den Grenzen der dem angerufenen Gericht durch sein Prozessrecht eingeräumten Befugnisse, einschließlich der Schadensbemessung, soweit diese nach Rechtsnormen erfolgt,

---

92 Siehe die Gesetzesbegründung zu Art. 11 EGBGB in BT-Drucks. 10/504, S. 49.
93 Zu Art. 11 EGBGB: *Mankowski*, RIW 1995, 1034, 1037 mwN.
94 Vgl Staudinger/*Winkler v. Mohrenfels*, Art. 11 Rn 156.
95 § 119 Abs. 3 S. 2 IPRG; hier gilt zwingend die Form der öffentlichen Beurkundung gem. § 216 Abs. 1 OR.
96 MüKo/*Spellenberg*, Art. 11 Rn 33.
97 Staudinger/*Winkler v. Mohrenfels*, Art. 11 Rn 150.
98 Zu Art. 11 EGBGB: OLG Zweibrücken StAZ 1979, 242; OLG Stuttgart FamRZ 1990, 559, 560.
99 ZB das Erfordernis einer ausreichenden Namensunterschrift, BGH FamRZ 2003, 675.
100 BGHZ 138, 359, 361 = NJW 1998, 2830, 2831; *Riering*, IPRax 2000, 16, 17; *Biehler*, NJW 2000, 1243, 1245:
101 Nehmen hingegen ausländische Urkundspersonen Beurkundungen in Deutschland vor, so führt dies nicht zwingend zur Unwirksamkeit. Es ist dann anhand des ausländischen Rechts zu prüfen, ob dieses eine solche Beurkundung zulässt und eine Substitution ermöglicht; vgl dazu *Rehm*, RabelsZ 64 (2000), 104 ff.
102 Staudinger/*Winkler v. Mohrenfels*, Art. 11 Rn 51.
103 Hinzukommen muss jedoch, dass für das Recht, dem das Folgegeschäft unterliegt, der gute Glaube an eine (nicht) bestehende Registereintragung überhaupt Bedeutung zukommt.

d) die verschiedenen Arten des Erlöschens der Verpflichtungen sowie die Verjährung und die Rechtsverluste, die sich aus dem Ablauf einer Frist ergeben,
e) die Folgen der Nichtigkeit des Vertrags.

(2) In Bezug auf die Art und Weise der Erfüllung und die vom Gläubiger im Falle mangelhafter Erfüllung zu treffenden Maßnahmen ist das Recht des Staates, in dem die Erfüllung erfolgt, zu berücksichtigen.

Literatur: *Ahlt*, Die Aufrechnung im IPR, Diss. Regensburg 1977; *Ahrens*, Wer haftet statt der zusammengebrochenen Abschreibungsgesellschaft? – Zur Sachwalterhaftung im Kollisionsrecht, IPrax 1986, 355; *Alberts*, Der Einfluß von Währungsschwankungen auf Zahlungsansprüche nach deutschem und englischem Recht, 1986; *Bairlein*, Internationales Vertragsrecht für Freie Berufe, 2009; *Baetge*, Anknüpfung der Rechtsfolgen bei fehlender Geschäftsfähigkeit, IPrax 1996, 185; *Berger*, Der Aufrechnungsvertrag, 1996; *ders.*, Der Zinsanspruch im internationalen Wirtschaftsrecht, RabelsZ 61 (1997) 313; *Bernstein*, Kollisionsrechtliche Fragen der culpa in contrahendo, RabelsZ 41 (1977), 281; *Birk*, Aufrechnung bei Fremdwährungsforderungen und IPR, AWD 1969, 12; *ders.*, Schadensersatz und sonstige Restitutionsformen im Internationalen Privatrecht, 1969; *Böckstiegel*, Der Durchgriff auf den Staat bei Verträgen im internationalen Wirtschaftsverkehr, in: FS Seidl-Hohenveldern 1988, S. 17; *ders.*, Vertragsklauseln über nicht zu vertretende Risiken im internationalen Wirtschaftsverkehr, RIW 1984, 1; *Braun*, Vertragliche Geldwertsicherung im grenzüberschreitenden Wirtschaftsverkehr, 1982; *Buciek*, Beweislast und Anscheinsbeweis im internationalen Recht, 1984; *Burr*, Fragen des kontinentaleuropäischen internationalen Verjährungsrechts, 1968; *Busse*, Aufrechnung bei internationalen Prozessen vor deutschen Gerichten, MDR 2001, 729; *ders.*, Internationales Bereicherungsrecht, 1998; *Clausius*, Vertragskontinuität und Anpassungsbedarf, NJW 1998, 3148; *Clausnitzer/Woopen*, Internationale Vertragsgestaltung – Die neue EG-Verordnung für grenzüberschreitende Verträge (Rom I-VO), BB 2008, 1798; *Coester-Waltjen*, Internationales Beweisrecht, 1983; *Conrads*, Verjährung im englischen Recht, 1996; *Czernich/Heiss*, EVÜ – Das Europäische Schuldvertragsübereinkommen, 1999; *Degner*, Kollisionsrechtliche Anknüpfung der Geschäftsführung ohne Auftrag, des Bereicherungsrechts und der culpa in contrahendo, RIW 1983, 825; *ders.*, Kollisionsrechtliche Probleme zum Quasikontrakt, 1984; *Dölle*, Die Kompensation im IPR, RheinZ 13 (1924), 32; *Eickhoff*, Inländische Gerichtsbarkeit und internationale Zuständigkeit für Aufrechnung und Widerklage, 1985; *Eujen*, Die Aufrechnung im internationalen Verkehr zwischen Deutschland, Frankreich und England, 1975; *v. Falkenhausen*, Ausschluß von Aufrechnung und Widerklage durch internationale Gerichtsstandsvereinbarungen, RIW 1982, 386; *Fischer*, Culpa in contrahendo im Internationalen Privatrecht, JZ 1991, 168; *Frank*, Unterbrechung der Verjährung durch Auslandsklage, IPrax, 1983, 108; *Frey*, Anwendung ausländischer Beweismittelvorschriften durch deutsche Gerichte, NJW 1972, 1602; *Gäbel*, Neuere Probleme zur Aufrechnung – Unter besonderer Berücksichtigung deutsch-amerikanischer Rechtsverhältnisse, 1983; *Gebauer*, Internationale Zuständigkeit und Prozessaufrechnung, IPrax 1998, 79; *Geimer*, EuGVÜ und Aufrechnung, IPrax 1986, 208; *ders.*, Nochmals: Zur Unterbrechung der Verjährung durch Klageerhebung im Ausland: Keine Gerichtspflichtigkeit des Schuldners all over the world, IPrax 1984, 83; *Gottwald*, Die Prozeßaufrechnung im europäischen Zivilprozeß, IPrax 1986, 10; *Grothe*, Der Verzugszins bei Fremdwährungsforderungen nach griechischem und deutschem Recht, IPrax 2002, 119; *ders.*, Fremdwährungsverbindlichkeiten, 1999; *Gruber*, Auslegungsprobleme bei fremdsprachigen Verträgen unter deutschem Recht, DZWiR 1997, 353; *ders.*, Die Aufrechnung von Fremdwährungsforderungen, MDR 1992, 121; *ders.*, Die kollisionsrechtliche Anknüpfung der Prozeßzinsen, DZWiR 1996, 169; *ders.*, Die kollisionsrechtliche Anknüpfung die Verzugszinsen, MDR 1994, 759; *Grundmann*, Deutscher Anlegerschutz in internationalen Sachverhalten, RabelsZ 54 (1990), 283; *Grunsky*, Anwendbares Recht und gesetzlicher Zinssatz, in: FS Merz 1992, S. 147; *Habscheid*, Beweislast und Beweismaß, in: FS Baumgärtel 1990, S. 105; *ders.*, Zur Aufrechnung (Verrechnung) gegen eine Forderung mit englischem Schuldstatut im Zivilprozeß, in: FS Neumayer 1985, S. 263; *Hage-Chahine*, Les conflits dans l'espace et dans le temps en matière de prescription, 1977; *ders.*, Culpa in contrahendo in European Private International Law: Another Look at Article 12 of Rome II Regulation, JILB 32 (2012), 451; *Harries*, Die Rechtsscheinshaftung für fehlerhafte Rechtsgutachten bei internationalen Verträgen, in: FS Zweigert 1981, S. 451; *Henn*, Aufrechnung gegen Fremdwährungsforderungen, MDR 1956, 584; *ders.*, Kursumrechnung bei der Erfüllung von Fremdwährungsforderungen, RIW 1957, 153; *v. Hoffmann*, Aufrechnung und Zurückbehaltungsrecht bei Fremdwährungsforderung, IPrax 1981, 155; *ders.*, Gegenwartsprobleme internationaler Zuständigkeit, IPrax 1982, 217; *ders.*, Inländische Sachnormen mit zwingendem internationalem Anwendungsbereich, IPrax 1989, 261; *ders.*, Staatsunternehmen im IPR, BerDGesVR 25 (1984), 35; *ders.*, Zur Auslegung von Formularbedingungen des internationalen Handelsverkehrs, AWD 1970, 247; *Junker*, Die einheitliche Auslegung nach dem EG-Schuldvertragsübereinkommen, RabelsZ 55 (1991) 674; *Kahn*, L'interprétation des contrats internationaux, Clunet 108 (1981), 5; *Kannengießer*, Die Aufrechnung im Internationalen Privat- und Verfahrensrecht, 1998; *Kegel*, Die Grenzen von Qualifikation und renvoi im internationalen Verjährungsrecht, 1962; *Kindler*, Gesetzliche Zinsansprüche im Zivil- und Handelsrecht, 1996; *Koch*, Streitverkündung und Drittklage im amerikanisch-deutschen Prozeß, ZVglRWiss. 85 (1986), 11; *Königer*, Die Bestimmung der gesetzlichen Zinshöhe nach dem deutschen Internationalen Privatrecht, 1997; *Kreuzer*, Zur Anknüpfung der Sachwalterhaftung, IPrax 1988, 16; *Kudlich*, Die privatrechtlichen Nebenwirkungen einer im Ausland erhobenen Klage, 1962; *Lagarde*, The Scope of Applicable Law in the E. E. C. Convention, in: North (Hrsg.), Contract Conflicts, 1982, S. 49; *Lando*, The EC Draft Convention on the law applicable to contractual and non-contractual obligations, RabelsZ 38 (1974), 6; *ders.*, The Interpretation of Contracts in the Conflict of Laws, RabelsZ 38 (1974), 388; *Leible*, Verjährung im Internationalen Vertragsrecht, in: Liber amicorum Wilfried Berg, 2011, 234; *Linke*, Die Bedeutung ausländischer Verfahrensakte im deutschen Verfahrensrecht, in: FS Nagel 1987, S. 209; *Looschelders*, Anpassung und Substitution bei der Verjährungsunterbrechung durch unzulässige Auslandsklage, IPrax 1998, 296; S. *Lorenz*, „RGZ 106, 82 ff. revisited": Zur Lückenfüllungsproblematik beim *ordre public* in „Ja/Nein-Konflikten", IPrax 1999, 429; *W. Lorenz*, Der Bereicherungsausgleich im deutschen IPR und in rechtsvergleichender Sicht, in: FS Zweigert 1981, S. 199; *Lüttringhaus*, Das Internationale Privatrecht der culpa in contrahendo nach den EG-Verordnungen „Rom I" und „Rom II", RIW 2008, 193; *Magnus*, Internationale Aufrechnung, in: Leible (Hrsg.), Das Grünbuch zum Internationalen Vertragsrecht, 2004, S. 209 ff; *ders.*, Zurückbehaltungsrecht und IPR, RabelsZ 38 (1974), 440; *ders.*, Die Rom I-Verordnung, IPrax 2010, 27; *Maier-Reimer*, Fremdwährungsverbindlichkeiten, NJW 1985, 2049; *Mankowski*, Die Rom I-Verordnung – Änderungen im europäischen IPR für Schuldverträge, IHR 2008, 133; *Mann*, Staatsunternehmen in internationalen Handelsbeziehungen, RIW 1987, 186; *Mann-Kurth*, Haftungsgrenzen und Zinsansprüche in internationalen Übereinkommen, RIW 1988, 251; *Meyer-Collings*, Aufrechnung und IPR, ZAkDR 1942, 235; *Mitscherlich-Jander*, Verjährungsprobleme im internationalen Privatrecht der Vereinigten Staaten, RIW/ADW 1978, 358; *Mülbert*, Ausländische Eingriffsnormen als Datum, IPrax 1986, 140; *K. Müller*, Zur kollisionsrechtlichen Anknüpfung der Verjährung, in: FS zum 150jährigen Bestehen des OLG Zweibrücken, 1969, S. 183; *Müller-Freienfels*, Die Verjährung englischer Wechsel vor deutschen Gerichten, in: FS Zepos 1973, S. 491; *Nickl*, Die Qualifikation der culpa in contrahendo im internationalen Privatrecht, 1992; *Nicklisch*, Die Ausfüllung von Vertragslücken durch das Schiedsgericht, RIW 1989, 15; *Nolting*, Hoheitliche Eingriffe als Force Majeure bei internationalen Wirtschaftsverträgen mit Staatsunternehmen?, RIW 1988, 511; *Otte*, „Verfolgung ohne Ende" – ausländische Verjährungshemmung vor deutschen Gerichten, IPrax 1993, 209; *Piehl*, Bestechungsgelder im internationalen Wirtschaftsverkehr, 1991; *Plaßmeier*, Ungerechtfertigte Bereicherung im Internationalen Privatrecht und aus rechtsvergleichender Sicht, 1996; *Pleyer-Wallach*, Erfüllungszeitpunkt und Gefahrtragung bei grenzüberschreitenden Überweisungen nach deutschem und englischem Recht, RIW 1988, 172; *Reder*, Die Eigenhaftung vertragsfremder Dritter im IPR, 1989; *Reithmann*, Zur Auslegung von Auslandsverträgen, RIW 1956, 15; *Reithmann/Martiny*, Internationales Vertragsrecht, 7. Auflage 2010; *Remien*, Die Währung von Schaden und Schadensersatz, RabelsZ 62 (1998), 245; *Sailer*, Gefahrübergang, Eigentumsübergang, Verfolgungs- und Zurückbehaltungsrecht beim Kauf beweglicher Sachen im IPR, 1966; *Sandrock*, Zur ergänzenden Vertragsauslegung im materiellen und internationalen Schuldvertragsrecht, 1966; *Schack*, Der Erfüllungsort im deutschen, ausländischen und internationalen Privat- und Zivilprozeßrecht, 1985; *ders.*, Wirkungsstatut und Unterbrechung der Verjährung im Internationalen Privatrecht durch Klageerhebung, RIW 1981, 301; *Scheffler*, Culpa in contrahendo und Mängelgewährleistung bei deutsch-schweizerischen Werkverträgen, IPrax 1995, 20; *Schlechtriem*, Aufrechnung durch den Käufer wegen Nachbesserungsaufwand – deutsches Vertragsstatut und UN-Kaufrecht, IPrax 1996, 256; *Schlosser*, Ausschlußfristen, Verjährungsunterbrechung und Auslandsklage, in: FS Bosch 1976, S. 859; *Schmitz*, Zinsrecht, Zum Recht der Zinsen in Deutschland und in der Europäischen Union, 1994; *Schütze*, Die Unterbrechung und Inlaufsetzung der Verjährung von Wechselansprüchen durch ausländische Klageerhebung, WM 1967, 246; *Schwimann*, Zur internationalprivatrechtlichen Behandlung von Schuldgeschäft und Schulderlaß, ÖNotZ 108 (1976), 114; *Sendmeyer*, Die Rückabwicklung nichtiger Verträge im Spannungsfeld zwischen Rom II-VO und Internationalem Vertragsrecht, IPrax 2010, 500; *Spickhoff*, Gerichtsstand des Sachzusammenhangs und Qualifikation von Anspruchsgrundlagen, ZZP 109 (1996), 493; *ders.*, Verjährungsunterbrechung durch ausländische Beweissicherungsverfahren, IPrax 2001, 37; *Stoll*, Internationalprivatrechtliche Fragen bei der landesrechtlichen Ergänzung des Einheitlichen Kaufrechts, in: FS Ferid 1988, S. 495; *ders.*, Rechtliche Inhaltskontrolle bei internationalen Handelsgeschäften, FS Kegel 1987, S. 623; *Taupitz*, Unterbrechung der Verjährung durch Auslandsklage aus Sicht des österreichischen und des deutschen Rechts, IPrax 1996, 140; *ders.*, Verjährungsunterbrechung im Inland durch unfreiwillige Beteiligung am fremden Rechtsstreit im Ausland, ZZP 102 (1989), 288; *Teske*, Die Revisibilität der Auslegung von ausländischen AGB, EuZW 1991, 149; *Triebel/Balthasar*, Auslegung englischer Vertragstexte unter deutschem Vertragsstatut – Fallstricke des Art. 32 Abs. 1 Nr. 1 EGBGB, NJW 2004, 2189; *Ulmer*, Die Aufrechnung von Heimwährungs- und Fremdwährungsforderungen, Diss. Tübingen 1931; *van Venrooy*, Die Anknüpfung der Kaufmannseigenschaft im deutschen IPR, 1985; *Vorpeil*, Aufrechnung bei währungsverschiedenen Forderungen, RIW 1993, 529; *Wandt*, Die Geschäftsführung ohne Auftrag im Internationalen Privatrecht, 1989; *Wessels*, Zinsrecht in Deutschland und England, 1992; *Wieling*, Wegfall der Geschäftsgrundlage bei Revolutionen?, JuS 1986, 272; *Will*, Verwirkung im Internationalen Privatrecht, RabelsZ 42 (1978), 211.

A. Allgemeines 1	dd) Rechtsfolgen der Nichterfüllung 21
B. Regelungsgehalt 4	b) Schadensbemessung 24
I. Geltung allgemeiner Regelungen 4	c) Culpa in contrahendo 26
II. Verhältnis zu anderen Vorschriften 6	4. Erlöschen, Verjährung und Fristablauf
III. Geltungsbereich des Vertragsstatuts 7	(Abs. 1 lit. d) 27
1. Auslegung des Vertrages (Abs. 1 lit. a) ... 7	a) Erlöschen 27
2. Erfüllung der vertraglichen Verpflichtungen (Abs. 1 lit. b) 14	aa) Allgemeines 27
3. Folgen der Nichterfüllung der Vertragspflichten (Abs. 1 lit. c) 17	bb) Aufrechnung 30
a) Vollständige oder teilweise Nichterfüllung 17	b) Verjährung und Fristablauf 31
aa) Grundsatz 17	5. Nichtigkeitsfolgen (Abs. 1 lit. e) 35
bb) Als Nichterfüllung zu qualifizierende Tatbestände 19	IV. Erfüllungsmodalitäten (Abs. 2) 38
	1. Grundsatz 38
	2. Art und Weise der Erfüllung 39
cc) Anspruchsvoraussetzungen 20	3. Berücksichtigung 41
	4. Abdingbarkeit 42

A. Allgemeines

1 Art. 12 übernimmt nahezu wortgleich die Vorgängernorm Art. 10 EVÜ, die in deutsches Recht mittels Art. 32 Abs. 1 und 2 EGBGB inkorporiert wurde.

2 Art. 12 ist ebenso wie Art. 10 Abs. 1 **keine eigenständige Kollisionsnorm**, sondern umschreibt lediglich die Reichweite des zuvor nach Artt. 3 ff ermittelten Vertragsstatuts: Alle vertragsrechtlichen Folgen sollen grundsätzlich dem gewählten oder kraft objektiver Anknüpfung anwendbaren Recht unterstehen. Dabei ist die Geltung des Vertragsstatuts nicht auf die in Abs. 1 ausdrücklich genannten Punkte beschränkt, sondern die dortige Aufzählung nur beispielhaft („insbesondere").[1] Angestrebt wird eine einheitliche Anknüpfung

---

[1] Bericht *Giuliano/Lagarde*, BT-Drucks. 10/503, S. 64.

sämtlicher Wirkungen des Vertrags (einheitliches Vertragsstatut).[2] Dass die Wirksamkeit und das Zustandekommen des Vertrages ebenfalls dem Vertragsstatut unterliegen, ergibt sich allerdings nicht aus Art. 12, sondern Art. 10 Abs. 1. Beide Normen ergänzen sich und garantieren erst in ihrer Gesamtheit einen maximalen Umfang der Verweisung.

Zweck der **einheitlichen Anknüpfung** ist es, Wertungswidersprüche und Angleichungsschwierigkeiten, die sich aus der Anwendung verschiedener Rechtsordnungen ergeben können, weitestgehend zu vermeiden.[3] Eine parteiautonome Aufspaltung des Vertrags wird den Parteien freilich nicht verwehrt. Wollen sie bestimmte Teilfragen des Vertrages einem anderen als dem eigentlich anwendbaren Recht unterstellen (Art. 3 Abs. 1 S. 3), werden sie hieran durch den insoweit dispositiven Art. 12 nicht gehindert. Eine **Vertragsspaltung** kraft objektiver Anknüpfung ist hingegen nicht mehr möglich. Weiterhin zu beachten sind Artt. 3 Abs. 3 und 4, 6 Abs. 2, 8 Abs. 1 sowie 46 b EGBGB. Ordnen sie die Anwendung bestimmter zwingender Bestimmungen an, genießen diese unter den dort aufgeführten Voraussetzungen auch dann gegenüber dem Vertragsstatut Vorrang, wenn ihr Regelungsbereich zu den von Art. 12 erfassten Materien zählt.[4] Gleiches gilt für Sonderanknüpfungen nach Art. 9, die ebenfalls die durch Art. 12 berufenen Regelungen verdrängen. Eine gewisse Aufweichung erfährt die Einheitlichkeit des Vertragsstatuts schließlich durch die von Abs. 2 vorgesehene „Berücksichtigung" des Rechts des Staates, in dem erfüllt werden soll.[5]

B. Regelungsgehalt

I. Geltung allgemeiner Regelungen

Rück- und Weiterverweisungen sind nach Art. 20 ausgeschlossen. Damit haben sich auch verschiedene, Praxis und Literatur seit geraumer Zeit beschäftigende Probleme erledigt. So ist etwa selbst dann, wenn das fremde Kollisionsrecht die Verjährung gesondert anknüpft und insoweit zurück oder weiter verweist, dieser Teilrenvoi aufgrund Art. 20 unbeachtlich.[6] Dies gilt im Übrigen auch für einen **(Teil-)Renvoi kraft Qualifikationsdifferenz**. Von einem solchen spricht man, wenn das ausländische Recht anders qualifiziert als das am Gerichtsort und dann (offen oder versteckt) zurück oder weiter verweist. Derartige Konstellationen begegnen etwa im Internationalen Verjährungsrecht, wenn zB ein deutscher Richter über die Verjährung einer Forderung zu entscheiden hat und die Rom I-VO auf das Recht des US-amerikanischen Bundesstaates X verweist, der die Verjährung als prozessrechtliches Institut begreift und insoweit stets auf das Recht des Gerichtsortes abstellt. Darin wird verbreitet eine (versteckte) Rückverweisung auf das Recht am Gerichtsort gesehen.[7] Mit Art. 20 verträgt sich eine derartige Annahme freilich nicht.[8] Da die Vorschrift eine **Sachnormverweisung** anordnet und für Fragen der Verjährung keine Ausnahmen vorgesehen sind, hat der deutsche Richter unabhängig von der abweichenden Qualifikation der Verjährung als prozessrechtlich im Bundesstaat X dessen Verjährungsregeln anzuwenden und eine möglicherweise versteckte Rückverweisung unbeachtet zu lassen.[9]

Verstöße gegen den *ordre public* (Art. 21) kommen zwar grundsätzlich in Betracht, sind aber äußerst selten. Von einer *ordre-public*-Widrigkeit wurde etwa bei einer Unverjährbarkeit von Ansprüchen ausgegangen.[10] Auch zu kurze oder zu lange Verjährungsfristen können zu einem *ordre-public*-Verstoß führen.[11] Indes ist hier Zurückhaltung geboten, da auch das deutsche Recht unverjährbare Ansprüche kennt.

II. Verhältnis zu anderen Vorschriften

Form, Rechts- und Geschäftsfähigkeit sind selbstständig anzuknüpfende Vorfragen und unterliegen daher nicht dem Vertragsstatut. Zustandekommen und Wirksamkeit des Vertrages werden durch Art. 10 geregelt, der Art. 12 insoweit vorgeht.[12]

---

2 Staudinger/*Magnus*, Art. 12 Rn 2.
3 Bamberger/Roth/*Spickhoff*, Art. 12 Rn 1; Soergel/*v. Hoffmann*, Art. 32 EGBGB Rn 1; Staudinger/*Magnus*, Art. 12 Rn 21.
4 Vgl hierzu auch Staudinger/*Magnus*, Art. 12 Rn 17.
5 So auch Rauscher/*Freitag*, EuZPR/EuIPR, Art. 12 Rn 1.
6 MüKo/*Spellenberg*, Art. 12 Rn 113.
7 Vgl zB *Kegel/Schurig*, § 10 VI (S. 410 f). Ausführlich *Kegel*, Die Grenze von Qualifikation und Renvoi im Internationalen Verjährungsrecht, 1962, 39 ff.
8 Reithmann/Martiny/*Martiny*, Rn 372; MüKo/*Spellenberg*, Art. 12 Rn 114.
9 *Leible*, in: Liber amicorum Wilfried Berg, 2011, 234, 241.
10 RGZ 106, 82, 84; 151, 193, 201; *Looschelders*, Art. 32 EGBGB Rn 4; Staudinger/*Magnus*, Art. 12 Rn 18, 20.
11 OLG München HRR 1938 Nr. 1020; *Leible*, in: Liber amicorum Wilfried Berg, 2011, 234, 245; MüKo/*Spellenberg*, Art. 12 Rn 115.
12 Hierzu auch Staudinger/*Magnus*, Art. 12 Rn 11 f.

III. Geltungsbereich des Vertragsstatuts

7 **1. Auslegung des Vertrages (Abs. 1 lit. a).** Das Vertragsstatut entscheidet darüber, ob und wie der Vertrag **auszulegen** ist. Die *lex causae* gibt also die Auslegungsregeln an die Hand,[13] mögen sie allgemeiner oder auch spezieller Natur sein, weil sie zB nur für bestimmte Personengruppen (etwa Kaufleute) gelten.[14] Nicht in den Anwendungsbereich des Abs. 1 lit. a fällt hingegen die Auslegung der von den Parteien abgegeben Willenserklärungen daraufhin, ob ein Vertrag zustande gekommen ist; denn diese Frage regelt bereits Art. 10. Zwar ordnet Art. 10 Abs. 1 ebenfalls die Geltung der *lex causae* an, doch kann gem. Art. 10 Abs. 2 unter Umständen eine Sonderanknüpfung an das Recht des gewöhnlichen Aufenthalts möglich sein (vgl Art. 10 Rn 27 ff).

8 Nach dem Vertragsstatut richtet sich nicht nur die **Auslegung** des Vertrages, sondern ebenso von einseitigen Verpflichtungserklärungen,[15] von mit dem Vertrag in Zusammenhang stehenden **rechtsgeschäftlichen Erklärungen** sowie die Beantwortung der Frage, ob und inwieweit Parteiverhalten ein für die Bestimmung des Vertragsinhalts relevanter Erklärungswert zukommt.[16]

9 Den Parteien steht es frei, den Vertrag einem eigenen, vom Vertragsstatut abweichenden **Auslegungsstatut** zu unterstellen.[17] Dies geschieht mitunter mittels sog. *construction clauses*, die allerdings häufig zugleich als ausdrückliche Rechtswahl verstanden[18] oder als gewichtiges Indiz für eine schlüssige Rechtswahl gewertet werden (vgl Art. 3 Rn 46).[19] Für ein selbstständiges Auslegungsstatut bedarf es daher zugleich der Vereinbarung eines hiervon abweichenden Vertragsstatuts.[20]

10 Die Auslegung kann sich zum einen nach gesetzlich festgelegten Auslegungsregeln des Vertragsstatuts richten (wie zB §§ 133, 157 BGB), aber auch, sofern die *lex causae* dies zulässt, auf **Erklärungssitten** rekurrieren, nach denen bestimmten Wendungen üblicherweise oder in den jeweiligen Verkehrskreisen ein bestimmter Bedeutungsgehalt zukommt. Musterbeispiele hierfür sind Formulierungen wie „freibleibend" oder den Incoterms entnommene Klauseln wie „cif" oder „fob".[21] Das Vertragsstatut regelt außerdem, ob und inwieweit eine ergänzende Vertragsauslegung zulässig ist.[22]

11 Wird eine **andere Sprache** oder werden **Begriffe aus anderen Rechtsordnungen** als der des Vertragsstatuts verwendet, ist bei der Auslegung die Bedeutung des Begriffs im Herkunftsland zu berücksichtigen,[23] sofern die Parteien diesem nicht ausnahmsweise übereinstimmend einen hiervon abweichenden Bedeutungsgehalt beigemessen haben.[24] Nutzen die Parteien international gebräuchliche Klauseln, etwa der Incoterms, so ist der international gebräuchliche Sinn dieser Klauseln zu berücksichtigen.[25]

12 **Nach welchem Recht** sich die **Auslegung des Verweisungsvertrags** richtet, ist umstritten.[26] Nach zT vertretener Ansicht sollen stets die Auslegungsregeln des prospektiven Vertragsstatuts heranzuziehen sein,[27] nach anderer Ansicht allein die der *lex fori*.[28] Auch wenn Art. 3 Abs. 5 nur auf Art. 10, nicht aber auch auf Art. 12 verweist, sollte man zur Auslegung von Rechtswahlvereinbarungen grundsätzlich auf die *lex causae* abstellen, da sich nur so die einheitliche Anknüpfung von Haupt- und Verweisungsvertrag sicherstellen lässt. Eine Ausnahme ist nur insofern angezeigt, als es um die Beantwortung der Frage geht, ob überhaupt eine Rechtswahl getroffen und welches Recht gewählt wurde; denn in diesen Fällen läuft eine Auslegung nach der *lex causae* leer. Heranzuziehen sind die Regeln der *lex fori*.[29] Dabei kann freilich bei der Anwendung deutschen Rechts angesichts des einheitsrechtlichen Hintergrunds von Art. 3 nicht unbesehen auf

---

13 OLG München RIW 1990, 585, 586; AG Langenfeld NJW-RR 1998, 1524, 1525; Erman/*Hohloch*, Art. 12 Rn 6.
14 MüKo/*Spellenberg*, Art. 12 Rn 22.
15 BGH RIW 1981, 194; Staudinger/*Magnus*, Art. 12 Rn 26; Bamberger/Roth/*Spickhoff*, Art. 12 Rn 4; MüKo/*Spellenberg*, Art. 12 Rn 7.
16 Staudinger/*Magnus*, Art. 12 Rn 26.
17 Staudinger/*Magnus*, Art. 12 Rn 25.
18 Vgl zB OLG München IPrax 1989, 42; MüKo/*Martiny*, Art. 3 Rn 57; *Schröder*, IPrax 1985, 131, 132.
19 LG München IPrax 1984, 318; Palandt/*Thorn*, Art. 3 Rn 7; Czernich/Heiss/*Heiss*, Art. 3 EVÜ Rn 7.
20 Staudinger/*Magnus*, Art. 12 Rn 25.
21 MüKo/*Spellenberg*, Art. 12 Rn 21; *Looschelders*, Art. 32 EGBGB Rn 6; Calliess/*Schulze*, Art. 12 Rn 16.
22 Bamberger/Roth/*Spickhoff*, Art. 12 Rn 4; MüKo/*Spellenberg*, Art. 12 Rn 12.
23 Vgl zB RGZ 39, 65, 67; 71, 8, 11; 122, 233, 235; OLG Hamburg GRUR Int. 1990, 388, 389; VersR 1996, 229, 230; LG Hamburg MDR 1954, 422 f; Erman/*Hohloch*, Art. 12 Rn 6; MüKo/*Spellenberg*, Art. 12 Rn 35 f; Bamberger/Roth/*Spickhoff*, Art. 12 Rn 4; Staudinger/*Magnus*, Art. 12 Rn 30; Palandt/*Thorn*, Art. 12 Rn 4; jurisPK-BGB/*Geiben*, Art. 12 Rn 10; RGZ 39, 65, 67; 122, 233, 235.
24 OLG München TranspR 1993, 433; OLG Frankfurt IPRspr 2001 Nr. 23.
25 Erman/*Hohloch*, Art. 12 Rn 6; Staudinger/*Magnus*, Art. 12 Rn 31.
26 Offen gelassen von BGH JZ 2000, 1115, 1116.
27 *v. Bar*, IPR II (1991) Rn 539 Fn 596.
28 Bamberger/Roth/*Spickhoff*, Art. 12 Rn 4; *E. Lorenz*, RIW 1992, 405.
29 RG IPRspr 1929 Nr. 35; Staudinger/*Magnus*, Art. 12 Rn 28; MüKo/*Spellenberg*, Art. 12 Rn 8; *v. Hoffmann/Thorn*, IPR, § 10 Rn 31; Czernich/Heiss/*Czernich*, Art. 10 EVÜ Rn 10.

deutsche Auslegungsregeln zurückgegriffen werden. Die Auslegungsmaßstäbe sind vielmehr autonom-rechtsvergleichend Artt. 3 ff zu entnehmen.[30]

Die Auslegungsgrundsätze des ausländischen Rechts sind vom Gericht **von Amts wegen** zu ermitteln (§ 293 ZPO). Die Auslegung als solche ist tatrichterliche Aufgabe und nicht revisibel,[31] wohl aber die unterbliebene oder unzureichende Ermittlung der Auslegungsmethoden des ausländischen Vertragsstatuts.[32]   13

2. Erfüllung der vertraglichen Verpflichtungen (Abs. 1 lit. b). Das Vertragsstatut ist gem. Abs. 1 lit. b weiterhin für die Erfüllung der durch den Vertrag begründeten Verpflichtungen maßgeblich. Mit **Erfüllung** ist dabei „die Gesamtheit der aus dem geltenden Recht oder aus dem Vertrag resultierenden Bedingungen [...], unter denen die für die jeweilige Verpflichtung charakteristische Leistung zu erbringen ist [...]", gemeint.[33] Das nach Artt. 3 ff bestimmte Recht entscheidet daher zunächst darüber, welche Hauptpflichten bestehen (sofern sich diese nicht bereits aus dem Vertrag selbst ergeben). Darüber hinaus befindet es über die Existenz und Reichweite vertraglicher Nebenpflichten.[34] Das können insbesondere Schutz- und Aufklärungspflichten sein, etwa aus § 241 Abs. 2 BGB. Daneben sind allgemeine Rechtsgrundsätze, wie zB der Grundsatz von Treu und Glauben (§ 242 BGB),[35] sowie etwaige Handelsbräuche[36] aus dem Vertragsstatut zu entnehmen. Das Vertragsstatut legt weiterhin fest, ob für bestimmte Verträge **handelsrechtliche Sondervorschriften** gelten.[37] Dabei ist allerdings zu beachten, dass nach zum Teil vertretener Ansicht die Kaufmannseigenschaft gesondert angeknüpft werden soll.[38] Dem ist freilich entgegenzuhalten, dass der Kaufmannsbegriff stets auf die Eigenheiten des jeweiligen Rechts zugeschnitten sowie mit jeweils ganz spezifischen Rechtsfolgen verbunden ist und sich daher einer eigenständigen, vom Hauptgeschäft gesonderten Anknüpfung entzieht. Maßgeblich muss das Wirkungs-, bei Verträgen also das Vertragsstatut sein.[39] Nur so lässt sich dem Umstand Rechnung tragen, dass zahlreiche Rechtsordnungen den Begriff des Kaufmanns nicht kennen.   14

Das nach Artt. 3 ff ermittelte Recht ist weiterhin für die **Erfüllungsmodalitäten** maßgeblich, wobei jedoch nach Abs. 2 das Recht des Erfüllungsortes zu berücksichtigen ist (vgl Rn 38 ff). Das Vertragsstatut entscheidet etwa darüber, wem gegenüber vertragliche Pflichten zu erfüllen sind, und damit insbesondere darüber, ob Dritte in die Leistungserbringung als Leistungsempfänger oder Leistende einbezogen[40] und wie Schuldner- und Gläubigermehrheiten zu behandeln sind,[41] sowie über die Haftung für Hilfspersonen.[42] Nach dem Vertragsstatut richten sich weiterhin die bei der Leistungserbringung zu beachtenden Sorgfaltsmaßstäbe,[43] die Leistungszeit sowie der Leistungs- und Erfüllungsort der vertraglichen Verpflichtungen,[44] die Einordnung als Hol-, Bring- oder Schickschuld,[45] der Übergang der Preis-, Sach- und Leistungsgefahr,[46] die Teil-   15

---

30 Staudinger/*Magnus*, Art. 12 Rn 29; Reithmann/Martiny/*Martiny*, Rn 307.
31 Vgl zur Auslegung ausländischer AGB BGH RIW 1995, 155, 156; MüKo/*Spellenberg*, Art. 12 Rn 47.
32 Vgl zB BGH NJW 1987, 591; NJW-RR 1990, 248, 249.
33 Bericht *Giuliano/Lagarde*, BT-Drucks. 10/503, S. 64.
34 BGH IPRspr 1962/63 Nr. 172; OLG Hamburg VersR 1983, 350, 351; Staudinger/*Magnus*, Art. 12 Rn 40; MüKo/*Spellenberg*, Art. 12 Rn 50; Soergel/*v. Hoffmann*, Art. 32 EGBGB Rn 24; *Looschelders*, Art. 32 EGBGB Rn 9.
35 Staudinger/*Magnus*, Art. 12 Rn 40; *Looschelders*, Art. 32 EGBGB Rn 9.
36 Bamberger/Roth/*Spickhoff*, Art. 12 Rn 5; Soergel/*v. Hoffmann*, Art. 32 EGBGB Rn 30; Staudinger/*Magnus*, Art. 12 Rn 40. Die Frage der Kaufmannseigenschaft ist hingegen gesondert anzuknüpfen, vgl die eben genannten.
37 MüKo/*Spellenberg*, Art. 12 Rn 55; Staudinger/*Magnus*, Art. 12 Rn 40; Calliess/*Schulze*, Art. 12 Rn 21.
38 Für eine Anknüpfung an den Ort der gewerblichen Niederlassung etwa LG Hamburg IPRspr 1958/59 Nr. 22; *Hübner*, NJW 1980, 2606; MüKo/*Ebenroth*, 2. Aufl. 1990, nach Art. 10 (IntGesR), Rn 56; Staudinger/*Magnus*, Art. 12 Rn 40.
39 Wie hier zB *Birk*, ZVglRWiss 79 (1980), 281; *Jayme*, ZHR 142 (1978), 105, 115 ff; *Kaligin*, DB 1985,

1449, 1454; MüKo/*Kindler*, IntGesR, Rn 134, 162; Staudinger/*Großfeld*, IntGesR, Rn 326; Michalski/*Leible*, GmbHG, 2002, Syst. Darst. Rn 102; *ders.*, in: Hirte/Bücker, Handbuch des grenzüberschreitenden Gesellschaftsrechts, 2005, § 10 Rn 51 a.
40 Bamberger/Roth/*Spickhoff*, Art. 12 Rn 5; MüKo/*Spellenberg*, Art. 12 Rn 64; Staudinger/*Magnus*, Art. 12 Rn 37. Insb. zur Zulässigkeit der Leistung durch Dritte *Siehr*, AWD 1973, 569; 583; *W. Lorenz*, in: FS Zweigert 1981, S. 214. Zur Einbeziehung Dritter in den Schutzbereich eines Vertrage OLG Hamburg VersR 1983, 351. Zum Vertrag zugunsten Dritter vgl OLG Hamburg IPRspr 1974, Nr. 39.
41 Erman/*Hohloch*, Art. 12 Rn 7; *Stoll*, in: FS Müller-Freienfels 1986, S. 631, 646; *Looschelders*, Art. 32 EGBGB Rn 10 (beide zur Schuldnermehrheit).
42 Bamberger/Roth/*Spickhoff*, Art. 12 Rn 5; MüKo/*Spellenberg*, Art. 12 Rn 57.
43 Bericht *Giuliano/Lagarde*, BT-Drucks. 10/503, S. 65.
44 Bericht *Giuliano/Lagarde*, BT-Drucks. 10/503, S. 65, Bamberger/Roth/*Spickhoff*, Art. 12 Rn 5; MüKo/*Spellenberg*, Art. 12 Rn 69; *v. Bar*, IPR II, Rn 541.
45 *v. Bar*, IPR II, Rn 541; Bamberger/Roth/*Spickhoff*, Art. 12 Rn 5; Staudinger/*Magnus*, Art. 12 Rn 36; Soergel/*v. Hoffmann*, Art. 32 EGBGB Rn 5.
46 Staudinger/*Magnus*, Art. 12 Rn 36; Erman/*Hohloch*, Art. 12 Rn 7; jurisPK-BGB/*Geiben*, Art. 12 Rn 11.

barkeit der Schuld und ein Wahlrecht des Schuldners[47] sowie bei Geldleistungen die geschuldete und die zahlbare Währung.[48]

16 Ob eine vertragliche Verpflichtung **abstrakt** oder **kausal** ist, bestimmt das Vertragsstatut.[49] Darüber, ob dem Schuldvertrag auch eine dingliche Wirkung zukommt, entscheidet hingegen die *lex rei sitae*.[50]

17 **3. Folgen der Nichterfüllung der Vertragspflichten (Abs. 1 lit. c). a) Vollständige oder teilweise Nichterfüllung. aa) Grundsatz.** Dem Vertragsstatut unterliegen alle mit der vollständigen oder teilweisen Nichterfüllung von Vertragspflichten verbundenen **Rechtsfolgen** einschließlich der Schadensbemessung. Dies gilt allerdings nur in den Grenzen, die das Verfahrensrecht des angerufenen Gerichts einräumt. Diese Grenze des eigenen Prozessrechts bezieht sich im Vergleich zum EVÜ und Art. 32 Abs. 1 Nr. 3 EGBGB nun nicht mehr ausschließlich auf die Schadensbemessung, sondern auf alle von lit. c erfassten Nichterfüllungsfolgen.[51]

18 Entgegen dem insoweit missverständlichen Wortlaut der lit. c unterfallen dem Vertragsstatut auch die **Voraussetzungen** von Ansprüchen aus Vertragsverletzungen.[52]

19 **bb) Als Nichterfüllung zu qualifizierende Tatbestände.** Unter **Nichterfüllung** ist jedes vollständige Ausbleiben der nach dem Vertragsstatut geschuldeten Leistung sowie jede Abweichung der erbrachten von der vertraglich geschuldeten Leistung zu verstehen.[53] Dazu gehören vor allem die völlige Nichterfüllung, die verspätete Erfüllung[54] sowie die Schlechterfüllung der Hauptleistungs- sowie sonstiger vertraglicher Nebenpflichten.[55]

20 **cc) Anspruchsvoraussetzungen.** Lit. c erfasst nicht nur die **Folgen**, sondern ebenso die **Voraussetzungen** von Ansprüchen wegen Leistungsstörungen, so etwa die Unmöglichkeit der Leistung, die Ursächlichkeit eines bestimmten Verhaltens,[56] die Notwendigkeit eines spezifischen Gläubigerhandelns für die Auslösung von Rechtsfolgen[57] (zB Mahnung zur Auslösung des Verzugs und daraus resultierender Schadensersatzansprüche,[58] Wahrnehmung einer Rügeobliegenheit, Nachfristsetzung, Klage auf Erfüllung), den Verzug und den Zeitpunkt seines Eintritts,[59] ein Verschulden des Schuldners[60] oder die Zurechnung des Verschuldens Dritter.[61] Inwieweit ein Mitverschulden des Anspruchstellers zu berücksichtigen ist, richtet sich gleichfalls nach dem Vertragsstatut,[62] ebenso die Möglichkeit von Haftungsausschlüssen.[63]

21 **dd) Rechtsfolgen der Nichterfüllung.** Nach dem Vertragsstatut sind die Folgen einer Nichterfüllung iSv lit. c zu beurteilen. Das kann jede **Rechtsfolge** sein, die das anwendbare Recht im Falle einer Leistungsstörung zulässt oder anordnet. In Betracht kommen etwa Leistungsverweigerungsrechte (wie zB die Einrede des nicht erfüllten Vertrags nach § 320 BGB oder das Zurückbehaltungsrecht nach § 273 BGB),[64] Rücktritts-,[65] Kündigungs-[66] und sonstige Rechte zur Vertragsaufhebung,[67] die Minderung,[68] Schadensersatz-

---

47 Bericht *Giuliano/Lagarde*, BT-Drucks. 10/503, S. 65.
48 BGH FamRZ 1987, 370, 371; OLG Hamm FamRZ 1991, 1320, 1321; Erman/*Hohloch*, Art. 12 Rn 7; *Grunsky*, in: FS Merz 1992, S. 147, 149. Näher zu Währungsfragen, insb. zur Unterscheidung zwischen Schuld- und Zahlungswährung sowie zur Bedeutung des Währungsstatuts Staudinger/*Magnus*, Art. 12 Rn 109 ff.
49 Soergel/*v. Hoffmann*, Art. 32 EGBGB Rn 30.
50 *Looschelders*, Art. 32 EGBGB Rn 9; Rauscher/*Freitag*, EuZPR/EuIPR, Art. 12 Rn 8.
51 Vgl Staudinger/*Magnus*, Art. 12 Rn 43.
52 OLG Köln RIW 1993, 414, 415; Bamberger/Roth/*Spickhoff*, Art. 12 Rn 6; Staudinger/*Magnus*, Art. 12 Rn 44; jurisPK-BGB/*Geiben*, Art. 12 Rn 14; Calliess/*Schulze*, Art. 12 Rn 25.
53 MüKo/*Spellenberg*, Art. 12 Rn 77; Palandt/*Thorn*, Art. 12 Rn 7.
54 OLG Köln RIW 1993, 414, 415; 1996, 778, 779.
55 MüKo/*Spellenberg*, Art. 12 Rn 77; Bamberger/Roth/*Spickhoff*, Art. 12 Rn 7; ähnlich Staudinger/*Magnus*, Art. 12 Rn 44; Erman/*Hohloch*, Art. 12 Rn 12; vgl auch BGHZ 123, 200, 207, zur Haftung aus positiver Vertragsverletzung nach altem Recht wegen falscher Auskunft über den Stand des Transports.
56 Staudinger/*Magnus*, Art. 12 Rn 47.
57 MüKo/*Spellenberg*, Art. 12 Rn 77.
58 Bericht *Giuliano/Lagarde*, BT-Drucks. 10/503, S. 65; mwN Staudinger/*Magnus*, Art. 12 Rn 45.
59 OLG Köln RIW 1993, 414, 415.
60 MüKo/*Spellenberg*, Art. 12 Rn 76, 86; Staudinger/*Magnus*, Art. 12 Rn 46; Soergel/*v. Hoffmann*, Art. 32 EGBGB Rn 35.
61 MüKo/*Spellenberg*, Art. 12 Rn 76; Soergel/*v. Hoffmann*, Art. 32 EGBGB Rn 35; Erman/*Hohloch*, Art. 12 Rn 9; Palandt/*Thorn*, Art. 12 Rn 7; Staudinger/*Magnus*, Art. 12 Rn 48, *Looschelders*, Art. 32 EGBGB Rn 15; jurisPK-BGB/*Geiben*, Art. 12 Rn 14.
62 OLG Düsseldorf IPRspr 1970 Nr. 15; MüKo/*Spellenberg*, Art. 12 Rn 76, 86; Staudinger/*Magnus*, Art. 12 Rn 48.
63 BGHZ 119, 153, 166 f; OLG Hamburg IPRspr 1975 Nr. 27; Erman/*Hohloch*, Art. 12 Rn 9; Bamberger/Roth/*Spickhoff*, Art. 12 Rn 7; Reithmann/Martiny/*Martiny*, Rn 321.
64 Bamberger/Roth/*Spickhoff*, Art. 12 Rn 7; *Looschelders*, Art. 32 EGBGB Rn 15.
65 Erman/*Hohloch*, Art. 12 Rn 10; MüKo/*Spellenberg*, Art. 12 Rn 81; Soergel/*v. Hoffmann*, Art. 32 EGBGB Rn 37; Staudinger/*Magnus*, Art. 12 Rn 50; Reithmann/Martiny/*Martiny*, Rn 330; *v. Bar*, IPR II, Rn 546; jurisPK-BGB/*Geiben*, Art. 12 Rn 15.
66 Staudinger/*Magnus*, Art. 12 Rn 50.
67 LG Hamburg IPRspr 1974 Nr. 14; *Looschelders*, Art. 32 EGBGB Rn 15.
68 *v. Bar*, IPR II, Rn 546.

pflichten,[69] aber auch die Befreiung des Schuldners von seiner Vertragspflicht aufgrund höherer Gewalt bzw Unzumutbarkeit (*hardship, force majeure*) oder Wegfalls der Geschäftsgrundlage.[70] Gestattet das anwendbare Recht eine Vertragsauflösung wegen Leistungsstörungen nur durch Richterspruch (vgl zB Art. 1124 Abs. 3 span. Código Civil), ist jedes zuständige deutsche Gericht zum Erlass eines entsprechenden Gestaltungsurteils befugt.[71]

Das Vertragsstatut entscheidet weiterhin über die Zulässigkeit und Wirkung von **Vertragsstrafen** oder **Schadenspauschalen**.[72] Auch die Wirksamkeit derartiger Abreden ist nach dem Vertragsstatut zu beurteilen (Art. 10 Abs. 1). Exorbitant hohe Vertragsstrafen können über den *ordre public* (Art. 21) korrigiert werden,[73] sofern nicht schon das Vertragsstatut eine richterliche Moderation zulässt.[74] 22

Das Vertragsstatut befindet über sonstigen Schadensersatz bei Nichterfüllung und damit auch über die Pflicht des Schuldners zur Zahlung von **Verzugszinsen**. Umstritten ist freilich, ob Gleiches auch für die geschuldete Zinshöhe gilt. Nach z.T vertretener Ansicht soll zur Bestimmung der Höhe von Verzugszinsen auf das Statut der vereinbarten Währung abgestellt werden, da der gesetzliche Zinssatz in Korrelation mit der Geldwertstabilität stehe und die Zinshöhe daher häufig unmittelbar mit der Stabilität der geschuldeten Währung zusammenhänge.[75] Indes ist zu bedenken, dass der gesetzliche Verzugszinssatz nicht primär dem Inflationsausgleich dient, sondern dem pauschalierten Ersatz entgangener Nutzungsmöglichkeiten. Eine Anknüpfung von Verzugszinsen an das Recht der geschuldeten Währung überzeugt daher ebenso wenig wie die Unterstellung von Prozesszinsen unter die *lex fori*.[76] In beiden Fällen handelt es sich ungeachtet ihrer gesetzlichen Anordnung um materiellrechtlich zu qualifizierende und aus dem Vertrag folgende Ansprüche, die dem Vertragsstatut zu unterwerfen sind.[77] 23

b) Schadensbemessung. Gem. lit. c ist das Vertragsstatut auch maßgebend für die Schadensbemessung, sofern diese nach **Rechtsnormen** und unter Beachtung der Grenzen des **Prozessrechts** der *lex fori* erfolgt. Diese Grenze, die sich nach dem EVÜ und Art. 32 Abs. 1 Nr. 3 EGBGB allein auf die Schadensbemessung bezog, stellt eine **Kompromissformel** dar, da die Zuweisung der Schadensbemessung bei den Verhandlungen des EVÜ Schwierigkeiten bereitete. Die Schadensbemessung wurde von einigen Verhandlungsdelegationen als Sachfrage angesehen, die nicht in das Übereinkommen mit einbezogen werden sollte.[78] Bei der Festsetzung der Höhe des Schadensersatzes sei jedes Gericht verpflichtet, den wirtschaftlichen und sozialen Gegebenheiten seines Staates Rechnung zu tragen. Zudem werde in einigen Staaten die Höhe des Schadensersatzes durch eine Jury festgelegt.[79] Dem hielt man entgegen, dass es in manchen Rechtsordnungen durchaus Regelungen zur Höhe des Schadensersatzes gebe und in einigen internationalen Übereinkommen auch Haftungshöchstgrenzen festgesetzt sind.[80] Auch der gefundene Kompromiss unterstellt jedenfalls das **Ob und Wie der Schadensbemessung** grundsätzlich der *lex causae*. Diese regelt insbesondere, welche Haftungshöchstgrenzen zu beachten sind, ob nur materielle oder auch immaterielle Schäden zu ersetzen sind und in welcher Form die Wiedergutmachung zu erfolgen hat (Naturalrestitution, Geldersatz usw.). Lediglich bei **Tatsachenfeststellungen** ist auf die *lex fori* zurückzugreifen. In Deutschland kann daher zB eine richterliche Schadensschätzung nach § 287 ZPO vorgenommen werden,[81] und zwar auch bei einem ausländischen Vertragsstatut. 24

Eine **Begrenzung** des Schadensersatzes der Höhe nach sieht lit. c nicht vor. Der Zusatz kann insbesondere nicht gegen die Zuerkennung von Strafschadensersatz, dh vor allem *punitive damages* US-amerikanischen 25

---

69 BGH VersR 1976, 832, 833; OLG Hamm FamRZ 1994, 1259; Erman/*Hohloch*, Art. 12 Rn 11; Soergel/*v. Hoffmann*, Art. 32 EGBGB Rn 38; Bamberger/Roth/*Spickhoff*, Art. 12 Rn 7; MüKo/*Spellenberg*, Art. 12 Rn 85.

70 Staudinger/*Magnus*, Art. 12 Rn 54; Soergel/*v. Hoffmann*, Art. 32 EGBGB Rn 33; Erman/*Hohloch*, Art. 12 Rn 7.

71 Vgl zB OLG Celle RIW 1988, 137, 139; LG Freiburg IPRspr 1966/67 Nr. 34 A; LG Hamburg RIW 1975, 351, 352; 1977, 787, 789; LG Münster informaciones 2000, 199, 200; MüKo/*Spellenberg*, Art. 12 Rn 84.

72 Staudinger/*Magnus*, Art. 12 Rn 53; Soergel/*v. Hoffmann*, Art. 32 EGBGB Rn 39; MüKo/*Spellenberg*, Art. 12 Rn 88; *Looschelders*, Art. 32 EGBGB Rn 16.

73 Staudinger/*Magnus*, Art. 12 Rn 53; MüKo/*Spellenberg*, Art. 12 Rn 88; näher *Berger*, RIW 1999, 401, 402.

74 Rechtsvergleichend zur richterlichen Herabsetzung von Vertragsstrafen etwa *Leible*, ZEuP 2000, 322.

75 Vgl etwa OLG Frankfurt IPRspr 1999 Nr. 34; OLG Düsseldorf DB 1981, 1612 (zum EKG); *Grunsky*, in: FS Merz 1992, S. 147, 152; *Berger*, RabelsZ 61 (1997), 313, 326.

76 So aber LG Aschaffenburg IPRspr 1952/53 Nr. 38; LG Frankfurt RIW 1994, 778.

77 BGH WM 1964, 879, 881; OLG Bamberg RIW 1989, 221; OLG Köln RIW 1996, 778, 779; OLG Rostock IPrax 2000, 230, 231; Palandt/*Thorn*, Art. 12 Rn 7; MüKo/*Spellenberg*, Art. 12 Rn 90 ff; Erman/*Hohloch*, Art. 12 Rn 12; Soergel/*v. Hoffmann*, Art. 32 EGBGB Rn 36; *Looschelders*, Art. 32 EGBGB Rn 17; Reithmann/Martiny/*Martiny*, Rn 335 f; Rauscher/*Freitag*, EuZPR/EuIPR, Art. 12 Rn 24.

78 Bericht *Giuliano/Lagarde*, BT-Drucks. 10/503, S. 65.

79 Bericht *Giuliano/Lagarde*, BT-Drucks. 10/503, S. 65.

80 Bericht *Giuliano/Lagarde*, BT-Drucks. 10/503, S. 65.

81 Soergel/*v. Hoffmann*, Art. 32 EGBGB Rn 38; MüKo/*Spellenberg*, Art. 12 Rn 98; Staudinger/*Magnus*, Art. 12 Rn 56; Rauscher/*Freitag*, EuZPR/EuIPR, Art. 12 Rn 23.

26 **c) Culpa in contrahendo.** Unter Geltung des EVÜ bereitete die Behandlung von Ansprüchen aus vorvertraglichem Verschulden große Probleme.[83] Dies hat sich mit In-Kraft-treten der Rom-Verordnungen erledigt. Ansprüche aus **vorvertraglichem Verschulden** werden ausdrücklich der Rom II–VO und nicht der Rom I–VO unterstellt (vgl Art. 1 Abs. 2 lit. i Rom I–VO und Artt. 2 Abs. 1, 12 Rom II–VO).[84] Indirekt kommt die Rom I–VO allerdings auch bei der c.i.c. zur Anwendung (mit Ausnahme von Personenschäden).[85] Denn das für die c.i.c. maßgebliche Recht bestimmt sich gem. Art. 12 Abs. 1 Rom II–VO nach dem Statut des in Aussicht genommenen bzw sogar geschlossenen Vertrags.[86]

27 **4. Erlöschen, Verjährung und Fristablauf (Abs. 1 lit. d). a) Erlöschen. aa) Allgemeines.** Das Vertragsstatut bestimmt gem. Art. 12 Abs. 1 lit. d auch über die verschiedenen Arten des Erlöschens einer Verpflichtung. Es legt zum einen fest, ob ein Anspruch **überhaupt** erlöschen kann, und determiniert zum anderen die konkreten **Voraussetzungen** des Erlöschens, wie etwa die Notwendigkeit bestimmter Handlungen oder Erklärungen des Schuldners.[87] Erlöschensgründe können zB Erfüllung, Hinterlegung, Verzicht, Kündigung, Erlass, Aufrechnung, aber auch Unmöglichkeit der Leistung, Tod einer Partei oder Vertragsaufhebung sein. Die Anfechtung des Vertrags führt zwar auch zu seiner Vernichtung, betrifft aber das Zustandekommen und unterfällt daher Art. 10.[88]

28 Das Vertragsstatut entscheidet, **wann überhaupt** von einer **Erfüllung** ausgegangen werden kann, ob die Leistung an Erfüllung statt oder erfüllungshalber erbracht wurde, welche Folgen sich hieraus für das Vertragsverhältnis ergeben usw.[89] Auch die Kündigung eines Vertrages unterliegt grundsätzlich dem Vertragsstatut.[90] Dieses bestimmt weiterhin, ob und unter welchen Voraussetzungen der Schuldner aufgrund einer Hinterlegung von seinen Leistungspflichten befreit wird.[91] Das Recht des Hinterlegungsortes ist allein für die für eine wirksame Hinterlegung beachtlichen Voraussetzungen maßgeblich.

29 Vereinbarungen der Parteien über das **Erlöschen oder die Abänderung vertraglicher Ansprüche**, wie Erlass, Stundung, Novation, Vergleich oder Vertragsaufhebung, sind grundsätzlich kollisionsrechtlich eigenständige Verträge und als solche gesondert anzuknüpfen. Das Statut des Haupt- und das des Aufhebungs- oder Änderungsvertrags können daher durchaus verschieden sein. Haben die Parteien allerdings keine ausdrückliche Rechtswahl getroffen, folgt das beendende oder ändernde Rechtsgeschäft freilich meist dem Hauptvertrag, unterliegt also ebenfalls dem Vertragsstatut.[92]

---

82 Vgl BGHZ 118, 312, 334 ff; *Looschelders*, Art. 32 EGBGB Rn 16.
83 Vgl dazu mwN. *Mankowski*, IPrax 2003, 132 f sowie zur kollisionsrechtlichen Einordnung zB OLG München IPRspr 1954/55 Nr. 18 = BB 1955, 205; LG Hamburg/OLG Hamburg IPRspr 1976 Nr. 125 a, b; BGH NJW 1987, 1141; OLG Frankfurt IPrax 1986, 373, 377; LG Braunschweig IPrax 2002, 213, 215; *Looschelders*, Art. 32 EGBGB Rn 29 sowie RGZ 159, 33, 53; OLG München WM 1983, 1093, 1095 und OLG München WM 1983, 1093, 1097; OLG Frankfurt IPrax 1986, 373, 378; *Bernstein*, RabelsZ 41 (1977), 281, 288 f; *Canaris*, in: FS Larenz 1983, S. 27, 109; *Kreuzer*, IPrax 1988, 16, 17; *Mankowski*, IPrax 2002, 257, 265; *Scheffler*, IPrax 1995, 20, 21; *Stoll*, in: FS Ferid 1988, S. 495, 505; *Thorn*, IPrax 2002, 349, 361.
84 Staudinger/*Magnus*, Art. 12 Rn 99; *Lüttringhaus*, RIW 2008, 193, 194; *Magnus*, IPrax 2010, 27, 29; *Hage-Chahine*, JILB 32 (2012), 451, 471.
85 Vgl Erwägungsgrund 30 S. 2 Rom II–VO.
86 Staudinger/*Magnus*, Art. 12 Rn 99; Rauscher/*Freitag*, EuZPR/EuIPR, Art. 12 Rn 3; ausführlich zur Behandlung der c.i.c. im IPR *Hage-Chahine*, JILB 32 (2012), 451 ff.
87 OLG Bamberg RIW 1989, 221, 225.
88 So auch Staudinger/*Magnus*, Art. 12 Rn 60.
89 Staudinger/*Magnus*, Art. 12 Rn 59.
90 BGH FamRZ 1997, 547, 548; OLG Hamburg GRUR Int. 1998, 431, 432, 435 f; OLG München IPRspr 1981 Nr. 13; LG München I IPRspr 1964/65 Nr. 43.
91 MüKo/*Spellenberg*, Art. 12 Rn 100; Staudinger/*Magnus*, Art. 12 Rn 62; jurisPK-BGB/*Geiben*, Art. 12 Rn 19.
92 Vgl zB OLG Karlsruhe NJW-RR 1989, 367, 368; OLG Bamberg RIW 1989, 221; OLG Hamm RIW 1999, 621, 622. So auch Staudinger/*Magnus*, Art. 12 Rn 74.

bb) Aufrechnung. Ob die (einseitige)[93] **Aufrechnung** von lit. d erfasst wird, war unter Geltung des EVÜ umstritten. Die Rom I-VO schafft hier Klarheit. Die Aufrechnung wird gesondert in Art. 17 angeknüpft (näher vgl Art. 17) und daher nicht von lit. d erfasst.[94]

b) Verjährung und Fristablauf. Gem. Abs. 1 lit. d unterliegen weiterhin die **Verjährung** vertraglicher Ansprüche sowie die Folgen eines Fristablaufs dem Vertragsstatut.[95] Angesichts der Entscheidung, die Verjährung der *lex causae* zu unterstellen, ist diese **materiellrechtlich** zu qualifizieren,[96] mag sie auch in einigen Staaten prozessrechtlich ausgestaltet sein. Ausländische Verjährungsregeln gelangen folglich über lit. d auch dann zur Anwendung, wenn das Vertragsstatut sie prozessual qualifizieren sollte.[97] Die Maßgeblichkeit des Vertragsstatuts ist für Deutschland[98] und Kontinentaleuropa[99] nicht neu, da hier schon lange auf das das Vertragsverhältnis beherrschende Recht abgestellt wurde, wohl aber für die Staaten des *common law*, die Fragen der Verjährung dem Prozessrecht und damit der *lex fori* zuordnen.[100]

Das Vertragsstatut regelt den Beginn, die Berechnung und den Ablauf der **Verjährungsfrist** sowie die Hemmung, Ablaufhemmung und den Neubeginn.[101] Sofern die *lex causae* bestimmten Ereignissen andere Auswirkungen auf die Verjährung zuschreibt, treten auch diese ein. Ist Einheitsrecht anwendbar, sind dessen Verjährungsbestimmungen heranzuziehen. Nur wenn es an Regelungen über die Verjährung fehlt und auch eine interne Lückenfüllung nicht möglich ist, kann auf nationales Recht zurückgegriffen werden.

Umstritten ist, ob bei Anwendung deutschen Sachrechts auch **ausländische Urteile oder Prozesshandlungen** zur Hemmung der Verjährung nach § 204 Abs. 1 BGB führen können. Das ist eine Frage der Substitution. Von der wohl hM wird für eine Hemmungswirkung bei ausländischen Urteilen eine positive Anerkennungsprognose,[102] bei der Klage gleichstehenden ausländischen Prozesshandlungen ihre Gleichwertigkeit mit Prozesshandlungen vor deutschen Gerichten verlangt.[103] Bedenklich daran ist freilich, dass dadurch eigentlich sachfremde prozessrechtliche Wertungen, insbesondere das Vergeltungsdenken des § 328 Abs. 1 Nr. 5 ZPO, in die Auslegung der materiellrechtlichen Norm des § 204 Abs. 1 BGB einfließen.[104] Es sollte genügen, dass eine wirksame Klage vorliegt, die iSd § 328 Abs. 1 Nr. 2 ZPO, Art. 34 Nr. 2 EuGVVO oder

---

93 Zur vertraglichen Aufrechnung vgl *Berger*, Der Aufrechnungsvertrag, 1996, S. 121 ff; *Gebauer*, IPrax 1998, 79; *Kannengießer*, S. 132 ff; *Magnus*, in: Leible (Hrsg.), Das Grünbuch zum Internationalen Vertragsrecht, 2004, S. 209, 224 f.

94 Zum damaligen Streitstand vgl zB OLG Koblenz RIW 1987, 629, 630 f; 1992, 59, 61; 1993, 934, 937; BGH NJW 1994, 1416; BGH IPrax 1994, 366; OLG Düsseldorf RIW 1995, 53, 55; OLG Stuttgart RIW 1995, 943, 944; OLG Stuttgart RIW 1995, 943, 944; LG München I RIW 1996, 688, 689; LG Duisburg RIW 1996, 774, 776; LG Hamm RIW 1996, 689, 690; LG München I RIW 1996, 688, 689; OLG München RIW 1998, 559, 560; Staudinger/*Magnus*, Art. 12 Rn 61; Bamberger/Roth/*Spickhoff*, Art. 12 Rn 9; Soergel/*v. Hoffmann*, Art. 32 EGBGB Rn 54; Soergel/*v. Hoffmann*, Art. 32 EGBGB Rn 49; *Lagarde*, Rev. crit. DIP 1991, 287, 334 f und *Kannengießer*, S. 117 ff; Rauscher/*Freitag*, EuZPR/EuIPR, Art. 12 Rn 26; *Magnus*, IPrax 2010, 27, 42 f; Calliess/*Schulze*, Art. 12 Rn 28.

95 Die Verjährung von Forderungen aus Wechsel oder Scheck richtet sich hingegen gem. Art. 93 Abs. 2 WG bzw Art. 63 ScheckG nach dem Recht des Unterzeichnungsortes, vgl BGH, IPrax 1995, 110, 111; vgl außerdem OLG Saarbrücken WM 1998, 2465, 2467; *Looschelders*, Art. 32 EGBGB Rn 23.

96 Anders noch RGZ 7, 21, 23 f; 24, 383, 392, das danach qualifizierte, ob die Verjährung ihre Regelung im Sach- oder Prozessrecht gefunden hat.

97 Irrig noch RGZ 7, 21 im berühmten „Tennessee-Wechsel-Fall" mit der Folge, dass dieser Wechsel „wie der zu ewiger Wanderung verurteilte Perserkönig Xerxes, der nicht sterben kann, [...] durch die Jahrhunderte unverjährbar geistern (muss), selbst wenn er sowohl nach dem Recht des Zahlungsorts (lex causae) als auch nach dem Recht des Gerichtsorts (lex fori) bereits verjährt ist" (*Ferid*, Internationales Privatrecht, 2. Aufl. 1982, Rn 4–2).

98 Vgl vor In-Kraft-Treten des IPRNG zB RGZ 145, 121, 126; BGH IPRspr 1952/53 Nr. 20; IPRspr 1956/57 Nr. 4; VersR 1958, 109; IPRspr 1958/59 Nr. 39, zugrunde liegendes Rechtsverhältnis ist maßgeblich.

99 Vgl die Nachw. bei MüKo/*Spellenberg*, 4. Auflage 2006, Art. 32 EGBGB Rn 65 ff.

100 *Morse*, YEBL 1982, 79, 155; *Edler*, RabelsZ 40 (1976), 43; rechtsvergleichend *Conrads*, Verjährung im englischen Recht, 1996. Allerdings ist auch hier ein schleichender Übergang zu einer materiellrechtlichen Qualifikation zu verzeichnen, vgl zB den Foreign Limitation Periods Act 1984, besprochen in RabelsZ 49 (1985), 371.

101 OLG Köln RIW 1992, 1021, 1024; Soergel/*v. Hoffmann*, Art. 32 EGBGB Rn 42; *Leible*, in: Liber amicorum Wilfried Berg, 2011, 234, 243; Staudinger/*Magnus*, Art. 12 Rn 63; Bamberger/Roth/*Spickhoff*, Art. 12 Rn 12.

102 RGZ 129, 385, 389 f; OLG Düsseldorf NJW 1978, 1752; LG Deggendorf IPrax 1983, 125, 126 (m. abl. Aufsatz *Frank*, S. 108); LG Duisburg IPRspr 1985 Nr. 43; Staudinger/*Magnus*, Art. 12 Rn 64 ff; Palandt/*Thorn*, Art. 12 Rn 8; Bamberger/Roth/*Spickhoff*, Art. 12 Rn 12.

103 OLG Köln RIW 1980, 877; OLG Düsseldorf RIW 1989, 743. Zu ausländischen Beweissicherungsverfahren vgl LG Hamburg IPrax 2001, 45, 46.

104 Zur Kritik vgl zB *Frank*, IPrax 1983, 108; *Geimer*, IPrax 1984, 83; Soergel/*v. Hoffmann*, Art. 32 EGBGB Rn 46; *Linke*, in: FS Nagel 1987, S. 209, 226; *Schack*, RIW 1981, 301, 302 f.

anderer einschlägiger Normen des nationalen, europäischen oder völkervertraglichen Anerkennungsrechts ordnungsgemäß zugestellt wurde[105] und nicht *ordre-public*-widrig ist.[106]

34 Führt die **Verwirkung** eines vertraglichen Anspruchs zum Rechtsverlust, so sind deren Voraussetzungen und Rechtsfolgen ebenfalls dem Vertragsstatut zu entnehmen.[107] Lit. d unterstellt dem Vertragsstatut außerdem sonstige Rechtsverluste, die sich aus dem Ablauf einer Frist ergeben. Dazu zählt vor allem die **Präklusion** von Gestaltungs- oder Rügerechten, nicht jedoch Regeln über präkludiertes Vorbringen im Prozess oder die Folgen verspäteter Einlegung von Rechtsmitteln, die allein der *lex fori* zu entnehmen sind.[108]

35 **5. Nichtigkeitsfolgen (Abs. 1 lit. e).** Lit. e unterstellt die Folgen der Nichtigkeit eines Vertrages dem Vertragsstatut. Das ist nicht selbstverständlich, da viele der einschlägigen Tatbestände im deutschen Sachrecht **bereicherungsrechtlich** qualifiziert werden. Lit. e erfasst insbesondere die Rückabwicklung unwirksamer Verträge.[109] Das ist an sich systemwidrig, da Rückabwicklungsansprüche gesetzliche und keine vertraglichen Ansprüche sind und daher grundsätzlich aus dem Anwendungsbereich der Rom I-VO herausfallen und der Rom II-VO unterstehen, aber gleichwohl sachgerecht; denn es vermeidet eine Rechtsspaltung zwischen Haupt- und bereicherungsrechtlichen Rückabwicklungsansprüchen und erlaubt es, den Vertrag „von der Wiege bis zum Grabe"[110] ein und derselben Rechtsordnung zuzuweisen.[111] Art. 12 Abs. 1 lit.e Rom I-VO geht insofern Art. 10 Rom II-VO und Art. 38 EGBGB als *lex specialis* vor.[112]

36 Lit. e setzt einen **nichtigen Vertrag** voraus. Über die Nichtigkeit des Vertrages entscheidet gem. Art. 10 Abs. 1 ebenfalls das Vertragsstatut (zu beachten bleiben allerdings staatliche Eingriffe, Verbote usw., vgl Art. 10 Rn 20). Worauf die Nichtigkeit beruht, ist für lit. e jedoch unerheblich. Erfasst werden außerdem nicht nur nichtige, sondern ganz allgemein **unwirksame Verträge**. Als Folgen der Vertragsnichtigkeit sind zB Rückabwicklungsansprüche aus Bereicherungsrecht[113] sowie Haftungsansprüche,[114] etwa wegen Nichtigkeit des Vertrages durch Anfechtung, und die Folgen eines unwirksamen aber faktisch durchgeführten Arbeitsverhältnisses,[115] zu qualifizieren. Da der Begriff der Nichtigkeit nicht technisch zu verstehen ist, unterfallen lit. e aber auch Rückabwicklungsansprüche, die sich aus dem Rücktritt vom Vertrag, seiner Wandlung, der Ausübung eines gesetzlichen Widerrufs- oder eines vertraglichen Rücktrittsrechts oder der Kündigung von Dauerschuldverhältnissen ergeben.[116] Nicht erfasst sind hingegen sonstige Bereicherungsansprüche oder Ansprüche aus Geschäftsführung ohne Auftrag, weil es hier an einem nichtigen oder unwirksamen Vertrag fehlt.[117] Sie sind nach Artt. 10, 11 Rom II-VO anzuknüpfen.

37 Die **Folgen der Unwirksamkeit** eines Rechtsgeschäfts aufgrund fehlender Geschäftsfähigkeit des Kontrahenten werden von der hM gem. Art. 13 **gesondert angeknüpft**.[118] Gleiches gilt für die Folgen der Nichtigkeit wegen **Formmangels**. Heranzuziehen ist hier Art. 11. Für die Folgen fehlender Vertretungsmacht bleibt es hingegen – in Abweichung von der ansonsten von der hM vorgenommenen Sonderanknüpfung der Vollmacht[119] – bei der Maßgeblichkeit des Vertragsstatuts.[120]

IV. Erfüllungsmodalitäten (Abs. 2)

38 **1. Grundsatz.** Nach Abs. 2 ist das Recht des Staates, in dem die Erfüllung erfolgt, zu berücksichtigen, wenn es um die Art und Weise der Erfüllung sowie um Maßnahmen des Gläubigers bei mangelhafter Erfül-

---

105 Bamberger/Roth/*Henrich*, § 204 BGB Rn 20; *Leible*, in: Liber amicorum Wilfried Berg, 2011, 234, 243; MüKo/*Spellenberg*, Art. 12 Rn 126 ff.
106 *Schack*, Internationales Zivilverfahrensrecht, 5. Aufl. 2010, Rn 873; *ders.*, RIW 1981, 301; tendenziell auch Bamberger/Roth/*Spickhoff*, Art. 12 Rn 12.
107 OLG Frankfurt RIW 1982, 914, 915; AG Traunstein IPRspr 1973 Nr. 13; *v. Bar*, IPR II, Rn 548; jurisPK-BGB/*Geiben*, Art. 12 Rn 22; Staudinger/*Magnus*, Art. 12 Rn 73; Reithmann/Martiny/*Martiny*, Rn 375; Rauscher/*Freitag*, EuZPR/EuIPR, Art. 12 Rn 27; Bamberger/Roth/*Spickhoff*, Art. 12 Rn 14; anders *Will*, RabelsZ 42 (1978), 211, 217 ff.
108 MüKo/*Spellenberg*, Art. 12 Rn 118 f; *Looschelders*, Art. 32 EGBGB Rn 25.
109 Hierzu ausführlich *Sendmeyer*, IPrax 2010, 500 ff.
110 *Kegel/Schurig*, § 17 VI 3 (S. 638).
111 Czernich/Heiss/*Czernich*, Art. 10 EVÜ Rn 37; Staudinger/*Magnus*, Art. 12 Rn 76; näher *E. Lorenz*, in: FS Zweigert 1981, S. 199, 203.
112 Rauscher/*Freitag*, EuZPR/EuIPR, Art. 12 Rn 5, 28; MüKo/*Spellenberg*, Art. 12 Rn 169; MüKo/*Junker*, Art. 10 Rom II-VO Rn 10; Staudinger/*Magnus*, Art. 12 Rn 76.
113 BGHZ 73, 391, 393; BGH DtZ 1995, 250, 253; OLG Frankfurt WM 1996, 2107, 2109; OLG Köln NJW-RR 1994, 1026; OLG Hamm FamRZ 1994, 1259, 1260; LG Aachen RIW 1999, 304; *v. Bar*, IPR II, Rn 549; Staudinger/*Magnus*, Art. 12 Rn 78; Bamberger/Roth/*Spickhoff*, Art. 12 Rn 15.
114 Staudinger/*Magnus*, Art. 12 Rn 78.
115 *v. Bar*, IPR II, Rn 549; Staudinger/*Magnus*, Art. 12 Rn 78.
116 Czernich/Heiss/*Czernich*, Art. 10 EVÜ Rn 37.
117 Czernich/Heiss/*Czernich*, Art. 10 EVÜ Rn 39; aA zur GoA MüKo/*Spellenberg*, Art. 12 Rn 169.
118 *Baetge*, IPrax 1996, 185, 187; Erman/*Hohloch*, Art. 7 EGBGB Rn 14; Palandt/*Thorn*, Art. 7 EGBGB Rn 5; *v. Bar*, IPR II, Rn 43; aA zB: OLG Düsseldorf NJW-RR 1995, 755, 756; MüKo/*Spellenberg*, Art. 13 Rn 2.
119 Vgl hierzu Reithmann/Martiny/*Hausmann*, Rn 5492 ff.
120 Vgl mwN Bamberger/Roth/*Mäsch*, Art. 10 Anh. EGBGB Rn 94.

lung geht. Bedeutung erlangt Abs. 2 immer dann, wenn das **Recht am Erfüllungsort** für den äußeren Erfüllungsablauf andere Regeln vorsieht als das Vertragsstatut.[121] Ziel der Vorschrift ist es, in solchen Fällen Konflikte zwischen der *lex causae* und dem Recht am Ort der Leistungserbringung zu vermeiden.[122] Maßgeblich ist der Ort, an dem **tatsächlich erfüllt wurde**; der rechtliche Erfüllungsort, der mithilfe des Vertragsstatuts ermittelt oder privatautonom vereinbart wurde, bleibt außer Betracht.[123]

2. Art und Weise der Erfüllung. Zur Art und Weise der Erfüllung gehören Regelungen über **Feiertage** und **Öffnungszeiten** sowie **Höchstarbeitszeiten**.[124] Weiter zählen dazu die kaufmännischen Untersuchungs- und Rügepflichten, die der Gläubiger bei mangelhafter Erfüllung einzuhalten hat.[125] Ist bei der Erfüllung oder bei Maßnahmen des Gläubigers wegen mangelhafter Erfüllung nach dem Vertragsstatut eine Mitwirkung einer **Behörde** oder ein besonderer Rechtsbehelf erforderlich und existiert die Behörde oder die Maßnahme im Staat der tatsächlichen Erfüllung nicht, so ist im Wege der Angleichung ein anderer, nach dem Handlungsort möglicher Rechtsbehelf heranzuziehen.[126] 39

Vorschriften zur **Preis-**, **Währungs-** oder **Devisenregulierung** sowie Bewirtschaftungsmaßnahmen werden nicht von Abs. 2 erfasst.[127] Sie können aber über Art. 9 oder mittels einer Sonderanknüpfung ausländischen Eingriffsrechts zur Anwendung gelangen.[128] Ob es sich immerhin bei der Art der Zahlung, insbesondere der zu leistenden Währung, um eine Erfüllungsmodalität handelt, ist umstritten.[129] 40

3. Berücksichtigung. Das Recht am Ort der tatsächlichen Erfüllung ist nicht anzuwenden, sondern nur „zu berücksichtigen". Ihm soll also kein unbedingter Anwendungsvorrang eingeräumt werden.[130] Es liegt daher nach verbreiteter Ansicht im **richterlichen Ermessen**, darüber zu befinden, ob eine Anwendung des Erfüllungsortsrechts geboten erscheint.[131] Nach anderer Ansicht soll es sich hingegen gleichwohl um eine gebundene Entscheidung handeln und das Recht des Erfüllungsortes zwingend anzuwenden sein, sofern es andere Erfüllungsmodalitäten als die *lex causae* vorsieht.[132] Eine solch strikte Sicht vermag freilich die unterschiedliche Wortwahl (hier nur „berücksichtigen", dort aber „anwenden") nicht zu erklären. Das Gesetz erhebt zwar die „Berücksichtigung" bei Unterschiedlichkeit der Regeln der *lex causae* und am Erfüllungsort zur Pflicht, überlässt die Art und Weise, wie dies geschieht, aber dem Ermessen des Richters, der der Divergenz zwischen beiden Rechten zB mit einer Modifikation der Erfüllungsregeln des Vertragsstatuts Rechnung tragen kann.[133] 41

4. Abdingbarkeit. Abs. 2 ist **abdingbar**. Den Parteien steht es frei, im Wege der *dépeçage* (Art. 3 Abs. 1 S. 3) die Art und Weise der Erfüllung einer anderen Rechtsordnung als dem Vertragsstatut zu unterstellen.[134] Haben die Parteien hingegen schlicht ein bestimmtes Recht gewählt, ist Abs. 2 stets zu beachten. Nur bei Vorliegen besonderer Anhaltspunkte kann davon ausgegangen werden, dass damit zugleich das differierende Recht am Erfüllungsort ausgeschlossen werden sollte.[135] 42

Artikel 13 Rechts-, Geschäfts- und Handlungsunfähigkeit

Bei einem zwischen Personen, die sich in demselben Staat befinden, geschlossenen Vertrag kann sich eine natürliche Person, die nach dem Recht dieses Staates rechts-, geschäfts- und handlungsfähig wäre, nur dann auf ihre sich nach dem Recht eines anderen Staates ergebende Rechts-, Geschäfts-

---

121 Staudinger/*Magnus*, Art. 12 Rn 79.
122 Ausführlich hierzu Rauscher/*Freitag*, EuZPR/EuIPR, Art. 12 Rn 10 f.
123 Bamberger/Roth/*Spickhoff*, Art. 12 Rn 17; Staudinger/*Magnus*, Art. 12 Rn 79, 82; MüKo/*Spellenberg*, Art. 12 Rn 175; jurisPK-BGB/*Geiben*, Art. 12 Rn 25.
124 Staudinger/*Magnus*, Art. 12 Rn 84; Erman/*Hohloch*, Art. 12 Rn 8; MüKo/*Spellenberg*, Art. 12 Rn 178; *Looschelders*, Art. 32 EGBGB Rn 12.
125 *v. Bar*, IPR II, Rn 540.
126 Soergel/*v. Hoffmann*, Art. 32 EGBGB Rn 69.
127 BT-Drucks. 10/504, S. 20, 82.
128 Bamberger/Roth/*Spickhoff*, Art. 12 Rn 17; Staudinger/*Magnus*, Art. 12 Rn 85; mwN Rauscher/*Freitag*, EuZPR/EuIPR, Art. 12 Rn 15 ff.
129 Für eine Einordnung der Zahlungs-, nicht aber der Schuldwährung als Erfüllungsmodalität etwa Staudinger/*Magnus*, Art. 12 Rn 86; MüKo/*Spellenberg*, Art. 12 Rn 181; wohl auch Reithmann/*Martiny*/

Martiny, Rn 361; Bamberger/Roth/*Spickhoff*, Art. 12 Rn 17; aA Soergel/*v. Hoffmann*, Art. 32 EGBGB Rn 20 und 74.
130 Erman/*Hohloch*, Art. 12 Rn 8.
131 Bericht *Giuliano/Lagarde*, BT-Drucks. 10/503, S. 66; Czernich/Heiss/*Czernich*, Art. 10 EVÜ Rn 46; Erman/*Hohloch*, Art. 32 EGBGB Rn 8; Bamberger/Roth/*Spickhoff*, Art. 12 Rn 18; Calliess/*Schulze*, Art. 12 Rn 35.
132 Staudinger/*Magnus*, Art. 12 Rn 93; Reithmann/Martiny/*Martiny*, Rn 362; Soergel/*v. Hoffmann*, Art. 32 EGBGB Rn 71.
133 So zB MüKo/*Spellenberg*, Art. 12 Rn 184; Bamberger/Roth/*Spickhoff*, Art. 12 Rn 18; Soergel/*v. Hoffmann*, Art. 32 EGBGB Rn 75; *Looschelders*, Art. 32 EGBGB Rn 13.
134 Staudinger/*Magnus*, Art. 12 Rn 98; Reithmann/Martiny/*Martiny*, Rn 363; MüKo/*Spellenberg*, Art. 12 Rn 187; vgl auch BGH IPrax 1981, 93, 94.
135 Ähnlich Staudinger/*Magnus*, Art. 12 Rn 98.

und Handlungsunfähigkeit berufen, wenn die andere Vertragspartei bei Vertragsschluss diese Rechts-, Geschäfts- und Handlungsunfähigkeit kannte oder infolge von Fahrlässigkeit nicht kannte.

Literatur: *Fischer,* Verkehrsschutz im Internationalen Privatrecht, 1990; *Lipp,* Verkehrsschutz und Geschäftsfähigkeit im IPR, RabelsZ 63 (1999), 107; *ders.,* Geschäftsfähigkeit im europäischen IPR: Status oder Willensmangel?, in: FS Kühne, 2009, 765; *Schotten,* Schutz des Rechtsverkehrs im Internationalen Privatrecht, DNotZ 1994, 670.

A.	Allgemeines	1	3. Natürliche Person	10
B.	Regelungsgehalt	3	4. Fehlende Rechts-, Geschäfts- und Handlungsfähigkeit nach Personalstatut	12
	I. Geltung allgemeiner Regeln	3	III. Kenntnis oder fahrlässige Unkenntnis	15
	II. Anknüpfungsvoraussetzungen	4	IV. Rechtsfolge	17
	1. Grundsatz	4		
	2. Vertrag zwischen Personen, die sich in demselben Staat befinden	6		

A. Allgemeines

1 Art. 13 übernimmt wortgleich seine Vorgängernorm Art. 11 EVÜ, die mit gewissen Ergänzungen mittels Art. 12 EGBGB in deutsches Recht inkorporiert wurde.[1] Im Unterschied zu Art. 12 EGBGB ist der sachliche Anwendungsbereich der Norm entsprechend dem der Rom I-VO insgesamt auf vertragliche Schuldverhältnisse begrenzt. Außerdem stellt Art. 12 EGBGB auf ein "Kennen müssen" der anderen Vertragspartei ab, während Art. 13 den allgemeinen Begriff der „**Fahrlässigkeit**" verwendet.

2 Sinn und Zweck des Art. 13 ist der **Schutz des Rechtsverkehrs** am Abschlussort. Sofern ein inländischer Vertragspartner mit einem Ausländer kontrahiert, der nach seinem Recht (Personalstatut) nicht oder nur beschränkt geschäftsfähig (bzw handlungs- oder rechtsfähig) ist, muss er sich, sofern er die mangelnde Fähigkeit nicht kannte oder ihm diese infolge von Fahrlässigkeit unbekannt war, nur an den Regeln festhalten lassen, die **am Abschlussort** gelten und denen er sich durch die Teilnahme am Rechtsverkehr unterworfen hat. Denn die Kenntnis ausländischer Rechtsregeln kann regelmäßig nicht erwartet werden.[2] Im umgekehrten Fall ist der Ausländer jedoch schutzwürdig.

B. Regelungsgehalt

I. Geltung allgemeiner Regeln

3 **Rück- und Weiterverweisungen** sind – wie nahezu im gesamten Internationalen Schuldvertragsrecht – auch im Rahmen von Art. 13 ausgeschlossen (Art. 20). Der *ordre-public*-**Vorbehalt** des Art. 21 ist zwar zu beachten, doch bleibt für ihn aufgrund der besonderen Schutzvorschriften des Internationalen Schuldvertragsrechts meist kein Raum.[3]

II. Anknüpfungsvoraussetzungen

4 **1. Grundsatz.** Art. 13 hat mehrere **kumulativ** zu erfüllende Voraussetzungen. Es muss erstens ein Vertrag zwischen Personen, die sich in demselben Staat befinden, vorliegen. Zweitens ist erforderlich, dass mindestens eine der Vertragsparteien eine natürliche Person ist, die zwar nach dem Recht des Abschlussortes Rechts-, Geschäfts- und Handlungsfähigkeit besitzt, nicht aber nach ihrem Personalstatut. Und drittens muss die andere Vertragspartei die fehlende Rechts-, Geschäfts- und Handlungsfähigkeit nach dem Personalstatut kennen oder infolge von Fahrlässigkeit nicht kennen.

5 Art. 13 kann entsprechend des sachlichen Anwendungsbereichs der Rom I-VO nur zur Wirksamkeit von **vertraglichen Schuldverhältnissen** führen. Die Vorschrift erfasst weder prozessrechtliche Fähigkeiten, wie etwa die Partei- oder die Prozessfähigkeit,[4] für die eigene Regeln gelten, noch die Deliktsfähigkeit, für die innerhalb ihres Anwendungsbereichs die Rom II-VO Maß gibt und die auf das Recht des Schadensortes (Art. 4 Rom II-VO) abstellt. Für die Wechsel- und Scheckfähigkeit gelten die Art. 91 WG, 60 ScheckG. Bei Fehlen von Wechsel- oder Scheckfähigkeit sind die Verkehrsschutzvorschriften der Art. 91 Abs. 2 S. 1 WG und Art. 60 Abs. 2 S. 1 ScheckG zu beachten.[5]

---

1 Staudinger/*Hausmann*, Art. 22 Rn 3; Callies/*Loacker*, Art. 13 Rn 3.

2 Vgl *Lipp*, RabelsZ 63 (1999) 107, 137; Rauscher/*Thorn*, EuZPR/EuIPR, Art. 13 Rn 1; Staudinger/*Hausmann*, Art. 13 Rn 4.

3 Erman/*Hohloch*, Art. 13 Rn 2; Staudinger/*Hausmann*, Art. 13 Rn 72 f; Calliess/*Loacker*, Art. 13 Rn 13.

4 Dazu etwa *Leible*, in: Hirte/Bücker, Grenzüberschreitende Gesellschaften, 2. Aufl. 2006, § 11 Rn 26 ff.

5 Vgl *Leible*, in: Michalski (Hrsg.), GmbHG, 2. Aufl. 2010, Syst. Darst. 2 Rn 114.

2. Vertrag zwischen Personen, die sich in demselben Staat befinden. Der Begriff des Vertrages ist weit zu verstehen. Er umfasst **sämtliche schuldrechtliche Rechtsgeschäfte**, also auch einseitige Rechtsgeschäfte und nicht lediglich zweiseitige.[6] Dingliche Rechtsgeschäfte sind hingegen nicht erfasst, da sie nicht in den Anwendungsbereich der Rom I-VO fallen.

Aus dem Erfordernis, dass sich die Vertragsparteien in **demselben Staat** befinden müssen, ergibt sich nicht, dass die Parteien beide persönlich am selben Ort anwesend sein müssen. Es darf sich lediglich nicht um ein Distanzgeschäft handeln, bei dessen Abschluss sich die Parteien in verschiedenen Staaten aufhalten.[7] Ein Irrtum über den Aufenthaltsort des (geschäfts-)unfähigen Vertragspartners hat keine Auswirkungen auf die Anwendbarkeit der Norm. Denn Art. 13 stellt lediglich auf den tatsächlichen Aufenthaltsort ab.[8]

Der relevante Zeitpunkt für die Beurteilung, ob ein Distanzgeschäft vorliegt oder nicht, ist derjenige der **Erklärungsabgabe**.[9] Wechselt eine der Parteien nach Abgabe der Erklärung den Aufenthaltsstaat, ist dies folglich unerheblich. Überhaupt reicht ein nur kurzfristiger Aufenthalt.

Wird der Vertrag auf Seiten des geschäftsunfähigen Vertragspartners durch einen **Stellvertreter** geschlossen, so kommt es auf den Aufenthaltsort des Stellvertreters an.[10] Denn auch hier verlässt sich der andere Vertragsteil darauf, dass das Recht des Abschlussortes gilt. Abschlussort ist der Ort, an dem der inländische Vertragspartner und der Stellvertreter des ausländischen Vertragsteils bei Vertragsschluss anwesend sind, werden doch an diesem Ort werden die Willenserklärungen abgegeben.

3. Natürliche Person. Art. 13 gilt direkt nur für **natürliche Personen**, deren Personalstatut einem anderen Recht als dem des Abschlussortes unterliegt.[11] Möglich ist jedoch eine analoge Anwendung auf ausländische juristische Personen. Zwar scheint eine Analogie auf den ersten Blick aufgrund des eindeutigen Wortlauts ausgeschlossen. Indes ist der Ausschluss vor allem dadurch begründet, dass man einer Regelung im Internationalen Gesellschaftsrecht, die freilich noch nicht absehbar ist, nicht vorgreifen wollte. Sinn und Zweck der Vorschrift erfordern eine analoge Anwendung der Norm, da nicht ersichtlich ist, warum der Vertragspartner beim Kontrahieren mit einer **juristischen Person** weniger schutzwürdig sein soll als beim Vertragsschluss mit einer natürlichen Person.[12] Wenn schon der Verkehr gegenüber Fähigkeitsmängeln des allgemein für besonders schutzwürdig gehaltenen Minderjährigen etc. geschützt wird, muss dies erst recht gegen oft wesentlich schwieriger zu erkennende Rechtsfähigkeitsmängel bei juristischen Personen geschehen.[13] Aus demselben Grund sollte auch eine analoge Anwendung bei einer Geschäfts(un-)fähigkeit des Vertreters selbst bejaht werden.

Bei der durch Art. 13 **geschützten Person** kann es sich sowohl um eine natürliche als auch einen juristische Person handeln.[14]

4. Fehlende Rechts-, Geschäfts- und Handlungsfähigkeit nach Personalstatut. Die Begriffe „Rechts-, Geschäfts- und Handlungsfähigkeit" sind autonom auszulegen und wie bei Art. 1 Abs. 2 lit. a zu verstehen (vgl Art. 1 Rn 18 ff). Die **Rechtsfähigkeit** einer Person beschreibt ihre allgemeine Fähigkeit, Träger von Rechten und Pflichten zu sein, während unter **Geschäftsfähigkeit** ihre Fähigkeit zu verstehen ist, wirksam Rechtsgeschäfte vorzunehmen. Mit **Handlungsfähigkeit** sind familienrechtliche Handlungsbeschränkungen gemeint, wie etwa der Umfang der gesetzlichen Vertretungsmacht von Eltern, Vormündern und Pflegern.

---

6 MüKo/*Spellenberg,* Art. 13 Rn 25 f; Rauscher/*Thorn,* EuZPR/EuIPR, Art. 13 Rn 14 f; jurisPK-BGB/*Ludwig,* Art. 12 Rn 11.

7 Vgl Bericht Giuliano/Lagarde, BT-Drucks. 10/503, 66; Staudinger/*Hausmann,* Art. 13 Rn 37, 39.

8 So auch Bamberger/Roth/*Mäsch,* Art. 13 Rn 31.

9 MüKo/*Spellenberg,* Art. 13 Rn 58 f; Bamberger/Roth/*Mäsch,* Art. 13 Rn 30; jurisPK-BGB/*Ludwig,* Art. 13 Rn 18; Rauscher/*Thorn,* Art. 13 Rn 20.

10 Wie hier *Liessem,* NJW 1989, 497, 501; Erman/*Hohloch,* Art. 12 EGBGB Rn 9; aA MüKo/*Spellenberg,* Art. 13 Rn 64; *Schotten,* DNotZ 1994, 670, 671; Bamberger/Roth/*Mäsch,* Art. 13 Rn 26; Staudinger/*Hausmann,* Art. 13 Rn 41.

11 Art. 13 gilt auch für Vertragspartner gleicher Nationalität, wenn sie sich an einem anderen Abschlussort befinden. Allerdings wird hier der gute Glaube an vorhandene Geschäftsfähigkeit aufgrund der Kenntnis der eigenen Rechtsordnung in der Regel fehlen.

12 BGH NJW 1998, 2452; *Bausback,* DNotZ 1994, 254, 259; Palandt/*Thorn,* Art. 13 Rn 2 und Anh. Art. 12 EGBGB Rn 11; Staudinger/*Großfeld,* Int. GesR, Rn 281; *Fischer,* S. 211 ff; *Kalign,* DB 1985, 1449, 1452; MüKo/*Spellenberg,* Art. 13 Rn 52 ff; das LG München (ZIP 1999, 1680) hat Art. 12 EGBGB auf eine nach ausländischem Recht nicht rechtsfähige Vorgesellschaft mit dem Ergebnis angewendet, dass deutsches Recht anwendbar war.

13 *Leible,* in: Michalski (Hrsg.), GmbHG, 2. Aufl. 2010, Syst. Darst. 2 Rn 110 in Fn 357.

14 Staudinger/*Hausmann,* Art. 13 Rn 12; Rauscher/*Thorn,* EuZPR/EuIPR, Art. 13 Rn 12.

13 Eine Rechtsunfähigkeit kommt bei natürlichen Personen nahezu nicht vor. Problematischer gestaltet sich hingegen die **Rechtsfähigkeit juristischer Personen**. Bei ihrer Feststellung ist vor allem die einschlägige EuGH-Rechtsprechung zur Rechtsfähigkeit von Gesellschaften zu berücksichtigen.[15]

14 Art. 13 ist grundsätzlich auch anwendbar, wenn der Ausländer in seinem Heimatstaat entmündigt wurde.[16] Ob aus der Sicht des Vornahmestaates eine solche **Entmündigung** zu beachten ist, hängt von der Anerkennungsfähigkeit der Entmündigungsentscheidung ab (vgl dazu Art. 7 EGBGB Rn 26 f). Das deutsche Recht ist dann bei Beurteilung der Geschäftsfähigkeit insofern milder, als es keine vollständige Entmündigung kennt, sondern gem. § 1903 BGB allenfalls einen Einwilligungsvorbehalt des Betreuers vorsieht.

III. Kenntnis oder fahrlässige Unkenntnis

15 Die Person, die sich auf ihre fehlende Rechts-, Geschäfts- oder Handlungsfähigkeit berufen möchte, muss **beweisen**, dass der Vertragspartner diese bei Vertragsschluss kannte oder infolge von Fahrlässigkeit nicht kannte.[17]

16 Die Begriffe der Kenntnis bzw fahrlässigen Unkenntnis sind autonom auszulegen. Von **Kenntnis** ist bei positivem Wissen auszugehen. **Unkenntnis infolge von Fahrlässigkeit** liegt vor, wenn der Vertragspartner bei gebührender Sorgfalt von der fehlenden Fähigkeit hätte Kenntnis haben können. Der für diese Feststellung anzulegende Fahrlässigkeitsmaßstab ist ein objektiver. Maßgeblich sind die Umstände des Einzelfalles. Die bloße Kenntnis der Ausländereigenschaft des Geschäftsunfähigen allein ist nicht ausreichend.[18] Kommen aber noch weitere Aspekte hinzu, die eine Ermittlungsobliegenheit des Vertragspartners begründen, wie etwa der Umstand, dass der Vertragspartner zB im Staat des Geschäftsunfähigen seinen gewöhnlichen Aufenthalt hat oder (auch) dieselbe Staatsangehörigkeit besitzt, ist Fahrlässigkeit zu bejahen.[19] Ob eine **Erkundigungspflicht** besteht, hängt überdies von der wirtschaftlichen Bedeutung des Geschäfts, dem zur Verfügung stehenden Verhandlungszeitraum[20], der Üblichkeit einer Rechtsberatung[21] und der Erfahrung der Parteien im grenzüberschreitenden Rechtsverkehr ab.[22]

IV. Rechtsfolge

17 Entgegen seinem Wortlaut verlangt Art. 13 nicht, dass die unfähige Person sich auf den Mangel ihrer Fähigkeiten einredeweise berufen muss. Ob die Unfähigkeit nur bei aktivem Vorbringen im Prozess berücksichtigt wird, bestimmt sich vielmehr nach dem **Personalstatut**, das zur Geschäftsunfähigkeit führt.[23] Beurteilen Heimatrecht und Ortsrecht die Geschäftsunfähigkeit unterschiedlich, so setzt sich das günstigere Recht, welches die Geschäftsfähigkeit annimmt, durch. Es besteht aber **kein Wahlrecht** des Vertragspartners.[24] Kommen sowohl das Ortsrecht als auch das Heimatrecht zum Ergebnis, dass das Rechtsgeschäft mangels Geschäftsfähigkeit ungültig ist, so bestimmen sich die Rechtsfolgen nach dem milderen Recht.[25]

Artikel 14 Übertragung der Forderung

(1) Das Verhältnis zwischen Zedent und Zessionar aus der Übertragung einer Forderung gegen eine andere Person („Schuldner") unterliegt dem Recht, das nach dieser Verordnung auf den Vertrag zwischen Zedent und Zessionar anzuwenden ist.

---

15 EuGH, Rs 81/87 Slg 1988, 5483 – Daily Mail; Rs C-212/97, Slg 1999, I-1459 – Centros; Rs C-208/00, Slg 2002, I-9919 – Überseering; Rs C-167/01, Slg 2003, I-10155 – Inspire Art; Rs C-411/03, Slg 2005, I-10805 – Sevic; Rs C-210/06, Slg 2008, I-9641 – Cartesio; Rs C-378/10 = NJW 2012, 2715 – VALE. Ausführlich dazu *Leible*, in: Michalski (Hrsg.), GmbHG, 2. Aufl. 2010, Syst. Darst. 2 Rn 19 ff.

16 MüKo/*Spellenberg*, Art. 13 Rn 44; Palandt/*Thorn*, Art. 13 Rn 5; Staudinger/*Hausmann*, Art. 13 Rn 16.

17 Bericht *Giuliano/Lagarde*, BT-Drucks. 10/503, 66; Staudinger/*Hausmann*, Art. 13 Rn 61; Calliess/ *Loacker*, Art. 13 Rn 37.

18 *Schotten*, DNotZ 1994, 670, 672; *Liessem*, NJW 1989, 497, 501; Rauscher/*Thorn*, EuZPR/EuIPR, Art. 13 Rn 29; jurisPK-BGB/*Ludwig*, Art. 13 Rn 30.

19 MüKo/*Spellenberg*, Art. 13 Rn 87.

20 Hierzu BGH NJW 1998, 2452.

21 Etwa im Falle von Grundstücksgeschäften; vgl *Lipp*, RabelsZ 63 (1999), 141.

22 Rauscher/*Thorn*, EuZPR/EuIPR, Art. 13 Rn 29; Staudinger/*Hausmann*, Art. 13 Rn 57; Calliess/ *Loacker*, Art. 13 Rn 31.

23 MüKo/*Spellenberg*, Art. 13 Rn 89; Erman/*Hohloch*, Art. 13 Rn 7; Bamberger/Roth/*Mäsch*, Art. 13 Rn 36; Rauscher/*Thorn*, EuZPR/EuIPR, Art. 13 Rn 32.

24 MüKo/*Spellenberg*, Art. 13 Rn 89; Erman/*Hohloch*, Art. 13 Rn 7; Bamberger/Roth/*Mäsch*, Art. 13 Rn 37; Rauscher/*Thorn*, EuZPR/EuIPR, Art. 13 Rn 31; Staudinger/*Hausmann*, Art. 13 Rn 62.

25 MüKo/*Spellenberg*, Art. 13 Rn 92; Bamberger/Roth/ *Mäsch*, Art. 13 Rn 35; Staudinger/*Hausmann*, Art. 13 Rn 65.

(2) Das Recht, dem die übertragene Forderung unterliegt, bestimmt ihre Übertragbarkeit, das Verhältnis zwischen Zessionar und Schuldner, die Voraussetzungen, unter denen die Übertragung dem Schuldner entgegengehalten werden kann, und die befreiende Wirkung einer Leistung durch den Schuldner.

(3) Der Begriff „Übertragung" in diesem Artikel umfasst die vollkommene Übertragung von Forderungen, die Übertragung von Forderungen zu Sicherungszwecken sowie von Pfandrechten oder anderen Sicherungsrechten an Forderungen.

Literatur: *v. Bar*, Abtretung und Legalzession im neuen deutschen Internationalen Privatrecht, RabelsZ 53 (1989), 462; *ders.*, Kollisionsrechtliches zum Schuldbeitritt und zum Schuldnerwechsel, IPRax 1991, 197; *Basedow*, Internationales Factoring zwischen Kollisionsrecht und Unidroit-Konvention, ZEuP 1997, 615; *Bauer*, Die Forderungsabtretung im IPR, 2008; *v. Bernstorff*, Die Forderungsabtretung in den EU-Staaten, RIW 1994, 542; *Bette*, Abtretung von Auslandsforderungen, WM 1997, 797; *ders.*, Vertraglicher Abtretungsausschluß im deutschen und grenzüberschreitenden Geschäftsverkehr, WM 1994, 1909; *Busch/Müller*, Das Internationale Privatrecht des Gläubigerschutzes bei Vermögens- und Unternehmensübertragung, ZVglRWiss 94 (1995), 157; *Einsele*, Das Internationale Privatrecht der Forderungszession und der Schuldnerschutz, ZVglRWiss 90 (1991), 1; *dies.*, Auswirkungen der Rom I-Verordnung auf Finanzdienstleistungen, WM 2009, 289; *dies.*, Die Forderungsabtretung nach der Rom I-Verordnung – Sind ergänzende Regelungen zur Drittwirksamkeit und Priorität zu empfehlen?, RabelsZ 74 (2010), 91; *Flessner*, Die internationale Forderungsabtretung nach der Rom I-VO, IPRax 2009, 35; *ders.*, Rechtswahlfreiheit auf Probe – Zur Überprüfung von Art 14 der Rom I-VO, FS Kühne, 2010, S. 703; *Freitag*, Verkauf und Zession hypothekarisch gesicherter Forderungen im Internationalen Privatrecht, RIW 2005, 25; *Hadding/Schneider*, Die Forderungsabtretung, insbesondere zur Kreditsicherung, in ausländischen Rechtsordnungen, 1999; *Heine*, Das Kollisionsrecht der Forderungsabtretung, 2012; *Kaiser*, Verlängerter Eigentumsvorbehalt und Globalzession im IPR, 1986; *H. Keller*, Zessionsstatut im Lichte des Übereinkommens über das auf vertragliche Schuldverhältnisse anzuwendende Recht vom 19. Juni 1980, 1985; *Kieninger*, Das Statut der Forderungsabtretung im Verhältnis zu Dritten, RabelsZ 62 (1998), 678; *dies./Schütze*, Die Forderungsabtretung im IPR, IPRax 2005, 200; *dies./Sigman*, Abtretung und Legalzession, in: Ferrari/Leible (Hrsg.), Ein neues internationales Vertragsrecht für Europa, 2007, S. 179; *Koziol*, Probleme der Sicherungszession in grenzüberschreitenden Verkehr Deutschland – Österreich, DZWiR 1993, 353; *Mangold*, Die Abtretung im Europäischen Kollisionsrecht, 2001; *Merkt/Dunckel*, Anknüpfung der Haftung aus Vermögensübernahme bzw. Firmenfortführung beim Unternehmenskauf, RIW 1996, 533; *Reithmann/Martiny*, Internationales Vertragsrecht, 6. Auflage 2004; *Schack*, Subrogation und Prozeßstandschaft, Ermittlung ausländischen Rechts im einstweiligen Verfügungsverfahren, IPRax 1995, 158; *Schnelle*, Die kollisionsrechtliche Anknüpfung der Haftung aus Vermögensübernahme im deutschen Internationalen Privatrecht, RIW 1997, 281; *Stadler*, Der Streit um das Zessionsstatut – eine endlose Geschichte?, IPRax 2000, 104; *Stoll*, Anknüpfung bei mehrfacher Abtretung derselben Forderung, IPRax 1991, 223; *ders.*, Kollisionsrechtliche Aspekte des Übereinkommens der Vereinten Nationen über Abtretungen im internationalen Handel, FS Sonnenberger, 2004, S. 695; *Stürner*, Verkauf und Abtretung von Darlehensforderungen, ZHR 173 (2009), 363; *Tiedemann*, Die Haftung aus Vermögensübernahme im internationalen Recht, 1995; *Zweigert*, Das Statut der Vertragsübernahme, RabelsZ 23 (1958), 643.

A. Überblick 1	5. Befreiende Wirkung einer Leistung durch den Schuldner 21
B. Regelungsgehalt 6	IV. Die Abtretungswirkung im Verhältnis zu Dritten 22
I. Übertragung der Forderung (Abs. 3) 6	V. Sonderanknüpfungen 25
II. Verhältnis zwischen Zedent und Zessionar (Abs. 1) 9	1. Form 25
III. Verhältnis zum Schuldner (Abs. 2) 15	2. Dinglich gesicherte Forderungen 26
1. Allgemeines 15	C. Schuldübernahme, Schuldbeitritt, Schuldanerkenntnis 27
2. Übertragbarkeit 17	D. Vertragsübernahme 30
3. Verhältnis zwischen Zessionar und Schuldner 19	E. Vermögens- und Unternehmensübernahme ... 31
4. Entgegenhalten der Übertragung 20	

A. Überblick

Art. 14 regelt das Kollisionsrecht der **rechtsgeschäftlichen** Übertragung einer Forderung, ohne die in Art. 33 Abs. 1 und 2 EGBGB aF sowie Art. 12 EVÜ enthaltenen Schwachstellen, insbesondere die Frage nach der Verfügungswirkung der Abtretung gegenüber Gläubigern von Zedent und Zessionar sowie bei Mehrfachabtretungen zu beseitigen.[1] Zu diesen Problempunkten existierte bereits unter Art. 33 EGBGB aF (Art. 12 EVÜ) ein **breites Meinungsspektrum**; insbesondere wurde vertreten, die Verfügungswirkung nach dem Zessionsgrundstatut des Art. 33 Abs. 1 EGBGB aF (Art. 12 Abs. 1 EVÜ)[2] oder nach dem Recht

1

---

1 *Mankowski*, IHR 2008, 133, 149; zu den Schwachstellen *Kieninger*, RabelsZ 62 (1998), 678; *Mäsch*, in: Leible (Hrsg.), Das Grünbuch zum Internationalen Vertragsrecht, 2004, S. 193.

2 *Joustra*, IPRax 1994, 395, 397; *Stadler*, Gestaltungsrecht und Verkehrsschutz durch Abstraktion, 1996, 713 ff; *Mankowski*, FS Rolf Herber, 1999, S. 147, 184; *ders.*, IHR 2008, 133, 149 mwN aus der niederländischen Rspr.

der zedierten Forderung in Art. 33 Abs. 2 EGBGB aF (Art. 12 Abs. 2 EVÜ) zu bestimmen.[3] Teilweise wurde auch die Ansicht favorisiert, das Abtretungsstatut in Ermangelung einer kollisionsrechtlichen Regelung an das Niederlassungsrecht des Zedenten anzuknüpfen.[4] Diese Meinung lag im Wesentlichen auch dem **Vorschlag der Kommission** zur Rom I–VO zugrunde.[5] Der Vorschlag scheiterte allerdings am Widerstand einzelner Mitgliedstaaten, die eine legislative Festlegung offenbar mehr fürchteten als die im bisherigen Zustand angelegte Rechtsunsicherheit, die den Rechtsanwender nunmehr bis auf Weiteres begleiten wird. Die Kommission war nach **Art. 27 Abs. 2** zwar aufgefordert, bis spätestens zum 17. Juni 2010 einen Bericht vorzulegen, ob die Übertragung einer Forderung Dritten entgegengehalten werden kann und welchen Rang die abgetretene Forderung gegenüber dem Recht einer anderen Person einnimmt. Bis dato ist die Kommission dieser Verpflichtung noch nicht gerecht geworden.[6] Ob sich ein erneuter Lösungsvorschlag der Kommission jemals zustande kommt und sich gegen die Haltung der Mitgliedstaaten durchzusetzen vermag, darf eher bezweifelt werden. Es bleibt jedoch zu hoffen, dass der EuGH möglichst bald die Gelegenheit erhält, die im Rahmen des Art. 14 offen gebliebenen Fragen im Wege der **judikativen Rechtsvereinheitlichung** zu klären.

2 Die Artt. 22 ff des UNCITRAL-Übereinkommen über die internationale Forderungsabtretung[7] vom 12. Dezember 2001, welche die Frage nach der Verfügungswirkung der Abtretung gegenüber Gläubigern von Zedent und Zessionar sowie bei Mehrfachabtretungen in ähnlicher Weise wie der Kommissionsvorschlag regeln, tragen mangels Inkrafttreten des Abkommens nach wie vor nicht zur praktischen Lösung der genannten Probleme bei.[8] Das UNIDROIT Übereinkommen über das Internationale Factoring vom 28. Mai 1988 (sog. Ottawa-Übereinkommen) trat zwar für Deutschland am 1. Dezember 1998 in Kraft,[9] aufgrund der geringen Zahl weiterer Vertragsstaaten gilt es allerdings nur im Verhältnis zu Frankreich, Italien, Lettland, Nigeria, Ungarn und der Ukraine.[10]

3 Vor diesem eher enttäuschenden legislativen Hintergrund nehmen sich die **Korrekturen des Art. 14** im Verhältnis zu Art. 33 Abs. 1 und 2 EGBGB aF (Art. 12 Abs. 1 und 2 EVÜ) vergleichsweise gering aus. Hervorhebung verdient lediglich, dass sich das Verhältnis zwischen Zedent und Zessionar gemäß Art. 14 Abs. 1 nach Maßgabe der allgemeinen Kollisionsregeln bestimmt (Artt. 3 ff) und abweichend von der bisherigen hM zu Art. 33 Abs. 1 EGBGB aF nicht nur das Kausalverhältnis, sondern auch die (dingliche) Abtretung erfasst (vgl Erwägungsgrund 38). Wenigstens die Verfügungswirkung der Abtretung im Verhältnis von Zedent und Zessionar dürfte damit geklärt sein.[11]

4 Beim Verhältnis zwischen Zessionar und Schuldner bleibt hingegen alles beim Alten – es unterliegt nach Art. 14 Abs. 2 im Wesentlichen dem Recht, das der übertragenen Forderung Maß gibt. Danach bestimmen sich die Übertragbarkeit der Forderung und die Voraussetzungen, unter denen die Übertragung der Forderung dem Schuldner entgegengehalten oder eine befreiende Leistung durch den Schuldner angenommen werden kann. Hierdurch wird dem Interesse des Schuldners, dass die Abtretung keinen Einfluss auf seine Position hat, entsprochen.

---

3   BGHZ 108, 353, 357; BGHZ 111, 376, 379 f; BGH, NJW 1991, 1414; BGHZ 125, 196, 205; BGH, NJW-RR 2005, 206; dem folgend zB OLG Hamburg, IHR 2008, 98, 101; *v. Bar*, RabelsZ 53 (1989), 461, 468; vgl auch *Mankowski*, IHR 2008, 133, 149 mwN aus der englischen Rspr.

4   *Keininger*, RabelsZ 62 (1998), 678, 702 ff; *dies.*, JZ 1999, 405, 406; *dies.*, FS 600 Jahre Würzburger Juristenfakultät, 2002, S. 297, 314; *Magnus/Mankowski*, ZvglRWiss 103 (2004), 131, 185 f; MPI, RabelsZ 68 (2004), 1, 79 f.

5   Art. 13 Abs. 3 des Vorschlags für eine Verordnung über das auf vertragliche Schuldverhältnisse anzuwendende Recht, KOM(2005) 650 endg., Art. 13 Abs. 3; dazu *Kieninger*, in: Ferrari/Leible (Hrsg.), Ein neues Internationales Vertragsrecht für Europa, 2007, S. 179, 186–195; *dies./Schütze*, IPRax 2005, 200.

6   *Heine*, Das Kollisonrecht der Forderungsabtretung, 2012, 7: Zur Vorbereitung des überfälligen Berichts hat die Kommission das British Institute of International and Comparative Law (BIICL) im Jahre 2011 eine Umfrage zur internationalen Forderungsabtretung und dem auf diese anwendbaren Recht durchführen lassen.

7   United Nations Convention on the Assignment of Receivables in International Trade, erhältlich unter <http://www.uncitral.org/uncitral/en/uncitral_texts/payments/2001Convention_receivables.html> (Stand: 11.7.2008). Vgl hierzu ausführlich Staudinger/*Hausmann*, Anh. II zu Art. 14; *Schmidt*, IPRax 2005, 93; *Stoll*, in: FS Sonnenberger, 2004, S. 695; *Danielewski/Lehmann*, WM 2003, 221; *Kieninger*, FS 600 Jahre Würzburger Juristenfakultät, 2002, S. 297; *dies./Schütze*, ZIP 2003, 2181; *Grau*, Rechtsgeschäftliche Forderungsabtretungen im internationalen Rechtsverkehr, 2005; *Rudolph*, Einheitsrecht für internationale Forderungsabtretungen, 2006; *Bazinas* ZEuP 2002, 782; *Heine*, Das Kollisionsrecht der Forderungsabtretung, 2012.

8   Das Übereinkommen tritt erst mit Ratifizierung durch fünf Mitgliedstaaten in Kraft (Art. 45 Abs. 1).

9   BGBl. II 1998 S. 172.

10 Der Ratifikationsstatus ist unter <http://www.unidroit.org/implementi/i-88-f.pdf> abrufbar. Zum UNIDROIT-Abkommen ausführlich Staudinger/*Hausmann*, Anh. I zu Art. 14; *Basedow*, ZEuP 1997, 615 ff.

11 Erman/*Hohloch*, Art. 14 Rn 1.

Abs. 3 schließlich enthält eine begrüßenswerte Klarstellung zum Begriff der Übertragung der Forderung. 5
Darunter sind nicht nur die Vollabtretung, sondern auch die Sicherungsabtretung sowie die Übertragung
von Sicherungsrechten an Forderungen zu verstehen.

B. Regelungsgehalt

I. Übertragung der Forderung (Abs. 3)

Ausweislich seines Abs. 3 erfasst Art. 14 zunächst die **vollkommene Übertragung** der Forderung, womit 6
im deutschen Recht die Abtretung nach § 398 BGB gemeint ist, unabhängig davon, ob ihr ein entgeltlicher
oder unentgeltlicher Vertrag zugrunde liegt. **Forderung** meint nicht nur Geldforderungen, sondern auf die
Erbringung von Dienstleistungen oder die Lieferung von beweglichen Sachen oder Rechte gerichtete
Ansprüche.[12] Ebenfalls umfasst wird auch die *Subrogation* nach französischem Recht sein, also den Forderungsübergang
auf den leistenden Dritten durch Erklärung des Gläubigers.[13] Angestrebt wird durch Abs. 3
die kollisionsrechtliche Gleichbehandlung von Abtretung und Sicherungsabtretung. Dementsprechend
unterfällt Art. 14 auch die Sicherungsabtretung nach deutschen Recht,[14] ebenso Vorausabtretungen wie
beim verlängerten Eigentumsvorbehalt oder einer Globalzessionen. Auf die Übertragung von sonstigen
Rechten, wie Mitgliedschaftsrechte oder Immaterialgüterrechte, findet Art. 14 jedoch keine Anwendung.

Der Passus zur Übertragung „von Pfandrechten oder anderen Sicherungsrechten an Forderungen" ist nicht 7
wörtlich zu verstehen, sondern umfasst selbstverständlich auch die **Bestellung von Sicherungsrechten** an
einer Forderung,[15] einschließlich der Einräumung eines Nießbrauchs.[16] Art. 14 erfasst außerdem – wie
schon Art. 33 EGBGB – die **Einziehungsermächtigung**, dh die vom Forderungsinhaber abgespaltene
Befugnis des ermächtigten Dritten zur Einziehung der Forderung im eigenen Namen.[17]

Da der Bezug zu den „vertraglichen Schuldverhältnissen" nicht erst über die abzutretende Forderung, son- 8
dern bereits durch die Abtretung nach Abs. 1 selbst hergestellt wird, ist der Rechtsgrund der Forderung für
die rechtsgeschäftliche Verpflichtung zur Abtretung ohne Belang.[18] Folglich gilt Art. 14 auch für Forderungen
aus gesetzlichen Schuldverhältnissen sowie Ansprüche aus sonstigen Rechtsbeziehungen, die ihren
Ursprung außerhalb des Schuldrechts finden. Das durch Art. 14 berufene Recht wird als Sachnormverweisung
(Art. 20) zur Anwendung berufen, so dass Rück- und Weiterweisungen ganz grundsätzlich ausgeschlossen sind.

II. Verhältnis zwischen Zedent und Zessionar (Abs. 1)

Nach **Erwägungsgrund 38** soll mit dem Begriff „Verhältnis" im Zusammenhang mit der Übertragung der 9
Forderung klargestellt werden, dass Abs. 1 auch auf die dinglichen Aspekte des Vertrags zwischen Zedent
und Zessionar anwendbar ist, wenn eine Rechtsordnung – wie die deutsche – dingliche und schuldrechtliche
Aspekte einer Transaktion trennt. Demgegenüber knüpften die bisherige Rechtsprechung[19] und herrschende
Literatur[20] zu Art. 33 Abs. 1 und 2 EGBGB aF die Voraussetzungen der Abtretung – auch soweit nur das
Verhältnis zwischen Zedent und Zessionar betroffen war – an das Recht der zedierten Forderung an und

---

12 Staudinger/*Hausmann*, Art. 14 Rn 3.
13 *Flessner*, IPRax 2009, 35, 37; MüKo/*Martiny*, Art. 14 Rn 11; allg. zu Subrogation *Sonnenberger* IPRax 1987, 221, 222 ff.
14 MüKo/*Martiny*, Art. 14 Rn 37; Bamberger/Roth/*Spickhoff*, Art. 33 EGBGB Rn 4.
15 *Flessner*, IPRax 2009, 37; MüKo/*Martiny*, Art. 14 Rn 42; Erman/*Hohloch*, Art. 14 Rn 10; Entsprechendes wurde zu Art. 33 EGBGB vertreten, vgl *v. Bar*, RabelsZ 53 (1989), 462, 474; *v. Hoffmann*, in: Hadding/Schneider, S. 17.
16 *Flessner*, IPRax 2009, 37; MüKo/*Martiny*, Art. 14 Rn 42; Erman/*Hohloch*, Art. 14 Rn 10.
17 Vgl BGHZ 125, 196, 204 f = NJW 1994, 2549 = IPRax 1995, 168 m. Anm. *Gottwald*, 157; BGH NJW-RR 1990, 248, 250; Reithmann/Martiny/*Martiny*, Rn 327; Soergel/*v. Hoffmann*, Art. 33 EGBGB Rn 16; für eine eingeschränkte Anwendung des Art. 14 Staudinger/*Hausmann*, Art. 14 Rn 91.
18 MüKo/*Martiny*, Art. 14 Rn 15; Erman/*Hohloch*, Art. 14 Rn 2; vgl auch *v. Bar*, IPR II, Rn 564; Soergel/*v. Hoffmann*, Art. 33 EGBGB Rn 2.

19 BGHZ 111, 376, 379 f = NJW 1991, 637 = IPRax 1991, 248 m. Anm. *Stoll*, S. 223; BGH NJW 1991, 1414 = IPRax 1992, 43 m. Anm. *v. Bar*, S. 20; BGHZ 125, 196, 204 f = NJW 1994, 2596 = IPRax 168 m. Anm. *Gottwald*, S. 157; BGH NJW 1999, 940 = JZ 1999, 404 m. Anm. *Kieninger* = IPRax 2000, 128 m. Anm. *Stadler*, S. 104; OLG Karlsruhe WM 1993, 893, 894; OLG Düsseldorf VersR 2000, 460, 462; OLG Köln ZIP 1994, 1791, 1793; OLG Düsseldorf RIW 1995, 508, 509; LG Stuttgart IPRax 1993, 330, 331 Aus der Zeit vor der Neukodifikation des EGBGB durch das EVÜ vgl RGZ 65, 357, 358; BGH WM 1957, 1574, 1575; BGHZ 87, 19, 21.
20 Palandt/*Heldrich*, BGB, 68. Auflage 2009, Art. 33 EGBGB Rn 2; Bamberger/Roth/*Spickhoff*, BGB, 2. Auflage, 2008, Art. 33 EGBGB Rn 2; Erman/*Hohloch*, Art. 33 EGBGB Rn 3; *Kropholler*, IPR, § 52 VIII 1; *v. Bar*, IPR II, Rn 564; *Bette*, WM 1997, 797, 798; im Erg. ebenso *Mangold*, S. 179 ff.

beschränkte die Rechtswahlmöglichkeit allein auf das der eigentlichen Abtretung zugrunde liegende schuldrechtliche Geschäft. Trennte eine Rechtsordnung nicht zwischen schuldrechtlichem und dinglichem Rechtsgeschäft, wurde der gesamte (einheitliche) Übertragungsvorgang Art. 33 Abs. 2 EGBGB aF unterworfen, mit der Folge, dass für eine Rechtswahl kein Raum mehr blieb. Mit Erwägungsgrund 38 ist ein solches Verständnis nicht mehr vereinbar. Diejenigen Stimmen des Schrifttums, die schon vor Inkrafttreten der Rom I-VO für eine Erweiterung des Anwendungsbereichs des Art. 33 Abs. 1 EGBGB aF um das dingliche Verhältnis zwischen Zedent und Zessionar eintraten und damit den Forderungsübergang mit Ausnahme der in Art. 33 Abs. 2 EGBGB aF genannten Schuldnerschutzgesichtspunkten an Artt. 27 ff EGBGB aF anknüpften,[21] können sich durch die neue Rechtslage in Art. 14 Abs. 1 und Erwägungsgrund 38 bestätigt sehen, allerdings nur insoweit, wie tatsächlich das Verhältnis zwischen Zedent und Zessionar betroffen ist.

10 Konzeptionell trennt Art. 14 allein zwischen der (schuldrechtlichen und dinglichen *inter-partes*-)Beziehung zwischen Zedent und Zessionar (Abs. 1) sowie den Wirkungen der Abtretung gegenüber dem Schuldner (Abs. 2) und lässt das Verhältnis der Abtretungswirkung gegenüber Dritten offen. In Anbetracht der klaren Gesetzeslage ist damit das Risiko hinzunehmen, dass durch die Abtretung einer Forderung, die einer anderen Rechtsordnung als die Abtretung unterliegt, mittelbar der Bestand des Schuldverhältnisses berührt wird, indem ein Parteiwechsel herbeigeführt wird, mit dem der Schuldner nach seiner Rechtsordnung uU nicht zu rechnen braucht (zum Schuldnerschutz vgl allerdings Abs. 2). Der **Vorteil der neuen Anknüpfung** besteht in der Praxis darin, dass bei Abtretung mehrerer unterschiedlichen Rechtsordnungen unterliegenden Forderungen aufgrund desselben Schuldverhältnisses nur eine einzige Rechtsordnung in Bezug genommen werden kann.[22] Gerade bei Globalzessionen und Vorausabtretungen von Forderungen hatte die (frühere) gesonderte Anknüpfung der Abtretung zur Folge, dass vorsorglich alle Rechtsordnungen, denen die abzutretenden Forderungen unterlagen, in die Überlegungen einbezogen werden mussten. Nunmehr ist es möglich, alle Rechtsfragen zwischen Zedent und Zessionar **einheitlich** einer Rechtsordnung zu unterstellen.

11 Abs. 1 erfasst nach dem Gesagten zunächst das der Abtretung zugrunde liegende **Kausalverhältnis** (zB Kauf, Factoring, Schenkung). Das auf das Kausalverhältnis anzuwendende Recht bestimmt sich nach den allgemeinen Regeln (Artt. 3 ff), unterliegt also nicht dem Recht der abgetretenen Forderung. Das so ermittelte Recht entscheidet damit im Falle eines Forderungskaufs auch über die Frage, ob der Zedent gegenüber dem Zessionar für Verität oder Bonität der Forderung einzustehen hat. Richtigerweise wird man auch das nach Abs. 1 zu bestimmende Recht befragen, welche Auswirkungen die Nichtigkeit der schuldrechtlichen Vereinbarung auf die dingliche Abtretung hat.

12 Von Abs. 1 erfasst ist ferner die **Abtretung selbst**, wenn sie – wie im deutschen Recht – vom Kausalverhältnis zu trennen ist und nicht – wie etwa in der französischen Rechtsordnung – als einheitliches Geschäft im Sinne einer kausalen Forderungszession verstanden wird. Die dinglichen Aspekte der Abtretung unterliegen damit dem für Zedent und Zessionar maßgeblichen Abtretungsstatut,[23] das sich ebenfalls nach den Artt. 3 ff bestimmt,[24] allerdings nur, soweit die Wirkung der Abtretung zwischen Zedent und Zessionar betroffen ist. Dementsprechend erfasst das Abtretungsstatut die Art und Weise der Abtretung einschließlich der Möglichkeit eines gutgläubigen Erwerbs bzw ihre Nichtigkeit oder Anfechtbarkeit. Auch das Erfordernis einer Abtretungsanzeige oder Registrierung fällt – was die wirksame Übertragung im Verhältnis zwischen Zedent und Zessionar angeht – unter Abs. 1; für das Erfordernis einer Abtretungsanzeige oder Registrierung im Verhältnis zwischen Neugläubiger und Schuldner kommt es hingegen auf das Forderungsstatut nach Abs. 2 an (s. unten Rn 15 ff). Der in 14 Abs. 1 verwendete Begriff „Verhältnis" ist im Übrigen nur auf diejenigen Aspekte zu beziehen, die mit der Übertragung einer Forderung rechtlich in Zusammenhang stehen; etwaige weitere zwischen dem Zedenten und dem Zessionar bestehenden Beziehungen sind davon nicht erfasst.[25] Gleiches gilt auf der anderen Seite für die Frage der Inhaberschaft der abzutretenden Forderung, die sich naturgemäß stets nach dem Forderungsstatut beantwortet.[26]

13 Im Falle einer **Sicherungszession** sind nach dem Gesagten sowohl die Sicherungsabrede als auch Abtretung und die aus ihr folgenden Verwertungsbefugnisse unter Abs. 1 zu subsumieren.[27] Die bisher zu Art. 33 EGBGB aF (Art. 12 EVÜ) überwiegend vertretene Meinung, wonach Fragen wie etwa nach der Bestimmt-

---

21   *Einsele*, ZVglRWiss 90 (1991), 1, 13 f, 17 ff; *dies.*, RabelsZ 60 (1996), 430; *Stadler*, IPRax 2000, 104, 106; *Kaiser*, S. 219 ff; *Mankowski*, Seerechtliche Vertragsverhältnisse im IPR, 1995, S 265 ff; niederländischer Hoge Raad, Rechtspraak van de Week 1997, Nr. 126 C, S. 739 ff; differenzierend *Mangold*, S. 179 ff.
22   *Leible/Lehmann*, RIW 2008,.
23   *Flessner*, IPRax 2009, 35, 38.
24   AA *Bauer*, Die Forderungsabtretung im IPR, S. 292 f, 301 ff, wonach die dingliche Zuordnung, dh die Inhaberschaft der Forderung, nicht von Art. 14 betroffen sei und infolgedessen die Abtretung einem eigenen Übertragungsstatut, nämlich dem Recht am gewöhnlichen Aufenthalt des Vollrechtsinhabers der Forderung unterliege.
25   MüKo/*Martiny*, Art. 14 Rn 17.
26   Erman/*Hohloch*, Art. 14 Rn 4.
27   MüKo/*Martiny*, Art. 14 Rn 18; Bamberger/Roth/*Spickhoff*, Art. 14 Rn 3; *Koziol*, DZWiR 1993, 353, 356.

heit des Zessionsgegenstands und die Zulässigkeit von Vorausabtretungen der „Übertragbarkeit" der Forderung nach Abs. 2 zugeordnet worden sind, ist mit Abs. 1 nicht mehr vereinbar. Solche Fragestellungen sind nunmehr konsequenterweise nach dem Abtretungsstatut zu entscheiden,[28] jedenfalls soweit die *inter-partes*-Wirkung zwischen Zedent und Zessionar angesprochen ist (zur Drittwirkung unten Rn 22 ff). Entsprechendes gilt für die Einzugsermächtigung, die als Abspaltung eines Gläubigerrechts wie eine Abtretung zu behandeln ist und damit – was die Wirkung zwischen dem Ermächtigenden und dem Ermächtigten angeht – unter Abkehr von der bisher zu Art. 33 EGBGB aFvertretenen hM dem Abtretungsstatut des Abs. 1 folgt.[29]

Fraglich erscheint, ob trotz Erwägungsgrund 38 das Kausalverhältnis und die Abtretung im Wege der **Teilrechtswahl** nach Art. 3 Abs. 1 S. 3 voneinander abweichenden Rechtsordnungen unterstellt werden darf. Würde man die Abtretung dem Forderungsstatut und das Kausalverhältnis einer anderen Rechtsordnung unterwerfen, ließe sich das bisher von der hM zu Art. 33 Abs. 1 und 2 EGBGB aF propagierte Ergebnis herbeiführen.[30] Hierdurch könnte der Entstehung „relativer Forderungsrechte" vorgebeugt und die Durchsetzbarkeit der abgetretenen Forderung gegenüber dem Schuldner gestärkt werden, während das Kausalverhältnis demjenigen Recht unterliegt, dass auf die schuldrechtliche Beziehung zwischen Zedent und Zessionar am besten passt. Da Erwägungsgrund 38 keine Einschränkung der Rechtswahl entnommen werden kann, dürfte dieser Weg Zedent und Zessionar offen stehen. **14**

III. Verhältnis zum Schuldner (Abs. 2)

1. Allgemeines. Mit der Erstreckung des Abs. 1 auf die (dingliche) Abtretung geht die Beschränkung des Abs. 2 auf die dort speziell geregelten Fragen einher. Eine erweiternde Auslegung des Abs. 2, welche die Wirksamkeit der Abtretung im Verhältnis zwischen Zedent und Zession nach dem Forderungsstatut bemisst, steht also – vorbehaltlich einer abweichenden Rechtswahl (dazu Rn 10 f) – nicht mehr in Einklang mit Abs. 1.[31] Für die in Abs. 2 mit Blick auf den Schuldner geregelten Fragen (Übertragbarkeit der Forderung, Verhältnis zwischen Zessionar und Schuldner, Entgegenhalten der Übertragung und befreiende Leistungen des Schuldners) ist **„rechtsobjektbezogen"** an die abzutretende Forderung anzuknüpfen.[32] Das Forderungsstatut nach Abs. 2 entscheidet demgegenüber nicht darüber, ob die Übertragung der Forderung zwischen schuldrechtlichem oder dinglichem Geschäft trennt oder einheitlich ausgestaltet ist, ebenso wenig, ob innerhalb des Trennungsprinzips die Abtretung mit dem schuldrechtlichen Geschäft kausal verknüpft ist oder abstrakt wirkt. Diese Fragen bestimmen sich nach dem Abtretungsstatut nach Abs. 1. **15**

Die abzutretende Forderung teilt das – im Zeitpunkt ihrer Übertragung zu ermittelnde – Schuldstatut desjenigen Rechtsverhältnisses, aus dem sie hervorgeht.[33] Vertragliche Forderungen unterfallen mithin dem Vertragsstatut, deliktische Forderungen dem Deliktsstatut[34] etc.[35] Um das **Bestandsinteresse** des Schuldners nicht zu unterlaufen, ist es Alt- und Neugläubiger verwehrt (und im Übrigen ohne Mitwirkung des Schuldners auch gar nicht möglich), das Forderungsstatut nachträglich in ein anderes Recht zu überführen.[36] Unberührt bleibt freilich die Möglichkeit, dass Zessionar und Schuldner in den Grenzen des Art. 3 Abs. 2 S. 1 ein anderes Forderungsstatut wählen. Richtet sich die abzutretende Forderung nach internationalem Einheitsrecht, das keine eigenen Regelungen über die Abtretung (wie zB das **UN-Kaufrecht**, s. dort Art. 7) enthält, ist das Forderungsstatut anhand der Artt. 3 ff unter Ausblendung des Einheitsrechts zu ermitteln.[37] **16**

2. Übertragbarkeit. Wie aus Abs. 2 unmittelbar zu entnehmen, richtet sich die Übertragbarkeit der Forderung nach dem sie beherrschenden Recht.[38] Das Forderungsstatut ist deshalb zu befragen, ob gesetzliche Abtretungsverbote (zB bei Lohnforderungen oder Versicherungsansprüchen) eingreifen, und zwar unabhängig davon, ob das Verbot ausschließlich dem Schutz des Schuldners dient oder daneben (aber nicht alterna- **17**

---

28 *Flessner*, IPRax 2009, 35, 42 f; zweifelnd MüKo/*Martiny*, Art. 14 Rn 18 mwN.
29 MüKo/*Martiny*, Art. 14 Rn 43 mwN zur Rechtslage unter Art. 33 EGBGB.
30 Erman/*Hohloch*, Art. 14 Rn 4.
31 MüKo/*Martiny*, Art. 14 Rn 22 mwN; Erman/*Hohloch*, Art. 14 Rn 6.
32 *v.Bar/Mankowski*, IPR I § 7 Rn 41.
33 Erman/*Hohloch*, Art. 14 Rn 5 mwN; *v. Bar*, IPR II, Rn 532.
34 OLG Hamburg NJW-RR 1993, 40 = NZV 1993, 71; zweifelnd *Arlerez*, in: Leible/Ferrari (Hrsg.), Ein neues Internationales Vertragsrecht für Europa, S. 217, 223.

35 Vgl etwa BGH NJW 1988, 3095, 3096 (Empfängerrechte nach Art. 13 CMR); BGHZ 104, 145, 149 (Wechselforderung); BGHZ 108, 353, 362 (Scheck); OLG Düsseldorf VersR 2000, 460, 462 (Bereicherungsanspruch).
36 OLG Köln NJW 1987, 1151 = IPRax 1987, 239 m. krit. Anm. *Sonnenberger*, S. 221; Bamberger/Roth/*Spickhoff*, Art. 14 Rn 6; ebenso BGH RIW 1985, 154, 155.
37 Vgl OLG Hamm ZIP 1983, 1211, 1213; ebenso MüKo/*Martiny*, Art. 14 Rn 9; Erman/*Hohloch*, Art. 14 Rn 5 aE.
38 Vgl hierzu OLG München NJW-RR 1998, 549, 550; OLG Düsseldorf RIW 1995, 508, 509; *Bette*, WM 1994, 1909, 1913.

tiv) weitere Zwecke (Gläubigerschutz, öffentliche Interessen) verfolgt.[39] Gleiches gilt für die Wirkungen, die aus der Verabredung eines dinglich wirkenden Zessionsverbots (§ 399 Alt. 2 BGB) und seinen gesetzlichen Beschränkungen (§ 354 a HGB) resultieren.[40] Folgt aus dem Forderungsstatut ein gesetzliches oder rechtsgeschäftlich vereinbartes und zugleich dinglich wirkendes **Abtretungsverbot**, das dem Abtretungsstatut nach Abs. 1 fremd ist oder von ihm nicht anerkannt wird, ist die Abtretung im Verhältnis zwischen Zedent und Zessionar zwar wirksam, entfaltet gegenüber dem Schuldner jedoch keine Wirkung. Zur Übertragbarkeit der Forderung nach Abs. 2 gehört nach dem Gesagten allerdings nicht die Problematik, ob und bejahendenfalls unter welchen Voraussetzungen bedingte bzw künftige Forderungen zum Gegenstand einer (Voraus-)Abtretung – etwa bei einem verlängerten Eigentumsvorbehalt – gemacht werden dürfen, denn diese Einschränkungen dienen im Wesentlichen den Interessen des Zedenten und dessen Gläubiger, nicht jedoch des Schuldners.[41] Praktisch ermöglicht diese Weichenstellung Zedent und Zessionar durch Rechtswahl diejenigen Kriterien festzulegen, die eine Vorausabtretung als statthaft erscheinen lassen. Entsprechendes gilt für die rechtlichen Schranken bei einer Globalzession, die ebenfalls nicht dem Forderungs-, sondern Abtretungsstatut zu unterwerfen sind.[42]

18 Für die **Gestaltungspraxis** ist darauf zu achten, ob nach dem Forderungsstatut zu beachtenden Abtretungsverbote oder sonstige Störungen die Durchführung eines Forderungskaufs behindern und durch verkäuferseitige Garantien entsprechend aufgefangen werden können.

19 **3. Verhältnis zwischen Zessionar und Schuldner.** Zudem unterwirft Abs. 2 auch das Rechtsverhältnis zwischen Zessionar und Schuldner dem Forderungsstatut,[43] womit der (von der Abtretung nicht berührte) Inhalt der zedierten Forderung einschließlich des Bestehens von Einwendungen bzw Einreden zum Schutz des Schuldners garantiert wird. Erfasst wird von Abs. 2 auch die Frage, ob der Zessionar nur den Betrag verlangen darf, den er selbst dem Zedenten für die Forderung gezahlt hat.[44] Wie bereits erwähnt (vgl Rn 15) ist es Zedent und Zessionar wegen Abs. 2 ohne Zustimmung des Schuldners verwehrt, im Rahmen der Forderungsübertragung durch nachträglich Rechtswahl die abgetretene Forderung einem anderen Recht zu unterwerfen.

20 **4. Entgegenhalten der Übertragung.** Weiterhin gilt Abs. 2 für die Voraussetzungen, unter denen die Übertragung der Forderung dem Schuldner entgegengehalten werden kann. Es ist deshalb eine Frage des Forderungsstatuts – und nicht etwa der Form der Abtretung (Art. 11 EGBGB) –, ob die Zession als materiellrechtliche Publikationsvoraussetzung eine Benachrichtigung des Schuldners (etwa eine *Signification* nach Art. 1690 Code civile) oder eine Registereintragung erfordert.[45]

21 **5. Befreiende Wirkung einer Leistung durch den Schuldner.** Schließlich folgt aus Abs. 2 weiter, dass die befreiende Wirkung einer Leistung durch den Schuldner am Forderungsstatut zu messen ist. Dieser Aspekt betrifft insbesondere die Folgen einer Leistung des Schuldners an den Altgläubiger (vgl § 407 BGB).

IV. Die Abtretungswirkung im Verhältnis zu Dritten

22 Entgegen vereinzelter Stimmen im Schrifttum[46] ist dem europäischen Kollisionsrecht der Rom I-VO – und nicht dem nationalen Kollisionsrecht – die Frage zu entnehmen, ob eine Abtretung auch im Verhältnis zu Dritten (etwa **Gläubigern** oder **Zweiterwerbern**) Wirksamkeit entfaltet.[47] Hierfür sprechen die systematische Zusammenhang zwischen Art. 14 und Art. 27 Abs. 2 sowie die Praxis des EuGH, Rechtsakte der Gemeinschaft autonom und zugleich extensiv auszulegen und nur in Ausnahmefällen eine Verweisung auf die nationale Rechtsordnung zuzulassen.

23 Die Frage, ob über die *inter-partes*-Wirkung des Abs. 1 hinaus die Abtretung auch gegenüber Dritten wirkt, ließ der europäische Gesetzgeber mangels Kompromissbereitschaft einzelner Mitgliedstaaten ausdrücklich

---

39 MüKo/*Martiny*, Art. 14 Rn 25; Palandt/*Thorn*, Art. 14 Rn 4 f; *Flessner*, IPRax 2009, 35, 42. Zur Anwendbarkeit des § 67 Abs. 2 VVG vgl OLG Hamburg NJW-RR 1993, 40 = NZV 1993 m. krit. Anm. *Wandt*, S. 56.

40 *Flessner*, IPRax 2009, 35, 42; MüKo/*Martiny*, Art. 14 Rn 25.

41 *Flessner*, IPRax 2009, 35, 42; aA Erman/*Hohloch*, Art. 14 Rn 7.

42 AA zum alten Recht OLG Hamburg WM 1997, 1773; vgl auch BGH NJW 1999, 940 = IPRax 2000, 218 m. Anm. *Stadler*, S. 104; zum neuen Recht hingegen *Flessner*, IPRax 2009, 35, 42; Palandt/*Thorn*, Art. 14 Rn 5.

43 BGH NJW-RR 2001, 307 = WM 2000, 2373; OLG Stuttgart RIW 1991, 159, 160.

44 MüKo/*Martiny*, Art. 14 Rn 28.

45 Dazu etwa OLG Köln NJW 1987, 1151 = IPRax 1987, 239 m. Anm. *Sonnenberger*, S. 221. Entsprechendes gilt in den Niederlanden (Art. 3:94 BW) sowie in Italien (Art. 1264 Codice civile). Zu Letzterem OLG Hamm NJW-RR 1996, 1271, 1272 = IPRax 1996, 1997 m. Anm. *Schlechtriem*, S. 187. AA *Koziol*, DZWiR 1993, 353, 356.

46 *Bauer*, Die Forderungsabtretung im IPR, S. 292 f, 301 ff.

47 MüKo/*Martiny*, Art. 14 Rn 16; *Flessner*, IPRax 2009, 35, 38 f.

ungeregelt. Eine Lösung ist nur mit Schwierigkeiten auszumachen und bleibt dem (bislang untätigen) europäischen Gesetzgeber (Art. 27) oder (eher wahrscheinlich) dem EuGH überlassen, der hierüber im Wege der Vorabentscheidungsverfahrens von den nationalen Gerichten angerufen werden kann oder muss (Art. 267 AEUV). Im Wesentlichen dürften **drei Anknüpfungsmöglichkeiten** im Raum stehen, welche die Drittwirkung der Abtretung bestimmen, entweder nach dem Abtretungsstatut (Abs. 1),[48] nach dem Forderungsstatut (Abs. 2)[49] oder nach dem Recht des Aufenthaltsorts des Zedenten.[50] Die letztgenannte Anknüpfung favorisierte auch die Kommission in ihrem Vorschlag zur Rom I-VO. Die Anknüpfung an das Recht des Aufenthaltsorts des Zedenten oder das Abtretungsstatut nach Abs. 1 ermöglicht gewiss eine einheitliche Behandlung aller abgetretenen Forderungen, deren Statut im Zeitpunkt der Vorausabtretung im Rahmen eines verlängerten Eigentumsvorbehalts[51] oder einer Globalzession[52] – was für diese Anknüpfungsvarianten spricht – noch gar nicht bekannt sein kann.[53] Dem ist jedoch entgegenzuhalten, dass die genannten Anknüpfungsvarianten wegen des zwingend zu beachtenden Schuldnerschutzes in Abs. 2 nicht geeignet erscheinen, einer Rechtszersplitterung vorzubeugen.[54] Nur eine Bezugnahme auf das Forderungsstatut bewirkt eine einheitliche Beurteilung der Frage der Drittwirkung der Abtretung, schafft hohe Rechtssicherheit und vermeidet hohe Transaktionskosten. Vor diesem Hintergrund erscheint die Lösung der Drittwirkung der Abtretung über das Forderungsstatut vorzugswürdig zu sein.[55]

Entsprechendes gilt für den Fall, dass ein Gläubiger eine Forderung an verschiedene Personen mehrfach abtritt (**Mehrfachabtretung**). Eine Klärung dieser Frage nach dem Abtretungsstatut nach Abs. 1 führt nicht weiter, wenn die Beteiligten die Abtretungen verschiedenen Rechtsordnungen unterworfen haben, welche hinsichtlich der Wirksamkeit der Abtretungen zu unterschiedlichen Ergebnissen gelangen. Ein Abstellen auf das Recht am Aufenthaltsort des Zedenten würde dieses Problem zwar umgehen, jedoch erscheint diese Lösung wenig Rückhalt im Wortlaut des Art. 14 zu finden. Es ist deshalb vorzugswürdig, auch im Falle einer mehrfachen Zession generell mit der bisherigen Rechtsprechung der BGH am Maßstab des Forderungsstatuts zu entscheiden, in welchem Rangverhältnis die konkurrierenden Abtretungen zueinander stehen.[56] 24

V. Sonderanknüpfungen

1. **Form.** Ob die Abtretung einer bestimmten Form bedarf, bestimmt sich am Maßstab des **Art. 11 EGBGB**. In den durch Art. 11 Abs. 3 und Abs. 4 EGBGB gezogenen Grenzen gelten damit die Formvoraussetzungen des Abtretungsstatuts nach Art. 14 Abs. 1 – soweit es auf das Verhältnis zwischen Zedent und Zessionar ankommt – oder des Vornahmeorts.[57] Dieser Grundsatz reicht allerdings nur soweit, wie tatsächlich ein Formerfordernis – und nicht etwa eine materiellrechtliche Voraussetzung, etwa das Erfordernis einer *signification* – in Rede steht, die – je nachdem, ob es um die Beziehung zwischen Zedent und Zessionar oder zwischen Zessionar und Schuldner geht – dem Abtretungs- (Abs. 1) oder Forderungsstatut (Abs. 2) unterliegt. Vorrang vor dem Zessionsstatut genießt im Übrigen stets das rechtsgeschäftliche Fähigkeitsstatut (Artt. 7 und 12). 25

2. **Dinglich gesicherte Forderungen.** Besonderheiten gelten schließlich für die Abtretung einer dinglich gesicherten Forderung. Besteht die Sicherung in Gestalt eines **nichtakzessorischen** Grundpfandrechts (zB einer Grund- oder Rentenschuld), unterliegt die Verfügung über das dingliche Recht in materieller wie in formeller Hinsicht dem Recht am Belegenheitsort des Grundstücks (Art. 11 Abs. 5 EGBGB), während für 26

---

48 *Flessner*, IPRax 2009, 35, 40; Staudinger/*Hausmann*, Art. 14 Rn 70 f; sowie 55 ff mwN zum Streitstand; Rauscher/*Freitag*, EuZPR/EuIPR, Art. 14 Rn 41 f; so auch die bisherige Rechtslage in den Niederlanden, vgl hierzu *Kieninger/Sigman*, in: Ferrari/Leible (Hrsg.), Ein neues Internationales Vertragsrecht für Europa – Der Vorschlag für eine Rom I-Verordnung, S. 181 ff; *Mäsch*, in: Leible (Hrsg.), Das Grünbuch zum Internationalen Vertragsrecht, 2004, S. 198 f.
49 So die bisher hM unter Geltung des Art. 33 EGBGB, vgl BGHZ 108, 353, 357; BGHZ 111, 376, 379 f; BGH, NJW 1991, 1414; BGHZ 125, 196, 205; BGH, NJW-RR 2005, 206; dem folgend zB OLG Hamburg, IHR 2008, 98, 101; vgl auch *Mankowski*, IHR 2008, 133, 149 mwN aus der englischen Rspr. Ebenso Soergel/*v. Hoffmann*, Art. 33 EGBGB Rn 12; *v. Hoffmann*, in: Hadding/Schneider, S. 12.
50 Hierfür MüKo/*Martiny*, Art. 14 Rn 35; Erman/*Hohloch*, Art. 14 Rn 9; *Mäsch*, in: Leible (Hrsg.), Das Grünbuch zum Internationalen Vertragsrecht, 2004, S. 198 f; *Kieninger/Schütze*, IPRax 2005, 202 ff; *Bauer*, S. 103 f; *Leible*/Lehmann, RIW 2008, 528, 541.
51 Staudinger/*Stoll*, IntSachR, Rn 291 f.
52 *Stoll*, IPRax 1991, 223, 225 ff.
53 So etwa LG Hamburg IPRspr 1980 Nr. 53; *Kaiser*, S. 224 ff.
54 *v. Hoffmann*, in: Hadding/Schneider, S. 13 f.
55 MüKo/*Martiny*, Art. 14 Rn 34; Erman/*Hohloch*, Art. 14 Rn 7 aE; Palandt/*Thorn*, Art. 14 Rn 6 mwN; differenzierend Bamberger/Roth/*Spickhoff*, Art. 14 Rn 11.
56 BGHZ 111, 376, 380 ff = NJW 1991, 637 = IPRax 1991, 248 m. Anm. *Stoll*, S. 223; BGH NJW 1999, 940 = JZ 1999, 404 m. krit. Anm. *Kieninger* = IPRax 2000, 128 m. krit. Anm. *Stadler*, S. 104; für das Niederlassungsrecht des Zedenten *Kaiser*, S. 208 ff.
57 Erman/*Hohloch*, Art. 14 Rn 8.

die Übertragung der gesicherten Forderung das Abtretungsstatut nach Art. 14 Abs. 1 eingreift, jedenfalls soweit es auf das Verhältnis zwischen Zedent und Zessionar ankommt. Besteht die Sicherung in einem **akzessorischen** Grundpfandrecht (zB einer Hypothek), kommt es für dessen Übergang auf eine wirksame Abtretung an, was sich nach dem Abtretungsstatut in Abs. 1 bestimmt.[58] Wird insoweit ausländisches Recht gewählt, das im Falle einer deutschem Recht unterliegenden Hypothek eine § 1154 BGB entsprechende Formvorschrift nicht kennt, spricht viel dafür, in entsprechender Anwendung von §§ 410, 412 BGB oder kraft Vorrangs des § 1153 BGB auch die Hypothek übergehen zu lassen,[59] denn es ist kein Grund ersichtlich ist, weshalb in solchen Konstellationen der Grundstückseigentümer die durch die Zession der Forderung dann entstehende Eigentümergrundschuld behalten können soll. Fehlt es hingegen – abseits der Formvorgaben – an einer wirksamen Abtretung nach Maßgabe des durch Art. 14 Abs. 1 berufenen Rechts, scheidet ein Übergang der Hypothek zwangsläufig aus. § 1138 BGB findet insoweit keine Anwendung.

C. Schuldübernahme, Schuldbeitritt, Schuldanerkenntnis

27 Das Kollisionsrecht der **Schuldübernahme** bleibt auch in der Rom I-VO unkodifiziert,[60] so dass hier auf die in Rechtsprechung und Schrifttum entwickelten Grundsätze zurückgegriffen werden muss. Die befreiende Schuldübernahme lässt sich durch Vertrag zwischen Alt- und Neuschuldner mit Genehmigung des Gläubigers (vgl etwa § 415 BGB) oder durch Vertrag zwischen Gläubiger und Übernehmer vereinbaren. In beiden Fällen richten sich die obligatorischen Folgen des Übernahmevertrags, insbesondere die Verpflichtung des Neuschuldners zur Begleichung der Schuld, zunächst nach dem gewählten (Art. 3), ersatzweise dem Recht am Sitz des Neuschuldners (Art. 4 Abs. 2).[61] Die verfügenden Wirkungen des Übernahmevertrags – namentlich Voraussetzungen und Zeitpunkt des Schuldnerwechsels – bestimmen sich hingegen nach dem für die übernommene Schuld maßgebenden Recht.[62] Auf diese Weise lässt sich dem Bestandsinteresse des Gläubigers umfassend Rechnung tragen.

28 Im Rahmen eines **Schuldbeitritts** muss der Gläubiger freilich nicht beteiligt werden, da seine Interessen durch das Hinzutreten eines weiteren Schuldners nicht berührt sind. Infolgedessen unterliegt die Verpflichtung des Beitretenden dem mit dem Erstschuldner vereinbarten Recht (Art. 3), ersatzweise dem Recht des gewöhnlichen Aufenthalts bzw der Niederlassung des Zweitschuldners (Art. 4 Abs. 2)[63] oder ganz ausnahmsweise dem Statut der übernommenen Schuld (Art. 4 Abs. 5).[64] Der wichtigste Fall eines gesetzlichen Schuldbeitritts, der sog. Direktanspruch des Geschädigten gegen den Kfz-Haftpflichtversicherer (§ 3 Nr. 1 PflVG), ist explizit in Art. 18 Abs. 2 Rom II-VO bzw Art. 40 Abs. 4 EGBGB geregelt.

29 Vorbehaltlich einer Rechtswahl zwischen Anspruchsteller und Anerkennenden (Art. 3) unterliegt das **Schuldanerkenntnis** dem Statut der anerkannten oder anzuerkennenden Forderung,[65] im Falle eines abstrakten Schuldanerkenntnisses bei Grundschuldbestellung dem Recht des belegenen Grundstücks (Art. 4 Abs. 3).[66]

D. Vertragsübernahme

30 Die rechtsgeschäftliche Vertragsübernahme, die von dem zugrunde liegenden und eigenständig anzuknüpfenden Kausalverhältnis zu trennen ist,[67] beruht regelmäßig auf einem einheitlichen Rechtsgeschäft, an dem naturgemäß sämtliche Beteiligte mitwirken müssen. Deshalb erscheint es gerechtfertigt, die Parteien weitestmöglich zur **Rechtswahl** nach Art. 3 zuzulassen.[68] **Objektiv** ist die Vertragsübernahme hingegen an das

---

58 BGH NJW-RR 2005, 206; *Unberath*, IPRax 2005, 310; für eine akzessorische Anknüpfung hingegen *Freitag*, RIW 2005, 27.
59 Vgl MüKo/*Kreuzer*, nach Art. 38 EGBGB Anh. I Rn 47; Staudinger/*Stoll*, Int.SachR, Rn 181; *v. Bar*, RabelsZ 53 (1989), 462, 474.
60 BT-Drucks. 10/503, S. 68.
61 Bamberger/Roth/*Spickhoff*, Art. 14 Rn 13.
62 RG JW 1932, 3810; LG Hamburg, IPRax 1991, 400, 402 m. Anm. *Reinhart*, S. 376; Palandt/*Thorn*, Art. 14 Rn 7; Bamberger/Roth/*Spickhoff*, Art. 14 Rn 13; Erman/*Hohloch*, Art. 14 Rn 12; Soergel/*v. Hoffmann*, Art. 33 EGBGB Rn 38 mwN; aA (Vertragsstatut) für die Konstellation eines (externen) Übernahmevertrags zwischen Gläubiger und Übernehmer *Girsberger*, ZVglRWiss (88) 1989, 31, 37; *v. Bar*, IPRax 1991, 197, 199; Staudinger/*Hausmann*, Anh. zu Art. 16 Rn 9.
63 OLG Köln RIW 1998, 148, 149; Bamberger/Roth/*Spickhoff*, Art. 14 Rn 13; *v. Bar*, IPRax 1991, 197, 198; *Girsberger*, ZVglRWiss 88 (1989), 31, 37; Soergel/*v. Hoffmann*, Art. 33 EGBGB Rn 34 mwN.
64 Soergel/*v. Hoffmann*, Art. 33 EGBGB Rn 34 aE (wirtschaftliche Identität zwischen Altschuldner und Beitretenden).
65 OLG München RIW 1997, 507, 508; Bamberger/Roth/*Spickhoff*, Art. 14 Rn 14.
66 Palandt/*Thorn*, Art. 14 Rn 7.
67 *Zweigert*, RabelsZ 23 (1958), 643, 651.
68 *Zweigert*, RabelsZ 23 (1958), 643, 656 ff; *Girsberger*, ZVglRWiss 88 (1989), 31, 41 f; *v. Bar*, IPRax 1991, 197, 200; Bamberger/Roth/*Spickhoff*, Art. 14 Rn 15; Staudinger/*Hausmann*, Anh. Art. 16 Rn 12.

auf den übernommenen Vertrag anwendbare Recht anzuknüpfen.[69] Letzteres gilt ebenso mit Blick auf einen gesetzlich angeordneten Vertragsübergang.[70]

E. Vermögens- und Unternehmensübernahme

Das Kollisionsrecht der Übernahme eines Vermögens (vgl § 419 BGB aF) bzw eines Unternehmens (im Wege eines Asset Deals, vgl § 25 HGB) ist ebenfalls **nicht kodifiziert**. Einigkeit besteht zunächst darüber, dass das Statut des schuldrechtlichen Übernahmevertrags sich nach den allgemeinen Regeln des internationalen Vertragsrechts richtet (Artt. 3 ff).[71] Bei der Bestimmung des „verfügenden" Teils des Übernahmestatuts, welches namentlich die Haftung des Übernehmers festlegt, muss allerdings vorrangig den Interessen des Gläubigers des ursprünglichen Vermögensinhabers Rechnung getragen werden, denn es droht gerade ihm ein Verlust an Vollstreckungsobjekten. Aus diesem Grund ist eine – auch nachträglich getroffene – **Rechtswahl** nur dann zuzulassen, wenn sie unter Einbeziehung des Gläubigers herbeigeführt wird.[72] In **objektiver** Hinsicht unterliegt die Haftung bei einer Vermögensübernahme hingegen dem Recht am Lagerort des jeweiligen Vermögensobjekts (*lex rei sitae*).[73] Im Falle einer Unternehmensübernahme in Form eines Asset Deals gilt – vorbehaltlich einer Rechtswahl in den soeben geschilderten Grenzen – das Recht am tatsächlichen Sitz des übernommenen oder fortgeführten Unternehmens.[74]

31

Artikel 15 Gesetzlicher Forderungsübergang

Hat eine Person („Gläubiger") eine vertragliche Forderung gegen eine andere Person („Schuldner") und ist ein Dritter verpflichtet, den Gläubiger zu befriedigen, oder hat er den Gläubiger aufgrund dieser Verpflichtung befriedigt, so bestimmt das für die Verpflichtung des Dritten gegenüber dem Gläubiger maßgebende Recht, ob und in welchem Umfang der Dritte die Forderung des Gläubigers gegen den Schuldner nach dem für deren Beziehung maßgebenden Recht geltend zu machen berechtigt ist.

Literatur: *v. Bar*, Abtretung und Legalzession im neuen deutschen Internationalen Privatrecht, RabelsZ 53 (1989), 462; *Keller*, Das Zessionsstatut im Lichte des Übereinkommens über das auf vertragliche Schuldverhältnisse anzuwendende Recht vom 19. Juni 1980, 1985; *Magnus/Mankowski*, The Green Paper on a Future Rome I Regulation – on the Road to a Renewed European Private International Law of Contracts, ZVglRWiss. 103 (2004), 131; *Stoll*, Rechtskollisionen bei Schuldnermehrheit, FS Müller-Freienfels, 1986, S. 631; *Wandt*, Zum Rückgriff im Internationalen Privatrecht, ZVglRWiss 86 (1987), 272.

I. Anwendungsbereich und Abgrenzung	1	1. Zessionsgrundstatut	5
II. Sondervorschriften	3	2. Forderungsstatut und Schuldnerschutz	9
III. Anknüpfung	4		

I. Anwendungsbereich und Abgrenzung

Art. 15 bestimmt, nach welchem Recht sich der gesetzliche Forderungsübergang richtet, wenn ein Dritter – etwa ein Bürge oder eine Versicherung – den Gläubiger einer vertraglichen Forderung gegenüber einem Schuldner befriedigt oder zu befriedigen hat. Ob und in welchem Umfang der Dritte die Forderung des Gläubigers gegen den Schuldner geltend machen darf, bestimmt sich dann nach dem Sachrecht (Art. 20), das für die Verpflichtung des Dritten gegenüber dem Gläubiger maßgebend ist, also etwa dem Bürgschafts- oder Versicherungsvertrag (sog. **Zessionsgrundstatut**).

1

Die Norm entspricht Art. 13 Abs. 1 EVÜ sowie Art. 33 Abs. 3 S. 1 EGBGB aF. Letzterer erfasste allerdings auch die *cessio legis* außervertraglicher Forderungen (zB aus Geschäftsführung ohne Auftrag, Bereiche-

2

---

69 *Zweigert*, RabelsZ 23 (1958), 643, 646 ff; MüKo/*Martiny*, Art. 14 Rn 61 mwN; Soergel/*v. Hoffmann*, Art. 33 EGBGB Rn 46 mwN.
70 *Zweigert*, RabelsZ 23 (1958), 643, 656 f; *v. Bar*, IPRax 1991, 197, 200 f; Bamberger/Roth/*Spickhoff*, Art. 14 Rn 15; Staudinger/*Hausmann*, Anh. Art. 16 Rn 14 mwN.
71 Staudinger/*Hausmann*, Anh. Art. 16 Rn 18 mwN.
72 OLG Koblenz IPRax 1989, 175 Bamberger/Roth/*Spickhoff*, Art. 14 Rn 16.
73 *Merkt/Dunkel*, RIW 1996, 533, 541 f; MüKo/*Martiny*, Art. 15 Rn 29 ff; Palandt/*Thorn*, Art. 14 Rn 7; aA *Schnelle*, RIW 1997, 281, 284 (Anwendung des Rechts, das dem Übertragungsvorgang Maß gibt); *Tiedemann*, S. 120 ff (Wohnsitz des Vermögensträgers).
74 *Schnelle*, RIW 1997, 281, 285; Bamberger/Roth/*Spickhoff*, Art. 14 Rn 17; MüKo/*Martiny*, Art. 15 Rn 35; Palandt/*Thorn*, Art. 14 Rn 7; aA *Busch/Müller*, ZVglRWiss 94 (1995), 157, 177 ff (zusätzliche Berücksichtigung des Statuts der in Rede stehenden Forderung); *Ebenroth/Offenloch*, RIW 1997, 1, 8 (Wohnsitz des Veräußerers).

rungsrecht oder Delikt),[1] was nunmehr vorrangig durch die korrespondierende Bestimmung in Art. 19 Rom II–VO geregelt wird.[2] Keine Anwendung findet Art. 15 auf den gesetzlichen Eigentumsübergang in Gestalt einer dinglichen Surrogation.[3] Ebenso wenig erfasst Art. 15 den Fall der freiwilligen Drittleistung (zB nach § 267 BGB), bei der die Frage nach dem Zessionsregress kollisionsrechtlich üblicherweise nach dem Statut der getilgten Forderung[4] und im Übrigen nach den Regeln über die Geschäftsführung ohne Auftrag (Art. 11 Rom II–VO) oder Rückgriffskondiktion (Art. 10 Rom II–VO) zu beantworten sein wird. Da es im Falle von Ablösungsrechten eines Dritten (§ 268 BGB) an einer Beziehung des Dritten zum Gläubiger fehlt, untersteht die sich an die Ablösung anschließende *cessio legis* nicht Art. 15, sondern dem Recht, dem die erfüllte Forderung unterliegt.[5]

II. Sondervorschriften

3   Der Umfang der Erstattungspflicht des Unterhaltsschuldners richtet sich vorrangig nach Art. 9, 10 Nr. 3 des Haager Unterhaltsübereinkommens von 1973 bzw dem Unterhaltsstatut des Art. 18 Abs. 6 Nr. 3 EGBGB aF.[6] Eine weitere, unmittelbar geltende und nach Art. 23 vorrangige gemeinschaftsrechtliche Sonderregelung findet sich in Art. 85 der VO (EG) Nr. 8838/2004 über die Anwendung der Systeme der sozialen Sicherheit auf Arbeitnehmer und Selbstständige sowie deren Familienangehörige, die innerhalb der Gemeinschaft zu- und abwandern.[7] Mangels spezieller Vorschriften verbleibt es allerdings für Versicherungsverträge bei den allgemeinen Kollisionsnormen, wobei stets darauf zu achten sein wird, ob die Verpflichtung des Schuldners gegenüber dem Gläubiger vertraglicher (dann Art. 15) oder außervertraglicher Natur (dann Art. 19 Rom II–VO) ist.

III. Anknüpfung

4   Für die Anwendung des Art. 15 unerheblich ist zunächst, ob der Dritte nur gegenüber dem Gläubiger (zB im Falle einer Bürgschaft), dem Schuldner (zB im Falle einer Haftpflichtversicherung)[8] oder gegenüber beiden Parteien verpflichtet ist, anstelle des Schuldners den Gläubiger zu befriedigen.[9] Art. 15 setzt ferner eine **nachrangige** Verpflichtung des Dritten voraus, den Gläubiger eines primär haftenden Schuldners zu befriedigen. Bei **gleichrangiger** Verpflichtung von Schuldner und Drittem greift hingegen Art. 16 ein.

5   **1. Zessionsgrundstatut.** Voraussetzung und Zeitpunkt der *cessio legis* hängen von dem die Verpflichtung des Dritten beherrschenden Recht – dem Zessionsgrundstatut – und nicht von dem die übergehende Forderung beherrschenden Recht (Forderungsstatut) ab. Entsprechendes gilt für den Umfang des Forderungsübergangs, was – im Gegensatz zu Art. 33 Abs. 3 S. 1 EGBGB – in Art. 15 nunmehr explizit klargestellt wird („ob und in welchem Umfang").[10]

6   Unter welchen Voraussetzungen eine subsidiäre oder gleichrangige Verpflichtung des Dritten gegenüber dem Gläubiger besteht, ist nicht frei von Zweifeln. Überwiegend wird hierfür das für die Verpflichtung des Dritten anwendbare Recht befragt.[11] Denkbar erscheint freilich auch, die Nachrangigkeit unmittelbar durch eine **autonom-gemeinschaftsrechtliche Auslegung** des Art. 15 zu gewinnen, die das systematische Verhältnis zu Art. 16 zu berücksichtigen hat (vgl. Art. 16 Rn 1), was in aller Regel freilich vergleichbare Ergebnisse liefern wird. Von einer subsidiären Haftung ist wird jedenfalls immer dann auszugehen sein, wenn der Dritte nur ersatzweise haften soll, also nicht auf derselben Stufe mit dem Schuldner steht. Gemessen hieran wären im deutschen Recht namentlich die Leistungen des Bürgen, des Versicherers (§ 86 VVG), des Sozialversicherungsträgers (§§ 115, 116 SGB X) oder des Dienstherrn gegenüber dem Beamten (§ 76 BBG) als nachrangig zu qualifizieren.

---

1   BT-Drucks. 10/504, S. 83; dazu *v. Bar*, RabelsZ 53 (1989), 462, 481 ff.
2   *Leible/Lehmann*, RIW 2007, 721, 734 f.
3   *Schack*, IPRax 1995, 158, 159; aA wohl OLG Koblenz IPRax 1995, 171.
4   Palandt/*Thorn*, Art. 15 Rn 3; MüKo/*Martiny*, Art. 15 Rn 8; *v. Bar*, IPR II, Rn 582; einschr. für den Fall des § 1142 BGB Soergel/*v. Hoffmann*, Art. 33 EGBGB Rn 21.
5   *Einsele*, WM 2009, 298; MüKo/*Martiny*, Art. 15 Rn 17; ebenso schon *Wandt*, ZVglRWiss 86 (1987), 272, 312; *v. Bar*, RabelsZ 53 (1989), 482 f.
6   *Wandt*, ZVglRWiss 86 (1987), 272, 295 f.
7   Vgl ABl. EG 2004 Nr. L 166, 1. Weiterführend Staudinger/*Hausmann* Art. 15 Rn 20 ff.
8   *Stoll*, in: FS Müller-Freienfels, 1986, S. 631, 633 f; Soergel/*v. Hoffmann*, Art. 33 EGBGB Rn 19; aA *Wandt*, ZVglRWiss 86 (1987), 272, 279 f.
9   MüKo/*Martiny*, Art. 15 Rn 4; Palandt/*Thorn*, Art. 15 Rn 2.
10 AA Bamberger/Roth/*Spickhoff*, Art. 15 Rn 3. Zur alten Rechtslage *Wandt*, ZVglRWiss 86 (1987), 272, 281; vgl auch BT-Drucks. 10/503, S. 67.
11 Erman/*Hohloch*, Art. 15 Rn 5; Staudinger/*Hausmann*, Art. 15 Rn 16, MüKo/*Martiny*, Art. 15 Rn 6; Palandt/*Thorn*, Art. 15 Rn 2.

Nach dem Gesagten ist der Dritte zum Rückgriff also berechtigt, wenn das Recht, dem der Bürgschafts-, Arbeits- oder Versicherungsvertrag etc. unterliegt, den Forderungsübergang anordnet.[12] Keine abweichende Beurteilung folgt daraus, dass die *cessio legis* durch öffentlich-rechtliche Vorschriften bestimmt wird.[13]

Soweit dem Dritten neben dem Zessionsregress eigenständige Rückgriffsansprüche gegen den Schuldner zustehen, ist umstritten, ob hierfür das Zessionsgrundstatut[14] oder stattdessen die jeweilige *lex causae* dieser Rückgriffsbeziehung (zB Auftrag) maßgebend ist.[15] Einigkeit dürfte jedenfalls insoweit bestehen, als etwaige Gegenrechte, die der Schuldner gegen eigenständige Rückgriffsansprüche des Dritten zu erheben befugt ist, auch gegenüber der kraft Gesetzes übergegangenen Forderung geltend gemacht werden können,[16] so dass die Meinungsunterschiede oftmals nicht praktisch bedeutsam sein werden.

2. Forderungsstatut und Schuldnerschutz. Das die übergegangene Forderung beherrschende **Forderungsstatut** regelt demgegenüber den Inhalt der übergegangenen Forderung sowie die Frage, welche Einrede der Schuldner gegenüber dem neuen Gläubiger geltend machen kann. Dadurch wird dem **Bestandsinteresse** des Schuldners Rechnung getragen. In Anlehnung an Art. 14 Abs. 2 können weitere Gesichtspunkte des Schuldnerschutzes – etwa die befreiende Wirkung einer Leistung durch den Schuldner oder das Erfordernis einer Schuldnerbenachrichtigung – auch innerhalb des Art. 15 Berücksichtigung finden.[17] Stark umstritten ist allerdings, ob das Forderungsstatut auch die Frage der Übertragbarkeit der Forderung erfasst[18] oder ob es insoweit bei der Geltung des Zessionsgrundstatuts verbleibt.[19] Für die erstgenannte Auffassung spricht insbesondere, dass schon Art. 17 Abs. 2 des EVÜ-Vorentwurfs die Übertragbarkeit der Forderung dem Forderungsstatut unterwerfen wollte und mit der Korrektur des Wortlauts in der Endfassung des Art. 13 EVÜ keine sachliche Änderung beabsichtigt war.[20] Entsprechendes dürfte auch im Rahmen des Art. 15 gelten.[21]

Artikel 16 Mehrfache Haftung

¹Hat ein Gläubiger eine Forderung gegen mehrere für dieselbe Forderung haftende Schuldner und ist er von einem der Schuldner ganz oder teilweise befriedigt worden, so ist für das Recht dieses Schuldners, von den übrigen Schuldnern Ausgleich zu verlangen, das Recht maßgebend, das auf die Verpflichtung dieses Schuldners gegenüber dem Gläubiger anzuwenden ist. ²Die übrigen Schuldner sind berechtigt, diesem Schuldner diejenigen Verteidigungsmittel entgegenzuhalten, die ihnen gegenüber dem Gläubiger zugestanden haben, soweit dies gemäß dem auf ihre Verpflichtung gegenüber dem Gläubiger anzuwendenden Recht zulässig wäre.

Literatur: *Kieninger/Sigman*, Abtretung und Legalzession, in: *Ferrari/Leible*, Ein neues internationales Vertragsrecht für Europa, 2007, S. 179; *Leible/Lehmann*, Die Verordnung über das auf vertragliche Schuldverhältnisse anzuwendende Recht ("Rom I"), RIW 2008, 528; *Magnus*, Aufrechnung und Gesamtschuldnerausgleich, in: Ferrari/Leible Ein neues internationales Vertragsrecht für Europa, 2007, S. 201; *ders.*, Die Rom-I-Verordnung, IPRax 2010, 27; *Stoll*, Rechtskollisionen bei Schuldnermehrheit, FS Müller-Freienfels, 1986, S. 631; *Wandt*, Zum Rückgriff im Internationalen Privatrecht, ZVglRWiss 86 (1987), 272.

I. Anwendungsbereich und Abgrenzung 1	IV. Schutzklausel 7
II. Vorliegen einer Gesamtschuld 4	V. Eingeschränkte praktische Bedeutung 8
III. Rückgriff.................................... 5	

---

12 Zur Subrogation im englischen Recht der Schadensversicherung OLG Düsseldorf NZV 1992, 447, 448 m. Anm. *Liebelt*, NZV 1993, 298, 299 f.
13 Soergel/*v. Hoffmann*, Art. 33 EGBGB Rn 25 mwN; *Keller*, S. 199 ff; *v. Bar*, IPR II, Rn 578; Reithmann/*Martiny*, Rn 343.
14 *Wandt*, ZVglRWiss 86 (1987), 272, 288 f; Soergel/*v. Hoffmann*, Art. 33 EGBGB Rn 19.
15 *Stoll*, in: FS Müller-Freienfels, 1986, S. 631, 643; *Hübner*, RabelsZ 50 (1986), 740, 742; Rauscher/*Freitag*, EuZPR/EuIPR, Art. 15, 16 Rn 24.
16 *Wandt*, ZVglRWiss 86 (1987), 272, 288; Staudinger/*Hausmann*, Art. 15 Rn 18.
17 *Einsele*, WM 2009, 289 f; zur alten Rechtslage *Keller*, S. 164; Reithmann/Martiny/*Martiny*, Rn 344; Soergel/*v. Hoffmann*, Art. 33 EGBGB Rn 23.
18 *Einsele*, ZVglRWiss 90 (1991), 1, 19 f; Staudinger/*Hausmann*, Art. 15 EGBGB Rn 12; Soergel/*v. Hoffmann*, Art. 33 EGBGB Rn 24; *Keller*, S. 167 f.
19 OLG Stuttgart VersR 1991, 1012; *Wandt*, ZVglRWiss 86 (1987), 272, 286 f; *v. Bar*, IPR II, Rn 577; *Kropholler*, IPR, § 52 VIII 2; Rauscher/*Freitag*, EuZPR/EuIPR, Art. 15, 16 Rn 26.
20 Soergel/*v. Hoffmann*, Art. 33 EGBGB Rn 24.
21 Staudinger/*Hausmann*, Art. 15 EGBGB Rn 12; MüKo/*Martiny*, Art. 15 Rn 15; Erman/*Hohloch*, Art. 15 Rn 6.

I. Anwendungsbereich und Abgrenzung

1 Die Norm entspricht der Regelung des Art. 13 Abs. 2 EVÜ sowie Art. 33 Abs. 3 S. 2 EGBGB aF,[1] allerdings enthält sie eine ausführlichere und verallgemeinernde Regelung.[2] Erfolgt die Befriedigung des Gläubigers durch einen von mehreren Schuldnern, die dem Gläubiger für dieselbe Forderung haften, richtet sich der Rückgriff des leistenden Schuldners bei den übrigen Schuldnern nach dem Sachrecht (Art. 20), das auf die Verpflichtung des leistenden Schuldners gegenüber dem Gläubiger anzuwenden ist (Satz 1). Ebenso wie Art. 15 ist für den Gesamtschuldnerregress damit auf das sog. **Zessionsgrundstatut** abzustellen. Hierdurch wird der zuerst in Anspruch genommene oder freiwillig leistende Schuldner regelmäßig privilegiert, weil er den Regress nach dem Recht betreiben kann, das er aus der Beziehung zu seinem Gläubiger kennt.[3] Dem im Wege des Innenregress in Anspruch genommene Schuldner bleiben allerdings diejenigen Verteidigungsmittel erhalten, die ihm gegenüber dem Gläubiger nach dem auf dessen Forderung anwendbaren Sachrecht zugestanden hätten (Satz 2), womit klargestellt wird, dass die Forderungen des Gläubigers gegenüber den einzelnen Schuldnern unterschiedlichen Rechtsordnungen entspringen können.

2 Ob die Schuldner wie bisher[4] auch bei Art. 16 aus **verschiedenen Rechtsgründen** – etwa Vertrag oder Delikt – haften dürfen,[5] ist nicht zweifelsfrei, weil die korrespondierende Bestimmung des Art. 20 Rom II-VO für außervertragliche Ansprüche Geltung beansprucht, was für Art. 16 einen entsprechenden Umkehrschluss, dh eine (vollständige) Begrenzung auf vertragliche Ansprüche nahe legt. Soweit man Art. 16 und Art. 20 Rom II-VO inhaltsgleich auslegt und zudem Art. 20 um eine (ungeschriebene) Schutzklausel analog Art. 16 S. 2 ergänzt, dürfte diese Frage ohne praktische Bedeutung sein.

3 Aus Art. 1 Abs. 2 lit. f lässt sich folgern, dass **gesellschaftsrechtliche Gesamtschuldnerverhältnisse** nicht Art. 16 unterfallen.[6] Bei (schuldrechtlich wirkenden) Innengesellschaften wird man freilich auf Art. 16 zurückgreifen dürfen,[7] sollte hier jemals ein kollisionsrechtlich zu würdigender Sachverhalt vorliegen (dazu unten Rn 8).

II. Vorliegen einer Gesamtschuld

4 Schwierigkeiten wirft die Frage auf, unter welchen Voraussetzungen „ein Gläubiger eine Forderung gegen mehrere für dieselbe Forderung haftende Schuldner" hat. Man kann diesen Passus als Weiterverweis auf diejenige Rechtsordnung interpretieren, die dem jeweiligen Zessionsgrundstatut zwischen Gläubiger und Schuldner Maß gibt. Dies trägt allerdings dann kaum zur Lösung bei, wenn eine gesamtschuldnerische Bindung aus der Perspektive des einen Zessionsgrundstatuts zu bejahen und aus der Sicht des anderen zu verneinen wäre.[8] In diesem Fall könnte man sich damit behelfen, eine Gesamtschuld nur dann anzuerkennen, wenn nach sämtlichen Zessionsgrundstatuten eine Gesamtschuld zu bejahen wäre. Alternativ oder subsidiär kann man auch diejenige Rechtsordnung über das Bestehen eines Gesamtschuldverhältnisses entscheiden lassen, die auf die Verpflichtung des erfüllenden Schuldners anwendbar ist.[9] Überzeugend ist letztlich keiner dieser Ansätze. Richtigerweise wird man die Anforderungen an die Haftung mehrerer Schuldner für dieselbe Forderung aufgrund einer **europäisch-autonomen Auslegung** des Art. 16 S. 1 ohne Rückgriff auf das nationale Recht gewinnen müssen. Ausreichend dürfte hiefür sein, dass mehrere Schuldner im Sinne einer Erfüllungsgemeinschaft gleichstufig für die Forderung haften.[10] Dies belegt auch der systematische Vergleich zwischen Art. 15 und Art. 16: Während Art. 15 eine subsidiäre (nachrangige) Haftung des Dritten im Verhältnis zum Schuldner notwendig macht, bedarf es für Art. 16 die gleichrangige Haftung mehrerer Schuldner für dieselbe Forderung.[11]

---

1 BGH NJW 2007, 3564.
2 *Mankowski*, IHR 2008, 133, 150 f.
3 *Magnus*, in: Ferrari/Leible (Hrsg.), Ein neues Internationales Vertragsrecht für Europa, 2007, S. 201, 219 f; *Kropholler*, § 52 VIII Rn 3; PWW/*Brödermann/Wegen*, Art. 16 Rn 3.
4 *v. Bar*, RabelsZ (53) 1989, 483; Staudinger/*Hausmann*, Art. 16 Rn 4.
5 *Magnus*, in: Ferrari/Leible (Hrsg.), Ein neues Internationales Vertragsrecht für Europa, 2007, S. 201, 219 f, PWW/*Brödermann/Wegen*, Art. 16 Rn 4; Palandt/*Thorn*, Art. 16 Rn 2.
6 Palandt/*Thorn*, Art. 16 Rn 3.
7 Erman/*Hohloch*, Art. 16 Rn 4.
8 *Mankowski*, IPRax 1998, 122, 124.
9 Erman/*Hohloch*, Art. 16 Rn 3; Staudinger/*Hausmann*, Art. 16 Rn 4 mwN; MüKo/*Martiny*, Art. 15 Rn 4 mwN.
10 *Pfeiffer*, EuZW 2008, 622, 629; *Magnus*, in: Ferrari/Leible (Hrsg.), Ein neues Internationales Vertragsrecht für Europa, 2007, S. 201, 219.
11 Unstreitig, vgl *Einsele*, WM 2009, 298 f; MüKo/*Martiny*, Art. 16 Rn 4; Palandt/*Thorn*, Art. 16 Rn 2; *Magnus*, in: Ferrari/Leible (Hrsg.), Ein neues Internationales Vertragsrecht für Europa, 2007, S. 201, 219.

III. Rückgriff

Dass der Rückgriff demjenigen Recht unterstellt wird, welches auf die Verpflichtung des leistenden Schuldners gegenüber dem Gläubiger anzuwenden ist, macht deutlich, dass – wie bereits von der herrschenden Meinung zu Art. 33 Abs. 3 S. 2 EGBGB aF anerkannt[12] – Art. 16 S. 1 gerade auf diejenigen Fälle zugeschnitten ist, bei denen die gesamtschuldnerisch verbundenen Forderungen **unterschiedlichen Rechtsordnungen** unterliegen.[13] Entsprechendes folgt aus Art. 16 S. 2, der andernfalls überflüssig wäre. Im Übrigen ist auch für Art. 20 Rom II-VO anerkannt, dass die gesamtschuldnerisch verbundenen Forderungen sich nach verschiedenen Rechtsordnungen richten können.[14] Infolgedessen unterliegt der gesetzliche Forderungsübergang dem Recht, für das die zuerst erfüllte Forderung Maß gibt. Das nahe liegende Risiko eines Schuldnerwettlaufs reduziert Art. 16 S. 2, indem es dem regresspflichtigen Gesamtschuldner den Einwand eröffnet, ein Rückgriff bestehe nach dem für seine eigene Verpflichtung maßgebenden Recht nicht oder jedenfalls nicht in der geltend gemachten Höhe.[15]

Soweit die gleichrangig haftenden Schuldner durch ein besonderes Rechtsverhältnis (zB Auftrag oder Dienstvertrag) miteinander verbunden sind, wird das darauf anwendbare Recht nicht nur einen etwaigen selbstständigen Ausgleichsanspruch, sondern – in Ausnahme zu Art. 16 – auch die Frage des Forderungsübergangs beeinflussen.[16]

IV. Schutzklausel

Gegen den Rückgriffsanspruch des leistenden Gesamtschuldners kann sich der Regressschuldner nach Art. 16 S. 2 EGBG mit denjenigen Einwendungen und Einreden verteidigen, die ihm aus dem Rechtsverhältnis gegenüber dem Gläubiger nach dem dafür einschlägigen Geschäftsstatut zustehen. Der autonomgemeinschaftsrechtlich auszulegende Passus „Verteidigungsmittel entgegenhalten" ist seinem Schutzzweck entsprechend weit auszulegen und umfasst auch schlüssiges Verhalten des Rückgriffschuldners.[17]

V. Eingeschränkte praktische Bedeutung

Der praktische Nutzen des Art. 16 – auch in der Zusammenschau mit Art. 20 Rom II-VO – darf nicht überbewertet werden. Selten werden mehrere Personen für dieselbe (vertragliche) Forderung eines Gläubigers aufgrund verschiedener Rechtsordnungen haften. Vielmehr wird es sich so verhalten, dass das auf einen Vertrag anwendbare Recht einheitlich für alle an dem Vertrag beteiligten Personen gewählt wird oder jedenfalls zu bestimmen ist. Leistet dann ein Schuldner an den Gläubiger und greift er im Anschluss auf die übrigen Gesamtschuldner zurück, bestimmt sich die Frage nach dem „Ob" und „Wie" des Rückgriffs ebenso nach dem Vertragsstatut, wie die Frage nach den Verteidigungsmöglichkeiten des im Regresswege herangezogenen Gesamtschuldners. In einem solchen Fall hat Art. 16 keine Bedeutung, insbesondere ermöglicht er dem „vorleistenden" Gesamtschuldner nicht die Durchsetzung des seiner Verpflichtung unterliegenden Statuts gegenüber einem davon abweichenden Forderungsstatut. Etwas anderes mag allenfalls dann gelten, wenn einer Person vertragliche und außervertragliche Ansprüche, die unterschiedlichen Rechtsordnungen unterliegen, gegenüber verschiedenen Schuldnern zustehen und diese gleichrangig untereinander haften.

Artikel 17 Aufrechnung

Ist das Recht zur Aufrechnung nicht vertraglich vereinbart, so gilt für die Aufrechnung das Recht, dem die Forderung unterliegt, gegen die aufgerechnet wird.

Literatur: *Berger*, Der Aufrechnungsvertrag, 1996; *Busse*, Aufrechnung bei internationalen Prozessen vor deutschen Gerichten, MDR 2001, 729; *Gäbel*, Neuere Probleme zur Aufrechnung im IPR, 1983; *Geimer*, EuGVÜ und Aufrechnung, IPRax 1986, 208; *Gebauer*, Internationale Zuständigkeit und Prozessaufrechnung, IPRax 1998, 79; *Jud*, Die Aufrechnung im internationalen Privatrecht, IPRax 2005, 104; *Kannengießer*, Die Aufrechnung im Internationalen Privat- und Verfahrensrecht, 1997; *Magnus*, Set-off and the Rome I Proposal, Yearbook of Private International Law 8 (2006), 113; *ders.*, Aufrechnung und Gesamtschuldnerausgleich in: Ferrari/Leible (Hrsg.), Ein neues internationales Vertragsrecht für Europa,

---

12 Staudinger/*Hausmann*, Art. 33 EGBGB Rn 86 f; Reithmann/Martiny/*Martiny*, Rn 321; *v. Bar*, RabelsZ (1989), 462, 484; aA hingegen *Wandt*, ZVglRWiss 86 (1987), 272, 293.
13 Palandt/*Thorn*, Art. 16 Rn 2;.
14 Bamberger/Roth/*Spickhoff*, EG 42 Anh. Rn 127.
15 *Stoll*, in: FS Müller-Freienfels, 1986, S. 631, 659; Staudinger/*Hausmann*, Art. 33 EGBGB Rn 87; *Keller*, S. 180 ff.
16 *Stoll*, in: FS Müller-Freienfels, 1986, S. 631, 660; ebenso Bamberger/Roth/*Spickhoff*, Art. 16 Rn 2.
17 Bamberger/Roth/*Spickhoff*, Art. 16 Rn 4.

2007, 201; *ders.*, Internationale Aufrechnung, in: Leible (Hrsg.), Das Grünbuch zum internationalen Vertragsrecht, 2004, 209; *Schlechtriem*, Die Aufrechnung durch den Käufer wegen Nachbesserungsaufwands – deutsches Verfahrungsstatut und UN-Kaufrecht, IPRax 1996, 256; *Zimmermann*, Comparative Foundations of an European Law of Set-off and Prescription, 2002; *ders.*, Die Aufrechnung. Eine rechtsvergleichende Skizze zum Europäischen Vertragsrecht, FS Medicus, 1999, S. 710.

I. Allgemeines 1	IV. Prozessaufrechnung 10
II. Anwendungsbereich 2	V. Aufrechnungsvereinbarungen 11
III. Umfang und Abgrenzung des Aufrechnungsstatuts 7	

I. Allgemeines

1 Die Regelung über die Aufrechnung in Art. 17 ist ohne positivrechtliches Vorbild im EVÜ oder EGBGB. Sie orientiert sich an Artt. 4 Abs. 2 lit. d, 6 sowie Erwägungsgrund 26 der EuInsVO[1] und stellt den Schutz des Aufrechnungsgegners in den Vordergrund,[2] indem sie für die Aufrechnung das Recht derjenigen Forderung für maßgebend erklärt, gegen die aufgerechnet wird, also das Recht der Hauptforderung. Dies entspricht der vor Inkrafttreten der Rom I–VO herrschenden Meinung, welche die Aufrechnung als Art des Erlöschens einer Verbindlichkeit nach Art. 32 Abs. 1 Nr. 4 EGBGB aF (nunmehr Art. 12 Abs. 1 lit. d) ebenfalls dem Statut der Hauptforderung unterwarf;[3] auf die bisherige Rechtsprechung und Literatur zur Anknüpfung der Aufrechnung kann aufgrund der Übereinstimmungen zurückgegriffen werden. Eine Berücksichtigung des Rechts der Forderung, mit der aufgerechnet wird (Gegenforderung), oder gar der kumulierte Rückgriff auf diejenigen Rechtsordnungen, denen Haupt- und Gegenforderungen jeweils unterliegen,[4] wird durch Art. 17 ausdrücklich ausgeschlossen. Ausdrücklich keine Anwendung findet Art. 17 auf die vertraglich vereinbarte Aufrechnung (etwa eine Kontokorrentabrede).

II. Anwendungsbereich

2 Unterliegen Haupt- und Gegenforderung **demselben Recht**, was nach ihrem jeweiligen Statut zu beurteilen ist, richten sich Voraussetzungen und Rechtsfolgen der Aufrechnung nach dem (gleichen) Schuldstatut, was bereits aus Art. 12 Abs. 1 lit. d folgt.[5] Der Rückgriff auf Art. 17 wird folglich nur dann notwendig, wenn sich **Haupt- und Gegenforderung aus unterschiedlichen Rechtsordnungen** ableiten.

3 Nach einhelligem Schrifttum ist Art. 17 weit auszulegen. Der Begriff der Aufrechnung ist **gemeinschaftsrechtlich autonom** ohne Rückgriff auf das Aufrechnungsverständnis der Mitgliedstaaten zu bestimmen.[6] Eine Aufrechnung wird im Prinzip immer dann vorliegen, wenn zwischen zwei Personen wechselseitige Forderungen bestehen und der Schuldner der einen, regelmäßig zuerst erhobenen Forderung[7] (Hauptforderung) dieser sodann eine eigene Forderung (Gegenforderung) entgegensetzt, um beide Forderungen, soweit sie sich decken, zum Erlöschen zu bringen. **Erfasst werden** nach dem Gesagten die Aufrechnung mittels Gestaltungserklärung, aber auch die automatische Verrechnung (*compensation légale*) und nicht zuletzt die Prozessaufrechnung.[8] Auch wenn das Statut der Hauptforderung die Aufrechnung dem Prozessrecht zuweist, bleibt sie für Art. 17 stets materiellrechtlich zu qualifizieren.[9]

---

1 Verordnung (EG) Nr. 1346/2000 über Insolvenzverfahren (EuInsVO), ABl. EG 2000 Nr. L 160, S. 1; vgl *Mankowski*, IHR 2008, 133, 151.

2 *Magnus*, in: Leible (Hrsg.), Das Grünbuch zum Internationalen Vertragsrecht, 2004, 209, 225; Staudinger/*Magnus*, Art. 17 Rn 2; Palandt/*Thorn*, Art. 17 Rn 2; MPI, RabelsZ 68 (2004), 1, 85.

3 Zu Art. 32 EGBGB aF: BGH NJW 1994, 1416; NJW 2006, 3631; OLG Koblenz RIW 1992, 59, 61; RIW 1993, 934, 937; OLG Düsseldorf RIW 1995, 53, 55; OLG Stuttgart RIW 1995, 943, 944; OLG München RIW 1998, 559, 560; OLG Karlsruhe IHR 2004, 246; zuvor grundlegend BGHZ 38, 254, 256. Ebenso *Martiny*, ZEuP 1997, 120; *Gruber*, MDR 1992, 121; *Busse*, MDR 2001, 729, 733. Für eine Anwendung des – außerhalb des Art. 32 Abs. 1 Nr. 4 EGBGB stehenden – autonomen deutschen Kollisionsrechts Soergel/*v. Hoffmann*, Art. 32 EGBGB Rn 49.

4 Angelegt in EuGH 10.7.2003, Rs. C-87/01P, Slg 2003, I-7617, I-7678 Rn 61 – Kommission / Conseil des Communes et Règions de l'Europe; zust. *Jud*, IPRax 2005, 104; kritisch hingegen *Metzger* JZ 2004, 90, 91 f.

5 Reithmann/Martiny/*Martiny*, Rn 265; Bamberger/Roth/*Spickhoff*, Art. 17 Rn 1 und 3. Nur auf Art. 17 abstellend (was am Erg. nichts ändert) Erman/*Hohloch*, Art. 17 Rn 3.

6 Staudinger/*Magnus*, Art. 17 Rn 6; PWW/*Brödermann/Wegen*, Art. 17 Rn 4.

7 Zur Bestimmung der Hauptforderung in Zweifelsfällen *Mankowski*, IHR 2008, 133, 151; *Magnus*, in: Ferrari/Leible (Hrsg.), Ein neues Internationales Vertragsrecht für Europa, 2007, S. 201, 210; Rauscher/*v. Hein*, EuZPR/EuIPR, Art. 17 Rn 11.

8 Staudinger/*Magnus*, Art. 17 Rn 9 ff; Palandt/*Thorn*, Art. 17 Rn 1.

9 LG München I IPRax 1996, 31, 33; Palandt/*Thorn*, Art 17 Rn 1; Erman/*Hohloch*, Art. 17 Rn 3 aE; Staudinger/*Magnus*, Art. 17 Rn 8; Rauscher/*v. Hein*, EuZPR/EuIPR, Art. 17 Rn 9.

Verfahrensrechtliche Fragen der Prozessaufrechnung sind der *lex fori* vorbehalten (dazu sogleich Rn 10). **4**
Die Insolvenzaufrechnung folgt demgegenüber dem Insolvenzstatut (Art. 4 Abs. 1 EuInsVO),[10] ist aber
auch nach dem Recht der Hauptforderung möglich, sollte die Aufrechnung nach dem Insolvenzstatut ausnahmsweise nicht zulässig sein (Art. 6 Abs. 1 EuInsVO).[11] Das Statut der Hauptforderung lässt sich entsprechend Art. 17 auch auf die Frage anwenden, ob der Schuldner einem ihm gegenüber geltend gemachten
Anspruch ein Zurückbehaltungsrecht entgegensetzen kann.[12]

Für die Anwendung des Art. 17 ist es in jedem Fall ausreichend, dass wenigstens die **Hauptforderung eine** **5**
schuldvertragliche Grundlage, die Gegenforderung hingegen eine außervertragliche Grundlage hat.[13]
Allerdings sollte man Art. 17 umfassend verstehen und auch dann heranziehen, wenn nur die Gegenforderung aus einem Schuldvertrag resultiert oder beide Forderungen außervertraglichen Ursprungs sind. Hierdurch schließt man die **Lücke**, welche die Rom II–VO in Ermangelung einer expliziten Aufrechnungsnorm
geschaffen hat. Art. 17 enthält nach richtigem Verständnis ein verallgemeinerbares Prinzip, das in Anbetracht der engen Verknüpfung zwischen Rom I–VO und Rom II–VO (vgl Erwägungsgrund 7) unabhängig
davon herangezogen werden kann, ob die wechselseitigen Forderungen vertraglichen oder außervertraglichen Ursprungs sind.[14] Selbst wenn man in derartigen Konstellationen eine Analogie zu Art. 17 ablehnen
sollte, wird man für das Erlöschen einer Verpflichtung nach Art. 15 lit. h Rom II–VO durch Aufrechnung
kaum zu einer anderen Lösung gelangen, als in Art. 17 vorgesehen.

Auch wenn Haupt- und Gegenforderung jeweils dem **CISG** unterliegen, wird für die Frage der Aufrechnung überwiegend auf Art. 17 zurückgegriffen, also darauf abgestellt, welchem Recht die Hauptforderung
bei Ausblendung des UN-Kaufrechts unterstehen würde.[15] Nach anderer Auffassung sei hingegen bei wechselseitigen konventionsinternen Ansprüchen die Aufrechnung nach den allgemeinen Grundsätzen des CISG
zu bestimmen, die dann – als Bestandteil einer staatsvertraglichen Regelung – Art. 17 vorgingen (Art. 25
Abs. 1).[16] Allerdings wird man dieser Ansicht in der Praxis nur mit Schwierigkeiten beitreten können, zu
unbestimmt erscheinen die Vorgaben des CISG, um daraus konkrete Voraussetzungen für eine Aufrechnung zu destillieren. **6**

III. Umfang und Abgrenzung des Aufrechnungsstatuts

Vom Aufrechnungsstatut umfasst werden alle **Tatbestandsvoraussetzungen** und **Rechtsfolgen** der Aufrechnung,[17] also ob Abtretungsverbote bestehen, Haupt- und Gegenforderung wechselseitig, gleichartig
und/oder in einem engen Zusammenhang zueinander stehen müssen, ferner ob die Gegenforderung Einwendungen und Einreden ausgesetzt sein darf bzw durchsetzbar oder fällig sein muss, darüber hinaus ob die
Aufrechnung ausdrücklich erklärt werden muss oder automatisch von Gesetzes wegen eintritt und schließlich in welchem Umfang und zu welchem Zeitpunkt die Aufrechnung das Erlöschen der wechselseitigen
Forderungen bewirkt. **7**

Ob die Gegenforderung tatsächlich wirksam, frei von Einwendungen oder Einreden und fällig ist, bestimmt
sich hingegen nach dem Recht der Gegenforderung.[18] Was das Bestehen und die Durchsetzbarkeit der
Hauptforderung angeht, ergibt sich hingegen ein Gleichlauf mit dem Abtretungsstatut, da sich dieses nach
dem Recht der Hauptforderung richtet. **8**

Unterliegen Haupt- und Gegenforderungen verschiedenen **Währungen**, so folgt aus dem vom Aufrechnungsstatut berufenen Sachrecht, ob eine Aufrechnung gleichwohl zulässig ist. Ist deutsches Recht berufen,
verneint die Rechtsprechung überwiegend die Gleichartigkeit von Haupt- und Gegenforderung, es sei denn,
der Schuldner ist nach § 244 BGB ersetzungsbefugt.[19] Richtigerweise und nicht zuletzt mit Blick auf die
Kapitalverkehrsfreiheit sollte man großzügiger verfahren und die Aufrechnung bereits dann zulassen, sofern
die in Rede stehenden Währungen frei konvertibel sind und die Parteien die Hauptforderung nicht als echte
Fremdwährungsschuld nach § 244 Abs. 2 BGB vereinbart haben.[20] **9**

---

10 BGHZ 95, 256, 273.
11 Staudinger/*Magnus*, Art. 17 Rn 55 f.
12 Palandt/*Thorn*, Art. 17 Rn 1; Bamberger/Roth/*Spickhoff*, Art. 17 Rn 4.
13 Erman/*Hohloch*, Art. 17 Rn 3; zweifelnd Palandt/*Thorn*, Art. 17 Rn 1.
14 Staudinger/*Magnus*, Art. 17 Rn 15; *Hellner*, in: Ferrari/Leible, Rome I Regulation, 263 ff; aA MüKo/*Spellenberg*, Art. 17 Rn 7.
15 PWW/*Brödermann/Wegen*, Art. 17 Rn 3.
16 Staudinger/*Magnus*, Art. 17.
17 PWW/*Brödermann/Wegen*, Art. 17 Rn 5.
18 LG Saarbrücken IHR 2003, 27; MüKo/*Spellenberg*, Art. 17 Rn 20; Soergel/*v. Hoffmann*, Art. 32 Rn 51; PWW/*Brödermann/Wegen*, Art. 17 Rn 7 f.
19 BGH IPRax 1994, 366; OLG Hamm NJW-RR 1999, 1736; OLG Hamburg VersR 1979, 833 f.; OLG Frankfurt NJW 1967, 501; ebenso Bamberger/Roth/*Spickhoff*, Art. 17 Rn 6; Palandt/*Thorn*, Art. 17 Rn 2; PWW/*Brödermann/Wegen*, Art. 17 Rn 6.
20 OLG Koblenz RIW 1992, 59, 61; MüKo/*Spellenberg*, Art. 17 Rn 21 ff mwN; Staudinger/*Magnus*, Art. 17 Rn 36; Reithmann/Martiny/*Martiny*, Rn 369.

IV. Prozessaufrechnung

10 Während die materiellrechtlichen Bedingungen einer Prozessaufrechnung durch das von Art. 17 berufene Recht bestimmt werden, unterliegen die mit der Prozessaufrechnung verbundenen **verfahrensrechtlichen Gesichtspunkte** der *lex fori*.[21] Sie ist demnach zu befragen, ob das angerufene Gericht überhaupt die internationale Zuständigkeit für die Entscheidung über die Gegenforderung besitzen muss,[22] ob eine entgegenstehende (ausländische) Rechtshängigkeit der Gegenforderung schädlich ist, des weiteren ob und wie die Prozessaufrechnung als Verteidigungsmittel in den Prozess eingeführt werden darf und welche Rechtskraftwirkung die Entscheidung über die Aufrechnung letztlich hat.[23] Wird die Aufrechnung in einem Schiedsverfahren erklärt, muss das Schiedsgericht über die Gegenforderung entscheidungsbefugt sein.

V. Aufrechnungsvereinbarungen

11 Art. 17 greift nur dann ein, wenn keine vertragliche Vereinbarung über die Aufrechnung getroffen worden ist. Dies ist etwa bei Aufrechnungsverträgen, Verrechnungsvereinbarungen oder Kontokorrentabreden der Fall, umgekehrt aber auch beim ausdrücklichen Ausschluss der Aufrechnung. Das auf solche Vereinbarungen anwendbare Recht bestimmt sich nach den Artt. 3 ff. Jenseits einer – in den Schranken der Art. 3 Abs. 3 und 4 sowie Art. 5 bis 8 zulässigen – Rechtswahl[24] ist zweifelhaft, wie eine Aufrechnungsvereinbarung objektiv anzuknüpfen ist. Sofern die Aufrechnungsvereinbarung mit einem Hauptvertrag eng verbunden ist, werden beide regelmäßig dasselbe Recht teilen.[25] Außerhalb solcher Gestaltungen wird man regelmäßig auf das Recht der engsten Verbindung nach Art. 4 Abs. 4 abstellen,[26] sofern sich die Aufrechnung nicht auf Forderungen bezieht, die den Artt. 5 bis 8 unterfallen.

Artikel 18 Beweis

(1) Das nach dieser Verordnung für das vertragliche Schuldverhältnis maßgebende Recht ist insoweit anzuwenden, als es für vertragliche Schuldverhältnisse gesetzliche Vermutungen aufstellt oder die Beweislast verteilt.

(2) Zum Beweis eines Rechtsgeschäfts sind alle Beweisarten des Rechts des angerufenen Gerichts oder eines der in Artikel 11 bezeichneten Rechte, nach denen das Rechtsgeschäft formgültig ist, zulässig, sofern der Beweis in dieser Art vor dem angerufenen Gericht erbracht werden kann.

Literatur: *Buciek*, Beweislast und Anscheinsbeweis im internationalen Recht, Diss. Bonn 1984; *Coester-Waltjen*, Internationales Beweisrecht, 1983; *Heinrich*, Zur Funktion der Beweislastnormen, FS Musielak, 2003, 219; *Stürner*, Beweislastverteilung und Beweisführungslast in einem harmonisierten europäischen Zivilprozess, FS Stoll, 2001, 691; *Thole*, Anscheinsbeweis und Beweisvereitelung im harmonisierten Europäischen Kollisionsrecht – ein Prüfstein für die Abgrenzung zwischen lex causae und lex fori, IPRax 2010, 285.

I. Überblick	1	III. Gesetzliche Vermutungen und Beweislast	7
II. Anwendungsbereich	4	IV. Beweis des Rechtsgeschäfts	11

I. Überblick

1 Im Anschluss an Art. 32 Abs. 3 S. 1 EGBGB aF (Art. 14 Abs. 1 EVÜ) und parallel zu Art. 22 Abs. 1 Rom II-VO über das auf außervertragliche Schuldverhältnisse anwendbare Recht unterstellt Art. 18 Abs. 1 gesetzliche Vermutungen sowie die Beweislast dem Geschäftsstatut (*lex causae*), also dem auf den Schuldvertrag anwendbaren Recht (Art. 20). Der Grundsatz, dass alle wesentlichen Verfahrensfragen einschließlich des Beweisrechts eigentlich dem am Gerichtsort geltenden Recht (*lex fori*) unterfallen (siehe Art. 1 Abs. 3, früher Art. 1 Abs. 2 lit. h EVÜ), erfährt somit durch Art. 18 Abs. 1 eine wesentliche Einschränkung.

---

21 Vgl BGHZ 38, 254, 258; 60, 85, 87; Palandt/*Thorn*, Art. 17 Rn 1; Staudinger/*Magnus*, Art. 17 Rn 38; MüKo/*Spellenberg*, Art. 17 Rn 15; Erman/*Hohloch*, Art. 17 Rn 4; Reithmann/Martiny/*Martiny*, Rn 368.
22 So die bisherige Rspr: BGHZ 149, 120; ebenso das überwiegende zivilprozessrechtliche Schrifttum, vgl etwa Zöller/*Vollkommer*, § 33 Rn 8 aE; Zöller/*Greger*, § 145 Rn 19 aE; MüKo-ZPO/*Peters*, § 145 Rn 37; gegen das Erfordernis der internationalen Zuständigkeit des angerufenen Gerichts für die Gegenforderung: Soergel/*v. Hoffmann*, Art. 32 Rn 52; *Coester-Waltjen*, in: FS Lüke, 1997, S. 35, 39 ff.
23 Staudinger/*Magnus*, Art. 17 Rn 39 ff.
24 PWW/*Brödermann/Wegen*, Art. 17 Rn 1; Reithmann/Martiny/*Martiny*, Rn 367.
25 Reithmann/Martiny/*Martiny*, Rn 367.
26 Nach Bamberger/Roth/*Spickhoff*, Art. 17 Rn 8 sei auf das Recht der Hauptforderung entsprechend Art. 17 abzustellen, wenn sich das Recht der engsten Verbindung nicht anderweitig ermitteln lässt.

Die *lex fori* wird im Anwendungsbereich des Art. 18 Abs. 1 verdrängt, weil gesetzliche Vermutungen des Vertragsrechts und die Beweislast eng mit dem materiellen Recht verknüpft sind.[1]

Eine Abweichung von der *lex fori* sieht ferner Art. 18 Abs. 2 im Nachgang zu Art. 32 Abs. 3 S. 2 EGBGB aF (Art. 14 Abs. 2 EVÜ) für den Beweis eines Rechtsgeschäfts vor. Hiernach sind alle Beweisarten der *lex fori* oder eines der in Art. 11 bezeichneten Rechte, nach denen das Rechtsgeschäft formgültig ist, zulässig, sofern der Beweis in dieser Art nach der *lex fori* erbracht werden kann.

Auf Schrifttum und Rechtsprechung zu den Vorgängerbestimmungen des Art. 32 Abs. 3 EGBGB aF (Art. 14 EVÜ) kann aufgrund der inhaltlichen Übereinstimmungen mit Art. 18 ohne Bedenken zurückgegriffen werden.[2]

II. Anwendungsbereich

Die **autonom-gemeinschaftsrechtlich auszulegende Bestimmung**[3] des Art. 18 findet unmittelbar auf Schuldverträge und einseitige schuldvertragliche Rechtsgeschäfte Anwendung, ferner auf die *culpa in contrahendo*, soweit Art. 12 Rom II-VO auf die Rom I-VO verweist.[4] Ob Art. 18 zusammen mit Art. 22 Rom II-VO einen allgemeinen Grundsatz enthält, der auf weitere vertragliche Beziehungen, wie etwa auf Gesellschaftsverträge oder Vereinbarungen des Sachen-, Familien- oder Erbrechts anwendbar ist, dürfte für die Praxis noch nicht in belastbarer Weise geklärt sein.[5]

Nur gesetzliche Vermutungen sowie die Verteilung der Beweislast nach dem zur Anwendung berufenen materiellen (nationalen) Vertragsrecht – und **nicht nach dem einschlägigen Kollisions- oder Verfahrensrecht** – werden von Art. 18 Abs. 1 erfasst.[6] Das Geschäftsstatut hat demnach keine Bedeutung für die Beweislastverteilung innerhalb einer Kollisionsnorm der Rom I-VO oder einem prozessrechtlichen Vermutungstatbestand.

Jenseits der Ausdehnung des Geschäftsstatuts nach Abs. 1 bleiben prozessuale Verfahrensregeln, wie etwa Beweisverbote oder Regelungen zur Beweisaufnahme uneingeschränkt der *lex fori* unterworfen.[7] Gleiches gilt für die Geständnisfiktion in § 138 Abs. 3 ZPO[8] sowie die Konsequenzen, die sich an eine Verletzung prozessualer Pflichten anschließen, wie etwa einer Beweislastumkehr bei Beweisvereitelung.[9] Auch das Beweismaß ist – von Ausnahmen wie § 252 Satz 2 BGB abgesehen – prinzipiell der *lex fori* zugewiesen,[10] ebenso die Beweiswürdigung (§§ 286 f ZPO).[11] Zu beachten ist hier allerdings, dass nach Art. 12 Abs. 1 lit. c das Geschäftsstatut auch für die Schadensbemessung im Falle der vollständigen oder teilweisen Nichterfüllung einer vertraglichen Pflicht einschlägig ist, freilich in den Grenzen der *lex fori*.

III. Gesetzliche Vermutungen und Beweislast

Ob das als Vertragsstatut berufene Recht gesetzliche Vermutungen aufstellt oder wie es die Beweislast verteilt, ist vor dem autonom gemeinschaftsrechtlich zu entwickelnden Maßstab des Abs. 1 zu bestimmen. Einigkeit dürfte darin bestehen, dass gesetzlichen Vermutungen wie Beweislastregeln im Sinne von Abs. 1 jeweils ein **weites Begriffsverständnis** beizulegen ist.[12] Umfasst werden neben gesetzlichen auch gewohnheits- und richterrechtlich geprägte Vermutungstatbestände bzw Beweislastregeln.[13] Grundvoraussetzung ist freilich immer, dass das zur Anwendung berufene Sachrecht die Vermutungsregel bzw Beweislastverteilung gerade mit Bezug auf ein Schuldverhältnis aufstellt. Es genügt also bspw nicht, dass ein gesetzlicher Vermutungstatbestand aus dem Sachenrecht (wie etwa § 1006 BGB) als Vorfrage für eine vertragsrechtliche Frage im Einzelfall Bedeutung erlangt; vielmehr muss der Vermutungstatbestand eigens

---

1   So schon RGZ 6, 413; BGH NJW 1952, 142; BGHZ 42, 385, 389.
2   Unstreitig, vgl Staudinger/*Magnus*, Art. 18 Rn 6; MüKo/*Spellenberg*, Art. 18 Rn 1; Palandt/*Thorn*, Art. 18 Rn 2.
3   PWW/*Brödermann/Wegen*, Art. 18 Rn 1; Staudinger/*Magnus*, Art. 18 Rn 7; Palandt/*Thorn*, Art. 18 Rn 2.
4   MüKo/*Spellenberg*, Art. 18 Rn 6, 10.
5   Kritisch auch MüKo/*Spellenberg*, Art. 18 Rn 6; dafür Staudinger/*Magnus*, Art. 18 Rn 10.
6   Rauscher/*v. Hein*, EuZPR/EuIPR, Art. 18 Rn 1; MüKo/*Spellenberg*, Art. 18 Rn 7; Staudinger/*Magnus*, Art. 18 Rn 12.
7   Ausführlich *Geimer*, IZPR, Rn 2260 ff; *Schack*, Internationales Zivilverfahrensrecht, Rn 738 ff; *Kegel/Schurig*, § 22 IV; Palandt/*Thorn*, Art. 18 Rn 4; Staudinger/*Magnus*, Art. 18 Rn 11.
8   Staudinger/*Magnus*, Art. 18 Rn 17 mwN; Bamberger/Roth/*Spickhoff*, Art. 18 Rn 2.
9   *Geimer*, IZPR, Rn 2342.
10 MüKo/*Spellenberg*, Art. 18 Rn 9; Bamberger/Roth/*Spickhoff*, Art. 18 Rn 4; Nagel/Gottwald, Internationales Zivilprozessrecht, § 9 Rn 51; aA *Geimer*, IZPR, Rn 2334 ff.
11 OLG Hamburg IPRax 1991, 403; *Coester-Waltjen*, Internationales Beweisrecht, Rn 389 ff; *Geimer*, IZPR, Rn 2338 ff; PWW/*Brödermann/Wegen*, Art. 18 Rn 11.
12 Überzeugend PWW/*Brödermann/Wegen*, Art. 18 Rn 2.
13 PWW/*Brödermann/Wegen*, Art. 18 Rn 2; Bamberger/Roth/*Spickhoff*, Art. 18 Rn 2; Palandt/*Thorn*, Art. 18 Rn 3.

dem Vertragsrecht zugeordnet sein.[14] Im Übrigen muss stets ein so enger Bezug zum materiellen Recht vorliegen, dass die in Rede stehende (ungeschriebene) Vermutungs- oder Beweislastregel insgesamt als materiellrechtlich (und nicht verfahrensrechtlich, vgl Rn 6) zu qualifizieren ist.[15]

8   Für das Vorliegen einer gesetzlichen Vermutung reicht es aus, wenn das materielle (auch ungeschriebene) Vertragsrecht aus dem Vorliegen bestimmter Tatsachen Folgerungen ableitet, ohne dass es hierfür eines Nachweises bedürfte. Unerheblich ist hierbei, ob die Vermutung widerleglich oder unwiderleglich (dh als Fiktion) ausgestaltet ist.[16] Das Vertragsstatut bestimmt dann die Voraussetzungen und die Wirkung der gesetzlichen Vermutung (wie etwa in §§ 139, 280 Abs. 1 S. 2, 443 Abs. 2 oder 476 BGB für widerlegbare Vermutungen und §§ 563 Abs. 3, 566 e Abs. 1 BGB für Fiktionen).

9   Der (weit auszulegende) Begriff der Beweislast umfasst nicht nur die Frage, welche Partei das Risiko der Nichterweislichkeit einer streitigen Behauptung über eine Tatsache trägt, sondern auch die vorausgehenden Fragen, welche Partei eine Tatsache zur schlüssigen Anspruchsbegründung darlegen und behaupten muss sowie diese ggf mit einem Beweis zu unterlegen hat (**Darlegungs-, Behauptungs- und Beweisführungslast**).[17] Abs. 1 bezieht sich damit keineswegs nur auf Regelungen, die ausdrücklich die Beweislast regeln, sondern nimmt letztlich auf jede Norm des zur Anwendung berufenen Vertragsrechts (etwa auch des CISG) und der ihr innewohnenden Beweislastverteilung – einschließlich der Umkehr der Beweislast – Bezug, was das Gericht bei der Berührung mit einer ausländischen Rechtsordnung vor erhebliche praktische Probleme stellen kann. Aus dem Vertragsstatut folgt mithin, wer grundsätzlich die Beweislast in diesem Sinne trägt und unter welchen Voraussetzungen von einer Umkehr der Beweislast auszugehen ist.

10 Wie bereits unter Geltung des Art. 32 Abs. 3 S. 1 EGBGB aF wird im Schrifttum über die Frage gestritten, ob der Anscheinsbeweis aus Sicht des Kollisionsrechts materiellrechtlich[18] oder verfahrensrechtlich[19] zu qualifizieren ist. Das überwiegende Schrifttum tendiert richtigerweise zur **materiellrechtlichen Einordnung des Anscheinsbeweises**, denn es geht hier allenfalls am Rande um die Beweiswürdigung, sondern in erster Linie um die Feststellung eines allgemeinen Erfahrungssatzes, der das Gericht in die Lage versetzt, einen Geschehensablauf aufgrund seiner Typizität anzunehmen.

IV. Beweis des Rechtsgeschäfts

11 Die für das Verfahren maßgebliche *lex fori* bestimmt typischerweise, welche **Beweisarten**, dh Beweismittel, für den Nachweis eines Rechtsgeschäfts zuzulassen sind. Von diesem Grundsatz geht Art. 18 Abs. 2 ebenso wie die Parallelnorm des Art. 22 Abs. 2 Rom II-VO ganz selbstverständlich aus. Daneben können aber auch Beweismittel zum Nachweis des Rechtsgeschäfts herangezogen werden, die sich aus der Rechtsordnung ergeben, welche nach **Art. 11 Abs. 1 oder 2** als Formstatut berufen ist, also das Geschäftsstatut oder das Recht des Vornahmeorts, im Falle eines Verbrauchervertrags stattdessen das Recht am gewöhnlichen Aufenthaltsorts des Konsumenten (Art. 11 Abs. 4) oder im Falle eines grundstücksbezogenen Geschäfts die *lex rei sitae*. Dadurch wird die Partei eines Rechtsgeschäfts in die Lage versetzt, den Nachweis des (form-)wirksamen Abschlusses des Rechtsgeschäfts auch mit solchen Beweismitteln zu führen, die sich speziell aus derjenigen Rechtsordnung ergeben, nach der das Rechtsgeschäfts (form-)wirksam abgeschlossen worden ist. Der Nachweis eines Rechtsgeschäfts soll maW also nicht an erhöhten Beweisanforderungen der *lex fori* scheitern,[20] was etwa dann der Fall wäre, wenn die *lex fori* bestimmte Verbote des Zeugenbeweises für Verträge über einen bestimmten Gegenstandswert vorsieht (zB Art. 1341 Code Civile), das einschlägige Formstatut, unter dem das Rechtsgeschäft ordnungsgemäß begründet worden ist, hingegen nicht.[21] Voraussetzung für die Anwendung des Art. 18 Abs. 2 ist allerdings, dass das Rechtsgeschäft nach dem einschlägigen Formstatut formgültig ist und der von dieser Rechtsordnung ermöglichte Beweis nicht mit den Beweisregeln der *lex fori* im Widerspruch steht. Letzteres ist etwa der Fall, wenn die in Rede stehende Verfahrensart, zB ein Urkundsprozess, ein allgemein zulässiges Beweismittel, zB den Zeugenbeweis

---

14 PWW/*Brödermann/Wegen*, Art. 18 Rn 4; Staudinger/*Magnus*, Art. 18 Rn 16; Palandt/*Thorn*, Art. 18 Rn 3.
15 OLG Köln RIW 1996, 778.
16 *Geimer*, IZPR, Rn 2283 ff; Reithmann/Martiny/*Martiny*, Rn 341; Bamberger/Roth/*Spickhoff*, Art. 18 Rn 2;.
17 *Schack*, Internationales Zivilverfahrensrecht, Rn 674 ff; Bamberger/Roth/*Spickhoff*, Art. 18 Rn 3; Staudinger/*Magnus*, Art. 18 Rn 21; MüKo/*Spellenberg*, Art. 18 Rn 13 ff.
18 *Coester-Waltjen*, Internationales Beweisrecht, Rn 353 f; *Geimer*, IZPR, Rn 2289 ff; Staudinger/

Magnus, Art. 18 Rn 24; MüKo/*Spellenberg*, Art. 18 Rn 21 f; Soergel/*v. Hoffmann*, Art. 32 EGBGB Rn 77; PWW/*Brödermann/Wegen*, Art. 18 Rn 6; Reithmann/Martiny/*Martiny*, Rn 342.
19 *Thole*, IPRax 2010, 285; Bamberger/Roth/*Spickhoff*, Art. 18 Rn 4; Erman/*Hohloch*, Art. 18 Rn 4.
20 Vgl *Giuliano/Lagarde*, BT-Drucks. 10/503, S. 69; *Geimer*, IZPR, Rn 2302 ff; Erman/*Hohloch*, Art. 18 Rn 5.
21 Hierauf weisen MüKo/*Spellenberg*, Art. 18 Rn 4, sowie Bamberger/Roth/*Spickhoff*, Art. 18 Rn 6 hin.

nicht zulässt. In den Grenzen der *lex fori* ist ggf eine Anpassung vorzunehmen, so zB wenn am Gerichtsort eine Partei nicht als Zeuge vernommen werden kann, eine Parteivernehmung allerdings zulässig wäre.[22]

Keine Anwendung findet Abs. 2, wenn ein Rechtsgeschäft gegenüber einem Registergericht oder einer vergleichbaren Behörde nachgewiesen werden soll; hier ist ausschließlich auf das Recht am Registerort abzustellen.[23] Ebenso wie bereits das EVÜ regelt Abs. 2 nicht die Beweiskraft der Rechtsgeschäfte. Offen geblieben ist damit u.a. die Frage, unter welchen Voraussetzungen eine Urkunde Beweis für das darin enthaltene Rechtsgeschäft erbringt sowie welche Beweisarten gegen die Richtigkeit und Vollständigkeit der Urkunde überhaupt zugelassen werden können. Diese Frage bestimmt sich ganz grundsätzlich am Maßstab der *lex fori*.[24]   **12**

Kapitel III
Sonstige Vorschriften

Artikel 19 Gewöhnlicher Aufenthalt

(1) Für die Zwecke dieser Verordnung ist der Ort des gewöhnlichen Aufenthalts von Gesellschaften, Vereinen und juristischen Personen der Ort ihrer Hauptverwaltung.
Der gewöhnliche Aufenthalt einer natürlichen Person, die im Rahmen der Ausübung ihrer beruflichen Tätigkeit handelt, ist der Ort ihrer Hauptniederlassung.
(2) Wird der Vertrag im Rahmen des Betriebs einer Zweigniederlassung, Agentur oder sonstigen Niederlassung geschlossen oder ist für die Erfüllung gemäß dem Vertrag eine solche Zweigniederlassung, Agentur oder sonstige Niederlassung verantwortlich, so steht der Ort des gewöhnlichen Aufenthalts dem Ort gleich, an dem sich die Zweigniederlassung, Agentur oder sonstige Niederlassung befindet.
(3) Für die Bestimmung des gewöhnlichen Aufenthalts ist der Zeitpunkt des Vertragsschlusses maßgebend.

Literatur: *Albers*, Die Begriffe der Niederlassung und der Hauptniederlassung im Internationalen Privat- und Zivilverfahrensrecht, 2010; *Baetge*, Der gewöhnliche Aufenthalt im IPR, 1994; *ders.*, Auf dem Weg zu einem gemeinsamen europäischen Verständnis des gewöhnlichen Aufenthalts, FS für Jan Kropholler, 2008, S. 77; *Schwind*, Der „gewöhnliche Aufenthalt" im IPR, FS für Murad Ferid, 1988, S. 423; *Siep*, Der gewöhnliche Aufenthalt im deutschen internationalen Privatrecht, 1981; *Spickhoff*, Grenzpendler als Grenzfälle: Zum „gewöhnlichen Aufenthalt" im IPR, IPRax 1995, 185.

I. Überblick	1	III. Natürliche Personen	8
II. Personenzusammenschlüsse	4	1. Haupt- und Nebenniederlassung	9
1. Hauptverwaltung	5	2. Private Tätigkeit	10
2. Nebenniederlassung	6	IV. Maßgeblicher Zeitpunkt	11

I. Überblick

Die Rom I-VO gebraucht – jenseits einer Rechtswahl – den gewöhnlichen Aufenthalt einer Person als **maßgeblichen objektiven Anknüpfungspunkt** für das auf einen Vertrag anzuwendende Recht, und zwar in verschiedenen Vorschriften, insbesondere in Art. 4 Abs. 1 und 2, Art. 5 Abs. 1 und 2, Art. 6 Abs. 1, Art. 7 Abs. 2 und 3 sowie Art. 11 Abs. 2 und 3, indirekt zudem in Artt. 10, 12, 14-18, soweit dort auf das Vertragsstatut verwiesen wird. Art. 19 Abs. 1 nimmt den Begriff des gewöhnlichen Aufenthalts auf und lokalisiert ihn für Gesellschaften, Vereine und juristische Personen am Ort der Hauptverwaltung und bei beruflich tätigen natürlichen Personen am Ort ihrer Hauptniederlassung. Diese Aussage deckt sich im Wesentlichen mit der bisherigen objektiven Anknüpfung nach dem Grundsatz der charakteristischen Leistung in Art. 4 Abs. 2 S. 1 EVÜ bzw Art. 28 Abs. 2 S. 1 EGBGB aF, die auf Altverträge nach wie vor Anwendung findet (Art. 28).   **1**

Abs. 2 ergänzt Abs. 1 sodann um eine **Fiktion**, wonach der gewöhnliche Aufenthaltsort demjenigen Ort gleichsteht, an dem sich eine Zweigniederlassung, Agentur oder sonstige Niederlassung (nachfolgend zusammenfassend auch „Nebenniederlassung") befindet, wenn der Vertrag im Rahmen des Betriebs der Nebenniederlassung geschlossen wird oder die Nebenniederlassung für die Erfüllung des Vertrags verantwortlich ist. Dies entspricht im Wesentlichen Art. 4 Abs. 2 S. 2 EVÜ bzw Art. 28 Abs. 2 S. 2 EGBGB aF, allerdings mit dem Unterschied, dass nunmehr auch der Vertragsschluss im Rahmen des Betriebs einer   **2**

---

[22] PWW/*Brödermann/Wegen*, Art. 18 Rn 10.
[23] Vgl *Giuliano/Lagarde*, BT-Drucks. 10/503, S. 69; Reithmann/Martiny/*Martiny*, Rn 345; PWW/*Brödermann/Wegen*, Art. 18 Rn 10.
[24] MüKo/*Spellenberg*, Art. 18 Rn 25 unter Bezug auf *Giuliano/Lagarde*, BT-Drucks. 10/503, S. 69.

Nebenniederlassung als Bezugspunkt genügt, und nicht nur – wie früher – allein die Leistungserbringung an diesem Ort. Abs. 3 legt schließlich fest, dass der Zeitpunkt des Vertragsschlusses für die Bestimmung des gewöhnlichen Aufenthalts maßgebend ist.

3 Der Verordnungsgeber zielt mit Art. 19 auf eine möglichst exakte (räumliche wie zeitliche) Festlegung des gewöhnlichen Aufenthalts ab, damit die Parteien klar vorhersehen können, welches Recht auf ihren Fall (objektiv) Anwendung findet (Erwägungsgrund 39). An dieser Zwecksetzung hat sich die Auslegung des Art. 19 stets auszurichten, ebenso an dem Umstand, dass Art. 19 zusammen mit der Parallelbestimmung in Art. 23 Rom II-VO und der für das Prozessrecht geltenden Regelung in Art. 60 Abs. 1 bzw Art. 5 Nr. 5 EuGVVO (vgl Erwägungsgrund 7) erste Ansätze für eine verordnungsübergreifende Bestimmung des gewöhnlichen Aufenthalts und der damit verbundenen Begriffe der Hauptverwaltung, (Haupt- oder Zweig-)Niederlassung, Gesellschaften und juristischer Personen erkennen lassen. Die **gemeinschaftsrechtlich-autonome Auslegung**[1] der in Art. 19 enthaltenen Begriffe hat den genannten teleologischen und systematischen Gesichtspunkten stets Rechnung zu tragen. Die in Art. 19 angesprochenen Bezugspunkte sind hierbei auch dann aufzugreifen, wenn der Vertrag über das Internet zustande kommt. Irrelevant ist deshalb, an welchem Ort die (elektronische) Erklärung abgegeben oder empfangen wird oder wo sich die involvierten Server befinden.[2]

II. Personenzusammenschlüsse

4 Abs. 1 enthält keine expliziten Angaben darüber, was unter Gesellschaften, Vereinen, juristischen Personen (nachfolgend zusammenfassend auch **„Personenzusammenschlüsse"**) und dem Ort ihrer Hauptverwaltung zu verstehen ist. Ebenso wie in Art. 60 Abs. 1 EuGVVO ist die Bezugnahme auf die genannten Personenzusammenschlüsse nur **exemplarisch** gemeint, keineswegs in einem abschließenden Sinne.[3] An die in Abs. 1 genannten Personenzusammenschlüsse ist ein weites Begriffsverständnis anzulegen.[4] Erfasst sind danach alle Personenzusammenschlüsse, die ein solches Maß an Verselbstständigung aufweisen, dass sie selbst als Partei einen Rechtsstreit führen und nach dem für sie jeweils geltenden Personalstatut vertragliche Verpflichtungen eingehen können.[5] Aus Sicht des deutschen Rechts erfasst werden etwa auch die Außen-GbR, der nichtrechtsfähige Verein (§ 54 BGB) sowie die WEG-Gemeinschaft, nicht hingegen die Bruchteilsgemeinschaft und die Erbengemeinschaft. Verselbstständigte Vermögensmassen wie Stiftungen unterliegen ebenfalls Abs. 1, nicht jedoch Trusts (siehe den Ausschluss in Art. 1 Abs. 2 lit. h).

5 **1. Hauptverwaltung.** Unter dem Ort der Hauptverwaltung eines Personenzusammenschlusses ist – ebenso wie in Art. 54 AEUV und Art. 60 Abs. 1 lit. b EuGVVO – der effektive Verwaltungssitz[6] zu verstehen, dh derjenige Ort, an dem die (internen) wesentlichen strategischen unternehmerischen Entscheidungen durch die hierfür zuständigen Organe für den Personenzusammenschluss getroffen werden. Unbeachtlich ist hingegen, wo der betreffende Personenzusammenschluss seinen registermäßigen Sitz hat, seine Gründung erfolgte, die Leitentscheidungen operativ umgesetzt werden oder der in Rede stehende Vertrag abgeschlossen worden ist. Soweit es auf den gewöhnlichen Aufenthalt des Personenzusammenschlusses ankommt, liegt dieser nach dem Gesagten am effektiven Verwaltungssitz, es sei denn, es kommt die Zuordnung zu einer Nebenniederlassung nach Abs. 2 in Betracht (dazu sogleich).

6 **2. Nebenniederlassung.** Zweigniederlassung, Agentur oder sonstigen Niederlassung (zusammenfassend auch **„Nebenniederlassung"**) sind ebenso wie die entsprechenden Begriffe in Art. 5 Nr. 5 EuGVVO zu definieren. Im Rahmen ihres Vorschlags zum gleichlautenden Art. 23 Rom II-VO hat die Kommission ausdrücklich auf diese Verknüpfung hingewiesen.[7] Mit Nebenniederlassung ist der „Mittelpunkt geschäftlicher Tätigkeit gemeint, der auf Dauer als Außenstelle eines Stammhauses hervortritt, eine Geschäftsführung hat und sachlich so ausgestattet ist, dass er in der Weise Geschäfte mit Dritten betreiben kann, dass diese, obgleich sie wissen, dass möglicherweise ein Rechtsgeschäft mit dem im Ausland ansässigen Stammhauses begründet wird, sich nicht unmittelbar an dieses zu wenden brauchen, sondern Geschäfte an dem Mittel-

---

1 Unstreitig: MüKo/*Martiny*, Art. 19 Rn 4; Bamberger/Roth/*Spickhoff*, Art. 19 Rn 2; Staudinger/*Magnus*, Art. 19 Rn 7; Palandt/*Thorn*, Art. 19 Rn 2; *Bitter*, IPRax 2008, 96, 100.
2 *Junker*, RIW 1999, 818; *Sonnenberger*, ZVglRWiss. 100 (2001), 129; Staudinger/*Magnus*, Art. 19 Rn 9; MüKo/*Martiny*, Art. 19 Rn 8; PWW/*Brödermann/Wegen*, Art. 21 Rn 4.
3 Ebenso zur Rom II-VO unten Art. 23 Rom II-VO Rn 5 mwN.
4 MüKo/*Martiny*, Art. 19 Rn 4; Staudinger/*Magnus*, Art. 19 Rn 11.
5 Erman/*Hohloch*, Art. 19 Rn 4; Staudinger/*Magnus*, Art. 19 Rn 11; Palandt/*Thorn*, Art. 19 Rn 2; PWW/Brödermann/Wegen, Art. 21 Rn 3; ebenso zur Rom II-VO unten Art. 23 Rom II-VO Rn 5 mwN.
6 MüKo/*Martiny*, Art. 19 Rn 6; *Mankowski*, IHR 2008, 139; *Magnus*, IPRax 2010, 35; Staudinger/*Magnus*, Art. 19 Rn 13; Rauscher/*Thorn*, EuZPR/EuIPR, Art. 19 Rn 3; ebenso zur Rom II-VO unten Art. 23 Rom II-VO Rn 5.
7 Begründung der Kommission zur Rom II-VO, KOM (2003) 427 endg, 30.

punkt geschäftlicher Tätigkeit abschließen können, der dessen Außenstelle ist."[8] Damit ist zweierlei gesagt, erstens dass die Nebenniederlassung tatsächlich nach außen hin tätig werden muss (was etwa bei Produktionsstätten nicht der Fall ist), und zweitens dass geschäftliche Tätigkeiten durch die Nebenniederlassung auf Dauer erbracht werden können, was eine entsprechende Ausstattung und Organisation (namentlich eine Geschäftsführung vor Ort) voraussetzt.[9] Lager, Messestände, Schiffe oder Büros erfüllen diese Voraussetzungen nicht, notwendig ist vielmehr eine geplante Dauer von mindestens einem Jahr.[10] Die Bezeichnung der Nebenniederlassung (etwa als Zweigstelle, Repräsentanz, Vertretung) ist irrelevant, solange nur die genannten materiellen Kriterien gegeben sind.

Der Vertrag ist dann dem Ort der Nebenniederlassung (und nicht dem der Hauptverwaltung des Personenzusammenschlusses) zuzuordnen, wenn der Personenzusammenschluss neben der Hauptverwaltung bzw Hauptniederlassung eine oder mehrere Nebenniederlassungen besitzt, und der Vertrag entweder im Rahmen des Betriebs der Nebenniederlassung geschlossen oder erfüllt wird. Von einem Vertragsschluss durch die Nebenniederlassung ist auszugehen, wenn diese aus Sicht des Vertragspartners im Rahmen ihres üblichen Geschäftsbetriebs den Vertrag selbst zustande bringt, auch wenn der Personenzusammenschluss der eigentliche Vertragspartner ist. Die Nebenniederlassung ist für die Erfüllung verantwortlich, wenn sie – statt des Stammhauses – die geschuldete Leistung erbringt oder Reklamationen des Vertragspartners bearbeitet. 7

III. Natürliche Personen

Abs. 1 Unterabs. 2 lokalisiert den gewöhnlichen Aufenthalt einer natürlichen Person, die im Rahmen der Ausübung ihrer beruflichen Tätigkeit handelt, am Ort ihrer Hauptniederlassung. Fraglich ist in diesem Zusammenhang, ob berufliche Tätigkeit auch die unselbstständige berufliche Tätigkeit einer natürlichen Person umfasst. Da ein Arbeitnehmer über keine eigene Haupt- oder Zweigniederlassung verfügt, sondern seine Arbeit in der Hauptverwaltung oder (Haupt- bzw Zweig-)Niederlassung seines Arbeitgebers verrichtet, sollte man Abs. 1 Unterabs. 2 von vornherein **nur auf die freiberufliche oder gewerbliche Tätigkeit einer natürlichen Person verengen**.[11] Dafür spricht nicht zuletzt die Behandlung von Arbeitnehmern in Art. 6. Dort wird eine Person auch dann als Verbraucher qualifiziert, wenn und soweit sie zum Zwecke einer unselbstständigen Berufstätigkeit Waren (zB Berufskleidung) erwirbt (Art. 6 Rn 23 f mwN). Geschäfte, die der rein privaten (familiären) sowie der unselbstständig beruflichen Sphäre zuzuordnen sind, begründen demnach keine Anwendung des Abs. 1 Unterabs. 2 (zur Bestimmung des gewöhnlichen Aufenthalts siehe Rn 10). Alles, was demgegenüber nicht ausschließlich dieser privaten/unselbstständig beruflichen Sphäre der natürlichen Person unterfällt, also (auch nur partielle) freiberufliche oder gewerbliche Tätigkeiten, führt zur Bestimmung des gewöhnlichen Aufenthalt am Ort der Hauptniederlassung nach Abs. 1 Unterabs. 2. 8

1. Haupt- und Nebenniederlassung. Bei dem in Abs. 1 Unterabs. 2 genannten Begriff der Hauptniederlassung handelt es sich um den **tatsächlichen Sitz des Unternehmens**, welches die natürliche Person als Einzelunternehmer bzw Einzelkaufmann betreibt. Hier liegt der Ort des gewöhnlichen Aufenthalts der freiberuflich oder gewerblich tätigen natürlichen Person. Vom Begriff der Hauptverwaltung grenzt sich die Hauptniederlassung durch ihren (operativen) Außenbezug ab, vom Begriff der Nebenniederlassung dadurch, dass sie die Aufgaben der (sonstigen) Nebenniederlassungen koordiniert. Ansonsten muss die Hauptniederlassung dieselben Voraussetzungen wie die der Nebenniederlassung erfüllen (siehe dazu Rn 6 f). Die Fiktion des Orts des gewöhnlichen Aufenthalts am Ort der Nebenniederlassung nach Abs. 2 greift auch bei einer natürlichen Person ein, sofern der Vertrag im Rahmen ihres Betriebs geschlossen oder erfüllt wird. 9

2. Private Tätigkeit. Der gewöhnliche Aufenthalt von natürlichen Personen, deren Tätigkeiten einen ausschließlich privaten oder unselbstständig beruflichen Vorgang betreffen, wird durch Art. 19 erkennbar nicht aufgegriffen, obwohl es auf den gewöhnlichen Aufenthalt auch unter diesen Vorzeichen verschiedentlich ankommt, etwa wenn ein Verbraucher oder eine vertragscharakteristische Leistung nach Art. 4 Abs. 1 und 2 erbringt oder als Reisender, Verbraucher oder Versicherungsnehmer Verträge eingeht (Artt. 5 bis 7). Der ebenfalls gemeinschaftsrechtlich autonom zu bestimmende gewöhnliche Aufenthalt liegt in diesen Fällen dort, wo die natürliche Person ihren **tatsächlichen Lebensmittelpunkt** hat,[12] sie also in sozialer, wirtschaftlicher und familiärer Hinsicht integriert ist. Indizien hierfür sind Aufenthaltsdauer und -wille (zB bei 10

---

8 EuGH, Urt. vom 22.11.1978, Rs. 33/78, Slg 1978, 2183 – Somafer SA./. Saar-Ferngas AG.
9 Staudinger/*Magnus*, Art. 19 Rn 25.
10 Soergel/*v. Hoffmann*, Art. 28 EGBGB Rn 67.
11 Staudinger/*Magnus*, Art. 19 Rn 16; ebenso Staudinger/*Junker*, Art. 23 Rom II-VO Rn 20.
12 Staudinger/*Magnus*, Art. 19 Rn 31; MüKo/*Martiny*, Art. 19 Rn 11; Palandt/*Thorn*, Art. 19 Rn 6; PWW/ Brödermann/Wegen, Art. 21 Rn 5; Ferrari u.a./*Ferrari*, Internationales Vertragsrecht, Art. 28 Rn 42.

Anmieten einer Wohnung), nicht jedoch die Staatsangehörigkeit der betreffenden natürlichen Person. Zeitlich ist – wie in Art. 19 Abs. 3 – auf die örtlichen Gegebenheiten beim Vertragsabschluss abzustellen.[13]

IV. Maßgeblicher Zeitpunkt

11 Der Zeitpunkt des **Vertragsschlusses** – also der korrespondierende Austausch von Angebot und Annahme – ist für die Bestimmung des gewöhnlichen Aufenthalts maßgebend. Nach dem Vertragsschluss eintretende Veränderungen des gewöhnlichen Aufenthalts begründen demnach keinen Statutenwechsel. Hängt die Wirksamkeit des Vertrags vom Eintritt einer aufschiebenden Bedingung ab, sollte zur Bestimmung des gewöhnlichen Aufenthalts auf den Vertragsschluss und nicht den Bedingungseintritt abgestellt werden. Andernfalls könnte diejenige Vertragspartei, welche die charakteristische Leistung nach Art. 4 Abs. 1 und 2 erbringt, einseitig das auf den Vertrag anwendbare Recht durch Verlegung des betreffenden Anknüpfungspunkts (Hauptverwaltung, Haupt- oder Nebenniederlassung) manipulieren.[14]

Artikel 20 Ausschluss der Rück- und Weiterverweisung

Unter dem nach dieser Verordnung anzuwendenden Recht eines Staates sind die in diesem Staat geltenden Rechtsnormen unter Ausschluss derjenigen des Internationalen Privatrechts zu verstehen, soweit in dieser Verordnung nichts anderes bestimmt ist.

Literatur: *W. Bauer*, Renvoi im internationalen Schuld- und Sachenrecht, 1985; *Czernich/Heiss*, EVÜ – Das Europäische Schuldvertragsübereinkommen, 1999; *Graue*, Rück- und Weiterverweisung im internationalen Vertragsrecht, AWD 1968, 121; *Hartwieg*, Der renvoi im deutschen internationalen Vertragsrecht, 1967; *Leible*, Rom I und Rom II: Neue Perspektiven im europäischen Kollisionsrecht, 2009, 50; *Rauscher*, Sachnormverweisungen aus dem Sinn der Verweisung, NJW 1988, 2151; *Reithmann/Martiny*, Internationales Vertragsrecht, 7. Auflage 2010; *J. Sandrock*, Rück- und Weiterverweisung im internationalen Schuldvertragsrecht, in: FS Kühne, 2009, 881; *Schröder*, Vom Sinn der Verweisung im internationalen Schuldvertragsrecht, IPrax 1987, 90; *von Hein*, Der Renvoi im europäischen Kollisionsrecht, in: Leible/Unberath (Hrsg.), Brauchen wir eine Rom 0-Verordnung?, 2013, S. 329.

A. Allgemeines	1	I. Ausschluss der Rück- und Weiterverweisung	2
B. Regelungsgehalt	2	II. Ausnahmen	4

A. Allgemeines

1 Art. 20 übernimmt nahezu wortgleich Art. 15 EVÜ, der in deutsches Recht mittels Art. 35 Abs. 1 EGBGB inkorporiert wurde, fügt jedoch einen neuen zweiten Halbsatz ein. Die Kollisionsnormen der Rom I-VO verweisen grundsätzlich auf die Sachnormen und nicht auf die Kollisionsnormen eines Staates. Ein *renvoi* ist damit ausgeschlossen. Das entspricht Art. 15 EVÜ und ist bei internationalen Texten zur Vereinheitlichung des Kollisionsrechts üblich und sinnvoll, da sie das anwendbare Recht abschließend regeln und nicht unter den Vorbehalt des nationalen Kollisionsrechts des Staates stellen sollen, auf dessen Recht verwiesen wird.[1] Anders als Art. 15 EVÜ schließt Art. 20 Rom I-VO einen *renvoi* allerdings nur insoweit aus, als „in der Rom I-VO nichts Gegenteiliges bestimmt ist".

B. Regelungsgehalt

I. Ausschluss der Rück- und Weiterverweisung

2 Art. 20 geht schon aufgrund seines unionsrechtlichen Ursprungs der allgemeinen Vorschrift des Art. 4 EGBGB vor[2] und schließt Rück- und Weiterverweisungen aus, zu der es sonst nach Art. 4 Abs. 1 S. 1 EGBGB kommen würde. Eine Verweisung gem. Artt. 3 ff auf das Recht eines Staates ist folglich keine Gesamt-, sondern nur eine **Sachnormverweisung**.[3]

---

13 Erman/*Hohloch*, Art. 19 Rn 6.
14 Bamberger/Roth/*Spickhoff*, Art. 19 Rn 6.
1 *Leible/Lehmann*, RIW 2008, 543. Näher zu den Argumenten für und wider einen *renvoi* mwN *Leible*, Rom I und Rom II: Neue Perspektiven im europäischen Kollisionsrecht, 2009, S. 50 ff; *v. Hein*, in: Leible/Unberath (Hrsg.), Brauchen wir eine Rom 0-Verordnung?, 2013, S. 332 ff.
2 Reithmann/Martiny/*Martiny*, Rn 217; Bamberger/Roth/*Spickhoff*, Art. 20 Rn 1; Erman/*Hohloch*, Art. 20 Rn 2.
3 Reithmann/Martiny/*Martiny*, Rn 217; Rauscher/*Freitag*, EuZPR/EuIPR, Art. 20 Rn 1.

Dadurch soll verhindert werden, dass die Kollisionsnormen eines anderen Staates, auf dessen Recht verwiesen wird, zur Bestimmung des anwendbaren Sachrechts herangezogen werden müssen.[4] Das erleichtert die Rechtsanwendung.[5] Sofern die Parteien das auf den Vertrag anwendbare Recht gewählt haben, entspricht es in der Regel ohnehin ihrem Willen, dass die materiellen Bestimmungen des gewählten Rechts zur Anwendung kommen.[6] Auch bei einer Ermittlung des Vertragsstatuts anhand der objektiven Kriterien der Artt. 4, 5, 6 Abs. 1, 7 Abs. 2, 4 lit. b, 8 Abs. 2–4 wäre eine Rück- und Weiterverweisung nicht sinnvoll, da der Sitz des Vertrages bereits aufgrund der dort vorgegebenen Anknüpfungsmerkmale lokalisiert wurde und der Richter bei einer Rück- oder Weiterverweisung möglicherweise andere Anknüpfungsmerkmale beachten müsste, die den Wertungen der Anknüpfung nach Artt. 4, 5, 6 Abs. 1, 7 Abs. 2, 4 lit. b, 8 Abs. 2–4 zuwiderlaufen.[7] Darüber hinaus dient der Ausschluss der Rück- und Weiterverweisung dem **internationalen Entscheidungseinklang**.[8]

II. Ausnahmen

Art. 20 schließt Rück- und Weiterverweisungen nur insoweit aus, wie „in dieser Verordnung nichts anderes bestimmt ist". Eine ausdrückliche Zulassung des Renvoi findet sich in der Rom I-VO allerdings nicht. Relevant ist jedoch Art. 7 Abs. 3 S. 2, der eine Erweiterung der Rechtswahlmöglichkeiten für bestimmte Verträge über Massenrisiken vorsieht.[9] Sofern die mitgliedstaatlichen Kollisionsrechte hier eine Gesamtnormverweisung zulassen, steht Art. 20 dem nicht entgegen.[10]

Umstritten ist, ob es den Parteien aufgrund Art. 20 verwehrt ist, eine **Rechtswahl in Form einer Kollisionsrechtswahl** zu treffen. Eine derartige Beschränkung ergibt sich angesichts des Vorrangs des Art. 20 vor Art. 4 EGBGB (vgl Rn 2) jedenfalls nicht aus Art. 4 Abs. 2 EGBGB. Für die Zulässigkeit einer Kollisionsrechtswahl wird gemeinhin angeführt, sie sei als Minus[11] zur Sachrechtswahl zu gestatten.[12] Zudem könne im Rahmen der internationalen Schiedsgerichtsbarkeit eine Rechtswahl der Parteien an einer Kollisionsrechtswahl bestehen, das es zu berücksichtigen gelte.[13] All dies mag unter Geltung des EVÜ für eine Zulassung einer Kollisionsrechtswahl gestritten haben,[14] doch lässt die derzeitige Fassung der Rom I-VO eine derartige Auslegung nicht zu; denn wenn eine Kollisionsrechtswahl ohnehin zulässig wäre, hätte es der Ausnahme für bestimmte Versicherungsverträge (vgl vorige Rn) nicht bedurft.[15] Unabhängig davon wird ohnehin nur selten ein Bedürfnis der Vertragsparteien nach einer derartigen Rechtswahl bestehen, weil sie meist lediglich die Absicht haben, das anwendbare Sachrecht festzulegen.[16]

Artikel 21 Öffentliche Ordnung im Staat des angerufenen Gerichts

Die Anwendung einer Vorschrift des nach dieser Verordnung bezeichneten Rechts kann nur versagt werden, wenn ihre Anwendung mit der öffentlichen Ordnung („ordre public") des Staates des angerufenen Gerichts offensichtlich unvereinbar ist.

Literatur: *Basedow*, Die Verselbständigung des europäischen ordre public, in: Coester u.a. (Hrsg.), Privatrecht in Europa, FS Hans Jürgen Sonnenberger 2004, S. 291; *Grosser*, Der ordre public-Vorbehalt im Europäischen Kollisionsrecht, BLJ 2008, 9; *Reichelt*, Zur Kodifikation des Europäischen Kollisionsrechts – am Beispiel des ordre public, in: Reichelt (Hrsg.), Europäisches Gemeinschaftsrecht und IPR, 2007, 5; *Schwung*, die Rechtsfolgen aus der Anwendung der ordre public-

---

4   MüKo/*Martiny*, Art. 20 Rn 2.
5   Staudinger/*Hausmann*, Art. 20 Rn 5; Rauscher/*Freitag*, EuZPR/EuIPR, Art. 20 Rn 1; jurisPK-BGB/*Ringe*, Art. 20 Rn 3.
6   Bericht *Giuliano/Lagarde*, BT-Drucks. 10/503, S. 33, 69.
7   Bericht *Giuliano/Lagarde*, BT-Drucks. 10/503, S. 33, 69 f.
8   Vgl Soergel/*v. Hoffmann*, Art. 35 EGBGB Rn 8; Staudinger/*Hausmann*, Art. 20 Rn 5.
9   Vgl auch jurisPK-BGB/*Ringe*, Art. 20 Rn 5.
10 Zur Kritik vgl mwN *v. Hein*, in: Leible/Unberath (Hrsg.), Brauchen wir eine Rom 0-Verordnung?, 2013, S. 355.
11 Staudinger/*Hausmann*, Art. 20 Rn 12; Soergel/*v. Hoffmann*, Art. 35 EGBGB Rn 7.
12 Czernich/Heiss/*Czernich*, Art. 15 EVÜ Rn 5; Staudinger/*Hausmann*, Art. 20 Rn 12; Soergel/*v. Hoffmann*, Art. 35 EGBGB Rn 7; Erman/*Hohloch*,
Art. 4 EGBGB Rn 14; *Kropholler*, IPR, § 24 II 5 (S. 175 f); Staudinger/*Magnus*, Art. 3 Rn 19; *v. Bar/Mankowski*, IPR I, § 7 Rn 938.
13 Vgl MüKo/*Martiny*, Art. 20 Rn 5; Staudinger/*Hausmann*, Art. 20 Rn 12.
14 Vgl AnwKommBGB/*Leible*, Art. 35 EGBGB Rn 4.
15 Rauscher/*Freitag*, EuZPR/EuIPR, Art. 20 Rn 2; Ferrari u.a./*Kieninger*, Art. 20 Rn 6; *Looschelders*, Art. 27 Rn 2; *W. Lorenz*, IPrax 1987, 269, 276; MüKo/*Martiny*, Art. 20 Rn 6; Reithmann/Martiny/*Martiny*, Rn 218; Calliess/*Rödl*, Art. 20 Rn 7 f.; Bamberger/Roth/*Spickhoff*, Art. 20 Rn 3; Palandt/*Thorn*, Art. 20 Rn 1; *von Hein*, in: Leible/Unberath (Hrsg.), Brauchen wir eine Rom 0-Verordnung?, 2013, S. 356.
16 Bericht *Giuliano/Lagarde*, BT-Drucks. 10/503, S. 33, 69; Bamberger/Roth/*Spickhoff*, Art. 20 Rn 3; Rauscher/*Freitag*, EuZPR/EuIPR, Art. 20 Rn 3.

Klausel im IPR, 1983; *Spickhoff*, Der ordre public im internationalen Privatrecht. Entwicklung – Struktur – Konkretisierung, 1989; *Thoma*, Die Europäisierung und die Vergemeinschaftung des nationalen ordre public, 2007.

I. Funktion und Abgrenzung	1	IV. Rechtsfolge	9
II. Ordre public	3	V. Bedeutung für die Praxis	10
III. Voraussetzungen	5		

I. Funktion und Abgrenzung

1 Im Gegensatz zum bisherigen Recht, das den schuldvertraglichen *ordre-public*-Vorbehalt aus Art. 16 EVÜ in der allgemeinen Regelung des Art. 6 EGBGB aufgehen ließ, verortet die Rom I-VO den *ordre public* in einer eigenen Vorschrift (ebenso bereits Art. 20 VO-Entwurf 2005). Art. 21 findet auf alle nach dem 17. Dezember 2009 geschlossene Verträge Anwendung (Art. 28), wodurch Art. 6 EGBGB – ohne dass dies inhaltlich Änderungen zur Folge hätte[1] – innerhalb des Anwendungsbereichs der Rom I-VO (Art. 1) verdrängt wird.[2] Wie bisher darf von der Vorbehaltsklausel nur bei offensichtlicher Unvereinbarkeit mit dem *ordre public* des Gerichtsstaats sowie außergewöhnlichen Umständen Gebrauch gemacht werden,s. **Erwägungsgrund 37**, was insgesamt auf ein enges Auslegungsverständnis der Norm hindeutet.[3] Art. 21 entspricht den parallelen Regelungen in anderen kollisionsrechtlichen EU-Verordnungen, namentlich Art. 26 Rom II-VO, was bei der Auslegung ebenfalls zu berücksichtigen ist. Da der anerkennungsrechtliche *ordre public* in Art. 34 Nr. 1 EuGVVO – verglichen mit Art. 21 – indes nur einen abgemilderten Kontrollmaßstab aufstellt,[4] sollte die Übertragung von Auslegungsergebnissen zu Art. 34 Nr. 1 EuGVVO auf Art. 21 stets nur mit Bedacht erfolgen. Art. 21 ist grundsätzlich autonom-gemeinschaftsrechtlich auszulegen, mit Ausnahme des Verweises auf den *ordre public* selbst, dessen Inhalt sich aus den wesentlichen Gerechtigkeitsvorstellungen des Gerichtsstaats ableitet.

2 Wird durch die Rom I-VO ein anderes Vertragsrecht als das des Gerichtsstaats zur Anwendung berufen[5] und führen besagte ausländische Sachnormen zu einem Ergebnis, das mit grundlegenden Gerechtigkeitsvorstellungen der *lex fori* offensichtlich nicht in Einklang gebracht werden kann, muss das Gericht **von Amts wegen**[6] die Anwendung des ausländischen Sachrechts versagen. Art. 21 entfaltet damit lediglich eine (negative) **Abwehrwirkung** gegenüber ausländischem Sachrecht (nicht Kollisionsrecht), im Gegensatz zu den Eingriffsnormen iSd Art. 9 Abs. 1, die im Wege der Sonderanknüpfung gegenüber dem anwendbaren Recht durchgesetzt werden, um (positiv) bestimmte öffentliche (wirtschaftliche, politische, soziale) Interessen der *lex fori* durchzusetzen.[7]

II. Ordre public

3 Art. 21 normiert keinen gemeineuropäischen *ordre public*,[8] sondern verweist auf den des Gerichtsstaats. Ist Deutschland Gerichtsstaat, kann bei der Bestimmung des *ordre public* auf die bisherige Praxis zu Art. 6 EGBGB zurückgegriffen werden.[9] Allerdings ist das Verständnis dessen, was das Gemeinschaftsrecht als *ordre public* des jeweiligen Gerichtsstaats anerkennt, für Art. 21 entscheidend. Nach Auffassung des EuGH beinhaltet der Begriff des *ordre public* „alle nationalen Vorschriften, deren Einhaltung als so entscheidend für die Wahrung der politischen, sozialen oder wirtschaftlichen Organisation des betreffenden Mitgliedstaats angesehen wird, dass ihre Beachtung für alle Personen, die sich im nationalen Hoheitsgebiets dieses Staats befinden, und für jedes dort lokalisierte Rechtsverhältnis vorgeschrieben ist."[10]

---

1   *Magnus*, IPRax 2010, 42; Staudinger/*Hausmann*, Art. 21 Rn 6; PWW/*Brödermann/Wegen*, Art. 21 Rn 1.
2   Staudinger/*Hausmann*, Art. 21 Rn 6; PWW/*Brödermann/Wegen*, Art. 21 Rn 1.
3   Staudinger/*Hausmann*, Art. 21 Rn 9; die Einschätzungsprärogative des Gerichtsstaats betonend Palandt/*Thorn*, Art. 21 Rn 1.
4   BGH IPRax 1999, 466; BGHZ 118, 312, 328 f; BGHZ 98, 10, 73 f.
5   Art. 21 findet demnach keine Anwendung, wenn das nach dem Rom I-VO anzuwendende Recht mit dem des Gerichtsstaats identisch ist, vgl Staudinger/*Hausmann*, Art. 21 Rn 9.
6   Dies trotz des abweichenden Wortlauts in Art. 21 („kann"), ebenso *Leible/Lehmann*, RIW 2007, 734;
    Staudinger/*Hausmann*, Art. 21 Rn 23; Palandt/*Thorn*, Art. 21 Rn 2; PWW/*Brödermann/Wegen*, Art. 21 Rn 1; MüKo/*Martiny*, Art. 21 Rn 2; so auch für die Rom II-VO unten Art. 26 Rom II-VO Rn 4. Die Darlegungs- und Beweislast für den *ordre public*-Verstoß begründenden Umstände trägt diejenige Partei, die sich hierauf beruft, vgl BGHZ 123, 268, 271.
7   MüKo/*Martiny*, Art. 21 Rn 7; Staudinger/*Hausmann*, Art. 21 Rn 3 und 9.
8   Dazu Bamberger/Roth/*Spickhoff*, Art. 21 Rn 2.
9   Staudinger/*Hausmann*, Art. 21 Rn 10.
10 EuGH, Urt. v. 23.11.1999, Rs. C-369/96, Slg 1999 I, 8430, 8453 Rn 30 – Arblade und Leloup; ebenso das Schrifttum: Staudinger/*Hausmann*, Art. 21 Rn 8; MüKo/*Martiny*, Art. 21 Rn 6; Erman/*Hohloch*, Art. 21 Rn 2.

Der *ordre public* des Gerichtsstaats besteht nicht nur aus dessen **originär nationalen (Grundrechts-)Bestimmungen** (vgl Art. 6 S. 2 EGBGB), sondern beinhaltet – wegen des Anwendungsvorrangs des Gemeinschaftsrechts – zugleich die **Grundrechtscharta der EU sowie europäisches Primär- und Sekundärrecht**,[11] etwa die Grundfreiheiten, Diskriminierungsverbote, Verordnungen und Richtlinien nach Ablauf ihrer Umsetzungsfrist.[12] Verletzt das zur Anwendung berufene ausländische Recht in erheblichem Maße Grundfreiheiten der EU, kann dies also eine Verletzung des in Art. 21 in Bezug genommenen nationalen *ordre public* eines Mitgliedstaats begründen. Gleiches gilt, wenn das zur Anwendung berufende ausländische Vertragsrecht Grund- und Menschenrechten, etwa solche der Konvention zum Schutz der Menschenrechte und Grundfreiheiten (EMRK), erheblich verletzt.[13] Sofern rein nationale Standards des *ordre public* des Gerichtsstaats in Rede stehen, wacht der Gerichtshof über die Einhaltung der in Art. 21 gezogenen Grenzen, also ob der *ordre public* des Gerichtsstaats im Sinne der oben genannten Umschreibung des Gerichtshofs tatsächlich tangiert ist. Dies entspricht der Rechtsprechung des EuGH zu Art. 34 Nr. 1 EuGVVO, die insoweit auf Art. 21 übertragen werden kann, weil es letztlich eine Frage des Gemeinschaftsrechts ist, in welchem Umfang die Rom I-VO auf die öffentliche Ordnung des Gerichtsstaats verweist.[14]

III. Voraussetzungen

Art. 21 setzt tatbestandlich voraus, dass die Anwendung des ausländischen Vertragsrechts mit dem *ordre public* der *lex fori* offensichtlich unvereinbar ist. Die Vorschrift greift demnach nur dann ein, wenn das zur Anwendung berufene Vertragsrecht **eindeutig feststeht**; die Annahme eines Verstoßes gegen den *ordre public* des Gerichtsstaats auf Verdacht kommt hingegen nicht in Betracht. Aus dem Wortlaut des Art. 21 folgt ferner, dass der *ordre-public*-Vorbehalt nicht das (ausländische) Sachrecht an sich oder einen seiner Rechtssätze in abstrakter Hinsicht aufgreift, sondern allein das Subsumtionsergebnis im konkreten Einzelfall. Zu fragen ist also stets danach, ob das **Ergebnis der Anwendung** des (ausländischen) Vertragsrechts mit dem *ordre public* der *lex fori* offensichtlich unvereinbar ist.

Der Verstoß gegen den *ordre public* muss ferner **offensichtlich** sein. Davon kann nach der Praxis der (deutschen) Gerichte nur in Ausnahmefällen ausgegangen werden, wenn „das Ergebnis der Anwendung des ausländischen Rechts zu den Grundgedanken der deutschen Regelungen und den in ihnen enthaltenen Gerechtigkeitsvorstellungen in so starkem Widerspruch stehen, dass es nach inländischer Vorstellung als schlechthin untragbar erscheint."[15] Unerheblich ist hierbei, ob rein nationale oder europäische Aspekte des inländischen *ordre public* betroffen sind. Erforderlich ist stets ein Eingriff des Ergebnisses der Anwendung ausländischen Vertragsrechts in den Kernbestand der *lex fori*.

Ebenso wie bei Art. 6 EGBGB dürfte besonderes Augenmerk auf das ungeschriebene Tatbestandsmerkmal des **hinreichenden Inlandsbezugs des Sachverhalts** zu legen sein. Es ist gegenwärtig nicht erkennbar, dass besagtes Merkmal im Rahmen der gemeinschaftsrechtlich autonomen Auslegung des Art. 21 obsolet geworden sein sollte. Sind deutsche Gerichte demnach (international) zuständig, muss der Sachverhalt also einen räumlichen Bezug zur Bundesrepublik Deutschland aufweisen, der in Abhängigkeit zur Schwere des Verstoßes gegen den *ordre public* mehr oder weniger stark ausgeprägt sein muss (sog. Relativität des *ordre public*).[16] Hierbei kommt es stets auf die Umstände des Einzelfalles an. Die Staatsangehörigkeit einer Vertragspartei oder die internationale Zuständigkeit deutscher Gerichte vermitteln jedenfalls keinen Inlandsbezug, wohl aber der gewöhnliche Aufenthalt einer Partei, der Ort des Vertragsschlusses oder der Erfüllungsort.[17] Ist der gemeinschaftsrechtliche Teil des *ordre public* betroffen, reicht es für das Merkmal des Inlandsbezugs aus, dass der Sachverhalt einen hinlänglich starken EU-Binnenbezug aufweist.

Nicht zuletzt bei lang andauernden Vertragsverhältnissen stellt sich schließlich die Frage, ob es auf den *ordre public*-Maßstab im **Zeitpunkt** des Vertragsschlusses[18] oder der richterlichen Entscheidung ankommt.[19] Hier dürften die besseren Gründe für die erstgenannte Ansicht sprechen, da die Gültigkeit eines Rechtsgeschäfts prinzipiell immer nach den Vorschriften bestimmt wird, die bei seiner Vornahme gegolten

---

11 MüKo/*Martiny*, Art. 21 Rn 3; Staudinger/*Hausmann*, Art. 21 Rn 13.
12 *Leible/Lehmann*, RIW 2007, 734; MüKo/*Martiny*, Art. 21 Rn 3; Staudinger/*Hausmann*, Art. 21 Rn 13 f.
13 EuGH, Urt. vom 15.5.1986, Rs. C-222/84 (*Johnston*), Slg 1986, 1651 Rn 18.
14 EuGH, Urt. vom 28.3.2000, Rs. C-7/98, Slg 2000 I, 1935 Rn 22 – Krombach/Bamberski; EuGH, Urt. v. 23.11.1999, Rs. C-38798, Slg 2000 I, 2973 Rn 27 f – Renault/Maxicar; ebenso Palandt/*Thorn*, Art. 21 Rn 4; MüKo/*Martiny*, Art. 21 Rn 3; Staudinger/*Hausmann*, Art. 21 Rn 12; für die Rom II-VO unten Art. 26 Rom II-VO Rn 3.
15 BGHZ 123, 268, 270; 104, 240, 243; 75, 32, 43; 50, 370, 376; BGH IPRax 2001, 586, 587.
16 BGHZ 118, 312, 348; 28, 375, 385; Staudinger/*Hausmann*, Art. 21 Rn 20; MüKo/*Martiny*, Art. 21 Rn 5; ebenso zur Rom II-VO unten Art. 26 Rom II-VO Rn 19.
17 Staudinger/*Hausmann*, Art. 21 Rn 19.
18 BGHZ 147, 178, 187; BGH NJW-RR 2005, 1071, 1073.
19 BGHZ 138, 331, 335; 52, 184, 192; 30, 89, 97.

haben. Nichts anderes sollte bei dem ohnehin restriktiv zu handhabenden *ordre public*-Vorbehalt gelten, der zu einem erheblichen Eingriff in den Vertrag führen kann.

IV. Rechtsfolge

9 Art. 21 erschöpft sich in der (negativen) **Abwehr ausländischen Rechts**. Nach dem Grundsatz des geringstmöglichen Eingriffs darf die Abwehrfunktion allerdings nicht weiterreichen, als dies zur Herstellung des *ordre public* im Gerichtsstaat erforderlich ist.[20] Dies ähnelt dem Prinzip der geltungserhaltenden Reduktion einer (teilweise) unwirksamen vertraglichen Regelung.[21] Vereinzelt mag bereits die Nichtanwendung derjenigen Normen des ausländischen Rechts, auf denen der Verstoß beruht, zur Herbeiführung der Konformität mit dem *ordre public* genügen, etwa das Außerachtlassen einer zu kurzen Ausschluss- oder Verjährungsfrist, die durch die Regelverjährung der ausländischen Rechtsordnung aufgefangen wird. Soweit durch die Nichtanwendung der betreffenden ausländischen Norm eine regelungsbedürftige Lücke entsteht, ist diese in erster Linie ebenfalls durch das zur Anwendung berufene ausländische Recht zu schließen.[22] Den Rahmen, innerhalb derer die Lückenfüllung erfolgt, ergibt sich freilich aus der *lex fori*, da es den Verstoß gegen den *ordre public* im Gerichtsstaat gerade aufzulösen gilt.

V. Bedeutung für die Praxis

10 Gerichtliche Entscheidungen zu Art. 21 existieren – soweit ersichtlich – (noch) nicht. Die wenigen, zumeist ablehnenden Entscheidungen zu Art. 6 EGBGB, die sich auf das Vertragsrecht beziehen, werden für die Auslegung des Art. 21 wegen der übereinstimmenden Wertungen auch in Zukunft **erste Anhaltspunkte** geben können. Allerdings dürfte Art. 21 in der künftigen Praxis der Gerichte kaum Bedeutung erlangen. Dies hängt neben dem engen Auslegungsverständnis damit zusammen, dass das nach der Rom I-VO berufene Schuldvertragsrecht regelmäßig dispositiv ausgestaltet sein wird. Mit dem *ordre public* unvereinbare Gesetzesnormen können deshalb von den Parteien abbedungen oder bewusst als Vertragsinhalt belassen worden sein. Hinzu kommt, dass die kollisionsrechtlichen Schutzmechanismen in Art. 3 Abs. 3 sowie Artt. 5 bis 8 bzw Art. 46 b EGBGB (über den Schutz der schwächeren Vertragspartei)[23] und darüber hinaus die Sonderregeln für Eingriffsnormen (Art. 9 Abs. 2) das zur Anwendung berufene ausländische Recht im Einzelfall zugunsten der *lex fori* überlagern bzw verdrängen, wodurch sich ein Rückgriff auf die das ausländische Recht abwehrende Vorbehaltsklausel von vornherein erübrigt.

11 In der Vergangenheit haben deutsche Gerichte im Bereich des Vertragsrechts Art. 6 EGBGB **abgelehnt**, wenn es um die Anwendung von ausländischen Rechtssätzen ging, die eine automatische Anpassung einer Forderung an die Inflation vorsehen,[24] die fristlose Kündigung eines Dienstvertrags ohne wichtigen Grund gestatten,[25] einen formlosen Abschluss von Grundstückskaufverträgen über inländische Grundstücke erlauben,[26] eine vom deutschen Recht abweichende Schadensberechnung oder Gewährung immateriellen Schadensersatzes zulassen,[27] das Selbstkontrahieren über § 181 BGB hinaus ermöglichen,[28] vom deutschen Recht abweichende Verjährungsfristen bestimmen[29] oder über § 288 BGB hinaus Verzugszinsen einschließlich Zinseszins billigen.[30]

12 Ein *ordre public*-Verstoß wurde hingegen **bejaht**, wenn das ausländische Recht ein Anfechtungsrecht bei Drohung[31] oder den Einwand des Rechtsmissbrauchs nicht kennt,[32] bestimmte Forderungen als unverjährbar qualifiziert,[33] unverhältnismäßig hohe Vertragsstrafen[34] oder Spielschulden[35] als rechtsverbindlich qualifiziert, oder wenn ein Bürge durch den Staat auf Zahlung in Anspruch genommen wird, nachdem der Staat

---

20 Staudinger/*Hausmann*, Art. 21 Rn 30.
21 Bamberger/Roth/*Spickhoff*, Art. 21 Rn 3.
22 BGHZ 120, 29, 37; 44, 183, 190; aA Staudinger/*Hausmann*, Art. 21 Rn 31, der prinzipiell auf die *lex fori* zurückgreifen möchte.
23 Ob besonders krasse Abweichungen vom deutschen Verbraucherschutzrecht den *ordre public*-Vorbehalt eingreifen lassen, dürfte in Anbetracht des nunmehr gemeinschaftsweit etablierten Verbraucherschutzniveaus sowie der Schutzmechanismen in Art. 6 und Art. 46 b EGBGB kaum mehr praktische Bedeutung haben. Zu den früheren Problembereichen siehe AG Lichtenfels IPRax 1990, 235, 236; OLG Celle RIW 1991, 421, 423 (Verstoß gegen Art. 6 EGBGB bejaht); OLG Celle RIW 1993, 587, 588; OLG Hamm NJW-RR 1989, 496, 497; OLG Düsseldorf NJW-RR 1995, 1396 (Verstoß verneint).
24 BGHZ 122, 16, 19.
25 BAG NJW 1979, 1119, 1120.
26 RGZ 63, 18, 19 f; 121, 154.
27 BGHZ 75, 167, 171 f; 118, 312, 331; LG Heilbronn RIW 1991, 343, 344.
28 RG JW 1928, 2013, 2014.
29 RGZ 151, 193, 201.
30 OLG Hamburg RIW 1991, 152, 154; OLG Celle RIW 1993, 587; OLG Hamburg NJW-RR 1992, 568, 569.
31 RG IPRspr 1928 Nr. 10.
32 OLG Frankfurt IPRax 1981, 165, 167.
33 RGZ 106, 82, 84 f; dazu *Lorenz* IPRax 1999, 429 ff.
34 OLG Hamburg OLGE 6 (1903), 231; dazu *Rau* RIW 1978, 23, 26.
35 RGZ 37, 266; OLG Hamm NJW-RR 1997, 1008.

dem Bürgen dessen Anteile am Hauptschuldner entschädigungslos entzogen hat.³⁶ Gleiches gilt im Grundsatz auch dann, wenn ausländisches Recht für vertragliche Pflichtverletzungen einen Strafschadensersatz vorsieht.³⁷ Bei Anwaltsverträgen ist der *ordre public*-Vorbehalt hingegen nur noch mit Bedacht zu gebrauchen: § 49 b BRAO und § 4 a RVG gestatten inländischen Rechtsanwälten nur in beschränktem Umfang Erfolgshonorare bzw. die Vereinbarung eines Streitanteilshonorars (*quota litis*). Ausländische Rechtsanwälte unterliegen diesen Beschränkungen nicht, so dass sie Erfolgs- oder Streitanteilshonorare wirksam vereinbaren können, wenn die für sie einschlägige Rechtsordnung dies zulässt, wie zB das englische oder US-amerikanische Recht.³⁸ Soweit ausländischem Recht unterliegende Erfolgs- oder Streitanteilshonorare die durch §§ 49 b BRAO, 4 a RVG gesetzten Grenzen einhalten oder geringfügig überschreiten, ist Art. 21 gewiss nicht einschlägig. Richtigerweise dürfte der *ordre public*-Vorbehalt überhaupt nur noch bei einem deutlichen Missverhältnis zwischen Entgelt und anwaltlicher Leistung sowie einem hinreichend starken Inlandsbezug in Betracht kommen.³⁹

Artikel 22 Staaten ohne einheitliche Rechtsordnung

(1) Umfasst ein Staat mehrere Gebietseinheiten, von denen jede eigene Rechtsnormen für vertragliche Schuldverhältnisse hat, so gilt für die Bestimmung des nach dieser Verordnung anzuwendenden Rechts jede Gebietseinheit als Staat.

(2) Ein Mitgliedstaat, in dem verschiedene Gebietseinheiten ihre eigenen Rechtsnormen für vertragliche Schuldverhältnisse haben, ist nicht verpflichtet, diese Verordnung auf Kollisionen zwischen den Rechtsordnungen dieser Gebietseinheiten anzuwenden.

Literatur: *Eichel*, Interlokale und interpersonale Anknüpfungen, in: Leible/Unberath (Hrsg.), Brauchen wir einen Rom 0-Verordnung?, 2013, S. 385; *Heinze*, Bausteine eines Allgemeinen Teils des europäischen Internationalen Privatrechts, in: FS Kropholler, 2009, S. 113; *Leible*, Der Beitrag der Rom II-Verordnung zu einer Kodifikation der allgemeinen Grundsätze des Europäischen Kollisionsrechts, in: Gerte Reichelt (Hrsg.), Europäisches Gemeinschaftsrecht und IPR – Ein Beitrag zur Kodifikation der Allgemeinen Grundsätze des Europäischen Kollisionsrechts, 2007, S. 31; *ders*., Rom I und Rom II: Neue Perspektiven im europäischen Kollisionsrecht, 2009; *Leible/Lehmann*, Die Verordnung über das auf vertragliche Schuldverhältnisse anzuwendende Recht („Rom I"), RIW 2008, 528; *Reithmann/Martiny*, Internationales Vertragsrecht, 7. Auflage 2010.

A. Allgemeines 1	II. Keine mitgliedstaatliche Bindung für rein innerstaatliche Fälle (Abs. 2) 11
B. Regelungsgehalt 3	
I. Direkte Verweisung (Abs. 1) 3	

A. Allgemeines

Art. 22 übernimmt nahezu wortidentisch die Vorgängernorm des Art. 19 EVÜ, die in deutsches Recht mittels Art. 35 Abs. 2 EGBGB inkorporiert wurde. Die Vorschrift legt fest, wie bei einer Anknüpfung an **Mehrrechtsstaaten** zu verfahren ist. Für die von der Rom I-VO gewählte Lösung spricht, dass immer dann, wenn Kollisionsnormen an einen Ort anknüpfen – also zB den gewöhnlichen Aufenthalt oder den Belegenheitsort – nicht auf das Teilrecht der betroffenen Rechtsordnung durchgreifen, die von ihnen getroffene Anknüpfungsentscheidung in dieses hinein verlängern sollten.¹ Begründen kann man dies damit, dass in solchen Fällen die Kollisionsnorm in Wirklichkeit nicht auf das Recht des *Staates*, in dem der Ort liegt, sondern auf das in dem *Gebiet*, in dem der Ort liegt, geltende Recht verweist.²

1

---

36 BGHZ 104, 240, 243 ff; dazu *Dörner*, FS Sandrock, 2000 S. 205 ff.
37 BGHZ 118, 312, 338 ff. Weiterführend unten Art. 26 Rom II-VO Rn 28.
38 BGHZ 22, 162, 163 ff.; OLG Zweibrücken IPRspr 1977 Nr. 174; OLG Hamm IPRspr 2000 Nr. 102.
39 MüKo/*Martiny*, Art. 4 Rn 55 mwN; Bamberger/Roth/ *Spickhoff*, Art. 21 Rn 6. Die Beschränkung in BGHZ 44, 183, 190 auf eine Überschreitung der gesetzlichen Gebühren auf heutzutage 20 % lässt sich heutzutage aufgrund der Lockerungen durch § 49 b BRAO, § 4 a RVG kaum mehr halten. Den *ordre public*-Vorbehalt ablehnend bereits BGHZ 44, 183, 190 sowie BGHZ 118, 312, 332 f (allerdings anerkennungsrechtlicher *ordre public*).

1 Vgl *Leible*, in: Reichelt (Hrsg.), Europäisches Gemeinschaftsrecht und IPR – Ein Beitrag zur Kodifikation der Allgemeinen Grundsätze des Europäischen Kollisionsrechts, 2007, S. 31, 52; *ders*., Rom I und Rom II: Neue Perspektiven im europäischen Kollisionsrecht, 2009, S. 56 f. Ähnlich der Bericht mit Empfehlungen an die Kommission zum Erb- und Testamentrecht vom 16.10.2006 (A6-0359/2006), S. 8: „Das Europäische Parlament ist insbesondere der Meinung..., dass jede Bezugnahme auf den gewöhnlichen Aufenthaltsort in jenem Staat als Bezugnahme auf den gewöhnlichen Aufenthaltsort in einer Gebietseinheit gewertet wird".
2 *Kegel/Schurig*, § 11 II (S. 418).

2 Die von Art. 22 Abs. 1 angeordnete Ausschaltung des interlokalen Kollisionsrechts und damit auch die in diesen Fällen vorzunehmende Sachnormverweisung ist eine logische Folge des in Art. 20 Rom I–VO angeordneten Ausschlusses des *renvoi*. Zwar zwingt der Ausschluss des *renvoi* nicht zu einer Sachnormverweisung auf interlokaler Ebene, doch wäre eine unterschiedliche Handhabung auf internationaler und interlokaler Ebene widersprüchlich.[3] Man mag den damit einhergehenden (weiteren) Verlust des internationalen Entscheidungseinklangs bedauern, doch streiten für eine solche Lösung der mit ihr einhergehende Gewinn an **Rechtssicherheit** und Vorhersehbarkeit.[4]

B. Regelungsgehalt

I. Direkte Verweisung (Abs. 1)

3 Verweisen die Artt. 3 ff auf das Recht eines Mehrrechtsstaates, stellt sich die Frage, ob dessen Interlokales Privatrecht darüber bestimmen soll, welches Gebietsrecht Anwendung findet, oder ob die Rom I-VO selbst diese Entscheidung trifft. Die Antwort gibt Art. 22 Abs. 1: Sofern ein Staat aus mehreren Gebietseinheiten besteht und diese über eigene Rechtsnormen für vertragliche Schuldverhältnisse verfügen, gilt jede Gebietseinheit als Staat. Ebenso wie die Rom II-VO (vgl. Art. 25 Abs. 1 Rom II-VO) verselbständigt damit auch die Rom I-VO jede Gebietseinheit rechtlich.[5] Das interlokale Recht des Gesamtstaates muss nicht mehr befragt werden. Es wird ausgeschaltet.

4 Die Parteien können daher, sofern in den Gebietseinheiten eines Staates unterschiedliche Vertragsrechte gelten, das Recht einer dieser Gebietseinheiten wählen, etwa kalifornisches Recht.[6] Haben die Parteien keine Rechtswahl getroffen, kommt es darauf an, auf welche Gebietseinheit die objektive Anknüpfung verweist. Schließt beispielsweise ein deutsches Unternehmen einen ASP-Vertrag mit einem im Silicon Valley ansässigen Anbieter ab, findet mangels Rechtswahl kalifornisches Recht Anwendung.[7]

5 Vorausgesetzt werden dem Wortlaut nach eigene **Rechtsnormen**. Wie sich insbesondere aus der englischen Fassung („rules of law") und der französischen Fassung („propres règles") der Rom I-VO ergibt, ist damit nicht nur geschriebenes Recht, sondern ebenso Richter- und Gewohnheitsrecht zu verstehen.[8]

6 Um **Gebietseinheiten** handelt es sich bei territorial begrenzten Untergliederungen eines Staates.[9] Gespaltenes Recht idS findet sich zB in den USA, Kanada, Großbritannien, Australien, Mexiko oder Spanien.

7 Diese Gebietseinheiten müssen über **eigene** Rechtsnormen verfügen. Sie müssen also ein eigenständiges Recht für vertragliche Schuldverhältnisse entwickelt haben. Ist nur ein Teil des Schuldvertragsrechts eigenständig und sind andere Teile durch den Gesamtstaat geregelt, kann es auch nur zu einer Teilverweisung kommen, die nur so weit reicht, wie das Recht der Gebietseinheit tatsächlich eigenständig ist.[10]

8 Art. 22 Abs. 1 verlangt, dass **jede Gebietseinheit** eigene Rechtsnormen für vertragliche Schuldverhältnisse hat. Die Vorschrift greift daher nicht, wenn ein Staat zwar aus mehreren Gebietseinheiten besteht, von diesen aber nur eine oder mehrere, aber jedenfalls nicht alle über ein eigenständiges Schuldvertragsrecht verfügen. Dies ist etwa in Spanien der Fall.[11]

9 Als problematisch können sich Fälle erweisen, in denen das Recht eines Gesamtstaates gewählt wurde, dessen **Schuldvertragsrecht** aber **durch die Einzelstaaten geregelt** ist (zB Wahl „amerikanischen Rechts").[12] Die Verweisung geht ins Leere, sofern sich nicht durch Auslegung ermitteln lässt, dass die Parteien das Recht einer bestimmten Gebietseinheit zur Anwendung bringen wollten. Scheitert eine dahin gehende Auslegung, ist die Rechtswahl unwirksam und stattdessen objektiv anzuknüpfen.[13] Das anwendbare Recht des Einzelstaates ist dann über Artt. 4 ff zu bestimmen.

10 Nach anderer Ansicht soll in diesem Fall das Interlokale Recht des Gesamtstaates anwendbar sein, da dessen Anwendung durch Art. 20 nicht ausgeschlossen werde und es am ehesten den Interessen der Parteien entspreche, innerhalb der gewählten Gesamtrechtsordnung zu verbleiben.[14] Das überzeugt nicht. Denn

---

3 *Eichel*, in: Leible/Unberath (Hrsg.), Brauchen wir eine Rom 0-Verordnung?, 2013, S. 385, 391 f.
4 Rauscher/*Freitag*, EuZPR/EuIPR, Art. 22 Rn 2.
5 MüKo/*Martiny*, Art. 22 Rn 3; Rauscher/*Freitag*, EuZPR/EuIPR, Art. 22 Rn 1.
6 Reithmann/Martiny/*Martiny*, Rn 220; MüKo/*Martiny*, Art. 22 Rn 3 f; Rauscher/*Freitag*, Art. 22 Rn 2; Staudinger/*Hausmann*, Art. 22 Rn 12.
7 *Leible*, Rom I und Rom II: Neue Perspektiven im europäischen Kollisionsrecht, 2009, S. 55 f.
8 Staudinger/*Hausmann*, Art. 22 Rn 5; Reithmann/Martiny/*Martiny*, Rn 221; Calliess/*Gebauer*, Art. 22 Rn 4.
9 MüKo/*Martiny*, Art. 22 Rn 8; jurisPK-BGB/*Ringe*, Art. 22 Rn 6.
10 MüKo/*Martiny*, Art. 22 Rn 7.
11 AA anscheinend MüKo/*Martiny*, Art. 22 Rn 8.
12 Vgl dazu OLG München IPrax 1983, 120.
13 *Looschelders*, Art. 27 Rn 5; Staudinger/*Magnus*, Art. 27 EGBGB Rn 38; Reithmann/Martiny/*Martiny*, Rn 220; *v. Bar*, IPR II, Rn 464.
14 Staudinger/*Hausmann*, Art. 22 Rn 8; Gebauer/Wiedmann/*Nordmeier*, Kap. 37 Rn 141; Bamberger/Roth/*Spickhoff*, Art. 22 Rn 3.

bestimmt wird dergestalt ein rein „hypothetischer Parteiwille". Allein dieser genügt jedoch nicht.[15] Es kommt nicht darauf an, was die Parteien gewollt hätten, sondern was sie gewollt haben. Es bedarf daher der Feststellung eines realen Willens, nicht bloß eines Interesses. Im Übrigen muss auch nach dieser Ansicht objektiv angeknüpft werden, sofern das interlokale Recht keine hinreichenden Anknüpfungskriterien zur Verfügung stellt. Kommt es aber letztendlich ohnehin zu einer Anknüpfung an die engste Verbindung, sollte man auch deshalb nicht den zusätzlichen Weg über das interlokale Recht beschreiten.

II. Keine mitgliedstaatliche Bindung für rein innerstaatliche Fälle (Abs. 2)

Ein **europäischer Mehrrechtsstaat** ist nach Art. 22 Abs. 2 nicht verpflichtet, die Rom I-VO für die Lösung interlokaler Rechtskonflikte heranzuziehen. Gemeint sind damit diejenigen Fälle, in denen es an einer Auslandsberührung iSv Art. 1 Abs. 1 (Verbindung zum Recht verschiedener Staaten) fehlt und lediglich die Rechte verschiedener Gebietseinheiten (zB England und Schottland) miteinander konkurrieren. Art. 22 Abs. 2 überlässt den Mitgliedstaaten die Entscheidung darüber, ob sie die Rom I-VO auch auf interlokaler Ebene anwenden wollen. Für eine solche Vorgehensweise spricht die damit einhergehende Gewährleistung von **Entscheidungseinklang**. So wandte etwa England das EVÜ auch auf Binnenkollisionen an.[16]

11

Artikel 23 Verhältnis zu anderen Gemeinschaftsrechtsakten

Mit Ausnahme von Artikel 7 berührt diese Verordnung nicht die Anwendung von Vorschriften des Gemeinschaftsrechts, die in besonderen Bereichen Kollisionsnormen für vertragliche Schuldverhältnisse enthalten.

Literatur: *Clausnitzer/Woopen*, Internationale Vertragsgestaltung – Die neue EG-Verordnung für grenzüberschreitende Verträge (Rom I-VO) BB 2008, 1798; *Leible/Lehmann*, Die Verordnung über das auf vertragliche Schuldverhältnisse anzuwendende Recht („Rom I"), RIW 2008, 528; *Reithmann/Martiny*, Internationales Vertragsrecht, 7. Auflage, 2010.

A. Allgemeines	1		1. Grundlagen	6
B. Regelungsgehalt	2		2. Verordnungen	7
I. Grundsatz	2		3. Richtlinien	9
II. Einzelne kollisionsrechtliche Unionsrechtsakte	6		C. Ausnahme des Internationalen Versicherungsvertragsrechts	11

A. Allgemeines

Art. 23 regelt das Verhältnis zu anderen Gemeinschaftsrechtsakten, seit Lissabon nunmehr das Verhältnis zu anderen Unionsrechtsakten. Die Vorschrift ist ihrer Vorgängernorm Art. 20 EVÜ, die in deutsches Recht mittels Art. 3 Abs. 2 S. 2 EGBGB aF (Art. 3 Nr. 1 EGBGB nF) inkorporiert wurde, nachgebildet und stellt klar, dass – unter Ausnahme von Art. 7 – die Rom I-Verordnung die Anwendung von kollisionsrechtlichen Vorschriften des übrigen Unionsrechts nicht berührt.

1

B. Regelungsgehalt

I. Grundsatz

Art. 23 stellt den Grundsatz auf, dass Kollisionsnormen in Rechtsakten des Unionsrechts, die „besondere"[1] Bereiche des Schuldvertragsrechts regeln, der Rom I-VO vorgehen (*lex specialis derogat legi generali*). Eine Ausnahme gilt für Versicherungsverträge nach Art. 7. Dies beruht darauf, dass das in diesem Bereich relevante Unionsrecht Eingang in Art. 7 gefunden hat.

2

Der **Begriff „Vorschriften des Gemeinschaftsrechts"** umfasst die verbindlichen Handlungsformen des Unionsrechts, also insbesondere Verordnungen und Richtlinien,[2] nicht aber völkerrechtliche Verträge. Für letztere sind die besonderen Regelungen der Artt. 24 und 25 einschlägig.[3]

3

---

15 BT-Drucks. 10/504, S. 77.
16 S. 2(3) of the Contracts (Applicable Law) Act 1990; Cheshire/North/Fawcett, Private International Law, 14. Aufl. 2008, S. 681; Calliess/*Gebauer*, Art. 22 Rn 8.

1 Sie finden sich v.a. in sektoralen Verbraucherschutzrichtlinien; vgl hierzu ausführlich Staudinger/*Magnus*, Art. 23 Rn 22 ff.
2 Palandt/*Thorn*, Art. 23 Rn 2; MüKo/*Martiny*, Art. 23 Rn 7, 9 f; Rauscher/*v. Hein*, EuZPR/EuIPR, Art. 23 Rn 7.
3 Staudinger/*Magnus*, Art. 23 Rn 13.

4 Der **Begriff „Kollisionsnormen"** stellt klar, dass lediglich solches Unionsrecht Vorrang vor der Rom I-Verordnung beansprucht, das Regelungen über das anwendbare Recht bei grenzüberschreitenden Verträgen enthält. Unionsrecht ohne kollisionsrechtliche Regelung ist von Art. 23 nicht umfasst.[4] Allerdings ist dessen Durchsetzung auf Grundlage der sog. **Ingmar-Rechtsprechung** nicht ausgeschlossen.[5]

5 Der als Vorbild für Art. 23 dienende Art. 20 EVÜ war weiter gefasst als die jetzige Vorschrift, weil er auch den in Ausführung der Rechtsakte der Union harmonisierten innerstaatlichen Rechtsvorschriften Vorrang einräumt. Der Wortlaut von Art. 23 zielt hingegen nur auf eine Sicherung der Anwendung von „Vorschriften des Gemeinschaftsrechts". Jedoch muss man Art. 23 im Lichte von Art. 20 EVÜ interpretieren; denn unmittelbar anwendbar ist nicht das Richtlinienrecht, sondern das dieses umsetzende innerstaatliche Recht.[6]

II. Einzelne kollisionsrechtliche Unionsrechtsakte

6 **1. Grundlagen.** Art. 23 lässt sich nicht entnehmen, welche Unionsrechtsakte kollisionsrechtlich relevant sind. Daher bedarf es bei jedem Unionsrechtsakt im Bereich des Schuldvertragsrechts einer genauen **Analyse seines kollisionsrechtlichen Gehalts** und des Konkurrenzverhältnisses zur Rom I-VO. Der Verordnungsvorschlag der Kommission hatte noch vorgesehen, dass die Rechtsakte, welche Vorrang vor der Rom I-Verordnung haben sollen, in einem Anhang einzeln aufgezählt werden.[7] Diese Liste ist dann jedoch nicht in die endgültige Fassung aufgenommen worden. Man kann sie gleichwohl heranziehen, um sich einen Überblick zu verschaffen, welche Rechtsakte in Art. 23 Rom I-VO gemeint sein könnten, mag auch der hieraus resultierende Erkenntnisgewinn letztlich gering sein.[8] Weitere Hinweise gibt Erwägungsgrund 40 der Rom I-VO.

7 **2. Verordnungen.** Als relevante Verordnung kommt insbesondere die **Rom II-VO** in Betracht. Sie beansprucht grundsätzlich keinen Vorrang gem. Art. 23, da sie kein Schuldvertragsrecht zum Gegenstand hat und insofern kein Konkurrenzverhältnis besteht.[9] Eine Ausnahme ergibt sich lediglich für Art. 12 lit. e Rom I-VO und Art. 10 Rom II-VO. Vorrang kommt hier Art. 12 lit. e Rom I-VO als *lex specialis* zu.[10]

8 Kollisionsnormen iSv Art. 23 finden sich etwa in den **Verordnungen über die Binnenschifffahrts-Kabotage** (Art. 3 Abs. 1 lit. a)[11] und die **Güterkraftverkehrs-Kabotage**[12] (Art. 6 Abs. 1),[13] nicht aber in der **Fluggasterechte-Verordnung**.[14] Deren Art. 3 statuiert lediglich selbstständige Anwendungsregeln, die zwar ebenfalls Vorrang gegenüber der Rom I-VO beanspruchen, jedoch nicht auf der Grundlage von Art. 23, sondern allgemeinen kollisionsrechtlichen Grundsätzen zur Anwendung von Einheitsrecht.[15] Ebenfalls nicht von Art. 23 berührt wird der **„Vorschlag für ein Gemeinsames Europäisches Kaufrecht"** (GEK),[16] sollte er in der von der Kommission vorgelegten Entwurfsfassung tatsächlich verabschiedet werden; denn obwohl der Wortlaut des GEK dies offen lässt, soll es sich bei der stets notwendigen Vereinbarung der Parteien über dessen Anwendung nicht um eine kollisionsrechtliche Rechtswahl handeln, sondern um eine „Wahl zwischen zwei verschiedenen Kaufrechtssystemen innerhalb derselben einzelstaatlichen Rechtsordnung".[17] Das GEK soll also innerhalb der mitgliedstaatlichen Rechtsordnung neben das nationale Kaufrecht treten als eine zweite Vertragsrechtsordnung[18] und kann dementsprechend nur zur Anwendung gelangen,

---

4 MüKo/*Martiny*, Art. 23 Rn 8; Staudinger/*Magnus*, Art. 23 Rn 17.
5 Näher zur „Ingmar"-Rspr MüKo/*Sonnenberger*, Einl. IPR Rn 190; Staudinger/*Magnus*, Art. 23 Rn 15.
6 *Leible/Lehmann*, RIW 2008, 531.
7 Vorschlag für eine Verordnung über das auf vertragliche Schuldverhältnisse anzuwendende Recht, KOM(2005) 650 endg., Art. 22 lit. a iVm Anhang I.
8 Vgl dazu *Leible/Lehmann*, RIW 2008, 531.
9 Reithmann/Martiny/*Martiny*, Rn 71; MüKo/*Martiny*, Art. 23 Rn 13.
10 MüKo/*Martiny*, Art. 23 Rn 14; Palandt/*Thorn*, Art. 27 Rom II Rn 3; Calliess/*Weller*, Art. 23 Rn 20.
11 Verordnung (EWG) Nr. 3921/91 des Rates vom 16. Dezember 1991 über die Bedingungen für die Zulassung von Verkehrsunternehmen zum Binnenschiffsgüter- und -personenverkehr innerhalb eines Mitgliedstaats, in dem sie nicht ansässig sind, ABl. EG 1991 L 373/1.
12 Verordnung (EWG) Nr. 3118/93 des Rates vom 25. Oktober 1993 zur Festlegung der Bedingungen für die Zulassung von Verkehrsunternehmen zum Güterkraftverkehr innerhalb eines Mitgliedstaats, in dem sie nicht ansässig sind, ABl. EG 1993 L 279/1.
13 Rauscher/*Freitag*, EuZPR/EuIPR, Art. 23 Rn 9.
14 Verordnung (EG) Nr. 261/2004 des Europäischen Parlaments und des Rates über eine gemeinsame Regelung für Ausgleichs und Unterstützungsleistungen für Fluggäste im Fall der Nichtbeförderung und bei Annullierung oder großer Verspätung von Flügen und zur Aufhebung der Verordnung (EWG) Nr. 295/91, ABl. EU 2004 L 46/1.
15 Ferrari u.a./*Schulze*, Art. 23 Rn 3.
16 KOM (2011) 635 endg. Text mit Einführung auch abgedruckt in Staudenmayer (Hrsg.), Vorschlag für eine Verordnung des Europäischen Parlaments und des Rates über ein Gemeinsames Europäisches Kaufrecht, 2012.
17 KOM (2011) 635 endg., S. 7. Vgl auch *Staudenmayer*, Der Kommissionsvorschlag für eine Verordnung zum Gemeinsamen Europäischen Kaufrecht, NJW 2011, 3491, 3495.
18 Allgemein zu diesem Ansatz mwN *Heiss*, FS G. H. Roth, 2011, 237.

wenn zuvor eine kollisionsrechtliche Verweisung – etwa aufgrund der Rom I-VO – zu einem mitgliedstaatlichen Recht führt.[19]

3. Richtlinien. Als relevante Richtlinien sind insbesondere die **Verbraucherschutzrichtlinien gem. Art. 46 b Abs. 3 EGBGB** zu nennen (näher Art. 46 b EGBGB Rn 51). Der Verordnungsvorschlag der Kommission nannte außerdem die **Arbeitnehmerentsenderichtlinie**.[20] Sie verpflichtet in ihrem Art. 3 Abs. 1 die Mitgliedstaaten, dafür zu sorgen, dass in ihr Gebiet entsandte Arbeitnehmer in den Genuss einzeln aufgezählter Arten von Schutzvorschriften des Gaststaates kommen. Dabei handelt es sich um zwingende Bestimmungen, die unabhängig von dem nach Art. 8 Rom I-VO ermittelten Recht auf das Arbeitsverhältnis anzuwenden sind.[21] Auch die im Erwägungsgrund 40 erwähnte **E-Commerce-Richtlinie**[22] wird nicht von Art. 23 erfasst, da sie keine kollisionsrechtliche Regelung enthält.[23] Ähnliches gilt für die **Dienstleistungsrichtlinie**.[24] Sie ist schon aufgrund ihres Wortlauts (Art. 3 Abs. 2 und Art. 17 Nr. 15) als nicht kollisionsrechtlich relevant zu qualifizieren.[25]

Die **Kulturgüterrichtlinie**,[26] die in Anhang I des Verordnungsentwurfs der Kommission genannt wurde, fällt ebenfalls nicht unter Art. 23. Diese sieht in ihrem Art. 3 einen Anspruch auf Rückgabe des Kulturguts vor. Fraglich ist jedoch, warum darin ein „vertragliches" Schuldverhältnis liegen soll. Außerdem kann nicht der Eigentümer, sondern nur der Staat den Rückgabeanspruch geltend machen.[27] Das legt es nahe, den Anspruch öffentlich-rechtlich zu qualifizieren.[28] Er fällt daher von vornherein aus dem Anwendungsbereich der Rom I-VO heraus.[29]

C. Ausnahme des Internationalen Versicherungsvertragsrechts

Art. 23 nimmt ausdrücklich Art. 7 vom Vorrang des speziellen Richtlinien- und Verordnungskollisionsrechts aus. Der Verordnungsvorschlag der Kommission führte noch die beiden versicherungsrechtlichen Richtlinien der zweiten Generation auf.[30] Dies lag indes daran, dass ursprünglich eine Integration der in ihnen enthaltenen Kollisionsnormen in die Rom I-VO nicht vorgesehen war. Nachdem nun aber die Rom I-VO diese doch einbezogen hat, Bestand für eine Vorrangregelung kein Anlass mehr. Art. 23 dreht vielmehr gerade für sie das Vorrangverhältnis zu Gunsten von Art. 7 um.[31]

Artikel 24 Beziehung zum Übereinkommen von Rom

(1) Diese Verordnung tritt in den Mitgliedstaaten an die Stelle des Übereinkommens von Rom, außer hinsichtlich der Hoheitsgebiete der Mitgliedstaaten, die in den territorialen Anwendungsbereich dieses Übereinkommens fallen und für die aufgrund der Anwendung von Artikel 299 des Vertrags diese Verordnung nicht gilt.

---

19 Näher dazu *Leible*, in: Remien/Herrler/Limmer (Hrsg.), Gemeinsames Europäisches Kaufrecht für die EU?, 2012, 21.
20 Richtlinie 96/71/EG des Europäischen Parlaments und des Rates über die Entsendung von Arbeitnehmern im Rahmen der Erbringung von Dienstleistungen, ABl. EG 1997 L 18/1.
21 *Leible/Lehmann*, RIW 2008, 531; Palandt/*Thorn*, Art. 23 Rn 3.
22 Richtlinie 2000/31/EG des Europäischen Parlaments und des Rates v. 8. Juni 2000 über bestimmte rechtliche Aspekte der Dienste der Informationsgesellschaft, insbesondere des elektronischen Geschäftsverkehrs, im Binnenmarkt („Richtlinie über den elektronischen Geschäftsverkehr"), ABl EG 2000 Nr. L 178/1.
23 Vgl auch EuGH verb. Rs. C-509/09 und C-161/10 – eDate Advertising GmbH und Martinez – NJW 2012, 137; MüKo/*Martiny*, Art. 23 Rn 17 f; Staudinger/*Magnus*, Art. 28 Rn 26; aA *Clausnitzer/Woopen*, BB 2008, 1804.
24 Richtlinie 2006/123/EG des Europäischen Parlaments und des Rates v. 12. Dezember 2006 über Dienstleistungen im Binnenmarkt, ABl EU 2006 Nr. L 376/36.
25 So auch MüKo/*Martiny*, Art. 23 Rn 19; Rauscher/*v. Hein*, EuZPR/EuIPR, Art. 23 Rn 10.
26 Richtlinie 93/7/EWG des Rates v. 15. März 1993 über die Rückgabe von unrechtmäßig aus dem Hoheitsgebiet eines Mitgliedsstaats verbrachten Kulturgütern, ABl EG 1993 Nr. L 74/74.
27 Vgl Art. 5 Abs. 1 Richtlinie 93/7/EWG.
28 Siehe *Siehr*, RabelsZ 59 (1995), 454, 464; *ders.*, ZVglRWiss 95 (1996), 170, 175.
29 *Leible/Lehmann*, RIW 2008, 531; Rauscher/*v. Hein*, EuZPR/EuIPR, Art. 23 Rn 10.
30 Zweite Richtlinie 88/357/EWG des Rates vom 22. Juni 1988 zur Koordinierung der Rechts- und Verwaltungsvorschriften für die Direktversicherung (mit Ausnahme der Lebensversicherung) und zur Erleichterung der tatsächlichen Ausübung des freien Dienstleistungsverkehrs sowie zur Änderung der Richtlinie 73/239/EWG, ABl. EG 1988 L 172/1; Zweite Richtlinie 90/619/EWG des Rates vom 8. November 1990 zur Koordinierung der Rechts- und Verwaltungsvorschriften für die Direktversicherung (Lebensversicherung) und zur Erleichterung der tatsächlichen Ausübung des freien Dienstleistungsverkehrs sowie zur Änderung der Richtlinie 79/267/EWG, ABl. EG 1990 L 330/50.
31 Vgl auch *Fricke*, VersR 2008, 443, 445.

(2) Soweit diese Verordnung die Bestimmungen des Übereinkommens von Rom ersetzt, gelten Bezugnahmen auf dieses Übereinkommen als Bezugnahmen auf diese Verordnung.

Literatur: *Leible/Lehmann*, Die Verordnung über das auf vertragliche Schuldverhältnisse anzuwendende Recht („Rom I"), RIW 2008, 528; *Magnus,* Die Rom I-Verordnung, IPrax 2010, 27; *Reithmann/Martiny*, Internationales Vertragsrecht, 7. Auflage, 2010.

A. Allgemeines	1	I. Substitution (Abs. 1)	2
B. Regelungsgehalt	2	II. Bezugnahme auf das EVÜ (Abs. 2)	9

A. Allgemeines

1 Die Rom I-VO hat das Römische Schuldvertragsübereinkommen von 1980 (EVÜ)[1] in eine Verordnung überführt. Daher bedarf es einer Norm, die das Verhältnis der beiden Regelwerke zueinander klärt, zumal deren **territoriale Reichweite** unterschiedlich ist. Art. 24 Rom I-VO übernimmt diese Funktion.

B. Regelungsgehalt

I. Substitution (Abs. 1)

2 Art. 24 Abs. 1 Rom I-VO bestimmt, dass die Rom I-VO in den Mitgliedstaaten, die in den territorialen Anwendungsbereich dieses Übereinkommens fallen und für die die Rom I-VO nach Art. 52 EUV iVm Art. 349, 355 AEUV (ex-Art. 299 EGV) gilt, **an die Stelle des EVÜ** tritt.[2]

3 Nicht in den Geltungsbereich der Rom I-VO fällt das **Königreich Dänemark**, da Dänemark kein Mitgliedstaat ist (vgl. Art. 1 Abs. 4). Dies erklärt sich aus der besonderen Position Dänemarks in der justiziellen Zusammenarbeit in Zivilsachen.[3] Unter Geltung des Protokolls Nr. 5 zum Amsterdamer Vertrag konnte Dänemark nur durch Mitteilung an die anderen Mitgliedstaaten von einem Gebrauch des Protokolls insgesamt Abstand nehmen und sämtliche im Bereich des Titel IV EGV getroffenen Maßnahmen in vollem Umfang für anwendbar erklären.[4] Daran hat sich durch den Lissabonner Vertrag zwar im Grundsatz nichts geändert, doch hat Dänemark nunmehr gem. Art. 8 des Protokolls zum Lissabonner Vertrag[5] die Möglichkeit, den anderen Mitgliedstaaten mitzuteilen, dass Teil I dieses Protokolls aus den Bestimmungen im Anhang zu diesem Protokoll besteht. Und Art. 3 des erwähnten Anhangs sieht vor, dass Dänemark bei Maßnahmen nach dem Dritten Teil Titel V AEUV und damit auch der justiziellen Zusammenarbeit in Zivilsachen das Recht eines partiellen „opt in" hat. Dann entspräche die Position Dänemarks insoweit der des Vereinigten Königreichs und Irlands. Allerdings hat Dänemark bislang noch keine Mitteilung nach Art. 8 abgegeben.

4 Aus dem Umstand, dass es sich bei Dänemark um keinen Mitgliedstaat iSd Rom I-VO handelt, ergibt sich, dass Dänemark durch die Rom I-VO **nicht gebunden** ist und im Verhältnis zu Dänemark weiterhin das EVÜ gilt. Diese Weitergeltung bedeutet allerdings nicht, dass deutsche Gerichte bei Fällen mit Beziehung zu Dänemark das EVÜ anzuwenden haben. Vielmehr müssen sie die Rom I-VO befolgen, die universal einheitliches Kollisionsrecht schafft (Art. 2 Rom I-VO).[6] Dem steht auch nicht Erwägungsgrund 46 entgegen; denn dort heißt es nicht, dass die Rom I-VO „in Bezug zu Dänemark" nicht anwendbar ist, sondern lediglich, dass sie „für Dänemark nicht bindend oder anwendbar ist".

5 Die Fortgeltung des EVÜ zeigt sich jedoch vor den dänischen Gerichten. Diese wenden weiterhin das EVÜ an, und zwar auch für die **Färöer** und in Bezug auf **Grönland**.[7] Macht beispielsweise eine deutsche Bank einen Darlehensanspruch gegen einen in Kopenhagen wohnhaften Verbraucher geltend, der unter den situativen Voraussetzungen des Art. 6 Abs. 1 Rom I-VO zustande gekommen ist, müssten die deutschen Gerichte gemäß Art. 6 Rom I-VO dänisches Recht anwenden, die dänischen Gerichte nach derzeit herrschender Meinung hingegen gemäß Art. 4 Abs. 1, 2 EVÜ deutsches.[8]

6 Art. 24 Abs. 1 nimmt von der Substitution des EVÜ durch die Rom I-VO ausdrücklich die Hoheitsgebiete der Mitgliedstaaten aus, die in den territorialen Anwendungsbereich dieses Übereinkommens fallen und für

---

1 BGBl. II 1986 S. 810.
2 Rauscher/*v. Hein*, EuZPR/EuIPR, Art. 24 Rn 2.
3 Näher dazu Streinz/*Leible*, EUV/AEUV, 2. Aufl. 2012, Art. 81 AEUV Rn 2 f.
4 Vgl Art. 7 Protokoll Nr. 5 über die Position Dänemarks, ABl. 2006 C 321 E/201.
5 Protokoll (Nr. 22) über die Position Dänemarks, ABl. 2008 C 115/299.

6 *Leible/Lehmann*, RIW 2008, 532; MüKo/*Martiny*, Art. 24 Rn 8; Gebauer/Wiedmann/*Nordmeier*, Kap. 37 Rn 23; Palandt/*Thorn*, Art. 4 Rn 2; Rauscher/*v. Hein*, EuZPR/EuIPR, Art. 1 Rn 72; jurisPK-BGB/*Ringe*, Art. 24 Rn 4.
7 Ausführlich dazu Rauscher/*v. Hein*, EuZPR/EuIPR, Art. 24 Rn 4.
8 *Leible/Lehmann*, RIW 2008, 532.

die aufgrund der Anwendung von Art. 355 AEUV die Rom I-VO nicht gilt. Dies sind für die **Republik Frankreich** Neukaledonien und Nebengebiete, Französisch-Polynesien, die französischen Süd- und Antarktisgebiete sowie Wallis, Futuna, Mayotte, St. Pierre und Miquelon, für die **Niederlande** Aruba sowie die Niederländischen Antillen (Bonaire, Curaçao, Saba, Sint Eustatius und Sint Maarten). In allen diesen Gebieten gilt das EVÜ weiter.[9]

Weder das EVÜ noch die Rom I-VO gelten für folgende, in besonderen Beziehungen zum **Vereinigten Königreich** stehende Territorien: Kanalinseln, Isle of Man, Anguilla, Kaimaninseln, Falklandinseln, Südgeorgien und südliche Sandwichinseln, Montserrat, Pitcairn, St. Helena und Nebengebiete, Britisches Antarktis-Territorium, Britisches Territorium im Indischen Ozean, Turks- und Caicosinseln, Britische Jungferninseln sowie die Hoheitszonen des Vereinigten Königreichs auf Zypern, Akrotiri und Dhekelia. 7

Die Rom I-VO (und nicht das EVÜ) gilt hingegen mit Blick auf die **Republik Frankreich** für Guadeloupe, Französisch-Guayana, Martinique, Réunion, Saint Barthélemy, Saint Martin, auf **Finnland** für die Ålandinseln, auf **Portugal** für die Azoren und Madeira und auf **Spanien** für die Kanarischen Inseln sowie Ceuta und Meilla und auf das **Vereinigte Königreich** für Gibraltar. 8

II. Bezugnahme auf das EVÜ (Abs. 2)

Art. 24 Abs. 2 regelt den Fall von Bezugnahmen auf das EVÜ. Soweit eine Substitution des EVÜ durch die Rom I-VO erfolgt, gelten Bezugnahmen[10] auf das EVÜ als Bezugnahmen auf die Rom I-VO. 9

Artikel 25 Verhältnis zu bestehenden internationalen Übereinkommen

(1) Diese Verordnung berührt nicht die Anwendung der internationalen Übereinkommen, denen ein oder mehrere Mitgliedstaaten zum Zeitpunkt der Annahme dieser Verordnung angehören und die Kollisionsnormen für vertragliche Schuldverhältnisse enthalten.

(2) Diese Verordnung hat jedoch in den Beziehungen zwischen den Mitgliedstaaten Vorrang vor den ausschließlich zwischen zwei oder mehreren Mitgliedstaaten geschlossenen Übereinkommen, soweit diese Bereiche betreffen, die in dieser Verordnung geregelt sind.

Literatur: *Bischoff*, Außenkompetenzen der EG, in: Basedow/Hopt/Zimmermann (Hrsg.), Handwörterbuch des Europäischen Privatrechts, 2009, 139; *ders.*, Notwendige Flexibilisierung oder Ausverkauf von Kompetenzen? – Zur Rückübertragung von Außenkompetenzen der EG für privatrechtliche Abkommen durch die Verordnungen (EG) Nr. 662/2009 und Nr. 664/2009, ZEuP 2010, 321; *Jayme/Nordmeier*, Multilateraler Transport: Zur Anknüpfung an den hypothetischen Teilstreckenvertrag im Internationalen Transportrecht – Ist § 452 a HGB Kollisions- oder Sachnorm?, IPrax 1008, 503; *Kampf*, UN-Kaufrecht und Kollisionsrecht, RIW 2009, 297; *Leible/Lehmann*, Die Verordnung über das auf vertragliche Schuldverhältnisse anzuwendende Recht („Rom I"), RIW 2008, 528; *Nicholas*, The New Rome I Regulation on the Law Applicable to Contractual Obligations: Relationships with International Conventions of UNCITRAL, the Hague Conference and UNIDROIT, in: Cahin Ritaine/Bonomi (Hrsg.), Le nouveau règlement européen « Rome I » relatif à la loi applicable aux obligations contractuelles, 2008, 49; *Reithmann/Martiny*, Internationales Vertragsrecht, 7. Auflage, 2010; *Schilling*, Materielles Einheitsrecht und Europäisches Schuldvertrags-IPR. Das Verhältnis der Rom I-Verordnung zu internationalen Sachrechtsakten, EuZW 2011, 776; *Wagner*, Normenkonflikte zwischen den EG-Verordnungen Brüssel I, Rom I und Rom II und transportrechtlichen Rechtsinstrumenten, TranspR 2009, 103.

A. Allgemeines	1	II. Übereinkommen ausschließlich zwischen Mitgliedstaaten (Abs. 2)	8
B. Regelungsgehalt	3		
I. Übereinkommen (auch) mit anderen Staaten (Abs. 1)	3		

A. Allgemeines

Nahezu alle Mitgliedstaaten haben neben dem EVÜ weitere internationale Übereinkommen mit anderen Staaten geschlossen, in denen sich zumindest auch Regelungen zum Internationalen Schuldvertragsrecht finden Damit die Mitgliedstaaten ihre hieraus resultierenden internationalen Verpflichtungen wahren können, soll sich die Verordnung nicht auf solche einschlägigen internationalen Übereinkommen auswirken, denen ein oder mehrere Mitgliedstaaten zum Zeitpunkt der Annahme dieser Verordnung angehören.[1] Dazu bedarf es einer Norm wie Art. 25, die das Verhältnis der Rom I-VO zu bestehenden internationalen Übereinkommen regelt. 1

---

9 Vgl auch Rauscher/*v. Hein*, EuZPR/EuIPR, Art. 24 Rn 6 und 7; PWW/*Brödermann/Wegen*, Art. 24 Rn 3.

10 Näher zur Art dieser Bezugnahmen Staudinger/*Magnus*, Art. 24 Rn 11.

1 Vgl Erwägungsgrund 41.

2 Bereits im EVÜ existierte mit Art. 21 EVÜ eine ähnliche, das Konkurrenzverhältnis zu anderen internationalen Übereinkommen klärende Vorschrift, die über Art. 3 Abs. 2 S. 1 EGBGB Einzug in das deutsche Recht fand. Allerdings statuierte Art. 21 EVÜ einen generellen Vorrang internationaler Abkommen, wohingegen Art. 25 nun zwischen bestehenden und künftigen Übereinkommen mit anderen Staaten (Abs. 1) sowie Übereinkommen ausschließlich zwischen Mitgliedstaaten differenziert (Abs. 2). Lediglich bestehende Übereinkommen mit Drittstaaten genießen im Konkurrenzfall Vorrang.

B. Regelungsgehalt

I. Übereinkommen (auch) mit anderen Staaten (Abs. 1)

3 Abs. 1 bestimmt, dass internationalen Übereinkommen mit anderen Staaten gegenüber der Rom I-VO Vorrang beanspruchen, sofern die betroffenen Mitgliedstaaten diesen Übereinkommen bereits zum Zeitpunkt der Annahme der Rom I-VO angehörten und die Übereinkommen spezielle Kollisionsnormen für vertragliche Schuldverhältnisse enthalten. Auf diese Weise wird es den Mitgliedstaaten ermöglicht, ihren bereits vor der Annahme der Rom I-VO eingegangenen **völkerrechtlichen Verpflichtungen** nachzukommen, ohne gleichzeitig gegen Unionsrecht zu verstoßen.[2]

4 Abs. 1 als der generellen Vorschrift unterfallen sämtliche internationale bilaterale Abkommen und multilaterale Übereinkommen mit anderen Staaten, also sowohl mit Mitglieds- als auch Drittstaaten, während Abs. 2 als die speziellere Norm lediglich bilaterale Abkommen und multilaterale Übereinkommen erfasst, die **ausschließlich zwischen Mitgliedstaaten** geschlossen wurden.

5 Der in Abs. 1 als maßgeblich benannte Zeitpunkt dient der Ausnahme künftiger, also nach Annahme der Rom I-VO geschlossener internationaler Übereinkommen im Bereich des Schuldvertragsrechts. Denn spätestens ab diesem Zeitpunkt ist die (Außen-)Kompetenz zum Abschluss derartiger Verträge auf die Union übergegangen.[3] Für den Abschluss künftiger völkerrechtlicher Verträge – einschließlich solcher zur Revision bestehender Verträge – ist allein die Union kompetent (vgl aber Rn 6). Werden sie nicht durch die Union, sondern durch Mitgliedstaaten abgeschlossen, kommt ihnen – im Gegensatz zur Rechtslage unter Geltung des EVÜ – kein Vorrang vor der Rom I-VO zu.[4] Der in Abs. 1 als maßgeblich benannte Zeitpunkt der Annahme ist das Datum in der offiziellen Bezeichnung der Rom I-VO,[5] nämlich der **17. Juni 2008**.

6 Die Ausübung der ausschließlichen Außenkompetenz durch die Union ist jedoch wenig zielführend und effizient, wenn es lediglich um sektorspezifische und nur einen oder wenige Mitgliedstaat(en) berührende Fragen geht. Die Union ist daher grundsätzlich bereit, ihre ausschließliche Außenkompetenz im Anwendungsbereich des Art. 81 AEUV nicht durchgehend selbst auszuüben, sondern den Mitgliedstaaten unter strengen Voraussetzungen (vorläufig) weiterhin den Abschluss eigener Abkommen zu gestatten. Erwägungsgrund 42 betont dies nachdrücklich auch für das Internationale Schuldvertragsrecht. Danach soll die Kommission dem Europäischen Parlament und dem Rat einen Vorschlag unterbreiten, nach welchem Verfahren und unter welchen Bedingungen die Mitgliedstaaten in Einzel- und Ausnahmefällen in eigenem Namen Übereinkünfte mit Drittländern über sektorspezifische Fragen aushandeln und abschließen dürfen, die Bestimmungen über das auf vertragliche Schuldverhältnisse anzuwendende Recht enthalten. Eine entsprechende Regelung ist mittlerweile mit der **VO (EG) Nr. 662/2009**.[6] Mit ihr wurde ein Verfahren eingeführt, mit dem einem Mitgliedstaat unter den in dieser Verordnung genannten Bedingungen gestattet wird, ein mit einem Drittstaat bestehendes Abkommen zu ändern oder ein neues bilaterales Abkommen mit einem Drittstaat auszuhandeln und zu schließen.[7] Über bilaterale Abkommen hinaus gestattet die Verordnung auch den Abschluss regionaler Übereinkommen zwischen einer begrenzten Zahl von Mitgliedstaaten und von Drittstaaten, die Nachbarstaaten von Mitgliedstaaten sind, das auf örtliche Umstände abzielt und dem andere Staaten nicht beitreten können.

7 Der Terminus **„Staatsverträge mit Kollisionsnormen für vertragliche Schuldverhältnisse"** meint Übereinkommen, die die Rechtsanwendung im Bereich des Schuldvertragsrechts regeln.[8] Relevant ist hierbei

---

[2] Vgl Erwägungsgrund 41 sowie *Garriga*, Yb. P.I.L. 9 (2007), 137 ff.
[3] Vgl EuGH Rs. 220/70, AETR, Slg 1972, 263 Rn 30/31; EuGH, Gutachten 1/03, Slg. 2006, I-1145. Näher mwN Streinz/*Leible*, EUV/AEUV, 2. Aufl. 2012, Art. 81 AEUV Rn 47 ff.
[4] *Leible/Lehmann*, RIW 2008, 531.
[5] *Wagner*, TranspR 2009, 106.
[6] VO (EG) Nr. 662/2009 des Europäischen Parlaments und des Rates vom 13. Juli 2009 zur Einführung eines Verfahrens für die Aushandlung und den Abschluss von Abkommen zwischen Mitgliedstaaten und Drittstaaten über spezifische Fragen des auf vertragliche und außervertragliche Schuldverhältnisse anzuwendenden Rechts, ABl. EU 2009 L 200/25.
[7] Vgl dazu auch *Bischoff*, ZEuP 2010, 321.
[8] Reithmann/Martiny/*Martiny*, Rn 78.

insbesondere das **Haager Kaufrechts-Übereinkommen von 1955**[9] sowie das **Haager Vertreterrechts-Übereinkommen von 1978**[10].[11] Entscheidend ist, dass derartige Verträge Kollisionsnormen enthalten. Das kann auch bei Staatsverträgen, die der Schaffung von materiellem Einheitsrecht dienen, der Fall sein. Umstritten ist, wie mit Normen umzugehen ist, bei denen es sich nicht um klassische Kollisionsnormen, sondern um spezielle Abgrenzungsnormen handelt, wie sie sich etwa im CISG finden.[12] Jedenfalls materielles Einheitsrecht als solches beansprucht aber Vorrang gegenüber der Rom I-VO.[13]

II. Übereinkommen ausschließlich zwischen Mitgliedstaaten (Abs. 2)

Abs. 2 regelt das Verhältnis der Rom I-VO zu Übereinkommen, die ausschließlich zwischen Mitgliedstaaten (einschließlich Dänemark) geschlossen wurden/werden. Sofern diese Übereinkommen das Schuldvertragsrecht betreffen, hat die Rom I-VO **Vorrang**; denn völkerrechtliche Verpflichtungen im Verhältnis zu Drittstaaten werden dadurch nicht berührt.[14] Sie traten zum 17. Dezember 2009 außer Kraft.[15] 8

Artikel 26 Verzeichnis der Übereinkommen

(1) ¹Die Mitgliedstaaten übermitteln der Kommission bis spätestens 17. Juni 2009 die Übereinkommen nach Artikel 25 Absatz 1. ²Kündigen die Mitgliedstaaten nach diesem Stichtag eines dieser Übereinkommen, so setzen sie die Kommission davon in Kenntnis.

(2) Die Kommission veröffentlicht im *Amtsblatt der Europäischen Union* innerhalb von sechs Monaten nach Erhalt der in Absatz 1 genannten Übermittlung
a) ein Verzeichnis der in Absatz 1 genannten Übereinkommen;
b) die in Absatz 1 genannten Kündigungen.

Art. 26 dient der Transparenz. Bestehende völkerrechtliche Verpflichtungen der Mitgliedstaaten sollen schnell und einfach erkannt werden können. 1

Nach Abs. 1 sollten die Mitgliedstaaten daher **bis zum 17. Juni 2009** die Übereinkommen, die nach Art. 25 Abs. 1 Vorrang vor der Rom I-VO beanspruchen, der Kommission übermitteln. Bei Kündigungen derartiger Übereinkommen nach diesem Stichtag ist die Kommission gleichfalls in Kenntnis zu setzen.[1] Die Verpflichtung gilt, sofern sie von den Mitgliedstaaten nicht oder nicht vollständig bis zum Stichtag erfüllt wurde, selbstverständlich auch über den 17. Juni 2009 hinaus. 2

Eine Veröffentlichung der völkerrechtlichen Verpflichtungen hat gem. Abs. 2 im Amtsblatt der EU zu erfolgen. Bislang hat die Kommission nur ein Verzeichnis der Übereinkommen nach Abs. 2 lit. a veröffentlicht.[2] Die Veröffentlichung dient **nur Informationszwecken**. Eine Nicht- oder unvollständige Veröffentlichung hat keine Auswirkungen auf die Anwendung der „melde- und veröffentlichungspflichtigen" internationalen Übereinkommen. 3

Artikel 27 Überprüfungsklausel

(1) ¹Die Kommission legt dem Europäischen Parlament, dem Rat und dem Europäischen Wirtschafts- und Sozialausschuss bis spätestens 17. Juni 2013 einen Bericht über die Anwendung dieser Verordnung vor. ²Diesem Bericht werden gegebenenfalls Vorschläge zur Änderung der Verordnung beigefügt. ³Der Bericht umfasst:

---

9 Haager Übereinkommen v. 15. Juni 1955 betreffend das auf internationale Kaufverträge über bewegliche körperliche Sachen anwendbare Recht, abgedruckt in *Jayme/Hausmann* Nr. 76.
10 Haager Übereinkommen v. 14. März 1978 über das auf Vertreterverträge und die Stellvertretung anzuwendende Recht.
11 jurisPK-BGB/*Ringe*, Art. 25 Rn 7.
12 Für eine Einbeziehung unter Art. 25 Abs. 1 zB Reithmann/Martiny/*Martiny*, Rn 78; MüKo/*Martiny*, Art. 25 Rn 3; Palandt/*Thorn*, Art. 25 Rn 3; Rauscher/*v. Hein*, EuZPR/EuIPR, Art. 25 Rn 8; Jayme/Nordmeier, IPrax 2008, 507; ablehnend hingegen *Wagner*, TranspR 2009, 107 mwN; PWW/*Brödermann*/*Wegen*, Art. 1 Rn 9; Staudinger/*Magnus*, Art. 25 Rn 13.
13 Vgl MüKo/*Martiny*, Art. 25 Rn 3; Reithmann/Martiny/*Martiny*, Rn 78; dazu näher *Kampf*, RIW 2009, 297.
14 Gebauer/Wiedmann/*Nordmeier*, Kap. 37 Rn 149.
15 Ferrari u.a./*Schulze*, Art. 25 Rn 6.
1 MüKo/*Martiny*, Art. 26 Rn 2; jurisPK-BGB/*Ringe*, Art. 26 Rn 1.
2 Vgl die Mitteilungen nach Artikel 26 Absatz 1 der Verordnung (EG) Nr. 593/2008 des Europäischen Parlaments und des Rates über das auf vertragliche Schuldverhältnisse anzuwendende Recht (Rom I), ABl. EU 2010 C 343/04.

a) eine Untersuchung über das auf Versicherungsverträge anzuwendende Recht und eine Abschätzung der Folgen etwaiger einzuführender Bestimmungen und
b) eine Bewertung der Anwendung von Artikel 6, insbesondere hinsichtlich der Kohärenz des Gemeinschaftsrechts im Bereich des Verbraucherschutzes.

(2) ¹Die Kommission legt dem Europäischen Parlament, dem Rat und dem Europäischen Wirtschafts- und Sozialausschuss bis 17. Juni 2010 einen Bericht über die Frage vor, ob die Übertragung einer Forderung Dritten entgegengehalten werden kann, und über den Rang dieser Forderung gegenüber einem Recht einer anderen Person. ²Dem Bericht wird gegebenenfalls ein Vorschlag zur Änderung dieser Verordnung sowie eine Folgenabschätzung der einzuführenden Bestimmungen beigefügt.

1 Art. 27 enthält eine **zweigeteilte Überprüfungsklausel**. Sie dient dazu, insbesondere einen Vergleich der Neuerungen der Rom I-VO mit dem EVÜ zu ermöglichen und benennt einige Bereiche, die sich im Verfahren zur Verabschiedung der Rom I-VO als besonders problematisch erwiesen haben. Zu diesem Zweck soll die Kommission den in Abs. 1 bzw 2 genannten Organen bis zu den in Art. 27 genannten Zeitpunkten einen Bericht über die Anwendung der Rom I-VO vorlegen, der Erwägungen zu Verbraucher- (Art. 6) und Versicherungsverträgen (Art. 7) sowie zur Forderungsübertragung (Art. 14)¹ enthält, und – sofern erforderlich – **Verbesserungsvorschläge** unterbreitet.

2 Allerdings ist der für den 17. Juni 2010 vorgesehene Bericht über die Frage, ob die Übertragung einer Forderung Dritten entgegengehalten werden kann, und über den Rang dieser Forderung gegenüber einem Recht einer anderen Person bis heute nicht existent. Und es steht auch nicht zu erwarten, dass der Bericht über Versicherungs- und Verbraucherverträge bis zum 17. Juni 2013 abgeliefert werden wird. Immerhin liegt aber zur Anknüpfung der Drittwirkung von Forderungsabtretungen² mittlerweile die von der Kommission als Grundlage für ihr weiteres Vorgehen in Auftrag gegebene Studie des British Institute of International and Comparative Law vor.³

Artikel 28 Zeitliche Anwendbarkeit

Diese Verordnung wird auf Verträge angewandt, die ab dem 17. Dezember 2009 geschlossen werden.

Literatur: *Garcimartín Alférez*, The Rome I Regulation: Much ado about nothing?, EuLF 2008 I-61; *Leible/Lehmann*, Die Verordnung über das auf vertragliche Schuldverhältnisse anzuwendende Recht („Rom I"), RIW 2008, 528; *Magnus*, Die Rom I-Verordnung, IPrax 2010, 27; *Pfeiffer*, Neues Internationales Vertragsrecht – Zur Rom I-Verordnung, EuZW 2008, 622; *Reithmann/Martiny*, Internationales Vertragsrecht, 7. Auflage 2010.

1 Art. 28 regelt, in Ergänzung zu Art. 1, die zeitliche Anwendbarkeit der Rom I-VO. Maßgeblich ist nach dem Wortlaut des Art. 28 der **Zeitpunkt des Vertragsschlusses**. Die Rom I-VO ist auf alle Verträge anzuwenden, die ab dem 17. Dezember 2009, also an diesem Tag oder später, geschlossen wurden. Dies ergibt sich seit einer Wortlautänderung aufgrund eines Corrigendums durch Rat und Parlament nunmehr eindeutig aus Art. 28.¹ Für vorher, mithin bis einschließlich 16. Dezember 2009, geschlossene Verträge gilt demgegenüber das EVÜ bzw dessen Inkorporation durch die Art. 27 ff EGBGB weiter.²

2 Der Wortlaut des Art. 28 spricht zwar nur von Verträgen, doch sind alle vertraglichen Schuldverhältnisse erfasst, für die die Rom I-VO gilt. Art. 28 gilt daher auch für vertragliche **Dauerschuldverhältnisse**³ und kann auch bei der Haftung aus *culpa in contrahendo*⁴ relevant werden. Entscheidend ist und bleibt bei allen stets der Zeitpunkt, in dem der Vertrag geschlossen („concluded") wurde. Dauerschuldverhältnisse und insbesondere auch Arbeitsverträge, die vor dem 17. Dezember 2009 geschlossen wurden, werden daher von der Rom I-VO nicht erfasst.⁵

---

1 Ausführlich hierzu Staudinger/*Magnus*, Art. 27 Rn 4.
2 Ausführlich mwN zuletzt dazu *Leible/Müller*, IPrax 2012, 491.
3 Vgl Study on the question of effectiveness of an assignment or subrogation of a claim against third parties and the priority of the assigned or subrogated claim over a right of another person, Final report, abrufbar unter <http://ec.europa.eu/justice/civil/files/report_assignment_en.pdf> (zuletzt aufgerufen am 4.4.2013) und dazu *Kieninger*, IPrax 2012, 289.
1 ABl. EU L 309 vom 24.11.2009, S. 87; Zweifel ergaben sich bis dahin aus dem Zusammenspiel von Art. 29 Abs. 2 („ab 17.12.2009") und Art. 28, welcher bis dahin wie folgt lautete: „Diese Verordnung wird auf Verträge angewandt, die *nach* dem 17.12.2009 geschlossen werden".
2 Rauscher/*Freitag*, EuZPR/EuIPR, Art. 28 Rn 5; MüKo/*Martiny*, Art. 28 Rn 4; Palandt/*Thorn*, Art. 28 Rn 1; noch zur alten Fassung *Pfeiffer*, EuZW 2008, 622; *Garcimartín Alférez*, EuLF 2008, I-64.
3 *Leible/Lehmann*, RIW 2008, 531; zur Kontroverse unter den Art. 27 ff EGBGB *Magnus*, IPrax 2010, 31 f.
4 Näher hierzu Staudinger/*Magnus*, Art. 28 Rn 5.
5 Ausführlich Gebauer/Wiedmann/*Nordmeier*, Kap 37 Rn 153.

Wann ein Vertrag geschlossen wurde, ist weder nach der *lex fori*[6] noch autonom[7] zu ermitteln, sondern nach dem von dem bis zum Inkrafttreten der Rom I–VO geltenden IPR zur Anwendung berufenen nationalen Recht (Artt. 27 ff EGBGB bzw EVÜ).[8]

Kapitel IV
Schlussbestimmungen

Artikel 29 Inkrafttreten und Anwendbarkeit

Diese Verordnung tritt am zwanzigsten Tag nach ihrer Veröffentlichung[1] im *Amtsblatt der Europäischen Union* in Kraft.
Sie gilt ab 17. Dezember 2009, mit Ausnahme des Artikels 26, der ab dem 17. Juni 2009 gilt.
Diese Verordnung ist in allen ihren Teilen verbindlich und gilt gemäß dem Vertrag zur Gründung der Europäischen Gemeinschaft unmittelbar in den Mitgliedstaaten.

Literatur: *Leible/Lehmann,* Die Verordnung über das auf vertragliche Schuldverhältnisse anzuwendende Recht („Rom I"), RIW 2008, 528; *Pfeiffer,* Neues Internationales Vertragsrecht – Zur Rom I-Verordnung, EuZW 2008, 622; *Reithmann/Martiny,* Internationales Vertragsrecht, 7. Auflage, 2010.

Art. 29 legt das Datum des Inkrafttretens und der Anwendbarkeit der Rom I–VO fest. Nach Art. 29 Abs. 1 tritt die Rom I–VO am zwanzigsten Tag nach ihrer Veröffentlichung (4. Juli 2008), mithin am **24. Juli 2008 in Kraft.** Inkrafttreten bedeutet, dass die Mitgliedstaaten von diesem Datum an unmittelbar an die Verordnung gebunden sind, also keine abweichenden Regelungen mehr erlassen dürfen.

Praktische Bedeutung für den grenzüberschreitenden Rechtsverkehr erlangt die Rom I–VO gem. Art. 29 Abs. 2 **mit dem 17. Dezember 2009.** Ab diesem Zeitpunkt ist sie von den Gerichten der Mitgliedstaaten anzuwenden, sofern nicht vorrangige Übereinkommen bzw vorrangiges Gemeinschaftsrecht Geltung beanspruchen. Eine Ausnahme hiervon galt allerdings für die Mitteilungspflichten der Mitgliedstaaten nach Art. 26 Abs. 1 S. 1, die bereits bis zum 17. Juni 2009 zu erfüllen waren.

Für welche Verträge die Rom I–VO zeitlich gilt, regelt der speziellere Art. 28. Er läuft aufgrund des Corrigendums von Rat und Parlament[2] mittlerweile auch synchron mit Art. 29 Abs. 2.[3]

---

6 So aber vorsichtig zu Art. 17 EVÜ *Kaye,* The New Private International Law of Contract of the European Community, 1993, S. 353; ebenso vorsichtig aus Praktikabilitätsgründen zustimmend *Czernich,* in: Czernich/Heiss (Hrsg.), EVÜ. Das Europäische Schuldvertragsübereinkommen, 1999, Art. 17 EVÜ Rn 5.
7 Dafür etwa Palandt/*Thorn,* Art. 28 Rn 2.
8 *Leible/Lehmann,* RIW 2008, 531; MüKo/*Martiny,* Art. 28 Rn 3; Staudinger/*Magnus,* Art. 28 Rn 2; hingegen für eine Bestimmung des Zeitpunkts des Vertragsschlusses nach dem Gedanken des Art. 10 Rom I-VO jurisPK-BGB/*Ringe,* Art. 28 Rn 3; Ferrari u.a./*Kieninger,* Art. 28 Rn 2; *Nordmeier* in: Gebauer/Wiedmann, Kap. 37 Rn 154; *Pfeiffer,* EuZW 2008, 622.

1 Veröffentlicht am 4.7.2008.
2 ABl. EU 2009 L 309/87.
3 Zu den ohne dieses Corrigendum bestehenden Problemen vgl Rauscher/*Freitag,* EuZPR/EuIPR, Art. 28/29 Rn 3 f.

ROM II-VO

Verordnung (EG) Nr. 864/2007 des Europäischen Parlaments und des Rates vom 11. Juli 2007 über das auf außervertragliche Schuldverhältnisse anzuwendende Recht („Rom II")

(ABl. Nr. L 199 S. 40, ber. ABl. 2012 Nr. L 310 S. 52)

DAS EUROPÄISCHE PARLAMENT UND DER RAT DER EUROPÄISCHEN UNION –

gestützt auf den Vertrag zur Gründung der Europäischen Gemeinschaft, insbesondere auf Artikel 61 Buchstabe c und Artikel 67,

auf Vorschlag der Kommission,

nach Stellungnahme des Europäischen Wirtschafts- und Sozialausschusses[1],

gemäß dem Verfahren des Artikels 251 des Vertrags, aufgrund des vom Vermittlungsausschuss am 25. Juni 2007 gebilligten gemeinsamen Entwurfs[2],

in Erwägung nachstehender Gründe:

(1) Die Gemeinschaft hat sich zum Ziel gesetzt, einen Raum der Freiheit, der Sicherheit und des Rechts zu erhalten und weiterzuentwickeln. Zur schrittweisen Schaffung eines solchen Raums muss die Gemeinschaft im Bereich der justiziellen Zusammenarbeit in Zivilsachen, die einen grenzüberschreitenden Bezug aufweisen, Maßnahmen erlassen, soweit sie für das reibungslose Funktionieren des Binnenmarkts erforderlich sind.

(2) Nach Artikel 65 Buchstabe b des Vertrags schließen diese Maßnahmen auch solche ein, die die Vereinbarkeit der in den Mitgliedstaaten geltenden Kollisionsnormen und Vorschriften zur Vermeidung von Kompetenzkonflikten fördern.

(3) Auf seiner Tagung vom 15. und 16. Oktober 1999 in Tampere hat der Europäische Rat den Grundsatz der gegenseitigen Anerkennung von Urteilen und anderen Entscheidungen von Justizbehörden als Eckstein der justiziellen Zusammenarbeit in Zivilsachen unterstützt und den Rat und die Kommission ersucht, ein Maßnahmenprogramm zur Umsetzung dieses Grundsatzes anzunehmen.

(4) Der Rat hat am 30. November 2000 ein gemeinsames Maßnahmenprogramm der Kommission und des Rates zur Umsetzung des Grundsatzes der gegenseitigen Anerkennung gerichtlicher Entscheidungen in Zivil- und Handelssachen[3] angenommen. Nach dem Programm können Maßnahmen zur Harmonisierung der Kollisionsnormen dazu beitragen, die gegenseitige Anerkennung gerichtlicher Entscheidungen zu vereinfachen.

(5) In dem vom Europäischen Rat am 5. November 2004 angenommenen Haager Programm[4] wurde dazu aufgerufen, die Beratungen über die Regelung der Kollisionsnormen für außervertragliche Schuldverhältnisse („Rom II") energisch voranzutreiben.

(6) Um den Ausgang von Rechtsstreitigkeiten vorhersehbarer zu machen und die Sicherheit in Bezug auf das anzuwendende Recht sowie den freien Verkehr gerichtlicher Entscheidungen zu fördern, müssen die in den Mitgliedstaaten geltenden Kollisionsnormen im Interesse eines reibungslos funktionierenden Binnenmarkts unabhängig von dem Staat, in dem sich das Gericht befindet, bei dem der Anspruch geltend gemacht wird, dieselben Verweisungen zur Bestimmung des anzuwendenden Rechts vorsehen.

(7) Der materielle Anwendungsbereich und die Bestimmungen dieser Verordnung sollten mit der Verordnung (EG) Nr. 44/2001 des Rates vom 22. Dezember 2000 über die gerichtliche Zuständigkeit und die Anerkennung und Vollstreckung von Entscheidungen in Zivil- und Handelssachen[5] (Brüssel I) und den Instrumenten, die das auf vertragliche Schuldverhältnisse anzuwendende Recht zum Gegenstand haben, in Einklang stehen.

(8) Diese Verordnung ist unabhängig von der Art des angerufenen Gerichts anwendbar.

(9) Forderungen aufgrund von „acta iure imperii" sollten sich auch auf Forderungen gegen im Namen des Staates handelnde Bedienstete und auf die Haftung für Handlungen öffentlicher

---

1 **Amtl. Anm.:** ABl. C 241 vom 28. 9. 2004, S. 1.
2 **Amtl. Anm.:** Stellungnahme des Europäischen Parlaments vom 6. Juli 2005 (ABl. C 157 E vom 6. 7. 2006, S. 371), Gemeinsamer Standpunkt des Rates vom 25. September 2006 (ABl. C 289 E vom 28. 11. 2006, S. 68) und Standpunkt des Europäischen Parlaments vom 18. Januar 2007 (noch nicht im Amtsblatt veröffentlicht). Legislative Entschließung des Europäischen Parlaments vom 10. Juli 2007 und Beschluss des Rates vom 28. Juni 2007.
3 **Amtl. Anm.:** ABl. C 12 vom 15. 1. 2001, S. 1.
4 **Amtl. Anm.:** ABl. C 53 vom 3. 3. 2005, S. 1.
5 **Amtl. Anm.:** ABl. L 12 vom 16. 1. 2001, S. 1. Zuletzt geändert durch die Verordnung (EG) Nr. 1791/2006 (ABl. L 363 vom 20. 12. 2006, S. 1).

Stellen erstrecken, einschließlich der Haftung amtlich ernannter öffentlicher Bediensteter. Sie sollten daher vom Anwendungsbereich dieser Verordnung ausgenommen werden.

(10) Familienverhältnisse sollten die Verwandtschaft in gerader Linie, die Ehe, die Schwägerschaft und die Verwandtschaft in der Seitenlinie umfassen. Die Bezugnahme in Artikel 1 Absatz 2 auf Verhältnisse, die mit der Ehe oder anderen Familienverhältnissen vergleichbare Wirkungen entfalten, sollte nach dem Recht des Mitgliedstaats, in dem sich das angerufene Gericht befindet, ausgelegt werden.

(11) Der Begriff des außervertraglichen Schuldverhältnisses ist von Mitgliedstaat zu Mitgliedstaat verschieden definiert. Im Sinne dieser Verordnung sollte der Begriff des außervertraglichen Schuldverhältnisses daher als autonomer Begriff verstanden werden. Die in dieser Verordnung enthaltenen Regeln des Kollisionsrechts sollten auch für außervertragliche Schuldverhältnisse aus Gefährdungshaftung gelten.

(12) Das anzuwendende Recht sollte auch für die Frage gelten, wer für eine unerlaubte Handlung haftbar gemacht werden kann.

(13) Wettbewerbsverzerrungen im Verhältnis zwischen Wettbewerbern aus der Gemeinschaft sind vermeidbar, wenn einheitliche Bestimmungen unabhängig von dem durch sie bezeichneten Recht angewandt werden.

(14) Das Erfordernis der Rechtssicherheit und die Notwendigkeit, in jedem Einzelfall Recht zu sprechen, sind wesentliche Anforderungen an einen Rechtsraum. Diese Verordnung bestimmt die Anknüpfungskriterien, die zur Erreichung dieser Ziele am besten geeignet sind. Deshalb sieht diese Verordnung neben einer allgemeinen Regel Sonderregeln und, in bestimmten Fällen, eine „Ausweichklausel" vor, die ein Abweichen von diesen Regeln erlaubt, wenn sich aus der Gesamtheit der Umstände ergibt, dass die unerlaubte Handlung eine offensichtlich engere Verbindung mit einem anderen Staat aufweist. Diese Gesamtregelung schafft einen flexiblen Rahmen kollisionsrechtlicher Regelungen. Sie ermöglicht es dem angerufenen Gericht gleichfalls, Einzelfälle in einer angemessenen Weise zu behandeln.

(15) Zwar wird in nahezu allen Mitgliedstaaten bei außervertraglichen Schuldverhältnissen grundsätzlich von der lex loci delicti commissi ausgegangen, doch wird dieser Grundsatz in der Praxis unterschiedlich angewandt, wenn sich Sachverhaltselemente des Falles über mehrere Staaten erstrecken. Dies führt zu Unsicherheit in Bezug auf das anzuwendende Recht.

(16) Einheitliche Bestimmungen sollten die Vorhersehbarkeit gerichtlicher Entscheidungen verbessern und einen angemessenen Interessenausgleich zwischen Personen, deren Haftung geltend gemacht wird, und Geschädigten gewährleisten. Die Anknüpfung an den Staat, in dem der Schaden selbst eingetreten ist (lex loci damni), schafft einen gerechten Ausgleich zwischen den Interessen der Person, deren Haftung geltend gemacht wird, und der Person, die geschädigt wurde, und entspricht der modernen Konzeption der zivilrechtlichen Haftung und der Entwicklung der Gefährdungshaftung.

(17) Das anzuwendende Recht sollte das Recht des Staates sein, in dem der Schaden eintritt, und zwar unabhängig von dem Staat oder den Staaten, in dem bzw. denen die indirekten Folgen auftreten könnten. Daher sollte bei Personen- oder Sachschäden der Staat, in dem der Schaden eintritt, der Staat sein, in dem die Verletzung erlitten beziehungsweise die Sache beschädigt wurde.

(18) Als allgemeine Regel in dieser Verordnung sollte die „lex loci damni" nach Artikel 4 Absatz 1 gelten. Artikel 4 Absatz 2 sollte als Ausnahme von dieser allgemeinen Regel verstanden werden; durch diese Ausnahme wird eine besondere Anknüpfung für Fälle geschaffen, in denen die Parteien ihren gewöhnlichen Aufenthalt in demselben Staat haben. Artikel 4 Absatz 3 sollte als „Ausweichklausel" zu Artikel 4 Absätze 1 und 2 betrachtet werden, wenn sich aus der Gesamtheit der Umstände ergibt, dass die unerlaubte Handlung eine offensichtlich engere Verbindung mit einem anderen Staat aufweist.

(19) Für besondere unerlaubte Handlungen, bei denen die allgemeine Kollisionsnorm nicht zu einem angemessenen Interessenausgleich führt, sollten besondere Bestimmungen vorgesehen werden.

(20) Die Kollisionsnorm für die Produkthaftung sollte für eine gerechte Verteilung der Risiken einer modernen, hochtechnisierten Gesellschaft sorgen, die Gesundheit der Verbraucher schützen, Innovationsanreize geben, einen unverfälschten Wettbewerb gewährleisten und den Handel erleichtern. Die Schaffung einer Anknüpfungsleiter stellt, zusammen mit einer Vorhersehbarkeitsklausel, im Hinblick auf diese Ziele eine ausgewogene Lösung dar. Als erstes Element ist das Recht des Staates zu berücksichtigen, in dem die geschädigte Person beim Eintritt des Schadens ihren gewöhnlichen Aufenthalt hatte, sofern das Produkt in diesem Staat in den Verkehr gebracht wurde. Die weiteren Elemente der Anknüpfungsleiter kommen zur Anwendung, wenn das Produkt nicht in diesem Staat in Verkehr gebracht wurde, unbeschadet von Artikel 4

Absatz 2 und der Möglichkeit einer offensichtlich engeren Verbindung mit einem anderen Staat.

(21) Die Sonderregel nach Artikel 6 stellt keine Ausnahme von der allgemeinen Regel nach Artikel 4 Absatz 1 dar, sondern vielmehr eine Präzisierung derselben. Im Bereich des unlauteren Wettbewerbs sollte die Kollisionsnorm die Wettbewerber, die Verbraucher und die Öffentlichkeit schützen und das reibungslose Funktionieren der Marktwirtschaft sicherstellen. Durch eine Anknüpfung an das Recht des Staates, in dessen Gebiet die Wettbewerbsbeziehungen oder die kollektiven Interessen der Verbraucher beeinträchtigt worden sind oder beeinträchtigt zu werden drohen, können diese Ziele im Allgemeinen erreicht werden.

(22) Außervertragliche Schuldverhältnisse, die aus einem den Wettbewerb einschränkenden Verhalten nach Artikel 6 Absatz 3 entstanden sind, sollten sich auf Verstöße sowohl gegen nationale als auch gegen gemeinschaftliche Wettbewerbsvorschriften erstrecken. Auf solche außervertraglichen Schuldverhältnisse sollte das Recht des Staates anzuwenden sein, in dessen Gebiet sich die Einschränkung auswirkt oder auszuwirken droht. Wird der Markt in mehr als einem Staat beeinträchtigt oder wahrscheinlich beeinträchtigt, so sollte der Geschädigte seinen Anspruch unter bestimmten Umständen auf das Recht des Mitgliedstaats des angerufenen Gerichts stützen können.

(23) Für die Zwecke dieser Verordnung sollte der Begriff der Einschränkung des Wettbewerbs Verbote von Vereinbarungen zwischen Unternehmen, Beschlüssen von Unternehmensvereinigungen und abgestimmten Verhaltensweisen, die eine Verhinderung, Einschränkung oder Verfälschung des Wettbewerbs in einem Mitgliedstaat oder innerhalb des Binnenmarktes bezwecken oder bewirken, sowie das Verbot der missbräuchlichen Ausnutzung einer beherrschenden Stellung in einem Mitgliedstaat oder innerhalb des Binnenmarktes erfassen, sofern solche Vereinbarungen, Beschlüsse, abgestimmte Verhaltensweisen oder Missbräuche nach den Artikeln 81 und 82 des Vertrags oder dem Recht eines Mitgliedstaats verboten sind.

(24) „Umweltschaden" sollte eine nachteilige Veränderung einer natürlichen Ressource, wie Wasser, Boden oder Luft, eine Beeinträchtigung einer Funktion, die eine natürliche Ressource zum Nutzen einer anderen natürlichen Ressource oder der Öffentlichkeit erfüllt, oder eine Beeinträchtigung der Variabilität unter lebenden Organismen umfassen.

(25) Im Falle von Umweltschäden rechtfertigt Artikel 174 des Vertrags, wonach ein hohes Schutzniveau erreicht werden sollte, und der auf den Grundsätzen der Vorsorge und Vorbeugung, auf dem Grundsatz, Umweltbeeinträchtigungen vorrangig an ihrem Ursprung zu bekämpfen, sowie auf dem Verursacherprinzip beruht, in vollem Umfang die Anwendung des Grundsatzes der Begünstigung des Geschädigten. Die Frage, wann der Geschädigte die Wahl des anzuwendenden Rechts zu treffen hat, sollte nach dem Recht des Mitgliedstaats des angerufenen Gerichts entschieden werden.

(26) Bei einer Verletzung von Rechten des geistigen Eigentums gilt es, den allgemein anerkannten Grundsatz der lex loci protectionis zu wahren. Im Sinne dieser Verordnung sollte der Ausdruck „Rechte des geistigen Eigentums" dahin interpretiert werden, dass er beispielsweise Urheberrechte, verwandte Schutzrechte, das Schutzrecht sui generis für Datenbanken und gewerbliche Schutzrechte umfasst.

(27) Die exakte Definition des Begriffs „Arbeitskampfmaßnahmen", beispielsweise Streikaktionen oder Aussperrung, ist von Mitgliedstaat zu Mitgliedstaat verschieden und unterliegt den innerstaatlichen Vorschriften der einzelnen Mitgliedstaaten. Daher wird in dieser Verordnung grundsätzlich davon ausgegangen, dass das Recht des Staates anzuwenden ist, in dem die Arbeitskampfmaßnahme ergriffen wurden, mit dem Ziel, die Rechte und Pflichten der Arbeitnehmer und der Arbeitgeber zu schützen.

(28) Die Sonderbestimmung für Arbeitskampfmaßnahmen nach Artikel 9 lässt die Bedingungen für die Durchführung solcher Maßnahmen nach nationalem Recht und die im Recht der Mitgliedstaaten vorgesehene Rechtsstellung der Gewerkschaften oder der repräsentativen Arbeitnehmerorganisationen unberührt.

(29) Für Schäden, die aufgrund einer anderen Handlung als aus unerlaubter Handlung, wie ungerechtfertigter Bereicherung, Geschäftsführung ohne Auftrag oder Verschulden bei Vertragsverhandlungen, entstanden sind, sollten Sonderbestimmungen vorgesehen werden.

(30) Der Begriff des Verschuldens bei Vertragsverhandlungen ist für die Zwecke dieser Verordnung als autonomer Begriff zu verstehen und sollte daher nicht zwangsläufig im Sinne des nationalen Rechts ausgelegt werden. Er sollte die Verletzung der Offenlegungspflicht und den Abbruch von Vertragsverhandlungen einschließen. Artikel 12 gilt nur für außervertragliche Schuldverhältnisse, die in unmittelbarem Zusammenhang mit den Verhandlungen vor Abschluss eines Vertrags stehen. So sollten in den Fällen, in denen einer Person während der Vertragsverhand-

lungen ein Personenschaden zugefügt wird, Artikel 4 oder andere einschlägige Bestimmungen dieser Verordnung zur Anwendung gelangen.

(31) Um den Grundsatz der Parteiautonomie zu achten und die Rechtssicherheit zu verbessern, sollten die Parteien das auf ein außervertragliches Schuldverhältnis anzuwendende Recht wählen können. Die Rechtswahl sollte ausdrücklich erfolgen oder sich mit hinreichender Sicherheit aus den Umständen des Falles ergeben. Bei der Prüfung, ob eine solche Rechtswahl vorliegt, hat das Gericht den Willen der Parteien zu achten. Die Möglichkeit der Rechtswahl sollte zum Schutz der schwächeren Partei mit bestimmten Bedingungen versehen werden.

(32) Gründe des öffentlichen Interesses rechtfertigen es, dass die Gerichte der Mitgliedstaaten unter außergewöhnlichen Umständen die Vorbehaltsklausel (ordre public) und Eingriffsnormen anwenden können. Insbesondere kann die Anwendung einer Norm des nach dieser Verordnung bezeichneten Rechts, die zur Folge haben würde, dass ein unangemessener, über den Ausgleich des entstandenen Schadens hinausgehender Schadensersatz mit abschreckender Wirkung oder Strafschadensersatz zugesprochen werden könnte, je nach der Rechtsordnung des Mitgliedstaats des angerufenen Gerichts als mit der öffentlichen Ordnung („ordre public") dieses Staates unvereinbar angesehen werden.

(33) Gemäß den geltenden nationalen Bestimmungen über den Schadensersatz für Opfer von Straßenverkehrsunfällen sollte das befasste Gericht bei der Schadensberechnung für Personenschäden in Fällen, in denen sich der Unfall in einem anderem Staat als dem des gewöhnlichen Aufenthalts des Opfers ereignet, alle relevanten tatsächlichen Umstände des jeweiligen Opfers berücksichtigen, insbesondere einschließlich tatsächlicher Verluste und Kosten für Nachsorge und medizinische Versorgung.

(34) Zur Wahrung eines angemessenen Interessenausgleichs zwischen den Parteien müssen, soweit dies angemessen ist, die Sicherheits- und Verhaltensregeln des Staates, in dem die schädigende Handlung begangen wurde, selbst dann beachtet werden, wenn auf das außervertragliche Schuldverhältnis das Recht eines anderen Staates anzuwenden ist. Der Begriff „Sicherheits- und Verhaltensregeln" ist in dem Sinne auszulegen, dass er sich auf alle Vorschriften bezieht, die in Zusammenhang mit Sicherheit und Verhalten stehen, einschließlich beispielsweise der Straßenverkehrssicherheit im Falle eines Unfalls.

(35) Die Aufteilung der Kollisionsnormen auf zahlreiche Rechtsakte sowie Unterschiede zwischen diesen Normen sollten vermieden werden. Diese Verordnung schließt jedoch die Möglichkeit der Aufnahme von Kollisionsnormen für außervertragliche Schuldverhältnisse in Vorschriften des Gemeinschaftsrechts in Bezug auf besondere Gegenstände nicht aus.

Diese Verordnung sollte die Anwendung anderer Rechtsakte nicht ausschließen, die Bestimmungen enthalten, die zum reibungslosen Funktionieren des Binnenmarkts beitragen sollen, soweit sie nicht in Verbindung mit dem Recht angewendet werden können, auf das die Regeln dieser Verordnung verweisen. Die Anwendung der Vorschriften im anzuwendenden Recht, die durch die Bestimmungen dieser Verordnung berufen wurden, sollte nicht die Freiheit des Waren- und Dienstleistungsverkehrs, wie sie in den Rechtsinstrumenten der Gemeinschaft wie der Richtlinie 2000/31/EG des Europäischen Parlaments und des Rates vom 8. Juni 2000 über bestimmte rechtliche Aspekte der Dienste der Informationsgesellschaft, insbesondere des elektronischen Geschäftsverkehrs, im Binnenmarkt („Richtlinie über den elektronischen Geschäftsverkehr")[6] ausgestaltet ist, beschränken.

(36) Um die internationalen Verpflichtungen, die die Mitgliedstaaten eingegangen sind, zu wahren, darf sich die Verordnung nicht auf internationale Übereinkommen auswirken, denen ein oder mehrere Mitgliedstaaten zum Zeitpunkt der Annahme dieser Verordnung angehören. Um den Zugang zu den Rechtsakten zu erleichtern, sollte die Kommission anhand der Angaben der Mitgliedstaaten ein Verzeichnis der betreffenden Übereinkommen im *Amtsblatt der Europäischen Union* veröffentlichen.

(37) Die Kommission wird dem Europäischen Parlament und dem Rat einen Vorschlag unterbreiten, nach welchen Verfahren und unter welchen Bedingungen die Mitgliedstaaten in Einzel- und Ausnahmefällen in eigenem Namen Übereinkünfte mit Drittländern über sektorspezifische Fragen aushandeln und abschließen dürfen, die Bestimmungen über das auf außervertragliche Schuldverhältnisse anzuwendende Recht enthalten.

(38) Da das Ziel dieser Verordnung auf Ebene der Mitgliedstaaten nicht ausreichend verwirklicht werden kann und daher wegen des Umfangs und der Wirkungen der Verordnung besser auf Gemeinschaftsebene zu verwirklichen ist, kann die Gemeinschaft im Einklang mit dem in Artikel 5 des Vertrags niedergelegten Subsidiaritätsprinzip tätig werden. Entsprechend dem eben-

---

6 Amtl. Anm.: ABl. L 178 vom 17. 7. 2000, S. 1.

falls in diesem Artikel festgelegten Grundsatz der Verhältnismäßigkeit geht diese Verordnung nicht über das für die Erreichung dieses Ziels erforderliche Maß hinaus.

(39) Gemäß Artikel 3 des Protokolls über die Position des Vereinigten Königreichs und Irlands im Anhang zum Vertrag über die Europäische Union und im Anhang zum Vertrag zur Gründung der Europäischen Gemeinschaft beteiligen sich das Vereinigte Königreich und Irland an der Annahme und Anwendung dieser Verordnung.

(40) Gemäß den Artikeln 1 und 2 des dem Vertrag über die Europäische Union und dem Vertrag zur Gründung der Europäischen Gemeinschaft beigefügten Protokolls über die Position Dänemarks beteiligt sich Dänemark nicht an der Annahme dieser Verordnung, die für Dänemark nicht bindend oder anwendbar ist –

HABEN FOLGENDE VERORDNUNG ERLASSEN:

Vorbemerkungen zu Artikel 1

Literatur: *Amores Conradi y Torralba Mendiola*, Difamación y „Roma II", AEDIPr 2007, 251; *B. Ancel*, El reglamento «Roma II»: Apreciación de consunto, AEDIPr 2007, 607; *Arenas García*, La regulación de la responsabilidad precontractual en el reglamento „Roma II", AEDIPr 2007, 315; *Ballarino*, El derecho Antitrust Comunitario y el Art. 6 del reglamento „Roma II" (Régimen conflictual y territorial, efecto directo), AEDIPr 2007, 407; *Bariatti*, The Future Community Rules in the Framework of the Communitarization of Private International Law, in: *Malatesta* (ed.), The Unification of Choice of Law Rules on Torts and Other Non-Contractual Obligations in Europe, 2003, 5; *Beaumont*, Private International Law of the European Union: Competence Questions Arising from the Proposed Rome II Regulation on Choice of Law in Non-Contractual Obligations, in: R. Brand (ed.), Private Law, Private International Law & Judicial Co-operation in the EU-US Relationship, 2005, 15; *Beaumont/Tang*, Classification of Delictual Damages – Harding v Wealands and the Rome II Regulation, (2008) 12 Edin. L.Rev. 135; *Benecke,* Auf dem Weg zu „Rom II": der Vorschlag für eine Verordnung zur Angleichung des IPR der außervertraglichen Schuldverhältnisse, RIW 2003, 830; *Bogdan*, General Aspects of the Future Regulation, in: *Malatesta* (ed.), The Unification of Choice of Law Rules on Torts and Other Non-Contractual Obligations in Europe, 2003, 33; *Bona*, Personal Injuries, Fatal Accidents and Rome II, in: *Malatesta* (ed.), The Unification of Choice of Law Rules on Torts and Other Non-Contractual Obligations in Europe (2003), 249; *Boschiero*, Infringement of Intellectual Property Rights. A Commentary on Article 8 of the Rome II Regulation, (2007) 9 Yb. P.I.L. 87; *Brière*, Le règlement (CE) no 864/2007 du 11 juillet 2007 sur la loi applicable aux obligations non contractuelles (Rome II), Clunet 135 (2008), 31; *dies.*, Reflexions sur les interactions entre la proposition de reglement „Roma II" et les conventions internationales, Clunet 132 (2005), 677; *Busse*, Internationales Bereicherungsrecht zwischen EGBGB-Reform und „Rom II", RIW 2003, 406; *Calliess* (ed.), The Rome Regulations, 2011; *Carballo Piñeiro*, Derecho de competencia, intereses colectivos y su proyección procesal observaciones a propósito del Art. 6 del reglamento „Roma II", AEDIPr 2007, 465; *Carella*, The Law Applicable to Non-Contractual Obligations other than Tort or Delict, in: *Malatesta* (ed.), The Unification of Choice of Law Rules on Torts and Other Non-Contractual Obligations in Europe, 2003, 73; *dies.*, La disciplina internazionalprivatistica delle obbligazioni da fatto lecito nella proposta di regolamento „Roma II": Riv. dir. int. priv. proc. 2005, 25; *Carruthers/Crawford*, Variations on a Theme of Rome II: Reflections on Proposed Choice of Law Rules for Non-Contractual Obligations, (2005) 9 Edin. L.Rev. 65 and 238; *Chong*, Choice of Law for Unjust Enrichment/Restitution and the Rome II Regulation, (2008) 56 I.C.L.Q. 1; *Corneloup/Joubert*, Le reglement communautaire Rome II sur la loi applicable aux obligations non contractuelles, 2008; *Danov*, Awarding exemplary (or punitive) antitrust damages in EC competition cases with an international element, [2008] ECLR 430; *De Boer*, Party Autonomy and its Limitations in the Rome II Regulation, (2007) 9 Yb. P.I.L. 19; *de Lima Pinheiro*, Choice of Law on Non-Contractual Obligations between Communitarization and Globalization: a first Assessment of EC Regulation Rome II, RDIPP 2008, 5; *De Miguel Asensio*, La Lex Loci Protectionis tras el reglamento „Roma II", AEDIPr 2007, 375; *de Vareilles-Sommieres*, La responsabilite civile dans la proposition de reglement communautaire sur la loi applicable aux obligations non contractuelles (Rome II), in: *Fuchs/Muir-Watt/Pataut* (eds.), Les conflits de lois et le systeme juridique communautaire, 2004, 185; *Dickinson,* The Rome II Regulation, 2008; *Dinwoodie*, Conflicts and International Copyright Litigation: The Role of International Norms, in: *Basedow/Drexl/Kur/Metzger* (eds.), Intellectual Property in the Conflict of Laws, 2005, 195; *Dorris*, Contribution and Indemnification among Joint Tortfeasors in Multi-State Conflict Cases: A Study of Doctrine and Current Law in the US and Under the Rome II Regulation, (2008) 4 J. Fr. Int'l. L. 237; *Dorssemont/van Hoek*, De collectieve actie bij arbeidsconflicten in Rome II, RDCB 2008, 515; *Drexl*, The Proposed Rome II Regulation: European Choice of Law in the Field of Intellectual Property, in: *Drexl/Kur* (eds.), Intellectual Property and Private International Law: Heading for the Future, 2005, 151; *Editorial Comment*, Sometimes it takes thirty years and even more…, (2007) 44 Common Market L Rev 1567; *Enneking*, The common denominator of the Trafigura case, foreign direct liability cases and the Rome II Regulation, ERPL 2008, 283; *Espiniella Menéndez*, Accidentes de circulación por carretera: del convenio de la haya de 4 de mayo de 1971 al reglamento (Ce) No 864/2007 („Roma II"), AEDIPr 2007, 505; *Fach Gómez*, The Law Applicable to Cross-Border Environmental Damage: from the European National Systems to Rome II, (2004) 6 Yb. P.I.L. 291; *Fallon*, La Relación del reglamento „Roma II" con otras normas de conflicto de leyes, AEDIPr 2007, 187; *ders.*, La relation du reglement Rome II avec d'autres regles de conflit de lois, RDCB 2008, 549; *Fresnedo de Aguirre/Fernandez Arroyo*, A Quick Latin American Look at the Rome II Regulation, (2007) 9 Yb. P.I.L. 193; *Fröhlich*, The Private International Law of Non-Contractual Obligations According to the Rome-II Regulation, 2008; *Fuchs*, Zum Kommissionsvorschlag einer „Rom II-Verordnung", RIW 2004, 100; *Fuentes Mañas*, La regla Lex Loci Delicti Commissi y normas localizadoras especiales en el reglamento „Roma", AEDIPr 2007, 341; *Garau Juaneda*, La Conveniencia de una denuncia por parte de España del convenio de la haya de 1971 sobre responsabilidad civil derivada de los accidentes de circulación, AEDIPr 2007, 497; *Garcimartin Alferez,* The Rome II Regulation: on the way towards a European Private International Law Code, EuLF 2007, I-77; *ders.*, Un apunte sobre la llamada „Regla general" en el reglamento „Roma II", AEDIPr

2007, 241; *Garriga,* Relationship between Rome II and Other International Instruments. A Commentary on Article 28 of the Rome II Regulation, (2007) 9 Yb. P.I.L. 137; *Gil-Nievas,* El proceso negociador del reglamento „Roma II": Obstáculos y resultados, AEDIPr 2007, 109; *Guerchoun/Piedelievre,* Le reglement sur la loi applicable aux obligations non contractuelles („Rome II"), Gar. Pal. 2007, 3106; *Hahn/Tell,* The European Commission's Agenda: The Future „Rome I and Rome II" Regulations, in: *Basedow/Drexl/Kur/Metzger* (eds.), Intellectual Property in the Conflict of Laws, 2005, 7; *Hamburg Group for Private International Law,* Comments on the European Commission's Draft Proposal for a Council Regulation on the Law Applicable to Non-Contractual Obligations, RabelsZ 67 (2003), 1; *Handig,* Rom II-VO: Auswirkungen auf das Internationale Wettbewerbs- und Immaterialgüterrecht. WBl 2008, 1; *Heiderhoff,* Eine europäische Kollisionsregel für Pressedelikte, EuZW 2007, 428; *v. Hein,* Die Kodifikation des europäischen IPR der außervertraglichen Schuldverhältnisse vor dem Abschluss?, VersR 2007, 440; *ders.,* Something Old and Something Borrowed, but Nothing New? Rome II and the European Choice-of-Law Revolution, 82 Tul. L. Rev. 1663 (2008); *Heiss/Loacker,* Die Vergemeinschaftung des Kollisionsrechts der außervertraglichen Schuldverhältnisse durch Rom II, JBl 2007, 613; *Hellner,* Unfair Competition and Acts Restricting Free Competition. A Commentary on Article 6 of the Rome II Regulation, (2007) 9 Yb. P.I.L. 49; *Heredia Cervantes,* Las deficiencias de la regla de responsabilidad múltiple del reglamento „Roma II", AEDIPr 2007, 277; *Hohloch,* Place of Injury, Habitual Residence, Closer Connections and Substantive Scope – the Basic Principles, (2007) 9 Yb. P.I.L. l; *Honorati,* The Law Applicable to Unfair Competition, in: *Malatesta* (ed.), The Unification of Choice of Law Rules on Torts and Other Non-Contractual Obligations in Europe (2003), 127; *P. Huber/Bach,* Die Rom II-VO: Kommissionsentwurf und aktuelle Entwicklung, IPRax 2005, 73; *P. Huber/Illmer,* International Product Liability. A Commentary on Article 5 of the Rome II Regulation, (2007) 9 Yb. P.I.L. 31; *Iglesias Buhigues,* El largo camino del reglamento „Roma II", AEDIPr 2007, 97; *Jiménez Blanco,* El régimen de las acciones directas en el reglamento de Roma II, AEDIPr 2007, 287; *Junker,* Das Internationale Privatrecht der Straßenverkehrsunfälle nach der Rom II-Verordnung, JZ 2008, 169; *ders.,* Die Rom II-Verordnung: neues internationales Deliktsrecht auf europäischer Grundlage, NJW 2007, 3675; *Kadner Graziano,* The Law Applicable to Cross-Border Damage to the Environment. A Commentary on Article 7 of the Rome II Regulation, (2007) 9 Yb. P.I.L. 71; *ders.,* The Law Applicable to Product Liability: The Present State of the Law in Europe and Current Proposals for Reform, (2005) 54 I.C.L.Q. 475; *Knöfel,* Internationales Arbeitskampfrecht nach der Rom II-Verordnung, EuZA 1 (2008), 228; *Koziol/Thiede,* Kritische Bemerkungen zum derzeitigen Stand des Entwurfs einer Rom II-Verordnung, ZvglRWiss 106 (2007), 235; *Kozyris,* Rome II: Tort Conflicts on the Right Track! A PostScript to Symeon Symeonides' ,Missed Opportunity'", (2008) 56 Am. J. Comp. L. 471; *Kreuzer,* Tort Liability in General, in: *Malatesta* (ed.), The Unification of Choice of Law Rules on Torts and Other Non-Contractual Obligations in Europe (2003), 45; *Kunke,* Rome II and Defamation: Will the Tail Wag the Dog?, 19 Emory Int'l. L. Rev. l733 (2005); *Kur,* Trademark Conflicts on the Internet: Territoriality Redefined?, in: *Basedow/Drexl/Kur/Metzger* (eds.), Intellectual Property in the Conflict of Laws, 2005, 175; *Legier,* Le reglement „Rome II" sur la loi applicable aux obligations non contractuelles', JCP, éd. G, 2007, 1; *Leible,* El alcance de la autonomía de la voluntad en la determinación de la ley aplicable a las obligaciones contractuales en el reglamento, AEDIPr 2007, 187; *ders.,* Rechtswahl im IPR der außervertraglichen Schuldverhältnisse nach der Rom II-Verordnung, RIW 2008, 257; *ders.,* Rom I und Rom II: Neue Perspektiven im Europäischen Kollisionsrecht, 2009; *Leible/Engel,* Der Vorschlag der EG-Kommission für eine Rom-II Verordnung, EuZW 2004, 7; *Leible/M. Lehmann,* Die neue EG-Verordnung über das auf außervertragliche Schuldverhältnisse anzuwendende Recht ('Rom II'), RIW 2007, 721; *Leistner,* Comments: The Rome II Regulation Proposal and its Relation to the European Country-of-Origin Principle, in: *Drexl/Kur* (eds), Intellectual Property and Private International Law: Heading for the Future, 2005, 177; *Lüttringhaus,* Das internationale Privatrecht der culpa in contrahendo nach den EG-Verordnungen „Rom I" und „Rom II", RIW 2008, 193; *Malatesta,* The Law Applicable to Traffic Accidents, in: *Malatesta* (ed.), The Unification of Choice of Law Rules on Torts and Other Non-Contractual Obligations in Europe (2003), 85; *Mankowski,* Das neue Internationale Kartellrecht des Art 6 Abs. 3 der Rom II-Verordnung, RIW 2008, 177; *ders.,* Interessenpolitik und europäisches Kollisionsrecht, Rechtspolitische Überlegungen zur Rom I- und zur Rom II-Verordnung, 2011; *Marenghi,* La legge applicabile al danno da prodotto nell'Unione Europea: l'art. 5 del Regolamento n. 854/2007/CE, Dir. comm. int. 25 (2011), 335; *Mari,* La subrogación en el reglamento (CE) No 864/2007: Aspectos problemáticos, AEDIPr 2007, 267; *Meeusen,* Rome II: nieuw Europees conflictenrecht voor niet-contractuele verbintenissen, RDCB 2008, 471; *Metzger,* Community Rights & Conflict of Laws: Community Trademark, Community Design, Community Patent – Applicable Law for Claims of Damages, in: *Drexl/Kur* (eds), Intellectual Property and Private International Law: Heading for the Future, 2005, 215; *Mortensen,* A Common Law Cocoon: Australia and the Rome II Regulation, (2007) 9 Yb. P.I.L. 203; *Munari/Schiano di Pepe,* Liability for Environmental Torts in Europe, in: *Malatesta* (ed.), The Unification of Choice of Law Rules on Torts and Other Non-Contractual Obligations in Europe, 2003, 173; *Nishitani,* The Rome II Regulation from a Japanese Point of View, (2007) 9 Yb. P.I.L. 175; *Nuyts,* La règle générale de conflit de lois en matiere non contractuelle dans le Règlement Rome II, RDCB 2008, 489; *Ofner,* Die Rom II-Verordnung: neues Internationales Privatrecht für außervertragliche Schuldverhältnisse in der Europäischen Union, ZfRV 2008, 13; *Palao Moreno,* The Law Applicable to a Non-Contractual Obligation with Respect to an Industrial Action. A Commentary on Article 9 of the Rome II Regulation, (2007) 9 Yb. P.I.L. 115; *Pertegás Sender,* Patent Infringement: Choice of Laws, and the Forthcoming Rome II Regulation, in: *Basedow/Drexl/Kur/Metzger* (eds.), Intellectual Property in the Conflict of Laws, 2005, 159; *dies.,* Intellectual Property and Choice of Law Rules, in: *Malatesta* (ed.), The Unification of Choice of Law Rules on Torts and Other Non-Contractual Obligations in Europe (2003), 221; *Petch,* The Rome II Regulation: An Update, [2006] JIBLR 449, 509; *Pironon,* L'entree du droit de la concurrence dans le reglement 'Rome II': bonne ou mauvaise idee?, Europe 18 (2008), 6; *Posch,* The „Draft Regulation Rome II" in 2004: its Past and Future Perspectives, (2004) 6 Yb. P.I.L. 129; *Rodríguez Pineau,* Ley aplicable a la responsabilidad derivada de actos contrarios a la libre competencia, AEDIPr 2007, 447; *Sancho Villa,* Exclusión de la responsabilidad del estado por actos Iure Imperii en Roma II: Consideraciones sobre la aplicación del reglamento a la responsabilidad del estado por actos Iure Gestiones, AEDIPr 2007, 353; *Saravalle,* The Law Applicable to Products Liability: Hopping Off the Endless Merry-Go-Round, in: *Malatesta* (ed.), The Unification of Choice of Law Rules on Torts and Other Non-Contractual Obligations in Europe, 2003, 107; *Schaper,* Choice-of-Law Rules in the EU: Special Issues with Respect to Community Rights – Infringement of Community Trade Marks and Applicable Law in: *Drexl/Kur* (eds), Intellectual Property and Private International Law: Heading for the Future, 2005, 201; *Staudinger,* Rome II and Traffic Accidents, EuLF 2005, I-61; *Stone,* The Rome II Proposal on the Law Applicable to Non-Contractual Obligations, EuLF 2004, I-213; *ders.,* The Rome II Regulation on Choice of Law in Tort, (2007) 4

Ankara L. Rev. 95; *Symeonides*, Rome II and Tort Conflicts: A Missed Opportunity, (2008) 56 Am. J. Comp. L. 173; *ders.*, Rome II – A Centrist Critique, (2007) 9 Yb. P.I.L. 149; *ders.*, Tort Conflicts and Rome H: A View from Across, in: FS Erik Jayme, 2004, S. 935; *Thiede*, „Forum shopping" zwischen dem Haager Übereinkommen über das auf Verkehrsunfälle anwendende Recht und der Rom-II-Verordnung – Eine Fallstudie: VersR 2007, 1624-1627; *Thiede/Kellner*, „Forum shopping" zwischen dem Haager Übereinkommen über das auf Verkehrsunfälle anwendende Recht und der Rom-II-Verordnung?, VersR 2007, 1624; *Thiede/Ludwichowska*, Die Haftung bei grenzüberschreitenden unerlaubten Handlungen, ZVglRWiss 106 (2007), 92; *Tilmann*, Community IP Rights and Conflict of Laws, in: *Basedow/Drexl/Kur/Metzger* (eds.), Intellectual Property in the Conflict of Laws, 2005, 123; *Vitellino*, Rome II from an Internal Market Perspective, in: *Malatesta* (ed.), The Unification of Choice of Law Rules on Torts and Other Non-Contractual Obligations in Europe, 2003, 271; *Volders*, Culpa in Contrahendo in the Conflict of Laws. A Commentary on Article 12 of the Rome II Regulation, (2007) 9 Yb. P.I.L. 127; *ders.*, Niet-contractuele verbintenissen en Rome II, RDCB 2008, 482; *ders.*, Communautair verwijzingsrecht voor niet-contractuele verbintenissen, R. W. 2011, 1154; *Wadlow*, Trade secrets and the Rome II Regulation on the law applicable to non-contractual obligations, [2006] EIPR 309; *G. Wagner*, Die neue Rom-II Verordnung, IPRax 2008, l; *ders.*, Internationales Deliktsrecht, die Arbeiten an der Rom II-Verordnung und dem europäischen Deliktsgerichtsstand, IPRax 2005, 372; *Warshaw*, Uncertainty from Abroad: Rome II and the Choice of Law for Defamation Claims, 32 Brooklyn J. Int'l. L. 269 (2006); *van der Weide*, Europees internationaal privaatrecht – Het verwijzingsrecht voor niet-contractuele verbintenissen Europees geregeld. Een analyse van de verordning Rome II, NTER 2008, 214; *Weintraub*, Rome II and the Tension between Predictability and Flexibility, in: Liber Amoricum Peter Hay, 2005, 451; *ders.*, The Choice of Law Rules of the European Community Regulation on the Law Applicable to Non-Contractual Obligations: Simple and Predictable, Consequences Based, or Neither?, 43 Texas Int'l. L.J. 401 (2008); *Zambrana*, Derecho internacional, derechos humanos y reponsabilidad extracontractual, AEDIPr 2007, 579; *Zhang*, Party Autonomy in Non-Contractual Obligations: Rome II and its Impacts on Choice of Law, 39 Seton Hall. L. Rev. 861 (2009)

A. Gegenstand der Rom II–VO	1	C. Nationale Gesetzgebung zur Rom II–VO	4
B. Entstehungsgeschichte	3	D. Rechtspolitische Einordnung	5

A. Gegenstand der Rom II-VO

Die Verordnung (EG) Nr. 864/2007 (Rom II–VO) enthält das Europäische **Internationale Privatrecht der außervertraglichen Schuldverhältnisse**. Den Schwerpunkt der VO bildet das erste unionale Internationale Deliktsrecht. Ihm zur Seite stehen Regeln zur Anknüpfung anderer außervertraglicher Schuldverhältnisse, insbesondere zur ungerechtfertigten Bereicherung, zur Geschäftsführung ohne Auftrag und zur *culpa in contrahendo*. Die Verordnung zerfällt in sieben Kapitel zum Anwendungsbereich (Artt. 1–3), zur objektiven Anknüpfung unerlaubter Handlungen (Artt. 4–9) sowie zur ungerechtfertigten Bereicherung, Geschäftsführung ohne Auftrag und Verschulden bei Vertragsverhandlungen (Artt. 10–13), außerdem zur Rechtswahl (Art. 14) sowie Gemeinsame Vorschriften (Artt. 15–22), Sonstige Vorschriften (Artt. 23–28) und Schlussbestimmungen (Artt. 29–32). Die Rom II–VO wird durch 40 Erwägungsgründe erläutert. Ihre Zielsetzung ist die seit langem angestrebte Vereinheitlichung der Anknüpfung außervertraglicher Privatrechtsbeziehungen in Europa.

Nach Art. 81 Abs. 1 AEUV entwickelt die Union eine justizielle Zusammenarbeit in Zivilsachen mit grenzüberschreitendem Bezug. Nach Abs. 2 lit. c der Vorschrift umschließt dies Legislativmaßnahmen zur Sicherstellung der Vereinbarkeit der in den Mitgliedstaaten geltenden Kollisionsnormen. Die Rom II–VO stützt sich auf die Vorläufernormen der Art. 61 c, 65 b EGV. Sie ist in den Mitgliedstaaten unmittelbar anwendbares Verordnungsrecht (Art. 288 Abs. 2 AEUV). Als älteste unionale IPR-Verordnung ist die Rom II–VO ein Grundstein der **Europäisierung des Internationalen Privatrechts**, zugleich erster Bestandteil eines integrierten Systems von (gegenwärtig sechs) („Rom")-Verordnungen zum IPR,[1] womög-

---

[1] **Rom I**: Verordnung (EG) Nr. 593/2008 des Europäischen Parlaments und des Rates vom 17.6.2008 über das auf vertragliche Schuldverhältnisse anzuwendende Recht, ABl. EU 2008 L 177/6; **Rom II**; **Rom III**: Verordnung (EU) Nr. 1259/2010 des Rates vom 20.12.2010 zur Durchführung einer verstärkten Zusammenarbeit im Bereich des auf die Ehescheidung und Trennung ohne Auflösung des Ehebandes anzuwendenden Rechts, ABl. EU 2010 L 343/10; **Rom IV/EuErbRVO**: Verordnung (EU) Nr. 650/2012 des Europäischen Parlaments und des Rates vom 4.7.2012 über die Zuständigkeit, das anzuwendende Recht, die Anerkennung und Vollstreckung öffentlicher Urkunden in Erbsachen sowie zur Einführung eines Europäischen Nachlasszeugnisses, ABl. EU 2012 L 201/107; außerdem **EuUntVO**: Verordnung (EG) Nr. 4/2009 des Rates vom 18.12.2008 über die Zuständigkeit, das anwendbare Recht, die Anerkennung und Vollstreckung von Entscheidungen und die Zusammenarbeit in Unterhaltssachen, ABl. EU 2009 L 7/1; **EuEheGüRVO-E**: Vorschlag für eine Verordnung des Rates über die Zuständigkeit, das anzuwendende Recht, die Anerkennung und die Vollstreckung von Entscheidungen im Bereich des Ehegüterrechts, von der Kommission vorgelegt am 16.3.2011, KOM (2011) 126 endg.; **EuPartnerschaftsVO-E**: Vorschlag für eine Verordnung des Rates über die Zuständigkeit, das anzuwendende Recht, die Anerkennung und die Vollstreckung von Entscheidungen im Bereich des Güterrechts eingetragener Partnerschaften, von der Kommission vorgelegt am 16.3.2011, KOM [2011] 127 endg.

lich auch Leitinstrument für die zukünftige Gestaltung einer zusammenführenden Verordnung über Allgemeine Lehren und Fragen („Rom 0-Verordnung").[2]

B. Entstehungsgeschichte

3 Die Entstehungsgeschichte der Rom II-VO verlief äußerst wechselvoll.[3] Das unionale **Rechtsetzungsverfahren** war langwierig und stark von politischen **Kontroversen** geprägt, die zT bis heute andauern und nachwirken. Wichtige Stationen auf dem Weg zur VO waren der Vorschlag der Kommission von 2003,[4] die Stellungnahme des EWSA von 2004,[5] der in erster Lesung festgelegte Standpunkt des Europäischen Parlaments[6] mit Legislativer Entschließung von 2005,[7] der Geänderte Vorschlag der Kommission von 2006,[8] die politische Einigung des Rates am 27.4.2006, der im September 2006 festgelegte Gemeinsame Standpunkt[9] mit darauf folgender Mitteilung der Kommission,[10] der im Januar 2007 in zweiter Lesung festgelegte Standpunkt des Parlaments mit Legislativer Entschließung[11] und darauf folgender Stellungnahme der Kommission,[12] die Einigung im Vermittlungsausschuss am 15.5.2007, die in dritter Lesung verabschiedete Legislative Entschließung des Parlaments vom 10.7.2007[13] und die Veröffentlichung der Rom II-VO am 31.7.2007.[14]

C. Nationale Gesetzgebung zur Rom II-VO

4 Die Rom II-VO hat umfangreiche Ergänzungsgesetzgebung in den Mitgliedstaaten veranlasst.[15] Deutschland hat der VO durch ein **Anpassungsgesetz** von 2008 Rechnung getragen.[16] Dieses realisiert ein duales System mit Vorrang der Rom II-VO. Die VO ist das *a priori* anwendbare Kollisionsrecht für außervertragliche Schuldverhältnisse. Nimmt sie sich selbst zurück, versagt sie etwa ihren sachlichen Anwendungsbereich, zB *de lege lata* für Persönlichkeitsrechtsverletzungen, so gelten Artt. 38–42 EGBGB oder andere autonome Kollisionsnormen, zB Art. 17 a EGBGB für den gleichfalls aus der VO ausgeklammerten innerfamiliären Gewaltschutz. Außerdem brachte die deutsche Anpassungsnormgebung einen klarstellenden („Warn"-)Hinweis auf die Rom II-VO in das EGBGB ein (Art. 3 Nr. 1 lit. a EGBGB), beschränkte das Optionsrecht nach Art. 7 auf den ersten Rechtszug (Art. 46 a EGBGB) und erklärte die Kap. I–II, IV–VII der Rom II-VO auf Ansprüche aus beeinträchtigenden Grundstücksemissionen für entsprechend anwendbar (Art. 44 EGBGB).

D. Rechtspolitische Einordnung

5 In rechtspolitischer Hinsicht lässt sich die Rom II-VO grundsätzlich positiv bewerten. Sie präsentiert sich überwiegend als **methodenkonservatives Kollisionsrechtsinstrument** im guten Sinn.[17] Die Endfassung versagt sich international wirkungsmächtigen Einflüssen und Motiven der U.S.-amerikanischen *conflicts revolution*, für deren Berücksichtigung in Teilbereichen insbesondere der Rechtsausschuss des EP eingetreten war.[18] Die VO ist ein dogmatisch stark durchbildetes Instrument geworden. Sie entscheidet den (transatlantischen) Gegensatz „approaches-rules" eindeutig zugunsten der „rules".[19] Sie folgt nicht dem rechtsrea-

---

2 Dazu etwa *Heinze*, FS Jan Kropholler, 2008, S. 105 ff; *Leible*, Perspektiven, S. 47 ff und die Beiträge in: *Fallon/Lagarde/Poillot-Peruzzetto* (dir.), Quelle architecture pour un code européen de droit international privé?, 2011 sowie in: *Leible/Unberath* (Hrsg.), Brauchen wir eine Rom 0-Verordnung? – Überlegungen zu einem Allgemeinen Teil des europäischen IPR, iE.
3 Minutiös insb. *Dickinson*, passim; außerdem *Gil-Nievas*, AEDIPr 2007, 109 ff; *R. Wagner*, in: FS Jan Kropholler 2008, S. 715 ff.
4 KOM (2003) 427 endg., von der Kommission vorgelegt am 22.7.2003.
5 ABl. EU 2004 C 241/1.
6 ABl. EU 2006 C 157E/370.
7 ABl. EU 2006 C 157E/371.
8 KOM (2006) 83 endg, von der Kommission vorgelegt am 21.2.2006.
9 ABl. EU 2006 C 289E/68.
10 KOM (2006) 566 endg., von der Kommission vorgelegt am 27.9.2006.
11 ABl. EU 2007 C 244E/194.
12 KOM (2007) 126 endg., von der Kommission vorgelegt am 14.3.2007.
13 ABl. EU 2008 C 175E/130.
14 ABl. EU 2007 L 199/40.
15 Dazu mit detaillierten Nachweisen aus allen Mitgliedstaaten *Hohloch*, IPRax 2012, 110, 113–115 (Fn 32–39).
16 Gesetz zur Anpassung der Vorschriften des Internationalen Privatrechts an die Verordnung (EG) Nr. 864/2007 vom 10.12.2008, BGBl. 2008 I 2401; in Kraft seit 11.1.2009; dazu der Gesetzentwurf der Bundesregierung, BR-Drucks. 346/08 sowie panoramisch *O. Brand*, GPR 2008, 298.
17 v. *Hein*, 82 Tul. L. Rev. 1663, 1703 (2008); *Mankowski*, Interessenpolitik, S. 66, 69 f.
18 Dazu zB Huber/*Illmer*, Intro Rome II Rn 5, 6.
19 *Zhang*, 39 Seton Hall. L. Rev. 861, 908, 910 ff (2009); dazu auch *Weintraub*, Liber Amoricum Peter Hay, 2005, S. 451.

listisch mitgeprägten Ansatz, das Deliktskollisionsrecht auf möglichst wenig festlegende, allgemein gefasste Grundregeln und Leitlinien zu beschränken und das Anknüpfungsergebnis im Wesentlichen dem freien Spiel des Einzelfalles zu überlassen. Vielmehr setzt sie auf das tradierte europäische Konzept möglichst spezieller, stark ausdifferenzierter Verweisungsnormen mit zurückhaltender Auflockerung des Deliktsstatuts und relativ geringem Raum für die Ausweichklausel. Außerdem erhält und ermöglicht die Rom II-VO ein hohes Niveau an spezifisch kollisionsrechtlichem Interessenausgleich in Europa, indem sie sich dem Herkunftslandprinzip verschließt.[20] Mit ihrer Präferenz für den Erfolgsort stellt die VO zudem Integritätsschutzinteressen klar über Steuerungspolitik.[21]

Im Verhältnis zu Drittstaaten präsentiert sich die Rom II-VO begrüßenswert als monolithisches, in 27 Staaten einheitliches und zugleich **universell angewandtes EU-Deliktskollisionsrecht**, nicht etwa nur als selbstbeschränktes Unions-Binnenkollisionsrecht. Dadurch lässt sich die VO, insbesondere in den außereuropäischen angelsächsischen Ländern, als wichtige neue Größe im weltweiten Diskurs um das Deliktskollisionsrecht wahrnehmen, jedenfalls als kritik- und diskussionsfähiges, womöglich unmittelbar anregendes Gesamtmodell.[22] Dafür bürgt aus anglo-amerikanischer Sicht insbesondere die Anwendbarkeit der Rom II-VO im Vereinigten Königreich als Mutterland des gesamten Common-Law-Rechtskreises. 6

Auffällig und beklagenswert ist freilich die nicht unerhebliche Mitprägung des Rom II-Anknüpfungssystems durch **Partikular-, Gruppen- und Lobbyinteressen**,[23] insbesondere auf der Detailebene. Paradigmatisch dafür ist etwa die Bereichsausnahme für Persönlichkeitsrechtsverletzungen nach Art. 1 Abs. 2 lit. g,[24] aber auch gewisse Umstände bei der Schaffung des Art. 9 für Arbeitskampfmaßnahmen.[25] Der ungute interessenpolitische Einschlag der Rom II-VO scheint freilich in absehbarer Zukunft in Teilbereichen abgemildert werden zu sollen. Im Gefolge einer intensiven wissenschaftlichen Debatte um das Deliktskollisionsrecht des Persönlichkeitsschutzes hat das Europäische Parlament am 10.5.2012 eine (nicht-legislative) Entschließung zur Änderung der Rom II-Verordnung verabschiedet, die die Einführung spezieller unionaler Anknüpfungsregeln für grenzüberschreitende Persönlichkeitsrechtsverletzungen vorsieht (näher Art. 30 Rom II-VO Rn 11–17). 7

Kapitel I
Anwendungsbereich

Artikel 1 Anwendungsbereich

(1) ¹Diese Verordnung gilt für außervertragliche Schuldverhältnisse in Zivil- und Handelssachen, die eine Verbindung zum Recht verschiedener Staaten aufweisen. ²Sie gilt insbesondere nicht für Steuer- und Zollsachen, verwaltungsrechtliche Angelegenheiten oder die Haftung des Staates für Handlungen oder Unterlassungen im Rahmen der Ausübung hoheitlicher Rechte („acta iure imperii").

(2) Vom Anwendungsbereich dieser Verordnung ausgenommen sind
a) außervertragliche Schuldverhältnisse aus einem Familienverhältnis oder aus Verhältnissen, die nach dem auf diese Verhältnisse anzuwendenden Recht vergleichbare Wirkungen entfalten, einschließlich der Unterhaltspflichten;
b) außervertragliche Schuldverhältnisse aus ehelichen Güterständen, aus Güterständen aufgrund von Verhältnissen, die nach dem auf diese Verhältnisse anzuwendenden Recht mit der Ehe vergleichbare Wirkungen entfalten, und aus Testamenten und Erbrecht;
c) außervertragliche Schuldverhältnisse aus Wechseln, Schecks, Eigenwechseln und anderen handelbaren Wertpapieren, sofern die Verpflichtungen aus diesen anderen Wertpapieren aus deren Handelbarkeit entstehen;
d) außervertragliche Schuldverhältnisse, die sich aus dem Gesellschaftsrecht, dem Vereinsrecht und dem Recht der juristischen Personen ergeben, wie die Errichtung durch Eintragung oder auf andere Weise, die Rechts- und Handlungsfähigkeit, die innere Verfassung und die Auflösung von Gesellschaften, Vereinen und juristischen Personen, die persönliche Haftung der Gesellschafter und der Organe für die Verbindlichkeiten einer Gesellschaft, eines Vereins oder einer juristischen Person sowie die persönliche Haftung der Rechnungsprüfer gegenüber einer Gesellschaft oder ihren Gesellschaftern bei der Pflichtprüfung der Rechnungslegungsunterlagen;

---

20 *Mankowski*, Interessenpolitik, S. 69 f.
21 *Mankowski*, Interessenpolitik, S. 66 f.
22 Exemplarisch *Schoeman*, [2010] LMCLQ 81, 82.
23 Dazu eingehend *Mankowski*, Interessenpolitik, S. 66–81.
24 *Mankowski*, Interessenpolitik, 79 f.
25 *Knöfel*, EuZA 1 (2008), 228, 232–234; *Mankowski*, Interessenpolitik, 74.

e) außervertragliche Schuldverhältnisse aus den Beziehungen zwischen den Verfügenden, den Treuhändern und den Begünstigten eines durch Rechtsgeschäft errichteten „Trusts";
f) außervertragliche Schuldverhältnisse, die sich aus Schäden durch Kernenergie ergeben;
g) außervertragliche Schuldverhältnisse aus der Verletzung der Privatsphäre oder der Persönlichkeitsrechte, einschließlich der Verleumdung.

(3) Diese Verordnung gilt unbeschadet der Artikel 21 und 22 nicht für den Beweis und das Verfahren.

(4) Im Sinne dieser Verordnung bezeichnet der Begriff „Mitgliedstaat" jeden Mitgliedstaat mit Ausnahme Dänemarks.

Literatur: *Beig*, Grenze und Zusammenspiel zwischen Vertrag und Delikt, in: *Beig/Graf-Schimek/Grubinger/Schacherreiter*, Rom II-VO, 2008, 37; *Bogdan*, Some Reflections on Contracts and Torts in Cyberspace in view of Regulations Rome I and Rome II, in: Liber amicorum Kurt Siehr, 2010, 375; *ders.*, Contract or Tort under Art. 5 of the Brussels I Regulation: Tertium non Datur?, in: FS Bernd v. Hoffmann, 2011, S. 561; *Breidenstein*, Das anwendbare Recht bei Schutzanordnungen nach dem Gewaltschutzgesetz, FamFR 2012, 172; *Cremer*, Entschädigungsklagen wegen schwerer Menschenrechtsverletzungen und Staatenimmunität vor nationaler Zivilgerichtsbarkeit, ArchVR 41 (2003), 137; *Crespi Reghizzi*, „Contratto" e „illecito": La qualificazione delle obbligazioni nel diritto internazionale privato dell'Unione europea, Riv. dir. int. priv. proc. 2012, 317; *Czepelak*, Concurrent Causes of Action in the Rome I and II Regulations, (2011) 7 J. Priv. Int. L. 393; *Dutoit*, Le droit international privé des obligations non contractuelles à l'heure européenne: Le règlement Rome II, in: Liber Fausto Pocar, 2009, 309; *Feraci*, La sentenza Lechouritou e l'ambito di applicazione ratione materiae della convenzione di Bruxelles del 27 settembre 1968, Riv. dir. int. priv. proc. 2007, 657; *R. Geimer*, Los Desastres de la guerra und das Brüssel I-System, IPRax 2008, 225; *Hausmann*, The Scope of Application of the Brussels I Regulation, in: *Pocar/Viarengo/Villata* (eds.), Recasting Brussels I, 2012, 3; *Hess*, Amtshaftung als „Zivilsache" im Sinne von Art. 1 Abs. 1 EuGVÜ, IPRax 1994, 10; *Hohloch*, Place of Injury, Habitual Residence, Closer Connections and Substantive Scope – the Basic Principles, (2007) 9 Yb. P.I.L. 1; *ders.*, Die „Bereichsausnahmen" der Rom II-VO, Zum internationalen Privatrecht in und um Art. 1 Abs. 2 Rom II-VO, IPRax 2012, 110; *Leandro*, Limiti materiali del regolamento (CE) n. 44-2001 e immunità degli Stati esteri dalla giurisdizione: Il caso Lechouritou, Riv. dir. int. 90 (2007), 759; *Lehmann*, Der Anwendungsbereich der Rom I-Verordnung – Vertragsbegriff und vorvertragliche Rechtsverhältnisse, in: *Ferrari/Leible* (Hrsg.), Ein neues Internationales Vertragsrecht für Europa, 2007, 17; *Lyons*, The persistence of memory: the Lechouritou case and history before the European Court of Justice, (2007) 32 Eur. L. Rev. 563, *Magnus*, Probleme des internationalen Atomhaftungsrechts, in: FS Jan Kropholler, 2008, S. 595; *ders.*, Anmerkungen zum sachlichen Anwendungsbereich der Rom I-Verordnung, in: FS Gunther Kühne, 2009, S. 779; *Mankowski*, Gerichtsbarkeit und internationale Zuständigkeit deutscher Zivilgerichte bei Menschenrechtsverletzungen, in: *v. Hoffmann* (Hrsg.), Universalität der Menschenrechte, Kulturelle Pluralität, 2009, 139; *ders.*, Interessenpolitik und europäisches Kollisionsrecht, Rechtspolitische Überlegungen zur Rom I- und zur Rom II-Verordnung, 2011; *Mansel/Thorn/Wagner*, Europäisches Kollisionsrecht 2011: Gegenläufige Entwicklungen, IPRax 2012, 1; *Muir Watt*, Les actes jure imperii et le Règlement Bruxelles 1 – A propos de l'affaire Lechouritou, Rev. crit. DIP 97 (2008), 61; *Nourissat*, Le champ d'application du règlement „Rome II", in: *Corneloup/Joubert* (dir.), Le règlement communautaire „Rome II" sur la loi applicable aux obligations non contractuelles, 2008, 13; *Pajor*, State Liability for the Damage Caused by Acta Iure Imperii in Private International Law, Rev. hell. dr. int. 64 (2011), 505; *Sancho Villa*, Exclusión de la responsabilidad del estado por actos Iure Imperii en Roma II: Consideraciones sobre la aplicación del reglamento a la responsabilidad del estado por actos Iure Gestiones, AEDIPr 2007, 353; *Schoeman*, Rome II and the Substance-Procedure Dichotomy: Crossing the Rubicon, [2010] LMCLQ 81; *Spickhoff*, Grundfragen des Arzt-Patienten-Verhältnisses im Spiegel des Internationalen Privat- und Zivilprozessrechts, in: FS Bernd v. Hoffmann, 2011, S. 437; *Spiegel*, Immuniteit over de boeg van het materieel toepassingsgebied? Lechouritou c.s. tegen Duitsland, HvJ EG 15 februari 2007, NIPR 2007, 340; *M. Stürner*, Anwendbarkeit der EuGVÜ auf Kriegsverbrechen, GPR 2007, 300; *ders.*, Staatenimmunität und Brüssel I-Verordnung, IPRax 2008, 197; *ders.*, Zur Staatenimmunität bei Schadensersatzklagen wegen Kriegsverbrechen, GPR 2008, 179; *ders.*, Staatenimmunität bei Entschädigungsklagen wegen Kriegsverbrechen, IPRax 2011, 600; *Thorn*, Schadensersatzansprüche der Zivilbevölkerung gegen ausländische Besatzungsmächte, BerDGesVR 44 (2010), 305; *Vogeler*, Internationales Arzthaftungsrecht: Lücken und Tücken in der Praxis des IPR, VersR 2011, 588; *G. Wagner*, Die neue Rom II-Verordnung, IPRax 2008, 1

A. Anwendungsvoraussetzungen	1
B. Außervertragliches Schuldverhältnis	3
C. Verbindung zum Recht verschiedener Staaten	8
D. Zivil- oder Handelssachen	11
I. Allgemeine Grundsätze der Qualifikation	11
II. Art. 6 Abs. 1 EMRK als Orientierungsmaßstab	16
III. Angelegenheiten im Kernbereich des Privatrechts	18
IV. Angelegenheiten mit Bezug zum Öffentlichen Recht	20
V. Insbesondere: Staats- und Amtshaftung	25
E. Bereichsausnahmen (Abs. 2)	31
I. Grundsätzliches	31
II. Katalog der Ausnahmen	35
1. Familienverhältnisse und Vergleichbares	35
2. Schuldverhältnisse des Güter- und Erbrechts	39
3. Schuldverhältnisse aus handelbaren Wertpapieren	41
4. Schuldverhältnisse des Gesellschafts-, Vereins- und Verbandsrechts	45
5. Schuldverhältnisse mit Bezug zu Trusts	49
6. Haftung für Schäden durch Kernenergie	50
7. Verletzungen der Privatsphäre oder der Persönlichkeitsrechte	53
F. Beweis und Verfahren (Abs. 3)	56
G. Territorialer Geltungsbereich (Abs. 4)	58

A. Anwendungsvoraussetzungen

Art. 1 regelt den sachlichen Anwendungsbereich der Rom II-VO. Dieser ist weit. Die kumulativ erforderlichen **Anwendungsvoraussetzungen** bestehen darin, **1**
- dass ein „außervertragliches Schuldverhältnis" (näher Art. 2) in Rede steht,
- dass das Schuldverhältnis eine „Verbindung zum Recht verschiedener Staaten" (Abs. 1) aufweist,
- dass es sich um eine „Zivil- und Handelssache" handelt (Abs. 1), nicht aber um eine Angelegenheit im Sinne der Bereichsausnahmen (Abs. 2) oder um Beweis- oder andere Verfahrensfragen (Abs. 3).

Ferner muss der territoriale Geltungsbereich der Rom II-VO (Abs. 4) eröffnet sein, dh es muss Anwendungsrecht und -pflicht gerade des angerufenen Gerichts bestehen. Kernaussage des Art. 1 ist die nähere Bestimmung des Begriffs „Zivil- und Handelssachen".

Fehlt eine Anwendungsvoraussetzung, so gilt idR das **autonome Kollisionsrecht** der Mitgliedstaaten, ggf **2** Staatsverträge kollisionsrechtlichen Gehalts. Es gibt indes **keine analoge Anwendung der Rom II-VO** auf Rechtssachen, die die VO nicht erfasst. Zur Rom I-VO und vorher zum EVÜ wurde und wird dies zwar gelegentlich vertreten,[1] insbesondere im (schwer denkbaren) Fall eines Kollisionsnormenmangels, kann aber nicht überzeugen. Noch sind die Rom-Verordnungen selbstbeschränktes, sachlich bewusst begrenztes „Inselrecht",[2] dessen gewolltes Nebeneinander mit dem autonomen Kollisionsrecht geachtet werden muss, mag auch in der Zukunft das gesamte IPR der Mitgliedstaaten unional werden.

B. Außervertragliches Schuldverhältnis

Die VO gilt nur für außervertragliche Schuldverhältnisse, und will den Begriff autonom bestimmt wissen **3** (Erwägungsgrund 11 S. 2). Sie grenzt sich dadurch insbesondere gegen die Rom I-VO ab, die ausweislich ihres Art. 1 „vertragliche Schuldverhältnisse in Zivil- und Handelssachen" erfasst. Zum gemeinsamen und wechselbezüglich relevanten Kernbestand der beiden Verordnungen gehört damit die – in den mitgliedstaatlichen Sachrechten bei Weitem nicht einheitliche – **Abgrenzung von Vertrag und Delikt** (iwS).[3] Dementsprechend kann auf die Kommentierung zu Art. 1 Rom I-VO verwiesen werden. Im Interesse unionsrechtlich-autonomer Qualifikation und der Einheit des Unionsrechts ist nach Möglichkeit[4] auch auf die etablierte Differenzierung zwischen den Anwendungsbereichen des Art. 5 Nr. 1 EuGVVO (Vertragsgerichtsstand) und des Art. 5 Nr. 3 EuGVVO (Deliktsgerichtsstand) zurückzugreifen. Die Hauptlinie der dort entwickelten Unterscheidung bildet die Frage, ob sich das jeweilige Rechtsverhältnis – aus Schuldnersicht – als **freiwillig übernommene (Selbst-)Verpflichtung** darstellt (dann ist es Vertrag) oder nicht (dann ist es Delikt bzw außervertraglich),[5] oder ob der Kontakt mit dem anderen Teil – aus Gläubigersicht – (vertraglich) gesucht oder (deliktisch) erlitten worden ist.

Jenseits der eindeutigen und zentralen, in Art. 2 explizit aufgezählten Kategorien von außervertraglichen **4** Schuldverhältnissen einschließlich der *culpa in contrahendo* (Art. 12) ist die **Einordnung** folgender **ambivalenter Fallgruppen** als vertraglich (also außerhalb der Rom II-VO stehend) heute weitgehend etabliert: Gewinnmitteilungen,[6] Direktansprüche (*action directes*) in Mehrpersonenverhältnissen, zB von Subunternehmern oder anderen Arbeitnehmern gegen den Bauherrn oder den Generalunternehmer[7] oder in Lieferketten,[8] Ansprüche aus Gemeinschafts- (nicht: Gesellschafts-)Verhältnissen,[9] einseitige Rechtsgeschäfte bzw Verpflichtungen.[10] Ebenfalls nicht in die Rom II-VO, sondern in die Rom I-VO gehören Ansprüche aus Verträgen mit Schutzwirkung zugunsten Dritter.[11] Dass der Dritte und die in Anspruch genommene Ver-

---

1 Bamberger/Roth/*Spickhoff*, Art. 1 Rom I-VO Rn 37.
2 Begriff bei *Hohloch*, IPRax 2012, 110.
3 Dazu etwa *M. Lehmann*, in: Ferrari/Leible (Hrsg.), Ein neues Internationales Vertragsrecht für Europa, 2007, S. 17, 20 ff; *Beig*, in: Beig/Graf-Schimek/Grubinger/Schacherreiter, Rom II-VO, 2008, S. 37 ff; *Magnus*, FS Gunther Kühne, 2009, S. 779, 783–785; *Czepelak*, (2011) 7 J. Priv. Int. L. 393, 395–398; *Crespi Reghizzi*, Riv. dir. int. priv. proc. 2012, 317 ff.
4 *Hohloch*, IPRax 2012, 110, 111 (Fn 17): „kein voller Gleichklang".
5 Grundlegend EuGH, Slg 1992, I-3967, I-3994 Rn 15 – Jakob Handte/TCMS; EuGH, Slg 1998, I-6511, I-6542 Rn 17 – Réunion européenne SA u.a./Spliethoff's Bevrachtingskantoor BV u. Kapitän des Schiffes „Alblasgracht V002"; EuGH, Slg 2002, I-7357, I-7393 Rn 23 – Fonderie Officine Meccaniche Tacconi SpA/Heinrich Wagner Sinto Maschinenfabrik GmbH (HWS); EuGH, Slg 2004, I-1543, I-1555 Rn 24 – Frahuil SA/Assitalia SpA; EuGH, Slg 2005, I-481, I-517 Rn 50 – Petra Engler/Janus Versand GmbH.
6 MüKo/*Junker*, Art. 1 Rn 22; P. Huber/*Bach*, Rome II Regulation, Art. 1 Rn 30; Palandt/*Thorn*, Art. 1 Rn 4.
7 MüKo/*Junker*, Art. 1 Rn 24; anders freilich Messerschmidt/Voit/*Freitag*, Privates Baurecht, 2. Aufl. 2012, P Rn 68.
8 *Staudinger* in: Gebauer/Wiedmann, Kap. 38 Rn 14 mwN in Fn 39.
9 Für Art. 5 Nr. 1 EuGVVO Rauscher/*Leible*, EuZPR/EuIPR, Art. 5 EuGVVO Rn 25.
10 MüKo/*Junker*, Art. 1 Rn 15; Palandt/*Thorn*, Art. 1 Rn 2.
11 Entgegen *Dutta*, IPRax 2009, 293, 295 mwN zum Streitstand.

tragspartei idR keine Berührung miteinander hatten, ändert nichts daran, dass der Anspruchsgrund sehr wohl in einem rechtsgeschäftlichen Kontakt geschaffen worden ist. Zu Recht als außervertraglich gelten demgegenüber gesetzliche Ansprüche gegen den Vertreter ohne Vertretungsmacht[12] sowie Haftungsverhältnisse aus Anscheins- oder Duldungsvollmacht.[13]

5 Kann eine Angelegenheit bzw Fallgruppe nicht eindeutig, also weder außervertraglich noch vertraglich qualifiziert werden, so besteht keine Notwendigkeit, entweder die Rom II–VO oder die Rom I–VO ausdehnend zu interpretieren, um eine der beiden Verordnungen anwenden zu können.[14] Tertium datur.[15] Das Internationale Vertrags- und das Internationale Deliktsrecht der EU streben eine Teilvereinheitlichung des Kollisionsrechts der Mitgliedstaaten an, bilden aber (noch) kein geschlossenes System, geschweige denn ein solches, das auf die Großkategorien „Vertrag" und „Delikt" reduziert wäre. Sonderfallgruppen, die quer zu den beiden Kategorien stehen,[16] etwa die **Gläubigeranfechtung (*actio pauliana*)**, können ohne Weiteres weiterhin nach dem jeweiligen autonomen Kollisionsrecht angeknüpft werden,[17] aus deutscher Sicht etwa nach § 19 AnfG.

6 Aus Art. 1 nicht ersichtlich, uU aber notwendig ist eine Abgrenzung außervertraglicher Schuldverhältnisse gegen **dingliche Rechtsverhältnisse**. Jene erfasst die VO nicht, da der unionale Normgeber bisher kein einheitliches Kollisionsrecht für sachenrechtliche Verhältnisse anstrebt.[18] Die Rom II–VO kann dementsprechend nicht als Substitut für ein Europäisches Internationales Sachenrecht wirken. Auch sind **sachenrechtliche Vorfragen** (zB Eigentum an einer beschädigten Sache), die sich im Deliktsprozess sehr häufig stellen, nicht nach der Rom II–VO anzuknüpfen, sondern nach dem autonomen Kollisionsrecht, und zwar selbstständig,[19] also nach dem Internationalen Sachenrecht der *lex fori*.[20]

7 Die Rom II–VO gilt nicht für negatorische Abwehransprüche aus dinglichen Rechten,[21] nicht für nachbarrechtliche Ansprüche[22] und auch nicht für **Ansprüche aus dem Eigentümer-Besitzer-Verhältnis**.[23] Dass die Vindikationslage deutschsachrechtlich (manchen) als gesetzliches Schuldverhältnis gilt,[24] macht sie nicht auch europäischkollisionsrechtlich dazu.[25] Im Gegenteil sollte eine weitere qualifikatorische Ausdünnung des sachenrechtlichen Kernbereichs zugunsten des Deliktsrechts, die zB im Verhältnis des Art. 22 Nr. 1 EuGVVO zu Art. 5 Nr. 3 EuGVVO bemerkbar ist,[26] vermieden bleiben, damit Fragen des Verschuldens und überhaupt des persönlichen Verhaltens nicht stärker grenzüberschreitend relevant werden und entsprechend hohen Klärungs- und Beweisaufwand erfordern.[27] Einen Grenzfall bildet die (*action of*) *conversion* der angelsächsischen Rechte (Sachaneignung/Gebrauchsanmaßung unter Verletzung eines Besitzrechts). *Conversion* deckt einen Bereich ab, in dem aus deutschsachrechtlicher Sicht Kondiktionsansprüche, Ansprüche aus dem Eigentümer-Besitzer-Verhältnis und solche aus unerlaubter Handlung in Betracht kommen und ggf konkurrieren.[28] Richtigerweise ist *conversion* in die Rom II–VO einzubeziehen,[29] da die Nähe dieses tradierten Rechtsbehelfs zu Delikt und Bereicherung[30] deutlich größer ist als die zum Eigentumsschutz.

C. Verbindung zum Recht verschiedener Staaten

8 Wie auch Art. 1 Abs. 1 Rom I–VO verlangt Abs. 1, dass das erfasste Schuldverhältnis „eine Verbindung zum Recht verschiedener Staaten" aufweist. Diese Voraussetzung ist (jedenfalls im Deutschen) sprachlich missglückt und irreführend. Soll das Schuldverhältnis mit mehreren Staaten verbunden sein, so besteht nicht

---

12 Huber/*Bach*, Rome II Regulation, Art. 1 Rn 23.
13 Huber/*Bach*, Rome II Regulation, Art. 1 Rn 24.
14 *Hohloch*, IPRax 2012, 110, 112.
15 Entgegen *Bogdan*, FS Bernd v. Hoffmann, 2011, S. 561, 567.
16 Für Qualifikation als vertraglich aber zB MüKo/*Junker*, Art. 1 Rn 19.
17 *Hohloch*, IPRax 2012, 110, 112.
18 Gesetzentwurf der Bundesregierung – Entwurf eines Gesetzes zum Internationalen Privatrecht für außervertragliche Schuldverhältnisse und für Sachen, BT-Drucks. 14/343, S. 6 (re. Sp.) (A 3 a aE).
19 AG Geldern 27.10.2010, NJW 2011, 686, 687.
20 Demgegenüber spricht sich *Staudinger*, NJW 2011, 650, 651 tendenziell für eine unselbständige Anknüpfung aus. Siehe auch Schulze/Zuleeg/Kadelbach/*Staudinger*, § 22 Rn 68.
21 Entgegen *Hohloch*, (2007) 9 Yb. P.I.L. 1, 14.
22 Entgegen *Hohloch*, (2007) 9 Yb. P.I.L. 1, 14; Palandt/*Thorn*, Art. 1 Rn 5.
23 Entgegen *Staudinger* in: Gebauer/Wiedmann, Kap. 38 Rn 18; Palandt/*Thorn*, Art. 1 Rn 5.
24 Offen und mit Angaben zum Streitstand BGH v. 30.9.2003, NJW-RR 2004, 45, 46.
25 Gegen Auslegung der Rom II–VO im Lichte nationaler Dogmatik zB *Chong*, (2008) 57 I.C.L.Q. 863, 872.
26 Zu Immissionsabwehrklagen im Nachbarschaftsverhältnis EuGH, Slg 2006, I-4557, I-4597 f Rn 33–34 = RIW 2006, 624 m.Anm. *Knöfel* – Land Oberösterreich/ČEZ as.
27 *Knöfel*, RIW 2006, 627, 629.
28 *Zweigert/Kötz*, Einführung in die Rechtsvergleichung, 3. Aufl. 1996, S. 609.
29 *Dickinson*, 3.95; *Heinze*, RabelsZ 76 (2012), 654, 655 f; ohne besondere Erwähnung von *conversion* allgemein Huber/*Bach*, Rome II Regulation, Art. 1 Rn 26.
30 Siehe auch Staudinger/*St. Lorenz*, § 816 BGB Rn 25.

nur „eine" Verbindung, und verschiedene Staaten haben auch nicht nur „ein" Recht, mit dem ein Schuldverhältnis verbunden sein kann. Zudem ist fraglich, woher überhaupt eine Verbindung eines Schuldverhältnisses mit fremdem Recht stammen soll: Bevor nicht die Anwendung einer Kollisionsnorm stattgefunden hat, kann ein Schuldverhältnis allenfalls mit dem Territorium, den Staatsangehörigen oder sonst wie mit einem anderen Staat zu tun haben. Etwas klarer formuliert ist und für die deutsche Sprachfassung des Art. 1 offenbar maßgeblich war Art. 3 EGBGB, der eine „Verbindung zu einem ausländischen Staat" fordert. Verständlicher und sachgerechter drücken sich die Sprachfassungen des Art. 1 in Englisch, Französisch, Italienisch und Spanisch aus. Dort verlangt Abs. 1 jeweils nur eine **Sachlage, die kollisionsrechtlich gelöst werden muss** bzw dem Internationalen Privatrecht untersteht.[31]

Eine Verbindung zum Recht verschiedener Staaten (gleichviel, welcher)[32] wird zwar nicht völlig „freihändig" bestimmt.[33] Nach allgemeiner Ansicht ist dafür aber nur erforderlich und jedenfalls ausreichend, dass nach Maßgabe der VO ein **Anknüpfungsmoment in mindestens einem anderen Staat als dem Forumstaat** erfüllt ist.[34] Mithin liegt eine zirkelschlüssige Anwendungsvoraussetzung vor, die ganz entfallen sollte,[35] da sie ohnehin nur im (hypothetischen) Vorgriff auf die unterstellte Anwendung der VO zu prüfen ist, nicht unähnlich einer Qualifikation *lege causae*. In der Sache ist dies nichtssagend und überflüssig. Eine spezielle „Internationalität" des zugrunde liegenden Sachverhalts ist jedenfalls nicht besonders zu prüfen.[36] Die Auslandsberührung ist im Rechtsanwendungsprozess ohnehin einziger Anlass für die Prüfung eines Kollisionsrechtsakts. Der Unionsnormgeber hat das Erfordernis einer entsprechenden „Verbindung" in Art. 1 EuUntVO und Art. 1 EuErbRVO daher zu Recht nicht mehr übernommen. 9

Eine Verbindung zum Recht verschiedener Staaten besteht auch, wenn ein Verkehrsunfall, der sich im Ausland zugetragen hat, im Inland dergestalt abgewickelt wird, dass der inlandsansässige Geschädigte **Ansprüche gegen einen nationalen Garantiefonds** (zB Verkehrsopferhilfe e.V. in Deutschland, Motor Insurers Bureau im Vereinigten Königreich) geltend macht (zB bei Nichtermittelbarkeit oder fehlender Kfz-Haftpflichtversicherung des Fahrzeugs des Schädigers). Der anspruchsbegründende Lebenssachverhalt bleibt jedenfalls international, auch wenn die sachrechtliche Aufarbeitung dadurch „nationalisiert" ist, dass ausnahmsweise eine inländische Abwicklungsstelle eintritt.[37] 10

D. Zivil- oder Handelssachen

I. Allgemeine Grundsätze der Qualifikation

Der Begriff „**Zivil- und Handelssachen**" durchzieht das gesamte Unionsrecht zum IPR/IZVR. Außer Art. 1 begegnet er auch in Art. 1 Abs. 1 Rom I-VO, Art. 1 Abs. 1 S. 1 EuGVVO, Art. 2 Abs. 1 S. 2 EuVTVO, Art. 2 Abs. 1 S. 1 EuMahnVO und Art. 1 Abs. 2 S. 1 Richtlinie 2002/8/EG. Das gleichfalls benachbarte Rechtshilferecht der Union (Art. 1 EuZustVO, Art. 1 EuBewVO) spricht von „Zivil- *oder* Handelssachen", ohne dass damit eine wesentliche Abweichung verbunden wäre. Überall sind „Handelssachen" im weiteren Begriff der „Zivilsachen" inkludiert. Dies wird zu Art. 1 EuGVÜ/Art. 1 EuGVVO vertreten,[38] ebenso zu Art. 1 Rom I-VO,[39] ist aber auch deliktskollisionsrechtlich angemessen. 11

Das Merkmal „Zivil- und Handelssachen" wird im Rahmen der Rom II-VO grundsätzlich **unionsrechtlichautonom**, idealiter noch selbstständiger, nämlich verordnungsautonom qualifiziert.[40] Zumeist empfiehlt man allerdings eine Anlehnung an Art. 1 EuGVVO einerseits und Art. 1 Rom I-VO andererseits,[41] was auch Erwägungsgrund 7 nahe legt. Völlige Kongruenz ist unionsrechtlich freilich nicht zwingend, zumal auch Abs. 2 lit. f und g, die Bereichsausnahmen ohne Entsprechung in der Rom I-VO, belegen, dass den benachbarten Verordnungen zum IPR der Union durchaus eine gewisse, sachlich gebotene Autonomie bei der Bildung ihrer jeweiligen Systembegriffe zukommt. Muss zB auch der Begriff der „Zivilsache" iSd Art. 1 12

---

31 Engl. Fassung: „situations involving a conflict of laws"; frz. Fassung: „situations comportant un conflit de lois"; it. Fassung: „circostanze che comportino un conflitto di leggi"; span. Fassung: „situaciones que comportan un conflicto de leges".
32 *Junker*, NJW 2007, 3675, 3677; *Dutoit*, Liber Fausto Pocar, 2009, 309, 311; *M. Lehmann/Duczek*, JuS 2012, 681, 682.
33 Bamberger/Roth/*Spickhoff*, Art. 1 Rn 11.
34 Zutreffend *M. Lehmann/Duczek*, JuS 2012, 681, 682: „keine allzu hohen Anforderungen".
35 Dafür auch Palandt/*Thorn*, Art. 1 Rn 8.
36 Anders für Art. 1 Rom I-VO *Magnus*, FS Gunther Kühne, 2009, S. 779, 789 f.
37 *Clinton David Jacobs* v. *Motor Insurers Bureau*, [2010] EWHC 231 paras 18-31 (Q. B. D., *Owen* J.), anders aber der Vortrag *Laytons* im Prozess, ebd para 20.
38 *Geimer*, EuR 1977, 341, 350; Geimer/Schütze/*Geimer*, EuZVR, Art. 1 EuGVVO Rn 24; Rauscher/*Mankowski*, EuZPR/EuIPR, Art. 1 EuGVVO Rn 1.
39 *Magnus*, FS Gunther Kühne, 2009, S. 779, 786.
40 Bamberger/Roth/*Spickhoff*, Art. 1 Rn 9; Huber/*Bach*, Rome II Regulation, Art. 1 Rn 4.
41 Bamberger/Roth/*Spickhoff*, Art. 1 Rn 9; Huber/*Bach*, Rome II Regulation, Art. 1 Rn 6.

Abs. 1 EheVO 2003 „eigenständig im Regelungskontext dieser Verordnung interpretiert werden",[42] dann gilt dieselbe Selbstständigkeit auch für die Rom II-VO. Das Gebot unionsrechtlich-autonomer Auslegung von Systembegriffen verlangt nicht etwa flächendeckend identische Auslegung im Rahmen aller unionaler IPR-Verordnungen.[43]

13 Für Art. 1 irrelevant ist der Gerichtszweig (zB streitige Gerichtsbarkeit oder Freiwillige Gerichtsbarkeit), in dem die zu qualifizierende Sache verhandelt bzw erledigt wird.[44] Dieses **Prinzip der inhaltlichen Qualifikation** findet sich in Erwägungsgrund 8, stammt freilich ursprünglich aus dem völkervertraglichen Bereich. Es ist europäischverfahrens- und kollisionsrechtlich umfassend übernommen worden[45] und heute zB in Art. 1 Abs. 1 S. 1 Hs 2 EuGVVO, Art. 1 Abs. 1 iVm Erwägungsgrund 7 EheVO 2003, Art. 2 Abs. 1 S. 1 Hs 2 EuVTVO, Art. 2 Abs. 1 S. 1 Hs 2 EuMahnVO und Art. 1 Abs. 2 S. 1 RL 2002/8/EG explizit geregelt. Zwar entbehrt die Rom II-VO – ebenso wie Art. 1 Abs. 1 EuZustVO und Art. 1 Abs. 1 EuBewVO – eine entsprechende ausdrückliche Bestimmung. Dies ist aber unbeachtlich, da die inhaltliche Qualifikation nicht nur im Kanon des unionalen IPR/IZVR fest verwurzelt ist, sondern zB auch unter Art. 6 Abs. 1 EMRK Anerkennung genießt.[46]

14 Daher sind auch im **Adhäsionsverfahren** geltend gemachte zivilrechtliche Ansprüche, sofern sie von einem Strafgericht mitzuerledigen sind, nach der Rom II-VO anzuknüpfen.[47] Das ergibt sich unmittelbar aus dem Prinzip der inhaltlichen Qualifikation. Zudem zeigen auch Artt. 5 Nr. 4, 61 EuGVVO, dass der Unionsnormgeber einer Miterledigung von Zivilansprüchen im Strafverfahren positiv gegenüber steht,[48] und dabei keine Sonderregeln angewandt wissen will.

15 Aufgrund des Prinzips der inhaltlichen Qualifikation gelten Streitigkeiten um außervertragliche Schuldverhältnisse, die vor Schiedsgerichten erledigt werden, nach allgemeinen Regeln als „Zivil- und Handelssachen". Bestritten wird freilich, dass die **Rom II-VO in Schiedsverfahren zwingend zu honorieren** ist[49] und insbesondere auch nationales Sonderkollisionsrecht verdrängt. Bei der Rom I-VO besteht ein parallel gelagertes Problem, das bisher weit stärker beachtet wurde, sind Schiedsgerichte doch eher mit vertraglichen als mit deliktischen Rechtssachen befasst. Nach gängiger Vorstellung sollen private Schiedsgerichte in EU-Europa außerhalb des Unionsrechts stehen. Sie sollen nicht oder kaum daran gebunden sein, und es soll von ihnen auch nicht verlangt werden können, sich dem Unionsrecht im weitesten Sinne verpflichtet zu fühlen. 1982 hat der EuGH Schiedsgerichten die Vorlagebefugnis zum EuGH nach Art. 267 AEUV (ex-Art. 234 EGV) in der Tat gerade deshalb abgesprochen, weil sie dem Unionsrecht weder unterworfen seien noch dieses aktiv anwenden müssten.[50] Daran lässt sich aber zweifeln, da der EuGH später zumindest implizit davon ausging, dass zwingendes Unionsrecht auch im Schiedsverfahren gilt,[51] und die Schiedspraxis dies auch durchaus beachtet.[52] Zudem ist unerfindlich, was der spezifische Gerichtsbegriff des Vorabentscheidungsverfahrens gerade für das unionale IPR und IZVR besagen soll, das seine Systembegriffe idR selbst bildet.[53] Dennoch ist die Annahme weit verbreitet, dass der unionale Normgeber, soweit er IPR gesetzt hat, angeblich nur Kollisionsnormen für staatliche Richter schaffen wollte, nicht aber für Schiedsrichter. Soweit Schiedsgerichte im Rahmen ihrer Verfahren Schuldverträge anzuknüpfen haben, sollen sie nicht die Rom I-VO anwenden müssen, sondern weiterhin auf autonomes (Sonder-)Kollisionsrecht zurück-

---

42 GA *Juliane Kokott*, Schlussanträge vom 20.9.2007 – Rs. C-435/06, Slg 2007, I-10144, I-10159 Nr. 38; ähnlich EuGH 27.11.2007 – Rs. C-435/06, Slg 2007, I- 10169, I-10186 Rn 45 – Im Verfahren C.
43 *Dutta*, IPRax 2009, 293, 295.
44 MüKo/*Junker*, Art. 1 Rn 11 (Fn 15).
45 GA *Dámaso Ruiz-Jarabo Colomer*, Schlussanträge vom 8.11.2006 – Rs. C-292/05, Nr. 20 (Fn 11).
46 Dazu zB *Tonne*, Effektiver Rechtsschutz durch staatliche Gerichte als Forderung des Gemeinschaftsrechts, 1997, S. 157; *Wittkopp*, Sachverhaltsermittlung im Gemeinschaftsverwaltungsrecht, 1999, S. 225 f.
47 Palandt/*Thorn*, Art. 1 Rn 6.
48 Siehe umfassend *Mankowski*, FG Rudolf Machacek u. Franz Matscher, 2008, S. 785 ff.
49 Dafür zutreffend *G. Wagner*, IPRax 2008, 1, 3; *Mankowski*, FS Bernd v. Hoffmann, 2011, S. 1012, 1022 mwN, auch zur Gegenansicht, in Fn 70.
50 EuGH v. 23.3.1982 – Rs. 102/81, Slg 1982, 1095, 1110 f Rn 12 – „Nordsee" Deutsche Hochseefischerei GmbH/Reederei Mond Hochseefischerei Nordstern AG u. Co. KG u. Reederei Friedrich Busse Hochseefischerei Nordstern AG u. Co. KG; dazu *Schoibl*, FS Walter H. Rechberger, 2005, S. 513, 524.
51 EuGH v. 1.6.1999 – Rs. C-126/97, Slg 1999, I-3055, I-3093 f Rn 40 – Eco Swiss China Time Ltd./Benetton International NV; dazu *Zobel*, WBl. 2001, 300 ff.
52 *Mankowski*, Interessenpolitik, S. 62 (Fn 394) verweist dafür auf *Quinke*, Börsenschiedsvereinbarungen und prozessualer Anlegerschutz, 2005, 298.
53 Beispiele für verordnungsspezifische gebildete „Gerichtsbegriffe" bieten Art. 62 EuGVVO, Art. 4 Abs. 7 EuVTVO; Art. 2 lit. d EuInsVO, Art. 2 Nr. 1 EheVO 2003, Art. 5 Nr. 3 EuMahnVO und Art. 2 Abs. 2 EuUntVO.

greifen dürfen.⁵⁴ Dasselbe wird auch für die Rom II–VO angenommen.⁵⁵ Einen universellen Regelungsanspruch des Unionskollisionsrechts behaupten derzeit nur wenige.⁵⁶ Im Bereich der Rom I–VO bedarf es dafür zumindest einer engen oder einschränkenden Interpretation der Bereichsausnahme in Art. 1 Abs. 2 lit. e Rom I–VO. Bei der Rom II–VO ist nicht einmal diese Hürde zu nehmen, da die VO keine explizite Ausschlussklausel für die Schiedsgerichtsbarkeit entsprechend Art. 1 Abs. 2 lit. d EuGVVO, Art. 2 Abs. 2 lit. d EuVTVO oder Art. 1 Abs. 2 lit. e Rom I–VO aufweist.⁵⁷ Die Rom II–VO überlagert und verdrängt somit ohne Weiteres jedes nationale Sonderkollisionsrecht zur Anwendung in Schiedsverfahren, etwa dasjenige aus § 1051 ZPO.⁵⁸

II. Art. 6 Abs. 1 EMRK als Orientierungsmaßstab

Das Merkmal „Zivil- und Handelssachen" versteht man gemeinhin als Trennlinie zwischen von der VO erfassten Privatrechtsachen und Rechtssachen im Bereich des (angeblich) kategorisch ausgeschlossenen Öffentlichen Rechts.⁵⁹ Dieses Grundverständnis ist freilich problematisch. Im Rechtsverkehr mit oder im Verhältnis zu den europäischen Common Law-Staaten können Probleme auftreten, sobald dieser rein kontinentaleuropäische **Dualismus „Privatrecht/Öffentliches Recht"** Geltung beansprucht. Die tradierte Sichtweise auf dem Kontinent will auch nur ansatzweise öffentlichrechtliche Angelegenheiten aus dem Anwendungsbereich jedes staatsvertraglich oder unional vereinheitlichten IPR ausgeklammert sehen, und hat sich in Art. 1 niedergeschlagen. Eine kategorische Unterscheidung zwischen Privatrecht und Öffentlichem Recht kennen die Common Law-Staaten aber gar nicht.⁶⁰ Dann lässt sich das Gebot einer rechtsaktautonomen Qualifikation praktisch nicht umsetzen, und nur die Rolle des EuGH als übergeordnete Auslegungsinstanz kann noch überbrückend wirken. Der Anwendungsbereich eines unionalen Einheitsinstruments ist im Lichte des *effet utile* aber grundsätzlich weit zu gestalten. Dementsprechend sollten Qualifikations- und Interpretationsstrategien unter Art. 1 erweiternd bei der tendenziell engeren (kontinentaleuropäischen) Perspektive ansetzen, nicht verengend bei der tendenziell weiteren (angelsächsischen) Sichtweise.

16

Im Bereich der internationalen Zivilrechtshilfe (HBÜ, EuBewVO) lehnt man den dort verwendeten Systembegriff „Zivil- oder Handelssache" neuerdings gezielt an den **Begriff der „zivilrechtlichen Ansprüche und Verpflichtungen"** („civil rights and obligations/droit et obligations de caractère civil") **in Art. 6 Abs. 1 EMRK** an.⁶¹ Eine Rechtssache hat zivilrechtlichen Charakter iSd Art. 6 Abs. 1 EMRK, wenn der Ausgang des Verfahrens für private Rechte, insbesondere Vermögenswerte, nicht nur im weiteren Sinne Relevanz oder Folgen hat, sondern unmittelbar entscheidend ist, und die jeweilige Anspruchsposition als

17

---

54 Exemplarisch *Pfeiffer*, EuZW 2008, 622, 623; *Klingel*, Die Principles of European Law on Personal Securities als neutrales Recht für internationale Bürgschaftsverträge, 2009, S. 33; *Wegen*, FS Gunther Kühne, 2009, S. 933, 942 f; MüKo/*Martiny*, Vor Art. 1 Rom I–VO Rn 100; *Kondring*, RIW 2010, 184, 189–191; Rauscher/*v. Hein*, EuZPR/EuIPR, Art. 1 Rom I–VO Rn 40; Staudinger/*Magnus*, Art. 3 Rom I–VO Rn 14; *Renner*, Zwingendes transnationales Recht, Zur Struktur der Wirtschaftsverfassung jenseits des Staates, 2011, S. 82; *Hausmann*, FS Bernd v. Hoffmann, 2011, S. 971, 978 f.

55 Rauscher/*Unberath/Cziupka*, EuZPR/EuIPR, Art. 1 Rn 10; *Grimm*, SchiedsVZ 2012, 189, 200.

56 *Gardella*, NLCC 2009, 572, 573 f; *Hartenstein*, TranspR 2010, 261, 264 f; *Mankowski*, RIW 2011, 30 ff; *ders.*, Interessenpolitik, S. 60–65; *ders.*, FS Bernd v. Hoffmann, 2011, S. 1012 ff.

57 Zutreffend *Dutoit*, Liber Fausto Pocar, 2009, S. 309, 311: „le règlement inclut l'arbitrage.".

58 *G. Wagner*, IPRax 2008, 1, 3; *Staudinger* in: Gebauer/Wiedmann, Kap. 38 Rn 8; Schulze/Zuleeg/Kadelbach/*Staudinger*, § 22 Rn 39; *Mankowski*, FS Bernd v. Hoffmann, 2011, S. 1012, 1022.

59 Charakteristisch *v. Hein*, ZEuP 2009, 6, 12; Bamberger/Roth/*Spickhoff*, Art. 1 Rom I–VO Rn 10.

60 Siehe *Markees*, SJIR XXV (1968), 131, 144; *Trittmann*, ArchVR 27 (1989), 195, 209 f; *E. Geimer*, Internationale Beweisaufnahme, 1998, 67; *Basedow/v. Hein/Janzen/Puttfarken*, (2004) 6 Yb. P.I.L. 1, 64.

61 Zu Art. 1 HBÜ Bundesamt für Justiz, Die internationale Rechtshilfe in Zivilsachen, Wegleitung, 3. Aufl. 2003, 5 (sub I D) (Juni 2005) sowie *Meier*, Die Anwendung des Haager Beweisübereinkommens in der Schweiz, 1999, S. 85, 91; *Markus*, in: Leuenberger/Guy (Hrsg.), Rechtshilfe und Vollstreckung, Zivilsachen, Kindesentführungen und Konkurs, 2004), 11, 14; tendenziell auch *Nobel*, SZW 1995, 72, 75 (Fn 23); zu Art. 1 EuBewVO Geimer/Schütze/*Knöfel*, IRV, Art. 1 EuBewVO Rn 9 (Sept. 2007); krit. allerdings *Martiny*, FS Andrzej J. Szwarc, 2009, S. 723, 733.

subjektives Recht, dh unabhängig von Ermessen, geltend gemacht werden kann.[62] Eine entsprechende, an Art. 6 Abs. 1 EMRK angelehnte Abgrenzung empfiehlt sich auch für die Rom II-VO. „Zivil- oder Handelssache" im Sinne des Abs. 1 ist dann ebenfalls **jedes unmittelbar betroffene Recht vermögensrechtlicher Natur**, das subjektiv eingefordert werden kann. Zur Konkretisierung dieser Begrifflichkeit steht mit dem EGMR eine langjährig bewährte Auslegungsinstanz zur Verfügung. Art. 6 Abs. 1 EMRK folgt zudem gerade nicht schematisch der in kontinentaleuropäischer Tradition gezogenen, angeblich strikten Trennlinie zwischen Privatrecht und Öffentlichem Recht.[63] Damit sind weit flexiblere, weniger kategorische, stärker integrativ und verbindend wirkende Qualifikationsergebnisse erzielbar. Rechtfertigen lässt sich die vorgeschlagene Anlehnung an Art. 6 EMRK außerdem damit, dass das gesamte unionale IPR und IZVR, wie jedes andere private Internationalrecht, menschenrechtskonform anzuwenden ist.[64] Alle Mitgliedstaaten der EU sind Vertragsstaaten der EMRK. Zudem propagiert die Art. 6 EMRK entsprechende Regelung in Art. 47 GrCh, die aufgrund Art. 6 EUV in der Fassung von Lissabon unionsweit verbindlich geworden ist, ein einheitliches europäisches Justizgrundrecht für Zivil- und Verwaltungssachen,[65] nivelliert also ebenfalls Unterschiede zwischen Privatrecht und Öffentlichem Recht.

III. Angelegenheiten im Kernbereich des Privatrechts

18 Zivilsachen iSd Abs. 1 sind im Lichte des Art. 6 EMRK jedenfalls alle in den **Kernbereich des klassischen Privatrechts** (insbesondere Deliktsrecht, Geschäftsführung ohne Auftrag, ungerechtfertigte Bereicherung etc.) fallenden Streitigkeiten aus außervertraglichen Schuldverhältnissen, auch Klagen auf Strafschadensersatz oder auf ein Verbot der Prozessführung.

19 Von Art. 1 erfasst sind auch Angelegenheiten, die nach nationalem Vorverständnis uU **Sonderprivatrechte** betreffen. Handelssachen sind ohnedies Zivilsachen, dasselbe muss für außervertragliche Sachen im Bereich der Immaterialgüterrechte gelten. Erfasst sind aber auch außervertragliche Beziehungen im Zusammenhang mit dem Bereich des Arbeitsrechts,[66] im Kontext von Privatversicherungssachen und, mangels einer Bereichsausnahme entsprechend Art. 1 Abs. 2 lit. b EuGVVO,[67] grundsätzlich auch deliktisch qualifizierbare Streitigkeiten mit Zugehörigkeit zum Bereich des Insolvenzrechts, wenngleich die Gläubigeranfechtung (*actio pauliana*) außerhalb der Rom II-VO steht.[68]

IV. Angelegenheiten mit Bezug zum Öffentlichen Recht

20 Wie auch Art. 1 Abs. 1 S. 2 EuGVVO, Art. 1 Abs. 1 S. 2 Rom I-VO und Art. 1 Abs. 1 S. 2 EuErbRVO spricht Art. 1 Abs. 1 S. 2 Materien an, die mehr oder minder starken **Bezug zum Öffentlichen Recht** haben, und sondert sie (scheinbar kategorisch) aus dem sachlichen Anwendungsbereich der Rom II-VO aus. Explizit als Regelbeispiele („insbesondere") erwähnt sind „Steuer- und Zollsachen", „verwaltungsrechtliche Angelegenheiten" sowie „die Haftung des Staates für Handlungen oder Unterlassungen im Rahmen der

---

62 EGMR v. 23.9.1982, Serie A 52, 30 Z. 81 – Sporrong u. Lönnroth/Schweden; EGMR v. 21.9.1994 – Nr. 28/1993/ 423/502, Serie A 294-B, 45 f Z. 56 – Fayed/Vereinigtes Königreich; EGMR v. 28.9.1995 – Nr. 30/1994/477/558-559, Serie A 327-A, 17 Z. 44 – Masson u. Van Zon/Niederlande; EGMR v. 26.8.1997 – Nr. 67/1996/686/876, ÖJZ 1998, 436, 437 Z. 32 – Balmer-Schaffroth u.a./Schweiz; EGMR v. 16.3.1999 – Nr. 29800/96, RJD 1999-II, 595, 606 – Basic/Österreich; EGMR v. 13.2.2003 – Nr. 49636/99, RJD 2003-III, 195, 211 Z. 44 – Chevrol/Frankreich; EGMR v. 18.3.2003 – Nr. 48897/99, RJD 2003-III, 359, 370 Z. 9 – SARL du Parc d'activités de Blotzheim u. SCI Haselaecker/Frankreich; EGMR v. 12.6.2003 – Nr. 45681/99, RJD 2003-VII, 89, 99 Z. 38 – Gutfreund/Frankreich; EGMR v. 17.7.2003 – Nr. 32190/96, RJD 2003-IX, 117, 135 Z. 83 – Luordo/Italien; EGMR v. 30.10.2003 – Nr. 41576/98, RJD 2003-XI, 109, 119 Z. 24 – Ganci/Italien; EGMR v. 18.11.2003 – Nr. 46809/99, RJD 2003-XII, 351, 358 Z. 7 – Loiseau/Frankreich; EGMR v. 11.12.2003 – Nr. 58751/00, RJD 2003-XII, 417, 425 – Schreiber u. Boetsch/Frankreich.

63 Siehe *Schmidt-Aßmann*, EuGRZ 1988, 577, 585; *Kley-Struller*, Art. 6 EMRK als Rechtsschutzgarantie gegen die öffentliche Gewalt, 1993, S. 27 ff; *Tonne*, Effektiver Rechtsschutz durch staatliche Gerichte als Forderung des Gemeinschaftsrechts, 1997, S. 156 ff; *Wittkopp*, Sachverhaltsermittlung im Gemeinschaftsrecht, 1999, S. 225 f.

64 Dazu aus verschiedenen Blickwinkeln und für unterschiedliche Bereiche des Internationalrechts *Vlas*, in: Law and Reality, Essays on National and International Procedural Law in Honour of Cornelis Carel Albert Voskuil, 1992, S. 391 ff; *Hess*, FS Erik Jayme I, 2004, S. 339, 344 ff; *Storskrub*, Civil Procedure and EU Law, A Policy Area Uncovered, 2008, S. 86–91; *Schilling*, IPRax 2011, 31ff.

65 Siehe *Pache*, EuGRZ 2000, 601, 603; *Rengeling/Sczekalla*, Grundrechte in der Europäischen Union, 2004, Rn 1155 (S. 958); Tettinger/Stern/*Alber*, Kölner Gemeinschafts-Kommentar zur Europäischen Grundrechte-Charta, 2006, Art. 47 GrCh Rn 5.

66 Die Haftung für Arbeitskampfschäden regelt Art. 9.

67 Auch diese wird eng gefasst, siehe EuGH 19.4.2012 – Rs. C-213/10, NZG 2012, 1316 – F-Tex SIA/Lietuvos Anglijos UAB „Jadecloud-Vilma".

68 Siehe oben Rn 5.

Ausübung hoheitlicher Rechte („acta jure imperii")". Im Wesentlichen dieselbe, bisher wenig reflektierte Ausschlussklausel findet sich heute außerdem in Art. 2 Abs. 1 S. 2 EuVTVO, Art. 2 Abs. 1 S. 2 EuMahnVO und Art. 1 Abs. 2 S. 2 Richtlinie 2002/8/EG. Die jeweilige Ausschlussklausel ist nicht nur deklaratorisch, sondern konstitutiv. Fehlt sie völlig, etwa in Art. 1 EuBewVO oder in Art. 1 EuZustVO, so gibt es auch keine kategorischen Ausnahmebereiche allein wegen irgendeines Bezugs zum Öffentlichen Recht.[69] Allerdings ist eine flexible, nicht pauschalisierende **Differenzierung nach Fallgruppen** auch geboten, wenn eine Ausschlussklausel, wie in Art. 1 Abs. 1 S. 2 Rom II-VO, vorhanden ist. Bei Art. 1 Abs. 1 S. 2 EuGVVO ist längst erkannt, dass die dortige Regelung als obsolet entfallen sollte, weil sie letztlich auf der überholten Vorstellung beruht, Öffentliches Recht sei extraterritorial gar nicht durchsetzbar.[70] Diese Prämisse für Art. 1 Abs. 1 S. 2 EuGVVO und offenbar auch für Art. 1 Abs. 1 S. 2 Rom II-VO ist heute aber so evident unrichtig, dass alle entsprechend gestalteten Ausschlussklauseln im unionalen IPR und IZVR restriktiv und eng interpretiert werden müssen, wenn sie überhaupt angewandt werden können.[71] Als Auslegungsrichtlinie empfiehlt sich wiederum eine unmittelbare Orientierung an Art. 6 Abs. 1 EMRK.[72]

Kategorisch ausgegliedert sind danach allenfalls noch Angelegenheiten, die tatsächlich im absoluten **Kernbereich des Öffentlichen Rechts** liegen, und deshalb auch bei Art. 6 EMRK keinesfalls als „zivilrechtliche Ansprüche oder Verpflichtungen" gelten.[73] Dazu gehören etwa das Straf- und Steuerrecht, jeweils im engsten Sinn, die Hoheitsverwaltung im engsten Sinn (zB Staats- und Kultusorganisation, Landesverteidigung, Gefahrenabwehr),[74] die öffentliche Vorsorge- und Fürsorgeverwaltung, das Recht der öffentlichen Sachen und Unternehmen, außerdem Rechtssachen betreffend (Staats-)Bürgerrechte oder -pflichten.[75] 21

Von der Rom II-VO uU erfasst bleiben aber außervertragliche Schuldverhältnisse, die lediglich im **Umfeld öffentlichrechtlicher Beziehungen oder Vorgänge** liegen, ihrem Wesen nach aber gleichwohl privatrechtlicher Natur sind. Schwierige Gemengelagen aus Privatrecht und Öffentlichem Recht ergeben sich aus kontinentaleuropäischer Sicht insbesondere bei Angelegenheiten der Wirtschafts- und Sozialordnung, die außervertragliche Schuldverhältnisse hervorbringen können, zB Rückerstattungsverhältnisse. Hier wirkt sich die vorgeschlagene Anlehnung an Art. 6 Abs. 1 EMRK besonders aus. Eine Rechtssache hat zivilrechtlichen Charakter im Sinne der EMRK, wenn der Ausgang des Verfahrens für private Rechte, insbesondere Vermögensrechte, nicht nur im weiteren Sinne Relevanz oder Folgen hat, sondern unmittelbar entscheidend ist. Dies gilt jedenfalls für rechtliche Einwirkungen auf das Eigentum oder auf vertragliche Rechtsbeziehungen im Schutzbereich der Berufs- und Erwerbsfreiheit,[76] dh für den Liegenschaftsverkehr im weiten Sinn,[77] für Angelegenheiten des Wettbewerbs-, Kartell- und Vergaberechts,[78] auch für berufs- und standesrechtliche Sachen,[79] nicht aber für Angelegenheiten der bloßen Wirtschaftsförderung (zB Vergabe und Rückforderung von Subventionen).[80] 22

Mangels einer Ausnahme wie in Art. 1 Abs. 2 lit. c EuGVVO sind auch **Angelegenheiten der sozialen Sicherheit,** die vor allem bei Überzahlungen etc. den sachlichen Anwendungsbereich der Rom II-VO tan- 23

---

69 Zu Art. 1 EuBewVO *Besso*, in: *Nuyts/Watté* (eds.), International Civil Litigation in Europe and Relations with Third States, 2005, 365, 376 sowie zu Art. 1 EuZustVO Hoge Raad 8.4.2005, NIPR 2005 Nr. 155 S. 213.
70 Zutreffend *Schlosser*, EU-Zivilprozessrecht, 3. Aufl. 2009, Art. 1 EuGVVO Rn 3; Geimer/Schütze/ *Geimer*, EuZVR, Art. 1 EuGVVO Rn 1.
71 Tendenziell wie hier *Pajor*, Rev. hell. dr. int. 64 (2011), 505, 507 f, 518 f.
72 Ähnlich *Pajor*, Rev. hell. dr. int. 64 (2011), 505, 518.
73 Dazu nur *Grabenwarter*, EMRK, 2. Aufl. 2005, § 24 Rn 10 (S. 285 f); *Grabenwarter/Pabel*, in: Grote/ Marauhn (Hrsg.), EMRK/GG Konkordanzkommentar, 2006, Kap. 14 Rn 13–18 (S. 650–654).
74 Siehe zur Bergung eines havarierten Schiffes auf einer öffentlichen Wasserstraße EuGH, Slg 1980, 3807, 3821 Rn 16- Niederländischer Staat/Reinhold Rüffer.
75 EGMR v. 26.1.1999 – Nr. 31599/96, RJD 1999-II, 479, 494 – Cheminade/Frankreich.
76 Rechtsprechungsübersicht bei *Grabenwarter*, EMRK, 2. Aufl. 2005, § 24 Rn 7 (S. 284, Fn 9).
77 Für Art. 6 Abs. 1 EMRK vgl EGMR v. 19.2.1998 – Nr. 8/1997/792/993, ÖJZ 1998, 935, 936 Z. 39 – Allan Jacobsson/Schweden Nr. 2; EGMR v. 3.10.2000 – Nr. 29477/95, ÖJZ 2001, 194 Z. 20 – Eisenstecken/Österreich; EGMR v. 16.1.2001 – Nr. 32098/96, ÖJZ 2001, 439, 440 – Ludescher/ Österreich; EGMR v. 11.9.2003 – Nr. 54536/ 00, ÖJZ 2004, 396 – Emsenhuber/Österreich; EGMR v. 29.1.2004 – Nr. 63413/00, ÖJZ 2004, 574, 575 – Haider/ Österreich; EGMR v. 2.9.2004 – Nr. 68087/01, ÖJZ 2005, 524 – Hofbauer/Österreich; EGMR v. 7.10.2004 – Nr. 8749/02, ÖJZ 2005, 436, 437 – Rieberer u. Engleitner/Österreich.
78 Für Art. 6 Abs. 1 EMRK vgl östVfGH v. 10.6.1999, ÖJZ 2000, 398.
79 Für Art. 6 Abs. 1 EMRK vgl EGMR v. 25.6.1997 – Nr. 95/1995/601/689, ÖJZ 1998, 314 Z. 37 – van Orshoven/Belgien; EGMR v. 21.12.1999 – Nr. 26602/95, ÖJZ 2000, 728 Z. 27 – W R/Österreich; EGMR v. 6.4.2000 – Nr. 34369/97, ÖJZ 2001, 518, 520 Z. 58 – Thlimmenos/Griechenland; EGMR v. 10.4.2003 – Nr. 43454/98, ÖJZ 2003, 659 Z. 26 – Bakker/Österreich; EGMR v. 12.6.2003 – Nr. 60553/00, ÖJZ 2003, 855, 856 Z. 39 – Malek/ Österreich; EGMR v. 3.2.2005 – Nr. 58141/00, ÖJZ 2005, 723 Z. 26 – Thaler/Österreich.
80 Für Art. 6 Abs. 1 EMRK vgl EKMR, E 17.5.1969, 3332/67, CD 34, 8 f; EKMR, E 19.12.1974, 6776/74, DR 2, 132 f.

gieren können, nicht ohne Weiteres auszugliedern. Die Zugehörigkeit dieser Sachen zum zivilrechtlichen Zweig des Art. 6 Abs. 1 EMRK wird heute aufgrund einer besonderen „Abwägungsjudikatur" des EGMR begründet.[81] Rechte auf Leistungen aus der Sozialversicherung (zB Arbeitslosen- und Krankengeld, Hinterbliebenenrente, Invaliden- und Behindertenversorgung) gelten danach als privatrechtlich,[82] weil sie als funktionelle Verlängerungen bzw Substitute des arbeitsvertraglichen Leistungsentgelts wirken. Dies ist für die Rom II-VO zu übernehmen und gilt entsprechend für Angelegenheiten der Altersversorgung, einschließlich der Versorgungsrechte der im Öffentlichen Dienst Beschäftigten.[83]

24 Außervertragliche Schuldverhältnisse können auch im Zusammenhang mit **dienstrechtlichen Sachen** entstehen. Diese gehören nur dann nicht zum zivilrechtlichen Zweig des Art. 6 Abs. 1 EMRK (und deshalb auch nicht zu Art. 1 Rom II-VO), wenn und soweit sich der tatsächlich ausgeübte Dienst als typische Hoheits- bzw Souveränitätsbetätigung darstellt. Der Fall ist dies regelmäßig bei der spezifischen Tätigkeit von Polizeibeamten,[84] Richtern, Soldaten,[85] Diplomaten[86] oder diplomatenähnlich in das Ausland Entsandten,[87] nicht aber bei Verwaltungsangestellten,[88] Bediensteten der Staatskirchen[89] oder Hochschulbediensteten (Professoren, akademisches Personal). Zivilsachen sind aber auch Forderungen wegen fehlsamen, schädigenden Verhaltens abgesetzter Staatsoberhäupter[90] oder Militärangehöriger, Ersatzansprüche gegen Putschisten[91] etc. Eine kollisionsrechtlich wichtiger werdende Fallgruppe auf diesem Gebiet ist die bereicherungsrechtliche Rückforderung im Ausland angelegter „Potentatengelder".[92]

V. Insbesondere: Staats- und Amtshaftung

25 Sehr problematisch ist die Behandlung von Rechtssachen, die Ausgleich für Hoheitshandeln oder Ersatz dadurch erlittener Schäden zum Gegenstand haben. Unter Art. 6 Abs. 1 EMRK qualifiziert man derartige Angelegenheiten, ungeachtet ihres zweifellos öffentlichrechtlichen Anspruchs- oder Haftungsgrundes, gemeinhin als „zivilrechtlich".[93] Nach dem Wortlaut des Art. 1 ist die **Staats- und Amtshaftung** aber explizit aus der Rom II-VO ausgegliedert. Sie fällt unter die Ausnahme für sog. „acta iure imperii" in Abs. 1 S. 2,[94] die noch in den älteren IZVR-Verordnungen und auch in der Rom I-VO fehlt, im Unions-Internationalrecht jüngerer Generation, namentlich in Art. 2 Abs. 1 S. 2 EuVTVO und in Art. 2 Abs. 1 S. 2 EuMahnVO, aber enthalten ist und auch in Art. 1 Abs. 1 S. 2 EuGVVO nF.[95] wiederholt wird. Dafür, dass diese Regelungen nur deklaratorische Bedeutung haben,[96] ist nichts ersichtlich. Vielmehr wirken sie konsti-

---

81 *Grabenwarter*, § 24 Rn 8 (S. 285).
82 EGMR v. 29.5.1986 – Nr. 8/1984/80/127, EuGRZ 1988, 14, 18 Z. 40 – Feldbrugge/Niederlande; EGMR v. 26.2.1993 – Nr. 11/1992/356/430, ÖJZ 1993, 669 Z. 19 – Salesi/Italien; EGMR 30.9.2003 – Nr. 40892/98, ÖJZ 2005, 586, 587 Z. 57 – Koua Poirrez/Frankreich; EGMR v. 8.6.2006 – Nr. 22860/02, NJOZ 2007, 2326, 2330 Z. 76 – Woś/Polen.
83 EGMR v. 15.6.1999 – Nr. 34610/97, RJD 1999-V, 573, 581 – Domalewski/Polen; EGMR v. 8.12.1999 – Nr. 28541/95, ÖJZ 2000, 695, 697 Z. 67 – Pellegrin/Frankreich.
84 BGH v. 26.9.1978, NJW 1979, 1101, 1102.
85 EGMR v. 5.12.2000 – Nr. 41808/98, Z. 11 – Cosimo Mosticchio/Italien.
86 EGMR v. 14.3.2000 – Nr. 39564/98, ÖJZ 2000, 695 – G K/Österreich.
87 EGMR v. 8.12.1999 – Nr. 28541/95, ÖJZ 2000, 695, 697 Z. 71 – Pellegrin/Frankreich.
88 EGMR v. 24.8.1998 – Nr. 95/1997/879/1091, RJD 1998-V, 2278, 2287 Z. 28 – Benkessiouer/Frankreich; EGMR v. 2.8.2000 – Nr. 37387/97, Z. 23 – Lambourdière/Frankreich.
89 EGMR v. 19.12.1997 – Nr. 157/1996/776/977, ÖJZ 1998, 932, 933 Z. 36 – Helle/Finnland.
90 Zur Zivilklage eines Staates gegen sein ehemaliges Oberhaupt eingehend *Dutta*, Die Durchsetzung öffentlichrechtlicher Forderungen ausländischer Staaten durch deutsche Gerichte, 2006, S. 60–66; siehe zur Rechtsstellung früherer Staatschefs auch Artt. 13–14 Résolution adoptée lors de la Session de Vancouver, août 2001 (Treizième Commission du l'Institut de droit international, Les immunités de juridiction et d'exécution du chef d'État et de gouvernement en droit international), Text: ArchVR 40 (2002), 350–354.
91 Beispiel: *Teodor Obiang Nguema Mbasogo and another* v. *Logo Ltd. and others* [2007] 2 W.L.R. 1062 (C.A., per Sir *Anthony Clarke*, M.R.): Forderungen der Republik Äquatorialguinea und ihres Staatspräsidenten wegen Schäden infolge eines Umsturzversuchs.
92 Zum Phänomen der „Potentatengelder" und ihrer Behandlung in der strafrechtlichen Rechtshilfe umfassend *D. Richter*, ZaöRV 58 (1998), 541 ff.
93 Bereits EKMR, E 22.9.1965, 2105/64, CD 17, 36 sowie EGMR v. 9.6.1998 – Nr. 10/1997/794/995-996, ÖJZ 1999, 355, 356 Z. 84 – McGinley u. Egan/Vereinigtes Königreich; außerdem EGMR v. 21.1.2001 – Nr. 31253/96, EuGRZ 2002, 415 Z. 24-25 – McElhinney/Irland.
94 Dazu umfassend *Sancho Villa*, AEDIPr 2007, 353 ff.
95 Verordnung (EU) Nr. 1215/2012 des Europäischen Parlaments und des Rates vom 12.12.2012 über die gerichtliche Zuständigkeit und die Anerkennung und Vollstreckung von Entscheidungen in Zivil- und Handelssachen, ABl. EU 2012 L 351/1.
96 So aber für Art. 2 Abs. 1 S. 2 EuVTVO *Münch*, FS Walter H. Rechberger, 2005, v. 395, 402; *R. Wagner*, EuZW 2006, 424, 427 (Fn 48); Rauscher/*Rauscher*/*Pabst*, EuZPR/EuIPR, Art. 2 EG-VollstrTitelVO Rn 5; *Zilinsky*, NILR 2006, 471, 476; für Art. 2 Abs. 1 S. 2 EuMahnVO auch *Tschütscher/M. Weber*, ÖJZ 2007, 303, 306.

tutiv. Sie gliedern Anknüpfungsgegenstände aus dem Anwendungsbereich des vereinheitlichten Deliktskollisionsrechts aus, die sonst ohne Weiteres, und sehr zum Vorteil des Bürgers und der Rechtssicherheit im EU-Raum, darunter fielen.

Bliebe es bei der expliziten, kaum je hinterfragten Ausnahme für „acta jure imperii", so wäre dieser Ausnahmebereich sehr weit. Erwägungsgrund 9 stellt klar, dass sich die Ausnahme nicht nur auf die Haftung des Staates als solche beziehen soll, sondern auch auf die **Haftung Staatsbediensteter** und öffentlicher Stellen, einschließlich der Haftung amtlich ernannter öffentlicher Bediensteter. Der Ausnahmebereich soll außerdem für jegliches außervertragliche Schuldverhältnis im Sinne des Art. 1 gelten, nicht etwa nur für unerlaubte Handlungen.[97]   26

Fraglich ist aber, ob die „acta jure imperii"-Klausel im Rahmen der Rom II-VO als Unionskollisionsrecht überhaupt honoriert werden kann bzw muss. Der Geltungsgrund der Ausnahme in Abs. 1 S. 2 wird in der kollisionsrechtlich tradierten **Sonderanknüpfung der Amts- und Staatshaftung**, dem Amtsstaatsprinzip,[98] gesehen.[99] Mancherorts in EU-Europa ist die Sonderanknüpfung sogar im autonomen IPR kodifiziert.[100] Mögliche, aber fragwürdige Begründungen für den angeblichen Grundsatz, dass jedes Staates Haftung nur nach der jeweiligen *lex propria* soll richten können,[101] sind die Souveränität und die daraus folgende Immunität der Staaten,[102] ferner ein angebliches Ordnungs- und Organisationsinteresse des jeweiligen Amtsstaates,[103] ein angeblicher „Eingriffscharakter" der Amtshaftung[104] oder auch der Gedanke einer im kollisionsrechtlichen Sinn engsten Verbindung zum Recht des Amtsstaates.[105] Schon als solches ist das Amtsstaatsprinzip freilich zweifelhaft.[106] Die Rechtsprechung mancher EU-Mitgliedstaaten bildet hier mit Recht kein Sonderstatut, sondern verbleibt beim allgemeinen Deliktstatut,[107] wenn auch mit Tendenz zur Anwendung der *lex propria*. Die Selbstbestimmung der Staaten, die im Amtsstaatsprinzip vermeintlich zum Ausdruck kommen soll, wirkt im Verhältnis zum geschädigten Bürger eher als unkontrollierte Selbstherrschaft. Als Institute des Völkerrechts wirken Souveränität und Immunität (nur) zwischenstaatlich. Der Bürger kann die entsprechenden Schutzbereiche gar nicht tangieren. In Haftungsfällen erhält der Staat nach dem Amtsstaatsprinzip dennoch im Verhältnis zum Bürger das Privileg, sich – im Gegensatz zu jedem anderen Schädiger – nur nach eigenem Recht verantworten zu müssen, und dies, obschon der Staat jedem privaten Anspruchsteller organisatorisch, finanziell und strukturell ohnehin turmhoch überlegen ist.[108] Im Extremfall, der bei stabilen Rechtsstaaten allerdings nicht eintreten mag, kann der Amtsstaat das gegen ihn anwendbare Haftungsregime sogar gezielt im Hinblick auf konkrete Haftungsfälle so gestalten, dass Ersatzansprüchen entgangen wird.[109] Zudem ist auch grundsätzlich nicht einsichtig, was Souveränitätsfragen oder -interessen mit dem auf Haftungsfälle anwendbaren Privatrecht zu schaffen haben sollen. Völkerrecht und   27

---

97 MüKo/*Junker*, Art. 1 Rn 12.
98 Allgemein *Thorn*, BerDGesVR 44 (2010), 305, 326 f.
99 BGH v. 19.7.2011, BGHZ 190, 301, 305 sowie *Vogeler*, VersR 2011, 588, 595.
100 Art. 35 des polnischen IPR-Gesetzes (Ustawa z dnia 4.2.2011 r. – Prawo prywatne międzynarodowe, Dz. U. 2011, Nr. 80, Pos. 432).
101 Dafür etwa der Gesetzentwurf der Bundesregierung – Entwurf eines Gesetzes zum Internationalen Privatrecht für außervertragliche Schuldverhältnisse und für Sachen, BT-Drucks. 14/343, S. 10 (re. Sp.) (zu Art. 40) sowie BGH VersR 1978, 231, 233; BGHZ 155, 279, 282; OLG Köln, VersR 2000, 590, 591; OLG Köln NJW 2005, 2860, 2861; LG Rostock NJ 1995, 489, 490; *Schurig*, JZ 1982, 385, 387 f; *H. Mueller*, Das Internationale Amtshaftungsrecht, 1991, 163 f; *Hess*, Staatenimmunität bei Distanzdelikten, 1992, S. 18; Staudinger/*v. Hoffmann*, Neubearb. 2001, Art. 40 EGBGB Rn 109; *Dutta*, AöR 133 (2008), 191, 206–208; MüKo/*Junker*, Art. 4 Rn 65 u. ebd Rn 74; *Vogeler*, VersR 2011, 588, 594 f.
102 BGH v. 19.7.2011, BGHZ 190, 301, 305 f; Staudinger/*v. Hoffmann*, Art. 40 EGBGB Rn 109; MüKo/*Junker*, Art. 4 Rn 75.
103 *H. Binder*, RabelsZ 20 (1955), 401 483; *Schurig*, JZ 1982, 385, 387 f; *v. Hein*, (2001) 3 Yb. P.I.L. 185, 208 f; abl. Staudinger/*v. Hoffmann*, Art. 40 EGBGB Rn 109.
104 *Heiss/Loacker*, JBl. 2007, 613, 619.
105 Soergel/*Lüderitz*, Art. 38 EGBGB Rn 69.
106 Mit Recht krit. *Halfmeier*, RabelsZ 68 (2004), 653, 672 f, unter Hinweis auf die Untragbarkeit, dass allein die Rechtsordnung eines uU schwer menschenrechtsverletzenden Staates über Ansprüche wegen eben jener Verletzungen entscheiden soll. Gegen jede Sonderanknüpfung im Hinblick auf Delikte japanischer Kampf- und Besatzungstruppen im Zweiten Weltkrieg außerdem *Okuda*, (2001) 3 Yb. P.I.L. 115, 127. Für einen Ausstieg aus dem IPR zugunsten Lösungen über (Internationales) Öffentliches Recht *Hay*, IPRax 1996, 95, 99.
107 Zur „Diplomatenjagd" im Ausland östOGH v. 17.2.1982, JBl. 1983, 260, freilich vorbehaltlich einer öffentlich-rechtlichen Sonderverbindung zwischen Schädiger und Geschädigtem, die vom allgemeinen Deliktsstatut fortweisen kann (dazu eingehend *v. Hein*, [2001] 3 Yb. P.I.L. 185, 210–212); außerdem *Mohamet Bici and Skender Bici* v. *Ministry of Defence*, [2004] EWHC 786 (Q. B. D., *Elias* J.): Tötungen durch britische Soldaten als Teil der UN-Friedenstruppen im Kosovo.
108 Gegen „Privilegierung des Stärkeren" als kollisionsrechtsfremd mit Recht *Thorn*, BerDGesVR 44 (2010), 305, 327, der sich dann sofort im Sinne der hM auf eine angebliche „Sonderstellung" des Staates zurückzieht. Vorher ähnlich schon *v. Hoffmann*, BerDGesVR 25 (1984), 35, 45 f im Hinblick auf Staatsunternehmen im IPR.
109 Dazu *Okuda*, (2001) 3 Yb. P.I.L. 115, 134 f.

Internationales Privatrecht sind heute längst so weit entflochten, dass auch niemand mehr die Anwendung irgendeines fremden Privatrechts im Inland für eine Einbuße an der Souveränität irgendeines Staates hält. Weshalb dann die Behandlung von Staats- oder Amtshaftungssachen nach einem anderen Recht als dem Amtsstaatsrecht die Souveränität oder Immunität des Amtsstaates tangieren soll, ist nicht ersichtlich.

28 Der Unionsnormgeber darf seine Kollisionsnormen nicht dem Gehalt der Menschenrechtskonvention zuwider ausgestalten. Dementsprechend ist Abs. 1 S. 2 insoweit als menschenrechtswidrig und damit obsolet zu behandeln, als die Staats- und Amtshaftung von der Behandlung als „Zivil- und Handelssache" – und damit vom vereinheitlichten Deliktskollisionsrecht der EU – ausgeschlossen bleibt. Denn aus menschenrechtlicher Sicht, dh bei Art. 6 Abs. 1 EMRK, gilt Ersatz für Hoheitshandeln grundsätzlich als „zivilrechtlich", um den geschädigten Bürger der Garantien des Justizgrundrechts nicht zu berauben. Dies gilt etwa für Ansprüche auf Entschädigung für Haft[110] und Zwangsarbeit,[111] für Klagen auf Enteignungs- und Aufopferungsentschädigung, einschließlich Schadensersatzansprüchen gegen Staaten als Emittenten von Anleihen,[112] für Ersatzansprüche wegen Fehlverhaltens von Soldaten im Ausland[113] und insbesondere auch für **Rechtssachen aufgrund von Kriegsschäden und -verbrechen**.[114] Die abweichende Meinung des EuGH zum EuGVÜ[115] ist kritikwürdig,[116] zielt offenbar eher (und kollisionsrechtsfremd) auf die Vermeidung außenpolitischer Spannungen zwischen Mitgliedstaaten[117] und ist jedenfalls für die Rom II–VO nicht verwertbar.[118] Entscheide man anders, so würden die Staaten übermäßig privilegiert und Bürger benachteiligt.[119] Geht es um Ansprüche des Staates gegen den Bürger, so bewertet der EuGH zumindest auch den Streitgegenstand bzw die Natur der geltend gemachten Rechte,[120] so dass nicht ersichtlich ist, weshalb im umgekehrten Fall nicht dasselbe gelten und sich die zivilrechtliche Natur der Haftungsansprüche durchsetzen soll. Alle genannten Fallgruppen sind daher „Zivil- und Handelssachen" iSd Abs. 1, und vom sachlichen Anwendungsbereich der Rom II–VO erfasst. Dass der IGH die Immunität der Staaten gegen zivilrechtliche Haftung für rechtswidrige und selbst verbrecherische Handlungen im Kriege noch in jüngster Zeit betont und aufrecht erhält,[121] ist in erster Linie ein Problem des grenzüberschreitenden Titelvollzugs durch Staatsgewalt, keines der davon unberührten kollisionsrechtlichen Anknüpfung.

29 Nach staats- und völkerrechtlichem Vorverständnis ist **nichthoheitliches Handeln des Staates** (*acta jure gestionis*) der Gegenpart zu *acta jure imperii*.[122] Selbst unter Zugrundelegung des Abs. 1 S. 2 müssen daher Rechtssachen um den Ausgleich für nichthoheitliches Handeln ohne Weiteres von der Rom II–VO erfasst sein.[123] Erfasste Zivilsachen aus diesem Bereich sind insbesondere fiskalische Rechtssachen,[124] zB außervertragliche Schuldverhältnisse im Zusammenhang mit Beschaffungsgeschäften der öffentlichen Hand, etwa Rückerstattungsansprüche und Aufwendungsersatz.[125] Als Zivilsachen unter Art. 1 fallen aber auch Ersatzansprüche aufgrund von Unfällen mit Dienstfahrzeugen auf „schlichter", nicht hoheitsspezifischer

---

110 EGMR v. 29.5.1997 – Nr. 56/1996/675/865, ÖJZ 1998, 197, 198 Z. 35 – Georgiadis/Griechenland; EGMR v. 24.11.1997 – Nr. 138/1996/757/956, ÖJZ 1998, 233, 234 Z. 34–35 – Werner/Österreich; EGMR v. 10.7.2001 – Nr. 28923/95, ÖJZ 2001, 910, 911 Z. 29 – Lamanna/Österreich. Anders freilich EKMR v. 4.2.1969, 3245/67, CD 30, 31 – Rebitzer.
111 EGMR v. 8.6.2006 – Nr. 22860/02, NJOZ 2007, 2326, 2330 f Z. 76 – Woś/Polen.
112 Dazu im Lichte der Finanzkrisen *Sandrock*, RIW 2012, 429 ff.
113 EGMR v. 21.1.2001 – Nr. 31253/96, EuGRZ 2002, 415 Z. 24–25 – McElhinney/Irland, zu rechtswidrigem Verhalten britischer Soldaten, die zur Grenzsicherung zwischen Nordirland und Irland eingesetzt waren.
114 Entgegen *Thorn*, BerDGesVR 44 (2010), 305, 325 f.
115 EuGH v. 15.2.2007 – Rs. C-292/05, EuZW 2007, 252, 253 f Rn 35–38 – Irini Lechouritou, Vasileios Karkoulias, Georgios Pavlopoulos, Panagiotis Brátsikas, Dimitrios Sotiropoulos u. Georgios Dimopoulos/Dimosio tis Omospondiakis Dimokratias tis Germanias.
116 Entschieden *Pajor*, Rev. hell. dr. int. 64 (2011), 505, 507.
117 *Lyons*, (2007) 32 Eur. L. Rev. 563, 580; *Pajor*, Rev. hell. dr. int. 64 (2011), 505, 508 f.
118 Entgegen *Dutta*, AöR 133 (2008), 191, 207 (Fn 79); *Thorn*, BerDGesVR 44 (2010), 305, 326.
119 *Pajor*, Rev. hell. dr. int. 64 (2011), 505, 508.
120 Zu Regressklagen EuGH, Slg 1980, 3807, 3820 Rn 13 – Niederländischer Staat/Reinhold Rüffer; EuGH, Slg 2004, I-981, I-999 Rn 20–21 – Freistaat Bayern/Jan Blijdenstein.
121 Zur Haftung Deutschlands für Kriegsverbrechen von Wehrmachtssoldaten bei Civitella (Italien) im Juni 1944 siehe *Germany* v. *Italy: Greece intervening* (ICJ 3.2.2012), abrufbar unter <http://www.icj-cij.org/docket/files/ 143/16883.pdf>; u.a. zur Zwangsvollstreckung in die Villa Vigoni am Comer See, und zur Vollstreckbarerklärung griechischer Titel gegen die Bundesrepublik (Distomo) in Italien; zum Ganzen *Focarelli*, 103 Am. J. Int'l L. 122 ff (2009); *Frulli*, (2011) 9 JICJ 1129 ff; *Mills/Trapp*, (2012) 1 CJICL 153 ff; *Hess*, IPRax 2012, 201 ff; zur zivilrechtlichen Haftung Deutschlands für Verbrechen von Wehrmachtssoldaten an polnischen Staatsbürgern siehe SN (Sąd Najwyższy) 29.10.2010, OSNC 2011 nr. 3 poz. 22.
122 Zu den Begriffen nur *Germany* v. *Italy: Greece intervening* (ICJ 3.2.2012), para 60.
123 Ebenso *Vogeler*, VersR 2011, 588, 595.
124 Für Art. 6 Abs. 1 EMRK vgl EGMR v. 1.7.1997 – Nr. 48/1996/667/853, ÖJZ 1998, 316 Z. 54 – Pammel/Deutschland.
125 *Dutta*, Die Durchsetzung öffentlichrechtlicher Forderungen ausländischer Staaten durch deutsche Gerichte, 2006, S. 57, 250.

Fahrt,[126] zB aufgrund von Unfällen mit Bundeswehrfahrzeugen im Ausland außerhalb der militärischer Aufgabenstellung, zB bei Rettungs- und Bergungsfahrten, Krankentransporten, Bauarbeiten etc.

Der Maßstab zur Unterscheidung zwischen *acta jure gestionis* und *acta jure imperii* bestimmt sich „nach der Rechtsordnung, die die Kollisionsnorm aufgestellt hat".[127] Zu qualifizieren ist somit *lege normae* bzw im Rahmen der Rom II-VO zwingend unionsrechtlich-autonom.[128] Eine brauchbare Leitlinie ist die Kontrollfrage, ob ein Privater genauso hätte handeln können,[129] die u.a. zur Bestimmung der Reichweite nationaler Gerichtsbarkeit seit langem genauso gestellt wird.[130] Lassen sich private Vergleichsparts für die konkrete Tätigkeit finden (zB verbeamteter Lehrer – Privatlehrer, Professor an einer staatlichen Universität – Professor an einer privaten Hochschule, Orchestermusiker im öffentlichen Dienst – privater Musiker etc.), so liegt selbst dann, wenn der Status des jeweiligen Akteurs und der Rechtsrahmen, in dem er sich bewegt, tatsächlich öffentlichrechtlich definiert ist, eine Rechtssache innerhalb der Rom II-VO vor. „Zivil- und Handelssache" ist daher grundsätzlich auch jede Rechtssache um die **Haftung für ärztliche Behandlungsfehler im Krankenhaus** und Vergleichbares, selbst wenn das Rechtsverhältnis zwischen den Patienten und einem Krankenhaus(-Träger) nach nationalem Recht öffentlichrechtliche Züge trägt, so etwa in der Schweiz generell,[131] oder auch unter Zugrundelegung der sog. „Versorgungskonzeption", die zur Rechtsstellung deutscher Kassenpatienten zT vertreten wird.[132]

30

E. Bereichsausnahmen (Abs. 2)

I. Grundsätzliches

Abs. 2 enthält einen Ausnahmekatalog kategorisch aus der Rom II-VO ausgegliederter **Sondermaterien**: Familienrechtssachen und Vergleichbares, Ehegüter- und Erbrecht, Wertpapierrecht, Gesellschafts-, Vereins- und Verbandsrecht, Rechtsverhältnisse bei Trusts, Atomhaftung, Verletzungen des Persönlichkeitsrechts und der Privatsphäre. Der Negativkatalog korrespondiert (jeweils teilweise) mit Art. 1 Abs. 2 lit. a–j Rom I-VO, Art. 1 Abs. 2 lit. a–d EuGVVO, Art. 2 Abs. 2 lit. a–d EuVTVO und Art. 2 Abs. 2 lit. a–c EuMahnVO. Die Ausschlusstatbestände sind nicht nur deklaratorisch, sondern konstitutiv.[133] Sie nehmen Materien aus, die sonst als „Zivil- und Handelssachen" nach der VO anzuknüpfen wären. Diese **negative Umschreibung des Anwendungsbereichs** ist ein in vielen Verordnungen des unionalen IPR/IZVR anzutreffendes Gestaltungsprinzip,[134] ausgenommen freilich die EuUntVO.[135]

31

Die Gründe bzw Anlässe für die jeweiligen Ausgrenzungen sind sehr heterogen.[136] Teils beruhen die Ausgliederungen auf dem Gebot der Abgrenzung gegen anderes (gegenwärtiges oder künftiges) unionales IPR (Abs. 2 lit. a, b), auf Rücksichtnahme auf bereits bestehende staatsvertragliche Sonderregime für Spezialbereiche (Abs. 2 lit. c, f), schlicht auf fehlender politischer Einigung (Abs. 2 lit. g) oder auf der spezifischen Situation sonstiger Bereiche (Abs. 2 lit. d, e), in denen traditionell Sonderkollisionsrecht besteht.[137] Gemein haben die Bereichsausnahmen überwiegend, dass sie Materien betreffen, in denen ein einheitliches (ggf sachrechtlich geprägtes) Vorverständnis unionsweit nicht existiert oder jedenfalls nicht vorausgesetzt werden kann.[138] Mit fortschreitender Europäisierung des IPR geht es hier aber immer weniger um die Abgrenzung der VO gegen autonomes mitgliedstaatliches Kollisionsrecht, eher um **Abgrenzung potenziell anwendbarer IPR-Verordnungen gegeneinander**, also um die Koordination unionaler Instrumente.[139]

32

Eine bei aller Heterogenität gemeinsame sachliche, freilich grobe Auslegungsrichtlinie für die Bereichsausnahmen lässt sich aus Abs. 2 lit. c gewinnen. Die Norm exkludiert Verbindlichkeiten aus anderen handelbaren Wertpapieren als Wechseln, Schecks und Eigenwechseln, aber nicht völlig, sondern nur, sofern die jeweiligen Verpflichtungen „aus deren Handelbarkeit entstehen". Damit ist ausgedrückt, was für einen Großteil der anderen Bereichsausnahmen ebenso gilt: Außerhalb der VO steht immer nur, worin sich **Zusammengehörigkeit mit dem spezifischen Wesen eines (Sonder-)Rechtsbereiches** (Familienrecht, Erb- und Güterrecht, Wertpapierrecht, Gesellschaftsrecht) ausdrückt. Innerhalb der VO verbleibt dagegen jedes andere deliktische oder sonstige außervertragliche Schuldverhältnis, das nur anlässlich oder gelegent-

33

---

126 *Staudinger*, FS Jan Kropholler, 2008, S. 691, 694; *Staudinger* in: Gebauer/Wiedmann, Kap. 38 Rn 10.
127 BGH v. 19.7.2011, BGHZ 190, 301, 306.
128 Bamberger/Roth/*Spickhoff*, Art. 1 Rom I-VO Rn 10.
129 *G. Wagner*, IPRax 2008, 1, 2; *Sujecki*, EWS 2009, 310, 311; *Staudinger* in: Gebauer/Wiedmann, Kap. 38 Rn 10; siehe zu Art. 1 EuGVÜ EuGH, Slg 1993, I-1963, I-1997 Rn 22–23 – Volker Sonntag/Hans Waidmann u.a.
130 BVerfG v. 30.4.1963, NJW 1963, 1732, 1735.
131 BGH v. 19.7.2011, BGHZ 190, 301, 308.
132 Eingehend *Spickhoff*, FS Bernd v. Hoffmann, 2011, S. 437, 442–444.
133 Siehe zur Art. 1 EuZustVO *Polak*, AA 2003, 676, 683 f; *R. Geimer*, FS Erik Jayme I, 2004, S. 241, 252.
134 Dazu näher *Hohloch*, IPRax 2012, 110, 111.
135 Dazu *Kieninger*, FS Bernd v. Hoffmann, 2011, S. 184, 193 (Fn 54).
136 Eingehend *Hohloch*, IPRax 2012, 110, 111.
137 *G. Wagner*, IPRax 2008, 1, 2.
138 *Hohloch*, IPRax 2012, 110, 111.
139 *Kieninger*, FS Bernd v. Hoffmann, 2011, S. 184, 193.

lich einer Sonderrechtsbeziehung entstanden ist, aber auch zwischen beliebigen anderen Personen ohne jede Verbindung nach Sonderrecht oder aufgrund besonderer Umstände verwirklicht sein könnte.

34 In methodischer Hinsicht müssen grundsätzlich alle Bereichsausnahmen **„eng ausgelegt** werden",[140] damit das unionale Deliktskollisionsrecht zu größtmöglicher Entfaltung gelangt.

II. Katalog der Ausnahmen

35 **1. Familienverhältnisse und Vergleichbares.** Abs. 2 lit. a klammert **Schuldverhältnisse aus einem Familienverhältnis** oder aus einem Verhältnis vergleichbarer Wirkung aus der Rom II-VO aus. Die Bereichsausnahme bezieht sich nach Erwägungsgrund 10 S. 1 jedenfalls auf Ehe, Schwägerschaft, und Verwandtschaft in der Seitenlinie. Sie erstreckt sich nach lit. a explizit auch auf Unterhaltspflichten. Ratio legis ist einerseits Rücksichtnahme auf und sachliche Abgrenzung gegen anderes, sonst ggf konkurrierendes unionales IPR im Großbereich des Familienrechts, namentlich die EuUntVO, die Rom III-VO und die künftige EuGüterRVO. Andererseits folgt die Bereichsausnahme aus der Leitlinie oder zumindest Tradition des Unionsrechts, Ehe, Familie und Personenstand wenigstens im Zweifel als Reservate oder auch Residualbestände mitgliedstaatlicher Autonomie anzuerkennen und zu behandeln.[141]

36 Die Bereichsausnahme spricht überwiegend Selbstverständliches aus, das auch nach den allgemeinen Regeln der Qualifikation evident wäre.[142] Innerhalb der VO verbleiben nur wenige denkbare **Schuldverhältnisse mit Bezug zu Ehe und Familie**, deren Kern oder Wesen aber **nicht ehe- oder familienspezifisch** ist.[143] Von der VO erfasst sind damit nur noch Delikte oÄ, die auch zwischen Personen ohne jedes besonderes Verhältnis zueinander gegeben sein könnten, dh nur gelegentlich einer familiären oder ähnlichen Verbindung verwirklicht worden sind (zB innerfamiliäre Straftaten wie Körperverletzung, Familiendiebstahl etc.). Auch verlöbnisrechtliche Fragen verbleiben nur insoweit in der VO, als es um bereits nach allgemeinen Regeln Deliktisches geht.[144] Verlöbnisspezifische Rückgewähransprüche sind dagegen über Abs. 2 lit. a ausgegliedert. Der innerfamiliäre Gewaltschutz und der Schutz vor dem inländischen Ehewohnung sind familienspezifisch; dafür gilt die Rom II-VO aufgrund Abs. 2 lit. a nicht.[145] Das inländische Recht der Nutzungsbefugnis für die Ehewohnung etc. kommt derzeit über Art. 17 a EGBGB zum Zuge. Es kann künftig als Eingriffsrecht über Art. 22 EuEheGüRVO-E[146] und Art. 17 EuPartnerschaftsVO-E[147] durchgesetzt werden.

37 Die Bereichsausnahme gliedert auch Verhältnisse aus der Rom II-VO aus, die zwar keine außervertraglichen Schuldverhältnisse aus einem Familienverhältnis darstellen, aber mit solchen Schuldverhältnissen vergleichbar sind. Gemeinhin bejaht man solche **Vergleichbarkeit** für **eingetragene oder registrierte Lebenspartnerschaften** hetero- und vor allem homosexueller Personen.[148] Anders als Art. 1 enthält zB Art. 1 Abs. 1 EheVO 2003 keine Erstreckung auf Verhältnisse, die mit Familienverhältnissen vergleichbar sind, und schließt solche Partnerschaften daher ohne Weiteres aus dem Ehebegriff aus.[149] Art. 1 ordnet sie indessen den Familienverhältnissen konstitutiv gleich.

38 Es fragt sich, welcher Rechtsordnung der Maßstab für Vergleichbarkeit zu entnehmen ist. Der Text der Rom II-VO ist in diesem Punkt in sich widersprüchlich,[150] wenn nicht perplex. Abs. 2 lit. a spricht davon, dass die jeweiligen Verhältnisse nach dem auf sie anwendbaren Recht vergleichbar sein müssen. Dann wäre das entsprechende Verhältnis jedenfalls zunächst anzuknüpfen, bevor Vergleichbarkeit nach der *lex causae* festgestellt oder verneint werden könnte, wobei sich die Frage stellte, ob die gebotene Anknüpfung nach der Rom II-VO erfolgte, also in hypothetischem Vorgriff auf die sachliche Anwendbarkeit der VO, oder nach autonomem oder sonstigem, zB sachlich einschlägigem staatsvertraglichem Kollisionsrecht. Ganz anders sagt Erwägungsgrund 10 S. 2, dass die „Bezugnahme" in Abs. 2 auf vergleichbare Verhältnisse nach dem Recht des angerufenen Gerichts ausgelegt werden soll. Diese augenscheinliche **Qualifikationsverweisung**

---

140 KOM (2003) 427 endg., 10.
141 Charakteristisch EuGH NJW 1998, 969, 971 Rn 35- Lisa Jacqueline Grant/South-West Trains Ltd.
142 *Hohloch*, IPRax 2012, 110, 116.
143 *Hohloch*, (2007) 9 Yb. P.I.L. 1, 16.
144 MüKo/*Junker*, Art. 1 Rn 29.
145 Zum Stalking unter Ehegatten Staudinger/*Mankowski*, Art. 17 a EGBGB Rn 26. Anders, aber unzutreffend *Breidenstein*, FamFR 2012, 172, 174 f, mit der Begründung, Art. 17 a EGBGB enthalte „kein spezielles Scheidungsfolgenrecht". Art. 1 Abs. 2 lit. a) verlangt aber keinen Bezug zu einer Scheidung, sondern zu einem „Familienverhältnis".
146 Vorschlag für eine Verordnung des Rates über die Zuständigkeit, das anzuwendende Recht, die Anerkennung und die Vollstreckung von Entscheidungen im Bereich des Ehegüterrechts, von der Kommission vorgelegt am 16.3.2011, KOM (2011) 126 endg., S. 9 (Art. 22).
147 Vorschlag für eine Verordnung des Rates über die Zuständigkeit, das anzuwendende Recht, die Anerkennung und die Vollstreckung von Entscheidungen im Bereich des Güterrechts eingetragener Partnerschaften, von der Kommission vorgelegt am 16.3.2011, KOM (2011) 127 endg, S. 9 (Art. 17).
148 *Hohloch*, IPRax 2012, 110, 115.
149 *Garber*, FS Daphne-Ariane Simotta, 2012, S. 145, 150 f, 152 f.
150 Zutreffend *Spickhoff*, Liber Amicorum Klaus Schurig, 2012, S. 285, 293.

auf die *lex fori* wird zwar als systemwidrig beklagt, weil sie den unional-autonomen Rahmen der Rom II-VO verlässt,[151] zumeist aber nicht weiter hinterfragt oder zum abweichenden Wortlaut des Abs. 2 in Beziehung gesetzt.[152] Rechtsquellenhierarchisch steht der Wortlaut des Verordnungstextes zwar über der „weichen", eher narrativen Aussage eines Erwägungsgrundes. Dennoch ist die Bezugnahme auf die *lex fori* die einzige nachvollziehbare Qualifikationsverweisung.[153] Offensichtlich sollte den Mitgliedstaaten ein Weg eröffnet werden, ehe- oder familienähnliche Verhältnisse, namentlich Lebensgemeinschaften oder -partnerschaften, selbstständig aus der VO „heraus-" oder in sie „hineinzudefinieren", damit die tradierte Autonomie im Bereich von Ehe- und Familie auch insoweit gewahrt bleibt. Dieses Anliegen lässt sich freilich nur verwirklichen, wenn die *lex fori* als Maßstab für Vergleichbarkeit herangezogen wird.

2. Schuldverhältnisse des Güter- und Erbrechts. Die Bereichsausnahme für außervertragliche Schuldverhältnisse mit Bezug zum Güter- und Erbrecht nach Abs. 2 lit. b erklärt sich aus einem gewissen Bedürfnis nach Abgrenzung gegen **Verordnungen und Regelungsvorhaben der Union** im Bereich des Internationalen Güterrechts der Eheleute (EuEheGüRVO-E)[154] und Lebenspartner (EuPartnerschaftsVO-E)[155] sowie im Erbrecht (EuErbRVO).[156] Freilich ist die Ausnahmeregelung wenig bedeutsam und kaum je einschlägig.[157] Ein denkbarer Anwendungsfall ist ein Bereicherungsanspruch eines Pflichtteilsberechtigten gegen den oder die Erben wegen Zweckverfehlung. Hat ein späterer (bloßer) Pflichtteilsberechtigter Leistungen an den Erblasser in der Erwartung einer Miterbenstellung erbracht, und erfüllt sich die Erwartung nicht, so bemisst sich der Bereicherungsanspruch des Leistenden gegen den oder die tatsächlichen Erben nach der mit der Leistung angestrebten Erberwartung.[158] Somit folgt das zugrunde liegende außervertragliche Schuldverhältnis wenigstens indirekt „aus Testamenten und Erbrecht" iSv Abs. 2 lit. b.   39

Unschädlich, dh für eine Ausgliederung aus der Rom II-VO nach Abs. 2 lit. b jedenfalls nicht ausreichend ist eine **erb- oder güterrechtliche Vorfrage**, zB wenn ein Konditionsanspruch gegen einen Ehegatten von der Wirksamkeit eines Vertrages abhängt, und diese wiederum von der Frage, ob der andere Ehegatte eine nach Maßgabe des Güterrechtsstatuts erforderliche Zustimmung zum Vertragsschluss erteilt hat.[159]   40

3. Schuldverhältnisse aus handelbaren Wertpapieren. Abs. 2 lit. c bezeichnet außervertragliche Schuldverhältnisse aus Wertpapieren als einen weiteren Ausnahmebereich, der der Rom II-VO nicht unterfällt. Der Zweck der Norm besteht vor allem darin, die Kreise lange etablierter **Übereinkommen zum Wertpapierkollisionsrecht**[160] (und ggf darauf beruhender autonomer Kollisionsnormen)[161] nicht zu stören.[162] Haben Mitgliedstaaten autonome Spezialkollisionsnormen im Hinblick auf Wertpapiere erlassen, deren Anknüpfungsgegenstand mehr umschließt, als die Rom II-VO ausgliedert, erfasst das nationale Recht zB ohne Rücksicht auf die Handelbarkeit alle wertpapierrechtlichen Rechtsverhältnisse, die nicht Wechsel oder Scheck betreffen,[163] so sind solche unzulässig weit gefassten Kollisionsnormen unionsrechtswidrig und unanwendbar.[164]   41

Die Aufzählung von Wertpapieren in Abs. 2 lit. c (Wechsel, Scheck, Eigenwechsel) ist nicht abschließend. Erfasste Papiere können daher Inhaber- und Orderpapiere sein, aber auch Rektapapiere, zB Rektakonnossemente, und sogar bloße Inhaberzeichen, zB Warengutscheine, nicht aber bloße Beweisurkunden, zB Schuldscheine, und andere Papiere ohne jede Wertpapiereigenschaft, zB Seefrachtbriefe. Einen spezifisch   42

---

151 MüKo/*Junker*, Art. 1 Rn 29.
152 Mit Recht kritisch aber *Spickhoff*, Liber Amicorum Klaus Schurig, 2012, S. 285, 293.
153 Siehe *v. Hein*, ZEuP 2009, 6, 12; *Sujecki*, EWS 2009, 310, 311.
154 Vorschlag für eine Verordnung des Rates über die Zuständigkeit, das anzuwendende Recht, die Anerkennung und die Vollstreckung von Entscheidungen im Bereich des Ehegüterrechts, von der Kommission vorgelegt am 16.3.2011, KOM (2011) 126 endg.
155 Vorschlag für eine Verordnung des Rates über die Zuständigkeit, das anzuwendende Recht, die Anerkennung und die Vollstreckung von Entscheidungen im Bereich des Güterrechts eingetragener Partnerschaften, von der Kommission vorgelegt am 16.3.2011, KOM (2011) 127 endg.
156 Verordnung (EU) Nr. 650/2012 des Europäischen Parlaments und des Rates vom 4.7.2012 über die Zuständigkeit, das anzuwendende Recht, die Anerkennung und Vollstreckung öffentlicher Urkunden in Erbsachen sowie zur Einführung eines Europäischen Nachlasszeugnisses, ABl. EU 2012 L 201/107.
157 Huber/*Bach*, Rome II Regulation, Art. 1 Rn 38.
158 OLG Karlsruhe ZEV 2002, 196 = DStR 2002, 1232 m. Anm. *Haas/Holla*.
159 Zu Art. 1 Abs. 2 lit. a EuGVVO *Hau*, FS Daphne-Ariane Simotta, 2012, S. 215, 217.
160 Genfer Abkommen über Bestimmungen auf dem Gebiet des internationalen Wechselprivatrechts vom 7.6.1930, RGBl. 1933 II 444 und Genfer Abkommen über Bestimmungen auf dem Gebiet des internationalen Scheckprivatrechts vom 19.3.1931, RGBl. 1933 II 594.
161 In Deutschland Artt. 60–66 ScheckG, Artt. 91–98 WG.
162 MüKo/*Junker*, Art. 1 Rn 33; *v. Hein*, BerDGesVR 45 (2011), 369, 389.
163 So Art. 31 des polnischen IPR-Gesetzes (Ustawa z dnia 4.2.2011 r. – Prawo prywatne międzynarodowe, Dz. U. 2011, Nr. 80, Pos. 432).
164 *U. Ernst*, RabelsZ 76 (2012), 597, 622.

deliktskollisionsrechtlichen **Wertpapierbegriff** hat der EU-Normgeber freilich nicht gebildet.[165] Der für Abs. 2 lit. c relevante Begriff des Wertpapiers dürfte vielmehr demjenigen entsprechen, der auch die älteren Bereichsausnahmen für Wertpapiere im Internationalen Schuldvertragsrecht[166] nach Art. 1 Abs. 2 lit. c EVÜ,[167] Art. 37 S. 1 Nr. 1 EGBGB aF sowie heute Art. 1 Abs. 2 lit. d Rom I-VO beherrscht. Dies spricht eher dagegen, den Wertpapierbegriff im Rahmen der Rom II-VO weit zu fassen, und zB auch „entmaterialisierte", dh unverbriefte Wert- oder Buchrechte umschließen zu lassen.[168] Vielmehr dürften die im Normtext beispielhaft angeführten, aus deutscher Sicht geborenen Orderpapiere dafür Maß geben, das nur unmittelbar mit ihnen vergleichbare Instrumente, die aufgrund einer Verbriefung als Wertpapier im klassischen Sinn zirkulieren, unter Abs. 2 lit. c) fallen. Für einen denkbaren moderneren, zB „kapitalmarktrechtlichen" Wertpapierbegriff, der wesentlich auf Standardisierung (Fungibilität) abstellt,[169] bleibt kein Raum.[170]

43 Soll ein außervertragliches Schuldverhältnis über Abs. 2 lit. c ausgeschlossen sein, so muss es sich, wenn nicht auf einen Wechsel, Scheck oder Eigenwechsel, so doch auf ein handelbares (verkehrs- oder umlauffähiges) Wertpapier beziehen und gerade aus der **Handelbarkeit des Papiers** entstanden sein. Gemeint ist damit jede besondere Ausgestaltung im Interesse der Verkehrsfähigkeit,[171] die bei Rechtssachen mit Bezug zu Wertpapieren fast immer im Vordergrund steht. In der VO verbleiben daher nur wenige denkbare außervertragliche Rechtsverhältnisse im Umfeld von Wertpapieren, die nichts mit dem Umlauf des Papiers im eigentlichen Sinn zu tun haben.[172] Ansprüche aus *culpa in contrahendo* des Begebungsverhältnisses gehören nicht etwa wegen Art. 12 in die Rom II-VO. Vielmehr ist jede entsprechende Haftung, zB Haftung gegenüber Dritten für schuldhaft unrichtige Konnossementsausstellung und die damit vergleichbare Skripturhaftung, unmittelbar auf die Handelbarkeit des Papiers bzw auf spezifisch wertpapierrechtliche Mechanismen zurückzuführen,[173] und über Abs. 2 lit. c ausgenommen. Nicht unmittelbar auf die Handelbarkeit beziehen sich und deshalb in der VO zu verorten sind dagegen die (allgemeinen deliktischen) Ansprüche eines Konnossementsinhabers wegen Beschädigung oder Zerstörung des verschifften Konnossementsgutes, sofern sie sich gegen einen Dritten richten, zB gegen den Verursacher einer Schiffskollision im Ausland oder unter ausländischer Flagge.[174]

44 Spezialgesetzliche **Prospekthaftung** nationalen Rechts, selbst wenn sie sich auf handelbare Wertpapiere bezieht, folgt selbst nicht aus der Handelbarkeit des Papiers, unterfällt nicht Abs. 2 lit. c und verbleibt daher in der Rom II-VO.[175] Ebenfalls nicht aus der VO ausgeschlossen sind Ansprüche wegen Verletzungen von Marktaufsichtsrecht oder von Sorgfaltsstandards im Handel mit Papieren.[176]

45 **4. Schuldverhältnisse des Gesellschafts-, Vereins- und Verbandsrechts.** Die Bereichsausnahme für außervertragliche Schuldverhältnisse des Gesellschafts-, Vereins- und Verbandsrechts in Abs. 2 lit. d „wirft mehr Fragen auf als sie beantwortet".[177] Mit dem Anwendungsbereich des exklusiven Gerichtsstands für Organisationsgeschäfte von Gesellschaften (Art. 22 Nr. 2 EuGVVO) ist die Norm nicht identisch. Schützt die zuständigkeitsrechtliche Konzentration die (materielle) *erga omnes*-Wirkung strukturverändernder Maßnahmen in Gesellschaften,[178] so ist der Schutzbereich der Bereichsausnahme nach Abs. 2 lit. d wesentlich weiter. Die Ausnahme nimmt das Deliktskollisionsrecht aus dem gesamten Bereich zurück, den das **Personalstatut von Verbänden** für sich beansprucht,[179] und sichert auf diese Weise die Ungestörtheit des Internationalen Gesellschaftsrechts, seine tradierte Sonderstellung im Kanon des Kollisionsrechts und die Berücksichtigung seiner spezifischen Anknüpfungsinteressen.

---

165 Für Ansätze eines kollisionsrechtlichen Wertpapierbegriffes vgl das Haager Übereinkommen über die auf bestimmte Rechte an Intermediär-verwahrten Wertpapieren anzuwendende Rechtsordnung vom 5.7.2006, das bisher von keinem EU-Mitgliedstaat gezeichnet wurde; dazu *Ege*, Das Kollisionsrecht der indirekt gehaltenen Wertpapiere, 2006, 136–139.
166 Dazu einerseits umfassend *Mankowski*, Seerechtliche Vertragsverhältnisse im Internationalen Privatrecht, 1995, 128–148, andererseits *M. Müller*, Finanzinstrumente in der Rom I-VO, 2011, 135–170.
167 Dazu *Giuliano/Lagarde*, ABl. EG 1980 L 282/1, 11 (li. Sp.).
168 Dafür indes MüKo/*Junker*, Art. 1 Rn 33.
169 Dazu *M. Müller*, S. 137 f.
170 *v. Hein*, BerDGesVR 45 (2011), 369, 390.
171 BGHZ 99, 207, 209.
172 Ohne konkrete Beispiele *Hohloch*, IPRax 2012, 110, 117.
173 Zum deutschen Sachrecht *Czerwenka*, TranspR 1988, 256; *Thietz-Bartram*, WM 1988, 177.
174 Beispiel: RG 13.7.1910, RGZ 74, 47.
175 Umfassend *v. Hein*, in: Baum/Hellgardt/Fleckner/M. Roth (Hrsg.), Perspektiven des Wirtschafsrechts, 2008, 371, 379–381; außerdem *Chr. Weber*, WM 2008, 1581, 1584; *v. Hein*, ZEuP 2009, 6, 12; *ders.*, BerDGesVR 45 (2011), 369, 410 f; *Schmitt*, BKR 2010, 366, 368; *Mankowski*, Interessenpolitik, 77; *Hohloch*, IPRax 2012, 110, 117; *Einsele*, ZEuP 2012, 23, 28; zur Prospekthaftung unter der Rom II-VO ferner *Arons*, NIPR 2008, 483 ff; *Kiesselbach*, (2011) 26 Butterworths J. Int'l Banking & Financial L. 195 ff.
176 Für investmentrechtliche Ansprüche *v. Hein*, NZG 2010, 1015.
177 *Eckert*, Internationales Gesellschaftsrecht, 2010, 139; krit. auch *Mankowski*, Interessenpolitik, S. 76 f.
178 *Mankowski*, FS Daphne-Ariane Simotta, 2012, S. 351, 353.
179 *Eckert*, 140; *Hohloch*, IPRax 2012, 110, 117 f; MüKo/*Kindler*, IntGesR Rn 632–633.

Über Abs. 2 lit. d ausgenommen sind nur außervertragliche Schuldverhältnisse, die **Außengesellschaften** betreffen.[180] In der Rom II-VO verbleibt jedes außervertragliche Schuldverhältnis im Zusammenhang mit Innengesellschaften, aber auch wegen der Gründung einer Gesellschaft, etwa die Deliktshaftung sogenannter, häufig grenzüberschreitend tätiger Gründungsagenturen wegen fehlgeschlagener Gründung oder Eintragung einer Scheinauslandsgesellschaft.[181] Auch wesensmäßig kapitalmarktrechtliche außervertragliche Rechtsverhältnisse gliedert Abs. 2 lit. d grundsätzlich nicht aus.[182] Dementsprechend verlässt die Prospekthaftung auch über die „gesellschaftsrechtliche" Bereichsausnahme nicht etwa die Rom II-VO, da sich die relevanten Ansprüche nicht als Mitgliedschaftsrechte verstehen.[183]   46

Wie bei Art. 1 Abs. 2 lit. f Rom I-VO ist die Reichweite der Bereichsausnahme stark umstritten. Im Hintergrund stehen schwierige Qualifikationsfragen. Dabei sind denkbare korporationsrechtliche, deliktsrechtliche, vertretungsrechtliche[184] und zT auch insolvenzrechtliche Einordnungen gegeneinander abzuwägen.[185] Manche wollen sämtliche Aspekte des Internationalen Gesellschaftsrechts über die Bereichsausnahme ausschließen,[186] andere offenbar nur wenige Fragen im Zusammenhang mit einem genuin gesellschaftsrechtlichen Rechtsgrund im engsten Sinn.[187] Im Mittelfeld zwischen diesen Positionen orientiert sich die Grenzziehung zwischen dem Delikts- und dem Gesellschafts- bzw Personalstatut daran, ob es eher um **allgemeine Schädigungsverbote** (*neminem laedere*) geht oder um **korporativ bedingte Sonderverhaltensregeln**.[188] Ein Indiz für die korporationsrechtliche Dimension ist eine auf Dauer angelegte, eben verbandsmäßige Verfestigung der Strukturen, innerhalb derer gehandelt wird.[189] Wieder andere fragen, ob die Anerkennung eines fremden Rechts als Gesellschaftsstatut im Inland auch zu einer Verschonung des Verbandes von einer Haftung nach inländischem Recht führen darf oder muss. Im Interesse des Gläubigerschutzes fließen dann oftmals eher einseitige, vom Inland her entfaltete, legistisch wirkende Überlegungen ein.[190] Im Interesse transnational konstituierter bzw tätiger Gesellschaften, ihre Haftung überschauen zu können, dürfte aber zumindest eine Vermutung dafür sprechen, dass zentrale Haftungstatbestände im Umfeld des Verbandes, etwa die Existenzvernichtungshaftung, im Ergebnis eher dem Gesellschaftsstatut zufallen, nicht dem Deliktsstatut.[191] Das bedeutet den Ausschluss dieser Materien über Abs. 2 lit. d.[192] Weniger bedeutsam, da nicht kollisionsrechtsspezifisch ist die bloße materiellrechtliche Einkleidung bestimmter Haftungsregeln, etwa die neuere (deutschsachrechtliche) Verortung der Existenzvernichtungshaftung in § 826 BGB.[193]   47

Gegenüber Art. 1 Abs. 2 lit. f Rom I-VO ist die Ausschlussklausel des Abs. 2 lit. d insofern weiter, als sie auch die persönliche Haftung der Rechnungsprüfer bei **Pflichtprüfungen** anspricht und erfasst. Pflichtprüfung (Abschlussprüfung) im Sinne des Unionsrechts und damit auch der Rom II-VO ist eine Prüfung des Jahresabschlusses oder des konsolidierten Abschlusses (Art. 2 Nr. 1 RL 2006/43/EG),[194] Rechnungsprüfer ist jeder, der dabei berufsrechtlich befugt tätig wird (Art. 3 Abs. 1 RL 2006/43/EG). Der Grund für die Ausgliederung dieser Rechtsverhältnisse aus dem Deliktskollisionsrecht ist die Zweckbestimmung der gesetzlichen Pflichtprüfung zum Schutze der geprüften Gesellschaft. Die Erreichung der Prüfungszwecke soll möglichst nicht durch die Anwendbarkeit eines vom Personalstatut der geprüften Gesellschaft verschiedenen   48

---

180 BGH IPRax 2010, 367, 368 m. Aufs. *Seibl*, 347; Bamberger/Roth/*Spickhoff*, Art. 1 Rom I-VO Rn 31; *M. Müller*, Finanzinstrumente in der Rom I-VO, 2011, 170–173.
181 Zum Sachrecht *Knöfel*, RIW 2011, 389.
182 *v. Hein*, NZG 2010, 1015; *ders.*, BerDGesVR 45 (2011), 369, 410 f.
183 *v. Hein*, in: Baum/Hellgardt/Fleckner/M. Roth (Hrsg.), Perspektiven des Wirtschafsrechts, 2008, 371, 381–384; *Chr. Weber*, WM 2008, 1581, 1584; *Eckert*, 408 f; *Schmitt*, BKR 2010, 366, 368; *Mankowski*, Interessenpolitik, S. 77; *Einsele*, ZEuP 2012, 23, 28.
184 Zur Rechtsscheins-Eigenhaftung eines Gesellschafters wegen eines unterlassenen Firmenzusatzes BGH NJW 2007, 1529.
185 Zur Reichweite des Personalstatuts (mit Abgrenzung gegen das Deliktsstatut in zahlreichen Einzelfällen) umfassend *Eckert*, 232–396.
186 Zu Art. 1 Abs. 2 lit. f Rom I-VO Staudinger/*Magnus*, Art. 1 Rom I-VO Rn 82: „alle Fragen des gesamten Gesellschaftsrechts"; Rauscher/*v. Hein*, EuZPR/EuIPR, Art. 1 Rom I-VO Rn 43: „bewusst umfassend".
187 Rauscher/*Unberath/Cziupka*, EuZPR/EuIPR, Art. 1 Rn 38; Bamberger/Roth/*Spickhoff*, Art. 1 Rn 15.
188 MüKo-GmbHG/*M.-P. Weller*, Einl. Rn 402.
189 Zu Art. 1 Abs. 2 lit. f Rom I-VO *M. Lehmann*, in: Ferrari/Leible (Hrsg.), Ein neues Internationales Vertragsrecht für Europa, 2007, 17, 33.
190 Siehe *Hohloch*, IPRax 2012, 110, 118.
191 MüKo-AktG/*Altmeppen/Ego*, B Rn 267–271; MüKo-GmbHG/*M.-P. Weller*, Einl. Rn 417–419.
192 Entgegen *Staudinger* in: Gebauer/Wiedmann, Kap. 38 Rn 13; Schulze/Zuleeg/Kadelbach/*Staudinger*, § 22 Rn 38.
193 Für deliktsrechtliche Einordnung aber MüKo/*Junker*, Art. 1 Rn 39; *Staudinger* in: Gebauer/Wiedmann, Kap. 38 Rn 12–13; unentschlossen Rauscher/*Unberath/Cziupka*, EuZPR/EuIPR, Art. 1 Rn 39.
194 Richtlinie 2006/43/EG des Europäischen Parlaments und des Rates vom 17.5.2006 über Abschlussprüfungen von Jahresabschlüssen und konsolidierten Abschlüssen, zur Änderung der Richtlinie 78/660/EWG und 83/349/EWG des Rates und zur Aufhebung der Richtlinie 84/253/EWG des Rates, ABl. EG 2006 L 157/87.

Rechts behindert oder gar unterlaufen werden.[195] Für außervertragliche Ansprüche der prüfungspflichtigen Gesellschaft und der Gesellschafter gegen den Prüfer gilt somit nicht das Deliktsstatut nach der Rom II-VO, sondern das Gesellschaftsstatut.[196] Dasselbe gilt für die nicht explizit genannten Ansprüche verbundener Unternehmen gegen den Prüfer, weil auch diese letztlich auf Rechtsverhältnissen gesellschaftsrechtlicher Art beruhen,[197] nicht aber für Ansprüche externer Dritter (Adressaten einer Bilanz, zB Anleger, Unternehmenskäufer, Gläubiger etc.) gegen den Prüfer.[198]

49 **5. Schuldverhältnisse mit Bezug zu Trusts.** Nach Abs. 2 lit. e ausgegliedert sind außervertragliche Schuldverhältnisse zwischen den im Einzelnen genannten Beteiligten eines rechtsgeschäftlich errichteten Trust. Die Ausnahme ist nahezu bedeutungslos. Wie auch Art. 1 Abs. 2 lit. h Rom I-VO stellt die Regelung sicher, dass die europaweit anwendbare Verordnung nicht mit Regeln über ein Rechtsinstitut beschwert wird, das nur in den beiden EU-europäischen **Common Law-Staaten** bekannt ist, und selbst dort nicht klar oder gar ausschließlich deliktsrechtlich eingeordnet wird, sondern ggf auch sachenrechtlich. Für solche Spezialitäten, sofern sie außervertragliche Schuldverhältnisse hervorbringen, mag dann mit Fug und Recht allein das autonome Kollisionsrecht der Jurisdiktionen im Vereinigten Königreich bzw Irlands gelten.[199] Weil Abs. 2 lit. e spezifisch auf die Common Law-Sichtweise abzielt, verbietet sich jede analoge oder entsprechende Anwendung auf funktional womöglich Trusts ähnelnde Rechtsinstitute des kontinentalen Rechts, etwa auf Treuhandverhältnisse.[200]

50 **6. Haftung für Schäden durch Kernenergie.** Abs. 2 lit. f sondert außervertragliche Schuldverhältnisse aus, „die sich aus Schäden durch Kernenergie ergeben". *Ratio legis* ist in erster Linie Rücksichtnahme auf das komplexe Geflecht der Atomhaftungskonventionen,[201] aber auch der Umstand, dass das (Internationale) Atomhaftungsrecht in seiner Gesamtheit **vitale Staatsinteressen und nationale Politiken im Bereich der Energiewirtschaft** betrifft.[202] Gehören Mitgliedstaaten, wie zB Österreich, den Atomhaftungs-Übereinkommen gar nicht an, so sind selbstverständlich auch sie auf autonomes Kollisionsrecht verwiesen.[203] Der Ausnahmebereich des Abs. 2 lit. f ist bewusst weit gefasst, selbst weiter, als er sein müsste, um die staatsvertraglichen Regime unberührt zu lassen,[204] denen überdies auch über Art. 28 Vorrang zugekommen wäre.

51 Aus der Rom II-VO heraus fallen alle Rechtssachen, die im weitesten Sinn damit zu tun haben, dass **Kernenergie Schäden verursacht** hat und dafür Ersatz geleistet werden soll. Ausgeschlossen sind nicht nur außervertragliche Ansprüche aufgrund „typischer" Kernenergieschäden, etwa Umweltbeeinträchtigungen durch Reaktorstörfälle etc.,[205] Kontamination von Personen, dauernde Immissionen in Nachbarschaftsverhältnissen,[206] sondern auch (Arzt- oder Krankenhaus-)Haftung für den schädigenden medizinischen Einsatz von Radioisotopen,[207] ebenso Ersatzansprüche wegen eines Straßenverkehrsunfalls eines Atomtransports,[208] aber wohl nicht mehr Ansprüche wegen des Verhaltens von Sicherheitskräften, die zB gegen Blockaden eines solchen Transports vorgehen.

52 Der Status quo der unvereinheitlichten Anknüpfung bei Kernenergieschäden in den Mitgliedstaaten aufgrund Abs. 2 lit. f ist jedenfalls **rechtspolitisch nicht wünschenswert**.[209]

53 **7. Verletzungen der Privatsphäre oder der Persönlichkeitsrechte.** Die Bereichsausnahme des Abs. 2 lit. g schließt Ansprüche „aus der Verletzung der Privatsphäre oder des Persönlichkeitsrechts" aus der Rom II-VO aus. Die Ausnahme beruht allein auf der mangelnden Fähigkeit und Bereitschaft der europäischen Institutionen, eine tragfähige (rechts-)politische Einigung über die Behandlung immaterieller Schädi-

---

195 *Ebke*, FS Otto Sandrock, 2000, S. 243, 249; MüKo-HGB/*Ebke*, § 323 HGB Rn 174; *ders.*, ZVglRWiss 109 (2010), 397, 406; *Knöfel*, Grundfragen der internationalen Berufsausübung von Rechtsanwälten, 2005, S. 247.
196 *Ebke*, ZVglRWiss 109 (2010), 397, 424.
197 Jedenfalls tendenziell *Ebke*, ZVglRWiss 109 (2010), 397, 424.
198 *Ebke*, ZVglRWiss 109 (2010), 397, 425; dazu (teilweise abweichend) *Eckert*, S. 140 f; siehe auch MüKo-HGB/*Ebke*, § 323 HGB Rn 172.
199 MüKo/*Junker*, Art. 1 Rn 41.
200 Zu Art. 1 Abs. 2 lit. h Rom I-VO *M. Müller*, Finanzinstrumente in der Rom I-VO, 2011, 174.
201 Insbesondere Pariser Übereinkommen vom 29.7.1960 über die Haftung gegenüber Dritten auf dem Gebiet der Kernenergie (PÜ) in der Fassung des Zusatzprot. vom 28.1.1964 und des Prot. v. 16. 11. 1982, BGBl. II 1985, BGBl 1985 II 963.
202 MüKo/*Junker*, Art. 1 Rn 42.
203 *Heiss*, in: Reichelt (Hrsg.), 30 Jahre österreichisches IPR-Gesetz – Europäische Perspektiven, 2009, 61, 67 f.
204 *Junker*, NJW 2007, 3675, 3677; *Sujecki*, EWS 2009, 310, 312.
205 Hypothetische Beispiele bei *Magnus*, FS Jan Kropholler, 2008, S. 595, 606 f.
206 Siehe den Sachverhalt in EuGH, Slg 2006, I-4557 = RIW 2006, 624 m.Anm. *Knöfel* – Land Oberösterreich/ČEZ as.
207 *Magnus*, FS Jan Kropholler, 2008, S. 595, 610; MüKo/*Junker*, Art. 1 Rn 42.
208 *Staudinger*, FS Jan Kropholler, 2008, S. 691, 694 (Fn 21); *Staudinger* in: Gebauer/Wiedmann, Kap. 38 Rn 10 (Fn 27).
209 Siehe *Magnus*, FS Jan Kropholler, 2008, S. 595, 610 f; Rauscher/*Unberath/Cziupka*, EuZPR/EuIPR, Art. 1 Rn 43.

gungen, vor allem durch Presseinhalte, hervorzubringen.[210] Beim **Deliktsrechtsschutz des Einzelnen gegen Medienberichte** stößt man in EU-Europa eher auf tief greifende Unterschiede der Sachrechte und Rechtskulturen als auf belastbare Gemeinsamkeiten.[211] Auch die reichhaltige Rechtsprechung des EGMR, namentlich zur Pressefreiheit (Art. 10 EMRK), hat den Zustand erheblicher, immer noch aus nationalen Vorstellungen gespeister Diversität bisher nicht überbrückt.[212] Der EGMR betont stets den Spielraum der Konventionsstaaten bei der Herstellung eines ihres Rechtssystems und ihrer Rechtskultur angemessenen Schutzes der persönlichen Identität.[213] Die Judikatur des EuGH zum IZVR des grenzüberschreitenden Persönlichkeitsschutzes (Art. 5 Nr. 3 EuGVVO), die die EU-Mitgliedstaaten auch kollisionsrechtlich auf eine einheitliche Linie bringen könnte, steht erst in den Anfängen.[214] Vor diesem Hintergrund fiel es der schlagkräftigen Medienlobby, dem Vernehmen nach vor allem der britischen, nicht allzu schwer, nicht nur die Einbeziehung einer expliziten Kollisionsnorm für Presseinhaltsdelikte uÄ, die im Rechtssetzungsverfahren ventiliert worden war, zu verhindern, sondern sogar eine kategorische Ausgrenzung zu erreichen.[215]

Am 10.5.2012 hat das Europäische Parlament aber eine (nicht-legislative) **Entschließung zur Änderung der Rom II-Verordnung** verabschiedet, die die Einführung spezieller unionaler Anknüpfungsregeln für grenzüberschreitende Persönlichkeitsrechtsverletzungen verlangt (näher Art. 30 Rn 11–17). **54**

Jedenfalls entfernt Abs. 2 lit. g nur **Schädigungen im nichtkörperlichen Bereich** aus der Rom II-VO,[216] was jedenfalls das explizit genannte Beispiel der „Verleumdung" belegt. Daher bleibt die Haftung für ärztliches Handeln auch insoweit von der Rom II-VO erfasst, als der eigentliche Geltungsgrund der Einstandspflicht uU in einer Verletzung der Persönlichkeit des Patienten gesehen wird, die sich aus Aufklärungspflichtverletzungen ergeben kann.[217] Einen weiteren, damit vergleichbaren Grenzfall bildet die fahrlässige Vernichtung kyrokonservierter menschlicher Keimzellen. Diese begreift man heute als deliktischen Eingriff in die personale Selbstbestimmung, und das tangierte Rechtsgut „Körper und Gesundheit" dabei als „Seins- und Bestimmungsfeld der Persönlichkeit".[218] Ungeachtet dieses starken Persönlichkeitsbezuges ist eine Schädigung von Keimzellen aber nicht nach Abs. 2 lit. g aus der VO ausgegliedert, da sie sich jedenfalls auch als schlichte Eigentumsverletzung auffassen lässt. **55**

F. Beweis und Verfahren (Abs. 3)

Nach Abs. 3 gilt die Rom II-VO, wie auch die Rom I-VO aufgrund ihres Art. 1 Abs. 3, nicht für „den Beweis und das Verfahren". Beweis in diesem Sinn ist jede Aktivität des Gerichts und/oder der Parteien im Zivilverfahren, vorausgesetzt, ihr Gegenstand oder ihre Zielrichtung ist ein „Faktum, das dem Richter unterbreitet wird und zur Erreichung seiner Überzeugung im Sinne der Bestätigung einer Sachverhaltsbehauptung dienen soll."[219] Der Begriff des Verfahrens ist weit und funktional zu verstehen; er umschließt nicht nur strikt justizförmige, sondern auch andere rechtsgesteuerte **Mechanismen zur Erledigung von Rechtssachen**, etwa obligatorische Mediationsverfahren.[220] Freilich scheidet ein Anknüpfungsgegenstand, **56**

---

210 *G. Wagner*, IPRax 2008, 1, 3, 10; *v. Hein*, ZEuP 2009, 6, 13; *Bogdan*, Liber amicorum Kurt Siehr, 2010, 375, 385 f; relativierend aber *Kropholler/v. Hein*, FS Andreas Heldrich, 2005, S. 793, 804, die die politischen Momente nicht für allein ausschlaggebend halten, sondern auf die kontinuierliche Sachdebatte verweisen.
211 Siehe die Länderberichte bei *Koziol/Warzilek* (eds.), Persönlichkeitsschutz gegenüber Massenmedien, 2005; *Beater/Habermeier* (Hrsg.), Verletzungen von Persönlichkeitsrechten durch die Medien, 2005 und *Brüggemeier/Ciacchi/O'Callaghan* (eds.), Personality Rights in European Tort Law, 2010.
212 Ebenso *Hess*, JZ 2012, 189.
213 EGMR v. 10.5.2011 – Nr. 48009/08, NJW 2012, 747, 749 Nr. 107 – Max Mosley/Vereinigtes Königreich.
214 Insbesondere EuGH v. 25.10.2011 – verb. Rs. C-509/09 u. C-161/10, EuZW 2011, 962 m. Aufs. *Heinze*, 947 = K&R 2011, 787 m. Anm. *Lederer* = EWS 2011, 537 m. Aufs. *Sack* 513 = GRUR-PRax 2011, 513 m. Anm. *von Welser* = CR 2011, 808 m. Anm. *H.-P. Roth* = NJW 2012, 137 m. Aufs. *P.-A. Brand* 127 = JZ 2012, 199 m. Aufs. *Hess* 189 = Rev. crit. DIP 101 (2012), 389 note *Muir Watt*- eDate Advertising GmbH/X u. Olivier Martinez/Robert Martinez/MGN Limited; dazu *Reymond*, (2011) 13 Yb. P.I.L. 493; *Brenn*, ÖJZ 2012, 493; *Bollée/Haftel*, D. 2012, 1285; *Kuipers*, (2012) 49 CMLRev. 1211; *Wefers Bettink*, NTER 2012, 49.
215 Näher *Mankowski*, Interessenpolitik, S. 79.
216 *Breidenstein*, FamFR 2012, 172, 175.
217 *Spickhoff*, FS Gerfried Fischer, 2010, S. 503, 504; *ders.*, FS Bernd v. Hoffmann, 2011, S. 437, 441. Für möglich hält den Ausschluss über Abs. 2 lit. g offenbar *Deutsch*, FS Gerfried Fischer, 2010, S. 27, 29.
218 BGHZ 124, 52, 54.
219 So die Definition des Begriffes „Beweis" von *H. Weber*, Der Kausalitätsbeweis im Zivilprozess, 1997, S. 9; siehe außerdem zB *Oertmann*, Grundriss des deutschen Zivilprozessrechts, 2./3. Aufl. 1927, 166 (§ 85 Anm. 1); *J. Goldschmidt*, Zivilprozessrecht, 1929, S. 91 (§ 44 Anm. 1); *A. Blomeyer*, Zivilprozessrecht, Erkenntnisverfahren, 2. Aufl. 1985, 348; *Rosenberg/K. H. Schwab/P. Gottwald*, Zivilprozessrecht, 17. Aufl. 2010, S. 614 (§ 110 Rn 1).
220 MüKo/*Junker*, Art. 1 Rn 44.

der in besonderer Weise verfahrensrechtlich geprägt ist, etwa der innerfamiliäre Gewaltschutz aufgrund des GewSchG, nicht allein deshalb über Abs. 3 aus der Rom II-VO aus.[221]

57 Abs. 3 untermauert die Aussagen des Art. 15 iVm Artt. 22, 21 über die Reichweite des Delikts- bzw Schuldstatuts, trifft die Qualifikationsentscheidungen aber nicht selbst, so dass auf die Erläuterungen jener Bestimmungen verwiesen werden kann. Die Norm ist damit innerhalb des Art. 1 fehlplatziert.[222] Die Klarstellung ist aber auch nicht völlig entbehrlich,[223] weil für prozessuale Fragen ohnehin überall die tradierte *lex fori*-Regel gilt.[224] Wird einerseits die Beweislast zum Deliktsstatut geschlagen (Art. 22 Abs. 1),[225] sollen andererseits aber die *lex causae* und das Recht des Vornahmeortes neben der *lex fori processualis*, freilich in ihren Grenzen, über die zugelassenen Beweisarten und -mittel entscheiden (Art. 22 Abs. 2), dann wird die Anknüpfbarkeit der beweisenden und allgemein der prozessualen Dimension der Rechtsfindung zumindest indirekt bestätigt.[226] Ein gewisses **Abgrenzungsbedürfnis** lässt sich nicht leugnen,[227] insbesondere aus angelsächsischer Sicht.[228] Insoweit verhindert die Rom II-VO Mehrfachqualifikationen und aufwändige Anpassungstechniken, indem sie den Anwendungsbereich der tradierten *lex fori*-Regel eng, den der *lex causae* weit fasst.[229] Die *lex fori*-Regel kann destabilisierend und irritierend wirken, wenn sie als ebenso unbenannte wie unflexible Zweit- oder Drittanknüpfung neben benannte Anknüpfungen des Internationalen Privatrechts tritt.[230] Zur Ausschaltung solcher unerwünschten Effekte trägt auch Abs. 3 bei.

G. Territorialer Geltungsbereich (Abs. 4)

58 Als verordnungsförmiges unionales IPR gilt die Rom II-VO, wie auch die Verträge, unmittelbar für die **Mitgliedstaaten der EU** (Art. 52 Abs. 1 EUV iVm Art. 288 Abs. 2 S. 2 AEUV).

59 Entsprechend Art. 52 Abs. 2 EUV iVm Artt. 355, 288 Abs. 2 S. 2 AEUV[231] sind folgende **Sonder- und Überseegebiete europäischer Staaten** in den räumlichen Anwendungsbereich einbezogen: Ålandinseln (Art. 355 Abs. 4 AEUV), Azoren und Madeira, Ceuta und Melilla,[232] von den überseeischen Gebieten Frankreichs alle fünf Départements d'outre-mer (Guadeloupe, Französisch-Guayana, Mayotte,[233] Martinique, Réunion) sowie die Collectivités d'outre-mer Saint Barthélemy und Saint-Martin, zudem Gibraltar[234] (Art. 355 Abs. 3 AEUV)[235] und die Kanarischen Inseln.[236] Nicht einbezogen sind demgegenüber die britischen Hoheitszonen auf Zypern (Akrotiri, Dhekelia), die Kanalinseln (Alderney, Guernsey, Jersey, Sark), die Isle of Man und alle übrigen britischen Überseebesitzungen, die französischen Überseeterritorien Französisch-Polynesien, Neukaledonien und Nebengebiete, Saint-Pierre und Miquelon, Süd- und Antarktisgebiete sowie Wallis und Futuna, die Färöer, Grönland sowie die Niederländischen Antillen mit Aruba.

60 Obgleich das **Vereinigte Königreich** und **Irland** nach Art. 69 EGV[237] bekanntlich Vorbehalte gegen alles Sekundärrecht aufgrund seinerzeit Art. 61 EGV eingelegt haben, haben diese Staaten bezüglich der Rom II-VO von der ihnen nach Art. 3 des Protokolls Nr. 4 des Amsterdamer Vertrages eingeräumten „opt-in"-Möglichkeit Gebrauch gemacht. Wie Erwägungsgrund 39 verdeutlicht, gilt die Rom II-VO für das Vereinigte Königreich und Irland insoweit qua Erklärung.

---

221 Insoweit zutreffend *Breidenstein*, FamFR 2012, 172, 175. Er verkennt aber, dass beim innerfamiliären Gewaltschutz die Bereichsausnahme des Art. 1 Abs. 2 lit. a greift; siehe oben Rn 36.
222 MüKo/*Junker*, Art. 1 Rn 45.
223 Entgegen Rauscher/*Unberath/Cziupka*, EuZPR/EuIPR, Art. 1 Rn 47.
224 So noch KOM (2003) 427 endg., 10.
225 Dazu AG Geldern v. 27.10.2010, NJW 2011, 686, 687 m. Aufs. *Staudinger* 650.
226 MüKo/*Junker*, Art. 22 Rn 1; Rauscher/*D. Jakob/Picht*, EuZPR/EuIPR, Art. 22 Rn 15; Huber/*Altenkirch*, Rome II Regulation, Art. 22 Rn 12.
227 KOM (2006) 83 endg., 14.
228 Dazu umfassend *Schoeman*, [2010] LMCLQ 81, 83 ff.
229 *Schoeman*, [2010] LMCLQ 81,93.
230 Siehe *Nordmeier*, StAZ 2009, 71, 75 für das Verhältnis der *lex fori*-Regel zum Ehegüter- und Scheidungskollisionsrecht.
231 Zur Regelungstechnik der Normen aus dem Blickwinkel des IPR *Fallon*, in: Fallon/Lagarde/Poillot-Peruzzetto (dir.), Quelle architecture pour un code européen de droit international privé?, 2011, 137 f (Fn 2).
232 Art. 25 Abs. 1 der Akte über die Bedingungen des Beitritts des Königreichs Spanien und der Portugiesischen Republik und die Anpassungen der Verträge, ABl. EG 1985 L 302/23.
233 Beschluss des Europäischen Rates vom 11.7.2012 zur Änderung des Status von Mayotte gegenüber der Europäischen Union (2012/419/EU), ABl. EU 2012 L 204/31 (aufgrund Art. 355 Abs. 6 S. 1 AEUV).
234 Für die EuGVVO vgl *Bols Distilleries BV (trading as Bols Royal Distilleries) and another* v. *Superior Yacht Services Ltd.*, [2006] UKPC 45 = [2007] 1 WLR 12 (P.C., per Lord *Rodger of Earlsferry*).
235 Dazu auch die Erklärung Nr. 55 des Königreichs Spanien und des Vereinigten Königreichs Großbritannien und Nordirland zum Vertrag von Lissabon, ABl. EU 2010 C 83/356.
236 Art. 25 Abs. 1 der Akte über die Bedingungen des Beitritts des Königreichs Spanien und der Portugiesischen Republik und die Anpassungen der Verträge, ABl. EG 1985 L 302/23.
237 Die Bestimmung ist durch den Vertrag von Lissabon ersatzlos entfallen.

Gar nicht in einzelne Maßnahmen „einzusteigen" vermag allerdings **Dänemark**, so dass die Rom II-VO für das Königreich nicht bindend oder anwendbar ist, was Abs. 4 und Erwägungsgrund 40 zusätzlich klarstellen. Im Gefolge des Haager Aktionsplans vom 10./17.6.2005 ist Dänemark zwar inzwischen durch Parallelabkommen zur EuGVVO und zur EuZustVO[238] stärker integriert worden.[239] Allerdings ist nichts Vergleichbares für das Europäische Deliktskollisionsrecht vorgesehen.[240] Käme es dazu, so wäre ein Abkommen wohl mit erheblichen Synchronisierungsproblemen behaftet. Derzeit wenden die dänischen Gerichte allein das autonome Deliktskollisionsrecht Dänemarks an.[241] Gerichte anderer Mitgliedstaaten applizieren aber selbstverständlich auch bei Bezug zu Dänemark die Rom II-VO,[242] und wenden wegen Artt. 3, 24 ebenfalls dänisches Sachrecht an, sofern nur die Rom II-VO darauf verweist.

61

Spricht die VO von einem Mitgliedstaat oder den Mitgliedstaaten, so ist Dänemark wegen Abs. 4 nicht gemeint. Freilich ist eine Ausnahme von dieser Sprachregelung zuzulassen. Im Sinne des Art. 14 Abs. 3 liegt ein Binnenmarktsachverhalt, der eine **rechtswahlergänzende Sonderanknüpfung unionsrechtlich zwingender Bestimmungen** auslöst, auch vor, wenn ein Sachverhaltselement oder mehrere Elemente des Sachverhalts in Dänemark verwirklicht sind. Diese Korrektur des Wortlauts entsprechend Art. 1 Abs. 4 S. 2 Rom I-VO, der jüngeren Schwesternorm zu Abs. 4, halten manche für methodisch unmöglich.[243] Sie ist indessen geboten, um untragbare Widersprüche zu vermeiden,[244] und entspricht ausweislich Art. 1 Abs. 4 Rom I-VO auch dem (nachträglich geäußerten) Willen des unionalen Normgebers.

62

Artikel 2 Außervertragliche Schuldverhältnisse

(1) Im Sinne dieser Verordnung umfasst der Begriff des Schadens sämtliche Folgen einer unerlaubten Handlung, einer ungerechtfertigten Bereicherung, einer Geschäftsführung ohne Auftrag („Negotiorum gestio") oder eines Verschuldens bei Vertragsverhandlungen („Culpa in contrahendo").

(2) Diese Verordnung gilt auch für außervertragliche Schuldverhältnisse, deren Entstehen wahrscheinlich ist.

(3) Sämtliche Bezugnahmen in dieser Verordnung auf

a) ein schadensbegründendes Ereignis gelten auch für schadensbegründende Ereignisse, deren Eintritt wahrscheinlich ist, und

b) einen Schaden gelten auch für Schäden, deren Eintritt wahrscheinlich ist.

Literatur: *Hohloch*, Place of Injury, Habitual Residence, Closer Connections and Substantive Scope – the Basic Principles, (2007) 9 Yb. P.I.L. 1; *ders.*, Die „Bereichsausnahmen" der Rom II-VO, Zum internationalen Privatrecht in und um Art. 1 Abs. 2 Rom II-VO, IPRax 2012, 110; *Knöfel*, Internationales Arbeitskampfrecht nach der Rom II-Verordnung, EuZA 1 (2008), 228; *Zelfel*, Der Internationale Arbeitskampf nach Art. 9 Rom II-Verordnung, 2011.

A. Normzweck

Art. 2 stellt zuvörderst den **Schadensbegriff der Rom II-VO** klar.[1] Ferner bindet die Norm auch außervertragliche Schuldverhältnisse ein, die oder deren haftungsbegründende Elemente in der Zukunft liegen. Art. 2 strebt aber nicht an, alle sachlich einschlägigen Rechtsverhältnisse abschließend den explizit in Abs. 1 genannten vier Kategorien außervertraglicher Schuldverhältnisse (unerlaubte Handlung, ungerechtfertigte Bereicherung, Geschäftsführung ohne Auftrag, *culpa in contrahendo*) zuzuordnen.[2] Ebenso wenig

1

---

238 Abkommen zwischen der Europäischen Gemeinschaft und dem Königreich Dänemark über die gerichtliche Zuständigkeit und die Anerkennung und Vollstreckung von Entscheidungen in Zivil- und Handelssachen, ABl EG 2005 L 299/62 sowie Abkommen zwischen der Europäischen Gemeinschaft und dem Königreich Dänemark über die Zustellung gerichtlicher und außergerichtlicher Schriftstücke in Zivil- und Handelssachen, ABl EG 2005 L 300/55; in Kraft seit 1.7.2007, ABl. EG 2007 L 94/70.

239 Dazu zB *F. Walther*, ZSR NF 124 (2005) II, 301, 324 f; *R. Wagner*, EuZW 2006, 424, 426.

240 *R. Wagner*, FS Jan Kropholler, 2008, S. 715, 726 (Fn 47).

241 *Staudinger* in: Gebauer/Wiedmann, Kap. 38 Rn 6.

242 *Hohloch*, (2007) 9 Yb. P.I.L. 1, 18; *Staudinger/Steinrötter*, JA 2011, 241, 242; mit weiteren Einzelheiten *Staudinger* in: Gebauer/Wiedmann, Kap. 38 Rn 21–22; Schulze/Zuleeg/Kadelbach/*Staudinger*, § 22 Rn 46–47.

243 MüKo/*Junker*, Art. 1 Rn 47 u. ebd Art. 14 Rn 43.

244 Zutreffend *Heiss/Locker*, JBl. 2007, 613, 623; *Heiss*, in: Reichelt (Hrsg.), 30 Jahre österreichisches IPR-Gesetz – Europäische Perspektiven, 2009, 61, 64; Rauscher/*D. Jakob/Picht*, EuZPR/EuIPR, Art. 14 Rn 54; Bamberger/Roth/*Spickhoff*, Art. 1 Rn 20 u. ebd Art. 14 Rn 9; *Staudinger* in: Gebauer/Wiedmann, Kap. 38 Rn 6; Schulze/Zuleeg/Kadelbach/*Staudinger*, § 22 Rn 37; Huber/*Bach*, Rome II Regulation, Art. 14 Rn 38; Palandt/*Thorn*, Art. 1 Rn 17; unentschieden Rauscher/*Unberath/Cziupka*, EuZPR/EuIPR, Art. 1 Rn 48.

1 *Heiss/Locker*, JBl. 2007, 613, 619.

2 So aber *Heiss/Locker*, JBl. 2007, 613, 619.

enthält Art. 2 einen „Katalog", der den Begriff des außervertraglichen Schuldverhältnisses[3] wesentlich konkretisierte.[4] Art. 2 ist keine Qualifikationsnorm.[5] Vielmehr entspringt Art. 2 einzig dem Bedürfnis nach rechtstechnischer und sprachlicher Vereinfachung.[6] Der für zahlreiche anderen Vorschriften der Rom II-VO verwendete Systembegriff „Schaden" wird festgelegt, um ständige Wiederholungen im Normtext zu vermeiden.

B. Schaden

2   Nach Abs. 1 umfasst der Begriff des Schadens „sämtliche" **Folgen außervertraglicher Schuldverhältnisse**, dh nicht nur Einbußen an deliktsrechtlich geschützten Rechtsgütern, die nach verbreiteter Dogmatik als „Schäden" gelten, sondern auch den Eintritt einer ungerechtfertigten Bereicherung und die jeweiligen Auswirkungen der Geschäftsführung ohne Auftrag und der *culpa in contrahendo*. Dass der Terminus „Schaden" hier als Sammelbegriff dient, ist aus deutschsachrechtlicher Sicht ungewohnt und auffällig,[7] im Kontext der Rom II-VO aber erforderlich, da ihr Grundkonzept der *lex loci damni* auf die Lokalisierung der Auswirkungen des anspruchsbegründenden Verhaltens angewiesen ist, und der unionale Normgeber diese Folgen vereinfachend benennen musste.

C. Vorbeugender Rechtsschutz

3   Die Rom II-VO erfasst auch **vorbeugende Unterlassungsklagen** im Zusammenhang mit außervertraglichen Schuldverhältnissen.[8] Ein normativer Beleg dafür ist Art. 15 lit. c, der auch gerichtliche Maßnahmen zur „Vorbeugung" des Schadens dem nach der VO ermittelten Statut unterstellt. Notwendig und angestrebt ist zudem Harmonie mit Art. 5 Nr. 3 EuGVVO, der Gerichtspflicht an dem Ort begründet, „an dem das schädigende Ereignis eingetreten ist oder einzutreten droht."[9] Vor diesem Hintergrund suchen die Definitionssätze des Art. 2 jedes nur denkbare Künftigkeitsmoment abzudecken: das wahrscheinliche Entstehen eines Schuldverhältnisses (Abs. 2) ebenso wie den wahrscheinlichen Eintritt eines Schadens bzw eines schädigenden Ereignisses (Abs. 3 lit. a–b).

4   Den jeweils geforderten **Grad der Wahrscheinlichkeit** definiert Art. 2 nicht. Es sind aber keine zu hohen Anforderungen zu stellen, um die Schadensprävention nicht zu lähmen, zumal das Risiko schikanöser oder querulatorischer Klagen bei Auslandsbezug nicht hoch ist. Mit Recht fordert man keine absolute Gewissheit, sondern lässt hinreichende bzw verdichtete tatsächliche Anhaltspunkte für den Schadenseintritt genügen.[10]

5   Die einzige Norm der Rom II-VO außer Artt. 2, 15 lit. c, die die Frage künftiger Schäden für ihren Anwendungsbereich besonders anspricht, ist Art. 9 über **Arbeitskampfmaßnahmen**. Dort spielt der vorbeugende Rechtsschutz eine besondere Rolle.[11] Art. 9 bezieht sich zwar auf „bevorstehende oder durchgeführte" Kampfmaßnahmen gleichermaßen, verlangt in Bezug auf beide Tatbestandsvarianten aber explizit, dass die Schäden bereits „entstanden sind." Daraus ließe sich schließen, dass nur real eingetretene Schäden, vor Beginn des Arbeitskampfes also nur solche Schäden erfasst sind, die schon auf die Wahrscheinlichkeit der Kampfmaßnahmen zurückgehen, zB Goodwillschäden oder Organisationskosten infolge einer Streikankündigung. Demgegenüber unterlägen hypothetische Schäden vor Beginn des Arbeitskampfes nicht Art. 9, sondern den allgemeinen Regeln der VO. Auch die anderen Sprachfassungen des Art. 9 scheinen in jedem Fall einen tatsächlichen, nicht nur hypothetischen Schadenseintritt vorauszusetzen, so etwa das Englische („damages caused"), das Französische („des dommages causés"), das Italienische („danni causati"), das

---

3   Dazu Art. 1 Rn 3–7.
4   So aber *Staudinger* in: Gebauer/Wiedmann, Kap. 38 Rn 14.
5   So *Hohloch*, IPRax 2012, 110, 112 (Fn 18); offenbar auch Palandt/*Thorn*, Art. 2 Rn 1: „weitere Klarstellung des Anwendungsbereichs".
6   MüKo/*Junker*, Art. 2 Rn 1–2; Bamberger/Roth/*Spickhoff*, Art. 2 Rn 1; Huber/*Bach*, Rome II Regulation, Art. 2 Rn 1.
7   *Hohloch*, (2007) 9 Yb. P.I.L. 1, 13.
8   *v. Hein*, VersR 2007, 440, 442; *Knöfel*, EuZA 1 (2008), 228, 242; MüKo/*Junker*, Art. 2 Rn 8; Huber/*Bach*, Rome II Regulation, Art. 2 Rn 2, 5; Rauscher/*Unberath/Cziupka*, EuZPR/EuIPR, Art. 2 Rn 5.
9   Zur Anwendung auf vorbeugende Unterlassungsklagen grundsätzlich EuGH, Slg 2002, I-8111, I-8142 f Rn 48 – Verein für Konsumenteninformation/Karl Heinz Henkel; außerdem EuGH, Slg 2004, I-1417, I-1452 Rn 27, I-1454 Rn 33 = Rev. crit. DIP 93 (2004), 791 m.Anm. *Pataut* 800 = IPRax 2006, 161 m. Aufs. *Franzen* 127 = NJ 2006 Nr. 322 S. 3056 m.Anm. *Vlas* – Danmarks Rederiforening, Mandatar für DFDS Torline A/S/LO Landsorganisationen i Sverige, Mandatar für SEKO Sjöfolk Facket för Service och Kommunikation. Anders zB für vorbeugende Immissionsabwehrklagen noch Pres. Arr. Rb. Middelburg, Ned. Jur. 1989 Nr. 744 S. 2889, 2891 m.Anm. *Schultsz*.
10 MüKo/*Junker*, Art. 2 Rn 8; Bamberger/Roth/*Spickhoff*, Art. 2 Rn 2.
11 *Knöfel*, EuZA 1 (2008), 228, 236: „eher Schadensverhütungs- als Schadensvergütungsrecht".

Niederländische („schade veroorzakt"), das Portugiesische („danos decorrentes"), das Rumänische („prejudicii cauzate"), das Schwedische („skador orsakade") und das Spanische („daños causados").[12] Jedenfalls Art. 2 bewirkt aber, dass die Deliktshaftung auch für zukünftige Arbeitskampfschäden innerhalb der Rom II-VO gerade nach deren Art. 9 angeknüpft werden muss, nicht etwa nach den allgemeinen Regeln der VO.[13] Außer Schäden durch bereits real ins Werk gesetzte Kampfmaßnahmen erfasst Art. 9 also auch jeden künftigen Schaden, wie er sich vor Kampfbeginn hypothetisch darstellt.[14]

Artikel 3 Universelle Anwendung

Das nach dieser Verordnung bezeichnete Recht ist auch dann anzuwenden, wenn es nicht das Recht eines Mitgliedstaats ist.

Literatur: *Fallon*, Le domaine spatial d'un code européen de droit international privé, Émergence et modalités de règles de caractère universel, in: *Fallon/Lagarde/Poillot-Peruzzetto* (dir.), Quelle architecture pour un code européen de droit international privé?, 2011, 137; *Fresnedo de Aguirre/Fernandez Arroyo*, A Quick Latin American Look at the Rome II Regulation, (2007) 9 Yb. P.I.L. 193; *Kreuzer*, Zu Stand und Perspektiven des Europäischen Internationalen Privatrechts – Wie europäisch soll das Europäische Internationale Privatrecht sein?, RabelsZ 70 (2006), 1; *Leible*, Rom I und Rom II: Neue Perspektiven im Europäischen Kollisionsrecht, 2009; *Mortensen*, A Common Law Cocoon: Australia and the Rome II Regulation, (2007) 9 Yb. P.I.L. 203; *Nishitani*, The Rome II Regulation from a Japanese Point of View, (2007) 9 Yb. P.I.L. 175; *Othenin-Girard*, Règlement Rome II et LDIP: quelques points de convergence et de divergence, SJZ 105 (2009), 381; *Schoeman*, Third (Anglo-Common Law) Countries and Rome II: Dilemma or Deliverance?, (2011) 7 J. Priv. Int. L. 361; *Symeonides*, Tort Conflicts and Rome II: A View from Across, in: FS Erik Jayme, I, 2004, S. 935; *ders.*, Rome II: A Centrist Critique, (2007) 9 Yb. P.I.L. 149; *ders.*, Party Autonomy in Rome I and II From a Comparative Perspective, in: Liber amicorum Kurt Siehr, 2010, 513; *ders.*, Party Autonomy in Rome I and II: An Outsider's Perspective, NIPR 2010, 191

A. Normzweck

Als Schwesternorm u.a. zu Art. 2 Rom I-VO und Art. 20 EuErbRVO stellt Art. 3 klar, dass die Rom II-VO in ihrer Gesamtheit als *loi uniforme* wirkt.[1] Für den Mechanismus der VO ist damit unerheblich, ob ihre Anknüpfungen auf mitglied- oder drittstaatliches Recht weisen; jedenfalls wird die VO und anschließend jedes verwiesene Sachrecht angewandt. Damit folgt die VO einem weltweiten Trend, der auch nahezu alle neueren nationalen IPR-Kodifikationen beherrscht. Abgesehen von Art. 14 Abs. 3 versagt sich die Rom II-VO jeder territorialen Untergliederung in Binnenmarkt- und Drittstaatensachverhalte. Sind die sachlichen Anwendungsvoraussetzungen der Rom II-VO erfüllt, so wird die VO als (einziges) Amtsrecht des mitgliedstaatlichen Richters appliziert, das jedes andere, insbesondere jedes autonome Kollisionsrecht verdrängt.

1

B. Hintergrund

Im Hintergrund des Art. 3 stehen die heute weit gefassten Kompetenzen der Union und die Geltungsansprüche der Unionsrechtsordnung. Diese hat sich vom früheren Anwendungsanspruch auf den Binnenmarkt weitgehend abgewandt. Sie beansprucht zunehmend auch die Hoheit über das internationalrechtliche Außenverhältnis der Mitgliedstaaten.[2] Art. 81 AEUV als Zentralnorm für die unionale Rechtssetzung im IPR/IZVR verlangt zwar ausdrücklich „grenzüberschreitenden Bezug" der getroffenen Legislativmaßnahmen, lässt dafür aber **Drittstaatenbezug** genügen.[3] Davon, dass das Binnenmarkterfordernis nach Art. 81 Abs. 2 AEUV für künftig zu treffende Maßnahmen auf Unionsebene nur noch „insbesondere" verlangt ist, also nicht mehr in jedem Einzelfall, geht ein wesentlicher Schub für die Kollisionsrechtssetzung aus.[4] Dass

2

---

12 Siehe *Knöfel*, EuZA 1 (2008), 228, 242.
13 *Knöfel*, EuZA 1 (2008), 228, 242.
14 *Knöfel*, EuZA 1 (2008), 228, 242; *Zelfel*, S. 64–67.
1 Zum normativen Umfeld im Europäischen IPR *Fallon*, in: Fallon/Lagarde/Poillot-Peruzzetto (dir.), Quelle architecture pour un code européen de droit international privé?, 2011, S. 137, 143 f.
2 Grundsätzlich EuGH, Slg 2006, I-1145, I-1212 Rn 172–173 – Zuständigkeit der Gemeinschaft für den Abschluss des neuen Übereinkommens von Lugano über die gerichtliche Zuständigkeit und die Anerkennung und Vollstreckung von Entscheidungen in Zivil- und Handelssachen.

3 Anders offenbar der Vorschlag für die EuPartnerschaftsVO, KOM (2011) 127 endg., 4: „Der Vorschlag gilt nur für Sachverhalte, die einen Bezug zu mehr als einem Mitgliedstaat haben. Das Erfordernis des grenzüberschreitenden Bezugs in Artikel 81 Abs. 3 AEUV ist somit erfüllt.".
4 *R. Wagner*, EuZW 2006, 424, 428; *ders.*, IPRax 2007, 290, 292; *Navrátilová*, GPR 2008, 144, 149 f; *Kroll*, ZVglRWiss 107 (2008), 320, 339; siehe auch *Chr. Kohler*, ZSR NF 124 (2005) II, 263, 268; *Schroeter*, ZEuP 2006, 515, 538; *Schack*, in: FS Dieter Leipold 2009, S. 317, 325.

gerade auch Art. 3 von den Rechtssetzungskompetenzen der Union gedeckt ist, ist im Gesetzgebungsverfahren zur Rom II-VO zwar bezweifelt worden,[5] wird heute aber nicht mehr hinterfragt.[6] Im Anwendungsbereich der Rom II-VO hat es zudem eine (teilweise) Redelegation der Außenkompetenzen auf die Mitgliedstaaten gegeben. Ihnen steht es weiterhin frei, Abkommen mit Drittstaaten über spezifische Fragen, die ganz oder teilweise in den Anwendungsbereich der Rom II-VO fallen, zu ändern oder zu schließen, sofern dabei das in der VO (EG) Nr. 662/2009 vorgesehene Verfahren für die Aushandlung und den Abschluss solcher Abkommen beachtet wird.[7]

3   Zur Universalität, wie sie nach Art. 3 gewährleistet ist, strebt das gesamte Europäische Internationale Privatrecht,[8] mögen selbst neuere Materialien der Kommission zT noch anderslautende, missverständliche Hinweise enthalten.[9] Bedauerlicherweise setzt sich aber die wünschenswerte, durch Art. 3 unterstrichene „Einspurigkeit"[10] im wichtigsten Bereich des Europäischen Internationalen Zivilverfahrensrechts, dem Zuständigkeitsrecht, wider Erwarten nicht fort. Bei der jüngsten Reform der EuGVVO hat sich der Vorschlag der Kommission von 2010,[11] die Zuständigkeitsregeln der EuGVVO auch **Drittstaatensachverhalte** erfassen zu lassen,[12] nicht durchgesetzt. Die im Dezember 2012 publizierte Neufassung der EuGVVO als VO (EU) Nr. 1215/2012[13] enthält mit Art. 6 vielmehr eine Bestimmung, die wie Art. 4 EuGVVO aF Zivilverfahren gegen in Drittstaaten ansässige Beklagte grundsätzlich ausgliedert bzw dem autonomen mitgliedstaatlichen Gerichtsstandsrecht überweist. Wäre der vielfach unterstützte Vorschlag der Kommission Gesetz geworden, so hätte das universalisierte Kompetenzrecht in dieser Hinsicht auf natürliche Weise mit der Rom II-VO harmonieren können.[14] Diese Chance ist einstweilen vertan, jedenfalls bis zum Anwendungsbericht der Kommission nach Art. 79 EuGVVO nF, der bis zum 11.1.2022 vorgelegt werden und die Universalisierung der Zuständigkeitsvorschriften neu bewerten soll.

C. Weitere Auswirkungen

4   Allein der Verzicht auf territoriale Abschichtungen stellt sicher, dass die Rom II-VO im drittstaatlichen Ausland ernst genommen wird. Sie tritt dort als monolithisches, in 27 Staaten einheitlich und zugleich universell angewandtes EU-Deliktskollisionsrecht auf, nicht nur als selbstbeschränktes Unions-Binnenkollisionsrecht. Dadurch sieht man die VO, insbesondere im angelsächsischen Raum, als eine neue Größe im weltweiten Diskurs um das Deliktskollisionsrecht, jedenfalls als kritik- und diskussionsfähiges, womöglich unmittelbar anregendes Gesamtmodell.[15] Dafür bürgt aus anglo-amerikanischer Sicht insbesondere die Anwendbarkeit der VO im Vereinigten Königreich als Mutterland des Common Law-Rechtskreises.

---

5   Nähere Angaben bei *Kreuzer*, RabelsZ 70 (2006), 1, 42.
6   Siehe dazu noch *Leible*, S. 23 f.
7   Verordnung (EG) Nr. 662/2009 des Europäischen Parlaments und des Rates vom 13.7.2009 zur Einführung eines Verfahrens für die Aushandlung und den Abschluss von Abkommen zwischen Mitgliedstaaten und Drittstaaten über spezifische Fragen des auf vertragliche und außervertragliche Schuldverhältnisse anzuwendenden Rechts, ABl. EU 2009 L 200/25 mit Berichtigung in ABl. EU 2011 L 241/35; dazu *Bischoff*, ZEuP 2010, 3321 ff.
8   Grundsätzlich EuGH, Slg 2000, I-5925, I-5657 f Rn 59-61 – Group Josi Reinsurance Company SA/Universal General Insurance Company (UGIC); EuGH, Slg 2005, I-1383, I-1458 f Rn 34 – Andrew Owusu/N. B. Jackson, Inhaber der Firma „Villa Holidays Bal-Inn Villas" u.a. = JZ 2005, 887 m. Anm. *Bruns* = IPRax 2005, 244 m. Aufs. *Dutta/Heinze* 224 = ZZPInt. 10 (2005), 277 m. Anm. *P. Huber/Stieber* = Rev. crit. DIP 94 (2005), 698 note *Chalas* = ZEuP 2006, 459 m. Anm. *Rauscher/Fehre*; dazu *M.-L. Niboyet*, Gaz. Pal. 2005 I (J) 33 ff; *Otero García-Castrillón*, REDI 2005, 942 ff; *Cuniberti/M. Winkler*, Clunet 2005, 1183 ff; *dies*., Dir. comm. int. 20 (2006), 3 ff; *Ibili*, WPNR 2005, 23 ff; *Duintjer Tebbens*, Essays in Honour of Frans van der Velden, 2006, 95 ff; *Bandera*, Riv. dir. int. priv. proc. 2007, 1025 ff.
9   Siehe die Vorschläge der EuGüterRVO (KOM [2011] 126 endg., 4) und der EuPartnerschaftsVO (KOM [2011] 127 endg., 4): „Der Vorschlag gilt nur für Sachverhalte, die einen Bezug zu mehr als einem Mitgliedstaat haben"; dazu *Hau*, in: FS Daphne-Ariane Simotta, 2012, S. 215, 220.
10 *Kreuzer*, RabelsZ 70 (2006), 1, 8.
11 Vorschlag für eine Verordnung des Europäischen Parlaments und des Rates über die gerichtliche Zuständigkeit und die Anerkennung und Vollstreckung von Entscheidungen in Zivil- und Handelssachen (Neufassung), von der Kommission vorgelegt am 14.12.2010, KOM (2010) 748 endg.
12 Dazu *Kropholler/v. Hein*, Europäisches Zivilprozessrecht, 9. Aufl. 2011, Einl. EuGVO Rn 32, Rn 38 a; *Magnus/Mankowski*, ZVglRWiss 110 (2011), 252, 261–272; bereits in ihrer Sitzung in Bergen vom 19.–21.9.2008, siehe Sous-groupe du GEDIP, composé de *Jürgen Basedow, Alegría Borrás, Harry Duintjer Tebbens, Paul Lagarde, Fausto Pocar*, Proposition de modification du règlement 44/2001 en vue de son application aux situations externes/Commentaire explicatif (21.9.2008), abrufbar unter <http://www.gedip-egpil.eu>.
13 Verordnung (EU) Nr. 1215/2012 des Europäischen Parlaments und des Rates vom 12.12.2012 über die gerichtliche Zuständigkeit und die Anerkennung und Vollstreckung von Entscheidungen in Zivil- und Handelssachen, ABl. EU 2012 L 351/1.
14 *J. Weber*, RabelsZ 75 (2011), 619, 625; *Weitz*, in: FS Daphne-Ariane Simotta 2012, S. 679, 685.
15 Exemplarisch *Schoeman*, [2010] LMCLQ 81, 82.

Aus der Sicht der Prozesspraxis verringert Art. 3 Anreize zu *forum shopping*.[16] Die Eigenschaft der VO als *loi uniforme* stellt außerdem sicher, dass das **Heimatrecht drittstaatlicher Kläger**, sofern die Rom II-Anknüpfungsregeln darauf weisen, im EU-Inland überall ohne Einschränkungen und diskriminierungsfrei honoriert wird. Aus rechtsökonomischer Sicht wird freilich moniert, dass Art. 3 dem Wettbewerb der Rechtsordnungen abträglich sei,[17] weil jegliches Deliktssachrecht zum Tragen kommt, ohne sich gegen andere behaupten zu müssen.

Kapitel II
Unerlaubte Handlungen

Artikel 4 Allgemeine Kollisionsnorm

(1) Soweit in dieser Verordnung nichts anderes vorgesehen ist, ist auf ein außervertragliches Schuldverhältnis aus unerlaubter Handlung das Recht des Staates anzuwenden, in dem der Schaden eintritt, unabhängig davon, in welchem Staat das schadensbegründende Ereignis oder indirekte Schadensfolgen eingetreten sind.

(2) Haben jedoch die Person, deren Haftung geltend gemacht wird, und die Person, die geschädigt wurde, zum Zeitpunkt des Schadenseintritts ihren gewöhnlichen Aufenthalt in demselben Staat, so unterliegt die unerlaubte Handlung dem Recht dieses Staates.

(3) ¹Ergibt sich aus der Gesamtheit der Umstände, dass die unerlaubte Handlung eine offensichtlich engere Verbindung mit einem anderen als dem in den Absätzen 1 oder 2 bezeichneten Staat aufweist, so ist das Recht dieses anderen Staates anzuwenden. ²Eine offensichtlich engere Verbindung mit einem anderen Staat könnte sich insbesondere aus einem bereits bestehenden Rechtsverhältnis zwischen den Parteien – wie einem Vertrag – ergeben, das mit der betreffenden unerlaubten Handlung in enger Verbindung steht.

Literatur: *AnwaltKommentar BGB*, hrsg. von Heidel/Hüßtege/Mansel/Noack, Band 1, 2005; *v. Bar/Mankowski*, Internationales Privatrecht I, 2. Auflage 2003; *Bariatti*, La future disciplina delle obligazioni non contractuali nel quadro della comunitarizzazione del diritto internazionale privato, Riv. dir. int. priv. proc. 2005, 5; *Basedow*, Rome II at sea – General aspects of maritime torts, RabelsZ 74 (2010), 118; *Beck'scher Online-Kommentar BGB*, hrsg. von Bamberger/Roth, Stand: 1.8.2012; *Bureau/Muir Watt*, Droit international privé, Bd. 2, 2. Auflage 2010; *Calliess* (Hrsg.), Rome Regulations: Commentary on the European Rules of the Conflict of Laws, 2011; *Calvo Caravaca/Carrascosa González*, Derecho internacional privado, Bd. 2, 10. Auflage 2009; *Cheshire/North/Fawcett*, Private International Law, 14. Auflage 2008; *P. Fischer*, Die akzessorische Anknüpfung des Deliktsstatuts, 1989; *Dicey/Morris/Collins*, The Conflict of Laws, Bd. 2, 14. Auflage 2006, Third Supplement 2009; *Dickinson*, The Rome II Regulation, 2008, Supplement 2010; *Dornis*, „When in Rome, do as the Romans do?" – A Defense of the Lex Domicilii Communis in the Rome II-Regulation, European Legal Forum 2007, I-152; *Einsele*, Internationales Prospekthaftungsrecht – Kollisionsrechtlicher Anlegerschutz nach der Rom II-Verordnung, ZEuP 2012, 23; *Engert/Groh*, Internationaler Kapitalanlegerschutz vor dem Bundesgerichtshof, IPRax 2011, 458; *Erman*, BGB-Handkommentar, hrsg. v. Westermann, Bd. 2, 13. Auflage 2011; *Flessner*, Das Parteiinteresse an der *lex fori* nach europäischem Kollisionsrecht, in: Liber amicorum Walter Pintens, 2012, S. 593; *Freitag*, Die Rom-Verordnungen und die §§ 25–28 HGB, ZHR 174, 2010, 429; *ders.*, Rom I, Rom II – tertium est datur im Kollisionsrecht der Schuldverhältnisse!, in: FS Spellenberg, 2010, S. 169; *Garcimartín Alférez*, The Rome II Regulation: On the way towards a European Private International Law Code, European Legal Forum 2007, I-77; *ders.*, The Rome I Regulation: Much ado about nothing?, European Legal Forum 2008, I-61; *Gaudemet-Tallon*, Compétence et exécution des jugements en Europe, 4. Auflage 2010; *R. Geimer/Schütze/E. Geimer* (Hrsg.), Europäisches Zivilverfahrensrecht: Kommentar, 3. Auflage 2010; *Hamburg Group for Private International Law*, Comments on the European Commission's Draft Proposal for a Council Regulation on the law applicable to non-contractual obligations, RabelsZ 67 (2003), 1; *Hartley*, Choice of Law for Non-contractual Liability: Selected Problems under the Rome II Regulation, I.C.L.Q. 2008, 899; *v. Hein*, Finanzkrise und Internationales Privatrecht, in: *Fassbender/Wendehorst/de Wet/Peters/Michaels/Tietje/Weiss/v. Hein* (Hrsg.), Paradigmen im internationalen Recht – Implikationen der Weltfinanzkrise für der internationale Recht, 2012, S. 369; *ders.*, Something Old and Something Borrowed, but Nothing New? – Rome II and the European Choice-of-Law Evolution, 82 Tulane Law Review 1663 (2007–2008); *ders.*, Die Ausweichklausel im europäischen internationalen Deliktsrecht, in: FS Kropholler, 2008, S. 553; *ders.*, Die Internationale Prospekthaftung im Lichte der Rom II-Verordnung, in: FS Hopt, 2008, S. 371; *ders.*, Europäisches internationales Deliktsrecht nach der Rom II-Verordnung, ZEuP 2009, 6; *Heiss/Loacker*, Die Vergemeinschaftung des Kollisionsrecht der außervertraglichen Schuldverhältnisse durch Rom II, JBl. 2007, 613; *Hellgardt/Ringe*, Internationale Kapitalmarkthaftung als Corporate Governance, ZHR 173 (2009), 802; *v. Hoffmann*, Sonderanknüpfung zwingender Normen im internationalen Deliktsrecht – Eine kollisionsrechtliche Skizze, in: FS Henrich, 2000, S. 283; *Hohloch*, The Rome II Regulation: An Overview, Yb. P.I.L. 9 (2007), 1; *Huber* (Hrsg.), Rome II Regulation: Pocket commentary, 2011; *Joubert*, Les régles de conflit spéciales en matière de délits dans le Règlement du 11 juillet 2007 (Rome II), in: *Corneloup/Joubert* (Hrsg.), Le règlement communautaire „Rome II" sur la loi applicable aux obligations non contractuelles: actes du Colloque du septembre 2007, 2008, S. 55; *Junker*, Das interna-

---

16 *De Cesari*, Diritto internazionale privato dell'Unione Europea, 2011, S. 415.
17 So *G. Wagner*, IPRax 2008, 3, 4.

tionale Privat- und Verfahrensrecht der Nichtdiskriminierung im Arbeitsverhältnis, NZA-Beilage 2008, 59; *ders.*, Das Internationale Privatrecht der Straßenverkehrsunfälle nach der Rom II-Verordnung, JZ 2008, 169; *Kadner Graziano,* Das auf außervertragliche Schuldverhältnisse anzuwendende Recht nach Inkrafttreten der Rom II-Verordnung, RabelsZ 73 (2009), 1; *Kegel/Schurig,* Internationales Privatrecht, 9. Auflage 2004; *Kreuzer,* Berichtigungsklauseln im internationalen Privatrecht, in: FS Zajtay 1982, S. 295; *ders.*, Zur Funktion von kollisionsrechtlichen Berichtigungsnormen, ZfRV 33 (1992), 168; *Kropholler,* Ein Anknüpfungssystem für das Deliktsstatut, RabelsZ 33 (1969), 601; *Lehmann,* Where Does Economic Loss Occur?, Journal of Private International Law 2011, 527; *Lehmann/Duczek,* Grundfälle zur Rom II-Verordnung, JuS 2012, 681, 788; *Leible/Engel,* Auf dem Weg zu einheitlichen Anknüpfungsregeln für außervertragliche Schuldverhältnisse in Europa, EuZW 2004, 7; *Leible/Lehmann,* Die neue EG-Verordnung über das auf außervertragliche Schuldverhältnisse anzuwendende Recht („Rom II"), RIW 2007, 721; *de Lima Pinheiro,* Choice of law on non-contractual obligations between communitarization und globalization – A first assessment of EC Regulation Rome II, Rivista di diritto internazionale privato e processuale 2008, 5; *Lüttringhaus,* Grenzüberschreitender Diskriminierungsschutz: das internationale Privatrecht der Antidiskriminierung, 2010; *Magnus/Mankowski* (Hrsg.), Brussels I Regulation, 2. Auflage 2012; *Mayer/Heuzé,* Droit international privé, 10. Auflage 2010; *Münchener Kommentar zum Bürgerlichen Gesetzbuch,* hrsg. v. Säcker/Rixecker, Bd. 10, 5. Auflage 2010; *Nourissat/Treppoz,* Quelques observations sur l'avant-projet de proposition de règlement du Conseil sur la loi applicable aux obligations non-contractuelles „Rome II", JDI 2003, 7; *Nuyts,* La règle générale de conflit de lois en matière non contractuelle dans le Règlement Rome II, Revue de droit commercial belge 114 (2008), 490; *Odendahl,* Internationales Deliktsrecht der Rom II-VO und die Haftung für reine Vermögensschäden, 2012; *Ofner,* Die Rom II-Verordnung, Neues Internationales Privatrecht für außervertragliche Schuldverhältnisse in der Europäischen Union, ZfRV 2008, 13; *Palandt,* BGB – Kommentar, bearb. v. Bassenge u.a., 71. Auflage 2012; *Perreau-Saussine,* Les mal-aimés du règlement Rome II: les délits commis par voie de média, Dalloz 2009, 1647; *Pfeiffer,* Das internationale Privatrecht der Nichtdiskriminierung, in: FS Schwerdtner, 2003, S. 775; *Prütting/Wegen/Weinreich* (Hrsg.), BGB, Kommentar, 6. Auflage 2011; *Rauscher* (Hrsg.), Europäisches Zivilprozeß- und Kollisionsrecht, Kommentar, Bd. 3, Rom I-VO, Rom II-VO, 2011; *Schinkels,* „Dritthaftung" von Gutachtern in Deutschland und England im Lichte der Verordnung Rom II, JZ 2008, 272; *Soergel,* Bürgerliches Gesetzbuch, Kommentar, hrsg. v. Siebert u.a., 12. Auflage 1996; *Spickhoff,* Anspruchskonkurrenzen, internationale Zuständigkeit und internationales Privatrecht, IPRax 2009, 128; *Staudinger,* Kommentar zum Bürgerlichen Gesetzbuch, Artt. 38–42 EGBGB, Bearb. 2001; *Stone,* Der Vorschlag für die Rom II-Verordnung über das auf außervertragliche Schuldverhältnisse anzuwendende Recht, EuLF 2004, 213; *Symeonides,* Tort Conflicts and Rome II: A View from Across, 56 Am. J. Comp. L. 173 (2008); *G. Wagner,* Internationales Deliktsrecht, die Arbeiten an der Rom II-Verordnung und der europäische Deliktsgerichtsstand, IPRax 2006, 372; *ders.*, Die neue Rom II-Verordnung, IPRax 2008, 1; *Weber,* Internationale Prospekthaftung nach der Rom II-Verordnung, WM 2008, 1581.

A. Allgemeines 1
   I. Bedeutung 1
   II. Inhaltsüberblick 3
   III. Systematische Stellung 6
      1. Verhältnis zu Regelungen für andere außervertragliche Schuldverhältnisse 6
      2. Korrektur durch Artt. 16 und 17 9
      3. Verhältnis zu den anderen Vorschriften des Kapitels II 12
      4. Verdrängung durch Rechtswahl 13
      5. Verdrängung durch ordre public 14
      6. Einbeziehung kraft Verweisung oder paralleler Regelung 15
   IV. Entstehungsgeschichte 19
      1. Historie des Abs. 1 19
      2. Historie des Abs. 2 25
      3. Historie des Abs. 3 27
B. Anwendungsbereich 29
   I. Außervertragliche Schuldverhältnisse aus unerlaubter Handlung 29
   II. Funktion des Begriffs „unerlaubte Handlung" .. 30
      1. Reine Auffangkategorie? 30
      2. Bedeutung für die Bestimmung des Anwendungsbereichs der Rom II-VO? ... 33
      3. Eigene Funktion und Schließung der in der Rom II-VO bestehenden Lücke 34
   III. Auslegungsmaßstäbe 38
   IV. Inhalt des Begriffs „unerlaubte Handlung" ... 41
      1. Grundlagen 41
      2. Schadenshaftung 43
      3. Fehlen einer freiwilligen Verpflichtung ... 46
      4. Weitere Merkmale? 53
   V. Einzelfälle 57
      1. Verkehrsdelikte 57
      2. Tötungs- und Körperverletzungsdelikte ... 61
      3. Beeinträchtigungen der körperlichen Freiheit 62
      4. Sachbeschädigungen und Sachentziehungen 63
      5. Rückforderung von Kulturgütern 64
      6. Verletzungen der Privatsphäre und des Persönlichkeitsrechts 65
      7. Verletzungen des Namens- oder Firmenrechts 66
      8. Diskriminierungen 67
      9. Delikte im Internet 68
      10. Delikte im Weltraum 69
      11. Schädliche Immissionen 70
      12. Delikte während Vertragsverhandlungen . 71
      13. Vermögensdelikte 72
      14. Delikte gegen Unternehmen und Gesellschaften 73
      15. Delikte auf dem Finanzmarkt 74
C. Anknüpfung an den Ort des Schadenseintritts (Abs. 1) 75
   I. Grundlagen 75
   II. Auswirkungen 76
      1. Distanzdelikte 77
      2. Streudelikte 78
   III. Begriff des Schadens 79
      1. Problematik 79
      2. Ermittlung des Primärschadens 81
      3. Bestimmung des Rechtsguts 82
      4. Abgrenzung vom schadensbegründenden Ereignis und von indirekten Schadensfolgen 92
      5. Verbleibende problematische Fälle 95
   IV. Lokalisierung des Schadens 97
      1. Problematik 97
      2. Prozessualer Kontext 101
      3. Lösung 103
   V. Einzelfälle 105
      1. Drohende Schäden 105
      2. Schäden auf und in Gewässern 106
      3. Schäden in der Luft 107

	4. Schäden in oder an Botschaften	108
	5. Schäden im Weltraum	109
	6. Transnationale Transporte	110
	7. Schadenszufügung im Internet	111
	8. Mehrere Geschädigte	112
	9. Schaden einer Person in verschiedenen Staaten	113
	10. Personenschäden	114
	11. Reine Vermögensschäden	115
	12. Schäden infolge von Diskriminierungen	116
	13. Verletzungen von Schutzgesetzen	117
D.	Anknüpfung an den gemeinsamen gewöhnlichen Aufenthalt (Abs. 2)	118
	I. Funktion	118
	II. Gewöhnlicher Aufenthalt	120
	III. Bezugspunkte	123
	1. Relevante Personen	123
	2. Relevanter Zeitpunkt	126
	3. Relevante Staaten	127
	IV. Analoge Anwendung?	132
	V. Ausnahmen	135
E.	Ausweichklausel (Abs. 3)	137
	I. Funktion	137
	II. Anwendung nur in Einzelfällen	138
	III. Offensichtlich engere Verbindung (Abs. 3 S. 1)	139
	1. Funktion	139
	2. Handhabung	140

	3. Bedeutung des Wortes „offensichtlich"	141
	4. Zu berücksichtigende Umstände	143
	5. Nicht zu berücksichtigende Umstände	149
	6. Abwägung	153
IV.	Zwischen den Parteien bestehendes Rechtsverhältnis (Abs. 3 S. 2)	155
	1. Funktion	155
	2. Rechtsverhältnis	156
	3. Parteien des Rechtsverhältnisses	158
	4. Wirksamkeit des Rechtsverhältnisses	159
	5. Zeitpunkt der Begründung des Rechtsverhältnisses	160
	6. Konnexität zur unerlaubten Handlung	161
	7. Wirkungen	163
V.	Rechtsfolge	167
	1. Anwendung des bezeichneten Rechts	167
	2. Einheitliche Anwendung	168
VI.	Einzelfälle	169
	1. Unfälle im Straßenverkehr	169
	2. Familienverhältnisse	170
	3. Reisegemeinschaften	171
	4. Arbeitsunfälle	172
	5. Finanzmarktdelikte	173
	6. Mehrere Geschädigte derselben unerlaubten Handlung	174
	7. Schäden einer Person in mehreren Staaten	175

A. Allgemeines

I. Bedeutung

Art. 4 ist die **Grundnorm** für die Anknüpfung unerlaubter Handlungen. Die Präambel bezeichnet ihn als „allgemeine Regel" in der Rom II-VO.[1] Allerdings ist diese Bezeichnung **irreführend**.[2] Denn einerseits bezieht sich Art. 4 **nur auf unerlaubten Handlungen** als eine von mehreren Kategorien außervertraglicher Schuldverhältnisse. Andererseits wird die Norm von einer Reihe **spezieller Anknüpfungen** überlagert: Das auf die Produkthaftung, die Umweltschädigung, die Verletzung von Rechten des geistigen Eigentums und Arbeitskampfmaßnahmen anzuwendende Recht ist nicht nach Art. 4, sondern nach den Artt. 5–9 zu bestimmen. In diesen Vorschriften finden sich die Anknüpfungen des Art. 4 nicht oder nur subsidiär wieder. Außerdem ist zu berücksichtigen, dass gewisse unerlaubte Handlungen, wie etwa Verletzungen des Persönlichkeitsrechts, **ganz aus dem Anwendungsbereich** der Rom II-VO **herausfallen**. 1

Für Art. 4 bleibt danach ein im Verhältnis zu der Bezeichnung als „allgemeine Regel" **kleiner Anwendungsbereich**. Dennoch wäre es untertrieben, Art. 4 hauptsächlich auf **Straßenverkehrsdelikte** zu beziehen.[3] Selbst wenn diese in der gerichtlichen Praxis den größten Teil der Fälle ausmachen sollten, sind sie nicht die einzigen oder auch nur vorrangigen Fälle, auf die Art. 4 anwendbar ist. Denn neben diesen gibt es noch zahlreiche andere wichtige Kategorien unerlaubter Handlungen, für die in der Rom II-Verordnung keine spezielle Anknüpfung vorgesehen ist. Beispiele sind **Körperverletzungen** wie Schlägereien oder Vergiftungen, **Verletzungen des Namens- oder Firmenrechts** sowie **Finanzmarktdelikte** wie die Prospekthaftung oder der Insiderhandel (siehe näher Rn 61–74). Art. 4 hat daher die Bedeutung einer **Generalklausel für alle außervertraglichen Schuldverhältnisse aus unerlaubter Handlung**, für die in der Rom II-VO keine abweichende Regel vorgesehen ist. 2

II. Inhaltsüberblick

Obwohl Art. 4 als einheitliche Norm erscheint, enthält er **zwei verschiedene Kollisionsregeln** sowie eine **Ausnahme** zu beiden. 3

---

1 Erwägungsgrund 18.
2 Siehe *Calvo Caravaca/Carrascosa González*, Kapitel 31 Rn 68, S. 816; Calliess/*v. Hein*, Art. 4 Rn 1 („slightly misleading").
3 So aber *Calvo Caravaca/Carrascosa González*, Kapitel 31 Rn 68, S. 816; *Garcimartín Alférez*, EuLF 2007, I-77, 84; Huber/*Bach*, Rome II Regulation, Art. 4 Rn 11; Calliess/*v. Hein*, Art. 4 Rn 3; *Hohloch*, Yb. P.I.L. 9 (2007), 1, 9.

4 Die **erste** Kollisionsregel besagt, dass außervertragliche Schuldverhältnisse aus unerlaubter Handlung dem Recht des Staates des Schadenseintritts unterstehen (Abs. 1). Diese Grundanknüpfung entspricht dem Prinzip der *lex loci damni*. Sie wird von einer **zweiten** verdrängt: Wenn Schädiger und Geschädigter ihren gewöhnlichen Aufenthalt in demselben Staat haben, dann ist dessen Recht anwendbar (Abs. 2). Beide Kollisionsregeln werden durch die **Ausweichklausel** des Abs. 3 durchbrochen. Danach gelten die zuerst genannten Anknüpfungen nicht, wenn die unerlaubte Handlung eine offensichtlich engere Verbindung zu einem anderen Staat aufweist.

5 Für die **Prüfung** des Art. 4 ergibt sich daher Folgendes: Zunächst ist festzustellen, ob der Anwendungsbereich des Art. 4 eröffnet ist, insbesondere, ob nicht etwa Spezialregelungen eingreifen. Danach ist mit Abs. 2 zu beginnen, weil diese Norm gegenüber Abs. 1 speziell ist. Greift Abs. 2 nicht, so ist mit Abs. 1 fortzufahren. Wenn Abs. 1 oder Abs. 2 einschlägig ist, muss abschließend Abs. 3 angewandt werden. Obwohl die Vorschrift die beiden vorangegangen Regeln im Ergebnis verdrängt, kann sie nicht unmittelbar vor diesen geprüft werden. Das folgt einerseits aus ihrem Wortlaut, der die vorherige Ermittlung des nach den vorangegangenen Absätzen anzuwendenden Rechts voraussetzt, andererseits aus ihrer Funktion als Ausweichklausel, die nur in Ausnahmefällen eingreifen soll.

III. Systematische Stellung

6 **1. Verhältnis zu Regelungen für andere außervertragliche Schuldverhältnisse.** Art. 4 greift nur für außervertragliche Schuldverhältnisse aus „unerlaubter Handlung", wie aus seinem Titel und der Stellung in Kapitel II folgt. Er erfasst daher **keine Schuldverhältnisse aus ungerechtfertigter Bereicherung, GoA oder cic**, die in Kapitel III geregelt sind.

7 Bestimmte Handlungen oder Unterlassungen können jedoch **zugleich** aus Sicht des nationalen Rechts als unerlaubte Handlung und als ungerechtfertigte Bereicherung, GoA oder cic zu qualifizieren sein. So ist etwa nach deutschem Bürgerlichen Recht das Aufbrechen einer Haustür, um ein vermeintliches Feuer zu löschen, zugleich als unerlaubte Handlung (§ 823 Abs. 1 BGB) und als GoA (§§ 677 ff BGB) anzusehen. Für die kollisionsrechtlichen Regeln der Rom II-VO **gilt diese doppelte Qualifikation nicht**. Jedes Rechtsverhältnis ist eindeutig entweder Art. 4 oder einer anderen Anknüpfungsregel zuzuordnen. Dabei genießen die in Kapitel III enthaltenen Regeln Vorrang.[4] Das nach ihnen anzuwendende Recht entscheidet daher auch darüber, ob neben dem Anspruch aus ungerechtfertigter Bereicherung, GoA oder cic zugleich auch ein Anspruch aus unerlaubter Handlung besteht (Prinzip der Anspruchskonkurrenz) oder nicht (Prinzip des *non-cumul*).[5]

8 Trotz dieses grundsätzlichen Vorrangs der Regeln des Kapitel III muss jedoch zugleich beachtet werden, dass die dort verwandten **kollisionsrechtlichen Kategorien zT enger** als ihre Pendants im deutschen Sachrecht sind. Insbesondere erfasst die cic nach europäisch-autonomen Verständnis keine Personenschäden, die während der Vertragsverhandlungen einer der Parteien zugefügt werden.[6] Daher fallen diese unter Art. 4.

9 **2. Korrektur durch Artt. 16 und 17.** Die Anknüpfung des Art. 4 liefert häufig nicht das Endergebnis der kollisionsrechtlichen Prüfung. Sie wird durch andere Normen **partiell korrigiert**, die ebenfalls zu untersuchen sind.

10 Zum einen sind gemäß Art. 16 **Eingriffsnormen** zu beachten. Diese können das in Art. 4 bezeichnete Recht überlagern. Doch sind Eingriffsnormen im Bereich der unerlaubten Handlung selten.[7]

11 Praktisch bedeutsam ist vor allem die teilweise Korrektur durch Art. 17, der dem Richter die Berücksichtigung der **Sicherheits- und Verhaltensvorschriften** am Ort des schadensbegründenden Ereignisses vorschreibt. Damit kommt dem Recht des Handlungsorts gewisse Bedeutung zu, auf das Art. 4 gerade nicht verweist.

12 **3. Verhältnis zu den anderen Vorschriften des Kapitels II.** Art. 4 ist subsidiär gegenüber den speziellen Kollisionsregeln für bestimmte außervertragliche Schuldverhältnisse aus unerlaubten Handlungen. Dies folgt aus dem einleitenden Satzteil „Soweit in dieser Verordnung nicht ein anderes vorgesehen ist". Die Vorschrift wird daher **durch Artt. 5–9 verdrängt**. Allerdings verweisen diese manchmal auf Art. 4, so dass dessen Inhalt wieder Bedeutung gewinnt (Rn 15 f).

13 **4. Verdrängung durch Rechtswahl.** Weiter ist zu beachten, dass die Parteien nach dem Prinzip der **Parteiautonomie** ein anderes als das von Art. 4 bezeichnete Recht wählen können. Voraussetzung dafür ist,

---

4 Rauscher/*Unberath/Cziupka*, EuZPR/EuIPR, Art. 4 Rn 10, 22; *Cheshire/North/Fawcett*, Private International Law, S. 795; *Hohloch*, Yb. P.I.L. 9 (2007), 1, 15; *Joubert*, in: Corneloup/Joubert (Hrsg.), Le règlement communautaire Rome II sur la loi applicable aux obligations non contractuelles, S. 55, 82 f

5 Dazu *Spickhoff*, IPRax 2009, 128, 133; BeckOK-BGB/*Spickhoff*, Art. 4 Rn 4.

6 Siehe Erwägungsgrund 30 aE.

7 MüKo/*Junker*, Art. 16 Rn 7; *v. Hoffmann*, in: FS Henrich 2000, S. 283–296.

dass die Bedingungen des **Art. 14** eingehalten sind. Vor dem Eintritt des schadensbegründenden Ereignisses können daher nur kommerziell tätige Parteien eine Rechtswahl treffen, die zudem „frei ausgehandelt" sein muss. Im Nachhinein ist auch allen anderen Parteien eine von Art. 4 abweichende Rechtswahl gestattet.

5. Verdrängung durch ordre public. Art. 4 steht, wie alle anderen Kollisionsregeln der Rom II-Verordnung, unter dem Vorbehalt des *ordre public* in Art. 26. Dieser richtet sich allerdings nicht gegen das durch Art. 4 bezeichnete Recht selbst, sondern gegen das Ergebnis dessen Anwendung. **14**

6. Einbeziehung kraft Verweisung oder paralleler Regelung. Manche Normen nehmen auf Art. 4 ausdrücklich Bezug, Obwohl sie Spezialregelungen enthalten, verweisen sie auf die allgemeine Norm zurück. So verhält es sich bei Art. 6 Abs. 2. Einen teilweisen Verweis enthält Art. 7. **15**

Manchmal wird auch Teilen des Art. 4 Vorrang gegenüber den speziellen Anknüpfungsnormen eingeräumt. So verhält es sich bei Art. 5 Abs. 1 und Art. 9, die unter dem ausdrücklichen Vorbehalt des Art. 4 Abs. 2 stehen. Insoweit ist zunächst zu prüfen, ob die Parteien ihren gewöhnlichen Aufenthalt in demselben Staat haben. Nur wenn dies nicht der Fall ist, kommen die Spezialregelungen für die Produkthaftung und für Arbeitskampfmaßnahmen zur Anwendung. **16**

Andere Normen beziehen sich nicht ausdrücklich auf Art. 4, ordnen aber **sachlich dasselbe** an. So verhält es sich bei Art. 5 Abs. 2 und bei Art. 12 Abs. 3 lit. c. Diese übernehmen beinahe wörtlich die Ausweichklausel des Art. 4 Abs. 3. **17**

In allen diesen Fällen finden die für Art. 4 geltenden Auslegungsgesichtspunkte Anwendung.[8] In den beiden erstgenannten Fallgruppen folgt dies daraus, dass die Norm kraft Verweisung unmittelbar anwendbar ist. In der letztgenannten Fallgruppe liegt der Grund in dem Gebot der einheitlichen und widerspruchsfreien Interpretation der Verordnung. **18**

IV. Entstehungsgeschichte

1. Historie des Abs. 1. Die Anknüpfung der unerlaubten Handlung an den Ort des Delikts (*lex loci delicti*) entspricht **klassischem Kollisionsrecht europäischer Prägung**. Sie dient den Bedürfnissen nach Rechtssicherheit und einfacher Bestimmung des anzuwendenden Rechts. Angegriffen wurde sie in den **USA**, wo man sie als zu mechanisch und steril ansieht. Die *conflict of laws-revolution* in den 1960er Jahren richtete sich vor allem gegen die *lex loci delicti*-Regel.[9] Heute wird der Deliktsort dort nur noch als eines von mehreren Kriterien zur Bestimmung des anzuwendenden Rechts verwendet.[10] **19**

Die kontinentaleuropäischen Gesetzgeber beeindruckte das wenig. Sie hielten an der klassischen *lex loci delicti*-Regel fest. Diese findet sich auch im **Entwurf eines Übereinkommens** über das auf vertragliche und außervertragliche Schuldverhältnisse anwendbare Recht aus dem Jahre **1972**.[11] Dieser verweist auf das Recht des Staates, in dem das „schädigende Ereignis" stattfindet. **20**

Damit war allerdings noch nicht geklärt, ob bei **Distanzdelikten** (dazu Rn 77) auf den Handlungs- oder auf den Erfolgsort abzustellen ist. Die Kommission verwarf in ihrem Vorschlag der Rom II-VO die doppelte Anknüpfung an Handlungs- und Erfolgsort, welcher der EuGH im Rahmen des Internationalen Zivilprozessrechts folgt, weil sie den Parteien nicht erlaube, das auf ihre Situation anwendbare Recht mit hinreichender Sicherheit vorauszusehen.[12] Sie entschied sich stattdessen für die Anwendung des Rechts des Staates, in dem der Schaden eingetreten ist. **21**

Diese Entscheidung für den Erfolgsort muss man als **innovativ** ansehen.[13] Viele nationale Rechte enthalten abweichende Regelungen. Einige knüpfen an den Handlungsort an.[14] Andere unterscheiden danach, ob im Einzelfall zum Handlungs- oder Erfolgsort die engste Beziehung besteht.[15] Wieder andere überlassen dem Opfer die Wahl des aus seiner Sicht günstigeren Rechts.[16] Auf den Erfolgsort stellt dagegen bei bestimmten Delikten das englische IPR ab.[17] Das Schweizer IPRG verweist ebenfalls auf diesen, allerdings nur insoweit, als dieser für den Schädiger voraussehbar ist.[18] **22**

Die Kommission sah in der Wahlmöglichkeit des Opfers auf der einen und der Anwendung des Rechts am Handlungsort auf der anderen Seite zwei „Extremlösungen".[19] Ihrer Ansicht nach bevorzuge die erste Lösung das Opfer, die zweite hingegen den Schädiger. Daher meinte die Kommission, mit der Anknüpfung **23**

---

8 Ebenso Calliess/*v. Hein*, Art. 4 Rn 3.
9 Siehe Babcock v. Jackson, 12 N.Y.2 d 473 (1963).
10 Vgl § 145 Restatement (Second) on Conflict of Laws (1971).
11 Siehe dessen Art. 11. Text in RabelsZ 38 (1974), 211.
12 KOM(2003), 427 endg., S. 12.
13 So auch *Nuyts*, Revue de droit commercial belge 114 (2008), 490, 491 f.
14 Siehe zB Art. 48 Abs. 1 S. 1 öIPRG.
15 Siehe zB Art. 99 Abs. 1 Nr. 3 belgische Loi portant le Code de droit international privé.
16 Siehe Art. 40 EGBGB.
17 Siehe sec. 11 Abs. 2 lit. a, b englischer Private International Law (Miscellaneous Provisions) Act 1995.
18 Art. 133 Abs. 2 S. 2 SchwIPRG.
19 KOM(2003), 427 endg., S. 13.

an den Erfolgsort einen **angemessenen Interessenausgleich** gefunden zu haben.[20] Außerdem war sie der Ansicht, dass diese der **modernen Konzeption der zivilrechtlichen Haftung** entspreche. Diese sei immer weniger auf die Bestrafung eines schuldhaften Verhaltens ausgerichtet, wie sich an der Entwicklung der verschuldensunabhängigen Haftung (**Gefährdungshaftung**) zeige.[21]

24 Rückblickend erscheint die Entscheidung für den Erfolgsort insbesondere deshalb akzeptabel, weil sie durch Art. 17 abgemildert wird. Dieser erlaubt die Berücksichtigung der Sicherheits- und Verhaltensvorschriften am Ort des haftungsbegründenden Ereignisses und damit einen gewissen Einfluss des Rechts des Handlungsorts. Allerdings hat die generelle Anknüpfung an den Erfolgsort die Rechtssicherheit nicht immer verbessert. So ist etwa bei Streudelikten gerade nicht gewährleistet, dass der Schädiger das anzuwendende Recht voraussehen kann. Auch stellt die daraus folgende Mosaikbetrachtung die Gerichte vor keine geringen Probleme (unten Rn 78).

25 **2. Historie des Abs. 2.**[22] Für die Anknüpfung an den gemeinsamen gewöhnlichen Aufenthalt berief sich die Kommission darauf, dass diese den Rechten **der meisten Mitgliedstaaten bekannt** sei.[23] In der Tat sieht beispielsweise das belgische Recht eine entsprechende Regel vor.[24] Außerhalb der Union erhebt sie das Schweizer Recht sogar zur Hauptanknüpfung.[25] Des Weiteren findet sich die Anknüpfung an den gemeinsamen gewöhnlichen Aufenthalt der Sache nach auch im Haager Übereinkommen über das auf die Produkthaftung anzuwendende Recht.[26]

26 In **Deutschland** wurde dem gemeinsamen Personalstatut von Schädiger und Geschädigten schon seit einer Rechtsverordnung aus dem Jahr 1942 der Vorrang vor dem Tatortrecht eingeräumt.[27] Allerdings beruhte diese Regelung auf zweifelhaften Motiven. Außerdem wurde nur die gemeinsame *Staatsangehörigkeit* berücksichtigt, und zudem nur die *deutsche*. Diese wurde erst später vom BGH durch den gemeinsamen gewöhnlichen Aufenthalt ersetzt und die Regel zu einer allseitigen Kollisionsnorm ausgebaut.[28] In dieser Form wurde sie im Jahre 1999 kodifiziert.[29]

27 **3. Historie des Abs. 3.**[30] Die Durchbrechung der Anknüpfung an den Deliktsort zugunsten einer engeren Beziehung, wie in Abs. 3 S. 1 vorgesehen, hat in den mitgliedstaatlichen Rechten **Tradition**. Sie existiert etwa in Österreich seit 1978.[31] In Deutschland ist sie seit der Kodifikation im Jahre 1999 fester Bestandteil des internationalen Deliktsrechts.[32]

28 Dass die engere Verbindung auch aus einem bestehenden Rechtsverhältnis folgen kann (Abs. 3 S. 2), war ebenfalls schon vor der Rom II-VO bekannt. Der zugrunde liegende Gedanke der **akzessorischen Anknüpfung**, welcher die einheitliche Beurteilung der zwischen den Parteien bestehenden Ansprüche sichern soll, war in der deutschen Literatur entwickelt worden.[33] Der deutsche Gesetzgeber hat ihn aufgenommen und kodifiziert.[34] Andere Staaten sind ihm ebenfalls gefolgt.[35] Freilich hat der deutsche Gesetzgeber rechtliche *und tatsächliche* Beziehungen gleichgestellt, während der europäische und die anderen nationalen Gesetzgeber nur den rechtlichen Beziehungen Bedeutung beimessen (siehe dazu noch Rn 157).

B. Anwendungsbereich

I. Außervertragliche Schuldverhältnisse aus unerlaubter Handlung

29 Der Anwendungsbereich des Art. 4 ist auf außervertragliche Schuldverhältnisse aus unerlaubter Handlung begrenzt. Obwohl dies ausdrücklich nur in Abs. 1 erwähnt ist, gilt es aufgrund der Systematik ebenso für Abs. 2 und 3. Die Begrenzung auf außervertragliche Schuldverhältnisse folgt schon aus Art. 1 Abs. 1 S. 1 und versteht sich daher von selbst. Entscheidend für den Anwendungsbereich des Art. 4 ist der **Systembegriff der „unerlaubten Handlung"**. Seine Bedeutung zu ermitteln, ist schwierig.

---

20 KOM(2003), 427 endg., S. 13. Siehe auch Erwägungsgrund 16.
21 KOM(2003), 427 endg., S. 13. Siehe auch Erwägungsgrund 16.
22 Ausf. *Nuyts*, Revue de droit commercial belge 114 (2008), 490, 497.
23 KOM(2003), 427 endg., S. 13.
24 Art. 99 Abs. 1 Nr. 1 belgische Loi portant Code de droit international privé.
25 Art. 133 Abs. 1 SchwIPRG.
26 Vom 2.10.1973, abrufbar unter <www.hcch.net> (zuletzt besucht am 14.2.2013), Art. 5 lit. a.
27 Siehe VO über die Rechtsanwendung bei Schädigungen deutscher Staatsangehöriger außerhalb des Reichsgebiets v. 7.12.1942, RGBl. I 706.
28 BGHZ 90, 294; 93, 214, 217–200; 108, 200, 202 f; 119, 137.
29 Siehe Art. 40 Abs. 2 EGBGB.
30 Ausf. dazu *v. Hein*, in: FS Kropholler 2008, S. 553, 555–564.
31 Vgl Art. 48 Abs. 1 S. 2 öIPRG.
32 Siehe Art. 41 Abs. 1 EGBGB.
33 Vgl *Kropholler*, RabelsZ 33 (1969), 601, 629–634; *K. Müller*, JZ 1986, 212, 214–216; *P. Fischer*, Die akzessorische Anknüpfung des Deliktsstatuts 1989, S. 131 ff.
34 Siehe Art. 41 Abs. 2 lit. a EGBGB.
35 Siehe zB Art. 100 belgische Loi portant Code de droit international privé; Art. 133 Abs. 3 SchwIPRG.

II. Funktion des Begriffs „unerlaubte Handlung"

1. Reine Auffangkategorie? Entscheidend für die Bedeutung des Begriffs „unerlaubte Handlung" ist seine Funktion innerhalb des Systems der Rom II-VO. Diese ist unklar. Eine Möglichkeit besteht darin, ihn als **Auffangkategorie** zu verstehen.[36] In diesem Fall bedürfte es einer näheren Auslegung des Begriffs nicht: Art. 4 griffe automatisch ein, wenn weder eine ungerechtfertigte Bereicherung noch eine GoA oder eine cic vorlägen. Alle nicht unter Kapitel III fallenden außervertraglichen Schuldverhältnisse wären per se der Kategorie der unerlaubten Handlung zu unterstellen.

Für diese Ansicht scheint auf den ersten Blick folgender Umstand zu sprechen: Die Rom II-VO will ihrem eigenen Anspruch nach alle außervertraglichen Schuldverhältnisse erfassen (siehe Art. 1 Abs. 1). Ausgenommen sollen lediglich die in Art. 1 Abs. 2 genannten Schuldverhältnisse sein. Allerdings enthält die Verordnung im Weiteren nur Kollisionsregeln für unerlaubte Handlungen, die ungerechtfertigte Bereicherung, die GoA und die c.i.c. Da die drei letzteren einen verhältnismäßig präzisen Sinn haben, lassen sich alle außervertraglichen Schuldverhältnisse nur erfassen, wenn man Art. 4 immer dann anwendet, falls keine Kollisionsnormen des Kapitel III oder der speziellen Kollisionsnormen der Artt. 5–9 eingreifen. Dabei müsste es gleichgültig sein, welchen Ursprungs oder Inhalts das Rechtsverhältnis ist.

Gegen diese Ansicht spricht jedoch, dass sie den Begriff der unerlaubten Handlung völlig konturen- und inhaltslos werden lässt. Darunter wären auch Erscheinungen zu fassen, die nach herkömmlichem Verständnis nicht die Qualifikation als „unerlaubt" verdienen, wie etwa die in vielen nationalen Rechten vorgesehene Haftung des Erwerbers eines Handelsgeschäfts für dessen Schulden[37] oder die in manchen Rechten bekannte Haftung des Bestellers gegenüber dem Subunternehmer auf Zahlung des Werklohns.[38] Da es sich in diesen Fällen um eine außervertragliche Haftung handelt, die nicht aus einer privatautonomen Übernahme folgt, sondern durch Gesetz statuiert wird, unterfällt sie der Rom II-VO. Da sie zudem weder als ungerechtfertigte Bereicherung noch als GoA oder cic qualifiziert werden kann, müsste man auf sie Art. 4 anwenden. Es lässt sich jedoch schlechterdings nicht sagen, dass der Erwerber oder der Besteller in den genannten Fällen aufgrund einer „unerlaubten Handlung" hafte. Außerdem passt die Rechtsfolge der Kollisionsnorm des Art. 4 auf diese Fälle nicht; zB lässt sich ein Schadensort nicht feststellen.

2. Bedeutung für die Bestimmung des Anwendungsbereichs der Rom II-VO? Um diesen Widerspruch zu vermeiden, bemüht sich ein anderer Teil der Literatur, die Rom II-VO auf die unerlaubte Handlung, die ungerechtfertigte Bereicherung, die GoA und die cic zu verengen und **alle nicht in diese Kategorie fallenden außervertraglichen Schuldverhältnisse vom Anwendungsbereich auszunehmen**.[39] Nach diesem Verständnis soll der Begriff der unerlaubten Handlung nicht nur Bedeutung für die Ermittlung der einschlägigen Kollisionsnorm haben, sondern zugleich gemeinsam mit den in Kapitel III genannten Schuldverhältnissen den Anwendungsbereich der Rom II-VO determinieren. Diese Auffassung kann jedoch nicht überzeugen. Sowohl aus dem Wortlaut des Art. 1 Rom II-VO als auch aus dem systematischen Zusammenspiel mit Art. 1 Rom I-VO und der Entstehungsgeschichte folgt, dass die europäische Vereinheitlichung des Kollisionsrechts die Gesamtheit der Obligationen erfasst, von der nur die in Art. 1 Abs. 2 Rom I und II-VO genannten ausgenommen sind.[40] Der Wortlaut des Art. 2 spricht nicht für eine Beschränkung auf die genannten Schuldverhältnisse, da dieser nach allgemeiner Auffassung missglückt ist.[41]

3. Eigene Funktion und Schließung der in der Rom II-VO bestehenden Lücke. Der Systembegriff der unerlaubten Handlung ist daher **weder Lückenbüßer** für die von der Rom II-VO offengelassenen Fragen **noch Begrenzungskriterium** für deren Anwendungsbereich. Dies bedeutet, dass er einen eigenen Inhalt haben muss, der nicht von den anderen in der Verordnung behandelten außervertraglichen Schuldverhältnissen bestimmt wird und zudem von der Definition deren Anwendungsbereichs unabhängig ist. In der Konsequenz heißt das, dass der Anwendungsbereich der Verordnung nicht deckungsgleich ist mit den in ihr enthaltenen Kollisionsnormen. Vom Anwendungsbereich erfasst sind alle außervertraglichen Schuldverhältnisse, während Kollisionsnormen nur für die unerlaubte Handlung, die ungerechtfertigte Bereicherung, die Geschäftsführung ohne Auftrag und das Verschulden bei Vertragsverhandlungen vorgesehen sind. Außer diesen gibt es aber noch andere Arten außervertraglicher Schuldverhältnisse (siehe Rn 32). Daraus folgt die

---

36 In dieser Richtung MüKo/*Junker*, Art. 4 Rn 13.
37 Siehe zB §§ 25–28 HGB; Artt. 38–40 österreichisches Unternehmensgesetzbuch; Artt. 181 f. Schweizer Obligationenrecht; Art. L141-22 Abs. 2 französischer *Code de commerce*; Art. 2558 italienischer *Codice civile*.
38 Siehe im frz. Recht Art. 12 Loi n° 75-1334, 31.12.1975, relative à la sous-traitance.
39 So *Freitag* ZHR 174 (2010), 429, 442; *ders.*, in: FS Spellenberg 2010, S. 169–176; Rauscher/*Unberath/Cziupka*, EuZPR/EuIPR, Art. 1 Rn 24.
40 Siehe *Lehmann*, in: Münchener Handbuch des Gesellschaftsrechts, Bd. 6, § 5 Rn 52, S. 125.
41 MüKo/*Junker*, Art. 2 Rn 1, 4, 7; Rauscher/*Unberath/Cziupka*, EuZPR/EuIPR, Art. 2 Rn 3; Erman/*Hohloch*, Art. 2 Rn 1.

Erkenntnis, dass die Rom II–VO nicht für alle von ihr erfassten Fälle Regelungen bereithält und insofern **lückenhaft** ist.[42]

35 Zur **Schließung** dieser Lücke ist vorgeschlagen worden, in allen nicht durch Kollisionsnormen erfassten Fällen das Recht des Handlungsorts anzuwenden.[43] Allerdings fehlt es dazu an Hinweisen in der Rom II–VO. Diese spiegelt im Gegenteil die ablehnende Haltung des europäischen Gesetzgebers gegenüber der Anknüpfung an den Handlungsort wider.

36 Grundsätzlich stehen für die Schließung der Lücke daher nur **zwei Wege** offen: Der eine Weg besteht darin, die Rom II–VO mittels ändernder Gesetzgebung um neue Kollisionsregeln zu ergänzen. Solange dies nicht geschieht, bleibt nur der zweite Weg, die Rom II–VO durch Richterrecht fortzubilden. Dabei ist allerdings Behutsamkeit vonnöten: Erstens ist das mit der Verordnung angestrebte Ziel europäischer Rechtsvereinheitlichung zu wahren, indem diese Rechtsfortbildung dem EuGH überlassen bleibt. Das bedeutet, dass entsprechende Auslegungsfragen im Rahmen von Vorabentscheidungsverfahren durch die nationalen Gerichte vorgelegt werden müssen. Zweitens muss sich der EuGH, zur Wahrung der Gesetzgebungsprärogative von Parlament und Rat, bei der Fortbildung der Rom II–VO an den bestehenden Regeln orientieren.

37 Es ist zu betonen, dass das Problem der Lückenhaftigkeit der Rom II–VO **keine große praktische Bedeutung** hat. Das liegt daran, dass der EuGH die Kategorie der unerlaubten Handlung äußerst weit interpretiert (Rn 41). Daher gibt es nur sehr wenige außervertragliche Schuldverhältnisse, die nicht in den Anwendungsbereich einer ausdrücklichen Kollisionsregel der Verordnung fallen, siehe die Beispiele in Rn 32.

III. Auslegungsmaßstäbe

38 Wie alle anderen Begriffe der Rom II–VO auch ist der Terminus „unerlaubte Handlung" **europäisch-autonom** zu verstehen. Nationale Konzepte wie das der unerlaubten Handlung gemäß §§ 823 ff BGB, der französischen „responsabilité delictuelle" im Sinne der Art. 1381 ff Code civil oder der englischen Rechtsprechung zu den „torts" spielen dabei unmittelbar keine Rolle. Diese können allenfalls mittelbare Bedeutung dadurch erlangen, dass sie den europäischen Begriff prägen.

39 Die grundlegende Schwierigkeit, vor die sich der Interpret gestellt sieht, besteht darin, dass **bislang kein europäisches Deliktsrecht** im Sinne eines umfassenden Rechtsgebietes existiert. Zwar gibt es Sekundärrechtsakte wie die Produkthaftungsrichtlinie,[44] doch betreffen diese Einzelbereiche, für die zudem häufig gesonderte Kollisionsnormen gelten.[45] Ein gemeineuropäisches Deliktsrecht ist bislang Zukunftsmusik. Zwar gibt es übereinstimmende Grundsätze der nationalen Deliktsrechte. Diese können den Begriff „unerlaubte Handlung" im europäischen Sinn prägen.[46] Deren Ermittlung dienen wichtige **Vorarbeiten aus der Wissenschaft**, wie die Principles of European Tort Law[47] oder das Buch 6 des Draft Common Frame of Reference.[48] Da diesen umfangreiche rechtsvergleichende Analysen vorausgegangen sind, lassen sich ihnen wichtige Hinweise für das in den Mitgliedstaaten geltende Recht entnehmen.

40 Die wichtigste Quelle zur Begriffsdeutung bietet allerdings die **Rechtsprechung des Europäischen Gerichtshofs** zum internationalen Zuständigkeitsrecht, insbesondere **zu EuGVÜ und EuGVVO**. Gemäß dem vom Gesetzgeber in Erwägungsgrund 7 vorgegebenen Ziel der einheitlichen Auslegung der Systembegriffe des europäischen Kollisions- und internationalen Zivilprozessrechts ist diese zwingend zu beachten. Der EuGH hat bereits einige entscheidende Urteile zur Auslegung des Begriffs der unerlaubten Handlung in Art. 5 Nr. 3 EuGVÜ/EuGVVO erlassen. Diese sind auf Art. 4 zu übertragen.

IV. Inhalt des Begriffs „unerlaubte Handlung"

41 **1. Grundlagen.** In seiner Rechtsprechung zu Art. 5 Nr. 3 EuGVÜ geht der EuGH davon aus, dass sich der Begriff der unerlaubten Handlung „auf alle Klagen bezieht, mit denen eine **Schadenshaftung** des Beklagten geltend gemacht wird und die nicht an einen ‚Vertrag' im Sinne des Art. 5 Nr. 1 anknüpfen".[49] Dies ist

---

42 Ebenso *de Lima Pinheiro*, Riv. dir. int. priv. proc. 2008, 5, 21.
43 *de Lima Pinheiro*, aaO.
44 Richtlinie 85/374/EWG des Rates vom 25.7.1985 zur Angleichung der Rechts- und Verwaltungsvorschriften der Mitgliedstaaten über die Haftung für fehlerhafte Produkte, ABl. Nr. L 210 vom 7.8.1985, S. 29.
45 Siehe für die Produkthaftung Art. 5.
46 Zum Einfluss der Rechtsvergleichung auf die Auslegung europäischen Sekundärrechts *Schwartze*, in: Riesenhuber, Europäische Methodenlehre, 2. Aufl. 2010, § 4 Rn 21–34.
47 Abrufbar unter <http://civil.udg.edu/php//index.php?id=129&idioma=EN> (zuletzt besucht am 14.2.2013).
48 v. *Bar/Clive/Schulte-Nölke* (Hrsg.), Principles, Definitions and Model Rules of European Private Law. Draft Common Frame of Reference (DCFR), München 2009.
49 EuGH, Rs. 189/87, Slg 1988, 5565 – Kalfelis, Rn 17; Rs. C-261/90, Slg 1992, I-2149 – Reichert, Rn 16; Rs. C-51/97, Slg 1998, I-6511 – Réunion européenne, Rn 22; Rs. C-96/00, Slg 2002, I-6367 – Gabriel, Rn 33.

im Zusammenhang mit seiner Definition des Vertrags zu sehen, für den der EuGH als wesentlich ansieht, dass eine von einer Partei „**freiwillig eingegangene Verpflichtung**" gegenüber einer anderen Partei vorliegt.[50] Beide interpretatorischen Leitlinien sind aufgrund der Zielvorgabe der einheitlichen Auslegung von IPR und IZPR auf Art. 4 zu übertragen. Dies ist in der deutschen Rechtsprechung und Literatur ganz überwiegend anerkannt.[51]

Der daraus resultierende europäische Begriff der unerlaubten Handlung ist **ausgesprochen weit**. Kennzeichnend sind vor allem **zwei Elemente**: die **Schadenshaftung** und das **Fehlen einer freiwilligen Verpflichtung**. Ein Verschulden des Täters ist dagegen nicht vorausgesetzt. Vielmehr wird auch die **Gefährdungshaftung** erfasst (siehe auch Erwägungsgrund 11 S. 3). 42

2. Schadenshaftung. Erforderlich ist zunächst, dass es bei der Haftung um eine solche für einen Schaden geht. Die Notwendigkeit des Schadens gibt dem Begriff der unerlaubten Handlung eigenständiges Gepräge. Im Ergebnis bestätigt dieses Kriterium die oben (Rn 32) vertretene Auffassung, nach der nicht jedes außervertragliche Schuldverhältnis, für das die Rom II–VO keine besonderen Anknüpfungsregelung vorsieht, automatisch auch den Begriff der unerlaubten Handlung erfüllt. Die dort genannten Fälle der Haftung des Erwerbers eines Handelsgeschäfts für dessen Schulden oder des Bestellers gegenüber dem Subunternehmer auf Zahlung des Werklohns sind gerade keine Fälle der Schadenshaftung. 43

Der Begriff des „Schadens" ist nicht im Sinne etwa der deutschen Dogmatik, sondern europäisch-autonom zu verstehen.[52] Es kommt nicht darauf an, dass eine Einbuße an Vermögen, Körper oder Gesundheit eingetreten ist. Auch eine rein seelische Beeinträchtigung kann genügen (siehe zum Verlust Angehöriger Rn 85). 44

Zu beachten ist weiter, dass der Schaden **noch nicht eingetreten** sein muss. Dies folgt aus Art. 2: Gemäß Art. 2 Abs. 2 gilt die Verordnung auch für außervertragliche Schuldverhältnisse, deren Entstehen wahrscheinlich ist, und nach Art. 2 Abs. 3 lit. b gilt die Bezugnahme auf den Schaden auch für Schäden, deren Eintritt wahrscheinlich ist. Vom Begriff des außervertraglichen Schuldverhältnisses aus einer unerlaubten Handlung erfasst werden daher auch Abwehransprüche wie die aus § 1004 BGB oder § 823 Abs. 1 BGB analog. 45

3. Fehlen einer freiwilligen Verpflichtung. Das Kriterium des Fehlens einer freiwillig eingegangen Verpflichtung soll zur Abgrenzung von Ansprüchen aus unerlaubter Handlung gegenüber solchen aus Vertrag dienen. Die Freiwilligkeit ist im Sinne von rechtsgeschäftlichem Handlungswillen zu verstehen. Als nicht auf einer freiwilligen Verpflichtung beruhend muss man daher zB die Haftung der Auskunft gebenden Bank gegenüber einem Nichtkunden ansehen (siehe Rn 72). 46

Mit dem Kriterium der freiwilligen Verpflichtung allein lässt sich die Abgrenzung von vertraglichen und deliktischen Ansprüchen nicht bewerkstelligen. Denn trotz Vorliegens einer freiwilligen Verpflichtung und damit eines Vertrags können zwischen den Parteien deliktische Ansprüche bestehen. Insoweit sind **zwei Fallkonstellationen** zu unterscheiden: Erstens kann dieselbe Handlung zugleich vertragliche und deliktische Ansprüche auslösen. 47

Beispiel: Der in Saarbrücken ansässige Unternehmer A baut in der Wohnung des B im französischen Thionville einen Gasboiler ein. Aufgrund eines Fehlers beim Einbau explodiert der Boiler und beschädigt das Eigentum des B.

Zweitens kann eine nicht der Vertragserfüllung dienende Handlung deliktisch einzuordnen sein.

Beispiel: Im vorigen Beispiel entwendet Unternehmer A bei Gelegenheit des Einbaus des Gasboilers das auf dem Tisch liegende Smartphone des B.

Löst dieselbe Handlung potenziell zugleich **vertragliche und deliktische Ansprüche** aus (Konstellation 1 in Rn 47), so können diese im Verhältnis der Anspruchskonkurrenz (*cumul*) oder der Exklusivität (*non cumul*) stehen. Der europäische Gesetzgeber hat sich einer allgemeinen Entscheidung zwischen *cumul* und *non cumul* enthalten, sondern sie dem in der Sache anzuwendenden Recht überlassen. Welches Recht das ist, muss mithilfe des Internationalen Privatrechts ermittelt werden. Dazu ist zunächst eine Entscheidung über die Anwendbarkeit der Rom I-VO oder der Rom II-VO zu treffen. Diese stellt den Rechtsanwender vor ein schwieriges Qualifikationsproblem. 48

Vorgeschlagen wurde, im Fall potenziell konkurrierender Ansprüche allgemein von der deliktischen Qualifikation auszugehen, da diese sich besser mit der Struktur der Rom-Verordnungen vereinbaren lasse.[53] Damit wird auf Art. 4 Abs. 3 angespielt, der eine Lösung für die enge Verbindung eines Delikts mit einem 49

---

50 EuGH, Rs. C-26/91, Slg 1992, I-3967 – Handte, Rn 15; Réunion européne, aaO, Rn 17; Rs. C-334/00, Slg 2002, I-7357 – Tacconi, Rn 23.
51 Siehe BGH NJW-RR 2011, 197, 198; MüKo/*Junker*, Art. 4 Rn 14; BeckOK-BGB/*Spickhoff*, Art. 4 Rn 3;
PWW/*Schaub*, Art. 4 Rn 3; krit. dagegen Rauscher/ Unberath/Cziupka, EuZPR/EuIPR, Art. 1 Rn 17 f.
52 Erman/*Hohloch*, Art. 4 Rn 4.
53 *Cheshire/North/Fawcett*, Private International Law, S. 779.

Vertrag bereithält. Dessen Existenz kann jedoch nicht zu einem allgemeinen Vorrang der deliktischen Qualifikation führen. Weder Art. 1 Abs. 1 Rom I-VO und Rom II-VO noch die Rechtsprechung des EuGH zu Art. 5 Brüssel I-VO[54] legen einen solchen Vorrang nahe. Daher ist diese Ansicht abzulehnen.

50 Eine andere Ansicht will das anzuwendende Recht sowohl für den vertraglichen als auch für den deliktischen Anspruch gesondert bestimmen.[55] Kommen beide danach anzuwendenden Rechte zu übereinstimmenden Ergebnissen, zB dass nur der vertragliche Anspruch gegeben ist, so soll es dabei sein Bewenden haben. Soweit diese sich widersprechen, zB das (deutsche) Vertragsstatut von Anspruchskonkurrenz ausgeht, während das (französische) Deliktsstatut Exklusivität verlangt, so sei dem durch Bildung einer Sachnorm des IPR abzuhelfen.[56]

51 Diese Ansicht berücksichtigt jedoch nicht die Struktur des europäischen Kollisionsrechts. Die Dualität von Rom I-VO und Rom II-VO verlangt eine eindeutige Entscheidung darüber, ob ein Schuldverhältnis vertraglicher oder außervertraglicher Natur ist. Dies entspricht der Brüssel I-VO, in deren Rahmen ein Anspruch nicht gleichzeitig vertraglich oder deliktisch eingeordnet werden kann[57]. Die Entscheidung über die Qualifikation hat nach europäisch-autonomen Kriterien zu erfolgen. Sie kann nicht vom Sachrecht der Mitgliedstaaten abhängen, sondern ist von diesem losgelöst zu treffen. Erst wenn sie gefallen ist, kann das anzuwendende Recht nach der im jeweiligen Fall einschlägigen Verordnung ermittelt werden. Dieses entscheidet dann darüber, ob zB neben vertraglichen auch außervertragliche Anspruchsgrundlagen zulässig sind, denn der europäische Gesetzgeber hat diese Entscheidung nicht selbst treffen wollen, sondern dem anzuwendenden Sachrecht überlassen. Es führt also kein Weg an einer eindeutigen Qualifikation vorbei. Diese muss nach dem hauptsächlichen Charakteristikum des Rechtsverhältnisses erfolgen. Im Beispiel des fehlerhaften Einbaus des Gasboilers (Rn 47) steht die Schlechterfüllung des Vertrags im Vordergrund. Daher sollte insofern die Rom I-VO angewandt werden. Diese führt zur Anwendbarkeit deutschen Rechts.[58] Letzteres lässt neben vertraglichen auch deliktische Ansprüche zu. Die nächste Frage ist, ob man die Regeln zur Beurteilung der deliktischen Ansprüche einfach dem anwendbaren Vertragsstatut entnehmen kann oder insofern selbständig nach der Rom II-VO anknüpfen muss. Das Prinzip der engsten Verbindung spricht für Letzteres. Allerdings gelangt man über Art. 4 Abs. 3 Rom II-VO in diesen Fällen immer zum Vertragsstatut zurück, weil bei einer Handlung, die gleichzeitig vertragliche und deliktische Ansprüche auslöst, ein offensichtlich engerer Zusammenhang mit einem Vertragsverhältnis im Sinne dieser Vorschrift stets gegeben ist.

52 Weniger Schwierigkeiten bereitet die Qualifikation einer Handlung, die **im Zusammenhang mit einem Vertragsverhältnis** steht, aber im Unterschied zu den zuvor erörterten Fällen **nicht der Vertragserfüllung dient** (Konstellation 2 in Rn 47). Schadensersatzansprüche aufgrund dieser Handlung sind als deliktisch zu qualifizieren, weil sie nicht Ausdruck von Schwierigkeiten sind, die im Zusammenhang mit der Erfüllung der vertraglichen Verpflichtung auftreten.[59] So hat der BGH Ansprüche eines Kunden gegen einen ausländischen Broker, der sich als Gehilfe an dessen Schädigung durch einen Terminoptionsvermittler beteiligt haben sollte, im Rahmen der Zuständigkeitsbestimmung als deliktisch eingeordnet, ungeachtet der Tatsache, dass zwischen Kunde und Broker eine „Handelsvereinbarung" bestand.[60] Im Beispiel des Diebstahls eines Telefons anlässlich des Einbaus eines Gasboilers (Rn 47) ist ebenfalls ein Delikt gegeben und die Rom II-VO anwendbar. Diese unerlaubten Handlungen sind vertragsakzessorisch anzuknüpfen, soweit die Voraussetzungen des Abs. 3 vorliegen (siehe dazu Rn 162).

53 **4. Weitere Merkmale?** Nicht geklärt ist, ob neben den beiden Merkmalen der Schadenshaftung und des Fehlens einer freiwilligen Verpflichtung für den Begriff der unerlaubten Handlung noch weitere Elemente kennzeichnend sind. So könnte man davon ausgehen, dass es zwischen Vertrag und Delikt noch weitere Unterscheidungsgründe geben müsse.

54 Fraglich ist allerdings, worin diese weiteren Elemente zur Bestimmung der unerlaubten Handlung bestehen sollen. Ein Charakteristikum der unerlaubten Handlung wird etwa darin gesehen, dass diese im Allgemeinen einem Verbot zuwiderlaufe.[61] Auch wenn der deutsche Wortlaut „unerlaubt" dafür zu sprechen scheint, ist dieses Kriterium nicht überzeugend. Denn außer dass in anderen Sprachfassungen dieses Element nicht existiert (*tort, responsabilité delictuelle, daños*), ist der Zweck des Art. 4 völlig unabhängig von dem Verstoß gegen ein Verbot. Die Vorschrift soll lediglich das auf die zivilrechtliche Verantwortlichkeit für

---

54 Siehe zB EuGH, Rs. 189/87, Slg 1988, 5565 – Kalfelis, Rn 17. Zur Notwendigkeit der Beachtung dieser Rechtsprechung im Rahmen der Rom II-VO siehe Rn 40.
55 BeckOK-BGB/*Spickhoff*, Art. 4 Rn 2; Huber/*Bach*, Rome II Regulation, Art. 1 Rn 18.
56 BeckOK-BGB/*Spickhoff*, Art. 4 Rn 2.
57 Siehe dazu Magnus/Mankowski/*Mankowski*, Brussels I Regulation, 2. Aufl. 2012, Art. 5 Rn 18.
58 Vgl Art. 4 Abs. 1 lit. b Rom I-VO.
59 Siehe GA *Darmon*, Schlussanträge in Rs. 189/87, Slg 1988, 5565 – Kalfelis, Rn 30; BGH NJW-RR 2011, 197, 198.
60 Siehe BGH aaO. Zur abweichenden Rechtsprechung bei Beteiligung eines Verbrauchers siehe unten Rn 72.
61 Generalanwalt *Jacobs*, Schlussanträge in Rs. C-27/02, Slg 2005, I-481 – Engler, Rn 59.

Delikte anzuwendende Recht bestimmen. Dafür ist nicht entscheidend, ob diese gegen ein ausdrückliches oder implizites nationales Verbot verstoßen.

Ein anderer Weg könnte darin bestehen, ein bestimmtes Grundmerkmal der unerlaubten Handlung, wie die Orientierung am Handlungs- oder Erfolgsunrecht, auf Art. 4 zu übertragen. Auch dies wäre indes nicht überzeugend. Denn als autonomes europäisches Recht ist die Rom II-VO unabhängig von solchen nationalen Konzepten, die zudem noch innerhalb der Mitgliedstaaten umstritten sind. So steht außer Zweifel, dass primär ein bestimmtes Verhalten sanktionierende Tatbestände wie etwa die vorsätzliche sittenwidrige Schädigung oder der Verstoß gegen ein Schutzgesetz unter Art. 4 fallen. Andererseits umfasst der Begriff der unerlaubten Handlung aber auch verschuldensunabhängige Fälle der Haftung, wie reine Kausal- und Erfolgshaftungen.[62] Insbesondere ist er auch auf die Gefährdungshaftung anzuwenden (siehe Rn 42). 55

Im Ergebnis ist davon auszugehen, dass der europäische Begriff der unerlaubten Handlung außer durch die Schadenshaftung und dem Fehlen der freiwilligen Verpflichtung durch keine weiteren Merkmale gekennzeichnet ist. Er ist dadurch äußerst weit. Gerade diese Weite erlaubt es, die oben beschriebene Lücke im System der Rom II-VO so klein wie möglich zu halten (Rn 34). 56

V. Einzelfälle

1. Verkehrsdelikte. Unter den Begriff des außervertraglichen Schuldverhältnisses aus unerlaubter Handlung fallen alle Ansprüche aus Delikten im **Straßenverkehr**.[63] Auch Ansprüche aus Gefährdungshaftung gehören darunter.[64] Zu beachten ist allerdings die Anwendbarkeit internationalen Einheitsrechts (zu dessen Vorrang unten Art. 28 Rn 5). Im Gütertransport gilt als Einheitsrecht das CMR.[65] Dieses wurde von Deutschland gezeichnet und ratifiziert. Es enthält genaue Haftungsvorschriften und -beschränkungen für den Frachtführer, dessen Bediensteten und die Personen, derer er sich bei der Ausführung der Beförderung bedient.[66] Obwohl es sich im Kern um vertragliche Ansprüche handelt, kann sich dieser Personenkreis auch gegenüber Ansprüchen aus außervertraglicher Haftung auf die Vorschriften des Übereinkommens berufen.[67] Ebenso zu beachten sind besondere Normen des europäischen Sekundärrechts, die die Kollisionsnormen der Rom II-VO nach Art. 27 verdrängen. Im Personenverkehr sind bestimmte Mindestansprüche bei Tod oder Körperverletzung von Busreisenden oder wegen Verlust oder Beschädigung ihres Gepäcks durch europäisches Recht vorgesehen.[68] Ebenso ist das Haager Übereinkommen über das auf Straßenverkehrsunfälle anwendbare Recht (HStrÜ) vom 4. Mai 1971 zu beachten.[69] Dieses gilt gemäß Art. 28 in vielen Mitgliedstaaten als gegenüber der Rom II-VO vorrangiges Völkerrecht. Namentlich ist es für Belgien, Frankreich, Kroatien, Lettland, Litauen, Luxemburg, die Niederlande, Österreich, Polen, die Slowakei, Slowenien, Spanien und die Tschechische Republik in Kraft.[70] Gelangen Rechtsstreite vor die Gerichte dieser Staaten, so werden sie nicht Art. 4, sondern das Übereinkommen anwenden. Ansprüche gegen die Haftpflichtversicherung des Täters bestimmen sich nach Art. 18; der Rückgriff der Krankenversicherung des Opfers gegen den Täter nach Art. 19. 57

Bei Unfällen im **Eisenbahnverkehr** ist Art. 4 ebenfalls anwendbar. Hier ist zudem die COTIF zu beachten.[71] Deren Anhänge CIV und CIM enthalten zivilrechtliche Haftungsvorschriften für den Personen- und den Güterverkehr,[72] die dem nationalen Recht vorgehen. Kraft Verweises in der Verordnung (EG) 1371/2007 gelten diese Vorschriften nunmehr auch für den inländischen Verkehr innerhalb der Mitgliedstaaten der Europäischen Union.[73] Die im deutschen Recht enthaltenen Ausnahmen für den Schienenpersonennahverkehr ändern daran nichts, denn sie betreffen nicht die Haftung.[74] Die Verordnung (EG) 1371/2007 regelt die deliktische Verantwortlichkeit nicht abschließend, sondern lässt weitergehende Schadensersatzansprüche der Fahrgäste nach nationalem Recht zu.[75] Die insoweit anwendbare Rechtsordnung ist nach Art. 4 zu ermitteln. 58

---

62 BeckOK-BGB/*Spickhoff*, Art. 4 Rn 3.
63 Erman/*Hohloch*, Art. 4 Rn 3; PWW/*Schaub*, Art. 4 Rn 14.
64 Siehe Rn 42.
65 Convention relative au contrat de transport international de marchandises par route v. 19.5.1956, BGBl. 1961 II 1119.
66 Siehe Artt. 3, 17, 23 CMR.
67 Art. 28 CMR.
68 Verordnung (EU) Nr. 181/2011 des Europäischen Parlaments und des Rates v. 16.2.2011 über die Fahrgastrechte im Kraftomnibusverkehr, ABl. EU L 55 v. 28.2.2011, Art. 7.
69 Deutsche Übersetzung bei *Jayme/Hausmann*, Internationales Privat- und Verfahrensrecht, Nr. 100.
70 Aktuelle Liste unter <http://www.hcch.net/index_fr.php?act=conventions.status&cid=81> (zuletzt besucht am 14.2.1013).
71 Convention relative aux transports internationaux ferroviaires v. 9.5.1980, BGBl. 1985 II 130.
72 Artt. 26–31, 33–42, 45–46 CIV; Artt. 23–32 CIM.
73 VO (EG) Nr. 1371/2007 des Europäischen Parlaments und des Rates v. 23. Oktober 2007 über die Rechte und Pflichten der Fahrgäste im Eisenbahnverkehr, ABl. EG Nr. L 315 v. 3.12.2007, S. 14, Art. 11.
74 Siehe Eisenbahn-Verkehrsordnung v. 20.4.1999, BGBl. I 782, § 1 S. 3 in der Fassung durch Artikel 3 des Gesetzes v. 26.5.2009, BGBl. I S. 1146.
75 Art. 11 VO 1371/2007.

59 Bei Schäden im **Luftverkehr** ist als vorrangiges Recht das Montrealer Übereinkommen zu beachten.[76] Dieses enthält bestimmte Vorschriften über die Haftung des Luftfrachtführers bei Tod oder Körperverletzung des Reisenden, Verlust oder der Beschädigung von Reisegepäck oder von zu befördernden Gütern.[77] Die darin aufgestellten Regeln sind nicht nur auf vertragliche Ansprüche, sondern auch auf Ansprüche aus unerlaubter Handlung anzuwenden.[78] Sie sind abschließend; ein Rückgriff auf nationale Haftungsgrundlagen ist für die vom Übereinkommen erfassten Fälle unzulässig.[79]

60 Für Unfälle im **Schiffsverkehr** gilt ein ganzes Geflecht von Staatsverträgen.[80] Diese gehen den Kollisionsregeln der Rom II–VO gemäß Art. 28 vor.

61 **2. Tötungs- und Körperverletzungsdelikte.** Außer der speziellen Kategorie der Delikte im Straßen-, Eisenbahn- und Luftverkehr deckt Art. 4 auch alle Arten sonstiger Körperverletzungen bis hin zu Tötungen ab. Praktisch wichtig ist insbesondere der Bereich der **Haftung für medizinische Fehleingriffe**. Außervertragliche Schuldverhältnisse aus unerlaubter Handlung können auch beim **Sport** entstehen.[81] Bei **Arbeitsunfällen** ist Art. 4 ebenfalls einschlägig.[82] Auf Schäden durch **Produkte** findet Art. 5 Anwendung.

62 **3. Beeinträchtigungen der körperlichen Freiheit.** Einschränkungen der körperlichen Bewegungsfreiheit, wie zB im Fall von Geiselnahmen, fallen ebenfalls unter Art. 4.

63 **4. Sachbeschädigungen und Sachentziehungen.** Jegliche Arten von Sachbeschädigungen erfüllen den Tatbestand der unerlaubten Handlung im europäischen Sinn. Für Sachentziehungen gilt Art. 4 ebenfalls. Ansprüche auf Rückerstattung von Gegenständen, die der Anspruchsgegner nicht durch unerlaubte Handlung entzogen haben soll, unterfallen Art. 10.

64 **5. Rückforderung von Kulturgütern.** Unter den Begriff der außervertraglichen Schuldverhältnisse aus unerlaubter Handlung wird man auch die Ansprüche auf Rückgabe von Kulturgut fassen müssen, soweit sich diese gegen denjenigen richten, der die Kulturgüter gestohlen oder rechtswidrig ausgeführt hat.[83] Diese Ansprüche sind nicht vom fortbestehenden Eigentum abhängig, weshalb sie nicht als sachenrechtlich qualifiziert werden können.[84] Soweit sie zivilrechtlicher Natur sind,[85] ist daher die Rom II–VO einschlägig.

65 **6. Verletzungen der Privatsphäre und des Persönlichkeitsrechts.** Zu ihnen gehören zB Beleidigungen und Verleumdungen. Sie sind gemäß Art. 1 Abs. 2 lit. g vom Anwendungsbereich der Rom II–VO ausgeschlossen.[86] Die Beeinträchtigung der Kreditwürdigkeit, zB die Kreditgefährdung,[87] wird man dagegen dem Art. 4 zuzuordnen haben (Rn 72).

66 **7. Verletzungen des Namens- oder Firmenrechts.** Ansprüche wegen Verletzungen des Namensrechts sind von der Rom II–VO erfasst. Diese Kategorie ist internationalprivatrechtlich von Verletzungen des Persönlichkeitsrechts (dazu Rn 65) zu trennen.[88] Eine besonders relevante Fallgruppe bilden Namensverletzungen im Internet (dazu Rn 68).

67 **8. Diskriminierungen.** Verbotene Diskriminierungen können außervertragliche Schuldverhältnisse begründen. Trotz unverkennbarer Nähe zu den Verletzungen des Persönlichkeitsrechts erschöpfen sie sich nicht in diesen und sind daher nicht vom Anwendungsbereich der Rom II–VO ausgenommen.[89] Für Ansprüche wegen Verweigerung eines Vertragsschlusses ist Art. 12 vorrangig. Unter Art. 4 fallen zB Ansprüche wegen fremdenfeindlicher oder sexistischer Äußerungen oder sexueller Belästigung.

68 **9. Delikte im Internet.** Das Verbreiten von Viren erfüllt den Tatbestand der unerlaubten Handlung. Auch das „hacking" ist unter Art. 4 zu subsumieren.[90] Werden auf einem Computer oder Server gespeicherte

---

76 Montrealer Übereinkommen zur Vereinheitlichung bestimmter Vorschriften über die Beförderung im internationalen Luftverkehr v. 28.5.1999, BGBl. 2004 II 459.
77 Siehe Artt. 17–18, 20–23 Montrealer Übereinkommen.
78 Art. 29 Montrealer Übereinkommen.
79 Siehe MüKo-HGB/*Ruhwedel*, 2. Aufl. 2009, Montrealer Übereinkommen, Art. 29 Rn 7.
80 Übersicht bei *Basedow*, RabelsZ 74 (2010), 118, 122–127; MüKo/*Junker*, Art. 4 Rn 126–140, 145–151.
81 MüKo/*Junker*, Art. 4 Rn 165; BeckOK-BGB/*Spickhoff*, Art. 4 Rn 33.
82 MüKo/*Junker*, Art. 4 Rn 167; BeckOK-BGB/*Spickhoff*, Art. 4 Rn 31.
83 Vgl UNIDROIT-Übereinkommen über gestohlene oder rechtswidrig ausgeführte Kulturgüter v. 24.6.1995, Art. 3, nicht amtliche deutsche Übersetzung bei *Jayme/Hausmann*, Internationales Privat- und Zivilverfahrensrecht, Nr. 112. Siehe ebenfalls die Richtlinie 93/7/EWG des Rates v. 15.3.1993 über die Rückgabe von unrechtmäßig aus dem Hoheitsgebiet eines Mitgliedstaates verbrachten Kulturgütern, ABl. L 74 v. 27.3.1993, S. 74–79.
84 Vgl MüKo/*Baldus*, § 937 BGB Rn 10.
85 Das ist nicht immer der Fall, vgl MüKo/*Baldus*, § 937 BGB Rn 10.
86 Zum Vorschlag einer Einfügung einer besonderen Kollisionsnorm für diese Fälle siehe Europäisches Parlament, Dok. P7_TA(2012)0200 v. 10.5.2012.
87 Siehe § 824 BGB.
88 MüKo/*Junker*, Art. 40 EGBGB Rn 84.
89 Ebenso *Lüttringhaus*, Grenzüberschreitender Diskriminierungsschutz: das internationale Privatrecht der Antidiskriminierung 2010, S. 95 f; Jauernig/*Mansel*, BGB, 14. Aufl. 2011, § 6 AGG Rn 1.
90 Vgl BeckOK-BGB/*Spickhoff*, Art. 4 Rn 9.

Daten gelöscht oder kopiert, liegt eine unerlaubte Handlung vor.[91] Ebenso gehört hierher das Ausspähen und Sammeln personenbezogener Daten. Zu beachten ist jedoch der Ausschluss von Verletzungen des Persönlichkeitsrechts durch die Rom II–VO (siehe Art. 1 Abs. 2 lit. g). Die Abgrenzung fällt mitunter schwer.[92] Verletzungen des Namensrechts im Internet sind erfasst (Rn 66). Dagegen unterfallen Urheberrechts- und Markenverletzungen Art. 9.

10. Delikte im Weltraum. Für sie gilt eine Staatsgefährdungshaftung nach dem Weltraumhaftungsübereinkommen.[93] Außerdem sind Ansprüche aus ihnen aus der Rom II–VO ausgeschlossen, soweit der Staat mit der Raumfahrt hoheitliche Rechte ausübt (Art. 1 Abs. 1 S. 2). Art. 4 erfasst aber Ansprüche im Zusammenhang mit nichthoheitlicher staatlicher Tätigkeit oder privater Raumfahrt.   69

11. Schädliche Immissionen. Durch Immissionen verursachte Schäden sind als unerlaubte Handlungen anzusehen. Führen die Immissionen jedoch zugleich zu einem Umweltschaden, zB zu einer nachteiligen Veränderung einer natürlichen Ressource wie Wasser, Boden oder Luft,[94] so ist Art. 7 anzuwenden. Daher ist Art. 4 in diesem Bereich nur in den Fällen von Bedeutung, in denen keine nachteilige Umweltveränderung eintritt, zB bei der Belästigung durch Lärm oder Geruch[95] sowie der Zuführung von Wasser oder Tieren wie beispielsweise Ameisen auf ein Grundstück. Auch das für Abwehransprüche geltende Recht ist gemäß Art. 2 Abs. 2, 3 nach dieser Vorschrift zu ermitteln (Rn 45). Ansprüche aus Schäden durch **Kernenergie** sind nicht von der Rom II–VO erfasst (Art. 1 Abs. 2 lit. f). Für **Ölverschmutzungen** durch auslaufende Tanker gelten staatsvertragliche Sonderregelungen,[96] bei anderen Ursachen greift regelmäßig Art. 7.   70

12. Delikte während Vertragsverhandlungen. Der europäisch-autonome Begriff der unerlaubten Handlung deckt eine Reihe von Ansprüchen ab, die während oder beim **Abschluss eines Vertrags** entstehen. So gilt er für **Personenschäden**, die einem an der Verhandlung Beteiligten während der Vertragsverhandlungen zugefügt werden. Diese unterstehen Art. 4 und nicht Art. 12.[97] Ebenso wird man bei Ansprüchen gegen **Sachwalter** entscheiden müssen (str.).[98] Die Gegenauffassung, der zufolge gegen Sachwalter vertragliche Ansprüche bestehen können, ist zu sehr vom deutschen Sachrecht geprägt. Aus europäisch-autonomer Sicht vermag sie nicht zu überzeugen. Denn Art. 12 ist zu entnehmen, dass ein Vertrag zwischen den Parteien zumindest angestrebt sein muss. Das folgt aus der Formulierung „gleichgültig, ob der Vertrag tatsächlich geschlossen wurde oder nicht". Eine Partei, mit der von vornherein kein Vertragsverhältnis zustande kommen sollte, ist davon offenbar nicht erfasst. Es bleibt daher nur die Anwendung des Art. 4. Diesem untersteht ebenfalls die Haftung von **Gutachtern** oder **Auskunft Erteilenden**, die sich früher geäußert haben und an den Vertragsverhandlungen selbst nicht beteiligt waren.[99] Dagegen unterfallen Ansprüche wegen Verletzung einer Offenlegungspflicht oder Abbruchs von Vertragsverhandlungen dem Art. 12.[100]   71

13. Vermögensdelikte. Als unerlaubte Handlungen sind Diebstähle, Unterschlagung,[101] Betrug (*fraud*) und Untreue anzusehen. Ebenfalls nach Art. 4 ist das auf Ansprüche wegen **Prozessbetrugs, Missbrauchs des Klagerechts** und **Anleitung zum Vertragsbruch** anzuwendende Recht zu bestimmen.[102] Als Vermögensdelikt in diesem Sinn ist auch die **Kreditgefährdung** anzusehen (Rn 65). Die Haftung der Bank aufgrund **fehlerhafter Auskunft gegenüber einem Nichtkunden** ist als unerlaubte Handlung zu qualifizieren, obwohl die deutsche Rechtsprechung stets einen Bankberatungsvertrag konstruiert,[103] denn dieser basiert nicht auf einer freiwilligen Verpflichtung. Dem europäisch-autonomen Begriff der unerlaubten Handlung sind ebenfalls Ansprüche gegen Personen zuzuordnen, die einer Partei einen **unerwünschten Vertrag aufgedrängt** haben. Zu denken ist etwa an einen Terminoptionsvermittler, der einem Kunden chancenlose Optionsgeschäfte im Ausland vermittelt. Obwohl zwischen beiden Parteien eine Vertragsbeziehung vorliegt, bestehen hier nach Ansicht des BGH Ansprüche aus unerlaubter Handlung.[104] Allerdings hat er in anderen Fällen eine vertragliche Qualifikation angenommen, soweit dies dem Schutz eines beteiligten Verbrauchers diente.[105]   72

---

91 Siehe zum „Datenklau" Huber/*Bach*, Rome II Regulation, Art. 4 Rn 51.
92 Siehe Huber/*Bach*, Rome II Regulation, Art. 1 Rn 56.
93 Vom 29.3.1972, BGBl. 1975 II 1209.
94 Vgl Erwägungsgrund 24.
95 *Freigang*, Grenzüberschreitende Grundstücksimmissionen, 2008, S. 257; *Stone*, EuLF 2004, 213, 228.
96 Dazu MüKo/*Junker*, Art. 4 Rn 153–162.
97 Vgl Erwägungsgrund 30 letzter Satz.
98 AA MüKo/*Spellenberg*, Art. 12 Rn 19.
99 Ebenso *Schinkels*, JZ 2008, 272, 278 f; MüKo/*Spellenberg*, Art. 12 Rn 20.
100 Erwägungsgrund 30 S. 2.
101 Vgl Huber/*Bach*, Rome II Regulation, Art. 4 Rn 45.
102 Vgl Huber/*Bach*, Rome II Regulation, Art. 4 Rn 42, 47, 49.
103 Siehe *Siol*, in: Schimansky/Bunte/Lwowski, Bankrechts-Handbuch, 3. Aufl. 2007, § 43 Rn 7.
104 Siehe BGH NJW-RR 2011, 197, 198. Siehe dazu auch Rn 52.
105 Siehe BGHZ 187, 156, 166–168 = NJW 2011, 532, 534 f; BGH, NJW 2011, 2809, 2811 f (beide zu Art. 13 LugÜ). Krit. zu dieser Rechtsprechung *v. Hein*, in: Fassbender u.a., Paradigmen im internationalen Recht – Implikationen der Weltfinanzkrise für das internationale Recht, Berichte der Deutschen Gesellschaft für Internationales Recht 2012, S. 369, 379–381.

73 **14. Delikte gegen Unternehmen und Gesellschaften.** Unter Art. 4 fallen auch der Eingriff in den eingerichteten und ausgeübten Gewerbebetrieb und ähnliche Delikte nach ausländischem Recht.[106] Der **existenzvernichtende Eingriff** in das Vermögen einer Gesellschaft ist als dem Gesellschaftsrecht zugehörig anzusehen und unterfällt daher nicht der Rom II-VO (str.).[107] Dass ihn die deutsche Rechtsprechung unter § 826 BGB subsumiert, ändert daran nichts, denn der Standort einer Regelung ist für deren Qualifikation nicht entscheidend. Ansprüche der Gläubiger wegen **Insolvenzverschleppung** gehören nicht zum Deliksrecht (unstreitig), sondern zum Insolvenzrecht (Letzteres sehr str.),[108] weil sie insolvenzspezifisch sind. Das auf sie anzuwendende Recht wird durch Art. 4 der EuInsVO bestimmt, der eine Spezialregelung zur Rom II-VO enthält.

74 **15. Delikte auf dem Finanzmarkt.** Art. 4 unterfallen eine Reihe von Delikten, die auf den **Finanzmärkten** (Kapitalmarkt, Geldmarkt und Derivatemarkt) begangen werden. Dazu gehören etwa der **Insiderhandel**, die **Marktmanipulation**, die **Veröffentlichung fehlerhafter Prospekte** oder **falscher Ad-hoc-Mitteilungen**.[109] Ob aus ihnen Ansprüche erwachsen, ist nach dem durch Art. 4 bezeichneten Recht zu ermitteln.

C. Anknüpfung an den Ort des Schadenseintritts (Abs. 1)

I. Grundlagen

75 Abs. 1 stellt die Grundregel der Anknüpfung unerlaubter Handlungen dar. Er ist immer dann einschlägig, wenn weder eine der Spezialregelungen der Artt. 5–9 noch Abs. 2 greifen (zum systematischen Verhältnis oben Rn 9). Inhaltlich verwirklicht Abs. 1 das in Europa traditionelle Prinzip, nach dem Schuldverhältnisse aus unerlaubter Handlung dem Recht am Ort des Delikts (*lex loci delicti*) unterstehen (Rn 19 f). Dieses präzisiert er dahin gehend, dass auf das Recht des Staates des Schadenseintritts (*lex loci damni*)[110] abzustellen ist. Das Recht des Staates, in dem das schadensbegründende Ereignis eintritt (Handlungsort), soll hingegen keine Rolle spielen. Das ist eine gravierende Abweichung zu Art. 5 Nr. 3 EuGVVO, der als Gerichtsstand für unerlaubte Handlungen – in der Auslegung durch den EuGH[111] – sowohl den Ort des schadensbegründenden Ereignisses als auch den Ort des Schadenseintritts vorsieht. Außerdem sollen indirekte Schadensfolgen laut ausdrücklicher Anordnung bei Abs. 1 außer Betracht bleiben (siehe Abs. 1 aE).

II. Auswirkungen

76 Die Konsequenzen der Grundentscheidung für den Staat des Schadenseintritts lassen sich am besten an zwei Fallgruppen erkennen: Den sogenannten Distanzdelikten und den Streudelikten.

77 **1. Distanzdelikte.** Bei den Distanzdelikten liegen Handlungs- und Erfolgsort in unterschiedlichen Staaten.

Beispiel: A „hackt" sich von Kolumbien aus in den Server des B in Irland ein, um dort Daten zu löschen. Der Handlungsort liegt in Kolumbien, der Erfolg ist jedoch in Irland eingetreten. Die Haftung des A untersteht irischem Recht. Dazu Rn 111.

78 **2. Streudelikte.** Bei den Streudelikten tritt der Erfolg in vielen verschiedenen Staaten ein.

Beispiel: Unternehmen C publiziert eine fehlerhafte Ad-hoc-Mitteilung in Kalifornien, auf deren Grundlage Investoren in vielen Staaten dessen Aktien kaufen. In diesem Fall ist nach Abs. 1 das Recht dieser Staaten anzuwenden. Dies impliziert, dass das Recht eines jeden Staates für den in dessen Territorium eingetretenen Teil des Schadens zu befolgen ist.[112] Man spricht vom **„Mosaikprinzip"**.[113] Allerdings kann diese Konsequenz unter Umständen durch die Anwendung des Abs. 3 vermieden werden (dazu Rn 174).

---

106 Siehe dazu auch Art. VI.-2:208 DCFR.
107 Für deliktsrechtliche Qualifikation MüKo/*Kindler*, IntGesR, Rn 433; *G. Wagner*, in: FS Canaris 2007, Bd. II, S. 473, 500–502; *Bayer*, BB 2003, 2357, 2365. Für gesellschaftsrechtliche Qualifikation *Eckert*, Internationales Gesellschaftsrecht 2010, S. 224, 342; *Schön*, ZHR 168 (2004), 368, 291 f; Michalski/*Michalski*/*Funke*, GmbHG, 2. Aufl. 2010, § 13 Rn 448. Unentschieden *G. Wagner*, IPRax 2008, 1, 2; *Kölbl*, BB 2009, 1194, 1199 f.
108 Für insolvenzrechtliche Qualifikation Rauscher/*Mankowski*, Art. 1 Brüssel I-VO Rn 20 d; *Ungan*, ZVglRWiss 104 (2005), 355, 366 f; *Weller*, IPRax 2003, 520, 522 mit Fn 27. Für gesellschaftsrechtliche Qualifikation dagegen Hirte/Bücker/*Mock/Schildt*, Grenzüberschreitende Gesellschaften, 2. Aufl. 2006, § 17 Rn 85; *Ulmer*, NJW 2004, 1201, 1207.
109 Näher dazu *Lehmann*, IPRax 2012, 399, 400.
110 Vgl auch Erwägungsgrund 16.
111 EuGH, Rs. 21/76, Slg 1976, 1735 – Mines de potasse, Rn 15–19.
112 Siehe Kommission, KOM(2003), 427, S. 12.
113 *G. Wagner*, IPRax 2008, 1, 3; Huber/*Bach*, Rome II Regulation, Art. 4 Rn 55; BeckOK-BGB/*Spickhoff*, Art. 4 Rn 9; *Hohloch*, Yb. P.I.L. 9 (2007), 1, 10; *Ofner*, ZfRV 2008, 13, 16.

III. Begriff des Schadens

1. Problematik. Bevor der Ort des Schadenseintritts lokalisiert werden kann, muss man die Bedeutung des Begriffs „Schaden" ermitteln. Dieser ist insbesondere von dem haftungsbegründenden Ereignis und den indirekten Schadensfolgen abzugrenzen, welche nach der ausdrücklichen Aussage des Abs. 1 keine Rolle spielen sollen.

Der Begriff des Schadens ist bereits im internen Recht außerordentlich vieldeutig. Erst recht ist seine Bedeutung auf europäisch-autonomer Ebene unklar. Die genaue Ermittlung des Schadens bereitet daher Probleme.

2. Ermittlung des Primärschadens. In der Literatur wird – in Anlehnung an die Rechtsprechung des EuGH zum europäischen Zivilprozessrecht[114] – allgemein darauf abgehoben, in welchem Staat der **„Primärschaden"** im Sinne des zeitlich ersten Schadens (**„first impact"**) entstanden ist.[115] Dabei ist auch dieser Begriff nicht im Sinne der Terminologie des deutschen Rechts zu verstehen, sondern europäisch-autonom. Entscheidend soll die Verletzung eines „Rechtsguts" oder rechtlich geschützten Interesses sein.[116]

3. Bestimmung des Rechtsguts. Mit dem Abstellen auf die primäre Verletzung eines Rechtsguts oder rechtlich geschützten Interesses allein ist der Schadensbegriff noch nicht geklärt. Das grundlegende Problem besteht darin, dass sich ein solches „Rechtsgut" oder „rechtlich geschütztes Interesse" **nicht *in abstracto***, das heißt ohne Bezug auf eine Rechtsordnung ermitteln lässt. Ob beispielsweise die Psyche als solche als Rechtsgut anzusehen ist, die etwa gegen Schockschäden geschützt ist, oder nur die körperliche Integrität im Sinne einer *physischen* Konstitution, hängt von der jeweiligen Rechtsordnung ab.[117] Desgleichen sind auch Figuren wie der eingerichtete und ausgeübte Gewerbebetrieb nicht in allen Rechtsordnungen anerkannt; manche schützen zB nur das Eigentum an individuellen Betriebsgegenständen.

Ein weiteres Problem besteht darin, dass sich zuweilen auch **mehrere** Rechtsgüter oder rechtlich geschützte Interesse identifizieren lassen, die verletzt sein könnten.

Beispiel: A erhält von B eine falsche Auskunft über die Kreditwürdigkeit des C. Diese geht ihm im Land X zu. Daraufhin gibt er Waren zur Lieferung an C im Land Y frei.[118] Sieht man als Rechtsgut die Willensfreiheit des A an, so ist der Schaden in X eingetreten. Sieht man dagegen als Rechtsgut das Vermögen des A an, so ist das Recht von Y anzuwenden.

Andere Schwierigkeiten werfen Delikte auf, die **keinerlei Rechtsgut** zu kennen scheinen, sondern rein handlungsbezogen sind. Als Beispiele lassen sich die Verleitung zum Vertragsbruch[119] oder die vorsätzliche sittenwidrige Schädigung[120] nennen. Auch die Verletzung von Schutzgesetzen ist in dieser Hinsicht ambivalent.

Besonders schwierig ist schließlich, den Primärschaden zu bestimmen, wenn **mehrere Personen verletzt** sind.

Beispiel: Durch einen Autounfall wird A im Staat X getötet. Seine Verwandten in Staat Y erleiden einen Schock, als sie von der Nachricht hören. Ermittelt man den Primärschaden für jeden Geschädigten gesondert, so ist auf die Ansprüche der Angehörigen das Recht des Landes Y anzuwenden. Konstruiert man hingegen die Ansprüche der Angehörigen als bloß abgeleitete Rechte oder als Rechtsreflex,[121] dann ist das Recht des Staates X anwendbar: Die Tötung des Unfallopfers wäre als der relevante Primärschaden anzusehen und die Schäden der Angehörigen lediglich als indirekte Folgen dieses Erstschadens.[122]

Untauglich ist es, das prospektiv anzuwendende Recht bei der Bestimmung des Rechtsguts einzubeziehen. Eine solche Lösung würde ähnlich wie die Qualifikation *de lege causae* in einem Zirkelschluss enden.[123]

---

114 EuGH, Rs. C-220/88, Slg 1990, I-49 – Dumez, Rn 20 f
115 MüKo/*Junker*, Art. 4 Rn 20; *Nuyts*, Revue de droit commercial belge 114 (2008), 490, 494; BeckOK-BGB/*Spickhoff*, Art. 4 Rn 9.
116 Siehe *de Lima Pinheiro*, Riv. dir. int. priv. proc. 2008, 5, 17; Erman/*Hohloch*, Art. 4 Rn 4; *G. Wagner*, IPRax 2008, 1, 3. Von „Verletzungserfolgen" spricht BeckOK-BGB/*Spickhoff*, Art. 2 Rn 1.
117 Siehe dazu rechtsvergleichend *Zinnen/Pretto/Janssen/Meilhac-Redon/Pasa/Ebers/Arroyo i Amayuelas/Michalowska*, ERPL 11 (2003), 412; *Christandl/Hinghofer-Szalkay*, ZfRV 40 (2007), 44–63; *Kadner Graziano*, ZEuP 2002, 834–859; *Stiegler*, Schmerzengeld für Schock- und Trauerschäden, 2009.
118 Fall nach "Domicrest Ltd v. Swiss Bank Corp" [1999] QB 548.
119 Vgl dazu Art. VI.-2:211 DCFR („Loss upon inducement of non-performance of an obligation").
120 ZB nach § 826 BGB.
121 Vgl zB §§ 844 f BGB oder das französische Recht der Schockschäden, Cass. civ. 28.10.2003, JDI 131 (2004), 499 f
122 Zur Ambivalenz der Rom II-VO in diesen Fällen *Bureau/Muir Watt*, S. 413, Rn 1003; *Kadner Graziano*, RabelsZ 73 (2009), 1, 31–35.
123 Ebenfalls ablehnend EuGH, Rs. C-364/93, Slg 1995, I-2719, Marinari, Rn 19 (zu Art. 5 Nr. 3 EuGVÜ); Calliess/*v. Hein*, Art. 4 Rn 14.

87 **Unzulässig** ist es, auf die Vorstellungen der *lex fori* zurückzugreifen.[124] Diese Methode würde der von der Rom II-VO angestrebten Rechtsvereinheitlichung zuwiderlaufen.

88 Es bleibt nur, **europäisch-autonome Grundbegriffe** des Rechtsguts zu bilden, auf deren Grundlage der Primärschaden bestimmt werden kann. Dies ist angesichts der bisherigen Nichtexistenz eines EU-Deliktsrechts ein schwieriges, aber dennoch kein unmögliches Unterfangen.

89 Zu beginnen ist bei der **Rechtsprechung des EuGH**, insbesondere den Urteilen zu EuGVÜ und EuGVVO. Diesen lassen sich Aussagen zum Schadensbegriff entnehmen. Zum Beispiel hat der Gerichtshof entschieden, dass der Begriff des „schädigenden Ereignisses" in Art. 5 Nr. 3 EuGVVO weit zu verstehen ist und nicht nur individuelle Schäden Einzelner erfasst, sondern auch „Angriffe auf die Rechtsordnung", etwa durch die Verwendung von AGB.[125] Der Bestand der Rechtsordnung selbst kann also ein Rechtsgut sein.

90 Hilfe bieten darüber hinaus die in den **wissenschaftlichen Werken zum europäischen Privatrecht** anerkannten Schadenskategorien.[126] Diese geben das in den Mitgliedstaaten geltende Recht wieder. Aus ihnen lassen sich bestimmte Rechtsgüter erkennen, die in den meisten nationalen Rechten anerkannt sind. Dass dabei nur Rechte von EU-Mitgliedstaaten berücksichtigt wurden, schadet nicht, denn die gemeinsamen Rechtsprinzipien dieser Rechte bilden eine Art **„europäischer lex fori"** der Gerichte in der Union, welche die Auslegung der kollisionsrechtlichen Kategorien bestimmt.[127]

91 Schließlich sind Erwägungen, die unmittelbar auf die **nationalen Rechte der Mitgliedstaaten** gestützt sind, nicht schlechthin zulässig. Vielmehr können sie insoweit herangezogen werden, als sie sich nicht auf eine einzige Rechtsordnung beschränken, sondern ein weitergehendes rechtsvergleichendes Panorama aufzeigen. Dieses hat auf den europäischen Grundbegriff des Schadens prägenden Einfluss.

92 **4. Abgrenzung vom schadensbegründenden Ereignis und von indirekten Schadensfolgen.** Die Bestimmung des Schadens wird weiter durch dessen **Unterscheidung vom schadensbegründenden Ereignis und von den indirekten Schadensfolgen** erleichtert. Diese Differenzierung ist in Abs. 1 ausdrücklich angesprochen; sie ist Teil des europäisch-autonomen Schadenskonzepts. Der Schaden lässt sich daher negativ so definieren, dass er weder das schadensbegründende Ereignis noch eine nur indirekte Schadensfolge sein darf. Er muss vielmehr zwischen beiden liegen.

93 Als **schadensbegründendes Ereignis** kommt in aller Regel ein bestimmtes menschliches Handeln oder Unterlassen in Betracht. Dies kann etwa eine diskriminierende Äußerung oder ein unterbliebener Warnhinweis sein.

94 Als **indirekte Schadensfolgen** sind solche anzusehen, die nach der erstmaligen Schädigung des Rechtsguts eintreten. In der Rechtsprechung des EuGH handelt es sich um „nachteilige Folgen eines Umstands..., der bereits einen Schaden verursacht hat".[128] Dazu gehören nach dem EuGH die Auswirkungen der deliktisch verursachten Insolvenz einer Tochtergesellschaft auf die Muttergesellschaft.[129] Ebenfalls als indirekt sieht der EuGH die nachteiligen finanziellen Wirkungen an, die eine Person in ihrem Heimatstaat infolge der Inhaftierung in einem anderen Land erleidet.[130] Als indirekt eingestuft werden bei einem Verkehrsunfall die finanziellen und immateriellen Folgen für das Unfallopfer.[131] Jedoch dürfen Vermögensschäden und Schmerzen nicht allgemein als indirekte Schadensfolgen angesehen werden. Unter Umständen können sie auch eigenständige Primärschäden darstellen, so etwa bei reinen Vermögensdelikten oder Ansprüchen wegen Schockschäden (Rn 82). Die spätere Vertiefung von Schäden, zB die Verschlechterung des Zustands während eines Krankenhausaufenthalts, ist hingegen immer ein indirekter Schaden.[132]

95 **5. Verbleibende problematische Fälle.** Besonders schwierig ist die Bestimmung des Schadens bei zeitlich gestreckten Abläufen.

Beispiel: Dem in Deutschland wohnhaften A wird während einer Behandlung durch den Arzt B in der Schweiz ein Medikament verschrieben. Nach einer einmaligen Verabreichung in der Schweiz nimmt er den Rest des Medikaments in Deutschland ein. Er erleidet schwere Gesundheitsschäden, die auf Nebenwirkungen des Medikaments zurückzuführen sind.

Dieses Beispiel ist einem Sachverhalt nachgebildet, der vom BGH entschieden wurde,[133] bis auf eine Abweichung: Im Originalfall wurde dem Patient das Medikament nicht in der Schweiz verabreicht. Der

---

124 Ebenso *Dickinson*, Rome II Regulation, S. 310, Rn 4.29.
125 EuGH, Rs. 167/00, Slg 2002, I-8111 – Henkel, Rn 42.
126 Siehe Art. Art. 2:102(2)-(4) Principles of European Tort Law; Art. VI.-2:201 – 211 DCFR.
127 Vgl zur Auslegung der Kollisionsbegriffe *lege fori* MüKo/*Sonnenberger*, 5. Aufl. 2010, Einl. IPR Rn 494 ff.
128 EuGH, Rs. 364/93, Slg 1995, I-2719 – Marinari, Rn 14; Rs. 168/02, Slg 2004, I-6009 – Kronhofer, Rn 19.
129 EuGH, Rs. C-220/88, Slg 1990, I-49, Dumez, Rn 14.
130 EuGH, Rs. 364/93, Slg 1995, I-2719 – Marinari, Rn 15.
131 Kommission, KOM(2003) 427 endg., S. 12.
132 *Gaudemet-Tallon*, Compétence et exécution des jugements en Europe, Rn 216, S. 222–225 (für Art. 5 Nr. 3 EuGVO).
133 BGHZ 176, 342.

BGH konnte daher auf Deutschland als Erfolgsort abstellen, weil das Medikament nur dort eingenommen wurde und die Nebenwirkungen dort auftraten.[134] Schwieriger gestaltet sich die Sachlage, wenn das Rechtsgut so wie im Beispiel durch **verschiedene Einzelschritte in unterschiedlichen Ländern** geschädigt wird. Eine zeitliche Aufspaltung des Schadens nach Ländern ist unzulässig. Grundsätzlich kommt es für das anzuwendende Recht auf den zuerst eingetretenen Schaden an (Rn 81). Dieser entsteht nicht schon mit der erstmaligen Einnahme des Medikaments, sondern erst dann, wenn eine Gesundheitsverschlechterung eingetreten ist. Daher ist es notwendig, diese mit medizinischen Methoden zu ermitteln (siehe auch Rn 114).

In den Fällen, in denen **kein spezifisches Rechtsgut** geschädigt wurde, soll es nach einer Ansicht keiner Rechtsgutsverletzung bedürfen.[135] Doch trügt der Schein: In Wahrheit haben Vorschriften wie § 826 BGB – wie andere Deliktsvorschriften auch – ein geschütztes Rechtsgut. Dieses ist das **Vermögen**.[136] Der Primärschaden tritt also erst dann ein, wenn sich das Handeln des Täters im Vermögen des Opfers auswirkt. Der Ort des geschädigten Vermögensteils entscheidet damit über das anzuwendende Recht.[137] Zu dessen Ermittlung Rn 115.   96

IV. Lokalisierung des Schadens

1. Problematik. Ist der maßgebliche Schaden ermittelt (Rn 81–96), so besteht das Kernproblem des Abs. 1 in der Ermittlung des Staates, in dem dieser eingetreten ist. Die Vorschrift geht mit großer Selbstverständlichkeit davon aus, dass der Ort des Schadenseintritts objektiv feststeht. Dabei scheint sie die Existenz einer Art **geographischer Methode** vorauszusetzen, mit der sich der Ort des Schadenseintritts naturwissenschaftlich exakt nachweisen ließe.   97

Für die beiden wichtigsten Schadenskategorien – die Personen- und Sachschäden – wird diese Sichtweise ausdrücklich in der Präambel bekräftigt. Ihr zufolge soll es darauf ankommen, wo der Personen- oder Sachschaden „**tatsächlich**" eingetreten ist. Es soll also keine spezifisch rechtliche Betrachtung, sondern eine rein empirische angenommen werden: Es geht darum, wo die praktischen Wirkungen des deliktischen Verhaltens eintreten.[138] Insoweit existieren deutliche Parallelen etwa zur Ermittlung des „Erfüllungsorts" unter Art. 5 Nr. 1 lit. b EuGVVO.[139]   98

Allerdings liegen die Dinge nicht immer so einfach. Zunächst sind Rechtsgüter, wie zB das Eigentum, juristische Konstruktionen. Als solche haben sie keinen geographischen Lageort.[140] Einen Lageort haben nur die Objekte, auf die sie sich beziehen. Betrachtet man diese, kann die Ermittlung des Schadensorts mithilfe geographischer Methoden ebenfalls auf Schwierigkeiten stoßen, weil die dazu notwendigen **faktischen Erkenntnisse fehlen**.   99

Beispiel: Unternehmen A aus Staat X verkauft Früchte an B in Staat Y. Die Lieferung führt Frachtführer C aus. Als die Früchte in Y ankommen, sind sie verdorben. Es lässt sich nicht feststellen, auf welcher Etappe des Transports die Schäden entstanden sind. Die Versicherer von B wollen C in Anspruch nehmen.[141] Hier existiert objektiv gesehen ein Schadensort, der naturwissenschaftlich feststellbar ist, doch mangelt es an den dazu notwendigen Informationen.

Darüber hinaus kann der Schaden schon objektiv, unter Einsatz aller noch so aufwendiger Methoden **naturwissenschaftlich nicht feststellbar** sein. Das ist dann der Fall, wenn das geschädigte Rechtsgut sich nicht auf ein physisches Objekt bezieht, sondern auf ein nur gedachtes.   100

Beispiel: Unternehmen D aus Staat N möchte Zucker von Unternehmen E aus Staat O kaufen. Vor dem Vertragsschluss wendet sich D an F aus Staat P, um zu erfahren, ob E vertrauenswürdig sei und den Zucker tatsächlich liefern könne. F bejaht dies. Daraufhin schließt D den Vertrag. E kann jedoch nicht liefern. D verlangt von F Schadensersatz.[142] Das geschädigte Rechtsgut ist hier das Vermögen des D, welches durch den eingegangen Vertrag und die daraus folgenden Verbindlichkeiten negativ betroffen ist. Das hinter diesem Rechtsgut stehende Objekt lässt sich nicht mit naturwissenschaftlichen Methoden lokalisieren (vgl zur Lösung Rn 110).

2. Prozessualer Kontext. Das Gericht ist verpflichtet, den Schadenseintrittsort zu ermitteln. Anders als bei der Prüfung der gerichtlichen Zuständigkeit kann es sich nicht darauf beschränken, einen bestimmten   101

---

134 BGHZ 176, 342, 346.
135 MüKo/*Junker*, Art. 4 Rn 21.
136 Vgl MüKo/*G. Wagner*, § 823 BGB Rn 4; *Larenz/Canaris*, Schuldrecht II/2 § 78 I 1, S. 447; § 78 II 2, S. 452.
137 Im Ergebnis ebenso MüKo/*Junker*, Art. 4 Rn 21.
138 Siehe *de Lima Pinheiro*, Riv. dir. int. priv. proc. 2008, 5, 17.
139 Siehe dazu Kommission, Vorschlag für eine Verordnung (EG) des Rates über die gerichtliche Zuständigkeit und die Anerkennung und Vollstreckung von Entscheidungen in Zivil- und Handelssachen, KOM(1999) 348 endg, S. 15.
140 Zutreffend *de Lima Pinheiro* aaO.
141 Fall nach EuGH, Rs. C-51/97, Slg 1998, I-6511 – Réunion européenne.
142 Fall nach *Diamond* v. *Bank of London & Montreal Ltd*, [1979] QB 333.

vom Kläger behaupteten Tatsachenverlauf als richtig zu unterstellen. Das Gericht muss vielmehr das objektiv auf den Anspruch anzuwendende Recht ermitteln und dazu alle ihm zur Verfügung stehenden Informationsquellen nutzen.

102 Die Ermittlung des Orts des Schadenseintritts kann im Einzelfall sehr schwierig sein, insbesondere bei Streudelikten und bei zeitlich gestreckten Delikten. Das Gericht kann sich jedoch nicht aus prozessökonomischen Gründen auf die Feststellung eines *non liquet* zurückziehen und die Ermittlung des anzuwendenden Rechts einer darlegungs- und beweisbelasteten Partei überlassen. Denn das anzuwendende Recht ist gemäß Art. 4 abhängig vom Schadenseintritt zu bestimmen. Nicht überzeugend ist der Versuch, das europäische Kollisionsrecht als rein fakultativ anzusehen, das heißt den Parteien zu erlauben, durch das Plädoyer auf der Grundlage der *lex fori* die Anwendbarkeit fremden Rechts entfallen zu lassen.[143] Für eine solche Auffassung finden sich in der Rom II-VO keine Hinweise. Im Gegenteil beschränkt sie die Möglichkeit zur Anwendung der *lex fori* und zur Rechtswahl der Parteien.[144] Diese Regelungen würden durch ein fakultatives Kollisionsrecht umgangen.

103 **3. Lösung.** Wie die eingangs genannten Fälle (Rn 99 f) zeigen, lässt sich der Staat des Schadenseintritts mithilfe einer **geographischen Methode allein** nicht in allen Fällen bestimmen. Vielmehr bedarf es hinzutretender **juristischer** Kriterien zur Bestimmung des Schadensorts.

104 Dabei ist in folgender Weise vorzugehen: **In erster Linie** ist von dem **objektiv eingetretenen Primärschaden** im oben genannten Sinn (Rn 81) auszugehen. Dieser hat Vorrang. Soweit er existiert und sich ermitteln lässt, bestimmt er das anzuwendende Recht. Lässt er sich nicht ermitteln oder ist er nicht existent, so ist **subsidiär** auf juristische **Regeln, Vermutungen und Fiktionen** abzustellen. Diese sind insbesondere von der Rechtsprechung entwickelt worden. Sie können nur anhand der jeweiligen Einzelfälle betrachtet werden (siehe Rn 105–117). Der betreffene Schadensort ist dabei bei für jeden Geschädigten einzeln zu ermitteln, insbesondere bei sogenannten **Streudelikten**. Soweit der Primärschaden gleichzeitig in mehreren Staaten eingetreten ist, muss das Recht jedes dieser Staaten für den entsprechenden Schadensteil angewandt werden (**Mosaiktheorie**)[145].

V. Einzelfälle

105 **1. Drohende Schäden.** Bei ihnen ist der Schadensort derjenige, an dem der Eintritt des Schadens wahrscheinlich ist (vgl Art. 2 Abs. 3 lit. b). Das können gegebenenfalls auch verschiedene Staaten sein, selbst wenn der Schaden sich nur in einem von ihnen verwirklichen kann.

106 **2. Schäden auf und in Gewässern.** Siehe zunächst zum vorrangigen Völkerrecht oben Rn 60. Soweit dieses nicht anwendbar ist oder keine Regelung enthält, ist zwischen Schäden an Bord eines Schiffs und Schäden am Schiff selbst zu unterscheiden: Auf Delikte **an Bord eines Schiffs** ist das Recht des Staates anzuwenden, dessen Flagge das Schiff führt (Flaggenanknüpfung).[146] Dies ist dadurch gerechtfertigt, dass der Flaggenstaat die Jurisdiktionsgewalt über Vorgänge auf dem Schiff ausübt, ähnlich wie über sein eigenes Territorium.[147] Befindet sich das Schiff zur Zeit des Delikts in den Hoheitsgewässern eines Staates, so soll nach herrschender Meinung das Recht dieses Staates anzuwenden sein.[148] Allerdings überzeugt aus dogmatischer Sicht nicht, das Schiff mit dem Territorium des Flaggenstaates gleichzusetzen, solange es sich auf hoher See befindet, dies aber plötzlich anders zu sehen, sobald das Schiff in Hoheitsgewässer einfährt. Dieser Wechsel entspricht auch nicht den Erwartungen der Parteien.[149] Außerdem führt diese Ansicht zu kaum praktikablen Konsequenzen, weil für die kollisionsrechtliche Beurteilung an Bord eines Schiffs verübter Delikte jeweils die genaue Schiffsposition ermittelt werden müsste.[150] Schließlich steht sie im Widerspruch zur Behandlung von Delikten in Flugzeugen, die unabhängig von der Position des Fluggeräts dem Recht des Registrierungsstaates unterstellt werden (Rn 107). Daher sollten auch Delikte auf Schiffen grundsätzlich an die Flagge des Schiffs angeknüpft werden, gleichgültig, wo sich dieses befindet.[151] Ausnahmefällen, bei denen eine engere Verbindungen zu einem anderen Staat besteht, ist durch die Anwendung der

---

143 Dafür *Flessner*, in: Liber amicorum Walter Pintens, S. 593, 597–606.
144 Siehe Art. 6 Abs. 4, Art. 8 Abs. 3 und Art. 14.
145 Siehe *v. Hein*, ZEuP 2009, 6, 16.
146 EuGH, Rs. C-18/02, Slg 2004, I-1417 – DFDS Torline; *Dickinson*, Rome II Regulation, S. 324, Rn 4.56; Calliess/*v. Hein*, Art. 4 Rn 72; MüKo/*Junker*, Art. 4 Rn 35, 143; *Dicey/Morris/Collins*, The Conflict of Laws, Third Cumulative Supplement, S. 393, Rn S35-198; *Mayer/Heuzé*, S. 529, Rn 684; aA *Calvo Caravaca/Carrascosa González*, Kapitel 31 Rn 74 f, S. 820, die bei Schäden auf hoher See Art. 4 Abs. 3 und ansonsten das Lagerecht anwenden wollen.
147 Siehe UN-Seerechtsübereinkommen v. 10.12.1982, BGBl. II 1798, Art. 92, 94 Abs. 1.
148 *Calvo Caravaca/Carrascosa González*, Kapitel 31 Rn 73, S. 820; *Cheshire/North/Fawcett*, S. 860; *Erman/Hohloch*, Art. 4 Rn 28; BeckOK-BGB/*Spickhoff*, Art. 4 Rn 24.
149 Palandt/*Thorn*, Art. 4 Rn 23.
150 *Basedow*, RabelsZ 74 (2010), 118, 133.
151 Ebenso *Basedow*, RabelsZ 74 (2010), 118, 133; Palandt/*Thorn*, Art. 4 Rn 23; dazu tendierend ebenfalls *Mayer/Heuzé*, S. 529, Rn 684.

Ausweichklausel (Abs. 3) Rechnung zu tragen, zB bei Schäden in der Binnenschifffahrt, nach dem Anlegen im Hafen oder bei längerem Ankern in Küstengewässern. Vorrangig ist außerdem der gemeinsame gewöhnliche Aufenthalt von Schädiger und Geschädigtem (Abs. 2). In gewissen Fällen, vor allem bei den sogenannten „Billigflaggen", ist die Gleichsetzung von Territorium und Flagge eines Staates nicht gerechtfertigt. Hier bestehen offensichtlich engere Verbindungen zu anderen Staaten, in erster Linie zu dem Staat des Verwaltungssitzes des Schiffsinhabers.[152] Diesen ist ebenfalls durch die Anwendung der Ausnahmeklausel Rechnung zu tragen; die abweichende Wertung durch das Seevölkerrecht steht insoweit im Widerspruch zur engsten Verbindung und greift kollisionsrechtlich nicht durch. Handelt es sich um **Schäden am Schiff** selbst, zB aus Schiffskollisionen oder terroristischen Attentaten, so ist in erster Linie auf das Recht abzustellen, in dessen Hoheitsgewässern das Schiff zur Zeit der Beschädigung steuert. Soweit es sich auf hoher See befindet, führt die Anknüpfung des Abs. 1 nicht weiter, denn es gibt keinen „Staat", in dem der Schaden eintritt. Insoweit enthält die Rom II-VO eine Lücke. Streitig ist, wie man sie schließen sollte. Die in der Literatur vorgeschlagene Anwendung der *lex fori*[153] ist zu verwerfen. Sie würde nicht nur die Möglichkeit zu unbeschränktem *forum shopping* eröffnen und damit einem Rückfall in vorsavignysche Zeiten bedeuten. Vor allem läuft sie der von der EU angestrebten Vereinheitlichung des Kollisionsrechts diametral entgegen. Stattdessen ist vielmehr die Rom II-VO behutsam fortzubilden. Ihre obersten Ziele sind, die Vorhersehbarkeit gerichtlicher Entscheidungen zu verbessern und einen angemessenen Ausgleich zwischen den Interessen des Schädigers und des Geschädigten zu schaffen.[154] Art. 4 realisiert diese Ziele durch die Anknüpfung an den Staat des Schadenseintritts. Bei Delikten auf hoher See entspricht diesem Staat am ehesten der Flaggenstaat des beschädigten Schiffs. Dieser ist für Schädiger und Geschädigten leicht vorhersehbar; außerdem erzielt die Anwendung seines Rechts einen Interessenausgleich, der ähnlich demjenigen der Anknüpfung an den Staat des Erfolgseintritts ist. Daher ist auf Schäden am Schiff selbst das Recht des Flaggenstaates des beschädigten Schiffs anzuwenden.[155] Für Delikte an oder auf nicht- oder eingeschränkt mobilen Anlagen im Meer, wie etwa **Bohrinseln**, gilt ebenfalls die vorrangige Flaggenanknüpfung. Diese versagt jedoch, wenn die Anlagen keine Flagge führen, wie zB **Windkraftanlagen** oder **Unterwasserkabel**. Soweit sich diese in Hoheitsgewässern eines Staates befinden, ist es wegen der eingeschränkten Mobilität gerechtfertigt, dessen Recht anzuwenden. Das Gleiche gilt nach der Rechtsprechung des EuGH zu Art. 5 Nr. 1 EuGVÜ, wenn sie auf oder über dem Festlandsockel eines angrenzenden Staates lokalisiert sind.[156] In allen anderen Fällen ist in Anlehnung an die Ausweichklausel (Abs. 3) nach der engsten Verbindung zu suchen.[157] Diese kann, muss aber nicht immer zum Staat des gewöhnlichen Aufenthalts des Geschädigten bestehen. Abzustellen ist vielmehr auf die Umstände des Einzelfalls.

3. Schäden in der Luft. Bei Delikten **an Bord eines Flugzeugs** soll nach herrschender Meinung zwischen internationalen Flügen und Inlandsflügen zu unterscheiden sein. Bei ersteren gelte stets das Recht des Staates, in dem das Fluggerät registriert ist; bei letzteren das Recht des überflogenen Staates.[158] Diese Differenzierung überzeugt nicht (vgl auch oben Rn 106 zu einer ähnlichen Unterscheidung bei Schiffen). Sie zwingt außerdem zu nicht praktikablen Abgrenzungen, etwa wenn bei einem Inlandsflug ausländisches Gebiet überflogen oder das Flugzeug in einen anderen Staat umgeleitet wird. Daher sollte generell an die Flagge angeknüpft und nur bei offensichtlich engerer Verbindung im Sinne des Abs. 3 ein anderes Recht angewandt werden. Freilich liegt bei Inlandsflügen eine solche offensichtlich engere Verbindung zum Staat des Starts und der Landung vor, selbst wenn kurzzeitig ausländisches Gebiet überflogen wird (vgl auch oben Rn 106 zu Schiffen auf Binnengewässern). Ebenso verhält es sich bei am Boden stehenden Fluggeräten; hier gilt das Recht des Staates, in dessen Territorium sich das Flugzeug befindet (vgl auch oben Rn 106 zu anlegenden oder ankernden Schiffen). **Schäden am Flugzeug** durch externe Ereignisse, wie zB terroristische Attentate oder Kollisionen, sind in erster Linie nach dem Recht des Staates zu beurteilen, in dem sich das Flugzeug befindet. Soweit sich das Delikt über staatsfreiem Gebiet ereignet, ist auf die Registrierung des beschädigten Flugzeugs abzustellen (siehe oben Rn 106 für Schäden an Schiffen). Schäden, die das Flugzeug am Boden hervorruft, zB durch einen Absturz, unterliegen dem Recht des Staates, in dessen Territorium der Schaden eingetreten ist.

4. Schäden in oder an Botschaften. Das Territorium einer Botschaft wird nicht dem Entsendestaat, sondern dem des Gaststaates zugeordnet. Dies gilt auch für das Kollisionsrecht.[159] Delikte, welche in Botschaftsgebäuden oder an diesen verübt werden, gelten daher als im Gaststaat eingetreten.

---

152 *Basedow*, RabelsZ 74 (2010), 118, 133.
153 *Basedow*, RabelsZ 74 (2010), 118, 137; *Cheshire/North/Fawcett*, S. 860.
154 Erwägungsgrund 16.
155 Ebenso im Erg. Erman/*Hohloch*, Art. 4 Rn 28; Calliess/*v.Hein*, Art. 4 Rn 72; MüKo/*Junker*, Art. 4 Rn 142; PWW/*Schaub*, Art. 4 Rn 16; BeckOK-BGB/*Spickhoff*, Art. 4 Rn 23; Palandt/*Thorn*, Art. 4 Rn 22.

156 EuGH, Rs. 37/00, Slg 2002, I-2013 – Weber/Universal Ogden Services, Rn 36.
157 Ebenso BeckOK-BGB/*Spickhoff*, Art. 4 Rn 10.
158 Erman/*Hohloch*, Art. 4 Rn 27; MüKo/*Junker*, Art. 4 Rn 102; BeckOK-BGB/*Spickhoff*, Art. 4 Rn 27; Palandt/*Thorn*, Art. 4 Rn 25.
159 *v. Bar/Mankowski*, IPR I, § 3 Rn 27.

109 **5. Schäden im Weltraum.** Für Delikte **an Bord von Raumschiffen** ist auf die Flagge des Flugobjekts abzustellen (siehe zu Delikten an Bord von Seeschiffen und Flugzeugen Rn 106 f).[160] Für Schäden an Weltraumgerät gilt das Recht der Flagge des beschädigten Geräts (vgl Rn 106).

110 **6. Transnationale Transporte.** Bei Transporten besteht in der Regel eine vertragliche Beziehung des Geschädigten (Absender oder Empfänger) zum Verfrachter, so dass nicht die Rom II-VO, sondern die Rom I-VO einschlägig ist. Für die Fälle, in denen die Waren durch mit dem Geschädigten nicht vertraglich verbundene Transporteure verursacht werden, hat der EuGH unter Art. 5 Nr. 3 EuGVÜ eine Sonderregel aufgestellt. Danach ist als Ort des Schadenseintritts derjenige anzusehen, an dem der tatsächliche Verfrachter die Waren auszuliefern hatte.[161] Dies ist eine reine Fiktion. Sie durchbricht die anderen Anknüpfungen, auch die an die Lokalisierung im Schiffs- und Luftverkehr (Rn 106 f). In der Praxis erweist sie sich jedoch als nützlich, weil sich der tatsächliche Schadenseintrittsort bei transnationalen Transporten nicht leicht feststellen lässt (vgl Rn 100).

111 **7. Schadenszufügung im Internet.** Zur Ausnahme von Verletzungen der Privatsphäre und des Persönlichkeitsrechts aus dem Anwendungsbereich der Rom II-VO siehe Rn 65. Für im Internet begangene Delikte fällt die Lokalisierung nicht leicht.[162] Beim **„hacking"** ist als Schadenseintrittsort der Standort des angegriffenen Servers anzusehen. Bei anderen Delikten, wie zB der **Verbreitung von Viren** oder der **Verletzung von Namensrechten** im Netz, bereitet die Lokalisierung im naturwissenschaftlichen Sinne wegen der ubiquitären Natur des Mediums noch größere Probleme. Für Art. 5 Nr. 3 EuGVVO hat der EuGH entschieden, dass die Gerichte der Staaten, in denen ein im Internet veröffentlichter Inhalt zugänglich ist oder war, für die Beurteilung des in ihrem Staatsgebiet entstandenen Teilschadens zuständig sind, während der gesamte Schaden am Ort des Mittelpunkts der Interessen des Geschädigten eingeklagt werden kann.[163] Eine entsprechende doppelte Anknüpfung lässt sich für das anzuwendende Recht nicht durchführen, weil dieses eindeutig bestimmt werden muss. Daher bleibt es unter Abs. 1 grundsätzlich bei der Anwendung der Mosaiktheorie (Rn 104). Im Einzelfall kann allerdings die Ausweichklausel des Abs. 3 zur Anwendung des Rechts am Mittelpunkt der Interessen des Geschädigten führen (Rn 175).

112 **8. Mehrere Geschädigte.** Verursacht dasselbe Delikt Primärschäden bei verschiedenen Personen (sogenannte **Streudelikte**), so ist das auf ihre Ansprüche anzuwendende Recht für jeden Geschädigten grundsätzlich selbstständig zu ermitteln. Bei **Schockschäden** (oben Rn 82) ist ebenso zu verfahren. In beiden Fällen kann jedoch eine engere Verbindung zu einem anderen Staat angenommen werden, siehe Rn 145, 174.

113 **9. Schaden einer Person in verschiedenen Staaten.** Die Situation, dass dieselbe Person mehrere Primärschäden (siehe Rn 81) in verschiedenen Staaten erleidet, kann unter Art. 4 nur relativ selten auftreten, denn Verletzungen der Privatsphäre und von Persönlichkeitsrechten sind aus dem Anwendungsbereich der Rom II-VO ausgenommen (siehe Art. 1 Abs. 2 lit. g), und für Verletzungen von Immaterialgüterrechten gilt Art. 8. Soweit auf Schäden in mehr als einem Staat Art. 4 anzuwenden ist, gilt die Mosaiktheorie, das heißt das anzuwendende Recht wird für dasselbe Delikt aufgespalten (Rn 104). Zu Verletzungen des Namensrechts siehe oben Rn 111. Zu Vermögensschäden Rn 115. In Einzelfällen kann die Ausweichklausel allerdings zur Anwendbarkeit eines einheitlichen Rechts führen (siehe Rn 175).

114 **10. Personenschäden.** Personenschäden treten dort ein, wo die Gesundheit geschädigt wird, nicht dort, wo sich die schädlichen Auswirkungen zeigen.[164] Die im Grunde klare Abgrenzung kann im Einzelfall Probleme bereiten. Bei Schäden durch **Asbest** ist der Schaden dort erlitten, wo die Person diesem ausgesetzt war. Die später auftretenden Beeinträchtigungen sind lediglich unbeachtliche indirekte Schadensfolgen.[165] Bei der wiederholten Einnahme von fehlerhaft verschriebenen **Medikamenten** kommt es darauf an zu ermitteln, wann diese die Gesundheit geschädigt hat (Rn 95). Schäden, die ein **Fötus** erleidet, sind eigene Schäden; daher ist auf dessen Aufenthaltsort im Zeitpunkt der Schädigung abzustellen.[166]

115 **11. Reine Vermögensschäden.** Besonders problematisch ist die Lokalisierung des Schadens dann, wenn kein physisches Gut verletzt wurde, sondern dem Betroffenen lediglich ein finanzieller Schaden entsteht. Eine in der Literatur verbreitete Ansicht will den Schadensort mit dem gewöhnlichen Aufenthalt des Geschädigten als „Vermögenszentrale" gleichsetzen.[167] Die Rechtsprechung des Europäischen Gerichtshofs

---

160 MüKo/*Junker*, Art. 4 Rn 102; BeckOK-BGB/*Spickhoff*, Art. 4 Rn 29; aA *Calvo Caravaca/Carrascosa González*, Kapitel 31 Rn 75, S. 820, die Art. 4 Abs. 3 anwenden wollen.
161 EuGH, Rs. C-51/97, Slg 1998, I-6511 – Réunion europénne, Rn 35.
162 Vgl *Perreau-Saussine*, Dalloz 2009, 1647.
163 EuGH, Verb. Rs. C-509/09 und C-161/10, NJW 2012, 137– eDate Martinez, Rn 52.
164 Vgl auch die englische Fassung von Erwägungsgrund 17: „where the injury was sustained".
165 Ebenso *Dickinson*, Rome II Regulation, S. 324 f, Rn 4.58.
166 AA *Dickinson*, Rome II Regulation, S. 325 f, Rn 4.61: Ort der Zeugung.
167 Staudinger/*Hoffmann*, Bearb. 2001, Art. 40 EGBGB, Rn 282 a; Soergel/*Lüderitz*, 12. Aufl. 1996, Art. 38 Rn 11; Palandt/*Thorn*, Art. 4 Rn 9; AnwK-BGB/ *G. Wagner*, Art. 40 EGBGB, Rn 21.

zu Art. 5 Nr. 3 EuGVÜ legt jedoch nahe, auf den **Ort des geschädigten Vermögenswerts** abzustellen.[168] Für diesen gibt es **keine allgemeine Formel**, sondern er ist in jedem Fall gesondert zu ermitteln. Dabei kommt es auch auf die Art und Ausführung des Delikts an. Wird das Geld zB vom Bankkonto des Opfers veruntreut, so ist der Ort des Schadenseintritts derjenige der Bankniederlassung, welche das Konto führt.[169] Dasselbe gilt, wenn das Opfer einen Betrag auf betrügerische Veranlassung irrtümlich auf ein Auslandskonto überweist. Transferiert dagegen der Investor freiwillig einen Betrag von seinem Bankkonto auf ein Anlegerkonto im Ausland, das ein Vermögensverwalter für ihn eingerichtet hat, und legt dieser das Geld in verlustbringende Optionsgeschäfte an, so ist der Ort des gewöhnlichen Aufenthalts oder des Kontos des Geschädigten nicht schon deshalb als Ort des Schadens anzusehen, weil dort nachteilige Folgen eintreten.[170] Vielmehr sind diese als lediglich indirekte Schadensfolge anzusehen, welche keinen Einfluss auf das anzuwendende Recht haben (Rn 92). Der direkte Schaden tritt dagegen am Ort ein, an dem das Anlegerkonto geführt wird.[171] Bei der **Verleitung zum Abschluss nachteiliger Verträge** sollte man den Schaden am Erfüllungsort des Vertrags lokalisieren.[172] Bei fehlerhaften Informationen ist nicht auf den Ort des Empfangs der Information abzustellen,[173] da diese als solchen noch keinen Schaden verursacht. Stattdessen kommt es darauf an, in welchem Staat dem Opfer, das im Vertrauen auf die Information handelt, Schäden entstehen.

12. Schäden infolge von Diskriminierungen. Die Lokalisierung von Schäden aufgrund diskriminierenden Handelns bereitet Probleme. Vorgeschlagen wurde, an den Ort anzuknüpfen, an dem sich die Diskriminierung „manifestiert".[174] Genauer sollte man darauf abstellen, wo die diskriminierende Äußerung oder das diskriminierende Verhalten vom Diskriminierten selbst oder von anderen Personen wahrgenommen wird. Dies ist zB bei Briefen am Empfangsort der Fall.[175] Setzt der Diskriminierende eine hetzerische Äußerung auf seine Internetseite, so tritt der Schaden an allen Orten ein, an denen die Seite aufgerufen wird. Diese weite Wirkung erklärt sich daraus, dass der Diskriminierende seine Diskriminierung nicht auf einen räumlichen Kreis beschränken kann. Ob der Diskriminierte trotz einer nur sehr entfernten Betroffenheit Ansprüche herleiten kann, ist eine Frage des anwendbaren Sachrechts. Bei Schäden einer Person in mehreren Staaten kann uU gemäß Abs. 3 das Recht am gewöhnlichen Aufenthalt des Geschädigten anzuwenden sein (Rn 175).

13. Verletzungen von Schutzgesetzen. Auch bei ihnen ist das auf die Haftung anzuwendende Recht in erster Linie nach dem Erfolgseintrittsort zu bestimmen. Bei der Ermittlung des relevanten Schutzgesetzes ist aber Art. 17 zu beachten.[176] Sofern der Schädiger daher in einem anderen Staat als dem des Schadenseintritts gehandelt hat, können Sicherheits- und Verhaltensvorschriften des Handlungsorts als Schutzgesetze zu berücksichtigen sein.

D. Anknüpfung an den gemeinsamen gewöhnlichen Aufenthalt (Abs. 2)

I. Funktion

Abs. 2 sieht eine **besondere Anknüpfung** für die Fälle vor, in denen Schädiger und Geschädigter ihren gewöhnlichen Aufenthalt im selben Staat haben. In diesen Konstellationen ist das Recht ebendieses Staates anzuwenden. Die VO bezeichnet dies als Ausnahme von der generellen Regel des Abs. 1.[177] Allerdings hat Abs. 2 **eigenständigen Gehalt** und ist **vorrangig zu prüfen** (siehe Rn 5). Soweit die Voraussetzungen des Abs. 2 erfüllt sind, kommt es auf den Ort des Schadenseintritts im Sinne des Abs. 1 nicht an.

---

168 Siehe EuGH, Rs. C-168/02, Slg 1995, I-2719 – Kronhofer. Näher *Engert/Groh*, IPRax 2011, 458, 463; *v. Hein*, in: Fassbender u.a., Paradigmen im internationalen Recht – Implikationen der Weltfinanzkrise für das internationale Recht, Berichte der Deutschen Gesellschaft für Internationales Recht 2012, S. 369, 397; *Lehmann*, Journal of Private International Law 2011, 527, 543 f; *Nuyts*, Revue de droit commercial belge 114 (2008), 490, 494; *Odendahl*, Internationales Deliktsrecht der Rom II-VO und die Haftung für reine Vermögensschäden, S. 269–272.

169 *Lehmann*, Journal of Private International Law 2011, 527, 544.

170 EuGH, Rs. C-168/02, Slg 1995, I-2719 – Kronhofer, Rn 21.

171 Ebenso *Engert/Groh*, IPRax 2011, 458, 463; *v. Hein*, in: Fassbender u.a., Paradigmen im internationalen Recht – Implikationen der Weltfinanzkrise für das internationale Recht, Berichte der Deutschen Gesellschaft für Internationales Recht 2012, S. 369, 397–399.

172 *Lehmann*, Journal of Private International Law 2011, 527, 546–549; aA *Dickinson*, Rome II Regulation, Supplement, S. 43, Rn 4.67: Ort, an dem der Geschädigte sich rechtlich gebunden hat.

173 AA Diamond v. Bank of London & Montreal Ltd [1979] QB 333, 346; RGZ 23, 305, 306. Siehe auch *Calvo Caravaca/Carrascosa González*, Kapitel 31 Rn 69, S. 818 (für einseitige Versprechen).

174 *Lüttringhaus*, Grenzüberschreitender Diskriminierungsschutz: das internationale Privatrecht der Antidiskriminierung 2010, S. 104.

175 Insoweit übereinstimmend *Lüttringhaus*, aaO, S. 104.

176 *Mayer/Heuzé*, S. 528, Rn 683.

177 Siehe Erwägungsgrund 18 S. 2.

119 Die Vorschrift des Abs. 2 soll der Tatsache Rechnung tragen, dass sich Parteien mit gewöhnlichem Aufenthalt im selben Staat mit diesem **enger verbunden** fühlen. Die Anwendung des Rechts dieses Staates entspricht daher ihren berechtigten Erwartungen.[178] Sie kann darüber hinaus Prozesse verkürzen und Kosten sparen, weil die Parteien in der Regel vor einem Gericht im Staat ihres gewöhnlichen Aufenthalts klagen werden und dieses nicht das Recht des Staates des Schadenseintritts ermitteln muss, sondern die *lex fori* anwenden kann.[179]

II. Gewöhnlicher Aufenthalt

120 Im Rahmen des Abs. 2 kommt es nur auf den gewöhnlichen Aufenthalt der Parteien an. Anders als nach einigen nationalen Rechten[180] spielt die **Staatsangehörigkeit** der Beteiligten **keine Rolle**. Selbst auf Rechtsbeziehungen von Personen verschiedener Staatsangehörigkeit kann daher das Recht des gewöhnlichen Aufenthalts zur Anwendung kommen.

Beispiel: Der in Köln wohnhafte US-Amerikaner A wird im Urlaub in Spanien von dem in München wohnenden Griechen G angefahren. Es gilt deutsches Recht (zur Anwendbarkeit lokaler Verkehrsregeln gemäß Art. 17 siehe Rn 11).

121 Der Begriff des gewöhnlichen Aufenthalts ist für **Gesellschaften, Vereine und juristische Personen** sowie für **professionell handelnde natürliche Personen** in **Art. 23** definiert. Bei Verbänden ist danach grundsätzlich der Ort ihrer Hauptverwaltung als gewöhnlicher Aufenthaltsort anzusehen (Art. 23 Abs. 1 Unterabs. 1). Rührt jedoch das schadensbegründende Ereignis oder der Schaden aus dem Betrieb einer Zweigniederlassung, Agentur oder sonstigen Niederlassung her, so ist deren Ort entscheidend (Art. 23 Abs. 1 Unterabs. 2). Bei professionell handelnden natürlichen Personen ist der gewöhnliche Aufenthalt der Ort ihrer Niederlassung (Art. 23 Abs. 2).

Beispiel: Die deutsche Niederlassung der US-amerikanischen Gesellschaft A verbreitet fälschlicherweise die Information, der in Österreich wohnhafte, aber in Deutschland niedergelassene Kaufmann B sei nicht kreditwürdig. Ansprüche des B gegen A unterstehen deutschem Recht.

122 Der Begriff des **gewöhnlichen Aufenthalts natürlicher Personen, die nicht professionell handeln**, ist in der Rom II-VO nicht definiert. Siehe dazu die Kommentierung zu Art. 23 Rn 13 ff.

III. Bezugspunkte

123 **1. Relevante Personen.** Entscheidend für die Anwendung des Abs. 2 ist, welche Personen ihren gewöhnlichen Aufenthalt im selben Staat haben müssen. Der Text der Vorschrift beschreibt sie als „die Person, deren Haftung geltend gemacht wird" und „die Person, die geschädigt wurde". Damit sind der **potenzielle Schädiger** und der **potenzielle Geschädigte** des zu prüfenden Anspruchs gemeint. Ob tatsächlich eine Schädigung stattgefunden hat, ist nach dem anzuwendenden Recht zu ermitteln.

124 Der (potenzielle) Geschädigte ist nach den Regeln des Abs. 1 zu ermitteln.[181] Es kommt daher auf denjenigen an, der den Primärschaden erleidet. Nur mittelbar Betroffene bleiben außer Betracht.

125 Möglich ist allerdings auch, dass am selben Ereignis **mehrere Geschädigte** oder **mehrere Schädiger** beteiligt sind. In diesen Fällen ist *für jeden Anspruch* gesondert zu ermitteln, ob die jeweiligen Parteien *dieses Anspruchs* ihren gewöhnlichen Aufenthalt in demselben Staat haben. Es ist daher denkbar, dass sich ein Anspruch nach dem Recht des Staates des Schadenseintritts richtet, ein anderer dagegen nach dem Recht des gemeinsamen gewöhnlichen Aufenthaltsstaates.

Beispiel: Der in Verona wohnhafte F steuert ein Fahrzeug durch seine Heimatstadt. Beifahrer ist der sich gewöhnlich in Bayreuth aufhaltende L. Sie werden von dem in Köln beheimateten M angefahren und verletzt. Ansprüche des F gegen M unterstehen italienischem Deliktsrecht, Ansprüche des L gegen M dem deutschen, obwohl es sich um denselben Unfall handelt.

126 **2. Relevanter Zeitpunkt.** Für die Ermittlung des gewöhnlichen Aufenthalts ist nach der ausdrücklichen Aussage des Abs. 2 auf den Zeitpunkt des Schadenseintritts abzustellen. Zu dessen Ermittlung Rn 79 ff. Ist dieser nicht ermittelbar, kommt es auf den letzten gewöhnlichen Aufenthalt an.[182]

127 **3. Relevante Staaten.** Der Begriff des Staates in der Rom II-VO ist mit dem des Völkerrechts nur teilweise identisch. Eine bedeutsame Abweichung enthält Art. 25 für Staaten, deren Gebietseinheiten über

---

178 Kommission, KOM(2003) 427 endg., S. 13.
179 *Dornis*, EuLF 2007, I-152, 157; Calliess/*v. Hein*, Art. 4 Rn 26; *ders.*, in: FS Kropholler 2008, S. 553, 570.
180 Siehe Art. 62 Abs. 2 italienische Legge 31.3.1995, Nr. 218, Art. 45 Abs. 3 portugiesischer Codigo civil.
181 Ebenso *Dickinson*, Rome II Regulation, S. 339 Rn 4.83.
182 So zu Art. 16 Abs. 2 EuGVO EuGH, Rs. C-327/10, NJW 2012, 1199, – Hypoteční banka, Rn 36–47 mit Anm. *Grimm*, GPR 2012, 87–89.

eigene Rechtsnormen für außervertragliche Schuldverhältnisse verfügen. Beispiele solcher Staaten sind etwa die USA, das Vereinigte Königreich oder Spanien.[183] Bei ihnen gelten die Gebietseinheiten als „Staaten" im Sinne der Verordnung, auch wenn dies dem normalen Sprachgebrauch widerspricht.

Folge ist, dass bei Parteien mit Wohnsitz in einem dieser Länder Abs. 2 nur dann greift, wenn die Parteien ihren gewöhnlichen Aufenthalt in derselben Gebietseinheit haben. **128**

Beispiel: Der in Edinburgh (Schottland) wohnhafte E gerät mit dem in Bristol (England) lebenden B in einer mallorquinischen Bar in eine Schlägerei. Ansprüche untereinander richten sich nach spanischem Recht.

Die in Art. 25 gemeinten Staaten sind nicht etwa mit Bundesstaaten gleichzusetzen. Die Staatsverfassung spielt vielmehr keine Rolle. So verfügen zB die Bundesstaaten Deutschland und die Schweiz über einheitliches Zivilrecht, das Vereinigte Königreich und Spanien als „Zentralstaaten" dagegen nicht. Für erstere spielt daher Art. 25 keine Rolle, für letztere schon.[184] **129**

Auch ist genau zu untersuchen, ob die jeweilige Gebietseinheiten tatsächlich über eigene Vorschriften gerade für unerlaubte Handlungen verfügen. Das ist zB in Spanien nur bei einigen autonomen Regionen der Fall. Halten sich beide Parteien gewöhnlich in anderen Regionen auf, so ist bei Delikten im Ausland spanisches Recht als gemeinsames Heimatrecht anzuwenden. **130**

Bei der Prüfung, ob eigenes Recht der unerlaubten Handlung existiert, ist nicht kleinlich vorzugehen: Gibt es beispielsweise nur besondere Regelungen für die Haftung im Eisenbahnverkehr, so ist der Staat bei Unfällen im Straßenverkehr als Einheit anzusehen. Dagegen wird man bei unterschiedlichen Verjährungsregelungen nicht von einem einheitlichen Deliktsrecht ausgehen können, da die Verjährung immer eine Rolle spielen kann.[185] **131**

IV. Analoge Anwendung?

Soweit die Parteien ihren gewöhnlichen Aufenthalt in unterschiedlichen Staaten haben, deren Recht **sachlich identische Regeln** für unerlaubte Handlungen vorsieht, greift Abs. 2 seinem Wortlaut nach nicht ein. In der Literatur ist dies bedauert worden.[186] Häufig wird auf das Kollisionsrecht des Staates Louisiana verwiesen, das den Fall der im Wesentlichen identischen Rechte mit dem des gewöhnlichen Aufenthalts im selben Staat gleichstellt.[187] **132**

Dasselbe Ergebnis ließe sich unter der Rom II-VO möglicherweise durch eine **analoge Anwendung** des Abs. 2 erzielen. Diese ist jedoch aus verschiedenen Gründen abzulehnen. Zum einen fehlt es an der planwidrigen Regelungslücke: Die Konstellation der zwei Staaten mit sachlich identischen Rechtsvorschriften wurde im Legislativprozess der Rom II-VO diskutiert, aber schließlich verworfen.[188] Darüber hinaus ist auch die Vergleichbarkeit der Interessenlage mehr als zweifelhaft. Die Anknüpfung an den gemeinsamen Aufenthaltsort wird mit den berechtigten Erwartungen der Parteien begründet.[189] Die Parteien werden zwar in der Tat davon ausgehen, dass im Verhältnis zu „Landsleuten" das gemeinsame Recht gilt. Gegenüber in anderen Ländern Wohnhaften ist diese Erwartung dagegen weniger wahrscheinlich. Die Situation unterscheidet sich insoweit grundlegend vom Verhältnis zwischen den unterschiedlichen Bundesstaaten der USA, bei denen die gemeinsame Staatsangehörigkeit die Anwendung gleichen Rechts erwarten lässt. Außerdem wäre eine Analogie praktisch nur schwierig umzusetzen. Ob die Vorschriften der Deliktsrechte verschiedener Länder sachlich identisch sind, kann im Einzelfall sehr schwierig zu bestimmen sein. Wenn man die Gerichte mit – möglicherweise negativen – ausführlichen rechtsvergleichenden Analysen belastet, ist die Kosteneinsparung durch die Anwendung gemeinsamen Rechts illusorisch.[190] **133**

Eine analoge Anwendung des Abs. 2 könnte ebenfalls für den Fall erwogen werden, dass beide Parteien ihren gewöhnlichen Aufenthalt in **verschiedenen Mitgliedstaaten der EU** haben. Allerdings ist die EU kein Staat im völkerrechtlichen Sinne. Sie verfügt darüber hinaus nicht über ein einheitliches Deliktsrecht. Daher ist diese Analogie ebenfalls zu verwerfen.[191] Zu beachten ist allerdings, dass für bestimmte unerlaubte Handlungen vorrangige Spezialnormen des Unionskollisionsrechts eingreifen können (Rn 152). **134**

---

183 Siehe auch *Hartley*, I.C.L.Q. 2008, 899, 901.
184 Zutreffend *Hartley*, aaO.
185 Vgl auch *Hartley*, aaO.
186 *Hartley*, aaO; *Symeonides*, 56 Am. J. Comp. L. 173, 196 (2008).
187 Art. 3544 Nr. 1 S. 2 Louisiana Civil Code.
188 Siehe Rechtsausschuss des Europäischen Parlaments, Bericht über den Vorschlag für eine Verordnung über das auf außervertragliche Schuldverhältnisse anzuwendende Recht („Rom II"), 27.6.2005, Berichterstatterin: *D. Wallis*, A6-0211/2005, S. 20, Art. 3 Abs. 3 lit. a.
189 Kommission, KOM(2003) 427 endg., S. 13.
190 Ablehnend auch Calliess/*v. Hein*, Art. 4 Rn 41; *ders.*, ZEuP 2009, 6, 17; Palandt/*Thorn*, Art. 4 Rn 5.
191 Ebenso Calliess/*v. Hein*, Art. 4 Rn 42.

V. Ausnahmen

135 Die Anknüpfung nach Abs. 2 wird durch **Abs. 3** durchbrochen. Siehe dazu Rn 137 ff.

136 Für Sicherheits- und Verhaltensregeln gelten nach **Art. 17** die örtlichen Vorschriften, nicht die des gemeinsamen gewöhnlichen Aufenthaltsstaates von Schädiger und Geschädigtem. Siehe dazu Rn 11.

E. Ausweichklausel (Abs. 3)

I. Funktion

137 Der letzte Absatz des Art. 4 enthält eine Ausnahme zu den Abs. 1 und 2. Er soll dem Gericht erlauben, von den starren Anknüpfungen der ersten beiden Absätze abzuweichen. Ziel ist eine **Flexibilisierung** der Rechtsanwendung.[192] Ähnliche Klauseln finden sich auch an anderen Stellen der Rom II-VO.[193] Durch das Zusammenspiel von starren Regeln und Ausnahmeklauseln soll dem Bedürfnis nach Rechtssicherheit auf der einen Seite und nach Einzelfallgerechtigkeit auf der anderen Seite Rechnung getragen werden.[194]

II. Anwendung nur in Einzelfällen

138 Aus der besonderen Funktion des Abs. 3 folgt, dass die Vorschrift **nur im Einzelfall** angewendet werden darf.[195] Sie soll als unangemessen anzusehende Ergebnisse der Anknüpfung nach Abs. 1 und 2 vermeiden, jedoch gleichzeitig nicht die Vorteile der Regelanknüpfung entwerten, zu denen neben der Rechtssicherheit auch die Gewähr der europaweit einheitlichen Anwendung der Verordnung gehört. Die Vorschrift wird daher vom Verordnungsgeber auch als „**Ausweichklausel**" oder noch deutlicher als „*escape clause*" bezeichnet.[196] Letztlich geht es dabei um die richtige Aufgabenteilung zwischen Legislative und Judikative: Der Richter wird verpflichtet, die vom Gesetzgeber getroffenen starren Regeln zu beachten, darf sie jedoch in besonders gelagerten Fällen unangewendet lassen.

III. Offensichtlich engere Verbindung (Abs. 3 S. 1)

139 **1. Funktion.** Grundgedanke des Abs. 3 S. 1 ist das **Prinzip der engsten Verbindung**. Ihm dienen im Grunde auch die beiden starren Regeln der ersten Absätze, da sie ebenfalls den Staat identifizieren sollen, mit dem die unerlaubte Handlung am engsten verbunden ist. Der darin scheinbar liegende Widerspruch löst sich auf, wenn man das Spannungsverhältnis von Rechtssicherheit und Einzelfallgerechtigkeit bedenkt (Rn 137): Verwirklichen die Anknüpfungen der Abs. 1 und 2 das Prinzip der engsten Verbindung im Einzelfall nicht, so muss der Richter dieses über Abs. 3 S. 1 in seiner reinen Form zur Geltung bringen.

140 **2. Handhabung.** Vor der Anwendung der Ausweichklausel ist zunächst das anzuwendende Recht nach Abs. 1 oder Abs. 2 zu ermitteln. Erst danach darf die Ausweichklausel geprüft werden.[197] Der Gebrauch des Komparativs („enger") impliziert, dass ein **Vergleich** zwischen der Verbindung zu dem Staat, dessen Recht nach Abs. 1 oder 2 anzuwenden wäre, und der Verbindung zu dem anderen Staat anzustellen ist. Um die Ausweichklausel zum Zug kommen zu lassen, muss der Richter also in einem ersten Schritt ermitteln, dass zu dem in Abs. 1 und 2 bezeichneten Staat keine oder keine sehr enge Verbindung besteht.[198] Dies ist insbesondere der Fall, wenn die Verbindung zu diesem „rein zufällig" ist.[199] Danach hat der Richter die Enge der Verbindung zu dem anderen Staat zu untersuchen und nachzuweisen, dass diese offensichtlich enger als die zum erstgenannten Staat ist.

141 **3. Bedeutung des Wortes „offensichtlich".** Mit dem Erfordernis der „**offensichtlich**" engeren Verbindung versucht der Verordnungsgeber der zu häufigen Anwendung der Ausweichklausel entgegenzutreten. Dieses Adjektiv wurde in bewusster Abgrenzung zur früheren Regelung in Art. 4 Abs. 5 des EVÜ eingefügt.[200] Es soll dem Rechtsanwender verdeutlichen, dass die Ausweichklausel „wirklich nur in Ausnahmefällen anzuwenden ist".[201]

---

192 Kommission, KOM(2003) 427 endg., S. 13.
193 Siehe Art. 5 Abs. 2, Art. 10 Abs. 4, Art. 11 Abs. 4, Art. 12 Abs. 2 lit. c.
194 Vgl Erwägungsgrund 14. Siehe auch Calliess/*v. Hein*, Art. 4 Rn 43; *Nuyts*, Revue de droit commercial belge 114 (2008), 490, 496.
195 Kommission, KOM(2003) 427 endg., S. 13.
196 Siehe Erwägungsgrund 18 in der deutschen und englischen Version.
197 Kommission, KOM(2003) 427 endg., S. 13.
198 Siehe *Bureau/Muir Watt*, S. 414, Rn 1005.
199 Die Formel taucht in der Literatur häufig auf. Vgl zB *Calvo Caravaca/Carrascosa González*, Kapitel 31 Rn 68, S. 816; *de Lima Pinheiro*, Riv. dir. int. priv. proc. 2008, 5, 20.
200 Kommission, KOM(2003) 427 endg., S. 13.
201 Kommission, KOM(2003) 427 endg., S. 13.

Aus dieser besonderen Funktion erklärt sich, dass das Wort „offensichtlich" nicht so verstanden werden kann, dass die Verbindung zu einem anderen Staat auf den ersten Blick ersichtlich oder sofort ins Auge springen muss. Vielmehr verbirgt sich hinter dem Ausdruck eine **graduelle Aussage**. Die Verbindung zu dem anderen Staat darf nicht einfach nur enger als zu den in den ersten beiden Absätzen bezeichneten Staaten sein, sondern muss in erheblichem Maße enger sein. Soweit dies nicht der Fall ist, soll der Rechtsanwender den Anknüpfungen von Abs. 1 und 2 folgen. **142**

4. Zu berücksichtigende Umstände. Die Faktoren, welche bei der Prüfung einer offensichtlich engeren Verbindung einbezogen werden können, sind nicht vorgegeben. Abs. 3 S. 1 verlangt lediglich, dass sich die offensichtlich engere Verbindung aus der „Gesamtheit der Umstände" ergeben muss, ohne diese näher einzugrenzen. Zu berücksichtigen sind daher alle für das jeweilige Delikt relevanten Umstände des Sachverhalts.[202] Als solche Umstände sind in einer **nicht abschließenden Liste** zu nennen:[203] tatsächliche Elemente des Sachverhalts, die im jeweiligen Staat liegen; Verbindungen der Parteien zu diesem; Verbindungen der indirekt geschädigten Anspruchsteller zu unmittelbar Geschädigten desselben Delikts (Rn 174). **143**

Der **Ort des schadensbegründenden Ereignisses** (Handlungsort) spielt nach Abs. 1 bei der Bestimmung des anzuwendenden Deliktsrechts keine Rolle. Allerdings kann in Einzelfällen dessen Berücksichtigung gerechtfertigt sein, wenn zu ihm offensichtlich engere Beziehungen bestehen als zu anderen Orten (etwa bei Streudelikten, siehe Rn 174). **144**

Indirekte Schadensfolgen sind nach Abs. 1 bei der Bestimmung des anzuwendenden Rechts ebenfalls nicht zu berücksichtigen. Sind allerdings durch ein Delikt Primärschäden bei mehreren Personen eingetreten, so kann eine Anknüpfung an den hauptsächlichen Verletzungserfolg über Abs. 3 gerechtfertigt sein.[204] So lassen sich Ansprüche aus **Schockschäden**, die Personen in verschiedenen Staaten durch die Nachricht von einer Tat erleiden, dem auf die Tat anzuwendenden Recht unterstellen (Rn 174). Ebenso können durch eine Person in unterschiedlichen Staaten erlittene Nachteile einem einheitlichen Recht zu unterstellen sein (siehe Rn 175). **145**

Die Formulierung „zu einem anderen als dem in den Absätzen 1 oder 2 bezeichneten Staat" schließt nicht aus, dass im Ergebnis das Recht des **Staates des Erfolgseintritts** angewandt wird. Dieses kann sich trotz Erfüllung der Voraussetzungen des Abs. 2 gegenüber dem Recht des gemeinsamen gewöhnlichen Aufenthalts durchsetzen.[205] Es kann außerdem im Rahmen einer Schwerpunktbildung das Recht eines Schadenseintrittsstaates gegenüber dem anderer Staaten bevorzugt werden, in denen ebenfalls Primärschäden eingetreten sind (Rn 174). Voraussetzung ist allerdings in beiden Fällen eine „offensichtlich engere Verbindung" zum jeweiligen Staat. **146**

Die gemeinsame **Staatsangehörigkeit** der Beteiligten wird von Abs. 2 nicht erwähnt. Allerdings heißt das nicht, dass man sie auch bei Abs. 3 generell unberücksichtigt lassen sollte.[206] Im Zusammenspiel mit anderen Kriterien kann sie als Ausdruck der Verbundenheit mit einem Staat durchaus Bedeutung gewinnen. So kann es zB gerechtfertigt sein, ein Schuldverhältnis aus unerlaubter Handlung in Spanien zwischen zwei Deutschen dem deutschen Recht zu unterstellen, auch wenn einer von ihnen seinen Wohnsitz in Spanien hat, soweit er außer durch die Staatsangehörigkeit auch über die Familie sowie längere Aufenthalte weiter mit Deutschland verbunden ist. **147**

Die **Erwartungen der Parteien** hinsichtlich des anzuwendenden Rechts können die räumliche Beziehung zu einem Staat nicht ersetzen. Allerdings sind diese bei der Anwendung des Abs. 3 nicht völlig bedeutungslos.[207] Eines der Ziele der Rom II-VO ist, den Ausgang des Rechtsstreits vorhersehbarer zu machen und die Sicherheit in Bezug auf das anzuwendende Recht zu fördern.[208] Falls eine offensichtlich engere Beziehung zu einem anderen als dem in Abs. 1 oder Abs. 2 bezeichneten Staat besteht, werden die Parteien in der Regel mit der Anwendung dessen Rechts rechnen. Allerdings sind insoweit nicht die Erwartungen der konkreten Parteien des Rechtsstreits entscheidend, denn es geht darum, die objektive Voraussehbarkeit zu fördern. Der Rechtsanwender muss sich daher fragen, mit welchem Recht vernünftig denkende Personen gerechnet hätten. **148**

5. Nicht zu berücksichtigende Umstände. Nicht berücksichtigt werden können im Rahmen der Anwendung des Abs. 3 die **Kosten der Rechtsanwendung**. In der Literatur wurde vorgeschlagen, bei Sachverhal- **149**

---

202 Vgl *Dickinson*, Rome II Regulation, S. 341, Rn 4.86.
203 Siehe *Dickinson*, Rome II Regulation, S. 342, Rn 4.87.
204 AA *Leible/Engel*, EuZW 2004, 7, 10 f.
205 *Cheshire/North/Fawcett*, S. 804; *Dickinson*, Rome II Regulation, S. 343, Rn 4.89.
206 Wie hier *v. Hein*, ZEuP 2009, 6, 17; *Junker*, JZ 2008, 169, 174. AA BeckOK-BGB/*Spickhoff*, Art. 4 Rn 17: kaum noch Bedeutung; Palandt/*Thorn*, Art. 4 Rn 14: unbeachtlich.
207 Ebenso *de Lima Pinheiro*, Riv. dir. int. priv. proc. 2008, 5, 20; *v. Hein*, in: FS Kropholler 2008, S. 553, 566 f; *ders.*, ZEuP 2009, 6, 19; Calliess/*v. Hein*, Art. 4 Rn 54. AA *Dickinson*, Rome II Regulation, S. 341, Rn 4.85.
208 Siehe Erwägungsgrund 6.

ten mit geringem Streitwert auf die Ermittlung anzuwendenden ausländischen Rechts zu verzichten.[209] Dies entspricht nicht den Grundsätzen der Rom II-VO. Sie verlangt die objektive Feststellung des anzuwendenden Rechts in jedem Sachverhalt mit Verbindung zum Recht mehrerer Staaten. Nur dies entspricht rechtsstaatlichen Grundsätzen, die auch bei geringem Streitwert nicht außer Kraft gesetzt sind.[210]

150 Bei der Anwendung des Abs. 3 S. 1 kommt es nicht auf die Auswirkungen einer bestimmten Anknüpfung an. Insbesondere ist nicht entscheidend, ob die Anwendung eines anderen als des in Abs. 1 oder 2 bezeichneten Rechts wegen dessen Inhalts zu **gerechteren oder besseren Ergebnissen** führt.[211] Das folgt aus der Formulierung „offensichtlich engere Beziehung" und dem Zweck der Rom II-VO, das räumlich nächste Recht unabhängig von dessen Inhalt auszuwählen.

151 Untauglich sind Versuche, über die Ausweichklausel einen Gleichlauf mit anderen Kollisionsrechten herzustellen. Insbesondere zählt der Rück- oder Weiterverweis (*renvoi*) durch das berufene Recht nicht zu den Umständen, die eine offensichtlich engere Verbindung zu einem anderen Staat begründen können.[212] Die Rom II-VO stellt ein eigenes Anknüpfungssystem auf, welches durch die Anwendung der Ausweichklausel nicht zugunsten eines anderen, nationalen Anknüpfungssystems konterkariert werden kann. Das zeigt auch die ausdrückliche Entscheidung des Art. 24 gegen den *renvoi*.

152 Die **Unionsbürgerschaft** (Art. 20 AEUV) von Täter und Opfer ist bei der Ermittlung des anzuwendenden Rechts grundsätzlich ohne Bedeutung. Die Europäische Union ist kein Staat und verfügt jedenfalls bislang nicht über ein eigenständiges Recht der unerlaubten Handlung (siehe auch Rn 134). Ebenso wenig wie der gewöhnliche Aufenthalt der Parteien in zwei verschiedenen Mitgliedstaaten ist die Unionsbürgerschaft daher geeignet, eine offensichtlich engere Verbindung zu einem anderen „Staat" zu begründen.[213] Jede andere Auffassung müsste klären, welches der beiden mitgliedstaatlichen Rechte anzuwenden ist, wofür es *a priori* keine Lösung gibt. Der Vorschlag, auf das Recht des Geschädigten abzustellen,[214] ist nicht überzeugend, denn zu diesem besteht keine „offensichtlich engere Verbindung". Zu beachten ist jedoch, dass in manchen Fällen für beide Parteien aufgrund unionsrechtlicher Vorgaben dieselben Deliktsstandards gelten können (siehe Rn 57 f). Zur Produkthaftung siehe die Spezialregelung des Art. 5.

153 **6. Abwägung.** Besonders wichtig ist, dass die offensichtlich engere Verbindung anhand der „**Gesamtheit der Umstände**" zu prüfen ist. Dies betont Abs. 3 S. 1 ausdrücklich. Durch dieses Erfordernis wird der übermäßigen Anwendung der Ausweichklausel zusätzlich entgegengewirkt. Der Rechtsanwender kann sich daher nicht auf die Feststellung beschränken, ein bestimmter Aspekt des Sachverhalts spreche für eine offensichtlich engere Verbindung. Er muss vielmehr alle Aspekte des Sachverhalts berücksichtigen und nötigenfalls gegeneinander abwägen.

154 Hinsichtlich des **Zeitpunkts** der Abwägung sollte man – wie sonst bei Art. 4 auch – auf den Eintritt des Schadens abstellen. Dem in der Literatur gemachten Vorschlag, dass auch nach diesem Moment eintretende Umstände bis zur Beurteilung des Sachverhalts berücksichtigt werden sollen,[215] ist nicht zu folgen. Er würde die Voraussehbarkeit des anzuwendenden Rechts in grober Weise beeinträchtigen, weil dieses von dem Zufall abhängig wäre, wann der Richter über die Sache entscheidet.

IV. Zwischen den Parteien bestehendes Rechtsverhältnis (Abs. 3 S. 2)

155 **1. Funktion.** Abs. 3 S. 2 sieht die **akzessorische Anknüpfung** der unerlaubten Handlung an ein zwischen den Parteien bestehendes Rechtsverhältnis vor. Die Verordnung präsentiert dies als einen Beispielsfall einer offensichtlich engeren Verbindung. Doch geht es hier nicht um die offensichtlich engere Verbindung der unerlaubten Handlung zu einem bestimmten Staat, sondern um die enge Verbindung zweier Rechtsverhältnisse.[216] Aus diesem Grund wird der Fall in einigen nationalen Rechtsordnungen gesondert betrachtet.[217] Auch wenn dies unter der Rom II-VO anders ist, wirft die Regelung eigene, von S. 1 verschiedene Auslegungsprobleme auf. Die Anwendung des S. 1 ist weder auf die Konstellation des S. 2 beschränkt noch mit dieser identisch.

156 **2. Rechtsverhältnis.** Abs. 3 S. 2 setzt ein **Rechtsverhältnis** voraus. Viele Versionen lassen schlicht ein „Verhältnis" genügen, zB die englische, die französische, die italienische und die spanische, während etwa

---

209 Vgl *Kreuzer*, in: FS Zajtay 1982, S. 295, 329, 331; anders *ders.*, ZfRV 33 (1992), 168, 187 mit Fn 152.
210 Ebenfalls abl. im Erg. *v. Hein*, in: FS Kropholler 2008, S. 553, 570 f; Calliess/*ders.*, Art. 4 Rn 56.
211 *Dickinson*, Rome II Regulation, S. 341, Rn 4.86; *Garcimartín Alférez*, EuLF 2007, I-77, I-84; *v. Hein*, in: FS Kropholler 2008, S. 553, 566 f; Calliess/*ders.*, Art. 4 Rn 52.
212 Ebenso *Dickinson*, Rome II Regulation, S. 341, Rn 4.86. AA *v. Hein*, in: FS Kropholler 2008, S. 553, 569.
213 AA *v. Hein*, in: FS Kropholler 2008, S. 553, 565 f.
214 *v. Hein*, in: FS Kropholler 2008, S. 553, 566.
215 *Dickinson*, Rome II Regulation, S. 343, Rn 4.89.
216 *de Lima Pinheiro*, Riv. dir. int. priv. proc. 2008, 5, 19.
217 Siehe Art. 5 niederländischer *Wet Conflictenrecht onrechtmatige daad*; Art. 133 Abs. 3 Schweizer IPRG.

die schwedische ebenfalls ein Rechtsverhältnis („rättsförhållande") verlangt. Letzteres gibt den Willen des Gesetzgebers genauer wieder.[218] Die Vorschrift präzisiert weiter, dass es sich bei dem Rechtsverhältnis um einen **Vertrag** handeln kann. Dies ist jedoch nur ein Beispiel. Andere Rechtsverhältnisse genügen ebenfalls, zB solche zwischen Familienmitgliedern.[219]

Ob auch **faktische Verhältnisse** genügen, ist heftig umstritten.[220] Gegen ihre Einbeziehung spricht zum einen der klare Wortlaut der Vorschrift, der ein *Rechts*verhältnis verlangt. Zwar handelt es sich dabei nur um ein Beispiel, wie der Ausdruck „insbesondere" anzeigt, und die anderen Sprachfassungen lassen ein reines „Verhältnis" genügen.[221] Jedoch wurde der Vorschlag des Parlaments, neben den Rechtsverhältnissen auch „De-facto-Verhältnisse" einzubeziehen,[222] im Laufe des Gesetzgebungsverfahrens verworfen. Daher kann nicht davon ausgegangen werden, dass beide gleichgestellt sein sollten. Durchschlagend ist zudem, dass ein rein faktisches Verhältnis als solches schon definitionsgemäß keinem Recht unterliegt. Es gibt daher kein Recht, das von diesem Verhältnis auf das Schuldverhältnis ausgedehnt werden könnte, wie es dem Abs. 3 S. 2 zugrunde liegenden Gedanken der Akzessorietät entspricht (Rn 155). Einige Stimmen in der Literatur wollen die Anknüpfung an faktische Verhältnisse erreichen, indem sie diese Abs. 3 S. 1 unterstellen.[223] Richtig ist daran, dass sich über diese Vorschrift tatsächlich häufig ähnliche Ergebnisse erzielen lassen wie nach S. 2. Allerdings ist zu beachten, dass es nach S. 1 nicht auf die Verbindung der Parteien untereinander, sondern auf die Verbindung des Sachverhalts mit einem bestimmten Staat ankommt. Eine solche kann im Einzelfall gegeben sein, muss es aber nicht (siehe zu Reisegemeinschaften unten Rn 171). **157**

3. Parteien des Rechtsverhältnisses. Aus der Formulierung „zwischen den Parteien" folgt, dass das Rechtsverhältnis **zwischen dem Anspruchsteller und dem Anspruchsgegner** des jeweils in Frage stehenden außervertraglichen Schuldverhältnisses bestehen muss.[224] Ein Rechtsverhältnis eines von ihnen zu einer anderen Person, etwa zu einem gesetzlichen Vertreter des Opfers, genügt nicht. **158**

4. Wirksamkeit des Rechtsverhältnisses. Die Formulierung „bestehendes" Rechtsverhältnis heißt nicht, dass dieses wirksam sein müsste. Vielmehr kann es durchaus **unwirksam sein**.[225] Dies zeigt insbesondere die Verwendung des Ausdrucks „bestehendes Rechtsverhältnis" in anderen Zusammenhängen.[226] Handelt es sich um einen Vertrag, so muss dieser nur tatsächlich geschlossen sein, dh Angebot und Annahme ausgetauscht sein. Auch rückwirkend aufgelöste Familienverhältnisse können genügen,[227] wie zB eine nichtige Ehe oder eine sich später als inexistent erweisende Abstammung. In diesen Fällen sollte genügen, dass die Parteien zur Zeit des Eintritts des Schadenseintritts von deren Wirksamkeit oder Bestehen ausgegangen sind. **159**

5. Zeitpunkt der Begründung des Rechtsverhältnisses. Der Gebrauch des Worts „bereits" zeigt an, dass das Rechtsverhältnis vor der unerlaubten Handlung – genauer: **vor dem Eintritt des Schadens** im Sinne des Abs. 1 (Rn 79 ff) – entstanden sein muss. Gleichzeitig oder danach entstehende Rechtsverhältnisse genügen dagegen nicht. Die von der Kommission vertretene Auffassung, Abs. 3 S. 2 sei ausreichend flexibel, um auch vorvertragliche Beziehungen zu erfassen,[228] steht in krassem Widerspruch zum Text der Verordnung und ist daher zu verwerfen.[229] Solche Beziehungen unterfallen überdies dem Art. 12 und nicht Art. 4. **160**

6. Konnexität zur unerlaubten Handlung. Abs. 3 S. 2 verlangt eine „**enge Verbindung**" zwischen dem bereits bestehenden Rechtsverhältnis und der unerlaubten Handlung. Dies weicht in zweierlei Hinsicht von Abs. 3 S. 1 ab: Erstens muss die Verbindung zwischen zwei Rechtsverhältnissen und nicht zwischen einer unerlaubten Handlung und einem Staat bestehen. Zweitens muss die Verbindung lediglich eng und nicht „offensichtlich enger" sein. **161**

Die Klausel greift entsprechend der Ansicht der Kommission einerseits, wenn dieselbe Handlung als Vertrag und als unerlaubte Handlung eingeordnet wird (Anspruchskonkurrenz), und andererseits bei der Ver- **162**

---

218 Siehe dazu noch Rn 157.
219 Kommission, KOM(2003) 427 endg., S. 14.
220 **Dafür:** Calliess/*v. Hein*, Art. 2 Rn 65; *ders.*, ZEuP 2009, 6, 19; *Heiss/Loacker*, JBl. 2007, 613, 626 f; PWW/*Schaub*, Art. 4 Rn 12. **Dagegen:** *G. Wagner*, IPRax 2006, 372, 378; *ders.*, IPRax 2008, 1, 6; MüKo/*Junker*, Art. 4 Rn 54; Palandt/*Thorn*, Art. 4 Rn 13. **Unentschieden:** *de Lima Pinheiro*, Riv. dir. int. priv. proc. 2008, 5, 20 („far from certain").
221 Siehe Rn 156.
222 Europäisches Parlament, Standpunkt festgelegt in erster Lesung am 6. Juli 2005 im Hinblick auf den Erlass der Verordnung (EG) Nr..../2005 des Europäischen Parlaments und des Rates über das auf außervertragliche Schuldverhältnisse anzuwendende Recht („ROM II"), PE 360.635, Art. 4 Abs. 3 lit. b.
223 BeckOK-BGB/*Spickhoff*, Art. 4 Rn 17.
224 *Garcimartín Alférez*, EuLF 2007, I-77, I-84; Calliess/*v. Hein*, Art. 4 Rn 66.
225 *Bureau/Muir Watt*, S. 415, Rn 1005; *Cheshire/North/Fawcett*, S. 801; Calliess/*v. Hein*, Art. 4 Rn 68.
226 Vgl Art. 10 Abs. 1 und das dort genannte Beispiel der Zahlung auf eine nicht bestehende Schuld, dazu *Lehmann/Duczek*, JuS 2012, 788.
227 Kommission, KOM(2003) 427 endg., S. 14; *Bureau/Muir Watt*, S. 415, Rn 1005; *Cheshire/North/Fawcett*, S. 802.
228 Kommission, KOM(2003) 427 endg., S. 14.
229 Ebenso Calliess/*v. Hein*, Art. 4 Rn 67.

bindung einer unerlaubten Handlung mit einem zuvor begründeten Rechtsverhältnis.[230] Siehe zu beiden Konstellationen im Einzelnen oben Rn 47 ff. Art. 4 Abs. 3 verlangt einen **inneren Zusammenhang** zwischen beiden Rechtsverhältnissen. Lediglich bei Gelegenheit der Erfüllung der rechtlichen Sonderbeziehung begangene Delikte werden nicht erfasst,[231] so etwa nicht der Diebstahl von Eigentum des Gläubigers während der Erbringung einer Werkleistung (siehe zur deliktischen Qualifikation dieses Falls Rn 47, 52).

163 **7. Wirkungen.** Die Wirkung des Abs. 3 S. 2 besteht in der Erstreckung des auf das bestehende Rechtsverhältnis anzuwendenden Rechts auf die unerlaubte Handlung.[232] Es kommt zu einem **Gleichlauf der Haftungsregime**.

164 Der Gebrauch des Worts „könnte" zeigt an, dass bei Bestehen eines die Anforderungen des Artikels erfüllenden Rechtsverhältnisses zwischen den Parteien **nicht per se** eine offensichtlich engere Verbindung zu dem Staat vorliegt, dessen Recht Anwendung findet. Diese wird trotz entgegenstehender Behauptungen in der Literatur[233] auch **nicht vermutet**. Der Rechtsanwender muss vielmehr selbst prüfen, ob im Einzelfall eine offensichtlich engere Verbindung besteht.[234] Zur Frage des Ermessens bei der Rechtsanwendung Rn 167.

165 Soweit **Einschränkungen der Rechtswahl** unter der Rom I-VO bestehen, wie zB bei Beförderungs-, Verbraucher- und Arbeitsverträgen,[235] wirken diese sich über die Ausweichklausel auch auf das anzuwendende Deliktsrecht aus.[236] Soweit solche Einschränkungen nicht bestehen, kann das auf Verträge anzuwendende Recht grundsätzlich frei gewählt werden.[237] Dies führt im Ergebnis dazu, dass die Parteien das anwendbare Deliktsrecht über die Rechtswahl im Vertrag bestimmen können, ohne an die Restriktionen des Art. 14 gebunden zu sein. Die in der Literatur dagegen erhobenen Bedenken[238] überzeugen nicht. Erstens entspricht diese Lösung dem Grundgedanken des Abs. 3 S. 2, der die Anknüpfung nach der Rom II-VO der durch die Rom I-VO unterordnet. Zweitens wäre es eine gravierende Einschränkung der Parteiautonomie, wenn die Vertragsparteien nicht die Möglichkeit hätten, das Recht zu bestimmen, welches auf deliktische Ansprüche im Zusammenhang mit dem Vertrag Anwendung findet, zumal diese nach manchen Rechtsordnungen mit vertraglichen Ansprüchen konkurrieren.

166 Untersteht das Rechtsverhältnis **Einheitsrecht**, das keine Regelungen zu unerlaubten Handlungen enthält – zB dem CISG –, so geht die akzessorische Anknüpfung ins Leere. Versuche, über Abs. 3 S. 2 dasselbe Recht auf beide Rechtsverhältnisse zur Anwendung zu bringen, müssen daher scheitern.[239] Das Deliktsstatut kann deshalb nur nach Abs. 1 oder Abs. 2 bestimmt werden.

V. Rechtsfolge

167 **1. Anwendung des bezeichneten Rechts.** Abs. 3 S. 1 verlangt die Anwendung des Rechts des Staates, mit dem der Sachverhalt offensichtlich enger verbunden ist. Der Richter hat insoweit **kein Ermessen**, sondern muss diese Verweisung beachten. Die gegenteilige Auffassung, welche die Kommission in ihrem Vorschlag geäußert hat,[240] geht fehl.[241] Die rechtsprechende Gewalt ist an Recht und Gesetz gebunden und kann bei dessen Anwendung anders als eine Verwaltungsbehörde kein Ermessen ausüben. Auch ein nicht nachprüfbarer Beurteilungsspielraum kommt nicht in Betracht: Höhere Instanzen können die Anwendung der Ausweichklausel überprüfen.

168 **2. Einheitliche Anwendung.** Abs. 3 funktioniert nach dem Prinzip „all or nothing".[242] Das gesamte Rechtsverhältnis untersteht dem fremden Recht; eine *dépeçage* **ist unzulässig**.[243] Der Richter kann daher nicht einzelne Aspekte der unerlaubten Handlung einem Recht unterstellen, andere dagegen einem abweichenden Recht. Entweder die Gesamtheit der Umstände zeigt auf ein bestimmtes Recht, oder die Ausweichklausel greift nicht ein.

---

230 Vgl Kommission, KOM(2003) 427 endg., S. 14.
231 BeckOK-BGB/*Spickhoff*, Art. 4 Rn 15.
232 Kommission, KOM(2003) 427 endg., S. 14.
233 Siehe *Garcimartín Alférez*, EuLF 2007, I-77, I-84.
234 Vgl Kommission, KOM(2003) 427 endg., S. 14.
235 Siehe Art. 5 Abs. 2 Unterabs. 2, Art. 6 Abs. 2 S. 2, Art. 8 Abs. 1 S. 2 Rom I-VO.
236 Kommission, KOM(2003) 427 endg., S. 14; *Dickinson*, Rome II Regulation, S. 345, Rn 4.92 f; aA *Cheshire/North/Fawcett*, S. 801, weil diese Regel nicht ausdrücklich in die Verordnung aufgenommen wurde. Das musste sie jedoch nicht, sondern sie ergibt sich aus dem Zusammenspiel mit der Rom I-VO.
237 Siehe Art. 3 Abs. 1 Rom I-VO.
238 *Kadner Graziano*, RabelsZ 73 (2009), 1, 22. Überblick bei Rauscher/*Unberath/Cziupka*, EuZPR/EuIPR, Art. 4 Rn 98–111.
239 Erman/*Hohloch*, Art. 4 Rn 17; Calliess/*v. Hein*, Art. 4 Rn 62.
240 Kommission, KOM(2003) 427 endg., S. 14.
241 Abl. auch *Cheshire/North/Fawcett*, S. 803; *Dickinson*, Rome II Regulation, S. 347, Rn 4.95.
242 *Dickinson*, Rome II Regulation, S. 342, Rn 4.89.
243 *Dickinson*, Rome II Regulation, S. 342, Rn 4.89; Calliess/*v. Hein*, Art. 4 Rn 51; *ders.*, in: FS Kropholler 2008, S. 553, 564; Rauscher/*Unberath/Cziupka*, EuZPR/EuIPR, Art. 4 Rn 89.

VI. Einzelfälle

1. Unfälle im Straßenverkehr. Sind die an einem Unfall beteiligten Fahrzeuge **im selben Staat zugelassen und versichert**, so soll dies nach manchen Autoren eine offensichtlich engere Verbindung zu diesem Staat begründen.[244] Dies dient zum einen dem Ziel, die als häufig zufällig empfundene Anwendung des Rechts des Staates des Schadenseintritts nach Abs. 1 zu überwinden. Zum anderen soll die Anknüpfung an den gemeinsamen gewöhnlichen Aufenthalt nach Abs. 2 bei **Massenkarambolagen** außer Kraft gesetzt werden.[245] Eine ausdrückliche Anknüpfung an die Zulassung im selben Staat sieht das Haager Übereinkommen über das auf Straßenverkehrsunfälle anwendbare Recht (HStrÜ) vor.[246] Sie wurde im Rahmen der Rom II-VO bewusst nicht aufgenommen und darf auch nicht über die Hintertür der Ausweichklausel eingeführt werden. Ansonsten würde man die Absichten des Gesetzgebers umgehen, der zunächst eine Studie der Kommission zu den Auswirkungen der Verordnung im Hinblick auf das HStrÜ verlangt hat.[247] Vielmehr ist auch bei Verkehrsunfällen nach den Regeln der Abs. 1 und 2 an den Erfolgsort beziehungsweise an den gemeinsamen gewöhnlichen Aufenthaltsort der Parteien anzuknüpfen.[248] Das gilt auch hinsichtlich der Haftung des Fahrers gegenüber Insassen.[249] Zur Beteiligung von Familienangehörigen siehe Rn 170; zu Reisegemeinschaften Rn 171. Für die **Schadensberechnung** sieht die Präambel vor, dass die Gerichte alle relevanten tatsächlichen Umstände zu berücksichtigen haben, einschließlich tatsächlicher Verluste und der Kosten für die Nachsorge in einem anderen Staat als dem des Schadenseintritts.[250] Dies ist eine Kompromisslösung gegenüber dem Parlament, welches der Verbindung zum Staat des Opfers stärker Rechnung tragen wollte.[251]

169

2. Familienverhältnisse. Familiäre Beziehungen, auch soweit nur von den Beteiligten angenommen (Rn 159), sind **Rechtsverhältnisse im Sinne des Abs. 3 S. 2** und können bei enger Verbindung zur unerlaubten Handlung zu deren Unterstellung unter das Familienstatut führen. Etwas anderes soll allerdings nach in Deutschland herrschender Meinung bei Delikten im **Straßenverkehr** gelten.[252] Diese singuläre Ausnahme ist von der Rechtsprechung zum EGBGB inspiriert,[253] welche ihre Wurzeln im deutschen materiellen Recht hat.[254] Sie wird unter der Rom II-VO kaum bestehen können. Das zu ihrer Verteidigung vorgetragene Argument, ein Familienverhältnis könne bei einem Verkehrsunfall nicht zur engsten Verbindung führen,[255] verwechselt die Anwendung eines einheitlichen Haftungsregimes mit der Notwendigkeit der Geltung einheitlicher Verhaltensstandards. Für letztere sorgt bereits Art. 17.

170

3. Reisegemeinschaften. Die Tatsache, dass Schädiger und Geschädigter zu einer Reisegemeinschaft gehören, wie etwa bei einer **organisierten Busreise** oder einer **Mitfahrgelegenheit**, begründet nach europäisch-autonomem Verständnis ein lediglich faktisches Verhältnis zwischen diesen.[256] Dieses erfüllt nicht die Voraussetzungen des Abs. 3 S. 2[257] (siehe Rn 157). Die Tatsache, dass die Reise ihren Ausgangspunkt in einem bestimmten Staat nimmt, begründet für sich genommen keine nach Abs. 3 S. 1 offensichtlich engere Verbindung des Sachverhalts zu diesem.[258] Dies kann anders sein, wenn weitere Verbindungen zu diesem Staat bestehen, zB ein längerer Aufenthalt der Beteiligten in diesem Land vor der Abreise, der Sitz des Reiseunternehmens dort, die Reiseplanung oder der Ticketkauf in diesem Staat.

171

4. Arbeitsunfälle. Ansprüche zwischen Arbeitnehmer und Arbeitgeber aus Arbeitsunfällen unterstehen gem. Abs. 3 S. 2 dem Statut des Arbeitsvertrags.[259] Für Ansprüche zweier Arbeitskollegen ist die Lage komplizierter, weil diese nicht untereinander vertraglich verbunden sind, sondern mit dem Arbeitgeber als Drittem. Allerdings besteht eine offensichtlich engere Verbindung im Sinne von Abs. 3 S. 1 zum Staat, in

172

---

244 Palandt/*Thorn*, Art. 4 Rn 14; bei mehr als zwei Fahrzeugen auch BeckOK-BGB/*Spickhoff*, Art. 4 Rn 17. Vorsichtiger: MüKo/*Junker*, Art. 4 Rn 57; *ders.*, JZ 2008, 169, 176 („kein Automatismus"); Erman/*Hohloch*, Art. 4 Rn 20 („immer unter der Voraussetzung, dass dann das offensichtlich enger verbundene Recht zur Anwendung kommt").
245 So BeckOK-BGB/*Spickhoff*, Art. 4 Rn 14. Abl. Erman/*Hohloch*, Art. 4 Rn 19.
246 Siehe Art. 4 lit. b HStrÜ.
247 Vgl Art. 30 Abs. 1 lit. ii.
248 Ebenso *v. Hein*, in: FS Kropholler 2008, S. 553, 571.
249 Vgl *Hartley*, I.C.L.Q. 2008, 899, 900.
250 Erwägungsgrund 33.
251 Europäisches Parlament, Standpunkt festgelegt in erster Lesung am 6. Juli 2005 im Hinblick auf den Erlass der Verordnung (EG) Nr. .../2005 des Europäischen Parlaments und des Rates über das auf außervertragliche Schuldverhältnisse anzuwendende Recht („ROM II"), PE 360.635, Art. 4 Abs. 2.
252 Calliess/*v. Hein*, Art. 4 Rn 63; *Junker*, JZ 2008, 169, 176; MüKo/*Junker*, Art. 4 Rn 53; BeckOK-BGB/*Spickhoff*, Art. 4 Rn 16.
253 Vgl BGHZ 119, 137, 144.
254 Siehe zB BGHZ 53, 352, 355 f; 61, 101, 104 f; 63, 51, 57 f.
255 So *Junker*, JZ 2008, 169, 176.
256 AA *Junker*, JZ 2008, 169, 176, nach dem auch eine gesellschaftsrechtliche Beziehung vorliegen kann. Diese Auffassung ist jedoch zu sehr vom deutschen Recht geprägt.
257 AA *Cheshire/North/Fawcett*, S. 801 für die Beziehung zwischen Fahrer und Insasse.
258 Ebenso Erman/*Hohloch*, Art. 4 Rn 19. AA BeckOK-BGB/*Spickhoff*, Art. 4 Rn 17.
259 Ebenso MüKo/*Junker*, Art. 4 Rn 167.

dem oder von dem aus diese ihre Arbeit ausüben, so dass dessen Recht auf den Arbeitsunfall Anwendung findet.

173 **5. Finanzmarktdelikte.** Für die **Prospekthaftung** wurde vorgeschlagen, das europarechtliche Herkunftslandprinzip über Abs. 3 S. 1 umzusetzen und das Recht des Staates anzuwenden, in dem der Emittent des erworbenen Finanzinstruments seinen Sitz hat.[260] Allerdings begründet die Emission als solche kein Rechtsverhältnis des Emittenten zum Anleger, sondern erst der Erwerb der Instrumente. Es besteht im Zeitpunkt des Schadenseintritts daher kein Rechtsverhältnis im Sinne des Abs. 3 S. 2.[261] Außerdem ist die Ausweichklausel nicht dazu geeignet, ganze Rechtsgebiete abweichend von Abs. 1 oder Abs. 2 anzuknüpfen.[262] Allenfalls könnte man eine offensichtlich engere Verbindung im Sinne des Abs. 3 S. 1 zu dem Staat annehmen, auf dessen Markt der Geschädigte die Finanzinstrumente erworben hat. Auch in diesen Fällen lässt sich jedoch eine offensichtlich engere Verbindung nicht stereotyp annehmen, sondern muss anhand der Gesamtheit der Umstände des Einzelfalls nachgewiesen werden (Rn 153).

174 **6. Mehrere Geschädigte derselben unerlaubten Handlung.** Bei **Streudelikten** ist grundsätzlich das anzuwendende Recht für jeden im Territorium eines Staates eingetretenen Schaden gesondert zu ermitteln (Rn 104).[263] Allerdings kann ausnahmsweise eine offensichtlich engere Verbindung zum Ort des schadensbegründenden Ereignisses vorliegen.[264] Wegen der Grundentscheidung des Abs. 1, diesen nicht zu berücksichtigen, gilt das aber nur dann, wenn mindestens eine weitere charakteristische Verbindung zu diesem besteht.[265] Eine solche kann beispielsweise bei einer in einem Staat veröffentlichten Information liegen, etwa einer unberechtigten Warnung vor Produkten aus einem bestimmten Land. Bei **Schockschäden** ist die Anknüpfung nach Abs. 1 durch eine offensichtlich engere Verbindung zum Staat der physischen Schädigung zu überwinden. Nur auf diese Weise kann der Widerspruch vermieden werden, dass der Schädiger gegenüber dem unmittelbar Verletzten nach dem insoweit anzuwendenden Recht nicht haftet, aber gegenüber dessen Angehörigen.[266]

175 **7. Schäden einer Person in mehreren Staaten.** Die Situation, dass eine Person durch dasselbe Delikt in mehreren Staaten Schäden erleidet, ist im Anwendungsbereich des Art. 4 nur in Ausnahmefällen denkbar, zB bei Namensverletzungen im Internet oder bei Diskriminierungen (siehe Rn 111, 116). Man könnte insoweit erwägen, die Rechtsprechung des EuGH zu Art. 5 Nr. 3 EuGVVO[267] auf das Kollisionsrecht zu übertragen und einheitlich das Recht am Mittelpunkt der Interessen des Geschädigten anzuwenden. Dies ist regelmäßig der Ort des gewöhnlichen Aufenthalts.

Artikel 5 Produkthaftung

(1) Unbeschadet des Artikels 4 Absatz 2 ist auf ein außervertragliches Schuldverhältnis im Falle eines Schadens durch ein Produkt folgendes Recht anzuwenden:

a) das Recht des Staates, in dem die geschädigte Person beim Eintritt des Schadens ihren gewöhnlichen Aufenthalt hatte, sofern das Produkt in diesem Staat in Verkehr gebracht wurde, oder anderenfalls

b) das Recht des Staates, in dem das Produkt erworben wurde, falls das Produkt in diesem Staat in Verkehr gebracht wurde, oder anderenfalls

c) das Recht des Staates, in dem der Schaden eingetreten ist, falls das Produkt in diesem Staat in Verkehr gebracht wurde.

Jedoch ist das Recht des Staates anzuwenden, in dem die Person, deren Haftung geltend gemacht wird, ihren gewöhnlichen Aufenthalt hat, wenn sie das Inverkehrbringen des Produkts oder eines gleichartigen Produkts in dem Staat, dessen Recht nach den Buchstaben a, b oder c anzuwenden ist, vernünftigerweise nicht voraussehen konnte.

(2) ¹Ergibt sich aus der Gesamtheit der Umstände, dass die unerlaubte Handlung eine offensichtlich engere Verbindung mit einem anderen als dem in Absatz 1 bezeichneten Staat aufweist, so ist das Recht dieses anderen Staates anzuwenden. ²Eine offensichtlich engere Verbindung mit einem anderen Staat könnte sich insbesondere aus einem bereits bestehenden Rechtsverhältnis zwischen den

---

260 Vgl *v. Hein*, in: FS Hopt 2008, S. 371, 392–394; *Hellgardt/Ringe*, ZHR 173 (2009), 802, 532 f
261 *Lehmann*, IPRax 2012, 399, 402.
262 *Einsele*, ZEuP 2012, 23, 30–37; *Lehmann*, aaO.
263 Siehe *v. Hein*, ZEuP 2009, 6, 16.
264 Ebenso *Cheshire/North/Fawcett*, S. 799 f; MüKo/ *Junker*, Art. 4 Rn 32; ablehnend *Leible/Engel*, EuZW 2004, 7, 10; zweifelnd Calliess/*v. Hein*, Art. 4 Rn 58.
265 Vgl MüKo/*Junker*, Art. 4 Rn 27, 32.
266 Vgl *Mayer/Heuzé*, S. 529, Rn 684; iErg ebenso, aber mit Begründung über Art. 4 Abs. 1 *Calvo Caravaca/ Carrascosa González*, Kapitel 31 Rn 73, S. 820.
267 Vgl EuGH, Verb. Rs. C-509/09 und C-161/10, NJW 2012, 137– eDate Martinez, Rn 52.

Produkthaftung

Artikel 5 ROM II

Parteien – wie einem Vertrag – ergeben, das mit der betreffenden unerlaubten Handlung in enger Verbindung steht.

Literatur: *Beck'scher Online Kommentar BGB*, hrsg. v. Bamberger/Roth, Stand: 1.8.2012; *Brière*, Le règlement (CE) no 864/2007 du 11 juillet 2007 sur la loi applicable aux obligations non contractuelles („Rome II"), JDI 2008, 31; *Calliess* (Hrsg.), Rome Regulations: Commentary on the European Rules of the Conflict of Laws, 2011; *Calvo Caravaca/Carrascosa Gonzaléz*, Las obligaciones extracontractuales en Derecho internacional privado, 2008; *Corneloup*, La responsabilité du fait des produits, in: *Corneloup/Joubert* (Hrsg.), Le règlement communautaire „Rome II" sur la loi applicable aux obligations non contractuelles: actes du Colloque du septembre 2007, 2008, S. 85; *Dicey/Morris/Collins*, The Conflict of Laws, Bd. 2, 14. Auflage 2006, Third Supplement 2009; *Dickinson*, The Rome II Regulation, 2008, Supplement 2010; *Erman*, BGB-Handkommentar, hrsg. von Westermann, Bd. 2, 13. Auflage 2011; *Fallon*, The Law Applicable to Specific Torts in Europe, in: *Basedow/Baum/Nishitani* (Hrsg.), Japanese and European Private International Law in Comparative Perspective, 2008, S. 261; *Garcimartín Alférez*, The Rome II Regulation: On the way towards a European Private International Law Code, European Legal Forum 2007, I-77; *Girsberger/Heini/Keller u.a.* (Hrsg.), Zürcher Kommentar zum IPRG, 2. Auflage 2004; *Hamburg Group for Private International Law*, Comments on the European Commission's Draft Proposal for a Council Regulation on the law applicable to non-contractual obligations, RabelsZ 67 (2003), 1; *Hartley*, Choice of Law for Non-contractual Liability: Selected Problems under the Rome II Regulation, I.C.L.Q. 2008, 899; *Hay*, Contemporary Approaches to Non-Contractual Obligations in Private International Law (Conflict of Laws) and the European Community's „Rome II" Regulation, European Legal Forum 2007, I-137; *v. Hein*, Die Kodifikation des europäischen IPR der außervertraglichen Schuldverhältnisse vor dem Abschluss?, VersR 2007, 440; *ders.*, Europäisches Internationales Deliktsrecht nach der Rom II-Verordnung, ZEuP 2009, 6; *Heiss/Loacker*, Die Vergemeinschaftung des Kollisionsrechts der außervertraglichen Schuldverhältnisse durch Rom II, JBl. 2007, 613; *Huber* (Hrsg.), Rome II Regulation, Pocket Commentary, 2011; *Huber/Illmer*, International Product Liability – A Commentary on Article 5 Rome II Regulation, Yb. P.I.L. 9 (2007), 31; *Illmer*, The New European Private International Law of Product Liability – Steering Through Trouble Waters, RabelsZ 73 (2009), 269; *Junker*, Kollisionsnorm und Sachrecht im IPR der unerlaubten Handlung, in: Liber Amicorum Schurig, 2012, S. 81; *Kadner Graziano*, Das auf die Produkthaftung anwendbare Recht – europäischer Rechtszustand und aktuelle Vorschläge der Europäischen Kommission und des Europäischen Parlaments, VersR 2004, 1205; *ders.*, The Law Applicable to Product Liability – The Present State of the Law in Europe and Current Proposals for Reform, I.C.L.Q. 2005, 475; *ders.*, Das außervertragliche Schuldverhältnisse anzuwendende Recht nach Inkrafttreten der Rom II-Verordnung, RabelsZ 73 (2009), 1; *Kozyris*, Rome II: Tort Conflicts on the Right Track!, 56 Am. J. Comp. L. 471 (2008); *Leible/Lehmann*, Die neue EG-Verordnung über das auf außervertragliche Schuldverhältnisse anwendende Recht („Rom II"), RIW 2007, 721; *de Lima Pinheiro*, Choice of law on non-contractual obligations between communitarization and globalization – A first assessment of EC Regulation Rome II, Rivista di diritto internazionale privato e processuale 2008, 5; *Münchener Kommentar zum Bürgerlichen Gesetzbuch*, hrsg. v. Säcker/Rixecker, Bd. 10, 5. Auflage 2010; *Ofner*, Die Rom II-Verordnung, Neues Internationales Privatrecht für außervertragliche Schuldverhältnisse in der Europäischen Union, ZfRV 2008, 13; *Palandt*, BGB–Kommentar, bearb. v. Bassenge u.a., 71. Auflage 2012; *Prütting/Wegen/Weinreich* (Hrsg.), BGB-Kommentar, 6. Auflage 2011; *Rauscher* (Hrsg.), Europäisches Zivilprozeß- und Kollisionsrecht, Kommentar, Bd. 3, Rom I-VO, Rom II-VO, 2011; *Rushworth/Scott*, Rome II Regulation: Choice of Law for Non-contractual Obligations, Lloyd's Maritime and Commercial Law Quarterly 2008, 274; *Sonnentag*, Zur Europäisierung des Internationalen außervertraglichen Schuldrechts durch die geplante Rom II-Verordnung, ZVglRWiss 105 (2006), 256; *Spickhoff*, Die Produkthaftung im Europäischen Kollisions- und Zivilverfahrensrecht, in: FS Kropholler, 2008, S. 671; *Stone*, Der Vorschlag für die Rom II-Verordnung über das auf außervertragliche Schuldverhältnisse anzuwendende Recht, EuLF 2004, 213; *ders.*, The Rome II Regulation on Choice of Law in Torts, Ankara Law Review 4 (2007), 95; *ders.*, Product Liability under the Rome II Regulation, in: *Ahern/Binchy* (Hrsg.), The Rome II Regulation on the Law Applicable to Non-contractual Obligations, 2009; *Symeonides*, Choice of Law for Products Liability: The 1990 s and Beyond, 78 Tulane L. Rev. 1247 (2003–2004); *Scoles/Hay/Borchers/Symeonides*, Conflict of Laws, 4. Auflage 2004; *G. Wagner*, Die neue Rom II-Verordnung, IPRax 2008, 1; *ders.*, Internationales Deliktsrecht, die Arbeiten an der Rom II-Verordnung und der europäische Deliktsgerichtsstand, IPRax 2006, 372; *Wandt*, Internationale Produkthaftung 1995.

A. Allgemeines	1	II. Gemeinsamer gewöhnlicher Aufenthaltsstaat (Art. 4 Abs. 2)	46
I. Funktion	1	III. Gewöhnlicher Aufenthaltsstaat des Geschädigten (Abs. 1 S. 1 lit. a)	54
II. Überblick	4	1. Überblick	54
III. Entstehungsgeschichte	6	2. Funktion	55
IV. Rechtsökonomische Erwägungen und Binnenmarktziel	11	3. Relevante Person	56
V. Rechtsvergleichung	16	4. Lokalisierung des gewöhnlichen Aufenthalts	57
B. Anwendungsbereich	22	5. Relevanter Zeitpunkt	60
I. Räumlich	22	6. Versagen der Anknüpfung	61
II. Sachlich	24	IV. Erwerbsstaat (Abs. 1 S. 1 lit. b)	62
1. Begriff „Produkt"	24	1. Überblick	62
2. Schaden durch ein Produkt	30	2. Anwendungsfälle	63
3. Erfasste Anspruchsarten	34	3. Lokalisierung des Erwerbs	64
III. Personell	38	4. Relevante Person	66
1. Anspruchsgegner	39	5. Versagen der Anknüpfung	68
2. Anspruchssteller	40	V. Staat des Schadenseintritts (Abs. 1 S. 1 lit. c)	69
IV. Verhältnis zu anderen Kollisionsnormen	41	1. Überblick	69
1. Rom I-VO	41	2. Anwendungsfälle	70
2. Art. 7	42	3. Lokalisierung des Schadens	71
C. Anknüpfungsleiter (Abs. 1 S. 1)	43	4. Versagen der Anknüpfung	72
I. Methodik	43		

VI. Erfordernis des Inverkehrbringens
  (Abs. 1 S. 1 lit. a bis c) 73
  1. Funktion 73
  2. Begriff „in Verkehr gebracht" 74
  3. Relevantes Produkt 78
  4. Gleichartige Produkte 84
  5. Relevante Person 88
  6. Relevanter Zeitpunkt 90
VII. Versagen der Anknüpfungsleiter 92
D. Voraussehbarkeitsklausel (Abs. 1 S. 2) 97
  I. Überblick 97
  II. Funktion 98
  III. Handhabung 99
  IV. Maßstab 101
  V. Rechtsfolge 104
E. Ausweichklausel (Abs. 2) 105
  I. Überblick 105

II. Offensichtlich engere Verbindung
  (Abs. 2 S. 1) 106
  1. Funktion 106
  2. Voraussetzungen 107
  3. Einzelfälle 108
III. Bereits bestehendes Rechtsverhältnis
  (Abs. 2 S. 2) 111
  1. Funktion 111
  2. Voraussetzungen 112
  3. Einzelfälle 113
IV. Rechtsfolge 114
F. Berücksichtigung abweichender Sicherheits-
  und Verhaltensregeln (Art. 17) 116
G. Möglichkeit der Rechtswahl (Art. 14) 118
H. Beweislast? 119

A. Allgemeines

I. Funktion

1 Art. 5 sieht eine besondere Anknüpfung für die Produkthaftung vor. Es handelt sich um eine **spezielle Kollisionsnorm**. Sie verdrängt in ihrem Anwendungsbereich die allgemeine Anknüpfung der unerlaubten Handlung nach Art. 4. Dies begründet der europäische Gesetzgeber wie bei allen speziellen Kollisionsnormen damit, dass die allgemeine Kollisionsnorm in diesem besonderen Bereich **nicht zu einem angemessenen Interessenausgleich** führt.[1] Die Anwendung des Rechts am Ort des Schadenseintritts (Art. 4 Abs. 1) sei bei der Produkthaftung ungeeignet, da eine Verbindung zu diesem nicht notwendig bestehe.[2] Weder Hersteller noch Geschädigter würden daher die Anwendbarkeit dessen Rechts erwarten. Die Kommission nennt das Beispiel eines deutschen Touristen, der auf dem Flughafen in Rom ein französisches Erzeugnis kauft und mit nach Afrika nimmt, wo es explodiert und ihm Schaden zufügt.[3] Die Anwendung des Rechts eines afrikanischen Staates würde in diesem Fall zu zufälligen Ergebnissen führen.

2 Wegen dieser Besonderheiten der Produkthaftung werden die Anknüpfungen des Art. 4 durch speziellere durchbrochen. Letztere sollen für eine gerechtere Verteilung der Risiken einer modernen, hochtechnisierten Gesellschaft sorgen, die Gesundheit der Verbraucher schützen, Innovationsanreize geben, einen unverfälschten Wettbewerb gewährleisten und den Handel erleichtern.[4] Sie sollen nicht nur den **berechtigten Erwartungen der Parteien** entsprechen, sondern darüber hinaus auch die **allgemeinen Ziele der Europäischen Union** erfüllen.[5]

3 Diesen Erwägungen ist im Grundsatz zuzustimmen.[6] Dass das Internationale Privatrecht von der Europäischen Union für ihre Ziele in Dienst genommen wird, ist ein allgemeines Kennzeichen des vereinheitlichten Kollisionsrechts.[7] Allerdings enthält Art. 5 eine **Bevorzugung des produzierenden Gewerbes** gegenüber anderen Bereichen, zB Dienstleistern, weil bei diesen die allgemeine Kollisionsnorm des Art. 4 Anwendung findet, innerhalb derer die Voraussehbarkeit des anzuwendenden Rechts grundsätzlich keine Rolle spielt. In Grenzfällen kann dies zu absurden Ergebnissen führen. Es ist zB nicht einzusehen, warum eine Auskunftei für fehlerhafte Informationen nach dem Recht des Schadenseintrittsorts unabhängig davon haften soll, ob sie diesen voraussehen konnte oder nicht, während dies bei Produzenten von standardisierter Informationssoftware nicht der Fall ist. Gleiche Wettbewerbsbedingungen im Markt sind dadurch gerade nicht gesichert.

II. Überblick

4 Charakteristisch für die Regelung des Art. 5 ist vor allem ihre **Komplexität**. Das anzuwendende Recht wird durch eine Vielfalt ineinander verschachtelter Regeln bestimmt. Zunächst ist einer Anknüpfungsleiter zu folgen, die nicht weniger als vier Stufen und fünf verschiedene Anknüpfungskriterien vorsieht (Abs. 1 S. 1). Das Ergebnis ihrer Anwendung steht unter dem Vorbehalt der Voraussehbarkeit für den potenziell Haften-

---

1 Vgl Erwägungsgrund 19.
2 Kommission, KOM(2003) 427 endg., S. 15.
3 Kommission, KOM(2003) 427 endg., S. 15, Fn 25.
4 Erwägungsgrund 20 S. 1.
5 Kommission, KOM(2003) 427 endg., S. 15.
6 AA *Hartley*, I.C.L.Q. 2008, 898, 906, dem zufolge Art. 5 das Produkt der Arbeit der Lobby von Verbrau-

chern und Herstellern ist. Skeptisch ebenfalls *Junker*, in: Liber Amicorum Schurig, S. 81, 87; Rauscher/*Unberath/Cziupka*, EuZPR/EuIPR, Art. 5 Rn 2.
7 Dazu *Lehmann*, in: FS Spellenberg 2010, S. 245, 259; *Weller*, IPRax 2011, 429, 435 f.

den (Abs. 1 S. 2). Schließlich wird die so erfolgte Anknüpfung in Ausnahmefällen zugunsten des Prinzips der engsten Verbindung durchbrochen (Abs. 2).

Für die Produkthaftung lässt sich danach **kein allgemeiner Anknüpfungspunkt** identifizieren. Über das anzuwendende Recht entscheidet niemals ein einziges Kriterium allein, sondern immer nur abgemildert durch ein zweites oder drittes. Immerhin ragt der gewöhnliche Aufenthalt des Geschädigten heraus, der sowohl über die Verweisung auf Art. 4 Abs. 2 als auch in Art. 5 Abs. 1 S. 1 lit. a eine Rolle spielt. Des Weiteren ist besonders wichtig, ob das Produkt in einem bestimmten Staat in Verkehr gebracht wurde oder nicht: Dieses Kriterium greift für drei der vier Anknüpfungspunkte des Abs. 1 S. 1 ein. Von allgemeiner Bedeutung sind schließlich die Voraussehbarkeit für den potenziell Haftenden und die offensichtlich engere Verbindung. Von untergeordneter Bedeutung sind dagegen der Erwerbsort und der Schadenseintrittsort.

III. Entstehungsgeschichte[8]

Art. 5 hat keinen unmittelbaren Vorläufer. Im **Recht der Mitgliedstaaten** existierte vor ihm eine außerordentliche Vielfalt unterschiedlicher Ansätze zur Bestimmung des auf die Produkthaftung anzuwendenden Rechts. Diese reichten von der Anwendung des Statuts des Vertrags zwischen Schädiger und Geschädigtem – soweit ein solcher existierte – über die freie Vereinbarkeit bis zum Wahlrecht des Opfers zwischen mehreren Rechten.[9] Das **Haager Übereinkommen von 1973**[10] sieht eine Anknüpfungsleiter vor, welche der des Art. 5 strukturell nicht unähnlich ist. Dieses führt jedoch vielfach zu verschiedenen Ergebnissen, weil seine Anknüpfungskriterien von denen der Rom II-VO abweichen (Rn 17).

Bei der Verabschiedung der **Produkthaftungsrichtlinie im Jahre 1985**[11] hielt die damalige EWG den Mitgliedstaaten die Möglichkeit offen, strengere Haftungsstandards anzunehmen. Außerdem ließ sie die Ausgestaltung der Verschuldenshaftung unberührt.[12] Daher beseitigte diese Vereinheitlichung der sachrechtlichen Grundlagen das kollisionsrechtliche Problem nicht. Die Frage des anzuwenden Rechts stellt sich weiterhin auch innerhalb der EU.

Die eigentliche Geschichte des Art. 5 beginnt mit dem **Vorschlag der Kommission aus dem Jahre 2003**, der für die Produzentenhaftung eine besondere Kollisionsnorm vorsieht. Diese stellt vorrangig auf den Staat des gewöhnlichen Aufenthalts des Geschädigten ab; für den Fall, dass das Produkt ohne Zustimmung des potenziell Haftenden in diesem Staat in Verkehr gebracht worden ist, ordnet sie hingegen die Anwendung des Rechts an dessen gewöhnlichen Aufenthalt an.[13]

Das **Europäische Parlament** befürwortete nach der 1. Lesung die ersatzlose Streichung der besonderen Kollisionsnorm.[14] Es machte sich die Position der Berichterstatterin des Rechtsausschusses *Diana Wallis* zu eigen, die meinte, die Frage der Produkthaftung könne mit einer geänderten Fassung der Ausweichklausel befriedigend geregelt werden.[15] In ihrer Fassung und der des Parlaments sollte die Klausel die Voraussehbarkeit des Ergebnisses und den Schutz legitimer Erwartungen als zu berücksichtigende Punkte ausdrücklich hervorheben.[16]

Mit dieser Position konnte sich das Parlament jedoch nicht durchsetzen. Die derzeitige Fassung des Art. 5 beruht auf dem **Gemeinsamen Standpunkt des Rats** vom September 2006.[17] Dieser sah erstmals eine Vervielfältigung der Anknüpfungspunkte und eine Korrektur durch Voraussehbarkeits- und Ausweichklausel

---

8 Ausf. dazu *Huber/Illmer*, Yb. P.I.L. 9 (2007), 31, 33–37; *Illmer*, RabelsZ 73 (2009), 269, 272–279.
9 Überblick bei *Kadner Graziano*, I.C.L.Q. 2005, 475, 479 f; *ders.*, VersR 2004, 1205, 1206 f.
10 Haager Übereinkommen über das auf die Produkthaftung anzuwendende Recht v. 2.10.1973. Text erhältlich unter <www.hcch.net> (zuletzt besucht am 20.2.2013).
11 Richtlinie 85/374/EWG des Rates vom 25.7.1985 zur Angleichung der Rechts- und Verwaltungsvorschriften der Mitgliedstaaten über die Haftung für fehlerhafte Produkte, ABl. L 210 v. 7.8.1985, S. 29.
12 Art. 13 Produkthaftungsrichtlinie.
13 Kommission, KOM(2003) 427 endg., Art. 4.
14 Europäisches Parlament, Standpunkt festgelegt in erster Lesung am 6.7.2005 im Hinblick auf den Erlass der Verordnung (EG) Nr..../2005 des Europäischen Parlaments und des Rates über das auf außervertragliche Schuldverhältnisse anzuwendende Recht („ROM II"), PE 360.635, S. 10.
15 Europäisches Parlament, Rechtsausschuss, Bericht über den Vorschlag für eine Verordnung des Europäischen Parlaments und des Rates über das auf außervertragliche Schuldverhältnisse anzuwendende Recht („Rom II"), Berichterstatterin: *D. Wallis*, 27.6.2005, A6-0211/2005, S. 21.
16 Europäisches Parlament, Rechtsausschuss, aaO, Art. 3 Abs. 3 S. 2 lit. c und d; Europäisches Parlament, Standpunkt festgelegt in erster Lesung am 6.7.2005 im Hinblick auf den Erlass der Verordnung (EG) Nr..../2005 des Europäischen Parlaments und des Rates über das auf außervertragliche Schuldverhältnisse anzuwendende Recht („ROM II"), PE 360.635, Art. 4 Abs. 3 Unterabs. 2 lit. c und d.
17 Rat, Gemeinsamer Standpunkt vom 25.9.2006 im Hinblick auf die Annahme der Verordnung des Europäischen Parlaments und des Rates über das auf außervertragliche Schuldverhältnisse anzuwendende Recht („ROM II"), 2003/0168 (COD), Art. 5.

vor. Das Parlament hat diese Fassung bis auf eine unbedeutende redaktionelle Korrektur in zweiter Lesung angenommen.[18]

IV. Rechtsökonomische Erwägungen und Binnenmarktziel

11 Aus Sicht der Wirtschaftswissenschaften lassen sich gute Argumente für eine Unterstellung der Produkthaftung unter das Recht des Markts anführen, auf dem das Produkt erworben wurde (**Marktortprinzip**). Dafür spricht zunächst der Zusammenhang mit der Preisbildung: Höhere Haftungsstandards führen zu erhöhten Produktpreisen,[19] da der Hersteller die Kosten einer etwaigen Haftung in seine Kalkulation einbeziehen muss. Schon aus praktischen Gründen kann er dabei nur bestimmte Staaten zu berücksichtigen. Es ist ihm unmöglich, die Haftungsstandards aller anderen Länder einzukalkulieren, in die das Produkt von den Erwerbern verbracht werden könnte. Nur für den Marktort kann er sich auch versichern.[20] Der Geschädigte wird beim Kauf ebenfalls nur auf das Recht des Erwerbsorts Rücksicht nehmen.[21] Die Marktanknüpfung führt demnach zu einem für alle Beteiligten vorhersehbaren Recht und lässt den Mechanismus freier Preisbildung wirken.[22] Da die Parteien vermutlich ohnehin das Recht des Erwerbsorts vereinbart hätten, wirkt die gesetzliche Anordnung seiner Anwendbarkeit darüber hinaus transaktionserleichternd. Außerdem schafft sie gleiche Wettbewerbsbedingungen für die Anbieter auf einem Markt (*level playing field*).[23] Schließlich ist sie für den Richter oder Schiedsrichter einfach umzusetzen und senkt damit die Kosten der Rechtsanwendung.

12 Trotz dieser Vorteile hat sich die EU gegen eine allgemeine Anknüpfung an den Erwerbsort entschieden. Primärer Anknüpfungspunkt sollte nach ihren Vorstellungen vielmehr der gewöhnliche Aufenthalt des Geschädigten sein (siehe Abs. 1 S. 1 lit. a). Der in der Literatur daran geübten Kritik[24] ist zuzugeben, dass der gewöhnliche Aufenthalt als solcher keine eigene ökonomische Berechtigung hat. Allerdings muss das **besondere politische Ziel des Binnenmarkts** berücksichtigt werden. Der Binnenmarkt ist ein Markt, in dem Produkte grenzüberschreitend abgesetzt und verwendet werden. Für den Käufer muss es grundsätzlich gleichgültig sein, ob er sein Produkt etwa in Spanien oder in Deutschland erwirbt. Daher bedarf es für die Haftung eines anderen, vom Erwerbsort unabhängigen Anknüpfungspunkts. Der gewöhnliche Aufenthalt ist dazu insofern geeignet, als er leicht bestimmbar ist und die Interessen des Betroffenen wahrt. Durch die Bindung an das Kriterium des voraussehbaren Vertriebs ist er auch für die Produzenten hinnehmbar. Der Erwerbsort spielt demgegenüber, ebenso wie der Ort des Schadenseintritts, nur eine untergeordnete Rolle.

13 Dem System des Art. 5 liegt damit eine **erhebliche Erweiterung des Marktbegriffs** zugrunde: Maßgebend für die Marktanknüpfung ist nicht mehr nur der Staat, in welchem ein individuelles Produkt erworben wurde, sondern potenziell all jene Staaten, in denen gleichartige Produkte vertrieben werden. Fraglich kann nur sein, ob es berechtigt ist, diese besondere, durch das Binnenmarktziel geprägte Anknüpfung nicht nur auf die in der EU spielenden Fälle anzuwenden, sondern zu einer **generellen Kollisionsnorm** zu verallgemeinern, wie es die Rom II-VO tut. Angesichts der – durch das Welthandelsrecht gebahnten – Offenheit weltweiter Märkte und der dadurch bedingten Mobilität der Produkte ist dies zu bejahen. Im Grundsatz ist daher die Anknüpfung des Art. 5 gerechtfertigt.

14 Der in der Literatur stattdessen hervorgehobene **Gleichlauf von Zuständigkeit und anzuwendendem Recht**[25] trägt hingegen als Rechtfertigung des Art. 5 nicht. Erstens hätten rein auf die Rechtsanwendungskosten bezogene Argumente eine abweichende Anknüpfung der Produkthaftung kaum gerechtfertigt. Zweitens ist nicht ersichtlich, warum solche Argumente nur bei der Produkthaftung und nicht auch sonst eine Rolle spielen sollten. Drittens laufen anzuwendendes Recht und Zuständigkeit im Rahmen der Produkthaftung gerade nicht parallel, wie die unterschiedliche Fassung von Art. 5 Nr. 3 EuGVVO und Art. 5 zeigen. Hätte man einen Gleichlauf erstrebt, so hätte man es besser bei der Anknüpfung des Art. 4 Abs. 1 belassen.

15 Aus ökonomischer Sicht **kritikwürdig** ist jedoch die Komplexität der letztlich gefundenen Regelung.[26] Die Vielfalt der Anknüpfungen und deren Verschachtelung ineinander sind Ausdruck eines typisch europä-

---

18 Europäisches Parlament, Standpunkt festgelegt in zweiter Lesung am 18.1.2007 im Hinblick auf den Erlass der Verordnung (EG) Nr..../2007 des Europäischen Parlaments und des Rates über das auf außervertragliche Schuldverhältnisse anzuwendende Recht („ROM II"), PE 382.958, Art. 5.

19 *Kadner Graziano*, VersR 2004, 1205, 1208; *ders.*, I.C.L.Q. 2005, 475, 481; *G. Wagner*, IPRax 2008, 1, 7.

20 *Kadner Graziano*, VersR 2004, 1205, 1208.

21 Rauscher/*Unberath/Cziupka*, EuZPR/EuIPR, Art. 5 Rn 14.

22 Vgl auch *Kadner Graziano*, VersR 2004, 1205, 1208; *ders.*, I.C.L.Q. 2005, 475, 481.

23 Rauscher/*Unberath/Cziupka*, EuZPR/EuIPR, Art. 5 Rn 15.

24 *v. Hein*, VersR 2007, 440, 447 f; *Sonnentag*, ZVglRWiss 105 (2006), 256, 281–284; *G. Wagner*, IPRax 2006, 372, 382 (der aber grds. dem Kommissionsvorschlag zustimmt).

25 Siehe *G. Wagner*, IPRax 2008, 1, 7.

26 Krit. dazu zB *Spickhoff*, in: FS Kropholler, 2008, 671, 680; Rauscher/*Unberath/Cziupka*, EuZPR/EuIPR, Art. 5 Rn 9.

ischen Kompromisses.[27] Sie zwingen dazu, eine Reihe von Tatsachen ermitteln zu müssen (gewöhnlicher Aufenthalt der Parteien, Vertriebsland, Voraussehbarkeit des Vertriebs, ggf Erwerbsort, Schadenseintrittsort). Zudem ist die Regelung nicht leicht verständlich, sondern hätte wesentlich einfacher gefasst werden müssen.[28] Schließlich gibt sie zu vielen Zweifelsfragen Anlass.[29] All dies erhöht die **Kosten der Rechtsanwendung** erheblich. Auch dieser Punkt ist aus wirtschaftswissenschaftlicher Sicht bei der Untersuchung der Effizienz zu berücksichtigen.

V. Rechtsvergleichung

In der rechtsvergleichenden Umschau stellt die Regelung des Art. 5 einen **Solitär** dar. Vorläufer in den mitgliedstaatlichen Rechten hat sie nicht (Rn 6). Auch in den außerhalb der EU geltenden Kollisionsregelungen findet sie kaum Parallelen. **16**

Ähnlichkeiten weist nur das **Haager Übereinkommen** über das auf die Produkthaftung anzuwendende Recht (Rn 6) auf. Dieses gilt in den sieben Mitgliedstaaten Finnland, Frankreich, Italien, Kroatien, Luxemburg, Niederlande, Slowenien sowie Spanien. Außerdem sind auch Norwegen und die ehemals zu Jugoslawien gehörenden Staaten Mazedonien, Montenegro und Serbien daran gebunden. Das Haager Übereinkommen ist Art. 5 insofern verwandt, als es ebenso wie dieser nicht auf ein einzelnes Recht verweist, sondern das Zusammentreffen von mindestens zwei Anknüpfungspunkten verlangt.[30] Außerdem räumt es ebenso wie dieser dem gewöhnlichen Aufenthalt einen Vorrang ein.[31] Auch kennt das Übereinkommen eine allgemeine Bedingung der Voraussehbarkeit des anzuwendenden Rechts für den potenziellen Schädiger.[32] Trotzdem bestehen einige Unterschiede: Das Recht des Staates des Erfolgseintritts kommt unter dem Übereinkommen nicht nur zum Zuge, wenn das fragliche Produkt in diesem erworben wurde, sondern auch dann, wenn sich Schädiger *oder* Geschädigter gewöhnlich in diesem Staat aufhalten.[33] Das Recht des gemeinsamen gewöhnlichen Aufenthalts von Schädiger und Geschädigtem kommt dagegen nur unter der Bedingung zur Anwendung, dass der Schädiger den Vertrieb des Produkts in diesem Staat voraussehen konnte.[34] Eine Rechtswahl ist anders als unter der Rom II-VO nicht möglich. In der Literatur wird behauptet, diese Abweichungen zu Art. 5 seien nicht so bedeutend, dass sie das Ergebnis der kollisionsrechtlichen Anknüpfung grundsätzlich ändern würden.[35] Dem kann in dieser Pauschalität nicht zugestimmt werden. Die Abweichungen sind vielmehr von Fall zu Fall zu betrachten und können unter Umständen durchaus beträchtlich sein. **17**

In der **Schweiz** erfasst Art. 135 IPRG Ansprüche aus Mängeln und aus fehlerhafter Beschreibung des Produkts. Dem Geschädigten räumt die Vorschrift ein Wahlrecht ein: Dieser kann entweder die Anwendung des Rechts des Staates der Niederlassung des Schädigers oder des Erwerbs verlangen. Die letzte Anknüpfung wird allerdings ausgeschlossen, wenn der Schädiger nachweist, dass das Produkt in diesem Staat ohne sein Einverständnis in den Handel gelangt ist. Alle Rechte stehen unter dem Vorbehalt, dass nach ihnen keine weitergehenden Ansprüche als nach Schweizer Recht geltend gemacht werden können. Dies dient insbesondere dem Ausschluss von *treble damages* oder *punitive damages* nach Common law.[36] **18**

In den **USA** hat die Rechtsprechung nach dem Verfall der *lex loci delicti*-Anknüpfung seit den 1960er Jahren (dazu Art. 4 Rn 19) kein einheitliches Anknüpfungskriterium für die Produkthaftung entwickelt. Vielmehr stellt sie auf eine Reihe verschiedener Kontakte ab. Zu diesen gehören zB der Wohnsitz des Geschädigten, der Ort der Schädigung, der Erwerbsort, der Ort der Herstellung und der Sitz des Herstellers.[37] Eine klare Linie, wie diese Kontakte gegeneinander zu gewichten sind, fehlt. **19**

Das Recht **Chinas** enthält eine Sonderregelung für die Produkthaftung.[38] Diese erlaubt dem Geschädigten die Wahl zwischen verschiedenen Rechten: dem in seinem gewöhnlichen Aufenthaltsstaat geltenden, dem Recht im Staat des hauptsächlichen Betriebs des Schädigers und dem Recht im Staat des Schadenseintritts. **20**

---

27 Vgl auch *Spickhoff*, in: FS Kropholler, S. 671, 684 („im Übermaß kompromisshaft").
28 Krit. unter diesem Gesichtspunkt Kommission, KOM(2006), 566 endg., S. 3.
29 Krit. insoweit *v. Hein*, ZEuP 2009, 6, 26; *Junker*, in: Liber Amicorum Schurig, S. 81, 88 f; *Stone*, Ank. L. Rev. 4 (2007), 95, 118.
30 Vgl Haager Übereinkommen über das auf die Produkthaftung anzuwendende Recht v. 2.10.1973, Art. 4 f.
31 Art. 5 Haager Übereinkommen.
32 Art. 7 Haager Übereinkommen.
33 Art. 4 lit. a und b Haager Übereinkommen.
34 Art. 7.
35 Siehe *Fallon* in: Basedow/Baum/Nishitani, Japanese and European Private International Law, 2008,

S. 261, 265 f; *Corneloup*, in: Corneloup/Joubert, Le règlement communautaire „Rome II", S. 85, 99; aA Rauscher/*Unberath/Cziupka*, EuZPR/EuIPR, Art. 5 Rn 8.
36 Siehe Zürcher Kommentar/*Volken*, Art. 135 IPRG Rn 87–93.
37 Sec. 145(2) Restatement (Second) Conflict of Laws. Siehe auch *Scoles/Hay/Borchers/Symeonides*, Conflict of Laws, S. 901, § 17.66; *Symeonides*, 78 Tulane L. Rev. 1247, 1253 (2003–2004).
38 Gesetz der Volksrepublik China über die Rechtsanwendung auf Zivilbeziehungen mit Auslandsberührung, § 45, deutsche Übersetzung durch *Tong/Guoyong*, IPRax 2011, 199–202.

Diese dreifache Option ist sehr geschädigtenfreundlich. Allerdings ist die Anwendung des Rechts des gewöhnlichen Aufenthaltsstaates des Geschädigten nur dann möglich, wenn der Schädiger dort geschäftliche Aktivitäten entfaltet. Ist das nicht der Fall, können nur die beiden anderen Rechte gewählt werden. Bemerkenswert ist, dass das Recht des Schadenseintritts unabhängig von der Erfüllung weiterer Bedingungen zur Anwendung kommt.

21 Das Recht **Russlands** enthält eine sehr moderne Regelung der Produkthaftung.[39] Ihr Anwendungsbereich erfasst nicht nur Schäden durch Produkte, sondern auch durch Werke und Dienstleistungen. Außer Ansprüchen wegen Fehlern der Produkte, Werke oder Dienstleistungen deckt sie auch solche wegen mangelhafter oder unzureichender Information über diese ab. Der Geschädigte kann wählen zwischen dem Recht (1.) am Sitz des Schädigers, (2.) am Sitz des Geschädigten und (3.) am Ort der Fertigstellung des Werks oder der Dienstleistung oder am Ort des Erwerbs des Produkts. Die zweite und dritte Anknüpfung sind bei Produkten ausgeschlossen, wenn der Schädiger nachweist, dass diese ohne seine Zustimmung in den betreffenden Staat verbracht wurden. Wählt das Opfer das anzuwendende Recht nicht, so gilt die allgemeine Anknüpfung an den *locus delicti*.

B. Anwendungsbereich

I. Räumlich

22 Art. 5 ist vor den Gerichten der Mitgliedstaaten der Europäischen Union, die durch das **Haager Übereinkommen** über das auf die Produkthaftung anzuwendende Recht (siehe Rn 6) gebunden sind, nicht anwendbar. Diese Mitgliedstaaten sind Finnland, Frankreich, Italien, Kroatien, Luxemburg, Niederlande, Slowenien und Spanien (Rn 17). Ihre Gerichte folgen gemäß Art. 28 Abs. 1 dem Übereinkommen (siehe Art. 28 Rn 2). Darüber hinaus gilt Art. 5 – wie alle anderen Bestimmungen der Rom II-VO – nicht für Dänemark.[40]

23 Von den Gerichten der übrigen Mitgliedstaaten ist Art. 5 **universell** anzuwenden. Das bedeutet, dass diese Gerichte das auf die Produkthaftung anzuwendende Recht in allen Fällen nach dieser Regel bestimmen müssen. Es kommt nicht darauf an, dass eine Beziehung zur Europäischen Union besteht (vgl Art. 3).

II. Sachlich

24 **1. Begriff „Produkt"**. Der Begriff des Produkts ist wie alle anderen Begriffe der Verordnung **europäisch-autonom** auszulegen. Die Konkretisierung hat sich an der **Produkthaftungsrichtlinie** zu orientieren.[41] Dagegen ist der Produktbegriff des Art. 5 nicht mit dem Begriff „Ware" im Sinne der Warenverkehrsfreiheit zu identifizieren.[42]

25 Danach ist unter Produkt im Ausgangspunkt **jede bewegliche Sache** zu verstehen.[43] Dazu zählen nicht nur **industriell hergestellte**, sondern auch im **Handwerk** oder im **Kunstgewerbe** gefertigte Gegenstände. **Landwirtschaftliche Naturprodukte und Jagderzeugnisse** sind ebenfalls erfasst (str.).[44] In den Anwendungsbereich gehören auch **lebende Tiere** unter der Voraussetzung, dass sie aus landwirtschaftlicher Tierhaltung stammen oder sonst gezüchtet wurden.[45] **Arzneimittel** fallen ebenfalls hinein.[46] Sogar **menschliche Organe** und **Blut** werden als Produkte angesehen.[47] Auf eine besondere Ver- oder Bearbeitung kommt es nicht an.

---

39 Art. 1221 Russisches Zivilgesetzbuch.
40 Siehe Erwägungsgrund 40.
41 Kommission, KOM(2003) 427 endg., S. 14.
42 So aber Calliess/*Schmid/Pinkel*, Art. 5 Rn 10.
43 Art. 2 S. 1 Produkthaftungs-RL.
44 Vgl die Streichung des früheren Art. 2 S. 2 Produkthaftungs-RL durch die Richtlinie 99/34/EG des Europäischen Parlaments und des Rates vom 10. Mai 1999 zur Änderung der Richtlinie 85/374/EWG des Rates zur Angleichung der Rechts- und Verwaltungsvorschriften der Mitgliedstaaten über die Haftung für fehlerhafte Produkte, ABl. L 141 vom 4.6.1999, S. 20. Wie hier Erman/*Hohloch*, Art. 5 Rn 4; aA Rauscher/*Unberath/Cziupka*, EuZPR/EuIPR, Art. 5 Rn 39, die diesem Ausschluss keine kollisionsrechtliche Bedeutung beimessen. Begründungsbedürftig ist jedoch nicht die Einbeziehung, sondern der Ausschluss landwirtschaftlicher Naturprodukte und Jagdgerzeugnisse aus Art. 5. Seit der Streichung des früheren Art. 2 S. 2 Produkthaftungs-RL gibt es dafür keine Argumente.
45 MüKo/*G. Wagner*, § 1 ProdHaftG, Rn 4.
46 Vgl Palandt/*Thorn*, Art. 5 Rn 3; Rauscher/*Unberath/Cziupka*, EuZPR/EuIPR, Art. 5 Rn 39. Zur Nichtanwendung des § 15 Abs 1 ProdHaftG vgl unten Rn 36.
47 Calliess/*Schmid/Pinkel*, Art. 5 Rn 10; für Blut auch *Dickinson*, Rome II Regulation, S. 368 Rn 5.12; *Calvo Caravaca/Carrascosa Gonzaléz*, S. 182.

Als Produkt gilt nach ausdrücklicher Anordnung des Gesetzgebers **Elektrizität**.[48] Man sollte die Norm vorsichtig auch auf andere **unkörperliche Produkte** ausdehnen, soweit sie ebenso wie körperliche gehandelt werden, wie zB Standardsoftware.[49] Zu individuell zugeschnittener Software siehe unten Rn 29. 26

Es kommt nicht darauf an, ob das Produkt **Teil einer anderen beweglichen oder einer unbeweglichen Sache** ist.[50] Daher ist Art. 5 auch auf die Haftung für Materialien anwendbar, die bei der Errichtung von **Bauwerken** verwendet oder in diese eingebaut werden.[51] Zu denken ist etwa an Stahlträger, Beton oder Waschbecken. 27

Das Produkt muss nicht neu hergestellt sein. Auch **gebrauchte** Produkte sind erfasst. Allerdings sind nach Art. 5 nur die Ansprüche gegen den Hersteller, Importeur oder Zwischenhändler zu beurteilen, nicht gegen den privaten Verkäufer (Rn 39). Dadurch ist die Reichweite beim Verkauf von Gegenständen aus zweiter Hand eingeschränkt. 28

Schäden aufgrund von **Dienst- oder Werkleistungen** sind von Art. 5 nicht erfasst. Dies folgt daraus, dass dessen Anwendungsbereich auf „Produkte" beschränkt ist. Die Abgrenzung ist zuweilen schwierig. Auf die Bedürfnisse des Kunden individuell zugeschnittene Software ist zB nicht von Art. 5 erfasst, im Gegensatz zu Standardsoftware, für die die Norm gilt.[52] Ansprüche wegen **fehlerhafter Installation**, soweit diese vom Hersteller selbst vorgenommen wird, fallen dagegen unter den Begriff des „Produkts".[53] Dies folgt daraus, dass die Installation ein mit dem Produkt zusammenhängendes Angebot bildet. 29

2. Schaden durch ein Produkt. Unter Art. 5 fallen Ansprüche wegen Schäden, die **durch das Produkt selbst** verursacht wurden. Erforderlich ist, dass der Schaden durch die Eigenarten (Charakteristika) des Produkts hervorgerufen wurde, da der Hersteller oder Händler nur für diese verantwortlich zeichnet. Der Nachweis einer strengen Kausalbeziehung ist freilich auf der Ebene des Kollisionsrechts nicht zu verlangen; es genügt, dass der Schaden durch die Charakteristika des Produkts hervorgerufen sein könnte. Ob dies tatsächlich der Fall ist, muss auf der Ebene des Sachrechts beantwortet werden. 30

Ob der Schaden gerade auf die **Fehlerhaftigkeit** des Produkts zurückgehen muss, ist streitig. Während eine Ansicht dies bejaht,[54] lässt eine andere auch Schäden durch ein nicht fehlerhaftes Produkt ausreichen.[55] Die Bedeutung der Streitfrage ist geringer, als es zunächst erscheint. Insbesondere ist das häufig erörterte Beispiel der Haftung des Sachwalters nach Art. 1384 französischer Code civil[56] auch nach letzterer Ansicht aus Art. 5 auszuscheiden, da dieser nur Ansprüche gegen den Produzenten, Importeur und Zwischenhändler erfasst (Rn 39). Aus demselben Grund gilt die Norm nicht für die Haftung des Straftäters aufgrund des Gebrauchs einer Schusswaffe oder die des Kraftfahrers für den geführten Pkw.[57] Die eigentliche Frage ist, ob in den Anwendungsbereich auch eventuelle Anspruchsgrundlagen eines nationalen Rechts gehören, die eine Haftung für das Verbreiten von funktionierenden Produkten, wie zB Waffen, Tabak oder Abtreibungswerkzeugen, statuieren. Der Wortlaut des Art. 5 lässt das zu. Der systematische Vergleich zur Produkthaftungsrichtlinie und zum Haager Übereinkommen legt eine entsprechend weite Auslegung ebenfalls nahe: Während erstere sich nur auf „fehlerhafte Produkte" bezieht, ist letzteres nicht entsprechend eingeschränkt; dabei ist das Haager Übereinkommen insofern wichtiger, als es ebenso wie Art. 5 eine kollisionsrechtliche Regelung enthält. Die Entstehungsgeschichte spricht ebenfalls für diese Auslegung, da das im Verordnungsentwurf ursprünglich enthaltene Wort „fehlerhaft"[58] später gestrichen wurde. Aus teleologischer Sicht ist schließlich zu bedenken, dass Art. 5 nur die Identifikation des anzuwendenden Rechts bezweckt und einer Haftung für fehlerfreie Produkte keinen Vorschub leistet. Im Gegenteil dient die Einbeziehung solcher Ansprüche in die Sonderkollisionsregel den Interessen des Produzenten und der Händler, da diese insoweit Sicherheit hinsichtlich des anzuwendenden Rechts erlangen. 31

Als von Art. 5 umfasst sollte man auch Schäden wegen **mangelhafter oder fehlender Information** über das Produkt ansehen.[59] Zwar sind diese in Art. 5 – im Gegensatz zu anderen Kollisionsrechten (siehe zum Schweizer und zum russischen Recht Rn 18, 21) und dem Haager Übereinkommen (Rn 17)[60] – nicht ausdrücklich erwähnt. Doch wäre es wenig sinnvoll, zB Schäden, die aus der ordnungsgemäßen Verwendung 32

---

48 Art. 2 S. 2 Produkthaftungs-RL.
49 Ebenso Calliess/*Schmid/Pinkel*, Art. 5 Rn 10; Rauscher/*Unberath/Cziupka*, EuZPR/EuIPR, Art. 5 Rn 40.
50 Vgl Art. 2 S. 1 Produkthaftungs-RL.
51 Erwägungsgrund 3 S. 3 Produkthaftungs-RL.
52 Calliess/*Schmid/Pinkel*, Art. 5 Rn 10; dagegen für Einbeziehung von Software allgemein Rauscher/*Unberath/Cziupka*, EuZPR/EuIPR, Art. 5 Rn 40.
53 *Dicksinson*, S. 369, Rn 5.14.
54 *v. Hein*, ZEuP 2009, 6, 26; Erman/*Hohloch*, Art. 5 Rn 4; *Illmer*, RabelsZ 73 (2009), 269, 283; MüKo/*Junker*, Art. 5 Rn 15.
55 *Brière*, JDI 2008, 31, 47; *Dickinson*, Rome II Regulation, S. 370, Rn 5.15; *Kadner Graziano*, RabelsZ 73 (2009), 1, 40, Fn 134; Calliess/*Schmid/Pinkel*, Art. 5 Rn 13; BeckOK-BGB/*Spickhoff*, Art. 5 Rn 3.
56 Siehe etwa *Kadner Graziano*, RabelsZ 73 (2009), 1, 40, Fn 134; BeckOK-BGB/*Spickhoff*, Art. 5 Rn 3.
57 Im Erg. übereinstimmend BeckOK-BGB/*Spickhoff*, Art. 5 Rn 3; Rauscher/*Unberath/Cziupka*, EuZPR/EuIPR, Art. 5 Rn 45 f.
58 Vgl Kommission, KOM(2003) 427 endg., Art. 4.
59 Ebenso *Dicksinson*, S. 369, Rn 5.14.
60 Siehe Art. 1 Abs. 1 Haager Übereinkommen.

eines Geräts oder eines Medikaments stammen, anders anzuknüpfen als solche aus der mangelhaften Anleitung durch den Hersteller, da häufig gerade streitig sein wird, wodurch der Schaden verursacht wurde. Der Wortlaut („Schaden durch ein Produkt") deckt Fälle der mangelhaften oder fehlenden Information bei großzügiger Auslegung gerade noch ab.

33 Gleichgültig ist, an welchen Gütern der Schaden eintritt. Unter Art. 5 fallen daher auch **Schäden am Produkt selbst**.[61] Dies gilt allerdings ebenso wie bei den Weiterfresserschäden im deutschen Sachrecht nur dann, wenn das Produkt vom schadhaften Teil getrennt werden kann.[62]

34 **3. Erfasste Anspruchsarten.** Art. 5 gilt für „außervertragliche Schuldverhältnisse". Die Vorschrift greift daher nur dann, wenn der geltend gemachte Anspruch nicht auf einer vertraglichen Verbindung zwischen Geschädigtem und Schädiger beruht. Dies ist nach europäisch-autonomen Verständnis der Fall, soweit die Haftung nicht auf eine freiwillige Verpflichtung des in Anspruch Genommenen zurückgeht (siehe Art. 1 Rn 3). Die Kategorisierung durch das nationale Recht spielt dabei keine Rolle. Als außervertraglich einzuordnen ist daher zB die französische *action directe*, welche der Geschädigte gegen den Hersteller erheben kann.[63]

35 In den Anwendungsbereich fällt jede Haftung „im Falle eines Schadens durch ein Produkt". Erfasst ist damit zum einen die **Gefährdungshaftung** wegen Inverkehrbringens eines Produkts. Daneben gilt die Kollisionsnorm für die allgemeine deliktische **Verschuldenshaftung**, soweit diese auf einen Produktschaden zurückgeht.[64] Aus Sicht des deutschen Rechts sind also neben Ansprüchen nach dem Produkthaftungsgesetz auch solche aus § 823 Abs. 1 BGB erfasst.

36 Selbstverständlich sollte sein, dass die **spezifischen Ausnahmen vom Anwendungsbereich der Produkthaftungsrichtlinie**[65] bei Art. 5 **nicht** greifen, weil sie dort nicht ausdrücklich erwähnt sind. Daher gilt die Norm auch für Produkte, die nicht zum privaten Ge- und Verbrauch gedacht sind, insbesondere für Maschinen und Bauteile. Ebenso erfasst sie Ansprüche auf Ausgleich immaterieller Schäden, vor allem auf Schmerzensgeld, sowie Ansprüche wegen Sachschäden unabhängig von ihrer Höhe. Ebenfalls keine Rolle spielen Besonderheiten des Sachrechts wie die Ausnahme der Arzneimittelhaftung[66].

37 Auch Ansprüche auf **Strafschadensersatz** sind dem Grunde nach erfasst. Sie können allerdings über Art. 26 ausgeschlossen sein oder auf das Maß inländischen Schadensersatzes herabgesetzt werden (siehe Art. 26 Rn 28).

III. Personell

38 Der Umfang des personellen Anwendungsbereichs der Norm ist durch die Erwägung determiniert, dass dieser **Ansprüche wegen der produktspezifischen Eigenarten** eines Gegenstands abdecken soll. Alle Personen, die für diese Charakteristika Verantwortung tragen, können daher Anspruchsgegner sein, alle, die von ihnen betroffen sind, Anspruchsteller.

39 **1. Anspruchsgegner.** Daraus folgt zunächst, dass die Vorschrift nicht auf Ansprüche gegen den **Hersteller** eines Produkts beschränkt ist. Vielmehr erfasst sie auch **Lieferanten von Ausgangserzeugnissen oder Bauteilen, Zwischenhändler, Importeure** und **Letztverkäufer**.[67] Gleichgültig ist, ob eine Person, deren Haftung geltend gemacht wird, tatsächlich diese Funktion erfüllt hat. Vielmehr genügt es auf kollisionsrechtlicher Ebene, dass der Kläger dies behauptet. Die Richtigkeit seiner Behauptung ist erst nach dem anzuwendenden materiellen Recht zu beantworten, sobald dieses identifiziert ist.[68] Ebenso sollte man die Norm auf **Ansprüche gegen die Arbeitnehmer** des Produzenten oder Händlers erstrecken.[69] Dafür spricht zum einen die Parallele zum Haager Übereinkommen.[70] Zum anderen würde die gegenteilige Auffassung zu dem unangemessenen Ergebnis führen, dass die Arbeitnehmer nach dem im Art. 4 bezeichneten Recht möglicherweise haften, während ihr Arbeitgeber nach dem gemäß Art. 5 anzuwendenden Recht von der Haftung befreit ist.

40 **2. Anspruchsteller.** Hervorzuheben ist, dass Art. 5 nicht nur für Ansprüche von **Verbrauchern** gilt. Auch Ansprüche **gewerblicher Abnehmer**, zB gegen die Lieferanten von Bauteilen, sind erfasst.[71] Außerdem muss der Anspruchsteller nicht der Erwerber sein. In den Anwendungsbereich der Vorschrift fallen

---

61 *Corneloup*, in: Corneloup/Joubert, Le règlement communautaire „Rome II", S. 85, 93 f; Calliess/Schmid/Pinkel, Art. 5 Rn 19.
62 Vgl BGHZ 67, 359, 364 f; 86, 256, 257–264.
63 Rauscher/*Unberath/Cziupka*, EuZPR/EuIPR, Art. 5 Rn 35.
64 Vgl Kommission, KOM(2003) 427 endg., S. 15.
65 Siehe Art. 9 S. 1 lit. b Produkthaftungsrichtlinie.
66 Vgl § 15 Abs 1 ProdHaftG.
67 Kommission, KOM(2003) 427 endg., S. 16.
68 Siehe auch *Huber/Illmer*, Yb. P.I.L. 9 (2007), 31, 38; *Illmer*, RabelsZ 73 (2009), 269, 284.
69 *Dickinson*, Rome II Regulation, S. 369, Rn 5.13.
70 Haager Übereinkommen über das auf die Produkthaftung anzuwendende Recht v. 2.10.1973 (Rn 17), Art. 3 Abs. 2.
71 *Huber/Illmer*, Yb. P.I.L. 9 (2007), 31, 38; *Illmer*, RabelsZ 73 (2009), 269, 284.

auch Ansprüche anderer Geschädigter, sogenannter *innocent bystander*.[72] Ein Beispiel sind etwa Teilnehmer einer Reisegruppe, die durch eine explodierende Sprayflasche eines Mitreisenden verletzt werden. Zur Behandlung von *innocent bystander* noch Rn 56, 67,108.

IV. Verhältnis zu anderen Kollisionsnormen

1. Rom I-VO. Art. 5 greift auch dann ein, wenn zwischen dem Geschädigten und dem Schädiger **vertragliche Verbindungen** bestehen, weil zB der erstere das Produkt direkt vom Hersteller gekauft hat. Das folgt aus Abs. 2 S. 2. Das auf das vertragliche Schuldverhältnis anwendbare Recht ist nach der Rom I-VO anzuknüpfen. Die Produkthaftung wird akzessorisch an das danach ermittelte Vertragsstatut angeknüpft (dazu Rn 111 ff). 41

2. Art. 7. Wird durch ein Produkt zugleich die Umwelt geschädigt, stellt sich die Frage, ob das anzuwendende Recht nach Art. 5 oder Art. 7 zu bestimmen ist. Nach einer Ansicht soll insoweit zwischen Personen- und Sachschäden zu differenzieren sein: Art. 5 sei einschlägig, soweit das Produkt neben dem Umweltschaden einen Schaden für die Gesundheit von Personen hervorgerufen habe; bei parallelen Umwelt- und Sachschäden sei dagegen Art. 7 anzuwenden.[73] Gegen diese Auffassung spricht schon, dass Art. 7 die Möglichkeit eines Gesundheitsschadens mit einbezieht. Zu folgen ist der Gegenauffassung, nach der **Art. 7 stets Vorrang** hat.[74] Das liegt allerdings nicht etwa an der vermeintlich alles überragenden Bedeutung des Umweltschutzes. Der Grund ist vielmehr, dass eine Ungleichbehandlung zwischen den die Umwelt verschmutzenden Produzenten und Dienstleistern vermieden werden muss (siehe auch oben Rn 3). Es ist zB nicht einzusehen, dass der Hersteller von Chemikalien, die das Wasser verschmutzen, nach einem anderen Recht haften soll als der Betreiber einer Kläranlage. 42

C. Anknüpfungsleiter (Abs. 1 S. 1)

I. Methodik

Das auf die Produkthaftung anzuwendende Recht ist gemäß Abs. 1 S. 1 nach einer **Leiter** zu bestimmen, die **vier Sprossen** hat: den im Eingangssatz enthaltenen Verweis auf Art. 4 Abs. 2 sowie die lit. a bis c. Dabei hat man bei der ersten Sprosse zu beginnen; zur nächsten darf erst heruntergestiegen werden, wenn die vorherige nicht erfüllt ist. Daraus resultiert eine **Hierarchie der Anknüpfungen**: Die Anwendung des Erfolgseintrittsorts (lit. c) ist beispielsweise subsidiär zu den anderen drei. 43

Zu beachten ist, dass die drei unteren Stufen (lit. a bis c) eine **Kombination** vorsehen. Die Anknüpfung an den dort genannten Staat wird an das Zusammentreffen mit einem weiteren Kriterium, dem Inverkehrbringen des Produkts im jeweiligen Staat, gebunden (dazu Rn 73 ff). Außerdem muss das Inverkehrbringen für den in Haftung Genommenen vorhersehbar sein (Abs. 1 S. 2, dazu Rn 97 ff). 44

Zudem ist zu berücksichtigen, dass das gewonnene Ergebnis durch Abs. 2 partiell korrigiert wird (dazu Rn 105 ff). Außerdem dürfen die Parteien das anzuwendende Recht in gewissen Grenzen durch Vereinbarung verändern (Art. 14, dazu Rn 118). Schließlich können Eingriffsnormen (Art. 16) und *ordre public* (Art. 26) zu Abweichungen führen. 45

II. Gemeinsamer gewöhnlicher Aufenthaltsstaat (Art. 4 Abs. 2)

Die erste Anknüpfung des Abs. 1 S. 1 ist im **Einleitungssatz** versteckt. Dieser verweist auf Art. 4 Abs. 2, dessen Regelungen „unbeschadet" bleiben sollen. Das bedeutet, dass die dort vorgesehene Anknüpfung an den gemeinsamen gewöhnlichen Aufenthaltsstaat **alle folgenden Anknüpfungen verdrängt**. Sie ist daher stets zuerst zu prüfen. 46

Abzustellen ist auf den gewöhnlichen Aufenthalt des **jeweiligen Anspruchstellers und Anspruchsgegners**. Diese müssen mit dem Erwerber und Hersteller nicht identisch sein. Es kann sich zB auch um den *innocent bystander* und den Importeur handeln (siehe Rn 39 f). Relevant ist der gewöhnliche Aufenthalt im **Zeitpunkt des Schadenseintritts** (Art. 4 Abs. 2). 47

---

72 Vgl *Kadner Graziano*, RabelsZ 73 (2009), 1, 40; Calliess/*Schmid/Pinkel*, Art. 5 Rn 16; *Stone*, EuLF 2004, 213, 225.

73 Rauscher/*Unberath/Cziupka*, EuZPR/EuIPR, Art. 5 Rn 108.

74 *Duczek*, Rom II–VO und Umweltschädigung: ein Überblick, 2009, erhältlich unter <http://telc.jura.uni-halle.de/de/forschungen-und-publikationen/beiträge-transnationalen-wirtschaftsrecht> (zuletzt besucht am 18.3.2013), S. 11; Palandt/*Thorn*, Art. 5 Rn 3; Calliess/*Schmidt/Pinkel*, Art. 5 Rn 55.

48 Zur Ermittlung des gewöhnlichen Aufenthalts natürlicher Personen siehe Art. 23 Rn 13 ff. Für Gesellschaften, Vereine und juristische Personen sowie für beruflich tätige natürliche Personen spielt **Art. 23** eine wichtige Rolle.

Beispiel 1:[75] Eine in England wohnhafte Person wird durch ein von einem deutschen Unternehmen hergestelltes Bier geschädigt. Das Bier wird über eine Londoner Zweigniederlassung des Unternehmens vertrieben. In diesem Fall ist gemäß Art. 5 Abs. 1 S. 1 iVm Art. 4 Abs. 2 und Art. 23 Abs. 1 Unterabs. 2 englisches Recht anzuwenden. Das gilt selbst dann, wenn die Person das Bier mit nach Frankreich nimmt und dort trinkt, denn auf den Schadenseintrittsort kommt es nicht an.[76]

Beispiel 2: Eine Person, die in Aachen wohnt, wird durch Bier geschädigt, das von der belgischen Zweigniederlassung einer deutschen Brauerei vertrieben wurde. In diesem Fall ist nicht schon nach Art. 5 Abs. 1 S. 1 iVm Art. 4 Abs. 2 deutsches Recht anzuwenden, denn Schädiger und Geschädigter haben ihren gewöhnlichen Aufenthalt in verschiedenen Ländern: die Brauerei gemäß Art. 23 Abs. 1 Unterabs. 2 in Belgien, der Geschädigte dagegen in Deutschland.

49 Zu beachten ist, dass im Rahmen der Prüfung, ob der Schaden aus dem Betrieb einer Zweigniederlassung, Agentur oder sonstigen Niederlassung entstanden ist, auf das **konkret schädigende Produkt** abgestellt werden muss. Ein Vertrieb identischer oder ähnlicher Produkte genügt anders als beim Inverkehrbringen nach lit. a bis c (dazu Rn 78–83) nicht. Im Beispiel 2 (Rn 48 aE) ist daher unerheblich, dass das Bier außer in Belgien auch in Deutschland vertrieben wird. Es muss ermittelt werden, von welcher Niederlassung das schädigende Bier stammt.

50 Zur Anwendung des Art. 23 auf geschädigte Gesellschaften, Vereine und juristische Personen vgl Rn 58.

51 Ebenfalls zu beachten ist **Art. 25**. Bei Staaten mit uneinheitlichen Regelungen der Produkthaftung kommt es daher darauf an, dass Anspruchsteller und Anspruchsgegner ihren gewöhnlichen Aufenthalt in derselben Gebietseinheit haben (siehe dazu Art. 4 Rn 127-131).

52 Für die Anwendung des Rechts des gemeinsamen gewöhnlichen Aufenthaltsstaates ist **nicht erforderlich**, dass das Produkt **dort in Verkehr gebracht** wurde. Auch die **Voraussehbarkeitsklausel** (Abs. 1 S. 2) greift daher **nicht** (str.).[77] Dem Interesse des Schädigers an der Voraussehbarkeit anzuwendender Sicherheitsstandards trägt Art. 17 Rechnung.

Beispiel:[78] Der französische Hersteller H exportiert seine Produkte ausschließlich nach Indien, wo sie von selbstständigen Händlern vertrieben werden. Der in Frankreich wohnhafte F erwirbt dort ein solches Produkt und wird durch dieses geschädigt. Gemäß Abs. 1 S. 1 iVm Art. 4 Abs. 2 ist auf die Haftung von H französisches Recht anzuwenden. Dass in Indien möglicherweise niedrigere Sicherheitsstandards gelten, ist über Art. 17 zu berücksichtigen. Für die ausnahmsweise Anwendung der Vorhersehbarkeitsklausel besteht daher kein Bedarf.[79]

53 Die Anknüpfung an den gemeinsamen gewöhnlichen Aufenthalt kann durch die **Ausweichklausel** (Abs. 2) verdrängt werden. Diese greift allerdings nur ausnahmsweise ein (siehe Rn 105).

III. Gewöhnlicher Aufenthaltsstaat des Geschädigten (Abs. 1 S. 1 lit. a)

54 **1. Überblick.** Halten sich Anspruchsteller und Anspruchsgegner nicht gewöhnlich im selben Staat auf und greift daher der Verweis auf Art. 4 Abs. 2 nicht, so ist auf die Produkthaftung das Recht des **gewöhnlichen Aufenthaltsstaates der geschädigten Person** anzuwenden (Abs. 1 S. 1 lit. a). Allerdings gilt dies nur, wenn das Produkt **in diesem Staat in Verkehr** gebracht wurde (dazu Rn 73 ff).

55 **2. Funktion.** Die Anknüpfung an den gewöhnlichen Aufenthalt des Geschädigten begünstigt diesen im Ergebnis nicht immer, denn andere Rechte können höhere Haftungsstandards vorsehen. Trotzdem sollte man sie deshalb nicht kritisieren.[80] Ihr Zweck ist nicht die Verbesserung des materiellrechtlichen Schutzes des Opfers. Vielmehr zielt sie auf eine kollisionsrechtliche Begünstigung, indem sie das Recht seiner Lebensumwelt zur Anwendung bringt.[81]

56 **3. Relevante Person.** Entscheidend ist der gewöhnliche Aufenthalt **der geschädigten Person**. Das muss nicht unbedingt der Erwerber des Produkts sein. Vielmehr kann auch ein sogenannter *innocent bystander* Schaden erleiden (Rn 40). Dann kommt es für seinen Anspruch auf seinen gewöhnlichen Aufenthalt an.

57 **4. Lokalisierung des gewöhnlichen Aufenthalts.** Zur Ermittlung des gewöhnlichen Aufenthalts ist **Art. 23** heranzuziehen. Für **Gesellschaften, Vereine und juristische Personen** gilt daher der Ort ihrer

---

75 Nach *Hartley*, I.C.L.Q. 2008, 898, 905.
76 *Hartley*, aaO.
77 Wie hier Rauscher/*Unberath/Cziupka*, EuZPR/EuIPR, Art. 5 Rn 102. AA für Ausnahmefälle Calliess/*Schmid/Pinkel*, Art. 5 Rn 26. Dazu sogleich.
78 Nach Calliess/*Schmid/Pinkel*, Art. 5 Rn 26.
79 AA Calliess/*Schmid/Pinkel*, Art. 5 Rn 26.
80 AA *v. Hein*, VersR 2007, 440, 447.
81 *Kadner Graziano*, RabelsZ 73 (2009), 1, 41.

Hauptverwaltung als gewöhnlicher Aufenthalt (Art. 23 Abs. 1 S. 1). Rührt der Schaden aus dem Betrieb einer Niederlassung, ist das Recht an deren Ort anzuwenden (Art. 23 Abs. 1 S. 2). Entscheidend ist dabei die Niederlassung, die dem das schadenstiftende Produkt vertrieben hat; auf die produzierende Niederlassung kommt es nicht an (vgl Rn 48 f).[82]

Die Korrektur durch Art. 23 Abs. 1 S. 2 greift dem Wortlaut nach nur im Fall, dass der Schaden aus dem Betrieb einer Niederlassung herrührt, nicht aber dann, wenn der Schaden bei dieser entsteht. Zu überlegen wäre jedoch eine Analogie zu dieser Vorschrift. Nach ihr wäre das Recht des Staates der Zweigniederlassung anzuwenden, nicht das der Gesellschaft. 58

Soweit eine **natürliche Person** im Rahmen der Ausübung ihrer **beruflichen Tätigkeit** geschädigt wird, ist auf den Ort ihrer Hauptniederlassung abzustellen (Art. 23 Abs. 2). Das hat zB Bedeutung für den Handwerker, der Vorprodukte in seinem Betrieb weiterverarbeitet. Auf eine sonstige Niederlassung kommt es bei natürlichen Personen nach Art. 23 Abs. 2 nicht an.[83] Der Wortlaut ist insoweit eindeutig, auch wenn sich die verschiedene Behandlung im Vergleich zu Gesellschaften, Vereinen und juristischen Personen nach Art. 23 Abs. 1 Unterabs. 2 nur schwer rechtfertigen lässt. 59

5. Relevanter Zeitpunkt. Entscheidend ist der gewöhnliche Aufenthalt im **Moment des Schadenseintritts**.[84] Für zeitlich gestreckte Vorgänge, wie etwa Schädigungen durch Asbest, lässt sich dieser nicht einfach bestimmen. Vorgeschlagen wurde, das anzuwendende Recht nach den jeweiligen Aufenthaltsstaaten aufzuspalten.[85] Jedoch wäre eine solche „zeitliche Mosaiktheorie" mit den Grundsätzen unvereinbar, die bei Art. 4 gelten (siehe dort Rn 95). Sie wäre zudem extrem unpraktikabel, weil für jede Folge der Schadenseintrittsstaat und der Vertrieb in diesem ermittelt werden müssten. Ebenso abzulehnen ist der Vorschlag, die Anknüpfung nach Abs. 1 S. 1 lit. a in diesen Fällen schlicht nicht eingreifen zu lassen.[86] Dies würde Wortlaut und Ziel der Vorschrift widersprechen sowie die Interessen des Geschädigten übergehen. Vielmehr sollte wie bei Art. 4 der Ort des Primärschadens entscheidend sein (vgl Art. 4 Rn 81). 60

6. Versagen der Anknüpfung. Die Anknüpfung an den gewöhnlichen Aufenthaltsstaat des Geschädigten greift nicht, wenn das Produkt in diesem Staat **nicht in Verkehr gebracht** wurde (Abs. 1 S. 1 lit. a) oder das Inverkehrbringen in diesem Staat für den Haftenden **nicht voraussehbar** war (Abs. 1 S. 2). 61

IV. Erwerbsstaat (Abs. 1 S. 1 lit. b)

1. Überblick. Abs. 1 S. 1 lit. b sieht die Anwendung des Rechts des Staates vor, in dem das Produkt erworben wurde. Dieser spielt nach der Verordnung nur eine sekundäre Rolle (zu den Gründen Rn 12). Die Anknüpfung steht unter dem Vorbehalt, dass das Produkt **im Erwerbsstaat in Verkehr** gebracht wurde (dazu Rn 73 ff). 62

2. Anwendungsfälle. Die Vorschrift ist nur dann einschlägig, wenn sowohl die Anknüpfung nach Abs. 1 S. 1 iVm Art. 4 Abs. 2 als auch die nach Abs. 1 S. 1 lit. b scheitern. 63

Beispiel[87]: Der Franzose F erwirbt in England während eines Rugby-Matches eine Dose fehlerhaften Biers eines deutschen Herstellers. Das Bier wird in Frankreich nicht vertrieben. Hier sind weder Abs. 1 S. 1 iVm Art. 4 Abs. 2 noch Abs. 1 S. 1 lit. a erfüllt. Stattdessen ist Abs. 1 S. 2 lit. b anwendbar.

3. Lokalisierung des Erwerbs. Abs. 1 S. 1 lit. b stellt auf den Staat des Erwerbs ab. Der Begriff ist weit zu verstehen. Dem Erwerb kann außer einem Kauf- auch ein Schenkungsvertrag oder ein Sachdarlehen zugrunde liegen (str.).[88] Durch Diebstahl „erwirbt" man den Gegenstand dagegen im Rechtssinn nicht. Die von manchen vertretene Auffassung, auch die zeitweise Überlassung etwa im Rahmen eines Miet- oder Leasingvertrags führe zum „Erwerb",[89] dürfte ebenfalls die Wortlautgrenze übersteigen. Gegen diese Auffassung spricht auch, dass der Erwerbsort im Sinne des Marktorts seine rechtsökonomische Identifikationsfunktion völlig verlieren würde, wenn man ihn so weit auslegte, dass er auch die nur zeitweise Überlassung erfasste (siehe Rn 11). 64

Für den Ort des Erwerbs nicht entscheidend ist der sachenrechtliche Rechtsübergang. Vielmehr kommt es darauf an, in welchem Staat der Käufer das Produkt **tatsächlich erhält**, denn nur mit der Anwendung des- 65

---

82 Vgl *Stone*, in: Ahern/Binchy, Rome II Regulation, S. 175, 187 f.
83 So MüKo/*Junker*, Art. 23 Rn 22 f; BeckOK-BGB/*Spickhoff*, Art. 23 Rn 4; PWW/*Schaub*, Art. 23 Rn 3; Calliess/*Baetge*, Art. 23 Rn 21.
84 Ebenso zB Rauscher/*Unberath/Cziupka*, EuZPR/EuIPR, Art. 5 Rn 54.
85 BeckOK-BGB/*Spickhoff*, Art. 5 Rn 6; *ders.*, in: FS Kropholler, S. 671, 684; Rauscher/*Unberath/Cziupka*, EuZPR/EuIPR, Art. 5 Rn 57.
86 *Dickinson*, Rome II Regulation, S. 379 f, Rn 5.32 f.
87 Nach *Hartley*, I.C.L.Q. 2008, 898, 905 f. (mit Abweichungen).
88 *Hartley*, I.C.L.Q. 2008, 898, 904; MüKo/*Junker*, Art. 5 Rn 35; *Dickinson*, Rome II Regulation, S. 383, Rn 5.39; **aA** Rauscher/*Unberath/Cziupka*, EuZPR/EuIPR, Art. 5 Rn 65, die unentgeltliche Zuwendungen ausschließen.
89 So Palandt/*Thorn*, Art. 5 Rn 9; Rauscher/*Unberath/Cziupka*, EuZPR/EuIPR, Art. 5 Rn 65.

sen Rechts wird er rechnen. Bei Distanzgeschäften, zB dem Kauf im Internet, ist daher der Ort der Lieferung als entscheidend anzusehen (str.).[90]

66 **4. Relevante Person.** Abs. 1 S. 1 lit. b sagt nicht, **welche Person** das Produkt erworben hat. Daraus folgt, dass es sich bei dem Anspruchsteller nicht um den Ersterwerber handeln muss.[91] Ist ein Zweit- oder Dritterwerber geschädigt worden, so kommt es darauf an, wo er das Produkt erworben hat. Der Ort des Ersterwerbs ist nicht entscheidend.

67 Für den Fall, dass der Geschädigte das Produkt nicht selbst erworben hat, sondern dieser lediglich ein *innocent bystander* ist, soll nach verbreiteter Ansicht Abs. 1 S. 1 lit. b nicht anwendbar sein.[92] Jedoch greift die Vorschrift auch in diesem Fall, weil es ihrem Wortlaut nach gleichgültig ist, wer das Produkt erworben hat. Dadurch produzierte zufällige Ergebnisse sind durch die Ausweichklausel (Abs. 2) zu vermeiden[93] (Rn 108).

68 **5. Versagen der Anknüpfung.** Die Kombination mit dem Erfordernis des Inverkehrbringens ist bei Abs. 1 S. 1 lit. b weniger bedeutsam als bei den anderen Anknüpfungen, da das Produkt im Erwerbsstaat regelmäßig auch in Verkehr gebracht wurde. Ausnahmen sind bei Schenkungen, beim Erwerb eines Einzelstücks oder beim illegalen Vertrieb denkbar (Rn 76). Relativ häufiger sind die Fälle, in denen das Inverkehrbringen im Erwerbsstaat für den Haftenden **nicht voraussehbar** war (Abs. 1 S. 2). Das kann insbesondere der Fall sein, wenn er ein eigenes Vertriebsnetz benutzt, das auf bestimmte Staaten beschränkt ist. Wird das Produkt in einem anderen Staat erworben, dann versagt die Anknüpfung, und es ist mit lit. c fortzufahren.

V. Staat des Schadenseintritts (Abs. 1 S. 1 lit. c)

69 **1. Überblick.** Abs. 1 S. 1 lit. c beruft das Recht des Staates des Schadenseintritts. Diese Anknüpfung ist höchst subsidiär zu allen anderen Regeln des Art. 5. Der Grund liegt darin, dass der Schaden durch das Produkt zufällig an einem Ort eintreten kann, mit dem nicht zu rechnen war (siehe das Beispiel oben Rn 1 aE). Die Anknüpfung steht unter dem Vorbehalt, dass das Produkt im fraglichen Staat in Verkehr gebracht wurde (dazu Rn 73 ff). Ist dies nicht der Fall, so scheitert die Anknüpfung nach Abs. 1 S. 1 insgesamt. Zur Schließung der daraus entstehenden Lücke siehe Rn 92 ff.

70 **2. Anwendungsfälle.** Die Anwendung des Abs. 1 S. 1 lit. c kommt nur in sehr selten in Betracht, weil regelmäßig eine der drei vorangehenden Anknüpfungen greifen wird. Die Regelung hat daher nur in Ausnahmefällen Bedeutung.

Beispiel: Der in Frankreich wohnhafte B kauft ein gebrauchtes Auto von einer Privatperson in Paris. Autos dieses Typs werden vom koreanischen Hersteller H nur im Vereinigten Königreich vertrieben. Während eines Besuchs in London beschleunigt das Fahrzeug von selbst und B wird geschädigt.

In diesem Beispiel ist Abs. 1 S. 1 iVm Art. 4 Abs. 2 mangels gemeinsamen gewöhnlichen Aufenthalts (unter Berücksichtigung von Art. 23 für H) im selben Staat nicht erfüllt. Abs. 1 S. 1 lit. a greift ebenfalls nicht, weil das Fahrzeug in Frankreich nicht in Verkehr gebracht wurde. Abs. 1 S. 1 lit. b führt aus demselben Grund nicht weiter. Dagegen ist Abs. 1 S. 1 lit. c erfüllt. Dies liegt jedoch nur daran, dass der Schaden – zufällig – in einem Staat eingetreten ist, in welchem Fahrzeuge dieses Typs von H in Verkehr gebracht wurden. Wegen der Zufälligkeit der gleichzeitigen Erfüllung der Bedingungen ist die Überzeugungskraft der Anknüpfung der lit. c gering.

71 **3. Lokalisierung des Schadens.** Zur Feststellung des Staates des Schadenseintritts gelten zunächst die zu Art. 4 dargestellten Leitregeln (siehe Art. 4 Rn 75 ff). Danach ist die Rechtsprechung des EuGH zu beachten. Für Art. 5 Nr. 3 EuGVVO hat er entschieden, dass bei der bestimmungsgemäßen Weiterverarbeitung eines fehlerhaften Ausgangsstoffs zu einem Produkt der Schaden am Ort der Weiterverarbeitung entsteht.[94] Dies ist auf Abs. 1 Nr. 1 lit. c zu übertragen.

72 **4. Versagen der Anknüpfung.** Die Anknüpfung an den Staat des Schadenseintritts scheitert, soweit das Produkt in diesem nicht in Verkehr gebracht wurde oder das Inverkehrbringen in diesem Staat nicht voraussehbar war. Das kann zB der Fall sein, wenn der Schaden im obigen Beispiel (Rn 70) in Frankreich eintritt.

---

[90] *Dickinson*, Rome II Regulation, S. 382, Rn 5.38; Calliess/*Schmid/Pinkel*, Art. 5 Rn 9; **aA** *Stone*, in: Ahern/Binchy, Rome II Regulation, S. 175, 189 (Sitz des Lieferanten des Endkunden); *Spickhoff*, in: FS Kropholler, S. 671, 684 (Sitz des Verkäufers und des Käufers).

[91] Ebenso MüKo/*Junker*, Art. 5 Rn 37; *Heiss/Loacker*, JBl. 2007, 613, 627, Fn 171.

[92] *Dickinson*, Rome II Regulation, S. 383, Rn 5.40; MüKo/*Junker*, Art. 5 Rn 38; BeckOK-BGB/*Spickhoff*, Art. 5 Rn 7; Palandt/*Thorn*, Art. 5 Rn 9; Rauscher/*Unberath/Cziupka*, EuZPR/EuIPR, Art. 5 Rn 68; differenzierend *Stone*, in: Ahern/Binchy, Rome II Regulation, S. 175, 189 (für Anwendung, wenn enge Beziehung zum direkten Opfer besteht).

[93] Ebenso *Illmer*, RabelsZ 73 (2009), 269, 286.

[94] EuGH, Rs. C-189/08, Slg 2009, I-06917 – Zuid-Chemie, Rn 32.

VI. Erfordernis des Inverkehrbringens (Abs. 1 S. 1 lit. a bis c)

1. Funktion. Die Anknüpfungspunkte des Abs. 1 S. 1 lit. a bis c greifen nur ein, wenn das Produkt im jeweiligen Staat „in Verkehr gebracht wurde". Die Funktion des Kriteriums besteht darin, zu sichern, dass der potenziell Haftende **das anzuwendende Recht kontrollieren** kann. Ihm soll es zB möglich sein, durch die Beschränkung des Vertriebs auf einige wenige Staaten besonders strenge oder gar exorbitante Haftungsregime zu vermeiden. Nur so kann er eine sachgerechte Kosten-Nutzen-Analyse vornehmen. Zudem wird damit ein angemessener Ausgleich zur Position des Geschädigten hergestellt, der alle spezifischen Anknüpfungspunkte der lit. a bis c beeinflussen kann (gewöhnlicher Aufenthalt, Erwerbsort, Schadenseintrittsort). 73

2. Begriff „in Verkehr gebracht". Die Auslegung dieses unbestimmten Kriteriums ist schwierig. Es handelt sich um eines der Hauptprobleme des Art. 5. Zunächst ist zu beachten, dass der Wortlaut in den **anderen Sprachfassungen** vom deutschen abweicht. Diese sprechen statt von „in Verkehr gebracht" von „vermarktet" („marketed", „commercialisé", „commerzializó", „commercializzato", „op de markt gebracht"). Dem lässt sich entnehmen, dass nur die **kommerzielle Einführung in den Markt** erfasst sein soll.[95] 74

Weitere Hinweise folgen aus der **Produkthaftungsrichtlinie**, die den Ausdruck „Inverkehrbringen" ebenfalls verwendet.[96] Zwar kann die dazu ergangene Rechtsprechung nicht einfach auf Art. 5 übertragen werden,[97] weil der Wortlaut in den anderen Sprachfassungen der Richtlinie mit dem des Art. 5 nicht übereinstimmt und überdies der EuGH in seinen Urteilen spezifisch auf den jeweiligen Normkontext abgestellt hat. Doch lassen sich seiner Rechtsprechung zumindest Anhaltspunkte für die Bedeutung des Begriffs entnehmen. So ist nach ihm ein Produkt in den Verkehr gebracht, „wenn es den vom Hersteller eingerichteten Prozess der Herstellung verlassen hat und in einen Prozess der Vermarktung eingetreten ist, in dem es in ge- oder verbrauchsfertigem Zustand öffentlich angeboten wird".[98] 75

Aus diesen beiden Quellen ergibt sich, dass ein Produkt nur dann im Sinne des Abs. 1 S. 1 in Verkehr gebracht ist, wenn es dort **kommerziell und öffentlich angeboten** wird. Auch wenn es zu weit geht, einen „massenhaften Absatz" zu verlangen,[99] ist der Verkauf eines einzelnen Artikels nicht ausreichend. Erforderlich ist vielmehr ein strukturierter Produktabsatz.[100] Der Verkauf eines individuellen Produkts, der typisch für Geschäfte **von privater Hand** ist, genügt daher nicht.[101] Dabei ist gleichgültig, ob es sich bei dem Einzelstück um Neu- oder Gebrauchtware handelt. Die Verteilung von **Geschenken** genügt ebenfalls nicht, es sei denn, es handelt sich um zu Werbezwecken verteilte Gratisware.[102] Auch das **rechtswidrige Inverkehrbringen**, etwa als Schmuggelware, entspricht dem Begriff des Vermarktens nicht, selbst wenn es in großem Umfang erfolgt.[103] Das Produkt muss den Herstellungsprozess mit Willen des Produzenten verlassen haben. Aus der Fabrik entwendete Teile sind daher nicht „in Verkehr gebracht".[104] Andererseits muss der in Anspruch Genommene das Produkt nicht selbst in Verkehr bringen oder das Inverkehrbringen gerade in dieses Land auch nur genehmigt haben (siehe Rn 89). 76

Für die Identifikation des Staates des Inverkehrbringens kommt es darauf an, wo das Produkt kommerziell öffentlich angeboten wurde. Insoweit scheint eine Parallele zu Art. 15 Abs. 1 lit. c EuGVVO nahezuliegen.[105] Anders als nach dieser Norm genügt allerdings das reine Angebot nicht; es muss auch zum Absatz gekommen sein, denn andernfalls ist das Produkt nicht „in Verkehr gebracht". Das ist insbesondere bei **Distanzgeschäften**, wie dem Absatz über das **Internet**, entscheidend. Bei diesen kommt es daher auf den tatsächlichen Lieferort an.[106] 77

3. Relevantes Produkt. Die wichtigste **Streitfrage** ist, auf welches Produkt sich das Erfordernis des Inverkehrbringens in Abs. 1 S. 1 lit. a bis c bezieht. Nach ganz herrschender Meinung reicht es aus, dass **gleichartige Produkte** wie das, welches den Schaden verursacht hat, im jeweils in Abs. 1 S. 1 lit. a bis c 78

---

95 MüKo/*Junker*, Art. 5 Rn 29; *Kadner Graziano*, RabelsZ 73 (2009), 1, 41.
96 Siehe Art. 7 lit. a und Art. 11 Produkthaftungsrichtlinie (Rn 7).
97 Ebenso *Dickinson*, Rome II Regulation, S. 374 f, Rn 523; Calliess/*Schmid/Pinkel*, Art. 5 Rn 27. AA *Corneloup*, in: Corneloup/Joubert, Le règlement communautaire „Rome II", S. 85, 97; *Kadner Graziano*, RabelsZ 73 (2009), 1, 41.
98 EuGH, Rs. C-127/04, Slg 2006, I-1313 – Declan O'Byrne gegen Sanofi Pasteur MSD Ltd und Sanofi Pasteur SA, Rn 32.
99 So aber *Hartley*, I.C.L.Q. 2008, 898, 904.
100 Rauscher/*Unberath/Cziupka*, EuZPR/EuIPR, Art. 5 Rn 75.
101 Vgl *Kozyris*, 56 Am. J. Comp. L. 471, 489 f (2008); Calliess/*Schmid/Pinkel*, Art. 5 Rn 30.
102 MüKo/*Junker*, Art. 5 Rn 29.
103 Vgl Kommission, KOM(2003) 427 endg., S. 16; Calliess/*Schmid/Pinkel*, Art. 5 Rn 29; *Dickinson*, Rome II Regulation, S. 372, Rn 5.19.
104 Vgl Rauscher/*Unberath/Cziupka*, EuZPR/EuIPR, Art. 5 Rn 78.
105 *Dickinson*, Rome II Regulation, S. 373, Rn 520; Calliess/*Schmid/Pinkel*, Art. 5 Rn 31.
106 *Dickinson*, Rome II Regulation, S. 375, Rn 523; MüKo/*Junker*, Art. 5 Rn 29; BeckOK-BGB/*Spickhoff*, Art. 5 Rn 8.

genannten Staat in Verkehr gebracht wurden.[107] Einer zweiten Meinung zufolge ist notwendig, dass dort mit diesem **identische Produkte** in Verkehr gebracht wurden.[108] Eine dritte Ansicht besteht darauf, dass das im **konkreten Fall schadenstiftende Produkt** im jeweiligen Staat in Verkehr gebracht sein muss.[109]

79 Der **Wortlaut** kann zwar im Sinne der beiden zuletzt genannten Auffassung verstanden werden. Er ist aber nicht eindeutig, denn als „Produkt" wird häufig auch eine ganze Gattung gleichartiger Produkte bezeichnet (zB „VW Golf").

80 Die **Systematik** scheint auf den ersten Blick ebenfalls für die zuletzt genannten Auffassung zu sprechen, denn Abs. 1 S. 2 stellt ausdrücklich das Inverkehrbringen „des Produkts oder eines gleichartigen Produkts" gleich, S. 1 hingegen nicht, was darauf hindeutet, dass in dessen Rahmen das Inverkehrbringen gleichartiger Produkte gerade nicht genügen soll. Jedoch kann auch umgekehrt argumentiert werden, dass die Gleichstellung in S. 2 wenig Sinn hätte, wenn S. 1 nicht auch gleichartige Produkte erfasste.[110]

81 Ein weiterer Fingerzeig in dieser Richtung lässt sich der **Entstehungsgeschichte** entnehmen: Die Kommission hatte unter die von ihr vorgeschlagene Regelung den Fall gefasst, dass der Geschädigte ein Produkt im Ausland ersteht, das auch in seinem Aufenthaltsstaat vertrieben wird.[111] In dieser Situation fallen Erwerbs- und Vertriebsstaat gerade auseinander. Die von der Kommission vorgeschlagene Anknüpfung ist auch im letztlich angenommenen Entwurf als vorrangige Regelung erhalten geblieben. Sie kann kaum anders verstanden werden als ursprünglich gedacht.

82 Durchschlagend sind letztlich **teleologische Erwägungen**: Die zuletzt genannte Auffassung, nach der es auf das Inverkehrbringen des konkret schadenstiftenden Produkts ankommt, verkennt die erhebliche Ausweitung der Marktortanknüpfung durch den europäischen Gesetzgeber (Rn 12 f). Wenn der Hersteller oder eine andere Person Produkte in einem bestimmten Staat in Vertrieb gebracht haben, so rechtfertigt dies nach der Konzeption der EU, dass er nach deren Recht in Anspruch genommen werden kann, auch wenn der Geschädigte das schädliche Produkt in einem anderen Staat erworben hat.[112] Das Marktortprinzip in seiner strengen Version, nach dem der Schädiger für jedes Produkt nur nach dem Recht des Erwerbsstaates haftet, wird von Art. 5 gerade verworfen. Das zeigt sich insbesondere daran, dass vorrangig vor dem Erwerbsort (lit. b) an den gewöhnlichen Aufenthalt des Geschädigten angeknüpft wird (lit. a). Das ist keine Frage der bloßen Buchstabenreihung,[113] sondern reflektiert das Ziel des Gesetzgebers, die Kollisionsnormen der Produkthaftung den Besonderheiten des Binnenmarkts anzupassen.[114] Dieses Ziel würde konterkariert, wenn man verlangte, dass das konkret schadenstiftende Produkt im jeweiligen Staat in Verkehr gebracht wurde. Außerdem wird der Geschädigte das konkrete Produkt regelmäßig in dem Staat erwerben, in dem es vertrieben wurde, mit Ausnahme seltener Fällen wie dem des Reimports. Die genannte Auffassung läuft daher auf einen praktischen Vorrang der lit. b hinaus.[115] Dies widerspricht der Konzeption der Vorschrift und dem Zweck des Bereitstellens unterschiedlicher Anknüpfungen. Auch prozessuale Erwägungen des Gleichlaufs von Zuständigkeit und materiellem Recht können ein solches Ergebnis nicht rechtfertigen.[116] Beide sollen bei der Produkthaftung gerade nicht parallel laufen, wie die unterschiedliche Ausgestaltung von Art. 5 im Vergleich zu Art. 5 Nr. 3 EuGVVO zeigen.

83 Aufgrund dieser Erwägungen ist nicht zu verlangen, dass das konkret schadensstiftende Produkt im jeweils in Abs. 1 S. 1 lit. a bis c genannten Staat vertrieben wird. Auch die von der zweiten Ansicht befürwortete Begrenzung auf identische Produkte (Rn 78) überzeugt nicht. Diese Auffassung versucht zu sehr, dem – zugegebenermaßen irreführenden und wahrscheinlich überhastet formulierten – Wortlaut gerecht zu werden, und vernachlässigt darüber die Hintergründe der Vorschrift. Das Binnenmarktziel legt nahe, dass die EU auch den Vertrieb gleichartiger Produkte ausreichen lassen wollte (siehe Rn 82).

84 **4. Gleichartige Produkte.** Fraglich bleibt nach der herrschenden Auffassung, welche Anforderungen an die „Gleichartigkeit" zwischen dem vertriebenen und dem konkret schadensstiftenden Produkt zu stellen sind. Einigkeit besteht darin, dass der Vertrieb **unter einem anderen Etikett** unschädlich ist.[117] Unzweifelhaft ist außerdem, dass das Produkt **vom selben Unternehmen oder einem anderem Unternehmen** der-

---

107 *Garcimartín Alférez*, EuLF 2007, I-77, I-85; *Hay*, EuLF 2007, I-137, I-145; *Dickinson*, Rome II Regulation, S. 380, Rn 5.34; *Huber/Illmer*, Yb. P.I.L. 9 (2007), 31, 42 f; MüKo/*Junker*, Art. 5 Rn 26–28; *Leible/Lehmann*, RIW 2007, 721, 727 f; *G. Wagner*, IPRax 2008, 1, 7; Rauscher/*Unberath/Cziupka*, EuZPR/EuIPR, Art. 5 Rn 81–90.
108 Callies/*Schmid/Pinkel*, Art. 5 Rn 35.
109 *v. Hein*, VersR 2007, 440, 447 f; *ders.*, ZEuP 2009, 6, 27.
110 *Huber/Illmer*, Yb. P.I.L. 9 (2007), 31, 42; MüKo/*Junker*, Art. 5 Rn 27.
111 Kommission, KOM(2003) 427 endg., S. 16.
112 So auch Rauscher/*Unberath/Cziupka*, EuZPR/EuIPR, Art. 5 Rn 90.
113 So aber *v. Hein*, ZEuP 2009, 6, 28.
114 Vgl Erwägungsgrund 6.
115 Ebenso *Huber/Illmer*, Yb. P.I.L. 9 (2007), 31, 42; Rauscher/*Unberath/Cziupka*, EuZPR/EuIPR, Art. 5 Rn 85.
116 AA *v. Hein*, ZEuP 2009, 6, 28.
117 MüKo/*Junker*, Art. 5 Rn 28; *Leible/Lehmann*, RIW 2007, 721, 728.

selben Gruppe hergestellt sein muss, um gleichartig zu sein.[118] Das steht zwar nicht im Wortlaut der Vorschrift, folgt aber daraus, dass man einem Hersteller nicht zumuten kann, wegen des Vertriebs ähnlicher Produkte in einem bestimmten Staat nach dessen Recht zu haften. Insoweit fehlt es am Zurechnungszusammenhang. Demgegenüber kann der **Preis**, zu dem das Produkt vertrieben wird, keine Rolle spielen,[119] denn je nach Marktgegebenheiten kann dieser selbst für identische Produkte stark abweichen. Auch die **bei der Herstellung verwendete Technologie** kann nicht entscheidend sein,[120] denn diese ist für den Geschädigten nicht erkennbar.

Nach weit verbreiteter Ansicht soll es bei der Beurteilung der Gleichartigkeit insbesondere auf einen **Vergleich der sicherheitsrelevanten Merkmale** der beiden Produkte ankommen.[121] Dieses Kriterium ist jedoch zu sehr auf bestimmte Produktkategorien wie Fahrzeuge ausgerichtet, versagt aber bei anderen, zB bei Medikamenten. Darüber hinaus wird im umfassender Vergleich der Sicherheitsausstattung etwa zweier Autos die Gerichte häufig überfordern, zumal es nach den Vertretern der genannten Auffassung nicht einmal darauf ankommt, dass sich die sicherheitsrelevanten Merkmale im betreffenden Schaden ausgewirkt haben.[122] Vor allem aber läuft er den Interessen des Geschädigten zuwider, der darauf vertraut, dass im Ausland unter derselben Marke vertriebene Produkte desselben Herstellers vergleichbare Qualitäts- und Sicherheitsstandards erfüllen wie solche, die im Inland verkauft werden. Für den Käufer wäre es schlechterdings nicht einzusehen, dass etwa ein in Liechtenstein vertriebenes Fahrzeug nicht mit dem gleichnamigen deutschen Fahrzeug gleichartig sein soll. Er orientiert sich bei seiner Kaufentscheidung vorrangig am Namen des Herstellers und des von ihm vertriebenen Produkts. Daher kommt es für die Vergleichbarkeit in erster Linie auf die **Identität der verwendeten Marke** an. Weicht diese trotz gleichem Hersteller (Rn 84) ab, so ist auf die Ähnlichkeit zu der im Inland verwendeten Marke sowie die sonstige Produktähnlichkeit abzustellen. Das Gericht hat sich dabei in die Position des Käufers hineinzuversetzen und die Produkte aus dessen subjektiver Perspektive vergleichen. Dies dürfte ihm wesentlich leichter fallen als ein objektiver Vergleich der Sicherheitsmerkmale.

Besonderheiten gelten bei **Bauteilen**. Bei ihnen ist grundsätzlich nicht auf gleichartige Bauteile, sondern auf das Inverkehrbringen des fertigen Gegenstands oder vergleichbarer Gegenstände abzustellen.[123] Das gilt nicht nur für die Ansprüche der Endkunden gegen den Hersteller, sondern auch der des Herstellers gegen seinen Lieferanten. Auf diese Weise kommt es zu einem grundsätzlichen Gleichlauf zwischen den Haftungsregimen. Dieser ist gerechtfertigt, weil der Zulieferer mit der Weiterverbreitung seiner Teile in andere Staaten durch den Endproduzenten rechnen muss. Grenzen zieht die Vorhersehbarkeitsklausel (Abs. 1 S. 2), welche auf den Zulieferer und nicht auf den Endproduzenten bezogen angewandt werden muss. Verursacht allerdings das Produkt nur beim Endproduzenten einen Schaden, zB durch Explosion in der Fertigungshalle, so ist als Vermarktungsstaat der Sitzstaat des Endproduzenten anzusehen, denn hier ist der Schaden nicht auf die fertigen Gegenstände bezogen. Außerdem würden andernfalls die Anknüpfungen der lit. a bis c unter Umständen überhaupt nicht greifen, etwa wenn das Endprodukt nicht auf den Markt gebracht wird.

Werden in den betreffenden Staat ausschließlich **gebrauchte Produkte** eingeführt, so handelt es sich regelmäßig nicht um mit den neuen gleichartige Produkte.[124] Das folgt daraus, dass der Verkehr bei gebrauchten Produkten nicht darauf vertrauen kann, dass sie dieselben Qualitätseigenschaften aufweisen wie neue. Auch fehlt es hier häufig am „Inverkehrbringen" im Sinne eines kommerziellen öffentlichen Angebots (Rn 76).

5. Relevante Person. Es kommt für Abs. 1 Nr. 1 nicht darauf an, wer das Produkt im betreffenden Staat in Verkehr gebracht hat.[125] Das folgt aus der Verwendung des Passiv („in Verkehr gebracht wurde") und daraus, dass die Distributionswege für den Abnehmer nur selten erkennbar sind. Dem Inverkehrbringen durch den **Hersteller** steht es daher gleich, wenn ein **Importeur** das Produkt im betreffenden Staat vertreibt. Die Einführung durch nicht gewerblich tätige **Privatpersonen** reicht dagegen regelmäßig **nicht** aus, weil es an einem öffentlichen Angebot fehlt (siehe Rn 76).

Gleichgültig ist auch, ob die in Anspruch genommene Person das Inverkehrbringen **genehmigt** hat oder nicht, *argumentum e* Abs. 1 S. 2. Aus derselben Vorschrift folgt, dass diese Person von dem Inverkehrbringen nicht einmal wissen muss. Keinesfalls ist daher zu verlangen, dass ein auf Haftung in Anspruch genommener Hersteller das Produkt über seine Niederlassungen oder ein von ihm organisiertes Vertriebsnetz

---

118 *Dickinson*, Rome II Regulation, S. 381, Rn 535; i.Erg. ebenso Calliess/*Schmid/Pinkel*, Art. 5 Rn 33; Rauscher/*Unberath/Cziupka*, EuZPR/EuIPR, Art. 5 Rn 99.
119 AA *Dickinson*, Rome II Regulation, S. 381, Rn 535.
120 AA *Dickinson*, Rome II Regulation, S. 381, Rn 535.
121 *Huber/Illmer*, Yb. P.I.L. 9 (2007), 31, 43; MüKo/*Junker*, Art. 5 Rn 28; Palandt/*Thorn*, Art. 5 Rn 11; Rauscher/*Unberath/Cziupka*, EuZPR/EuIPR, Art. 5 Rn 89; *G. Wagner*, IPRax 2008, 1, 7.
122 Siehe MüKo/*Junker*, Art. 5 Rn 28.
123 *Dickinson*, Rome II Regulation, S. 373, Rn 5.21; aA Calliess/*Schmid/Pinkel*, Art. 5 Rn 38.
124 Vgl auch *Dickinson*, Rome II Regulation, S. 373, Rn 5.21.
125 *Huber/Illmer*, Yb. P.I.L. 9 (2007), 31, 41 f; *Leible/Lehmann*, RIW 2007, 721, 728; Calliess/*Schmid/Pinkel*, Art. 5 Rn 32; Rauscher/*Unberath/Cziupka*, EuZPR/EuIPR, Art. 5 Rn 76.

abgesetzt hat. Vielmehr genügt auch die Distribution durch von ihm unabhängige Personen. Genauso wenig ist entscheidend, ob ein wegen eines Produktschadens in Anspruch genommener *Händler* dieses Produkt selbst in den betreffenden Staat eingeführt hat. Die Frage der Verantwortlichkeit für den Import ist vielmehr erst auf sachrechtlicher Ebene von Bedeutung.[126]

90 **6. Relevanter Zeitpunkt.** Nach einer Auffassung soll es auf ein Inverkehrbringen vor Klageerhebung ankommen.[127] Dabei wird jedoch übersehen, dass eine Produkthaftung nicht immer zu einer Klage führt, das anzuwendende Recht aber auch in diesen Fällen vorhersehbar sein muss. Das Produkt oder ein gleichartiges Produkt muss vielmehr **im Moment des Schadenseintritts** in Verkehr gebracht sein. Dies folgt für lit. c schon aus dem Wortlaut. Es entspricht darüber hinaus dem Zweck des Erfordernisses der Inverkehrbringens, dem potenziell Haftenden die Kontrolle des anzuwendenden Rechts zu ermöglichen (siehe Rn 73). Auf denselben Zeitpunkt wird man daher auch im Fall der lit. a und b abstellen müssen.[128]

91 Bei lit. b stellt sich zusätzlich die Frage, ob das Inverkehrbringen des Produkts oder eines gleichartigen Produkts dessen Erwerb zeitlich vorausgehen muss. Diese Frage ist zu verneinen: Auch das Inverkehrbringen durch die erstmalige Veräußerung an den Geschädigten reicht aus.[129] Voraussetzung ist allerdings, dass es sich bei ihr nicht um einen einmaligen Verkauf handelt, sondern diese im Rahmen eines kommerziellen öffentlichen Angebots erfolgt.

VII. Versagen der Anknüpfungsleiter

92 Abs. 1 S. 1 enthält keine Antwort auf die Frage, welches Recht anzuwenden ist, wenn nach der Anknüpfung der lit. a und b auch die nach lit. c versagt. Diese Situation kommt zwar praktisch nur sehr selten vor, doch stellt die unterbliebene Regelung aus Sicht des Gesamtkonzepts eine empfindliche Lücke dar. Sie unterstreicht einmal mehr, wie überhastet die Vorschrift formuliert wurde (siehe schon oben zum Begriff des Inverkehrbringens Rn 83).

93 Die Schließung dieser Lücke ist streitig. Vorgeschlagen werden im Wesentlichen drei Wege: (1.) die Anwendung des Rechts desjenigen Staates, in dem das Produkt in Verkehr gebracht wurde und der im Einzelfall dem in Abs. 1 S. 1 lit. a bis c genannten am nächsten liegt,[130] (2.) die Anwendung der allgemeinen Grundregel des Art. 4,[131] (3.) die analoge Anwendung des Abs. 1 S. 2.[132]

94 Gegen die zuerst genannte Ansicht spricht vor allem die erhebliche Rechtsunsicherheit, die sie mit sich brächte. Welcher Verbreitungsstaat den in Abs. 1 S. 1 lit. a bis c genannten am nächsten liegt, hängt sehr von den jeweiligen Anschauungen des Rechtsanwenders ab. Unter Umständen können auch verschiedene Staaten nahe liegen. Außerdem ist das Verhältnis zwischen der „Nähe" und der in Abs. 1 S. 1 vorgesehenen Rangfolge nicht geklärt. So ist offen, ob es in erster Linie auf den dem gewöhnlichen Aufenthalt des Geschädigten nächsten Staat ankommen soll, oder ob beispielsweise ein dem Staat des Schadenseintritts vergleichsweise näherer Staat diesen verdrängen soll.

95 Die von der zweiten Ansicht favorisierte Anwendung der Grundregel steht im Widerspruch zur Systematik des Kapitel II der Rom II-VO: Art. 4 ist nicht die allgemeine Auffangregel für Fragen, die in den Anwendungsbereich besonderer Kollisionsregeln fallen, dort aber nicht gelöst werden. Wo der Gesetzgeber den Rückgriff auf Art. 4 wünscht, ordnet er ihn vielmehr stets besonders an.[133] Auch die Präambel legt nahe, dass die Lösung des Falls des Nicht-Inverkehrbringens ausschließlich innerhalb des Art. 5 zu suchen ist.[134] Entscheidend ist aber, dass die zweite Ansicht einen gravierenden Wertungswiderspruch zur Folge hätte: Das Recht des Staates, in dem der Schaden eingetreten ist, soll nach Abs. 1 S. 1 lit. c nur dann eine Rolle spielen, wenn der auf Haftung in Anspruch Genommene das Inverkehrbringen in diesem Staat voraussehen konnte (Abs. 1 S. 2). Sollte jedoch das Produkt in diesem Staat nicht einmal in Verkehr gebracht worden sein, dann käme nach der genannten Ansicht gemäß Art. 4 Abs. 1 dessen Recht ohne Weiteres zur Anwendung, auch wenn dies vom Haftenden nicht vorausgesehen werde konnte. Das fein austarierte System des

---

126 Verkannt von Calliess/*Schmid/Pinkel*, Art. 5 Rn 33 aE.
127 Calliess/*Schmid/Pinkel*, Art. 5 Rn 36.
128 Im Erg. ähnlich *Dickinson*, Rome II Regulation, S. 376, Rn 5.25, nach dem in allen Fällen der lit. a und c ausreichen soll, dass identische Produkte zur Zeit des Erwerbs oder des Schadenseintritts im jeweiligen Staat vermarktet wurden.
129 Ebenso *Dickinson*, Rome II Regulation, S. 376, Rn 5.25.
130 *Kadner Graziano*, RabelsZ 73 (2009), 1, 44.
131 *Rushworth/Scott*, Lloyd's Maritime Comparative Law Quarterly 2008, 274, 284; BeckOK-BGB/*Spickhoff*, Art. 5 Rn 10; *ders.*, in: FS Kropholler 2008, S. 671, 686 f; Rauscher/*Unberath/Cziupka*, EuZPR/EuIPR, Art. 5 Rn 93.
132 *Dicey/Morris/Collins*, The Conflict of Laws, S35-203; *Garcimartín Alférez*, EuLF 2007, I-77, I-85; *Huber/Illmer*, Yb. P.I.L. 9 (2007), 31, 43 f; v. Hein, ZEuP 2009, 7, 28; Leible/Lehmann, RIW 2007, 721, 728; *de Lima Pinheiro*, Riv. dir. int. priv. proc. 2008, 5, 23; Palandt/*Thorn*, Art. 5 Rn 11; *G. Wagner*, IPRax 2008, 1, 7.
133 Siehe Art. 5 Abs. 1 S. 1, Art. 6 Abs. 2, Art. 7, Art. 9.
134 Siehe Erwägungsgrund 20 S. 4.

Art. 5 würde also durch eine ungebundene Anwendung des Art. 4 aus dem Gleichgewicht gebracht. Das kann nicht der Zweck der Regelung sein.

Die beiden zuerst erwähnten Ansichten sind daher zu verwerfen. Stattdessen sollte man den Fall des Nicht-Inverkehrbringens in allen in Abs. 1 S. 1 genannten Staaten unter Abs. 1 S. 2 fassen, dh das Recht am gewöhnlichen Aufenthalt des potenziell Haftenden anwenden. Dafür spricht ein sehr starkes *argumentum a maiore ad minus*: Wenn das Recht am gewöhnlichen Aufenthalt des potenziell Haftenden schon dann anzuwenden ist, wenn dieser das Inverkehrbringen in einem bestimmten Staat nicht vorhersehen konnte, so sollte man dieses Recht erst recht anwenden, wenn das Produkt in diesem Staat nicht einmal vertrieben wurde. Denn im letztgenannten Fall kann er das anzuwendende Recht ebenfalls nicht steuern, geschweige denn vorhersehen. Die Abs. 1 S. 2 zugrunde liegende Interessenbewertung trifft auch auf diesen Fall zu, so dass eine analoge Anwendung gerechtfertigt ist.

D. Voraussehbarkeitsklausel (Abs. 1 S. 2)

I. Überblick

Die Anknüpfung nach Abs. 1 S. 1 lit. a, b oder c greift nicht, wenn das Inverkehrbringen des Produkts oder eines gleichartigen Produkts in dem dort genannten Staat für die in Anspruch genommene Person **vernünftigerweise nicht voraussehbar** war. Diese Voraussehbarkeitsklausel gilt nicht für den gemeinsamen gewöhnlichen Aufenthalt nach Abs. 1 S. 1 iVm Art. 4 Abs. 2, da diese Anknüpfung ein Inverkehrbringen nicht voraussetzt (Rn 52).

II. Funktion

Die Voraussehbarkeitsklausel soll den potenziell Haftenden, also den Hersteller, Importeur oder Händler, begünstigen. Ihre Aufgabe ist es, die Anwendung eines Rechts zu verhindern, mit dem dieser nicht rechnen musste. Durch die Bedingung des Inverkehrbringens ist dies nicht hinreichend gesichert, denn dieses kann auch durch einen Dritten erfolgen (Rn 88 f). Die Voraussehbarkeitsklausel trägt der Tatsache Rechnung, dass unter den Bedingungen weltweiter Märkte und grenzüberschreitender Mobilität Produkte in vielen Staaten in Verkehr gebracht werden, ohne dass die für das Produkt Verantwortlichen davon wissen. Die möglichen Haftungsstatuten sind daher außerordentlich vielfältig. Die Voraussehbarkeitsklausel reduziert die haftungsrelevanten Rechte auf das für den Haftenden voraussehbare Maß.

III. Handhabung

Die Voraussehbarkeit des Inverkehrbringens ist für jeden der in lit. a, b und c genannten Staaten gesondert zu prüfen. War das Inverkehrbringen in diesem Staat nicht vorauszusehen, so ist die nächste Anknüpfung zu prüfen, also nach lit. a die lit. b und nach lit. b die lit. c. Der Wortlaut legt zwar nahe, dass sofort das Recht des gewöhnlichen Aufenthalts des Haftenden anzuwenden sei, sobald das Inverkehrbringen in einem der in lit. a bis c genannten Staaten vernünftigerweise nicht voraussehbar war.[135] Würde man dem folgen, wäre zB dann, wenn das Produkt im Staat des gewöhnlichen Aufenthalts des Geschädigten auf für den Haftenden nicht vorhersehbare Weise in Verkehr gebracht wurde, unmittelbar das Recht am gewöhnlichen Aufenthalt des Haftenden anzuwenden, selbst wenn das Produkt auch im Erwerbsstaat in Verkehr gebracht wurde und vom Haftenden dort sogar selbst vertrieben wird. Ein solches Vorgehen widerspräche zum einen der Systematik der Anknüpfungsleiter des Satz 1, bei der von einer auf die nächste Stufe hinabzusteigen ist (siehe Rn 43). Außerdem wäre es sinnwidrig, den Haftenden durch die Anwendung des Rechts an seinem gewöhnlichen Aufenthalt einzig deshalb zu begünstigen, weil das Produkt in einem lit. a oder b genannten Staat für ihn unvorhersehbar in Verkehr gebracht wurde. Wäre das Produkt dort überhaupt nicht in Verkehr gebracht, so bestünde kein Zweifel, dass die nächste Stufe der Anknüpfungsleiter hinabzusteigen ist. Das Recht am gewöhnlichen Aufenthalt der Person, deren Haftung geltend gemacht wird, ist daher erst dann anzuwenden, wenn diese das Inverkehrbringen im Staat des Schadenseintritts (lit. c) nicht vorhersehen konnte.[136] Zur analogen Anwendung des Abs. 1 S. 2 im Fall des Nicht-Inverkehrbringens im Staat des Schadenseintritts siehe Rn 96.

Beispiel: G, mit gewöhnlichem Aufenthalt in der Schweiz, wird in Deutschland durch ein in Frankreich erworbenes Produkt des kanadischen Herstellers H geschädigt. Das Produkt wird in der Schweiz durch einen Händler vertrieben, dessen Tätigkeit H vernünftigerweise nicht voraussehen konnte. Die Anknüpfung nach Abs. 1 S. 1 lit. a ist daher gemäß Abs. 1 S. 2 zu verwerfen. Nunmehr kommt es darauf an, ob das Pro-

---

135 Vgl *Symeonides*, 56 Am. J. Comp. L. 173, 207 (2008).
136 Zutreffend Callies/*Schmid/Pinkel*, Art. 4 Rn 39.

dukt in Frankreich für H voraussehbar in Verkehr gebracht wurde. Sollte dies nicht der Fall sein, ist lit. c zu prüfen. Wenn das Produkt in Deutschland in Verkehr gebracht wurde, dies aber für H nicht voraussehbar war, ist das Recht am gewöhnlichen Aufenthalt von H anzuwenden, also das kanadische Recht. Wurde das Produkt in Deutschland nicht in Verkehr gebracht, gilt dasselbe nach Abs. 1 S. 2 analog, vgl Rn 96.

IV. Maßstab

101 Abs. 1 S. 2 schließt die Anwendung des Rechts des in S. 1 bezeichneten Staates aus, wenn die Person, deren Haftung geltend gemacht wird, das Inverkehrbringen des Produkts oder eines gleichartigen Produkts in diesem Staat **„vernünftigerweise nicht voraussehen konnte"**. Voraussehbar gewesen sein muss für den potenziell Haftenden der Vertrieb, dh dass kommerzielle öffentliche Angebot des Produkts. Es genügt nicht, dass er ahnen konnte, dass einzelne Produkte in anderen Staaten in Umlauf gelangen.

102 **Positive Kenntnis** des Inverkehrbringens im jeweiligen Staat ist nicht erforderlich. Es kommt auch nicht darauf an, ob der Vertrieb mit seiner **Einwilligung** erfolgt ist, denn voraussehen lässt sich auch das Inverkehrbringen durch andere.

103 Der Maßstab **„vernünftigerweise"** dürfte eine Übersetzung des englischen Begriffs „reasonably" sein. Er soll den Haftenden vor überzogenen Erwartungen des Rechtsanwenders schützen. Was genau „vernünftigerweise" vorhergesehen werden kann und was nicht, lässt sich nicht allgemein sagen, sondern ist **abhängig von den Gegebenheiten des Einzelfalls**.[137] Für die Nichtvoraussehbarkeit könnte zB sprechen, dass ein Hersteller erfolgversprechende Vorkehrungen für eine Beschränkung des Vertriebs getroffen hat, zB durch exklusive Veräußerung über eigene Unternehmen, durch Alleinvertriebsverträge mit einem Verbot der Weiterveräußerung an kommerziell handelnde Kunden oder sonstige explizite Untersagungen des Vertriebs.[138] Beim Absatz an kommerzielle Verkäufer ohne solche Vorkehrungen darf man jedoch nicht annehmen, dass in Zeiten der Globalisierung das Inverkehrbringen in fast jedem Staat der Welt voraussehbar sei.[139] Bei einer solchen Interpretation würde das Kriterium die ihm zugedachte haftungsbeschränkende Funktion nicht erfüllen können. Daher sollte man von Voraussehbarkeit durch den potenziell Haftenden nur dann ausgehen, wenn ihm Anhaltspunkte für die Verbreitung seiner Produkte im jeweiligen Staat vorlagen.[140]

V. Rechtsfolge

104 War das Inverkehrbringen des Produkts oder eines gleichartigen Produkts für den auf Haftung in Anspruch Genommenen vernünftigerweise nicht voraussehbar, so ist das Recht an seinem gewöhnlichen Aufenthalt anzuwenden. Regelmäßig wird dieser über Art. 23 bestimmt (siehe dazu Rn 57–59).

E. Ausweichklausel (Abs. 2)

I. Überblick

105 Abs. 2 verdrängt die Anknüpfungen des Abs. 1. Wie ihr Pendant in Art. 4 Abs. 3 dient die Klausel der Flexibilisierung der Rechtsanwendung (siehe Art. 4 Rn 137). Ebenso wie diese ist sie erst nach Prüfung der vorangegangenen Kollisionsnormen und nur ausnahmsweise anzuwenden (siehe Art. 4 Rn 5, 138).[141]

II. Offensichtlich engere Verbindung (Abs. 2 S. 1)

106 **1. Funktion.** Der wichtigste Fall einer offensichtlich engeren Verbindung ist der in Abs. 2 S. 2 genannte, also das Bestehen eines Rechtsverhältnisses zwischen den Parteien. Ansonsten werden solche Verbindungen angesichts der differenzierten Anknüpfungen des S. 1 nur selten bestehen.[142]

107 **2. Voraussetzungen.** Um eine offensichtlich engere Beziehung festzustellen, ist nach dem Wortlaut „die Gesamtheit der Umstände" zu prüfen. Eine einzelne, besonders hervorstechende Tatsache genügt daher nicht. Die zu berücksichtigenden Umstände ähneln denen des Art. 4 Abs. 3 (siehe Art. 4 Rn 143 ff). Eine offensichtlich engere Verbindung kann auch zu einem der in Abs. 1 S. 1 genannten Rechte bestehen, so dass dieses eines der in der Leiter vorgehenden Rechte verdrängt.[143] Zur Bedeutung des Worts „offensichtlich" siehe Art. 4 Rn 141–142.

---

137 Vgl auch die Definition von „reasonable" im DCFR, Annex I.
138 Vgl auch *Spickhoff*, in: FS Kropholler, S. 671, 685.
139 So aber *Leible/Engel*, EuZW 2004, 7, 12.
140 Vgl Rauscher/*Unberath/Cziupka*, EuZPR/EuIPR, Art. 5 Rn 97; Palandt/*Thorn*, Art. 5 Rn 11.
141 Ebenso *Spickhoff*, in: FS Kropholler 2008, S. 671, 680; Rauscher/*Unberath/Cziupka*, EuZPR/EuIPR, Art. 5 Rn 23.
142 Ebenso MüKo/*Junker*, Art. 5 Rn 51.
143 Vgl *Dickinson*, Rome II Regulation, S. 286, Rn 5.47.

3. Einzelfälle. Eine Fallgruppe, bei der die Anwendung der Ausweichklausel in Betracht kommt, ist die des *innocent bystander*. Insbesondere die in Abs. 1 S. 1 lit. b vorgesehene Anwendung des Rechts des Erwerbsstaates auf seine Ansprüche kann rein zufällige Ergebnisse zur Folge haben, weil er das ihn schädigende Produkt nicht selbst erworben hat. In einem solchen Fall kann daher eine offensichtlich engere Verbindung zu einem anderen Staat bestehen, zB dem des Schadenseintritts.[144]

108

Nach einer Ansicht soll die Ausweichklausel auch dazu benutzt werden, um bei einem **geschädigten Zweiterwerber** die in Abs. 1 S. 1 lit. b vorgesehene Anwendung des Rechts des Erwerbsorts zugunsten des Rechts des ersten Erwerbsorts zu verdrängen.[145] In der Tat kann die Klausel, wie in allen anderen Fällen auch, angewandt werden, wenn eine offensichtlich engere Verbindung zum Ort des Ersterwerbs besteht. Allerdings sollte man nicht systematisch eine offensichtlich engere Verbindung zum Ort des Ersterwerbs bejahen. Die Anknüpfung an den Erwerbsort nach Abs. 1 S. 1 lit. b hat auch für den Zweiterwerber eigenständige Bedeutung, die ihr nicht durch eine regelmäßige Berufung auf die Ausweichklausel genommen werden darf. So wäre deren Anwendung zB bei einem Ersterwerb durch einen gewerblichen Wiederverkäufer völlig unangemessen, denn aus Sicht des Verbrauchers als Zweitabnehmer besteht keine offensichtlich engere Verbindung zu dem Land, in dem der Wiederverkäufer das Produkt zuerst erworben hat.

109

Fraglich ist, ob man Abs. 2 S. 1 anwenden kann, um die Haftung für **Massenschäden** in vielen unterschiedlichen Staaten einem einheitlichen Recht zu unterstellen. Aus Sicht der Rechtspraxis spricht einiges dafür; insbesondere würde dies den kollektiven Rechtsschutz erheblich erleichtern. Andererseits dürfen die differenzierten Anknüpfungen des Abs. 1, welche die individuelle Rechtsverfolgung nach dem mit dem jeweiligen Fall am engsten verbundenen Recht erlauben sollen, nicht übergangen werden. Daher ist der Rückgriff auf die Ausweichklausel auf solche Fälle zu beschränken, in denen das Produkt sehr geringe Schäden in einer Vielzahl unterschiedlicher Staaten verursacht hat. Die Geltendmachung solcher Streuschäden im Wege individueller Klage wäre ökonomisch sinnlos; daher ist hier die Anwendung eines einheitlichen Rechts zur Ermöglichung kollektiven Rechtsschutzes geboten. Die Interessen der Geschädigten werden dadurch nicht beeinträchtigt, sondern im Gegenteil gefördert, weil sie sonst ihre Rechte überhaupt nicht geltend machen würden. In allen anderen Fällen kann eine Rechtswahl durch die Parteien zur Anwendung eines einheitlichen Haftungsstatuts führen (siehe Rn 118).

110

III. Bereits bestehendes Rechtsverhältnis (Abs. 2 S. 2)

1. Funktion. Als einen Fall einer offensichtlich engeren Verbindung definiert Abs. 2 S. 2 das Bestehen eines Rechtsverhältnisses, das mit der betreffenden unerlaubten Handlung in enger Verbindung steht, insbesondere einen Vertrag. Das auf dieses Rechtsverhältnis anzuwendende Recht ist daher auch für die Produkthaftung maßgebend. Die Funktion dieser Klausel besteht in der **akzessorischen Anknüpfung** der Produkthaftung an das bestehende Rechtsverhältnis.

111

2. Voraussetzungen. Das Rechtsverhältnis muss bereits vor der unerlaubten Handlung bestehen. Als maßgeblicher Zeitpunkt ist wie bei Abs. 1 S. 1 lit. a bis c der Moment des Schadenseintritts anzusehen (siehe Rn 90). Das Rechtsverhältnis muss zwischen den Parteien des geltend gemachten Anspruchs bestehen (siehe Art. 4 Rn 158). Es muss außerdem mit der unerlaubten Handlung in enger Verbindung stehen. Daher genügt es nicht, wenn die Parteien nur in irgendeiner Weise miteinander vertraglich verbunden sind.

112

3. Einzelfälle. Als Rechtsverhältnis nennt Abs. 2 S. 2 ausdrücklich den Vertrag. Ein typisches Anwendungsbeispiel ist der Kauf eines schädigenden Produkts **direkt vom Hersteller** oder vom **Importeur**. In dieser Konstellation kommen sowohl Ansprüche aus Vertrag als auch aus Produkthaftung in Betracht. Möglich ist auch ein zwischen Geschädigtem und Schädiger bestehender **Schenkungs-, Leasing- oder Mietvertrag**. Eine **Garantie** genügt dagegen für eine akzessorische Anknüpfung nicht, soweit diese in erster Linie die Behebung von Mängeln zum Gegenstand hat, da sie zur deliktischen Haftung keine genügend enge Verbindung aufweist (str.).[146] Andere Rechtsbeziehungen als ein Vertrag werden kaum in enger Verbindung zur Produkthaftung stehen.

113

IV. Rechtsfolge

Die Rechtsfolge des Abs. 2 besteht darin, dass das Recht des Staates anzuwenden ist, mit dem die unerlaubte Handlung offensichtlich enger verbunden ist. Der Richter hat insoweit kein Ermessen (Art. 4 Rn 167).

114

---

144 *Huber/Illmer*, Yb. P.I.L. 9 (2007), 31, 46; *Leible/ Lehmann*, RIW 2007, 721, 728; *Sonnentag*, ZVglRWiss 105 (2006), 256, 283; *Spickhoff*, in: FS Kropholler 2008, S. 671, 689; Palandt/*Thorn*, Art. 5 Rn 13.

145 *Huber/Illmer*, Yb. P.I.L. 9 (2007), 31, 41.

146 Ebenso Palandt/*Thorn*, Art. 5 Rn 12; Rauscher/ Unberath/*Cziupka*, EuZPR/EuIPR, Art. 5 Rn 106; **aA** PWW/*Schaub*, Art. 5 Rn 8.

115 In den Fällen des Abs. 2 S. 2 ist das Recht auf die Produkthaftung zu erstrecken, das auf das bereits bestehende Rechtsverhältnis Anwendung findet. Es kommt zu einem Gleichlauf von Vertrags- und Produkthaftungsstatut. Das Vertragsstatut kann von den Parteien grundsätzlich frei gewählt werden.[147] Daraus folgt, dass sie über die Wahl des Vertragsstatuts auch das Produkthaftungsstatut frei bestimmen können, ohne an die Restriktionen des Art. 14 gebunden zu sein (vgl zur parallelen Diskussion bei Art. 4 Rn 165).

F. Berücksichtigung abweichender Sicherheits- und Verhaltensregeln (Art. 17)

116 Die Kollisionsnorm des Art. 5 wird durch Art. 17 in wichtiger Weise ergänzt und eingeschränkt. Danach hat der Richter ungeachtet des spezifischen, auf die Produkthaftung anzuwendenden Rechts die Sicherheits- und Verhaltensregeln des Staates zu berücksichtigen, in dem das haftungsbegründende Ereignis eintritt. Dieses ist das Land, auf dessen Markt der Hersteller das Produkt eingeführt hat oder dessen Einführung verursacht hat (siehe näher Art. 17 Rn 54). Eine Ausnahme gilt allerdings im Falle der Produktion in einem Staat des Europäischen Wirtschaftsraums (EWR). Hier sind die Regeln des Herkunftslands zu berücksichtigen (siehe Art. 17 Rn 70).

117 Für die Lokalisierung des Orts der Markteinführung kommt es im Rahmen des Art. 17 darauf an, wo *der auf Haftung in Anspruch Genommene* das Produkt in den Markt eingeführt hat oder dessen Einführung veranlasst hat (siehe Art. 17 Rn 54).[148] Damit ist dieser Begriff enger als das Inverkehrbringen im Sinne von Abs. 1 S. 1. Die Markteinführung als haftungsbegründendes Ereignis im Sinne des Art. 17 verlangt eine gezielte aktive Gestaltung, während das Inverkehrbringen im Sinne von Art. 5 Abs. 1 S. 1 auch ohne Mitwirkung des Haftenden erfolgen kann (siehe Rn 88 f). Wird ein Produkt ohne das Zutun des auf Haftung in Anspruch Genommenen auf dem Markt eines Staates eingeführt, so sind dessen Sicherheits- und Verhaltensregeln für seine Haftung nicht zu berücksichtigen. Dies folgt daraus, dass er dessen Regeln nicht beachten konnte, weil er das Produkt dort nicht selbst auf den Markt gebracht hat oder die Markteinführung verursacht hat.

G. Möglichkeit der Rechtswahl (Art. 14)

118 Die Parteien können das auf die Produkthaftung anzuwendende Recht abweichend von Art. 5 durch Rechtswahl bestimmen. Zu den Voraussetzungen siehe Art. 14. Eine solche Rechtswahl kommt insbesondere in Fällen kollektiven Rechtsschutzes in Betracht. Auch unabhängig von den Restriktionen des Art. 14 können die Parteien das auf die Produkthaftung anzuwendende Recht bestimmen, wenn zwischen ihnen ein mit der unerlaubten Handlung eng verbundenes Rechtsverhältnis besteht (Rn 115).

H. Beweislast?

119 Nach weit verbreiteter Ansicht soll Art. 5 eine implizite Aussage zur Beweislast enthalten, etwa derart, dass der Geschädigte die Voraussetzungen des Abs. 1 S. 1 beweisen müsste, der potenziell Haftende dagegen die Nichtvoraussehbarkeit im Sinne des Abs. 1 S. 2.[149] Diese Ansicht übersieht, dass das anzuwendende Recht nach der Rom II-VO grundsätzlich nicht der Disposition der Parteien unterliegt[150] und von diesen auch nicht zu beweisen, sondern vom Gericht von Amts wegen zu ermitteln ist. Die Frage, welches Recht auf einen bestimmten Sachverhalt Anwendung findet, ist eine Rechtsfrage. Eine Situation des *non liquet* und eine Entscheidung nach Beweislast kann es daher nicht geben.[151]

120 Die gesamte Diskussion um eine angebliche Beweislast für diese oder jede Voraussetzung des Art. 5 – wie im Übrigen jeder anderen Vorschrift der Rom II-VO – ist daher verfehlt. In der Praxis wird das Gericht zwar häufig annehmen, das Inverkehrbringen in einem bestimmten Staat sei für den Inanspruchgenommenen voraussehbar gewesen, wenn er nicht substantiiert spezifische Gesichtspunkte vorbringt, die dagegen sprechen. Doch ergibt sich dies aus den Umstäden, weil das Gericht von sich aus nicht in die inneren Vorgänge des Produzenten oder Händlers Einblick hat. Eine Beweislast im rechtlichen Sinne ist dies nicht. Sollten Zweifel bestehen, muss das Gericht eine Entscheidung nach überwiegender Wahrscheinlichkeit und nicht nach einer in Art. 5 versteckten Darlegungs- oder Beweislastregel fällen.

---

147 Siehe Art. 3 Rom I-VO.
148 Ähnlich Rauscher/*Unberath/Cziupka*, EuZPR/EuIPR, Art. 5 Rn 51.
149 Siehe *Symeonides*, 56 Am. J. Comp. L. 173, 206 (2008); *Heiss/Loacker*, JBl. 2007, 613, 628 bei Fn 190; *Illmer*, RabelsZ 73 (2009), 269, 303 f; MüKo/*Junker*, Art. 5 Rn 55; Calliess/*Schmid/Pinkel*, Art. 5 Rn 37; BeckOK-BGB/*Spickhoff*, Art. 5 Rn 11; *ders.*, in: FS Kropholler 2008, S. 671, 682; Palandt/Thorn, Art. 5 Rn 10; Rauscher/*Unberath/Cziupka*, EuZPR/EuIPR, Art. 5 Rn 49.
150 Die Ausnahme des Art. 14 bestätigt diese Regel.
151 Siehe MüKo-ZPO/*Prütting*, 3. Aufl. 2008, § 293 Rn 59.

Artikel 6 Unlauterer Wettbewerb und den freien Wettbewerb einschränkendes Verhalten

(1) Auf außervertragliche Schuldverhältnisse aus unlauterem Wettbewerbsverhalten ist das Recht des Staates anzuwenden, in dessen Gebiet die Wettbewerbsbeziehungen oder die kollektiven Interessen der Verbraucher beeinträchtigt worden sind oder wahrscheinlich beeinträchtigt werden.

(2) Beeinträchtigt ein unlauteres Wettbewerbsverhalten ausschließlich die Interessen eines bestimmten Wettbewerbers, ist Artikel 4 anwendbar.

(3)
a) Auf außervertragliche Schuldverhältnisse aus einem den Wettbewerb einschränkenden Verhalten ist das Recht des Staates anzuwenden, dessen Markt beeinträchtigt ist oder wahrscheinlich beeinträchtigt wird.
b) Wird der Markt in mehr als einem Staat beeinträchtigt oder wahrscheinlich beeinträchtigt, so kann ein Geschädigter, der vor einem Gericht im Mitgliedstaat des Wohnsitzes des Beklagten klagt, seinen Anspruch auf das Recht des Mitgliedstaats des angerufenen Gerichts stützen, sofern der Markt in diesem Mitgliedstaat zu den Märkten gehört, die unmittelbar und wesentlich durch das den Wettbewerb einschränkende Verhalten beeinträchtigt sind, das das außervertragliche Schuldverhältnis begründet, auf welches sich der Anspruch stützt; klagt der Kläger gemäß den geltenden Regeln über die gerichtliche Zuständigkeit vor diesem Gericht gegen mehr als einen Beklagten, so kann er seinen Anspruch nur dann auf das Recht dieses Gerichts stützen, wenn das den Wettbewerb einschränkende Verhalten, auf das sich der Anspruch gegen jeden dieser Beklagten stützt, auch den Markt im Mitgliedstaat dieses Gerichts unmittelbar und wesentlich beeinträchtigt.

(4) Von dem nach diesem Artikel anzuwendenden Recht kann nicht durch eine Vereinbarung gemäß Artikel 14 abgewichen werden.

Literatur: Internationales Wettbewerbsrecht: *J. Basedow* et al. („Hamburg Group for Private International Law"), Comments on the European Commission's Draft Proposal for a Council Regulation on the Law Applicable to Non-Contractual Obligations, RabelsZ (67) 2003, S. 1; *J. Glöckner*, Der grenzüberschreitende Lauterkeitsprozess nach BGH vom 11.2.2010 – Ausschreibung in Bulgarien, WRP 2011, S. 137; *Jan v. Hein*, Europäisches Internationales Deliktsrecht nach der Rom II-Verordnung, ZEuP 2009, S. 6; *A. Junker*, Die Rom II-Verordnung: Neues Internationales Deliktsrecht auf europäischer Grundlage, NJW 2007, S. 3675; *W.-F. Lindacher*, Die internationale Dimension lauterkeitsrechtlicher Unterlassungsansprüche: Marktterritorialität versus Universalität, GRUR Int. 2008, S. 453; *P. Mankowski*, Herkunftslandprinzip und deutsches Umsetzungsgesetz zur e-commerce-Richtlinie, IPRax 2002, S. 257; *ders.*, Was soll der Anküpfungsgegenstand des (europäischen) Internationalen Wettbewerbsrechts sein?, GRUR Int. 2005, S. 634; *ders.*, Das Herkunftslandprinzip als Internationales Privatrecht der e-commerce-Richtlinie, ZVglRWiss 100 (2001), 137; *W.-H. Roth*, Europäische Kollisionsrechtsvereinheitlichung, EWS 2011, 314; *R. Sack*, Internationales Lauterkeitsrecht nach der Rom II-VO, WRP 2008, S. 845; *ders.*, Das Herkunftslandprinzip der E-Commerce-Richtlinie und der Vorlagebeschluss des BGH vom 10.11.2009, EWS 2010, S. 70; *H.-J. Sonnenberger*, Randbemerkungen zum Allgemeinen Teil eines europäisierten IPR, in *D. Baetge* et al. (Hrsg.), Die richtige Ordnung, Festschrift für Jan Kropholler zum 70. Geburtstag, Tübingen 2008; *G. Wagner*, Die neue Rom II-Verordnung, IPRax 2008, S. 1; *R. Wagner*, Zur Vereinheitlichung des Internationalen Privat- und Zivilverfahrensrechts sieben Jahre nach In-Kraft-Treten des Amsterdamer Vertrags, EuZW 2006, S. 424.

Internationales Kartellrecht: *D. Ashton/Chr. Vollrath*, Choice of court and applicable law in tortious actions for breach of Community competition law, ZWeR 2006, S. 1; *J. Basedow/Chr. Heinze*, Kartellrechtliche Schadensersatzklagen und Art. 6 Nr. 1 EuGVO, in Bechtold u.a. (Hrsg.), Recht, Ordnung und Wettbewerb, Festschrift zum 70. Geburtstag von Wernhard Möschel, 2011, S. 63; *J. Fitchen*, Choice of Law in International Claims based on Restrictions of Competition: Article 6(3) of the Rome II Regulation, JPIL 2009, S. 337; *St. Francq/W. Wurmnest*, International Antitrust Claims under the Rome II Regulation, in: Jürgen Basedow et al (Hrsg.), International Antitrust Litigation, Conflict of Laws and Coordination, Oxford 2012, S. 91; *F. J. Garcimartin Alférez*, The Rome II Regulation: On the way towards a European Private International Law Code, EuLF 2007, I-77; *H. I. Maier*, Marktortanknüpfung im internationalen Kartelldeliktsrecht, 2011; *P. Mankowski*, Schadensersatzklagen bei Kartelldelikten – Fragen des anwendbaren Rechts und der internationalen Zuständigkeit, Zentrum für Europäisches Wirtschaftsrecht (Hrsg.), Vorträge und Berichte Nr. 194, 2012; *ders.*, Das neue Internationale Kartellrecht des Art. 6 Abs. 3 der Rom II-VO, RIW 2008, S. 177; *M. Martinek*, Das uneingestandene Auswirkungsprinzip des EuGH zur extraterritorialen Anwendbarkeit der EG-Wettbewerbsregeln, IPRax 1989, S. 347; *ders.*, Internationales Kartellprivatrecht, 1987; *E. Rodriguez Pineau*, Conflict of Laws comes to the Rescue of Competition Law: The New Rome II Regulation, JPIL 2009, S. 311; *W.-H. Roth*, Internationales Kartelldeliktsrecht in der Rom II-VO, in Dietmar Baetge et al. (Hrsg.), Die richtige Ordnung, Festschrift für Jan Kropholler zum 70. Geburtstag, 2008, S. 623; *U. Scholz/G. Rixen*, Die neue europäische Kollisionsnorm für außervertragliche Schuldverhältnisse aus wettbewerbsbeschränkendem Verhalten, EuZW 2008, S. 327; *D.-P. L. Tsakas*, Die Haftung für Kartellverstöße im internationalen Rechtsverkehr, 2011; *M. Weller*, Kartellprivatrechtliche Klagen im Europäischen Prozessrecht: ‚Private enforcement' und die Brüssel I-VO, ZVglRWiss 110 (2013), 89; *M. Wilderspin*, Jurisdictional Issues: Brussels I Regulation (Articles 6 (1), 23, 27 and 28 in Antitrust Litigation, in Jürgen Basedow et al. (Hrsg.), International Antitrust Litigation, Conflict of Laws and Coordination, 2012, S. 41 ff; *D. Zimmer/A. Leopold*, Private Durchsetzung des Kartellrechts und der Vorschlag zur Rom II-VO, EWS 2005, S. 149.

A. Allgemeines	1		b) Keine Auflockerung der Marktortanknüpfung	17
B. Regelungsgehalt	2		c) Konkretisierungen der Marktortanknüpfung	18
I. Lauterkeitsrecht (Abs. 1 und 2)	2		d) Streudelikte	19
1. Entstehungsgeschichte	3		e) Korrektur durch die e-commerce-Richtlinie	21
2. Anknüpfungsgegenstand: „unlauterer Wettbewerb"	5		aa) Wortlaut	22
3. Qualifikationsfragen	7		bb) Entstehungsgeschichte	23
a) (Verbraucher-)Vertragsrecht (Artt. 3, 6 Rom I-VO)	8		cc) Deutungen im Schrifttum	24
			dd) Streitentscheidung durch EuGH	25
b) Allgemein-deliktisches Verhalten (Art. 4)	9		5. Ausschließliche Beeinträchtigung der Interessen eines bestimmten Wettbewerbers (Abs. 2)	26
c) Verletzung von absoluten Rechten durch wettbewerbliches Verhalten	10		II. Kartellrecht (Abs. 3)	28
d) Eingriff in Immaterialgüterrechte (Art. 8)	12		1. Entstehungsgeschichte	29
e) Bilaterale Interessenverletzung (Abs. 2)	13		2. Qualifikation	30
f) Vorbereitungshandlungen	14		3. Umfang der Verweisung	33
g) Kartellrecht	15		4. Regelanknüpfung (Abs. 3 lit. a)	36
4. Anknüpfungspunkt	16		5. Sonderanknüpfung für Streudelikte (Abs. 3 lit. b)	37
a) Marktort	16			

A. Allgemeines

1 Art. 6 ist nach Erwägungsgrund 21 S. 1 **„Sonderregel"** für wettbewerbswidriges Verhalten. Zu solchem Verhalten gehört zum einen der unlautere Wettbewerb, zum anderen die Kartellbildung. Die Vorschrift führt nach dem Verständnis des Normgebers aber für diese Verhaltensweisen keine deliktische Sonderanknüpfung ein, sondern **präzisiert** vielmehr die **Regelanknüpfung** an den Tatort in Art. 4 der Verordnung. Abs. 1 und 2 regeln dabei den unlauteren Wettbewerb, Abs. 3 betrifft die Kartellbildung. Der eigenständig zu bestimmende Tatort für Wettbewerbsdelikte ist abstrakt-generell der durch den unlauteren Wettbewerb beeinträchtigte Marktort (**Marktortprinzip**) bzw der Ort der aus dem Kartell erwachsenden Auswirkungen (**Auswirkungsprinzip**). Abs. 2 nimmt wettbewerbswidriges Verhalten, das sich ausschließlich gegen die Interessen eines bestimmten Wettbewerbers richtet, vom Anwendungsbereich des Abs. 1 aus und unterstellt solches Verhalten damit der deliktischen Grundanknüpfung in Art. 4 der Verordnung. Abs. 4 erklärt die Anknüpfungen in Abs. 1 bis 3 für rechtswahlfest.

B. Regelungsgehalt

I. Lauterkeitsrecht (Abs. 1 und 2)

2 Nach Erwägungsgrund 21 S. 2 soll „im Bereich des unlauteren Wettbewerbs ... die Kollisionsnorm die Wettbewerber, die Verbraucher und die Öffentlichkeit schützen und das reibungslose Funktionieren der Marktwirtschaft sicherstellen". Das Schrifttum spricht von einer **„Schutzzwecktrias"**[1] bzw einem „integrierten Modell".[2] Diese Schutzzwecksetzung leitet die Qualifikation. Erfasst sind Regelungen für Wettbewerber untereinander wie auch Regelungen für das Verhältnis der Anbieter zum Abnehmer („Marktgegenseite"), insbesondere Verbraucher, und schließlich Regelungen zum Schutz des Marktes als Institution. Diese Schutzzwecktrias findet eine sachrechtliche Entsprechung etwa im deutschen UWG.[3]

3 **1. Entstehungsgeschichte.** Art. 6 war Gegenstand **großer Auseinandersetzungen**. Im Kern ging es um die Frage, ob eine Sondervorschrift für Wettbewerbsdelikte sinnvoll ist. Hieran entzündete sich die Grundsatzfrage, ob das europäische Kollisionsrecht – die Rom II-VO war entgegen ihrer Ordnungsziffer die erste der europäischen Verordnungen zum Kollisionsrecht – mit eher offenen und flexiblen, also „anglo-amerikanischen" Tatbeständen operieren oder eher präzise, primär auf Rechtssicherheit zielende, „kontinentaleuropäische" Tatbestände schaffen solle.[4]

4 Der Kommissionsvorschlag von 2003 enthielt mit seinem Art. 5 zunächst eine Sondervorschrift zum Wettbewerbsrecht.[5] Zur Begründung stützte sich die Kommission auf Vorbilder in mehreren mitgliedstaatlichen Rechtsordnungen. Im Europäischen Parlament formierte sich allerdings bereits in der ersten Lesung starker

---

[1] Etwa MüKo/*Drexl*, IntWettbR, Art. 6 Rom II-VO Rn 4; vgl auch KOM (2003) 427, S. 17: „dreifaches Ziel"; Staudinger/*Fezer/Koos*, IntWirtschR, Art. 6 Rom II-VO Rn 641 ff.

[2] Palandt/*Thorn*, Art. 6 Rn 2; Rauscher/*Unberath/Cziupka*, EuIPR/IZVR, Art. 6 Rn 13.

[3] Hierzu *Lindacher*, GRUR Int. 2008, 453: „Kennzeichen modernen Lauterkeitsrechts".

[4] Hierzu zB *W. H. Roth*, EWS 2011, 314, 320 *v. Hein*, ZEuP 2009, 6, 18 f; *Mankowski*, GRUR Int. 2005, 634, 635.

[5] KOM (2003) 427 S. 17 und 38.

Widerstand.⁶ Der Rechtsausschuss schlug vor, Art. 5 des Vorschlags ersatzlos zu streichen und Wettbewerbsdelikte der Regelanknüpfung zu unterstellen, weil diese nicht zuletzt in ihrer Unbestimmtheit gerade für den besonderen Anknüpfungsgegenstand wie auch im Übrigen sachgerecht sei. Überdies bereite die Abgrenzung allgemeiner von wettbewerblichen Delikten Schwierigkeiten.⁷ In der Tat kennen nicht alle mitgliedstaatlichen Rechtsordnungen eine eigenständige Sondermaterie des „unlauteren Wettbewerbs",⁸ so dass für diese Mitgliedstaaten, etwa das Vereinigte Königreich,⁹ eine Sonderanknüpfung unplausibel erscheinen musste. Die Kommission blieb freilich in ihrem Geänderten Vorschlag von 2006 bei ihrem ursprünglichen Ansatz.¹⁰ Erneut widersetzte sich das Europäische Parlament.¹¹ Der Rat stellte sich auf die Seite der Kommission. Erst das Vermittlungsverfahren brachte die Einigung auf den nunmehr vorliegenden Text von Abs. 1 und 2.

2. Anknüpfungsgegenstand: „unlauterer Wettbewerb". Eine Definition liefert der Verordnungstext nicht. Wie immer sind Systembegriffe europäisch-autonom auszulegen. Die Kommission führt in ihren Erläuterungen Regelbeispiele an.¹² Danach sind erfasst zB „Handlungen, die auf die Nachfrage Einfluss zu nehmen trachten (zB Täuschung und Zwang), Handlungen, die das Angebot von Wettbewerbern behindern sollen (zB Störung der Zulieferung, Abwerbung von Angestellten oder Boykott), oder Handlungen, mit denen Vorteile eines Wettbewerbers missbraucht werden (zB Schaffung einer Verwechslungsgefahr oder Ausnutzung seines Bekanntheitsgrades)." Abstrakt lässt sich formulieren, dass der Anknüpfungsgegenstand des „unlauteren Wettbewerbs" **jegliches Handeln zu Wettbewerbszwecken** („Wettbewerbsverhalten") erfasst.¹³ Abs. 1 betrifft innerhalb dieses Wettbewerbsverhaltens **unmittelbar marktbezogenes**, also die Marktgegenseite betreffendes Wettbewerbsverhalten, Abs. 2 Wettbewerbsverhalten, das **unmittelbar nur gegen bestimmte Konkurrenten** gerichtet ist.

Weitere Orientierung bietet das **europäische Sachrecht**.¹⁴ Allerdings erfolgt die kollisionsrechtliche Qualifikation nicht allein nach sachrechtlichen Maßgaben.¹⁵ Ferner beschreibt die Definition von Wettbewerbsverhalten bzw „Geschäftspraktiken" in Art. 2 lit. d der Richtlinie über unlautere Geschäftspraktiken nur einen Teil der kollisionsrechtlich eindeutig von Art. 6 erfassten Verhaltensweisen. Denn ausweislich der Erwägungsgründe 6 und 8 der Richtlinie bleiben Verhaltensweisen, die unmittelbar nur den Konkurrenten betreffen, vom Anwendungsbereich der Richtlinie ausgeklammert und den mitgliedstaatlichen Gesetzgebern überlassen. Damit gewinnt Art. 2 lit. d der Richtlinie vor allem Bedeutung für die Abgrenzung zwischen Art. 6 Abs. 1 und Abs. 2 Rom II-VO.

3. Qualifikationsfragen. Der solchermaßen konkretisierte Systembegriff des unlauteren Wettbewerbs muss Abs. 1 und 2 innerhalb der Verordnung insbesondere abgrenzen von Art. 4 (**allgemeine Delikte**) und Art. 8 (**Immaterialgüterrechtsverletzung**). Innerhalb von Art. 6 ist ferner zu unterscheiden zwischen unmittelbar marktbeeinträchtigendem Wettbewerbsverhalten nach Abs. 1 und unmittelbar nur Konkurrenten betreffendes Wettbewerbsverhalten nach Abs. 2 sowie Schuldverhältnissen aus **Kartellrechtsverletzungen** nach Abs. 3. Außerhalb der Rom II-VO ist das Wettbewerbsstatut vom **Vertrags**statut nach Art. 3 Rom I-VO bzw Verbrauchervertragsstatut nach Art. 6 Rom I-VO, gegebenenfalls korrigiert durch Eingriffsnormen iSv Art. 9 Rom I-VO, abzugrenzen. Konkret stellen sich damit insbesondere folgende Qualifikationsfragen:

a) (Verbraucher-)Vertragsrecht (Artt. 3, 6 Rom I-VO). Ursprünglich regelte das Wettbewerbsrecht das Verhalten des Unternehmers im Vorfeld der Vertragsanbahnung, das Verbrauchervertragsrecht die Vertragsanbahnung, den Vertragsabschluss sowie Inhalt und Durchführung des Verbrauchervertrags. Die Richtlinie über unlautere Geschäftspraktiken überschreitet diese Grenzziehung und enthält Maßgaben für die individuelle Rechtsbeziehung zwischen Unternehmer und Verbraucher bis hin zur Vertragsdurchfüh-

---

6   Hierzu zB *R. Wagner*, EuZW 2006, S. 424, 425.
7   Bericht des Rechtsausschusses über eine Verordnung des Europäischen Parlaments und des Rates über das auf außervertragliche Schuldverhältnisse anzuwendende Recht („Rom II"), KOM(2003)0427 – C5-0338/2003 – 2003/0168(COD), Begründung zum Änderungsantrag 29.
8   MüKo/*Drexl*, IntWettbR, Art. 6 Rom II-VO Rn 102.
9   *Mankowski*, GRUR Int. 2005, 634, 635.
10 Geänderter Vorschlag der Kommission vom 21.2.2006 für eine Verordnung des Europäischen Parlaments und des Rates über das auf außervertragliche Schuldverhältnisse anzuwendende Recht („Rom II"), KOM (2006) 83, S. 16 f.
11 Legislative Entschließung des Europäischen Parlaments vom 9.1.2007 zu dem Gemeinsamen Standpunkt des Rates im Hinblick auf den Erlass der Verordnung des Europäischen Parlaments und des Rates über das auf außervertragliche Schuldverhältnisse anzuwendende Recht („Rom II"), P6_TA-PROV (2007)0006, Abänderung 17.
12 KOM (2003) 427 S. 17.
13 MüKo/*Drexl*, IntWettbR, Art. 6 Rom II-VO Rn 110.
14 RL 2005/29/EG über unlautere Geschäftspraktiken bzw RL 2006/114/EG über irreführende und vergleichende Werbung.
15 Vgl auch *Sonnenberger*, FS Kropholler, 2008, S. 239 ff; zur „sachnormzweckgerechten" Anknüpfung, die „regulative Funktion" gerade des Europäischen IPR betonend *W.-H. Roth*, EWS 2011, 314, 322.

rung.[16] Erforderlich ist deswegen eine Abgrenzung zum Vertragsstatut. Die **Haftung des Unternehmers für Herstellerangaben** nach § 434 Abs. 1 S. 3 BGB ist zB dem Vertragsstatut zuzuweisen.[17] Denn diese Frage betrifft den Schutz des Vertrauens des Verbrauchsgüterkäufers in seine berechtigten Erwartungen an die subjektive Äquivalenz zwischen Leistung und Gegenleistung. Wettbewerbsrechtlich dürfte hingegen § 312 e BGB zu qualifizieren sein.[18] Hierfür spricht, dass der **Wegfall der Wertersatzpflicht** des Verbrauchers im Fernabsatzgeschäft bei Verletzung der Belehrungspflicht des Unternehmers am ehesten als Sanktion des unlauter Wettbewerb treibenden Unternehmers zu verstehen ist und nicht primär als Ausdruck individuellen Interessenausgleichs zwischen den Parteien. Die Verlängerung der Widerrufsfrist nach § 312 d Abs. 3 S. 2 BGB bei Verletzung der Pflichten des Fernabsatzunternehmers unterfällt hingegen wieder dem Vertragsstatut.[19] Die Haftung aus **Gewinnzusagen** iSv § 661 a BGB wird teils vertraglich,[20] teils deliktisch als c.i.c.[21] oder schließlich als Eingriffsnorm qualifiziert,[22] jedenfalls nicht als „unlauteres Wettbewerbsverhalten" iSv Art. 6 Abs. 1.[23] Die Zulässigkeitsvoraussetzungen der erlaubnispflichtigen **Rechtsberatung** nach Art. 1 § 1 RBerG[24] qualifizierte die Rechtsprechung wettbewerbsrechtlich.[25]

9 b) **Allgemein-deliktisches Verhalten (Art. 4).** Art. 6 Abs. 1 setzt ein wettbewerbliches Verhalten voraus. Allgemein-deliktisches Verhalten führt hingegen zur Anwendung von Art. 4. Allgemein-deliktisches Verhalten ist **nicht „marktbezogen"**, führt also nicht spezifisch zur Beeinträchtigung von Marktchancen des Mitbewerbers.[26]

10 c) **Verletzung von absoluten Rechten durch wettbewerbliches Verhalten.** Schwierigkeiten bereitet die Qualifikation, wenn ein wettbewerbliches Verhalten absolute Rechte verletzt. Wenn ein Wettbewerber zB das **Eigentum** oder etwa das **Namensrecht** des Konkurrenten verletzt, fallen Ansprüche aus der Verletzung des absoluten Rechts unter die allgemein-deliktische Anknüpfung von Art. 4. Daneben treten gegebenenfalls spezifisch wettbewerbsrechtliche Ansprüche. Das auf letztere anwendbare Recht richtet sich nach Art. 6 Abs. 1 und 2. Anderes gilt nur für Eingriffe in das Rahmenrecht des **eingerichteten und ausgeübten Gewerbebetriebs** nach deutschem Sachrecht. Diese Eingriffe sind **funktional Wettbewerbshandlungen** und unterfallen damit Art. 6.[27] Da allerdings sachrechtlich die Betriebsbezogenheit des Eingriffs verlangt wird, ist kollisionsrechtlich regelmäßig Abs. 2 einschlägig. Dies gilt etwa für die **unberechtigte Schutzrechtsverwarnung** zu Wettbewerbszwecken,[28] welche die deutsche Rechtsprechung sachrechtlich als allgemein-deliktsrechtlichen Eingriff in den eingerichteten und ausgeübten Gewerbebetrieb qualifiziert.[29]

11 Verweist das Wettbewerbsstatut auf ein Sachrecht, das allgemeindeliktischen Rechtsschutz anstelle spezifisch wettbewerbsrechtlichen Rechtsschutzes bietet, dann sind die allgemeindeliktischen Vorschriften zur Anwendung berufen.

12 d) **Eingriff in Immaterialgüterrechte (Art. 8).** Entsprechendes gilt bei Eingriffen in Immaterialgüterrechte. Die Verletzung solcher Rechte löst Ansprüche zum Schutz von Ausschließlichkeitsrechten aus. Diese unterfallen Art. 8 als *lex specialis*.[30] Daneben können spezifisch wettbewerbsrechtliche Ansprüche entstehen. Diese unterfallen Art. 6. Theoretisch können damit auf ein und denselben Sachverhalt unterschiedliche Rechtsordnungen Anwendung finden. Regelmäßig führen aber die Anknüpfungspunkte zum selben Sachrecht. Ist dies einmal nicht der Fall, steht allerdings keine Ausweichklausel oder akzessorische Anknüpfung etc. zur Verfügung. Besondere Qualifikationsprobleme bereitet die Anknüpfung von Ansprüchen zum **Schutz geographischer Herkunftsangaben**.[31]

13 e) **Bilaterale Interessenverletzung (Abs. 2).** Wenn das wettbewerbliche Verhalten konkrete Konkurrenten behindert oder beeinträchtigt („Behinderungswettbewerb"), muss geklärt werden, ob Abs. 1 oder Abs. 2 anzuwenden ist. Zu unterscheiden ist zwischen Einwirkungen primär auf die Marktgegenseite mit Behinde-

---

16 Art. 2 lit. d Richtlinie über unlautere Geschäftspraktiken definiert solche als jede Handlung, die „unmittelbar mit der Absatzförderung, dem Verkauf oder der Lieferung eines Produkts an Verbraucher zusammenhängt".
17 MüKo/*Drexl*, IntWettbR, Art. 6 Rom II-VO Rn 130.
18 AaO.
19 AaO.
20 Palandt/*Thorn*, Art. 6 Rn 4.
21 PWW/*Schaub*, Art. 6 Rn 2.
22 *Martiny*, Internationales Vertragsrecht (2010), Rn 43 und S. 598; Staudinger/*Fezer/Koos*, IntWirtschR, Art. 6 Rom II-VO Rn 675.
23 Zur zuständigkeitsrechtlichen Rechtsprechung des EuGH in dieser Frage Calliess/*Weller*, Art. 1 Rom I-VO Rn 18.
24 Außer Kraft getreten zum 1.7.2008, Erlaubniserfordernis ersetzt durch das Registrierungsverfahren nach RDG.
25 BGH, Urt. v. 5.10.2006 – I ZR 7/04, NJW 2007, 596 – Schulden Hulp, juris Tz 15; BGH, Urt. v. 11.11.2004 – I ZR 182/02, GRUR 2005, 355, 356 – Testamentsvollstreckung durch Steuerberater.
26 jurisPK-BGB/*Wurmnest*, Art. 6 Rn 17; MüKo/*Drexl*, IntWettbR, Art. 6 Rom II-VO Rn 140.
27 MüKo/*Drexl*, IntWettbR, Art. 6 Rom II-VO Rn 119.
28 *Sack*, WRP 2008, 845, 851.
29 Grundsätzlich zur Frage BGH, Beschl. v. 15.7.2005 – GSZ 1/04, BGHZ 164, 1, mwN.
30 Palandt/*Thorn*, Art. 6 Rn 4; MüKo/*Drexl*, IntWettbR, Art. 6 Rom II-VO Rn 128; *Junker*, NJW 2007, 3675, 3680; *Sack*, WRP 2008, 845, 858.
31 Hierzu eingehend MüKo/*Drexl*, IntWettbR, Art. 6 Rom II-VO Rn 123 ff.

rungszweck und **Einwirkungen unmittelbar gegen den Konkurrenten**.[32] Einwirkungen primär auf die Marktgegenseite sind zB geschäftsschädigende Äußerungen über den Konkurrenten oder Boykottaufrufe. Diese unterfallen Abs. 1.

f) Vorbereitungshandlungen. Vorbereitungshandlungen wie etwa die **Herstellung von Werbung** haben noch keine Wirkung auf den Marktort. Sie können deswegen nicht unter Abs. 1 der Verordnung fallen, wohl aber, weil Verhalten zu Wettbewerbszwecken, unter Abs. 2. Das danach berufene Sachrecht entscheidet, ob das Verhalten unlauter ist, etwa die Herstellung von Nachahmungen iSv § 4 Nr. 9 UWG. Da diese Vorschrift des Sachrechts zB voraussetzt, dass die Nachahmung auf einem Markt angeboten wird, ist die Herstellung als solche unter deutschem Sachrecht noch nicht unlauter bzw unerlaubte Handlung.[33]

g) Kartellrecht. Wettbewerbliches Verhalten kann nicht nur unlauter sein, sondern zugleich auch die Funktionsbedingungen des Wettbewerbs insgesamt beeinträchtigen. Dann stellt sich die Frage nach der Abgrenzung zum Anwendungsbereich des Abs. 3. Grundsätzlich ist entscheidend, ob die wettbewerbliche Verhaltensregel nur Unternehmen mit **Marktmacht** erfasst – dann Kartellrecht – oder Unternehmen generell – dann Lauterkeitsrecht (genauer hierzu Rn 32).

4. Anknüpfungspunkt. a) Marktort. Das außervertragliche Schuldverhältnis aus unlauterem Wettbewerb ist an das Recht des Staates anzuknüpfen, „in dessen Gebiet die Wettbewerbsbeziehungen oder die kollektiven Interessen der Verbraucher beeinträchtigt worden sind oder wahrscheinlich beeinträchtigt werden". Der Anknüpfungspunkt ist also der Marktort („**Marktortprinzip**")[34] als der Ort der wettbewerblichen Interessenkollision,[35] mithin der Ort, an dem die Wettbewerber um die Marktgegenseite werben bzw auf die Marktgegenseite einwirken („**Einwirkungsprinzip**").[36] Einwirkung in diesem Sinne ist der Erfolg des Wettbewerbsdelikts in Gestalt der Wettbewerbsverzerrung, nicht der Ort von (Vorbereitungs-) Handlungen des Wettbewerbers oder mittelbarer Schadensfolgen.[37] Dies folgt schon daraus, dass Abs. 1 ausweislich Erwägungsgrund 21 nicht Sonderanknüpfung gegenüber der Regelanknüpfung nach Art. 4 sein soll, sondern lediglich dessen Präzisierung. Danach ist zB nur der Empfangsort,[38] nicht aber der Absendeort von Werbung,[39] der Ort der Herstellung nachahmender Produkte, der Ort der Kennzeichnung von Waren sowie der Ort der Ausfuhr solcher Waren kollisionsrechtlich relevant. Denn an letztgenannten Orten kommt es noch nicht zu einer Markteinwirkung. Hieraus folgt, dass nur ein von außen auf einen Markt einwirkende Verhalten dem Marktortrecht unterliegt.[40] Zum Teil wird im deutschen Schrifttum allerdings dafür plädiert, Art. 6 Abs. 1 als Ausprägung des kartellrechtlichen Auswirkungsprinzips zu verstehen, um der konzeptionellen Konvergenz des Rechts des unlauteren Wettbewerbs und des Kartellrechts in einem allgemeinen Wettbewerbs- bzw Marktordnungsrecht kollisionsrechtlich Rechnung zu tragen. Die Grundlegung des Rechts des unlauteren Wettbewerbs im Deliktsrecht sei sachrechtlich wie kollisionsrechtlich überholt[41] *De lege lata* hat allerdings die Rom II-VO ausweislich Erwägungsgrund 21 und den Materialien diesen Schritt nicht vollzogen.

b) Keine Auflockerung der Marktortanknüpfung. Eine Auflockerung der Marktortregel scheidet wegen der starken Drittinteressen aus.[42] Die Anknüpfung an den gemeinsamen Aufenthaltsort oder an einen Ort mit offensichtlich engerer Verbindung im Sinne von Art. 4 Abs. 2 und 3 kommt deswegen, ferner gesetzessystematisch nicht in Betracht. Gleiches gilt für die nachträgliche Rechtswahl, Art. 6 Abs. 4.[43]

c) Konkretisierungen der Marktortanknüpfung. Für **Werbung** kommt es auf den Empfangsort, nicht auf den Ort der Erstellung und Absendung der Werbung an. Dies gilt nach bisheriger Rechtsprechung der deutschen Gerichte auch dann, wenn Werbe- und Absatzmarkt auseinanderfallen,[44] also beispielsweise bei Werbung gegenüber Marktteilnehmern in Deutschland für den Erwerb von Produkten außerhalb Deutschlands (Auslandsimmobilien, Einkauf in ausländischen Ladenlokalen mit längeren Öffnungszeiten) oder

---

32 *Sack*, WRP 2008, 845, 850.
33 MüKo/*Drexl*, IntWettbR, Art. 6 Rom II-VO Rn 117.
34 KOM (2003), 427 S. 17 f.
35 MüKo-UWG/*Mankowski*, IntWettbR Rn 157; *Sack*, WRP 2008, 845, 846.
36 KOM (2003), 427 S. 18; Palandt/*Thorn*, Art. 6 Rn 9; MüKo/*Drexl*, IntWettbR, Art. 6 Rom II-VO Rn 133.
37 *Sack*, WRP 2008, 845, 847.
38 BGH, Urt. v. 30.6.1961 – I ZR 39/60, BGHZ 35, 329 – Kindersaugflaschen.
39 So schon BGH v. 20.12.1963 – Ib ZR 104/62, BGHZ 40, 391, 397 ff – Stahlexport.
40 Palandt/*Thorn*, Art. 6 Rn 9.
41 Staudinger/*Fezer/Koos*, IntWirtschR, Art. 6 Rom II-VO Rn 639: „Anachronismus".
42 BGH, Urt. v. 11.2.2010 – I ZR 85/08, BGHZ 185, 66 – Ausschreibung in Bulgarien, zugleich ausdr. Aufgabe der früheren gegenteiligen Rspr. hierzu seit BGH v. 20.12.1963 – Ib ZR 104/62, BGHZ 40, 391, 397 ff – Stahlexport, eingehend hierzu zB *Glöckner*, WRP 2011, 137; vgl auch *Dreher/Lange*, EWiR 2010, 635.
43 MüKo/*Drexl*, IntWettbR, Art. 6 Rom II-VO Rn 137.
44 So jedenfalls zum autonomen deutschen Kollisionsrecht BGH, Urt. v. 3.12.1971 – I ZR 46/69, NJW 1972, 203 – Besichtigungsreisen I; BGH, Urt. v. 7.11.1975 – I ZR 31/74, MDR 1976, 468 – Besichtigungsreisen II; BGH, Urt. v. 7.11.1975 – I ZR 84/74, WM 1976, 278 – Besichtigungsreisen III (jeweils Werbung für im Ausland gelegene Grundstücke).

umgekehrt. Die Wirkung der inländischen Werbung (auch) auf den ausländischen Absatzmarkt gilt vor inländischen Gerichten als unbeachtliche Auswirkung bzw mittelbare Schadensfolge.[45] Eine Auflockerung der Anknüpfung zugunsten einer selbst offensichtlich engeren Verbindung des Sachverhaltes zu einem anderen Staat als dem Werbemarkt, etwa in **„Gran-Canaria-Fällen"** zu Deutschland, kommt nicht in Betracht.[46] Die Zulässigkeit des **Absatzgeschäfts** – zB hinsichtlich der Ladenöffnungszeiten, des Verkaufs an Sonn- und Feiertagen oder unter Selbstkosten etc. – richtet sich nach dem Recht des Absatzortes.[47] Schwierigkeiten bereitet die Anknüpfung von **Werbung für ausländische Absatzgeschäfte**, wenn es um die Frage geht, ob die Werbung allein deswegen unlauter ist, weil die beworbene Absatzform unlauter ist. Richtigerweise muss die selbstständig anzuknüpfende **Vorfrage**, ob das beworbene Absatzgeschäft am intendierten Absatzort unlauter ist, dem Recht des ausländischen Absatzmarktes unterliegen. Ist danach zB der Verkauf an bestimmten Tagen oder zu bestimmten Uhrzeiten erlaubt, ist die Werbung für solche Absatzgeschäfte im Inland nicht schon deswegen unlauter, weil das Absatzgeschäft, fände es im Inland statt, nicht erlaubt wäre.[48] Dies muss auch dann gelten, wenn die Werbung gerade den Rechtsunterschied zwischen In- und Ausland als Vorteil hervorhebt. Die selbstständige Vorfragenanknüpfung ist zu verallgemeinern auf alle Fälle, in denen die Unzulässigkeit der inländischen Werbung von der Verletzung von Gesetzen außerhalb des Wettbewerbsrechts abhängt (in wettbewerbskollisionsrechtlichem Sprachgebrauch häufig „zweistufige Anknüpfung" genannt).[49] Nicht mehr überzeugend ist es hingegen, die inländische Werbung nach inländischem Werberecht unabhängig von der Zulässigkeit des ausländischen Absatzgeschäfts nach dortigem Absatzrecht für zulässig zu halten, nur weil die inländische Verbotsnorm lediglich inländische Sachverhalte erfassen will.[50] Dass die inländische Verbotsnorm nur inländische Sachverhalte erfassen will, mag isoliert betrachtet zutreffen. Jedoch sollte dies nicht dazu führen, dass Werbung im Inland für jegliche Absatzformen im Ausland zulässig ist, wenn diese Absatzformen im Absatzstaat selbst gar nicht zulässig sind. Bei Verwendung von **AGB** ist das Recht des **Verwendungsstaates** maßgeblich.[51] Dieses Recht bestimmt auch, wer für den Unterlassungsanspruch nach § 8 UWG aktivlegitimiert ist. Die selbstständig anzuknüpfende Vorfrage der Rechtsfähigkeit des klagenden Verbandes richtet sich nach dessen Personalstatut.

19 d) Streudelikte. Besondere Schwierigkeiten bereitet die Anknüpfung von Streudelikten oder *multi state-* **Wettbewerbshandlungen**, also etwa Werbung in international verbreiteten Medien (Presse, Rundfunk, Fernsehen). In gesteigerter Form stellen sich diese Schwierigkeiten bei Wettbewerbshandlungen im **Internet**. Grundsätzlich gilt das **Marktortprinzip**. Es kommt also auch hier auf den Ort der wettbewerblichen Interessenkollision an. Allerdings führt diese Anknüpfung schnell zur Anwendbarkeit einer Vielzahl von Wettbewerbsrechten. Zwar sind viele Wettbewerbshandlungen durchaus territorial zu beschränken. So kann etwa Werbung in international vertriebenen Printmedien für die jeweiligen Landesausgaben angepasst werden. Fernseh- und Rundfunkausstrahlungen können zumindest weitgehend auf das Territorium eines Staates beschränkt werden, so dass es nur in den Grenzgebieten der benachbarten Staaten zu geringfügigen Einwirkungen kommt (**„spill-over"**). Außerdem unterliegt der **Schadensersatz** dem Recht des Staates, für dessen Territorium ein Schaden geltend gemacht wird (**„Mosaiktheorie"**).[52] Es ist also nicht möglich, nach dem Recht eines der Marktortstaaten den Gesamtschaden geltend zu machen. Ebenso wenig ist es möglich, nach dem Recht des Schadensschwerpunktes den Gesamtschaden geltend zu machen. Entsprechendes gilt für Unterlassungsansprüche gerichtet gegen die Verwendung zB von AGB in einem bestimmten Staat. Wenn sich allerdings die Wettbewerbshandlung technisch nicht territorial begrenzen lässt, dann führt bereits die Unzulässigkeit nach einem der berufenen Wettbewerbsrechte zu einem weltweiten Verbot (**„race to the top"**). Es kommt deswegen vor allem für Wettbewerbshandlungen im Internet darauf an, die Anzahl der berufenen Rechtsordnungen sinnvoll zu begrenzen. Die bisherige Rechtsprechung in Deutschland zum autonomen Kollisionsrecht verlangt, dass sich die Werbung bestimmungsgemäß in einem Staat ausgewirkt

---

45 BGH, Urt. v. 15.11.1190 – I ZR 22/89, BGHZ 113, 11 – Kauf im Ausland (Verkauf von Ware auf Gran Canaria gezielt an Deutsche mit späterem Vertragsvollzug in Deutschland als dem Absatzmarkt unter Verwendung von Vertragsformularen ohne Widerrufsbelehrung nach HausTWG).
46 AaO, juris Tz 16, dort mit Einschränkung für gezielte Verlagerung der Werbung ins Ausland – Kaffeefahrt; hierzu OLG Frankfurt, Urt. v. 25.3.1993 – 15 U 226/91, VuR 1994, 116, 117.
47 Spindler/Schuster/*Pfeiffer/Weller/Nordmeier*, Art. 6 Rom II-VO Rn 5; MüKo-UWG/*Mankowski*, IntWettbR Rn 342.
48 *Sack*, WRP 2008, 845, 849.
49 So der Sache nach BGH, Urt. v. 5.10.2006 – I ZR 7/04, NJW 2007, 596, juris Tz 14, 19 – Schulden Hulp, zu Art. 1 § 1 RBerG bei vom Ausland aus erfolgende Rechtsberatung.
50 So aber BGH, Urt. v. 13.5.2004 – I ZR 264/00, GRUR 2004, 1035, juris Tz 19 – Rotpreis Revolution.
51 Palandt/*Thorn*, Art. 6 Rn 11; für die grenzüberschreitende Verbandsklage differenzierend *Pfeiffer*, NJW 1999, 3674, 3680.
52 Palandt/*Thorn*, Art. 6 Rn 12; jurisPK-BGB/*Wurmnest*, Art. 6 Rn 20.

haben muss.[53] Nach anderer Auffassung ist die Einwirkung objektiv zu bestimmen.[54] Beide Auffassungen unterscheiden sich eher begrifflich als im Anknüpfungsergebnis. Denn auch die Rechtsprechung muss auf objektive Kriterien als Indizien dafür zurückgreifen, auf welche Staaten sich etwa eine Internetwerbung bestimmungsgemäß auswirken soll. Maßgeblich sind dabei insbesondere die Sprache der Website, erklärte und tatsächlich befolgte (sonst: *venire contra factum proprium* – ein Rechtsgedanke, der kraft seiner Universalität auch im europäischen Kollisionsrecht gelten wird) territoriale Selbstbeschränkungen („disclaimer"),[55] aber auch die Eigenschaften der beworbenen Produkte.[56]

Umstritten ist, ob das Recht von Staaten, die lediglich geringfügige Einwirkungen verzeichnen, von vornherein von der Berufung zur Anwendung auf die Wettbewerbshandlung ausgeschlossen werden können („**kollisionsrechtliche Spürbarkeitstheorie**"). Nach der älteren deutschen Rechtsprechung ist dies der Fall.[57] Die neuere Rechtsprechung neigt eher zu einer sachrechtlichen Spürbarkeitsprüfung („hinreichender wirtschaftlich relevanter Inlandsbezug") als ungeschriebene Tatbestandsvoraussetzung für das eigene materielle Wettbewerbsrecht.[58] Der Wortlaut von Abs. 1 schweigt zu dieser Frage. Allerdings enthielten noch beide Vorschläge der Kommission die Voraussetzung, dass die Interessenbeeinträchtigung „wesentlich" sein müsse. Diese Voraussetzung findet sich nun nicht mehr. Dann aber ist mindestens Vorsicht geboten, in die Vorschrift wieder ein kollisionsrechtliches Spürbarkeitsprinzip hineinzulesen.[59] Jedenfalls müsste die Frage dem EuGH vorgelegt werden. Sachrechtlich sind die Mitgliedstaaten natürlich frei[60] – solange es nicht wiederum um die Umsetzung von Sachrecht aus unionsrechtlichem Sekundärrecht geht und dieses möglicherweise ein materielles Spürbarkeitsprinzip enthält. 20

e) Korrektur durch die e-commerce-Richtlinie. Bei Wettbewerbshandlungen im Internet kommt es zu Korrekturen durch die e-commerce-Richtlinie.[61] Die dogmatische Rekonstruktion und die Ergebnisse dieser Korrekturen sind allerdings nach wie vor umstritten. 21

aa) Wortlaut. Ausgangspunkt muss der Wortlaut der e-commerce-Richtlinie sein. Nach Art. 3 Abs. 1 der Richtlinie trägt jeder Mitgliedstaat dafür Sorge, dass die Dienste der Informationsgesellschaft, die von einem in seinem Hoheitsgebiet niedergelassenen Diensteanbieter erbracht werden, den in diesem Mitgliedstaat geltenden innerstaatlichen Vorschriften entsprechen, die in den koordinierten Bereich fallen. Nach Art. 3 Abs. 2 der Richtlinie dürfen die Mitgliedstaaten den freien Verkehr von Diensten der Informationsgesellschaft aus einem anderen Mitgliedstaat nicht aus Gründen einschränken, die in den koordinierten Bereich fallen. Art. 1 Abs. 4 der Richtlinie stellt u.a. fest, dass diese Richtlinie keine zusätzlichen Regeln im Bereich des internationalen Privatrechts schafft. Diese Maßgaben für die Mitgliedstaaten setzt Deutschland mit §§ 3 Abs. 1 und 2 sowie 1 Abs. 5 Telemediengesetz (TMG) um. Zu den „Telemedien" gehört nach der Legaldefinition in § 1 Abs. 1 S. 1 TMG insbesondere das Internet („alle elektronischen Informations- und Kommunikationsdienste"). Wettbewerber, die Wettbewerbshandlungen über Internet vornehmen, sind damit Diensteanbieter im Sinne der Vorschrift.[62] Konkret stellt sich damit die Frage, welchem (Wettbewerbs-) Recht ein Wettbewerber mit Sitz in einem Mitgliedstaat unterliegt, wenn er über Internet in einem anderen Mitgliedstaat Wettbewerbshandlungen vornimmt, zB Werbung betreibt. 22

bb) Entstehungsgeschichte. Der ursprüngliche Vorschlag der Kommission zur Rom II–VO von 2003 enthielt in Art. 23 Abs. 1 Spiegelstr. 2 eine Regelung zum Verständnis und zum Normgehalt des Herkunftslandprinzips, wonach die Kollisionsnormen der Verordnung solche unionalen Vorschriften „nicht berühren", „die unabhängig von dem nach dieser Verordnung maßgebenden einzelstaatlichen Recht auf das außervertragliche Schuldverhältnis anzuwenden sind."[63] Zwar ist dieser ausdrückliche Verweis im Normtext schließlich entfallen. Vorschläge zu einer abschließenden und ausdrücklichen Regelung des Verhältnisses von Marktortprinzip und Herkunftslandprinzip wurden also nicht aufgegriffen,[64] obwohl diese Prinzi- 23

---

53 BGH, Urt. v. 5.10.2006 – I ZR 7/04, NJW 2007, 596, juris Tz 13 – Schulden Hulp.
54 Etwa *Sack*, WRP 2008, 845, 852: objektives Auswirkungspotential genügt.
55 Im Ergebnis so auch BGH, Urt. v. 30.3.2006 – I ZR 24/03, BGHZ 167, 91, LS 1 – Arzneimittelwerbung im Internet.
56 Werbung für örtliche Gastronomie, Krankengymnastik etc. wirkt sich bestimmungsgemäß bzw objektiv typischerweise nur lokal aus, in den Grenzgebieten zweier Staaten kann dies freilich auch einmal anders sein.
57 BGH, Urt. v. 23.10.1970 – I ZR 86/69, NJW 1971, 323, juris Tz 20 – Tampax.
58 BGH, Urt. v. 13.10.2004 – I ZR 163/02, NJW 2005, 1435, juris Tz 21 – Hotel Maritime.
59 Kollisionsrechtliche Spürbarkeitsschwelle ablehnend zB Palandt/*Thorn*, Art. 6 Rn 13; dafür zB Calliess/*Buchner*, Art. 6 Rn 22 ff.
60 *Sack*, WRP 2008, 845, 854.
61 RL 2000/31/EG vom 8. Juni 2000 über bestimmte rechtliche Aspekte der Dienste der Informationsgesellschaft, insbesondere des elektronischen Geschäftsverkehrs, im Binnenmarkt („Richtlinie über den elektronischen Geschäftsverkehr"), ABl. EG Nr. L 178/1, v. 17.7.2000.
62 Spindler/Schuster/*Holznagel/Ricke*, § 1 TMG Rn 10.
63 Gemeint sind ausweislich der Begründung der Grundsatz der gegenseitigen Anerkennung und der „Grundsatz der Herkunftslandkontrolle", KOM (2003), 427, S. 31.
64 Vgl *Basedow* et al. (Hamburg Group), RabelsZ 67 (2003), 1, 18.

pien fundamental kollidieren. Allerdings stellt jetzt Erwägungsgrund 35 Abs. 2 S. 2 der Verordnung klar, dass das durch die Kollisionsnormen der Verordnung berufene Recht „nicht die Freiheit des Waren- und Dienstleistungsverkehrs, wie sie in den Rechtsinstrumenten der Gemeinschaft wie der Richtlinie 2000/31/EG" (e-commerce-Richtlinie) ausgestaltet ist, beschränkt.

24 **cc) Deutungen im Schrifttum.** Hieraus wird ersichtlich, dass die Kollisionsnormen der Rom II-VO hinter der Ausgestaltung des Waren- und Dienstleistungsverkehrs durch die e-commerce-Richtlinie zurücktreten. Allerdings war umstritten, welche Ausgestaltung der Waren- und Dienstleistungsverkehr im Anwendungsbereich der Richtlinie erfahren hat. Zum Teil wird vertreten, dass Art. 3 Abs. 1 der Richtlinie als **kollisionsrechtliche Gesamtverweisung auf das Recht des Herkunftsmitgliedstaates** zu verstehen sei.[65] Danach hätte das Gericht des Bestimmungsmitgliedstaates zB für die Beurteilung von Werbung im Bestimmungsmitgliedstaat dasjenige Recht zur Anwendung zu bringen, das nach den Kollisionsnormen des Herkunftsmitgliedstaates auf den Sachverhalt anzuwenden ist. Einschlägige Kollisionsnorm aller Mitgliedstaaten ist Art. 6 Abs. 1 Rom II-VO. Diese Kollisionsnorm verweist auf den Ort der wettbewerblichen Interessenkollision, also auf das Sachrecht des Bestimmungsmitgliedstaates. Das Marktortprinzip setzt sich nach dieser Auffassung also im Ergebnis gegen das Herkunftslandprinzip durch. Nach anderer Auffassung ist aus Art. 3 Abs. 1 der Richtlinie eine **Sachnormverweisung auf das Sachrecht des Herkunftsmitgliedstaates** zu entnehmen.[66] Schließlich wird mit Blick auf Art. 1 Abs. 4 der Richtlinie vertreten, dass Art. 3 Abs. 1 der Richtlinie überhaupt nicht als Kollisionsnorm zu verstehen ist, sondern vielmehr als sachrechtlich wirkendes Korrektiv.[67] Danach hat das in Art. 3 Abs. 1 der Richtlinie angeordnete Herkunftslandprinzip strukturell Ähnlichkeit mit dem **Günstigkeitsvergleich** in Art. 6 und 8 Rom I-VO. Geprüft wird danach unter den Maßgaben der Richtlinie das Recht des Bestimmungsmitgliedstaates, also das nach Art. 6 Abs. 2 Rom II-VO berufene Marktortrecht des Werbestaates. Das Sachrecht des Herkunftsmitgliedstaates liefert den Prüfungsmaßstab. Die Bestimmung der beiden zu berücksichtigenden Sachrechte hat dabei natürlich kollisionsrechtlichen Charakter. Der Bedeutungskern dieser Kontrolle liegt aber in einem Günstigkeitsvergleich der Sachrechte. Dieser zielt ersichtlich darauf, dem Diensteanbieter zu ermöglichen, seine Dienste binnenmarktweit einheitlich nach Maßgabe des Sachrechts an seinem Sitz zu erbringen.

25 **dd) Streitentscheidung durch EuGH.** Der EuGH hat den Streit dahin gehend entschieden,[68] dass Art. 3 der e-commerce-Richtlinie keine Umsetzung in Form einer speziellen Kollisionsregel verlangt. Die Mitgliedstaaten müssen allerdings sicherstellen, dass der Anbieter eines Dienstes des elektronischen Geschäftsverkehrs im Ergebnis keinen strengeren Anforderungen unterliegt, als das im Sitzmitgliedstaat dieses Anbieters „geltende Sachrecht" vorsieht. Nach diesen Maßgaben scheidet die Deutung von Art. 3 Abs. 1 der Richtlinie als kollisionsrechtliche Gesamtverweisung auf das Recht des Herkunftsmitgliedstaates mit dem Ergebnis der Anwendbarkeit des Marktortrechts des Bestimmungsmitgliedstaates aus. Raum bleibt damit nur noch für die zweite (Sachnormverweisung auf das Recht des Herkunftsstaates) und dritte Auffassung im Schrifttum (sachrechtliche Konzeption des Günstigkeitsvergleichs). Denn die kollisionsrechtliche Sachnormverweisung stellt ebenso wie der Günstigkeitsvergleich sicher, dass jedenfalls keine strengeren Anforderungen für den Diensteanbieter gelten als nach dem Sitzortrecht. Für die sachrechtliche Deutung im Sinne eines Günstigkeitsvergleichs spricht allerdings die Formulierung des EuGH („keine strengeren Anforderungen"). Vor allem aber greift man mit dem Günstigkeitsvergleich am wenigsten in das nach den unionsrechtlichen Kollisionsregeln an sich berufene Sachrecht ein.[69] Es wird also ein schonender Ausgleich zwischen Marktortprinzip und Herkunftslandprinzip geschaffen, anstatt für den koordinierten Bereich der e-commerce-Richtlinie unmittelbar und vollständig auf das Herkunftslandrecht zu verweisen. Finden sich also im Marktortrecht weniger strenge Anforderungen an das wettbewerbliche Verhalten des Dienstanbieters als nach seinem Heimatrecht, dann kann sich der Diensteanbieter auf das ihm günstigere Marktortrecht berufen.

26 **5. Ausschließliche Beeinträchtigung der Interessen eines bestimmten Wettbewerbers (Abs. 2).** Art. 6 Abs. 2 verweist abweichend von Abs. 1 auf die allgemein-deliktsrechtliche Anknüpfung nach Art. 4 für den Fall, dass ein Wettbewerbsverhalten ausschließlich die Interessen eines bestimmten Wettbewerbers verletzt. Diese Sonderanknüpfung setzt damit zunächst ein Wettbewerbsverhalten voraus. Allgemein-deliktisches Verhalten führt unmittelbar zur Anwendung von Art. 4 (hierzu bereits Rn 9). Verletzt sodann das Wettbewerbsverhalten ausschließlich die Interessen eines bestimmten Wettbewerbers („**bilaterales Wettbewerbsverhalten**"), dann findet über den Verweis in Art. 6 Abs. 2 auf Art. 4 das Recht des Schadensortes („Erfolgsort") Anwendung. Die in Art. 4 Abs. 2 und 3 vorgesehenen Auflockerungen des Deliktsstatuts sind

---

[65] *Sack*, EWS 2010, 70, 72; *ders.*, WRP 2008, 845, 854.
[66] Etwa *Mankowski*, IPrax 2002, S. 257, 258; ausführlich hierzu *ders.*, ZVglRWiss 100 (2001), 137, 138 ff.
[67] Eingehend zB Spindler/Schuster/*Pfeiffer/Weller/Nordmeier*, vor Rom II/Art. 40 EGBGB Rn 6 ff.
[68] EuGH, Urt. v. 25.10.2011 – verb. Rs. C-509/09 und C-161/10 – eDate Advertising GmbH und Martinez, LS 2.
[69] Spindler/Schuster/*Pfeiffer/Weller/Nordmeier*, vor Rom II/Art. 40 EGBGB Rn 11 f.

zu berücksichtigen. Ursprünglich ging es der Kommission darum, diese Auflockerungen auch für die Marktortanknüpfung bilateralen Wettbewerbsverhaltens verfügbar zu machen, nicht darum, insgesamt an den Tatort anzuknüpfen.[70] Die *ratio* der nunmehr vorgesehenen Tatortanknüpfung einschließlich ihrer Auflockerungen liegt darin, dass bei ausschließlich bilateralem Wettbewerbsverhalten der **Marktort nur schwer**, nämlich lediglich als Ort der mittelbaren Marktbeeinträchtigung, **bestimmbar** ist.[71] Außerdem stehen Dritt- bzw Marktinteressen nicht unmittelbar im Raum. Zur Begründung der Norm stützt sich die Kommission auf Vorbilder in nationalen Rechtsordnungen und auf die Rechtsprechung der deutschen Gerichte.[72] In der Tat entschied zunächst der BGH für das Wettbewerbsverhalten zweier deutscher Konkurrenten im Ausland, dass deutsches Wettbewerbsrecht Anwendung findet, wenn sich dieses Wettbewerbsverhalten „speziell gegen einen Wettbewerber richtet".[73] Allerdings entschied der BGH später sowohl für eine ähnliche Konstellation,[74] als auch für die umgekehrte Konstellation, also für das bilateral wirkende Wettbewerbsverhalten zweier französischer Wettbewerber in Deutschland,[75] genau gegenteilig und berief das Marktortrecht zur Anwendung. Jüngst gab der BGH die **Nußbaum'sche Regel** bzw die **„Stahlexport-Doktrin"** sogar ausdrücklich auf.[76] Für das Schrifttum war es schon vor dieser Entscheidung „etablierte Praxis", dass die vom Tatort abweichende Anknüpfung an das Recht des gemeinsamen gewöhnlichen Aufenthaltes der Deliktsbeteiligten nach Art. 40 Abs. 2 EGBGB im Bereich des Lauterkeitsrechts nicht gilt.[77] Begründung war freilich vor allem die Ungleichbehandlung der deutschen Wettbewerber mit ausländischen Wettbewerbern, für welche allein das Marktortrecht gelten solle. Diese Begründung verfängt für die allseitige Kollisionsnorm des Art. 6 Abs. 2 nicht. Von Relevanz ist hingegen das weitere Argument, dass häufig nur schwer zu klären ist, ob es auf einem bestimmten Markt nur Wettbewerber aus einem gemeinsamen Staat oder auch solche aus dritten Staaten gibt. Im Schrifttum wird insbesondere kritisiert, dass die Anknüpfung an das gemeinsame Heimatrecht über die immer auch zu verzeichnenden mittelbaren Marktbeeinträchtigungen zu Wettbewerbsverzerrungen führt.[78] Außerdem ergeben sich Friktionen mit den Nichtdiskriminierungsklauseln internationaler Abkommen.[79]

Entscheidende Qualifikationsfrage für Abs. 2 ist damit, wann ein Wettbewerbsverhalten ausschließlich bilateral ist. Im ersten Ansatz ist dies der Fall, wenn das Verhalten nicht auf die Marktgegenseite einwirkt. Selbst wenn allerdings ein Verhalten nicht unmittelbar auf die Marktgegenseite einwirkt, betrifft Wettbewerbsverhalten *per definitionem* zumindest mittelbar immer auch den Markt selbst. Diese mittelbare Beeinträchtigung darf also nicht bereits dazu führen, dass Abs. 2 nicht zum Zuge kommt. Sonst hätte diese Vorschrift keinen praktischen Anwendungsbereich.[80] Es kommt deswegen darauf an, dass das Wettbewerbsverhalten **„vor allem" das Verhältnis zu einem konkreten Wettbewerber** betrifft und lediglich untergeordnete Wirkungen auf den Markt nach sich zieht.[81] Die Kommission führt folgende Beispiele an: Abwerbung von Angestellten, Bestechung, Industriespionage, Preisgabe eines Geschäftsgeheimnisses, Anstiftung zum Vertragsbruch.[82] In diesen Fällen sieht die Kommission Dritt- bzw Marktinteressen nicht hinreichend beeinträchtigt, um die Auflockerungen des Deliktsstatuts in Art. 4 Abs. 2 und 3 auszuschließen. Im Schrifttum zählt man ferner zum bilateralen Wettbewerbsverhalten die unbefugte Verwertung betrieblicher Vorlagen, insbesondere Software, sowie die unbegründete Schutzrechtsverwarnung.[83] Nicht als bilaterales Wettbewerbsverhalten, weil (mindestens auch) unmittelbar die Marktgegenseite betreffend, wird qualifiziert zB die Verletzung des wettbewerbsrechtlichen Leistungsschutzes, Boykottaufrufe, Rufschädigungen oder die vergleichende Werbung.[84]

II. Kartellrecht (Abs. 3)

Art. 6 Abs. 3 enthält eine Kollisionsnorm für privatrechtliche Ansprüche aus Kartelldelikten. Nach lit. a ist auf außervertragliche Schuldverhältnisse, die aus einem den „Wettbewerb einschränkenden Verhalten" erwachsen, das Recht des Staates anzuwenden, in dessen Gebiet die Wettbewerbsbeziehungen oder die kol-

---

70 KOM (2003), 427, S. 18, unter Verweis auf Art. 3 Abs. 2 und 3 des Vorschlags.
71 MüKo/*Drexl*, IntWettbR, Art. 6 Rom II-VO Rn 141.
72 KOM (2003) 427, S. 18.
73 BGH, Urt. v. 20.12.1963 – Ib ZR 104/62, BGHZ 40, 391, juris Tz 37 – Stahlexport. So schon *Nußbaum*, Internationales Privatrecht (1932), S. 340, deswegen auch „Nußbaum'sche Regel" genannt.
74 BGH, Urt. v. 11.3.1982 – I ZR 39/78, IPRax 1983, 118 (m.Anm. *Schricker*, 103), juris Tz 19 ff – Domgartenbrand.
75 BGH, Urt. v. 4.6.1987 – I ZR 109/85, NJW 1988, 644, juris Tz 24 ff – Ein Champagner unter den Mineralwässern.
76 BGH, Urt. v. 11.2.2010 – I ZR 85/08, BGHZ 185, 66, juris Tz 18 – Ausschreibung in Bulgarien.
77 *Glöckner*, WRP 2011, 137, 138.
78 MüKo/*Drexl*, IntWettbR, Art. 6 Rom II-VO Rn 147.
79 AaO, Rn 148.
80 Palandt/*Thorn*, Art. 6 Rn 17.
81 KOM (2003) 427, S. 18; vgl auch Calliess/*Buchner*, Art. 6 Rom II-VO, Rn 10.
82 Teilweise aA MüKo/*Drexl*, IntWettbR, Art. 6 Rom II-VO Rn 152.
83 *Sack*, WRP 2008, 845, 851.
84 MüKo/*Drexl*, IntWettbR, Art. 6 Rom II-VO Rn 150.

lektiven Interessen der Verbraucher „beeinträchtigt" worden sind. Hinreichend ist bereits, dass diese Beeinträchtigungen wahrscheinlich sind. Abs. 3 lit. b erlaubt es dem Geschädigten bei Auswirkungen der Beeinträchtigung auf mehr als einen Staat („Streudelikt"), unter bestimmten Voraussetzungen das anwendbare Recht auf einen der beeinträchtigten Staaten zu konzentrieren. Nationale Kollisionsnormen wie § 130 Abs. 2 GWB sind damit insoweit verdrängt.[85] Nach Erwägungsgrund 21 handelt es sich auch bei Abs. 3 nicht etwa um eine „Ausnahme von der allgemeinen Regel" in Art. 4 der Verordnung, „sondern vielmehr um eine Präzisierung derselben". Die theoretische Grundlegung des gesamten Abs. 3 der Verordnung im Schnittpunkt zwischen privatrechtlichen Sanktionsansprüchen mit Schutzziel zugunsten des privaten Klägers und öffentlichrechtlichem Kartellrecht gilt als ungeklärt.[86]

29 **1. Entstehungsgeschichte.** Der Verordnungsvorschlag der Kommission von 2003 enthielt keine Kollisionsnorm für Kartelldelikte,[87] ebenso wenig der Geänderte Vorschlag von 2006.[88] Hauptgrund hierfür war, dass zeitgleich Konsultationen zum Grünbuch „Schadensersatzklagen wegen Verletzung des EU-Wettbewerbsrechts"[89] stattfanden. Die Ergebnisse hierzu wollte die Kommission nicht vorwegnehmen. Nachdem sich aber das Bedürfnis für eine Kollisionsnorm zeigte,[90] nahm die Kommission dies zum Anlass, eine spezielle Regelung in das bereits laufende Gesetzgebungsverfahren zur Rom II-VO einzuführen. Ziel war dabei vor allem, die Durchsetzung des EU-Kartellrechts über private Klagen zu stärken („private enforcement").[91] Die jetzige Fassung von Abs. 3 lit. a wurde im Wesentlichen durch einen Gemeinsamen Standpunkt des Rates[92] festgelegt und gegen den Widerspruch des Europäischen Parlamentes durchgesetzt.[93] Abs. 3 lit. b beruht schließlich auf einer Initiative des Europäischen Parlaments im letzten Abschnitt des Gesetzgebungsverfahrens. Damit enthalten die Materialien **kaum ergiebige Hinweise** zur Normauslegung. Insbesondere fehlt eine Begründung, wie sie die Kommission in ihren Vorschlägen sonst liefert. Dies soll wohl durch die vergleichsweise umfangreichen Erwägungsgrund 22 und 23 zu Abs. 3 ausgeglichen werden. Allerdings werfen diese Erläuterungen ihrerseits Verständnisprobleme auf.

30 **2. Qualifikation.** Das „den freien Wettbewerb einschränkende Verhalten" umfasst nach Erwägungsgrund 23 zuvörderst Vereinbarungen zwischen Unternehmen, Beschlüsse von Unternehmensvereinigungen und abgestimmte Verhaltensweisen, die eine Verhinderung, Einschränkung oder Verfälschung des Wettbewerbs in einem Mitgliedstaat oder innerhalb des Binnenmarktes bezwecken oder bewirken, ferner das Verbot der missbräuchlichen Ausnutzung einer beherrschenden Stellung in einem Mitgliedstaat oder innerhalb des Binnenmarktes, sofern alle diese Verhaltensweisen oder Missbräuche nach **Artt. 101, 102 AEUV (Artt. 81, 82 EG)** oder dem Kartellrecht eines Mitgliedstaates verboten sind. Aus der Bezugnahme auf diese Vorschriften ergibt sich, dass die **europäisch-autonome Qualifikation** vornehmlich unter Rückgriff auf die Begriffsbestimmungen des europäischen Kartellrechts einschließlich der Rechtsprechung des EuGH erfolgen soll.[94]

31 Die Abgrenzung zu vertraglichen Ansprüchen folgt nach den Leitlinien der Rechtsprechung des EuGH zu Art. 5 Nr. 1 und 3 EuGVVO. Danach kommt es im Kern darauf an, ob die Verpflichtung freiwillig eingegangen ist.[95] Dies wird etwa – bei wertender Betrachtung – für einen kartellrechtlichen Anspruch auf Kontrahierung („**Kontrahierungszwang**") angenommen.[96]

32 Ferner stellt sich die Aufgabe, das Kartelldeliktsrecht vom **Lauterkeitsrecht** abzugrenzen.[97] Dies ist schon deswegen erforderlich, weil die Konzentration auf die *lex fori* des zuständigen Gerichts eines Mitgliedstaa-

---

85 MüKo/*Immenga*, IntWettbR/IntKartR Rn 67; Staudinger/*Fezer/Koos*, IntWirtschR, Art. 6 Rom II-VO Rn 167.
86 *Francq/Wurmnest*, International Antitrust Claims (2012), S. 128; vgl auch *Rodgriguez Pineau*, JPIL 2009, 311, 335: „hybrid system"; *Mankowski*, RIW 2008, 177, 180; insgesamt kritisch ferner *Fitchen*, JPIL 2009, 337.
87 Kritisch deswegen *Zimmer/Leopold*, EWS 2005, 149, 153 f; vgl auch *Mankowski*, GRUR Int. 2005, 634, 636.
88 KOM (2006) 83, S. 16 f.
89 KOM (2005) 672.
90 AaO S. 11 f.
91 Die Pflicht der Mitgliedstaaten, ihrerseits über die jeweiligen nationalen Deliktsrechte ein effektives private enforcement zu ermöglichen, hat der EuGH grundlegend festgestellt in seinem Urt. v. 20.9.2001, Rs. C-453/99 – Courage Ltd / Bernard Crehan, Tz 26 f; nachfolgend EuGH, Urt. v. 13.7.2006, Rs. C-295-298/04 – Vincenzo Manfredi / Lloyd Adriatico Assicurazioni SpA, Rn 60.
92 Gemeinsamer Standpunkt (EG) Nr. 22/2006, vom Rat festgelegt am 25.9.2006, im Hinblick auf die Annahme der VO (EG) Nr. .../2006 des Europäischen Parlaments und des Rates vom ... über das auf außervertragliche Schuldverhältnisse anzuwendende Recht („Rom II"), ABl. EU 2006 C 289E/68.
93 Eingehend *Francq/Wurmnest*, International Antitrust Claims (2012), S. 93 ff; *Mankowski*, Schadensersatzklagen bei Kartelldelikten (2012), S. 4 ff; *Mankowski*, RIW 2008, S. 177, 178; *Tzakas*, Die Haftung für Kartellrechtsverstöße (2011), S. 319 ff; *Maier*, Marktortanknüpfung (2011), S. 328 ff.
94 *Mankowski*, Schadensersatzklagen bei Kartelldelikten (2012), S. 8; jurisPK-BGB/*Wurmnest*, Art. 6 Rn 11.
95 *Kropholler/v. Hein*, EuZPR, 9. Aufl. 2011, Art. 5 EuGVO, Rn 9 mwN.
96 *Francq/Wurmnest*, International Antitrust Claims (2012), S. 97.
97 *Dickinson*, Rome II Regulation (2008) Rn 6.59: „mutually exclusive".

tes für alle Ansprüche aus Streudelikten nach Maßgabe von Abs. 3 lit. b normsystematisch nur für Kartelldelikte, nicht aber für Lauterkeitsdelikte zur Verfügung stehen soll. Praktisch relevant wird die Abgrenzung zwischen Lauterkeitsrecht und Kartelldeliktsrecht insbesondere bei Verdrängungsmissbrauch und Diskriminierung von Unternehmen mit Marktmacht.[98] Wettbewerbsbeschränkungen von Unternehmen ohne marktbeherrschende Stellung unterfallen danach grundsätzlich dem Lauterkeitsrecht. Leitlinie für die Abgrenzung ist die Funktion der jeweiligen Rechtsgebiete. Lauterkeitsrecht setzt Verhaltensmaßstäbe für den Wettbewerb der einzelnen Wettbewerbsteilnehmer, Kartellrecht schafft und erhält die Voraussetzungen dafür, dass überhaupt Wettbewerb stattfinden kann.[99] Insbesondere Verhaltensweisen nur für Wettbewerber mit Marktmacht sind damit tendenziell kartelldeliktsrechtlich zu qualifizieren, und zwar unabhängig vom systematischen Standort der Verbotsnorm im Sachrecht. Das Verbot des Verkaufs unter Einstandspreis nach § 20 Abs. 2 S. 2 GWB etwa wird danach kartellrechtlich qualifiziert, der Verkauf zum Verlustpreis hingegen lauterkeitsrechtlich.[100]

3. Umfang der Verweisung. Erwägungsgrund 22 ist zu entnehmen, dass Quelle der einschlägigen Verbotsnormen sowohl nationales als auch unionsrechtliches Kartellrecht sein kann.[101] Diese Erläuterung lässt offen, ob die in Abs. 3 ausgesprochene Verweisung auch die der Haftung zugrunde liegende kartellrechtliche Verbotsnorm erfasst. Hierfür spricht der Wortlaut von Art. 15 lit. a. Danach ist das nach den Vorschriften der Verordnung berufene Recht „insbesondere maßgebend für den Grund ... der Haftung". Allerdings sind damit wohl primär privatrechtsfundierte Haftungsgründe wie etwa eine Eigentumsverletzung gemeint. Es kommt also eine teleologische Reduktion des Wortlautes in Betracht. Systematisch mag ferner das Rechtswahlverbot in Abs. 4 indizieren, dass auch Abs. 3 öffentliche Interessen betrifft, die durch Rechtswahl nicht beeinträchtigt werden dürfen.[102] Da allerdings das „private enforcement" des Kartellrechts gleichsam als Annex aus dem öffentlichen Kartellrecht flankierend hervorgeht, wird man das Rechtswahlverbot auch noch rechtfertigen können, wenn es sich lediglich auf das private, aber immer noch primär marktordnend konzipierte Kartelldeliktsrecht bezieht. 33

Gegen die Erstreckung der Verweisung auf das öffentliche Kartellverbotsrecht spricht, dass das EU-Kartellrecht seinen territorialen Anwendungsbereich selbst festlegt. Bei Diskrepanzen zwischen sekundärrechtlicher Anknüpfung nach Abs. 3 und primärrechtlichem Anwendungsbereich der Artt. 101 f AEUV (Art. 81 f EG) setzte sich immer das Primärrecht durch.[103] Im Übrigen wird das Recht eines Staates berufen, und dies ist das EU-Kartellrecht jedenfalls nicht im Wortsinn.[104] Normhierarchischen Vorrang hat nationales Kartellverbotsrecht zwar nicht. Es könnte also durch Abs. 3 gegen den eigenen (Nicht-)Anwendungswillen berufen werden und gegen den eigenen Anwendungswillen von der Berufung durch unionales Sekundärrecht ausgeschlossen werden.[105] Weder das eine noch das andere wird allerdings der marktordnenden Hilfsfunktion des *private enforcement* nicht gerecht. Der Anwendungswille des als Haftungsgrund in Betracht kommenden nationalen Kartellverbotsrechts ist deswegen immer zu berücksichtigen.[106] Abs. 3 könnte also selbst für nationales Kartellverbotsrecht teleologisch sinnvoll nur als eine Art „Öffnungsklausel" verstanden werden.[107] 34

Wenn aber die Erstreckung der Verweisung auf Kartellverbotsrecht für das EU-Kartellrecht normenhierarchisch scheitert und für das nationale Kartellrecht in eine Öffnungsklausel umgedeutet werden muss, dann erscheint es überzeugender, den **Umfang der Verweisung auf das Kartelldeliktsrecht zu begrenzen**[108] 35

---

98 jurisPK-BGB/*Wurmnest*, Art. 6 Rn 16.
99 *Francq/Wurmnest*, International Antitrust Claims (2012), S. 105 ff; *Mankowski*, RIW 2008, 177, 188.
100 MüKo/*Drexl*, IntWettbR, Art. 6 Rom II-VO Rn 131.
101 *Dickinson*, Rome II Regulation (2008), S. 418 Rn 6.58. Teleologische Einschränkungen auf Sachverhalte mit EU-Bezug und deswegen Beschränkung auf den Verweis auf nationales Kartellrecht nur von Mitgliedstaaten erwägen *Francq/Wurmnest*, International Antitrust Claims (2012), S. 100 ff, insb. mit Blick auf ErwG 23 und Art. 6 Abs. 3 lit. b; aA *W. H. Roth*, FS Kropholler, 2008, S. 637.
102 jurisPK-BGB/*Wurmnest*, Art. 6 Rn 14.
103 *Mankowski*, Schadensersatzklagen bei Kartelldelikten (2012), S. 9 MüKo/*Immenga*, IntWettbR/IntKartR Rn 71; *Tzakas*, Haftung für Kartellrechtsverstöße (2011), S. 557.
104 *Mankowski*, RIW 2008, 177, 179.
105 Zu den Grundlagen des internationalen Anwendungsbereichs nationalen Kartellrechts im Kontext kartellprivatrechtlicher Ansprüche vgl etwa *Martinek*, Das internationale Kartellprivatrecht (1987), S. 45 ff. Umfassend ferner *Baetge*, Globalisierung des Wettbewerbsrechts (2009); *Bätge*, Wettbewerb der Wettbewerbsordnungen (2009); vgl auch *Podszun*, Perspektiven des internationalen Kartellrechts, GRUR Int. 2010, 302.
106 *W. H. Roth*, FS Kropholler, 2008, S. 643.
107 So ausdrücklich, jurisPK-BGB/*Wurmnest*, Art. 6 Rn 15; differenzierend *Francq/Wurmnest*, International Antitrust Claims (2012), S. 112.
108 ZB *Maier*, Marktortanknüpfung (2011), S. 331, mit Verweis auf Art. 1 Rom II-VO; Staudinger/*Fezer/Koos*, IntWirtschR, Art. 6 Rom II-VO Rn 165; *Mankowski*, Schadensersatzklagen bei Kartelldelikten (2012), S. 13 f. u.a mit Verweis auf den Wortlaut der Kollisionsnorm („Schuldverhältnis") ; aA zB *W. H. Roth*, FS Kropholler, 2008, S. 644.

und die Vorfrage nach der Verletzung einer Verbotsnorm selbstständig anzuknüpfen.[109] Es bliebe dann von vornherein dem jeweiligen Kartellrecht selbst zur Entscheidung überlassen, ob es räumlich Anwendung beansprucht oder nicht. Problematisch wäre die Beschränkung des Verweisungsumfangs freilich, wenn sie dazu führte, dass regelmäßig die Kartellverbotsnormen des einen Staates und das Kartelldeliktsrecht eines anderen Staates zur Anwendung berufen würden. Hieraus erwüchsen schwierige Anpassungsprobleme, da Kartellverbotsrecht und das daran anknüpfende Sanktionssystem unter Einschluss zivilrechtlicher Ansprüche typischerweise eng verzahnt sind.[110] Ebenso problematisch wäre der strukturelle Normenmangel, wenn also die Anknüpfung des Kartelldeliktsrechts regelmäßig zu Ansprüchen führte, für die dann gar kein Haftungsgrund bestünde. Jedoch besteht zwischen den Anknüpfungspunkten weitestgehend Gleichlauf, indem jeweils auf das Auswirkungsprinzip („effects doctrine") abgestellt wird (hierzu sogleich).[111] Dieser Gleichlauf ist durch Orientierung des kartelldeliktsrechtlichen Anknüpfungspunktes an kartellrechtlichen Grundsätzen zu stärken, wie dies in der kartellprivatrechtlichen Anknüpfung an die Marktbeeinträchtigung bereits angelegt ist. Ein solcher Gleichlauf entspricht der dienenden, marktordnenden Konzeption des „private enforcement". Im Übrigen findet die Beschränkung der Verweisung eine strukturelle Parallele in Abs. 3 lit. b. Denn dort wird die Option zur Konzentration auf die *lex fori* unstreitig auf das Kartelldeliktsrecht beschränkt.

36 **4. Regelanknüpfung (Abs. 3 lit. a).** Verwiesen wird auf das Recht des Staates, „dessen Markt beeinträchtigt ist". Es handelt sich also um eine allseitige Kollisionsnorm, die, wie etwa Art. 137 Abs. 1 schwIPRG,[112] ohne Unterschied mitgliedstaatliches wie drittstaatliches Kartelldeliktsrecht beruft.[113] Die teleologische Reduktion auf mitgliedstaatliches Kartelldeliktsrecht wird insbesondere mit Blick auf Erwägungsgrund 23 erwogen.[114] Anknüpfungspunkt ist die Marktbeeinträchtigung bzw Marktbetroffenheit. Die Anknüpfung folgt damit dem Auswirkungsprinzip **(„effects doctrine")**.[115] Die Grundsätze des europäischen Kartellrechts, die ebenfalls der Sache nach dem Auswirkungsprinzip folgen,[116] dienen als Leitlinie zur – komplexen[117] – Feststellung der jeweiligen Auswirkungen.[118] Da die ihrerseits komplexe[119] Marktdefinition allerdings genuin kartellrechtlichen Maßgaben folgt, erstreckt sich der beeinträchtigte Markt nicht notwendig entlang von Staatsgrenzen. Es kommt damit leicht zur Anknüpfung an mehrere Staaten („Streudelikt"). Das Erfordernis der unmittelbaren und wesentlichen Beeinträchtigung enthält Abs. 3 lit. a, anders als lit. b zur Konzentration auf ein einziges anwendbares Recht, nicht.[120] Normsystematisch kann man deswegen allenfalls daran denken, eine ungeschrieben **Spürbarkeitsschwelle** („de minimis rule") zu setzen.[121]

37 **5. Sonderanknüpfung für Streudelikte (Abs. 3 lit. b).** Grundsätzlich führt die Beeinträchtigung eines Marktes in mehr als einem Staat zur Anwendung des Kartelldeliktsrechts aller betroffenen Staaten. Die jeweiligen kartelldeliktsrechtlichen Ansprüche beschränken sich allerdings auf den Ausgleich der Beeinträchtigungen im jeweiligen Staat (**„Mosaikprinzip"**). Der Kläger muss also den Gesamtschaden grundsätzlich über Ansprüche nach verschiedenen Rechtsordnungen geltend machen. Dies ist natürlich aufwendig. Deswegen hat der Kläger gemäß Abs. 3 lit. b Hs 1 auch die Möglichkeit, den Gesamtschaden nach nur einem einzigen Sachrecht zu liquidieren, nämlich nach dem Recht des vom Kläger angegangenen Gerichts

---

109 Zur Anknüpfung des deutschen Kartellverbotsrechts nach § 130 Abs. 3 GWB umfassend zB Staudinger/*Fezer/Koos*, IntWirtschR, Art. 6 Rom II–VO Rn 166 ff.
110 *Francq/Wurmnest*, International Antitrust Claims (2012), S. 108.
111 Zu möglichen Differenzen im Detail *Francq/Wurmnest*, International Antitrust Claims (2012), S. 109 f.
112 Hierzu aus deutscher Sicht *W. H. Roth*, FS Kropholler, 2008, S. 631.
113 MüKo/*Immenga*, IntWettbR/IntKartR Rn 74.
114 Offenlassend *Mankowski*, RIW 2008, 177, 187; im Erg. ablehnend *W. H. Roth*, FS Kropholler, 2008, S. 637.
115 *Becker/Kammin*, EuZW 2011, 503, 506; Staudinger/*Fezer/Koos*, IntWirtschR, Art. 6 Rom II–VO Rn 349; *Mankowski*, RIW 2008, 177, 184; *W. H. Roth*, FS Kropholler, 2008, S. 625 und eingehend 639 ff.
116 Zum begrifflich verdeckten, „uneingestandenen" Auswirkungsprinzip in der Rechtsprechung des EuGH *Martinek*, IPRax 1989, 347; vgl auch *Mankowski*, RIW 2008, 177, 185: die vom EuGH verlangte „Durchführung" des Kartells „meint im Ergebnis in aller Regel Auswirkung".
117 Deswegen kritisch gegenüber dem kollisionsrechtlichen Anknüpfungspunkt *Dickinson*, Rome II Regulation, S. 422 Rn 6.64: „one of the least satisfactory aspects of the Rome II Regulation"; vgl auch die allgemeine Kritik an Art. 6 Abs. 3 der Verordnung insgesamt bei *Francq/Wurmnest*, International Antitrust Claims (2012), S. 91, 92: „certainly the most imprecise of all the rules ... within the Rome II Regulation".
118 *Dickinson*, Rome II Regulation, S. 419 Rn 662; jurisPK-BGB/*Wurmnes*, Art. 6 Rn 27; *Mankowski*, RIW 2008, 177, 185.
119 Deswegen eine Begriffsbestimmung im Normtext der Verordnung fordernd *Becker/Kammin,* EuZW 2011, 503, 507; aA *Francq/Wurmnest*, International Antitrust Claims (2012), S. 128. Im Einzelnen zur Anknüpfung *Maier*, Marktortanknüpfung (2011), S. 338 ff.
120 Zur – verwickelten – Entstehungsgeschichte diesbezüglich Dickinson, Rome II Regulation, S. 423 Rn 6.65.
121 So etwa Staudinger/*Fezer/Koos*, IntWirtschR, Art. 6 Rom II–VO Rn 355: „strukturell immanentes Tatbestandsmerkmal"; *Mankowski*, RIW 2008, 177, 186; *W. H. Roth*, FS Kropholler, 2008, S. 641.

(**Konzentration auf die *lex fori*).**[122] Dieses Wahlrecht des Klägers unterliegt mehreren Voraussetzungen. Erstens muss es sich um das **Gericht eines Mitgliedstaates** handeln. Zweitens muss es sich um den **(Wohn-)Sitzstaat des Beklagten** handeln. Die internationale Zuständigkeit des Gerichts muss sich also aus Art. 2 EuGVVO bzw für juristische Personen aus Art. 60 Abs. 1 EuGVVO ergeben.[123] Drittens muss der Markt in diesem Mitgliedstaat zu denen gehören, die durch das in Rede stehende wettbewerbsbeschränkende Verhalten **„unmittelbar und wesentlich"**, also stärker, als nur spürbar **beeinträchtigt** sind.[124] Dieser „genuine link" soll das durch die Vorschrift ermöglichte *forum shopping* angemessen einschränken.[125] Negative Feststellungsklagen in einem anderen Mitgliedstaat als demjenigen, nach dem sich für den präsumtiv Geschädigten das Wahlrecht ergibt, können dieses Wahlrecht über Art. 27 blockieren.[126]

38 Welche Voraussetzungen für die Unmittelbarkeit und Wesentlichkeit im Übrigen erfüllt sein müssen, lässt der Normtext offen. Entscheidend für die Beeinträchtigung der einzelnen Staaten dürften vor allem Marktanteile bzw getätigte Umsätze sein.[127] Sodann kommt es darauf an, welche Marktbeeinträchtigung sich im Vergleich mit anderen als unmittelbar und wesentlich erweist. Hierbei soll es darauf ankommen, welche Märkte gleichsam primär und nicht lediglich durch Folge- oder Reflexwirkungen beeinträchtigt sind.[128] Die primäre Beeinträchtigung erfordert andererseits nicht, dass der betreffende Staat am stärksten betroffen ist.[129]

39 Für die in der Verordnung nicht geregelte Ausübung des Wahlrechts ist bei Verfahren vor deutschen Gerichten wie bei Ausübung des Wahlrechts des Geschädigten nach Art. 7 auf die zu Art. 40 Abs. 1, 46 a EGBGB entwickelten Grundsätze zurückzugreifen.[130] Das Wahlrecht kann danach ausdrücklich oder konkludent ausgeübt werden, dies allerdings nur im ersten Rechtszug bis zum Ende des frühen ersten Termins oder dem Ende des schriftlichen Vorverfahrens. Dass diese Befristung mit dem sekundärrechtlichen Effektivitätsgrundsatz vereinbar ist, erscheint jedenfalls nicht von vornherein selbstverständlich. Bei Nichtausübung des Wahlrechts bleibt es bei der Regelanknüpfung nach Art. 6 Abs. 3 lit. a.

40 Abs. 3 lit. b Hs 2 enthält zusätzliche Voraussetzungen für den Fall, dass der Kläger vor dem angegangenen mitgliedstaatlichen Gericht mehr als nur einen Beklagten in Anspruch nimmt und die weiteren Beklagten ihren Sitz in einem anderen Mitgliedstaat haben. Zuständigkeitsrechtlich ist dies nach Art. 6 Nr. 1 EuGVVO etwa bei Beteiligung der Beklagten an einem Kartell möglich.[131] Systematisch impliziert dies auch die Kollisionsnorm des Abs. 3 lit. b Hs 2.[132] Kollisionsrechtliche Voraussetzung für die Konzentration auf das Kartelldeliktsrecht der *lex fori* ist dann aber, dass sich gerade auch das Verhalten des jeweiligen weiteren Beklagten unmittelbar und wesentlich auf den Markt des Gerichtsstaates ausgewirkt hat.[133] Bei internationalen Kartellen verhindert diese weitere Voraussetzung nur begrenzt das *forum shopping* des Klägers zwischen mehreren eröffneten Zuständigkeiten mit der jeweiligen Konzentration auf die *lex fori*.[134]

Artikel 7 Umweltschädigung

Auf außervertragliche Schuldverhältnisse aus einer Umweltschädigung oder einem aus einer solchen Schädigung herrührenden Personen- oder Sachschaden ist das nach Artikel 4 Absatz 1 geltende Recht anzuwenden, es sei denn, der Geschädigte hat sich dazu entschieden, seinen Anspruch auf das Recht des Staates zu stützen, in dem das schadensbegründende Ereignis eingetreten ist.

---

122 *Dickinson*, Rome II Regulation (2008) S. 419 Rn 6.60; vgl auch *Becker/Kammin*, EuZW 2011, 503, 507: kollisionsrechtliche Privilegierung bzw „Schutz" des strukturell schwächeren Klägers.
123 Bei juristischen Personen eröffnet die zuständigkeitsrechtliche Alternativanknüpfung nach Art. 60 Abs. 1 EuGVO zwischen Hauptniederlassung und satzungsmäßigem Sitz die Möglichkeit zum *forum shopping*, *Scholz/Rixen*, RIW 2008, 327, 331.
124 Rauscher/*Unberath/Cziupka*, EuIPR/IZVR, Art. 6 Rom II-VO Rn 75; tendenziell auch Staudinger/*Fezer/Koos*, IntWirtschR, Art. 6 Rom II-VO Rn 361; großzügiger *Mankowski*, RIW 2008, 177, 189: Spürbarkeit bereits ausreichend.
125 *Dickinson*, Rome II Regulation (2008) S. 425 Rn 6.72.
126 Vgl "*Cooper Tire & Rubber Company* v. *Shell Chemicals UK Limited*" [2009], EWHC 2609 (Comm.).
127 *W.-H. Roth*, FS Kropholler, 2008, S. 646.
128 *Mankowski*, RIW 2008, 177, 190.
129 *W.-H. Roth*, FS Kropholler, 2008, S. 646.
130 jurisPK-BGB/*Wurmnest*, Art. 6 Rn 34.
131 ZB *M. Weller*, Kartellprivatrechtliche Klagen im Europäischen Prozessrecht: ‚Private enforcement' und die Brüssel I-VO, ZVglRWiss 110 (2013), 89 ff.
132 Tendenziell eng fassend, allerdings Patentstreitigkeit betreffend EuGH, Urt. v. 13.7.2006, Rs. C-539/03 – Roche Nederland BV u.a. / Primus und Goldenberg; zum Streitstand in Bezug auf kartellprivatrechtliche Streitigkeiten ferner zB *Wilderspin*, Jurisdictional Issues: Brussels I Regulation (Articles 6 (1), 23, 27 and 28 in Antitrust Litigation (2012), S. 41 ff; *Mankowski*, Schadensersatzklagen (2012), S. 70 ff; *Basedow/Heinze*, Kartellrechtliche Schadensersatzklagen (2011), S. 63, 79.
133 Rauscher/*Unberath/Cziupka*, EuIPR/IZVR, Art. 6 Rn 71.
134 *Mankowski*, RIW 2008, 177, 191.

Literatur: *Bogdan*, The Treatment of Environmental Damage in Regulation Rome II, in: Ahern/Binchy (Eds.), The Rome II Regulation on the Law Applicable to Non-Contractual Obligations 2009, S. 219; *Buschbaum*, Privatrechtsgestaltende Anspruchspräklusion im internationalen Privatrecht, 2008; *Cheshire/North/Fawcett*, Private International Law, 14th ed. 2008; *Cloppenburg*, Die Lieferung und Errichtung sowie Wartung von On- und Offshore-Windenergieanlagen, ZfBR Sonderausgabe Juli 2012, 3; *Dicey/Morris/Collins*, The Conflict of Laws, 15th ed. 2012; *Dickinson*, The Rome II Regulation: The Law Applicable to Non-Contractual Obligations, 2008; *Freitag/Leible*, Das Bestimmungsrecht des Art. 40 Abs. 1 EGBGB im Gefüge der Parteiautonomie im Internationalen Deliktsrecht, ZVglRWiss. 99 (2000), 101; *Hager*, Zur Berücksichtigung öffentlich-rechtlicher Genehmigungen bei Streitigkeiten wegen grenzüberschreitender Emissionen, RabelsZ 53 (1989), 293; *v. Hein*, Die Kodifikation des europäischen Internationalen Deliktsrechts, ZVglRWiss 102 (2003), 528; *ders.*, Die Kodifikation des europäischen IPR der außervertraglichen Schuldverhältnisse vor dem Abschluss?, VersR 2007, 440; *ders.*, Europäisches Internationales Deliktsrecht nach der Rom II-Verordnung, ZEuP 2009, 6; *Hohloch*, Die „Bereichsausnahmen" der Rom II-VO, IPRax 2012, 110; *Huber/Bach*, Die Rom II-VO, IPRax 2005, 73; *Junker*, Das Bestimmungsrecht des Verletzten nach Art. 40 I EGBGB, in: Rauscher/Mansel (Hrsg.), Festschrift für Werner Lorenz zum 80. Geburtstag 2001, S. 321; *ders.*, Die Rom II-Verordnung: Neues Internationales Deliktsrecht auf europäischer Grundlage, NJW 2007, 3675; *Kadner Graziano*, Das auf vertragliche Schuldverhältnisse anzuwendende Recht nach Inkrafttreten der Rom II-Verordnung, RabelsZ 73 (2009), 1; *Koziol/Thiede*, Kritische Bemerkungen zum derzeitigen Stand des Entwurfs einer Rom II-Verordnung, ZVglRWiss 106 (2007), 235; *Leible/Engel*, Der Vorschlag der EG-Kommission für eine Rom II-Verordnung, EuZW 2004, 7; *Leible/Lehmann*, Die neue EG-Verordnung über das auf außervertragliche Schuldverhältnisse anzuwendende Recht („Rom II"), RIW 2007, 721; *St. Lorenz*, Zivilprozessuale Konsequenzen der Neuregelung des Internationalen Privatrechts: Erste Hinweise für die anwaltliche Praxis, NJW 1999, 2215; *Mankowski*, Ausgewählte Einzelfragen zur Rom II-VO: Internationales Umwelthaftungsrecht, internationales Kartellrecht, renvoi, Parteiautonomie, IPRax 2010, 389; *Matthes*, Umwelthaftung unter der Rom II-VO, GPR 2011, 146; *T. Pfeiffer*, Öffentlich-rechtliche Anlagegenehmigung und deutsches Internationales Privatrecht, JbUTR 2000, 263; *Ramming*, Internationalprivatrechtliche Fragen der Haftung des Reeders, TranspR 2010, 284; *Roßbach*, Die international-privatrechtlichen Probleme der grenzüberschreitenden Rheinverschmutzung, NJW 1988, 590; *Sonnentag*, Zur Europäisierung des Internationalen außervertraglichen Schuldrechts durch die geplante Rom II-Verordnung, ZVglRWiss 105 (2006), 256; *Spickhoff*, Internationale Umwelthaftungsstandards und das neue Umwelthaftungsrecht, JbUTR 2000, 385; *Wagner*, Internationales Deliktsrecht, die Arbeiten an der Rom II-Verordnung und der Europäische Deliktsgerichtsstand, IPRax 2006, 372; *ders.*, Die neue Rom II-Verordnung, IPRax 2008, 1; *ders.*, Änderungsbedarf im autonomen deutschen Internationalen Privatrecht aufgrunder der Rom II-Verordnung?, IPRax 2008, 314; *Wandt*, Deliktsstatut und Internationales Umwelthaftungsrecht, VersR 1998, 529; *U. Wolf*, Deliktsstatut und internationales Umweltrecht, 1995.

A. Allgemeines	1		1. Anwendung des Art. 4 Abs. 1	8
I. Normzweck	1		2. Bestimmungsrecht	9
II. Anwendungsbereich	5		3. Rechtswahl	13
1. Staatsverträge	5		II. Einfluss öffentlichrechtlicher Genehmigungen	14
2. Sachlicher Anwendungsbereich	6		1. Territorialitätsprinzip	14
B. Regelungsgehalt	8		2. Kollisionsrechtlicher Ansatz	15
I. Grundsatz	8			

A. Allgemeines

I. Normzweck

1 Art. 7 unterstellt außervertragliche Schuldverhältnisse aus einer **Umweltschädigung** oder einem aus einer solchen Schädigung herrührenden **Personen- oder Sachschaden** der Regelanknüpfung des Art. 4 Abs. 1 und damit dem Recht des Ortes des **Schadenseintritts**, der *lex loci damni*.[1] Auf Art. 4 Abs. 2 und 3 wird nicht verwiesen. Nach herrschender Auffassung bedeutet dies, dass eine engere Verbindung und die Ausweichklausel[2] im Falle von Umwelthaftungsansprüchen die Regelanknüpfung nicht durchbrechen.[3] Insofern wird man nicht ohne Weiteres sagen können, dass auch Art. 7 das Prinzip der engsten Verbindung zugrunde liegt.[4] Die **handlungssteuernde Funktion** des internationalen Deliktsrechts steht hier vielmehr im Vordergrund.[5] Eine **Rechtswahl** nach Art. 14 bleibt freilich möglich und geht vor. Die Verweisung auf Art. 4 Abs. 1 bedeutet einen Verzicht auf die **Ubiquitätsregel** und das **Günstigkeitsprinzip** und die Maßgeblichkeit des Rechts des **Erfolgsortes**.[6] Allerdings untersteht diese Regelanknüpfung an das Recht des Erfolgsortes der Disposition des Geschädigten insofern, als es diesem nach Art. 7 Hs 2 gestattet ist, anstelle des Rechts des Erfolgsortes das Recht am Ort des Eintritts des schädigenden Ereignisses (**Handlungsort**) als anwendbar zu bestimmen. Es handelt sich um eine von wenigen Bestimmungen der Verordnung, die im Interesse effektiven Rechtsschutzes und der Vermeidung einer Ausnutzung des materiellrechtlichen Rege-

---

1 Erwägungsgrund 16.
2 Dazu im Einzelnen oben Art. 4 Rn 4.
3 Bamberger/Roth/*Spickhoff*, Art. 7 Rn 63; *Leible/Lehmann*, RIW 2007, 721, 729; *Dickinson*, Rome II Regulation, Rn 7.17; *Bogdan*, S. 226; *Dicey/Morris/Collins*, vol. 2, para. 35-068.
4 Vgl dagegen *Junker*, NJW 2007, 3675, 3677.
5 *Junker*, NJW 2007, 3675, 3680; *Mankowski*, IPRax 2010, 389.
6 Palandt/*Thorn*, Art. 4 Rn 1; *Wagner*, IPRax 2008, 1, 9; *ders.*, IPRax 2006, 372, 376 f, 379 f.

lungsgefälles ein Bestimmungsrecht gewähren.⁷ Es besteht zwar keine freie elektive Konkurrenz wie nach Art. 138 des Schweizer IPRG, jedoch ist eine **„Abwahl"** des Rechts des Erfolgsortes durch den Geschädigten möglich. Daraus ergibt sich als **Prüfungsfolge**:⁸ (1.) Rechtswahl der Parteien – (2.) Bestimmung der Maßgeblichkeit des Rechts des Handlungsorts durch den Geschädigten – (3.) Regelanknüpfung an den Erfolgsort. Das Bestimmungsrecht ist nach Art. 46 a EGBGB – unter Beachtung der dortigen **Präklusionsfrist** – auszuüben.

Mit der Einführung des Bestimmungsrechts des Geschädigten werden die **Ubiquitätsregel** und das **Günstigkeitsprinzip** wieder beschränkt verwirklicht. Die Norm des Art. 7 ist materiellrechtlich motiviert. Sie soll dazu dienen, das mit Art. 174 EG (nunmehr Art. 191 AEUV) angestrebte hohe Schutzniveau zu verwirklichen.⁹ Die Prinzipien gemeinschaftlicher Umweltpolitik im Sinne des Art. 191 Abs. 2 S. 1 AEUV (ex-Art. 174 Abs. 2 EG)¹⁰ sind rechtsverbindlich, mögen sie auch der Umsetzung durch konkrete Normen bedürfen.¹¹ Diese Umsetzung will Art. 7 der Rom II-VO gemäß Erwägungsgrund 25 leisten. Die danach maßgeblichen Grundsätze der Vorsorge und Vorbeugung sowie der Bekämpfung von Umweltbeeinträchtigungen an der Quelle und das Verursacherprinzip rechtfertigen nach Auffassung des Verordnungsgebers „in vollem Umfang die Anwendung des Grundsatzes der Begünstigung des Geschädigten".¹² Indem der Schädiger – theoretisch – dem Risiko des kollisionsrechtlich bestimmbaren strengsten Haftungsregimes unterworfen wird, soll das materiellrechtliche Ziel effektiven Umweltschutzes unter Vermeidung unerwünschten „law shoppings" durch *situs*-Wahl und Verhinderung von „Regulierungsarbitrage"¹³ auf kollisionsrechtlichem Wege verwirklicht werden – eine zunehmend häufige, gleichwohl aus kollisionsrechtlicher Sicht fragwürdige Gesetzes- und Verordnungstechnik. Die Bestimmung des kollisionsrechtlich „besseren", weil räumlich näheren und von internationalprivatrechtlichen Interessen getragenen anwendbaren Sachrechts wird bereits auf der kollisionsrechtlichen Ebene durch materiellrechtliche Ordnungsinteressen, die Bestimmung des materiellrechtlichen „better law", überlagert. Allerdings nur partiell. Denn die in der Prozesspraxis entscheidende Frage, wann der – in der Regel rechtsvergleichend unkundige, vielleicht auch vermögenslose und auf Verfahrenskostenhilfe angewiesene – Geschädigte zur Vermeidung der Präklusion oder des Verlustes seines Rechts das Bestimmungsrecht auszuüben hat, bleibt den Rechten der Mitgliedstaaten überlassen.¹⁴

Eine Umweltschädigung drückt sich in einem Umweltschaden aus. Erwägungsgrund 24 der Verordnung definiert ihn in Übereinstimmung mit Art. 2 Nr. 2 und in Kurzfassung¹⁵ des Art. 2 Nr. 1 der Richtlinie 2004/35/EG des Europäischen Parlaments und Rates vom 21.4.2004 über Umwelthaftung zur Vermeidung und Sanierung von Umweltschäden¹⁶ als „nachteilige Veränderung einer natürlichen Ressource, wie Wasser, Boden oder Luft, eine Beeinträchtigung einer Funktion, die eine natürliche Ressource zum Nutzen einer anderen natürlichen Ressource oder der Öffentlichkeit erfüllt, oder eine Beeinträchtigung der Variabilität unter lebenden Organismen". Die Aufzählung ist exemplarisch, nicht abschließend, so dass auch andere Ressourcen erfasst werden.¹⁷ Schaden und Schädigung sind synonym im Gebrauch¹⁸ und betreffen eine nachteilige Veränderung des jeweiligen lokalen Ist-Zustandes durch die Einwirkung.¹⁹

Während für **sachenrechtliche Ansprüche** nur die *lex rei sitae* maßgebend ist, folglich für dingliche Ansprüche aus beeinträchtigenden Einwirkungen, die von einem Grundstück ausgehen, im deutschen materiellen Recht etwa nach §§ 1004, 906 BGB, das Belegenheitsrecht maßgäbe, bewirkt Art. 44 EGBGB in diesen Fällen nunmehr einen **Gleichlauf** mit dem Deliktsstatut nach Art. 7.²⁰ Der dingliche umweltrechtliche Abwehranspruch wird funktional deliktsrechtlich qualifiziert.²¹ Das gilt auch für **Unterlassungsansprüche**. Art. 7 umfasst nach zutreffender Auffassung nicht nur kompensatorische **Ersatz- und Beseitigungsansprüche**, sondern auch den **vorbeugenden negatorischen Rechtsschutz** zur Vermeidung von Umweltschäden.²² Für Schuldverhältnisse, deren Eintritt wahrscheinlich ist, folgt dies unmittelbar aus Art. 2 Abs. 2. Darüber hinaus wird man Art. 7 auf alle umweltrechtlich fundierten Unterlassungsansprüche erstrecken.²³

---

7 Siehe noch Art. 6 Abs. 3 lit. b, Art. 18; *Mankowski*, IPRax 2010, 389.
8 Vgl Palandt/*Thorn*, Art. 7 Rn 6.
9 Erwägungsgrund 25; *Dickey/Morris/Collins*, vol. 2, para. 35-069.
10 Dazu von der Groeben/Schwarze/*Krämer*, Art. 174 EG Rn 33 ff; Calliess/Ruffert/*Calliess*, Art. 174 EG Rn 12 ff; Schwarze/*Mellein*, Art. 191 AEUV Rn 25 ff.
11 Calliess/Ruffert/*Calliess*, Art. 174 EG Rn 46 f.
12 Erwägungsgrund 25.
13 *Mankowski*, IPRax 2010, 389.
14 Erwägungsgrund 25.
15 Dazu, ob Art. 2 Nr. 1 der Umwelthaftungsrichtlinie den Begriff des Umweltschadens nicht nur ausführlicher, sondern auch enger definiert, *Dickinson*, Rome II Regulation, para. 7.09 f.
16 ABl. L 143/56 v. 30.4.2004.
17 *Matthes*, GPR 2011, 146.
18 Art. 2 Nr. 2 Umwelthaftungs-Richtlinie 2004/35/EG.
19 *Matthes*, GPR 2011, 146, 147.
20 Im Einzelnen NK-BGB/*von Plehwe*, Art. 44 EGBGB Rn 2 f.
21 So bereits Staudinger/*Stoll*, IntSachR, Rn 235; vgl Erman/*Hohloch*, Art. 44 EGBGB Rn 1 f; Bamberger/Roth/*Spickhoff*, Art. 7 Rn 64.
22 *Bogdan*, S. 221 f; *Kadner Graziano*, RabelsZ 73 (2009), 1, 47 f.
23 *Bogdan*, S. 221 f; Palandt/*Thorn*, Art. 7 Rn 3.

Denn es handelt sich bei negatorischen Ansprüchen um bestehende und nicht erst künftige außervertragliche Schuldverhältnisse. Die in der Bezugnahme des Art. 2 Abs. 2 auf die Wahrscheinlichkeit des Entstehens des Schuldverhältnisses (nicht des Schadens) liegende Beschränkung ergreift bestehende außervertragliche Schuldverhältnisse in Bezug auf künftige Schäden nicht. **Künftige Schäden** werden durch Art. 2 Abs. 3 erfasst, der in der deutschen Fassung **Wahrscheinlichkeit des Schadenseintritts** voraussetzt und sich in der englischen Fassung auf solche Schäden bezieht, die „likely to occur" sind.

II. Anwendungsbereich

5 **1. Staatsverträge.** Staatsverträge sind in Teilbereichen vorrangig zu beachten. Auf dem Gebiet der **Atomhaftung** gilt das Pariser Übereinkommen vom 29.7.1960 über die Haftung gegenüber Dritten auf dem Gebiet der **Kernenergie** mit Zusatz- und Ergänzungsprotokollen,[24] ferner das **deutsch-schweizerische Abkommen** über die Haftung gegenüber Dritten auf dem Gebiet der Kernenergie vom 22.10.1986.[25] Art. 4 des Abkommens stellt (iVm Art. 3 Abs. 1) in erster Linie auf das Recht des „Ereignisstaates" ab. Im **Transit** entstandene Schäden werden nach Art. 4 iVm Art. 3 Abs. 2 des Abkommens dem Recht desjenigen Vertragsstaates unterstellt, der die Beförderung bewilligt hat, wenn sich der Ort des Ereignisses nicht feststellen lässt. Bei **Ölverschmutzungsschäden** ist das internationale Übereinkommen vom 29.11.1969 über die zivilrechtliche Haftung für Ölverschmutzungsschäden zu beachten. Es ist mit Wirkung vom 15.5.1998 durch das Protokoll vom 27.11.1992 abgelöst worden.[26] Für **Bunkerölschäden** gilt das Internationale Übereinkommen vom 23.3.2001 über die zivilrechtliche Haftung für Bunkerölverschmutzungsschäden.[27] **Lärmemissionen** unterfallen als solche regelmäßig nicht Art. 7, sondern der allgemeinen Regel der Art. 4.[28] Im Einzelfall kommen staatsvertragliche Regelungen zur Anwendung wie im Falle des **Deutsch-österreichischen Vertrages über den Flughafen Salzburg** vom 19.12.1967, der ein Wahlrecht des Geschädigten zwischen den deutschen und österreichischen Rechtsordnungen sowohl für sachenrechtliche als auch für deliktsrechtliche Ansprüche vorsieht.[29]

6 **2. Sachlicher Anwendungsbereich.** Art. 7 betrifft nur Zivil- und Handelssachen im Sinne des Art. 1 Abs. 1 und gilt damit (Art. 1 Abs. 1 S. 2) insbesondere nicht für Handlungen des Staates *iure imperii* oder Ansprüche von Staaten oder gegen Staaten.[30] Ebenso wenig wie eine Streitigkeit des auftraggebenden Staates aus Anlass der Bergung eines Schiffswracks zivilprozessual eine Zivil- oder Handelssache darstellt,[31] gilt dies nach der Verordnung, es sei denn, der Staat beansprucht Ersatz als Eigentümer der betroffenen Grundstücksfläche oder als Zessionar privatrechtlicher Schadensersatzansprüche.[32] Die Geltendmachung von Schadensbeseitigungskosten staatlicher Einrichtungen aus Anlass einer Umweltverschmutzung unterfällt dagegen nicht Art. 1 Abs. 1, 7 der Verordnung, weil sie aus der Erfüllung originär hoheitlicher Aufgaben herrührt.[33]

7 Art. 7 betrifft grenzüberschreitende **Emissionen** und damit vor allem unwägbare Stoffe und Einwirkungen wie Gase, Dämpfe, Gerüche, Rauch, Ruß, Wärme, Geräusche oder Erschütterungen. Darüber hinaus werden Einwirkungen aller Art erfasst, so auch durch Flüssigkeiten oder sog. Grobemissionen, ferner die Einleitung oder Ableitung von Wasser, die Entziehung von Grundwasser, die Verbreitung von Krankheitserregern, Pestiziden oder genmanipulierten Samen sowie etwa die grenzüberschreitende Störung des Empfangs von Rundfunk und Fernsehen. Unerheblich ist, ob die Emissionsquelle stationär oder mobil ist. **Schäden durch Kernenergie** sind durch eine Bereichsausnahme von der Anwendung der Verordnung **ausgenommen**.[34] Damit wird dieser – nahezu zwangsläufig zwischenstaatlich bedeutsame – Bereich, soweit nicht das Pariser Übereinkommen von 1960 eingreift, dem nationalen Kollisionsrecht (in Deutschland: Artt. 40 ff EGBGB) überlassen. Methodische Fragen des Verhältnisses der Rom II-VO zu staatsvertraglichen Verpflichtungen der einzelnen EU-Mitgliedstaaten[35] konnten damit umgangen werden.[36]

---

24 BGBl. II 1989 S. 144; MüKo/*Wendehorst*, Art. 44 EGBGB Rn 3 und Fn 3; *Looschelders*, Art. 40 Rn 118; *Hohloch*, IPRax 2012, 110, 118.
25 Abgedruckt bei *Kegel/Schurig*, § 18 IV 4 (S. 750 f); vgl *Looschelders*, Art. 40 Rn 118.
26 Im Einzelnen *Looschelders*, Art. 40 Rn 9; MüKo/ *Wendehorst*, Art. 44 EGBGB Rn 4.
27 BGBl. 2006 II S. 578; MüKo/*Junker*, Art. 7 Rn 17.
28 MüKo/*Junker*, Art. 7 Rn 14.
29 MüKo/*Junker*, Art. 7 Rn 14.
30 *Dickinson*, Rome II Regulation, para. 7.03; *Bogdan*, 225.
31 EuGH, Urt. v. 16.12.1980, Rs. 814/79, Slg 1980, 3807, 3820, 3822 – Niederlande ./. Rüffer.
32 Vgl EuGH, Urt. v. 14.11.2002, Rs. C-271/00, Slg 2002, I, 10489, 10521 Rn 37 – Gemeente Steenbergen./. Baten; Urt. v. 15.1.2004, Rs. C-433/01, Slg 2004, I, 981, 1003 Rn 34 – Freistaat Bayern ./. Blijdenstein (jeweils zum EuGVÜ); *Dickinson*, Rome II Regulation, para. 7.03; *Kadner Graziano*, RabelsZ 73 (2009), 1, 52–55 mwN; *Leible/Lehmann*, RIW 2007, 721, 722.
33 *Dickinson*, Rome II Regulation, para. 7.06.
34 Art. 1 Abs. 2 lit. f; krit. dazu *Kadner Graziano*, RabelsZ 73 (2009), 1, 46 Fn 152 mwN.
35 Vgl Art. 28.
36 *Hohloch*, IPRax 2012, 110, 118 f.

B. Regelungsgehalt

I. Grundsatz

1. Anwendung des Art. 4 Abs. 1. Ansprüche aus beeinträchtigenden Einwirkungen unterliegen nach der **Regelanknüpfung** des Art. 7 Hs 1 und der dort ausgesprochenen Verweisung auf Art. 4 Abs. 1 dem Recht des **Erfolgsortes** als **Tatortrecht**. Es gilt der **Grundsatz der Anknüpfung an den Erfolgsort**. Die Verweisung des Art. 7 Hs 1 bezieht sich nur auf Art. 4 Abs. 1, nicht hingegen auf Art. 4 Abs. 2 (Anknüpfung an den gemeinsamen gewöhnlichen Aufenthalt) oder Art. 4 Abs. 3, die Ausweichklausel der engsten Verbindung. Damit gilt für Umweltschäden ein eigenes kollisionsrechtliches Regime. **Erfolgsort** ist der Ort des Eintritts des Schadens, der **Rechtsgutsverletzung**, der Verletzung des rechtlich geschützten Interesses.[37] Maßgeblich ist der Ort des **„Primärschadens"**,[38] nicht des mittelbaren Vermögensschadens.[39] Im Falle der Schädigung von Umweltgütern, die Gegenstand dinglicher Rechte sein können, kommt es auf den Ort der **Belegenheit** im Zeitpunkt des Eintritts des schädigenden Ereignisses an, wobei es sich insofern um einen gestreckten Tatbestand handelt, als die Bewegung oder Verteilung der betroffenen Ressource im Zeitpunkt der Schädigung dazu führt, dass Erfolgsort jeder Ort ist, an dem eine auf das Schadensereignis zurückzuführende Primärschädigung dieser Ressource festgestellt werden kann. Im Falle **fließender Gewässer** bedeutet dies etwa, dass ein Flusslauf auf der gesamten Länge und Breite seiner sich ausbreitenden Kontamination „Erfolgsort" ist.[40] Liegt sodann eine grenzüberschreitende Umweltschädigung als **„multi-state-Delikt"**[41] vor, dann ist nach Schädigungsanteilen („Mosaikbetrachtung") entsprechend den Rechtsordnungen der jeweiligen Erfolgsorte zu unterscheiden, gleichgültig ob nur ein Geschädigter oder eine unbestimmte Vielzahl Geschädigter („**Streudelikt**") betroffen ist.[42] Für den Fall einer **Luftverschmutzung** soll auf das für den jeweiligen Luftraum geltende Recht abzustellen sein.[43] Da Luft als nicht-stoffliche Ressource nicht sonderrechtsfähig ist, gerät diese Ansicht in Widerspruch zu dem Grundsatz, dass nur auf den Primärschaden und nicht auf mittelbare Vermögensschäden an anderen Rechtsgütern abzustellen ist. Für die rein kollisionsrechtliche Feststellung des für die Umweltschädigung örtlich maßgebenden Rechts wird diese Auslegung jedoch hinzunehmen sein.

2. Bestimmungsrecht. Art. 7 gewährt dem Verletzten das Recht, zu verlangen, dass anstelle des Rechts des Erfolgsortes das Recht des Ortes des Eintritts des schädigenden Ereignisses, des **Handlungsorts**, angewandt wird. Das Bestimmungsrecht gestattet, soweit es reicht, die **„Abwahl"** des Rechts des Erfolgsortes. Es verwirklicht damit das **Günstigkeitsprinzip** und eine **Ubiquitätslösung**, indem es dem Geschädigten überlassen bleibt, das ihm günstig erscheinende Recht unter den Rechtsordnungen des Erfolgsorts und des Handlungsorts zu bestimmen. Für viele europäische Staaten handelt es sich um eine zuvor nicht gewährte Möglichkeit.[44] Es ist eine mit Bedacht einseitige,[45] den Geschädigten und Kläger begünstigende Regelung, deren Sinn sich aus Erwägungsgrund 25 der Verordnung erschließt: das Bestimmungsrecht des Geschädigten soll dem materiellrechtlichen Ziel dienen, Umweltbeeinträchtigungen vorrangig an ihrem Ursprung zu bekämpfen und im Interesse eines möglichst wirksamen Umweltschutzes „in vollem Umfang" die Anwendung des Grundsatzes der Begünstigung des Geschädigten gewährleisten. Innerhalb welcher **Frist** das Bestimmungsrecht auszuüben ist, wird durch die *lex fori* des mit dem Rechtsstreit befassten Gerichts vorgegeben.[46] Für **Deutschland** gilt **Art. 46 a EGBGB**, der die Ausübung des Bestimmungsrechts (nur) bis zum ersten Termin zur mündlichen Verhandlung gestattet. Damit wird – nicht zuletzt vermögenslosen und der Verfahrenskostenhilfe bedürftigen Geschädigten (dazu unten) – ein „voller Umfang" effektiven Rechtsschutzes, wie durch Erwägungsgrund 25 der Verordnung gefordert, versagt. Die deutsche Regelung steht trotz der Überlassung der Frage zur Regelung durch die Mitgliedstaaten nicht im Einklang mit den Vorgaben des europäischen Rechts.[47] Dagegen kann der Geschädigte im **Vereinigten Königreich** sein Vorbringen – mit Zulassung durch das Gericht – jederzeit bis zur Verkündung der Entscheidung durch Ausübung des Bestimmungsrechts ändern.[48] Wann und unter welchen Voraussetzungen das Bestimmungsrecht im Prozess auszuüben ist, hängt wesentlich mit seiner Qualifikation zusammen. Jedoch muss nach Erwägungsgrund 25 der Verordnung gewährleistet sein, dass der Geschädigte „in vollem Umfang" dieses Recht ausüben kann. Daran fehlt es, wenn der als Voraussetzung einer **rationalen Entscheidung** notwendige **Rechtsvergleich** der in Betracht kommenden Rechtsordnungen durch Überbeschleunigung und aufgrund der Struktur des Erkenntnisverfahrens und des Rechts der Verfahrenskostenhilfe erschwert oder vereitelt wird.

---

37 MüKo/*Junker*, Art. 7 Rn 5.
38 Erman/*Hohloch*, Art. 7 Rn 10; Art. 4 Rn 7.
39 *Dickinson*, Rome II Regulation, para. 7.21.
40 *Dickinson*, Rome II Regulation, para. 7.19-7.21; Erman/*Hohloch*, Art. 7 Rn 10.
41 Erman/*Hohloch*, Art. 7 Rn 10.
42 Erman/*Hohloch*, Art. 7 Rn 10.
43 Erman/*Hohloch*, Art. 7 Rn 10; *Bogdan*, S. 227.
44 *Kadner Graziano*, RabelsZ 73 (2009), 1, 46.
45 *Cheshire/North/Fawcett*, 814.
46 Erwägungsgrund 25.
47 Art. 191 AEUV; Erwägungsgrund 25; aA NK-BGB/*Wagner*, Art. 40 EGBGB Rn 20 bei Fn 52, 22.
48 *Dicey/Morris/Collins*, vol. 2, Rule 252 (2) und para. 35-069 (S. 2238) bei Fn 358.

Zu berücksichtigen ist, dass der Kreis der Geschädigten potenziell alle Bevölkerungsgruppen umfasst, also nicht auf einen sachkundigen Kreis verengt werden kann. Auch in dieser für die Rechtsdurchsetzung wichtigen Frage ist ungeachtet der Verschiedenheit der *leges fori* die Setzung eines einheitlichen europäischen Standards deshalb sinnvoll und notwendig,[49] sein Fehlen in methodischer Hinsicht zu bedauern, mag auch Erwägungsgrund 25 der Verordnung vor dem Hintergrund des Art. 191 AEUV den – vom deutschen Gesetzgeber nicht genügend beachteten – Maßstab aufzeigen.

10 Die **Qualifikation des Bestimmungsrechts** ist umstritten. Teilweise wird es **verfahrensrechtlich** eingeordnet. Dann ist die Ausübung des Bestimmungsrechts reine Prozesshandlung mit der Folge ihrer Invariabilität und des Ausschlusses von Anfechtung und Widerruf,[50] andererseits aber auch einer Beschränkung ihrer Rechtswirkungen auf den einzelnen Rechtsstreit. Nach anderer Auffassung handelt es sich um ein **kollisionsrechtliches Gestaltungsrecht**, das als solches nach Sinn und Zweck der Option invariabel sei und im Prozess nur innerhalb der **Präklusionsfrist** des Art. 46 a EGBGB[51] ausgeübt werden könne.[52] Diese Auffassung hat zur Folge, dass das Bestimmungsrecht zwar fristgebunden im Kontext eines bestimmten Erkenntnisverfahren ausgeübt werden muss, im Falle seiner Ausübung dann aber – als materiellrechtliche Bestimmung – über das konkrete Verfahren hinaus- und insbesondere auch dann fortwirkt, wenn die einzelne Klage zurückgenommen und der Rechtsstreit erneut anhängig gemacht wird.[53] Nach weiterer Ansicht liegt ein **verfahrensrechtliches**, durch die Präklusionsfrist begrenztes **Optionsrecht** vor, das jedoch, einmal ausgeübt, nachträglich und ohne Rücksicht auf die Präklusionsfrist abgeändert werden kann,[54] eine kaum gesetzmäßige Lösung. Aber auch für den Fall der Qualifikation als Gestaltungsrecht wird außerhalb der Präklusion vereinzelt ein *ius variandi* angenommen.[55] Die früher vertretene Auffassung[56] modifizierend, wird unter Berücksichtigung des für die Ausübung des Bestimmungsrechts maßgebenden nationalen Rechts zu differenzieren sein: Zwar sieht Art. 7 Hs 2 ein kollisionsrechtliches Gestaltungsrecht vor. Die im deutschen Verfahrensrecht verankerte Befristung des Art. 46 a EGBGB, nach der das Bestimmungsrecht des Art. 7 Rom II-VO nur im ersten Rechtszug bis zum frühen ersten Termin oder dem Ende des schriftlichen Vorverfahrens auszuüben ist, bezieht sich jedoch nur auf das einzelne Erkenntnisverfahren, innerhalb dessen eine Präklusion mit neuem Vorbringen (dh Ausübung des Bestimmungsrechts) eintreten kann. Das hat zur notwendigen Folge, dass die einmalige Bestimmung des anwendbaren Rechts nach Art. 46 a EGBGB nur für den einzelnen Rechtsstreit bindet, eine Präklusion nur in diesem Rahmen eintreten kann. Für die Annahme einer darüber hinausgehenden, auch künftige Rechtsstreitigkeiten oder die Rechtsposition als solche erfassenden „Präklusion" (dann wohl gemeint im Sinne materiellrechtlicher Verwirkung des Rechts zur kollisionsrechtlichen Bestimmung) findet sich in der Verordnung keine Grundlage.[57] Erwägungsgrund 25 (S. 2) ist offen und prozessual auf die jeweilige *lex fori* bezogen formuliert. Materiellrechtliche, kollisionsrechtlich-rechtsgestaltende Wirkungen sind der Bestimmung nach der Verordnung nicht zu entnehmen. Eine solche Annahme stünde auch mit Erwägungsgrund 25 S. 1 Rom II-VO nicht im Einklang.

11 Um den **Gleichlauf** der rechtlichen Beurteilung zu gewährleisten, kann das Bestimmungsrecht nach Art. 7 nur einheitlich für **sachenrechtliche** und **deliktische Ansprüche** ausgeübt werden.[58] Wird das Recht **gespalten** ausgeübt, dann liegt keine wirksame Bestimmung vor.[59] Es gilt dann entsprechend der Grundanknüpfung (Art. 4 Abs. 1) das Recht des Erfolgsortes. Anderes mag für **verschiedene Streitgegenstände** im Sinne **objektiver Klagehäufung**, etwa für Personenschäden und Sachschäden, gelten. In diesem Fall spricht nichts dagegen, das anwendbare Recht für jeden Streitgegenstand gesondert zu bestimmen. Die bloße Tatsache der Verbindung erfordert für teilurteilsfähige Streitgegenstände – anders als im Falle der Beurteilung eines und desselben Streitgegenstandes – nicht eine einheitliche Bestimmung.[60] Dasselbe gilt – erst recht – für die subjektive Klagehäufung.

12 Die nach Art. 46 a EGBGB vom deutschen Recht vorgesehene **Präklusion** des Bestimmungsrechts begegnet auch in ihrer verfahrensrechtlichen Voraussetzung durchgreifenden Bedenken nach Art. 20 Abs. 3, Art. 3 Abs. 1 und Art. 2 Abs. 1 in Verbindung mit Art. 1 Abs. 1 GG. Denn der mittellose Geschädigte kann nach der Struktur des Erkenntnisverfahrens und des Rechts der Verfahrenskostenhilfe seiner **Obliegenheit**

---

49 Zutreffend *Kadner Graziano*, RabelsZ 73 (2009), 1, 47.
50 Vgl Erman/*Hohloch*, Art. 40 EGBGB Rn 28; Bamberger/Roth/*Spickhoff*, Art. 44 EGBGB Rn 24; *S. Lorenz*, NJW 1999, 2215, 2217.
51 Die Regelung dient der Durchführung des Art. 7 Rom II-VO; IPR-Anpassungsgesetz v. 10.12.2008, in Kraft seit 11.1.2009; vgl NK-BGB/*Leible*, Art. 46 a EGBGB Rn 1; MüKo/*Junker*, Art. 46 a EGBGB Rn 1.
52 MüKo/*Junker*, Art. 40 EGBGB Rn 37; *Looschelders*, Art. 44 EGBGB Rn 33; Staudinger/*v. Hoffmann*, Art. 40 EGBGB Rn 11 aE; *v. Hein*, NJW 1999, 3174, 3175.
53 Vgl NK-BGB/*Wagner*, Art. 44 EGBGB Rn 12.
54 *S. Lorenz*, NJW 1999, 2215, 2217.
55 *Freitag/Leible*, ZVglRWiss. 99 (2000), 101, 123 ff.
56 NK-BGB/*v. Plehwe*, Art. 44 EGBGB Rn 11 aE.
57 Vgl darüber hinaus die zutreffenden Erwägungen von NK-BGB/*Wagner*, Art. 40 EGBGB Rn 24 f.
58 *Pfeiffer*, IPRax 2000, 270, 274; *Looschelders*, Art. 44 EGBGB Rn 9; Palandt/*Heldrich*, Art. 44 EGBGB Rn 2.
59 *Looschelders*, Art. 44 EGBGB Rn 9.
60 *Bogdan*, S. 222.

zur vorbereitenden **Auslandsrechtserkundung und zum Rechtsvergleich** nicht nachkommen. Die mittellose Partei erleidet deshalb gerade infolge ihrer Mittellosigkeit im Vorfeld des Prozesses und für die Dauer des prozessualen Bestandes des Bestimmungsrechts Rechtsnachteile,[61] während die hinreichend vermögende Partei *law shopping* betreiben kann.[62] Die Benachteiligung vermögensloser Parteien ist verfassungsrechtlich nicht hinzunehmen.

3. Rechtswahl. Vom einseitigen Bestimmungsrecht des Art. 7 ist die Möglichkeit zu unterscheiden, das anzuwendende Recht durch übereinstimmende **Rechtswahl beider Parteien** nach Art. 14 festzulegen. Durch Rechtswahl lässt sich auch eine nachträglich als unzweckmäßig erkannte **Bestimmung** des anwendbaren Rechts aufgrund übereinstimmenden Parteiwillens wieder **korrigieren.** Die Rechtswahl verdrängt die einseitige Bestimmung. Eine zuvor getroffene Rechtswahl schließt eine nachträgliche, aber fristgerechte abweichende einseitige Bestimmung aus, weil diese mit der Übereinkunft unvereinbar ist. Es ist den Parteien unbenommen, auf die Ausübung des Bestimmungsrechts zu verzichten und ihre Rechtsbeziehungen dem übereinstimmend gewählten Recht zu unterstellen.

II. Einfluss öffentlichrechtlicher Genehmigungen

1. Territorialitätsprinzip. Zu Art. 44 EGBGB steht die bisherige – spärliche – deutsche Rechtsprechung auf dem Standpunkt, dass die öffentlichrechtliche Genehmigung einer emittierenden Anlage auf das Hoheitsgebiet ihrer Belegenheit beschränkt sei und keine exterritoriale Wirkung entfalte.[63] Dieser – allgemeine – Grundsatz wird auch im Rahmen der Anwendung des Art. 7 zu berücksichtigen sein. Allerdings ist Erwägungsgrund 34 der Verordnung im Sinne eines „angemessenen Interessenausgleichs" zu berücksichtigen, so dass Sicherheits- und Verhaltensregeln der nicht zur Anwendung berufenen Rechtsordnung exterritoriale Wirkung entfalten können.

2. Kollisionsrechtlicher Ansatz. Weitgehend ungeklärt ist, ob und unter welchen Voraussetzungen sich eine **öffentlichrechtliche Genehmigung** einer Anlage – möglicherweise über Art. 17[64] – auf die Anwendung des Art. 7 auswirkt.[65] Die privatrechtlichen Folgewirkungen einer öffentlichrechtlichen Anlagengenehmigung ergeben sich nicht infolge öffentlichrechtlicher Anerkennung der Genehmigung, sondern aufgrund einer kollisionsrechtlichen Anknüpfungsentscheidung.[66] Richtigerweise wird eine „Anerkennung" einer nach dem Recht des *situs* der Anlage erteilten Genehmigung nur in der Weise in Betracht kommen können, dass sie als Tatbestandselement – als *Datum* – in die materiellrechtliche Rechtsanwendung des kollisionsrechtlich bestimmten Rechts mit dem ihr nach diesem Recht zuzuerkennenden „Wert" einfließt.[67] Spezialgesetzliche **Präklusionstatbestände** sind als Teil der internationalprivatrechtlich zur Anwendung berufenen Rechtsordnung beachtlich. Im Falle der Maßgeblichkeit deutschen materiellen Rechts ist etwa der Ausschluss von Unterlassungs- und Beseitigungsansprüchen nach § 11 Abs. 1 WHG oder § 14 BImSchG aufgrund Unanfechtbarkeit der Genehmigungen zu berücksichtigen. Ob darüber hinaus privatrechtliche Regelungen, die Anlagengenehmigungen mit **anspruchspräkludierenden Wirkungen** versehen, als Eingriffsnormen zu qualifizieren sind,[68] erscheint zweifelhaft. Damit würde zum einen die Maßgeblichkeit der kollisionsrechtlichen Anknüpfung wieder neutralisiert, zum anderen ein durch liberale Genehmigungen begleitetes „race to the bottom" begünstigt. Letzteres wäre mit dem klaren Ziel der Verordnung, den materiellrechtlichen Umweltschutz im Sinne eines *favor naturae*[69] durch geschädigtenfreundliche Anknüpfung zu stützen, unvereinbar. Gemeinschaftsrechtlich hat der Tatbestand einer Anlagengenehmigung in seiner kollisionsrechtlichen Auswirkung indes keine Beachtung gefunden. Es fehlt an einer Regelung ebenso wie an einer Behandlung der Frage zumindest in den Erwägungsgründen der Verordnung(en). Gegen einen Rekurs auf Art. 17 sprechen gewichtige Gründe, nicht zuletzt dessen Zuschnitt auf lokale Verbotsregeln, nicht dagegen die exterritoriale Geltung von Erlaubnissen.[70]

Daraus folgt: Ist nach Artt. 7, 4 Abs. 1 auf das Recht des **Erfolgsortes** abzustellen, dann ergibt sich das Problem der **Vorfragenanknüpfung** der Voraussetzungen einer Berücksichtigung einer bestehenden Anlagengenehmigung. Dabei könnte aus deutscher Sicht (als Recht des Erfolgsortes) auf die **Funktionsäquivalenz** der im Emissionsstaat gewährten Anlagengenehmigung mit Genehmigungen im Immissionsstaat

---

61 Im Einzelnen NK-BGB/*v. Plehwe*, Art. 44 EGBGB Rn 12 f mwN.
62 *Bogdan*, S. 222.
63 BGH IPRspr 1978 Nr. 40 (S. 71, 72 f); OLG Saarbrücken NJW 1958, 752, 754; vgl Staudinger/*v. Hoffmann*, Art. 40 EGBGB Rn 167; *Looschelders*, Art. 40 Rn 116.
64 *Dicey/Morris/Collins*, vol. 2, para. 35-071; *Cheshire/North/Fawcett*, S. 814.
65 *Junker*, NJW 2007, 3675, 3680; *Mankowski*, IPRax 2010, 389, 390-395.
66 *Pfeiffer*, S. 312.
67 Im Einzelnen *Pfeiffer*, S. 274 ff; *Cheshire/North/Fawcett*, S. 814; weitergehend anscheinend Erwägungsgrund 34; *Mankowski*, aaO, mit dem von ihm vertretenen eigenen Lösungsansatz, jedoch ohne Präzisierung der Reichweite der „Anerkennung".
68 So *Pfeiffer*, S. 280 f, 313.
69 *v. Hein*, VersR 2007, 440, 449.
70 Im Einzelnen *Mankowski*, IPRax 2010, 389, 390 f.

jedenfalls dann, wenn vergleichbare **Standards** und **Verfahrensgarantien** beachtet worden sind, abzustellen sein.[71] Nach überwiegender Auffassung wird eine **Äquivalenz** der Voraussetzungen und Grenzen gefordert.[72] Richtigerweise wird sich die Forderung nach einer Äquivalenz angesichts der Verschiedenheit der konkreten Ausgestaltung der Rechtssysteme und unterschiedlichen Formen verwaltungsrechtlicher Gestaltung und Prüfungsdichte auf die Forderung nach **funktioneller Äquivalenz** beschränken müssen,[73] dies freilich nicht aus Gründen der Anerkennung öffentlich-rechtlicher Genehmigungsakte und eines – dogmatisch nicht näher verankerten – Verbots einer *révision au fond*,[74] sondern als Tatbestandselement oder *Datum* des kollisionsrechtlich als anwendbar bestimmten materiellen Rechts, wenn dieses und die *lex fori* auseinanderfallen. Eine von der kollisionsrechtlichen Beurteilung gleichsam losgelöste „Anerkennung" einer Anlagengenehmigung ist abzulehnen. Bei Anwendbarkeit des Rechts des Erfolgsortes kann eine nach dem Recht des Handlungsortes erteilte Genehmigung nur dann Rechtswirkungen erzeugen, wenn das Recht des Erfolgsortes dies vorsieht. Das kann allerdings gemeinschaftsrechtlich aus Gründen der Durchlässigkeit des Binnenmarktes vorgegeben sein. Stets werden damit aber die speziellen Ziele des gemeinschaftsrechtlichen Umweltschutzes abzuwägen sein, der gerade eine Durchsetzung möglichst rigoroser Standards fordert (Art. 191 AEUV). Ist hingegen das Recht des **Handlungsortes** zur Anwendung bestimmt (Art. 7, letzter Hs), dann ergibt sich die Beachtlichkeit öffentlichrechtlicher Anlagengenehmigungen am Handlungsort aufgrund der **privatrechtsgestaltenden Wirkung** öffentlichrechtlicher Genehmigungsakte als Bestandteil der in diesem Fall anwendbaren Rechtsordnung.[75]

Artikel 8 Verletzung von Rechten des geistigen Eigentums

(1) Auf außervertragliche Schuldverhältnisse aus einer Verletzung von Rechten des geistigen Eigentums ist das Recht des Staates anzuwenden, für den der Schutz beansprucht wird.

(2) Bei außervertraglichen Schuldverhältnissen aus einer Verletzung von gemeinschaftsweit einheitlichen Rechten des geistigen Eigentums ist auf Fragen, die nicht unter den einschlägigen Rechtsakt der Gemeinschaft fallen, das Recht des Staates anzuwenden, in dem die Verletzung begangen wurde.

(3) Von dem nach diesem Artikel anzuwendenden Recht kann nicht durch eine Vereinbarung nach Artikel 14 abgewichen werden.

Literatur: *Ahrens*, Das Schutzlandstatut nach Art. 8 Rom II-VO: Reichweite, Wirkung, Vorfragenanknüpfung, WRP 2011, 945; *Ahrens/McGuire*, Modellgesetz für Geistiges Eigentum, 2012; *Basedow/Drexl/Kur/Metzger* (Hrsg.), Intellectual Property in the Conflict of Laws, 2005; *Basedow/Kono/Metzger* (Hrsg.), Intellectual Property in the Global Arena, 2010; *Boschiero*, Infringement of Intellectual Property Rights, 9 Yearbook of Private International Law 87 (2007); *Buchner*, Rom II und das Internationale Immaterialgüter- und Wettbewerbsrecht, GRUR Int. 2005, 1004; (2. Teil), GRUR Int. 2009, 566; *Dinwoodie/Dreyfuss/Kur*, The Law Applicable to Secondary Liability in Intellectual Property Cases, 42 NYU Journal of International Law & Politics. 201 (2009); *Drexl/Kur* (Hrsg.), Intellectual Property and Private International Law, 2005; *European Max Planck Group on Conflict of Laws in Intellectual Property* (Hrsg.), Principles on Conflict of Laws in Intellectual Property, abrufbar unter: http://www.cl-ip.eu/files/pdf2/Final_Text_1_December_2011.pdf [Stand: 31.10.2012], deutsche Fassung abgedruckt in GRUR Int. 2012, 899; *Gaster*, Das urheberrechtliche Territorialitätsprinzip aus Sicht des Europäischen Gemeinschaftsrechts, ZUM 2006, 8; *Grünberger*, Das Urheberrechtsstatut nach der Rom II-VO, ZVglRWiss 108 (2009), 134; *Grünberger*, Relative Autonomie und beschränkte Einheitlichkeit im Gemeinschaftsmarkenrecht, IPRax 2012, 500; *Klass*, Das Urheberkollisionsrecht der ersten Inhaberschaft – Plädoyer für einen universalen Ansatz, GRUR Int. 2007, 373; *Klass*, Ein interessen- und prinzipienorientierter Ansatz für die urheberkollisionsrechtliche Normbildung: Die Bestimmung geeigneter Anknüpfungspunkte für die erste Inhaberschaft, GRUR Int. 2008, 546; *Knaak*, Grundzüge des Gemeinschaftsmarkenrechts und Unterschiede zum nationalen Markenrecht, GRUR Int. 2001, 665; *Kur*, Haftung für Rechtsverletzungen Dritter: Reformbedarf im europäischen IPR?, WRP 2011, 971; *Kur*, Die Ergebnisse des CLIP-Projekts – zugleich eine Einführung in die deutsche Fassung der Principles on Conflict of Laws in Intellectual Property, GRUR Int. 2012, 857; *Rohnke*, Gemeinschaftsmarken oder nationale Marken? Strategische Überlegungen zur Rechtsdurchsetzung, GRUR Int. 2002, 979; *Leible/Ohly* (Hrsg.), Intellectual Property and Private International Law, 2009; *Leistner*, Das Murphy-Urteil des EuGH: Viel Lärm um nichts oder Anfang vom Ende des Territorialitätsgrundsatzes im Urheberrecht?, JZ 2011, 1140; *Loewenheim* (Hrsg.), Handbuch des Urheberrechts, 2. Auflage 2010 (zit.: Loewenheim/*Bearbeiter*); *Metzger*, Zum anwendbaren Urheberrecht bei grenzüberschreitendem Rundfunk, IPrax 2006, 242; *Metzger*, Perspektiven des internationalen Urheberrechts – zwischen Territorialität und Ubiquität, JZ 2010, 929; *Neumann*, Intellectual Property Rights Infringements in European Private International Law: Meeting the Requirements of Territoriality and Private International Law, 7 Journal of Private International Law 583 (2011); *Obergfell*, Das Schutzlandprinzip und „Rom II", IPrax 2005, 9; *Peifer*, Das Territorialitätsprinzip im Europäischen Gemein-

---

71 *Roßbach*, NJW 1988, 590, 592 f; *Wandt*, VersR 1998, 529, 536 f; *Wolf*, S. 181 f, 189–197; Staudinger/*v. Hoffmann*, Art. 40 EGBGB Rn 170; *Hager*, RabelsZ 53 (1989), 293, 304–306.
72 OLG Linz JBl 1987, 577, 579; *Kadner Graziano*, RabelsZ 73 (2009), 1, 50; vgl *Mankowski*, IPRax 2010, 389, 392 mwN Fn 39.
73 *Mankowski*, IPRax 2010, 389, 392.
74 *Mankowski*, IPRax 2010, 389, 392.
75 *Spickhoff*, 385, 389; *Hager*, RabelsZ 53 (1989), 293, 300 f, 306 ff; *Wandt*, VersR 1998, 529, 533 ff; Staudinger/*v. Hoffmann*, Art. 40 EGBGB Rn 164.

schaftsrecht vor dem Hintergrund der technischen Entwicklungen, ZUM 2006, 1; *Ricketson/Ginsburg*, International Copyright, 2. Auflage 2005; *Sack*, Das IPR des geistigen Eigentums nach der Rom II-VO, WRP 2008, 1405; *Schack*, Internationale Urheber-, Marken- und Wettbewerbsrechtsverletzungen im Internet – Internationales Privatrecht, MMR 2000, 59; *Schack*, Das auf (formlose) Immaterialgüterrechte anwendbare Recht nach Rom II, FS Kropholler, 2008, S. 651; *Schack*, Urheber- und Urhebervertragsrecht, 5. Auflage 2010; *Schricker/Loewenheim* (Hrsg.), Urheberrecht, 3. Auflage 2010; *Sosnitza*, Der Grundsatz der Einheitlichkeit im Verletzungsverfahren der Gemeinschaftsmarke, GRUR 2011, 465; *Spindler*, Die kollisionsrechtliche Behandlung von Urheberrechtsverletzungen im Internet, IPRax 2003, 412; *Tilmann*, Gemeinschaftsmarke und Internationales Privatrecht, GRUR Int. 2001, 673; *Torremans*, Licences and Assignments of Intellectual Property Rights Under the Rome I Regulation, 4 Journal of Private International Law 397 (2008); *Torremans/Fawcett*, Intellectual Property and Private International Law, 2. Auflage 2011; *van Echoud*, Choice of Law in Copyright and Related Rights, 2003; *von Bar*, Kollisionsrecht, Fremdenrecht und Sachrecht für internationale Sachverhalte im Internationalen Urheberrecht, UFITA 108 (1988), 27; *Ulmer*, Die Immaterialgüterrechte im internationalen Privatrecht, 1975; *G. Wagner*, Die neue Rom II-Verordnung, IPRax 2008, 1; *Wichard*, Europäisches Markenrecht zwischen Territorialität und Binnenmarkt, ZEuP 2002, 23; *Zimmer*, Urheberrechtliche Verpflichtungen und Verfügungen im Internationalen Privatrecht, 2006.

A. Allgemeines 1	b) Eingriffslokalisierung 34
I. Überblick 1	aa) Lokalisierung als Aufgabe des anzu-
II. Normzweck 2	wendenden Sachrechts 34
1. Schutzlandprinzip (Abs. 1 und Abs. 3) 2	bb) Grenzüberschreitende Verwertungs-
a) Territorialitätsgrundsatz vs. Universa-	handlungen 35
litätsprinzip 3	cc) Ausrichtung auf den Markt des
b) Zusammenhang von Territorialitäts-	Schutzlandes 37
und Schutzlandprinzip 5	c) Reichweite der Schutzlandanknüp-
2. Unteranknüpfung (Abs. 2) 6	fung 38
3. Ausschluss der Rechtswahl 7	aa) Grundsätzlicher Geltungsbereich
III. Entstehungsgeschichte und Reformvorschläge . 8	(Art. 15) 38
B. Regelungsgehalt 10	bb) (K)Ein Vorfragenproblem? 40
I. Prüfungsaufbau 10	(1) Anknüpfung der originären Rechts-
II. Allgemeiner Anwendungsbereich der	inhaberschaft 41
Rom II-VO 11	(2) Entstehungsvoraussetzungen 43
1. Räumlicher und zeitlicher Anwendungs-	(3) Inhalt, Schranken und Erlöschen des
bereich 11	Schutzrechts 44
a) Allgemeines 11	(4) Anknüpfung der Übertragbarkeit ... 45
b) Autonomes deutsches Kollisionsrecht 12	(5) Besonderheiten bei Arbeitsverhält-
2. Sachlicher Anwendungsbereich 13	nissen („works made for hire") 46
a) Zivil- und Handelssache 13	(6) Anknüpfung der Vergütungsansprü-
b) Außervertragliche Schuldverhältnisse 14	che 47
c) Vorrangige Rechtsakte 18	(7) Sonstige außervertragliche Schuld-
aa) Unionsrecht 18	verhältnisse (Art. 13) 48
bb) Völkervertragsrecht 20	V. Unteranknüpfung einheitlicher europäischer
III. Verletzung von Rechten des geistigen Eigen-	Rechtstitel 49
tums 21	1. Abschließender Katalog der erfassten
1. Rechte des geistigen Eigentums 21	Schutzrechte 49
a) Qualifikationsmaßstab 21	2. Ort der Verletzungshandlung (lex loci
b) Urheberrecht und verwandte Schutz-	delicti commissi) 50
rechte 24	3. Verweisung auf das Recht des Hand-
c) Weitere Leistungsschutzrechte 26	lungsorts 52
d) Gewerbliche Schutzrechte 27	a) Mehrheit von Verletzungsorten inner-
e) Immaterialgüterpersönlichkeitsrechte . 29	halb der EU 53
2. Verletzung 30	b) Verletzungshandlung im Drittstaat ... 54
IV. Recht des Schutzlandes 32	VI. Ausschluss der Rechtswahl (Abs. 3) 55
1. Begriff und Abgrenzung 32	C. Weitere praktische Hinweise 56
2. Verweisung auf das Recht des Schutzlan-	I. Internationale Zuständigkeit 56
des 33	II. Anforderungen an den Klageantrag 58
a) Grundlagen 33	

A. Allgemeines

I. Überblick

Verletzungshandlungen von Rechten des geistigen Eigentums sind gem. Abs. 1 anhand des **Schutzland-** 1
prinzips (*lex loci protectionis*) anzuknüpfen.[1] Anknüpfungsgegenstand ist die behauptete Verletzung von
Immaterialgüterrechten, Anknüpfungspunkt ist das Schutzland. Nach den allgemeinen Grundsätzen der
Rom II-VO ist Art. 8 eine **allseitige** Kollisionsnorm (Art. 3 Rn 1) und eine **Sachnormverweisung** (Art. 24
Rn 2).[2] Die Verweisung auf das Recht des Schutzlandes gilt für **alle Immaterialgüterrechte**, unabhängig

---

1 Erwägungsgrund 26.
2 *Sack*, WRP 2008, 1405, 1406.

davon, ob es sich um nationale Schutzrechte, teil- oder vollharmonisierte mitgliedstaatliche Rechte des geistigen Eigentums oder europäische Rechtstitel über einen einheitlichen Schutz der Rechte des geistigen Eigentums in der Union[3] handelt. Für diese unionsweit geltenden Schutzrechte sieht Abs. 2 eine **Unteranknüpfung** vor, soweit das Unionsrecht keine eigenen Aussagen enthält und stattdessen auf das nationale Recht verweist. Abs. 3 schließt die grundsätzlich zulässige **Rechtswahl** der Parteien (Art. 14) aus. Der **Umfang** der Sonderanknüpfung bestimmt sich im Grundsatz nach Art. 15. Art. 13 erweitert den **Anwendungsbereich** des Art. 8 auch auf Ansprüche aus ungerechtfertigter Bereicherung, Geschäftsführung ohne Auftrag und Verschulden bei Vertragsabschluss. Art. 8 ist nicht anzuwenden, wenn das Unionsrecht (Art. 27 Rn 2 ff) oder völkerrechtliche Verträge (Art. 28 Rn 3 ff) besondere Kollisionsnormen für die Rechte des geistigen Eigentums enthalten. **Urhebervertrags-** bzw **lizenzvertragsrechtliche** Fragestellungen werden nicht nach Art. 8, sondern nach der Rom I-VO angeknüpft.

II. Normzweck

1. Schutzlandprinzip (Abs. 1 und Abs. 3). Die Frage nach dem anwendbaren Recht ist aufgrund der Vielfalt der sachrechtlichen Ausgestaltung der jeweiligen Immaterialgüterrechtsordnung für den Ausgang von Streitigkeiten nach wie vor entscheidend.[4] Art. 8 geht als **spezielle Anknüpfungsregel** den allgemeinen Anknüpfungsregeln in Art. 4 vor (Art. 4 Rn 12). Der gemeinsame gewöhnliche Aufenthalt von Geschädigtem und Verletzer bzw der Ort des Schadenseintritts (*lex loci damni*) (zur Prüfungsreihenfolge vgl Art. 4 Rn 5) sind für die kollisionsrechtliche Zuordnung der Verletzung von Immaterialgüterrechten ungeeignete Anknüpfungspunkte.[5] Die weit verbreitete[6] Schutzlandanknüpfung wird damit im europäischen Kollisionsrecht verankert.[7]

a) Territorialitätsgrundsatz vs. Universalitätsprinzip. Die Sonderanknüpfung von Immaterialgüterrechten ist ihrer **Funktion** geschuldet. Sie stellen die Exklusivität der Nutzung von immateriellen Gütern künstlich her, damit diese überhaupt zum Gegenstand von Marktprozessen werden können.[8] Damit die geschaffenen subjektiven Rechte nicht von ihren ökonomischen und sozialen Ausübungsbedingungen abgekoppelt werden, bedarf es des permanenten Ausgleichs zwischen Ausschließlichkeit und Zugangsfreiheit.[9] Die Anerkennung von Ausschließlichkeitsrechten ist „nach Art und Umfang eine **public policy-Entscheidung** im Spannungsfeld der Förderung einerseits der Hervorbringung, andererseits der Verbreitung neuen Wissens, also von Ausschließlichkeit und Wettbewerb".[10] Die Ausgestaltung der Immaterialgüterrechte steht zur positivrechtlichen Disposition der Rechtsordnung. Jenseits der jeweiligen (nationalen oder supranationalen) Rechtsordnung, die Existenz und Inhalt regelt, existieren die Immaterialgüterrechte nicht.[11] Daraus erklärt sich die Existenz des **sachrechtlichen**[12] **Territorialitätsgrundsatzes**.[13] Danach sind Immaterialgüterrechte in ihrer Geltung und Wirkung räumlich auf das Territorium des Staates begrenzt, der sie individuell registerrechtlich verliehen hat oder unter bestimmten Voraussetzungen formfrei herstellt.[14] Die Vorstellung eines einheitlichen, global wirkenden Schutzrechts ist damit unvereinbar. Der Schutz erfolgt lediglich über ein Bündel territorial begrenzter, autonomer nationaler oder supranationaler subjektiver Rechte.[15] Daraus folgt für die Immaterialgüterrechte, dass sie immer nur Nutzungshandlungen im Territorium der jeweiligen Rechtsordnung erfassen können.[16]

---

3 Die Bezeichnung ist an den Kompetenztitel in Art. 118 Abs. 1 AEUV angelegt, siehe MüKo/*Drexl*, IntImmGR Rn 142 Fn 1.
4 Zum Urheberrecht *Metzger*, JZ 2010, 929, 932.
5 KOM(2003) 427 endgültig, 22; zu den Gründen *Beier/Schricker/Ulmer*, GRUR Int. 1985, 104, 106; *Basedow u.a.*, RabelsZ 67 (2003), 1, 21 ff; MüKo/*Drexl*, IntImmGR Rn 146.
6 Zweifelhaft ist, ob es sich um eine „allgemein anerkannte Regel" handelt, wie die Kommission meint, KOM(2003) 427 endgültig, 22; vgl MüKo/*Drexl*, IntImmGR Rn 145; vgl den ausführlichen Überblick bei *Siehr*, UFITA 108 (1988), 9.
7 Rauscher/*Unberath/Cziupka*, EuZPR/EuIPR, Art. 8 Rn 3; Staudinger/*Fezer/Koos*, IntWirtschR, Rn 911.
8 Dazu *Ullrich*, GRUR Int. 1996, 555, 565 f.
9 Zu diesem Konflikt eingehend *Wielsch*, Zugangsregeln, 2008, 13 ff, 31 ff.
10 *Ullrich*, GRUR Int. 1995, 623, 625.
11 *Basedow* in: Basedow/Kono/Metzger, Intellectual Property in the Global Arena, 2010, 3, 8.
12 BGHZ 152, 317, 326 f – Sender Felsberg; *von Bar*, UFITA 108 (1988), 27, 39 ff; MüKo/*Drexl*, IntImmGR Rn 14; Staudinger/*Fezer/Koos*, IntWirtschR Rn 883; anders etwa *Walter* in: Loewenheim, Handbuch des Urheberrechts, 2. Auflage 2010, § 58 Rn 6.
13 *Grünberger*, ZVglRWiss 108 (2009), 134, 147 f; zu abweichenden Erklärungsversuchen vgl den Überblick bei Staudinger/*Fezer/Koos*, IntWirtschR Rn 885.
14 Siehe BGHZ 126, 252, 255 – Folgerecht bei Auslandsbezug.
15 Jeweils zum Urheberrecht siehe BGH GRUR 2007, 691 Rn 18 – Staatsgeschenk; BGH GRUR 2005, 48, 49 – man spricht deutsch; BGH GRUR 2004, 855, 856 – Hundefigur; BGHZ 152, 317, 322 – Sender Felsberg; jeweils zum Markenrecht siehe RGZ 118, 76, 81 – Hengstenberg; EuGH, C-9/93 IHT Internationale Heiztechnik GmbH u.a ./. Ideal-Standard GmbH, Slg 1994, I-2789, Rn 22; zum Patentrecht siehe RGZ 30, 52, 54 f – Kongorot II.
16 BGH WRP 2012, 1530 Rn 17 – Clinique happy.

Das ist bei den Schutzrechten, die auf einer registerrechtlichen Erteilung beruhen, unstreitig.[17] Bei **formlos entstehenden** Schutzrechten (Urheberrecht und verwandte Schutzrechte,[18] Benutzungsmarke und nicht eingetragenes Gemeinschaftsgeschmacksmuster)[19] wird das **Universalitätsprinzip** als Alternative postuliert. Danach besteht im Grundsatz ein weltweit einheitliches – nach der Rechtsordnung des Ursprungsstaates entstandenes – Schutzrecht.[20] Diese naturrechtlich begründete Auffassung[21] kann nicht überzeugen. Sie basiert auf einer Kategorienverwechslung. Es wird nicht zwischen den ubiquitären Immaterialgütern einerseits und den daran von einer Rechtsordnung begründeten Schutzrechten andererseits unterschieden.[22] Das Unionsrecht hat sich zugunsten des Territorialitätsprinzips entschieden.[23] Daran hat auch die Entscheidung des EuGH zur Unzulässigkeit zu territorial ausgestalteten Sportvermarktungsrechten[24] nichts geändert.[25] Das Urteil betrifft nicht die Territorialität der Schutzrechte. Entscheidungsgegenstand war die territoriale Aufspaltung des Lizenzgebiets und die binnenmarktfeindlichen Exklusivitätsvereinbarungen in Lizenzverträgen.[26]

b) Zusammenhang von Territorialitäts- und Schutzlandprinzip. Die Akzeptanz des sachrechtlichen Territorialitätsprinzips ist keine ausreichende Begründung für die Geltung des kollisionsrechtlichen **Schutzlandprinzips**.[27] Die kollisionsrechtliche Anknüpfung an das Schutzland **korrespondiert** aber mit dem sachrechtlichen **Territorialitätsgrundsatz**.[28] Sie ermöglicht dem Staat, in dessen Gebiet die Nutzung des Immaterialguts erfolgt, den Konflikt von Ausschließlichkeit und Zugangsfreiheit autonom zu lösen.[29] Mit dem Schutzlandprinzip ist das IPR in der Lage, sich gegenüber den jeweils wechselnden Anforderungen seiner rechtlichen und sozialen Umwelt sensibel zu zeigen.[30] Damit ist sichergestellt, dass die von jeder Rechtsordnung autonom zu treffende Abwägung zwischen Ausschließlichkeit und Zugangsfreiheit auch bei internationalen Sachverhalten respektiert wird.[31] Das Schutzlandprinzip verhindert den unerwünschten „Import" binnenpolitisch motivierter Regelungsmodelle.[32] Damit verwirklicht es das klassische Postulat der kollisionsrechtlichen **Anknüpfungsgerechtigkeit**.[33] Mit der Entscheidung zugunsten des Schutzlandes werden die Ansprüche aus der Verletzung von Immaterialgüterrechten der Rechtsordnung unterstellt, mit der die jeweilige Nutzung des immateriellen Gegenstandes in der engsten ökonomischen und sozialen Verbindung steht.[34]

2. Unteranknüpfung (Abs. 2). Abs. 2 sieht eine Unteranknüpfung bei europäischen Rechtstiteln über einen einheitlichen Schutz der Rechte des geistigen Eigentums vor. Beispielhaft dafür ist die Gemeinschaftsmarke, der nach Art. 1 Abs. 2 der GMVO[35] „einheitliche Wirkung für die gesamte Gemeinschaft" zukommt. Diese Rechtstitel werfen zwei kollisionsrechtliche Fragestellungen auf:[36] Das **Außen-IPR** hat zur Aufgabe, den kollisionsrechtlichen Anwendungsbereich dieser Rechte im Verhältnis zu Drittstaaten zu

---

17 Näher Staudinger/*Fezer/Koos*, IntWirtschR, Rn 1005 ff, 1038 ff.
18 Streitstand bei Reithmann/Martiny/*Obergfell*, Internationales Vertragsrecht, Rn 1799 f; Staudinger/*Fezer/Koos*, IntWirtschR, Rn 1072 ff.
19 Zum Streitstand MüKo/*Drexl*, IntImmGR Rn 27 f.
20 *Schack* in: Leible/Ohly, Intellectual Property and Private International Law, 2009, 79, 90 f; *Klass*, GRUR Int. 2007, 373, 380 f; *Neuhaus*, RabelsZ 40 (1976), 191.
21 Vgl *Drobning*, RabelsZ 40 (1976), 195 ff; *Klass*, GRUR Int. 2007, 373, 381.
22 *Grünberger*, ZVglRWiss 108 (2009), 134, 147; Rauscher/*Unberath/Cziupka*, EuZPR/EuIPR, Art. 8 Rn 2; MüKo/*Drexl*, IntImmGR Rn 18.
23 EuGH, C-192/04 – Lagardère Active Broadcast./. SPRE u.a., Slg 2005, I-7199 Rn 46; BGH WRP 2012, 1530 Rn 17 – Clinique happy; aus der Literatur siehe *Metzger*, JZ 2010, 929, 934; *Ahrens*, WRP 2011, 945.
24 EuGH, C-403/08, C-429/08 – Football Association Premier League Ltd u.a../. QC Leisure u.a., GRUR 2012, 156.
25 Zweifelnd *Leistner*, JZ 2011, 1140, 1141 f.
26 EuGH, C-403/08, C-429/08 – Football Association Premier League Ltd u.a../. QC Leisure u.a., GRUR 2012, 156, Rn 115, 139.
27 MüKo/*Drexl*, IntImmGR Rn 14; *Klass*, GRUR Int. 2007, 373, 379; missverständlich insoweit die Begründung zum VO-Vorschlag, KOM(2003) 427 endgültig, unter Gleichsetzung beider Grundsätze; ähnlich auch BVerfGE 81, 208, 222 – Bob Dylan; aA *Sack*, WRP 2000, 269, 271 f, *Beier*, GRUR Int. 1981, 299, 305 f.
28 Schricker/Loewenheim/*Katzenberger*, UrhG, Vor §§ 120 ff Rn 124.
29 Vgl dazu *Metzger*, JZ 2010, 929, 934 mit dem abschreckenden Beispiel einer „Lex Hollywood".
30 Zum Versuch dieser Erklärung der Anknüpfungsgerechtigkeit des IPR näher *Grünberger*, Alles obsolet? – Anerkennungsprinzip vs. klassisches IPR, in: Leible (Hrsg.), Brauchen wir eine Rom 0-VO?, 2013, unter II 2 b [im Erscheinen].
31 KOM(2003) 427 endgültig, 22: „Diese Lösung garantiert die Unabhängigkeit der Rechte, die ihr Inhaber in jedem Land genießt."; vgl auch *Sandrock*, GRUR Int. 1985, 507, 513 f; *Fentiman*, in: Drexl/Kur, Intellectual Property and Private International Law, 2005, 129, 137 ff.
32 *Kur*, GRUR Int. 2012, 857, 864; *Metzger*, JZ 2010, 929, 933.
33 Eingehend dazu *Neumann*, 7 J. Priv. Int'l. Law 583, 589–591 (2010); iE auch MüKo/*Drexl*, IntImmGR Rn 26.
34 I.E. auch Dreier/Schulze, UrhG, 3. Auflage 2009, Vor §§ 120 ff Rn 29.
35 VO 207/2009/EG über die Gemeinschaftsmarke, ABl. L 78 v. 24.3.2009, 1, die an die Stelle der VO 40/94/EG getreten ist.
36 Dazu *Tilmann*, GRUR Int. 2001, 673, 674 f; MüKo/*Drexl*, IntImmGR Rn 125; *Sack*, WRP 2008, 1405, 1407 f.

bestimmen. Diese Frage wird nach zutreffender Ansicht jetzt von Abs. 1 geregelt.[37] **Schutzland** ist das Gebiet der **EU**.[38] Verwiesen wird auf das einschlägige Schutzinstrument der Union (Rn 49). Dieses enthält in der Regel nicht alle für eine effektive Rechtsdurchsetzung notwendigen Ansprüche und Rechtsbehelfe.[39] Weil die *lex loci protectionis* deshalb unvollständig ist, ist eine Unteranknüpfung an das Recht eines oder mehrerer Mitgliedstaaten notwendig.[40] Aufgabe des **Innen-IPR** ist es, zu klären, welche der mitgliedstaatlichen Rechtsordnungen dafür heranzuziehen ist. Diese Aufgabe übernimmt jetzt Abs. 2.[41] Nur für diese Unteranknüpfung[42] ist das Recht des Mitgliedstaates maßgeblich, „in dem die Verletzung begangen wurde" (*lex loci delicti commissi*). Das kann zur kumulativen Anwendung mehrerer Rechtsordnungen führen.[43]

7 **3. Ausschluss der Rechtswahl.** Der vom Schutzland zwingend festgelegte Inhalt und Umfang der Immaterialgüterrechte ist nach traditioneller Ansicht auch der **Grund für den Ausschluss der Rechtswahl**[44] im deutschen Kollisionsrecht[45] wie im EU-Kollisionsrecht.[46] Diese Erwägung kann aber nur erklären, warum eine parteiautonome Vereinbarung über den Inhalt des betroffenen Rechts ausscheidet. Weniger einsichtig ist dagegen, warum das auch für die Rechtsfolgen der Verletzung gelten soll.[47] Wegen des klaren Zusammenhangs von Abs. 1 und Art. 15 verbietet Abs. 3 allerdings auch die darauf beschränkte Rechtswahl.[48] Diese Beschränkung der Parteiautonomie lässt sich **nicht überzeugend** rechtfertigen.[49] Insbesondere in den Fällen des Abs. 2 könnte eine nachträgliche Rechtswahl zu flexibleren Lösungen führen.[50]

III. Entstehungsgeschichte und Reformvorschläge

8 Im ursprünglichen Konsultationsprozess der Kommission[51] war keine ausdrückliche Behandlung der Immaterialgüterrechte vorgesehen. Möglicherweise[52] aufgrund einer Intervention aus der Wissenschaft[53] entschied sich die Kommission für die Sonderanknüpfung.[54] Aufgrund eines **Übersetzungsfehlers**[55] war der deutsche Wortlaut von Art. 8 des VO-Vorschlags missverständlich („in dem der Schutz beansprucht wird").[56] Das Konzept fand im Lauf des Gesetzgebungsverfahrens[57] im Grundsatz breite Zustimmung.[58] Das Parlament schlug zahlreiche Abänderungen vor.[59] Dazu zählte auch die Zulassung der Rechtswahl,[60] was aber letztlich erfolglos blieb.[61]

9 Die wissenschaftliche Diskussion über die Ausgestaltung des Kollisionsrechts ist damit nicht abgeschlossen. Zu nennen sind die **Principles Governing Jurisdiction, Choice of Law, and Judgments in Transnational Disputes** des American Law Instituts[62] und die von einer Arbeitsgruppe an den MPI in München und Hamburg erarbeiteten europäischen „Grundregeln des Internationalen Privat- und Zivilprozessrechts des

---

37 MüKo/*Drexl*, IntImmGR Rn 132 ff.
38 KOM(2003) 427 endgültig, 23; *Basedow u.a.*, RabelsZ 67 (2003), 1, 22.
39 Zur GMVO siehe *Fayaz*, GRUR Int. 2009, 566, 567.
40 *Schaper* in: Drexl/Kur, Intellectual Property and Private International Law, 2005, 201 ff.
41 MüKo/*Drexl*, IntImmGR Rn 137 f; *Grünberger*, IPRax 2012, 504.
42 *Grünberger*, ZVglRWiss 108 (2009), 134, 149.
43 Zur Rechtfertigung *Basedow u.a.*, RabelsZ 67 (2003), 1, 23.
44 *Beier/Schricker/Ulmer*, GRUR Int. 1985, 104, 106; *Basedow u.a.*, RabelsZ 67 (2003), 1, 35; *Buchner*, GRUR Int. 2005, 1004, 1007 f.
45 BGHZ 118, 394, 397 f – ALF; *Beier/Schricker/Ulmer*, GRUR Int. 1985, 104, 106.
46 KOM(2003) 427 endgültig, 24; *Basedow u.a.*, RabelsZ 67 (2003), 1, 35; *Buchner*, GRUR Int. 2005, 1004, 1008.
47 Näher *Schack*, FS Kropholler 2008, S. 651, 656; *Leible*, RIW 2008, 257, 259; *Boschiero*, 9 Yb. P.I.L. 87, 108 ff (2007); Rauscher/*Unberath/Cziupka*, EuZPR/EuIPR, Art. 8 Rn 29.
48 *Leible*, RIW 2008 257, 258; *Grünberger*, ZVglRWiss 108 (2009), 134, 175 f.
49 *Schack* in: Leible/Ohly, Intellectual Property and Private International Law, 2009, 79, 93; *de Boer* 9 Yb. P.I.L. 19, 26 (2007); *Boschiero*, 9 Yb. P.I.L. 87, 107 f (2007).
50 *Leistner* in: Leible/Ohly, Intellectual Property and Private International Law, 2009, 97, 108 f, 111 ff; *Schaper* und *Metzger*, in: Drexl/Kur, Intellectual Property and Private International Law, 2005, S. 201, 211 f; 215, 218 f; MüKo/*Drexl*, IntImmGR Rn 230; *Kur*, GRUR Int. 2012, 857, 865.
51 Siehe <http://ec.europa.eu/justice/news/consulting_public/rome_ii/news_hearing_rome2_en.htm> [Stand: 31.10.2012].
52 So *Hahn/Tell* in: Basedow/Drexl/Metzger/Kur, Intellectual Property in the Conflict of Laws, 2005, S. 7, 14.
53 *Basedow u.a.*, RabelsZ 67 (2003), 1, 21.
54 KOM(2003) 427 endgültig, 22 f.
55 *Hahn/Tell* in: Basedow/Drexl/Metzger/Kur, Intellectual Property in the Conflict of Laws, 2005, S. 7, 14; jurisPK-BGB/*Heinze*, Art. 8 Rn 2 Fn 6.
56 KOM(2003) 427 endgültig, 35.
57 Einen Überblick über die einzelnen Verfahrensetappen findet man unter <http://ec.europa.eu/prelex/detail_dossier_real.cfm?CL=de&DosId=184392> [Stand: 31.10.2012].
58 Nachweise bei jurisPK-BGB/*Heinze*, Art. 8 Rn 3.
59 Siehe Bericht des Rechtsausschusses v. 27.6.2005, Dok. A6-0211/2005; Legislative Entschließung v. 5.7.2005, Dok. P6_TA(2005)0284.
60 Änderungsantrag Nr. 25, Dok. A6-0211/2005, 19.
61 KOM(2006), 83 endgültig, 17; Gemeinsamer Standpunkt des Rates, ABl. C Nr. 289E, 68, 72; Legislative Entschließung des Parlaments zum Gemeinsamen Standpunkt, Dok. P6_TA(2007)0006.
62 Siehe <http://www.wipo.int/wipolex/en/details.jsp?id=7687> [Stand: 31.10.2012]; dazu *Dreyfuss*, 30 Brook. J. Int'l L. 819 (2004).

geistigen Eigentums" (**Principles on Conflict of Laws in Intellectual Property**).[63] Sie sehen eine weitergehende Rechtswahlmöglichkeit vor und plädieren insgesamt für eine ausdifferenzierte Gestaltung der kollisionsrechtlichen Anknüpfungspunkte.[64] Darüber hinausgehend werden regelmäßig zwei Punkte als besonders regelungsbedürftig bezeichnet: das spezielle Problem der **Haftung für Rechtsverletzungen Dritter** und die „generelle Frage des anwendbaren Rechts bei ubiquitären Rechtsverletzungen".[65]

B. Regelungsgehalt

I. Prüfungsaufbau

Die Anknüpfung von deliktischen Rechtsverletzungen und sonstigen außervertraglichen Schuldverhältnissen (Art. 13 Rn 1) in Bezug auf Rechte des geistigen Eigentums basiert auf insgesamt **5 Schritten**:[66] (1.) Der allgemeine Anwendungsbereich der VO ist eröffnet (Rn 11 ff). (2.) Der Kläger behauptet eine mögliche Verletzung von Rechten des geistigen Eigentums (Rn 21 ff). (3.) Aus dem Klagebegehren ergibt sich, für welchen Staat bzw welches Territorium der Kläger Schutz beansprucht (Rn 32). (4.) Ob nach dem Recht des Schutzlandes eine Verletzungshandlung auch tatsächlich vorliegt, ergibt sich bei einem hinreichenden Inlandsbezug aus dem sachrechtlichen Territorialitätsgrundsatz (Rn 34 ff). Behauptet der Kläger Verletzungshandlungen in mehreren Ländern, liegen mehrere Schutzländer vor und die jeweiligen Verletzungshandlungen sind nach dem Recht des jeweiligen Schutzlandes zu beurteilen (Rn 31). (5.) Handelt es sich um einen europäischen Rechtstitel über einen einheitlichen Schutz der Rechte des geistigen Eigentums (Rn 49 ff), ist (a) zu untersuchen, ob die streitgegenständliche Frage vom Unionsrecht selbst geregelt ist. Ist das (b) nicht der Fall, erfolgt eine Unteranknüpfung an das Recht des Staates, in dem die Verletzung begangen wurde (Abs. 2, Rn 52 ff). Ob nach dem so ermittelten Recht eine Verletzungshandlung tatsächlich vorliegt, ergibt sich wiederum aus dem sachrechtlichen Territorialitätsgrundsatz. 10

II. Allgemeiner Anwendungsbereich der Rom II-VO

1. Räumlicher und zeitlicher Anwendungsbereich. a) Allgemeines. Die Anknüpfungsregeln in Art. 8 gelten für alle Mitgliedstaaten der EU mit Ausnahme Dänemarks (Art. 1 Rn 58 ff). In *intertemporaler* Hinsicht finden die Anknüpfungsregeln für alle schadensbegründende Ereignisse Anwendung, die ab dem 11.1.2009 eingetreten[67] sind. Damit ist die deliktische Handlung gemeint, also die Handlung, mit der das Immaterialgüterrecht verletzt wird.[68] Es kommt also nicht auf den Eintritt des Verletzungserfolges an (so aber Artt. 31, 32 Rn 10). Das folgt bereits aus der in Abs. 2 vorgesehenen Unteranknüpfung an die Verletzungshandlung (Rn 52). 11

b) Autonomes deutsches Kollisionsrecht. Vor dem 11.1.2009 vorgenommene Verletzungshandlungen werden nach den bisherigen autonomen mitgliedstaatlichen Kollisionsregeln angeknüpft. Das deutsche IPR enthielt dafür keine ausdrückliche Kollisionsnorm. Insbesondere die §§ 120 ff UrhG treffen keine kollisionsrechtliche Aussagen.[69] Die allgemeinen Anknüpfungsregeln (Artt. 38–42 EGBGB) sind auf Immaterialgüterrechte nicht anzuwenden.[70] Bei den gewerblichen Schutzrechten ist das **Schutzlandprinzip** als allgemeine Anknüpfungsregel allgemein anerkannt.[71] Dasselbe gilt nach der ständigen Rechtsprechung des BGH für die Verletzung von Urheberrechten.[72] Die Rechtsordnung, welche die Schutzwirkung des Immaterialgü- 12

---

63 European Max Planck Group on Conflict of Laws in Intellectual Property (CLIP), <http://www.cl-ip.eu/files/pdf2/Final_Text_1_December_2011.pdf> [Stand: 31.10.2012], deutsch in GRUR Int. 2012, 899.
64 Eingehend *Kur*, GRUR Int. 2012, 857, 864 ff.
65 *Kur*, WRP 2011, 971, 982.
66 Vgl dazu *Grünberger*, ZVglRWiss 108 (2009), 134, 154; jurisPK-BGB/*Heinze*, Art. 8 Rn 8; *Sack*, WRP 2008, 1405, 1408.
67 EuGH, C-412/10 – Deo Antoine Homawoo/GMF Assurances SA, NJW 2012, 441.
68 Vgl *G. Wagner*, IPRax 2008, 1, 17.
69 Schricker/Loewenheim/*Katzenberger*, UrhR, Vor §§ 120 ff Rn 125.
70 Jeweils zum Urheberrecht BGH GRUR 2007, 691 Rn 21 – Staatsgeschenk; BGHZ 152, 317, 322 – Sender Felsberg; BGHZ 136 380, 386 – Spielbankaffaire; eingehend *Birkmann*, Die Anknüpfung der originären Inhaberschaft am Urheberrecht, 2009, S. 112 ff.
71 MüKo/*Drexl*, IntImmGR Rn 128; speziell zum Markenrecht *Fezer*, Markenrecht, 4. Auflage 2009, Einl. H Rn 17 ff; zum Patentrecht LG Mannheim, InstGE 13, 65 Rn 161; Benkard/*Ullmann*, PatG, 10. Auflage 2006, § 15 Rn 225.
72 BGH GRUR 2008, 989, Rn 29 – Sammlung Ahlers; BGH GRUR 2007, 691 Rn 22 – Staatsgeschenk; BGHZ 155, 257, 261 – Sendeformat; BGHZ 152, 317 – Sender Felsberg; BGHZ 136, 380, 385 – Spielbankaffaire; BGHZ 126, 252, 255 – Folgerecht bei Auslandsbezug; BGHZ 118, 394, 397 f – ALF; vertiefend Schricker/Loewenheim/*Katzenberger* UrhR, Vor §§ 120 ff Rn 129.

terrechts bestimmt, ist der vertraglichen Disposition der Parteien entzogen.[73] Abhängig von der Interpretation der Reichweite des Abs. 1 (Rn 38 ff) ist diese Rechtsprechung auch für nach dem Stichtag erfolgte Verletzungshandlungen praktisch relevant. Soweit danach nationales Kollisionsrecht anzuwenden ist, ist das Schutzlandprinzip die maßgebliche Anknüpfungsregel für:

- das **Entstehen** des Immaterialgüterrechts, einschließlich der Frage, ob und unter welchen Voraussetzungen ein Immaterialgut als urheber- oder leistungsschutzrechtlich schutzfähiger Gegenstand anerkannt wird;[74]
- die Frage, wer Urheber und **erster Inhaber** des Urheber- oder Leistungsschutzrechts ist;[75]
- die Frage der **Übertragbarkeit** der Rechte und der Aktivlegitimation von Rechtsnachfolgern,[76]
- den **Schutzbereich** des jeweiligen Ausschließlichkeitsrechts,[77]
- das Bestehen und die Reichweite von **Schrankenregelungen**;[78]
- die **Schutzdauer**;[79]
- den Bestand und Umfang gesetzlicher **Vergütungsansprüche**;[80]
- die **urheberpersönlichkeitsrechtlichen** Ansprüche;[81]
- alle Ansprüche, die der Inhaber immaterialgüterrechtlicher Befugnisse bei einer **Rechtsverletzung** geltend machen kann;[82]
- insbesondere die Frage, ob eine Handlung als **Teilnahme** an einer Urheberrechtsverletzung anzusehen ist;[83]
- für Bereicherungsansprüche aus einer Verletzung des Schutzrechts.[84]

13 **2. Sachlicher Anwendungsbereich. a) Zivil- und Handelssache.** Bei der Verletzung von Immaterialgüterrechten handelt es sich um Zivil- und Handelssachen nach Art. 1 Abs. 1 EuGVVO.[85] Diese Einordnung ist nach Erwägungsgrund 7 der Rom II-VO auch für die Qualifikation im Kollisionsrecht relevant (Art. 1 Rn 12).

14 **b) Außervertragliche Schuldverhältnisse.** Nach der Systematik der Rom II-VO sind die in Abs. 1 genannten Schuldverhältnisse aus der Verletzung von Immaterialgüterrechten unerlaubte Handlungen (vgl Art. 2 Rn 1) und damit außervertragliche Schuldverhältnisse (Art. 1 Rn 3 ff).[86] Außerhalb des Anwendungsbereichs liegen alle Verträge über die Einräumung von Nutzungsrechten bzw Lizenzen am immateriellen Gut. Man muss daher das **Immaterialgüterrechtsstatut** (Rom II-VO) von dem Urhebervertrags- bzw

---

73 BGH GRUR 2007, 691 Rn 21 – Staatsgeschenk; BGHZ 136 380, 386 – Spielbankaffaire; BGHZ 118, 394, 397 f – ALF; BT-Drucks. 14/343, S. 10; *Beier/Schricker/Ulmer*, GRUR Int. 1985, 104, 106; aA *Schack* GRUR Int. 1985, 523, 525; *Hohloch*, in: Schwarze (Hrsg.), Rechtsschutz gegen urheberrechtsverletzungen und Wettbewerbsverstöße in grenzüberschreitenden Medien, 2000, S. 93, 105 f.
74 BGHZ 155, 257, 261 – Sendeformat; BGHZ 141, 267, 277 ff – Laras Tochter; *Ulmer*, Immaterialgüterrechte im IPR, 1975, Rn 51; aA *Schack*, Anknüpfung des Urheberrechts im IPR, 1979, Rn 102 ff; *ders.*, Urheber- und Urhebervertragsrecht, 5. Auflage 2010, Rn 1034 ff 1031 ff; Wandtke/Bullinger/*v. Welser*, UrhR, Vor §§ 120 ff Rn 11.
75 BGHZ 136, 380, 387 – Spielbankaffaire; OLG Düsseldorf ZUM 2006, 326, 328; *Ulmer*, RabelsZ 41 (1977), 479, 495; vertiefend *Birkmann*, Die Anknüpfung der originären Inhaberschaft am Urheberrecht, 2009, S. 121 ff; aA *Drobnig*, RabelsZ 40 (1976), 195, 198 ff; *Schack*, ZUM 1989, 267, 278 f; *ders.*, Urheber- und Urhebervertragsrecht, 5. Auflage 2010, Rn 1034 ff; *Obergfell*, Filmverträge, 2001, S. 272 ff; *Rengelin*, Kollisionsrecht der Immaterialgüterrechte, 2000, S. 178; *Klass*, GRUR Int. 2007, 373, 380; *Klass*, GRUR Int. 2008, 546.
76 BGH GRUR 2004, 855, 857 – Hundefigur; BGHZ 141, 267, 272 f – Laras Tochter; BGHZ 136, 380, 387 f – Spielbankaffaire; BGHZ 118, 394, 397 f – ALF; BGH GRUR 1988, 296, 298 – GEMA-Vermutung IV; *Ulmer*, Immaterialgüterrechte im IPR, 1975, Rn 68 ff; aA *Schack*, Anknüpfung des Urheberrechts im IPR, 1979, Rn 113 ff; *ders.*, Urheber- und Urhebervertragsrecht, 5. Auflage 2010, Rn 1039 ff

[Ursprungslandprinzip]; *Rengelin* Kollisionsrecht der Immaterialgüterrechte, 2000, S. 193 ff [Vertragsstatut]; zum Markenrecht siehe BGH GRUR 2002, 972, 973 – FROMMNIA; BGH GRUR 2010, 878 Rn 17 – DiSC (jeweils unter missverständlicher Berufung auf das Territorialitätsprinzip).
77 BGHZ 152, 317, 321 f – Sender Felsberg; BGHZ 136, 380, 386 – Spielbankaffaire.
78 Allgemein MüKo/*Drexl*, IntImmGR Rn 130; übereinstimmend auch die Vertreter eines Universalitätsprinzips: Wandtke/Bullinger/*v. Welser*, UrhR, Vor §§ 120 ff Rn 12; *Schack*, Urheber- und Urhebervertragsrecht, 5. Auflage 2010, Rn 1045 ff; *Obergfell*, Filmverträge, 2001, S. 270 ff; *Rengelin*, Kollisionsrecht der Immaterialgüterrechte, 2000, S. 171 ff.
79 BGHZ 70, 268, 271 – Buster-Keaton-Filme.
80 BGHZ 152, 317, 321 – Sender Felsberg.
81 Näher *Birkmann*, Die Anknüpfung der originären Inhaberschaft am Urheberrecht, 2009, S. 139 ff.
82 BGH GRUR 2007, 691 Rn 22 – Staatsgeschenk; BGHZ 152, 317, 321 – Sender Felsberg; BGHZ 136, 380, 385 f – Spielbankaffaire.
83 BGHZ 136, 380, 389 f – Spielbankaffaire.
84 BGHZ 136, 380, 390 f – Spielbankaffaire; BGHZ 129, 66, 75 – Mauerbilder; *Sack* WRP 2000, 269, 286; differenzierend MüKo/*Drexl*, IntImmGR Rn 132.
85 BGH GRUR 2007, 691 Rn 14 – Staatsgeschenk; BGHZ 171, 151 Rn 16 – Wagenfeld-Leuchte; OGH GRUR Int. 2000, 795 f – Thousand Clowns; *Berger*, GRUR Int. 2005, 465.
86 *G. Wagner*, IPRax 2008, 1; *Grünberger*, ZVglRWiss 108 (2009), 134, 136.

Lizenzvertragsstatut (Rom I–VO) unterscheiden. Das Immaterialgüterrechtsstatut gilt für die Frage der Übertragbarkeit des Rechts und den Wirkungen gegenüber Dritten (Rn 45). Das Lizenzvertragsstatut erfasst dagegen alle Fragen im Zusammenhang mit der Einigung der Parteien über die Übertragung des Rechts bzw Nutzung des Guts.[87] Es ist auch einschlägig, soweit die Parteien über eine Verletzung schuldrechtlicher Pflichten aus dem Lizenzvertrag streiten. Behauptet der Lizenzgeber eine Verletzung seines Ausschließlichkeitsrechts, weil die Verwertungshandlung des Lizenznehmers nicht mehr von der Lizenz erfasst sei, erfolgt die Anknüpfung dagegen anhand des Immaterialgüterrechtsstatuts.[88] Zur Abgrenzung des **Arbeitsvertragsstatuts** vom Immaterialgüterrechtsstatut siehe Rn 46.

Im deutschen Sachrecht wird zwischen der **Verpflichtung** zur Rechtsübertragung („Lizenzvertrag") und der **Verfügung** über das Immaterialgüterrecht („Lizenz" bzw „Nutzungsrecht") getrennt.[89] Das führt zu einem kollisionsrechtlichen Qualifikationsproblem: Ist das Verpflichtungs- und Verfügungsgeschäft **einheitlich** am Lizenzvertragsstatut anzuknüpfen oder muss das Verfügungsgeschäft **getrennt angeknüpft** werden?[90] Weil die Rom I–VO nur auf vertragliche Schuldverhältnisse anzuwenden ist (Art. 1 Abs. 1 Rom I–VO Rn 5), liegt die Einräumung eines ausschließlichen Nutzungsrechts oder einer ausschließlichen Lizenz nicht mehr im sachlichen Anwendungsbereich. Man könnte allenfalls Art. 14 Rom I–VO analog anwenden.[91] Dadurch wäre es möglich, alle Rechtsfragen im Verhältnis zwischen Lizenzgeber und Lizenznehmer einer Rechtsordnung zu unterstellen (vgl Art. 14 Rom I–VO Rn 9 ff). Alternativ kann das Verpflichtungsgeschäft anhand der objektiven Anknüpfungsregeln (Art. 4 Abs. 2–4 Rom I–VO) so angeknüpft werden, dass ein Gleichlauf von Lizenzvertrags- und Immaterialgüterrechtsstatut entsteht bzw sich ein einheitliches Lizenzvertragsstatut für mehrere Verwertungsländer herausstellt.[92] Im Übrigen richtet sich die Anknüpfung des Verfügungsgeschäfts nach dem **autonomen deutschen Kollisionsrecht**.[93]

15

Die gewerblichen Schutzrechte werden ganz überwiegend getrennt angeknüpft.[94] Für das Urheberrecht[95] konkurriert die **Einheitslösung**[96] mit der **Spaltungstheorie**.[97] Deren Vertreter plädieren überwiegend für das Recht des Schutzlandes (besser: Verwertungslandes),[98] manche Anhänger des Universalitätsprinzips (Rn 4) sprechen sich auch hier für das Recht des Ursprungslandes aus.[99] Die Rechtsprechung geht im Wesentlichen von der Einheitstheorie aus.[100] Soweit Entscheidungen vom Recht des Schutzlandes ausgehen[101] liegt das daran, dass nicht scharf genug zwischen der Verfügung als solcher und den vom Territorialitätsprinzip für ihre Wirksamkeit gesetzten Grenzen unterschieden wird.

16

Im Ausgangspunkt besteht aber Übereinstimmung darüber, dass bestimmte Fragen im Zusammenhang mit Lizenzverträgen immer nach dem Schutzlandprinzip angeknüpft werden.[102] Das folgt nach hier vertretener Auffassung jetzt unmittelbar aus Abs. 1 (Rn 40 ff), nach anderer Meinung dagegen nach wie vor aus dem nationalen IPR. Ausschließlich nach dem **Recht des Schutzlandes** ist zu beurteilen,

17

---

87 *Basedow* und *Metzger,* in: Basedow/Kono/Metzger, Intellectual Property in the Global Arena, 2010, S. 3, 15 f; 157, 166 f.
88 *Grünberger,* ZVglRWiss 108 (2008), 134, 169.
89 Grundlegend jetzt *McGuire,* Die Lizenz, 2012, S. 23 ff.
90 Vertiefend zum Problem Staudinger/*Fezer/Koos,* IntWirtschR, Rn 968 ff; Reithmann/Martiny/*Obergfell,* Internationales Vertragsrecht Rn 1811 ff.
91 So noch *Grünberger,* ZVglRWiss 108 (2009), 166 ff; dagegen Staudinger/*Fezer/Koos,* IntWirtschR, Rn 989; vgl auch *Mankowski,* in: Leible/Ohly, Intellectual Property and Private International Law, 2009, S. 31, 44 ff.
92 Näher *Torremans,* 4 JIPL 397, 412 ff (2008).
93 Reithmann/Martiny/*Obergfell,* Internationales Vertragsrecht Rn 1811, 1815 ff; Staudinger/*Fezer/Koos,* IntWirtschR, Rn 968, 989.
94 BGH GRUR 2002, 972, 973 – FROMMNIA; BGH GRUR 2010, 828 Rn 17 – DiSC; *Fezer,* Markenrecht, 4. Auflage 2009, Einl. H Rn 58, 61; Reithmann/Martiny/*Obergfell,* Internationales Vertragsrecht Rn 1811.
95 Eingehend *Zimmer,* Urheberrechtliche Verpflichtungen und Verfügungen im IPR, 2006, S. 148 ff.
96 *Ulmer,* Immaterialgüterrechte im IPR, 1975, Rn 67; Schricker/Loewenheim/*Katzenberger,* UrhR, Vor §§ 120 ff Rn 148 f; Dreier/Schulze, UrhG, Vor §§ 120 ff Rn 50; Loewenheim/*Walter,* Handbuch des Urheberrechts, 2. Auflage 2010, § 57 Rn 190; *Rengelin* Kollisionsrecht der Immaterialgüterrechte, 2000, S. 197 ff.
97 *Obergfell,* Filmverträge, 2001, S. 283 ff; *Schack,* Urheber- und Urhebervertragsrecht, 5. Auflage 2010, Rn 1290; Wandtke/Bullinger/*v. Welser,* UrhR, Vor §§ 120 ff Rn 22; *Hausmann,* FS Schwarz, 1988, S. 47, 62 f; MüKo/*Martiny,* 4. Auflage 2006, Art. 28 EGBGB Rn 388; Staudinger/*Fezer/Koos,* IntWirtschR Rn 905.
98 *Zimmer,* Urheberrechtliche Verpflichtungen und Verfügungen im IPR, 2006, S. 149.
99 Näher *Zimmer,* Urheberrechtliche Verpflichtungen und Verfügungen im IPR, 2006, S. 169 ff.
100 OLG München ZUM 2003, 141, 143 – Spielbankaffaire II; OLG Frankfurt GRUR 1998, 141, 142 – Mackintosh-Entwürfe; OLG Köln ZUM-RD 1998, 371; LG München ZUM-RD 2007, 487, 492; implizit auch BGHZ 147, 178, 182 – Lepo Sumera; BGHZ 136, 380, 388 – Spielbankaffaire.
101 OLG München ZUM 1999, 653, 656 – M – Eine Stadt sucht einen Mörder; LG Hamburg ZUM 2002, 156, 157 f.
102 Siehe *Ulmer,* Immaterialgüterrechte im IPR, 1975, Rn 68 ff; Staudinger/*Fezer/Koos,* IntWirtschR Rn 994.

- ob der Vertragsgegenstand überhaupt immaterialgüterrechtlich geschützt ist,
- welchen Inhalt und welche Grenzen dieses Recht aufweist,
- welche Ansprüche sich bei einer Verletzung des Rechts ergeben,
- wer originärer Inhaber des Rechts ist,
- ob das im Vertrag übertragene oder eingeräumte Immaterialgüterrecht überhaupt übertragen[103] oder weiterübertragen[104] werden kann,
- ob ein Schutzrecht gutgläubig erworben werden kann,[105]
- ob Sukzessionsschutz gewährt wird,[106]
- und ob die Lizenz ein Ausschließlichkeitsrecht vermittelt oder lediglich Wirkung *inter partes* erzeugt.[107]

18 **c) Vorrangige Rechtsakte. aa) Unionsrecht.** Spezielle unionsrechtliche Kollisionsnormen haben gem. Art. 27 Vorrang vor den in Abs. 1 und 2 enthaltenen Anknüpfungsregeln. Das hat für die nationalen Immaterialgüterrechte **keine praktischen Auswirkungen**: Die in Erwägungsgrund 35 angesprochene E-Commerce-Richtlinie,[108] deren kollisionsrechtlicher Charakter der EuGH ohnehin verneint,[109] enthält ihrerseits eine Ausnahme für die Schutzrechte (Art. 3 Abs. 3 RL 2000/31/EG iVm Spiegelstrich 1 im Anhang). Das in Art. 1 Abs. 2 der Richtlinie 93/83/EG zur Koordinierung bestimmter urheber- und leistungsschutzrechtlicher Vorschriften betreffend Satellitenrundfunk und Kabelweiterverbreitung[110] vorgesehene Sendelandprinzip wirkt nur sachrechtlich.[111] Als fremdenrechtliche Regelung ist Art. 7 der Richtlinie 2001/84/EG über das Folgerecht des Urhebers des Originals eines Kunstwerks[112] ebenfalls keine kollisionsrechtliche Vorschrift.[113]

19 **Abgrenzungsprobleme** bereiten die mit Art. 8 nicht abgestimmten kollisionsrechtlichen Regelungen in den europäischen Rechtstitel über einen einheitlichen Schutz der Rechte des geistigen Eigentums (Rn 49). Das gilt insbesondere für die Art. 101 und 102 der VO 207/2009/EG über die Gemeinschaftsmarke (GMVO).[114] Sie betreffen **4 Konstellationen**: (1.) Für verfahrensrechtliche Fragen (Art. 101 Abs. 3 GMVO) und für die Durchsetzung von Maßnahmen im Anschluss an ein Unterlassungsurteil[115] (Art. 102 Abs. 1 S. 2 GMVO) wird auf die *lex fori* des Gemeinschaftsmarkengerichts verwiesen. Diese Fragen liegen außerhalb des sachlichen Anwendungsbereichs der Rom II-VO. (2.) Für alle Ansprüche, die in der GMVO selbst geregelt werden, ordnet Art. 101 Abs. 1 GMVO die eigene Anwendung an. Das hat vor allem Bedeutung für den Unterlassungsanspruch (Art. 14 Abs. 1 S. 1 iVm Art. 9 Abs. 1 S. 2 GMVO).[116] Art. 101 Abs. 1 GMVO ist keine kollisionsrechtliche Regelung. Die eigene kollisionsrechtliche Anwendbarkeit ist in der GMVO nicht selbst geregelt.[117] Sie ergibt sich aus Art. 8 Abs. 1. (3.) Dasselbe gilt für den Verweis auf die *lex fori* des Gemeinschaftsmarkengerichts für alle Fragen, die nicht von der GMVO erfasst sind (Art. 101 Abs. 2 GMVO).[118] (4.) Hinsichtlich der nicht in der GMVO geregelten **Nebenansprüche** (Schadensersatz, Auskunft, Vernichtung und Beseitigung)[119] sieht Art. 102 Abs. 2 GVMO eine problematische[120] Spezialanknüpfung[121] an das Recht des Mitgliedstaates, einschließlich dessen internationalen Privatrechts vor, „in dem die Verletzungs-

---

103 *Mankowski*, in: Leible/Ohly, Intellectual Property and Private International Law, 2009, S. 31, 42 ff; *Zimmer*, Urheberrechtliche Verpflichtungen und Verfügungen im IPR, 2006, S. 178 ff; aA Loewenheim/*Walter*, § 57 Rn 203 [Vertragsstatut].
104 *Hausmann*, FS Wolf, 1988, S. 47, 64 f; *Mäger*, Schutz des Urhebers, 1995, S. 68; aA Loewenheim/*Walter*, § 57 Rn 208 [ursprüngliches Vertragsstatut].
105 *Ulmer*, Immaterialgüterrechte im IPR, 1975, Rn 71; Loewenheim/*Walter*, § 57 Rn 205.
106 *Hausmann*, FS Schwarz, 1988, S. 47, 65; *Katzenberger*, FG Schricker 1995, S. 225, 257; *Zimmer*, Urheberrechtliche Verpflichtungen und Verfügungen im IPR, 2006, S. 184; aA Loewenheim/*Walter*, UrhR, § 57 Rn 209 [Vertragsstatut].
107 Staudinger/*Fezer/Koos* IntWirtschR Rn 927 f; *Hausmann*, FS Schwarz, 1988, S. 47, 66.
108 Richtlinie 2000/31/EG, ABl. L 178 v. 17.7.2000, 1.
109 Verneinend EuGH, C-509/09, C-161/10 – eDate Advertising GmbH/X und Martinez/MGN Ltd, NJW 2012, 137, Rn 53 ff.
110 ABl. L 248 v. 6.10.1993, 15.
111 *Dreier*, GRUR Int. 1991, 13, 16; *Sack*, WRP 2008, 1404, 1416 f; Schricker/Loewenheim/*v. Ungern-Sternberg*, UrhR, § 20 a Rn 7; MüKo/*Drexl*, IntImmGR Rn 124; Staudinger/*Fezer/Koos*, IntWirtschR, Rn 1105, 1075; unklar EuGH, C-192/04 – Lagardère Active Broadcast/SPRE, Slg 2005, I-7199 Rn 42.
112 ABl. L 272 v. 13.10.2001, 32.
113 *Grünberger*, ZVglRWiss 108 (2009), 134, 142.
114 So auch die Einschätzung von MüKo/*Drexl*, IntImmGR Rn 126.
115 Dazu EuGH v. 2.4.2011, C-235/09 – DHL Express France SAS/Chronopost SA Rn 54; vertiefend *Grünberger*, IPRax 2012, 500, 504 f.
116 Zu den sonstigen subjektiven Rechten siehe *Rohnke*, GRUR Int. 2002, 979, 980 f; *Fayaz*, GRUR Int. 2009, 566, 567.
117 *Tilmann*, GRUR Int. 2001, 673, 674.
118 MüKo/*Drexl*, IntImmGR Rn 132; *Sack*, WRP 2008, 1405, 1406, näher *Tilmann*, GRUR Int. 2001, 673, 674.
119 *Tilmann*, GRUR Int. 2001, 673, 675; *Fayaz*, GRUR Int. 2009, 566, 567 f.
120 Dazu *Metzger*, in: Drexl/Kur, Intellectual Property and Private International Law, 2005, S. 215, 216 f; *Schaper*, in: Drexl/Kur, Intellectual Property and Private International Law, 2005, S. 201, 205 f.
121 *Tilmann*, GRUR Int. 2001, 673, 675.

handlungen begangen worden sind oder drohen".[122] Umstritten ist, ob sich die Unteranknüpfung dieser Ansprüche wegen Art. 27 nach Art. 102 Abs. 2 GMVO richtet[123] oder ob Art. 8 Abs. 2 anzuwenden[124] ist. Die Frage kann letztlich dahinstehen, weil man über die Gesamtverweisung in Art. 102 Abs. 2 GMVO erneut auf Art. 8 Abs. 2 kommt.[125]

bb) Völkervertragsrecht. Kollisionsnormen in völkerrechtlichen Verträgen genießen nach Art. 28 Abs. 1 Vorrang vor Art. 8. Abkommen, die unzweifelhaft kollisionsrechtliche Aussagen treffen, sind aus völkerrechtlichen Gründen nicht anwendbar.[126] Der kollisionsrechtliche Charakter des Art. 64 Abs. 3 des **Europäischen Patentübereinkommens**,[127] wonach die Verletzung des europäischen (Bündel-)Patents nach nationalem Recht behandelt wird, ist zweifelhaft.[128] In der Praxis kann es dahinstehen, weil sie als Gesamtverweisung ohnehin wieder zur Anwendung des Abs. 1 führt.[129] Besonders umstritten ist der kollisionsrechtliche Gehalt des Art. 5 Abs. 2 S. 2 der **Revidierten Berner Übereinkunft**.[130] In der Praxis kann die Frage wegen des inhaltlichen Gleichlaufs beider Ansätze[131] dahinstehen.[132]

20

III. Verletzung von Rechten des geistigen Eigentums

1. Rechte des geistigen Eigentums. a) Qualifikationsmaßstab. Der Begriff des „geistigen Eigentums" bestimmt den sachlichen Anwendungsbereich der VO und grenzt damit das Unionskollisionsrecht vom nationalen IPR ab und er bezeichnet zugleich den maßgeblichen Anknüpfungspunkt.[133] Der Begriff ist daher **unionsrechtlich autonom auszulegen**. Das hat wichtige Auswirkungen für die Qualifikation. Sie kann nicht anhand der *lex causae* erfolgen,[134] weil uns erst die Einordnung als „geistiges Eigentum" mitteilt, ob wir überhaupt über Abs. 1 das Schutzlandprinzip anwenden dürfen. Sie kann auch nicht anhand einer nationalen *lex fori* erfolgen.[135] An deren Stelle tritt ein ausschließlich unionsrechtliches Begriffsverständnis. Im Ausgangspunkt kann man dafür auf die Begrifflichkeiten im **materiellen Unionsrecht**[136] zurückgreifen. Dabei muss man sich der unterschiedlichen Zwecke des kollisions- und sachrechtlichen Begriffs bewusst sein. Das kollisionsrechtliche Verständnis muss ausreichend flexibel für die Bewältigung der verschiedenen Sachrechte in- und außerhalb der Union bleiben.[137] Die Begriffskonzeptionen im internationalen **Immaterialgütervölkervertragsrecht** (Revidierte Berner Übereinkunft (RBÜ),[138] das Welturheberrechtsabkommen (WUA),[139] den WIPO-World Copyright Treaty (WCT),[140] das Rom-Abkommen,[141] und den WIPO Vertrag über Darbietungen und Tonträger (WPPT),[142] Pariser Verbandsübereinkunft zum Schutz des gewerblichen Eigentums,[143] das Madrider Abkommen über die internationale Registrierung von Marken,[144] der Patentzusammenarbeitsvertrag[145] und das Europäische Patentübereinkommen)[146] sind daher ebenfalls zu berücksichtigen.

21

---

122 Siehe BGH GRUR 2008, 254 Rn 41 – The Home Store.
123 *Schack*, FS Kropholler 2008, 651, 658, *Schack*, in: Leible/Ohly, Intellectual Property and Private International Law, 2009, 79, 85.
124 Vgl MüKo/*Drexl*, IntImmGR Rn 134; Reithmann/Martiny/*Obergfell*, Internationales Vertragsrecht, Rn 1794; jurisPK-BGB/*Heinze*, Art. 8 Rn 6; Palandt/*Thorn*, Art. 8 Rn 3.
125 MüKo/*Drexl*, IntImmGR Rn 134; Staudinger/*Fezer/Koos*, IntWirtschR, Rn 961; *Leistner*, in: Leible/Ohly, Intellectual Property and Private International Law, 2009, S. 97, 110 f; aA *Schack in: Leible/Ohly*, Intellectual Property and Private International Law, 2009, S. 79, 85.
126 Näher *Grünberger*, ZVglRWiss 108 (2009), 134, 142 f.
127 Vom 5.10.1973 idF der Akte zur Revision des EPÜ v. 29.11.2000, BGBl. 2007 II 1083, 1129.
128 *Sender* in: Basedow/Drexl/Kur/Metzger, Intellectual Property in the Conflict of Laws, 2005, S. 160 ff.
129 Vgl *Stauder/Luginbühl*, in: Singer/Stauder, Europäisches Patentübereinkommen, 5. Auflage 2010, Art. 64 Rn 4, 16.
130 Bejahend etwa BGH GRUR 2005, 48, 49 – man spricht deutsch; BHGZ 118, 394, 397 – ALF; verneinend dagegen EuGH, C-28/04 – Tod's/Heyraud, Slg 2005, I-5781 Rn 32; eingehend zum Streitstand: *Boschiero*, 9 Yb. P.I.L. 84, 97 ff (2007); MüKo/*Drexl*, IntImmGR Rn 66 ff; *Metzger*, JZ 2010, 929, 933.
131 Dazu KOM(2003) 427 endgültig, 22.
132 *Grünberger*, ZVglRWiss 108 (2009), 134, 144; jurisPK-BGB/*Heinze*, Art. 8 Rn 5; Palandt/*Thorn*, Art. 8 Rn 3.
133 *Grünberger*, ZVglRWiss 108 (2009), 134, 136.
134 AA Staudinger/*Fezer/Koos*, IntWirtschR, Rn 1089.
135 *Grünberger*, ZVglRWiss 108 (2009), 134, 136.
136 Vgl insb. die Erklärung 2005/295/EG der Kommission zu Art. 2 der Richtlinie 2004/48/EG des Europäischen Parlaments und des Rates zur Durchsetzung der Rechte des geistigen Eigentums, ABl. L 94 v. 13.4.2005, 37.
137 *Grünberger*, ZVglRWiss 108 (2009), 134, 137; kritisch *Ahrens*, WRP 2011, 945, 947.
138 Zuletzt geändert 1971 in Paris, BGBl. II 1973, 1071; geändert am 2.10.1979, BGBl. II 1985, 81.
139 Zuletzt geändert 1971 in Paris, BGBl. II 1973, 1111.
140 ABl. L 89 v. 11.4.2000, 8; BGBl. II 2003, 755.
141 BGBl. II 1965 1245.
142 ABl. L 89 v. 11.4.2000, 15; BGBl. II 2003, 770.
143 Zuletzt ergänzt 1967 in Stockholm, BGBl. 1970 II 391; geändert am 2.10.1979, BGBl. 1984 II 799.
144 Zuletzt ergänzt 1967 in Stockholm, BGBl. 1970 II 418; geändert am 2.10.1979, BGBl. 1984 II 799.
145 BGBl. II 1976, 664, zuletzt geändert am 2.10.2001, BGBl. 2002 II 727.
146 BGBl. 1976 II 826, 915, revidiert am 29.11.2000, BGBl. 2007 II 1083, 1129.

22 Die dabei bestehenden **Einordnungsschwierigkeiten** lassen sich anhand des TRIPS[147] exemplarisch darstellen.[148] Es enthält in Art. 1 Abs. 2 eine Legaldefinition des „geistigen Eigentums". Es überlässt dabei den Vertragsparteien im Rahmen ihres eigenen Rechtssystems die als „Rechte des geistigen Eigentums" zu schützenden Interessen und die Methode ihres Schutzes im Einzelnen festzulegen.[149] Daher kann eine im TRIPS als „Recht des geistigen Eigentums" bezeichnete Rechtsposition im nationalen Recht lediglich deliktsrechtlich oder lauterkeitsrechtlich geschützt sein.[150] Für die Verletzung dieser Rechtspositionen gibt es allerdings eigenständige Anknüpfungsregeln in Art. 4 bzw. Art. 6. Daher ist der materielle Begriff des „geistigen Eigentums" in TRIPS als Bezugspunkt der kollisionsrechtlichen Qualifikation nur sehr eingeschränkt geeignet.[151]

23 Ausgangspunkt für den kollisionsrechtlichen Begriff des „geistigen Eigentums" ist **Erwägungsgrund 26** der VO.[152] „Geistiges Eigentums" sind „beispielsweise das Urheberrecht, verwandte Schutzrechte, das Schutzrecht sui generis für Datenbanken und gewerbliche Schutzrechte". Soweit sich auf im materiellen Konventions- und Unionsrecht ein übereinstimmendes Begriffsverständnis herausgebildet hat, kommt es für die Qualifikation darauf an. Fehlt es daran, muss man die gemeinsamen Merkmale der zweifelsfrei erfassten Rechtspositionen destillieren: Gemeinsam ist ihnen, dass es sich um die Begründung von Ausschließlichkeitsrechten an immateriellen Gütern handelt. **Ausschließlichkeitsrechte an immateriellen Gütern** zeichnen sich dadurch aus, dass sie (1.) alle anderen Personen von abschließend festgelegten Nutzungen des Guts ausschließen und – spiegelbildlich dazu – die Nutzung des Guts bei einer Person konzentrieren, (2.) bei einer Verletzung dieses primären subjektiven Rechts Sekundäransprüche (Unterlassen, Beseitigung, Schadensersatz) zugunsten des Rechtsinhabers vorsehen und (3.) jedenfalls beschränkt verkehrsfähig sind.[153]

24 b) Urheberrecht und verwandte Schutzrechte. Unter Abs. 1 fällt das **Urheberrecht**.[154] Nach konventionsrechtlichem[155] und materiell-unionsrechtlichem[156] Verständnis unproblematisch sind Ausschließlichkeitsrechte an Werken (**persönlich-geistige Schöpfungen**). Ebenfalls zu den Rechten des geistigen Eigentums zählen **Vergütungsansprüche** im Zusammenhang mit der vom Sachrecht erlaubnisfrei gestellten Nutzungshandlung.[157] Das Folgerecht ist beispielsweise sowohl konventionsrechtlich in Art. 14ter RBÜ vorgesehen als auch im Unionsrecht ausdrücklich als Bestandteil des Urheberrechts aufgefasst.[158] Gleiches gilt für Vergütungsansprüche, welche die Vermögensnachteile ausgleichen sollen, die „sich für den Urheber aus der Vervielfältigung seines geschützten Werks [ergeben], wenn sie ohne seine Genehmigung für den privaten Gebrauch erfolgt."[159] Die Vergütung ist nach der Konzeption der Richtlinie 2001/29/EG zur Harmonisierung bestimmter Aspekte des Urheberrechts und der verwandten Schutzrechte in der Informationsgesellschaft[160] die Gegenleistung für den Verzicht auf die Ausschließlichkeit des Urheberrechts.[161]

25 Zu den **verwandten Schutzrechten** zählen im materiellen Unionsrecht die Rechte der ausübenden Künstler, der Tonträger- und Filmhersteller, der Sendeunternehmen, der Datenbankhersteller und der Herausgeber unveröffentlichter Werke.[162] Neben diesen zwingend vorzusehenden Rechten erlaubt es dem nationalen Recht auch den ausschließlichen Schutz der Rechte der Verfasser wissenschaftlicher Ausgaben und des Lichtbildschutzes als verwandte Schutzrechte. Diese Einordnung ist für die kollisionsrechtliche Ebene zu übernehmen.[163]

26 c) Weitere Leistungsschutzrechte. Probleme bereiten die ausschließlich im jeweiligen nationalen Recht vorgesehenen Leistungsschutzrechte. Das gilt beispielsweise für die in Deutschland mit Ausschließlich-

---

147 ABl. L 336 v. 23.12.1994, 214; BGBl. II 1994, 1625.
148 *Grünberger*, ZVglRWiss 108 (2009), 134, 139 f.
149 EuGH, C-300/98, C-393/98 – Parfums Christian Dior SA/TUK Consultancy BV u.a., Slg 2000 I-11307, Rn 60.
150 EuGH, C-300/98, C-393/98 – Parfums Christian Dior SA/TUK Consultancy BV u.a., Slg 2000 I-11307, Rn 62.
151 *Grünberger*, ZVglRWiss 108 (2009), 134, 140; positiver dagegen *Sack*, WRP 2008, 845, 860 ff.
152 Vertiefend dazu *Grünberger*, ZVglRWiss 108 (2009), 134, 140 ff.
153 Siehe *Peukert*, Güterzuordnung als Rechtsprinzip, 2008, S. 56 ff.
154 Erwägungsgrund 26.
155 *Grünberger*, ZVglRWiss 108 (2009), 134, 137 f.
156 Grundlegend EuGH, C-5/08 – Infopaq International A/S/Danske Dagblades Forening, Slg 2009 I-5469, Rn 33 ff; zuletzt EuGH, C-145/10 – Eva-Maria Painer/Standard VerlagsGmbH u.a., GRUR 2012, 167 Rn 85 ff; dazu *Metzger*, GRUR 2012, 118, 120 ff.
157 Vgl BGHZ 152, 317, 321 f – Sender Felsberg; im Zusammenhang mit dem Territorialitätsprinzip auch EuGH, C-192/04 – Lagardère Active Broadcast/ SPRE, Slg 2005 I-7199, Rn 45 f; vertiefend *Grünberger*, ZVglRWiss. 108 (2009), 134, 138; MüKo/*Drexl*, IntImmGR Rn 153; Staudinger/*Fezer/Koos,* IntWirtschR, Rn 112.
158 Erwägungsgrund 4 Richtlinie 2001/84/EG über das Folgerecht des Urhebers des Originals eines Kunstwerks, ABl. L 272 v. 13.10.2001, 32; vertiefend *Weller,* ZEuP 2008, 252, 265 ff.
159 EuGH, C-467/08 – Padawan SL/SGAE, Slg 2010 I-10055, Rn 40.
160 ABl. L 167 v. 22.6.2001, 10.
161 EuGH, C-467/08 – Padawan SL/SGAE, Slg 2010 I-10055, Rn 40; EuGH, C-462/09 – Stichting de Thuiskopie/Opus Supplies Deutschland GmbH u.a., GRUR 2011, 909 Rn 32 ff.
162 *Grünberger*, GRUR 2006, 894, 898.
163 *Grünberger*, ZVglRWiss 108 (2009), 134, 139.

keitsrechten geschützten Positionen des **Veranstalters von Darbietungen** (vgl § 81 UrhG) oder das aktuell diskutierte Leistungsschutzrecht für **Verleger** (§ 87 f UrhG-E).[164] Die Leistungen dieser Werkvermittler kann man strukturell in die Nähe zum Urheberrecht verorten und sie deshalb noch zum unionsrechtlichen Begriff des geistigen Eigentums zählen.[165] Das führt bei der Qualifikation des Schutzes von **Sportveranstaltungen** nicht weiter. Sie werden *de lege lata* weder vom Unionsrecht[166] noch völkervertragsrechtlich als „geistiges Eigentum" geschützt. Allerdings steht es den Mitgliedstaaten frei, Sportereignisse „gegebenenfalls unter dem Gesichtspunkt des Schutzes des geistigen Eigentums" zu regeln.[167] Dafür gibt es Beispiele.[168] Im deutschen Sachrecht ist das nicht der Fall.[169] Die Interessen der Sportveranstalter werden entweder deliktisch über das Hausrecht[170] oder lauterkeitsrechtlich über einen Nachahmungsschutz[171] erfasst. Wenn man einen unionsrechtlichen und konventionsrechtlichen Maßstab anlegt, kann der Schutz der Sportveranstalterleistung *de lege lata* nicht autonom als Recht des geistigen Eigentums qualifiziert werden.[172] Handlungen, die vom **ergänzenden lauterkeitsrechtlichen Leistungsschutz** erfasst werden, sind trotz seiner sachrechtlichen Nähe zum Immaterialgüterrecht[173] kollisionsrechtlich als unlauteres Wettbewerbsverhalten zu qualifizieren und nach Art. 6 anzuknüpfen (Art. 6 Rn 27).[174]

d) Gewerbliche Schutzrechte. Unproblematisch zu den gewerblichen Schutzrechten zählen die Schutzrechte an Geschmacksmustern, Patentrechte einschließlich der aus ergänzenden Schutzzertifikaten abgeleiteten Rechte, Gebrauchsmusterrechte, Sortenschutzrechte und Schutzrechte der Schöpfer der Topografien von Halbleitererzeugnissen.[175]

27

Bei den **Kennzeichenrechten** ist zu differenzieren. Die Marke ist immaterialgüterrechtlich zu qualifizieren. Dasselbe gilt für Unternehmenskennzeichen, sofern sie als Ausschließlichkeitsrechte ausgestaltet sind.[176] Dafür spricht in konventionsorientierter Auslegung Art. 1 Abs. 2 PVÜ.[177] Im deutschen Sachrecht ist die Frage zu bejahen.[178] Davon abzugrenzen ist die Qualifikation des namensrechtlichen Schutzes, die wegen Art. 1 Abs. 2 lit. g nicht Gegenstand des unionsrechtlichen Kollisionsrechts ist (Art. 1 Rn 53). Auch die Firma zählt nicht zu den Rechten des geistigen Eigentums.[179] Problematisch ist die Qualifikation von geografischen Herkunftsangaben. Im nationalen Sachrecht begründen sie nach Auffassung des BGH kein „geistiges Eigentum", weil sich ein Individualschutz nur reflexartig aus dem seiner Natur nach wettbewerbsrechtlichen Schutz ergebe.[180] Rechtsverletzungen werden deshalb lauterkeitsrechtlich qualifiziert.[181] Dagegen geht der EuGH implizit von einer immaterialgüterrechtlichen Qualifikation geografischer Herkunftsangaben aus, indem er sie zum gewerblichen und kommerziellen Eigentum iSv Art. 36 AEUV zählt.[182] Auch im materiellen Sekundärrecht werden sie als geistiges Eigentum bezeichnet.[183] Die besseren Gründe sprechen daher für eine Qualifikation dieser Rechte als Rechte des geistigen Eigentums.[184]

28

---

164 Entwurf eines Siebenten Gesetzes zur Änderung des Urheberrechtsgesetzes v. 31.8.2012, BR-Drucks. 514/12; aus sachrechtlicher Perspektive kritisch *Ohly*, WRP 2012, 41 und befürwortend *Ladeur*, AfP 2012, 420.
165 *Grünberger*, GRUR 2006, 894, 896; *Grünberger*, ZVglRWiss 108 (2009), 134, 139.
166 EuGH, C-403/08, C-429/08 – Football Association Premier League Ltd u.a./. QC Leisure u.a., GRUR 2012, 156 Rn 99.
167 EuGH, C-403/08, C-429/08 – Football Association Premier League Ltd u.a./. QC Leisure u.a., GRUR 2012, 156 Rn 102.
168 Siehe *Hilty/Henning-Bodewig*, Leistungsschutzrechte von Sportveranstaltern, 2007, S. 57 ff, 62 ff.
169 BGHZ 110, 371, 383 f – *Sportveranstalter*; befürwortend etwa *Fezer*, WRP 2012, 1173 ff, 1321 ff; ablehnend *Heermann*, GRUR 2012, 719 ff.
170 BGHZ 165, 62, 69 – Hörfunkrechte.
171 Sehr zurückhaltend BGH GRUR 2011, 436 – Hartplatzhelden.
172 *Grünberger*, ZVglRWiss 108 (2009), 134, 141 f.
173 Piper/*Ohly*/Sosnitza, UWG, 5. Auflage 2010, § 4 Rn 9.3.
174 *Sack*, WRP 2008, 845, 858 f; Staudinger/*Fezer/Koos*, IntWirtschR, Rn 407; MüKo/*Drexl*, IntUnlWettbR Rn 122; *Grünberger*, ZVglRWiss 108 (2009), 134, 141 f.

175 Erklärung 2005/295/EG der Kommission zu Artikel 2 der Richtlinie 2004/48/EG zur Durchsetzung der Rechte des geistigen Eigentums, ABl. L 94 v. 13.5.2005, 37; *Sack*, WRP 2008, 1405, 1406.
176 Erklärung 2005/295/EG der Kommission zu Artikel 2 der Richtlinie 2004/48/EG zur Durchsetzung der Rechte des geistigen Eigentums, ABl. L 94 v. 13.5.2005, 37.
177 OGH GRUR Int. 2012, 464, 465.
178 Vgl § 15 Abs. 1 MarkenG: „Der Erwerb des Schutzes einer geschäftlichen Bezeichnung gewährt ihrem Inhaber ein ausschließliches Recht.".
179 AA MüKo/*Drexl*, IntImmGR Rn 154.
180 BGH GRUR 2001, 420, 422 – SPA; weitere Nachweise bei *Hacker*, in: Ströbele/Hacker, Markengesetz, 10. Auflage 2012, § 126 Rn 5; zur Gegenauffassung siehe *Sack*, WRP 845, 860 f mwN.
181 BGH GRUR 2007, 67 Rn 15 – Pietra di Soln; differenzierend BGH GRUR 2007, 884 Rn 26 – Cambridge Institute.
182 EuGH, C-3/91 – Exportur SA/LOR SA und Confiserie du Tech, Slg 1992 I-5529 Rn 36 f; EuGH, C-469/00 – Ravil SARL/Bellon import SARL u.a., Slg 2003 I-5053.
183 Vgl Art. 2 Abs. 1 lit. c (iv) Produktpiraterie-VO 1383/2003/EG, ABl. L 196 v. 2.8.2003, 7.
184 *Sack*, WRP 2008, 1405, 1406 f; *Sack*, WRP 2008, 845, 860 f; MüKo/*Drexl*, IntUnlWettbR Rn 123 ff; *Handing*, GRUR Int. 2008 24, 27.

29 **e) Immaterialgüterpersönlichkeitsrechte.** Immaterialgüterpersönlichkeitsrechte (Urheberpersönlichkeitsrecht, das Persönlichkeitsrecht der ausübenden Künstler und das Erfinderrecht) sind im Ausgangspunkt **getrennt anzuknüpfen**, um die dualistische Behandlung in den nationalen Sachrechten kollisionsrechtlich adäquat abbilden zu können.[185] Sie sind nicht gem. Art. 1 Abs. 2 lit. g vom sachlichen Anwendungsbereich der Rom II-VO ausgeschlossen. Das Urheberpersönlichkeitsrecht unterscheidet sich vom allgemeinen Persönlichkeitsrecht aufgrund seines Werkbezugs, das Interpretenpersönlichkeitsrecht aufgrund seines Darbietungsbezugs. Sie sind deshalb als Rechte des **geistigen Eigentums** zu qualifizieren.[186] Auch das Erfinderpersönlichkeitsrecht ist mit dem Recht, als Erfinder genannt zu werden, eine ideelle Befugnis des Rechts aus der Erfindung und damit ein Recht des geistigen Eigentums.[187] Die Anknüpfung erfolgt daher – in allerdings nur praktischer Übereinstimmung mit den Verwertungsrechten – anhand des Schutzlandprinzips.[188]

30 **2. Verletzung.** Anknüpfungsgegenstand ist die „Verletzung von Rechten des geistigen Eigentums". Der Wortlaut verlangt nicht, dass eine Rechtsverletzung auch tatsächlich vorliegen muss. Ob eine Handlung bestehende Immaterialgüterrechte tatsächlich verletzt, hängt vom jeweils anwendbaren Recht ab. Das ist im Stadium der kollisionsrechtlichen Anknüpfung noch nicht ermittelt. Aufgrund des sachrechtlichen Territorialitätsprinzips (Rn 3) scheidet eine Lokalisierung der Verletzungshandlung auf kollisionsrechtlicher Ebene zwingend aus.[189] Man muss also zwischen der **kollisionsrechtlichen Anknüpfung** und der erst danach möglichen **sachrechtlichen Lokalisierung** (Rn 34 ff) strikt trennen.[190] Das entspricht jedenfalls für die harmonisierten Schutzrechte auch der Auffassung des EuGH: Ob mit der Verwendung eines Zeichens auf einer Website beispielsweise eine nationale Marke verletzt wird, ist „eine Frage der Begründetheit der Klage, die vom zuständigen Gericht anhand des anwendbaren materiellen Rechts zu prüfen ist."[191]

31 Für die kollisionsrechtliche Anknüpfung an das jeweilige Schutzland kommt es ausschließlich auf den **Vortrag der Partei** an, die den Schutz für eines oder mehrere Schutzländer beansprucht.[192] Für die Anknüpfung muss der Kläger weder einen Begehungsort noch eine konkrete Verletzungshandlung nennen.[193] Es genügt, wenn der Kläger beispielsweise Schutz für das Inland begehrt. Dann sind nach dem Schutzlandprinzip die Vorschriften des deutschen Rechts anwendbar.[194] Das entspricht im Wesentlichen der tatsächlichen Handhabung des autonomen Kollisionsrechts in der Rechtsprechung des BGH.[195] Ob die vom Kläger geltend gemachte Verletzungshandlung auch tatsächlich im Inland zu lokalisieren ist und daher Immaterialgüterrechte im Schutzland verletzt, ist ausschließlich auf sachrechtlicher Ebene vom anwendbaren Recht zu entscheiden.[196] Konsequenz davon ist, dass im Ausgangspunkt jede behauptete Verletzungshandlung an die Rechtsordnung angeknüpft wird, für die dagegen Schutz begehrt wird.[197] Nach der damit erforderlichen **Mosaikbetrachtung** kann eine Benutzungshandlung unterschiedliche Rechtsfolgen in den jeweiligen Schutzländern nach sich ziehen. Der Rechtsinhaber trägt das **Klagerisiko**, wenn eine Handlung in einem oder in allen von ihm behaupteten Schutzländern nicht rechtsverletzend ist.[198] In der Praxis wird ein gut

---

185 *Skrzipek*, Urheberpersönlichkeitsrecht und Vorfrage, 2005, 54 ff; *Klass*, GRUR Int. 2008, 546, 554 f; *Grünberger*, ZVglRWiss 108 (2009), 134, 174; aA *Schack*, IPRax 1993, 45, 50 f.
186 *Grünberger*, ZVglRWiss 108 (2009), 134, 173 f; MüKo/*Drexl*, IntImmGR Rn 154; Rauscher/*Unberath/Cziupka*, EuZPR/EuIPR, Art. 8 Rn 7; *Sack*, WRP 2008, 1405, 1406, *Basedow*, in: Basedow/Kono/Metzger, Intellectual Property in the Global Arena, 2010, S. 3, 11 f; *Pfeiffer/Weller/Nordmeier*, in: Spindler/Schuster, Recht der elektronischen Medien, 2. Auflage 2011, Art. 8 Rom II-VO Rn 2.
187 MüKo/*Drexl*, IntImmGR Rn 154.
188 *Grünberger*, ZVglRWiss 108 (2009), 134, 174.
189 Eingehend *Grünberger*, ZVglRWiss 108 (2009), 134, 151 ff.
190 Ausführlich *Grünberger*, ZVglRWiss 108 (2009), 134, 151 ff; *von Ungern-Sternberg*, GRUR 2010, 273, 280.
191 EuGH, C-523/10 – Wintersteiger AG/Products 4U Sondermaschinenbau GmbH, GRUR 2012, 654 Rn 26.
192 OGH GRUR Int. 2012, 464, 465; OLG München ZUM-RD 2012, 88, 91; MüKo/*Drexl*, IntImmGR Rn 12; *Grünberger*, ZVglRWiss 108 (2009), 134, 152 f; *Sack*, WRP 2008, 1405, 1413 f; jurisPK-BGB/*Heinze*, Art. 8 Rn 12; Rauscher/*Unberath/Cziupka*, EuZPR/EuIPR, Art. 8 Rn 21; Staudinger/*Fezer/Koos*, IntWirtschR, Rn 912, 918; Wandtke/Bullinger/ *v. Welser*, Urheberrecht, 3. Auflage 2009, Vor §§ 120 ff Rn 15.
193 Anders *Buchner*, GRUR Int. 2005, 1004, 1006 f.
194 BGH GRUR 2009, 841 Rn 17 – Le Corbusier Möbel II [zum autonomen Kollisionsrecht aber mit Hinweis auf Art. 8 Abs. 1].
195 Vgl BGH GRUR 2010, 628 Rn 14 – Vorschaubilder; BGH GRUR 2010, 718 Rn 61 – Verlängerte Limousinen; BGH GRUR 2009, 841 Rn 17 – Le Corbusier Möbel II; BGHZ 171, 151 Rn 24 – Wagenfeld-Leuchte; BGH GRUR 2007, 691 Rn 22 – Staatsgeschenk; BGHZ 136, 380, 389 – Spielbankaffaire; iE auch – trotz abweichenden Ausgangspunkts BGHZ 126, 252, 254 f, 258 – Folgerecht bei Auslandsbezug: „Als maßgebliche Rechtsordnung ist dabei das von der Klägerin in Anspruch genommene deutsche Recht als Schutzlandrecht zugrunde zu legen.".
196 AA *Buchner*, GRUR Int. 2005, 1004, 1006 f; *Weller*, ZEuP 2008, 252, 279 ff; Staudinger/*Fezer/Koos*, IntWirtschR, Rn 915 (mit unklarer Konstruktion).
197 *Basedow*, in: Basedow/Kono/Metzger, Intellectual Property in the Global Arena, 2010, S. 3, 24 f.
198 jurisPK-BGB/*Heinze*, Art. 8 Rn 12.

beratener Rechtsinhaber daher nur solche Schutzländer behaupten, deren Sachrecht ihm auch tatsächlich Schutz verspricht.[199] Zu den Anforderungen an den Klageantrag Rn 58.

IV. Recht des Schutzlandes

1. Begriff und Abgrenzung. Anknüpfungspunkt ist das Recht des Staates, „für den Schutz beansprucht wird" (*lex loci protectionis*). Das ist zu **unterscheiden** vom Recht des Staates *in* dem Schutz beansprucht wird (*lex fori*).[200] Die *lex loci protectionis* und die *lex fori* kommen zum selben Ergebnis, wenn die Klage wegen einer Rechtsverletzung im Schutzland für das Schutzland erhoben wird.[201] Die Ergebnisse unterscheiden sich aber, wenn beispielsweise vor deutschen Gerichten Schutz gegen eine im Ausland erfolgte Verwertungshandlung begehrt wird.[202] Die *lex loci protectionis* ist auch deutlich von der *lex loci delicti commissi* bzw der *lex loci damni* zu trennen. Das folgt aus der Natur des Abs. 1 als Sonderanknüpfung zu Art. 4 und aus der Unteranknüpfung in Abs. 2.[203] Der Unterschied wird relevant, wenn es sich um im Ausland begangene Verletzungshandlungen eines inländischen Schutzrechts handelt.[204] Mit dem Schutzlandprinzip hat sich Abs. 1 gegen eine einheitliche Anknüpfung des Immaterialgüterrechts nach dem Recht des Landes, in dem das immaterielle Gut seinen Ursprung hat (*lex originis*),[205] entschieden. Umstritten ist allerdings die Reichweite des Schutzlandprinzips insbesondere hinsichtlich der originären Rechtsinhaberschaft (Rn 41) und der Übertragbarkeit von Immaterialgüterrechten (Rn 45)

32

2. Verweisung auf das Recht des Schutzlandes. a) Grundlagen. Zum Recht des Schutzlandes zählen die im nationalen Recht vorgesehenen und die in internationalen Verträgen den Vertragsstaatsangehörigen zugesicherten **subjektiven Rechte**.[206] Handelt es sich um die mögliche Verletzung eines europäischen Rechtstitels über einen einheitlichen Schutz der Rechte des geistigen Eigentums, ist die EU maßgebliches Schutzland.[207]

33

b) Eingriffslokalisierung. aa) Lokalisierung als Aufgabe des anzuwendenden Sachrechts. Für die Schutzlandanknüpfung genügt es, dass der Kläger den Schutz für ein bestimmtes Territorium begehrt. Ob im Schutzland auch tatsächlich eine **Verletzungshandlung** vorliegt, bestimmt sich erst auf der Ebene des – vom Schutzlandprinzip berufenen – **Sachrechts** (Rn 30). Es ist in erster Linie Sache des jeweiligen Schutzlandes, für dessen Gebiet hinsichtlich einer immaterialgüterrechtlich relevanten Handlung Schutz begehrt wird, darüber zu bestimmen, welchen Umfang dieser Schutz dort haben soll.[208] Nach der übereinstimmenden Rechtsprechung von EuGH[209] und BGH[210] folgt aus dem sachrechtlichen Territorialitätsprinzip, dass ein inländisches Immaterialgüterrecht grundsätzlich nur von einer zumindest teilweise **im Inland begangenen Handlung** verletzt werden kann. Solange ein Sachverhalt ausschließlich im Inland belegen ist, ist die Anwendung deutschen Sachrechts unproblematisch. Ausländische Sachverhalte können dabei für die im Inland bestehende materielle Rechtslage von Bedeutung sein.[211] Bei einer ausschließlich im Ausland zu lokalisierenden Verletzungshandlung ist ein Immaterialgüterrecht des Schutzlandes nicht verletzt.[212] Die territoriale Lokalisierung der Verletzungshandlung (**Eingriffslokalisierung**) ist in der Praxis das **zentrale**

34

---

199 *Grünberger*, ZVglRWiss 108 (2009), 134, 153; *Klass*, GRUR Int. 2007, 376; MüKo/*Drexl*, IntImmGR Rn 12.
200 Aufgrund eines Übersetzungsfehlers (*Hahn/Tell*, in: Basedow/Drexl/Kur/Metzger, Intellectual Property in the Conflict of Laws, 2005 7, 14) fehlerhaft: KOM(2003) 427 endgültig, 38.
201 *Ulmer*, Immaterialgüterrechte im IPR, 1975, Rn 18; *Klass*, GRUR Int. 2007, 373, 377; *Grünberger*, ZVglRWiss 108 (2009), 134, 148.
202 Vgl BGHZ 136, 380, 385 ff – Spielbankaffaire; *Grünberger*, ZVglRWiss 108 (2009), 134, 148.
203 *Grünberger*, ZVglRWiss 108 (2009), 134, 148 ff; vertiefend *Klass*, GRUR Int. 2007, 373, 376 f; *van Echoud*, Choice of Law in Copyright and Related Rights, 2003, 105 f.
204 *Beier/Schricker/Ulmer*, GRUR Int. 1985, 104, 105 f.
205 Dazu *Schack*, Zur Anknüpfung des Urheberrechts im internationalen Privatrecht, 1979, S. 47 ff; *ders.*, Urheber- und Urhebervertragsrecht, 5. Auflage, 2010 Rn 1026 ff; *van Echoud* in: Drexl/Kur, Intellectual Property and Private International Law, 2005, S. 289 ff; *Klass*, GRUR Int. 2007, 373, 377 f.

206 *Ulmer*, Immaterialgüterrechte im IPR, 1975, Rn 19; Staudinger/*Fezer/Koos*, IntWirtschR, Rn 919.
207 *Basedow* u.a., RabelsZ 67 (2003), 1, 22; MüKo/*Drexl*, IntImmGR Rn 132; jurisPK-BGB/*Heinze*, Art. 8 Rn 16; Rauscher/*Unberath/Cziupka*, EuZPR/EuIPR, Art. 8 Rn 24; in der Konstruktion anders *Sack*, WRP 2008, 1405, 1407, der das europäische Recht zum Recht des (nationalen) Schutzlandes zählt.
208 BGHZ 152, 317, 326 f – Sender Felsberg.
209 EuGH, C-523/10 – Wintersteiger AG/Products 4U Sondermaschinenbau GmbH, GRUR 2012, 654 Rn 25 f.
210 BGH WRP 2012, 1530 Rn 17 – Clinique happy; BGH GRUR 2007, 691 Rn 31, 36 –Staatsgeschenk; BGHZ 152, 317, 326 f – Sender Felsberg; BGHZ 126, 252, 256, 258 – Folgerecht bei Auslandsbezug.
211 Siehe EuGH, C-5/11 – Donner, GRUR 2012, 817, Rn 28; BGHZ 126, 252, 256 – Folgerecht bei Auslandsbezug; BGHZ 121, 319, 326 – The Doors; BGHZ 80, 101, 104 – Schallplattenimport.
212 BGHZ 126, 252, 256 – Folgerecht bei Auslandsbezug.

Problem bei der Prüfung von Auslandssachverhalten.[213] Die Entscheidung darüber, hängt von der sachrechtlichen Ausgestaltung des jeweiligen Immaterialgüterrechts ab.[214] Das macht es notwendig, eine Benutzungshandlung aufzuspalten und nach den jeweils betroffenen Ausschließlichkeitsrechten getrennt zu beurteilen.[215]

35 **bb) Grenzüberschreitende Verwertungshandlungen.** Schwierigkeiten bereitet die Lokalisierung **grenzüberschreitender Handlungen**, die sich zugleich auf mehrere Schutzländer auswirken.[216] Problematisch ist die Lokalisierung von Nutzungshandlungen in grenzüberschreitenden Printmedien,[217] Rundfunk-[218] und Satellitensendungen[219] sowie im **Internet**.[220] Nach überwiegender Auffassung kommt es nicht nur auf den Ort an, in dem die Information eingespeist wird (Standort des Webservers),[221] sondern zusätzlich auf alle Orte an, wo die geschützten Gegenstände der jeweiligen **Öffentlichkeit zugänglich** sind („Bogsch-Theorie").[222] Die Vornahme einer (Teil-)Handlung im Ausland kann in diesen Fällen inländische Verwertungsinteressen beeinträchtigen.[223] Mit einer Beschränkung auf die im Ausland liegende Handlung wäre die praktische Wirksamkeit des Schutzrechts unzumutbar beeinträchtigt.[224]

36 Der effektive Schutz inländischer Immaterialgüterrechte führt allerdings zu einer **Kollision gleichzeitig anwendbarer subjektiver Rechte**.[225] Jede im Internet bereitgestellte Information ist der Öffentlichkeit potenziell in jedem Schutzland zugänglich. Daher kann jede öffentliche Zugänglichmachung oder jede Vorbereitungsmaßnahme zur Veräußerung eines urheberrechtlich geschützten Gegenstandes oder jede Benutzung eines geschützten Zeichens zugleich am Maßstab mehrerer Rechtsordnungen zu prüfen sein. Im Zweifel setzt sich die schutzrechtsfreundlichste Rechtsordnung durch. Eine dort verfügte Unterlassung kann sich rein tatsächlich auch auf die im Ausland eigentlich erlaubte Nutzung auswirken. Die Lokalisierung der Benutzungshandlung am Abrufort führt zu einer erheblichen „Beschränkung der Nutzungsmöglichkeiten von Kennzeichenrechten im Internet, weil die Inhaber verwechslungsfähiger Kennzeichenrechte, die in verschiedenen Ländern geschützt sind, unabhängig von der Prioritätslage wechselseitig beanspruchen könnten, dass die Benutzung des Kollisionszeichens unterbleibt."[226] Es besteht die **Gefahr wechselseitiger Blockaden**.

37 **cc) Ausrichtung auf den Markt des Schutzlandes.** Um diese zu vermeiden, bedarf es „normativer Einschränkungen"[227] der expansiven Tendenzen des Territorialitätsprinzips. Dafür wird in der Literatur ein „Auswirkungsprinzip",[228] ein „Spürbarkeitsgrundsatz"[229] oder eine *de minimis*-Regel[230] vorgeschlagen. Klarzustellen ist, dass es sich dabei nicht um kollisionsrechtlich, sondern **sachrechtlich wirkende**

---

213 Vgl dazu eingehend *Sack,* WRP 2008, 1405, 1414 ff; zu den urheberrechtlichen Verwertungshandlungen siehe Schricker/Loewenheim/*Katzenberger,* Urheberrecht, 4. Auflage 2010, Vor §§ 120 ff Rn 135 ff; zum Patentrecht näher *Mes,* Patentgesetz, 3. Auflage 2011, Rn 9 ff; speziell zur Problematik der Ein-, Aus- und Durchfuhr siehe EuGH v. 9.11.2006, C-281/05 – Montex Holdings Ltd gegen Diesel SpA; BGH BeckRS 2012, 21473; näher zum Problem im Markenrecht *Ströbele/Hacker,* Markengesetz, 10. Auflage 2012, § 14 Rn 150 ff, 155 ff und im Patentrecht *Cordes,* GRUR 2012, 141.
214 Vgl BGHZ 152, 317, 322 – Sender Felsberg.
215 *Rengelin* Kollisionsrecht der Immaterialgüterrechte, 2000, 232.
216 Dazu MüKo/*Drexl,* IntImmGR Rn 231 ff.
217 Vgl dazu EuGH, C-145/10 – Eva-Maria Painer/Standard VerlagsGmbH u.a., GRUR 2012, 166.
218 Vgl BGHZ 152, 317 – Sender Felsberg.
219 Für die europäische Satellitensendung siehe EuGH, C-192/04 – Lagardère/SPRE, Slg 2005 I-7199 Rn 46 ff.
220 Vgl zu §§ 16 und 19 a UrhG BGHZ 185, 291 Rn 17, 19 – Vorschaubilder; zur Markenverletzung BGH GRUR 2004, 431 – hotel maritime; näher *Pfeiffer/Weller/Nordmeier,* in: Spindler/Schuster, Recht der elektronischen Medien, 2. Auflage 2011, Art, 8 Rom II-VO Rn 8 ff sowie *Sack,* WRP 2008, 1405, 1417 ff.
221 Siehe EuGH v. 18.10.2012, C-173/11 – Football Dataco Ltd ua/Sportradar GmbH Rn 44 ff.
222 MüKo/*Drexl,* IntImmGR Rn 251 ff; Staudinger/*Fezer/Koos,* IntWirtschR, Rn 1102, 1113; Schricker/Loewenheim/*Katzenberger,* Urheberrechts, 4. Auflage 2010, Vor §§ 120 ff Rn 145; Buchner, GRUR Int. 2005, 1004, 1007; *Hohloch,* in: Schwarze (Hrsg.), Rechtsschutz gegen Urheberrechtsverletzungen und Wettbewerbsverstöße in grenzüberschreitenden Medien, 2000, 93, 106; *Schack,* MMR 2000, 59, 65; *Rengelin,* Kollisionsrecht der Immaterialgüterrechte, 2000, S. 287 ff.
223 MüKo/*Drexl,* IntImmGR Rn 243.
224 EuGH v. 18.10.2012, C- 173/11 – Football Dataco Ltd ua/Sportradar GmbH, Rn 45.
225 *Ohly,* in: Drexl/Kur, Intellectual Property and Private International Law, 2005, 241, 245 f.
226 BGH GRUR 2005, 431, 433 – Hotel Maritime.
227 OLG Karlsruhe MMR 2002, 814, 816.
228 *Ohly,* JZ 2005, 738, 739.
229 Staudinger/*Fezer/Koos,* IntWirtschR, Rn 941, 1019.
230 Art. 3:602 CLIP-Grundregeln, GRUR Int. 2012, 899, 907; dazu *Kur,* GRUR Int. 2012, 859, 865.

Beschränkungen handelt.[231] Vorbild ist eine Empfehlung der WIPO für das Markenrecht.[232] Danach liegt eine Benutzung im Inland nur vor, wenn die Handlung dort einen „commercial effect" hat (Art. 2). Das wird anhand einzelner, auch für die Auslegung des nationalen Rechts hilfreicher[233] Aufgreifkriterien konkretisiert (Art. 3). Nach Auffassung des BGH liegt bei Multi-State-Verstößen eine inländische Verletzungshandlung nur dann vor, wenn ein **hinreichend wirtschaftlich relevanter Inlandsbezug** der Nutzungshandlung besteht.[234] Auch nach Auffassung des EuGH ist die bloße Zugänglichkeit einer rechtsverletzenden Website im Gebiet des Schutzlandes kein ausreichender Grund für eine Lokalisierung einer Eingriffshandlung.[235] Darüber hinaus muss es Anhaltspunkte dafür geben, dass die Handlung in der Absicht getätigt wurde, die **Öffentlichkeit im Schutzland gezielt** anzusprechen.[236] Das ist eine Frage des Einzelfalls. Dafür sind verschiedene **Faktoren** zu berücksichtigen: Bestehen einer Internetseite in deutscher Sprache, Art der Verteilungswege des Werbematerials, Zusammenarbeit mit nach Deutschland lieferndem Frachtführer.[237] Richtet ein Anbieter im schutzrechtsfreien Ausland beispielsweise ein Angebot zum Erwerb eines urheberrechtlichen geschützten Gegenstandes an Inländer, ist das Verbreitungsrecht (§ 17 UrhG) verletzt. Der hinreichende Inlandsbezug besteht, weil damit dem inländischen Schutzrechtsinhaber Kunden entzogen werden und sich die Handlung dadurch auf die wirtschaftliche Verwertung des Urheberrechts im Schutzland auswirken kann.[238]

c) Reichweite der Schutzlandanknüpfung. aa) Grundsätzlicher Geltungsbereich (Art. 15). Der **Umfang der Schutzlandanknüpfung** bestimmt sich im Ausgangspunkt nach Art. 15. Diese Vorschrift enthält eine – allerdings nicht abschließende – Auflistung aller dem Immaterialgüterrechtsstatut zugewiesenen Rechtsfragen (Art. 15 Rn 1). Damit wird zugleich das europäische IPR vom nationalen Kollisionsrecht abgegrenzt.[239] Das hat eine erhebliche praktische Bedeutung für (kollisions- und sachrechtliche) Vorfragen, die das Recht der außervertraglichen Schuldverhältnisse aufwirft (Art. 15 Rn 3). Zur Reichweite des Immaterialgüterrechtsstatuts gibt es eine Reihe von **Streitfragen**. Im Kern geht um die originäre Inhaberschaft des Rechts, seine Entstehungsvoraussetzungen und seine Übertragbarkeit. Diese Fragen sind nicht von Art. 15 geregelt. Aufgrund der völlig anders gelagerten Strukturmerkmale des Immaterialgüterrechts (Rn 2) sollte man Parallelen zum Recht des Sacheigentums vermeiden.[240]

38

Unstreitig nach dem Recht des Schutzlandes (Abs. 1) richten sich

39

– Grund und Umfang der Haftung (Art. 15 lit. a):[241] Erfasst sind Fragen der Tatbestandsmäßigkeit der Handlung,[242] der Kausalität, der Rechtswidrigkeit und des Verschuldens, einschließlich der Schuldfähigkeit;[243]
– die Feststellung von Täterschaft, Teilnehmer-[244] und Störerhaftung (Art. 15 lit. a);[245]
– alle Haftungsausschlussgründe und Haftungsbeschränkungen (Art. 15 lit. b);
– die Feststellung des Schadensumfangs (Art. 15 lit. c);
– die Rechtsfolgen, die das Gericht zur Sicherung des effektiven Rechtsschutzes anordnet (Art. 15 lit. d), allerdings vorbehaltlich der verfahrensrechtlichen *lex fori*.[246] Das wirft die Frage auf, ob gerichtliche Sanktionsanordnungen materiell oder verfahrensrechtlich zu qualifizieren sind. Die Rechtsbehelfe und Annexmaßnahmen zur Durchsetzung der sekundären subjektiven Rechte sind – folgt man der Rechtsprechung zur GMVO[247] – jedenfalls nach der *lex fori* anzuknüpfen.[248]

---

231 MüKo/*Drexl*, IntImmGR Rn 298; *Sack*, WRP 2008, 1405, 1415; eingehend *Kur*, in: Basedow/Drexl/Kur/Metzger, Intellectual Property in the Conflict of Laws, 2005, S. 175, 179.
232 Joint Recommendation Concerning the Provisions on the Protection of Marks and Other Industrial Property Rights in Signs on the Internet (2001), zugreifbar unter <http://www.wipo.int/about-ip/en/development_iplaw/pub845.htm> [Stand: 31.10.2012]; dazu *Wichard*, in: Drexl/Kur, Intellectual Property and Private International Law, 2005, S. 257 ff.
233 Dazu *Ohly*, JZ 2005, 738, 739.
234 Grundlegend BGH GRUR 2005, 431, 433 – Hotel Maritime [zum MarkenG].
235 EuGH v. 18.10.2012, C-173/11 – Football Dataco Ltd u.a./Sportradar GmbH, Rn 36.
236 EuGH v. 18.10.2012, C-173/11 – Football Dataco Ltd u.a./Sportradar GmbH, Rn 39; ähnlich auch OGH GRUR Int. 2012, 464, 465 f [Ausrichtung auf den österreichischen Markt].
237 EuGH, C-5/11 – Donner, GRUR 2012, 817 Rn 29.
238 BGH GRUR 2007, 871 Rn 31 – Wagenfeld-Leuchte.
239 MüKo/*Drexl*, IntImmGR Rn 158.
240 AA aber *Schack*, in: Leible/Ohly, Intellectual Property and Private International Law, 2009, S. 79, 80 f; *Klass*, GRUR Int. 2007, 373, 381; *Skrzipek*, Urheberpersönlichkeitsrecht und Vorfrage, 2005, S. 45.
241 *Sack*, WRP 2008, 1405, 1409.
242 KOM(2003) 427 endgültig, 26.
243 *G. Wagner*, IPRax 2008, 1, 15.
244 Zur Frage der internationalen Zuständigkeit BGH GRUR 2012, 1069 – Hotel Hi.
245 MüKo/*Drexl*, IntImmGR Rn 205; *Kur*, WRP 2011, 971, 972, zu den Problemen in der Praxis *dies.*, WRP 2011, 971, 975 ff.
246 jurisPK-BGB/*Heinze*, Art. 8 Rn 19.
247 EuGH, C-235/09 – DHL Express France SAS/Chronopost SA, IPRax 2012, 531 Rn 27 ff.
248 Vgl *Grünberger*, IPRax 2012, 500, 504 f; aA jurisPK-BGB/*Heinze*, Art. 8 Rn 19.

40 **bb) (K)Ein Vorfragenproblem?** Im autonomen deutschen Kollisionsrecht hat Rechtsprechung die Fragen nach originärer Inhaberschaft, Entstehungsvoraussetzung und Übertragbarkeit im Wesentlichen einheitlich nach dem Recht des Schutzlandes beurteilt (Rn 12). Dabei ist der BGH mit Recht nicht auf das **Vorfragenproblem** eingegangen. Ist nach dem Schutzlandprinzip deutsches Sachrecht anzuwenden, regelt das Hauptfragestatut auch den Aspekt der Rechtsinhaberschaft, der Entstehungsvoraussetzungen und der Übertragbarkeit.[249] Dasselbe gilt für die europäischen Rechtstitel über einen einheitlichen Schutz der Rechte des geistigen Eigentums. In beiden Fällen regelt das nach dem Schutzlandprinzip ermittelte Hauptfragestatut die relevanten Fragen abschließend. Das Vor- bzw Erstfragenproblem kann sich aber theoretisch bei der Anwendung anderer Immaterialgüterrechtsordnungen stellen. Die Entscheidung darüber kann für die Praxis auch nicht dahinstehen.[250] Erfolgt die Anknüpfung dieser Vorfragen nach nationalem IPR, ist eine Gesamtverweisung und damit eine **Zurückverweisung** möglich, was im Anwendungsbereich der Art. 8 ausgeschlossen ist (Art. 24).[251] Schließlich gilt auch die Pflicht zur autonomen Auslegung und zur Vorlage an den EuGH nur im Anwendungsbereich der Rom II-VO. Die Lösung der Streitfragen könnte sich an **folgenden Grundsätzen** orientieren:[252]

41 **(1) Anknüpfung der originären Rechtsinhaberschaft.** Nach überwiegender Meinung liegt die Frage der **ersten Inhaberschaft** eines Immaterialgüterrechts als kollisionsrechtliche Vor- bzw Erstfrage außerhalb des sachlichen Anwendungsbereichs von Art. 8. Sie sei entweder vom anwendbaren Konventionsrecht oder vom autonomen nationalen Kollisionsrecht zu entscheiden.[253] Nach der teleologisch vom Binnenmarkt her argumentierenden Gegenauffassung verlange die von der Rom II-VO angestrebte Rechtssicherheit eine unionsweit einheitliche Anknüpfung der Inhaberschaft eines Immaterialgüterrechts anhand des Schutzlandprinzips.[254] Der Wortlaut der Rom II-VO, insbesondere Art. 15 lit. a und lit. f sind wenig aussagekräftig.[255] Allerdings sprechen die einheitliche Anknüpfungsregel für alle Immaterialgüterrechte, die implizite Festschreibung des Territorialitätsprinzips mit der Absage an das Universalitätsprinzip und das Bestreben, Konflikte mit den Regelungen der Konventionen zu vermeiden für eine unionsweit einheitliche Anknüpfung dieser Vorfrage nach dem **Schutzlandprinzip**.[256] Überlässt man die Anknüpfung der Inhaberschaft dem autonomen Kollisionsrecht und entscheidet sich jenes für das Ursprungslandprinzip, stehen bis zu vier konkurrierende Anknüpfungspunkte zur Verfügung (Herstellungsort des Werkes, Aufenthaltsort des Urhebers, Ort der ersten Veröffentlichung, Personalstatut des Werkschöpfers).[257] Mit dieser Lösung gäbe man die von der Rom II-VO angestrebte Rechtssicherheit auf.[258]

42 Dagegen wird eingewandt, für die Frage der Inhaberschaft sei auch das **Lizenzvertragsrecht** relevant und könne daher nicht von Art. 8 geregelt werden.[259] Daran ist zutreffend, dass die Lösung des vertragsrechtlichen Konflikts zwischen den Lizenzvertragsparteien außerhalb des Anwendungsbereichs der Rom II-VO liegt.[260] Sobald aber in vertragsrechtlichen Kontexten die Frage der Rechtsinhaberschaft gestellt wird, kann das nur mit Bezug auf einen Dritten erfolgen. Man kann über den Bestand und den Zuweisungsgehalt eines immaterialgüterrechtlichen Ausschließlichkeitsrechts sinnvollerweise nur unter dem Blickwinkel sprechen, ob und wem es Schutz gegen welche näher spezifizierten unerlaubten Verwertungshandlungen Dritter bietet.[261] Das richtet sich allerdings unstreitig nach Abs. 1. Der Bestand des Rechts ist daher aus vertragsrechtlicher Perspektive eine Vorfrage, die von Abs. 1 beantwortet wird.

43 **(2) Entstehungsvoraussetzungen.** Die Frage nach dem **Bestand** eines Immaterialgüterrechts richtet sich nach dem Recht des **Schutzlandes**.[262] Darin liegt die kollisionsrechtlich notwendige Berücksichtigung des unionsrechtlich verankerten Territorialitätsprinzips (Rn 5).[263] Wenn das Schutzland ein bestimmtes

---

249 Dazu *Grünberger*, ZVglRWiss 108 (2009), 134, 157 ff.
250 So aber jurisPK-BGB/*Heinze*, Art. 8 Rn 17, 19.
251 MüKo/*Drexl*, IntImmGR Rn 155.
252 Ausführlich zum Urheberrechtsstatut *Grünberger*, ZVglRWiss 108 (2009), 134, 157 ff.
253 Eingehend MüKo/*Drexl*, IntImmGR Rn 155; *Obergfell*, IPRax 2005, 9, 12 f; *Klass*, GRUR Int. 2007, 373, 375; *Boschiero*, 9 Yb. P.I.L. 87, 103 (2007); *Schack*, in: Leible/Ohly, Intellectual Property and Private International Law, 2009, S. 79, 93 f; Rauscher/*Unberath/Cziupka*, EuZPR/EuIPR, Art. 8 Rn 9 f; Palandt/*Thorn*, Art. 8 Rn 9; Erman/*Hohloch*, Art. 8 Rn 7; PWW/*Schaub*, Art. 8 Rn 3.
254 *Grünberger*, ZVglRWiss 108 (2009), 134, 160 ff; *Sack*, WRP 2008, 1405, 1409 f; tendenziell auch *Ahrens*, WRP 2011, 945, 947 ff.
255 MüKo/*Drexl*, IntImmGR Rn 158 f; *Boschiero* 9 Yb. P.I.L. 87, 102 f (2007); *Schack*, in: FS Kropholler, 2008, 651, 655 f; *Birkmann*, Die Anknüpfung der originären Inhaberschaft am Urheberrecht, 2009, S. 101 ff; aA *Sack*, WRP 2008, 1405, 1409 f.
256 Dazu *Grünberger*, ZVglRWiss 108 (2009), 134, 157 ff.
257 Näher *Birkmann*, Die Anknüpfung der originären Inhaberschaft am Urheberrecht, 2009, S. 45 ff.
258 *Grünberger*, ZVglRWiss 108 (2009), 134, 162.
259 MüKo/*Drexl*, IntImmGR Rn 162; ähnlich auch Loewenheim/*Walter*, § 58 Rn 15.
260 MüKo/*Drexl*, IntImmGR Rn 162.
261 Vertiefend *Goldhammer*, Geistiges Eigentum und Eigentumstheorie, 2012, S. 64 ff.
262 Vgl BGHZ 155, 257, 261 – Sendeformat; BGHZ 141, 267, 277 ff – Laras Tochter (allerdings zum deutschen IPR).
263 Insoweit zustimmend MüKo/*Drexl*, IntImmGR Rn 163.

immaterielles Gut nicht schützt, dann existiert in diesem Land kein Recht am Immaterialgut.[264] Die Geltung des Schutzlandprinzips ist Wortlaut und System der Rom II-VO zu entnehmen:[265] Die Haftungsvoraussetzungen richten sich nach der *lex loci protectionis* (Art. 15 lit. a, Rn 5). Dazu gehört auch die Tatbestandsmäßigkeit der Handlung.[266] Die Tatbestandsmäßigkeit der Verletzungshandlung ist allerdings mit der Zuweisung genau dieser Nutzungshandlung an den Rechtsinhaber identisch. Es gibt kein „abstraktes Ausschließlichkeitsrecht", von dem man die verbotenen Nutzungshandlungen unterscheiden könnte.[267] Deshalb sind die Entstehungsvoraussetzungen des Rechts einheitlich nach Art. 8 anzuknüpfen. Das gilt für formelle und materielle Schutzvoraussetzungen eines Rechts.

(3) Inhalt, Schranken und Erlöschen des Schutzrechts. Der konkrete **Inhalt** des Verbotsrechts, die Schranken und das Erlöschen des Immaterialgüterrechts konstituieren den Grund und Umfang der Haftung und sind daher gem. Art. 15 lit. a unstreitig von Abs. 1 erfasst.[268] 44

(4) Anknüpfung der Übertragbarkeit. Das Recht des Schutzlandes ist aufgrund des engen Zusammenhangs mit der ersten Inhaberschaft[269] auch maßgeblich dafür, ob ein im Schutzland bestehendes Immaterialgüterrecht **übertragbar und vererbbar** ist.[270] Entscheidend dafür ist die unionsrechtliche Geltung des Territorialitätsprinzips.[271] Damit bestimmt sich nach Abs. 1, in welcher Form und mit welchen Grenzen Immaterialgüterrechte übertragbar sind (Vollrechts- oder Teilrechtsübertragung oder Einräumung von ausschließlichen oder einfachen Nutzungsrechten, Lizenzierung) und welche Wirkung die Übertragung auf Dritte hat (Frage der Aktivlegitimation bei Klagen gegen Dritte, gutgläubiger Erwerb, Sukzessionsschutz).[272] 45

(5) Besonderheiten bei Arbeitsverhältnissen („works made for hire"). Abs. 1 regelt auch die erste Inhaberschaft von Immaterialgütern, die im Rahmen von **Arbeits- oder Dienstverhältnissen** hergestellt wurden.[273] Eine gesonderte akzessorische Anknüpfung der Frage der ersten Inhaberschaft am Arbeitsvertragsstatut scheidet aus.[274] Die unterschiedlichen Regelungsmodelle in den nationalen Rechtsordnungen[275] können kollisionsrechtlich interessengerecht berücksichtigt werden, wenn man **drei Problemkreise** deutlich trennt und jeweils angemessen löst:[276] (1.) Die Frage der ersten Inhaberschaft wird nach Abs. 1 vom Recht des Schutzlandes beantwortet (Rn 41). (2.) Dieses bestimmt gem. Abs. 1 (Rn 45) auch, ob und inwieweit die Rechte am immateriellen Arbeitsergebnis mit Wirkung gegenüber Dritten auf den Arbeitgeber übertragbar sind. (3.) Das Arbeitsvertragsstatut bestimmt, ob oder welche Rechte auf den Arbeitgeber tatsächlich übertragen wurden. Es beantwortet damit die Frage, wer am Ende materiell Berechtigter des Immaterialguts ist.[277] Das Arbeitsvertragsstatut ergibt sich für das Erfinderrecht wegen Art. 28 Abs. 1 (Rn 20) vorrangig aus Art. 60 Abs. 1 S. 1 EPÜ, im Übrigen aus Art. 8 Rom I-VO.[278] 46

(6) Anknüpfung der Vergütungsansprüche. Gesetzlich vorgesehene **Vergütungsansprüche** für die Verwertung eines urheberrechtlich geschützten Gegenstandes zählen zur den Rechten des geistigen Eigentums (Rn 24). Wer seiner Vergütungspflicht nicht nachkommt, verletzt zwar nicht das Ausschließlichkeitsrecht, aber die an seine Stelle getretenen Ersatzansprüche. Wurde das Ausschließlichkeitsrecht von einer *property* zur *liability rule* herabgestuft, kann es daher nicht mehr auf die Rechtmäßigkeit der Benutzungshandlung ankommen. Der Wortlaut des Abs. 1 erfasst somit auch Vergütungsansprüche.[279] Im Vergleich 47

---

264 *Rengelin,* Kollisionsrecht der Immaterialgüterrechte, 2000, S. 166 ff.
265 *Grünberger,* ZVglRWiss 108 (2009), 134, 170 f; *Obergfell,* in: Reithmann/Martiny, Internationales Vertragsrecht, 7. Auflage 2010 Rn 1803; aA MüKo/*Drexl,* IntImmGR Rn 163.
266 KOM(2003) 427 endgültig, 26.
267 Vgl BGH GRUR 2001, 146, 165 – Wintergarten.
268 Allg. Ansicht, *Sack,* WRP 2008, 1405, 1409 f; *Grünberger,* ZVglRWiss 108 (2009), 134, 171; *Obergfell,* in: Reithmann/Martiny, Internationales Vertragsrechts, 7. Auflage 2010, Rn 1803; jurisPK-BGB/*Heinze,* Art. 8 Rn 19; Palandt/*Thorn,* Art. 8 Rn 9.
269 Nur insoweit zutreffend *Drobning,* RabelsZ 40 (1976), 195, 204.
270 *Mankowski,* in: Leible/Ohly, Intellectual Property and Private International Law, 2009, S. 31, 42 ff; vertiefend *Grünberger,* ZVglRWiss 108 (2009), 134, 164 ff.
271 *Metzger,* in: Basedow/Drexl/Kur/Metzger, Intellectual Property in the Conflict of Laws, 2005, S. 61, 72 f; Grünberger ZVglRWiss 108 (2009), 134, 164.
272 Grundlegend *Ulmer,* Immaterialgüterrechte im IPR 1975, Rn 68 ff.
273 *Grünberger,* ZVglRWiss 108 (2009), 134, 17; zum autonomen deutschen IPR Staudinger/*Fezer/Koos,* IntWirtschR, Rn 1087; *Dreier/Schulze,* UrhG, Vor §§ 120 ff Rn 53; aA *Schack,* ZUM 1989, 267, 279 f; *ders.,* IPRax 1993, 46, 48; *Obergfell,* Filmverträge, 2001, S. 275 [Herkunftslandprinzip].
274 AA *Birk,* UFITA 108 (1988), 101, 107 f; *Mäger,* Schutz des Urhebers, 1995, S. 116 ff; *Pütz,* Parteinautonomie, 2005, S. 239 ff mwN [jeweils zum autonomen deutschen Kollisionsrecht].
275 Dazu *Birk,* UFITA 108 (1988), 101, 103 ff.
276 *Ulmer,* Immaterialgüterrechte im IPR, 1975, Rn 57; *ders.*, RabelsZ 41 (1977), 479, 503 ff.
277 Näher MüKo/*Drexl,* IntImmGR Rn 184, 193; *Mankowski,* in: Leible/Ohly, Intellectual Property and Private International Law, 2009, S. 31, 74 ff.
278 MüKo/*Drexl,* IntImmGR Rn 185 ff.
279 *Grünberger,* ZVglRWiss 108 (2009), 134, 175; jurisPK-BGB/*Heinze,* Art. 8 Rn 17; aA *Sack,* WRP 2008, 1404, 1410; *Weller,* ZEuP 2008, 252, 265 ff; MüKo/*Drexl,* IntImmGR Rn 151; Staudinger/*Fezer/Koos,* IntWirtschR, Rn 909.

zur autonomen Anknüpfung im deutschen IPR ändert sich nichts, weil sich Vergütungsansprüche ebenfalls nach dem Schutzlandprinzip richten.[280]

48 **(7) Sonstige außervertragliche Schuldverhältnisse (Art. 13).** Nach der klaren Regelung in Art. 13 ist Art. 8 auch auf **alle sonstigen außervertraglichen Schuldverhältnisse** anzuwenden (Art. 13 Rn 1).

V. Unteranknüpfung einheitlicher europäischer Rechtstitel

49 **1. Abschließender Katalog der erfassten Schutzrechte.** Abs. 2 enthält eine notwendige Unteranknüpfung (Rn 6) für die „Verletzung von gemeinschaftsweit einheitlichen Rechten des geistigen Eigentums". **Anknüpfungsgegenstand** sind nur die nicht von dem jeweiligen europäischen Rechtstitel selbst geregelten Fragen.[281] Von der Anknüpfungsregel sind zur Zeit erfasst: (1.) die (registrierte) Gemeinschaftsmarke, Art. 1 Abs. 2 VO 207/2007/EG (GMVO);[282] (2.) das eingetragene Gemeinschaftsgeschmacksmuster, Art. 1 Abs. 2 Nr. 2 VO 6/2002/EG (GGMVO);[283] (3.) das nicht eingetragene Gemeinschaftsgeschmacksmuster, Art. 1 Abs. 2 Nr. 1 GGMVO; (4.) der gemeinschaftliche Sortenschutz, Art. 2 VO 2100/94/EG (GSortenVO)[284] und (5.) der gemeinschaftsweite Schutz geographischer Herkunftsangaben[285] (VO 510/2006/EG). In absehbarer Zukunft könnte das einheitliche Europäische Patent als weiterer Rechtstitel dazu kommen.[286] Diese Liste ist **abschließend**. Für andere als die hier genannten Schutzrechte ist Abs. 2 nicht einschlägig. Das gilt insbesondere für das europäische Patent.[287] Dieses hat gem. Art. 1 Abs. 2 EPÜ für jeden Vertragsstaat, für den es erteilt wurde (dazu Artt. 3, 79 EPÜ) dieselbe Wirkung wie ein dort erteiltes nationales Patent. Damit ist das nationale Recht in jedem der Staaten einschlägig, für die das Patent erteilt worden ist.[288] Darauf findet ausschließlich Abs. 1 Anwendung. Auch die durch EU-Richtlinien harmonisierten nationalen Immaterialgüterrechte fallen nicht unter Abs. 2.[289]

50 **2. Ort der Verletzungshandlung (lex loci delicti commissi).** Anknüpfungspunkt für die Unteranknüpfung ist das Recht des Staates „in dem die Verletzung begangen wurde" (*lex loci delicti commissi*). Zweifelhaft ist, ob sowohl auf den Ort des ursächlichen Geschehens (Handlungsort) als auch auf den Ort, an dem der Schaden eingetreten ist (Erfolgsort), abzustellen ist. Zugunsten einer ubiquitären Anknüpfung[290] spricht eine Parallele zu Art. 102 Abs. 2 GMVO, der seinerseits einheitlich mit Art. 97 Abs. 5 GMVO und Art. 5 Nr. 3 EuGVVO ausgelegt wird.[291] Allerdings passt die ubiquitäre Anknüpfung nicht auf die Verletzung von Immaterialgüterrechten.[292] Nach überzeugender Auffassung kommt es nur auf den **Ort der Verletzungshandlung** an.[293] Dafür sprechen Wortlaut und System der Rom II-VO: Art. 4 Abs. 1 konkretisiert die *lex loci delicti commissi* eindeutig mit dem Recht des Orts des Erfolgseintritts (*lex loci damni*) (Art. 4 Rn 75). Davon weicht der Wortlaut des Abs. 2 offensichtlich ab, indem er in deutlichem Gegensatz dazu auf die begangene Verletzung abstellt. Will man keine Wortlautakrobatik[294] betreiben, ist es naheliegend darin eine Konkretisierung der *lex loci delicti* anhand des Orts der Verletzungshandlung zu sehen.

51 Der **Begehungsort** liegt auf dem Territorium des Staates, in dem eine relevante Verletzungshandlung vorgenommen wurde. Die **relevante Verletzungshandlung** bestimmt sich nach der gem. Abs. 1 ermittelten *lex causae*: Es ist also zu prüfen, ob die Handlung in Schutzgegenstand und Schutzumfang des einheitlichen Schutzrechts eingreift.[295] Für die Lokalisierung der relevanten Verletzungshandlung kann man sich an der Bestimmung des Handlungsorts bei Immaterialgüterrechtsverletzungen in Art. 5 Nr. 3 EuGVVO[296] orientie-

---

280 BGHZ 126, 252, 254 ff – Folgerecht mit Auslandsbezug.
281 Dazu MüKo/*Drexl,* IntImmGR Rn 127 ff; zur GMVO vgl auch *Grünberger,* IPRax 2012, 500, 504.
282 ABl. L 78 v. 24.3.2009, 1.
283 ABl. L 3 v. 5.1.2002, 1.
284 ABl. L 227 v. 1.9.1994, 1.
285 Zur Qualifikation als Recht des geistigen Eigentums Rn 28; *Sack,* WRP 2008, 1405, 1407.
286 Dazu KOM(2011) 215 endgültig; zum aktuellen Stand vgl *Pagenberg,* GRUR 2012, 582.
287 jurisPK-BGB/*Heinze,* Art. 8 Rn 11.
288 EuGH, C-616/10 – Solvay SA./. Honeywell Fluorine Products Europe BV u.a., GRUR Int. 2012, 1008, Rn 26.
289 Vgl EuGH v. 18.10.2012, C-173/10 – Football Dataco Ltd ua/Sportradar GmbH, Rn 31.
290 *Fayaz,* GRUR Int. 2009, 566, 572; *Schaper,* in: Drexl/Kur, Intellectual Property and Private International Law, 2005, S. 201, 210 f.
291 Dazu BGH GRUR 2012, 1065 Rn 21 ff – Parfümflakon II.
292 *Beier/Schricker/Ulmer,* GRUR Int. 1985, 104, 106; *Schack,* in: Leible/Ohly, Intellectual Property and Private International Law, 2009, S. 79, 84.
293 *G. Wagner,* IPRax 2008, 1, 9 f; *Schack,* in: FS Kropholler 2008, S. 651, 657; *Grünberger,* ZVglRWiss 108 (2009), 134, 149; *Leistner,* in: Leible/Ohly, Intellectual Property and Private International Law, 2009, 97, 107; Staudinger/*Fezer/Koos,* IntWirtschR, Rn 963; Palandt/*Thorn,* Art. 8 Rn 8; jurisPK-BGB/*Heinze,* Art. 8 Rn 16; Rauscher/*Unberath/Cziupka,* EuZPR/EuIPR, Art. 8 Rn 24; aA Erman/*Hohloch,* Art. 8 Rn 10 [Ort des Schadenseintritts].
294 Anders aber BGH GRUR 2012, 1065 Rn 23 f – Parfümflakon II (zu Art. 97 Abs. 5 GMVO).
295 *Schack,* in: Leible/Ohly, Intellectual Property and Private International Law, 2009, S. 79, 86.
296 Grundlegend EuGH, C-523/10 – Wintersteiger AG/ Products 4U Sondermaschinenbau GmbH, GRUR 2012, 654.

ren.²⁹⁷ Der Ort des ursächlichen Geschehens liegt dort, wo die konkrete Nutzungshandlung des immateriellen Gutes erfolgt. Maßgeblich dafür ist der **Ort der Niederlassung der Person**, die über die Nutzungshandlung entscheidet.²⁹⁸ Beispiel: Für die Anknüpfung der Nutzung einer registrierten Gemeinschaftsmarke als Adword kommt es darauf an, wo der Werbetreibende, der den technischen Anzeigevorgang in der Suchmaschine auslöst, seine Niederlassung hat.²⁹⁹ Darin liegt eine adäquate Interpretation der Anknüpfungsregel. Weil die Verletzungstatbestände der einheitlichen europäischen Rechtstitel Dritte mit Verhaltensverboten belegen und die Vornahme bestimmter Verletzungshandlungen im Schutzland sanktionieren, ist die Verletzungshandlung dort zu lokalisieren, wo dieser Normbefehl vom Normadressaten nicht beachtet wird.

3. Verweisung auf das Recht des Handlungsorts. Abs. 2 verweist für die nicht im europäischen Rechtstitel geregelten Fragen auf das materielle (Art. 24) Recht des Staates, in dem sich die Verletzungshandlung lokalisieren lässt. Dieser Rechtsordnung ist beispielsweise zu entnehmen, ob und unter welchen Voraussetzungen bei der Verletzung einer Gemeinschaftsmarke Schadensersatz geschuldet wird. Dabei ist zu beachten, dass die Rechtsfolgen in den Mitgliedstaaten aufgrund der Enforcementrichtlinie 2004/48/EG³⁰⁰ weitgehend harmonisiert sind. Nicht von Abs. 2 iVm Art. 15 lit. d erfasst ist die Anknüpfung von **Annexmaßnahmen**, die zur Durchsetzung der im einheitlichen europäischen Rechtstitel selbst geregelten Ansprüche vom nationalen Gericht erlassen werden.³⁰¹ Sie werden nach der vorrangigen (Art. 27 Abs. 1) nationalen *lex fori* angeknüpft (vgl Art. 102 Abs. 1 S. 2 GMVO, Art. 89 Abs. 2 GGMVO).³⁰² 52

a) Mehrheit von Verletzungsorten innerhalb der EU. Nach traditionellem Verständnis muss das Gericht bei mehreren möglichen Verletzungsorten die jeweils einschlägigen Rechtsordnungen kumulativ anwenden.³⁰³ Diese **Mosaikbetrachtung** ist die Folge der relativen Autonomie und beschränkten Einheitlichkeit der europäischen Rechtstitel über einen einheitlichen Schutz der Rechte des geistigen Eigentums.³⁰⁴ Dagegen werden *de lege ferenda* zur Vermeidung der damit einhergehenden Transaktionskosten verschiedene Möglichkeiten zur einheitlichen Anknüpfung vorgeschlagen.³⁰⁵ *De lege lata* ist die Anknüpfung an das Recht des Handlungsortes zu akzeptieren.³⁰⁶ Ausschlaggebend ist die Lokalisierung jeder einzelnen Nutzungshandlung (Rn 34 ff).³⁰⁷ Liegt dagegen nur **eine relevante tatbestandliche Handlung** in Form des Ausstrahlens bzw des Einstellens ins Internet vor, lässt sich das Problem erheblich reduzieren, indem man den Verletzungsort mit der Niederlassung des Rechtsverletzers gleichsetzt (Rn 51).³⁰⁸ Eine möglicherweise hilfreiche nachträgliche Rechtswahl ist wegen Abs. 3 ausgeschlossen (Rn 55).³⁰⁹ Ausgeschlossen ist auch eine analoge Anwendung des Art. 4 Abs. 3.³¹⁰ 53

b) Verletzungshandlung im Drittstaat. Probleme bereiten auch die Konstellationen, in denen eine relevante Verletzungshandlung im **Territorium eines Drittstaates** erfolgt. Das Territorialitätsprinzip (Rn 3) steht dem nicht entgegen, da die im Drittstaat zu lokalisierende (Vorbereitungs-)Handlung zu einer Verletzung des einheitlichen Rechtstitel innerhalb der Union führen kann.³¹¹ Die Anknüpfung an den Handlungsort führt zur Anwendung eines Sachrechts, das im Grundsatz keine Vorkehrungen für Folgeansprüche aus der Verletzung eines europäischen Rechtstitels kennen kann. Dieser **Leerlauf** der Verweisung ist zu akzeptieren. Damit reduziert sich der effektive Rechtsschutz auf die im europäischen Rechtstitel vorgesehenen Instrumente. Wenig überzeugend wäre es, auf das im Drittstaat zur Durchsetzung des nationalen Immateri- 54

---

297 Vgl dazu *Leistner*, in: Leible/Ohly, Intellectual Property and Private International Law, 2009, S. 97, 116.
298 EuGH, C-523/10 – Wintersteiger AG/Products 4U Sondermaschinenbau GmbH, GRUR 2012, 654 Rn 34 ff.
299 EuGH, C-523/10 – Wintersteiger AG/Products 4U Sondermaschinenbau GmbH, GRUR 2012, 654 Rn 37.
300 ABl. L 195 v. 2.6.2004, 16.
301 Dazu *Grünberger*, IPRax 2012, 500, 504 f.
302 EuGH, C-235/09 – DHL Express France SAS/Chronopost SA, IPRax 2012, 531, Rn 27 ff.
303 *Tilmann*, GRUR Int. 2001, 673, 675 f; *Rohnke*, GRUR Int. 2002, 979, 981; *Metzger*, in: Drexl/Kur, Intellectual Propery and Private International Law, 2005, S. 215, 220.
304 Vgl *Grünberger*, IPRax 2012, 500, 501 f.
305 Vgl Staudinger/*Fezer/Koos*, IntWirtschR, Rn 966; *Basedow u.a.*, RabelsZ 67 (2003), 1, 21; *Metzger*, in: Drexl/Kur, Intellectual Propery and Private International Law, 2005, S. 215, 221 f; *Schack*, in: FS Kropholler 2008, S. 651, 660; *Leistner*, in: Leible/Ohly, Intellectual Property and Private International Law, 2009, S. 97, 115 ff; *Schack*, in: Leible/Ohly, Intellectual Property and Private International Law, 2009, S. 79, 86 f; *Leible/Engel*, EuZW 2004, 7, 13 f; *Tilmann*, GRUR Int. 2001, 673, 675 f.
306 MüKo/*Drexl*, IntImmGR Rn 135; Rauscher/*Unberath/Cziupka*, EuZPR/EuIPR, Art. 8 Rn 26.
307 MüKo/*Drexl*, IntImmGR Rn 281.
308 So auch im Ergebnis *Schack*, in: Leible/Ohly, Intellectual Property and Private International Law, 2009, S. 79, 87; *Leistner*, in: Leible/Ohly, Intellectual Property and Private International Law, 2009, S. 97, 116.
309 Zweifelhaft auch BGH GRUR 2008, 254 Rn 44 – The Home Store (zu Art. 102 Abs. 2 GMVO).
310 Zutreffend *Leistner*, in: Leible/Ohly, Intellectual Property and Private International Law, 2009, S. 97, 113 f.
311 *Basedow*, in: Basedow/Kono/Metzger, Intellectual Property in the Global Arena, 2010, S. 3, 26; aA *Schack*, in: FS Kropholler, 2008, S. 651, 659; *ders.*, in: Leible/Ohly, Intellectual Property and Private International Law, 2009, S. 79, 86; *Leistner*, in: Leible/Ohly, Intellectual Property and Private International Law, 2009, S. 97, 107 f.

algüterrechts entwickelte Instrumentarium zurückzugreifen. Erhebliche Probleme bereitet auch der Vorschlag einer teleologischen Reduktion des Abs. 2 auf Verletzungshandlungen in Mitgliedstaaten.[312]

VI. Ausschluss der Rechtswahl (Abs. 3)

55 Abs. 3 verhindert aus traditioneller Perspektive (Rn 7) eine Rechtswahl der Parteien. Wegen des klaren Zusammenhangs von Abs. 1 und Art. 15 scheidet auch eine auf die **Verletzungsfolgen** beschränkte Rechtswahl aus.[313] Angesichts des zu wenig Zweifeln Anlass gebenden Wortlauts und der systematischen Stellung des Abs. 3 kann man eine teleologische Reduktion des Abs. 3 auf die Fälle der Schutzlandanknüpfung des Abs. 1 methodisch kaum begründen.[314] Möglich sind aber nachträglich geschlossene Lizenzvereinbarungen. Die Grenze zwischen erlaubter und verbotener Verwertungshandlung ist bei einem Lizenzvertrag eine Vorfrage der Rechtsverletzung und nach dem Vertragsstatut zu beurteilen (Rn 42). Sie steht insoweit zur Disposition der Parteien (Art. 3 Abs. 1), solange damit nicht Rechtspositionen Dritter betroffen sind.[315]

C. Weitere praktische Hinweise

I. Internationale Zuständigkeit

56 Die internationale Zuständigkeit richtet sich nach den allgemeinen Regeln der **EuGVVO** und – bei Beklagten ohne Wohnsitz in der EU – nach dem autonomen deutschen internationalen Zivilverfahrensrecht.[316] Für **Eintragungs- und Nichtigkeitsverfahren** enthält Art. 22 Nr. 4 EuGVVO eine ausschließliche Zuständigkeit. In den europäischen Rechtstiteln über einen einheitlichen Schutz der Rechte des geistigen Eigentums sind jeweils besondere Zuständigkeitsvorschriften vorgesehen. Zwei Gerichtsstände sind besonders praxisrelevant: Nach Art. 6 Nr. 1 EuGVVO kann bei einer Mehrheit von Rechtsverletzern die Klage am Wohnsitz eines der **Streitgenossen** erhoben werden. Nachdem der EuGH die Vorschrift zunächst äußerst restriktiv ausgelegt hatte,[317] lässt sich in jüngerer Zeit eine großzügigere und klägerfreundliche Handhabung feststellen.[318]

57 Noch wichtiger ist der **Deliktsgerichtsstand** nach Art. 5 Nr. 3 EuGVVO. Er hängt nicht davon ab, dass tatsächlich eine Verletzung des nationalen Rechts erfolgt ist.[319] Es reicht aus, dass eine **Verletzung des Rechts im Inland behauptet** wird und diese nicht von vornherein ausgeschlossen werden kann.[320] Hinsichtlich der registrierten nationalen Schutzrechte hat der EuGH entschieden, dass der Ort der Verwirklichung des Schadenserfolgs sich grundsätzlich auf das Gebiet des Eintragungsmitgliedstaates beschränkt und dafür die Gerichte des Mitgliedstaates der Eintragung der Marke zuständig sind.[321] Diese Gerichte können über den gesamten Schaden und über einen Antrag auf Untersagung jeglicher Beeinträchtigung dieses Rechts entscheiden.[322] Das Territorialitätsprinzip versperrt jedoch nicht die internationale Zuständigkeit anderer mitgliedstaatlicher Gerichte.[323] Als **zusätzlicher Gerichtsstand** kommt auch der Ort des tatsächlichen Geschehens einer Schutzrechtsverletzung (**Handlungsort**) in Betracht. Das ist nicht der Serverstandort, sondern der Ort an dem die Verletzungshandlung des Verletzers ihren tatsächlichen Ausgangspunkt nimmt. Maßgeblich ist daher der Ort des gewöhnlichen Aufenthalts oder der **Niederlassung** der Person, die über das Auslösen des technischen Anzeigevorgangs entschieden hat.[324] Diesbezüglich kann man die Entscheidung so interpretieren, dass diese Gerichte nur eine auf ihr Gebiet beschränkte Entscheidungskompe-

---

312 MüKo/*Drexl,* IntImmGR Rn 135.
313 *Leible,* RIW 2008 257, 258; *Grünberger,* ZVglRWiss 108 (2009), 134, 175 f.
314 Vgl Rauscher/*Unberath/Cziupka,* EuZPR/EuIPR, Art. 8 Rn 28; aA *Leistner,* in: Leible/Ohly, Intellectual Property and Private International Law, 2009, S. 97, 108 f, 113.
315 *Grünberger,* ZVglRWiss 108 (2009), 134, 176; jurisPK-BGB/*Heinze,* Art. 8 Rn 20; *Pfeiffer/Weller/Nordmeier,* in: Spindler/Schuster, Recht der elektronischen Medien, 2. Auflage 2011, Art, 8 Rom II-VO Rn 14.
316 Dazu jurisPK-BGB/*Heinze,* Art. 8 Rn 7.
317 EuGH, C-539/03 – Roche Nederland u.a., Slg 2006 I-6536 Rn 26 ff.
318 EuGH, C-145/10 – Painer./.Standard u.a., GRUR 2012, 166 Rn 72 ff; EuGH, C-616/10 – Solvay SA./.Honeywell Fluorine Products Europe BV, GRUR 2012, 1169, 17 ff; vertiefend *Schacht,* GRUR 2012, 1110; *Kur,* GRUR Int. 2012, 857, 861.

319 Vgl BGHZ 171, 151 Rn 17 – Wagenfeld-Leuchte.
320 Vgl BGH GRUR 2012, 1065 Rn 18 – Parfümflakon II; BGH GRUR 2012, 1069, Rn 17 – Hotel Hi; BGHZ 171, 151 Rn 17 – Wagenfeld-Leuchte; BGHZ 173, 57 Rn 24 – Cambridge Institute; BGH GRUR 2005, 431, 432 – HOTEL MARITIME.
321 EuGH, C-523/10 – Wintersteiger AG/Products 4U Sondermaschinenbau GmbH, GRUR 2012, 654 Rn 25, 29.
322 EuGH, C-523/10 – Wintersteiger AG/Products 4U Sondermaschinenbau GmbH, GRUR 2012, 654 Rn 28.
323 EuGH, C-523/10 – Wintersteiger AG/Products 4U Sondermaschinenbau GmbH, GRUR 2012, 654 Rn 30.
324 EuGH, C-523/10 – Wintersteiger AG/Products 4U Sondermaschinenbau GmbH, GRUR 2012, 654 Rn 34, 36 f.

tenz haben. Noch nicht abschließend geklärt ist die Rechtslage bei nicht eingetragenen gewerblichen Schutzrechten, den europäischen Rechtstiteln (Art. 97 Abs. 5 GMVO, [325] Art. 82 Abs. 5 GGMVO und Art. 101 Abs. 3 GSortenVO)[326] und dem Urheber- und Leistungsschutzrecht. Hier besteht die Alternative, entweder das für eingetragene gewerbliche Schutzrechte geltende Modell oder die für Persönlichkeitsrechtsverletzungen geltende Lösung[327] anzuwenden. Die besseren Gründe sprechen allerdings gegen eine Übertragung des persönlichkeitsrechtlichen Modells auf Immaterialgüterrechte.[328]

II. Anforderungen an den Klageantrag

Die Anforderungen an den Klageantrag richten sich nach der *lex fori*.[329] Im deutschen **Prozessrecht** geht man von verschiedenen Streitgegenständen aus, wenn sich der Kläger auf die Verletzung mehrerer, darunter auch ausländischer Schutzrechte beruft.[330] In der Klage muss **zweifelsfrei** klargestellt sein, dass der Kläger damit auch die Verletzung von im Ausland bestehenden Immaterialgüterrechten geltend machen will.[331] Nur dann prüft das Gericht die Verletzungshandlungen im Ausland nach dem darauf gem. Abs. 1 anzuwendenden Schutzlandrecht. Daher muss der Kläger das Schutzland und den dafür begehrten Schutz ausdrücklich bezeichnen.[332] Unterlässt er dies, kann das Gericht davon ausgehen, dass der Kläger nur den Schutz des deutschen Rechts beansprucht.[333] Es genügt nicht, wenn er im Zusammenhang mit der Klage lediglich Vorgänge vorträgt, die sich im konkret bezeichneten Ausland abgespielt haben.[334] Eine darüber hinausgehende Substantiierung der streitgegenständlichen Handlung und ihres Ortes ist zwar nicht für die kollisionsrechtliche Anknüpfung,[335] wohl aber für die sachrechtliche Entscheidung von Bedeutung. Die richtige Fassung des Klageantrags hat auch Bedeutung für die internationale Zuständigkeit deutscher Gerichte (Rn 57).[336]

58

Artikel 9 Arbeitskampfmaßnahmen

Unbeschadet des Artikels 4 Absatz 2 ist auf außervertragliche Schuldverhältnisse in Bezug auf die Haftung einer Person in ihrer Eigenschaft als Arbeitnehmer oder Arbeitgeber oder der Organisationen, die deren berufliche Interessen vertreten, für Schäden, die aus bevorstehenden oder durchgeführten Arbeitskampfmaßnahmen entstanden sind, das Recht des Staates anzuwenden, in dem die Arbeitskampfmaßnahme erfolgen soll oder erfolgt ist.

Literatur: *Barnard*, The European Court of Justice as a common law court? – Viking and Laval in the United Kingdom, NZA-Beilage zu Heft 3, 2011, 122; *Basedow*, Rome II at Sea – General Aspects of Maritime Torts, RabelsZ 74 (2010), 118; *Brière*, Le règlement (CE) n° 64/2007 du 11 juillet 2007 sur la loi applicable aux obligations non contractuelles („Rome II"), Clunet 135 (2008), 31; *Deinert*, Arbeitskampf und anwendbares Recht, ZESAR 2012, 311; *Deinert*, Internationales Arbeitsrecht, 2013; *Dorssemont/Jaspers/v. Hoek* (Hrsg.), Cross-Border Collective Actions in Europe: A Legal Challenge, 2007; *Dorssemont/v. Hoek*, Collective action in labour conflicts under the Rome II Regulation, in: *Ales/Novitz* (Hrsg.), Collective Action and Fundamental Freedoms in Europe – Striking the Balance, 2010, S. 213; *Evju*, Grenzüberschreitender Arbeitskampf auf Schiffen und Rechtswahl, RIW 2007, 898; *Fallon*, The Law Applicable to Specific Torts in Europe, in: *Basedow/Baum/Nishitani* (Hrsg.), Japanese and European Private International Law in Comparative Perspective, 2008, S. 261; *Franzen*, Arbeitskampf und Europa, EuZA 2010, 453; *Franzen*, Internationale Zuständigkeit beim Aufruf zum Boykott eines Seeschiffes, IPRax 2006, 127; *Franzen*, Internationales Arbeitsrecht, AR-Blattei SD 920; *Garcimartín Alférez*, La unificación del derecho conflictual en Europa: el Reglamento sobre Ley aplicable a las obligaciones extracontractuales („Roma II"), La Ley, Nr. 6811, 2007, D-232, S. 981; *Garcimartín Alférez*, The Rome II Regulation: On the way towards a European Private International Law Code, EuLF, I-77; *Hartenstein*, Rom I-Entwurf und Rom II-Verordnung – Zur Bedeutung zukünftiger Änderungen im Internationalen Privatrecht für das Seerecht, TranspR 2008, 143; *v. Hein*, Die Kodifikation des IPR der außervertraglichen Schuldverhältnisse vor dem Abschluß?, VersR 2007, 440; *v. Hein*, Europäisches Internationales Deliktsrecht nach der Rom II-Verordnung, ZEuP 2009, 6; *Heinze*, Der internationale Arbeitskampf, RabelsZ 73 (2009), 770; *Hergenröder*, Internationales Arbeitskampfrecht, in: *Konzen/Krebber/Raab/Veit/Waas* (Hrsg.), FS Birk 2008, S. 197; *Jeschke*, Der europäische Streik, 2006; *Junker*, Der Reformbedarf im Internationalen

---

325 Siehe dazu den Vorlagebeschluss BGH GRUR 2012, 1065 Rn 18 – Parfümflakon II, wo für die alternative Zuständigkeit von Handlungs- und Erfolgsort plädiert wird.
326 Dazu BGH GRUR 2012, 1065 Rn 23 f – Parfümflakon II: Erfolgsort.
327 Dazu EuGH, C-68/93 – Fiona Shevill, Slg 1995 I-415; EuGH, C-509/09, C-161/10 – eDate Advertising GmbH/X, Martinez/MGN, EuZW 2011, 962 (dazu *Heinze*, EuZW 2011, 947).
328 GA Cruz Villalón, Schlussanträge v. 16.12.2012, C-523/10 – C- Wintersteiger AG/Products 4U Sondermaschinenbau GmbH, GRUR 2012, 654 Rn 20; eingehend *Kur*, GRUR Int. 2012, 857, 860 f.
329 *Grünberger*, ZVglRWiss 108 (2009), 134, 155 f.
330 BGH GRUR 2007, 691 Rn 17 – Staatsgeschenk; GRUR 2001, 755, 756 f – Telefonkarte.
331 BGH GRUR 2004, 855, 856 – Hundefigur.
332 Vgl BGH GRUR 2007, 681 Rn 19 – Staatsgeschenk.
333 BGH GRUR 2004, 855, 856 – Hundefigur; so auch OGH GRUR Int. 2012, 464, 465 zum österreichischen Recht; jurisPK-BGB/*Heinze*, Art. 8 Rn 14.
334 BGH GRUR 2004, 855 856 – Hundefigur.
335 Anders *Klass*, GRUR Int. 2007, 373, 376 f.
336 *Grünberger*, ZVglRWiss 108 (2009), 134, 156 f.

Deliktsrecht der Rom II-Verordnung drei Jahre nach ihrer Verabschiedung, RIW 2010, 257; *Junker*, Die Rom II-Verordnung: Neues Internationales Deliktsrecht auf europäischer Grundlage, NJW 2007, 3675; *Junker*, Internationales Arbeitskampfrecht im Konzern, 1992; *Kadner Graziano*, Das auf außervertragliche Schuldverhältnisse anzuwendende Recht nach Inkrafttreten der Rom II-Verordnung, RabelsZ 73 (2009) 1; *Kadner Graziano*, Le nouveau droit international privé communautaire en matière de responsabilité extracontractuelle (règlement Rome II), Rev. crit. DIP 2008, 445; *Knöfel*, Internationales Arbeitskampfrecht nach der Rom II-Verordnung, EuZA 2008, 228; *Leible/Lehmann*, Die neue EG-Verordnung über das auf außervertragliche Schuldverhältnisse anzuwendende Recht („Rom II"), RIW 2007, 721; *Magnus*, Seearbeitsverhältnisse und die Rom I- und II-Verordnungen, in: *Borić/Lurger/Schwarzenegger/Terlitza* (Hrsg.), FS Posch 2011, S. 443; *Morse*, Industrial Action in the Conflict of Laws, in: *Venturini/Bariatti* (Hrsg.), Liber Fausto Pocar – Nuovi strumenti del diritto internazionale privato, 2009, Bd. 2, S. 723; *Ofner*, Die Rom II-Verordnung – Neues Internationales Privatrecht für außervertragliche Schuldverhältnisse in der Europäischen Union, ZfRV 2008, 13; *Palao Moreno*, The Law applicable to a non-contractual Obligation with respect to an Industrial Action – a Commentary on Article 9 of the Rome II Regulation, Yb. P.I.L. 2007, 115; *Pataut*, Anm. zu EuGH, Urt. v. 5.2.2004 – Rs. C-18/02, Danmarks Rederiforening./. LO Landsorganisationen i Sverige, Rev. crit. DIP, 2004, 800; *Reich*, Gemeinschaftliche Verkehrsfreiheiten versus nationales Kampfrecht, EuZW 2007, 391; *Siehr*, The Rome II Regulation and Specific Maritime Torts: Product Liability, Environmental Damage, Industrial Action, RabelsZ 74 (2010), 139; *Zelfel*, Der Internationale Arbeitskampf nach Art. 9 Rom II-Verordnung, 2011.

A. Allgemeines	1
I. Normzweck	1
II. Textgeschichte	2
1. Erste Impulse	3
2. Verfahren im Europäischen Parlament	4
3. Verfahren im Rat	5
4. Vermittlungsverfahren	7
III. Rechtspolitischer Hintergrund und Stellungnahme	8
1. Deliktsstatut des Handlungsorts als Reaktion auf EuGH-Urteil „Torline"	8
2. Stellungnahme	13
a) Heterogene rechtliche Rahmenbedingungen	14
b) Marktbezogenheit von Arbeitskämpfen	20
c) Folgen für kollisionsrechtliche Vorgaben	21
IV. Reformvorhaben	28
B. Regelungsgehalt	30
I. Anknüpfungsgegenstand	33
1. Arbeitskampfmaßnahme	34
2. Haftung einer Person in ihrer Eigenschaft als Arbeitnehmer oder Arbeitgeber oder der Organisationen, die deren berufliche Interessen vertreten	41
a) Anspruchsgegner/Haftungsadressaten	42
b) Anspruchsteller	48
3. Schäden, die aus bevorstehenden oder durchgeführten Arbeitskampfmaßnahmen entstanden sind	49
II. Anknüpfungspunkte	52
1. Arbeitskampfort	53
2. Gemeinsamer gewöhnlicher Aufenthalt	59
3. Rechtswahl	63
III. Reichweite des Arbeitskampfdeliktsstatuts	66
1. Grundsatz der Statuseinheit gem. Art. 15	66
2. Durchbrechungen des Art. 15 aufgrund von Eingriffsnormen, Sicherheits- und Verhaltensregeln sowie des ordre public	74
C. Weitere Praktische Hinweise	79
I. Verhältnis zum deutschen autonomen Kollisionsrecht	79
II. Prozessuale Gesichtspunkte	80

A. Allgemeines

I. Normzweck

1 Art. 9 stellt eine **Sonderanknüpfung** für die Haftung von Arbeitnehmern, Arbeitgebern sowie Arbeitnehmer- und Arbeitgeberorganisationen für **Schäden** dar, die aus bevorstehenden oder durchgeführten **Arbeitskampfmaßnahmen** zu entstehen drohen oder entstanden sind. Vorbehaltlich einer Rechtswahl gem. Art. 14 oder einer Anknüpfung an einen gemeinsamen gewöhnlichen Aufenthalt gem. Art. 4 Abs. 2 (zu dieser Anknüpfungsleiter s. Rn 52) verweist Art. 9 in **Abweichung von der Grundregel** des Art. 4 Abs. 1 auf das Recht des Staates, in dem die Arbeitskampfmaßnahme erfolgen soll oder erfolgt ist. Das Deliktsstatut bei Arbeitskämpfen bestimmt sich somit grundsätzlich nach dem **Recht am Handlungsort** (Arbeitskampfort, *lex loci actus*) und nicht nach dem Recht, in dem Schaden eingetreten ist (Erfolgsort, Ort des Schadenseintritts, *lex loci damni*). Der bereits hierin deutlich werdende Verhaltensschutz der in Art. 9 genannten Haftungsadressaten wird dadurch verstärkt, dass sich nach Maßgabe der Erwägungsgründe 27 und 28 zum einen die Qualifikation des Tatbestandsmerkmals „Arbeitskampfmaßnahme" nach dem Sachrecht des jeweiligen Mitgliedstaates richten soll (Rn 34 ff). Zum anderen soll Art. 9 neben dieser **Qualifikationsverweisung** die Bedingungen für die Durchführung derartiger Maßnahmen nach dem nationalen Recht sowie die im Recht der Mitgliedstaaten vorgesehene Rechtsstellung der Gewerkschaften unberührt lassen (Rn 6, 66 ff).[1] Ziel dieser Sonderkollisionsnorm ist es, „*die Rechte und Pflichten der Arbeitnehmer und der Arbeit-*

---

[1] Zum Begriff der Qualifikationsverweisung vgl *Jayme*, Wiener Vorträge: Internationales Privat- und Verfahrensrecht, Rechtsvergleichung, Kunst- und Kulturrecht, 2001, S. 31 ff; *Neuhaus*, Die Grundbegriffe des internationalen Privatrechts, 2. Aufl. 1976, S. 123 ff.

geber zu schützen" (Erwägungsgrund 27).² Das sollte Leitlinie bei Auslegung und Anwendung des Art. 9 sein (Rn 30 f). Die **Normierung** der so umrissenen außervertraglichen Haftung für unerlaubte Handlungen im Falle von Arbeitskampfmaßnahmen ist mit dieser Ausdrücklichkeit **erstmalig erfolgt**, der Rückgriff auf eine allgemeine deliktische Kollisionsnorm also nicht mehr notwendig.³ Angesichts der mitgliedstaatlichen Sensibilität im Hinblick auf diese Rechtsmaterie,⁴ der historisch gewachsenen Unterschiede⁵ sowie des sachrechtlichen Kompetenzausschlusses der EU in Art. 153 Abs. 5 AEUV⁶ stellt Art. 9 bei aller Einzelkritik und trotz Auslegungsprobleme einen Gewinn an kollisionsrechtlicher Vorhersehbarkeit und Rechtssicherheit dar.⁷

II. Textgeschichte

Art. 9 besitzt **keine Vorläufernorm**. In rechtshistorischer Sicht ist allenfalls der Vorschlag einer EWG-Verordnung des Rates über das auf Arbeitsverhältnisse innerhalb der Gemeinschaft anzuwendende Konfliktrecht von 1972 zu erwähnen. Dieser auf ex-Art. 49 EWG und ex-Art. 235 EWG (die Vorgängernormen von Art. 46 AEUV und Art. 352 AEUV) gestützte Vorschlag, der nie Geltung erlangte, sah in seinem Entwurf u.a. in Art. 4 Abs. 1 Nr. 2 lit. i eine rechtswahlergänzende Sonderanknüpfung für die „*Ausübung gewerkschaftlicher Rechte*" vor.⁸ Damit ging es weniger um ein eigenständiges Deliktstatut für Arbeitskampfmaßnahmen als die Präzisierung der Reichweite des Arbeitsvertragstatuts in Bezug auf die individualrechtlichen Folgen eines Arbeitskampfes.⁹ In der Endfassung des Kommissionsvorschlags fand sich diese Regelung nicht wieder.¹⁰

1. Erste Impulse. Seine **Existenz** verdankt Art. 9 dem Beharrungsvermögen der **schwedischen Regierung** im Rat der EU sowie dem **Europäischen Parlament**.¹¹ Soweit ersichtlich wiesen die Schweden als

2

3

---

2 *Palao Moreno*, Yb. P.I.L. 9 (2007), 115, 117, 125 spricht von „*protective philosophy*"; *Ales/Novitz/Dorssemont/v. Hoek*, Collective Action and Fundamental Freedoms in Europe, 2010, S. 215.

3 *Palao Moreno*, Yb. P.I.L. 9 (2007), 115, 117, 125; *Kadner/Graziano*, RabelsZ 73 (2009), 1, 58; *Heinze*, RabelsZ 73 (2009), S. 770, 777; *Knöfel*, EuZA 2008, 228, 229 mwN; *Morse*, in: FS Pocar 2009, S. 723 mwN; *Evju*, RIW 2007, 898, 907; *Hartenstein*, TranspR 2008, 143, 152.

4 *Heinze*, RabelsZ 73 (2009), S. 770, 771 und 781, spricht zu Recht von einem *ordnungspolitisch aufgeladenen Feld* bzw einer *verfassungsrechtlich und sozialpolitisch aufgeladenen Arbeitskampfordnung*; *Morse*, in: FS Pocar 2009, S. 723, 724; *v. Hein*, VersR 2007, 440, 450.

5 Meyer/*Riedel*, Charta der Grundrechte der EU, 3. Aufl. 2011, Art. 28 Rn 7; vgl auch die Länderberichte in *Jeschke*, Der Europäische Streik, 2006, S. 77–187; Dorssemont/Jaspers/v. Hoek (Hrsg.), Cross-Border Collective Actions in Europe: A Legal Challenge, 2007; Ales/Novitz (Hrsg.), Collective Action and Fundamental Freedoms in Europe, 2010; *Sciarra*, ZESAR 2006, 185 ff.

6 Zur restriktiven Auslegung dieser Ausnahme in Bezug auf das Entgelt vgl EuGH Slg 2007, I-7109 = NZA 2007, 1223, 1224 f Rn 29–48 (keine Kompetenz zur Setzung eines absoluten Mindestlohns).

7 Die Einschätzung ist als gemischt zu bezeichnen vgl bspw *Palao Moreno*, Yb. P.I.L. 9 (2007) 115, 125 („we can wonder whether we are faced with a useful provision"); *Junker*, NJW 2007, 3675, 3680 („Die banale Aussage der Vorschrift ist weniger einem Regelungsbedürfnis geschuldet als vielmehr dem Wunsch interessierter Parlamentskreise, den Fuß in die Tür zum kollektiven Arbeitsrecht zu bekommen"); kritisch Palandt/*Thorn*, Art. 9 Rn 1 (uneinheitliche Rechtsanwendung, Gefahr des *forum shopping*); *Morse*, in: FS Pocar, S. 723, 733 („the operation of Art. 9 … is not straightforward"); *Knöfel*, EuZA 2008, 228, 249 (prinzipiell begrüßenswert); *Mankowski*, Interessenpolitik und europäisches Kollisionsrecht, 2011, S. 74 („überraschend"); *Heinze*, RabelsZ 73 (2009), S. 770, 791 („gelungene Neuerung"); *Evju*, RIW 2007, 898, 907 („ein Ergebnis …, das besser … zum nationalstaatlichen Vorrang im Arbeitskampfrecht zu vereinbaren ist"); *Wagner*, IPRax 2006, 372, 386 („nützlich"); *Kadner Graziano*, Rev. crit. DIP 2008, 445, 495 („la seule solution appropriée en la matière"); Ales/Novitz/*Dorssemont/v. Hoek*, Collective Action and Fundamental Freedoms in Europe, 2010, S. 240 („we will not try to outwit the legislator by formulating an alternative rule. Neither will we give a final judgment …"; für eine Vereinheitlichung des Sachrechts *Jeschke*, Der europäische Streik, 2006, S. 33, 215.

8 ABl. EG Nr. C 49 v. 23.3.1972, S. 26 ff = RabelsZ 37 (1973), S. 585 ff; ABl. EG Nr. C 307 v. 27.11.1981, S. 3 (Rückzug des Vorschlags); *Sonnentag*, ZVglRWiss 2006, 256, 259; *Knöfel*, EuZA 2008, 228, 229; s.a. Preis/*Temming*, Die Urlaubs- und Lohnausgleichskasse im Kontext des Gemeinschaftsrecht, 2006, S. 54 mwN.

9 *Gamillscheg*, RabelsZ 37 (1973), 283, 289 ff, 307 (ges. oder tarifl. Anspruch auf Wiedereinstellung, negative Koalitionsfreiheit); *Knöfel*, EuZA 2008, 228, 229.

10 KOM (1975) 653 v. 28.4.1976, endg., S. 16.

11 Zur Entstehungsgeschichte des Art. 9 vgl *Knöfel*, EuZA 2008, 228, 232–234; Ales/Novitz/*Dorssemont/v. Hoek*, Collective Action and Fundamental Freedoms in Europe, 2010, S. 214 ff; *Palao Moreno*, Yb. P.I.L. 9 (2007), 115–117; *Deinert*, Internationales Arbeitsrecht, § 16, Rn 2 f mwN; *Heinze*, RabelsZ 73 (2009), S. 770, 779–781; *v. Hein*, VersR 2007, 440, 449 f.

erste auf die rechtspolitische Notwendigkeit der Normierung hin.[12] Das Europäische Parlament brachte es in den Gesetzgebungsprozess ein. Die das Initiativrecht besitzende Kommission ihrerseits hatte in ihrem Vorschlag zur Rom II–VO vom Juli 2003 von einer ausdrücklichen Normierung des Deliktsstatuts für die Haftung bei Arbeitskampfmaßnahmen noch abgesehen.[13] Für die endgültige Fassung zeichnet sich insbesondere die spätere Kritik der Kommission an den Ursprungsversionen verantwortlich, die der Rat der EU in seinen Beratungen aufnahm. **Auslöser** für die Kodifizierung des Deliktsstatuts für Arbeitskampfmaßnahmen ist die während des Gesetzgebungsverfahrens ergangene **Entscheidung** des EuGH in der Rechtssache **„DFDS Torline ./. SEKO"** vom 5.2.2004, ein schwedisch-dänischer Fall auf dem Gebiet des kollektiven Seearbeitsrechts.[14] Dieses Urteil hätte in Zusammenschau mit Art. 5 Nr. 3 EuGVVO und Art. 4 Abs. 1 uU dazu geführt, dass ein Arbeitskampf in einem Mitgliedstaat nach dem ausländischen Sachrecht eines anderen Mitgliedstaates zu beurteilen gewesen wäre (s.a. Rn 9–12). Im Einzelnen:

4 **2. Verfahren im Europäischen Parlament.** Die schwedische Delegation wies bereits im Mai 2004 in ihrer ersten Stellungnahme zum Kommissionsentwurf auf die **Notwendigkeit einer Sonderkollisionsnorm** für Arbeitskampfmaßnahmen hin und unterbreitete einen entsprechenden Formulierungsvorschlag.[15] Eine Vorversion von Art. 9 fand sich sodann als neuer Art. 6 a Rom II–VO-E im Entwurf der Berichterstatterin des Rechtsausschusses des Europäischen Parlaments, *Diana Wallis*, wieder (sog. **Wallis-Report**).[16] Bereits **Art. 6 a Rom II–VO-E** sprach in seinem Wortlaut umfassend von Arbeitskampfmaßnahmen („industrial action") und sah als **Anknüpfungspunkt** deren **Handlungsort** vor. Die dazugehörige Begründung für das Abweichen von der Grundregel des späteren Art. 4 Abs. 1 liefert die Endfassung dieses Berichts: *„Das Recht von Arbeitnehmern auf Arbeitskampfmaßnahmen, einschließlich Streik, das nach einzelstaatlichem Recht garantiert ist, darf nicht untergraben werden"*.[17] Aus dieser Begründung lässt sich schließen, dass trotz des allgemeinen Begriffs der Arbeitskampfmaßnahme der Fokus auf kollektiven Handlungen von Arbeitnehmern und nicht Arbeitgebern liegen sollte. In der angenommenen legislativen Entschließung vom 5.7. und 6.7.2005 fand sich die Sonderanknüpfung als Art. 6 Rom II–VO-E wieder; eine diese Vorschrift paraphrasierende Erklärung wurde in Erwägungsgrund 19 statuiert.[18] Diese Sonderanknüpfung für Arbeitskampfmaßnahmen stieß jedoch bei der **Kommission** auf **Zurückhaltung** und wurde im geänderten Vorschlag zur Rom II-Verordnung mangels Flexibilität **nicht übernommen**, obschon rechtspolitische Offenheit für diese Problematik signalisiert wurde.[19]

---

12 Arbeitgeber- oder arbeitnehmernaher Einfluss lässt sich naturgemäß schwer nachweisen; s.a. *v. Hein*, Tulane Law Review 82 (2008), 1663, 1701; *Mankowski*, Interessenpolitik und europäisches Kollisionsrecht, 2011, S. 74; *Knöfel*, EuZA 2008, 228, 245 dort Fn 139.

13 KOM(2003)427 v. 22.7.2003, endg.

14 EuGH Slg 2004, I-1417 = IPRax 2006, 161 mit Anm. *Franzen*, ebda. 127–129; *Evju*, RIW 2007, 898; *Hergenröder*, GPR 2005, 33; *Pataut*, Rev. Crit. DIP 2004, 800; *Kreil*, ZESAR 2005, 138.

15 Council of the EU: Note from the Swedish delegation to the Committee on Civil Law Matters (Rome II) Nr. 9009/04 ADD 8 JUSTCIV 71 CODEC 645 v. 18.5.2004, S. 12: „The law applicable to a non-contractual obligation arising out of a noticed or executed industrial action shall be the law of the country where the action has been taken". Alle hier zitierten Ratsdokumente können unter http://register.consilium.europa.eu bspw unter Eingabe des interinstitutionellen Dossiers Nr. 2003/0168/COD abgerufen werden.

16 Draft Report on the proposal for a regulation of the European Parliament and of the Council on the law applicable to non-contractual obligations („Rome II") v. 11.11.2004, 2003/0168(COD), vorl., S. 18 (Änderungsantrag 23): „The law applicable to a non-contractual obligation arising out of industrial action, pending or carried out, shall be the law of the country in which the action is to be taken or has been taken". Zu den US-amerikanischen IPR-Tendenzen in *Wallis*-Report auch *v. Hein*, VersR 2007, 440, 441 f.

17 Bericht über den Vorschlag für eine Verordnung des Europäischen Parlaments und des Rates über das auf außervertragliche Schuldverhältnisse anzuwendende Recht („Rom II") v. 27.6.2005, A6-0211/2005, endg., S. 24 f (Änderungsantrag 31).

18 Standpunkt des Europäischen Parlaments festgelegt in erster Lesung am 6. Juli 2005 im Hinblick auf den Erlass der Verordnung (EG) Nr. …/2005 des Europäischen Parlaments und des Rates über das auf außervertragliche Schuldverhältnisse anzuwendende Recht („ROM II"), ABl. EG Nr. C 157E v. 6.7.2006, S. 371, 373, 376.

19 Geänderter Vorschlag für eine Verordnung des Europäischen Parlaments und des Rates über das auf ausservertragliche Schuldverhältnisse anzuwendende Recht („ROM II"), KOM(2006) 83, endg., v. 21.2.2006, S. 7: „Die Kommission ist zwar für die zugrunde liegenden politischen Argumente empfänglich, kann die Abänderung jedoch nicht übernehmen, da sie nicht flexibel genug ist".

3. Verfahren im Rat. Wenngleich nach einigem Zögern[20] hielt der **Rat der EU** durch das Insistieren der schwedischen Delegation ebenso wie das Europäische Parlament zuvor an einer **Sonderanknüpfung** für die außervertragliche Haftung bei **Arbeitskampfmaßnahmen** fest, ging jedoch in seinen Beratungen zwischen März 2006 und September 2006 auf die inhaltliche **Kritik** der **Kommission** ein. Nicht durchsetzen konnten sich mit ihren Vorbehalten die **Mitgliedstaaten** Estland, Lettland, Griechenland und Zypern. Die ersten beiden Mitgliedstaaten befürchteten Behinderungen der Dienstleistungsfreiheit und sprachen sich für deutliche Eingrenzungen aus.[21] Die anderen beiden Mitgliedstaaten sahen die Hauptprobleme in möglicherweise auftretenden sachrechtlichen Diskrepanzen zwischen anderen anzuwendenden Rechtsordnungen und dem Flaggenstatut eines Schiffes, zu dem man sich rechtskonform verhielt.[22] Dänemark, obwohl es sich nicht an der Rom II-VO beteiligt (vgl Art. 1 Rn 61 f), schloss sich den Bedenken Griechenlands und Zyperns an.[23]

Die von der Kommission kritisierte Rigidität wurde durch die **vorrangige Anknüpfung** an den **gemeinsamen gewöhnlichen Aufenthalt** der Parteien gem. Art. 4 Abs. 2[24] sowie eine deutlichere **Konturierung der Haftungsadressaten** entschärft. Ersteres geschah in dem optionalen Vorschlag eines neuen Art. 8 a Rom II-VO-E im März 2006, der bereits einen Monat später definitiver Bestandteil des Verordnungsentwurfs wurde.[25] Letzteres und die in einem Erwägungsgrund angesprochene alleinige Maßgeblichkeit des nationalen Rechts bezüglich der Rechtsstellung der Arbeitnehmerorganisationen sowie Bedingungen für die Durchführung von Arbeitskampfmaßnahmen findet sich in dem Gesamtkompromisspaket vom 21.4. und 26.4.2006 wieder.[26] Damit stand die Endfassung dieser Vorschrift zu diesem Zeitpunkt fest. Dabei wurde der Vorschlag verworfen, der Vorschrift gleich drei Erwägungsgründe beizufügen. In dem diesbe-

---

20 Council of the EU: Outcome of Proceedings from the Committee on Civil Law Matters (Rome II) Nr. 13001/05 JUSTCIV 178 CODEC 845 v. 10.10.2005, S. 3; Council of the EU: Note from the UK Presidency and the incoming Austrian Presidency to the Committee on Civil Law Matters (Rome II) Nr. 16027/05 JUSTCIV 245 CODEC 1218 v. 22.12.2005, S. 12; Council of the EU: Note from the Swedish delegation to the Committee on Civil Law Matters (Rome II) Nr. 6724/06 JUSTCIV 39 CODEC 182 v. 23.2.2006, S. 1 f; zum Einfluss des Vereinigten Königreichs auf den späteren Art. 9 s. *Mankowski*, Interessenpolitik und europäisches Kollisionsrecht, 2011, S. 74.

21 Vgl die Gemeinsame Erklärung der Republik Lettland und der Republik Estland zu Artikel 8 a der geplanten Verordnung, in: Rat der EU: Vermerk der lettischen und der estnischen Delegation für den Rat v. 31.5.2006, Nr. 9143/06 ADD 1 JUSTCIV 118 CODEC 455, S. 2; ebenso Addendum zum I/A-Punkt-Vermerk des Generalsekretariats des Rates für den AStV/Rat v. 14.9.2006, Nr. 12219/06 ADD 1 CODEC 838 JUSTCIV 181, S. 2: „Lettland und Estland erkennen an, dass Arbeitskampfmaßnahmen zu den Grundrechten eines Arbeitnehmers, eines Arbeitgebers oder der Organisationen, die deren berufliche Interessen vertreten, gehören. Daher sollte der in Artikel 9 vorgesehene Grundsatz nur auf die Fälle Anwendung finden, die sich unmittelbar aus der Ausübung dieser Grundrechte ergeben. Zugleich heben Lettland und Estland hervor, dass sich aus der Anwendung von Artikel 9 keine weiteren Beschränkungen für den freien Dienstleistungsverkehr innerhalb der Gemeinschaft ergeben sollten".

22 Addendum zum I/A-Punkt-Vermerk des Generalsekretariats des Rates für den AStV/Rat v. 14.9.2006, Nr. 12219/06 ADD 1 CODEC 838 JUSTCIV 181: „Die zyprische und die griechische Delegation möchten darauf hinweisen, dass sich aus der Anwendung von Artikel 9 der Verordnung ein Problem für die Schifffahrt ergeben könnte, da die Schiffe, unabhängig davon, ob sie den gesetzlichen Bestimmungen ihres Flaggenstaates völlig entsprechen, unterschied- lichen Regelungen nach dem jeweiligen Recht der Mitgliedstaaten, deren Häfen sie anlaufen, unterworfen wären".

23 Rat der EU: I/A-Punkt-Vermerk des Generalsekretariats des Rates für den AStV/Rat v. 14.9.2006, Nr. 12219/06 CODEC 838 JUSTCIV 181, S. 2: „Dänemark unterstützt die Erklärung Griechenlands zu Artikel 9 dahin gehend, dass eine eingehende Untersuchung der Bedeutung von Artikel 9 für die Schifffahrt vorgenommen werden kann. Es wird darauf hingewiesen, dass Dänemark damit nicht Stellung dazu nimmt, ob der Anwendungsbereich von Artikel 9 eingeschränkt werden sollte".

24 Während dieses Stadiums war die allgemeine Kollisionsnorm in Art. 3 des Verordnungsentwurfs niedergelegt.

25 Rat der EU: Vermerk des Vorsitzes für den Ausschuss für Zivilrecht (Rom II) v. 16.3.2006, Nr. 7432/06 JUSTCIV 62 CODEC 247, S. 9 und Rat der EU: Vermerk des Vorsitzes für den AStV v. 10.4.2006, Nr. 7929/06 JUSTCIV 85 CODEC 296, S. 9: „Unbeschadet des Artikels 3 Absatz 2 ist auf außervertragliche Schuldverhältnisse, die aus bevorstehenden oder durchgeführten Arbeitskampfmaßnahmen entstanden sind, das Recht des Staates anzuwenden, in dem die Arbeitskampfmaßnahme erfolgen soll oder erfolgt ist".

26 Rat der EU: Vermerk des Vorsitzes für den AStV v. 21.4.2006, Nr. 8417/06 JUSTCIV 104 CODEC 350, S. 10: „Unbeschadet des Artikels 3 Absatz 2 ist auf außervertragliche Schuldverhältnisse in Bezug auf die Haftung einer Person in ihrer Eigenschaft als Arbeitnehmer oder Arbeitgeber oder der Organisationen, die deren berufliche Interessen vertreten, für Schäden, die aus bevorstehenden oder durchgeführten Arbeitskampfmaßnahmen entstanden sind, das Recht des Staates anzuwenden, in dem die Arbeitskampfmaßnahme erfolgen soll oder erfolgt ist" sowie Rat der EU: Vermerk des Vorsitzes für den AStV/Rat v. 26.4.2006, Nr. 841/06 ADD 1 JUSTCIV 104 CODEC 350, S. 1; s.a. *Palao Moreno*, Yb. P.I.L. 9 (2007), 115, 118.

züglich abgelehnten Entwurf vom 2.5.2006 kommen allerdings die **Grundrechtssensibilität** und die Zielsetzung des Arbeitnehmerschutzes durch die Anknüpfung am Handlungsort noch einmal zum Ausdruck.[27] Stattdessen wurden die zu erläuternden Kernaspekte in zwei Erwägungsgründen zusammengefasst und neben dem **Arbeitnehmer-** auch der **Arbeitgeberschutz** als **Zielsetzung** dieser Sonderkollisionsnorm ausdrücklich mit aufgenommen.[28] Damit besaßen nun auch die Erwägungsgründe ihre Endfassung in inhaltlicher Hinsicht. Im **Gemeinsamen Standpunkt** vom 25.9.2006, der gegen die Stimmen von Estland und Lettland **angenommen** wurde,[29] findet sich die Sonderkollisionsnorm sodann als Art. 9 wieder.[30]

7 **4. Vermittlungsverfahren.** In der zweiten und dritten Lesung vom 18.1.2007 und 10.7.2007 sowie dem **Vermittlungsverfahren** fanden bezüglich Art. 9 und seiner Erwägungsgründe **keine inhaltlichen Änderungen** mehr statt.[31] Der Antrag eines estnischen MdEP in der zweiten Lesung, Art. 9 zu streichen, wurde abgelehnt.[32] Auch die Kommission hatte weder gegen die nun doch erfolgte Kodifikation eines Deliktsstatuts für Arbeitskampfmaßnahmen noch gegen die konkrete Formulierung des Art. 9 idF des Gemeinsamen Standpunktes etwas einzuwenden.[33]

III. Rechtspolitischer Hintergrund und Stellungnahme

8 **1. Deliktsstatut des Handlungsorts als Reaktion auf EuGH-Urteil „Torline".** Rechtspolitisch steht die Entstehung des Art. 9 in engem Zusammenhang mit der EuGH-Entscheidung „Torline", die zu Art. 5 Nr. 3 EuGVÜ erging,[34] auf Art. 5 Nr. 3 EuGVVO freilich übertragbar ist.[35] Der Zusammenhang zwischen Art. 9 und dieser Entscheidung dürfte unbestritten sein.[36] Der Rechtsstreit betraf die Rechtmäßigkeit eines **Aufrufs** der beklagten schwedischen Gewerkschaft zu **kollektiven Kampfmaßnahmen** gegen die klagende dänische Reederei. Hierdurch sollte eine Tarifvereinbarung für die polnischen Seeleute herbeigeführt werden, die die Besatzung des im Eigentum der dänischen Klägerin stehenden Frachtschiffs Tor Caledonia bildeten. Das Boot war im dänischen internationalen Schiffsregister eingetragen, unterlag dänischem Recht und verkehrte zwischen Göteborg und Harwich. Die Arbeitsverträge der Seeleute unterlagen dänischem Recht und beruhten auf einem Rahmenübereinkommen zwischen den dänischen Sozialpartnern. Im Zuge der Tarifauseinandersetzungen rief die Beklagte zu **Solidaritätsaktionen** auf, der sich die schwedische Transportarbeitergewerkschaft mit dem Ziel anschloss, die Be- und Entladung der Tor Caledonia in schwedischen Häfen zu verhindern. Jedoch zog die Klägerin das Schiff kurz vor Beginn der Solidaritätsmaßnahme von der Route ab und ersetzte sie später durch ein anderes Schiff. Eine der in Dänemark erhobenen Klagen zielte auf den **Ersatz des entstandenen Schadens** für die Stilllegung der Tor Caledonia sowie die Anmietung des Ersatzschiffes. Eine weitere betraf die **Rechtmäßigkeit des Aufrufs** zu kollektiven Arbeitskampfmaßnahmen.

9 Das Urteil ist beachtenswert, weil der EuGH zum einen erkannte, die isolierte Frage der **Rechtmäßigkeit einer Arbeitskampfmaßnahme** werde von Art. 5 Nr. 3 EuGVÜ erfasst. Zum anderen bestätigte er seine st. Rspr, dass iRd Art. 5 Nr. 3 EuGVÜ der Begriff „*Ort, an dem das schädigende Ereignis eingetreten ist*", so zu verstehen sei, dass er sowohl den Ort, an dem der Schaden eingetreten ist, als auch den Ort des

---

27 Rat der EU: Vermerk des Vorsitzes für den Ausschuss für Zivilrecht (Rom II) v. 2.5.2006, Nr. 8498/06 JUSTCIV 105 CODEC 358, S. 7 (Erwägungsgründe 14 a, 14 b und 14 c).

28 Rat der EU: Vermerk des Vorsitzes für den AStV/Rat v. 19.5.2006, Nr. 9143/06 JUSTCIV 118 CODEC 455, S. 7 (Erwägungsgründe 14 a und 14 b).

29 Rat der EU: Vermerk der lettischen und der estnischen Delegation für den Rat v. 31.5.2006, Nr. 9143/06 ADD 1 JUSTCIV 118 CODEC 455, S. 2; Addendum zum I/A-Punkt-Vermerk des Generalsekretariats des Rates für den AStV/Rat v. 14.9.2006, Nr. 12219/06 ADD 1 CODEC 838 JUSTCIV 181, S. 2.

30 Gemeinsamer Standpunkt (EG) Nr. 22/2006 vom Rat festgelegt am 25. September 2006 im Hinblick auf die Annahme der Verordnung (EG) Nr. .../2006 des Europäischen Parlaments und des Rates vom ... über das auf außervertragliche Schuldverhältnisse anzuwendende Recht („ROM II"), ABl. EG Nr. C 289E v. 28.11.2006, S. 68, 69 f, 72.

31 ABl. EG Nr. C 244E v. 18.10.2007, S. 194, 197, 201; ABl. EG Nr. C 175E v. 10.7.2008, S. 130 f.

32 Vermerk des Generalsekretariats für den Ausschuss der Ständigen Vertreter/Rat Nr. 5516/07 CODEC 61 JUSTCIV 7 v. 24.1.2007, S. 4.

33 KOM(2006) 566 endg., v. 27.9.2006, S. 4: „Der Anwendungsbereich dieser Bestimmung [= Art. 9] ist nun genauer abgegrenzt und ist insbesondere auf die Haftung von Arbeitgebern, Arbeitnehmern und/oder Gewerkschaften bei Arbeitskampfmaßnahmen beschränkt. Die Kommission bedauert jedoch, dass aus dem Text nicht klar hervorgeht, dass Dritte keine Rechte aus diesen Schuldverhältnissen geltend machen können"; KOM(2007) 126 endg., v. 14.3.2007.

34 EuGH Slg 2004, I-1417 = IPRax 2006, 161.

35 Rauscher/*Leible*, EuZPR/EuIPR, Art. 5 Brüssel I-VO, Rn 79, 85.

36 Ebenso *Palao Moreno*, Yb. P.I.L. 9 (2007), 115, 116 f, 125; in diese Richtung bereits *Pataut*, Rev. crit. DIP 2004, 800, 808; s.a. *Reich*, EuZA 2007, 391, 393; *Garcimartín Alférez*, EuLF, 3-2007, I-77, I-88; *Dorssemont/v. Hoek*, Cross-Border Collective Actions in Europe, 2007, S. 451 f, 466; anders *Hergenröder*, in: FS Birk 2008, S. 197, 216; *ders.*, GPR 2005, 33, 36.

ursächlichen Geschehens meine.[37] Das führt zu einem **prozessualen Günstigkeitsprinzip**, indem es dem Kläger iRd Art. 5 Nr. 3 EuGVÜ ein **Wahlrecht** einräumt, an welchem der beiden besonderen Gerichtsstände er seine Klage erhebt. Auf den Fall bezogen lag somit einerseits der **Handlungsort** klar in Schweden. Im Hinblick auf den **Ort des Schadenseintritts** blieb der EuGH jedoch andererseits vage und betraute das vorlegenden dänische Arbeitsgericht mit der Entscheidung über die beiden möglichen Anknüpfungspunkte – Sitz der Klägerin und Flagge bzw Registerstaat: *„Es obliegt dem nationalen Gericht, zu entscheiden, ob diese finanziellen Verluste als an dem Ort eingetreten betrachtet werden können, an dem die Klägerin ihren Sitz hat. In diesem Rahmen ist der Flaggenstaat, also der Staat, in dem das Schiff registriert ist, nur als ein Gesichtspunkt unter anderen zu betrachten, die der Ermittlung des Ortes dienen, an dem der Schaden eingetreten ist. Die Staatszugehörigkeit des Schiffes spielt nur dann eine entscheidende Rolle, wenn das nationale Gericht zu dem Ergebnis gelangt, dass der Schaden an Bord der Tor Caledonia eingetreten ist. In diesem Fall ist der Flaggenstaat als der Ort zu betrachten, an dem das schädigende Ereignis den Schaden hervorgerufen hat".*[38] Unerwähnt ließ der EuGH dabei die den Ort des Schadenseintritts eingrenzende Entscheidung „Marinari".[39]

Für die **schwedische Regierung** waren die **Folgen der Entscheidung „Torline"** iVm der geplanten allgemeinen Kollisionsnorm der Rom II-VO für das schwedische kollektive Arbeitsrecht der Auslöser, die **Initiative** für eine **Sonderanknüpfung** bei Arbeitskampfmaßnahmen zu ergreifen.[40] Zwei Gesichtspunkte sind zu nennen: 10

Zum einen bestand konkret die **Gefahr**, dass das international zuständige Gericht des Erfolgsortes auf Grundlage des Art. 5 Nr. 3 EuGVVO und der sich abzeichnenden Grundregel der Rom II-VO (Anknüpfung an den Ort des Schadenseintritts) eine in **Schweden** drohende oder durchgeführte **Arbeitskampfmaßnahme** anhand der aus schwedischer Sicht **ausländischen *lex fori*** bewerten könnte. Wie der Ausgang dieses Rechtsstreits zeigt, realisierte sich diese Gefahr (wenngleich nach Maßgabe des autonomen dänischen IPR).[41] Denn das dänische Arbeidsret bejahte nicht nur seine internationale Zuständigkeit, sondern knüpfte in Bezug auf die von SEKO auf schwedischem Hoheitsgebiet geplanten Solidaritätsaktionen auch an die Flagge der zu boykottierenden Tor Caledonia an. Das hatte die Rechtswidrigkeit der geplanten Arbeitskampfmaßnahmen zur Folge; nach schwedischem Recht wären diese hingegen zulässig gewesen. 11

Zum anderen bestand die allgemeine **Gefahr**, dass das tradierte **schwedische System** der kollektiven Arbeitsrechtsbeziehungen an sich auf den Prüfstand kommen könnte, insbesondere im Hinblick auf die Art und Weise der **Durchsetzung der zulässigen Mindestarbeitsbedingungen** nach der **Entsenderichtlinie 96/71/EG**.[42] Anders als in anderen Staaten kannte Schweden zu diesem Zeitpunkt weder ein staatliches System der Erstreckung von Tarifverträgen auf Außenseiter (bspw mittels Allgemeinverbindlicherklärung) noch einen gesetzlichen Mindestlohn. Vielmehr überließ es die Aushandlung von Arbeitsbedingungen vollständig den Tarifvertragsparteien, was ggf auch die Durchführung von Arbeitskampfmaßnahmen zur Folge haben könnte. Die schwedische Regierung fühlte sich hier **einseitig benachteiligt**, weil ihre nationale Lösung bzgl der Durchsetzung der Entsenderichtlinie 96/71/EG notwendigerweise zur Anwendbarkeit der EuGVVO und Rom II-VO führen würde, während andere Mitgliedstaaten diesem Risiko nicht ausgesetzt wären.[43] 12

---

37 EuGH Slg 2004, I-1417 = IPRax 2006, 161, 164 Rn 40 unter Verweis auf EuGH Slg 1976, 1735 Rn 24 f; EuGH Slg 1995, I-415 Rn 20; EuGH Slg 1995, I-415 = IPRax 1997, 111, 113 Rn 20; EuGH Slg 2002, I-8111 = IPRax 2003, 341, 344 Rn 44; Rauscher/*Leible*, EuZPR/EuIPR, Art. 5 Brüssel I-VO, Rn 85 mwN.

38 EuGH Slg 2004, I-1417 = IPRax 2006, 161, 164, Rn 43 f.

39 EuGH Slg 1995, I-2719 = IPRax 1997, 331, 332 f Rn 14 f, 21.

40 Council of the EU: Note from the Swedish delegation to the Committee on Civil Law Matters (Rome II) Nr. 9009/04 ADD 8 JUSTCIV 71 CODEC 645 v. 18.5.2004, S. 13: „The Swedish delegation had thought that it would not be necessary but after the ruling in DFDS Torline Sweden must ask for a particular rule on the law applicable to industrial action. We are quite certain that other delegations will understand this and recognize that the question is of paramount importance to Sweden".

41 Arbeidsret, Urt. v. 31.8.2006 – Az A2001.335, abzurufen unter <www.arbejdsretten.dk/media/11054/a%202001.335.pdf> (Zugriff am: 3.2.2013); ausf. *Evju*, RIW 2007, 898 f, 905 mwN. Das Urteil benennt das angewandte Statut nicht präzise; s.a. *Morse*, in: FS Pocar, S. 723, 728 (Handlungsort Schweden vorzugswürdig); ebenso *Kadner/Graziano*, RabelsZ 73 (2009), 1, 59; s.a. *Garcimartín Alférez*, EuLF, 3-2007, I-77, I-88.

42 RL 96/71/EG des Europäischen Parlaments und des Rates vom 16.12.1996 über die Entsendung von Arbeitnehmern im Rahmen der Erbringung von Dienstleistungen, ABl. EG Nr. L 18 v. 21.1.1997, S. 1; *Reich*, EuZA 2007, 391, 393.

43 Council of the EU: Note from the Swedish delegation to the Committee on Civil Law Matters (Rome II) Nr. 9009/04 ADD 8 JUSTCIV 71 CODEC 645 v. 18.5.2004, S. 13.

13 **2. Stellungnahme.** Wenngleich der zweite Einwand seit der grundlegenden und strittigen **EuGH-Entscheidung „Laval"** vom 18.12.2007 zulasten des schwedischen kollektiven Arbeitsrechts überholt ist,[44] ist der erst genannte Gesichtspunkt – das **Risiko** der möglichen **Rechtmäßigkeitskontrolle** eines **inländischen Arbeitskampfes** anhand der **ausländischen** *lex loci damni* durch ein gem. Art. 5 Nr. 3 EuGVVO international zuständiges Gericht – rechtlich und ökonomisch bedenkenswert.[45]

14 **a) Heterogene rechtliche Rahmenbedingungen.** In rechtlicher Hinsicht ist dies deshalb der Fall, weil sich die mitgliedstaatlichen **Arbeitskampfsrechtsordnungen** deutlich voneinander **unterscheiden**,[46] dieses arbeitsrechtliche Teilgebiet wegen der beteiligten mehrpoligen Rechts- und Interessensverhältnisse **komplex** sowie emotional aufgeladen ist[47] und die EU wegen Art. 153 Abs. 5 AEUV **keine spezielle Kompetenz** zur unmittelbaren sekundärrechtlichen Angleichung oder gar Vereinheitlichung des einschlägigen Sachrechts besitzt (sog. **positive Integration**).[48] Wenn überhaupt könnte eine Annäherung auf der Ebene des Sekundärrechts nur **mittelbar** erfolgen, bspw auf Grundlage der RL 2001/23/EG über die Wahrung von Ansprüchen der Arbeitnehmer beim Übergang von Unternehmen, Betrieben oder Unternehmens- oder Betriebsteilen.[49] Das wäre dann der Fall, wenn diese Richtlinie auch in grenzüberschreitenden Sachverhalten anzuwenden ist und einen kollisionsrechtlichen Gehalt besitzt. Diese Frage ist vom EuGH noch nicht beantwortet worden. Sie würde sich deshalb auch auf das Arbeitskampfrecht auswirken, weil bei grundsätzlichem Erhalt der Arbeitsbedingungen aufgrund eines Unternehmens- bzw Betriebsüberganges diesbezügliche Arbeitskampfmaßnahmen in der Regel als nicht notwendig und damit unverhältnismäßig eingestuft werden müssten.[50]

15 Dessen ungeachtet führen im Wege der **negativen Integration**[51] europäische Rechtsprechungslinien zu einem – zumindest – kleinsten gemeinsamen Nenner der mitgliedstaatlichen Arbeitskampfrechtsordnungen. Das betrifft einerseits den **EGMR**, der mit seinen Entscheidungen „Demir und Baykara ./. Türkei" sowie „Enerji Yapı-Yol Sen ./. Türkei" eine Wende iRd Auslegung von Art. 11 EMRK vollzogen hat und dort nun sowohl das Recht auf Verhandlung und Abschluss von Kollektivverträgen als auch das Streikrecht anerkennt.[52] Seine Urteile sind von den Mitgliedstaaten[53] sowie von der Union und damit dem EuGH zu beachten (s.a. Art. 52 Abs. 3 und Art. 53 GRC). Für die spürbarsten Auswirkungen hat andererseits der **EuGH**

---

44 Die nach der Entsenderichtlinie zulässigen Mindestarbeitsbedingungen dürfen gerade nicht nur kollektivrechtlich und ggf mit Hilfe von Arbeitskampfmaßnahmen vereinbart und durchgesetzt werden, dazu EuGH Slg 2007, I-11767 = NZA 2008, 159; aus der reichhaltigen Literatur bspw *Supiot*, AuR 2009, 151; *Skouris*, RdA 2009, Beilage zu Heft 5, 25; *v. Danwitz*, EuZA 2010, 6; *Junker*, SAE 2008, 209; *Joerges/Rödl*, KJ 2008, 149; *Schubert*, RdA 2008, 289; *Evju*, CYELS 12 (2009/2010), 151, 176 ff (zu den Reaktionen der skandinavischen Gesetzgeber S. 180-181); *Evju/Novitz*, Formula working paper No. 33, 2012, S. 61-64 (www.jus.uio.no/ifp/english/research/projects/freemov/publications/papers/2012/WP33-Evju-Novitz.pdf, abgerufen am 3.2.2013); *Barnard*, NZA-Beilage zu Heft 3, 2011, 122; *Temming*, ZESAR 2008, 231; s.a. *Reich*, EuZW 2007, 391; *Dorssemont/Jaspers*, Cross-Border Collective Actions in Europe, 2007, S. 61–74.

45 Dies ist auch den Aspekt, den das Europäische Parlament aufgenommen und schließlich seinen Niederschlag in den Erwägungsgründen 27 und 28 gefunden hat; s.a. *Palao Moreno*, Yb. P.I.L. 9 (2007) 115, 122 f.

46 *Jeschke*, Der europäische Streik, 2006, S. 169–187; *Ales/Novitz/Dorssemont/v. Hoek*, Collective Action and Fundamental Freedoms in Europe, 2010, S. 228 mwN; *Morse*, in: FS Pocar 2009, S. 723, 725; *Heinze*, RabelsZ 73 (2009), 770, 772; guter Überblick auch bei *Deinert*, Internationales Arbeitsrecht, § 16, Rn 4-11.

47 Zu beachten und gegeneinander abzuwägen sind die Interessen der in Gegnerschaft zueinander stehenden Sozialpartner und ihrer Mitglieder sowie diejenigen der außenstehenden Dritten (unbeteiligte Arbeitnehmer und Arbeitgeber, Kunden, Lieferanten oder sonstige Vertragspartner) und die Allgemeinheit; dazu aus deutscher Sicht bspw BVerfG NZA-RR 2004, 1338, 1339 mwN; *Kissel*, Arbeitskampfrecht, 2002, § 1 Rn 1; *Preis*, Kollektivarbeitsrecht, 3. Aufl. 2012, § 108 III, § 110 II.

48 Mit diesem Integrationskonzept soll der regulatorische Aufbau eines Ordnungsrahmens für den Gemeinsamen Markt der EU umschrieben werden; dazu *Höreth*, Die Selbstautorisierung des Agenten – Der Europäische Gerichtshof im Vergleich zum U.S. Supreme Court, 2008, S. 238 f; *Poiares Maduro*, We the Court, 1998, S. 103, 109–113; zum Verhältnis dieser Vorschrift zu den Grundfreiheiten EuGH Slg 2007, I-11767 = NZA 2008, 159, 165 Rn 86–88.

49 ABl. EG Nr. L 82 v. 22.3.2001, S. 16.

50 Dies ist das nicht angesprochene Problem in der EuGH-Entscheidung „Viking", vgl *Temming*, ELR 2006, 190, 194 f; zu grenzüberschreitenden Betriebsübergängen BAG NZA 2011, 1143; *Bezani/Richter*, 200 Jahre Arbeitsrechtsprechung in Köln, 2011, S. 235 ff; *Deinert*, AP Nr. 409 zu § 613 a BGB; *Junker*, NZA Beilage 2012, Nr. 1, 8; *Reichold*, in: FS Birk 2008, S. 687; *Däubler*, in: FS Kissel 1994, S. 119.

51 Damit soll der Prozess der Beseitigung der Binnengrenzen innerhalb des Gemeinsamen Marktes umschrieben werden (bspw durch den EuGH); s.a. *Höreth* aaO; *Poaires Maduro* aaO.

52 EGMR [2008] ECHR 1345 = AuR 2009, 269, 273 Rn 153 f; EGMR [2009] ECHR 2251 = NZA 2010, 1423, 1424 Rn 32; anders noch EGMR ÖJZ 2003, 276; EGMR EuGRZ 1976, 68; dazu *Ewing/Hendy*, ILJ 2010, 2; *N. Weiß*, EuZA 2010, 457, 467 f; *Franzen*, EuZA 2010, 453; *Seifert*, KritV 2009, 357.

53 Für Deutschland vgl nur BVerfGE 111, 307, 316 ff, 325 ff = NJW 2004, 3407, 3408, 3411.

mit der o.g. Entscheidung „Laval" sowie dem eine Woche vorher ergangenen Urteil „ITF ./. Viking Line" gesorgt.[54] Den **Hebel zur negativen Integration** bieten auf dem Gebiet des Arbeitskampfrechts erneut die **Grundfreiheiten**.

Aus diesen beiden kontrovers diskutierten Urteilen lassen sich zwei wichtige Leitlinien schlussfolgern: Erstens stehen das **mitgliedstaatliche Arbeitskampfrecht** und das **Handeln der Sozialpartner** in grenzüberschreitenden Sachverhalten unter dem Vorbehalt einer **Rechtmäßigkeitskontrolle** durch den EuGH anhand der **Grundfreiheiten**, insbesondere der Niederlassungsfreiheit gem. Art. 49 AEUV und der Dienstleistungsfreiheit gem. Art. 56 AEUV. Diese beiden Grundfreiheiten streiten zugunsten eines Arbeitgebers. Dabei findet grundsätzlich eine **Abwägung** zwischen den einem Arbeitgeber zustehenden Grundfreiheiten einerseits und dem Streikrecht der Gewerkschaft und Arbeitnehmer aus **Art. 28 GRC** statt,[55] wobei der EuGH diese Vorschrift mit einem eigenen, sehr weiten unionsrechtlichen Schutzbereich ausstattet.[56]

16

Zweitens sind die in Art. 3 Abs. 1 Entsenderichtlinie 96/71/EG genannten **Mindestarbeitsbedingungen** streikfest, dürfen also nicht mittels Arbeitskampfmaßnahmen erstritten werden. Im Anwendungsbereich der Entsenderichtlinie setzt sich die Dienstleistungsfreiheit des entsendenden Unternehmens gegenüber dem Grundrecht auf Streik der Gewerkschaften und Arbeitnehmer durch. Das war von Schweden und Dänemark anders intendiert gewesen, die sich für den Erwägungsgrund 22 in der Entsenderichtlinie stark gemacht hatten. Er besagt, dass diese Richtlinie nicht das Recht der Mitgliedstaaten über kollektive Maßnahmen zur Verteidigung beruflicher Interessen berührt.

17

Als Reaktion auf diese beiden Judikate hat die Kommission Ende März 2012 auf Grundlage der Kompetenzergänzungsklausel des Art. 352 AEUV den Vorschlag zu einer Streik-VO gewagt (sog. **Monti-II-Verordnung**).[57] Das Schicksal dieser Initiative ist ungewiss; die Mitgliedstaaten haben dem Kommissionsvorhaben – was äußerst selten ist – die „gelbe Karte" gezeigt und das entsprechende Verfahren nach Art. 7 des Protokolls über die Anwendung der Grundsätze der Subsidiarität und der Verhältnismäßigkeit eingeleitet.[58] Jedenfalls bedürfte es aus deutscher Sicht für die Zustimmung oder Enthaltung des deutschen Vertreters im Rat gem. § 8 IntVG eines Gesetzes gem. Art. 23 Abs. 1 GG.

18

In der **Zusammenschau** zeigt sich, dass insbesondere die primärrechtlichen Einhegungen durch den EuGH die mitgliedstaatlichen Arbeitskampfrechtsordnungen nicht in ein *level playing field* verwandeln. Es handelt sich bislang **lediglich** um einen **äußeren Rahmen**,[59] innerhalb dessen der Kampf um Arbeitsbedingungen unionsrechtlich nicht reguliert ist. Insoweit folgt diese Rechtsprechung dem Arbeitsort- oder Inlandsprinzip. Das heißt, die rechtliche **Bewertung** von **inländischen Arbeitskämpfen** am Maßstab **ausländischen Sachrechts** kann selbst unter Einfluss des Europarechts ieS und iwS zu **stark divergierenden Ergebnissen** führen.

19

b) Marktbezogenheit von Arbeitskämpfen. In ökonomischer Hinsicht ist zu bedenken, dass **Arbeitskämpfe** zuvörderst mit dem **Produktionsfaktor Arbeit** zusammenhängen, weil sie direkt auf die Preisbildung Einfluss nehmen, also der **Lohnfindung** dienen.[60] Sie sind ggf Bestandteil der von den Sozialpartnern zu entrichtenden Transaktionskosten, um zu einem neuen Tarifabschluss zu gelangen. Menge und Preis von Arbeit sowie deren Angebot und Nachfrage nach ihr sind jeweils marktbezogen. Selbst wenn es sich bei einem Arbeitsmarkt um einen internationalisierten oder globalisierten handelt, bezieht sich der Lohnfindungsprozess der Koalitionen noch auf einen national abgrenzbaren Arbeitsmarkt. Daher ist im Konfliktfall ein Arbeitskampf, der sich auf diesen Arbeitsmarkt bezieht, sachlich wie auch geographisch **lokalisierbar** und zwar innerhalb der (jeweiligen) Hoheitsgrenzen eines Nationalstaates. Das ist auch dann der Fall, wenn mehrere selbstständige Arbeitskämpfe unter gemeinsamer Zweckrichtung an verschiedenen Orten geführt

20

---

54   EuGH Slg 2007, I-10779 = NZA 2008, 124; vgl bzgl der Literaturnachweise zum EuGH-Urteil „Viking" zitierten Autoren.

55   Die genaue Austarierung dieser Abwägung durch den EuGH ist im Hinblick auf die einschlägige Rspr des EGMR eine iRd Art. 52 Abs. 3 und Art. 53 GRC zu beachtende Aufgabe, dazu *Fütterer*, EuZA 2011, 505, 511–519 mwN.

56   EuGH Slg 2007, I-11767 = NZA 2008, 159, 165 Rn 91; EuGH Slg 2007, I-10779 = NZA 2008, 124, 127 Rn 44; zu diesem Aspekt *Bryde*, SR 2012, 1, 10 f; *Temming*, ELR 2008, 190, 198 f; aA *Thüsing/Traut*, RdA 2012, 65, 68, 70, 72.

57   Vorschlag für eine Verordnung des Rates über die Ausübung des Rechts auf Durchführung kollektiver Maßnahmen im Kontext der Niederlassungs- und der Dienstleistungsfreiheit, KOM(2012) 130 endg., v. 31.3.2012; zu dieser Regulierungsmethode bereits *Jeschke*, Der europäische Streik, 2006, S. 206–215, 224.

58   Rat der EU: Sachstandsbericht des Vorsitzes für den Ausschuss der Ständigen Vertreter/Rat (Beschäftigung, Sozialpolitik, Gesundheit und Verbraucherschutz) Nr. 10571/12 v. 11.6.2012, S. 14; dazu *Bruun/Bücker*, NZA 2012, 1136 ff.

59   Plastisch *Morse*, in: FS Pocar 2009, S. 723, 725: Er spricht aaO in Fn 12 von „creeping relevance of substantive EC law in this area".

60   *Kissel*, Arbeitskampfrecht, 2002, § 1 Rn 3, § 3 Rn 1; ErfK/*Dieterich*, Art. 9 GG Rn 98–101; *Fehmel*, Konflikte und den Konfliktrahmen, 2010, S. 54 f, 91–95, 143 ff; *Bryde*, SR 2012, 1, 11; *Bieder/Hartmann/Rödl*, Individuelle Freiheit und kollektive Interessenwahrnehmung im deutschen und europäischen Arbeitsrecht, 2012, S. 81, 92 ff.

oder wenn Solidaritätsaktionen zur Unterstützung eines anderweitigen Hauptarbeitsarbeitskampfes organisiert werden. Die Preisbildung des Faktors Arbeit und ein zu diesem Zweck stattfindender **Arbeitskampf** sind mithin **eingebettet in eine nationale Rechtsordnung**, die im Hinblick auf das materiellrechtliche Arbeitskampfrecht unionsrechtlich kaum harmonisiert ist.

21 **c) Folgen für kollisionsrechtliche Vorgaben.** Für die Gestaltung eines **Kollisionsrechts des internationalen Arbeitskampfrechts** gilt es, die Interessen der Beteiligten im Lichte der sachrechtlichen Situation zu bewerten und ebenfalls gegeneinander abzuwägen.[61] In diesem Zusammenhang ist es zunächst überzeugend, Rechtsverhältnisse aus **Arbeitskampfmaßnahmen**, auf die mögliche Ansprüche gestützt werden, kollisionsrechtlich grundsätzlich als **außervertragliche Schuldverhältnisse** zu qualifizieren. Das hat zur Folge, dass als kollisionsrechtliche Grundlage die Rom I-VO ausscheidet. Arbeitskampfmaßnahmen finden nämlich regelmäßig außerhalb tarif- oder arbeitsvertraglicher Beziehungen statt (zu Erhaltungs- und Notstandarbeiten sowie der tarifvertraglichen Friedenspflicht vgl Rn 68, 71). Da für den EuGH und die ihm zustimmende hM das Element der Freiwilligkeit bei der Eingehung in vertragliche Beziehungen maßgeblich ist,[62] sind außervertragliche Rechtsverhältnisse hiervon negativ abzugrenzen. Von den in Frage kommenden außervertraglichen Schuldverhältnissen sind **unerlaubte Handlungen** des Weiteren diejenigen, die Arbeitskämpfen regelmäßig sachlich am nächsten stehen.[63] Denn Arbeitskämpfe sind ihrer Natur nach darauf angelegt, wirtschaftliche Schäden bei der Gegenseite und darüber hinaus hervorzurufen.[64] Dabei kann der grundsätzlichen Qualifikation als unerlaubte Handlung kein Unwerturteil per se zukommen, weil noch gar nicht feststeht, ob die konkrete Arbeitskampfmaßnahme rechtmäßig oder rechtswidrig war.

22 Was ferner die im internationalen Deliktsrecht gängigen **Anknüpfungspunkte** betrifft, ist zu überlegen, ob der **Ort des Schadenseintritt**, der nun die moderne **Grundregel** gem. Art. 4 Abs. 1 darstellt, eine geeignete Grundlage für die Ermittlung des Deliktsstatuts bei Arbeitskämpfen bieten kann (s. Art. 4 Rn 75 ff). Auf der einen Seite streitet für die *lex loci damni* der Schutz des Geschädigten. Ihm soll sein gewohnter Rechtsgüterschutz nicht genommen werden. Umgekehrt hat der Schädiger, dessen Handlungen im Ausland zu Schäden führen können, diesen Umstand mitzubedenken.[65] Auf der anderen Seite ist zu beachten, dass Arbeitskämpfe – selbst wenn sie am Ende als rechtswidrig bewertet werden sollten – zumindest ein eigentümliches Charakteristikum aufweisen. Arbeitskämpfe sind keine zeitlich punktuell stattfindenden Handlungen. Sie werden geplant, gestaltet und angekündigt;[66] sie durchlaufen ein Verfahren und werden ggf fortgeführt, bis weiter verhandelt wird. Im Unterschied zu der typischen unerlaubten Handlung sind sie nicht auf eine einmalige Abwicklung ausgerichtet.[67] Daher ist fraglich, ob als Auslöser für die Rechtmäßigkeitskontrolle von Arbeitskampfmaßnahmen nach der *lex loci damni* allein die Tatsache ausreichen soll, dass der Schaden auch an einem anderen Ort als dem Arbeitskampfort eingetreten ist. Zweifel bestehen auch deshalb, weil aufgrund eines einzigen Rechtsverhältnisses – also dasjenige zwischen Schädiger und Geschädigten – ein komplexes Geschehen abweichend bewertet werden könnte; ein Geschehen, in dem viele Interessen, auch diejenigen Dritter und der Allgemeinheit einem schwierigen Abwägungsprozess zuzuführen sind, und das sich zuvörderst an einem anderen Ort, nämlich dem Handlungsort, auswirkt.

23 Der **Handlungsort von Arbeitskämpfen** lässt sich in einen national abgrenzbaren Markt einbetten. Es ist ein Markt, in dem Sozialpartner um Arbeitsbedingungen ringen. In diesem sind normative Regeln zu beach-

---

61 Zur durchzuführenden Interessenbewertung und -abwägung s. BVerfGE 31, 58, 73 = NJW 1971, 1509, 1510 f; *Flessner*, Interessenjurisprudenz im internationalen Privatrecht, 1990, S. 47 ff; *Kegel*, in: FS Lewald 1953, S. 259, 261 ff; *Lüderitz*, in: FS Kegel 1977, S. 31 ff.

62 Vgl für Art. 5 Nr. 1 EuGVVO EuGH Slg 2009, I-3961 = EuZW 2009, 489, 491 Rn 55 f; EuGH Slg 1992, I-3967 = EWS 1994, 245 f Rn 15; EuGH Slg 2002, I-7317 = NJW 2002, 3159 Rn 23; Rauscher/*Leible*, EuZPR/EuIPR, Art. 5 Brüssel I-VO, Rn 18–30 mwN; *v. Hein*, ZEuP 2009, 7, 13; *Garcimartín Alférez*, EuLF, 3-2007, I-77, I-80.

63 Bspw werden im Vereinigten Königreich Arbeitskampfmaßnahmen deliktisch aufgefasst (*tort of inducement of breach of contract*), dazu Deakin/Morris, Labour Law, 4. Aufl. 2005, S. 1047 ff; *Barnard*, NZA-Beilage zu Heft 3, 2011, 122; *Reiter*, EuZA 2010, S. 467, 469 f; Ales/*Novitz*, Collective Action and Fundamental Freedoms in Europe, 2010, S. 180–187.

64 BAGE 1, 291 = AP Nr. 1 zu Art. 9 GG Arbeitskampf (unter I.3 der Gründe): „Arbeitskämpfe (Streik und Aussperrung) sind im allgemeinen unerwünscht, da sie volkswirtschaftliche Schäden mit sich bringen und den im Interesse der Gesamtheit liegenden sozialen Frieden beeinträchtigen; aber sie sind in bestimmten Grenzen erlaubt, sie sind in der freiheitlichen, sozialen Grundordnung der Deutschen Bundesrepublik zugelassen"; s.a. *Richardi*, in: FS Säcker 2011, S. 285, 296 mwN.

65 Ausf. *Kadner Graziano*, RabelsZ 73 (2009), 1, 13–18 mwN; *Wagner*, IPRax 2006, 372, 374–378; *Sonnentag*, ZVglRWiss 2006, 256, 265 ff; *v. Hein*, ZEuP 2009, 7, 16 mwN; *Leible/Lehmann*, RIW 2007, 721, 724 f; s.a. *Kegel/Schurig*, Internationales Privatrecht, 9. Aufl. 2004, S. 721–726 mwN.

66 Das gilt auch für einen Flashmob, vgl dazu die Sachverhaltsschilderung in BAGE 132, 140 = NJW 2010, 631.

67 Dazu *Kegel/Schurig*, Internationales Privatrecht, 9. Aufl. 2004, S. 720 f; *Sonnentag*, ZVglRWiss 105 (2006), 256, 308.

ten, die einen **weitaus engeren räumlichen Bezug** zur Art und Weise der konfliktiven Lohnfindung haben als das ausländische Sachrecht der *lex loci damni*. Das für Arbeitskämpfe zu beachtende Sachrecht findet sich im einfachen Gesetzesrecht, weitaus häufiger zugleich fundiert in der grundrechtlich gewährleisteten Koalitions- und Tarifautonomie. Dieses Sachrecht unterscheidet sich erheblich von Mitgliedstaat zu Mitgliedstaat. Um zwei Extreme zu nennen: Während es im Vereinigten Königreich kein verfassungsrechtlich gewährleistetes Streikrecht gibt,[68] ist die Situation in Deutschland genau umgekehrt. Die ständige Rspr liest aus dem vorbehaltlos gewährleisteten Art. 9 Abs. 3 GG ein Grundrecht auf koalitionsmäßige Betätigung heraus, das u.a. auch Arbeitskampfmaßnahmen zum Inhalt hat.[69]

Es ist deshalb vorzugswürdig, den **kollisionsrechtlichen Primat** bei Arbeitskämpfen auf die **verhaltenssteuernde** und **präventive Wirkung** des Sachrechts am Handlungsort zu legen.[70] Die Abwägung, wer schützenswerter ist fällt somit zugunsten des Handelnden aus. Denn es ist der Handlungsort, der die räumlich engere Verbindung zu einem Arbeitskampf aufweist. Er ist der bessere Sitz des Rechtsverhältnisses.[71] Damit ist der Grundentscheidung des Art. 9 zugunsten der *lex loci actus* zuzustimmen und entspricht auch der bisher hM im internationalen Arbeitskampfrecht (Rn 53). 24

Die Problematik hinsichtlich dieser dogmatischen Grundentscheidung wird dadurch abgeschwächt, dass in der Praxis **Handlungs-** und **Schadensort** häufig **zusammenfallen** und somit in ein und demselben Mitgliedstaat liegen dürften. Dieses Ergebnis wird dadurch erreicht, dass der Begriff des Schadens eng ausgelegt wird und somit nur dem unmittelbaren oder direkten Schaden eine rechtliche Bedeutung zukommt.[72] Für eine enge Auslegung des Schadensbegriffs sprechen Art. 4 Abs. 1 sowie Erwägungsgrund 17 (s.a. Art. 4 Rn 92–94). Des Weiteren sind entsprechende Tendenzen auch in der Rspr des EuGH zu Art. 5 Nr. 3 EuGVVO feststellbar.[73] 25

Bezogen auf das dt. Sachrecht dürfte dies dazu führen, dass im Regelfall Handlungs- und Schadensort zusammenfallen. Das **deutsche Deliktsrecht** ist bis auf §§ 826, 824 BGB und § 823 Abs. 2 BGB iVm § 263 StGB rechtsgut- und nicht vermögensbezogen. Für Arbeitskämpfe ist nach hM insbesondere der **eingerichtete und ausgeübte Gewerbebetrieb** als absolutes Recht iSd § 823 Abs. 1 BGB von Bedeutung.[74] Im Regelfall findet der Arbeitskampf auch dort oder vor den Toren dieses Gewerbebetriebs statt. Auf diesen Ort lässt sich auch ein Streikaufruf beziehen; dasselbe gilt für den Unterlassungsanspruch. Problematisch sind vornehmlich Boykott- und Streikaktionen im Hinblick auf Schiffe unter ausländischer Flagge (Rn 54–57). 26

Die hier dargelegte Argumentation ist **vergleichbar** mit der dogmatischen Abstützung des **Marktortprinzips** iRd Art. 6 Abs. 1. Die allgemeine Anknüpfungsregel des Deliktsstatuts im internationalen Lauterkeitsrecht weicht ebenfalls von Art. 4 Abs. 1 ab (vgl Art. 6 Rn 1, 16).[75] Arbeitsortprinzip, Arbeitskampfortprin- 27

---

68 *Barnard*, NZA-Beilage zu Heft 3, 2011, 122; Ales/Novitz/*Ales*, Collective Action and Fundamental Freedoms in Europe, 2010, S. 248 und *Novitz*, ebda., S. 173 ff.

69 BVerfGE 84, 212 = NJW 1991, 2549, 2550; BAGE 123, 134 = NZA 2007, 1055, 1056; BAGE 46, 322 = AP Nr. 81 zu Art. 9 GG Arbeitskampf (unter B.II. 2 a der Gründe); ErfK/*Dieterich*, Art. 9 GG Rn 102.

70 Vgl dazu dieselbe rechtspolitische Entscheidung für das int. Umwelthaftungsrecht in Art. 7, KOM(2003), 427 v. 22.7.2003 endg., S. 21; zum Gedanken der Verhaltenssteuerung s.a. *Kittner*, Arbeitskampf, 2005, S. 627 f.

71 *Savigny*, System des heutigen Römischen Rechts, Bd. 8, 1849, S. 28, 108; s.a. *Neuhaus*, RabelsZ 46 (1982), 4 ff und *Gebauer*, JZ 2011, 213, 220 zu dem diesbezüglichen Einfluss Carl Georg von Wächter; zur rechtspolitischen Dimension des Europäischen IPR s. *Mankowski*, Interessenpolitik und europäisches Kollisionsrecht, 2011; *Lehmann*, in: FS Spellenberger 2010, S. 245 ff sowie krit. *Kühne*, in: FS Heldrich 2005, S. 815 ff; *Weller*, IPRax 2011, 429 ff; positiver *v. Hein*, ZEuP 2009, 7, 9 f; *ders.*, VersR 2007, 440, 441; *Leible/Lehmann*, RIW 2007, 721.

72 Ebenso *Palao Moreno*, Yb. P.I.L. 9 (2007) 115, 123; *Garcimartín Alférez*, EuLF, 3-2007, I-77, I-88;

jurisPK-BGB/*Heinze*, Art. 9 Rn 3; *ders.*, RabelsZ 73 (2009), 770, 775 f.

73 EuGH Slg 1995, I-2719 = IPRax 1997, 331, 333 Rn 20 f; Rauscher/*Leible*, EuZPR/EuIPR, Art. 5 Brüssel I-VO Rn 86, 86 b, 86 c mwN. Freilich blieb diese Entscheidung „Molinari" unerwähnt in der EuGH-Entscheidung „Torline", EuGH Slg 2004, I-1417 = IPRax 2006, 161.

74 BAG NZA 2012, 1372, 1378; BAGE 132, 140 = NJW 2010, 631, 633; BAGE 1, 291, 300; ErfK/*Dieterich*, Art. 9 GG Rn 232; krit. *Richardi*, in: FS Säcker 2011, S. 285, 296, 297 f mwN; s.a. BGHZ 164, 1 = NJW 2005, 3141; *Sack*, VersR 2006, 1001 ff.; zur Historie *Fikentscher*, in: FS Kronstein 1967, S. 261 ff.; gegen dieses Schutzkonzept bspw *Wiethölter*, KJ 1970, 121, 131–134.

75 Allgemein dazu *Kadner/Graziano*, RabelsZ 73 (2009), 1, 55-58; *ders.*, Europäisches Internationales Deliktsrecht, 2004, 97–100, 107; *Sonnentag*, ZVglRWiss 2006, 256, 284 ff, 307. In Bezug auf das Internationale Wettbewerbsrecht lässt sich die Parallele auch mit dem marktbezogenen Auswirkungsprinzip ziehen. Im Arbeitnehmer-Entsenderecht ist einer der tragenden Rechtfertigungstopoi der Schutz eines lauteren Wettbewerbs, vgl Erwägungsgrund 5 der RL 96/71/EG sowie EuGH Slg 2007, I-11767 = NZA 2008, 159, 164 Rn 74.

zip und Marktortprinzip weisen somit **Parallelen** auf.[76] Der EuGH hält in allen drei genannten Bereichen die darauf basierende kollisionsrechtliche Verknüpfung von Sachverhalt und mitgliedstaatlichem Sachrecht im Grundsatz für rechtmäßig.[77]

IV. Reformvorhaben

28 Konkrete, von der Kommission zu initiierende Reformvorhaben bzgl Art. 9 sind **nicht bekannt**. Insbesondere benennt die Überprüfungsklausel des Art. 30 das Internationale Arbeitskampfrecht nicht ausdrücklich; das Hauptaugenmerk liegt auf den gem. Art. 1 Abs. 2 lit. g ausgesparten rechtspolitisch brisanten Bereichen (Verletzung der Privatsphäre und der Persönlichkeitsrechte, vgl Art. 30 Rn 8)[78] sowie dem Verhältnis zum Haager Übereinkommen über das auf Verkehrsunfälle anwendende Recht.

29 Mögliche **Vorschläge zur Anpassung** des Art. 9 *de lege ferenda* resultieren aus der **Kritik**, die vor allem an der vorrangigen **Auflockerung** durch **Art. 4 Abs. 2** sowie der Möglichkeit einer Rechtswahl nach Maßgabe des **Art. 14** und dem **Fehlen einer** für das Kollisionsrecht ansonsten so typischen **Ausweichklausel** geübt werden kann.[79] Die Anknüpfung an den gemeinsamen gewöhnlichen Aufenthalt von Schädiger und Geschädigten ist bei Arbeitskämpfen unpassend. Grund ist das komplexe Interessenbündel bei der Durchführung von Arbeitskämpfen, welches auch Dritte und die Allgemeinheit mit einschließt. Dasselbe trifft auf die Möglichkeit der Rechtswahl zu. Ein Umstand, der allerdings durch Art. 14 Abs. 1 S. 2 entscheidend gemildert wird. Die **Kritik** kann dahin gehend zusammengefasst werden, dass ein **Arbeitskampf** wegen seiner bestehenden sachrechtlichen Eigenheiten **zu atypisch** ist, um ihn diesen beiden modernen Anknüpfungspunkten zu unterwerfen. Der u.a. von der Kommission geforderten Flexibilität des Art. 9 (s. Rn 4, 6) kann – richtig umgesetzt – unter Verzicht auf Art. 14 und Art. 4 Abs. 2 durch Normierung einer restriktiv auszulegenden Ausweichklausel genüge getan werden. Alternativ ließe sich – neben einer Ausweichklausel – über eine Auflockerung entsprechend Art. 6 Abs. 2 diskutieren, die vollständig auf Art. 4 verweisen würde.

B. Regelungsgehalt

30 **Leitlinie** bei der Auslegung und Anwendung des Art. 9 ist der **Schutz** derjenigen Interessen, die mithilfe der Anknüpfung an den Handlungsort repräsentiert werden. Das sind die in Art. 9 aufgezählten **Arbeitnehmer, Arbeitgeber** sowie deren **berufliche Interessenvertretungen**. Gleichzeitig werden durch den Verweis auf die *lex loci actus* die Interessen Dritter und der Allgemeinheit im Anwendungsbereich des berufenen Sachrechts reflexartig mitgeschützt. Die Entstehungsgeschichte sowie Erwägungsgrund 27 stützen diese Auslegungsmaxime (Rn 2–7).[80]

31 Diese interpretatorische Herangehensweise entspricht einer **unionsgrundrechtskonformen Auslegung** des Art. 9,[81] weil die Durchführung von Arbeitskämpfen in den Schutzbereich des Art. 28 GRC fällt (Recht auf Kollektivverhandlungen und Kollektivmaßnahmen). Im Anwendungsbereich der Rom II-VO sind der EuGH sowie nationale Gerichte gem. Art. 51 Abs. 1 GRC an diese Charta gebunden; diese Bindung ergibt

---

76 *Leible/Lehmann*, RIW 2007, 721, 731; bzgl des Arbeitsortsprinzips ähnlich *Palao Moreno*, Yb. P.I.L. 9 (2007) 115, 123; aA *Knöfel*, EuZA 2008, 228, 235–237; *Heinze*, RabelsZ 73 (2009), 770, 781.

77 Zum Arbeitsortprinzip und Entsenderecht vgl EuGH Slg 2007, I-6095 = EuZW 2007, 540 mit Anm. *Temming*, ELR 2007, 326; grdl. EuGH Slg 1982, 223 = NJW 1982, 1935 f Rn 14; zum Marktprinzip und Wettbewerbsrecht vgl grdl. die „Keck"-Entscheidung des EuGH Slg 1993, I-6097 Rn 16 f; *Roth*, in: GS Lüderitz 2000, S. 635, 644; im Hinblick auf das Arbeitskampfrecht lässt sich diese These aus einem Gegenschluss der Urteile „Viking" und „Laval" ziehen, EuGH Slg 2007, I-10779 = NZA 2008, 124; EuGH Slg 2007, I-11767 = NZA 2008, 159; in diese Richtung auch ErfK/*Schlachter*, Art. 9 Rn 1.

78 *Hohloch*, IPRax 2012, 110 ff; *Wagner*, IPRax 2006, 372, 383–386; *Mansel/Thorn/Wagner*, IPRax 2012, 1, 2.

79 Bspw *Palao Moreno*, Yb. P.I.L. 9 (2007) 115, 124; Palandt/*Thorn*, Art. 9 Rn 3; Reformbedarf mahnt auch *Morse*, in: FS Pocar, S. 723, 733 an; ebenso *Zelfel*, Der Internationale Arbeitskampf nach Art. 9 Rom II-Verordnung, S. 140–142; vorsichtiger *Ales/Novitz/Dorssemont/v. Hoek*, Collective Action and Fundamental Freedoms in Europe, 2010, S. 240.

80 Siehe auch *Palao Moreno*, Yb. P.I.L. 9 (2007) 115, 122; Hk-BGB/*Dörner*, Art. 9 Rn 3.

81 Zur Grundrechtsabhängigkeit des autonomen deutschen IPR vgl grdl. BVerfGE 31, 58, 73 = NJW 1971, 1509, 1510 f; BVerfGE 62, 323 = IPRax 1984, 88; BVerfGE 92, 26 = IPRax 1996, 115, 119.

sich ggf zusätzlich aus der Tatsache, dass Grundfreiheiten berührt sein können.[82] Selbiges folgt aus dem für alle Mitgliedstaaten geltenden Art. 6 Abs. 3 EUV, da das Grundrecht auf Durchführung kollektiver Maßnahmen nach Auffassung des EuGH zu den allgemeinen Grundsätzen des Unionsrechts gehört.

Aufgrund der gem. Art. 288 Abs. 2 AEUV vereinheitlichenden Wirkung der Rom II-VO können bei **konsequenter Anwendung** der *lex loci actus* zum Schutze der Arbeitnehmer, Arbeitgeber und der sie vertretenden Sozialpartner **keine divergierenden Arbeitskampfdeliktsstatute** in Abhängigkeit der *lex fori* auftreten.[83] Das gilt auch bei Vorfragen, die sich iRd Art. 9 vor allem in Bezug auf die Rechtmäßigkeit einer weiteren Arbeitskampfmaßnahme stellen kann, bspw bei Unterstützungsstreiks (Rn 38). Das berufene Sachrecht kann somit vorhersehbar, rechtssicher und einheitlich ermittelt werden (Erwägungsgründe 6, 13–16). Die Herstellung eines internationalen Entscheidungseinklanges als internationalprivatrechtlicher Ideal ist demnach möglich. 32

I. Anknüpfungsgegenstand

Als Anknüpfungsgegenstand bezeichnet Art. 9 die Haftung einer Person in ihrer Eigenschaft als Arbeitnehmer oder Arbeitgeber oder der Organisationen, die deren berufliche Interessen vertreten, für Schäden, die aus bevorstehenden oder durchgeführten Arbeitskampfmaßnahmen entstanden sind. 33

1. Arbeitskampfmaßnahme. Der Systembegriff der Arbeitskampfmaßnahme ist einer der wenigen, der nach der wohl hM in der Rom II-VO **nicht autonom zu qualifizieren** ist. Das mag unüblich sein, ist aber angesichts des Zwecks von Art. 9 nur konsequent (s. Rn 1). In Abweichung vom Grundsatz der autonomen Auslegung[84] nennt Erwägungsgrund 27 zwar beispielhaft die beiden typischen Kampfformen der Arbeitnehmer- und Arbeitgeberseite (Streik und Aussperrung). Gleichzeitig stellt er jedoch klar, dass die exakte Definition des Begriffs Arbeitskampfmaßnahme von Mitgliedstaat zu Mitgliedstaat verschieden sei und den innerstaatlichen Vorschriften der einzelnen Mitgliedstaaten unterliege: „*Daher wird in dieser Verordnung grundsätzlich davon ausgegangen, dass das Recht des Staates anzuwenden ist, in dem die Arbeitskampfmaßnahmen ergriffen wurden*" (Erwägungsgrund 27). In der Bewertung besteht zwar trotz vereinzelter Kritik[85] große Einigkeit darin, dass es sich um eine **Qualifikationsverweisung** handelt.[86] Dagegen könnte nur sprechen, dass dieser Verweis auf das Recht der Mitgliedstaaten in Art. 9 nicht ausdrücklich ausgesprochen wird, wie dies in vielen Richtlinien des europäischen Arbeitsrechts bspw für den Begriff des Arbeitnehmers üblich ist. Umstritten ist indes, ob die Arbeitskampfmaßnahme nach der *lex fori* oder der *lex causae* zu qualifizieren ist.[87] 34

Vorweg ist zu bemerken, dass sich der EuGH bei **Definitionen** von Tatbestandsmerkmalen, die sich nach **mitgliedstaatlichem Recht** richten, nach jüngerer Rspr die Letztentscheidung u.a. in Form einer **Missbrauchskontrolle** vorzubehalten scheint. Die Urteile betreffen das materiellrechtliche Arbeitsrecht;[88] ihre 35

---

82 Zur Grundrechtsbindung iRd Art. 51 Abs. 1 GRC in dieser Situation vgl EuGH, Beschl. v. 1.3.2011 – C-457/09, Rn 24 bis 26 mit Anm. *Huber*, NJW 2011, 2385, 2388; EuGH Slg 1991, I-2925 = EuZW 1991, 507, 510 Rn 43 ff. Zur Bindung an die GRC im Hinblick auf Polen und Großbritannien, vgl das dazu einschlägige Protokoll, ABl. EG Nr. C 306 v. 17.12.2007, S. 156 f, 270 sowie relativierenden Aussagen des EuGH in EuGH NVwZ 2012, 417, 422 Rn 119 f; dazu *Lindner*, EuR 2008, 786; *Hobe*, Europarecht, 6. Aufl. 2011, § 14 Rn 46. Unerwähnt ist das auf Art. 81 Abs. 2 lit. c ergangene europäische Kollisionsrecht bei *Thüsing/Traut*, RdA 2012, 65, 66–68. Diese Reichweite dieser Ermächtigungsgrundlage aus dem Titel V des AEUV wird von Art. 153 Abs. 5 AEUV (Titel X) nicht eingeschränkt, dazu allgemein EuGH Slg 2007, I-10779 = NZA 2008, 124, 127 f Rn 39–41, 53.
83 Allgemein zu diesem Aspekt *Mankowski*, IPRax 2010, 389, 398.
84 Bspw EuGH Slg 2010, I-12527 = IPRax 2012, 160, 163 f Rn 34–43; EuGH Slg 1995, I-2719 = IPRax 1997, 331, 333 Rn 16–19.
85 Bspw *Palao Moreno*, Yb. P.I.L. 9 (2007), 115, 118 f; *Leible/Lehmann*, RIW 2007, 721, 731.
86 *Palao Moreno*, Yb. P.I.L. 9 (2007), 115, 118 f; *Georganti*, EPolD 2010, 168, 181; Palandt/*Thorn*, Art. 9 Rn 1; Hk-BGB/*Dörner*, Art. 9 Rn 2; *Knöfel*, EuZA 2008, 228, 241; jurisPK-BGB/*Heinze*, Art. 9 Rn 5; *v. Hein*, VersR 2007, 440, 450; *ders.*, ZEuP 2009, 6, 31; *Junker*, NJW 2007, 3675, 3680; *Deinert*, ZESAR 2012, 311, 314; *ders.*, Internationales Arbeitsrecht, § 16, Rn 4; *Stamatiádis*, ChrID 2009, 391, 405; aA *Morse*, in: FS Pocar 2009, S. 723, 727 (autonome Qualifizierung zumindest bzgl eines äußeren Rahmens); *v. Hoek*, Nederlands Internationaal Privaatrecht 2008, 449, 451; Ales/Novitz/*Dorssemont/v. Hoek*, Collective Action and Fundamental Freedoms in Europe, 2010, S. 229–231.
87 Für *lex fori*: *Knöfel*, EuZA 2008, 228, 241; Palandt/*Thorn*, Art. 9 Rn 1; Bamberger/Roth/*Spickhoff*, Art. 9 Rn 1 (zusätzlich eine autonome Auslegung kraft eigener Kompetenz befürwortend); Palandt/*Thorn*, Art. 9 Rn 2; für *lex causae*: MüKo/*Junker*, Art. 9 Rn 15; *Heinze*, RabelsZ 73 (2009), S. 770, 782; jurisPK-BGB/*Heinze*, Art. 9 Rn 5; Hk-BGB/*Dörner*, Art. 9 Rn 2; *Zelfel*, Der Internationale Arbeitskampf nach Art. 9 Rom II-Verordnung, S. 44, 57; wohl auch *v. Hein*, VersR 2007, 440, 450; offen ErfK/*Schlachter*, Art. 9 Rn 2.
88 EuGH Slg 2007, I-7109 Rn 37 f = NZA 2007, 1223, 1225 Rn 27–30; EuGH EAS Teil C RL 1999/70/EG § 4 Nr. 4 Rn 43.

Übertragung auf das Kollisionsrecht ist aber nicht ausgeschlossen. Für den korrigierenden Impuls könnte Art. 28 GRC sorgen (Rn 16, 31), falls der EuGH eine Handlung als Arbeitskampfmaßnahme bewertet, die nach nationalem Recht entweder bereits aus dem Schutzbereich des entsprechenden nationalen Grundrechts fällt[89] oder iRd mitgliedstaatlichen Sachrechts nicht als Arbeitskampfmaßnahme anerkannt wird. Diese Möglichkeit hängt davon ab, ob iRd Art. 28 GRC dem unionsrechtlichen Schutzbereich ein Vorrang gegenüber dem nationalem zukommt.[90] Allgemein neigt der EuGH dazu, Schutzbereiche subjektiver Rechte des Unionsrechts weit auszulegen.[91] Einem unionsrechtlichen Begriff des Arbeitskampfes, der dann auch auf Art. 9 ausstrahlt, würde es daher entsprechen, jegliche Arbeitskampfmaßnahmen in sich aufzunehmen und Grenzen im Bereich der Schranken-Schranken einzuziehen. Diese Frage könnte bspw für den (arbeits-, wirtschafts- oder sozial)**politischen Streik** oder die **Aussperrung** relevant werden. Nicht alle Mitgliedstaaten erlauben diese Kampfformen aufgrund verschiedener nationaler gesellschaftlich-kultureller Zusammenhänge.[92]

36 Für die **Qualifikation** der Arbeitskampfmaßnahme nach der *lex fori* werden die überragende Bedeutung von Arbeitskämpfen für das innerstaatliche Arbeits- und Wirtschaftsleben sowie die sachrechtlichen Unterschiede der mitgliedstaatlichen Arbeitskampfrechtsordnungen angeführt.[93] Diesen Argumenten ist beizupflichten. Nur sprechen gerade sie für die Qualifikation nach der *lex causae*, weil Art. 9 das Recht des Mitgliedstaates zur Anwendung beruft, in dem die Arbeitskampfmaßnahme stattfindet. Es sind dessen Interessen und diejenigen der Kampfbeteiligten, die Art. 9 schützen möchte.[94] Ein Verweis auf die Begrifflichkeiten der *lex causae* **effektuiert** diesen von Art. 9 beabsichtigten **Schutz**. Für diese Sichtweise spricht des Weiteren der **Gegenschluss** aus **Erwägungsgrund 10**, der ausdrücklich anordnet, dass der Begriff der Familienverhältnisse nach der *lex fori* zu qualifizieren ist.[95] Auch sind die Gesichtspunkte der **Rechtssicherheit** und **Vorhersehbarkeit** anzuführen, weil die Kampfparteien im Zeitpunkt der Handlungsvornahme und vor Schadenseintritt deren Rechtmäßigkeit einschätzen können.[96] Darüber hinaus wird durch die Qualifikation nach der *lex causae* verhindert, dass das angerufene Gericht auf Grundlage seiner *lex fori* eine schädigende Handlung der Arbeitnehmer, Arbeitgeber oder Sozialpartner nicht als Arbeitskampfmaßnahme qualifiziert, die nach dem Recht am Handlungsort sehr wohl eine Arbeitskampfmaßnahme darstellt

---

89 Dies kann grds. nur dann möglich sein, wenn iRd Schutzbereichs die Zweckrichtung der Koalitionsbetätigung begrenzt wird. Denn bei Arbeitskampfmaßnahmen handelt es sich um natürliche Handlungen. Sie fallen folglich in den natürlichen Schutzbereich eines Grundrechts; die normative Ausgestaltungsvariante eines grundrechtlichen Schutzbereichs ist nicht betroffen. Freilich gelten diese Ausführungen ebenso für Art. 28 GRC. Siehe auch *Jeschke*, Der europäische Streik, 2006, S. 179–188, 215–220.
90 Allgemeines Beispiel unionsrechtswidrigen Verfassungsrechts bei EuGH Slg 2000, I-69 = NZA 2000, 137 (zu Art. 12 a Abs. 4 S. 2 GG aF); zurückhaltend zu dieser Einflussmöglichkeit der GRC *Heinze*, RabelsZ 73 (2009), S. 770, 783.
91 So auch in der Entscheidung „Laval", wo der EuGH das Grundrecht auf Durchführung von kollektiven Maßnahmen als natürliche Freiheit versteht und die übermäßig harten Arbeitskampfmaßnahmen unter den Schutzbereich dieses Grundrechts subsumiert, vgl EuGH Slg 2007, I-11767 = NZA 2008, 159, 165 Rn 91; *Temming*, ELR 2008, 190, 198 f.
92 Ein politischer Streik ist bspw in Deutschland mangels Tarifbezogenheit unzulässig, BAGE 62, 171 = NZA 1989, 969, 973; s. aber BAG NZA 2007, 1055, 1056; BAG NZA 2007, 987, 994; *Engels*, Verfassung und Arbeitskampfrecht, 2008, S. 120 mwN; *Leisner*, NJW 2006, 1488 f; zur Zulässigkeit der Aussperrung s. BAGE 33, 140 = NJW 1980, 1642, 1644 ff; ErfK/*Dieterich*, Art. 9 GG Rn 221, 239 ff. Anders die Rechtslage bspw in Griechenland: Ein politischer Streik ist dann zulässig, wenn er arbeitsrechtlich-politische Forderungen zum Gegenstand hat, Henssler/Braun/*Kerameos/Kerameus*, Arbeitsrecht in Europa, 3. Aufl. 2011, S. 474, 478; Aussperrung hingegen ist gem. Art. 22 Abs. 2 des Gesetzes von Nr. 1264/1982 verboten, s. Monomeles Protodikeio Patras 601/1991, EErgD 1992, 746; Areios Pagos 528/1990, EErgD 1990, 832; Efeteio Thessalonikis 374/1983, Armenopoulos 1983, 668, freilich gewähren sie dem Arbeitgeber einen engen Korridor, der ihm iE aussperrungsähnliche Maßnahmen ermöglicht, bspw in Konstellationen, in denen aufgrund einer Arbeitskampfmaßnahme die Führung des Betriebs unmöglich wird (Unmöglichkeit der Annahme der Arbeitsleistung, daher kein Annahmeverzug des Arbeitgebers), dazu Monomeles Protodikeio Patras 601/1991, EErgD 1992, 746; ebenso *Levéntis*, EErgD 1982, 743, 745 ff, oder die Arbeitskampfmaßnahme rechtsmißbräuchlich ist (Gefahr erheblicher Eigentumsschädigungen), dazu Areios Pagos 528/1990, EErgD 1990, 832; s.a. allgemein *Jeschke*, Der europäische Streik, 2006, S. 77–189; Dorssemont/*Jaspers*, Cross-Border Collective Actions in Europe, 2007, S. 46 f; *Heinze*, RabelsZ 73 (2009), S. 770, 783; *Zelfel*, Der Internationale Arbeitskampf nach Art. 9 Rom II-Verordnung, S. 33 f.
93 So insb. *Knöfel*, EuZA 2008, 228, 241 f; *ders.*, IPRax 2006, 552, 557; *Georganti*, EPolD 2010, 168, 181.
94 Allgemein zu dieser möglichen Schutzrichtung von Qualifikationsverweisungen *Neuhaus*, Die Grundbegriffe des internationalen Privatrechts, 2. Aufl. 1976, S. 126.
95 MüKo/*Junker*, Art. 9 Rn 15.
96 *Wagner*, IPRax 2006, 372, 386; *v. Hein*, VersR 2004, 440, 450; *Zelfel*, Der Internationale Arbeitskampf nach Art. 9 Rom II-Verordnung, S. 33 f; MüKo/*Junker*, Art. 9 Rn 2; *Deinert*, Internationales Arbeitsrecht, § 16 Rn 4.

und uU sogar rechtmäßig wäre. Auch **Erwägungsgrund 28** stützt diese Sichtweise. Nach ihm sollen ja die Bedingungen für die Durchführung solcher Maßnahmen nach nationalem Recht unberührt bleiben.[97]

Im Ergebnis würde also eine **Qualifikation** nach der *lex fori* zur Anwendung der allgemeinen Grundregel des Art. 4 Abs. 1 führen, obwohl Art. 9 mit der *lex loci actus* genau auf das gegenteilige Recht verweist. Aus dieser Vorschrift und den Erwägungsgründen 27 und 28 lässt sich hingegen eine solche benachteiligende Wirkung nicht herauslesen. Dasselbe trifft grundsätzlich auf die umgekehrte Situation zu: Erfüllt die Handlung am Maßstab der *lex loci actus* schon gar nicht die Voraussetzungen einer Arbeitskampfmaßnahme, wird sie nicht deshalb zu einer solchen, weil die ausländische *lex fori* dies anders sieht. Eine begünstigende Überkompensation scheidet folglich ebenfalls aus. Diese Regel gilt vorbehaltlich einer unionsrechtskonformen Auslegung am Maßstab des Art. 28 GRC oder der allgemeinen Grundsätze des Unionsrechts (Rn 16, 31). Die Frage kann letztlich nur der EuGH beantworten. 37

Handelt es sich bei dem Arbeitskampf um eine **Solidaritäts-** oder **Unterstützungsmaßnahme** ist diese als getrenntes Ereignis zunächst **eigenständig** vom Hauptarbeitskampf zu **bewerten**. Die Anknüpfung erfolgt nach derselben Vorgehensweise wie beim Hauptarbeitskampf. Vorbehaltlich der anderen Anknüpfungspunkte iRd Art. 9 wird also auf die *lex loci actus* als *lex causae* verwiesen (Ort der Solidaritäts- oder Unterstützungsmaßnahme).[98] Zu beachten ist indes, dass das Hauptcharakteristikum solcher Arbeitskampfformen ihre **Abhängigkeit vom Hauptarbeitskampf** ist.[99] Das heißt, die Frage der Rechtmäßigkeit oder Rechtswidrigkeit jener Aktionen hängt von der Zulässigkeit des Hauptarbeitskampfes ab. Letztere ist ein **notwendiges**, wenngleich nicht hinreichendes **Kriterium** für die Zulässigkeit der Solidaritäts- oder Unterstützungsmaßnahme. Sachrechtlich folgt dies aus dem Grundsatz der Verhältnismäßigkeit, weil die Unterstützung von etwas Rechtswidrigem nicht erforderlich ist. Wenngleich bspw weite Teile der dt. Rspr die isolierte Feststellung der Rechtswidrigkeit bzw Rechtmäßigkeit nicht für ein feststellungsfähiges Rechtsverhältnis halten,[100] beruht doch die Antwort auf diese Frage auf einem außervertraglichen Rechtsverhältnis der am Hauptarbeitskampf beteiligten Personen oder Organisationen. Daher ist es überzeugend, dass für die Beurteilung der Solidaritäts- oder Unterstützungsmaßnahme als **Vorfrage** die **Rechtmäßigkeit des Hauptarbeitskampfes** zu beantworten ist; es handelt sich um keine Teilfrage.[101] 38

Finden beide Arbeitskampfmaßnahmen **innerhalb des räumlichen Geltungsbereichs der Rom II-VO** statt, ist aufgrund des Vorrangs des Unionsrechts für die Beantwortung der Vorfrage erneut auf diese und damit Art. 9 zurückzugreifen.[102] Da mit Art. 9 für die Beantwortung sowohl der Haupt- als auch der Vorfrage dieselbe harmonisierte Kollisionsnorm heranzuziehen ist und Art. 9 auch keine mitgliedstaatlichen Durchführungsvorschriften erlaubt,[103] kommt es auf das Problem der selbstständigen oder unselbstständigen Anknüpfung von Vorfragen in dieser Konstellation nicht an. Findet die andere Arbeitskampfmaßnahme in einem Staat statt, der **außerhalb des räumlichen Anwendungsbereichs** der Rom II-VO liegt, ist die Beantwortung der Vorfrage **selbstständig anzuknüpfen**.[104] Das führt erneut zur Anwendung des Art. 9. Als erstes Argument für diese Sichtweise lassen sich zum einen Art. 24 und zum anderen Art. 20 Rom I-VO anführen. Aus dem Ausschluss des *Renvoi* kann gefolgert werden, dass der europäischen Anknüpfungsentscheidung allgemein der Vorrang gegenüber derjenigen eines Drittstaates zukommen soll. Damit kommt dem internationalen Entscheidungseinklang in Bezug auf diese Staaten ein geringeres Gewicht zu. Es setzt sich somit der **interne, EU-weite Entscheidungseinklang** durch. Als weiteres Argument für eine selbst- 39

---

97 Hk-BGB/*Dörner*, Art. 9 Rn 2 f.
98 Ebenso *Knöfel*, EuZA 2008, 228, 241; MüKo/*Junker*, Art. 9 Rn 37; *Heinze*, RabelsZ 73 (2009), 770, 787.
99 *Morse*, in: FS Pocar, S. 723, 728; für Deutschland vgl BAGE 123, 134 = NZA 2007, 1055, 1060 Rn 32.
100 Aus der dt. Rspr bspw BGH NJW 2000, 2280, 2281; BAGE 46, 322 = NZA 1984, 393, 397; BAGE 62, 171 = NZA 1989, 969, 974; kritisch MüKo-ZPO/*Becker-Eberhard*, § 256 Rn 24 f mwN; ErfK/*Dieterich*, Art. 9 GG Rn 227; *Otto*, Arbeitskampfrecht, § 19 Rn 22; zum Begriff des Rechtsverhältnisses s. *Dubischar*, Grundbegriffe des Rechts, 1968, § 17.
101 *Hergenröder*, in: FS Birk 2008, S. 197, 204, 213 f; *ders.*, Der Arbeitskampf mit Auslandsberührung, S. 68 f mwN; MüKo/*Junker*, Art. 9 Rn 37; *ders.*, Internationales Arbeitsrecht im Konzern, 1992, S. 489 f; *Knöfel*, EuZA 2008, 228, 241 f; jurisPK-BGB/*Heinze*, Art. 9 Rn 9; *Gumnior*, Die Rechtmäßigkeit des Sympathiestreiks, 2007, S. 65 mwN, 252 ff, 262, 282; Dorssemont/*Jaspers*, Cross-Border Collective Actions in Europe, 2007, S. 44 f, 260–263; Ber-

nitt, Die Anknüpfung von Vorfragen im europäischen Kollisionsrecht, 2010, S. 212.
102 So iE auch jurisPK-BGB/*Heinze*, Art. 9 Rn 9; *ders.*, RabelsZ 73 (2009), 770, 787; wohl auch Ales/Novitz/Dorssemont/v. Hoek, Collective Action and Fundamental Freedoms in Europe, 2010, S. 237; s.a. *Deinert*, ZESAR 2012, 311, 316; aA *Knöfel*, EuZA 2008, 228, 242; allgemein zu dieser Problematik *Solomon*, in: FS Spellenberg 2010, S. 355, 366 ff; *Bernitt*, Die Anknüpfung von Vorfragen im europäischen Kollisionsrecht, 2010; *Schurig*, in: FS Kegel 1987, S. 549.
103 Anders bei Art. 7 im internationalen Umweltdeliktsrecht, vgl dazu die gem. Erwägungsgrund 25 vorgesehenen mitgliedstaatlichen Durchführungsvorschriften, für Deutschland bspw Art. 46 a EGBGB.
104 *Bernitt*, Die Anknüpfung von Vorfragen im europäischen Kollisionsrecht, 2010, S. 141–143, 217 f, 234; allgemein *Solomon*, in: FS Spellenberg 2010, S. 355, 357, 367.

ständige Anknüpfung dieser konkreten Vorfrage ist zu nennen, dass die Frage des anwendbaren Arbeitskampfdeliktsstatuts iRd europäischen Kollisionsrechts durch Erlass von Art. 9 beantwortet wurde. Da zwischen Vor- und Hauptfragen kein Rangverhältnis besteht, wäre es widersprüchlich, die einmal iRd Art. 9 getroffenen Grundentscheidung – also die höhere Gewichtung der Interessen der Akteure am Handlungsort – dem Risiko ihrer Preisgabe aufgrund einer unselbstständigen Anknüpfung auszusetzen. Die einzige Frage, die sich erneut stellt ist, ob die (Haupt)Arbeitskampfmaßnahme nach Maßgabe der *lex fori* oder der *lex causae* zu qualifizieren ist. Die Antwort hierauf ist bereits oben zugunsten der *lex causae* entschieden worden (vgl Rn 36).[105] Die Vorfrage ist konkret durchzuprüfen, weil die Frage der Rechtmäßigkeit bzw Rechtswidrigkeit des Hauptarbeitskampfes entscheidungserheblich ist.[106]

40 Geht es um einen **Streikaufruf** mit grenzüberschreitendem Bezug ist seine Behandlung vergleichbar mit derjenigen einer Unterstützungs- oder Solidaritätsmaßnahme. Er kann nicht isoliert betrachtet werden, sondern die Rechtmäßigkeit richtet sich gleichsam akzessorisch nach seinem **Inhalt**. Betrifft der Aufruf demnach eine Arbeitskampfmaßnahme in einem anderen Mitgliedstaat, ist die **Rechtmäßigkeit der erstrebten Arbeitskampfmaßnahme** nach dem Recht dieses Mitgliedstaates maßgeblich, auf den sich der Aufruf bezieht. Betrifft der Streik- oder Solidaritätsaufruf mehrere Mitgliedstaaten, so ist dieser hinsichtlich seiner Rechtmäßigkeit gesondert in Bezug auf alle betroffenen Mitgliedstaaten zu beurteilen (zur daraus folgenden Mosaikbetrachtung s. Rn 58).[107]

41 2. Haftung einer Person in ihrer Eigenschaft als Arbeitnehmer oder Arbeitgeber oder der Organisationen, die deren berufliche Interessen vertreten. Art. 9 regelt ausdrücklich nur die Haftung bestimmter natürlicher oder juristischer Personen bzw Organisationen. Im **Umkehrschluss** kann daraus geschlossen werden, dass sich die **Haftung Dritter**, also der nicht in Art. 9 genannten Personen oder Organisation, grundsätzlich nach **Art. 4** richtet. Die mögliche Anwendung zweier entgegengesetzter Kollisionsnormen aufgrund eines iRd Art. 9 begrenzt definierten Adressatenkreises führt dann zu Wertungsproblemen, wenn nicht ausdrücklich genannte Beteiligte eines Arbeitskampfes nach dem anzuwendenden Sachrecht an einem solchen rechtmäßig teilnehmen. Es fragt sich, ob Art. 9 diesbezüglich abschließend normiert ist. Keine Probleme bereitet hingegen der **Kreis möglicher Anspruchsteller**: Er ist iRd Art. 9 **unbegrenzt**.

42 a) Anspruchsgegner/Haftungsadressaten. Als Haftungsadressaten kommen gem. Art. 9 eine *„Person in ihrer Eigenschaft als Arbeitnehmer oder Arbeitgeber"* oder die *„Organisationen, die deren berufliche Interessen vertreten"* in Betracht. Die Systematik innerhalb des Art. 9 lässt darauf schließen, dass es sich um die kampfbeteiligten Personen und Organisationen handeln muss und die Statuseigenschaft Arbeitnehmer oder Arbeitgeber zum Zeitpunkt der geplanten oder durchgeführten Arbeitskampfmaßnahme vorliegen muss.

43 Zu überlegen ist, ob auch die **persönliche Haftung** des **Einzelnen** in seiner Eigenschaft als **Funktionsträger** eines der beteiligten Sozialpartner unter Art. 9 fällt. Unter Berufung auf seinen Wortlaut wird dies verneint, was dann die Anwendung des Art. 4 zur Folge hätte.[108] Unter Berücksichtigung systematischer und teleologischer Gesichtspunkte sprechen indes die besseren Argumente dafür, das Problem bereits iRd Art. 9 zu lösen. Angesichts seiner Grundwertung ist es widersprüchlich, für die Haftung der Sozialpartner das Deliktsstatut am Handlungsort zu berufen, die persönliche Haftung ihrer Funktionsträger oder Organmitglieder, über die Personenverbände oder juristische Organisationen notwendigerweise verfügen müssen, uU dem gegenteiligen Statut am Erfolgsort gem. Art. 4 Abs. 1 zu unterwerfen. Vorzugswürdig ist daher die **einheitliche Behandlung** der in Art. 9 genannten Haftungsadressaten, einschließlich ihrer Funktions- und Organträger.[109] Wird iRd ansonsten einschlägigen Art. 4 dessen Ausweichklausel bemüht und so ein sachlich sinnvoller Gleichlauf zu Art. 9 hergestellt, ist dieses Problem zumindest aus Praxissicht weniger gravierend. Indes ist aus prozesstaktischer Sicht möglicherweise eine höhere Darlegungslast mit zu bedenken. Denn die Ausweichklausel des Art. 4 Abs. 3 verlangt eine *„offensichtlich engere Verbindung"*. Die Recht-

---

105 Abzulehnen ist ArbG Wuppertal AP Nr. 20 zu Art. 9 GG Arbeitskampf (Rechtmäßigkeitsprüfung des engl. Hauptstreiks am Maßstab der dt. Sozialadäquanz) mit. krit. Anm. *Herschel*, BB 1960, 443; dazu *Gumnior*, Die Rechtmäßigkeit des Sympathiestreiks, 2007, S. 249–252 mwN.
106 AA *Knöfel*, EuZA 2008, 228, 242 (abstrakte Rechtmäßigkeitsprüfung, um eine Bewertung als Delikt zu vermeiden).
107 EuGH Slg 2007, I-10779 = NZA 2008, 124; England and Wales Court of Appeal [2005] EWCA Civ 1299 (Vorlagefragen 4 und 5); BVerfG NZA 2004, 1338; BAGE 28, 225, 231 = NJW 1977, 318, 319; LAG Stuttgart AuR 1974, 316, 319; LAG Berlin-Brandenburg NZA-RR 2011, 90; *Hergenröder*, in: FS Birk 2008, S. 197, 213 mwN; s.a. *Reich*, EuZA 2007, 391, 393.
108 *Knöfel*, EuZA 2008, 228, 239; MüKo/*Junker*, Art. 9 Rn 25 der iRd dann anzuwendenden Art. 4 die Ausweichklausel des Abs. 3 heranziehen möchte, um zu einem Gleichlauf mit dem Arbeitskampfdeliktsstatut zu gelangen.
109 Ebenso Bamberger/Roth/*Spickhoff*, Art. 9 Rn 2; jurisPK-BGB/*Heinze*, Art. 9 Rn 6; ErfK/*Schlachter*, Art. 9 Rn 1; *Zelfel*, Der Internationale Arbeitskampf nach Art. 9 Rom II-Verordnung, S. 44, 57.

sprechung des EuGH folgt bezüglich der Auslegung von Ausnahmeklauseln seit Jahrzehnten einem schematischen Muster: sie sind eng auszulegen.[110]

Darüber hinaus ist die Frage zu beantworten, ob auch **Streikbrecher**,[111] **gekündigte**[112] oder **ehemalige Arbeitnehmer** sowie andere **atypische Mitglieder von Gewerkschaften** (bspw Rentner oder Studenten) zum Kreis der Haftungsadressaten des Art. 9 gehören.[113] Bei Streikbrechern lässt sich dies sofort bejahen, da ihr Arbeitsverhältnis zum Zeitpunkt der Arbeitskampfmaßnahme besteht; sie sind dem Arbeitgeberlager zuzuordnen. Darüber hinaus kommt als maßgebliches, obschon nicht trennscharfes Kriterium ein **bestehendes Näheverhältnis** zu den streikenden Parteien in Betracht. Damit lässt sich ein notwendiger **Zurechnungszusammenhang** herstellen.[114] Mit dieser Maßgabe lassen sich auch gekündigte oder ehemalige Arbeitnehmer als Arbeitnehmer iSd Art. 9 auffassen. Dem steht auch der Wortlaut des Art. 9 nicht entgegen. 44

Schwieriger ist es, andere atypische Gewerkschaftsmitglieder oder sonstige Beteiligte von Arbeitskämpfen unter Art. 9 zu subsumieren. Bezüglich dieser Personengruppen dürfte die **Wortlautgrenze** des Art. 9 **überschritten** sein. Damit stellt sich die Frage, ob die Vorschrift diesbezüglich **abschließend formuliert oder nicht**. Die Kommission scheint von ersterem auszugehen.[115] 45

Für eine enge Auslegung des Art. 9 könnte die spezifische Aufzählung der Haftungsadressaten und die Entstehungsgeschichte angeführt werden. In diesem Zusammenhang ist ebenfalls zu bedenken, dass die Bereitschaft des EuGH im europäischen Prozess- und Kollisionsrecht nicht ausgeprägt ist, deren Bestimmungen flexibel auszulegen.[116] Indes handelt es sich bei Art. 9 um eine Vorschrift, die nicht vollständig autonom auszulegen ist. Des Weiteren möchte Art. 9 eine einheitliche sachrechtliche Bewertung der Arbeitskampfmaßnahme erreichen. Vor diesem Hintergrund spräche Art. 28 GRC iVm dem **allgemeinen Gleichheitssatz** des Art. 20 GRC dafür,[117] Art. 9 im Lichte dieser Unionsgrundrechte **erweiternd auszulegen**. Denn es sind keine sachlichen Gesichtspunkte dafür ersichtlich, Beteiligte an Arbeitskampfmaßnahme unterschiedlichen Haftungsstatuten zu unterwerfen, wenn die in Art. 28 GRC aufgezählten Personen und Organisation von ihrem Grundrecht ggf mit jenem Personenkreis Gebrauch machen. Als Voraussetzung wäre aber ein Näheverhältnis zu den in Art. 9 bzw Art. 28 GRC genannten Personen oder Organisationen zu verlangen. Bezüglich Rentner oder Studenten, die sich an einem Arbeitskampf beteiligen, könnte man auf deren gewerkschaftliche Mitgliedschaft abstellen. 46

Vergleichbar lässt sich das Problem bei der **Beteiligung anderer Personen** an Arbeitskampfmaßnahmen beantworten, wie es bspw bei einem **Flashmob** der Fall sein kann.[118] Lässt sich eine hinreichende Nähe zwischen den „streikenden", an einem Flashmob teilnehmenden Personen zum Arbeitskampfgeschehen feststellen und kann diese der streikenden Gewerkschaft zugerechnet werden,[119] handelt es sich bei diesen Personen um keine Dritten ieS, deren Haftungsstatut sich andernfalls nach Art. 4 richten würde – kollisions- 47

---

110 Siehe auch EuGH Slg 2009, I-9687 = IPRax 2010, 236 Rn 53–64 (zu Art. 5 Abs. 4 EVÜ); Palandt/*Thorn*, Art. 4 Rn 29; ErfK/*Schlachter*, Art. 8 Verordnung (EG) Nr. 593/2008, Rn 17; *Würdinger*, RabelsZ 75 (2011), S. 102, 110 f; *ders.*, AcP 206 (2006), 946, 952 f.
111 Dazu bspw *Greiner*, NJW 2010, 2010, 2977, 2980; s.a. *Birk*, in: GS Kahn-Freund 1980, S. 21, 36 f.
112 *Heinze* bringt das Bsp. streikender, aber gekündigter Arbeitnehmer, die sich mit der Arbeitskampfmaßnahme konkret gegen die unternehmerische Restrukturierung richten, die zu ihrer Kündigung geführt hat, vgl *ders.*, RabelsZ 73 (2009), 770, 784.
113 Dagegen *Knöfel*, EuZA 2008, 228, 239; MüKo/*Junker*, Art. 9 Rn 25; Bamberger/Roth/*Spickhoff*, Art. 9 Rn 2 (bejahend bei Streikbrechern).
114 *Heinze*, RabelsZ 93 (2009), S. 770, 784 mwN.
115 KOM(2006) 566 endg., v. 27.9.2006, S. 4.
116 Bspw EuGH Slg 2005, I-1383 = IPRax 2005, 244; EuGH Slg 2009, I-663 = NJW 2009, 1655; ähnlich die Einschätzung im Hinblick auf Art. 9 bei MüKo/*Junker*, Art. 9 Rn 29.
117 Bzw. ihre in den allgemeinen Grundsätzen des Unionsrechts niedergelegten Pendants; vgl zum allgemeinen Gleichheitssatz grdl. EuGH Slg 1977, 1753 = RIW 1977, 776, 777 Rn 7.
118 BAGE 132, 140 = NJW 2010, 631 mit krit. Anm. *Greiner*, EzA Art. 9 GG Arbeitskampf Nr. 143; *ders.*, NJW 2010, 2977, 2978, 2981 (gegen das Urteil ist Verfassungsbeschwerde eingelegt unter dem Az 1 BvR 3185/09); dazu auch *Richardi*, in: FS Säcker 2011, S. 285 ff; *Löwisch/Rieble*, TVG, 3. Aufl. 2012, Rn 464; *Rehder/Deinert/Callsen*, Arbeitskampfmittelfreiheit und atypische Arbeitskampfformen, 2012.
119 Zu dieser Notwendigkeit im dt. Sachrecht BAGE 132, 140 = NJW 2010, 631, 636 f: „Regelmäßig erforderlich ist allerdings, dass derartige ‚Flashmob-Aktionen' für die Arbeitgeberseite als von der Gewerkschaft getragene und zu verantwortende Arbeitskampfmaßnahmen erkennbar sind. Die den Arbeitskampf führende Gewerkschaft muss daher in zurechenbarer Weise deutlich machen, dass es sich nicht um eine ‚wilde' Aktion unbeteiligter Dritter, sondern um eine von ihr organisierte und gesteuerte Arbeitskampfmaßnahme handelt. Dies muss nicht in formalisierter Weise geschehen. Vielmehr kann sich dies aus den Gesamtumständen – wie etwa Flugblättern oder öffentlichen Kundgebungen – ergeben".

und dann später sachrechtlich vollkommen losgelöst etwaiger arbeitskampfrechtlicher Privilegierungen. Das Problem kann gleichfalls ggf mithilfe der Ausweichklausel des Art. 4 Abs. 3 aufgelöst werden.[120]

48 **b) Anspruchsteller.** Im Gegensatz zu den Haftungsadressaten schränkt Art. 9 den Kreis der Anspruchsteller nicht ein. Das heißt, die **Ansprüche aller**, also auch Dritter, wegen Schäden aus Arbeitskampfmaßnahmen werden **von Art. 9 umfasst**.[121] Dem ist zuzustimmen, weil sich Arbeitskämpfe zwangsläufig auch auf Dritte, bspw Kunden oder Lieferanten, (finanziell) nachteilig auswirken sollen und ihre Interessen somit in die Bewertung des Arbeitskampfgeschehens einfließen. Dann ist es sachlich gerechtfertigt, etwaige Ansprüche aus unerlaubter Handlung dem Arbeitskampfdeliktsstatut zu unterstellen, um eine sachrechtliche Einheitsbetrachtung zu ermöglichen. Im Gegensatz zu dieser Auffassung hatte die Kommission jedoch bedauert, dass aus Art. 9 nicht klar hervorgehe, dass Dritte keine Rechte aus diesen Schuldverhältnissen geltend machen können.[122]

49 **3. Schäden, die aus bevorstehenden oder durchgeführten Arbeitskampfmaßnahmen entstanden sind.** Das durch Art. 9 berufene Arbeitskampfdeliktsstatut umfasst nicht nur die Regulierung von Schadenspositionen, die aufgrund durchgeführter Arbeitskampfmaßnahmen entstanden sind, sondern auch Schäden, die aus bevorstehenden Arbeitskampfmaßnahmen entstanden sind. Als Beispiel für die letzte Variante lässt sich der Vermögensschaden in der EuGH-Entscheidung „Torline" aufführen, der der dänischen Reederei als Reaktion auf den Streikaufruf, aber noch vor der geplanten Boykottaktion entstanden war.[123] Ein weiteres Beispiel wäre die Stornierung von Aufträgen.[124]

50 In diesem Zusammenhang ist darauf hinzuweisen, dass die Rom II-VO das anwendbare Recht der außervertraglichen Schuldverhältnisse nicht nur in Bezug auf bereits eingetretene Schäden, sondern auch mit Blick auf **präventive Ansprüche** vor Schadenseintritt koordiniert. **Art. 2 Abs. 2 und Abs. 3** erweitern in Zusammenschau mit Art. 15 lit. d das von Art. 9 berufene Arbeitskampfdeliktsstatut in einem sehr praxisrelevanten Bereich, weil hierdurch auch (vorbeugende) **Unterlassungsklagen** zur Verhinderung drohender Schäden umfasst werden (s. Art. 2 Rn 3–5).[125] Da sogar isoliert die Feststellung der Rechtmäßigkeit oder Rechtswidrigkeit eines geplanten Streiks der Rom II-VO grundsätzlich unterfällt (und damit die wichtigste Frage im Hinblick auf eine Arbeitskampfmaßnahme, s.a. Rn 38, 40, 66), ist der Anwendungsbereich des von Art. 9 ggf iVm Art. 2 berufenen Arbeitskampfdeliktsstatuts groß. Folgerichtig schrumpft derjenige eines dahinter stehenden **allgemeinen Arbeitskampfstatuts**, welches dem autonomen mitgliedstaatlichen Kollisionsrecht entstammt; diese Feststellung gilt unabhängig davon, dass nach Teilen der Lehre dieses Statut nicht deliktsrechtlich qualifiziert wird (Art. 40 EGBGB).[126] Trotz dieses Übergewichts überzieht die Rom II-VO einen Arbeitskampf indes keineswegs mit einem abstrakten Unwerturteil bezüglich grundsätzlich legitimer Kampfformen, genauso wenig wie dies iRd anderen Deliktsstatute geschieht, bspw Art. 6.[127] Die abstrakt-generelle Einordnung unter den Systembegriff der unerlaubten Handlung besagt auf der Ebene des koordinieren Kollisionsrecht noch nicht, dass die Handlung im Einzelfall *tatsächlich* unerlaubt war.

51 Damit schließlich unerlaubte Handlungen von Art. 9 erfasst werden, müssen diese **„aus" einer Arbeitskampfmaßnahme** entstanden sein. Einhellig wird aufgrund dieses Kausalitätserfordernisses davon ausgegangen, dass nur **anlässlich** einer Arbeitskampfmaßnahme oder **bei Gelegenheit** entstandene außervertragliche Schuldverhältnisse dem Recht unterliegen, welches die allgemeine Kollisionsnorm des Art. 4

---

120 Aufgrund der hier dargestellten Probleme iRd Haftungsadressaten schlägt *Zelfel*, Der Internationale Arbeitskampf nach Art. 9 Rom II-Verordnung, S. 70 f, 141 eine teilw. Umformulierung des Art. 9 *de lege ferenda* vor.
121 *Leible/Lehmann*, RIW 2007, 721, 731; MüKo/*Junker*, Art. 9 Rn 24; Ales/Novitz/*Dorssemont/v. Hoek*, Collective Action and Fundamental Freedoms in Europe, 2010, S. 234; aA *Knöfel*, EuZA 2008, 228, 243, 250; unausgesprochen Bamberger/Roth/*Spickhoff*, Art. 9 Rn 1; kritisch *Palao Moreno*, Yb. P.I.L. 9 (2007), 115, 119, 125 (keine klare Antwort); ebenso *Morse*, in: FS Pocar, S. 723, 730 f („most unclear", „regrettable uncertainty"); *v. Hein*, VersR 2007, 440, 449.
122 KOM(2006) 566 v. 27.9.2006 endg., S. 4.
123 EuGH Slg 2004, I-1417 = IPRax 2006, 161 (Stilllegung der Tor Caledonia, Anmietung des Ersatzschiffes).
124 MüKo/*Junker*, Art. 9 Rn 21.
125 Kritisch zur Art und Weise der Verschränkung von Art. 9 und Art. 2 Abs. 2 und Abs. 3 MüKo/*Junker*, Art. 9 Rn 21 („Gesetzgebungs-Merkzettel").
126 Prononciert *Deinert*, ZESAR 2012, 311, 314–318 („Sogwirkung"); s.a. *Hergenröder*, in: FS Birk 2008, S. 197, 210; *Birk*, IPRax 1987, 14, 16.
127 AA *Knöfel*, EuZA 2008, 228, 234 f; zurückhaltend auch *Siehr*, RabelsZ 74 (2010), 139, 149; kritisch bereits *Hergenröder*, in: FS Birk 2008, S. 197, 206.

bestimmt (bspw Prügeleien, Eigentumsdelikte etc.).[128] Frankreich hatte sich um eine entsprechende Klarstellung noch bemüht. Diese fand jedoch keinen Eingang in die Rom II-VO.[129]

II. Anknüpfungspunkte

Aus dem Wortlaut des Art. 9 sowie der Systematik der Rom II-VO ergibt sich eine Anknüpfungsleiter von drei Sprossen. Folgende **Prüfungsreihenfolge** ist einzuhalten:[130] Zunächst ist fragen, ob die Parteien das **Arbeitskampfdeliksstatut** nach Maßgabe des Art. 14 wirksam **gewählt** haben (s.a. Art. 14 Rn 15 ff); diese Möglichkeit schließt Art. 9 nicht aus (Rn 63–65). Ansonsten ist zweitens gem. Art. 4 Abs. 2 zu prüfen, ob die haftende und die geschädigte Person order Organisation zum Zeitpunkt des Schadenseintritts ihren **gemeinsamen gewöhnlichen Aufenthalt** in demselben Staat haben. Diese Frage hat Vorrang, weil Art. 9 nur „*unbeschadet des Artikels 4 Absatz 2*" gilt (Rn 59–62). Greifen weder Art. 14 noch Art. 4 Abs. 2, ist schließlich drittens gem. Art. 9 an den Handlungsort anzuknüpfen, in dem die Arbeitskampfmaßnahme erfolgen soll oder erfolgt ist (**Handlungsort des Arbeitskampfes**). Das ist dann der Fall, wenn ein Arbeitskampf vorliegt und entweder die Person in ihrer Eigenschaft als Arbeitnehmer oder Arbeitgeber oder die Organisationen, die deren berufliche Interessen vertreten, in Anspruch genommen werden sollen (Rn 53 ff). Liegt keine Arbeitskampfmaßnahme vor, ist das anzuwendende Sachrecht erst dann mithilfe der allgemeinen Grundregel des Art. 4 zu ermitteln.[131] Trotz dieser zwingenden Anknüpfungsleiter geht die folgende Darstellung andersherum vor.[132] Denn für die Praxis kommt dem Ort des Arbeitskampfes die weitaus größte Bedeutung zu.

52

1. Arbeitskampfort. Der zustimmungswürdigen Grundanknüpfung an den Handlungsort der Arbeitskampfmaßnahme iRd Art. 9 entspricht der dt. hM, die sich bereits vor der Rom II-VO zum autonomen Kollisionsrecht herausgebildet hatte.[133] Maßgeblich ist der **tatsächliche** bzw **physische Handlungsort** der Arbeitskampfmaßnahme. Er ist von dem **Ort** zu unterscheiden, an dem die Arbeitskampfmaßnahme **geplant** wurde oder **koordiniert** wird; dieser ist **irrelevant**.[134] Aus der EuGH-Entscheidung „Torline" ist zu schließen, dass es sich bei einem **Aufruf** zu einem **Streik** oder **Boykott** um eine für Art. 9 relevante Handlung handelt. Für diese Auffassung lässt sich dessen Außenwirkung anführen. Das ist bspw im internationalen Seearbeitsrecht von Bedeutung, wenn die International Transport Workers' Federation (ITF), die ihren Sitz in London hat, zu entsprechenden Arbeitskampfmaßnahmen ihrer Mitglieder aufruft. International zuständig sind dann bzgl des Aufrufs gem. Art. 5 Nr. 3 EuGVVO (ggf iVm Art. 31 EuGVVO) englische Gerichte, das anzuwendende Recht nach Maßgabe des Art. 9 bzgl des Streikaufrufs hängt von seinem Inhalt ab (Rn 40).[135]

53

---

128 Bamberger/Roth/*Spickhoff*, Art. 9 Rn 2; *Heinze*, RabelsZ 73 (2009), S. 770, 785; *Palao Moreno*, Yb. P.I.L. 9 (2007), 115, 119; weiteres oft zitiertes Beispiel aus dem Seearbeitskampf: Während eines Streiks auf der Fähre Sylt-Røm wirft die aufgebrachte Besetzung den Kapitän im Hafen von Havneby in Dänemark über Bord, dazu *Puttfarken*, See-Arbeitsrecht, 1988, S. 25 f; MüKo/*Junker*, Art. 9 Rn 20; *Zelfel*, Der Internationale Arbeitskampf nach Art. 9 Rom II-Verordnung, S. 63.

129 Council of the EU: Note from the French delegation to the Committee on Civil Law Matters (Rome II) Nr. 9016/06 JUSTCIV 113 CODEC 428 v. 4.5.2006, S. 2: „only remedy and compensation for direct economic damage caused or likely to be caused by such action".

130 Ebenso *Palao Moreno*, Yb. P.I.L. 9 (2007), 115, 120; Palandt/*Thorn*, Art. 9 Rn 3; MüKo/*Junker*, Art. 9 Rn 4–8; Hk-BGB/*Dörner*, Art. 9 Rn 1; ErfK/*Schlachter*, Art. 9 Rn 2; *Deinert*, ZESAR 2012, 311, 312; s.a. *Hohloch*, Yb. P.I.L. 9 (2007), 1, 15.

131 Bamberger/Roth/*Spickhoff*, Art. 9 Rn 1; zu Art. 4 vgl *Hohloch*, Yb. P.I.L. 9 (2007), 1, 6 ff.

132 Ebenso bspw MüKo/*Junker*, Art. 9 Rn 8, 26–35; jurisPK-BGB/*Heinze*, Art. 9 Rn 9–12.

133 ArbG Bremen NZA-RR 2000, 35; ArbG Bremen SeeAE Nr. 6 zu Art. 9 GG; *Gamillscheg*, Internationales Arbeitsrecht, 1959, S. 365 f; *ders.*, Kollektives Arbeitsrecht, Bd. 1, 1997, S. 962; MünchArbR/*Birk*, Bd. 1, 2. Aufl. 2000, § 21 Rn 65; *ders.*, in: GS Kahn-Freund 1980, S. 21, 36; ders., RabelsZ 46 (1982), 384, 405 f; *Gitter*, ZfA 1971, 127, 146 f; *Junker*, Internationales Arbeitsrecht im Konzern, 1992, S. 481–483 mwN; *Eichenhofer*, NZA-Beilage zu Heft 20, 2006, 67, 69 f; Staudinger/*Magnus*, Stand 2002, Art. 30 EGBGB Rn 275; *Jeschke*, Der europäische Streik, 2006, S. 28 mwN. Für eine Schwerpunktanknüpfung bspw *Hergenröder*, Der Arbeitskampf mit Auslandsberührung, 1986, S. 221; *ders.*, in: FS Birk 2008, S. 197, 206 ff. Ausf. mwN auch zu anderen Anknüpfungspunkten jurisPK-BGB/*Heinze*, Art. 9 Rn 1; *ders.*, RabelsZ 73 (2009), 770, 778 f; *Knöfel*, EuZA 2008, 228, 230 f, 244.

134 Bamberger/Roth/*Spickhoff*, Art. 9 Rn 3; *Knöfel*, EuZA 2008, 228, 244; *Morse*, in: FS Pocar 2009, S. 723, 725, 728; MüKo/*Junker*, Art. 9 Rn 27; jurisPK-BGB/*Heinze*, Art. 9 Rn 8; MünchArbR/*Oetker*, Bd. 1, 3. Aufl. 2009, § 11 Rn 126; *Deinert*, Internationales Arbeitsrecht, § 16 Rn 15; ErfK/*Schlachter*, Art. 9 Rn 2; Dorssemont/*v. Hoek*, Cross-Border Collective Actions in Europe, 2007, S. 448 ff; dem Handlungsort iRd Art. 9 auch zustimmend auch *Kadner Graziano*, Rev. crit. DIP 2008, 445, 495.

135 So bspw die Konstellation in der Rechtssache „Viking", vgl EuGH Slg 2007, I-10779 = NZA 2008, 124; England and Wales Court of Appeal [2005] EWCA Civ 1299.

54 In der Praxis dürfte der Ort der Arbeitskampfmaßnahme häufig mit dem Arbeitsort der streikenden Arbeitnehmer zusammenfallen.[136] Indes sind auch Ausnahmekonstellationen, insbesondere bei einem Boykott, denkbar (Streik an Bord, Boykott im Hafen). Ein automatischer Gleichlauf besteht also keineswegs.[137] Die Gretchenfrage iRd Grundanknüpfung stellt sich u.a. bei **Seearbeitskämpfen**, wenn – aufgrund der erwünschten und notwendigen Stoßkraft – die Arbeitskampfmaßnahme im Hafen eines Hoheitsgebiets stattfindet, das dem Flaggenstaat des betreffenden Schiffes nicht entspricht.[138] Knüpft man anhand der Grundregel des Art. 9 an den Handlungsort der jeweiligen Arbeitskampfmaßnahme an, lassen sich diese grundsätzlich genau lokalisieren: Der Boykott findet im Hafen statt; gestreikt wird an Bord des Schiffes. Nicht ausgeschlossen ist indes, dass der Streik auf das Hafengebiet übergreift.[139] Mit der wohl hM ist an das **Recht des Hafenortes** anzuknüpfen, in dem die Arbeitskampfmaßnahmen durchgeführt werden.[140] Diese Lösung führt zu einer einheitlichen sachrechtlichen Bewertung beider Handlungen. Für eine geographische bzw **territoriale Anknüpfung** spricht der Wortlaut des Art. 9. Dieser beruft das *„Recht des Staates"* zur Anwendung, *„in dem die Arbeitskampfmaßnahme erfolgt ist oder erfolgen soll"*. Schiffe gehören aber nicht zum Territorium eines Staates; das Flaggen- bzw Registerprinzip regelt lediglich die Zugehörigkeit zu einem Staat. Damit unterliegt ein in einem Hafen befindliches Schiff unter fremder Flagge dem räumlichen Geltungsbereich des Sachrechts der Mitgliedstaaten und der Union. Folglich kann das Kollisionsrecht auf diesem Befund aufbauen und die Wahl eines geeigneten Anknüpfungsmerkmals rechtsbereichsspezifisch treffen. Auch der aus Art. 28 GRC fließende Gedanke des Arbeitnehmerschutzes spricht unter teleologischen Gesichtspunkten für die territoriale Anknüpfung. Schließlich werden hierdurch vorhersehbare Ergebnisse bewirkt und Rechtssicherheit gefördert.

55 Gegen diese Auffassung können Art. 91 und Art. 92 **Seerechtsübereinkommen**[141] nicht angeführt werden, in denen ein völkerrechtliches Flaggenprinzip statuiert wird. Zum einen möchte dieses Übereinkommen von seinem Sinn und Zweck her schon gar nicht Fragen des internationalen Arbeitsrechts regeln (vgl Erwägungsgründe in seiner Präambel). Zum anderen betreffen die o.g. Artikel nur den Bereich der **Hohen See**. Diese unterliegt keiner territorialen Souveränität eines Staates, was im Hinblick auf das Hafengebiet eines Mitgliedstaates gerade nicht der Fall ist. Deshalb spricht der Umstand, dass die Kommission in ihrem Verordnungsentwurf das Flaggenprinzip in Anlehnung an das Seerechtsübereinkommen normieren wollte (Art. 18 lit. b und lit. c Rom II-VO-E), weder für die eine noch die andere Auffassung.[142]

56 Die **Haltung des EuGH** ist diesbezüglich **offen**. Auf der einen Seite zeugen die Entscheidungen „Weber" oder „Rehder" von einer marginalen Bedeutung des Flaggen- oder Registerprinzips bei Schiffen und Flugzeugen.[143] Auf der anderen Seite lässt sich aus der EuGH-Entscheidung „Torline" herauslesen, dass die Flagge eines Schiffs nicht nur auf Hoher See als Anknüpfungspunkt in Betracht kommt.[144] In der Tendenz lässt sich dennoch wohl eine Präferenz zugunsten einer geographischen bzw territorialen Sichtweise ausmachen. Im internationalen Arbeitsrecht ist dieses Problem iRd Art. 9 sowie Art. 8 Abs. 2 Rom I-VO und Art. 19 Nr. 2 lit. a EuGVVO von äußerster Praxisrelevanz. Letztlich kann nur eine Vorlage zum EuGH

---

136 *Palao Moreno*, Yb. P.I.L. 9 (2007) 115, 123.
137 Warnend vor einer Parallelisierung MüKo/*Junker*, Art. 9 Rn 27; zu Art. 8 Abs. 2 Rom I-VO bzw dessen Vorgängernorm vgl EuGH IPRax 2011, 582; EuGH NZA 2012, 227.
138 Wenig praxisrelevant sind Arbeitskämpfe auf Hoher See, da sie sich nicht wirksam durchführen lassen und die Verweigerung von Befehlen des Kapitäns in vielen Rechtsordnungen eine Straftat darstellt, dazu ausf. MünchArbR/*Giesen*, Bd. 2, 3. Aufl. 2009, § 333 Rn 64–68; *Junker*, Internationales Arbeitsrecht im Konzern, 1992, S. 467; Ales/Novitz/*Dorssemont/ v. Hoek*, Collective Action and Fundamental Freedoms in Europe, 2010, S. 223 f; *Magnus*, in: FS Posch, S. 443, 458.
139 Dann auch Handlungsort im Hafen und entsprechendes Arbeitskampfdeliktsstatut, *Zelfel*, Der Internationale Arbeitskampf nach Art. 9 Rom II-Verordnung, S. 95.
140 Ebenso *Kegel/Schurig*, Internationales Privatrecht, 9. Aufl. 2004, S. 19; *Magnus*, in: FS Posch, S. 443, 459; *Heinze*, RabelsZ 73 (2009), S. 770, 786; jurisPK-BGB/*Heinze*, Art. 9 Rn 8 mwN (Flaggenstaat nur auf Hoher See, ansonsten Recht am Hafenort); Bamberger/Roth/*Spickhoff*, Art. 9 Rn 3; *Siehr*,

RabelsZ 74 (2010), 139, 149 (Recht des Hafens, in dem Arbeitskampfmaßnahme stattfindet); *Knöfel*, EuZA 2008, 228, 245 f, 249 (Recht des geographischen Aufenthaltsorts des Schiffes); *Bernitt*, Die Anknüpfung von Vorfragen im europäischen Kollisionsrecht, 2010, S. 212; ebenso *v. Hoek*, Nederlands Internationaal Privaatrecht 2008, 449, 453; *Deinert*, Internationales Arbeitsrecht, § 16 Rn 16 mwN; wohl auch MüKo/*Junker*, Art. 9 Rn 28; *ders.*, Internationales Arbeitsrecht im Konzern, 1992, S. 483 (Ausnahme bei insularem Sachverhalt); *Deinert*, ZESAR 2012, 311, 313; aA Palandt/*Thorn*, Art. 9 Rn 3 (Heimatrecht des Schiffes); *Basedow*, RabelsZ 74 (2010), 118, 132 f; offen MünchArbR/*Giesen*, Bd. 2, 3. Aufl. 2009, § 333 Rn 66.
141 BGBl. II 1994 S. 1798; ILM 21 [1982] 1261.
142 KOM(2003)427 v. 22.7.2003, endg., S. 42, 29.
143 EuGH Slg 2002, I-2013 = IPRax 2003, 45, 47 Rn 27–36; EuGH Slg 2009, I-6073 = IPRax 2010, 160.
144 EuGH Slg 2004, I-1417 = IPRax 2006, 161, 164 Rn 44; ebenso bereits BVerfGE 92, 26 = IPRax 1996, 115, 116; *Basedow*, RabelsZ 74 (2010), 118, 132 f, 137. Weder in der Ost- noch Nordsee gibt es eine Hohe See.

Klarheit bringen. Auch das BAG kann sich diesbezüglich seiner Vorlageverpflichtung gem. Art. 267 Abs. 3 AEUV zu dieser konkreten Frage wegen Art. 101 Abs. 1 S. 2 GG nicht mehr entziehen.[145]

Wird entgegen der hier befürworteten Auffassung an den **Flaggen-** bzw **Registerstaat des Schiffes** angeknüpft, beruft Art. 9 für Boykott und Streik unterschiedliche Arbeitskampfdeliktsstatute zur Anwendung. Da es sich bei den Boykottaktionen zumeist um solidarische bzw unterstützende Maßnahmen handeln dürfte, wird die Vorfragenproblematik relevant (Rn 38–40). Etwaige sachrechtliche Wertungswidersprüche, die aufgrund der Anknüpfung an das Sachrecht einer sog. Billigflagge (*flag of convenience*) resultieren (vor allem iVm Art. 3), lassen sich mithilfe der Sonderanknüpfung iRd Art. 16 oder des *ordre public* gem. Art. 26 korrigieren (Rn 74–78).[146] Das durch Anlaufen von Häfen mit streikfreundlichen Arbeitskampfdeliktsstatuten in diesem Zusammenhang nicht zu verneinende Risiko des sog. ***strike law shopping***,[147] besteht unabhängig davon, welche der beiden Ansichten gefolgt wird. Der Grund liegt darin, dass bei Anknüpfung an eine (Billig)Flagge eine Korrektur mithilfe der Art. 16 oder Art. 26 nicht unwahrscheinlich ist. Das Risiko, Opfer eines wirksam durchgeführten Boykotts zu werden, wird also mit Blick auf beide Auffassungen höchstens dadurch abgemildert, dass dem Reeder die Fahrtroute seiner Schiffe bekannt sein müsste. **57**

Aus dem Umstand, dass mehrere **Arbeitskampfmaßnahmen an verschiedenen Handlungsorten** stattfinden können, folgt, dass sie möglicherweise unterschiedlichen Deliktsstatuten unterfallen. Das ist dann der Fall, wenn sie jeweils in verschiedenen Mitgliedstaaten durchgeführt werden. Dieses aus Art. 9 resultierende **Trennungsprinzip** führt zu einer **Mosaikbetrachtung** und zu einer uneinheitlichen Bewertung von Arbeitskampfmaßnahmen in Abhängigkeit ihres Handlungsorts,[148] die ggf aufgrund ein und desselben Streikaufrufs initiiert wurden. Es findet also **keine Schwerpunktanknüpfung** statt.[149] Sie würde dazu führen, dass Geschehnisse, die in verschiedenen Mitgliedstaaten stattgefunden haben, einheitlich bewertet würden. Diese Intention lässt sich dem Wortlaut des Art. 9 sowie seiner Entstehungsgeschichte jedoch nicht herauslesen. Auch diesbezüglich bestehen also Parallelen zum Deliktsstatut des Art. 6 (vgl dort Rn 19). Eine Verknüpfung der Geschehnisse und damit gewisse Abmilderung dieser Situation lässt sich mithilfe der **Vorfragenanknüpfung** erreichen. **58**

2. Gemeinsamer gewöhnlicher Aufenthalt. Abweichend vom Handlungsort des Arbeitskampfes ist an den gewöhnlichen Aufenthalt von Schädiger und Geschädigten anzuknüpfen (*lex domicilii communis*), wenn sie diesen zum Zeitpunkt der schädigenden Handlung in demselben Mitgliedstaat haben. **Art. 4 Abs. 2** genießt **Vorrang** vor Anknüpfungspunkt des Art. 9. Der gewöhnliche Aufenthalt bestimmt sich für Gesellschaften, Vereine und juristische Personen sowie für professionell handelnde natürliche Personen nach Maßgabe des Art. 23 (vgl Art. 4 Rn 121; für andere natürliche Personen vgl. Art. 23 Rn 13–20).[150] Hätte es sich demnach in der o.g. EuGH-Entscheidung „Torline" um eine englische Reederei gehandelt, die auf einen Solidaritätsaufruf der ITF mit Sitz in London reagiert (Boykott der Tor Caledonia in schwedischen oder dänischen Häfen), wäre bzgl des Streikaufrufs gem. Art. 4 Abs. 2 englisches Sachrecht zu berufen. Vergleichbar sind die Fälle zu lösen, in denen im Ausland „auf Montage" beschäftigte Arbeitnehmer sich an einem inländischen Streik gegen ihren dort ansässigen Arbeitgeber beteiligen; ebenso in einem ausländischen Hafen durchgeführte Streikaktionen einer deutschen Besatzung gegen den deutschen Reeder an Bord eines Schiffes.[151] **59**

Das Anknüpfungsmerkmal des gewöhnlichen Aufenthalts entspricht modernen Tendenzen im internationalen Deliktsrecht, eine meist auf die *lex loci damni* abstellende allgemeine Kollisionsnorm aufzulockern.[152] Dafür, das außervertragliche Schuldverhältnis nach der gemeinsamen Lebensumwelt von Schädiger und Geschädigten zu bewerten, spricht insbesondere, dass diese Anknüpfung zu derjenigen haftungsrechtlichen **60**

---

145 Dazu *Winkler von Mohrenfels*, EuZA 2012, 368 ff mwN; *Temming*, jurisPR-ArbR 15/2010 Anm. 6; *ders.*, ZESAR 2010, 277 ff; s.a. BAGE 132, 182 = RIW 2010, 232; bemerkenswert BVerfG EuGRZ 2010, 247.

146 AA *Palao Moreno*, Yb. P.I.L. 9 (2007) 115, 123, der in diesen Fällen schon gar nicht an die Flagge anknüpfen möchte.

147 Bspw Palandt/*Thorn*, Art. 9 Rn 1 aE; *Knöfel*, EuZA 2008, 228, 246.

148 Zum Trennungsprinzip bspw *Otto*, Arbeitskampfrecht, 2006, § 13 Rn 10–12; *Junker*, Internationales Arbeitsrecht im Konzern, 1992, S. 485 f.

149 Ebenso Bamberger/Roth/*Spickhoff*, Art. 9 Rn 3; MüKo/*Junker*, Art. 9 Rn 29; Palandt/*Thorn*, Art. 9 Rn 3; jurisPK-BGB/*Heinze*, Art. 9 Rn 8; *Knöfel*, EuZA 2008, 228, 237; ErfK/*Schlachter*, Art. 9 Rn 2; Dorssemont/*v. Hoek*, Cross-Border Collective Actions in Europe, 2007, S. 466; *Magnus*, in: FS Posch, S. 443, 458; *Deinert*, Internationales Arbeitsrecht, § 16 Rn 17; aA *Leible*/*Lehmann*, RIW 2007, 721, 731; Hk-BGB/*Dörner*, Art. 9 Rn 3; *Palao Moreno*, Yb. P.I.L. 9 (2007) 115, 125 (bei einem zentralen Streikaufruf, anders dagegen bei koordinierten Streiks); *Deinert*, ZESAR 2012, 311, 313 mwN; allgemein zu Mosaikbetrachtung *Sonnentag*, ZVglRWiss 2006, 256, 2268 f.

150 *Kadner/Graziano*, RabelsZ 73 (2009), 1, 18–20 mwN; *Garcimartín Alférez*, EuLF, 3-2007, I-77, I-83; *Hohloch*, Yb. P.I.L. 9 (2007), 1, 11 f; *v. Hein*, ZEuP 2009, 7, 17 f.

151 Beispiele bei MüKo/*Junker*, Art. 9 Rn 29 f.

152 *Kadner Graziano*, Europäisches Internationales Deliktsrecht, S. 33 ff mwN; krit. Kegel/Schurig, Internationales Privatrecht, 9. Aufl. 2004, S. 732–738.

Absicherung des Opfers und zu denjenigen Standards der **Wiedergutmachung** führt, die beide Parteien **aus ihrer übereinstimmenden Lebensumwelt gewohnt** sind, in der sie das schädigende Ereignis zu tragen haben.[153] Die Interessenbewertung und -abwägung fällt also zulasten eines Haftungseinklangs mit den nach der *lex loci damni* oder – wie hier iRd Art. 9 – der *lex loci actus* zu beurteilenden Fällen aus. So zustimmungswürdig diese Auflockerung des Deliktstatuts für die typischen Fallgestaltungen sein mag, so berechtigt ist die **Kritik** an dieser Anknüpfung im Hinblick auf die kollisionsrechtliche Erfassung von Arbeitskämpfen.[154] Diese Kritik ist **berechtigt**, weil sich Arbeitskämpfe nicht aus ihrem Handlungsumfeld vollständig herausschälen lassen. Regelmäßig sind nicht nur die Interessen von Arbeitgebern, Arbeitnehmern und ihren Sozialpartnern, sondern auch diejenigen Dritter, der Allgemeinheit und des Staates involviert. Mit anderen Worten lassen sich Arbeitskämpfe in der Regel nicht unter eine Käseglocke legen, mit der *Ferid* das hinter diesem Anknüpfungsmerkmale steckende Schutzprinzip so plastisch verglichen hat.[155] Arbeitskämpfen kommt diesbezüglich eine **Andersartigkeit** zu, die sie von denjenigen Fällen, die mithilfe dieses Anknüpfungsmerkmals sachgerecht gelöst werden können, wesentlich unterscheidet (Straßenverkehrsunfall zweier Kölner auf Mallorca; Unfall zwischen belgischen Pfadfindern im niederländischen Zeltlager; s.a. Art. 4 Rn 25 f, 119).

61 Die mit der Anknüpfung gem. Art. 4 Abs. 2 möglichen **Ungereimtheiten** werden deutlich, wenn die in oben Rn 59 genannten Beispiele weiter gesponnen werden: Wird im ersten Beispiel das Schiff in einem schwedischen oder dänischen Hafen boykottiert, findet in Bezug auf die ITF englisches Sachrecht gem. Art. 4 Abs. 2 Anwendung. Gegenüber der den Boykott organisierenden dänischen oder schwedischen Gewerkschaft findet je nach Handlungsort gem. Art. 9 dänisches oder schwedisches Sachrecht Anwendung. Richtet sich im zweiten Beispiel der Streik der sich im Ausland befindlichen Arbeitskolonne nicht nur gegen ihren inländischen Arbeitgeber, sondern auch gegen weitere Arbeitgeber im Ausland, würde ein und dieselbe Arbeitskampfmaßnahme einmal nach Art. 4 Abs. 2 und dann nach Art. 9 bewertet werden (allgemein dazu Art. 4 Rn 125). Ebenso problematisch wäre die Situation, wenn es sich in diesem Beispiel um einen im Ausland zulässigen (arbeits-)politischen Streik handelt, der in Deutschland nicht zulässig ist.[156]

62 Sollte der EuGH über Art. 4 Abs. 2 iVm Art. 9 im Rahmen eines Vorabentscheidungsverfahrens erkennen, wird insbesondere unter Berufung auf **Erwägungsgrund 28** eine **teleologische Reduktion** des Art. 15 lit. a vorgeschlagen, um zumindest zu einer einheitlichen Bewertung des Arbeitskampfgeschehens zu gelangen.[157] Das läuft im Ergebnis auf eine *Dépeçage* hinaus.[158] Obwohl ein solches in diesem Falle objektives Auseinanderreißen des Sachverhalts durch unterschiedliche Anknüpfungen im internationalen Vertrags- und Deliktsrecht mit guten Argumenten zurückgedrängt wurde,[159] ist diese Lösung an dieser Stelle bedenkenswert. Problematisch ist indes, dass sich Erwägungsgrund 28 nur auf Art. 9 bezieht, indem es das dort angelegte Handlungsortprinzip verstärkt. Davon unabhängig steht Art. 4 Abs. 2. Sollte dieser Anknüpfungspunkt relevanter werden, als bisher angenommen,[160] besteht Reformbedarf (Rn 28 f).

63 **3. Rechtswahl.** Der Anknüpfung an den gemeinsamen Aufenthalt geht schließlich noch eine **Rechtswahl** nach Maßgabe des **Art. 14 Abs. 1 S. 1** vor (allgemein zur Zulässigkeit einer Rechtswahl vgl Art. 14 Rn 1–

---

153 *Kadner Graziano*, Europäisches Internationales Deliktsrecht, S. 44.
154 Bamberger/Roth/*Spickhoff*, Art. 9 Rn 3 (missliche Ungleichbehandlung); Palandt/*Thorn*, Art. 9 Rn 3; MüKo/*Junker*, Art. 9 Rn 29 f, 36; *Knöfel*, EuZA 2008, 228, 237 f, 249 (auch mit Kritik bzgl möglicher Wertungswidersprüche mit Art. 6); *Palao Moreno*, Yb. P.I.L. 9 (2007) 115, 125; *Morse*, in: FS Pocar, S. 723, 726 f; neutral hingegen *Kadner/Graziano*, RabelsZ 73 (2009), 1, 59; s.a. jurisPK-BGB/*Heinze*, Art. 9 Rn 8 dort in Fn 47 mwN; aA teilweise *Garcimartín Alférez*, EuLF, 2007, I-77, I-88.
155 Zur „Käseglocken"-Theorie vgl *Ferid*, Internationales Privatrecht, 3. Aufl. 1986, S. 247; in diese Richtung auch *Deinert*, ZESAR 2012, 311, 312; *Knöfel* spricht in diesem Zshg. von multipolaren Delikten, *Knöfel*, EuZA 2008, 228, 238; dieser Aspekt wird auch in BGHZ 40, 391, 397 und BGH NJW 1968, 1572, 1574 f sowie BGHZ 113, 11 (unlauterer Wettbewerb im Ausland: gemeinsames Heimatrecht statt Recht am Handlungsort, wenn ausschließlich deutsche Wettbewerber beteiligt) deutlich.
156 Krit. auch *Morse*, in: FS Pocar, S. 723, 726 f mit weiteren Bsp.; für Deutschland vgl BAGE 62, 171 = NZA 1989, 969, 973.
157 So MüKo/*Junker*, Art. 9 Rn 31, 36; *Zelfel*, Der Internationale Arbeitskampf nach Art. 9 Rom II-Verordnung, S. 120 f; iE auch *Deinert*, ZESAR 2012, 311, 316; *ders.*, Internationales Arbeitsrecht, § 16 Rn 22; kritisch zu dieser Situation *Palao Moreno*, Yb. P.I.L. 9 (2007) 115, 122.
158 Dazu allgemein MüKo/*Spellenberg*, vor Art. 11 EGBGB, Rn 22 f; *Jayme*, in: FS Kegel 1987, S. 253 ff; *Kropholler*, Internationales Privatrecht, 6. Aufl. 2006, § 18 I.
159 Siehe auch *Kadner Graziano*, Europäisches Internationales Deliktsrecht, S. 34 f mwN.
160 Für den Bereich der Seeschifffahrt bspw *Siehr*, RabelsZ 74 (2010), 139, 149; *Zelfel*, Der Internationale Arbeitskampf nach Art. 9 Rom II-Verordnung, S. 106.

14).[161] Ihre Praxisrelevanz dürfte im Hinblick auf Arbeitskampfmaßnahmen begrenzt sein.[162] Eine Rechtswahl des Deliktsstatuts kann **nach Eintritt des schadensbegründenden Ereignisses**, unter einschränkenden Voraussetzungen aber **auch schon vorher** vereinbart werden. Die Möglichkeit parteiautonomer Anknüpfung des Deliktsstatuts ist im Grundsatz zu begrüßen, sieht sich jedoch im Hinblick auf das Arbeitskampfdeliktsstatut erneut derselben Kritik ausgesetzt, wie sie schon iRd zu Art. 4 Abs. 2 geäußert wurde (Rn 60).[163] Im Ergebnis abgemildert wird diese zum einen durch den Umstand, dass eine Rechtswahl gem. Art. 14 Abs. 1 S. 2 aE *„Rechte Dritte unberührt"* lässt.[164] Die Belastung kann also nicht größer sein als die aus dem objektiven Deliktsstatut resultierende. Zum anderen müssen beide Seiten die Rechtswahl wirklich wollen, was bei der Durchführung von Arbeitskämpfen nicht selbstverständlich ist.[165]

Die **Rechtswahl** kann unproblematisch **nach Eintritt des schadensbegründenden Ereignisses** zwischen den Parteien **ausdrücklich** abgeschlossen werden (Art. 14 Abs. 1 S. 1 lit. a). In Zusammenschau mit Art. 2 Abs. 2 und Abs. 3 ergibt sich ein weiter zeitlicher Anwendungsbereich, weil hierdurch auch Unterlassungsbegehren im Hinblick auf einen drohenden Arbeitskampf der Rechtswahl *ex post* unterstellt werden können. Da die Rechtswahl sich gem. Art. 14 Abs. 1 S. 2 auch *„mit hinreichender Sicherheit aus den Umständen des Falles ergeben kann"*, ist eine solche auch iRd einstweiligen Rechtsschutzes oder späteren Schadensersatzprozesses möglich. An diese Rechtswahl des Deliktsstatuts im Prozess ist dann zu denken, wenn die Parteien bspw auf Grundlage der *lex fori* plädieren.[166] Diese **konkludente Rechtswahl** kann sich mit dem prozessökonomischen Wunsch des angerufenen Gerichts decken, seine eigene *lex fori* anzuwenden. Wie der Wortlaut des Art. 14 Abs. 1 S. 2 jedoch verdeutlicht, muss eine **hinreichende Sicherheit** bestehen. Inwieweit diese Hürde einem mitgliedstaatlichen Gericht das oft befürchtete Heimwärtsstreben erschwert, dürfte vom EuGH in der Praxis schwer zu kontrollieren sein.

64

Eine **vorherige Rechtswahl** setzt gem. Art. 14 Abs. 1 S. 1 lit. b nicht nur voraus, dass die Vereinbarung frei ausgehandelt ist,[167] sondern auch, dass *„alle Parteien einer kommerziellen Tätigkeit nachgehen"*. Zu Recht ist der **Begriff der kommerziellen Tätigkeit** als zu **unscharf** kritisiert worden.[168] Die Abstimmung mit dem herkömmlicherweise im Unionsrecht verwendeten Begriffspaar Unternehmer/Verbraucher wäre grundsätzlich wünschenswert gewesen, da es auch in diesem Zusammenhang um den Schutz der schwächeren Partei geht (Erwägungsgrund 31, s.a. Art. 14 Rn 33–38).[169] Es ist nicht leicht, Arbeitnehmer und Gewerkschaften einer der beiden gegensätzlichen Gruppen zuzuordnen.[170] Vertreten wird auch, eine Arbeitskampfmaßnahme als solche stelle bereits keine kommerzielle Tätigkeit[171] oder eine unerlaubte Handlung[172] dar. Im Ergebnis ist der **Begriff ungeeignet**, das kollektive Verhandeln um Arbeits- und Wirtschaftsbedingungen mit seinen vertraglichen und außervertraglichen Facetten sachgerecht zu erfassen. Schließlich zeigt sich in Bezug auf Gewerkschaften ein weiteres Defizit an der Konzeption des Art. 9 und Art. 14. Geht es bei der in Art. 14 Abs. 1 S. 1 lit. b erfolgten Formulierung für eine Rechtswahl *ex ante* um den Schutz der schwächeren Partei, so hätte es nahegelegen, neben dem Unternehmer ausdrücklich auch Gewerkschaft diese Möglichkeit an die Hand zu geben. Diese verhandeln auf Augenhöhe mit dem sozialen Gegenspieler oder

65

---

161 *Kadner/Graziano*, RabelsZ 73 (2009), 1, 5–13 mwN; *ders.*, Europäisches Internationales Deliktsrecht, S. 26–33; *v. Hein*, RabelsZ 64 (2000), 595, 603 ff; *Leible*, RIW 2008, 257 ff; *ders.*, FS Jayme 2004, S. 485 ff; *de Boer*, Yb. P.I.L. 9 (2007), 19, 22 ff; zur Parteiautonomie im int. Vertragsrecht *Basedow*, RabelsZ 75 (2011), 33.

162 So auch die Einschätzung von *Palao Moreno*, Yb. P.I.L. 9 (2007), 115, 121; *Knöfel*, EuZA 2008, 228, 246, 250; jurisPK-BGB/*Heinze*, Art. 9 Rn 10; ähnlich bereits *Hergenröder*, in: FS Birk 2008, S. 197, 210.

163 Krit. auch *Ofner*, ZfRV 2008, 13 18 f; *de Boer*, Yb. P.I.L. 9 (2007), 19, 25; dagegen *v. Hein*, ZEuP 2009, 7, 23.

164 Zu diesem Gesichtspunkt auch *Leible*, RIW 2008, 257, 259, 262; *Junker*, NJW 2007, 3675, 3677.

165 Aus diesen Gründen erscheint eine teleologische Reduktion des Art. 15 lit. a in Fällen der Rechtswahl nicht unbedingt zwingend, so aber *Zelfel*, Der Internationale Arbeitskampf nach Art. 9 Rom II-Verordnung, S. 121.

166 MüKo/*Junker*, Art. 9 Rn 35; *Leible*, RIW 2008, 257, 261 mwN; jurisPK-BGB/*Heinze*, Art. 9 Rn 12;

v. Hein, VersR 2007, 440, 445; zurückhaltend *Sonnentag*, ZVglRWiss 2006, 256, 278.

167 Zu dem Erfordernis der frei ausgehandelten Vereinbarung vgl *Leible*, RIW 2008, 257, 260 f; *Mankowski*, IPRax 2010, 389, 400 f.

168 *Wagner*, IPRax 2008, 1, 13; *v. Hein*, ZEuP 2009, 6, 20 f; *Mankowski*, IPRax 2010, 389, 399 f; *ders.*, Interessenpolitik und europäisches Kollisionsrecht, 2011, S. 36 f; *Leible/Lehmann*, RIW 2007, 721, 726; *Leible*, RIW 2008, 257, 260 (Auslegung mit Hilfe der RL 2005/29/EG); *Ofner*, ZfRV 2008, 13, 21 f.

169 *Mankowski*, IPRax 2010, 389, 399 mwN; Bamberger/Roth/*Spickhoff*, Art. 14 Rn 5; zum Verbraucherbegriff vgl auch *Micklitz*, Gutachten A zum 69. DTJ, 2012, S. A 36 ff.

170 Gegen eine Qualifizierung als kommerziell Tätige *Leible/Lehmann*, RIW 2007, 721, 726 f; *Leible*, RIW 2008, 257, 259; *Wagner*, IPRax 2008, 1, 10; MüKo/*Junker*, Art. 9 Rn 35; *Heinze*, RabelsZ 93 (2009), S. 770, 787; *Spickhoff*, in: FS Kropholler 2008, S. 671, 682 f.

171 *Palao Moreno*, Yb. P.I.L. 9 (2007), 115, 121; *Magnus*, in: FS Posch, S. 443, 459 mwN.

172 *Leible/Lehmann*, RIW 2007, 721, 726; dagegen vertretbar *Mankowski*, IPRax 2010, 389, 400.

einem einzelnen Arbeitgeber.[173] Für eine vorherige Rechtswahl *de lege ferenda* spricht auch, dass ihnen ebenso wie Unternehmen eine Rechtswahl *ex ante* nach Maßgabe des Art. 3 Rom I–VO nicht verwehrt ist und sie auch den Einschränkungen der Art. 5 bis 8 Rom I–VO nicht unterliegen.

III. Reichweite des Arbeitskampfdeliktsstatuts

66 **1. Grundsatz der Statuseinheit gem. Art. 15.** Die Reichweite des Arbeitskampfdeliktsstatuts richtet sich nach der allgemeinen Regel des Art. 15, die den **Grundsatz der Statuseinheit** aufstellt (s. Art. 15 Rn 2).[174] Das nach Art. 9 berufene Deliktsstatut umfasst gem. Art. 15 lit. a die für Arbeitskämpfe wesentliche Frage des **Grundes** sowie des **Umfanges der Haftung** und damit die **Frage ihrer Rechtswidrigkeit**. Da Art. 2 Abs. 2 und Abs. 3 sowie Art. 15 lit. d den vorbeugenden Rechtsschutz ebenfalls dem Arbeitskampfdeliktsstatut unterstellen, ist seine Reichweite groß. Im Rahmen einer Unterlassungsklage kommt es in rechtlicher Hinsicht maßgeblich auf die Rechtswidrigkeit oder Rechtmäßigkeit einer Arbeitskampfmaßnahme an.

67 Der von der Rom II–VO erwünschte **Gleichlauf** zwischen der Anknüpfung an den Handlungsort iRd Art. 9 und Art. 15 lit. a in Bezug auf das anzuwendende Sachrecht wird empfindlich **gestört**, wenn aufgrund von Art. 9 iVm Art. 4 Abs. 2 auf das **Recht des gemeinsamen gewöhnlichen Aufenthalts** verwiesen wird. Es kommt zu einem Wertungswiderspruch, der auch durch Art. 4 Abs. 3 nicht behoben werden kann. Ein Rückgriff auf diese Vorschrift scheidet iRd Art. 9 aus, wofür systematische Erwägungen sprechen (arg. ex-Art. 5 Abs. 2, Art. 6 Abs. 2, Art. 10 Abs. 4, Art. 11 Abs. 4, Art. 12 Abs. 2 lit. c). Zu erwägen ist indes eine teleologische Reduktion des Art. 15 lit. a im Lichte des Erwägungsgrundes 28, um zu einer einheitlichen Bewertung zu gelangen. (s. Rn 62)

68 Vom Arbeitskampfdeliktsstatut **nicht erfasst** sind zum einen die weiteren in der Rom II–VO geregelten außervertraglichen Schuldverhältnisse, also die **ungerechtfertigte Bereicherung** (Art. 10), die **culpa in contrahendo** (Art. 12) sowie die **Geschäftsführung ohne Auftrag** (Art. 11). Letztere kann iRv Arbeitskämpfen für den Fall eine Rolle spielen, dass Erhaltungs- und Notstandsarbeiten über dieses Institut reguliert werden. Auf Grundlage von Art. 11 Abs. 1 ist es vorzugswürdig, hier **akzessorisch** an das **Arbeitsvertragsstatut** des bestehenden **Arbeitsvertrages** und nicht an das alternative Arbeitskampfdeliktsstatut anzuknüpfen. Da diese Arbeiten auf jeden Fall durchzuführen sind, kommt es auf die ansonsten so wichtige Frage der Zulässigkeit einer Arbeitskampfmaßnahme nicht an. Im deutschen Sachrecht ergibt sich die Verpflichtung zu Erhaltungs- und Notstandsarbeiten aus einer entsprechenden arbeitsvertragliche Nebenpflicht gem. § 241 Abs. 2 BGB;[175] Argument ist das Verbot eines ruinösen Arbeitskampfes. Daraus folgende Leistungsstörungen und Ersatzansprüche sind folglich gem. Art. 12 Rom I–VO dem Arbeitsvertragsstatut zu unterstellen.[176]

69 **Nicht erfasst** vom Arbeitskampfdeliktsstatut sind des Weiteren anderweitige arbeitsvertragliche, tarifvertragliche, betriebsverfassungsrechtliche oder sozialversicherungsrechtliche Folgen von Arbeitskämpfen. Sie richten sich zuvörderst nach den entsprechenden Statuten. Für die **arbeitsvertraglichen Folgen** ordnen dies Art. 12 lit. b und lit. c Rom I–VO an (vgl Art. 12 Rom I–VO Rn 14 ff). Das bedeutet, dass sich bspw die Zulässigkeit einer Arbeitgeber-Kündigung oder die Entfernung einer Abmahnung aus einer Personalakte eines Arbeitnehmers aufgrund seiner Teilnahme an einem Streik[177] nach dem **Arbeitsvertragsstatut** richtet. Die hiermit notwendigerweise zusammenhängende Frage nach der **Rechtmäßigkeit bzw Rechtswidrigkeit der Arbeitskampfmaßnahme** ist mithilfe einer **Vorfragenanknüpfung** zu lösen.[178] Wann immer es im Rahmen anderer Statute auf diese Frage ankommt, kann so verfahren werden. Für die Beantwortung der Vorfrage ist Art. 9 heranzuziehen. Das gilt sowohl in dem Fall, dass der Sachverhalt vollständig dem Anwendungsbereich der Rom II–VO unterfällt oder ein Drittstaat betroffen ist; im letzteren Fall ist die Vorfrage selbstständig anzuknüpfen (Rn 38-40).

70 Was das **Arbeitskampfrisiko** betrifft, so verbirgt sich dahinter die Hauptfolge eines Arbeitskampfes für die arbeitsvertraglichen Beziehungen. Es geht also bei diesem Aspekt um die Regulierung einer Leistungsstö-

---

173 Vgl dazu nur BVerfGE 84, 212, 219; *Richardi*, in: FS Säcker 2011, S. 285, 292, 297; *Bieder*, NZA 2008, 799, 800.

174 MüKo/*Junker*, Art. 9 Rn 36 f; jurisPK-BGB/*Heinze*, Art. 9 Rn 10; *Deinert*, Internationales Arbeitsrecht, § 16 Rn 20 ff; *Knöfel*, EuZA 2008, 228, 239; s.a. speziell für die einheitliche Bewertung von Arbeitskämpfen *Birk*, in: GS Kahn-Freund, S. 21, 36.

175 Allgemein *Faenger*, Leistungsunabhängige Nebenpflichten zum Schutz des Integritätsinteresses im deutschen und französischen Recht, 2012.

176 ErfK/*Dieterich*, Art. 9 GG Rn 180–188 mwN; MünchArbR/*Ricken*, Bd. 2, 3. Aufl. 2009, § 203 Rn 12.

177 Dazu aus dt. Recht zu ersterem: BAGE 4, 41 = NJW 1957, 1047; BAGE 30, 68 = NJW 1979, 239; *Dieterich*, Art. 9 GG Rn 212; MünchArbR/*Ricken*, Bd. 2, 3. Aufl. 2009, § 203 Rn 25 f; zu letzterem BVerfG NZA 2004, 1338.

178 Ebenso jurisPK-BGB/*Heinze*, Art. 9 Rn 10 mwN; *Deinert*, Internationales Arbeitsrecht, § 16 Rn 37; iE ebenso MünchArbR/*Oetker*, Bd. 1, 3. Aufl. 2009, § 11 Rn 127 (allerdings auf Grundlage einer akzessorischen Bewertung).

rung, was gem. Art. 12 Rom I–VO vom **Arbeitsvertragsstatut** umfasst ist. Ist deutsches Sachrecht berufen, tragen die **unmittelbar** am Arbeitskampf **Beteiligten** jeweils das Risiko der Nichtarbeit selbst: *„Wer sich zum Kampf entschließt, muss auch das Risiko des Kampfes tragen"*.[179] Das führt nach hM zur **Suspendierung** der **Hauptleistungspflichten**.[180] Darüber hinaus wird mit der Figur des Arbeitskampfrisikos auch das vertragliche Entgeltrisiko der **mittelbar** am Arbeitskampf **beteiligten Arbeitnehmer** verteilt. Durchdenkt man diese vertragliche Risikoregel, muss sie mit der jeweiligen Ausgestaltung des mitgliedstaatlichen Deliktsrechts zusammenhängen und zwar hinsichtlich des Aspekts, ob allgemeiner Vermögensschutz oder spezifischer Rechtsgüterschutz gewährt wird. Dem steht auch nicht entgegen, dass es maßgeblich um Paritätsaspekte geht. Denn die Notwendigkeit der Verteilung des Arbeitskampfrisikos auf der vertraglichen Ebene resultiert aus dem Nichtvorhandensein eines Rechtsverhältnisses zwischen den mittelbar Beteiligten, das auf einer unerlaubten Handlung basieren müsste. Bestünde eines, könnte die Vermögenseinbuße auch oder ggf ausschließlich auf seiner Grundlage reguliert werden. Das Arbeitskampfrisiko kann also nur dann angemessen verteilt werden, wenn iRd anzuwendenden Arbeitsvertragsstatuts gleichzeitig das **akzessorisch anzuknüpfende Deliktsrechtstatut** sowie die sachrechtlichen Regeln über die Konkurrenzen von vertraglichen und deliktischen Ansprüchen mit berücksichtigt werden.

Tarifvertragliche Ansprüche zwischen den Sozialpartnern untereinander oder einer Arbeitnehmerorganisation und einem einzelnen Arbeitgeber sind mithilfe des anwendbaren **Tarifvertragsstatuts** zu regulieren. Dies betrifft insbesondere Leistungsstörungen, die aus der **Verletzung der tarifvertraglichen Friedenspflicht** resultieren, wenn das anwendbare Sachrecht eine solche kennt (Art. 12 Abs. 1 lit. c Rom I–VO).[181] Wird der Anspruch auf Unterlassung drohender Arbeitskampfmaßnahmen auf die Verletzung dieser Pflicht gestützt, dürfte im Regelfall ein Gleichlauf zwischen Tarifvertrags- und Arbeitskampfdeliktsstatut bestehen. Denn das auf den Tarifvertrag anzuwendende Sachrecht dürfte im Hinblick auf schuldrechtlichen und ggf normativen Teil dasjenige des Mitgliedstaates sein, in dem die Arbeitskampfmaßnahme durchgeführt wird. Sollte **kein Gleichlauf** bestehen, wäre an eine **Sonderanknüpfung** gem. Art. 9 Rom I–VO zu denken, um das eigene Arbeitskampfstatut als international zwingendes Recht durchzusetzen. Das wäre u.a. bei einer tarifvertraglichen oder allgemein vertraglichen Abrede der Fall, die zwischen einer Konzernmutter ggf zusammen mit den Konzerntöchtern mit Sitz in verschiedenen Mitgliedstaaten und den verschiedenen Arbeitnehmerorganisationen besteht (bspw **europaweite Standortsicherungsvereinbarung**) und auf Grundlage einer Rechtswahl nur einer Rechtsordnung unterstellt ist.[182] Unter Rückgriff auf Art. 9 Rom I–VO ließe sich trotz ausländischen Vertragsstatuts ihre Durchsetzung mithilfe der inländischen Arbeitskampfordnung sicherstellen. Diese Konstruktion ist genau diejenige, mit der die Einhaltung inländischer gesetzlicher und tariflicher Mindestarbeitsbedingungen gem. §§ 2, 3 AEntG in Bezug auf Arbeitsverträge entsandter Arbeitnehmer mit ausländischem Vertragsstatut sichergestellt wird (s.a. EntsendeRL 96/71/EG, Art. 23 Rom I–VO).

Betriebsverfassungsrechtliche Folgefragen richten sich nach dem anzuwendenden Betriebsverfassungsstatut. Im Hinblick auf die Anwendung des BetrVG, geht die dt. Rspr des BAG diesbezüglich grds. von einem territorialen Verständnis aus, die eine Ausstrahlung des BetrVG unter bestimmten Voraussetzungen erlaubt.[183] **Sozialversicherungsrechtliche Folgefragen** sind in kollisionsrechtlicher Hinsicht nach der VO 883/2004/EG zu beantworten, die das Sozialversicherungsrecht der Mitgliedstaaten koordiniert.[184] Kommt deutsches materielles Sozialversicherungsrecht zur Anwendung, ist insbesondere § 160 SGB III zu beachten (Ruhen des Arbeitslosengeldes bei Arbeitskämpfen);[185] diese deutsche Vorschrift ist Ausdruck staatlicher Neutralität gegenüber einem Arbeitskampf.[186]

---

179 BAGE 1, 291, 311 = AP Nr. 1 zu Art. 9 GG Arbeitskampf.
180 Zu ihrer Zulässigkeit am Maßstab von Art. 6 Nr. 4 ESC s. *Evju*, AuR 2012, 276, 285 mwN.
181 Siehe auch Bamberger/Roth/*Spickhoff*, Art. 9 Rn 1; jurisPK-BGB/*Heinze*, Art. 9 Rn 10; ErfK/*Schlachter*, Art. 9 Rn 2 aE; aA *Deinert*, in: FS Bepler 2012, S. 75, 83; *ders.*, ZESAR 2012, 311, 316; zur tarifvertr. Friedenspflicht und ihrer Rechtmäßigkeit am Maßstab von Art. 6 Nr. 4 ESC ausf. *Evju*, AuR 2012, 276, 279 mwN.
182 Zu „europäischen Betriebsvereinbarungen" zwischen zentraler Unternehmensleitung und EBR oder Betriebsräten einzelner Standort s. *Rehberg*, NZA 2013, 73 ff.

183 Bspw BAGE 94, 144 = IPRspr 2000, Nr. 37, 74; ErfK/*Koch*, § 1 BetrVG Rn 4–6; s.a. *Temming*, IPrax 2010, 59, 60 f; *E. Lorenz*, in: FS W. Lorenz 1991, S. 441, 445 ff; *Fischer*, RdA 2002, 160, 162 ff.
184 *Schulte*, ZESAR 2010, 143 ff, 202 ff; ausf. *Fuchs* (Hrsg.), Europäisches Sozialrecht, 5. Aufl. 2010.
185 Bei Anwendbarkeit dt. Sachrechts vgl auch § 192 Abs. 1 Nr. 1 SGB V (ggf iVm § 49 Abs. 2 SGB IX), § 7 Abs. 3 SGB IV, § 36 Abs. 3 SGB III, § 157 Abs. 3 SGB III; ausf. MünchArbR/*Ricken*, Bd. 2, 3. Aufl. 2009, § 207.
186 BVerfGE 92, 365 = NZA 1995, 754, 756 f; *Gamillscheg*, Kollektives Arbeitsrecht, Bd. 1, 1997, S. 980–983; *Ossenbühl/Richardi*, Neutralität im Arbeitskampf, 1987, S. 107 ff; *Fehmel*, Konflikte um den Konfliktrahmen, 2010, S. 143 ff; *Deinert*, AuR 2010, 290 ff.

73 In der **Zusammenschau** zeigt sich, dass das Arbeitskampfdeliktsstatut, das Arbeitsvertragsstatut sowie ggf das GoA-Statut die wichtigsten Fragen – also die Rechtmäßigkeit eines Arbeitskampfes sowie arbeitsvertragliche Folgefragen – auf Grundlage von Art. 9, Art. 11 Abs. 1 iVm Art. 15 sowie der Rom I–VO umfassen. Da es sich bei der Rom II–VO aufgrund ihres Art. 3 um eine *loi uniforme* handelt,[187] ist der Anwendungsbereich eines **allgemeinen Arbeitskampfstatuts**, das auf der Ebene des **autonomen Kollisionsrechts** der Mitgliedstaaten angesiedelt ist, schmal (Rn 50).

74 **2. Durchbrechungen des Art. 15 aufgrund von Eingriffsnormen, Sicherheits- und Verhaltensregeln sowie des ordre public.** Neben einer Vorfragenanknüpfung bei Unterstützungskämpfen bezüglich der Rechtmäßigkeit des Hauptarbeitskampfes (Rn 38 f) kann der **Grundsatz der Statuseinheit** des Weiteren auch durch die Art. 16, 17 und 26 **durchbrochen** werden. In diesem Zusammenhang eröffnet zunächst **Art. 16** die Möglichkeit einer Sonderanknüpfung von **Eingriffsnormen** der *lex fori*. Bei ihnen handelt es sich um Vorschriften, *„die ohne Rücksicht auf das für das außervertragliche Schuldverhältnis maßgebende Recht den Sachverhalt zwingend regeln"*. Für die inhaltliche Auffüllung des Art. 16 lassen sich Art. 9 Rom I-VO und die einschlägige Entsenderechtsprechung des EuGH in den Urteilen „Arblade" und „Mazzoleni" heranziehen.[188]

75 Notwendiges Kriterium dafür, dass eine Eingriffsnorm der *lex fori* durchgesetzt werden kann, ist, dass der zu erkennende Sachverhalt einen **Inlandsbezug** aufweist. Wird der Arbeitskampf im Ausland durchgeführt, dürfte ein solcher im Grundsatz nicht vorliegen. Liegt der Handlungsort des Arbeitskampfes hingegen im Inland, besteht iRd Art. 9 kein Bedürfnis, Art. 16 anzuwenden, weil die *lex fori* als *lex loci actus* gem. Art. 15 bereits umfänglich zur Anwendung gelangt. Dasselbe gilt für die Fälle, in denen sich das Deliktsstatut nach Art. 4 Abs. 2 bestimmt und das Recht der *lex fori* zur Anwendung beruft. Die uU notwendige Korrektur des Art. 15 lit. a in diesen Fällen (vgl Rn 67) mithilfe des Art. 16 zu korrigieren, ist abzulehnen, weil sie das Anliegen der einheitlichen Bewertung ein und derselben Arbeitskampfmaßnahme konterkarieren würde. Daher ist der Einschätzung zuzustimmen, dass Art. 16 im internationalen Arbeitskampfrecht keine prominente Rolle zukommen wird.[189]

76 Dasselbe dürfte für die Beachtung von **Sicherheits- und Verhaltensregeln** gem. Art. 17 gelten. Der Grund liegt darin, dass Art. 9 bereits an den Handlungsort des Arbeitskampfes anknüpft. Dann muss auf Art. 17 folglich nicht zurückgegriffen werden, der die Sicherheits- und Verhaltensregeln am Ort der schädigenden Handlung wie ein Sachverhaltselement berücksichtigt wissen möchte (s.a. Art. 17 Rn 1–3).[190] Da die Sicherheits- und Verhaltensregeln die Frage der Rechtmäßigkeit oder Rechtswidrigkeit einer Arbeitskampfmaßnahme maßgeblich beeinflussen, ist Art. 17 nach der hier befürworteten Handhabung des Art. 15 lit. a selbst in Fällen des Art. 4 Abs. 2 unbeachtlich.[191]

77 Praxisrelevanz, so bspw bei Arbeitskampfmaßnahmen auf dem Gebiet des Seearbeitsrechts, kann der Durchsetzung des *ordre public* des Forumstaates auf Grundlage des Art. 26 zukommen. Zu diesem dürften in der Regel zumindest Streikrechtsgarantien der *constitutio fori* gehören.[192] Diese eng auszulegende Ausnahmevorschrift verhindert im Rahmen einer Ergebniskontrolle die Anwendung einer ausländischen Norm im konkreten Einzelfall, wenn diese *„mit der öffentlichen Ordnung ... des Staates des angerufenen Gerichts offensichtlich unvereinbar ist"* (Art. 26 Rn 1–4). An ihre Stelle tritt eine Vorschrift der *lex fori*. Wegen Art. 3 ist es möglich, dass Art. 9 auf das Arbeitskampfrecht eines Staates verweist, welches in Bezug auf die Koalitionsfreiheit Einschränkungen oder gar Verbote vorsieht, die mit dem Grundrechtsstandard des Forumstaates im Einzelfall überhaupt nicht im Einklang stehen und daher Art. 26 auslösen.[193]

---

187 Vgl in diesem Zusammenhang das Lugano-Gutachten 1/03 des EuGH Slg 2006 I-1145 = EuLF 2005, I-312.
188 EuGH Slg 1999, I-8453 = NZA 2000, 85, 87 Rn 30 f; EuGH Slg 2001, I-2189 = NZA 2001, 554, 555 Rn 22–26; dazu *Preis/Temming*, Die Urlaubs- und Lohnausgleichskasse im Kontext des Gemeinschaftsrechts, 2006, S. 104–106; *Mankowski*, Interessenpolitik und europäisches Kollisionsrecht, 2011, S. 53–59 mwN. Die Fälle betrafen Situationen, in denen sich international zwingende Normen eines Mitgliedstaates an der Dienstleistungsfreiheit des entsendenden Unternehmens messen lassen mussten. Siehe auch *Deinert*, in: FS Bepler 2012, S. 75, 80 mwN.
189 *Knöfel*, EuZA 2008, 228, 238, 250; jurisPK-BGB/*Heinze*, Art. 9 Rn 12 („erhebliche Zurückhaltung"); vgl aber auch *Deinert*, Internationales Arbeitsrecht, § 16 Rn 41 zu möglichen Ausnahmekonstellationen.
190 *Leible/Lehmann*, RIW 721, 725; *v. Hein*, VersR 2007, 440, 446; KOM(2003) 427 v. 22.7.2003 endg., S. 28; s.a. EuGH Slg 2009, I-10265 = EuZW 2010, 26.
191 Ebenso MüKo/*Junker*, Art. 9 Rn 37; andere Lösung bei *Heinze*, RabelsZ 73 (2009), 771, 789; jurisPK-BGB/*Heinze*, Art. 9 Rn 12.
192 Palandt/*Thorn*, Art. 9 Rn 2 aE; *Knöfel*, EuZA 2008, 228, 247 mwN; *Heinze*, RabelsZ 73 (2009), 771, 787–789; jurisPK-BGB/*Heinze*, Art. 9 Rn 12 mwN; s.a. Schlussanträge des GA *Mengozzi*, Slg 2007, I-11772, 11794 Rn 77 mwN; *Rebhahn*, ZESAR 2008, 109, 111 f.
193 Dazu *Junker*, Internationales Arbeitsrecht im Konzern, 1992, S. 468 f, 473 f; *Knöfel*, EuZA 2008, 246 f mwN; *Heinze*, RabelsZ 73 (2009), 771, 789.

Ebenso wie Art. 16 verlangt jedoch auch Art. 26 als ungeschriebenes Tatbestandsmerkmal einen **Inlandsbe-** 78
zug (dazu Art. 26 Rn 19–21). Er wäre bspw zu bejahen, wenn die Rechtmäßigkeit einer Boykottaktion von
Hafenarbeitern in Deutschland zu beurteilen ist, die den Arbeitskampf einer Bordbesatzung eines Schiffes
unterstützen soll, dessen Registerstaat ein strafbewehrtes Streikverbot vorsieht. Bei der Vorfragenanknüpfung bezüglich der Rechtmäßigkeit des Hauptstreiks greift Art. 26 korrigierend ein, so dass der Unterstützungsboykott zumindest nicht aufgrund der Unzulässigkeit des Hauptarbeitskampfes rechtswidrig sein
kann. Ein Inlandsbezug wäre auch im Falle des Art. 4 Abs. 2 zu bejahen, wenn Schädiger und Geschädigter
ihren gemeinsamen Aufenthalt im Forumstaat haben. An eine Anwendung des *ordre public* kann nämlich
dann ausnahmsweise zu denken sein, wenn die in Korrektur des Art. 15 lit. a erfolgte Feststellung der
Rechtswidrigkeit der Arbeitskampfmaßnahme nach dem Handlungsort (s. Rn 67) auf einem insuffizienten
Grundrechtsschutzes basiert und deshalb eine abweichende Einzelbetrachtung erforderlich ist. Im Ergebnis
wird dadurch die normale Geltung des Art. 15 lit. a wieder hergestellt. Von diesen und vergleichbaren Sachverhalten abgesehen (es dürfte sich zumeist um Drittlandsfälle handeln) dürfte die Situation innerhalb der
EU wegen Art. 11 EMRK, Art. 6 Nr. 4 ESC[194] und Art. 28, Artt. 51, 52, 53 GRC im Regelfall anders zu
bewerten sein und daher die Berufung auf den *ordre public* die hohe Schwelle des Art. 26 nicht erreichen.[195] Das betrifft insbesondere die Situation, in der bspw aus Sicht der Bundesrepublik Deutschland die
Koalitionsfreiheit und Tarifautonomie eines anderen EU-Mitgliedstaates Arbeitnehmerorganisationen oder
Arbeitnehmern weitergehende Streikrechte gewährt als das deutsche Grundgesetz.

C. Weitere Praktische Hinweise

I. Verhältnis zum deutschen autonomen Kollisionsrecht

Obwohl die Rom II-VO als *loi uniforme* ausgestaltet wurde, wird das autonome dt. Kollisionsrecht der 79
unerlaubten Handlungen in den Artt. 40 bis 42 EGBGB wegen des in Art. 1 niedergelegten eingegrenzten
sachlichen Anwendungsbereichs nicht vollständig verdrängt (vgl Art. 1 Rn 2, 35 ff). Für Arbeitskampfmaßnahmen kann dies in Fällen relevant werden, in denen die Haftung der Bundesrepublik Deutschland aufgrund hoheitlichen Handelns oder Unterlassens im Raume steht (*acta iure imperii*).[196] Hiermit kollisionsrechtlich zusammenhänge Fragen fallen gem. Art. 1 Abs. 1 aE aus dem Anwendungsbereich der Rom II-VO
heraus (vgl auch Erwägungsgrund 9). Weist der Fall eine Verbindung zum Recht verschiedener Staaten auf
(vgl auch Art. 1 Rn 8–10) und qualifiziert man die Arbeitskampfmaßnahme entgegen der Ansicht von Teilen der Lehre deliktsrechtlich, knüpft Art. 40 EGBGB grundsätzlich an den Ort der Handlung an, wo der
Ersatzpflichtige gehandelt hat. Die deutsche Grundregel folgt hier der europäischen Ausnahme des Art. 9,
sieht freilich auch das vielfach kritisierte Ubiquitätsprinzip vor. Darüber hinaus ist der Anwendung des
autonomen Kollisionsrechts größtenteils wegen der Sperrwirkung des Art. 9 ein Riegel vorgeschoben
(Rn 50). Der Grund liegt in der Reichweite des Arbeitskampfdeliktsstatuts, das auch die isolierte Frage der
Rechtmäßigkeit bzw Rechtswidrigkeit einer Arbeitskampfmaßnahme umfasst (Rn 66).

II. Prozessuale Gesichtspunkte

Von überragender Bedeutung ist bei Arbeitskampfmaßnahmen der **vorbeugende** bzw **einstweilige Rechts-** 80
schutz in Form der Unterlassungsklage im Hinblick auf eine drohende bzw angekündigte Arbeitskampfmaßnahme (s. Rn 50). **Schadensersatzklagen**, die im Nachgang zu einem Arbeitskampf gegenüber Arbeitnehmern oder dem anderen Sozialpartner erhoben werden, stellen hingegen die **Ausnahme** dar.[197] Oft werden entsprechende Klauseln vereinbart, die nachträgliche **Maßregelungsverbote** gegenüber den an einem
Arbeitskampf beteiligten Arbeitnehmern vorsehen bzw gegenüber dem jeweiligen Partner auf etwaige

---

194 Vgl dazu European Committee of Social Rights, Conclusions XIX-3 (Germany), 2010, S. 14 (Verstoß gegen Art. 6 Nr. 4 ESC wg. des Merkmals der Tarifbezogenheit eines Streiks – st. Spruchpraxis seit 1971); *Evju*, AuR 2012, 276, 281 f mwN; *Meyer/Riedel*, Charta der Grundrechte der EU, 3. Aufl. 2011, Art. 3 ff, 28 Rn 25; *Kohte/Doll*, ZESAR 2003, 393, 394 f; *Jeschke*, Der europäische Streik, 2006, S. 73; *Fütterer*, EuZA 2011, 505, 511 ff.

195 *Heinze*, RabelsZ 73 (2009), 771, 788 f; jurisPK-BGB/ *Heinze*, Art. 9 Rn 12 aE. Der Kontrollmechanismus des EuGH bzgl des nationalen *ordre public* ist mit demjenigen von nationalen Eingriffsnormen vergleichbar, s. bspw zu Art. 27 EVÜ EuGH Slg 2000, I-1935 = IPRax 2000, 406, 407 f Rn 22 f und zu Art. 34 EuGVVO EuGH Slg 2009, I-3571 = EuGRZ 2009, 210, 214 Rn 55; *Basedow*, in: FS Sonnenberger 2004, S. 291; *Leible*, RIW 2008, 257, 263; *Gumnior*, Die Rechtmäßigkeit des Sympathiestreiks, 2007, S. 74–92, 255–262 (u.a. zum nationalen *ordre public* bei – zu – streikfreundlicher und streikfeindlicher ausländischer Rechtsordnung).

196 Bsp. BGHZ 70, 277 = NJW 1978, 816, 818; s.a. *Knöfel*, EuZA 2008, 228, 240.

197 Dazu bspw BAG NZA 2012, 1372.

Ersatzansprüche verzichten (**Verzichtsklauseln**).[198] Aus deutscher Sicht liegt hierin ein gravierendes prozessuales Problem, weil der beim LAG endende einstweilige Rechtsschutz nur zu einer summarischen Bewertung der Arbeitskampfmaßnahme führt (vgl § 72 Abs. 4 ArbGG), das BAG mangels Rechtsbeschwerde keine Möglichkeit zur Setzung einheitlicher Maßstäbe besitzt, das ArbGG keine Fortsetzungsfeststellungsklage vorsieht und schließlich im Einzelfall eine Vielzahl von Gerichtsständen in Frage kommt, die rein prozesstaktisch motiviert sind und die Gefahr eines inländischen *forum shopping* heraufbeschwören.[199]

81 Die Frage ist, inwieweit es bezogen auf Deutschland unter diesen prozessualen Bedingungen dem EuGH gelingen kann, die Anwendung und Auslegung des Art. 9 sachgemäß zu konturieren. Zwar ist auch im Verfahren des einstweiligen Rechtsschutzes ein Vorabentscheidungsersuchen gem. Art. 267 Abs. 2 AEUV zulässig.[200] Doch dürfte sich angesichts der durchschnittlichen Dauer eines Vorlageverfahrens von ca. 17 Monaten[201] die Rechtssache im Regelfall bereits erledigt haben, wenn sich der EuGH mit ihr konkret befasst.[202] Die Möglichkeit, das **Vorlageverfahren** nach Art. 104 a VerfO/EuGH zu **beschleunigen**, wird vom EuGH **äußerst restriktiv** gehandhabt. Die hierfür notwendige außerordentliche Dringlichkeit der Entscheidung wird bspw in Vergabesachverhalten selbst dann verneint, wenn ohne eine rasche Entscheidung vollendete Tatsachen geschaffen würden.[203] Die Konstellation, über die Rechtmäßigkeit einer Arbeitskampfmaßnahme zu erkennen, ist für ein Höchstgericht erst dann günstig, wenn die tarifvertragliche Regelung nicht zustande gekommen ist und ein Arbeitskampf stattfindet.[204] Eine weitere denkbare Konstellation wäre ein Arbeitskampf, der gegen ein ausländisches Entsende-Unternehmen geführt wird (Konstellation in der EuGH-Entscheidung „Laval")[205] oder allgemein die Dienstleistungsfreiheit gem. Art. 56 AEUV thematisiert ist.[206] In diesen Fällen würden die o.g. tarifvertraglichen Klauseln keine Rolle spielen bzw nicht in Betracht kommen. Generell gilt jedoch, dass beide Parteien eine Entscheidung über die Zulässigkeit der Arbeitskampfmaßnahme oder die Entscheidung über eine konkrete Rechtsfrage wollen müssen (vgl bspw die Rechtssache „Torline").[207] Denn andernfalls sorgt der zivilprozessuale Verfügungsgrundsatz für ein mögliches Ende des Rechtsstreits. Die Annahme ist daher nicht unberechtigt, dass Entscheidungen wie „Torline", „Viking" und „Laval" die Ausnahme bleiben werden, und der EuGH das Arbeitskampfdeliktsstatut des Art. 9 – wenn überhaupt – nur mittels einer **punktuellen Rechtsprechung** konturieren wird können.

Kapitel III
Ungerechtfertigte Bereicherung, Geschäftsführung ohne Auftrag und Verschulden bei Vertragsverhandlungen

Artikel 10 Ungerechtfertigte Bereicherung

(1) Knüpft ein außervertragliches Schuldverhältnis aus ungerechtfertigter Bereicherung, einschließlich von Zahlungen auf eine nicht bestehende Schuld, an ein zwischen den Parteien bestehendes Rechtsverhältnis – wie einen Vertrag oder eine unerlaubte Handlung – an, das eine enge Verbindung mit dieser ungerechtfertigten Bereicherung aufweist, so ist das Recht anzuwenden, dem dieses Rechtsverhältnis unterliegt.

---

198 Für Deutschland vgl bspw § 6 Arbeitszeit-TV Baden-Württemberg v. 5.4.2006; s.a. Däubler/*Reim/Ahrendt*, TVG, 3. Aufl. 2012, § 1 Rn 1267–1300 mwN.
199 Zu letzterem *Bepler*, FS M. Loschelder 2010, S. 15 ff; *Fischer*, FA 2008, 2–4; *Löwisch/Beck*, NZA 2010, 857 ff.
200 EuGH Slg 2000, I-2681 = NZA 2000, 645, 646 Rn 20; EuGH Slg 1977, 957 = NJW 1977, 1585 Rn 3 f; EuGH Slg 1982, 3723 = NJW 1983, 2751 Rn 6–8.
201 Grabitz/Hilf/*Karpenstein*, Stand 10/2011, Art. 267 AEUV Rn 73 mwN.
202 Vgl diesbezüglich auch die Sorgen von *Waller*, LJ, am Court of Appeal in seinem Vorlagebeschluss zur EuGH-Entscheidung „Viking", England and Wales Court of Appeal [2005] EWCA Civ 1299.
203 EuGH Slg 2003, I-3249 = VergabeR 2003, 649, 652 Rn 19 f; EuGH Slg 2004, I-2549 = NVwZ 2004, 967; Grabitz/Hilf/*Karpenstein*, EUV/AEUV, Stand 8/2011, Art. 267 AEUV Rn 87 f mwN.
204 So die Situation in der „Flashmob"-Entscheidung BAGE 132, 140.
205 Zu dem nachträglichen Schadensersatzprozess der Klägerin Laval vgl schwed. Arbeitsdomstolen, Urt. v. 2.12.2009 – Az 89/09, <www.arbetsdomstolen.se/upload/pdf/2009/89-09.pdf> (abgerufen am 3.2.2013); dazu *Reich*, EuZW 2010, 454; *Bernitz/Reich*, CMLRev 48 (2011) 603.
206 Der „Times"-Fall, LAG Frankfurt BB 1985, 1850, ist bislang nicht unter dem Blickwinkel der passiven Dienstleistungsfreiheit des dt. Druckereiunternehmens gewürdigt worden. Das drängt sich nach der Entscheidung „Laval" auf; Ähnliches gilt für BAG AP Nr. 6 zu § 1 TVG. Siehe auch *Birk*, in: GS Kahn-Freund 1980, S. 21, 33.
207 Zurückhaltende Einschätzung diesbezüglich bei *Barnard*, NZA-Beilage zu Heft 3, 2011, 122, 123 f; *dies.*, CYELS 10 (2007/2008), 463 im Hinblick auf die Situation in Englang, wo die ITF ihren Sitz hat.

(2) Kann das anzuwendende Recht nicht nach Absatz 1 bestimmt werden und haben die Parteien zum Zeitpunkt des Eintritts des Ereignisses, das die ungerechtfertigte Bereicherung zur Folge hat, ihren gewöhnlichen Aufenthalt in demselben Staat, so ist das Recht dieses Staates anzuwenden.

(3) Kann das anzuwendende Recht nicht nach den Absätzen 1 oder 2 bestimmt werden, so ist das Recht des Staates anzuwenden, in dem die ungerechtfertigte Bereicherung eingetreten ist.

(4) Ergibt sich aus der Gesamtheit der Umstände, dass das außervertragliche Schuldverhältnis aus ungerechtfertigter Bereicherung eine offensichtlich engere Verbindung mit einem anderen als dem in den Absätzen 1, 2 und 3 bezeichneten Staat aufweist, so ist das Recht dieses anderen Staates anzuwenden.

Literatur: *Brière*, Le règlement (CE) n° 864/2007 du 11 juillet 2007 sur la loi applicable aux obligations non contractuelles („Rome II"), JDI 135 (2008), 31; *Chong,* Choice of Law for Unjust Enrichment/Restitution and the Rome II Regulation, ILQ 57 (2008), 863; *Fischer*, Ungerechtfertigte Bereicherung und Geschäftsführung ohne Auftrag im europäischen internationalen Privatrecht, in: FS Spellenberg, 2010, S. 151; *Heiss/Loacker*, Die Vergemeinschaftung des Kollisionsrechts der außervertraglichen Schuldverhältnisse durch Rom II, JBl. 2007, 613; *Kadner Graziano*, Das auf außervertragliche Schuldverhältnisse anzuwendende Recht nach Inkrafttreten der Rom II-Verordnung, RabelsZ 73 (2009), 1; *Légier*, Le règlement „Rome II" sur la loi applicable aux obligations non contractuelles, JCP Éd. G. 2007, Nr. 47-207; *Légier/Chanteloup*, Sources extra-contractuelles des obligations: Quasi-contrats, in: Jurisclasseur droit international, 6. Bd., Fascicule 553-4; *Leible/Lehmann*, Die neue EG-Verordnung über das auf außervertragliche Schuldverhältnisse anzuwendende Recht („Rom II"), RIW 2007, 721; *Pitel*, Choice of law for unjust enrichment: Rome II and the common law, NIPR 2008, 456; *ders.*, Rome II and Choice of Law for Unjust Enrichment, in: Ahern/Binchy, The Rome II Regulation on the Law Applicable to Non-Contractual Obligations, A new International Litigation Regime, 2009, S. 231; *Schlechtriem*, Restitution und Bereicherungsausgleich in Europa, 1. Bd., 2000; *Wagner*, Die neue Rom II-Verordnung, IPRax 2008, 1.

A. Allgemeines 1	dd) Abgrenzung vom Sachenrechtsstatut 14
I. Normzweck 1	ee) Andere Kollisionsnormen der Rom II–VO als leges speciales 15
II. Zeitliche und sachliche Abgrenzung von Art. 38 EGBGB 2	c) Reichweite der Verweisung 18
B. Regelungsgehalt 4	II. Bestimmung des anwendbaren Rechts 19
I. Schuldverhältnisse aus ungerechtfertigter Bereicherung 4	1. Anknüpfung an ein zwischen den Parteien bestehendes Rechtsverhältnis, das eine enge Verbindung mit der ungerechtfertigten Bereicherung aufweist (Abs. 1) 20
1. Autonome Qualifikation 4	a) Anknüpfung an ein vor Eintritt des Bereicherungsereignisses bestehendes Rechtsverhältnis 20
2. Begriff des Schuldverhältnisses aus ungerechtfertigter Bereicherung 5	
a) In Betracht zu ziehende Bereicherungstatbestände 6	b) Anknüpfung an ein vom Bereicherungsereignis begründetes Rechtsverhältnis 21
b) Eingrenzung des funktionalen Bereicherungsbegriffs 9	
aa) Schuldverhältnisse aus Verträgen oder zur Rückabwicklung von Verträgen 9	c) Mehrpersonenverhältnisse 22
bb) Ausschlüsse gem. Art. 1 Abs. 2 12	2. Reserveanknüpfungen (Abs. 2 bis 4) 24
cc) Ausschluss insolvenzrechtlicher Forderungen iSd Art. 4 EuInsVO ... 13	C. Weitere praktische Hinweise 27

A. Allgemeines

I. Normzweck

Das Bereicherungsrecht hat den Zweck, eine Vermögenszuordnung zu korrigieren, von der der Bereicherungsschuldner oft infolge eines zwischen ihm und dem Bereicherungsgläubiger vorschwebenden Rechtsverhältnisses profitiert hat. Es macht daher Sinn, das für den Bereicherungsanspruch anwendbare Recht von diesem Rechtsverhältnis abhängig zu machen. Das Bereicherungsstatut folgt damit grundsätzlich einer **akzessorischen Anknüpfung** (Abs. 1). Lediglich in den Fällen, in denen ein entsprechendes Rechtsverhältnis nicht erkennbar ist, sind selbstständige Anknüpfungsmomente erforderlich. Haben Bereicherungsschuldner und -gläubiger ihren **gewöhnlichen Aufenthalt im selben Staat** (Abs. 2), folgt die Anwendbarkeit des Rechts dieses Staates einem ähnlichen Gedanken wie in Art. 4 Abs. 2. Fehlt es an einem gemeinsamen gewöhnlichen Aufenthalt im selben Staat, bietet sich der **Ort der Bereicherung** als Anknüpfungsmoment an (Abs. 3). Wie in Art. 4 Abs. 3 ist eine Korrekturmöglichkeit für die Fälle gegeben, in denen die Gesamtheit der Umstände eine **offensichtlich engere Verbindung** zum Recht eines anderen Staates gerechtfertigt erscheinen lässt (Abs. 4).

1

II. Zeitliche und sachliche Abgrenzung von Art. 38 EGBGB

2 Die Verordnung ist auf „**schadensbegründende Ereignisse**" anzuwenden, die am 11.1.2009 und später eingetreten sind (Art. 31, 32); auf den Tag des Inkrafttretens der Verordnung (20.8.2007, s. Art. 297 Abs. 1 Unterabs. 3 S. 2 AEUV) kommt es hingegen nicht an.[1] In Bezug auf Art. 10 ist der Zeitpunkt des Ereignisses maßgeblich, der zur Bereicherung geführt hat (zB Leistung, Eingriff, Verwendung).[2] Für davor liegende Sachverhalte ist Art. 38 EGBGB anzuwenden. Die Vorschrift des Art. 38 EGBGB ist auch nach Anwendungsbeginn der Rom II-VO nicht völlig verdrängt worden. Sie ist nach wie vor für bereicherungsrechtliche Sachverhalte zu beachten, die außerhalb des Anwendungsbereichs der Verordnung liegen und nicht durch anderes vorgehendes Einheitskollisionsrecht (etwa Art. 4 EuInsVO) geregelt sind.

3 Anders als Art. 38 EGBGB folgt Art. 10 nicht der für das deutsche Recht typischen systematischen Einteilung in Leistungs-, Eingriffs- und sonstigen Kondiktionen. In den Ergebnissen dürften sich beide Vorschriften aber zu einem großen Teil decken:[3] Sowohl bei der deutschen (Art. 38 Abs. 1 EGBGB) als auch bei der europäischen Regelung (Abs. 1) ist bei einer durch eine Leistung erfolgte Bereicherung das (vermeintliche) Rechtsverhältnis maßgeblich, welches Grundlage für die Leistung war. Stellt das die Bereicherung bewirkende Ereignis hingegen eine unerlaubte Handlung dar, welche nach der hier gefolgten Ansicht zu einer akzessorischen Anknüpfung an das Deliktsstatut nach Abs. 1 führt (s.u. Rn 21), so war eine entsprechende Vorgehensweise bereits gem. Art. 41 Abs. 2 Nr. 1 EGBGB möglich.[4] Die Idee der Anknüpfung an den gemeinsamen Aufenthaltsort der Parteien (Abs. 2) findet sich weiter in Art. 41 Abs. 2 Nr. 2 EGBGB, die des Orts des Bereicherungseintritts (Abs. 3) in Art. 38 Abs. 3 EGBGB. Einen Abs. 4 entsprechenden Vorbehalt („offensichtlich engere Verbindung") kennt auch die deutsche Regelung des Art. 41 Abs. 1 EGBGB („wesentlich engere Verbindung").

B. Regelungsgehalt

I. Schuldverhältnisse aus ungerechtfertigter Bereicherung

4 **1. Autonome Qualifikation.** Der Begriff des Schuldverhältnisses aus ungerechtfertigter Bereicherung ist autonom zu bestimmen.[5] Für die Anwendbarkeit von Art. 10 ist es daher weder hinreichend noch notwendig, dass ein entsprechender Sachverhalt einen Bereicherungsanspruch nach den deutschen Vorschriften der §§ 812 ff BGB begründen würde. Das Gleiche trifft für namensgleiche Rechtsfiguren in Rechtsordnungen anderer Mitgliedstaaten zu, die sich naturgemäß weder mit der deutschen ungerechtfertigten Bereicherung noch mit dem Bereicherungsbegriff des Art. 10 decken.[6] Die Bestimmung des anwendbaren Rechts nach dem Bereicherungsstatut des Art. 10 führt somit nicht zwingend zur Anwendung von Rechtsnormen, in denen das nationale Recht selbst die Bezeichnung „Bereicherungsrecht" oder einer Übersetzung hiervon verwendet. Trotz dieser Schwierigkeiten bestehen zur autonomen Qualifikation keine Alternativen.[7] Die *lex causae* heranzuziehen führte zwangsläufig zu einer uneinheitlichen Anwendung der Verweisungsnorm mit der Gefahr hinkender Rechtsverhältnisse, die der europäische Gesetzgeber mithilfe der IPR-Verordnungen zu verhindern sucht.

5 **2. Begriff des Schuldverhältnisses aus ungerechtfertigter Bereicherung.** In der deutschsprachigen Literatur wird meist angenommen, dass im Großen und Ganzen die Fälle betroffen sind, die auch im deutschen Recht zur Anwendung von §§ 812 ff BGB führen würden.[8] Das dürfte oft zutreffen. Dennoch empfiehlt sich im ersten Schritt, einen **funktionalen Bereicherungsbegriff** zu ermitteln, der nachträglich in gebotenem Maße zu reduzieren bzw abzugrenzen ist.

---

1 EuGH NJW 2012, 441, Rn 29 ff – Deo Antoine Homawoo/GMF Assurances SA.
2 Vgl Erman/*Hohloch*, Art. 10 Rn 4.
3 Ausf. *Wagner*, IPRax 2008, 1, 11.
4 Die Anknüpfung nach Art. 41 Abs. 2 Nr. 1 EGBGB steht freilich in Konkurrenz zu der nach Art. 41 Abs. 2 Nr. 2 EGBGB, zu welcher kein vorbestimmtes Rangverhältnis gegeben ist, s. MüKo/*Junker*, Art. 41 EGBGB Rn 12.
5 jurisPK-BGB/*Backmann*, Art. 10 Rn 5; *Chong*, ILQ 57 (2008) 863, 865 f, 872; MüKo/*Junker*, Art. 10 Rn 11.
6 Zur Uneinheitlichkeit der europäischen Figuren der ungerechtfertigten Bereicherung s. *Schlechtriem*, Restitution I, 2000, S. VI (Vorwort); s. auch die Begründung zum Kommissionsentwurf, KOM(2003) 427 endg., S. 23 f; zur Diskussion über die Existenz eines Rechts der ungerechtfertigten Bereicherung im englischen Recht s. *Pitel*, in: Ahern/Binchy, Rome II Regulation, S. 231, 236 f; *ders.*, NIPR 2008, 456, 458 ff.
7 AA offenbar *Brière*, JDI 135 (2008), 31, 50, welche die Anwendung der *lex fori* vorzuziehen scheint, gleichzeitig aber eine autonome Qualifikation des EuGH prognostiziert; vgl auch *Légier/Chanteloup*, JCl. int. VI, Fasc. 553-4, Rn 69, die den Begriff der ungerechtfertigten Bereicherung offenbar ebenfalls nach der *lex fori* qualifizieren.
8 Exemplarisch Bamberger/Roth/*Spickhoff*, Art. 10 Rn 3; Palandt/*Thorn*, Art. 10 Rn 2.

a) In Betracht zu ziehende Bereicherungstatbestände. Aus den verschiedenen nationalen Regelungen   6
zum Bereicherungsanspruch in Europa sind folgende gemeinsame Strukturmerkmale im Tatbestand identifiziert worden: (1.) das Erlangen eines Vermögensgegenstandes durch den Anspruchsgegner, (2.) auf Kosten des Anspruchsführers und (3.) in ungerechtfertigter Weise.[9] Ins Blickfeld geraten damit sachrechtliche Regelungen, durch die der Schuldner schuldrechtlich verpflichtet wird, einen aufgrund eines bestimmten Ereignisses erlangten Vermögensvorteil (bzw dessen Gegenwert) an den Gläubiger herauszugeben. Dabei steht der Gedanke im Vordergrund, dass der betreffende Vorteil bei wertender Betrachtung nur zufällig in das Vermögen des Schuldners gelangt ist und in Wirklichkeit dem Gläubiger gebührt. Anders als bei Ansprüchen auf Schadens- sowie eventuell auf Aufwendungsersatz, die darauf hinzielen, ein Vermögensopfer beim Gläubiger auszugleichen, stützt sich der Bereicherungsanspruch auf den Gedanken der **Abschöpfung** einer als unrichtig empfundenen Bereicherung beim Schuldner.[10] Nicht als bereicherungs-, sondern als schadensersatzrechtlich zu qualifizieren sind damit der Anspruch auf angemessenen Ausgleich in Geld gem. § 906 Abs. 2 S. 2 BGB oder der Rentenanspruch aus § 912 Abs. 2 BGB, obwohl sie gerade auf „erlaubte" Handlungen zurückgehen.[11] Bei Ansprüchen auf **Aufwendungsersatz** muss differenziert werden. Zielen sie darauf ab, eine Bereicherung des Schuldners rückgängig zu machen (zB §§ 994, 996 BGB), spricht nichts gegen eine bereicherungsrechtliche Qualifikation. Soweit sie aber dem Gedanken folgen sollten, ein Vermögensopfer des Gläubigers auszugleichen, erscheint die Qualifizierung als Bereicherungsanspruch nicht korrekt: Ist nicht ohnehin eine vertragsrechtliche Qualifikation geboten, sind entsprechende Ansprüche als Schuldverhältnisse iSd Art. 4 ff oder Art. 11 anzusehen.

Nach deutschem Recht können mittels der Figur der **Eingriffskondiktion** auch unerlaubte Handlungen   7
einen Bereicherungsanspruch auslösen, soweit sich dieser nur auf die Herausgabe der Bereicherung bezieht. In England wird hingegen über einen erweiterten Umfang der deliktischen Haftung diskutiert, der in den Rechtsfolgen gerade auch die Herausgabe der Bereicherung des Anspruchsgegners umfasst.[12] Teilweise wird daher dafür plädiert, die Figuren der deutschen Eingriffskondiktion und der englischen *restitution for wrongdoing* ganz dem Anwendungsbereich des Art. 10 zu entziehen und vielmehr als unerlaubte Handlungen zu qualifizieren, mit der Folge, dass das anzuwendende Recht nach Art. 4 ff zu bestimmen wäre.[13] Sieht man aber den maßgeblichen Gedanken des Art. 10 in dem der Gewinnabschöpfung, so sind keine Gründe ersichtlich, von diesem Gedanken abzuweichen, auch wenn der Grund der Bereicherung auf ein Verhalten zurückgeht, das gleichzeitig einen Schadensersatzanspruch auslöst – insbesondere dann nicht, wenn die herauszugebende Bereicherung im Betrag höher ist als der zu ersetzende Schaden. Soweit der Gläubiger in einem solchen Fall die Bereicherung herausverlangt, ist dieser Anspruch daher als bereicherungsrechtlich zu qualifizieren.

Dem funktionalen Ausgangsbegriff der Bereicherung entsprechen zunächst einmal alle unmittelbar anwendbaren Tatbestände des deutschen Bereicherungsrechts. Dies betrifft die **Leistungskondiktion** und die   8
Nichtleistungskondiktionen des § 812 Abs. 1 S. 1 BGB einschließlich ihrer Varianten gem. § 812 Abs. 1 S. 2, Abs. 3 BGB und § 813 BGB, weiter die **Leistung des Nichtberechtigten** (§ 816 Abs. 1 S. 1 BGB) oder **an einen Nichtberechtigten** (§ 816 Abs. 2 BGB) sowie **Durchgriffsansprüche** gegen einen Dritten, soweit der primäre Bereicherungsschuldner diesem den **Bereicherungsgegenstand unentgeltlich übertragen** hat (§§ 816 Abs. 1 S. 2, 822 BGB). In den Fokus geraten außerdem solche Anspruchsgrundlagen, die auf bereicherungsrechtliche Vorschriften in Rechtsgrund oder Rechtsfolge verweisen, seien sie vertraglicher (s. aber Rn 9 ff) oder außervertraglicher Natur. Geprüft werden müssen schließlich auch andere Regelungen, die in einzelnen Mitgliedstaaten zwar nicht die Bezeichnung „ungerechtfertigte Bereicherung" tragen, gleichwohl eine Abschöpfung eines nicht als gerechtfertigt angesehenen Vermögensvorteils durch andere Instrumente vorsehen. Dazu gehören bei unvoreingenommener Betrachtung u.a. auch Rückabwicklungsmechanismen gescheiterter Verträge (dazu Rn 11)[14] und die Regulierung von Eingriffen in sachenrechtliche Rechtspositionen (dazu Rn 14). Abzugrenzen ist die ungerechtfertigte Bereicherung von der Figur der Geschäftsführung ohne Auftrag (dazu Rn 15) sowie von Regressansprüchen eines Schuldners oder Dritten, der einen gemeinsamen Gläubiger mit Erfüllungswirkung zugunsten des anderen Schuldners befriedigt hat (dazu Rn 16).

**b) Eingrenzung des funktionalen Bereicherungsbegriffs. aa) Schuldverhältnisse aus Verträgen   9
oder zur Rückabwicklung von Verträgen.** Vertragsforderungen sind vom Anwendungsbereich der Rom II-VO nicht erfasst. Nicht Gegenstand von Schuldverhältnissen aus ungerechtfertigter Bereicherung iSd Art. 10 sind daher auf den Ausgleich eines erlangten Vorteils zielende Leistungen, welche zu erbringen

---

9 *Meier*, in: Handwörterbuch des Europäischen Privatrechts I, 2009, S. 182, 184.
10 Palandt/*Thorn*, Art. 10 Rn 2.
11 Vgl Erman/*Hohloch*, Art. 1 Rn 2.
12 Dazu *Chong*, ILQ 57 (2008) 863, 865 f, 872.
13 *Dickinson*, Rome II Regulation, Rn 10.17.

14 Zur Berücksichtigung der Rückabwicklung gescheiterter Verträge (einschließlich Rücktrittsregelungen deutschen Rechts) in der europäischen Vergleichung des Bereicherungsrechts, s. *Schlechtriem*, Restitution I, Kap. 3 Rn 4 ff.

sich der Schuldner bereits vertraglich verpflichtet hat, zB Ansprüche auf **Rückübertragung von Sicherungseigentum** nach weggefallenem Sicherungszweck auf Grundlage einer vereinbarten Sicherungsabrede.

10 Wegen der spezielleren Vorschrift des Art. 12 Abs. 1 lit. e Rom I–VO sind darüber hinaus auch Ansprüche auf Rückübertragung von Leistungen, die gemäß einem **nichtigen Vertrag** oder aufgrund eines nachträglichen Ereignisses nichtig gewordenen Vertrags ausgetauscht wurden, dem Anwendungsbereich von Art. 3 ff Rom I–VO unterworfen und damit dem des Art. 10 (Abs. 1) entzogen.[15] Am Ergebnis ändert dies nichts, da jene Kollisionsnormen jeweils auf dasselbe Recht verweisen. In der Literatur wird allerdings vertreten, dass Rückforderungen aufgrund nichtiger Verträge vor Geltung der Rom I–VO als Bereicherungsansprüche iSd Art. 10 anzusehen waren, da vor diesem Zeitpunkt die speziellere Regelung des Art. 12 Abs. 1 lit. e Rom I–VO noch nicht wirken konnte.[16] Das erscheint überzeugend, zumal die Begründung des Kommissionsvorschlags zu Art. 10 auch „nichtige Verträge" als Rechtsverhältnisse iSd dieser Vorschrift betrachtete.[17] Gleichzeitig sollte jedoch berücksichtigt werden, dass Rechtsordnungen anderer Mitgliedstaaten entsprechende Ansprüche gerade nicht im Bereicherungsrecht verorten, sondern einem autonomen Rückabwicklungsmechanismus unterwerfen,[18] so dass eine allgemeine Einigkeit in dieser Frage nicht unbedingt erwartet werden darf. Nicht dem Bereicherungsstatut nach Art. 10[19] und noch weniger dem „Vernichtungsstatut" nach Art. 7 EGBGB,[20] sondern nach Art. 12 Abs. 1 lit. e Rom I–VO dem Vertragsstatut unterfallen iÜ Erstattungsansprüche aus Verträgen, die aufgrund **mangelnder Geschäftsfähigkeit** einer der Parteien unwirksam sind.[21]

11 Sekundäransprüche infolge **Leistungsstörungen aus einem Vertragsverhältnis** sind gem. Art. 12 Abs. 1 lit. c Rom I–VO vertragsrechtlich zu qualifizieren. Das trifft auch auf Rückgewähransprüche infolge eines Rücktritts vom Vertrag zu.[22] Wegen Art. 12 Abs. 1 lit. e Rom I–VO ist es ohne Belang, ob die betroffene Rechtsordnung dem Rücktritt eine vertragsvernichtende oder, wie im deutschen Recht, lediglich eine vertragsmodifizierende Wirkung beimisst. Rücktrittsrechtliche Sachnormen sind iÜ auch dann vertrags- und nicht bereicherungsrechtlich zu qualifizieren, wenn sie explizit auf das nationale Bereicherungsrecht verweisen (zB § 346 Abs. 3 S. 2 BGB). Ansprüche auf **Rückgewähr von Schenkungen** (§§ 527 Abs. 1, 528 Abs. 1 S. 1, 531 Abs. 2 BGB) fallen in den Wesentlichen ebenfalls unter den Anwendungsbereich der Art. 3 ff Rom I–VO und sind insoweit dem Anwendungsbereich von Art. 10 entzogen. Etwas anderes gilt nur beim Anspruch auf Herausgabe des Zugewendeten gem. § 516 Abs. 2 S. 3 BGB, da in diesem Fall die Rückforderung nicht auf einen nichtigen, sondern auf einen nicht zustande gekommen Vertrag aufbaut. Ebenfalls vertragsrechtlich zu qualifizieren sind Rückerstattungsansprüche gem. §§ 547, 628 Abs. 1 Abs. 3 BGB. Ansprüche auf Herausgabe des **stellvertretenden commodum** (etwa § 285 BGB, Art. 1303 c.civ.) sind, soweit die unmöglich gewordene Primärleistung Gegenstand einer vertraglichen Verpflichtung war, gem. Art. 12 Abs. 1 lit. c Rom I–VO vertragsrechtlich zu qualifizieren (für den Fall des stellvertretenden commodum einer außervertraglichen Verpflichtung, s.u. Rn 17). Die Ausübung eines verbraucherrechtlichen Widerrufsrechts kann je nach anwendbarem nationalen Recht eine vertragsverhindernde, -vernichtende oder -modifizierende Wirkung haben, so dass unmittelbare oder über den Umweg des Abs. 1 vollzogene vertragsrechtliche Qualifikationen denkbar erscheinen. Im Ergebnis ändert dies wegen der akzessorischen Anknüpfung freilich nichts.

12 **bb) Ausschlüsse gem. Art. 1 Abs. 2.** Keine Schuldverhältnisse aus ungerechtfertigter Bereicherung iSd Art. 10 sind solche Forderungen, die gem. Art. 1 Abs. 2 aus dem Anwendungsbereich der Rom II–VO herausfallen. Betroffen sind also u.a. originär **familien-, ehegüter-, erb- und gesellschaftsrechtliche Schuldverhältnisse** sowie Schuldverhältnisse infolge einer **Verletzung von Privatsphäre und Persönlichkeitsrechten** (Art. 1 Abs. 2 lit. g). Der Anspruch selbst muss auf ein entsprechendes Rechtsverhältnis beruhen,[23] so etwa bei § 1301 BGB oder § 2196 BGB. Auf Rückforderungen von **Zuvielzahlungen** auf eine Verpflichtung zur Erbringung einer Gesellschaftseinlage oder auf eine Unterhaltsverpflichtung trifft dies aber gerade nicht zu, welche damit dem Bereicherungsstatut unterfallen.[24] Zögern kann man bei Ansprüchen auf

---

15 Siehe etwa jurisPK-BGB/*Backmann*, Art. 10 Rn 18; *Dickinson*, Rome II Regulation, Rn 10.16; Erman/*Hohloch*, Art. 10 Rn 12 f; Palandt/*Thorn*, Art. 10 Rn 4; aA offenbar PWW/*Fehrenbacher*, Art. 10 Rn 3.
16 jurisPK-BGB/*Backmann*, Art. 10 Rn 18; *Leible/Lehmann*, RIW 2007, 721, 732.
17 KOM(2003) 427 endg., S. 24.
18 S. für Frankreich C.cass., 1ère chambre civile, Urt. v. 24.9.2002, D. 2003, S. 369; dazu *Légier/Chanteloup*, JCl. int. VI, Fasc. 553-4, Rn 48; für eine bereicherungsrechtliche Qualifikation freilich *Terré/Simler/Lequette*, Droit des obligations, 10. Auflage 2009, Rn 1052.
19 So aber offenbar die hL: s. jurisPK-BGB/*Backmann*, Art. 10 Rn 6; *Fischer*, in: FS Spellenberg 2010, S. 151, 156 f; Rauscher/*Jakob/Picht*, EuZPR/EuIPR, Art. 10 Rn 15; Bamberger/Roth/*Spickhoff*, Art. 10 Rn 4.
20 So zum alten Recht, *v. Bar*, IPR II, Rn 735.
21 Siehe jurisPK-BGB/*Geiben*, Art. 12 Rom I–VO Rn 22; Palandt/*Thorn*, Art. 12 Rom I (IPR) Rn 9.
22 *Dickinson*, Rome II Regulation, Rn 10.16; zögernd offenbar *Chong*, ILQ 57 (2008) 863, 892.
23 Erman/*Hohloch*, Art. 10 Rn 14.
24 Erman/*Hohloch*, Art. 10 Rn 14.

Herausgabe eines Vorteils (oder dessen Gegenwerts), die der Schuldner durch den **Eingriff in eine Rechtsposition** erlangt hat, welche wiederum einem der Rechtsgebiete des Art. 1 Abs. 2 zuzuordnen ist.[25] Wenn aber Schadensersatzansprüche, die aufgrund eines entsprechenden Eingriffs begründet werden, aus dem Anwendungsbereich der Rom II-VO herausfallen,[26] so muss dies auch für Bereicherungsansprüche gelten. Berücksichtigt man außerdem, dass die ausgeschlossenen Rechtsgebiete den Inhalt der betreffenden Rechtspositionen bestimmen und damit auch die Gestaltungsmöglichkeiten, wie in sie eingegriffen werden kann, erscheint es folgerichtig, jene Herausgabeansprüche nicht bereicherungsrechtlich zu qualifizieren. Kaum zweifelhaft ist dies beim Anspruch auf Barabfindung der von einem **„Squeeze-out"-Verfahren** gem. §§ 327 a ff AktG betroffenen Aktionären (bei diesem Anspruch ist freilich bereits zweifelhaft, ob anstelle des Gewinnabschöpfungsaspekts vielmehr der Entschädigungsaspekt im Vordergrund steht, dazu o. Rn 6). Doch auch Regressansprüche in Fällen **nichtberechtigter Verfügung** über Rechtspositionen außerhalb der Rom II-VO müssen unberücksichtigt bleiben: Hat etwa der Schuldner als Nichtberechtigter über Inhaberaktien des Gläubigers in der Weise verfügt, dass der Rechtsverlust für den Gläubiger wirksam ist, so ist der Anspruch des Gläubigers gegen den Schuldner auf Herausgabe der Gegenleistung gem. § 816 Abs. 1 S. 1 BGB als Schuldverhältnis zu qualifizieren, das sich aus dem Gesellschaftsrecht ergibt (Art. 1 Abs. 2 lit. d) und damit – und trotz Verortung im deutschen Bereicherungsrecht – nicht als Schuldverhältnis aus ungerechtfertigter Bereicherung iSd Art. 10. Nicht bereicherungsrechtlich zu qualifizieren sind nach diesem Gedanken auch Ansprüche gem. §§ 1434, 1457, 1973 Abs. 2 S. 1, 2018 ff, 2287, 2329 BGB.

cc) Ausschluss insolvenzrechtlicher Forderungen iSd Art. 4 EuInsVO. Insolvenzrechtlich zu qualifizierende Ansprüche des Insolvenzverwalters auf Grundlage von Art. 4 Abs. 2 EuInsVO unterfallen der *lex fori concursus* und sind damit dem Anwendungsbereich des Art. 10 entzogen. Das gilt in erster Linie für **Ansprüche aus insolvenzrechtlicher Anfechtung**,[27] aber auch für Ansprüche des Insolvenzverwalters aus §§ 812 ff BGB, darunter auch aus § 816 Abs. 2 BGB (Verfügung an einen Nichtberechtigten),[28] soweit die ihnen zugrundeliegenden Rechtshandlungen nichtig, anfechtbar oder relativ unwirksam sind, weil sie die Gesamtheit der Gläubiger benachteiligen" (Art. 4 Abs. 2 lit. m EuInsVO). 13

dd) Abgrenzung vom Sachenrechtsstatut. Es stellt sich die Frage, ob das Bereicherungsstatut des Art. 10 auch dann einschlägig ist, wenn der Schuldner auf Grundlage einer sachenrechtlichen Regelung eine Rechtsposition auf Kosten des Gläubigers erlangt und (außervertraglich-schuldrechtlich) verpflichtet ist, diesen Vorteil oder zumindest dessen Gegenwert an den Gläubiger zu übertragen. Konkret geht es um die Fälle der Entschädigung infolge **Vermischung und Verarbeitung** (vgl § 951 Abs. 1 BGB) oder eines **Fundes** (vgl § 977 BGB), aber auch um den **Verwendungsersatz** (vgl § 994 BGB, § 996 BGB), den **Nutzungsersatz** (vgl §§ 987, 988, 990 BGB) und das **Wegnahmerecht** (§ 997 Abs. 1 S. 1 BGB) im Eigentümer-Besitzerverhältnis. Dieselbe Frage stellt sich weiter beim Anspruch gegen den **Nichtberechtigten infolge einer dem Berechtigten gegenüber wirksamen Verfügung über eine Sache** (zB § 816 Abs. 1 S. 1 BGB iVm den Vorschriften des gutgläubigen Erwerbs). Denkbar wäre es, entsprechende Ansprüche dem Sachenrechtsstatut und damit der *lex rei sitae* zuzuordnen. Unter der Regelung des Art. 38 EGBGB hat man entsprechende Sachverhalte freilich meist dem Bereicherungsstatut unterworfen.[29] Bei dieser Qualifikation muss es auch im Rahmen von Art. 10 bleiben.[30] Zielführend sind Wortlaut und Systematik von Art. 1 und Art. 10: Bei den betreffenden Ansprüchen handelt es sich fraglos um „außervertragliche Schuldverhältnisse" und anders als jene aus dem Gesellschafts-, Familien- und Erbrecht (s.o. Rn 12), sind diese gerade nicht vom Anwendungsbereich der Verordnung ausgeschlossen. Für weitere, „ungeschriebene" Ausschlüsse aus der Verordnung besteht insoweit kein Raum. 14

ee) Andere Kollisionsnormen der Rom II-VO als leges speciales. Nicht nach Art. 10 zu qualifizieren sind Bereicherungsansprüche aus der **Verletzung von Rechten des geistigen Eigentums** (Artt. 8, 13).[31] Keine Schuldverhältnisse aus ungerechtfertigter Bereicherung sind naturgemäß auch solche, die sich aus einer **Geschäftsführung ohne Auftrag** iSd des Art. 11 ergeben. Da dieser Begriff in gleicher Weise wie der der ungerechtfertigten Bereicherung verordnungsautonom auszulegen ist, kann man sich allerdings wieder nicht auf die vertraute Klassifizierung im deutschen Recht verlassen. Den Anwendungsbereich von Art. 10 in Abgrenzung zu dem des Art. 11 exakt zu bestimmen, ist angesichts der disparaten Regelungen in den Mitgliedstaaten und fehlender Hinweise des europäischen Gesetzgebers nach aktuellem Stand schwie- 15

---

25 Bei Schuldverhältnissen iSd Abs. 2 lit. g folgt der Ausschluss des Anwendungsbereichs der Verordnung bereits aus dem Wortlaut der Vorschrift („Verletzung").

26 KOM(2003) 427 endg., S. 9 (Schadensersatzanspruch wegen verspäteter Unterhaltszahlung), dazu MüKo/*Junker*, Art. 1 Rn 28.

27 Erman/*Hohloch*, Art. 10 Rn 12; Palandt/*Thorn*, Art. 10 Rn 5.

28 *Limbach*, IPRax 2012, 320, 322; aA OLG Hamm, IPRax 2012, 351, 354 (Rn 64 ff).

29 Siehe etwa *Kropholler*, S. 505 f; *Kegel/Schurig*, S. 714 f.

30 Siehe im Einzelnen Erman/*Hohloch*, Art. 10 Rn 15; Huber/*Huber/Bach*, Rome II Regulation, Art. 10 Rn 11 ff; Palandt/*Thorn*, Art. 1 Rn 5 (Eigentümer-Besitzer-Verhältnis).

31 *Wagner*, IPRax 2008, 1, 11.

16 rig (vgl Art. 11 Rn 5 ff), aufgrund der nahezu identischen Rechtsfolgen beider Kollisionsnormen indes auch nicht immer nötig. Eine Abgrenzung zwischen beiden Begriffen ist aber in den Fällen des Abs. 3 bzw des Art. 11 Abs. 3 erforderlich, in denen der Ort der „Bereicherung" vom Ort der „Geschäftsführung" abweicht. Bedeutung erlangt dies beim Aufwendungsersatzanspruch des nicht berechtigten Geschäftsführers ohne Auftrag, welcher richtigerweise als bereicherungsrechtlicher Anspruch zu qualifizieren ist (vgl § 684 S. 1 BGB, s. im Einzelnen Art. 11 Rn 6).

16 Möchte man eine „Bereicherung" zumindest in funktionaler Sicht bejahen, wenn der Gesamtschuldner eine **Gesamtschuld** erfüllt und damit die übrigen Gesamtschuldner von deren Verpflichtung gegenüber dem Gläubiger befreit werden, so sind entsprechende Fälle jedenfalls durch die spezielleren Vorschriften des Art. 16 Rom I–VO (für vertragliche Gesamtschulden) und des Art. 20 (für außervertragliche Gesamtschulden) abgedeckt und insoweit dem Anwendungsbereich von Art. 10 entzogen. Das Gleiche gilt auch für **Regressansprüche infolge der Erfüllung einer nicht gleichstufigen Verpflichtung** mehrerer Schuldner im Anwendungsbereich jeweils des Art. 15 Rom I–VO und des Art. 19. Etwas anderes gilt jedoch in Bezug auf die Einordnung des Anspruchs aus § 255 BGB auf **Abtretung des Schadensersatzanspruchs des Gläubigers**. Da diese Vorschrift keine Legalzession vornimmt, sondern den Gläubiger nur verpflichtet, seine ihm gegen den Dritten zustehende Schadensersatzforderung dem Schuldner abzutreten, liegt kein Fall des Art. 19 vor (s. Art. 19 Rn 8). Von der Rückgriffskondiktion unterscheidet sich der Anspruch aus § 255 BGB allein darin, dass der Dritte gegenüber dem Gläubiger zur Leistung verpflichtet ist. Funktionale Abweichungen zum Bereicherungsrecht weist der Anspruch aus § 255 BGB iÜ nicht auf, insbesondere liegt in beiden Fällen keine Verpflichtung des Dritten gegenüber dem Schuldner vor. Aus diesem Grund erscheint in der Tat eine bereicherungsrechtliche Qualifikation nach Art. 10 angebracht, soweit nicht vertragliche Beziehungen zwischen Drittem und Gläubiger eine Abtretung der Forderung voraussetzen, etwa auch im Wege der vertragsergänzenden Auslegung.

17 Fraglich ist ferner die Qualifikation von Ansprüchen auf Herausgabe des **stellvertretenden commodum** auf Grundlage einer unmöglich gewordenen **außervertraglichen Verpflichtung** (bei unmöglich gewordenen **vertraglichen Verpflichtungen**, s.o., Rn 11). Konkret kann man etwa an einen Anspruch gem. § 684 S. 1 BGB auf Herausgabe des aufgrund einer Geschäftsführung ohne Auftrag erlangten Vorteils denken, der wegen Unmöglichkeit gem. § 275 Abs. 1 BGB untergegangen ist, für welchen der Schuldner aber eine Versicherungsleistung erhalten hat. Der Anspruch auf Herausgabe dieses Vorteils aus § 285 BGB kann funktional durchaus als Bereicherungsregelung (s.o. Rn 5 ff) gesehen werden; insbesondere offenbart er strukturelle Gemeinsamkeiten mit dem Bereicherungsanspruch aus § 816 Abs. 1 S. 1 BGB. Auf Grundlage von Art. 15 lit. a lässt sich aber auch gut vertreten, dass Ansprüche auf Herausgabe des stellvertretenden commodum in der Kontinuität des jeweiligen (außervertraglichen) Primäranspruchs liegen, anstelle welchen sie treten, so dass sie von der unmittelbaren Qualifikation des betreffenden außervertraglichen Rechtsverhältnisses umfasst werden. Letztlich macht es keinen Unterschied, welchem Weg man folgt, da auch eine bereicherungsrechtliche Qualifikation über den Umweg des Abs. 1 zur Anknüpfung an das betreffende außervertragliche Rechtsverhältnis führen würde.

18 **c) Reichweite der Verweisung.** Die Verweisung des Art. 10 umfasst die in Art. 15 bestimmten Gebiete. Das designierte Recht regelt damit die Frage nach den zu erfüllenden Tatbestandsmerkmalen sowie den Umfang des Bereicherungsanspruchs. Eingeschlossen ist die Berücksichtigung von Ausschlusstatbeständen (zB § 817 BGB) sowie von Entreicherungs- und Wertersatzregelungen (zB § 818 f). Regelungen zur Saldierung gegenseitiger Bereicherungsansprüche gehören ebenfalls dazu,[32] soweit für beide Ansprüche eine einheitliche Anknüpfung möglich ist.

II. Bestimmung des anwendbaren Rechts

19 Soweit eine gem. Art. 14 stets vorgehende Rechtswahl zwischen den Parteien nicht vorliegt,[33] ist das anwendbare Recht nach der in Abs. 1 bis 4 vorgesehenen Anknüpfungsleiter zu bestimmen.

20 **1. Anknüpfung an ein zwischen den Parteien bestehendes Rechtsverhältnis, das eine enge Verbindung mit der ungerechtfertigten Bereicherung aufweist (Abs. 1). a) Anknüpfung an ein vor Eintritt des Bereicherungsereignisses bestehendes Rechtsverhältnis.** Der Gedanke der **akzessorischen Anknüpfung** an ein grundlegendes Rechtsverhältnis geht zurück auf eine mehrere Jahrzehnte andauernde europäische Diskussion und ist vor Anwendungsbeginn der Rom II–VO in einigen Staaten, darunter

---

32 Palandt/*Thorn*, Art. 10 Rn 12.
33 Eingehend im Zusammenhang mit der ungerechtfertigten Bereicherung und der Geschäftsführung ohne Auftrag *Légier/Chanteloup*, JCl. int. VI, Fasc. 553-4, Rn 34 ff.

in Deutschland, rezipiert worden.³⁴ Eine **enge Verbindung** zwischen der ungerechtfertigten Bereicherung und einem zwischen den Parteien bestehenden Rechtsverhältnis liegt jedenfalls dann vor, wenn die Bereicherung auf eine **Leistung des Gläubigers** zurückzuführen ist, die dieser in dem Glauben erbracht hat, hierzu aufgrund des betreffenden Rechtsverhältnisses mit dem Begünstigten verpflichtet zu sein. Bei aller Vorsicht bei der Verwendung von Begriffen des deutschen Privatrechts kann davon ausgegangen werden, dass dabei meist Bereicherungsansprüche der **Leistungskondiktion** zum Tragen kommen.³⁵ Er umfasst Fälle, in denen ein Rechtsverhältnis zwischen den Parteien zwar besteht, eine der Leistung entsprechende Verpflichtung aber nicht oder nicht in erbrachter Höhe begründet wurde, zB die Erfüllung eines (nicht existierenden) Aufwendungsersatzanspruchs auf Grundlage einer (existierenden) Geschäftsführung ohne Auftrag oder Zuvielzahlungen auf Grundlage eines (existierenden) Schadensersatz-, Zins- oder Unterhaltszahlungsanspruchs.³⁶ Trotz des Wortlauts („bestehendes Rechtsverhältnis") umfasst Abs. 1 auch die Fälle, in denen das Rechtsverhältnis zwischen den Parteien gerade nicht wirksam besteht,³⁷ etwa weil der vermeintliche Vertrag nicht geschlossen wurde oder die Voraussetzungen einer unerlaubten Handlung, einer Geschäftsführung ohne Auftrag (etwa in den Fällen der §§ 642, 648 BGB) oÄ nicht erfüllt sind. Zahlungen auf nichtige Verträge sind hingegen dem Anwendungsbereich von Art. 10 entzogen (s.o. Rn 10).

b) Anknüpfung an ein vom Bereicherungsereignis begründetes Rechtsverhältnis. Teilweise wird vertreten, aus dem Adjektiv „bestehendes" sei zu schließen, dass sich Abs. 1 nur auf solche Rechtsverhältnisse bezieht, die bereits zu dem Zeitpunkt Bestand haben, in dem das Ereignis eintritt, welches das bereicherungsrechtliche Schuldverhältnis begründet.³⁸ Damit wären solche Rechtsverhältnisse ausgeschlossen, die durch dasselbe Ereignis ausgelöst werden wie das bereicherungsrechtliche Schuldverhältnis. Praktisch bedeutsam ist dies in Fällen der Eingriffskondiktion, in denen die Eingriffshandlung – etwa ein Diebstahl – nicht nur den Bereicherungsanspruch, sondern auch einen Schadensersatzanspruch aus unerlaubter Handlung entstehen lässt. Folgte man jener Ansicht, stünde das Recht des Schadensersatzanspruchs für eine akzessorische Anknüpfung nach Abs. 1 nicht zur Verfügung. Aufschlussreich ist aber der Vergleich mit Art. 4 Abs. 3 S. 2, in dem nicht lediglich auf ein „bestehendes Rechtsverhältnis" abgestellt wird, sondern ausdrücklich von „einem bereits bestehenden Rechtsverhältnis" die Rede ist. Dies zeigt, dass die in Abs. 1 verwendete Formulierung auch Raum für die Auslegung zulässt, wonach zur Bestimmung des Bereicherungsstatuts an ein Rechtsverhältnis angeknüpft werden kann, das durch dasselbe Ereignis begründet wird wie der Bereicherungsanspruch selbst.³⁹ Wenn aber eine solche Auslegung vom Wortlaut des Abs. 1 gedeckt ist, spricht nichts dagegen, auch zeitgleich entstandene Rechtsverhältnisse als „Rechtsverhältnisse" iSd Abs. 1 zuzulassen. Diese Lösung ermöglicht den sehr willkommenen Gleichlauf von Bereicherungs- und Schadensersatzansprüchen. Sie entschärft außerdem die englische Diskussion darüber, ob Ansprüche auf Herausgabe erlangter Vorteile nach der „Eingriffskondiktion" schadensersatzrechtlich („restitution for wrongdoing") oder bereicherungsrechtlich zu qualifizieren sind (s.o., Rn 7).⁴⁰ So würde in jedem Fall an das Recht der unerlaubten Handlung angeknüpft: nach der in England teilweise vertretenen Ansicht im Wege einer unmittelbaren Qualifikation als unerlaubte Handlung, nach der hier vertretenen Ansicht über die akzessorische Qualifikation nach Abs. 1. Damit umfasst Abs. 1 zahlreiche Fälle der **Eingriffskondiktion**:⁴¹ Wenn der geltend gemachte Bereicherungsanspruch sich aus einem Eingriff ergibt, der gleichzeitig auch eine **unerlaubte Handlung** begründet, ist das Recht heranzuziehen, welches gem. Art. 4 ff zur Anwendung kommt. Begründet ein Eingriff durch **Vermischung, Verarbeitung** oder **wirksame Verfügung eines Nichtberechtigten** weder Ansprüche aus unerlaubter Handlung noch andere schuldrechtliche Verbindungen zwischen den Parteien, so wird ein „Rechtsverhältnis" oft als fehlend betrachtet, mit der Folge, dass eine Anknüpfung nach Abs. 1 ausscheiden müsste.⁴² Ist das Ziel des Eingriffs aber eine Sache oder ein Sachenrecht, so erscheint der Begriff des „Rechtsverhältnisses" flexibel genug, um auch im Vorfeld beste-

---

34 Zur Geschichte der Idee der akzessorischen Anknüpfung im Rahmen der ungerechtfertigten Bereicherung, *Légier/Chanteloup*, JCl. int. VI, Fasc. 553-4, Rn 47 ff.
35 *Heiss/Loacker*, JBl. 2007, 613, 641; *Wagner*, IPRax 2008, 1, 11.
36 *Légier/Chanteloup*, JCl. int. VI, Fasc. 553-4, Rn 62.
37 Erman/*Hohloch*, Art. 10 Rn 6; *Leible/Lehmann*, RIW 2007, 721, 732; Rauscher/*Jakob/Picht*, EuZPR/EuIPR, Art. 10 Rn 21; Bamberger/Roth/*Spickhoff*, Art. 10 Rn 5.
38 *Dickinson*, Rome II Regulation, Rn 10.25; MüKo/*Junker*, Art. 10 Rn 17; PWW/*Fehrenbacher*, Art. 10 Rn 5; offenbar auch *Garcimartín Alférez*, EuLF 2007, I-77, I-88 f.
39 jurisPK-BGB/*Backmann*, Art. 10 Rn 13, 19; *Cheshire/North/Fawcett*, Private International Law, 14. Auflage 2008, S. 827; *Fischer*, in: FS Spellenberg 2010, S. 151, 152; Erman/*Hohloch*, Art. 10 Rn 7; Palandt/*Thorn*, Art. 10 Rn 8; aA PWW/*Fehrenbacher*, Art. 10 Rn 5; MüKo/*Junker*, Art. 10 Rn 17; Huber/*Huber/Bach*, Rome II Regulation, Art. 10 Rn 20; erst gar nicht in Betracht ziehend: *Légier/Chanteloup*, JCl. int. VI, Fasc. 553-4, Rn 63.
40 Dazu *Cheshire/North/Fawcett*, Private International Law, 14. Auflage 2008, S. 824 f; *Chong*, ILQ 57 (2008) 863, 878 f; *Dickinson*, Rome II Regulation, Rn 10.17.
41 So wohl auch *Wagner*, IPRax 2008, 1, 11.
42 So Rauscher/*Jakob/Picht*, EuZPR/EuIPR, Art. 10 Rn 40; MüKo/*Junker*, Art. 10 Rn 21; Bamberger/Roth/*Spickhoff*, Art. 10 Rn 9.

hende dingliche Herausgabe- und Unterlassungsansprüche (zB aus dem Eigentümer-Besitzer-Verhältnis oder gem. § 1004 BGB) zwischen den Parteien zu umfassen, so dass in solchen Fällen die *lex rei sitae* zum Tragen kommt.[43]

22 **c) Mehrpersonenverhältnisse.** Abs. 1 verlangt ein **Rechtsverhältnis „zwischen den Parteien"**, also zwischen dem Gläubiger und dem Schuldner des geltend gemachten Bereicherungsanspruchs. Bei Dreiecksbeziehungen muss daher jeweils geprüft werden, ob gerade zwischen dem Anspruchsführer und dem Anspruchsgegner ein (vermeintliches oder nicht vermeintliches) Rechtsverhältnis bestand, auf dessen Grundlage die Leistung oder eine sonstige Bereicherung erfolgt ist.[44] Entsprechende Rechtsverhältnisse können gescheiterte Verträge auf der Ebene des **Deckungs- und des Valutaverhältnisses** sein, die Bereicherungsansprüche zwischen den in genau diesen Verhältnissen beteiligten Personen begründen.[45] Folgerichtig werden reine **Durchgriffsansprüche** gegen Dritte nicht von Abs. 1 erfasst, soweit ein Rechtsverhältnis zwischen diesem und dem Anspruchsführer nicht gegeben ist; in solchen Fällen ist auf die Anknüpfung in Abs. 2 und 3, ausnahmsweise auch in Abs. 4 zu verweisen. Bei Bereicherungsansprüchen etwa nach §§ 816 Abs. 1 S. 2, 822 BGB gegen den **unentgeltlich begünstigten Dritten** fehlt es in aller Regel an einem „Rechtsverhältnis" zwischen den Parteien: Der Dritte als Bereicherungsschuldner steht jedenfalls normalerweise in keiner (vermeintlichen) unmittelbaren vertraglichen Beziehung zum Gläubiger. Lässt sich ein unmittelbares Rechtsverhältnis zwischen Gläubiger und Drittbegünstigtem auch nicht auf anderem Wege herleiten, bleibt der Weg einer Anknüpfung nach Abs. 1 versperrt.[46] Entsprechendes muss grundsätzlich auch in den anderen Fällen eines Durchgriffsanspruchs des Gläubigers gegen Dritte gelten, so in den **Anweisungsfällen**,[47] möglicherweise auch in Fällen der **Rückgriffskondiktion**,[48] wieder unter dem Vorbehalt, dass ein unmittelbares Rechtsverhältnis zwischen Gläubiger und Drittem nicht auf anderem Wege hergeleitet werden kann, zB auf Grundlage einer vom Dritten ausgehenden unerlaubten Handlung. Das bedeutet, dass der Schuldner oftmals von der Verweisung auf ein ihm vertrauteres Recht der Abs. 2 und 3 profitiert. In Anschluss an die Literatur zur deutschen Regelung des Art. 38 EGBGB plädieren indes nicht wenige Stimmen für eine selbstständige Anknüpfung bestimmter Durchgriffsansprüche über den Weg der **offensichtlich engeren Verbindung** (Abs. 4). So sei im Rahmen der Rückgriffskondiktion (freiwillige Zahlung auf fremde Schuld) für den Direktanspruch des Zahlenden gegen den Empfänger das Recht der Forderung maßgeblich, auf die geleistet wurde;[49] in Anweisungsfällen wird für den Direktanspruch des Angewiesenen gegen den Empfänger dafür plädiert, über Abs. 4 das Recht des Valutaverhältnisses (Beziehung Anweisender/Empfänger) heranzuziehen.[50] Ob sich entsprechende Vorschläge EU-weit etablieren können, bleibt abzuwarten. Im Hintergrund bleibt freilich der Gedanke, dass Abs. 4 nicht den Zweck haben darf, eine in Abs. 1–3 getroffene grundsätzliche gesetzgeberische Entscheidung wieder rückgängig zu machen, sondern nur einzelne Korrekturen ausschließlich in atypisch gestalteten Situationen erlaubt.[51]

23 Im Rahmen eines **echten Vertrags zugunsten Dritter** (bzw eines diesem Modell entsprechenden Vertrags anderer Rechtsordnungen) ist davon auszugehen, dass bereits der (vermeintliche) Direktanspruch des Dritten gegen den Versprechenden ein „Rechtsverhältnis" gem. Art. 10 begründet. Das bedeutet, dass für einen uU bestehenden unmittelbaren Bereicherungsanspruch des Versprechenden gegen den begünstigten Dritten grundsätzlich nach Abs. 1 anzuknüpfen ist, letztlich also dem Recht des zwischen Versprechendem und Versprechensempfänger vermeintlich geschlossenen Vertrags zugunsten Dritter (Deckungsverhältnis) gefolgt wird.[52] Der Dritte profitiert dann nicht von der ansonsten denkbaren Anknüpfung an seinen gewöhnlichen Aufenthalt nach Abs. 2 oder an den Ort der Bereicherung nach Abs. 3. Dies erscheint aber angesichts seines (vermeintlichen) Direktanspruchs gerechtfertigt, den er durch Annahme der Leistung auch selbst verwirklicht hat. In Grenzfällen mag eine Korrektur nach Abs. 4 sachgerecht sein, wenn aus den Umständen erkennbar wird, dass der Direktanspruch des Dritten keine Rolle spielt, etwa weil er durch eine vom Dritten nicht überblickte AGB-Konstruktion zwischen Versprechendem und Versprechensempfänger sich mehr zufällig ergibt.

---

43 So iE jurisPK-BGB/*Backmann*, Art. 10 Rn 20; Palandt/*Thorn*, Art. 10 Rn 8.
44 *Chong*, ILQ 57 (2008) 863, 877 f.
45 Hk-BGB/*Dörner*, Art. 10 Rn 7; *Fischer*, in: FS Spellenberg 2010, S. 151, 159 (Anweisungsfälle); Erman/*Hohloch*, Art. 10 Rn 14.
46 *Fischer*, in: FS Spellenberg 2010, S. 151, 161; Rauscher/*Jakob/Picht*, EuZPR/EuIPR, Art. 10 Rn 56; MüKo/*Junker*, Art. 10 Rn 21; aA Erman/*Hohloch*, Art. 10 Rn 14, der offenbar einen Fall des Abs. 1 annimmt, aber an das Recht des Verhältnisses zwischen dem ursprünglich Bereicherten und dem unentgeltlich Begünstigten anknüpft („Weitergabestatut").

47 jurisPK-BGB/*Backmann*, Art. 10 Rn 32; Hk-BGB/*Dörner*, Art. 10 Rn 9; Rauscher/*Jakob/Picht*, EuZPR/EuIPR, Art. 10 Rn 54; PWW/*Fehrenbacher*, Art. 10 Rn 5; Palandt/*Thorn*, Art. 10 Rn 9.
48 PWW/*Fehrenbacher*, Art. 10 Rn 5.
49 jurisPK-BGB/*Backmann*, Art. 10 Rn 33; *Fischer*, in: FS Spellenberg 2010, S. 151, 158 f; iE auch Palandt/*Thorn*, Art. 10 Rn 9.
50 *Fischer*, in: FS Spellenberg 2010, S. 151, 160.
51 So grds. Erman/*Hohloch*, Art. 10 Rn 10.
52 Bamberger/Roth/*Spickhoff*, Art. 10 Rn 8; Palandt/*Thorn*, Art. 10 Rn 9; vgl auch jurisPK-BGB/*Backmann*, Art. 10 Rn 35, der über den Weg des Abs. 4 zum selben Ergebnis gelangt.

2. Reserveanknüpfungen (Abs. 2 bis 4). Existiert kein zwischen den Parteien bestehendes Rechtsverhältnis, das eine enge Verbindung mit der ungerechtfertigten Bereicherung aufweist, so ist das anwendbare Recht nach Abs. 2–4 zu bestimmen. 24

Haben Gläubiger und Schuldner ihren **gewöhnlichen Aufenthalt in demselben Staat**, so gelangt das Recht dieses Staates zur Anwendung (Abs. 2); die Verordnung folgt insoweit dem Beispiel des Art. 4 Abs. 2, freilich mit der Maßgabe, dass dort auf den Zeitpunkt des Schadenseintritts, in Art. 10 Abs. 2 hingegen auf den Zeitpunkt des die Bereicherung begründenden Ereignisses abgestellt wird.[53] Haben Gläubiger und Schuldner ihren gewöhnlichen Aufenthalt in zwei verschiedenen Staaten, gilt das Recht des Staates, in dem die **Bereicherung eingetreten** ist (Abs. 3). Diese Vorschrift stützt sich nicht auf den Ort der Handlung bzw dem sonstigen, die Bereicherung auslösenden Ereignis, sondern auf den **Erfolgsort** (Ort der „Bereicherung"). Die englische („country in which the unjust enrichment took place") sowie die französische Version („pays dans lequel l'enrichissement sans cause s'est produit") mögen einen größeren Auslegungsspielraum insofern bieten, als sie sich auf den Gesamtbegriff der ungerechtfertigten Bereicherung beziehen.[54] Am Ort des Bereicherungserfolgs als maßgeblicher Ort kann aber nicht gezweifelt werden,[55] da die im Änderungsvorschlag des Europäischen Parlaments von 2006 umgekehrt noch auf den Handlungsort weisende Fassung[56] in der Folge zugunsten der in Kraft getretenen Fassung ausdrücklich verworfen wurde.[57] Liegt die Bereicherung im **Erwerb oder in der Verbesserung einer Sache**, so ist deren Belegenheitsort maßgeblich.[58] Nimmt die Bereicherung hingegen die Gestalt eines **nicht körperlichen Gegenstands** an, kann die Bestimmung des Orts der Bereicherung schwierig sein.[59] Besteht die Bereicherung im Erwerb einer **Forderung gegen einen Dritten**, so hätte die Anknüpfung an den Leistungsort (vgl § 269 BGB) den Vorteil, Unsicherheiten in Bezug auf die Bestimmung des anwendbaren Rechts zu einem großen Teil auszuräumen. Eine solche Regel dürfte aber nicht immer zu sachgerechten Ergebnissen führen, insbesondere wenn die Verbindungen zum Wohnsitz des Schuldners der Forderung im Gesamtbild keine oder nur eine untergeordnete Rolle spielen (Beispiel Anspruch gegen einen Versandhändler). Trotz der damit in Kauf zu nehmenden Unsicherheiten erscheint daher eine Anknüpfung an den Ort vorzugswürdiger, an dem die Forderung unter Berücksichtigung der Umstände des Einzelfalls ihren Schwerpunkt bildet. Insofern leuchtet etwa der Gedanke ein, dass eine **Bankgutschrift** den Kontoinhaber am Ort der kontoführenden Stelle bereichert.[60] 25

Abs. 4 liefert schließlich ein Instrument der Korrektur in den Fällen, in denen unter Berücksichtigung aller Umstände eine andere Anknüpfung als in Abs. 1–3 geboten erscheint. Angesichts der auf den kollisionsrechtlichen Gleichlauf ausgerichteten Auslegung von Abs. 1 (s.o. Rn 20 ff) erscheint ein solches Bedürfnis nur ausnahmsweise gegeben, etwa in Mehrpersonenverhältnissen oder in Fällen, in denen Abs. 1 und 2 nicht anwendbar sind und eine Bereicherung auf Orte in mehreren Staaten verteilt ist. 26

C. Weitere praktische Hinweise

Ein außervertragliches Schuldverhältnis aus ungerechtfertigter Bereicherung iSd Art. 10 kommt nicht nur in den Fällen des § 812 BGB, sondern grundsätzlich allein schon dann in Betracht, wenn der Anspruchsführer die Herausgabe eines dem Anspruchsgegner zugutegekommenen Vorteils mit der Begründung verlangt, dass dieser Vorteil in Wirklichkeit ihm, dem Anspruchsführer, gebührt. In diesem Fall ist zu prüfen, ob der zeitliche (Art. 32, s.o. Rn 2) und der materielle Anwendungsbereich der Verordnung gegeben ist (Art. 1); bei Rückforderungs- und anderen Herausgabeansprüchen mit Berührung zu einem Insolvenzverfahren muss Art. 4 EuInsVO als *lex specialis* beachtet werden (Rn 13). Ist letztere Regelung nicht einschlägig, haben die Parteien keine besondere Rechtswahl (Art. 14) über Ansprüche aus ungerechtfertigter Bereicherung getrof- 27

---

53 *Fischer*, in: FS Spellenberg 2010, S. 151, 154; *Leible/Lehmann*, RIW 2007, 721, 732.
54 Dazu *Kadner Graziano*, RabelsZ 73 (2009), 1, 66 f; krit. zur französischen Sprachfassung *Légier*, JCP éd. G. 2007, Nr. 47-207.
55 AA *Erman/Hohloch*, Art. 10 Rn 9, welcher auf den Ort der Rechtsgutsverletzung, nicht auf den nachfolgenden Vermögenszuwächse abstellt, krit. dazu *Rauscher/Jakob/Picht*, EuZPR/EuIPR, Art. 10 Rn 39.
56 Siehe Bericht des Rechtsausschusses, A6-0211/2005 endg. (27.6.2005), S. 28 (Änderungsantrag 36), mit Bezug auf den Ort, „in dem das im Wesentlichen die Bereicherung verursachende Ereignis eingetreten ist"; entsprechend auch KOM(2006) 83 endg., S. 3, 18.
57 Gemeinsamer Standpunkt (EG) Nr. 22/2006, ABl C 289E v. 28.11.2006, S. 68, 79: „Grundsätzlich sind die vorgeschlagenen Änderungen zwar akzeptabel, doch ist der Rat der Auffassung, dass das Recht des Staates, in dem die Bereicherung eingetreten ist, einen geeigneteren Anknüpfungspunkt darstellt, wenn das anwendbare Recht auf der Grundlage von Artikel 10 Absätze 1 oder 2 nicht bestimmt werden kann"; zu dieser Entwicklung *Dickinson*, Rome II Regulation, Rn 10.31.
58 Ähnlich Palandt/*Thorn*, Art. 10 Rn 10.
59 Im Einzelnen *Chong*, ILQ 57 (2008) 863, 882 ff, 885 ff.
60 So *Fischer*, in: FS Spellenberg 2010, S. 151, 155; MüKo/*Junker*, Art. 10 Rn 20 (mit Hinweis auf früheres deutsches Kollisionsrecht); Palandt/*Thorn*, Art. 10 Rn 10; krit. *Pitel*, in: Ahern/Binchy, Rome II Regulation, S. 231, 247 f.

fen und ist auch kein Fall des Art. 8 gegeben (welcher wegen Art. 13 vor Art. 10 Vorrang hat), erfolgt die Bestimmung des anwendbaren Rechts über Abs. 1 bis 3. Kann der Sachverhalt unter dem Tatbestand von Abs. 1 subsumiert werden, gilt das Recht des zwischen den Parteien bestehenden Rechtsverhältnisses. Sonst gilt das Recht des Aufenthaltsstaates der Parteien (Abs. 2) oder, wenn die Parteien nicht in demselben Staat ihren gewöhnlichen Aufenthalt haben, das Recht des Staates, in dem die Bereicherung eingetreten ist (Abs. 3). Zuletzt wird geprüft, ob sich aus der Gesamtheit der Umstände eine offensichtlich engere Verbindung zum Recht eines anderen Staates ergibt (Abs. 4); ist dies zu bejahen, gilt das Recht dieses anderen Staates und nicht das gem. Abs. 1 bis 3 bestimmte Recht.

Artikel 11 Geschäftsführung ohne Auftrag

(1) Knüpft ein außervertragliches Schuldverhältnis aus Geschäftsführung ohne Auftrag an ein zwischen den Parteien bestehendes Rechtsverhältnis – wie einen Vertrag oder eine unerlaubte Handlung – an, das eine enge Verbindung mit dieser Geschäftsführung ohne Auftrag aufweist, so ist das Recht anzuwenden, dem dieses Rechtsverhältnis unterliegt.

(2) Kann das anzuwendende Recht nicht nach Absatz 1 bestimmt werden und haben die Parteien zum Zeitpunkt des Eintritts des schadensbegründenden Ereignisses ihren gewöhnlichen Aufenthalt in demselben Staat, so ist das Recht dieses Staates anzuwenden.

(3) Kann das anzuwendende Recht nicht nach den Absätzen 1 oder 2 bestimmt werden, so ist das Recht des Staates anzuwenden, in dem die Geschäftsführung erfolgt ist.

(4) Ergibt sich aus der Gesamtheit der Umstände, dass das außervertragliche Schuldverhältnis aus Geschäftsführung ohne Auftrag eine offensichtlich engere Verbindung mit einem anderen als dem in den Absätzen 1, 2 und 3 bezeichneten Staat aufweist, so ist das Recht dieses anderen Staates anzuwenden.

Literatur: *Brière*, Le règlement (CE) n° 864/2007 du 11 juillet 2007 sur la loi applicable aux obligations non contractuelles („Rome II"), JDI 135 (2008), 31; *Fischer*, Ungerechtfertigte Bereicherung und Geschäftsführung ohne Auftrag im europäischen internationalen Privatrecht, FS Spellenberg, 2010, S. 151; *Garcimartín Alférez*, The Rome II Regulation: On the way towards a European Private International Law Code, EuLF 2007, I-77; *Heiss/Loacker*, Die Vergemeinschaftung des Kollisionsrechts der außervertraglichen Schuldverhältnisse durch Rom II, JBl. 2007, 613; *Jansen*, Negotiorum gestio und Benevolent Intervention in Another's Affairs: Principles of European Law?, ZEuP 2007, 958; *Légier/Chanteloup*, Sources extra-contractuelles des obligations: Quasi-contrats, in: Jurisclasseur droit international, 6. Bd., Fascicule 553-4; *Leible/Lehmann*, Die neue EG-Verordnung über das auf außervertragliche Schuldverhältnisse anzuwendende Recht („Rom II"), RIW 2007, 721; *Nehne*, Die internationale Geschäftsführung ohne Auftrag nach der Rom II-Verordnung – Anknüpfungsgegenstand und Anknüpfungspunkte, IPRax 2012, 136; *Wagner*, Die neue Rom II-Verordnung, IPRax 2008, 1.

A. Allgemeines	1	1. Autonome Qualifikation	4
I. Normzweck	1	2. Begriff des Schuldverhältnisses aus Geschäftsführung ohne Auftrag	5
II. Zeitliche und sachliche Abgrenzung von Art. 39 EGBGB	2	3. Ausschlüsse	7
B. Regelungsgehalt	4	II. Bestimmung des anwendbaren Rechts	9
I. Schuldverhältnisse aus Geschäftsführung ohne Auftrag	4	**C. Weitere praktische Hinweise**	15

A. Allgemeines

I. Normzweck

1 Das Recht der Geschäftsführung ohne Auftrag ist in den verschiedenen Mitgliedstaaten ungleich ausgeprägt[1]. Blickt das Rechtsgebiet im romanischen und im germanischen Rechtskreis auf eine lange, auf römisches Recht zurückgehende Tradition zurück, wird seine Rezeption im englischen Recht aktuell diskutiert.[2] Aus diesem Grund ist die **verordnungsautonome Qualifikation** (dazu Rn 4) des Schuldverhältnisses aus Geschäftsführung ohne Auftrag iSd Art. 11 nicht unproblematisch. Die Vorschrift verfolgt aber offenbar den Zweck, diese Abgrenzungsschwierigkeiten dadurch zu mildern, dass sie die Eigenständigkeit der Anknüpfung im Bereich der Geschäftsführung ohne Auftrag gleich in zweifacher Weise einschränkt: Zum einen sind die **Anknüpfungsmomente** bei der Geschäftsführung ohne Auftrag beinahe identisch mit denen

---

1 Siehe im Überblick *Jansen*, in: Handwörterbuch des Europäischen Privatrechts I, 2009, S. 707 f.

2 Dazu *Cheshire/North/Fawcett*, Private International Law, 14. Auflage 2008, S. 831; *Sheehan*, ILQ 55 (2006), 253, 260 ff; *Zimmermann*, Law of Obligations, 1990, S. 435.

der **ungerechtfertigten Bereicherung**, so dass eine Abgrenzung zwischen beiden Rechtsfiguren in den betreffenden Fällen nicht notwendig erscheint. Liegt zum anderen eine enge Verbindung der Geschäftsführung ohne Auftrag mit einem anderen Rechtsverhältnis zwischen den Parteien vor, so verzichtet die Vorschrift auf eine selbstständige Anknüpfung zugunsten einer **akzessorischen Anknüpfung** an das betreffende Rechtsverhältnis (Abs. 1). Nur wenn ein solches zusätzliches Rechtsverhältnis nicht zur Verfügung steht, wird aus Praktikabilitätsgründen an den Ort des gemeinsamen Aufenthalts der Parteien (Abs. 2), hilfsweise an den Ort angeknüpft, an dem die Geschäftsführung erfolgt ist (Abs. 3). Ausnahmsweise ist das Recht des Staates anzuwenden, zu dem unter Berücksichtigung der Gesamtumstände eine offensichtlich engere Verbindung besteht (Abs. 4).

II. Zeitliche und sachliche Abgrenzung von Art. 39 EGBGB

Die Verordnung ist auf „**schadensbegründende Ereignisse**" anzuwenden, die am 11.1.2009 und später eingetreten sind (Art. 31, 32); auf den Tag des Inkrafttretens der Verordnung (20.8.2007, s. Art. 297 Abs. 1 Unterabs. 3 S. 2 AEUV) kommt es hingegen nicht an.[3] In Bezug auf Art. 11 ist der Zeitpunkt der Geschäftsführung maßgeblich.[4] Für davor liegende Sachverhalte ist Art. 39 EGBGB anzuwenden. Wurde eine Geschäftsführung vor dem Anwendungsstichtag begonnen und nach dem Anwendungsstichtag beendet, so ist darauf abzustellen, wann die „wesentlichen Geschäftsführungsakte" vorgenommen worden sind,[5] also darauf, in welchem Zeitintervall der Schwerpunkt der Geschäftsführung gesehen werden kann. Die Vorschrift des Art. 39 EGBGB ist auch nach Anwendungsbeginn der Rom II-VO nicht ganz verdrängt worden. Sie ist nach wie vor für Sachverhalte der Geschäftsführung ohne Auftrag zu beachten, die außerhalb des Anwendungsbereichs der Verordnung liegen und nicht durch anderweitiges supranationales Recht geregelt sind. 2

Die in Art. 39 EGBGB vorgesehene Anknüpfung an den Ort der Geschäftsvornahme findet sich in Art. 11 erst am Ende der Anknüpfungsleiter wieder. Dennoch wird die europäische Vorschrift in den Ergebnissen nicht erheblich von denen des Art. 39 EGBGB abweichen.[6] Die theoretisch als Regel ausgestaltete akzessorische Anknüpfung gem. Abs. 1 dürfte zum einen keine große praktische Rolle spielen, da ein im Hintergrund vorhandenes Rechtsverhältnis zwischen den Parteien bei der Geschäftsführung ohne Auftrag in den meisten Fällen nicht gegeben ist (s.u. Rn 10 f);[7] zum anderen ließ sich eine entsprechende Anknüpfung auch im deutschen Kollisionsrecht über die Regelung des Art. 41 Abs. 2 Nr. 1 EGBGB erreichen. Die Anknüpfung an den Ort des gemeinsamen gewöhnlichen Aufenthalts war ebenfalls im deutschen Kollisionsrecht vorgesehen (Art. 41 Abs. 2 Nr. 2 EGBGB). Die für den Fall der freiwilligen Zahlung einer Drittschuld in Art. 39 Abs. 2 BGB an das Recht der Forderung vorgesehene Anknüpfung kann unter Geltung von Art. 11 möglicherweise über den Ausnahmetatbestand des Abs. 4 erreicht werden (dazu Rn 14). 3

B. Regelungsgehalt

I. Schuldverhältnisse aus Geschäftsführung ohne Auftrag

1. Autonome Qualifikation. Der **Begriff des Schuldverhältnisses aus Geschäftsführung** ohne Auftrag ist **autonom** zu bestimmen.[8] Für die Anwendbarkeit von Art. 11 ist es daher weder hinreichend noch notwendig, dass ein entsprechender Sachverhalt einen Anspruch aus Geschäftsführung ohne Auftrag nach den deutschen Vorschriften der §§ 677 ff BGB begründen würde. Das Gleiche trifft für entsprechende Rechtsfiguren in Rechtsordnungen anderer Mitgliedstaaten zu, die sich naturgemäß weder mit dem deutschen Recht der Geschäftsführung ohne Auftrag noch mit dem Geschäftsführungsbegriff des Art. 11 decken (s.u. Rn 5). Die Bestimmung des anwendbaren Rechts nach dem Geschäftsführungsstatut des Art. 11 führt somit nicht zwingend zur Anwendung von Rechtsnormen, in denen das nationale Recht selbst die Bezeichnung „Geschäftsführung ohne Auftrag" oder eine Übersetzung hiervon verwendet. Trotz dieser Schwierigkeiten bestehen zur autonomen Qualifikation keine Alternativen.[9] Die *lex causae* heranzuziehen, führte zwangsläufig zu einer uneinheitlichen Anwendung der Verweisungsnorm mit der Gefahr hinkender Rechtsverhältnisse, die der europäische Gesetzgeber mithilfe der IPR-Verordnungen zu verhindern sucht. 4

---

3 EuGH (Deo Antoine Homawoo/GMF Assurances SA) NJW 2012, 441, Rn 29 ff.
4 Erman/*Hohloch*, Art. 11 Rn 5.
5 LG München v. 18.4.2013 – 10 O 6084/12, zur Veröffentlichung vorgesehen in IPRax 2013 (A.I.1).
6 Siehe im Einzelnen *Wagner*, IPRax 2008, 1, 11 f; s. ferner MüKo/*Junker*, Art. 11 Rn 6 ff.
7 Erman/*Hohloch*, Art. 11 Rn 6.
8 jurisPK-BGB/*Backmann*, Art. 11 Rn 5; vgl Erwägungsgrund 11.
9 AA offenbar *Brière*, JDI 135 (2008), 31, 50, welche die Anwendung der *lex fori* vorzuziehen scheint, gleichzeitig aber eine autonome Qualifikation des EuGH prognostiziert.

5 **2. Begriff des Schuldverhältnisses aus Geschäftsführung ohne Auftrag.** Art. 11 liefert **keine Definition** der Geschäftsführung ohne Auftrag. Hilfestellungen finden sich auch nicht in den Erwägungsgründen oder in den Gesetzgebungsmaterialien. Es ist schwierig, aus den nationalen Rechtsnormen ein europäisches Leitbild der Geschäftsführung ohne Auftrag zu gewinnen; teilweise wird ein solches Vorgehen mit Blick auf die Erstellung eines europäischen Privatrechts sogar ausdrücklich als nicht sinnvoll angesehen.[10] Tatsächlich weichen Anwendungsbereich und Rechtsfolgen der Geschäftsführung ohne Auftrag in den nationalen Rechtsordnungen zum Teil erheblich voneinander ab.[11] Dem englischen Recht ist sie als allgemeines Rechtsinstitut traditionell fremd,[12] in den Rechtsordnungen, die sie anerkennen, sind zahlreiche Einzelfragen umstritten. Hinzu kommt, dass die Geschäftsführung ohne Auftrag die Grundlage von Ansprüchen bildet, die nicht alle den gleichen Zweck verfolgen: Manche Ansprüche zielen – funktional dem Bereicherungsrecht entsprechend – auf einen Nutzen- und Lastenausgleich zwischen den Parteien, andere nehmen die Gestalt besonderer Verhaltens- und Sorgfaltspflichten ein, wie sie typischerweise durch Vertragsverhältnisse begründet werden.[13] Ungeachtet dieser Schwierigkeiten ist dem Willen des europäischen Gesetzgebers Rechnung zu tragen, einen einheitlichen Begriff der Geschäftsführung ohne Auftrag als eine der Säulen der Rom II-VO zu verwenden.

6 Es spricht viel für einen **eng gefassten Begriff der Geschäftsführung ohne Auftrag**, in der Weise, dass der Geschäftsführer ein Geschäft (Rechtsgeschäft oder Realakt) für einen anderen besorgt haben muss, das im Interesse des Geschäftsherrn liegt und von einem Fremdgeschäftsführungswillen des Geschäftsführers getragen wird. Die Fälle der Fremdgeschäftsführung in der **irrtümlichen Annahme eines Eigengeschäfts** (vgl § 687 Abs. 1 BGB) sowie die der **Geschäftsanmaßung** (vgl § 687 Abs. 2 BGB) fallen dann aus dem Anwendungsbereich des Art. 11 heraus.[14] Auch die **unberechtigte**, also gegen das Interesse oder den Willen des Geschäftsherrn verstoßende **Geschäftsführung** ist nicht als Geschäftsführung ohne Auftrag iSd Art. 11 anzusehen.[15] Das hat zur Folge, dass der **Aufwendungsersatzanspruch des unberechtigten Geschäftsführers** nicht als Anspruch aus Geschäftsführung ohne Auftrag, sondern als Anspruch aus ungerechtfertigter Bereicherung gem. Art. 10 zu qualifizieren ist (vgl auch die in § 684 S. 1 BGB getroffene Interessenabwägung). Das hat zwar kollisionsrechtlich keine praktischen Auswirkungen, wenn akzessorisch an ein zwischen den Parteien bestehendes Rechtsverhältnis angeknüpft werden kann oder subsidiär beide Parteien im selben Staat ihren gewöhnlichen Aufenthalt haben, da die Regelungen des Art. 11 Abs. 1 und 2 sowie des Art. 10 Abs. 1 und 2 insoweit inhaltsgleich sind. Sind diese Tatbestände aber nicht einschlägig, würde Art. 11 Abs. 3 auf das Recht des Ortes der Geschäftsführungshandlungen (Rn 13) verweisen. Sachgerechter erscheint es im Fall der unberechtigten Geschäftsführung jedoch, auf den neutraleren (Erfolgs-)Ort der Bereicherung gem. Art. 10 Abs. 3 abzustellen, der vom unberechtigten (und insoweit auch nicht schutzwürdigen) Geschäftsführer nicht in gleichem Maße beeinflusst werden kann wie der Handlungsort. Ferner unterfallen **Schadensersatzansprüche des Geschäftsherrn gegen den unberechtigten Geschäftsführer** unmittelbar Art. 4. Es mag in materiellrechtlicher Sicht eine Klassifizierung als Geschäftsführung ohne Auftrag einleuchten, um so dem Geschäftsherrn einen besonders angepassten Schadensersatzanspruch auf Grundlage der Geschäftsführung ohne Auftrag zu ermöglichen.[16] Kollisionsrechtlich erscheint bei Schadensersatzansprüchen aus unberechtigter Geschäftsführung hingegen die Anwendung des in Art. 4 Abs. 1 vorgesehenen Rechts des Erfolgsorts als sachgerechte Lösung. Dieses Ergebnis erreicht allerdings auch die Ansicht, die die unberechtigte Geschäftsführung als Fall des Art. 11 ansieht, soweit sie im Wege der akzessorischen Anknüpfung an das Recht der unerlaubten Handlung gem. Art. 11 Abs. 1 zum Deliktsstatut

---

10 *Jansen*, ZEuP 2007, 958, 962.
11 So schon die Feststellung in der Begründung zum Kommissionsvorschlag, KOM(2003) 427 endg., S. 23 f; allgemein auch *Jansen*, in: Handwörterbuch des Europäischen Privatrechts I, 2009, S. 707 ff.
12 *Dickinson*, Rome II Regulation, Rn 11.13 f; für die Anerkennung der Figur im englischen Recht, *Sheehan*, ILQ 55 (2006), 253, 260 ff.
13 *Jansen*, in: Handwörterbuch des Europäischen Privatrechts I, 2009, S. 707.
14 jurisPK-BGB/*Backmann*, Art. 11 Rn 6; Hk-BGB/*Dörner*, Art. 11 Rn 2; Huber/*Huber/Bach*, Rome II Regulation, Art. 11 Rn 2; Rauscher/*Jakob/Picht*, EuZPR/EuIPR, Art. 11 Rn 13; *Nehne*, IPRax 2012, 136, 137; Palandt/*Thorn*, Art. 11 Rn 2; aA mit Hinweis auf den Kommissionsvorschlag von 2003, *Fischer*, in: FS Spellenberg 2010, S. 151, 163.

15 Huber/*Huber/Bach*, Rome II Regulation, Art. 11 Rn 3, mit Verweis auf Art. V.-1:101 DCFR; aA *Fischer*, in: FS Spellenberg 2010, S. 151, 163; Rauscher/*Jakob/Picht*, EuZPR/EuIPR, Art. 11 Rn 7; Bamberger/Roth/*Spickhoff*, Art. 11 Rn 4; wohl auch LG München v. 18.4.2013 – 10 O 6084/12, zur Veröffentlichung vorgesehen in IPRax 2013 (A.I.1.a).
16 Vgl *Jansen*, in: Handwörterbuch des Europäischen Privatrechts I, 2009, S. 707, 709; im französischen Recht wird freilich eine „gestion d'affaires" abgelehnt, wenn die Geschäftsführung nicht „utile" ist, s. C.cass., chambre commerciale, Urt. v. 8.6.1968, Bull. civ. 1968 IV Nr. 180, S. 161; C.cass., 1ère chambre civile, Urt. v. 2.6.1970, Bull. civ. 1970 I Nr. 188, S. 152; *Simler/Terré/Lequette*, Droit civil, Les obligations, 9. Auflage 2009, Rn 1041; ausf. ferner *Starck/Roland/Boyer*, Droit civil, Les obligations, 2. Bd.: Contrat, 6. Auflage 1998, Rn 2149.

gelangt.[17] Eine Geschäftsführung ohne Auftrag iSd Art. 11 ist außerdem ausgeschlossen, wenn der Geschäftsführer durch die Geschäftsbesorgung eine **eigene Rechtspflicht** gegenüber dem Geschäftsherrn erfüllt. Wie im deutschen Sachrecht[18] gilt dies aber nicht, wenn der Geschäftsführer in den Fällen der **Nothilfe** eine allgemeine Hilfeleistungspflicht befolgt (vgl § 323 c StGB).[19] Unbeschadet der Regelungen in Art. 19 und Art. 20 kann eine Geschäftsführung ohne Auftrag auch in der **Tilgung einer Schuld des Geschäftsherrn** gegenüber dessen Gläubiger bestehen, wenn der Geschäftsführer mit Fremdgeschäftsführungswillen handelt und eine Verpflichtung gegenüber dem Geschäftsherrn auf Freistellung von dessen Verpflichtung nicht besteht.[20] Ferner liegt die Besonderheit der Geschäftsführung ohne Auftrag darin, dass die von ihr begründeten Schuldverhältnisse sowohl **Ansprüche des Geschäftsherrn** gegen den Geschäftsführer als auch **Ansprüche des Geschäftsführers** gegen den Geschäftsherrn sein können.[21] In die erste Kategorie fallen Ansprüche auf **Herausgabe der in Ausübung der Geschäftsführung erlangten Gegenstände, Schadensersatz**, Fortführung des begonnenen Geschäfts, Auskunft und Rechnungslegung. Zu den Ansprüchen des Geschäftsführers gegen den Geschäftsherrn zählen hingegen Ansprüche auf **Aufwendungsersatz**, Vergütung der Geschäftsführung und Schadensersatz.

3. Ausschlüsse. Gemäß Art. 28 Abs. 1 gehen der Rom II-VO **staatsvertragliche Regelungen** vor, denen 7
der betreffende Staat zum Zeitpunkt der Annahme angehört hat. Dazu gehört das in Deutschland am 8.10.2002 in Kraft getretene[22] Internationale Übereinkommen über Bergung (von Schiffen),[23] welches Einheitsrecht für Voraussetzungen und Rechtsfolgen von Hilfeleistungen gegenüber in Gefahr geratenen Schiffen oder sonstigen Vermögensgegenständen (vgl Art. 1 lit. a, Artt. 8 ff des Übereinkommens) schafft.[24] Der deutsche Gesetzgeber hat die Vorschriften des Übereinkommens in Gestalt der §§ 740 ff in das HGB integriert.

Nicht dem Art. 11 zuzuordnen sind außervertragliche Schuldverhältnisse der **Ausnahmetatbestände des** 8
Art. 1 Abs. 2. Fraglich ist indes, wie Ansprüche auf Aufwendungsersatz zu qualifizieren sind, die sich darauf stützen, dass der Gläubiger eine Verbindlichkeit des Schuldners getilgt hat, welche einem Ausnahmetatbestand des Art. 1 Abs. 2 unterfällt. Zu denken ist etwa an die **(freiwillige) Erfüllung einer Unterhaltsverpflichtung**, die auf einem Dritten lastet. Ginge man davon aus, dass es sich beim Anspruch des Zahlenden gegen den säumigen Schuldner auf Ersatz der geleisteten Summe um ein außervertragliches Schuldverhältnis aus einem Familienverhältnis handelt (Art. 1 Abs. 2 lit. a), wäre Art. 11 Rom I-VO nicht anzuwenden. Erkennt man aber an, dass die Zuvielzahlung auf eine Unterhaltsverpflichtung gerade nicht unter Art. 1 Abs. 2 lit. a fällt, sondern vielmehr als bereicherungsrechtliches Schuldverhältnis gem. Art. 10 gilt (s. Art. 10 Rn 12), muss entsprechend auch für die (freiwillige) Tilgung der Unterhaltsverpflichtung als Schuldverhältnis aus einer Geschäftsführung ohne Auftrag angesehen werden.

II. Bestimmung des anwendbaren Rechts

Soweit eine – im Rahmen der Geschäftsführung ohne Auftrag freilich eher fernliegende – **Rechtswahl** gem. 9
Art. 14 zwischen den Parteien nicht gegeben ist, bestimmt sich das anwendbare Recht nach der in Abs. 1 bis 4 vorgesehenen Anknüpfungsleiter.

In gleicher Weise wie bei Schuldverhältnissen aus ungerechtfertigter Bereicherung (Art. 10 Abs. 1), knüpft 10
Abs. 1 zunächst an ein **zwischen den Parteien bestehendes Rechtsverhältnis** an. Geht man aber davon aus, dass Art. 11 einen Fremdgeschäftsführungswillen voraussetzt (Rn 6), dürfte die praktische Relevanz von Abs. 1 geringer ausfallen als die des Art. 10 Abs. 1[25]. Weiß nämlich der Geschäftsführende, dass er ein fremdes Geschäft besorgt, wird er in aller Regel nicht auf Grundlage eines anderweitigen, „vermeintlichen" Rechtsverhältnisses zwischen ihm und dem Geschäftsherrn tätig werden. In Betracht kommende Schuldverhältnisse, die dadurch begründet werden, dass eine Partei im Wissen der Nichtigkeit eines vermeintlich geschlossenen Vertrags mit Fremdgeschäftsführungswillen für die andere Partei handelt, sind wegen Art. 12 Abs. 1 lit. e Rom I-VO von vornherein vertraglich zu qualifizieren.[26] Kein „bestehendes Rechtsverhältnis"

---

17 LG München v. 18.4.2013 – 10 O 6084/12, zur Veröffentlichung vorgesehen in IPRax 2013 (A.I.2.a).
18 Vgl MüKo/*Seiler*, § 677 BGB Rn 43.
19 Erman/*Hohloch*, Art 11 Rn 12; Rauscher/*Jakob/Picht*, EuZPR/EuIPR, Art. 11 Rn 9; Palandt/*Thorn*, Art. 11 Rn 2; abzulehnen ist damit die in der französischen Rechtsprechung zu beobachtende Tendenz, entsprechende Nothilfefälle materiellrechtlich mit Hilfe einer Vertragsfiktion zu lösen (dazu *Ranieri*, Europäisches ObligationenR, 3. Auflage 2009, S. 1792 ff).
20 Erman/*Hohloch*, Art 11 Rn 12; Rauscher/*Jakob/Picht*, EuZPR/EuIPR, Art. 11 Rn 11.

21 Siehe die Ansprüche im Überblick bei Rauscher/*Jakob/Picht*, EuZPR/EuIPR, Art. 11 Rn 15; vgl *Jansen*, in: Handwörterbuch des Europäischen Privatrechts I, 2009, S. 707, 709;
22 BGBl. II 2002 S. 1202.
23 Zustimmungsgesetz nebst Übereinkommen: BGBl. II 2001 S. 510.
24 Im Einzelnen MüKo/*Junker*, Art. 11 Rn 21 ff.
25 Vgl Erman/*Hohloch*, Art. 11 Rn 6 f; Palandt/*Thorn*, Art. 11 Rn 5.
26 Rauscher/*Jakob/Picht*, EuZPR/EuIPR, Art. 11 Rn 10.

ist außerdem ein **hypothetisches Vertragsverhältnis**, das **anstelle der Geschäftsführung ohne Auftrag** treten würde, wenn der Geschäftsführer die Gelegenheit und den Willen gehabt hätte, einem solchen Vertrag zuzustimmen.[27] Gedacht werden kann der Inhalt der Geschäftsführung nahezu immer auch als Inhalt einer vertraglichen Vereinbarung. Eine akzessorische Anknüpfung an ein solches hypothetisches Vertragsverhältnis würde daher darauf hinauslaufen, dass die subsidiären Anknüpfungsvorschriften der Abs. 2 bis 3 praktisch leerliefen. Einer Ausnahme bedarf es auch dann nicht, wenn auf Grundlage einer **Verbraucher-Unternehmer-Beziehung** akzessorisch an das auf einen gedachten **Verbrauchervertrag** anzuwendende Recht nach Art. 6 Rom I-VO anzuknüpfen gewesen wäre.[28] Auf dem ersten Blick mag es interessengerecht erscheinen, über den Weg der akzessorischen Anknüpfung auf den in Art. 6 Abs. 1 Rom I-VO vorgesehenen Ort des gewöhnlichen Aufenthalts des Geschäftsherrn als Verbraucher abzustellen, wenn ein Vertrag zwischen denselben Parteien zur Anwendung von Art. 6 Rom I-VO geführt hätte. Tatsächlich bliebe so dem Geschäftsherrn der Standortvorteil erhalten, den er bei Anknüpfung an den Ort der Geschäftsführung gem. Abs. 3 möglicherweise verliert (dazu Rn 13). Zu bedenken ist aber, dass eine solche Ausnahmeregel dem Verbraucher schaden würde, wenn das Sachrecht des Aufenthaltsstaates des Geschäftsführers ungünstiger ist als das Sachrecht des Staates der Geschäftsführung.[29] Probleme würden auch die Tatbestände von Art. 6 Abs. 1 Nr. 1 und 2 Rom I-VO („ausüben" und „ausrichten") bereiten, die nicht ohne Weiteres auf Fälle der Geschäftsführung ohne Auftrag übertragen werden können, sowie die Rolle von Art. 6 Abs. 2 Rom I-VO, wenn der Unternehmer mutmaßlich den Willen gehabt hätte, das (gedachte) Vertragsverhältnis einer Rechtswahl zu unterwerfen. Lehnt man, wie hier, eine akzessorische Anknüpfung an ein hypothetisches Vertragsverhältnis zwischen den Parteien mit dem Inhalt der Geschäftsführung generell ab, so ist jedenfalls entscheidend, dass dann eine akzessorische Anknüpfung nach Art. 6 Rom I-VO in Verbraucher-Unternehmer-Beziehungen als Fremdkörper in der Systematik erschiene, der allein durch den allgemeinen Gedanken des Verbraucherschutzes nicht gerechtfertigt wäre. Teilt man ferner die hier vertretene Ansicht, dass der sachliche Anwendungsbereich von Art. 11 eng auszulegen ist, dass er insbesondere nicht die unberechtigte Geschäftsführung erfasst (Rn 6), ist auch nicht zu befürchten, dass es zu einer in diesem Fall in der Tat nicht gerechtfertigten Anknüpfung an den Ort der Geschäftsführung nach Abs. 3 kommt. Denkbar erscheint letztlich eine Anknüpfung nach Abs. 1, wenn ein Vertragsverhältnis gegeben ist (insbesondere etwa ein Auftrag, ein Werk- oder Dienstvertrag), der **Dienstverpflichtete** in einer konkreten Angelegenheit aber **ohne Weisung des Dienstherrn** vorgeht, weil ein entsprechendes Tätigwerden im Interesse des Dienstherrn liegt und seinem mutmaßlichen Willen entspricht.[30] Zu denken ist an den Patienten, der während des Arztbesuchs bewusstlos wird und in diesem Zustand operiert wird[31] oder an den Kfz-Mechaniker, der bei der Inspektion einen kritischen Defekt an den Bremsen entdeckt und es auf sich nimmt, diesen zu beheben, nachdem er den Auftraggeber nicht erreichen konnte. Soweit mit dem Gedanken der ergänzenden Vertragsauslegung eine unmittelbare Anknüpfung an den Vertrag nicht möglich ist, leuchtet in diesen Fällen eine akzessorische Anknüpfung über Abs. 1 ein, die freilich ebenfalls auf das Vertragsstatut verweist.

11 Eine ungerechtfertigte Bereicherung, die unmittelbar durch eine unerlaubte Handlung begründet wird, eröffnet nach der hier vertretenen Auffassung den Weg der akzessorischen Anknüpfung nach Art. 10 Abs. 1 (s. Art. 10 Rn 21). Bei Schuldverhältnissen aus Geschäftsführung ohne Auftrag bleibt für die akzessorische Anknüpfung an eine **unerlaubte Handlung** hingegen wenig Raum. Die Fälle der **angemaßten** und der **unberechtigten Geschäftsführung** werden vom Anwendungsbereich des Art. 11 erst gar nicht erfasst (Rn 6).[32] Nun ist denkbar, dass der Geschäftsführer im Rahmen einer im Übrigen berechtigten Geschäftsführung eine Pflichtverletzung begeht, die einen **Schadensersatzanspruch des Geschäftsherrn** begründet. Hat diese Pflichtverletzung auch die Qualität einer unerlaubten Handlung iSd Art. 4 ff (etwa bei einem Arzt, welchem bei der Behandlung eines bewusstlos gewordenen Patienten ein Kunstfehler unterläuft), wird vertreten, dass zur Bestimmung des anwendbaren Rechts der Geschäftsführung ohne Auftrag akzessorisch an das Recht dieser unerlaubten Handlung anzuknüpfen ist.[33] In einer solchen Konstellation erscheint aber die bereits zuvor begonnene Geschäftsführung ohne Auftrag als das maßgebliche Rechtsverhältnis, welches den Rahmen für die unerlaubte Handlung stellt. Zu berücksichtigen ist außerdem, dass – für den Fall, dass

---

27 Ein „bestehendes" Rechtsverhältnis kann auch nicht ein verhinderter Vertrag sein, der im Nachgang der erfolgten Geschäftsführung dieselbe auf eine vertragliche Grundlage heben sollte, dessen Abschluss vom Geschäftsherrn aber abgelehnt wurde, LG München v. 18.4.2013 – 10 O 6084/12, zur Veröffentlichung vorgesehen in IPRax 2013 (A.I.2.b).
28 Im Ergebnis ebenso LG München, 18.04.2013, 10 O 6084/12, zur Veröffentlichung vorgesehen in IPRax 2013 (A.I.2.c).
29 LG München, 18.04.2013, 10 O 6084/12, zur Veröffentlichung vorgesehen in IPRax 2013 (A.I.2.c.bb. (2.)).
30 LG München v. 18.4.2013 – 10 O 6084/12, zur Veröffentlichung vorgesehen in IPRax 2013 (A.I.2.a); jurisPK-BGB/*Backmann*, Art. 11 Rn 16; *Brière*, JDI 135 (2008), 31, 50; *Dickinson*, Rome II Regulation, Rn 11.18; MüKo/*Junker*, Art. 11 Rn 13; *Légier/Chanteloup*, JCl. int. VI, Fasc. 553-4, Rn 62.
31 MüKo/*Junker*, Art. 11 Rn 13.
32 jurisPK-BGB/*Backmann*, Art. 11 Rn 17.
33 *Fischer*, in: FS Spellenberg 2010, S. 151, 163 f.

Geschäftsführer und Geschäftsherr ihren gewöhnlichen Aufenthalt nicht in demselben Staat haben (vgl Art. 4 Abs. 2, 11 Abs. 2) – die Anknüpfung an den Ort der Geschäftsführung (Abs. 3) im Hinblick auf den Geschäftsführer interessengerechter ist als die Anknüpfung an den Ort des Schadenseintritts (Art. 4 Abs. 1). Richtigerweise folgt dann nicht das Recht der Geschäftsführung ohne Auftrag dem Recht der unerlaubten Handlung, sondern umgekehrt gem. Art. 4 Abs. 3 S. 2 das Recht der unerlaubten Handlung dem Recht der Geschäftsführung ohne Auftrag. Die Regel des Abs. 1 ist in einem solchen Fall daher unanwendbar. Das Gesagte gilt iÜ auch bei Schadensersatzansprüchen des Geschäftsführers gegen den Geschäftsherrn.

Für den Fall der Erfüllung einer fremden Schuld befürwortet schließlich ein Teil der Literatur eine Anknüpfung an die getilgte Forderung.[34] Diese Einschätzung stößt sich aber an den Wortlaut von Abs. 1, wonach an das Rechtsverhältnis zwischen den Parteien (des geltend gemachten Anspruchs) anzuknüpfen ist, die getilgte Forderung aber gerade kein Rechtsverhältnis zwischen dem Geschäftsführer und dem Geschäftsherrn, sondern ein Rechtsverhältnis zwischen dem Geschäftsherrn und dem Drittgläubiger darstellt.[35]

12

Ist Abs. 1 nicht anwendbar und haben Gläubiger und Schuldner ihren **gewöhnlichen Aufenthalt** in demselben Staat, so gelangt das Recht dieses Staates zur Anwendung (Abs. 2); wie Art. 10 Abs. 2 folgt Art. 11 Abs. 2 insoweit dem Beispiel des Art. 4 Abs. 2, auch hier freilich mit der Maßgabe, dass dort auf den **Zeitpunkt des Schadenseintritts**, in Art. 11 Abs. 2 hingegen auf den **Zeitpunkt des schadensbegründenden Ereignisses** (tatsächlich: des die Folgen der Geschäftsführung ohne Auftrag auslösenden Ereignisses) abstellt.[36] Haben Gläubiger und Schuldner ihren gewöhnlichen Aufenthalt in zwei verschiedenen Staaten, gilt jedoch das **Recht des Staates, in dem die Geschäftsführung erfolgt ist** (Abs. 3). Ungeachtet seiner nachrangigen Stellung auf der Anknüpfungsleiter wird diesem Tatbestand zugetraut, den Großteil der Geschäftsführungsfälle zu gestalten.[37] Insofern liegt er in der Kontinuität von Art. 39 Abs. 1 EGBGB. Die Anknüpfung an den Ort der Geschäftsführung bedeutet, dass der **Handlungsort** maßgeblich ist.[38] Insofern unterscheidet sich diese Vorschrift von der Parallelbestimmung zur ungerechtfertigten Bereicherung in Art. 10 Abs. 3,[39] welche nicht an den Ort der die Bereicherung hervorrufenden Ereignisses (Handlungsort), sondern an den Ort anknüpft, an dem die Bereicherung eingetreten ist (Erfolgsort, dazu Art. 10 Rn 25). Diese Abweichung ist dann von Bedeutung, wenn aufgrund der verordnungsautonomen Bestimmung der ungerechtfertigten Bereicherung und der Geschäftsführung ohne Auftrag die Abgrenzung zwischen beiden Begriffen fraglich ist (zur Qualifikation der unberechtigten Geschäftsführung ohne Auftrag, s.o. Rn 5 f). In diesem Fall kann es nicht dahinstehen, ob nach Art. 10 oder nach Art. 11 anzuknüpfen ist, wenn Ort der Handlung und Ort der eingetretenen Bereicherung in zwei verschiedenen Staaten liegen. Umstritten ist, welcher Ort gilt, wenn sich eine auf eine gewisse Dauer sich hinziehende Geschäftsführung auf Orte mehrerer Rechtsordnungen verteilt. Eine einheitliche Anknüpfung ist jedenfalls in den Fällen geboten, in denen die verschiedenen Geschäftsführungshandlungen einem einheitlichen Ziel gewidmet sind, etwa sukzessive getroffene Maßnahmen einer Erbenermittlung.[40] Richtigerweise ist auf den Ort abzustellen, in dem der Schwerpunkt der Geschäftsführungshandlungen liegt.[41] Die Anknüpfung an den Ort, an dem die Geschäftsführung begonnen wurde,[42] mag im Einzelfall die Bestimmung des maßgeblichen Rechts vereinfachen, ein darüber hinaus bestehender sachlicher Grund, im Allgemeinen gerade den Beginn der Geschäftsführung als Anknüpfungszeitpunkt zu bevorzugen, ist hingegen nicht ersichtlich.

13

Abs. 4 liefert schließlich ein Instrument der Korrektur in den Fällen, in denen **unter Berücksichtigung aller Umstände eine andere Anknüpfung als in Abs. 1–3 geboten** ist. Diese Vorschrift ist eng auszulegen.[43] Eine offensichtlich engere Beziehung besteht jedenfalls nicht zu dem Recht, dem ein von einer Partei gewünschter, aber letztlich verhinderter Vertrag mit Inhalt der erfolgten Geschäftsführung unterworfen gewesen wäre.[44] Das gilt auch dann, wenn es sich um einen Verbrauchervertrag gehandelt hätte, durch den

14

---

34 Erman/*Hohloch*, Art. 11 Rn 12; *Nehne*, IPRax 2012, 136, 139, mit Verweis auf KOM(2003) 427 endg., S. 24.

35 Entsprechend jurisPK-BGB/*Backmann*, Art. 11 Rn 20; PWW/*Fehrenbacher*, Art. 11 Rn 6; *Fischer*, in: FS Spellenberg 2010, S. 151, 164; MüKo/*Junker*, Art. 11 Rn 12.

36 *Fischer*, in: FS Spellenberg 2010, S. 151, 164; Huber/*Huber/Bach*, Rome II Regulation, Art. 11 Rn 20.

37 Siehe insb. Erman/*Hohloch*, Art. 11 Rn 6 f; aA offenbar *Dickinson*, Rome II Regulation, Rn 11.21.

38 LG München v. 18.4.2013 – 10 O 6084/12, zur Veröffentlichung vorgesehen in IPRax 2013 (A.I.4.b); *Fischer*, in: FS Spellenberg 2010, S. 151, 164 f; *Heiss/Loacker*, JBl. 2007, 613, 643; *Nehne*, IPRax 2012, 136, 139 f; aA *Leible/Lehmann*, RIW 2007, 721, 732.

39 *Garcimartín Alférez*, EuLF 2007, I-77, I-89.

40 LG München v. 18.4.2013 – 10 O 6084/12, zur Veröffentlichung vorgesehen in IPRax 2013 (A.I.4).

41 So Huber/*Huber/Bach*, Rome II Regulation, Art. 11 Rn 22; Bamberger/Roth/*Spickhoff*, Art. 11 Rn 6.

42 So vertreten von LG München v. 18.4.2013, 10 O 6084/12, zur Veröffentlichung vorgesehen in IPRax 2013 (A.I.4.a); MüKo/*Junker*, Art. 11 Rn 18; Palandt/*Thorn*, Art. 11 Rn 8.

43 LG München v. 18.4.2013 – 10 O 6084/12, zur Veröffentlichung vorgesehen in IPRax 2013 (A.I.5.a).

44 LG München v. 18.4.2013 – 10 O 6084/12, zur Veröffentlichung vorgesehen in IPRax 2013 (A.I.5.c).

die Kollisionsregel des Art. 6 Rom I-VO zur Anwendung gelangt wäre (vgl auch Rn 10).[45] In der Literatur wird insbesondere auf den Fall der **(freiwilligen) Zahlung auf eine fremde Schuld** hingewiesen, der nach der deutschen Regelung des Art. 39 Abs. 2 EGBGB dem Recht der erfüllten Forderung unterlag. Die betreffende Forderung stellt ein Rechtsverhältnis dar zwischen dem Schuldner, für den geleistet, und dem Dritten, dessen Forderung beglichen wurde, also gerade nicht zwischen den Parteien des Schuldverhältnisses aus Geschäftsführung ohne Auftrag. Aus diesem Grund kann an das Recht der beglichenen Forderung jedenfalls nicht nach Abs. 1 angeknüpft werden (s.o. Rn 12). Es wird daher vorgeschlagen, über Abs. 4 an das Recht der getilgten Forderung anzuknüpfen.[46] Ob sich diese aus dem deutschen Kollisionsrecht übernommene Sichtweise auf EU-Ebene durchsetzen kann, muss die nachfolgende Praxis zeigen.[47]

C. Weitere praktische Hinweise

15 Kommt ein außervertragliches Schuldverhältnis aus Geschäftsführung ohne Auftrag iSd Art. 11 in Betracht, ist zunächst zu prüfen, ob der zeitliche (Art. 32, s.o. Rn 2) und der materielle Anwendungsbereich der Verordnung gegeben ist (Art. 1). Dabei muss als staatsvertragliche Regelung das Internationale Übereinkommen über Bergung von Schiffen vorrangig beachtet werden. Ist Letzteres nicht anwendbar und haben die Parteien auch keine besondere Rechtswahl (Art. 14) über Ansprüche aus Geschäftsführung ohne Auftrag getroffen, erfolgt die Bestimmung des anwendbaren Rechts nach Abs. 1 bis 3. Kann der Sachverhalt unter dem Tatbestand von Abs. 1 subsumiert werden, gilt das Recht des zwischen den Parteien bestehenden Rechtsverhältnisses. Ansonsten gilt das Recht des Aufenthaltsstaates der Parteien (Abs. 2) oder, wenn die Parteien nicht in demselben Staat ihren gewöhnlichen Aufenthalt haben, das Recht des Staates, in dem die Geschäftsführung erfolgt ist (Abs. 3). Zuletzt wird geprüft, ob sich aus der Gesamtheit der Umstände eine offensichtlich engere Verbindung zum Recht eines anderen Staates ergibt (Abs. 4); ist dies zu bejahen, gilt das Recht dieses anderen Staates und nicht das gem. Abs. 1 bis 3 bestimmte Recht.

Artikel 12 Verschulden bei Vertragsverhandlungen

(1) Auf außervertragliche Schuldverhältnisse aus Verhandlungen vor Abschluss eines Vertrags, unabhängig davon, ob der Vertrag tatsächlich geschlossen wurde oder nicht, ist das Recht anzuwenden, das auf den Vertrag anzuwenden ist oder anzuwenden gewesen wäre, wenn er geschlossen worden wäre.

(2) Kann das anzuwendende Recht nicht nach Absatz 1 bestimmt werden, so ist das anzuwendende Recht

a) das Recht des Staates, in dem der Schaden eingetreten ist, unabhängig davon, in welchem Staat das schadensbegründende Ereignis oder indirekte Schadensfolgen eingetreten sind, oder,
b) wenn die Parteien zum Zeitpunkt des Eintritts des schadensbegründenden Ereignisses ihren gewöhnlichen Aufenthalt in demselben Staat haben, das Recht dieses Staates, oder,
c) wenn sich aus der Gesamtheit der Umstände ergibt, dass das außervertragliche Schuldverhältnis aus Verhandlungen vor Abschluss eines Vertrags eine offensichtlich engere Verbindung mit einem anderen als dem in den Buchstaben a oder b bezeichneten Staat aufweist, das Recht dieses anderen Staates.

Literatur: *Arenas García*, La regulación de la responsabilidad precontractual en el Reglamento Roma II, Anuario español de Derecho Internacional Privado 2007, 315 = InDret 4/2008 (www.indret.com); *Bach*, Zurück in die Zukunft – die dogmatische Einordnung der Rechtsscheinsvollmacht im gemeineuropäischen IPR, IPRax 2011, 116; *Behnen*, Die Haftung des falsus procurator im IPR – nach Geltung der Rom I- und Rom II-Verordnungen, IPRax 2011, 221; *Bollée*, A la croisée des règlements Rome I et Rome II: la rupture des négociations contractuelles, Recueil Dalloz 2008, 2161; *Fischer*, Culpa in contrahendo im europäischen Privatrecht, in: FS Kühne, 2009, S. 689; *Hage-Chahine, Culpa in Contrahendo* in European Private International Law: Another Look at Article 12 of the Rome II Regulation, Northwestern Journal of International Law & Business 32 (2012) 451; *v. Hein*, Die culpa in contrahendo im europäischen Privatrecht: Wechselwirkungen zwischen IPR und Sachrecht, GPR 2007, 54; *Heiss/Loacker*, Die Vergemeinschaftung des Kollisionsrechts der außervertraglichen Schuldverhältnisse durch Rom II, JBl 2007, 613; *Henk*, Die Haftung für culpa in contrahendo im IPR und IZVR, 2007; *Junker*, Culpa in contrahendo im Internationalen Privat- und Prozessrecht, in: FS Stürner, 2013, Band II, S. 1043; *Kurt*, Culpa in contrahendo im europäischen Kollisionsrecht der vertraglichen und außervertraglichen Schuldverhältnisse. Eine Untersuchung zu Anwendungsbereich und Auslegung von Art. 12 Rom II-Verordnung, 2009;

---

45 LG München v. 18.4.2013 – 10 O 6084/12, zur Veröffentlichung vorgesehen in IPRax 2013 (A.I.5.c).

46 So jurisPK-BGB/*Backmann*, Art. 11 Rn 30; Huber/*Huber/Bach*, Rome II Regulation, Art. 11 Rn 18 (mit Einschränkungen); *Fischer*, in: FS Spellenberg 2010,
S. 151, 165 f; Rauscher/*Jakob/Picht*, EuZPR/EuIPR, Art. 11 Rn 23; Palandt/*Thorn*, Art. 11 Rn 6; *Wagner*, IPRax 2008, 1, 12.

47 Vorsichtig MüKo/*Junker*, Art. 11 Rn 27.

Lagarde, La culpa in contrahendo à la croisée des règlements communautaires, in: Liber Fausto Pocar, 2009, S. 583; *Légier*, Enrichissement sans cause, gestion d'affaires et *culpa in contrahendo*, in: Corneloup/Joubert, Le règlement communautaire „Rome II" sur la loi applicable aux obligations non contractuelles, 2008, S. 145; *Lehmann*, Die Zukunft der culpa in contrahendo im Europäischen Privatrecht, ZEuP 2009, 693; *Lüttringhaus*, Das internationale Privatrecht der culpa in contrahendo nach den EG-Verordnungen „Rom I" und „Rom II", RIW 2008, 193; *Mankowski*, Die Qualifikation der culpa in contrahendo – Nagelprobe für den Vertragsbegriff des europäischen IZPR und IPR, IPRax 2003, 127; *Mansel*, Zum Kollisionsrecht der Eigenhaftung des Vertreters und des Vertragsabschlußhelfers wegen Verletzung von Informationspflichten, in: FS Schlosser, 2005, S. 545; *Martínez*, Naturaleza de la Responsabilidad Precontractual (Culpa in Contrahendo) en la Armonización Jurídica Europea, Revista de Derecho Universidad Católica del Norte 17 (2010), 187; *Schinkels*, „Dritthaftung" von Gutachtern in Deutschland und England im Lichte der Verordnung Rom II, JZ 2008, 272; *Thoma*, Culpa in contrahendo in the Rome II Regulation, Revue hellénique de droit international 61 (2008) 669; *Tubeuf*, Enrichissement sans cause, gestion d'affaires et „culpa in contrahendo", Revue de droit commercial belge 2008, 535; *Volders*, Culpa in Contrahendo in the Conflict of Laws. A Commentary on Article 12 of the Rome II Regulation, Yb. P.I.L. 9 (2007) 127; *ders.*, Afgebroken contractonderhandelingen in het internationaal privaatrecht, 2008; *ders.*, Culpa in contrahendo in the conflict of laws: A first appraisal of Article 12 of the Rome II Regulation, NIPR 2008, 464.

A. Allgemeines	1		cc) Haftung für Dritte	43
I. Normzweck	1		f) Vertreter ohne Vertretungsmacht	44
II. Normgeschichte	4		g) Verstoß gegen allgemeine Verkehrspflichten	45
III. Normstruktur	11		II. Anknüpfung	46
1. Differenzierung zwischen vertragsnahen und deliktsnahen Tatbeständen	11		1. Rechtswahl (Art. 14)	46
2. Anknüpfung	13		2. "Vertragsakzessorische" Anknüpfung (Abs. 1)	49
IV. Rück- und Weiterverweisung	16		a) (Hypothetisches) Vertragsstatut	49
B. Regelungsgehalt	17		aa) Bestimmung des Vertragsstatuts	50
I. Anwendungsbereich	17		bb) Bestimmung des hypothetischen Vertragsstatuts	55
1. Verschulden bei Vertragsverhandlungen	17		(1) Abbruch von Vertragsverhandlungen	55
2. Einzelne Fallgestaltungen	25		(2) Verschulden von Vertragsnichtigkeit	60
a) Abbruch von Vertragsverhandlungen	25		b) Vorbehalt des Abs. 2 lit. c	61
b) Verstoß gegen Offenlegungspflichten	27		3. Ersatzanknüpfung (Abs. 2)	64
aa) Anwendbarkeit des Art. 12	27		a) Anwendungsbereich	64
bb) Verschulden von Vertragsnichtigkeit	30		b) Anknüpfungssystem des Abs. 2	67
cc) Herbeiführung eines nicht erwartungsgerechten Vertrags	31		c) Anknüpfungsleiter	72
c) Bruch der Vertraulichkeit	34		aa) Gemeinsamer gewöhnlicher Aufenthalt (Abs. 2 lit. b)	72
d) Haftung für anfängliche Unmöglichkeit	35		bb) Ort des Schadenseintritts (Abs. 2 lit. a)	75
e) Dritthaftung	36		cc) Ausweichklausel (Abs. 2 lit. c)	76
aa) Haftung gegenüber Dritten	36		III. Übergangsrecht	78
bb) Haftung von Dritten	37			
(1) Meinungsstand	37			
(2) Stellungnahme	40			

A. Allgemeines

I. Normzweck

Art. 12 regelt die Anknüpfung außervertraglicher Schuldverhältnisse aus Verhandlungen vor Abschluss eines Vertrages. Für das deutsche Recht stellt die Statuierung einer speziellen Kollisionsnorm für die Fälle des Verschuldens bei Vertragsverhandlungen (*culpa in contrahendo*)[1] ein Novum dar. Obwohl das Institut im deutschen Recht seit langem anerkannt ist und durch das SchuldRModG schließlich in § 311 Abs. 2 und 3 BGB kodifiziert wurde, fehlte im autonomen deutschen IPR eine gesetzliche Anknüpfungsregel. Die kollisionsrechtliche Einordnung der *culpa in contrahendo* blieb Rechtsprechung und Lehre überlassen und war dementsprechend strittig. Vertreten wurde teils eine vertragliche, teils eine deliktische Qualifikation, teils wurde für eine Differenzierung nach Fallgruppen votiert.[2]   1

Der Verordnungsgeber hat sich für eine **außervertragliche Qualifikation** der schillernden und auch in den anderen Mitgliedstaaten[3] keineswegs einheitlich qualifizierten Rechtsfigur entschieden.[4] Damit wurde der   2

---

[1] Der Begriff der *culpa in contrahendo* geht zurück auf *Jhering*, Jahrbücher für die Dogmatik des heutigen römischen und deutschen Privatrechts 1861, 1 ff.

[2] Vgl statt Vieler die Darstellung des Meinungsstands bei NK-BGB/*Leible*, Art. 32 EGBGB Rn 24 ff; *Kurt*, Culpa in contrahendo im europäischen Kollisionsrecht der vertraglichen und außervertraglichen Schuldverhältnisse, S. 39 ff; *Henk*, Die Haftung für culpa in contrahendo im IPR und IZVR, S. 98 ff; *Stoll*, FS Georgiades, S. 941, 944 ff.

[3] Zu der Qualifikation der *culpa in contrahendo* in den anderen Mitgliedstaaten siehe die Hinweise bei *Mankowski*, IPRax 2003, 127, 132 f.

[4] Palandt/*Thorn*, Art. 12 Rn 1.

unterschiedlichen Anknüpfungspraxis in den Mitgliedstaaten, die je nach Zuordnung der *culpa in contrahendo* zu den vertraglichen oder deliktischen Schuldverhältnissen zu divergierenden Ergebnissen führen konnte, ein Ende gesetzt.[5] Der Weg zu einem einheitlichen Verweisungsregime erwies sich dabei keineswegs als leicht: Die Statuierung einer speziellen Kollisionsnorm für die *culpa in contrahendo* war unter den Mitgliedstaaten ebenso umstritten wie deren inhaltliche Ausgestaltung (vgl Rn 7). Als konsensfähig hat sich letztlich eine primär vertragsakzessorische Anknüpfung erwiesen (Abs. 1), die durch eine an Art. 4 angelehnte Ersatzanknüpfung ergänzt wird (Abs. 2).

Gemäß Art. 3 ist die Regelung als allseitige Kollisionsnorm (*loi uniforme*) ausgestaltet. Die **Reichweite** der nach Art. 12 ausgesprochenen Verweisung richtet sich grds nach Art. 15 (zur Anwendung der Norm auf die *culpa in contrahendo* vgl Art. 15 Rn 1; zu dem Problem der **Anspruchskonkurrenz** s. Art. 4 Rn 7).

Keine Anwendung findet Art. 12 allerdings, sofern die **Verletzung von Rechten des geistigen Eigentums** in Rede steht; gem. Art. 13 geht die Anknüpfung nach Art. 8 derjenigen nach Art. 12 vor (s. Art. 8 Rn 1, 48; Art. 13 Rn 1).

3 Ausweislich der Erwägungsgründe soll durch die Verweisungsnormen der Rom II-VO die Vorhersehbarkeit gerichtlicher Entscheidungen verbessert und ein angemessener Interessenausgleich zwischen Geschädigtem und Schädiger gewährleistet werden.[6] Die angestrebte Rechtssicherheit[7] wird mit der Bestimmung in Art. 12 allerdings nur bedingt erreicht.[8] Sowohl der Anwendungsbereich als auch das Anknüpfungssystem des Art. 12 werfen eine Reihe von Fragen auf (s. dazu Rn 17 ff, 61 ff, 67 ff).

II. Normgeschichte

4 Art. 12 fand erst relativ spät Eingang in die Rom II-VO.[9] In dem ursprünglichen Kommissionsvorschlag vom 22.7.2003[10] war noch darauf verzichtet worden, eine gesonderte Bestimmung für die Haftung aus Verschulden bei Vertragsschluss aufzunehmen. Die Kommission begnügte sich in den Erläuterungen des Verordnungsvorschlags mit der Feststellung, die *culpa in contrahendo* sei eines der Rechtsinstitute, bei denen aufgrund einer unterschiedlichen Qualifikation in den Mitgliedstaaten fraglich sein könne, ob die Regelungen des EVÜ oder der (künftigen) Rom II-VO Anwendung finden.[11] Unter dem Eindruck der **Rechtsprechung des EuGH** zu Art. 5 Nr. 1 und 3 EuGVÜ entschied sich die Kommission, zunächst nur in dem Vorschlag für eine Rom I-VO vom 15.12.2005 klarzustellen, dass vorvertragliche Schuldverhältnisse jedenfalls nicht von der Rom I-VO erfasst werden.[12]

5 Hintergrund des Ausschlusses der *culpa in contrahendo* aus dem Anwendungsbereich der Rom I-VO war die wenige Monate vor Veröffentlichung des ersten Kommissionsvorschlags einer Rom II-VO ergangene „Tacconi"-Entscheidung des EuGH zu Art. 5 Nr. 1 und 3 EuGVÜ.[13] Der Gerichtshof hatte darin ausgeführt, dass Ansprüche wegen ungerechtfertigten Abbruchs von Vertragsverhandlungen, die auf eine Verpflichtung zum Handeln nach Treu und Glauben gestützt werden, **nicht vertraglich zu qualifizieren** seien; es fehle an einer (für die Berufung auf Art. 5 Nr. 1 EuGVÜ entscheidenden) freiwillig eingegangenen Verpflichtung.[14] Die vorvertragliche Haftung falle damit zwangsläufig unter den Begriff der „unerlaubten Handlung" im Sinne des Art. 5 Nr. 3 EuGVÜ (Art. 5 Nr. 3 EuGVVO).[15]

---

5 Siehe dazu *Lagarde*, Liber Fausto Pocar, S. 583, 591.
6 Siehe Erwägungsgrund 16; vgl auch *Volders*, Afgebroken contractonderhandelingen in het internationaal privaatrecht, S. 338 (Rn 644).
7 Siehe Erwägungsgrund 14.
8 Vgl auch die Kritik bei *Volders*, Yb. P.I.L. 9 (2007) 127, 129 f, 134 f.
9 Zur Normgeschichte s. auch *Thoma*, Revue hellénique de droit international 61 (2008) 669 ff.
10 Vorschlag für eine Verordnung des Europäischen Parlaments und des Rates über das auf außervertragliche Schuldverhältnisse anzuwendende Recht („Rom II") v. 22.7.2003, KOM(2003) 427 endg.
11 KOM(2003) 427 endg., S. 9.
12 Siehe Vorschlag für eine Verordnung des Europäischen Parlaments und des Rates über das auf vertragliche Schuldverhältnisse anzuwendende Recht („Rom I") v. 15.12.2005, KOM(2005) 650 endg., S. 5 (zu Art. 1). Entsprechend nimmt Art. 1 Abs. 2 lit. i des Entwurfs einer Rom I-VO „Verpflichtungen aus einem vorvertraglichen Rechtsverhältnis" vom Anwendungsbereich der Verordnung aus; kritisch hierzu MPI, RabelsZ 71 (2007), 225, 238 (Rn 19).
13 Auf den Zusammenhang zwischen der Rechtsprechung des EuGH zu Art. 5 Nr. 1 und 3 EuGVÜ und dem Ausschluss der *culpa in contrahendo* aus dem Anwendungsbereich der Rom I-VO weist die Kommission in ihrer Mitteilung an das Europäische Parlament, KOM(2006) 566 endg. (27.9.2006), S. 6, nochmals explizit hin.
14 EuGH Rs. C-334/00, Slg 2002, I-7357 Rn 22 ff – Tacconi; vgl dazu die Anm. von *Mankowski*, IPRax 2003, 127.
15 EuGH Rs. C-334/00, Slg 2002, I-7357 Rn 21, 27 – Tacconi.

In den Erläuterungen des Kommissionsvorschlags einer Rom I-VO wurde dieser Ansatz, der ausweislich **6**
der Grünbuchbeiträge auch dem Verständnis der Mehrheit der mitgliedstaatlichen Rechtsordnungen[16] entsprechen sollte, **auf das Internationale Privatrecht übertragen** und gefolgert, dass für vorvertragliche Schuldverhältnisse nur die Anknüpfung nach den Verweisungsnormen der Rom II-VO in Betracht komme.[17] Eine spezielle Regelung für die *culpa in contrahendo* wurde in den ursprünglichen Kommissionsvorschlag einer Rom II-VO gleichwohl nicht aufgenommen. Lediglich in den Erläuterungen des Vorschlags einer Rom II-VO findet sich der Hinweis, dass vorvertragliche Beziehungen der Parteien (etwa im Fall des Abbruchs von Vertragsverhandlungen) von Art. 3 Abs. 3 S. 2 des Entwurfs (entspricht dem heutigen Art. 4 Abs. 3 S. 2) erfasst werden könnten und damit nach dem Recht zu beurteilen wären, dem der intendierte Vertrag untersteht.[18] Letztendlich sollte es aber dem EuGH überlassen bleiben, der kollisionsrechtlichen Einordnung des Rechtsinstituts weiter Kontur zu verleihen.[19]

Die Zurückhaltung der Kommission stieß bei den Delegationen der Mitgliedstaaten auf ein geteiltes Echo.[20] **7**
Kritik an dem Kommissionsvorschlag wurde nicht zuletzt vor dem Hintergrund geübt, dass der Entwurf eine klare Aussage dazu vermissen lasse, ob der Anwendungsbereich der „auf außervertragliche Schuldverhältnisse aus anderer als unerlaubter Handlung anzuwendenden Vorschriften" (dh Art. 9 des Entwurfs) auch die *culpa in contrahendo* umfassen sollte.[21] In Art. 9 Abs. 3 und 4 des Entwurfs ebenso wie in den Erläuterungen des Kommissionsvorschlags[22] waren lediglich die ungerechtfertigte Bereicherung und die Geschäftsführung ohne Auftrag als Beispiele für nicht deliktische außervertragliche Schuldverhältnisse benannt worden. Während einige Delegationen auf eine Verweisungsnorm für außervertragliche Schuldverhältnisse aus anderer als unerlaubter Handlung gänzlich verzichten wollten,[23] drangen andere darauf, eine spezielle Regelung für die Anknüpfung der Haftung aus *culpa in contrahendo* aufzunehmen.[24] Ein entsprechender Regelungsvorschlag der spanischen und der schwedischen Delegation, die dafür votierten, das hypothetische Vertragsstatut anzuwenden,[25] findet sich bereits Ende 2004 in einem vom niederländischen

---

16 Für einen Überblick über die Regelung der *culpa in contrahendo* in den Mitgliedstaaten siehe v. Bar/Drobnig, Study on Property Law and Non-contractual Liability Law as they relate to Contract Law, SANCO B5-1000/02/000574 (abrufbar unter: http://ec.europa.eu/consumers/cons_int/safe_shop/fair_bus_pract/cont_law/study.pdf), Rn 343 ff; *Kurt*, Culpa in contrahendo im europäischen Kollisionsrecht der vertraglichen und außervertraglichen Schuldverhältnisse; *Martínez*, Revista de Derecho Universidad Católica del Norte 17 (2010), 187, 191 ff; *Thoma*, Revue hellénique de droit international 61 (2008) 669, 672 ff; speziell zum englischen und französischen Recht *Giliker*, Int'l & Comp. L.Q. 52 (2003) 969, 974 ff, 979 ff; zum polnischen Recht *Zachariasiewicz*, in: Heiderhoff/Żmij (Hrsg.), Tort Law in Poland, Germany and Europe, 2009, S. 133 ff.

17 KOM(2005) 650 endg., S. 5 (zu Art. 1): „Für die Zwecke des Internationalen Privatrechts gelten als vorvertragliche Schuldverhältnisse nur deliktische Schuldverhältnisse, die in der künftigen Verordnung „Rom II" geregelt werden." Deutlicher noch die englische Fassung: „for the purposes of private international law, they would be treated as a matter of tort/delict and governed by the future Rome II instrument". Kritisch zu der undifferenzierten Übertragung der „Tacconi"-Entscheidung auf die Qualifikation der *culpa in contrahendo* im europäischen IPR: *Bitter*, IPRax 2003, 96, 99; *Lehmann*, in: Ferrari/Leible (Hrsg.), Ein neues Internationales Vertragsrecht für Europa, 2007, S. 17, 34; MüKo/*Spellenberg*, Art. 12 Rn 1; MPI, RabelsZ 71 (2007), 225, 237 f (Rn 18); *Heiss/Loacker*, JBl 2007, 613, 639.

18 KOM(2003) 427 endg., S. 14.
19 KOM(2003) 427 endg., S. 9.

20 Vgl Council of the European Union, Committee on Civil Law Matters (Rome II Regulation), doc. 6518/04 (26.2.2004), S. 2 f.

21 Council of the European Union, Committee on Civil Law Matters (Rome II Regulation), doc. 6518/04 (26.2.2004), S. 3; vgl auch die Stellungnahme der italienischen Delegation, doc. 9009/04 ADD 17 (2.6.2004), S. 4.

22 KOM(2003) 427 endg., S. 23.

23 So zB die Delegationen der Niederlande (Council of the European Union, doc. 9009/04 ADD 16 [28.5.2004], S. 4), des Vereinigten Königreichs (Council of the European Union, doc. 9009/04 ADD 15 [26.5.2004], S. 7), Belgiens (Conseil de l'Union Européenne, doc. 9009/04 ADD 4 [4.5.2004], S. 3), Luxemburgs (Conseil de l'Union Européenne, doc. 9009/04 [29.4.2004], S. 4), Irlands: „If there was a preexisting contractual relationship between two parties, then the law applied should be the law of the contract. It should be possible to deal with any other issue under article 3" (Council of the European Union, doc. 9009/04 ADD 13 [24.5.2004], S. 5) und Finnlands: „Si elles relèvent du champ d'application du règlement, de telles obligations pourraient parfaitement être régies par la règle générale (formulée avec souplesse) applicable aux obligations non contractuelles en général" (Conseil de l'Union Européenne, doc. 9009/04 ADD 5 [7.5.2004], S. 3).

24 Council of the European Union, Committee on Civil Law Matters (Rome II Regulation), doc. 11801/04 (28.7.2004), S. 2; vgl auch doc. 7551/06 (22.3.2006), S. 2.

25 Siehe den Vorschlag der schwedischen Delegation in Council of the European Union, doc. 9009/04 ADD 8 (18.5.2004).

Vorsitz und vom künftigen luxemburgischen Vorsitz überarbeiteten Text eines Vorschlags für eine Verordnung „Rom II".[26]

8 In dem **geänderten Kommissionsvorschlag** vom 21.2.2006 blieben diese Anregungen allerdings noch unberücksichtigt.[27] Der revidierte Verordnungstext beschränkte sich auf die Einfügung spezieller Regelungen für außervertragliche Schuldverhältnisse aus ungerechtfertigter Bereicherung und Geschäftsführung ohne Auftrag. Mit dieser Änderung sollte deutlich werden, dass die beiden genannten Rechtsinstitute unter die Rom II-VO fallen.[28] Eine entsprechende Klarstellung für die *culpa in contrahendo* unterblieb.

9 Erst durch den am 25.9.2006 festgelegten **gemeinsamen Standpunkt des Rates** fand Art. 12 – dann bereits in seiner endgültigen Fassung – Eingang in die Rom II-VO.[29] Neben der ungerechtfertigten Bereicherung (Art. 10) und der Geschäftsführung ohne Auftrag (Art. 11) ist damit auch das Verschulden bei Vertragsverhandlungen (entsprechend dem Begriffsverständnis der Rom II-VO, s. dazu Rn 17 ff) den außervertraglichen Schuldverhältnissen aus anderen als unerlaubten Handlungen zugeordnet worden.[30] Ergänzt wird Art. 12 durch Art. 2 Abs. 1, demzufolge der Begriff des Schadens im Sinne der Rom II-VO u.a. sämtliche Folgen eines Verschuldens bei Vertragsschluss („culpa in contrahendo") umfasst (vgl auch Art. 2 Rn 2).

10 Inhaltlich entspricht Art. 12 in Abs. 1 dem spanischen und schwedischen Kodifikationsvorschlag aus dem Jahr 2004 (vgl Rn 7); Abs. 2 korrespondiert mit einem überarbeiteten Verordnungsvorschlag, der aus der Diskussion unter österreichischem Ratsvorsitz hervorgegangen war und sich an der allgemeinen Kollisionsnorm für unerlaubte Handlungen (Art. 3 des Vorschlags, jetzt Art. 4) orientiert.[31] Ein von der deutschen Delegation im März 2006 vorgelegter abweichender Vorschlag für eine Sonderanknüpfung der *culpa in contrahendo*,[32] nach dem allein die Verletzung vorvertraglicher Offenlegungs- und Hinweispflichten dem

---

26 Rat der Europäischen Union, Dok. 16231/04 (20.12.2004), S. 12 (Art. 9 c – in Klammern); ebenfalls aufgenommen wurde der Vorschlag in einen vom britischen Vorsitz und vom künftigen österreichischen Vorsitz erstellten Text, Rat der Europäischen Union, Dok. 16027/05 (22.12.2005), S. 14 (Art. 9 c – in Klammern). Vorgeschlagene Regelung: „Auf außervertragliche Schuldverhältnisse, die aus Geschäftsverkehr im Vorfeld des Abschlusses eines Vertrags unabhängig davon entstanden sind, ob der Vertrag tatsächlich geschlossen wurde, ist das Recht anzuwenden, das auf den Vertrag anwendbar gewesen wäre, falls er geschlossen worden wäre." Dabei ist zu bemerken, dass die spanische Delegation zunächst noch für einen vollständigen Ausschluss der culpa in contrahendo aus dem Anwendungsbereich der Rom II-VO votiert hatte, da ihr die Rom I-VO als der geeignetere Ort für eine entsprechende Regelung erschienen war, s. Conseil de l'Union Européenne, doc. 9009/04 ADD 10 (18.5.2004), S. 2.

27 Geänderter Vorschlag für eine Verordnung des Europäischen Parlaments und des Rates über das auf außervertragliche Schuldverhältnisse anzuwendende Recht („Rom II") v. 21.2.2006, KOM(2006) 83 endg.

28 KOM(2006) 83 endg., S. 3 (Abänderung 18).

29 ABl. EU 2006 Nr. C 289E/68. Vgl dazu auch die Mitteilung der Kommission an das Europäische Parlament, KOM(2006) 566 endg. (27.9.2006), S. 6, der zufolge stets die Absicht bestanden habe, außervertragliche Schuldverhältnisse, die vor Abschluss eines Vertrags entstanden sind, in die Rom II-VO einzubeziehen. Die Kommission habe jedoch in Art. 5 Abs. 3 ihres geänderten Vorschlags (KOM[2006] 83 endg.) für eine flexiblere Lösung durch Anwendung der allgemeinen Kollisionsnorm (jetzt Art. 4) plädiert. Der in dem gemeinsamen Standpunkt des Rats aufgenommene Art. 12 führe jedoch grundsätzlich zu dem gleichen Ergebnis, das auch von der Kommission angestrebt worden sei, „nämlich zur Anwendung des Rechts des Landes, das die engste Verbindung zu dem außervertraglichen Schuldverhältnis aufweist".

30 Vgl auch Erwägungsgrund 29. Zu Recht weist *Légier*, in: Corneloup/Joubert, Le règlement communautaire „Rome II", S. 145, 148, auf die Heterogenität dieser Zusammenstellung hin.

31 Council of the European Union, doc. 7432/06 (16.3.2006), S. 11 (Option 2). Der unter österreichischem Ratsvorsitz erarbeitete Vorschlag einer Rom II-VO sah zwei Optionen für eine Anknüpfung der culpa in contrahendo vor. Die erste Option nimmt den spanischen und schwedischen Kodifikationsvorschlag von 2004 auf, die zweite Option entspricht inhaltlich dem heutigen Art. 12 Abs. 2. Die zweite Option hatte unter den Delegationen verbreitet Zustimmung gefunden, Council of the European Union, doc. 7709/06 (3.5.2006), S. 4. Die beiden Optionen wurden schließlich zu einer Regelung zusammengefasst, vgl den Vermerk des Vorsitzes, Rat der Europäischen Union, Dok. 7929/06 (10.4.2006); Dok. 8417/06 (21.4.2006), und die vom Rat (Justiz und Inneres) am 27./28.4.2006 vereinbarten Fassung eines Verordnungsvorschlags „Rom II", Rat der Europäischen Union, Dok. 8498/06 (2.5.2012) und Dok. 9143/06 (19.5.2006). Die Urheberschaft der in Art. 12 Abs. 2 aufgenommenen Ersatzanknüpfung ist den vorstehenden Dokumenten nicht zu entnehmen. Nach *Mankowski*, RIW 2009, 98, 114, der sich auf einen entsprechenden Hinweis eines Mitglieds der spanischen Delegation für Rom II beruft, soll die Regelung auf einen Vorschlag der deutschen Delegation zurückgehen.

32 Council of the European Union, doc. 7928/06 (30.3.2006), S. 2 (Art. 9 C – Culpa in contrahendo). Vorgeschlagener Text: „1. The law applicable to a non-contractual obligation arising out of the violation of the duty of disclosure or the duty to advice prior to the conclusion of a contract, regardless of whether the contract was actually concluded or not, shall be the law that would have been applicable to the contract had it been entered into. 2. The law applicable to other non-contractual obligations arising out of duties before concluding a contract, especially duties to protect the integrity of the other person, regardless of whether the contract was actually concluded or not, is the law according to Article 3A and Article 3."

(hypothetischen) Vertragsstatut unterstellt werden sollte und im Übrigen für vorvertragliche Pflichtverletzungen (und damit wohl auch den Abbruch von Vertragsverhandlungen) das nach der allgemeinen Kollisionsnorm für unerlaubte Handlungen berufene Recht zur Anwendung zu bringen gewesen wäre, war abgelehnt worden.[33]

III. Normstruktur

1. Differenzierung zwischen vertragsnahen und deliktsnahen Tatbeständen. Der Begriff des Verschuldens bei Vertragsverhandlungen iSd Art. 12 ist **autonom auszulegen**.[34] Er schließt nicht notwendig sämtliche Fallgestaltungen ein, die in den nationalen Rechten, insbesondere im deutschen Sachrecht (vgl § 311 Abs. 2 und 3 BGB) der Figur der *culpa in contrahendo* zugerechnet werden (vgl auch Rn 24).[35]

Ausweislich des Erwägungsgrundes 30 erfasst Art. 12 nur außervertragliche Schuldverhältnisse, die „in unmittelbarem Zusammenhang mit den Verhandlungen vor Abschluss eines Vertrages stehen" (Erwägungsgrund 30 S. 3); s. dazu auch Rn 17 ff. Exemplarisch genannt werden die **Verletzung der Offenlegungspflicht** und der **Abbruch von Vertragsverhandlungen** (Erwägungsgrund 30 S. 2). **Personenschäden**, die einer Person während der Verhandlungen zugefügt werden, sollen dagegen der allgemeinen Kollisionsnorm für unerlaubte Handlungen (Art. 4) oder anderen einschlägigen Bestimmungen der Rom II-VO unterstehen (Erwägungsgrund 30 S. 4); s. dazu auch Rn 45; ferner Art. 4 Rn 8.

2. Anknüpfung. Ist der Anwendungsbereich des Art. 12 eröffnet (s. Rn 17 ff), unterliegt die Haftung aus Verschulden bei Vertragsverhandlungen gem. Abs. 1 grundsätzlich dem Recht, das auf den intendierten Vertrag Anwendung findet oder Anwendung gefunden hätte, wäre er denn wie ursprünglich beabsichtigt geschlossen worden. Maßgeblich ist somit das nach Artt. 3 ff Rom I-VO zu bestimmende **(hypothetische) Vertragsstatut**.[36]

Sollte das anzuwendende Recht nicht nach Abs. 1 bestimmt werden können, ist die Anknüpfung nach Maßgabe des Abs. 2 durchzuführen. Berufen ist danach das Recht des Staates, in dem der **Schaden eingetreten** ist (lit. a), oder, wenn die Parteien zum Zeitpunkt des Eintritts des schadensbegründenden Ereignisses ihren **gewöhnlichen Aufenthalt** in demselben Staat hatten, das Recht dieses Staats (lit. b). Ergibt sich allerdings aus der Gesamtheit der Umstände, dass das vorvertragliche Schuldverhältnis aus Verhandlungen vor Abschluss eines Vertrages eine offensichtlich **engere Verbindung** zu einem anderen Recht als den in Abs. 2 lit. a oder b bezeichneten aufweist, so findet dieses Recht Anwendung (lit. c).

Das Verhältnis der in Abs. 2 aufgeführten Anknüpfungsoptionen ist umstritten (näher Rn 67 ff). Die sprachliche Verbindung der lit. a bis c durch die Disjunktion „oder" deutet auf **Alternativität der Anknüpfungsregeln** hin. Eine am Wortlaut der Norm orientierte Auffassung im Schrifttum folgert daraus ein an der „Suche nach der engsten Verbindung" orientiertes Wahlrecht des Anwenders.[37] Zu überzeugen vermag dies freilich nicht. Näher liegt die Annahme, dass es sich bei Abs. 2 um eine (sprachlich missglückte) Simplifizierung einer **Anknüpfungsleiter** in Anlehnung an Art. 4 handelt (näher Rn 68 ff). Folgt man dem, so sind die einzelnen Alternativen des Abs. 2 in der Rangfolge (1.) Abs. 2 lit. b, (2.) Abs. 2 lit. a und (im Anschluss an lit. b bzw lit. a) Abs. 2 lit. c zu prüfen. Daraus folgt: Primär ist auf den gemeinsamen gewöhnlichen Aufenthalt der Parteien zum Zeitpunkt des Eintritts des schadensbegründenden Ereignisses abzustellen (lit. b); nur wenn die Voraussetzungen von lit. b nicht vorliegen, kann gem. lit. a hilfsweise an den Ort des Schadenseintritts angeknüpft werden. Von dem nach lit. a oder lit. b grundsätzlich maßgeblichen Recht ist nach Maßgabe von lit. c abzuweichen, wenn der Sachverhalt eine offensichtlich engere Verbindung mit einem anderen Staat aufweist.

IV. Rück- und Weiterverweisung

Eine Rück- oder Weiterverweisung (*Renvoi*) des nach Art. 12 berufenen Rechts ist gem. Art. 24 **ausgeschlossen**.

---

33 Council of the European Union, Committee on Civil Law Matters (Rome II), doc. 7709/06 (3.5.2006), S. 3.
34 Hierauf weist Erwägungsgrund 30 S. 1 nochmals ausdrücklich hin.
35 Rauscher/*Jakob/Picht*, EuZPR/EuIPR, Art. 12 Rn 6; MüKo/*Spellenberg*, Art. 12 Rn 7 aE; *Volders*, Yb. P.I.L. 9 (2007) 127, 131; *Thoma*, Revue hellénique de droit international 61 (2008) 669, 676 f; s. insb. in Bezug auf das Institut der culpa in contrahendo im deutschen Sachrecht: Erman/*Hohloch*, Art. 12 Rn 1, 4; *Leible/Lehmann*, RIW 2007, 721, 733; PWW/*Schaub*, Art. 12 Rn 2; BeckOK-BGB/*Spickhoff*, Art. 12 Rn 3; Palandt/*Thorn*, Art. 12 Rn 2; *Junker*, FS Stürner, S. 1031, 1047.
36 Zu der Anwendbarkeit der Rom I-VO in Fallgestaltungen, die eine Verbindung zu Dänemark aufweisen, s. Art. 24 Rom I-VO Rn 3 f.
37 Rauscher/*Jakob/Picht*, EuZPR/EuIPR, Art. 12 Rn 31, 33.

B. Regelungsgehalt

I. Anwendungsbereich

1. Verschulden bei Vertragsverhandlungen. Art. 12 findet Anwendung, wenn Ansprüche aus „außervertraglichen Schuldverhältnissen aus Verhandlungen vor Abschluss eines Vertrags" in Rede stehen. Die Formulierung korrespondiert mit derjenigen in Art. 1 Abs. 2 lit. i Rom I-VO, dem zufolge „Schuldverhältnisse aus Verhandlungen vor Abschluss eines Vertrags" vom Anwendungsbereich der Rom I-VO ausgenommen sind (vgl Art. 1 Rn 76).[38] Ausweislich des 30. Erwägungsgrundes sollen allerdings nur solche außervertraglichen Schuldverhältnisse in den Anwendungsbereich des Art. 12 fallen, „die in unmittelbarem Zusammenhang mit den Verhandlungen vor Abschluss eines Vertrags stehen". Beispielhaft genannt werden die „Verletzung der Offenlegungspflicht" und der „Abbruch von Vertragsverhandlungen". Fallgestaltungen, in denen einer Person „während der Verhandlungen ein Personenschaden zugefügt wird", sollen dagegen von Art. 4 oder anderen Bestimmungen der Verordnung erfasst werden.

Auffällig ist die sprachliche Divergenz zwischen dem Normtext des Abs. 1 („außervertragliche Schuldverhältnisse aus Verhandlungen")[39] und Erwägungsgrund 30 S. 3 („außervertragliche Schuldverhältnisse, die in unmittelbarem Zusammenhang mit den Verhandlungen vor Abschluss eines Vertrags stehen").[40] Allerdings dürfte es sich bei der Wortwahl in Erwägungsgrund 30 S. 3 um eine unbedachte Abweichung von dem Normtext des Abs. 1 handeln, die vor allem dem Bestreben geschuldet ist, die in Erwägungsgrund 30 S. 4 bezeichneten Personenschäden aus dem Anwendungsbereich des Art. 12 auszunehmen (vgl auch Rn 23, 45). Darüber hinaus ist nicht zu erkennen, dass den jeweiligen Formulierungen ein unterschiedlicher Bedeutungsgehalt zukommen sollte.[41]

Von größerer Relevanz für das Verständnis des Art. 12 erscheint denn auch ein anderer, ebenfalls in Erwägungsgrund 30 angesprochener Punkt: Der Begriff des „Verschuldens bei Vertragsverhandlungen", der in der Überschrift des Art. 12 adressiert wird, ist für die Zwecke der Rom II-VO **autonom zu verstehen** und sollte daher nicht zwangsläufig im Sinne der mitgliedstaatlichen Sachrechte ausgelegt werden.

Gewonnen ist damit für das Verständnis des Art. 12 allerdings noch wenig. Offen bleibt, nach welchen Kriterien die in den nationalen Rechten der Figur der *culpa in contrahendo* zugerechneten Erscheinungen dem Anwendungsbereich des Art. 12 zugeordnet werden sollen. Dem Wortlaut nach ist der Anwendungsbereich der Norm auf „außervertragliche Schuldverhältnisse aus Verhandlungen vor Abschluss eines Vertrags" beschränkt. Die Eingrenzung auf **außervertragliche Schuldverhältnisse** entspricht dabei den sachlichen Anwendungsbereich der Rom II-VO (vgl Art. 1 Abs. 1 S. 1). Der Begriff besitzt iRd Art. 12 keine eigenständige Bedeutung. Die maßgebliche Grenzziehung zwischen vertraglichen und außervertraglichen Schuldverhältnissen erfolgt im Hinblick auf die Anwendbarkeit des Art. 12 nach den gleichen Kriterien, die gem. Art. 1 der Eröffnung des sachlichen Anwendungsbereichs der Rom II-VO zugrunde liegen; auf die dortige Kommentierung kann daher verwiesen werden (s. Art. 1 Rn 3).

Entscheidend für die Anwendbarkeit des Art. 12 ist damit das Vorliegen eines außervertraglichen Schuldverhältnisses **„aus Verhandlungen vor Abschluss eines Vertrags"**. Nimmt man in Blick, dass Art. 12 nur Anwendung finden kann, wenn gem. Art. 1 der sachliche Anwendungsbereich der Rom II-VO eröffnet ist, also kein vertragliches Schuldverhältnis in Rede steht (vgl Rn 19), dient das Kriterium „aus Verhandlungen vor Vertragsabschluss" in erster Linie der Abgrenzung zu den Kollisionsnormen, die die Anknüpfung unerlaubter Handlungen regeln, dh den Artt. 4 ff (vgl auch Rn 17). Wie diese Grenzziehung zu erfolgen hat, bleibt allerdings unklar.

Im Schrifttum wird verbreitet eine pflichtenbezogene Abgrenzung vorgenommen. Danach ist zwischen integritätsbezogenen Pflichten einerseits und transaktionsbezogenen Pflichten andererseits zu unterscheiden, wobei nur die Verletzung Letzterer der Verweisungsnorm des Art. 12 zuzuordnen sein soll.[42] Verschiedentlich wird auch zwischen Sorgfaltspflichten in Bezug auf den Vertragsschluss und allgemeinen Verkehrspflichten differenziert; die Verletzung Ersterer falle in den Anwendungsbereich des Art. 12, Letztere seien

---

38 Erwägungsgrund 10 S. 1 der Rom I-VO ergänzt hierzu: „Schuldverhältnisse, die aus Verhandlungen vor Abschluss eines Vertrags entstehen, fallen unter Artikel 12 der Verordnung (EG) Nr. 864/2007"; vgl hierzu auch *Hage-Chahine*, Northwestern Journal of International Law & Business 32 (2012) 451, 471 ff.

39 Englische Textfassung des Art. 12 Abs. 1: „non-contractual obligation arising out of dealings prior to the conclusion of a contract".

40 Englische Textfassung des Erwägungsgrundes 30: „non-contractual obligations presenting a direct link with the dealings prior to the conclusion of a contract".

41 Siehe auch Rauscher/*Jakob/Picht*, EuZPR/EuIPR, Art. 12 Rn 9.

42 Rauscher/*Jakob/Picht*, EuZPR/EuIPR, Art. 12 Rn 10 ff; *Kadner Graziano*, RabelsZ 73 (2009), 1, 64; s. auch Huber/*Bach*, Rome II Regulation, Art. 12 Rn 5 f, der eine Unterscheidung vornimmt zwischen (von Art. 12 nicht erfassten) integritätsbezogenen Pflichten und (von Art. 12 erfassten) Pflichten, auf den Abschluss eines wirksamen Vertrages hinzuwirken.

Artt. 4 ff zu subsumieren.[43] Andere Autoren wollen stärker auf das verletzte Interesse abstellen: Danach soll Art. 12 lediglich die Kompensation enttäuschter Leistungserwartungen, nicht aber die Verletzung des Integritätsinteresses durch den Verstoß gegen allgemeine Obhuts- und Sorgfaltspflichten erfassen; im letztgenannten Fall sei nach Artt. 4 ff anzuknüpfen.[44]

In der Regel werden die vorgenannten Ansätze zu gleichen Ergebnissen führen. Insbesondere dürfte die Verletzung des Integritätsinteresses in den meisten Konstellationen auf der Verletzung allgemeiner Verkehrspflichten beruhen, so dass ungeachtet des Lösungsweges nur eine Anknüpfung nach Artt. 4 ff in Betracht kommt. Entsprechend wird die Verletzung transaktionsbezogener Pflichten zu einer Enttäuschung der Leistungserwartungen führen und damit in jedem Fall Art. 12 zu subsumieren sein. Jedoch sind auch Fälle denkbar, in denen eine Abgrenzung nach dem verletzten Rechtsgut andere Ergebnisse zeitigt als eine pflichtenbezogene Abgrenzung – so zB, wenn die Verletzung vorvertraglicher Aufklärungspflichten bei einem Behandlungsvertrag nicht nur Vermögens-, sondern ggf auch Personenschäden nach sich zieht.[45] Stellt man hier auf das verletzte Rechtsgut ab, führt die Verletzung des Körpers oder der Gesundheit zu einer Anknüpfung nach Art. 4. Bei Zugrundelegung einer pflichtenbezogenen Abgrenzung wäre dagegen der Anwendungsbereich des Art. 12 eröffnet, da die verletzten Aufklärungspflichten in unmittelbarem Zusammenhang mit den Vertragsverhandlungen stehen und damit als transaktionsbezogene Pflichten anzusehen sind. 21

Vorzugswürdig erscheint letztlich eine **pflichtenbezogene Abgrenzung**. Für sie spricht schon der Wortlaut des Abs. 1. Anknüpfungsgegenstand ist danach das „außervertragliche Schuldverhältnis aus Verhandlungen". Ein solches Schuldverhältnis kann aber nur in der Pflichtenbeziehung zwischen den Parteien liegen. Die Frage, welches Interesse einer Partei betroffen ist, spielt in diesem Zusammenhang keine Rolle. Gestützt wird der Befund durch Erwägungsgrund 30 S. 2. Dort ist mit der Offenlegungspflicht bereits eine konkrete Pflicht benannt, die von dem Begriff des Verschuldens bei Vertragsverhandlungen erfasst sein soll. Zwar heißt es in Erwägungsgrund 30 S. 4 weiter, dass Fälle, „in denen einer Person während der Vertragsverhandlungen ein Personenschaden zugefügt wird", nicht in den Anwendungsbereich des Art. 12 fallen. In diesem Hinweis kann jedoch keine Entscheidung zugunsten einer interessenbezogenen Abgrenzung gesehen werden. Ausgeschlossen sein sollen lediglich Personenschäden „während der Vertragsverhandlungen". Derartige Schäden können allein auf der Verletzung allgemeiner Verkehrspflichten beruhen, nicht hingegen auf spezifisch transaktionsbezogenen Pflichten. 22

Entscheidendes Kriterium für die Anwendbarkeit des Art. 12 ist damit die Verletzung einer **transaktionsbezogenen Pflicht**. Die Erfüllung weiterer Merkmale ist nicht zu fordern. Insbesondere ist unerheblich, ob die in Rede stehende Pflichtverletzung **schuldhaft** erfolgt ist. Im Schrifttum wird verschiedentlich erörtert, ob aus dem in der Normüberschrift verwendeten Begriff des „Verschuldens bei Vertragsverhandlungen" (in verschiedenen anderen Sprachfassungen: culpa in contrahendo)[46] zu folgern sei, dass der Anwendungsbereich des Art. 12 nur dann eröffnet sein könne, wenn Schadensersatzansprüche auf der Grundlage schuldhaften Verhaltens reklamiert würden.[47] Bedenken gegen ein derartiges Verständnis der Norm bestehen allerdings schon vor dem Hintergrund, dass sich der Terminus des „Verschuldens" bzw der „culpa" keineswegs in allen Sprachfassungen findet. Der niederländische Text verwendet in der Normüberschrift des Art. 12 etwa den Terminus „Precontractuele aansprakelijkheid" (Vorvertragliche Haftung); Entsprechendes gilt für die slowakische („Predzmluvná zodpovednost'") und die tschechische Textfassung („Předsmluvní

---

43 Palandt/*Thorn*, Art. 12 Rn 2; *Pfeiffer/Weller/Nordmeier*, in: Spindler/Schuster, Recht der elektronischen Medien, Art. 12 Rom II Rn 4; *Ebke*, ZVglRWiss 109 (2010), 397, 434 f; *Staudinger* in: Gebauer/Wiedmann, Zivilrecht unter europäischem Einfluss, Kapitel 38 Rn 67; ähnlich auch *Heiss/Loacker*, JBl 2007, 613, 639 (Unterscheidung zwischen dem Deliktsrecht nahestehende Fallkonstellationen und vertragsnahen Tatbeständen).

44 BeckOK-BGB/*Spickhoff*, Art. 12 Rn 4 f; MüKo/*Spellenberg*, Art. 12 Rn 10 f; vgl auch *Lüttringhaus*, RIW 2008, 193, 197 f; ferner Erman/*Hohloch*, Art. 12 Rn 1; Staudinger/*Magnus*, Art. 12 Rom I-VO Rn 99: Verletzung von Integritätsinteressen nicht erfasst.

45 Zu Tendenzen etwa im italienischen Recht, die Verletzung von Aufklärungspflichten vor einer ärztlichen Behandlung der *culpa in contrahendo* zuzuordnen, siehe *v. Bar/Drobnig*, Study on Property Law and Non-contractual Liability Law as they relate to Contract Law, SANCO B5-1000/02/000574, Rn 392.

46 Der Begriff der „culpa in contrahendo" findet sich in der dänischen, englischen, estnischen, französischen, italienischen, irischen, lettischen, litauischen, maltesischen, polnischen, portugiesischen, rumänischen, slowenischen, spanischen und ungarischen Sprachfassung; andere Texte enthalten den lateinischen Terminus lediglich als Klammerzusat in der Normüberschrift, so in der griechischen [„Ευθύνη κατά τις διαπραγματεύσεις (Culpa in contrahendo)"] und der finnischen [„Sopimuksentekotuottamus (Culpa in contrahendo)"] Version der Rom II-VO; für den schwedischen Text gilt Entsprechendes in Bezug auf die Kapitelüberschrift [„Oaktsamhet vid ingående av avtal (Culpa in contrahendo)"], nicht allerdings für die Normüberschrift selbst, die lediglich von „Oaktsamhet vid ingående av avtal" (Unachtsamkeit bei Vertragsschluss) spricht.

47 *Dickinson*, Rome II Regulation, Rn 12.04; Calliess/*Schinkels*, Art. 12 Rn 10.

odpovědnost"). Vor allem aber findet sich das Merkmal des Verschuldens im Normtext des Art. 12 nicht wieder. Anknüpfungsgegenstand ist hier allein das „außervertragliche Schuldverhältnis aus Verhandlungen vor Abschluss eines Vertrags". Auch die Erwägungsgründe lassen nicht erkennen, dass es auf ein schuldhaftes Verhalten ankommen soll. Im Gegenteil ist Erwägungsgrund 11 zu entnehmen, dass die Kollisionsnormen der Rom II-VO auch für außervertragliche Schuldverhältnisse aus Gefährdungshaftung gelten sollen.[48] Zudem ordnet Erwägungsgrund 30 dem Begriff des „Verschuldens bei Vertragsverhandlungen" ausdrücklich die Verletzung der Offenlegungspflicht und den Abbruch von Vertragsverhandlungen zu; ein schuldhaftes Verhalten wird in diesem Zusammenhang nicht verlangt. Dies spricht dafür, die Frage des Verschuldens für die Eröffnung des Anwendungsbereichs der Norm außer Betracht zu lassen;[49] über sie sollte allein das verwiesene Recht entscheiden (vgl dazu auch Art. 15 Rn 5).

23 Für das Verständnis des Art. 12 folgt daraus: Der Anwendungsbereich der Norm ist eröffnet, wenn (1.) Ansprüche aus einem außervertraglichen Schuldverhältnis in Rede stehen (s. Rn 19) und (2.) Pflichten verletzt wurden, die ausschließlich aufgrund einer Verhandlungssituation bestehen (transaktionsbezogene Pflichten, s. Rn 22).[50] Steht die Verletzung allgemeiner Sorgfalts- und Obhutspflichten in Rede, ist nach Artt. 4 ff anzuknüpfen.[51]

24 Damit ist der Begriff des Verschuldens bei Vertragsverhandlungen iSd Art. 12 **deutlich enger** auszulegen **als im deutschen Sachrecht** (s. auch Rn 11). Nicht einbezogen sind insbesondere die von § 311 Abs. 2 Nr. 2 BGB erfassten Fallgestaltungen, in denen vorvertragliche Pflichten verletzt wurden, die den allgemeinen Verkehrspflichten entsprechen.[52] So bezieht sich der Begriff der Vertragsanbahnung iSd § 311 Abs. 2 Nr. 2 BGB insbesondere auf einseitige Maßnahmen zur Aufnahme von Vertragsverhandlungen (zB das Betreten eines Geschäftslokals).[53] In diesem frühen Stadium werden in der Regel aber noch keine transaktionsbezogenen Pflichten bestehen.[54]

25 **2. Einzelne Fallgestaltungen. a) Abbruch von Vertragsverhandlungen.** Von Art. 12 erfasst sind zunächst die Fälle, in denen es zu einem unberechtigten Abbruch der Vertragsverhandlungen gekommen ist (vgl Erwägungsgrund 30 S. 2).[55] Aus der deutschen höchstrichterlichen Rechtsprechung bekannt sind Konstellationen, in denen einer der Verhandlungspartner ausdrücklich oder durch schlüssiges Verhalten bei der anderen Seite zurechenbar das berechtigte Vertrauen erweckt hat, es werde mit Sicherheit zu einem Vertragsabschluss kommen, die Vertragsverhandlungen dann aber ohne nachvollziehbare Gründe abbricht.[56] Als Grundlage eines möglichen Anspruchs aus *culpa in contrahendo* gilt insbesondere das Vorspiegeln einer tatsächlich nicht vorhandenen Abschlussbereitschaft;[57] genannt werden aber auch Fälle, in denen ein Verhandlungspartner zunächst ernsthaft an einem Vertragsabschluss interessiert war, in der Folgezeit jedoch von seinem ursprünglichen Vorhaben innerlich abrückt, ohne dies der Gegenseite zu offenbaren.[58] Der Anwendungsbereich des Art. 12 wird in sämtlichen vorbeschriebenen Fallgestaltungen als eröffnet anzusehen sein, denn die geltend gemachte Haftung basiert nicht auf der Verletzung allgemeiner Verkehrspflichten, sondern nimmt jeweils spezifisch vorvertragliche, transaktionsbezogene Pflichten in Blick. Dabei steht der vertragsakzessorischen Anknüpfung nach Abs. 1 keineswegs entgegen, dass es zu einem Vertragsschluss nicht gekommen ist. Art. 12 findet unabhängig davon Anwendung, ob der intendierte Vertrag tatsächlich geschlossen wurde; hierauf weist Abs. 1 ausdrücklich hin.

---

48 Auf diesen Umstand verweisen sowohl *Dickinson*, Rome II Regulation, Rn 12.04, als auch Calliess/*Schinkels*, Art. 12 Rn 10.
49 *Dickinson*, Rome II Regulation, Rn 12.04.
50 Vgl auch *Thoma*, Revue hellénique de droit international 61 (2008) 669, 679 („material connection, that the obligation should evidence with the conclusion of the contract").
51 Siehe auch MüKo/*Martiny*, Art. 1 VO (EG) 593/2008 Rn 10.
52 Siehe hierzu die Leitentscheidungen RGZ 78, 239 (Linoleumrollenfall); BGHZ 66, 51 (Gemüseblattfall).
53 Siehe nur Palandt/*Grüneberg*, § 311 BGB Rn 23; MüKo/*Emmerich*, § 311 BGB Rn 47 f (mit weiteren Beispielen).
54 MüKo/*Spellenberg*, Art. 12 Rn 24 f; aA Erman/*Hohloch*, Art. 12 Rn 6, unter Hinweis auf das Beispiel, dass ein Auto bei einer Probefahrt beschädigt wird. Auch in diesem Fall wird aber keine transaktionsbezogene Pflicht verletzt, sondern nur die als allgemeine Verkehrspflicht bestehende Pflicht, fremdes Eigentum nicht zu beschädigen.
55 MüKo/*Spellenberg*, Art. 12 Rn 2; Erman/*Hohloch*, Art. 12 Rn 5; Palandt/*Thorn*, Art. 12 Rn 2; Rauscher/*Jakob/Picht*, EuZPR/EuIPR, Art. 12 Rn 42; *Leible/Lehmann*, RIW 2007, 721, 733; Staudinger/*Magnus*, Art. 1 Rom I-VO Rn 97; Ferrari u.a./*Kieninger*, Internationales Vertragsrecht, Art. 1 VO (EG) 593/2008 Rn 32; *Junker*, FS Stürner, S. 1031, 1045; *Volders*, Afgebroken contractonderhandelingen in het internationaal privaatrecht, S. 339 (Rn 645).
56 BGH NJW 1996, 1884, 1885; NJW-RR 1989, 627 mwN.
57 BGH NJW 1996, 1884, 1885; zuletzt BGH v. 9.11.2012 – V ZR 182/11, BeckRS 2013, 01755 (Haftung der vollmachtlos vertretenen Vertragspartei im Fall der Verweigerung einer als sicher erscheinenden Genehmigung).
58 BGH NJW 1996, 1884, 1885 mwN.

Unerheblich ist auch, ob die betroffene Partei nach dem Recht des Staates ihres gewöhnlichen Aufenthalts **mit einer Haftung** wegen des Abbruchs der Verhandlungen **rechnen musste**. Eine Art. 10 Abs. 2 Rom I-VO entsprechende Sonderanknüpfung ist im Rahmen des Art. 12 nicht vorgesehen.[59]

b) Verstoß gegen Offenlegungspflichten. aa) Anwendbarkeit des Art. 12. Nach Erwägungsgrund 30 S. 2 soll der Begriff des Verschuldens bei Vertragsverhandlungen auch die Verletzung der Offenlegungspflicht einschließen. Im Schrifttum hat dies verbreitet Zustimmung gefunden. Der Anwendungsbereich des Art. 12 wird danach generell als eröffnet angesehen, wenn die **Verletzung vorvertraglicher Aufklärungs- und Beratungspflichten** in Rede steht.[60] Unbestritten ist dies allerdings nicht. Nach anderer Auffassung findet Art. 12 bei vorvertraglichen Informationspflichten keine Anwendung, da derartige Pflichten nicht „aus Verhandlungen vor Abschluss eines Vertrags" resultierten.[61] Die „enge Beziehung zum Vertrag, zu dessen Zustandekommen und Fortleben" lasse Aufklärungs- und Beratungspflichten vielmehr als vertragliche Pflichten erscheinen;[62] die Anknüpfung habe damit nicht nach Art. 12, sondern nach Maßgabe der Rom I-VO zu erfolgen.[63]

Die überzeugenderen Argumente sprechen letztlich für die Einbeziehung der Verletzung von Informations-, Aufklärungs- und Beratungspflichten in den Anwendungsbereich des Art. 12.[64] So erwähnt Erwägungsgrund 30 S. 2 ausdrücklich die Verletzung der „Offenlegungspflicht" als Beispiel für einen von Art. 12 erfassten Fall des Verschuldens bei Vertragsverhandlungen. In anderen Sprachfassungen[65] wird deutlich, dass darunter auch Informationspflichten[66] und Aufklärungspflichten[67] zu verstehen sind; der portugiesische Text spricht allgemein von „dever de comunicar". Dies lässt darauf schließen, dass letztlich sämtliche aus den Verhandlungen erwachsenden „informationsbezogenen Pflichten" erfasst sein sollen.[68]

Im Übrigen besteht aber auch keine sachliche Notwendigkeit, die Verletzung vorvertraglicher Informationspflichten aus dem Anwendungsbereich des Art. 12 auszunehmen. Die Gefahr von Friktionen in der Abgren-

---

59 *Fischer*, FS Kühne, S. 689, 696 f; Rauscher/*Jakob/Picht*, EuZPR/EuIPR, Art. 12 Rn 20 Fn 44; vgl auch *Plender/Wilderspin*, The European Private International Law of Obligations, Rn 26-022. Anders *Volders*, Yb. P.I.L. 9 (2007) 127, 133 f, der eine entsprechende Anwendung des Art. 10 Abs. 2 Rom I-VO in Ausnahmefällen für möglich hält; ferner *Dickinson*, Rome II Regulation, Rn 12.20A, dem zufolge die Verweisung auf das (hypothetische) Vertragsstatut gem. Abs. 1 auch das nach Art. 10 Abs. 2 Rom I-VO berufene Recht umfasst: Habe der in Anspruch genommene Verhandlungspartner die Möglichkeit, sich erfolgreich auf Art. 10 Abs. 2 Rom I-VO zu berufen mit der Folge, dass sein Verhalten nicht als Zustimmung zu dem Vertrag gewertet werde, könne er sich gleichermaßen im Hinblick auf die Anknüpfung der *culpa in contrahendo* auf diesen Umstand stützen. Dies führe dazu, dass das auf ein mögliches Verschulden bei Vertragsverhandlungen anwendbare Recht nicht nach Art. 12 Abs. 1 bestimmt werden könne; die Anknüpfung habe folglich nach Abs. 2 zu erfolgen. Gegen die Auffassung von *Dickinson* spricht allerdings, dass die Anknüpfung nach Art. 12 Abs. 1 einen wirksamen Vertragsschluss nicht voraussetzt. Die *culpa in contrahendo* kann auch dann nach Abs. 1 angeknüpft werden, wenn es – aus welchen Gründen auch immer – zu einem wirksamen Vertragsschluss nicht gekommen ist (vgl dazu auch Rn 55 ff).

60 BeckOK-BGB/*Spickhoff*, Art. 12 Rn 4; Erman/*Hohloch*, Art. 12 Rn 5; MüKo/*Spellenberg*, Art. 12 Rn 12; Palandt/*Thorn*, Art. 12 Rn 2; Hk-BGB/*Dörner*, Art. 12 Rn 2 (Verletzung vorvertraglicher Informationspflichten); *Fischer*, FS Kühne, S. 689, 693 f; *Junker*, FS Stürner, S. 1031, 1045 f.; *Ibili*, Groene Serie Onrechtmatige daad, artikel 12, Anm. 2.

61 *Leible/Lehmann*, RIW 2007, 721, 733; vgl auch schon *Lehmann*, in: Ferrari/Leible (Hrsg.), Ein neues Internationales Vertragsrecht für Europa, 2007, S. 17, 37 f.

62 *Lehmann*, in: Ferrari/Leible (Hrsg.), Ein neues Internationales Vertragsrecht für Europa, 2007, S. 17, 37 f; ähnlich MüKo/*Martiny*, Art. 1 VO (EG) 593/2008 Rn 10.

63 *Leible/Lehmann*, RIW 2007, 721, 733; dem folgend PWW/*Schaub*, Art. 12 Rn 2.

64 Gegen eine vertragliche Qualifikation von Ansprüchen aus Verschulden bei Vertragsverhandlungen wegen Verletzung vorvertraglicher Informationspflichten auch *Lüttringhaus*, RIW 2008, 193, 195 f; *Calliess/Schinkels*, Art. 12 Rn 8 Fn 19; Staudinger/*Magnus*, Art. 1 Rom I-VO Rn 97; *Staudinger* in: Gebauer/Wiedmann, Zivilrecht unter europäischem Einfluss, Kapitel 38 Rn 66; skeptisch auch *Fischer*, FS Kühne, S. 689, 693, und letztlich auch *Mankowski*, RIW 2009, 98, 115.

65 Zu der Bedeutung der verschiedenen Sprachfassungen bei der Auslegung des Unionsrechts s. EuGH, Rs. C-412/10, NJW 2012, 441, 442 (Rn 28 mwN) – Deo Antoine Homawoo/GMF Assurances SA; vgl im Übrigen zu der Wortlautauslegung im europäischen Recht *Nehne*, Methodik und allgemeine Lehren des europäischen Internationalen Privatrechts, 2012, S. 54 ff; *Kreße*, Die Auslegung mehrsprachiger Texte durch den EuGH, in: Burr/Gréciano, Europa: Sprache und Recht – La construction européenne: aspects linguistiques et juridiques, 2003, S. 157 ff, 185 f; zu den Problemen, die gerade die Mehrsprachigkeit europäischer Rechtstexte mit sich bringt, s. ebd, S. 163 ff.

66 Siehe die französische („devoir d'informer"), die italienische („onere die informare"), die rumänische („obligației de informare") oder die spanische („deber de información") Textfassung des Erwägungsgrundes 30 S. 2.

67 Siehe die dänische („oplysningspligten") oder die schwedische („upplysningsplikt") Textfassung.

68 So überzeugend *Mankowski*, RIW 2009, 98, 115, unter Hinweis auf weitere Sprachfassungen; vgl auch Rauscher/*Jakob/Picht*, EuZPR/EuIPR, Art. 12 Rn 8, 48.

zung zu anderen, ebenfalls an vorvertragliche Umstände anknüpfenden Rechtsinstituten (zB der Irrtumsanfechtung) besteht selbst dann nicht, wenn diese nach Art. 10 Abs. 1 Rom I-VO dem (hypothetischen) Vertragsstatut unterstellt werden.[69] Denn nach Art. 12 Abs. 1 findet auf außervertragliche Schuldverhältnisse aus Verhandlungen vor Abschluss eines Vertrags ebenfalls das (hypothetische) Vertragsstatut Anwendung. Fallgestaltungen, in denen eine Anknüpfung nach Abs. 2 erfolgen müsste, sind jedenfalls dann nicht denkbar, wenn es tatsächlich zu einem Vertragsschluss gekommen ist (s. dazu auch Rn 50 ff). Ein Gleichlauf der Statuten ist damit gewährleistet.[70]

30 **bb) Verschulden von Vertragsnichtigkeit.** Folgt man der Auffassung, dass Art. 12 auch dann Anwendung findet, wenn eine Verletzung von Informationspflichten in Rede steht (vgl Rn 28 f), sind zunächst die Fälle des Verschuldens von Vertragsnichtigkeit erfasst: Informiert einer der Verhandlungspartner den anderen nicht über mögliche Hindernisse, die einem wirksamen Vertragsschluss entgegenstehen könnten, und verschuldet er dadurch die **Nichtigkeit des Vertrags**, bestimmt das nach Art. 12 berufene Recht über mögliche Schadensersatzansprüche aus *culpa in contrahendo*.[71] Die Unwirksamkeit des Vertrags steht der Anwendbarkeit des Art. 12 dabei nicht entgegen: Die Anknüpfung nach Abs. 1 setzt nicht voraus, dass der intendierte Vertrag auch geschlossen wurde; erst Recht bedarf es keines wirksamen Vertragsschlusses.

31 **cc) Herbeiführung eines nicht erwartungsgerechten Vertrags.** Ebenfalls anzuwenden ist Art. 12 in den – im deutschen Recht unter dem Stichwort der Herbeiführung eines nicht erwartungsgerechten Vertrags diskutierten[72] – Fallkonstellationen, in denen eine Partei infolge unterbliebener oder falscher Information durch die andere Seite einen inhaltlich für sie nachteiligen Vertrag geschlossen hat und nunmehr die schadensrechtliche Rückabwicklung des Vertrags verlangt.[73]

32 Die Einbeziehung dieser Fallgruppe in den Anwendungsbereich des Art. 12 ist allerdings nicht unumstritten.[74] So wird darauf hingewiesen, dass andere Rechtsordnungen in diesem Zusammenhang klassische Instrumente des Vertragsrechts (wie etwa die **Irrtumsanfechtung**) heranziehen, die nach Art. 10 Abs. 1 Rom I-VO dem Vertragsstatut unterstehen.[75] Auch der in Art. 12 Abs. 1 lit. c bis d Rom I-VO konkretisierte Geltungsbereich des Vertragsstatuts spreche für dessen Anwendung in den vorbeschriebenen Fallgestaltungen.[76]

33 Dabei bleibt jedoch unberücksichtigt, dass der Begriff des „Schadens" im Sinne der Rom II-VO (u.a.) sämtliche Folgen eines Verschuldens bei Vertragsverhandlungen umfasst (s. Art. 2 Abs. 1).[77] Jedenfalls in den Fällen, in denen eine Aufklärungspflichtverletzung nicht zur Unwirksamkeit des Vertrags führt (vgl dazu auch Rn 35), sondern einen Anspruch auf die schadensrechtliche Rückabwicklung des Vertrags begründet, sollte das anzuwendende Recht daher nach Art. 12 bestimmt werden.[78] Der weite Schadensbegriff des Art. 2 Abs. 1 lässt die Anknüpfung gem. Art. 12 darüber hinaus aber auch dann als angezeigt erscheinen, wenn Rücktrittsrechte aufgrund der Verletzung vorvertraglicher Aufklärungspflichten geltend gemacht werden.[79] Praktisch sind die Auswirkungen einer entsprechenden Qualifikation ohnehin gering, da auch über die Anknüpfung nach Abs. 1 das Vertragsstatut Anwendung findet (s. schon Rn 29).

34 **c) Bruch der Vertraulichkeit.** Ebenfalls anwendbar dürfte Art. 12 in den Fällen sein, in denen einer der Verhandlungspartner unberechtigt **vertrauliche Informationen weitergibt**, die er im Laufe der Vertrags-

---

69 Vgl zu entsprechenden Überlegungen in Bezug auf den Anwendungsbereich der Rom I-VO *Lehmann*, in: Ferrari/Leible (Hrsg.), Ein neues internationales Vertragsrecht für Europa, 2007, S. 17, 37 f; ferner MüKo/*Spellenberg*, Art. 12 Rn 12; *Arenas García*, InDret 4/2008, 13.

70 Vgl auch Rauscher/*Jakob/Picht*, EuZPR/EuIPR, Art. 12 Rn 8.

71 BeckOK-BGB/*Spickhoff*, Art. 12 Rn 4; Erman/*Hohloch*, Art. 12 Rn 5; Hk-BGB/*Dörner*, Art. 12 Rn 2; Huber/*Bach*, Rome II Regulation, Art. 12 Rn 6; Rauscher/*Jakob/Picht*, EuZPR/EuIPR, Art. 12 Rn 45; *Fischer*, FS Kühne, S. 689, 694; *Junker*, FS Stürner, S. 1031, 1046.

72 Siehe nur BGH NJW 1998, 302, 899; 2001, 436; 2006, 845; *St. Lorenz*, Der Schutz vor dem unerwünschten Vertrag, 1997; *Fleischer*, Informationsasymmetrie im Vertragsrecht, 2001, S. 426 ff; *Canaris*, AcP 200 (2000), 273, 304 ff; kritisch *Lieb*, FS Medicus, 1999, S. 337 ff; für eine rechtsfortbildende Erweiterung des § 123 BGB *Grigoleit*, Vorvertragliche Informationshaftung, 1997.

73 Rauscher/*Jakob/Picht*, EuZPR/EuIPR, Art. 12 Rn 48; *Fischer*, FS Kühne, S. 689, 693; *Junker*, FS Stürner,

S. 1031, 1046; wohl auch Calliess/*Schinkels*, Art. 12 Rn 7; *Kurt*, Culpa in contrahendo im europäischen Kollisionsrecht der vertraglichen und außervertraglichen Schuldverhältnisse, S. 155 f.

74 Dagegen etwa Huber/*Bach*, Rome II Regulation, Art. 12 Rn 7 f.

75 Vgl schon *Lehmann*, in: Ferrari/Leible (Hrsg.), Ein neues internationales Vertragsrecht für Europa, 2007, S. 17, 36 f.

76 Huber/*Bach*, Rome II Regulation, Art. 12 Rn 7.

77 Vgl dazu auch Calliess/*Schinkels*, Art. 12 Rn 7.

78 Für die Anwendung des Art. 12 bei Schadensersatzansprüchen wegen einer Täuschung vor Vertragsschluss auch *Rushworth/Scott*, LMCLQ 2008, 274, 290; aA Huber/*Bach*, Rome II Regulation, Art. 12 Rn 8.

79 Ablehnend für entsprechende Rechtsbehelfe des englischen Rechts etwa *Dickinson*, Rome II Regulation, Rn 12.09 f; *Rushworth/Scott*, LMCLQ 2008, 274, 290; *Plender/Wilderspin*, The European Private International Law of Obligations, Rn 26-015; ferner Huber/*Bach*, Rome II Regulation, Art. 12 Rn 7.

verhandlungen von der anderen Seite erhalten hat.⁸⁰ Schließlich geht es in diesen Konstellationen, die im Übrigen auch von den Principles of European Contract Law (PECL) in Art. 2:302 als Frage der Haftung bei Vertragsverhandlungen eingeordnet werden,⁸¹ um die Verletzung von Pflichten, die nicht als allgemeine Verkehrspflichten bestehen, sondern erst durch die konkreten Verhandlungen begründet werden.

d) Haftung für anfängliche Unmöglichkeit. Keine Anwendung findet Art. 12 dagegen in Fällen anfänglicher Unmöglichkeit. Zwar erscheint grundsätzlich denkbar, die Haftung für anfängliche Unmöglichkeit, jedenfalls soweit sie auf das Vertrauensinteresse beschränkt ist (vgl § 878 S. 3 des österreichischen ABGB), als Haftung für die Verletzung einer vorvertraglichen Aufklärungspflicht über die Unmöglichkeit der Leistungserbringung zu begreifen.⁸² Da Art. 12 Abs. 1 Rom I-VO den Geltungsbereich des auf den Vertrag anzuwendenden Rechts jedoch ausdrücklich auf die Folgen der vollständigen oder teilweisen Nichterfüllung der durch den Vertrag begründeten Pflichten (lit. c) sowie auf die Folgen der Nichtigkeit des Vertrags erstreckt (lit. e), liegt es näher, die Haftung für anfängliche Unmöglichkeit der Leistung generell dem **Vertragsstatut** zu unterstellen.⁸³ 35

e) Dritthaftung. aa) Haftung gegenüber Dritten. Auch Ansprüche Dritter aus Verschulden bei Vertragsverhandlungen können nur dann in den Anwendungsbereich des Art. 12 fallen, wenn die Verletzung von Pflichten in Rede steht, die durch die Aufnahme von Verhandlungen entstanden sind. In der Regel wird dies nicht der Fall sein.⁸⁴ Gegenüber Dritten bestehen zumeist nur **allgemeine Verkehrspflichten**.⁸⁵ Werden diese verletzt, ist eine mögliche Haftung für Personen- oder Sachschäden nicht nach Art. 12, sondern nach Art. 4 anzuknüpfen (s. Rn 45). 36

bb) Haftung von Dritten. (1) Meinungsstand. Von der Haftung gegenüber Dritten zu unterscheiden ist die Haftung von Dritten. Eine Haftung des Dritten aus *culpa in contrahendo* wird namentlich im deutschen Sachrecht im Hinblick auf Vertreter oder sonstige Dritte (**„Sachwalter"**) angenommen, die über das bei Vertragsverhandlungen übliche Maß hinaus Vertrauen in Anspruch genommen und damit die Verhandlungen beeinflusst haben.⁸⁶ Des Weiteren wird diskutiert, ob Personen mit beruflicher Sachkunde – etwa Wirtschaftsprüfer oder vereidigte Bausachverständige – für falsche Auskünfte und Gutachten auch gegenüber Dritten haften, wenn diese mit dem Auftraggeber des Gutachtens bzw dem primären Empfänger der Auskunft im Vertrauen auf die Richtigkeit der Aussage des **Experten** einen für sie nachteiligen Vertrag geschlossen haben.⁸⁷ 37

Die **kollisionsrechtliche Einordnung** derartiger Fallgestaltungen ist umstritten. Teilweise wird in Fällen der Dritthaftung generell für eine Anknüpfung nach Art. 4 votiert, da eine vertragliche Haftung hier nicht in Betracht komme.⁸⁸ Andere wollen unterscheiden: Verletze der Dritte allgemeine Sorgfalts- und Obhutspflichten, sei eine mögliche Haftung deliktisch zu qualifizieren; die Anknüpfung richte sich in diesem Fall nach Artt. 4 ff (vgl auch Rn 45).⁸⁹ Stehe dagegen die Verletzung transaktionsspezifischer Pflichten durch den Dritten in Rede, sei sowohl die Sachwalterhaftung als auch die Eigenhaftung von Vertretern und Verhandlungsgehilfen in den Anwendungsbereich des Art. 12 einzubeziehen.⁹⁰ 38

---

80 *Leible/Lehmann*, RIW 2007, 721, 733; jurisPK-BGB/*Backmann*, Art. 12 Rn 27; *Thoma*, Revue hellénique de droit international 61 (2008) 669, 678 f.
81 Zu der Bedeutung der PECL für die Auslegung des Art. 12 s. *Thoma*, Revue hellénique de droit international 61 (2008) 669, 674 f; *Tubeuf*, Revue de droit commercial belge 2008, 535, 539, 541.
82 Vgl *Heiss/Loacker*, JBl 2007, 613, 639 f.
83 Zu der Maßgeblichkeit des Vertragsstatuts für Haftungsansprüche aufgrund Vertragsnichtigkeit wegen anfänglicher Unmöglichkeit s. Staudinger/*Magnus*, Art. 12 Rom I-VO Rn 78; MüKo/*Spellenberg*, Art. 12 VO (EG) 593/2008 Rn 169; vgl auch *Heiss/Loacker*, JBl 2007, 613, 640.
84 Auf die Möglichkeit der Haftung auch gegenüber Dritten aus *culpa in contrahendo* weist allerdings *v. Hein*, RabelsZ 73 (2009), 461, 502, hin, der in diesem Fall eine Anknüpfung nach Art. 12 Abs. 2 erwägt.
85 Grundlegend dazu für das deutsche Recht der „Gemüseblattfall" des BGH, BGHZ 66, 51.
86 Siehe nur BGHZ 56, 81, 83; BGH NJW 1997, 1233.
87 Siehe dazu nur BGH NJW 2001, 360; *Canaris*, JZ 1998, 603 ff; *ders.*, ZHR 163 (1999), 206, 220 ff; *Looschelders*, Schuldrecht AT, Rn 219; *Schinkels*, JZ 2008, 272, 275 ff (der *culpa in contrahendo* nahestehende vertragsähnliche Haftung). Zum Streitstand auch MüKo-HGB/*Ebke*, § 323 HGB Rn 117 f. Überwiegend wird im deutschen Sachrecht allerdings noch einer Lösung über die Figur des Vertrags mit Schutzwirkung zugunsten Dritter der Vorzug gegeben, s. nur BGHZ 127, 378, 380; BGH NJW-RR 2007, 1332, 1347; Palandt/*Grüneberg*, § 311 BGB Rn 60, § 328 BGB Rn 34 mwN.
88 Erman/*Hohloch*, Art. 12 Rn 14; *Dickinson*, Rome II Regulation, Rn 12.07 f; vgl auch *Rushworth/Scott*, LMCLQ 2008, 274, 290.
89 Rauscher/*Jakob/Picht*, EuZPR/EuIPR, Art. 12 Rn 54; MüKo-HGB/*Ebke*, § 323 HGB Rn 212.
90 Hk-BGB/*Dörner*, Art. 12 Rn 2; jurisPK-BGB/*Backmann*, Art. 12 Rn 7; Palandt/*Thorn*, Art. 12 Rn 7; PWW/*Schaub*, Art. 12 Rn 7; Rauscher/*Jakob/Picht*, EuZPR/EuIPR, Art. 12 Rn 51 ff, 56; *Kurt*, Culpa in contrahendo im europäischen Kollisionsrecht der vertraglichen und außervertraglichen Schuldverhältnisse, S. 194 f; s. auch MüKo-HGB/*Ebke*, § 323 HGB Rn 212; *Honorati*, in: Preite/Gazzanti Pugliese di Cotrone, Atti notarili – Diritto comunitario e internazionale, 2011, S. 550; Huber/*Bach*, Rome II Regulation, Art. 12 Rn 15 f (anders allerdings für die Prospekthaftung, Rn 17).

39 Unterschiedlich wird von den Vertretern der letztgenannten Auffassung dann allerdings die Frage beantwortet, ob die Anknüpfung nach Abs. 1 oder Abs. 2 durchzuführen ist. Verbreitet ist die Ansicht, die Anknüpfung der Dritthaftung könne mangels Personenidentität von Verhandelnden und präsumtiv Haftendem nicht nach Abs. 1 erfolgen, so dass unmittelbar auf die Ersatzanknüpfung nach Abs. 2 zurückzugreifen sei.[91] Nach anderer Auffassung soll dagegen auch bei der Vertreter- und Sachwalterhaftung eine vertragsakzessorische Anknüpfung nach Maßgabe des Abs. 1 in Betracht kommen.[92] Die Regelung fordere nicht, dass ein Vertrag mit der verhandelnden Partei selbst zustande gekommen sei; dann sei dem Kriterium aber auch im Hinblick auf den Sachwalter keine Bedeutung zuzumessen. Voraussetzung einer Anknüpfung nach Abs. 1 sei allerdings, dass eine enge Verbindung mit dem fremden Vertragsverhältnis vorliege.[93] Fehle es an einem Kontakt zwischen dem in Anspruch genommenen Dritten und der verletzten Vertragspartei, sei die Haftung des Dritten deliktisch zu qualifizieren; die Anknüpfung erfolge dann nach Maßgabe des Art. 4.[94]

40 **(2) Stellungnahme.** Überzeugender erscheint es, die Dritthaftung grundsätzlich nach Art. 12 anzuknüpfen. Dies gilt jedenfalls für die Haftung von Vertretern, Verhandlungsgehilfen und Sachwaltern, die persönliches Vertrauen in Anspruch genommen haben. Hier folgt die Haftung aus der Verletzung von **Aufklärungspflichten des Dritten** hinsichtlich des in Blick genommenen Vertrags[95] und damit im Ergebnis aus der Verletzung transaktionsspezifischer Pflichten (vgl Rn 23).[96]

41 Anders wäre im Hinblick auf solche **Experten** zu entscheiden, die **nicht an den Vertragsverhandlungen beteiligt** sind, sofern man die Haftung für sachlich fehlerhafte Gutachten und Auskünfte unter Rückgriff auf das Institut der *culpa in contrahendo* begründen will (vgl Rn 37): Hier stünden keine auf den konkret verhandelten Vertrag bezogenen (und damit transaktionsspezifischen, vgl Rn 23) Pflichten des Experten in Rede, sondern eine allgemeine – also nicht nur gegenüber dem Auftraggeber – bestehende Pflicht zur ordnungsgemäßen Auskunft bzw Gutachtenerstattung. Das auf eine mögliche Haftung des Experten anwendbare Recht wäre daher nicht nach Art. 12, sondern nach Art. 4 zu bestimmen.[97]

42 Soweit die Dritthaftung in den Anwendungsbereich des Art. 12 fällt (s. Rn 38 ff), sollte allerdings nicht nach Abs. 1 akzessorisch an das Vertragsstatut angeknüpft, sondern unmittelbar auf **Abs. 2** Rückgriff genommen werden. Maßgebend sind hier die kollisionsrechtlichen Interessen der Parteien: Eine (ausschließlich) vertragsakzessorische Anknüpfung nach Maßgabe des Abs. 1 ließe außer Acht, dass zwischen der geschädigten Vertragspartei und dem Dritten ein eigenständiges vorvertragliches Schuldverhältnis besteht, das von dem vorvertraglichen Schuldverhältnis zwischen den Verhandlungspartnern zu trennen ist.[98] Eine vertragsakzessorische Anknüpfung des außervertraglichen Schuldverhältnisses zwischen dem Dritten und dem auf dessen Auskunft vertrauenden (mit dem Dritten selbst jedoch nicht kontrahierenden) Vertragspartner kann, muss aber nicht interessengerecht sein.[99] Vorzugswürdig erscheint daher eine selbstständige Anknüpfung nach Maßgabe des Abs. 2; auch diese lässt im Einzelfall eine vertragsakzessorische Anknüpfung gem. Abs. 2 lit. c zu, erzwingt eine solche jedoch nicht (s. noch Rn 77).

43 **cc) Haftung für Dritte.** Von der Dritthaftung ist die Frage zu trennen, ob einer der Verhandlungspartner für die Verletzung vorvertraglicher Pflichten durch einen **Verhandlungsgehilfen** haften muss. Die Konstellation ist nicht von Art. 12 erfasst. Maßgeblich ist das nach Artt. 3 ff Rom I-VO zu bestimmende Vertragsstatut.[100]

---

91 BeckOK-BGB/*Spickhoff*, Art. 12 Rn 8; Hk-BGB/*Dörner*, Art. 12 Rn 5; Palandt/*Thorn*, Art. 12 Rn 5; PWW/*Schaub*, Art. 12 Rn 6; Rauscher/*Jakob/Picht*, EuZPR/EuIPR, Art. 12 Rn 56; *Pfeiffer/Weller/Nordmeier*, in: Spindler/Schuster, Recht der elektronischen Medien, Art. 12 Rom II Rn 5; *v. Hein*, RabelsZ 73 (2009), 461, 502; *Lüttringhaus*, RIW 2008, 193, 198; *Kurt*, Culpa in contrahendo im europäischen Kollisionsrecht der vertraglichen und außervertraglichen Schuldverhältnisse, S. 195 ff.

92 MüKo/*Spellenberg*, Art. 12 Rn 19; MüKo-HGB/*Ebke*, § 323 HGB Rn 212; vgl für die Fälle der Expertenhaftung auch *Schinkels*, JZ 2008, 272, 279, der für eine analoge Anwendung des Art. 12 Abs. 1 votiert und auf einen hypothetischen Vertrag unmittelbar zwischen Gutachter und Geschädigtem abstellen will.

93 MüKo/*Spellenberg*, Art. 12 Rn 19.

94 MüKo/*Spellenberg*, Art. 12 Rn 20; ähnlich *Kurt*, Culpa in contrahendo im europäischen Kollisionsrecht der vertraglichen und außervertraglichen Schuldverhältnisse, S. 233 f; ferner Huber/*Bach*, Rome II Regulation, Art. 12 Rn 17 (für Ansprüche aus Prospekthaftung).

95 Vgl *Mansel*, FS Schlosser, S. 545, 554.

96 Rauscher/*Jakob/Picht*, EuZPR/EuIPR, Art. 12 Rn 55.

97 Eine Anwendung des Art. 12 erwägt allerdings Palandt/*Thorn*, Art. 12 Rn 2.

98 Siehe dazu ausführlich *Mansel*, FS Schlosser, S. 545, 554 f (dort noch zum alten deutschen IPR); dem für die Anknüpfung nach Art. 12 folgend *Lüttringhaus*, RIW 2008, 193, 198.

99 *Mansel*, FS Schlosser, S. 545, 555.

100 BeckOK-BGB/*Spickhoff*, Art. 12 Rn 6; MüKo/*Spellenberg*, Art. 12 Rn 14.

f) Vertreter ohne Vertretungsmacht. Nicht nach Art. 12 anzuknüpfen ist auch die Haftung des Vertreters **44** ohne Vertretungsmacht (*falsus procurator*).[101] Zwar scheint auf den ersten Blick eine Gleichbehandlung mit den Fällen der Sachwalterhaftung, die nach hier vertretener Auffassung dem Art. 12 zu subsumieren sind (s. Rn 40), nahe zu liegen. Gegen eine Einbeziehung auch des *falsus procurator* in den Anwendungsbereich des Art. 12 spricht jedoch, dass die Anknüpfung der Haftung des Vertreters ohne Vertretungsmacht ursprünglich in der Rom I-VO erfolgen sollte.[102] Erst nachdem zahlreiche Delegationen gegen eine eigene Verweisungsnorm für „Vertreterverträge" votiert hatten,[103] war die betreffende Regelung ersatzlos gestrichen worden.[104] Nach Art. 1 Abs. 2 lit. g Rom I-VO ist die Frage, ob ein Vertreter die Person, für deren Rechnung er zu handeln vorgibt, Dritten gegenüber verpflichten kann etc. nunmehr vom Anwendungsbereich der Rom I-VO ausdrücklich ausgenommen. Die Anknüpfung der Vollmacht untersteht damit weiterhin den Regeln des **unvereinheitlichten** (bzw staatsvertraglichen)[105] **IPR der Mitgliedstaaten**.[106] Dies schließt auch die Haftung des *falsus procurator* ein.[107]

g) Verstoß gegen allgemeine Verkehrspflichten. Nicht anwendbar ist Art. 12, soweit ausschließlich die **45** Verletzung allgemeiner Verkehrspflichten in Rede steht (s. schon Rn 23). Bei diesen handelt es nicht um transaktionsbezogene Pflichten;[108] die Einhaltung von Verkehrspflichten ist vielmehr von jedermann geschuldet. Wird Schadensersatz wegen der Verletzung allgemeiner Verkehrspflichten reklamiert, richten sich die Voraussetzungen einer möglichen Haftung daher nach dem gem. Art. 4 ff bestimmten Deliktsstatut.[109] In Erwägungsgrund 30 S. 4 kommt dies allerdings nur unvollkommen zum Ausdruck. Genannt werden dort **Personenschäden**, die einer Person während der Vertragsverhandlungen zugefügt werden. Neben der Haftung für Personenschäden untersteht aber auch eine Haftung für **Sachschäden** wegen der Verletzung allgemeiner Verkehrspflichten dem Deliktsstatut.[110]

---

101 *Behnen*, IPRax 2011, 221, 225; MüKo/*Spellenberg*, Art. 12 Rn 23; *Dickinson*, Rome II Regulation, Rn 12.07, 12.10; Koziol/Bydlinski/Bollenberger/*Neumayr*, Art. 12 Rom II-VO Rn 1; aA Huber/*Bach*, Rome II Regulation, Art. 12 Rn 15; *Hartley*, I.C.L.Q. 57 (2008), 899, 907; vgl auch *Martiny*, in Reithmann/Martiny, Internationales Vertragsrecht, Rn 473 (Anknüpfung zwar nicht nach Art. 12 Abs. 1, wohl aber nach Art. 12 Abs. 2).

102 Siehe Art. 7 (Vertreterverträge) des Kommissionsvorschlags v. 15.12.2005, KOM(2005) 650 endg., und dazu *Spellenberg*, in: Ferrari/Leible (Hrsg.), Ein neues Internationales Vertragsrecht für Europa, 2007, S. 151 ff. Die Haftung des falsus procurator war in Art. 7 Abs. 4 (iVm Abs. 2) des Kommissionsvorschlags geregelt:
„1. [...]
2. Für das Verhältnis zwischen dem Vertretenen und dem Dritten, das dadurch entstanden ist, dass der Vertreter in Ausübung seiner Vertretungsmacht, über seine Vertretungsmacht hinaus oder ohne Vertretungsmacht gehandelt hat, ist das Recht am Ort des gewöhnlichen Aufenthalts des Vertreters zum Zeitpunkt seines Handelns maßgebend. Es gilt jedoch das Recht des Staates, in dem der Vertreter gehandelt hat, wenn entweder der Vertretene, in dessen Namen der Vertreter gehandelt hat, oder der Dritte seinen gewöhnlichen Aufenthalt in dem Staat hat, oder wenn der Vertreter dort an der Börse tätig war oder an einer Versteigerung teilgenommen hat.
3. [...]
4. Das nach Absatz 2 bestimmte Recht ist auch für das Verhältnis zwischen Vertreter und Drittem maßgebend, das dadurch entstanden ist, dass der Vertreter in Ausübung seiner Vertretungsmacht, über seine Vertretungsmacht hinaus oder ohne Vertretungsmacht gehandelt hat.".

103 So u.a. die deutsche Delegation, Council of the European Union, doc. 13035/06 ADD 12 (27.9.2006), S. 9 („Germany would like this provision deleted as it appears redundant"), die französische Delegation, Generel Secretariat of the Council, doc. 14708/06 (31.10.2006), S. 90 („The provision is all the more superfluous in that there does not appear to be any particular demand in this area"), die niederländische Delegation, doc. 14708/06 (31.10.2006), S. 91 („Like many other delegations we prefer deletion of this Article"). Eine Zusammenfassung sämtlicher Stellungnahmen zu Art. 7 des Kommissionsvorschlags v. 15.12.2005 findet sich in doc. 14708/06 (31.10.2006), S. 86 ff.

104 Siehe den vom finnischen Ratsvorsitz und vom künftigen deutschen Ratsvorsitz vorgelegten Verordnungsvorschlag, Council of the European Union, doc. 16353/06 (12.12.2006), S. 12.

105 Vgl das Haager Übereinkommen über das auf Vertreterverträge und die Stellvertretung anwendbare Recht v. 14.3.1978; das Übereinkommen ist bislang allerdings nur von Argentinien, Frankreich, den Niederlanden und Portugal ratifiziert worden (Stand: Februar 2013).

106 Staudinger/*Magnus*, Anhang II zu Art. 1 Rom I-VO Rn 9.

107 MüKo/*Spellenberg*, Art. 12 Rn 23; Staudinger/*Magnus*, Anhang II zu Art. 1 Rom I-VO Rn 59 ff.

108 Vgl auch *Thoma*, Revue hellénique de droit international 61 (2008) 669, 679; *Hage-Chahine*, Northwestern Journal of International Law & Business 32 (2012) 451, 493.

109 *Junker*, FS Stürner, S. 1031, 1051.

110 BeckOK-BGB/*Spickhoff*, Art. 12 Rn 3; Hk-BGB/*Dörner* Art. 12 Rn 2; Palandt/*Thorn*, Art. 12 Rn 2; PWW/*Schaub*, Art. 12 Rn 2; *Junker*, FS Stürner, S. 1031, 1051.

II. Anknüpfung

46 **1. Rechtswahl (Art. 14).** Die Parteien können nach Maßgabe des Art. 14 (s. dazu die dortige Kommentierung) das auf Ansprüche aus Verschulden bei Vertragsverhandlungen anzuwendende Recht wählen.[111] Eine wirksame Rechtswahl **geht der Anknüpfung nach Art. 12 vor**.[112]

47 Verdrängt wird Art. 12 allerdings nur, sofern die fragliche (und nach Maßgabe des Art. 14 wirksame) Rechtswahl auch das außervertragliche Schuldverhältnis der *culpa in contrahendo* einbezieht.[113] Richtet sich der Rechtswahlwille der Parteien (der ggf im Wege der Auslegung zu ermitteln ist) lediglich auf das Statut des intendierten oder geschlossenen Vertrages (vgl Art. 3 Rom I–VO), bestimmt sich die Anknüpfung des Verschuldens bei Vertragsverhandlungen allein nach den Vorgaben des Art. 12. Der Rechtswahl kommt zwar auch in diesem Fall Bedeutung zu; allerdings gilt dies nur über die Verweisung in Abs. 1, der auf das (hypothetische) Vertragsstatut Bezug nimmt (s. dazu auch Rn 49 ff).

48 Zur Zulässigkeit einer **Teilrechtswahl** s. Art. 14 Rn 31.

49 **2. "Vertragsakzessorische" Anknüpfung (Abs. 1). a) (Hypothetisches) Vertragsstatut.** Fehlt es an einer wirksamen Rechtswahl gem. Art. 14, unterstehen außervertragliche Schuldverhältnisse aus Verhandlungen vor Abschluss eines Vertrages, unabhängig davon, ob der intendierte Vertrag tatsächlich geschlossen wurde, primär dem Recht, das auf den Vertrag anzuwenden ist oder anzuwenden wäre, hätten die Parteien den Vertrag wie ursprünglich beabsichtigt geschlossen (Abs. 1). Maßgeblich ist somit das **(hypothetische) Vertragsstatut**. Dieses bestimmt sich im sachlichen Anwendungsbereich der Rom I–VO für Verträge, die ab dem 17.12.2009 geschlossen werden (s. Art. 28 Rom I–VO), nach den Vorgaben der Art. 3 ff Rom I–VO; zuvor war auf die Regelungen des EVÜ bzw die auf dem EVÜ beruhenden Art. 27 ff EGBGB aF abzustellen.

Einen Sonderfall stellt die Anwendbarkeit **materiellen Einheitsrechts** dar. Untersteht der (prospektive) Vertrag einer einheitsrechtlichen Konvention (zB dem UN-Kaufrecht [CISG][114]),[115] ist zunächst zu entscheiden, ob bzw inwieweit das betreffende Übereinkommen auch die Haftung wegen Verschuldens bei Vertragsverhandlungen behandelt und damit einen Rückgriff auf unvereinheitlichtes Sachrecht ausschließt.[116] Regelt die einheitsrechtliche Konvention auch eine mögliche Haftung aus *culpa in contrahendo* umfassend, so dass für die Anwendung autonomen Sachrechts kein Raum bleibt, ist die Prüfung des anwendbaren Rechts damit abgeschlossen. Lässt die einheitsrechtliche Konvention dagegen Raum für eine auf unvereinheitlichtes nationales Recht gestützte Haftung aus *culpa in contrahendo*, ist im nächsten Schritt zu klären, nach welchen Grundsätzen dieses Recht zu bestimmen ist.[117] Richtet sich die Anknüpfung der *culpa in contrahendo* nach den Regeln des forumstaatlichen Kollisionsrechts, findet bei mitgliedstaatlichem Forum (mit Ausnahme Dänemarks) Art. 12 Anwendung. Die in Abs. 1 statuierte vertragsakzessorische Anknüpfung ist in diesem Fall allerdings nicht als (im Ergebnis sinnlose) Verweisung auf das vereinheitlichte Sachrecht zu begreifen, sondern ungeachtet des Wortlauts („Recht […], das auf den Vertrag anzuwenden ist") als Verweisung auf Artt. 3 ff Rom I–VO.[118]

50 **aa) Bestimmung des Vertragsstatuts.** Haben die Parteien des außervertraglichen Rechtsverhältnisses aus Verhandlungen vor Abschluss eines Vertrages den intendierten **Vertrag geschlossen**, befindet das Vertragsstatut (*lex contractus*) über etwaige Ansprüche aus Verschulden bei Vertragsschluss. Dies gilt unabhängig davon, ob eine wirksame Rechtswahl nach Art. 3 Rom I–VO vorliegt (s. dazu auch Rn 52 ff) oder das anzuwendende Recht im Wege objektiver Anknüpfung nach Artt. 4 ff Rom I–VO zu ermitteln ist.

---

111 Rauscher/*Jakob/Picht*, EuZPR/EuIPR, Art. 12 Rn 38 f; *Ibili*, Groene Serie Onrechtmatige daad, artikel 12 Anm. 3.1; *Hage-Chahine*, Northwestern Journal of International Law & Business 32 (2012) 451, 497.

112 BeckOK-BGB/*Spickhoff*, Art. 12 Rn 7; Calliess/*Schinkels*, Art. 12 Rn 19; Huber/*Bach*, Rome II Regulation, Art. 12 Rn 27 Fn 22; *Junker*, FS Stürner, S. 1031, 1048.

113 Palandt/*Thorn*, Art. 12 Rn 5; PWW/*Schaub*, Art. 12 Rn 4; *Junker*, FS Stürner, S. 1031, 1048.

114 Übereinkommen der Vereinten Nationen über Verträge über den internationalen Warenkauf v. 11.4.1980, BGBl. 1989 II S. 586, ber. 1990 S. 1699.

115 Zu dem Verhältnis der Rom I–VO zu materiellrechtlichen Übereinkommen s. vorn Art. 25 Rom I Rn 7; ferner *Nehne*, Methodik und allgemeine Lehren des europäischen Internationalen Privatrechts, 2012, S. 118 f, der aus Art. 1 Abs. 1 S. 1 Rom I–VO folgert, dass der Anwendungsbereich der Verordnung nicht eröffnet ist, wenn international vereinheitlichtes Sachrecht zum Tragen kommt.

116 Vgl in Bezug auf das UN-Kaufrecht die Darstellung des Meinungsstands bei Staudinger/*Magnus*, Art. 4 CISG Rn 42 f; Soergel/*Lüderitz/Fenge*, Art. 4 CISG Rn 12, jeweils mwN.

117 Zum UN-Kaufrecht s. die Darstellung des Streitstands bei Staudinger/*Magnus*, Art. 7 CISG Rn 58 ff.

118 *Ibili*, Groene Serie Onrechtmatige daad, artikel 12 Anm. 3.4 (im Hinblick auf das UN-Kaufrecht); vgl auch *Nehne*, Methodik und allgemeine Lehren des europäischen Internationalen Privatrechts, 2012, S. 290 f (stillschweigende Verweisung auf eine andere Anknüpfungsregel).

Die Verweisung in Abs. 1 bezieht auch die Sonderregelungen in Artt. 5 ff Rom I-VO ein.[119] Ansprüche aus Verschulden bei Verhandlungen vor Abschluss eines **Verbrauchervertrags** iSd Art. 6 Rom I-VO unterstehen folglich dem im Wege der Sonderanknüpfung berufenen Recht;[120] Entsprechendes gilt im Hinblick auf **Individualarbeitsverträge** iSd Art. 8 Rom I-VO.[121] 51

Kommt eine (vorrangig zu beachtende) **Rechtswahlvereinbarung** in Betracht, richten sich deren Zustandekommen und Wirksamkeit nach den Vorgaben des Art. 3 Rom I-VO (vgl hierzu die dortige Kommentierung). Ist danach eine wirksame Rechtswahl erfolgt, unterstehen gem. Abs. 1 auch eventuelle Ansprüche aus Verschulden vor Vertragsschluss dem gewählten Vertragsstatut.[122] Eine zusätzliche Prüfung der in Art. 14 statuierten Voraussetzungen ist nicht durchzuführen.[123] 52

Sind der Rechtswahl im Einzelfall nach Maßgabe des Art. 3 Abs. 3 und 4 Rom I-VO Grenzen gesetzt, wirkt sich dies ebenfalls auf die Ansprüche aus *culpa in contrahendo* aus.[124] Das nach Abs. 1 anzuwendende Recht stimmt auch insofern mit dem Vertragsstatut überein: Eine Rechtswahlvereinbarung, die die Parteien im Hinblick auf den Vertrag nicht wirksam treffen können, muss auch iRd Abs. 1 unberücksichtigt bleiben; andernfalls würde nicht nur der mit der akzessorischen Anknüpfung nach Abs. 1 angestrebte materielle Gleichklang durchbrochen, sondern vor allem auch der Schutzzweck der Art. 3 Abs. 3 und 4 Rom I-VO unterlaufen.[125] 53

Entsprechendes gilt in Bezug auf die **Rechtswahlbeschränkungen** bei Verbraucherverträgen (Art. 6 Abs. 2 S. 2 Rom I-VO) und Individualarbeitsverträgen (Art. 8 Abs. 1 S. 2 Rom I-VO).[126] Auch hier geht die Anknüpfung nach Art. 12 Abs. 1 nicht weiter als jene nach Artt. 6 oder 8 Rom I-VO. Wollen die Parteien die Rechtsfolgen des Art. 6 Abs. 2 S. 2 Rom I-VO bzw des Art. 8 Abs. 1 S. 2 Rom I-VO in Bezug auf die Anknüpfung der *culpa in contrahendo* vermeiden, bleibt ihnen nur eine (nachträgliche) Rechtswahl nach Maßgabe des Art. 14. Diese ginge dann der vertragsakzessorischen Anknüpfung nach Art. 12 Abs. 1 iVm Artt. 6 oder 8 Rom I-VO vor (s. Rn 46); die Rechtswahlbeschränkungen der Art. 6 Abs. 2 S. 2 und Art. 8 Abs. 1 S. 2 Rom I-VO blieben folglich unbeachtet.[127] 54

bb) Bestimmung des hypothetischen Vertragsstatuts. (1) Abbruch von Vertragsverhandlungen. Fehlt es infolge Abbruchs der Vertragsverhandlungen an einem Vertragsschluss der Parteien, ist nach Abs. 1 das Recht zu ermitteln, das auf den Vertrag anzuwenden wäre, wenn er wie intendiert geschlossen worden wäre (hypothetisches Vertragsstatut). Dabei ist einer (prospektiven) Rechtswahl iSd Art. 3 Rom I-VO auch hier der Vorrang einzuräumen vor einer objektiven Anknüpfung gem. Artt. 4 ff Rom I-VO. 55

Hatten die Parteien bei Abbruch der Vertragsverhandlungen bereits eine nach Maßgabe des Art. 3 Rom I-VO wirksame, auf den intendierten Vertrag bezogene **Rechtswahlvereinbarung** getroffen, so entscheidet das gewählte Recht gem. Abs. 1 auch über etwaige Ansprüche aus *culpa in contrahendo* (zu den Voraussetzungen einer wirksamen Rechtswahl iSd Art. 3 Rom I-VO s. die dortige Kommentierung).[128] Entscheidend ist, dass der Vertrag nach dem Stand der Verhandlungen zum Zeitpunkt ihres Abbruchs dem gewählten Recht unterliegen sollte. Dass die Parteien bei ungestörtem Fortgang der Verhandlungen theoretisch auch eine neue, abweichende Rechtswahl hätten vornehmen können, ist für die Anknüpfung nach Abs. 1 ohne Bedeutung.[129] Soweit eine Haftung wegen grundlosen Abbruchs von Vertragsverhandlungen in Rede steht, können und müssen sich die Parteien nur auf solche transaktionsbezogenen Pflichten einstellen, die nach dem zu diesem Zeitpunkt voraussichtlich maßgeblichen Vertragsstatut begründet sind. 56

Ist es bis zum Abbruch der Verhandlungen weder zu einer ausdrücklichen noch zu einer konkludenten Wahl des Vertragsstatuts gekommen, muss das Gericht entscheiden, ob die Parteien eine Rechtswahlvereinbarung noch getroffen hätten. Von Spekulationen ist hier abzusehen.[130] Die Annahme einer **prospektiven Rechtswahl** setzt voraus, dass entweder ein entsprechender (auf die Zukunft gerichteter) Wille bereits ausdrücklich erklärt wurde[131] oder aber jedenfalls eindeutig aus den Umständen des Falles zu folgern ist (vgl Art. 3 Abs. 1 S. 2 Rom I-VO).[132] In Betracht zu ziehen ist eine prospektive Rechtswahl etwa in Fällen, in denen 57

---

119 Huber/*Bach*, Rome II Regulation, Art. 12 Rn 29; Erman/*Hohloch*, Art. 12 Rn 7; *Thoma*, Revue hellénique de droit international 61 (2008) 669, 682.
120 Vgl *Engert/Groh*, IPRax 2011, 458, 468.
121 PWW/*Schaub*, Art. 12 Rn 5; *Volders*, Yb. P.I.L. 9 (2007) 127, 133; *Junker*, FS Stürner, S. 1031, 1049.
122 Zu dem Sonderfall der Teilrechtswahl gem. Art. 3 Abs. 1 S. 3 Rom I-VO s. *Hage-Chahine*, Northwestern Journal of International Law & Business 32 (2012) 451, 501.
123 Huber/*Bach*, Rome II Regulation, Art. 12 Rn 27.
124 Huber/*Bach*, Rome II Regulation, Art. 12 Rn 27.
125 Vgl auch KOM(2003) 427 endg., S. 14; *Beig*, in: Beig/Graf-Schimek/Grubinger/Schacherreiter, Rom II-VO, 2008, S. 47 (zum Schutzumfang von Art. 4 Abs. 3).
126 *Dickinson*, Rome II Regulation, Rn 12.20B.
127 BeckOK-BGB/*Spickhoff*, Art. 12 Rn 7.
128 Huber/*Bach*, Rome II Regulation, Art. 12 Rn 28; Erman/*Hohloch*, Art. 12 Rn 7.
129 Anders wohl Rauscher/*Jakob/Picht*, EuZPR/EuIPR, Art. 12 Rn 23.
130 Vgl auch Palandt/*Thorn*, Art. 12 Rn 5 („große Zurückhaltung").
131 Vgl *Plender/Wilderspin*, The European Private International Law of Obligations, Rn 26-020.
132 Erman/*Hohloch*, Art. 12 Rn 7.

die Parteien in ständiger Geschäftsbeziehung stehen und in ihre Verträge stets die gleiche Rechtswahlklausel aufgenommen haben.[133] Denkbar sind auch Konstellationen, in denen die Vertragsverhandlungen bereits so weit gediehen waren, dass ein Vertragsentwurf samt Rechtswahlklausel vorlag.[134]

58 Die **Beweislast** für das Vorliegen von Umständen, die auf eine (hypothetische) Wahl des Vertragsstatuts hindeuten, trägt die Partei, die sich auf die (intendierte) Rechtswahl beruft.

59 Haben die Parteien keine (wirksame) Rechtswahl getroffen und fehlen auch verwertbare Hinweise auf eine hypothetische Rechtswahl, so ist das hypothetische Vertragsstatut nach Maßgabe der Artt. 4 ff Rom I-VO **objektiv zu bestimmen**.[135] Dies gilt auch in den (eher theoretischen) Fällen, in denen die Parteien eine Rechtswahl zwar treffen wollten, bis zum Abbruch der Verhandlungen aber offen geblieben ist, welcher Art diese sein sollte.[136]

60 **(2) Verschulden von Vertragsnichtigkeit.** Haben die Parteien den intendierten Vertrag zwar geschlossen, ist dieser jedoch unwirksam (vgl dazu Rn 30), unterstehen etwaige Ansprüche aus *culpa in contrahendo* gem. Abs. 1 primär dem Recht, das die Parteien gem. Art. 3 Rom I-VO als Vertragsstatut gewählt haben (s. dazu Rn 52 ff). Fehlt es an einer Rechtswahlvereinbarung oder ist die Rechtswahlvereinbarung ebenfalls unwirksam,[137] richtet sich das anwendbare Recht nach den Vorgaben der Artt. 4 ff Rom I-VO (s. dazu Rn 50 f).

61 **b) Vorbehalt des Abs. 2 lit. c.** Die vertragsakzessorische Anknüpfung steht nicht unter dem Vorbehalt einer engeren Verbindung des außervertraglichen Schuldverhältnisses mit einem anderen Staat als dem, dessen Recht gem. Abs. 1 zur Anwendung berufen ist. Anders als in Art. 10 und Art. 11 **fehlt** in Art. 12 eine allgemeine, alle Anknüpfungsalternativen der Norm umfassende **Ausweichklausel**. Zwar ist in Abs. 2 lit. c eine den Ausweichklauseln in Art. 10 Abs. 4 und Art. 11 Abs. 4 ähnliche Vorschrift aufgenommen worden, diese bezieht sich ihrem Wortlaut nach jedoch ausschließlich auf die Anknüpfungen nach Abs. 2 lit. a und b; sie findet folglich nur Anwendung, wenn das auf die *culpa in contrahendo* anzuwendende Recht nicht nach Abs. 1 bestimmt werden kann, sondern (ausnahmsweise) nach Maßgabe des Abs. 2 zu ermitteln ist (vgl dazu Rn 64 ff). Eine Korrektur des nach Abs. 1 erzielten Ergebnisses ist nicht vorgesehen.

62 Ein Teil des Schrifttums sieht in der Beschränkung des Anwendungsbereichs des Abs. 2 lit. c allerdings ein Redaktionsversehen.[138] Man habe, so die Begründung, offensichtlich die Struktur der Artt. 10 und 11 übernehmen wollen. Dabei sei die als allgemeine Ausweichklausel gedachte Regelung des Abs. 2 lit. c versehentlich nicht in einen eigenen Absatz aufgenommen worden. Richtigerweise müsse die Norm als Abs. 3 des Art. 12 gelesen werden.[139]

63 Diese Lesart erscheint jedoch nicht zwingend. Bedenken gegen die Anwendung der Ausweichklausel des Abs. 2 lit. c auf die Anknüpfung nach Abs. 1 bestehen bereits im Hinblick auf den klaren Wortlaut der Norm.[140] Abs. 2 lit. c bezieht sich ausdrücklich nur auf die Anknüpfungen nach Abs. 2 lit. a und b. Dass es sich hierbei um ein Redaktionsversehen handelt, erscheint unwahrscheinlich. Die vertragsakzessorische Anknüpfung nach Abs. 1 beruht auf einem relativ frühen Regelungsvorschlag der spanischen und schwedischen Delegation (vgl oben Rn 10). Der schwedisch/spanische Vorschlag sah eine Ausweichklausel jedoch ebenso wenig vor wie der auf seiner Grundlage vom britischen und vom künftigen österreichischen Ratsvorsitz erstellte Text eines Verordnungsvorschlags (s. oben Rn 7). Abs. 2 fand erst spät Eingang in die Vorschläge einer Rom II-VO. Die Regelung beruht auf einem eigenständigen Kodifikationsvorschlag, der die

---

133 Palandt/*Thorn*, Art. 12 Rn 5; Erman/*Hohloch*, Art. 12 Rn 7.
134 Calliess/*Schinkels*, Art. 12 Rn 24.
135 Huber/*Bach*, Rome II Regulation, Art. 12 Rn 29; Erman/*Hohloch*, Art. 12 Rn 7.
136 Auf diese Konstellation weisen *Heiss/Loacker*, JBl 2007, 613, 640 f, hin. Die von *Heiss/Loacker* erwogene Ersatzanknüpfung nach Art. 12 Abs. 2 ist allerdings abzulehnen, soweit eine Anknüpfung nach Art. 12 Abs. 1 iVm Art. 4 ff Rom I-VO möglich ist. Der Anknüpfung nach Abs. 1 kommt nach dem klaren Wortlaut des Abs. 2 („kann das anzuwendende Recht nicht nach Absatz 1 bestimmt werden") Vorrang zu vor der an Art. 4 angelehnten Anknüpfung nach Abs. 2; s. dazu auch *Plender/Wildersprin*, The European Private International Law of Obligations, Rn 26-018, 26-020.
137 Vgl *Dickinson*, Rome II Regulation, Rn 12.18 f; *Hage-Chahine*, Northwestern Journal of International Law & Business 32 (2012) 451, 501.
138 MüKo/*Spellenberg*, Art. 12 Rn 33 f.
139 Erman/*Hohloch*, Art. 12 Rn 1, 10.
140 *Plender/Wildersprin*, The European Private International Law of Obligations, Rn 26-018 (Fn 37); *Hage-Chahine*, Northwestern Journal of International Law & Business 32 (2012) 451, 529.

culpa in contrahendo einer an Art. 4 angelehnten Anknüpfungsleiter unterstellen wollte (vgl oben Rn 10).[141] Die Zusammenfügung beider an sich völlig unterschiedlicher Vorschläge in Abs. 1 einerseits und in Abs. 2 andererseits war eine Kompromisslösung.[142] Ein Redaktionsversehen im Hinblick auf die Einfügung der Ausweichklausel des Abs. 2 lit. c ist dabei nicht zu erkennen. Vielmehr sollte die vertragsakzessorische Anknüpfung nach Abs. 1 von vornherein nicht unter dem möglichen Vorbehalt einer abweichenden engeren Verbindung stehen. Eine Ausweitung des Anwendungsbereichs der Ausweichklausel in Abs. 2 lit. c auf die von Abs. 1 erfassten Fallgestaltungen war daher – soweit ersichtlich – zu keinem Zeitpunkt intendiert; *de lege lata* wird sie abzulehnen sein.[143]

3. Ersatzanknüpfung (Abs. 2). a) Anwendungsbereich.
Kann das anzuwendende Recht nicht nach Abs. 1 bestimmt werden, so befindet über das außervertragliche Schuldverhältnis aus Verhandlungen vor Abschluss eines Vertrags das nach Abs. 2 berufene Recht. Welche Fallgestaltungen von Abs. 2 erfasst sein sollen, wird dabei allerdings nicht recht deutlich. Nach der hier vertretenen Auffassung hat eine Anknüpfung gem. Abs. 2 jedenfalls in den Fällen der **Dritthaftung** aufgrund eines vorvertraglichen Schuldverhältnisses zu erfolgen (s. oben Rn 40 ff). Im Hinblick auf die Parteien des angestrebten Vertrags selbst dürfte die Norm dagegen nur von geringer Bedeutung sein: Ist der intendierte Vertrag geschlossen worden, lässt sich das Vertragsstatut stets bestimmen.[144] Die Anknüpfung der *culpa in contrahendo* kann also über Abs. 1 erfolgen (s. Rn 50 ff); der Ersatzanknüpfung über Abs. 2 bedarf es nicht. Aber auch in den Fällen, in denen die Verhandlungen abgebrochen wurden (vgl Rn 25), wird sich das hypothetische Vertragsstatut in der Regel zumindest nach Maßgabe der Artt. 4 bis 8 Rom I-VO ermitteln lassen (vgl Rn 55 ff). 64

Im Schrifttum wird erwogen, Abs. 2 in den Konstellationen zur Anwendung zu bringen, in denen die Parteien zwar übereingekommen sind, eine Rechtswahl zu treffen, jedoch im Zeitpunkt des Abbruchs der Vertragsverhandlungen noch **unklar** war, **welches Recht gewählt** werden sollte.[145] Denkbar sein soll ein Rückgriff auf Abs. 2 auch dann, wenn die **Vertragsverhandlungen** bereits in einem so **frühen Stadium beendet** wurden, dass eine Anknüpfung nach Artt. 4 ff Rom I-VO nicht möglich ist.[146] Beispielhaft genannt werden Verträge zwischen mehr als zwei Personen,[147] aber auch solche über komplexe Materien.[148] Hingewiesen wird zudem auf Fälle, in denen der Erbringer der charakteristischen Leistung (vgl Art. 4 Abs. 2 Rom I-VO) seinen **gewöhnlichen Aufenthalt gewechselt** hat und nicht ermittelbar ist, ob der Vertrag vor oder nach dem Umzug geschlossen worden wäre.[149] 65

Im Ergebnis wird aber auch in diesen Fällen eine Anwendung des Abs. 2 kaum einmal relevant werden. Ist noch keine Vereinbarung über das anzuwendende Recht zustande gekommen, lässt sich das hypothetische Vertragsstatut in der Regel nach Maßgabe der Artt. 4 ff Rom I-VO bestimmen (s. Rn 59).[150] Konstellationen, in denen die Verhandlungen in einem so frühen Stadium abgebrochen wurden, dass eine Anknüpfung nach Artt. 4 ff Rom I-VO nicht möglich ist, dürften dagegen eher die Ausnahme sein. Hier stellt sich im Übrigen die Frage, ob in einem derartig frühen Verhandlungsstadium überhaupt schon transaktionsspezifi- 66

---

141 Siehe Council of the European Union, doc. 7432/06 (16.3.2006), S. 11; Art. 9 C – Culpa in contrahendo (Option 2):
1. The law applicable to a non-contractual obligation arising out of dealings prior to the conclusion of a contract shall be the law of the country in which the damage occurs, irrespective of the country in which the event giving rise to the damage occurred and irrespective of the country or countries in which the indirect consequences of that event occurred.
2. However, where the parties have their habitual residence in the same country at the time when the event giving rise to the damage occurs, the applicable law (…) shall be the law of that country.
3. Where it is clear from all the circumstances of the case that the non-contractual obligation arising out of dealings prior to the conclusion of a contract, is manifestly more closely connected with another country than that indicated in paragraphs 1 and 2, the law of that other country shall apply.
142 Vgl *Mankowski*, RIW 2009, 98, 114.
143 Siehe auch Palandt/*Thorn*, Art. 12 Rn 5 aE; *Plender/Wilderspin*, The European Private International Law of Obligations, Rn 26-018; *Tubeuf*, Revue de droit commercial belge 2008, 535, 547; *Ibili*, Groene Serie Onrechtmatige daad, artikel 12 Anm. 3.3.
144 So zu Recht Huber/*Bach*, Rome II Regulation, Art. 12 Rn 30; *Pfeiffer/Weller/Nordmeier*, in: Spindler/Schuster, Recht der elektronischen Medien, Art. 12 Rom II Rn 5; *Heiss/Loacker*, JBl 2007, 613, 640; *Wagner*, IPRax 2008, 1, 12.
145 *Heiss/Loacker*, JBl 2007, 613, 640 f; Beig/Graf-Schimek/Grubinger/Schacherreiter/*Beig*, Rom II-VO, S. 48.
146 Huber/*Bach*, Rome II Regulation, Art. 12 Rn 30; Rauscher/*Jakob/Picht*, EuZPR/EuIPR, Art. 12 Rn 27; Leible/Lehmann, RIW 2007, 721, 733; *Garcimartín Alférez*, EuLF 2007, I-77, I-89; vgl auch *Volders*, Yb. P.I.L. 9 (2007) 127, 134; *ders.*, Afgebroken contractonderhandelingen in het internationaal privaatrecht, S. 340 (Rn 647).
147 *Plender/Wilderspin*, The European Private International Law of Obligations, Rn 26-019; Huber/*Bach*, Rome II Regulation, Art. 12 Rn 30.
148 *Plender/Wilderspin*, The European Private International Law of Obligations, Rn 26-019 (zB joint ventures); Erman/*Hohloch*, Art. 12 Rn 8; Huber/*Bach*, Rome II Regulation, Art. 12 Rn 30; *Rushworth/Scott*, LMCLQ 2008, 274, 291.
149 Huber/*Bach*, Rome II Regulation, Art. 12 Rn 30.
150 *Junker*, FS Stürner, S. 1031, 1050.

sche Pflichten bestehen können.[151] Auch ein Wechsel des gewöhnlichen Aufenthalts nach dem Abbruch der Verhandlungen hindert eine Anknüpfung nach Abs. 1 in der Regel nicht. Maßgeblich ist in diesem Fall das Recht, das nach dem Stand der Verhandlungen zum Zeitpunkt ihres Abbruchs voraussichtlich auf den Vertrag anzuwenden gewesen wäre. Die Parteien können und müssen sich nur auf solche vorvertraglichen Pflichten einstellen, die in der jeweiligen Verhandlungssituation aufgrund des zu diesem Zeitpunkt berufenen Rechts begründet sind (vgl auch Rn 56). Soweit es an einer (prospektiven) Rechtswahlvereinbarung fehlt, ist gem. Abs. 1 primär nach Artt. 4 ff Rom I-VO anzuknüpfen. Kommt es dabei auf den gewöhnlichen Aufenthalt eines der Verhandlungspartner an, ist zu ermitteln, wo dieser aus einer Sicht *ex ante* im Zeitpunkt des intendierten Vertragsschlusses (vgl Art. 19 Abs. 3 Rom I-VO) voraussichtlich zu lokalisieren gewesen wäre. Einem späteren Aufenthaltswechsel kommt danach jedenfalls dann keine Bedeutung zu, wenn dieser im Zeitpunkt des Abbruchs der Vertragsverhandlungen noch nicht absehbar war.

67 **b) Anknüpfungssystem des Abs. 2.** Nach Abs. 2 ist das anzuwendende Recht das Recht des Staates, a) in dem der Schaden eingetreten ist, oder b) in dem die Parteien zum Zeitpunkt des Eintritts des schadensbegründenden Ereignisses gemeinsam ihren gewöhnlichen Aufenthalt hatten, oder c) mit dem das außervertragliche Schuldverhältnis eine offensichtlich engere Verbindung aufweist als mit dem in lit. a oder b bezeichneten Staat. Die Anknüpfungspunkte entsprechen grundsätzlich denjenigen in Art. 4. Während die Anknüpfung in Art. 4 allerdings eindeutig in Form einer „Anknüpfungsleiter" konzipiert ist (vgl Art. 4 Rn 3 ff), scheint der Wortlaut des Abs. 2 eine alternative Anknüpfung nahe zu legen: Sowohl in der deutschen als auch in anderen Sprachfassungen sind die Anknüpfungsregeln in Abs. 2 lit. a bis c durch ein „oder" verbunden.[152]

68 Teile des Schrifttums folgern aus dem Satzbau des Abs. 2 sowie einem Vergleich mit der Normstruktur der Artt. 4, 10 und 11, dass die Anknüpfungen in Abs. 2 (anders als in Artt. 4, 10 Abs. 2–4 und Art. 11 Abs. 2–4) nicht in einem Stufenverhältnis stehen, sondern als grundsätzlich **gleichrangige Alternativen** zu begreifen sind.[153] Die wohl überwiegende Auffassung in der Literatur geht dagegen von einem Redaktionsversehen aus und stellt die Anknüpfungen des Abs. 2 in dasselbe **Rangverhältnis**, das für die Anknüpfung nach Art. 4 vorgegeben ist.[154] Primärer Anknüpfungspunkt soll danach der gemeinsame gewöhnliche Aufenthalt der Parteien zum Zeitpunkt des Eintritts des schadensbegründenden Ereignisses sein (Abs. 2 lit. b); nur wenn die Voraussetzungen des Abs. 2 lit. b nicht vorliegen, sei auf den Ort des Schadenseintritts abzustellen. Das nach Abs. 2 lit. a oder lit. b bestimmte Recht werde schließlich nach lit. c verdrängt, wenn sich aus der Gesamtheit der Umstände ergebe, dass eine offensichtlich engere Verbindung mit dem Recht eines anderen Staates bestehe.

69 Die überzeugenderen Argumente sprechen letztlich für die Annahme einer **Anknüpfungsleiter**. So lässt schon der Wortlaut des Abs. 2 Zweifel an der These gleichrangiger Anknüpfungsalternativen aufkommen, wenn man nicht nur die Disjunktion „oder" in Blick nimmt, sondern die Betonung stärker auf das sich in lit. b und c jeweils anschließende „wenn [...], das Recht dieses Staates" legt. Die Norm könnte danach auch wie folgt gelesen werden: Das anzuwendende Recht *ist* das von lit. a bezeichnete Recht, oder, *wenn* die Voraussetzungen von lit. b erfüllt sind, das Recht *dieses* Staates, oder, *wenn* die Voraussetzungen von lit. c erfüllt sind, das Recht *dieses* Staates. Der einleitende Satzteil „so ist das anzuwendende Recht [...]" stimmt im Übrigen mit der einleitenden Formulierung des Art. 5 überein, der unstreitig eine Anknüpfungsleiter vorsieht; in Art. 18, in den eine alternative Anknüpfung aufgenommen wurde, findet sich dagegen die Formulierung: „Der Geschädigte *kann* seinen Anspruch [...]".

---

151 Vgl *Volders*, Yb. P.I.L. 9 (2007) 127, 134; *ders.*, Afgebroken contractonderhandelingen in het internationaal privaatrecht, S. 340 (Rn 647).
152 Siehe etwa die englische („or"), die französische („ou"), die niederländische („of"), die polnische („lub"), die portugiesische („ou") oder die spanische („o") Sprachfassung.
153 *Rauscher/Jakob/Picht*, EuZPR/EuIPR, Art. 12 Rn 30 ff („Verhältnis der Alternativität"); *Kozyris*, 56 Am. J. Comp. L. 471, 496 („three choices apparently of equal weight"); *Hage-Chahine*, Northwestern Journal of International Law & Business 32 (2012) 451, 530 („the three rules apply alternatively"); *Lüttringhaus*, RIW 2008, 193, 198 f („alternative Anknüpfungen"), unter Hinweis auch auf andere Sprachfassungen sowie die abweichende Terminologie in Art. 5 lit. a und b; ferner *Volders*, Afgebroken contractonderhandelingen in het internationaal privaatrecht, S. 340 (Rn 648), der Art. 12 Abs. 2 lit. a und b als gleichrangige Anknüpfungsalternativen betrachtet, zwischen denen der Richter frei wählen kann.
154 BeckOK-BGB/*Spickhoff*, Art. 12 Rn 9; Calliess/ Schinkels, Art. 12 Rn 20 f; Huber/*Bach*, Rome II Regulation, Art. 12 Rn 31; Hk-BGB/*Dörner*, Art. 12 Rn 5; Palandt/*Thorn*, Art. 12 Rn 4; PWW/*Schaub*, Art. 12 Rn 3; *Junker*, FS Stürner, S. 1031, 1049; *Garcimartin Alférez*, EuLF 2007, I-77, I-89; *v. Hein*, RabelsZ 73 (2009), 461, 501; *Heiss/Loacker*, JBl 2007, 613, 641; *Wagner*, IPRax 2008, 1, 12; *Ofner*, ZfRV 2008, 13, 21; *Kurt*, Culpa in contrahendo im europäischen Kollisionsrecht der vertraglichen und außervertraglichen Schuldverhältnisse, S. 56; Koziol/Bydlinski/Bollenberger/*Neumayr*, Art. 12 Rom II-VO Rn 3; *Arenas Garcia*, InDret 4/2008, 18 f; ferner Erman/*Hohloch*, Art. 12 Rn 1, der allerdings Abs. 2 lit. c als Ausweichklausel auch im Verhältnis zu Art. 12 Abs. 1 begreift (s. dazu oben Rn 61 ff).

Neben das vorstehende Wortlautargument, demzufolge die Annahme eines Stufenverhältnisses zumindest 70
nicht ausgeschlossen ist, tritt ein sachliches Argument: Alternativanknüpfungen sind in der Regel dort vorgesehen, wo die Erreichung eines sachrechtlich gewünschten Zieles gefördert werden soll (Günstigkeitsprinzip).[155] So dient die alternative Anknüpfung nach Art. 18 (Direktklage gegen den Versicherer des Haftenden) etwa der schnellen Entschädigung des Opfers (vgl Art. 18 Rn 4). In Art. 4 ist dem Günstigkeitsprinzip dagegen bewusst eine Absage erteilt worden.[156] Die Regelung verzichtet auf eine (grundsätzlich denkbare) alternative Anknüpfung an den Handlungs- und Erfolgsort und räumt dem Geschädigten (anders als etwa Art. 40 Abs. 1 EGBGB) auch kein entsprechendes Bestimmungsrecht ein. Nach Art. 4 Abs. 1 ist allein das Recht des Staates berufen, in dem der Schaden eintritt, und auch dies nur, wenn nicht die vorrangig zu prüfenden Voraussetzung von Art. 4 Abs. 2 vorliegen. Vor diesem Hintergrund erscheint es fernliegend, dass der Verordnungsgeber in Art. 12 Abs. 2, der ersichtlich an die Regelung in Art. 4 angelehnt ist, eine den Geschädigten begünstigende Alternativanknüpfung aufnehmen wollte, und das auch noch zwischen Anknüpfungen, die in Art. 4 nur in einem Stufenverhältnis stehen.[157]

Gegen die Annahme einer alternativen Anknüpfung spricht schließlich auch die Normgeschichte. Der Kodifikationsvorschlag, auf dem die Regelung des Abs. 2 beruht, war ebenso wie Art. 4 noch eindeutig als Anknüpfungsleiter formuliert (s. Rn 10, 63).[158] Erst im Zuge der Einfügung als Abs. 2 des Art. 12 erfolgte die (nicht sonderlich geglückte) sprachliche Umgestaltung, die erforderlich geworden war, um das Verhältnis zu Abs. 1 zu klären. Dass damit auch eine inhaltliche Neuaussage in Bezug auf das Verhältnis der Anknüpfungen in Abs. 2 getroffen werden sollte, erscheint unwahrscheinlich, zumal der zugrunde liegende Vorschlag einer an Art. 4 angelehnten Anknüpfungsleiter unter den Delegationen noch verbreitet Zustimmung gefunden hatte.[159] Eine bewusste „gesetzgeberische Entscheidung",[160] von der Entwurfsfassung inhaltlich abzuweichen und das ursprünglich vorgesehene Stufenverhältnis der Anknüpfungen in ein Alternativverhältnis umzuwandeln, ist jedenfalls nicht erkennbar. Da auch der Wortlaut eine alternative Anknüpfung nicht zwingend vorgibt (vgl Rn 69) und systematische Gründe eindeutig gegen eine entsprechend weitgehende Begünstigung des Geschädigten sprechen (vgl Rn 70), vermag letztlich allein die Annahme einer (an die Prüfungsfolge des Art. 4 angelehnten) Anknüpfungsleiter in Abs. 2 zu überzeugen. 71

c) Anknüpfungsleiter. aa) Gemeinsamer gewöhnlicher Aufenthalt (Abs. 2 lit. b). Folgt man der 72
Auffassung, dass die Anknüpfung in Abs. 2 als „Anknüpfungsleiter" zu verstehen ist (Rn 69 ff), kommt in den von Abs. 2 erfassten Fallgestaltungen (vgl Rn 64 ff) primär das Recht des Staats zur Anwendung, in dem beide Parteien zum Zeitpunkt des Eintritts des schadensbegründenden Ereignisses ihren gewöhnlichen Aufenthalt hatten (Abs. 2 lit. b). Zu beachten ist dabei, dass die „Parteien" iSd Abs. 2 lit. b nicht die Parteien des intendierten Vertrages sind, sondern die **Parteien des außervertraglichen Schuldverhältnisses**, mit anderen Worten der (vermeintliche) Schädiger und der (vermeintliche) Geschädigte.[161] Bedeutung kommt dieser Unterscheidung in den Fällen der Dritthaftung zu (vgl Rn 36 ff).

Die Regelung in Abs. 2 lit. b entspricht grundsätzlich derjenigen in Art. 4 Abs. 2; auf die dortige Kommentierung kann daher verwiesen werden (s. Art. 4 Rn 118 ff). 73

Zu berücksichtigen ist allerdings, dass anders als nach Art. 4 Abs. 2 nicht auf den Zeitpunkt des Schadenseintritts abzustellen ist, sondern – wie nach Art. 11 Abs. 2 – auf den **Zeitpunkt des Eintritts des schadensbegründenden Ereignisses** (s. dazu auch Art. 4 Rn 93).[162] Maßgebend für die Anknüpfung nach Abs. 2 lit. b ist mithin der Zeitpunkt, zu dem die transaktionsbezogene Pflicht verletzt wurde.[163] Werden etwa Ansprüche wegen Abbruchs von Vertragsverhandlungen geltend gemacht (vgl Rn 25), ist im Fall des Vorspiegelns einer *de facto* nicht vorhandenen Abschlussbereitschaft auf das betreffende Verhalten abzustellen. Entsprechendes gilt für jene Fallkonstellationen, in denen eine Partei infolge fehlerhafter Informationen zum Abschluss eines nachteiligen Vertrages veranlasst wurde (vgl Rn 31 ff); hier ist auf die haftungsbe- 74

---

155 Staudinger/*Hausmann*, Art. 4 EGBGB Rn 88; BeckOK-BGB/*Lorenz*, Einl. IPR Rn 36; *Looschelders*, Internationales Privatrecht, Vorbem. zu Artt. 3–6 EGBGB Rn 21.
156 Vgl *Jayme/Kohler*, IPRax 2002, 461, 470 f.
157 Bedenken gegen ein freies Wahlrecht des Geschädigten äußern letztlich auch Rauscher/*Jakob/Picht*, EuZPR/EuIPR, Art. 12 Rn 33 („Suche nach der engsten Verbindung").
158 Hierauf verweist auch *Kurt*, Culpa in contrahendo im europäischen Kollisionsrecht der vertraglichen und außervertraglichen Schuldverhältnisse, S. 56.
159 Council of the European Union, doc. 7709/06 (3.5.2006), S. 4.
160 So Rauscher/*Jakob/Picht*, EuZPR/EuIPR, Art. 12 Rn 33.
161 Calliess/*Schinkels*, Art. 12 Rn 28; vgl auch die Erläuterungen zu dem Vorschlag eines Art. 9 C – Culpa in contrahendo, Option 2, doc. 7432/06 (16.3.2006), S. 11 (Fn 1): „Person claimed to be liable and the person seeking compensation"; aA *Dickinson*, Rome II Regulation, Rn 12.22.
162 Kritisch *Volders*, Yb. P.I.L. 9 (2007) 127, 134 f, der auf die Schwierigkeiten hinweist, die mit der Bestimmung des Zeitpunkts des Eintritts des schadensbegründenden Ereignisses bei der culpa in contrahendo verbunden sind.
163 Calliess/*Schinkels*, Art. 12 Rn 27; Rauscher/*Jakob/Picht*, EuZPR/EuIPR, Art. 12 Rn 35; vgl auch Hk-BGB/*Dörner*, Art. 12 Rn 5 (Zeitpunkt des schädigenden Verhaltens).

gründende Auskunft abzustellen.[164] Stützt sich der Anspruch auf ein pflichtwidriges **Unterlassen** (zB Verletzung der Offenlegungspflicht), ist der Zeitpunkt entscheidend, zu dem der Schadenseintritt durch ein pflichtgemäßes Handeln spätestens hätte verhindert werden können.

75 **bb) Ort des Schadenseintritts (Abs. 2 lit. a).** Liegen die Voraussetzungen des Abs. 2 lit. b nicht vor, findet nach Abs. 2 lit. a das Recht des Staates Anwendung, in dem der Schaden eingetreten ist (*lex loci damni*). Dies gilt unabhängig davon, in welchem Staat das schadensbegründende Ereignis zu lokalisieren ist. Die Verweisungsnorm in Abs. 2 lit. a entspricht der Anknüpfung nach Art. 4 Abs. 1; wegen Einzelheiten kann daher auf die dortige Kommentierung verwiesen werden (Art. 4 Rn 75 ff; zu der Bestimmung des Schadensorts bei reinen Vermögensschäden s. Art. 4 Rn 115).

76 **cc) Ausweichklausel (Abs. 2 lit. c).** Nach Abs. 2 lit. c wird das gem. Abs. 2 lit. a bzw b bestimmte Recht verdrängt, wenn sich aus der Gesamtheit der Umstände ergibt, dass das außervertragliche Schuldverhältnis eine **offensichtlich engere Verbindung** mit einem anderen Staat als dem Staat aufweist, auf dessen Recht nach Abs. 2 lit. a) oder b) verwiesen wird. Die Regelung entspricht derjenigen in Art. 4 Abs. 3 S. 1; auf die dortige Kommentierung kann daher verwiesen werden (s. Art. 4 Rn 137 ff).

77 Praktische Bedeutung besitzt Abs. 2 lit. c vor allem bei der Haftung Dritter (vgl Rn 40 ff).[165] In Betracht kommt hier eine **akzessorische Anknüpfung an das Vertragsstatut**, sofern das außervertragliche Schuldverhältnis zwischen dem Dritten und dem (vermeintlich) Geschädigten (vgl Rn 72) eine enge Verbindung mit dem Hauptvertrag aufweist, etwa durch eine aktive Teilnahme des Dritten an den Verhandlungen.[166]

III. Übergangsrecht

78 Intertemporal findet Art. 12 auf schadensbegründende Ereignisse Anwendung, die ab dem 11.1.2009 eingetreten sind (vgl Artt. 31, 32).[167] Der Begriff des „schadensbegründenden Ereignisses" in Art. 31 entspricht dabei demjenigen in Art. 12 Abs. 2 lit. b. Entscheidend für die Eröffnung des zeitlichen Anwendungsbereichs des Art. 12 ist somit der Zeitpunkt, zu dem die **transaktionsbezogene Pflicht** verletzt wurde (s. dazu auch Rn 74); wann der Verletzungserfolg eingetreten ist, spielt dagegen keine Rolle[168] (aA Artt. 31, 32 Rn 10). Ist die Pflichtverletzung vor dem 11.1.2009 erfolgt, kommt folglich unabhängig von dem Zeitpunkt des Schadenseintritts weiterhin altes Recht zur Anwendung, bei deutschem Forum also die von Rechtsprechung und Lehre entwickelten Anknüpfungsregeln (vgl Rn 1); wurde die transaktionsbezogene Pflicht nach dem 10.1.2009 verletzt, finden die Regelungen der Rom II-VO Anwendung.

79 Zur **Darlegungs- und Beweislast** für das Vorliegen von Umständen, die für die intertemporale Anwendbarkeit der Rom II-VO von Relevanz sind, s. Artt. 31, 32 Rn 16.

Artikel 13 Anwendbarkeit des Artikels 8

Auf außervertragliche Schuldverhältnisse aus einer Verletzung von Rechten des geistigen Eigentums ist für die Zwecke dieses Kapitels Artikel 8 anzuwenden.

1 Nach der klaren Regelung des Art. 13 ist Art. 8 auch auf alle sonstigen außervertraglichen Schuldverhältnisse anzuwenden: ungerechtfertigte Bereicherung (Art. 10), Geschäftsführung ohne Auftrag (Art. 11) und das Verschulden bei Vertragsverhandlungen (Art. 12). Damit wird sichergestellt, dass auf einen Rechtsstreit nicht mehrere Rechtsordnungen zugleich anwendbar sind.[1] Art. 13 ordnet daher eine Sonderanknüpfung an. Damit wird etwa für die regelmäßig praxisrelevanten[2] Ansprüche aus ungerechtfertigter Bereicherung auch eine Anknüpfung an ein bereits zwischen den Parteien bestehendes Rechtsverhältnis (Art. 10 Abs. 1) ausgeschlossen.[3] Man kann in Art. 13 entweder eine akzessorische Sonderanknüpfung oder eine Qualifikationsvorschrift sehen, wonach das nach Art. 8 anwendbare Recht über die Frage entscheidet, ob aus einer Verletzungshandlung bereicherungsrechtliche Ansprüche oder solche aus Geschäftsführung ohne Auftrag folgen.[4] Praktische Auswirkungen hat das keine.[5] Im Ergebnis richtet sich die Anknüpfung für alle Ansprüche im Zusammenhang mit Verwertungshandlungen immaterieller Güter nach dem Schutzlandprinzip (Art. 8

---

164 Vgl Rauscher/*Jakob/Picht*, EuZPR/EuIPR, Art. 14 Rn 12.
165 So auch Rauscher/*Jakob/Picht*, EuZPR/EuIPR, Art. 12 Rn 36.
166 Palandt/*Thorn*, Art. 12 Rn 5; vgl auch Hk-BGB/*Dörner*, Art. 12 Rn 5.
167 EuGH, Rs. C-412/10, NJW 2012, 441, 442 (Rn 23 ff) – Deo Antoine Homawoo/GMF Assurances SA.
168 MüKo/*Junker*, Art. 32 Rn 6 f.

1 KOM(2003) 427 endgültig, 23 [zu Art. 9 Abs. 6 im Kommissionsvorschlag].
2 jurisPK-BGB/*Heinze*, Art. 13 Rn 1.
3 Kritisch daher *Schack*, in: Leible/Ohly, Intellectual Property and Private International Law, 2009, S. 79, 83 f.
4 BeckOK-BGB/*Spickhoff*, Art. 13 Rn 1.
5 Palandt/*Thorn*, Art. 13 Rn 1.

Abs. 1). Handelt es sich um Güter, die aufgrund eines einheitlichen europäischen Rechtstitels des geistigen Eigentums geschützt sind (dazu Art. 8 Rn 49), verweist Art. 8 Abs. 2 stattdessen auf das Recht des Handlungsortes. Eine – an sich mögliche – Rechtswahl (Art. 14) wird wegen Art. 8 Abs. 3 ausgeschlossen (dazu Art. 8 Rn 55).

Kapitel IV
Freie Rechtswahl

Artikel 14 Freie Rechtswahl

(1) Die Parteien können das Recht wählen, dem das außervertragliche Schuldverhältnis unterliegen soll:
a) durch eine Vereinbarung nach Eintritt des schadensbegründenden Ereignisses; oder
b) wenn alle Parteien einer kommerziellen Tätigkeit nachgehen, auch durch eine vor Eintritt des schadensbegründenden Ereignisses frei ausgehandelte Vereinbarung.

Die Rechtswahl muss ausdrücklich erfolgen oder sich mit hinreichender Sicherheit aus den Umständen des Falles ergeben und lässt Rechte Dritter unberührt.

(2) Sind alle Elemente des Sachverhalts zum Zeitpunkt des Eintritts des schadensbegründenden Ereignisses in einem anderen als demjenigen Staat belegen, dessen Recht gewählt wurde, so berührt die Rechtswahl der Parteien nicht die Anwendung derjenigen Bestimmungen des Rechts dieses anderen Staates, von denen nicht durch Vereinbarung abgewichen werden kann.

(3) Sind alle Elemente des Sachverhalts zum Zeitpunkt des Eintritts des schadensbegründenden Ereignisses in einem oder mehreren Mitgliedstaaten belegen, so berührt die Wahl des Rechts eines Drittstaats durch die Parteien nicht die Anwendung – gegebenenfalls in der von dem Mitgliedstaat des angerufenen Gerichts umgesetzten Form – der Bestimmungen des Gemeinschaftsrechts, von denen nicht durch Vereinbarung abgewichen werden kann.

Literatur: *Basedow*, Theorie der Rechtswahl oder Parteiautonomie als Grundlage des Internationalen Privatrechts, RabelsZ 75 (2011), 32; *de Boer*, Party Autonomy and its Limitations in the Rome II Regulation, Yb. P.I.L. 9 (2007), 19; *von Hein*, Europäisches Internationales Deliktsrecht nach der Rom II-Verordnung, ZEuP 2009, 6; *Kadner Graziano*, Das auf außervertragliche Schuldverhältnisse anwendbare Recht nach Inkrafttreten der Rom II-Verordnung, RabelsZ 73 (2009), 1; *Landbrecht*, Rechtswahl ex ante und das Deliktsstatut nach dem europäischen Kollisionsrecht (Rom I und Rom II), RIW 2010, 783; *Leible*, Rechtswahl im IPR der außervertraglichen Schuldverhältnisse nach der Rom II-Verordnung, RIW 2008, 257; *ders.*, Rom I und Rom II: Neue Perspektiven im Europäischen Kollisionsrecht, 2009 (Zentrum für Europäisches Wirtschaftsrecht, Nr. 173); *Mankowski*, Ausgewählte Einzelfragen zur Rom II-VO: Internationales Umwelthaftungsrecht, internationales Kartellrecht, renvoi, Parteiautonomie, IPRax 2010, 389; *Rühl*, Rechtswahlfreiheit im europäischen Kollisionsrecht, in: FS Kropholler 2008, S. 187 *Rugullis*, Die antizipierte Rechtswahl in außervertraglichen Schuldverhältnissen, IPRax 2008, 319; *Symeonides*, Rome II: A Centrist Critique, Yb. P.I.L. 9 (2007), 149; *Vogeler*, Die freie Rechtswahl im Kollisionsrecht der außervertraglichen Schuldverhältnisse, 2013; *G. Wagner*, Die neue Rom II-Verordnung, IPRax 2008, 1.

A. Allgemeines 1	a) Zeitliche Fixierung der Zäsur durch den europäischen Gesetzgeber 16
I. Parteiautonomie im außervertraglichen Schuldrecht 1	b) Konkretisierung des „schadensbegründenden Ereignisses" in den unterschiedlichen Schuldverhältnissen 18
II. Systematischer Kontext und sachliche Reichweite der Norm 3	2. Ausdrückliche und konkludente Rechtswahl 19
III. Nutzen und Relevanz der Parteiautonomie in außervertraglichen Schuldverhältnissen 5	a) Unterschiede zu Rom I 20
1. Rechtswahl bei fehlender Sonderverbindung 8	b) Rechtswahlbewusstsein 21
2. Rechtswahl bei Vertragsanbahnung 9	c) Indizien für eine konkludente Rechtswahl 23
3. Rechtswahl bei vertraglicher Sonderverbindung 10	3. Das Statut für Zustandekommen und Wirksamkeit der Rechtswahl 26
4. Rechtswahl bei Maßgeblichkeit von Einheitsrecht 12	a) Normativer Rahmen 26
5. Wahl nichtstaatlichen Rechts 13	b) Analogie zu Artt. 3 Abs. 5, 10 Abs. 1 Rom I-VO 28
B. Regelungsgehalt 15	4. Wählbare Rechte 29
I. Allgemeine Tatbestandsvoraussetzungen des Abs. 1 15	5. Teilrechtswahl 31
1. Die grundlegende Zäsur des „schadensbegründenden Ereignisses" 15	II. Nachträgliche Rechtswahl (Abs. 1 lit. a) 32
	III. Vorherige Rechtswahl (Abs. 1 lit. b) 33
	1. Kommerzielle Tätigkeit der Parteien 34

2.	Frei ausgehandelte Vereinbarung	35	V. Grenzen der Rechtswahl	42
3.	Indirekte Rechtswahl	37	1. Rechte Dritter (Abs. 1 S. 2)	42
4.	Verbraucherverträge	38	2. Innerstaatlicher Sachverhalt (Abs. 2) und	
IV. Bereichsspezifische Unzulässigkeit der			Binnenmarktsachverhalt (Abs. 3)	44
Rechtswahl		39		

A. Allgemeines

I. Parteiautonomie im außervertraglichen Schuldrecht

1 „Um den Grundsatz der Parteiautonomie zu achten und die Rechtssicherheit zu verbessern, sollten die Parteien das auf ein außervertragliches Schuldverhältnis anzuwendende Recht wählen können". So umschreibt die Verordnung im ersten Satz ihres 31. Erwägungsgrundes den Zweck einer Rechtswahl durch die Parteien. Neben dem leicht nachvollziehbaren Gerechtigkeitsgebot der Rechtssicherheit[1] erscheint die Parteiautonomie hier als ein Optimierungsgebot, das gleichsam um seiner selbst Willen zu achten ist – nicht etwa als Verlegenheitslösung.[2] Die Parteiautonomie als ein **allgemeines Anknüpfungsprinzip** einzustufen,[3] als einen Ausdruck von Freiheit und Selbstbestimmung auch jenseits vertraglicher Schuldverhältnisse,[4] entspricht einer Entwicklung auf europäischer Ebene,[5] die seit Jahrzehnten Vorgänger in einigen nationalen Kodifikationen des Internationalen Privatrechts fand.[6] Aber das europäische Recht geht bei den außervertraglichen Schuldverhältnissen mit Art. 14 noch weiter als eines seiner meisten seiner nationalen Vorläufer.[7] Eine nachträgliche Rechtswahl zugunsten der *lex fori* – dies zu akzeptieren fiel auch der deutschen Rechtsprechung in den vergangenen fünf Jahrzehnten nicht schwer, bevor sich der deutsche Gesetzgeber des Jahres 1999 dann für die allgemeine Möglichkeit einer nachträglichen Rechtswahl entschied.[8] Sie ist rechtspolitisch weitgehend anerkannt, weil sie kaum Schutzdefizite auslöst.[9] Parallele Wertungen zur Wahlfreiheit *ex post* finden sich im Recht der Internationalen Zuständigkeit: Die EuGVVO lässt selbst bei Beteiligung der typischerweise schwächeren Parteien in ihren Artt. 13 Nr. 1, 17 Nr. 1, 21 Nr. 1 prozessuale Parteiautonomie zu, wenn sich die Parteien *nach* dem Entstehen der Streitigkeit auf einen Gerichtsstand einigen.[10]

2 Die kollisionsrechtliche Nagelprobe liefert dagegen die vorherige Rechtswahl (auch) zugunsten fremden Rechts, wie sie die Rom II-Verordnung nunmehr – wenn auch in Grenzen – vorsieht. An der Rechtswahl *ex ante* scheiden sich die Geister – entsprechend wechselvoll erwies sich denn auch die Entstehungsgeschichte der parteiautonomen Rechtswahl im europäischen Recht der außervertraglichen Schuldverhältnisse.[11] Die Ausdehnung der Rechtswahlfreiheit im Kollisionsrecht der außervertraglichen Schuldverhältnisse wird heute überwiegend positiv bewertet,[12] teilweise aber auch skeptisch bis ablehnend.[13]

II. Systematischer Kontext und sachliche Reichweite der Norm

3 Die parteiautonome Rechtswahl genießt **Vorrang vor jeder objektiven Anknüpfung**. Insofern mag die etwas zurückgesetzte Positionierung der Norm hinter den Regelungen der objektiven Anknüpfung verwundern – ein systematischer Bruch,[14] gerade im Vergleich mit den Artt. 3 und 4 Rom I-VO. In der systematischen Nachschaltung spiegelt sich aber die vergleichsweise sicher geringere praktische Bedeutung wider,

---

1 Zur Bedeutung der Parteiautonomie für die Rechtssicherheit: Calliess/*v. Hein,* Art. 14 Rn 2.
2 So noch *Kegel/Schurig,* Internationales Privatrecht, 9. Auflage 2004, S. 653.
3 Aus jüngerer Zeit hierzu grundlegend *Leible,* in: FS Jayme 2004, S. 485 ff; *Basedow,* RabelsZ 75 (2011), 32 ff; für das Recht der außervertraglichen Schuldverhältnisse *Leible,* RIW 2008, 257, 257 f; *de Boer,* Yb. P.I.L. 9 (2007), 19.
4 Vgl dazu *Jayme,* Zugehörigkeit und kulturelle Identität, 2012, S. 23.
5 Vgl *Rühl,* in: FS Kropholler 2008, S. 187.
6 Ausführliche rechtsvergleichende Nachweise bei Calliess/*v. Hein,* Art. 14 Rn 1; vgl *Kadner Graziano,* RabelsZ 73 (2009), 1, 5, mit Fn 14; gänzlich ablehnend für das Deliktsrecht noch *Raape,* Internationales Privatrecht, 5. Auflage 1961, S. 579: „Der Grundsatz des Begehungsortes ist zwingend, im Deliktsrecht gibt es keine Parteiautonomie."
7 Vgl Calliess/*v. Hein,* Art. 14 Rn 2; ausführlich zur Entwicklung der freien Rechtswahl bei außervertraglichen Schuldverhältnissen *Vogeler,* S. 15 ff.
8 Vgl *Leible,* RIW 2008, 257, mit Fn 4.
9 *Mankowski,* IPRax 2010, 389, 399.
10 Vgl *Mankowski,* IPRax 2010, 389, 399.
11 Vgl dazu MüKo/*Junker,* Art. 14 Rn 2–5; *Leible,* RIW 2008, 257, 258; *Rugullis,* IPRax 2008, 319, 321; Calliess/*v. Hein,* Art. 14 Rn 12 ff.
12 Vgl etwa *Leible,* RIW 2008, 257 ff; *Kadner Graziano,* RabelsZ 73 (2009), 1, 5 ff; *Mankowski,* IPRax 2010, 389, 399, mit Nachw. aus verschiedenen Ländern; *v Hein,* ZEuP 2009, 6, 19 ff.
13 Vgl *Symeonides,* Yb. P.I.L. 9 (2007), 149, 170 f; *Rugullis,* IPRax 2008, 319, 322.
14 Vgl Palandt/*Thorn,* Art. 14 Rn 2: „unglückliche Platzierung".

die der Parteiautonomie bei außervertraglichen Schuldverhältnissen im Verhältnis zur objektiven Anknüpfung zukommt.[15]

Trotz der etwas missverständlichen Wortwahl der Verordnung, die in Art. 14 vom „schadensbegründenden Ereignis"[16] spricht, gilt die Norm **nicht nur für deliktische Ansprüche** aus unerlaubter Handlung, sondern gleichermaßen für die in Kapitel III erfassten Schuldverhältnisse aus ungerechtfertigter Bereicherung, Geschäftsführung ohne Auftrag und Verschulden bei Vertragsverhandlungen. Entsprechend ist Art. 14 auch im Zusammenhang mit Art. 2 zu lesen, der unter den „Begriff des Schadens sämtliche Folgen einer unerlaubten Handlung, einer ungerechtfertigten Bereicherung, einer Geschäftsführung ohne Auftrag („Negotiorum gestio") oder eines Verschuldens bei Vertragsverhandlungen ("Culpa in contrahendo")" fasst. Unter dem „schadensbegründenden Ereignis" im Sinne des Art. 14 ist also ein Ereignis zu verstehen, das die Folgen eines dieser vier außervertraglichen Schuldverhältnisse auslöst.[17]

III. Nutzen und Relevanz der Parteiautonomie in außervertraglichen Schuldverhältnissen

Die praktische Relevanz einer Rechtswahl, die getroffen wird, nachdem sich die Parteien über ein eventuell zwischen ihnen bestehendes außervertragliches Schuldverhältnis bewusst geworden sind, liegt auf der Hand. Man denke nur an die im Prozess getroffene Vereinbarung zugunsten der *lex fori*. Hier sind es weniger Relevanz und Nutzen, die fraglich erscheinen, als vor allem die Maßstäbe, die man an eine stillschweigende Rechtswahl anzulegen hat.

Bei der **antizipierten Rechtswahl** verstehen sich Relevanz und Nutzen hingegen nicht von selbst. Das gilt sowohl für die Konstellation, in der die Parteien bereits in einer Sonderverbindung stehen und für die parallel dazu eventuell entstehenden außervertraglichen Ansprüche eine Rechtswahl treffen, als auch für die Konstellation, in der es bislang zu keiner Sonderverbindung gekommen ist. Gerade die Konstellation ohne bestehende Sonderverbindung wird teilweise in ihrer Relevanz für alle vier von der Verordnung erfassten außervertraglichen Schuldverhältnisse in Frage gestellt.[18] Wie könne es sein, so wird etwa für die *culpa in contrahendo* gefragt, dass sich „die Parteien bislang nicht über den Abschluss eines Hauptvertrages einigen konnten", aber „bereits das Recht vereinbart haben, das anzuwenden wäre, falls vor dem Abschluss des Hauptvertrages ein schadensbegründendes Ereignis eintreten sollte"?[19] Und auch in der Konstellation einer bereits existenten Sonderbeziehung lässt sich fragen, ob nicht im Wege der vertragsakzessorischen Anknüpfung der von den Parteien typischerweise intendierte Gleichlauf mit dem Vertragsstatut herzustellen ist, zumal die Parteien wohl in erster Linie für das vertragliche Schuldverhältnis eine Rechtswahl treffen werden, bevor sie sich über eventuelle außervertragliche Parallelansprüche und das auf sie anwendbare Recht Gedanken machen.

Gewiss ist aus den genannten Gründen die Reichweite einer Rechtswahl nach Art. 14 typischerweise geringer als die einer Vereinbarung über das auf einen Vertrag anwendbare Recht.[20] Und doch darf die praktische Bedeutung nicht unterschätzt werden, für beide Konstellationen einer bestehenden und nicht bestehenden Sonderverbindung.

1. Rechtswahl bei fehlender Sonderverbindung. In der Konstellation ohne (bereits) bestehende Sonderverbindung ist es natürlich nicht das völlig unvorhersehbare Delikt, für das die Parteien Vorsorge treffen wollen. Die fragliche Haftung bei Wettkämpfen (Motorsport, Regatten)[21] mag eine Rolle spielen; relevante Beispiele sind vor allem auch komplexe Großvorhaben im Anlagenbau mit einer Vielzahl von Beziehungsgeflechten, an denen sich etwa verschiedene Subunternehmer beteiligen, die untereinander vertraglich nicht miteinander verbunden sind.[22]

2. Rechtswahl bei Vertragsanbahnung. In aller Regel wird die Wahl des auf ein außervertragliches Schuldverhältnis anwendbaren Rechts zwischen Parteien getroffen werden, die sich im Verhältnis zueinander doch wenigstens schon im Stadium einer Vertragsanbahnung befinden. Hier gibt es **klare Bedürfnisse** für die Herstellung von Rechtssicherheit durch Rechtswahl, wenn man sich für den intendierten Vertrag noch nicht auf das anwendbare Recht geeinigt hat, wohl aber beispielsweise in einem *Memorandum*, einem *Letter of intent* oder in einer Vertraulichkeitsvereinbarung (*Non disclosure agreement*) den Stand der vorvertraglichen Einigung festhalten bzw Geheimhaltung gewährleisten will und gleichzeitig Klarheit darüber

---

15 Vgl Calliess/*v. Hein*, Art. 14 Rn 3 sowie Art. 4 Rome II Rn 12; Palandt/*Thorn*, Art. 14 Rn 2.
16 In der englischen Version: „event giving rise to the damage occurred".
17 Vgl *Rugullis*, IPRax 2008, 319, 321; *G. Wagner*, IPRax 2008, 1, 14.
18 Vgl *Rugullis*, IPRax 2008, 319, 322 f.
19 *Rugullis*, IPRax 2008, 319, 322.
20 *Mankowski*, IPRax 2010, 389, 399.
21 Vgl Palandt/*Thorn*, Art. 14 Rn 7.
22 Vgl *Mankowski*, IPRax 2010, 389, 399; Rauscher/*Jakob/Picht*, EuZPR/EuIPR, Art. 14 Rn 18; Palandt/*Thorn*, Art. 14 Rn 7.

schaffen möchte, welchem Recht etwa der Abbruch von Vertragsverhandlungen[23] oder die Verletzung von Geheimhaltungspflichten unterliegen sollen.

10 **3. Rechtswahl bei vertraglicher Sonderverbindung.** Besteht bereits eine Sonderverbindung zwischen den Parteien in Form eines Vertrages, liegt die **vertragsakzessorische Anknüpfung** einer deliktsrechtlichen Frage über die Ausweichklausel des Art. 4 Abs. 3 an das Vertragsstatut nahe, so dass von einer auf den Vertrag bezogenen Rechtswahl zumeist mittelbar eine parallele deliktische Beziehung erfasst werden wird (zur indirekten Rechtswahl unten Rn 37). Auch bei den anderen außervertraglichen Schuldverhältnissen ergibt sich die akzessorische Anknüpfung über Artt. 10 Abs. 1, 11 Abs. 1, 12 Abs. 1. Das macht die **Parteiautonomie aber keineswegs überflüssig**. Im Bereicherungsrecht und bei der Geschäftsführung ohne Auftrag können etwa die Ausweichklauseln der Artt. 10 Abs. 4 und 11 Abs. 4 für Überraschungen sorgen,[24] im Deliktsrecht ergibt sich die **akzessorische Anknüpfung** sogar erst aus einer Ausweichklausel,[25] deren Anwendung der richterlichen Würdigung folgt und **keineswegs garantiert** erscheint.[26] Wer sich auf die Ergebnisse der akzessorische Anknüpfung verlassen möchte, sollte deshalb das anwendbare Recht auch jenseits des Vertrages vereinbaren, wer umgekehrt die akzessorische Anknüpfung vermeiden möchte,[27] ist noch stärker auf die Rechtswahl angewiesen.

11 Für die Nutzung der Parteiautonomie zur Schaffung von Rechtssicherheit spricht auch der oftmals unscharfe Grenzbereich und **fließende Übergang zwischen Vertrag und Delikt**.[28] Im Rahmen von Vertragsanbahnungen, bei reinen Vermögensschäden oder bei der Einbeziehung vertragsfremder Dritter als Gläubiger oder Schuldner eines Schadensersatzanspruchs ergeben sich aufgrund schillernder Rechtsinstitute in den nationalen Sachrechten häufig **Qualifikationsfragen**. Möchte man vorausschauend Streit über die Qualifikation eines möglichen Anspruchs vermeiden, ist man bei einem potenziellen Auseinanderlaufen von Vertrags- und Deliktsstatut ebenfalls gut beraten, auch für die außervertraglichen Beziehungen eine Rechtswahl zu treffen.[29]

12 **4. Rechtswahl bei Maßgeblichkeit von Einheitsrecht.** Die akzessorische Anknüpfung an das Vertragsstatut scheidet insofern aus, als der Vertrag einem Einheitsrecht wie dem UN-Kaufrecht (CISG) unterliegt, welches deliktische Fragen nicht selbst regelt, sondern dem anwendbaren nationalen Recht überlässt.[30] Entsprechend wird die Konstellation, dass ein Vertrag im Wesentlichen Einheitsrecht unterliegt, auch gerne als Anwendungsfeld für die außervertragliche Rechtswahl genannt.[31] Zu bedenken ist freilich auch in dieser Konstellation, dass die Parteien, die sich der Anwendbarkeit des UN-Kaufrechts bewusst sind und deshalb für die davon nicht erfassten Bereiche eine Rechtswahl treffen wollen, dabei nicht nur das außervertragliche Schuldrecht in Betracht ziehen werden, sondern zunächst einmal ein **subsidiär maßgebendes Vertragsstatut** für die zahlreichen Lücken des Übereinkommens wählen werden. Und im Hinblick auf dieses Vertragsstatut wäre zwar wiederum an eine akzessorische Anknüpfung der außervertraglichen Rechtsfragen zu denken, freilich mit allen genannten Unsicherheiten der akzessorischen Anknüpfung, so dass sich in der Tat bei einem dem UN-Kaufrecht unterliegenden Vertrag zusätzlich sowohl eine vertragliche als auch eine außervertragliche Rechtswahl zugunsten eines nationalen Rechts empfehlen lässt.

13 **5. Wahl nichtstaatlichen Rechts.** Schließlich mag die Wahl von Normen des außervertraglichen Schuldrechts auch dann eine gewisse Relevanz haben, wenn es sich bei diesen Normen um ein nichtstaatliches Recht handelt, beispielsweise um den Gemeinsamen Referenzrahmen (DCFR). Gerade in dieser Konstellation wäre nämlich auch die akzessorische Anknüpfung alles andere als gesichert. Nun ist zwar eine kollisionsrechtliche Wahl nichtstaatlichen Rechts auch im Rahmen des Art. 14 wohl nicht möglich (Rn 29). Das schließt freilich eine **materiellrechtliche Wahl** nicht aus, die bei einem Regelwerk wie dem DCFR auch eine **gute Aussicht auf Durchsetzung** im Rahmen der *lex causae* haben dürfte, wenn es sich bei allen Parteien um Personen handelt, die einer kommerziellen Tätigkeit im Sinne des Abs. 1 lit. a nachgehen.

14 Als **Beispiel** kann man sich den Fall denken, dass die Parteien ihren Vertrag kollisionsrechtlich einem künftigen Gemeinsamen Europäischen Kaufrecht unterstellen, hilfsweise für die davon nicht geregelten Fragen den DCFR für anwendbar erklären und schließlich noch deutsches Recht höchst hilfsweise zur subsidiären

---

23 Vgl Calliess/*v. Hein,* Art. 14 Rn 10.
24 Rauscher/*Jakob/Picht,* EuZPR/EuIPR, Art. 14 Rn 18; Calliess/*v. Hein,* Art. 14 Rn 9.
25 Rauscher/*Jakob/Picht,* EuZPR/EuIPR, Art. 14 Rn 18: „Vertatbestandlichung der Ausweichklausel".
26 Vgl Calliess/*v. Hein,* Art. 14 Rn 2; *Leible,* RIW 2008, 257, 258.
27 Vgl dazu Calliess/*v. Hein,* Art. 14 Rn 9; Rauscher/*Jakob/Picht,* EuZPR/EuIPR, Art. 14 Rn 18, mit Fn 57.
28 Calliess/*v. Hein,* Art. 14 Rn 2.
29 Vgl Calliess/*v. Hein,* Art. 14 Rn 2.
30 Die Maßgeblichkeit nationalen Rechts gilt im Fall des CISG auch für das Verhältnis zwischen vertraglichen und deliktischen Ansprüchen, vgl *Schlechtriem,* Internationales UN-Kaufrecht, 4. Auflage 2007, Rn 40; monographisch hierzu *Köhler,* Die Haftung nach UN-Kaufrecht im Spannungsverhältnis zwischen Vertrag und Delikt, 2003.
31 Vgl Calliess/*v. Hein,* Art. 14 Rn 2; Rauscher/*Jakob/Picht,* EuZPR/EuIPR, Art. 14 Rn 18; *Mankowski,* IPRax 2010, 389, 399; *Kadner Graziano,* RabelsZ 73 (2009), 1, 9.

lex causae bestimmen. Welchem Recht unterliegen dann deliktische Ansprüche, die im Zusammenhang mit dem Vertragsverhältnis entstehen? Der DCFR enthält umfangreiche deliktsrechtliche Regeln, dennoch wäre eine Anwendung dieser Regeln über die akzessorische Anknüpfung nach Art. 4 Abs. 3 S. 2 wohl auch dann ausgeschlossen, wenn man im Rahmen des Vertragsstatuts die materiellrechtliche Wahl des DCFR für die vertragsrechtlichen Beziehungen zwischen den Parteien akzeptiert. Denn zum Tatbestand des Art. 4 Abs. 3 gehört die offensichtlich engere Verbindung „mit einem anderen Staat". Über eine klar zum Ausdruck gebrachte und an Art. 14 angelehnte **Wahl des DCFR auch für außervertragliche Beziehungen** kämen hingegen die Regelungen dieses nichtstaatlichen Werkes zur Anwendung, soweit sie sich nicht an zwingenden Bestimmungen des (eventuell über Art. 4 Abs. 3 S. 2 berufenen) Deliktsstatuts brechen sollten.

B. Regelungsgehalt

I. Allgemeine Tatbestandsvoraussetzungen des Abs. 1

1. Die grundlegende Zäsur des „schadensbegründenden Ereignisses". Abs. 1 S. 1 knüpft recht unterschiedliche Tatbestandsvoraussetzungen an eine Rechtswahl *ex post* (lit. a), dazu im Einzelnen Rn 32) und eine Rechtswahl *ex ante* (lit. b), dazu im Einzelnen Rn 33 ff). Für die Parteien kann die **Bestimmung der Zäsur** deshalb **von erheblicher Bedeutung** sein.[32] Das gilt sowohl für ihre zeitliche Fixierung als auch für das Verständnis der Zäsur in den verschiedenen außervertraglichen Schuldverhältnissen.

a) Zeitliche Fixierung der Zäsur durch den europäischen Gesetzgeber. Die zuständigkeitsrechtlichen Parallelnormen, welche prozessuale Parteiautonomie in Abhängigkeit von einer zeitlichen Zäsur vorsehen, knüpfen in Artt. 13 Nr. 1, 17 Nr. 1, 21 Nr. 1 EuGVVO daran an, ob sich die Parteien vor oder nach dem *Entstehen der Streitigkeit* auf einen Gerichtsstand einigen.[33] Auch der Entwurf der *Europäischen Gruppe für Internationales Privatrecht*, der nur eine nachträgliche Rechtswahl vorsah, knüpfte die Nachträglichkeit an das *Entstehen einer Streitigkeit*.[34] Die **Gesetzgebungsgeschichte** der Verordnung verlief wechselvoll: Während der Kommissionsentwurf noch im Februar 2006 ebenfalls auf das Entstehen der Streitigkeit abstellte, setzte sich im September 2006 im Gemeinsamen Standpunkt und in den verschiedenen Sprachfassungen nunmehr übereinstimmend die Zäsur durch, welche auch in das geltende Recht mündete:[35] maßgebend kommt es auf das „schadensbegründende Ereignis" an.

Die Zäsur des „schadensbegründenden Ereignisses" **gilt nicht nur für deliktische Ansprüche** aus unerlaubter Handlung, sondern gleichermaßen für die in Kapitel III erfassten Schuldverhältnisse aus ungerechtfertigter Bereicherung, Geschäftsführung ohne Auftrag und Verschulden bei Vertragsverhandlungen. Deshalb ist das Tatbestandsmerkmal an die unterschiedlichen außervertraglichen Schuldverhältnisse anzupassen[36] und übergreifend auch im Zusammenhang mit Art. 2 Abs. 1 zu lesen, wonach der „Begriff des Schadens sämtliche Folgen einer unerlaubten Handlung, einer ungerechtfertigten Bereicherung, einer Geschäftsführung ohne Auftrag („Negotiorum gestio") oder eines Verschuldens bei Vertragsverhandlungen („Culpa in contrahendo")" umfasst. Es geht also jeweils um das Ereignis, das die Folgen eines dieser vier außervertraglichen Schuldverhältnisse auslöst.[37]

b) Konkretisierung des „schadensbegründenden Ereignisses" in den unterschiedlichen Schuldverhältnissen. Im Rahmen einer **unerlaubten Handlung** ist das schadensbegründende Ereignis gleichzusetzen mit dem gleichlautenden Begriff in Art. 4 Abs. 1,[38] also mit der deliktischen Handlung und nicht mit dem deliktischen Erfolg.[39] In möglichst weitgehender Parallele mit dem Deliktsrecht und im systematischen Zusammenhang mit Art. 2 Abs. 1 ist bei Schuldverhältnissen aus **ungerechtfertigter Bereicherung** für das „schadensbegründende Ereignis" im Sinne des Art. 14 Abs. 1 der in Art. 10 Abs. 2 in Bezug genommene „Zeitpunkt des Eintritts des Ereignisses" anzusehen, „das die ungerechtfertigte Bereicherung zur Folge hat". Aus einer **Geschäftsführung ohne Auftrag** im Sinne des Art. 11 können mehrere unterschiedliche und

---

32 Rauscher/*Jakob/Picht*, EuZPR/EuIPR, Art. 14 Rn 9.
33 Vgl *Mankowski*, IPRax 2010, 389, 399.
34 Groupe européen de droit international privé – Proposition pur une convention européenne sur la loi applicable aux obligations non contractuelles (Réunion de Luxembourg du 25-27 septembre 1998), IPRax 1999, 286, 287, mit Art. 8 des Entwurfs („postérieure à la naissance du differend". Siehe zum Entwurf auch *Jayme*, IPRax 1999, 298.
35 Zu den verschiedenen Gesetzgebungsetappen seit dem Vorschlag von 2003 und den zwischenzeitlich divergierenden Sprachfassungen *Rugullis*, IPRax 2008, 319, 321 f, mit ausf. Nachweisen.
36 Vgl Palandt/*Thorn*, Art. 14 Rn 6.
37 Vgl *Rugullis*, IPRax 2008, 319, 321; *G. Wagner*, IPRax 2008, 1, 14.
38 Rauscher/*Jakob/Picht*, EuZPR/EuIPR, Art. 14 Rn 9.
39 Vgl auch MüKo/*Junker*, Art. 14 Rn 18. Fallen Handlungs- und Erfolgsort zeitlich auseinander, so hätte das Abstellen auf den späteren Zeitpunkt des Schadenseintritts nach der *ratio* der Norm freilich eher überzeugt, wenn man nicht schon auf das Entstehen einer Streitigkeit abstellen wollte. Es ist denkbar, dass dem „Geschädigten" im Zeitpunkt des schadensbegründenden Ereignisses der drohende Konflikt noch nicht bewusst ist. Siehe hierzu auch Rauscher/*Jakob/Picht*, EuZPR/EuIPR, Art. 14 Rn 9.

auch wechselseitige Ansprüche resultieren, beispielsweise Aufwendungs- und Schadensersatzansprüche. Für sie lässt sich übergreifend als „schadensbegründendes Ereignis" auf die erste Geschäftsführungsmaßnahme abstellen.[40] Bei der **Culpa in contrahendo** nach Art. 12 liegt wiederum die Parallele zum schadensbegründenden Ereignis im Sinne des Art. 4 Abs. 1 nahe.[41]

19 **2. Ausdrückliche und konkludente Rechtswahl.** Übergreifend für die Rechtswahl *ex ante* und *ex post* sieht Abs. 1 S. 2 in weitgehender Parallele zu Art. 3 Abs. 1 S. 2 Rom I-VO vor, dass die Rechtswahl „ausdrücklich erfolgen oder sich mit hinreichender Sicherheit aus den Umständen des Falles ergeben" muss. Soweit die Parallele reicht, können daher auch die Auslegungsgrundsätze zu den Anforderungen herangezogen werden, die an eine Vereinbarung des auf vertragliche Schuldverhältnisse anwendbaren Rechts angelegt werden.[42] Vergleichsweise unproblematisch ist die **ausdrückliche Rechtswahl**. Sie kann – da sich das einschränkende Kriterium der „frei ausgehandelte[n] Vereinbarung" (dazu Rn 35 f) nur auf die vorherige Rechtswahl bezieht – jedenfalls bei der nachträglichen Rechtswahl auch in AGB erfolgen.[43]

20 **a) Unterschiede zu Rom I.** Mehr Fragen wirft die **konkludente Rechtswahl** auf. Hier überrascht zunächst im Wortlaut eine Differenz zu Art. 3 Abs. 1 S. 2 Rom I-VO. Ist „mit hinreichender Sicherheit" in Art. 14 ein Weniger gegenüber „eindeutig"? Nach dem Wortlaut dürfte sich aus der in Rom I geforderten **Eindeutigkeit** wohl schon ein höheres Maß an Überzeugung ergeben als aus der **hinreichenden Sicherheit**.[44] Man könnte als möglichen Grund für einen herabgesetzten Standard im außervertraglichen Schuldrecht auch erwägen, dass die Parteien häufig vor dem schädigenden Ereignis nicht die Möglichkeit der Kontaktaufnahme und der ausdrücklichen Rechtswahl hatten und daher der stillschweigenden Rechtswahl (im Prozess) vielleicht eine größere Bedeutung beigemessen werden soll.[45] Doch wird man in diesen Unterschied des Wortlautes **nicht** hineinlesen können, dass der europäische Gesetzgeber für die Rechtswahl bei den außervertraglichen Schuldverhältnissen gegenüber den vertraglichen generell die **Schwelle zur Rechtswahl herabsetzen** wollte,[46] zumal Erwägungsgrund 7 der Rom II-Verordnung den grundsätzlichen **Interpretationsgleichlauf** mit der Rom I-VO favorisiert[47] und Erwägungsgrund 31 auch klarstellt, dass das Gericht bei der Prüfung, ob eine Rechtswahl vorliegt, „den Willen der Parteien zu achten"[48] hat.

21 **b) Rechtswahlbewusstsein.** Den „Willen der Parteien zu achten", wie es Erwägungsgrund 31 fordert, hat als Stoßrichtung wohl vor allem die Unterbindung einer verbreiteten Tendenz zur Annahme der stillschweigenden Rechtswahl bei übereinstimmendem Verhandeln der Parteien auf Grundlage der *lex fori* im Sinn.[49] Der richterliche Hinweis[50] – soweit ihn die Verfahrensordnung vorsieht – entspricht hier dem Sinn des europäischen Rechts, wenn Zweifel daran bestehen, ob die Parteien sich beide der Geltung fremden Rechts bei objektiver Anknüpfung bewusst sind.

22 Zu fordern ist daher auch im Rahmen von Art. 14 ein **aktuelles**, nicht etwa nur ein potenzielles **Rechtswahlbewusstsein**.[51] Bei der konkludenten Rechtswahl geht es in aller Regel nicht um die Frage, ob der Anschein des rechtsgeschäftlichen Aktes dem Erklärenden zuzurechnen ist, wenn für den Erklärungsempfänger der Anschein eines vollgültigen Erklärungsaktes entstand und er deshalb auf ihre Geltung vertraute.[52] Dieses Vertrauen mag bei einer ausdrücklichen, auf eine Rechtswahl bezogenen Erklärung relevant sein, die ohne Erklärungsbewusstsein erfolgte. Bei der konkludenten Rechtswahlerklärung ist dem Erklärungsempfänger aber deutlich eher eine entsprechende Nachfrage zuzumuten, um sich des Rechtswahlbewusstseins der Gegenseite zu vergewissern, bevor das eigene Verhalten mit Erklärungsbewusstsein im

---

40 Rauscher/*Jakob/Picht*, EuZPR/EuIPR, Art. 14 Rn 11; vgl auch MüKo/*Junker*, Art. 14 Rn 19: Ereignis, das die Aufwendungen verursacht hat.
41 Vgl Rauscher/*Jakob/Picht*, EuZPR/EuIPR, Art. 14 Rn 12, mit dem Beispiel einer fehlerhaften Information.
42 *Leible*, RIW 2008, 257, 260.
43 *Leible*, RIW 2008, 257, 260; Rauscher/*Jakob/Picht*, EuZPR/EuIPR, Art. 14 Rn 28.
44 Calliess/*v. Hein*, Art. 14 Rn 24.
45 Vgl Calliess/*v. Hein*, Art. 14 Rn 24.
46 So auch Calliess/*v. Hein*, Art. 14 Rn 24; in der Formulierung mit etwas anderer Nuance MüKo/*Junker*, Art. 14 Rn 29: aufgrund der divergierenden Wortlaute in den beiden Verordnungen lasse „sich nicht ohne weiteres feststellen, dass in Bezug auf die stillschweigende Rechtswahl die Anforderungen der beiden Verordnungen identisch sein müssen.".
47 Vgl Calliess/*v. Hein*, Art. 14 Rn 24. Siehe auch *de Boer*, Yb. P.I.L. 9 (2007), 19, 23, in Fn 19: „Hopefully, the provisions have the same meaning".
48 Vgl dazu auch Rauscher/*Jakob/Picht*, EuZPR/EuIPR, Art. 14 Rn 29.
49 Vgl Calliess/*v. Hein*, Art. 14 Rn 26; MüKo/*Junker*, Art. 14 Rn 33.
50 Vgl zum richterlichen Hinweis und der alternativen Erörterung der Rechtsanwendungsfrage *Leible*, RIW 2008, 257, 261; Rauscher/*Jakob/Picht*, EuZPR/EuIPR, Art. 14 Rn 31; MüKo/*Junker*, Art. 14 Rn 33.
51 So zu Recht die überwiegende Ansicht, vgl *Vogeler*, S. 191 ff; *Leible*, RIW 2008, 257, 261 Calliess/*v. Hein*, Art. 14 Rn 26; Bamberger/Roth/*Spickhoff*, Art. 14 Rn 6; Rauscher/*Jakob/Picht*, EuZPR/EuIPR, Art. 14 Rn 31; MüKo/*Junker*, Art. 14 Rn 32 f; Palandt/*Thorn*, Art. 14 Rn 6; gegen das Erfordernis eines aktuellen Erklärungsbewusstseins wendet sich Hk-BGB/*Dörner*, Art. 14 Rn 4.
52 Vgl für das Fehlen des sachrechtlichen Erklärungsbewusstseins *Flume*, Allgemeiner Teil des Bürgerlichen Rechts, Zweiter Band: Das Rechtsgeschäft, 4. Auflage 1992, S. 449 f.

Wege der konkludenten Annahme auf das scheinbar gewählte Recht eingestellt wird. Dies gilt umso mehr, als für den Bereich der außervertraglichen Schuldverhältnisse das Parteiwissen um die Möglichkeit einer (konkludenten) Rechtswahl weniger weit verbreitet sein dürfte als im Bereich von Verträgen.[53] Selbst wenn man die in der Rechtsprechung des BGH und der überwiegenden deutschen Literatur verankerten Grundsätze zum **potenziellen Erklärungsbewusstsein**[54] in eine Rechtswahl nach Art. 14 hineinlesen wollte, was methodisch sehr fragwürdig erschiene, läge deshalb selbst ein potenzielles Rechtswahlbewusstsein nur in besonders gelagerten Fällen vor.

c) Indizien für eine konkludente Rechtswahl. Das Erfordernis eines aktuellen Erklärungsbewusstseins beider Seiten schließt nicht aus, dass aus Indizien auf eine Rechtswahl geschlossen werden kann. Das gilt auch für eine Rechtswahl im Prozess, allerdings sind gerade hier bei dem Rückschluss aus dem Parteiverhalten im Prozess wegen des geforderten Rechtswahlbewusstseins besondere Anforderungen zu stellen, die auch nach dem gewählten Recht variieren können. **Verhandeln** die Parteien übereinstimmend **nach einem** aus der Sicht des Forums **fremden Recht**, so wird das Gericht von einem aktuellen Rechtswahlbewusstsein der Parteien ausgehen können.[55] **23**

Ganz anders liegen die Dinge, wenn die Parteien auf Basis der *lex fori* verhandeln. Hier wird man, sofern kein richterlicher Hinweis erging und die Rechtsanwendungsfrage nicht erörtert wurde, für eine gültige Rechtswahl verlangen müssen, dass nachweisbar beide Parteien bzw ihre Vertreter sich **über die Möglichkeit der Geltung fremden Rechts im Klaren** waren.[56] **24**

Als ein Indiz für eine Rechtswahl nach Art. 14 wird man auch die **Vereinbarung eines ausschließlichen Gerichtsstandes** ansehen können, ohne Unterschied, ob er in einem Mitglied- oder Drittstaat liegt.[57] Darin liegt freilich kein Automatismus,[58] und die aus einer Gerichtsstandsvereinbarung hergeleitete Rechtswahl im Sinne des Art. 14 wird man in der Regel auch nur auf solche außervertraglichen Ansprüche beziehen können, die mit den vertraglichen konkurrieren.[59] Kein Indiz für eine konkludente Rechtswahl nach Art. 14 ist schließlich die ausdrückliche, **auf einen Vertrag bezogene Rechtswahl** nach Art. 3 Abs. 1 Rom I-VO; hier wird aber in den meisten Fällen die akzessorische Anknüpfung nach Art. 4 Abs. 3 Satz 2 für den entsprechenden Gleichlauf sorgen.[60] **25**

3. Das Statut für Zustandekommen und Wirksamkeit der Rechtswahl. a) Normativer Rahmen. Eine europäische und autonom zu verstehende Vereinbarungskontrolle sieht Art. 14 Abs. 1 lit. b mit dem Erfordernis einer „frei ausgehandelte(n) Vereinbarung" vor, freilich nur für den Spezialfall der Rechtswahl *ex ante* im unternehmerischen Verkehr (dazu Rn 33 ff). Im Übrigen schweigt die Verordnung zu den darüber hinausgehenden Aspekten der Konsensbildung, insbesondere zu der Frage, welchem Recht das Zustandekommen und die Wirksamkeit der Rechtswahl unterliegen sollen. Erwägungsgrund 31, der „den Willen der Parteien" in seiner Bedeutung für das Vorliegen einer Rechtswahl hervorhebt, hilft nicht weiter,[61] denn er enthält keine Maßstäbe für den Umgang beispielsweise mit Willensmängeln.[62] **26**

Demgegenüber wird die **Frage in der Rom I-VO** und in alter Tradition des EVÜ in bewährter Weise **beantwortet**: Dort regiert das gewählte Recht auch das Zustandekommen und die Wirksamkeit der Rechtswahl (Artt. 3 Abs. 5, 10 Abs. 1 Rom I-VO). Eine direkte Anwendung dieser Bestimmungen auf die Rechtswahl nach Art. 14 dürfte ausscheiden, da es sich bei der Rechtswahl zwar um einen Vertrag, aber eben um einen kollisionsrechtlichen Verweisungsvertrag und damit nicht um ein vertragliches Schuldverhältnis im Sinne der Rom I-VO handelt.[63] Warum man die bewährten Grundsätze der Rom I-VO nicht in Art. 14 übernahm, ist unklar. Würde es sich um ein „beredtes" oder „qualifiziertes" Schweigen der Rom II-VO handeln, dann wäre eine Analogie ausgeschlossen, denn dann ließe sich der Norm doch entnehmen, dass entweder überhaupt keine rechtliche Regel eingreifen soll oder dass jedenfalls die Rechtsfolge einer bestimmten Norm gerade nicht eingreifen soll – im letzten Fall wäre also ein Umkehrschluss am Platze.[64] Aber das Schweigen ist hier nicht ein „beredtes", sondern es erfasst auch die Gründe für das Schweigen, so dass von einer Lücke im Sinne einer **planwidrigen Unvollständigkeit der Verordnung** ausgegangen werden kann. **27**

---

53 Rauscher/*Jakob/Picht*, EuZPR/EuIPR, Art. 14 Rn 31.
54 Vgl BGHZ 91, 324, 329 f = NJW 1984, 2279, 2280; BGHZ 149, 129, 136 = NJW 2002, 362, 365; siehe dazu auch NK-BGB/*Feuerborn*, Vor §§ 116–144 BGB Rn 7.
55 Vgl *Leible*, RIW 2008, 257, 261; Palandt/*Thorn*, Art. 14 Rn 6.
56 *Leible*, RIW 2008, 257, 261.
57 Vgl Calliess Calliess/*v. Hein,* Art. 14 Rn 25; *Leible*, RIW 2008, 257, 261.
58 Deshalb näher differenzierend und zur Zurückhaltung mahnend: MüKo/*Junker*, Art. 14 Rn 30 f.
59 MüKo/*Junker*, Art. 14 Rn 30 mit Fn 69.
60 Calliess/*v. Hein,* Art. 14 Rn 25.
61 Anders wohl *de Boer*, Yb. P.I.L. 9 (2007), 19, 23, in Fn 19: „Curiously, the issue of whether the parties actually reached a choice-of-law agreement is not subjected – as in Rome I – to the law that would apply if the agreement were valid, but should be resolved by 'respect[ing] the intentions of the parties' (preamble, recital 31).".
62 Calliess/*v. Hein,* Art. 14 Rn 29.
63 Vgl Rauscher/*Jakob/Picht*, EuZPR/EuIPR, Art. 14 Rn 26, mit Fn 87.
64 Vgl *Canaris*, Die Feststellung von Lücken im Gesetz, 2. Auflage 1983, S. 39 f, 44 ff.

28 **b) Analogie zu Artt. 3 Abs. 5, 10 Abs. 1 Rom I-VO.** Für die Lückenfüllung bietet sich die Analogie zur Rom I-VO an.[65] Gegen eine Analogie zu Artt. 3 Abs. 5, 10 Abs. 1 Rom I-VO wird angeführt, dass bei der Rechtswahl für ein außervertragliches Schuldverhältnis das Erfordernis eines Einklangs in der rechtlichen Beurteilung von Hauptvertrag und Rechtswahlvertrag entfalle, weil das anzuknüpfende Schuldverhältnis kein vertragliches sei; das Zustandekommen und die Wirksamkeit der Rechtswahl ließen sich daher der *lex fori* unterstellen.[66] Es ist sicher richtig, dass bei einer isolierten Rechtswahl für außervertragliche Schuldverhältnisse kein Bedürfnis für einen Gleichklang mit der rechtlichen Beurteilung eines Hauptvertrages besteht. Allerdings liegt es in der Praxis nahe, die Rechtswahl nach Art. 14 mit einer Rechtswahl nach Art. 3 Rom I-VO zu kombinieren und vielleicht auch in der gleichen Vertragsklausel zu fixieren. Hier erschiene es **nicht sinnvoll, unterschiedliche rechtliche Maßstäbe** auf eine als Einheit verstandene Rechtswahl zur Geltung zu bringen. Das für das außervertragliche Schuldverhältnis gewählte Recht bestimmt deshalb in **analoger Anwendung der im internationalen Vertragsrecht bewährten Regeln auch im Rahmen des Art. 14** das Zustandekommen und die Wirksamkeit der Rechtswahl. **Teilfragen** wie Geschäfts- und Rechtsfähigkeit unterliegen den für sie maßgebenden Statuten, wie sie vor einem deutschen Gericht etwa über Art. 7 EGBGB bzw über das Gesellschaftsstatut zu bestimmen sind.[67]

29 **4. Wählbare Rechte. Kollisionsrechtlich** wählbar ist nur **staatliches Recht**. Das ergibt sich aus der Systematik innerhalb des Art. 14, der in seinem Abs. 2 vom staatlichen Recht spricht, aus Art. 24 sowie aus der Gesamtschau mit der Rom I-VO und ihrer Entstehungsgeschichte.[68] Es entspricht auch der ganz überwiegenden Meinung.[69] Freilich ist die Frage erst in den vergangenen Jahren interessant geworden, nachdem maßgebende nichtstaatliche Regelwerke erschienen sind, die eben nicht nur die vertraglichen, sondern auch die außervertraglichen Schuldverhältnisse abdecken.[70]

30 Möglich ist natürlich die **materiellrechtliche Wahl eines nichtstaatlichen Rechts**.[71] Man sollte die **Relevanz** einer solchen Wahl auch **nicht unterschätzen** (vgl Rn 13). Die Wahl eines nichtstaatlichen Rechts für beispielsweise deliktsrechtliche Fragen wirkt so weit, wie sich eben auch vertragliche Haftungsregelungen im Deliktsrecht der *lex causae* auswirken könnten. Gerade weil eine akzessorische Anknüpfung über Art. 4 Abs. 3 S. 2 im Bereich des außerstaatlichen Rechts nicht stattfindet, mag die Wahl erforderlich erscheinen, wenn die Parteien ein nichtstaatliches Regelwerk einschließlich seiner außervertraglichen Bestimmungen ihrem Verhältnis zugrunde legen wollen (siehe Rn 13). Über die **Sinnhaftigkeit** einer solchen Wahl lässt sich sicher streiten. Auf der einen Seite kann die materiellrechtliche Wahl eines nichtstaatlichen Rechts in der Tat zu einem „Law Mix" zwischen dem gewählten Recht und der *lex causae* führen, deren zwingende Bestimmungen sich im Konflikt eben durchsetzen und das gewählte Recht überlagern.[72] Auf der anderen Seite reduziert sich der beschriebene „Law Mix" und damit der Unterschied zwischen einer kollisionsrechtlichen und einer materiellrechtlichen Rechtswahl in dem Maße, in dem sich das Regelwerk am *ius cogens* der *lex causae* bricht, und das dürfte gerade bei Vereinbarungen unter Kaufleuten und der Wahl eines modernen Regelwerkes immer häufiger der Fall sein.

31 **5. Teilrechtswahl.** Die zu *Dépeçage* führende Teilbarkeit der Rechtswahl gehört, ebenso wie das Rechtswahlstatut (dazu Rn 26 ff), zu den in Art. 14 nicht geregelten Materien, die allerdings eine **Regelung in der Rom I-VO** gefunden haben. Während die Parteien nach dem vertragsrechtlichen Regime „die Rechtswahl für ihren ganzen Vertrag oder nur für einen Teil desselben treffen" können (Art. 3 Abs. 1 S. 3 Rom I-VO), schweigt Art. 14 zu dieser Möglichkeit für die außervertraglichen Schuldverhältnisse. Auch hier liegen also Umkehrschluss und Analogie wieder nicht weit voneinander entfernt. Im Falle der Teilrechtswahl mögen sich aus der Entstehungsgeschichte der Verordnung gewisse Tendenzen zu einer ablehnenden Haltung gegenüber *Dépeçage* und damit eher Gesichtspunkte für ein „beredtes Schweigen" ergeben als bei der Frage des Rechtswahlstatuts.[73] Dennoch sollte man im Lichte des 7. Erwägungsgrundes im Zweifel den **Gleichlauf anstreben** und – sofern der Umkehrschluss nicht nahe liegt – der „Grundnorm" der Parteiauto-

---

[65] So zu Recht die überwiegende Ansicht: *Vogeler*, S. 141 ff; *Leible*, RIW 2008, 257, 260; Calliess/ *v. Hein*, Art. 14 Rn 29; Bamberger/Roth/*Spickhoff*, Art. 14 Rn 3; *Kadner Graziano*, RabelsZ 73 (2009), 1, 13; Rauscher/*Jakob/Picht*, EuZPR/EuIPR, Art. 14 Rn 27; Palandt/*Thorn*, Art. 14 Rn 11; Hk-BGB/*Dörner*, Art. 14 Rn 6.
[66] MüKo/*Junker*, Art. 14 Rn 26.
[67] Vgl Palandt/*Thorn*, Art. 14 Rn 11.
[68] Rauscher/*Jakob/Picht*, EuZPR/EuIPR, Art. 14 Rn 37; *von Hein*, ZEuP 2009, 6, 22.
[69] *Leible*, RIW 2008, 257, 261; Calliess/*v. Hein*, Art. 14 Rn 32; Bamberger/Roth/*Spickhoff*, Art. 14 Rn 2; *Kadner Graziano*, RabelsZ 73 (2009), 1, 9 f; Rauscher/ *Jakob/Picht*, EuZPR/EuIPR, Art. 14 Rn 37; Palandt/ *Thorn*, Art. 14 Rn 5.
[70] Das betrifft insb. die *Principles of European Tort Law* (2005) sowie den Entwurf eines Gemeinsamen Referenzrahmens (2008); siehe hierzu Rauscher/ *Jakob/Picht*, EuZPR/EuIPR, Art. 14 Rn 36 f.
[71] Vgl Rauscher/*Jakob/Picht*, EuZPR/EuIPR, Art. 14 Rn 37; *von Hein*, ZEuP 2009, 6, 22.
[72] Vgl *Leible*, Rom I und Rom II, 30: „So etwas kann bei guter anwaltlicher Beratung eigentlich niemandem empfohlen werden." Vgl auch Rauscher/*Jakob/ Picht*, EuZPR/EuIPR, Art. 14 Rn 37.
[73] Vgl Calliess/*v. Hein*, Art. 14 Rn 35, auch mit ausf. Nachw. zum Stand der Diskussion.

nomie in Art. 3 Rom I-VO die Antworten auf die Fragen entnehmen, die in Art. 14 nicht eigens geregelt sind. Eine Teilrechtswahl erscheint daher auch im außervertraglichen Schuldrecht möglich.[74]

II. Nachträgliche Rechtswahl (Abs. 1 lit. a)

Die Möglichkeit einer Rechtswahl „nach Eintritt des schadensbegründenden Ereignisses" (zu dieser Zäsur Rn 15 ff) ist rechtspolitisch weitgehend anerkannt, weil sie kaum Schutzdefizite auslöst[75] und auch unter prozessökonomischen Gesichtspunkten sinnvoll erscheint.[76] Selbst Verbrauchern wird zugemutet, nach dem Entstehen eines außervertraglichen Schuldverhältnisses hinreichend gewarnt zu sein, um ggf eine Rechtswahl zu unterlassen oder jedenfalls rechtlichen Rat einzuholen, bevor sie sich darauf einlassen.[77] Jedenfalls in diesem Stadium nach dem Entstehen des außervertraglichen Schuldverhältnisses ist auch eine Rechtswahl in AGB möglich, denn das einschränkende Kriterium der „frei ausgehandelte[n] Vereinbarung" bezieht sich nur auf die Rechtswahl *ex ante*.[78] Eine Rechtswahlklausel in AGB unterliegt ggf einer Einbeziehungskontrolle nach dem in ihr bezeichneten Recht.[79] 32

III. Vorherige Rechtswahl (Abs. 1 lit. b)

Da von einer Rechtswahl *ex ante* ein deutlich höheres Gefährdungspotential ausgeht, wird sie, wie es in den Erwägungsgründen heißt, „zum Schutz der schwächeren Partei mit bestimmten Bedingungen versehen."[80] Erstens müssen die Parteien alle „einer kommerziellen Tätigkeit nachgehen", und zweitens muss die Vereinbarung, durch welche das anwendbare Recht bestimmt werden soll, eine „frei ausgehandelte" sein. Beide Tatbestandsmerkmale des Abs. 1 lit. b werfen **Auslegungsfragen** auf, die sich dadurch noch vergrößern, dass neben der in Art. 14 vorgesehenen direkten Rechtswahl auch eine indirekte Rechtswahl über die parteiautonome Bestimmung des Vertragsstatuts in Kombination mit einer akzessorischen Anknüpfung gemäß Art. 4 Abs. 3 S. 2 möglich bleibt. Über die Schneise der indirekten Rechtswahl lassen sich aber eventuell die in Art. 14 für die direkte Rechtswahl aufgestellten Bedingungen umgehen, gerade auch in Verbraucherverträgen. 33

1. Kommerzielle Tätigkeit der Parteien. Eine direkte Rechtswahl vor Schadenseintritt wird nur solchen Parteien zugestanden, die „einer kommerziellen Tätigkeit nachgehen". Leider äußert sich die Verordnung nicht dazu, wie man den Begriff der kommerziellen Tätigkeit neben dem des Unternehmers und Verbrauchers einzuordnen hat. Ein Grund für die etwas **quer liegende Begrifflichkeit** mag die Vorstellung sein, dass man als Verbraucher bzw Unternehmer eher vertraglich als außervertraglich zu handeln pflegt.[81] Ein beruflich-gewerblicher Kontext außervertraglicher Schuldverhältnisse ist aber schon vorstellbar,[82] zumal es maßgebend auf die Rechtswahl ankommt, die in einen solchen Kontext zu stellen ist.[83] Deshalb erscheint es sinnvoll, die kommerzielle Tätigkeit im **Einklang mit dem Unternehmerbegriff** der Rom I-VO als Ausübung einer gewerblichen oder selbstständigen beruflichen Tätigkeit zu verstehen, die in einem Zusammenhang mit der Rechtswahl steht.[84] 34

2. Frei ausgehandelte Vereinbarung. Wann eine Vereinbarung, durch die das anwendbare Recht bestimmt werden soll, eine „frei ausgehandelte" im Sinne des Abs. 1 lit. b darstellt, gehört zu den am heftigsten umstrittenen Fragen im Rahmen der Rechtswahl. Der Hauptstreit entzündet sich bei den **Allgemeinen Geschäftsbedingungen**. Können standardisierte, „gestellte" Vertragsklauseln frei ausgehandelt sein? 35

---

74 Leible, RIW 2008, 257, 260; Bamberger/Roth/*Spickhoff*, Art. 14 Rn 2; Palandt/*Thorn*, Art. 14 Rn 4; PWW/*Schaub*, Art. 14 Rn 2; MüKo/*Junker*, Art. 14 Rn 37: aA mit beachtlichen Gründen und weiteren Nachweisen Calliess/*v. Hein*, Art. 14 Rn 35.
75 Mankowski, IPRax 2010, 389, 399.
76 Symeonides, Yb. P.I.L. 9 (2007), 149, 170.
77 Vgl Calliess/*v. Hein*, Art. 14 Rn 18.
78 Leible, RIW 2008, 257, 260; Hk-BGB/Dörner, Art. 14 Rn 2. AA wohl MüKo/*Junker*, Art. 14 Rn 35, der das Erfordernis des „freien Aushandelns" auch auf Art. 14 Abs. 1 lit. a bezieht.
79 Leible, RIW 2008, 257, 260; weitergehend (unter Einschluss der Inhaltskontrolle): *Heiss*, RabelsZ 65 (2001), 634 ff; Hk-BGB/Dörner, Art. 14 Rn 2.
80 Erwägungsgrund 31 S. 4.
81 Vgl Leible, RIW 2008, 257, 260.
82 Mankowski, IPRax 2010, 389, 400.
83 Vgl MüKo/*Junker*, Art. 14 Rn 23.
84 Vgl *von Hein*, ZEuP 2009, 6, 20; Mankowski, IPRax 2010, 389, 400; G. Wagner, IPRax 2008, 1, 13; Palandt/*Thorn*, Art. 14 Rn 8. Für den alternativen Ansatz einer Begriffsbildung über die Richtlinie über unlautere Geschäftspraktiken siehe Leible, RIW 2008, 257, 260.

Die Antworten[85] verlaufen von einem klaren „Nein"[86] über ein ziemlich klares „Ja"[87] bis zu einem „unter bestimmten Voraussetzungen".[88]

36 Im Lichte der **Entstehungsgeschichte**[89] spricht der Wortlaut eine ziemlich deutliche Sprache: Der stark modifizierte Kommissionsvorschlag vom Februar 2006[90] griff auf Empfehlung des Parlaments die Zulassung einer vorherigen Rechtswahl auf, wie sie dann auch in den Gemeinsamen Standpunkt vom September 2006 mündete.[91] Art. 4 Abs. 2 dieses Kommissionsvorschlags lautete: „Üben alle Parteien eine gewerbliche Tätigkeit aus, kann eine solche Rechtswahl auch Bestandteil eines vor Eintritt des schädigenden Ereignisses frei zwischen ihnen ausgehandelten Vertrags sein." In der Begründung des Vorschlags wird deutlich, dass eine **Rechtswahl in standardisierten Klauseln ausgeschlossen** sein sollte.[92] Auch wenn dies die praktische Bedeutung der vorherigen direkten Rechtswahl deutlich schmälern mag und hier sicher ein Spannungsfeld zur indirekten Rechtswahl über die akzessorische Anknüpfung entsteht,[93] das im unternehmerischen Verkehr *de lege ferenda* aufgelöst werden sollte,[94] ist für das geltende Recht davon auszugehen, dass nur eine individuell ausgehandelte Rechtswahlvereinbarung dem Tatbestandserfordernis des Abs. 1 lit. b gerecht wird.

37 **3. Indirekte Rechtswahl.** Die Spannung zwischen direkter und indirekter Rechtswahl im außervertraglichen Schuldrecht wird deutlich, wenn man sich vor Augen führt, dass die auf einen Vertrag bezogene standardisierte Rechtswahl, die den Anforderungen des Art. 3 Rom I-VO entspricht, sehr wohl auch ein außervertragliches Schuldverhältnis erfassen kann, obwohl sie sich aus AGB ergibt. Den Transmissionsriemen in die unerlaubte Handlung liefert die **akzessorische Anknüpfung** über Art. 4 Abs. 3 S. 2.[95] Ein Unterschied besteht freilich darin, dass nur eine direkte Rechtswahl das über die Ausweichklausel des Art. 4 Abs. 3 importierte richterliche Ermessen ausschließen kann.[96]

38 **4. Verbraucherverträge.** Die möglichen **Friktionen zwischen direkter und indirekter Rechtswahl** machen auch im Verhältnis zwischen Unternehmern und Verbrauchern keinen Halt. Der in Abs. 1 lit. b vorgesehene Schutz vor einer Rechtswahl *ex ante* für den Fall, dass nicht beide Parteien „einer kommerziellen Tätigkeit nachgehen", kann ebenfalls über die akzessorische Anknüpfung unterlaufen werden, da Art. 6 Abs. 2 Rom I-VO zwar in Grenzen, aber eben doch eine Rechtswahl für Verbraucherverträge vorsieht. Hier lassen sich aber systemkonforme **Lösungen zur Vermeidung von Wertungswidersprüchen** finden.[97] Mindestens drei Ansätze lassen sich unterscheiden, zwei davon setzen an der akzessorischen Anknüpfung an, einer am Günstigkeitsvergleich. Man kann zunächst die drohende Friktion in die Ausübung des Ermes-

---

85   Vgl den umfassenden Überblick zur europäischen Literatur bei *von Hein*, ZEuP 2009, 6, 20, mit Fn 85; ferner Calliess/*v. Hein*, Art. 14 Rn 27.
86   *Leible*, RIW 2008, 257, 260; *Mankowski*, IPRax 2010, 389, 400; *Rugullis*, IPRax 2008, 319, 322; *von Hein*, ZEuP 2009, 6, 20; Calliess/*v. Hein*, Art. 14 Rn 27.
87   Vgl *G. Wagner*, IPRax 2008, 1, 13 f; MüKo/*Junker*, Art. 14 Rn 36: „Der Zusatz „frei ausgehandelt" ist folglich Wortgeklingel ohne eigenständige Bedeutung"; vgl auch Bamberger/Roth/*Spickhoff*, Art. 14 Rn 5; Rauscher/*Jakob/Picht*, EuZPR/EuIPR, Art. 14 Rn 23.
88   Vgl *Landbrecht*, RIW 2010, 783, 792: „wenn über das „Ob" der Rechtswahl verhandelt worden ist. Dies gilt unabhängig davon, inwiefern die Klausel inhaltlich diskutiert wurde"; Hk-BGB/*Dörner*, Art. 14 Rn 3: „wenn die Parteien darüber (formlos) ein ausdrückliches, gesondertes Einverständnis hergestellt haben"; *Kadner Graziano*, RabelsZ 73 (2009), 1, 8: „sollte es genügen, vorformulierte Rechtswahlvereinbarungen von der anderen Partei gesondert abzeichnen zu lassen, um dem Erfordernis einer frei ausgehandelten Vereinbarung gerecht zu werden"; Palandt/*Thorn*, Art. 14 Rn 9: „zu erwägen, eine Einzelfallprüfung vorzunehmen. Unwirksam wären danach insbesondere eine durch Täuschung zustande gekommene Rechtswahl sowie eine völlig überraschende Rechtswahlklausel".
89   Vgl hierzu insb. auch Calliess/*v. Hein*, Art. 14 Rn 27, mit Fn 93.
90   Geänderter Vorschlag für eine Verordnung des Europäischen Parlaments und des Rates über das auf außervertragliche Schuldverhältnisse anzuwendende Recht (Rom II) vom 21.2.2006, KOM(2006) 83 endg.
91   Vgl *Rugullis*, IPRax 2008, 319, 322.
92   KOM(2006) 83 endg., S. 3. Während die Begründung hier freilich in der deutschen Fassung kaum verständlich ist, weil offenbar ein Wort fehlt, wird sie in der englischen Version klar: „Mit der von der Kommission vorgeschlagenen Formulierung können Verbraucher und Arbeitnehmer vor einer unüberlegten Rechtswahl geschützt werden; gleichzeitig wird die Möglichkeit ausgeschlossen, dass eine solche Rechtswahl in einem Vertrag festgeschrieben wird." Was in der deutschen Fassung unverständlich „Vertrag" heißt, lautet in der englischen Version „standard contracts": „The wording proposed by the Commission would both protect consumers and employees from ill-thought-out choices and exclude the possibility of such choices being imposed in standard contracts.".
93   Dazu auch Rauscher/*Jakob/Picht*, EuZPR/EuIPR, Art. 14 Rn 23.
94   Vgl zu Novellierungsvorschlägen *Mankowski*, IPRax 2010, 389, 402; *Vogeler*, S. 278 ff.
95   Vgl Palandt/*Thorn*, Art. 14 Rn 10; *von Hein*, ZEuP 2009, 6, 20 f; Calliess/*v. Hein*, Art. 14 Rn 28; *Mankowski*, IPRax 2010, 389, 401: „Das Aushandelnserfordernis wird zum Papiertiger [...]".
96   Calliess/*v. Hein*, Art. 14 Rn 28.
97   AA MüKo/*Junker*, Art. 14 Rn 10: „Dieser Wertungswiderspruch ist nicht teleologisch zu korrigieren, da er vom Verordnungsgeber in Kauf genommen wurde.".

sens im Rahmen von Art. 4 Abs. 3 einfließen lassen und dabei die Schutzbedürftigkeit der schwächeren Partei bedenken.[98] Die zweite Möglichkeit besteht darin, die akzessorische Anknüpfung von außervertraglichen Ansprüchen von Verbrauchern in dem gleichen Umfang gesetzgeberisch oder im Wege der teleologischen Reduktion zu begrenzen, wie auch eine direkte Rechtswahl ausgeschlossen ist.[99] Die dritte und *de lege lata* vorzugswürdige Lösung besteht darin, primär das vertragsrechtliche Günstigkeitsprinzip bei der akzessorischen Anknüpfung auf die außervertraglichen Ansprüche zu übertragen und erst hilfsweise im Rahmen der Ermessensausübung die akzessorische Anknüpfung selbst zu begrenzen.[100]

IV. Bereichsspezifische Unzulässigkeit der Rechtswahl

Die Rom II-VO gewährt Parteiautonomie grundsätzlich für alle vier von ihr erfassten außervertraglichen Schuldverhältnisse. Innerhalb der unerlaubten Handlungen wird die Rechtswahlmöglichkeit jedoch für drei Rechtsmaterien versagt: Für den unlauteren Wettbewerb sowie für das den freien Wettbewerb einschränkende Verhalten (Art. 6) und für die Verletzung von Rechten des geistigen Eigentums (Art. 8). Soweit aus einer Verletzung des geistigen Eigentums andere außervertragliche Schuldverhältnisse entstehen als unerlaubte Handlungen, ist für diese anderen Schuldverhältnisse eine Rechtswahl ebenfalls ausgeschlossen; dies folgt aus Art. 13 iVm Art. 8 Abs. 3. **39**

Zunächst schließt Art. 6 Abs. 4 die Parteiautonomie für **das Lauterkeits- und das Kartellrecht** aus. Dahinter steht der Gedanke, dass durch ein den lauteren bzw den freien Wettbewerb beeinträchtigendes Verhalten auch die Interessen Dritter oder die Marktordnung tangiert werden.[101] Das scheint typischerweise nicht der Fall zu sein, wenn ein unlauteres Wettbewerbsverhalten im Sinne des Art. 6 Abs. 2 „ausschließlich die Interessen eines bestimmten Wettbewerbers" beeinträchtigt. Dann scheint eine teleologische Reduktion[102] des Art. 6 Abs. 4 geboten und eine Rechtswahl damit erlaubt.[103] **40**

Weniger deutlich sind die Gründe für das Rechtswahlverbot gemäß Art. 8 Abs. 3 bei einer Verletzung von Rechten des **geistigen Eigentums**. Über Art. 13 bezieht sich das Rechtswahlverbot auf alle außervertraglichen Schuldverhältnisse, die aus einer Verletzung entspringen, nicht nur auf unerlaubte Handlungen. Sicher wird durch den Rechtswahlausschluss die Bedeutung des Schutzlandprinzips gestärkt; freilich wäre es durch die Zulassung von Parteiautonomie auch nicht wirklich in Frage gestellt worden.[104] Die Entscheidung des Verordnungsgebers ist aber eindeutig und vermeidet immerhin Anpassungsprobleme, die sich bei einer teilweisen Überlagerung durch gewähltes Recht ergeben könnten.[105] **41**

V. Grenzen der Rechtswahl

1. Rechte Dritter (Abs. 1 S. 2). Die Rechtswahl lässt nach Abs. 1 S. 2 „Rechte Dritter unberührt". Eine dritte Person darf in ihrer Rechtsposition somit nicht schlechter gestellt werden, als sie bei objektiver Anknüpfung stünde, soweit sie darauf keinen Einfluss hat.[106] Das betrifft insbesondere den **Versicherer**, der sich auch im Außenverhältnis darauf verlassen können muss, dass er bei einer Rechtswahl nicht mehr leisten muss, als er bei objektiver Anknüpfung leisten müsste.[107] Auch kann er nicht über Art. 18 in Anspruch genommen werden, wenn nur das für das außervertragliche Schuldverhältnis gewählte Recht einen Direktanspruch vorsieht, nicht aber das kraft objektiver Anknüpfung hierfür maßgebende Recht.[108] **42**

Das Verbot einer Schlechterstellung schließt umgekehrt die **Besserstellung** einer dritten Person durch die Rechtswahl nicht aus.[109] Wählen die Parteien beispielsweise deutsches Recht als Vertrags- und Deliktsstatut, so wird man im Falle einer Schutzpflichtverletzung durch einen der Vertragspartner auch einen Dritten in den Schutzbereich des Vertrages einbeziehen können (bei unterstellter deliktischer Qualifikation des Ver- **43**

---

98 Vgl *v. Hein*, ZEuP 2009, 6, 21.
99 *Kadner Graziano*, RabelsZ 73 (2009), 1, 21 f, mwN.
100 *Mankowski*, IPRax 2010, 389, 402; *Vogeler*, S. 280 ff.
101 Vgl *de Boer*, Yb. P.I.L. 9 (2007), 19, 25 f; *Leible*, RIW 2008, 257, 259 (selbst kritisch); Rauscher/*Jakob/Picht*, EuZPR/EuIPR, Art. 14 Rn 7.
102 Vgl Rauscher/*Jakob/Picht*, EuZPR/EuIPR, Art. 14 Rn 7; *Wagner*, IPRax 2008, 1, 8. Weitergehend noch *Leible*, RIW 2008, 257, 259 (innerhalb des Wortlautes, da Art. 6 Abs. 2 auf Art. 4 verweist und Art. 6 Abs. 4 eine Abweichung durch Rechtswahl nur vom „nach diesem Artikel anzuwendenden Recht" ausschließt). Vgl auch *Rühl*, in: FS Kropholler 2008, S. 187, 202.
103 Kritisch dazu *v. Hein*, ZEuP 2009, 6, 23.
104 Vgl *Leible*, RIW 2008, 257, 259.

105 Rauscher/*Jakob/Picht*, EuZPR/EuIPR, Art. 14 Rn 6.
106 Vgl Rauscher/*Jakob/Picht*, EuZPR/EuIPR, Art. 14 Rn 42.
107 *Leible*, RIW 2008, 257, 262.
108 Vgl *Leible*, RIW 2008, 257, 262; Calliess/*v. Hein*, Art. 14 Rn 36.
109 *Köthe*, Schranken der Parteiautonomie im internationalen Deliktsrecht, 2008, S. 112 ff; Calliess/*v. Hein*, Art. 14 Rn 36 („positive externalities"). Kritisch dazu Rauscher/*Jakob/Picht*, EuZPR/EuIPR, Art. 14 Rn 46, die auf den Wortlaut abstellen („berührt" und „verschlechtert") und auf die Unsicherheiten eines Günstigkeitsvergleichs von Rechtsstellungen; gegen eine Unterscheidung zwischen Beeinträchtigungen und Begünstigungen auch *Vogeler*, S. 364–368.

trages mit Schutzwirkung zugunsten Dritter[110]), und dies auch dann, wenn das objektiv ermittelte Deliktsstatut einen vergleichbaren Schutz nicht vorsähe.

44 **2. Innerstaatlicher Sachverhalt (Abs. 2) und Binnenmarktsachverhalt (Abs. 3).** In weitgehender **Parallele zu Art. 3 Abs. 3 und 4 Rom I-VO** begrenzen der zweite und der dritte Absatz des Art. 14 die Rechtswahlmöglichkeit in Konstellationen, in denen „alle Elemente des Sachverhalts" so eng mit einem Staat bzw mit der Europäischen Union verknüpft sind, dass es gerechtfertigt erscheint, die nicht dispositiven Teile dieses einzelstaatlichen (auch drittstaatlichen) Rechts bzw des Unionsrechts gegenüber dem gewählten Recht durchzusetzen. Während die Grundstruktur dieser Normen und ihre Rechtsfolgen in den Verordnungen Rom I und Rom II identisch sind, unterscheiden sich naturgemäß im vertraglichen und außervertraglichen Schuldrecht die Art der Sachnormen, denen entgegen der Rechtswahl Geltung verschafft wird. Auch unterscheiden sich die „Elemente des Sachverhalts", die in den Verordnungen Rom I und Rom II jeweils die Rechtsfolgen auslösen.

45 Die **Rechtsfolge** besteht übereinstimmend darin, dass die Rechtswahl nicht etwa unwirksam ist, sondern dass die Rechtswahl ausnahmsweise nicht kollisionsrechtlich wirkt, sondern auf eine nur **materiellrechtliche Rechtswahl** herabgestuft wird, wenn die Tatbestandsvoraussetzungen jeweils vorliegen. Das bedeutet, dass die Normen des gewählten Rechts nur soweit ihre Wirkung entfalten können, als sie sich nicht an den zwingenden Bestimmungen des bei objektiver Anknüpfung anwendbaren Rechts brechen. Insoweit entspricht die Rechtsfolge der Situation, die sich bei der Wahl eines nichtstaatlichen Rechts ergibt (vgl Rn 13, 29). Grundsätzlich sind die Parteien durchaus frei, ein mit dem Sachverhalt unverbundenes Recht, etwa als „neutrales" Recht, auch mit kollisionsrechtlicher Wirkung zu wählen. Erst der Umstand, dass „alle Elemente des Sachverhalts" in einem Staat bzw in Mitgliedstaaten belegen sind, rechtfertigt die beschriebene Aufwertung des abgewählten, mit dem Sachverhalt aber einzig verbundenen Rechts bzw des Unionsrechts gegenüber einem gewählten (drittstaatlichen) Recht.

46 Die **nicht dispositiven Sachnormen**, die Art. 14 in den Absätzen 2 und 3 im Sinn hat, sind wohl etwas andere als diejenigen, denen Art. 3 Abs. 3 und 4 Rom I-VO zur Geltung verschafft: Verbraucherschützende Normen scheiden im Rahmen des Art. 14 insofern aus, als Verbraucher hier an einer vorherigen Rechtswahl nicht beteiligt sein können; typischerweise wird es sich um Haftungsbeschränkungen im gewählten Recht handeln, die in dem anderen Recht nicht möglich erscheinen.[111]

47 Auch die **Elemente des Sachverhalts**, auf die es jeweils ankommt, dürften sich in vertraglichen und außervertraglichen Schuldverhältnissen insofern unterscheiden, als auch die maßgebenden Anknüpfungsmomente variieren. Sinnvoll erscheint es im Rahmen der Rom II-VO, als relevante Sachverhaltselemente die in den Artt. 4 bis 12 verwendeten Anknüpfungsmomente sowie die im Rahmen von Ausweichklauseln relevanten Aspekte heranzuziehen.[112]

48 Während Abs. 2 den nicht dispositiven Bestimmungen des „abgewählten" Rechts zur Durchsetzung verhilft, führt Abs. 3 insoweit zur Anwendung der *lex fori*, als es auf ein Richtlinienumsetzungsrecht ankommt. Die (dem internationalen Entscheidungseinklang dienlichere) Alternative hätte darin bestanden, die Umsetzungsnormen des objektiven Statuts zur Anwendung zu bringen.[113] Der gewählte Ansatz mag sich aus Gründen der Prozessökonomie rechtfertigen lassen, wird aber spätestens dann zum Problem, wenn die Anwendungsvoraussetzungen der Absätze 2 und 3 gleichzeitig vorliegen.[114] Hier liegt es nahe, Abs. 3 als *lex specialis* für die Durchsetzung des Unionsrechts vorzuziehen.[115]

Kapitel V
Gemeinsame Vorschriften

Artikel 15 Geltungsbereich des anzuwendenden Rechts

Das nach dieser Verordnung auf außervertragliche Schuldverhältnisse anzuwendende Recht ist insbesondere maßgebend für

a) den Grund und den Umfang der Haftung einschließlich der Bestimmung der Personen, die für ihre Handlungen haftbar gemacht werden können;

---

110 Vgl etwa *Wied*, Zivilprozessuale Qualifikationsprobleme im Spannungsfeld von Vertrag und Delikt, 2010, S. 156, mit Fn 840.
111 Vgl Rauscher/*Jakob/Picht*, EuZPR/EuIPR, Art. 14 Rn 48.
112 Rauscher/*Jakob/Picht*, EuZPR/EuIPR, Art. 14 Rn 49; MüKo/*Junker*, Art. 14 Rn 40.

113 Vgl *Leible*, RIW 2008, 257, 263; *v. Hein*, ZEuP 2009, 6, 22.
114 Dazu etwa *v. Hein*, ZEuP 2009, 6, 22.
115 Vgl MüKo/*Junker*, Art. 14 Rn 45; *v. Hein*, ZEuP 2009, 6, 22; *Vogeler*, S. 395.

b) die Haftungsausschlussgründe sowie jede Beschränkung oder Teilung der Haftung;
c) das Vorliegen, die Art und die Bemessung des Schadens oder der geforderten Wiedergutmachung;
d) die Maßnahmen, die ein Gericht innerhalb der Grenzen seiner verfahrensrechtlichen Befugnisse zur Vorbeugung, zur Beendigung oder zum Ersatz des Schadens anordnen kann;
e) die Übertragbarkeit, einschließlich der Vererbbarkeit, des Anspruchs auf Schadenersatz oder Wiedergutmachung;
f) die Personen, die Anspruch auf Ersatz eines persönlich erlittenen Schadens haben;
g) die Haftung für die von einem anderen begangenen Handlungen;
h) die Bedingungen für das Erlöschen von Verpflichtungen und die Vorschriften über die Verjährung und die Rechtsverluste, einschließlich der Vorschriften über den Beginn, die Unterbrechung und die Hemmung der Verjährungsfristen und der Fristen für den Rechtsverlust.

Literatur: *Garcimartín Alférez*, The Rome II Regulation: On the way towards a European Private International Law Code, EuLF 2007, I-77; *Heiss/Loacker*, Die Vergemeinschaftung des Kollisionsrechts der außervertraglichen Schuldverhältnisse durch Rom II, JBl 2007, 613; *Junker*, Die Rom II-Verordnung: Neues Internationales Deliktsrecht auf europäischer Grundlage, NJW 2007, 3675; *Kadner Graziano*, Das auf außervertragliche Schuldverhältnisse anzuwendende Recht nach Inkrafttreten der Rom II-Verordnung, RabelsZ 73 (2009), 1; *Lima Pinheiro*, Choice of Law on Non-Contractual Obligations between Communitarization and Globalization – a Frist Assessment of EC Regulation Rome II, in: Lima Pinheiro (Hrsg.), Estudos de Direito Internacional Privado Volume II, 2009, S. 187; *Nordmeier*, Die Bedeutung des anwendbaren Rechts für die Rückwirkung der Zustellung nach § 167 ZPO, ZZP 124 (2011), 95; *Saggerson*, All Change for 'Rome II' – Assessment of Damages for Oversaes Accidents, 2008 International Travel Law Journal 161; *Seibl*, Kollisionsrechtliche Probleme im Zusammenhang mit einem Mietwagenunfall im Ausland – Anknüpfungsgrundsätze, Haftungsbeschränkung und grobe Fahrlässigkeit, IPRax 2010, 347; *Sendmeyer*, Die Rückabwicklung nichtiger Verträge im Spannungsfeld zwischen Rom II-VO und internationalem Vertragsrecht, IPRax 2010, 500; *G. Wagner*, Die neue Rom II-Verordnung, IPRax 2008, 1; *R. Wagner/Winkelmann*, Sonderanknüpfung für Verjährungsfragen bei Straßenverkehrsunfällen nach der Rom II-VO?, RIW 2012, 277.

A. Allgemeines 1	VI. Anspruchsübergang, auch durch Rechtsnachfolge von Todes wegen (lit. e) 18
B. Regelungsgehalt 4	VII. Aktivlegitimation für „persönlich erlittenen" Schaden (lit. f) 20
I. Haftungsgrund und Haftungsumfang (lit. a Alt. 1) 5	VIII. Haftung Dritter (lit. g) 21
II. Anspruchsgegner (lit. a Alt. 2) 7	IX. Einwendungen, insbesondere aufgrund von Zeitablauf (lit. h) 23
III. Haftungsausschluss und Haftungsbeschränkung (lit. b) 9	1. Aus Gesetz 24
IV. Schadensexistenz, Schadensart und Schadenskompensation (lit. c) 11	2. Aus Parteivereinbarung 27
V. Auskunfts-, Beseitigungs- und Unterlassungsansprüche (lit. d) 16	C. Weitere praktische Hinweise 28

A. Allgemeines

Den **sachlichen Anwendungsbereich** der Verordnung konkretisiert Art. 15 in Form eines Katalogs von Rechtsfragen, die dem auf das außervertragliche Schuldverhältnis anzuwendende Recht unterliegen. Insoweit besteht eine Wechselwirkung mit der Definition des Schadensbegriffs in Art. 2 Abs. 1 und des Begriffs des außervertraglichen Schuldverhältnisses in Art. 1 Abs. 1. Von der Terminologie her ist Art. 15 auf das Recht der unerlaubten Handlung zugeschnitten, gilt aber wegen seiner Stellung im Abschnitt „Gemeinsame Vorschriften" auch für die übrigen vom Anwendungsbereich der Rom II-VO erfassten außervertraglichen Schuldverhältnisse (zu diesen Art. 1 Rn 3 ff).[1] Die **Aufzählung** der genannten Materien ist **nicht abschließend** („insbesondere").[2] Parallelbestimmungen finden sich in Art. 12 Abs. 1 Rom I-VO und Art. 23 Rom IV-VO. Angelehnt ist Art. 15 an Art. 8 des Haager Straßenverkehrsübereinkommens[3] und Art. 8 des Haager Produkthaftungsübereinkommens.[4]

Sinn und Zweck des Art. 15 liegt erstens in der Gewährleistung der **einheitlichen Behandlung** derselben, ein außervertragliches Schuldverhältnis betreffenden **Rechtsfragen** nach demselben materiellen Recht (Ein- 1

2

---

1 Erman/*Hohloch*, Art. 15 Rn 1; jurisPK-BGB/*Ludwig*, Art. 15 Rn 2; *Cheshire/North/Fawcett*, Private International Law, 14. Aufl. 2008, S. 841; *G. Wagner*, IPRax 2008, 1, 15.
2 AllgA, s. Palandt/*Thorn*, Art. 15 Rn 1; *Junker*, NJW 2007, 3675, 3680.
3 Deutsche Übersetzung des Übereinkommens bei *Jayme/Hausmann*, Internationales Privat- und Verfahrensrecht, 16. Aufl. 2012, Nr. 100. Das Übereinkommen ist nicht für Deutschland, aber für andere EU-Mitgliedstaaten in Kraft und genießt in diesen Mitgliedstaaten nach Art. 28 Vorrang vor der Rom II-VO; s.a. jurisPK-BGB/*Ludwig*, Art. 15 Rn 5–6.
4 MüKo/*Junker*, Art. 15 Rn 2; *Cheshire/North/Fawcett*, Private International Law, 14. Aufl. 2008, S. 841; *Ahrens*, WPR 2011, 945, 946.

heit des Statuts des außervertraglichen Schuldverhältnisses).[5] Zweitens soll durch die konkrete Beschreibung der betroffenen Rechtsfragen die **einheitliche Anwendung** der Rom II-VO gesichert werden.[6] Dies dient der in Erwägungsgrund 14 S. 1 postulierten **Rechtssicherheit**.[7]

3 Durch Art. 15 wird folglich auch die **Abgrenzung** zu Rechtsfragen, deren Beantwortung einem **anderen Statut** als dem des außervertraglichen Schuldverhältnisses zugewiesen ist, gesteuert.[8] Betroffen sind sowohl (kollisions- und sachrechtliche) Vorfragen, die das Recht der außervertraglichen Schuldverhältnisse aufwerfen, als auch Konstellationen, in denen eine (kollisions- oder sachrechtliche) **Vorfrage** des außervertraglichen Schuldrechts auftritt.[9] Von besonderer Bedeutung ist die Abgrenzung zum sich nach der *lex fori* richtenden Prozessrecht.[10] Im Recht des geistigen Eigentums stellt sich beispielsweise die Frage, ob Bestand und Inhaberschaft des Rechts von dessen Verletzung zu trennen und gesondert anzuknüpfen sind. Näher hierzu Art. 8 Rn 41 f.

B. Regelungsgehalt

4 Die **Begriffe** des in Art. 15 enthaltenen Katalogs sind **europäisch-autonom**, dh losgelöst von nationaler Terminologie und nationalem Verständnis des außervertraglichen Schuldrechts auszulegen.[11] Einzelne Rechtsfragen können ggf mehr als einem der im Katalog des Art. 15 genannten Aspekte zuzuordnen sein. Entscheidend ist allein, ob die betreffende Frage überhaupt nach dem durch die Rom II-VO bezeichneten Recht zu beantworten ist.[12] Die exemplarisch als zum Statut des außervertraglichen Schuldverhältnisses gehörend genannten Materien betreffen im Einzelnen:

I. Haftungsgrund und Haftungsumfang (lit. a Alt. 1)

5 Der **Haftungsgrund** bezeichnet die Haftungstatbestände und ihre Voraussetzungen.[13] Dem Statut des außervertraglichen Schuldverhältnisses sind im Recht der unerlaubten Handlung materielle Bestimmungen zuzuordnen, die **geschützte Rechtsgüter, Verletzungshandlungen**[14] und **-erfolge, Rechtswidrigkeit, Kausalitäts- und Zurechnungserfordernisse**[15] und die **Schuldform** – insbesondere die Frage, ob Verschuldens- oder Gefährdungshaftung gegeben ist – betreffen.[16] Unerheblich ist der Standort der betreffenden Norm im nationalen Recht, so dass beispielsweise der Anspruch aus § 945 ZPO[17] von der Rom II-VO erfasst wird. Ansprüche aus Verlöbnisbruch erfordern eine differenzierte Betrachtung.[18]

6 Der **Haftungsumfang** erfasst gesetzliche Haftungshöchstgrenzen sowie Haftungsquoten bei Schädigermehrheiten.[19] Erstgenannter Aspekt überschneidet sich mit lit. b,[20] letztgenannter mit lit. a Alt. 2. Für die Frage der Haftungsquoten ist der Maßstab zu deren Bestimmung unerheblich.[21]

---

5 AllgA, s. etwa BeckOK-BGB/*Spickhoff*, Art. 15 Rn 1; Erman/*Hohloch*, Art. 15 Rn 1; MüKo/*Junker*, Art. 15 Rn 2.
6 PWW/*Schaub*, Art. 15 Rn 1.
7 Huber/*Bach*, Rome II Regulation, Art. 15 Rn 1; MüKo/*Junker*, Art. 15 Rn 2..
8 jurisPK-BGB/*Ludwig*, Art. 15 Rn 4; *Lima Pinheiro*, in: Lima Pinheiro, Estudos de Direito Internacional Privado Volume II, S. 187, 219; *Ahrens*, WPR 2011, 945, 946.
9 Die Abgrenzung wird regelmäßig eine Untersuchung des konkret in Frage stehenden außervertraglichen Schuldverhältnisses erfordern. Siehe etwa zur urheberrechtlichen Vorfragenproblematik für die Anknüpfung nach Art. 8 *Grünberger*, ZVglRWiss 108 (2009), 134, 157 ff.
10 Näher Vorschlag für eine Verordnung des Europäischen Parlaments und des Rates über das auf außervertragliche Schuldverhältnisse anzuwendende Recht („Rom II"), KOM (2003) 427 endgültig, S. 25; Cheshire/North/Fawcett, Private International Law, 14. Aufl. 2008, S. 841.
11 BeckOK-BGB/*Spickhoff*, Art. 15 Rn 3; PWW/*Schaub*, Art. 15 Rn 2; s.a. Erman/*Hohloch*, Art. 15 Rn 3.
12 Vgl Rauscher/*Jakob/Picht*, EuZPR/EuIPR, Art. 15 Rn 5; Huber/*Bach*, Rome II Regulation, Art. 15 Rn 4.
13 Erman/*Hohloch*, Art. 15 Rn 5.
14 Bei Gefährdungshaftung die Beschreibung der haftungsbegründenden Gefahr, s. Hk-BGB/*Dörner*, Art. 15 Rn 2.
15 PWW/*Schaub*, Art. 15 Rn 2; *Garcimartin Alférez*, EuLF 2007, I-77, I-89; *G. Wagner*, IPRax 2008, 1, 15.
16 MüKo/*Junker*, Art. 15 Rn 8 f; jurisPK-BGB/*Ludwig*, Art. 15 Rn 8; Erman/*Hohloch*, Art. 15 Rn 3.
17 BeckOK-BGB/*Spickhoff*, Art. 15 Rn 3.
18 Näher MüKo/*Junker*, Einleitung IPR Rn 509 mwN; für die deliktsrechtliche Qualifikation BeckOK-BGB/*Spickhoff*, Art. 15 Rn 3.
19 Vorschlag für eine Verordnung des Europäischen Parlaments und des Rates über das auf außervertragliche Schuldverhältnisse anzuwendende Recht („Rom II"), KOM (2003) 427 endgültig, S. 26; Cheshire/North/Fawcett, Private International Law, 14. Aufl. 2008, S. 841; PWW/*Schaub*, Art. 15 Rn 2.
20 Näher Huber/*Bach*, Rome II Regulation, Art. 15 Rn 4; nur für lit. b *Garnett*, Substance and Procedure in Private International Law, 2012, Rn 5.19.
21 jurisPK-BGB/*Ludwig*, Art. 15 Rn 9 zur „Marktanteilshaftung".

II. Anspruchsgegner (lit. a Alt. 2)

Das Statut des außervertraglichen Schuldverhältnisses bestimmt die **Passivlegitimation**. Im **Deliktsrecht** 7
schließt dies die Deliktsfähigkeit[22] als besonderen Aspekt der Haftung aus einem außervertraglichen Schuldverhältnis[23] (s.a. Erwägungsgrund 12), nicht aber die Rechts- und Geschäftsfähigkeit ein. Erfasst ist auch die Regelung der Haftung Mehrerer, insbesondere hinsichtlich der Beteiligungsform und der Haftungsquote im Außenverhältnis,[24] einschließlich der Ausgestaltung der Haftung als Gesamt- oder Teilschuld.[25] Hinsichtlich des Ausgleichsanspruchs im Innenverhältnis ist Art. 20 zu beachten. Zur Aktivlegitimation s.u. Rn 20 und zur Haftung für andere s.u. Rn 21 f.

Für Ansprüche aus **culpa in contrahendo** bestimmt das Statut des außervertraglichen Schuldverhältnisses 8
den Personenkreis, der aufgrund der Vertragsanbahnung wegen Verletzung vorvertraglicher Pflichten haftet, insbesondere auch die Anspruchsgegnerschaft von Dritten, die nicht Vertragspartei werden sollen (im deutschen Sachrecht § 311 Abs. 3 BGB). Die Rückabwicklung nichtiger Verträge nach den Regeln einer ungerechtfertigten Bereicherung unterliegt, soweit es sich um eine vertragliche Rückabwicklung handelt, der Rom I-VO.[26]

III. Haftungsausschluss und Haftungsbeschränkung (lit. b)

Das Statut des außervertraglichen Schuldverhältnisses erfasst Sachnormen, die den **Anspruch einschränken** 9
oder **entfallen lassen**, etwa aufgrund höherer Gewalt, Eingreifens von Rechtfertigungsgründen oder Mitverschuldens des Anspruchsgegners (Teilung der Haftung).[27] Auch Haftungsbeschränkungen zwischen bestimmten Personengruppen, etwa Ehegatten[28] oder Familienmitgliedern,[29] sind hier zu verorten.[30] Zu beachten bleibt, dass außervertragliche Schuldverhältnisse aus einem Familienverhältnis nach Art. 1 Abs. 2 lit. a nicht vom Anwendungsbereich der Rom II-VO erfasst werden. Die in Frage stehende Haftungsbeschränkung aufgrund familiärer Verbindung muss deshalb für ein außervertragliches Schuldverhältnis geltend gemacht werden, das nicht aus einem Familienverhältnis entspringt.[31] **Unerheblich** ist die **Ausgestaltung des Haftungsausschlusses** oder der -beschränkung als Einwendung oder Einrede, dh deren Berücksichtigung im Prozess von Amtswegen oder nur nach Geltendmachung durch die begünstigte Partei.[32] Die Übergänge zur Anspruchsentstehung nach lit. a sind fließend. Zu Rechtsbeschränkung und -verlust durch Zeitablauf, insbesondere Verjährung, s.u. Rn 23 ff.

Rechtsgeschäftlich vereinbarte **Haftungsausschlüsse oder -beschränkungen** – die sich auch als 10
(Teil-)Verzicht oder Teilerlass auffassen lassen, hierzu Rn 27 – erfordern eine **differenzierte** Betrachtung: Ob und in welchem Umfang das außervertragliche Schuldverhältnis durch parteiautonome Vereinbarung modifiziert werden kann, wird nach dem Statut des außervertraglichen Schuldverhältnisses beurteilt. Gleiches gilt für die Verfügungswirkung einer rechtsgeschäftlichen Vereinbarung. Im Übrigen unterliegt die rechtsgeschäftliche Vereinbarung als vertragliches Schuldverhältnis dem nach der Rom I-VO zu ermittelnden Vertragsstatut.[33] Eine ausschließlich auf ein außervertragliches Schuldverhältnis bezogene, rechtsgeschäftliche Vereinbarung wird regelmäßig eine – zumindest konkludente – Rechtswahl zugunsten des

---

22 MüKo/*Junker*, Art. 15 Rn 8; Rauscher/*Jakob/Picht*, EuZPR/EuIPR, Art. 15 Rn 8; BeckOK-BGB/*Spickhoff*, Art. 15 Rn 4; PWW/*Schaub*, Art. 15 Rn 2; *Dickinson*, Rome II Regulation, 2008, Rn 14.09; *G. Wagner*, IPRax 2008, 1, 15. Auch dem Statut des außervertraglichen Schuldverhältnisses zuzuschlagen sind die Konsequenzen fehlender Deliktsfähigkeit, etwa die Billigkeitshaftung Deliktsunfähiger, s. Erman/*Hohloch*, Art. 15 Rn 3.
23 *Staudinger*, in: Gebauer/Wiedmann, Kap. 38 Rn 81.
24 Hk-BGB/*Dörner*, Art. 15 Rn 2.
25 Huber/*Bach*, Rome II Regulation, Art. 15 Rn 7.
26 Überzeugend *Sendmeyer*, IPRax 2010, 500, 503 (mwN zum Streitstand) durch scharfe Differenzierung zwischen vertraglichem und außervertraglichem Schuldverhältnis.
27 Palandt/*Thorn*, Art. 15 Rn 3.
28 Zur kollisionsrechtlichen Erfassung der interspousal immunity *Jayme*, in: Jayme, Internationales Privatrecht – Ideengeschichte von Mancini und Ehrenzweig zum Europäischen Kollisionsrecht, 2009, S. 220 ff.
29 jurisPK-BGB/*Ludwig*, Art. 15 Rn 11; *Cheshire/North/Fawcett*, Private International Law, 14. Aufl. 2008, S. 842.
30 Vorschlag für eine Verordnung des Europäischen Parlaments und des Rates über das auf außervertragliche Schuldverhältnisse anzuwendende Recht („Rom II"), KOM (2003) 427 endgültig, S. 26; PWW/*Schaub*, Art. 15 Rn 3; *Garcimartín Alférez*, EuLF 2007, I-77, I-89.
31 *Dickinson*, Rome II Regulation, 2008, Rn 14.14 (als Beispiel das Führen eines Kfz nennend).
32 Einreden lassen sich auch nach lit. h als „Bedingung für das Erlöschen" des Anspruchs auffassen, s. MüKo/*Junker*, Art. 15 Rn 12.
33 Huber/*Bach*, Rome II Regulation, Art. 15 Rn 10; Dicey, Morris & Collins on the Conflict of Law – Second Cumulative Supplement to the Fourteenth Edition, 2008, Rn S35-258 Fn 48; *Seibl*, IPRax 2010, 347, 350 f; mit Einschränkungen *Dickinson*, Rome II Regulation, 2008, Rn 14.16; undifferenziert jurisPK-BGB/*Ludwig*, Art. 15 Rn 11; aA Hk-BGB/*Dörner*, Art. 15 Rn 3 (Statut des außervertraglichen Schuldverhältnisses; Form der Vereinbarung analog Art. 21); den Vergleichsvertrag unter lit. h fassend BeckOK-BGB/*Spickhoff*, Art. 15 Rn 11.

Rechts enthalten, dem das außervertragliche Schuldverhältnis, auf das sie sich bezieht, unterliegt. Bei objektiver Anknüpfung ließe sich ein **Gleichlauf** durch die Ausweichklausel des Art. 4 Abs. 3 Rom I-VO in Erwägung zu ziehen.[34] Enthält der Haftungsausschluss oder die Haftungsbeschränkung eine Rechtswahl, die das außervertragliche Schuldverhältnis betrifft, gilt hinsichtlich dieser Art. 14. Zur Anspruchsübertragung durch Rechtsgeschäft s.u. Rn 18.

IV. Schadensexistenz, Schadensart und Schadenskompensation (lit. c)

11 Im Deliktsrecht ist mit der Schadensexistenz, -art, und -kompensation der **gesamte haftungsausfüllende Tatbestand** gemeint.[35] Insbesondere erfasst sind Fragen der zu ersetzenden Schäden,[36] der Schadensberechnung[37] und der Art der Kompensation durch Naturalrestitution oder Geldzahlung (s.a. unten Rn 14),[38] in letzterem Fall einschließlich der Kompensation durch einmalige Zahlung oder durch Geldrente. Ansprüche auf Trauerschmerzensgeld fallen nicht unter die Bereichsausnahme Art. 1 Abs. 2 lit. g.[39]

12 Die Ermächtigung des Gerichts zur **Schadensschätzung** (nach deutschem Recht § 287 ZPO) ist als Problem der Bemessung des Schadens nach dem auf das außervertragliche Schuldverhältnis anzuwendenden Recht, nicht nach der *lex fori* als anwendbarem Prozessrecht zu bestimmen. Die Feststellung und der Beweis der Tatsachen, auf deren **Grundlage** das Gericht die **Schätzung** vornimmt, richten sich als **prozessuale Fragen** hingegen nach der *lex fori*. Das Beweismaß ist deshalb dem Recht des Gerichtsstaates zu entnehmen.[40] Gleiches gilt für die Frage, auf wie der Spruchkörper, der die Schätzung vornimmt, zusammengesetzt ist.[41]

13 Auch der Ersatz **entgangenen Unterhalts** als Folge deliktischen Handelns – im deutschen Recht etwa nach § 844 Abs. 2 BGB – beurteilt sich nach dem Deliktsstatut. Bestehen und Umfang einer Unterhaltspflicht des Geschädigten sind als Vorfrage hingegen nach dem Unterhaltsstatut zu beurteilen.[42] Wird Angehörigen Schadensersatz unabhängig von einer Unterhaltsverpflichtung gewährt, richtet sich das für den Schadensersatzanspruch vorausgesetzte Rechtsverhältnis – Verwandtschaft, Ehe oÄ – als Vorfrage gesondert nach dem jeweils einschlägigen Statut.[43]

14 Nach Erwägungsgrund 33 sollen bei der Bemessung von Personenschäden alle relevanten **tatsächlichen Umstände des Opfers berücksichtigt** werden, insbesondere tatsächliche Verluste und Kosten für Nachsorge und medizinische Versorgung. Als Erwägungsgrund ohne direkte normative Kraft handelt es sich hierbei um einen Merkposten für den Richter, auf Ebene des Sachrechts den Besonderheiten des Auslandssachverhalts Rechnung zu tragen.[44] Eine unionale Kompetenz zum Erlass von Sachnormen besteht zudem nicht, so dass der Erwägungsgrund jedenfalls unverbindlich ist;[45] s. ergänzend Art. 18 Rn 28.

15 Die Zuerkennung von **Strafschadenersatz** (punitive damages) kann gegen den *ordre public* des Gerichtsstaates verstoßen.[46] Näher Erwägungsgrund 32 S. 2 und Art. 26 Rn 28.

---

34 Denselben Gedanken für die umgekehrte Konstellation (Rechtsverhältnis, das über den reinen Haftungsausschluss hinausgeht) entwickelnd *Seibl*, IPRax 2010, 347, 351.

35 MüKo/*Junker*, Art. 15 Rn 13; jurisPK-BGB/*Ludwig*, Art. 15 Rn 13; BeckOK-BGB/*Spickhoff*, Art. 15 Rn 6.

36 Etwa der Ersatz immaterieller Schäden oder entgangenen Gewinns s. Hk-BGB/*Dörner*, Art. 15 Rn 4; Palandt/*Thorn*, Art. 15 Rn 5; *Garcimartín Alférez*, EuLF 2007, I-77, I-79 f; *Saggerson*, 2008 International Travel Law Journal 161, 165.

37 Auch die Art der Berechnung, etwa die Orientierung an Tabellenwerken, richtet sich nach dem Statut des außervertraglichen Schuldverhältnisses, Palandt/*Thorn*, Art. 15 Rn 5; *Dickinson*, Rome II Regulation, 2008, Rn 14.19.

38 BeckOK-BGB/*Spickhoff*, Art. 15 Rn 6; jurisPK-BGB/*Ludwig*, Art. 15 Rn 13. Auch andere Arten der Schadenskompensation sind erfasst, etwa Beseitigung, Widerruf, Gegendarstellung, oder Urteilsveröffentlichung, näher Erman/*Hohloch*, Art. 15 Rn 7.

39 *Spickhoff*, IPRax 2009, 527, 529.

40 LG Saarbrücken NJW-RR 2012, 885, 886 mwN zum Streitstand.

41 *Dickinson*, Rome II Regulation, 2008, Rn 14.19.; s.a. *Cheshire/North/Fawcett*, Private International Law, 14. Aufl. 2008, S. 846 (keine Feststellung der Schadenshöhe durch nach der *lex fori* nicht vorgesehenes jury trial); dem folgend jurisPK-BGB/*Ludwig*, Art. 15 Rn 14.

42 OGH, IPRax 2011, 280, 282 m.Anm. *Nordmeier* 292; OLG Frankfurt aM zfs 2004, 452, 454 m.Anm. *Diehl* 457; MüKo/*Junker*, Art. 15 Rn 19; BeckOK-BGB/*Spickhoff*, Art. 15 Rn 6; Palandt/*Thorn*, Art. 15 Rn 2; *Lima Pinheiro*, in: Lima Pinheiro, Estudos de Direito Internacional Privado Volume II, S. 187, 220; für das „Andenken" einer unselbständigen Anknüpfung von unterhaltsrechtlichen Vorfragen, die durch das Recht eines Mitgliedstaates aufgeworfen werden, *Staudinger*, in: Gebauer/Wiedmann, Kap. 38 Rn 81.

43 *Staudinger*, IPRax 2011, 229, 232; s. anhand des *pretium doloris* des brasilianischen Rechts *Nordmeier*, IPRax 2011, 292, 296; ferner *Lima Pinheiro*, in: Lima Pinheiro, Estudos de Direito Internacional Privado Volume II, S. 187, 220.

44 Es handelt sich insb. nicht um eine Sonderkollisionsnorm, s. jurisPK-BGB/*Ludwig*, Art. 15 Rn 15.

45 MüKo/*Junker*, Art. 15 Rn 17. Erwägungsgrund 33 größere Bedeutung einräumend Palandt/*Thorn*, Art. 15 Rn 5; *Saggerson*, 2008 International Travel Law Journal 161, 166.

46 Erman/*Hohloch*, Art. 15 Rn 7; *Dickinson*, Rome II Regulation, 2008, Rn 14.23.

V. Auskunfts-, Beseitigungs- und Unterlassungsansprüche (lit. d)

Die Rom II-VO bestimmt die **Art** der aus dem außervertraglichen Schuldverhältnis erwachsenden **Ansprüche**.[47] Deshalb sind **Auskunfts-, Unterlassungs- und Beseitigungsansprüche** vom Statut des außervertraglichen Schuldverhältnisses erfasst,[48] und zwar unabhängig davon, ob sie allein oder nur flankierend zu einem anderen außervertraglichen Anspruch bestehen. Soweit man die Anspruchsart als Rechtsfolge des außervertraglichen Schuldverhältnisses versteht, ergeben sich Überschneidungen mit lit. b. 16

Unerheblich ist, ob die genannten Ansprüche in der Hauptsache oder im **Verfahren des einstweiligen Rechtsschutzes** geltend gemacht werden. Der Verweis auf die Grenzen der verfahrensrechtlichen Befugnisse nach der *lex fori* verdeutlicht insbesondere, dass flankierender einstweiliger Rechtsschutz, den das nach der Rom II-VO ermittelte Recht gewährt,[49] nur im Rahmen der prozessualen Grenzen des Rechts des Gerichtsstaates erlangt werden kann. 17

VI. Anspruchsübergang, auch durch Rechtsnachfolge von Todes wegen (lit. e)

Die **Übertragbarkeit**, **nicht** die **Übertragung**, des außervertraglichen Anspruchs richtet sich nach dem Statut des außervertraglichen Schuldverhältnisses. Ob im Verhältnis der Parteien des außervertraglichen Schuldverhältnisses ein Gläubigerwechsel möglich ist, entscheidet das durch die Rom II-VO bezeichnete Recht.[50] Liegt Übertragbarkeit vor und steht im Raum ein **gesetzlicher Forderungsübergang** im Raum, ist **Art. 19** zu beachten. Bei der Übertragung durch Rechtsgeschäft wird das Rechtsverhältnis zwischen Zedent und Zessionar als vertragliches Schuldverhältnis nach dem durch die Rom I-VO ermittelten Recht beurteilt.[51] Zu rechtsgeschäftlich vereinbarten Haftungsausschlüssen und -beschränkungen s.o. Rn 10. 18

Die Vererbbarkeit betrifft den Anspruchsübergang im Wege der gesetzlichen oder gewillkürten Rechtsnachfolge von Todes wegen. Das Statut des außervertraglichen Schuldverhältnisses bestimmt nur die **Vererbbarkeit**, **nicht** die **Vererbung** des Anspruchs. Ihm ist deshalb zu entnehmen, ob und ggf in welcher Form der in Frage stehende Anspruch durch Rechtsnachfolge von Todes wegen übergehen kann.[52] Weitere erbrechtliche Fragen, insbesondere die Erbenstellung aufgrund von Testament oder Gesetz, sind nicht vom Anwendungsbereich der Rom II-VO erfasst (s. Art. 1 Abs. 2 lit. b Alt. 2) und werden durch das auf die Rechtsnachfolge von Todes wegen anzuwendende Recht beantwortet.[53] 19

VII. Aktivlegitimation für „persönlich erlittenen" Schaden (lit. f)

Die materiellrechtliche **Aktivlegitimation** richtete sich nach dem durch die Rom II-VO bezeichneten Recht. Sie gehört, ohne ausdrücklich dort angeführt zu sein, zum Grund der Haftung in lit. a Alt. 1.[54] Hinsichtlich der Aktivlegitimation gesondert als zum Statut der Rom II-VO zugehörig genannt werden in lit. f Ansprü- 20

---

47 jurisPK-BGB/*Ludwig*, Art. 15 Rn 16 fasst auch die Frage nach der Art der Wiedergutmachung durch Einmal- oder periodische Zahlungen unter Art. 15 lit. d.
48 Erman/*Hohloch*, Art. 15 Rn 9; MüKo/*Junker*, Art. 15 Rn 20; PWW/*Schaub*, Art. 15 Rn 5; Palandt/*Thorn*, Art. 15 Rn 6.
49 Aus dem *common law*-Rechtskreis ist an einen *disclosure relief* oder *injunctive relief* zu denken, s. Huber/*Bach*, Rome II Regulation, Art. 15 Rn 16; *Cheshire/North/Fawcett*, Private International Law, 14. Aufl. 2008, S. 846 f.
50 MüKo/*Junker*, Art. 15 Rn 21; Koziol/Bydlinski/Bollenberger/*Neumayr*, Art. 15 Rom II-VO Rn 2; Huber/*Bach*, Rome II Regulation, Art. 15 Rn 17. Zu denken ist beispielsweise an die Unübertragbarkeit von Ansprüchen wegen Verletzung der ideellen Bestandteile des Allgemeinen Persönlichkeitsrechts, s. BGHZ 189, 65.
51 Huber/*Bach*, Rome II Regulation, Art. 15 Rn 17; MüKo/*Junker*, Art. 15 Rn 21; PWW/*Schaub*, Art. 15 Rn 6 (nur Art. 15 Rom I-VO nennend); Palandt/*Thorn*, Art. 15 Rn 7; *Dicey, Morris & Collins* on the Conflict of Law – Second Cumulative Supplement to the Fourteenth Edition, 2008, Rn S35-259; *Garcimartín Alférez*, EuLF 2007, I-77, I-90; offen *Heiss/Loacker*, JBl 2007, 613, 639.
52 Hk-BGB/*Dörner*, Art. 15 Rn 6; *Dickinson*, Rome II Regulation, 2008, Rn 14.41; beschränkt auf die gesetzliche Erbfolge Rauscher/*Jakob/Picht*, EuZPR/EuIPR, Art. 15 Rn 14.
53 MüKo/*Junker*, Art. 15 Rn 21; jurisPK-BGB/*Ludwig*, Art. 15 Rn 18; Erman/*Hohloch*, Art. 15 Rn 10 mit Beispiel. Ab dem 17.8.2015 wird das anwendbare Recht nach der EuErbRVO bestimmt werden. Bis zu diesem Zeitpunkt sind Art. 25 f EGBGB anzuwenden. Zur EuErbRVO siehe die Einführung in diesem Band.
54 Allgemein die Aktivlegitimation von Art. 15 erfasst ansehend Erman/*Hohloch*, Art. 15 Rn 8.

che von Personen,[55] die einen „persönlich erlittenen" Schaden[56] geltend machen. Gemeint sind vor allem materielle und immaterielle Schäden[57] **mittelbar Geschädigter**,[58] etwa der Ersatz von Schockschäden oder Schmerzensgeld für Angehörige.[59] Zwischen dem mittelbar Geschädigten und dem Schädiger entsteht kollisionsrechtlich folglich kein eigenes außervertragliches Schuldverhältnis, sondern die Ansprüche des mittelbar Geschädigten entspringen dem außervertraglichen Schuldverhältnis, das zwischen Schädiger und unmittelbar Geschädigtem besteht.[60] Die Existenz eines besonderen Rechtsverhältnisses zum Schädiger oder zum Geschädigten ist als Vorfrage nach den jeweils einschlägigen kollisionsrechtlichen Bestimmungen zu beurteilen.[61] Zum Schadensersatz wegen Unterhaltsentgangs s.o. Rn 13.

Ob auf sachrechtlicher Ebene bei **Bemessung** der **Schadenshöhe** Standards am gewöhnlichen Aufenthalt des Geschädigten Berücksichtigung finden können,[62] hängt davon ab, inwiefern das anwendbare Sachrecht eine solche Berücksichtigung gestattet.

VIII. Haftung Dritter (lit. g)

21 Dem auf das außervertragliche Schuldverhältnis anzuwendenden Recht unterfallen Bestimmungen, welche die Haftung Dritter regeln. Das insoweit relevante, **kollisionsrechtliche außervertragliche Schuldverhältnis** besteht zwischen **unmittelbarem Schädiger** und **Geschädigten**, nicht zwischen Geschädigtem und Dritten.[63] Diese Differenzierung kann von Bedeutung sein, wenn die gewöhnlichen Aufenthalte von unmittelbarem Schädiger und Drittem in unterschiedlichen Staaten liegen.[64] Der hier vertretene Ansatz wahrt den Grundsatz der Einheit des Statuts des außervertraglichen Schuldverhältnisses (s. Rn 2).

22 Von lit. g erfasst ist die Haftung von Aufsichtspflichtigen – etwa von Eltern für Verhalten ihrer **Kinder** –,[65] von Arbeitgebern für Verhalten ihrer **Arbeitnehmer**, von Geschäftsherren für **Verrichtungsgehilfen**.[66] Hinsichtlich der Haftung des Aufsichtspflichtigen[67] regelt die Verordnung das Bestehen und den Umfang der Aufsichtspflicht. Ob ein die Aufsichtspflicht begründendes Rechtsverhältnis existiert, ist sachrechtliche Vorfrage und bestimmt sich nach dem insoweit einschlägigen Statut.[68]

Auch bestimmt das von der Rom II-VO bezeichnete Recht die Haftung von **juristischen Personen** für das Handeln ihrer Organe, soweit kein Ausschuss vom Anwendungsbereich der Verordnung nach Art. 1 Abs. 2 lit. d besteht.[69]

---

55 Der Begriff „Person" erfasst im Grundsatz natürliche und juristische Personen (s. *Dickinson*, Rome II Regulation, 2008, Rn 14.43). Eine juristische Person wird aber kaum einen „persönlichen Schaden" erleiden können. Für eine erweiternde Auslegung, die auch die Anspruchsberechtigung von Verbänden für Unterlassungsklagen unter Art. 15 lit. f subsumieren möchte (PWW/*Schaub*, Art. 15 Rn 7), besteht zudem kein Bedürfnis, da sie sich unter Art. 15 lit. a Alt. 1 fassen lässt.

56 Die Drittschadensliquidation ist nicht Art. 15 lit. f zuzuordnen, sondern Art. 15 lit. a, aA Rauscher/*Jakob/Picht*, EuZPR/EuIPR, Art. 15 Rn 15. Es liegt kein persönlich erlittener Schaden vor, wenn der Anspruchsberechtigte den Schaden eines Dritten liquidiert.

57 BeckOK-BGB/*Spickhoff*, Art. 15 Rn 9; Hk-BGB/*Dörner*, Art. 15 Rn 7.

58 MüKo/*Junker*, Art. 15 Rn 22; Rauscher/*Jakob/Picht*, EuZPR/EuIPR, Art. 15 Rn 15; Erman/*Hohloch*, Art. 15 Rn 8; *Staudinger*, IPRax 2011, 229, 232.

59 jurisPK-BGB/*Ludwig*, Art. 15 Rn 20; aA Palandt/*Thorn*, Art. 15 Rn 8. Die Verordnungsbegründung, Vorschlag für eine Verordnung des Europäischen Parlaments und des Rates über das auf außervertragliche Schuldverhältnisse anzuwendende Recht („Rom II"), KOM (2003) 427 endgültig, S. 26, die auf die Trauer durch den Verlust eines nahen Angehörigen hinweist, ist jedoch insoweit eindeutig.

60 Näher *Plender/Wilderspin*, The European Private International Law of Obligations, 3. Aufl. 2009, Rn 16-075; aA Palandt/*Thorn*, Art. 15 Rn 8 (für eine selbständige Anknüpfung, da es sich um eine eigenständige unerlaubte Handlung handele).

61 MüKo/*Junker*, Art. 15 Rn 22; Rauscher/*Jakob/Picht*, EuZPR/EuIPR, Art. 15 Rn 15.

62 Zum deutschen Sachrecht (§ 253 Abs. 2 BGB) BeckOK-BGB/*Spickhoff*, Art. 15 Rn 9 mwN.

63 MüKo/*Junker*, Art. 15 Rn 23; Erman/*Hohloch*, Art. 15 Rn 6; wohl auch *Plender/Wilderspin*, The European Private International Law of Obligations, 3. Aufl. 2009, Rn 16-076; aA Huber/*Bach*, Rome II Regulation, Art. 15 Rn 21 f; BeckOK-BGB/*Spickhoff*, Art. 15 Rn 10 (Statut des unmittelbar Handelnden als Vorfrage); wohl auch Hk-BGB/*Dörner*, Art. 15 Rn 8 (betroffen sei die Zurechnung des Verhaltens Dritter).

64 Siehe das Beispiel bei Huber/*Bach*, Rome II Regulation, Art. 15 Rn 22, welches nach hier vertretener Ansicht jedoch dahingehend zu lösen ist, dass sich die Haftung des Arbeitgebers für das deliktische Verhalten des Arbeitnehmers nach dem außervertraglichen Schuldverhältnis zwischen Arbeitnehmer und Geschädigtem richtet.

65 Vorschlag für eine Verordnung des Europäischen Parlaments und des Rates über das auf außervertragliche Schuldverhältnisse anzuwendende Recht („Rom II"), KOM (2003) 427 endgültig, S. 26.

66 Erman/*Hohloch*, Art. 15 Rn 6.

67 Siehe auch jurisPK-BGB/*Ludwig*, Art. 15 Rn 22; Erman/*Hohloch*, Art. 15 Rn 6.

68 MüKo/*Junker*, Art. 15 Rn 23; Huber/*Bach*, Rome II Regulation, Art. 15 Rn 23; *Dickinson*, Rome II Regulation, 2008, Rn 14.47.

69 Näher MüKo/*Junker*, Art. 15 Rn 24; Erman/*Hohloch*, Art. 15 Rn 3.

IX. Einwendungen, insbesondere aufgrund von Zeitablauf (lit. h)

Rechtshindernde, rechtsvernichtende und **rechtshemmende Einwendungen** des Schuldners des außervertraglichen Schuldverhältnisses werden vom Statut des außervertraglichen Schulverhältnisses erfasst.[70] Unerheblich ist, ob sie zum Erlöschen des Anspruchs führen oder nur dessen gerichtlicher Durchsetzung im Weg stehen[71] und ob sie im Prozess von Amtswegen oder nur nach Geltendmachung durch den Schuldner Berücksichtigung finden. Besonders genannt werden in lit. h die aus Zeitablauf resultierenden Einwendungen der Verjährung und des „Rechtsverlustes".[72] Unterscheiden lassen sich Einwendungen aus Gesetz und aus Parteivereinbarung.   23

1. Aus Gesetz. Ob eine Einwendung auf Gesetz beruht, beurteilt sich nach dem anzuwendenden Sachrecht. Nicht erforderlich ist, dass es sich um geschriebenes Gesetzesrecht handelt. Auch Einwendungen aus Gewohnheits- oder Richterrecht sind erfasst. Zu den **gesetzlichen Einwendungen** gehören insbesondere die Erfüllung,[73] aber auch beispielsweise Unmöglichkeit, Unzumutbarkeit, Tod des Schuldners bei höchstpersönlicher Schuld[74] oder Leistungsfreiheit wegen Gefahrübergangs.[75]   24

Verjährungsregeln sind vom Statut des außervertraglichen Schuldverhältnisses[76] unabhängig davon erfasst, ob sie das durch die Rom II-VO berufene Sachrecht als materiellrechtliche Einwendung oder als prozessuales Klagehindernis konzipiert.[77] Dies gilt insbesondere auch für die Verjährungsregeln, welche die praxisrelevanten Straßenverkehrsunfälle betreffen.[78] Beginn, Lauf, Unterbrechung und Neubeginn der Verjährung richten sich nach dem Statut des außervertraglichen Schuldverhältnisses.[79] Als materiellrechtliche Vorfrage aufzufassen sind hingegen das Vorliegen oder der Eintritt von Rechtslagen, an welche das Statut des außervertraglichen Schuldverhältnisses verjährungsrechtliche Konsequenzen knüpft.[80]   25

Das Statut des außervertraglichen Schuldverhältnisses betrifft auch (geschriebene oder ungeschriebene) Bestimmungen der **Verwirkung**.[81]   26

2. Aus Parteivereinbarung. Zu den **aus Parteivereinbarung** folgenden Einwendungen sind der Verzicht[82] oder Erlass[83] zu zählen. Auch der gerichtliche oder außergerichtliche Vergleich kommen in Betracht.[84] Einreden, die aus Parteivereinbarung resultieren, sind wie Haftungsausschlüsse oder -beschränkungen zu behandeln (hierzu oben Rn 10): Die Disponibilität der Forderung sowie die Verfügungswirkung richtet sich nach dem Statut des außervertraglichen Schuldverhältnisses. Der Verzichts-, Erlass- oder Vergleichsvertrag ist hingegen als vertragliches Schuldverhältnis nach der Rom I-VO zu beurteilen.[85]   27

---

70 Art. 15 lit. h entspricht Art. 10 Abs. 1 lit. d Rom I-VO. S.a. auch die Kommentierung dort.
71 Vgl jurisPK-BGB/*Ludwig*, Art. 15 Rn 23. Fragen der Klagbarkeit können jedoch, soweit sie prozessual zu qualifizieren sind, der *lex fori* unterliegen.
72 Der Begriff „Rechtsverlust" ist hier spezifisch als Rechtsverlust durch Zeitablauf zu verstehen, wie sich aus anderen Sprachfassungen der Verordnung (Englisch: „limitation"; Französisch: „déchéance fondée sur l'expiration d'un délai"; Portugisisch: „caducidade"; Spanisch: „caducidad") ergibt.
73 Rauscher/*Jakob/Picht*, EuZPR/EuIPR, Art. 15 Rn 17.
74 *Dickinson*, Rome II Regulation, 2008, Rn 14.53.
75 Siehe auch Huber/*Bach*, Rome II Regulation, Art. 15 Rn 24.
76 Eine für das Deliktsrecht vorgeschlagene alternative Anknüpfung zugunsten des Geschädigten hat sich nicht durchgesetzt, s. MüKo/*Junker*, Art. 15 Rn 25; Rauscher/*Jakob/Picht*, EuZPR/EuIPR, Art. 15 Rn 17, jeweils mwN.
77 Huber/*Bach*, Rome II Regulation, Art. 15 Rn 24; BeckOK-BGB/*Spickhoff*, Art. 15 Rn 11; PWW/ *Schaub*, Art. 15 Rn 9; *Cheshire/North/Fawcett*, Private International Law, 14. Aufl. 2008, S. 848; *Plender/Wilderspin*, The European Private International Law of Obligations, 3. Aufl. 2009, Rn 16-082; s.a. *Junker*, JZ 2008, 169, 177.
78 Sie unterliegen keiner Sonderanknüpfung an das Recht des gewöhnlichen Aufenthalts des Geschädigten, s. *Wagner/Winkelmann*, RIW 2012, 277 ff; dem folgend jurisPK-BGB/*Ludwig*, Art. 15 Rn 24.
79 Erman/*Hohloch*, Art. 15 Rn 4.
80 Siehe bspw zur Frage der Rückwirkung der Zustellung nach § 167Alt. 2 und 3 ZPO *Nordmeier* ZZP 124 (2011), 95, 110 ff; s.a. *Dickinson*, Rome II Regulation, 2008, Rn 14.50.
81 BeckOK-BGB/*Spickhoff*, Art. 15 Rn 11; Erman/*Hohloch*, Art. 15 Rn 4 (als sonstiger materieller Grund der Nichthaftung); Hk-BGB/*Dörner*, Art. 15 Rn 9; *Heiss/Loacker*, JBl 2007, 613, 646.
82 BeckOK-BGB/*Spickhoff*, Art. 15 Rn 11.
83 Hk-BGB/*Dörner*, Art. 15 Rn 9.
84 MüKo/*Junker*, Art. 15 Rn 25; BeckOK-BGB/*Spickhoff*, Art. 15 Rn 11; Rauscher/*Jakob/Picht*, EuZPR/ EuIPR, Art. 15 Rn 17; *Cheshire/North/Fawcett*, Private International Law, 14. Aufl. 2008, S. 848.
85 AA BeckOK-BGB/*Spickhoff*, Art. 15 Rn 11 (für den Vergleich, der wegen seiner unmittelbaren Sachnähe noch unter Art. 15 zu fassen sei); wohl auch Hk-BGB/*Dörner*, Art. 15 Rn 9 (Formgültigkeit einschlägiger Vereinbarungen richte sich nach Art. 21 analog).

C. Weitere praktische Hinweise

28 Die Ermittlung des Inhalts ausländischen Sachrechts erleichtern das **Europäischen justiziellen Netzes für Zivil- und Handelssachen**[86] und das **Europäische Justizportal**.[87] Sie bieten wichtige erste Anhaltspunkte,[88] bedürfen aber der weitergehenden Verifizierung insbesondere im Hinblick auf aktuelle Rechtsprechung und Literatur des betreffenden Sachrechts. Bei einem Mandat mit grenzüberschreitendem Bezug dürfte der Anwalt seinen Sorgfaltspflichten[89] regelmäßig nicht genügen, wenn er sich nur auf die im Europäischen justiziellen Netz oder im Europäischen Justizportal eingestellten Informationen verlässt.

Artikel 16 Eingriffsnormen

Diese Verordnung berührt nicht die Anwendung der nach dem Recht des Staates des angerufenen Gerichts geltenden Vorschriften, die ohne Rücksicht auf das für das außervertragliche Schuldverhältnis maßgebende Recht den Sachverhalt zwingend regeln.

Literatur: *Brandt*, Die Sonderanknüpfung im internationalen Deliktsrecht, 1993; *Günther*, Die Anwendung ausländischer Eingriffsnormen im Lichte der Rom I- und Rom II Verordnungen, 2011, *v. Hein*, Europäisches Internationales Deliktsrecht nach der Rom II-Verordnung, ZEuP 2009, 6; *Hellner*, Third Country Overriding Mandatory Rules in the Rome I Regulation: Old Wine in New Bottles?, (2009) 5 J. Priv. Int. L. 447; *v. Hoffmann*, Sonderanknüpfung zwingender Normen im internationalen Deliktsrecht, FS Dieter Henrich, 2000, S. 283; *Knöfel*, Internationales Arbeitskampfrecht nach der Rom II-Verordnung, EuZA 1 (2008), 228; *Kühne*, Das Anknüpfungssystem des neuen europäischen internationalen Deliktsrechts, FS Erwin Deutsch, 2009, S. 817; *Leible*, Rom I und Rom II: Neue Perspektiven im Europäischen Kollisionsrecht, 2009; *Leible/M. Lehmann*, Die neue EG-Verordnung über das auf außervertragliche Schuldverhältnisse anzuwendende Recht („Rom II"), RIW 2007, 721; *Lüttringhaus*, Grenzüberschreitender Diskriminierungsschutz – Das internationale Privatrecht der Antidiskriminierung, 2010; *van der Plas*, Het leerstuk van de voorrangsregels gecodificeerd in boek 10:werking(ssfeer), NIPR 2010, 421; *Remien*, Variationen zum Thema Eingriffsnormen nach Art. 9 Rom I-VO und Art. 16 Rom II-VO unter Berücksichtigung neuerer Rechtsprechung zu Art. 7 Römer Übereinkommen, FS Bernd v. Hoffmann, 2011, S. 334; *Schramm*, Ausländische Eingriffsnormen im Deliktsrecht – Ein Beitrag zu Art. 19 IPRG und Art. 12 Abs. 1 des Entwurfs einer Rom II-Verordnung, 2005; *Spickhoff*, Die Einheit des Rechtswidrigkeitsurteils im Zusammenspiel von Internationalem Privat- und Strafrecht, FS Erwin Deutsch, 2009, S. 907; *G. Wagner*, Die neue Rom II-Verordnung, IPRax 2008, 1

A. Sonderanknüpfung von Eingriffsnormen	1	III. Sperrwirkung gegenüber ausländischen Eingriffsnormen	6
B. Herkunft von Eingriffsnormen	3	C. Identifikation von Eingriffsnormen	8
I. Anwendung inländischer Eingriffsnormen	4	D. Eingriffsnormen des deutschen Rechts	10
II. Anwendung unionsrechtlicher Eingriffsnormen	5		

A. Sonderanknüpfung von Eingriffsnormen

1 Gemäß Art. 16 berührt die kollisionsrechtliche Verweisung nicht die Anwendung der Bestimmungen des Forumstaates, die ohne Rücksicht auf das auf den Vertrag anwendbare Recht den Sachverhalt zwingend regeln. Die Norm dient der Durchsetzung des zwingenden Normenmaterials, das in der europäischen Kollisionsrechtstradition als Gesamtheit der **Eingriffsnormen** verstanden wird. Honoriert werden diese im Rahmen der Rom II-VO, wie auch Erwägungsgrund 32 S. 1 betont, aus Gründen des öffentlichen Interesses, richtig verstanden als „Steuerungsinteressen des betroffenen Staates".[1] Freilich gilt die Sonderanknüpfung von Eingriffsnormen seit jeher in erster Linie als Bedürfnis und Phänomen des Internationalen Schuldvertragsrechts. Im IPR der außervertraglichen Schuldverhältnisse spielt die Durchsetzung international zwingenden Rechts eine wesentliche kleinere Rolle, da idR schon die Anknüpfungsregeln für Delikte etc. als solche auf Steuerungsbedürfnisse der Staaten Rücksicht nehmen.[2] Dementsprechend ist der Anwendungsbereich auch des Art. 16 nicht groß. Vielmehr steht die Norm weit im Schatten der benachbarten, ungleich wichtigeren Frage nach Eingriffen des international zwingenden Rechts in das Vertragsstatut (Art. 9

---

[86] Erreichbar im Internet unter <http://ec.europa.eu/civiljustice/index_de.htm>.
[87] Erreichbar im Internet unter <https://e-justice.europa.eu/home.do?action=home&plang=de>. Einen Überblick über das Angebot des Portals (Stand: 2009) geben *Mayer/Lindemann*, AnwBl 2009, 216.
[88] Als weitere wichtige Quelle sind die im Auftrag des Deutschen Rats für Internationales Privatrecht veröffentlichten Gutachten zum internationalen ausländischen Recht (IPG) zu nennen.
[89] Zu diesen im Hinblick auf ausländisches Recht *Slobodenjuk*, NJW 2006, 113, 115.
[1] *G. Wagner*, IPRax 2008, 1, 15.
[2] *G. Wagner*, IPRax 2008, 1, 15; *Kühne*, FS Erwin Deutsch, 2009, 817, 828.

Rom I-VO), und ist überwiegend, freilich nicht ausnahmslos, unter Heranziehung der dort etablierten Leitlinien und Begriffe auszulegen.[3]

Die Systematik der **Durchsetzung zwingenden Rechts im IPR**, die dem EVÜ und zT nationalem Recht wie Art. 34 EGBGB aF zugrunde lag und heute im Grundsatz gleichermaßen die Rom I-VO und die Rom II-VO beherrscht, ist nicht leicht zu durchschauen. Es lässt sich mehrfach differenzieren: zweifach nach der Stärke des zwingenden Charakters der durchgesetzten Normen (intern oder international zwingend), dreifach nach dem Bezugsobjekt des durchgesetzten Zwanges (materiellrechtlich verwiesenes Recht, gewähltes Recht, kein bestimmtes Vertrags- bzw Deliktsstatut), und vierfach nach der Herkunft der zwingenden Bestimmungen (Inlandsrecht bzw *lex fori*, objektiv verwiesenes Recht, Recht eines anderen mit dem Sachverhalt verbundenen Staates, Unionsrecht). Daraus ergeben sich heute vier Wege, auf denen *ius cogens* im vereinheitlichen Europäischen IPR zur Anwendung kommt. Erstens setzen sich zwingende Bestimmungen des Inlandsrechts gegen eine in einem reinen Inlandsverhältnis erfolgte materiellrechtliche Verweisung zugunsten ausländischen Rechts durch (Art. 3 Abs. 3 Rom I-VO, Art. 14 Abs. 2 Rom II-VO). Zweitens werden intern zwingende Bestimmungen des objektiv verwiesenen Rechts aufgrund besonderer Schutzbedürfnisse ggf neben einer Rechtswahl sonderangeknüpft (Artt. 6 Abs. 2, 8 Abs. 1 S. 2 Rom I-VO). Drittens setzen sich zwingende Mindeststandards des Unionsrechts gegenüber einem gewählten „Fremdstatut", dh dem Recht eines Drittstaates, durch (Art. 3 Abs. 4 Rom I-VO, Art. 14 Abs. 3 Rom II-VO). Viertens können international zwingende Bestimmungen entweder des Forumstaates (Art. 9 Abs. 2 Rom I-VO, Art. 16 Rom II-VO) oder eines anderen mit dem Sachverhalt verbundenen Staates (Art. 9 Abs. 3 Rom I-VO) Anwendung beanspruchen, dies jeweils unabhängig vom verwiesenen Recht. 2

B. Herkunft von Eingriffsnormen

Es fragt sich, welcher Rechtsordnung Eingriffsnormen entstammen dürfen bzw müssen, um über Art. 16 durchsetzbar zu sein. 3

I. Anwendung inländischer Eingriffsnormen

Nach Art. 16 ist international zwingendes „Recht des Staates des angerufenen Gerichts" zu honorieren, also Normenmaterial des Forumstaates, das sich „unter außergewöhnlichen Umständen" (Erwägungsgrund 32 S. 1) durchsetzt. Damit ist die eigentliche und engste Bestimmung der Sonderanknüpfung abgedeckt. Inländische Gerichte sind an die **Wertentscheidungen des internen Normgebers**, in denen sich seine (Ordnungs-)Politik ausdrückt, gebunden.[4] Diese ihre Bindung dürfen sie bei der Anwendung fremden Rechts nicht aufgeben, weshalb das international zwingende Recht ihres Amtsstaates angewandt werden muss, gleichviel, worauf die Anknüpfungsregeln der Rom II-VO weisen. 4

II. Anwendung unionsrechtlicher Eingriffsnormen

Ebenso wie inländische Eingriffsnormen zu behandeln und ggf über Art. 16 anzuwenden ist **unionales Eingriffsrecht**, das zB bei Kartellverstößen in Gestalt der primärrechtlichen Wettbewerbsregeln oder der FusionskontrollVO von Bedeutung sein kann.[5] Freilich ist Unionsrecht weder inländisches noch ausländisches Recht, sondern Produkt einer Völkerrechtsordnung *sui generis*, das den internen Staatsorganen in besonderer Weise zur Anwendung auferlegt ist. Jedenfalls bei unmittelbar geltendem Unionsrecht ist aber unbeachtlich, ob es sich aufgrund seiner Rechtswirkung eigener Art selbst Geltung verschafft, oder ebenso wie forumstaatliches Recht nach Art. 16 behandelt wird.[6] 5

III. Sperrwirkung gegenüber ausländischen Eingriffsnormen

Es ist umstritten, ob die Wirkungsverleihung zugunsten der **Eingriffsnormen eines anderen Staates** (Mitglied- oder Drittstaat), die Art. 9 Abs. 3 Rom I-VO vorsieht, auch in Art. 16 hineingelesen werden kann bzw soll.[7] Dagegen und für eine allgemeine Sperrwirkung gegenüber allem ausländischen Eingriffsrecht spricht 6

---

3 *Lüttringhaus*, 196 f.
4 Umfassend v. Bar/Mankowski/*Mankowski*, Internationales Privatrecht, I: Allgemeine Lehren, 2. Aufl. 2003, § 4 Rn 91.
5 *Remien*, FS Bernd v. Hoffmann, 2011, 334, 338.
6 *Remien*, FS Bernd v. Hoffmann, 2011, 334, 338.
7 Dafür *v. Hein*, VersR 2007, 440, 446; *ders.*, ZEuP 2009, 6, 24 f; *Leible/M. Lehmann*, RIW 2007, 721,

726; *Rühl*, FS Jan Kropholler, 2008, 187, 206 f; *Kadner Graziano*, Rev. crit. DIP 97 (2008), 445, 508; *ders.*, RabelsZ 73 (2009), 1, 72; MüKo/*Sonnenberger*, Einl. IPR Rn 49; Staudinger/*Fezer/Koos*, IntWirtschR Rn 344; *Günther*, 199 f, 208; *Remien*, FS Bernd v. Hoffmann, 2011, 334, 345 f; tendenziell wohl MüKo/*Junker*, Art. 16 Rn 23–28.

nicht nur der eindeutige Wortlaut des Art. 16 und der Fortfall eines entsprechenden Vorschlages im Rechtssetzungsverfahren,[8] sondern auch die vom EVÜ her bekannte, ablehnende Haltung mehrerer Mitgliedstaaten gegenüber einer regelhaften Berücksichtigung ausländischen Eingriffsrechts im Inland. Zu Art. 7 Abs. 1 EVÜ haben seinerzeit Deutschland, Irland, Luxemburg, Portugal und das Vereinigte Königreich den Vorbehalt der Nichtanwendung gemäß Art. 22 Abs. 1 lit. a EVÜ erklärt. Soweit ersichtlich, hat seither keiner dieser Staaten einen anderslautenden politischen Willen gebildet oder zum Ausdruck gebracht. Es ist sogar denkbar, dass zB das Vereinigte Königreich auf sein *opt in* verzichtet hätte, wenn es zur Honorierung fremden Eingriffsrechts gezwungen gewesen wäre.[9] Überwunden werden können hätte die hergebrachte Ablehnung ausländischen Eingriffsrechts durch jene Staaten daher nur durch eine Einigung und Regelung auf Unionsebene, die die Rom I–VO aber gerade nicht hervorgebracht hat.[10] Bevor die Rom I–VO verabschiedet war, hat man sogar gemeint, die seinerzeit eindeutig gewollte Herausnahme einer Norm über ausländische Eingriffsnormen aus der Rom II–VO könne sogar die Regelung im Rahmen der Rom I–VO beeinflussen.[11] Diese Einschätzung hat sich nicht bewahrheitet. Erst recht lässt sich dann aber der offenkundige Unterschied zwischen den Endfassungen der Rom I–VO und der Rom II–VO nicht ignorieren. Dementsprechend kann Art. 16 nicht *contra legem* auf andere als forumstaatliche Eingriffsnormen angewandt werden.[12] Es wäre dies eine methodisch unzulässige und politisch untunliche Unterlegung. Einzuräumen ist freilich, dass die Nichtachtung insbesondere drittstaatlichen Eingriffsrechts einen gewissen Widerspruch zum Grundsatz der Rom II-VO aufwirft, zwischen Binnenmarkt- und Drittstaatensachverhalten nicht (Art. 3) bzw nur ausnahmsweise (Art. 14 Abs. 3) zu differenzieren.[13]

7 Fremde Eingriffsnormen sind im Rahmen des Art. 16 auch nicht mit anderer dogmatischer Begründung als derjenigen der überwiegenden Lehren von der Sonderanknüpfung bzw von der besonderen Anknüpfung, etwa aufgrund der Einheitsanknüpfung bzw **Schuldstatutstheorie** (also als angebliche integrale Bestandteile der *lex causae*)[14] zu honorieren.[15]

C. Identifikation von Eingriffsnormen

8 Nach ständiger Rechtsprechung zu Art. 34 EGBGB aF, die – mit Art. 7 EVÜ als inhaltlicher Vorlage nicht nur für Art. 9 Rom I–VO, sondern auch für Art. 16[16] – für das unionale Kollisionsrecht der außervertraglichen Schuldverhältnisse inhaltlich entsprechend gilt, ist für international zwingendes Recht kennzeichnend, dass die jeweilige Vorschrift nicht nur auf den Schutz von Individualinteressen gerichtet ist, sondern mit ihr zumindest auch **Gemeinwohlinteressen** verfolgt werden.[17] Damit, dass Art. 9 Rom I–VO von Normen spricht, „deren Einhaltung als so entscheidend für die Wahrung der politischen, sozialen oder wirtschaftlichen Organisation eines Staates angesehen wird, dass ihre Anwendung auf alle Sachverhalte, die in ihren Anwendungsbereich fallen, vorgeschrieben ist", ist nichts anderes gemeint. Die Rom II-VO entbehrt zwar eine ebenso gefasste, eigens definierende Norm, was für gewisse Irritationen gesorgt hat,[18] strebt ersichtlich

---

8 Dazu *Leible/Engel*, EuZW 2004, 7, 16; *Leible/M. Lehmann*, RIW 2007, 721, 726; *Huber/A. Fuchs*, Rome II Regulation, Art. 16 Rn 26–29.
9 Siehe *Cheshire/North/Fawcett*, Private International Law, 14th ed. 2008, 851. Detailliert zur Entstehungsgeschichte des Art. 9 Rom I–VO, auch mit Blick auf die Rom II–VO, *Hellner*, (2009) 5 J. Priv. Int. L. 447, 451–455; siehe zu den britischen Interessen bei der Rom I–VO auch *Leible*, 64.
10 Ebenso Huber/*A. Fuchs*, Rome II Regulation, Art. 16 Rn 29.
11 *Junker*, NJW 2007, 3675, 3681: „Weichenstellung auch für die künftige Rom I-Verordnung".
12 Zutreffend *G. Wagner*, IPRax 2008, 1, 15; *Ofner*, ZfRV 2008, 13, 23; *Staudinger*, AnwBl 2008, 8, 12; *Dutoit*, Liber Fausto Pocar, 2009, S. 309, 325; Huber/ *A. Fuchs*, Rome II Regulation, Art. 16 Rn 30; Bamberger/Roth/*Spickhoff*, Art. 16 Rn 4; Rauscher/ *D. Jakob/Picht*, EuZPR/EuIPR, Art. 16 Rn 9; *Staudinger* in: Gebauer/Wiedmann, Kap. 38 Rn 83;

Staudinger/*Staudinger*, Vor §§ 651a-651 m BGB Rn 151; Schulze/Zuleeg/Kadelbach/*Staudinger*, § 22 Rn 69.
13 *Staudinger*, AnwBl 2008, 8, 12.
14 v. Bar/Mankowski/*Mankowski*, § 4 Rn 119 verweist mit Recht darauf, dass im Hinblick auf deliktsrechtliches Eingriffsrecht nicht von der Schuldstatutstheorie gesprochen werden sollte, allenfalls von einer *lex causae*-Theorie.
15 Dafür aber offenbar *Remien*, FS Bernd v. Hoffmann, 2011, S. 334, 342.
16 *Tell*, Rev. eur. dr. consom. 2004, 35, 55.
17 BAGE 63, 17, 31 f; BAGE 71, 297, 318; BAGE 80, 84, 92 f; BAGE 100, 130, 139 sowie BGH, NJW 2009, 3371, 3373 f.
18 Dazu *Heiss*, in: *Reichelt* (Hrsg.), 30 Jahre österreichisches IPR-Gesetz – Europäische Perspektiven, 2009, 61, 64 f; Schulze/Zuleeg/Kadelbach/*Staudinger*, § 22 Rn 68; *Verschraegen*, Internationales Privatrecht, 2012, Rn 1324.

aber keinen anderen Begriff der Eingriffsnormen an als die Rom I-VO, umso weniger, als deren Formulierung neuerdings auch in Art. 22 EuEheGüRVO-E[19] und in Art. 17 EuPartnerschaftsVO-E[20] wiederholt wird.

Konkurrenzprobleme ergeben sich, wenn und soweit autonomes, unvereinheitlichtes Recht der Mitgliedstaaten einseitige Kollisionsnormen enthält, die Verweisungen nur auf inländisches Sachrecht aussprechen, und dabei Sachbereiche betreffen, die auch die Rom II-VO regelt oder berührt.[21] Teilweise wird angenommen, solcher Vorrang des inländischen Rechts weiche grundsätzlich nicht den allseitigen Verweisungen der Rom II-VO und dem danach ermittelten Deliktsstatut. Vielmehr gehe der Vorrang der *lex interna* aufgrund Art. 16 den bzw allen Verweisungsnormen der Rom II-VO vor, habe entweder selbst Eingriffscharakter oder breche jedenfalls den verwiesenen inländischen Sachnormen als Eingriffsnormen Bahn.[22] Zutreffen könnte dies auf einseitige **Kollisionsnormen des Internationalen Kartellrechts**, die wie § 130 Abs. 2 GWB an Inlandswirkungen anknüpfen,[23] oder auch auf Art. 17 a EGBGB, soweit danach der Gewaltschutz im Verhältnis zwischen Ehegatten, zB **Betretungs-, Näherungs- und Kontaktverbote** im Zusammenhang mit der im Inland belegenen Ehewohnung,[24] deutschem Recht unterstehe.[25] Freilich ist ein solcher Vorrang inländischen Rechts, auch inländischen Kartell- oder Gewaltschutzrechts, über Art. 16 nicht zu erreichen,[26] gleichviel, ob die jeweilige interne Rechtssetzung von so schwerwiegenden Gemeininteressen getragen ist, dass dies Art. 16 an sich Genüge täte.[27] Liegt die jeweilige Fallgruppe sachlich innerhalb der VO, so gilt nur diese. Dies gebietet schon der universelle Anwendungsvorrang des Unionsrechts gegenüber allem nationalen Recht. Gliedert die VO dagegen die Fallgruppe aus, so kann die Durchsetzung inländischen Rechts auch keine Frage und kein Ergebnis der Rom II-VO sein. Ergeben kann sie sich ggf aber über eine andere Norm, im Falle des Schutzes der inländischen Ehewohnung über Art. 22 EuEheGüRVO-E[28] und Art. 17 EuPartnerschaftsVO-E[29] als künftige Parallelnormen zu Art. 16.

D. Eingriffsnormen des deutschen Rechts

Innerhalb der internen Rechtsordnung ist ein für Art. 16 hinreichender, ordnungs- oder staatspolitischer Charakter von Bestimmungen, die für außervertragliche Schuldverhältnisse relevant sind, **relativ selten**,[30] jedenfalls im Vergleich zur Hypertrophie der Eingriffsnormen bei Art. 9 Rom I-VO.

Jedenfalls Eingriffsrecht iSd Art. 16 sind **Wertungen des inländischen Strafrechts**.[31] Sind zB Ansprüche wegen eines Vermögensdelikts nach der Rom II-VO anzuknüpfen,[32] und gilt ausländisches Sachrecht, so fließt die strafrechtliche *lex interna* dennoch in die Bewertung als unerlaubte Handlung ein.[33]

Ein gewisser Bestand an Eingriffsnormen findet sich sodann im **Recht der Arbeit**, ist jenes doch in besonderem Maße an den festen Kern der Wirtschafts- und Sozialordnung im Forumstaat gekoppelt.[34] Bei Schäden aus Arbeitskampfmaßnahmen (Art. 9) sind Eingriffsnormen nach Art. 16 die öffentlichrechtlichen Vorschriften der *lex fori* über Streiknotdienstpflichten,[35] zB über Folgepflichten zur Wahrung der Schiffssi-

---

19 Vorschlag für eine Verordnung des Rates über die Zuständigkeit, das anzuwendende Recht, die Anerkennung und die Vollstreckung von Entscheidungen im Bereich des Ehegüterrechts, von der Kommission vorgelegt am 16.3.2011, KOM (2011) 126 endg.
20 Vorschlag für eine Verordnung des Rates über die Zuständigkeit, das anzuwendende Recht, die Anerkennung und die Vollstreckung von Entscheidungen im Bereich des Güterrechts eingetragener Partnerschaften, von der Kommission vorgelegt am 16.3.2011, KOM (2011) 127 endg.
21 Dazu allgemein MüKo/*Sonnenberger*, Einl. IPR Rn 51.
22 So Loewenheim/Meessen/Riesenkampff/*Meessen*, Kartellrecht, 2. Aufl. 2009, IntKartR EU Rn 136.
23 Loewenheim/Meessen/Riesenkampff/*Meessen*, IntKartR EU Rn 136.
24 Zur Anwendbarkeit der Rom II-VO siehe Art. 1 Rn 36.
25 Dazu *Breidenstein*, FamFR 2012, 172 ff.
26 Zutreffend zum Kartellrecht Staudinger/*Fezer/Koos*, IntWirtschR Rn 343.
27 Für Art. 17 a EGBGB prüft (und verneint) dies freilich *Breidenstein*, FamFR 2012, 172 ff.
28 Vorschlag für eine Verordnung des Rates über die Zuständigkeit, das anzuwendende Recht, die Anerkennung und die Vollstreckung von Entscheidungen im Bereich des Ehegüterrechts, von der Kommission vorgelegt am 16.3.2011, KOM (2011) 126 endg., S. 9 (Art. 22).
29 Vorschlag für eine Verordnung des Rates über die Zuständigkeit, das anzuwendende Recht, die Anerkennung und die Vollstreckung von Entscheidungen im Bereich des Güterrechts eingetragener Partnerschaften, von der Kommission vorgelegt am 16.3.2011, KOM (2011) 127 endg, S. 9 (Art. 17).
30 Mit demselben Befund für die mitgliedstaatlichen Rechtsordnungen *Kadner Graziano*, Rev. crit. DIP 97 (2008), 445, 507.
31 Bamberger/Roth/*Spickhoff*, Art. 16 Rn 3.
32 Dazu *Siehr*, IPRax 2009, 435.
33 Einen Beispielsfall bietet schwBGE 133 III 323: Deliktische Ansprüche einer ausländischen Bank gegen eine inländische Bank aufgrund des Vorwurfs der Geldwäsche, *in casu* freilich inländischem Recht unterstellt und wohl schon deshalb schweizerisches Strafrecht herangezogen.
34 Dazu zB *Knöfel*, RdA 2006, 269, 273.
35 *Knöfel*, EuZA 1 (2008), 228, 248; dazu MüKo/*Junker*, Art. 16 Rn 16; zust. *Zelfel*, Der Internationale Arbeitskampf nach Art. 9 Rom II-Verordnung, 2011, 124.

cherheit,[36] ggf Arbeitsschutzvorschriften.[37] Sollten sich aus Art. 9 Abs. 3 GG besondere Haftungskanalisierungen ergeben, um einem einfachen Beteiligten an einem gewerkschaftlich organisierten Streik die volle deliktische Einstandspflicht für Schäden zu ersparen,[38] so kommt bei Arbeitskämpfen in Betracht, auch diese Regel – vorausgesetzt, sie wäre oder würde allgemeinverbindlich – als international zwingend durchzusetzen.[39] International zwingend sind auch die Regeln über die Neutralität des Staates bei Arbeitskämpfen, etwa das Verbot der Vermittlung in einen durch einen Arbeitskampf unmittelbar betroffenen Bereich (§ 36 Abs. 3 SGB III) und die Bestimmungen über das Ruhen des Arbeitslosengeldes (§ 160 Abs. 3 SGB III).[40] Als Eingriffsnormen in Betracht kommen zudem Haftungsprivilegien (bzw deren Versagung) im Zusammenhang mit Arbeitsunfällen,[41] und Haftungskonzentrationen auf den Arbeitgeber oder Dienstherrn bei der deliktischen Außenhaftung der Arbeitnehmer und Beamten.[42]

13 Sind Ansprüche im Umfeld des Rechts auf **Nichtdiskriminierung** deliktisch zu qualifizieren,[43] etwa vorvertragliche Ansprüche in Bewerbungsszenarien (Art. 12), so kann die jeweilige inländische Umsetzung der EU-Antidiskriminierungs-Richtlinien, in Deutschland das AGG, als Eingriffsrecht iSd Art. 16 wirken.[44]

14 Gilt nach der Rom II-VO ein anderes als deutsches Recht für die Haftung wegen Schäden durch Arzneimittel, so wird die **Gefährdungshaftung** des § 84 AMG wegen **Inverkehrbringens eines Arzneimittels im Inland** verbreitet als Eingriffsrecht iSd Art. 16 angesehen.[45]

15 Andere Bereiche des inländischen Rechts, die immer wieder als mögliche Quellen für Eingriffsrecht mit Bezug zu außervertraglichen Schuldverhältnissen genannt werden, sind das Devisen- und Außenwirtschaftsrecht[46] sowie neuerdings das Recht der Prospekthaftung.[47] Eingriffsnormen iSd Art. 16 sind jedenfalls nicht die Rechtfertigungsgründe, die zB im (Internationalen) Arzthaftungs- und Medizinrecht bedeutsam sein können,[48] ebenso nicht die Haftungsprivilegien Minderjähriger und vergleichbarer Personen, ggf belegt mit einer Billigkeitshaftung,[49] ebenfalls nicht das Verbot der Aufrechnung gegen Forderungen aus vorsätzlicher unerlaubter Handlung.[50]

Artikel 17 Sicherheits- und Verhaltensregeln

Bei der Beurteilung des Verhaltens der Person, deren Haftung geltend gemacht wird, sind faktisch und soweit angemessen die Sicherheits- und Verhaltensregeln zu berücksichtigen, die an dem Ort und zu dem Zeitpunkt des haftungsbegründenden Ereignisses in Kraft sind.

Literatur: *Arif*, Eingriffsnormen und öffentlich-rechtliche Genehmigungen unter der Rom II-VO, ZfRV 2011, 258; *Beck'scher Online-Kommentar BGB*, hrsg. von Bamberger/Roth, Stand: 1.8.2012; *Buschbaum*, Privatrechtsgestaltende Anspruchspräklusion im internationalen Privatrecht, 2008; *Calliess* (Hrsg.), Rome Regulations: Commentary on the European Rules of the Conflict of Laws, 2011; *Dickinson*, The Rome II Regulation, 2008, Supplement 2010; *Ehrenzweig*, Local and Moral Data in the Conflict of Laws: Terra Incognita, 16 Buff. L. Rev. 55 (1966); *Erman*, BGB-Handkommentar, hrsg. v. Westermann, Bd. 2, 13. Auflage 2011; *Hamburg Group for Private International Law*, Comments on the European Commission's Draft Proposal for a Council Regulation on the law applicable to non-contractual obligations, RabelsZ 67 (2003), 1; *v. Hein*, Die Behandlung von Sicherheits- und Verhaltensregeln nach Art. 17 der Rom II-Verordnung, in: FS Bernd von Hoffmann, 2011, S. 139; *Jayme*, Ausländische Rechtsregeln und Tatbestand inländischer Sachnormen – Betrachtungen zu Ehrenzweigs Datum-Theorie, in: GS Ehrenzweig 1976, S. 35; *Junker*, Die Rom II-Verordnung: Neues Internationales Deliktsrecht auf europäischer Grundlage, NJW 2007, 3675; *Kadner Graziano*, Das auf außervertragliche Schuldverhältnisse anzuwendende Recht nach Inkrafttreten der Rom II-Verordnung, RabelsZ 73 (2009), 1;

---

36 Zum deutschen Sachrecht zB RGRK/*Bemm*, Bürgerliches Gesetzbuch, 12. Aufl. 1997, § 630 BGB Anh. 2 Rn 203; zum italienischen Sachrecht Cassaz., Dir. mar. 96 (1994), 458 m. Anm. *Bianchi*.
37 *Heinze*, RabelsZ 73 (2009), 770, 789.
38 MünchArbR/*Otto*, § 289 Rn 41.
39 *Knöfel*, EuZA 1 (2008), 228, 248.
40 *Hergenröder*, FS Rolf Birk 2008, 197, 213; *Zelfer*, 123.
41 Dazu *Adelmann*, IPRax 2007, 538, 540 f.
42 *v. Hoffmann*, FS Dieter Henrich, 2000, S. 283, 294 f; Staudinger/*v. Hoffmann*, Vor Art. 40 EGBGB ff Rn 72; *Kühne*, FS Erwin Deutsch, 2009, S. 817, 828.
43 Dazu *Mansel*, FS Claus-Wilhelm Canaris I, 2007, S. 809, 824 f.
44 Jauernig/*Mansel*, BGB, 14. Aufl. 2011, § 6 AGG Rn 1; *Mansel*, FS Claus-Wilhelm Canaris I, 2007, S. 809, 830; eingehend *Lüttringhaus*, S. 191-301; anders *Junker*, NZA-Beil. 2008, 59, 63 f.
45 Bamberger/Roth/*Spickhoff*, Art. 16 Rn 3; *ders.*, FS Jan Kropholler, 2008, S. 671, 673; *ders.*, FS Erwin Deutsch, 2009, S. 907, 916; Spickhoff/*Spickhoff*, Medizinrecht, 2011, § 84 AMG Rn 10; außerdem *Wiedemann*, Das internationale Privatrecht der Arzneimittelhaftung, 1998, 95 f: § 84 AMG regele „faktisch (…) die Rechtsanwendungsfrage."
46 Bamberger/Roth/*Spickhoff*, Art. 16 Rn 3.
47 Dazu näher, aber iE unter Verneinung des Eingriffscharakters, *v. Hein*, in: Baum/Hellgardt/Fleckner/M. Roth (Hrsg.), Perspektiven des Wirtschafsrechts, 2008, S. 371, 387–389.
48 *Spickhoff*, FS Erwin Deutsch, 2009, S. 907, 916.
49 *Kühne*, FS Erwin Deutsch, 2009, S. 817, 828 f; Bamberger/Roth/*Spickhoff*, Art. 16 Rn 3.
50 *Kühne*, FS Erwin Deutsch, 2009, S. 817, 828 f; Bamberger/Roth/*Spickhoff*, Art. 16 Rn 3.

Kegel/Schurig, Internationales Privatrecht, 9. Auflage 2004; *Lehmann*, Vorschlag für eine Reform der Rom II-Verordnung im Bereich der Finanzmarktdelikte, IPRax 2012, 399; *ders.*, Proposition d'une règle spéciale dans le Règlement Rome II pour les délits financiers, Revue critique de droit international privé 2012, 485; *Leible/Lehmann*, Die neue EG-Verordnung über das auf außervertragliche Schuldverhältnisse anzuwendende Recht („Rom II"), RIW 2007, 721; *de Lima Pinheiro*, Choice of law on non-contractual obligations between communitarization und globalization – A first assessement of EC Regulation Rome II, Rivista di diritto internazionale privato e processuale 2008; *Neuhaus*, Die Grundbegriffe des internationalen Privatrechts, 2. Auflage 1976; *Pfeiffer*, Datumtheorie und „local data" in der Rom II-VO – am Beispiel von Straßenverkehrsunfällen, in: Liber Amicorum Schurig, 2012, S. 229; *Scoles/Hay/Borchers/Symeonides*, Conflict of Laws, 4. Auflage 2004; *Rauscher* (Hrsg.), Europäisches Zivilprozeß- und Kollisionsrecht, Kommentar, Bd. 3, Rom I-VO, Rom II-VO, 2011; *Münchener Kommentar zum Bürgerlichen Gesetzbuch*, hrsg. v. Säcker/Rixecker, Bd. 10, 5. Auflage 2010; *Palandt*, BGB – Kommentar, hrsg. v. Bassenge u.a., 71. Auflage 2012; *Siems*, Die Harmonisierung des Internationalen Deliktsrechts und die Einheit der Rechtsordnung, RIW 2004, 662; *Symeonides*, Tort Conflicts and Rome II: A View from Across, 56 Am. J. Comp. L. 173 (2008); *G. Wagner*, Die neue Rom II-Verordnung, IPRax 2008, 1.

A. Allgemeines 1	4. Beschränkung auf örtlich gebundene Regeln? 38
I. Funktion 1	III. Definition 40
II. Rechtsnatur 4	IV. Einzelfälle 41
III. Entstehungsgeschichte 7	1. Vorschriften des öffentlichen Rechts ... 41
IV. Rechtsvergleichung 10	2. Verkehrspflichten 44
B. Anwendungsbereich 13	3. Sorgfaltspflichten 45
I. Alle außervertraglichen Schuldverhältnisse ... 13	4. Guter oder böser Glaube 46
II. Bedeutung der Vorschrift in der Praxis 14	F. Maßgeblicher Ort und Zeitpunkt 47
III. Besonderheiten bei gewissen außervertraglichen Schuldverhältnissen 16	I. Grundsatz 47
1. Produkthaftung 16	II. Kritik 50
2. Verletzung von Wettbewerbsrecht 17	III. Einzelfälle 54
3. Verletzung von Immaterialgüterrechten und Arbeitskampfmaßnahmen 18	1. Produkthaftung 54
C. Verhältnis zu anderen Vorschriften 19	2. Gesetzesverletzung 55
I. Verhältnis zu Art. 14 19	3. Weitere Fälle 56
II. Verhältnis zu Art. 16 20	G. Rechtsfolge 59
D. Beurteilung des Verhaltens einer Person ... 23	I. Ausgangslage ohne Art. 17 59
I. Begriff des „Verhaltens" 23	II. Berücksichtigung 61
II. Relevante Person 25	III. Faktisch 64
E. Sicherheits- und Verhaltensregeln 27	IV. Soweit angemessen 66
I. Quelle 27	1. Problem 66
1. Gesetzes- oder Richterrecht 27	2. Verpflichtung zur Anwendung 68
2. Verwaltungsvorschriften und Verwaltungsakte (Genehmigungen und Erlaubnisse) 28	a) Innerhalb des Europäischen Wirtschaftsraums 69
3. Außerrechtliche Verhaltensstandards ... 33	b) Außerhalb des Europäischen Wirtschaftsraums 73
II. Inhalt 35	3. Kriterien für die Angemessenheit der Berücksichtigung 74
1. Problematik 35	V. Ermessen des Richters? 80
2. Rechtsvergleichende Hilfe 36	VI. Möglichkeit abweichender Rechtswahl ... 81
3. Ausgeschlossene Fragen 37	

A. Allgemeines

I. Funktion

Art. 17 enthält eine **überaus bedeutsame Ergänzung** und **teilweise Korrektur** der in der Rom II-VO enthaltenen Kollisionsnormen: Unabhängig davon, welches Recht diese bezeichnen, sind nach ihm stets die Sicherheits- und Verhaltensregeln am Ort und zum Zeitpunkt des haftungsbegründenden Ereignisses zu berücksichtigen. Diesen Ort setzt die Verordnung mit dem Ort gleich, an dem die schädigende Handlung begangen wurde.[1] Im Ergebnis erlangen daher die Vorschriften des Handlungsorts Bedeutung. **1**

Die Berücksichtigung der Sicherheits- und Verhaltensregeln des Handlungsorts soll dem **potenziell Haftenden ermöglichen**, im Zeitpunkt des schädigenden Ereignisses den **Standard vorauszusehen**, an dem sein Verhalten gemessen werden wird. Er muss sich lediglich an die am Ort und zur Zeit seiner Handlung oder seines Unterlassens geltenden Regeln halten, um eine Haftung zu vermeiden. Das ist deshalb wichtig, weil das Recht am Handlungsort nach vielen anderen Vorschriften der Rom II-VO unerheblich ist (vgl zB Art. 4). Die Norm wahrt damit einen angemessenen Interessenausgleich zwischen Schädiger und Geschädigtem.[2] **2**

---

[1] Siehe Erwägungsgrund 34 S. 1.
[2] Erwägungsgrund 34 S. 1. So auch Calliess/*v. Hein*, Art. 17 Rn 2.

3 Dogmatisch gesehen dient Art. 17 vor allem der **Koordination** des Internationalen Privatrechts mit den Kollisionsregeln für im **öffentlichen Interesse** erlassene Vorschriften. Da Sicherheits- und Verhaltensregeln häufig einen öffentlich-rechtlichen Hintergrund haben, wirken sie nach den Grundprinzipien des internationalen öffentlichen Rechts in der Regel territorial. Dasselbe gilt auch für Verkehrspflichten, die zum Schutz der Allgemeinheit bestehen. Die privatrechtlichen Haftungsvorschriften für außervertragliche Schuldverhältnisse werden dagegen durch die Rom II-VO sehr viel flexibler angeknüpft. Daher treten Abstimmungsschwierigkeiten auf. Die Folge kann zB eine Pflichtenkollision sein:[3] Während der Verpflichtete sich im Allgemeininteresse in bestimmter Weise verhalten musste, führt dies nach dem anzuwendenden Privatrecht zu einer Haftung. Dies soll Art. 17 verhindern, indem er die Berücksichtigung der im öffentlichen Interesse erlassenen Sicherheits- und Verhaltensregeln in das IPR einführt.

II. Rechtsnatur

4 Die Rechtsnatur des Art. 17 ist zweifelhaft. Dieser schreibt die „Berücksichtigung" gewisser Vorschriften vor. Das IPR führt dagegen typischerweise zur „Anwendung" des fremden Rechts, auf das es verweist.[4] Art. 17 ist damit **keine Kollisionsnorm im klassischen Sinne**.[5]

5 Die genaue Einordnung ist **streitig**. Eine Ansicht sieht in ihm eine reine Beweisregel, die klarstellt, wie das Verschulden des Schädigers zu ermitteln ist.[6] Jedoch ist diese Auffassung zu eng, da die Vorschrift nicht nur für das Verschulden, sondern auch für zahlreiche andere Fragen gilt (siehe Rn 35–46). Eine weitere Ansicht rückt Art. 17 in die Nähe der Einbeziehung lokaler Normen auf Sachrechtsebene, wie sie die **Datumtheorie** verlangt (zu ihr Rn 64 f).[7] Allerdings vernachlässigt diese Auffassung die Besonderheit, dass sich die Vorschrift in einem Kollisionsrechtsakt und gerade nicht im Sachrecht befindet.

6 Die Lösung wird man in der dogmatischen Funktion der Vorschrift zu suchen haben. Diese besteht darin, den Konflikt zwischen den im öffentlichen Interesse geltenden Regeln und nach Internationalem Privatrecht anzuwendenden Vorschriften zu beheben oder zumindest abzumildern (dazu Rn 3). Art. 17 ist damit eine **Schaltstelle zwischen zwei verschiedenen Pflichtensystemen**. Es besteht insofern eine unverkennbare Nähe zu den Vorschriften über Eingriffsnormen, doch dienen diese in erster Linie dem Staat zur Durchsetzung seines Rechts, während Art. 17 aus Sicht des potenziell Haftenden erlassen wurde (dazu Rn 2, 22).

III. Entstehungsgeschichte

7 Die Norm geht auf den Verordnungsvorschlag der Kommission zurück.[8] Dieser orientierte sich ausdrücklich an den beiden **Haager Übereinkommen** über das auf Verkehrsunfälle anzuwendende Recht von 1971 sowie über das auf die Produkthaftung anzuwendende Recht von 1973.[9] Diese sehen ähnliche Regeln vor (vgl Rn 10).

8 Als weitere Inspirationsquelle verweist die Kommission auf die in den **Mitgliedstaaten ausdrücklich geltenden oder von der Rechtsprechung entwickelten Grundsätze**.[10] Insoweit kommen nur die Rechtsordnungen in Frage, die nicht ohnehin die außervertragliche Haftung dem Recht des Handlungsorts unterstellen. Eine ausdrückliche gesetzliche Anordnung im Sinne des Art. 17 enthalten das belgische und das niederländische Recht.[11] In Deutschland hat der Bundesgerichtshof angenommen, dass stets die verkehrsrechtlichen Verhaltensnormen des Handlungsorts zu beachten sind, unabhängig vom sonst anzuwendenden Recht.[12] In England, wo man Delikte der *lex fori* unterstellt, wurde eine Ausnahme vorgesehen, soweit das fragliche Verhalten nach dem Recht des Handlungsorts nicht „actionable" sei.[13] Diese Ausnahme ist teilweise funktionsgleich mit Art. 17.

---

3   Vgl Hamburg Group for Private International Law, RabelsZ 67 (2003), 1, 44.
4   Siehe *Neuhaus*, Die Grundbegriffe des Internationalen Privatrechts, 2. Aufl. 1976, S. 22.
5   Ebenso MüKo/*Junker*, Art. 17 Rn 2.
6   *Symeonides*, 56 Am. J. Comp. L. 173, 213 (2008).
7   Siehe etwa *v. Hein*, VersR 2007, 440, 446; *Junker*, NJW 2007, 3675, 3681; MüKo/*ders.*, Art. 17 Rn 2; Palandt/*Thorn*, Art. 17 Rn 2.
8   Kommission, Vorschlag für eine Verordnung des Europäischen Parlaments und des Rates über das auf außervertragliche Schuldverhältnisse anzuwendende Recht (ROM II), KOM(2003) 427 endg.
9   Siehe Kommission, KOM(2003) 427 endg., S. 28.
10   Kommission, KOM(2003) 427 endg., S. 28.
11   Art. 102 belgische Loi portant le Code de droit international privé; Art. 8 niederländischer Wet Conflictenrecht onrechtmatige daad.
12   Vgl BGHZ 57, 265, 267 f; 87, 95, 97 f; BGH VersR 1996, 515.
13   *Philipps* v. *Eyre*, L.R. 6 Q.B. 1; *Boys* v. *Chaplin*, [1971] A.C. 356, 369 (HL).

Der **Vorschlag der Kommission** wurde während des Gesetzgebungsverfahrens im Wesentlichen übernommen. Die wichtige Einschränkung „soweit angemessen" wurde vom **Parlament** hinzugefügt.[14] Die ebenfalls vom Parlament vorgeschlagene Formulierung „als Tatsache" wurde vom Rat in „faktisch" umgewandelt".[15] Gestrichen wurde der einleitende Hinweis, dass die Sicherheits- und Verhaltensregeln „unabhängig vom anzuwendenden Recht" zu berücksichtigen sind, doch findet sich dieser heute in Erwägungsgrund 34 S. 1 wieder. Statt des „schädigenden Ereignisses" verwendet die endgültige Fassung den Begriff des „haftungsbegründenden Ereignisses". Dieser soll offenbar der Tatsache Rechnung tragen, dass die Norm neben Ansprüchen aus unerlaubter Handlung auch solche aus anderen gesetzlichen Schuldverhältnissen abdeckt. Allerdings hätte es dieser Klarstellung wegen Art. 2 Abs. 1 nicht bedurft. Hinzugekommen ist die wenig ergiebige Definition der Sicherheits- und Verhaltensregeln in Erwägungsgrund 34 S. 2.

IV. Rechtsvergleichung

Eine parallele Bestimmung enthalten die oben genannten **Haager Übereinkommen** (Rn 7). Das Übereinkommen über das auf Verkehrsunfälle anzuwendende Recht schreibt die Berücksichtigung der am Verkehrs- und Sicherheitsregeln am Ort und im Zeitpunkt des Unfalls vor.[16] Das Übereinkommen über das auf die Produkthaftung anzuwendende Recht zielt dagegen auf die Sicherheitsregeln des Staates, in dem das Produkt auf den Markt gebracht wurde[17] (dazu Rn 54).

Eine dem Art. 17 ähnliche Bestimmung sieht auch das **Schweizer Recht** vor.[18] Diese stellt aber auf den Ort der „Handlung" und nicht auf den des haftungsbegründenden Ereignisses ab. Zu diesem Unterschied siehe unten Rn 50–52.

In den **USA** ist die Unterscheidung zwischen *conduct regulating* und *loss distributing rules* verbreitet.[19] Diese wurde eingeführt, um trotz Überwindung der *lex loci delicti*-Anknüpfung die lokalen Verhaltensvorschriften anwenden zu können. In Louisiana wurde die Unterscheidung sogar kodifiziert.[20] Die Erfahrung in den Vereinigten Staaten zeigt, dass sie sich nicht trennscharf durchführen lässt.[21] Dennoch ist diese auch aus europäischer Sicht hilfreich (siehe Rn 36).

B. Anwendungsbereich

I. Alle außervertraglichen Schuldverhältnisse

Art. 17 bezieht sich auf alle Vorschriften der Kapitel II und III und damit auf **sämtliche Arten außervertraglicher Schuldverhältnisse**, die der Rom II-VO unterstehen. Die örtlichen Sicherheits- und Verhaltensregeln sind daher nicht nur bei der Beurteilung von Ansprüchen aus unerlaubter Handlungen zu berücksichtigen, sondern auch bei solchen aus ungerechtfertigter Bereicherung, Geschäftsführung ohne Auftrag oder Verschulden bei Vertragsverhandlungen.

II. Bedeutung der Vorschrift in der Praxis

Ihre größte Bedeutung dürfte die Vorschrift auf dem Gebiet der **unerlaubten Handlung** haben. Für den praktisch besonders relevanten Bereich der Verkehrsdelikte stellt die Norm klar, dass die Verhaltensvorschriften dem Recht des Unfallstaates zu entnehmen sind, selbst wenn sich die Haftung im Übrigen nach einem anderen Recht richtet, zB dem des Staates, in dem Schädiger und Geschädigter ihren gemeinsamen gewöhnlichen Aufenthalt haben (vgl Art. 4 Abs. 2). Dadurch ist etwa die Frage, auf welcher Straßenseite man fährt oder welche Geschwindigkeit einzuhalten ist, dem lokalen Recht unterstellt.

Bei den anderen außervertraglichen Schuldverhältnissen ist die Bedeutung der Vorschrift geringer. Für die **ungerechtfertigte Bereicherung** beispielsweise dürfte sie praktisch fast keine Rolle spielen. Dies liegt

---

14 Europäisches Parlament, Standpunkt festgelegt in erster Lesung am 6.7.2005 in Hinblick auf den Erlass der Verordnung (EG) Nr..../2005 des Europäischen Parlaments und des Rates über das auf außervertragliche Schuldverhältnisse anzuwendende Recht („ROM II"), PE 360.635, Art. 15.

15 Rat, Gemeinsamer Standpunkt vom 25.9.2006 im Hinblick auf die Annahme der Verordnung des Europäischen Parlaments und des Rates über das auf außervertragliche Schuldverhältnisse anzuwendende Recht („ROM II"), 2003/0168 (COD), Art. 17.

16 Haager Übereinkommen über das auf Verkehrsunfälle anzuwendende Recht, Art. 7. Deutsche Übersetzung bei *Jayme/Hausmann*, Internationales Privat- und Verfahrensrecht, 16. Auflage 2012, Nr. 100.

17 Haager Übereinkommen über das auf die Produkthaftung anzuwendende Recht, Art. 9 („sur le territoire duquel le produit a été introduit sur le marché").

18 Siehe Art. 142 Abs. 2 IPRG.

19 Siehe *Babcock v. Jackson*, 12 N.Y.2d 473, 483 (1963); *Schultz v. Boy Scouts of America, Inc.*, 65 N.Y.2d 189, 201 (1985).

20 Siehe Art. 3543 Louisiana Civil Code.

21 Siehe *Scoles/Hay/Borchers/Symeonides*, S. 795, § 17.37.

daran, dass diese nicht an ein Verhalten anknüpft. Die Rechtsfigur des **Verschuldens bei Vertragsverhandlungen** erfasst nach europäisch-autonomem Verständnis keine Personenschäden, die vor Vertragsschluss entstehen,[22] daher wird Art. 17 insoweit ebenfalls kaum Bedeutung haben. Dagegen können lokale Sicherheits- und Verhaltensregeln im Rahmen der **Geschäftsführung ohne Auftrag** durchaus wichtig sein.

Beispiel: Die deutsche Reederei R hilft in französischen Hoheitsgewässern ungefragt bei der Beseitigung von Öl, das aus einem Leck des Tankers der ebenfalls in Deutschland beheimateten Reederei S ausgetreten ist und die Küste zu verseuchen droht. Im Rahmen eines Rückgriffs von R gegen S wären die französischen Sicherheits- und Verhaltensregeln zu beachten.

III. Besonderheiten bei gewissen außervertraglichen Schuldverhältnissen

16 **1. Produkthaftung.** Für die Produkthaftung wird vertreten, Art. 17 werde durch Art. 5 Abs. 1 S. 2 als Spezialregelung verdrängt, weil dieser ebenfalls darauf abziele, die Anwendung eines für den potenziell Haftenden nicht voraussehbaren Rechts zu verhindern.[23] Dem ist von anderer Seite widersprochen worden.[24] Die besseren Gründe sprechen dafür, **keine Spezialität** zwischen beiden Vorschriften anzunehmen. Zunächst operieren beide verschieden: Während Art. 5 Abs. 1 S. 2 ein bestimmtes Recht ausschließt, kombiniert Art. 17 das anzuwendende Haftungsregime mit den Regeln eines anderen Staates. Darüber hinaus nehmen sie unterschiedliche Rechte in den Blick: Bei Art. 5 Abs. 1 S. 2 ist es das Recht des Staates, in dem das Produkt von *irgendjemanden* in Verkehr gebracht wurde, soweit der potenziell Haftende dies voraussehen konnte; Art. 17 bezieht sich dagegen auf den Staat, in dem *der potenziell Haftende selbst* das Produkt auf den Markt gebracht hat oder dessen Markteinführung zumindest verursacht hat (siehe Rn 54). Folglich ist es trotz Anwendung des Art. 5 Abs. 1 S. 2 sinnvoll, die Sicherheits- und Verhaltensregeln des in Art. 17 genannten Rechts mit denen des Haftungsregimes zu kombinieren.

17 **2. Verletzung von Wettbewerbsrecht.** Vom Rechtsausschuss des Parlaments wurde vorgeschlagen, Ansprüche aus unlauterem Wettbewerbsverhalten aus der Art. 17 entsprechenden Vorschrift des Verordnungsentwurfs auszunehmen.[25] Dieser Vorschlag wurde zwar während des Gesetzgebungsverfahrens verworfen. Trotzdem ist die Berücksichtigung lokaler Sicherheits- und Verhaltensregeln bei Schuldverhältnissen aus unlauterem Wettbewerbsverhalten unpassend. Zum Beispiel darf das Recht des Staates, von dem aus eine irreführende Werbung abgegeben wurde, keine Rolle spielen, solange sich diese auf den Markt eines anderen Staates bezieht. Das folgt daraus, dass der Staat, dessen Markt betroffen ist, insoweit selbst ausschließlich die relevanten Verhaltensanforderungen stellt. Die Lösung ist nicht darin zu suchen, solche Ansprüche generell aus Art. 17 auszunehmen. Vielmehr ist die Anwendung lokaler Sicherheits- und Verhaltensregeln im Bereich des unlauteren Wettbewerbs **nicht angemessen** im Sinne dieser Vorschrift.[26] Praktisch ist die Norm daher in diesem Bereich bedeutungslos. Entsprechende Erwägungen gelten für Wettbewerbsbeschränkungen (Art. 6 Abs. 3): Die Unangemessenheit der Berücksichtigung lokaler Verhaltensstandards folgt hier aus dem Auswirkungsprinzip, welches dieses Gebiet beherrscht.[27]

18 **3. Verletzung von Immaterialgüterrechten und Arbeitskampfmaßnahmen.** Es gibt weitere Bereiche, bei denen Art. 17 **praktisch keine Rolle** spielt. Zu diesen gehören die Haftung für die Verletzung von Rechten des geistigen Eigentums (Art. 8) und für Arbeitskampfmaßnahmen (Art. 9). Bei Art. 8 muss die das Immaterialgüterrecht verletzende Benutzungshandlung stets innerhalb des Schutzstaates vorgenommen werden; daher bleibt kein Raum für die Anwendung abweichender Sicherheits- und Verhaltensregeln eines anderen Staates. Bei Art. 9 gilt das Gleiche, weil die Haftung an den Ort der Arbeitskampfmaßnahme anknüpft.

C. Verhältnis zu anderen Vorschriften

I. Verhältnis zu Art. 14

19 Art. 17 ist keine Spezialvorschrift zu Art. 14 (str.).[28] Die Vorschrift stellt daher **kein Hindernis** für Parteien dar, die Geltung anderer Sicherheits- oder Verhaltensvorschriften als der am Ort und im Zeitpunkt des haftungsbegründenden Ereignisses zu vereinbaren. Eine solche Vereinbarung betrifft nur die zivilrechtlichen

---

22 Vgl Erwägungsgrund 30 S. 4.
23 *G. Wagner*, IPRax 2008, 1, 5.
24 Calliess/*v. Hein*, Art. 17 Rn 9; *ders.*, in: FS v. Hoffmann, S. 139, 154 f.
25 Siehe Europäisches Parlament, Rechtsausschuss, Bericht über den Vorschlag für eine Verordnung des Europäischen Parlaments und des Rates über das auf außervertragliche Schuldverhältnisse anzuwendende Recht („Rom II"), Berichterstatterin: *D. Wallis*, 27.6.2005, A6-0211/2005, S. 12.
26 Ähnlich Calliess/*v. Hein*, Art. 17 Rn 12; *ders.*, in: FS v. Hoffmann, S. 139, 156.
27 Zu diesem MüKo/*Immenga*, 5. Aufl. 2010, Internationales Wettbewerbs- und Kartellrecht Rn 16–31.
28 AA Calliess/*v. Hein*, Art. 17 Rn 6; *ders.*, in: FS v. Hoffmann, S. 139, 144.

Haftungsansprüche der einen Partei gegen die andere. Die Interessen Dritter können durch sie nicht beeinträchtigt werden, da die Rechtswahl nur *inter partes* wirkt und sie daher nicht bindet. Öffentliche Interessen können durch eine solche nur zwischen zwei Parteien wirkende Wahl ebenfalls kaum beeinträchtigt sein. Soweit ausnahmsweise das öffentliche Interesse die Durchsetzung bestimmter Sicherheits- und Verhaltensvorschriften unabhängig von der Rechtswahl erfordert, werden diese Vorschriften regelmäßig als Eingriffsnormen einzuordnen sein, die gemäß Art. 16 Vorrang genießen. Daher besteht für einen Ausschluss der Parteiautonomie im Bereich des Art. 17 kein Bedarf. In der Regel wird den Parteien allerdings der Wille fehlen, von den lokalen Sicherheits- und Verhaltensregeln abzuweichen, siehe Rn 81 f.

II. Verhältnis zu Art. 16

Sicherheits- und Verhaltensregeln können oft in dem Sinne zwingend ausgestaltet sein, dass sie sich über das sonst nach der Verordnung bezeichnete Recht hinwegsetzen. Zu denken ist etwa an die Sicherheitsanforderungen für Verkehrsmittel. Sicherheits- und Verhaltensregeln dieser Art sind **zugleich** Eingriffsnormen im Sinne des Art. 16. Die Folge ist, dass das Gericht die entsprechenden Regeln der *lex fori* anwendet, unabhängig von den sonstigen Vorschriften der Rom II-VO, einschließlich des Art. 17.[29] Ebenso darf es international zwingende Sicherheits- und Verhaltensregeln von Drittstaaten beachten, auch wenn dies in Art. 16 nicht ausdrücklich vorgesehen ist.[30] Insofern sind die Kollisionsregeln für Eingriffsnormen zu Art. 17 speziell. 20

Allerdings ist zu beachten, dass der räumliche Anwendungsbereich von Eingriffsnormen ihrem Zweck nach typischerweise **beschränkt** ist. Sie werden in der Regel nur dann eingreifen, wenn das fragliche Verhalten auf dem Territorium des erlassenden Staates stattgefunden hat. Die Wirkung ist damit eine ähnliche wie die von Sicherheits- und Verhaltensregeln nach Art. 17. 21

Beispiel: Die zwingenden Vorschriften des deutschen Rechts über den Umgang mit Chemikalien im deutschen Chemikaliengesetz sind Eingriffsnormen. Sie finden aber nur auf in Deutschland stattfindendes Verhalten Anwendung. Eine Befolgung oder auch nur Berücksichtigung bei der Beurteilung von Verhalten im Ausland verlangen sie nicht.

Der Unterschied zwischen Art. 16 und Art. 17 besteht in zweierlei: Erstens ist der Kreis der Eingriffsnormen wesentlich enger als der der Sicherheits- und Verhaltensregeln, weil nur die international zwingenden Vorschriften erfasst sind. Zweitens sind Eingriffsnormen – zumindest diejenigen der *lex fori* – vom Gericht in jedem von ihnen erfassten Fall und in vollem Umfang anzuwenden. Dies liegt an den überragenden Interessen des Staates an der Durchsetzung dieser Vorschriften. Dagegen sind Sicherheits- und Verhaltensregeln, die ebenfalls öffentlichen Interessen des erlassenden Staates dienen, nur zu „berücksichtigen". Der Grund dafür ist, dass der Zweck ihrer Einbeziehung ein anderer ist: Sie dienen primär den Interessen des potenziell Haftenden, namentlich der Voraussehbarkeit der anzuwendenden Verhaltensstandards und der Vermeidung von Pflichtenkollisionen. 22

D. Beurteilung des Verhaltens einer Person

I. Begriff des „Verhaltens"

Seinem Wortlaut nach findet Art. 17 immer dann Anwendung, wenn das „Verhalten" (*conduct*) einer Person zu beurteilen ist. Dieser Begriff ist **sehr weit zu verstehen**. Darunter fällt zB die im allgemeinen Verkehr oder beim Erwerb von Gütern zu beachtende Sorgfalt (siehe Rn 42 ff).[31] Ebenso in Frage kommt die ordnungsgemäße Beaufsichtigung von Minderjährigen oder die sorgfältige Auswahl von Gehilfen. 23

Von Art. 17 ausgeschlossen zu sein scheinen auf den ersten Blick solche Tatbestände, die ein bestimmtes Verhalten nicht voraussetzen, wie zB die **Gefährdungshaftung**. Jedoch existieren gerade für die Unterhaltung und den Umgang mit gefährlichen Gegenständen zahlreiche Sicherheits- und Verhaltensstandards. Diese können für die Haftung eine Rolle spielen; zB können sie im Rahmen einer Haftungsausnahme relevant sein.[32] Daher sollte man insoweit die lokalen Anforderungen berücksichtigen. Mit dem Wortlaut des Art. 17 lässt sich dies vereinbaren, da dieser nicht voraussetzt, dass das Verhalten der Person gerade als Haftungsvoraussetzung zu beurteilen ist; es genügt vielmehr auch, dass dieses im Zusammenhang mit einer Ausnahme von der Haftung untersucht werden muss. 24

---

29 Ebenso Calliess/*v. Hein*, Art. 17 Rn 7; *ders.*, in: FS v. Hoffmann, S. 139, 144.
30 Vgl Calliess/*v. Hein*, Art. 17 Rn 7; *ders.*, in: FS v. Hoffmann, S. 139, 144.
31 Kommission, KOM(2003), 427 endg., S. 28.
32 Vgl etwa § 17 Abs. 2 S. 3 StVG.

II. Relevante Person

25 Art. 17 bezieht sich ausdrücklich nur auf die Beurteilung des Verhaltens der Person, deren Haftung geltend gemacht wird. Dies ist im Rahmen der unerlaubten Handlung der **Schädiger**. Bei der Haftung für Gehilfen kommt es auf die Person des Geschäftsherrn an, siehe Rn 56.

26 Nach allgemeiner Meinung ist die Vorschrift **analog** auf die Beurteilung des Verhaltens der **geschädigten Person** anzuwenden.[33] Dies hat insbesondere Bedeutung bei der Beurteilung eines etwaigen Mitverschuldens.
Beispiel: Der sich gewöhnlich in Köln aufhaltende M verursacht einen Verkehrsunfall in der Nähe von Rom, bei dem der in Halle wohnhafte L verletzt wird. L hatte die nach italienischem Recht zu beachtende Höchstgeschwindigkeit auf Landstraßen nicht eingehalten. Für die Frage, ob er den Unfall mitverschuldet hat, insbesondere ob er zu schnell gefahren ist, muss gemäß Art. 17 analog die Geschwindigkeitsregelung des italienischen Rechts berücksichtigt werden. Dagegen richten sich die Folgen eines festgestellten Mitverschuldens nach deutschem Recht (§ 254 BGB), weil dieses gemäß Art. 4 Abs. 2 als Recht des gemeinsamen Aufenthalts von M und L auf die Haftung aus unerlaubter Handlung anzuwenden ist.

E. Sicherheits- und Verhaltensregeln

I. Quelle

27 **1. Gesetzes- oder Richterrecht.** Die von Art. 17 gemeinten Sicherheits- und Verhaltensregeln müssen nicht gesetzlich verankert sein. Sie können vielmehr auch aus der Rechtsprechung folgen.[34] Daher fallen von den Gerichten angenommene Verkehrspflichten ebenso wie alle anderen richterrechtlichen Sicherheits- und Verhaltensstandards unter die Vorschrift.

28 **2. Verwaltungsvorschriften und Verwaltungsakte (Genehmigungen und Erlaubnisse).** Eine heikle Frage ist, ob auch durch die Verwaltung aufgestellte Anforderungen an Sicherheit und Verhalten nach Art. 17 zu berücksichtigen sind. Zweifelsfrei anzunehmen ist dies zunächst für **Verwaltungsvorschriften mit gesetzesvertretender Wirkung**, zB Verordnungen. Auch **Allgemeinverfügungen**, die von jedermann zu beachten sind, fallen unter die Vorschrift. Selbst **Erlasse, Rundschreiben und Verwaltungsbräuche** können eine rechtsähnliche Bindungswirkung entfalten und sollten daher berücksichtigt werden.

29 Besonders schwierig ist demgegenüber, ob Art. 17 **Verwaltungsakte in individuellen Fällen** erfasst. Der Wortlaut „Regeln" spricht eher dagegen, doch beantwortet er die Frage auch in den anderen Sprachfassungen nicht eindeutig. Die **mehrheitliche Ansicht in der Literatur** vertritt, dass auch diese Verwaltungsakte berücksichtigt werden müssen.[35] Für eine Erstreckung spricht insbesondere, dass sie Gesetz und Recht konkretisieren und für den Betroffenen eine ähnliche Wirkung entfalten wie durch Gesetz oder Richterrecht statuierte Anforderungen.

30 Demgegenüber befürwortet eine **andere Ansicht** eine Differenzierung zwischen Verwaltungsakten mit proskriptivem oder prohibitivem Inhalt, dh Ge- oder Verboten, einerseits und solchen mit permissivem Inhalt, wie Erlaubnissen oder Genehmigungen, andererseits.[36] Während erstere in jedem Fall beachtet werden müssten, um eine Pflichtenkollision zu vermeiden, sei dies bei letzteren nicht der Fall, da der Berechtigte von ihnen keinen Gebrauch machen müsse.[37]

31 Allerdings ist die zuletzt genannte, differenzierende Auffassung **nicht überzeugend**. Verwaltungsakte mit permissivem Inhalt können innerhalb der Rom II-VO aus mehreren Gründen nicht unbeachtet gelassen werden. Erstens kann ihre Berücksichtigung europarechtlich geboten sein (siehe Rn 69–72). Zweitens werden sie beim Adressaten regelmäßig Vertrauen erzeugen, der meint, er dürfe sich auf sie verlassen, und sein Verhalten nach ihnen ausrichtet. Drittens hatte der Entwurf der Kommission die Berücksichtigung von Genehmigungen ausdrücklich vorgesehen.[38] Der Gesetzgeber ist von diesem Vorhaben trotz der daran geäußerten Kritik[39] nicht abgerückt.

---

33 Calliess/v. Hein, Art. 17 Rn 29; MüKo/Junker, Art. 17 Rn 25; Dickinson, Rome II Regulation, S. 641, Rn 15.34; Rauscher/Jakob/Picht, EuZPR/EuIPR, Art. 17 Rn 9; Palandt/Thorn, Art. 17 Rn 5; G. Wagner, IPRax 2008, 1, 6.
34 Vgl Kommission, KOM(2003), 427 endg., S. 28.
35 Kadner Graziano, RabelsZ 73 (2009), 1, 50; Calliess/v. Hein, Art. 17 Rn 20; ders., in: FS v. Hoffmann, S. 139, 156; MüKo/Junker, Art. 7 Rn 32; Leible/Lehmann, RIW 2008, 721, 725.
36 Hamburg Group for Private International Law, RabelsZ 67 (2003), 1, 44; Siems, RIW 2004, 662, 666. Ähnlich auch de Lima Pinheiro, Riv. dir. int. priv. proc. 2008, 5, 33.
37 Hamburg Group for Private International Law, RabelsZ 67 (2003), 1, 44.
38 Vgl Kommission, KOM(2003), 427 endg., S. 22.
39 Siehe Hamburg Group for Private International Law, RabelsZ 67 (2003), 1, 44.

Daher ist daran festzuhalten, dass grundsätzlich **Verwaltungsakte jeglichen Inhalts** über Art. 17 berücksichtigungsfähig sind, und zwar sowohl proskriptive, prohibitive als auch permissive. Die Frage ist allein, inwieweit ihre Berücksichtigung *angemessen* ist. Diese stellt sich jedoch auf einer anderen Ebene (dazu Rn 78 f).

3. Außerrechtliche Verhaltensstandards. In der Literatur wird erwogen, den Begriff „Sicherheits- und Verhaltensregeln" auch auf solche Standards zu beziehen, die rechtlich nicht verbindlich sind, wie zB ethische **Berufsregeln, Geschäftsgebräuche oder Sportregeln.**[40] Der Wortlaut der Vorschrift weist mit bestimmten Formulierungen wie „Regeln" oder „in Kraft" eher auf rechtlich verbindliche Standards hin. Jedoch ist es nützlich, bei der Beurteilung eines Verhaltens auch außerrechtliche Standards zu berücksichtigen. Häufig wird sich eine Pflicht dazu bereits aus dem anzuwendenden materiellen Recht ergeben. So spielen etwa Berufsregeln bei den Sorgfaltsanforderungen im Rahmen deliktischer Haftung eine Rolle.[41] Soweit Gebräuche sich zu Gewohnheitsrecht verdichtet haben, sind sie ohnehin zu beachten. Wo beides nicht der Fall ist, kann auf den in Art. 17 zum Ausdruck kommenden Rechtsgedanken zurückgegriffen werden. Art. 17 ist daher **analog** auch auf rechtlich nicht verbindliche Verhaltensstandards anzuwenden.

Damit werden im Ergebnis alle Verhaltens- und Sicherheitsstandards, gleich ob rechtlich verbindlich oder nicht, an den Ort und den Zeitpunkt des haftungsbegründenden Ereignisses angeknüpft. Freilich muss man bei außerrechtlichen Standards noch kritischer als bei rechtlichen die **Angemessenheit** der Berücksichtigung prüfen (siehe Rn 66 ff).

II. Inhalt

1. Problematik. Eine Definition der Ausdrücke „**Sicherheit**" und „**Verhalten**" fällt nicht leicht. Insbesondere ist zweifelhaft, wie Regeln über Sicherheit und Verhalten von anderen Vorschriften einer Rechtsordnung abzugrenzen sind. Dies ist wichtig, denn nur erstere unterfallen Art. 17 und können damit einem anderen Recht als dem von den Kollisionsregeln der Rom II-VO bezeichneten entnommen werden. Eine Berücksichtigung anderer Vorschriften kann zwar das anzuwendende Sachrecht nahelegen, aus der Rom II-VO folgt sie jedoch nicht.

2. Rechtsvergleichende Hilfe. Zur näheren Bestimmung des Begriffs „Sicherheits- und Verhaltensregeln" kommt eine Parallele zu der US-amerikanischen Unterscheidung zwischen *conduct regulating rules* und *loss allocating rules* in Betracht (dazu Rn 12). Sicherheits- und Verhaltensvorschriften könnten als „conduct regulating", alle anderen, haftungsbezogenen Regeln dagegen als „loss allocating" eingeordnet werden. Auch wenn die Abgrenzung nicht trennscharf ist, lassen sich die Erfahrungen in den USA für das europäische IPR nutzen. Insbesondere hilfreich ist die Aussage, dass Verhaltens- und Sicherheitsregeln **prophylaktische Wirkung** in dem Sinne haben sollen, dass sie die Entstehung von Schäden **vermeiden** sollen, während alle übrigen Regeln die Verantwortlichkeit ausschließen, zuweisen oder begrenzen, **nachdem** der Schaden eingetreten ist.[42]

3. Ausgeschlossene Fragen. Erleichtert wird die nähere Bestimmung der Begriffe auch dadurch, dass man sich darüber vergewissert, welche Vorschriften des Rechts der außervertraglichen Schuldverhältnisse **nicht** die Sicherheit oder das Verhalten betreffen und daher dem allgemeinen Schuldstatut unterstehen. Dazu gehört in jedem Fall der anzuwendende Haftungsmaßstab, also zB, ob nur für grob fahrlässiges oder auch einfach fahrlässiges Verhalten gehaftet wird. Weiter hinzu rechnen muss man die Rechtsfolge, insbesondere die Art und Weise der Kompensation, zB durch Naturalrestitution oder Geldzahlung. Außerdem gehört hierzu die Frage der Zurechnung des Verhaltens Dritter, zB von Mittätern oder Gehilfen. Ebenfalls von Art. 17 ausgeschlossen sind die Voraussetzungen der Haftung, soweit sie nicht in der Verletzung bestimmter Verhaltens- und Sicherheitsregeln bestehen. Bei den unerlaubten Handlungen betrifft dies etwa den Kreis der geschützten Rechtsgüter oder die Frage, für welche Sachverhalte eine Gefährdungshaftung vorgesehen ist. Im Recht der GoA gehört dazu, welche Handlungen im Interesse eines anderen liegen, bei welchen Grad von Interessenübereinstimmung trotz fehlendem Ersatz verlangt werden kann und bei welchen Grad von Interessenwiderspruch diesem Schadensersatz geleistet werden muss.

4. Beschränkung auf örtlich gebundene Regeln? In der Literatur wird angeregt, zwischen örtlich gebundenen Sicherheits- und Verhaltensstandards und solchen, die nicht nur territorial wirken, zu unterscheiden.[43] **Nur für örtlich gebundene Sicherheits- und Verhaltensregeln** soll nach dieser Ansicht gemäß Art. 17 das lokale Recht berücksichtigt werden, nicht örtlich gebundene Sicherheits- und Verhaltens-

---

40   Dickinson, Rome II Regulation, S. 640, Rn 15.32; Calliess/v. Hein, Art. 17 Rn 19.

41   Siehe zB zur Bedeutung der Ärztlichen Leitlinien der Arbeitsgemeinschaft der Wissenschaftlichen Medizinischen Fachgesellschaften im Rahmen des § 823 Abs. 1 BGB MüKo/*Wagner*, § 823 BGB Rn 745.

42   Vgl *Padula* v. *Lilarn Props. Corp.*, 84 N.Y.2 d 519, 521 (1994).

43   *de Lima Pinheiro*, Riv. dir. int. priv. proc. 2008, 5, 33 f; Erman/*Hohloch*, Art. 17 Rn 3.

regeln seien dagegen dem allgemeinen Haftungsregime zu entnehmen. Die Differenzierung entspricht der früheren Rechtsprechung zum deutschen Recht.[44] Ein Beispiel für eine örtlich gebundene Regel ist etwa das Rechts- oder Linksfahrgebot. Beispiele für nicht örtlich gebundende Sicherheits- und Verhaltensregeln sind die Gurtanschnallpflicht, Blutalkoholgrenzen und Lenkzeiten bei Fernfahrern.[45]

Beispiel:[46] A und B aus Deutschland fahren gemeinsam in einem Fahrzeug ins Ausland. Während einer Rast in Staat X versäumt es A, den schlafenden B aufzuwecken, damit dieser sich anschnallen kann, bevor die Fahrt fortgesetzt wird. Unmittelbar danach ereignet sich ein Unfall, bei dem B schwer verletzt wird. Im Staat X besteht anders als in Deutschland keine Gurtanschnallpflicht. Nach der genannten Ansicht soll A sich nicht auf diese Regel des Unfallstaates berufen können, sondern für sein Versäumnis nach den strengeren deutschen Vorschriften haften.

39 Das Anliegen der dargestellten Meinung ist berechtigt. Allerdings lässt es sich **nicht auf demselben Weg** verwirklichen, den die frühere deutsche Rechtsprechung gewählt hat. Art. 17 kennt keine Unterscheidung zwischen örtlich gebundenen und sonstigen Vorschriften. Alle Sicherheits- und Verhaltensregeln des Staates des haftungsbegründenden Ereignisses können nach ihm berücksichtigt werden. Jedoch gilt dies nur insoweit, als diese „angemessen" sind. Ist das nicht der Fall, können sich die entsprechenden Regeln des Haftungsstatuts durchsetzen.[47] Das relevante Kriterium ist daher das der **Angemessenheit**, nicht das der örtlichen Gebundenheit. Das Nichtbestehen einer Gurtanschnallpflicht im oben genannten Beispiel kann man als unangemessen ansehen und daher die lokalen Vorschriften gemäß Art. 17 unberücksichtigt lassen. Im Ergebnis wäre im Beispielsfall über Art. 4 Abs. 2 deutsches Recht zur Beurteilung des Verhaltens des A heranzuziehen. Das Ergebnis ist das gleiche wie nach der vorgenannten Ansicht.

III. Definition

40 Aus dem Vorstehenden ergibt sich, dass Sicherheits- und Verhaltensregeln nur diejenigen Rechtsvorschriften sind, die dem potenziell Haftenden Standards vorgeben, mit deren Hilfe **ein Schaden vermieden werden kann**. Gleichgültig ist dabei, ob diese auf Gesetz, Richterrecht oder einer Anordnung der Verwaltung beruhen. Gleichgültig ist auch, ob sie eine bestimmte Handlung oder ein Unterlassen vorschreiben und ob sie örtlich gebunden sind oder nicht. Den rechtlichen Regeln kraft analoger Anwendung gleichgestellt sind außerrechtliche Standards, wie ethische Berufsregeln.

IV. Einzelfälle

41 **1. Vorschriften des öffentlichen Rechts.** In erster Linie in Betracht kommen öffentlich-rechtliche Normen. Dazu zählen zB die Pflichten im **Straßen-, Flug-, Schiffs- oder Bahnverkehr** sowie Grenzen für die Emission von **Lärm, CO2 oder Verunreinigungen von Gewässern**. Weiter gehören hierher Vorschriften über die **Pflichten am Finanzmarkt**, wie etwa das Verbot von Insidergeschäften oder der Marktmanipulation.

42 Zu den öffentlich-rechtlichen Sicherheitsregeln gehören zB Vorschriften über die Voraussetzungen für die **Zulassung von Fahrzeugen** zum Verkehr. Insoweit zu beachten ist jedoch, dass die nationalen Vorschriften häufig die Zulassung durch die Behörden eines anderen Landes anerkennen. Diese Anerkennung ist bei der Ermittlung der einschlägigen Sicherheitsregeln zu berücksichtigen.

Beispiel: A fährt in Deutschland mit seinem Fahrzeug. Er verfügt über eine Zulassung des EWR-Staates Y, die in Deutschland anerkannt wird.[48] Gerät er in einen Unfall, ist bei der Bestimmung seiner Haftung davon auszugehen, dass das Fahrzeug über eine den lokalen Vorschriften entsprechende Zulassung verfügt.

43 Bei Produkten sind Vorschriften über die Art und Weise der Fertigung und über die Qualität zu beachten. Diese sind Sicherheits- und/oder Verhaltensregeln im Sinne des Art. 17. Dazu gehören zB die Vorschriften des **Lebensmittelrechts** oder des **Arzneimittelrechts**.

44 **2. Verkehrspflichten.** Zu den Sicherheits- und Verhaltensregeln zählen alle Verkehrspflichten, auch soweit diese nicht aus öffentlichem Recht folgen. Dazu gehört etwa die Pflicht zum Hinweis auf eine bestimmte Gefahrenquelle, zB die **Sicherung einer Baustelle**. Die Frage des Bestehens einer *Garantenpflicht* für bestimmte Gefahrenquellen, Personen oder Güter ist dagegen dem allgemeinen Deliktsstatut zu entnehmen.

---

44 BGH VersR 1978, 541; KG VerR 1982, 1199; OLG Karlsruhe VersR 1985, 788.
45 Erman/*Hohloch*, Art. 17 Rn 3.
46 Nach OLG Karlsruhe VersR 1985, 788.
47 Ebenso Calliess/*v. Hein*, Art. 17 Rn 17 f; MüKo/*Junker*, Art. 17 Rn 13.
48 § 20 Abs. 1 der Verordnung über die Zulassung zum Straßenverkehr v. 3.2.2011, BGBl. I, S. 139. Siehe auch das Übereinkommen über den Straßenverkehr vom 8.11.1968, BGBl. 1977 II 811, Art. 3 Abs. 3.

3. Sorgfaltspflichten. Nach einer von der Kommission im Gesetzgebungsverfahren geäußerten Ansicht 45
soll Art. 17 auch anzuwenden sein, soweit zur Bestimmung der Höhe des Schadensersatzes das Verschulden des Schädigers zu würdigen ist.[49] Diese Ansicht ist jedoch zu pauschal. Vielmehr muss in folgender Weise differenziert werden: Die vom Schädiger zu beachtenden **Sorgfaltspflichten** sind Sicherheits- und Verhaltensregeln im Sinne der Vorschrift. Der **Sorgfaltsmaßstab**, zB ob einfache oder grobe Fahrlässigkeit zu einer Haftung führen und wie diese Begriffe zu definieren sind, unterliegt dagegen dem Statut der unerlaubten Handlung, der GoA oder der c.i.c. (str.).[50]

4. Guter oder böser Glaube. In den Anwendungsbereich des Art. 17 fällt nach Ansicht der Kommission 46
auch die Frage der Gut- und Bösgläubigkeit.[51] Dies ist jedoch ebenfalls zu pauschal. Zunächst ist schon von einem linguistischen Standpunkt aus einzuwenden, dass die Gut- oder Bösgläubigkeit eine innere Einstellung und kein „Verhalten" ist. Unter Art. 17 fällt nicht die Einstellung als solche, sondern die Beurteilung, ob ein Verhalten auf gutem oder bösem Glauben basiert. Für diese Beurteilung ist zu differenzieren: Die für die Bewertung als gut- oder bösgläubig relevanten **Verhaltensvorschriften** sind die am Ort und zum Zeitpunkt des haftungsbegründenden Ereignisses, zB ob man sich beim Erwerb eines Kraftfahrzeugs den Fahrzeugbrief zeigen lassen muss oder nicht. Welcher **Standard** für die Bewertung als gut- oder bösgläubig anzulegen ist, ob etwa grobe Fahrlässigkeit oder nur Vorsatz ausreicht und wie diese Begriffe zu definieren sind, unterfällt dagegen dem Statut des außervertraglichen Schuldverhältnisses, zB dem nach Art. 4 anzuwendenden Deliktsrecht.

F. Maßgeblicher Ort und Zeitpunkt

I. Grundsatz

Art. 17 verweist auf die Sicherheits- und Verhaltensregeln, die „an dem Ort und zu dem Zeitpunkt des haftungsbegründenden Ereignisses in Kraft sind". Damit ist das maßgebliche Kriterium das **haftungsbegründende Ereignis**. Dieses ist sowohl hinsichtlich seines Orts als auch seines Zeitpunkts ausschlaggebend für die zu berücksichtigenden Sicherheits- und Verhaltensstandards. 47

Zu beachten ist, dass das Kriterium des haftungsbegründenden Ereignisses damit zur Lösung **von zwei** 48
Konflikten verwendet wird: (1.) einem internationalen Konflikt („an welchem Ort") und (2.) einem intertemporalen Konflikt („zu welchem Zeitpunkt"). Übersetzt besagt die Vorschrift Folgendes: (1.) Zwischen mehreren Staaten kommt es auf den Staat des haftungsbegründenden Ereignisses an. (2.) Haben sich in diesem Staat die Sicherheits- und Verhaltensregeln zwischenzeitlich geändert, so ist für die Beurteilung des Verhaltens des potenziell Haftenden auf den Moment des haftungsbegründenden Ereignisses abzustellen.

Art. 17 klärt nicht, welches das „haftungsbegründende Ereignis" ist. Erwägungsgrund 34 macht deutlich, 49
dass die Verfasser der Verordnung damit die **schädigende Handlung** gemeint haben. In der Literatur wird daher das haftungsbegründende Ereignis ebenfalls mit der schädigenden Handlung gleichgesetzt.[52]

II. Kritik

Die Anknüpfung an den Ort und den Zeitpunkt der schädigenden Handlung führt teilweise zu **sinnwidrigen** 50
Ergebnissen.

Beispiel: A gibt in Prag eine Insiderinformation über ein Unternehmen weiter, dessen Aktien in Deutschland notieren. B aus Ungarn, der Aktionär des Unternehmens ist, nimmt A auf Schadensersatz in Anspruch. Hier wäre es verfehlt, die gemäß Art. 4 Abs. 1 anwendbaren Regeln des ungarischen Rechts darüber entscheiden zu lassen, ob A die Information weitergeben durfte oder nicht (zur Bestimmung des anzuwendenden Rechts bei reinen Vermögensschäden vgl, Art. 4 Rn 115). Ebenso verfehlt wäre es aber, gemäß Art. 17 auf die Verhaltensvorschriften des tschechischen Rechts abzustellen, weil A in Tschechien gehandelt hat. Berücksichtigt werden sollten vielmehr die Insiderregelungen des deutschen Rechts.

Dabei geht es nicht primär darum, dass der potenziell Haftende mit der Anwendung eines anderen Rechts 51
hätte rechnen müssen.[53] Vielmehr ist entscheidend, dass sich das Verhalten des A auf dem deutschen Markt auswirkt und der deutsche Gesetzgeber deshalb über die größte Legitimität verfügt, dieses Verhalten zu

---

49 Kommission, KOM(2003), 427 endg., S. 28.
50 Ebenso Rauscher/*Jakob/Picht*, EuZPR/EuIPR, Art. 5 Rn 5; MüKo/*Junker*, Art. 5 Rn 16; BeckOK-BGB/*Spickhoff*, Art. 17 Rn 6; **aA** *G. Wagner*, IPRax 2008, 1, 6 sowie zum deutschen Kollisionsrecht BGH NJW-RR 1996, 732. Krit. zur Ansicht des BGH *Junker*, JZ 2008, 169, 177; *Pfeiffer*, NJW 1997, 1205, 1215; *ders.*, in: Liber Amicorum Schurig, 2012, S. 229, 230.
51 Kommission, KOM(2003), 427 endg., S. 28.
52 MüKo/*Junker*, Art. 17 Rn 15; Hamburg Group for Private International Law, RabelsZ 67 (2003), 1, 43.
53 Unter diesem Gesichtspunkt krit. *Symeonides*, 56 Am. J. Comp. L. 173, 213 f (2008).

regeln. Aus diesem Grund ist der Einfluss deutschen Rechts auf seine Haftung für A voraussehbar und daher dessen Berücksichtigung auch aus seiner Perspektive angemessen. Ziel der Anwendung deutschen Recht im Beispielsfall ist mit anderen Worten eine sinnvolle Ordnung verschiedener Gesetzgebungen; die Erwartungen der Parteien werden nur insofern geschützt, als sie mit dieser übereinstimmen.

52 Um in diesen und ähnlichen Fällen sinnvolle Ergebnisse zu erreichen, hat der **Deutsche Rat für IPR** vorgeschlagen, Erwägungsgrund 34 zu ändern. Der Ort des haftungsbegründenden Ereignisses soll nicht länger mit dem der schädigenden Handlung gleichgesetzt werden. Stattdessen sei zu berücksichtigen, dass das haftungsbegründende Ereignis „*auch an anderen Orten liegen kann, zum Beispiel an dem Ort, an dem eine bestimmte Information hätte erteilt werden müssen, oder am Ort des Marktes, auf dem sich eine Handlung oder Information auswirkt*".[54] Das ist keine präzise Lokalisierung. Vielmehr ist der Vorschlag bewusst offen formuliert. In ihm spiegelt sich wider, dass nach derzeitiger Lage des internationalen öffentlichen Rechts keine einheitliche Anknüpfung von Sicherheits- und Verhaltensregeln möglich ist. Diese richten sich vielmehr nach dem einseitig definierten Anwendungsbereich der jeweiligen Norm und den Zwängen der jeweiligen Materie. Unter Umständen können auch mehrere Rechtsordnungen Berücksichtigung verlangen. Welche von ihnen zum Zuge kommt, ist vom Richter flexibel nach dem Maßstab der „Angemessenheit" zu entscheiden (siehe Rn 66 ff).

53 Fraglich ist, ob die vom Deutschen Rat für IPR *de lege ferenda* vorgeschlagene Lösung bereits *de lege lata* befolgt werden kann. Wie gesehen sprechen dafür wichtige sachliche Gründe. Der Text der Verordnung steht nicht entgegen, da er lediglich vom „haftungsbegründenden Ereignis" spricht. Die Formulierung „schädigende Handlung" taucht lediglich in einem Erwägungsgrund auf, der den Rechtsanwender als solcher nicht bindet. Dieser ist zwar ein Indiz für den Willen des historischen Gesetzgebers, beide Begriffe miteinander gleichzusetzen. Doch scheinen ihm vor allem Beispiele des Straßenverkehrs vor Augen gestanden zu haben, bei denen diese Identifikation keine Probleme bereitet. Um das Regelungsprogramm der Rom II-VO zu verwirklichen, ist es jedoch notwendig, das haftungsbegründende Ereignis zuweilen anders zu bestimmen, nämlich mit dem Verstoß gegen eine von einem bestimmten Staat einseitig für anwendbar erklärte Sicherheits- oder Verhaltensregel, soweit deren Berücksichtigung „angemessen" ist. Mit dieser auf teleologischen Erwägungen fußenden Begründung dürfte es gerechtfertigt sein, schon heute vom zu strengen Konzept des Erwägungsgrunds 34 abzuweichen. Das haftungsbegründende Ereignis ist daher in jedem Einzelfall zu bestimmen und nicht starr mit der schädigenden Handlung zu identifizieren.

III. Einzelfälle

54 **1. Produkthaftung.** Besondere Probleme bereitet die Produkthaftung. Bei ihr kann man als haftungsbegründendes Ereignis entweder die Produktion oder die Einführung auf dem Markt ansehen. Das Haager Übereinkommen von 1973 (Rn 7) entscheidet sich für die Berücksichtigung der Sicherheitsregeln am **Ort der Markteinführung**.[55] Dies ist auf Art. 17 zu übertragen.[56] Die Markteinführung und nicht die Produktion ist das haftungsbegründende Ereignis. Ansonsten wäre es den Produzenten möglich, sich durch Verlagerung der Produktion in einen Staat mit niedrigeren Sicherheitsstandards seiner Haftung zu entziehen. Führt ein Importeur das Produkt ein, muss dieser die Regeln des jeweiligen Staates beachten, in den er das Produkte einführt. Eine Abweichung von der grundsätzlichen Maßgeblichkeit der Regeln am Ort der Markteinführung muss allerdings für Produkte aus EWR-Staaten gemacht werden. Insoweit gelten die Standards des Ursprungslands. Diese sind aufgrund der Warenverkehrsfreiheit durch den importierenden Staat anzuerkennen (Rn 70). Sie werden daher gleichermaßen in dessen Recht inkorporiert.

55 **2. Gesetzesverletzung.** Im Fall der Haftung für Verstöße gegen gesetzliche Regelungen (zB gegen Schutzgesetze) ist das haftungsbegründende Ereignis **abhängig von der verletzten Regel** zu beurteilen. Wird beispielsweise Insiderrecht verletzt, so ist das haftungsbegründende Ereignis diese Verletzung. Dabei ist nicht entscheidend, wo der Insider gehandelt hat, sondern auf welchem Markt sich seine Handlungen auswirken (siehe Rn 53).

56 **3. Weitere Fälle.** Bei der **Gehilfenhaftung** soll für die Lokalisierung des haftungsbegründenden Ereignisses auf den Ort abzustellen sein, an dem der Gehilfe gehandelt hat, nicht auf den Sitz des Aufsichtspflichtigen.[57] Dem ist nur insofern zuzustimmen, als es um die Beurteilung des Verhaltens des Gehilfen geht. Soweit das Handeln oder Unterlassen des Aufsichtspflichtigen zu prüfen ist, wie etwa die sorgfältige Aus-

---

[54] Deutscher Rat für IPR, IPRax 2012, 470, 471. Dazu Lehmann, IPRax 2012, 399, 405; *ders.*, Rev. crit. dr. int. privé 2012, 485, 518 f.

[55] Siehe Art. 9 Haager Übereinkommen über das auf die Produkthaftung anzuwendende Recht.

[56] Ebenso im Erg. Calliess/*v. Hein*, Art. 17 Rn 11; *ders.*, in: FS v. Hoffmann, S. 139, 155; *Heiss/Loacker*, JBl. 2007, 613, 637; MüKo/*Junker*, Art. 17 Rn 31; Palandt/*Thorn*, Art. 5 Rn 14.

[57] Calliess/*v. Hein*, Art. 17 Rn 22.

wahl und Überwachung des Gehilfen, muss das Recht des Staates herangezogen werden, in dem sich der Aufsichtspflichtige zur fraglichen Zeit befand (siehe auch Rn 25).

Im Rahmen der Prüfung deliktischer Ansprüche gegen den Anbieter von **Pauschalreisen** ist auf die Sicherheits- und Verhaltensregeln des Reiselands abzustellen. Allerdings kann deren Berücksichtigung im Einzelfall unangemessen sein.[58] So verhält es sich zB, wenn die Vorschriften nicht geeignet sind, Schäden an Körper und Gesundheit der Reisenden zu verhindern.

Das haftungsbegründende Ereignis kann auch in anderen Fällen schwer zu ermitteln sein. Bei der Schädigung durch ein fälschlicherweise verordnetes **Medikament** ist dies etwa das Verschreiben. Bei einer **fehlerhaften Information** kommt es in der Regel auf den Ort und den Zeitpunkt an, an dem diese abgegeben wurde; war die Informationserteilung dagegen auf einen anderen Staat ausgerichtet und wirkt sich dort aus, so können dessen Regeln zu berücksichtigen sein (siehe Rn 52).

G. Rechtsfolge

I. Ausgangslage ohne Art. 17

Grundsätzlich unterliegen die Sicherheits- und Verhaltensregeln dem in **Kapitel II und III** bezeichneten Recht.

Beispiel: Bei einem aus einer Umweltschädigung herrührenden Sachschaden sind die Vorschriften des Staates anzuwenden, in dem der Schaden eingetreten ist (Art. 7 iVm Art. 4 Abs. 1), soweit der Geschädigte von der ihm durch Art. 7 eingeräumten Option keinen Gebrauch macht, das Recht des Staates des schadensbegründenden Ereignisses zu wählen. Das Recht des Staates des Schadenseintritts bestimmt grundsätzlich auch über die Sicherheits- und Verhaltensregeln. Dies kann nur über Art. 17 korrigiert werden.

In einigen Fällen kann der in Kapitel II und III bezeichnete Staat mit dem des **haftungsbegründenden Ereignisses** zusammenfallen. Dann besteht für die Anwendung von Art. 17 kein Bedarf.

Beispiel: Die Gewerkschaft A organisiert einen unangekündigten Streik des Zugpersonals auf französischem Gebiet. Die Produkte des spanischen Zulieferers B erreichen daher das Werk des Automobilherstellers C in Deutschland nicht rechtzeitig. Gemäß Art. 9 unterliegt ein eventueller Anspruch des C gegen A dem Recht Frankreichs, weil dort die Arbeitskampfmaßnahme erfolgte. Das gilt auch für die Verhaltensregeln, die über die Erlaubtheit des Streiks bestimmen.

II. Berücksichtigung

Die am Ort und zum Zeitpunkt des schädigenden Ereignisses geltenden Sicherheits- und Verhaltensregeln sind gemäß Art. 17 bei der Beurteilung des Verhaltens des potenziell Haftenden „zu berücksichtigen". Damit soll dem Richter ein **Höchstmaß an Flexibilität** eingeräumt werden: Er muss die Vorschriften des Orts und der Zeit des haftungsbegründenden Ereignisses nicht „anwenden", das heißt bei tatbestandlichem Eingreifen ihre Rechtsfolge strikt umsetzen, sondern lediglich in Betracht ziehen.

Freilich kann die „Berücksichtigung" der „Anwendung" im Einzelfall **gleichkommen**.[59]

Beispiel: Die Fahrzeuge zweier sich gewöhnlich in Deutschland aufhaltender Personen stoßen in Cornwall frontal zusammen. Eine „Berücksichtigung" des englischen Linksfahrgebots bedeutet, dass eine Haftung des auf der linken Seite Fahrenden ausgeschlossen ist. Insofern besteht praktisch gesehen kein Unterschied zur „Anwendung" der englischen Verkehrsregeln.

Ein **minderer Grad** der Berücksichtigung kommt dort in Betracht, wo der Handelnde sich in einer Pflichtenkollision befand oder auf einen abweichenden Sicherheits- und Verhaltensstandard vertraute.

Beispiel 1: A gibt in einem gerichtlichen Verfahren in Staat W Auskunft darüber, dass Steuerflüchtling S ein geheimes Konto in Staat X unterhält. S verklagt A in Staat X wegen Verletzung des Bankgeheimnisses. War A nach dem Recht von W zu einer Aussage verpflichtet, so kann eine Haftung nach dem Recht von Staat X abgemildert werden, um der Pflichtenkollision Rechnung zu tragen. Die Kollision wird damit zwar nicht vollständig gelöst, doch kann das IPR dieses Ziel nicht erreichen, da ein politischer Konflikt zwischen Staat W und X besteht.

Beispiel 2: B sendet Funkwellen entsprechend dem in Staat Y geltenden Richtwerten. Diese rufen Schäden im Nachbarstaat Z hervor, dessen Recht strengere Richtwerte vorschreibt. Die Haftung des B könnte zu mil-

---

58 Ebenso Calliess/v. Hein, Art. 17 Rn 23; ders., in: FS v. Hoffmann, S. 139, 150.

59 de Lima Pinheiro, Riv. dir. int. priv. proc. 2008, 5, 33; Pfeiffer, in: Liber Amicorum Schurig, 2012, S. 229, 234 f.

dern sein, wenn er die Entstehung von Schäden in einem anderen Land nicht voraussehen konnte. Siehe auch Rn 78 f.

III. Faktisch

64 Art. 17 sieht vor, dass die Berücksichtigung „faktisch" zu erfolgen hat. Die Formulierung geht auf das Europäische Parlament zurück, welches vorgeschlagen hatte, die Sicherheits- und Verhaltensregeln „als Tatsache" zu berücksichtigen (siehe Rn 9). Unverkennbar ist dabei der Anklang an die **Datumtheorie**.[60] Diese verlangt die Berücksichtigung örtlicher Verhaltensstandards als sogenannte „local data". Albert Ehrenzweig hatte sie entwickelt, um die von ihm vertretene generelle Anwendbarkeit der *lex fori* abzumildern.[61] Die Beachtung örtlicher Verhaltensregeln durch den Richter versteht sich seiner Meinung nach von selbst. Sie bedürfe daher keiner besonderen kollisionsrechtlichen Anordnung.

65 Nach der Rom II-VO ist das anzuwendende Recht jedoch viel differenzierter zu bestimmen als nach Ehrenzweigs Theorie. Zudem schreibt Art. 17 die Berücksichtigung örtlicher Sicherheits- und Verhaltensregeln ausdrücklich vor. Der zusätzliche Verweis auf die Datumstheorie bringt daher **wenig Neues**.[62] Der notwendige Spielraum wird dem Gericht bereits durch den Gebrauch des Wortes „berücksichtigen" eingeräumt. Ob es eine Regel rechtlich oder faktisch berücksichtigt, macht aus seiner Sicht keinen Unterschied.[63] Insbesondere ist die nur „faktische" Berücksichtigung von Sicherheits- und Verhaltensregeln ebenso wie die Anwendung von Recht nach ganz allgemeiner Auffassung revisibel.[64] Die weitgehende Funktionslosigkeit des Ausdrucks „faktisch" zeigt sich auch daran, dass die beiden Haager Übereinkommen ohne ihn auskommen (siehe Rn 10).

IV. Soweit angemessen

66 **1. Problem.** Die Einschränkung „soweit angemessen" ist die schwierigste Formulierung des Art. 17. Mit ihr hat der Gesetzgeber eine Entscheidung darüber vermieden, **wann und in welchem Umfang** Sicherheits- und Verhaltensregeln zu berücksichtigen sind. Er hat es sogar unterlassen zu entscheiden, **ob** solche Regeln im konkreten Fall überhaupt einzubeziehen sind, denn wenn ihre Berücksichtigung nicht angemessen erscheint, hat sie nach dem Wortlaut der Vorschrift ganz zu unterbleiben.

67 Der Grund für diese Zurückhaltung liegt darin, dass für die Berücksichtigung von Sicherheits- und Verhaltensvorschriften bislang **kein einheitliches System** existiert. Insbesondere ordnet das Völkerrecht die Zuständigkeit nicht eindeutig dem Staat zu, in dem eine bestimmte Handlung oder Unterlassung stattfindet. Vielmehr können auch die Regelungen und Wertungen anderer Staaten zur Anwendung kommen, soweit sich die Handlung oder Unterlassung in diesen auswirkt.[65]

68 **2. Verpflichtung zur Anwendung.** In manchen Bereichen ist das Gericht allerdings gezwungen, Normen aus anderen Staaten zu berücksichtigen.

69 **a) Innerhalb des Europäischen Wirtschaftsraums.** Solche Verpflichtungen erwachsen namentlich aus dem Vertrag über die Arbeitsweise der Europäischen Union (AEUV) und aus dem Abkommen über den Europäischen Wirtschaftsraum (EWR)[66], das die Mitgliedstaaten der EU mit Norwegen, Island und Liechtenstein verbindet. Die Verpflichtung zur Berücksichtigung von Sicherheits- und Verhaltensvorschriften ergibt sich aus den in diesen Texten enthalten Grundfreiheiten und dem Diskriminierungsverbot. Sie ist abhängig von der jeweiligen Rechtsgrundlage unterschiedlich ausgestaltet.

70 Die **Warenverkehrsfreiheit**[67] schreibt insbesondere die Berücksichtigung der Produktstandards des Herkunftslands vor.[68] Das bedeutet, dass bei der Produkthaftung im EWR die Sicherheits- und Verhaltensregeln des Staates zu beachten sind, in dem die Waren produziert wurden. Soweit das Produkt diesen Anforderungen genügt, ist eine Haftung ausgeschlossen (siehe auch Rn 54).

71 Bei der **Dienstleistungsfreiheit**[69] gilt das Herkunftslandprinzip nicht im selben Maße, denn die Anforderungen des Niederlassungsstaates werden in vielfacher Weise durch die Anforderungen des Staates der

---

60 Ebenso Calliess/*v. Hein*, Art. 17 Rn 14; *ders.*, in: FS v. Hoffmann, S. 139, 141; *Pfeiffer*, in: Liber Amicorum Schurig, 2012, S. 229, 230.
61 Siehe *Ehrenzweig*, 16 Buff. L. Rev. 55 (1966); *Jayme*, in: Gedächtnisschrift Ehrenzweig 1976, S. 35, 39–49.
62 Ebenso MüKo/*Junker*, Art. 17 Rn 23.
63 Krit. zur Idee der Berücksichtigung als factum auch *Kegel/Schurig*, § 2 IV 2, S. 156.
64 Vgl *v. Hein*, VersR 2007, 440, 446; Erman/*Hohloch*, Art. 17 Rn 4; BeckOK-BGB/*Spickhoff*, Art. 17 Rn 5; Palandt/*Thorn*, Art. 17 Rn 2.
65 Grundlegend Ständiger Internationaler Gerichtshof, 1927 P.C.I.J. (ser. A) No. 10 (Sept. 7) – Lotus.
66 Vom 2.5.1992, ABl. L 1 v. 3.1.1994, S. 3.
67 Art. 34 f AEUV; Art. 8 EWR-Abkommen.
68 Siehe EuGH, Rs. 120/78, Slg 1979, 649, Rn 15 – Cassis de Dijon.
69 Art. 56 AEUV; Art. 36 EWR-Abkommen.

Dienstleistungserbringung überlagert.[70] Außerdem ist bei fehlerhaften Dienstleistungen der Staat der Dienstleistungserbringung in aller Regel der Staat, in dem das haftungsbegründende Ereignis eintritt. Dessen Vorschriften sind also über Art. 17 zu berücksichtigen.

Dem **Verbot der Diskriminierung aufgrund der Staatsangehörigkeit**[71] ist nach der Rechtsprechung des EuGH ebenfalls die Pflicht zur Berücksichtigung von Sicherheits- und Verhaltensregeln eines anderen Mitgliedstaates zu entnehmen.[72] Die Weigerung, die von Behörden anderer Mitgliedstaaten erteilten Genehmigungen und Erlaubnisse anzuerkennen, kann nach seiner Auffassung eine mittelbare Diskriminierung der Inhaber aufgrund deren Staatsangehörigkeit darstellen. Relevant ist dies zB auf dem Gebiet des Umweltrechts oder des Luftverkehrs. Der EuGH hat etwa entschieden, dass ein Mitgliedstaat bei der Prüfung einer Klage wegen schädlicher Einwirkungen eines ausländischen Kernkraftwerks die von einem anderen Mitgliedstaat erteilte behördliche **Genehmigung** nicht grundsätzlich anders behandeln darf als eine Genehmigung durch seine eigenen Behörden.[73] Zwar sind Schäden durch Kernenergie von der Rom II-VO nicht erfasst (s. Art. 1 Abs. 2 lit. f). Doch ist die Entscheidung nicht auf diesen Bereich begrenzt, sondern hat allgemeine Bedeutung, wie die nachfolgende Rechtsprechung bestätigt, welche dasselbe Prinzip auf eine ausländische Luftfahrtverkehrsgenehmigung angewandt hat.[74] Die Pflicht zur Anerkennung der durch andere Mitgliedstaaten erteilten Genehmigungen ist zwar nicht unbegrenzt. Nach dem EuGH kann die Anerkennung aus objektiven, von der Staatsangehörigkeit unabhängigen Gründen wie dem Schutz der Gesundheit oder der öffentlichen Sicherheit verweigert werden. Allerdings müssen diese in einem angemessenen Verhältnis zu einem legitimerweise verfolgten Zweck stehen. Das ist nach Ansicht des EuGH nicht der Fall, wenn das Unionsrecht bereits selbst einen rechtlichen Rahmen enthält, in dem die entsprechenden Schutzziele berücksichtigt werden,[75] oder wenn die jeweiligen Interessen bereits bei der Erteilung der Genehmigung im anderen Staat berücksichtigt wurden.[76] Besteht eine Pflicht zur Anerkennung, ist eine Haftung für entstehende Schäden ausgeschlossen, wenn sie bei Vorliegen einer entsprechenden inländischen Genehmigung ausgeschlossen wäre. Siehe zur Anerkennung von ausländischen Erlaubnissen und Genehmigungen auch Rn 29 ff.

b) **Außerhalb des Europäischen Wirtschaftsraums.** Im Verhältnis zu Staaten, die nicht zum Europäischen Wirtschaftsraum gehören, können entsprechende Berücksichtigungspflichten nur durch **Völkerrecht** begründet sein. Namentlich das GATT und das GATS können Pflichten zur Anerkennung technischer und sonstiger Standards für Waren und Dienstleistungen aus anderen Vertragsstaaten enthalten. Allerdings haben beide Übereinkommen nach Ansicht des EuGH keine dem EU-Recht vergleichbare unmittelbare Wirkung in den Mitgliedstaaten.[77] Daher entfalten sie auch keinen rechtlichen Zwang zur Berücksichtigung ausländischer Sicherheits- und Verhaltensvorschriften. Eine solche kommt jedoch im Rahmen einer völkerrechtsfreundlichen Auslegung des Art. 17 in Betracht.

3. **Kriterien für die Angemessenheit der Berücksichtigung.** Soweit das Gericht nicht schon rechtlich verpflichtet ist, Sicherheits- und Verhaltensvorschriften anderer Staaten zu beachten, muss es eine Abwägung treffen, ob die Berücksichtigung „angemessen" ist.[78] Kriterien für die Abwägung liefert die Rom II-VO nicht. Das Gericht sollte sich insoweit von der Erwägung leiten lassen, dass bislang kein international einheitliches System von Sicherheits- und Verhaltensregeln existiert. Privatpersonen sind daher in einem Geflecht aus teilweise widersprüchlichen Regelungen gefangen. Über Art. 17 kann die faktische Geltung anderer Normen als der des Haftungsstatuts berücksichtigt werden. Um zu ermitteln, ob ihre Berücksichtigung angemessen ist, sind ähnlich wie bei drittstaatlichen Eingriffsnormen **Art und Zweck** dieser Normen sowie **die Folgen ihrer Berücksichtigung oder Nichtberücksichtigung** einzubeziehen.[79]

---

70 Richtlinie 2006/123/EG des Europäischen Parlaments und des Rates v. 12.12.2006 über Dienstleistungen im Binnenmarkt, ABl. L 376 v. 27.12.2006, S. 36, Art. 16 Abs. 3.
71 Art. 18 AEUV; Art. 4 EWR-Abkommen.
72 EuGH, Rs. 115/08, Land Oberösterreich/ČEZ, Slg 2009, I-10265; Rs. C-382/08, Michael Neukirchinger/Bezirkshauptmannschaft Grieskirchen, Slg 2011, I-139.
73 EuGH, Rs. 115/08, Slg 2009, I-10265, Land Oberösterreich/ČEZ, Rn 135.
74 EuGH, Rs. C-382/08, Michael Neukirchinger/Bezirkshauptmannschaft Grieskirchen, Slg 2011, I-139.
75 EuGH, Rs. 115/08, Slg 2009, I-10265, Land Oberösterreich/ČEZ, Rn 111–136.
76 EuGH, Rs. C-382/08, Michael Neukirchinger/Bezirkshauptmannschaft Grieskirchen, Slg 2011, I-139, Rn 42.
77 Siehe EuGH, Rs. C-280/93, Deutschland/Rat (Bananenmarktordnung), Slg 1994, I-4973, Rn 109 f; Rs. C-149/96, Portugal/Rat, Slg 1999, I-8395, Rn 40 f; krit. dazu etwa Calliess/Ruffert/*Schmalenbach*, Art. 216 Rn 32.
78 Die französische Version scheint einer solchen Abwägung entgegenzustehen, da sie die Anwendung nicht soweit „angemessen" vorsieht, sondern nur soweit notwendig („pour autant qu'il est besoin"). Allerdings handelt es sich dabei um einen Ausreißer, wie ein Vergleich zu anderen Sprachfassungen zeigt, zB der englischen, italienischen und spanischen.
79 Vgl Art. 9 Abs. 3 S. 2 Rom I-VO.

75 Maßgeblich sind daher zum einen die **Ziele**, welche eine bestimmte Regelung verfolgt. Dient diese zB der Bekämpfung unlauteren Wettbewerbsverhaltens oder von Wettbewerbsbeschränkungen, so ist die Berücksichtigung der Regelungen am Ort und zum Zeitpunkt der jeweiligen Handlung unangemessen. Entscheidend sind dann vielmehr allein die Regelungen des Staates, dessen Markt betroffen ist (Rn 17).

76 Maßgeblich ist darüber hinaus der **Inhalt** der entsprechenden Regelung. So rechtfertigen zB Emissionsstandards, die so niedrig gesetzt sind, dass sie erhebliche Schädigungen von Mensch und Umwelt in anderen Staaten nicht verhindern, einen Haftungsausschluss nicht. Vielmehr ist ihre Berücksichtigung unangemessen.[80] Ebenso kann die Tatsache, dass im Staat eines Verkehrsunfalls keine Gurtanschnallpflicht bestand, unberücksichtigt bleiben, weil sie zu Schäden an Körper und Gesundheit führt (siehe Rn 39).

77 Einzubeziehen ist außerdem die **Pflichtenkollision**, in welcher sich der Handelnde befinden kann. Muss er sich etwa nach dem Recht eines Staates in einer bestimmten Weise verhalten, die ihm nach dem Recht eines anderen Staates verboten ist, so sollte das Recht des letzteren nicht in vollem Umfang durchgesetzt werden, auch wenn diesem nach den Kollisionsregeln der Rom II-VO die Verantwortlichkeit zu entnehmen sein sollte. Die richtige Lösung solcher Fälle liegt meist nicht in einem Entweder-oder im Sinne einer vollen Haftung oder eines vollständigen Haftungsausschlusses. Vielmehr ist von der Flexibilität des Begriffs „berücksichtigen" in Art. 17 Gebrauch zu machen. Die Haftung kann nach dem Recht des einen Staates zwar grundsätzlich zu bejahen, aber im Hinblick auf den abweichenden Sicherheits- und Verhaltensstandard des anderen Staates abzumildern sein (siehe das Beispiel 1 in Rn 63).

78 Daneben muss auch das **Vertrauen** des Handelnden in die Geltung bestimmter Sicherheits- und Verhaltensvorschriften in die Abwägung eingestellt werden. So kann er im Hinblick auf eine gesetzliche Erlaubnis oder eine behördliche Genehmigung eines Staates meinen, dass sein Verhalten erlaubt ist (siehe das Beispiel 2 in Rn 63). Jedoch ist das Vertrauen auf eine Genehmigung oder Erlaubnis nicht in gleichem Maße haftungsmildernd zu berücksichtigen wie eine Pflichtenkollision (siehe Rn 77), denn es besteht keine Pflicht, von der Erlaubnis Gebrauch zu machen.

79 In die Abwägung einfließen muss schließlich, ob für den potenziell Haftenden die **Entstehung eines Schadens in einem anderen Staat voraussehbar** war. Ist dies der Fall, so ist er nicht schutzwürdig und die Berücksichtigung des Rechts am Ort des haftungsbegründenden Ereignisses nicht angemessen.[81] Das gilt auch dann, wenn er für sein Handeln dort eine Genehmigung erhalten hat.[82] Eine solche Genehmigung entlastet nur, wenn der Staat des Schadenseintritts sie zB aus europarechtlichen Gründen anerkennen musste (siehe Rn 69 ff). Ist das nicht der Fall, so berechtigt sie nicht zur Verursachung von Schäden auf seinem Territorium.

V. Ermessen des Richters?

80 Anders als in der Literatur vertreten[83] steht dem Richter kein Ermessen hinsichtlich der Berücksichtigung der Sicherheits- und Verhaltensvorschriften des Staates des haftungsbegründenden Ereignisses zu. Das folgt bereits aus dem Wortlaut des Artikel 17 („sind zu berücksichtigen") sowie aus der Funktion des Richters, der nach Recht und Gesetz und nicht nach Ermessen entscheidet. Der Richter hat insoweit auch keinen Beurteilungsspielraum im Sinne des Verwaltungsrechts. Soweit die Berücksichtigung lokaler Vorschriften angemessen ist, hat er diese zu berücksichtigen. Zwar muss er hinsichtlich der Angemessenheit zuweilen eine Abwägung treffen (Rn 74 ff). Diese Abwägung hat jedoch anhand objektiver Kriterien zu erfolgen und ist mit einem Ermessen oder einem Beurteilungsspielraum nicht zu verwechseln. Insbesondere ist sie im Instanzenzug voll überprüfbar (siehe Rn 65).

VI. Möglichkeit abweichender Rechtswahl

81 Eine Rechtswahl lässt die in Art. 17 vorgesehene Anwendung örtlicher Sicherheits- und Verhaltensregeln **im Allgemeinen unberührt**. Dies folgt aus einer Interpretation des Parteiwillens: Vereinbaren diese zB die Anwendung deutschen Rechtes auf die Haftung für einen Verkehrsunfall in England, so kann dies vernünftigerweise nicht dahin verstanden werden, dass auch die Sicherheits- und Verhaltensregeln, etwa das Rechtsfahrgebot, dem deutschen Recht entnommen werden sollen. [84] Vielmehr verbleibt es insoweit bei dem in Art. 17 enthaltenen Gebot der Berücksichtigung der englischen Sicherheits- und Verhaltensregeln.

---

[80] Für die Berücksichtigung des Umweltschutzes bei der Auslegung des Wortes „angemessen" auch Rauscher/ *Unberath/Cziupka*, EuZPR/EuIPR, Art. 7 Rn 47 f.
[81] Ebenso *G. Wagner*, IPRax 2008, 1, 5; BeckOK-BGB/ *Spickhoff*, Art. 17 Rn 5; Palandt/*Thorn*, Art. 17 Rn 3.
[82] AA Calliess/*v. Hein*, Art. 17 Rn 27; *ders.*, in: FS v. Hoffmann, S. 139, 157.
[83] Siehe Calliess/*v. Hein*, Art. 17 Rn 30; *ders.*, in: FS v. Hoffmann, S. 139, 153.
[84] Vgl auch BGHZ 42, 385, 388.

Allerdings sind die Parteien nicht gehindert, für die Beurteilung des Verhaltens einer Person ein anderes Recht vorzusehen als dasjenige, welches am Ort und zum Zeitpunkt des haftungsbegründenden Ereignisses in Kraft ist. Art. 17 ist keine Spezialregelung zu Art. 14 und verdrängt diesen nicht (siehe Rn 19). Für die Absicht der Parteien, auch die einzuhaltenden Sicherheits- und Verhaltensregeln dem gewählten Recht zu unterstellen, bedarf es jedoch **klarer Anhaltspunkte**. Ein sachlicher Grund kann etwa sein, dass der Ort der haftungsbegründenden Handlung unsicher ist. 82

Beispiel: A ist durch Medikamente geschädigt worden, die B ihm in der Vergangenheit verschrieben hat. Beide können sich nicht mehr erinnern, ob dies in Staat X oder Y gewesen war. Sie einigen sich darauf, dass das Recht des Staates X einschließlich seiner Sicherheits- und Verhaltensregeln Anwendung findet.

Artikel 18 Direktklage gegen den Versicherer des Haftenden

Der Geschädigte kann seinen Anspruch direkt gegen den Versicherer des Haftenden geltend machen, wenn dies nach dem auf das außervertragliche Schuldverhältnis oder nach dem auf den Versicherungsvertrag anzuwendenden Recht vorgesehen ist.

Literatur: *Colin*, Grenzüberschreitende Unfallregulierung und die neue Rom II-Verordnung, zfs 2009, 242; *v. Hein*, Article 4 and Traffic Accidents, in: Ahern/Binchy, The Rome II Regulation on the Law Applicable to Non-Contractual Obligations, 2009, S. 153; *Hübner*, Der Direktanspruch gegen den Kraftfahrzeughaftpflichtversicherer im Internationalen Privatrecht, VersR 1977, 1069; *Jayme*, Der Klägergerichtsstand für Direktklagen am Wohnsitz des Geschädigten (Art. 11 Abs. 2 i.V.m. Art. 9 EuGVO): ein Danaergeschenk des EuGH für die Opfer von Verkehrsunfällen, FS v. Hoffmann, 2011, S. 656; *Junker*, Das Internationale Privatrecht der Straßenverkehrsunfälle nach der Rom II-Verordnung, JZ 2008, 169; *Kuhnert*, Schadensregulierung mit Auslandsbezug, NJW 2011, 3347; *Lüttringhaus*, Der Direktanspruch im vergemeinschafteten IZVR und IPR nach der Entscheidung EuGH VersR 2009, 1512 (Vorarlberger Gebietskrankenkasse), VersR 2010, 183; *Malatesta*, La Legge Applicabile agli Incidenti Stradali nella Proposta di Regolamento (CE) Roma II, Rivista di Diritto Internazionale Privato e Processuale, 2006, 47; *Mansel*, Direktansprüche gegen den Haftpflichtversicherer: Anwendbares Recht und internationale Zuständigkeit, 1986; *Micha*, Der Direktanspruch im europäischen Internationalen Privatrecht, 2010; *Nagy*, The Rome II Regulation and Traffic Accidents: Uniform Conflict Rules with Some Room for Forum Shopping – How So?, Journal of Private International Law 6 (2010), 93; *Riedmeyer*, Internationale Zuständigkeit für Klagen bei Unfällen in der EU, r + s-Beil. 2011, 91; *Sieghörtner*, Internationales Straßenverkehrsunfallsrecht, 2002; *Staudinger*, Straßenverkehrsunfall, Rom II-Verordnung und Anscheinsbeweis, NJW 2011, 650; *ders.*, Geschädigte im Sinne von Art. 11 Abs. 2 EuGVVO, IPRax 2011, 229; *ders.*, Das Konkurrenzverhältnis zwischen dem Haager Straßenverkehrsübereinkommen und der Rom II-VO, FS Kropholler, 2008, S. 691; *ders.*, Rome II and traffic accidents, EuLF 2005, I-62; *Tomson*, Der Verkehrsunfall im Ausland vor deutschen Gerichten – Alle Wege führen nach Rom, EuZW 2009, 204.

A. Allgemeines	1	1. Statut des außervertraglichen Schuldverhältnisses	16
B. Regelungsgehalt	6	2. Statut des Versicherungsvertrags	19
I. Direktanspruch	6	IV. Reichweite, Koordination und Abgrenzung der Statute	20
II. Geschädigter	11	V. Durchführung des Günstigkeitsvergleichs	26
III. Bestimmung des Statuts des außervertraglichen Schuldverhältnisses und des Versicherungsvertrags	15	C. Weitere praktische Hinweise	27

A. Allgemeines

Art. 18 **begünstigt** die aus einem außervertraglichen Schuldverhältnis **berechtigte Partei**, indem sie ihr das Vorgehen gegen den Versicherer der verpflichteten Partei ermöglicht, wenn entweder das auf das außervertragliche Schuldverhältnis anwendbare Recht oder das auf den Versicherungsvertrag anwendbare Recht ein solches Vorgehen gestattet. 1

Art. 18 findet sein Vorbild in Art. 9 des Haager Übereinkommens über das auf Straßenverkehrsunfälle anzuwendende Recht vom 4. Mai 1971,[1] übernimmt aber nicht dessen komplexes Anknüpfungssystem. **Leitbild** des europäischen Normgebers war die Regulierung eines **Straßenverkehrsunfalls** mit grenzüberschreitenden Bezügen,[2] was die teilweise ungenaue, auf das Deliktsrecht zugeschnittene Terminologie („Geschädigter"; „Haftender") zu erklären vermag. Der Anwendungsbereich der Norm ist jedoch nicht auf deliktische Ansprüche beschränkt. 2

---

[1] Deutsche Übersetzung des Übereinkommens bei *Jayme/Hausmann*, Internationales Privat- und Verfahrensrecht, 16. Aufl. 2012, Nr. 100. Das Übereinkommen ist nicht für Deutschland, aber für andere EU-Mitgliedstaaten in Kraft und genießt in diesen Mitgliedstaaten nach Art. 28 Vorrang vor der Rom II-VO. Näher *Staudinger*, in: FS Kropholler 2008, S. 695.

[2] Huber/*Altenkirch*, Rome II Regulation, Art. 18 Rn 19.

3   Art. 18 hat im **Verordnungsgebungsverfahren** verschiedene Änderungen erfahren.[3] Insbesondere wurde die von der Kommission[4] ursprünglich vorgeschlagene Geltung des Statuts des außervertraglichen Schuldverhältnisses mit einem Wahlrecht des Anspruchsinhabers zugunsten des Statuts des Versicherungsvertrags durch das geltende Günstigkeitsprinzips mit alternativer Anknüpfung ersetzt.[5] Der **Regelungsgehalt** des Art. 18 **entspricht Art. 40 Abs. 4 EGBGB**.[6]

4   Die Norm verfolgt drei **Regelungsanliegen**: Erstens bezweckt sie **den Schutz des Geschädigten**, dem durch die alternative Berufung des Statuts des außervertraglichen Schuldverhältnisses und des Statuts des Versicherungsvertrags die Inanspruchnahme des Versicherers erleichtert werden soll.[7] Mit kollisionsrechtlichen Mitteln wird so vor allem die Gefahr, dass der Schuldner des außervertraglichen Anspruchs ausfällt, vom Gläubiger auf den Versicherer des Schuldners verschoben. Zweitens dient sie der **Prozessökonomie**,[8] da sie den unmittelbaren Zugriff auf das Vermögen des Versicherers als desjenigen ermöglicht, der im Ergebnis den Schaden kompensiert.[9] Drittens löst sie das **Qualifikationsproblem**,[10] ob ein Direktanspruch gegen den Versicherer dem Statut des außervertraglichen Schuldverhältnisses oder dem Statut des Versicherungsvertrags zuzuordnen ist.[11] Denn durch die alternative Anknüpfung kann die Qualifikationsfrage im Ergebnis offengelassen werden.

5   Nach der Konzeption des Art. 18 begründet ein **Direktanspruch kollisionsrechtlich kein eigenes außervertragliches Schuldverhältnis** iSv Art. 1 Abs. 1 zwischen Anspruchsinhaber und Versicherer. Aus kollisionsrechtlicher Perspektive entspringt der Direktanspruch vielmehr dem außervertraglichen Schuldverhältnis zwischen Anspruchsinhaber und Anspruchsgegner. In der deutschen Fassung des Art. 18 verdeutlicht dies der Normtext, der anordnet, dass der Anspruchsinhaber „seinen" – nicht „einen" – Anspruch auch gegen den Versicherer geltend machen kann.[12] Ein eigenständiges außervertragliches Schuldverhältnis zwischen Anspruchsinhaber und Versicherer hätte außerdem zur Folge, dass für das auf den Direktanspruch anwendbare Recht ein drittes Recht ins Spiel käme, falls Anspruchsinhaber, Anspruchsgegner und Versicherer ihren gewöhnlichen Aufenthalt in drei verschiedenen Staaten haben. Dies ist von Art. 18 nicht intendiert.

B. Regelungsgehalt

I. Direktanspruch

6   Zur Anwendung gelangt Art. 18 auf **Direktansprüche**.[13] Der Gehalt dieses Begriffs ist verordnungsautonom zu bestimmen. Unsicherheiten bestehen, weil auf Ebene des Sachrechts unterschiedliche dogmatische Verankerungen der Inanspruchnahme des Versicherer des Anspruchsgegners möglich sind: als deliktsrechtlicher Anspruch, als aus dem Versicherungsvertrag fließender, dh vertraglicher Anspruch oder als prozessuales Forderungsrecht.[14] Bei funktionaler Qualifikation kommt es auf die sachrechtliche Konzeption der Vorschrift grundsätzlich nicht an.[15] Die Konkretisierung des Direktanspruchs iSv Art. 18 muss jedoch zum

---

3   Näher zur Entstehungsgeschichte Rauscher/*Jakob/Picht*, EuZPR/EuIPR, Art. 18 Rn 1; *Plender/Wilderspin*, The European Private International Law of Obligations, 3. Aufl. 2009, Rn 28-005–28-007; *Micha*, S. 90 f.

4   Art. 14 des Vorschlags für eine Verordnung des Europäischen Parlaments und des Rates über das auf außervertragliche Schuldverhältnisse anzuwendende Recht („Rom II"), KOM (2003) 427, endg.

5   Eine solche alternative Anknüpfung vorschlagend bereits Hamburg Group for Private International Law, RabelsZ 67 (2003), 1, 45.

6   BeckOK-BGB/*Spickhoff*, Art. 18 Rn 1; Erman/*Hohloch*, Art. 18 Rn 1; jurisPK-BGB/*Ludwig*, Art. 18 Rn 1; Palandt/*Thorn*, Art. 18 Rn 1; *v. Hein*, ZEuP 2009, 6, 31.

7   AllgA, siehe nur BeckOK-BGB/*Spickhoff*, Art. 18 Rn 1; *Cesari*, Diritto Internazionale Privato dell'Unione Europea, 2011, S. 438; *Junker*, JZ 2008, 169, 177; *Kaminsky*, 85 Tulane Law Review 2010, 55, 69 (validation rule); *G. Wagner*, IPRax 2006, 372, 379.

8   Palandt/*Thorn*, Art. 18 Rn 2.

9   Steht dem Geschädigten ein Direktanspruch nicht zur Seite, ist er darauf angewiesen, gegen den Schädiger vorzugehen und ggf dessen Anspruch gegen den Versicherer zu pfänden, näher *Mansel*, S. 1; s.a. *Lüttringhaus*, VersR 2010, 183, 188.

10 Näher zu diesem *Mansel*, S. 9 f.

11 Erman/*Hohloch*, Art. 18 Rn 1; MüKo/*Junker*, Art. 18 Rn 1; *Malatesta*, Rivista di Diritto Internazionale Privato e Processuale, 2006, 47, 60 (zum Verordnungsvorschlag); eine Günstigkeitslösung zur Vermeidung von Qualifikationsschwierigkeiten vorschlagend bereits *Hübner*, VersR 1977, 1690, 1074 zum Qualifikationsproblem im common law *Cheshire/North/Fawcett*, Private International Law, 14. Aufl. 2008, S. 856.

12 Ähnlich die englische Sprachfassung mit der Wendung „his or her claim"; offener hingegen die französische Fassung „peut agir directement", der die spanische und die portugiesische Sprachfassungen mit „podrá actuar directamente" und „pode demandar directamente" folgen.

13 Die Überschrift der deutschen Sprachfassung, welche die Formulierung „Direktklage" nutzt, ist zu eng, s. MüKo/*Junker*, Art. 18 Rn 7 (semantische Ungenauigkeit).

14 Siehe die rechtsvergleichenden Untersuchungen bei *Mansel*, S. 2 ff; *Micha*, S. 13 ff.

15 *Dickinson*, Rome II Regulation – Updating Supplement, 2010, Rn 14.95A.

einen den Anwendungsbereich der Rom II-VO beachten (hierzu Rn 7), zum anderen die Abgrenzung zum gesetzlichen Forderungsübergang nach Art. 19 gewährleisten (hierzu Rn 9).

Besteht zwischen Anspruchsinhaber und Anspruchsgegner eine **Rechtsbeziehung**, die **nicht** in den **Anwendungsbereich der Rom II-VO** (zu diesem Art. 1 Rn 1) fällt, ist Art. 18 nicht anwendbar.[16] Es mag *de lege ferenda* aus Kohärenzgründen wünschenswert scheinen, auch Direktansprüche, die beispielsweise auf einer vertraglichen Haftung des Anspruchsgegners basieren, dem Günstigkeitsprinzip des Art. 18 zu unterwerfen.[17] Neben der Unanwendbarkeit der Rom II-VO sperrt aber die Formulierung des Art. 18, das auf das „außervertragliche Schuldverhältnis" anwendbare Recht müsse die Geltendmachung gegen den Versicherer vorsehen, *de lege lata* diesen Ansatz.   7

Nicht erfasst sind ferner Ansprüche vertraglichen Charakters, die aus dem Versicherungsvertrag zwischen Anspruchsgegner und Versicherer fließen. So liegt es insbesondere für **vertraglich vereinbarte Direktansprüche** zugunsten des Berechtigten – sei es durch Individualabrede, sei es in standardisiert verwendeten Versicherungsbedingungen. Solche vertraglich vereinbarten Direktansprüche haben eine andere Schutzrichtung als gesetzlich angeordnete[18] und fallen als vertragliche Ansprüche nicht in den Anwendungsbereich der Rom II-VO. Im Umkehrschluss folgt, dass Direktansprüche iSv Art. 18 nur durch Gesetz geschaffene Ansprüche sind.[19]   8

Eine dem Direktanspruch vergleichbare Schutzwirkung kann ein Gesetzgeber auf Ebene des Sachrechts durch Anordnung einer **Legalzession** erzielen, welche den Berechtigten des außervertraglichen Schuldverhältnisses in die Versicherungsforderung des Verpflichteten einrücken lässt.[20] Hiervon zu unterscheiden ist der Übergang des außervertraglichen Anspruchs durch Legalzession, etwa auf einen Leistung erbringenden Sozialversicherungsträger (s. insoweit Rn 14). Die Legalzession vertraglicher Forderungen ist ausdrücklich in Art. 15 Rom I-VO geregelt. Einen Wechsel in der Anspruchsinhaberschaft durch Legalzession in einen Günstigkeitsvergleich einzustellen, erscheint zudem aus Gründen der Rechtssicherheit nicht sinnvoll. Die Rechtsinhaberschaft sollte insbesondere im Hinblick auf etwaige, materielle Einwendungen sicher bestimmbar sein. Deshalb stellt die Anordnung einer Legalzession der beschriebenen Art keinen Direktanspruch iSd Art. 18 dar. Zur Frage der Rechtsnachfolge, auch durch Legalzession, auf Seiten des Berechtigen des außervertraglichen Schuldverhältnisses s.u. Rn 14.   9

Ein **Direktanspruch** nach Art. 18 ist folglich jede auf Gesetz (nicht auf vertraglicher Vereinbarung) beruhende, originär dem Anspruchsinhaber eingeräumte Möglichkeit, die ihm entstandenen außervertraglichen Schäden iSd Art. 2 Abs. 1 beim Versicherer des Anspruchsgegners zu liquidieren.   10

II. Geschädigter

In den Genuss der kollisionsrechtlichen Privilegierung des Art. 18 gelangt der **Geschädigte**. Der terminologische Zuschnitt auf den Inhaber eines Anspruchs aus unerlaubter Handlung lässt sich durch die Verordnungsgebungsgeschichte erklären (Rn 2). Aus der Stellung des Art. 18 im Kapitel V der Verordnung mit der Überschrift „Gemeinsame Vorschriften" und der Schadensdefinition des Art. 2 Abs. 1 (s. Art. 2 Rn 2) folgt aber, dass dem Berechtigen eines jeden von der Rom II-Verordnung erfassten außervertraglichen Schuldverhältnisses beim Vorgehen gegen den Versicherer des Verpflichteten die kollisionsrechtliche Privilegierung des Art. 18 zuteil wird.   11

Im Hinblick auf die Bestimmung der internationalen Zuständigkeit des Art. 11 Abs. 2 EuGVVO (zur internationalen Zuständigkeit für die Direktklage s.u. Rn 29) wird ein **verordnungs- und systemübergreifendes Verständnis des Geschädigtenbegriffs** diskutiert.[21] Durch ein solches soll insbesondere die EuGH-Rechtsprechung zum Begriff des Geschädigten nach Art. 11 Abs. 2 EuGVVO auf Art. 18 übertragen werden.[22] Der EuGH hat den Klägergerichtsstand des Art. 9 Abs. 1 lit. b iVm Art. 11 Abs. 2 EuGVVO auf schutzbedürftige, dh im Vergleich zum Beklagten im Einzelfall wirtschaftlich schwächere und rechtlich weniger erfahrene Kläger begrenzt.[23]   12

---

16 Näher MüKo/*Junker*, Art. 18 Rn 8.
17 *Micha*, S. 96 f schlägt hierzu eine analoge Anwendung des Anwendungsbereichs der Rom II-VO vor.
18 Näher *Mansel*, S. 41 f; *Micha*, S. 83.
19 *Micha*, S. 86.
20 *Mansel*, S. 7, bezeichnet einen solchen Fall als „unselbständige action directe". Als Beispiel zu nennen ist Section 1 (1) Third Parties Act 1930, hierzu *Micha*, S. 44 ff.
21 Entwickelt von *Lüttringhaus*, VersR 2010, 183, 189; ihm folgend PWW/*Schaub*, Art. 18 Rn 1; ablehnend jurisPK-BGB/*Ludwig*, Art. 18 Rn 5.
22 Es geht insb. um die Konkretisierung in EuGH Slg 2009, I-8661 = IPRax 2011, 255 m.Anm. *Staudinger* 229.
23 EuGH Slg 2009, I-8661, Tz. 41 f; zustimmend *Tomson*, EuZW 2009, 204, 205; für Klagen aus übergegangenem Recht zustimmend *Staudinger*, IPRax 2011, 229, 232; ablehnend für juristische Personen allgemein *Staudinger*/*Czaplinski*, NJW 2009, 2249, 2252.

13 Ein **einheitlicher Geschädigtenbegriff** in Art. 11 Abs. 2 EuGVVO und Art. 18 stößt jedoch auf **Bedenken**.[24] Zunächst ist in terminologischer Hinsicht darauf hinzuweisen, dass nicht alle Sprachfassungen der genannten Bestimmungen – anders als die deutsche Fassung – denselben Begriff verwenden.[25] Zudem berücksichtigt die nur auf den Geschädigtenschutz gestützte Annahme von Interessenparallelität[26] in Art. 11 Abs. 2 EuGVVO und Art. 18 nicht umfassend das Regelungsanliegen des Art. 18 (oben Rn 4). Das Vorgehen gegen den Versicherer des Geschädigten ist unabhängig davon prozessökonomisch, ob der Kläger im Einzelfall wirtschaftlich schwächer und rechtlich unerfahrener ist als der beklagte Versicherer. Auch das durch Art. 18 gelöste Qualifikationsproblem stellt sich unabhängig von einem etwaigen Schutzbedürfnis des Klägers. Für die in der Praxis bedeutsamen Fälle der **Rechtsnachfolge** eines Versicherers oder Sozialversicherungsträgers in die Rechtstellung des Anspruchsinhabers führte eine Übertragung der EuGH-Rechtsprechung zum Geschädigtenbegriff des Art. 11 Abs. 2 EuGVVO auf Art. 18 zudem zu einem Wegfall des Direktanspruchs durch Anspruchsübergang, für den sich im den gesetzlichen Forderungsübergang regelnden Art. 19 kein Anhaltspunkt findet.[27]

14 **Geschädigter** ist folglich **jeder aus einem außervertraglichen Schuldverhältnis** iSd Art. 1 **Berechtigte**. Der wirtschaftlichen Stärke des Berechtigten im Vergleich zum Verpflichteten oder zu dessen Versicherer und der Art und Weise des Erwerbs des außervertraglichen Anspruchs – originär oder derivativ – (anders als der Erwerb des Direktanspruchs, hierzu oben Rn 9) kommt keine Bedeutung zu. Geschädigter kann deshalb auch eine juristische Person, eine Versicherung oder ein Sozialversicherungsträger sein, die den Anspruch originär oder durch Legalzession erworben haben.[28] Gleiches gilt für mittelbar Geschädigte oder für den Forderungserwerb durch Erbschaft.

III. Bestimmung des Statuts des außervertraglichen Schuldverhältnisses und des Versicherungsvertrags

15 Einen Direktanspruch vorsehen können alternativ das Statut des außervertraglichen Schuldverhältnisses (Rn 16 f) oder das Statut des Versicherungsvertrags (Rn 18).

16 **1. Statut des außervertraglichen Schuldverhältnisses.** Das auf das außervertragliche Schuldverhältnis anwendbare Recht wird nach **Artt. 4 ff** ermittelt. Bei einer unerlaubten Handlung ist das Recht des gemeinsamen gewöhnlichen Aufenthalts nach Art. 4 Abs. 2, in Ermangelung eines solchen gemäß Art. 4 Abs. 1 das Recht des Schadenseintrittsorts anzuwenden. Eine offensichtlich engere Verbindung nach **Art. 4 Abs. 3** ist auch für Art. 18 **relevant**.[29] Denn der Direktanspruch erwächst aus dem außervertraglichen Schuldverhältnis zwischen Anspruchsinhaber und -gegner. Er begründet kein eigenes außervertragliches Schuldverhältnis iSd Rom II-VO (s. Rn 5). Die Anknüpfung des außervertraglichen Schuldverhältnisses nur im Hinblick auf den Direktanspruch umzugestalten, hieße aber, ihm im Ergebnis doch ein eigenes Statut zuzubilligen.[30]

17 Im Falle einer **Rechtswahl** zwischen Anspruchsinhaber und Anspruchsgegner ist **Art. 14 Abs. 1 S. 2 Hs 2** auch im Rahmen von Art. 18 zu beachten.[31] Einer nachträglichen Rechtswahl[32] nach Art. 14 Abs. 1 lit. a

---

24 Im Ergebnis ebenso jurisPK-BGB/*Ludwig*, Art. 18 Rn 5.
25 Die englische Sprachfassung des Art. 18 nutzt den Ausdruck „person having suffered damage", während sich in Art. 11 Abs. 2 EuGVVO englischer Fassung der Begriff „injured party" findet. Im Französischen spricht Art. 18 EuGVVO von „la personne lésée", während Art. 11 Abs. 2 EuGVVO „la victime" nennt. Dieses Argument ist freilich von geringem Gewicht, da bereits die verschiedenen Sprachfassungen des Art. 18 nicht präzise aufeinander abgestimmt sind, s. MüKo/*Junker*, Art. 18 Rn 7.
26 *Lüttringhaus*, VersR 2010, 183, 189.
27 *Lüttringhaus*, VersR 2010, 183, 189 Fn 85 schränkt deshalb die Übertragung der EuGH-Rechtsprechung zu Art. 11 Abs. 2 EuGVVO für den Fall der Zession ein; anders hingegen PWW/*Schaub*, Art. 18 Rn 1 (Sozialversicherungsträger als Legalzessionar des Direktanspruchs wird nicht nach Art. 18 privilegiert).
28 Huber/*Altenkirch*, Rome II Regulation, Art. 18 Rn 8; *Plender/Wilderspin*, The European Private International Law of Obligations, 3. Aufl. 2009, Rn 28-014; tendenziell auch *Dickinson*, Rome II Regulation, 2008, Rn 14.99; aA PWW/*Schaub*, Art. 18 Rn 1; *Lüttringhaus*, VersR 2010, 183, 189 f.
29 Umstr., ausführlich Huber/*Altenkirch*, Rome II Regulation, Art. 18 Rn 11 ff (mwN zum Streitstand); bejahend MüKo/*Junker*, Art. 18 Rn 10; speziell für P&I-Versicherungen Thume/de la Motte/Ehlers/*Schwampe*, Transportversicherungsrecht 2. Aufl. 2011, Teil 7 Rn 511; ablehnend für Massenunfälle und bei Zulassung der Unfallfahrzeuge in demselben Staat *Micha*, S. 135; zweifelnd *Staudinger*, in: Gebauer/Wiedmann, Kap. 38 Rn 90; *ders.*, EuLF 2005, I-61, I-63; offen BeckOK-BGB/*Spickhoff*, Art. 18 Rn 3.
30 Weitere Argumente für diese Position bei Huber/*Altenkirch*, Rome II Regulation, Art. 18 Rn 12 ff.
31 *Leible*, RIW 2008, 257, 262; dem folgend Hk-BGB/*Dörner*, Art. 14 Rn 6; Palandt/*Thorn*, Art. 18 Rn 4.
32 Zur Frage einer Rechtswahl *ex ante* s. *Micha*, S. 139.

muss der Versicherer zustimmen, wenn sich seine Rechtstellung durch die Rechtswahl verschlechtert.[33] Dies ist nur der Fall, wenn weder das zur Abwahl stehende Statut des außervertraglichen Schuldverhältnisses noch das Statut des Versicherungsvertrags einen Direktanspruch vorsehen. Eine in der spiegelbildlichen Konstellation den Versicherer begünstigende nachträgliche Wahl eines Rechts, das keinen Direktanspruch vorsieht, ist ohne dessen Zustimmung möglich.[34]

Eine **Teilrechtswahl**[35] zwischen **Anspruchsinhaber** und **Versicherer** scheidet schon deshalb aus, weil Parteien des außervertraglichen Schuldverhältnisses Anspruchsinhaber und Anspruchsgegner sind (s. Rn 5).

2. Statut des Versicherungsvertrags. Das auf den Versicherungsvertrag anzuwendende Recht ist nach den kollisionsrechtlichen Bestimmungen für Versicherungsverträge, insbesondere nach Art. 7 Rom I-VO und – wegen der Öffnungsklausel des Art. 7 Abs. 4 lit. b Rom I-VO[36] – Art. 46 c EGBGB, zu ermitteln.[37]

IV. Reichweite, Koordination und Abgrenzung der Statute

Auf sachrechtlicher Ebene sind das Recht der außervertraglichen Schuldverhältnisse und das Versicherungsrecht regelmäßig eng verzahnt.[38] Dies führt auf kollisionsrechtlicher Ebene zu Abgrenzungsschwierigkeiten dahin gehend, welche Fragen ausschließlich nach dem auf das außervertragliche Schuldverhältnisse anzuwendenden Recht, welche ausschließlich nach dem auf den Versicherungsvertrag anzuwendenden Recht und welche nach dem Günstigkeitsvergleich des Art. 18 zu beantworten sind. Strukturell **setzt** ein **Direktanspruch** gegen den Versicherer – unabhängig von seiner dogmatischen Verankerung im Sachrecht – ein **Versicherungsverhältnis voraus**.[39] Ob ein solches besteht, lässt sich nur nach dem Statut des Versicherungsvertrags beurteilen.[40] In den Erläuterungen des ursprünglichen Kommissionsvorschlags findet sich die Aussage, der Haftungsumfang des Versicherers richte sich „in jedem Fall" nach dem auf den Versicherungsvertrag anzuwendenden Recht.[41]

Der Günstigkeitsvergleich des Art. 18 erfasst insbesondere **nicht** die **Höhe** der aus dem **außervertraglichen Schuldverhältnis** erwachsenden **Ansprüche** zwischen Gläubiger und Schuldner dieses Verhältnisses. Gewährt beispielsweise das anwendbare Deliktsrecht des Landes A dem Opfer einer unerlaubten Handlung einen Anspruch gegen den Täter iHv 500 EUR und ist der Täter durch einen Versicherungsvertrag, der dem Recht des Landes B unterliegt, versichert, so kann er den Versicherer auch dann nur iHv 500 EUR in Anspruch nehmen, wenn ihm nach Recht B ein Anspruch auf 600 EUR wegen der unerlaubten Handlung zustünde. Zur Abgrenzung der betroffenen Statute s.a. Rn 23 ff.

Nach dem **Günstigkeitsprinzip** des Art. 18 zu ermitteln ist das **„Ob" der direkten Inanspruchnahme** des Versicherers, dh nach deutschem materiellrechtlichen Verständnis dessen Passivlegitimation,[42] soweit sie nicht die Existenz des Versicherungsvertrags als Vorfrage des Direktanspruchs betrifft, über die das Versicherungsstatut entscheidet (s. Rn 20).

---

33 Erman/*Hohloch*, Art. 18 Rn 1; MüKo/*Junker*, Art. 18 Rn 10; Huber/*Altenkirch*, Rome II Regulation, Art. 18 Rn 10; *Staudinger*, in: Gebauer/Wiedmann, Kap. 38 Rn 90; *Micha*, S. 139; *Leible*, RIW 2008, 257, 262; zum selben Ergebnis unter Geltung des EGBGB *Mansel*, S. 48; aA wohl jurisPK-BGB/*Ludwig*, Art. 18 Rn 4.

34 *Micha*, S. 138 f (jedoch eine Ablehnungsrecht der Versicherung auf Sachrechtsebene andenkend); aA Rauscher/*Jakob/Picht*, EuZPR/EuIPR, Art. 18 Rn 4. Das auf den Wortlaut der deutschen Sprachfassung des Art. 14 Abs. 1 S. 2 Hs 2 abstellende Argument, die Rechtstellung des Dritten sei „unberührt", nicht nur „unbenachteiligt" zu lassen (Rauscher/*Jakob/Picht*, EuZPR/EuIPR, Art. 18 Rn 4), deckt sich nicht mit anderen Sprachfassungen (Englisch: „shall not prejudice"; Französisch: „ne porte pas préjudice"; Portugiesisch: „não prejudica"; Spanisch: „no perjudicará"). Die Überlegung, die Abwahl schlechtere den von Art. 18 intendierten Geschädigtenschutz (Rauscher/*Jakob/Picht*, EuZPR/EuIPR, Art. 18 Rn 4), trifft zu, ist aber einer Rechtswahl inhärent. Ein Günstigkeitsvergleich nach dem Modell des Art. 6 Abs. 2 S. 1 Rom I-VO ist in der Rom II-VO gerade nicht vorgesehen.

35 Zur Zulässigkeit einer Teilrechtswahl nach Art. 14 s. *Staudinger*, in: Gebauer/Wiedmann, Kap. 38 Rn 76.

36 Zu dieser *Nordmeier*, in: Gebauer/Wiedmann, Kap. 37 Rn 84.

37 AllgA, s. etwa BeckOK-BGB/*Spickhoff*, Art. 18 Rn 1; Koziol/Bydlinski/Bollenberger/*Neumayr*, Art. 18 Rom II-VO Rn 1; *Laschet*, PHI 2010, 158, 162.

38 Näher *G. Wagner*, IPRax 2006, 372, 3279.

39 Siehe *Mansel*, S. 36 f.

40 Hierzu das Beispiel von *Hübner*, VersR 1977, 1069, 1073: Wenn der Schädiger bei Versicherer X versichert ist, kann der Geschädigte nicht Versicherer Y in Anspruch nehmen. Dies dürfte jurisPK-BGB/*Ludwig*, Art. 18 Rn 6 übersehen.

41 Vorschlag für eine Verordnung des Europäischen Parlaments und des Rates über das auf ausservertragliche Schuldverhältnisse anzuwendende Recht („Rom II"), KOM (2003) 427 endgültig, S. 28; in Auszügen abgedruckt bei MüKo/*Junker*, Art. 18 Rn 13 Fn 26; s.a. *Fuchs*, GPR 03/04, 100, 104; *Tomson*, EuZW 2009, 204, 208.

42 Ähnlich *Staudinger/Czaplinski*, NJW 2009, 2249, 2250 (Zulässigkeit der Klage richte sich nach Günstigkeitsprinzip); *Junker*, JZ 2008, 169, 177 (Bestehen und Modalitäten des Direktanspruchs).

23 Ob der geltend gemachte Direktanspruch die **Versicherungssumme** mit der Folge übersteigt, dass der Versicherer hinsichtlich des übersteigenden Teils nicht zur Leistung verpflichtet ist, wird allein nach dem auf den **Versicherungsvertrag anzuwendenden Recht** beurteilt.[43] Gleiches gilt für dispositive oder zwingende gesetzliche Mindestdeckungsregelungen.[44] Der Umfang der Einstandspflicht hat seinen Grund insoweit in der privatautonomen Vereinbarung zwischen Versicherer und Versichertem, dh in dem zwischen diesen bestehenden vertraglichen Schuldverhältnis.

24 Die Frage der **Leistungsfreiheit des Versicherers** gegenüber dem Anspruchsinhaber, etwa durch Zahlung des Versicherers an den Versicherten, unterliegt nicht dem Günstigkeitsvergleich des Art. 18, sondern allein dem **Versicherungsstatut**.[45] Neben dem Argument der Vorhersehbarkeit des Statuts für den Versicherer zur Kalkulation seines Risikos[46] sieht Art. 12 Abs. 1 lit. b Rom I-VO vor, dass die Erfüllung der durch den Vertrag begründeten Verpflichtungen dem Vertragsstatut unterliegt. Ein eigenes, außervertragliches Schuldverhältnis zwischen Anspruchsinhaber und Versicherer existiert nicht (s. Rn 5). Das von der Gegenansicht angeführte Argument, die Befreiung von der der Leistungspflicht durch Zahlung an den Versicherten betreffe die Existenz des Anspruchs, dh das „Ob" der Inanspruchnahme,[47] wirft zudem bei Teilleistungen des Versicherers an den Versicherten Probleme auf, da sie zur Annahme eines teilweise existenten Anspruchs zwingt.

25 Auch **andere Einwendungen oder Einreden** aus dem Versicherungsvertrag unterliegen nicht dem Günstigkeitsvergleich, sondern dem Versicherungsvertragsstatut. Art. 18 beschränkt keine Privilegierungen des Versicherers im Deckungsverhältnis. So sind Vorauszahlungsklauseln nach dem Versicherungsvertragsstatut zu beurteilen, weil sie die Fälligkeit der Versicherungsforderung betreffen.[48]

V. Durchführung des Günstigkeitsvergleichs

26 Kein Optionsrecht des Geschädigten, sondern ein **von Amts wegen** durchzuführender Vergleich des auf das außervertragliche Schuldverhältnis und des auf den Versicherungsvertrag anwendbaren Rechts erfordert Art. 18.[49] Dies folgt aus Wortlaut und Entstehungsgeschichte[50] der Vorschrift, die im Entwurf zunächst ein Optionsrecht des Anspruchsinhabers vorsah. Die Art und Weise der Bestimmung des Inhalts ausländischen Rechts richtet sich als Frage des Prozessrechts nach der *lex fori*.[51] Ein deutsches Gericht ermittelt es nach § 293 ZPO[52] und prüft *ex officio*, ob eines der beiden Statute dem Anspruchsinhaber einen Direktanspruch gewährt.

C. Weitere praktische Hinweise

27 Die Praxisrelevanz des Art. 18 ist insoweit eingeschränkt als der Norm nur Entscheidungserheblichkeit zukommt, wenn eines der betroffenen Statute einen Direktanspruch kennt, das andere hingegen nicht.[53]

---

43 Huber/*Altenkirch*, Rome II Regulation, Art. 18 Rn 16; Rauscher/*Jakob*/*Picht*, EuZPR/EuIPR, Art. 18 Rn 5; MüKo/*Junker*, Art. 18 Rn 13; PWW/*Schaub*, Art. 18 Rn 3; *Garcimartín Alférez*, EuLF 2007, I-77, I-90; Erman/*Hohloch*, Art. 18 Rn 2 (mit einer nicht näher konkretisierten Bezugnahme auf das „örtliche Pflichtversicherungsrecht"); grundsätzlich für den Günstigkeitsvergleich ist hingegen BeckOK-BGB/*Spickhoff*, Art. 18 Rn 4 (jedoch mit der Einschränkung, der Versicherer hafte nur bis zur Grenze des Höchstbetrages, den er nach dem Versicherungsstatut schulde).
44 Vgl Erman/*Hohloch*, Art. 18 Rn 2.
45 jurisPK-BGB/*Ludwig*, Art. 18 Rn 7; MüKo/*Junker*, Art. 18 Rn 14; PWW/*Schaub*, Art. 18 Rn 3; Palandt/*Thorn*, Art. 18 Rn 1; *Junker*, JZ 2008, 169, 177; *Tomson*, EuZW 2009, 204, 208; wohl auch BeckOK-BGB/*Spickhoff*, Art. 18 Rn 1; *Garcimartín Alférez*, EuLF 2007, I-77, I-90; aA Huber/*Altenkirch*, Rome II Regulation, Art. 18 Rn 17 (für Günstigkeitsvergleich nach Art. 18); wohl auch aA *Luckey*, SVR 2010, 415, 420 (für „Deliktsstatut"); differenzierend nach freiwilliger und Pflichtversicherung *Micha*, S. 172 ff.
46 MüKo/*Junker*, Art. 18 Rn 14.
47 Huber/*Altenkirch*, Rome II Regulation, Art. 18 Rn 17.
48 Für P & I-Versicherungen Thume/de la Motte/Ehlers/*Schwampe*, Transportversicherungsrecht 2. Aufl. 2011, Teil 7 Rn 511.
49 Huber/*Altenkirch*, Rome II Regulation, Art. 18 Rn 9; jurisPK-BGB/*Ludwig*, Art. 18 Rn 1; Koziol/Bydlinski/Bollenberger/*Neumayr*, Art. 18 Rom II-VO Rn 3.
50 Rauscher/*Jakob*/*Picht*, EuZPR/EuIPR, Art. 18 Rn 1.
51 *v. Hein*, in: Ahern/Binchy, Rome II Regulation, S. 173; *ders.*, ZEuP 2009, 6, 31.
52 Im Common Law hingegen ist das ausländische Recht als Tatsache (fact) von den Parteien zu beweisen. Parteien vor einem englischen Gericht sind deshalb gehalten, den Inhalt der in Frage kommenden Rechte selbstständig zu ermitteln, s. Huber/*Altenkirch*, Rome II Regulation, Art. 18 Rn 9. Dies vermag zu erklären, dass aus englischer Perspektive auch von einer Wahl (*choice*) des Rechts unter Art. 18 gesprochen wird, s. *Dicey, Morris & Collins* on the Conflict of Law – Second Cumulative Supplement to the Fourteenth Edition, 2008, Rn S35-265; *Dickinson*, Rome II Regulation – Updating Supplement, 2010, Rn 14.91.
53 Siehe auch *Staudinger*, NJW 2011, 650.

Direktansprüche für Geschädigte von **Kraftfahrzeugunfällen** finden sich in allen Rechten der EU-Mitgliedstaaten[54] aufgrund der Vorgabe aus Art. 18 der Kraftfahrtzeughaftpflicht-Richtlinie.[55]

Für **Straßenverkehrsunfälle** mit grenzüberschreitenden Bezügen ist in der Schadensabwicklung das **Grüne-Karte-System** von Bedeutung.[56] Im Kern stellt es einen Direktanspruch gegen das Grüne-Karte-Büro[57] des Staates, in dem sich der Straßenverkehrsunfall ereignete, zur Verfügung, wenn das Kraftfahrzeug des Unfallgegners seinen gewöhnlichen Standort nicht in dem Land hat, in dem sich der Unfall ereignete.[58]

28

Bei der **Ermittlung der Schadenshöhe** sollten bei Personenschäden nach **Erwägungsgrund 33** alle relevanten tatsächlichen Umstände des jeweiligen Opfers berücksichtigt werden, insbesondere tatsächliche Verluste und Kosten für Nachsorge und medizinische Versorgung.[59] Dieser Erwägungsgrund ist eine als Merkposten zu verstehende Anregung für den Richter bei der Anwendung des Sachrechts. Eine eigenständige kollisionsrechtliche Aussage trifft Erwägungsgrund 33 nicht. Zur Berücksichtigung von statutenfremden Sicherheits- und Verhaltensregeln s. Art. 17 und die dortige Kommentierung.

Hinsichtlich der **internationalen Zuständigkeit**[60] für die Klage gegen den Versicherer des Anspruchsgegners besteht im Anwendungsbereich der EuGVVO[61] und des revidierten Luganer Übereinkommens[62] (also auch im Verhältnis zu Dänemark, Island, Norwegen und der Schweiz)[63] ein Klägergerichtsstand nach Art. 11 Abs. 2 iVm Art. 9 Abs. 1 lit. b EuGVVO am Wohnsitz des Anspruchsinhabers. Insoweit ist es hinreichend, dass eines der in Art. 18 genannten Statute einen Direktanspruch vorsieht.[64] Nicht in den Genuss dieser internationalzivilprozessualen Privilegierung gelangen Sozialversicherungsträger, auf die Ersatzansprüche im Wege der Legalzession übergegangen sind.[65]

29

Artikel 19 Gesetzlicher Forderungsübergang

Hat eine Person („der Gläubiger") aufgrund eines außervertraglichen Schuldverhältnisses eine Forderung gegen eine andere Person („den Schuldner") und hat ein Dritter die Verpflichtung, den Gläubiger zu befriedigen, oder befriedigt er den Gläubiger aufgrund dieser Verpflichtung, so bestimmt das für die Verpflichtung des Dritten gegenüber dem Gläubiger maßgebende Recht, ob und in welchem Umfang der Dritte die Forderung des Gläubigers gegen den Schuldner nach dem für deren Beziehungen maßgebenden Recht geltend zu machen berechtigt ist.

Literatur: *Garcimartín Alférez*, The Rome II Regulation: On the way towards a European Private International Law Code, EuLF 2007, I-77; *Heiss/Loacker*, Die Vergemeinschaftung des Kollisionsrechts der außervertraglichen Schuldverhältnisse durch Rom II, JBl. 2007, 613; *Kadner Graziano*, Das auf außervertragliche Schuldverhältnisse anzuwendende Recht nach Inkrafttreten der Rom II-Verordnung, RabelsZ 73 (2009), 1; *Légier*, Le règlement „Rome II" sur la loi applicable aux obligations non contractuelles, JCP Éd. G. 2007, Nr. 47-207; *Leible/Lehmann*, Die neue EG-Verordnung über das auf außervertragliche Schuldverhältnisse anzuwendende Recht („Rom II"), RIW 2007, 721.

---

54 Vgl jurisPK-BGB/*Ludwig*, Art. 18 Rn 2.
55 Richtlinie 2009/103/EG des Europäischen Parlaments und des Rates vom 16. September 2009 über die Kraftfahrzeug-Haftpflichtversicherung und die Kontrolle der entsprechenden Versicherungspflicht (ABl. EU Nr. L 263, S. 11). Inhaltsgleicher Vorgänger dieser Bestimmung war Art. 3 der Richtlinie 2000/26/EG des Europäischen Parlaments und des Rates vom 16. Mai 2000 zur Angleichung der Rechtsvorschriften der Mitgliedstaaten über die Kraftfahrzeug-Haftpflichtversicherung, und zur Änderung der Richtlinien 73/239/EWG und 88/357/EWG des Rates (ABl. EG Nr. L 181, S. 65); s.a. *Nagy*, J. Priv. Int. L. 6 (2010), 93, 96 f und die Länderberichte bei *Micha*, S. 13 ff sowie OLG Nürnberg, NJW-RR 2012, 1178, zum Direktanspruch nach italienischem Recht.
56 Näher MüKo/*Junker*, Art. 18 Rn 15 ff; *Sieghörtner*, S. 87 ff; *Colin*, zfs 2009, 242, 243; *Kuhnert*, NJW 2011, 3347, 3348.
57 In Deutschland: Deutsches Büro Grüne Karte e.V.
58 *Sieghörtner*, S. 91; *Kuhnert*, NJW 2011, 3347, 3348; Informationen auch unter <www.gruene-karte.de>.
59 Zur Entstehung dieses Erwägungsgrundes MüKo/*Junker*, Art. 15 Rn 15 f; *C. Huber*, SVR 2009, 9.
60 Ausführlich *Jayme*, in: FS v. Hoffmann, 2011, S. 656; *Nugel*, VRR 2009, 284, 285.
61 EuGH, SlG 2007 I-11321 = IPRax 2008, 123 m.Anm. *Fuchs* 104; MüKo/*Junker*, Art. 18 Rn 32; Staudinger/*Hausmann*, Internationales Vertragsrecht Teil 4 Rn 115; *Lüttringhaus*, VersR 2010, 183 Staudinger, NJW 2011, 650; instruktiv *Nugel*, VRR 2009, 284; *Riedmeyer*, r + s-Beil. 1/2011, 91, 94; zur Frage, ob auch Zessionare und Prozessführungsbefugte die Privilegierung des Klägergerichtsstands genießen *Fendt*, VersR 2012, 34.
62 BGH, VersR 2013, 73, 75 Tz. 23 (zur Klage gegen einen schweizerischen Haftpflichtersicherer).
63 Text bei *Jayme/Hausmann*, Internationales Privat- und Verfahrensrecht, 16. Aufl. 2012, Nr. 152.
64 Musielak/*Stadler*, Art. 11 EuGVVO Rn 2; Staudinger/*Czaplinski*, NJW 2009, 2249, 2250 Fn 15; s.a. AG Geldern NJW 2011, 686, 687.
65 EuGH, Slg 2009 I-8661 = IPRax 2011, 255 m.Anm. *Staudinger*, 229; *Lüttringhaus*, VersR 2010, 183.

A. Allgemeines	1	2. Verpflichtung des Dritten zur Befriedigung des Gläubigers	6
I. Überblick	1		
II. Zeitlicher Anwendungsbereich	2	3. Legalzession der Forderung des Gläubigers zugunsten des Dritten	8
III. Vorrangige Regelungen	3		
B. Regelungsgehalt	4	II. Bestimmung des anwendbaren Rechts	9
I. Anwendungsbereich	4		
1. Außervertragliches Schuldverhältnis zwischen Gläubiger und Schuldner	4		

A. Allgemeines

I. Überblick

1 Art. 19 betrifft die Fälle, in denen ein Dritter eine Verpflichtung des Schuldners erfüllen muss (ohne dass diese Verpflichtung des Dritten wie bei der Gesamtschuld mit der Verpflichtung des Schuldners identisch ist, s. dazu Art. 20) und nach Erfüllung dieselbe Forderung infolge einer Legalzession gegen den Schuldner geltend machen kann. Aus der Vorschrift geht hervor, dass Bestand und Inhalt der Forderung auch nach ihrem Übergang dem Recht unterliegen, auf welches sich das Rechtsverhältnis zwischen Gläubiger und Schuldner stützt (Forderungsstatut). Voraussetzungen und Umfang der Legalzession sind hingegen dem Recht zugeordnet, das die Verpflichtung des Rechtsverhältnisses zwischen Dritten und Gläubiger bestimmt (Zessionsgrundstatut). Art. 19 ist nur bei Forderungen anwendbar, die keinen vertraglichen Ursprung haben und ist damit die Komplementärvorschrift zu Art. 15 Rom I-VO (vgl auch die Kommentierung dort), welche umgekehrt auf vertragliche Forderungen beschränkt ist.

II. Zeitlicher Anwendungsbereich

2 Die Verordnung ist auf „**schadensbegründende Ereignisse**" anzuwenden, die am 11.1.2009 und später eingetreten sind (Art. 31, 32); auf den Tag des Inkrafttretens der Verordnung (20.8.2007, s. Art. 297 Abs. 1 Unterabs. 3 S. 2 AEUV) kommt es hingegen nicht an.[1] Bezogen auf Art. 19 ist daher davon auszugehen, dass nicht erst der Zeitpunkt der Legalzession, sondern bereits der des Ereignisses maßgeblich ist, das das betreffende außervertragliche Schuldverhältnis begründet hat. Für davor liegende Sachverhalte gilt Art. 33 Abs. 3 S. 1 EGBGB, welcher wiederum auf Art. 13 EVÜ beruhte, in der deutschen Regelung aber auf außervertragliche Schuldverhältnisse ausgeweitet worden war. Da Art. 19 Rom II-VO, wie auch Art. 15 Rom I-VO, in den Rechtsfolgen mit denen des Art. 13 Abs. 1 EVÜ bzw Art. 33 Abs. 3 S. 1 EGBGB identisch sind, ergeben sich in der Sache keine Änderungen (zur Frage, ob Art. 19 Rom II-VO wie Art. 33 Abs. 3 S. 1 EGBGB auch Verpflichtungen des Dritten gegenüber dem Schuldner umfasst, s.u. Rn 7).

III. Vorrangige Regelungen

3 Art. 19 wird verdrängt von der Regelung des Art. 93 der Verordnung (EWG) 1408/71 zur Anwendung der Systeme der sozialen Sicherheit auf Arbeitnehmer und Selbstständigen sowie deren Familienangehörige, die innerhalb der Gemeinschaft zu- und abwandern.[2] Nicht anwendbar ist Art. 19 also auf die Fälle, in denen ein Träger der Sozialversicherung einem Mitglied Leistungen für einen Schaden gewährt, der sich aus einem im Gebiet eines anderen Mitgliedstaates eingetretenen Ereignis ergibt, und entsprechende Beträge auf Grundlage eines gesetzlichen Forderungsübergangs von einem Dritten geltend macht.

B. Regelungsgehalt

I. Anwendungsbereich

4 **1. Außervertragliches Schuldverhältnis zwischen Gläubiger und Schuldner.** Grundlage der Kollisionsregel des Art. 19 ist ein außervertragliches Schuldverhältnis zwischen einem Gläubiger und einem Schuldner. Der Begriff des **außervertraglichen Schuldverhältnisses** ist verordnungsautonom zu bestimmen.[3] Er ist von vertraglichen Schuldverhältnissen abzugrenzen, die der Parallelvorschrift des Art. 15 Rom I-VO zugeordnet sind, wobei aber beide Vorschriften identische Rechtsfolgen vorsehen. Die sprachli-

---

[1] EuGH (Deo Antoine Homawoo/GMF Assurances SA) NJW 2012, 441, Rn 29 ff.
[2] ABl L 149 v. 5.7.1971, S. 2; konsolidierte Fassung: ABl. L 28 v. 30.1.1997, S. 1.
[3] Vgl Erwägungsgrund 11.

chen Abweichungen in den deutschen Fassungen beider Verordnungen sind unschädlich;[4] in den jeweiligen französischen Fassungen sind die betreffenden Passagen iÜ auch im Wortlaut identisch.

Die Verwendung der die gesamte Verordnung durchziehenden Terminologie des „außervertraglichen Schuldverhältnisses" spricht dafür, dass es sich um Schuldverhältnisse handeln muss, welche dem **Anwendungsbereich der Verordnung** unterfallen.[5] Forderungen, die einen der Ausnahmetatbestände des Art. 1 Abs. 2 erfüllen, werden von Art. 19 damit nicht erfasst.[6] Das ist insofern misslich, als eine deutsche Kollisionsnorm hierzu nicht mehr existiert, nachdem der Gesetzgeber den Art. 33 EGBGB im Zuge der Einführung der Rom I-Verordnung aufgehoben hat. Dass der Anwendungsbereich dieser Vorschrift nicht völlig von den beiden Rom-Verordnungen abgedeckt wurde, ist dabei möglicherweise übersehen worden.[7] Angesichts dieser Lücke ist für entsprechende Sachverhalte eine (innerdeutsche!) Analogie von Art. 19 in Betracht zu ziehen.

2. Verpflichtung des Dritten zur Befriedigung des Gläubigers. Der Dritte muss verpflichtet sein, den Gläubiger zu befriedigen oder er muss den Gläubiger aufgrund einer eigenen Verpflichtung befriedigt haben. Diese Verpflichtung darf aber nicht „dieselbe Forderung" (iSd Art. 20) betreffen, für die auch der Schuldner haftet. Gemeint ist damit, dass Art. 19 nicht die Fälle abdeckt, in denen dem Gläubiger zwei oder mehrere Gesamtschuldner gegenübergestanden haben und einer von ihnen nach Befriedigung des Gläubigers den oder die übrigen **Gesamtschuldner** in Regress nimmt (s. dazu Art. 20). Von Art. 19 erfasst ist vielmehr nur diejenige Verpflichtung des Dritten, die **nicht im „gleichstufigen" Verhältnis** zur Verpflichtung des Schuldners steht, etwa die des Versicherers gegenüber dem Versicherten (vgl § 86 VVG)[8] oder des Bürgen gegenüber dem Gläubiger.[9] Leistet der Dritte freiwillig, ist er hierzu also nicht verpflichtet, sind die Voraussetzungen des Art. 19 wiederum nicht erfüllt und die Vorschrift somit nicht anwendbar. In diesen Fällen kommt eine Geschäftsführung ohne Auftrag (Art. 11) oder eine ungerechtfertigte Bereicherung aus der Rückgriffskondiktion (Art. 10) in Betracht.[10]

Aus Art. 19 geht nicht klar hervor, **gegenüber wem die Verpflichtung des Dritten** bestehen muss. Es leuchtet ein, dass diejenigen Fälle erfasst sind, in denen die **Verpflichtung gegenüber dem Gläubiger** besteht. Fraglich ist aber, ob die Vorschrift auch auf Fälle anwendbar ist, in denen die **Verpflichtung gegenüber dem Schuldner** besteht,[11] etwa wenn der Haftpflichtversicherer des Schädigers an den Geschädigten gezahlt hat und den Versicherungsnehmer in Regress nimmt (vgl § 117 Abs. 5 VVG). Auf dem ersten Blick scheint die deutsche Sprachfassung („Verpflichtung des Dritten gegenüber dem Gläubiger") vorauszusetzen, dass sie diesen Fall der Verpflichtung des Dritten gegenüber dem Schuldner nicht abdeckt.[12] Dem ist aber wohl nicht so.[13] Es fällt bereits auf, dass die Festlegung auf ein Schuldverhältnis zwischen Drittem und Gläubiger dem eigentlichen Tatbestand im ersten Teil der Vorschrift nicht zu entnehmen ist. Dort ist nur die Rede von einer „Verpflichtung [des Dritten], den Gläubiger zu befriedigen". Von einer Verpflichtung „gegenüber" dem Gläubiger geht lediglich der zweite Teil der Vorschrift aus. Entscheidend ist aber, dass selbst diese Festlegung in anderen Sprachfassungen fehlt, die auf Präpositionen wie „gegenüber" verzichten, eine Sonderbeziehung zwischen Drittem und Gläubiger also nicht voraussetzen. Die englische Version benennt „the third person's duty to satisfy the creditor", die französische „cette obligation du tiers" und die italienische „tale obbligo del terzo". Nimmt man diese Formulierungen wörtlich, steht weder einer Anwendung von Art. 19 auf Fälle, in denen die Verpflichtung des Dritten (auf Befriedigung des Gläubigers) gegenüber dem Schuldner besteht, noch der Anknüpfung an das Recht genau dieser Verpflichtung gegenüber dem Schuldner etwas im Weg: In einem solchen Fall hat die „third person [...] a duty to satisfy the creditor" und es wird angeknüpft an „the law which governs the third person's duty to satisfy the creditor", konkret also an das Recht der Verpflichtung des Dritten gegenüber dem Schuldner. Eine Analogie von Art. 19[14] ist dann nicht mehr nötig.

---

4   Krit. zu den Abweichungen Rauscher/*Jakob/Picht*, EuZPR/EuIPR, Art. 19 Rn 1; *Heiss/Loacker*, JBl 2007, 613, 638; MüKo/*Junker*, Art. 19 Rn 7.

5   Offenbar auch vorausgesetzt von *Heiss/Loacker*, JBl 2007, 613, 638; aA aber *Légier*, JCP Éd. G. 2007, Nr. 47-207 der dafür plädiert, Art. 19 auch für diejenigen außervertraglichen Schuldverhältnisse anzuwenden, die wegen staatsvertraglicher Regelungen nicht der Verordnung unterliegen (Haftung aus Verkehrsunfällen, Produkthaftung).

6   Davon, dass Art. 19 auch bei außervertraglichen Schuldverhältnissen nicht das gesamte Spektrum des Art. 33 EGBGB abdeckt, gehen wohl auch *Leible/Lehmann*, RIW 2007, 721, 733 aus.

7   Vgl BT-Drucks. 16/12104, S. 9 f.

8   Begründung zum Kommissionsvorschlag, KOM(2003) 427 endg., S. 28; *Garcimartín Alférez*, EuLF 2007, I-77, I-91; jurisPK-BGB/*Ludwig*, Art. 19 Rn 4.

9   Rauscher/*Jakob/Picht*, EuZPR/EuIPR, Art. 19 Rn 2.

10 *Huber/Huber/Bach*, Rome II Regulation, Art. 19 Rn 4.

11 Dafür etwa MüKo/*Junker*, Art. 19 Rn 11.

12 So Rauscher/*Jakob/Picht*, EuZPR/EuIPR, Art. 19 Rn 1, 4.

13 So auch MüKo/*Junker*, Art. 19 Rn 11.

14 Vertreten wird eine Analogie von Rauscher/*Jakob/Picht*, EuZPR/EuIPR, Art. 19 Rn 4.

8 **3. Legalzession der Forderung des Gläubigers zugunsten des Dritten.** Art. 19 trägt die Überschrift „**gesetzlicher Forderungsübergang**", wobei andere Sprachfassungen auf die Einschränkung „gesetzliche" verzichten (vgl „subrogation" in der englischen[15] und in der französischen Version, entsprechend auch in den meisten anderen Sprachfassungen). Es überrascht außerdem, dass im Vorschriftstext die Einschränkung auf Fälle der Legalzession nicht deutlich zum Ausdruck kommt. An dieser Einschränkung kann es indes keinen Zweifel geben,[16] da Art. 14 Rom I-VO die rechtsgeschäftliche Übertragung von Forderungen jedweden Ursprungs regelt, also auch von außervertraglichen Forderungen.[17] Für Fälle der Abtretung ist Art. 19 daher nicht anwendbar. Das gilt iÜ auch dann, wenn der **Rechtsgrund der Abtretung auf das Gesetz beruht**. Relevant ist dies insbesondere in Fällen des § 255 BGB: Hat der Dritte aufgrund einer Verpflichtung gegenüber dem Gläubiger geleistet und möchte er den eigentlichen Schuldner in Regress nehmen, so kann er dies nicht aufgrund eines gesetzlichen Forderungsübergangs tun, er muss vielmehr den Umweg einer rechtsgeschäftlichen Abtretung gehen, zu welcher der Gläubiger gem. § 255 BGB aber verpflichtet ist. Obwohl § 255 BGB damit die gleiche Zielsetzung verfolgt wie etwa § 86 VVG, führt technisch eine (rechtsgeschäftliche) Abtretung zur Übertragung der Forderung, nicht ein in Art. 19 vorausgesetzter gesetzlicher Forderungsübergang. Für die Wirksamkeit und die Rechtsfolgen einer solchen Abtretung ist daher nach Art. 15 Rom I-VO anzuknüpfen.

II. Bestimmung des anwendbaren Rechts

9 Die Bestimmung des anwendbaren Rechts erfolgt bei Art. 19 Rom II-VO und bei Art. 15 Rom I-VO in identischer Weise. Art. 19 stellt klar, dass die Übertragung der ursprünglich dem Gläubiger zustehenden Forderung an den Dritten das **Forderungsstatut unverändert** lässt: Die Forderung unterliegt also auch nach Übergang dem Recht, welchem sie zuvor unterworfen war. Der eigentliche Regelungsgehalt des Art. 19 liegt aber darin, dass das Recht der Verpflichtung des Dritten zur Befriedigung des Gläubigers bestimmt, ob und in welchem Umfang die Forderung des Gläubigers auf den Dritten übergeht (**Zessionsgrundstatut**).[18] Diese Verpflichtung kann, je nach Fall, gegenüber dem Schuldner (Rn 7) oder gegenüber dem Gläubiger bestehen. Ist beispielsweise einer in Deutschland lebenden und auch dort unfallversicherten Person in Schweden durch eine dort lebende Person in Schaden zugefügt worden und hat der Versicherer dem Geschädigten eine Versicherungsleistung erbracht, so unterliegt die übergegangene Forderung regelmäßig schwedischem Recht (Art. 4 Abs. 1), die Frage aber, ob und in welchem Umfang die Forderung durch Leistungen des Versicherers auf dieselbe übergegangen ist, bestimmt sich nach deutschem Recht, also nach § 86 VVG.

Artikel 20 Mehrfache Haftung

Hat ein Gläubiger eine Forderung gegen mehrere für dieselbe Forderung haftende Schuldner und ist er von einem der Schuldner vollständig oder teilweise befriedigt worden, so bestimmt sich der Anspruch dieses Schuldners auf Ausgleich durch die anderen Schuldner nach dem Recht, das auf die Verpflichtung dieses Schuldners gegenüber dem Gläubiger aus dem außervertraglichen Schuldverhältnis anzuwenden ist.

Literatur: *Heiss/Loacker*, Die Vergemeinschaftung des Kollisionsrechts der außervertraglichen Schuldverhältnisse durch Rom II, JBl. 2007, 613; *Leible/Lehmann*, Die neue EG-Verordnung über das auf außervertragliche Schuldverhältnisse anzuwendende Recht („Rom II"), RIW 2007, 721.

A. Allgemeines 1	1. „Dieselbe Forderung" mehrerer Schuldner 4
I. Überblick 1	2. Regress des Anspruchsführers gegen die übrigen Schuldner nach Befriedigung des Gläubigers 5
II. Zeitlicher Anwendungsbereich 2	
III. Abgrenzung von Art. 16 Rom I-VO 3	
B. Regelungsgehalt 4	
I. Anwendungsbereich 4	II. Bestimmung des anwendbaren Rechts 6

---

15 Diesen Umstand bedauernd Huber/*Altenkirch*, Rome II Regulation, Art. 19 Rn 3 (Fn 4).
16 So iE auch Rauscher/*Jakob/Picht*, EuZPR/EuIPR, Art. 19 Rn 10.
17 MüKo/*Martiny*, Art. 14 VO (EG) 593/2008, Rn 15.
18 *Kadner Graziano*, RabelsZ 73 (2009), 1, 71.

A. Allgemeines

I. Überblick

Hat einer unter mehreren Schuldner derselben außervertraglichen Forderung an den Gläubiger geleistet, so bestimmt Art. 20, nach welchem Recht er die übrigen Schuldner in Regress nehmen kann. Der Begriff „dieselbe Forderung" soll klarstellen, dass gleichrangige Forderungen mehrerer Schuldner, also die **Gesamtschuld** bzw entsprechende Rechtsfiguren des jeweilig anwendbaren Rechts gemeint sind. Sind die Voraussetzungen erfüllt, verweist Art. 20 auf das Recht der außervertraglichen Forderung, welche die gegen die übrigen Schuldner vorgehende Person beglichen hat.

II. Zeitlicher Anwendungsbereich

Die Verordnung ist auf **„schadensbegründende Ereignisse"** anzuwenden, die am 11.1.2009 und später eingetreten sind (Art. 31, 32); auf den Tag des Inkrafttretens der Verordnung (20.8.2007, s. Art. 297 Abs. 1 Unterabs. 3 S. 2 AEUV) kommt es hingegen nicht an.[1] Bezogen auf Art. 20 ist daher davon auszugehen, dass nicht erst der Zeitpunkt der Befriedigung des Gläubigers, sondern bereits der des Ereignisses maßgeblich ist, das das betreffende außervertragliche Schuldverhältnis begründet hat. Für davor liegende Sachverhalte galt Art. 33 Abs. 3 S. 2 EGBGB, welcher wiederum auf Art. 13 Abs. 2 EVÜ beruhte, in der deutschen Regelung aber zusätzlich auf außervertragliche Schuldverhältnisse ausgeweitet worden war. Da Art. 20 Rom II–VO zwar nicht im Wortlaut, aber in den Rechtsfolgen mit Art. 13 Abs. 2 EVÜ bzw Art. 33 Abs. 3 S. 2 EGBGB identisch ist,[2] ergeben sich in der Sache keine Änderungen.

III. Abgrenzung von Art. 16 Rom I-VO

Art. 20 Rom II–VO ist die Parallelbestimmung zu Art. 16 Rom I–VO, welcher auf vertragliche Schuldverhältnisse anzuwenden ist. Beide Vorschriften verweisen auf das Recht des Schuldverhältnisses zwischen dem Gläubiger und dem einstigen Schuldner, der die übrigen Schuldner in Regress nimmt. Sie weichen aber insofern voneinander ab, als sich die in Regress genommenen Schuldner gem. Art. 16 S. 2 Rom I–VO auf die **Verteidigungsmittel** berufen können, die ihnen zugestanden hätten, wenn sie **unmittelbar vom Gläubiger in Anspruch** genommen worden wären. Im Rahmen des Art. 20 Rom II–VO verfügen die in Regress genommenen Schuldner nicht über eine entsprechende Verteidigungsmöglichkeit.[3] Dieser Unterschied kommt dann zum Tragen, wenn der Regressanspruch nicht über den Mechanismus einer Legalzession der Gläubigeransprüche gegen die übrigen Schuldner erzielt wird (dazu u., Rn 7 f) und die Verpflichtung der Schuldner gegenüber dem Gläubiger unterschiedlichen Rechten unterworfen gewesen ist: Stand dem in Rückgriff genommenen Schuldner gegenüber dem Gläubiger nach Geltung seines Rechts eine **Haftungserleichterung** zu, die nach dem Recht des in Schuldners, der den Gläubiger befriedigt hat, nicht vorgesehen ist, so kann der in Regress genommene Schuldner sich auf diese Haftungserleichterung bei vertraglichen Schuldverhältnissen berufen (Art. 16 S. 2 Rom I–VO), bei außervertraglichen Schuldverhältnissen jedoch nicht. Eine **analoge Anwendung** von Art. 16 S. 2 Rom I–VO auch im Zusammenhang mit außervertraglichen Schuldverhältnissen kommt nicht in Betracht, weil das Fehlen eines dem Art. 16 S. 2 Rom I–VO entsprechenden Satzes in Art. 20 Ausdruck einer bewussten gesetzgeberischen Entscheidung ist.[4]

B. Regelungsgehalt

I. Anwendungsbereich

1. „Dieselbe Forderung" mehrerer Schuldner. Grundlage der Kollisionsregel des Art. 20 ist „dieselbe Forderung" eines Gläubigers gegen mehrere Schuldner, welche einer der Schuldner erfüllt hat. Wenn es sich um „dieselbe Forderung" handeln muss, so bedeutet dies nicht, dass alle Schuldner nach **demselben Recht** haften müssen, vielmehr kann etwa bei deliktischen Schuldverhältnissen einer der Schuldner auf Grundlage des Rechts des Erfolgsorts (vgl Art. 4 Abs. 1), ein anderer auf Grundlage des Rechts des gemeinsamen gewöhnlichen Aufenthalts (vgl Art. 4 Abs. 2) verpflichtet sein.[5] Es ist auch nicht erforderlich, dass die jeweiligen Verpflichtungen auf **demselben Rechtsverhältnis beruhen**, vielmehr kann einer der Schuld-

---

1   EuGH (Deo Antoine Homawoo/GMF Assurances SA) NJW 2012, 441, Rn 29 ff.
2   Dazu MüKo/*Junker*, Art. 20 Rn 3.
3   *Heiss/Loacker*, JBl. 2007, 613, 639; *Leible/Lehmann*, RIW 2007, 721, 734.
4   So auch MüKo/*Junker*, Art. 20 Rn 15; für eine Analogie von Art. 16 S. 2 Rom I–VO jedoch Rauscher/*Jakob/Picht*, EuZPR/EuIPR, Art. 20 Rn 14.
5   Bamberger/Roth/*Spickhoff*, Art. 20 Rn 3.

ner aus Delikt, der andere aus ungerechtfertigter Bereicherung, der dritte aus culpa in contrahendo haften.[6] Da Art. 20 eingangs nur eine „Forderung" voraussetzt, darf die Verpflichtung der in Regress genommenen Schuldner sogar eine **vertragliche Grundlage** haben; lediglich das Schuldverhältnis zwischen dem Gläubiger und dem Schuldner, der diesen befriedigt hat, muss ein „außervertragliches" sein.[7] Die Bezeichnung „dieselbe" soll damit lediglich klarstellen, dass durch (vollständige) Leistung eines der Schuldner alle übrigen **Schuldner gegenüber dem Gläubiger von ihrer Leistung frei** werden und dass die auf die Schuldner lastenden Verpflichtungen **gleichrangig** sind.[8] Im deutschen Recht treffen diese Voraussetzungen auf die Figur der **Gesamtschuld** zu. Sind die Verpflichtungen der verschiedenen Schuldner nicht gleichrangig, ist hingegen Art. 19 anwendbar.[9] Handelt es sich um **Teilschulden** mehrerer Schuldner und befriedigt einer von ihnen nicht nur seine eigene sondern auch die Teilschulden der übrigen Verpflichteten, handelt es sich in Wirklichkeit um die Erfüllung einer fremden Verpflichtung, so dass sich seine Rückgriffsforderungen nicht nach Art. 20, sondern nach Art. 11, wenn die Voraussetzungen der Geschäftsführung ohne Auftrag gegeben sind, ansonsten nach Art. 10 (ungerechtfertigte Bereicherung) richten.

5 **2. Regress des Anspruchsführers gegen die übrigen Schuldner nach Befriedigung des Gläubigers.** Art. 20 setzt weiter voraus, dass einer der Schuldner mit befreiender Wirkung gegenüber den übrigen Schuldnern den Gläubiger befriedigt hat. Fraglich ist aber, welche Kollisionsregel für evtl bestehende **Freistellungsansprüche** der Schuldner untereinander im Verhältnis ihrer inneren Beitragspflicht gilt, wenn der Gläubiger noch nicht befriedigt wurde. Teilweise wird für diesen Fall eine **analoge Anwendung** von Art. 20 befürwortet.[10] Dem ist zwar grds. zu folgen, es gilt aber zu berücksichtigen, dass die Verpflichtungen der jeweiligen Schuldner verschiedenen Rechten unterliegen können. Die analoge Anwendung von Art. 20 führt dann dazu, dass auch die Freistellungsansprüche der jeweiligen Schuldner gegeneinander jenen unterschiedlichen Rechten unterworfen sind. Daraus folgt wiederum, dass beim Freistellungsanspruch, anders als beim Regressanspruch (s.o. Rn 3), sich auch der in Anspruch genommene Schuldner auf das Recht seiner Verpflichtung gegenüber dem Gläubiger berufen und somit hieraus etwaige Verteidigungsmittel dem anderen Schuldner wirksam entgegenhalten kann.[11]

II. Bestimmung des anwendbaren Rechts

6 Nach Art. 20 „bestimmt sich" der Ausgleichsanspruch nach dem Recht des Schuldverhältnisses zwischen dem Gläubiger und dem Schuldner, der diesen befriedigt hat. Zwei verschiedene Konstellationen sind zu unterscheiden: Der Ausgleichsanspruch ist durch Leistung des betreffenden Schuldners neu entstanden oder die Ansprüche des Gläubigers gegen die übrigen Schuldner sind im Wege der Legalzession auf den Schuldner übergegangen, der den Gläubiger befriedigt hat.

7 Art. 20 ist ohne Einschränkungen dann anzuwenden, wenn der **Ausgleichsanspruch** durch Befriedigung des Gläubigers **neu entstanden** ist, wie es etwa § 426 Abs. 1 BGB vorsieht. Die Verpflichtung der in Regress genommenen Schuldner unterliegt dann dem Recht der Verpflichtung des Schuldners, der den Gläubiger befriedigt hat. Das Recht dieser Ausgleichspflicht kann sich uU von dem Recht unterscheiden, nach welchem die in Anspruch genommenen Schuldner unmittelbar gegenüber dem Gläubiger gehaftet haben. Tatsächlich erfolgt die Anknüpfung für jeden einzelnen Schuldner separat, wenn eine unerlaubte Handlung mehrerer Personen Grundlage deren Verpflichtung gegenüber dem Gläubiger war.[12] Dementsprechend ist es möglich, dass die Regressforderung etwa österreichischem Recht unterliegt, obwohl der in Anspruch genommene Schuldner gegenüber dem Gläubiger unmittelbar nach deutschem Recht gehaftet hat. Eine Art. 16 S. 2 Rom I-VO entsprechende Vorschrift, nach der er berechtigt gewesen wäre, sich dennoch auf Verteidigungsmöglichkeiten (etwa Haftungsprivilegien) zu berufen, die ihm nach deutschem Recht gegenüber dem Gläubiger zugestanden hätten, ist in Art. 20 nicht vorgesehen (dazu Rn 3).

8 Etwas anderes muss jedoch dann gelten, wenn sich der Regress auf eine **Legalzession** des ursprünglich dem Gläubiger zustehenden Anspruchs stützt, der betreffende Schuldner also die Forderungen gegen die übrigen Schuldner geltend macht, die auf ihn qua Gesetz aufgrund der Befriedigung des Gläubigers übertragen wor-

---

6 Huber/*Huber/Bach*, Rome II Regulation, Art. 19 Rn 7; jurisPK-BGB/*Ludwig*, Art. 20 Rn 2.
7 Siehe das Beispiel in *Dickinson*, Rome II Regulation, Rn 14.118; so erklärt sich auch, warum der europäische Gesetzgeber eingangs nur von einer „Forderung" und erst beim Regressanspruch des Schuldners von dem ihn betreffenden „außervertraglichen Schuldverhältnis" spricht; zu Unrecht krit. daher MüKo/*Junker*, Art. 20 Rn 6.
8 MüKo/*Junker*, Art. 20 Rn 11; Bamberger/Roth/*Spickhoff*, Art. 20 Rn 2 f.
9 Rauscher/*Jakob/Picht*, EuZPR/EuIPR, Art. 20 Rn 10.
10 Huber/*Huber/Bach*, Rome II Regulation, Art. 19 Rn 7; Rauscher/*Jakob/Picht*, EuZPR/EuIPR, Art. 20 Rn 11; MüKo/*Junker*, Art. 20 Rn 12; jurisPK-BGB/*Ludwig*, Art. 20 Rn 4.
11 IE auch *Dickinson*, Rome II Regulation, Rn 14.119 der jedoch auf den Gedanken des Art. 15 lit. b zurückgreift.
12 Huber/*Huber/Bach*, Rome II Regulation, Art. 19 Rn 10; Bamberger/Roth/*Spickhoff*, Art. 20 Rn 4.

den sind, wie etwa im Fall des § 426 Abs. 2 BGB. Art. 20 ist dann so auszulegen, dass das Recht der Verpflichtung des Schuldners, der den Gläubiger befriedigt, wie bei Art. 19 nur das „Ob" und den Umfang des Forderungsübergangs (Zessionsgrundstatut), nicht aber das Recht der Forderung selbst (Forderungsstatut) erfasst.[13] Haftete der Schuldner, der den Gläubiger befriedigt hat, nach italienischem Recht und der Schuldner, gegen welchen der Regressanspruch geltend gemacht wird, nach deutschem Recht, so regelt das italienische Recht nur, ob und inwieweit die Verpflichtung des in Regress genommenen Schuldners gegenüber dem Gläubiger auf den anderen Schuldner übergegangen ist. Die Verpflichtung selbst unterliegt dann weiter deutschem Recht; dementsprechend stehen dem in Anspruch genommenen Schuldner die nach deutschem Recht gegebenen **Verteidigungsmittel** zu.

Artikel 21 Form

Eine einseitige Rechtshandlung, die ein außervertragliches Schuldverhältnis betrifft, ist formgültig, wenn sie die Formerfordernisse des für das betreffende außervertragliche Schuldverhältnis maßgebenden Rechts oder des Rechts des Staates, in dem sie vorgenommen wurde, erfüllt.

Literatur: *Heiss/Loacker*, Die Vergemeinschaftung des Kollisionsrechts der außervertraglichen Schuldverhältnisse durch Rom II, JBl. 2007, 613; *Leible/Lehmann*, Die neue EG-Verordnung über das auf außervertragliche Schuldverhältnisse anzuwendende Recht („Rom II"), RIW 2007, 721.

A. Allgemeines

Art. 21 bestimmt das anwendbare Recht für die Frage der **Formgültigkeit** einer einseitigen Rechtshandlung, die ein außervertragliches Schuldverhältnis betrifft. Die Vorschrift knüpft *in favorem validitatis actus* an die *lex causae*, alternativ an den Vornahmeort der betroffenen Rechtshandlung an. In der Literatur wird der praktische Anwendungsbereich dieser Norm als größtenteils als schwer auszumachen,[1] jedenfalls aber als gering angesehen.[2] So offenbart sich Art. 21 als Vorsichtsmaßnahme des europäischen Gesetzgebers für den seltenen Fall, dass ein außervertragliches Schuldverhältnis etwa durch ein einseitiges Rechtsgeschäft begründet, modifiziert oder zum Erlöschen gebracht werden kann. Die vorgesehene Rechtsverweisung folgt der üblichen Anknüpfung (vgl Art. 11 Rom I–VO): Anwendbar ist das Recht, dem das Rechtsgeschäft unterworfen ist bzw das Recht des Orts, an dem die Rechtshandlung vorgenommen wurde; die Formgültigkeit ergibt sich dabei bereits dann, wenn sie aus einem in dieser Weise bestimmten Recht folgt. Soweit sich ein einseitiges Rechtsgeschäft auf vertragliche Schuldverhältnisse bezieht, ist die Parallelvorschrift des Art. 11 Abs. 3 Rom I–VO anwendbar.

1

B. Regelungsgehalt

Die „**einseitige Rechtshandlung**" ist verordnungsautonom zu qualifizieren und hat dieselbe Bedeutung wie die Bezeichnung „einseitiges Rechtsgeschäft" in Art. 11 Abs. 3 Rom I–VO; die Abweichung im Wortlaut findet sich weder in den englischen noch in den französischen Fassungen der betreffenden Vorschriften wieder („unilateral act" bzw „acte juridique unilatéral") und spielt insoweit keine Rolle. Es ist davon auszugehen, dass die einseitige Rechtshandlung den deutschrechtlichen Begriff des **einseitigen Rechtsgeschäfts** abdeckt[3] sowie den der **rechtsgeschäftsähnlichen Handlung**, welche ebenfalls formbedürftig sein kann. Die einseitige Rechtshandlung ist zum einen von der „unerlaubten Handlung" und anderen Rechtsfiguren abzugrenzen, die ein außervertragliches Schuldverhältnis begründen (vgl Art. 2 Abs. 1), zum anderen aber auch vom Vertrag iSd Rom I–VO. Anders als bei der unerlaubten Handlung ist für die einseitige Rechtshandlung der Wille des Autors wesentlich, durch sein Verhalten einen bestimmten rechtlichen Erfolg herbeizuführen (mit der Vorstellung des Autors, dass die betreffende Rechtsordnung für diese Rechtsfolge ein entsprechendes Willens- und Verhaltensmoment voraussetzt, aber auch genügen lässt). Vom Vertrag unterscheidet sich die einseitige Rechtshandlung in ihrem einseitigen Charakter. Sie muss insoweit von nur einer Parteiseite stammen, also meist nur von einer Person, manchmal aber auch von einer Personenmehrheit,

2

---

13 Insoweit auch Rauscher/*Jakob/Picht*, EuZPR/EuIPR, Art. 20 Rn 6.
1 S. MüKo/*Junker*, Art. 21 Rn 4 ff.
2 *Dickinson*, Rome II Regulation, Rn 14.80; *Leible/Lehmann*, RIW 2007, 721, 734; jurisPK-BGB/*Ludwig*, Art. 21 Rn 2 mit Bezug auf die Begründung des Kommissionsvorschlags, KOM(2003) 427 endg., S. 29; Bamberger/Roth/*Spickhoff*, Art. 21 Rn 2 sieht immerhin Raum für im deutschen Recht als Verträge, nach autonomer Qualifikation der Verordnung aber als einseitige Rechtsgeschäfte aufzufassende Figuren, darunter das (nicht deklaratorische) Schuldanerkenntnis und der Erlass.
3 jurisPK-BGB/*Ludwig*, Art. 21 Rn 4.

deren Mitglieder durch die von ihnen ausgehende Rechtshandlung aber nicht zueinander in Wechselwirkung treten, sondern von ihr gleichartig betroffen werden („Gesamtakt"), wie etwa bei einer gemeinschaftlichen Kündigung.[4] Art. 21 erklärt weiter, dass die einseitige Rechtshandlung ein „außervertragliches Schuldverhältnis" betreffen muss. Damit wird klargestellt, dass diejenigen einseitigen Rechtshandlungen nicht Teil der Regelung sind, die sich auf einen Vertrag beziehen; tatsächlich untersteht deren Formbedürftigkeit dem Vertragsstatut (Art. 11 Abs. 3 Rom I–VO). Die Vollmachtserteilung, die im deutschen Recht als einseitiges Rechtsgeschäft ausgestaltet ist,[5] bezieht sich zwar auf einen Vertrag, mit der Folge, dass Art. 21 insoweit nicht gilt, jedoch ist wegen Art. 1 Abs. 2 lit. g Rom I–VO auch Art. 11 Abs. 3 Rom I–VO nicht anwendbar, so dass insoweit innerstaatliches Kollisionsrecht heranzuziehen ist).[6]

3 Ein einseitiges Rechtsgeschäft iSd Art. 21 ist beispielsweise die **Auslobung** gem. §§ 657 ff BGB; ihre Rechtswirkungen sind zwar rechtsgeschäftlicher, nicht aber vertraglicher Natur iSd Art. 11 Abs. 3 Rom I–VO. Die durch die Auslobung begründeten Schuldverhältnisse fallen insofern in den Anwendungsbereich des Art. 21. Praxisrelevanter ist freilich die nach deutschem Recht formfreie, aber etwa nach französischem Recht gem. Art. 1139 c.civ. formbedürftige[7] **Mahnung**.[8] Erfolgt diese im Rahmen einer außervertraglichen Verpflichtung, kommt eine Anknüpfung nach Art. 11 Abs. 3 Rom I–VO mangels Vertrags als geeignetes Bezugsobjekt nicht in Betracht, so dass Art. 21 insofern ein durchaus bestehendes Bedürfnis erfüllt. Die zu beachtende Form bestimmt sich nach dem Recht, dem die Mahnung unterliegt (*lex causae*) oder dem Recht des Vornahmeorts. Die *lex causae* der Mahnung zur Erfüllung einer außervertraglichen Verpflichtung ist gem. Art. 15 lit. a das Recht der außervertraglichen Verpflichtung selbst.

Artikel 22 Beweis

(1) Das nach dieser Verordnung für das außervertragliche Schuldverhältnis maßgebende Recht ist insoweit anzuwenden, als es für außervertragliche Schuldverhältnisse gesetzliche Vermutungen aufstellt oder die Beweislast verteilt.

(2) Zum Beweis einer Rechtshandlung sind alle Beweisarten des Rechts des angerufenen Gerichts oder eines der in Artikel 21 bezeichneten Rechte, nach denen die Rechtshandlung formgültig ist, zulässig, sofern der Beweis in dieser Art vor dem angerufenen Gericht erbracht werden kann.

Literatur: *Staudinger,* Straßenverkehrsunfall, Rom II-Verordnung und Anscheinsbeweis, NJW 2011, 650; *Thole,* Anscheinsbeweis und Beweisvereitelung im harmonisierten Europäischen Kollisionsrecht – ein Prüfstein für die Abgrenzung zwischen lex causae und lex fori, IPRax 2010, 285.

1 Zwar sind Fragen des Beweises und des Verfahrens gem. Art. 1 Abs. 2 grundsätzlich nicht Gegenstand der Verordnung, dies gilt aber nur „unbeschadet der Artikel 21 und 22". Die Regelung des Art. 22, anwendbar auf außervertragliche Schuldverhältnisse (Abs. 1) und auf „Rechtshandlungen" (Abs. 2), entspricht der Komplementärvorschrift des Art. 18 Rom I–VO, anwendbar auf vertragliche Schuldverhältnisse (Abs. 1) und auf Rechtsgeschäfte (Abs. 2). Insoweit kann auch auf die Kommentierung von Art. 18 Rom I–VO verwiesen werden. Abs. 1 regelt, dass Beweislast- und Vermutungsvorschriften der jeweils anwendbaren *lex causae* unterworfen sind. Die Begriffe „Beweislast" und „gesetzliche Vermutungen" sind **autonom zu qualifizieren**. Die **„Beweislast"** trifft diejenige Partei, die im Verfahren das Risiko dafür trägt, dass eine entscheidungserhebliche Tatsache nicht ermittelt werden kann. Betroffen sind allgemeine Beweislastregeln (zB Beweislast des Anspruchstellers in Bezug auf die rechtsbegründenden Tatbestandsmerkmale[1]). „Gesetzliche Vermutungen" iSd § 292 ZPO sind ebenfalls Beweislastvorschriften, da sie (nur) durch den vollen Beweis des Gegenteils wiederlegt werden können[2]; deren Besonderheit liegt lediglich darin, dass sie in den von ihnen geregelten Tatbeständen eine Beweislastverteilung vornehmen, die von der allgemeinen Beweislastregel abweicht. Die im deutschen Recht somit anerkannte Wesensgleichheit von Vorschriften der Beweislastverteilung und Vermutungen muss aber nicht notwendig in gleicher Weise auch für die europäische Rege-

---

4 Vgl *Wolf/Neuner,* Allgemeiner Teil des Bürgerlichen Rechts, 10. Auflage 2012, § 29 Rn 5.

5 Anders das englische und das französische Recht, die für die Vollmachtserteilung grundsätzlich einen Vertrag voraussetzen: House of Lords (Garnac Grain Co. Inc. v. H. M. F. Faure & Fairclough Ltd.), [1967] 2 All ER [All England Law Reports] 353, 358; *Peel* in: Treitel, The Law of Contract, 13. Auflage 2011, Rn 16-001 f 16-015 ff; Art. 1984 Abs. 2 c.civ.; *Dutilleul/Delebecque,* Contrats civils et commerciaux, 9. Auflage 2011, Rn 629 ff.

6 MüKo/*Spellenberg,* Art. 11 VO (EG) 593/2008 Rn 27.

7 Dazu *Terré/Simler/Lequette,* Les obligations, 10. Auflage 2009, Rn 1087.

8 S. Erman/*Hohloch,* Art. 21 Rn 2, der auch die Aufrechnung nennt.

1 MüKo-ZPO/*Prütting,* § 286 Rn 110 f; zum französischen Recht vgl Art. 1315 c.civ., dazu *Carbonnier,* Droit civil, Introduction, 26. Auflage 1999, Rn 175.

2 MüKo-ZPO/*Prütting,* § 286 Rn 132 f.

lung in Abs. 1 gelten. Die zusätzliche Nennung der **„gesetzlichen Vermutungen"** – die auch richterrechtliche Vermutungen sein können[3] – spricht vielmehr dafür, dass zB auch unwiderlegliche Vermutungen oder umgekehrt solche Vermutungen gemeint sind, die keine (volle) Beweislastumkehr, sondern nur eine mehr oder weniger weit reichende Beweiserleichterung bewirken. Insgesamt geht die in Abs. 1 vorgesehene Verweisung auf das Recht des betreffenden Schuldverhältnisses mit dem im deutschen Kollisionsrecht anerkannten Grundsatz konform, wonach Beweislastvorschriften regelmäßig materiellrechtlich und nicht prozessrechtlich qualifiziert werden.[4] So bestimmt sich beispielsweise die Frage, ob die Widerrechtlichkeit oder das Verschulden bei einer unerlaubten Handlung zu vermuten ist, nach dem Recht, dem die unerlaubte Handlung unterliegt. Keine Vermutungs- und Beweislastvorschriften im Sinne dieser Vorschrift sind hingegen **prozessrechtliche Bestimmungen**, die dem Richter erlauben, bei der Ermittlung des Sachverhalts bestimmte Rückschlüsse aus dem prozessualen Verhalten der Parteien zu ziehen (zB Geständnisfiktion bei Nichtbestreiten).[5] Tatsächlich handelt es sich dann nicht um Vermutungs- bzw Beweislastvorschriften „für außervertragliche Schuldverhältnisse".[6]

Weder zu den Beweislastvorschriften noch zu den gesetzlichen Vermutungen zählt die **Beweiswürdigung**, dh die vom Gericht vorgenommene Berücksichtigung der Ergebnisse der Verhandlung und insbesondere der Beweisaufnahme,[7] um in einem weiteren Schritt zu prüfen, ob sie geeignet sind, einen hinreichenden Nachweis der streitigen Tatsache zu erbringen. Im deutschen Zivilprozessrecht gilt bekanntlich der Grundsatz der freien Beweiswürdigung (§ 286 ZPO). Da die Rom II-VO die Beweiswürdigung nicht erfasst, ist die Abgrenzung der Beweislast sowie der gesetzlichen Vermutungen von der Beweiswürdigung wichtig. Probleme ergeben sich indes bei der deutschen Rechtsfigur des **Anscheinsbeweises**. Der Anscheinsbeweis ermöglicht es dem Richter, unter Anwendung allgemeiner Erfahrungssätze aus festgestellten Tatsachen Rückschlüsse zu ziehen, die für eine zu ermittelnde Tatsache einen hinreichenden Beweis liefern[8]. Die Rechtsnatur des Anscheinsbeweises ist umstritten. Zum Teil wird er als prozessrechtliches Institut im Rahmen der Beweiswürdigung gesehen[9]. Auf dieser Grundlage wird im deutschen internationalen Privatrecht oft für die Anwendung der *lex fori* plädiert,[10] andere Stimmen qualifizieren den Anscheinsbeweis hingegen materiellrechtlich und ziehen daher die *lex causae* heran[11]. Der Streit bleibt auch im Anwendungsbereich der Rom II-VO aktuell (vgl Art. 18 Rn 10 Rom I-VO)[12]. Der Anscheinsbeweis stellt sich in seinem dogmatischen Selbstverständnis durchaus als prozessrechtliche Einrichtung der Beweiswürdigung dar: Jedwede Tatsache, die nach den Erfahrungen des täglichen Lebens einen hinreichend sicheren Rückschluss auf einen anderen Umstand zulässt, kann ad hoc als Grundlage eines Anscheinsbeweis dienen. Gesetzliche Vermutungen stützen sich zwar auch auf Tatsachen, um eine andere Tatsache oder ein Rechtsverhältnis als vermutet zu erklären (s. etwa in § 280 BGB die rechtswidrige Pflichtverletzung mit Blick auf das Vertretenmüssen und in § 1006 BGB der Besitz mit Blick auf das Eigentum). Vermutungen iSd Abs. 1 bedürfen aber keines Erfahrungssatzes, deren Anwendung als Bindeglied zwischen der bekannten und der zu beweisenden Tatsache die eigentliche Beweiswürdigung ausmacht. Sie setzen vielmehr die Existenz einer bindenden Rechtsnorm voraus, die im Tatbestand die bekannte, in der Rechtsfolge die vermutete Tatsache zum Gegenstand hat[13]. Berücksichtigt man dies, erscheinen aber diejenigen Fälle als problematisch, in denen ein Anscheinsbeweis durch langjährige Handhabung in Rechtsprechung und Schrifttum eine derartige Typisierung und Autorität erfahren hat, dass er auf den Richter im Ergebnis wie eine Rechtsnorm wirkt. So erweist sich das deutsche Rechtsinstitut des Anscheinsbeweises im Rahmen der verordnungsautonomen Auslegung von Abs. 1 letztlich als nur von eingeschränktem Nutzen. Es ist vielmehr danach zu unterscheiden, ob der

---

3 Vgl MüKo/*Spellenberg*, Art. 18 VO (EG) 593/2008, Rn 20.

4 *Kegel/Schurig*, IPR, 9. Auflage 2004, S. 1058 f.; *Schack*, IntZVfR, 5. Auflage 2010, Rn 743, 752.

5 Bamberger/Roth/*Spickhoff*, Art. 22 Rn 2; vgl zum deutschen Kollisionsrecht *Schack*, IntZVfR, 5. Auflage 2010, Rn 744.

6 So die Begründung des Berichts *Giuliano/Lagarde*, ABl.EG C 282 v. 31.10.1980, S. 1, 36 (Art. 14), zum entsprechenden Wortlaut des Art. 14 EVÜ („für vertragliche Schuldverhältnisse"); dazu auch *Dickinson*, Rome II Regulation, Rn 14.82 f.

7 Vgl MüKo-ZPO/*Prütting*, § 286 Rn 10 ff.

8 BGH NJW 2010, 1072 f; *Gottwald/Rosenberg/Schwab*, Zivilprozessrecht, 17. Auflage 2010, § 113 Rn 16 f; MüKo-ZPO/*Prütting*, § 286, Rn 48.

9 MüKo-ZPO/*Prütting*, § 286, Rn 50; Hk-ZPO/*Saenger*, 5. Auflage 2013, § 286 Rn 39; *Gottwald/Rosenberg/Schwab*, Zivilprozessrecht, 17. Auflage 2010, § 113 Rn 32; aA Zöller/*Greger*, Vor § 284 ZPO Rn 29 a (materielles Recht); differenzierend Musielak/*Foerste*, § 286 ZPO Rn 24 f.

10 Siehe BGH NJW 1985, 554 f (Streitsache im Rahmen der CMR); *v. Bar*, IPR II, 1991, Rn 552; *Schack*, IntZVfR, 5. Auflage 2010, Rn 746.

11 Staudinger/*Magnus*, 2002, Art. 32 EGBGB, Rn 107 (auf Grundlage des EVÜ).

12 Für Anwendbarkeit der *lex fori* (prozessrechtliche Qualifikation): Erman/*Hohloch*, Art. 22 Rn 4; Huber/*Altenkirch*, Rome II Regulation, Art. 22 Rn 9; Bamberger/Roth/*Spickhoff*, Art. 18 Rom I-VO Rn 4, Art. 23 Rom II-VO Rn. 3; *Thole*, IPRax 2010, 285, 287; für Anwendbarkeit der *lex causae* (materiellrechtliche Qualifikation): AG Geldern NJW 2011, 686, 687; Hk-BGB/*Dörner*, Art. 22 ROM II Rn 1; MüKo/*Junker*, Art. 22 VO (EG) 864/2007 Rn 8 f; MüKo/*Spellenberg*, Art. 18 VO (EG) 593/2008 Rn 22; *Staudinger*, NJW 2011, 650, 651 f.

13 So auch *Schack*, IntZVfR, 5. Auflage 2010, Rn 745.

betreffende „Erfahrungssatz" durch fortgesetzte Anwendung in der Weise erstarrt ist, dass er den Richter bindet und insbesondere auch in der Revision geltend gemacht werden kann. Lässt sich das bejahen, steht einer Qualifizierung als Vermutung bzw. als Beweislastregel iSd Abs. 1 nichts im Weg. Die Tatsache, dass ein solcher Anscheinsbeweis nicht erst durch den Beweis des Gegenteils, sondern schon durch das Vorbringen von Tatsachen zu Fall gebracht werden kann, welche geeignet sind, Zweifel an die prima facie gezogenen Schlussfolgerungen zu wecken[14], erweist sich dann als unschädlich, wenn man, wie hier (Rn 1), von Abs. 1 u.a. auch „Vermutungen" erfasst sieht, die schwächere Rechtsfolgen als die der Beweislastumkehr zum Gegenstand haben[15]. Insofern ist im Ergebnis dem AG Geldern zuzustimmen, welches den Satz, es treffe in einem Auffahrunfall den Fahrer des auffahrenden Wagens *prima facie* ein Verschulden, als „Beweislastregel" iSd Abs. 1 auffasst und damit der *lex causae* unterwirft[16].

3   Der zweite Absatz bestimmt, welche **„Beweisarten"** zum Beweis einer „Rechtshandlung" zugelassen sind. Grundsätzlich ist die *lex fori* anwendbar. In Bezug auf die für den Beweis zugelassene Form können auch die *lex causae* und die *lex loci actus* herangezogen werden, allerdings nur, soweit die betreffende Rechtshandlung nach Maßgabe jener Rechtsordnungen auch materiell formgültig (vgl Art. 21)[17] und das Beweismittel im Prozessrecht des mit der Angelegenheit befassten Gerichts ebenfalls vorgesehen ist.[18] Mit „Rechtshandlung" des Abs. 2 ist die „einseitige Rechtshandlung" des Art. 21 gemeint. Zwar erscheint das Adjektiv „einseitig" in Abs. 2 nicht. Die „Rechtshandlung" ist aber auf Rechtsgeschäfte und rechtsgeschäftsähnliche Handlungen beschränkt (Art. 21 Rn 2), welche wiederum keine Verträge sein können, weil diese von der Rom II-VO nicht erfasst sind. Außerdem verweist Abs. 2 auf Art. 21. Der Kreis der zugelassenen „Beweisarten" regelt, auf welche Beweismittel sich Parteien und Gericht stützen dürfen, teilweise aber auch, welche Rückschlüsse aus den hierdurch gewonnen Erkenntnissen für die Ermittlung des Sachverhalts zulässigerweise gezogen werden können. Von Bedeutung ist letzterer Gedanke dann, wenn ein notariell beurkundetes Rechtsgeschäft deutschem Recht unterliegt, aber Gegenstand eines Verfahrens vor einem französischen Gericht ist:[19] Nach französischem Recht wäre bzgl. der beurkundeten Vorgänge der Beweis des Gegenteils grundsätzlich unzulässig (Art. 1319 c.civ.),[20] nach deutschem Recht hingegen unter bestimmten Voraussetzungen zulässig (§ 415 ZPO)[21]. Abs. 2 bewirkt daher, dass der französische Richter in diesem Fall auch eine Zeugenaussage gegen den beurkundeten Inhalt des Rechtsgeschäfts berücksichtigen muss.[22] Besonders praxisrelevant ist dies wegen des schmalen Anwendungsbereichs von Art. 21 (Art. 21 Rn 2 f) freilich nicht.

Kapitel VI
Sonstige Vorschriften

Artikel 23 Gewöhnlicher Aufenthalt

(1) Für die Zwecke dieser Verordnung ist der Ort des gewöhnlichen Aufenthalts von Gesellschaften, Vereinen und juristischen Personen der Ort ihrer Hauptverwaltung.

Wenn jedoch das schadensbegründende Ereignis oder der Schaden aus dem Betrieb einer Zweigniederlassung, einer Agentur oder einer sonstigen Niederlassung herrührt, steht dem Ort des gewöhnlichen Aufenthalts der Ort gleich, an dem sich diese Zweigniederlassung, Agentur oder sonstige Niederlassung befindet.

(2) Im Sinne dieser Verordnung ist der gewöhnliche Aufenthalt einer natürlichen Person, die im Rahmen der Ausübung ihrer beruflichen Tätigkeit handelt, der Ort ihrer Hauptniederlassung.

Literatur: *Baetge*, Auf dem Weg zu einem gemeinsamen europäischen Verständnis des gewöhnlichen Aufenthalts, FS für Jan Kropholler, 2008, S. 77; *G. Schulze*, Der engere gewöhnliche Aufenthalt, IPRax 2012, 526.

---

14 BGH NJW 1991, 230, 231.
15 Vgl Zöller/*Greger*, Vor § 284 ZPO Rn 29 a (Stichwort „Beweiserleichterung").
16 AG Geldern NJW 2011, 686, 687.
17 Bamberger/Roth/*Spickhoff*, Art. 22 Rn 5.
18 Dazu *Dickinson*, Rome II Regulation, Rn 14.86.
19 Vgl auch MüKo/*Spellenberg*, Art. 18 VO (EG) 593/2008 Rn 24 f.
20 Siehe im Einzelnen *Mainguy*, in: Lamy Droit du contrat (Loseblattsammlung), Stand: Juli 2012, Rn. 185-7; s. ferner *Cabrillac*, Introduction générale au droit, 9. Auflage 2011, Rn 180.
21 MüKo-ZPO/*Schreiber*, § 415 Rn 30.
22 AA MüKo/*Spellenberg*, Art. 18 VO (EG) 593/2008 Rn 24 f, welcher mit Blick auf die Entstehungsgeschichte des EVÜ Art. 18 Rom I-VO nicht auf den Urkundenbeweis für anwendbar hält.

A. Allgemeines	1	1. Im Rahmen der Ausübung der beruflichen Tätigkeit (Abs. 2)	12
B. Regelungsgehalt	5	2. Außerhalb der Ausübung der beruflichen Tätigkeit	13
I. Der gewöhnliche Aufenthalt von Personenmehrheiten (Abs. 1)	5	3. Verordnungsautonome Bestimmung des gewöhnlichen Aufenthalts	14
1. Personenmehrheiten	5	a) Schwerpunkt der Lebensverhältnisse	15
2. Ort der Hauptverwaltung (Abs. 1 S. 1)	7	b) Tatsächliche Lebensumstände	16
3. Sonderregel für (sonstige) Niederlassungen (Abs. 1 S. 2)	8	c) Änderung des gewöhnlichen Aufenthalts	19
a) Niederlassung	9	d) Minderjährige	20
b) Bezug zur Niederlassung	10	C. Praktische Bedeutung	21
II. Der gewöhnliche Aufenthalt natürlicher Personen	12		

A. Allgemeines

Der gewöhnliche Aufenthalt stellt für *juristische* Personen iwS (s. Rn 5) sowie für Gewerbetreibende eine unpassende Kategorie dar. Er wird daher für die Personenmehrheiten gem. **Abs. 1** grundsätzlich durch den Ort der Hauptverwaltung und in bestimmten Fällen durch den Ort der Niederlassung ersetzt. Für selbstständig tätige natürliche Personen legt **Abs. 2** fest, dass für Handeln oder Unterlassen im Rahmen der beruflichen Tätigkeit der gewöhnliche Aufenthalt am Ort ihrer Hauptniederlassung liegt. **1**

Art. 23 ist eine Hilfsnorm für Verweisungsnormen der VO mit dem Anknüpfungspunkt gewöhnlicher Aufenthalt. Sie bezieht sich auf Art. 4 Abs. 2, Art. 5 Abs. 1, Art. 6 Abs. 2, Art. 9, Art. 10 Abs. 2, Art. 11 Abs. 2, 12 Abs. 2 lit. b. Diese Normen bestimmen auch den **Zeitpunkt**, auf den sich die Feststellung des gewöhnlichen Aufenthalts und der ersatzweise geltenden Anknüpfungspunkte nach Art. 23 beziehen. In Art. 4 Abs. 2 ist das etwa der Zeitpunkt des Schadenseintritts. **2**

Abs. 1 und Abs. 2 entsprechen weithin den parallelen Regeln des Internationalen **Vertragsrecht**, Art. 19 Abs. 1 und 2[1] Rom I–VO, Art. 28 Abs. 2 S. 1 u. 2 EGBGB aF, Art. 40 Abs. 2 S. 2 EGBGB und Art. 4 Abs. 2 EVÜ. Für das **Prozessrecht** stellt Art. 60 Abs. 1 EuGVVO neben satzungsmäßigem Sitz und Hauptniederlassung *alternativ* auf den Ort der Hauptverwaltung ab. Art. 5 Nr. 5 EuGVVO schafft einen besonderen Gerichtsstand der Niederlassung. **3**

Nicht definiert wird der gewöhnliche Aufenthalt von natürlichen Personen **außerhalb** ihrer beruflichen Tätigkeit. Die im Auslegungszusammenhang zur Rom II-VO stehenden Rom I–VO und EuGVVO (Erwägungsgrund 7) enthalten ebenfalls keine dahingehende Vorschrift. Eine einheitliche Begriffsbestimmung des gewöhnlichen Aufenthalts einer natürlichen Person unabhängig von der Berufstätigkeit für die Normen, die in der Rom II-VO auf den gewöhnlichen Aufenthalt abstellen (s.o. Rn 2), ist Rechtsprechung und Lehre überlassen und erscheint sachlich geboten[2]. **4**

B. Regelungsgehalt

I. Der gewöhnliche Aufenthalt von Personenmehrheiten (Abs. 1)

1. Personenmehrheiten. **Gesellschaften**, **Vereine** und **juristische Personen** sind keine abschließend aufgezählten Personentypen,[3] sondern bezeichnen Personenmehrheiten, die einen genügenden Organisationsgrad aufweisen, um selbst handlungs- und parteifähig zu sein. Eine Verengung auf bestimmte Personentypen ist mit der Aufzählung nicht intendiert, es handelt sich um eine funktionale Umschreibung,[4] die autonom zu bestimmen ist. Dabei geht es um die Operationalisierbarkeit der Verweisungen für alle jene Rechtssubjekte, für die eine Festlegung des gewöhnlichen Aufenthalts nicht möglich ist.[5] **5**

Die Handlungs- und die Parteifähigkeit bieten sich als Mindesterfordernisse für eine Personenmehrheit im Sinne dieser Vorschrift an. **Handlungsfähigkeit** ist ein untechnischer Oberbegriff für die Zurechenbarkeit von Verhalten und bezeichnet die Fähigkeit, Rechtshandlungen durch Organe oder Vertreter wirksam vor- **6**

---

[1] Art. 19 Abs. 2 Rom I–VO erfasst das rechtsgeschäftliche Handeln im Rahmen des Betriebs einer Niederlassung auch von natürlichen Personen. Siehe näher Art. 19 Rom I-VO Rn 9.

[2] Das gilt ebenso für die SchwesterVOn Rom I und EuGVVO und legt damit die Herausbildung einer verordnungsübergreifenden allgemeinen Begrifflich-

[3] keit nahe, vgl *Leible, u.a.* (Hrsg.), Brauchen wir eine Rom 0-VO?, Im Erscheinen.

Siehe auch in Art. 1 Abs. 2 lit. d und oben Art. 1 Rn 45 ff.

[4] AllgM: MüKo/*Junker*, Art. 23 Rn 8; BeckOK-BGB/*Spickhoff*, Art. 23 Rn 2; Erman/Hohloch, Art. 23 Rn 3; jurisPK-BGB/*Ludwig*, Art. 23 Rn 3.

[5] Rauscher/*Jakob/Picht*, EuZPR/EuIPR, Art. 23 Rn 2.

zunehmen.⁶ Die **Parteifähigkeit**, die begrifflich weiter als die Rechtsfähigkeit auf die Subjekteigenschaft im Prozess abstellt, erscheint aus Gründen der einheitlichen Begriffsbildung mit der EuGVVO (Art. 60 EuGVVO) ein naheliegendes Abgrenzungskriterium. Dagegen liefert die Geschäftsfähigkeit jedenfalls für den Bereich außervertraglicher Schuldverhältnisse kein aussagekräftiges Merkmal.⁷

Erfasst werden aus deutscher Sicht damit der nichtrechtsfähige Verein (§ 54 BGB),⁸ die BGB-Außengesellschaft und die WEG-Gemeinschaft. Nicht dagegen bloße Vermögensgemeinschaften, wie die Bruchteils- und die Gesamthandsgemeinschaften, insbesondere nicht die Erbengemeinschaft (str.).⁹

7 **2. Ort der Hauptverwaltung (Abs. 1 S. 1).** Angeknüpft wird nach Abs. 1 S. 1 im Grundsatz an den **Ort der Hauptverwaltung**. Der Begriff ist verordnungsautonom europäisch auszulegen und damit in Einklang zur gleichlautenden Vorschrift in Art. 19 Rom I-VO¹⁰ und Art. 60 Abs. 1 lit. b EuGVVO zu bringen (Erwägungsgrund 7). Gemeint ist der Ort, an dem das Leitungsorgan der Gesellschaft die unternehmerischen Entscheidungen bildet und trifft.¹¹ Es kommt damit weder auf den Abschlussort der Geschäfte des Unternehmens an noch auf den Ort, an dem die Entscheidungen umgesetzt werden.

8 **3. Sonderregel für (sonstige) Niederlassungen (Abs. 1 S. 2).** Eine Ausnahme gilt, wenn das schadensbegründende Ereignis oder der Schaden aus dem Betrieb einer Niederlassung herrührt (Abs. 1 S. 2). In diesem Fall *tritt an die Stelle* des Ortes der Hauptverwaltung der Ort der Niederlassung. Die **Verdrängung** der Hauptverwaltung zugunsten der Niederlassung ist nicht lediglich alternativ, sondern zwingend.¹² Das folgt aus dem Zweck der Vorschrift, die eine klare und vorhersehbare Zuordnung herstellen will.

9 **a) Niederlassung.** Die Differenzierung im Gesetzestext in **Zweigniederlassung**, **Agentur** und **sonstiger Niederlassung** hat wie in der gleichlautenden Vorschrift des Art. 5 Nr. 5 EuGVVO nur eine beschreibende Bedeutung. Der Begriff „Niederlassung" meint nach der Rechtsprechung des EuGH¹³ zu Art. 5 Nr. 5 EuGVVO *„einen Mittelpunkt geschäftlicher Tätigkeit ..., der auf Dauer als Außenstelle eines Stammhauses hervortritt, eine Geschäftsführung hat und sachlich so ausgestattet ist, daß er in der Weise Geschäfte mit Dritten betreiben kann, daß diese, obgleich sie wissen, daß möglicherweise ein Rechtsverhältnis mit dem im Ausland ansässigen Stammhaus begründet wird, sich nicht unmittelbar an dieses zu wenden brauchen, sondern Geschäfte an dem Mittelpunkt geschäftlicher Tätigkeit abschließen können, der dessen Außenstelle ist."* Kurzzeitige Einrichtungen, wie etwa ein Messestand, fallen danach nicht unter den Niederlassungsbegriff.¹⁴ Ebenso wenig bloße Büros, Schiffe, Flugzeuge,¹⁵ Produktionsstätten oder Serverstandorte. Bereits der Rechtsschein einer Niederlassung genügt aber.¹⁶ Der verordnungsübergreifende Auslegungszusammenhang (Erwägungsgrund 7) ermöglicht die Übernahme dieser Interpretation des Art. 5 Nr. 5 EuGVVO für Abs. 1 S. 2.

10 **b) Bezug zur Niederlassung.** Ferner muss das Geschehen einen **Bezug zur Niederlassung** aufweisen. Dazu müssen entweder das *schadensbegründende Ereignis* (Handlungsort) oder der *Schaden* (vgl Art. 2 Abs. 1 und 3 Rom II-VO) aus dem Betrieb der Zweigniederlassung herrühren. Das ist rein tatsächlich gemeint und erfordert insbesondere *keinen vorangegangenen rechtsgeschäftlichen* Kontakt mit der Zweigniederlassung. Der Verkehrsunfall mit einem zu geschäftlichen Zwecken eingesetzten Dienstfahrzeug der Zweigniederlassung reicht etwa aus. Nicht erforderlich ist, dass sich der Unfall auch im Niederlassungsstaat ereignet hat.¹⁷ Schaden und Schadensfolgen am PKW führen stets zur Niederlassung, so dass der (zufällige) Unfallort unberücksichtigt bleiben kann.

11 Soweit für den Gerichtsstand der Zweigniederlassung im Rahmen von Art. 5 Nr. 5 EuGVVO eine bestehende **vertragliche Beziehung** mit der Zweigniederlassung gefordert wird,¹⁸ hat eine dahin gehende Einschränkung in der die außervertraglichen Verhältnisse regelnden Rom II-VO keine Berechtigung.¹⁹ Auch

---

6 Vgl aus deutscher Sicht etwa Larenz/*Wolf*, BGB AT, 9. Aufl. 2004, § 6 Rn 1. Der Begriff der Handlungsfähigkeit findet sich auch in Art. 1 Abs. 2 lit. a EuGVVO, Art. 13 Rom I-VO, Art. 12 EGBGB und wird auf den französischen Begriff der *capacité* zurückgeführt, Rauscher/*Thorn*, EuZPR/EuIPR, Art. 13 Rn 18.

7 Siehe auch PWW/*Schaub*, Art. 23 Rn 2; aA Palandt/*Thorn*, Art. 23 Rn 1 u. Art. 19 Rom I Rn 6; BeckOK-BGB/*Spickhoff*, Art. 23 Rn 2.

8 Abl. Erman/*Hohloch*, Art. 23 Rn 4.

9 Abl. Erman/*Hohloch*, Art. 23 Rn 4; jurisPK-BGB/*Ludwig*, Art. 23 Rn 7.

10 Siehe Art. 19 Rom I-VO Rn 5.

11 AllgM: mit geringfügigen Abweichungen in der Formulierung, vgl MüKo/*Junker*, Art. 23 Rn 10; Erman/*Hohloch*, Art. 23 Rn 4; Rauscher/*Jakob/Picht*, EuZPR/EuIPR, Art. 23 Rn 4.

12 AllgM: MüKo/*Junker*, Art. 23 Rn 15.

13 EuGH, Slg 1978, 2183 Rn 12 – Somafer/Saar-Ferngas. Ähnlich bereits EuGH, Slg 1976, 1497 Rn 20 – De Bloos, sowie EuGH, Slg 1981, 819 Rn 9 – Blankaert („Zweigniederlassung und Agentur sind unter anderem wesentlich dadurch charakterisiert, dass sie der Aufsicht und Leitung des Stammhauses unterliegen.").

14 BeckOK-BGB/*Spickhoff*, Art. 23 Rn 3.

15 *Dickinson*, The Rome II Regulation, 2008, Rn 3.57.

16 EuGH Slg 1987, 4905 Rn 16, 17 – SAR.

17 Siehe aber MüKo/*Junker*, Art. 23 Rn 14.

18 *Pulkowski*, IPRax 2004, 543; Rauscher/*Leible*, EuZPR/EuIPR, Art. 5 Brüssel I-VO Rn 108.

19 Siehe auch MüKo/*Junker*, Art. 23 Rn 14; Huber/*Altenkirch*, Rome II Regulation, Art. 23 Rn 9.

zwingt die Formulierung des EuGH in der zum Gerichtsstand der Zweigniederlassung ergangenen Entscheidung[20] nicht zu dieser Annahme.[21] Danach müssen die außervertraglichen Pflichten zwar aus der Tätigkeit der Niederlassung für Rechnung des Stammhauses am Niederlassungsort entstehen. Die Tätigkeit für Rechnung des Stammhauses legt eine rechtsgeschäftliche Tätigkeit nahe, diese muss aber keinen Bezug zum Geschädigten aufweisen.

II. Der gewöhnliche Aufenthalt natürlicher Personen

1. Im Rahmen der Ausübung der beruflichen Tätigkeit (Abs. 2). Der gewöhnliche Aufenthalt einer natürlichen Person, die im Rahmen der Ausübung ihrer beruflichen Tätigkeit handelt, ist der Ort der Hauptniederlassung. 12

Berufliche Tätigkeit ist die selbstständige berufliche Tätigkeit. Gewerbetreibende, wie etwa ein Handelsvertreter, und Freiberufler werden damit erfasst. Dagegen sind unselbstständige Arbeitnehmer und Dienstleister nach dem Zweck der Vorschrift nicht gemeint.[22]

Die **Hauptniederlassung** meint den tatsächlichen Geschäftsschwerpunkt bezogen auf die gesamte Geschäftstätigkeit einer Gesellschaft (engl. *principal place of business*). Sie wird daher auch als tatsächlicher Sitz bezeichnet und meint die zentrale Produktionsstätte oder den Ort, an dem sich die wesentlichen Personal- und Sachmittel konzentrieren. Diese Interpretation entspricht dem gleichlautenden Art. 60 Abs. 1 lit. c EuGVVO.

Die Anwendung des Abs. 1 S. 2 zugunsten des Rechts am Ort der (*einfachen*) *Niederlassung* ist im Anwendungsbereich des Abs. 2, der nur auf die *Hauptniederlassung* abstellt, nicht vorgesehen.[23]

2. Außerhalb der Ausübung der beruflichen Tätigkeit. Der Anknüpfungsbegriff gewöhnlicher Aufenthalt von natürlichen Personen bezogen auf Handlungen im privaten Bereich (außerhalb ihrer beruflichen Tätigkeit) ist nicht geregelt. 13

3. Verordnungsautonome Bestimmung des gewöhnlichen Aufenthalts. Der gewöhnliche Aufenthalt einer natürlichen Person wird weder in der Rom II-VO noch in anderen Gemeinschaftsrechtsakten erläutert. Er wird in Abs. 2 speziell für selbstständig tätige Personen verwendet. Die **Begriffsbildung** muss verordnungsautonom europäisch bestimmt werden.[24] Das geschieht unter Heranziehung der Rechtsprechung des EuGH, völkervertraglicher Regeln sowie, soweit anderweitige Vorgaben fehlen, unter Rückgriff auf das deutsche Recht und in Anlehnung an Art. 5 Abs. 2 EGBGB. Die Zusammenschau der unterschiedlichen Rechtsquellen führt zu einem im Wesentlichen einheitlichen Ergebnis.[25] 14

a) Schwerpunkt der Lebensverhältnisse. Der gewöhnliche Aufenthalt einer natürlichen Person liegt danach in dem Staat, in dem sie den **Schwerpunkt ihrer Lebensverhältnisse**[26] hat. Synonym sind hier die Begriffe Lebens- oder Daseinsmittelpunkt sowie faktischer Wohnsitz.[27] Der vom EuGH[28] früher verwendete Begriff des „gewöhnlichen Mittelpunkts der Lebensinteressen" ist im Hinblick auf das Lebensinteresse unscharf. Er darf jedenfalls *nicht* mit dem Interessenmittelpunkt der Person oder dem „center of main interest", der andere Bezüge herstellt, gleichgesetzt werden. Das hat die jüngste Rechtsprechung des EuGH zu 15

---

20 EuGH, Slg 1978, 2183 Rn 13 – Somafer/Saar-Ferngas.
21 Siehe auch MüKo/*Junker*, Art. 23 Rn 14.
22 Vgl näher MüKo/*Junker*, Art. 23 Rn 20. BeckOK-BGB/*Spickhoff*, Art. 23 Rn 4; Erman/*Hohloch*, Art. 23 Rn 6; Huber/*Altenkirch*, Rome II Regulation, Art. 23 Rn 10. Ebenso zu Art. 14 Abs. 1 S. 1 lit. b, *Leible*, Rechtswahl nach der Rom II-VO, RIW 2008, 257, 259 f; näher oben Art. 14 Rn 34.
23 Siehe auch MüKo/*Junker*, Art. 23 Rn 23 verneint zu Recht auch eine analoge Anwendung und verweist auf die Ausweichklausel (Art. 4 Abs. 3); BeckOK-BGB/*Spickhoff*, Art. 23 Rn 4.
24 *Baetge*, FS Jan Kropholler 2008, S. 77 ff; *v. Hein*, ZEuP 2009, 6, 18.
25 Palandt/*Thorn*, Art. 23 Rn 1 u. Art. 19 Rom I-VO Rn 6; BeckOK-BGB/*Spickhoff*, Art. 23 Rn 4; Erman/ *Hohloch*, Art. 23 Rn 1; Hk-BGB/*Dörner*, Art. 23 Rn 5; *Ludwig* in: jurisPK-BGB, Art. 24 Rn 2; Huber/*Altenkirch*, Rome II Regulation, Art. 23 Rn 11; Rauscher/*Jakob*/*Picht*, EuZPR/EuIPR, Art. 23 Rn 7.
26 MüKo/*Sonnenberger*, Einl. IPR Rn 722; Erman/*Hohloch*, Art. 5 EGBGB Rn 54; Palandt/*Thorn*, Art. 5 EGBGB Rn 10; NK-BGB/*G. Schulze*, Art. 5 EGBGB Rn 16 ff.
27 BGHZ 78, 293, 295; *Kegel/Schurig*, § 13 III 3 a, S. 471; Palandt/*Thorn*, Art. 5 EGBGB Rn 10. Die Betonung der faktischen Lage leitet sich daraus ab, dass es auf die Abgabe rechtswirksamer Willenserklärungen (Wohnsitzbegründung, Meldeort) nicht ankommt und auch der gewöhnliche Aufenthalt von Kindern nicht von den Eltern abgeleitet wird.
28 EuGH Slg 1994, I- 4295 Rn 22 – Fernández/Kommission.

Persönlichkeitsrechtsverletzungen[29] auch klargestellt. Der EuGH vermeidet eine einheitliche Begriffsbestimmung des gewöhnlichen Aufenthalts. Dabei ist nach dem jeweiligen Kontext für die Rechtsakte getrennt zu entscheiden.[30]

16 **b) Tatsächliche Lebensumstände.** Der Schwerpunkt der Lebensverhältnisse wird nach den *tatsächlichen* Lebensumständen der Person (Beziehungen subjektiver und objektiver Art) bestimmt. Maßgeblich ist der **Schwerpunkt aller sozialen, kulturellen und wirtschaftlichen Beziehungen** der Person.[31] Dazu gehören auch rechtlich geprägte Statusverhältnisse, wie Ehe, Kindschaft, Staatsangehörigkeit, die eine indizielle Bedeutung für die *Umweltbeziehungen* der Person und ihre *Integration* an einem bestimmten Ort haben. Ein Wille zum dauerhaften oder unbestimmten Verbleib (*animus manendi*)[32] ist lediglich von indizieller Bedeutung. Die subjektiven Elemente ermöglichen die Bejahung des gewöhnlichen Aufenthalts aber bereits ab dem ersten Tag nach der Einreise, wenn ein dauerhafter Verbleib angestrebt wird.

17 Die familiären und die beruflichen **Lebensbereiche** fallen in einigen Fällen auseinander, was die Feststellung des Schwerpunktes erschwert. Bei Tagespendlern (Grenzgänger) und Wochenendheimfahrern wird der Wohnort der Familie regelmäßig den Schwerpunkt bilden, bei Familienbesuchern (Jahresurlaub und einzelne Wochenenden) dagegen der Arbeitsort.[33]

18 Allerdings können sich auch **Pattsituationen** ergeben (Wanderarbeitnehmer, Halbjahresurlauber,[34] Familientrennung)[35] usf. Das führt zu der Frage, ob eine Person gleichzeitig mehrere gewöhnliche Aufenthalte haben kann und wenn ja, nach welchem Kriterium einem der beiden gewöhnlichen Aufenthaltsorte der Vorrang einzuräumen ist. Nach einer Auffassung soll bereits begrifflich ein zweifacher gewöhnlicher Aufenthalt ausgeschlossen sein und durch eine Feinjustierung der einzelnen Elemente in die Schwerpunktbildung auflösbar sein.[36] Die Gegenauffassung fragt dagegen nach dem **engeren gewöhnlichen Aufenthalt** und zieht dazu die Kriterien zur Bestimmung der effektiven von mehreren Staatsangehörigkeiten heran (Art. 5 Abs. 1 S. 1 EGBGB analog).[37] Das hat den Vorteil, dass auch die Staatsangehörigkeit, der bisherige Lebensverlauf und perspektivische Kriterien (Kontinuitäten und Diskontinuitäten) berücksichtigt werden können.[38]

19 **c) Änderung des gewöhnlichen Aufenthalts.** Eine Änderung des gewöhnlichen Aufenthalts tritt ein, wenn die betreffende Person ihren bisherigen Daseinsmittelpunkt **aufgibt**.[39] Bis zur Verlagerung des Schwerpunktes bleibt der bisherige gewöhnliche Aufenthalt erhalten. Nach Ablauf von sechs bis zwölf Monaten[40] am neuen Aufenthaltsort ist von einem Aufenthaltswechsel im Regelfall auszugehen.[41] Subjektive Momente wie ein fehlender oder ein vorhandener **Rückkehrwille** sind hier relevant.[42] Besteht ein

---

29 EuGH, Urt. v. 25.10.2011 – C-509/09 und C-161/10 – eDate Advertising NJW 2012, 137 Rn 49: „Der Ort, an dem eine Person den Mittelpunkt ihrer Interessen hat, entspricht im Allgemeinen ihrem gewöhnlichen Aufenthalt. Jedoch kann eine Person den Mittelpunkt ihrer Interessen auch in einem anderen Mitgliedstaat haben, in dem sie sich nicht gewöhnlich aufhält, sofern andere Indizien wie die Ausübung einer beruflichen Tätigkeit einen besonders engen Bezug zu diesem Staat herstellen können."

30 Für Art. 8 Abs. 1 EuEheVO sind in Kindschaftsrechtssachen zur Bestimmung etwa die Bedürfnisse des Kindesschutzes (Kindeswohl) einzubeziehen EuGH Rs. C-523/07 – A, IPRax 2011, 76, Anm. *Pirrung* (50 ff). Der EuGH stellt hier auf die körperliche Anwesenheit des Kindes, die (beabsichtigte) Dauer des Aufenthalts des Kindes und die Absichten der Eltern ab, wobei ein Wanderleben in einem anderen als dem festen Wohnsitzstaat einen Aufenthaltswechsel nicht begründet (Rn 38-43). Ergänzend stellt EuGH v. 22.12.2010 Rs. C-497/10 – PPU, IPRax 2012, 340, auf die geographische und familiäre Herkunft der Mutter eines Säuglings ab.

31 Erman/*Hohloch*, Art. 5 EGBGB Rn 47; Palandt/*Thorn*, Art. 5 EGBGB Rn 10.

32 Ebenso den tatsächlichen Willen hervorhebend *Baetge*, FS Jan Kropholler, 2008, S. 133; MüKo/*Sonnenberger*, Einl. IPR Rn 725; *v. Bar/Mankowski*, IPR I, § 7 Rn 26.

33 *Spickhoff*, IPRax 1995, 185, 187; Palandt/*Thorn*, Art. 5 EGBGB Rn 10.

34 *v. Bar/Mankowski*, IPR I, § 7 Rn 24 Fn 83: Sommer in Hamburg, Winter in Palma de Mallorca.

35 OLG Oldenburg v. 11.5.2010, IPRax 2012, 550 (Anm. *G. Schulze*, 526 ff).

36 Für nur einen einzigen Daseinsmittelpunkt Hk-BGB/*Dörner*, Art. 23 Rn 5; *Looschelders*, IPR, Art. 5 Rn 8; MüKo/*Sonnenberger*, Einl. IPR Rn 724; Palandt/*Thorn* Art. 5 EGBGB Rn 10; PWW/*Mörsdorf-Schulte*, Art. 5 Rn 31; ablehnend für die europäische Begriffsbildung auch *Pirrung* IPRax 2011, 50, 54.

37 *Spickhoff*, IPRax 1995, 185, 189; *Raape/Sturm*, IPR, S. 130; Erman/*Hohloch*, Art. 5 EGBGB Rn 55; Soergel/*Kegel*, Art. 5 EGBGB Rn 49.

38 *G. Schulze*, IPRax 2012, 526 f.

39 So ausdrücklich etwa beim Aufenthaltswechsel des Unterhaltsberechtigten nach Art. 3 Abs. 2 des Haager Protokolls über das auf Unterhaltspflichten anzuwendende Recht v. 23.11.2007.

40 Die Dauer von 6 Monaten entspricht Art. 8 Abs. 1 des Europäischen Sorgerechtsübereinkommens v. 20.5.1980 (BGBl. 1990 II S. 220). 12 Monate sieht Art. 12 Haager Kindesentführungsübereinkommen v. 25.10.1980 (BGBl. 1990 II S. 206) vor.

41 Das gilt für Minderjährige als Faustregel, vgl *Kropholler*, IPR, § 39 II, S. 278; Palandt/*Thorn*, Art. 5 EGBGB Rn 10.

42 Das bedeutet jedoch nicht, dass stets ein entsprechender subjektiver Wille vorliegen muss (so die subjektive Theorie, *Raape/Sturm*, Bd. 1, IPR, S. 130). Vielmehr kann bei einer langen Verweildauer der Wille unbeachtlich sein. Für die sog. objektive Theorie vgl Staudinger/*Blumenwitz*, Art. 5 EGBGB Rn 46, PWW/*Mörsdorf-Schulte*, Art. 5 Rn 29 f.

Rückkehrwille, können auch längerfristige Aufenthalte unbeachtlich sein (Internat, Auslandsstudium, Heilanstalt, Strafhaft und Kriegsgefangenschaft).[43] Fehlt der Rückkehrwille, so wird auch ein sofortiger Aufenthaltswechsel bereits vor jeder sozialen Integration häufig zu bejahen sein. Insoweit spielt der Aufenthaltswille (*animus manendi*) eine entscheidende Rolle. Anderes gilt aber, wenn der weitere Verbleib am neuen Aufenthaltsort praktisch ausgeschlossen ist. Hiervon ist etwa bei einem Asylbewerber auszugehen, der in absehbarer Zeit wieder abgeschoben werden wird. Auch in den Fällen eines unberechtigten Aufenthalts kann jedoch anhand objektiver Anhaltspunkte über eine bereits erfolgte Integration ein Wechsel des gewöhnlichen Aufenthalts eingetreten sein.[44]

d) Minderjährige. Der selbstständig zu bestimmende Daseinsmittelpunkt eines minderjährigen Kindes ergibt sich aus dem Schwerpunkt seiner persönlichen Bindungen (etwa bei einer Trennung der Eltern)[45] und nicht über den Schwerpunkt der Eltern kraft des Kindschaftsstatus.[46]

20

C. Praktische Bedeutung

Aufgrund der häufigen, meist subsidiär maßgeblichen Anknüpfung an den gewöhnlichen Aufenthalt (Art. 4 Abs. 2, Art. 5 Abs. 1, Art. 6 Abs. 2, Art. 9, Art. 10 Abs. 2, Art. 11 Abs. 2, 12 Abs. 2 lit. b) kommt auch der Hilfsnorm praktisch hohe Bedeutung zu.

21

Artikel 24 Ausschluss der Rück- und Weiterverweisung

Unter dem nach dieser Verordnung anzuwendenden Recht eines Staates sind die in diesem Staat geltenden Rechtsnormen unter Ausschluss derjenigen des Internationalen Privatrechts zu verstehen.

Literatur: *v. Hein*, Europäisches Internationales Deliktsrecht, ZEuP 2009, 6; *Sonnentag*, Zur Europäisierung des Internationalen außervertraglichen Schuldrechts durch die geplante Rom II-Verordnung, ZVglRWiss 105 (2006) 256.

A. Allgemeines

Die Definitionsnorm entspricht den parallelen Regeln des Internationalen Vertragsrecht, Art. 20 Rom I-VO sowie Art. 35 Abs. 1 EGBGB aF, Art. 15 EVÜ. Jedoch wird ein Vorbehalt zugunsten einer anderweitigen Regelung in der Verordnung, wie in Art. 20 Rom I-VO,[1] nicht gemacht, so dass die Gesamtverweisung ausnahmslos ausgeschlossen ist.

1

B. Regelungsgehalt

Bei den von dieser Verordnung ausgesprochenen Verweisungen handelt es sich um **Sachnormverweisungen**. Das Kollisionsrecht der berufenen Rechtsordnung bleibt anders als nach Art. 4 Abs. 1 S. 1 EGBGB (Gesamtverweisung) außer Betracht. Zu Rückverweisungen (*renvoi*) und Weiterverweisungen kommt es somit nicht, sie sind ausgeschlossen.

2

Der Ausschluss gilt auch dann, wenn in der berufenen Rechtsordnung gegenüber dieser Verordnung **vorrangige staatsvertragliche Kollisionsnormen** im Sinne von Art. 28 Abs. 1 bestehen. Einschlägige Kollisionsnormen enthalten das Haager Übereinkommen über das auf Straßenverkehrsunfälle anwendbare Recht v. 4.5.1971[2] sowie das Haager Übereinkommen über das auf die Produkthaftpflicht anzuwendende Recht

3

---

43 NK-BGB/*G. Schulze*, Art. 5 EGBGB Rn 18 f.
44 Die Aufenthaltsberechtigung und die Entscheidung über den Asylantrag sind als rechtliche Fakten ein Indiz für die Prognose des weiteren Verbleibs (bevorstehende Abschiebung), vgl *Spickhoff*, IPRax 1990, 225 ff; *Looschelders*, IPR, Art. 5 Rn 10; MüKo/*Sonnenberger*, Einl. IPR Rn 722; OLG Bremen FamRZ 1992, 962, 963; OLG Koblenz FamRZ 1998, 536; bejahend nur für den Fall, dass eine soziale Integration des Asylbewerbers bereits stattgefunden hat, Palandt/*Thorn*, Art. 5 EGBGB Rn 10.
45 Aus der deutschen Rechtsprechung, vgl BGH IPRax 2003, 145; BGH NJW 1981, 520; OLG Nürnberg IPRax 2003, 147, 148; OLG Bremen FamRZ 1992, 962, 963; KG FamRZ 1998, 440, 441; OLG Düsseldorf FamRZ 1999, 112.
46 Zu Sonderfällen vgl NK-BGB/*G. Schulze*, Art. 5 EGBGB Rn 19 u. 40–46.
1 Siehe dazu Art. 20 Rom I-VO Rn 4 f.
2 Text abgedruckt unter <http://www.hcch.net>, Conventions Nr. 19 sowie bei *Jayme/Hausmann*, Nr. 100, Mitgliedstaatennachweise, Fn 1, EU: Belgien, Frankreich, Lettland, Litauen, Luxemburg, Niederlande, Österreich, Polen, Slowakei, Slowenien, Spanien und Tschechische Republik; Drittstaaten: Belarus, Bosnien und Herzegowina, Kroatien, Mazedonien, Montenegro, Schweiz und Serbien.

v. 2.10.1973.³ Die beiden Abkommen gelten nicht in Deutschland, aber in einer Reihe von EU- und Drittstaaten. Sie bleiben bei Verweisungen auf das Recht dieser Staaten aufgrund von Art. 24 außer Betracht. Auch für das Verhältnis der Mitgliedstaaten untereinander ist diese Zurückstellung der völkervertraglichen Pflichten hinnehmbar, weil die stark ausdifferenzierten kollisionsrechtlichen Regeln des internationalen Deliktsrechts auf materiellrechtlichen Wertungen beruhen, die es zu erreichen gilt und die daher nicht durch Rück- und Weiterverweisungen infrage gestellt werden dürfen.⁴

Gegenüber **Drittstaaten** führt der Ausschluss des *renvoi* ebenfalls zu einer Reduktion des internationalen Entscheidungseinklangs, allerdings ohne dass dies durch einen Vereinheitlichungszweck geboten wäre. Dasselbe gilt bei Verweisungen auf das dänische Recht, das sein eigenes IPR beibehalten hat (zu **Dänemark** s. Art. 1 Abs. 4).

4 Art. 24 ist verordnungsautonom auszulegen. Bei den ausschließlich als Sachnormverweisungen zu behandelnden Verweisungen der VO darf der **internationale Entscheidungseinklang** zur Konkretisierung der Ausweichklauseln in der VO weiterhin berücksichtigt werden. So bleibt zur Bestimmung einer offensichtlich engeren Verbindung in Art. 4 Abs. 3 oder in Art. 5 Abs. 2 eine Bezugnahme auf die kollisionsrechtlichen Wertungen des an sich berufenen Rechts möglich.⁵

5 Die von Art. 24 angeordnete Sachnormverweisung ist nicht zwingend. Die **Vereinbarung** einer Gesamtverweisung ist als privatautonome Gestaltung zulässig.⁶ Eine dahin gehende vertragliche Abbedingung des Art. 24 wird allerdings ohne besondere praktische Bedeutung bleiben.⁷

6 Im Falle einer Verweisung auf das Recht eines Mehrrechtsstaates kommt Art. 25 zur Anwendung. Art. 24 beantwortet **nicht** die Frage, ob ausländisches Sachrecht *ex officio* festzustellen oder als beweisbedürftige Tatsache zu behandeln ist.⁸

C. Praktische Bedeutung

7 Die nach Art. 28 Abs. 1 fortgeltenden Haager Übereinkommen (s. oben Rn 3) sowie die Sonderstellung Dänemarks (Art. 1 Abs. 4) verhindern eine EU-weite Vereinheitlichung der Kollisionsnormen durch die Rom II-VO. Das schafft Anreize für ein **Forum Shopping**, ist aber konzeptionell unvermeidbar und daher hinzunehmen.

Artikel 25 Staaten ohne einheitliche Rechtsordnung

(1) Umfasst ein Staat mehrere Gebietseinheiten, von denen jede für außervertragliche Schuldverhältnisse ihre eigenen Rechtsnormen hat, so gilt für die Bestimmung des nach dieser Verordnung anzuwendenden Rechts jede Gebietseinheit als Staat.

(2) Ein Mitgliedstaat, in dem verschiedene Gebietseinheiten ihre eigenen Rechtsnormen für außervertragliche Schuldverhältnisse haben, ist nicht verpflichtet, diese Verordnung auf Kollisionen zwischen den Rechtsordnungen dieser Gebietseinheiten anzuwenden.

A. Allgemeines

1 Art. 25 bestimmt die anzuwendende Rechtsordnung bei Verweisungen auf das Recht von Mehrrechtsstaaten. Die Verweisung richtet sich **unmittelbar** auf die Teilrechtsordnung, die der Anknüpfungspunkt bestimmt. **Abs. 1** fingiert dazu die Eigenstaatlichkeit einer etwa bestehenden Teilrechtsordnung. Jede Gebietseinheit gilt als Staat. Die Erstreckung auf interlokales Recht nach **Abs. 2** ist aus deutscher Sicht ohne Bedeutung (s. Rn 3).

---

3 Text (engl./ franz.: http://www.hcch.net, Conventions Nr. 22) Mitgliedstaatennachweise bei Jayme/Hausmann, vor Nr. 100, Fn 1, EU: Frankreich, Finnland, Luxemburg, Niederlande, Slowenien und Spanien; Drittstaaten: Jugoslawien (SFR), Kroatien, Mazedonien, Montenegro, Norwegen und Serbien.

4 MüKo/*Junker*, Art. 24 Rn 2; *Sonnentag*, ZVglRWiss 105 (2006) 256, 305 f.

5 *v. Hein*, ZEuP 2009, 6, 25.

6 Siehe auch MüKo/*Junker*, Art. 24 Rn 9; Rauscher/*Jakob*/*Picht*, EuZPR/EuIPR, Art. 24 Rn 5; Erman/*Hohloch*, Art. 24 Rn 2 (bspw im Schiedsgerichtswesen); aM BeckOK-BGB/*Spickhoff*, Art. 24 Rn 3; jurisPK-BGB/*Ludwig*, Art. 24 Rn 3.

7 Siehe auch BeckOK-BGB/*Spickhoff*, Art. 24 Rn 3; MüKo/*Junker*, Art. 24 Rn 9.

8 Das ist eine verfahrensrechtliche Frage, die von der *lex fori* beantwortet wird. Krit. *Staudinger*, in: Gebauer/Wiedmann, Kap. 38 Rn 100 (jedenfalls bei angeordneten Günstigkeitsvergleichen ist immer eine amtswegige Feststellung geboten).

Abs. 1 entspricht den parallelen Regeln des Internationalen Vertragsrecht, Art. 22 Rom I-VO,[1] Art. 35 Abs. 2 EGBGB aF und Art. 19 EVÜ.

Eine **Unteranknüpfung** an das interlokale Kollisionsrecht des berufenen Rechts, wie noch nach dem verdrängten Art. 4 Abs. 3 S. 1 EGBGB[2] und ersatzweise nach dem Recht der engsten Verbindung wie nach Art. 4 Abs. 3 S. 2 EGBGB, wird durch Art. 25 Abs. 1 **entbehrlich**. Die Vorschrift dient der besseren Vorhersehbarkeit und vereinfachten Bestimmbarkeit des anwendbaren Rechts und entspricht damit dem Regelungsanliegen von Art. 24.

Abs. 2 regelt die Anwendung von interlokalem Recht in Inlandsfällen und hat daher Bedeutung nur für Mitgliedstaaten, die Mehrrechtsstaaten bezüglich des Rechts außervertraglicher Schuldverhältnisse sind (Spanien, Großbritannien). Sie ist für (das vereinigte) Deutschland gegenstandslos.[3]

B. Regelungsgehalt

Eine Gebietseinheit eines Landes mit einer eigenen Rechtsordnung (sog. **Teilrechtsordnung**) wird nach Abs. 1 als eigener Staat behandelt. Wird etwa auf das Recht am Schadensort verwiesen und liegt dieser im US-Bundesstaat Ohio, so gilt das Recht von Ohio. Kann nicht eindeutig festgestellt werden, welche Teilrechtsordnung die maßgebliche sein soll, so kann entweder auf Ausweichklauseln (etwa Art. 4 Abs. 3) oder mit gleichem Ergebnis auf die engste Verbindung abgestellt werden.[4]

Die Gebietseinheit muss **eigene Rechtsnormen** zur Regelung von außervertraglichen Schuldverhältnissen haben, wobei Gewohnheitsrecht auch in Gestalt von Richterrecht genügt.[5] Sind die Regeln in der Teilrechtsordnung nur fragmentarisch ausgebildet, wie etwa in den spanischen Foralrechten, und gilt in der Gebietseinheit daneben auch das gesamtstaatliche Recht, etwa das spanische Zivilrecht, so umfasst die Verweisung auch das gesamtstaatliche Recht.[6]

Die **Wahl** des Rechts **einer Gebietseinheit** ist nach Maßgabe des Art. 14 ausdrücklich oder konkludent möglich.

Haben die Parteien das Recht eines Mehrrechtsstaates gewählt, **ohne** eine Teilrechtsordnung zu bestimmen, so muss durch Auslegung der Rechtswahlvereinbarung das gewollte Recht festgestellt werden.[7] Ersatzweise kann in diesem Fall Abs. 1 entsprechend angewendet werden,[8] weil der Regelungszweck dahin geht, das fremde interlokale Recht auszuschalten.

C. Praktische Bedeutung

Mehrrechtsstaaten sind etwa Spanien, Großbritannien, USA, Kanada, Australien und Mexiko.

Artikel 26 Öffentliche Ordnung im Staat des angerufenen Gerichts

Die Anwendung einer Vorschrift des nach dieser Verordnung bezeichneten Rechts kann nur versagt werden, wenn ihre Anwendung mit der öffentlichen Ordnung („ordre public") des Staates des angerufenen Gerichts offensichtlich unvereinbar ist.

Literatur: *Basedow*, Die Verselbständigung des europäischen ordre public, in: Coester u.a. (Hrsg.), Privatrecht in Europa, FS Hans Jürgen Sonnenberger 2004, S. 291; *Dickinsen,* The Rome II Regulation: The Law applicable to non contractual obligations, Suppl. 2010, S. 115; *Jayme*, Methoden der Konkretisierung des ordre public im internationalen Privatrecht, 1989; *ders.*, Nationaler ordre public und europäische Integration, 2000 (Zweitabdruck in: Jayme, Wiener Vorträge, 2001, S. 265); *Kadner Graziano*, Außervertragliche Schuldverhältnisse nach der Rom II-VO, RabelsZ 73 (2009) 1; *Kreuzer*, Die Vergemeinschaftung des Kollisionsrechts für außervertragliche Schuldverhältnisse (Rom II), in: Reichelt/Rechberger (Hrsg.), Europäisches Kollisionsrecht, 2004, 13; *St. Lorenz*, „RGZ 106, 82 ff. revisited": Zur Lückenfüllungsproblematik

---

1 Vgl Erl. zu Art. 22 Rom I-VO Rn 1 ff.
2 Aufgrund des Nachrangs der Unteranknüpfung in Art. 4 Abs. 3 S. 1 EGBGB („ohne die maßgebende Teilrechtsordnung zu bezeichnen") kommt es bei Anknüpfungen an den Tatort oder an den gewöhnlichen Aufenthalt durch Art. 38–42 EGBGB ebenso direkt zur Anwendung des bezeichneten Rechts; vgl MüKo/*Junker*, Art. 25 Rn 3.
3 Das länderweit geregelte Gegendarstellungsrecht ist Teil des Medienprivatrechts, für das die Rom II-VO bislang nicht gilt, vgl Art. 1 Abs. 2 lit. g Rom II-VO; Erman/*Hohloch*, Art. 25 Rn 3.
4 Rauscher/*Jakob/Picht*, EuZPR/EuIPR, Art. 25 Rn 6.
5 Erman/*Hohloch*, Art. 25 Rn 2; MüKo/*Junker*, Art. 25 Rn 7; Rauscher/*Jakob/Picht*, EuZPR/EuIPR, Art. 25 Rn 5.
6 BeckOK-BGB/*Spickhoff*, Art. 25 Rn 2; wohl auch PWW/*Schaub*, Art. 25 Rn 1 (potentiell einschlägige Regeln) u. *Hartley*, I.C.L.Q. 2008, 899, 901.
7 Siehe auch MüKo/*Junker*, Art. 25 Rn 9; Erman/*Hohloch*, Art. 25 Rn 2.
8 Siehe auch Rauscher/*Jakob/Picht*, EuZPR/EuIPR, Art. 23 Rn 7.

beim ordre public in „Ja/Nein-Konflikten", IPRax 1999, 429; *ders.*, renvoi und ausländischer ordre public, in: Schütze (Hrsg.), Einheit und Vielfalt des Rechts, FS Reinhold Geimer 2002, S. 555; *Looschelders*, Die Ausstrahlung der Grund- und Menschenrechte auf das Internationale Privatrecht, RabelsZ 65 (2001) 463; *Martiny*, Die Zukunft des europäischen ordre public, in: Coester u.a. (Hrsg.), Privatrecht in Europa, FS Hans Jürgen Sonnenberger 2004, S. 523; *Mörsdorf*, Die Auswirkungen des neuen „Grundrechts auf Verbraucherschutz" gemäß Art. 38 GR-Ch auf das nationale Privatrecht, JZ 2010, 759; *Pfeiffer*, Die revisionsgerichtliche Kontrolle der Anwendung ausländischen Rechts, NJW 2002, 3306; *W.H. Roth*, Der Einfluss des Europäischen Unionsrechts auf das Internationale Privatrecht, RabelsZ 55 (1991) 623; *G. Schulze*, Moralische Forderungen und das IPR, IPRax 2010, 290; *Spickhoff*, Der ordre public im internationalen Privatrecht. Entwicklung – Struktur – Konkretisierung, 1989; *G. Wagner*, Die neue Rom II-VO, IPRax 2008, 1; *Voltz*, Menschenrechte und ordre public im Internationalen Privatrecht, 2002.

A. Allgemeines	1	a) Wesentlicher Grundsatz des deutschen Rechts ... 15
I. Überblick	1	b) Offensichtliche Unvereinbarkeit (Relativität des ordre public) ... 18
II. Begriff	5	aa) Offensichtlichkeit des Verstoßes (Schwere) ... 18
1. Entstehung	5	bb) Hinreichender Inlandsbezug (räumliche Nähe) ... 19
2. Einbezogene Rechtsstandards	6	cc) Gegenwartsbeziehung (zeitliche Nähe) ... 22
B. Regelungsgehalt	10	3. Verstoß gegen Grundrechte, EU-Grundrechtscharta, EMRK ... 23
I. Voraussetzungen des ordre public-Verstoßes	10	II. Rechtsfolgen eines ordre-public-Verstoßes ... 26
1. Ausländische Rechtsnorm und Kontrolle des Anwendungsergebnisses	10	C. Praktische Bedeutung ... 30
a) Ausländische Rechtsnorm	10	
b) Kontrolle des Anwendungsergebnisses (Auswirkungsregel)	11	
2. Verstoß gegen wesentliche Grundsätze des deutschen Rechts	14	

A. Allgemeines

I. Überblick

1 Der *ordre public* sichert räumlich relational einen **rechtlichen Mindeststandard** für ein gerechtes Ergebnis im Einzelfall. Dabei geht es nicht primär um die Durchsetzung unverzichtbarer oder unantastbarer Grundlagen der eigenen Rechtsordnung,[1] sondern um einen kollisionsrechtlichen Mindestschutz.[2]

Die **allgemeine** Vorbehaltsklausel des Art. 26 entspricht den parallelen Regeln in anderen EU-Verordnungen zum Kollisionsrecht. Gleichlautende Vorgängernorm ist Art. 16 EVÜ. Ein besonderer Auslegungszusammenhang besteht zur Schwestervorschrift im internationalen Vertragsrecht, Art. 21 Rom I-VO (vgl Erwägungsgrund 7). Die gleichlautende *ordre public*-Klausel des Art. 12 Rom III-VO nimmt nach Erwägungsgrund 25 die Charta der Grundrechte der Europäischen Union und das dort geregelte Diskriminierungsverbot auf.[3]

2 Art. 26 erlaubt es den Mitgliedstaaten, bei der *ordre public*-Kontrolle ihre **nationalen Rechtsstandards** zu Grunde zu legen. Das ist bei dem Vereinheitlichungszweck der VO keine Selbstverständlichkeit, aber richtig. Es belässt den mitgliedstaatlichen Gerichten die Möglichkeit, eigene Standards zur Geltung zu bringen und damit in den kritischen *ordre public*-Fällen eine europäische Rechtsentwicklung anzustoßen und kritisch zu begleiten. Das EU-Recht ist Bestandteil des nationalen Rechts und fließt damit in die Maßstabbildung ein.[4] Die Schutzfunktion wird auch so erfüllt.

3 Aufgrund der Nationalität des *ordre public*-Vorbehalts kann auf Inhalt, Dogmatik und Konkretisierung des ordre public nach Maßgabe des **Art. 6 EGBGB** zurückgegriffen werden, ohne diese Vorschrift anzuwenden. Da Art. 26 nicht lediglich eine Verweisung ausspricht, sondern eine eigene Regelung enthält, *bleibt allein Art. 26 anwendbar*. Von daher behält der EuGH die Kompetenz, den *rechtlichen Rahmen* festzulegen, innerhalb dessen der nationale ordre public zur Geltung gebracht werden darf.[5] Fraglich ist, ob dazu auch

---

1 Das entspricht der (ganz überwiegend) auf hoheitliche Souveränitätsinteressen abstellenden traditionellen Sicht, *v. Bar/Mankowski*, IPR I, § 7 Rn 258, und wird auch von der Begründung des Regierungsentwurfs betont, BT-Drucks. 10/504, S. 42; Gerechtigkeitsvorstellungen stehen dagegen auch bei *Kegel/Schurig*, § 16 I, S. 520 f im Vordergrund.

2 Der Schutzgedanke auf der Basis der inländischen Rechtswertungen erlaubt es hingegen nicht, Art. 6 EGBGB als (verdeckte) Vertrauensschutzregel oder als Ausweichklausel in Härtefällen zu nutzen. Zutreffend v. *Bar/Mankowski*, IPR I, § 7 Rn 259; Bamberger/Roth/*St.Lorenz*, Art. 6 EGBGB Rn 4. Einrederechte zugunsten der Anwendung eines anderen Rechts und weitergehende Rechtswahlmöglichkeiten haben die *ordre public*-Vorbehalte partiell ersetzt, *Jayme* IPRax 2010, 377, 378 u. Fn 10 („Privatisierung des ordre public").

3 Vgl Art. 12 Rom III-VO Rn 13 f.

4 *Leible*, RIW 2009, 257, 263.

5 Namentlich im Verhältnis zum Recht anderer Mitgliedstaaten, vgl zur Urteilsanerkennung hier EuGH Rs. C-38/98, Slg 2000, I-2973 Rn 23 – Renault/Maxicar; Rauscher/*Jakob/Picht*, EuZPR/EuIPR, Art. 26 Rn 16; jurisPK-BGB/*Ludwig*, Art. 24 Rn 4.

die Frage gehört, ob und in welchem Umfang ein **Inlandsbezug** für das Eingreifen erforderlich ist.[6] M.E. ist der Inlandsbezug Teil der Verstoßfeststellung, die dem nationalen Maßstab folgt. Unstreitig fallen auch die Grundrechte unter die national zu bestimmenden wesentlichen Grundsätze. Art. 26 übernimmt damit den nationalen Maßstab für die Verstöße. Insoweit ist daher auf die Erläuterungen zu Art. 6 EGBGB zu verweisen.

Art. 26 berechtigt und verpflichtet den Richter zu einer **Ergebniskontrolle**, bevor er die Rechtsfolgen einer ausländischen Rechtsnorm im Inland in Geltung setzt (*ordre-public*-Vorbehalt). Die dazu erforderliche **Vereinbarkeitsprüfung** ist *von Amts wegen* vorzunehmen, von Vortrag und auch von einer Einrede unabhängig.[7]

4

Die Prüfung erfolgt vor dem Hintergrund der Gleichwertigkeit fremder Rechtsordnungen. Die Geltung anderer Wertungen und Regelungskonzepte des fremden Rechts ist gewollt. Das räumlich beste Recht gilt auch als das sachlich beste Recht.[8] Es darf daher nur in eng begrenzten **Ausnahmefällen** ausgeschlossen werden. Dabei bilden die Art und die Intensität der *Inlandsbeziehung* des Falles und der Zeitpunkt der Entscheidung eine maßgebliche Rolle (sog. Relativität des *ordre public*).

II. Begriff

1. Entstehung. Im **Entstehungsprozess** der VO war über die Frage gestritten worden, ob eine Vorbehaltsklausel mit einer eigenen inhaltlichen Konkretisierung aufgenommen werden sollte, die ähnlich dem Art. 40 Abs. 3 Nr. 1 und 2 EGBGB bestimmte Schadensersatzprinzipien als *ordre public*-widrig abwehrt. Ein solcher eigener *ordre public*-Standard der EU scheiterte letztlich insbesondere am Widerstand Großbritanniens.[9] In der Sache bleibt auch die Abwehr von *punitive* und *treble damages* möglich, wie Erwägungsgrund 32 der Rom II–VO ausdrücklich klarstellt (s. Rn 28,30).

5

Die Beibehaltung des nationalen ordre public geht schließlich auf die „Arblade"-Rechtsprechung des EuGH zurück.[10] Maßgeblich bleiben diejenigen nationalen Vorschriften, „deren Einhaltung als so entscheidend für die Wahrung der politischen, sozialen oder wirtschaftlichen Organisation des betreffenden Mitgliedstaates angesehen wird, dass ihre Beachtung für alle Personen, die sich im nationalen Hoheitsgebiet dieses Mitgliedstaates befinden, und für jedes dort lokalisierte Rechtsverhältnis vorgeschrieben ist."[11] Sie werden als Eingriffsnormen nach Art. 16 zur Anwendung gebracht.

2. Einbezogene Rechtsstandards. Art. 26 legt keinen EU-Standard fest, sondern greift auf die nationalen Rechte zurück. Damit fließen die **unionsrechtlichen Wertungen** und **Normen** mittelbar in die *ordre public*-Kontrolle als Bestandteil des nationalen Rechts ein. Dies gilt im Hinblick auf das innerstaatlich vorrangige und unmittelbar anwendbare primäre und sekundäre Unionsrecht sowie für die Grundrechtecharta der EU.[12] Namentlich die Diskriminierungsverbote und Grundfreiheiten sowie die Verordnungen und Richtlinien mit Bedeutung für das Privatrecht haben Bedeutung als Bestandteil der innerstaatlichen Ordnung und gehören damit zu den wesentlichen Grundsätzen des deutschen Rechts im Sinne von Art. 26. Sie reichern den nationalen *ordre public* an.[13] EU-Richtlinien gehören erst mit ihrer innerstaatlichen Umsetzung oder mit dem Ablauf der Umsetzungsfrist zum Kontrollmaßstab.[14]

6

---

6 Siehe auch MüKo/*Junker*, Art. 26 Rn 20; Huber/*Fuchs*, Rome II Regulation, Art. 26 Rn 14; jurisPK-BGB/*Dörner*, Art. 26 Rn 1; Erman/*Hohloch*, Art. 26 Rn 2. Verneinend *Staudinger*, in: Gebauer/Wiedmann, Kap. 38 Rn 104 f.

7 Siehe auch MüKo/*Junker*, Art. 26 Rn 13; jurisPK-BGB/*Ludwig*, Art. 26 Rn 8.

8 Die Beachtung der Unterschiede des fremden Rechts ist Aufgabe und Ziel des Kollisionsrechts, vgl auch zur historischen Entwicklung dieses Grundgedankens *Jayme*, Pasquale Stanislao Mancini (1817–1888): Internationales Privatrecht und Völkerrecht, in: *ders.*, Internationales Privatrecht und Völkerrecht, Gesammelte Schriften Bd. 3, 2003, 9.

9 Vgl zum Entstehungsprozess *G. Wagner*, IPRax 2008, 1, 16; *v. Hein*, VersR 2007, 440, 444.

10 Leible/*Lehmann*, RIW 2007, 721, 734; Erman/*Hohloch*, Art. 26 Rn 2.

11 EuGH Slg 1999, I-8430 Rn 30 – Arblade und Leloup.

12 Abl. EG v. 18.12.2000, C 364/1. Diese hat mit Inkrafttreten des Lissabon-Vertrages zum 1.12.2009 über Art. 6 Abs. 1 S. 2 EUV unmittelbare Geltung als Primärrecht erlangt.

13 BGHZ 123, 268, 278 (zu Art. 27 EuGVÜ); *Kropholler*, IPR, § 36 III, S. 244 f; MüKo/*Sonnenberger*, Art. 6 EGBGB Rn 19; Palandt/*Thorn*, Art. 6 EGBGB Rn 8; Erman/*Hohloch*, Art. 6 EGBGB Rn 23. Daraus können sich Verschärfungen wie auch Milderungen gegenüber einer rein nationalen *ordre-public*-Kontrolle ergeben. Zur Schrankenwirkung vgl EuGH C-7/98, Slg 2000 I-1935 Rn 22 – Krombach; *Jayme*, Nationaler ordre public und europäische Integration, S. 265, 275 ff; *v. Bar/Mankowski*, IPR I, § 7 Rn 272.

14 Die Umsetzungsverpflichtung als solche genügt noch nicht. Dem steht das prinzipielle Vorwirkungsverbot des Richtlinienrechts entgegen. Mit dem Ablauf der Umsetzungsfrist gehört die Richtlinie dagegen zum wertungsmäßigen Bestand der innerstaatlichen Ordnung. In diesem Sinne auch Erman/*Hohloch*, Art. 6 EGBGB Rn 23; *Looschelders*, Art. 6 EGBGB Rn 15.

7 Das berufene Recht ist auch auf seine Vereinbarkeit mit Normen und Rechtswertungen des geltenden **Völkerrechts** hin zu prüfen, etwa auf Verstöße gegen die Europäische Menschenrechtskonvention (EMRK).[15] Etwas missverständlich wird vom **völkerrechtlichen** (menschenrechtlichen)[16] *ordre public* gesprochen.[17] Aus der vorrangigen Stellung des Völkerrechts im innerstaatlichen Recht nach Art. 25 S. 2 GG ergibt sich, dass bei Verstößen gegen völkerrechtliches *ius cogens*, auf den Inlandsbezug des streitigen Sachverhalts unter Umständen ganz zu verzichten ist. Das relativierende Kriterium einer bestimmten Inlandsbeziehung ist hier – wie auch bei Grundrechtsverstößen – nach dem vorrangigen Kontrollrecht selbst zu bestimmen.[18]

8 Ein Verstoß des deutschen Rechts gegen Unionsrecht führt aufgrund des Vorrangs des Gemeinschaftsrechts zur Nichtanwendung der nationalen Norm.[19] Das deutsche Recht ist von deutschen Gerichten aber nicht etwa an einem europäischen *ordre public* zu messen. Ob ein Verstoß vorliegt ist durch **europarechtskonforme Auslegung** und **Rechtsfortbildung** der jeweiligen Normen einschließlich des Kollisionsrechts festzustellen.[20]

9 Besteht der Verstoß im Verhältnis zu einem anderen Mitgliedstaat darin, dass eine **Richtlinie nicht fristgerecht oder unionsrechtswidrig umgesetzt** wurde, und lässt sich dieser Mangel nicht durch eine unionsrechtskonforme Anwendung des fremden Rechts beseitigen, so ist streitig, ob das Unionsrecht im Wege des *ordre public* zur Anwendung gebracht werden darf oder muss.[21] M.E. ist die Anwendung des Art. 26 möglich, wobei im Einzelfall nach den allgemeinen Kriterien zu prüfen ist, ob die unionsrechtliche Wertung ein „wesentlicher Grundsatz" des Unionsrechts[22] darstellt. Im Verhältnis der Mitgliedstaaten untereinander tritt die *ordre-public*-Kontrolle im Prozess der Rechtsangleichung insgesamt immer stärker zurück.[23]

B. Regelungsgehalt

I. Voraussetzungen des ordre public-Verstoßes

10 **1. Ausländische Rechtsnorm und Kontrolle des Anwendungsergebnisses. a) Ausländische Rechtsnorm.** Das zur Anwendung berufene ausländische Kollisions- und Sachrecht muss von Amts wegen festgestellt werden.[24] Ein *ordre-public*-Verstoß **auf Verdacht** ist unzulässig.[25] Im Falle der **Nichter-**

---

15 Die EMRK ist Teil des Unionsrechts und nimmt an dessen Geltungsvorrang gegenüber dem nationalen Recht teil (Art. 6 Abs. 3 EUV).
16 Zu einem menschenrechtlichen Standard bei der Exequatur ausländischer Entscheidungen vgl *Schilling*, IPRax 2011, 31 ff.
17 Der völkerrechtliche *ordre public* ist dagegen Bestandteil des Völkerrechts und dient dem Schutz der zwischenstaatlichen Ordnung, vgl Staudinger/*Blumenwitz*, Art. 6 EGBGB Rn 64; *Girsberger*, IPRax 2003, 545, 548 f (bzgl Sittenwidrigkeit der Finanzierung von Waffengeschäften).
18 Die Auslegung der völkerrechtlichen Rechtsnorm muss danach ergeben, ob und inwieweit sie im konkreten Fall Geltung beansprucht. Dies lässt sich als Grundrechts- oder Völkerrechtskollisionsrecht bezeichnen, vgl *v. Bar/Mankowski*, IPR I, § 7 Rn 261 (Grundrechte).
19 Das LG Aachen IPRax 2008, 270, 271 lässt § 18 Abs. 1 HGB (Unterscheidungskraft einer Firmenbezeichnung) für die inländische Zweigniederlassung einer englischen Limited nach Maßgabe des Art. 6 S. 1 EGBGB unangewendet. Krit. *Lamsa*, IPRax 2008, 239, 246.
20 Vgl zum (kollisionsrechtlichen) Anerkennungsprinzip nach der Entscheidung EuGH v. 14.10.2008 Rs. C 353/06 – Grunkin-Paul, NJW 2009, 135, Anm. *Rieck* (125); ähnlich OLG München StAZ 2010, 76; vgl auch OLG Düsseldorf StAZ 2010, 110, Anm. *Wall*, StAZ 2011, 37 ff (Lsg. über eine unselbständige Vorfrageanknüpfung).
21 Siehe auch Brödermann/Iversen/*Iversen*, IPR, Rn 1052, 1063; wohl auch *Kropholler*, IPR, § 36 III, S. 244 f; Erman/*Hohloch*, Art. 6 EGBGB Rn 23; im Falle lückenhafter oder unterbliebener Richtlinienumsetzung wird im fremden Recht ferner die (vollständige) Umsetzung der Richtlinie im Inland als Voraussetzung für ihre Durchsetzung angesehen, Palandt/*Thorn*, Art. 6 EGBGB Rn 8; *Looschelders*, Art. 6 EGBGB Rn 15; insgesamt abl. insb. wegen der dadurch erzwungenen horizontalen Drittwirkung, *Martiny*, in: FS Sonnenberger 2004, S. 523, 538; ebenso abl. *Looschelders*, Art. 29 a Rn 15; Staudinger/*Magnus*, Art. 29 a EGBGB Rn 22; wohl eher verneinend Rauscher/*Jakob/Picht*, EuZPR/EuIPR, Art. 26 Rn 14.
22 Im Unterschied zu „wesentlichen Grundsätzen des (europäisch angereicherten) deutschen Rechts".
23 Im Anerkennungsrecht ist die Abschaffung der *ordre-public*-Kontrolle erwogen worden, vgl zust. *Heß*, IPRax 2001, 301, 305. Sie ist allg. bereits in das Rechtsmittelverfahren verschoben (Artt. 41 S. 1, 45 Abs. 1 EuGVVO) und für bestimmte Segmente aufgegeben (Abschaffung der Exequatur für unbestrittene Forderungen zum 21.1.2005; Art. 5 EuVTVO (EG) Nr. 805/2004 v. 21.4.2004); zu den Gründen und ihren Vorteilen *A. Stein*, IPRax 2004, 181; zust. *Hüßtege*, in: FS Jayme 2004, S. 371, 385; für eine generelle Abschaffung noch zu früh, *Pfeiffer*, in: FS Jayme 2004, S. 675, 690.
24 BGH NJW 2002, 3335; 1998, 1395, 1396; 1997, 324, 325; vgl eingehend Staudinger/*Sturm/Sturm*, Einl. zum IPR Rn 286; zur Ermittlung nach Maßgabe des § 293 ZPO, vgl Zöller/*Geimer*, ZPO, § 293 Rn 1 ff; zum revisionsrechtlichen Kontrollumfang vgl *Pfeiffer*, NJW 2002, 3306 ff.
25 Bamberger/Roth/*St.Lorenz*, Art. 6 EGBGB Rn 12; Palandt/*Thorn*, Art. 6 EGBGB Rn 5; *Spickhoff*, S. 79.

mittelbarkeit gilt die *lex fori*. Bei Unklarheiten und Normwidersprüchen im fremden Recht sind diese im Wege der Anpassung zu beseitigen. Die Anpassung hat Vorrang gegenüber der *ordre-public*-Kontrolle.[26]

b) Kontrolle des Anwendungsergebnisses (Auswirkungsregel). Maßgebend ist, ob die fallbezogene Anwendung der ausländischen Rechtsnorm zu einem Ergebnis führt, welches offensichtlich gegen wesentliche Grundsätze des deutschen Rechts verstößt (Auswirkungsregel). Es geht also nicht um eine Beurteilung, ob die ausländische Rechtsnorm und die ihr zugrunde liegenden Wertungen für sich gesehen anstößig sind. Hierzu ist eine **zweistufige Prüfung** zunächst über die Anstößigkeit der berufenen ausländischen Rechtsnorm (oder über das Fehlen einer Regelung im fremden Recht) und sodann über die daraus folgende Anstößigkeit ihres Ergebnisses im konkreten Fall vorzunehmen.[27]   **11**

Ein Verstoß kann auch in einer **bestimmten Rechtslage** im ausländischen Recht liegen, die nicht durch eine bestimmte Norm, sondern durch ihr Fehlen *ordre public*-widrig ist. Ebenso kann die konkrete Gestaltung, wie etwa das Bestehen von Haftungslücken einen Verstoß begründen. Ferner kann die Verletzung eines Prinzips, wie etwa ein Verstoß gegen den Grundsatz der *restitutio in integrum* den *ordre public* rechtfertigen.[28]   **12**

Ein **Verstoß** bleibt aber **unbeachtlich, wenn** er **im Ergebnis nicht wirksam** wird, sei es, weil das deutsche Recht zu demselben[29] oder einem ähnlichen und damit noch hinnehmbaren Ergebnis führen würde, sei es, weil das anstößige fremde Recht den partiellen Rechtsverstoß an anderer Stelle im Ergebnis kompensiert.[30]   **13**

2. Verstoß gegen wesentliche Grundsätze des deutschen Rechts. Der Ausschluss des fremden Rechtssatzes (sog. **negative *ordre-public*-Funktion**) ist gerechtfertigt, wenn das Ergebnis der Rechtsanwendung mit der öffentlichen Ordnung des angerufenen Staates *offensichtlich unvereinbar* ist. Nach dem nationalen Beurteilungsmaßstab geht es damit im Rahmen von Art. 26 um die *wesentlichen* Grundsätzen des deutschen Rechts, dazu gehören auch EU- und Völkerrecht.[31] In ständiger Rechtsprechung konkretisiert der BGH den Verstoßtatbestand mit der Fragestellung, „*ob das Ergebnis der Anwendung des ausländischen Rechts zu den Grundgedanken der deutschen Regelung und der in ihnen liegenden Gerechtigkeitsvorstellungen in so starkem Widerspruch steht, dass es von uns für untragbar gehalten wird*".[32]   **14**

a) Wesentlicher Grundsatz des deutschen Rechts. Verletzt sein muss ein *Rechtsgrundsatz*, der sich aus dem **Zweck** des betroffenen Gesetzes ergeben oder auch nur in Generalklauseln manifestieren oder aus vorrechtlichen Wertmaßstäben wie den **guten Sitten oder Treu und Glauben** folgen kann.[33] Bei den Grundrechten handelt es sich stets um wesentliche Rechtsgrundsätze (vgl Art. 6 S. 2 EGBGB).   **15**

Die **Wesentlichkeit** des Grundsatzes wird ausgehend von der reichsgerichtlichen Rechtsprechung[34] und den Gesetzesmaterialien[35] verbreitet dramatisierend umschrieben. Der „Kernbestand der inländischen Rechtsordnung" darf danach nicht „angetastet" werden oder die Rechtsanwendung darf nicht zu einer „schwerwiegenden, untragbaren und tief greifenden Abweichung von inländischen Grundsatznormen" führen.[36]   **16**

Ein Indiz *gegen* die Wesentlichkeit eines inländischen Rechtssatzes ist dessen rechtspolitische Erschütterung.[37] Was schon im Inland fraglich geworden ist, kann nicht mehr als wesentlich eingestuft werden. Ein **Anschauungswandel** kann aber auch umgekehrt durch rechtspolitische Verstärkungen beeinflusst sein, die   **17**

---

26 Staudinger/*Blumenwitz*, Art. 6 EGBGB Rn 60 u. 103; Palandt/*Thorn*, Art. 6 EGBGB Rn 5; *Looschelders*, Art. 6 EGBGB Rn 12.
27 *Spickhoff*, S. 79 f; *Dörner*, IPRax 1994, 33, 35 f; *ders.*, in: FS Sandrock 2000, S. 205, 213 f; zustimmend v. Bar/*Mankowski*, IPR I, § 7 Rn 266 Fn 1128; *Looschelders*, IPRax 2009, 246, 247.
28 *Kadner Graziano*, RabelsZ 73 (2009) 1, 74 f.
29 BVerfG NJW 2008, 2835, 2836 (bewusst wahrheitswidrig abgegebenes Vaterschaftsanerkenntnis nach togolesischem Recht).
30 Bamberger/Roth/*St.Lorenz*, Art. 6 EGBGB Rn 9.
31 *Kadner Graziano*, RabelsZ 73 (2009) 1, 74.
32 BGHZ 50, 370, 376; 75, 32, 43; 104, 240, 243; 123, 268, 270; BGH IPRax 2001, 586, 587.
33 Beispielhaft OLG Schleswig-Holstein FamRZ 2008, 1104, 1105 Rn 38; in Fortsetzung der früheren Dichotomie des Art. 30 aF, der auf den Zweck des betroffenen Gesetzes und die guten Sitten abstellte; vgl *Looschelders*, Art. 6 EGBGB Rn 13. Der Unterschied gegenüber den sachrechtlichen Vorschriften der §§ 138, 242 BGB ergibt sich aus der räumlichen Relativität.
34 St. Rspr des Reichsgerichts, beginnend RGZ 60, 296, 300 bis RGZ 169, 240, 245, und des frühen BGH (BGHZ 22, 162, 167; 28, 375, 384 f; 35, 329, 337). Diese stellten auf die rechtliche und gesellschaftliche Integrität des Gemeinwesens ab und sprachen von einem Angriff auf die Grundlagen des deutschen staatlichen oder wirtschaftlichen Lebens; vgl krit. Raape/*Sturm*, IPR, Bd. 1, S. 211. Auch obergerichtliche Urteile neueren Datums verfolgen noch einen staatsautoritären Begründungsansatz, vgl OLG Bremen NJW-RR 1996, 1029, 1030; BayObLGZ 1993, 222, 223.
35 Begründung des Regierungsentwurfs BT-Drucks. 10/504, S. 43.
36 Staudinger/*Blumenwitz*, Art. 6 EGBGB Rn 117 mwN; das OLG Schleswig-Holstein FamRZ 2008, 1104, 1105 Rn 38 verlangt die „Grundwertehaltigkeit" der verletzten Norm.
37 *Jayme*, Methoden, S. 59 f (zur erbrechtlichen Stellung des Lebensgefährten im deutschen Recht und ihrer sukzessiven Veränderung durch die Rspr; hier die Gewährung des Dreißigsten nach § 1931 Abs. 1 BGB analog).

den einfachen Rechtssatz sukzessive zu einem Grundsatz aufwerten. Reformgesetze werden grundsätzlich erst nach längerer Zeit und unter Abstützung rechtsvergleichender Standards zum „unantastbaren Kernbestand" gehören. Anerkannt ist, dass zu diesem Kernbestand inländischer Rechtswertung ebenso europäische oder internationale (völkerrechtliche) Standards zählen (s. oben Rn 6 ff).

18 **b) Offensichtliche Unvereinbarkeit (Relativität des ordre public). aa) Offensichtlichkeit des Verstoßes (Schwere).** Art. 26 enthält wie alle neueren *ordre public*-Klauseln die Einschränkung, dass der Verstoß offensichtlich sein muss. Offensichtlichkeit meint die materiellrechtliche Evidenz des Verstoßes im Sinne von Schwere („manifestement").[38] Der *ordre-public*-Vorbehalt ist damit auf besonders schwere Verstöße beschränkt. In der Sache wird ein gesteigerter Begründungsaufwand gefordert.[39] Auch ein entgegenstehender rechtsvergleichender oder internationaler Standard kann die Akzeptanz des fremden Rechtssatzes schwächen.[40]

19 **bb) Hinreichender Inlandsbezug (räumliche Nähe).** Zu prüfen ist das **ungeschriebene Tatbestandsmerkmal** der **Inlandsbeziehung** des Sachverhalts. Auch das richtet sich nach dem deutschen Recht (str.,[41] s.o. Rn 3 f). Je stärker der Inlandsbezug ist, desto eher begründet er die Unvereinbarkeit. Je geringer die Inlandsbeziehung ist, desto eher ist ein offensichtlicher Rechtsverstoß noch hinnehmbar. Die Schwere des Rechtsverstoßes ist ebenfalls mit dem Inlandsbezug als Variable ausgestaltet. Je schwerer der Rechtsverstoß, desto geringer sind die Anforderungen an den Inlandsbezug.[42] Feste Regeln für diesen Abwägungsprozess lassen sich nicht angeben.[43]

20 Eine eher theoretische Frage ist es, ob in bestimmten Fällen (zB bei schwersten Menschenrechtsverletzungen) auf das Merkmal der Inlandsbeziehung verzichtet werden kann, etwa weil eine Pflicht zu ihrer Durchsetzung unabhängig von einer einfachgesetzlich bestimmten Inlandsbeziehung besteht. Ganz ohne Inlandsbeziehung tritt die Rechtsfrage nach einem Verstoß gegen den inländischen *ordre public* nicht auf. Eine bestehende internationale Zuständigkeit deutscher Gerichte vermittelt stets den *minimum contact*.[44] Aber auch die Grund- oder Menschenrechte verlangen nach Durchsetzung nur in einer räumlichen Relation zum Inland. Diese Geltungsbeschränkung folgt aus den Grundrechten selbst (sog. Grundrechtskollisionsrecht).[45]

21 Der **Bezug des Sachverhalts zu einem EU-Mitgliedstaat** oder ein sonstiger EU-Binnenbezug (vermittelt durch die Entscheidungsfolgen) können genügen und damit einen fehlenden Inlandsbezug des Sachverhalts ersetzen oder einen schwachen Bezug verstärken.[46]

22 **cc) Gegenwartsbeziehung (zeitliche Nähe).** Maßgeblicher Zeitpunkt für die Bestimmung der inländischen Rechtswertung ist die **gerichtliche Entscheidung**.[47] Der Zeitpunkt, an dem sich der infrage stehende Sachverhalt ereignet hat, ist dagegen nicht relevant. Überholte Wertungen dürfen über Art. 26 nicht noch rückwirkend geltend gemacht werden. Gewandelte Grundanschauungen setzen sich durch.

23 **3. Verstoß gegen Grundrechte, EU-Grundrechtscharta, EMRK.** Eine ausländische Rechtsnorm ist nicht anzuwenden, wenn ihre Anwendung mit den Grundrechten des GG, der EU-Grundrechtscharta sowie den Menschenrechtsverbürgungen der EMRK unvereinbar ist. Gleiches gilt für die in anderen internationalen Übereinkommen geschützten Menschenrechte.[48] Bei derartigen Verstößen ist ebenso auf das Ergebnis

---

38 Das Merkmal der Offensichtlichkeit wurde übernommen von dem Europäischen Vertragsrechtsübereinkommen, Art. 16 EVÜ; vgl *Kegel/Schurig*, § 16 III 3, S. 529.
39 *Jayme*, Methoden, S. 12.
40 *Jayme*, Methoden, S. 44 ff; 49 ff. Ein solcher Standard ist durch rechtsvergleichende Umschau und nach dem Fallmaterial zu Art. 6 EGBGB zu gewinnen, die Internationalität dagegen aus international vereinheitlichten Rechtssätzen oder sonstigen internationalen Regeln.
41 Siehe auch PWW/*Mörsdorf-Schulte*, Art. 26 Rn 1 u. 5; Huber/*Fuchs*, Rome II Regulation, Art. 26 Rn 14; aA *Staudinger*, in: Gebauer/Wiedmann, Kap. 38 Rn 105 f (letztlich dem EuGH vorbehalten).
42 Die beiden Variablen werden meist in einem komparativen Satz miteinander verbunden: Je geringer die Inlandsbeziehung, desto schwerere Verstöße sind hinnehmbar, vgl BGHZ 28, 375, 385; 118, 312, 349; *Looschelders*, Art. 6 EGBGB Rn 18.
43 KG FamRZ 2011, 1008, 1009; OLG Schleswig-Holstein FamRZ 2008, 1104, 1107, OLGR Hamburg 2005, 448.
44 Die bloße Befassung eines deutschen Gerichts oder einer Behörde mit dem Sachverhalt genügt insofern. Anders aber, soweit die Befassung nur die Zuständigkeitsprüfung des Gerichts und damit die Zulässigkeit der Klage betrifft. Ebenso Bamberger/Roth/*St. Lorenz*, Art. 6 EGBGB Rn 15 (bei besonders krassen Verstößen ist die internationale Zuständigkeit ausreichend); im Erg. ebenso Staudinger/*Blumenwitz*, Art. 6 EGBGB Rn 154 u. 161 (bei völkerrechtlichen Verstößen); MüKo/*Sonnenberger*, Art. 6 EGBGB Rn 82 (eklatante Verstöße gegen die Menschenwürde u. bei Verletzung von Normen des Völkerrechts).
45 v. Bar/Mankowski, IPR I, § 7 Rn 261; Bamberger/Roth/*St. Lorenz*, Art. 6 EGBGB Rn 14.
46 Abl. MüKo/*Sonnenberger*, Art. 6 EGBGB Rn 84; Bamberger/Roth/*St. Lorenz*, Art. 6 EGBGB Rn 15.
47 AllgM.: BGHZ 138, 331, 335; BGH NJW-RR 1993, 1519; Bamberger/Roth/*St.Lorenz*, Art. 6 EGBGB Rn 13; Soergel/*Kegel*, Art. 6 EGBGB Rn 29; Rauscher/*Jakob/Picht*, EuZPR/EuIPR, Art. 26 Rn 25.
48 BT-Drucks. 10/504, S. 44; ebenso Palandt/*Thorn*, Art. 6 EGBGB Rn 7.

der Rechtsanwendung abzustellen.⁴⁹ Dabei gilt, dass jeder Grundrechtsverstoß als offensichtlich (im Sinne von schwerwiegend) einzustufen ist.⁵⁰

Nicht jedes Anwendungsergebnis, das bei einem reinen Inlandsfall als Grundrechtsverstoß einzustufen wäre, bedeutet einen Verstoß gegen den *ordre public*.⁵¹ Die Auslandsverknüpfung des Sachverhalts ist auch bei Grundrechtsverstößen zu berücksichtigen. Abstrakt differenzierende Regeln über den internationalen Geltungsbereich der Grundrechte sind nur in Ansätzen vorhanden (sog. Grundrechtskollisionsrecht). Das betroffene Grundrecht ist danach für den konkret zu entscheidenden Fall auf seinen internationalen Geltungsanspruch hin auszulegen. Hierbei ist zu prüfen, ob das Grundrecht nach „Wortlaut, Inhalt und Funktion unter der Berücksichtigung der Gleichstellung anderer Staaten und der Eigenständigkeit ihrer Rechtsordnungen für auslandsbezogene Sachverhalte Geltung verlangt".⁵² Diese fallbezogene Konkretisierung soll den **sachlich-persönlichen Besonderheiten** des Falles wie auch dem **Grad der Inlandsbeziehungen** Rechnung tragen.⁵³ 24

Die Frage nach der **Schwere des Grundrechtsverstoßes** darf bei dieser Abwägung nicht in Ansatz gebracht werden. Sie wird aber verlagert in die Beurteilung, ob im konkreten Fall überhaupt ein Grundrechtsverstoß zu bejahen ist. Die „sachlich-persönlichen Besonderheiten" des Falles und der konkrete Geltungsanspruch des Grundrechts in Bezug auf den Sachverhalt ermöglichen die Berücksichtigung von relativierenden oder verschärfenden Umständen.⁵⁴ 25

II. Rechtsfolgen eines ordre-public-Verstoßes

Greift der *ordre public* durch, so ist das **Ersatzrecht** zu bestimmen, welches an die Stelle des ausgeschlossenen Rechtssatzes tritt. Diese sog. **positive *ordre-public*-Funktion** ist von Art. 26 **nicht geregelt**.⁵⁵ 26

Liegt ein *ordre-public*-widriges Ergebnis vor, so sind diejenigen Rechtsnormen des berufenen Rechts nicht anzuwenden, auf denen der Verstoß beruht. Das berufene Recht bleibt im Übrigen anwendbar.⁵⁶ Das folgt aus dem Grundsatz möglichst weitgehender **Schonung des fremden Rechts**. Die Lücke im fremden Recht (Auswahl der ausgeschlossenen Rechtssätze) ist aus dem Blickwinkel des deutschen Rechts (*lex fori*) zu bestimmen. Das deutsche Recht gibt damit wertungsmäßig den äußeren Rahmen vor, innerhalb dessen das ersatzweise anzuwendende Recht bestimmt oder gebildet werden kann. Die *lex fori* bildet den Ausgangspunkt für die Ersatzrechtslösung.⁵⁷ 27

Art. 26 ist eine Ausnahmevorschrift. Das **Ersatzrecht** zur Ausfüllung der Lücke soll deshalb – nach dem Schonungsgrundsatz – primär auf der Grundlage und nach den Wertungen im berufenen Recht gesucht werden. Diese von Rechtsprechung⁵⁸ von weiten Teilen der Lehre⁵⁹ befürwortete Lückenfüllung nach Maßgabe der *lex causae* ist nicht in allen Fällen sinnvoll durchführbar. Daher stellt die Gegenmeinung primär auf die Wertungen der *lex fori* ab und beschränkt die bestehenden Entscheidungsspielräume nach den Wertungen 28

---

49 Bamberger/Roth/*St. Lorenz*, Art. 6 EGBGB Rn 14. Die Grundrechtsbindung nach Art. 1 Abs. 3 GG zwingt den inländischen Richter zu einer Ergebniskontrolle, berechtigt aber nicht zur Normenkontrolle, weil der ausländische Gesetzgeber der Grundrechtsbindung des Art. 1 Abs. 3 GG nicht unterliegt, vgl *Looschelders*, RabelsZ 65 (2001), 463, 478.

50 Staudinger/*Blumenwitz*, Art. 6 EGBGB Rn 134 mwN.

51 BGHZ 63, 219, 226; 120, 29, 34.

52 BVerfGE 31, 58, 86 f. Aus dem Grundsatz der Staatengleichheit und aus der Anerkennung der fremden Rechtsordnungen als eigenständige Kulturleistung folgt das Gebot der Fremdrechtsanwendung und damit des IPR überhaupt, vgl dazu *G. Schulze*, IPRax 2010, 290, 293 f.

53 BVerfGE 116, 243 = NJW 2007, 900, 903; BGHZ 63, 219, 226; 120, 29, 34; 169, 240, 251; OLG Düsseldorf FamRZ 1997, 882; *Dörner*, in: FS Otto Sandrock 2000, S. 205, 208.

54 Vgl OLG Hamm IPRax 2006, 481, 485, OLG Düsseldorf, IPRax 2009, 505, 508.

55 Die auf eine positive Funktion hinweisende Bezeichnung „*ordre public*" ist für Art. 6 EGBGB insofern missverständlich, MüKo/*Sonnenberger*, Art. 6 EGBGB Rn 9 u. 17.

56 OLG Frankfurt aM FamRZ 2011, 1065.

57 KG Berlin NJW-RR 2008, 1109, 1110; *Looschelders* IPRax 2009, 246, 247, *ders.*, IPRax 2006, 462, 464; diesen Ausgangspunkt betonen auch *v. Bar/Mankowski*, IPR I, § 7 Rn 287; *St. Lorenz*, IPRax 1999, 429, 431; Bamberger/Roth/*St. Lorenz*, Art. 6 EGBGB Rn 17. Das wird leicht übersehen, wenn sogleich davon die Rede ist, dass die Lückenfüllung aus dem anwendbaren Recht selbst heraus erfolgen soll; so bereits in den Materialien BT-Drucks. 10/504, S. 44 f; ferner etwa Erman/*Hohloch*, Art. 6 EGBGB Rn 26; Palandt/*Thorn*, Art. 6 EGBGB Rn 13.

58 BGHZ 120, 29, 37; OLG Zweibrücken NJW-RR 2002, 581; OLG Schleswig NJW-RR 2001, 1372 f, 23; OLG Düsseldorf, IPRax 2009, 520, 521, zust. *Looschelders* IPRax 2009, 505, 508; OLG Düsseldorf FamRZ 1998, 1113.

59 Erman/*Hohloch*, Art. 6 EGBGB Rn 26; Palandt/*Thorn*, Art. 6 EGBGB Rn 13; nach Fallgruppen unterscheidend *Kropholler*, IPR, § 36 V, S. 248 f; ferner wird vorgeschlagen, für die Lückenschließung fallbezogene Sachnormen auszubilden, um so eine bestmögliche Schonung des fremden Rechts zu erreichen; Soergel/*Kegel*, Art. 6 EGBGB Rn 35; *Kegel/Schurig*, § 16 VI, S. 538.

der *lex causae*. Sie genügt damit ebenfalls dem Grundsatz der Schonung des fremden Rechts.[60] Im Ergebnis führen beide Ansätze meist zu übereinstimmenden Lösungen. Überzeugender ist es, die Lösung aus dem **Blickwinkel der *lex fori*** zu suchen. Das ist auch dann sachgerecht, wenn eine Schadensersatzzahlung herauf- oder herabgesetzt werden muss. Namentlich bei den ***punitive***[61] und ***treble damages*** kommt eine Herabsetzung in Betracht. Ansatzpunkt ist dabei, inwieweit die Höhe nicht mehr vom Entschädigungszweck gedeckt ist oder der Strafzweck ein nicht mehr hinnehmbares Gewicht erhalten hat.[62] Das führt im Ergebnis nicht zu einer Deckelung nach dem deutschen Schadensrecht, sondern kann darüber hinausgehen. Nur der nicht hinnehmbare Umfang ist zu kürzen.[63]

29 Lässt die Ausfüllung der Lücke – wie häufig – nur eine **Ja/Nein-Entscheidung** zu, so ist das Ergebnis bereits durch die Wertung der *lex fori* vorgegeben.

C. Praktische Bedeutung

30 Entscheidungen zu Art. 26 liegen bislang **nicht** vor. Praktische Bedeutung erlangen wird Art. 26 bei der Abwehr von *punitive*,[64] *exemplary*[65] und *treble damages* sowie bei *multiple damages*. Erwägungsgrund 32 belässt diese Entscheidung den Mitgliedstaaten (S. 2: „*je nach der Rechtsordnung des Mitgliedsstaats, des angerufenen Gerichts*"). Hier lässt sich daher auf die Rechtsprechung zu Art. 40 EGBGB zurückgreifen.[66] Ferner bleibt die Verstoßfeststellung richterlichem Ermessen überlassen (Erwägungsgrund 32 S. 1: „*anwenden können*").

31 Relevanz hat das Fehlen bestimmter Haftungsansprüche[67] oder eine als viel zu niedrig eingeschätzte Entschädigung im fremden Recht.[68] Ferner kann ein Verstoß gegen Grundprinzipien des Haftungsrechts den Eingriff des *ordre public* rechtfertigen (*restitutio in integrum*).[69] Bei im deutschen Haftungsrecht nicht verankerten Ansprüchen, wie etwa ein Schmerzensgeld für Hinterbliebene und Angehörige von Unfallopfern, wird nur bei exorbitanten Summen ein *ordre public*-Verstoß möglich sein.[70] Kein Verstoß liegt in einer pauschalisierenden Schadensberechnung von ärztlichen Behandlungskosten.[71] Ebenfalls kein Verstoß bei abweichender Beweislastregel bei Auffahrunfall nach niederländischem Recht.[72]

Artikel 27 Verhältnis zu anderen Gemeinschaftsrechtsakten

Diese Verordnung berührt nicht die Anwendung von Vorschriften des Gemeinschaftsrechts, die für besondere Gegenstände Kollisionsnormen für außervertragliche Schuldverhältnisse enthalten.

Literatur: *Heiß/Loacker*, Die Vergemeinschaftung des Kollisionsrechts der außervertraglichen Schuldverhältnisse durch Rom II, JBl 2007, 613; *Mansel*, Der Verordnungsvorschlag für ein Gemeinsames Europäisches Kaufrecht, WM 2012, 1253; *ders./Thorn/Wagner*, Europäisches Kollisionsrecht 2011: Gegenläufige Entwicklungen, IPRax 2012, 1; *Sack*, Der EuGH zu Art. 3 E-Commerce-Richtlinie – die Entscheidung „eDate Advertising", EWS 2011, 513; *Sendmeyer*, Die Rückabwicklung nichtiger Verträge im Spannungsfeld zwischen Rom II-VO und Internationalem Vertragsrecht, IPRax 2010, 500; *Wagner*, Das Vermittlungsverfahren zur Rom II-Verordnung, FS Kropholler, 2008, S. 715.

---

60 *v. Bar/Mankowski*, IPR I, § 7 Rn 285 ff; *St. Lorenz* IPRax 1999, 429, 431; Bamberger/Roth/*St. Lorenz*, Art. 6 EGBGB Rn 17; so im Erg. auch KG Berlin NJW-RR 2009, 263, 265.

61 Für eine öffentlich-rechtliche Qualifikation von *punitive damages* mit der Folge der Nichtanwendbarkeit im Inland, PWW/*Mörsdorf-Schulte*, Art. 26 Rn 6. Hiergegen spricht die Erwähnung der *punitive damages* in Erwägungsgrund 32, s.a. Huber/*Fuchs*, Rome II Regulation, Art. 26 Rn 10.

62 Siehe auch MüKo/*Junker*, Art. 26 Rn 22 f; Rauscher/*Jakob*/*Picht*, EuZPR/EuIPR, Art. 26 Rn 24.

63 Siehe auch *v. Hein*, ZEuP 2009, 6, 24; MüKo/*Junker*, Art. 26 Rn 22 f; BeckOK-BGB/*Spickhoff*, Art. 26 Rn 4; Rauscher/*Jakob*/*Picht*, EuZPR/EuIPR, Art. 26 Rn 19. Huber/*Fuchs*, Rome II Regulation, Art. 26 Rn 19.

64 Zuerkennung überhöhter Strafschadensersatzleistungen sind auch in den USA in die Kritik geraten, vgl mN *G. Wagner*, IPRax 2008, 1, 16; Huber/*Fuchs*, Rome II Regulation, Art. 26 Rn 20 f.

65 *G. Wagner*, IPRax 2006, 388; PWW/*Mörsdorf-Schulte*, Art. 26 Rn 2.

66 Allg. Auffassung, Rauscher/*Jakob*/*Picht*, EuZPR/EuIPR, Art. 26 Rn 24.

67 Für das Fehlen einer Einwendung wie § 817 S. 2 BGB verneint von BGH NJW 1966, 730.

68 Geringes Schmerzensgeld bei schweren Verletzungen nach dänischem Recht, LG Heilbronn RIW 1991, 343 (im Ergebnis verneint).

69 *Kadner Graziano*, RabelsZ 73 (2009) 1, 74 f.

70 Dahingehende Reformforderungen wurden in Deutschland bereits erhoben, so dass die Anspruchsgewährung für sich genommen keinen ordre public-Verstoß rechtfertigen würde. Allein höhere Schadensersatzsummen genügen jedenfalls nicht, Erman/*Hohloch*, Art. 26 Rn 5.

71 BGHZ 118, 312, 331; BGHZ 141, 286, 299.

72 AG Geldern v. 27.10.2010, DAR 2011, 210, zust. Anm. *Staudinger*, DAR 2011, 231, 232.

A. Allgemeines

Das Verhältnis der Rom II-VO zu anderen unionsrechtlichen Kollisionsnormen für außervertragliche Schuldverhältnisse wird einerseits durch Absteckung ihres Anwendungsbereichs in Artt. 1 bis 3 und andererseits durch Art. 27 bestimmt. Art. 27 betrifft solche Unionsrechtsakte, die innerhalb des von Artt. 1 ff beschriebenen Anwendungsbereichs besondere Kollisionsnormen aufstellen. Sie haben nach Art. 27 Vorrang vor den Anknüpfungen der Rom II-VO und zwar unabhängig davon, ob sie vor oder nach Inkrafttreten der Rom II-VO erlassen wurden bzw werden. Das Verhältnis der Rom II-VO zum mitgliedstaatlichen Recht bedarf keiner eigenen Regelung; es gilt der allgemeine Anwendungsvorrang des Unionsrechts.[1] Art. 27 setzt Erwägungsgrund 35 um und blickt auf eine bewegte Gesetzgebungsgeschichte zurück, insbesondere was die Deutung des sog. Herkunftslandprinzips angeht (Rn 6; Art. 6 Rn 23).[2]

1

B. Regelungsgehalt

Vorschriften des Gemeinschaftsrechts (heute zu verstehen als „Unionsrecht") sind bestehende oder künftige Verordnungen, Richtlinien (Art. 288 AEUV) und (theoretisch) das Primärrecht;[3] ferner erfasst Art. 27 (nicht: Art. 28) Kollisionsnormen in Übereinkommen, welche die EU künftig im Rahmen ihrer Außenkompetenzen auf dem Gebiet der Rom II-VO schließt (arg. Art. 216 Abs. 2 AEUV).[4] Mitgliedstaatliches Kollisionsrecht ist zwar kein Unionsrecht; ergeht es aber in rechtmäßiger Umsetzung einer Richtlinie, so fällt es ohne Weiteres unter Art. 27, da es in der Natur einer Richtlinie liegt, dass ihre Vorgaben erst durch mitgliedstaatliche Rechtsakte unmittelbar anwendbares Recht werden.[5]

2

Die Vorschriften müssen **Kollisionsnormen** enthalten, was es von vornherein ausschließt, Art. 27 als Einfallstor für allgemein unionsrechtliche Grundsätze, wie etwa ein Herkunftslandprinzip, zu betrachten.[6] Sie müssen **besondere Gegenstände** auf dem Gebiet der außervertraglichen Schuldverhältnisse regeln. Art. 12 I lit. e Rom I-VO, der die Rückabwicklung nichtiger Verträge dem Vertragsstatut unterstellt, gilt daher nicht kraft Art. 27, sondern aus sich heraus, da er keinen solch besonderen Gegenstand regelt, sondern ein unionsautonomes Verständnis des „vertraglichen Schuldverhältnisses" zum Ausdruck bringt.[7] Auf Basis des Kommissionsvorschlags für eine Verordnung über ein Gemeinsames Europäisches Kaufrecht (GEK)[8] soll deren Anwendungsbestimmungen kein kollisionsrechtlicher Gehalt zukommen, so dass nach derzeitigem Stand des Gesetzgebungsverfahrens[9] die Rom II-VO, insbesondere was die Bestimmung des Statuts für vorvertragliche Pflichten anginge, von einer Wahl des GEK unberührt bliebe.[10]

3

Der Vorrang gilt nur, soweit die Sondervorschrift reicht. Da die Rom II-VO *loi uniforme* ist (Art. 3), muss die jeweilige Sondernorm darauf untersucht werden, inwieweit sie **Drittstaatensachverhalte** erfasst oder wenigstens diese der Rom II-VO überlassen bleiben.

4

C. Praktische Bedeutung

Ein offizielles Verzeichnis von Sonderregeln gibt es im Gegensatz zu Artt. 28, 29 nicht;[11] **Beispiele** sind: Art. 4 EuInsVO,[12] etwa für das Insolvenzanfechtungsrecht (Art. 4 Abs. 2 lit. m, Art. 13 EuInsVO);[13] Art. 85 VO (EG) Nr. 883/2004[14] (vormals Art. 93 VO (EWG) Nr. 1408/71) für den Auslandsregress von Sozialver-

5

---

1 *Sonnenberger*, in: FS Kropholler 2008, S. 227, 229.
2 *Wagner*, in: FS Kropholler 2008, S. 715, 725; Rauscher/*Jakob/Picht*, EuZPR/EuIPR, Art. 27 Rn 1 ff; *Dickinson*, Rome II Regulation, Rn 16.01–16.31.
3 MüKo/*Junker*, Art. 27 Rn 6 f; Rauscher/*Jakob/Picht*, EuZPR/EuIPR, Art. 27 Rn 4.
4 *Heiß/Loacker*, JBl 2007, 613, 618; MüKo/*Drexl*, Bd. 11, IntImmGR Rn 169 (zu Übereinkommen der EU auf dem Gebiet des Immaterialgüterrechts).
5 MüKo/*Junker*, Art. 27 Rn 8; Rauscher/*Jakob/Picht*, EuZPR/EuIPR, Art. 27 Rn 4 (Art. 14 Abs. 3 analog).
6 Rauscher/*Jakob/Picht*, EuZPR/EuIPR, Art. 27 Rn 3; *Schmitt*, BKR 2010, 366, 370 f. AA *Tschäpe/Kramer/Glück*, RIW 2008, 657, 663 ff.
7 *Sendmeyer*, IPRax 2010, 500–503. AA Palandt/*Thorn*, Art. 27 Rn 3; PWW/*Schaub*, Art. 27 Rn 1.
8 KOM (2011) 635.
9 Vgl aber Punkt 4.11 der Stellungnahme des EWS (ABl 2012 C 181/75), in der dieser eine weitere Klärung des Verhältnisses der GEK-VO zum IPR anmahnt. Zum Für und Wider möglicher Lösungsansätze vgl etwa *Busch*, EuZW 2011, 655; *Mansel*, WM 2012, 1253, 1261 ff; *Stürner*, GPR 2011, 236.
10 Erwägungsgrund 10 des Verordnungsentwurfes (Fn 8); *Mansel*, WM 2012, 1253, 1261 f; *Roth*, EWS 2012, 12, 13 f.
11 Rauscher/*Jakob/Picht*, EuZPR/EuIPR, Art. 27 Rn 5.
12 *Dickinson*, Rome II Regulation, Rn 16.32; jurisPK-BGB/*Pabst*, Art. 27 Rn 8. Str. ist, ob Art. 4 EuInsVO wie die Rom II-VO *loi uniforme* ist, *Nerlich/Römermann*, InsO, 22. EL 2011, vor EuInsVO Rn 50 ff.
13 Wenn man die deutsche Insolvenzverschleppungshaftung insolvenzrechtlich qualifiziert (sehr str.), fiele auch sie hierunter, vgl *Haubold* in: Gebauer/Wiedmann, Kap. 32 Rn 92 mwN.
14 Verordnung v. 29.4.2004 zur Koordinierung der Systeme der sozialen Sicherheit (ABl 2004 L 200/1).

sicherungsträgern als Sonderregelung gegenüber Art. 19 Rom II-VO.[15] Ferner Art. 102 Abs. 2 VO (EG) Nr. 207/2009 über die Gemeinschaftsmarke, Artt. 88, 89 Abs. 1 lit. d VO (EG) Nr. 6/2002 über das Gemeinschaftsgeschmacksmuster und Art. 97 VO (EG) Nr. 2100/94 über den gemeinschaftlichen Sortenschutz, soweit Art. 8 Abs. 2 Rom II-VO nicht Anwendung beanspruchen muss.[16]

6   Keine iSv Art. 27 vorrangige Norm ist **Art. 3 Abs. 1 E-Commerce-Richtlinie**.[17] Er wurde bislang am häufigsten als Beispiel angeführt, obwohl sehr umstritten war, ob er eine Kollisionsnorm ist.[18] Dabei geht es um die Frage, ob ein Diensteanbieter etwa für unzulässige Werbung nach dem Recht am Marktort, auf den er seine Werbung ausrichtet (Art. 6 Rom II-VO), oder nach dem Recht seiner Niederlassung haftet (sog. „Herkunftslandprinzip"). Inzwischen hat der EuGH entschieden, dass Art. 3 RL keine Kollisionsnorm ist.[19] Angesichts dessen kann die E-Commerce-Richtlinie fortan nicht mehr Art. 27 subsumiert werden, auch wenn Erwägungsgrund 35 zu anderer Überlegung einlud. Da es den Mitgliedstaaten nach dem EuGH aber freistehen soll, Art. 3 RL durch IPR-Vorschriften umzusetzen,[20] verlagert sich die Problematik auf die Ebene nationalen Rechts (§ 3 TMG). Wo nationales Recht in Übereinstimmung mit einer EU-Richtlinie spezielle Kollisionsnormen aufstellt, kommt auch diesen gemäß Art. 27 Vorrang vor der Rom II-VO zu (Rn 2). Da der BGH die Auslegung von § 3 TMG am Inhalt von Art. 3 RL ausrichtet, steht mit der EuGH-Entscheidung für § 3 TMG allerdings ebenso fest, dass er keine Kollisionsnorm und keine Spezialvorschrift iSv Art. 27 ist.[21] Damit gilt in den genannten Fällen des Werberechts grundsätzlich das von Art. 6 berufene Recht, und dessen Einklang mit der E-Commerce-Richtlinie muss auf andere Weise sichergestellt werden (für einen Günstigkeitsvergleich: *Weller*, Art. 6 Rn 25);[22] das entspricht Erwägungsgrund 35 S. 4.[23] Angesichts dieser Entwicklung können auch Vorschriften wie Art. 9 Teilzeit-Wohnrechte-Richtlinie, Art. 6 Klauselrichtlinie oder Art. 12 Fernabsatzrichtlinie nicht mehr mit Art. 27 in Verbindung gebracht werden.[24]

Artikel 28 Verhältnis zu bestehenden internationalen Übereinkommen

(1) Diese Verordnung berührt nicht die Anwendung der internationalen Übereinkommen, denen ein oder mehrere Mitgliedstaaten zum Zeitpunkt der Annahme dieser Verordnung angehören und die Kollisionsnormen für außervertragliche Schuldverhältnisse enthalten.

(2) Diese Verordnung hat jedoch in den Beziehungen zwischen den Mitgliedstaaten Vorrang vor den ausschließlich zwischen zwei oder mehreren Mitgliedstaaten geschlossenen Übereinkommen, soweit diese Bereiche betreffen, die in dieser Verordnung geregelt sind.

Literatur: *Junker*, Das Internationale Privatrecht der Straßenverkehrsunfälle nach der Rom II-Verordnung, JZ 2008, 169; *Kadner Graziano*, Das auf außervertragliche Schuldverhältnisse anzuwendende Recht nach Inkrafttreten der Rom II-Verordnung, RabelsZ 73 (2009), 1; *Kreutzer*, Gemeinschaftskollisionsrecht und universales Kollisionsrecht, FS Kropholler 2008, S. 129; *Staudinger*, Das Konkurrenzverhältnis zwischen dem Haager Straßenverkehrsübereinkommen und der Rom II-VO, FS Kropholler 2008, S. 691; *Wagner*, Normenkonflikte zwischen den EG-Verordnungen Brüssel I, Rom I und Rom II und transportrechtlichen Rechtsinstrumenten, TranspR 2009, 103.

A. Allgemeines

1   Art. 27 regelt das Verhältnis der Rom II-VO zum Unionsrecht, Art. 28 das zum Völkerrecht. **Abs. 1** räumt Staatsverträgen der Mitgliedstaaten (Rn 6) Vorrang ein, damit diese nicht ihre Verpflichtung verletzen, das jeweilige Kollisionsrecht gegenüber den anderen Vertragsstaaten nach den im Staatsvertrag festgehaltenen Regeln zu bestimmen. Darin kommt weniger ein Spezialitätsprinzip zum Ausdruck als vielmehr die Achtung des Unionsgesetzgebers vor den völkerrechtlichen Bindungen der Mitgliedstaaten (Erwägungsgrund 36). Art. 28 ändert nichts daran, dass aus deutscher Perspektive nicht das jeweilige Übereinkommen,

---

15   *Staudinger* in: Gebauer/Wiedmann, Kap. 38 Rn 106; jurisPK-BGB/*Pabst*, Art. 27 Rn 6 f; *Pabst*, ZESAR 2011, 423; *Eichenhofer*, EuZA 2012, 140, 149. Vgl dazu BGH NJW 2009, 916; BGH NJW 2007, 1754.
16   Str., MüKo/*Drexl*, Bd. 11, IntImmGR Rn 132 ff; *Schack*, in: FS Kropholler 2008, S. 651, 658 mit Fn 48; Rauscher/*Unberath/Cziupka*, EuZPR/EuIPR, Art. 8 Rn 15.
17   Richtlinie 2000/31/EG über den elektronischen Geschäftsverkehr (ABl. 2000 Nr. L 178/1).
18   Zu Streitstand, Problematik und Auswirkungen statt vieler *Haubold* in: Gebauer/Wiedmann, Kap. 9 Rn 88 ff.
19   EuGH, C-509/09 u. C-161/10 (eDate Advertising), NJW 2012, 137, 140 f Rn 61; *Mansel/Thorn/Wagner*, IPRax 2012, 1, 29 f; jurisPK-BGB/*Pabst*, Art. 27 Rn 10 f; *Sack*, EWS 2011, 513, 514.
20   EuGH, C-509/09 u. C-161/10 (*eDate Advertising*), NJW 2012, 137, 141 Rn 62.
21   BGH, NJW 2012, 2197, 2198 f; BGH, EuZW 2010, 313, 318.
22   *Sack*, EWS 2011, 513, 515 f; *Mansel/Thorn/Wagner*, IPRax 2012, 1, 29 f.
23   *Wagner*, in: FS Kropholler 2008, S. 715, 725.
24   So noch Rauscher/*Jakob/Picht*, EuZPR/EuIPR, Art. 27 Rn 4 Fn 12; PWW/*Schaub*, Art. 27 Rn 1.

sondern das nationale Umsetzungsrecht angewandt wird (Art. 3 Nr. 2 EGBGB), welches zwangsläufig an dem Vorrang teilhat.

Wenn Übereinkommen „ausschließlich" zwischen Mitgliedstaaten geschlossen wurden, verleiht **Abs. 2** den Rom II-Regeln Anwendungsvorrang, weil völkerrechtliche Rücksicht dann nicht zu üben ist. Pläne zur Ausdehnung der Vorschrift auf Übereinkommen mit Drittstaatenbeteiligung, wenn der Sachverhalt einzig Bezugspunkte zu Mitgliedstaaten der Rom II-VO aufweist,[1] haben die Mitgliedstaaten ausdrücklich verhindert;[2] daher kann Abs. 2 auf solche Fälle nicht analog angewandt werden.[3] Die von zahlreichen Mitglied-, aber auch von Drittstaaten ratifizierten Haager Übereinkommen für Verkehrsunfälle (**HStrÜ**,[4] s. Art. 4 Rn 169) und für die Produkthaftung (**HPÜ**,[5] s. Art. 5 Rn 17) genießen damit selbst bei reinen Unionssachverhalten Vorrang nach Abs. 1. Für diese praktisch sehr häufigen Anwendungsfelder ist das Kollisionsrecht der außervertraglichen Schuldverhältnisse also gespalten,[6] was gemäß Art. 30 Abs. 1 lit. ii jedoch auf dem Prüfstand bleibt.[7]

B. Regelungsgehalt

Abs. 1 ist nur anwendbar, wenn sich der Anwendungsbereich eines Übereinkommens mit dem der Rom II-VO nach Artt. 1, 2 überschneidet und ihm mindestens ein Drittstaat (vgl Art. 1 Abs. 4) angehört. Nur Übereinkommen, denen der Forumstaat angehört, sind vorrangig; kollisionsrechtliche Übereinkommen, die in dem Staat gelten, auf dessen Recht die Rom II-VO verweist, bleiben – anders als nach dem EGBGB – unbeachtlich (Art. 24).[8] Muss etwa ein deutsches Gericht bei einem Verkehrsunfall frz. Recht anwenden, so gilt unmittelbar frz. Sachrecht unabhängig davon, ob das in Frankreich geltende HStrÜ eine Weiterverweisung vorsieht. Von der Wahl des Forums hängt also das in der Sache geltende Recht ab; das ermöglicht **Forum Shopping** (Rn 8).

Abs. 1 schützt nur Übereinkommen, denen die Mitgliedstaaten am 1.7.2007 angehörten; eine spätere Ratifikation von vorher nur gezeichneten oder die Aushandlung und Zeichnung neuer Übereinkommen ist nur noch nach Genehmigung durch die Kommission gemäß der Verordnung (EG) Nr. 662/2009[9] möglich (Erwägungsgrund 37). Außerdem kann die EU selbst Übereinkommen mit Kollisionsnormen für außervertragliche Schuldverhältnisse beitreten (Art. 27 Rn 2). Eine **Liste vorrangiger Übereinkommen** ist auf Grundlage von Art. 29 im Amtsblatt veröffentlicht (Rn 6).[10] Sie dient der Erleichterung der Rechtsanwendung (Erwägungsgrund 36), ist aber weder verbindlich noch abschließend. Das zeigt sich in den zum Teil lückenhaften Angaben, welche auch auf einer unterschiedlichen Einschätzung der Relevanz des Übereinkommens für außervertragliche Schuldverhältnisse beruhen könnten.[11] Die Voraussetzungen von Abs. 2 können hingegen auch nach dem 1.7.2007 eintreten, etwa wenn verbleibende Nichtmitgliedstaaten den Vertrag kündigen oder der EU beitreten.[12]

Art. 28 betrifft nur **kollisionsrechtsvereinheitlichende Staatsverträge**. Sachrechtsvereinheitlichende Staatsverträge enthalten (jedenfalls in Gestalt von Art. 3 Nr. 2 EGBGB) zwar ebenso Kollisionsnormen,[13]

---

1 Vgl den Standpunkt von Parlament (P6_TC1-COD(2003)0168, ABl 2006 C 157 E/371, Art. 25) und Kommission [KOM (2006) 83, Art. 24].
2 Rat im Gemeinsamen Standpunkt (EG) Nr. 22/2006, ABl 2006 C 289 E/68, 75, 79 gegen KOM (2006) 566, S. 4 f zu Art. 28; *Dickinson*, Rome II Regulation, Rn 16.41 f; *Wagner*, in: FS Kropholler 2008, S. 715, 726 f.
3 HM, Rauscher/*Jakob/Picht*, EuZPR/EuIPR, Art. 29 Rn 4; *Thiede/Kellner*, VersR 2007, 1624, 1626; Bamberger/Roth/*Spickhoff*, Art. 28 Rn 4. AA *Sonnenberger*, in: FS Kropholler 2008, S. 227, 233 f.
4 Haager Übereinkommen vom 4.5.1971 über das auf Straßenverkehrsunfälle anzuwendende Recht (Text und Vertragsstaaten: www.hcch.net).
5 Haager Übereinkommen vom 2.10.1973 über das auf die Produkthaftung anzuwendende Recht (Text und Vertragsstaaten: www.hcch.net).
6 *Kreutzer*, in: FS Kropholler 2008, S. 129, 139, 144–146; *v. Hein*, VersR 2007, 440, 451; *Staudinger* in: Gebauer/Wiedmann, Kap. 38 Rn 108–110.
7 Der Bericht liegt noch nicht vor (Stand: 1.2.2013). Lösungsvorschläge: *Staudinger*, in: FS Kropholler 2008, S. 691, 704 ff; *Kadner Graziano*, RabelsZ 73 (2009), 1, 30 f.
8 Rauscher/*Jakob/Picht*, EuZPR/EuIPR, Art. 29 Rn 6; MüKo/*Junker*, Art. 28 Rn 8 f.
9 ABl 2009 L 200/25 u. 2011 L 241/35.
10 ABl 2010 C 343/7.
11 Etwa das Haager Übereinkommen vom 14.3.1978 über das auf die Stellvertretung anzuwendende Recht wird nicht von jedem Mitglieds- und Vertragsstaat angegeben; es erfasst auch Fragen der (quasi-)deliktischen Haftung, *Karsten*-Report zum Übereinkommen, Rn 84 (www.hcch.net).
12 MüKo/*Junker*, Art. 28 Rn 27.
13 *v. Bar/Mankowski*, IPR, 2. Auflage 2003, § 2 Rn 55 ff.

unterfallen aber nicht Art. 28;[14] der Gesetzgeber hätte sonst – wie bei Art. 21 EVÜ[15] – auf die Vorgabe der „enthaltenen Kollisionsnormen" verzichten können. Ihre Geltung ist nach allgemeinen Grundsätzen oder in ihnen enthaltenen Regeln zu bestimmen.

C. Praktische Bedeutung

6 Ein **deutsches Gericht** hat nach Abs. 1 jedenfalls folgende Übereinkommen vorrangig zu beachten (BGBl. unter www.bgbl.de im Volltext verfügbar):[16] Abkommen zur Vereinheitlichung von Regeln über die **Sicherungsbeschlagnahme von Luftfahrzeugen** (vgl dessen Art. 6: Recht am Ort des Beschlagnahmeverfahrens für die Haftung bei ungerechtfertigter Beschlagnahme);[17] Internationales Übereinkommen zur Vereinheitlichung von Regeln über den **Arrest in Seeschiffe** (vgl dessen Art. 6: Recht am Ort der Vollziehung oder Beantragung des Arrests für Schadensersatzhaftung des Arrestgläubigers);[18] deutsch-schweizerischer Vertrag über den **Schutz von Herkunftsangaben und anderen geographischen Bezeichnungen** (vgl dessen Art. 4: *lex fori* für den Rechtsschutz gegen die widerrechtliche Benutzung geschützter Kennzeichen);[19] Abkommen mit der Europäischen Weltraumforschungs-Organisation (ESRO) über das **Europäische Operationszentrum für Weltraumforschung** (vgl dessen Art. 1, 6, 7: dt. Recht);[20] Übereinkommen über die Erteilung europäischer Patente (**Europäisches Patentübereinkommen**; vgl dessen Art. 74);[21] deutsch-schweizerischer Vertrag über die **Straße zwischen Lörrach und Weil am Rhein** auf schweizerischem Gebiet (vgl dessen Artt. 8, 9, 14, 15);[22] Internationales Übereinkommen über **Bergung** (insbesondere *lex specialis* zu Art. 11 Rom II–VO);[23][24] Abkommen mit der Europäischen Weltraumorganisation über das **Europäische Astronautenzentrum** (vgl dessen Art. 7, 9, 13).[25] Zum EVÜ, dessen Einordnung bei Art. 27 oder Art. 28 Abs. 1 oder 2 umstritten ist,[26] vgl Art. 27 Rn 3.

7 Ein **Gericht in Österreich** hätte vorrangig vor der Rom II–VO das Übereinkommen v. 23.9.1910 zur einheitlichen Feststellung einzelner Regeln zur Hilfeleistung und Bergung in Seenot, das Europäische Patentübereinkommen (Rn 6) sowie das HStrÜ (Rn 2) anzuwenden.[27]

8 Die Kollisionsrechtsspaltung im „Rom II-Gebiet" (Rn 2) betrifft die deutsche **Rechtsberatungspraxis** vor allem bei einem Verkehrsunfall mit ausländischem Bezug, da sämtliche Nachbarländer Deutschlands hier ein anderes Kollisionsrecht als die Rom II–VO anwenden (Dänemark sein IPR; die übrigen Länder das HStrÜ), welches häufig zu einem anderen Sachrecht als nach der Rom II–VO führt.[28] Forum Shopping bleibt also möglich.[29] Die Haager Kollisionsregeln sind jedoch nur über die Wahl eines außerdeutschen Forums erreichbar, da – anders als seinerzeit unter dem EGBGB – die (von deutschen Gerichten anzuwendende) Rom II–VO nur das Sachrecht zur Geltung bringt und Weiterverweise durch fremdes Kollisionsrecht ignoriert (Art. 24).[30]

---

14 *Wagner*, TranspR 2009, 103, 107 f. Zur umstr. Parallelproblematik bei Art. 25 Rom I–VO s. etwa Nachw. bei Ferrari u.a./*Schulze*, Internationales Vertragsrecht, Art. 25 Rom I–VO Rn 4. Zur Frage des kollisionsrechtlichen Gehalts von urheberrechtlichen Konventionen in Hinblick auf Art. 28 *Grünberger*, ZVglRWiss 108 (2009), 134, 143 f. Zum Transportrecht: *Ramming*, TranspR 2010, 284, 285; *Hartenstein*, TranspR 2008, 143, 146 ff.

15 Vgl *v. Bar/Mankowski*, IPR, 2. Auflage 2003, § 2 Rn 64.

16 ABl 2010 C 343/7.

17 RGBl. II 1935 S. 302. Dt. Übersetzung im Internet abrufbar unter <http://www.transportrecht.de/transportrecht_content/1145521160.pdf>.

18 BGBl. II 1972 Nr. 37 S. 655.

19 BGBl. II 1969 Nr. 6 S. 139.

20 BGBl. II 1969 Nr. 3 S. 93.

21 BGBl. II 1976 Nr. 32 S. 649, 826; 1993 Nr. 10 S. 242; 2007 Nr. 25 S. 1082.

22 BGBl. II 1978 Nr. 43 S. 1202.

23 Vgl BT-Drucks. 14/4673, S. 24 ff; MüKo/*Junker*, Art. 28 Rn 24.

24 BGBl. II 2001 Nr. 15 S. 511.

25 BGBl. II 1990 Nr. 34 S. 878.

26 MüKo/*Junker*, Art. 28 Rn 11, 14 ff; *Staudinger* in:Gebauer/Wiedmann, Kap. 38 Rn 111.

27 ABl 2010 C 343/7, 9.

28 *Kreutzer*, in: FS Kropholler 2008, S. 129, 145 f; *Staudinger*, in: FS Kropholler 2008, S. 691, 692–704; *Kadner Graziano*, RabelsZ 73 (2009), 1, 25–30, 44; *Brière*, Clunet 132 (2005), 677, 683, 687; *Junker*, JZ 2008, 169, 171 u. 176. Zu den Unterschieden im Sachrecht der Verkehrsunfallhaftung als Motiv für ein Forum Shopping *Kadner Graziano/Oertel*, ZVglRWiss 107 (2008), 113, 118–141.

29 *Thiede/Kellner*, VersR 2007, 1624 ff; *Nugel*, NJW-Spezial 2010, 9; *Colin*, zfs 2009, 242 ff.

30 *Junker*, JZ 2008, 169, 171 u. 178.

Kapitel VII
Schlussbestimmungen

Artikel 29 Verzeichnis der Übereinkommen

(1) ¹Die Mitgliedstaaten übermitteln der Kommission spätestens am 11. Juli 2008 die Übereinkommen gemäß Artikel 28 Absatz 1. ²Kündigen die Mitgliedstaaten nach diesem Stichtag eines dieser Übereinkommen, so setzen sie die Kommission davon in Kenntnis.

(2) Die Kommission veröffentlicht im *Amtsblatt der Europäischen Union* innerhalb von sechs Monaten nach deren Erhalt
i) ein Verzeichnis der in Absatz 1 genannten Übereinkommen;
ii) die in Absatz 1 genannten Kündigungen.

Literatur: *Heiss/Loacker*, Die Vergemeinschaftung des Kollisionsrechts der außervertraglichen Schuldverhältnisse durch Rom II, JBl 2007, 613

Art. 29 ist eine Hilfs- oder Ergänzungsnorm mit organisatorischem Regelungsziel. Den Mitgliedstaaten 1 oblag die Notifikation ihrer jeweiligen **Eigenschaft als Vertragsstaat** jedes von Art. 28 erfassten internationalen Übereinkommens bis zum 11.7.2008 (Abs. 1 S. 1) und die Mitteilung jeder Kündigung eines solchen Übereinkommens nach dem Stichtag (Abs. 1 S. 2). Deutschland musste aufgrund Art. 29 nichts mitteilen,[1] anders als Österreich.[2]

Das **Verzeichnis** der nach Abs. 1 mitgeteilten Tatsachen muss die Kommission nach Abs. 2 im ABl. EU 2 veröffentlichen. Erwägungsgrund 36 S. 2 betont, dass dadurch der allgemeine Zugang zu den betroffenen Rechtsinstrumenten erleichtert werden soll.[3] Das Bedürfnis danach ist aber nicht groß,[4] da der Status der einschlägigen internationalprivatrechtlichen Staatsverträge im Schrifttum hervorragend dokumentiert und auch im Internet leicht abrufbar ist, namentlich über <http://hcch.net>.

Artikel 30 Überprüfungsklausel

(1) ¹Die Kommission legt dem Europäischen Parlament, dem Rat und dem Europäischen Wirtschafts- und Sozialausschuss bis spätestens 20. August 2011 einen Bericht über die Anwendung dieser Verordnung vor. ²Diesem Bericht werden gegebenenfalls Vorschläge zur Anpassung der Verordnung beigefügt. ³Der Bericht umfasst:
i) eine Untersuchung über Auswirkungen der Art und Weise, in der mit ausländischem Recht in den verschiedenen Rechtsordnungen umgegangen wird, und darüber, inwieweit die Gerichte in den Mitgliedstaaten ausländisches Recht aufgrund dieser Verordnung in der Praxis anwenden;
ii) eine Untersuchung der Auswirkungen von Artikel 28 der vorliegenden Verordnung im Hinblick auf das Haager Übereinkommen vom 4. Mai 1971 über das auf Verkehrsunfälle anzuwendende Recht.

(2) Die Kommission legt dem Europäischen Parlament, dem Rat und dem Europäischen Wirtschafts- und Sozialausschuss bis spätestens 31. Dezember 2008 eine Untersuchung zum Bereich des auf außervertragliche Schuldverhältnisse aus der Verletzung der Privatsphäre oder der Persönlichkeitsrechte anzuwendenden Rechts vor, wobei die Regeln über die Pressefreiheit und die Meinungsfreiheit in den Medien sowie die kollisionsrechtlichen Aspekte im Zusammenhang mit der Richtlinie 95/46/EG des Europäischen Parlaments und des Rates vom 24. Oktober 1995 zum Schutz natürlicher Personen bei der Verarbeitung personenbezogener Daten und zum freien Datenverkehr¹ zu berücksichtigen sind.

Literatur: *Esplugues Mota*, Harmonization of Private International Law in Europe and Application of Foreign Law: The „Madrid Principles" of 2010, (2011) 13 Yb. P.I.L. 273; *Esplugues Mota/Iglesias Buhigues/Palao Moreno* (eds.), Application of Foreign Law, 2011; *Gil-Nievas*, El proceso negociador del reglamento „Roma II": Obstáculos y resultados, AEDIPr 2007, 109; *Gruber/Bach*, The Application of Foreign Law, A Progress Report on a New European Project, (2009) 11 Yb. P.I.L. 157; *Pauknerová*, Treatment of Foreign Law in a Comparative Perspective, Rev. hell. dr. int. 64 (2011), 5; *R. Wagner*, Das Vermittlungsverfahren zur Rom II-VO, in: FS Jan Kropholler 2008, S. 715.

---

1 MüKo/*Junker*, Art. 29 Rn 2.
2 *Heiss/Loacker*, JBl. 2007, 613, 617.
3 Siehe Bamberger/Roth/*Spickhoff*, Art. 29 Rn 1.
4 Ebenso MüKo/*Junker*, Art. 29 Rn 1.
1 **Amtl. Anm.:** ABl. L 281 vom 23. 11. 1995, S. 31.

A. Normzweck	1	III. Grenzüberschreitender Schutz der Privatsphäre und der Persönlichkeitsrechte	8
B. Einzelne Reformthemen	3		
I. Anwendung ausländischen Rechts aufgrund der Rom II–VO	4	IV. Straßenverkehrsunfälle EU-Ansässiger in einem anderen Mitgliedstaat	18
II. Haager Straßenverkehrsunfall-Übereinkommen	7		

A. Normzweck

1 Die Überprüfungs- und Berichtspflichten des Art. 30 folgen aus Art. 17 EUV, soweit die Kommission dort allgemein zu Maßnahmen zur Förderung des Unionsrechts und zur Kontrolle seiner Anwendung verpflichtet ist. Wie auch nach Art. 79 S. 3 EuGVVO nF (Art. 73 S. 2 EuGVVO aF) muss der nach Art. 30 Abs. 1 vorzulegende **Anwendungsbericht** zur Rom II–VO „gegebenenfalls" Reformvorschläge enthalten. Inhaltlich besonders würdigen muss der Bericht jedenfalls den Umgang mit ausländischem Sachrecht in den Mitgliedstaaten und die Anwendung fremden verwiesenen Sachrechts aufgrund der Rom II–VO (Abs. 1 lit. i), außerdem das Verhältnis der VO zum Haager Straßenverkehrsunfall-Übereinkommen (Abs. 1 lit. ii). Diese Pflichten und ebenso die Berichtspflicht aufgrund Art. 30 Abs. 2 (Persönlichkeitsschutz) betreffen durchweg Themen, die im Rechtssetzungsprozess und insbesondere im Vermittlungsverfahren sehr kontrovers waren, und letztlich Kompromisslösungen zugeführt wurden. Durch die Berichts- und Überprüfungsklauseln soll erreicht werden, dass die Rom II–VO für Fortbildungen des Deliktskollisionsrechts offen bleibt,[2] ggf aber auch für politische Lösungen besonders problematischer Einzelfragen.

2 Die Frist zur Vorlage des Anwendungsberichts aufgrund Abs. 1 lief am 20.8.2011 fruchtlos ab. Bisher liegen aber eine Reihe vorbereitender, im Auftrag der Kommission angefertigter rechtswissenschaftlicher, zT. auch empirischer Studien zur Anwendung der Rom II–VO vor, die in den endgültigen Bericht einfließen sollen, und auf die bei den einzelnen Reformthemen eingegangen wird.

B. Einzelne Reformthemen

3 Zu manchen der im Weiteren diskutierten Reformthemen hat die Kommission schon bei der Verabschiedung der VO bestimmte Erklärungen abgegeben, die im Anhang an die VO im ABl. EU abgedruckt sind und hier beim jeweiligen Thema wiedergegeben werden. In diesen Erklärungen werden die der Kommission auferlegten Berichts- und Überprüfungspflichten überwiegend bekräftigt oder verschärft, zT aber auch relativiert. Als unilaterale, EU-organisationsrechtlich nicht vorgesehene Äußerungen eines Organs der Union sind solche Erklärungen freilich unverbindlich und wirkungslos.[3]

I. Anwendung ausländischen Rechts aufgrund der Rom II-VO

4 Dass gerade die Anwendung ausländischen Sachrechts im Rahmen der Rom II–VO analysiert werden soll, wurzelt im Verlauf des Vermittlungsverfahrens. Das Parlament schlug dort einerseits Mitwirkungs- und Beibringungspflichten der Parteien vor, andererseits Feststellungspflichten des Prozessgerichts (*iura novit curia*) und eine Regelung wie nach § 293 ZPO. Dagegen trat der Rat jeder Regelung in der Rom II–VO mit der Begründung entgegen, der Fragenkreis sei prozessualer Natur und zudem so vielgestaltig, dass er im Europäischen Deliktskollisionsrecht nicht gut aufgehoben sei.[4] Bei der Verabschiedung der VO hat die Kommission folgende **Erklärung**[5] abgegeben:

„Erklärung der Kommission zur Behandlung ausländischen Rechts

In Anbetracht der unterschiedlichen Behandlung ausländischen Rechts in den Mitgliedstaaten wird die Kommission, sobald die Untersuchung vorliegt, spätestens aber vier Jahre nach Inkrafttreten der Rom II–VO eine Untersuchung zur Anwendung ausländischen Rechts in Zivil- und Handelssachen durch

---

2 MüKo/*Junker*, Art. 30 Rn 2.
3 Siehe zu sog. auslegenden Erklärungen oder „Protokollerklärungen" der Organe etwa *Harnier*, Die Bedeutung von rechtsaktbegleitenden Erklärungen im sekundären Gemeinschaftsrecht, Systematik und Rechtswirkungen, 2001, S. 54 f; *Gruber*, Methoden des internationalen Einheitsrechts, 2004, S. 173–177; *Hess*, IPRax 2006, 348, 355; *Bast*, Grundbegriffe der Handlungsformen der EU – entwickelt am Beschluss als praxisgenerierter Handlungsform des Unions- und Gemeinschaftsrechts, 2006, S. 140 u. ebd 150; *Lefevre*, Les actes communautaires atypiques, 2006, nos 188–192 (S. 110–112) u. ebd no 188 (S. 110); außerdem *Bleckmann*, NJW 1982, 1177, 1179; *Pechstein*, EuR 1990, 249; *Herdegen*, ZHR 155 (1991), 52 f; *M. Dreher*, EuZW 1994, 743; *ders.*, EuZW 1996, 487.
4 *R. Wagner*, in: FS Jan Kropholler 2008, S. 715, 728.
5 ABl. EU 2007 L 199/49.

die Gerichte der Mitgliedstaaten unter Berücksichtigung der Ziele des Haager Programms veröffentlichen. Die Kommission ist bereit, erforderlichenfalls geeignete Maßnahmen zu ergreifen."

Im Auftrag der Kommission und auch zur Umsetzung ihrer Berichtspflicht aus Art. 30 Abs. 1 (i) hat eine von Spanien aus geleitete multinationale Projektgruppe um *Esplugues, Iglesias* und *Palao* die Anwendung fremden Sachprivatrechts in EU-Europa untersucht.[6] Kernstück des Berichts (Valencia Report) sind die **Madrid Principles** der Projektgruppe von 2010.[7] Sie enthalten im Ergebnis recht offen gehaltene Grundregeln zum Umgang mit ausländischem Recht. Danach kann und soll der Inhalt fremden Rechts grundsätzlich von Amts wegen, im Übrigen aber auf vielfältige und überhaupt jede geeignete Weise („any possible means") ermittelt werden.[8] Es wird vorgeschlagen, entsprechende Regeln in der Form eines besonderen Unionsrechtsinstruments (Verordnung) zu schaffen. Hingewiesen sei auch auf eine offenbar konkurrierende, ebenfalls von der Kommission in Auftrag gegebene Studie des Schweizerischen Instituts für Rechtsvergleichung von 2011 zur Anwendung fremden Rechts.[9] Die wissenschaftlichen und politischen Auswirkungen der Projekte sind noch nicht abzusehen.

Sollte ein EU-Instrument zum Umgang mit ausländischem Sachrecht geschaffen werden, so wird es mit entsprechenden Initiativen im Haag konkurrieren. Seit April 2006 sind umfangreiche **Vorarbeiten für ein Haager Übereinkommen über Rechtsauskunft** unternommen worden.[10] Absehbar ist bereits, dass der internationale Rechtsauskunftsverkehr nach dem beabsichtigten Instrument überwiegend internetgestützt sein soll. Als Zentralaspekt des Vertrages wird augenscheinlich eine Pflicht der Vertragsstaaten ventiliert, verbindliche Textfassungen nationaler Rechtsnormen und auch Ausfertigungen abgesetzter Gerichtsentscheidungen kostenfrei und allgemeinzugänglich im Internet bereitzustellen.[11] Ergänzend werden im Haag derzeit aber auch verschiedene Formen direkter richterlicher Kommunikation bei der Vermittlung von Auskünften erwogen.[12] Sollte der beabsichtigte Haager Rechtsauskunftsvertrag tatsächlich zustande kommen und weithin verbindlich werden, so könnte sich insbesondere auch die Union selbst und unmittelbar daran beteiligen.[13]

II. Haager Straßenverkehrsunfall-Übereinkommen

Hintergrund dieser Überprüfungspflicht ist das missliche **Nebeneinander der Rom II-VO und des Haager Übereinkommens** über Straßenverkehrsunfälle von 1971.[14] Nach Art. 28 nimmt sich die VO hinter dieses wie hinter jedes andere sachlich einschlägige internationale Übereinkommen zurück, dem ein oder mehrere Mitgliedstaaten angehören. Daher zerfällt das Kollisionsrecht der Straßenverkehrsunfälle in EU-Europa derzeit in eine „Haager" Gruppe jener zwölf Mitgliedstaaten, die sich am Übereinkommen von 1971 beteiligt haben, und eine größere „Rom II"-Gruppe, zu der auch Deutschland gehört.[15] Im Vermittlungsverfahren konnte ein Kompromiss, der entweder neue Beitritte zum Haager Übereinkommen oder aber dessen Übernahme in die Rom II-VO verlangt hätte, nicht erzielt werden.[16] Die – bislang unerfüllte – Überprüfungspflicht der Kommission gilt als Entgegenkommen gegenüber dem Parlament, das für eine unionsrechtliche Einheitslösung eingetreten war.[17]

III. Grenzüberschreitender Schutz der Privatsphäre und der Persönlichkeitsrechte

Art. 30 Abs. 2 erlegt der Kommission eine ausnahmsweise **vorgezogene Berichtspflicht** auf, die schon bis zum 31.12.2008 zu erfüllen war, freilich jedenfalls noch nicht förmlich erfüllt worden ist. Die Berichtspflicht betrifft den seit jeher besonders kontrovers diskutierten **grenzüberschreitenden Persönlichkeits-**

---

6 JLS/CJ/2007-1/03.
7 Principles for a Future EU Regulation on the Application of Foreign Law (The Madrid Principles) (February 2010), bei *Esplugues Mota/Iglesias Buhigues/Palao Moreno* (eds.), Application of Foreign Law, 2011, S. 95–97.
8 Dazu eingehend *Esplugues Mota*, (2011) 13 Yb. P.I.L. 273 ff; *Pauknerová*, Rev. hell. dr. int. 64 (2011), 5, 23 f.
9 Schweizerisches Institut für Rechtsvergleichung, The Application of Foreign Law in Civil Matters in the EU Member States and its Perspectives for the Future (JLS/2009/JCIV/PR/0005/E4); abrufbar unter <http://ec.europa.eu/justice/civil/document/index_en.htm>.
10 *Duintjer Tebbens*, Liber Amicorum Kurt Siehr, 2010, S. 635, 641–643; *Trautmann*, Europäisches Kollisionsrecht und ausländisches Recht im nationalen Zivilverfahren, 2011, S. 434 f.
11 Mit Einzelheiten: Secretariat of the Hague Conference on Private International Law, 14 Unif. L. Rev. 264, 274–276 (2009); außerdem *Duintjer Tebbens*, Liber Amicorum Kurt Siehr, 2010, S. 635, 641–643, 650–652.
12 *Fernández Arroyo*, (2009) 11 Yb. P.I.L. 31, 47.
13 Siehe *Trautmann*, S. 434 f.
14 Dazu etwa *Thiede/Kellner*, VersR 2007, 1624 ff.
15 Zur Problematik umfassend *Staudinger*, in: FS Jan Kropholler 2008, S. 691 ff.
16 *R. Wagner*, in: FS Jan Kropholler 2008, S. 715, 726 f.
17 *R. Wagner*, in: FS Jan Kropholler 2008, S. 715, 727; MüKo/*Junker*, Art. 30 Rn 7.

schutz unter der Rom II-VO, vor allem gegen Medieninhaber,[18] letztlich also die Berechtigung der Ausschlussklausel nach Art. 1 Abs. 2 lit. g), und zugleich das Verhältnis der VO zu den in Art. 30 Abs. 2 im Einzelnen aufgezählten, überwiegend medienprivatrechtlichen Instituten und Rechtsinstrumenten. Im Hintergrund der Überprüfungsklausel stehen enorme Unstimmigkeiten schon im Rechtssetzungsverfahren.[19] War das Europäische Parlament in erster und zweiter Lesung der VO für eine Sonderanknüpfung eingetreten, die das Recht des Hauptverbreitungsortes eines Mediums (Ort des vorwiegenden oder wahrscheinlichen Schadenseintritts) zur Geltung bringen wollte, so waren im Rat nahezu alle denkbaren Positionen zwischen dem Aufenthaltsortsrecht des Geschädigten und dem Sitzrecht des Medieninhabers vertreten worden. Außerdem war ein Kompromissvorschlag gescheitert, der, ähnlich der „Mosaik"-Betrachtung im IZVR,[20] auf die *lex fori* bei segmentierter Geltendmachung von Teilschäden an den jeweiligen Verbreitungsorten abgezielt hatte.[21]

9 Bei der Verabschiedung der VO hat die Kommission folgende **Erklärung**[22] abgegeben:

„**Erklärung der Kommission zur Überprüfungsklausel (Art. 30)**

Die Kommission wird auf entsprechende Aufforderung durch das Europäische Parlament und den Rat im Rahmen von Art. 30 der Rom II-VO hin, bis spätestens Dezember 2008 eine Untersuchung zu dem auf außervertragliche Schuldverhältnisse aus der Verletzung der Privatsphäre oder der Persönlichkeitsrechte anwendbaren Recht vorlegen. Die Kommission wird allen Aspekten Rechnung tragen und erforderlichenfalls geeignete Maßnahmen ergreifen."

Wegen des zweiten Satzes bewertet man die Erklärung als überobligatorische Selbstverpflichtung der Kommission.[23]

10 Zur Erfüllung der Berichtspflicht aus Art. 30 Abs. 2 hat die Kommission bisher eine rechtsvergleichende Studie in Auftrag gegeben. Die Study Privacy (Mainstrat Study)[24] ist im Februar 2009 vorgelegt worden.[25] Aufgrund von Länderberichten und einer umfangreichen Fragebogenaktion erschließt sie die sach- und kollisionsrechtliche Lage in den Mitgliedstaaten im Hinblick auf Verletzungen der Privatsphäre und der Persönlichkeitsrechte. Weitere Ecksteine der seither andauernden **Reformdiskussion** sind der Report of the Libel Working Group des britischen Ministry of Justice vom 23.3.2010,[26] ein breit diskutiertes Arbeitspapier der damaligen Berichterstatterin für den Rechtsausschuss, *Diana Wallis* MEP, vom 23.6.2010[27] sowie ein viel beachtetes Online-Symposium „Rome II and Defamation".[28]

11 Am 10.5.2012 hat das Europäische Parlament aufgrund des mittelbaren Initiativrechts des Art. 225 AEUV eine (nicht-legislative, anregende) **Entschließung zur Änderung der Rom II-Verordnung** mit Empfehlungen an die Kommission verabschiedet. Die Initiative ist schon im November 2009 eingeleitet worden,[29] Berichterstatterin für den Rechtsausschuss war nunmehr *Cecilia Wikström*, MEP. Die Kommission wird darin aufgefordert, medienspezifische Kollisionsnormen für Verletzungen der Privatsphäre und der Persönlichkeitsrechte in die Rom II-Verordnung aufzunehmen. Als Regelanknüpfung soll das Recht des Staates Anwendung finden, in dem der Schaden im Wesentlichen eintritt oder einzutreten droht. Das Recht des gewöhnlichen Aufenthalts des Medieninhabers soll nur ausnahmsweise unter der Voraussetzung zur Geltung kommen, dass erhebliche Schadensfolgen der Verbreitungshandlung in einem anderen Staat vernünftigerweise nicht vorhersehbar waren. Das Recht auf Gegendarstellung oder vorbeugende Maßnahmen soll einer Sonderanknüpfung unterfallen, nämlich regelhaft dem Recht desjenigen Mitgliedstaates unterstehen, in dem sich der gewöhnliche Aufenthalt des Medieninhabers befindet. Als Regelungsziel wird das Interesse von Journalisten und Medienunternehmen bezeichnet, nicht nach mehreren nationalen Rechtsordnungen in

---

18 Panoramisch *v. Hinden*, FS Jan Kropholler, 2008, S. 573 ff.
19 Details bei MüKo/*Junker*, Art. 30 Rn 9–10.
20 EuGH, Slg 1995, I-415 – Fiona Shevill/Presse Alliance.
21 Mit Einzelheiten *R. Wagner*, in: FS Jan Kropholler 2008, S. 715, 720 f.
22 ABl. EU 2007 Nr. L 199 S. 49.
23 *R. Wagner*, in: FS Jan Kropholler 2008, S. 715, 721.
24 Die Studie wurde erstellt von Mainstrat – Managing Innovation Strategies sll (Getxo/Spanien). Unterstützung leistete ein Team von Wissenschaftlern um Prof. Dr. *Juan José Alvarez*, Universidad del País Vasco (San Sebastián), und die ebendort ansässige Anwaltssozietät *Cuatrecasas*.
25 Comparative Study on the Situation in the 27 Member States as regards the law applicable to non-contractual obligations arising out of violations of privacy and rights relating to personality (JLS/2007/C4/028), abrufbar unter <http://ec.europa.eu/justice/doc_centre/civil/studies/doc/study_privacy_en.pdf>.
26 Abrufbar unter <http://webarchive.nationalarchives.gov.uk/20110322191207/publications/docs/libel-working-group-report.pdf>.
27 Abrufbar unter <http://conflictoflaws.net/2010/rome-ii-and-defamation-diana-wallis-and-the-working-paper/>.
28 Abrufbar unter <http://conflictoflaws.net/2010/rome-ii-and-defamation-online-symposium/>; Beiträge von *Boskovic, Dickinson, Hartley, Heiderhoff, v. Hein, Magallón, Mills Wade, Perreau-Saussine* u. *Wallis*.
29 2009/2170(INI).

Anspruch genommen zu werden. Die Entschließung wendet sich ausdrücklich auch gegen die Ausnutzung grenzüberschreitender Schutzgefälle beim Persönlichkeitsrechtsschutz, dh gegen Strategien zur Ausnutzung klägerfreundlicher Verhältnisse an bestimmten Gerichtsorten. Solcher *libel tourism*[30] geht in Europa vor allem nach England und Wales. Andere Rechtsordnungen bekämpfen ihn in neuerer Zeit durch die kategorische Nichtanerkennung ausländischer Zivilurteile über bestimmte Formen von Beleidigungs- und Verleumdungsklagen, so etwa die U.S.-amerikanische Mediengesetzgebung[31] und Initiativen in Island.[32] Solche Maßnahmen sind grundsätzlich unkooperativ, ja an der Grenze zu *actes peu amicales*. Dementsprechend ist es zu begrüßen, dass die parlamentarische Entschließung für das mildere Mittel der Kollisionsrechtsvereinheitlichung eintritt.

Die Anlage zu der Entschließung des Parlaments vom 10.5.2012 enthält folgende **Empfehlungen zum Inhalt des geforderten Vorschlags**: 12

„Das Europäische Parlament vertritt die Ansicht, dass der Verordnung (EG) Nr. 864/2007 über das auf außervertragliche Schuldverhältnisse anzuwendende Recht („Rom II") die folgende Erwägung 32 a und der folgende Artikel 5 a hinzugefügt werden sollten:

Erwägung 32 a

Die Mitgliedstaaten werden durch diese Verordnung nicht an der Anwendung ihrer Verfassungsvorschriften über die Pressefreiheit und die Meinungsfreiheit in den Medien gehindert. Insbesondere kann die Anwendung einer Norm des nach dieser Verordnung bezeichneten Rechts, die zur Folge haben würde, dass es zu einer unangemessenen Einschränkung dieser Verfassungsvorschriften kommt, je nach der Rechtsordnung des Mitgliedstaats des angerufenen Gerichts als mit der öffentlichen Ordnung („ordre public") dieses Staates unvereinbar angesehen werden.

Artikel 5 a Privatsphäre und Persönlichkeitsrechte

1. Auf außervertragliche Schuldverhältnisse aus einer Verletzung der Privatsphäre oder der Persönlichkeitsrechte, einschließlich Verleumdung, ist das Recht des Staates anzuwenden, in dem der Schaden im Wesentlichen eintritt oder einzutreten droht.
2. Dagegen ist das Recht des Staates anzuwenden, in dem der bzw die Beklagte seinen bzw ihren gewöhnlichen Aufenthalt hat, wenn er bzw sie erhebliche Folgen seiner bzw ihrer Handlung in dem in Absatz 1 bestimmten Staat vernünftigerweise nicht voraussehen konnte.
3. Sollten die Rechte aufgrund einer schriftlichen Veröffentlichung oder einer ausgestrahlten Sendung verletzt werden, ist entweder das Recht des Staats anzuwenden, in dem das wichtigste Element oder die wichtigsten Elemente des Schadens auftreten oder auftreten könnten, da es als das Land angesehen wird, auf das die Veröffentlichung oder Sendung hauptsächlich gerichtet ist, oder, sollte dies nicht eindeutig der Fall sein, in dem Land, in dem die redaktionelle Kontrolle erfolgt. Das Land, auf das die Veröffentlichung oder Sendung gerichtet ist, ist vor allem anhand der Sprache der Veröffentlichung oder Sendung, anhand der Verkaufszahlen oder Leser-/Zuhörerzahl im Verhältnis zu den gesamten Verkaufszahlen oder der gesamten Leser-/Zuhörerzahl in dem entsprechenden Land oder anhand einer Kombination dieser Faktoren zu bestimmen.
4. Das Recht auf Gegendarstellung oder gleichwertige Maßnahmen und auf Vorbeugungsmaßnahmen oder Unterlassungsklagen gegen einen Verlag oder eine Sendeanstalt hinsichtlich des Inhalts einer Veröffentlichung oder Sendung und hinsichtlich der Verletzung der Privatsphäre oder der Persönlichkeitsrechte, die auf den Umgang mit persönlichen Daten zurückzuführen ist, richtet sich nach dem Recht des Staates,

---

30 Dazu zuletzt die Erklärung des Ministerkomitees des Europarats vom 4.7.2012: Déclaration du Comité des Ministres sur l'utilité de normes internationales relatives à la recherche opportuniste de juridiction dans les cas de diffamation (*libel tourism*) afin d'assurer la liberté d'expression; abrufbar unter <https://wcd.coe.int/ViewDoc.jsp?Ref=Decl(4.7.2012)&Language=lanFrench&Ver=original&Site=CM&BackColorInternet=C3C3C3&BackColorIntranet=EDB021&BackColorLogged=F5D383>.
31 Zum neuesten Stand etwa *Hess*, JZ 2012, 189; *Levi*, 60 Am. J. Comp. L. 507 (2012).
32 IMMI (Icelandic Modern Media Initiative); dazu näher *Hoeren*, C&RInt 2010/5; *Bron*, MMR-Aktuell 2010, 301048; siehe auch *Yliniva-Hoffmann*, MMR-Aktuell 2011, 318491; dazu auch die Entschließung des Europäischen Parlaments vom 7.4.2011 zu dem Fortschrittsbericht 2010 über Island, P7_TA-PROV(2011)0150, Nr. 4 („Politische Kriterien"). IMMI scheint im isländischen Medienaufsichtsgesetz von 2011 freilich nur teilweise, wenn überhaupt, umgesetzt worden zu sein, siehe Lög um fjölmiðla 2011 nr. 38 = Media Law No. 38/2011 (20.4.2011); abrufbar unter <http://eng.menntamalaraduneyti.is/media/MRN-pdf/Media-Act-38-English-translation-nov2011.pdf>.

in dem sich der Ort des gewöhnlichen Aufenthalts des Verlags, der Sendeanstalt oder des Nutzers dieser Daten befindet."

13 Die Regelungsvorschläge des Parlaments hinterlassen einen zwiespältigen Eindruck. Abzulehnen ist der im vorgeschlagenen Erwägungsgrund 32 a enthaltene ordre public- oder Verfassungsvorbehalt gegen verwiesenes EU-ausländisches (Medienprivat-)Recht. Der Vorbehalt wurde offenbar in erster Linie aus politischen Gründen aufgenommen; er soll als *appeasement* gegenüber nationalen Lobbies wirken. Die Berücksichtigung der Kommunikationsfreiheiten bei der Abwehr zivilrechtlicher Haftung sollte heute für alle EU-Mitgliedstaaten aber einheitlich vor allem anhand Art. 11 Abs. 2 EuGrCh iVm Art. 6 Abs. 1 EUV bzw Art. 10 EMRK bestimmt werden. Europaweit Maß gibt insbesondere die sehr reichhaltige Rechtsprechung des EGMR zur Pressefreiheit, die als insgesamt ausgewogen betrachtet werden kann,[33] so dass es eines Rückzuges auf die Bollwerke nationaler Verfassungen gar nicht bedarf. Die Aufrichtung solcher Bollwerke scheint EU-intern höchst bedenklich, befinden sich *ordre public*-Vorbehalte im unionalen IPR und IZVR doch sonst überall auf dem Rückzug.

14 Positiv zu bewerten ist die Grundanknüpfung des vorgeschlagenen Art. 5 a Abs. 1. Soweit sie das Recht des Ortes beruft, an dem der Schaden „im Wesentlichen" eintritt oder einzutreten droht, kommt die Regelung den Interessen Geschädigter entgegen. Sie orientiert sich an der neueren Judikatur des EuGH zum Internationalen Zivilverfahrensrecht des grenzüberschreitenden Persönlichkeitsschutzes. Zumindest im Hinblick auf Online-Medien hat der EuGH die tendenziell geschädigtenfeindliche und rechtsschutzverkürzende, aber lange prägend gewesene „Mosaik"-Betrachtung der 1990er[34] neuerdings durch eine Art offene Schwerpunktanknüpfung ersetzt. Gerichtspflicht nach Art. 5 Nr. 3 EuGVVO besteht nicht nur am Handlungsort, dh am Sitz des Medienunternehmers, sondern auch am Ort des Mittelpunkts der Interessen („centre of main interests – COMI") des Geschädigten,[35] und dieses COMI liegt regelmäßig am Lebensmittelpunkt oder auch am Schwerpunkt der beruflichen Tätigkeit der Person, die Gegenstand der Berichterstattung ist. Dass nach Art. 5 a Abs. 1 nunmehr auch das Recht jenes Ortes zumindest regelmäßig das Deliktsstatut stellt, stellt einen wünschbaren Gleichlauf zwischen *forum* und *ius* her.

15 Sehr fragwürdig ist wiederum die vorgeschlagene Regelung des Art. 5 a Abs. 2, die das Aufenthaltsrecht des beklagten Medieninhabers zur Geltung bringen will, wenn er die erhebliche Schädigung in einem anderen Staat nicht vorsehen konnte. Damit kommen subjektive, allein in der Sphäre des Beklagten verwirklichte, für den Kläger nicht nachvollziehbare Momente ins Spiel. Dies eröffnet Manipulationen breiten Raum. Zudem muss von professionellen Medieninhabern mit journalistischer Ausbildung und Ethik (vielleicht nicht von privaten „Bloggern" etc.) verlangt werden können, dass sie die tatsächliche Verbreitung ihrer Produkte bewusst organisiert haben und im Hinblick auf mögliche Schädigungen anderer auch beherrschen, so dass für eine *foreseeability defense* kein Raum ist.

16 Abs. 3 des vorgeschlagenen Art. 5 a hat überwiegend (ur-)kommentierenden Charakter, und entspricht im Wesentlichen älteren Vorschlägen des Parlaments.

17 Abzulehnen ist die im vorgeschlagenen Art. 5 a Abs. 4 enthaltene Sonderanknüpfung für Rechte auf Gegendarstellung und auf vorbeugende Maßnahmen. Darin liegt ein unverhülltes Medienprivileg, und zudem ein Erschwernis der Rechtsverfolgung. Die von Abs. 4 erfassten Anknüpfungsgegenstände haben typischerweise starken Bezug zum Prozessrecht. Geht aber der Geschädigte an seinem Interessenschwerpunkt allein im Heimatstaat gegen einen ausländischen Medieninhaber vor, wozu er nach richtiger Interpretation des Art. 5 Nr. 3 EuGVVO jedenfalls in der Lage ist, so sollte das angerufene Gericht gerade auf solche stark prozessual geprägten Gegenstände die *lex propria* anwenden können, nicht aber fremdes Aufenthaltsrecht des Beklagten anwenden müssen.

---

[33] Siehe einerseits im Interesse Geschädigter EGMR 24.6.2004 – Nr. 59320/00, NJW 2004, 2647 = EuGRZ 2004, 404 = ÖJZ 2005, 588 – Caroline v. Hannover/Deutschland, andererseits sehr medienfreundlich unlängst EGMR 7.2.2012 – Nr. 39954/08, NJW 2012, 1058 – Axel Springer AG/ Bundesrepublik Deutschland; zust. *Frenz*, NJW 2012, 1039 ff.

[34] EuGH, Slg 1995, I-415 – Fiona Shevill/Presse Alliance.

[35] EuGH, EuZW 2011, 962 m. Aufs. *Heinze* 947 = EWiR 2011, 743 m. Anm. *Mankowski* = K&R 2011, 787 m. Anm. *Lederer* = EWS 2011, 537 m. Aufs. *Sack* 513 = GRURPRax 2011, 513 m. Anm. *von Welser* = CR 2011, 808 m. Anm. *H.-P. Roth* = NJW 2012, 137 m. Aufs. *P.-A. Brand* 127 = JZ 2012, 199 m. Aufs. *Hess* 189 = Rev. crit. DIP 101 (2012), 389 note *Muir Watt* – eDate Advertising GmbH/X u. Olivier Martinez/Robert Martinez/MGN Limited; dazu *Reymond*, (2011) 13 Yb. P.I.L. 493; *Brenn*, ÖJZ 2012, 493; *Bollée/Haftel*, D. 2012, 1285; *Kuipers*, (2012) 49 CMLRev. 1211; *Wefers Bettink*, NTER 2012, 49.

IV. Straßenverkehrsunfälle EU-Ansässiger in einem anderen Mitgliedstaat

Ein weiterer Gegenstand der Berichterstattung und Überprüfung, den Art. 30 gar nicht anspricht, ist die Frage einer besonderen **Kollisionsnorm für die Haftung für Personenschäden** bei Straßenverkehrsunfällen im EU-Ausland. Im Rechtsetzungsverfahren handelte es sich um ein Anliegen des Parlaments und offenbar vor allem um ein britisches Interesse,[36] das kontrovers zwischen einer kollisions- und einer sachrechtlichen Lösung diskutiert, aber letztlich nicht umgesetzt wurde.[37] Bei der Verabschiedung der VO hat die Kommission dazu folgende **Erklärung**[38] abgegeben: 18

„Erklärung der Kommission zu Straßenverkehrsunfällen

In Anbetracht der unterschiedlichen Höhe des Schadensersatzes, der den Opfern von Straßenverkehrsunfällen in den Mitgliedstaaten zugesprochen wird, ist die Kommission bereit, die spezifischen Probleme zu untersuchen, mit denen EU-Ansässige bei Straßenverkehrsunfällen in einem anderen Mitgliedstaat als dem ihres gewöhnlichen Aufenthalts konfrontiert sind. Die Kommission wird dem Europäischen Parlament und dem Rat bis Ende 2008 hierzu eine Untersuchung zu allen Optionen einschließlich Versicherungsaspekten vorlegen, wie die Position gebietsfremder Unfallopfer verbessert werden kann. Diese Untersuchung würde den Weg zur Ausarbeitung eines Grünbuches bahnen."

Die Erklärung bringt nur eine schwache (Selbst-)Bindung der Kommission hervor, wenn überhaupt. Die Generaldirektion Binnenmarkt und Dienstleistungen hat aber jedenfalls eine **rechtsvergleichende Untersuchung** zu Straßenverkehrsunfällen Gebietsfremder in Europa in Auftrag gegeben, die die belgische Anwaltssozietät *Hoche Demolin Brulard Barthélemy* am 30.12.2008 vorgelegt hat.[39] Das dazu angekündigte Grünbuch steht, soweit ersichtlich, noch aus. 19

Artikel 31 Zeitliche Anwendbarkeit

Diese Verordnung wird auf schadensbegründende Ereignisse angewandt, die nach ihrem Inkrafttreten eintreten.

Artikel 32 Zeitpunkt des Beginns der Anwendung

Diese Verordnung gilt ab dem 11. Januar 2009, mit Ausnahme des Artikels 29, der ab dem 11. Juli 2008 gilt.

Diese Verordnung ist in allen ihren Teilen verbindlich und gilt gemäß dem Vertrag zur Gründung der Europäischen Gemeinschaft unmittelbar in den Mitgliedstaaten.

Literatur: *Brière*, Note sous CJUE 17 nov. 2011, aff. C-412/10, Homawoo c/GMF Assurances SA, Clunet 139 (2012), 695; *Bücken*, Intertemporaler Anwendungsbereich der Rom II-VO, IPRax 2009, 125; *Glöckner*, Keine klare Sache: Der zeitliche Anwendungsbereich der Rom II-Verordnung, IPRax 2009, 121; *ders.*, Der grenzüberschreitende Lauterkeitsprozess nach BGH v. 11.2.2011 – Ausschreibung in Bulgarien, WRP 2011, 137; *Illmer*, Luxemburg locuta, causa finita! Zum zeitlichen Anwendungsbereich der Rom II-Verordnung, GPR 2012, 82; *McDermott*, When in Rome…, (2011) 161 N. L. J. 1543; *Schulze*, Vorlagebeschluss zur intertemporalen Anwendung der Rom II-VO, IPRax 2011, 287; *Staudinger*, Das Konkurrenzverhältnis zwischen dem Haager Straßenverkehrsübereinkommen und der Rom II-VO, FS Jan Kropholler (2008), S. 691; *Sujecki*, Der zeitliche Anwendungsbereich der Rom II-Verordnung, EuZW 2011, 815.

A. Intertemporalrecht	1	C. Eintritt des schadensbegründenden Ereignisses	9
I. Inkrafttreten	2	I. Begriff	10
II. Anwendungsbeginn	3	II. Punktdelikte	12
B. Interpretation der Artt. 31, 32	4	III. Dauerdelikte	13
I. Abstufungslösung	5	IV. Unterlassungen	15
II. Einheitslösung	6	D. Verfahrensfragen	16
III. „Wahlfeststellung"	7		
IV. Vorwirkung des Unionsrechts	8		

---

36 Näher MüKo/*Junker*, Art. 30 Rn 12.
37 Einzelheiten bei MüKo/*Junker*, Art. 30 Rn 13–15.
38 ABl. EU 2007 Nr. L 199 S. 49.
39 Compensation of Victims of Cross-Border Road Traffic Accidents in the EU: Comparison of National Practices, Analysis of Problems and Evaluation of Options for Improving the Position of Cross-Border Victims (ETD/2007/IM/H2/116) abrufbar unter <http://ec.europa.eu/civiljustice/news/docs/study_compensation_ road_ victims_en.pdf>.

A. Intertemporalrecht

1 Artt. 31, 32 enthalten das **Intertemporalrecht** der VO. Benachbart und inhaltlich verwandt sind andere Bestimmungen zur zeitlichen Geltung von EU-Verordnungen im IPR/IZVR, u.a. Artt. 28, 29 Rom I-VO, Art. 24 EuBewVO, Art. 33 EuMahnVO, Art. 33 EuVTVO, Art. 20 EuBagatellVO, Art. 76 EuUntVO und Art. 66 EuGVVO.[1] Nach dem Wortlaut der Artt. 31, 32 gibt es zwei intertemporal beachtliche Zeitpunkte, die auseinanderfallen: Inkrafttreten und Geltung der VO (Anwendungsrecht und -pflicht).

I. Inkrafttreten

2 Das Inkrafttreten der Verordnung ist in der VO nicht definiert. Daher muss es nach allgemeinen Regeln aufgrund Art. 297 AEUV (ex-Art. 254 Abs. 1 S. 2 EGV) am 20. August 2007 erfolgt sein,[2] nämlich am zwanzigsten Tage nach der Veröffentlichung der VO im ABl., die am 31.7.2007 geschah.[3] Art. 31 knüpft die zeitliche Anwendbarkeit der VO, dh die im Interesse der Vorhersehbarkeit und der allgemeinen Rechtssicherheit gebotene Abgrenzung zwischen „Alt-" und „Neufällen" anhand des Eintritts des schadensbegründenden Ereignisses, ausdrücklich an den Zeitpunkt des Inkrafttretens.

II. Anwendungsbeginn

3 Demgegenüber hat die Geltung der Rom II-VO, dh Anwendungsrecht und -pflicht der Mitgliedstaaten, nach Art. 32 erst am 11. Januar 2009 begonnen, mit Ausnahme des Art. 29, der bereits seit dem 11. Juli 2008 gilt. Diese Differenzierung in Art. 32 sollte den Mitgliedstaaten organisatorischen Vorlauf vor der Rom II-VO ermöglichen, u.a. um die Notifikation konkurrierender Übereinkommen zu erleichtern und rechtzeitige Anpassungen im nationalen Recht zuzulassen.

B. Interpretation der Artt. 31, 32

4 Die gesamte Regelung in Artt. 31, 32 ist nicht durchdacht, womöglich perplex.[4] Jedenfalls gibt sie Anlass zu schweren Unklarheiten, zumal nicht einmal alle Sprachfassungen einheitlich sind.[5] Die Entstehungsgeschichte der Normen verlief wenig planvoll.[6]

I. Abstufungslösung

5 Bei wortgetreuer Anwendung der Artt. 31, 32 ergäbe sich eine zeitliche Abstufung. Danach erfasste die VO zwar sachlich einschlägige Lebenssachverhalte, die sich am oder nach dem 20.8.2007 verwirklicht haben, würde von den angerufenen Gerichten aber erst ca. 17 Monate später, seit dem 11. Januar 2009, zur Geltung gebracht.[7] Das könnte **Statutenwechsel** innerhalb des Streitverfahrens oder auch im Instanzenzug allein aufgrund eines Wechsels des anwendbaren Kollisionsrechts bedeuten, was allgemein als wenig erwünscht gilt,[8] manchen sogar als „absurd"[9] oder „abwegig".[10] Würde auf den Zeitpunkt der Anhängigmachung einer Streitsache abgestellt,[11] oder auf den Zeitpunkt der (ersten) Bestimmung des anwendbaren Rechts durch das

---

1 Zu Art. 66 EuGVVO EuGH EuZW 2012, 626 m. Anm. *Sujecki* – Wolf Naturprodukte GmbH/SEWAR spol. s.r.o.
2 Nicht schon am 31.7.2007 (dafür aber *Dutoit*, Liber Fausto Pocar, 2009, S. 309, 312), da die Frist von zwanzig Tagen nicht bereits seit der Annahme der VO (11.7.2007) läuft, auch nicht bereits am 19.8.2007 (dafür aber *Hartley*, I.C.L.Q. 57 (2008), 899 (Fn 2); *Kadner Graziano*, RabelsZ 73 (2009), 1, 3 (Fn 4); *Rushworth/Scott*, [2009] LMCLQ 274), da der Tag der Veröffentlichung bei der Fristberechnung nicht einbezogen wird.
3 EuGH NJW 2012, 441, 442 Rn 30 = Clunet 139 (2012), 693 note *Brière* – Deo Antoine Homawoo/GMF Assurances SA.
4 *Jayme/Kohler*, IPRax 2007, 493, 494 (Fn 17).
5 Dazu GA *Paolo Mengozzi*, Schlussanträge vom 6.9.2011 – Rs. C-412/10, Nr. 39.
6 Dazu GA *Paolo Mengozzi*, Schlussanträge vom 6.9.2011 – Rs. C-412/10, Nr. 25–34.
7 Dafür *Gerard Maher, Daniela Maher* v. *Groupama Grand Est*, [2009] EWHC 38 para 16 (Q. B. D., Blair J.), *Robert Bacon* v. *Nacional Suiza Cia Seguros y Reseguros SA*, [2010] EWHC 2019 para 61 (Q. B. D., Tomlinson J.) sowie *Handig*, GRUR Int. 2008, 24, 25; *Glöckner*, IPRax 2009, 121, 124; *Staudinger*, in: FS Kropholler 2008, 691, 692; *ders.*, AnwBl 2008, 316, 322; *ders.*, NJW 2011, 650; *Staudinger* in: Gebauer/Wiedmann, Kap. 39 Rn 115; *Staudinger/Steinrötter*, JA 2011, 241, 242; implizit *Clinton David Jacobs* v. *Motor Insurers Bureau*, [2010] EWHC 231 paras 18–48 (Q. B. D., Owen J.).
8 Siehe *Plender/Wilderspin*, The European Private International Law of Obligations, 3rd. ed., 2009, 17-019 (S. 470 f).
9 *Plender/Wilderspin*, 17-018 (S. 470).
10 *MüKo/Junker*, Art. 32 Rn 4.
11 Dafür *Dicey/Morris/Collins*, The Conflict of Laws, 14th. ed., 2006, 1st suppl., 35-168; *Rushworth/Scott*, [2009] LMCLQ 274.

angerufene Gericht,[12] so bedeutete dies zusätzliche Unsicherheiten.[13] Im Extremfall könnte die Abstufungslösung bedeuten, dass vom 20.8.2007 bis zum 10.1.2009 in den Mitgliedstaaten überhaupt kein auf außervertragliche Schuldverhältnisse anwendbares Kollisionsrechtsinstrument verwendet werden konnte, weil die Hauptteile der Rom II-VO (außer Art. 29) noch „inaktiv" waren, die Verordnung als solche aber in Kraft stand, also in der Welt war, und nach dem Anwendungsvorrang des Unionsrechts ggf schon autonomes Deliktskollisionsrecht verdrängte.

II. Einheitslösung

Die herrschende Ansicht sucht diese Unzuträglichkeiten zu vermeiden, argumentiert dazu aber *contra legem*. Sie setzt sich über die vom Wortlaut vorgegebenen zeitlichen Abstufungen hinweg und begreift Artt. 31, 32 als Einheit. Der Anwendungsbeginn (Art. 32) wird kurzerhand mit dem Zeitpunkt des Inkrafttretens (Art. 31) in eins gesetzt.[14] Nach dieser **Einheitslösung** erfasste die VO nur Ereignisse, „die nach dem 11.1.2009 eintreten oder eingetreten sind."[15] Auf ein Vorabentscheidungsersuchen des High Court of Justice von 2010[16] hat sich der EuGH diese pragmatische, aber nur im Ergebnis richtige Lösung unlängst zu eigen gemacht.[17] Methodisch und dogmatisch ist dies allerdings kaum begründbar.[18] Die herrschende Ansicht betreibt offen „ergebnisorientierte Auslegung".[19] Auch der Gerichtshof interpretiert die Bestimmungen so, als wäre die sachliche Abgrenzung von Alt- und Neufällen in Art. 31 unmittelbar mit dem auf den 11.1.2009 bezogenen Anwendungsbefehl in Art. 32 verknüpft,[20] obgleich eben dies nicht der Fall ist.

6

III. „Wahlfeststellung"

Ebenfalls pragmatisch, aber abzulehnen ist die Vorgehensweise, die zeitliche Anwendbarkeit der Rom II-VO im Prozess nach freiem Belieben des Tatrichters **offen zu lassen**, wenn und soweit sich die Anknüpfungen nach der autonomen *lex prior* und nach der VO nur inhaltlich decken.[21] Das mag zu vertretbaren Ergebnissen führen, soweit die VO Altbewährtes und immer schon Verbreitetes übernommen hat, etwa die Anknüpfung an den Ort der wettbewerblichen Interessenkollision nach Art. 6 Rom II-VO, versagt aber bei Innovationen, die den autonomen Kollisionsrechten der Mitgliedstaaten vorher unbekannt waren, etwa bei Art. 9 Rom II-VO. Zudem bürdet solche „Wahlfeststellung" dem Tatrichter die Pflicht zu doppelter und vergleichender Kollisionsrechtsanwendung auf.[22] Schließlich ist sie auch unzulässig. Das anwendbare Kollisionsrecht darf das Tatgericht niemals offen lassen; es ist in jeder Lage des Verfahrens von Amts wegen definitiv zu bestimmen und anzuwenden.[23]

7

IV. Vorwirkung des Unionsrechts

Einen dogmatisch gangbaren Weg zu sachgerechter und **frühestmöglich einheitlicher zeitlicher Anwendbarkeit** der Rom II-VO in den Mitgliedstaaten bietet die Überlegung, dass die VO, sobald sie als unionaler Rechtsakt in der Welt war, **Vorwirkung** entfaltet hat,[24] dh seit dem Inkrafttreten am 20.8.2007 zwar noch

8

---

12 Dafür *Dickinson*, Rome II Regulation, 2008, 3.315 f.
13 Dazu *Illmer*, GPR 2012, 82, 83 f.
14 *Junker*, JZ 2008, 169, 170; *G. Wagner*, IPRax 2008, 1, 17; *Sujecki*, EWS 2009, 310, 313; *ders*., EuZW 2011, 815 f; *v. Hein*, ZEuP 2009, 6, 11; *Heiss*, in: Reichelt, 30 Jahre Österreichisches IPR-Gesetz – Europäische Perspektiven, 2009, 61; Staudinger/ Fezer/Koos, IntWirtschaftsR, Neubearb. 2010, Einl. Rn 54; *Schulze*, IPRax 2011, 287, 288; Bamberger/ Roth/*Spickhoff*, Artt. 30–32 Rn 2; *ders*., FS Bernd v. Hoffmann, 2011, 437, 440; MüKo/*Junker*, Art. 32 Rn 4; Rauscher/*Jakob/Picht*, EuZPR/EuIPR, Artt. 31, 32 Rn 5; *Illmer*, GPR 2012, 82, 84; *R. Wagner*, NJW 2012, 1333, 1337; *Wurmnest*, EuZW 2012, 933, 936.
15 BGH NJW 2010, 2719; außerdem BGHZ 182, 24, 29 = BGH NJW 2009, 3371, 3372 m. Anm. Staudinger/ *Czaplinski*; BGHZ 185, 66, 68 = GRUR 2010, 847, 848 und wohl BGH NJW 2010, 1958; offen östOGH GRUR Int. 2012, 464, 465 = ÖBl. 2012, 75, 76 ff m.Anm. *Gamerith*; auch bei *Thiele*, MR 2012, 85, 95 f.
16 *Deo Antoine Homawoo* v. *GMF Assurances SA*, [2010] EWHC 1941 (Q. B. D., Slade J.).
17 EuGH NJW 2012, 441, 442 Rn 33–37 = Clunet 139 (2012), 693 note *Brière* – Deo Antoine Homawoo/GMF Assurances SA.
18 Zutreffend *Glöckner*, WRP 2011, 137, 140 f.
19 *Bücken*, IPRax 2009, 125, 127 f.
20 EuGH NJW 2012, 441, 442 Rn 33 = Clunet 139 (2012), 693 note *Brière* – Deo Antoine Homawoo/GMF Assurances SA.
21 Dafür östOGH GRUR Int. 2012, 468, 471 = ecolex 2012/30, 65 f m. Anm. *Horak*; außerdem *Hillside (New Media) Ltd.* v. *Bjarte Baasland, BET365 International N. V., Hillside (Gibraltar) Ltd.*, [2010] EWHC 3336 (Comm) para 25 (Q. B. D., Smith J.).
22 Dagegen (zum Vorschlag für die Rom I-VO von 2005) *Knöfel*, RdA 2006, 269, 280.
23 Zutreffend *Glöckner*, IPRax 2009, 121, 123; siehe allg. BGH GRUR 2007, 691, 692.
24 Zum vergleichbaren Problem bei Art. 24 EuBewVO Geimer/Schütze/*Knöfel*, IRV, Stand: 32. Erg.-Lfg., Sept. 2007, Art. 24 EuBewVO Rn 1–2. Art. 24 EuBewVO war für Artt. 31, 32 Rom II-VO womöglich „vorbildlich", siehe GA *Paolo Mengozzi*, Schlussanträge vom 6.9.2011 – Rs. C-412/10, Nr. 21.

nicht „galt", aber doch gebot, das autonome Kollisionsrecht nicht mehr im Widerspruch zu ihr anzuwenden oder zu ändern, bis die VO als sachlich einschlägiges Unionsrecht am 11.1.2009 und danach endgültig die Alleinhoheit über die deliktskollisionsrechtliche Anknüpfung in den Mitgliedstaaten übernahm.[25] In der Periode der Vorwirkung für sachlich einschlägige Lebenssachverhalte zwischen dem 20.8.2007 bis zum 10.1.2009 galt also noch autonomes Alt-Kollisionsrecht, aber schon im Lichte der VO. Seit dem 11.1.2009 gilt die VO allein und unmittelbar. Dementsprechend bestand, im Sinne der Abstufungslösung und im Einklang mit dem Wortlaut, zwar eine Übergangszeit, zugleich bleiben aber, im Sinne der Einheitslösung, unsinnige Statutenwechsel etc. vermieden. Zudem wird es den Parteien verwehrt, *windfall profits* aufgrund der Weiteranwendung nationalen Altrechts zu erzielen, zB noch von der zT im Common Law-Rechtskreis anzutreffenden, dem Unionsrecht aber fremden prozessualen Qualifikation bestimmter deliktsrechtlicher Einzelaspekte zu profitieren, obgleich die Rom II-VO längst bekannt gemacht und formell in Kraft gesetzt war.

C. Eintritt des schadensbegründenden Ereignisses

9 Nach Art. 31 voneinander abgegrenzt werden Alt- und Neufälle anhand der Frage, wann das schadensbegründende **Ereignis eingetreten** ist.

I. Begriff

10 Intertemporalrechtlich gilt als „schadensbegründendes Ereignis" überwiegend das jeweils relevante Verhalten.[26] Dafür spricht die sprachliche Koinzidenz mit Art. 4 Abs. 1,[27] der den Ort des Schadenseintritts (*locus damni*) von dem schadensstiftenden Geschehen als solchem abgrenzt, und letzteres, wie auch Artt. 7 und 31, „schadensbegründendes Ereignis" nennt. Vorzugswürdig ist es aber, auf den **ersten deliktischen Verletzungserfolg** (Schaden) abzustellen[28] bzw auf den erstmaligen Eintritt einer Bereicherung, den ersten Vollzug einer Geschäftsführung etc.[29] Das leicht ermittelbare Erfolgsmoment allein bestimmt den Geltungsanspruch der Rom II-VO in hinlänglich verlässlicher, zur zeitlichen Anknüpfung tatsächlich geeigneter Weise (aA für Rechtsverletzungen im Bereich des geistigen Eigentums Art. 8 Rn 11 sowie für Fälle der *culpa in contrahendo* Art. 12 Rn 78). Die herrschende Sichtweise bedingt sehr komplexe Abgrenzungsprobleme, insbesondere in Fällen von Gefährdungshaftung. Dort soll es u.a. auf das erste Umschlagen an sich erlaubter Gefährdungen in unkontrollierbare Gefahren ankommen,[30] was eine eindeutige und einfache Bestimmung der zeitlichen Anwendbarkeit unmöglich macht. Ist das Bedürfnis nach sicherer Rechtsanwendung im Intertemporalrecht besonders stark,[31] so erscheint die verhaltenssteuernde Dimension des Deliktsrechts, auf die die verhaltensbezogene Sichtweise verweist,[32] demgegenüber weniger bedeutsam. Zudem dient das Abstellen auf den Erfolg auch dem Anliegen, alles Unionsrecht zu größt- und auch frühestmöglicher praktischer Wirkung zu bringen (*effet utile*),[33] wenn nur das jeweils später eintretende Element des deliktischen Tatbestandes, der Erfolg, diesseits des Anwendungszeitpunkts der Rom II-VO liegen muss, nicht schon das zeitlich früher verwirklichte Moment, das relevante Verhalten.

11 Aus dem starken Bedürfnis nach Vereinfachung folgt freilich, wieder im Einklang mit der herrschenden Sichtweise, dass **indirekte Schadensfolgen** (Spät- und Folgeschäden) für den Eintritt des „Ereignisses" nicht Maß geben.[34]

II. Punktdelikte

12 Anhand des Eintritts des „Ereignisses" als Ersterfolg lassen sich **punktuelle Schadensereignisse** (Straßenverkehrsunfälle etc.) zeitlich idR problemlos erfassen. Bloße Vorbereitungshandlungen führen den relevanten Schadenserfolg noch nicht herbei; zB entscheidet bei Kartelldelikten in intertemporaler Hinsicht nicht

---

25 Siehe *Clinton David Jacobs* v. *Motor Insurers Bureau*, [2010] EWHC 231 paras 28-29 (Q. B. D., Owen J.).
26 v. *Hein*, ZEuP 2009, 6, 11; *Plender/Wilderspin*, 17-016 (S. 468, Fn 42); MüKo/*Junker*, Art. 32 Rn 6; Bamberger/Roth/*Spickhoff*, Artt. 30–32 Rn 3; Rauscher/*Jakob/Picht*, EuZPR/EuIPR, Art. 31, 32 Rn 1; *Wurmnest*, EuZW 2012, 933, 936.
27 Siehe *Junker*, NJW 2007, 3675, 3676.
28 So *Alliance Bank JSC* v. *Aquanta Corporation & Ors*, [2011] EWHC 3281 (Comm.) para 38 (Q. B. D., Burton J.). = [2012] 4 Lloyd's Law Rep. 181.
29 *Leible/Lehmann*, RIW 2007, 721, 724.
30 Näher Bamberger/Roth/*Spickhoff*, Artt. 30–32 Rn 3; MüKo/*Junker*, Art. 32 Rn 9.
31 Dazu *Hess*, Intertemporales Privatrecht, 1998, S. 292, 315.
32 *Gerhard Wagner*, IPRax 2008, 1, 17.
33 ZB EuGH Slg 1993, I-5801, I-5847 Rn 14 – Bundesanstalt für den Güterfernverkehr/Gebrüder Reiff GmbH & Co. KG; EuGH Slg 1993, I-5751, I-5797 Rn 14 – Strafverfahren gegen W. W. Meng.
34 So auch *Leible/Lehmann*, RIW 2007, 721, 724 sowie MüKo/*Junker*, Art. 32 Rn 8; Bamberger/ Roth/*Spickhoff*, Artt. 30–32 Rn 4.

schon das Zustandekommen der Kartellabsprache, sondern erst die schadensstiftende Durchführung des Kartells, zB der erste Absatz eines kartellbefangenen Produkts.[35]

III. Dauerdelikte

Dauerdelikte sind außervertragliche Schuldverhältnisse, die ein uU weit vor dem Anwendungsbeginn der VO begonnenes, aber darüber hinaus fortgesetztes anspruchsbegründendes Verhalten betreffen. Beispiele bieten andauernde umweltschädigende Emissionen,[36] aber auch Ansprüche auf Rechnungslegung, Schadensersatz, Herausgabe von Nutzungen oder auch einer ungerechtfertigten Bereicherung wegen fortgesetzter Verwendung unbefugt oder rechtswidrig erlangter Unterlagen oder (Schutz-)Gegenstände.[37] Im kontinentalen IPR gilt das Deliktsstatut herkömmlich als unwandelbar,[38] auch bei gestreckten Tatbeständen. Neu in Kraft gesetzte Kollisionsnormen müssen freilich auch Dauerrechtsbeziehungen alsbald erfassen können. Sonst wäre die formell in Kraft gesetzte *lex praesens* zu einem langjährigen „Geisterdasein" verurteilt.[39] Dies wäre bei Kollisionsnormen des Unionsrechts nicht hinnehmbar. Überwiegend verschafft man der VO freilich nur Teilgeltung bei Dauerdelikten: Es soll sich ein **Statutenwechsel** vollziehen. Vor und nach dem Anwendungsbeginn soll ggf abweichend, dh vorher autonom, später unional angeknüpft werden.[40] Diese Aufspaltung ist freilich als rechtsunsicher und unökonomisch abzulehnen. 13

Aus dem vielerorts anerkannten Prinzip der Nichtrückwirkung gesetzlicher Neuregelungen, das zB auch in Art. 220 Abs. 1 EGBGB kodifiziert ist, folgt nach zutreffender Ansicht *e contrario*, „dass Tatbestände, die zum maßgeblichen Stichtag zwar schon angelaufen, aber noch nicht zum Abschluss gelangt waren, dem Anwendungsbereich der Neuregelung unterfallen",[41] sofern der Geltungswille der neuen Vorschrift dies gebietet, was ggf durch Auslegung festgestellt werden muss.[42] Die Rom II-VO ist freilich Unionsrecht, das alles nationale Recht weitestmöglich überlagern soll und will, so dass ihr ein entsprechender **Geltungswille auch für Teilkomplexe von Dauerdelikten** zugeschrieben werden kann, **die vor dem Anwendungsbeginn verwirklicht wurden**, solange das zeitlich gestreckte deliktische Verhalten nur in ihren temporalen Anwendungsbereich hineinragt.[43] 14

IV. Unterlassungen

Ein zu unterlassendes Verhalten oder ein Verstoß mit Wiederholungsgefahr kann vor oder nach dem Anwendungsbeginn der Rom II-VO begangen worden sein.[44] Wegen Art. 2 Abs. 2, Abs. 3 lit. a gelten die allgemeinen Intertemporalregeln auch für Unterlassungsansprüche,[45] damit auch die hier vertretene Vorwirkung auf das Inkrafttreten am 20.8.2007. Zur zeitlichen Einordnung wird überwiegend danach gefragt, ob die **Wahrscheinlichkeit eines schadensbegründenden Ereignisses** vor oder nach dem Geltungsbeginn bestand. War der Schadenseintritt schon vor dem Anwendungsbeginn der VO wahrscheinlich, soll noch die kollisionsrechtliche *lex prior* gelten.[46] Allenfalls eine Gefahrerhöhung nach Anwendungsbeginn soll zur Anknüpfung nach der VO führen.[47] Diese Differenzierung ist nicht handhabbar. Stattdessen sind Unterlassungsansprüche, die nach dem Anwendungsbeginn zur gerichtlichen Entscheidung anstehen, **als ungeteilter Sachverhaltskomplex einheitlich** dem nach der VO anwendbaren Recht zu unterwerfen.[48] Nur so werden Wertungswidersprüche und untragbare Statutenwechsel vermieden, etwa im Falle eines ersten Verstoßes vor Anwendungsbeginn und eines weiteren Verstoßes gegen die daraufhin titulierte Unterlassungspflicht nach Anwendungsbeginn, oder auch im Falle eines Vorgehens gegen mehrere Unterlassungsschuldner wegen inhaltlich desselben Verhaltens, wobei die jeweiligen Zuwiderhandlungen, zB 15

---

35 *Wurmnest*, EuZW 2012, 933, 936.
36 MüKo/*Junker*, Art. 32 Rn 10; fiktives Beispiel bei Huber/*Illmer*, Rome II Regulation, Artt. 31–32 Rn 15.
37 östOGH GRUR Int. 2012, 468, 470 f = ecolex 2012/30, 65 f m. Anm. *Horak*.
38 BGHZ 87, 95 = BGH IPRax 1984, 14, 15 f m. Aufs. *Hohloch*.
39 Zu vertraglichen Dauerschuldverhältnissen *Gamillscheg*, RabelsZ 37 (1973), 284, 313.
40 MüKo/*Junker*, Art. 32 Rn 10; Bamberger/Roth/*Spickhoff*, Artt. 30-32 Rn 5; Rauscher/*Jakob/Picht*, EuZPR/EuIPR, Artt. 31, 32 Rn 2; Huber/*Illmer*, Rome II Regulation, Artt. 31–32 Rn 15; tendenziell östOGH GRUR Int. 2012, 468, 470 f = ecolex 2012/30, 65 f m. Anm. *Horak*.
41 BGH NJW 1990, 636, 637.
42 BGH NJW 1990, 636, 637.
43 Ebenso Palandt/*Thorn*, Art. 32 Rn 1.
44 Dazu *Glöckner*, WRP 2011, 137, 141, 146.
45 MüKo/*Junker*, Art. 32 Rn 11.
46 BGHZ 185, 66, 68 f = BGH GRUR 2010, 847, 848; außerdem *v. Hein*, ZEuP 2009, 6, 11 f; MüKo/*Junker*, Art. 32 Rn 12; *Heiss*, in: Reichelt (Hrsg.), 30 Jahre Österreichisches IPR-Gesetz – Europäische Perspektiven, 2009, 61; Huber/*Illmer*, Rome II Regulation, Artt. 31–32 Rn 17.
47 Dafür *Heiss/Loacker*, JBl. 2007, 613, 618; *O. Brand*, GPR 2008, 298, 300; ablehnend Rauscher/*Jakob/Picht*, EuZPR/EuIPR, Artt. 31, 32 Rn 4.
48 östOGH GRUR Int. 2012, 468, 470 f = ecolex 2012/30, 65 f m.Anm. *Horak*; tendenziell auch BGHZ 182, 24, 28 f = BGH NJW 2009, 3371, 3372 m.Anm. *Staudinger/Czaplinski*.

von unterschiedlichen Mitbewerbern, aber vor und nach Anwendungsbeginn liegen.[49] Gegebenenfalls ist die Rechtmäßigkeit eines vor dem Anwendungsbeginn gesetzten Verstoßes als Vorfrage[50] zu beantworten.[51]

D. Verfahrensfragen

16 Das Tatgericht muss alles Kollisionsrecht zwar von Amts wegen anwenden.[52] Es ermittelt Tatsachen, die (räumliche oder zeitliche) Anknüpfungsmomente ausfüllen, aber nicht von Amts wegen.[53] Dies widerspräche der Verhandlungsmaxime im Zivilprozess.[54] Dementsprechend fragt sich, wer die **Darlegungs- und Beweislast** für die Geltung der Rom II-VO *ratione temporis* trägt. Denkbar ist eine Beweisbelastung desjenigen, der sich auf die Anwendung der Rom II-VO beruft. Freilich gibt es jedenfalls kein allgemeines Prinzip, wonach eine kollisionsrechtliche *lex praesens* in ihrer zeitlichen Geltung noch besonders gerechtfertigt werden muss.[55] Näher liegt eine Behauptungs- und Beweislast desjenigen, dem ein über die VO anwendbares Sachrecht einen Anspruch verleiht, so dass ein (angeblicher) Deliktsschuldner bei einem *non liquet* ggf von der Anknüpfung nach anspruchsversagendem Altrecht profitieren kann.[56] Im Hintergrund dieser Sichtweise steht *actori incumbit onus probandi* bzw aus deutscher Sicht die Normentheorie Rosenbergs. Die Maxime mag zwar in dem Sinn gemeineuropäisch sein, dass sie in nahezu allen Mitgliedstaaten den Zivilprozess beherrscht.[57] Damit mag auch durchaus die Beweislast für die zeitliche Geltung anspruchsbegründender autonomer Sachnormen innerhalb einer Rechtsordnung begründet werden können.[58] Mit dem in besonderer Weise gesteigerten Anwendungsanspruch der VO als Unionskollisionsrecht ist eine Belastung desjenigen, der von der *lex prior* Nachteile und von der unionalen *lex praesens* Vorteile zu erwarten hat, aber nicht vereinbar. Darlegungs- und beweispflichtig ist vielmehr **derjenige, der sich auf die Fortgeltung von Altrecht beruft**.[59] Kann zu einem Zeitpunkt nach dem Inkrafttreten der VO nicht aufgeklärt werden, ob ein schadensbegründendes Ereignis innerhalb oder außerhalb des zeitlichen Geltungsbereichs der VO liegt, so geht das non liquet zulasten desjenigen, der aus dem Altrecht ihm günstige Positionen herleiten will; dh es ist auf die Rom II-VO zurückzugreifen.

---

49 östOGH GRUR Int. 2012, 468, 470 f = ecolex 2012/30, 65 f m.Anm. *Horak*.
50 Zur Vorfragenproblematik im Europäischen Kollisionsrecht *Heinze*, in: FS Kropholler 2008, S. 105, 111–115; *Goessl*, (2012) 8 J. Priv. Int. L. 63 ff; speziell unter Berücksichtigung der Rom II-VO *Bernitt*, Die Anknüpfung von Vorfragen im europäischen Kollisionsrecht, 2010.
51 östOGH GRUR Int. 2012, 468, 470 f = ecolex 2012/30, 65 f m. Anm. *Horak*.
52 BGH NJW 1993, 2305, 2306; 1995, 2097.
53 Staudinger/*Magnus*, Art. 4 Rom I-VO Rn 171.
54 *G. Wagner*, ZEuP 1999, 6, 43; Staudinger/*Fezer*/*Koos*, IntWirtschR, Neubearb. 2011, Rn 840.
55 Bamberger/Roth/*Spickhoff*, Art. 32 Rn 6 u. ebd Art. 40 EGBGB Rn 48; *Seibl*, Die Beweislast bei Kollisionsnormen (2008), 252 gegen OLG Stuttgart OLGR München/Stuttgart/Karlsruhe/Nürnberg/Bamberg 2005, 1, 2.
56 Huber/*Illmer*, Rome II Regulation, Artt. 31–32 Rn 18; Schulze/Zuleeg/Kadelbach/*Staudinger*, § 22 Rn 41; mit Zweifeln Bamberger/Roth/*Spickhoff*, Artt. 30–32 Rn 6; wohl auch MüKo/*Junker*, Art. 32 Rn 4.
57 Rauscher/*Jakob/Picht*, EuZPR/EuIPR, Artt. 31, 32 Rn 6; Staudinger/*Magnus*, Art. 4 Rom I-VO Rn 171.
58 RG, WarnR 1917 Nr. 208 S. 325; BGHZ 113, 222, 224 f.
59 Zu intertemporalrechtlichen Grundsätzen allg. zutreffend *Boecken*, DB 1992, 461, 462 f.

ROM III-VO

Verordnung (EU) Nr. 1259/2010 des Rates vom 20. Dezember 2010 zur Durchführung einer Verstärkten Zusammenarbeit im Bereich des auf die Ehescheidung und Trennung ohne Auflösung des Ehebandes anzuwendenden Rechts[1]

(ABl. Nr. L 343 S. 10)

DER RAT DER EUROPÄISCHEN UNION –

gestützt auf den Vertrag über die Arbeitsweise der Europäischen Union, insbesondere auf Artikel 81 Absatz 3,

gestützt auf den Beschluss 2010/405/EU des Rates vom 12. Juli 2010 über die Ermächtigung zu einer Verstärkten Zusammenarbeit im Bereich des auf die Ehescheidung und Trennung ohne Auflösung des Ehebandes anzuwendenden Rechts[2],

auf Vorschlag der Europäischen Kommission,

nach Zuleitung des Entwurfs des Gesetzgebungsakts an die nationalen Parlamente,

nach Stellungnahme des Europäischen Parlaments,

nach Stellungnahme des Europäischen Wirtschafts- und Sozialausschusses,

gemäß einem besonderen Gesetzgebungsverfahren,

in Erwägung nachstehender Gründe:

(1) Die Union hat sich zum Ziel gesetzt, einen Raum der Freiheit, der Sicherheit und des Rechts, in dem der freie Personenverkehr gewährleistet ist, zu erhalten und weiterzuentwickeln. Zum schrittweisen Aufbau eines solchen Raums muss die Union im Bereich der justiziellen Zusammenarbeit in Zivilsachen, die einen grenzüberschreitenden Bezug aufweisen, Maßnahmen erlassen, insbesondere wenn dies für das reibungslose Funktionieren des Binnenmarkts erforderlich ist.

(2) Nach Artikel 81 des Vertrags über die Arbeitsweise der Europäischen Union fallen darunter auch Maßnahmen, die die Vereinbarkeit der in den Mitgliedstaaten geltenden Kollisionsnormen sicherstellen sollen.

(3) Die Kommission nahm am 14. März 2005 ein Grünbuch über das anzuwendende Recht und die gerichtliche Zuständigkeit in Scheidungssachen an. Auf der Grundlage dieses Grünbuchs fand eine umfassende öffentliche Konsultation zu möglichen Lösungen für die Probleme statt, die bei der derzeitigen Sachlage auftreten können.

(4) Am 17. Juli 2006 legte die Kommission einen Vorschlag für eine Verordnung zur Änderung der Verordnung (EG) Nr. 2201/2003 des Rates[3] im Hinblick auf die Zuständigkeit in Ehesachen und zur Einführung von Vorschriften betreffend das anwendbare Recht in diesem Bereich vor.

(5) Auf seiner Tagung vom 5./6. Juni 2008 in Luxemburg stellte der Rat fest, dass es keine Einstimmigkeit für diesen Vorschlag gab und es unüberwindbare Schwierigkeiten gab, die damals und in absehbarer Zukunft eine einstimmige Annahme unmöglich machen. Er stellte fest, dass die Ziele der Verordnung unter Anwendung der einschlägigen Bestimmungen der Verträge nicht in einem vertretbaren Zeitraum verwirklicht werden können.

(6) In der Folge teilten Belgien, Bulgarien, Deutschland, Griechenland, Spanien, Frankreich, Italien, Lettland, Luxemburg, Ungarn, Malta, Österreich, Portugal, Rumänien und Slowenien der Kommission mit, dass sie die Absicht hätten, untereinander im Bereich des anzuwendenden Rechts in Ehesachen eine Verstärkte Zusammenarbeit zu begründen. Am 3. März 2010 zog Griechenland seinen Antrag zurück.

(7) Der Rat hat am 12. Juli 2010 den Beschluss 2010/405/EU über die Ermächtigung zu einer Verstärkten Zusammenarbeit im Bereich des auf die Ehescheidung und Trennung ohne Auflösung des Ehebandes anzuwendenden Rechts erlassen.

(8) Gemäß Artikel 328 Absatz 1 des Vertrags über die Arbeitsweise der Europäischen Union steht eine Verstärkte Zusammenarbeit bei ihrer Begründung allen Mitgliedstaaten offen, sofern sie

---

[1] Art. 17 tritt mWv 21.6.2011 in Kraft, Art. 1–16 und Art. 18–21 treten mWv 21.6.2012 in Kraft, vgl Art. 21 S. 2.

[2] Amtl. Anm.: ABl. L 189 vom 22. 7. 2010, S. 12.

[3] Amtl. Anm.: Verordnung (EG) Nr. 2201/2003 des Rates vom 27. November 2003 über die Zuständigkeit und die Anerkennung und Vollstreckung von Entscheidungen in Ehesachen und in Verfahren betreffend die elterliche Verantwortung und zur Aufhebung der Verordnung (EG) Nr. 1347/2000 (ABl. L 338 vom 23. 12. 2003, S. 1).

die in dem hierzu ermächtigenden Beschluss gegebenenfalls festgelegten Teilnahmevoraussetzungen erfüllen. Dies gilt auch zu jedem anderen Zeitpunkt, sofern sie neben den genannten Voraussetzungen auch die in diesem Rahmen bereits erlassenen Rechtsakte beachten. Die Kommission und die an einer Verstärkten Zusammenarbeit teilnehmenden Mitgliedstaaten stellen sicher, dass die Teilnahme möglichst vieler Mitgliedstaaten gefördert wird. Diese Verordnung sollte in allen ihren Teilen verbindlich sein und gemäß den Verträgen unmittelbar nur in den teilnehmenden Mitgliedstaaten gelten.

(9) Diese Verordnung sollte einen klaren, umfassenden Rechtsrahmen im Bereich des auf die Ehescheidung und Trennung ohne Auflösung des Ehebandes anzuwendenden Rechts in den teilnehmenden Mitgliedstaaten vorgeben, den Bürgern in Bezug auf Rechtssicherheit, Berechenbarkeit und Flexibilität sachgerechte Lösungen garantieren und Fälle verhindern, in denen ein Ehegatte alles daran setzt, die Scheidung zuerst einzureichen, um sicherzugehen, dass sich das Verfahren nach einer Rechtsordnung richtet, die seine Interessen seiner Ansicht nach besser schützt.

(10) Der sachliche Anwendungsbereich und die Bestimmungen dieser Verordnung sollten mit der Verordnung (EG) Nr. 2201/2003 im Einklang stehen. Er sollte sich jedoch nicht auf die Ungültigerklärung einer Ehe erstrecken.

Diese Verordnung sollte nur für die Auflösung oder die Lockerung des Ehebandes gelten. Das nach den Kollisionsnormen dieser Verordnung bestimmte Recht sollte für die Gründe der Ehescheidung und Trennung ohne Auflösung des Ehebandes gelten.

Vorfragen wie die Rechts- und Handlungsfähigkeit und die Gültigkeit der Ehe und Fragen wie die güterrechtlichen Folgen der Ehescheidung oder der Trennung ohne Auflösung des Ehebandes, den Namen, die elterliche Verantwortung, die Unterhaltspflicht oder sonstige mögliche Nebenaspekte sollten nach den Kollisionsnormen geregelt werden, die in dem betreffenden teilnehmenden Mitgliedstaat anzuwenden sind.

(11) Um den räumlichen Geltungsbereich dieser Verordnung genau abzugrenzen, sollte angegeben werden, welche Mitgliedstaaten sich an der Verstärkten Zusammenarbeit beteiligen.

(12) Diese Verordnung sollte universell gelten, d.h. kraft ihrer einheitlichen Kollisionsnormen sollte das Recht eines teilnehmenden Mitgliedstaats, eines nicht teilnehmenden Mitgliedstaats oder das Recht eines Drittstaats zur Anwendung kommen können.

(13) Für die Anwendung dieser Verordnung sollte es unerheblich sein, welches Gericht angerufen wird. Soweit zweckmäßig, sollte ein Gericht als gemäß der Verordnung (EG) Nr. 2201/2003 angerufen gelten.

(14) Um den Ehegatten die Möglichkeit zu bieten, das Recht zu wählen, zu dem sie einen engen Bezug haben, oder um, in Ermangelung einer Rechtswahl, dafür zu sorgen, dass dieses Recht auf ihre Ehescheidung oder Trennung ohne Auflösung des Ehebandes angewendet wird, sollte dieses Recht auch dann zum Tragen kommen, wenn es nicht das Recht eines teilnehmenden Mitgliedstaats ist. Ist das Recht eines anderen Mitgliedstaats anzuwenden, könnte das mit der Entscheidung 2001/470/EG des Rates vom 28. Mai 2001 über die Einrichtung eines Europäischen Justiziellen Netzes für Zivil- und Handelssachen[4] eingerichtete Netz den Gerichten dabei helfen, sich mit dem ausländischen Recht vertraut zu machen.

(15) Eine erhöhte Mobilität der Bürger erfordert gleichermaßen mehr Flexibilität und mehr Rechtssicherheit. Um diesem Ziel zu entsprechen, sollte diese Verordnung die Parteiautonomie bei der Ehescheidung und Trennung ohne Auflösung des Ehebandes stärken und den Parteien in gewissen Grenzen die Möglichkeit geben, das in ihrem Fall anzuwendende Recht zu bestimmen.

(16) Die Ehegatten sollten als auf die Ehescheidung oder Trennung ohne Auflösung des Ehebandes anzuwendendes Recht das Recht eines Landes wählen können, zu dem sie einen besonderen Bezug haben, oder das Recht des Staates des angerufenen Gerichts. Das von den Ehegatten gewählte Recht muss mit den Grundrechten vereinbar sein, wie sie durch die Verträge und durch die Charta der Grundrechte der Europäischen Union anerkannt werden.

(17) Für die Ehegatten ist es wichtig, dass sie vor der Rechtswahl auf aktuelle Informationen über die wesentlichen Aspekte sowohl des innerstaatlichen Rechts als auch des Unionsrechts und der Verfahren bei Ehescheidung und Trennung ohne Auflösung des Ehebandes zugreifen können. Um den Zugang zu entsprechenden sachdienlichen, qualitativ hochwertigen Informationen zu gewährleisten, werden die Informationen, die der Öffentlichkeit auf der durch die Entscheidung 2001/470/EG des Rates eingerichteten Website zur Verfügung stehen, regelmäßig von der Kommission aktualisiert.

---

4   Amtl. Anm.: ABl. L 174 vom 27. 6. 2001, S. 25.

(18) Diese Verordnung sieht als wesentlichen Grundsatz vor, dass beide Ehegatten ihre Rechtswahl in voller Sachkenntnis treffen. Jeder Ehegatte sollte sich genau über die rechtlichen und sozialen Folgen der Rechtswahl im Klaren sein. Die Rechte und die Chancengleichheit der beiden Ehegatten dürfen durch die Möglichkeit einer einvernehmlichen Rechtswahl nicht beeinträchtigt werden. Die Richter in den teilnehmenden Mitgliedstaaten sollten daher wissen, dass es darauf ankommt, dass die Ehegatten ihre Rechtswahlvereinbarung in voller Kenntnis der Rechtsfolgen schließen.

(19) Regeln zur materiellen Wirksamkeit und zur Formgültigkeit sollten festgelegt werden, so dass die von den Ehegatten in voller Sachkenntnis zu treffende Rechtswahl erleichtert und das Einvernehmen der Ehegatten geachtet wird, damit Rechtssicherheit sowie ein besserer Zugang zur Justiz gewährleistet werden. Was die Formgültigkeit anbelangt, sollten bestimmte Schutzvorkehrungen getroffen werden, um sicherzustellen, dass sich die Ehegatten der Tragweite ihrer Rechtswahl bewusst sind. Die Vereinbarung über die Rechtswahl sollte zumindest der Schriftform bedürfen und von beiden Parteien mit Datum und Unterschrift versehen werden müssen. Sieht das Recht des teilnehmenden Mitgliedstaats, in dem beide Ehegatten zum Zeitpunkt der Rechtswahl ihren gewöhnlichen Aufenthalt haben, zusätzliche Formvorschriften vor, so sollten diese eingehalten werden. Beispielsweise können derartige zusätzliche Formvorschriften in einem teilnehmenden Mitgliedstaat bestehen, in dem die Rechtswahlvereinbarung Bestandteil des Ehevertrags ist. Haben die Ehegatten zum Zeitpunkt der Rechtswahl ihren gewöhnlichen Aufenthalt in verschiedenen teilnehmenden Mitgliedstaaten, in denen unterschiedliche Formvorschriften vorgesehen sind, so würde es ausreichen, dass die Formvorschriften eines dieser Mitgliedstaaten eingehalten werden. Hat zum Zeitpunkt der Rechtswahl nur einer der Ehegatten seinen gewöhnlichen Aufenthalt in einem teilnehmenden Mitgliedstaat, in dem zusätzliche Formvorschriften vorgesehen sind, so sollten diese Formvorschriften eingehalten werden.

(20) Eine Vereinbarung zur Bestimmung des anzuwendenden Rechts sollte spätestens bei Anrufung des Gerichts geschlossen und geändert werden können sowie gegebenenfalls sogar im Laufe des Verfahrens, wenn das Recht des Staates des angerufenen Gerichts dies vorsieht. In diesem Fall sollte es genügen, wenn die Rechtswahl vom Gericht im Einklang mit dem Recht des Staates des angerufenen Gerichts zu Protokoll genommen wird.

(21) Für den Fall, dass keine Rechtswahl getroffen wurde, sollte diese Verordnung im Interesse der Rechtssicherheit und Berechenbarkeit und um zu vermeiden, dass ein Ehegatte alles daran setzt, die Scheidung zuerst einzureichen, um sicherzugehen, dass sich das Verfahren nach einer Rechtsordnung richtet, die seine Interessen seiner Ansicht nach besser schützt, harmonisierte Kollisionsnormen einführen, die sich auf Anknüpfungspunkte stützen, die einen engen Bezug der Ehegatten zum anzuwendenden Recht gewährleisten. Die Anknüpfungspunkte sollten so gewählt werden, dass sichergestellt ist, dass die Verfahren, die sich auf die Ehescheidung oder die Trennung ohne Auflösung des Ehebandes beziehen, nach einer Rechtsordnung erfolgen, zu der die Ehegatten einen engen Bezug haben.

(22) Wird in dieser Verordnung hinsichtlich der Anwendung des Rechts eines Staates auf die Staatsangehörigkeit als Anknüpfungspunkt verwiesen, so wird die Frage, wie in Fällen der mehrfachen Staatsangehörigkeit zu verfahren ist, weiterhin nach innerstaatlichem Recht geregelt, wobei die allgemeinen Grundsätze der Europäischen Union uneingeschränkt zu achten sind.

(23) Wird das Gericht angerufen, damit eine Trennung ohne Auflösung des Ehebandes in eine Ehescheidung umgewandelt wird, und haben die Parteien keine Rechtswahl getroffen, so sollte das Recht, das auf die Trennung ohne Auflösung des Ehebandes angewendet wurde, auch auf die Ehescheidung angewendet werden. Eine solche Kontinuität würde den Parteien eine bessere Berechenbarkeit bieten und die Rechtssicherheit stärken. Sieht das Recht, das auf die Trennung ohne Auflösung des Ehebandes angewendet wurde, keine Umwandlung der Trennung ohne Auflösung des Ehebandes in eine Ehescheidung vor, so sollte die Ehescheidung in Ermangelung einer Rechtswahl durch die Parteien nach den Kollisionsnormen erfolgen. Dies sollte die Ehegatten nicht daran hindern, die Scheidung auf der Grundlage anderer Bestimmungen dieser Verordnung zu beantragen.

(24) In bestimmten Situationen, in denen das anzuwendende Recht eine Ehescheidung nicht zulässt oder einem der Ehegatten aufgrund seiner Geschlechtszugehörigkeit keinen gleichberechtigten Zugang zu einem Scheidungs- oder Trennungsverfahren gewährt, sollte jedoch das Recht des angerufenen Gerichts maßgebend sein. Der *Ordre-public*-Vorbehalt sollte hiervon jedoch unberührt bleiben.

(25) Aus Gründen des öffentlichen Interesses sollte den Gerichten der teilnehmenden Mitgliedstaaten in Ausnahmefällen die Möglichkeit gegeben werden, die Anwendung einer Bestimmung des ausländischen Rechts zu versagen, wenn ihre Anwendung in einem konkreten Fall mit der

öffentlichen Ordnung (*Ordre public*) des Staates des angerufenen Gerichts offensichtlich unvereinbar wäre. Die Gerichte sollten jedoch den *Ordre-public*-Vorbehalt nicht mit dem Ziel anwenden dürfen, eine Bestimmung des Rechts eines anderen Staates auszuschließen, wenn dies gegen die Charta der Grundrechte der Europäischen Union und insbesondere gegen deren Artikel 21 verstoßen würde, der jede Form der Diskriminierung untersagt.

(26) Wird in der Verordnung darauf Bezug genommen, dass das Recht des teilnehmenden Mitgliedstaats, dessen Gericht angerufen wird, Scheidungen nicht vorsieht, so sollte dies so ausgelegt werden, dass im Recht dieses teilnehmenden Mitgliedstaats das Rechtsinstitut der Ehescheidung nicht vorhanden ist. In solch einem Fall sollte das Gericht nicht verpflichtet sein, aufgrund dieser Verordnung eine Scheidung auszusprechen.

Wird in der Verordnung darauf Bezug genommen, dass nach dem Recht des teilnehmenden Mitgliedstaats, dessen Gericht angerufen wird, die betreffende Ehe für die Zwecke eines Scheidungsverfahrens nicht als gültig angesehen wird, so sollte dies unter anderem so ausgelegt werden, dass im Recht dieses teilnehmenden Mitgliedstaats eine solche Ehe nicht vorgesehen ist. In einem solchen Fall sollte das Gericht nicht verpflichtet sein, eine Ehescheidung oder eine Trennung ohne Auflösung des Ehebandes nach dieser Verordnung auszusprechen.

(27) Da es Staaten und teilnehmende Mitgliedstaaten gibt, in denen die in dieser Verordnung geregelten Angelegenheiten durch zwei oder mehr Rechtssysteme oder Regelwerke erfasst werden, sollte es eine Vorschrift geben, die festlegt, inwieweit diese Verordnung in den verschiedenen Gebietseinheiten dieser Staaten und teilnehmender Mitgliedstaaten Anwendung findet oder inwieweit diese Verordnung auf verschiedene Kategorien von Personen dieser Staaten und teilnehmender Mitgliedstaaten Anwendung findet.

(28) In Ermangelung von Regeln zur Bestimmung des anzuwendenden Rechts sollten Parteien, die das Recht des Staates wählen, dessen Staatsangehörigkeit eine der Parteien besitzt, zugleich das Recht der Gebietseinheit angeben, das sie vereinbart haben, wenn der Staat, dessen Recht gewählt wurde, mehrere Gebietseinheiten umfasst und jede Gebietseinheit ihr eigenes Rechtssystem oder eigene Rechtsnormen für Ehescheidung hat.

(29) Da die Ziele dieser Verordnung, nämlich die Sicherstellung von mehr Rechtssicherheit, einer besseren Berechenbarkeit und einer größeren Flexibilität in Ehesachen mit internationalem Bezug und damit auch die Erleichterung der Freizügigkeit in der Europäischen Union, auf Ebene der Mitgliedstaaten allein nicht ausreichend verwirklicht werden können und daher wegen ihres Umfangs und ihrer Wirkungen besser auf Unionsebene zu erreichen sind, kann die Union im Einklang mit dem in Artikel 5 des Vertrags über die Europäische Union niedergelegten Subsidiaritätsprinzip gegebenenfalls im Wege einer Verstärkten Zusammenarbeit tätig werden. Entsprechend dem in demselben Artikel genannten Verhältnismäßigkeitsprinzip geht diese Verordnung nicht über das für die Erreichung dieser Ziele erforderliche Maß hinaus.

(30) Diese Verordnung wahrt die Grundrechte und achtet die Grundsätze, die mit der Charta der Grundrechte der Europäischen Union anerkannt wurden, namentlich Artikel 21, wonach jede Diskriminierung insbesondere wegen des Geschlechts, der Rasse, der Hautfarbe, der ethnischen oder sozialen Herkunft, der genetischen Merkmale, der Sprache, der Religion oder der Weltanschauung, der politischen oder sonstigen Anschauung, der Zugehörigkeit zu einer nationalen Minderheit, des Vermögens, der Geburt, einer Behinderung, des Alters oder der sexuellen Ausrichtung verboten ist. Bei der Anwendung dieser Verordnung sollten die Gerichte der teilnehmenden Mitgliedstaaten diese Rechte und Grundsätze achten –

HAT FOLGENDE VERORDNUNG ERLASSEN:

Vorbemerkungen zu Artikel 1

Literatur: *Andrae,* Kollisionsrecht nach dem Lissabonner Vertrag, FPR 2010, 505; *E. Becker,* Die Vereinheitlichung von Kollisionsnormen im europäischen Familienrecht – Rom III, NJW 2011, 1543; *Basedow,* Le rattachement à la nationalité et les conflits de nationalité en droit de l'Union européenne, RCDIP 2010, 427; *ders.,* Comments on the Rome III-Regulation, FS Pintens 2012, Bd. 1, S. 135; *Boele-Woelki,* For better or for worse: the europeanization of international divorce law, Yb. P.I.L. 12 (2010), 1; *Boiché,* Présentation du règlement „Rome III" sur la loi applicable au divorce, AJ Famille 2012, 370; *Calvo Caravaca/Carrascosa González,* La ley applicabile al divorcio en Europa: El futuro reglamento Roma III, Cuadernos de Derecho Transnacional 1 (2009), 36; *Carrascosa González,* La ley aplicable a la separación judicial y al divorcio en defecto de elección de ley por los cónyuges. Análisis del artículo 8 del reglamento 1259/2010 de 20 diciembre 2010, Cuadernos de Derecho Transnacional 4 (2012), 52; *Coester-Waltjen/Coester,* Rechtswahlmöglichkeiten im Europäischen Kollisionsrecht, FS Schurig 2012, S. 33; *Dethloff,* Die Europäische Ehe, StAZ 2006, 253; *Devers/Farge,* Le nouveau droit international privé du divorce. – À propos du règlement Rome III sur la loi applicable au divorce, La Semaine Juridique Edition Générale n° 26, 25 Juin 2012, 778; *Dimmler/Bißmaier,* „Rom III" in der Praxis, FamRBint

2012, 66; *Flessner,* Das Parteiinteresse an der lex fori nach europäischem Kollisionsrecht, FS Pintens 2012, Bd. 1, S. 593; *Franzina* (Hrsg.), Regolamento (UE) N. 1259/2010 del consiglio del 20 dicembre 2010 relativo all'attuazione di una cooperazione rafforzata nel settore della legge applicabile al divorzio e alla separazione personale, Le nuove leggi civili commentate 6 (2011), S. 1435; *ders.,* The law applicable to divorce and legal separation under regulation (EU) no. 1259/2010 of 20 december 2010, Cuadernos de Derecho Transnacional 3 (2011), 85; *Gruber,* Scheidung auf Europäisch – die Rom III-Verordnung, IPRax 2012, 381; *Hammje,* Le nouveau règlement (UE) n° 1259/2010 du Conseil du 20 décembre 2010 mettant en oeuvre une coopération renforcée dans le domaine de la loi applicable au divorce et à la séparation de corps, RCDIP 2011, 291; *Helms,* Reform des internationalen Scheidungsrechts durch die Rom III-Verordnung, FamRZ 2011, 1765; *ders.,* Neues europäisches Familienkollisionsrecht, FS Pintens 2012, Bd. 1, S. 681; *Henrich,* Zur Parteiautonomie im europäisierten internationalen Familienrecht, FS Pintens 2012, Bd. 1, S. 701; *Kemper,* Das neue Internationale Scheidungsrecht – eine Übersicht über die Regelungen der Rom III-VO, FamRBint 2012, 63; *Kohler,* Zur Gestaltung des europäischen Kollisionsrechts für Ehesachen: Der steinige Weg zu einheitlichen Vorschriften über das anwendbare Recht für Scheidung und Trennung, FamRZ 2008, 1673; *ders.,* Einheitliche Kollisionsnormen für Ehesachen in der Europäischen Union: Vorschläge und Vorbehalte, FPR 2008, 193; *ders.,* Vom Markt zum Menschen: Das internationale Familienrecht der Europäischen Union nach dem Vertrag von Lissabon, in: FS Europa-Institut der Universität des Saarlandes 2011, S. 309; *ders.,* Le choix de la loi applicable au divorce – Interrogations sur le règlement „Rome III" de l'Union européenne, in: FS von Hoffmann 2011, S. 208; *Lardeux,* La révision du règlement Bruxelles II bis: perspectives communautaires sur les désunions internationales. IIe partie – La loi applicable aux désunions internationales selon la proposition du règlement du Conseil du 17 juillet 2006, Recueil Dalloz 2008, 795; *dies.,* Rome III est mort. Vive Rome III!, Recueil Dalloz 2011, 1835; *Leible,* Parteiautonomie im IPR – Allgemeines Anknüpfungsprinzip oder Verlegenheitslösung, in: FS Jayme 2004, Bd. 1, S. 485; *Looschelders,* Scheidungsfreiheit und Schutz des Antragsgegners im internationalen Privat- und Prozessrecht, in: FS Kropholler 2008, S. 329; *Makowsky,* Die Europäisierung des Internationalen Ehescheidungsrechts durch die Rom III-Verordnung, GPR 2012, 266; *Martiny,* Ein Internationales Scheidungsrecht für Europa – Konturen einer Rom III-Verordnung, in: FS Spellenberg 2006, S. 119; *ders.,* Die Entwicklung des Europäischen Internationalen Familienrechts – ein juristischer Hürdenlauf, FPR 2008, 187; *Oudin,* Contractualisation du divorce international: le règlement (UE) du 20 décembre 2010, Revue Juridique Personnes et Famille, 2011, H. 3; *Péroz,* Le choix de la loi applicable au divorce international. Nouvelle perspective pour les praticiens, La Semaine Juridique Edition Générale n° 25, 18 Juin 2012, 727; *Pietsch,* Rechtswahl für Ehesachen nach „Rom III", NJW 2012, 1768; *Pfütze,* Die Inhaltskontrolle von Rechtswahlvereinbarungen im Rahmen der Verordnungen ROM I bis III, ZEUS 2011, 35; *Reetz,* Auslandsberührung und Versorgungsausgleichsstatut, NotBZ 2012, 401; *Revillard,* Divorce des couples internationaux : choix de la loi applicable, Defrénois, 15 mars 2011 n° 5, S. 445, Nr. 39208; *dies./Crône,* Le règlement Rome III sur les divorces internationaux, Defrénois, 15 juin 2012 n° 11, S. 560, Nr. 40522; *Rühl,* Rechtswahlfreiheit im europäischen Kollisionsrecht, in: FS Kropholler 2008, S. 187; *dies.,* Der Schutz des „Schwächeren" im europäischen Kollisionsrecht, in: FS von Hoffmann 2011, S. 364; *Schurig,* Eine hinkende Vereinheitlichung des internationalen Ehescheidungsrechts in Europa, in: FS von Hoffmann 2011, S. 405; *J. Stürner,* Die Rom III–VO – ein neues Scheidungskollisionsrecht, JURA 2012, 708; *Traar,* Rom III – EU-Verordnung zum Kollisionsrecht für Ehescheidungen, ÖJZ 2011, 805; *Viganotti,* Règlement du 20 décembre 2010 sur la loi applicable au divorce et à la séparation de corps : réflexions d'un avocat français, Gazette du Palais, 23 juin 2011 n° 174, S. 5; *Winkler von Mohrenfels,* Die Rom III–VO und die Parteiautonomie, in: FS von Hoffmann 2011, S. 527.

A. Einleitung 1	II. Der „favor divortii" im europäischen Scheidungsrecht 50
I. EheVO 2003 und Rom III–VO 1	**E. Kompetenzfragen** 58
II. Weitere Regelungswerke 5	**F. Nationale Gesetzgebung**..................... 61
B. Entstehungsgeschichte......................... 8	I. Deutsche Durchführungsgesetzgebung........ 61
I. Gesetzgebung auf dem Gebiet des internationalen Verfahrensrechts 8	II. Weitere die Rom III–VO ergänzende Kollisionsnormen 64
II. Vorgeschichte zur Rom III–VO 11	III. Anknüpfung von Vorfragen 67
1. Grünbuch 11	**G. Rechtspolitische Bewertung; Reformperspektiven** 75
2. Vorschlag zur Änderung der EheVO 2003 17	I. Schwächen der Verordnung 75
3. Verfahren der Verstärkten Zusammenarbeit 22	II. Änderungsperspektiven bei der Rom III–VO und der EheVO 2003 81
C. Anwendung in der Praxis 26	1. Rom III–VO 81
D. Grundzüge der Rom III–VO................. 29	2. EheVO 2003 83
I. Überblick über die wesentlichen Regelungen . 29	a) Zuständigkeiten bei Scheidung einer gleichgeschlechtlichen Ehe 83
1. Sachlicher Anwendungsbereich 29	
2. Kollisionsregeln 34	b) Möglichkeit einer Gerichtsstandsvereinbarung 86
a) Rechtswahl 34	
b) Objektive Anknüpfung 40	III. Sachrechtsangleichung als Alternativprojekt.. 89
c) Verweigerungsrechte, ordre public 45	

A. Einleitung

I. EheVO 2003 und Rom III-VO

1 Im internationalen Scheidungsrecht ist auf der verfahrensrechtlichen Ebene seit einigen Jahren eine Vereinheitlichung durch die **EheVO 2000**[1] und durch die nachfolgende **EheVO 2003**[2] erreicht worden. Die EheVO 2003 regelt insbesondere die internationale Zuständigkeit sowie die Anerkennung ausländischer Scheidungsurteile. Sie legt aber nicht fest, nach welchem nationalen Sachrecht die (international zuständigen) Gerichte der Mitgliedstaaten zu entscheiden haben.

2 Das **Scheidungskollisionsrecht** wurde zunächst der nationalen Gesetzgebung überlassen.[3] In Deutschland wurde das auf die Scheidung anwendbare Recht durch die Artt. 17, 14 EGBGB bestimmt. Diese stellten – in Form einer Gesamtverweisung, Art. 4 Abs. 1 EGBGB – primär auf die gemeinsame Staatsangehörigkeit der Ehegatten und nur hilfsweise auf den aktuellen oder ggf den letzten gemeinsamen gewöhnlichen Aufenthalt der Ehegatten ab (Art. 14 Abs. 1 Nr. 1–3). Eine Rechtswahl war nur im Ausnahmefall zugelassen (vgl Art. 14 Abs. 2–4 EGBGB).[4]

3 Die **Rom III-VO** schafft nun auch in diesem Bereich einheitliches „europäisches" Kollisionsrecht; das nationale Kollisionsrecht ist, soweit der Anwendungsbereich der Rom III-VO reicht, nicht mehr anwendbar.

4 Die EheVO 2003 und die Rom III-VO regeln damit alle wesentlichen internationalverfahrensrechtlichen und kollisionsrechtlichen Fragen, die sich in Scheidungsfällen mit Auslandsbezug stellen können. Beide Regelungswerke beziehen über die Scheidung ieS hinaus auch noch die in einigen Rechtsordnungen vorgesehene „**Trennung ohne Auflösung des Ehebandes**" mit ein. Nur die EheVO 2003 – nicht aber die Rom III-VO – erstreckt sich des Weiteren auch auf die **Ungültigerklärung der Ehe**. Inhaltlich weicht die Rom III-VO grundlegend von dem bisherigen nationalen Kollisionsrecht ab (siehe Rn 29 ff).

II. Weitere Regelungswerke

5 Die Rom III-Verordnung ist Teil der Bemühungen des EU-Gesetzgebers, das gesamte internationale Familienrecht zu vereinheitlichen. Weitere Rechtsgebiete sind bereits vereinheitlicht worden bzw sind Gegenstand aktueller Gesetzgebungsverfahren. Hierzu zählen auch Regelungsgegenstände, die im Bereich der Scheidungsfolgen von Bedeutung sind.

6 Bereits am 18.12.2008 hat der Rat die Verordnung (EG) Nr. 4/2009 über die Zuständigkeit, das anwendbare Recht, die Anerkennung und Vollstreckung von Entscheidungen und die Zusammenarbeit in Unterhaltssachen (**Unterhaltsverordnung**) verabschiedet. Diese ist seit dem 18.6.2011 anzuwenden. In ihrem Art. 15 erklärt die Verordnung, was das Kollisionsrecht anbelangt, das von der EU gezeichnete **Haager Protokoll über das auf Unterhaltspflichten anwendbare Recht** für maßgeblich.[5]

7 Am 16.3.2011 hat die Europäische Kommission den Vorschlag für eine Verordnung des Rates über die Zuständigkeit, das anzuwendende Recht, die Anerkennung und die Vollstreckung von Entscheidungen im Bereich des **Ehegüterrechts**[6] vorgelegt. Dieser Vorschlag wird ergänzt durch einen Vorschlag für eine Verordnung des Rates über die Zuständigkeit, das anzuwendende Recht, die Anerkennung und die Vollstreckung von Entscheidungen im Bereich des **Güterrechts eingetragener Partnerschaften**.[7] Beide Güter-

---

1 Verordnung über die Zuständigkeit und die Anerkennung und Vollstreckung von Entscheidungen in Ehesachen und in Verfahren betreffend die elterliche Verantwortung für die gemeinsamen Kinder der Ehegatten; ABl. EG Nr. L 160/19 v. 30.6.2000.

2 Verordnung EG Nr. 2201/2003 des Rates vom 27.11.2003 über die Zuständigkeit und die Anerkennung und Vollstreckung von Entscheidungen in Ehesachen und in Verfahren betreffend die elterliche Verantwortung und zur Aufhebung der Verordnung (EG) Nr. 1347/2000, ABl. EU Nr. L 338/1. In der Literatur werden für die Verordnung EG Nr. 2201/2003 auch die Kürzel „EheGVO" und „Brüssel IIa-VO" verwendet.

3 Ein Überblick über die unterschiedlichen Anknüpfungsgrundsätze findet sich im Commission Staff Working Paper, Annex to the Green Paper on applicable law and jurisdiction in divorce matters (COM(2005)82 final) v. 14.3.2005, SEC(2005)331, S. 7 ff; siehe auch *Baarsma*, The Europeanisation of International Family Law, 2011, S. 145 ff. Staatsverträge spielen im Scheidungskollisionsrecht keine nennenswerte Rolle (vgl MüKo/*Winkler v. Mohrenfels*, Art. 17 EGBGB Rn 8 ff).

4 Eine isolierte, nur auf die Scheidung bezogene Rechtswahl war nach hM im deutschen Recht nicht möglich (dazu NK-BGB/*Gruber*, Art. 17 EGBGB Rn 13); allerdings hat eine auf die allgemeinen Ehewirkungen bezogene Rechtswahl mittelbar (aufgrund der Verweisung des Art. 17 EGBGB auf Art. 14 EGBGB) auch Auswirkungen auf das Scheidungsrecht.

5 Dem Haager Protokoll können gem. Art. 23 des Protokolls jeder Staat und darüber hinaus gem. Art. 24 auch „Organisationen der regionalen Wirtschaftsintegration" beitreten. Diese Regelung zielt insb. auf einen Beitritt der EU ab. Mit Beschluss vom 30.11.2009 hat der Rat das Haager Protokoll gebilligt; die EU hat es am 8.4.2010 gezeichnet.

6 KOM [2011] 126 endg.

7 KOM [2011] 127 endg.

rechtsverordnungen werden derzeit verhandelt. Sollten diese Verordnungsvorschläge Erfolg haben, bleibt für das nationale Kollisionsrecht nur noch ein geringer Anwendungsbereich (siehe noch Art. 1 Rn 94 ff).

B. Entstehungsgeschichte

I. Gesetzgebung auf dem Gebiet des internationalen Verfahrensrechts

Was das internationale Verfahrensrecht für Scheidungssachen anbelangt, so trat am 1.3.2001 die **Verordnung des Rates Nr. 1347/2000** vom 29.5.2000[8] in Kraft (im Folgenden EheVO 2000). [9] Die Verordnung enthielt keine Kollisionsregeln, sondern vor allem Vorschriften zur internationalen Zuständigkeit und zur Anerkennung und Vollstreckung ausländischer Entscheidungen. 8

Die EheVO 2000 bezog sich auf die Scheidung, die Ungültigerklärung der Ehe und die Trennung ohne Auflösung des Ehebandes.[10] Daneben enthielt sie Vorschriften für Verfahren über die elterliche Verantwortung, also u.a. Sorge- und Umgangsrechtsstreitigkeiten. Sie beschränkte sich aber insoweit auf Verfahren, die hinsichtlich der gemeinsamen Kinder von Ehegatten und „aus Anlass" einer Ehesache durchgeführt wurden.[11] 9

Der EheVO 2000 war nur eine kurze Geltungsdauer beschieden. Man hielt aufseiten der EU eine Erweiterung des Anwendungsbereichs der Verordnung in dem Gebiet der elterlichen Verantwortung für notwendig.[12] Dementsprechend ist die EheVO 2000 nach relativ kurzer Zeit, nämlich zum 1.3.2005, durch die nunmehr maßgebliche **Verordnung des Rates Nr. 2201/2003** vom 27.11.2003 (**EheVO 2003**) abgelöst worden. Die EheVO 2003 bezieht sämtliche Verfahren über die elterliche Verantwortung mit ein, unabhängig davon, ob es sich um die gemeinsamen Kinder von Ehegatten handelt und unabhängig davon, ob eine Verbindung mit einem anhängigen Eheverfahren besteht oder nicht.[13] In dem Bereich der Ehesachen bestehen zwischen der EheVO 2000 und der EheVO 2003 aber keine Unterschiede. 10

II. Vorgeschichte zur Rom III-VO

1. Grünbuch. Die EU gab sich allerdings mit der erreichten Rechtsvereinheitlichung auf dem Gebiet des internationalen Verfahrensrechts nicht zufrieden. Am 14.3.2005 nahm die Kommission ein **Grünbuch** über das anzuwendende Recht und die gerichtliche Zuständigkeit in Scheidungssachen an.[14] In diesem Grünbuch kam klar zum Ausdruck, dass auch ein einheitliches europäisches Scheidungskollisionsrecht anzustreben sei. 11

In der Argumentation setzt das Grünbuch daran an, dass nach der EheVO 2003 häufig mehrere Mitgliedstaaten für die Scheidung international zuständig sind. In der Tat hält die EheVO 2003 in ihren Artt. 3 ff eine sehr große Zahl alternativer Gerichtsstände bereit. Unter anderem sieht die EheVO 2003 nicht nur den gewöhnlichen Aufenthalt des Antragsgegners, sondern nach einer gewissen Aufenthaltsdauer auch den 12

---

8 Verordnung über die Zuständigkeit und die Anerkennung und Vollstreckung von Entscheidungen in Ehesachen und in Verfahren betreffend die elterliche Verantwortung für die gemeinsamen Kinder der Ehegatten; ABl. EG Nr. L 160/19 v. 30.6.2000; der Vorschlag der Kommission zum Erlass der Verordnung befindet sich in ABl. EG Nr. C 247/1 v. 31.8.1999.
9 Ursprünglich strebten die Mitgliedstaaten den Abschluss eines staatsvertraglichen Abkommens an. Die Vertreter der Mitgliedstaaten der Europäischen Union unterzeichneten am 28.5.1998 das „EU-Übereinkommen über die Zuständigkeit und die Anerkennung und Vollstreckung von Entscheidungen in Ehesachen" (hier sog. Brüssel II-Abkommen); ABl. EG Nr. C 221 v. 16.7.1998, S. 1; zur Entstehung vgl *Pirrung*, ZEuP 1999, 834 ff; *McEleavy*, I.C.L.Q. 51 (2002), 888 ff). Das Brüssel II-Abkommen wurde jedoch nicht ratifiziert. Vielmehr entschied man sich dazu, anstelle dessen von der zwischenzeitlich neu entstandenen Kompetenz zum Erlass einer EU-Verordnung Gebrauch zu machen. Inhaltlich bestanden zwischen der EheVO 2000 und dem Brüssel II-Abkommen keine relevanten Unterschiede. Vgl den 6. Erwägungsgrund zur Verordnung („Die bei der Aushandlung dieses Abkommens erzielten Ergebnisse sollten gewahrt werden; diese Verordnung übernimmt den wesentlichen Inhalt des Übereinkommens") sowie des Weiteren die Fn 4 auf S. 19, wonach der Rat von dem erläuternden Bericht zum Brüssel II-Abkommen durch *Alegría Borrás* „Kenntnis genommen" hat (ABl. EG Nr. L 160/19 v. 30.6.2000). Der erläuternde Bericht zum Brüssel II-Abkommen, verfasst von der spanischen Professorin *Alegría Borrás*, findet sich in ABl. EG 1998 Nr. C 221/27 ff.
10 Art. 1 Abs. 1 lit. a EheVO 2000.
11 Art. 1 Abs. 1 lit. b EheVO 2000.
12 Zur Entstehungsgeschichte näher Staudinger/*Spellenberg*, Vorbem. Art. 1 Rn 7 ff.
13 Art. 1 Abs. 1 lit. b EheVO 2003.
14 KOM(2005) 82 endg.

gewöhnlichen Aufenthalt nur des Antragstellers als zuständigkeitsbegründend an.[15] Damit kommt sie dem „mobilen" Ehegatten entgegen und ermöglicht Scheidungsverfahren in Mitgliedstaaten, mit denen der Antragsgegner uU keinerlei Verbindung aufweist.

13 Aus diesen Umständen wird im Grünbuch der Schluss gezogen, dass für die Ehegatten eine erhebliche **Rechtsunsicherheit** im Hinblick auf das anwendbare Scheidungsrecht bestehe. Bis zur Anrufung eines der zuständigen Gerichte stehe nicht fest, welches nationale – unvereinheitlichte – Kollisionsrecht maßgeblich sei; in der Konsequenz könnten die Ehegatten bei Sachverhalten mit Auslandsbezug auch nicht hinreichend sicher absehen, welches nationale Scheidungsrecht letztlich zur Anwendung gelange.[16]

14 In einem **Annexdokument zu dem Grünbuch** wurde zudem dargestellt, wie stark sich die materiellen Scheidungsrechte der einzelnen Mitgliedstaaten unterscheiden.[17] Während einige Mitgliedstaaten eine Scheidung nur unter sehr strengen Vorausssetzungen vorsehen,[18] lassen andere eine (fast) voraussetzungslose Scheidung zu.[19] Wieder andere Mitgliedstaaten kennen eine einvernehmliche Scheidung bzw lassen – mit erheblichen Unterschieden im Einzelnen – die nachgewiesene Zerrüttung oder den Ablauf bestimmter Trennungsfristen für die Scheidung genügen.[20] In der EU finden sich daher völlig unterschiedliche Scheidungsmodelle, die sich kaum auf gemeinsame Grundsätze zurückführen lassen.

15 Für die Ehegatten bestehe dementsprechend, so die Schlussfolgerung im Grünbuch, die Notwendigkeit, vor einem Scheidungsantrag das in dem jeweiligen Mitgliedstaat geltende Kollisionsrecht und weiter das durch dieses bestimmte Scheidungsrecht zu ermitteln. Je nach dem Inhalt des hiernach anwendbaren Kollisions- und Scheidungsrechts habe ein Scheidungsantrag in dem einen Mitgliedstaat Aussicht auf Erfolg und in dem anderen nicht. Hiervon werde dann die Entscheidung abhängig gemacht, den Antrag in dem einen und nicht dem anderen Mitgliedstaat zu stellen. Die fehlende Kollisionsrechtsvereinheitlichung auf EU-Ebene fördere damit das **„forum shopping"** durch den antragstellenden Ehegatten und führe ggf sogar zu einem „Wettlauf zu den Gerichten".[21]

16 Im Grünbuch wird durchaus gesehen, dass das „forum shopping" auch durch die Zuständigkeitsregelungen der EheVO 2003 – das alternative Nebeneinander verschiedener gleichwertiger Gerichtsstände – weiter begünstigt wird.[22] Vor allem wird das *forum shopping* dadurch begünstigt, dass die EheVO 2003 bereits den gewöhnlichen Aufenthalt nur das Antragstellers (nach einer gewissen Aufenthaltsdauer) für zuständigkeitsbegründend hält (Art. 3 Abs. 1 lit. a Spiegelstr. 5 und 6 EheVO 2003). Eine Lösungsmöglichkeit hätte darin bestanden, die Zahl der Gerichtsstände in der EheVO 2003 zu verringern; theoretisch wäre es sogar denkbar gewesen, jeweils nur einen Mitgliedstaat für zuständig zu erklären. Im Grünbuch wird diese Lösungsmöglichkeit zwar angesprochen; zugleich wird aber darauf hingewiesen, dass dies negative Auswirkungen auf die Flexibilität und den Zugang zu Gerichten haben könnte.[23] Im Kern ergibt sich bereits aus dem Grünbuch die Zielvorgabe, ein einheitliches europäisches Scheidungskollisionsrecht zu schaffen.

17 **2. Vorschlag zur Änderung der EheVO 2003.** Am 17.7.2006 legte die Kommission einen Vorschlag für eine Verordnung zur Änderung der Verordnung (EG) Nr. 2201/2003 des Rates im Hinblick auf die Zuständigkeit in Ehesachen und zur Einführung von Vorschriften betreffend das anwendbare Recht in diesem

---

15 Vorausgesetzt wird nach Art. 3 Abs. 1 lit. a Spiegelstr. 5 grundsätzlich, dass der Antragsteller seinen gewöhnlichen Aufenthalt mindestens ein Jahr vor Antragstellung begründet hat. Die vorausgesetzte Dauer des gewöhnlichen Aufenthalts vor Antragstellung verkürzt sich nach Art. 3 Abs. 1 lit. a Spiegelstr. 6 EheVO 2003 auf sechs Monate, wenn der Antragsteller entweder Staatsangehöriger des betreffenden Mitgliedstaates ist oder, im Falle des Vereinigten Königreichs oder Irlands, dort sein „domicile" hat (zur evtl Primärrechtswidrigkeit der Vorschrift siehe mit eingehender Arg. u.a. *Hau*, FamRZ 2000, 1333, 1335 f; Nachw. zum Streitstand bei NK-BGB/*Gruber*, Anh. I zum III. Abschnitt EGBGB, Art. 3 EheVO 2003 Rn 48 ff.
16 Grünbuch S. 3 ff (unter 2.1.).
17 Commission Staff Working Paper, Annex to the Green Paper on applicable law and jurisdiction in divorce matters (COM(2005)82 final) v. 14.3.2005, SEC(2005)331, S. 7 ff; siehe auch (mit Hinweisen auf neuere Entwicklungen) *Baarsma*, The Europeanisation of International Family Law, 2011, S. 145 ff.
18 Hierzu sind nach dem Commission Staff Working Paper Irland, Italien, Polen, die Slowakei, Slowenien und Spanien zu rechnen. Spanien zählt aber mittlerweile zu den Staaten, die eine praktisch voraussetzungslose Scheidung eingeführt haben (siehe Ley 15/2005, v. 8.7.2005, Boletin Oficial del Estado, No. 163 v. 9.7.2005, S. 24458–24461; hierzu *Martin-Casals/Ribot*, FamRZ 2006, 1331 ff). Malta sah lange Zeit überhaupt keine Scheidung vor, hat sie aber zwischenzeitlich eingeführt (Civil Code (Amendment) Act, 2011, in Government Gazette of Malta No. 18.784 v. 29.7.2011; im Internet abrufbar unter <http://www.doi.gov.mt>). Die maßgebliche Regel zu den Scheidungsgründen findet sich in Art. 66B des Civil Code.
19 Hierzu zählt das Commission Staff Working Paper Finnland und Schweden (S. 3). Seit einigen Jahren gewährt auch Spanien eine (fast) voraussetzungslose Scheidung (siehe vorangegangene Fn).
20 Zu einer tabellarischen Übersicht siehe noch Commission Staff Working Paper, S. 13 f.
21 Grünbuch, S. 6 (unter 3.5).
22 Aus der Literatur (sehr kritisch) *Lardeux*, Recueil Dalloz 2008, 795, 796.
23 Grünbuch, S. 9 (unter 3.4).

Bereich vor.²⁴ Der Vorschlag sah zunächst einige Ergänzungen und Änderungen der Vorschriften über die internationale Zuständigkeit in Ehesachen vor. Im Einzelnen enthielt der Vorschlag eine Vorschrift, mit der die Möglichkeit einer Gerichtsstandvereinbarung in der EheVO 2003 geschaffen werden sollte;²⁵ ferner sah er vor, die in den Artt. 6, 7 EheVO 2003 enthaltene (ergänzende) Verweisung auf nationales Zuständigkeitsrecht zu streichen und durch eine europäisch-autonome Regelung der Restzuständigkeiten zu ersetzen.²⁶

Vor allem sollte nach dem Verordnungsvorschlag die EheVO 2003 durch Kollisionsregeln ergänzt werden.²⁷ Art. 20 a des Vorschlags enthielt eine Regelung der Rechtswahl; ²⁸ Art. 20 b eine Regelung der objektiven Anknüpfung.²⁹ Beide Vorschriften entsprechen in ihrer Grundkonzeption den aktuellen Vorschriften der Rom III-VO; in verschiedenen Einzelpunkten wurden sie im Verlauf des Gesetzgebungsverfahrens aber noch erheblich verändert.

18

Art. 81 Abs. 3 AEUV schreibt für den Erlass von Rechtsakten im Bereich des Familienrechts ein besonderes Gesetzgebungsverfahren vor.³⁰ Nur der Rat hat in diesem Bereich ein Initiativrecht; die Entscheidung des Rats setzt nach Art. 81 Abs. 3 Unterabs. 1 S. 2 grundsätzlich – vorbehaltlich nur der Unterabs. 2 und 3 – **Einstimmigkeit** voraus.

19

Auf seiner Tagung vom 5./6.6.2008 in Luxemburg stellte der Rat fest, dass die geforderte Einstimmigkeit nicht erreicht werden konnte. Es gebe unüberwindbare Schwierigkeiten, die auch in absehbarer Zukunft eine einstimmige Annahme der Verordnung unmöglich machen.³¹

20

Der Verordnungsentwurf wurde vor allem von den Mitgliedstaaten abgelehnt, die in ihrem internen Kollisionsrecht auf die heimische *lex fori* abstellen. Besonders energischer Widerstand kam von Schweden. Diesem Mitgliedstaat ging es darum, das eigene – liberale – Scheidungsrecht auch in internationalen Sachverhalten soweit wie möglich anzuwenden.³² Die Anwendung eines weniger scheidungsfreundlichen ausländischen Scheidungsrechts lehnte Schweden ab; nicht akzeptabel war aus schwedischer Sicht auch die Anwendung islamischen Scheidungsrechts.³³

21

3. Verfahren der Verstärkten Zusammenarbeit. Aufgrund der fehlenden Einstimmigkeit im Rat war die geplante Änderung und Ergänzung der EheVO 2003 nicht mehr zu erreichen. Die Änderung der vorhandenen Vorschriften war gescheitert.

22

Einige Mitgliedstaaten verfolgten das Projekt der Kollisionsrechtsvereinheitlichung allerdings in dem (besonderen) Verfahren über die „Verstärkte Zusammenarbeit" (Art. 20 EUV iVm Artt. 326–334 AEUV) weiter. Ein im Wege der Verstärkten Zusammenarbeit geschlossener Rechtsakt gilt zunächst nur für die Mitgliedstaaten, die sich daran beteiligen. Die anderen Mitgliedstaaten können das Ergebnis später übernehmen. Die Kollisionsrechtsvereinheitlichung musste daher außerhalb der EheVO 2003 in einem gesonderten Rechtsakt erfolgen.

23

---

24 COM(2006) 399 fin.
25 Art. 3 a des Verordnungsvorschlags.
26 Art. 7 des Verordnungsvorschlags.
27 Artt. 20 a–d des Verordnungsvorschlags.
28 **Artikel 20 a**
Rechtswahl durch die Parteien
1. Die Ehegatten können bei Ehescheidung und Trennung ohne Auflösung des Ehebandes einvernehmlich das anwendbare Recht bestimmen. Folgende Rechtsordnungen kommen hierfür in Frage:
(a) das Recht des Staates, in dem die Ehegatten ihren letzten gemeinsamen gewöhnlichen Aufenthalt hatten, sofern einer von beiden dort noch seinen gewöhnlichen Aufenthalt hat,
(b) das Recht des Staates, dessen Staatsangehörigkeit beide Ehegatten besitzen, oder – im Fall des Vereinigten Königreichs und Irlands – in dem sie ihr gemeinsames „domicile" haben,
(c) das Recht des Staates, in dem die Ehegatten während mindestens fünf Jahren ihren gewöhnlichen Aufenthalt hatten,
(d) das Recht des Mitgliedstaates, in dem der Antrag gestellt wird.
2. Eine Rechtswahlvereinbarung bedarf der Schriftform und ist von beiden Ehegatten spätestens bei Anrufung des Gerichts zu unterzeichnen.
29 **Artikel 20 b**
Anwendbares Recht in Ermangelung einer Rechtswahl durch die Parteien
In Ermangelung einer Rechtswahl gemäß Artikel 20 a richtet sich das Scheidungsverfahren oder Verfahren zur Trennung ohne Auflösung des Ehebandes nach dem Recht des Staates,
(a) in dem die Ehegatten ihren gemeinsamen gewöhnlichen Aufenthalt haben, oder ersatzweise
(b) in dem die Ehegatten ihren letzten gemeinsamen gewöhnlichen Aufenthalt hatten, sofern einer von ihnen dort noch seinen Aufenthalt hat, oder ersatzweise
(c) dessen Staatsangehörigkeit beide Ehegatten besitzen bzw. – im Falle des Vereinigten Königreichs und Irlands – in dem sie ihr gemeinsames „domicile" haben, oder ersatzweise
(d) in dem der Antrag gestellt wird.
30 Dazu näher *Dethloff/Hauschild,* FPR 2010, 489 ff.
31 Vgl Erwägungsgrund 5.
32 Vgl *Kohler,* FamRZ 2008, 1673, 1678; *ders.,* FPR 2008, 193, 195. MüKo/*Winkler v. Mohrenfels,* Art. 17 EGBGB Rn 6.
33 Zur weiteren Kritik an dem Verordnungsentwurf siehe noch vgl auch *Baarsma,* NIPR 2009, 9 ff; (allzu) kritisch *Fiorini,* International Journal of Law, Policy and the Family 2008, 178 ff.

24 Am 12.7.2010 fasste der Rat einen Beschluss, in dem er einzelne Mitgliedstaaten dazu ermächtigte, eine Verstärkte Zusammenarbeit im Bereich des auf die Ehescheidung und Trennung ohne Auflösung des Ehebandes anzuwendenden Rechts zu begründen.[34] Bereits kurze Zeit später wurde die Verordnung (EU) des Rates v. 20.12.2010 zur Durchführung einer verstärkten Zusammenarbeit im Bereich des auf die Ehescheidung und Trennung ohne Auflösung des Ehebandes anzuwendenden Rechts erlassen.[35] Die Verordnung ist seit dem 21.6.2012 in den an ihr teilnehmenden Mitgliedstaaten Belgien, Bulgarien, Deutschland, Frankreich, Italien, Lettland, Luxemburg, Malta, Österreich, Portugal, Rumänien, Spanien, Slowenien und Ungarn anzuwenden. Mittlerweile nimmt auch Litauen an der Rom III-VO teil.[36] Die anderen Mitgliedstaaten wenden weiterhin ihr eigenes nationales oder ggf staatsvertragliches Kollisionsrecht an.

25 Die Verordnung (EU) Nr. 1259/2010 enthält – anders als die Verordnungen „Rom I" und „Rom II" – in ihrer offiziellen Bezeichnung nicht den Hinweis darauf, dass sie zu der Reihe der „Rom"-Verordnungen gehört. Inhaltlich setzt sie jedoch die kollisionsrechtliche Tätigkeit des EU-Gesetzgebers fort. Der Sache nach dürfte sich daher die Bezeichnung „Rom III" durchsetzen.

C. Anwendung in der Praxis

26 Bei der Auslegung der Rom III-VO ist zu beachten, dass es sich nicht um unvereinheitlichtes nationales Recht, sondern um Unionsrecht handelt. Damit ist die vom EuGH verwendete Auslegungsmethode auch auf die Rom III-VO anzuwenden. In der Rom III-VO verwendete Begriffe sind – nicht anders als in der EheVO 2003 – grundsätzlich **autonom auszulegen**.[37] Einem bestimmten Begriff kann maW dann, wenn er auf der Ebene des Unionsrechts verwendet wird, eine andere Bedeutung zukommen als auf der Ebene des nationalen Rechts.

27 Im Rahmen der Auslegung ist insbesondere zu beachten, wie entsprechende Begriffe in der EheVO 2003 verstanden bzw durch den EuGH konkretisiert werden. Im Zweifel ist eine begriffliche Übereinstimmung zwischen der Rom III-VO und der EheVO 2003 anzustreben. Dies legt bereits die Entstehungsgeschichte nahe (siehe Rn 17 ff) und wird im 10. Erwägungsgrund zur Rom III-VO deutlich zum Ausdruck gebracht. Nach dem 10. Erwägungsgrund sollen der sachliche Anwendungsbereich und die Bestimmungen der Rom III-VO mit der EheVO 2003 „im Einklang stehen".

28 Im Rahmen der Rom III-VO auftretende Auslegungsfragen können nach Art. 267 Abs. 1 lit. b AEUV dem EuGH zur **Vorabentscheidung** vorgelegt werden. Die Zuständigkeit des EuGH besteht ungeachtet dessen, dass die Verordnung nicht für alle Mitgliedstaaten gilt. Vorlagebefugt sind auch solche Gerichte, deren Entscheidungen noch mit einem ordentlichen Rechtsmittel angefochten werden können. Gerichte, deren Entscheidungen nicht mehr mit einem ordentlichen Rechtsmittel angefochten werden können, haben bei Auslegungszweifeln eine Pflicht zur Vorlage (Art. 267 Abs. 3 AEUV).

D. Grundzüge der Rom III-VO

I. Überblick über die wesentlichen Regelungen

29 **1. Sachlicher Anwendungsbereich.** Die Rom III-VO betrifft sachlich die **„Scheidung"** und die **„Trennung ohne Auflösung des Ehebandes"** (Art. 1 Abs. 1), nicht aber die Ungültigerklärung der Ehe (Art. 1 Abs. 2 lit. c).

30 Aus deutscher Sicht beginnen die Abweichungen zum nationalen Kollisionsrecht bereits bei der Bestimmung des sachlichen Anwendungsbereichs der Rom III-VO. Unter dem Begriff der „Ehe", wie ihn die Rom III-VO verwendet, ist nämlich nach zutreffender Auffassung nicht mehr nur die heterosexuelle, son-

---

[34] Beschluss 2010/405/EU; ABl. L 189 vom 22.7.2010, S. 12. Im Einzelnen handelte es sich um Belgien, Bulgarien, Deutschland, Frankreich, Italien, Spanien, Lettland, Luxemburg, Ungarn, Malta, Österreich, Portugal, Rumänien und Slowenien.

[35] ABl. EU Nr. L 343/10.

[36] Siehe Beschluss der Kommission vom 21.11.2012 zur Bestätigung der Teilnahme Litauens an der Verstärkten Zusammenarbeit im Bereich des auf die Ehescheidung und Trennung ohne Auflösung des Ehebandes anzuwendenden Rechts (ABl. L 323 vom 22.11.2012, S. 18).

[37] Vgl insb. zum Begriff „Zivilsache" in Art. 1 Abs. 1 EheVO 2003 EuGH, Rs C-435/06, Slg 2007, I-10141 = IPRax 2008, 509 mit zust. Bespr. *Gruber* 490 = FamRZ 2008, 125 mit zust. Bespr. *Dutta*, 835 sowie EuGH, Rs C-523/07, FamRZ 2009, 843, 844 (Rn 27); zum Begriff der „Staatsangehörigkeit" in Art. 3 Abs. 1 lit. b EheVO 2003 EuGH, C-168/08, Hadadi ./. Mesko, FamRZ 2009, 1571, 1572 (Rn 38); zum Begriff des „gewöhnlichen Aufenthalts" in Art. 8 Abs. 1 EheVO 2003 EuGH, Rs C-523/07, FamRZ 2009, 843, 845 (Rn 34 ff).

dern auch die **gleichgeschlechtliche Ehe** zu verstehen (siehe ausf. unten Art. 1 Rn 21 ff).[38] Die gleichgeschlechtliche Ehe wird also in den Anwendungsbereich der Rom III-VO mit einbezogen; allerdings wird den Mitgliedstaaten, die (wie auch Deutschland) in ihrem internen Recht die gleichgeschlechtliche Ehe nicht vorsehen, ein Recht zur Entscheidungsverweigerung eingeräumt (Art. 13 Var. 2).

Praktisch sehr bedeutsam ist die Feststellung, dass sich die Rom III-VO nur auf die gestaltende Entscheidung, aber nicht auf sonstige Folge- oder **Nebenentscheidungen** bezieht. Nicht in den Anwendungsbereich fallen also etwa die unterhalts- und güterrechtlichen sowie allgemein die vermögensrechtlichen Folgen der Ehescheidung. Hier ist Verordnungsrecht bzw staatsvertragliches oder nationales Kollisionsrecht heranzuziehen (siehe hierzu näher Art. 1 Rn 94 ff). 31

Unklar ist, ob die Rom III-VO (analog) auch auf die **Privatscheidung** anzuwenden ist.[39] Diese Frage hat – im Lichte des fortbestehenden Art. 17 Abs. 2 EGBGB – nur praktische Relevanz für Privatscheidungen, die außerhalb Deutschlands vorgenommen werden (vgl ausf. Art. 1 Rn 62 ff). 32

In **zeitlicher Hinsicht** gilt die Rom III-VO nach Art. 18 Abs. 1 Unterabs. 1 für Verfahren und Rechtswahlvereinbarungen nach Art. 5, die ab dem 21.6.2012 eingeleitet bzw geschlossen werden.[40] Eine Rechtswahlvereinbarung, die vor dem 21.6.2012 geschlossen wurde und die Voraussetzungen der Rom III-VO erfüllt, ist nach Art. 18 Abs. 1 S. 2 in einem ab dem 21.6.2012 eingeleiteten Verfahren ebenfalls als wirksam anzusehen.[41] 33

2. Kollisionsregeln. a) Rechtswahl. Eine wesentliche Besonderheit der Rom III-VO besteht darin, dass sie der Rechtswahl einen großen Raum gibt. Zwar sah auch das deutsche Kollisionsrecht Möglichkeiten der Rechtswahl vor (Artt. 17, 14 Abs. 2–4 EGBGB); die Rom III-VO geht jedoch deutlich darüber hinaus. Für die meisten anderen Mitgliedstaaten stellt die Möglichkeit einer Rechtswahl im internationalen Scheidungsrecht sogar etwas völlig Neues dar. 34

Äußerlich wird die Bedeutung der Rechtswahl in der Rom III-VO durch die systematische Anordnung der Vorschriften unterstrichen. Vorrangig ist nach Art. 5 zu prüfen, ob die Parteien eine Rechtswahl getroffen haben; nur hilfsweise – "mangels einer Rechtswahl" – ist nach Art. 8 objektiv anzuknüpfen.[42] Die Vorschrift beschränkt allerdings die Wahl auf einzelne Rechtsordnungen, zu denen die Ehegatten oder zumindest einer der Ehegatten eine Verbindung haben bzw hat.[43] Wählbar ist auch das Recht eines nicht teilnehmenden Mitgliedstaates oder eines Drittstaates (Art. 4). 35

Es bleibt abzuwarten, ob die Rechtswahl auch in der Praxis eine entsprechend große Bedeutung erlangen wird. Denkbar ist insbesondere, dass die Parteien im Rahmen eines bereits **laufenden Scheidungsverfahrens** eine Wahl zugunsten der *lex fori* treffen (vgl Art. 5 Abs. 1 lit. d); damit vermeiden sie es, dass das Gericht ein aus seiner Sicht fremdes Recht ermitteln muss bzw die Parteien – ggf durch Sachverständige uÄ – Beweis über den Inhalt des ausländischen Rechts antreten müssen. Zudem kann die Wahl der *lex fori* dazu dienen, ein eventuell objektiv an sich anwendbares scheidungsfeindliches Recht abzuwählen. 36

Weitaus fraglicher ist, ob die Rechtswahl auch **vorprozessual** größere Bedeutung erlangen wird. Hierbei ist zu berücksichtigen, dass die Rom III-VO aktuell nur in den 15 teilnehmenden Mitgliedstaaten gilt. Die nicht teilnehmenden Mitgliedstaaten sowie Drittstaaten messen demgegenüber in ihren nationalen Kollisionsrechten der Rechtswahl regelmäßig keine oder nur eine geringe Bedeutung bei. Wird der Scheidungsantrag in 37

---

38 Gleichgeschlechtliche Ehen sind etwa im niederländischen, belgischen, spanischen, portugiesischen, norwegischen und schwedischen Recht sowie in einigen Bundesstaaten der USA vorgesehen (siehe *Mankowski/Höffmann,* IPRax 2011, 247, 248 ff).

39 Dies bejahend *Helms,* FamRZ 2011, 1765, 1766; *Sonnenberger,* IPRax 2011, 325, 328; abl. *Gärtner,* Die Privatscheidung im deutschen und gemeinschaftsrechtlichen internationalen Privat- und Verfahrensrecht, 2008, S. 306 ff; *Schurig,* FS von Hoffmann, 2011, 405, 412; *Rossolillo,* Le nuove leggi civili commentate (NLCC) 2011, 1447, 1450.

40 Der Zeitpunkt der Einleitung des Verfahrens richtet sich – im Lichte des 10. und 13. Erwägungsgrundes – nach Art. 16 EheVO 2003.

41 Sie muss aber zur Vermeidung einer rückwirkenden Anwendung der Rom III-VO nach dem Zeitpunkt des Inkrafttretens der Rom III-VO – also am oder nach dem 30.12.2010 (vgl Art. 21 S. 1) – erfolgt sein (*Franzina,* Cuadernos de Derecho Transnacional (CDT) 2011, 85, 106 Rn 38 mit Fn 93). Unter die Vorschrift fällt auch eine Rechtswahl, die sich unmittelbar nur auf die allgemeinen Ehewirkungen bezieht, aber mittelbar, wie im Falle von Artt. 17, 14 EGBGB, auch das Scheidungsrecht festlegt (vgl *Helms,* FamRZ 2011, 1765, 1767).

42 In den (wenigen) Mitgliedstaaten, die die Rechtswahl in ihrem internen Scheidungskollisionsrecht als solche kennen, hat sie demgegenüber zumeist eine nur untergeordnete bzw die objektive Anknüpfung ergänzende Funktion (vgl *Hammje,* Rev. crit. dr. intern. privé 2011, S. 291, 311 Rn 21; zum niederländischen Kollisionsrecht *Baarsma,* S. 42 ff).

43 Vgl dazu bereits das Grünbuch über das anzuwendende Recht und die gerichtliche Zuständigkeit in Scheidungssachen (KOM(2005) 82 endg.) S. 8 (unter 3.3.): „Würde man den Parteien unbegrenzte Wahlfreiheit einräumen, könnte dies zur Anwendung „exotischer" Rechtsvorschriften führen, zu denen die Parteien wenig oder gar keine Verbindung haben." Krit. *Caravaca/González,* Cuadernos de Derecho Transnacional (CDT) 2009, 36, 56 Rn 23.

einem nicht teilnehmenden Mitgliedstaat oder einem Drittstaat gestellt, so wird sich eine Rechtswahl – die zwischen den Parteien an sich für Rechtssicherheit sorgen soll – zumeist als wirkungslos erweisen. Treffen die Parteien vorprozessual eine Rechtswahl, sollten sie maW stets im Auge haben, welches Gericht (voraussichtlich) über den Scheidungsantrag entscheiden wird.[44] Zur fehlenden Möglichkeit einer Gerichtsstandsvereinbarung siehe noch Rn 86 f.

38 In jedem Fall ist zu berücksichtigen, dass die Rechtswahl (mittelbar) Auswirkungen auf die **Anknüpfung von Scheidungsfolgen** haben kann. Hier ist u.a. Art. 8 Abs. 1 lit. d des Haager Protokolls über das auf Unterhaltspflichten anzuwendende Recht vom 23.11.2007 zu beachten. Nach dieser Vorschrift können die Ehegatten für die Unterhaltspflichten das Recht des Staates bestimmen, das sie als das auf ihre Ehescheidung oder Trennung ohne Auflösung der Ehe anzuwendende Recht bestimmt haben. Das für die Scheidung gewählte Recht kann maW auch für den Nachscheidungsunterhalt gewählt werden.

39 Im verbleibenden deutschen Kollisionsrecht bestimmt Art. 17 Abs. 1 EGBGB nF, dass sich solche vermögensrechtlichen Scheidungsfolgen, die nicht vorrangig von anderen Kollisionsnormen erfasst sind, nach dem durch die Rom III-VO festgelegten Recht richten. Vor allem nimmt auch die Anknüpfung für den **Versorgungsausgleich** (Art. 17 Abs. 3 EGBGB nF) auf die Rom III-VO Bezug. Die Wahl oder Abwahl deutschen Scheidungsrechts kann daher unmittelbar Auswirkungen auf die Durchführung des Versorgungsausgleichs haben (siehe näher Art. 1 Rn 113 ff).

40 **b) Objektive Anknüpfung.** Ein Paradigmenwechsel ergibt sich aus deutscher Sicht auch im Rahmen der objektiven Anknüpfung. Anstelle der vormals herrschenden Anknüpfung an die gemeinsame Staatsangehörigkeit (vgl Rn 2) tritt die Anknüpfung an den gemeinsamen **gewöhnlichen Aufenthalt** der Parteien (Art. 8 lit. a). Bei einer Scheidung zweier türkischer Staatsangehöriger mit gewöhnlichem Aufenthalt in Deutschland ist also – anders als bisher – nicht mehr das türkische, sondern das deutsche Scheidungsrecht anzuwenden.

41 Hilfsweise, falls lit. a nicht erfüllt ist, wird auf den letzten gemeinsamen gewöhnlichen Aufenthalt abgestellt, soweit einer der Ehegatten zum Zeitpunkt der Anrufung des Gerichts dort noch seinen gewöhnlichen Aufenthalt hat (lit. b). Allerdings wird einschränkend vorausgesetzt, dass der gemeinsame gewöhnliche Aufenthalt nicht vor mehr als einem Jahr vor Anrufung des Gerichts endete.[45] Diese zeitliche Limitierung erscheint „gegriffen"; sie dürfte im Einzelfall zu einem „taktischen" Verhalten der Ehegatten – der Beschleunigung oder Verzögerung der Antragstellung – Anlass geben.[46] Zudem hat sie eine „Flüchtigkeit" der objektiven Anknüpfung zur Folge: Bereits der Wechsel des gewöhnlichen Aufenthalts nur *eines* Ehegatten führt zu einer Hilfsanknüpfung nach lit. c oder lit. d; vorausgesetzt wird hierbei nur noch, dass nach Begründung des neuen gewöhnlichen Aufenthalts noch die Jahresfrist abläuft. Damit kann der Wechsel des gewöhnlichen Aufenthalts nur eines Ehegatten die Anwendung eines neuen Scheidungsrechts zur Folge haben. Die (Kontinuitäts-)Interessen des „verlassenen" Ehegatten, der seinen gewöhnlichen Aufenthalt beibehalten hat, werden in diesem Fall nicht hinreichend berücksichtigt.[47]

42 Soweit die Anknüpfung nach Art. 8 lit. a und lit. b fehlschlägt, wird nach lit. c an die zum Zeitpunkt der Rechtshängigkeit bestehende gemeinsame **Staatsangehörigkeit der Ehegatten** angeknüpft. Die im vormaligen deutschen Kollisionsrecht primäre Anknüpfung kommt also nur noch hilfsweise zum Zug. Gänzlich ohne Bedeutung ist – anders als im bisherigen deutschen Kollisionsrecht – eine zu einem früheren Zeitpunkt bestehende gemeinsame Staatsangehörigkeit der Ehegatten.

43 Schlägt auch diese Hilfsanknüpfung fehl – besteht also keine gemeinsame Staatsangehörigkeit der Ehegatten –, ist gem. lit. d die *lex fori* anzuwenden. Art. 8 lit. d erfüllt auf den ersten Blick dieselbe Funktion wie die vormals in Art. 14 Abs. 1 Nr. 3 EGBGB enthaltene Hilfsanknüpfung („engste Verbindung"). Näher betrachtet kommt lit. d allerdings, verglichen mit der vormaligen deutschen Hilfsanknüpfung, recht häufig zur Anwendung. Lit. d ist nämlich immer dann einschlägig, wenn die Ehegatten aktuell über keinen gemeinsamen gewöhnlichen Aufenthalt verfügen und auch der letzte gemeinsame gewöhnliche Aufenthalt mehr als ein Jahr zurückliegt (lit. a, b) und die beiden Ehegatten zudem keine gemeinsame Staatsangehörigkeit haben (lit. c). Die Vorschrift ist daher nicht auf seltene Ausnahmefälle beschränkt; vielmehr handelt es sich um ein nicht unerhebliches Zugeständnis an diejenigen Mitgliedstaaten, die in ihrem bisherigen Recht generell oder jedenfalls tendenziell die Anwendung der eigenen *lex fori* bevorzugen (vgl noch Rn 21). Die Vorschrift kann zur Folge haben, dass sich die Scheidung nach einem Recht richtet, mit dem der Antragsgegner keinerlei Verbindung aufweist.[48] Dies kann insbesondere der Fall sein, wenn der Antragsteller die

---

44 *Hammje,* Rev. crit. dr. intern. privé 2011, 291, 310 Rn 19.
45 Der Verordnungsvorschlag v. 17.7.2006 enthielt diese Einschränkung noch nicht.
46 Abl. auch *Schurig,* in: FS v. Hoffmann, 2011, S. 405, 407; anders *Biagioni,* Le nuove leggi civili commentate (NLCC) 2011, 1491, 1499.
47 Siehe bereits *Gruber,* IPRax 2012, 381, 387.
48 Siehe bereits *Gruber,* IPRax 2012, 381, 388.

Scheidung an seinem gewöhnlichen Aufenthaltsort begehrt (vgl Art. 3 Abs. 1 lit.1 Spiegelstr. 5 und 6 EheVO 2003).

Nach Art. 11 wird in allen Fällen unmittelbar auf das Sachrecht verwiesen. Damit ist eine evtl Rück- oder Weiterverweisung durch das Kollisionsrecht dieses Staates nicht zu prüfen.[49] Dies gilt auch dann, wenn im Rahmen der objektiven Anknüpfung auf das Recht eines nicht teilnehmenden Mitgliedstaates oder Drittstaates verwiesen wird. 44

c) Verweigerungsrechte, ordre public. Die Verhandlungen über die Rom III-VO haben dazu geführt, dass in die Verordnung verschiedene Vorbehaltsklauseln und Verweigerungsrechte eingefügt worden sind. Der ursprüngliche Verordnungsentwurf hatte sich noch auf den allgemeinen *ordre public*-Vorbehalt beschränkt.[50] 45

Art. 10 soll den Vorbehalten und Befürchtungen einzelner Mitgliedstaaten gegenüber dem Scheidungsrecht von Drittstaaten Rechnung tragen. Var. 1 der Vorschrift schließt die Anwendung ausländischen Rechts dann aus, wenn dieses, wie etwa zT das philippinische Recht, gar **keine Ehescheidung** vorsieht. Var. 2 bezieht sich auf den Fall, dass das an sich anwendbare Recht einem Ehegatten aufgrund seiner **Geschlechtszugehörigkeit** keinen „gleichberechtigten Zugang" zur Ehescheidung eröffnet. Die Vorschrift stellt ihrem Wortlaut nach nicht auf das konkrete Ergebnis der Anwendung ausländischen Rechts, sondern – abstrakt – auf dessen geschlechterdiskriminierenden Inhalt ab. Dies dürfte auf einen kategorischen Ausschluss des **islamischen Scheidungsrechts**, aber auch etwa des **jüdischen Scheidungsrechts** hinauslaufen. Es bleibt abzuwarten, ob diese Vorschrift durch die Gerichte einschränkend, ggf doch stärker „ergebnisbezogen" ausgelegt wird (dazu ausf. Art. 10 Rn 23 ff).[51] 46

Art. 12 enthält schließlich den allgemeinen *ordre public*-**Vorbehalt**. Die Vorschrift kommt aber nur zur Anwendung, soweit nicht vorrangig Art. 10 eingreift. Für sie bleiben daher etwa die Fälle übrig, in denen das anwendbare Recht die Scheidung nicht per se, aber im konkreten Fall ausschließt und damit die Parteien nach Lage des Einzelfalles unzumutbar beeinträchtigt. 47

Art. 13 räumt den Mitgliedstaaten ein (neuartiges) Recht zur **Entscheidungsverweigerung** ein. Sie nimmt hierbei auf das innerstaatliche Sachrecht der einzelnen Mitgliedstaaten Rücksicht. Var. 1 der Vorschrift betrifft den Fall, dass in dem internen Recht des Mitgliedstaates eine Scheidung generell-abstrakt nicht vorgesehen ist; da Malta mittlerweile die Scheidung eingeführt hat, ist die Vorschrift aktuell (und auch aller Voraussicht nach zukünftig) gegenstandslos. 48

Var. 2 bezieht sich demgegenüber auf die praktisch mittlerweile sehr bedeutsame Scheidung einer **gleichgeschlechtlichen Ehe**. Die Vorschrift richtet sich an die Mitgliedstaaten, die in ihrem internen Recht die gleichgeschlechtliche Ehe nicht kennen. Sie räumt ihnen die Möglichkeit ein, die Scheidung einer gleichgeschlechtlichen Ehe (gänzlich) zu verweigern. Die Norm ist auch für Deutschland relevant, da das deutsche Recht zwar eine eingetragene Lebenspartnerschaft, nicht aber die gleichgeschlechtliche Ehe kennt. Eine vollständige Verweigerung der Entscheidung dürfte aber in Deutschland gegen den verfassungsrechtlich verbürgten Anspruch auf Justizgewährung verstoßen. Es bleibt abzuwarten, ob und in welcher Form diese Norm auch in der deutschen Gerichtspraxis herangezogen wird (vgl näher Art. 13 Rn 30 ff). 49

II. Der „favor divortii" im europäischen Scheidungsrecht

Bei näherer Betrachtung wird deutlich, dass der europäische Gesetzgeber mit der EheVO 2003 und der Rom III-VO keineswegs materiellrechtlich „neutrale" Regelungswerke geschaffen hat. Vielmehr liegt beiden Regelungswerken ein materiellrechtlich geprägtes Leitbild der Scheidung zugrunde. 50

Sowohl die EheVO 2003 als auch die Rom III-VO wirken darauf hin, dass eine Scheidung rasch und einfach erfolgen kann. Es geht beiden Verordnungen um die Durchsetzung einer größtmöglichen, wenngleich auf Fälle mit Auslandsbezug beschränkten Scheidungsfreiheit. 51

In der EheVO 2003 kommt dies dadurch zum Ausdruck, dass dem Antragsteller in den Artt. 3 ff eine Vielzahl alternativ anwendbarer **Gerichtsstände** zur Verfügung gestellt wird. Selbstverständlich wird der 52

---

49 Krit. dazu *Kohler,* FamRZ 2008, 1673, 1679; *Schurig,* FS von Hoffmann, 2011, S. 405, 412 f; *Gruber,* IPRax 2012, 381, 388.
50 Art. 20 e des Vorschlags.
51 So die Erwartung im Entwurf eines Gesetzes zur Anpassung der Vorschriften des Internationalen Privatrechts an die Verordnung (EU) Nr. 1259/2010 und zur Änderung anderer Vorschriften des Internationalen Privatrechts, S. 8 (spezieller *ordre public*-Vorbehalt); aus der Lit. hierfür *Kohler/Pintens,* FamRZ 2011, 1433, 1434 („spezialisierte Vorbehaltsklausel für den Einzelfall,... die neben die ... allgemeine *ordre public*-Klausel tritt"); auch *Basedow,* Liber Amicorum Pintens, 2012, 135, 149; im Erg. auch *Helms,* FamRZ 2011, 1765, 1771 f; *Gruber,* IPRax 2012, 381, 391 (teleologische Reduktion); aA *Caravaca/González,* Cuadernos de Derecho Transnacional (CDT) 2009, 36, 67 Rn 42; *Leandro,* Le nuove leggi civili commentate (NLCC) 2011, 1503, 1504 und 1507 f.

53 Die scheidungsfreundliche Ausrichtung der EheVO 2003 wird des Weiteren dadurch indiziert, dass nur solche Entscheidungen, die eine Scheidung usw aussprechen, Gegenstand einer Anerkennung nach den Artt. 21 ff EheVO 2003 sind. Demgegenüber sind Entscheidungen, die einen entsprechenden Antrag ablehnen, nicht nach den Artt. 21 ff EheVO 2003 anzuerkennen.[52] Diese Differenzierung geht auf die nordischen Mitgliedstaaten zurück. Diese waren nicht bereit, ein scheidungsabweisendes Urteil eines scheidungsfeindlichen Mitgliedstaates anzuerkennen; denn durch eine derartige Anerkennung wären sie ggf daran gehindert gewesen, eine Scheidung nach dem eigenen (scheidungsfreundlichen) Recht auszusprechen.[53]

54 Die in der EheVO 2003 angelegte scheidungsfreundliche Tendenz wird in der Rom III-VO aufgegriffen und weitergeführt.[54] Am deutlichsten kommt dies in den Vorschriften zur **Rechtswahl** zum Ausdruck. Zuweilen wird die Rechtswahl (nur) den Zweck haben, die *lex fori* zur Anwendung zu bringen und damit dem Gericht und den Parteien die Ermittlung und die Anwendung ausländischen Rechts zu ersparen.[55] Fast immer werden die Parteien aber nur ein solches Recht wählen, das im konkreten Fall die Scheidung zulässt. Mittelbar erweist sich damit die Rechtswahl als Möglichkeit, ein „scheidungsfeindliches" Recht abzuwählen. Die Rom III-VO erhöht damit die Zahl der Fälle, in denen ein „scheidungsfreundliches" Recht anzuwenden ist, und sie reduziert die Zahl der Fälle, in denen das anwendbare Scheidungsrecht die Scheidung im konkreten Fall ausschließt.

55 Auch im Rahmen der **objektiven Anknüpfung** ergeben sich für den Antragsteller verschiedentlich Möglichkeiten, auf die Anwendung eines scheidungsfreundlichen Rechts hinzuwirken. So kann etwa die in Art. 8 lit. b enthaltene Jahresfrist Ausgangspunkt für entsprechende taktische Erwägungen des Antragstellers sein. Lässt das nach Art. 8 lit. b bezeichnete Recht – anders als die von Art. 8 lit. c und d bezeichneten Rechte – im konkreten Fall eine Scheidung zu, so empfiehlt es sich, den Antrag noch rechtzeitig vor Ablauf der Frist zu stellen; lässt demgegenüber nur das von Art. 8 lit. c oder lit. d bezeichnete Recht eine Scheidung zu, so wird der Antragsteller den Ablauf der Frist bis zur Einreichung des Scheidungsantrags abwarten.

56 Schließlich hat es der Antragsteller im Rahmen von Art. 8 lit. d (Anwendung der *lex fori*) unmittelbar in der Hand, sich – über die Wahl des Gerichtsstandes – das anwendbare Scheidungsrecht auszusuchen. Seine Wahl wird naturgemäß auf ein Recht fallen, das seinem Antrag entspricht, also im konkreten Fall die Scheidung zulässt.

57 Die scheidungsfreundliche Tendenz der Rom III-VO wird schließlich noch durch den bereits erwähnten Art. 10 Var. 1 abgesichert. Die Vorschrift schließt die Anwendung einer Rechtsordnung aus, die – abstraktgenerell – keine Scheidung vorsieht; dies gilt selbst dann, wenn diese Rechtsordnung von den Parteien gewählt worden ist.

E. Kompetenzfragen

58 Die Kompetenz der EU zur Schaffung eines europäisch-einheitlichen Kollisionsrechts folgt grundsätzlich aus Art. 81 Abs. 2 lit. c AEUV. Da auch Kollisionsnormen im Bereich des **Familienrechts** Gegenstand einer europäischen Gesetzgebung sein können, wird Art. 81 Abs. 3 AEUV vorausgesetzt.

59 Allerdings sind in der Literatur Zweifel an der Kompetenz der EU geäußert worden. Ausgangspunkt ist die – zutreffende – Beobachtung, dass sowohl die EheVO 2003 als auch in besonderer Weise die Rom III-VO dem (materiellrechtlichen) Prinzip einer größtmöglichen Scheidungsfreiheit verpflichtet sind (siehe Rn 50 ff).

---

52 Siehe Vorschlag für eine Verordnung (EG) des Rates über die Zuständigkeit und die Anerkennung und Vollstreckung von Entscheidungen in Ehesachen und in Verfahren betreffend die elterliche Verantwortung für die gemeinsamen Kinder der Ehegatten (COM (1999) 220 endg.), S. 20; *Ancel/Muir Watt,* Rev. crit. dr. intern. privé 89 (2001), 403, 435; *Pintens,* in Brussels II bis Regulation (Hrsg. U. Magnus et P. Mankowski), Art. 1 Rn 34.

53 *Ancel/Muir Watt,* Rev. crit. dr. intern. privé (2001), 403, 436.

54 Vgl *Fiorini,* International Journal of Law, Policy and the Family 2008, 178, 193 („... the proposal is based on a number of substantive presuppositions: there is a right to divorce, divorce must be egalitarian, easy, and quick, à la carte"); *Kohler,* FamRZ 2008, 1673, 1680 („Meistbegünstigung der Ehescheidung, genauer des die Scheidung betreibenden Ehegatten"), *Makowsky,* GPR 2012, 266, 272 und (sehr kritisch) *Lardeux,* Recueil Dalloz 2008, 795, 796.

55 Vgl zur Interessenlage der Parteien *Flessner,* Liber Amicorum Pintens, 2012, S. 593 ff; *ders.* ausf., Interessenjurisprudenz im internationalen Privatrecht, 1990, S. 58 ff, 111 ff.

In der Literatur ist die Frage aufgeworfen, ob hierin nicht eine Kompetenzüberschreitung in Gestalt einer 60
„verdeckten", nicht mehr durch Art. 81 Abs. 2 lit. c AEUV legitimierten **Sachrechtsangleichung** liegt.[56]
Tatsächlich wird die Scheidungsfreiheit in den genannten Verordnungen außergewöhnlich stark betont.
Dies dürfte jedoch (nur) im Rahmen einer rechtspolitischen Kritik von Bedeutung sein und nicht die Kompetenz zum Erlass derartiger Verordnungen in Frage stellen. Der Kollisionsrechtsgesetzgeber ist nicht darauf beschränkt, nur das „räumlich beste" Recht zu bestimmen; vielmehr hat er die Möglichkeit, Wertungen des materiellen Rechts aufzugreifen und ins Kollisionsrecht zu übertragen.

F. Nationale Gesetzgebung

I. Deutsche Durchführungsgesetzgebung

Die Rom III-Verordnung ist in ihren wesentlichen Teilen ab dem 21.6.2012 in Deutschland unmittelbar 61
anwendbar. Nationales Kollisionsrecht ist daneben, soweit der sachliche Anwendungsbereich der Verordnung reicht, nicht mehr heranzuziehen

Allerdings verweist die Rom III-VO in Teilbereichen der Rechtswahl auf das Kollisionsrecht der Mitglied- 62
staaten oder gibt diesen die Möglichkeit, ergänzende Vorschriften zu schaffen. So besagt Art. 5 Abs. 3 S. 1 der Verordnung, dass die Ehegatten die Rechtswahl auch im **Laufe des Verfahrens** vornehmen können, falls dies das Recht des angerufenen Gerichts vorsieht. Damit überlässt es die Verordnung dem nationalen Gesetzgeber, über die Zulässigkeit einer Rechtswahl im Prozess zu befinden und diese – etwa im Hinblick auf den letztmöglichen Zeitpunkt und die Form – näher auszugestalten. Nach Art. 46 d Abs. 2 EGBGB können die Ehegatten die Rechtswahl auch noch im Laufe des gerichtlichen Verfahrens bis zum **Schluss der letzten mündlichen Verhandlung im ersten Rechtszug** vornehmen. Nach Art. 46 d Abs. 2 S. 2 EGBGB findet § 127 a BGB im Falle der im Prozess getroffenen Rechtswahl entsprechende Anwendung; damit ist, soweit die Rechtswahl in einem gerichtlichen Vergleich zustande kommt, die Protokollierung nach der ZPO ausreichend.

Was die Form der **vorprozessualen Rechtswahl** anbelangt, statuiert Art. 7 Abs. 1 S. 1 der Verordnung nur 63
gewisse Mindestanforderungen (Schriftform, Datierung sowie Unterzeichnung durch beide Ehegatten).[57]
Nach Maßgabe von Art. 7 Abs. 2–4 können die Mitgliedstaaten aber weitergehende Formvorschriften vorsehen. Der deutsche Gesetzgeber hat für die vorprozessuale Rechtswahl das Erfordernis einer **notariellen Beurkundung** eingeführt (Art. 46 d Abs. 1 EGBGB).

II. Weitere die Rom III-VO ergänzende Kollisionsnormen

Die Rom III-VO betrifft im Wesentlichen nur die Voraussetzungen der Scheidung; sie stellt kein Kollisi- 64
onsrecht für die vermögensrechtlichen **Folgen der Scheidung** zur Verfügung. In diesem Bereich sind u.a. die vorhandenen unterhaltsrechtlichen und güterrechtlichen Kollisionsnormen anzuwenden. Es sind insoweit also aktuell das Haager Protokoll über das auf Unterhaltspflichten anwendbare Recht sowie aktuell – vorbehaltlich einer bevorstehenden EU-Gesetzgebung auch in diesem Bereich (vgl Art. 1 Rn 96) – Art. 15 EGBGB (Güterrecht) heranzuziehen.

Art. 17 Abs. 1 EGBGB nF regelt die Anknüpfung von solchen **vermögensrechtlichen Folgen** einer Schei- 65
dung, die von keinen vorrangigen Normen geregelt werden. Die Vorschrift besagt, dass sich diese Ansprüche nach dem durch die Rom III-VO bestimmten Recht richten. Es findet also insoweit eine **akzessorische Anknüpfung** an das Statut der Rom III-VO statt (vgl näher Art. 1 Rn 97 ff).

Die von der Rom III-VO ebenfalls nicht erfasste Anknüpfung des **Versorgungsausgleichs** findet sich nun- 66
mehr in Art. 17 Abs. 3 EGBGB nF. Diese Norm nimmt zunächst ebenfalls auf die Rom III-VO Bezug,
gestaltet dann aber die Anknüpfung abweichend aus (siehe Art. 1 Rn 113 ff).

III. Anknüpfung von Vorfragen

Bei der Anwendung der Rom III-VO stellen sich an verschiedenen Stellen **Vorfragen**. Die wichtigste Vor- 67
frage besteht darin, ob überhaupt eine **Ehe** zustande gekommen ist, welche sodann Gegenstand einer Scheidung oder einer Trennung ohne Auflösung des Ehebandes sein kann.

Die Rom III-VO enthält, was diese Vorfrage anbelangt, keine einschlägigen Kollisionsnormen. Dies wird in 68
Art. 1 Abs. 2 lit. b noch einmal ausdrücklich hervorgehoben. Auch für sonstige Vorfragen, die sich bei

---

56 *Kohler,* FamRZ 2008, 1673, 1680; einen Kompetenzverstoß annehmend *Lardeux,* Recueil Dalloz 2008, 795, 798.

57 Elektronische Übermittlungen, die eine dauerhafte Aufzeichnung der Vereinbarung ermöglichen, erfüllen die Schriftform (Art. 7 Abs. 1 S. 1).

Anwendung der Rom III-VO stellen können, enthält die Rom III-VO keinerlei Regelung (zur im Einzelfall relevanten Vorfrage nach dem Bestehen einer Unterhaltspflicht siehe etwa Art. 1 Rn 47).

69 Die Rom III-VO bringt auch keine Klärung der umstrittenen Frage, ob Vorfragen selbstständig oder unselbstständig anzuknüpfen sind.[58] Eine sog. **selbstständige Anknüpfung** der Vorfrage liegt dann vor, wenn stets – unabhängig davon, welches Recht für die scheidungsrechtliche Hauptfrage gilt – die Kollisionsnormen des Mitgliedstaates angewendet werden, dessen Gerichte über den Scheidungsantrag zu entscheiden haben. Deutsche Gerichte haben nach diesem Lösungsmodell daher die Vorfrage immer nach dem deutschen IPR anzuknüpfen, und dies auch dann, wenn ein ausländisches Recht für die Hauptfrage nach der Scheidung maßgeblich ist. Im Rahmen einer **unselbstständigen Anknüpfung** der Vorfrage richtet sich die Anknüpfung demgegenüber nach den Kollisionsnormen des Staates, dessen materielles Recht über die (hier) scheidungsrechtliche Hauptfrage entscheidet. Deutsche Gerichte haben daher nach dieser Lösung des Problems nur dann deutsches IPR auf die Vorfrage heranzuziehen, wenn nach den Kollisionsnormen der Rom III-VO auch deutsches Scheidungsrecht berufen ist. Ist demgegenüber ein ausländisches Scheidungsrecht berufen, sind nach dieser Lösung die ausländischen Kollisionsnormen des Scheidungsstatutstaates anzuwenden.[59]

70 Da die gesamte Vorfragenanknüpfung bewusst aus dem Anwendungsbereich der Rom III-VO ausgeklammert worden ist, liegt keine durch europäisch-einheitliche Regeln zu schließende interne Regelungslücke vor; vielmehr richtet sich die Anknüpfung der Vorfrage nach dem **nationalen Recht** der einzelnen Mitgliedstaaten. Es obliegt daher der nationalen Gesetzgebung bzw Rechtsprechung, hier geeignete Lösungen zu entwickeln. Da die Kompetenz der Mitgliedstaaten weiter besteht, ist es folgerichtig auch dem EuGH nicht möglich, eine europäisch-einheitliche Regelung zu entwickeln.[60]

71 Die deutsche Rechtsprechung nimmt grundsätzlich, soweit nicht im Einzelfall besondere Interessen für eine unselbstständige Anknüpfung sprechen, **eine selbstständige Anknüpfung der Vorfrage** vor. Regelmäßig findet also deutsches IPR auf die Vorfragenanknüpfung Anwendung.[61] Auch in der deutschen Literatur wird mehrheitlich – jedenfalls für den Regelfall – eine selbstständige Anknüpfung befürwortet.[62] Dies gilt auch dann, wenn sich Vorfragen im europäischen Verordnungs-Kollisionsrecht stellen.[63]

72 Für die selbstständige Anknüpfung spricht allgemein, dass in der Folge eine Regelungsfrage von deutschen Gerichten immer nach demselben Recht beurteilt wird, unabhängig davon, ob diese Regelungsfrage (wie etwa die Wirksamkeit einer Ehe) als Hauptfrage oder als Vorfrage zu beurteilen ist. Anderenfalls könnte von dem einen deutschen Gericht die Ehe in einem Fall als wirksam, im Rahmen eines Scheidungsverfahrens von einem anderen deutschen Gericht aber inzident als unwirksam (und umgekehrt) angesehen werden; deutsche Gerichte könnten sich mit anderen Worten in ihrer internen Entscheidungspraxis zueinander in Widerspruch setzen.[64] Indiziell kommt das besondere Interesse an einem inneren Entscheidungseinklang im Falle der Vorfrage nach einer wirksamen Ehe dadurch zum Ausdruck, dass § 107 Abs. 1 FamFG auch für ausländische Entscheidungen aus Drittstaaten, die das Bestehen oder Nichtbestehen einer Ehe feststellen, ein für alle inländischen Gerichte und Behörden verbindliches[65] Anerkennungsverfahren vorsieht. Das Interesse an der Wahrung des sog. **internen Entscheidungseinklangs** ist auch im Rahmen der Rom III-VO im Regelfall bedeutsamer als das Interesse am sog. internationalen (äußeren) Entscheidungseinklang, also dem Interesse daran, dass in der Hauptfrage insgesamt dasselbe Ergebnis erreicht wird, wie wenn in dem Staat entschieden würde, dessen Recht für die Hauptfrage maßgeblich ist.[66] Dass sich aus der Rom III-VO kein absolut vorrangiges Interesse an der Erzielung eines äußeren Entscheidungseinklangs ergibt, wird schließlich auch dadurch indiziert, dass die Verordnung eine sog. Sachnormverweisung ausspricht (Art. 11);

---

58 Erman/*Hohloch*, Art. 1 Rn 10 (die Verordnung enthalte keine Anordnung dergestalt, dass Vorfragen unselbständig anzuknüpfen seien).
59 Zur Terminologie siehe etwa Bamberger/Roth/*Lorenz*, Einl. IPR Rn 68 ff.
60 Auf eine entsprechende Vorlage hin müsste er aussprechen, dass die Frage nach der Anknüpfung der Vorfrage weiterhin dem nationalen Recht unterliegt; siehe *Solomon*, FS Spellenberg, 2010, S. 355, 370.
61 Siehe etwa BGH NJW-RR 2007, 145, 146 (Rn 12) und bereits BGHZ 43, 213, 218.
62 Zum (allerdings nach wie vor sehr kontroversen) Meinungsstand siehe etwa Palandt/*Thorn*, Einl. v. Art. 3 EGBGB Rn 29 ff; differenzierend MüKo/*Sonnenberger* Einl. Rn 542 ff.
63 Ausf. *Bernitt*, Die Anknüpfung von Vorfragen im europäischen Kollisionsrecht, 2009, S. 101 ff; für selbständige Anknüpfung im europäischen Kollisionsrecht auch *Solomon*, FS Spellenberg, 2010, S. 355 ff; *Gössl*, ZfRV 2011, 65 ff; aA Palandt/*Thorn* Art. 1 Rn 8.
64 v. *Bar/Mankowski* IPR I Rn 7194; *Kegel/Schurig* § 9 II 1; Bamberger/Roth/*Lorenz*, Einl. IPR Rn 71.
65 Siehe § 107 Abs. 9 FamFG.
66 Zu berücksichtigen ist ferner, dass das Merkmal „Ehe" nicht erst im Rahmen des für anwendbar erklärten Sachrechts, sondern bereits in den Kollisionsnormen der Rom III-VO auftaucht. Damit liegt nach verbreiteter Auffassung eine sog. kollisionsrechtliche Vorfrage (Erstfrage) vor; derartige Erstfragen sind nach verbreiteter Auffassung stets selbständig anzuknüpfen (v. *Bar/Mankowski* IPR I Rn 7.186; krit. MüKo/*Sonnenberger*, Einl. Rn 537 ff).

denn hierdurch schließt sie eine Rückverweisung, durch die ein internationaler Entscheidungseinklang gefördert würde, von vornherein aus.⁶⁷

Deutsche Gerichte haben daher nach der hier vertretenen Auffassung, soweit es um die Vorfrage nach dem **wirksamen Zustandekommen einer (heterosexuellen)** Ehe geht, im Rahmen einer selbstständigen Anknüpfung stets die Artt. 13, 11 EGBGB anzuwenden (siehe näher Art. 1 Rn 14 ff); dies gilt auch dann, wenn sich die Scheidung dieser Ehe (ihr wirksames Zustandekommen unterstellt) nach einem ausländischen Scheidungsrecht richtet.⁶⁸ Im Falle der **gleichgeschlechtlichen Ehe** ist nach hM entsprechend Art. 17 b EGBGB auf den Eheschließungsort abzustellen (siehe ausf. Art. 13 Rn 11 ff). 73

Liegt bereits ein **ausländisches Scheidungsurteil** vor, so kommt es auf dessen Anerkennung im Inland an. Die Anerkennung ausländischer Scheidungsurteile richtet sich nach den Artt. 21 ff EheVO 2003 bzw – im Falle von Urteilen aus Drittstaaten – nach den §§ 107, 109 FamFG (vgl Art. 1 Rn 17). 74

G. Rechtspolitische Bewertung; Reformperspektiven

I. Schwächen der Verordnung

In ihren Grundentscheidungen ist die Rom III-VO zunächst nicht zu beanstanden. So ist grundsätzlich nichts dagegen einzuwenden, in internationalen Scheidungsfällen auch Tatbestände der **Rechtswahl** vorzusehen und damit den Parteien die Möglichkeit zu geben, im Einzelfall ein „scheidungsfeindliches" Recht zugunsten eines scheidungsfreundlichen Rechts abzuwählen. In internationalen Konstellationen ist mit einer Wiederherstellung der ehelichen Lebensgemeinschaft tendenziell noch weniger zu rechnen als in reinen Inlandsfällen; dies gilt insbesondere dann, wenn die Ehegatten ihren gewöhnlichen Aufenthalt nicht (mehr) in demselben Staat haben. Damit besteht hier ein tendenziell größeres Interesse der Ehegatten an einer raschen und unkomplizierten Scheidung. 75

Allerdings hat der Verordnungsgeber die Rechtswahl doch wohl allzu weit ausgedehnt. Insbesondere lässt er auch die Wahl eines Rechts eines Staates zu, mit dem nur einer der Ehegatten (etwa durch seine Staatsangehörigkeit) eine Verbindung aufweist; hier besteht die Gefahr, dass einer der Ehegatten einer Rechtswahl zustimmt, ohne über den Inhalt des anwendbaren Rechts hinreichend informiert zu sein.⁶⁹ Dies gilt insbesondere deshalb, weil, wie dargelegt, die Rechtswahl (mittelbar) auch für einzelne Scheidungsfolgen bedeutsam sein kann (siehe Rn 38). 76

Auch im Rahmen der **objektiven Anknüpfung** ist nach der hier vertretenen Auffassung zunächst die im Grundsatz richtige Entscheidung getroffen worden. Die Anknüpfung an den gemeinsamen gewöhnlichen Aufenthalt ist gegenüber der bisher in Artt. 17, 14 Abs. 1 Nr. 1 EGBGB enthaltenen Anknüpfung an die gemeinsame Staatsangehörigkeit zu bevorzugen; sie führt häufig zur lex fori und erspart damit den Gerichten und Parteien die Mühen der Ermittlung ausländischen Rechts.⁷⁰ 77

Wenig überzeugend ist demgegenüber die Ausgestaltung der Hilfsanknüpfung in Art. 8 lit. b–d. Zu kritisieren ist insbesondere, dass der letzte gemeinsame gewöhnliche Aufenthalt der Ehegatten nach lit. b nur dann relevant ist, wenn er nicht mehr als ein Jahr vor Anrufung des Gerichts beendet wurde. Damit bleiben die berechtigten Kontinuitätsinteressen der Parteien und insbesondere des Antragsgegners unberücksichtigt (vgl bereits Rn 41). Der Antragsteller kann mittelbar – durch den Antragszeitpunkt – bestimmen, welches Scheidungsrecht zur Anwendung gelangt; der (scheidungsunwillige) Antragsgegner hat demgegenüber keine Möglichkeit, auf das anwendbare Scheidungsrecht Einfluss zu nehmen. Damit wird das Kräfteverhältnis zwischen dem (scheidungswilligen) Antragsteller und dem (potenziell) scheidungsunwilligen Antragsgegner zugunsten des Antragstellers verschoben. 78

Besonders zu kritisieren sind schließlich Art. 10 und Art. 13 der Verordnung. Art. 10 Var. 2 (Verbot der Geschlechterdiskriminierung) scheint seinem Wortlaut nach eine „abstrakte Inhaltskontrolle" im Hinblick auf das kollisionsrechtlich berufene Recht anzuordnen. Der allgemeine ergebnisbezogene *ordre public*-Vorbehalt hätte hier vollends ausgereicht.⁷¹ 79

---

67 Dazu *Bernitt*, S. 126 ff.
68 So auch zum alten Kollisionsrecht BGH NJW-RR 2007, 145, 146 (Rn 12); *Johannsen/Henrich*, Rn 33; *Kegel/Schurig*, § 20 VII 1; *Lüderitz*, IPRax 1987, 74, 76.
69 *Gruber*, IPRax 2012, 381, 392; abw. in der Bewertung *Looschelders*, in: FS für Kropholler, S. 329, 350.
70 Zur Diskussion siehe (befürwortend) *Henrich*, in: FS für Stoll, 2001, S. 437 ff; *G. Wagner*, FamRZ 2003, 803, 805 f; krit. *Rauscher*, in: FS Jayme, 2004, S. 719 ff.
71 Siehe bereits *Gruber*, IPRax 2012, 381, 391.

80 Mit Art. 13 wollte der Verordnungsgeber den Mitgliedstaaten entgegenkommen, die in ihrem Recht keine Scheidung[72] bzw keine gleichgeschlechtliche Ehe vorsehen. Im Falle der gleichgeschlechtlichen Ehe führt Art. 13 Var. 2 zu dem unheilvollen Ergebnis, dass – soweit sich der zuständige Mitgliedstaat bzw alle zuständigen Mitgliedstaaten auf Art. 13 Var. 2 berufen können – eine Scheidung der gleichgeschlechtlichen Ehe in der EU *prima facie* gänzlich ausscheidet. Dies sollte durch den EU-Gesetzgeber schnellstmöglich korrigiert werden (siehe sogleich Rn 83).

II. Änderungsperspektiven bei der Rom III-VO und der EheVO 2003

81 **1. Rom III-VO.** Nach Art. 20 legt die Kommission dem Europäischen Parlament, dem Rat und dem Europäischen Wirtschafts- und Sozialausschuss spätestens zum 31.12.2015 und danach alle fünf Jahre einen Bericht über die Anwendung der Rom III-VO vor. Dem Bericht werden ggf Vorschläge zur Anpassung der Verordnung beigefügt.

82 Wie dargelegt besteht nach der hier vertretenen Meinung an verschiedenen Stellen der Rom III-VO Reformbedarf. Im Lichte des ursprünglich gescheiterten Verordnungsentwurfs und der schwierigen Verhandlungen ist wohl eher nur mit punktuellen Änderungen zu rechnen. So könnte etwa der gegenstandslose Art. 13 Var. 1 gestrichen werden. Begrüßenswert wäre auch die Einführung einer Gesamtverweisung im Rahmen der objektiven Anknüpfung anstelle der aktuell in Art. 11 vorgesehenen Sachnormverweisung; dies betrifft vor allem die Fälle, in denen das nach Art. 8 berufene Recht eines Drittstaates oder eines nicht teilnehmenden Mitgliedstaates eine Rückverweisung aussprechen würde. Für die Rückbesinnung des europäischen Gesetzgebers auf die Gesamtverweisung könnte sprechen, dass die Gesamtverweisung innerhalb der zwischenzeitlich beschlossenen EuErbRVO (doch) wieder eine Rolle spielt.[73]

83 **2. EheVO 2003. a) Zuständigkeiten bei Scheidung einer gleichgeschlechtlichen Ehe.** Der Erlass der Rom III-VO hat auch Rückwirkungen auf die EheVO 2003; aufgrund der Geltung der Rom III-VO erscheint es notwendig, die in der EheVO 2003 enthaltenen Vorschriften über die internationale Zuständigkeit zu ergänzen.

84 Die dringendste Reformnotwendigkeit ergibt sich daraus, dass die Rom III-VO **die gleichgeschlechtliche Ehe** in ihren Anwendungsbereich mit einbezieht, aber zugleich den Mitgliedstaaten, die in ihrem internen Recht die gleichgeschlechtliche Ehe nicht kennen, gem. Art. 13 Var. 2 ein Recht zur Entscheidungsverweigerung einräumt (vgl näher Art. 13 Rn 7 ff). Im gesamten Gesetzgebungsverfahren ging man davon aus, dass die EheVO 2003 auch auf die gleichgeschlechtliche Ehe Anwendung findet; dies dürfte ungeachtet dessen, dass die Rom III-VO als eigenständige Verordnung zustande gekommen ist und der Text der EheVO 2003 nicht geändert wurde, auch die Auslegung der EheVO 2003 beeinflussen. Nach der hier vertretenen Auffassung ist daher auch die EheVO 2003 auf die Scheidung der gleichgeschlechtlichen Ehe anzuwenden (siehe ausf. Art. 13 Rn 35 ff). Zugleich hat man bereits im Gesetzgebungsverfahren erkannt, dass nach der EheVO 2003 je nach Lage des Einzelfalls nur solche Gerichte zuständig sind, die in ihrem internen Recht die gleichgeschlechtliche Ehe nicht kennen und damit ein Verweigerungsrecht nach Art. 13 Var. 2 haben.[74] Dies kann bei wortlautgetreuer Anwendung beider Verordnungen dazu führen, dass eine gleichgeschlechtliche Ehe in der EU überhaupt nicht geschieden werden kann. Deshalb wurde im Gesetzgebungsverfahren die Ergänzung der EheVO 2003 durch einen Notgerichtsstand für die Scheidung der gleichgeschlechtlichen Ehe vorgeschlagen.[75] Da die Reform der EheVO 2003 aber einstweilen gescheitert ist (siehe Rn 17 ff), ist es zu dieser Änderung nicht gekommen.

---

72 Der EU-Gesetzgeber hatte hierbei vor allem Malta im Auge. Allerdings hat Malta zwischenzeitlich die Scheidung eingeführt (siehe Art. 66B des Civil Code, eingefügt durch Civil Code (Amendment) Act, Government Gazette of Malta No. 18784 v. 29.7.2011).

73 Siehe Art. 34 Abs. 1 der Verordnung (EU) Nr. 650/2012 des Europäischen Parlaments und des Rates vom 4.7.2012 über die Zuständigkeit, das anzuwendende Recht, die Anerkennung und Vollstreckung von Entscheidungen und die Annahme und Vollstreckung öffentlicher Urkunden in Erbsachen sowie zur Einführung eines Europäischen Nachlasszeugnisses (ABl. EU L 201/107).

74 Siehe insb. Bericht über den Vorschlag für eine Verordnung des Rates zur Begründung einer verstärkten Zusammenarbeit im Bereich des auf die Ehescheidung und Trennung ohne Auflösung des Ehebandes anzuwendenden Rechts (KOM(2010)0105 – C7-0315/2010 – 2010/0067(CNS)), Berichterstatter *Tadeusz Zwiefka*, 2010/0067(CNS), S. 34 ff (mit näherer Begründung); ferner zuvor bereits die legislative Entschließung des Europäischen Parlaments vom 21.10.2008, ABl. EU Nr. C 15E v. 21.1.2010, S. 128, 132. Die Vorschläge gingen dahin, die EheVO 2003 durch die Einfügung eines „notwendigen Gerichtsstands" für die Scheidung der gleichgeschlechtlichen Ehe zu ergänzen.

75 Siehe den Bericht über den Vorschlag für eine Verordnung des Rates zur Begründung einer verstärkten Zusammenarbeit im Bereich des auf die Ehescheidung und Trennung ohne Auflösung des Ehebandes anzuwendenden Rechts (KOM(2010)0105 – C7-0315/2010 – 2010/0067(CNS)), Berichterstatter *Tadeusz Zwiefka*, 2010/0067(CNS), S. 36.

Dass eine gleichgeschlechtliche Ehe in der EU (faktisch) nicht mehr scheidbar sein kann – und dies, obwohl sowohl die EheVO 2003 als auch die Rom III-VO dem Prinzip der Scheidungsfreiheit folgen (siehe Rn 50 ff) –, stellt einen unhaltbaren Zustand dar. Auch die nicht an der Rom III-VO teilnehmenden Mitgliedstaaten, die eine gleichgeschlechtliche Ehe in ihrem internen Recht vorsehen – also aktuell die Niederlande und Schweden – müssten an einer Lösung des Problems interessiert sein. Es sollte daher der ursprüngliche Vorschlag zur Einführung eines „notwendigen Gerichtsstands" in der EheVO 2003 wieder aufgegriffen und so rasch wie möglich umgesetzt werden (siehe noch Art. 13 Rn 41). Zu denkbaren (Not-)Lösungen *de lege lata* siehe Art. 13 Rn 42 f). 85

b) Möglichkeit einer Gerichtsstandsvereinbarung. Diejenigen Mitgliedstaaten, die nicht an der Rom III-VO teilnehmen, sehen in ihrem weiterhin anwendbaren nationalen Kollisionsrecht keine Rechtswahl vor oder lassen sie nur in weit geringerem Umfang zu.[76] Findet das Scheidungsverfahren in einem nach der EheVO 2003 zuständigen Mitgliedstaat statt, der nicht an der Rom III-VO teilnimmt und der Rechtswahl keine Bedeutung beimisst, ist eine zwischen den Parteien getroffene Rechtswahl ohne Wirkung. Dasselbe gilt selbstverständlich auch dann, wenn das Scheidungsverfahren später außerhalb der EU in einem Drittstaat durchgeführt wird und dieser Drittstaat der Rechtswahl ebenfalls keine Bedeutung beimisst. 86

Vor diesem Hintergrund wäre es sinnvoll, in der EheVO 2003 die Möglichkeit einer Gerichtsstandsvereinbarung vorzusehen. In diesem Fall könnten die Parteien nämlich die Zuständigkeit eines Mitgliedstaates vereinbaren, der an der Rom III-VO teilnimmt; sie hätten eine höhere Sicherheit, dass die vorprozessual getroffene Rechtswahl auch im Prozess Bestand hat.[77] 87

Tatsächlich war im ursprünglichen Verordnungsvorschlag die Einführung einer Gerichtsstandsvereinbarung in die EheVO 2003 vorgesehen.[78] Da der ursprüngliche Verordnungsvorschlag aber gescheitert ist (siehe Rn 17 ff), stellt EheVO 2003 im Rahmen der internationalen Zuständigkeit weiterhin nur auf objektive äußere Umstände ab und lässt den Parteiwillen unberücksichtigt. Die europäische Gesetzgebung ist damit bedauerlicherweise auf dem halben Weg stehen geblieben. Das Projekt einer Einführung von Gerichtsstandsvereinbarungen in der EheVO 2003 sollte aber ebenfalls wieder aufgenommen werden.[79] 88

III. Sachrechtsangleichung als Alternativprojekt

Mittelfristig stellt sich die Frage, ob im internationalen Scheidungsrecht nicht auch – nach dem Vorbild des Kaufrechts[80] – ein „optionales Instrument" entwickelt werden sollte.[81] Die Kollisionsrechtsvereinheitli- 89

---

76 Nach dem Commission Staff Working Paper sahen nur das niederländische, deutsche, spanische und belgische Recht eine eingeschränkte Rechtswahlmöglichkeit vor (Commission Staff Working Paper; Annex to the Green Paper on applicable law and jurisdiction in divorce matters (COM(2005)82 final) v. 14.3.2005, SEC(2005)331, S. 7 ff. Die Niederlande sehen in dem neuen Art. 56 Abs. 2 und 3 von Buch 10 des Burgerlijk Wetboek die Möglichkeit vor, das Recht der gemeinsamen Staatsangehörigkeit zu wählen (siehe dazu *Baarsma*, S. 42 ff).

77 Die Einführung einer Gerichtsstandsvereinbarung in der EheVO 2003 würde allerdings Drittstaaten nicht binden. Insoweit wäre weiterhin nach dem nationalen Prozessrecht dieser Staaten zu prüfen, ob eine Gerichtsstandsvereinbarung – insbesondere auch eine Derogation der eigenen Zuständigkeit – möglich ist.

78 Art. 3 a des Verordnungsvorschlags lautete:
„*Gerichtsstandsvereinbarung bei Ehescheidungen und Trennungen ohne Auflösung des Ehebandes*
1. Ehegatten, die die Ehescheidung oder Trennung ohne Auflösung des Ehebandes beantragen möchten, können einvernehmlich festlegen, dass ein Gericht oder die Gerichte eines bestimmten Mitgliedstaates zuständig sind, sofern ein enger Bezug zu diesem Mitgliedstaat gegeben ist. Dies ist dann der Fall, wenn

(a) einer der in Artikel 3 genannten Zuständigkeitsgründe zutrifft oder
(b) dieser Mitgliedstaat der letzte gemeinsame gewöhnliche Aufenthaltsort der Ehegatten während mindestens drei Jahren war oder
(c) einer der Ehegatten die Staatsangehörigkeit dieses Mitgliedstaats besitzt bzw im Fall des Vereinigten Königreichs und Irlands sein bzw ihr „domicile" im Hoheitsgebiet dieser Staaten hat.
2. Die Gerichtsstandsvereinbarung bedarf der Schriftform und ist von den Ehegatten spätestens bei Anrufung des Gerichts zu unterzeichnen."

79 Auch die Mitgliedstaaten, die nicht an der Rom III-VO teilnehmen, könnten ein Interesse an der Möglichkeit einer Gerichtsstandsvereinbarung haben. Zu berücksichtigen ist etwa aus der Sicht Schwedens, dass die Vereinbarung auch auf eine internationale Zuständigkeit schwedischer Gerichte gerichtet sein könnte; dies hätte – gekoppelt mit der im schwedischen IPR vorgesehenen *lex fori*-Anknüpfung – die Anwendung des liberalen schwedischen Scheidungsrechts zur Folge.

80 Siehe hierzu den – in der Lit. allerdings sehr umstrittenen – Vorschlag für eine Verordnung des Europäischen Parlaments und des Rates über ein Gemeinsames Europäisches Kaufrecht KOM (2011) 635 endgültig v. 11.10.2011.

81 Hierfür bereits *Dethloff*, AcP 204 (2004), 544, 564 ff; *dies.*, StAZ 2006, 253 ff; ZEuP 2007, 992 ff.

chung ließe sich m.a.W. durch eine auf internationale Fälle beschränkten, mit der Möglichkeit einer „opt -in" versehenen Sachrechtsangleichung ergänzen.

90 Die Rom III-VO könnte sich als erster Schritt hin zu einem derartigen Instrument erweisen. Denn Art. 5 lässt in einem erheblichen Umfang die Rechtswahl zu. Und man könnte argumentieren, dass in den von Art. 5 erfassten Fällen nicht nur die Wahl eines nationalen und sogar außereuropäischen Scheidungsrechts, sondern – als Alternative dazu – die Wahl eines rechtsvergleichend gewonnenen europäisch-vereinheitlichten Normengefüges sinnvoll erscheint.

91 Ein derartiges „europäisches" optionales Scheidungsrecht hätte den Vorteil, dass es inhaltlich einen Kompromiss zwischen den einzelnen mitgliedstaatlichen Rechtsordnungen suchen würde. Anders als im Falle der Wahl eines nationalen Rechts würde sich also nicht der eine Ehegatte gegenüber dem anderen Ehegatten durchsetzen und diesen mit einem ihm ggf völlig unbekannten Recht konfrontieren; vielmehr stünde aus Sicht der Parteien eine ausgewogene und für beide Parteien gleichermaßen zugängliche europäische Kompromissregelung bereit.[82]

92 Natürlich ist fraglich, ob die EU überhaupt die Kompetenz zur Schaffung eines derartigen optionalen Instruments hat. Ferner bleibt abzuwarten, ob sich (einzelne) Mitgliedstaaten auf einheitliche Sachnormen einigen können; angesichts der doch grundlegenden Unterschiede zwischen den einzelnen Rechtsordnungen wäre jedenfalls mit außerordentlich schwierigen Verhandlungen zu rechnen.[83]

Kapitel I
Anwendungsbereich, Verhältnis zur Verordnung (EG) Nr. 2201/2003, Begriffsbestimmungen und universelle Anwendung

Artikel 1 Anwendungsbereich

(1) Diese Verordnung gilt für die Ehescheidung und die Trennung ohne Auflösung des Ehebandes in Fällen, die eine Verbindung zum Recht verschiedener Staaten aufweisen.

(2) Diese Verordnung gilt nicht für die folgenden Regelungsgegenstände, auch wenn diese sich nur als Vorfragen im Zusammenhang mit einem Verfahren betreffend die Ehescheidung oder Trennung ohne Auflösung des Ehebandes stellen:

a) die Rechts- und Handlungsfähigkeit natürlicher Personen,
b) das Bestehen, die Gültigkeit oder die Anerkennung einer Ehe,
c) die Ungültigerklärung einer Ehe,
d) die Namen der Ehegatten,
e) die vermögensrechtlichen Folgen der Ehe,
f) die elterliche Verantwortung,
g) **Unterhaltspflichten**,
h) **Trusts und Erbschaften**.

A. Allgemeines 1
   I. Sachlicher Anwendungsbereich 1
   II. Räumlicher Anwendungsbereich 5
B. Regelungsgehalt 6
   I. Sachlicher Anwendungsbereich der Rom III-VO 6
     1. Scheidung; Trennung ohne Auflösung des Ehebandes 6
       a) Scheidung 6
       b) Trennung ohne Auflösung des Ehebandes 7
       c) Keine Anwendung auf Ungültigerklärung der Ehe; Feststellung des Nichtbestehens 9

     2. Begriff der Ehe 14
       a) Heterosexuelle Ehe 14
         aa) Vorfragenanknüpfung nach Artt. 13, 11 EGBGB 14
         bb) Überlagerung der Artt. 13, 11 EGBGB durch europäisches Primärrecht? 18
       b) Gleichgeschlechtliche Ehe 21
         aa) Einbeziehung in die Verordnung; Verweigerungsrecht nach Art. 13 Var. 2 21
         bb) „Normenmangel" bei Fehlen der gleichgeschlechtlichen Ehe im Scheidungsstatut? 28

---

[82] Siehe in diesem Zusammenhang die „Grundsätze zum europäischen Familienrecht für Ehescheidung und nachehelichen Unterhalt", die von der Commission on European Family Law entwickelt worden sind (abrufbar unter <http://ceflonline.net/wp-content/uploads/Principles-German.pdf>).

[83] Aktuell liegt ja bekanntlich ein Vorschlag zur Schaffung eines optionalen europäischen Kaufrechts vor; siehe Vorschlag für eine Verordnung des Europäischen Parlaments und des Rates über ein Gemeinsames Europäisches Kaufrecht KOM (2011) 635 endgültig v. 11.10.2011; hierzu siehe etwa *Staudenmayer* NJW 2011, 3491 ff.

c) Keine Anwendung auf eingetragene Lebenspartnerschaften ... 37
3. Erfasste Fragen im Einzelnen ... 41
a) Scheidungsvoraussetzungen ... 41
aa) Materielle Voraussetzungen ... 41
bb) Abgrenzung zu verfahrensrechtlichen Fragen ... 49
b) Keine Einbeziehung von Scheidungsfolgen ... 55
4. Verfahrensarten; Privatscheidung; Auflösung ipso iure ... 59
a) Gerichtliche und sonstige staatliche Verfahren ... 59
b) Die Privatscheidung ... 62
aa) Praktische Relevanz der Fragestellung ... 62
bb) Neue Rechtslage ... 66
(1) Direkte Anwendung der Rom III-VO? ... 66
(2) Nationales Kollisionsrecht ... 70
(a) (Stillschweigende) Verweisung auf die Rom III-VO ... 70
(b) Folgefragen ... 72
cc) Anwendung ausländischen Privatscheidungsrechts durch deutsche Gerichte ... 79
c) Auflösung ipso iure ... 80
II. Räumlicher Anwendungsbereich ... 83
1. Überblick ... 83
2. Auslandsbezug im Falle der Rechtswahl ... 86
a) Auslandsbezug im Zeitpunkt der Rechtswahl ... 86
b) Auslandsbezug erst nach der Rechtswahl ... 89
3. Relevanz im Falle der objektiven Anknüpfung ... 93
C. **Anknüpfung der Scheidungsfolgen** ... 94
I. Überblick über die maßgeblichen Vorschriften ... 94
II. Der Auffangtatbestand des Art. 17 Abs. 1 EGBGB nF ... 97
1. Überblick ... 97
2. Anwendungsbereich ... 99
a) Entschädigungsansprüche eines Ehegatten ... 99
b) Nutzungsbefugnis an im Ausland belegenen Gegenständen ... 101
c) Widerruf von Schenkungen ... 103
d) Anspruch auf Zahlung der Brautgabe. 104
3. Anwendung der Rom III-VO im Einzelnen ... 107
III. Versorgungsausgleich (Art. 17 Abs. 3 EGBGB nF) ... 113
1. Überblick ... 113
2. Regelanknüpfung ... 115
3. Regelwidrige Durchführung nach deutschem Recht (Art. 17 Abs. 3 S. 2 EGBGB) ... 122
4. Verhältnis zur EU-Güterrechtsverordnung ... 126

A. Allgemeines

I. Sachlicher Anwendungsbereich

Art. 1 legt den **sachlichen Anwendungsbereich** der Rom III-VO fest. Dies geschieht zum einen positiv durch die Nennung der erfassten Regelungsgegenstände (Abs. 1) und zum anderen negativ durch eine (beispielhafte) Aufzählung von Regelungsgegenständen, die nicht in den Anwendungsbereich der Verordnung fallen (Abs. 2). 1

Die Rom III-VO bezieht sich nach Abs. 1 nur auf die **„Ehescheidung"** und die **„Trennung ohne Auflösung des Ehebandes"**, nicht aber auf die Ungültigerklärung der Ehe. Auch die **Scheidungsfolgen** – etwa solche unterhaltsrechtlicher, güterrechtlicher oder sonst vermögensrechtlicher Natur (vgl Abs. 2 lit. g) – werden von der Rom III-VO nicht erfasst; sie werden anderen Verordnungen, Staatsverträgen oder hilfsweise dem nationalen Kollisionsrecht überlassen (siehe dazu näher Rn 94 ff). 2

Ferner richtet sich das **Scheidungsverfahren** nicht nach dem von der Rom III-VO bestimmten Recht, sondern nach der jeweiligen *lex fori*. Im Verhältnis von Scheidungsverfahren und materiellem Scheidungsrecht können sich im Einzelnen Abgrenzungsfragen ergeben (siehe Rn 49 ff). 3

Ausweislich des 10. Erwägungsgrundes sollen der sachliche Anwendungsbereich der Rom III-VO und der sachliche Anwendungsbereich der EheVO 2003 miteinander im Einklang stehen. Im Einzelfall kann man sich daher bei der Bestimmung des sachlichen Anwendungsbereichs der Rom III-VO an der EheVO 2003 orientieren. Ein Unterschied im sachlichen Anwendungsbereich der EheVO 2003 und der Rom III-VO besteht aber darin, dass sich die Rom III-VO nicht auf die Ungültigerklärung der Ehe erstreckt (Rn 9). Zudem ist bei näherer Betrachtung festzustellen, dass die Rom III-VO auch die Scheidung einer gleichgeschlechtlichen Ehe in ihren Anwendungsbereich mit einbezieht; im Hinblick auf die EheVO 2003 wurde dies bislang überwiegend verneint (vgl aber dazu noch Art. 13 Rn 7 ff). 4

II. Räumlicher Anwendungsbereich

Daneben postuliert Abs. 1 ein **räumliches Anwendungserfordernis**. Die Verordnung ist nur anwendbar in Fällen, die eine Verbindung zum Recht verschiedener Staaten aufweisen. Dieses Erfordernis könnte bei der Rechtswahl praktisch relevant werden; im Übrigen ist es wohl von nur theoretischer Bedeutung (siehe Rn 83 ff). 5

B. Regelungsgehalt

I. Sachlicher Anwendungsbereich der Rom III-VO

6 **1. Scheidung; Trennung ohne Auflösung des Ehebandes. a) Scheidung.** Nach Abs. 1 bezieht sich die Rom III-VO (ausschließlich) auf die Scheidung und die Trennung ohne Auflösung des Ehebandes. In ihrem Kern bereiten diese Begriffe keine besonderen Probleme. Die **Scheidung** ist mittlerweile in allen Mitgliedstaaten der EU vorgesehen. Malta ist der letzte Mitgliedstaat der EU, der die Scheidung eingeführt hat.[1] Zur Privatscheidung siehe Rn 62 ff.

7 **b) Trennung ohne Auflösung des Ehebandes.** Unter der **Trennung ohne Auflösung des Ehebandes** ist die formalisierte Lockerung des Ehebandes durch einen konstitutiven Akt zu verstehen. Sie führt dazu, dass die Pflicht zum ehelichen Zusammenleben aufgehoben wird; sie stellt regelmäßig eine Vorstufe zu einer späteren Scheidung dar. Die Trennung ohne Auflösung des Ehebandes ist in verschiedenen Mitgliedstaaten der EU vorgesehen.[2] Sie kann auch durch deutsche Gerichte ausgesprochen werden, wenn die Rom III-VO zu dem Recht eines Staates führt, der die Trennung ohne Auflösung des Ehebandes vorsieht.[3]

8 Selbstverständlich zu unterscheiden von der Trennung ohne Auflösung des Ehebandes ist das (nur) faktische **Getrenntleben** der Ehegatten. Die Zulässigkeit eines Getrenntlebens richtet sich nach dem allgemeinen Ehewirkungsstatut (Art. 14 EGBGB).[4] Die Folgen eines faktischen Getrenntlebens bestimmen sich nach dem jeweiligen Statut. Evtl. Unterhaltsansprüche im Falle des Getrenntlebens sind zB nach dem durch das Haager Protokoll bestimmten Recht zu beurteilen.

9 **c) Keine Anwendung auf Ungültigerklärung der Ehe; Feststellung des Nichtbestehens.** Anders als die EheVO 2003 erstreckt sich die Rom III-VO nicht auf die **Ungültigerklärung** der Ehe. Dies ergibt sich bereits daraus, dass diese in Abs. 1 nicht genannt ist. Zusätzlich wird die Nichteinbeziehung der Ungültigerklärung noch einmal in Abs. 2 lit. c und überdies im 10. Erwägungsgrund zur Verordnung hervorgehoben. Insoweit bleibt das nationale Kollisionsrecht der Mitgliedstaaten anwendbar.

10 Die Abgrenzung zwischen Scheidung und Ungültigerklärung der Ehe bereitet keine besonderen Probleme. Die Ungültigerklärung knüpft, anders als die Scheidung, an Mängel der Eheschließung an.

11 In Deutschland wird die Ungültigerklärung der Ehe nach den Vorschriften über die Eheschließung, also den Artt. 13, 11 EGBGB angeknüpft. Die materiellen Eheschließungsvoraussetzungen sind nach dem durch Art. 13 Abs. 1 EGBGB bestimmten Recht und die Form der Eheschließung ist nach dem durch Art. 13 Abs. 3 EGBGB bzw Art. 11 EGBGB bestimmten Recht zu beurteilen. Im Falle der gleichgeschlechtlichen Ehe ist nach hM in entsprechender Anwendung von Art. 17 b EGBGB auf den Eheschließungsort abzustellen, vgl dazu noch näher Art. 13 Rn 14 ff.

12 Hätte der EU-Gesetzgeber die Ungültigerklärung ebenfalls erfassen wollen, wäre er kaum darum herumgekommen, die Anknüpfung der Eheschließung insgesamt zu regeln. Die in der Rom III-VO für die Scheidung und die Trennung ohne Auflösung des Ehebandes vorgesehenen Regeln über die objektive Anknüpfung wären für die Ungültigerklärung der Ehe zudem nicht geeignet gewesen. Dies gilt schon allein deshalb, weil sie nicht auf den Zeitpunkt der Eheschließung, sondern auf den Zeitpunkt der Rechtshängigkeit abstellen. Vor allem kommt im Bereich der Ungültigerklärung der Ehe, anders als bei der Scheidung, die Einführung einer Rechtswahl nicht in Betracht. Es ist nämlich zu berücksichtigen, dass u.a. in den Fällen der Ungültigerklärung einer Schein- oder Doppelehe auch das öffentliche Interesse der einzelnen Staaten an der Verhinderung dieser Ehen betroffen ist; dies wird u.a. dadurch indiziert, dass die Eingehung derartiger Ehen strafbewehrt sein ist. Mit diesem öffentlichen Interesse wäre es nicht zu vereinbaren, wenn die Ehegatten ihnen unliebsame Normen einzelner Staaten über die Ungültigerklärung einer Ehe schlicht „abwählen" könnten. Im Gesamtergebnis hätte daher der EU-Gesetzgeber, wenn er die Ungültigerklärung der Ehe

---

1 Siehe Art. 66B des maltesischen Civil Code (eingefügt durch Civil Code (Amendment) Act, Government Gazette of Malta No. 18784 v. 29.7.2011).

2 U.a. im italienischen Recht (Art. 151 codice civile; „separazione giudiziale"), im französischen Recht Artt. 296–309 code civil), im spanischen Recht (Art. 81 ff código civil; „separación"), im portugiesischen Recht (Artt. 1794 ff código civil; „separação judicial de pessoas e bens"), im luxemburgischen Recht (Artt. 306–311 code civil) und im niederländischen Recht (Artt. 1: 168–176 Burgerlijk Wetboek „Scheiding van tafel en bed").

3 Siehe (zum autonomen deutschen Kollisionsrecht) etwa grundlegend BGHZ 47, 324 = NJW 1967, 2109 (zur scheidungsersetzenden Trennung nach dem damaligen italienischen Recht); nachfolgend BGH NJW 1988, 636, 637 = IPRax 1988, 173 = FamRZ 1987, 793; OLG Hamm FamRZ 1990, 61 = NJW-RR 1989, 1346; OLG Stuttgart NJW-RR 1989, 261; AG Lüdenscheid FamRZ 2002, 1486; *Rauscher*, IPRax 2006, 140, 144.

4 BGH NJW 1976, 1028; MüKo/*Siehr*, Art. 14 EGBGB Rn 83; Palandt/*Thorn*, Art. 14 EGBGB Rn 18; aA OLG München FamRZ 1986, 807 (analog Art. 17 Abs. 1 EGBGB aF).

mit in die Rom III-Verordnung hätte einbeziehen wollen, für die Ungültigerklärung gesonderte und inhaltlich völlig abweichende Kollisionsnormen einführen müssen.[5]

Die Rom III-VO bezieht sich ferner nicht auf Anträge, die auf die **Feststellung des Bestehens oder Nichtbestehens der Ehe** gerichtet sind (Abs. 2 lit. b).[6] Auch hier bleibt es bei der Maßgeblichkeit des von Artt. 13, 11 EGBGB bestimmten Rechts.[7] **13**

2. Begriff der Ehe. a) Heterosexuelle Ehe. aa) Vorfragenanknüpfung nach Artt. 13, 11 EGBGB. Nach Art. 1 Abs. 1 erfasst die Verordnung sachlich die Ehescheidung und die Trennung ohne Auflösung des Ehebandes. Unter dem in diesem Zusammenhang maßgeblichen Begriff der Ehe fällt selbstverständlich die in allen Mitgliedstaaten bekannte **heterosexuelle Ehe** (zur gleichgeschlechtlichen Ehe siehe gleich Rn 21 ff). Auch die Scheidung einer polygamen Ehe – ihre Wirksamkeit nach dem im Rahmen der Vorfragenanknüpfung berufenen ausländischen Recht unterstellt – wird von der Rom III-VO erfasst.[8] **14**

Ob eine scheidbare „Ehe" besteht, ist im Rahmen einer **Vorfragenanknüpfung** zu klären. Die Rom III-VO enthält keine Kollisionsnorm, die sich mit der Wirksamkeit der Ehe befasst (vgl Abs. 2 lit. b). Die Rom III-VO legt auch nicht fest, ob die Vorfrage nach der wirksamen Eheschließung selbstständig oder unselbstständig anzuknüpfen ist. Nach der hier vertretenen Auffassung sind Vorfragen innerhalb der Rom III-VO von deutschen Gerichten selbstständig, also stets nach dem deutschen IPR zu beurteilen (siehe dazu ausf. vor Art. 1 Rn 67 ff). Damit ist die Vorfrage nach dem wirksamen **Zustandekommen** einer heterosexuellen Ehe aus der Sicht deutscher Gerichte stets nach den Artt. 13, 11 EGBGB anzuknüpfen. Fehlt es hiernach an einer wirksamen Ehe, so ist der Scheidungsantrag als unbegründet abzuweisen. **15**

Geschieden werden können neben den fehlerfrei zustande gekommenen Ehen auch solche Ehen, die aufgrund einer Fehlerhaftigkeit bei der Eheschließung nicht unwirksam, sondern – etwa durch Ungültigerklärung – lediglich aufhebbar sind.[9] Scheidbar sind schließlich auch solche Ehen, die anfänglich unwirksam waren, aber nach dem gem. Artt. 13, 11 EGBGB anwendbaren Recht zwischenzeitlich Wirksamkeit erlangt haben.[10] Schließlich kann auch eine Scheidung ergehen, wenn bereits eine gerichtliche Entscheidung über die Trennung von Tisch und Bett vorliegt.[11] **16**

Liegt bereits ein ausländisches Scheidungsurteil vor, so ist zu fragen, ob dieses im Inland **anzuerkennen** ist. Bei Urteilen von anderen EU-Mitgliedstaaten (mit Ausnahme Dänemarks) sind die Art. 21 ff EheVO 2003 anzuwenden. Urteile der Gerichte von Drittstaaten sind nach Maßgabe des § 109 FamFG anzuerkennen. Hierbei ist das besondere **Anerkennungsverfahren vor den Landesjustizbehörden** nach § 107 FamFG zu beachten.[12] Ein inländisches Scheidungsverfahren ist bis zur Klärung der Anerkennung im Anerkennungsverfahren nach § 113 Abs. 1 FamFG iVm § 148 ZPO auszusetzen,[13] wenn damit für die Parteien des inländischen Verfahrens keine unzumutbaren Rechtsschutzbeeinträchtigungen verbunden sind.[14] Der BGH hat sich dafür ausgesprochen, dass bei einer offensichtlich nicht anerkennungsfähigen Auslands- **17**

---

5   Siehe dazu *Hammje*, Rev. crit. dr. intern. privé 2011, S. 291, 298 f Rn 6; auch *Franzina*, Cuadernos de Derecho Transnacional (CDT) 2011, 85, 101 Rn 27.
6   *Erman/Hohloch*, Art. 1 Rn 1.
7   Es ist umstritten, ob in diesen Fällen die EheVO 2003 (entsprechende) Anwendung finden kann; dies bejahend Thomas/Putzo/*Hüßtege*, ZPO, Art. 1 EuEheVO Rn 2; Rauscher/*Rauscher*, EuZPR/EuIPR, Art. 1 Brüssel IIa-VO Rn 13 ff; *Gruber*, FamRZ 2000, 1129, 1130; Erman/*Hohloch*, Art. 17 EGBGB Rn 69; *Vogel*, MDR 2000, 1045, 1046; *Hau*, FamRZ 1999, 484, 485; ablehnend Geimer/Schütze/*Dilger*, IRV, Art. 1 Rn 15; *ders.*, Rn 133 ff; Staudinger/*Spellenberg*, Art. 1 Rn 8; *Geimer*, EuZVR, Art. 1 Rn 29 f; HK-ZPO/*Dörner*, Art. 1 Rn 8; Zöller/*Geimer*, ZPO, Art. 1 Rn 1; *Simotta*, in: FS Geimer 2002, S. 1115, 1146 f; *Helms*, FamRZ 2001, 257, 259; *Spellenberg*, FS Schumann 2001, S. 423, 433; *ders.*, FS Geimer 2002, S. 1257; *Hausmann*, EuLF 2000/2001, 271, 273. In Fragen der Anerkennung kommt eine Anwendung der EheVO 2003 aber nur in Betracht, soweit das Nichtbestehen einer Ehe festgestellt worden ist (siehe etwa *Gruber* aaO).
8   Zur Verbreitung der polygamen Ehe *Coester-Waltjen/Coester,* in: S. Hahne, 2012, S. 21 ff. Polygame Familienstrukturen sind vor allem noch in vom Islam geprägten Rechtsordnungen anzutreffen.
9   Staudinger/*Mankowski*, Art. 17 EGBGB Rn 80.
10 OLG Zweibrücken FamRZ 1998, 1115 f; AG Freiburg FamRZ 1991, 1304 (Legalisierung einer zunächst unwirksamen Imam-Ehe durch ein türk. Amnestiegesetz); Staudinger/*Mankowski*, Art. 17 EGBGB Rn 80; vgl hierzu auch BGH FamRZ 2003, 838 f (keine Heilung einer in Deutschland nicht vor einem Standesbeamten geschlossenen Ehe nach deutschem Recht) mit krit. Anm. *Pfeiffer*, LMK 2003, 128.
11 OLG Frankfurt FamRZ 1975, 632 m.Anm. *Wirth*; vgl auch AG Rüsselsheim IPRspr 1985 Nr. 74, S. 210 = IPRax 1985, 229 (Leitsatz) m.Anm. *Jayme*.
12 Hat allerdings ein Gericht oder eine Behörde des Staates entschieden, dem beide Ehegatten zur Zeit der Entscheidung angehört haben, ist gem. § 107 Abs. 1 S. 2 FamFG ein Anerkennungsverfahren nicht vorgesehen; es ist sodann jeweils inzident darüber zu befinden, ob die ausländische Entscheidung nach Maßgabe von § 109 FamFG anzuerkennen ist.
13 BGH NJW 1983, 514 = IPRax 1983, 292 = FamRZ 1982, 1203; OLG Köln FamRZ 1998, 1303.
14 BGH NJW 1983, 514 = IPRax 1983, 292 m.Anm. *Basedow*, S. 278 und *Bürgle*, S. 281 = FamRZ 1982, 1203; FamRZ 1991, 92, 93.

scheidung das inländische Scheidungsverfahren auch fortgesetzt und damit inzident über die Nichtanerkennung der ausländischen Scheidung entschieden werden kann.[15]

18 **bb) Überlagerung der Artt. 13, 11 EGBGB durch europäisches Primärrecht?** Ergänzend ist noch darauf hinzuweisen, dass das durch die Artt. 13, 11 EGBGB erzielte Ergebnis einer Kontrolle anhand des europäischen Primärrechts standhalten muss. Der EuGH hat in zwei Entscheidungen eine grundsätzliche Anerkennung der Namensführung in einem Mitgliedstaat durch die anderen Mitgliedstaaten vorgeschrieben; hierbei hat er sich vor allem auf die europäische **Freizügigkeitsgarantie** gestützt.[16] Es stellt sich die Frage, ob der Gewährleistungsgehalt der europäischen Freizügigkeit nicht nur im Namensrecht, sondern auch für zivilrechtliche Statusverhältnisse wie die Ehe von Bedeutung ist. Dann könnte die Anwendung der Artt. 13, 11 EGBGB im Einzelfall zu primärrechtswidrigen Ergebnissen führen.

19 Zu denken ist insb. an die Konstellation, dass die in dem einen Mitgliedstaat geschlossene Ehe dort als wirksam angesehen wird, während sie aus deutscher Sicht – unter Anwendung des von den Artt. 13, 11 EGBGB berufenen Rechts – unwirksam ist. Eine evtl Primärrechtswidrigkeit könnte dadurch entgegnet werden, dass eine Ehe, die in einem Mitgliedstaat nach dortiger Auffassung wirksam geschlossen wurde, automatisch auch in Deutschland als wirksam anzusehen ist; in der Literatur wird in diesem Zusammenhang von einer neuartigen (kollisionsrechtlichen) **„Anerkennung von Statuslagen"** gesprochen.[17]

20 Es erscheint jedoch zweifelhaft, ob die unterschiedliche (nicht-diskriminierende) rechtliche Beurteilung von Statusfragen allein deshalb, weil sie im Einzelfall zu innereuropäisch „hinkenden" Rechtsverhältnissen führt, eine Beschränkung der Freizügigkeit darstellt. Bejahte man dies, so würde man praktisch aus der Freizügigkeitsgarantie das Recht eines jeden Unionsbürgers ableiten, in sämtlichen Statusfragen in allen Mitgliedstaaten der EU gleich beurteilt zu werden; hierdurch käme aber der Freizügigkeitsgarantie eine gänzlich neue Funktion im Gefüge des Primärrechts zu.[18] Nach der hier vertretenen Auffassung lässt sich weder aus der Freizügigkeitsgarantie noch aus sonstigen primärrechtlichen Regelungen[19] die Verpflichtung zur Vermeidung von hinkenden Rechtsverhältnissen ableiten.[20] Zu berücksichtigen ist in diesem Zusammenhang, dass das EU-Sekundärrecht selbst –dann, wenn nach Art. 22 EheVO 2003 ausnahmsweise eine in einem anderen Mitgliedstaat ausgesprochene Ehescheidung nicht anzuerkennen ist – zu einer „hinkenden Ehe" führt. Es bleibt aber natürlich die weitere Rechtsprechung des EuGH abzuwarten.[21]

21 **b) Gleichgeschlechtliche Ehe. aa) Einbeziehung in die Verordnung; Verweigerungsrecht nach Art. 13 Var. 2.** Weniger eindeutig ist, ob auch die in verschiedenen Staaten bekannte gleichgeschlechtliche Ehe in den Anwendungsbereich der Rom III-VO fällt. Eine gleichgeschlechtliche Ehe wurde zuerst – im Jahre 2001 – von den Niederlanden eingeführt.[22] Mittlerweile sind gleichgeschlechtliche Ehen darüber hinaus im belgischen, spanischen, portugiesischen, norwegischen und schwedischen Recht sowie außerhalb Europas u.a. in einigen Bundesstaaten der USA vorgesehen.[23] Frankreich steht nach einem Beschluss der Nationalversammlung kurz vor der Einführung der gleichgeschlechtlichen Ehe.[24]

22 In der Literatur besteht nach wie vor Unsicherheit darüber, ob sich die EheVO 2003 auf die gleichgeschlechtliche Ehe erstreckt. Die (bislang) in Deutschland hL lehnt die Anwendung der EheVO 2003 auf die

---

15 BGH NJW 1983, 514 = IPRax 1983, 292 = FamRZ 1982, 1203.
16 EuGH, Rs. C-353/06, Grunkin Paul, Slg 2008, I-7639 = FamRZ 2008, 2089 m.Anm. *Funken* = JZ 2009, 151 m.Anm. *Kroll-Ludwigs* = StAZ 2009, 9 m.Anm. *Lipp*; zuvor EuGH Rs C-148/02 – Garcia Avello, Slg 2003, I-11613 = IPRax 2004, 339 m.Anm. *Mörsdorf-Schulte*.
17 Zur facettenreichen Diskussion um das kollisionsrechtliche Anerkennungsprinzip siehe etwa *Mansel/Thorn/Wagner*, IPRax 2011,1, 2 ff; *Baratta*, IPRax 2007, 4 ff; *Mansel*, RabelsZ 70 (2006), 651 ff; *Coester-Waltjen*, IPRax 2006, 392 ff; *Röthel*, IPRax 2006, 250 ff; monographisch vor allem *Funken*, Das Anerkennungsprinzip im internationalen Privatrecht, 2009; *Leifeld*, Das Anerkennungsprinzip im Kollisionsrechtssystem des internationalen Privatrechts, 2010.
18 Näher *Funken,* Das Anerkennungsprinzip im internationalen Privatrecht, 2009, S. 180; *Röthel*, IPRax 2006, 250, 252; abw. *Baratta*, IPRax 2007, 4, 6 (unter Hinweis auf den *effet utile*-Grundsatz).
19 Vgl noch *Baratta,* IPRax 2007, 4, 8 f (Verstoß gegen Kooperationspflicht nach Art. 10 EG, wenn ein Mitgliedstaat die Anerkennung nach dem Heimatrecht eines Unionsbürgers bestehender familiärer Rechtsverhältnisse aus dem alleinigen Grund verweigert, dass diese nach dem durch sein nationales IPR berufenen Recht nicht wirksam sind).
20 Auch aus einer evtl Primärrechtswidrigkeit des durch Artt. 13, 11 EGBGB erzielten Ergebnisses würde nicht automatisch folgen, dass auf der Ebene des Kollisionsrechts der Weg über eine „Anerkennung" gesucht werden müsste; vielmehr wären selbst in diesem Fall andere kollisionsrechtliche Lösungen denkbar (*Mansel*, RabelsZ 70 (2006), 651, 711). Zum Namensrecht siehe Art. 48 EGBGB nF (Einfügung einer Rechtswahloption).
21 Ähnlich *Mansel*, RabelsZ 70 (2006), 651, 710.
22 Art. 1:30 Burgerlijk Wetboek.
23 Siehe näher *Mankowski/Höffmann*, IPRax 2011, 247, 248 ff.
24 Stand: 13.2.2013.

gleichgeschlechtliche Ehe ab (vgl aber dazu noch Art. 13 Rn 35 ff).[25] Demgegenüber wird die Anwendung der EheVO 2003 von Autoren aus Mitgliedstaaten, die in ihrem nationalen Recht die gleichgeschlechtliche Ehe vorsehen, tendenziell eher befürwortet. Die nationale „Vorprägung" scheint also einen gewissen Einfluss auf die Auslegung der EheVO 2003 auszuüben.[26]

Die Rom III-VO bezieht näher betrachtet die gleichgeschlechtliche Ehe grundsätzlich in ihren Anwendungsbereich mit ein; die bisher in Deutschland zur EheVO 2003 gefundene Lösung – die im Lichte der Rom III-VO ihrerseits neu überdacht werden muss (vgl dazu ausf. Art. 13 Rn 35 ff) – kann daher jedenfalls nicht einfach auf die Auslegung der Rom III-VO übertragen werden. 23

Die Einbeziehung der homosexuellen Ehe ergibt sich (mittelbar) aus Art. 13 Var. 2.[27] Nach dieser Vorschrift sind teilnehmende Mitgliedstaaten, in denen die „betreffende Ehe für die Zwecke des Scheidungsverfahrens nicht als gültig angesehen wird", nicht verpflichtet, eine Ehescheidung in Anwendung der Rom III-VO auszusprechen. Der 26. Erwägungsgrund erläutert näher, wann eine Ehe in einem Mitgliedstaat „nicht als gültig angesehen wird". Die Wendung sollte „unter anderem so ausgelegt werden, dass im Recht dieses teilnehmenden Mitgliedstaates eine solche Ehe nicht vorgesehen ist." Art. 13 Var. 2 bezieht sich im Lichte des 26. Erwägungsgrundes in erster Linie auf die gleichgeschlechtliche Ehe. 24

Im Ergebnis führt Art. 13 Var. 2 damit eine Kompromisslösung herbei: Soweit das im Rahmen der Vorfragenanknüpfung berufene nationale Recht eine gleichgeschlechtliche Ehe vorsieht, ist die Scheidung einer solchen Ehe vom Anwendungsbereich der Rom III-VO erfasst; diejenigen Mitgliedstaaten, die die gleichgeschlechtliche Ehe in ihrem internen Recht nicht kennen, haben aber nach Maßgabe des Art. 13 Var. 2 die Möglichkeit, eine Scheidung abzulehnen.[28] Art. 13 Var. 2 stellt seinem Wortlaut nach keine bloße „opt-in"-Klausel für diejenigen Mitgliedstaaten dar, die in ihrem Sachrecht die gleichgeschlechtliche Ehe vorsehen; gerade umgekehrt wendet sich die Vorschrift ausschließlich an die Mitgliedstaaten, die in ihrem internen Recht die gleichgeschlechtliche Ehe nicht kennen und eröffnet (nur) diesen die Möglichkeit, eine Entscheidung in der Sache abzulehnen. Art. 13 Var. 2 setzt hierbei die grundsätzliche Anwendbarkeit der Verordnung auf die gleichgeschlechtliche Ehe voraus. 25

Dass die Verordnung die homosexuelle Ehe einbezieht, wird auch durch die Materialien bestätigt. So geht etwa der Bericht von *Tadeusz Zwiefka* für den Rechtsausschuss zu dem Verordnungsentwurf davon aus, dass sowohl das neue europäische Scheidungskollisionsrecht als auch die Vorschriften zur internationalen Zuständigkeit der EheVO 2003 für gleichgeschlechtliche Ehen gelten.[29] Ferner ergibt sich aus der aktuellen Gesetzgebungstätigkeit im internationalen Güterrecht, dass der europäische Gesetzgeber die heterosexuelle und die gleichgeschlechtliche Ehe kollisionsrechtlich gleichstellen möchte; die vorgeschlagene Verordnung zum internationalen Güterrecht bezieht sich sowohl auf heterosexuelle als auch auf gleichgeschlechtliche Ehen.[30] 26

Ob eine scheidbare gleichgeschlechtliche Ehe vorliegt, ist wiederum durch das im Wege einer **Vorfragenanknüpfung** berufene materielle Recht zu beurteilen. Das Zustandekommen der gleichgeschlechtlichen Ehe richtet sich nach hM aus Sicht deutscher Gerichte in entsprechender Anwendung von Art. 17 b EGBGB 27

---

25 Siehe etwa Rauscher/*Rauscher,* EuZPR/EuIPR, Art. 1 Brüssel IIa-VO Rn 5 ff mwN; MüKo-ZPO/*Gottwald,* Art. 1 Rn 5; *Helms,* FamRZ 2002, 1593, 1594; aA *Gebauer/Staudinger,* IPRax 2002, 275, 277 Fn 48 (zur homosexuellen Ehe nach niederländischem Recht).

26 Näher *Pintens,* Liber Memorabilis Petar Šarčević, 2006, S. 335, 337 mwN; vgl ferner etwa – aus niederländischer Sicht – *Boele-Woelki,* 82 Tulane Law Review (2008), 1949, 1972; *dies.,* ZfRV 2001, 121, 127.

27 Hierzu auch *Franzina,* Cuadernos de Derecho Transnacional (CDT) 2011, 85, 101 f; ebenso bereits *Traar,* ÖJZ 2011, 805, 807; *Gruber,* IPRax 2012, 381, 382; ferner inzident zum Verordnungsvorschlag v. 7.7.006 *Calvo Caravaca/Carrascosa González,* Cuadernos de Derecho Transnacional (CDT) 2009, 36, 67 Rn 44.

28 Wie hier *Pietro Franzina,* Cuadernos de Derecho Transnacional (CDT) 2011, 85, 101 f Rn 29 ff.

29 Bericht über den Vorschlag für eine Verordnung des Rates zur Begründung einer verstärkten Zusammenarbeit im Bereich des auf die Ehescheidung und Trennung ohne Auflösung des Ehebandes anzuwendenden Rechts (KOM(2010)0105 – C7-0315/2010 – 2010/0067(CNS)), Berichterstatter *Tadeusz Zwiefka,* 2010/0067(CNS), S. 34 ff (mit näherer Begründung). Der Bericht spricht sich dafür aus, die EheVO 2003 durch die Einfügung von besonderen Zuständigkeitsvorschriften insbesondere für die gleichgeschlechtliche Ehe zu ergänzen.

30 Vorschlag für eine Verordnung des Rates über die Zuständigkeit, das anzuwendende Recht, die Anerkennung und die Vollstreckung von Entscheidungen im Bereich des Ehegüterrechts vom 16.3.2011 (KOM(2011)126 endg.). Ausdrücklich etwa Mitteilung der Kommission an das Europäische Parlament, den Europäischen Wirtschafts- und Sozialausschuss und den Ausschuss der Regionen v. 16.3.2011 (KOM(2011)125 endg.), S. 6. Siehe ferner noch Erwägungsgrund 10 zum Verordnungsvorschlag: „Der Begriff der Ehe, der durch das einzelstaatliche Recht der Mitgliedstaaten definiert wird, ist nicht Gegenstand dieser Verordnung." Zur Anwendbarkeit des Verordnungsentwurfs auf die gleichgeschlechtliche Ehe vgl noch (Unklarheiten bemängelnd) *Martiny,* IPRax 2011, 437, 440 f.

nach dem Recht des Staates, in dem die Ehe geschlossen worden ist (zu dieser umstr. Frage vgl ausf. Art. 13 Rn 11 ff). Liegt hiernach eine wirksame (scheidbare) Ehe vor, ist zusätzlich noch das Verweigerungsrecht nach Art. 13 Var. 2 zu prüfen; dieses könnte auch für deutsche Gerichte Bedeutung erlangen (siehe dazu näher Art. 13 Rn 23 ff, 30 ff).

28 **bb) „Normenmangel" bei Fehlen der gleichgeschlechtlichen Ehe im Scheidungsstatut?** Die Einbeziehung der gleichgeschlechtlichen Ehe führt zu dem Folgeproblem, dass für die Scheidung das Recht eines Staates berufen werden kann, der in seinem Recht die gleichgeschlechtliche Ehe nicht kennt. Es stellt sich sodann die Frage, ob das (nur) für die heterosexuelle Ehe vorgesehene Scheidungsrecht auch auf die Scheidung der gleichgeschlechtlichen Ehe angewendet werden kann, oder ob nach Ersatzanknüpfungen gesucht werden muss.

29 Derartige Fälle können unter der Rom III-VO durchaus praktisch werden. Schließen etwa zwei spanische Staatsangehörige mit gewöhnlichem Aufenthalt in Spanien eine gleichgeschlechtliche Ehe, so ist diese Ehe aus Sicht der spanischen Gerichte nach dem spanischen Recht zu beurteilen. Verlegen die Ehegatten nachfolgend ihren gewöhnlichen Aufenthalt nach Italien, richtet sich die Scheidung aus der Sicht der international weiterhin zuständigen (Art. 3 Abs. 1 lit. b EheVO 2003) spanischen Gerichte demgegenüber objektiv, in Ermangelung einer Rechtswahl, nach dem italienischen Recht (Art. 8 lit. a Rom III-VO). Das italienische Sachrecht sieht in seinem aktuellen Sachrecht nur die heterosexuelle Ehe vor.

30 Zwar mag es auf den ersten Blick wenig überzeugend erscheinen, ein an der Aufrechterhaltung der gleichgeschlechtlichen Ehe „desinteressiertes" Scheidungsrecht auf diese anzuwenden;[31] bei einer konsequenten Anwendung der Rom III-VO gelangt man aber zu ebendiesem Ergebnis. Denn die Frage, ob eine scheidbare „Ehe" vorliegt, beantwortet sich in dem Beispielsfall gerade nicht nach dem italienischen Recht, sondern nach dem (unterstellt) im Wege der selbstständigen Vorfragenanknüpfung berufenen spanischen Recht (zur Vorfragenanknüpfung siehe vor Art. 1 Rn 67 ff).

31 Wendeten spanische Gerichte demgegenüber in dem Beispielsfall nicht das italienische Recht an – und griffen sie unmittelbar auf die spanische *lex fori* als Ersatzrecht zurück –, würde sich unter dem Dach der Rom III-VO letztlich doch ein verstecktes „Sonderkollisionsrecht" für die gleichgeschlechtliche Ehe entwickeln.[32] Dies stünde aber im Widerspruch zu der vom EU-Gesetzgeber vorgenommenen kollisionsrechtlichen Gleichstellung der heterosexuellen und der gleichgeschlechtlichen Ehe.

32 Das an und für sich nur für die heterosexuelle Ehe konzipierte italienische Scheidungsrecht lässt sich der Sache nach ebenso auf die gleichgeschlechtliche Ehe anwenden. Allenfalls mag man sagen, dass sich das italienische Scheidungsrecht aus der Sicht der spanischen Gerichte als relativ „streng" bzw „scheidungsfeindlich" darstellen könnte; dies ist aber bei der Scheidung einer gleichgeschlechtlichen Ehe nicht anders als bei der Scheidung einer heterosexuellen Ehe.

33 Es ist allerdings noch zu überlegen, ob das Verweigerungsrecht italienischer Gerichte nach Art. 13 Var. 2 aus spanischer Sicht zu einer „Unscheidbarkeit" der Ehe nach Art. 10 Var. 1 führt.[33] Im autonomen deutschen Kollisionsrecht wurde für den Fall der Scheidung einer (nur) aus deutscher Sicht wirksam zustande gekommenen, aber aus Sicht des Scheidungsstatutstaates unwirksamen („hinkenden") Ehe eine vergleichbare Lösung in Analogie zu Art. 17 Abs. 1 S. 2 EGBGB aF entwickelt.[34] Es erscheint allerdings fraglich, ob sich die im nationalen Kollisionsrecht entwickelte Lösung auf die Behandlung der gleichgeschlechtlichen Ehe innerhalb der Rom III-VO übertragen lässt. Denn zum einen entspricht die Einbeziehung der gleichgeschlechtlichen Ehe in die Rom III-VO – und damit die Anwendung der Artt. 5 und 8 – einer bewussten Entscheidung des EU-Gesetzgebers; und zum anderen bezieht sich Art. 10 Var.1 auf einen gänzlich anders gelagerten Sonderfall, nämlich die nach dem anwendbaren (etwa dem philippinischen) Recht angeordnete abstrakt-generelle Unscheidbarkeit nicht nur der konkreten (gleichgeschlechtlichen) Ehe, sondern einer

---

31 Vgl etwa (zum alten Kollisionsrecht) MüKo/*Winkler v. Mohrenfels*, Art. 17 EGBGB Rn 92.
32 Die Artt. 5 und 8 der Rom III-VO wären nur unter der Voraussetzung anwendbar, dass sie zu dem Recht eines Staates führen, der die gleichgeschlechtliche Ehe kennt.
33 Dafür in der Tat *Franzina*, Cuadernos de Derecho Transnacional (CDT) 2011, 85, 123 (Rn 78); *Leandro*, Le nuove leggi civili commentate (NLCC) 2011, 1503, 1507.
34 OLG Zweibrücken FamRZ 2001, 920, 921; OLG Koblenz FamRZ 1994, 1262 = NJW-RR 1994, 647;

OLG Hamm FamRZ 1994, 1182 = StAZ 1994, 221; OLG Karlsruhe IPRax 1990, 52; OLG Stuttgart FamRZ 1980, 783, 784; dahingestellt von BGH DAVorm 1982, 925; zust. Palandt/*Thorn*, Art. 17 EGBGB Rn 10; Bamberger/Roth/*Heiderhoff*, Art. 17 EGBGB Rn 72; MüKo/*Winkler v. Mohrenfels*, Art. 17 EGBGB Rn 92 f; *Kropholler*, IPR, § 35 IV 2; abw. *Johannsen/Henrich*, Art. 17 Rn 34; *Galster*, StAZ 1988, 160, 164; Erman/*Hohloch*, Art. 17 EGBGB Rn 26; ausf. Darstellung bei Staudinger/*Mankowski*, Art. 17 EGBGB Rn 88 ff.

jeden Ehe. Der Vorschrift geht es also maW um das (Nicht-)Vorhandensein der Scheidung als Rechtsinstitut, nicht um die gleichgeschlechtliche Ehe (siehe näher Art. 10 Rn 10 ff).[35]

Ein Rückgriff auf die *lex fori* analog Art. 10 Var. 1 ist zudem nicht zielführend, wenn das Gericht eines Mitgliedstaates zuständig ist, der in seinem internen Recht die gleichgeschlechtliche Ehe nicht kennt, und dieses Gericht von dem Verweigerungsrecht nach Art. 13 Var. 2 *nicht* Gebrauch macht. Möchten also italienische Gerichte in dem Beispielsfall – wozu sie aus Sicht der Rom III-VO befugt sind, da Art. 13 Var. 2 ihnen ein bloßes Verweigerungs*recht* einräumt – eine Entscheidung in der Sache treffen, könnte Art. 10 Var. 1 die Anwendung spanischen Rechts nicht begründen. 34

Unbrauchbar wäre eine Analogie zu Art. 10 Var. 1 ferner dann, wenn sich in dem Beispielsfall, etwa aufgrund eines weiteren Aufenthaltswechsels eines der Ehegatten, eine Zuständigkeit „entscheidungswilliger" deutscher Gerichte ergäbe.[36] Denn als „lex fori" wäre dann das deutsche Recht heranzuziehen, das aber ebenfalls nur die Scheidung der heterosexuellen Ehe kennt. Aus Art. 10 Var. 1 ergibt sich damit für das Spezialproblem der gleichgeschlechtlichen Ehe keine für alle Fälle brauchbare Analogiebasis (so auch Art. 10 Rn 10 ff).[37] 35

Nach der hier vertretenen Auffassung ist daher das auf heterosexuelle Ehen gemünzte Scheidungsrecht im Einzelfall auch auf die gleichgeschlechtliche Ehe anzuwenden. Dieses Ergebnis steht zweifelsfrei im Widerspruch zu dem materiellen Leitbild des deutschen Rechts. Allerdings ist auch hier der Grundsatz der autonomen Auslegung zu beachten. Die Rom III-VO nimmt auf der kollisionsrechtlichen Ebene im Ausgangspunkt die Perspektive derjenigen Mitgliedstaaten ein, die nicht zwischen einer „heterosexuellen" und einer „gleichgeschlechtlichen" Ehe unterscheiden – und hierin zwei verschiedene Rechtsinstitute sehen –, sondern eine (sowohl in heterosexueller als auch gleichgeschlechtlicher Ausprägung mögliche) einheitliche Ehe eingeführt haben. 36

c) Keine Anwendung auf eingetragene Lebenspartnerschaften. Registrierte Partnerschaften sind nicht in den Anwendungsbereich der Rom III-VO einbezogen. Dies betrifft gleichgeschlechtliche und heterosexuelle Lebenspartnerschaften gleichermaßen.[38] Hier gilt weiterhin das unvereinheitlichte nationale Kollisionsrecht. In Deutschland ist Art. 17 b EGBGB anzuwenden. 37

Unerheblich ist hierbei, ob diese Lebenspartnerschaften in ihren zivilrechtlichen Wirkungen einer Ehe ähneln, ihr nahekommen oder – wie im deutschen Recht – weitgehend gleichgestellt sind. Die Rom III-VO verweist für das Verständnis dessen, was unter „Ehe" zu verstehen ist, auf das im Wege der Vorfragenanknüpfung berufene nationale Recht (vgl Abs. 2 lit. b). Soweit dieses Recht nach seinem eigenen Verständnis sodann „nur" eine eingetragene Lebenspartnerschaft, aber keine Ehe vorsieht, ist die Rom III-VO nicht anzuwenden. 38

Dass eingetragene Lebenspartnerschaften nicht der Rom III-VO unterfallen, wird ferner durch die Entstehungsgeschichte zur Rom III-VO bestätigt. Im Gesetzgebungsverfahren wurde vorgeschlagen, die Kollisionsregeln auch auf „eingetragene Lebenspartner" zu erstrecken.[39] Dieser Vorschlag wurde aber nicht aufge- 39

---

35 Ursprünglich war die Vorschrift vor allem auf das maltesische Recht bezogen. Mittlerweile hat aber auch Malta die Scheidung eingeführt (siehe Art. 66B des Civil Code; eingefügt durch den Civil Code (Amendment) Act, Government Gazette of Malta No. 18784 v. 29.7.2011).

36 Beispiel: Einer der beiden Ehegatten zieht von Italien weiter nach Deutschland und begründet dort seinen gewöhnlichen Aufenthalt. Kurz darauf beantragt der in Italien verbliebene Ehegatte in Deutschland (vgl Art. 3 Abs. 1 lit. a Spiegelstr. 3 EheVO 2003) die Scheidung. Nach Art. 8 lit. b ist weiterhin das italienische Scheidungsrecht berufen. Eine analoge Anwendung von Art. 10 Var. 1 scheidet hier aus; sie würde ohnehin nur die Anwendung deutschen Rechts begründen können, das aber ebenfalls keine Scheidung einer gleichgeschlechtlichen Ehe kennt.

37 Dies gilt auch dann, wenn man den soeben gebildeten Fall dahingehend abwandelt, dass einer der beiden Ehegatten von Italien weiter nach Portugal zieht (das ebenfalls die gleichgeschlechtliche Ehe kennt). Wird er dort kurz nach Begründung seines gewöhnlichen Aufenthalts von dem in Italien verbliebenen Ehegatten auf Scheidung in Anspruch genommen, so würden portugiesische Gerichte bei Anwendung von Art. 10 Var. 1 anstelle des von Art. 8 lit. b an sich berufenen italienischen Rechts das portugiesische Recht (als *lex fori*) heranziehen. Dies könnte aber jedenfalls deshalb nicht überzeugen, weil die Ehegatten – aufgrund ihrer gemeinsamen Staatsangehörigkeit – einen weitaus engeren Bezug zum spanischen Recht aufweisen als zum portugiesischen.

38 U.a. stehen der „pacte civil de solidarité" des französischen Rechts (Art. 515-1 code civil) oder die Lebenspartnerschaft nach dem niederländischen Recht (Art. 1: 80 a Nr. 1 1 Burgerlijk Wetboek) nicht nur gleichgeschlechtlichen, sondern auch verschiedengeschlechtlichen Partnern zur Verfügung.

39 Siehe Entwurf einer legislativen Entschließung des Europäischen Parlaments zu dem Vorschlag für eine Verordnung des Rates zur Begründung einer verstärkten Zusammenarbeit im Bereich des auf die Ehescheidung und Trennung ohne Auflösung des Ehebandes anzuwendenden Rechts (KOM(2010)0105 – C7-0315/2010 – 2010/0067(CNS)), dort die Stellungnahme des Ausschusses für die Rechte der Frau und die Gleichstellung der Geschlechter.

griffen; die Nichtumsetzung des Vorschlags indiziert, dass es bei der Unterscheidung zwischen der „Ehe" und sonstigen Partnerschaften sein Bewenden haben sollte.

40 Die Differenzierung zwischen der (heterosexuellen oder gleichgeschlechtlichen) „Ehe" einerseits und sonstigen verrechtlichten Formen des Zusammenlebens andererseits ist auch in den aktuellen Verordnungsvorschlägen zum internationalen Güterrecht enthalten. Dort wird zwischen dem Güterrecht der heterosexuellen oder gleichgeschlechtlichen Ehe einerseits[40] und dem Güterrecht eingetragener Partnerschaften andererseits differenziert.[41]

41 **3. Erfasste Fragen im Einzelnen. a) Scheidungsvoraussetzungen. aa) Materielle Voraussetzungen.** Nach dem von der Rom III-VO berufenen Scheidungsstatut beurteilt sich zunächst, ob die Ehe überhaupt geschieden werden kann. Ist die Ehe allerdings nach dem anwendbaren Sachrecht abstrakt unscheidbar – was nur noch in sehr wenigen Rechtsordnungen, wie etwa zT der philippinischen, der Fall ist –, erklärt Art. 10 Var. 1 dieses Sachrecht für unanwendbar. Anstelle dessen ist nach dieser Norm unmittelbar die *lex fori* anzuwenden.

42 Dem von der Rom III-VO berufenen Recht sind vor allem die **Scheidungs- und Ehetrennungsgründe** zu entnehmen. So legt das von der Rom III-VO berufene Recht fest, ob eine Scheidung ein Verschulden des anderen Ehegatten oder die Zerrüttung des ehelichen Verhältnisses[42] voraussetzt oder ob die Scheidung sogar – wie etwa im spanischen Recht[43] – (weitgehend) voraussetzungslos möglich ist.

43 Im Einzelnen ist dem anwendbaren Scheidungsrecht u.a. auch zu entnehmen, welche Bedeutung einem Widerspruch des Antragsgegners gegen den Scheidungsantrag[44] sowie der Einhaltung bestimmter **Trennungs- oder Wartefristen** zukommt.[45] Trennungs- oder Wartefristen unterfallen auch dann dem von der Rom III-VO berufenen Recht, wenn sie im Prozessrecht des betreffenden Staates geregelt sind. Nach dem Grundsatz der „autonomen" Qualifikation und Begriffsbildung (siehe vor Art. 1 Rn 26) sind nationale Qualifikationsvorstellungen für die Rom III-VO nicht maßgeblich; es kommt allein darauf an, was aus der (autonomen) Sicht der Rom III-VO zu den materiellen Scheidungsvoraussetzungen gehört. Für eine eher weite Fassung des sachlichen Anwendungsbereichs der Verordnung spricht der 9. Erwägungsgrund, nach dem die Rom III-VO einen „klaren, umfassenden Rechtsrahmen" für das internationale Scheidungsrecht anstrebt.[46]

44 Auch die **Zustimmung zur Scheidung** nach § 1566 Abs. 1 BGB ist materiellrechtlich zu qualifizieren.[47] Dies gilt ungeachtet dessen, dass die Form der Zustimmung in § 134 FamFG geregelt ist. Da die Rom III-VO die Anknüpfung der Form nicht regelt, dürfte hier eine (ergänzende) Anwendung nationalen Kollisionsrechts weiterhin zulässig sein. § 134 Abs. 1 FamFG kommt damit immer dann zur Anwendung, wenn Art. 11 EGBGB auf das deutsche Recht als Ortsrecht verweist.[48]

45 Von der Rom III-VO erfasst sind auch nationale Sachnormen, die das **Erlöschen eines Scheidungsgrunds** oder sonstige Gegeneinwände des anderen Ehegatten begründen. In Betracht kommen hier u.a. ein Mitverschulden des anderen Ehegatten[49] oder eine Fristverstreichung.[50] Die Notwendigkeit eines **gerichtlichen**

---

40 Vorschlag für eine Verordnung des Rates über die Zuständigkeit, das anzuwendende Recht, die Anerkennung und die Vollstreckung von Entscheidungen im Bereich des Ehegüterrechts vom 16.3.2011 (KOM(2011)126 endg.).
41 Vorschlag für eine Verordnung des Rates über die Zuständigkeit, das anzuwendende Recht, die Anerkennung und die Vollstreckung von Entscheidungen im Bereich des Güterrechts eingetragener Partnerschaften v. 16.3.2011 (KOM(2011)127 endg.). Wie hier auch *Schurig*, in: FS v. Hoffmann, 2011, S. 405, 410 f.
42 Aus der deutschen Rechtsprechung siehe etwa zum englischen Recht OLG Hamm NJW 1991, 3101; zum türkischen Recht OLG Stuttgart FamRZ 2006, 22; OLG Frankfurt FamRZ 2005, 1681; OLG Hamm NJW 1991, 3099 = FamRZ 1991, 1306; NJW 1989, 2203 = FamRZ 1989, 991; FamRZ 1989, 1191; zum griechischen Recht OLG Stuttgart FamRZ 1992, 945; FamRZ 1994, 383; zum kroatischen Recht OLG Frankfurt FamRZ 2001, 293; zum pakistanischen Recht AG Kulmbach FamRZ 2004, 631.
43 Siehe Ley 15/2005, v. 8.7.2005, Boletin Oficial del Estado, No. 163 v. 9.7.2005, S. 24458-24461; hierzu *Martin-Casals/Ribot*, FamRZ 2006, 1331 ff.
44 Zum türkischen Recht: OLG Frankfurt FamRZ 1994, 1112; FamRZ 1993, 329 = NJW-RR 1993, 650; OLG Hamm FamRZ 1992, 946; 1992, 1436; NJW 1991, 3099 = FamRZ 1991, 1306; OLG Oldenburg NJW-RR 1994, 1222; FamRZ 1990, 632 = NJW-RR 1990, 262; OLG Düsseldorf FamRZ 1992, 946; Bamberger/Roth/*Heiderhoff*, Art. 17 EGBGB Rn 25.
45 OLG Hamm NJW 1991, 3099 = FamRZ 1991, 1306; AG Stuttgart-Bad Cannstatt IPRax 1986, 248.
46 Vgl zu dem Anwendungsbereich von Art. 17 EGBGB aF Staudinger/*Mankowski*, Art. 17 EGBGB Rn 227.
47 *Johannsen/Henrich*, Art. 17 Rn 41 a; *Henrich*, Int. Familienrecht, § 4 I 2 c dd (S. 145); MüKo/*Winkler v. Mohrenfels*, Art. 17 EGBGB Rn 137; *Andrae*, § 4 Rn 73; vgl auch *Jayme*, IPRax 1986, 248, 249.
48 *Andrae*, § 4 Rn 73.
49 BGH NJW 1982, 1940, 1941 = FamRZ 1982, 795, 796 = IPRax 1983, 190; OLG Frankfurt IPRax 1982, 22.
50 OLG Karlsruhe FamRZ 1990, 168, 169 = NJW-RR 1990, 777 (Verfall des Klagerechts nach portugiesischem Recht).

Versöhnungsverfahrens ist demgegenüber prozessual zu qualifizieren. Maßgeblich ist also insoweit die *lex fori* (vgl dazu Rn 50).[51]

Demgegenüber ist die im türkischen Recht vorgesehene, für den späteren Scheidungsausspruch erforderliche gerichtliche Aufforderung, in die eheliche Lebensgemeinschaft zurückzukehren (sog. **Rückkehraufforderung**), materiellrechtlich zu qualifizieren. Auch deutsche Gerichte können daher eine solche Rückkehraufforderung aussprechen, wenn die Rom III-VO das türkische Recht für anwendbar erklärt; deutsche Gerichte sind an einem solchen Ausspruch auch nicht nach den Grundsätzen über die wesenseigene Unzuständigkeit gehindert.[52] 46

Bisweilen können sich im anwendbaren Scheidungsrecht **Vorfragen** ergeben. Denkbar ist etwa, dass das anwendbare – insb. das islamische – Scheidungsrecht den Scheidungsgrund der **Unterhaltspflichtverletzung** vorsieht. In diesem Fall ist inzident zu prüfen, ob eine Unterhaltspflicht bestand. Hierfür ist zunächst das auf die Unterhaltspflichten anwendbare Sachrecht zu ermitteln. Im Rahmen einer selbstständigen Anknüpfung dieser Vorfrage (siehe vor Art. 1 Rn 67 ff)[53] ist aus der Sicht deutscher Gerichte das Haager Protokoll über das auf Unterhaltspflichten anwendbare Recht heranzuziehen.[54] Bei der Anwendung ausländischen Scheidungsrechts ist allerdings weiter zu prüfen, ob die Verletzung einer Unterhaltspflicht, die nicht nach dem heimischen (islamischen) Recht, sondern (nur) nach dem im Wege der Vorfragenanknüpfung berufenen Recht besteht, als Scheidungsgrund ausreicht; man wird hier – unter Anwendung internationalprivatrechtlicher Substitutionsgrundsätze – nach der Schwere der Unterhaltspflichtverletzung differenzieren müssen.[55] 47

Nicht selten kommt es vor, dass das anwendbare Scheidungsrecht als Scheidungsvoraussetzung die **Einigung über bestimmte Scheidungsfolgen** vorsieht. Dem von der Rom III-VO bestimmten Scheidungsstatut ist zu entnehmen, über welche Scheidungsfolgen eine Einigung vorliegen muss.[56] Soweit die Einigung gesondert anzuknüpfende Regelungsgegenstände wie etwa den Unterhalt oder das Sorgerecht betrifft, ist die Vorfrage nach dem wirksamen Zustandekommen der Vereinbarung wiederum nach dem jeweiligen Statut zu beurteilen.[57] 48

bb) Abgrenzung zu verfahrensrechtlichen Fragen. Verfahrensrechtlich zu qualifizierende Fragen richten sich nicht nach dem von der Rom III-VO berufenen Recht, sondern nach der jeweiligen *lex fori*. Welche Vorschriften im Einzelnen zu dem (von der Rom III-VO erfassten) materiellen Scheidungsrecht gehören, und welche Vorschriften dem Verfahrensrecht zuzuordnen sind, ist im Wege der (autonomen) Qualifikation aus der Sicht der Rom III-VO zu beurteilen (vgl vor Art. 1 Rn 26). 49

Von Bedeutung ist insbesondere die Qualifikation des in verschiedenen Rechtsordnungen vorgesehenen (gerichtlichen) **Versöhnungsverfahrens**. Dieses ist nach der zum autonomen deutschen Recht bislang vertretenen hM verfahrensrechtlich zu qualifizieren.[58] Auch unter Geltung der Rom III-VO dürfte weiterhin von einer verfahrensrechtlichen Qualifikation auszugehen sein. Die zuständigen Gerichte können daher in ihrer *lex fori* vorgesehene Versöhnungsverfahren auch dann durchführen, wenn in dem Recht des Staates, das für die (materiellen) Scheidungsvoraussetzungen maßgeblich ist, ein solches Verfahren nicht vorgesehen ist. Umgekehrt müssen Gerichte, die in ihrem Verfahrensrecht kein Versöhnungsverfahren vorsehen, 50

---

51 OLG Frankfurt FamRZ 2001, 293; OLG München IPRax 1989, 238, 241; OLG Bamberg IPRspr 1979 Nr. 61; *Jannsen/Henrich*, Art. 17 Rn 38; aA LG Hamburg StAZ 1977, 339.

52 Vgl OLG Stuttgart, IPRax 2007, 131 mit Bespr. *Heiderhoff* 118. Die Rückkehraufforderung hat – wie auch im türkischen Recht – auf Antrag hin ohne Sachprüfung zu erfolgen (überzeugend *Heiderhoff*, IPRax 2007, 118, 119; anders – insoweit einen *ordre public*-Verstoß annehmend – OLG Stuttgart, IPRax 2007, 131). Ein *ordre public*-Verstoß liegt jedoch dann nicht vor, wenn der Entscheidung (wie auch im türkischen Recht) keine Rechtskraftwirkung in Bezug auf die Scheidungsgründe zukommt.

53 Staudinger/*Mankowski*, Art. 17 EGBGB Rn 217; *Rauscher*, IPRax 2005, 313, 318; aA OLG Stuttgart FamRZ 1997, 882; ferner OLG Frankfurt OLGR 2001, 252; *Henrich*, IPRax 1995, 166; wohl auch (ohne Behandlung der Vorfragenproblematik) OLG Düsseldorf FamRZ 1998, 1113, 1114; für eine unselbständige Anknüpfung der Vorfrage nach der Unterhaltspflicht *Mansel*, in: FS für Kropholler, 2008, S. 353, 354 ff (mit ausf. Begr.); MüKo/*Sonnenberger*, Einl. Rn 553.

54 Soweit das anwendbare (islamische) Sachrecht allerdings nicht in erster Linie auf die Unterhaltspflichtsverletzung als solche, sondern etwa auf die Mittellosigkeit des Ehemannes abstellt (vgl dazu aber noch *Henrich*, IPRax 1995, 166, 167), dürfte es bei der alleinigen Anwendung des Scheidungsstatuts sein Bewenden haben (vgl Staudinger/*Mankowski*, Art. 17 EGBGB Rn 217). Es stellt sich dann allerdings die Frage nach einem *ordre public*-Verstoß.

55 Vgl dazu ausf. *Mansel*, in: FS für Kropholler, 2008, S. 353, 368 ff (verneinend für den Fall, dass der Ehemann den nur im deutschen, nicht aber im iranischen Recht vorgesehenen Trennungsunterhalt schuldig bleibt).

56 Staudinger/*Mankowski*, Art. 17 EGBGB Rn 229.

57 Staudinger/*Mankowski*, Art. 17 EGBGB Rn 231.

58 OLG Frankfurt FamRZ 2001, 293; OLG München IPRax 1989, 238, 241 (zum Sühneversuch nach iranisch-islamischem Recht); Erman/*Hohloch*, Art. 17 EGBGB Rn 35; abw. *Andrae*, § 4 Rn 69 (das Versöhnungsverfahren enthalte sowohl verfahrensrechtliche als auch materiellrechtliche Komponenten).

ein solches auch nicht durchführen; dies gilt auch dann, wenn in dem Recht des Staates, das für die Scheidungsvoraussetzungen berufen ist, ein solches Verfahren existiert.

51 Deutsche Gerichte führen daher derartige Versöhnungsverfahren nicht durch, ganz unabhängig davon, welches Scheidungsrecht anzuwenden ist.[59] Eine Pflicht oder auch nur Möglichkeit zur unmittelbaren Anwendung ausländischen Verfahrensrechts betr. Versöhnungsverfahren besteht selbst dann nicht, wenn dies die Aussichten auf eine Anerkennung des Urteils im Ausland verbessern würde.[60]

52 Nach herrschender Ansicht können allerdings allgemein Verfahrensregeln des ausländischen Scheidungsstatuts berücksichtigt werden, wenn dies mit dem deutschen Verfahrensrecht vereinbar ist bzw dieses einen entsprechenden Spielraum aufweist.[61] Ob eine **Versöhnung** der Parteien in Betracht kommt, kann im deutschen Verfahren im Rahmen einer persönlichen Anhörung der Parteien gem. § 128 FamFG festgestellt werden. Ergeben sich begründete Anhaltspunkte für eine Versöhnung, kommt eine **Aussetzung nach § 136 FamFG** in Betracht.[62] Mit dem deutschen Verfahrensrecht nicht vereinbar – und auch in der Praxis kaum realisierbar – ist demgegenüber die **Beteiligung der Staatsanwaltschaft** oder einer anderen Behörde.[63]

53 Zuweilen knüpft das ausländische Recht an die Wirksamkeit der Ehescheidung noch weitere Verfahrensschritte wie etwa die **Eintragung der Scheidung in ein Register**. Das Erfordernis einer derartigen Eintragung ist ebenfalls verfahrensrechtlich zu qualifizieren. Da das deutsche Recht eine derartige Eintragung nicht vorsieht, ist sie, soweit es sich um ein deutsches Scheidungsverfahren handelt, weder erforderlich noch möglich.

54 Hiervon zu unterscheiden ist die Frage, ob ein Drittstaatenrecht die Anerkennung des deutschen Urteils von der Eintragung der Scheidung in ein **Register** dieses Drittstaates abhängig macht. Ist dies der Fall, so ist die Scheidung bei Fehlen einer Registrierung möglicherweise nur in Deutschland, aber (noch) nicht im Ausland wirksam (sog. „hinkende" Scheidung bzw Ehe). Die Ehegatten sollten in diesen Fällen deshalb vom deutschen Gericht – am besten auch in den Urteilsgründen – auf die Notwendigkeit einer derartigen Registrierung im Ausland hingewiesen werden.[64]

55 **b) Keine Einbeziehung von Scheidungsfolgen.** Die Rom III-VO erfasst – nicht anders als die EheVO 2003 – nur die jeweilige (Gestaltungs-)Entscheidung, also die Auflösung des Ehebandes durch Scheidung bzw die Trennung ohne Auflösung des Ehebandes. Dem von der Rom III-VO berufenen Recht sind m.a.W. vor allem die Scheidungsvoraussetzungen zu entnehmen.

56 Folge- und Nebenfragen werden demgegenüber nicht erfasst. Dies wird u.a. für die „vermögensrechtlichen Folgen der Ehe" (Abs. 2 lit. e) und für unterhaltsrechtliche Fragen (Abs. 2 lit. g) noch einmal ausdrücklich hervorgehoben.[65] Eine auch nur behutsame Ausdehnung der Rom III-VO wird ferner durch den 10. Erwägungsgrund ausgeschlossen. Dort heißt es dezidiert, dass „sonstige mögliche Nebenaspekte" nach dem nationalen Kollisionsrecht der teilnehmenden Mitgliedstaaten geregelt werden sollten. Nicht in den Anwendungsbereich der Rom III-VO fallen daher zB die Ersatzpflicht des an der Scheidung schuldigen Ehegatten

---

59 OLG München IPRax 1989, 238, 241; AG Lüdenscheid, FamRZ 2002, 1486; aA OLG Hamburg FamRZ 2001, 1007, 1008. Verlange das ausländische (hier: das afghanische) Scheidungsrecht zwingend einen richterlichen Versöhnungsversuch, dann müsse er auch in Deutschland unternommen werden, und der deutsche Richter „muss und kann insoweit ausländisches Verfahrensrecht anwenden".

60 Zutr. AG Lüdenscheid FamRZ 2002, 1486, 1488.

61 Vgl OLG Bremen IPRax 1985, 47 (Leitsatz); OLG Karlsruhe IPRax 1982, 75, 76 (es sei anerkannt, dass auch bei Anwendung deutschen Verfahrensrechts die Grundsätze einer ausländischen Verfahrensordnung berücksichtigt werden müssen, wenn ausländische Verfahrensvorschriften der Sache nach mit dem anzuwendenden materiellen ausländischen Recht eng zusammenhängen); ferner OLG Frankfurt, IPRax 1983, 193 (Nr. 54 c, Leitsatz); LG Hamburg FamRZ 1972, 40, 41; vorsichtig auch AG Lüdenscheid FamRZ 2002, 1486, 1488; aus der Lit.: MüKo/*Winkler v. Mohrenfels*, Art. 17 EGBGB Rn 125; Erman/*Hohloch*, Art. 17 EGBGB Rn 44; *Andrae*, § 4 Rn 69.

62 AG Lüdenscheid FamRZ 2002, 1486, 1488; auch AG Leverkusen FamRZ 2002, 1636, 1637.

63 AG Lüdenscheid FamRZ 2002, 1486, 1488; abw. Bamberger/Roth/*Heiderhoff*, Art. 17 EGBGB Rn 86.

64 *Johannsen/Henrich*, Art. 17 EGBGB Rn 40; *Henrich*, Int. Familienrecht, § 4 I 2 b (S. 145); Erman/*Hohloch*, Art. 17 EGBGB Rn 45; MüKo/*Winkler v. Mohrenfels*, Art. 17 EGBGB Rn 135.

65 Für unterhaltsrechtliche Fragen ist das Haager Protokoll über das auf Unterhaltspflichten anzuwendende Recht vom 23.11.2007 anzuwenden. Nach Art. 8 Abs. 1 lit. d des Haager Protokolls können die Parteien das Recht des Staates, das die Parteien als das auf ihre Ehescheidung oder Trennung ohne Auflösung der Ehe anzuwendende Recht bestimmt haben, oder das tatsächlich auf diese Ehescheidung oder Trennung angewandte Recht, auch für das Unterhaltsrecht wählen. Mittelbar hat die Rom III-VO daher doch Bedeutung für das internationale Unterhaltsrecht.

für aus dem Ehebruch resultierende immaterielle und ggf materielle Schäden,[66] die Hausratsverteilung (vgl aktuell Art. 17 a EGBGB) sowie der Versorgungsausgleich.[67]

Allerdings dürfte die Rom III–VO auf die in verschiedenen Rechtsordnungen[68] vorgesehene **Feststellung eines Scheidungsverschuldens** im Urteilstenor anwendbar sein.[69] Es wäre widersprüchlich, auf die Voraussetzungen der Scheidung einerseits und die Frage der Schuldfeststellung andererseits unterschiedliche Kollisionsnormen und damit ggf unterschiedliche materielle Rechtsordnungen anzuwenden.[70] Eine Schuldfeststellung hat daher auch durch deutsche Gerichte zu erfolgen, soweit eine solche in dem nach der Rom III–VO berufenen Recht vorgesehen ist. Sie hat jedenfalls dann im **Tenor** (nicht nur in den Gründen) eines deutschen Scheidungsurteils zu erfolgen, wenn ihr – über die zu erlassende Entscheidung hinaus – Bedeutung für die in Betracht kommenden Folgen zukommt.[71] Von dem Schuldausspruch kann außerhalb des Anwendungsbereichs der EheVO 2003 im Einzelfall die Anerkennung des Urteils im Ausland abhängen.[72] 57

Die **Anknüpfung von Scheidungsfolgen** richtet sich aktuell nach dem staatsvertraglichen sowie hilfsweise dem nationalen Kollisionsrecht. Hierbei ist zu berücksichtigen, dass der deutsche Gesetzgeber für bestimmte Scheidungsfolgen (Art. 17 Abs. 1 EGBGB nF) sowie teilweise für den Versorgungsausgleich (Art. 17 Abs. 3 EGBGB nF) auf die Rom III–VO verweist. Diese Regeln werden unten (Rn 94 ff) im Überblick dargestellt. 58

4. Verfahrensarten; Privatscheidung; Auflösung ipso iure. a) Gerichtliche und sonstige staatliche Verfahren. Die Scheidung ist in den meisten Mitgliedstaaten, so auch in Deutschland,[73] den **Gerichten** vorbehalten. In einzelnen Mitgliedstaaten werden aber – für den Fall der einvernehmlichen Scheidung – auch Verfahren vor einer **Verwaltungsbehörde** vorgesehen. Derartige Verfahren existieren u.a. im portugiesischen, estnischen und rumänischen Recht.[74] 59

Nach Art. 3 Nr. 2 sind derartige Verfahren in den Anwendungsbereich der Rom III–VO einbezogen (vgl näher Art. 3 Rn 7). Hierbei wird vorausgesetzt, dass die Behörden eine **konstitutive Entscheidung** treffen und nicht etwa nur beratend und/oder registrierend tätig werden (vgl dazu noch Rn 62 ff). Diese Voraussetzung ist bei den genannten Verfahren allerdings erfüllt.[75] Damit sind die Verwaltungsbehörden in den genannten Verfahren ebenfalls an die Rom III–VO gebunden: sie haben also das durch die Rom III–VO bestimmte Recht anzuwenden. Ihre Entscheidungen werden zudem nach Maßgabe der EheVO 2003 in den anderen Mitgliedstaaten anerkannt. 60

Das rumänische Recht sieht zudem im Falle der einvernehmlichen Scheidung ein Verfahren vor dem **Notar** vor.[76] Auch der Notar stellt bei einer teleologischen Auslegung von Art. 3 Nr. 2 eine Stelle iS dieser Vorschrift dar (vgl Art. 3 Rn 7). Da zudem der Notar in dem genannten rumänischen Verfahren eine konstitu- 61

---

66 Wie hier *Hammje,* Rev. crit. dr. intern. privé 2011, S. 291, 303 Rn 10; die Anwendbarkeit der Rom III–VO auf die genannten Schadensersatzansprüche verneinend *Franzina,* Cuadernos de Derecho Transnacional (CDT) 2011, 85, 127 Rn 91 Fn 162. Zur Anwendung von Art. 17 EGBGB im bisherigen deutschen Scheidungskollisionsrecht NK-BGB/*Gruber,* Art. 17 EGBGB Rn 77.
67 Zum Versorgungsausgleich auch *Schurig,* in: FS v. Hoffmann, 2011, S. 405, 407.
68 Siehe insb. Art. 151 Abs. 2 des italienischen codice civile.
69 Vgl aus der älteren Rspr BGH NJW 1982, 1940, 1941 (zum französischen Recht); NJW 1988, 636, 637 = IPRax 1988, 173 (zum italienischen Recht); wie hier Palandt/*Thorn* Art. 1 Rn 6.
70 Die Feststellung eines Scheidungsverschuldens kann durchaus auch für Folgeentscheidungen – etwa im Bereich des Unterhalts – von Bedeutung sein (vgl BGH NJW 1988, 636, 637 = IPRax 1988, 173 (zum italienischen Recht).
71 BGH NJW 1988, 636 = IPRax 1988, 173 = FamRZ 1987, 797; OLG Hamm IPRax 2000, 308 m.Anm. *Roth,* S. 292; OLG Zweibrücken FamRZ 1997, 430, 431; OLG Karlsruhe FamRZ 1995, 738; 1990, 168, 169 = NJW-RR 1990, 777, 778; OLG Hamm FamRZ 1989, 625; OLG Celle FamRZ 1989, 623, 624; OLG Bamberg FamRZ 1979, 514; OLG Hamm NJW 1978, 2452.
72 OLG Zweibrücken FamRZ 1997, 430, 431; OLG Karlsruhe FamRZ 1995, 738; 1990, 168 = NJW-RR 1990, 778 (zum portugiesischen Recht); OLG Hamm FamRZ 1989, 625; OLG Celle FamRZ 1989, 623 (zum polnischen Recht); OLG Hamm NJW 1978, 2452, 2453.
73 Siehe § 1564 Abs. 1 BGB.
74 Siehe (zum portugiesischen und estnischen Recht) *Gärtner,* Die Privatscheidung im deutschen und gemeinschaftsrechtlichen internationalen Privat- und Verfahrensrecht, 2008, S. 327 ff; *Pintens,* in Brussels II bis Regulation, 2012, Art. 1 Rn 5. Im rumänischen Recht siehe Artt. 375 ff rumänisches Zivilgesetzbuch. Vgl noch *Borrás,* ABl. 1998 Nr. C 221, S. 27 (S. 35 Rn 20 A) mit Hinweis auf das dänische Recht, in dem ein behördliches Verfahren vor dem „Statsamt" bzw vor dem „Københavns Overpraesidium" vorgesehen ist. Dänemark ist jedoch weder an die EheVO 2003 (vgl dort Art. 2 Nr. 3) noch an die Rom III–VO gebunden.
75 Siehe (zum portugiesischen und estnischen Recht) *Gärtner,* Die Privatscheidung im deutschen und gemeinschaftsrechtlichen internationalen Privat- und Verfahrensrecht, 2008, S. 327 f.
76 §§ 375 ff rumänisches Zivilgesetzbuch.

tive Entscheidung trifft und nicht nur beurkundend tätig wird, wird seine Entscheidung von der Rom III-VO und im Übrigen auch der EheVO 2003 erfasst.[77]

62 **b) Die Privatscheidung. aa) Praktische Relevanz der Fragestellung.** Von erheblicher praktischer Bedeutung ist die Frage, ob auch Privatscheidungen in den Anwendungsbereich der Rom III-VO fallen. Einvernehmliche Privatscheidungen sind etwa in verschiedenen asiatischen Rechtsordnungen vorgesehen.[78] Ferner ist der *talaq* nach dem islamischen Recht – die einseitige „Verstoßung" der Ehefrau – als Privatakt anzusehen.[79] Schließlich stellt auch die Scheidung durch Übergabe des Scheidebriefs nach dem jüdischen Recht nach Auffassung des BGH eine Privatscheidung dar.[80]

63 Aus Art. 17 Abs. 2 EGBGB ergibt sich, dass Privatscheidungen, die in Deutschland ohne die konstitutive Beteiligung von Gerichten vorgenommen werden, unwirksam sind. Diese Vorschrift ist, da verfahrensrechtlicher Natur, neben der Rom III-VO anwendbar.[81]

64 Zweifelsfrei anwendbar ist die Rom III-VO dann, wenn deutsche Gerichte über ein Scheidungsbegehren zu entscheiden haben und die Rom III-VO auf ein Recht verweist, das kein staatliches Verfahren, sondern eine Privatscheidung vorsieht. In diesem Fall wendet das deutsche Gericht das ausländische (Privat-)Scheidungsrecht modifiziert in dem Sinne an, dass die nach dem ausländischen Recht vorgenommenen Privatakte zur Grundlage der (konstitutiven) deutschen Entscheidung werden (vgl Rn 79).

65 Von Relevanz ist die Frage nach der Anwendbarkeit der Rom III-VO aber im Hinblick auf Privatscheidungen, die außerhalb Deutschlands vorgenommen worden sind und deren Wirksamkeit durch deutsche Gerichte bzw Behörden beurteilt werden müssen.[82] Im Ausland vorgenommene Privatscheidungen werden in Deutschland nach allgemeiner Auffassung nicht nach den prozessualen Vorschriften über die Urteilsanerkennung, sondern nach dem kollisionsrechtlich berufenen Recht beurteilt.[83] Im bisherigen deutschen Recht war also eine im Ausland vorgenommene Privatscheidung nach dem durch Artt. 17, 14 EGBGB (aF) bestimmten Recht zu beurteilen. Führten Artt. 17, 14 EGBGB (aF) zu einem Recht, das die Privatscheidung vorsah, so konnte diese Privatscheidung, vorbehaltlich der Prüfung anhand des allgemeinen *ordre public* (Art. 6 EGBGB), auch im Inland Wirksamkeit erlangen.[84] Es stellt sich die Frage, ob derartige Privatscheidungen nunmehr nach der Rom III-VO zu beurteilen sind.

66 **bb) Neue Rechtslage. (1) Direkte Anwendung der Rom III-VO?** Der deutsche Gesetzgeber ging bei der Durchführung der Rom III-VO davon aus, dass diese auch auf die Privatscheidung anwendbar ist; deshalb hielt er die Beibehaltung einer nationalen Scheidungskollisionsnorm für überflüssig.[85] Allerdings ist die Rom III-VO ersichtlich auf eine konstitutive Gestaltungsentscheidung durch Gerichte und staatliche Stellen zugeschnitten. Dies ergibt sich u.a. aus den Vorschriften über die Rechtswahl (Artt. 5 ff) und die objektive Anknüpfung (Artt. 8 ff).[86] So kann nach Art. 5 Abs. 1 lit. d unmittelbar das Recht des Staates „des angerufenen Gerichts" gewählt werden. Ferner kann nach Art. 5 Abs. 2 die Rechtswahlvereinbarung jederzeit, „spätestens jedoch zum Zeitpunkt der Anrufung des Gerichts", geschlossen oder geändert werden. Art. 8 lit. a–c stellen ebenfalls durchgängig auf den „Zeitpunkt der Anrufung des Gerichts" ab. Art. 8 lit. d

---

77 So (für die Rom III-VO) auch im Erg. *Franzina*, Le nuove leggi civili commentate (NLCC) 2011, 1463, 1466 ff.
78 Siehe etwa BGHZ 110, 267, 272 f = FamRZ 1990, 607 = NJW 1990, 2194 (Privatscheidung nach thailändischem Recht).
79 BGHZ 160, 332, 345 = FamRZ 2004, 1952.
80 BGHZ 176, 365 = FamRZ 2008, 1409 m.Anm. *Henrich* = IPRax 2009, 347 mit Bespr. *Siehe* 332 = JR 2009, 327 m.Anm. *Dörner*; zuvor bereits OLG Oldenburg FamRZ 2006, 950, 952.
81 Zur Bestimmung des Vornahmeorts bei der Privatscheidung siehe ausf. NK-BGB/*Gruber*, Art. 17 EGBGB Rn 93 ff.
82 Siehe etwa BGHZ 110, 267, 272 f = FamRZ 1990, 607 = NJW 1990, 2194 (Privatscheidung nach thailändischem Recht); Erman/*Hohloch*, Art. 17 EGBGB Rn 81; MüKo/*Winkler v. Mohrenfels*, Art. 17 EGBGB Rn 378.
83 In den Mitgliedstaaten lassen sich durchaus unterschiedliche Lösungsansätze betr. die Anerkennung von im Ausland vorgenommenen Privatscheidungen feststellen; siehe dazu den rechtsvergleichenden Überblick bei *Gärtner*, Die Privatscheidung im deutschen und gemeinschaftsrechtlichen internationalen Privat- und Verfahrensrecht, 2008, S. 193 ff.
84 Allerdings ist nach hM auch § 107 FamFG auf Privatscheidungen anzuwenden; die Wirksamkeit der Privatscheidung hängt also von einer Entscheidung der inländischen Landesjustizverwaltung bzw des Präsidenten des OLG ab. Von vielen Autoren wird dabei allerdings wiederum vorausgesetzt, dass an der Privatscheidung immerhin eine Behörde deklaratorisch-registrierend beteiligt war (zum Streitstand siehe näher MüKo-ZPO/*Rauscher*, § 107 FamFG Rn 27 ff).
85 Entwurf eines Gesetzes zur Anpassung der Vorschriften des Internationalen Privatrechts an die Verordnung (EU) Nr. 1259/2010 und zur Änderung anderer Vorschriften des Internationalen Privatrechts (BR-Drucks. 468/12, S. 6 ff); aus der Lit.: *Helms*, FamRZ 2011, 1765, 1766; *Makowsky*, GPR 2012, 266, 268; *Sonnenberger*, IPRax 2011, 325, 328; aA *Gärtner*, Die Privatscheidung im deutschen und gemeinschaftsrechtlichen internationalen Privat- und Verfahrensrecht, 2008, S. 306 ff, 360; im Erg. auch *Schurig*, in: FS v. Hoffmann 2011, S. 405, 411 f.
86 Wie hier *Gärtner*, Die Privatscheidung im deutschen und gemeinschaftsrechtlichen internationalen Privat- und Verfahrensrecht, 2008, S. 306 ff, 360.

beruft sogar (höchsthilfsweise) unmittelbar „das Recht des Staates des angerufenen Gerichts". Dass Privatscheidungen unmittelbar nicht mit einbezogen sind, wird schließlich auch dadurch indiziert, dass Art. 3 Nr. 2 ausdrücklich eine Definition des „Gerichts" vornimmt; diese Definition wäre ohne erkennbaren Sinn, wenn auch Privatscheidungen ohne weiteres von der Rom III–VO erfasst wären. Ferner wäre, wenn der EU-Gesetzgeber die Privatscheidung mit einbezogen hätte, die Einfügung einer Kollisionsnorm betr. die Form der Privatscheidung zu erwarten gewesen (vgl noch Rn 77).

Dass die Rom III–VO jedenfalls nicht unmittelbar auf die Privatscheidung anwendbar ist, wird schließlich **67** durch die Vorgeschichte indiziert. Die Kollisionsnormen der Rom III–VO sollten ursprünglich in die bestehende EheVO 2003 eingefügt werden; aus diesem systematischen Zusammenhang war ersichtlich, dass die Kollisionsnormen nur insoweit verwendet werden sollten, als es um Entscheidungen durch Gerichte aus EU-Mitgliedstaaten ging.[87] Dass sich die Kollisionsnormen nicht in der EheVO 2003 befinden, sondern in eine eigenständige Verordnung „ausgelagert" wurden, ist nicht auf Sachgründe – insbesondere nicht auf die Erwägung, dass Privatscheidungen mit einbezogen werden sollten –, sondern allein auf den Umstand zurückzuführen, dass die notwendige Einstimmigkeit im Rat für eine Änderung der EheVO 2003 nicht erzielbar war (vgl Vor Art 1 Rn 19 ff). Es geht also an dieser Stelle nicht (nur) um einen „Vergleich" von EheVO 2003 und Rom III–VO,[88] sondern um eine Analyse der Entstehungsgeschichte; diese spricht für eine Bestimmung des Anwendungsbereichs der Rom III–VO in Anlehnung an den Anwendungsbereich der EheVO 2003.

Auch aus Art. 4 lässt sich – entgegen dem deutschen Gesetzentwurf zur Durchführung der Verordnung[89] – **68** nicht ableiten, dass die Verordnung auch auf die in einem Drittstaat vorgenommene Privatscheidung anwendbar sein will. Art. 4 besagt nur, dass die Gerichte aus EU-Mitgliedstaaten auch das Scheidungsrecht von Drittstaaten anzuwenden haben, wenn die Rom III–VO zu ebendiesem Drittstaatenrecht führt (siehe dazu unten Rn 79). Die Norm sagt aber nichts darüber, ob die Rom III–VO auch auf Privatscheidungen anwendbar sein soll, die – ohne dass ein Gericht eines Mitgliedstaates überhaupt mit einem Scheidungsantrag befasst wird – in diesen Drittstaaten vorgenommen werden.

Denkbar bleibt noch, dass der europäische Gesetzgeber entgegen seiner eigentlichen Konzeption einer **69** umfassenden kollisionsrechtlichen Regelung die Problematik der Privatscheidung bei der Schaffung der Rom III–VO schlicht übersehen hat. Dies könnte für eine analoge Anwendung der Rom III–VO sprechen.[90] Hiergegen spricht allerdings, dass sich die Problematik der Privatscheidung kaum im Verhältnis zu anderen Mitgliedstaaten, sondern (nur) zu Drittstaaten stellt. Es erscheint daher ebenso möglich, dass der Verordnungsgeber diese für den Binnenmarkt jedenfalls eher untergeordnete Frage zwar als solche gesehen hat, aber nicht selbst hat regeln wollen.[91] In diesem Zusammenhang ist zu bedenken, dass der EU-Gesetzgeber in der EheVO 2003 (selbstverständlich) keine Regelung für die Anerkennung von gerichtlichen oder behördlichen Entscheidungen von Drittstaaten vorgenommen, sondern sich auf die Anerkennung von Entscheidungen aus anderen EU-Mitgliedstaaten beschränkt hat. Man müsste also, soweit man eine analoge Anwendung der Rom III–VO befürwortet, ein größeres Regelungsinteresse des EU-Gesetzgebers an der „Anerkennung" einer in einem Drittstaat vorgenommenen Privatscheidung als an der Anerkennung einer in einem Drittstaat vorgenommenen gerichtlichen oder behördlichen Scheidung unterstellen – und dies vor dem Hintergrund, dass die „Anerkennung" einer im Ausland vorgenommenen Privatscheidung nicht notwendigerweise nach dem durch das allgemeine Scheidungskollisionsrecht berufenen ausländischen Sachrecht beurteilt werden muss, sondern, wie sich aus einer Betrachtung des bisherigen Rechts der Mitgliedstaaten ergibt, auch andere Lösungen denkbar sind.[92] Insgesamt spricht meines Erachtens mehr dafür, die Rom III–VO nicht per se analog auf die in einem Drittstaat vorgenommene Privatscheidung anzuwenden; es bleibt bei der Regelungskompetenz der nationalen Gesetzgeber.

---

87 Dass die EheVO 2003 Privatscheidungen nicht erfasst, ist allgemeine Auffassung; siehe etwa Rauscher/*Rauscher,* EuZPR/EuIPR, Art. 1 Brüssel IIa–VO Rn 12; NK-BGB/*Gruber,* Anh. I zum III. Abschnitt EGBGB, Art. 1 EheVO 2003 Rn 14.

88 So interpretiert Palandt/*Thorn* Art. 1 Rn 3 die hiesige Argumentation.

89 Entwurf eines Gesetzes zur Anpassung der Vorschriften des Internationalen Privatrechts an die Verordnung (EU) Nr. 1259/2010 und zur Änderung anderer Vorschriften des Internationalen Privatrechts (BR-Drucks. 468/12, S. 7; siehe auch *Makowsky,* GPR 2012, 266, 268).

90 In diese Richtung der Entwurf eines Gesetzes zur Anpassung der Vorschriften des Internationalen Privatrechts an die Verordnung (EU) Nr. 1259/2010 und zur Änderung anderer Vorschriften des Internationalen Privatrechts (BR-Drucks. 468/12, S. 6 f); ähnlich *Helms,* FamRZ 2011, 1765, 1766 (mit Hinweis auf die vergleichbare Situation bei Art. 17 Abs. 1 EGBGB aF); *Makowsky,* GPR 2012, 266, 268; ohne Begründung auch *Traar,* ÖJZ 2011, 805, 807.

91 Siehe Erwägungsgrund 1 zur Verordnung, in dem das „reibungslose Funktionieren des Binnenmarkts" angesprochen wird.

92 Siehe den rechtsvergleichenden Überblick bei *Gärtner,* Die Privatscheidung im deutschen und gemeinschaftsrechtlichen internationalen Privat- und Verfahrensrecht, 2008, S. 193 ff., dort etwa zur Anerkennung ausländischer Privatscheidungen nach dem englischen Family Law Act 1986.

70 **(2) Nationales Kollisionsrecht. (a) (Stillschweigende) Verweisung auf die Rom III-VO.** Der deutsche Gesetzgeber ist seinerseits – entgegen der hier vertretenen Auffassung – von einer umfassenden Anwendbarkeit der Rom III-VO auch auf die Privatscheidung ausgegangen;[93] er hat aus diesem Grund die vormals (analog) anwendbare autonome Scheidungskollisionsnorm (Art. 17 Abs. 1 EGBGB aF) gestrichen und durch eine (ergänzende) Verweisung auf die Rom III-VO für bestimmte vermögensrechtliche Folgen der Scheidung ersetzt.

71 Im Ergebnis ergibt sich daher nach der hier vertretenen Auffassung zunächst eine Regelungslücke: Weder die Rom III-VO noch das autonome deutsche Kollisionsrecht enthalten Vorschriften zur Privatscheidung. Hierbei handelt es sich um eine planwidrige Regelungslücke; denn, wie dargelegt, ging der deutsche Gesetzgeber ausweislich der Materialien (nach der hier vertretenen Auffassung zu Unrecht) davon aus, dass sich die Rom III-VO auch auf die Privatscheidung erstreckt. Die Regelungslücke ist nach der hier vertretenen Auffassung sinnvoll (nur) durch eine entsprechende Anwendung der Rom III-VO zu schließen. Die Analogie kann hierbei auch an Art. 17 Abs. 1 EGBGB nF ansetzen, der zur Vermeidung von Regelungslücken – wenn auch nur in Bezug auf einzelne Scheidungs*folgen*, nicht in Bezug auf die Privatscheidung – bereits eine Verweisung auf die Rom III-VO ausspricht (siehe dazu noch Rn 97 ff).[94]

72 **(b) Folgefragen.** Bezieht man die im Ausland vorgenommene Privatscheidung also auch nach der hier vertretenen Auffassung letztlich in die Rom III-VO mit ein, ergeben sich einige Folgefragen. So ist der Rom III-VO in entsprechender Anwendung nicht unmittelbar zu entnehmen, auf welchen **Zeitpunkt** es für die Beurteilung der Wirksamkeit der Privatscheidung ankommen soll. Richtigerweise ist – in Analogie zu dem in Art. 8 verwendeten Merkmal „Zeitpunkt der Anrufung des Gerichts" – grundsätzlich auf den Zeitpunkt der Vornahme der Privatscheidung abzustellen.[95] Wie im Falle der gerichtlichen Scheidung (vgl Art. 5) sollte aber eine (bindende) Rechtswahl auch zu einem früheren Zeitpunkt getroffen werden können.

73 Besondere Probleme stellen sich im Hinblick auf Art. 5 Abs. 1 lit. d (Rechtswahl) und Art. 8 lit. d (objektive Anknüpfung); die Vorschriften lassen die Wahl des Rechts des **„angerufenen Gerichts"** zu (Art. 5 Abs. 1 lit. d) bzw stellen hilfsweise objektiv auf dieses Recht ab (Art. 8 lit. d).

74 Art. 5 lit. d dürfte – da es an einem „angerufenen Gericht" fehlt – im Falle der Privatscheidung gar nicht anzuwenden sein. Die Rechtswahloption nach lit. d ist daher im Falle der Privatscheidung nicht gegeben.[96]

75 Noch schwieriger stellt sich die Situation bei Art. 8 lit. d dar. Eine einfache Nichtanwendung der Vorschrift führt hier, anders als bei Art. 5 lit. a, nicht weiter; sie hätte zur Konsequenz, dass die objektive Anknüpfung insgesamt fehlschlüge. Man könnte in Anwendung von Art. 8 lit. d ggf auf den Vornahmeort abstellen, also das „angerufene Gericht" im Falle der objektiven Anknüpfung mit dem Vornahmeort gleichsetzen. Die Parteien hätten dann aber die Möglichkeit, durch die willkürliche Verlegung des Vornahmeortes – ohne hierbei an Zuständigkeitsregeln gebunden zu sein – die Anwendung eines Rechts zu erreichen, das die Privatscheidung vorsieht; auch dies wäre nicht sachgerecht.

76 Vorgeschlagen wird ferner, das Recht des Staates anzuwenden, zu dem die Ehegatten die engste Verbindung haben; hierfür fehlt es aber in der Rom III-VO an einer tragfähigen Analogiebasis.[97] Überzeugender erscheint es deshalb, in entsprechender Anwendung von Art. 8 lit. d die Sichtweise der deutschen *lex fori* einzunehmen. Nach dem deutschen Recht ist eine Privatscheidung unzulässig (§ 1564 Abs. 1 BGB).[98] Eine entsprechende Anwendung von Art. 8 lit. d hat damit die Unwirksamkeit der im Ausland vorgenommenen Privatscheidung aus deutscher Sicht zur Folge.[99]

77 Noch nicht näher behandelt wurde die Frage, wie die **Form der Privatscheidung** anzuknüpfen ist. Im bisherigen deutschen Kollisionsrecht war hier Art. 11 EGBGB heranzuziehen. Die Rom III-VO enthält, da auf gerichtliche Verfahren bezogen, keine die Form betreffende Kollisionsvorschrift. Man könnte hier argumentieren, dass sich bei entsprechender Anwendung der Rom III-VO das von den Art. 5 bzw Art. 8

---

93 Entwurf eines Gesetzes zur Anpassung der Vorschriften des Internationalen Privatrechts an die Verordnung (EU) Nr. 1259/2010 und zur Änderung anderer Vorschriften des Internationalen Privatrechts (BR-Drucks. 468/12, S. 6 ff).

94 Von der Rom III-VO unberührt – da prozessrechtlich zu qualifizieren – bleibt Art. 17 Abs. 2 EGBGB; hiernach sind im Inland vorgenommene Privatscheidungen in Deutschland unwirksam.

95 Ähnlich *Helms,* FamRZ 2011, 1765, 1766 (Zeitpunkt, zu dem die auf die Scheidung gerichteten Willenserklärungen abgegeben werden). Vgl auch noch die Lösung zu Art. 17 Abs. 1 EGBGB aF; dort wurde auf den Zeitpunkt der erstmaligen förmlichen Befassung des Antragsgegners mit der Scheidung abgestellt (BT-Drucks. 10/504, S. 60; hieran anschließend BGHZ 110, 267, 273 f = NJW 1990, 2195, 2196 = FamRZ 1990, 607 (zur einvernehmlichen Privatscheidung einer in Thailand geschlossenen Ehe); OLG Celle FamRZ 1998, 686 (Scheidung nach dem japanischen Recht durch Vereinbarung).

96 *Helms,* FamRZ 2011, 1765, 1766.

97 Palandt/*Thorn* Art. 8 Rn 7 (unter Hinweis auf Erwägungsgrund 21).

98 Die Vorschrift ist (auch) materiellrechtlich zu qualifizieren (BGHZ 110, 267, 276 = FamRZ 1990, 607 = NJW 1990, 2194).

99 So auch im Erg. *Helms,* FamRZ 2011, 1765, 1766 f.

bestimmte Recht nicht nur auf die materiellen Voraussetzungen der Privatscheidung bezieht, sondern auch das auf die Form der Privatscheidung anwendbare Recht festlegt.[100] Überzeugender erscheint es, hier eine Regelungslücke anzunehmen, die durch nationales Kollisionsrecht – von deutschen Gerichten also durch Art. 11 EGBGB – zu schließen ist.

Fraglich ist ferner, ob auch Art. 10 Var. 2 entsprechend auf die Privatscheidung angewendet werden kann. Dies dürfte zu bejahen sein, da der Zweck der Norm – die Vermeidung von Diskriminierungen aufgrund der Geschlechtszugehörigkeit – bei der Privatscheidung nicht weniger betroffen ist als im Falle einer Scheidung durch Gerichte oder Behörden. Problematisch erscheint aber, dass Art. 10 Var. 2 tatbestandlich keinen Bezug zu der Rechtsordnung eines Mitgliedstaates aufweist; ein solcher Bezug ist aber, um einen übermäßigen Ausschluss der Anwendung ausländischen Rechts zu vermeiden, zweifelsfrei vonnöten. Die Einbeziehung von Privatscheidungen zieht damit in jedem Fall eine entsprechende enge Auslegung bzw. teleologische Reduktion von Art. 10 Var. 2 nach sich. Nicht ganz klar ist auch, was im Falle einer Annahme eines Verstoßes gegen Art. 10 Var. 2 unter der „lex fori" zu verstehen ist. Man wird hier wohl die Sichtweise des deutschen Rechts einnehmen müssen, was – da das deutsche Recht keine Privatscheidung kennt – zur Unwirksamkeit der Privatscheidung führt. **78**

cc) Anwendung ausländischen Privatscheidungsrechts durch deutsche Gerichte. Von der oben (Rn 62 ff) beschriebenen Problematik zu unterscheiden ist der Fall, dass international zuständige deutsche Gerichte ein Recht anzuwenden haben, das die Privatscheidung vorsieht. Das Privatscheidungsrecht wird in diesem Fall insoweit modifiziert angewendet, als der Privatakt den Scheidungsgrund darstellt und sodann – auf der Grundlage dieses Privatakts – ein Scheidungsurteil ergeht. Erst das gerichtliche Urteil, nicht bereits das nach dem Scheidungsstatut vorgesehene Rechtsgeschäft führt die Gestaltungswirkung der Scheidung herbei.[101] Das anwendbare (Privat-)Scheidungsrecht wird in diesen Fällen einer gerichtlichen Entscheidung zweifelsfrei mithilfe der Rom III–VO bestimmt. **79**

c) Auflösung ipso iure. Ehen werden *ipso iure* vor allem durch **Tod** oder **Todeserklärung** aufgelöst.[102] Denkbar ist aber auch, dass ein Sachrecht für den Fall der Wiederheirat eines der beiden Ehegatten, der lebenslangen Freiheitsstrafe oder eines Religionswechsels eine Auflösung der Ehe kraft Gesetzes vorsieht.[103] **80**

Die Rom III–VO erfasst die Eheauflösung kraft Gesetzes nicht. Man wird die Lücke wiederum durch eine entsprechende Anwendung der Rom III–VO zu schließen haben. Das anwendbare Recht ist mit anderen Worten anhand der Artt. 5 und 8 zu bestimmen. **81**

Bei den (seltenen) gesetzlichen Eheauflösungsgründen außerhalb von Tod oder Todeserklärung ist regelmäßig ein *ordre public*-Verstoß anzunehmen (Art. 12). Dies gilt vor allem für die automatische Eheauflösung aufgrund eines Religionswechsels.[104] **82**

II. Räumlicher Anwendungsbereich

1. Überblick. Nach Art. 1 Abs. 1 setzt die Anwendung der Verordnung voraus, dass der Fall „eine Verbindung zum Recht verschiedener Staaten aufweist". Die Vorschrift ist Art. 1 Abs. 1 Rom I–VO und Art. 1 Abs. 1 Rom II–VO nachgebildet. Der Auslandsbezug stellt nach der Artikelüberschrift („Anwendungsbereich") eine echte Anwendungsvoraussetzung der Verordnung dar. **83**

Der von Art. 1 Abs. 1 vorausgesetzte Bezug muss nicht notwendigerweise zu zwei teilnehmenden Mitgliedstaaten bestehen; selbst Bezüge (nur) zu zwei **Drittstaaten** reichen aus.[105] **84**

Die Rom III–VO gibt nicht vor, worin der Auslandsbezug im Einzelnen bestehen kann. Eindeutig ist nur, dass die in Artt. 5 und 8 verwendeten Anknüpfungsmerkmale (also insb. die Staatsangehörigkeit und der aktuelle sowie der vormalige gewöhnliche Aufenthalt) auch im Rahmen von Art. 1 Abs. 1 relevant sind. Darüber hinaus können aber auch andere Umstände einen Auslandsbezug begründen. Zu denken ist etwa an den einfachen Aufenthalt eines der Ehegatten sowie seinen kulturellen Hintergrund. **85**

2. Auslandsbezug im Falle der Rechtswahl. a) Auslandsbezug im Zeitpunkt der Rechtswahl. Allein der Umstand, dass die Parteien eine Rechtswahl treffen, begründet noch keinen Auslandsbe- **86**

---

100 So Palandt/*Thorn* Art. 1 Rn 6.
101 BGHZ 160, 332, 345 = FamRZ 2004, 1952; OLG Frankfurt FamRZ 2009, 1504, 1505; AG Kulmbach IPRax 2004, 529, 530 m. Bespr. *Unberath* S. 515; *Andrae*, NJW 2007, 1730, 1732; aA *Kegel/Schurig*, § 20 VII 3 b (S. 870).
102 Staudinger/*Mankowski*, Art. 17 EGBGB Rn 243 ff; *Looschelders*, Art. 17 Rn 5.
103 MüKo/*Winkler v. Mohrenfels*, Art. 17 EGBGB Rn 26, 148; *Looschelders*, Art. 17 Rn 5.
104 Staudinger/*Mankowski*, Art. 17 EGBGB Rn 246; MüKo/*Winkler v. Mohrenfels*, Art. 17 EGBGB Rn 148.
105 Dem entspricht es, dass gem. Art. 4 das nach der Rom III–VO bezeichnete Recht auch dann anzuwenden ist, wenn es sich um das Recht eines Drittstaates handelt.

zug iSd Verordnung. Gerade umgekehrt ist, folgt man der Systematik der Verordnung, eine Rechtswahl nach der Rom III-VO nur möglich, wenn ein Auslandsbezug besteht.

87 Art. 1 Abs. 1 legt nicht fest, auf welchen **Zeitpunkt** es für das Bestehen eines Auslandsbezugs ankommt. Im Ausgangspunkt dürfte im Falle der Rechtswahl auf den Zeitpunkt des Zustandekommens der Rechtswahl abzustellen sein.[106] Dies lässt sich aus Art. 5 ableiten; dieser stellt durchgängig, was die wählbaren Rechtsordnungen anbelangt, auf diesen Zeitpunkt ab.

88 Besteht im Zeitpunkt der Rechtswahl ein hinreichender Auslandsbezug, so ist es unschädlich, wenn er zu einem späteren Zeitpunkt wegfällt. Trifft also etwa ein gemischt deutsch-spanisches Ehepaar mit gewöhnlichem Aufenthalt in Deutschland eine wirksame Rechtswahl zugunsten des spanischen Rechts, bleibt diese nach Art. 5 Abs. 1 lit. c („zum Zeitpunkt der Rechtswahl") auch dann wirksam, wenn der spanische Ehegatte nachfolgend seine spanische Staatsangehörigkeit aufgibt und auch sonst keine Verbindungen zum spanischen Recht mehr feststellbar sind. Es würde dem Zweck der Vorschrift widersprechen, wenn man (nachfolgend) eine Rechtswahl mit dem Argument verneinte, dass (nunmehr) die Rom III-VO und damit auch Art. 5 nicht (mehr) räumlich anwendbar seien.

89 **b) Auslandsbezug erst nach der Rechtswahl.** Problematischer ist der umgekehrte Fall, in dem im Zeitpunkt der Rechtswahl *noch* kein relevanter Auslandsbezug besteht und sich dieser erst später ergibt. Zu denken ist etwa an den Fall, dass zwei Ehegatten mit deutscher Staatsangehörigkeit und gewöhnlichem Aufenthalt in Deutschland eine Rechtswahl zugunsten des deutschen Rechts treffen, um damit einer – zukünftigen – Änderung des gewöhnlichen Aufenthalts und dem damit verbundenen Statutenwechsel (vgl Art. 8 lit. a) vorzubeugen.

90 Man wird sich hier in den meisten Fällen damit behelfen können, dass man bereits in einem unmittelbar bevorstehenden oder ggf auch mittelfristig zu besorgenden Statutenwechsel einen hinreichenden Auslandsbezug sieht. Es sind aber auch Fälle denkbar, in denen, weil es noch an einer hinreichenden Konkretisierung des Statutenwechsels fehlt, das Vorliegen eines hinreichenden Auslandsbezugs bereits im Zeitpunkt der Rechtswahl zumindest zweifelhaft ist.

91 Auf den ersten Blick erscheint es konsequent, bei Fehlen eines Auslandsbezugs im Zeitpunkt der Rechtswahl von einer Nichtanwendbarkeit der Rom III-VO und damit dem Fehlen der Rechtswahlmöglichkeit nach Art. 5 Abs. 1 lit. a (Recht am gemeinsamen gewöhnlichen Aufenthalt) auszugehen.[107] Dies stünde aber in Widerspruch zu dem Zweck des Art. 5 Abs. 1 lit. a. Die Vorschrift lässt die Wahl eines Rechts zu, das – bezogen auf den Zeitpunkt der Rechtswahl – ohnehin objektiv anwendbar wäre (vgl Art. 8 lit. a). Damit kann eine derartige Rechtswahl nur den Sinn haben, das im Zeitpunkt der Rechtswahl anwendbare Recht zu konservieren, dh späteren Statutenwechseln vorzubeugen. Ein Interesse an einer derartigen, zukünftigen Statutenwechseln „vorbeugenden" Rechtswahl besteht aber unabhängig davon, ob bereits im Zeitpunkt der Rechtswahl ein (sonstiger) Auslandsbezug besteht oder (noch) nicht.[108] Nach der hier vertretenen Auffassung sollte daher die Rom III-VO auch dann Anwendung finden, wenn im Zeitpunkt der Rechtswahl (noch) kein relevanter Auslandsbezug vorliegt und sich dieser erst **nachträglich** ergibt.

92 Konstruktiv ließe sich dies ggf durch eine Analogie zu Art. 18 Abs. 1 Unterabs. 2 absichern. Hiernach ist eine Rechtswahl, die noch vor der (zeitlichen) Anwendbarkeit der Rom III-VO getroffen wurde, aber im Übrigen die Voraussetzungen der Artt. 5 ff erfüllt, mit Beginn der Anwendbarkeit der Rom III-VO als wirksam anzusehen. Dasselbe sollte aber dann gelten, wenn die Rom III-VO im Zeitpunkt der Rechtswahl zwar zeitlich, aber noch nicht räumlich anwendbar ist und sich das räumliche Anwendungserfordernis erst nachträglich einstellt.[109]

93 **3. Relevanz im Falle der objektiven Anknüpfung.** Fehlt es an einer Rechtswahl, bereitet die Anwendungsvoraussetzung des Art. 1 Abs. 1 keine Schwierigkeiten. Weisen einzelne der in Art. 8 verwendeten Merkmale (Staatsangehörigkeit, gewöhnlicher Aufenthalt) auf eine ausländische Rechtsordnung, so ist der räumliche Anwendungsbereich der Verordnung zweifelsfrei eröffnet. Weisen die in Art. 8 verwendeten Merkmale demgegenüber sämtlich auf das inländische Recht, so mag man an der Anwendbarkeit der Rom III-VO im Einzelfall zweifeln. Praktisch bedeutsam ist dies aber nicht: Die Anwendung inländischen Rechts folgt in diesem Fall entweder daraus, dass es bereits an einem kollisionsrechtlich regelungsbedürftigen Sachverhalt fehlt, oder (hilfsweise) aus einer Anwendung von Art. 8 lit. a.

---

106 Palandt/*Thorn* Art. 1 Rn 5.
107 So etwa Palandt/*Thorn* Art. 1 Rn 5.
108 Vgl *Hammje,* Rev. crit. dr. intern. privé 2011, S. 291, 308 f Rn 17.
109 Im praktischen Ergebnis kommt daher der Auslandsbeziehung nach der hier vertretenen Auffassung keine Bedeutung zu; vgl zur Rom I-VO auch MüKo/*Martiny,* Art. 1 VO (EG) 593/2008 Rn 15 (es bedürfe keiner besonderen Umstände, die als „Verbindung" anzusehen seien).

C. Anknüpfung der Scheidungsfolgen

I. Überblick über die maßgeblichen Vorschriften

Wie bereits dargelegt, bezieht sich die Rom III-VO – die Feststellung des Scheidungsverschuldens ausgenommen – nicht auf die Folgen der Scheidung (Rn 55 ff). Für die Scheidungsfolgen ist also eine gesonderte kollisionsrechtliche Anknüpfung vorzunehmen. 94

Aktuell bestimmt sich das auf die Scheidungsfolgen anwendbare Recht vor allem nach vorrangigen staatsvertraglichen Regeln bzw hilfsweise nach dem autonomen deutschen Kollisionsrecht. Für den **Unterhalt** ist das Haager Protokoll über das auf Unterhaltspflichten anwendbare Recht anzuwenden. **Güterrechtliche** Fragen richten sich nach dem durch Art. 15 EGBGB bestimmten Recht. Die Nutzungsbefugnis an einer im Inland belegenen **Wohnung** und an im Inland belegenem **Hausrat** richtet sich gem. Art. 17 a EGBGB nach dem deutschen Recht. 95

Mittelfristig dürfte das auf das Ehegüterrecht anwendbare Recht durch eine EU-Verordnung bestimmt werden. Aktuell liegt ein Vorschlag zur Schaffung einer **EU-Verordnung zum Güterrecht** vor, der sich sowohl auf die heterosexuelle als auch die gleichgeschlechtliche Ehe bezieht.[110] Hierbei ist zu berücksichtigen, dass der Anwendungsbereich der neuen Verordnung nicht notwendigerweise mit dem Anwendungsbereich des aktuellen Art. 15 EGBGB identisch sein wird. Nach Art. 2 lit. a des Vorschlags sind unter dem Begriff „ehelicher Güterstand" sämtliche vermögensrechtliche Regelungen zu verstehen, die im Verhältnis der Ehegatten untereinander sowie zwischen ihnen und Dritten gelten. Dies spricht im Ausgangspunkt für eine recht weite Fassung des Anwendungsbereichs.[111] 96

II. Der Auffangtatbestand des Art. 17 Abs. 1 EGBGB nF

1. Überblick. Der deutsche Gesetzgeber hat allerdings erkannt, dass bestimmte Scheidungsfolgen, die bislang von Art. 17 Abs. 1 EGBGB aF mit umfasst waren, weder unter das Haager Protokoll noch unter die sonstigen Kollisionsvorschriften des EGBGB (insb. Artt. 15, 17 a EGBGB) subsumiert werden können. Die ersatzlose Streichung des Art. 17 EGBGB Abs. 1 aF hätte daher eine Regelungslücke für bestimmte Scheidungsfolgen zur Konsequenz gehabt. 97

Der deutsche Gesetzgeber hat deshalb die umfassende Scheidungskollisionsnorm des Art. 17 Abs. 1 EGBGB aF zugunsten eines auf bestimmte Scheidungsfolgen beschränkten Auffangtatbestands in Art. 17 Abs. 1 EGBGB nF aufgegeben. Nach Art. 17 Abs. 1 EGBGB nF sind vermögensrechtliche Scheidungsfolgen, die nicht von vorrangigen Kollisionsnormen erfasst sind, ebenfalls nach dem von der Rom III-VO bestimmten Recht zu beurteilen. Aus Art. 17 Abs. 1 EGBGB nF ergibt sich also letztlich eine **Verweisung auf die Rom III-VO** (zu näheren Einzelheiten der Anknüpfung siehe Rn 107 ff). 98

2. Anwendungsbereich. a) Entschädigungsansprüche eines Ehegatten. Näher betrachtet hat Art. 17 Abs. 1 EGBGB nF nur einen recht geringen sachlichen Anwendungsbereich. Der Gesetzgeber hatte vor allem Genugtuungs- oder Entschädigungsansprüche eines Ehegatten, der die Scheidung nicht verschuldet hat, im Blick.[112] Solche Ansprüche sind zwar nicht im deutschen, aber etwa im türkischen Recht vorgesehen. Der Genugtuungsanspruch des unschuldig Geschiedenen nach Art. 174 Abs. 2 türk. ZGB stellt eine Scheidungsfolge dar, die weder güterrechtlich noch unterhaltsrechtlich zu qualifizieren ist und daher unter Art. 17 Abs. 1 EGBGB nF fällt.[113] In Art. 174 Abs. 2 türk. ZGB geht es inhaltlich darum, dem an der Ehescheidung unschuldigen Ehegatten eine Kompensation für seelische Leiden zu gewähren.[114] 99

Demgegenüber ist der Schadensersatzanspruch nach Art. 174 Abs. 1 türk. ZGB unterhaltsrechtlich zu qualifizieren; er gehört also zu dem vom Haager Protokoll bestimmten Unterhaltsrecht und wird daher nicht von Art. 17 EGBGB Abs. 1 nF umfasst.[115] Art. 174 Abs. 1 türk. ZGB ist auf den Ersatz eines Vermögensschadens wegen einer Beeinträchtigung der in der Ehe bestehenden materiellen Vorteile gerichtet. Solche Vorteile sind insbesondere in der Versorgung der Ehegatten durch das Zusammenleben im gemeinsamen Haus- 100

---

110 Vorschlag für eine Verordnung des Rates über die Zuständigkeit, das anzuwendende Recht, die Anerkennung und die Vollstreckung von Entscheidungen im Bereich des Ehegüterrechts vom 16.3.2011 (KOM(2011)126 endg.).
111 Siehe näher *Martiny*, IPRax 2011, 437, 443 ff.
112 Entwurf eines Gesetzes zur Anpassung der Vorschriften des Internationalen Privatrechts an die Verordnung (EU) Nr. 1259/2010 und zur Änderung anderer Vorschriften des Internationalen Privatrechts (BR-Drucks. 468/12, S. 10).
113 Vgl zum alten Recht (Scheidungsfolge iSd Art. 17 EGBGB aF) OLG Stuttgart FamRZ 2012, 999, 1001; OLG Frankfurt aM NJW-RR 2003, 725; FamRZ 1992, 1182; auch AG Karlsruhe FamRZ 1988, 837, 838; gegen eine güterrechtliche Anknüpfung, die genaue Qualifikation aber offen lassend OLG Karlsruhe FamRZ 2006, 948.
114 *Oguzm*, FamRZ 2005, 766, 771.
115 OLG Stuttgart FamRZ 2012, 999, 1000.

halt zu sehen.[116] Für eine unterhaltsrechtliche Qualifikation spricht auch, dass der Anspruch nach Art. 174 Abs. 1 türk. ZGB in einem Wechselverhältnis zum Unterhaltsanspruch nach Art. 175 türk. ZGB steht; insbesondere werden bereits zugesprochene Entschädigungsansprüche auf eventuell verbleibende Unterhaltsansprüche angerechnet.[117]

101 **b) Nutzungsbefugnis an im Ausland belegenen Gegenständen.** Was die Nutzungsbefugnis an im Inland belegenen Wohnungen und Haushaltsgegenständen betrifft, ist nach Art. 17 a EGBGB deutsches Recht anzuwenden. Die Norm bezieht sich nach ganz hM nicht nur auf die Nutzungsbefugnis im Falle des (tatsächlichen) Getrenntlebens, sondern darüber hinaus auch auf die im Falle der Scheidung anwendbaren §§ 1568 a, 1568 b BGB.[118]

102 Art. 17 a EGBGB ist seinem Wortlaut nach einseitig gefasst und trifft daher keine Regelung für im **Ausland belegene Wohnungen** bzw **Haushaltsgegenstände**. Die Vorschrift ist insoweit nach bereits bisher hM auch nicht (entsprechend) anzuwenden.[119] Dementsprechend war das anwendbare Recht bisher nach Art. 17 Abs. 1 EGBGB aF zu ermitteln. Der Gesetzentwurf geht nunmehr davon aus, dass sich die Nutzungsbefugnis für im Ausland belegene Wohnungen bzw Haushaltsgegenstände nach dem durch Art. 17 Abs. 1 nF bestimmten Recht richten.[120] Mittelfristig bleibt abzuwarten, ob die vorgeschlagene EU-Verordnung zum Güterrecht auch derartige Ansprüche mitumfasst (vgl Rn 96);[121] in diesem Fall wäre auch (für im Inland belegene Gegenstände) Art. 17 a EGBGB nicht mehr anwendbar.

103 **c) Widerruf von Schenkungen.** Art. 17 Abs. 1 EGBGB aF galt nach hM auch für den Widerruf von Schenkungen, soweit der Widerrufsgrund speziell mit der Scheidung verknüpft war.[122] Auch hier dürfte nunmehr die Anknüpfung nach Art. 17 Abs. 1 EGBGB nF eingreifen.[123]

104 **d) Anspruch auf Zahlung der Brautgabe.** Unklar ist, welche weiteren Ansprüche unter Art. 17 Abs. 1 EGBGB nF fallen könnten. In Betracht käme zB noch der Anspruch auf Zahlung der **Morgengabe** bzw **Brautgabe** (*mahr*)[124] im Anschluss an eine Scheidung. Verschiedentlich wurde der Anspruch mit beachtlichen Gründen güterrechtlich qualifiziert;[125] vereinzelt wurde aber auch eine scheidungsfolgenrechtliche Qualifikation in Erwägung gezogen.[126] Der BGH hat sich demgegenüber dafür ausgesprochen, dass der Anspruch auf Auszahlung der Morgengabe zu den **allgemeinen Wirkungen der Ehe** zu zählen und damit nach Art. 14 EGBGB anzuknüpfen ist.[127] Gegen eine güterrechtliche Qualifikation spricht nach Auffassung

---

116 *Oguzm,* FamRZ 2005, 766, 771.
117 OLG Stuttgart FamRZ 2012, 999, 1000; FamRZ 1993, 975; OLG Karlsruhe FamRZ 2006, 948; aus der Lit. *Özen/Odendahl,* FamRBint 2010, 33 mit Verweisen auf Literatur und türkische Rechtsprechung.
118 Siehe näher NK-BGB/*Gruber,* Art. 17 a EGBGB Rn 8 ff; ferner *Johannsen/Henrich,* Art. 17 a EGBGB Rn 3; *Looschelders,* Art. 17 EGBGB Rn 4; MüKo/*Winkler v. Mohrenfels,* Art. 17 a EGBGB Rn 11; abl. Staudinger/*Mankowski,* Art. 17 a EGBGB Rn 15, 16; Erman/*Hohloch,* Art. 17 a EGBGB Rn 9.
119 Staudinger/*Mankowski,* Art. 17 a EGBGB Rn 10; Palandt/*Thorn,* Art. 17 a EGBGB Rn 2; Erman/*Hohloch,* Art. 17 a EGBGB Rn 8; *Johannsen/Henrich,* Art. 17 a EGBGB Rn 4; Böhmer/*Siehr/Finger,* Das gesamte Familienrecht, Loseblatt, Art. 17 a EGBGB Rn 9; abw. *Thorn,* IPRax 2002, 349, 356.
120 Entwurf eines Gesetzes zur Anpassung der Vorschriften des Internationalen Privatrechts an die Verordnung (EU) Nr. 1259/2010 und zur Änderung anderer Vorschriften des Internationalen Privatrechts (BR-Drucks. 468/12, S. 10); so auch Palandt/*Thorn* Art. 17 EGBGB Rn 4.
121 Vgl – eine besondere Scheidungsfolge annehmend – *Martiny,* IPRax 2011, 437, 444.
122 Eingehend *Kühne,* FamRZ 1969, 371, 375; ferner Erman/*Hohloch,* Art. 17 EGBGB Rn 37; Bamberger/Roth/*Heiderhoff,* Art. 17 EGBGB Rn 34. Für den Widerruf aus allgemeinen schenkungsrechtlichen Gründen (zB grober Undank, Verarmung) galt daneben das Schenkungsstatut (Staudinger/*Mankowski,* Art. 17 EGBGB Rn 275; MüKo/*Winkler v. Mohrenfels,* Art. 17 EGBGB Rn 203; *Henrich,* Int. Familienrecht, § 4 II 2 (S. 157 f); *Kühne,* FamRZ 1969, 371, 378); dies dürfte auch im neuen Recht so sein.
123 Palandt/*Thorn* Art. 17 EGBGB Rn 4. Der Gesetzentwurf erwähnt den Schenkungswiderruf allerdings selbst nicht.
124 Gegen die Verwendung des (allerdings in der deutschen Literatur häufig anzutreffenden) Begriffs „Morgengabe" *Wurmnest,* RabelsZ 71 (2007), 527, 531.
125 Aus der Lit. insbesondere *Wurmnest,* RabelsZ 71 (2007), 527, 553 ff; in der Rspr OLG Köln, Urt. v. 20.3.2007 (4 UF 123/06) = OLGR Köln 2007, 519; OLG Köln IPRax 1983, 73, 74 m.Anm. *Heldrich,* S. 64; OLG Bremen FamRZ 1980, 606.
126 Aus der Lit. siehe etwa *Rauscher,* IPRax 2005, 313, 320 (güterrechtliche Qualifikation, wenn der Anspruch auf die Brautgabe bei Eheschließung fällig war – auch dann, wenn er nicht geleistet wurde – und scheidungsfolgenrechtliche Qualifikation, soweit es sich um einen erst bei Scheidung fälligen Anteil handele).
127 BGHZ 183, 287 = FamRZ 2010, 533 mit zust. Anm. *Henrich* = JZ 2010, 733 mit abl. Anm. *Wurmnest* und abl. Bespr. *Mörsdorf-Schulte* ZfRV 2010, 166 ff; zuvor OLG Köln FamRZ 2006, 1380, 1381; OLG Zweibrücken FamRZ 2007, 1555; differenzierend OLG Stuttgart FamRZ 2009, 1580; FamRZ 2008, 1756 (sei die Brautgabe nicht anlässlich der Eheschließung gezahlt worden, richte sich ihr weiteres Schicksal und die aus ihr abzuleitenden Ansprüche der Ehefrau nach dem Ehewirkungsstatut, im Scheidungsfall dementsprechend nach dem Scheidungsstatut). Zuvor hatte der BGH die Entscheidung der Frage offen lassen können, da die in Betracht kommenden Anknüpfungen zu demselben Recht führten (vgl BGH NJW 1999, 574, 575; FamRZ 1987, 463).

des BGH, dass die Brautgabe keinen Güterstand begründe und auch nicht als eine pauschalierte Teilhabe an der Vermögensbildung des Mannes verstanden werden könne.[128] Dass mit einer güterrechtlichen Qualifikation Statutenwechsel vermieden werden,[129] hält der BGH nicht für einen entscheidenden Vorteil; vielmehr diene die Anwendung des (wandelbaren) Art. 14 EGBGB dazu, einen (wünschenswerten) Gleichlauf mit dem anwendbaren Scheidungs- und Unterhaltsrecht (Artt. 17 Abs. 1 EGBGB aF, 18 Abs. 4 EGBGB aF) herzustellen.[130]

Im Gesetzentwurf zu Art. 17 Abs. 1 EGBGB nF findet sich die Formulierung, dass weitergehende „Änderungen der geltenden Praxis in Bezug auf sonstige vermögensrechtliche Ansprüche zwischen Ehegatten ... nicht beabsichtigt" seien.[131] Dies spricht dafür, dass der BGH seine Rechtsprechung zur Morgengabe fortsetzen könnte, ohne hieran durch Art. 17 Abs. 1 EGBGB nF gehindert zu sein. Allerdings ist zu berücksichtigen, dass durch die Anwendung von Art. 14 EGBGB – anders als bisher – gerade kein Gleichlauf zwischen dem Statut der Morgengabe und dem anwendbaren Scheidungs- und Unterhaltsrecht mehr hergestellt wird; denn sowohl das seit dem 18.6.2011 anwendbare Haager Protokoll (Unterhaltsrecht) als auch die ab dem 12.6.2012 anwendbare Rom III-VO (Scheidungsrecht) weichen von der in Art. 14 EGBGB vorgesehenen Anknüpfung grundlegend ab. Während Art. 14 EGBGB primär an die (gemeinsame) Staatsangehörigkeit anknüpft, favorisieren das Haager Protokoll und die Rom III-VO die Anknüpfung an den gewöhnlichen Aufenthalt. Möchte man einen Gleichlauf mit dem anwendbaren Scheidungsrecht erzielen, wäre die Anwendung von Art. 17 Abs. 1 EGBGB nF – folgt man der (bisherigen) Argumentation des BGH – sachgerechter. Es ist also nicht gänzlich ausgeschlossen, dass der BGH seine Rechtsprechung insoweit korrigiert. **105**

Mittelfristig erscheint es allerdings denkbar, dass derartige Ansprüche zukünftig von einer EU-Verordnung zum Güterrecht erfasst werden.[132] Der Verordnungsvorschlag enthält in seinem Art. 2 lit. a eine sehr weite Definition des Begriffs „ehelicher Güterstand", der auch derartige Zahlungsansprüche mit umfassen dürfte (siehe Rn 96). Nationales Kollisionsrecht wäre in diesem Fall nicht mehr anwendbar. **106**

3. Anwendung der Rom III-VO im Einzelnen. Art. 17 Abs. 1 EGBGB nF verweist auf das durch die Rom III-VO bestimmte Recht. Es kommt also grundsätzlich zu einem **Gleichlauf** zwischen dem durch die Rom III-VO bestimmten Scheidungsstatut und dem von Art. 17 Abs. 1 EGBGB nF erfassten Scheidungsfolgenstatut. Für diese Lösung spricht, dass einzelne von Art. 17 Abs. 1 EGBGB nF erfasste Scheidungsfolgen – etwa die Genugtuungs- und Entschädigungsansprüche des an der Scheidung unschuldigen Ehegatten – eng mit dem Scheidungsstatut zusammenhängen. **107**

Soweit die Ehegatten für die Scheidung eine **Rechtswahl** nach Art. 5 Rom III-VO vorgenommen haben, gilt das gewählte Recht damit auch für die von Art. 17 Abs. 1 EGBGB nF erfassten Scheidungsfolgen. Fraglich ist allerdings, ob die Ehegatten eine **Teilrechtswahl** treffen können. Denkbar ist etwa, dass sie die Rechtswahl nur auf die Scheidung beschränken und es für die Scheidungsfolgen bei dem durch Art. 8 Rom III-VO objektiv bestimmten Recht belassen wollen (oder umgekehrt). Schließlich könnten sie, da Art. 5 Rom III-VO häufig die Wahl verschiedener Rechtsordnungen ermöglicht, eine inhaltlich abweichende Rechtswahl für die Scheidung einerseits und für die Scheidungsfolgen andererseits in Erwägung ziehen. **108**

In dem Gesetzgebungsverfahren ist diese Frage nicht behandelt worden; auch die Literatur hat sich mit dieser Frage noch nicht befasst. Praktisch ist also weitgehend offen, ob eine Teilrechtswahl als zulässig angesehen würde. Aus dem Schweigen des Gesetzgebers könnte man ggf schließen, dass eine Teilrechtswahl (stillschweigend) verworfen worden ist; es liegt aber näher, dass die Möglichkeit einer Teilrechtswahl übersehen wurde. Festzustellen ist zudem, dass die Rom III-VO – wenn auch nur punktuell in Art. 9 Abs. 2 – von der Zulässigkeit einer Teilrechtswahl ausgeht;[133] auch aus der Sicht des deutschen Kollisionsrechts bestehen näher betrachtet gegen die Zulässigkeit einer Teilrechtswahl keine durchgreifenden Bedenken. Im Falle des Art. 17 Abs. 1 EGBGB nF ist daher nach der hier vertretenen Ansicht eine zwischen den Scheidungsvoraussetzungen einerseits und den Scheidungsfolgen andererseits differenzierende Rechtswahl möglich. Das Interesse an einem unbedingten Gleichlauf zwischen dem Scheidungsstatut der Rom III-VO und dem Scheidungsfolgenstatut des Art. 17 Abs. 1 EGBGB nF ist nicht so stark, dass es eine Teilrechtswahl per se ausschließt. Ob im Einzelfall eine Teilrechtswahl vorliegt, ist durch Auslegung zu klären. **109**

---

128 BGHZ 183, 287 (Rn 16); aA (mit überzeugender Begründung) *Wurmnest*, RabelsZ 71 (2007), 527, 553; *Yassari*, IPRax 2011, 62, 65.
129 Hierzu *Yassari*, IPRax 2011, 62, 65 f; *Wurmnest*, RabelsZ 71 (2007), 527, 554.
130 BGHZ 183, 287 (Rn 21 ff).
131 Entwurf eines Gesetzes zur Anpassung der Vorschriften des Internationalen Privatrechts an die Verordnung (EU) Nr. 1259/2010 und zur Änderung anderer Vorschriften des Internationalen Privatrechts (BR-Drucks. 468/12, S. 10).
132 Vorschlag für eine Verordnung des Rates über die Zuständigkeit, das anzuwendende Recht, die Anerkennung und die Vollstreckung von Entscheidungen im Bereich des Ehegüterrechts vom 16.3.2011 (KOM(2011)126 endg.).
133 Siehe auch Art. 3 Abs. 1 S. 3 Rom I-VO; zur Teilrechtswahl in der Rom II-VO siehe etwa Palandt/*Thorn*, Art. 14 Rom II-VO Rn 4.

110 Im Rahmen der **objektiven Anknüpfung** ist Art. 8 Rom III–VO anzuwenden; zu einer Statutenspaltung kann es hier nicht kommen.

111 Ist gem. Art. 10 Rom III–VO die *lex fori* anzuwenden, dürfte dies auch für die von Art. 17 Abs. 1 EGBGB nF erfassten Scheidungsfolgen gelten. Da die Rechtsfolge (Anwendung der *lex fori*) von der Rom III–VO strikt vorgegeben ist, gilt dies über Art. 17 Abs. 1 EGBGB nF auch für die Scheidungsfolgen. Demgegenüber erlaubt der allgemeine *ordre public*-Vorbehalt (Art. 12 Rom III–VO) eine insgesamt flexiblere und dementsprechend im Einzelfall auch eine nach Scheidungsvoraussetzungen und Scheidungsfolgen getrennte Rechtsfolgenbestimmung.

112 Art. 17 Abs. 1 EGBGB nF ist eine **dynamische Verweisung** auf die Rom III–VO zu entnehmen. Es ist also auch im Rahmen von Art. 17 Abs. 1 EGBGB nF die Rom III–VO in der jeweils maßgeblichen Fassung anzuwenden.

III. Versorgungsausgleich (Art. 17 Abs. 3 EGBGB nF)

113 **1. Überblick.** Die Anknüpfung des Versorgungsausgleichs wurde in Art. 17 Abs. 3 EGBGB nF neu geregelt. Die Änderung war dadurch veranlasst, dass das maßgebliche Scheidungsstatut nicht mehr autonom durch das deutsche Recht (Art. 17 Abs. 1 EGBGB aF), sondern durch die Rom III–VO festgelegt wird.[134] Im Übrigen wurde aber die Regelanknüpfung des Versorgungsausgleichs der Struktur nach beibehalten (Art. 17 Abs. 3 S. 1 EGBGB nF).[135] Ein Versorgungsausgleich wird nach Art. 17 Abs. 3 S. 1 EGBGB nF unter zwei Bedingungen durchgeführt: Zum einen muss die Rom III–VO zum **deutschen Recht** führen; und zum anderen muss der Versorgungsausgleich dem Recht zumindest eines der Staaten, denen die Ehegatten im Zeitpunkt des Eintritts der Rechtshängigkeit des Scheidungsantrags angehören, **bekannt** sein.

114 Führt Art. 17 Abs. 3 S. 1 EGBGB nF nicht zum deutschen Recht, oder ist er mindestens keinem der Staaten, dem ein Ehegatte angehört, bekannt, so besteht – im Wesentlichen wie bisher – eine weitere Möglichkeit, über Art. 17 Abs. 3 S. 2 EGBGB nF „regelwidrig" zur Anwendung deutschen Rechts zu gelangen. Im Falle von Art. 17 Abs. 3 S. 2 EGBGB hat der deutsche Gesetzgeber allerdings weitere Änderungen vorgenommen und die Vorschrift hierbei vereinfacht.

115 **2. Regelanknüpfung.** Nach Art. 17 Abs. 3 S. 1 Hs 1 EGBGB unterliegt der Versorgungsausgleich dem nach der Rom III–VO auf die Scheidung anwendbaren Recht. Es ist also im Ausgangspunkt zu prüfen, zu welchem Recht die Rom III–VO für die Scheidung führt. Art. 17 Abs. 3 S. 1 Hs 2 EGBGB schränkt diesen Rechtsanwendungsbefehl aber sogleich wieder ein. Ein Versorgungsausgleich ist nur dann durchzuführen, wenn die Scheidung nach der Rom III–VO dem **deutschen Recht** unterliegt.[136]

116 Zusätzlich setzt Art. 17 Abs. 3 S. 1 EGBGB noch voraus, dass das Recht zumindest eines der Staaten, denen die Ehegatten im Zeitpunkt des Eintritts der Rechtshängigkeit des Scheidungsantrags angehören, den **Versorgungsausgleich kennt**. Diese Voraussetzung entspricht Art. 17 Abs. 3 S. 1 EGBGB aF.[137]

117 Die Änderung gegenüber dem alten Recht besteht darin, dass – auch für die Zwecke des Versorgungsausgleichs – das auf die Scheidung anwendbare Recht nicht mehr nach Art. 17 Abs. 1 EGBGB aF, sondern nach der **Rom III–VO** bestimmt wird. Vorrangig ist also zu prüfen, ob das auf die Scheidung anwendbare Recht durch eine wirksame Rechtswahl nach Art. 5 Rom III–VO bestimmt worden ist; hilfsweise ist nach Art. 8 Rom III–VO objektiv anzuknüpfen. Für deutsche Staatsangehörige, die zusammen mit ihren Ehegatten ihren gewöhnlichen Aufenthalt außerhalb Deutschlands haben oder einen solchen begründen möchten, empfiehlt sich die ggf vorsorgliche Wahl des deutschen Rechts; anderenfalls ist über Art. 8 lit. a Rom III–VO ein ausländisches Sachrecht maßgeblich und kommt nur noch der „regelwidrige" Versorgungsausgleich nach Art. 17 Abs. 3 S. 2 EGBGB in Betracht.[138]

118 Wie bei Art. 17 Abs. 1 EGBGB nF stellt sich auch im Falle von Art. 17 Abs. 3 EGBGB nF die Frage, ob eine auf die Scheidung bzw den Versorgungsausgleich begrenzte **Teilrechtswahl** möglich ist, oder ob die

---

134 Unklar ist, ob in dem Zeitraum, in dem bereits die Rom III–VO anwendbar war, aber noch Art. 17 EGBGB aF galt, das Versorgungsausgleichsstatut nach Art. 17 Abs. 1 EGBGB aF ivm Art. 14 EGBGB oder nach Art. 17 Abs. 1 EGBGB iVm der Rom III–VO zu bestimmen war (für Letzteres *Reetz*, NotBZ 2012, 401, 402).

135 Eine ausführliche Kommentierung des alten Tatbestandes, die – mit Ausnahme der nachfolgend skizzierten Änderungen – auch für Art. 17 Abs. 3 EGBGB nF verwendbar bleibt, findet sich u.a. bei NK–BGB/*Gruber*, Art. 17 EGBGB Rn 103 ff.

136 Diese Voraussetzung wurde bereits durch das Gesetz zur Strukturreform des Versorgungsausgleichs vom 3.4.2009 eingefügt (BGBl. I 2009, S. 700). Sie beruht auf der Erwägung, dass die meisten ausländischen Rechtsordnungen den Versorgungsausgleich ohnehin nicht kennen. Ehegatten, die (ausnahmsweise) einen Versorgungsausgleich nach einem ausländischen Recht anstreben, müssen sich an die jeweiligen ausländischen Gerichte und Behörden wenden.

137 Dazu näher NK–BGB/*Gruber*, Art. 17 EGBGB Rn 121 ff.

138 *Reetz*, NotBZ 2012, 401, 407.

Vorschrift eine strenge und auch nicht durch Rechtswahl auflösbare Akzessorietät des Versorgungsausgleichsstatuts anordnet. Die Frage ist als völlig offen und ungeklärt zu bezeichnen.

Nach der hier vertretenen Auffassung besteht (nicht anders als bei Art. 17 Abs. 1 EGBGB nF, siehe Rn 108 f) letztlich kein durchgreifender Grund dafür, eine Rechtswahl nur „en bloc" für die Scheidung und den Versorgungsausgleich zuzulassen. So können die Ehegatten etwa ein Interesse daran haben, bei einem in Deutschland anhängigen Scheidungsverfahren die deutsche *lex fori* zu wählen, um sich die kosten- und zeitaufwendige Ermittlung ausländischen Rechts zu ersparen. Es besteht aber in diesem Fall kein Grund, automatisch – gegen den Willen der Parteien – eine Anwendung deutschen Rechts auch auf den Versorgungsausgleich vorzusehen. **119**

Umgekehrt können die Ehegatten bei einem inländischen Verfahren ein Interesse daran haben, das deutsche Recht zugunsten eines evtl noch „scheidungsfreundlicheren" Rechts abzuwählen;[139] dies sollte aber nicht notwendigerweise bedeuten, dass dann – jedenfalls im Rahmen der Regelanknüpfung nach Art. 17 Abs. 3 S. 1 EGBGB – die Anwendung deutschen Versorgungsausgleichsrechts entfällt. Vielmehr ist den Ehegatten die Möglichkeit zuzubilligen, die Rechtswahl auf die Scheidung zu begrenzen und den Versorgungsausgleich nach dem objektiv über Art. 8 anwendbaren deutschen Recht durchzuführen. Aktuell ist aber sehr unsicher, ob sich diese Lösung durchsetzen wird; entsprechend ist unsicher, wie derartige Vereinbarungen in der gerichtlichen Praxis beurteilt würden. **120**

Eine andere Frage besteht darin, ob dann, wenn die Ehegatten für die Scheidung und den Versorgungsausgleich deutsches Recht gewählt haben, das zusätzliche Erfordernis des Art. 17 Abs. 3 S. 1 Hs 2 EGBGB zur Anwendung kommt, oder ob die Vorschrift in diesem Fall teleologisch zu reduzieren ist. Nach einer zum alten Recht teilweise vertretenen Ansicht soll Art. 17 Abs. 3 S. 1 Hs 2 EGBGB im Falle der Rechtswahl nicht anzuwenden sein; das Vertrauen auf den Inhalt einer bestimmten Heimatrechtsordnung sei dann nicht mehr schutzwürdig, wenn sich der Ehegatte bewusst – durch Rechtswahl – für die Geltung einer anderen Rechtsordnung entschieden habe.[140] Übersetzt in die neue Rechtslage bedeutete dies: Haben die Ehegatten nach Art. 5 deutsches Recht gewählt, scheitert der Versorgungsausgleich nicht daran, dass das Heimatrecht der Ehegatten keinen Versorgungsausgleich kennt. Diese Frage ist ebenfalls als ungeklärt zu bezeichnen; sie hat im neuen Recht erhebliche Bedeutung gewonnen, da die Rom III-VO deutlich mehr Rechtswahlfreiheit gewährt als das bisherige deutsche Scheidungskollisionsrecht. **121**

3. Regelwidrige Durchführung nach deutschem Recht (Art. 17 Abs. 3 S. 2 EGBGB). Führt die Rom III-VO nicht zur Anwendung deutschen Scheidungsrechts – oder ist der Versorgungsausgleich keinem der Staaten, denen die Ehegatten im Zeitpunkt des Eintritts der Rechtshängigkeit des Scheidungsantrags angehören, bekannt –, so scheidet die Durchführung eines Versorgungsausgleichs gem. Art. 17 Abs. 3 S. 1 EGBGB zunächst aus. Allerdings eröffnet Art. 17 Abs. 3 S. 2 EGBGB in diesem Zusammenhang eine weitere Möglichkeit, einen Versorgungsausgleich nach dem deutschen Recht durchzuführen. Auf Antrag eines Ehegatten ist ein Versorgungsausgleich nach deutschem Recht durchzuführen, wenn einer der Ehegatten in der Ehezeit ein Anrecht bei einem inländischen Versorgungsträger erworben hat und soweit die Durchführung des Versorgungsausgleichs insbesondere im Hinblick auf die beiderseitigen wirtschaftlichen Verhältnisse während der gesamten Ehezeit der Billigkeit nicht widerspricht. **122**

Die Vorschrift entspricht im Grundregelungsgehalt dem bisherigen Art. 17 Abs. 3 S. 2 EGBGB aF. Allerdings setzte Art. 17 Abs. 3 S. 2 EGBGB aF noch voraus, dass der Antragsgegner in der Ehezeit ein inländisches Anrecht erworben hatte. Art. 17 Abs. 3 S. 2 EGBGB nF lässt es genügen, dass einer der Ehegatten – sei es der Antragsteller oder der Antragsgegner – während der Ehezeit ein derartiges Anrecht erworben hat.[141] **123**

Nach dem Gesetzesentwurf kann neben den im Vordergrund stehenden wirtschaftlichen Verhältnissen auch die **Abwahl deutschen Scheidungsrechts** im Rahmen der Billigkeitsprüfung zu beachten sein. Das im Rahmen der Billigkeit relevante Kriterium des Vertrauensschutzes könnte „im Fall der frühzeitigen Wahl eines Scheidungsrechts, das den Versorgungsausgleich nicht kennt ... Bedeutung erlangen."[142] Man wird wohl noch weiter danach differenzieren müssen, ob den Parteien die (mittelbare) Abwahl des deutschen Versorgungsausgleichsrechts hinreichend bewusst war; (nur) dann spricht der Vertrauensgesichtspunkt **124**

---

139 Denkbar ist etwa, das ein deutsch-spanisches Ehepaar mit gewöhnlichem Aufenthalt in Deutschland, bei dem die Trennungsfristen nach dem deutschen Scheidungsfristen noch nicht abgelaufen sind, möglichst rasch nach dem praktisch „voraussetzungslosen" spanischen Scheidungsrecht geschieden werden will.

140 Staudinger/*Mankowski*, Art. 17 EGBGB Rn 344 f; NK-BGB/*Gruber*, Art. 17 EGBGB Rn 123; Rahm/Künkel/*Paetzold*, VIII Rn 900; *Johannsen/Henrich*, Art. 17 EGBGB Rn 66; *Klattenhoff*, FuR 2000, 49, 56.

141 BR-Drucks. 468/12, S. 11.

142 Entwurf eines Gesetzes zur Anpassung der Vorschriften des Internationalen Privatrechts an die Verordnung (EU) Nr. 1259/2010 und zur Änderung anderer Vorschriften des Internationalen Privatrechts (BR-Drucks. 468/12, S. 11).

dafür, von der Durchführung eines Versorgungsausgleichs nach deutschem Recht abzusehen. In jedem Fall ist die Abwahl des deutschen Scheidungsrechts, was den möglichen Verlust von Ansprüchen auf Versorgungsausgleich anbelangt, mit erheblichen Risiken verbunden. In der Billigkeitsprüfung ferner zu berücksichtigen ist auch, ob bereits im Rahmen eines **ausländischen Scheidungsverfahrens** ein Ausgleich ausländischer Anrechte erfolgt ist.[143]

125 Art. 17 Abs. 3 S. 2 Nr. 2 EGBGB aF wurde in der neuen Vorschrift nicht weitergeführt. Die Anwendung deutschen Rechts ist also nicht allein deshalb möglich, weil die allgemeinen Wirkungen der Ehe während eines Teils der Ehezeit einem Recht unterlagen, das den Versorgungsausgleich kennt.[144]

126 **4. Verhältnis zur EU-Güterrechtsverordnung.** Es bleibt abzuwarten, ob der Versorgungsausgleich ebenfalls in den Anwendungsbereich der zukünftigen Verordnung zum Güterrecht fallen wird, die aktuell als Vorschlag vorliegt.[145] In den Ausschusstatbeständen des Verordnungsvorschlags ist der Versorgungsausgleich nicht aufgeführt.[146]

Artikel 2 Verhältnis zur Verordnung (EG) Nr. 2201/2003

Diese Verordnung lässt die Anwendung der Verordnung (EG) Nr. 2201/2003 unberührt.

1 Art. 2 stellt heraus, dass die EheVO 2003 und die Rom III–VO nebeneinander anwendbar sind. Hierbei handelt es sich allerdings um eine Selbstverständlichkeit. Die EheVO 2003 und die Rom III–VO betreffen unterschiedliche Regelungsgegenstände. Die EheVO 2003 regelt vornehmlich die internationale Zuständigkeit sowie die Anerkennung und Vollstreckung ausländischer Entscheidungen; die Rom III–VO betrifft die von der EheVO 2003 nicht geregelte Frage, welches Recht von den (international zuständigen) Gerichten anzuwenden ist. Aufgrund dessen ist ein Konkurrenzproblem von vornherein nicht gegeben.

2 Die Anwendbarkeit der einen Verordnung hängt auch nicht davon ab, dass die andere in dem jeweiligen Mitgliedstaat gilt. So findet natürlich die EheVO 2003 weiterhin auch in den Mitgliedstaaten Anwendung, die nicht an der Rom III–VO teilnehmen. Ferner setzen die Anerkennungsregeln der EheVO 2003 (dort Artt. 21 ff) nicht voraus, dass das anwendbare Sachrecht mittels der Rom III–VO bestimmt worden ist (vgl Art. 25 EheVO 2003). Übersieht also ein an der Rom III–VO teilnehmender Mitgliedstaat, dass das anwendbare Recht von der Rom III–VO bestimmt wird, steht dies der Anerkennung dieser Entscheidung in den anderen Mitgliedstaaten nicht entgegen.

3 Letztlich handelt es sich bei Art. 2 um eine überflüssige Norm.[1] Möglicherweise soll der Vorschrift (nur) die Funktion eines „Merkzettels" zukommen: Dem Rechtsanwender, der die Rom III–VO entdeckt hat, wird durch Art. 2 Rom III–VO die Existenz der EheVO 2003 in Erinnerung gerufen.

4 Dass die EheVO 2003 und die Rom III–VO unabhängig voneinander anwendbar sind, bedeutet andererseits natürlich nicht, dass sie sich bei der Auslegung nicht wechselseitig beeinflussen. So heißt es im 10. Erwägungsgrund zur Rom III–VO, dass der sachliche Anwendungsbereich und die Bestimmungen der Rom III–VO mit der EheVO 2003 im Einklang stehen sollten. Die Auslegung der Rom III–VO wird also durch die Auslegung der EheVO 2003 beeinflusst. Auch umgekehrt ist nicht auszuschließen, dass sich aus der Rom III–VO Rückwirkungen auf die Auslegung der EheVO 2003 ergeben (siehe zur Problematik der gleichgeschlechtlichen Ehe näher vor Art. 13 Rn 35 ff).

Artikel 3 Begriffsbestimmungen

Für die Zwecke dieser Verordnung bezeichnet der Begriff:
1. „teilnehmender Mitgliedstaat" einen Mitgliedstaat, der auf der Grundlage des Beschlusses 2010/405/EU des Rates vom 12. Juli 2010 oder auf der Grundlage eines gemäß Artikel 331 Absatz

---

143 So auch der Entwurf aaO unter Berufung auf BGH, FamRZ 2009, 681, 683.
144 Für diese Vorschrift bestehe nach Auswertung der Rechtsprechung kein praktisches Bedürfnis (BR-Drucks. 468/12, S. 12).
145 Vorschlag für eine Verordnung des Rates über die Zuständigkeit, das anzuwendende Recht, die Anerkennung und die Vollstreckung von Entscheidungen im Bereich des Ehegüterrechts vom 16.3.2011 (KOM(2011)126 endg.).
146 *Kohler/Pintens,* FamRZ 2011, 1433, 1435. Nach *Martiny,* IPRax 2011, 437, 444 ist „nicht auszuschließen", dass man den Ausgleich für Versorgungsrechte und -anwartschaften zu den vermögensrechtlichen Beziehungen iSv Art. 2 a des Vorschlags zählen wird.
1 Erman/*Hohloch,* Art. 2 Rn 1 („lediglich deklaratorische Bedeutung"); Zweifel an der Daseinsberechtigung der Norm und ihrem praktischen Nutzen auch bei *Franzina,* Le nuove leggi civili commentate (NLCC) 2011, 1463.

1 Unterabsatz 2 oder 3 des Vertrags über die Arbeitsweise der Europäischen Union angenommenen Beschlusses an der Verstärkten Zusammenarbeit im Bereich des auf die Ehescheidung und Trennung ohne Auflösung des Ehebandes anzuwendenden Rechts teilnimmt;

2. „Gericht" alle Behörden der teilnehmenden Mitgliedstaaten, die für Rechtssachen zuständig sind, die in den Anwendungsbereich dieser Verordnung fallen.

A. Allgemeines	1	2. „Gericht" (Nr. 2)	6
B. Regelungsgehalt	2	II. Definitionen in den Erwägungsgründen	10
I. Die Begriffsbestimmungen des Art. 3	2	III. Übereinstimmung zwischen EheVO 2003 und Rom III-VO	14
1. „Teilnehmender Mitgliedstaat" (Nr. 1)	2		

A. Allgemeines

Art. 3 enthält zwei Begriffsbestimmungen, die bei der Anwendung der Verordnung eine Hilfe darstellen sollen. Weitere Begriffsbestimmungen oder -umschreibungen finden sich in den Erwägungsgründen (siehe Rn 10 ff). 1

B. Regelungsgehalt

I. Die Begriffsbestimmungen des Art. 3

1. „Teilnehmender Mitgliedstaat" (Nr. 1). Art. 3 Nr. 1 enthält eine Definition des „teilnehmenden Mitgliedstaates", also des Mitgliedstaates, der an die Rom III-VO gebunden ist. Der Begriff „teilnehmender Mitgliedstaat" bezeichnet einen Mitgliedstaat, der auf der Grundlage des Beschlusses 2010/405/EU des Rates vom 12.7.2010 oder auf der Grundlage eines gemäß Art. 331 Abs. 1 Unterabs. 2 oder 3 AEUV angenommenen Beschlusses an der Verstärkten Zusammenarbeit im Bereich des auf die Ehescheidung und Trennung ohne Auflösung des Ehebandes anzuwendenden Rechts teilnimmt. 2

Auf der Grundlage des Beschlusses 2010/405/EU nehmen die folgenden Mitgliedstaaten an der Rom III-VO teil: Belgien, Bulgarien, Deutschland, Frankreich, Italien, Lettland, Luxemburg, Malta, Österreich, Portugal, Rumänien, Spanien, Slowenien und Ungarn. Mittlerweile hat sich auch (nachträglich) Litauen an der Rom III-VO beteiligt.[1] Diese Mitgliedstaaten wenden daher die Rom III-VO an. Für die anderen Mitgliedstaaten verbleibt es demgegenüber bei der Anwendung ihres nationalen Kollisionsrechts. Dieses weicht zT grundlegend von der Rom III-VO ab. 3

Art. 3 Nr. 1 weist darauf hin, dass auch eine **nachträgliche Teilnahme** an der Rom III-VO möglich ist. Dies ergibt sich bereits aus Art. 20 Abs. 1 Unterabs. 2 EUV iVm Artikel 331 Abs. 1 Unterabs. 2 oder 3 AEUV; Art. 3 Nr. 1 ist insoweit nur deklaratorischer Natur. Eine nachträgliche Teilnahme ist im Falle Litauens erfolgt (siehe Rn 3). 4

Es fällt auf, dass verschiedene nicht-teilnehmende Mitgliedstaaten in ihrem nationalen Kollisionsrecht (schlicht) die Anwendung der eigenen *lex fori* vorsehen.[2] Für die einen ist die (potenzielle) Anwendung ausländischen Rechts mit einem zu großen Aufwand verbunden; andere Mitgliedstaaten wie etwa Schweden haben für die Anwendung ihrer *lex fori* eher materiellrechtliche Motive. Schweden geht es offenkundig darum, dem antragstellenden Ehegatten – über die Anwendung des „liberalen" schwedischen Scheidungsrechts – rasch und unkompliziert zu einer Scheidung zu verhelfen (siehe bereits vor Art. 1 Rn 21). Es ist im Falle dieser Staaten eher nicht damit zu rechnen, dass sie sich nachträglich an der Verordnung beteiligen. 5

2. „Gericht" (Nr. 2). Die Definition des Begriffs „Gerichts" ist nach der hier vertretenen Auffassung von Bedeutung für den unmittelbaren **sachlichen Anwendungsbereich** der Rom III-VO. Die Rom III-VO findet unmittelbar nur auf Scheidungen Anwendung, an denen (konstitutiv) „Gerichte" beteiligt sind (siehe näher Art. 1 Rn 62 ff). 6

Die in Nr. 2 enthaltene Definition stimmt mit der Definition in Art. 2 Nr. 1 EheVO 2003 überein. Sie stellt klar, dass auch eine (konstitutive) **behördliche Entscheidung** vom Anwendungsbereich der Verordnung 7

---

1 Siehe Beschluss der Kommission vom 21.11.2012 zur Bestätigung der Teilnahme Litauens an der Verstärkten Zusammenarbeit im Bereich des auf die Ehescheidung und Trennung ohne Auflösung des Ehebandes anzuwendenden Rechts (ABl. L. 323 vom 22.11.2012, S. 18).

2 Ein Überblick über die unterschiedlichen Anknüpfungsgrundsätze findet sich im Commission Staff Working Paper, Annex to the Green Paper on applicable law and jurisdiction in divorce matters (COM(2005)82 final) v. 14.3.2005, SEC(2005)331, S. 7 ff; siehe auch *Baarsma*, The Europeanisation of International Family Law, 2011, S. 145 ff. Staatsverträge spielen im Scheidungskollisionsrecht keine nennenswerte Rolle (vgl MüKo/*Winkler v. Mohrenfels*, Art. 17 EGBGB Rn 8 ff).

erfasst ist.³ Daneben ist eine gerichtliche Entscheidung iSd Nr. 2 auch dann anzunehmen, wenn, wie im rumänischen Recht vorgesehen,⁴ eine (konstitutive) Entscheidung durch einen **Notar** erfolgt. Hierfür sprechen u.a. die englische und französische Fassung der Nr. 2⁵ sowie das Ziel der Verordnung, einen möglichst „umfassenden Rechtsrahmen" zur Verfügung zu stellen.⁶

8 Auf **Privatscheidungen** ist die Rom III-VO demgegenüber nach der hier vertretenen Auffassung nicht unmittelbar anwendbar. Hierfür spricht indiziell, dass anderenfalls die in Nr. 2 enthaltene Definition keinen rechten Zweck erfüllte (zur Argumentation siehe näher Art. 1 Rn 62 ff).

9 Allerdings ist dem deutschen Recht, was die Privatscheidung anbelangt, nach der hier vertretenen Auffassung eine stillschweigende Verweisung auf die Rom III-VO zu entnehmen. Aus der Sicht deutscher Gerichte wird daher letztlich auch die im Ausland vorgenommene Privatscheidung nach der Rom III-VO beurteilt (siehe näher Art. 1 Rn 70 ff). Die Frage, ob sich die Rom III-VO auch auf die Privatscheidung bezieht, kann aber für andere Mitgliedstaaten praktisch bedeutsam werden.

II. Definitionen in den Erwägungsgründen

10 Einzelne weitere Begriffserläuterungen finden sich in den Erwägungsgründen zur Rom III-VO. So lässt sich aus Satz 2 des 13. Erwägungsgrundes ableiten, dass sich der Zeitpunkt der **„Anrufung"** eines Gerichts in Anlehnung an Art. 16 EheVO 2003 bestimmt.

11 Eine weitere Umschreibung eines in der Rom III-VO verwendeten Merkmals befindet sich im 26. Erwägungsgrund (Unterabs. 1). Bisweilen wird in der Verordnung darauf abgestellt, dass das Recht des teilnehmenden Mitgliedstaates, dessen Gericht angerufen wird, **Scheidungen nicht vorsieht**. Dies sollte nach dem 26. Erwägungsgrund (Unterabs. 1) so ausgelegt werden, dass im Recht dieses teilnehmenden Mitgliedstaates das Rechtsinstitut der Ehescheidung nicht vorhanden ist. Damit ist im Lichte des 26. Erwägungsgrund (Unterabs. 1) eine enge Auslegung dieser Wendung vorzunehmen. Dies betrifft zunächst Art. 13 Var. 1; dieser hat im Lichte des 26. Erwägungsgrundes – da mittlerweile alle Mitgliedstaaten (auch Malta) das Institut der Scheidung vorsehen – keinen Anwendungsbereich mehr. Der 26. Erwägungsgrund (Unterabs. 1) ist aber auch von Bedeutung für die Auslegung von Art. 10 Var. 1; dies gilt auch insoweit, als sich Art. 10 Var. 1 auf Drittstaatenrechte bezieht.

12 Von erheblicher Bedeutung ist schließlich die Begriffserläuterung des 26. Erwägungsgrundes (Unterabs. 2). Diese betrifft den Fall, dass nach dem Recht des teilnehmenden Mitgliedstaates, dessen Gericht angerufen wird, die betreffende **Ehe für die Zwecke eines Scheidungsverfahrens nicht als gültig** angesehen wird. Dies sollte nach dem 26. Erwägungsgrund (Unterabs. 2) unter anderem so ausgelegt werden, dass im Recht dieses teilnehmenden Mitgliedstaates eine solche Ehe nicht vorgesehen ist. Letztlich ist daher dem 26. Erwägungsgrund (Unterabs. 2) zu entnehmen, dass sich Art. 13 Var. 2 vor allem auf die gleichgeschlechtliche Ehe bezieht. Mitgliedstaaten, die in ihrem materiellen Recht keine gleichgeschlechtliche Ehe, sondern allenfalls Institute wie die eingetragene Lebenspartnerschaft vorsehen, können daher, gestützt auf Art. 13 Var. 2, eine Entscheidung in der Sache verweigern (vgl näher Art. 13 Rn 9 ff).

13 Keine abschließende Regelung eines Begriffsmerkmals, sondern eine Verweisung auf das nationale Kollisionsrecht ist dem 22. Erwägungsgrund zu entnehmen. Die Frage, wie das Merkmal der **Staatsangehörigkeit** in den Fällen der mehrfachen Staatsangehörigkeit zu verstehen ist, richtet sich hiernach nach dem nationalen Kollisionsrecht der Mitgliedstaaten; allerdings sind hierbei die allgemeinen Grundsätze der Europäischen Union (vgl Art. 2 EUV) uneingeschränkt zu beachten. In der Literatur wird der 22. Erwägungsgrund vielfach nur auf den Fall beschränkt, dass die Rom III-VO im Rahmen der objektiven Anknüpfung auf die Staatsangehörigkeit abstellt (siehe näher Art. 5 Rn 45 und Art. 8 Rn 19).⁷

III. Übereinstimmung zwischen EheVO 2003 und Rom III-VO

14 Generell besagt der 10. Erwägungsgrund, dass der sachliche Anwendungsbereich und die Bestimmungen der Rom III-VO mit der EheVO 2003 in Einklang stehen sollten. Dies betrifft etwa die Auslegung der

---

3 Siehe (zum portugiesischen und estnischen Recht) *Gärtner,* Die Privatscheidung im deutschen und gemeinschaftsrechtlichen internationalen Privat- und Verfahrensrecht, 2008, S. 327 f.
4 §§ 375 ff rumänisches Zivilgesetzbuch (betr. die einvernehmliche Scheidung).
5 Dort ist von „all the authorities" bzw „toutes les autorités" die Rede.
6 Siehe Erwägungsgrund 9.

7 So etwa *Biagioni,* Le nuove leggi civili commentate (NLCC) 2011, 1470, 1479; ebenso – unter Hinweis auf seine systematische Stellung im Anschluss an Ausführungen zur objektiven Anknüpfung – der Entwurf eines Gesetzes zur Anpassung der Vorschriften des Internationalen Privatrechts an die Verordnung (EU) Nr. 1259/2010 und zur Änderung anderer Vorschriften des Internationalen Privatrechts (BR-Drucks. 468/12, S. 7).

Begriffe **„Scheidung"** und **„Ungültigerklärung der Ehe"** (siehe Art. 1 Rn 6, 9). Diese haben in der EheVO 2003 und in der Rom III-VO denselben Inhalt; insbesondere bezieht die Rom III-VO (wie auch die EheVO 2003) die Privatscheidung nicht in ihren Anwendungsbereich mit ein (siehe Rn 8 und Art. 1 Rn 62 ff).

Eine identische Auslegung ist nach der hier vertretenen Auffassung auch bei dem Begriff des **„gewöhnlichen Aufenthalts"** vorzunehmen (abw. Art. 5 Rn 38). Dieser ist sowohl im Rahmen der internationalen Zuständigkeit (siehe Art. 3 EheVO 2003) als auch bei der kollisionsrechtlichen Anknüpfung bedeutsam (siehe Artt. 5, 8). Stellt also ein Gericht im Rahmen der internationalen Zuständigkeit darauf ab, dass sich zum Zeitpunkt der Rechtshängigkeit der gewöhnliche Aufenthalt einer Partei in dem betreffenden Mitgliedstaat befand, so ist bei Anwendung der Rom III-VO – bezogen auf diesen Zeitpunkt – der gewöhnliche Aufenthalt in demselben Mitgliedstaat zu lokalisieren.[8] 15

Keine vollständige Übereinstimmung dürfte sich allerdings im Hinblick auf das Merkmal der **Staatsangehörigkeit** ergeben. Zu Art. 3 Abs. 1 lit. b EheVO 2003 hatte der EuGH in der Sache „Hadadi" entschieden, dass die Frage nach der Behandlung einer doppelten Staatsangehörigkeit europäisch-autonom zu beantworten ist. Nach dem EuGH reicht für eine Zuständigkeit nach Art. 3 Abs. 1 lit. b EheVO 2003 jede (auch die nicht-effektive) gemeinsame Staatsangehörigkeit aus.[9] Es ließe sich hier argumentieren, dass nach dem 10. Erwägungsgrund die Rom III-VO mit der EheVO 2003 „im Einklang" stehen sollte und daher eine entsprechende autonome Lösung auch für die Rom III-VO entwickelt werden könnte.[10] Die Rom III-VO hat sich aber – folgt man dem 22. Erwägungsgrund – für eine andere Lösung, nämlich die Verweisung auf das nationale Kollisionsrecht der Mitgliedstaaten entschieden (siehe aber Rn 13). 16

Artikel 4 Universelle Anwendung

Das nach dieser Verordnung bezeichnete Recht ist auch dann anzuwenden, wenn es nicht das Recht eines teilnehmenden Mitgliedstaats ist.

Die Artt. 3 ff können im Einzelfall auch zur Anwendung des Rechts eines Mitgliedstaates führen, der nicht an der Rom III-VO teilnimmt, oder auch zur Anwendung des Rechts eines Staates, der nicht der EU angehört. In allen Fällen ist dieses Recht anzuwenden; es findet also keine Beschränkung auf das Recht der Mitgliedstaaten statt, die an der Rom III-VO teilnehmen. Art. 4 entspricht in dieser Grundaussage Art. 2 Rom I-VO und Art. 3 Rom III-VO. 1

Das Recht eines nicht an der Verordnung teilnehmenden Mitgliedstaates oder das Recht eines Drittstaates können insbesondere durch **Rechtswahl** bestimmt werden. So können etwa zwei türkische Staatsangehörige mit gewöhnlichem Aufenthalt in Deutschland das türkische Scheidungsrecht wählen (Art. 5 Abs. 1 lit. d). Auch die **objektive Anknüpfung** kann im Einzelfall zu einem Drittstaatenrecht führen. Dies gilt etwa dann, wenn zwei deutsche Staatsangehörige mit gewöhnlichem Aufenthalt in einem Drittstaat, gestützt auf Art. 3 Abs. 1 lit. b EheVO 2003, in Deutschland einen Scheidungsantrag stellen. In diesem Fall kommt (in Ermangelung einer Rechtswahl) gem. Art. 8 lit. a unmittelbar das Scheidungsrecht dieses Drittstaates zur Anwendung; eine Rückverweisung ist nach Art. 11 nicht zu prüfen. 2

Gerade im Verhältnis zu Drittstaatenrechten ist allerdings **Art. 10** zu beachten. Diese Norm postuliert ihrem Wortlaut nach in zwei Punkten (der Scheidbarkeit der Ehe; der Gleichbehandlung von Mann und Frau) **inhaltliche Mindestbedingungen**, die das an sich anwendbare Recht erfüllen muss. Erfüllt es diese Bedingungen nicht, so ist – nach dem Wortlaut der Norm – kategorisch die *lex fori* anzuwenden.[1] Folgt man diesem Wortlaut der Norm, ist sie gewissermaßen als zweiter Absatz von Art. 4 zu lesen: Zwar sind auch Drittstaatenrechte grundsätzlich anzuwenden (Art. 4); dies gilt aber nicht, wenn sie nicht bestimmte inhaltliche Mindeststandards erfüllen (Art. 10). Betroffen von dem Anwendungsausschluss wären vor allem das islami- 3

---

8 Anders (für Grenzfälle) *Helms,* FamRZ 2011, 1765,1769; vgl noch *Helms,* Liber Amicorum Pintens, 2012, S. 681, 688. Hiervon zu unterscheiden ist die Frage, welche Maßstäbe man an den gewöhnlichen Aufenthalt von Kindern einerseits und Erwachsenen andererseits anlegt (hier näher *Helms* aaO).

9 EuGH, C-168/08 – Hadadi/Mesko, FamRZ 2009, 1571 mit abl. Anm. *Kohler* und zust. Anm. *Dilger,* IPRax 2010, 54 und Anm. *Huter,* ELR 2009, 351.

10 So (für die Rechtswahl) *Helms,* FamRZ 2011, 1765, 1770 f; mit dem Hinweis darauf, dass der EuGH in

der namensrechtlichen Entscheidung „Garcia Avello" einem Doppelstaater das Recht eingeräumt hat, in einem anderen Mitgliedstaat nach dem Recht seiner ineffektiven Staatsangehörigkeit behandelt zu werden (EuGH v. 2.10.2003, C-148/02, Slg 2003, I-11613); Erman/*Hohloch,* Art. 5 Rn 7; *Biagioni,* Le nuove leggi civili commentate (NLCC) 2011, 1470, 1479 f.

1 *Caravaca/González,* Cuadernos de Derecho Transnacional (CDT) 2009, 36, 67 Rn 42; *Antonio Leandro,* Le nuove leggi civili commentate (NLCC) 2011, 1503, 1504 und 1507 f.

sche und auch das jüdische Recht, da diese – entgegen Art. 10 Var. 2 – bei der Scheidung eine Ungleichbehandlung von Mann und Frau vorsehen.[2] Es bleibt aber abzuwarten, ob Art. 10 nicht doch enger – als spezielle *ordre public*-Klausel – ausgelegt wird.[3]

4 Die Rom III-VO kann auch (vorbehaltlich des Art. 10 Var. 2) zu dem Recht eines Drittstaates führen, der eine Privatscheidung vorsieht. Auch ein solches (Privat-)Scheidungsrecht ist durch deutsche Gerichte grundsätzlich anzuwenden, allerdings mit der Modifikation, dass der Privatakt nicht selbst die Scheidung bewirkt, sondern Grundlage für den Scheidungsausspruch durch das deutsche Gericht ist (siehe Art. 1 Rn 79). Eine andere Frage besteht darin, ob die Rom III-VO auch für die „Anerkennung" von in einem Drittstaat vorgenommenen Privatscheidungen gilt (hierzu ausf. Art. 1 Rn 66 ff).

Kapitel II
Einheitliche Vorschriften zur Bestimmung des auf die Ehescheidung und Trennung ohne Auflösung des Ehebandes anzuwendenden Rechts

Artikel 5 Rechtswahl der Parteien

(1) Die Ehegatten können das auf die Ehescheidung oder die Trennung ohne Auflösung des Ehebandes anzuwendende Recht durch Vereinbarung bestimmen, sofern es sich dabei um das Recht eines der folgenden Staaten handelt:

a) das Recht des Staates, in dem die Ehegatten zum Zeitpunkt der Rechtswahl ihren gewöhnlichen Aufenthalt haben, oder

b) das Recht des Staates, in dem die Ehegatten zuletzt ihren gewöhnlichen Aufenthalt hatten, sofern einer von ihnen zum Zeitpunkt der Rechtswahl dort noch seinen gewöhnlichen Aufenthalt hat, oder

c) das Recht des Staates, dessen Staatsangehörigkeit einer der Ehegatten zum Zeitpunkt der Rechtswahl besitzt, oder

d) das Recht des Staates des angerufenen Gerichts.

(2) Unbeschadet des Absatzes 3 kann eine Rechtswahlvereinbarung jederzeit, spätestens jedoch zum Zeitpunkt der Anrufung des Gerichts, geschlossen oder geändert werden.

(3) [1]Sieht das Recht des Staates des angerufenen Gerichts dies vor, so können die Ehegatten die Rechtswahl vor Gericht auch im Laufe des Verfahrens vornehmen. [2]In diesem Fall nimmt das Gericht die Rechtswahl im Einklang mit dem Recht des Staates des angerufenen Gerichts zu Protokoll.

Literatur: Siehe vor Art. 1.

A. Allgemeines 1	6. Kritik 10
I. Einführung einer beschränkten Rechtswahlmöglichkeit 2	B. Regelungsgehalt 11
	I. Einführung 11
II. Funktionen der Rechtswahl 5	1. Allgemeine Vorgaben für die Rechtswahl, Möglichkeit der konkludenten Rechtswahlvereinbarung 11
1. Flexibilität, Rechtssicherheit und Vorhersehbarkeit 5	
2. Anknüpfungsgerechtigkeit 6	2. Diverses 12
3. Verhinderung des Wettlaufs vor Gericht .. 7	II. Insbesondere: Schutzmechanismen? 13
4. Begünstigung der Ehescheidung? 8	1. Einführung 13
5. Zentrales Anknüpfungselement der Verordnung 9	a) Entstehungsgeschichte 13
	b) Erwägungsgründe 14

2   Zu den Vorbehalten gegen die Anwendung islamischen Rechts bei der Beratung über den Verordnungsentwurf Rom III *Kohler*, FamRZ 2008, 1673, 1678; zum jüdischen Recht *Herfarth,* Die Scheidung nach dem jüdischen Recht im internationalen Zivilverfahrensrecht, 2000, 21 ff und 28 ff; *ders.*, IPRax 2002, 17 f.

3   So die Erwartung im Entwurf eines Gesetzes zur Anpassung der Vorschriften des Internationalen Privatrechts an die Verordnung (EU) Nr. 1259/2010 und zur Änderung anderer Vorschriften des Internationalen Privatrechts, S. 8 (spezieller *ordre public*-Vorbehalt); aus der Lit. hierfür *Kohler/Pintens,* FamRZ 2011, 1433, 1434 („spezialisierte Vorbehaltsklausel für den Einzelfall,... die neben die ... allgemeine *ordre public*-Klausel tritt"); auch *Basedow,* Liber Amicorum Pintens, 2012, S. 135, 149; im Erg. auch *Helms,* FamRZ 2011, 1765, 1771 f; *Gruber*, IPRax 2012, 381, 391 (teleologische Reduktion); aA *Caravaca/González*, Cuadernos de Derecho Transnacional (CDT) 2009, 36, 67 Rn 42; *Leandro,* Le nuove leggi civili commentate (NLCC) 2011, 1503, 1504 und 1507 f.

c) Verordnungstext 15	b) Auslegung vor dem Hintergrund anderer Akte des EuIPR/EuZPR 37
2. Insbesondere: Informierter Konsens 16	c) Annäherungen an den Begriff des gewöhnlichen Aufenthalts 40
a) Ziele der Verordnung 16	
b) Internetseite des EJN 17	
c) Pflichten des Richters? 18	3. Letzter gemeinsamer gewöhnlicher Aufenthalt bei einseitigem Fortbestehen (Abs. 1 lit. b) 42
d) Bilanz 19	
3. Insbesondere: Inhaltskontrolle 20	
a) Keine besonderen inhaltlichen Anforderungen oder Einrichtung einer Inhaltskontrolle 20	4. Staatsangehörigkeit eines der Ehegatten (Abs. 1 lit. c) 44
	a) Allgemeines 44
b) Keine Sonderregelung für Eingriffsnormen 21	b) Mehrstaater 45
	c) Staatenlose 46
c) Weitere Gefahrenquellen 22	d) Flüchtlinge 47
d) Keine Parallele zum Unterhaltsrecht .. 23	5. Recht des Staates des angerufenen Gerichts (Abs. 1 lit. d) 48
e) Der Verweis auf die Grundrechte in Erwägungsgrund 16 24	a) Allgemeines 48
	b) Vorsorgliche Rechtswahl (floating choice of law) 49
f) Bilanz 25	
III. Wählbare Rechtsordnungen (Abs. 1) 26	IV. Zeitrahmen für die Rechtswahl (Abs. 2, 3) 50
1. Einführung 26	1. Vor Eheschließung 51
a) Allgemeines 26	2. Zwischen Eheschließung und Anrufung des Gerichts 52
b) Enger Bezug zum gewählten Recht ... 29	
c) Parallelen zu benachbarten Rechtsakten 33	3. Nach Anrufung des Gerichts 54
	a) Vorgaben der Verordnung 54
2. Gewöhnlicher Aufenthalt beider bei Rechtswahl (Abs. 1 lit. a) 34	b) Durchführungsrecht 57
	C. Weitere praktische Hinweise 60
a) Allgemeines 34	

A. Allgemeines

Art. 5 öffnet das auf die Scheidung und Trennung anwendbare Recht für eine Rechtswahl der Ehegatten, regelt den Kreis der wählbaren Rechtsordnungen (Abs. 1) und legt den Zeitrahmen für die Rechtswahl fest (Abs. 2, 3). **1**

I. Einführung einer beschränkten Rechtswahlmöglichkeit

Die mit Art. 5 eröffnete Rechtswahlmöglichkeit ist eine **entscheidende Neuerung** gegenüber den zuvor geltenden nationalen Regelungen. Art. 5 ist damit das Kernstück der Rom III-VO.[1] Schon im Grünbuch von 2005 befand man den in den mitgliedstaatlichen Kollisionsnormen der Parteiautonomie bislang belassenen Raum für unzureichend:[2] Parteiautonome Elemente waren dem internationalen Scheidungsrecht lange fremd.[3] Dies beruhte vor allem auf der heute in dieser Strenge weitgehend überwundenen[4] Überlegung, dass die Parteiautonomie als die internationalprivatrechtliche Verlängerung der materiellrechtlichen Privatautonomie dort nicht gewährt werden kann, wo die materiellrechtliche Vertragsfreiheit ausgeschlossen war. Was materiellrechtlich indisponibel war, sollte auch nicht der Rechtswahlfreiheit unterliegen.[5] Zudem wurde Parteiautonomie als überflüssig empfunden, wo man mit der objektiven Anknüpfung gute Lösungen gefunden zu haben glaubte.[6] Wo man Parteiautonomie im Scheidungsrecht kannte, fungierte die Rechtswahl als Ausnahme.[7] Die Möglichkeit einer Rechtswahl war bislang unter den Mitgliedstaaten in Belgien (Art. 55 § 2 IPRG), den – bislang nicht an der Verordnung beteiligten – Niederlanden (Art. 1 Abs. 2 u. 4 IntScheidG) und Deutschland vorgesehen.[8] In Belgien konnten die Ehegatten das Recht der Staatsangehörigkeit eines der Ehegatten oder belgisches Recht wählen, in den Niederlanden können sie niederländisches Recht (unabhängig von Staatsangehörigkeit oder gewöhnlichem Aufenthalt der Ehegatten) oder das Recht **2**

---

1 Erman/*Hohloch*, Art. 5 Rn 1.
2 KOM (2005) 82 endg., S. 4. Siehe auch Staudinger/*Mankowski*, Art. 14 EGBGB Rn 163, der wegen der fehlenden Möglichkeit zur Wahl des gemeinsamen Aufenthaltsrechts die Rechtswahltatbestände des Art. 14 Abs. 2, 3 EGBGB für „nicht besonders attraktiv" hält.
3 *Basedow*, FS Pintens 2012, Bd. 1, S. 135, 138 f.
4 Siehe *Leible*, in: FS Jayme 2004, Bd. 1, S. 485. So aber etwa noch DAV, Stellungnahme zu KOM (2010) 105 endg., Nr. 50/2010, S. 4 f.
5 Näher und mwN *Reinhart*, ZVglRWiss 80 (1981), 150, 154.
6 Siehe *Reinhart*, ZVglRWiss 80 (1981), 150, 154 sowie dieser Ansicht zum Entwurf für ein IPR-Reform-Gesetz *Firsching*, IPRax 1984, 125, 126 f. Diese Position haben manche auch gegenüber der Rechtswahl in der Rom III-VO eingenommen – so beispielsweise der DAV, Stellungnahme zu KOM (2010) 105 endg., Nr. 50/2010, S. 4 f.
7 *Hammje*, RCDIP 2011, 291, Rn 21.
8 Zu den Normen *Winkler von Mohrenfels*, in: FS v. Hoffmann, 2011, S. 527, 529 sowie (Niederlande) *Mansel*, Personalstatut, Staatsangehörigkeit und Effektivität, 1988, Rn 559 S. 468.

einer ausländischen Staatsangehörigkeit eines der Ehegatten wählen.[9] In Deutschland waren parteiautonome Elemente im Familienkollisionsrecht bis 1986[10] weithin unbekannt.[11] Die mit dem Gesetz zur Neuregelung des IPR vom 25.7.1986 eingeführte Möglichkeit der Rechtswahl nach Art. 17 Abs. 1 S. 1 aF EGBGB iVm Art. 14 Abs. 2, 3 EGBGB öffnete das Ehescheidungsstatut in engen Grenzen der Parteiautonomie.[12] Mit der neuen Rechtswahlmöglichkeit wendet sich der Verordnungsgeber von der bisherigen Rechtslage bewusst ab.[13]

3   Die Öffnung für die Rechtswahl der Ehegatten wurde schon früh als **begrüßenswerte Neuerung** aufgefasst, auch von deutscher Seite.[14] Es wurde sogar über die jetzige Lösung hinaus gedacht: Für bestimmte Fallkonstellationen wurde für eine obligatorische Rechtswahl bei Eheschließung plädiert[15] und es wurde vorgeschlagen, den Ehegatten, wenn sie sich nicht auf eine Rechtswahl einigen können, die Absolvierung eines Mediationsverfahrens vorzuschreiben.[16] Wenn in den 1980er Jahren noch die Öffnung für die Parteiautonomie als allein von dem Bestreben getragen, dem Text „ein fortschrittliches Gesicht zu geben" und Kritikern anderer gesetzgeberischer Entscheidungen „Wind aus den Segeln zu nehmen", gescholten wurde,[17] so scheint heute die Parteiautonomie im Ehescheidungs-IPR allenthalben konsensfähig.[18] Die grundsätzliche Zustimmung überwiegt und fundamentale Kritik an der Rechtswahlmöglichkeit wird nicht laut. Die Position im allgemeinen IPR, dass Parteiautonomie im Zentrum des Kollisionsrechts stehen müsse,[19] weitet sich in das Scheidungsrecht aus. Die Rechtswahlfreiheit liegt auf einer Linie mit dem materiellen Familienrecht, in dem, so die allgemeine Wahrnehmung eines internationalen Trends, auch die Autonomie der Einzelnen zunehmend respektiert und gestärkt wird und in dem die Ehegatten zunehmend ihre Ehescheidung selbst in Händen halten.[20] So wird keine strenge Koppelung von Privat- und Parteiautonomie (siehe oben), sondern Wertungsparallelität zwischen IPR und materiellem Recht erreicht.[21] Es mag auch eine Rolle gespielt haben, dass sich in den meisten Mitgliedstaaten in den letzten Jahrzehnten die staatlichen Ordnungsinteressen aus dem materiellen Scheidungsrecht weitgehend zurückgezogen haben[22] sowie, dass sich die mitgliedstaatlichen materiellen Scheidungsrechte im Zuge ihrer Liberalisierung und Kontraktualisierung angenähert hatten.[23]

4   Auch im Unterhaltsrecht[24] und im geltenden deutschen (Art. 15 EGBGB) und künftig vielleicht im europäischen Ehegüterrecht[25] ist die Rechtswahl in bestimmten Grenzen zulässig. Es erscheint sinnvoll und wünschenswert, dass sich die Rechtswahlfreiheit auf Scheidung und (bestimmte) **vermögensrechtliche Scheidungsfolgen** gleichermaßen erstreckt. Insbesondere sollten die Rechtswahlmöglichkeiten ihrem äußeren Rahmen nach möglichst kohärent ausgestaltet sein. Nach derzeitiger Rechtslage ist dies an einigen Stellen nicht der Fall.

---

9   EPEC, Study to inform a subsequent Impact Assessment on the Commission proposal on jurisdiction and applicable law in divorce matters, Draft final report, April 2006, Table 6.7. S. 45; *Martiny,* FS Spellenberg, 2006, S. 119, 124 f.
10 Zu *Sturms* Vorschlag von 1967 siehe *Winkler von Mohrenfels,* in: FS v. Hoffmann, 2011, S. 527, 528.
11 *Helms,* FS Pintens 2012, Bd. 1, S. 681, 690. Ähnl. NK-BGB/*Gruber,* Anhang zu Art. 17 EGBGB Rn 15.
12 Näher *Kühne,* IPRax 1987, 69; *Henrich,* FamRZ 1986, 841, 850; *Dopffel,* FamRZ 1987, 1205, 1211 f; *Wegmann,* NJW 1987, 1740. Ein weitergehendes Wahlrecht bei Entfremdung wurde vorgeschlagen von *Mansel,* Personalstatut, Staatsangehörigkeit und Effektivität, 1988, Rn 570 S. 479 f.
13 KOM (2010) 105 endg., S. 7.
14 Von Unionsseite siehe etwa WSA, Stellungnahme vom 28.9.2005, ABl. EU C24 v. 31.1.2006 S. 20 (23); aus internationaler Perspektive siehe *Boele-Woelki,* Yb. P.I.L. 12 (2010), 1, 14; von deutscher Seite siehe etwa den Bundesrat in seiner Stellungnahme zum Grünbuch (BR-Drucks. 214/1/05, S. 4); ebenso DAV, Stellungnahme Nr. 43/2005, S. 5 sowie *Martiny,* FS Spellenberg, 2006, S. 119, 130 mwN. Eine seltene Ausnahme bildet der DAV, Stellungnahme zu KOM (2010) 105 endg., Nr. 50/2010, S. 4 f.
15 So der DAV, Stellungnahme Nr. 43/2005, S. 5 für Ehegatten unterschiedlicher Staatsangehörigkeit, freilich in der nun überholten Annahme, die Staatsangehörigkeit würde das primäre Kriterium der objektiven Anknüpfung bilden.
16 Siehe Erwägungsgrund 15 a in EP, Legislative Entschließung zu KOM (2010) 105 vom 15.12.2010, A7-0360/2010, S. 5, zust. Commission Communication on the action taken on opinions and resolutions adopted by Parliament at the December 2010 part-session, A7-0360/2010 / P7_TA-PROV(2010)0477, 15.12.2010, S. 3/5.
17 So *Firsching,* IPRax 1984, 125, 126 zum Entwurf für ein IPR-Reform-Gesetz.
18 So verneinend für die 1980er Jahre *Henrich,* FamRZ 1986, 841, 850; *Winkler von Mohrenfels,* in: FS v. Hoffmann, 2011, S. 527, 530. Siehe auch *Lardeux, D.* 2008, 795, Umdruck S. 3/12 („innovativ, aber nicht erstaunlich").
19 *Leible,* in: FS Jayme 2004, Bd. 1, S. 485, 488.
20 Ähnlich *Coester-Waltjen/Coester,* FS Schurig, 2012, S. 33, 34; *Franzina,* CDT 3 (2011), 85, 108 f Rn 44; *Helms,* FS Pintens 2012, Bd. 1, S. 681, 690; zu weitgehend *Lardeux, D.* 2008, 795, Umdruck S. 3/12.
21 Siehe *Leible,* in: FS Jayme 2004, Bd. 1, S. 485, 487.
22 *Helms,* FS Pintens 2012, Bd. 1, S. 681, 690 f.
23 Siehe auch *Butruille-Cardew,* AJ Famille 2012, 376.
24 Art. 15 EuUntVO iVm Artt. 7, 8 HPUnt 2007.
25 Art. 16 ff EheGüRVO-E, KOM (2011) 126, hierzu *Martiny,* IPRax 2011, 437, 448 ff.

II. Funktionen der Rechtswahl

1. Flexibilität, Rechtssicherheit und Vorhersehbarkeit. Die Parteiautonomie – Ausfluss eines überpositiven Autonomie- und Freiheitsgedankens[26] – im IPR der Ehescheidung und Trennung hat verschiedene Funktionen. Mit ihr sollen **Flexibilität, Rechtssicherheit und Vorhersehbarkeit** gewährleistet werden.[27] Gerade die zunehmende Mobilität der Bürger macht die Rechtswahlmöglichkeit um der Flexibilität und Rechtssicherheit Willen besonders wünschenswert.[28] Angesichts der hohen Scheidungsraten erscheint es legitim, dass die Ehegatten im Voraus wissen wollen, welchen Voraussetzungen ihre Scheidung unterliegen wird.[29] Dass die Rechtswahlmöglichkeit als solche die Mobilität der EU-Bürger erhöhen soll (Erwägungsgrund 15), darf als etwas verwegenes Ziel angesehen werden.[30] Aber so wäre Erwägungsgrund 15 auch verzerrt gelesen. Richtig ist das darin zum Ausdruck kommende Ziel, dem ohnehin mobilen Binnenmarktbürger mit der Rechtswahlmöglichkeit seine Planung und Lebensgestaltung zu erleichtern.[31] Der Schutz dieser privaten Interessen setzt sich in der Rom III-VO weitgehend gegenüber dem Schutz etwaiger staatlicher Interessen an der Anwendung ihres Rechts durch.[32] Volle Rechtssicherheit und Vorhersehbarkeit ist für die Ehegatten indes noch nicht erreicht, da und solange sie keine Gerichtsstandsvereinbarung treffen können: Häufig wird ein Ehegatte auf der Basis der EheVO 2003 ein zuständiges Gericht außerhalb des räumlichen Anwendungsbereichs der Rom III-VO finden und so der Anwendung der Rom III-VO umgehen können. So leicht ohne Gerichtsstandsvereinbarung der Weg aus der Rom III-VO heraus ist, so schwierig ist er in die Rom III-VO hinein: Zwei Ehegatten aus nicht teilnehmenden Mitgliedstaaten, für die die EheVO 2003 Gerichtsstände lediglich in nicht teilnehmenden Mitgliedstaaten eröffnet, können sich, obwohl sie dies wünschen, nicht unter das Dach der Rom III-VO begeben. Mit einer Gerichtsstandsvereinbarung hätten sie die Möglichkeit gehabt, vor ein Gericht eines teilnehmenden Mitgliedstaates zu kommen.[33] Dasselbe Problem stellt sich auch bei Unionsbürgern mit gewöhnlichem Aufenthalt in einem Drittstaat.[34] An der Rechtssicherheit und Vorhersehbarkeit mangelt es ferner mit Blick auf den Harmonisierungsgrad. Die mit Artt. 5–8 erreichte Harmonisierung der Rechte der teilnehmenden Mitgliedstaaten ist lückenhafter, als sie auf den ersten Blick erscheinen mag: Für die Möglichkeit der Rechtswahl nach Verfahrenseinleitung verweist Abs. 3 auf das mitgliedstaatliche Recht. Für etwaige strengere Formvorschriften als die Schriftform verweist Art. 7 Abs. 2–4 auf das mitgliedstaatliche Recht.[35] Und schließlich verweist für Zustandekommen und Wirksamkeit der Rechtswahl – einschließlich der hier durchaus interessanten Sittenwidrigkeitskontrolle, denkbar ist aber auch die Anfechtung bei unzureichender oder fehlerhafter Information oder Drucksituationen – Art. 6 auf das mitgliedstaatliche Recht.

2. Anknüpfungsgerechtigkeit. Ferner soll die Rechtswahlfreiheit Anknüpfungsgerechtigkeit gewährleisten:[36] Das Wahlrecht zugunsten des Aufenthaltsrechts bildet ein Korrektiv des Staatsangehörigkeitsprinzips und *vice versa*.[37] So kann die Rechtswahlmöglichkeit die in besonders gelagerten Fällen mit den objektiven Kriterien des Art. 8 notwendigerweise verbundenen Härten abmildern.[38] Die Ehegatten können sich – an den gesetzlich vorgegebenen Kriterien Staatsangehörigkeit und gewöhnlicher Aufenthalt orientiert – mit ihrer Wahl an dasjenige Moment anlehnen, das im konkreten Fall die größere Nähe gewährleistet oder ihnen aus anderen Gründen vorzugswürdig erscheint.[39] Sie können das ihren persönlichen Anschauungen – seien sie progressiv oder traditionell – näherstehende Recht wählen.[40] Sie können ein Recht wegen seiner Qualität oder seiner Neutralität oder ihrer Vertrautheit mit ihm wählen.[41] Daraus folgen praktische Vorteile: Selbstgewähltes Recht wird typischerweise besser akzeptiert. Und die Ehegatten haben im Scheidungsverfahren mit selbstgewähltem Recht eher das Gefühl, einen Teil der Kontrolle über die Geschehnisse zu

---

26 *Leible,* in: FS Jayme 2004, Bd. 1, S. 485, 488 mwN
27 KOM (2005) 82 endg., S. 4.
28 Krit. angesichts fehlender rechtstatsächlicher Grundlagen für diese Behauptung Erman/*Hohloch,* Art. 5 Rn 1.
29 EPEC, Study to inform a subsequent Impact Assessment on the Commission proposal on jurisdiction and applicable law in divorce matters, Draft final report, April 2006, S. 156.
30 So *Oudin,* RJPF 2011, H. 3, Umdruck S. 5/18.
31 So wohl auch *Kohler,* in: FS v. Hoffmann, 2011, S. 208, 211.
32 *Hammje,* RCDIP 2011, 291, Rn 21.
33 Siehe das Beispiel von *Winkler von Mohrenfels,* in: FS v. Hoffmann, 2011, S. 527, 537 – finnisch-schwedisches Ehepaar mit gewöhnlichem Aufenthalt in Irland.
34 *Winkler von Mohrenfels,* in: FS v. Hoffmann, 2011, S. 527, 540.
35 Die letzten beiden Punkte beklagt auch *Franzina,* CDT 3 (2011), 85, 112, 114 f, Rn 54 u. Rn 58.
36 Begriff nach *Rühl,* in: FS v. Hoffmann, 2011, S. 364, 366. Ähnlich *Leible,* in: FS Jayme 2004, Bd. 1, S. 485, 487 und *Looschelders,* in: FS Kropholler 2008, S. 329, 350.
37 *Mansel,* in: Jayme (Hrsg.), Kulturelle Identität und Internationales Privatrecht, 2003, 119, 138 ff, 142 ff; *Kohler,* FS Europa-Institut 2011, S. 309, 322.
38 *Helms,* FamRZ 2011, 1765, 1767; *ders.,* FS Pintens 2012, Bd. 1, S. 681, 691. Ähnl. *Henrich,* FS Pintens 2012, Bd. 1, S. 701, 705.
39 *Hammje,* RCDIP 2011, 291, Rn 21; *Kohler,* in: FS v. Hoffmann, 2011, S. 208, 211.
40 So *Reinhart,* ZVglRWiss 80 (1981), 150, 163.
41 *Rühl,* in: FS v. Hoffmann, 2011, S. 364, 366. Siehe auch *Reinhart,* ZVglRWiss 80 (1981), 150, 163.

behalten – etwas, das ihnen sonst im Scheidungsverfahren typischerweise besonders fehlt und die Verfahren besonders belastend macht.[42] Es griffe daher zu kurz, Parteiautonomie als Lösung für eine „Anknüpfungsverlegenheit" anzusehen.[43] Positiv gefasst kann die Parteiautonomie helfen, die Vielfalt der Interessen (das „einem gordischen Knoten gleichende Interessenknäuel"),[44] denen die notwendigerweise verallgemeinernden objektiven gesetzlich festgelegten Kriterien nicht ausreichend Rechnung tragen können, angemessen zu berücksichtigen.[45] Die Rechtswahlmöglichkeit kann auch aus Perspektive der Mitgliedstaaten die mit Art. 8 verbundene grundlegende Änderung der Rechtslage abfedern[46] und die großen Divergenzen zwischen den bisherigen Regelungen in einzelnen Rechtsordnungen überbrücken.[47]

7 **3. Verhinderung des Wettlaufs vor Gericht.** Das harmonisierte Kollisionsrecht soll helfen, frühe Scheidungsanträge zu verhindern, zu denen die Ehegatten im (von Artt. 3 und 19 EheVO 2003 ermöglichten)[48] Wettlauf vor Gericht angeregt werden, wenn sie mittelbar über den Gerichtsstand das anwendbare Recht beeinflussen können (Erwägungsgrund 21, siehe auch Erwägungsgrund 9).[49] Das ist für die Gerichte der teilnehmenden Mitgliedstaaten sicherlich zutreffend (wenn auch, da die objektiven Anknüpfungskriterien eine gewisse Favorisierung der *lex fori* erkennen lassen, im wesentlichen nur für Rechtswahlfälle). Für die Gerichte der anderen Mitgliedstaaten ist zu bedenken, dass angesichts der unterschiedlichen räumlichen Anwendungsbereiche von Rom III-VO und EheVO 2003 der gefürchtete Wettlauf zu Gericht sogar angeheizt werden könnte – weil oft Art. 3 EheVO 2003 auch den Gang zu einem Gericht eines nicht-teilnehmenden Mitgliedstaates eröffnen und so dem daran interessierten Ehegatten die Flucht aus der Rechtswahlvereinbarung (sowie aus der objektiven Anknüpfung) nach der Rom III-VO ermöglichen wird.[50] Diese selbstgeschaffene Problematik ist bedauerlich, zumal die Verordnung insoweit eines ihrer zentralen Ziele (Erwägungsgrund 9) verfehlt.

8 **4. Begünstigung der Ehescheidung?** Viele sehen hinter Art. 5 einen echten materiellrechtlich familienpolitischen Standpunkt, die Scheidung der Ehe begünstigen zu wollen. Einen solchen *favor divortii* bringt Art. 5 nur mittelbar zum Ausdruck. Die Verordnung ermöglicht es den Ehegatten sowohl, ein scheidungsfeindliches Recht abzuwählen und durch ein scheidungsfreundliches zu ersetzen als auch andersherum ein scheidungsfeindliches Recht zu wählen.[51] Faktisch werden jedoch die Wahlen des scheidungsfreundlichen Rechts überwiegen: Wer, wie viele, nicht zu Beginn der Ehe sondern erst dann eine Rechtswahl treffen möchte, wenn Trennung und Scheidung ihre Schatten vorauswerfen, der wird nur Konsens mit dem anderen Ehegatten erreichen, wenn Einvernehmen zwischen den Ehegatten über das Ob der Scheidung herrscht. Und Ehegatten, die übereinstimmend die Scheidung wünschen, werden kein scheidungsfeindliches Recht wählen.[52] Der *favor divortii* ist insgesamt ein wichtiges Moment hinter der Verordnung.[53] Auch Art. 8 und seine mittelbare Favorisierung der *lex fori* enthält ihn, da das *forum* im räumlichen Anwendungsbereich der

---

42 Für beides EPEC, Study to inform a subsequent Impact Assessment on the Commission proposal on jurisdiction and applicable law in divorce matters, Draft final report, April 2006, S. 156.
43 Zu recht krit. auch *Leible*, in: FS Jayme 2004, Bd. 1, S. 485, 488. Siehe schon zum IPR-ReformG 1986 *Kühne*, IPRax 1987, 69.
44 So *Lüderitz*, FS Kegel 1977, S. 48, zit. von *Reinhart*, ZVglRWiss 80 (1981), 150, 163.
45 So schon *Kühne*, Entwurf eines Gesetzes zur Reform des internationalen Privat- und Verfahrensrechts, 1980, wiedergegeben von *Firsching*, IPRax 1984, 125.
46 *Kohler*, FS Europa-Institut 2011, S. 309, 322.
47 *Franzina*, CDT 3 (2011), 85, 108 ff Rn 43 ff.
48 Siehe nur krit. Geimer/Schütze/*Geimer*, EuZVR, Art. 3 VO (EG) Nr. 2201/2003, Rn 2: Art. 3 EheVO 2003 „fördert übermäßiges forum shopping".
49 KOM (2005) 82 endg., S. 6; KOM (2010) 105 endg., S. 8, auch *Looschelders*, in: FS Kropholler 2008, S. 329, 349. Siehe zur Wettlauf-Problematik schon *Dethloff*, StAZ 2006, 253, 254. Der Bundesrat (BR-Drucks. 214/1/05, S. 5) scheint die Gefahr eines Wettlaufs für überschätzt zu halten (dito *Boele-Woelki*, Yb. P.I.L. 12 (2010), 1, 8), nicht so der DAV, Stellungnahme Nr. 43/2005, S. 6. Die Studie EPEC, Study to inform a subsequent Impact Assessment on the Commission proposal on jurisdiction and applicable law in divorce matters, Draft final report, April 2006, kennt keine genauen Zahlen zur Wettlaufproblematik (ebd., S. 49). *Boele-Woelki*, Yb. P.I.L. 12 (2010), 1, 7 f moniert fehlende Rechtstatsachenforschung.
50 *Devers/Farge*, Sem Jur 2012, 778, Rn 21; *Winkler von Mohrenfels*, in: FS v. Hoffmann, 2011, S. 527, 536 f.
51 Siehe etwas anders gewichtet *Gruber*, IPRax 2012, 381, 384; siehe auch NK-BGB/*Gruber*, Anhang zu Art. 17 EGBGB Rn 15; anders auch *Lardeux*, D. 2008, 795, Umdruck S. 4/12, die der Kommission hinter den vorgeblichen Gründen Rechtssicherheit, Flexibilität etc. den *favor divortii* als wahres Motiv für Art. 5 unterstellt; siehe auch *Hammje*, RCDIP 2011, 291, Rn 22, 23. Wie hier auf die Möglichkeit der Wahl scheidungsfeindlichen Rechts hinweisend *Carrascosa González*, CDT 4 (2012), 52, 66 f Rn 47 Abs. 3. *Hammje*, RCDIP 2011, 291, Rn 23 hält die Wahl scheidungsfeindlichen Rechts für unwahrscheinlich.
52 Siehe *Looschelders*, in: FS Kropholler 2008, S. 329, 350.
53 Siehe *Kohler*, FamRZ 2008, 1673, 1680 mwN; *Franzina*, CDT 3 (2011), 85, 98 ff Rn 21 ff. Ähnlich *Leutheusser-Schnarrenberger* in BMJ, Pressemitteilung vom 3.12.2010, <www.bmj.bund.de>: „Der Justizministerrat hat eine Verordnung gebilligt, mit dem [sic] die Ehescheidung ... in Europa erleichtert werden soll."

Rom III-VO von der EheVO 2003 bestimmt wird, die nur auf Gerichte der Mitgliedstaaten verweist. Aus anderen Bestimmungen, insbesondere aus Art. 10, lässt er sich noch klarer ableiten.

5. Zentrales Anknüpfungselement der Verordnung. Wie es auch schon die systematische Stellung des Art. 5 nahelegt, soll das von den Ehegatten gewählte Recht nach dem Willen der Kommission Hauptanknüpfungspunkt für die Kollisionsnormen für Ehescheidungen und -trennungen sein.[54] Dass dies allenfalls langfristig erreicht werden wird, stört kaum. Die Praxis bezweifelt aus guten Gründen, dass Scheidungsrechtswahlvereinbarungen massenhafte Verbreitung finden werden.[55]

6. Kritik. Aber auch Argumente gegen die Rechtswahlfreiheit bzw gegen die Rechtswahlfreiheit in ihrer in der Rom III-VO verwirklichten Form liegen auf der Hand: Es bedarf eines verantwortungsvollen und informierten Handelns der Ehegatten. Der verletzlichere Ehegatte sollte geschützt werden. Wählen die Ehegatten ein anderes Recht als die (spätere) *lex fori*, können hohe Kosten durch Übersetzungs- und Gutachtenbedarf entstehen. Zwingenden Normen der *lex fori* oder eines ansonsten anwendbaren Rechts kann bewusst ausgewichen werden. Anstatt eines persönlich als adäquat empfundenen Rechtes könnten die Ehegatten (bzw einer von ihnen) versucht sein, eine taktische Wahl zu treffen.[56] Die mit der materiellrechtlichen Privatautonomie eng verbundene richterliche Inhaltskontrolle ist bei der internationalprivatrechtlichen Parteiautonomie nicht annähernd in demselben Maße verwirklicht und anerkannt.[57] Siehe zu der Frage nach Schutzmechanismen für den schwächeren Ehegatten unten Rn 13 ff, Art. 6 Rn 4 ff sowie Art. 7 Rn 11 ff. Die praktische räumliche Reichweite der ermöglichten Rechtswahl ist gering. Die Rom III-VO bringt eben nicht „europaweit Klarheit", welches nationale Scheidungsrecht Anwendung findet.[58] Hat ein Gericht eines nicht teilnehmenden Mitgliedstaates oder eines Drittstaates über die Scheidung zu befinden, so wird die Rechtswahl aller Voraussicht nach leerlaufen.[59] Der Wettlauf zu Gericht wird angeheizt. In ihrer Wirksamkeit bleibt die von Rom III ermöglichte Rechtswahl somit weit hinter dem zurück, was heute etwa im Bereich des Unterhalts möglich ist: Hier ist nicht nur in 25 Mitgliedstaaten die Rechtswahl nach Art. 15 EuUntVO iVm Artt. 7, 8 HPUnt 2007 zulässig,[60] sondern es ist auch in allen Mitgliedstaaten (!) möglich, Gerichtsstandsvereinbarungen zu schließen (Art. 4 EuUntVO).[61] Um Rom III zu „entgehen", genügt es schon – und dies wird oft möglich sein –, sich nach Art. 3 EheVO 2003 an ein Gericht eines Mitgliedstaates zu wenden, der nicht an Rom III teilnimmt.[62] Dies scheint umso reizvoller, als gerade Mitgliedstaaten mit „extremen" Scheidungsrechten – kaum Trennungszeit erforderlich in Schweden oder Finnland, vier Jahre Trennungszeit in Griechenland und Irland[63] – derzeit nicht an der Rom III-VO teilnehmen.

B. Regelungsgehalt

I. Einführung

1. Allgemeine Vorgaben für die Rechtswahl, Möglichkeit der konkludenten Rechtswahlvereinbarung. Ob neben der ausdrücklichen auch eine konkludente Rechtswahlvereinbarung möglich ist, spricht die Verordnung nicht ausdrücklich an. Die Frage ist unionsautonom zu beantworten. Für eine Verneinung der Frage spricht das Fehlen einer Vorschrift wie Art. 3 Abs. 1 S. 2 Alt. 2 Rom I-VO oder Art. 14 Abs. 1 S. 2

---

54 KOM (2006) 399 endg., S. 10. Ähnlich *Becker,* NJW 2011, 1543, 1544; *Franzina,* CDT 3 (2011), 85, 107 Rn 42; *Gruber,* IPRax 2012, 381, 384; Erman/*Hohloch,* Art. 5 Rn 1; *Péroz,* Sem Jur 2012, 727; *Revillard/Crône,* Defrenois 2012, 40522, Rn 13. Siehe anders etwa noch die Reihung von objektiver und subjektiver Anknüpfung in Artt. 3–6 sowie 7–8 HPUnt 2007.
55 *J. Stürner,* JURA 2012, 708, 709.
56 EPEC, Study to inform a subsequent Impact Assessment on the Commission proposal on jurisdiction and applicable law in divorce matters, Draft final report, April 2006, S. 156.
57 *Reinhart,* ZVglRWiss 80 (1981), 150, 154.
58 So aber BMJ, Pressemitteilung vom 20.12.2010, <www.bmj.bund.de>. Dito *Leutheusser-Schnarrenberger* in BMJ, Pressemitteilung vom 3.12.2010, <www.bmj.bund.de> („Die neue Verordnung regelt für diese Paare nun EUweit, welches Recht im Falle einer Scheidung angewendet wird.").
59 *Devers/Farge,* Sem Jur 2012, 778, Rn 14; *Gruber,* IPRax 2012, 381, 384. Dies sollte den Parteien bewusst gemacht werden: *Henrich,* FS Pintens 2012, Bd. 1, S. 701, 710.
60 Zum räumlichen Anwendungsbereich Geimer/Schütze/*Hilbig,* IRV, Art. 15 EuUntVO, Rn 1, 6 sowie *Reuß,* Art. 1 EuUntVO, Rn 55.
61 Zum räumlichen Anwendungsbereich Geimer/Schütze/*Reuß,* IRV, Art. 1 EuUntVO, Rn 53–55.
62 Darauf weisen *Devers/Farge,* Sem Jur 2012, 778, Rn 21 hin. Dies übersieht leider *Leutheuser-Schnarrenberger,* Pressemitteilung des BMJ vom 20.12.2010, <www.bmj.bund.de>, wenn sie sagt: „Damit wird … verhindert, dass bei einem binationalen Paar der juristisch besser beratene Ehegatte durch die Wahl des Klageortes ein für ihn günstiges Scheidungsrecht zur Anwendung bringen kann". (Und ähnlich *Leutheusser-Schnarrenberger* in BMJ, Pressemitteilung vom 3.12.2010, www.bmj.bund.de: „Klare Regeln verhindern, dass der stärkere Ehegatte – meist der Ehemann – durch geschickte Gerichtswahl ein für ihn günstigeres Scheidungsrecht zur Anwendung bringen kann").
63 So und näher *Dethloff,* StAZ 2006, 253, 254 f.

Alt. 2 Rom II-VO oder Art. 22 Abs. 2 Alt. 2 EuErbRVO, die die konkludente Rechtswahl erlaubt.[64] Auch für ein klares *e silentio*-Argument zugunsten der konkludenten Rechtswahl, wie es Art. 8 mit Blick auf Art. 7 HPUnt 2007 zulässt,[65] eignet sich die Rom III-VO nicht. Gegen die Zulassung konkludenter Rechtswahl spricht Erwägungsgrund 18 und sein besonderes Insistieren auf dem Erfordernis eines informierten Konsenses (dazu Rn 16 ff). Für eine Bejahung spricht das Fehlen eines expliziten Verbots, wie es etwa Art. 19 Abs. 2 Hs 1 EuEheGüRVO-E[66] enthält. Dafür spricht auch die Existenz von Art. 6 Abs. 2, dem konkludente Rechtswahlvereinbarungen zumindest einen gewissen Anwendungsbereich verleihen können. Angesichts der Formerfordernisse (Art. 7) dürfte sich das Problem selten stellen. Indes ist für die Fälle, in denen die Formerfordernisse erfüllt sind und die Umstände den Schluss auf konkludente Rechtswahl zulassen, kein Grund ersichtlich, den Parteien die Rechtswahl zu verweigern. Es ist daher davon auszugehen, dass eine konkludente Rechtswahlvereinbarung zulässig ist.[67] Die Anforderungen sind dabei eher streng zu fassen,[68] weil die Ehegatten die Rechtswahlvereinbarung unbedingt sehenden Auges getroffen haben müssen. Zu denken ist vor allem an umfassende Ehe- und Scheidungsfolgenverträge, in denen neben der Rechtswahl für andere Aspekte der Ehegatten- oder nachehelichen Beziehung (Unterhalt, Güterrecht, allgemeine Ehewirkungen) klare Indizien für eine Wahl des Scheidungsrechts vorliegen. Derlei Indizien können Bezugnahmen auf scheidungsrechtliche Normen oder Begriffe einer bestimmten Rechtsordnung, Gerichtsstandsvereinbarungen für bestimmte Scheidungsfolgen, die Sprache der Vereinbarung, die Staatsangehörigkeit und der Wohnsitz und Aufenthalt der Parteien, der Abschlussort des Vertrages sowie das Parteiverhalten allgemein sein.[69]

12 **2. Diverses.** Die Wahl muss sich auf **staatliches Recht** beziehen, die Wahl von religiösem Recht, Stammesrecht, Gebräuchen und internationalen Prinzipien[70] ist nicht zulässig.[71] Die Wahl muss sich ferner auf **geltendes materielles Recht** beziehen.[72] Zulässig sollte auch die **negative Rechtswahl**, also der Ausschluss eines bestimmten Rechts ohne die Angabe, welches Recht stattdessen Anwendung finden soll, sein.[73] Die Frage der **Teilrechtswahl** (vgl Art. 3 Abs. 1 S. 3 Rom I-VO) stellt sich bei dem auf Ehescheidung und Ehetrennung anwendbaren Recht nicht, schon weil es an abspaltbaren Elementen fehlt.[74] Aber freilich können für Trennung einerseits und Ehescheidung andererseits unterschiedliche Rechte gewählt werden (Art. 9 Abs. 1). Eine **kumulative Rechtswahl** zweier Rechtsordnungen ist unzulässig.[75] Anders als im IPR der vertraglichen Schuldverhältnisse drohen hier stets unauflösliche Widersprüche.[76] Für einzelne Teilfragen wäre die Kumulation theoretisch denkbar (etwa in der Weise, dass bei der Dauer der erforderlichen Trennungszeit auf die längere oder die kürzere abgestellt wird),[77] aber damit würden Divergenzen in den Begriffen („Trennung") übergangen und so die Wertungen der in sich geschlossenen Scheidungsrechte unangemessen verzerrt. Eine **hilfsweise Rechtswahl** dagegen ist zulässig (etwa wenn das hilfsweise gewählte Recht im Falle der *ordre public*-Widrigkeit zur Anwendung kommen soll).[78] Die **Auslegung** der Rechtswahlvereinbarung richtet sich (wie nach Art. 6 Abs. 1) nach dem gewählten Recht.[79] Auch die **Aufhebung** der Rechtswahl – Unterfall der Abänderung, da in jeder Abänderung zugleich auch eine Aufhebung der vorherigen Regelung liegt – ist jederzeit bis zur Anrufung des Gerichts durch Vereinbarung möglich.

---

64 *Helms,* FamRZ 2011, 1765, 1768.
65 Daher konkludente Unterhaltsrechtswahlmöglichkeit bejahend Rauscher/*Andrae,* EuZPR/EuIPR, Art. 8 HUntStProt Rn 6.
66 KOM (2011) 126 endg., S. 24.
67 Str., aA *Helms,* FamRZ 2011, 1765, 1768; *Pfütze,* ZEUS 2011, 35, 70 und wohl auch *Lardeux,* D. 2011, 1835, bei Fn 42 f. Wie hier *Gruber,* IPRax 2012, 381, 387 und *Devers/Farge,* Sem Jur 2012, 778, Rn 17, und wohl auch wie hier auf Art. 7 hinweisend Palandt/*Thorn,* Art. 6 Rn 2. Wie hier (Art. 17 Abs. 1 S. 1 aF iVm) Art. 14 EGBGB Staudinger/*Mankowski,* Art. 14 EGBGB Rn 143; NK-BGB/*Andrae,* Art. 14 EGBGB Rn 47.
68 So für Art. 8 HPUnt 2007 Rauscher/*Andrae,* EuZPR/ EuIPR, Art. 8 HUntStProt Rn 6.
69 In Anlehnung an Rauscher/*v. Hein,* EuZPR/EuIPR, Art. 3 Rom I-VO, Rn 33–38.
70 Zu denken wäre an die Arbeit der CEFL (Principles of European Family Law Regarding Divorce and Maintenance Between Former Spouses, hrsg. von *Boele-Woelki et al.* 2004).
71 *Carrascosa González,* CDT 4 (2012), 52, 63 Rn 35; *Coester-Waltjen/Coester,* FS Schurig, 2012, S. 33, 37; *Devers/Farge,* Sem Jur 2012, 778, Rn 14. Für Art. 3 Rom I-VO Rauscher/*v. Hein,* Art. 3 Rom I-VO, Rn 49 ff, 60 f, für Art. 14 Rom II-VO liberaler Rauscher/*Jakob/Picht,* Art. 14 Rom II-VO, Rn 36 ff. Für eine breite Betrachtung verschiedener Instrumente siehe *Rühl,* in: FS Kropholler 2008, S. 187, 189 ff.
72 *Coester-Waltjen/Coester,* FS Schurig, 2012, S. 33, 37; *Rühl,* in: FS Kropholler 2008, S. 187, 194 ff.
73 Siehe für Rom I Rauscher/*v. Hein,* EuZPR/EuIPR, Art. 3 Rom I-VO, Rn 71.
74 Ähnl. wie hier *Hammje,* RCDIP 2011, 291, Rn 24. Zur Abspaltbarkeit im Rahmen von Rom I siehe MüKo/*Martiny,* Art. 3 Rom I-VO Rn 70 f und Rauscher/*v. Hein,* EuZPR/EuIPR, Art. 3 Rom I-VO Rn 74 ff.
75 *Franzina,* CDT 3 (2011), 85, 112 Rn 51; jurisPK-BGB/*Ludwig,* Art. 5 Rn 5.
76 Siehe zur Lage unter Rom I Rauscher/*v. Hein,* EuZPR/EuIPR, Art. 3 Rom I-VO Rn 82.
77 So zur Verjährungsfrist Rauscher/*v. Hein,* EuZPR/ EuIPR, Art. 3 Rom I-VO, Rn 82.
78 *Franzina,* CDT 3 (2011), 85, 112 Rn 51; jurisPK-BGB/*Ludwig,* Art. 5 Rn 6.
79 So für (Art. 17 Abs. 1 S. 1 aF iVm) Art. 14 EGBGB Staudinger/*Mankowski,* Art. 14 EGBGB Rn 141.

Die Aufhebung unterliegt als *actus contrarius* denselben Regeln wie die Rechtswahl selbst (Artt. 6, 7) (siehe aber Art. 7 Rn 16 zur Aufhebung einer in einem Ehevertrag enthaltenen Rechtswahl).

II. Insbesondere: Schutzmechanismen?

1. Einführung. a) Entstehungsgeschichte. Das Grünbuch von 2005 implizierte oder kontemplierte zumindest die **Notwendigkeit besonderer Schutzmechanismen** zugunsten eines Ehegatten vor unrechtmäßigem Druck durch den anderen oder bei Vorhandensein von Kindern.[80] Daneben ist an das besondere Schutzbedürfnis bei Informationsasymmetrien der Ehegatten zu denken.[81] Diese Notwendigkeit wurde im weiteren Verordnungsgebungsverfahren und in der Literatur wiederholt formuliert.[82] Die Interessen etwaiger Kinder hatte das Europäische Parlament im Ergebnis vergebens besonders zu betonen vorgeschlagen,[83] später hatte es eine solche im Entwurf vom März 2010 enthaltene Schutzerwägung[84] mit Erfolg zu streichen vorgeschlagen.[85] Heute sind keinerlei besondere Schutzmechanismen, weder für Ehegatten noch für Kinder, in der Verordnung normiert.[86]

13

b) Erwägungsgründe. Gleichwohl klingt die Sorge vor Missbrauch der Rechtswahlfreiheit und vor unbedachten Rechtswahlvereinbarungen sehr stark in den Erwägungsgründen an.[87] Es besteht eine Diskrepanz zwischen dem in den Erwägungsgründen Gewollten und dem in der Verordnung Umgesetzten. Nach der Rechtsprechung des EuGH sind Erwägungsgründe rechtlich nicht verbindlich und dürfen nicht zur Rechtfertigung einer Abweichung von den Bestimmungen des betreffenden Rechtsakts angeführt werden.[88] Auch wenn kein offensichtlicher Widerspruch zwischen Text des Rechtsakts und Erwägungsgründen besteht, bringen die Erwägungsgründe nur die „Überlegungen des Gemeinschaftsorgans, das den Rechtsakt erlassen hat, zum Ausdruck" und können daher nicht den Rechtstext selbst inhaltlich konkretisieren.[89] Die Erwägungsgründe können nicht verwendet werden, um dem Text etwas zu entnehmen, das dort keinen Anklang gefunden hat. Eine in den Artt. 5 ff grundsätzlich angelegte Inhaltskontrolle hätte mit den Schutzüberlegungen der Erwägungsgründe gefällt werden können, aber ohne eine solche Anlage bleiben die Erwägungsgründe ohne Effekt.

14

c) Verordnungstext. Die Bestandsaufnahme der Schutzmechanismen im Verordnungstext zeigt ein zersplittertes und eher mageres Bild: Schützend vor missbräuchlicher Ausnutzung der Rechtswahlfreiheit wirkt – für sich allein noch nicht ausreichend[90] – die Beschränkung der wählbaren Rechtsordnungen auf die in Art. 5 vorgegebenen.[91] Schützend soll ferner die mit der Verordnung insgesamt angestrebte Verlangsamung des Wettlaufs zu Gericht wirken (siehe oben Rn 7) weil gerade der schwächere Ehegatte diesen Wettlauf zu

15

---

80 KOM (2005) 82 endg., S. 8. Präziser ist die Identifikation der besonders schutzbedürftigen Gruppen bei EPEC, Study to inform a subsequent Impact Assessment on the Commission proposal on jurisdiction and applicable law in divorce matters, Draft final report, April 2006, S. 51, die drei verletzliche Gruppen identifizieren: 1) die wirtschaftlich schwächeren Ehegatten, 2) Frauen, 3) die Ehegatten, die dem anderen in einen anderen Mitgliedstaat gefolgt sind. Auch *Martiny,* FS Spellenberg, 2006, S. 119, 131 wirft die Notwendigkeit eines Schutzes vor Missbrauch auf. Schutz Dritter ist im Scheidungsrecht nicht angezeigt – *Pfütze,* ZEUS 2011, 35, 54.
81 *Rühl,* in: FS v. Hoffmann 2011, S. 364, 367.
82 Siehe Debate in Council, 19.4.2007, 2006/0135(CNS) – "Such a rule on the choice of the applicable law should take into account the interests of both spouses and ensure the protection of a weaker spouse.".
83 Siehe Vorschlag für einen neuen Erwägungsgrund „Die Möglichkeit, das bei Ehescheidung und Trennung ohne Auflösung des Ehebandes anwendbare Recht zu bestimmen, darf nicht den Interessen des Kindes zuwiderlaufen." in EP, Bericht über den Vorschlag KOM (2006) 399 endg., 19.9.2008, A6-0361-2008, S. 5.
84 Siehe Erwägungsgrund 14 in KOM (2010) 105 endg., S. 13: „Die Möglichkeit, das bei Ehescheidung und Trennung ohne Auflösung des Ehebandes anzuwendende Recht zu bestimmen, darf nicht dem Kindeswohl zuwiderlaufen."

85 Vgl EP, Legislative Entschließung zu KOM (2010) 105 vom 15.12.2010, A7-0360/2010, S. 5. Die Kommission akzeptierte diese Änderung als zu den „legal-linguistic or linguistic changes" gehörig und als eine der Änderungen, die keine „major political issues" aufwerfen, siehe Commission Communication on the action taken on opinions and resolutions adopted by Parliament at the December 2010 part-session, A7-0360/2010 / P7_TA-PROV(2010)0477, S. 3.
86 So auch *Pfütze,* ZEUS 2011, 35, 54; *Oudin,* RJPF 2011, H. 3, Umdruck S. 5/18. Insofern ist erklärlich, warum es in den Pressemitteilungen zur 3018. und 3051. Tagung des Rates Justiz und Inneres, 3.– 4.6.2012, 10630/1/10 und 2.–3.12.2010, 16918/10 zur Verordnung heißt: „sie verringert die Belastungen für Kinder bei internationalen Scheidungsstreitigkeiten" (beide S. 17).
87 Erwägungsgründe 16–19, siehe die Zitate im Folgenden.
88 EuGH v. 19.11.1998 – Rs. C-162/97 *Nilsson u.a.,* Slg 1998, I-7477 Rn 54, nach *Stotz,* in: Riesenhuber (Hrsg.), Europäische Methodenlehre, 2006, § 22, Rn 19.
89 *Stotz,* in: Riesenhuber (Hrsg.), Europäische Methodenlehre, 2006, § 22, Rn 19.
90 AA *Franzina,* CDT 3 (2011), 85, 104 Rn 34.
91 Zur beschränkten Rechtswahl als Regelungsmodell zum Schutz Schwächerer *Rühl,* in: FS v. Hoffmann, 2011, S. 364, 369 f.

"verlieren" pflegt.[92] Schützend wirkt auch die Überlagerung oder Ersetzung des gewählten Rechts nach Art. 10 und Art. 12.[93] Schützend wirken ferner die Formvorschriften des Art. 7 – die unionsrechtlichen des Abs. 1 und etwaige mitgliedstaatliche über Abs. 2-4. Schützend wirkt schließlich gegebenenfalls das über Art. 6 anwendbare gewählte Recht über seine Normen zu Willensmängeln, Gesetzes- und Sittenwidrigkeit.[94] Die Verordnung hat im Hinblick auf wirksame Schutzmechanismen vor allem zwei Achillesfersen: Zum einen die Frage nach der Information der Ehegatten vor Abschluss der Rechtswahlvereinbarung (II.), zum anderen die Inhaltskontrolle des gewählten Rechts (III.).

16 **2. Insbesondere: Informierter Konsens. a) Ziele der Verordnung.** Der Verordnung schwebt ein **informierter Konsens** der Ehegatten vor (Erwägungsgründe 17, 18).[95] Sie erinnert daran, wie wichtig für die Ehegatten vor der Rechtswahl die Information über die materiellen und prozessualen rechtlichen Aspekte der Ehescheidung ist. Die Rechtswahlvereinbarung muss „in voller Sachkenntnis" (Erwägungsgrund 18 S. 1), in Kenntnis der „rechtlichen und sozialen Folgen der Rechtswahl" (Erwägungsgrund 18 S. 2), „in voller Kenntnis der Rechtsfolgen" (Erwägungsgrund 18 S. 4) geschlossen werden. Was „soziale" Folgen einer Rechtswahl sein könnten, bleibt unklar.[96] So dringlich diese etwas redundanten Erwägungsgründe klingen mögen,[97] so wenig zieht die Verordnung daraus Folgerungen:

17 **b) Internetseite des EJN.** Die Verordnung verweist die Ehegatten auf das Informationsangebot der Internetseite des EJN (Europäischen Justiziellen Netzes für Zivil- und Handelssachen)[98] (Erwägungsgrund 17). Dies war für das Europäische Parlament, als es Vorläufer der betreffenden Erwägungsgründe erstmals vorschlug, das Mittel der Wahl zur Gewährleistung eines informierten Konsenses.[99] Dem Ausbau derartiger Informationsangebote sollen die in Art. 17 Abs. 1 vorgeschriebenen Mitteilungen der Mitgliedstaaten über die von ihnen im Rahmen von Art. 5 Abs. 3 und Art. 7 Abs. 2–4 vorgesehenen Regelungen dienen. Dem Informationsweg Internet ist zugute zu halten, dass er dem vom Europäischen Parlament aufgestellten Anspruch entgegenkommt, dass Ehegatten unabhängig von ihren finanziellen Ressourcen Informationen finden.[100] Jedoch ist *in praxi* das Internetangebot unvollständig, nicht aktuell, unübersichtlich und ohnehin trotz einfacher Sprache für Laien kaum umfassend verständlich.[101] Außerdem bezieht es sich nur auf die Rechtsordnungen der Mitgliedstaaten. Die Vorstellung, nicht juristisch ausgebildete Ehegatten könnten sich typischerweise ohne Anleitung und Beratung mit den auf der Internetseite zur Verfügung gestellten Informationen in verschiedene für sie in Betracht kommende materielle Scheidungsrechte der Mitgliedstaaten einlesen und auf dieser Basis eine wohlbegründete Entscheidung treffen, ist unrealistisch.[102]

18 **c) Pflichten des Richters?** Ferner weisen die Erwägungsgründe darauf hin, dass die „ Richter in den teilnehmenden Mitgliedstaaten … wissen [sollten], dass es darauf ankommt, dass die Ehegatten ihre Rechtswahlvereinbarung in voller Kenntnis der Rechtsfolgen schließen" (Erwägungsgrund 18 S. 4). Noch dringli-

---

92 Siehe in diesem Sinne beispielsweise Kommission, Information IP/10/347 v. 24.3.2010, S. 2.
93 Zur überlagerten Rechtswahl als Regelungsmodell zum Schutz Schwächerer *Rühl*, in: FS v. Hoffmann, 2011, S. 364, 368 f.
94 Ähnlich für den Schutz Schwächerer bei der nachträglichen Rechtswahl Art. 14 Abs. 1 S. 1 lit. a Rom II–VO Rauscher/*Jakob/Picht*, EuZPR/EuIPR, Art. 14 Rom II–VO Rn 14.
95 Nicht nur der Verordnung – siehe *Andrae*, FPR 2010, 505, 506 mwN sowie *Kohler*, FamRZ 2008, 1673, 1679.
96 Auch andere Sprachfassungen erhellen dies nicht (en. „legal and social implications", fr. „les conséquences juridiques et sociales", sp. „las consecuencias jurídicas y sociales", it. „le conseguenze giuridiche e sociali", schw. „de rättsliga och sociala följderna"). Auch die Ausführungen des EP, Bericht über den Vorschlag KOM (2006) 399 endg., 19.9.2008, A6-0361-2008, S. 7, mit denen diese Formulierung erstmals Eingang in die Erwägungsgründe gefunden haben dürfte, bleiben unerquicklich.
97 Vgl *Revillard*, Defrenois 2011, 39208, Umdruck S. 5/8: „Le choix éclairé des deux conjoints est un principe essentiel du règlement."
98 <http://ec.europa.eu/civiljustice/index_de.htm>. Die Unterseite „Anwendbares Recht" wurde am 4.11.2009 zuletzt aktualisiert (Stand: 5.2.2013). Auf der benachbarten Seite des „Europäischen Gerichtsatlas für Zivilsachen" wird nicht auf Rom III hingewiesen, im Bereich Familienrecht werden nur die EuUntVO und Brüssel IIa erwähnt (http://ec.europa.eu/justice_home/judicialatlascivil/html/index_de.htm, Stand: 5.2.2013). Das Europäische Justizportal (https://e-justice.europa.eu/home.do?action=home&plang=de) führt sodann über einige Links zurück zu Seiten des Europäischen Justiziellen Netzes über das materielle Scheidungsrecht der Mitgliedstaaten, das überwiegend mehrere Jahre alt ist (zB Deutschland zuletzt aktualisiert April 2006, Malta zuletzt aktualisiert August 2006). Krit. auch *Boele-Woelki*, Yb. P.I.L. 12 (2010), 1, 17.
99 EP, Bericht über den Vorschlag KOM (2006) 399 endg., 19.9.2008, A6-0361-2008, S. 20.
100 EP, Bericht über den Vorschlag KOM (2006) 399 endg., 19.9.2008, A6-0361-2008, S. 20.
101 Ähnlich *Boele-Woelki*, Yb. P.I.L. 12 (2010), 1, 17 und *Devers/Farge*, Sem Jur 2012, 778, Rn 16. Zur mangelnden Aktualität vgl nur Boiché, AJ Famille 2012, 370, Umdruck S. 4/10, der darauf hinweist, dass die französischen Informationen seit 2004 nicht aktualisiert wurden und so dem wichtigen Reformgesetz vom 26.5.2004 noch nicht Rechnung tragen(!).
102 Auch wenn es einfacher sein dürfte, sich über Scheidungsvoraussetzungen zu informieren als über Unterhaltsrecht; insoweit ist *Helms*, FS Pintens 2012, Bd. 1, S. 681, 693 zuzustimmen.

cher klingt dies in der Begründung des EP für die Einfügung eines Vorgängers dieses Erwägungsgrundes: „Alle öffentlichen Stellen müssen sich davon vergewissern, dass sich die beiden Ehegatten der Auswirkungen ihrer Vereinbarung bewusst sind"[103] und in den Worten der Berichterstatterin *Gebhard:* „Wir verlangen, dass die Richter prüfen, dass die Partner auch wirklich wissen, welche Konsequenzen diese Wahl hat".[104] Im heutigen Normtext findet dies keinen Niederschlag, der Richter wird an keiner Stelle zu einer unionsrechtlichen Prüfung des informierten Konsenses aufgefordert oder ermächtigt. Es bleibt bei den Formerfordernissen des Art. 7 Abs. 1 (Schriftform oder elektronische Übermittlung, Unterzeichnung, Datierung) und der Möglichkeit strengerer Form in den Mitgliedstaaten nach Art. 7 Abs. 2-4 (siehe Erwägungsgrund 19). Die Bundesregierung kommt mit Recht zu dem Ergebnis, dass aus Erwägungsgrund 18 daraus **keine richterliche Verhaltenspflicht** folgt.[105] Auf eine Durchführungsnorm wurde folgerichtig verzichtet.[106] Dem Appell des Erwägungsgrund 18, so der Gesetzesentwurf, kann der Richter im Rahmen seiner Prozessleitung und eingeschränkten Amtsermittlung Genüge tun.[107] Das funktioniert freilich nur bei im Laufe des Verfahrens geschlossenen Rechtswahlvereinbarungen und kann nicht gewährleisten, dass eine vorher geschlossene Rechtswahlvereinbarung informiert und in voller Kenntnis der Rechtsfolgen geschlossen wurde.

d) Bilanz. Mit diesen Vorgaben der Verordnung ist der von den Erwägungsgründen gewünschte – und 19 wünschenswerte – Grad an Information nicht zu erreichen.[108] Eine eigenständige Wirksamkeitsvoraussetzung „informierter Konsens" o.ä. ist der VO nicht zu entnehmen.[109]

3. Insbesondere: Inhaltskontrolle. a) Keine besonderen inhaltlichen Anforderungen oder Einrichtung einer Inhaltskontrolle. Inhaltliche Anforderungen an das gewählte Recht konstituiert die Verordnung nicht,[110] eine unionsrechtliche Inhaltskontrolle sieht sie nicht vor.[111] Einen Anknüpfungspunkt wie die Formulierung von der „frei ausgehandelten Vereinbarung" in Art. 14 Abs. 1 S. 1 lit. b Rom II-VO enthält Rom III nicht.[112] Freilich wird über Art. 12 der *ordre public* des Forumstaates allgemein und über Art. 10 die Möglichkeit der Scheidung als solche geschützt; Art. 12 ist auch auf das nach Art. 5 gewählte Recht anwendbar. Darüber hinaus wird ein gewisser Schutz vor willkürlich gewähltem Recht oder bewusst ganz besonders scheidungsfreundlichem oder scheidungsfeindlichem Recht dadurch gewährleistet, dass nach Art. 5 Abs. 1 eben nur solche Rechtsordnungen wählbar sind, zu denen aus Sicht der Verordnung ein „enger Bezug" (Erwägungsgrund 14) besteht.[113] 20

b) Keine Sonderregelung für Eingriffsnormen. Die Rom III-VO enthält keine Regelung zur Anwendung von Eingriffsnormen eines anderen als dem durch Artt. 5, 8 bestimmten Recht, wie sie andere parallele Akte vorsehen.[114] Dies mag auf die zunehmende Liberalisierung der Scheidungsrechte der Mitgliedstaaten zurückzuführen sein, die einen Vorbehalt für das Eingreifen von Eingriffsnormen entbehrlich erscheinen lässt.[115] Zur Entbehrlichkeit mag auch die im Ergebnis häufige Anwendbarkeit der *lex fori* beigetragen haben, so dass keine besondere Regel für die Eingriffsnormen des Forums erforderlich war.[116] 21

---

103 So Bericht des EP über den Vorschlag KOM (2006) 399 endg., 19.9.2008, A6-0361-2008, S. 7. Deutlich vager aber wieder die Langbegründung im zweiten Teil des Berichts (aaO S. 20): „Außerdem ist es von wesentlicher Bedeutung, dass sich das befasste Gericht darüber im Klaren ist, wie außerordentlich wichtig es ist, dass die beiden Ehegatten ihre Wahl in voller Sachkenntnis treffen." Ähnlich auch sodann Legislative Entschließung des EP vom 21.10.2008 zu KOM (2006) 399 endg., ABl. C 15 E/128 v. 21.1.2010, wo ein neu einzufügender Erwägungsgrund vorsieht: Es „sollten sich die nationalen Gerichte darüber im Klaren sein, wie wichtig es ist, dass die beiden betroffenen Ehegatten die Wahl in voller Kenntnis der Rechtsfolgen der getroffenen Vereinbarung treffen".
104 Verhandlungen des EP, 20.10.2008, S. 25.
105 BReg, Gesetzentwurf v. 23.7.2012, S. 9. So wohl auch *Gruber,* IPRax 2012, 381, 386. Unklar Schulz/Hauß/*Rieck,* Art. 6 Rom III-VO Rn 3.
106 BReg, Gesetzentwurf v. 23.7.2012, S. 9.
107 BReg, Gesetzentwurf v. 23.7.2012, S. 9. Für die eingeschränkte Amtsermittlung verweist der Entwurf irrig auf § 27 FamFG. Tatsächlich dürfte § 127 Abs. 1 FamFG gemeint sein.
108 So auch *Becker,* NJW 2011, 1543, 1544; *dies.,* ZRP 2010, 233, 234; *Boele-Woelki,* Yb. P.I.L. 12 (2010), 1, 17; ähnl. *Hammje,* RCDIP 2011, 291, Rn 31.
109 Palandt/*Thorn,* Art. 6 Rn 1.
110 Wobei das Bewusstsein für die Notwendigkeit einer Befassung mit der inhaltlichen Kontrolle im Verordnungsgebungsverfahren stets präsent war, siehe etwa *Kohler,* FamRZ 2008, 1673, 1679.
111 Ebenso BReg, Gesetzentwurf v. 23.7.2012, S. 14. AA wohl *Kemper,* FamRBint 2012, 63, 65, der von einem Schutz „vor einer übereilten Entscheidung auf Druck des Partners" durch „gerichtliche Kontrollmöglichkeiten" ausgeht.
112 Hierzu *Pfütze,* ZEUS 2011, 35, 66.
113 So *Coester-Waltjen/Coester,* FS Schurig, 2012, S. 33, 46 und jurisPK-BGB/*Ludwig,* Art. 5 Rn 8.
114 So auch *Pfütze,* ZEUS 2011, 35, 54. Mit *Carrascosa González,* CDT 4 (2012), 52, 64 Rn 37 ist freilich darauf hinzuweisen, dass ohne die drohende Anwendbarkeit von Eingriffsnormen die Rechtssicherheit und Vorhersehbarkeit erheblich gestärkt werden.
115 *Carrascosa González,* CDT 4 (2012), 52, 64 Rn 37.
116 *Franzina,* CDT 3 (2011), 85, 93 Rn 12.

22 **c) Weitere Gefahrenquellen.** Das Fehlen einer unionsrechtlichen Kontrolle erscheint noch besonders problematisch angesichts der eher zurückhaltenden Formvorschrift des Art. 7, die selbst nur die Schriftform (zzgl Unterschrift und Datierung) vorschreibt (Art. 7 Abs. 1) und alles weitere, auch Beratung (durch Notar oder Anwalt), Warnung, Information, in die Regelungskompetenz der Aufenthaltsstaaten stellt (Art. 7 Abs. 2–4).[117] Weiter verschärft wird die potenzielle Gefahr durch den weiten Zeitrahmen – die Vereinbarung ist bereits ganz zu Beginn der Ehe möglich, wenn der Gedanke einer Scheidung noch weit entfernt und das Problembewusstsein gering ist.[118]

23 **d) Keine Parallele zum Unterhaltsrecht.** Die eindringlichen Formulierungen der 17 und 18 hätten es naheliegend erscheinen lassen, die Rechtswahl einer **kombinierten Inhalts- und Informationskontrolle** zu unterziehen, wie sie Art. 15 EuUntVO iVm Art. 8 Abs. 5 HPUnt 2007 vorschreibt.[119] Naheliegend, zumal diese Regelung bei Entstehung der Rom III-VO bekannt und in Kraft war, die Scheidungs- und Unterhaltsrechtswahl in der Praxis häufig kombiniert getroffen werden und Art. 8 Abs. 1 lit. d Alt. 1 HPUnt 2007 sogar zu einer Koppelung einlädt.[120]

24 **e) Der Verweis auf die Grundrechte in Erwägungsgrund 16.** Eine etwas rätselhafte Rolle spielt **Erwägungsgrund 16 S. 2**, der vorsieht, dass das von den Ehegatten gewählte Recht „mit den Grundrechten vereinbar" sein" „muss" „wie sie durch die Verträge und durch die Charta der Grundrechte der Europäischen Union anerkannt werden". *Kohler* sieht – insbesondere mit Erwägungsgrund 16, aber auch mit Blick auf die darauf folgenden Erwägungsgründe – genug Anhaltspunkte, um eine Art gemeinschaftsrechtliche Inhaltskontrolle zu installieren: Die Rechtswahlvereinbarung soll vom nationalen Richter an den allgemeinen Grundsätzen der Union, wozu die Grundrechte zählen, gemessen werden.[121] So wünschenswert dies im Ergebnis wäre, so dünn ist der Boden, auf dem diese Kontrolle steht. Denn Erwägungsgrund 16 wird in der Verordnung selbst nicht aufgegriffen oder „umgesetzt":[122] Im Entwurf vom März 2010 wurde noch in der Rechtswahlvorschrift[123] selbst gefordert, dass gewählte Recht müsse „mit den in den EU-Verträgen und in der Charta der Grundrechte der Europäischen Union verankerten Grundrechten und dem *ordre-public*-Vorbehalt vereinbar" sein.[124] Diese Regelung hatte die Fälle der Wahl drittstaatlichen Rechts im Blick.[125] Nun scheint diese Anforderung in Erwägungsgrund 16 gerutscht zu sein, indes ohne den expliziten Hinweis auf den *ordre public*-Vorbehalt. Die getrennte Erwähnung von Unionsgrundrechten und *ordre public*-Vorbehalt im Entwurf vom März 2010 lässt sich vielleicht übersetzen als Notwendigkeit der Vereinbarkeit „mit dem ordre public communautaire und dem ordre public der lex fori". Somit geht nach hier vertretener Ansicht der Gehalt von Erwägungsgrund 16 S. 2 vollständig im *ordre public*-Vorbehalt des Art. 12 auf. Aus Erwägungsgrund 16 eine Inhaltskontrolle ableiten zu wollen, würde den Erwägungsgrund überstrapazieren.[126] Somit wird der Schutz vor grundrechtswidrigem Inhalt des gewählten Rechts heute allein über den *ordre public*-Vorbehalt des Art. 12 gewährleistet.

25 **f) Bilanz.** Es findet folglich **keine unionsrechtliche Inhaltskontrolle** der Rechtswahlvereinbarung statt.[127] Die unzureichende Regelung der Verordnung zum informierten Konsens und zur Inhaltskontrolle ist bedauerlich.[128] Es ist zu hoffen, dass dem künftig – sei es *de regulatione ferenda*, sei es durch Analogiebildung oder teleologische Extension des EuGH – abgeholfen werden wird.

---

117 Ähnl. *Coester-Waltjen/Coester*, FS Schurig, 2012, S. 33, 45 und auch *Devers/Farge*, Sem Jur 2012, 778, Rn 20. *Franzina*, CDT 3 (2011), 85, 114 Rn 56 indes sieht die Belange des Erwägungsgrundes 18 mit Art. 7 verwirklicht.
118 *Hammje*, RCDIP 2011, 291, Rn 31.
119 „Das von den Parteien bestimmte Recht ist nicht anzuwenden, wenn seine Anwendung für eine der Parteien offensichtlich unbillige oder unangemessene Folgen hätte, es sei denn, dass die Parteien im Zeitpunkt der Rechtswahl umfassend unterrichtet und sich der Folgen ihrer Wahl vollständig bewusst waren." An die umfassende Unterrichtung und das vollständige Bewusstsein werden sehr hohe Anforderungen gestellt – die Partei muss Kenntnis davon gehabt haben, welche Rechtsordnung durch die Rechtswahl ausgeschlossen ist und welche wesentlichen Unterschiede sich für die Unterhaltspflicht bei der Anwendung der einen und der anderen Rechtsordnung ergeben – so und näher Rauscher/*Andrae*, EuZPR/EuIPR, Art. 8 HUntStProt Rn 26.
120 Krit. auch *Boiché*, AJ Famille 2012, 370, Umdruck S. 5/10.
121 *Kohler*, in: FS v. Hoffmann, 2011, S. 208, 217.
122 *Kohler*, in: FS v. Hoffmann, 2011, S. 208, 211 f.
123 Heute Art. 5, dort noch Art. 3.
124 KOM (2010) 105 endg., S. 14. Hervorhebung d. Verf.
125 KOM (2010) 105 endg., S. 8.
126 AA *Péroz*, Sem Jur 2012, 727 sub 2.
127 BReg, Gesetzentwurf v. 23.7.2012, S. 9; so wohl auch *Gruber*, IPRax 2012, 381, 386. So wohl auch das Verständnis in der Stellungnahme des WSA vom 14.7.2010 ABl C44 v. 11.2.2011 S. 167 sub 3.3. AA *Kohler*, in: FS v. Hoffmann 2011, S. 208, 217 und *Pfütze*, ZEuS 2011, 35, 70 ff.
128 Drastisch zur Gefährdungssituation auch *Boiché*, AJ Famille 2012, 370, Umdruck S. 5/10 („[c]'est… faire preuve d'un angélisme totalement déconnecté de la pratique… que de ne pas voir les dangers que recèle la possibilité de désigner ainsi la loi applicable au divorce sans véritable garde-fou").

III. Wählbare Rechtsordnungen (Abs. 1)

1. Einführung. a) Allgemeines. Abs. 1 enthält einen **Katalog**, keine Leiter.[129] Er ist lang[130] und enthält deutlich mehr Wahlmöglichkeiten als irgendeine zuvor bestehende Rechtswahlmöglichkeit in den Mitgliedstaaten (s.o. Rn 2).[131] Der Kreis der wählbaren Rechtsordnungen war im Entwurf vom Juli 2006 noch mit anderen Nuancen geschnitten.[132] Im Entwurf vom März 2010 hatte er dieselbe Form wie heute.[133] „Frucht langer Erörterungen"[134] nimmt der heutige Abs. 1 auf vier Ebenen auf je ein oder mehrere Rechte Bezug, die die Ehegatten wählen können. Ihre Reihung verdanken die Buchstaben des Abs. 1 der abnehmenden Intensität des Bezugs zwischen gewähltem Recht und der Ehe/den Ehegatten.[135] Die Ehegatten können frei wählen und bedürfen für ihre Wahl keines irgendwie gearteten legitimen Interesses.[136]

26

Die Liste wählbarer Rechtsordnungen in Abs. 1 ist **abschließend**. Weitere Rechtsordnungen – etwa das im Entwurf vom Juli 2006 als dritte Möglichkeit angeführte Recht des Staates, in dem die Ehegatten während mindestens fünf Jahren ihren gewöhnlichen Aufenthalt hatten[137] oder das vom Europäischen Parlament vorgeschlagene Recht des Staates, in dem die Ehe geschlossen wurde[138] oder die im Verordnungsgebungsverfahren von anderen Beteiligten diskutierten Anknüpfungspunkte Wohnort der Kinder und enge Verbindung mit einem Mitgliedstaat – konnten sich nicht durchsetzen und können nicht gewählt werden.[139]

27

Die Ehegatten können innerhalb des von Abs. 1 gesteckten Rahmens auch das **Recht eines nicht teilnehmenden Mitgliedstaates oder eines Drittstaates** wählen (Erwägungsgrund 14, Art. 4). Hierfür war schon früh auch von deutscher Seite plädiert worden.[140] Die *ordre public*-Klausel des Art. 12 und ihr Spezialfall in Art. 10 sollen etwaige sich daraus ergebende Probleme lindern.

28

b) Enger Bezug zum gewählten Recht. Dem Verordnungsgeber und sonstigen Beteiligten war es von Anfang an ein großes Anliegen, dass zu dem gewählten Recht ein „objektiv bestehender und nachvollziehbarer" Bezug besteht.[141] Wählbar sollen, in der Formulierung der Erwägungsgründe, nur solche Rechtsordnungen sein, zu denen die Ehegatten „**engen Bezug**" (Erwägungsgrund 14) bzw einen „besonderen Bezug" (Erwägungsgrund 16) haben, oder eben die *lex fori*.[142] Die unterschiedlichen Formulierungen „enger" und „besonderer" Bezug in den Erwägungsgründen 14 und 16 scheinen, obwohl viele andere Sprachfassungen sie ebenso wie im deutschen enthalten,[143] keine besondere Bedeutung zu haben. Der vorherrschende und treffendere Begriff ist sicherlich der vom „engen Bezug", zumal er auch in Erwägungsgrund 21 (für die

29

---

129 Erman/*Hohloch*, Art. 5 Rn 1; Schulz/Hauß/*Rieck*, Art. 5 Rom III-VO, Rn 2.
130 So auch NK-BGB/*Gruber*, Anhang zu Art. 17 EGBGB Rn 9.
131 *Basedow*, FS Pintens 2012, Bd. 1, S. 135, 140.
132 Wählbar sollten gem. Art. 20 a Abs. 1 sein: „(a) das Recht des Staates, in dem die Ehegatten ihren letzten gemeinsamen gewöhnlichen Aufenthalt hatten, sofern einer von beiden dort noch seinen gewöhnlichen Aufenthalt hat, (b) das Recht des Staates, dessen Staatsangehörigkeit beide Ehegatten besitzen, *oder – im Fall des Vereinigten Königreichs und Irlands – in dem sie ihr gemeinsames „domicile" haben*, (c) das Recht des Staates, in dem *die Ehegatten während mindestens fünf Jahren ihren gewöhnlichen Aufenthalt hatten*, (d) das Recht des Mitgliedstaates, in dem der Antrag gestellt wird" (Hervorhebung d. Verf.).
133 KOM (2010) 105 endg., S., 14 f.
134 Erman/*Hohloch*, Art. 5 Rn 4.
135 Erman/*Hohloch*, Art. 5 Rn 1.
136 Erman/*Hohloch*, Art. 5 Rn 1.
137 Art. 20 a Abs. 1 lit. c KOM (2006) 399 endg., S. 17. Krit. *Lardeux*, D. 2008, 795, Umdruck S. 5/12.
138 EP, Bericht über den Vorschlag KOM (2006) 399 endg., 19.9.2008, A6-0361-2008, S. 13. Krit. *Martiny*, FS Spellenberg, 2006, S. 119, 131. *Hammje*, RCDIP 2011, 291, Rn 24 Fn 83 vermutet hinter der Ablehnung dieses Kriteriums die Sorge vor religiös geprägten Rechten. *Nascimbene* berichtet, man bemängele an dem Kriterium, dass nicht notwendigerweise eine besondere Verbindung zwischen den Ehegatten und dem Recht des Eheschließungsorts bestehe (*Nascimbene*, Gerichtliche Zuständigkeit und anwendbares Recht in Ehesachen: Verordnung Rom III? Vermögensrechte verheirateter und unverheirateter Paare: hin zu gemeinschaftlichen Güterstandsnormen, in: EP, Forum zur Justiziellen Zusammenarbeit in Zivilsachen: Aussprache mit den nationalen Parlamenten, 2.12.2008, Sitzung IV, PE 415.241, S. 8 [13]).
139 Siehe die Zusammenfassung der Grünbuchantworten in EPEC, Study to inform a subsequent Impact Assessment on the Commission proposal on jurisdiction and applicable law in divorce matters, Draft final report, April 2006, S. 157. Siehe auch *Martiny*, FS Spellenberg, 2006, S. 119, 131 für den Vorschlag der Europäischen Gruppe für IPR.
140 DAV, Stellungnahme Nr. 43/2005, S. 5 f.
141 So beispielsweise die Formulierung des Bundesrats in seiner Stellungnahme zum Grünbuch (BR-Drucks. 214/1/05, S. 4); so auch die Zusammenfassung der Grünbuchantworten in EPEC, Study to inform a subsequent Impact Assessment on the Commission proposal on jurisdiction and applicable law in divorce matters, Draft final report, April 2006, S. 156 f.
142 Für eine Betrachtung der Wählbarkeit verbundenen Rechts in verschiedenen Instrumenten siehe *Rühl*, in: FS Kropholler 2008, S. 187, 192 f.
143 Dä. „tæt tilknytning", „særlig tilknytning", schw. „nära anknytning", „särskild anknytning", en. „close connection", „special connection", fr. „des liens étroits", „des liens particuliers", it. „legami stretti", „legame particolare", sp. „vínculos estrechos", „vinculación especial", port. „conexão estreita", „especial conexão".

objektive Anknüpfung) zweifach wieder herangezogen wird.[144] Durch diesen Bezug ist eine Begünstigung der zwingenden inländischen Regelungen bei fehlenden Auslandsbeziehungen, wie sie Art. 3 Abs. 3 Rom I-VO und Art. 14 Abs. 2 Rom II-VO vorsehen, in der Rom III-VO nicht vonnöten.[145]

30 Der „enge Bezug" wird zwar in den Erwägungsgründen gefordert, aber besonders hohe Anforderungen werden von Art. 5 nicht gestellt.[146] Insbesondere kann es ein rein **einseitiger Bezug** sein. So kann es etwa liegen, wenn beispielsweise das Recht der Staatsangehörigkeit nur eines Ehegatten gewählt wird (lit. c) oder wenn die *lex fori* gewählt wird und sich die gerichtliche Zuständigkeit aus dem gewöhnlichen Aufenthalt des Antragsgegners ergibt (Art. 5 Abs. 1 lit. d Rom III-VO, Art. 3 Abs. 1 lit. a 3. Spiegelstr. EheVO 2003). Und in Abs. 1 lit. b ist möglich – wenn auch wahrscheinlich selten –, dass der weggezogene Ehegatte die Bindungen zum früheren Aufenthaltsort schon gründlich und endgültig gekappt hat. Folglich besteht tatsächlich nur bei Abs. 1 lit. a notwendigerweise ein aktueller starker Bezug beider Ehegatten zum anwendbaren Recht.[147] Diese nur einseitige Verbundenheit zum gewählten Recht erscheint dann besonders problematisch, wenn eine etwaige Ausnutzung der Schwäche der anderen Seite im Raum steht.[148]

31 Der in den in Abs. 1 lit. a bis lit. c verkörperte **Bezug** muss **im Zeitpunkt der Rechtswahl** vorliegen.[149] Damit sollte jedoch nicht ausgeschlossen werden, dass eine Rechtswahl vor dem Vorliegen der Rechtswahlvoraussetzungen getroffen wird. Sie ist dann aufschiebend bedingt und wird mit Eintritt der Voraussetzungen wirksam.[150] Ein Beispiel dafür ist die vor Eheschließung getroffene Rechtswahl (siehe Rn 51). Ein weiteres Beispiel ist die vorherige Wahl der *lex fori*, vor allem durch die Wahl „des Rechts des Staates X", wenn sich Staat X später als Forum erweist (siehe Rn 49. Auch in anderen Fällen kann Bedarf für eine solche Rechtswahl bestehen: Schließen beispielsweise die Ehegatten bei Eheschließung eine Scheidungsrechtswahlvereinbarung mit Blick darauf, dass sie in Kürze nach Frankreich ziehen – beide Ehegatten haben dort bereits Arbeit gefunden, eine Wohnung ist gekauft, der Umzug ist geplant und steht unmittelbar bevor – und wählen sie französisches Recht als Scheidungsstatut, so sollte diese Vereinbarung aus praktischen Gründen schon möglich sein, bevor die Ehegatten in Frankreich physisch präsent sind und so dort gewöhnlichen Aufenthalt begründen können.

32 Der enge Bezug muss nur bei Abschluss der Rechtswahlvereinbarung bestehen, sein **späterer Wegfall** (etwa durch Wechsel der Staatsangehörigkeit oder des gewöhnlichen Aufenthalts) **schadet nicht**.[151] Der Bezug mag sich im Zeitpunkt des Scheidungsverfahrens stark abgeschwächt haben oder gar ganz verloren gegangen sein (etwa wenn die Ehegatten ihren damaligen gemeinsamen gewöhnlichen Aufenthalt vor zehn, fünfzehn oder mehr Jahren aufgegeben haben und seitdem kein Bezug mehr zu diesem Staat besteht). Für die Wirksamkeit der Rechtswahlvereinbarung ist dies aus Verordnungsperspektive irrelevant. Eine Anpassung an veränderte Umstände findet, wenn die Ehegatten die Vereinbarung nicht selbst abändern, nicht statt.[152] Auch eine Anpassung an veränderte Umstände nach mitgliedstaatlichem Schuldrecht ist nicht möglich, denn Art. 6 verweist nur für die Kontrolle im Zeitpunkt des Vertragsschlusses an die Mitgliedstaaten. Gerade angesichts der zunehmenden Mobilität innerhalb der Europäischen Union erscheint dies nicht unproblematisch. So wird es möglich, dass ein Ehegatte noch viele Lebensetappen später an einem mittlerweile sehr unpassend und entfernt erscheinenden Recht festgehalten wird, sofern der andere Ehegatte, etwa

---

144 Auch in den eben genannten Sprachfassungen.
145 Mangels gemeinschaftsrechtlicher Regelung der Scheidung ist auch keine zu Art. 3 Abs. 4 Rom I-VO und Art. 14 Abs. 3 Rom II-VO parallele Regelung sinnvoll.
146 Im Entwurf von 2006 war die „enge Verbindung" noch deutlicher ausgeprägt – statt der heutigen lit. c war in lit. b nur das Recht der gemeinsamen Staatsangehörigkeit der Ehegatten wählbar, lit. c gestattete die Wahl des Recht des Staates, in dem die Ehegatten während mindestens fünf Jahren ihren gewöhnlichen Aufenthalt hatten – KOM (2006) 399 endg., S. 17.
147 *Hammje*, RCDIP 2011, 291, Rn 24.
148 *Coester-Waltjen/Coester*, FS Schurig, 2012, S. 33, 38.
149 Der Entwurf vom Juli 2006 enthielt noch keinen Hinweis auf den relevanten Zeitpunkt (vgl Art. 20 a in KOM (2006) 399 endg., S. 17), der Entwurf vom März 2010 legte den relevanten Zeitpunkt bereits wie heute fest (Art. 3 in vgl KOM (2010) 105 endg., S. 14 f). Auch im Unterhaltsrecht ist der relevante Zeitpunkt der der Rechtswahl, siehe Rauscher/*Andrae*, EuZPR/EuIPR, Art. 8 HUntStProt Rn 7.
150 So für (Art. 17 Abs. 1 S. 1 aF iVm) Art. 14 EGBGB Staudinger/*Mankowski*, *Art*. 14 EGBGB Rn 151. AA NK-BGB/*Gruber*, Anhang zu Art. 17 EGBGB Rn 10 (für lit. a und lit. b); jurisPK-BGB/*Ludwig*, Art. 5 Rn 3 (für Hs 1), die die Rechtswahl für unzulässig halten, wenn die Voraussetzungen von lit. a–c nicht im Zeitpunkt der Rechtswahl vorliegen.
151 *Hammje*, RCDIP 2011, 291, Rn 28 beklagt, dass hier die subjektive und objektive Anknüpfung auseinanderdriften, ist doch für den engen Bezug bei der Rechtswahl der Zeitpunkt der Vereinbarung und bei der objektiven Anknüpfung der der Anrufung des Gerichts maßgeblich.
152 Krit. *Boele-Woelki*, Yb. P.I.L. 12 (2010), 1, 16.

wegen der allgemeinen Verschlechterung ihrer Beziehungen, nicht mehr zu einer Änderung bereit ist.[153] Es kann auch problematisch werden, wenn sich das gewählte materielle Recht durch Gesetzesänderungen inhaltlich wandelt.[154] Die Beratungspraxis wird daher dazu neigen, eine eher späte Rechtswahl zu empfehlen; dies wiederum ist angesichts der fehlenden Konsensfähigkeit der Ehegatten im späten Stadium der Ehe geeignet, die Häufigkeit von Rechtswahlvereinbarungen zu drosseln. Eine moderate Anpassungsmöglichkeit hätte hier wohlgetan.

c) Parallelen zu benachbarten Rechtsakten. Mit dem Katalog des Abs. 1 wird kein Gleichlauf mit benachbarten Akten des EuIPR (iwS) oder dem EuZPR erstrebt oder erreicht. Insbesondere besteht **Parallelität mit dem** (etwaigen künftigen) Güterrecht und dem **Unterhaltsrecht** nur in Ansätzen.[155] Für das Güterrecht sind gemäß Art. 16 EuEheGüRVO-E wählbar (1.) das Recht des Staates des gemeinsamen gewöhnlichen Aufenthalts (wie in Art. 5 Abs. 1 lit. a), (2.) das Recht des Staates des gewöhnlichen Aufenthalts nur eines Ehegatten (ohne Entsprechung in der Rom III-VO) sowie (3.) das Recht des Staates, dessen Staatsangehörigkeit einer der Ehegatten zum Zeitpunkt der Rechtswahl besitzt (wie in Art. 5 Abs. 1 lit. c).[156] Für das Unterhaltsrecht sind gemäß Art. 15 EuUntVO iVm Art. 8 Abs. 1 HPUnt 2007 wählbar (1.) das Recht des Staates, dessen Staatsangehörigkeit einer der Ehegatten zum Zeitpunkt der Rechtswahl besitzt (wie in Art. 5 Abs. 1 lit. c), (2.) das Recht des Staates des gewöhnlichen Aufenthalts nur eines Ehegatten (ohne Entsprechung in der Rom III-VO, aber wie in der EuEheGüRVO-E), 3) das Recht, das die Parteien als das auf ihren Güterstand anzuwendende Recht bestimmt haben, oder das tatsächlich darauf angewandte Recht sowie (4.) das Recht, das die Parteien als das auf ihre Ehescheidung oder Trennung ohne Auflösung der Ehe anzuwendende Recht bestimmt haben, oder das tatsächlich auf diese Ehescheidung oder Trennung angewandte Recht.[157]

2. Gewöhnlicher Aufenthalt beider bei Rechtswahl (Abs. 1 lit. a). a) Allgemeines. Bei der Erhebung möglicher aufenthaltsbezogener Anknüpfungspunkte in der vorbereitenden Studie zeigte sich eine bunte Vielfalt: Diskutiert wurden (i.) der längste gemeinsame Wohnort während der Ehe, (ii.) der letzte gemeinsame Wohnort während der Ehe, (iii.) jeder aktuelle oder frühere Aufenthalt, (iv.) der gemeinsame aktuelle gewöhnliche Aufenthalt, (v.) der gemeinsame frühere gewöhnliche Aufenthalt, wenn einer der Ehegatten noch dort wohnt, (vi.) das Zentrum des Familienlebens und schließlich (vii.) wo die Kinder leben.[158] Durchgesetzt haben sich wenig überraschend die heutigen lit. a und lit. b. Die Ehegatten können gemäß Abs. 1 lit. a das Recht des Staates wählen, in dem **die Ehegatten zum Zeitpunkt der Rechtswahl ihren gewöhnlichen Aufenthalt** haben. Die Norm lehnt sich an Art. 3 Abs. 1 lit. a Spiegelstr. 1 EheVO 2003 an.[159]

Es ist **kein eheliches Zusammenleben** oder Leben an einem Ort für lit. a (oder lit. b) erforderlich, es genügt, dass die Ehegatten in demselben Mitgliedstaat getrennt leben.[160] In diesem Sinne wird „*gemeinsamer* gewöhnlicher Aufenthalt" hier und im Folgenden verwendet.

Das **Sekundärrecht konkretisiert** wie bislang **den Begriff des gewöhnlichen Aufenthalts** (der physischen privaten Person) **nicht**. Ein Vorschlag des Europäischen Parlaments, ihn ansatzweise zu definieren

---

153 *Hammje*, RCDIP 2011, 291, Rn 28, ähnl. *Revillard/Crône*, Defrenois 2012, 40522, Rn 19. Man stelle sich vor, dass sich der gewöhnliche Aufenthalt bei Eheschließung, den die Ehegatten nach Art. 5 Abs. 1 lit. a als Anknüpfungspunkt gewählt hatten, durch einen beruflichen Wechsel ein Jahr nach Eheschließung geändert hat und nun die Ehegatten seit zwanzig Jahren zu diesem Land keinerlei Bezug mehr haben.
154 *Franzina*, CDT 3 (2011), 85, 110 f Rn 47 plädiert für die Aufnahme einer Beendigungsklausel in die Vereinbarung für derartige Fälle.
155 Für das Unterhaltsrecht: *Boiché*, AJ Famille 2012, 370, Umdruck S. 3/10.
156 KOM (2011) 126 endg., S. 23.
157 Das Unterhaltsprotokoll erlaubt die Koppelung an das Güterrechts- oder Scheidungsstatut, während den beiden genuin unionsrechtlichen Akten eine solche Koppelung fremd ist.
158 Zusammenfassung der Grünbuchantworten in EPEC, Study to inform a subsequent Impact Assessment on the Commission proposal on jurisdiction and applicable law in divorce matters, Draft final report, April 2006, S. 157.
159 Obschon dort der gewöhnliche Aufenthalt in einem Mitgliedstaat liegen muss; dies gilt freilich für die Rom III-VO nicht (Art. 4, Erwägungsgrund 14).
160 *Helms*, FamRZ 2011, 1765, 1767; Erman/*Hohloch*, Art. 5 Rn 4; jurisPK-BGB/*Ludwig*, Art. 5 Rn 9; *Oudin*, RJPF 2011, H. 3, Umdruck S. 7/18; so wohl auch NK-BGB/*Gruber*, Anhang zu Art. 17 EGBGB Rn 10. So schon für Art. 3 EheVO 2003: Geimer/Schütze/*Geimer*, EuZVR, Art. 3 VO (EG) Nr. 2201/2003, Rn 18 und MüKo-ZPO/*Gottwald*, Art. 3 EheGVO Rn 7.

und in den Erwägungsgründen anerkannte Auslegungsregeln niederzulegen, blieb ohne Erfolg.[161] Dies ist umso bedauerlicher, als es für lit. a und lit. b unmittelbar von der Auslegung des Begriffs des gewöhnlichen Aufenthalts abhängt, inwieweit wirklich ein enger Bezug zwischen den Ehegatten/der Ehe und dem anwendbaren Recht besteht.[162]

37 **b) Auslegung vor dem Hintergrund anderer Akte des EuIPR/EuZPR.** Stark umstritten ist und angesichts der Vielzahl von neuen europäischen Rechtsakten immer relevanter wird die Frage, ob der Begriff in allen Akten des EuIPR und/oder des EuZPR oder in mehreren davon (etwa dem **europäischen Familienrecht**) einer **parallelen Auslegung** zuzuführen ist oder ob nach größeren systematischen Einheiten oder sogar nach der jeweils geregelten Situation zu differenzieren ist.[163] Je ubiquitärer der Begriff des gewöhnlichen Aufenthalts in der jüngeren Gesetzgebungshistorie eingesetzt wird, desto heterogener werden die betroffenen Materien und desto naheliegender ist es, in den einzelnen Regelungen zu differenzieren.[164] Der EuGH hat kürzlich für den gewöhnlichen Aufenthalt des Kindes im EuZPR festgestellt, dass seine Rechtsprechung zum Begriff des gewöhnlichen Aufenthalts in anderen Bereichen des Unionsrechts der Europäischen Union[165] nicht unmittelbar auf die Feststellung des gewöhnlichen Aufenthalts von Kindern iSv Art. 8 EheVO 2003 übertragen werden kann.[166] Dabei betonte der EuGH, dass es (für den gewöhnlichen Aufenthalt des Kindes, Art. 8 Abs. 1 EheVO 2003) auf alle tatsächlichen Umstände des Einzelfalls ankommt.[167] In ähnlicher Weise ergeben sich hier in der Rom III-VO – für Ehegatten im Vergleich zu anderen Personen(gruppen) des EuIPR/EuZPR und für das anwendbare Recht im Vergleich zur internationalen Zuständigkeit – gewisse Besonderheiten in den Verästelungen des Begriffs des gewöhnlichen Aufenthalts. Die Situation von Erwachsenen ist in gewissen Punkten anders als die von Kindern: Erwachsene fügen sich weniger schnell in ihre unmittelbare Umwelt, sind besser in der Lage, soziale Kontakte über lange Zeit auch über die Distanz aufrecht zu erhalten und verfolgen oft eigenständige langfristige Pläne hinsichtlich ihrer beruflichen und persönlichen Zukunft.[168] Die Situation eines Ehegatten ist nie von der des anderen „abgeleitet", der gewöhnliche Aufenthalt ist für beide selbstständig festzustellen.[169]

38 Obwohl im Ausgangspunkt sicherlich von einer parallelen Auslegung des Begriffs des gewöhnlichen Aufenthalts in der Rom III-VO und der EheVO 2003 (zumindest ihres Kapitels II Abschnitt 1) auszugehen ist,[170] muss die Auslegung des Begriffs des gewöhnlichen Aufenthalts in der **Rom III-VO und EheVO 2003 nicht notwendigerweise im Gleichlauf** erfolgen.[171] Dies demonstriert *Helms'* Beispiel: Zieht ein deutsches Ehepaar aus beruflichen Gründen für einige Jahre nach Frankreich mit dem festen Willen, nach Deutschland zurückzukehren, so wird man nach einiger Zeit neben dem deutschen (Art. 3 Abs. 1 lit. b EheVO 2003) einen französischen Gerichtsstand (Art. 3 Abs. 1 lit. a Spiegelstr. 1 EheVO 2003) sicherlich bejahen, wird aber wohl durchaus zögern, hier ohne Weiteres (Intensität der Integration im konkreten Fall) französisches Scheidungsrecht (Art. 8 lit. a Rom III-VO) anzuwenden.[172] Notwendig wird ein Auseinander-

---

161 Siehe den Vorschlag für einen Art. 2 Nr. 11 a („‚gewöhnlicher Aufenthaltsort' [bezeichnet] den üblichen Aufenthaltsort einer Person") und den Vorschlag für Erwägungsgrund 7Aneu: „Der Begriff ‚gewöhnlicher Aufenthalt' ist gemäß den Zielen dieser Verordnung auszulegen. Seine Bedeutung sollte vom Gericht von Fall zu Fall aufgrund der tatsächlichen Umstände bestimmt werden. Dieser Begriff ist nicht gleichzusetzen mit einem Konzept nach nationalem Recht, sondern hat eine eigenständige Bedeutung im Gemeinschaftsrecht." – EP, Bericht über den Vorschlag KOM (2006) 399 endg., 19.9.2008, A6-0361-2008, S. 7 f sowie Legislative Entschließung des EP vom 21.10.2008 zu KOM (2006) 399 endg., ABl. C 15 E/128 v. 21.1.2010, S. 129 f.
162 *Hammje*, RCDIP 2011, 291, Rn 25. Auch die BRAK, Stellungnahme zu KOM (2010) 105 endg., Nr. 31/2010, S. 4, beklagt die fehlende Definition.
163 Überblick bei *Helms*, FS Pintens 2012, Bd. 1, S. 681, 687 ff; siehe auch Rauscher/*Andrae*, EuZPR/EuIPR, Art. 3 EGUntVO Rn 25, 27.
164 So zu Recht *Helms*, FS Pintens 2012, Bd. 1, S. 681, 688. Für eine Auslegung an jeder Stelle nach der jeweiligen Regelung jurisPK-BGB/*Ludwig*, Art. 5 Rn 9.
165 So etwa EuGH v. 15.9.1994, C-452/93 P, Slg 1994, I-4295, Rn 22 – Magdalena Fernández/Kommission; EuGH v. 11.11.2004, C-372/02, Slg 2004, I-10761,

Rn 37 – Adanez-Vega; EuGH v. 17.7.2008, C-66/08 – Kozlowski.
166 EuGH v. 2.4.2009, Rs. C-523/07, Slg 2009 I 2805, FamRZ 2009, 843 = IPRax 2011, 76, Rn 36.
167 EuGH v. 2.4.2009, Rs. C-523/07, Slg 2009 I 2805, FamRZ 2009, 843 = IPRax 2011, 76, Rn 37; EuGH v. 22.12.2010, C-497/10, FamRZ 2011, 617 = IPRax 2012, 340, Rn 47, siehe auch *Franzina*, CDT 3 (2011), 85, 96 Rn 18. Hingegen möchte Erman/*Hohloch*, Art. 5 Rn 4 noch stärker von einer Grundregel ausgehen (6monatiger freiwilliger Aufenthalt iSv Lebensmittelpunkt).
168 So auch *Helms*, FamRZ 2011, 1765, 1770.
169 Erman/*Hohloch*, Art. 5 Rn 4.
170 *Boiché*, AJ Famille 2012, 370, Umdruck S. 6/10; *Hammje*, RCDIP 2011, 291, Rn 25; Palandt/*Thorn*, Art. 5 Rn 3. So auch Staudinger/*Spellenberg*, Art. 3 EheGVO Rn 43 (Begriffe sollten weitgehend gleich verstanden werden). In ähnlicher Weise legt Rauscher/*Andrae*, EuZPR/EuIPR, Art. 8 HUntStProt Rn 9 sowie Art. 3 EGUntVO Rn 24 den Begriff des gewöhnlichen Aufenthalts in Art. 3 EuUntVO und Art. 8 HPUnt 2007 parallel aus.
171 AA *Kemper*, FamRBint 2012, 63, 65.
172 *Helms*, FS Pintens 2012, Bd. 1, S. 681, 689; *ders.*, FamRZ 2011, 1765, 1769 f. Wohl zust. jurisPK-BGB/*Ludwig*, Art. 5 Rn 10.

fallen des Begriffs des gewöhnlichen Aufenthalts in Rom III und der EheVO 2003 auch dann, wenn man in der EheVO 2003 – was in Art. 8 nicht sinnvoll möglich wäre – mehrere gewöhnliche Aufenthalte zulässt.[173] Die Rom III-VO lässt eine solche divergierende Auslegung zu. Erwägungsgrund 10 Abs. 1 S. 1 statuiert zwar, dass „die Bestimmungen dieser Verordnung ... mit der Verordnung (EG) Nr. 2201/2003 im Einklang stehen" sollten, eine stets identische Auslegung wird damit aber nicht intendiert:[174] Die Auslegungen können im Detail je nach Inhalt und Funktion der Gerichtsstandsnorm einerseits, der Kollisionsnormen andererseits variieren und trotzdem „im Einklang stehen" – bzw, wie andere Sprachfassungen nahelegen „übereinstimmen"[175] oder „kohärent sein".[176]

Der Begriff des gewöhnlichen Aufenthalts ist grundsätzlich in Art. 5 Abs. 1 lit. a, lit. b, Art. 8 lit. a, lit. b **39**
sowie Art. 6 Abs. 2 und Art. 7 Abs. 2–4 in gleicher Weise auszulegen. Indes ist auch zwischen **Art. 5 und Art. 8** theoretisch ein **Auseinanderfallen** der Begriffe des gewöhnlichen Aufenthalts denkbar. So kann es sich auf die Auslegung auswirken, dass in Art. 8 die Reichweite des Begriffs des gewöhnlichen Aufenthalts unmittelbar die Relevanz der nachfolgenden Anknüpfungskriterien mitbestimmt, während es im Fall von Art. 5 nur um die Reichweite einer Wahlmöglichkeit im Kreise anderer parallel bestehender Möglichkeiten geht, die von der Auslegung des Begriffs des gewöhnlichen Aufenthalts nicht negativ oder positiv betroffen werden. Unterschiedlich kann die Begriffsauslegung auch bei der Frage nach mehreren gewöhnlichen Aufenthalten ausfallen:[177] In Art. 8 sind sie nicht möglich (es können nicht zwei Rechte kumulativ angewandt werden),[178] in Art. 5 kann die Bejahung mehrerer gewöhnlicher Aufenthalte – wenn man die Möglichkeit überhaupt gewähren möchte[179] – Sinn ergeben, vor allem wenn man dadurch zu einer Erweiterung der Wahlmöglichkeiten gelangen möchte.

c) Annäherungen an den Begriff des gewöhnlichen Aufenthalts. Einig ist man sich, dass der Begriff **40**
autonom auszulegen ist.[180] Dies folgt nach ständiger Rechtsprechung des EuGH aus den Erfordernissen sowohl der einheitlichen Anwendung des Gemeinschaftsrechts als auch des Gleichheitssatzes.[181] Nach ständiger Rechtsprechung des EuGH muss die autonome Auslegung unter Berücksichtigung des Kontextes der Vorschrift und des mit der fraglichen Regelung verfolgten Ziels vorgenommen werden.[182] Aus der Verwendung des Adjektivs „gewöhnlich", so der EuGH, kann lediglich geschlossen werden, dass der Aufenthalt eine gewisse Beständigkeit oder Regelmäßigkeit haben muss.[183] Einig ist man sich auch über den **Begriffskern**, wonach der **tatsächliche Lebensmittelpunkt** maßgeblich für den gewöhnlichen Aufenthalt ist.[184] Ansonsten unterliegt der Begriff im Detail noch keinem einheitlichen gefestigten Verständnis. Die Notwendigkeit klarer und belastbarer Kriterien wird besonders deutlich, wenn es, wie im Fall des Abs. 1 lit. a sicherlich künftig oft der Fall sein wird, darum geht, den Jahre und Jahrzehnte zurückliegenden gewöhnlichen Aufenthalt nachzuweisen.[185]

---

173 Siehe schon Staudinger/*Spellenberg*, Art. 3 EheGVO Rn 43.
174 AA *Carrascosa González*, CDT 4 (2012), 52, 74 Rn 63.
175 Nl. „de bepalingen van deze verordening moeten in overeenstemming zijn met Verordening (EG) n.r. 2201/2003", schw. „bestämmelserna i denna förordning bör överensstämma med förordning (EG) n.r. 2201/2003", dä. „Denne forordnings ... bestemmelser bør stemme overens med forordning (EF) n.r. 2201/2003".
176 En. „[the] terms ... should be consistent with Regulation (EC) No 2201/2003", fr. „les dispositions ... devraient être cohérents par rapport au règlement (CE) no 2201/2003", sp. „[el ámbito y] el articulado ... deben ser coherentes con los del Reglamento (CE) no 2201/2003", pt. „ as disposições ... deverão ser coerentes com o Regulamento (CE) no 2201/2003".
177 Wenn man mehrere gewöhnliche Aufenthalte prinzipiell überhaupt zulassen möchte – siehe ablehnend und mit Nachw. zum Streitstand NK-BGB/*Andrae*, Art. 14 EGBGB Rn 22.
178 Siehe bereits Staudinger/*Spellenberg*, Art. 3 EheGVO Rn 43.
179 Siehe die Nachw. der dies Bejahenden bei Staudinger/*Spellenberg*, Art. 3 EheGVO Rn 44.
180 Siehe die Nachw. bei *Helms*, FS Pintens 2012, Bd. 1, S. 681, 687.

181 EuGH v. 18.1.1984, Rs. 327/82, Slg 1984, 107, Rn 11 – Ekro; EuGH v. 6.3.2008, C-98/07, Slg 2008, I–1281, Rn 17 – Nordania Finans und BG Factoring; EuGH v. 2.4.2009, Rs. C-523/07, Slg 2009 I 2805, FamRZ 2009, 843 = IPRax 2011, 76, Rn 34; EuGH v. 22.12.2010, C-497/10, FamRZ 2011, 617 = IPRax 2012, 340, Rn 45, m.Anm. *Siehr*, 316; Anm. *Mankowski*, GPR 2011, 209. So auch *Franzina*, CDT 3 (2011), 85, 96 Rn 18; *Helms*, FamRZ 2011, 1765, 1769; Erman/*Hohloch*, Art. 5 Rn 4; jurisPK-BGB/*Ludwig*, Art. 5 Rn 9.
182 EuGH v. 18.1.1984, Rs. 327/82, Slg 1984, 107, Rn 11 – Ekro; EuGH v. 6.3.2008, C-98/07, Slg 2008, I–1281, Rn 17 – Nordania Finans und BG Factoring; EuGH v. 2.4.2009, Rs. C-523/07, Slg 2009 I 2805, FamRZ 2009, 843 = IPRax 2011, 76, Rn 34; EuGH v. 22.12.2010, C-497/10, FamRZ 2011, 617 = IPRax 2012, 340, Rn 45, m.Anm. *Siehr*, 316; Anm. *Mankowski*, GPR 2011, 209.
183 EuGH v. 22.12.2010, C-497/10, FamRZ 2011, 617 = IPRax 2012, 340, Rn 44, m.Anm. *Siehr*, 316; Anm. *Mankowski*, GPR 2011, 209.
184 Siehe *Helms*, FamRZ 2011, 1765, 1769 sowie die Nachw. bei *ders.*, FS Pintens 2012, Bd. 1, S. 681, 687; Erman/*Hohloch*, Art. 5 Rn 4; jurisPK-BGB/*Ludwig*, Art. 5 Rn 9. Siehe für EuUntVO und HPUnt 2007 Rauscher/*Andrae*, EuZPR/EuIPR, Art. 3 EGUntVO Rn 29.
185 *Hammje*, RCDIP 2011, 291, Rn 25.

41 Mit gewissen Abstrichen und Ergänzungen kann auf die vom EuGH in den Urteilen von 2009 und 2010 zu Art. 8 Abs. 1 EheVO 2003 aufgestellten **Kriterien** zurückgegriffen werden. Für die Begründung des gewöhnlichen Aufenthalts ist die **körperliche Anwesenheit** Voraussetzung, aber eine vorübergehende Abwesenheit schadet nicht, sofern die Rückkehr absehbar ist[186] (etwa bei Abwesenheit aus beruflichen oder gesundheitlichen Gründen). Es darf sich nicht nur um eine von vornherein vorübergehende Anwesenheit handeln (etwa zu Besuch oder während einer Reise).[187] Zur stets erforderlichen körperlichen Anwesenheit hinzu treten die Integration in das soziale Umfeld, die Aufenthaltsdauer und der Aufenthaltswille, die miteinander in Wechselwirkung stehen und bei denen das eine den Mangel eines anderen wettmachen kann. Die Legalität des Aufenthalts ist nicht erforderlich.[188] Der Aufenthalt muss Ausdruck einer gewissen **Integration in ein soziales Umfeld** sein[189] und es kommt dafür vor allem auf Dauer, Regelmäßigkeit, Umstände und Gründe des Aufenthalts sowie die Staatsangehörigkeit und die Sprachkenntnisse an.[190] Die soziale Eingliederung kann insbesondere an familiären, beruflichen oder gesellschaftlichen Bindungen abgelesen werden. Für die **Aufenthaltsdauer** gibt es keine festen Zeitgrenzen, auch nicht als „Daumenregeln".[191] Der **Aufenthaltswille** ist beachtlich – umso mehr, je kürzer und umso weniger, je länger der Aufenthalt währt. Er ist rein tatsächlicher Natur. Eines rechtsgeschäftlichen Willens bedarf es nicht, auf Geschäftsfähigkeit kommt es nicht an. Der Aufenthaltswille darf grundsätzlich nicht völlig fehlen, daher müssen der Aufenthalt und seine Dauer zumindest freiwillig sein. Aufenthaltsdauer und Aufenthaltswille stehen im Wechselspiel miteinander, so dass die erforderliche Dauer je nach Stärke des Aufenthaltswillens länger oder kürzer ausfallen kann. Bei Ehegatten ist daher zusätzlich zu bedenken, dass bei der Mindestdauer des gewöhnlichen Aufenthalts Abstriche gemacht werden können, wenn ein Ehegatte zu dem anderen zieht.[192] Der Erwerb oder die Anmietung einer Wohnung oder die Stellung eines Antrags auf Zuweisung einer Sozialwohnung können Indizien für einen gewöhnlichen Aufenthalt sein.[193] An klaren Anhaltspunkten für vorhersehbare Lösungen fehlt es für die Rom III-VO in dem keinesweg abwegigen Fall, dass die Ehegatten aus beruflichen Gründen für einen längeren Zeitraum in einen anderen Mitgliedstaat ziehen und zu fragen ist, ob sie an ihrem früheren Wohnort, zu dem sie weiterhin intensive Bindungen pflegen, ihren gewöhnlichen Aufenthalt behalten.[194]

42 **3. Letzter gemeinsamer gewöhnlicher Aufenthalt bei einseitigem Fortbestehen (Abs. 1 lit. b).** Die Ehegatten können ferner gemäß Abs. 1 lit. b das Recht des Staates wählen, in dem sie zuletzt ihren gewöhnlichen Aufenthalt hatten, sofern einer von ihnen zum Zeitpunkt der Rechtswahl dort noch seinen gewöhnlichen Aufenthalt hat. Der **Begriff des gewöhnlichen Aufenthalts** in lit. b ist wie in lit. a auszulegen. Da der Ehegatte dort **„noch"** seinen gewöhnlichen Aufenthalt haben muss, bedarf es der fortdauernden, ununterbrochenen Innehabung des gewöhnlichen Aufenthalts.[195] Ob es der antragstellende oder der andere Ehegatte ist, der seinen gewöhnlichen Aufenthalt ändert oder beibehält, ist für lit. b irrelevant.[196]

43 Kritisiert wird zu Recht, dass hier nicht an aktuelle, sondern an **frühere Verbundenheit** angeknüpft wird – dies mag bei einer zerbrechenden Ehe ausreichend sein, führt aber nicht unbedingt zu dem Recht, mit dem sich beide Ehegatten am engsten verbunden fühlen.[197]

44 **4. Staatsangehörigkeit eines der Ehegatten (Abs. 1 lit. c). a) Allgemeines.** Die Ehegatten können auch gemäß Abs. 1 lit. c das Recht des Staates wählen, dessen Staatsangehörigkeit einer der Ehegatten zum Zeitpunkt der Rechtswahl besitzt. Gemeinsames Heimatrecht ist nicht erforderlich, die Staatsangehörigkeit

---

186 EuGH v. 2.4.2009, Rs. C-523/07, Slg 2009 I 2805, FamRZ 2009, 843 = IPRax 2011, 76, Rn 38 sowie Schlussanträge *Kokott* v. 29.1.2009, Rn 42; EuGH v. 22.12.2010, C-497/10, FamRZ 2011, 617 = IPRax 2012, 340, Rn 49.
187 EuGH v. 2.4.2009, Rs. C-523/07, Slg 2009 I 2805, FamRZ 2009, 843 = IPRax 2011, 76, Rn 38; EuGH v. 22.12.2010, C-497/10, FamRZ 2011, 617 = IPRax 2012, 340, Rn 47, 49. Für Kinder bedarf es (in beiden Entscheidungen) zusätzlich der Integration in ein *familiäres* Umfeld.
188 Geimer/Schütze/*Geimer*, EuZVR, Art. 3 VO (EG) Nr. 2201/2003, Rn 33.
189 EuGH v. 2.4.2009, Rs. C-523/07, Slg 2009 I 2805, FamRZ 2009, 843 = IPRax 2011, 76, Rn 38; EuGH v. 22.12.2010, C-497/10, FamRZ 2011, 617 = IPRax 2012, 340, Rn 47, 49. Für Kinder bedarf es (in beiden Entscheidungen) zusätzlich der Integration in ein *familiäres* Umfeld.
190 EuGH v. 2.4.2009, Rs. C-523/07, Slg 2009 I 2805, FamRZ 2009, 843 = IPRax 2011, 76, Rn 38 f; EuGH v. 22.12.2010, C-497/10, FamRZ 2011, 617 = IPRax 2012, 340, Rn 48. Für Kinder stellt der EuGH zusätzlich auf die schulische Integration ab.
191 So auch Rauscher/*Andrae*, EuZPR/EuIPR, Art. 3 EG-UntVO, Rn 29 für die EuUntVO und das HPUnt 2007.
192 Erman/*Hohloch,* Art. 5 Rn 4.
193 EuGH v. 2.4.2009, Rs. C-523/07, Slg 2009 I 2805, FamRZ 2009, 843 = IPRax 2011, 76, Rn 40; EuGH v. 22.12.2010, C-497/10, FamRZ 2011, 617 = IPRax 2012, 340, Rn 49.
194 So auch *Helms*, FamRZ 2011, 1765, 1770.
195 Erman/*Hohloch,* Art. 5 Rn 5, Art. 8 Rn 3; Schulz/Hauß/*Rieck,* Art. 5 Rom III-VO, Rn 3.
196 Erman/*Hohloch,* Art. 8 Rn 3.
197 *Coester-Waltjen/Coester,* FS Schurig, 2012, S. 33, 38.

nur eines Ehegatten genügt.[198] Die Diskrepanz zu Art. 8 lit. c, der die gemeinsame Staatsangehörigkeit beider Ehegatten fordert, ist eventuell mit dem Bestreben erklärlich, die Rechtswahlmöglichkeiten auszudehnen.[199] **Welche Staatsangehörigkeit** ein Ehegatte hat, entscheidet das Staatsangehörigkeitsrecht des Staates, um das es geht.[200]

b) Mehrstaater. Der Verordnungstext nimmt nicht dazu Stellung, wie im Fall von Mehrstaatern vorzugehen ist,[201] wenn es für die Rechtswahl auf „die Staatsangehörigkeit" ankommt.[202] Erwägungsgrund 22 sieht zwar vor, dass die Frage nach innerstaatlichem Recht zu beantworten ist, wobei die allgemeinen Grundsätze der Europäischen Union zu achten sind. Der Erwägungsgrund 22 steht jedoch hinter den mit der Rechtswahl befassten (Erwägungsgründe 14–20), abgetrennt von diesen durch einen Erwägungsgrund zur objektiven Anknüpfung (Erwägungsgrund 21). Die Bundesregierung möchte aus dieser systematischen Stellung von Erwägungsgrund 22 und dem Sinn und Zweck der Regelung schließen, dass die Ehegatten das Recht eines der Staaten wählen können, dessen Staatsangehörigkeit sie gemeinsam haben.[203] Die Kommission äußerte sich, indes sehr kryptisch, genau zu diesem systematischen Argument ähnlich dem Verständnis der Bundesregierung.[204] Ob mit dem systematischen Argument nicht das Ordnungsbedürfnis der Erwägungsgrundverfasser überschätzt wird, muss sich zeigen.[205] Insbesondere der Wortlaut steht mit der Systematik in Widerstreit. Denn der Erwägungsgrund beginnt mit den Worten „Wird in dieser Verordnung ...", bezieht sich also auf die Verordnung insgesamt. Es gibt insgesamt nur zwei Regelungen in der Verordnung, die auf die Staatsangehörigkeit als Anknüpfungspunkt abstellen, Art. 5 und Art. 8. Und hätte der Verordnungsgeber damit nur Art. 8 gemeint, dann hätte er auf ebendiesen Bezug nehmen und keine umständliche Formulierung wie „Wird in dieser Verordnung *hinsichtlich der Anwendung des Rechts eines Staates auf die Staatsangehörigkeit als Anknüpfungspunkt* verwiesen, ..."[206] wählen müssen. Hinzu kommt dass in manchen Sprachfassungen der Plural deutlich wird (etwa: „In *den Fällen*, in *denen* in dieser Verordnung ..."), Art. 5 also mit umfasst sein muss.[207] Aber selbst wenn man, wie hier, die grundsätzliche Anwendung von Erwägungsgrund 22 und somit für das deutsche Recht die von Art. 5 Abs. 1 EGBGB bejahen möchte,[208] stehen dem im Einzelnen Hindernisse entgegen: Die mit dem Grundsatz der effektiven Staatsangehörigkeit (Art. 5 Abs. 1 S. 1 EGBGB) verbundene Prüfung, ob eine Staatsangehörigkeit (im Zeitpunkt der Rechtswahl) effektiv ist oder nicht, wäre der Rechtssicherheit abträglich.[209] Mit Recht wird teleologisch argumentiert, dass die Verordnung die Parteiautonomie stärken und die Flexibilität verbessern will (Erwägungsgrund 15) und dass es deshalb naheliegt, dass Mehrstaater jede ihrer Staatsangehörigkeiten wählen können.[210] Zur

45

---

198 So auch schon der deutsche Vorschlag für eine Rom III-VO, siehe näher *Martiny*, FS Spellenberg, 2006, S. 119, 130.
199 *Hammje*, RCDIP 2011, 291, Rn 26.
200 *Basedow*, RCDIP 2010, 427, These 1, bei Fn 55; *Franzina*, CDT 3 (2011), 85, 116, Rn 62; Erman/*Hohloch*, Art. 5 Rn 6.
201 Anders etwa Art. 22 Abs. 1 Unterabs. 2 EuErbRVO.
202 Schon recht früh im Verordnungsgebungsverfahren hatte man sich darauf festgelegt, der Frage „nur" einen Erwägungsgrund zu widmen, siehe schon Debate in Council, 19.4.2007, 2006/0135(CNS). Die Frage offenlassend NK-BGB/*Gruber*, Anhang zu Art. 17 EGBGB Rn 11. Eine ansatzweise Regelung erfahren die Doppel- und Mehrstaater in Art. 17 Abs. 2 EuEheGüRVO-E (KOM [2011] 126 endg., S. 25).
203 BReg, Gesetzentwurf v. 23.7.2012, S. 9. *Franzina*, CDT 3 (2011), 85, 111 Rn 50 hingegen wendet Erwägungsgrund 22 iRv Art. 5 an.
204 Commission Communication on the action taken on opinions and resolutions adopted by Parliament at the December 2010 part-session, A7-0360/2010 / P7_TA-PROV(2010)0477, 15.12.2010, S. 2/5: „[S]ystematically the proposed new Recital 19 a is included after the recital on the applicable law in the absence of choice by the parties, *which may reduce the possibilities of using it* also in relation to the choice of applicable law by the parties." (Hervorhebung d. Verf.).
205 Die Einfügung erfolgte sehr spät durch das EP, siehe Erwägungsgrund 19 a in EP, Legislative Entschlie-

ßung zu KOM (2010) 105 vom 15.12.2010, A7-0360/2010, S. 7.
206 Hervorhebung d. Verf.
207 Siehe die spanische Fassung: „En *los casos* en que el presente Reglamento hace referencia a la nacionalidad ...". In diesem Zusammenhang auch nicht von der Hand zu weisen ist die portugiesische Fassung mit ihrer „Immer wenn"-Formulierung („Sempre que o presente regulamento remeta para a nacionalidade..."). Hervorhebung d. Verf.
N.B.: Hier und im Folgenden werden ggf auch Sprachfassungen nicht teilnehmender Staaten herangezogen. Alle Sprachfassungen sind gleichrangig (Riesenhuber in: ders. (Hrsg.), Europäische Methodenlehre 2, 2010, § 11, Rn 15). Dass viele Mitgliedstaaten, in deren Sprachen die Verordnung vorliegt, nicht an ihr teilnehmen, ändert daran nichts. Sprachfassungen nicht-teilnehmender Mitgliedstaaten sind ebenso zu berücksichtigen wie die Sprachfassungen teilnehmender Mitgliedstaaten.
208 *Gruber*, IPRax 2012, 381, 385. Für das italienische Recht *Franzina*, CDT 3 (2011), 85, 111 Rn 50. AA jurisPK-BGB/*Ludwig*, Art. 5 Rn 13.
209 *Helms*, FamRZ 2011, 1765, 1771; *ders.*, FS Pintens 2012, Bd. 1, S. 681, 694. Siehe auch die Ausführungen des EuGH v. 16.7.2009, C-168/08 – Hadadi, Slg 2009, I-6871 = IPRax 2010, 66 = FamRZ 2009, 1571 Rn 55 zur „Ungenauigkeit" (sic) des Begriffs „effektive Staatsangehörigkeit". So für das Unterhaltsrecht Rauscher/*Andrae*, EuZPR/EuIPR, Art. 8 HUntStProt Rn 8.
210 *Helms*, FamRZ 2011, 1765, 1770.

Frage nach der Anwendung der „Hadidi"-Rechtsprechung des EuGH siehe unten Art. 8 Rn 19. Die Anwendung der Vorrangregel zugunsten der deutschen Staatsangehörigkeit (Art. 5 Abs. 1 S. 2 EGBGB) wird mit Blick auf das Diskriminierungsverbot (Art. 18 AEUV) zu Recht abgelehnt.[211] Die Kommission akzeptierte den heutigen Erwägungsgrund 22 gerade nur deswegen, weil die EuGH-Rechtsprechung es den Mitgliedstaaten verbietet, die aus der Staatsangehörigkeit eines anderen Mitgliedstaates fließenden Rechte zu beschränken.[212] Art. 5 Abs. 1 S. 1 und 2 EGBGB scheiden daher als Wegweiser bei der Behandlung von Mehrstaatern aus, so dass in Ermangelung einer Regelung davon auszugehen ist, dass Ehegatten mit mehr als einer Staatsangehörigkeit unter ihren Staatsangehörigkeiten frei wählen können.[213]

46 **c) Staatenlose.** Zu Staatenlosen äußert sich die Verordnung gar nicht, auch nicht in einem Erwägungsgrund. Dieser versteckten Lücke ist mit einer entsprechenden „Anwendung" des Erwägungsgrund 22 beizukommen – so dass sich das wählbare Ersatzrecht nach dem UN-Übereinkommen über die Rechtsstellung Staatenloser vom 28.9.1954 richtet.[214] Nach dessen Art. 12 Abs. 1 bestimmt sich die „personenrechtliche Stellung eines Staatenlosen ... nach dem Gesetz seines Wohnsitzlandes oder, wenn er keinen Wohnsitz hat, nach dem Gesetz des Aufenthaltslandes". Auf Art. 5 Abs. 1 lit. c übertragen heißt das, dass Staatenlose unter lit. c das Recht ihres Wohnsitzes, hilfsweise das ihres schlichten Aufenthalts wählen können.

47 **d) Flüchtlinge.** Im Fall von Flüchtlingen erscheint eine teleologische Reduktion von Art. 5 Abs. 1 lit. c angemessen, so dass, ähnlich dem Gedanken des Erwägungsgrund 22, Konventionsrecht bzw nationales Recht Anwendung findet.[215] Ähnlich wie bei den Staatenlosen können Flüchtlinge auf Basis von Art. 12 Abs. 1 der Genfer Flüchtlingskonvention vom 28.7.1951, der ebenfalls vorsieht, dass das „Personalstatut jedes Flüchtlings [sich] nach dem Recht des Landes seines Wohnsitzes oder, in Ermangelung eines Wohnsitzes, nach dem Recht seines Aufenthaltslandes" bestimmt, unter lit. c das Recht ihres Wohnsitzes, hilfsweise das ihres schlichten Aufenthalts wählen.

48 **5. Recht des Staates des angerufenen Gerichts (Abs. 1 lit. d). a) Allgemeines.** Zu guter letzt ist gemäß Abs. 1 lit. d das Recht des Staates des angerufenen Gerichts wählbar. Die Anwendung der *lex fori* dient typischerweise der Beschleunigung und verbessert die Richtigkeitsgewähr der Rechtsanwendung.[216] Angesichts der Breite der von Art. 3 (und Artt. 6, 7) EheVO 2003 eröffneten Gerichtsstände führt lit. d zu einer großen Palette wählbarer Rechtsordnungen.[217]

49 **b) Vorsorgliche Rechtswahl (floating choice of law).** Fraglich ist, ob für eine Rechtswahl nach lit. d das Gericht bereits angerufen sein muss oder ob eine vorsorgliche Wahl der *lex fori* möglich ist (sog. *floating choice of law*).[218] Die deutsche Fassung scheint zu implizieren, dass für lit. d ein konkretes Gericht bereits angerufen sein muss; die niederländische Fassung[219] spricht davon, dass die Sache „anhängig gemacht *wird*" und kann so in beide Richtungen interpretiert werden.[220] Der deutschen und niederländischen Fassung stehen andere Formulierungsmodi gegenüber:[221] Dass viele romanische Sprachen Formulierungen ähnlich „lex fori" verwenden, mag rein linguistische Gründe haben,[222] dasselbe mag für Sprachen gelten, die den lateinischen Begriff übernehmen.[223] Auch die nordischen Sprachen verwenden trotz einer von der lateinischen Vokabel vollständig befreiten Formulierung keinen Begriff ähnlich des deutschen

---

211 *Basedow*, RCDIP 2010, 427, These 10; *Coester-Waltjen/Coester*, FS Schurig, 2012, S. 33, 39; *Gruber*, IPRax 2012, 381, 385; *Helms*, FS Pintens 2012, Bd. 1, S. 681, 694; jurisPK-BGB/*Ludwig*, Art. 5 Rn 13. AA für das französische Recht *Oudin*, RJPF 2011, H. 3, Umdruck S. 12/18.

212 Commission Communication on the action taken on opinions and resolutions adopted by Parliament at the December 2010 part-session, A7-0360/2010 / P7_TA-PROV(2010)0477, 15.12.2010, S. 2/5. Bezug genommen ist damit auf die Entscheidung des EuGH v. 2.10.2003, C-148/02 – Garcia Avello, wo der EuGH über eine Übertragung des Familiennamens von Kindern von Angehörigen zweier Mitgliedstaaten zu entscheiden hatte.

213 So auch *Devers/Farge*, Sem Jur 2012, 778, Rn 14; Erman/*Hohloch*, Art. 5 Rn 7; Palandt/*Thorn*, Art. 5 Rn 4. Dies wäre im übrigen auch mit der Rechtslage in Bezug auf die Unterhaltsrechtswahl konsistent – siehe Rauscher/*Andrae*, EuZPR/EuIPR, Art. 8 HUntStProt Rn 8.

214 So *Gruber*, IPRax 2012, 381, 386 und jurisPK-BGB/*Ludwig*, Art. 5 Rn 14; *Franzina*, CDT 3 (2011), 85, 111 f Rn 50. Anders Erman/*Hohloch*, Art. 5 Rn 8.

215 *Gruber*, IPRax 2012, 381, 386; *Franzina*, CDT 3 (2011), 85, 111 f Rn 50. Anders Erman/*Hohloch*, Art. 5 Rn 8.

216 *Franzina*, CDT 3 (2011), 85, 94 Rn 13; Erman/*Hohloch*, Art. 5 Rn 9.

217 NK-BGB/*Gruber*, Anhang zu Art. 17 EGBGB Rn 12.

218 Str. Bejahend: *Basedow*, FS Pintens 2012, Bd. 1, S. 135, 142. Verneinend: jurisPK-BGB/*Ludwig*, Art. 5 Rn 15 sowie wohl Erman/*Hohloch*, Art. 5 Rn 9. Eher restriktiv auch: *Gruber*, IPRax 2012, 381, 386; *Helms*, FamRZ 2011, 1765, 1767. Siehe die Nachweise der Befürworter in Rom I Rauscher/*v. Hein*, EuZPR/EuIPR, Art. 3 Rom I-VO Rn 72 Fn 351.

219 Nl. „het recht van de staat waar de zaak aanhangig wordt gemaakt".

220 *Basedow*, FS Pintens 2012, Bd. 1, S. 135, 142.

221 Die Sprachfassungsdivergenz zeigen *Basedow*, FS Pintens 2012, Bd. 1, S. 135, 142 und *Helms*, FamRZ 2011, 1765, 1767 auf.

222 Sp. „la ley del foro", fr. „la loi du for", it. „la legge del foro", pt. „A lei do foro", rum. „legea forului".

223 En. „the law of the forum".

„angerufenen".[224] Da die Wortlautauslegung in den verschiedenen Sprachfassungen in ganz unterschiedliche Richtungen deutet, ist die teleologische Auslegung maßgeblich.[225] Gegen die vorherige Wahl einer noch unbestimmten *lex fori* spricht freilich die besondere Betonung der Notwendigkeit informierten Konsenses in den Erwägungsgründen 17-19 – wenn das Forum noch nicht festgelegt ist, erschwert dies die Information über das Recht des Forums. So hält auch der *Rapport explicatif* zum HPUnt 2007 die *floating choice of law* für unwirksam, weil die Ehegatten keine bewusste, informierte Wahl treffen können.[226] Ohne Beratungserfordernis erscheint es schwer vorstellbar, dass der typische Ehegatte erfassen kann, welche Rechtsordnung Anwendung findet, wenn die Rechtswahlklausel lautet „Auf unsere Scheidung anwendbares Recht ist die lex fori." Er müsste unter anderem die EheVO 2003 handhaben können. Jedoch macht die Verordnung selbst mit dem informierten Konsens nicht Ernst, es bleibt bei Lippenbekenntnissen in den Erwägungsgründen (siehe Rn 16 ff). Ferner hat der *Rapport explicatif* zum HPUnt 2007 zwar Gewicht, das HPUnt 2007 steht trotz der funktionalen Einbindung in die EuUntVO noch eigenständig als völkerrechtlicher Akt und ist in seiner Bedeutung nicht mit einem Unionsrechtsakt gleichzusetzen. Hinzu kommt, dass es eher theoretische Fälle sind, in denen sich ein Ehegatte manipulativ für ein Jahr einen neuen gewöhnlichen Aufenthalt zulegt (Art. 3 Abs. 1 lit. a Spiegelstr. 5 EheVO 2003) oder den Partner zur Begründung eines gemeinsamen gewöhnlichen Aufenthalts bewegt (Art. 3 Abs. 1 lit. a Spiegelstr. 1 EheVO 2003), um über die *floating choice of law* zu überraschenden Ergebnissen zu kommen. Für die Zulassung der vorsorglichen Wahl spricht auch, dass eine Rechtswahlvereinbarung nach Anrufung des Gerichts nur möglich ist, wenn die Mitgliedstaaten dies vorsehen (Abs. 3) und so Abs. 1 lit. d einen sehr beschränkten Anwendungsbereich hätte.[227] Abs. 1 lit. d käme dann nur zum Zuge (a) bei nachträglicher Rechtswahl in Mitgliedstaaten, die von Art. 5 Abs. 3 Gebrauch machen und (b) bei vorheriger Rechtswahl, wenn die Parteien nicht „die lex fori" designiert haben, sondern „das Recht des Staates X", wenn sich Staat X später als Forum erweist.[228] Die *floating choice of law* ist dem Unionsrecht nicht fremd – Art. 22 Abs. 1 Unterabs. 1 EuErbRVO („Eine Person kann für die Rechtsnachfolge von Todes wegen das Recht des Staates wählen, dem sie im Zeitpunkt der Rechtswahl oder im Zeitpunkt ihres Todes angehört.") bezieht sich, will man der Norm einen nicht unerheblichen Anwendungsbereich geben, u.a. auf eine *floating choice of law*. Auch die indirekte Favorisierung der *lex fori* im Ergebnis der objektiven Anknüpfung spricht dagegen, die *lex fori* in der Rechtswahl so zurückzudrängen. Die mit einer noch nicht konkretisierten *lex fori*-Designation verbundene Unsicherheit über das künftig anwendbare Recht ist erträglich, weil die EheVO 2003 den Kreis der möglichen Gerichtsstände und damit potenziell gewählten Rechte eingrenzt.[229] Die meisten Biografien und Ehen sind nicht so international, dass der Kreis der in Frage kommenden Gerichtsstände überraschend oder unübersichtlich werden könnte. Die besseren Argumente sprechen daher für eine Zulassung der vorsorglichen Wahl der *lex fori*. Aus Gründen der Rechtssicherheit wäre jedoch eine Beschränkung auf eine bestimmte, dh auf eine benannte Rechtsordnung konkretisierte Wahl zu begrüßen.[230]

IV. Zeitrahmen für die Rechtswahl (Abs. 2, 3)

Während der Entwurf vom Juli 2006 noch keine Angaben zum Zeitrahmen der Rechtswahl enthielt,[231] war der Gehalt von Abs. 2 und Abs. 3 im Entwurf vom März 2010 schon wie heute enthalten:[232] Die Möglichkeit zum Abschluss oder zur Änderung der Rechtswahlvereinbarung besteht „jederzeit" und endet grundsätzlich – mit der Möglichkeit der Ausnahme nach Abs. 3 – im Zeitpunkt der Anrufung des Gerichts (Abs. 2).

1. Vor Eheschließung. Fraglich ist, ob die Rechtswahl auch schon vor Eheschließung (etwa in einer vorsorgenden Scheidungsfolgenvereinbarung) möglich ist. Dagegen spricht die Wortwahl „Ehegatten" (statt „und künftige Ehegatten") in Art. 5 im Vergleich zu dem Umstand, dass Art. 16 EuEheGüRVO-E[233] ausdrücklich die Rechtswahl den „Ehegatten oder künftigen Ehegatten" gestattet. Jedoch wäre es übertrieben, eine perfekte sprachliche Abstimmung zeitlich und thematisch benachbarter Verordnungstexte zu erwarten. Ein besonderes Schutzbedürfnis, das die vorherige Rechtswahlvereinbarung verbietet, besteht nicht: Der

50

51

---

224 Dä. „loven i domstolslandet", schw. „Domstolslandets lag".
225 Allen Sprachfassungen kommt derselbe Rang zu, bei Diskrepanzen zwischen verschiedenen Fassungen verliert die Wortlautauslegung ihr argumentatives Gewicht – *Riesenhuber* in: ders. (Hrsg.), Europäische Methodenlehre², 2010, § 11, Rn 15 f mwN.
226 *Bonomi*, Rapport explicatif sur le Protocole de La Haye du 23 novembre 2007 sur la loi applicable aux obligations alimentaires, 2009, Rn 120, <www.hcch.net/upload/expl39 fpdf>.
227 *Helms,* FamRZ 2011, 1765, 1767 (iE aA).
228 *Gruber,* IPRax 2012, 381, 386; Erman/*Hohloch,* Art. 5 Rn 9. Für *Basedow,* FS Pintens 2012, Bd. 1, S. 135, 142 f ist dies neben der *floating choice of law* eine zusätzliche Konstellation unter lit. d.
229 *Helms,* FamRZ 2011, 1765, 1767 (iE aA).
230 Ebenso Palandt/*Thorn,* Art. 5 Rn 5.
231 Siehe Art. 20 a in KOM (2006) 399 endg., S. 17.
232 Dort noch Art. 3 Abs. 2 und 4, KOM (2010) 105 endg., S. 14 f.
233 KOM (2011) 126 endg., S. 23.

zeitliche Abstand zwischen der Rechtswahlvereinbarung und ihrer Anwendung ist bei einer einen Tag vor Eheschließung geschlossenen kaum größer als bei einer zwei Tage später geschlossenen. Denkbar ist die aus dem materiellen Recht bekannte Gefährdungssituation, dass die Rechtswahlvereinbarung in einer Situation des Zwangs vor Eheschließung (Ja-Wort nur gegen Zustimmung zur Vereinbarung, Schwangerschaft) – erlangt wurde (allein kaum vorstellbar, denkbar im Verbund mit materiellen, eventuell auch kollisionsrechtlichen und prozessualen Scheidungsfolgenvereinbarungen). Diese Gefahr besteht und ihr wird gegenwärtig durch die Verordnung – wie Zwangs- und Ausnutzungssituationen allgemein – nicht direkt Rechnung getragen. Denkbar ist jedoch die Behandlung in den mitgliedstaatlichen Regelungen zum Schutz der materialen Vertragsfreiheit, zu denen man qua Art. 6 Abs. 1 gelangt. Auch scheint es übertrieben, wegen dieser Gefährdungssituationen die vorsorgliche Rechtswahl allgemein zu untersagen. Vor Eheschließung getroffene Scheidungsfolgenvereinbarungen sind in vielen Rechtsordnungen üblich und werden noch üblicher werden, wenn künftig eine Güterrechtswahl nach Art. 16 EuEheGüRVO-E möglich ist. Es wäre unangemessen, für die Scheidungsrechtswahl, die typischerweise nur ein Element unter vielen in einer Scheidungsfolgenvereinbarung darstellen wird, eine separate Vereinbarung zu einem späteren Zeitpunkt zu fordern. Die Möglichkeit der Rechtswahl vor Eheschließung ist daher zu bejahen.[234] Sie entfaltet Wirkung ab dem Zeitpunkt der Eheschließung.[235]

52 **2. Zwischen Eheschließung und Anrufung des Gerichts.** Da gemäß Abs. 2 eine Rechtswahlvereinbarung **jederzeit** geschlossen oder geändert werden kann, bedarf es keiner zeitlichen Nähe zur Trennung oder Scheidung.[236] Dies ist grundsätzlich zu begrüßen, bedarf es doch in familienrechtlichen Angelegenheiten *ex ante* der Sicherheit über das anzuwendende Recht, weil es die Gestaltung der Lebensverhältnisse mitprägt (Planungsinteresse der Ehegatten).[237] Das Planungsinteresse mag im Scheidungsrecht weniger zentral sein als im Ehewirkungs- oder Ehegüterrecht, hat aber dennoch erhebliche Relevanz bereits für die Lebensgestaltung vor der Scheidung und Trennung.[238] Die mit Abs. 2 ermöglichten wiederholten Rechtswahlvereinbarungen gestatten es den Ehegatten, in der Vereinbarung den Veränderungen der Bezugspunkte ihres Ehelebens Rechnung zu tragen, insbesondere dem Wechsel des gewöhnlichen Aufenthalts.[239] Es mag jedoch Situationen geben, in denen mit zunehmendem **Zeitabstand zwischen Rechtswahl und Trennung/Ehescheidung** erstere überholt erscheint, die Ehegatten aber keine Vertragsänderung vornehmen. Eine Anpassung an veränderte Umstände sieht die Verordnung nicht vor. Sie ist auch nicht mehr Teil der Wirksamkeitskontrolle nach Art. 6 Abs. 1.

53 Den **Zeitpunkt der Anrufung des Gerichts** definiert (in ihrem räumlichen Anwendungsbereich) Art. 16 EheVO 2003 (Erwägungsgrund 13 S. 2).[240] Irritierend wirkt zunächst die Formulierung in Erwägungsgrund 13 S. 2, „[s]oweit zweckmäßig", solle ein Gericht als gemäß der EheVO 2003 angerufen gelten. Irritierend, weil es zu implizieren scheint, dass nicht stets dort, wo auf den Zeitpunkt der Anrufung des Gerichts abgestellt wird, Art. 16 EheVO 2003 heranzuziehen ist, sondern nur dort, wo eine Zweckmäßigkeitsprüfung dies gebietet. Indes erhellen einige andere Sprachfassungen, dass mit „Soweit zweckmäßig" nur „Wo erforderlich" gemeint ist.[241]

---

234 So der Gedankengang und das Ergebnis von jurisPK-BGB/*Ludwig*, Art. 5 Rn 17. Dort aber auch – und dem kann nicht gefolgt werden – eine Beschränkung auf Art. 5 Abs. 1 lit. a–c. Bejahend auch *Boiché*, AJ Famille 2012, 370, Umdruck S. 4/10 und Erman/*Hohloch*, Art. 5 Rn 10. Offenlassend *Basedow*, FS Pintens 2012, Bd. 1, S. 135, 142; *Boele-Woelki*, Yb. P.I.L. 12 (2010), 1. So für (Art. 17 Abs. 1 S. 1 aF iVm) Art. 14 EGBGB; Staudinger/*Mankowski*, Art. 14 EGBGB Rn 145 sowie *Wegmann*, NJW 1987, 1740, 1741. So für die (nur ganz entfernt analoge) Situation der Rechtswahl vor Abschluss des Hauptvertrages Rauscher/*v. Hein*, EuZPR/EuIPR, Art. 3 Rom I-VO Rn 88.
235 Vgl Staudinger/*Mankowski*, Art. 14 EGBGB Rn 145.
236 Krit. *Boele-Woelki*, Yb. P.I.L. 12 (2010), 1, 15. AA *Devers/Farge*, Sem Jur 2012, 778, Rn 14 (Rechtswahl nach Abs. 1 lit. a bis lit. c nur wirksam, wenn in zeitlicher Nähe zur Trennung/Scheidung getroffen).
237 *Coester-Waltjen/Coester*, FS Schurig, 2012, S. 33, 42.
238 Man denke an die divergierenden Anforderungen an die faktische Trennung, an Trennungszeiten, aber auch an verbliebene Verschuldenselemente in einigen Scheidungsrechten.
239 So Erman/*Hohloch*, Art. 5 Rn 10. Die jederzeitige Abänderbarkeit war aber schon für (Art. 17 Abs. 1 S. 1 aF iVm) Art. 14 EGBGB anerkannt – siehe Staudinger/*Mankowski*, Art. 14 EGBGB Rn 147.
240 So auch *Franzina*, CDT 3 (2011), 85, 115, Rn 60 Fn 125; *Ganz*, FuR 2011, 369, 371; *Gruber*, IPRax 2012, 381, 386; NK-BGB/*Gruber*, Anhang zu Art. 17 EGBGB Rn 13; *Helms*, FamRZ 2011, 1765, 1768; jurisPK-BGB/*Ludwig*, Art. 5 Rn 16; Palandt/*Thorn*, Art. 5 Rn 6. Etwas anders Erman/*Hohloch*, Art. 5 Rn 10, der auf Art. 9 EuUntVO und Art. 16 EheVO 2003 abstellt, ohne Erwägungsgrund 13 heranzuziehen. Wohl aA *Devers/Farge*, Sem Jur 2012, 778, Rn 18.
241 Allen voran die dänische „hvor det er relevant", aber auch die schwedische, englische und portugiesische („I tillämpliga fall", „Where applicable", „Quando aplicável"). Viele andere Sprachfassungen sind mit einer Formulierung wie „gegebenenfalls" zwar nicht ganz so klar wie die dänische, aber auch nicht annähernd so irreführend wie die deutsche (sp. „Si ha lugar", fr. „S'il y a lieu", it. „Se del caso").

3. Nach Anrufung des Gerichts. a) Vorgaben der Verordnung. Nach Abs. 2 endet die Rechtswahl- **54** möglichkeit grundsätzlich mit Anrufung des Gerichts. Die Mitgliedstaaten können etwas anderes vorsehen: Wenn das Recht des Staates des angerufenen Gerichts dies vorsieht, können die Ehegatten die Rechtswahl vor Gericht auch im Laufe des Verfahrens vornehmen (Abs. 3 S. 1). In diesem Fall nimmt das Gericht die Rechtswahl im Einklang mit der *lex fori* zu Protokoll (Abs. 3 S. 2). Bei der Wahl des Gerichtsstands aus dem Katalog des Art. 3 EheVO 2003 kann für die Ehegatten ein Kriterium sein, welcher Mitgliedsstaat eine solche nachträgliche Rechtswahl zulässt.[242]

Die **Protokollierung** nach Abs. 3 S. 2 ist eine eigenständige Vorgabe des Unionsrechts und nicht lediglich **55** ein Verweis auf (etwaige) Protokollierungsvorschriften der Mitgliedstaaten.[243] Mitgliedstaaten, die eine Rechtswahl im laufenden Scheidungsverfahren erlauben, müssen ihre Protokollierung normieren. Sie können auch strengere Vorschriften vorsehen.[244]

Nach dem Wortlaut des Abs. 2 ist die **Änderung** der Rechtswahlvereinbarung bis zur Anrufung des **56** Gerichts möglich, während Abs. 3 es lediglich gestattet, eine spätere Rechtswahl „vorzunehmen". Doch das „Vornehmen" umfasst auch das Ändern. Dagegen spricht zwar der Kontrast zu dem sehr viel präziseren „geschlossen oder geändert" (Abs. 1). Einige andere Sprachfassungen sind ebenso wenig aufschlussreich wie die deutsche.[245] Dafür spricht aber, dass eine Rechtswahlvereinbarung, die qua Zeitablauf für einen Ehegatten unpassend geworden ist, vom anderen Ehegatten durch zügige Anrufung des Gerichts unveränderlich gemacht werden könnte – dies würde sowohl den Drang zum frühen Scheidungsantrag verstärken als auch ungeeignete Rechtswahlvereinbarungen fixieren. Dafür spricht ferner Erwägungsgrund 20, in dem es heißt, die Rechtswahlvereinbarung „sollte spätestens bei Anrufung des Gerichts geschlossen und geändert werden können sowie gegebenenfalls sogar im Laufe des Verfahrens, wenn das Recht des Staates des angerufenen Gerichts dies vorsieht". Dafür spricht schließlich, dass kein Grund ersichtlich ist – insbesondere nicht die Verfahrensökonomie oder der Schutz einer Partei –, die erstmalige Vornahme zu erlauben, die Änderung aber nicht. Es ist daher davon auszugehen, dass eine Änderung einer bestehenden präprozessualen Vereinbarung trotz des ambivalenten Wortlauts des Abs. 3 auch noch im Scheidungsverfahren möglich ist, wenn die Mitgliedstaaten dies vorsehen.[246]

b) Durchführungsrecht. Bislang enthielt das **deutsche Recht** keine Rechtswahl im Eheverfahren, das **57** Scheidungsstatut wurde mit Rechtshängigkeit des Scheidungsantrags unwandelbar.[247] Nun sieht Art. 46 d Abs. 2 EGBGB vor, dass die Rechtswahl noch **bis zum Schluss der mündlichen Verhandlung im ersten Rechtszug** vorgenommen werden kann und dass die Aufnahme eines gerichtlichen Vergleichs in das Protokoll nach der ZPO die notarielle Beurkundung ersetzt (§ 127 a BGB entsprechend).[248] Die Einführung des Art. 46 d Abs. 2 EGBGB ist sehr zu begrüßen, ist doch anzunehmen, dass die Rechtswahl der Verfahrensökonomie zuträglich sein wird.[249] Die Bundesregierung weist zu Recht darauf hin, dass diese Möglichkeit praktisch hoch relevant ist, weil den Ehegatten oft erst nach Anrufung des Gerichts bewusst wird, welches Recht mangels Rechtswahl nach Art. 8 anwendbar ist, obwohl ein anderes als das gewählte Recht passender oder günstiger ist oder eine Rechtswahl wegen der Zusammenführung von Scheidung und Scheidungsfolgen unter das Dach eines materiellen Rechts sinnvoll erscheint.[250] Tatsächlich bedeutet eine gen Ende der mündlichen Verhandlung im ersten Rechtszug vorgenommene Rechtswahl aber eine erhebliche Beeinträchtigung der Verfahrensökonomie. Die Vorarbeiten des Richters würden wertlos, die Scheidungsvoraussetzungen müssten ganz neu auf der Basis eines anderen Rechts beurteilt werden.[251] So sinnvoll eine Rechts-

---

242 Hierauf weist *Kemper,* FamRBint 2012, 63, 65 hin.
243 So auch NK-BGB/*Gruber,* Anhang zu Art. 17 EGBGB Rn 14, der sich hierfür auf die Wiederholung der Vorgabe („im Einklang mit dem Recht des Staates des angerufenen Gerichts") in Erwägungsgrund 20 beruft.
244 *Gruber,* IPRax 2012, 381, 387.
245 Dä. „indgås o.g. ændres" (Abs. 2) v. „aftale" (Abs. 3), schw. „ingås och ändras" (Abs. 2) v. „välja" (Abs. 3), nl. „gesloten en gewijzigd" (Abs. 2) v. „bepalen" (Abs. 3), en. „concluded and modified" (Abs. 2) v. „designate" (Abs. 3), sp. „celebrarse y modificarse" (Abs. 2) v. „designar" (Abs. 3), fr. „conclue et modifiée" (Abs. 2) v. „désigner" (Abs. 3), it. „concluso e modificato" (Abs. 2) v. „designare" (Abs. 3), pt. „celebrado e alterado" (Abs. 2) v. „designar" (Abs. 3). Frankreich und Belgien ließen eine Rechtswahl im laufenden Scheidungsverfahren zu – hierzu *Basedow,* FS Pintens 2012, Bd. 1, S. 142 mwN in Fn 27 f.
246 Str.: Dafür *Hammje,* RCDIP 2011, 291, Rn 32; *Helms,* FamRZ 2011, 1765, 1769 und wohl auch jurisPK-BGB/*Ludwig,* Art. 8 Rn 2. Die BReg, Gesetzentwurf v. 23.7.2012, S. 14, geht implizit von der Änderung im laufenden Verfahren aus. Möglicherweise dagegen Erman/*Hohloch,* Art. 5 Rn 2 und wohl auch *Boele-Woelki,* Yb. P.I.L. 12 (2010), 1, 15.
247 Siehe Johannsen/*Henrich,* Art. 17 EGBGB Rn 21; Erman/*Hohloch,* Art. 5 Rn 3, 11; Staudinger/*Mankowski, Art.* 14 EGBGB Rn 156, 157.
248 BReg, Gesetzentwurf v. 23.7.2012, Art. 1 Nr. 5, S. 4. Die BRAK, Stellungnahme zu KOM (2010) 105 endg., Nr. 31/2010, S. 4 sowie *dies.,* Stellungnahme zum Gesetzentwurf, Juni 2012, Nr. 31/2012, S. 3 und der DAV, Stellungnahme zu KOM (2010) 105 endg., Nr. 50/2010, S. 6 begrüßen dies (*de lege ferenda*).
249 Siehe Erman/*Hohloch,* Art. 5 Rn 3 sowie soeben.
250 So BReg, Gesetzentwurf v. 23.7.2012, S. 15.
251 So die Überlegung im Rahmen von Art. 14 EGBGB Staudinger/*Mankowski,* Art. 14 EGBGB Rn 156.

wahl im laufenden Verfahren sein mag und so üblich sie auch in anderen Gebieten des EuIPR ist,[252] so günstig wäre es doch gewesen, auf eine möglichst frühe Einigung der Parteien im Verfahren hinzuwirken, so wie es etwa Art. 40 Abs. 1 S. 3 EGBGB und Art. 46 a EGBGB für das Optionsrecht des Geschädigten vorsehen.[253] Davon wäre der von Art. 5 Abs. 3 avisierte Normalfall, dass der Richter zu Beginn des Verfahrens eine Rechtswahl anregt, unberührt geblieben. Die Rechtswahl in der Beschwerde- und Rechtsbeschwerdeinstanz lehnt die Gesetzesbegründung aus Gründen der Verfahrensökonomie und Rechtssicherheit zu Recht ab.[254]

58 Das **Protokollierungserfordernis** des Abs. 3 S. 2 bedarf keiner besonderen Durchführungsnorm im deutschen Recht. Dieses Erfordernis folgt bereits aus § 160 Abs. 2 ZPO (via §§ 111 Nr. 1, 113 Abs. 1 S. 2 FamFG).[255] Denn eine Rechtswahlvereinbarung, so die Bundesregierung sei ein „wesentlicher Vorgang" iSd Generalklausel des § 160 Abs. 2 ZPO.[256]

59 Die von Art. 17 geforderten **Mitteilungen über die mitgliedstaatlichen Verfahrensrechte** zu Art. 5 Abs. 3 sind bislang nicht veröffentlicht worden.[257] Frankreich sieht derzeit keine Möglichkeit für Rechtswahlvereinbarungen im laufenden Scheidungsverfahren vor.[258] Wo diese Möglichkeit fehlt, ist – je nach nationalem Verfahrensrecht – an eine Antragsrücknahme mit nachfolgender Rechtswahl und erneuter Antragstellung zu denken.[259]

C. Weitere praktische Hinweise

60 Die **internationale Zuständigkeit** in Scheidungssachen richtet sich regelmäßig nach Artt. 3 ff EheVO 2003 und nur ausnahmsweise nach § 98 FamFG, wenn Artt. 6, 7 EheVO 2003 dies zulassen. Nur die Gerichte der derzeit teilnehmenden Mitgliedstaaten werden die Rom III-VO anwenden. Die **Anerkennung** ausländischer Entscheidungen in Scheidungssachen richtet sich nach Artt. 21 ff EheVO 2003 und außerhalb ihres Anwendungsbereichs nach § 107 FamFG.

61 Die Rechtswahlmöglichkeit des Art. 5 führt zu einer ganz erheblichen **Erweiterung der Gestaltungsmöglichkeiten** für Ehegatten. Auf die Möglichkeit der Rechtswahl nach Art. 5 sollte in der Praxis hingewiesen werden.

62 Anders als nach bisherigem Recht ist in Deutschland die Rechtshängigkeit des Scheidungsantrags (zu bestimmen nach Art. 16 EheVO 2003) nicht mehr die absolute **Zeitgrenze** für die Rechtswahl. Art. 46 d EGBGB lässt auch eine Rechtswahl im laufenden Scheidungsverfahren in erster Instanz zu. Da dies mitgliedstaatlichem Recht unterliegt, wird jeweils zu prüfen sein, ob das mitgliedstaatliche Recht die Rechtswahl auch noch im laufenden Scheidungsverfahren zulassen wird.

63 In Deutschland unterliegt der **Versorgungsausgleich** dem nach der Rom III-VO anwendbaren Recht (Art. 17 Abs. 3 S. 1 Hs 1 EGBGB idF des Rom III-Durchführungsgesetzes). Diese Koppelung dürfte für die Beratungspraxis von Bedeutung sein. Der Versorgungsausgleich ist nur durchzuführen, wenn er deutschem Recht untersteht und ihn das materielle Recht eines der Staaten kennt, denen wenigstens einer der Ehegatte im Zeitpunkt des Eintritts der Rechtshängigkeit angehört (Art. 17 Abs. 3 S. 1 Hs 2 EGBGB wie soeben).[260] Art. 17 Abs. 3 S. 2 EGBGB enthält sodann die Möglichkeit der ausnahmsweisen Durchführung des Versorgungsausgleichs, wenn i) ein Ehegatte dies beantragt, wenn ii) einer der Ehegatten in der Ehezeit ein Anrecht bei einem inländischen Versorgungsträger erworben hat und wenn und soweit iii) die Durchführung des Versorgungsausgleichs insbesondere im Hinblick auf die beiderseitigen wirtschaftlichen Verhältnisse während der gesamten Ehezeit der Billigkeit nicht widerspricht.

64 Empfehlenswert erscheint es auch, das anwendbare Recht für andere Fragen der **Scheidungsfolgen** festzulegen, insbesondere ist an den Unterhalt nach Art. 15 EuUntVO iVm Artt. 7, 8 HPUnt 2007 sowie an das Güterrecht nach Art. 15 Abs. 2 EGBGB zu denken. Eine Verordnung für das Güterrecht ist in Planung.[261] Zu denken ist auch an die Absicherung dieser Rechtswahl über eine Gerichtsstandsvereinbarung für Unterhaltsstreitigkeiten (Art. 4 EuUntVO). Die geplante Verordnung zum Güterrecht sieht ebenfalls die Möglichkeit einer Gerichtsstandsvereinbarung vor, mit der i) das nach der EheVO 2003 für die Scheidung zustän-

---

252 Siehe *Kohler*, in: FS v. Hoffmann, 2011, S. 208, 213.
253 Hierzu BeckOK-BGB/*Spickhoff*, Art. 40 EGBGB Rn 29.
254 BReg, Gesetzentwurf v. 23.7.2012, S. 15.
255 BReg, Gesetzentwurf v. 23.7.2012, S. 9.
256 BReg, Gesetzentwurf v. 23.7.2012, S. 9. BeckOK-BGB/*Wendtland* (Stand 15.7.2012), im MüKo-ZPO/*Wagner* (3. Aufl. 2008) und Musielak/*Stadler* (9. Aufl. 2012) schweigen dazu.
257 Stand 5.9.2012.
258 *Devers/Farge*, Sem Jur 2012, 778, Rn 18; *Hammje*, RCDIP 2011, 291, Rn 32; *Revillard/Crône*, Defrenois 2012, 40522, Rn 17.
259 Ähnlich der Vorschlag von *Devers/Farge*, Sem Jur 2012, 778, Rn 18.
260 Siehe NK-BGB/*Gruber*, Art. 17 EGBGB Rn 103.
261 Siehe dazu den Entwurf KOM (2011) 126 endg.

dige Gericht für güterrechtliche Fragen bei Ehescheidung[262] und ii) die Gerichte des Mitgliedstaates, dessen Recht die Ehegatten gemäß der VO als das auf ihren ehelichen Güterstand anzuwendende Sachrecht gewählt haben prorogieren.

Artikel 6 Einigung und materielle Wirksamkeit

(1) Das Zustandekommen und die Wirksamkeit einer Rechtswahlvereinbarung oder einer ihrer Bestimmungen bestimmen sich nach dem Recht, das nach dieser Verordnung anzuwenden wäre, wenn die Vereinbarung oder die Bestimmung wirksam wäre.

(2) Ergibt sich jedoch aus den Umständen, dass es nicht gerechtfertigt wäre, die Wirkung des Verhaltens eines Ehegatten nach dem in Absatz 1 bezeichneten Recht zu bestimmen, so kann sich dieser Ehegatte für die Behauptung, er habe der Vereinbarung nicht zugestimmt, auf das Recht des Staates berufen, in dem er zum Zeitpunkt der Anrufung des Gerichts seinen gewöhnlichen Aufenthalt hat.

A. Allgemeines................................	1	c) Abwesenheit unionsrechtlicher Vorgaben............................	7
B. Regelungsgehalt............................	2	II. Einrede fehlender Zustimmung (Abs. 2).....	8
I. Zustandekommen und Wirksamkeit: Gewähltes Recht als Eingehungsstatut (Abs. 1).......	2	1. Allgemeines............................	8
1. Zustandekommen.....................	3	2. Übernahme aus der Rom I-VO..........	9
2. Wirksamkeit..........................	4	3. Voraussetzungen.......................	10
a) Allgemein........................	4	4. Rechtsfolge...........................	12
b) Besondere Gefährdungssituationen in Bezug auf die Scheidungsrechtswahl..	5		

A. Allgemeines

Die Entwürfe vom Juli 2006 und vom März 2010 enthielten noch keine Vorgaben für das auf das Zustandekommen und die Wirksamkeit der Rechtswahlvereinbarung anwendbare Recht.[1] Art. 6 wurde erst im Dezember 2010 auf Vorschlag des Europäischen Parlaments eingefügt.[2]   **1**

B. Regelungsgehalt

I. Zustandekommen und Wirksamkeit: Gewähltes Recht als Eingehungsstatut (Abs. 1)

Gemäß Abs. 1 richten sich Zustandekommen und die Wirksamkeit einer Rechtswahlvereinbarung oder einer   **2** ihrer Bestimmungen nach dem Recht, das nach der Rom III-VO anzuwenden wäre, wenn die Vereinbarung oder die Bestimmung wirksam wäre (einheitliche Anknüpfung, *bootstrap rule*). Die Regelung entspricht Art. 3 Abs. 5 iVm 10 Abs. 1 Rom I-VO.[3] Sie galt bereits im deutschen autonomen Recht für die Ehewirkungs-/Ehescheidungsrechtswahl als **allgemeines Prinzip**.[4] Abs. 1 sollte auch die Auslegung der Rechtswahlvereinbarung umfassen.[5]

1. Zustandekommen. Das „Zustandekommen" bezieht sich auf den äußeren Vertragsabschlusstatbestand,   **3** also das zur Vereinbarung führende Erklärungsverhalten der Ehegatten (insbesondere Vorliegen von Angebot und Annahme, Einigungsmängel, Dissens, Abgabe und Zugang von Angebot und Annahme).[6]

---

262 Art. 4 Abs. 1, 2 EuEheGüRVO-E, KOM (2011) 126 endg.
1 Vgl KOM [2006] 399, S. 16-18. Hierzu *Lardeux,* D. 2008, 795, Umdruck S. 5/12, die eine Analogie zu Rom I für ungeeignet hält und stattdessen auf die *lex fori* abstellen möchte.
2 Siehe Art. 3a neu = Abänderungsvorschlag 41 in EP, Legislative Entschließung zu KOM (2010) 105 v. 15.12.2010, A7-0360/2010, S. 11 und hierzu zust. Commission Communication on the action taken on opinions and resolutions adopted by Parliament at the December 2010 part-session, A7-0360/2010 / P7_TA-PROV(2010)0477, 15.12.2010, S. 3/5.

3 Siehe auch schon Art. 27 Abs. 4 iVm Art. 31 aF EGBGB und Art. 3 Abs. 4 iVm Art. 8 EVÜ, siehe jüngst nun auch Art. 22 Abs. 3 EuErbRVO, siehe ferner die analoge Anwendung im Rahmen von Art. 14 Rom II-VO (hierzu Rauscher/*Jakob/Picht,* EuZPR/ EuIPR, Art. 14 Rom II-VO, Rn 27).
4 Staudinger/*Mankowski,* Art. 14 EGBGB Rn 138; NK-BGB/*Andrae,* Art. 14 EGBGB Rn 50.
5 So für (Art. 17 Abs. 1 S. 1 aF iVm) Art. 14 EGBGB Staudinger/*Mankowski,* Art. 14 EGBGB Rn 141.
6 Erman/*Hohloch,* Art. 6 Rn 1. Für Rom I: BeckOK-BGB/*Spickhoff,* Art. 10 Rom I-VO, Rn 3 f.

4 2. Wirksamkeit. a) Allgemein. Die „Wirksamkeit" bezieht sich auf alles, was nicht Zustandekommen (Abs. 1), Form (Art. 7), Rechts- und Handlungsfähigkeit (Art. 1 Abs. 2 lit. a) oder Vertretung ist.[7] Sie umfasst nicht die Zulässigkeit der Rechtswahl als solche; es kommt nicht darauf an, ob das gewählte Recht spezielle Regeln gerade für die Scheidungsrechtswahl hat. Insoweit ist das gewählte Recht nicht berufen.[8] Als Gegenstand der Wirksamkeitsprüfung bleiben dann vor allem das Vorliegen und die Rechtsfolgen von Willensmängeln wie Irrtum, Täuschung und Drohung, Bedingungen, Gesetzeswidrigkeit und Sittenwidrigkeit wie nach §§ 134, 138 BGB.[9]

5 b) Besondere Gefährdungssituationen in Bezug auf die Scheidungsrechtswahl. Die **Sittenwidrigkeitsprüfung** kann hier künftig von erheblicher Bedeutung sein. Denkbar ist, dass in der Gesamtabwägung bei der Beurteilung der Sittenwidrigkeit einer Scheidungs- und Scheidungsfolgenvereinbarung – die Sittenwidrigkeit ist auf der Grundlage einer Gesamtwürdigung aller objektiven und subjektiven Gegebenheiten bei Vertragsschluss festzustellen[10] – die Scheidungsrechtswahl einen belastenden Faktor ausmacht, der im Verbund mit anderen das Sittenwidrigkeitsverdikt auslöst. Denkbar ist auch, dass eine Scheidungsfolgenvereinbarung (etwa ein partieller Unterhaltsverzicht) aufgrund anderer Umstände als der Rechtswahlvereinbarung sittenwidrig ist (etwa wegen einseitiger Lastenverteilung)[11] und zu fragen ist, ob die Sittenwidrigkeit auch eine etwaige Rechtswahl für die Scheidung erfasst. Dies wird man angesichts der Eigenständigkeit der Rechtswahl von sonstigen Vertragsklauseln grundsätzlich verneinen müssen.[12] Fraglich wäre dann indes noch, ob bei unwirksamer Unterhaltsrechtswahl eine Scheidungsrechtswahl allein wirksam bleiben kann. Dies wird sich danach richten, ob nach den Umständen des Einzelfalls beide Rechtswahlvereinbarungen miteinander stehen und fallen sollten. Bei der – hier offenzulassenden – Behandlung dieser Situationen wird unter anderem zu bedenken sein, dass eine sehr strenge und umfangreiche Sittenwidrigkeitskontrolle der Mitgliedstaaten – die Sittenwidrigkeitskontrolle deutscher Prägung dürfte zu den eher umfassenden gehören – Gefahr läuft, die Zulässigkeit der Rechtswahlvereinbarung als solche zu beschneiden und somit mit Art. 5 zu kollidieren.[13]

6 Relevanz könnte auch die **Anfechtung** wegen Täuschung haben. Denkbar ist dies in Situationen erheblicher Informationsasymmetrien, vor allem dann, wenn nach den Umständen des Einzelfalls den besser informierten Ehegatten eine Aufklärungspflicht trifft. Zu denken wäre ferner an Anfechtung wegen Drohung (oder Zwang oder Gewalt oder ähnlicher mitgliedstaatlicher Institute) in Situationen, in denen der Ehegatte unter Druck zum Abschluss der Rechtswahlvereinbarung bestimmt wurde.

7 c) Abwesenheit unionsrechtlicher Vorgaben. Art. 6 Abs. 1 bedeutet zugleich die vollständige Abwesenheit unionsrechtlicher Vorgaben für Zustandekommen und Wirksamkeit (jenseits der in Art. 5 und Art. 7 behandelten Fragen).[14] Hier wie bereits beim informierten Konsens und der Inhaltskontrolle deuten die Erwägungsgründe in eine andere Richtung. Wenn es dort heißt „Regeln zur materiellen Wirksamkeit ... sollten festgelegt werden" (Erwägungsgrund 19 S. 1), lässt dies unionsautonome Regeln zur materiellen Wirksamkeit oder zumindest Vorgaben für die mitgliedstaatlichen Gesetzgeber erwarten. Jedoch enthält der Text der Rom III-VO keine Anhaltspunkte dafür, dass sich auch die materielle Einigung nach autonomen Anforderungen bestimmt[15] oder Vorgaben für die mitgliedstaatlichen Gesetzgeber aufgestellt würden. Dies ist in beide Richtungen problematisch: Da dank Art. 4 in Art. 6 grundsätzlich das Recht jedes Staates wählbar ist, ist sowohl denkbar, dass eine Kontrolle viel zu knapp ausfällt, als auch, dass sie ausufert. Unionsrechtliche Vorgaben hätten hier segensreich wirken können.[16] Zu den Schutzmechanismen der Verordnung insgesamt siehe Art. 5 Rn 13 ff.

---

7 Erman/*Hohloch,* Art. 6 Rn 1. Für Rom I: BeckOK-BGB/*Spickhoff,* Art. 10 Rom I-VO, Rn 5; Staudinger/*Hausmann,* Art. 10 Rom I-VO, Rn 15 ff; zur Sittenwidrigkeit näher MüKo/*Spellenberg,* Art. 10 Rom I-VO Rn 137 ff.

8 So für (Art. 17 Abs. 1 S. 1 aF iVm) Art. 14 EGBGB Staudinger/*Mankowski,* Art. 14 EGBGB Rn 139 f und für Art. 3 Rom I-VO Rauscher/*v. Hein,* EuZPR/EuIPR, Art. 3 Rom I-VO Rn 39. Dies verkennen *Lardeux,* D. 2011, 1835, Umdruck S. 7/12 und *Oudin,* RJPF 2011, H. 3, Umdruck S. 6/18.

9 Wie vorherige Fn.

10 MüKo/*Maurer,* § 1585 c BGB Rn 34.

11 Siehe hierzu die schon fast unüberschaubare Rechtsprechung nur des BGH in Folge der Entscheidung BVerfG v. 6.2.2001 – 1 BvR 12/92, BVerfGE 103, 89 = FamRZ 2001, 343 = NJW 2001, 957.

12 Siehe für Art. 3 Abs. 5, 10 Rom I-VO MüKo/*Martiny,* Art. 3 Rom I-VO, Rn 108.

13 Ähnlich *Kohler,* in: FS v. Hoffmann, 2011, S. 208, 216.

14 Dies bedauert zu Recht *Kohler,* in: FS v. Hoffmann, 2011, S. 208, 213 f.; ähnlich wie hier Palandt/*Thorn,* Art. 6 Rn 1.

15 Wie sie etwa der EuGH-Rspr zu Art. 23 EuGVVO entnommen werden kann, siehe MüKo-ZPO/*Gottwald,* Art. 23 EuGVVO Rn 15 mwN.

16 Ähnlich *Kohler,* in: FS v. Hoffmann, 2011, S. 208, 216.

II. Einrede fehlender Zustimmung (Abs. 2)

1. Allgemeines. Abs. 2 verleiht eine **Einrede**[17] gegen die Anwendung des von Abs. 1 bestimmten Rechts: Ergibt sich aus den Umständen, dass es nicht gerechtfertigt wäre, die Wirkung des Verhaltens eines Ehegatten nach dem in Abs. 1 bezeichneten Recht zu bestimmen, so kann sich dieser Ehegatte für die Behauptung, er habe der Vereinbarung nicht materiell wirksam zugestimmt,[18] auf das Recht des Staates berufen, in dem er zum Zeitpunkt der Anrufung des Gerichts seinen gewöhnlichen Aufenthalt hat. Die in Abs. 2 normierte Ausnahme ist als solche **eng** auszulegen.[19] Der **Zeitpunkt der Anrufung des Gerichts** (Abs. 2) richtet sich nach Art. 16 EheVO 2003 (Erwägungsgrund 13 S. 2) (siehe zur Formulierung „Soweit zweckmäßig" oben Art. 5 Rn 53).[20] Der **Begriff des gewöhnlichen Aufenthalts** ist wie in Artt. 5 und 8 auszulegen.[21]

2. Übernahme aus der Rom I-VO. Die Regelung wurde weitgehend aus Art. 10 Abs. 2 Rom I-VO übernommen.[22] Dort war sie insbesondere für den Fall des Schweigens auf ein kaufmännisches Bestätigungsschreiben konzipiert.[23] Die vielleicht etwas unbedachte Übernahme hat schon erhebliche Kritik auf sich gezogen.[24] Zu Recht wurde Art. 6 Abs. 2 als „wenig angemessen, aber harmlos" bezeichnet.[25]

3. Voraussetzungen. Die materiell wirksame Zustimmung iSv Abs. 2 umfasst nicht den gesamten Bereich der „Wirksamkeit" aus Abs. 1 Alt. 2, sondern nur auf den **äußeren Erklärungstatbestand**.[26] Deswegen bleiben insbesondere die praktisch wohl besonders relevanten Gefährdungssituationen der Sittenwidrigkeit und der Bestimmung zur Abgabe der Willenserklärung durch Täuschung, Gewalt, Drohung oder Zwang von Abs. 2 ausgeschlossen.[27] Es wird wie in Rom I vor allem um Fälle fehlenden Erklärungsbewusstseins gehen. In praxi wird die Berufung auf Abs. 2 daher nicht oft erfolgreich sein – ist die ausdrückliche Rechtswahlvereinbarung schriftlich getroffen, unterschrieben und datiert worden, wird ein Ehegatte selten behaupten können, er habe nicht wirksam zugestimmt.[28] Ein Anwendungsbereich von Belang bliebe vor allem dann, wenn man die konkludente Rechtswahl zuließe (Art. 5 Rn 11).

Für die Beantwortung der Frage, ob die Anwendung des Rechts nach Abs. 1 **nicht gerechtfertigt** wäre, ist eine **Abwägung der Interessen** (der Parteien, nicht des Verkehrs) erforderlich.[29] Das Festhalten einer Seite an der Rechtswahlvereinbarung muss unter Würdigung aller Umstände des Einzelfalls **unzumutbar** erscheinen.[30] Innerhalb der Abwägung kann sich der Appell des Erwägungsgrund 18 niederschlagen – eine Korrektur des Statuts des Abs. 1 kommt umso weniger in Betracht, je besser informiert und beraten der Ehegatte bei Abschluss der Rechtswahlvereinbarung war.[31]

4. Rechtsfolge. Als Folge der zugunsten des die Einrede Erhebenden beendeten Abwägung kann dieser sich auf das Recht des Staates berufen, in dem er **zum Zeitpunkt der Anrufung des Gerichts seinen gewöhnlichen Aufenthalt** hat. In Art. 10 Abs. 2 Rom I-VO war es noch der gewöhnliche Aufenthalt *im Zeitpunkt der Rechtswahl*. Dies ist problematisch, kann doch so eine im Zeitpunkt ihres Abschlusses wirksame Rechtswahl durch einen späteren Wechsel des gewöhnlichen Aufenthalts unzulässig werden.[32]

Artikel 7 Formgültigkeit

(1) ¹Die Rechtswahlvereinbarung nach Artikel 5 Absätze 1 und 2 bedarf der Schriftform, der Datierung sowie der Unterzeichnung durch beide Ehegatten. ²Elektronische Übermittlungen, die eine dauerhafte Aufzeichnung der Vereinbarung ermöglichen, erfüllen die Schriftform.

---

17 So für Rom I Rauscher/*v. Hein*, EuZPR/EuIPR, Art. 10 Rom I-VO Rn 29.
18 Erman/*Hohloch*, Art. 6 Rn 2.
19 Für Art. 10 Abs. 2 Rauscher/*v. Hein*, EuZPR/EuIPR, Art. 10 Rom I-VO Rn 3 und 22.
20 So auch *Helms*, FamRZ 2011, 1765, 1769; *Gruber*, IPRax 2012, 381, 387; NK-BGB/*Gruber*, Anhang zu Art. 17 EGBGB Rn 16.
21 Siehe Art. 5 Rn 34 ff, Art. 8 Rn 8 ff.
22 Und steht auch in der Nähe von Art. 8 Abs. 2 EVÜ sowie Art. 31 Abs. 2 aF EGBGB. Krit. *Lardeux*, D. 2011, 1835, bei Fn 40.
23 So Rauscher/*v. Hein*, EuZPR/EuIPR, Art. 3 Rom I-VO Rn 41.
24 Siehe nur *Lardeux*, D. 2011, 1835, bei Fn 42 („rien, dans cet alinéa, n'a de sens"). Krit. auch *Boiché*, AJ Famille 2012, 370, Umdruck S. 5/10 („enigmatisch").
25 *Basedow*, FS Pintens 2012, Bd. 1, S. 135, 143.
26 Erman/*Hohloch*, Art. 6 Rn 2. Für Rom I Rauscher/*v. Hein*, EuZPR/EuIPR, Art. 10 Rom I-VO Rn 16.
27 Für letzteres aA *Devers/Farge*, Sem Jur 2012, 778, Rn 19 und *Kemper*, FamRBint 2012, 63, 65.
28 *Basedow*, FS Pintens 2012, Bd. 1, S. 135, 143; *Hammje*, RCDIP 2011, 291, Rn 30; *Kohler*, in: FS v. Hoffmann, 2011, S. 208, 215; *Lardeux*, D. 2011, 1835, bei Fn 42 f.
29 Erman/*Hohloch*, Art. 6 Rn 2.
30 So für Rom I Rauscher/*v. Hein*, EuZPR/EuIPR, Art. 10 Rom I-VO Rn 21.
31 So wohl Erman/*Hohloch*, Art. 6 Rn 2.
32 *Gruber*, IPRax 2012, 381, 387. Ähnlich Erman/*Hohloch*, Art. 6 Rn 2 – der Verordnungsgeber ginge wohl davon aus, dass gewöhnlicher Aufenthalt und Ort des Gerichts zusammenfielen, „sonst macht [die Regelung] nicht immer Sinn". Ähnlich *Basedow*, FS Pintens 2012, Bd. 1, S. 135, 143 („completely inconsistent").

(2) Sieht jedoch das Recht des teilnehmenden Mitgliedstaats, in dem beide Ehegatten zum Zeitpunkt der Rechtswahl ihren gewöhnlichen Aufenthalt hatten, zusätzliche Formvorschriften für solche Vereinbarungen vor, so sind diese Formvorschriften anzuwenden.

(3) Haben die Ehegatten zum Zeitpunkt der Rechtswahl ihren gewöhnlichen Aufenthalt in verschiedenen teilnehmenden Mitgliedstaaten und sieht das Recht beider Staaten unterschiedliche Formvorschriften vor, so ist die Vereinbarung formgültig, wenn sie den Vorschriften des Rechts eines dieser Mitgliedstaaten genügt.

(4) Hat zum Zeitpunkt der Rechtswahl nur einer der Ehegatten seinen gewöhnlichen Aufenthalt in einem teilnehmenden Mitgliedstaat und sind in diesem Staat zusätzliche Formanforderungen für diese Art der Rechtswahl vorgesehen, so sind diese Formanforderungen anzuwenden.

A. Allgemeines 1	c) Datierung und Unterzeichnung 7
I. Entstehung und Ziel der Formvorschrift 1	d) Bewertung 11
II. Teilweise Parallelität von Scheidung und Unterhalt 2	2. Rechtswahlvereinbarungen nach Anrufung des Gerichts 12
B. Regelungsgehalt 3	II. Formvorschriften der Mitgliedstaaten 13
I. Formvorschriften der Verordnung 3	1. Vorgaben der Verordnung 13
1. Rechtswahlvereinbarungen vor Anrufung des Gerichts 3	a) Relevanz mitgliedstaatlicher Formvorschriften nach Abs. 2–4 13
a) Allgemeines 3	b) Rechtswahlvereinbarung im „Ehevertrag" 16
b) Schriftform oder elektronische Übermittlung 5	2. Durchführungsrecht 17

A. Allgemeines

I. Entstehung und Ziel der Formvorschrift

1   Im Entwurf vom Juli 2006 war die Formvorschrift noch deutlich schlichter gehalten.[1] Im Entwurf vom März 2010 war Art. 7 seinem Gehalt nach bereits weitgehend vorhanden,[2] nur der heutige Art. 7 Abs. 4 fehlte. Seine jetzige Form erhielt er im Dezember 2010.[3] Die nun Norm gewordene Formvorschrift ist recht eigentümlich – mit anderen Formvorschriften des (Eu)IPR wie etwa Artt. 11, 26, 14 Abs. 4 EGBGB, Art. 11 Rom I-VO hat sie wenig gemein.[4] Die Formvorschriften des Art. 7 sollen sicherstellen, dass die Ehegatten die Vereinbarung „in voller Sachkenntnis" treffen und sich der **„Tragweite ihrer Rechtswahl bewusst"** sind (Erwägungsgrund 19). Gleichzeitig sollen sie den schwächeren Ehegatten schützen.[5] Dennoch ist die von Abs. 1 geforderte Form, gerade angesichts der äußerst einschneidenden Folgen der Rechtswahl, alles andere als streng.[6] Dass damit die von Erwägungsgrund 19 angekündigten Effekte erreicht werden, darf bezweifelt werden – hierzu unten Rn 11.

II. Teilweise Parallelität von Scheidung und Unterhalt

2   Gerade bei der Frage der Form besteht ein praktisches Bedürfnis zur Parallelität mit den Rechtswahlvereinbarungen der Scheidungsfolgen, da, wenn die Frage der Rechtswahl im Raum steht, typischerweise eine Regelung für Scheidung, Unterhalt (und künftig wohl Güterrecht) *uno actu* in der Scheidungsfolgenvereinbarung, ggf gemeinsam mit einer Gerichtsstandsvereinbarung für Teilaspekte, getroffen wird. Mit Abs. 1 wird eine teilweise Parallelität von Scheidung und Unterhalt sowie (einem etwaigem künftigen) Güterrecht erreicht: Nach Art. 15 EuUntVO iVm Art. 7 Abs. 2, Art. 8 Abs. 2 HPUnt 2007 muss es sich um eine „unterschriebene Vereinbarung in Schriftform oder erfasst auf einem Datenträger, dessen Inhalt für eine spätere Einsichtnahme zugänglich ist", handeln. Gemäß Art. 19 Abs. 2 Hs 2 EuEheGüRVO bedarf „die Rechtswahlvereinbarung [zumindest, siehe sogleich] ... der Schriftform, sie ist zu datieren und von den Ehegatten zu unterzeichnen".[7] Erhebliche Unsicherheiten ergeben sich indes aus dem Charakter des HPUnt 2007 als

---

1   „Eine Rechtswahlvereinbarung bedarf der Schriftform und ist von beiden Ehegatten spätestens bei Anrufung des Gerichts zu unterzeichnen", Art. 20 a Abs. 2 KOM [2006] 399, S. 17.
2   Im damaligen Art. 3 Abs. 3 VO-E, KOM (2010) 105 endg., S. 16.
3   Siehe Art. 3b neu = Abänderungsvorschlag 42 in EP, Legislative Entschließung zu KOM (2010) 105 vom 15.12.2010, A7-0360/2010, S. 11 und hierzu zust.

Commission Communication on the action taken on opinions and resolutions adopted by Parliament at the December 2010 part-session, A7-0360/2010 / P7_TA-PROV(2010)0477, 15.12.2010, S. 3/5.
4   Erman/*Hohloch*, Art. 7 Rn 1.
5   KOM (2010) 105 endg., S. 7.
6   *Franzina*, CDT 3 (2011), 85, 108 Rn 42; *Boiché*, AJ Famille 2012, 370, Umdruck S. 5/10.
7   KOM (2011) 126 endg., S. 24.

Konventionsrecht,[8] aus den geplanten weiteren Formvorschriften für güterrechtliche Rechtswahlvereinbarungen[9] und aus den ggf anwendbaren strengeren Formvorschriften der Mitgliedstaaten für die Trennungs- und Scheidungsrechtswahl (Abs. 2–4).

B. Regelungsgehalt

I. Formvorschriften der Verordnung

1. Rechtswahlvereinbarungen vor Anrufung des Gerichts. a) Allgemeines. Die Wahrung der Form 3
ist Wirksamkeitsvoraussetzung der Rechtswahlvereinbarung. Abs. 1 S. 1 stellt für die Formgültigkeit **Minimalanforderungen** auf: Er verlangt Schriftform, Datierung und Unterzeichnung der Vereinbarung durch beide Ehegatten, wobei elektronische Übermittlungen die Schriftform ersetzen können.

Bei der Auslegung der Formerfordernisse sind ihre Zwecke zu berücksichtigen: Beweissicherung, Schutz 4
vor übereilten Entschlüssen, Sicherstellung des tatsächlichen Vorliegens einer Willenseinigung[10] sowie idealiter die Gewährleistung eines hohen Grads an Information der Parteien über den Inhalt und die Folgen ihrer Vereinbarung (Erwägungsgrund 19). Angesichts dieser hohen Ziele ist eine **strenge Auslegung** der Formerfordernisse geboten.

b) Schriftform oder elektronische Übermittlung. Die Auslegung des Schriftformerfordernisses hat 5
autonom zu erfolgen, § 126 BGB ist nicht anwendbar. Eine vollständige Ausformung hat der Schriftformbegriff des EuIPR/EuZPR noch nicht erfahren.[11] Für die Auslegung kann in Grenzen auf das zu Art. 23 Abs. 1 S. 2 lit. a Alt. 1 EuGVVO (sowie Art. 17 Abs. 1 S. 2 lit. a EuGVÜ) und Art. 4 Abs. 2 S. 1 EuUntVO Entwickelte zurückgegriffen werden; auch Erwägungen zu Art. 7 Abs. 2, Art. 8 Abs. 2 HPUnt 2007 können herangezogen werden. Für die **Schriftform** genügt jede Art von Schrift, sei es Hand- oder maschinelle Schrift.[12] Aus dem Erfordernis der Unterzeichnung allein kann nicht auf die Notwendigkeit einer einheitlichen Urkunde geschlossen werden,[13] zumal dies der Form der elektronischen Übermittlung kaum noch einen sinnvollen Anwendungsbereich belassen würde. Da eine einheitliche Urkunde nicht erforderlich ist, genügen getrennte, hinreichend klar übereinstimmende Schriftstücke (etwa Telefaxe, Briefe).[14]

Abs. 1 S. 2 konkretisiert, dass elektronische Übermittlungen, die eine dauerhafte Aufzeichnung der Verein- 6
barung ermöglichen, die Schriftform erfüllen.[15] Auch für die Auslegung des Begriffs „**elektronische Übermittlungen**, die eine dauerhafte Aufzeichnung der Vereinbarung ermöglichen" (Abs. 1 S. 2) kann auf die Auslegung von Art. 23 Abs. 2 EuGVVO und Art. 4 Abs. 2 S. 2 EuUntVO zurückgegriffen werden[16] und zudem können Erwägungen zu Art. 7 Abs. 2, Art. 8 Abs. 2 HPUnt 2007 in Grundzügen herangezogen werden. Die dauerhafte Aufzeichnung soll dergestalt sein, dass sie die Nachweisbarkeit der Erklärungen gewährleistet.[17] Hauptanwendungsfall ist der Vertragsschluss per **E-Mail**. Die Einigung per E-Mail genügt,

---

8   Die Auslegung des HPUnt 2007 hat seinen internationalen Charakter zu berücksichtigen und eine einheitliche Anwendung anzustreben (Art. 20 HPUnt 2007). Da das Übereinkommen auch anderen Vertragsstaaten offensteht, fungiert der EuGH nicht als Instanz zur Schaffung einer umfassend einheitlichen Anwendung (Fucik in: Fasching/Konecny², Rn 14). Für andere Vertragsstaaten handelt es sich bei Judikaten des EuGH lediglich um Entscheidungen eines anderen Vertragsstaates, die nur überzeugende, keine bindende Kraft haben können (Bonomi, Rapport Explicatif, 2009, Rn 200; Fucik in: Fasching/Konecny², Rn 14). Für die EU-Mitgliedstaaten ist die Rechtsprechung des EuGH nach allgemeinem Unionsrecht verbindlich.

9   Zusätzlich muss die Rechtswahlvereinbarung die Formvorschriften des gewählten Rechts oder des Rechts des Abschlussorts für „Eheverträge" beachten (Art. 19 Abs. 1 EuEheGüRVO).

10 So für Art. 23 EuGVVO/Art. 17 EuGVÜ Geimer/Schütze/*Geimer*, EuZVR, Art. 23 EuGVVO Rn 98. Ein weiterer Aspekt ist die Prozessökonomie: Viele Beweiserhebungen werden überflüssig (*Geimer* aaO Rn 100).

11 Erman/*Hohloch*, Art. 7 Rn 2.

12 Erman/*Hohloch*, Art. 7 Rn 2.

13 So aber für Art. 8 Abs. 2 HPUnt 2007 Rauscher/*Andrae*, EuZPR/EuIPR, Art. 4 EG-UntVO Rn 13 und Art. 8 HUntStProt Rn 16.

14 Siehe für Art. 23 EuGVVO und Art. 17 EuGVÜ Geimer/Schütze/*Geimer*, EuZVR, Art. 23 EuGVVO Rn 104 f; MüKo-ZPO/*Gottwald*, Art. 23 EuGVVO, Rn 24; *Kropholler/v. Hein*, Art. 23 EuGVO, Rn 33; Rauscher/*Mankowski*, EuZPR/EuIPR, Art. 23 Brüssel I-VO Rn 15 a.

15 Das Interesse an der dauerhaften Aufzeichnung – und somit der Beweisfunktion der Form – ist nur teilweise umgesetzt. *Devers/Farge*, Sem Jur 2012, 778, Rn 20 beklagen das fehlende Erfordernis mehrerer Exemplare oder der Beteiligung eines – dokumentationspflichtigen – Anwalts oder Notars.

16 *Helms*, FamRZ 2011, 1765, 1769; *Gruber*, IPRax 2012, 381, 387.

17 Für Art. 4 EuUntVO Geimer/Schütze/*Reuß*, IRV, Art. 4 EuUntVO Rn 20.

da E-Mails gespeichert und ausgedruckt werden können.[18] Ob die Nachricht tatsächlich ausgedruckt oder gespeichert (und ggf später wieder gelöscht) wurde, ist für die Formwirksamkeit nicht maßgeblich (Wortlaut: „ermöglichen").[19] Anrufbeantworternachrichten, Telefongespräche, Videokonferenzen und SMS genügen schon deshalb nicht,[20] weil es typischerweise an der Möglichkeit eines unmittelbaren Ausdrucks fehlt.[21]

7 **c) Datierung und Unterzeichnung.** Datierung bedeutet die Anbringung des Datums der Errichtung auf der Vereinbarung.[22]

8 Das Erfordernis der Unterzeichnung stellt eine Verschärfung gegenüber Art. 23 EuGVVO[23] und Art. 4 EuUntVO[24] dar. Bei der klassischen Schriftform (Abs. 1 S. 1) verlangt „Unterzeichnung" eine **handschriftliche**[25] **Namensunterschrift** auf Seiten beider Vertragsparteien. Die Paraphierung genügt nicht. Die Unterschrift muss räumlich den Textabschluss unter dem Dokument oder den Dokumenten bilden, eine „Oberschrift" genügt nicht. Um die Echtheit zu sichern, muss die Person des Ausstellers durch einen individuellen Schriftzug kenntlich gemacht werden. Die vervielfältigte Unterschrift unter einem Telefax genügt.

9 Auch bei der elektronischen Übermittlung (Abs. 1 S. 2) bedarf es einer „Unterzeichnung". Dies folgt schon aus dem Wortlaut von Abs. 1 S. 2, nach dem die elektronische Übermittlung nur die Schriftform ersetzt. Bei der elektronischen Übermittlung wird man angesichts der erheblichen Bedeutung der Vereinbarung und um dem Unterzeichnungserfordernis auch in dieser Variante wie bei der klassischen Schriftform einen eigenständigen Gehalt zu sichern, eine **elektronische Signatur** nach Maßgabe der SignaturRL 1999/93/EG fordern dürfen.[26]

10 Die Frage nach der Möglichkeit einer Unterzeichnung durch einen **Vertreter** oder der Erforderlichkeit einer eigenhändigen Unterzeichnung ist problematisch. So wünschenswert das Gegenteil auch sein mag, so wenig enthält die Verordnung dafür Vorgaben. Daher ist davon auszugehen, dass sich die Frage nach mitgliedstaatlichem Recht richtet.[27]

11 **d) Bewertung.** Dass Abs. 1 **keine weitergehenden Formvorschriften** enthält und alles über die Schriftform (zzgl Datierung und Unterzeichnung) Hinausgehende den Mitgliedstaaten überlässt, ist angesichts des insgesamt geringen unionsrechtlichen Schutz des Schwächeren vor Ausnutzung zu beklagen. Wünschenswert wären weitergehende Aufklärungs-, Beratungs- und Belehrungspflichten, auch durch Mitwirkung eines Anwalts, Notars oder anderen (etwa des *greffier*) bereits auf Unionsebene.[28] So ersuchte denn auch der Ausschuss für die Rechte der Frau und die Gleichstellung der Geschlechter des Europäischen Parlaments den federführenden Rechtsausschuss erfolglos, ein Beurkundungserfordernis und ein Belehrungserfordernis einzuführen.[29] Auch der Bundesrat hatte es in seiner Reaktion zum Grünbuch für wünschenswert gehalten, dass die Ehegatten neutral und sachkundig beraten werden – gewährleistet etwa durch ein Formerfordernis der notariellen Beurkundung.[30] Eine richterliche Genehmigung hingegen erscheint sehr umständlich und deshalb nicht wünschenswert.[31] Gleichwohl verlässt sich Art. 7 ganz auf den Schutz durch die mitgliedstaatlichen Rechte. Dass eine E-Mail-Korrespondenz genügen soll, erscheint angesichts der gesicher-

---

18 Für Art. 7 Rom III-VO *Boiché*, AJ Famille 2012, 370, Umdruck S. 5/10; jurisPK-BGB/*Ludwig*, Art. 5 Rn 29. Für Art. 23 EuGVVO allgM, siehe nur Geimer/Schütze/*Geimer*, EuZVR, Art. 23 EuGVVO Rn 105; *Kropholler/v. Hein*, Art. 23 EuGVO Rn 41; Rauscher/*Mankowski*, EuZPR/EuIPR, Art. 23 Brüssel I-VO Rn 38; *Schlosser*, EuZPR, Art. 23 EuGVVO Rn 19. Für Art. 4 EuUntVO Geimer/Schütze/*Reuß*, IRV, Art. 4 EuUntVO Rn 20; Rauscher/*Andrae*, EuZPR/EuIPR, Art. 4 EuUntVO Rn 19.
19 Geimer/Schütze/*Reuß*, IRV, Art. 4 EuUntVO Rn 20.
20 Siehe auch sogleich zum Unterzeichnungserfordernis.
21 Siehe für Art. 23 EuGVVO *Kropholler/v. Hein*, Art. 23 EuGVVO, Rn 33 mwN und Rauscher/*Mankowski*, EuZPR/EuIPR, Art. 23 Brüssel I-VO Rn 38, 38 a, 38 b.
22 Erman/*Hohloch*, Art. 7 Rn 2.
23 *Kropholler/v. Hein*, Art. 23 EuGVO Rn 33.
24 Nur ratsam, nicht erforderlich: Geimer/Schütze/*Reuß*, IRV, Art. 4 EuUntVO Rn 19 mwN; aA Rauscher/*Andrae*, EuZPR/EuIPR, Art. 4 EuUntVO Rn 15.
25 Erman/*Hohloch*, Art. 7 Rn 2.
26 Erman/*Hohloch*, Art. 7 Rn 2. Für Art. 23 EuGVVO und Art. 4 EuUntVO war dies freilich noch nicht erforderlich, da diese kein (explizites) Unterzeichnungserfordernis aufstellte – siehe Rauscher/*Man-*

kowski, EuZPR/EuIPR, Art. 23 EuGVVO Rn 38 und Geimer/Schütze/*Reuß*, IRV, Art. 4 EuUntVO Rn 20.
27 Erman/*Hohloch*, Art. 7 Rn 2. AA (Stellvertretung unzulässig) *Andrae*, FPR 2010, 505, 506.
28 *Coester-Waltjen/Coester*, FS Schurig, 2012, S. 33, 45; *Revillard*, Defrenois 2011, 39208, Umdruck S. 5 f/8. Ähnlich *Kohler*, in: FS v. Hoffmann, 2011, S. 208, 214. Für Unterschriften der Anwälte nach mitgliedstaatlichem Recht *Viganotti*, Gaz. Pal. 2011, Nr. 174, Rn 7. Bedauernd auch schon *Lardeux*, D. 2008, 795, Umdruck S. 5 f/12. Ähnlich BRAK, Stellungnahme zu KOM (2010) 105 endg., Nr. 31/2010, S. 3 – reines Schriftformerfordernis sei „bedenklich", qualifizierte (anwaltliche) Beratung wäre wünschenswert. Siehe auch DAV, Stellungnahme zu KOM (2010) 105 endg., Nr. 50/2010, S. 5 (für notarielle Beurkundung auf Verordnungsebene) und *Becker*, ZRP 2010, 233, 234 (für anwaltliche Beratung).
29 EP, 2010(0067)(CNS), 8.10.2010, S. 4–6.
30 BR-Drucks. 14/1/05, S. 4. Auch der DAV, Stellungnahme Nr. 43/2005, S. 6, hatte für notarielle Beurkundung plädiert. Ähnlich *Boiché*, AJ Famille 2012, 370, Umdruck S. 5/10.
31 *Coester-Waltjen/Coester*, FS Schurig, 2012, S. 33, 45.

ten Auslegung benachbarter Rechtsakte eine einigermaßen belastbare Erkenntnis, überzeugt aber in der Wertung nicht: Eine E-Mail-Korrespondenz der Ehegatten, wenn auch mit digitalen Signaturen,[32] wird nach der allgemeinen Lebenserfahrung kaum genügen, um zu gewährleisten, dass die Ehegatten sich der Tragweite und der inhaltlichen Folgen ihrer Wahl bewusst sind.[33]

2. Rechtswahlvereinbarungen nach Anrufung des Gerichts. Erfasst sind von Art. 7 Abs. 1 nur die Rechtswahlvereinbarungen nach Art. 5 Abs. 1 und Abs. 2, da in den Fällen des Art. 5 Abs. 3 von diesem selbst eine **gerichtliche Protokollierung** der Vereinbarung vorgesehen ist (zu ihr Art. 5 Rn 55 ff). Dies folgt aus der Formulierung von Art. 7 Abs. 1.[34] **12**

II. Formvorschriften der Mitgliedstaaten

1. Vorgaben der Verordnung. a) Relevanz mitgliedstaatlicher Formvorschriften nach Abs. 2– **13**
4. Die Verordnung schreibt unter den in Abs. 2–4 genannten Voraussetzungen die Beachtung strengerer Formvorschriften der Mitgliedstaaten vor.[35] Die Beachtung der durch Abs. 2–4 relevant werdenden verschiedenen mitgliedstaatlichen Formvorschriften kann bei entsprechend gelagerten Fällen ein recht großes Maß an Vorausschau, Beratung und Planung der Ehegatten erforderlich machen.[36]

Abs. 2 sieht vor, dass etwaige strengere Formvorschriften desjenigen teilnehmenden Mitgliedstaates, in dem **14**
beide Ehegatten zum Zeitpunkt der Rechtswahl ihren gewöhnlichen Aufenthalt hatten, zu beachten sind. **Abs. 3** regelt den Fall, dass die Ehegatten zum Zeitpunkt der Rechtswahl ihren gewöhnlichen Aufenthalt in verschiedenen teilnehmenden Mitgliedstaaten haben (Distanzabschluss)[37] und das Recht beider Staaten unterschiedliche Formvorschriften vorsieht. In diesem Fall genügt es, wenn die Vereinbarung den Vorschriften des Rechts eines dieser Mitgliedstaaten genügt. Die Norm ähnelt Art. 11 Abs. 2 Rom I-VO. **Abs. 4** betrifft die Konstellation, dass zum Zeitpunkt der Rechtswahl nur einer der Ehegatten seinen gewöhnlichen Aufenthalt in einem teilnehmenden Mitgliedstaat hat (ebenfalls: Distanzabschluss) und dieser Mitgliedstaat zusätzliche Formanforderungen für die Rechtswahl vorsieht. In diesem Fall sind diese Formanforderungen anzuwenden. Die Formerfordernisse des Staates des gewöhnlichen Aufenthalts des anderen Ehegatten – sei es ein Drittstaat oder ein nicht teilnehmender Mitgliedstaat – sind unbeachtlich.

In dem von Abs. 2–4 nicht gesondert behandelten Fall, dass keiner der Ehegatten bei Abschluss der Rechts- **15**
wahlvereinbarung gewöhnlichen Aufenthalt in einem teilnehmenden Mitgliedstaat hat, unterliegt die Vereinbarung nur den Formvorschriften des Abs. 1.[38]

b) Rechtswahlvereinbarung im „Ehevertrag". Gedacht ist mit Abs. 2–4 an Fälle, in denen die Rechts- **16**
wahlvereinbarung Bestandteil des Ehevertrags ist (Erwägungsgrund 19 S. 5). Denkbar sind Formvorschriften wie die notarielle Beurkundung oder die Eintragung in ein Register.[39] Der unionsrechtliche Begriff des Ehevertrages ist weiter als der des § 1408 BGB. Mit der deutschen Übersetzung dürfte fast eher zufällig die korrekte Terminologie des § 1408 Abs. 1 BGB getroffen worden sein. Wie in der deutschen verhält es sich auch in der schwedischen Sprachfassung, hier wurde der präzise güterrechtliche Begriff verwendet („äktenskapsförord"). Aber andere Sprachfassungen bleiben – im Fall der englischen Fassung schon in Ermangelung eines „Güterrechts" – allgemeiner (engl. „marriage contract", span. „contrato de matrimonio", franz. „contrat de mariage"). Entsprechend weit ist der unionsrechtliche Ehevertragsbegriff. Er umfasst, wie es Art. 2 lit. b EuEheGüRVO-E festlegt, „jede Vereinbarung zwischen Ehegatten zur Regelung ihrer vermögensrechtlichen Beziehungen untereinander sowie gegenüber Dritten".[40] Umfasst vom unionsrechtlichen Ehevertragsbegriff sind damit etwa auch Vereinbarungen über den nachehelichen Unterhalt (§ 1585 c BGB) sowie den Versorgungsausgleich (§ 7 VersAusglG), die, wenn vor Rechtskraft der Scheidung getroffen, der notariellen Beurkundung unterliegen. Sehr weitgehend ist die deutsche Regelung für die hier betroffenen Fälle nicht, da sich die Belehrungspflicht des Notars nicht auf ausländisches Recht erstreckt.[41] Ist einmal eine Rechtswahlvereinbarung unter Beachtung strengerer Formvorschriften als Teil eines „Ehevertrags"

---

32 Man denke daran, dass in manchen Branchen die Geschäfts-E-Mails standardmäßig automatisch mit elektronischen Signaturen versehen werden (so etwa in einigen Großkanzleien).
33 Dies beklagt zu Recht *Kohler,* in: FS v. Hoffmann, 2011, S. 208, 214.
34 So auch *Helms,* FamRZ 2011, 1765, 1769; jurisPK-BGB/*Ludwig,* Art. 5 Rn 26.
35 Krit. *Andrae,* FPR 2010, 505, 506 zu der damit verbundenen Rechtszersplitterung und Verkomplizierung der Rechtsanwendung.
36 Krit. *Oudin,* RJPF 2011, H. 3, Umdruck S. 6/18.
37 So Erman/*Hohloch,* Art. 7 Rn 4.
38 *Hammje,* RCDIP 2011, 291, Rn 31; Erman/*Hohloch,* Art. 7 Rn 6. AA Schulz/Hauß/*Rieck,* Art. 7 Rom III-VO Rn 2 (Anerkennung der nach dem Recht eines nicht teilnehmenden Mitgliedstaates formwirksam zustandegekommenen Vereinbarung).
39 jurisPK-BGB/*Ludwig,* Art. 5 Rn 30.
40 KOM (2011) 126 endg., S. 18.
41 *Coester-Waltjen/Coester,* FS Schurig, 2012, S. 33, 45.

geschlossen worden, so bedarf die spätere Änderung der Rechtswahlvereinbarung nicht wiederum der Form des „Ehevertrags".[42]

17 **2. Durchführungsrecht.** Für das **deutsche Recht** sieht Art. 46 d Abs. 1 EGBGB nun vor, dass **vorprozessuale Rechtswahlvereinbarungen** nach Art. 5 notariell zu beurkunden sind.[43] Die Regelung ist zu begrüßen.[44] Sie soll dem Schutz des schwächeren Ehegatten dienen.[45] Für die allermeisten Rechtswahlvereinbarungen dürfte dies kein praktisches Problem darstellen, wenn und weil sie nicht isoliert, sondern in einem Akt mit einem Ehevertrag, einer Vereinbarung über den nachehelichen Unterhalt oder einer Vereinbarung über den Versorgungsausgleich geschlossen werden (§§ 1408, 1410, 1585 c BGB, § 7 Abs. 1, 3 VersAusglG).[46] Außerdem entspricht diese Form der bisherigen für Rechtswahlvereinbarungen im Inland (Art. 17 Abs. 1 S. 1 aF EGBGB iVm Art. 14 Abs. 4 S. 1 EGBGB).

18 Für die **im Scheidungsverfahren geschlossenen Rechtswahlvereinbarungen** (Art. 5 Abs. 3) gilt gem. Art. 46 d Abs. 2 S. 2 EGBGB die Regelung des § 127 a BGB entsprechend: Bei einem gerichtlichen Vergleich wird die notarielle Beurkundung durch die Aufnahme der Erklärungen in das Protokoll ersetzt. Der Regierungsentwurf möchte die Norm auch auf einen nicht protokollierten, aber auf Vorschlag des Gerichts schriftlich zustande gekommenen Vergleich mit Rechtswahlvereinbarung analog angewandt wissen (§ 36 Abs. 3 FamFG iVm § 276 Abs. 6 S. 1 Alt. 2 ZPO), weil an dessen Vorbereitung und Formulierung der Richter selbst mitgewirkt hat.[47]

19 Die nach Art. 17 Abs. 1 lit. a mitzuteilenden **Informationen der Mitgliedstaaten** über die von ihnen nach Art. 7 Abs. 2–4 vorgesehenen Formvorschriften sind bislang nicht veröffentlicht worden.[48]

Artikel 8 In Ermangelung einer Rechtswahl anzuwendendes Recht

Mangels einer Rechtswahl gemäß Artikel 5 unterliegen die Ehescheidung und die Trennung ohne Auflösung des Ehebandes:

a) dem Recht des Staates, in dem die Ehegatten zum Zeitpunkt der Anrufung des Gerichts ihren gewöhnlichen Aufenthalt haben, oder anderenfalls

b) dem Recht des Staates, in dem die Ehegatten zuletzt ihren gewöhnlichen Aufenthalt hatten, sofern dieser nicht vor mehr als einem Jahr vor Anrufung des Gerichts endete und einer der Ehegatten zum Zeitpunkt der Anrufung des Gerichts dort noch seinen gewöhnlichen Aufenthalt hat, oder anderenfalls

c) dem Recht des Staates, dessen Staatsangehörigkeit beide Ehegatten zum Zeitpunkt der Anrufung des Gerichts besitzen, oder anderenfalls

d) dem Recht des Staates des angerufenen Gerichts.

A. Allgemeines 1	II. Früherer gemeinsamer gewöhnlicher Aufenthalt bis vor höchstens einem Jahr (lit. b) 12
I. Anknüpfungsleiter 1	1. Allgemeines 12
II. Entstehung 2	2. Jahresfrist 14
III. Vorrang des gewöhnlichen Aufenthalts 3	III. Heimatrecht beider (lit. c) 16
IV. Indirekte Favorisierung der lex fori 4	1. Allgemeines 16
V. Sonstiges 5	2. Vorteile 17
B. Anknüpfungsleiter 8	3. Nachteile 18
I. Gemeinsamer aktueller gewöhnlicher Aufenthalt (lit. a) 8	4. Mehrstaater 19
1. Begriff 8	5. Staatenlose und Flüchtlinge 20
2. Entwicklungslinien, Vorzüge und Nachteile 9	IV. lex fori (lit. d) 21
a) Neuerung 9	1. Allgemeines 21
b) Vorteile 10	2. Kritik 22
c) Kritikpunkte 11	C. Weitere praktische Hinweise 23

---

[42] *Devers/Farge,* Sem Jur 2012, 778, Rn 20.
[43] BReg, Gesetzentwurf v. 23.7.2012, Art. 1 Nr. 5, S. 4. So verhielt es sich bereits vorher für die beschränkt mögliche Rechtswahl nach Art. 17 Abs. 1 S 1 iVm Art. 14 Abs. 2, 3 EGBGB (Art. 14 Abs. 4 EGBGB), siehe Erman/*Hohloch,* Art. 7 Rn 3. Dies kritisiert *Helms,* FS Pintens 2012, Bd. 1, S. 681, 692, weil er die damit aufgestellten Hürden für zu hoch und ein besonderes Schutzbedürfnis der Ehegatten nicht für gegeben hält.
[44] So auch BRAK, Stellungnahme zum Gesetzentwurf, Juni 2012, Nr. 31/2012, S. 3.
[45] BReg, Gesetzentwurf v. 23.7.2012, S. 14; *Leutheusser-Schnarrenberger* in BMJ, Pressemitteilung vom 3.12.2010, <www.bmj.bund.de>.
[46] AA *Helms,* FS Pintens 2012, Bd. 1, S. 681, 692.
[47] BReg, Gesetzentwurf v. 23.7.2012, S. 14.
[48] Stand 5.9.2012.

A. Allgemeines

I. Anknüpfungsleiter

Art. 8 regelt die objektive Anknüpfung, wenn die Parteien eine wirksame Rechtswahl (Artt. 5 bis 7) nicht getroffen haben. Aus Perspektive der Verordnung ist die objektive Anknüpfung die nachrangige Ausnahme, die subjektive Anknüpfung soll den Regelfall bilden.[1] Art. 8 enthält dafür eine Anknüpfungsleiter. Verglichen mit Art. 17 Abs. 1 S. 1 aF iVm Art. 14 Abs. 1 EGBGB, der zunächst an die Staatsangehörigkeit und sodann an den gewöhnlichen Aufenthalt anknüpfte, stellen die Kriterien des Art. 8 eine erhebliche Veränderung, ja geradezu eine Umkehrung dar.[2] Ein Junktim zwischen Scheidungsstatut und allgemeinen Ehewirkungen wie nach Art. 17 Abs. 1 S. 1 aF EGBGB iVm Art. 14 EGBGB kennt die allein auf Trennung und Ehescheidung bezogene Verordnung nicht.[3]

1

II. Entstehung

Die Gestaltung der objektiven Anknüpfung war im Verordnungsgebungsverfahren lange umstritten.[4] Der 2006 vorgelegte Entwurf wurde zu Recht als „modern, weitgehend und aggressiv" bezeichnet.[5] Der Bundesrat hatte sich ursprünglich und im Ergebnis ohne Erfolg dafür ausgesprochen, sich an die Anknüpfungspunkte des Art. 14 EGBGB anzulehnen.[6] Die Anknüpfungskriterien hatten seit dem Entwurf vom März 2010 die heutige Fassung.[7] Sie sollen einen „engen Bezug" zwischen Ehegatten und anzuwendendem Recht gewährleisten (Erwägungsgrund 21) – ebenso, wie schon für die wählbaren Rechtsordnungen nach Art. 5 ein „enger Bezug" vorliegen soll. Die Intensität des Bezugs sinkt mit jeder Stufe der Leiter.[8] Die Kriterien des Art. 8 sind neutral und nicht materiellrechtlich orientiert.[9]

2

III. Vorrang des gewöhnlichen Aufenthalts

Insbesondere ist jetzt der gewöhnliche Aufenthalt vorrangiges Anknüpfungskriterium – ein für das Unionsrecht bereits als „klassisch" bezeichnetes Vorgehen –,[10] die Staatsangehörigkeit wird erst auf der dritten Stufe relevant und die engste Verbindung – bislang nachrangiges Anknüpfungskriterium in vielen Mitgliedstaaten (Estland, Griechenland, Portugal, Deutschland, Art. 17 Abs. 1 S. 1 aF iVm Art. 14 Abs. 1 Nr. 3 EGBGB) – spielt als solche keine Rolle mehr.[11]

3

IV. Indirekte Favorisierung der lex fori

Obwohl die Verordnung dem *lex fori in foro proprio*-Ansatz nicht folgt,[12] kommt es aufgrund des Zusammenspiels der EheVO 2003 mit lit. a und lit. b sowie aufgrund von lit. d zu einer indirekten Favorisierung der *lex fori*.[13] Dieser Effekt ist von den Verordnungsgebern nicht nur gesehen, sondern intendiert worden;

4

---

1 KOM (2006) 399 endg., S. 10. Ähnlich *Becker,* NJW 2011, 1543, 1544; *Franzina,* CDT 3 (2011), 85, 107 Rn 42; *Gruber,* IPRax 2012, 381, 384; Erman/*Hohloch,* Art. 5 Rn 1; *Péroz,* Sem Jur 2012, 727; *Revillard/Crône,* Defrenois 2012, 40522, Rn 13.
2 *Helms,* FamRZ 2011, 1765, 1769; *J. Stürner,* JURA 2012, 708, 710; ähnl. *Basedow,* FS Pintens 2012, Bd. 1, S. 135, 144.
3 Darauf weist Schulz/Hauß/*Rieck,* Art. 5 Rom III-VO, Rn 6 hin.
4 Siehe Debate in Council, 19.4.2007, 2006/0135(CNS). *Becker,* ZRP 2010, 233, 234 hält die Regelung für angemessen.
5 Staudinger/*Mankowski,* Vor Art. 13 EGBGB, Rn 40.
6 BR-Drucks. 214/1/05, S. 3.
7 KOM (2010) 105 endg., S., 15.
8 *Carrascosa González,* CDT 4 (2012), 52, 68 Rn 50.
9 *Carrascosa González,* CDT 4 (2012), 52, 66 Rn 45.
10 *Hammje,* RCDIP 2011, 291, Rn 35.
11 EPEC, Study to inform a subsequent Impact Assessment on the Commission proposal on jurisdiction and applicable law in divorce matters, Draft final report, April 2006, Table 6.7. S. 45. Krit. *Kohler,* FamRZ 2008, 1673, 1679; *ders.,* FPR 2008, 193, 195.
12 *Carrascosa González,* CDT 4 (2012), 52, 67 Rn 48; *Franzina,* CDT 3 (2011), 85, 93 Rn 12 ff.
13 Bsp.: Wenn die internationale Zuständigkeit auf Art. 3 Abs. 1 lit. a Spiegelstr. 1 Brüssel IIa-VO gestützt wird, ist ein Gericht im Staat des gewöhnlichen Aufenthalts der Ehegatten zuständig und wendet das Recht des Staates des gewöhnlichen Aufenthalts an (Art. 8 lit. a). Wenn die internationale Zuständigkeit auf Art. 3 Abs. 1 lit. a Spiegelstr. 2 Brüssel IIa-VO gestützt wird und der gemeinsame gewöhnliche Aufenthalt vor nicht mehr als einem Jahr beendet wurde, ist ebenfalls ein Gericht im Staat des gewöhnlichen Aufenthalts der Ehegatten zuständig und es wendet das Recht des Staates des gewöhnlichen Aufenthalts an (Art. 8 lit. b). Zum Auseinanderfallen von lex fori und anwendbarem Recht kommt es etwa dann, wenn ausnahmsweise das anwendbare Recht nicht auf den gewöhnlichen Aufenthalt (oder die *lex fori*) abstellt (Art. 8 lit. c), wenn die internationale Zuständigkeit nicht an den gewöhnlichen Aufenthalt anknüpft (Art. 3 Abs. 1 lit. b EheVO 2003) oder wenn die internationale Zuständigkeit an andere Varianten des gewöhnlichen Aufenthalts anknüpft als die Rom III-VO (Art. 3 Abs. 1 lit. a Spiegelstr. 3–6 EheVO 2003).

er soll vor allem der Reduktion der mit der Anwendung ausländischen Rechts verbundenen Probleme dienen.[14] Auch Art. 5 Abs. 3 trägt zur Stärkung der *lex fori* bei – wenn, oft auf Anregung des Richters, die Parteien während des laufenden Scheidungsverfahrens eine Rechtswahl treffen, wird die Wahl aus prozessökonomischen Erwägungen heraus häufig auf die *lex fori* fallen.[15] Mit der Stärkung der *lex fori* war ursprünglich intendiert, die Verordnung für Schweden und das Vereinigte Königreich, die in Scheidungs- resp. Familiensachen stets ihr eigenes Recht anwenden,[16] hinreichend attraktiv zu machen, was bekanntlich scheiterte.[17] In Fällen mit Drittstaatsbezug dürfte die Favorisierung der *lex fori* den Vorwurf des Eurozentrismus provozieren.[18] Abmildern kann dies vor allem der Verweis auf die Rechtswahlmöglichkeit des Art. 5. Ferner kann die Anwendung der *lex fori* den Wettlauf zu Gericht fördern.[19]

V. Sonstiges

5   Die Kriterien des Art. 8 sind eher starr, flexible Elemente konnten nicht Einzug halten.[20] Die in besonders gelagerten Fällen mit den objektiven Kriterien – sei nun die Staatsangehörigkeit oder sei der gewöhnliche Aufenthalt vorangestellt – notwendigerweise verbundenen **Härten** werden abgemildert durch das Bestehen der Rechtswahlmöglichkeit nach Artt. 5 ff.[21] Ob das in praxi ein echter Trost ist, wird sich zeigen – mag doch die Freude über die neue Rechtswahlmöglichkeit vergessen lassen, dass die Zahl der tatsächlich geschlossenen Rechtswahlvereinbarungen übersichtlich bleiben dürfte.

6   Das nach Art. 8 anwendbare Recht muss nicht das eines teilnehmenden Mitgliedstaates sein, Art. 8 kann auch zur Anwendung eines **nicht teilnehmenden Mitgliedstaates oder eines Drittstaates** führen (Art. 4). Die *ordre public*-Klausel des Art. 12 und ihr Spezialfall in Art. 10 können etwaige sich daraus ergebende Probleme lindern.

7   Soweit lit. a-c auf den **Zeitpunkt der Anrufung des Gerichts** abstellen, richtet sich dieser nach Art. 16 EheVO 2003 (Erwägungsgrund 13 S. 2).[22] Siehe zur Formulierung „Soweit zweckmäßig" oben Art. 5 Rn 53. Die Anrufung des Gerichts macht das Scheidungsstatut unwandelbar, vorbehaltlich einer mitgliedstaatlich eröffneten späteren Rechtswahl nach Art. 5 Abs. 3 (in Deutschland Art. 46 d Abs. 2 EGBGB).[23]

B. Anknüpfungsleiter

I. Gemeinsamer aktueller gewöhnlicher Aufenthalt (lit. a)

8   **1. Begriff.** Gemäß Art. 8 lit. a ist in Ermangelung einer wirksamen Rechtswahl in erster Linie das Recht des Staates anwendbar, in dem die Ehegatten zum Zeitpunkt der Anrufung des Gerichts ihren gewöhnlichen Aufenthalt haben. Die Norm lehnt sich an Art. 3 Abs. 1 lit. a Spiegelstr. 1 EheVO 2003 an.[24] Es ist **kein gemeinsames eheliches Zusammenleben** oder Leben an einem Ort für lit. a erforderlich, es genügt, dass die Ehegatten in demselben Mitgliedstaat getrennt leben.[25] Der **Begriff des gewöhnlichen Aufenthalts** (der

---

14   So KOM [2006] 399, S. 11; siehe auch KOM (2010) 105 endg., S. 8. Dies wohl begrüßend NK-BGB/*Gruber*, Anhang zu Art. 17 EGBGB Rn 17 und *Lardeux*, D. 2011, 1835, bei Fn 18 f. Siehe die Liste der verbliebenen Konstellationen, in denen deutsche Gerichte ausländisches Recht anzuwenden haben bei *Andrae*, FPR 2010, 505, 507. Für eine ausführliche Auseinandersetzung mit dem Parteiinteresse an der lex fori siehe *Flessner,* Das Parteiinteresse an der lex fori nach europäischem Kollisionsrecht, FS Pintens 2012, Bd. 1, S. 593.

15   BRAK, Stellungnahme zu KOM (2010) 105 endg., Nr. 31/2010, S. 4.

16   *Martiny,* FPR 2008, 187, 190 mwN.

17   *Helms,* FamRZ 2011, 1765, 1769. Dazu siehe oben *Gruber,* Vor Art. 1 Rn 21 sowie *Boele-Woelki,* Yb. P.I.L. 12 (2010), 1, 11.

18   So *Kohler,* FamRZ 2008, 1673, 1679.

19   *Looschelders,* in: FS Kropholler 2008, S. 329, 349.

20   Krit. *Kohler,* FamRZ 2008, 1673, 1679; *ders.,* FPR 2008, 193, 195.

21   *Carrascosa González,* CDT 4 (2012), 52, 75 Rn 66; *Helms,* FamRZ 2011, 1765, 1767 (krit. S. 1769: Korrektiv des Art. 5 nicht ausreichend – in guten Zeiten treffe man keine Scheidungsrechtswahlvereinbarung,

in schlechten einige man sich nicht mehr darüber); *ders.,* FS Pintens 2012, Bd. 1, S. 681, 691. Siehe *Kohler,* FamRZ 2008, 1673, 1679 – Kriterien für die objektive Anknüpfung „von einschneidender Bedeutung"; ähnlich *ders.,* FPR 2008, 193, 195.

22   So auch *Franzina,* CDT 3 (2011), 85, 115, Rn 60 Fn 125; *Gruber,* IPRax 2012, 381, 387; NK-BGB/*Gruber,* Anhang zu Art. 17 EGBGB Rn 16; *Helms,* FamRZ 2011, 1765, 1769; *Lardeux,* D. 2011, 1835, bei Fn 20; jurisPK-BGB/*Ludwig,* Art. 8 Rn 2. Wohl aA *Devers/Farge,* Sem Jur 2012, 778, Rn 21.

23   Sowie vorbehaltlich der Antragsrücknahme und erneuten Anrufung dieses oder eines anderen Gerichts, so Erman/*Hohloch,* Art. 8 Rn 2. Wie hier Palandt/*Thorn,* Art. 8 Rn 6.

24   Obschon dort der gewöhnliche Aufenthalt in einem Mitgliedstaat liegen muss; dies gilt freilich für die Rom III-VO nicht (Art. 4).

25   *Helms,* FamRZ 2011, 1765, 1767; Erman/*Hohloch,* Art. 5 Rn 4; jurisPK-BGB/*Ludwig,* Art. 5 Rn 9; *Oudin,* RJPF 2011, H. 3, Umdruck S. 10/18; so wohl auch NK-BGB/*Gruber,* Anhang zu Art. 17 EGBGB Rn 10. So für Art. 3 EheVO 2003: MüKo-ZPO/*Gottwald,* Art. 3 EheGVO Rn 7.

physischen Privatperson) wird wie bislang durch das Sekundärrecht nicht konkretisiert. Er ist in Art. 5 Abs. 1 lit. a, lit. b, Art. 8 lit. a, lit. b in grundsätzlich gleicher Weise auszulegen – siehe daher zur Begriffserläuterung und zu den Einschränkungen des Gleichlaufs Art. 5 Rn 34 ff, 37 ff, 40 f.

2. Entwicklungslinien, Vorzüge und Nachteile. a) Neuerung. Die Vorrangstellung des gewöhnlichen **9** Aufenthalts stellt eine Neuerung für die meisten Mitgliedstaaten dar. Der gewöhnliche Aufenthalt hatte im internationalen Familienrecht zunächst im Kindschaftsrecht Platz gegriffen mit Art. 1, 2 MSÜ, Art. 5, 15 KSÜ, Art. 3 HKEntfÜ, Art. 2, 4 HAdoptÜ, Artt. 8–10 EheVO 2003. Im Scheidungsrecht war der gemeinsame (gewöhnliche) Aufenthalt bislang nur in Estland und in Belgien (in Ermangelung einer Rechtswahl) erster Anknüpfungsfaktor.[26] Außerhalb des Kindschaftsrechts dominierte in Europa das Staatsangehörigkeitsprinzip.[27] Die meisten Mitgliedstaaten stellten auf die gemeinsame Staatsangehörigkeit (Portugal, Luxemburg, Italien, Polen, Spanien, Slowakei, Slowenien, Ungarn, Tschechische Republik) und/oder Varianten (Deutschland, Griechenland, Österreich) ab.[28] Gleichwohl wurde der gewöhnliche Aufenthalt als Grundanknüpfung schon früh im Entstehungsprozess der Rom III–VO begrüßt und weithin akzeptiert.[29] Bekanntlich orientiert sich auch die internationale Zuständigkeit in Ehesachen am Aufenthaltsprinzip (Art. 3 EheVO 2003). Die Vorrangstellung des gewöhnlichen Aufenthalts ist zum Teil durch die Vorgaben des und das Zusammenspiel mit Art. 3 EheVO 2003 vorgegeben: Der Gleichlauf von internationaler Zuständigkeit und materiell anwendbarem Recht ist intendiert, befürwortet doch der Verordnungsgeber klar die Anwendung der *lex fori*.[30] Die Vorrangstellung des gewöhnlichen Aufenthalts in der Rom III-VO ist Teil einer breiteren Erosionsentwicklung des Staatsangehörigkeitsprinzip,[31] zu Vorzügen und Nachteilen der Staatsangehörigkeitsanknüpfung unten Rn 17 f. Auch das Unterhaltsrecht hatte mit den Instrumenten von 2007 und 2009 schon einen Wechsel vom Staatsangehörigkeits- hin zum Aufenthaltsprinzip vollzogen (siehe Art. 3 Abs. 1 HPUnt 2007 sowie Art. 3 lit. a, b, Art. 4 Abs. 1 lit. a EuUntVO).

b) Vorteile. Der gewöhnliche Aufenthalt wartet mit zahlreichen Vorteilen auf. Ein Vorteil der Anknüpfung **10** an den gewöhnlichen Aufenthalt ist, dass damit eine reale enge Verbindung reflektiert, die soziale und rechtliche Integration gewährleistet wird und so auch Fälle erfasst werden, in denen die mit der Staatsangehörigkeit geschaffene Verbindung nur noch formaler Natur ist. Die Anknüpfung an den gewöhnlichen Aufenthalt beruht auf der berechtigten Vermutung, dass derjenige, der willentlich in ein anderes Land zieht, den dortigen Gesetzen unterworfen werden möchte.[32] Zudem soll laut Kommission mit der Anknüpfung an den gemeinsamen aktuellen gewöhnlichen Aufenthalt ein möglichst großes Maß an Rechtssicherheit und Berechenbarkeit gewährleistet werden.[33] Auch wenn das Kriterium im Ergebnis überzeugt, kann es im Hinblick auf Rechtssicherheit und Berechenbarkeit mit der Staatsangehörigkeit nicht mithalten,[34] obwohl im Normalfall der (letzte) gemeinsame gewöhnliche Aufenthalt relativ leicht festzustellen ist.

c) Kritikpunkte. Die Anknüpfung an den gewöhnlichen Aufenthalt muss sich zahlreichen mehr oder weni- **11** ger überzeugenden Kritikpunkten stellen. So wird seine Manipulationsanfälligkeit kritisiert,[35] wohl weitgehend zu Unrecht.[36] In Problemfällen ist die Subsumtion unter den Begriff des gewöhnlichen Aufenthalts hoch streitig. Insbesondere die Frage, ob und wenn ja in welcher Weise es der „Integration" in das Land des

---

26 EPEC, Study to inform a subsequent Impact Assessment on the Commission proposal on jurisdiction and applicable law in divorce matters, Draft final report, April 2006, Table 6.7. S. 45. Litauen stellte auf den gemeinsamen Wohnsitz ab (ebd).

27 *Helms*, FS Pintens 2012, Bd. 1, S. 681, 686.

28 Ebd. (Fn 25) sowie *Martiny*, FS Spellenberg, 2006, S. 119, 123 f.

29 Siehe die Ausführungen bei *Martiny*, FS Spellenberg, 2006, S. 119, 127 f. Siehe von deutscher Seite auch BRAK, Stellungnahme zu KOM (2010) 105 endg., Nr. 31/2010, S. 4.

30 Vgl KOM (2006) 399 endg., S. 11 und KOM (2010) 105 endg., S. 8. Ähnlich EPEC, Study to inform a subsequent Impact Assessment on the Commission proposal on jurisdiction and applicable law in divorce matters, Draft final report, April 2006, S. 153.

31 So die Formulierung von *Mansel*, in: Jayme (Hrsg.), Kulturelle Identität und Internationales Privatrecht, 2003, 119, 123 ff, siehe auch (Abschied vom Staatsangehörigkeitsprinzip) *Helms*, FS Pintens 2012, Bd. 1, S. 681, 685.

32 Für beides EPEC, Study to inform a subsequent Impact Assessment on the Commission proposal on jurisdiction and applicable law in divorce matters, Draft final report, April 2006, S. 153 sowie *Carrascosa González,* CDT 4 (2012), 52, 70 ff Rn 54 ff.

33 So schon KOM [2006] 399, S. 11 zum damaligen Entwurfsartikel Art. 20 b.

34 Siehe etwa BR-Drucks. 214/1/05, S. 3 – gerade die Staatsangehörigkeit war es, die der BR als Garant von „Rechtssicherheit und Voraussehbarkeit" ansah. Siehe auch EPEC, Study to inform a subsequent Impact Assessment on the Commission proposal on jurisdiction and applicable law in divorce matters, Draft final report, April 2006, S. 47.

35 DAV, Stellungnahme Nr. 43/2005, S. 4 und EPEC, Study to inform a subsequent Impact Assessment on the Commission proposal on jurisdiction and applicable law in divorce matters, Draft final report, April 2006, S. 153.

36 *Basedow,* FS Pintens 2012, Bd. 1, S. 135, 141 weist mit Recht darauf hin, dass heutzutage kein Ehegatte irgendwo seinen gewöhnlichen Aufenthalt begründen wird, nur um sich das dortige Scheidungsrecht zu sichern – angesichts der überall bestehenden Verfügbarkeit der Scheidung und der weitgehenden Liberalisierung der Scheidungsvoraussetzungen.

gewöhnlichen Aufenthalts bedarf, ist problematisch. Auch über das Zusammenspiel der Faktoren körperliche Anwesenheit, soziale Integration, Aufenthaltsdauer und Aufenthaltswille besteht keine Einigkeit. Die Zweispurigkeit von gewöhnlichem Aufenthalt in einigen Mitgliedstaaten und *domicile* in anderen wirft Probleme auf.[37] Die Kriterien des gewöhnlichen Aufenthalts sind relativ leicht zu erfüllen, so dass eine dauerhafte Bindung an die Werte der dortigen Rechtsordnung nicht immer als gesichert angesehen werden kann mit der Folge, dass eine Anwendung des dortigen Rechts nicht unbedingt überzeugt.[38] Zum Ort des gewöhnlichen Aufenthalts wird, etwa wenn er beruflich bedingt ist, nicht immer *subjektiv* die intensivste Bindung bestehen.[39] Problematisch ist auch, dass mit der Regelung des Art. 8 lit. a das anwendbare Recht wechselt, sobald die Ehegatten – womit mit Blick auf den mobilen Binnenmarktbürger zunehmend zu rechnen ist – den gewöhnlichen Aufenthalt wechseln. Das in familienrechtlichen Angelegenheiten bestehende Interesse an einer Kontinuität des anwendbaren Rechts angesichts der daran auszurichtenden Gestaltung der Lebensverhältnisse[40] kommt zu kurz.[41]

II. Früherer gemeinsamer gewöhnlicher Aufenthalt bis vor höchstens einem Jahr (lit. b)

12 **1. Allgemeines.** Haben die Ehegatten im Zeitpunkt der Anrufung des Gerichts keinen gemeinsamen gewöhnlichen Aufenthalt mehr, kommt das Recht des Staates zur Anwendung, in dem die Ehegatten zuletzt ihren gewöhnlichen Aufenthalt hatten, sofern dieser nicht vor mehr als einem Jahr vor Anrufung des Gerichts endete und einer der Ehegatten zum Zeitpunkt der Anrufung des Gerichts dort noch seinen gewöhnlichen Aufenthalt hat (Art. 8 lit. b). Der **Begriff des gewöhnlichen Aufenthalts** in lit. b ist wie in lit. a auszulegen (oben Rn 8 und Art. 5 Rn 37 ff).

13 Die Anknüpfung an einen **gewöhnlichen Aufenthalt der Vergangenheit** rechtfertigt sich damit, dass es typischerweise der gewöhnliche Aufenthalt des ehelichen Zusammenlebens ist,[42] und dass dieser typischerweise sehr starke Bindungen zum jeweiligen Staat begründet (regelmäßig werden die Ehegatten dort einen Großteil ihres Vermögens, darunter eventuell Grundeigentum sowie schulpflichtige Kinder, Arbeit, Verwandte und Bekannte haben).[43]

14 **2. Jahresfrist.** Die **Berechnung** der Jahresfrist dürfte nach Maßgabe der Verordnung (EWG, Euratom) Nr. 1182/71 des Rates vom 3.6.1971 zur Festlegung der Regeln für die Fristen, Daten und Termine[44] zu erfolgen haben.[45] Relevant für die Jahresfrist sind v.a. Art. 3 Abs. 1 Unterabs. 2 – danach ist der Tag, in den das maßgebliche Ereignis fällt (Ende des gemeinsamen gewöhnlichen Aufenthalts) nicht mitzurechnen – sowie Art. 3 Abs. 2 lit. c VO 1182/71.

15 Im Entwurf vom Juli 2006 stellte diese *litera* noch auf das Recht des Staates ab, „in dem die Ehegatten ihren letzten gemeinsamen gewöhnlichen Aufenthalt hatten, sofern einer von ihnen dort noch seinen gewöhnlichen Aufenthalt hat"[46] und entsprach damit Art. 3 Abs. 1 lit. a Spiegelstr. 2 EheVO 2003. Die Einführung der **Jahresfrist** erfolgte erst später. In dieser Form ist die Norm nun **neuartig**.[47] Ob dem Kriterium der Jahresfrist Erfolg beschieden sein wird, wird sich zeigen. Bislang überwiegen zu Recht die kritischen Reaktionen. Unglücklich an lit. b ist zum einen, dass sie das Kontinuitätsinteresse des daheimbleibenden Ehegatten kaum schützt:[48] Ein Jahr ist sehr kurz bemessen angesichts der möglicherweise sehr starken Bindung an den vorherigen gemeinsamen gewöhnlichen Aufenthalt der Ehegatten. Zum anderen macht die Jahresfrist die Handhabung der Norm komplizierter.[49] Vor allem wirft es die Notwendigkeit einer präzisen zeitlichen Festlegung des Endes des gewöhnlichen Aufenthalts – bis auf den Tag genau! – auf. Dies ist eine Aufgabe, die insbesondere angesichts der Probleme der subjektiven Seite des Begriffs des gewöhnlichen Aufenthalts vor große Probleme stellt und zu deutlich divergierenden Ergebnissen führen kann. Außerdem scheint die Jahresfrist zu taktischen Überlegungen einzuladen – zur zügigen Verfahrenseinleitung, um sich das Recht nach lit. b zu sichern, zur späteren Verfahrenseinleitung, um lit. c oder lit. d auszulösen.[50]

---

37 Für alles EPEC, Study to inform a subsequent Impact Assessment on the Commission proposal on jurisdiction and applicable law in divorce matters, Draft final report, April 2006, S. 153.
38 *Martiny*, FS Spellenberg, 2006, S. 119, 128.
39 *Martiny*, FS Spellenberg, 2006, S. 119, 128.
40 Siehe *Coester-Waltjen/Coester*, FS Schurig, 2012, S. 33, 42.
41 Zur Problematik schon *Dethloff*, StAZ 2006, 253, 254.
42 Aber nicht notwendigerweise, siehe oben Rn 8.
43 *Carrascosa González*, CDT 4 (2012), 52, 75 Rn 68.
44 ABl. L 124 vom 8. 6. 1971, S. 1.
45 Auch wenn die Rom III-VO, anders als etwa Erwägungsgrund 41 der EuUntVO, nicht auf die VO 1182/71 Bezug nimmt. Wie hier *Franzina*, CDT 3 (2011), 85, 115, Rn 60 Fn 126.
46 Art. 20 b lit. b KOM [2006] 399, S. 17.
47 Klare Ablehnung der Regelung bei *Boele-Woelki*, Yb. P.I.L. 12 (2010), 1, 18. Weniger kritisch *Hammje*, RCDIP 2011, 291, Rn 36.
48 *Gruber*, IPRax 2012, 381, 387.
49 Krit. daher *Boele-Woelki*, Yb. P.I.L. 12 (2010), 1, 18.
50 *Gruber*, IPRax 2012, 381, 387; NK-BGB/*Gruber*, Anhang zu Art. 17 EGBGB Rn 16.

III. Heimatrecht beider (lit. c)

1. Allgemeines. Sind weder die Voraussetzungen von lit. a noch von lit. b erfüllt, findet gemäß Art. 8 lit. c das Recht des Staates Anwendung, dessen Staatsangehörigkeit beide Ehegatten zum Zeitpunkt der Anrufung des Gerichts besitzen. Die Verdrängung des Staatsangehörigkeitskriteriums auf die dritte Stufe wird abgemildert durch die Möglichkeit für die Ehegatten, das Recht der Staatsangehörigkeit beider oder eines Ehegatten zu wählen (Art. 5 Abs. 1 lit. c) – wer trotz Mobilität im Binnenmarkt die beständige und verlässliche Anwendbarkeit des Heimatrechts wünscht, kann es wählen.[51] Die Verdrängung auf die dritte Stufe wurde gleichwohl von deutscher Seite bedauert. So wurde kritisiert, die Anknüpfung an den gewöhnlichen Aufenthalt statt an die Staatsangehörigkeit sei zu sehr auf Zuwanderungsfälle und zu wenig auf Fälle beruflicher Mobilität zugeschnitten.[52] Die Diskrepanz zu Art. 5 Abs. 1 lit. c, der die Staatsangehörigkeit nur eines Ehegatten genügen lässt, während Art. 8 lit. c die gemeinsame fordert, lässt sich zum einen mit dem Bestreben, die Rechtswahlmöglichkeiten auszudehnen,[53] zum anderen mit der Gefahr des Verstoßes gegen das Diskriminierungsverbot des Art. 18 AEUV[54] erklären. Eine gemeinsame Staatsangehörigkeit kann nicht ohne Weiteres angenommen werden, wenn ein Ehegatte mit der Heirat die Staatsangehörigkeit des anderen Ehegatten dazu erhalten hat, ohne darauf verzichten zu können. In diesem Fall sollte es auf die effektive Staatsangehörigkeit dieses Ehegatten ankommen.[55]

2. Vorteile. Wichtige Vorteile der Anknüpfung an die Staatsangehörigkeit sind die hohe Präzision des Staatsangehörigkeitsbegriffs, ihre große Beständigkeit, Rechtssicherheit und Manipulationsfestigkeit.[56] In der Sache ist die Staatsangehörigkeitsanknüpfung dadurch gerechtfertigt, dass sie die kulturelle Identität einer Person reflektiert.[57] Sie beruht auf der noch immer zutreffenden Vermutung, dass ein Bürger zu seinem Heimatstaat die engste Verbindung hat, auch wenn er Jahre in einem anderen Mitgliedstaat verbracht hat.[58] Hinzu kommt, dass gerade derjenige, der in Europa mobil ist und heute hier, morgen da seine Zelte aufschlägt, ein Interesse an Verlässlichkeit und Kontinuität hat, das durch die Staatsangehörigkeit als Anknüpfungspunkt befriedigt werden kann.[59] Ferner sichert die Staatsangehörigkeitsanknüpfung die demokratische Teilhabe an der Rechtsordnung: Sie gewährleistet, dass auf den Einzelnen dasjenige Recht angewendet wird, das er selbst als Wahlberechtigter mitgestalten kann.[60] Ein praktischer, nicht zu unterschätzender Vorteil ist die mit der Staatsangehörigkeit typischerweise einhergehende sehr gute Kenntnis der Gerichtssprache.[61]

3. Nachteile. Wichtige Nachteile der Staatsangehörigkeit als Anknüpfungsfaktor sind ihre mangelnde Flexibilität zur Bewältigung besonderer Fallgestaltungen und die Probleme, die doppelte Staatsangehörigkeiten aufwerfen. Während für viele noch ein Gleichlauf von Staatsangehörigkeit und kultureller Identität besteht,[62] wird die Staatsangehörigkeit doch zunehmend als ein zu formales Kriterium angesehen und die durch den gewöhnlichen Aufenthalt begründete „soziale Staatsangehörigkeit" als treffender empfunden.[63] Bei stabiler dauerhafter sozialer Integration in den Zuwanderungsstaat ist vielleicht gar keine hinreichende kulturelle Identifikation mit dem Heimatrecht, die das Staatsangehörigkeitskriterium rechtfertigen könnte, gegeben.[64] Allgemein erfüllt bei einem übernationalen, transnationalen oder bikulturellen Lebenslauf die Staatsangehörigkeit nicht mehr ohne Weiteres die Funktion einer eindeutigen und zutreffenden Zuordnung zu einer Kultur.[65] Auch wenn ein Verstoß gegen das Diskriminierungsverbot des Art. 18 AEUV ausscheidet,[66] erscheint es manchen anstößig und rückständig, in einer Gemeinschaft gleich zu behandelnder Bürger

---

51 Ähnlich *Helms,* FS Pintens 2012, Bd. 1, S. 681, 691.
52 DAV, Stellungnahme Nr. 43/2005, S. 3.
53 *Hammje,* RCDIP 2011, 291, Rn 26.
54 *Basedow,* RCDIP 2010, 427, These 5.
55 *Basedow,* RCDIP 2010, 427, These 11.
56 Siehe bspw *Oudin,* RJPF 2011, H. 3, Umdruck S. 10/18.
57 *Mansel,* in: Jayme (Hrsg.), Kulturelle Identität und Internationales Privatrecht, 2003, 119, 134 f.
58 Für alles EPEC, Study to inform a subsequent Impact Assessment on the Commission proposal on jurisdiction and applicable law in divorce matters, Draft final report, April 2006, S. 152.
59 Siehe die Nachw. bei *Helms,* FS Pintens 2012, Bd. 1, S. 681, 686.
60 *Mansel,* in: Jayme (Hrsg.), Kulturelle Identität und Internationales Privatrecht, 2003, 119, 135 ff.
61 EPEC, Study to inform a subsequent Impact Assessment on the Commission proposal on jurisdiction and applicable law in divorce matters, Draft final report, April 2006, S. 152.
62 Siehe näher und mwN *Franzina,* CDT 3 (2011), 85, 96 Rn 19.
63 *Carrascosa González,* CDT 4 (2012), 52, 79 Rn 79.
64 *Mansel,* in: Jayme (Hrsg.), Kulturelle Identität und Internationales Privatrecht, 2003, 119, 131 f.
65 *Mansel,* in: Jayme (Hrsg.), Kulturelle Identität und Internationales Privatrecht, 2003, 119, 133.
66 *Basedow,* RCDIP 2010, 427, These 8.

unterschiedliche Behandlung am Kriterium Staatsangehörigkeit festzumachen.[67] Im Gegensatz dazu wird mit der Anknüpfung an den gewöhnlichen Aufenthalt der Ausländer genauso behandelt wie der Inländer. Und indem man ihn demselbem Recht unterwirft wie den Inländer, wird – idealiter – seine soziale Integration in die Gesellschaft am gewöhnlichen Aufenthalt gestärkt.[68] Zudem führt die Anknüpfung an die Staatsangehörigkeit seltener zur *lex fori*, was sich gerade in den einwanderungsintensiven Unionsländern für die Ressourcen der Gerichte belastend bemerkbar machen dürfte.[69]

19 **4. Mehrstaater.** Der Verordnungstext nimmt nicht dazu Stellung, wie im Fall von Mehrstaatern vorzugehen ist, wenn es für die objektive Anknüpfung auf die Staatsangehörigkeit ankommt.[70] Der in unmittelbarer Nähe der Überlegungen zur objektiven Anknüpfung (Erwägungsgrund 21) platzierte Erwägungsgrund 22 sieht vor, dass die Frage nach innerstaatlichem Recht zu beantworten ist, wobei die allgemeinen Grundsätze der Europäischen Union zu achten sind. Die Bundesregierung möchte Erwägungsgrund 22 für Art. 8 einen Verweis auf das nationale Recht entnehmen (nicht so für Art. 5, siehe oben Art. 5 Rn 45).[71] Für das deutsche Recht ist daher grundsätzlich auf Art. 5 Abs. 1 EGBGB abzustellen.[72] Die nationalen Rechte sollen aber, dies möchte die Bundesregierung betont wissen, nur insoweit gelten, als die allgemeinen Unionsgrundsätze, insbesondere die Grundrechte, das Diskriminierungsverbot, die Unionsbürgerschaft und der Freizügigkeitsgrundsatz, es zulassen. Daher sollte der von Art. 5 Abs. 1 S. 2 EGBGB angeordnete Vorrang der deutschen Staatsangehörigkeit gegenüber anderen mitgliedstaatlichen Rechten keine Anwendung finden.[73] Gegenüber Drittstaatenrecht spricht zwar nicht das Diskriminierungsverbot des Art. 18 AEUV gegen Art. 5 Abs. 1 S. 2 EGBGB,[74] aber der Geist der Verordnung, die mit dem gewöhnlichen Aufenthalt besonderes Gewicht auf die tatsächliche, gelebte Beziehung zur Umwelt legt, so dass die schematische Verknüpfung mit der ausländischen Rechtsordnung unabhängig von der tatsächlichen, gelebten Beziehung inadäquat erscheint.[75] Fraglich ist, ob der Grundsatz der effektiven Staatsangehörigkeit (Art. 5 Abs. 1 S. 1 EGBGB) Anwendung findet.[76] Zweifel daran könnte die Entscheidung „Hadadi"[77] wecken, in der der EuGH für Art. 3 EheVO 2003 entschied, dass es bei Mehrstaatern gerade nicht nur auf die effektive Staatsangehörigkeit ankommen darf. Ratio hinter „Hadadi" war, dass der gewöhnliche Aufenthalt für die Bestimmung der effektiven Staatsangehörigkeit von wesentlicher Bedeutung ist und daher die Gerichtsstände nach Art. 3 Abs. 1 lit. a und b EheVO 2003 häufig zusammenfallen würden. Damit würde nicht nur die Zahl der möglichen Gerichtsstände gegen den von der Verordnung verfolgten Ansatz der Eröffnung mehrerer Gerichtsstände verengt, sondern vor allem würden die Mehrstaater gegenüber Monostaatern benachteiligt: Letztere könnten selbst dann noch die Gerichte ihres Heimatstaates anrufen, wenn sie ihren gewöhnlichen Aufenthalt seit vielen Jahren nicht mehr in diesem Staat hätte und nur noch wenige tatsächliche Berührungspunkte mit diesem Staat bestünden.[78] Diese Gefährdungssituation und diese Ratio lassen sich auf Art. 8 nicht übertragen. Bei der internationalen Zuständigkeit dient die Eröffnung mehrerer Gerichtsstände dem effektiven Rechtsschutz, beim anwendbaren Recht ist diese Überlegung nicht anwendbar.[79] Jedenfalls wird die „Hadadi"-Rechtsprechung richtigerweise nicht zu den gemäß Erwägungsgrund 22 aus dem Unionsrecht

---

67 Für alles EPEC, Study to inform a subsequent Impact Assessment on the Commission proposal on jurisdiction and applicable law in divorce matters, Draft final report, April 2006, S. 152. Siehe für letzteres (Diskriminierung) auch *Helms*, FS Pintens 2012, Bd. 1, S. 681, 686; *Martiny*, FS Spellenberg, 2006, S. 119, 129; *Carrascosa González*, CDT 4 (2012), 52, 79 f Rn 77 ff; *Oudin*, RJPF 2011, H. 3, Umdruck S. 10/18. Ausführliche Erörterung der Problematik der Anknüpfung an die Staatsangehörigkeit und Art. 18 AEUV bei *Basedow*, RCDIP 2010, 427.
68 *Franzina*, CDT 3 (2011), 85, 96 Rn 18.
69 *Carrascosa González*, CDT 4 (2012), 52, 79 f Rn 78; *Oudin*, RJPF 2011, H. 3, Umdruck S. 10 f/18.
70 Schon recht früh im Verordnungsgebungsverfahren hatte man sich darauf festgelegt, der Frage „nur" einen Erwägungsgrund zu widmen, siehe so schon Debate in Council, 19.4.2007, 2006/0135(CNS).
71 BReg, Gesetzentwurf v. 23.7.2012, S. 9. Ebenso *Gruber*, IPRax 2012, 381, 388.
72 Von uneingeschränkter Geltung des Art. 5 Abs. 1 EGBGB geht Erman/*Hohloch*, Art. 8 Rn 4 aus.
73 *Basedow*, RCDIP 2010, 427, These 10. Letztlich etwas unentschlossen BReg, Gesetzentwurf v. 23.7.2012, S. 9. Wie hier *Gruber*, IPRax 2012, 381,

385; NK-BGB/*Gruber*, Anhang zu Art. 17 EGBGB Rn 17; *Helms*, FS Pintens 2012, Bd. 1, S. 681, 695; jurisPK-BGB/*Ludwig*, Art. 8 Rn 5; Palandt/*Thorn*, Art. 8 Rn 4. Für das französische Recht *Boiché*, AJ Famille 2012, 370, Umdruck S. 6/10; *Lardeux*, D. 2011, 1835, bei Fn 21-23; aA *Oudin*, RJPF 2011, H. 3, Umdruck S. 12/18.
74 *Basedow*, RCDIP 2010, 427, These 12.
75 So *Helms*, FamRZ 2011, 1765, 1771.
76 Dafür *Helms*, FS Pintens 2012, Bd. 1, S. 681, 696; jurisPK-BGB/*Ludwig*, Art. 8 Rn 6.
77 EuGH v. 16.7.2009, C-168/08 – Hadadi, Slg 2009, I-6871 = IPRax 2010, 66 = FamRZ 2009, 1571 (m.Anm. Kohler, 1574).
78 EuGH v. 16.7.2009, C-168/08 – Hadadi, Slg 2009, I-6871 = IPRax 2010, 66 = FamRZ 2009, 1571 Rn 48 ff, insb. Rn 54.
79 So auch *Helms*, FamRZ 2011, 1765, 1771; *ders.*, FS Pintens 2012, Bd. 1, S. 681, 696; aA (*Hadadi* ist zu beachten) *Basedow*, FS Pintens 2012, Bd. 1, S. 135, 141 und Schulz/Hauß/*Rieck*, Art. 5 Rn 5. Offenlassend *Boele-Woelki*, Yb. P.I.L. 12 (2010), 1, 18 f. Ebenfalls die Übertragbarkeit von *Hadadi* ablehnend, aber im Ergebnis für eine Nichtanwendung von lit. c *Franzina*, CDT 3 (2011), 85, 116, Rn 62.

allein zu beachtenden „allgemeinen Grundsätze" der Union zu zählen sein.[80] Entsprechendes gilt für andere Entscheidungen, in denen der EuGH Zurückhaltung gegenüber dem Prinzip der effektiven Staatsangehörigkeit und verwandten Gedanken zum Ausdruck brachte.[81] Für Art. 8 sollte es daher bei Mehrstaatern bei der Anwendung von Art. 5 Abs. 1 S. 1 EGBGB bleiben.[82]

5. Staatenlose und Flüchtlinge. Ähnlich wie oben Art. 5 Rn 46 f sollte es bei **Staatenlosen** und **Flüchtlingen** dem Gedanken des Erwägungsgrund 22 und somit Art. 12 Abs. 1 des UN-Übereinkommens über die Rechtsstellung Staatenloser vom 28.9.1954 sowie Art. 12 Abs. 1 der Genfer Flüchtlingskonvention vom 28.7.1951 folgend auf den Wohnsitz und hilfsweise den Aufenthalt des Staatenlosen bzw Flüchtlings ankommen.[83]

IV. lex fori (lit. d)

1. Allgemeines. Fehlt es an den Voraussetzungen der lit. a, b und c, so findet gemäß Art. 8 lit. d das Recht des Staates des angerufenen Gerichts Anwendung. Die *lex fori* war bislang einziger Anknüpfungspunkt in einigen Mitgliedstaaten – Zypern, Dänemark, Finnland, Irland, Lettland, Schweden und dem Vereinigten Königreich.[84] Als nachrangigen Anknüpfungsfaktor kannten ihn zahlreiche weitere Mitgliedstaaten – die Niederlande, Litauen, Polen, Slowenien, Slowakei, Luxemburg, Italien, Spanien, Ungarn, Tschechische Republik.[85] Angesichts des Reichtums der von Art. 3 (sowie Artt. 6, 7) EheVO 2003 eröffneten Gerichtsstände führt lit. d zu einer deutlichen **Erweiterung des Kreises der potenziell anwendbaren Rechte**.[86] Es liegt damit in der Natur der Sache, dass lit. d zum *forum shopping* einlädt.[87]

2. Kritik. Die letzte Stufe der Anknüpfungsleiter wird in der Praxis **schnell erreicht** sein – hierhin gelangt man mit jeder gemischt-nationalen Ehe, deren letzter gemeinsamer gewöhnlicher Aufenthalt vor mehr als einem Jahr endete.[88] Man kritisiert mit Recht, dass die Leiter und die Anwendung ihrer letzten Stufe **unangemessene Ergebnisse** zeitigen kann, vor allem wenn der letzte gemeinsame gewöhnliche Aufenthalt von ganz erheblicher Dauer war.[89] Unter lit. d kann es leicht zur Anwendung eines Rechts kommen, zu dem die Ehe und einer der Ehegatten keinen engen Bezug haben: Zieht nach der Trennung eines deutsch-österreichischen Ehepaares, das 20 Jahre lang gemeinsam in Garmisch-Partenkirchen lebte, ein Partner auf die Kanarischen Inseln, so kann er dort nach einem Jahr die Scheidung beantragen (Art. 3 Abs. 1 lit. a Spiegelstr. 5 EheVO 2003) und es wird, wenn die Ehegatten keine Rechtswahl getroffen haben, zwingend spanisches Recht Anwendung finden (Art. 8 lit. d). Weder die Ehe noch der andere Ehegatte müssen irgendeinen Bezug zu Spanien haben.[90]

C. Weitere praktische Hinweise

In der Beratungspraxis ist, wenn die Anknüpfungsleiter des Art. 8 zu unangemessenen Ergebnissen führt oder wenn die Ehegatten (relative) Planungssicherheit wünschen, auf die mit Art. 5 eröffnete **Rechtswahl-**

---

80 Darauf weisen *Coester-Waltjen/Coester,* FS Schurig, 2012, S. 33, 39 sowie *Gruber,* IPRax 2012, 381, 385 hin.
81 Siehe vor allem die Entscheidung *Micheletti:* Hier hatte der EuGH im Rahmen der Niederlassungsfreiheit einer nationalen Regel die Zulässigkeit abgesprochen, die bei gemischter Mitglied- und Drittstaatsangehörigkeit nur derjenigen Staatsangehörigkeit Wirkung beigemessen hat, die dem letzten gewöhnlichen Aufenthalt entsprach (EuGH v. 7.7.1992, C-369/90, Slg 1992, I-4239 = DVBl 1995, 32 – Micheletti,). Zur Entscheidung siehe auch *Basedow,* RCDIP 2010, 427, bei Fn 15 ff.
82 Ebenso Palandt/*Thorn,* Art. 8 Rn 4. Krit. gegenüber dem Grundsatz der effektiven Staatsangehörigkeit und folglich für die Nichtanwendung von lit. c bei doppelter EU-Staatsangehörigkeit *Franzina,* CDT 3 (2011), 85, 117, Rn 62.
83 So auch *Gruber,* IPRax 2012, 381, 388 und jurisPK-BGB/*Ludwig,* Art. 8 Rn 7 (für Staatenlose).
84 SEC 2005 331 v. 14.4.2005, Anhang zum Grünbuch, S. 18.
85 EPEC, Study to inform a subsequent Impact Assessment on the Commission proposal on jurisdiction and applicable law in divorce matters, Draft final report, April 2006, Table 6.7. S. 45.
86 NK-BGB/*Gruber,* Anhang zu Art. 17 EGBGB Rn 18.
87 *Gruber,* IPRax 2012, 381, 388.
88 *Gruber,* IPRax 2012, 381, 388; *Hammje,* RCDIP 2011, 291, Rn 37.
89 *Gruber,* IPRax 2012, 381, 388. Krit. NK-BGB/*Gruber,* Anhang zu Art. 17 EGBGB Rn 18.
90 Ähnlich das Beispiel bei *Boele-Woelki,* Yb. P.I.L. 12 (2010), 1, 17 f sowie das von *Ganz,* FuR 2011, 369, 371. Parallel sei auch *Basedows* Beispiel zitiert: Ein deutscher Ehemann und seine französische Ehefrau leben während ihres gesamten ehelichen Zusammenlebens in Brüssel. Die Ehe zerbricht und der Ehemann zieht für eine neue Anstellung nach Österreich, wo er nach einem Jahr die Scheidung anhängig macht. Die Ehe hat bis auf weiteres die engste Verbindung mit Belgien und keinerlei mit Österreich. Dennoch wird nach Art. 8 lit. d die *lex fori*-Anwendung finden. Das auf die Scheidung anwendbare Recht richtet sich nach dem eher zufälligen Umstand, wo der Ehemann nach dem Zerbrechen der Ehe Arbeit findet: *Basedow,* FS Pintens 2012, Bd. 1, S. 135, 144 f.

möglichkeit hinzuweisen. Besonderes Planungsbedürfnis kann dann entstehen, wenn es sich um eine gemischt-nationale Ehe handelt, deren letzter gemeinsamer gewöhnlicher Aufenthalt vor mehr als einem Jahr endete – dann greift die *lex fori* und somit die von Art. 3 EheVO 2003 eröffnete Unsicherheit. Nach deutschem Recht ist die Rechtswahl auch noch nach Einleitung des Scheidungsverfahrens möglich, Art. 46 d Abs. 2 EGBGB. Maßgeblicher **Zeitpunkt** für die Anknüpfungspunkte von Art. 8 lit. a–c ist der der Anrufung des Gerichts, der sich nach Art. 16 EheVO 2003 bestimmt. Die **internationale Zuständigkeit** in Scheidungssachen richtet sich regelmäßig nach Art. 3 ff. EheVO 2003 und nur ausnahmsweise nach § 98 FamFG, wenn Artt. 6, 7 EheVO 2003 dies zulassen. Nur die Gerichte der derzeit teilnehmenden Mitgliedstaaten werden die Rom III-VO anwenden. Die **Anerkennung** ausländischer Entscheidungen in Scheidungssachen richtet sich nach Art. 21 ff. EheVO 2003 und außerhalb ihres Anwendungsbereichs nach § 107 FamFG.

24 Nach deutschem Recht unterliegt der **Versorgungsausgleich** dem nach der Rom III-VO anzuwendenden Recht (Art. 17 Abs. 3 S. 1 Hs 1 EGBGB).

Artikel 9 Umwandlung einer Trennung ohne Auflösung des Ehebandes in eine Ehescheidung

(1) Bei Umwandlung einer Trennung ohne Auflösung des Ehebandes in eine Ehescheidung ist das auf die Ehescheidung anzuwendende Recht das Recht, das auf die Trennung ohne Auflösung des Ehebandes angewendet wurde, sofern die Parteien nicht gemäß Artikel 5 etwas anderes vereinbart haben.

(2) Sieht das Recht, das auf die Trennung ohne Auflösung des Ehebandes angewendet wurde, jedoch keine Umwandlung der Trennung ohne Auflösung des Ehebandes in eine Ehescheidung vor, so findet Artikel 8 Anwendung, sofern die Parteien nicht gemäß Artikel 5 etwas anderes vereinbart haben.

A. Allgemeines 1	b) Rechtswahl (Abs. 1 letzter Hs) 16
B. Regelungsgehalt 5	2. Anknüpfung bei umwandlungsfeindli-
I. Anwendungsbereich 5	chem Trennungsstatut (Abs. 2) 21
1. Umwandlung 5	a) Scheidungsfeindliches Recht 21
2. Trennung ohne Auflösung des Ehebandes 7	b) Trennung ohne Relevanz für die
II. Bestimmung des Scheidungsstatuts 14	Scheidung 24
1. Regelanknüpfung (Abs. 1) 14	c) Rechtswahl (Abs. 2 letzter Hs) 26
a) Anknüpfung an das tatsächliche Trennungsstatut 14	III. Übergangsrecht 27
	C. Weitere praktische Hinweise 28

A. Allgemeines

1 Die Regelung trägt dem Umstand Rechnung, dass in Rechtsordnungen, die eine gerichtliche oder behördliche Trennung ohne Auflösung des Ehebandes vorsehen (vgl dazu auch Art. 1 Rn 7), oftmals ein **funktionaler Zusammenhang** zwischen der formalisierten Trennung und einer späteren Ehescheidung besteht. In Italien etwa ist die gerichtliche oder gerichtlich bestätigte Trennung der Ehegatten materiellrechtliche Voraussetzung der Eheauflösung.[1] Frankreich und Portugal, die eine Ehescheidung nicht notwendig an eine vorangehende gerichtliche Trennung knüpfen, eine solche aber als Alternative zu einer Scheidung weiterhin kennen, erlauben (idR nach Ablauf bestimmter Fristen) die Umwandlung eines Trennungsausspruchs in eine Ehescheidung.[2] Art. 9 Abs. 1 **verhindert** in derartigen Fällen einen **Statutenwechsel**: Durch die Verweisung auf das bei der Trennung angewandte Recht wird die Einheitlichkeit von Trennungs- und Umwandlungsstatut gewährleistet. Eine gesonderte Anknüpfung der Ehescheidung nach Art. 8 entfällt. Damit soll die Berechenbarkeit für die Parteien verbessert und die Rechtssicherheit gestärkt werden.[3] Die Ehegatten laufen nicht Gefahr, im Zeitpunkt der erneuten Anrufung des Gerichts etwa wegen eines nach Durchführung des Trennungsverfahrens erfolgten Wechsels des gemeinsamen gewöhnlichen Aufenthalts

---

1   Art. 3 Nr. 2 lit. b des Gesetzes Nr. 898 v. 1.12.1970 iVm Art. 151 Codice Civile (separazione giudiziale), Art. 158 Codice Civile (separazione consensuale).
2   *Frankreich*: séparation de corps (Artt. 296–309 Code Civil, Umwandlung auf Antrag eines Ehegatten nach zweijähriger Trennung möglich, Art. 306 Code Civil; bei gemeinsamem Antrag beider Ehegatten ist die Umwandlung jederzeit möglich, Art. 307 Code Civil); *Portugal*: separação judicial de pessoas e bens (Artt. 1794–1795-D Código Civil, Umwandlung auf Antrag eines Ehegatten nach Ablauf eines Jahres möglich, Art. 1795-D Abs. 1 Código Civil; wird der Umwandlungsantrag von den Ehegatten gemeinsam gestellt, ist die Einhaltung bestimmter Fristen nicht erforderlich, Art. 1795-D Abs. 2 Código Civil). Weitere Beispiele bei Staudinger/*Mankowski*, Art. 17 EGBGB Rn 460.
3   Siehe Erwägungsgrund 23.

(Art. 8 lit. a) mit einem Recht konfrontiert zu werden, das die Umwandlung der Trennung in eine Scheidung nicht kennt oder aber an diese andere Voraussetzungen (zB längere Trennungsfristen, vgl dazu auch Art. 1 Rn 43) knüpft als das Trennungsstatut. Freilich sind die Ehegatten nicht gehindert, nach Maßgabe des Art. 5 ein abweichendes **Scheidungsstatut** zu **wählen** und damit die Perpetuierung des Trennungsstatuts zu verhindern (s. Abs. 1 letzter Hs).

Haben die Ehegatten zwar ein förmliches Trennungsverfahren durchgeführt, soll die Ehescheidung jedoch nicht durch Umwandlung der Trennung bewirkt werden, sondern unter Berufung auf **andere Scheidungsgründe** erfolgen,[4] steht Abs. 1 dem nicht entgegen. Die Regelung soll den Kontinuitätsinteressen der Scheidungswilligen dienen, soweit sich diese auf die Trennung als materielle Voraussetzung der nachfolgenden Scheidung berufen (vgl Rn 5). Sie sperrt jedoch keineswegs die Anwendung des Art. 8, wenn sich die Eheleute ohne Bezugnahme auf die Trennung aus sonstigen Gründen scheiden lassen wollen.[5] In diesem Fall befindet in Ermangelung einer wirksamen Rechtswahl allein das nach Art. 8 berufene Recht über die Scheidbarkeit der Ehe (s. hierzu auch Rn 6).

Streben die Ehegatten eine Umwandlung der Trennung ohne Auflösung des Ehebandes in eine Ehescheidung an, sieht das auf die Trennung angewandte Recht jedoch **keine Umwandlung** der Trennung in eine Scheidung vor, wird der in Abs. 1 statuierte Grundsatz des Gleichlaufs von Trennungs- und Scheidungsstatut durchbrochen: Gemäß Abs. 2 findet abweichend von Abs. 1 das über Art. 8 berufene Recht Anwendung. Die Ehegatten bleiben somit an ein scheidungsfeindliches Trennungsstatut nicht gebunden. Eine Rechtswahl der Parteien iSd Art. 5 geht aber auch in diesem Fall der objektiven Anknüpfung nach Abs. 2 iVm Art. 8 vor (s. Abs. 2 letzter Hs).

2

Art. 9 Abs. 1 besitzt in **Art. 5 EheVO 2003** ein internationalverfahrensrechtliches Gegenstück.[6] Nach Art. 5 EheVO 2003 ist das Gericht eines Mitgliedstaates, das eine Entscheidung über eine Trennung ohne Auflösung des Ehebandes erlassen hat, auch für die Umwandlung dieser Entscheidung in eine Ehescheidung zuständig, sofern dies im Recht dieses Mitgliedstaates vorgesehen ist. Ausweislich des 10. Erwägungsgrundes sollten der sachliche Anwendungsbereich und die Bestimmungen der Rom III-VO mit der EheVO 2003 im Einklang stehen. Bei der **Auslegung** des Art. 9 ist den in Rechtsprechung und Lehre im Hinblick auf Art. 5 EheVO 2003 erzielten Ergebnissen daher besondere Beachtung zu schenken (s. auch vor Art. 1 Rn 27, Art. 1 Rn 4, Art. 2 Rn 4, Art. 13 Rn 36).

3

Wird ein (international zuständiges, vgl Rn 28) deutsches Gericht angerufen, damit eine Trennung ohne Auflösung des Ehebandes in eine Ehescheidung umgewandelt wird, besitzt Art. 9 auch **im Inland Relevanz**. Zwar ist im deutschen Sachrecht eine formalisierte Trennung ohne Auflösung des Ehebandes unbekannt, die deutschen Gerichte sind dadurch aber nicht gehindert, die Umwandlung einer (im In- oder Ausland) nach ausländischem Recht erfolgten Trennungsentscheidung auf der Grundlage des durch Artt. 5 oder 9 berufenen fremden Scheidungsrechts auszusprechen.[7]

4

B. Regelungsgehalt

I. Anwendungsbereich

1. Umwandlung. Art. 9 findet Anwendung, wenn eine Trennung ohne Auflösung des Ehebandes in eine Ehescheidung umgewandelt werden soll. Der Begriff der **„Umwandlung"** wird in der Rom III-VO nicht näher erläutert. Dem Wortlaut entsprechend ist jedenfalls die formelle Umwandlung des Trennungsaus-

5

---

4   Dies kann für die scheidungswilligen Ehegatten zB von Interesse sein, wenn die Trennung nach italienischem Recht ausgesprochen wurde, beide Ehegatten zum Zeitpunkt der Einreichung des Scheidungsantrags bei Gericht ihren gewöhnlichen Aufenthalt jedoch in Deutschland hatten. Während das nach Art. 9 Abs. 1 berufene italienische Recht bestimmt, dass die Einreichung des Antrags auf Scheidung frühestens drei Jahre nach der gerichtlichen oder gerichtlich bestätigten Trennung möglich ist (Art. 3 Nr. 2 des Gesetzes Nr. 898 v. 1.12.1970), eröffnet das nach Art. 8 lit. a berufene deutsche Recht die Möglichkeit der Scheidung bereits nach einjähriger Trennung (§§ 1565 Abs. 1, 1566 Abs. 1 BGB).

5   Anders OLG Stuttgart v. 17.1.2013 – 17 WF 251/12, juris Rn 7, 9.

6   NK-BGB/*Gruber*, Anhang zu Art. 17 EGBGB Rn 19; *ders.*, IPRax 2012, 381, 388.

7   Thomas/Putzo/*Hüßtege*, Art. 5 EuEheVO Rn 2; *Gruber*, IPRax 2012, 381, 388; *Hausmann*, IntEuSchR, A Rn 332; s. zur Umwandlung eines Trennungsausspruchs in eine Ehescheidung durch deutsche Gerichte auch LG Hamburg IPRspr 1976 Nr. 47 (portugiesisches Recht); AG Leverkusen FamRZ 2002, 1635 (italienisches Recht); Geimer/Schütze/*Dilger*, IRV, Art. 5 EheVO Rn 7 aE; NK-BGB/*Gruber*, Anh. I zum III. Abschnitt EGBGB, Art. 5 EheVO 2003 Rn 5; Staudinger/*Mankowski*, Art. 17 EGBGB Rn 471; *Rieck*, FPR 2007, 427, 430.

spruchs in eine Ehescheidung[8] erfasst, wie sie etwa im Recht von Frankreich[9] oder Portugal[10] bekannt ist (s. auch Rn 1).[11] Offen bleibt, ob darüber hinaus auch jene Fälle einbezogen sind, in denen die Trennung ohne Auflösung des Ehebandes nicht ausdrücklich „umgewandelt" werden kann, wohl aber einen **Scheidungsgrund** darstellt. So regelt das italienische Recht die Durchführung eines formellen Trennungsverfahrens als notwendige Voraussetzung einer späteren Zerrüttungsscheidung[12] (s. auch Rn 1); in anderen Rechtsordnungen ist die Zerrüttungsscheidung zwar nicht an eine formelle Trennung gebunden, kann aber auf eine solche gestützt werden (so zB in Luxemburg,[13] Malta[14] und den Niederlanden[15]). Mit dem Wortsinn wäre es durchaus zu vereinbaren, auch die Scheidung aufgrund einer vorherigen formellen Trennung noch unter den Begriff der „Umwandlung" zu fassen. In diesem weiten Sinne versteht die überwiegende Auffassung den Terminus auch iRd Art. 5 EheVO 2003.[16] Der angestrebte Einklang der Bestimmungen der Rom III-VO mit der EheVO 2003 (vgl Rn 3) legt ein entsprechendes Begriffsverständnis iRd Art. 9 jedenfalls nahe. Entscheidend ist jedoch der Zweck, der mit Art. 9 verfolgt wird. Sieht das Trennungsstatut eine funktionelle Verbindung der Trennung ohne Auflösung des Ehebandes mit einer nachfolgenden Scheidung vor, soll den Ehegatten die Möglichkeit eröffnet werden, sich auf diesen Konnex zu berufen (vgl Rn 1).[17] Ein entsprechendes Kontinuitätsinteresse der Parteien besteht aber nicht nur in Fällen, in denen ausdrücklich die „Umwandlung" der Trennung in eine Scheidung vorgesehen ist, sondern ebenfalls dann, wenn die Trennung als Scheidungsgrund dient. Dies spricht dafür, den Begriff der Umwandlung auch iRd Art. 9 weit auszulegen und den Anwendungsbereich bereits dann als eröffnet anzusehen, wenn die Trennung als materielle Voraussetzung für eine nachfolgende Scheidung dienen soll (wie beispielsweise im Recht von Italien,[18] Luxemburg, Malta oder in den Niederlanden).[19]

6 Die Anknüpfung nach Art. 9 setzt allerdings voraus, dass die Scheidung tatsächlich auf einen vorausgegangenen Trennungsausspruch gestützt wird. Haben die Ehegatten zwar ein Trennungsverfahren durchgeführt, soll die Ehe jedoch unabhängig von der Trennung geschieden werden, liegt auch bei einem weiten Begriffsverständnis keine „Umwandlung" mehr vor.[20] Die Ehescheidung ist in diesem Fall (vorbehaltlich einer Rechtswahl der Parteien) nach Art. 8 anzuknüpfen (vgl auch Rn 1).[21] Berufen sich die Ehegatten sowohl auf eine Trennung ohne Auflösung des Ehebandes als auch auf **sonstige Scheidungsgründe**, ist getrennt anzuknüpfen: Eine mögliche Umwandlung richtet sich nach dem über Art. 9 berufenen Recht, die Scheidung aus sonstigen Gründen untersteht der Regelanknüpfung nach Art. 8. Macht der Antragsteller lediglich sonstige Scheidungsgründe geltend, obwohl nach dem über Art. 9 berufenen Recht grundsätzlich eine Umwandlung

---

8 Ehescheidung bedeutet Auflösung des Ehebandes, s. Erwägungsgrund 10.
9 Der in der französischen Sprachfassung des Art. 9 verwendete Terminus „conversion" findet sich entsprechend in Art. 306 Code Civil („le jugement de séparation de corps est converti") und in Art. 307 Code Civil („celle-ci peut être convertie").
10 Die portugiesische Textfassung des Art. 9 („conversão da separação judicial em divórcio") entspricht der Terminologie in Art. 1795-D Código Civil (Überschrift: „Conversão da separação em divórcio"; Art. 1795-D Abs. 1 Código Civil: „que a separação seja convertida em divórcio").
11 Zur Bedeutung der Wortlautauslegung im europäischen Recht ausführlich *Nehne*, Methodik und allgemeine Lehren des europäischen Internationalen Privatrechts, 2012, S. 54 ff; *Kreße*, Die Auslegung mehrsprachiger Texte durch den EuGH, in: Burr/Gréciano, Europa: Sprache und Recht – La construction européenne: aspects linguistiques et juridiques, 2003, S. 157 ff, 185 f. Zu Problemen, die gerade die Mehrsprachigkeit europäischer Rechtstexte mit sich bringt, s. ebd, S. 163 ff.
12 Im Schrifttum wird zT die Auffassung vertreten, das italienische Recht kenne eine Umwandlung iSd Art. 9 nicht, so dass die der Trennung nachfolgende Scheidung nicht nach Abs. 1, sondern gem. Abs. 2 nach Art. 8 anzuknüpfen wäre, *Clerici*, Famiglia e diritto 2011, 1053, 1060; *Hausmann*, IntEuSchR, A Rn 334; aA OLG Stuttgart v. 17.1.2013 – 17 WF 251/12, juris Rn 7; NK-BGB/*Gruber*, Anhang zu Art. 17 EGBGB Rn 19; *ders.*, IPRax 2012, 381, 388; Erman/*Hohloch*, Art. 9 Rn 1; Palandt/*Thorn*, Art. 9 Rn 1; *Dimmler/Bißmaier*, FamRBint 2012, 66, 67.
13 Vgl Artt. 306–311 Code Civil.
14 Vgl Artt. 66A Abs. 1 S. 2, 66B, 66D Abs. 2 Civil Code.
15 Vgl Artt. 1:168-196 Burgerlijk Wetboek. Nach Durchführung des Trennungsverfahrens kann die Ehe nur noch gem. Art. 1:179 Burgerlijk Wetboek aufgelöst werden; eine davon unabhängige Ehescheidung ist ausgeschlossen (Art. 1:150 Burgerlijk Wetboek).
16 NK-BGB/*Gruber*, Anh. I zum III. Abschnitt EGBGB, Art. 5 EheVO 2003 Rn 3; Staudinger/*Spellenberg*, Art. 5 EheGVO Rn 4; Rauscher/*Rauscher*, EuZPR/EuIPR, Art. 5 Brüssel IIa-VO Rn 4; im Erg. auch Geimer/Schütze/*Dilger*, IRV, Art. 5 EheVO Rn 5; aA *Rieck*, Art. 5 EG-EhesachenVO Rn 3, der für eine strikt wörtliche Auslegung plädiert.
17 Siehe zu der vergleichbaren Zielsetzung des Art. 5 EheVO 2003: NK-BGB/*Gruber*, Anh. I zum III. Abschnitt EGBGB, Art. 5 EheVO 2003 Rn 1; Staudinger/*Spellenberg*, Art. 5 EheGVO Rn 2; Rauscher/*Rauscher*, EuZPR/EuIPR, Art. 5 Brüssel IIa-VO Rn 1.
18 Siehe dazu OLG Stuttgart v. 17.1.2013 – 17 WF 251/12, juris Rn 7.
19 Im Ergebnis ebenso Erman/*Hohloch*, Art. 9 Rn 1.
20 Vgl hierzu auch Rauscher/*Rauscher*, EuZPR/EuIPR, Art. 5 Brüssel IIa-VO Rn 4, 9.
21 Vgl auch *Hammje*, RCDIP 2011, 291, 305 Rn 11; *Traar*, ÖJZ 2011, 805, 812.

möglich wäre, ist allein nach Art. 8 anzuknüpfen.[22] Hierauf scheint auch der 23. Erwägungsgrund hinzudeuten.[23] Nach Ausführungen zur Anknüpfung der Scheidung im Fall der Umwandlung einer Trennung ohne Auflösung des Ehebandes wird dort angemerkt: „Dies sollte die Ehegatten nicht daran hindern, die Scheidung auf der Grundlage anderer Bestimmungen dieser Verordnung zu beantragen." Im Übrigen ist weder dem Verordnungstext noch den Erwägungsgründen zu entnehmen, dass den Ehegatten aufgrund der Durchführung eines Trennungsverfahrens die Berufung auf andere Scheidungsgründe und damit die Anknüpfung nach Art. 8 versagt sein sollte.[24] Über die Frage, ob eine isolierte Scheidung auch nach einer gerichtlichen Trennung noch zulässig ist, entscheidet allein das (gem. Art. 8 berufene) Scheidungsstatut.

2. Trennung ohne Auflösung des Ehebandes. Die Anwendung von Art. 9 setzt tatbestandlich eine Trennung ohne Auflösung des Ehebandes voraus. Erfasst ist nur die **gerichtlich** (bzw behördlich) **ausgesprochene** oder bestätigte **Trennung**. Rein faktisches Getrenntleben genügt nicht (vgl auch Art. 1 Rn 8);[25] ebenso wenig die auf einen negativen Herstellungsantrag erfolgte gerichtliche Erlaubnis zum Getrenntleben (vgl § 1353 Abs. 2 BGB).[26]   7

Dem Wortlaut des Art. 9 ist nicht zu entnehmen, dass die Trennung ohne Auflösung des Ehebandes durch ein Gericht des Staates ausgesprochen worden sein muss, in dem nunmehr die Umwandlung begehrt wird. Der Anwendungsbereich der Norm wäre demnach auch dann eröffnet, wenn die Trennung in einem **nicht teilnehmenden Mitgliedstaat** oder in einem **Drittstaat** durchgeführt worden sein sollte.[27] Der Zweck des Abs. 1, den Parteien durch die Perpetuierung des Trennungsstatuts eine bessere Berechenbarkeit zu bieten und die Rechtssicherheit zu stärken, stützt ein entsprechendes Verständnis der Regelung.[28]   8

Da Abs. 1 die Anknüpfung der Umwandlung an das Vorliegen eines gerichtlichen Trennungsausspruchs knüpft, stellt sich allerdings die Frage, ob bereits die schlichte Existenz einer im Ausland ergangenen Trennungsscheidung die Tatbestandsvoraussetzung des Art. 9 erfüllt oder ob es hierfür ggf einer **Anerkennung** bedarf. Dem Normtext ist hierzu nichts zu entnehmen.[29] Den Weg weisen aber Sinn und Zweck der Regelung. Entscheidend dürfte letztlich sein, dass der Trennungsausspruch als materielle Grundlage der „Umwandlung" in eine Ehescheidung dienen soll. Hierfür genügt aber nicht das bloße Faktum eines Trennungsausspruchs, der gerichtlichen (oder behördlichen) Entscheidung müssen vielmehr die für eine solche Umwandlung erforderlichen Wirkungen zukommen. Freilich ist damit noch nicht beantwortet, wonach sich die Wirkungen der Trennungsentscheidung beurteilen sollen. Denkbar erscheint sowohl ein prozessrechtlicher als auch ein kollisionsrechtlicher Ansatz.   9

---

22 Ein zwischenzeitlicher Statutenwechsel fände danach Berücksichtigung. Sind die Ehegatten zB nach niederländischem Recht von Tisch und Bett getrennt (Artt. 1:168 ff. Burgerlijk Wetboek), haben sie nach Abschluss des Trennungsverfahrens ihren gewöhnlichen Aufenthalt jedoch nach Deutschland verlegt, kann die Ehe entweder aufgrund der Verweisung nach Art. 9 Abs. 1 nach niederländischem Recht aufgelöst (Art. 1:179 Burgerlijk Wetboek) oder aber gem. Art. 8 lit. a) nach deutschem Recht geschieden werden. Dabei ist unerheblich, dass die Ehe nach niederländischem Recht grundsätzlich erst nach drei Jahren aufgelöst werden könnte (vgl Art. 1:179 Abs. 1 Burgerlijk Wetboek). Berufen sich die Ehegatten allein auf das Scheitern der Ehe iSd § 1565 BGB, wird die Scheidung ausschließlich nach Art. 8 angeknüpft. Nach deutschem Recht kann die Ehe unter den Voraussetzungen des § 1566 Abs. 1 BGB bereits nach einjährigem Getrenntleben geschieden werden.

23 Vgl hierzu auch *Boele-Woelki*, Yearbook of Private International Law, Vol. 12 (2010), 1, 20; zu der Bedeutung der Erwägungsgründe für das Verständnis der Gemeinschaftsrechtsakte s. *Hess*, IPRax 2006, 348, 354.

24 Vielmehr deuten die Formulierungen „Bei Umwandlung einer Trennung" in Art. 9 Abs. 1 und „Wird das Gericht angerufen, damit eine Trennung [...] umgewandelt wird" im 23. Erwägungsgrund darauf hin, dass Art. 9 nur dann Anwendung findet, wenn sich der Antragsteller auf die Trennung ohne Auflösung des Ehebandes beruft. Nichts anderes folgt etwa aus der französischen („En cas de conversion"), italienischen („In caso di conversione"), spanischen („En caso de conversión"), portugiesischen („Em caso de conversão"), rumänischen („În cazul transformării"), niederländischen („In het geval van omzetting") oder englischen („Where legal separation is converted") Sprachfassung des Art. 9 Abs. 1.

25 Vgl auch NK-BGB/*Gruber*, Anhang zu Art. 17 EGBGB Rn 19; *ders.*, IPRax 2012, 381, 388; Erman/*Hohloch*, Art. 9 Rn 1.

26 Vgl Staudinger/*Mankowski*, Anhang I zu Art. 18 EGBGB/Art. 8 HUÜ Rn 283; MüKo/*Siehr*, Anhang I zu Art. 18 EGBGB Rn 176 (beide zu Art. 8 Abs. 2 des Haager Übereinkommens über das auf Unterhaltspflichten anzuwendende Recht v. 2.10.1973); *Dornblüth*, Die europäische Regelung der Anerkennung und Vollstreckbarerklärung von Ehe- und Kindschaftsentscheidungen, 2003, S. 40.

27 *Gruber*, IPRax 2012, 381, 388; Palandt/*Thorn*, Art. 9 Rn 1; vgl auch Erman/*Hohloch*, Art. 9 Rn 1.

28 *Gruber*, IPRax 2012, 381, 388.

29 Anders zB noch Art. 8 Abs. 2 des Haager Übereinkommens über das auf Unterhaltspflichten anzuwendende Recht v. 2.10.1973. Danach sollte in einem Vertragsstaat, in dem eine Trennung ohne Auflösung des Ehebandes *ausgesprochen* oder *anerkannt* worden war, für die Unterhaltspflichten der getrennten Ehegatten das auf die Trennung ohne Auflösung des Ehebandes angewendete Recht maßgebend sein.
– Das Haager Übereinkommen v. 2.10.1973 wurde mWv 18.6.2011 durch das Haager Protokoll über das auf Unterhaltspflichten anzuwendende Recht v. 23.11.2007 ersetzt.

10 Im deutschen Schrifttum wird überwiegend ein **prozessrechtlicher Ansatz** gewählt, wenn über die Bedeutung einer gerichtlichen Entscheidung für das Bestehen eines präjudiziellen Rechtsverhältnisses zu befinden ist. In der Regel stellt sich das Problem, wenn das präjudizielle Rechtsverhältnis im Tatbestand einer Sachnorm vorausgesetzt wird (sog. Vorfrage; vgl zur Anknüpfung von Vorfragen auch vor Art. 1 Rn 67 ff). Hier geht die wohl hM davon aus, dass sich die Relevanz einer gerichtlichen Entscheidung für die Beantwortung der Vorfrage allein nach dem Prozessrecht (Rechtskraft- und Anerkennungsregelungen)[30] des Staates richtet, in dem über die Hauptfrage zu befinden ist. Notwendig aber auch hinreichend für die Bindung eines deutschen Gerichts an eine ausländische gerichtliche oder behördliche Entscheidung wäre danach die Anerkennung der Entscheidung im Inland.[31] Die Befürworter eines **kollisionsrechtlichen Ansatzes** wollen einer Statusentscheidung hingegen nur die Wirkungen zuerkennen, die ihr das Hauptfragestatut zuspricht. Bei Umwandlung einer Trennung ohne Auflösung des Ehebandes in eine Ehescheidung hätte demzufolge das Scheidungsstatut darüber zu befinden, ob die Trennungsentscheidung anzuerkennen sein muss, um in eine Scheidung umgewandelt werden zu können.[32] Denkbar wäre auch eine Verbindung beider Ansätze: Der Trennungsausspruch wäre danach zunächst im Inland anzuerkennen; in einem zweiten Schritt müsste dann geprüft werden, ob auch das Recht des Staates, das auf die Scheidung anzuwenden ist, eine Anerkennung fordert.[33]

11 Überträgt man die vorstehenden Ansätze auf die Frage, wann die im Tatbestand des Abs. 1 vorausgesetzte präjudizielle Rechtslage einer Trennung ohne Auflösung des Ehebandes vorliegt,[34] hätte bei einer kollisionsrechtlichen Lösung das über Art. 9 (potenziell) berufene Scheidungsstatut darüber zu befinden, ob eine Umwandlung nur möglich ist, wenn der Trennungsausspruch eines (aus Sicht des Scheidungsstatuts) fremden Gerichts – und damit ggf auch eines deutschen Gerichts – zuvor in dem Staat anerkannt worden ist, dessen Recht über die Scheidung befindet. Bei einer prozessrechtlichen Sichtweise wäre dagegen die Anerkennung im Inland zu fordern.[35] Eine Kombination beider Ansätze würde die vorbeschriebenen Schritte verbinden. Zur Zeit muss als offen gelten, welche Lösung sich in der Praxis durchsetzen wird. Folgt man jedoch der Auffassung, dass die Anknüpfung von Erstfragen in den Kollisionsnormen der Rom III-VO selbstständig anzuknüpfen ist (vgl vor Art. 1 Rn 69 ff), sollte auch iRd Art. 9 einer prozessrechtlichen Lösung der Vorzug gegeben werden.

12 Teilt man die hier vertretene Auffassung und legt eine prozessrechtliche Betrachtung zugrunde, folgt daraus bei Anrufung eines **deutschen Gerichts**: Soll eine im Ausland ausgesprochene Trennung ohne Auflösung des Ehebandes in eine Scheidung umgewandelt werden, setzt die Anknüpfung nach Art. 9 die vorherige Anerkennung der Trennungsentscheidung im Inland voraus. Im Regelungsbereich der EheVO 2003 bereitet dies keine Schwierigkeiten, da nach Art. 21 Abs. 1 EheVO 2003 Entscheidungen, die in einem Mitgliedstaat ergangen sind, anerkannt werden, ohne dass es hierfür eines besonderen Verfahrens bedürfte; das mit der Umwandlung der Trennung befasste Gericht kann gem. Art. 21 Abs. 4 EheVO 2003 selbst über die Frage der Anerkennung der Trennungsentscheidung befinden (Inzidentanerkennung). Wurde das Trennungsverfahren in einem Drittstaat durchgeführt, richtet sich die Anerkennung nach §§ 107, 109 FamFG.

13 Sollte die **Anerkennung** einer im Ausland ergangenen Trennungsentscheidung **versagt** werden, findet Art. 9 keine Anwendung. Das Scheidungsstatut richtet sich in diesem Fall (vorbehaltlich einer abweichenden Rechtswahl iSd Art. 5) nach Art. 8; den Ehegatten bleibt mithin nur die Möglichkeit, sich auf sonstige Scheidungsgründe zu berufen.

II. Bestimmung des Scheidungsstatuts

14 **1. Regelanknüpfung (Abs. 1). a) Anknüpfung an das tatsächliche Trennungsstatut.** Nach Abs. 1 untersteht die Scheidung bei Umwandlung einer Trennung ohne Auflösung des Ehebandes dem Recht, das auf die Trennung angewendet wurde. Verwiesen wird auf das Recht, das der Trennungsentscheidung tat-

---

30 MüKo/*Sonnenberger*, Einl. IPR Rn 564, 569; *Mansel*, in: FS W. Lorenz, 1991, S. 689, 692.
31 *Kropholler*, Internationales Privatrecht, § 32 V; MüKo/*Sonnenberger*, Einl. IPR Rn 569 mwN; vgl auch Staudinger/*Sturm/Sturm*, Einl. zum IPR Rn 241, 244; Palandt/*Thorn*, Art. 13 EGBGB Rn 7.
32 Staudinger/*Mankowski*, Art. 17 EGBGB Rn 473 (eine zusätzliche Anerkennung im Inland wird nicht gefordert); vgl auch *Hausmann*, Die kollisionsrechtlichen Schranken der Gestaltungskraft von Scheidungsurteilen, 1980, S. 197 ff.
33 Vgl zu einem solchen Ansatz MüKo/*Coester*, Art. 13 EGBGB Rn 75 f.
34 Zu der Übertragbarkeit der für die Vorfragenanknüpfung maßgeblichen Grundsätze auf die Anknüpfung von sog. kollisionsrechtlichen Vorfragen (Erstfragen) im Tatbestand einer europäischen Kollisionsnorm s. *Bernitt*, Die Anknüpfung von Vorfragen im europäischen Kollisionsrecht, 2009, S. 15 ff.
35 Dies entspräche den Voraussetzungen, die auch für eine Verweisung nach Art. 18 Abs. 4 EGBGB aF (Art. 8 Abs. 2 Alt. 1 iVm Abs. 1 des Haager Übereinkommens über das auf Unterhaltspflichten anzuwendende Recht v. 2.10.1973) vorliegen mussten, s. dazu Staudinger/*Mankowski*, Anhang I zu Art. 18 EGBGB/ Art. 8 HUÜ Rn 285.

sächlich zugrunde liegt.[36] Ob das Trennungsstatut zutreffend ermittelt wurde, spielt in diesem Zusammenhang keine Rolle. Ist das Trennungsverfahren in einem teilnehmenden Mitgliedstaat durchgeführt worden, wird der Trennungsausspruch folglich nicht darauf überprüft, ob das nach Art. 5 oder Art. 8 auf eine Trennung ohne Auflösung des Ehebandes richtigerweise anzuwendende Recht herangezogen wurde; vielmehr wird auch im Fall der Trennung nach einem aus Sicht der Rom III-VO fälschlich angewendeten Recht die Ehescheidung gem. Abs. 1 an das tatsächliche Trennungsstatut angeknüpft. Nichts anderes gilt, wenn die Trennung durch das Gericht oder die Behörde eines nicht teilnehmenden Mitgliedstaates oder eines Drittstaates ausgesprochen wurde (vgl Rn 8).[37] Auch hier ist weder von Bedeutung, ob das nach dem Kollisionsrecht des Forums des Trennungsverfahrens anzuwendende Sachrecht fehlerfrei bestimmt wurde, noch kommt es darauf an, ob aus Sicht der Rom III-VO ein anderes Recht berufen gewesen wäre.

Wird in der Trennungsentscheidung ausdrücklich auf das zugrunde gelegte Recht Bezug genommen (sei es durch Ausführungen zum Kollisionsrecht, sei es durch die Heranziehung bestimmter Regelungen des für anwendbar erachteten Rechts), bereitet die **Feststellung** des tatsächlichen Trennungsstatuts keine Schwierigkeiten. Fehlt es an einem eindeutigen Hinweis auf das angewendete Recht, obliegt es letztlich dem Scheidungsgericht zu ermitteln, welches Recht der Trennung zugrunde gelegt worden ist.[38] Ausgangspunkt wird in diesem Fall regelmäßig die Bestimmung des Rechts sein, das das ausländische Gericht der Trennungsentscheidung nach Maßgabe seines Kollisionsrechts hätte zugrunde legen sollen. Die Vorschriften der betreffenden Rechtsordnung sind dann mit der Trennungsentscheidung zu vergleichen.[39] Bringt dies kein eindeutiges Ergebnis, ist weiter zu forschen.[40] Hinweise geben können ggf auch die Akten des Trennungsverfahrens (soweit diese vorliegen) sowie der Vortrag der Parteien in dem damaligen Verfahren, sofern Ausführungen zu der Frage des anwendbaren Rechts gemacht wurden.[41] 15

b) Rechtswahl (Abs. 1 letzter Hs). Den Ehegatten steht es frei, nach Maßgabe des Art. 5 ein von Abs. 1 abweichendes Scheidungsstatut zu wählen (Abs. 1 letzter Hs). Haben die Parteien bereits im Hinblick auf die Trennung ohne Auflösung des Ehebandes von der Rechtswahloption Gebrauch gemacht, sind sie gleichwohl nicht gehindert, für die Umwandlung der Trennung in eine Ehescheidung die Anwendbarkeit eines anderen Rechts vorzusehen (Art. 5 Rn 12).[42] 16

Kennt auch das gewählte Scheidungsstatut die Umwandlung der Trennung ohne Auflösung des Ehebandes in eine Ehescheidung, ist trotz Auseinanderfallens von Trennungs- und Scheidungsstatut eine Umwandlung möglich, wenn das Scheidungsstatut die Trennungsentscheidung als Grundlage einer Umwandlung akzeptiert. Methodisch handelt es sich hier um ein Problem der sog. **Substitution**.[43] 17

Die Frage der Substituierbarkeit stellt sich immer dann, wenn eine (in- oder ausländische) Sachnorm ein rechtlich geprägtes Tatbestandsmerkmal aufweist, das unter einem Drittrecht verwirklicht wurde.[44] In derartigen Fällen muss regelmäßig zunächst durch Auslegung der betreffenden Sachnorm ermittelt werden, ob die vorausgesetzte präjudizielle Rechtslage nur durch die Institute des Hauptfragestatuts ausgefüllt werden kann oder ob Sinn und Zweck der Vorschrift auch die Berücksichtigung eines Rechtsverhältnisses erlauben, das nach Maßgabe eines Drittrechts entstanden ist.[45] Sollte Substituierbarkeit grundsätzlich gegeben sein, bleibt weiter zu prüfen, unter welchen Voraussetzungen eine Substitution in Betracht kommt. Sind dem Hauptfragestatut hierzu konkrete Angaben nicht zu entnehmen, wird im Regelfall **funktionale Äquivalenz** zwischen dem zu substituierenden Begriff und der substituierenden Erscheinung genügen.[46] 18

Auf den vorliegenden Fall der Umwandlung einer Trennung ohne Auflösung des Ehebandes bezogen bedeutet dies: Eine Scheidung durch Umwandlung ist auch bei Auseinanderfallen von Trennungs- und Scheidungsstatut möglich, wenn das Scheidungsstatut die Substitution prinzipiell gestattet und jedenfalls 19

---

36 Palandt/*Thorn*, Art. 9 Rn 1.
37 *Gruber*, IPRax 2012, 381, 388.
38 *Gruber*, IPRax 2012, 381, 388; vgl zu der entsprechenden Problematik iRd Art. 18 Abs. 4 EGBGB aF (Art. 8 des Haager Übereinkommens über das auf Unterhaltspflichten anzuwendende Recht v. 2.10.1973) auch Staudinger/*Mankowski*, Anhang I zu Art. 18 EGBGB/Art. 8 HUÜ Rn 253 ff; NK-BGB/*Gruber*, Art. 18 EGBGB Rn 37; Göppinger/Wax/*Linke*, Unterhaltsrecht, Rn 3067.
39 Vgl Staudinger/*Mankowski*, Anhang I zu Art. 18 EGBGB/Art. 8 HUÜ Rn 255; Göppinger/Wax/*Linke*, Unterhaltsrecht, Rn 3067.
40 Vgl Göppinger/Wax/*Linke*, Unterhaltsrecht, Rn 3067.
41 Vgl Staudinger/*Mankowski*, Anhang I zu Art. 18 EGBGB/Art. 8 HUÜ Rn 256; NK-BGB/*Gruber*, Art. 18 EGBGB Rn 37.

42 *Gallant*, in: Droit européen du divorce, Art, 9 Rn 8.
43 Staudinger/*Mankowski*, Art. 17 EGBGB Rn 474.
44 Siehe zur Substitution als Folgefrage der Vorfragenanknüpfung insb. *Mansel*, in: FS Kropholler, 2008, S. 353, 364 ff; allg. zu dem Begriff der Substitution: *Mansel*, in: FS W. Lorenz, 1991, S. 689 ff; MüKo/*Sonnenberger*, Einl. IPR Rn 602 ff; *Budzikiewicz*, Materielle Statuseinheit und kollisionsrechtliche Statusverbesserung, 2007, S. 91 f, 122 f, 143 f, jeweils mwN.
45 *Mansel*, in: FS Kropholler, 2008, S. 353, 364 ff; *ders.*, in: FS W. Lorenz, 1991, S. 689, 696 f; *Budzikiewicz*, aaO, S. 92.
46 *Mansel*, in: FS Kropholler, 2008, S. 353, 368.

Funktionsäquivalenz zwischen der nach dem Scheidungsstatut tatbestandlich vorausgesetzten Trennung und der aus Sicht des Scheidungsstatuts fremdrechtlichen Trennungsentscheidung gegeben ist.

20 Sollte eine Substitution nicht möglich sein, müssen die Ehegatten entweder ein weiteres Trennungsverfahren durchführen, nunmehr nach Maßgabe des nach Art. 5 auf die Scheidung anwendbaren Rechts, oder aber – soweit nach dem gewählten Recht vorgesehen – **sonstige Scheidungsgründe** geltend machen.

21 **2. Anknüpfung bei umwandlungsfeindlichem Trennungsstatut (Abs. 2). a) Scheidungsfeindliches Recht.** Sieht das auf die Trennung ohne Auflösung des Ehebandes angewendete Recht eine Umwandlung der Trennung in eine Ehescheidung nicht vor, findet (vorbehaltlich einer abweichenden Rechtswahl) das über Art. 8 berufene Recht Anwendung (Abs. 2). Die Regelung erfasst jene Fälle, in denen das Gericht eines teilnehmenden Mitgliedstaates angerufen wird, damit eine Trennung ohne Auflösung des Ehebandes in eine Scheidung umgewandelt wird, das nach Abs. 1 bestimmte Scheidungsstatut (Rn 14 f) jedoch eine auf die Trennung gestützte Ehescheidung nicht kennt (zu dem Begriff der Umwandlung s. Rn 5). Dies betrifft jedenfalls die (wenigen) Rechtsordnungen, die eine **Ehescheidung generell nicht vorsehen** (so zB der Vatikanstaat, zT die Philippinen)[47],[48] Haben die Ehegatten auf der Grundlage eines solchen Rechts ein Trennungsverfahren durchgeführt und begehren sie (oder einer von ihnen) nunmehr die Umwandlung der Trennung in eine Ehescheidung, untersteht gem. Abs. 2 die Scheidung abweichend von Abs. 1 nicht dem Trennungsstatut, sondern dem über Art. 8 berufenen Recht. Dieses befindet jetzt insbesondere auch über eine mögliche Umwandlung.[49]

22 Kennt das gem. Art. 8 bestimmte Scheidungsstatut die Umwandlung der Trennung in eine Ehescheidung, ist allerdings zu beachten, dass gleichwohl nur dann umgewandelt werden kann, wenn das Scheidungsstatut die Substitution der tatbestandlich vorausgesetzten Trennung durch eine Trennungsentscheidung auf der Grundlage fremden Rechts erlaubt (vgl Rn 17 ff). Sollte dies nicht der Fall sein, müssen die Ehegatten entweder ein weiteres Trennungsverfahren durchführen, jetzt nach Maßgabe des über Art. 8 berufenen Rechts, oder aber sonstige Scheidungsgründe (des nach Art. 8 berufenen Rechts) geltend machen.

23 Sollte dem nach Art. 8 berufenen Recht die Scheidung als Rechtsinstitut ebenfalls unbekannt sein, kommt **Art. 10** zur Anwendung.

24 **b) Trennung ohne Relevanz für die Scheidung.** Keine Umwandlung der Trennung in eine Ehescheidung sehen auch solche Rechtsordnungen vor, die sowohl die gerichtliche Trennung ohne Auflösung des Ehebandes kennen als auch das Rechtsinstitut der Scheidung, jedoch der Trennung keinerlei Bedeutung für die Scheidung zuerkennen (zu dem Begriff der Umwandlung s. Rn 5). Dies gilt etwa für das spanische Recht.[50] Die subsidiäre Anknüpfung gem. Abs. 2 iVm Art. 8 kommt nach dem Wortlaut der Vorschrift auch für diese Fälle zum Tragen. Stimmen Trennungsstatut und (nach Abs. 2 iVm Art. 8 berufenes) Scheidungsstatut nicht überein, könnten die Ehegatten daher (neben der Geltendmachung anderer Scheidungsgründe) auch die Umwandlung der Trennung auf der Grundlage des nach Art. 8 berufenen Rechts beantragen, vorausgesetzt, dieses sieht eine Umwandlung vor (vgl dazu Rn 5). Für ein entsprechendes Verständnis des Abs. 2 spricht neben dem Wortlaut der Norm auch der darin zum Ausdruck kommende *favor divortii* (vgl dazu auch zu Art. 1 Rn 50 ff).[51]

25 Wollte man dem nicht folgen und von Abs. 2 nur die Fälle als erfasst ansehen, in denen das Trennungsstatut eine Scheidung gänzlich ablehnt, würde folgendes gelten: Begehren die Ehegatten in einer der vorbeschriebenen Fallgestaltungen (Rn 24) die Umwandlung der Trennung, richtet sich die Anknüpfung der Scheidung nach Abs. 1; zur Anwendung käme das Trennungsstatut (s. Rn 14 f). Da das Trennungsstatut eine Umwandlung jedoch nicht vorsieht, kann die Ehe auf dieser Grundlage nicht geschieden werden. Die Ehegatten wären mithin gehalten, sonstige Scheidungsgründe geltend zu machen; insoweit wäre die Scheidung dann nach Art. 8 anzuknüpfen (vgl Rn 6).

26 **c) Rechtswahl (Abs. 2 letzter Hs).** Auch in den von Abs. 2 erfassten Fällen sind die Ehegatten frei, das Scheidungsstatut nach Maßgabe des Art. 5 zu wählen (Abs. 2 letzter Hs); vgl hierzu die Ausführungen in Rn 16 ff.

---

47 Siehe die Aufzählung bei Staudinger/*Mankowski*, Art. 17 EGBGB Rn 23 ff.
48 Erman/*Hohloch*, Art. 9 Rn 2; Palandt/*Thorn*, Art. 9 Rn 2; *Gallant*, in: Droit européen du divorce, Art. 9 Rn 12.
49 *Franzina*, CDT 3 (2011), 85, 118 Rn 64.
50 Vgl Artt. 81 und 86 Código Civil (Trennung und Scheidung können von jedem Ehegatten ohne Angabe von Gründen nach Ablauf von drei Monaten seit der Eheschließung beantragt werden; die Einhaltung einer Trennungsfrist ist nicht erforderlich). *Hausmann* nennt als Anwendungsfall des Abs. 2 auch das italienische Recht, IntEuSchR, A Rn 334. Nach hier vertretener Auffassung ist die auf der Trennung basierende Scheidung nach italienischem Recht jedoch als Fall des Abs. 1 zu betrachten (s. Rn 5).
51 Zu dem mit Abs. 2 verfolgten *favor divortii* vgl auch *Hammje*, RCDIP 2011, 291, 305 Rn 11; *Gallant*, in: Droit européen du divorce, Art. 9 Rn 11.

III. Übergangsrecht

Zum intertemporalen Geltungsbereich des Art. 9 siehe Art. 18 Rn 7. **27**

C. Weitere praktische Hinweise

Die **internationale Zuständigkeit** der deutschen Gerichte für die Umwandlung einer Trennung ohne Auflösung des Ehebandes in eine Ehescheidung richtet sich nach Art. 3 Abs. 1 und Art. 5 EheVO 2003 sowie nach Art. 7 Abs. 1 EheVO 2003 iVm § 98 Abs. 1 FamFG. **28**

Artikel 10 Anwendung des Rechts des Staates des angerufenen Gerichts

Sieht das nach Artikel 5 oder Artikel 8 anzuwendende Recht eine Ehescheidung nicht vor oder gewährt es einem der Ehegatten aufgrund seiner Geschlechtszugehörigkeit keinen gleichberechtigten Zugang zur Ehescheidung oder Trennung ohne Auflösung des Ehebandes, so ist das Recht des Staates des angerufenen Gerichts anzuwenden.

Literatur: *Kroll*, Scheidung auf europäisch? – Die (derzeit) nicht scheidbare Ehe im IPR, StAZ 2007, 330; *Looschelders*, Scheidungsfreiheit und Schutz des Antragsgegners im internationalen Privat- und Prozessrecht, in: FS Kropholler, 2008, S. 329.

A. Allgemeines.................................. 1	2. Rechtsfolge............................. 20
I. Normzweck............................... 1	a) Anwendung der lex fori............. 20
II. Verhältnis zu Art. 12 (ordre public)........... 5	b) Kein Inlandsbezug................... 22
B. Regelungsgehalt............................ 7	II. Ungleichbehandlung aufgrund der
I. Scheidungsfeindliches Recht (Var. 1)......... 7	Geschlechtszugehörigkeit (Var. 2)............ 23
1. Anwendungsbereich................... 7	1. Anwendungsbereich................... 23
a) Unscheidbarkeit der Ehe............. 7	2. Rechtsfolge............................. 30
b) Gleichgeschlechtliche Ehe........... 10	a) Anwendung der lex fori............. 30
c) Trennung ohne Auflösung des Ehebandes............................. 15	b) Kein Inlandsbezug................... 34
	C. Weitere praktische Hinweise................. 35

A. Allgemeines

I. Normzweck

Art. 10 normiert eine **spezielle Vorbehaltsklausel**.[1] Die Regelung schließt die Anwendung des gem. Art. 5 gewählten oder in Ermangelung einer Rechtswahl gem. Art. 8 ermittelten Rechts aus, wenn die primär berufene *lex causae* entweder die Ehescheidung nicht vorsieht (Var. 1) oder aber einem Ehegatten aufgrund seiner Geschlechtszugehörigkeit keinen gleichberechtigten Zugang zur Ehescheidung oder Trennung ohne Auflösung des Ehebandes gewährt (Var. 2). An die Stelle des nach Art. 5 oder Art. 8 berufenen Trennungs- bzw Scheidungsstatuts tritt in diesen Fällen die *lex fori* als Ersatzrecht. **1**

Durch Art. 10 Var. 1 soll die **Scheidungsfreiheit** der Ehegatten gesichert werden (vgl auch vor Art. 1 Rn 57). Die Regelung trägt insofern vor allem der früheren Rechtslage in Malta Rechnung, dessen Eherecht eine Scheidung bis 2011 nicht kannte. Das angerufene Gericht sollte nicht verpflichtet sein, im Fall der Berufung maltesischen Rechts eine Scheidung der Ehe zu versagen.[2] Nachdem allerdings auch Malta als letzter Mitgliedstaat die Ehescheidung zum 1.10.2011 eingeführt hat,[3] besitzt Art. 10 Var. 1 nur noch geringe praktische Bedeutung (s. Rn 7 ff). **2**

---

1 Entwurf eines Gesetzes zur Anpassung der Vorschriften des Internationalen Privatrechts an die Verordnung (EU) Nr. 1259/2010 und zur Änderung anderer Vorschriften des Internationalen Privatrechts, BR-Drucks. 468/12, S. 8 (spezieller *ordre public*-Vorbehalt); *Helms*, FamRZ 2011, 1765, 1771; Erman/*Hohloch*, Art. 10 Rn 1; *Kohler/Pintens*, FamRZ 2011, 1433, 1434; *Hausmann*, IntEuSchR, A Rn 335; *Henricot*, Journal des Tribunaux 2012, 557, 561 Rn 24, 562 Rn 30 („clause d'ordre public positif"); *Hau*, FamRZ 2013, 249, 254; s. auch *Boele-Woelki*, in: Policy Department C: Citizens' Rights and Constitutional Affairs, The Proposal for enhanced cooperation in the area of cross-border divorce (Rom III), Note, PE 432.730, S. 20 (sub 3.7. Public policy). Zu den Schwierigkeiten der dogmatischen Einordnung des Art. 10 s. *Hammje*, RCDIP 2011, 291, 334 f Rn 44; *Basedow*, in: Liber Amicorum Pintens, 2012, S. 135, 148 f.

2 *Jänterä-Jareborg*, in: Basedow/Baum/Nishitani, Japanese and European Private International Law in Comparative Perspective, 2008, S. 317, 338; *Helms*, FamRZ 2011, 1765, 1771; *Kohler*, FamRZ 2008, 1673, 1678.

3 Art. 1 (2) Civil Code (Amendment) Act, 2011.

3 Von größerer Relevanz ist die zweite von Art. 10 erfasste Konstellation. Die Regelung in Art. 10 Var. 2 soll eine **Ungleichbehandlung** der trennungs- oder scheidungswilligen Ehegatten **verhindern**.[4] Da dem Ehegatten, der keinen gleichberechtigten Zugang zur Ehescheidung besitzt, gem. Var. 2 die Möglichkeit der Scheidung nach den Grundsätzen der *lex fori* eröffnet wird, zielt letztlich auch diese Regelung auf die Scheidungsfreiheit des diskriminierten Partners.

4 Aufgenommen wurde die Klausel, nachdem verschiedene Mitgliedstaaten die Befürchtung geäußert hatten, die universelle Anwendung der Verordnung könne die Berufung diskriminierenden drittstaatlichen Rechts zur Folge haben.[5] In Blick genommen wurde dabei vor allem das islamische Recht;[6] die Regelung erfasst jedoch auch andere Rechte, die für Mann und Frau keinen gleichberechtigten Zugang zur Trennung ohne Auflösung des Ehebandes oder zur Ehescheidung vorsehen (so zB – im Hinblick auf die Scheidung – das jüdische Recht).[7]

II. Verhältnis zu Art. 12 (ordre public)

5 Art. 10 setzt einen **Mindeststandard** fest, dem das nach Art. 8 berufene ebenso wie das nach Art. 5 gewählte Recht genügen müssen.[8] Die verwiesene Rechtsordnung kann danach nur Anwendung finden, wenn sie (1) eine Ehescheidung (nicht aber notwendig eine Trennung ohne Auflösung des Ehebandes, vgl Rn 15 ff) vorsieht und (2) den Ehegatten ungeachtet ihrer Geschlechtszugehörigkeit gleichberechtigten Zugang zur Scheidung und – soweit bekannt – zur Trennung gewährt. Die Regelung hat damit nicht nur kollisionsrechtlichen, sondern auch materiellrechtlichen Gehalt.[9] Sie garantiert im Geltungsbereich der Rom III-VO die Scheidbarkeit der Ehe auf geschlechtsneutraler Basis.[10] Vorgaben zu der Ausgestaltung des Scheidungsrechts macht Art. 10 allerdings nicht. Die Voraussetzungen der Ehescheidung und damit auch der Umfang der Scheidungsfreiheit im Einzelnen richten sich allein nach dem maßgeblichen Scheidungsstatut, dh primär nach dem gem. Art. 5 oder Art. 8 berufenen Recht, subsidiär (gem. Art. 10) nach der *lex fori*.[11]

6 In seinem Anwendungsbereich **verdrängt** Art. 10 die allgemeine *ordre public*-Klausel des **Art. 12** (s. auch vor Art. 1 Rn 47).[12] Sind die Voraussetzungen des Art. 10 erfüllt, kommt daher stets die *lex fori* als Ersatzrecht zur Anwendung, auch wenn die Rechtsfolgen eines allgemeinen *ordre public*-Verstoßes iSd Art. 12 möglicherweise andere gewesen wären (vgl Art. 12 Rn 4, 22 ff, 33 f). Ein Rückgriff auf Art. 12 bleibt damit nur in den Fällen möglich, in denen eine Berufung auf Art. 10 ausgeschlossen ist, so dass die Anwendbarkeit des gem. Art. 5 oder Art. 8 berufenen Primärstatuts nicht schon an der speziellen Vorbehaltsklausel

---

[4] Vorschlag für eine Verordnung (EU) des Rates zur Begründung einer Verstärkten Zusammenarbeit im Bereich des auf die Ehescheidung und Trennung ohne Auflösung des Ehebandes anzuwendenden Rechts v. 24.3.2010, KOM(2010) 105 endg., S. 8 (zu Art. 5).

[5] Rat der Europäischen Union, Tagung v. 19./20.4.2007, 8364/07 (Presse 77), S. 10; s. auch *Jänterä-Jareborg*, in: Basedow/Baum/Nishitani, aaO, S. 317, 338. Die Vorbehaltsklausel in Art. 10 Var. 1 und 2 geht nach *Calvo Caravaca/Carrascosa González*, CDT 1 (2009), 36, 66 Rn 41, auf einen Vorschlag der spanischen Delegation zurück und ist Art. 107 Abs. 2 S. 2 lit. c) Código Civil entlehnt.

[6] *Jänterä-Jareborg*, in: Basedow/Baum/Nishitani, aaO, S. 317, 338 Fn 70; *Calvo Caravaca/Carrascosa González*, CDT 1 (2009), 36, 66 f Rn 41; s. zu der Haltung Schwedens auch die Darstellung bei *Kohler*, FamRZ 2008, 1673, 1678; *ders.*, FPR 2008, 193, 195 Krit. dazu *Schurig*, in: FS v. Hoffmann, 2011, S. 405, 409 f; *Gruber*, IPRax 2012, 381, 391, der darauf verweist, dass Art. 10 Var. 2 „als (innen-)politisch motivierte Antiislam-Klausel in dem vornehmen Gewande eines Antidiskriminierungsverbots" gewertet werden könnte. – Islamisches Recht kann im Übrigen auch im Fall der Berufung mitgliedstaatlichen Rechts zur Anwendung kommen, vgl dazu OLG Hamm IPRspr. 2006 Nr. 55; IPG 2005/2006 Nr. 31 (zur Geltung islamischen Rechts für in Thrazien/Griechenland lebende Muslime).

[7] *Basedow*, in: Liber Amicorum Pintens, 2012, S. 135, 148 f; *Gruber*, IPRax 2012, 381, 391; *Helms*, FamRZ 2011, 1765, 1772 Fn 79; *Henrich*, in: Liber Amicorum Pintens, 2012, S. 701, 707; *ders.*, Internationales Scheidungsrecht, Rn 82; *Schurig*, in: FS v. Hoffmann, 2011, S. 405, 410. Zum jüdischen Scheidungsrecht s. *Herfarth*, Die Scheidung nach jüdischem Recht im internationalen Zivilverfahrensrecht, 2000, S. 21 ff, 28 ff; *ders.*, IPRax 2002, 17 f; *Homolka*, Das Jüdische Eherecht, 2009, S. 113 ff.

[8] *Hammje*, RCDIP 2011, 291, 335 Rn 44; vgl auch *Basedow*, in: Liber Amicorum Pintens, 2012, S. 135, 148.

[9] *Franzina*, CDT 3 (2011), 85, 121 Rn 74.

[10] Krit. *Hammje*, RCDIP 2011, 291, 335 Rn 44; *Gruber*, IPRax 2012, 381, 391, der freilich darauf hinweist, dass die Gesetzgebungskompetenz der EU lediglich die Kodifikation von Kollisionsrecht umfasst; ebenso *Kohler*, FamRZ 2008, 1673, 1680 („überschießende Materialisierung").

[11] *Franzina*, CDT 3 (2011), 85, 122 Rn 75.

[12] *Franzina*, CDT 3 (2011), 85, 122 Rn 74; *Gruber*, IPRax 2012, 381, 391; Palandt/*Thorn*, Art. 10 Rn 1.

scheitert.[13] Zu denken ist etwa an Fallgestaltungen, in denen ein Ehegatte zwar nicht wegen seines Geschlechts diskriminiert wird, wohl aber aus anderen Gründen, zB wegen der Rasse, der ethnischen Herkunft oder der Religionszugehörigkeit (vgl Art. 21 Charta der Grundrechte der EU).[14] Des weiteren kommen Fälle in Betracht, in denen das Scheidungsstatut zwar grundsätzlich eine Ehescheidung unter egalitären Konditionen vorsieht, die Scheidungsvoraussetzungen *in concreto* aber (noch) nicht erfüllt sind und durch den antragstellenden Ehegatten auch in zumutbarer Weise nicht erfüllt werden können;[15] entscheidend sind hier die Wertvorstellungen der *lex fori* (vgl Art. 12 Rn 11 ff).[16]

B. Regelungsgehalt

I. Scheidungsfeindliches Recht (Var. 1)

1. Anwendungsbereich. a) Unscheidbarkeit der Ehe. Sieht das gem. Art. 5 oder Art. 8 anwendbare Recht (Primärstatut) eine Ehescheidung nicht vor, so ist nach Art. 10 Var. 1 die Scheidung auf der Grundlage der *lex fori* durchzuführen. Die Vorschrift bezieht sich auf jene Rechtsordnungen, die eine **Ehescheidung**, dh eine Auflösung des Ehebandes,[17] **generell nicht zulassen** (so zB der Vatikanstaat, zT die Philippinen)[18]; vgl auch Rn 2. Kennt das Primärstatut das Institut der Ehescheidung, kann die Ehe aber im konkreten Einzelfall (noch) nicht oder nicht mehr geschieden werden (zB aufgrund bestimmter Fristen), findet die Regelung nach überwiegender und überzeugender Auffassung keine Anwendung.[19] Ein **Günstigkeitsvergleich** zwischen der originär berufenen *lex causae* und der *lex fori* ist **nicht durchzuführen**.[20] 7

Zwar könnte für einen derartigen Vergleich Erwägungsgrund 24 sprechen, demzufolge die *lex fori* berufen sein soll, wenn das anzuwendende Recht „in bestimmten Situationen" eine Ehescheidung „nicht zulässt"; die Formulierung scheint auf die Scheidbarkeit der Ehe im Einzelfall abzustellen. In anderen Sprachfassungen findet diese These jedoch keine Stütze.[21] Vielmehr nimmt der englische[22] ebenso wie der französische 8

---

13   *Gruber*, IPRax 2012, 381, 391; *Henricot*, Journal des Tribunaux 2012, 557, 563 Rn 30; *Franzina*, CDT 3 (2011), 85, 124 Rn 82; in diesem Sinne ist wohl auch der 24. Erwägungsgrund zu verstehen; s. dazu aber auch *Hammje*, RCDIP 2011, 291, 332 Fn 130, die darauf hinweist, dass die Formulierung im 24. Erwägungsgrund „der *Ordre-public*-Vorbehalt sollte hiervon jedoch unberührt bleiben" („cela ne devrait cependant pas porter atteinte à l'ordre public") keineswegs klar ist.

14   *Hammje*, RCDIP 2011, 291, 336 Rn 45; *Franzina*, CDT 3 (2011), 85, 124 Rn 82; vgl hierzu auch NK-BGB/*Gruber*, Art. 17 EGBGB Rn 66.

15   *Gruber*, IPRax 2012, 381, 391; *Helms*, FamRZ 2010, 1765, 1771; *Henrich*, in: Liber Amicorum Pintens, 2012, S. 701, 708 f; *ders.*, Internationales Scheidungsrecht, Rn 83, 96; *Franzina*, CDT 3 (2011), 85, 124 Rn 82; s. auch das Beispiel bei *Henricot*, Journal des Tribunaux 2012, 557, 563 Rn 30 (Fn 54): Das gem. Art. 5 oder Art. 8 berufene Recht (zB belgisches oder spanisches Recht) knüpft die Scheidbarkeit der Ehe an deutlich geringere Voraussetzungen als das Recht des Forumstaates (zB maltesisches Recht).
– Bei deutschem Forum wird eine Erleichterung der Ehescheidung durch ausländisches Scheidungsrecht grds. nicht (mehr) als *ordre public*-widrig angesehen; so zu Art. 6 EGBGB: OLG Hamm FamRZ 1997, 881 (zum türkischen Recht); NK-BGB/*Gruber*, Art. 17 EGBGB Rn 65; *Henrich*, Internationales Scheidungsrecht, Rn 96; *Looschelders*, Internationales Privatrecht, Art. 17 EGBGB Rn 14; *ders.*, in: FS Kropholler, 2008, S. 329, 334 f (dort auch zu möglichen Ausnahmen); Staudinger/*Mankowski*, Art. 17 EGBGB Rn 108; MüKo/*Winkler v. Mohrenfels*, Art. 17 EGBGB Rn 116 (Ausnahme bei Scheidung auf einseitigen Antrag ohne weitere Voraussetzungen), jeweils mwN.

16   *Kroll*, StAZ 2007, 330, 335.

17   Zu dem Begriff der Ehescheidung vgl. Erwägungsgrund 10; s. ferner *Joubert*, in: Droit européen du divorce, Art. 10 Rn 7, die zu Recht darauf hinweist, dass Art. 10 Var. 1 auch dann Anwendung findet, wenn das Primärstatut zwar eine Lockerung des Ehebandes (zB die Trennung ohne Auflösung des Ehebandes), nicht aber eine Auflösung des Ehebandes vorsieht.

18   Siehe die Aufzählung bei Staudinger/*Mankowski*, Art. 17 EGBGB Rn 23 ff. Zu der Unscheidbarkeit der Ehe nach kanonischem Recht vgl auch BGHZ 169, 240 = NJW-RR 2007, 145 (dort zu der Frage eines *ordre public*-Verstoßes iSd Art. 6 EGBGB; der Fall wäre heute ggf Art. 10 Rom III-VO zu subsumieren, vgl *Gruber*, IPRax 2012, 381, 391 Fn 127; *Henrich*, Internationales Scheidungsrecht, Rn 81).

19   *Franzina*, CDT 3 (2011), 85, 122 Rn 77; NK-BGB/ *Gruber*, Anhang zu Art. 17 EGBGB Rn 20; *ders.*, IPRax 2012, 381, 390; *Hammje*, RCDIP 2011, 291, 332 Rn 42; *Helms*, FamRZ 2010, 1765, 1771; *Henrich*, in: Liber Amicorum Pintens, 2012, S. 701, 708; *Leandro*, NLCC 2011, 1506; Palandt/*Thorn*, Art. 10 Rn 2; *Joubert*, in: Droit européen du divorce, Art. 10 Rn 8; aA *J. Stürner*, JURA 2012, 708, 711.

20   Vgl auch *Schurig*, in: FS v. Hoffmann, 2011, S. 405, 409 (keine alternative Rechtsanwendung).

21   Zur Bedeutung der Wortlautauslegung im europäischen Recht *Nehne*, Methodik und allgemeine Lehren des europäischen Internationalen Privatrechts, 2012, S. 54 ff; *Kreße*, Die Auslegung mehrsprachiger Texte durch den EuGH, in: Burr/Gréciano, Europa: Sprache und Recht – La construction européenne: aspects linguistiques et juridiques, 2003, S. 157 ff, 185 f. Zu den Problemen, die gerade die Mehrsprachigkeit europäischer Rechtstexte mit sich bringt, s. ebd, S. 163 ff.

22   Englische Fassung: „In certain situations, such as where the applicable law makes no provision for divorce […]".

Text[23] des 24. Erwägungsgrundes ersichtlich nur die abstrakte Unscheidbarkeit der Ehe in Blick. Das Gleiche gilt – auch in der deutschen Sprachfassung – für den Wortlaut des Art. 10 Var. 1 („eine Ehescheidung nicht vorsieht").[24] Der 26. Erwägungsgrund bestätigt das vorstehende enge Verständnis der Norm.[25] Zwar nimmt der 26. Erwägungsgrund unmittelbar nur die Vorschrift des Art. 13 Var. 1 in Blick;[26] angesichts der entsprechenden Formulierungen in Art. 10 Var. 1 und Art. 13 Var. 1 erscheint es jedoch gerechtfertigt, die Erläuterung auch für das Verständnis des Art. 10 fruchtbar zu machen. In all jenen Fällen, in denen das Scheidungsstatut eine Ehescheidung grundsätzlich kennt und die Ehegatten lediglich *in casu* nicht geschieden werden können, bleibt mithin nur ein Rückgriff auf die allgemeine *ordre public*-Klausel des Art. 12 (vgl auch Rn 6).[27]

9 Art. 10 Var. 1 findet nur Anwendung, wenn die *lex causae* nach Art. 5 oder Art. 8 bestimmt wurde. In den von **Art. 9 Abs. 1** erfassten Fällen (Umwandlung einer Trennung ohne Auflösung des Ehebandes in eine Ehescheidung) sieht Art. 9 Abs. 2 eine Sonderregelung vor, wenn sich das nach Art. 9 Abs. 1 berufene Recht als umwandlungsfeindlich erweisen sollte; s. dazu Art. 9 Rn 21 ff.

10 **b) Gleichgeschlechtliche Ehe.** Ausgehend von der Annahme, dass die Rom III–VO auf die Scheidung gleichgeschlechtlicher Ehen grundsätzlich in gleicher Weise Anwendung findet wie auf die Scheidung heterosexueller Ehen (s. dazu Art. 1 Rn 21 ff, Art. 13 Rn 7 ff), wird im Schrifttum verschiedentlich die Auffassung vertreten, die Vorbehaltsklausel des Art. 10 Var. 1 komme auch in den Fällen zum Tragen, in denen das primäre Scheidungsstatut die gleichgeschlechtliche Ehe nicht kenne und dementsprechend eine Scheidung solcher Ehen nicht vorsehe.[28] Werde etwa ein (international zuständiges) portugiesisches Gericht angerufen, um eine gleichgeschlechtliche Ehe zu scheiden, finde auf die Ehescheidung aber gem. Art. 8 italienisches Recht Anwendung, das (anders als das portugiesische Recht) die Scheidung gleichgeschlechtlicher Ehen nicht vorsehe,[29] könne gem. Art. 10 Var. 1 ersatzweise das portugiesische Recht als *lex fori* herangezogen werden.[30]

11 Die Entstehungsgeschichte (vgl Rn 2) und der Wortlaut des Art. 10 Var. 1 sprechen freilich **gegen die Anwendung der Regelung** auf die vorbeschriebene Fallkonstellation (vgl dazu sowie zum Folgenden auch Art. 1 Rn 28 ff). Die Vorschrift nimmt allein jene Rechte in Blick, die das Rechtsinstitut der Ehescheidung als solches nicht vorsehen (wie zB das Recht des Vatikanstaates, vgl Rn 7). Das Fehlen besonderer Regelungen für die Scheidung gleichgeschlechtlicher Ehen ist davon zu trennen. Dies belegt nicht nur die Diskussion über die frühere Rechtslage in Malta, die Auslöser für die Statuierung der speziellen Vorbehaltsklausel in Art. 10 Var. 1 war (vgl Rn 2), sondern auch ein Vergleich mit der Regelung des Art. 13. So bezieht sich Art. 13 Var. 1 ebenso wie Art. 10 Var. 1 auf Rechte, die eine Ehescheidung nicht vorsehen; gemeint sind ausweislich des 26. Erwägungsgrundes aber nur jene Fälle, in denen im Recht des Forumstaates das Rechtsinstitut der Ehescheidung nicht vorhanden ist. Art. 13 Var. 2 trennt davon die Rechtsordnungen, in denen die betreffende Ehe für die Zwecke des Scheidungsverfahrens nicht als gültig angesehen wird. Die Regelung in Art. 13 Var. 2 soll nach Erwägungsgrund 26 unter anderem so ausgelegt werden, dass im Recht des Forumstaates eine solche Ehe nicht vorgesehen ist; dies zielt primär auf die gleichgeschlechtliche Ehe (s. Art. 13 Rn 9). Die vorbeschriebene Differenzierung in Art. 13 Var. 1 und Var. 2 sowie der Umstand, dass Art. 13 Var. 1 und Art. 10 Var. 1 die gleichen Formulierungen aufweisen, lassen darauf schließen, dass auch von Art. 10 Var. 1 nur die Konstellationen erfasst sein sollen, in denen die Scheidung der Ehe – unabhängig davon, ob sie zwischen heterosexuellen oder gleichgeschlechtlichen Partnern geschlossen wurde – generell ausgeschlossen ist.

12 Zu ergänzen ist, dass die ersatzweise Berufung der *lex fori* über Art. 10 Var. 1 ohnedies nur in den Fällen einen Lösungsweg eröffnen könnte, in denen das Recht des Forumstaates seinerseits Regelungen für die

---

23 Französische Fassung: „Dans certaines situations, la loi de la juridiction saisie devrait toutefois s'appliquer, comme lorsque la loi applicable ne prévoit pas le divorce […]".

24 *Henrich*, in: Liber Amicorum Pintens, 2012, S. 701, 708; noch klarer sind zB die englische („makes no provision for divorce"), die schwedische („saknar bestämmelser om äktenskapsskillnad"), die französische („ne prévoit pas le divorce"), die spanische („no contemple el divorcio"), die italienische („non preveda il divorzio") oder die niederländische Sprachfassung („niet voorziet in de mogelijkheid van echtscheiding"), vgl hierzu auch *Franzina*, CDT 3 (2011), 85, 122 Rn 77; *Helms*, FamRZ 2010, 1765, 1771.

25 NK-BGB/*Gruber*, Anhang zu Art. 17 EGBGB Rn 20; *ders.*, IPRax 2012, 381, 390; ebenso *Hausmann*, IntEuSchR, A Rn 337 f.

26 Der 26. Erwägungsgrund führt aus: „Wird in der Verordnung darauf Bezug genommen, dass das Recht des teilnehmenden Mitgliedstaats, dessen Gericht angerufen wird, Scheidungen nicht vorsieht, so sollte dies so ausgelegt werden, dass im Recht dieses teilnehmenden Mitgliedstaats das Rechtsinstitut der Ehescheidung nicht vorhanden ist."

27 *Palandt*/*Thorn*, Art. 10 Rn 2; *Hausmann*, IntEuSchR, A Rn 338.

28 *Franzina*, CDT 3 (2011), 85, 122 f Rn 78; *Henricot*, Journal des Tribunaux 2012, 557, 559 Rn 10; 561 Rn 24.

29 Vgl zur Behandlung gleichgeschlechtlicher Ehen in Italien *Patti*, FamRZ 2012, 1446.

30 Beispiel bei *Franzina*, CDT 3 (2011), 85, 123 Rn 78.

Scheidung gleichgeschlechtlicher Ehen bereithält; in den teilnehmenden Mitgliedstaaten gilt dies bislang aber nur für Belgien, Portugal und Spanien. Wäre in dem oben geschilderten Beispielsfall (Rn 10) nicht ein portugiesisches, sondern zB ein deutsches Gericht angerufen worden (zur Beurteilung der internationalen Zuständigkeit in diesem Fall vgl Art. 13 Rn 35 ff), führte die Anwendung des Art. 10 Var. 1 nicht weiter: Weder das primäre Scheidungsstatut (hier: italienisches Recht) noch das als Ersatzrecht berufene deutsche Scheidungsrecht enthalten Regelungen, die eine Scheidung der gleichgeschlechtlichen Ehe erlauben. Zwar wären die deutschen Gerichte gem. Art. 13 Var. 2 grundsätzlich auch berechtigt, die Scheidung der im deutschen Sachrecht unbekannten gleichgeschlechtlichen Ehe generell zu verweigern (vgl dazu auch Art. 13 Rn 26 ff), wollte das mit dem Scheidungsantrag befasste Gericht aber von dieser Option keinen Gebrauch machen und ein Scheidungsverfahren durchführen, bliebe die Frage des anwendbaren Rechts offen.

Vor diesem Hintergrund erscheint es vorzugswürdig, das nach Art. 5 oder Art. 8 berufene Scheidungsrecht nicht gem. Art. 10 Var. 1 durch die *lex fori* zu ersetzen, sondern eine Lösung im Wege der **Anpassung** zu suchen.[31] Der vorliegende Normwiderspruch resultiert letztlich aus dem Umstand, dass über die Scheidbarkeit der (gleichgeschlechtlichen) Ehe nicht dieselbe Rechtsordnung zu befinden hat wie über die Frage, ob eine wirksame Eheschließung erfolgt ist, ob also überhaupt eine scheidbare Ehe vorliegt. Wird ein deutsches Gericht angerufen, um eine im Ausland geschlossene gleichgeschlechtliche Ehe zu scheiden, ist das wirksame Zustandekommen dieser Ehe nach überwiegender Auffassung gem. Art. 17 b EGBGB (analog) an den Ort der Eheschließung anzuknüpfen (s. dazu ausf. Art. 13 Rn 11 ff). Sind also ein Spanier und ein Niederländer in den Niederlanden eine gleichgeschlechtliche Ehe eingegangen, entscheidet (aus deutscher Sicht) das niederländische Sachrecht über die Wirksamkeit der Eheschließung. Verlegen die Ehegatten ihren gewöhnlichen Aufenthalt nach Deutschland, findet auf die Scheidung gem. Art. 8 lit. a jedoch nicht niederländisches, sondern deutsches Recht Anwendung. Das deutsche Familienrecht kennt aber nur die heterosexuelle Ehe und sieht daher – anders als das niederländische Recht – Regelungen für die Scheidung gleichgeschlechtlicher Ehen nicht vor.

Der durch die unterschiedliche Anknüpfung des Eheschließungs- und des Ehescheidungsstatuts begründete Normenmangel kann durch Anpassung des berufenen Scheidungsrechts behoben werden. Vorgeschlagen wird in erster Linie eine entsprechende Anwendung derjenigen Regelungen, die für die Scheidung heterosexueller Ehen vorgesehen sind (Art. 1 Rn 28 ff). Für eine solche sachrechtliche Anpassung spricht, dass eine Scheidung der gleichgeschlechtlichen Ehe auf der Grundlage der für die heterosexuelle Ehe vorgesehenen Normen den materiellen Wertungen des verwiesenen Rechts (Nichtbestehen der gleichgeschlechtlichen Ehe) näher kommt als die Verweigerung einer Scheidung in Ermangelung einschlägiger Vorschriften – und damit das Fortbestehen der Ehe.[32] Denkbar wäre ggf aber auch die folgende Alternative: Jedenfalls in den Fällen, in denen das nach den Verweisungsnormen der Rom III-VO berufene Recht Regelungen für die Auflösung einer gleichgeschlechtlichen Lebenspartnerschaft vorsieht (so zB das deutsche Recht), könnte ein Scheidungsrecht für gleichgeschlechtliche Ehen auch unter entsprechender Anwendung dieser Vorschriften entwickelt werden. Zu wählen ist letztlich der Weg, der im Einzelfall den geringsten Eingriff in das Scheidungsstatut darstellt.[33]

c) Trennung ohne Auflösung des Ehebandes. Art. 10 Var. 1 nimmt allein die Ehescheidung in Blick. Die Trennung ohne Auflösung des Ehebandes ist – anders als in Art. 10 Var. 2 – nicht in den Anwendungsbereich der Regelung einbezogen worden.[34] **Art. 10 Var. 1 findet** daher **keine Anwendung**, wenn die Ehegatten (oder ein Ehegatte) die Trennung ohne Auflösung des Ehebandes erwirken möchten, das nach Art. 5 oder Art. 8 berufene Recht eine Trennung jedoch nicht kennt; ein unmittelbarer Rückgriff auf die *lex fori* scheidet in diesem Fall aus.[35]

Im Schrifttum ist vorgeschlagen worden, jedenfalls in den Fällen, in denen eine Rechtswahlvereinbarung fehlt und im Verfahren auch nicht mehr nachgeholt werden kann (vgl Art. 5 Abs. 2 und 3), das Trennungsstatut unter entsprechender Anwendung der nachrangigen Stufen des Art. 8 zu bestimmen: Ist das Rechtsinstitut der Trennung ohne Auflösung des Ehebandes in der nach Art. 8 lit. a oder b bestimmten Rechtsordnung nicht vorgesehen, soll demnach das gem. Art. 8 lit. c analog berufene Recht über die Trennung befin-

---

31 Zu dem Begriff der Anpassung s. *Kegel/Schurig*, Internationales Privatrecht, § 8, S. 357 ff; *Looschelders*, Die Anpassung im Internationalen Privatrecht, 1995.

32 Vgl zu diesem Argument MüKo/*Winkler v. Mohrenfels*, Art. 17 EGBGB Rn 93.

33 *Kegel/Schurig*, Internationales Privatrecht, § 8, S. 361 f.

34 Siehe hierzu auch Erwägungsgrund 24.

35 Erman/*Hohloch*, Art. 10 Rn 1.

den – sofern das Institut dort bekannt ist.³⁶ Dies entspräche der bisherigen Anknüpfung nach Art. 17 Abs. 1 S. 1 EGBGB aF iVm Art. 14 Art. 1 Nr. 1 EGBGB.

17 Die Suche nach einem „trennungsfreundlichen" Ersatzrecht steht freilich in einem Spannungsverhältnis zu Art. 10 Var. 1. Der Verordnungsgeber hat in Art. 10 darauf verzichtet, auch für den Fall der Berufung eines „trennungsfeindlichen" Rechts ein Ersatzrecht zu bestimmen. Dies legt die Vermutung nahe, dass den Ehegatten die Durchführung eines Trennungsverfahrens nur dann anstelle (oder zur Vorbereitung) der Durchführung eines Scheidungsverfahrens offen stehen soll, wenn die nach Art. 5 oder Art. 8 berufene Rechtsordnung eine gerichtliche Trennung kennt. Ein unbedingtes „Recht auf Trennung" besteht danach grundsätzlich nicht.³⁷

18 Ein solches folgt auch nicht aus Art. 10 Var. 2. Die Vorschrift garantiert lediglich einen gleichberechtigten Zugang zur Trennung ohne Auflösung des Ehebandes; wie zu verfahren sein soll, wenn das Rechtsinstitut der Trennung nicht zu Verfügung steht, ist der Regelung nicht zu entnehmen.

19 Im Übrigen wäre aber auch weder durch eine Analogie zu Art. 10 Var. 1 noch durch entsprechende Anwendung des Art. 8 die Berufung eines trennungsfreundlichen Rechts gesichert. Beantragt zB ein italienisch-spanisches Ehepaar mit gewöhnlichem Aufenthalt in Deutschland die Trennung ohne Auflösung des Ehebandes bei einem deutschen Gericht, führt keine der Stufen des Art. 8 zu einer Rechtsordnung, die eine Trennung vorsieht. Den Ehegatten bliebe in einem solchen Fall nur die Möglichkeit, nach Maßgabe des Art. 5 ein Recht zu wählen, das die Trennung ohne Auflösung des Ehebandes kennt.³⁸ Nach Art. 46 d Abs. 2 S. 1 EGBGB³⁹ könnte eine entsprechende Rechtswahl auch noch bis zum Schluss der mündlichen Verhandlung im ersten Rechtszug vorgenommen werden (s. dazu auch Art. 5 Rn 57).

20 **2. Rechtsfolge. a) Anwendung der lex fori.** Ist nach dem Primärstatut eine Ehescheidung ausgeschlossen (vgl Rn 7 ff), findet nach Art. 10 Var. 1 ersatzweise die *lex fori*-Anwendung. Dies gilt unabhängig davon, ob die Scheidung nach Art. 8 objektiv angeknüpft wurde oder eine **Rechtswahl** gem. Art. 5 vorliegt.⁴⁰ Selbst wenn die Ehegatten bewusst ein Recht gewählt haben, in dem die Ehescheidung nicht bekannt ist, bleibt es einem gleichwohl scheidungswilligen Partner unbenommen, die Auflösung des Ehebandes auf der Grundlage der gem. Art. 10 Var. 1 berufenen *lex fori* zu beantragen.⁴¹

21 Im Schrifttum ist der unmittelbare Rückgriff auf die *lex fori* auch in den Fällen, in denen die Ehegatten das Scheidungsstatut gem. Art. 5 gewählt haben, auf Kritik gestoßen; überzeugender sei es, das Ersatzrecht in diesem Fall primär nach Art. 8 zu bestimmen.⁴² Der klare Wortlaut des Art. 10 Var. 1 spricht jedoch gegen die Anwendung des Art. 8. Da Art. 10 ausdrücklich die Wahl eines scheidungsfeindlichen Rechts einbezieht, ist *de lege lata* die ersatzweise Berufung der *lex fori* auch für diesen Fall vorgegeben. Wollen die Ehegatten die Anwendung der *lex fori* verhindern, bleibt ihnen daher nur die Möglichkeit, nach Maßgabe des Art. 5 ein anderes Recht zu wählen (s. dazu auch Rn 35).

22 **b) Kein Inlandsbezug.** Die Anwendung der *lex fori* erfordert über die internationale Zuständigkeit hinaus **keinen besonderen Bezug** des Falles zu dem teilnehmenden Mitgliedstaat, dessen Gerichte mit der Sache befasst sind;⁴³ vgl zu dem Erfordernis eines besonderen Inlandsbezugs iRd Art. 12 die dortigen Ausführungen in Rn 17 ff. Soweit die internationale Zuständigkeit des angerufenen Gerichts aus Art. 3 EheVO 2003 folgt, ist aber immerhin gewährleistet, dass einer oder beide Ehegatten ihren gewöhnlichen Aufenthalt im Gerichtsstaat haben (Art. 3 Abs. 1 lit. a EheVO 2003) oder aber beide Ehegatten dessen Staatsangehörigkeit besitzen (Art. 3 Abs. 1 lit. b EheVO 2003); eine rügelose Einlassung ist ausgeschlossen.⁴⁴ Der gewöhnliche Aufenthalt wie auch die Staatsangehörigkeit sind Elemente, die auch als Anknüpfungspunkte in den Verweisungsnormen der Rom III-VO von Bedeutung sind; sie bilden damit Kriterien, die grundsätzlich geeignet wären, einen besonderen Inlandsbezug herzustellen.⁴⁵

---

36 Erman/*Hohloch*, Art. 10 Rn 1; anders OLG Stuttgart, Beschl. v. 31.7.2012 – 17 WF 156/12, Rn 2: Bei gemeinsamem gewöhnlichem Aufenthalt in Deutschland findet gem. Art. 8 lit. a deutsches Recht Anwendung; eine Trennung von Tisch und Bett nach italienischem Recht kommt nur in Betracht, wenn die Ehegatten eine entsprechende Rechtswahl vorgenommen haben.
37 Ggf kommt aber ein *ordre public*-Verstoß (Art. 12) in Betracht, vgl *Hammje*, RCDIP 2011, 291, 336 Rn 45.
38 Ebenso *Hausmann*, IntEuSchR, A Rn 339.
39 Eingefügt durch das Gesetz zur Anpassung der Vorschriften des Internationalen Privatrechts an die Verordnung (EU) Nr. 1259/2010 und zur Änderung anderer Vorschriften des Internationalen Privatrechts v. 23.1.2013, BGBl. I 2013, S. 101.
40 *Joubert*, in: Droit européen du divorce, Art. 10 Rn 5.
41 *Hammje*, RCDIP 2011, 291, 333 Rn 42; *Henrich*, Internationales Scheidungsrecht, Rn 81; NK-BGB/*Gruber*, Anhang zu Art. 17 EGBGB Rn 20; *ders.*, IPRax 2012, 381, 391; *Hausmann*, IntEuSchR, A Rn 336.
42 *Gruber*, IPRax 2012, 381, 391 Fn 129; zur rechtspolitischen Kritik an dem unmittelbaren Rückgriff auf die *lex fori* vgl auch *Andrae*, FPR 2010, 505, 507.
43 *Hammje*, RCDIP 2011, 291, 333 Rn 42; NK-BGB/*Gruber*, Anhang zu Art. 17 EGBGB Rn 20; *ders.*, IPRax 2012, 381, 391; Palandt/*Thorn*, Art. 10 Rn 2.
44 Thomas/Putzo/*Hüßtege*, Art. 3 EuEheVO Rn 1; Rauscher/*Rauscher*, EuZPR/EuIPR, Art. 3 Brüssel IIa-VO Rn 2.
45 Vgl MüKo/*Sonnenberger*, Art. 6 EGBGB Rn 81.

II. Ungleichbehandlung aufgrund der Geschlechtszugehörigkeit (Var. 2)

1. Anwendungsbereich. Nach Art. 10 Var. 2 ist die *lex fori* auch dann als Ersatzrecht berufen, wenn das nach Art. 5 oder Art. 8 anzuwendende Recht einem der Ehegatten aufgrund seiner Geschlechtszugehörigkeit keinen gleichberechtigten Zugang zur Ehescheidung oder zur Trennung ohne Auflösung des Ehebandes gewährt. Die Regelung nimmt diejenigen Rechtsordnungen in Blick, die unterschiedliche Scheidungs- oder Trennungsvoraussetzungen vorsehen, je nachdem, ob der Antrag auf Scheidung (oder Trennung) von Seiten des Mannes oder der Frau gestellt wird.[46] Dies gilt in erster Linie für das islamische Recht,[47] betrifft aber zB auch das jüdische Recht (vgl Rn 4). Zur Anwendbarkeit der Rom III-VO auf Privatscheidungen (zB Verstoßung der Frau; Übergabe des Scheidebriefs [*get*] nach jüdischem Recht) s. Art. 1 Rn 62 ff.   23

Die Vorbehaltsklausel in Art. 10 Var. 2 reagiert auf die Sorge einiger Mitgliedstaaten, durch die Verweisungsnormen der Rom III-VO – insbesondere infolge einer Rechtswahl gem. Art. 5 – könne die Scharia verbreitet Anwendung finden.[48] Einer Diskriminierung der Frau auf der Grundlage islamischen Rechts sollte von vornherein die Grundlage entzogen werden.[49] In diesem Lichte ist wohl auch Erwägungsgrund 16 zu verstehen, demzufolge das von den Ehegatten gewählte Recht mit den Grundrechten vereinbar sein muss, „wie sie durch die Verträge und durch die Charta der Grundrechte der Europäischen Union anerkannt werden".[50]   24

Weder Art. 10 Var. 2 noch Erwägungsgrund 16 stellen auf eine Benachteiligung im konkreten Fall ab. Vielmehr wird allgemein auf „das anzuwendende Recht" (Art. 10 Var. 2) bzw „das gewählte Recht" (Erwägungsgrund 16) Bezug genommen.[51] Dies wirft die Frage auf, ob Art. 10 Var. 2 bereits dann zum Tragen kommen soll, wenn das nach Art. 5 oder Art. 8 bestimmte Primärstatut abstrakt betrachtet diskriminierende Regelungen enthält, oder ob ungeachtet der weiten Formulierung der Norm zu fordern ist, dass sich die Ungleichbehandlung auch *in concreto* für einen der Ehegatten nachteilig auswirkt.   25

Entstehungsgeschichte und Wortlaut des Art. 10 Var. 2 sprechen eher für eine **abstrakte Betrachtung** (vgl Art. 4 Rn 3).[52] Auch der Vergleich mit dem Normtext des Art. 12 legt den Schluss nahe, dass im Rahmen des Art. 10 Var. 2 eine Einzelfallprüfung letztlich nicht vorgesehen ist.[53] Während nach Art. 12 lediglich die „Anwendung einer Vorschrift" des Trennungs- oder Scheidungsstatuts versagt werden kann,[54] rekurriert Art. 10 auf das „anzuwendende Recht" als solches. Vor diesem Hintergrund wird im Schrifttum zum Teil für eine generelle Nichtanwendung diskriminierenden Rechts in den teilnehmenden Mitgliedstaaten votiert mit der Folge, dass die Scheidung oder Trennung auch dann gem. Art. 10 Var. 2 auf der Grundlage der *lex fori* zu erfolgen hätte, wenn keiner der Ehegatten durch die Regelungen des Primärstatuts konkret belastet würde.[55]   26

Überzeugender erscheint es allerdings, Art. 10 Var. 2 als spezielle *ordre public*-Klausel zu begreifen und die Regelung nur dann zur Anwendung zu bringen, wenn einem der Ehegatten die diskriminierenden Vorschriften des primären Trennungs- oder Scheidungsstatuts konkret **zum Nachteil gereichen**.[56] Zwar erweist sich der in diesem Zusammenhang verschiedentlich herangezogene 24. Erwägungsgrund, demzufolge   27

---

46 *Franzina*, CDT 3 (2011), 85, 123 Rn 79.
47 Erman/*Hohloch*, Art. 10 Rn 2; *Franzina*, CDT 3 (2011), 85, 123 Rn 79; *Henricot*, Journal des Tribunaux 2012, 557, 561 Rn 24.
48 *Hammje*, RCDIP 2011, 291, 334 Rn 43; *Gruber*, IPRax 2012, 381, 391.
49 *Franzina*, CDT 3 (2011), 85, 123 Rn 79.
50 *Hammje*, RCDIP 2011, 291, 334 Rn 43; *Gruber*, IPRax 2012, 381, 391.
51 Das Gleiche gilt für Erwägungsgrund 24 S. 1: „[…] das anzuwendende Recht […] einem der Ehegatten aufgrund seiner Geschlechtszugehörigkeit keinen gleichberechtigten Zugang zu einem Scheidungs- oder Trennungsverfahren gewährt […]."
52 Siehe die entsprechenden Hinweise bei *Helms*, FamRZ 2010, 1765, 1772; *Gruber*, IPRax 2012, 381, 391; *Henrich*, in: Liber Amicorum Pintens, 2012, S. 701, 707; *Schurig*, in: FS v. Hoffmann, 2011, S. 405, 409; Palandt/*Thorn*, Art. 10 Rn 3.
53 *Helms*, FamRZ 2010, 1765, 1772; *Gruber*, IPRax 2012, 381, 391.
54 Siehe auch Erwägungsgrund 25, demzufolge es im Rahmen des Art. 12 auf die Anwendung einer Bestimmung des ausländischen Rechts „in einem konkreten Fall" ankommt.
55 *Calvo Caravaca/Carrascosa González*, CDT 1 (2009), 36, 67 Rn 42; *Leandro*, NLCC 2011, 1504, 1507 f; *Traar*, ÖJZ 2011, 805, 812.
56 So der Entwurf eines Gesetzes zur Anpassung der Vorschriften des Internationalen Privatrechts an die Verordnung (EU) Nr. 1259/2010 und zur Änderung anderer Vorschriften des Internationalen Privatrechts, BR-Drucks. 468/12, S. 8; NK-BGB/*Gruber*, Anhang zu Art. 17 EGBGB Rn 21; *Helms*, FamRZ 2010, 1765, 1772; *Henrich*, in: Liber Amicorum Pintens, 2012, S. 701, 707 f; *ders.*, Internationales Scheidungsrecht, Rn 95; *Schurig*, in: FS v. Hoffmann, 2011, S. 405, 410; *Kohler/Pintens*, FamRZ 2011, 1433, 1434; Erman/*Hohloch*, Art. 10 Rn 2; *Hau*, FamRZ 2013, 249, 254; *Hausmann*, IntEuSchR, A Rn 342; iE wohl auch *Franzina*, CDT 3 (2011), 85, 121 Rn 73, der auf den Ausnahmecharakter des Art. 10 verweist und vor diesem Hintergrund eine enge Auslegung der Regelung anmahnt.

Art. 10 Var. 2 „in bestimmten Situationen" anzuwenden sein soll,[57] nur als schwaches Argument, da dieselbe Formulierung im 24. Erwägungsgrund auch in Bezug auf Var. 1 Verwendung findet, dort aber von der hM keineswegs zum Anlass genommen wird, eine Einzelfallprüfung durchzuführen (vgl Rn 7 f). Zu teilen sind die gegen einen generellen Anwendungsausschluss einzelner Rechte geäußerten Bedenken jedoch im Hinblick darauf, dass eine abstrakte Kontrolle des verwiesenen Rechts mit dem traditionellen IPR-Verständnis von der grundsätzlichen Gleichwertigkeit der Rechtsordnungen konfligiert.[58]

28 Die Berufung ausländischen Rechts ist klassischerweise nicht das Ergebnis einer inhaltlichen Auseinandersetzung mit den beteiligten Rechtsordnungen, sondern folgt dem Bestreben, das mit dem Fall räumlich am engsten verbundene Recht zu ermitteln.[59] Dieser Maßgabe folgen auch die Verweisungsregelungen der Rom III-VO (vgl auch Art. 12 Rn 1). Sowohl die Rechtswahl gem. Art. 5 als auch die objektive Anknüpfung nach Art. 8 sollen gewährleisten, dass die Ehegatten zu dem Trennungs- oder Scheidungsstatut einen engen Bezug haben.[60] Die in Art. 10 Var. 2 vorgegebene Nichtanwendung des nach Art. 5 oder Art. 8 ermittelten Rechts stellt sich als Durchbrechung dieses Prinzips dar; sie sollte daher nur im Ausnahmefall erfolgen.[61]

29 Legt man das vorstehende enge Verständnis des Art. 10 Var. 2 zugrunde, kommt eine ersatzweise Berufung der *lex fori* nur in den Konstellationen in Betracht, in denen der diskriminierte Ehegatte durch die Anwendung des Primärstatuts konkret benachteiligt ist. Dies betrifft insbesondere die Fälle, in denen der Frau der Zugang zu einem Scheidungsverfahren versagt bleibt, dem Mann in der gleichen Situation die Scheidung aber offen stünde.[62] Steht der die Scheidung begehrenden Frau *in concreto* ein eigenes Scheidungsrecht zu (zB aufgrund einer Bevollmächtigung zur Selbstverstoßung), findet Art. 10 Var. 2 hingegen keine Anwendung, selbst wenn das berufene Recht abstrakt betrachtet keinen gleichberechtigten Zugang zur Ehescheidung gewährt.[63] Beruft sich der Mann auf ein lediglich ihm zugebilligtes Scheidungsrecht,[64] ist die Frau mit der Scheidung jedoch ausdrücklich einverstanden, besteht ebenfalls kein Grund, die Scheidung nach Maßgabe des Primärstatuts allein deshalb zu versagen, weil der Frau ein eigenes Scheidungsrecht nicht zugestanden hätte.[65] Auch in den Fällen, in denen sich der von den Regelungen der primären *lex causae* begünstigte Mann letztlich ebenso auf der Grundlage der *lex fori* scheiden lassen könnte, sollte auf die Berufung des Ersatzrechts verzichtet werden.[66] Damit deckt sich die Auslegung des Art. 10 Var. 2 im Prinzip mit der bisherigen **Rechtsprechung zu Art. 6 EGBGB**.[67]

30 **2. Rechtsfolge. a) Anwendung der lex fori.** Liegen die Voraussetzungen von Art. 10 Var. 2 vor, findet an Stelle des Primärstatuts die *lex fori*-Anwendung. Dies gilt angesichts des klaren Wortlauts der Regelung sowohl bei objektiver Anknüpfung gem. Art. 8 als auch in den Fällen, in denen die Ehegatten das **diskrimi-**

---

57 Siehe den Entwurf eines Gesetzes zur Anpassung der Vorschriften des Internationalen Privatrechts an die Verordnung (EU) Nr. 1259/2010 und zur Änderung anderer Vorschriften des Internationalen Privatrechts, BR-Drucks. 468/12, S. 8; NK-BGB/*Gruber*, Anhang zu Art. 17 EGBGB Rn 21; *ders.*, IPRax 2012, 381, 391.

58 NK-BGB/*Gruber*, Anhang zu Art. 17 EGBGB Rn 21; *Schurig*, in: FS v. Hoffmann, 2011, S. 405, 410; allg. zu der Prämisse der Gleichwertigkeit der Rechtsordnungen im IPR: *Looschelders*, Internationales Privatrecht, Übersicht Rn 19; *Michaels*, RabelsZ 61 (1997), 685, 712 f; *Schurig*, Kollisionsnorm und Sachrecht, 1981, S. 51 ff; *Brüning*, Die Beachtlichkeit des fremden ordre public, 1996, S. 74; s. auch vorn Art. 26 Rom II Rn 4.

59 Siehe dazu *Kegel/Schurig*, Internationales Privatrecht, § 2, S. 131 ff.

60 Siehe hierzu die Erwägungsgründe 14 und 21.

61 Vgl auch *Franzina*, CDT 3 (2011), 85, 121 Rn 73; NK-BGB/*Gruber*, Anhang zu Art. 17 EGBGB Rn 21.

62 NK-BGB/*Gruber*, Anhang zu Art. 17 EGBGB Rn 21; *Helms*, FamRZ 2010, 1765, 1772; *Henrich*, in: Liber Amicorum Pintens, 2012, S. 701, 707 f; Erman/*Hohloch*, Art. 10 Rn 2; Palandt/*Thorn*, Art. 10 Rn 4; vgl aus der Rspr zu Art. 6 EGBGB auch OLG Hamm IPRspr. 2010 Nr. 97 (marokkanisches Recht); OLG Rostock FamRZ 2006, 947, 948 (algerisches Recht).

63 *Henrich*, in: Liber Amicorum Pintens, 2012, S. 701, 708; *ders.*, Internationales Scheidungsrecht, Rn 82, 95; Palandt/*Thorn*, Art. 10 Rn 4.

64 Zu der Frage der Vereinbarkeit einseitiger Verstoßung (*talaq*) der Frau durch den Mann mit dem deutschen ordre public (Art. 6 EGBGB) s. NK-BGB/*Gruber*, Art. 17 EGBGB Rn 67.

65 *Henrich*, in: Liber Amicorum Pintens, 2012, S. 701, 708; *ders.*, Internationales Scheidungsrecht, Rn 82, 95; Palandt/*Thorn*, Art. 10 Rn 4; vgl aus der Rspr zu Art. 6 EGBGB auch BGHZ 160, 332 = NJW-RR 2005, 81, 84 (iranisches Recht); OLG Frankfurt IPRspr. 2009 Nr. 72 (pakistanisches Recht).

66 *Helms*, FamRZ 2010, 1765, 1772; vgl aus der Rspr zu Art. 6 EGBGB auch BGHZ 160, 332 = NJW-RR 2005, 81, 84 (iranisches Recht); OLG Frankfurt IPRspr. 2009 Nr. 72 (pakistanisches Recht); OLG Hamm IPRspr. 2006 Nr. 55 (griechische Staatsangehörige muslimischer Herkunft); OLG Zweibrücken NJW-RR 2002, 581, 582 (libanesisches Recht); OLG Köln FamRZ 1996, 1147 (iranisches Recht); OLG Koblenz NJW-RR 1993, 70, 71 (jordanisches Recht); OLG München IPRax 1989, 238, 241 (iranisches Recht).

67 NK-BGB/*Gruber*, Anhang zu Art. 17 EGBGB Rn 21. Siehe zu den Ergebnissen, die Rspr und Lehre im Hinblick auf Art. 6 EGBGB erzielt haben, ausf. NK-BGB/*Gruber*, Art. 17 EGBGB Rn 67 ff; NK-BGB/*Schulze*, Art. 6 EGBGB Rn 62.

nierende Recht nach Maßgabe des Art. 5 **gewählt** haben;[68] insofern kann auf die Ausführungen in Rn 20 f verwiesen werden.

Anders als Art. 10 Var. 1 nimmt Art. 10 Var. 2 nicht nur die Ehescheidung in Blick, sondern findet auch dann Anwendung, wenn der gleichberechtigte Zugang zur **Trennung ohne Auflösung des Ehebandes** verweigert wird. Die ersatzweise Berufung der *lex fori* kann hier allerdings ins Leere laufen, wenn das Recht des Forumstaates die gerichtliche Trennung nicht vorsieht (wie zB das deutsche Recht). 31

In einem solchen Fall wird letztlich zu unterscheiden sein: Stellt die Durchführung eines formellen Trennungsverfahrens nach der primär berufenen *lex causae* die notwendige Voraussetzung einer späteren Ehescheidung dar und strebt der trennungswillige Ehegatte letzten Endes die Scheidung an, kann die Ehe gem. Art. 10 Var. 2 nach Maßgabe der *lex fori* unmittelbar, dh ohne vorherige Durchführung eines Trennungsverfahrens geschieden werden. 32

Lehnt der trennungswillige Ehegatte eine Scheidung ab, wünscht er also lediglich die Trennung ohne Auflösung des Ehebandes, sollte in den von Art. 10 Var. 2 erfassten Konstellationen erwogen werden, den gleichberechtigten Zugang zu einem Trennungsverfahren zu gewährleisten, indem die Trennung ohne Auflösung des Ehebandes in entsprechender Anwendung der Scheidungsvorschriften der *lex fori* ausgesprochen wird. Folgt man dem, wäre die Trennung somit unter den Voraussetzungen durchzuführen, unter denen auch eine Scheidung der Ehe beantragt werden könnte.[69] 33

b) Kein Inlandsbezug. Ebenso wie Art. 10 Var. 1 verlangt auch Art. 10 Var. 2 nicht, dass der Sachverhalt einen besonderen Inlandsbezug aufweist.[70] Über die Begründung der internationalen Zuständigkeit nach Art. 3 EheVO 2003 ist ein Bezug zum Forumstaat jedoch im Regelfall ohnedies gegeben (vgl Rn 22).[71] 34

C. Weitere praktische Hinweise

Wollen die Ehegatten von der Möglichkeit Gebrauch machen, das auf die Ehescheidung anzuwendende Recht gem. Art. 5 zu wählen, können sie aus dem Art. 5 Abs. 1 bezeichneten Kreis wählbarer Rechte hilfsweise ein weiteres Scheidungsstatut bestimmen, das zum Tragen kommen soll, wenn das an erster Stelle gewählte Recht gem. Art. 10 oder Art. 12 keine Anwendung findet (vgl auch Art. 5 Rn 12).[72] Eine solche **hilfsweise Rechtswahl** ist nicht zuletzt deshalb anzuraten, weil zur Zeit jedenfalls als unsicher gelten muss, ob die Praxis in Fällen, in denen das gem. Art. 5 gewählte Recht nicht mit Art. 10 vereinbar ist, unmittelbar die *lex fori* anwenden oder eine Ersatzanknüpfung nach Maßgabe des Art. 8 vornehmen wird (vgl Rn 20 f). 35

Artikel 11 Ausschluss der Rück- und Weiterverweisung

Unter dem nach dieser Verordnung anzuwendenden Recht eines Staates sind die in diesem Staat geltenden Rechtsnormen unter Ausschluss derjenigen des Internationalen Privatrechts zu verstehen.

Literatur: *Heinze*, Bausteine eines Allgemeinen Teils des europäischen Internationalen Privatrechts, in: FS Kropholler, 2008, S. 105; *Kropholler*, Der Renvoi im vereinheitlichten Kollisionsrecht, in: FS Henrich, 2000, S. 393; *Mäsch*, Der Renvoi – Plädoyer für die Begrenzung einer überflüssigen Rechtsfigur, RabelsZ 61 (1997), 285; *Schack*, Was bleibt vom Renvoi?, IPRax 2013, 315; *Solomon*, Die Renaissance des Renvoi im Europäischen Internationalen Privatrecht, in: Liber Amicorum Schurig, 2012, S. 237; *Sonnentag*, Der Renvoi im Internationalen Privatrecht, 2001.

---

68 Krit. für die Fälle der Rechtswahl *Gruber*, IPRax 2012, 381, 391.
69 Vgl hierzu auch Staudinger/*Mankowski*, Art. 17 EGBGB Rn 461, der im Hinblick auf die Anknüpfung der Trennung von Tisch und Bett nach Art. 17 Abs. 1 EGBGB aF darauf hinweist, dass die Trennung gegenüber der Scheidung ein Minus und kein Aliud darstellen.
70 Krit. *Gruber*, IPRax 2012, 381, 391.
71 Krit. allerdings *Hammje*, RCDIP 2011, 291, 334 Rn 43, die in den Fällen, in denen die internationale Zuständigkeit nach Art. 3 Abs. 1 lit. a Spiegelstr. 5 EheVO 2003 gegeben ist (gewöhnlicher Aufenthalt des Antragstellers im Forumstaat, wenn er sich dort seit mindestens einem Jahr unmittelbar vor der Antragstellung aufgehalten hat), von einer nur schwachen Beziehung ausgeht. Nimmt man allerdings an, dass nach Art. 3 Abs. 1 lit. a Spiegelstr. 5 EheVO 2003 gewöhnlicher Aufenthalt des Antragstellers für mindestens ein Jahr gefordert ist (s. Thomas/Putzo/*Hüßtege*, Art. 3 EuEheVO Rn 8; Rauscher/*Rauscher*, EuZPR/EuIPR, Art. 3 Brüssel IIa-VO Rn 43), erscheint die Kritik unbegründet. In Bezug auf Art. 6 EGBGB jedenfalls wird gerade dem gewöhnlichen Aufenthalt der betroffenen Person im Inland besonderes Gewicht bei der Feststellung einer relevanten Inlandsbeziehung zugemessen (s. MüKo/*Sonnenberger*, Art. 6 EGBGB Rn 81 mwN).
72 *Franzina*, CDT 3 (2011), 85, 112 Rn 51.

A. Allgemeines	1	2. Verweisung auf das Recht eines Drittstaates	9
B. Regelungsgehalt	5	III. Rechtswahl	10
I. Anwendungsbereich	5	C. Weitere praktische Hinweise	11
II. Objektive Anknüpfung	8		
1. Verweisung auf das Recht eines teilnehmenden Mitgliedstaates	8		

A. Allgemeines

1 Das nach den Verweisungsnormen der Rom III–VO berufene Recht eines Staates umfasst gem. Art. 11 **allein** die in diesem Staat geltenden **Sachnormen** (Sachnormverweisung). Die Regelungen des internationalen Privatrechts der verwiesenen Rechtsordnung bleiben unberücksichtigt. Eine Rück- oder Weiterverweisung (*Renvoi*) ist folglich ausgeschlossen. Dadurch soll gewährleistet werden, dass das mit der Harmonisierung der Kollisionsnormen für die Ehescheidung und die Trennung ohne Auflösung des Ehebandes verfolgte Ziel größerer Rechtssicherheit für Ehepaare und Rechtspraktiker[1] nicht durch einen möglichen Renvoi des berufenen Rechts wieder in Frage gestellt wird.[2]

2 Für das deutsche Scheidungskollisionsrecht stellt der Ausschluss von Rück- und Weiterverweisungen zum Teil einen **Paradigmenwechsel** dar: Nach Art. 4 Abs. 1 S. 1 EGBGB war ein Renvoi des über Art. 17 Abs. 1 S. 1 EGBGB aF iVm Art. 14 EGBGB berufenen Rechts grundsätzlich zu beachten.[3] Eine Sachnormverweisung lag dagegen gem. Art. 4 Abs. 2 EGBGB auch nach den Regelungen des autonomen deutschen Kollisionsrechts vor, wenn die Ehegatten das für die allgemeinen Ehewirkungen (und damit indirekt auch für die Ehescheidung, Art. 17 Abs. 1 S. 1 EGBGB aF) maßgebende Recht gem. Art. 14 Abs. 2 oder 3 EGBGB gewählt hatten. Nach Art. 11 ist nunmehr sowohl bei objektiver Anknüpfung (s. Rn 8 f) als auch bei einer parteiautonomen Bestimmung des Trennungs- oder Scheidungsstatuts (s. Rn 10) eine Sachnormverweisung anzunehmen.

3 Der in Art. 11 statuierte Ausschluss des *Renvoi* ist **kennzeichnend für das europäische Kollisionsrecht**.[4] Entsprechende Regelungen finden sich in Art. 20 Rom I–VO,[5] Art. 24 Rom II–VO und Art. 12 Haager Protokoll von 2007 iVm Art. 15 EuUntVO. Ebenfalls vorgesehen sind sie in dem Vorschlag für eine Verordnung des Rates über die Zuständigkeit, das anzuwendende Recht, die Anerkennung und die Vollstreckung von Entscheidungen im Bereich des Ehegüterrechts (Art. 24)[6] und des Güterrechts eingetragener Partnerschaften (Art. 19)[7]. Auch nach Art. 26 des Vorschlags für eine Erbrechtsverordnung waren Rück- und Weiterverweisungen noch generell ausgeschlossen.[8] Die Regelung wurde allerdings im weiteren Verfahren geändert.[9] Gemäß Art. 34 Abs. 1 EuErbRVO ist nunmehr in bestimmten Fällen ein Renvoi zugelassen: Rück- und Weiterverweisungen sind (vorbehaltlich der Einschränkungen in Art. 34 Abs. 2 EuErbRVO) zu beachten, wenn auf das Recht eines Drittstaates verwiesen wird und das internationale Privatrecht dieses Staates entweder auf das Recht eines Mitgliedstaates oder auf das Recht eines anderen Drittstaates verweist, der die Verweisung annimmt. Ziel der Regelung in Art. 34 Abs. 1 EuErbRVO ist die Wahrung des internationalen Entscheidungseinklangs.[10]

4 Eine stärkere Fokussierung auf den **internationalen Entscheidungseinklang** war auch im Hinblick auf die Verweisungen der Rom III–VO angemahnt worden.[11] Anders als in Art. 34 Abs. 1 EuErbRVO haben ent-

---

1 Vorschlag für eine Verordnung des Rates zur Änderung der Verordnung (EG) Nr. 2201/2003 im Hinblick auf die Zuständigkeit in Ehesachen und zur Einführung von Vorschriften betreffend das anwendbare Recht in diesem Bereich v. 17.7.2006, KOM(2006) 399 endg., S. 4.

2 Vorschlag für eine Verordnung des Rates v. 17.7.2006, KOM(2006) 399 endg., S. 11 (Erläuterungen zu Art. 20 d); Vorschlag für eine Verordnung (EU) des Rates zur Begründung einer Verstärkten Zusammenarbeit im Bereich des auf die Ehescheidung und Trennung ohne Auflösung des Ehebandes anzuwendenden Rechts v. 24.3.2010, KOM(2010) 105 endg., S. 8 (zu Art. 6); krit. in Bezug auf dieses Regelungsziel *Schurig*, in: FS v. Hoffmann, 2011, S. 405, 412 Fn 24.

3 Vgl statt Vieler NK-BGB/*Gruber*, Art. 17 EGBGB Rn 23 ff.

4 Rauscher/*Jakob*/*Picht*, EuZPR/EuIPR, Art. 24 Rom II–VO Rn 2; Erman/*Hohloch*, Art. 11 Rn 1; *Franzina*, CDT 3 (2011), 85, 100 Rn 26; vgl auch *Leible*, Rom I und Rom II: Neue Perspektiven im Europäischen Kollisionsrecht, 2009, 53 f; krit. *Schurig*, in: FS v. Hoffmann, 2011, S. 405, 412.

5 Dort allerdings mit der Einschränkung „soweit in dieser Verordnung nichts anderes bestimmt ist".

6 KOM(2011) 126 endg.

7 KOM(2011) 127 endg.

8 KOM(2009) 154 endg.

9 Siehe hierzu den Vorschlag des Max-Planck-Instituts für ausländisches und internationales Privatrecht (Hamburg), RabelsZ 74 (2010), 522, 657 ff; vgl zuvor bereits den Bericht des Rechtsausschusses v. 16.10.2006 mit Empfehlung an die Kommission zum Erb- und Testamentsrecht, A6-0359/2006, Empfehlung 6, S. 7 f.

10 Siehe Verordnung (EU) Nr. 650/2012 v. 4.7.2012 (ABl. EU Nr. L 201 v. 27.7.2012, S. 107), Erwägungsgrund 57; grds. zustimmend *Heinze*, in: FS Kropholler, 2008, S. 105, 118 f; s. auch *Kropholler*, in: FS Henrich, 2000, S. 393, 402.

11 Siehe *Kohler*, FamRZ 2008, 1673, 1679 f.

sprechende Vorschläge in Art. 11 jedoch keinen Niederschlag gefunden. Im Schrifttum ist dies zum Teil auf deutliche Kritik gestoßen. Die Regelung beeinträchtige ohne Not den internationalen Entscheidungseinklang sowohl mit Drittstaaten als auch mit nicht teilnehmenden Mitgliedstaaten.[12] In Statussachen wiege dieser Bruch besonders schwer.[13] Zudem hätte die Beachtung einer Rückverweisung des (durch objektive Anknüpfung) berufenen Rechts auf die *lex fori* die Ehegatten und Gerichte der arbeitsintensiven und kostenträchtigen Ermittlung ausländischen Sachrechts enthoben.[14] Eine **teleologische Reduktion** des Art. 11 wird gleichwohl **nicht vertreten**.[15] Sie wäre mit dem eindeutigen Wortlaut der Norm, der jedenfalls bei objektiver Anknüpfung keinen Interpretationsspielraum lässt, auch nicht zu vereinbaren (vgl auch Rn 18 f; zur Rechtswahl s. Rn 10). Immerhin mag für die in Art. 11 angeordnete Sachnormverweisung sprechen, dass Art. 8 eine ausdifferenzierte Anknüpfungsleiter vorsieht, die ausweislich des 21. Erwägungsgrundes einen engen Bezug der Ehegatten zu der berufenen Rechtsordnung gewährleisten soll (vgl auch Art. 8 Rn 2). Die Beachtung von Rück- und Weiterverweisungen durch ausländisches internationales Privatrecht würde diese Wertung unterlaufen.[16]

B. Regelungsgehalt

I. Anwendungsbereich

Art. 11 kommt zur Anwendung, wenn das Trennungs- oder Scheidungsstatut nach den **Kollisionsnormen der Rom III-VO** bestimmt wird.[17] Soweit in internationalen Übereinkommen Kollisionsnormen für die Ehescheidung oder die Trennung ohne Auflösung des Ehebandes enthalten sind, denen gem. Art. 19 Abs. 1 Vorrang vor den Regelungen der Rom III-VO zukommt, besitzt Art. 11 keine Bedeutung. Die Beachtlichkeit des *Renvoi* richtet sich in diesen Fällen nach den für das betreffende Übereinkommen geltenden Grundsätzen. 5

Die in Art. 11 statuierte Sachnormverweisung kommt zudem nur insofern zum Tragen, als die Bestimmung des Hauptfragestatuts in Rede steht. Da die Rom III-VO die Problematik der **Vorfragenanknüpfung** ausweislich des 10. Erwägungsgrundes aus dem Anwendungsbereich der Verordnung ausgenommen hat (vgl auch Art. 1 Abs. 2), kann auch der Regelung in Art. 11 eine Aussage über die Behandlung präjudizieller Rechtsverhältnisse nicht entnommen werden. Insbesondere folgt aus dem Ausschluss von Rück- und Weiterverweisungen keineswegs, dass die im Tatbestand einer Sachnorm des Hauptfragestatuts vorausgesetzten präjudiziellen Rechtsverhältnisse direkt dem Sachrecht der *lex causae* unterstehen.[18] Die Regelung der Vorfragenanknüpfung bleibt vielmehr den teilnehmenden Mitgliedstaaten überlassen; s. hierzu auch vor Art. 1 Rn 67 ff. 6

Wird auf das Recht eines Staates verwiesen, dessen **Recht territorial** oder **personal gespalten** ist, finden Artt. 14–16 Anwendung. 7

---

12 *Schurig*, in: FS v. Hoffmann, 2011, S. 405, 412; NK-BGB/*Gruber*, Anhang zu Art. 17 EGBGB Rn 22; *ders.*, IPRax 2012, 381, 388; *Ganz*, FuR 2011, 369, 373; Erman/*Hohloch*, Art. 11 Rn 2; Palandt/*Thorn*, Art. 11 Rn 1; *Traar*, ÖJZ 2011, 805, 813; *Hau*, FamRZ 2013, 249, 254; *Hausmann*, IntEuSchR, A Rn 346; *Hammje*, in: Droit européen du divorce, Art. 11 Rn 10 ff; vgl auch *Kropholler*, in: FS Henrich, 2000, S. 393, 402; *Sonnenberger*, in: FS Kropholler, 2008, S. 227, 238, der auf die Gefahr hinkender Rechtsverhältnisse hinweist; krit. in Bezug auf das Ziel des internationalen Entscheidungseinklangs *Mäsch*, RabelsZ 61 (1997), 285, 296 ff. Zu der entsprechenden Problemlage im Rahmen von Art. 20 Rom I-VO s. *Leible*, Rom I und Rom II, 50 ff (insb. 53 f); MüKo/*Martiny*, Art. 20 VO (EG) 593/2008 Rn 2; Rauscher/*Freitag*, EuZPR/EuIPR, Art. 20 Rom I-VO Rn 1; Staudinger/*Hausmann*, Art. 20 Rom I-VO Rn 5; zu Art. 24 Rom II-VO s. MüKo/*Junker*, Art. 24 VO (EG) 864/2007 Rn 1 f; Rauscher/ *Jakob/Picht*, EuZPR/EuIPR, Art. 24 Rom II-VO Rn 2.

13 Vgl MüKo/*Martiny*, Art. 20 VO (EG) 593/2008 Rn 2; *Kropholler*, in: FS Henrich, 2000, S. 393, 402; Palandt/*Thorn*, Art. 11 Rn 1.

14 *Gruber*, IPRax 2012, 381, 388; krit. *Mäsch*, RabelsZ 61 (1997), 285, 298 f; vgl auch *Leible*, Rom I und Rom II, 53 („Argument des Heimwärtsstrebens war schon immer recht schwach"); Ferrari u.a./*Kieninger*, Internationales Vertragsrecht, Art. 20 VO (EG) 593/2008 Rn 4.

15 Erman/*Hohloch*, Art. 11 Rn 2 (unter Hinweis auf die „universelle Anwendung" gem. Art. 4).

16 Vgl zu diesem Argument *v. Hein*, ZVglRWiss 102 (2003), 528, 551; *Leible*, Rom I und Rom II, 51; MüKo/*Martiny*, Art. 20 VO (EG) 593/2008 Rn 2; MüKo/*Junker*, Art. 24 VO (EG) 864/2007 Rn 2; *Kropholler*, in: FS Henrich, 2000, S. 393, 402; *ders.*, Internationales Privatrecht, § 24 III 2, S. 178 f; *Hausmann*, IntEuSchR, A Rn 345; s. ferner zur Rechtfertigung des Ausschlusses der Rück- und Weiterverweisung gem. Art. 11 *Hammje*, in: Droit européen du divorce, Art. 11 Rn 2 ff.

17 Erman/*Hohloch*, Art. 11 Rn 2.

18 Vgl dazu auch *Bernitt*, Die Anknüpfung von Vorfragen im europäischen Kollisionsrecht, 2010, S. 126 ff.

II. Objektive Anknüpfung

1. Verweisung auf das Recht eines teilnehmenden Mitgliedstaates. Art. 11 setzt voraus, dass das anzuwendende Recht „nach dieser Verordnung" bestimmt wurde. Dies ist jedenfalls bei objektiver Anknüpfung unproblematisch (zur Rechtswahl s. Rn 10). Führt die Verweisung zum Recht eines teilnehmenden Mitgliedstaates, ist die Regelung in Art. 11 freilich von geringer Bedeutung, da ein Renvoi aufgrund des vereinheitlichten Scheidungskollisionsrechts im Regelfall ohnehin nicht in Betracht gekommen wäre. Relevant wird die Vorschrift jedoch, wenn der teilnehmende Mitgliedstaat durch ein **internationales Übereinkommen** gebunden ist, dem gem. Art. 19 Abs. 1 Vorrang vor der Rom III-VO zukommt. In diesem Fall schließt Art. 11 eine Rück- oder Weiterverweisung durch die Kollisionsnormen des betreffenden Übereinkommens aus.[19]

2. Verweisung auf das Recht eines Drittstaates. Gemäß Art. 4 findet das nach den Kollisionsnormen der Rom III-VO berufene Recht auch dann Anwendung, wenn es sich nicht um das Recht eines teilnehmenden Mitgliedstaates handelt. Diese „universelle Anwendung" der Verordnung schließt die Regelung des Art. 11 ein. Rück- oder Weiterverweisungen sind daher bei Verweisungen auf das Recht eines nicht teilnehmenden Mitgliedstaates oder eines Drittstaates gleichermaßen unbeachtlich.[20] Damit ist nicht zuletzt auch dem Institut der sog. „versteckten Rückverweisung"[21] die Grundlage entzogen worden.[22] Zur Kritik an dem generellen Ausschluss des Renvoi in Art. 11 vgl Rn 4.

III. Rechtswahl

Anders als Art. 4 Abs. 2 EGBGB und Art. 34 Abs. 2 iVm Art. 22 EuErbRVO gibt Art. 11 nicht ausdrücklich vor, dass eine Rück- oder Weiterverweisung auch in den Fällen ausgeschlossen ist, in denen die Parteien eine Rechtswahl gem. Art. 5 getroffen haben. Dies wirft die Frage auf, ob die Ehegatten anstelle des materiellen Rechts ebenfalls die Vorschriften des internationalen Privatrechts der in Art. 5 Abs. 1 aufgeführten Rechtsordnungen wählen können. Im Hinblick auf die Parallelvorschriften in Art. 20 Rom I-VO und Art. 24 Rom II-VO wird im Schrifttum verschiedentlich die Auffassung vertreten, die betreffenden Regelungen schlössen eine Kollisionsrechtswahl nicht aus.[23] Im Anwendungsbereich der Rom III-VO erscheint dies jedoch wenig überzeugend.[24] Eine Kollisionsrechtswahl würde für die Ehegatten nicht nur – entgegen der Intention des Verordnungsgebers – die Abschätzung der mit der Rechtswahl verbundenen Konsequenzen erheblich erschweren, da neben dem Inhalt des letztendlich anwendbaren Sachrechts auch derjenige des Kollisionsrechts eines oder (im Fall der Weiterverweisung) mehrerer Staaten ermittelt werden müsste (vgl zu der Bedeutung entsprechender Informationen auch Art. 5 Rn 16),[25] vor allem könnte der limitierte Kreis wählbarer Rechte (vgl dazu Art. 5 Rn 26 f) durch den Renvoi um Rechtsordnungen erweitert werden, die bewusst nicht in den Katalog des Art. 5 Abs. 1 aufgenommen wurden.[26] Dies spricht dagegen, die in Art. 5 normierten Rechtswahloptionen auf das Kollisionsrecht der betreffenden Rechte auszudehnen.

C. Weitere praktische Hinweise

Ist nach den Verweisungsnormen der Rom III-VO ausländisches Sachrecht zur Anwendung berufen, stellt sich die Frage, ob die maßgeblichen Vorschriften durch das angerufene Gericht **von Amts wegen zu ermit-**

---

19 Siehe zu der parallelen Problematik iRd Art. 20 Rom I-VO und Art. 24 Rom II-VO: vorn Art. 24 Rom II Rn 3; Palandt/*Thorn*, Art. 20 Rom I Rn 1; Rauscher/*Jakob/Picht*, EuZPR/EuIPR, Art. 24 Rom II-VO Rn 4; MüKo/*Junker*, Art. 24 VO (EG) 864/2007 Rn 4 ff.

20 *Gruber*, IPRax 2012, 381, 388; Erman/*Hohloch*, Art. 11 Rn 1; vgl auch Erwägungsgründe 12 und 14.

21 Vgl dazu *Kegel/Schurig*, Internationales Privatrecht, § 10 VI, S. 411 ff.

22 *Schurig*, in: FS v. Hoffmann, 2011, S. 405, 413; *Hau*, FamRZ 2013, 249, 254; *Hausmann*, IntEuSchR, A Rn 345.

23 So zu Art. 20 Rom I-VO: PWW/*Brödermann/Wegen*, Art. 3 Rom I Rn 6; Art. 20 Rom I Rn 3; zu Art. 24 Rom II-VO: vorn Art. 24 Rom II Rn 5; MüKo/*Junker*, Art. 24 VO (EG) 864/2007 Rn 9; Rauscher/*Jakob/Picht*, EuZPR/EuIPR, Art. 24 Rom II-VO Rn 5.

24 Erman/*Hohloch*, Art. 11 Rn 1; *Hammje*, RCDIP 2011, 291 Rn 40; ebenso zu Art. 20 Rom I-VO: MüKo/*Martiny*, Art. 20 VO (EG) 593/2008 Rn 6; Rauscher/*Freitag*, EuZPR/EuIPR, Art. 20 Rom I-VO Rn 2; BeckOK-BGB/*Spickhoff*, Art. 20 VO (EG) 593/2008 Rn 3; Palandt/*Thorn*, Art. 20 Rom I Rn 1; zu Art. 24 Rom II-VO: Palandt/*Thorn*, Art. 24 Rom II Rn 1.

25 Vgl *Hammje*, RCDIP 2011, 291 Rn 40; *Kropholler*, Internationales Privatrecht, § 24 II 5, S. 175 (zu Art. 4 Abs. 2 EGBGB); ferner *Nishitani*, Mancini und die Parteiautonomie im Internationalen Privatrecht, 2000, S. 301 Fn 106. Siehe auch Erwägungsgrund 18, demzufolge „beide Ehegatten ihre Rechtswahl in voller Sachkenntnis treffen" sollen.

26 Siehe dazu *Kropholler*, Internationales Privatrecht, § 24 II 5, S. 175; *Looschelders*, Internationales Privatrecht, Art. 4 EGBGB Rn 17; *Stoll*, IPRax 1984, 1, 3; kritisch hinsichtlich dieser Argumentation *Solomon*, in Liber Amicorum Schurig, 2012, S. 237, 259.

teln sind oder ob die Ehegatten insofern die Darlegungs- und Beweislast trifft. Die Rom III-VO nimmt hierzu nicht Stellung. Es bleibt daher den teilnehmenden Mitgliedstaaten überlassen, entsprechende Regelungen zu treffen.[27] Bei **deutschem Forum**[28] findet deutsches Verfahrensrecht als *lex fori*-Anwendung.[29] Die Ermittlung forumfremden Rechts hat danach von Amts wegen zu erfolgen;[30] eine subjektive Beweisführungslast besteht für die Parteien nicht.[31]

Den Anwalt, der ein **Mandat mit Auslandsberührung** übernimmt, trifft gleichwohl die Pflicht, sich über 12 den Inhalt des fremden Rechts zu informieren und die Tatsachen, die zu dessen Ermittlung erforderlich sind, im Trennungs- oder Scheidungsantrag vorzutragen.[32] Zu beachten ist in diesem Zusammenhang, dass sich der **Versicherungsschutz** aus der Berufshaftpflichtversicherung von Rechtsanwälten in der Regel nicht auf Haftpflichtansprüche aus Tätigkeiten im Zusammenhang mit der Beratung und Beschäftigung mit außereuropäischem Recht erstreckt.[33]

Hinweise zum ausländischen Scheidungsrecht in deutscher Sprache finden sich zB in den Länderberich- 13 ten der Loseblattsammlungen von *Bergmann/Ferid/Henrich,* Internationales Ehe- und Kindschaftsrecht, und *Rieck,* Ausländisches Familienrecht, sowie in NK-BGB, Band 4 (Familienrecht), 2010; ferner (in knapperer Form) bei *Höbbel/Möller,* Formularbuch Scheidungen internationaler Ehen, 2009.[34] Des Weiteren ist zu verweisen auf die im Auftrag des Deutschen Rates für Internationales Privatrecht veröffentlichten Gutachten zum internationalen und ausländischen Privatrecht (IPG).[35]

Den deutschen Gerichten (nicht jedoch dem Anwalt)[36] steht zudem die Möglichkeit offen, (kostenfreie) 14 Auskünfte nach dem **Europäischen Übereinkommen** betreffend Auskünfte über ausländisches Recht v. 7.6.1968 einzuholen.[37] Eine Informationsbeschaffung ist darüber hinaus auch über das **Europäische Justizielle Netz für Zivil- und Handelssachen (EJN)**[38] möglich (vgl dazu auch Art. 5 Rn 17). Der Weg über das EJN steht in erster Linie den nationalen Gerichten und sonstigen Justizbehörden zur Verfügung: Wird der nationale Richter in einem anhängigen Verfahren mit der Anwendung forumfremden Rechts konfrontiert, kann er sich mit einem Auskunftsersuchen an die nationalen Kontaktstellen[39] wenden, die dann ihrerseits die Anfrage an die Kontaktstelle des betreffenden Mitgliedstaates weiterleiten.[40] Durch die Entscheidung 568/2009/EG wurde das EJN auch für die Berufskammern geöffnet, die die Angehörigen der Rechtsberufe (Rechtsanwälte, Notare etc.) vertreten.[41] Auf der Homepage des EJN werden zudem allgemein

---

27 *Staudinger,* in: Gebauer/Wiedmann, Kap. 38, Art. 24 Rom II Rn 100; vorn Art. 24 Rom II Rn 6 Fn 8 (es handelt sich um eine verfahrensrechtliche Frage, die der *lex fori* untersteht); *Micklitz/Rott,* in: Grabitz/Hilf, Das Recht der Europäischen Union, A 25.Richtlinie 98/27/EG Art. 2 Rn 50 (berufen ist grds. die *lex fori*).
28 Zum französischen Recht s. *Ferrand,* ZEuP 1994, 126 ff.
29 Siehe vorn Art. 24 Rom II Rn 6 Fn 8.
30 Zu den möglichen Erkenntnisquellen ausf. *Krüger,* in: FS Nomer'e Armağan, 2002, S. 357, 368 ff; *Schack,* Internationales Zivilverfahrensrecht, § 14 Rn 706 ff.
31 KG FamRZ 2002, 166, 167 (Scheidungsrecht); OLG Köln OLGR Köln 1994, 195 (Unterhaltsansprüche); Keidel/*Sterndal,* FamFG, § 26 FamFG Rn 26 (unter Berufung auf § 26 FamFG); BeckOK-BGB/*Lorenz,* Einl IPR Rn 79 (§ 293 ZPO, § 26 FamFG); *Krüger,* in: FS Nomer'e Armağan, 2002, S. 357, 362 ff; Staudinger/*Sturm/Sturm,* Einleitung zum IPR Rn 347 mwN.
32 *Ganz,* in: Gerhardt/v. Heintschel-Heinegg/Klein, Handbuch des Fachanwalts Familienrecht, 15. Kap. Rn 40; *Rieck,* FPR 2007, 251, 257; Staudinger/*Sturm/Sturm,* Einleitung zum IPR Rn 364 mwN.
33 Ausführlich dazu *Ganz,* in: Gerhardt/v. Heintschel-Heinegg/Klein, Handbuch des Fachanwalts Familienrecht, 15. Kap. Rn 41; s. auch Staudinger/*Sturm/Sturm,* Einleitung zum IPR Rn 364.
34 Eine umfassende Quellensammlung findet sich bei *v. Bar,* Ausländisches Privat- und Privatverfahrensrecht in deutscher Sprache, Systematische Nachweise aus Schrifttum, Rechtsprechung und Gutachten 1990–2011, 2011.

35 Die IPG-Bände versammeln Gutachten, die von deutschen Universitätsinstituten sowie dem Max-Planck-Institut für ausländisches und internationales Privatrecht (Hamburg) erstattet worden sind. Ein Verzeichnis der von 1985-2006 in den IPG veröffentlichten Gutachten ist im Internet abrufbar unter <http://www.ipr.uni-koeln.de>.
36 Staudinger/*Sturm/Sturm,* Einleitung zum IPR Rn 364.
37 BGBl. II 1974, 938; Ausführungsgesetz v. 5.7.1974 (BGBl. I 1974, 1433); s. dazu *Kegel/Schurig,* Internationales Privatrecht, § 15 III, S. 507 f. Krit. zu dem praktischen Nutzen des Übereinkommens *Schack,* Internationales Zivilverfahrensrecht, § 14 Rn 709; *Krüger,* in: FS Nomer'e Armağan, 2002, S. 357, 388 ff; vgl auch *Hüßtege,* IPRax 2002, 292, 293 f.
38 Das Europäische Justizielle Netz für Zivil- und Handelssachen wurde eingerichtet durch die Entscheidung 2001/470/EG des Rates v. 28.5.2001 über die Errichtung eines Europäischen Justiziellen Netzes für Zivil- und Handelssachen, ABl. EG Nr. L 174/25, geändert durch die Entscheidung 568/2009/EG des Europäischen Parlamentes und des Rates v. 18.6.2009, ABl. Nr. L 168/35.
39 Die deutschen Kontaktstellen im EJN sind aufgeführt auf der Homepage des Bundesamts für Justiz, abrufbar unter <http://www.bundesjustizamt.de/cln_339/nn_2038534/DE/Themen/Gerichte__Behoerden/EJN/Deutsche__Kontaktstellen.html>.
40 Siehe dazu *Fornasier,* ZEuP 2010, 477, 488 f, 493 ff; Staudinger/*Sturm/Sturm,* Einleitung zum IPR Rn 343.
41 Nach Art. 5 a Abs. 3 Entscheidung 2001/470/EG idF der Entscheidung 568/2009/EG dürfen die Berufskammern an die Kontaktstellen allerdings keine Informationsersuchen richten, die sich auf Einzelfälle beziehen.

zugängliche Informationen zum materiellen Recht in den Mitgliedstaaten vorgehalten (vgl auch Art. 17 Rn 6).[42]

15   Neben der eigenständigen Ermittlung fremden Trennungs- oder Scheidungsrechts durch den Richter oder den Rechtsanwalt besteht die Möglichkeit, ein **Sachverständigengutachten** einzuholen. Derartige Gutachten können u.a. an den deutschen Universitätsinstituten oder dem Max-Planck-Institut für ausländisches und internationales Privatrecht erstattet werden.[43]

Artikel 12 Öffentliche Ordnung (*Ordre public*)

Die Anwendung einer Vorschrift des nach dieser Verordnung bezeichneten Rechts kann nur versagt werden, wenn ihre Anwendung mit der öffentlichen Ordnung (*Ordre public*) des Staates des angerufenen Gerichts offensichtlich unvereinbar ist.

Literatur: *Basedow*, Die Verselbständigung des europäischen ordre public, in: FS Sonnenberger, 2004, S. 291; *de Boer*, Unwelcome Foreign Law: Public Policy and Other Means to Protect the Fundamental Values and Public Interests of the European Community, in: Malatesta/Bariatti/Pocar (Hrsg.), The External dimension of EC Private International Law in family and succession matters, 2008, S. 295; *Feraci*, L'ordine pubblico nel diritto dell'Unione europea, 2012; *Grosser*, Der ordre public-Vorbehalt im Europäischen Kollisionsrecht, Bucerius Law Journal 2008, 9; *Hess/Pfeiffer*, Interpretation of the Public Policy Exception as referred to in EU Instruments of Private International and Procedural Law, in: Policy Department C: Citizens' Rights and Constitutional Affairs, 2011, PE 453.189 (abrufbar unter: http://www.europarl.europa.eu/studies); *Looschelders*, Die Ausstrahlung der Grund- und Menschenrechte auf das Internationale Privatrecht, RabelsZ 65 (2001), 463; *Martiny*, Die Zukunft des europäischen ordre public im Internationalen Privat- und Zivilverfahrensrecht, in: FS Sonnenberger, 2004, S. 523; *Meeusen*, Public Policy in European Private International Law: In Response to the Contribution of Professor Th. M. de Boer on „Unwelcome Foreign Law", in: Malatesta/Bariatti/Pocar (Hrsg.), The External dimension of EC Private International Law in family and succession matters, 2008, S. 331; *Siehr*, Der ordre public im Zeichen der Europäischen Integration: Die Vorbehaltsklausel und die EU-Binnenbeziehung, in: FS v. Hoffmann, 2011, S. 424; *Spickhoff*, Der ordre public im internationalen Privatrecht. Entwicklung – Struktur – Konkretisierung, 1989; *M. Stürner*, Europäisierung des (Kollisions-)Rechts und nationaler ordre public, in: FS v. Hoffmann, 2011, S. 463; *Thoma*, Die Europäisierung und die Vergemeinschaftung des nationalen ordre public, 2007; *Voltz*, Menschenrechte und ordre public im Internationalen Privatrecht, 2002.

A. Allgemeines	1	b) Bewertungszeitpunkt	15
I. Normzweck	1	3. Offensichtliche Unvereinbarkeit	16
II. Verhältnis zu Art. 10	4	4. Inlandsbezug	17
III. Verhältnis zu Art. 6 EGBGB	5	II. Rechtsfolge	22
B. Regelungsgehalt	6	**C. Weitere praktische Hinweise**	28
I. Unvereinbarkeit mit dem ordre public des Forumstaates	6	I. Ermittlung ausländischen Rechts	28
1. Gegenstand der Vereinbarkeitsprüfung	6	1. Prüfung von Amts wegen	28
2. Ordre public des Forumstaates	11	2. Mandat mit Auslandsbezug	29
a) Inhalt und Grenzen	11	II. Vereinbarkeitskontrolle	30
		III. Anwendungsfälle der ordre public-Klausel	33

A. Allgemeines

I. Normzweck

1   Art. 12 gibt dem angerufenen Gericht die Möglichkeit, die Anwendung einer Vorschrift des nach den Verweisungsnormen der Rom III-VO berufenen forumfremden Rechts zu versagen, wenn die Anwendung der betreffenden Vorschrift mit der öffentlichen Ordnung (*ordre public*) des Forumstaates offensichtlich unvereinbar wäre. Die Regelung trägt dem Umstand Rechnung, dass die Bestimmung des Trennungs- oder Scheidungsstatuts durch die Rom III-VO in der Regel ohne Rücksicht darauf erfolgt, welchen Inhalt das verwiesene Recht hat. Die Kollisionsnormen der Verordnung verfolgen primär das Ziel, diejenige Rechtsordnung zu bestimmen, mit der die Ehegatten am engsten verbunden sind.[1] Diese ergebnisoffene Verweisung entspricht dem traditionellen IPR-Verständnis von der grundsätzlichen Gleichwertigkeit der Rechtsordnungen. Die Grenzen der Akzeptanz fremdrechtlicher Regelungskonzepte sind allerdings dort erreicht, wo das Rechtsanwendungsergebnis mit dem *ordre public* des Forumstaates nicht mehr vereinbar ist. Art. 12 eröffnet den Gerichten für diesen Fall die Option, die Anwendung derjenigen Vorschriften, auf denen der *ordre public*-Verstoß beruht, ausnahmsweise unberücksichtigt zu lassen.

---

42   Informationen zum materiellen Scheidungsrecht in den Mitgliedstaaten sind (auch in deutscher Sprache) abrufbar unter <http://ec.europa.eu/civiljustice/divorce/divorce_gen_de.htm>.

43   Siehe dazu *Schack*, Internationales Zivilverfahrensrecht, § 14 Rn 710 ff.

1   Siehe hierzu die Erwägungsgründe Nr. 14 und Nr. 21.

Die Vorbehaltsklausel besitzt im internationalen Scheidungsrecht besondere **Bedeutung**, denn das materielle Trennungs- und Scheidungsrecht ist selbst in den teilnehmenden Mitgliedstaaten noch immer äußerst unterschiedlich ausgestaltet. Die Relevanz des Art. 12 wächst vor dem Hintergrund, dass die Rom III-VO als *loi uniforme* konzipiert ist: Nach Art. 4 kommt das nach den Kollisionsnormen der Verordnung berufene Recht auch dann zur Anwendung, wenn es sich um das Recht eines nicht teilnehmenden Mitgliedstaates oder eines Drittstaates handelt. Dies steigert die Wahrscheinlichkeit, mit einer Rechtsordnung konfrontiert zu werden, deren Regelungen im Einzelfall zu einem *ordre public*-widrigen Rechtsanwendungsergebnis führen können.

Die Aufnahme einer allgemeinen Vorbehaltsklausel ist jedoch kein Spezifikum der Rom III-VO. Entsprechende Vorschriften finden sich in **allen europäischen Verordnungen** zum internationalen Privatrecht.[2] So sind in Art. 21 Rom I-VO und in Art. 26 Rom II-VO wortgleiche Regelungen zu Art. 12 aufgenommen worden; nicht wort- aber inhaltsgleiche Klauseln finden sich zB in Art. 13 Haager Protokoll von 2007 iVm Art. 15 EuUntVO und in Art. 35 EuErbRVO.

II. Verhältnis zu Art. 10

In ihrem Anwendungsbereich geht die spezielle Vorbehaltsklausel des Art. 10 der allgemeinen *ordre public*-Klausel des Art. 12 vor (vgl Art. 10 Rn 6). Sieht das Scheidungsstatut eine Ehescheidung generell nicht vor (vgl Art. 10 Rn 7 ff) oder gewährt sie einem der Ehegatten aufgrund seiner Geschlechtszugehörigkeit *in concreto* keinen gleichberechtigten Zugang zur Ehescheidung oder zur Trennung ohne Auflösung des Ehebandes (vgl Art. 10 Rn 23 ff), findet gem. Art. 10 anstelle des nach Art. 5 oder Art. 8 berufenen Rechts das materielle Recht des Gerichtsstaates (*lex fori*) als Ersatzrecht Anwendung. Für Art. 12 bleibt nur Raum, wo die tatbestandlichen Voraussetzungen des Art. 10 nicht erfüllt sind.

III. Verhältnis zu Art. 6 EGBGB

Art. 12 verdrängt im Anwendungsbereich der Rom III-VO die *ordre public*-Klausel des Art. 6 EGBGB. Soweit Art. 12 allerdings auf den *ordre public* des Forumstaates verweist (vgl Rn 11 ff), kann bei Anrufung eines deutschen Gerichts im Hinblick auf den Inhalt des *ordre public*, den erforderlichen Binnenbezug und (nach hier vertretener Auffassung) auch die Ersatzrechtsfindung grundsätzlich auf die Ergebnisse zurückgegriffen werden, die Rechtsprechung und Lehre zu Art. 6 EGBGB entwickelt haben (vgl Rn 11, 17 ff, 22 ff).

B. Regelungsgehalt

I. Unvereinbarkeit mit dem ordre public des Forumstaates

1. Gegenstand der Vereinbarkeitsprüfung. Art. 12 ermöglicht es den Gerichten, die Anwendung einer Vorschrift des nach der Rom III-VO bezeichneten Rechts zu versagen, wenn die Anwendung mit dem *ordre public* des Forumstaates offensichtlich unvereinbar wäre. Die Wendung „des nach dieser Verordnung bezeichneten Rechts" nimmt sowohl die **objektive Anknüpfung** nach Art. 8 oder Art. 9 Abs. 1 als auch die **Rechtswahl** gem. Art. 5 in den Blick (vgl hierzu Art. 11 Rn 8, 10). Auch die Rechtsnormen eines von den Ehegatten gewählten Scheidungs- oder Trennungsstatuts können damit im Forumstaat nach Maßgabe des Art. 12 unberücksichtigt bleiben; s. hierzu auch Art. 5 Rn 20.

Allerdings steht nur die Berufung **forumfremden Rechts** unter dem Vorbehalt der *ordre public*-Kontrolle.[3] Art. 12 intendiert den Schutz der elementaren Grundwerte des Forumstaates vor der Anwendung des zunächst ergebnisoffen berufenen Trennungs- oder Scheidungsrechts (vgl Rn 1). Ein derartiges Korrektiv ist aber nur im Hinblick auf ausländisches Recht erforderlich. Findet die *lex fori* Anwendung, können deren

---

2   Zu der Erforderlichkeit von Vorbehaltsklauseln in den europäischen Verordnungen s. *Sonnenberger*, in: FS Kropholler, 2008, S. 227, 244; speziell zu Art. 21 Rom I-VO: Rauscher/*Thorn*, EuZPR/EuIPR, Art. 21 Rom I-VO Rn 1; zu Art. 26 Rom II-VO: vorn Art. 26 Rom II Rn 2; Rauscher/*Jakob/Picht*, EuZPR/EuIPR, Art. 26 Rom II-VO Rn 1.

3   Siehe Erwägungsgrund 25: „Anwendung einer Bestimmung des ausländischen Rechts zu versagen";

De Boer, in: Malatesta/Bariatti/Pocar, The External dimension of EC Private International Law in family and succession matters, S. 295, 298, 323; ebenso zu Art. 21 Rom I-VO: Calliess/*Renner*, Art. 21 Rome I Rn 9; zu Art. 26 Rom II-VO: MüKo/*Junker*, Art. 26 Rom II-VO Rn 14; vgl auch zu Art. 6 EGBGB: Staudinger/*Blumenwitz*, Art. 6 EGBGB Rn 21 f.

Regelungen unmittelbar an höherrangigem Recht (zB dem Grundgesetz) gemessen werden; ein Rückgriff auf die *ordre public*-Klausel des Art. 12 ist in diesem Fall nicht möglich.[4]

8 Der Vorbehalt des *ordre public* kommt unabhängig davon zum Tragen, ob das verwiesene Recht das Recht eines (teilnehmenden oder nicht teilnehmenden) Mitgliedstaates[5] oder das Recht eines Drittstaates[6] ist. Weder dem Verordnungstext noch den Erwägungsgründen ist zu entnehmen, dass die **Rechte der Mitgliedstaaten** nicht in den Anwendungsbereich des Art. 12 fallen sollen.[7] Erwägungsgrund Nr. 24 betont im Gegenteil, dass die spezielle Vorbehaltsklausel des Art. 10, die in der ersten Variante vor allem das (frühere) maltesische Recht und damit explizit das Recht eines Mitgliedstaates in Blick nimmt (vgl Art. 10 Rn 2), den *ordre public*-Vorbehalt unberührt lässt. Dies trägt dem Umstand Rechnung, dass das materielle Scheidungsrecht selbst in den teilnehmenden Mitgliedstaaten nach wie vor höchst unterschiedlich ausgestaltet ist (vgl etwa das restriktive maltesische Recht einerseits und das liberale spanische Recht andererseits).[8] Die Anwendung mitgliedstaatlicher Rechte ist daher in gleicher Weise der *ordre public*-Kontrolle zu unterstellen wie die Anwendung drittstaatlichen Rechts.[9]

9 Art. 12 bezieht sich allein auf die „Anwendung einer Vorschrift" des nach den Verweisungsnormen der Rom III-VO bezeichneten Rechts. Gegenstand der Vereinbarkeitsprüfung ist danach nicht die ausländische Norm an sich, sondern ausschließlich das **Ergebnis** der Rechtsanwendung **im konkreten Fall**.[10] Selbst wenn das verwiesene Recht abstrakt betrachtet gegen wesentliche Grundsätze des Forumstaates verstößt, etwa einen der Ehegatten wegen der Religion oder der Zugehörigkeit zu einer nationalen Minderheit diskriminiert,[11] schlägt sich dies nicht notwendig auch im Ergebnis nieder (vgl dazu auch Art. 10 Rn 24 ff). Beruft sich ein Ehegatte zB auf ein Scheidungsrecht, das dem anderen in gleichheitswidriger Weise versagt bleibt, ist der benachteiligte Ehegatte mit der Scheidung jedoch einverstanden[12] oder wäre die Ehe letztlich auch nach der *lex fori* zu scheiden, wird der Vorbehalt des *ordre public* in der Regel nicht eingreifen.[13] Hier sind zwar die generellen Wertungen der *lex causae*, nicht aber das konkrete Rechtsanwendungsergebnis zu missbilligen (vgl Art. 10 Rn 29). Sieht das Scheidungsstatut eine aus Sicht des Forumstaates überlange Trennungsfrist vor,[14] greift der *ordre public*-Vorbehalt nur dann ein, wenn das weitere Abwarten des Frist-

---

4   *De Boer*, in: Malatesta/Bariatti/Pocar, The External dimension of EC Private International Law in family and succession matters, S. 295, 298; ebenso zu Art. 21 Rom I-VO: Rauscher/*Thorn*, EuZPR/EuIPR, Art. 21 Rom I-VO Rn 11 (bei deutschem Forum ist die Vereinbarkeit deutschen Rechts mit dem Grundgesetz unmittelbar und nicht vermittels der *ordre public*-Klausel zu prüfen); zu Art. 26 Rom II-VO: MüKo/*Junker*, Art. 26 Rom II-VO Rn 14; ferner vorn Art. 26 Rom II Rn 8.

5   *De Boer*, in: Malatesta/Bariatti/Pocar, The External dimension of EC Private International Law in family and succession matters, S. 295, 323 ff, 327; *Meeusen*, in: Malatesta/Bariatti/Pocar, The External dimension of EC Private International Law in family and succession matters, S. 331, 332; *Baarsma*, The Europeanisation of International Family Law, 2011, S. 188; vgl auch MüKo/*Sonnenberger*, Art. 6 EGBGB Rn 1.

6   *De Boer*, in: Malatesta/Bariatti/Pocar, The External dimension of EC Private International Law in family and succession matters, S. 295, 325 ff.

7   Anders zB Art. 20 (*ordre public*) des Vorschlags für eine Verordnung des Rates über die Zuständigkeit und das anwendbare Recht in Unterhaltssachen, die Anerkennung und Vollstreckung von Unterhaltsentscheidungen und die Zusammenarbeit im Bereich der Unterhaltspflichten v. 15.12.2005, KOM(2005) 649 endg.: „Die Anwendung einer Bestimmung des Rechts eines Mitgliedstaates kann hingegen nicht mit dieser Begründung versagt werden." Art. 13 Haager Protokoll von 2007 iVm Art. 15 EuUntVO sieht eine entsprechende Einschränkung allerdings nicht mehr vor. Für ein einheitliches IPR der Mitgliedstaaten ohne eine *ordre public*-Klausel ist auch *Kreuzer*, in: Müller-Graff, Gemeinsames Privatrecht in der Europäischen Gemeinschaft, 2. Aufl. 1999, S. 457, 540, eingetreten.

8   Vgl auch *De Boer*, in: Malatesta/Bariatti/Pocar, The External dimension of EC Private International Law in family and succession matters, S. 295, 324 f.

9   Ebenso zu Art. 26 Rom II-VO: Rauscher/*Jakob/Picht*, EuZPR/EuIPR, Art. 26 Rom II-VO Rn 12; zu Art. 21 Rom I-VO: Ferrari u.a./*Schulze*, Internationales Vertragsrecht, 2. Aufl. 2011, Art. 21 VO (EG) 593/2008 Rn 2; Rauscher/*Thorn*, EuZPR/EuIPR, Art. 21 Rom I-VO Rn 15 (allerdings Verschärfung der Begründungspflicht); vgl auch *De Boer*, in: Malatesta/Bariatti/Pocar, The External dimension of EC Private International Law in family and succession matters, S. 295, 327; *Leible*, Rom I und Rom II: Neue Perspektiven im Europäischen Kollisionsrecht, 2009, S. 68 ff; anders Hk-BGB/*Dörner*, Art. 6 EGBGB Rn 1 (zurückhaltende Anwendung gegenüber dem Recht eines Mitgliedstaats).

10 Siehe auch Erwägungsgrund 25; *Franzina*, CDT 3 (2011), 85, 123 Rn 80; *Hausmann*, IntEuSchR, A Rn 358; ebenso zu Art. 21 Rom I-VO: Calliess/*Renner*, Art. 21 Rome I Rn 11; Rauscher/*Thorn*, EuZPR/EuIPR, Art. 21 Rom I-VO Rn 11; zu Art. 26 Rom II-VO: vorn Art. 26 Rom II Rn 11; Calliess/*v. Hein*, Art. 26 Rome II Rn 16.

11 Vgl Art. 21 Charta der Grundrechte der Europäischen Union v. 12.12.2007, ABl. 2007 Nr. C 303/1, wonach jede Diskriminierung verboten ist.

12 Vgl hierzu auch *Looschelders*, Internationales Privatrecht, Art. 6 EGBGB Rn 28 („volenti non fit iniuria").

13 Vgl auch vorn Art. 26 Rom II Rn 13.

14 Vgl dazu AG Sinzig IPRspr 2005 Nr. 51, S. 112, 113 (zu Art. 6 EGBGB): Die dreijährige Trennungsfrist des italienischen Scheidungsrechts verstößt nicht gegen den deutschen *ordre public*; iE ebenso BGH NJW 2007, 220, 222 f.

ablaufs auch *in concreto* als nicht zumutbar erscheint. Ist die Frist hingegen bereits abgelaufen, besteht kein Anlass, die Scheidung nicht auf der Grundlage des verwiesenen fremden Rechts auszusprechen.

Dem Wortlaut des Art. 12 zufolge sollen die Gerichte die Möglichkeit haben, die Anwendung „einer Vorschrift" der *lex causae* zu versagen.[15] Die Norm bezieht sich damit primär auf die Konsequenzen der Anwendung positiver Regelungen des ausländischen Rechts. Die Unvereinbarkeit mit dem ordre public des Forumstaates kann aber ebenso aus dem **Fehlen einer gesetzlichen Bestimmung** resultieren. Dem Zweck des Art. 12, die unverzichtbaren Grundlagen der forumstaatlichen Rechtsordnung zu schützen, entspricht es, ungeachtet der engen Formulierung des Normtextes auch diese Fälle in den Anwendungsbereich einzubeziehen.[16] 10

2. Ordre public des Forumstaates. a) Inhalt und Grenzen. Art. 12 verweist auf die öffentliche Ordnung (*ordre public*) des Staates des angerufenen Gerichts. Damit obliegt es grundsätzlich den nationalen Rechten, den Inhalt des *ordre public* festzulegen. Der Maßstab der Vereinbarkeitskontrolle kann demzufolge in Abhängigkeit von den Wertmaßstäben der jeweiligen *lex fori* differieren.[17] Soweit deutsche Gerichte angerufen sind, können im Wesentlichen die Ergebnisse herangezogen werden, die Rechtsprechung und Lehre im Hinblick auf **Art. 6 EGBGB** erzielt haben.[18] 11

Der EuGH wacht jedoch über die **Grenzen**, innerhalb derer sich die Gerichte der Mitgliedstaaten auf den in Art. 12 statuierten *ordre public*-Vorbehalt berufen dürfen. Der Gerichtshof hat im Hinblick auf die *ordre public*-Klauseln in Art. 27 Nr. 1 EuGVÜ und Art. 34 Nr. 1 EuGVVO ausgeführt, dass die Abgrenzung des Begriffs der öffentlichen Ordnung zur Auslegung des EuGVÜ bzw der EuGVVO gehört und damit der Kontrolle durch den EuGH unterliegt.[19] Diese Rechtsprechung ist auf Art. 12 übertragbar.[20] 12

Erwägungsgrund Nr. 25 S. 2 benennt als Grenze für die Berufung auf den forumstaatlichen *ordre public* ausdrücklich die **Charta der Grundrechte der EU**.[21] Den mitgliedstaatlichen Gerichten ist danach verwehrt, den *ordre public*-Vorbehalt mit dem Ziel anzuwenden, eine Bestimmung des Rechts eines anderen Staats auszuschließen, wenn die Nichtanwendung des fremden Rechts gegen die Grundrechtecharta und vor allem gegen das in Art. 21 der Charta normierte Diskriminierungsverbot verstieße. 13

Die Grundrechtecharta besitzt nach Art. 6 Abs. 1 Unterabs. 1 EUV den Rang von Primärrecht;[22] sie gilt in den Mitgliedstaaten unmittelbar. Erwägungsgrund Nr. 30 hält die Gerichte der teilnehmenden Mitgliedstaaten ausdrücklich an, die Rechte und Grundsätze der Grundrechtecharta zu achten, namentlich Art. 21 Abs. 1 der Charta, demzufolge „Diskriminierungen insbesondere wegen des Geschlechts, der Rasse, der Hautfarbe, der ethnischen oder sozialen Herkunft, der genetischen Merkmale, der Sprache, der Religion oder der Weltanschauung, der politischen oder sonstigen Anschauung, der Zugehörigkeit zu einer nationalen Minderheit, des Vermögens, der Geburt, einer Behinderung, des Alters oder der sexuellen Ausrichtung" verboten sind. 14

---

15 Ebenso Erwägungsgrund 25: „Anwendung einer Bestimmung des ausländischen Rechts".
16 Ebenso zu Art. 21 Rom I-VO: Rauscher/*Thorn*, EuZPR/EuIPR, Art. 21 Rom I-VO Rn 11; zu Art. 26 Rom II-VO: vorn Art. 26 Rom II Rn 11 f; vgl auch zu Art. 6 EGBGB: BeckOK-BGB/*S. Lorenz*, Art. 6 EGBGB Rn 10; MüKo/*Sonnenberger*, Art. 6 EGBGB Rn 45.
17 *Franzina*, CDT 3 (2011), 85, 124 Rn 81; vgl auch *Leible*, Rom I und Rom II: Neue Perspektiven im Europäischen Kollisionsrecht, 2009, S. 73; *Sonnenberger*, in: FS Kropholler, 2008, S. 227, 244.
18 Erman/*Hohloch*, Art. 12 Rn 1; *Hausmann*, IntEuSchR, A Rn 350, 356; ebenso zu Art. 26 Rom II-VO: Rauscher/*Jakob/Picht*, EuZPR/EuIPR, Art. 26 Rom II-VO Rn 17; vorn Art. 26 Rom II Rn 3; zu den wesentlichen Grundsätzen des deutschen Rechts ausf. vorn Art. 26 Rom II Rn 6 ff, 14 ff und NK-BGB/*Schulze*, Art. 6 EGBGB Rn 33 ff.
19 Zu Art. 27 Nr. 1 EuGVÜ: EuGH, Rs. C-38/98, Slg 2000, I-2973 Rn 27 f – Renault/Maxicar; EuGH, Rs C-7/98, Slg 2000, I-1935 Rn 22 f – Krombach/Bamberski; zu Art. 34 Nr. 1 EuGVVO: EuGH, Rs. C-420/07, Slg 2009, I-3571 Rn 56 f – Meletis Apostolides/David und Linda Orams. Die Rechtsprechung ist auf Art. 26 EuInsVO übertragen worden, EuGH, Rs. C-341/04, Slg 2006, I-3813 Rn 64 – Eurofood IFSC.
20 *Franzina*, CDT 3 (2011), 85, 124 Rn 81; *Hausmann*, IntEuSchR, A Rn 352; ferner *M. Stürner*, in: FS v. Hoffmann, 2011, S. 463, 472; zu der Übertragbarkeit der Rechtsprechung in den Fällen „Renault" und „Krombach" auf Art. 21 Rom I-VO und Art. 26 Rom II-VO s. auch *Grosser*, Bucerius Law Journal 2008, 9, 10.
21 Siehe dazu auch *M. Stürner*, in: FS v. Hoffmann, 2011, S. 463, 475, der darauf hinweist, dass die Vorgaben in Erwägungsgrund 25 S. 2 mit der „Krombach"-Rechtsprechung übereinstimmen.
22 *Schorkopf*, in: Grabitz/Hilf/Nettesheim, Das Recht der Europäischen Union, Art. 6 EUV Rn 28; *Hausmann*, IntEuSchR, A Rn 353; vgl auch EuGH Rs. C-555/07, Slg 2010, I-365 Rn 22 – Kücükdeveci/Swedex.

15 **b) Bewertungszeitpunkt.** Die Grundwertungen einer Rechtsordnung und damit auch der Inhalt des *ordre public* können sich im Laufe der Zeit verändern.[23] Entscheidend für die *ordre public*-Kontrolle iSd Art. 12 sind die Wertvorstellungen im **Zeitpunkt der richterlichen Entscheidung**.[24]

16 **3. Offensichtliche Unvereinbarkeit.** Das Ergebnis der Anwendung fremden Rechts muss mit der öffentlichen Ordnung des Forumstaates offensichtlich unvereinbar sein. Das Kriterium der Offensichtlichkeit findet sich in sämtlichen *ordre public*-Klauseln des europäischen Kollisionsrechts (s. Art. 21 Rom I–VO, Art. 26 Rom II–VO, Art. 13 Haager Protokoll von 2007 iVm Art. 15 EuUntVO, Art. 35 EuErbRVO) einschließlich des Vorschlags für eine Verordnung des Rates über die Zuständigkeit, das anzuwendende Recht, die Anerkennung und die Vollstreckung von Entscheidungen im Bereich des Ehegüterrechts (Art. 23)[25] und des Güterrechts eingetragener Partnerschaften (Art. 18 Abs. 1).[26] Der Terminus „offensichtlich unvereinbar" („manifestly incompatible"; „manifestement incompatible") unterstreicht den **Ausnahmecharakter** der Vorbehaltsklausel.[27] Art. 12 ist folglich eng auszulegen.[28] Lediglich besonders schwerwiegende Verstöße gegen den *ordre public* können die Nichtanwendung einer Regelung des an sich berufenen ausländischen Rechts rechtfertigen.[29] Nicht erforderlich ist, dass der Verstoß auch unmittelbar erkennbar, dh leicht feststellbar ist.[30] Entscheidend ist allein, dass ein **eklatanter Widerspruch** vorliegt. Dabei ist das Gericht gehalten, die Berufung auf die *ordre public*-Klausel eingehend zu begründen.[31]

17 **4. Inlandsbezug.** Ebenso wie in den allgemeinen *ordre public*-Klauseln des Art. 21 Rom I–VO und des Art. 26 Rom II–VO wird auch in Art. 12 nicht ausdrücklich ein besonderer Bezug des Sachverhalts zum Gerichtsstaat gefordert. Gleichwohl ist davon auszugehen, dass ein Verstoß gegen den *ordre public* im Zeitpunkt der Entscheidung (vgl Rn 15) eine **hinreichende Verbindung des Falles zum Forumstaat** voraussetzt. Im Schrifttum zu Art. 21 Rom I–VO und Art. 26 Rom II–VO wird verbreitet für die Annahme eines entsprechenden ungeschriebenen Tatbestandsmerkmals votiert.[32] Dies ist auch für Art. 12 überzeugend.[33]

18 Die allgemeine Vorbehaltsklausel stellt eine Ausnahmeregelung dar, die dem Grundsatz der Gleichwertigkeit aller Rechtsordnungen Grenzen setzt. Wie aus dem Erfordernis der „offensichtlichen Unvereinbarkeit" im Tatbestand des Art. 12 folgt (vgl Rn 16), bedarf es eines besonderen forumstaatlichen Interesses, um die Anwendung einer Bestimmung des nach den Verweisungsnormen der Rom III–VO berufenen Rechts zu versagen. Dabei ist davon auszugehen, dass das Interesse an der Durchsetzung der innerstaatlichen Rechts-

---

23 Vgl BGH NJW-RR 2007, 145, 148 Rn 37.
24 *Hausmann*, IntEuSchR, A Rn 364; ebenso zu Art. 21 Rom I–VO: Staudinger/*Hausmann*, Art. 21 Rom I–VO Rn 22; *Nordmeier*, in: Gebauer/Wiedmann, Kap. 37, Art. 21 Rom I Rn 138; Rauscher/*Thorn*, EuZPR/EuIPR, Art. 21 Rom I–VO Rn 8; zu Art. 26 Rom II–VO: vorn Art. 26 Rom II Rn 22.
25 KOM(2011) 126 endg.
26 KOM(2011) 127 endg.
27 Vorschlag für eine Verordnung (EU) des Rates zur Begründung einer Verstärkten Zusammenarbeit im Bereich des auf die Ehescheidung und Trennung ohne Auflösung des Ehebandes anzuwendenden Rechts v. 24.3.2010, KOM(2010) 105 endg., S. 8 f (zu Art. 7); Vorschlag für eine Verordnung des Rates zur Änderung der Verordnung (EG) Nr. 2201/2003 im Hinblick auf die Zuständigkeit in Ehesachen und zur Einführung von Vorschriften betreffend das anwendbare Recht in diesem Bereich v. 17.7.2006, KOM(2006) 399 endg., S. 11 (zu Art. 20 e); *Franzina*, CDT 3 (2011), 85, 123 Rn 80; *De Boer*, in: Malatesta/Bariatti/Pocar, The External dimension of EC Private International Law in family and succession matters, S. 295, 296 („ultimum remedium"); *Baarsma*, The Europeanisation of International Family Law, 2011, S. 186; *Hess/Pfeiffer*, in: Policy Department C: Citizens' Rights and Constitutional Affairs, PE 453.189, S. 27 f; vgl auch Erwägungsgrund 25 („in Ausnahmefällen"); s. im Übrigen zu Art. 21 Rom I–VO: Rauscher/*Thorn*, EuZPR/EuIPR, Art. 21 Rom I–VO Rn 12; Calliess/*Renner*, Art. 21 Rome I Rn 36.
28 *Hausmann*, IntEuSchR, A Rn 349, 360; ebenso zu Art. 21 Rom I–VO: Rauscher/*Thorn*, EuZPR/EuIPR, Art. 21 Rom I–VO Rn 12. Zu dem Verständnis des Art. 21 Rom I–VO in den Mitgliedstaaten vgl die Länderübersicht bei *Hess/Pfeiffer*, in: Policy Department C: Citizens' Rights and Constitutional Affairs, PE 453.189, S. 141 ff; zu der Auslegung des Art. 26 Rom II–VO siehe die Übersicht auf S. 148 f.
29 Siehe zu Art. 26 Rom II–VO vorn Art. 26 Rom II Rn 18; Rauscher/*Jakob/Picht*, EuZPR/EuIPR, Art. 26 Rom II–VO Rn 26.
30 *Kegel/Schurig*, Internationales Privatrecht, § 16 III 2 c), S. 529.
31 Vgl *Giuliano/Lagarde*, Bericht über das Übereinkommen über das auf vertragliche Schuldverhältnisse anzuwendende Recht, ABl. EG 1980 C 282/1, 38, dort zu dem Merkmal „offensichtlich" in Art. 16 EVÜ; ebenso zu Art. 26 Rom II–VO: vorn Art. 26 Rom II Rn 18; Rauscher/*Jakob/Picht*, EuZPR/EuIPR, Art. 26 Rom II–VO Rn 26.
32 Zu Art. 21 Rom I–VO: Calliess/*Renner*, Art. 21 Rome I Rn 38; Rauscher/*Thorn*, EuZPR/EuIPR, Art. 21 Rom I–VO Rn 13 ff; Erman/*Hohloch*, Anh. II Art. 26 EGBGB/Art. 21 Rom I VO Rn 2; zu Art. 26 Rom II–VO: Calliess/v. *Hein*, Art. 26 Rome II Rn 19; Rauscher/*Jakob/Picht*, EuZPR/EuIPR, Art. 26 Rom II–VO Rn 6; Erman/*Hohloch*, Anh. Art. 42 EGBGB/Art. 26 Rom II VO Rn 2; MüKo/*Junker*, Art. 26 VO (EG) 864/2007 Rn 20; vorn Art. 26 Rom II Rn 19 ff; BeckOK-BGB/*Spickhoff*, Art. 26 VO (EG) 864/2007 Rn 1.
33 Erman/*Hohloch*, Art. 12 Rn 1; *Joubert*, in: Droit européen du divorce, Art. 12 Rn 3 f; *Hausmann*, IntEuSchR, A Rn 362.

anschauungen mit steigendem Inlandsbezug zunimmt.³⁴ Der Verstoß gegen die Grundwertungen des Forumstaates und die Inlandsbeziehung des Falles stehen damit in einer **Wechselbeziehung** (sog Relativität des *ordre public*). Es gilt: Je stärker der Inlandsbezug, desto weniger ist die Abweichung von den wesentlichen Grundsätzen des forumstaatlichen Rechts zu tolerieren; je elementarer die Wertvorstellungen, desto geringer die Anforderungen an den Bezug zum Gerichtsstaat.³⁵ Allgemeingültige Regeln für die Bestimmung des im Einzelfall erforderlichen Inlandsbezugs existieren freilich nicht; entscheidend sind die Umstände des Einzelfalles.³⁶

Besondere Bedeutung für die Begründung eines ausreichenden Inlandsbezugs wird im Allgemeinen der **19** inländischen **Staatsangehörigkeit** oder dem **gewöhnlichen Aufenthalt** im Forumstaat zuerkannt.³⁷ Dies wird auch im Hinblick auf Art. 12 zu gelten haben.³⁸ Beide Merkmale dienen als Anknüpfungspunkte in den Verweisungsnormen der Rom III-VO und sollen als solche gewährleisten, dass die Ehegatten einen engen Bezug zum anwendbaren Recht haben (s. Erwägungsgrund Nr. 21).³⁹ Auch wenn Staatsangehörigkeit oder gewöhnlicher Aufenthalt der Ehegatten *in casu* keine Anknüpfungspunkte waren, können die betreffenden Merkmale gleichwohl geeignet sein, einen für das Eingreifen des *ordre public*-Vorbehalts hinreichenden Binnenbezug herzustellen.

Soweit die internationale Zuständigkeit des angerufenen Gerichts aus Art. 3 EheVO 2003 folgt, ist zumin- **20** dest gewährleistet, dass einer oder beide Ehegatten ihren gewöhnlichen Aufenthalt im Gerichtsstaat haben (Art. 3 Abs. 1 lit. a EheVO 2003) oder aber beide Ehegatten dessen Staatsangehörigkeit besitzen (Art. 3 Abs. 1 lit. b EheVO 2003); eine rügelose Einlassung ist hier ausgeschlossen.⁴⁰ Die Verbindung zum Gerichtsstaat wird damit über die internationale Zuständigkeit des angerufenen Gerichts hinaus⁴¹ in jedem Fall durch die persönlichen Umstände „Staatsangehörigkeit" oder „gewöhnlicher Aufenthalt" gestärkt.

Ob daraus (oder aus sonstigen Umständen) bereits ein hinreichender Inlandsbezug folgt oder ob weitere **21** Kriterien zu fordern sind, richtet sich nach dem Recht des Gerichtsstaates. Soweit deutsche Gerichte angerufen sind, kann auf die zu **Art. 6 EGBGB** ergangene Rechtsprechung und die dazugehörige Lehre verwiesen werden.⁴²

II. Rechtsfolge

Verstößt das Ergebnis der Anwendung einer Vorschrift ausländischen Rechts gegen den *ordre public* des **22** Forumstaates, kann das angerufene Gericht gem. Art. 12 die Anwendung der betreffenden Vorschrift versagen. Die Regelung beschränkt sich damit auf die Abwehr der Rechtssätze, auf die das *ordre public*-widrige Ergebnis zurückzuführen ist (s. auch Erwägungsgrund Nr. 25); im Übrigen bleibt das nach den Verweisungsnormen der Rom III-VO berufene Scheidungs- oder Trennungsstatut anwendbar.⁴³ Hierin unterscheidet sich die allgemeine Vorbehaltsklausel des Art. 12 von der speziellen Vorbehaltsklausel des Art. 10: Liegen die Voraussetzungen des Art. 10 vor, ist die Anwendung des primär berufenen Rechts vollständig ausgeschlossen; die *lex causae* wird *in toto* durch das Recht des Forumstaates ersetzt.

Art. 12 lässt demgegenüber offen, wie zu verfahren ist, wenn durch die Nichtanwendung einzelner Bestim- **23** mungen des verwiesenen Rechts eine **ausfüllungsbedürftige Lücke** entsteht. Sieht das Scheidungsstatut etwa eine aus Sicht des Forumstaates überlange Trennungsfrist vor oder werden die Scheidungsvoraussetzungen umgekehrt als intolerabel gering erachtet, stellt sich die Frage, wie der Ausschluss der betreffenden Vorschrift zu kompensieren ist. Das Gleiche gilt, wenn das Rechtsanwendungsergebnis gegen das Diskriminierungsverbot verstoßen sollte oder die Unvereinbarkeit mit dem nationalen *ordre public* aus dem Fehlen einer gesetzlichen Bestimmung resultiert.

---

34 *De Boer*, in: Malatesta/Bariatti/Pocar, The External dimension of EC Private International Law in family and succession matters, S. 295, 299 („the public policy test should performed along a sliding scale").
35 *Hausmann*, IntEuSchR, A Rn 362; Rauscher/*Thorn*, EuZPR/EuIPR, Art. 21 Rom I–VO Rn 14; Rauscher/*Thorn*, EuZPR/EuIPR, Art. 21 Rom I–VO Rn 19; *De Boer*, in: Malatesta/Bariatti/Pocar, The External dimension of EC Private International Law in family and succession matters, S. 295, 398 f.
36 Rauscher/*Thorn*, EuZPR/EuIPR, Art. 21 Rom I–VO Rn 13; vorn Art. 26 Rom II Rn 7, die darauf hinweisen, dass den Kriterien, die als Anknüpfungspunkte dienen, besondere Bedeutung bei der Bewertung des Inlandsbezugs zukommt.
37 Vgl MüKo/*Sonnenberger*, Art. 6 EGBGB Rn 81; BeckOK-BGB/*S. Lorenz*, Art. 6 EGBGB Rn 16.
38 Ebenso *Hausmann*, IntEuSchR, A Rn 362.
39 Erman/*Hohloch*, Art, 12 Rn 1; vgl auch Rauscher/*Jakob/Picht*, EuZPR/EuIPR, Art. 26 Rom II–VO
40 Thomas/Putzo/*Hüßtege*, Art. 3 EuEheVO Rn 1; Rauscher/*Rauscher*, EuZPR/EuIPR, Art. 3 Brüssel IIa–VO Rn 2.
41 Die internationale Zuständigkeit als solche wird für den auch iRd Art. 21 Rom I–VO zu fordernden Inlandsbezug grds. als nicht ausreichend erachtet, s. Rauscher/*Thorn*, EuZPR/EuIPR, Art. 21 Rom I–VO Rn 13.
42 Vgl zu Art. 26 Rom II-VO: vorn Art. 26 Rom II Rn 19; BeckOK-BGB/*Spickhoff*, Art. 26 VO (EG) 864/2007 Rn 1.
43 Ebenso zu Art. 26 Rom II–VO vorn Art. 26 Rom II Rn 27.

24 Im Schrifttum wird verschiedentlich vorgeschlagen, die durch Eingreifen des *ordre public*-Vorbehalts entstandene Rechtslücke nach Maßgabe der Kriterien zu schließen, die das Recht des Forumstaates für diesen Fall vorsieht.[44] Der Ansatz fußt auf der Annahme, dass die *ordre public*-Klauseln in den europäischen Verordnungen mit der Verweisung auf den nationalen *ordre public* auch die Ersatzrechtsbildung dem Recht des Gerichtsstaats übertragen haben.[45]

25 Nach anderer Auffassung soll die durch Nichtanwendung einer ausländischen Norm entstandene Lücke stets unter Rückgriff auf die *lex fori* als Ersatzrecht zu schließen sein.[46] Für diese Lösung wird vorgebracht, dass die *ordre public*-Klausel letztlich den Zweck habe, die elementaren Grundwerte der *lex fori* zu schützen.[47] Zudem erhöhe der Rückgriff auf das Recht des Forumstaates die Vorhersehbarkeit und dadurch die Rechtssicherheit; beides seien erklärte Ziele des europäischen Kollisionsrechts.[48]

26 Überzeugender erscheint letztlich der erste Ansatz. Für diesen spricht, dass der Verordnungsgeber bewusst darauf verzichtet hat, die Folgen der auf Art. 12 gestützten Nichtanwendung ausländischen Rechts zu regeln. Während in Art. 9 Abs. 2 eine ersatzweise Anknüpfung nach Art. 8 vorgesehen ist, sofern das nach Art. 9 Abs. 1 bestimmte Scheidungsstatut eine Umwandlung der Trennung ohne Auflösung des Ehebandes in eine Ehescheidung nicht vorsieht, und in der speziellen Vorbehaltsklausel des Art. 10 ausdrücklich die *lex fori* als Ersatzrecht benannt wird, fehlt in Art. 12 eine entsprechende Regelung. Vor diesem Hintergrund erscheint es naheliegend, dass nicht nur der Inhalt des *ordre public*, sondern auch die Folgen der Nichtanwendung ausländischen Rechts in den von Art. 12 erfassten Fällen dem nationalen Recht zu entnehmen sein sollen. Gestützt wird diese Annahme durch die Optionalität der Nichtanwendung der *ordre public*-widrigen Regelungen: Nach Art. 12 „kann" die Anwendung versagt werden („may be refused"; „peut être écartée"); ein Nichtanwendungsgebot besteht anders als nach Art. 6 EGBGB nicht. Ist den Gerichten damit die Entscheidung über das „Ob" der Nichtanwendung übertragen worden, erscheint es nur konsequent, auch über die Frage des „Wie" das Recht des Forumstaates befinden zu lassen. Dass dies je nach angerufenem Gericht zu unterschiedlichen Ergebnissen führen kann,[49] ist ebenso wie in Bezug auf die Bestimmung des Inhalts des *ordre public* grundsätzlich hinzunehmen (vgl Rn 11).

27 Teilt man die hier vertretene Auffassung und überträgt dem Forumstaat die Entscheidung über die Bestimmung des Ersatzrechts, kann bei der Anrufung eines (international zuständigen) deutschen Gerichts auf die Lösungen zurückgegriffen werden, die Rechtsprechung und Lehre im Hinblick auf **Art. 6 EGBGB** erzielt haben.[50]

---

44 *Franzina*, CDT 3 (2011), 85, 125 Rn 83 (unter Hinweis auf Art. 16 Abs. 2 des italienischen IPR-Gesetzes, Gesetz Nr. 218/1995); *Sonnenberger*, in: FS Kropholler, 2008, S. 227, 244; ebenso zu Art. 21 Rom I-VO: *Nordmeier*, in: Gebauer/Wiedmann, Kap. 37, Art. 21 Rom I Rn 138; Ferrari u.a./*Schulze*, Internationales Vertragsrecht, Art. 21 VO (EG) 593/2008 Rn 6; zu Art. 26 Rom II-VO (unter Hinweis auf die deutsche Rechtsprechung und Literatur zu Art. 6 EGBGB): Calliess/*v. Hein*, Art. 26 Rome II Rn 25; vgl auch Palandt/*Thorn*, Art. 26 Rom II Rn 1; vorn Art. 26 Rom II Rn 27.

45 So *Sonnenberger*, in: FS Kropholler, 2008, S. 227, 244; s. zu Art. 21 Rom I-VO auch Ferrari u.a./ *Schulze*, Internationales Vertragsrecht, Art. 21 VO (EG) 593/2008 Rn 6.

46 *Grosser*, Bucerius Law Journal 2008, 9, 13; vgl auch den Vorschlag für eine Verordnung des Europäischen Parlaments und des Rates über das auf außervertragliche Schuldverhältnisse anzuwendende Recht („Rom II") v. 22.7.2003, KOM(2003) 427 endg., S. 31 (zu Art. 22); s. zur Lückenfüllung durch die *lex fori* auch die rechtsvergleichenden Ausführungen bei *Lagarde*, Recherches sur l'ordre public en droit international privé, 1959, S. 201 ff.

47 So zu der allgemeinen *ordre public*-Klausel in Art. 4 des Haager Übereinkommens über das auf Unterhaltsverpflichtungen gegenüber Kindern anzuwendende Recht v. 24.10.1956 Staudinger/*Mankowski*, Art. 4 HKUA Rn 60.

48 *Grosser*, Bucerius Law Journal 2008, 9, 13 (zu Art. 21 Rom I-VO und Art. 26 Rom II-VO); zu den entsprechenden Zielen der Rom III-VO s. Erwägungsgründe 9 und 21.

49 Vgl *Sonnenberger*, in: FS Kropholler, 2008, S. 227, 244.

50 Siehe zur Lückenfüllung im deutschen Recht NK-BGB/*Gruber*, Art. 17 EGBGB Rn 70 f; NK-BGB/*Schulze*, Art. 6 EGBGB Rn 52 ff; vorn Art. 26 Rom II Rn 27 ff, jeweils mzN.

C. Weitere praktische Hinweise

I. Ermittlung ausländischen Rechts

1. Prüfung von Amts wegen. Das angerufene Gericht hat **von Amts wegen** darüber zu befinden, ob ein Verstoß gegen den *ordre public* vorliegt.[51] Dies setzt zunächst voraus, dass das verwiesene Recht ermittelt und angewandt wird (zur Ermittlung ausländischen Rechts s. Art. 11 Rn 13 ff).[52] Die bloße Vermutung eines *ordre public*-Verstoßes genügt nicht, um die Anwendung einer Vorschrift des ausländischen Scheidungs- oder Trennungsstatuts gem. Art. 12 zu versagen.[53] Das Gericht ist vielmehr gehalten, den Inhalt des fremden Rechts unter Ausschöpfung aller zur Verfügung stehender Erkenntnisquellen (vgl dazu Art. 11 Rn 11) festzustellen.[54]

28

2. Mandat mit Auslandsbezug. Die Amtsermittlungspflicht entbindet den Anwalt jedoch nicht von der Pflicht, sich bei **Übernahme eines Mandats mit Auslandsbezug** auch selbst über den Inhalt des verwiesenen Rechts zu informieren (s. Art. 11 Rn 12); kommt ein *ordre public*-Verstoß zugunsten des Mandanten in Betracht, wird der Anwalt das Gericht auf diesen Umstand unter Bezugnahme auf die entscheidenden Regelungen des ausländischen Rechts hinzuweisen haben.

29

II. Vereinbarkeitskontrolle

Steht das Ergebnis der Anwendung des nach den Kollisionsnormen der Rom III-VO berufenen ausländischen Rechts fest, ist im nächsten Schritt zu prüfen, ob dieses mit der öffentlichen Ordnung des Forumstaates offensichtlich unvereinbar ist. Sofern das Vorliegen eines *ordre public*-Verstoßes von einer hinreichenden **Inlandsbeziehung** abhängt (s. Rn 17 ff), kann nur dann auf Art. 12 rekurriert werden, wenn die insofern relevanten tatsächlichen oder rechtlichen Umstände (gewöhnlicher Aufenthalt im Forumstaat, Staatsangehörigkeit etc.) feststehen.

30

Der **Anwalt** wird auch hier entsprechend vorzutragen haben, wenn sich das Eingreifen des *ordre public*-Vorbehalts als für seinen Mandanten günstig erweist.

31

Sollten die Voraussetzungen eines geforderten Inlandsbezugs **nicht eindeutig feststellbar** sein, kann der *ordre public*-Vorbehalt des Art. 12 nicht zum Tragen kommen. Da Art. 12 eine Ausnahmevorschrift darstellt, ist ihr Eingreifen zu begründen (vgl Rn 16). Gelingt dies nicht, bleibt es bei dem Regelfall, hier also der Anwendung des gem. Artt. 5, 8 oder 9 berufenen ausländischen Rechts.[55]

32

III. Anwendungsfälle der ordre public-Klausel

Rechtsprechung zu Art. 12 ist, soweit ersichtlich, noch nicht veröffentlicht. Die Anwendungsfälle der Vorbehaltsklausel werden bei Anrufung eines deutschen Gerichts jedoch vielfach mit den von **Art. 6 EGBGB** erfassten Konstellationen übereinstimmen (vgl Rn 11, 21). Freilich ist zu beachten, dass dies nicht uneingeschränkt gilt: Die bislang dem Art. 6 EGBGB subsumierten Fälle können nur insoweit von Art. 12 erfasst werden, als **nicht Art. 10 einschlägig** ist (zum Vorrang des Art. 10 vor Art. 12 vgl Rn 4). Jene Fallgestaltungen, in denen bisher ein *ordre public*-Verstoß nach Art. 6 EGBGB angenommen wurde, weil das Scheidungsstatut eine Ehescheidung generell nicht vorsah oder aber einem Ehegatten aufgrund seiner Geschlechtszugehörigkeit kein gleichberechtigter Zugang zur Ehescheidung oder zur Trennung ohne Auflö-

33

---

51 *Hausmann*, IntEuSchR, A Rn 365; ebenso zu Art. 21 Rom I-VO: Staudinger/*Hausmann*, Art. 21 Rom I-VO Rn 23; MüKo/*Martiny*, Art. 21 VO (EG) 593/2008 Rn 2; *Nordmeier*, in: Gebauer/Wiedmann, Kap. 37, Art. 21 Rom I Rn 137; Ferrari u.a./*Schulze*, Internationales Vertragsrecht, Art. 21 VO (EG) 593/2008 Rn 5; zu Art. 26 Rom II-VO: *Leible*, RIW 2008, 257, 263; *Leible/Lehmann*, RIW 2007, 721, 734; Rauscher/*Jakob/Picht*, EuZPR/EuIPR, Art. 26 Rom II-VO Rn 2; MüKo/*Junker*, Art. 26 VO (EG) 864/2007 Rn 13; vorn Art. 26 Rom II Rn 4; Palandt/*Thorn*, Art. 26 Rom II Rn 1; Calliess/*v. Hein*, Rome II Rn 24. – Zu der amtswegigen Prüfung eines *ordre public*-Verstoßes in den Mitgliedstaaten vgl auch die Länderübersicht bei *Hess/Pfeiffer*, in: Policy Department C: Citizens' Rights and Constitutional Affairs, PE 453.189, S. 144 f (in Bezug auf Art. 21 Rom I-VO) und S. 150 f (in Bezug auf Art. 26 Rom II-VO).

52 Ebenso zu Art. 21 Rom I-VO: Rauscher/*Thorn*, EuZPR/EuIPR, Art. 21 Rom I-VO Rn 11; s. ferner zu Art. 6 EGBGB: BGH IPRspr 1998 Nr. 6, S. 12; MüKo/*Sonnenberger*, Art. 6 EGBGB Rn 43; BeckOK-BGB/*S. Lorenz*, Art. 6 EGBGB Rn 13; *Spickhoff*, Der ordre public im internationalen Privatrecht, 1989, S. 79; Palandt/*Thorn*, Art. 6 EGBGB Rn 5.

53 Ebenso zu Art. 26 Rom II-VO vorn Art. 26 Rom II Rn 10; s. ferner zu Art. 6 EGBGB: BeckOK-BGB/*S. Lorenz*, Art. 6 EGBGB Rn 13; MüKo/*Sonnenberger*, Art. 6 EGBGB Rn 43; Palandt/*Thorn*, Art. 6 EGBGB Rn 5.

54 Zu dem anzustrebenden Grad an Gewissheit über den Inhalt fremden Rechts s. Staudinger/*Spellenberg*, Anhang zu § 606 a ZPO Rn 87 ff, 107 f.

55 Vgl hierzu BGH IPRspr 1996 Nr. 233, S. 553.

sung des Ehebandes gewährt wurde, fallen nicht in den Anwendungsbereich des Art. 12; die betreffenden Konstellationen sind Anwendungsfälle des Art. 10 (s. hierzu die Rechtsprechungsnachweise bei Art. 10 Rn 7 und 29).

34 Der allgemeinen *ordre public*-Klausel des Art. 12 kommt dagegen Bedeutung zu, wenn ein Ehegatte zwar nicht wegen seines Geschlechts **diskriminiert** wird (in diesem Fall greift Art. 10 Var. 2 ein), wohl aber aus anderen Gründen (zB wegen der Religionszugehörigkeit).[56] Relevanz besitzt die Regelung auch in den Fällen, in denen die Ehe zwar grundsätzlich geschieden werden kann (bei Unscheidbarkeit greift Art. 10 Var. 1 ein), die **Scheidungsvoraussetzungen** im Einzelfall jedoch (noch) nicht erfüllt sind und durch den antragstellenden Ehegatten auch **in zumutbarer Weise nicht erfüllt** werden können.[57] Eine **Erleichterung der Ehescheidung** durch das fremde Scheidungsstatut wird demgegenüber bei deutschem Forum in der Regel nicht als *ordre public*-widrig anzusehen sein.[58] Siehe im Übrigen die Erläuterungen zu Art. 6 EGBGB[59] und zu Art. 17 EGBGB aF.[60]

Artikel 13 Unterschiede beim nationalen Recht

Nach dieser Verordnung sind die Gerichte eines teilnehmenden Mitgliedstaats, nach dessen Recht die Ehescheidung nicht vorgesehen ist oder die betreffende Ehe für die Zwecke des Scheidungsverfahrens nicht als gültig angesehen wird, nicht verpflichtet, eine Ehescheidung in Anwendung dieser Verordnung auszusprechen.

A. Allgemeines 1	(b) Keine Anwendung der „Kappungsregel" des Art. 17 b Abs. 4 EGBGB . 19
B. Regelungsgehalt 4	b) Fehlen der gleichgeschlechtlichen Ehe im Sachrecht des zuständigen Mitgliedstaates 23
I. Das Verweigerungsrecht nach Art. 13 Var. 1 .. 4	
II. Das Verweigerungsrecht nach Art. 13 Var. 2 .. 7	c) Inhalt des Verweigerungsrechts 26
1. Überblick 7	aa) Verweigerung einer Sachentscheidung 26
2. Verweigerungsrecht im Falle der gleichgeschlechtlichen Ehe 9	
a) Gleichgeschlechtliche Ehe; wirksames Zustandekommen 9	bb) Handhabung der Vorschrift durch deutsche Gerichte 30
aa) Anwendungsbereich 9	d) Internationale Zuständigkeit 35
bb) Wirksames Zustandekommen der gleichgeschlechtlichen Ehe; Vorfrage 11	aa) Anwendbarkeit der EheVO 2003 35
(1) Anwendbarkeit nationalen Kollisionsrechts 11	bb) Zuständigkeitsmangel bei Anwendung der EheVO 2003 40
(2) Anknüpfung 14	3. Sonstige mögliche Anwendungsfälle des Art. 13 Var. 2 44
(a) Anknüpfung nach Art. 17 b EGBGB 14	

A. Allgemeines

1 Art. 13 trägt bestimmten materiellrechtlichen Vorbehalten der teilnehmenden Mitgliedstaaten Rechnung. Er erlaubt es diesen, in bestimmten Situationen eine Entscheidung ganz abzulehnen.

2 Art. 13 Var. 1 bezieht sich auf den Fall, dass ein Mitgliedstaat das **Institut der Ehescheidung** nicht kennt; die Vorschrift ist allerdings aufgrund der Einführung der Ehescheidung in Malta ohne jede praktische Bedeutung.

3 Art. 13 Var. 2 betrifft die Konstellation, dass nach dem internen Recht des zur Entscheidung berufenen Mitgliedstaates die betreffende Ehe für die Zwecke des Scheidungsverfahrens nicht als gültig angesehen wird. Sie ist in erster Linie für die **gleichgeschlechtliche Ehe** von Bedeutung. Mitgliedstaaten, die in ihrem inter-

---

56 *Hammje*, RCDIP 2011, 291, 336 Rn 45; *Franzina*, CDT 3 (2011), 85, 124 Rn 82; vgl hierzu auch NK-BGB/*Gruber*, Art. 17 EGBGB Rn 66.
57 *Gruber*, IPRax 2012, 381, 391; *Helms*, FamRZ 2010, 1765, 1771; *Henrich*, in: Liber Amicorum Pintens, 2012, S. 701, 708 f; *ders.*, Internationales Scheidungsrecht, Rn 83, 96; *Franzina*, CDT 3 (2011), 85, 124 Rn 82; *Hausmann*, IntEuSchR, A Rn 368 (unzumutbar lange Trennungsfrist).
58 *Hausmann*, IntEuSchR, A Rn 368; s. im Übrigen zu Art. 6 EGBGB: OLG Hamm FamRZ 1997, 881 (zum türkischen Recht); NK-BGB/*Gruber*, Art. 17 EGBGB

Rn 65; *Henrich*, Internationales Scheidungsrecht, Rn 96; *Looschelders*, Internationales Privatrecht, Art. 17 EGBGB Rn 14; *ders.*, in: FS Kropholler, 2008, S. 329, 334 f (dort auch zu möglichen Ausnahmen); Staudinger/*Mankowski*, Art. 17 EGBGB Rn 108; MüKo/*Winkler v. Mohrenfels*, Art. 17 EGBGB Rn 116 (Ausnahme bei Scheidung auf einseitigen Antrag ohne weitere Voraussetzungen), jeweils mwN.
59 Statt Vieler: NK-BGB/*Schulze*, Art. 6 EGBGB Rn 62.
60 Statt Vieler: NK-BGB/*Gruber*, Art. 17 EGBGB Rn 62 ff.

nen Recht keine gleichgeschlechtliche Ehe vorsehen, können die Scheidung einer solchen Ehe gem. Art. 13 Var. 2 verweigern.

B. Regelungsgehalt

I. Das Verweigerungsrecht nach Art. 13 Var. 1

Art. 13 Var. 1 setzt voraus, dass in dem internen Recht des Mitgliedstaates eine Scheidung nicht vorgesehen ist. Die Regelung ist nach dem 26. Erwägungsgrund nur dann einschlägig, wenn in dem betreffenden Mitgliedstaat das **Rechtsinstitut der Ehescheidung** gar nicht existiert. Die Regelung war ursprünglich auf Malta bezogen. Tatsächlich gehörte Malta lange Zeit zu den wenigen Staaten, die in ihrem internen Recht keine Scheidung vorsahen. Maltesische Gerichte sollten nicht gezwungen sein, in Anwendung der Rom III-VO eine ihnen unbekannte Scheidung auszusprechen. Da mittlerweile aber auch Malta die Scheidung eingeführt hat,[1] handelt es sich bei Art. 13 Var. 1 um eine gegenstandslose Vorschrift. 4

Die Vorschrift betrifft ausweislich des 26. Erwägungsgrunds demgegenüber nicht den Fall, dass die Ehe nach dem internen Recht des zur Entscheidung berufenen Mitgliedstaates nur in der **konkreten Situation** (noch) nicht scheidbar ist. Ist die Ehe also etwa nach dem kollisionsrechtlich berufenen ausländischen Recht bereits scheidbar, aber nach dem internen Sachrecht des mit dem Scheidungsantrag befassten Richters noch nicht, hat dieser Richter das „scheidungsfreundliche" ausländische Sachrecht grundsätzlich anzuwenden und die Ehe in Anwendung dieses Rechts zu scheiden. 5

Eine andere Frage besteht darin, ob die Anwendung eines (allzu) scheidungsfreundlichen ausländischen Rechts zu einem *ordre public*-Verstoß führen kann (Art. 12). Hierbei ist zu berücksichtigen, dass viele Staaten, darunter auch einige EU-Mitgliedstaaten wie etwa Spanien, mittlerweile eine (fast) voraussetzungslose Scheidung vorsehen; die Ehe kann nicht nur im Falle beiderseitigen Einvernehmens, sondern auch auf Antrag nur eines Ehegatten hin geschieden werden, ohne dass es weiterer Voraussetzungen, insbesondere eines Nachweises der Zerrüttung, bedarf (vgl noch vor Art. 1 Rn 14). In der bisherigen deutschen Literatur wird ein *ordre public*-Verstoß in diesen Konstellationen verschiedentlich für möglich gehalten.[2] Es dürfte aber eher nicht davon auszugehen sein, dass deutsche Gerichte hier einen *ordre public*-Verstoß annehmen werden. 6

II. Das Verweigerungsrecht nach Art. 13 Var. 2

1. Überblick. Art. 13 Var. 2 ist in erster Linie für die Scheidung der gleichgeschlechtlichen Ehe von Bedeutung. Die Norm ist das Ergebnis eines politischen Kompromisses. In einem ersten Schritt wurde die **gleichgeschlechtliche Ehe** in den Anwendungsbereich der Rom III-VO aufgenommen; hiermit wurde den Interessen der Mitgliedstaaten Rechnung getragen, die in ihrem internen Recht die gleichgeschlechtliche Ehe eingeführt haben und aus diesem Grund eine kollisionsrechtliche Gleichbehandlung von heterosexueller und gleichgeschlechtlicher Ehe forderten. In einem zweiten Schritt erhielten die Mitgliedstaaten, die in ihrem internen Recht die gleichgeschlechtliche Ehe nicht kennen, als Ausgleich dafür ein Recht zur Entscheidungsverweigerung. 7

Zwar hat die Norm ihre eigentliche Bedeutung im Hinblick auf die gleichgeschlechtliche Ehe. Es ist allerdings aufgrund ihres allgemein gefassten Wortlauts nicht ausgeschlossen, dass sie auch in anderen Situationen Bedeutung erlangt, etwa dann, wenn eine – als solche vom anwendbaren Recht nicht abstrakt ausgeschlossene Ehe – aufgrund von Eingehungsmängeln im konkreten Einzelfall nicht wirksam zustande gekommen ist (vgl unten III., Rn 46). 8

2. Verweigerungsrecht im Falle der gleichgeschlechtlichen Ehe. a) Gleichgeschlechtliche Ehe; wirksames Zustandekommen. aa) Anwendungsbereich. Art. 13 Var. 2 setzt tatbestandlich voraus, dass nach dem internen Recht des zur Entscheidung berufenen Mitgliedstaates die „betreffende Ehe für die Zwecke des Scheidungsverfahrens nicht als gültig angesehen wird". Nach dem 26. Erwägungsgrund ist dies insbesondere dann der Fall, wenn „im Recht dieses teilnehmenden Mitgliedstaates eine solche Ehe nicht vorgesehen ist". Da die traditionelle heterosexuelle Ehe selbstverständlich allen Mitgliedstaaten bekannt ist, bezieht sich Art. 13 Var. 2 jedenfalls in erster Linie auf die **gleichgeschlechtliche Ehe**. Dies wird auch 9

---

[1] Civil Code (Amendment) Act, 2011, in Government Gazette of Malta No. 18.784 v. 29.7.2011; im Internet abrufbar unter http://www.doi.gov.mt. Die maßgebliche Regel zu den Scheidungsgründen findet sich in Art. 66B des Civil Code.

[2] MüKo/*Winkler v. Mohrenfels*, Art. 17 EGBGB Rn 116; *Looschelders*, FS Kropholler 2008, S. 329, 335; vgl aber andererseits OLG Hamm, FamRZ 1997, 881 (betr. die Entbehrlichkeit eines Trennungsjahrs nach dem türkischen Recht).

durch die Materialien zur Rom III–VO bestätigt; dort wird Art. 13 Var. 2 im Zusammenhang mit der gleichgeschlechtlichen Ehe angesprochen.[3]

10 Art. 13 Var. 2 erfasst nur die gleichgeschlechtliche „Ehe" ieS, wie sie etwa im niederländischen, belgischen, spanischen, portugiesischen, norwegischen und schwedischen Recht sowie in einigen Bundesstaaten der USA vorgesehen ist.[4] (Bloße) **eingetragene Lebenspartnerschaften** – wie auch die Lebenspartnerschaft deutschen Rechts – fallen demgegenüber nicht in den Anwendungsbereich der Rom III–VO; sie sind daher auch nicht Gegenstand von Art. 13 Var. 2 (siehe näher Art. 1 Rn 37 ff).

11 **bb) Wirksames Zustandekommen der gleichgeschlechtlichen Ehe; Vorfrage. (1) Anwendbarkeit nationalen Kollisionsrechts.** Von dem Verweigerungsrecht nach Art. 13 Var. 2 zu unterscheiden ist die **Vorfrage**, ob eine scheidbare gleichgeschlechtliche Ehe überhaupt wirksam zustande gekommen ist. Die Anknüpfung dieser Vorfrage ist, wie sich aus Art. 1 Abs. 2 lit. b ergibt, nicht Gegenstand der Rom III–VO. Insoweit ist weiterhin nationales Kollisionsrecht anzuwenden.

12 Auch aus Art. 13 Var. 2 lässt sich keine Anknüpfung der Vorfrage herleiten. Der Zweck der Vorschrift besteht darin, materiellrechtlichen Vorbehalten einzelner Mitgliedstaaten Rechnung zu tragen. Die Vorschrift weist also eine gewisse Nähe zu dem *ordre public*-Vorbehalt auf; sie kommt erst zum Zuge, wenn feststeht, dass nach einem – zuvor auf dem Wege einer Vorfrageanknüpfung zu gewinnenden – ausländischen Recht eine gleichgeschlechtliche Ehe wirksam zustande gekommen ist.

13 Wie im Falle der heterosexuellen Eheschließung stellt sich allerdings noch die Frage, ob nicht aus der in Art. 21 AUEV verbürgten Freizügigkeit oder anderen primärrechtlichen Vorgaben abzuleiten ist, dass eine in einem anderen Mitgliedstaat wirksam begründete gleichgeschlechtliche Ehe auch in Deutschland als wirksam zu behandeln ist. In der Folge könnte sodann die Anknüpfung der Vorfrage durch ein kollisionsrechtliches **Anerkennungsprinzip** verdrängt oder überlagert werden (Art. 1 Rn 18 ff). Nach der hier vertretenen Auffassung lässt sich aus dem europäischen Primärrecht aber nicht ableiten, dass eine in einem anderen Mitgliedstaat nach dortiger Vorstellung wirksam geschlossene (heterosexuelle oder gleichgeschlechtliche) Ehe im Inland automatisch als wirksam anzusehen ist (siehe Art. 1 Rn 20);[5] indes ist die weitere Rechtsprechung des EuGH abzuwarten.[6]

14 **(2) Anknüpfung. (a) Anknüpfung nach Art. 17 b EGBGB.** Die Rom III–VO äußert sich nicht zu der kollisionsrechtlichen Grundsatzfrage, ob Vorfragen selbstständig oder unselbstständig anzuknüpfen sind. Nach der hier vertretenen Auffassung ist auch im Anwendungsbereich der Rom III–VO eine **selbstständige Anknüpfung** von Vorfragen anzunehmen (siehe dazu näher vor Art. 1 Rn 67 ff und Art. 1 Rn 14 ff). Deutsche Gerichte können daher bei der Vorfrage nach dem wirksamen Zustandekommen einer (dann) scheidbaren gleichgeschlechtlichen Ehe auch dann weiterhin von dem deutschen IPR ausgehen, wenn sich die Hauptfrage nach der Scheidung nicht nach dem deutschen, sondern einem ausländischen Sachrecht beurteilt.

15 Im deutschen Kollisionsrecht ist noch nicht abschließend geklärt, wie die (Vor-)Frage nach dem wirksamen Zustandekommen einer gleichgeschlechtlichen Ehe anzuknüpfen ist. Die hM greift auf Art. 17 b EGBGB zurück. Zwar ist die Norm unmittelbar nur auf eingetragene Lebenspartnerschaften anwendbar; sie kann aber nach hM (analog) auch für die gleichgeschlechtliche Ehe herangezogen werden. In entsprechender Anwendung der Norm sei dabei auf den **Eheschließungsort** abzustellen.[7] Eine in der Literatur vertretene Gegenauffassung spricht sich abweichend hiervon dafür aus, die gleichgeschlechtliche Ehe der heterosexuellen Ehe kollisionsrechtlich gleichzustellen. Die materiellen Voraussetzungen für die Eheschließung richte-

---

3 Siehe insb. Bericht über den Vorschlag für eine Verordnung des Rates zur Begründung einer verstärkten Zusammenarbeit im Bereich des auf die Ehescheidung und Trennung ohne Auflösung des Ehebandes anzuwendenden Rechts (KOM(2010)0105 – C7-0315/2010 – 2010/0067(CNS)), Berichterstatter Tadeusz Zwiefka, 2010/0067(CNS), S. 34 ff (der dort angesprochene Art. 7 a Var. 2 des Verordnungsentwurfs entspricht im Wesentlichem dem aktuellen Art. 13 Var. 2); zuvor bereits die legislative Entschließung des Europäischen Parlaments vom 21.10.2008, ABl. EU Nr. C 15E v. 21.1.2010, S. 128, 132.

4 Siehe näher *Mankowski/Höffmann*, IPRax 2011, 247, 248 ff; Staudinger/*Mankowski*, Art. 17 b Rn 22 ff.

5 Die Rom III–VO sieht ein solches Anerkennungsprinzip auf der Ebene des Sekundärrechts jedenfalls nicht vor; gerade umgekehrt wird in Art. 13 Var. 2 zum Ausdruck gebracht, dass eine gleichgeschlechtliche Ehe nicht in allen Mitgliedstaaten dieselbe Wirkung haben muss.

6 Abl *Mankowski/Höffmann*, IPRax 2011, 247, 253 ff; *Röthel*, IPRax 2006, 250 ff.

7 OLG München FamRZ 2011, 1526; OLG Zweibrücken FamRZ 2011, 1526; aus der Lit. etwa Staudinger/Mankowski Art. 17 b Rn 22 ff; *Mankowski/Höffmann*, IPRax 2011, 247 ff; MüKo/*Coester*, Art. 17 b Rn 144 ff; *Sieberichs*, FamRZ 2008, 277, 278; *Wasmuth*, Liber amicorum Kegel 2002, S. 237, 241; *Dörner*, FS Jayme, 2004, S. 143, 150 f; *Henrich*, FamRZ 2002, 137, 138; Erman/Hohloch Rn 6; Bamberger/Roth/*Heiderhoff*, Art. 17 b Rn 12.

ten sich daher gem. Art. 13 Abs. 1 EGBGB nach dem **Heimatrecht** der Verlobten; für die Form der Eheschließung sei Art. 11 EGBGB einschlägig.[8]

Für die Anwendung von Artt. 13,11 EGBGB spricht auf den ersten Blick, dass der Begriff der „Ehe" in Art. 13 EGBGB nicht definiert ist; ihrem Wortlaut nach könnte die Vorschrift daher auch auf eine gleichgeschlechtliche Ehe erstreckt werden. Zudem ist die kollisionsrechtliche Gleichstellung von heterosexuellen und gleichgeschlechtlichen Ehen mittlerweile nicht nur in der Rom III-VO (siehe Art. 1 Rn 21 ff), sondern auch in den EU-Verordnungsentwürfen zum Güterrecht enthalten. Gegen eine Anwendung von Artt. 13,11 EGBGB sprechen allerdings historische und systematische Argumente. Der deutsche Gesetzgeber ist bei der Schaffung der Artt. 13, 11 EGBGB – schon allein deshalb, weil es zu diesem Zeitpunkt weltweit das Institut der gleichgeschlechtlichen Ehe nicht gab – von einer heterosexuellen Ehe ausgegangen. Die neueren Erscheinungsformen verrechtlichter gleichgeschlechtlicher Partnerschaften und in deren Weiterentwicklung gleichgeschlechtlicher Ehen hat er demgegenüber in Art. 17 b erfassen wollen.[9] **16**

Art. 17 b Abs. 1 EGBGB trägt dem vergleichsweise geringen Verbreitungsgrad gleichgeschlechtlicher Partnerschaften und Ehen angemessen Rechnung und führt daher zu sachgerechteren Ergebnissen als Artt. 13, 11 EGBGB. Bei Anwendung von Artt. 13, 11 EGBGB kann eine gleichgeschlechtliche Ehe dann nicht wirksam zustande kommen, wenn einer der Betroffenen deutscher Staatsangehöriger ist oder (vorbehaltlich einer Rück- oder Weiterverweisung) einem sonstigen Staat angehört, der die gleichgeschlechtliche Ehe nicht kennt. Die Anwendung der Artt. 13, 11 EGBGB hätte also aus deutscher Sicht häufig zur Folge, dass keine gleichgeschlechtliche Ehe besteht; im Ergebnis läge – im Verhältnis zu dem Staat, in dem die gleichgeschlechtliche Ehe geschlossen wurde – eine „hinkende" Ehe vor.[10] **17**

Demgegenüber führt die entsprechende Anwendung von Art. 17 b EGBGB – über das Merkmal des Eheschließungsorts – weitaus häufiger dazu, dass eine wirksame Eheschließung angenommen werden kann. So ist nach dieser Lösung – anders als bei Anwendung von Artt. 13, 11 EGBGB – eine von einem Deutschen und einem Spanier in Spanien geschlossene gleichgeschlechtliche Ehe zunächst einmal wirksam zustande gekommen; internationalprivatrechtlich unerwünschte „hinkende" Rechtsverhältnisse durch die Anknüpfung nach Art. 17 b EGBGB werden vermieden. Im Ausgangspunkt ist daher einer entsprechenden Anwendung von Art. 17 b EGBGB und einer Anknüpfung an den Eheschließungsort der Vorzug zu geben. **18**

(b) Keine Anwendung der „Kappungsregel" des Art. 17 b Abs. 4 EGBGB. Fraglich ist allerdings, welche Auswirkungen sodann die in Art. 17 b Abs. 4 EGBGB enthaltene „Kappungsgrenze" hat. Nach dieser Vorschrift dürfen die Wirkungen einer im Ausland eingetragenen Lebenspartnerschaft – und, in entsprechender Anwendung, auch einer im Ausland geschlossenen gleichgeschlechtlichen Ehe – nicht weiter gehen als nach den Vorschriften des Bürgerlichen Gesetzbuchs und des Lebenspartnerschaftsgesetzes vorgesehen. Bei Art. 17 b Abs. 4 EGBGB handelt es sich nach verbreiteter Auffassung um einen speziellen *ordre public*-Vorbehalt.[11] **19**

Nach hM ist eine im Ausland geschlossene gleichgeschlechtliche Ehe – da es im deutschen Recht keine gleichgeschlechtliche Ehe, sondern „nur" die eingetragene Lebenspartnerschaft gibt – in (entsprechender) Anwendung von Art. 17 b Abs. 4 EGBGB als eingetragene Lebenspartnerschaft zu behandeln.[12] Dies hätte zur Folge, dass in Deutschland nicht die „Scheidung" einer gleichgeschlechtlichen „Ehe", sondern (nur) die „Aufhebung" einer „eingetragenen Lebenspartnerschaft" verlangt werden könnte. **20**

Denkt man diesen Lösungsweg weiter, so stellt sich die Frage, ob sodann – vonseiten deutscher Gerichte – die Rom III-VO überhaupt noch auf entsprechende Anträge angewendet werden kann. Auf die Aufhebung von eingetragenen Lebenspartnerschaften ist die Rom III-VO nicht anwendbar (siehe Art. 1 Rn 37 ff). Im praktischen Ergebnis würde damit – aufgrund der Vorfragenanknüpfung nach Art. 17 b Abs. 1 EGBGB und der „Kappungsgrenze" des Art. 17 b Abs. 4 EGBGB – die Rom III-VO, was die gleichgeschlechtliche Ehe anbelangt, aus deutscher Sicht letztlich (doch) keine Rolle spielen. **21**

Eine derartige Lösung dürfte jedoch mit der Systematik der Rom III-VO nicht in Einklang zu bringen sein. Die Rom III-VO bezieht die gleichgeschlechtliche Ehe zunächst einmal in ihren Anwendungsbereich mit **22**

---

8 Palandt/*Thorn*, Art. 17 b Rn 1; *Forkert*, Eingetragene Lebenspartnerschaften im IPR: Art. 17 b EGBGB, S. 74 f; NK-BGB/*Gebauer*, Art. 17 b Rn 18; *Coester-Waltjen*, FS Henrich 2000, S. 91, 92 f; *Gebauer/Staudinger* IPRax 2002, 275, 277; *Röthel* IPRax 2002, 496, 498; *dies.*, RabelsZ 72 (2008), 158, 159.

9 Vgl Staudinger/*Mankowski*, Art. 17 b Rn 23; *Wasmuth*, Liber amicorum Kegel, 2002, S. 237, 241 f; *Dörner*, FS Jayme, 2004, S. 143, 150 f.

10 MüKo/*Coester*, Art. 17 b Rn 147; auch Staudinger/ *Mankowski*, Art. 17 b Rn 25; dies hinnehmend (da die gleichgeschlechtliche Ehe vom deutschen Kollisionsrecht nicht in gleicher Weise gefördert werden müsse wie die eingetragene Lebenspartnerschaft) NK-BGB/ *Gebauer*, Art. 17 b Rn 19.

11 Palandt/*Thorn*, Art. 17 b EGBGB Rn 4; *Wagner*, IPRax 2001, 281, 291 f.

12 OLG München FamRZ 2011, 1526; OLG Zweibrücken FamRZ 2011, 1526; Staudinger/*Mankowski*, Art. 17 b Rn 85; Bamberger/Roth/*Heiderhoff*, Art. 17 b Rn 46; aA *Wasmuth*, Liber amicorum Kegel, 2002, S. 237, 244 ff.

ein. Nach der Systematik der Rom III-VO sind materiellrechtliche Einwände oder Vorbehalte von Mitgliedstaaten, die in ihrem internen Recht die gleichgeschlechtliche Ehe nicht kennen, abschließend im Rahmen von Art. 13 Var. 2 zu berücksichtigen. Dem widerspräche es, bereits im Rahmen der Vorfragenanknüpfung den allgemeinen *ordre public*-Vorbehalt und/oder besondere Vorbehalte wie die „Kappungsgrenze" des Art. 17 b Abs. 4 EGBGB zur Anwendung zu bringen. Nach der hier vertretenen Auffassung ist also zwar in analoger Anwendung von Art. 17 b Abs. 1 EGBGB auf den Eheschließungsort abzustellen; eine Anwendung der Kappungsgrenze des Art. 17 b Abs. 4 EGBGB und eine damit einhergehende „Umqualifikation" der gleichgeschlechtlichen Ehe in eine bloße eingetragene Lebenspartnerschaft scheidet aber im Rahmen der Rom III-VO aus. Dies ergibt sich nach der hier vertretenen Auffassung bereits hinreichend deutlich aus der Rom III-VO selbst; eines Rückgriffs auf europäisches Primärrecht bzw auf ein kollisionsrechtliches Anerkennungsprinzip (vgl Art. 1 Rn 18 ff) bedarf es dafür nicht.

23 **b) Fehlen der gleichgeschlechtlichen Ehe im Sachrecht des zuständigen Mitgliedstaates.** Art. 13 Var. 2 setzt weiter voraus, dass nach dem Recht des mit dem Scheidungsantrag befassten Mitgliedstaates die „betreffende Ehe für die Zwecke des Scheidungsverfahrens nicht als gültig angesehen wird". Nach dem 26. Erwägungsgrund ist dies insbesondere dann der Fall, wenn „im Recht dieses teilnehmenden Mitgliedstaates eine solche Ehe nicht vorgesehen ist". Abzustellen ist also darauf, ob in dem betreffenden Recht (abstrakt) die gleichgeschlechtliche Ehe als Institut existiert oder nicht.

24 Art. 13 Var. 2 geht es darum, materiellrechtlichen Bedenken der Mitgliedstaaten Rechnung zu tragen (siehe bereits Rn 7). Vor diesem Hintergrund ist die Verweisung auf das „Recht" des betreffenden Mitgliedstaates – nicht anders als im Falle des Art. 13 Var. 1 – als unmittelbare **Bezugnahme auf das Sachrecht** des betreffenden Mitgliedstaates zu verstehen. Von Art. 13 Var. 2 können also alle Mitgliedstaaten Gebrauch machen, die in ihrem internen Sachrecht das Institut der gleichgeschlechtlichen Ehe nicht kennen und deren Gerichte im konkreten Fall mit einem Antrag auf Scheidung einer gleichgeschlechtlichen Ehe befasst sind. Nach dem Wortlaut des Art. 13 Var. 2 kommt es hierbei nicht darauf an, ob nach der Rom III-VO (Art. 5 bzw Art. 8) auch das materielle Recht ebendieses Mitgliedstaates berufen wird, oder ob die Rom III-VO im konkreten Fall auf das Recht eines anderen Staates verweist. Schon hieraus ergibt sich, dass Art. 13 Var. 2 von der Vorfragenanknüpfung streng zu unterscheiden ist (vgl Rn 11 ff).

25 Von den aktuell 15 teilnehmenden Mitgliedstaaten sehen zur Zeit nur Belgien, Portugal und Spanien die gleichgeschlechtliche Ehe in ihrem internen Recht vor.[13] Das Verweigerungsrecht steht dementsprechend den anderen verbleibenden 12 Mitgliedstaaten zur Verfügung (Bulgarien, Deutschland, Frankreich, Italien, Lettland, Litauen, Luxemburg, Malta, Österreich, Rumänien, Slowenien und Ungarn). Es spielt hierbei keine Rolle, dass einige dieser Staaten – gewissermaßen als „minus" zur gleichgeschlechtlichen Ehe – die eingetragene Lebenspartnerschaft in ihr Recht eingeführt haben. Auch für diese Staaten bleibt es dabei, dass die gleichgeschlechtliche Ehe in ihrem Recht nicht vorgesehen ist. Es ist hierbei auch unerheblich, ob die eingetragene Lebenspartnerschaft, wie vor allem in Deutschland, einer gleichgeschlechtlichen „Ehe" in ihren zivilrechtlichen Wirkungen nur unwesentlich nachsteht.

26 **c) Inhalt des Verweigerungsrechts. aa) Verweigerung einer Sachentscheidung.** Nach dem Wortlaut der Vorschrift sind die genannten Mitgliedstaaten nicht verpflichtet, „eine Ehescheidung in Anwendung dieser Verordnung" auszusprechen. Nach dem Zweck der Vorschrift ist damit ein Recht zur **Verweigerung einer Sachentscheidung** gemeint. Es kann also nicht nur die Anwendung der Rom III-VO, sondern die Entscheidung als solche verweigert werden; praktisch kann also der Scheidungsantrag ohne Sachprüfung abgewiesen werden.[14]

27 Dies kam auch im Gesetzgebungsverfahren zum Ausdruck. Dort ging man davon aus, dass sich das Verweigerungsrecht auf eine Entscheidung in der Sache bezieht. Der Antragsteller müsse sich daher an Gerichte in Mitgliedstaaten wenden, die in ihrem internen Sachrecht die gleichgeschlechtliche Ehe vorsehen und sich daher nicht auf ein Verweigerungsrecht nach Art. 13 Var. 2 berufen können (zu dem sich daraus ergebenden Bedürfnis nach einer „Notzuständigkeit" im Rahmen der EheVO 2003 siehe Rn 35 ff).[15]

28 Art. 13 Var. 2 spricht nur davon, dass die betreffenden Mitgliedstaaten zu einer Entscheidung in der Sache **„nicht verpflichtet"** sind. Es bleibt also den Mitgliedstaaten überlassen, ob sie von dem Verweigerungs-

---

13 Frankreich steht aufgrund eines Beschlusses der Nationalversammlung kurz vor der Einführung der gleichgeschlechtlichen Ehe (Stand: 12.2.2013).
14 Wie hier *Franzina*, Cuadernos de Derecho Transnacional (CDT) 2011, 85, 101 f Rn 29 ff.
15 Siehe insb. Bericht über den Vorschlag für eine Verordnung des Rates zur Begründung einer verstärkten Zusammenarbeit im Bereich des auf die Ehescheidung und Trennung ohne Auflösung des Ehebandes anzuwendenden Rechts (KOM(2010)0105 – C7-0315/2010 – 2010/0067(CNS)), Berichterstatter Tadeusz Zwiefka, 2010/0067(CNS), S. 34 ff (der dort angesprochene Art. 7 a Var. 2 des Verordnungsentwurfs entspricht im Wesentlichem dem aktuellen Art. 13 Var. 2); zuvor bereits die legislative Entschließung des Europäischen Parlaments vom 21.10.2008, ABl. EU Nr. C 15E v. 21.1.2010, S. 128, 132.

recht nach Art. 13 Var. 2 Gebrauch machen wollen oder nicht. Die Rom III-VO liefert dazu keine Vorgaben, sondern überlässt dies dem internen Recht der Mitgliedstaaten, also evtl vorhandenen verfassungsrechtlichen Vorgaben, der Entscheidung des einfachen Gesetzgebers bzw hilfsweise den dortigen Gerichten. Die Norm bezieht sich dem Wortlaut nach nur auf die Scheidung. Sie ist aber ihrem Zweck nach entsprechend auf die **Trennung ohne Auflösung des Ehebandes** anzuwenden.[16] 29

bb) Handhabung der Vorschrift durch deutsche Gerichte. Auch für deutsche Gerichte kommt eine Anwendung von Art. 13 Var. 2 in Betracht, da das deutsche Recht nur die eingetragene Lebenspartnerschaft, nicht aber die gleichgeschlechtliche Ehe kennt. Insoweit hätte die Durchführungsgesetzgebung zur Rom III-VO Anlass für eine Entscheidung dieser Frage durch den deutschen Gesetzgeber geboten. In der Begründung zum Gesetzentwurf zur Durchführung der Rom III-VO wird Art. 13 Var. 2 beiläufig erwähnt;[17] weder in dem Durchführungsgesetz noch in den Gesetzesmaterialien finden sich aber Anhaltspunkte dafür, ob die deutschen Gerichte nun von dem Verweigerungsrecht nach Art. 13 Var. 2 Gebrauch machen sollen oder nicht. 30

Nach der hier vertretenen Auffassung ist im Rahmen von Art. 13 Var. 2 der Einfluss des deutschen Verfassungsrechts zu beachten. Aus Art. 2 Abs. 1 iVm Art. 20 Abs. 3 GG leitet das BVerfG in ständiger Rechtsprechung einen Anspruch auf Justizgewährung ab;[18] und dieser Anspruch wäre verletzt, wenn deutsche Gerichte – ohne hierdurch durch den europäischen Gesetzgeber gezwungen zu sein – jedwede Entscheidung in der Sache ablehnen könnten.[19] Nach der hier vertretenen Auffassung wird daher der von Art. 13 Var. 2 zunächst einmal eröffnete Entscheidungsspielraum durch deutsches Verfassungsrecht entscheidend eingeengt. 31

Eine andere Frage besteht darin, ob deutsche Gerichte – im Einklang mit der zum autonomen Kollisionsrecht (Art. 17 b Abs. 4 EGBGB) bislang überwiegend vertretenen Auffassung (siehe Rn 19 ff) – die nach dem ausländischen Recht geschlossene gleichgeschlechtliche Ehe als bloße eingetragene Partnerschaft behandeln können. Im praktischen Ergebnis könnte daher der Antrag auf Scheidung einer derartigen Ehe, einen entsprechenden Willen des Antragstellers vorausgesetzt, in einen Antrag auf Auflösung einer eingetragenen Lebenspartnerschaft umgedeutet werden. Hierfür ließe sich ggf anführen, dass eine derartige materielle „Herabstufung" einer gleichgeschlechtlichen Ehe in eine eingetragene Lebenspartnerschaft ein „minus" zu der von Art. 13 Var. 2 ausdrücklich erlaubten vollständigen Entscheidungsablehnung darstellt. Sie könnte daher – im Vergleich mit der vollständigen Entscheidungsablehnung: erst recht – von Art. 13 Var. 2 gedeckt sein. 32

Folgte man diesem Lösungsansatz, so wäre in der Konsequenz die Anwendbarkeit der Rom III-VO zu hinterfragen. Da sich die Rom III-VO gerade nur auf die Scheidung der Ehe, nicht aber auf die Auflösung von Lebenspartnerschaften bezieht, müsste man – dann, wenn man die gleichgeschlechtliche Ehe in eine eingetragene Lebenspartnerschaft „zurückstuft" – wohl die Anwendbarkeit der Rom III-VO verneinen; stattdessen wäre dann wie bisher in entsprechender Anwendung von Art. 17 b Abs. 1 EGBGB für die Scheidung auf den Eheschließungsort abzustellen.[20] 33

Nach der hier vertretenen Auffassung sollte man sich demgegenüber dazu durchringen, nicht von Art. 13 Var. 2 Gebrauch zu machen.[21] Dem Antragsteller ist mit einer „Herabstufung" der Ehe zu einer Lebenspartnerschaft nicht gedient; denn es erscheint mehr als fraglich, ob eine derartige Entscheidung in den Staaten, in denen das betreffende Rechtsverhältnis als „Ehe" qualifiziert wurde, als Ehescheidung anerkannt werden könnte.[22] Nur mit einer Ehescheidung (und nicht mit einer Aufhebung einer nach dortiger Vorstellung nicht existenten Lebensgemeinschaft) können die Parteien aber in dem betreffenden Staat etwas anfangen. Sprächen deutsche Gerichte nur die Aufhebung einer Lebenspartnerschaft aus, würde man den Betroffenen, ohne dass dies durch zwingende Sachgründe oder gar verfassungsrechtlich geboten wäre, letztlich ebenfalls den gebührenden Rechtsschutz verweigern. 34

d) Internationale Zuständigkeit. aa) Anwendbarkeit der EheVO 2003. Zu klären bleibt noch, nach welchen Regeln sich die internationale Zuständigkeit für die Scheidung einer gleichgeschlechtlichen Ehe beurteilt. Bislang ging man in Deutschland überwiegend vielfach davon aus, dass sich die EheVO 2003 auf 35

---

16 *Leandro,* Le nuove leggi civili commentate (NLCC) 2011, 1518, 1520.
17 Entwurf eines Gesetzes zur Anpassung der Vorschriften des Internationalen Privatrechts an die Verordnung (EU) Nr. 1259/2010 und zur Änderung anderer Vorschriften des Internationalen Privatrechts (BR-Drucks. 468/12, S. 8).
18 Siehe etwa die Nachw. bei MüKo-ZPO/*Rauscher,* Einl. Rn 16 ff.
19 Vgl zum Aspekt der Rechtsverweigerung (im Zusammenhang mit der Problematik der „wesenseigenen Zuständigkeit" BGHZ 160, 332, 347 f = FamRZ 2004, 1952; *Herfarth,* IPRax 2000, 101, 103. Wie hier *Makowsky,* GPR 2012, 266, 267.
20 So im Erg. *Helms,* FamRZ 2011, 1765, 1766.
21 Wie hier *Makowsky,* GPR 2012, 266, 268.
22 Vgl zu der möglichen Tenorierung einer entsprechenden deutschen Entscheidung *Mankowski/Höffmann,* IPRax 2011, 247, 252 („Die Ehe genannte Partnerschaft ... wird aufgehoben.").

die heterosexuelle Ehe beschränkt;²³ allerdings wurde in Mitgliedstaaten, die in ihrem internen Recht die gleichgeschlechtliche Ehe kennen, verstärkt die Anwendung der EheVO 2003 auch auf die Scheidung homosexueller Ehen befürwortet.²⁴ Da die Rom III-VO die gleichgeschlechtliche Ehe in ihren Anwendungsbereich einbezieht, ist diese Frage auch für die EheVO 2003 neu zu überdenken.

36 Nach dem 10. Erwägungsgrund zur Rom III-VO sollen der sachliche Anwendungsbereich der Rom III-VO und der EheVO 2003 nach Möglichkeit übereinstimmen. Der 10. Erwägungsgrund beruht auf der Erwartung des Gesetzgebers, dass die zur EheVO 2003 gefundenen Ergebnisse im Zweifelsfall auch auf die nachfolgende Rom III-VO übertragen werden können. Der 10. Erwägungsgrund lässt aber durchaus auch die Möglichkeit offen, dass – ungeachtet ihres späteren Inkrafttretens – die Rom III-VO ihrerseits auf die Auslegung der EheVO 2003 Einfluss nehmen kann.

37 Aufschlussreich ist in diesem Zusammenhang die Vorgeschichte zur Reform der Rom III-VO. Bei den Beratungen des Verordnungsentwurfs ging man ohne Weiteres davon aus, dass die Zuständigkeitsvorschriften der EheVO 2003 auch auf die gleichgeschlechtliche Ehe anwendbar sind.²⁵ Dies kann bei der aktuellen Auslegung der EheVO 2003, auch wenn diese letztlich nicht geändert worden ist, nicht unberücksichtigt bleiben.

38 Ferner ist zu berücksichtigen, dass sich die Auslegung (auch) einer europäischen Verordnung mit der Zeit und dem Wandel von gesellschaftlichen Anschauungen und rechtlichen Rahmenbedingungen ändern kann. Zu der Zeit, in der die EheVO 2003 geschaffen wurde, spielte die gleichgeschlechtliche Ehe in den Mitgliedstaaten eine nur untergeordnete Rolle. Dies erklärt, warum in der EheVO 2003 – auch in ihren Erwägungsgründen – die gleichgeschlechtliche Ehe keine Erwähnung findet. Dem zwischenzeitlich eingetretenen Bedeutungszuwachs der gleichgeschlechtlichen Ehe ist mit einer entsprechenden Auslegung (auch) der EheVO 2003 Rechnung zu tragen.²⁶

39 Richtigerweise gilt die Einbeziehung der gleichgeschlechtlichen Ehe in die EheVO 2003 nicht nur für die Mitgliedstaaten, die an der Rom III-VO teilnehmen, sondern auch für die Mitgliedstaaten, die der Rom III-VO ferngeblieben sind. Anderenfalls gelangte man, dem Vereinheitlichungszweck der europäischen Gesetzgebung widersprechend, zu einer „gespaltenen" Auslegung der EheVO 2003.

40 **bb) Zuständigkeitsmangel bei Anwendung der EheVO 2003.** Bereits im Gesetzgebungsverfahren hat man erkannt, dass das Zusammenspiel von EheVO 2003 und Art. 13 Var. 2 Rom III-VO zu gravierenden Fällen eines „Zuständigkeitsmangels" führen kann.²⁷ Es kann nämlich leicht vorkommen, dass nach der EheVO 2003 nur ein Mitgliedstaat zuständig ist, der die Scheidung nach Art. 13 Var. 2 verweigern kann. Schließen etwa ein spanischer Staatsangehöriger und ein italienischer Staatsangehöriger in Spanien eine gleichgeschlechtliche Ehe, und verlegen sie dann ihren gemeinsamen gewöhnlichen Aufenthalt nach Italien, besteht gem. Art. 3 Abs. 1 lit. a Spiegelstr. 1 EheVO 2003 eine internationale Zuständigkeit der italienischen Gerichte. Diese können aber, da das italienische Sachrecht nur die heterosexuelle, nicht aber die gleichgeschlechtliche Ehe kennt, die Scheidung unter Berufung auf Art. 13 Var. 2 verweigern. Demgegenüber sieht das spanische Recht die gleichgeschlechtliche Ehe vor. Spanische Gerichte sind aber in dem genannten Beispielsfall international unzuständig; insbesondere reicht die spanische Staatsangehörigkeit nur eines der Ehegatten nicht aus, um eine internationale Zuständigkeit der spanischen Gerichte zu begründen (siehe Art. 3 Abs. 1 lit. b EheVO 2003).

---

23 Siehe etwa Rauscher/*Rauscher,* EuZPR/EuIPR, Art. 1 Rn 5; MüKo-ZPO/*Gottwald,* Art. 1 Rn 5; *Helms,* FamRZ 2002, 1593, 1594; aA *Gebauer/Staudinger,* IPRax 2002, 275, 277 Fn 48 (zur homosexuellen Ehe nach niederländischem Recht).

24 Die Beurteilung der Frage, ob die gleichgeschlechtliche Ehe in den Anwendungsbereich der EheVO 2003 mit einbezogen werden kann, scheint mit anderen Worten durchaus davon beeinflusst zu sein, aus welcher Rechtsordnung der Autor jeweils stammt (so auch die Beobachtung von *Pintens,* Liber Memorabilis Petar Šarčević, 2006, S. 335, 337); siehe ferner etwa *Boele-Woelki,* ZfRV 2001, 121, 127; *dies.,* 82 Tulane Law Review (2008), 1949, 1972: „The courts of the three countries where same-sex marriages are allowed do not have a problem with granting a divorce to same-sex couples when applying the jurisdictional rules of the Regulation.").

25 Siehe insb. Bericht über den Vorschlag für eine Verordnung des Rates zur Begründung einer verstärkten Zusammenarbeit im Bereich des auf die Ehescheidung und Trennung ohne Auflösung des Ehebandes anzuwendenden Rechts (KOM(2010)0105 – C7-0315/2010 – 2010/0067(CNS)), Berichterstatter Tadeusz Zwiefka, 2010/0067(CNS), S. 34 ff (mit näherer Begründung); zuvor bereits die legislative Entschließung des Europäischen Parlaments vom 21.10.2008, ABl. EU Nr. C 15E v. 21.1.2010, S. 128, 132.

26 Abweichend: Palandt/*Thorn* Art. 1 Rn 4 und Art. 13 Rn 2.

27 Bericht über den Vorschlag für eine Verordnung des Rates zur Begründung einer verstärkten Zusammenarbeit im Bereich des auf die Ehescheidung und Trennung ohne Auflösung des Ehebandes anzuwendenden Rechts (KOM(2010)0105 – C7-0315/2010 – 2010/0067(CNS)), Berichterstatter Tadeusz Zwiefka, 2010/0067(CNS), S. 34 ff; zuvor bereits die legislative Entschließung des Europäischen Parlaments vom 21.10.2008, ABl. EU Nr. C 15E v. 21.1.2010, S. 128, 132.

Im praktischen Ergebnis haben die Ehegatten in dem Beispielsfall daher offenkundig keine Möglichkeit, eine Scheidung zu erreichen. Italienische Gerichte können die Entscheidung unter Hinweis auf Art. 13 Var. 2 ablehnen; die spanischen Gerichte haben sich nach der EheVO 2003 für unzuständig zu erklären. Es bedarf keiner näheren Erläuterung, dass dieser Zustand nicht hinnehmbar ist. Wie im Gesetzgebungsverfahren vorgeschlagen – aber später nicht umgesetzt –, sollte die EheVO 2003 durch die Einführung eines „Notgerichtsstands" für diese Fälle ergänzt werden (siehe näher vor Art. 1 Rn 83 ff).[28]   41

Allerdings muss bereits de *lege lata* nach Lösungsmöglichkeiten gesucht werden; dass dieser „Scheidungsnotstand" nicht hinnehmbar ist, bedarf keiner weiteren Erläuterung. Man könnte daran denken, das Verweigerungsrecht des Art. 13 Var. 2 in diesen „Notfällen" teleologisch zu reduzieren; in dem Beispielsfall wären italienische Gerichte dann – doch – zu einer Entscheidung in der Sache verpflichtet. Gegen diese Lösung spricht allerdings, dass sie dem in der Rom III–VO gefundenen Kompromiss widerspricht. Diejenigen Mitgliedstaaten, die in ihrem internen Recht die gleichgeschlechtliche Ehe nicht kennen, sollen gerade nicht gezwungen sein, eine solche Ehe zu scheiden.   42

Überzeugender erscheint es daher, in diesen Fällen bereits *de lege lata* eine Notzuständigkeit eines Gerichts anzunehmen, das in seinem internen Recht die gleichgeschlechtliche Ehe kennt und sich daher nicht auf Art. 13 Var. 2 berufen kann. Denkbar wäre etwa, den (scheidungswilligen) spanischen Gerichten in Analogie zu den Artt. 6, 7 EheVO 2003 (ausnahmsweise) einen Rückgriff auf ihr nationales Zuständigkeitsrecht zu ermöglichen.[29] Selbstverständlich handelt es sich auch hier nur um eine Notlösung. Immerhin lässt sich eine Analogie zu den Artt. 6, 7 EheVO 2003 damit begründen, dass die Inanspruchnahme einer konkurrierenden Zuständigkeit nach dem nationalen Recht nicht verhindert werden muss, wenn das nach der EheVO 2003 zuständige Gericht wegen Art. 13 Var. 2 eine Entscheidung in der Sache verweigert hat bzw verweigern kann;[30] denn das Gericht, das eine Entscheidung in der Sache verweigern kann und daher ggf gar nicht an einer eigenen Entscheidung in der Sache interessiert ist, muss nicht vor der Inanspruchnahme einer – auf das nationale Recht gestützten – konkurrierenden Zuständigkeit von Gerichten anderer Mitgliedstaaten geschützt werden.   43

3. Sonstige mögliche Anwendungsfälle des Art. 13 Var. 2. Art. 13 Var. 2 betrifft im Lichte des 26. Erwägungsgrundes in erster Linie die Scheidung der gleichgeschlechtlichen Ehe. Allerdings ist die Norm nach dem 26. Erwägungsgrund nicht von vornherein auf die gleichgeschlechtliche Ehe beschränkt; maßgeblich ist, ob ein bestimmter „Ehetypus" in dem Sachrecht einzelner Mitgliedstaaten nicht vorhanden ist.   44

Denkbar erscheint noch, in der **polygamen Ehe** einen unbekannten „Ehetypus" iSd 26. Erwägungsgrundes zu sehen. Es erscheint jedoch wenig interessengerecht – und wiederum am Maßstab des Justizgewährungsanspruchs gemessen sehr bedenklich –, in diesen Fällen eine Entscheidung zu verweigern. Selbst wenn man also Art. 13 Var. 2 tatbestandlich für einschlägig hält, sollte von dem durch die Vorschrift eingeräumten Verweigerungsrecht kein Gebrauch gemacht werden. Kein Fall des Art. 13 Var. 2 liegt allerdings dann vor, wenn die Ehe in einer (zB religiösen) Form geschlossen wurde, die dem Sachrecht des mit dem Scheidungsantrag befassten Richters unbekannt ist.   45

Dem Wortlaut könnte Art. 13 Var. 2 zudem auch auf den Fall Anwendung finden, dass ein (heterosexueller oder auch gleichgeschlechtlicher) Ehetypus zwar in dem Sachrecht des betreffenden Mitgliedstaates vorgesehen ist, aber die Ehe nach dem im Wege der **Vorfrageanknüpfung** berufenen Sachrecht im **konkreten Fall** nicht wirksam zustande gekommen ist.[31] Zwar befasst sich die Rom III–VO, was Art. 1 Abs. 2 lit. b nochmals hervorhebt, nicht mit der Anknüpfung der Vorfrage. Art. 13 Var. 2 könnte allerdings eine (beschränkte) Rechtsfolgenlösung für den Fall entnommen werden, dass sich im Anschluss an eine Vorfragenanknüpfung das Nichtvorliegen einer scheidbaren Ehe ergibt: Die Gerichte des betreffenden Mitgliedstaates sind unter diesen Umständen nicht verpflichtet, eine – aus ihrer Sicht nicht wirksam zustande gekommene – Ehe zu scheiden. Auch der 26. Erwägungsgrund zur Rom III–VO lässt eine derartige weite Anwendung der Vorschrift seinem Wortlaut nach zu.[32] Größere praktische Bedeutung hat die Frage nach   46

---

28 Vgl auch (mit einem weiteren Beispielsfall) *Velletti/Calò/Boulanger,* La semaine juridique 2011, 29, 34 ff.

29 Vgl zur entsprechenden Anwendung von Art. 7 EheVO 2003 (wenn auch in einem anderen Kontext) *Looschelders,* in: FS für Kropholler, S. 329, 348.

30 Die bloße Möglichkeit einer Verweigerung nach Art. 13 Var. 2 dürfte – angesichts des Prozessrisikos der Parteien – hier ausreichen.

31 So auch *Makowsky,* GPR 2012, 266, 267 Fn 24 und 271; knapp *Traar,* ÖJZ 2011, 805, 807.

32 Dort heißt es nämlich in Satz 3: „Wird in der Verordnung darauf Bezug genommen, dass nach dem Recht des teilnehmenden Mitgliedstaats, dessen Gericht angerufen wird, die betreffende Ehe für die Zwecke eines Scheidungsverfahrens nicht als gültig angesehen wird, so sollte dies *unter anderem* so ausgelegt werden, dass im Recht dieses teilnehmenden Mitgliedstaats eine solche Ehe nicht vorgesehen ist" (Hervorhebung vom Verfasser). Siehe auch zu der englischen Fassung („inter alia") und zur französischen Fassung („notamment").

der Anwendbarkeit des Art. 13 Var. 2 hier nicht. Denn auch unabhängig von Art. 13 Var. 2 werden deutsche Gerichte, wenn die betreffende Ehe aus ihrer Sicht nicht wirksam zustande gekommen ist, den Scheidungsantrag ablehnen.

Artikel 14 Staaten mit zwei oder mehr Rechtssystemen – Kollisionen hinsichtlich der Gebiete

Umfasst ein Staat mehrere Gebietseinheiten, von denen jede ihr eigenes Rechtssystem oder ihr eigenes Regelwerk für die in dieser Verordnung geregelten Angelegenheiten hat, so gilt Folgendes:

a) Jede Bezugnahme auf das Recht dieses Staates ist für die Bestimmung des nach dieser Verordnung anzuwendenden Rechts als Bezugnahme auf das in der betreffenden Gebietseinheit geltende Recht zu verstehen;

b) jede Bezugnahme auf den gewöhnlichen Aufenthalt in diesem Staat ist als Bezugnahme auf den gewöhnlichen Aufenthalt in einer Gebietseinheit zu verstehen;

c) jede Bezugnahme auf die Staatsangehörigkeit betrifft die durch das Recht dieses Staates bezeichnete Gebietseinheit oder, mangels einschlägiger Vorschriften, die durch die Parteien gewählte Gebietseinheit oder, mangels einer Wahlmöglichkeit, die Gebietseinheit, zu der der Ehegatte oder die Ehegatten die engste Verbindung hat bzw haben.

Literatur: *Gruber*, Scheidung auf Europäisch – die Rom III-Verordnung, IPRax 2012, 381; *Helms*, Reform des internationalen Scheidungsrechts durch die Rom III-Verordnung, FamRZ 2011, 1765; *Jayme*, Rechtsspaltung im spanischen Privatrecht und deutsche Praxis, in: ders. (Hg.), Rechtsvergleichung – Ideengeschichte und Grundlagen von Emerico Amari zur Postmoderne, 2000, S. 156 (zit.: *Jayme*, Rechtsspaltung im spanischen Privatrecht); *ders.*, Zugehörigkeit und kulturelle Identität – Die Sicht des Internationalen Privatrechts, 2012 (zit.: *Jayme*, Zugehörigkeit und kulturelle Identität); *von Sachsen Gessaphe*, Verweisung auf einen Mehrrechtsstaat im Lichte des neuen mexikanischen interlokalen Privatrechts, FS Jayme I, S. 773; *Schönau*, Die Anerkennung von Urteilen aus Mehrrechtsstaaten nach § 328 Abs. 1 ZPO am Beispiel der USA und Kanadas, 2009 (zit.: *Schönau*, Anerkennung); *Schröder*, Die Verweisung auf Mehrrechtsstaaten im deutschen IPR unter besonderer Berücksichtigung der Verweisung auf die Vereinigten Staaten von Amerika, 2007 (zit.: *Schröder*, Verweisung auf Mehrrechtsstaaten); *Spickhoff*, Die engste Verbindung im interlokalen und internationalen Familienrecht, JZ 1993, 336.

A. Allgemeines 1	III. Bezugnahme auf den gewöhnlichen Aufenthalt (lit. b) 17
I. Territoriale und personale Spaltung 2	
II. Einzelheiten im System der Rom III-VO 6	IV. Bezugnahme auf die Staatsangehörigkeit (lit. c) 19
III. Regelungskonzept des Art. 14 10	
IV. Parallelbestimmungen 12	1. Interlokales Privatrecht 20
B. Regelungsgehalt 13	2. Wahl durch die Parteien 22
I. Eigene Rechtssysteme oder Regelwerke in mehreren Gebietseinheiten 13	3. Engste Verbindung 23
II. Bezugnahme auf das Recht (lit. a) 16	C. Weitere praktische Hinweise 24

A. Allgemeines

1 Die Behandlung von **Mehrrechtsstaaten** – in der Terminologie der Rom III-VO: Staaten mit zwei oder mehr Rechtssystemen – betreffen Artt. 14 bis 16.[1] Dem wenig ergiebigen Erwägungsgrund 27 lässt sich ergänzend entnehmen, dass eine Regelung dieser Frage in der Verordnung erfolgen sollte. Unter Mehrrechtsstaaten sind Staaten im völkerrechtlichen Sinn zu verstehen, in denen **keine einheitliche Rechtsordnung** existiert.[2] Für Zwecke der Rom III-VO kommt es darauf an, dass keine einheitlichen Regeln für Materien, die in den Anwendungsbereich der Verordnung fallen, dh kein einheitliches Scheidungsrecht, bestehen. Die einzelnen Teilrechte werden als Partikular- oder Teilstaatenrechte bezeichnet. Das Scheidungsrecht eines Staates kann **territorial**[3] oder **personal**[4] gespalten sein. Die Mehrrechtsstaatenproblema-

---

1 Siehe auch *Helms*, FamRZ 2011, 1765, 1767.
2 Näher *v. Bar/Mankowski*, § 4 Rn 153 und 163; *Kegel/Schurig*, S. 415; *v. Hoffmann/Thorn*, § 6 Rn 117-117 a; für Zwecke des internationalen Zivilprozessrechts einen dreigliedrigen Mehrrechtsstaatenbegriff vertretend *Schönau*, Anerkennung, S. 49–53.
3 Synonym: interlokale, lokale, räumliche oder regionale Rechtsspaltung, s.a. *Spickhoff*, JZ 1993, 336 f und zu weiteren Begrifflichkeiten *Kropholler*, S. 199 f.
4 Synonym: persönliche, intergentile oder interpersonale Rechtsspaltung, näher *v. Hoffmann/Thorn*, § 6 Rn 117 a.

tik behandelt im deutschen autonomen Recht im Anwendungsbereich der Rom III-VO nicht anwendbare Art. 4 Abs. 3 EGBGB.[5]

I. Territoriale und personale Spaltung

Eine **territoriale Spaltung** liegt vor, wenn in verschiedenen Teilgebieten eines Staates unterschiedliche Scheidungsrechte gelten. Dies kann insbesondere der Fall sein, wenn Teilgebiete eigene Rechtssetzungskompetenz im Scheidungsrecht zukommt. Die territoriale Spaltung regelt **Art. 14**.   2

Das Recht eines Staates weist eine **personale Spaltung** auf, wenn das Scheidungsrecht eines Staates dahin gehend differenziert, ob einer der oder beide Ehegatten einer bestimmten Personengruppe angehören.[6] Hierbei kann es sich um die Zugehörigkeit zu einer Volksgruppe, zu einem Stand oder zu einer Religion handeln.[7] Die personale Spaltung regelt **Art. 15**.   3

Territoriale und **personale Spaltung** können **zusammentreffen**, falls das Scheidungsrecht eines Staates nur in einem Teil seines Hoheitsgebiets eigene Scheidungsvoraussetzungen für eine bestimmte Personengruppe vorsieht. So liegt es beispielsweise für Griechenland: In Westthrakien (territoriale Beschränkung) können Eheleute muslimischen Glaubens (personale Beschränkung) nach aufgeklärtem osmanischen Recht geschieden werden.[8] Zum Zusammentreffen territorialer und personaler Spaltung s. Art. 15 Rn 10.   4

Weiter unterschieden werden kann zwischen Staaten, deren Rechte nur **sachrechtlich** oder auch **kollisionsrechtlich gespalten** sind.[9] Nur sachrechtlich gespaltene Staaten weisen ein einheitliches, für alle Teilrechtsordnungen geltendes Internationales Privatrecht auf, während in auch kollisionsrechtlich gespaltenen Staaten ein solches nicht existiert. Im Anwendungsbereich der Rom III-VO ist diese Unterscheidung von geringer Bedeutung, da nach Art. 11 die Verweisungen der Verordnung als Sachnormverweisungen ausgestaltet sind, kollisionsrechtliche Bestimmungen des verwiesenen Rechts daher unangewandt bleiben (näher Art. 11 Rn 1 ff). Sie kann jedoch Relevanz erlangen, wenn nur sachrechtlich gespaltene Staaten das einheitliche Kollisionsrecht auch dazu nutzen, die verschiedenen Teilrechtsordnungen zu koordinieren.   5

II. Einzelheiten im System der Rom III-VO

Das Recht eines Mehrrechtsstaates kann aufgrund einer Rechtswahl nach Artt. 5 bis 7 oder aufgrund objektiver Anknüpfung nach Art. 8 zur Anwendung berufen sein. Im Falle einer **Rechtswahl** ist es den Parteien möglich und zu empfehlen, auch die betreffende das **gewählte Partikularrecht** ausdrücklich zu **bezeichnen**, vgl insoweit auch Erwägungsgrund 28. Mangelt es an einer ausdrücklichen Bezeichnung, ist zu erwägen, ob der Rechtswahlvereinbarung durch Auslegung ein den Parteien gemeinsamer Wille, ein Partikularrecht zu wählen, entnommen werden kann. Die Auslegung erfolgt nach dem gewählten (gesamtstaatlichen) Recht (s. Art. 5 Rn 12).   6

Die Regelungen der **Artt. 14 und 15** sind aufgrund der **universellen Anwendung** der Verordnung (näher Art. 4) unabhängig davon bedeutsam, ob es sich bei dem betreffenden Mehrrechtsstaat um einen an der Rom III-VO teilnehmende Mitgliedstaat, einen nicht teilnehmende Mitgliedstaat oder einen Drittstaat handelt.[10] **Art. 16** betrifft **nur teilnehmende Mitgliedstaaten** und ist deshalb für Scheidungsverfahren vor deutschen Gerichten irrelevant (näher Art. 16 Rn 2).   7

Keine ausdrückliche Regelung in der Rom III-VO erfahren hat die Behandlung **intertemporaler** Fragen des zur Anwendung berufenen Sachrechts. Änderungen des berufenen Sachrechts ist so Rechnung zu tragen wie es dessen Übergangsbestimmungen anordnen. Diese werden vom Rechtsanwendungsbefehl der Rom III-VO erfasst. Nach den intertemporalen Vorschriften des anwendbaren Rechts beurteilt sich daher insbesondere, ob Änderungen des materiellen Scheidungsrechts nur für nach der Änderung geschlossene Ehen gelten oder ob sie sich auch auf vor der Änderung geschlossene Ehen erstrecken. Zur intertemporalen Anwendbarkeit der Rom III-VO selbst s.u. Art. 18.   8

Soweit die Rom III-VO an die Verlegung des gewöhnlichen Aufenthalts Rechtsfolgen knüpft (insbesondere in Art. 5 Abs. 1 lit. b und Art. 8 lit. b), ist auch die **Verlegung des gewöhnlichen Aufenthalts** innerhalb eines Mehrrechtsstaates von einer Gebietseinheit in eine andere relevant. Der Begriff des gewöhnlichen   9

---

5   Erman/*Hohloch*, Art. 14 Rn 1. Grund ist der Vorrang des Unionsrechts, das in seinem Anwendungsbereich mitgliedstaatliches Recht verdrängt.
6   Ausführlich *Schröder*, Verweisung auf Mehrrechtsstaaten, S. 35–45.
7   Näher *Kropholler*, S. 208.
8   Näher *Jayme*, Zugehörigkeit und kulturelle Identität, S. 44; *ders./Nordmeier*, IPRax 2008, 369 ff.
9   *Kegel/Schurig*, S. 416 und 421; *v. Hoffmann/Thorn*, § 6 Rn 118 und 120. Für das autonome deutsche Kollisionsrecht war (und bleibt) die Unterscheidung von Bedeutung, weil nach Art. 4 Abs. 3 S. 1 EGBGB vorrangig das einheitliches, ausländisches Kollisionsrecht über den renvoi zu entscheiden hat; ausführlich *v. Bar/Mankowski*, § 4 Rn 155 f.
10 Schulte/Hauß/*Rieck*, Art. 14 Rom III-VO Rn 1.

Aufenthalts wird verordnungsautonom ausgelegt (näher Art. 5 Rn 36 ff). Eine **Änderung** der **Staatsangehörigkeit** hat bei neuer Zugehörigkeit zu einem Mehrrechtsstaat zur Folge, dass die Wahlmöglichkeit des Art. 14 lit. c, Alt. 2 entsteht.

III. Regelungskonzept des Art. 14

10 Für territorial gespaltene Staaten **differenziert** Art. 14 zwischen der Bezugnahme durch die Verordnung auf das **Recht** eines solchen Staates (lit. a), auf den **gewöhnlichen Aufenthalt** in einem solchen Staat (lit. b) und auf die **Staatsangehörigkeit** eines solchen Staates (lit. c). Während für die Bezugnahme auf das Rechts eines Staates und den gewöhnlichen Aufenthalt unter Ausschluss der interlokalen Bestimmungen auf die jeweilige Teilrechtsordnung verwiesen wird, ist beim Verweis auf die Staatsangehörigkeit eine Anknüpfungsleiter (näher Rn 19 ff) vorgesehen, an deren erster Stelle das interlokale Recht des Staates steht, auf das die Staatsangehörigkeit verweist.

11 Die **Struktur** des Art. 14 ist insoweit **zweischichtig** als die Bezugnahme auf das Recht eines Mehrrechtsstaates (lit. a) die Rechtsfolge der Kollisionsnorm betrifft, während gewöhnlicher Aufenthalt (lit. b) und Staatsangehörigkeit (lit. c) als Anknüpfungsmomente der Rechtsfolge im Aufbau der Kollisionsnorm vorgelagert sind. Dies führt dazu, dass Art. 14 lit. a insoweit leerläuft als die Anknüpfungsmomente gewöhnlicher Aufenthalt und Staatsangehörigkeit Verwendung finden.[11] Verweist Art. 8 lit. a iVm Art. 14 lit. b auf den gemeinsamen gewöhnlichen Aufenthalt in einer bestimmten Gebietseinheit, ordnet bereits Art. 14 lit. b an, dass das Recht dieser Gebietseinheit zur Anwendung gelangt. Diese Zweischichtigkeit mag dem Umstand geschuldet sein, dass Art. 14 lit. b und c erst relativ spät im Verordnungsgebungsverfahren aufgenommen wurden.[12]

IV. Parallelbestimmungen

12 Es finden sich **Parallelbestimmungen** zu Art. 14 in Art. 22 Abs. 1 Rom I-VO und Art. 25 Abs. 1 Rom II-VO, die ihren Ursprung in Art. 19 Abs. 1 EVÜ haben, sowie in Art. 36 EuErbRVO. Art. 16 HPUnt enthält eine im Vergleich zu Art. 14 ausführlichere Regelung.

B. Regelungsgehalt

I. Eigene Rechtssysteme oder Regelwerke in mehreren Gebietseinheiten

13 **Mehrere Gebietseinheiten** muss der betreffende Staat umfassen. Gebietseinheit ist ein territorial begrenzter Teil innerhalb eines völkerrechtlich souveränen Staates.[13] Eigene institutionelle Strukturen wie zB besondere Gesetzgebungs- oder Rechtsprechungsorgane sind für die Annahme der Existenz einer Gebietseinheit iSv Art. 14 zwar nicht zwingend erforderlich,[14] stellen jedoch ein gewichtiges Indiz für die Annahme der Existenz einer Gebietseinheit dar.

14 Jede Gebietseinheit muss ein **ihr eigenes Rechtssystem oder eigenes Regelwerk** für die in der Rom III-VO geregelten Angelegenheiten aufweisen. Die Begriffe Rechtssystem und Regelwerk sind weit auszulegen. Existieren inhaltlich unterschiedliche legislative Akte,[15] die in verschiedenen Gebietseinheiten gelten, liegen eigene Regelwerke vor.[16] Doch ist auch unterschiedliches Gewohnheits- oder Richterrecht für

---

11 Vgl *Franzina*, Le Nuove Leggi Civili Commentate 2011, 1435, 1526.
12 Dem Regelungsgehalt nach eingefügt durch Abänderung 46 der Legislativen Entschließung des Europäischen Parlaments vom 15. Dezember 2010 zu dem Vorschlag für eine Verordnung des Rates zur Begründung einer verstärkten Zusammenarbeit im Bereich des auf die Ehescheidung und Trennung ohne Auflösung des Ehebandes anzuwendenden Rechts (KOM (2010) – C7-0315/2010 – 2010/0067(CNS)) v. 15.12.2010, P7_TA(2010)0477.
13 Vgl MüKo/*Junker*, Art. 25 VO (EG) 864/3007 Rn 6 zu Art. 25 Rom II. Deutlicher die englische Sprachfassung des Art. 14 mit der Wendung „territorial units".
14 MüKo/*Junker*, Art. 25 VO (EG) 864/3007 Rn 6 zu Art. 25 Rom II.
15 Erman/*Hohloch*, Art. 14 Rn 2 möchte diese Konstellation unter den Begriff „Rechtssystem" fassen. Treffender sollten legislative Akte als „Regelwerke" angesehen werden, vgl auch die englische Sprachfassung mit der Unterscheidung zwischen „system of law" und „set of rules".
16 Insofern besteht eine Wechselbeziehung zum Begriff der Gebietseinheit. Regelmäßig wird die Frage, ob einem mit territorial beschränkter Rechtssetzungskompetenz ausgestattetem Legislativorgan eine solche auf dem Gebiet des Scheidungsrechts zusteht, sowohl für die Existenz einer Gebietseinheit iSd Art. 14 als auch für die Frage nach einem eigenständigen Rechtssystem oder eigenständigen Regelwerk von Bedeutung sein.

die Annahme eines eigenen Rechtssystems hinreichend.[17] Im Einzelfall kann die Abgrenzung zwischen bloßen Divergenzen in der Anwendung einheitlichen Gesetzesrechts durch Gerichte in verschiedenen Gebietseinheiten und der Existenz unterschiedlichen Gewohnheits- oder Richterrechts Schwierigkeiten bereiten. Bestehen in einem Staat umfassende legislative Regelungen (zur Frage nur partieller territorialer Spaltung näher u. Rn 15) weder auf gesamtstaatlicher Ebene noch auf Ebene der potenziellen Gebietseinheiten, kann die **Ausgestaltung des Gerichtsaufbaus Indizwirkung** entfalten: Existiert ein Gericht auf gesamtstaatlicher Ebene, das in Rechtsfällen, die in den Anwendungsbereich der Rom III-VO fallen, mit ordentlichem Rechtsmittel angerufen werden kann, liegt keine territoriale Spaltung vor.[18] Endet der Instanzenzug bei den Gerichten einer Gebietseinheit, ist der betreffende Staat territorial gespalten. Außerordentliche Rechtsmittel – wie die Anrufung eines Verfassungsgerichts o.ä. – bleiben bei dieser Betrachtung unberücksichtigt.

Die Bundesrepublik Deutschland ist kein Mehrrechtsstaat nach Art. 14, da eine bundesweit einheitliche Regelung des Scheidungsrechts existiert.[19] Unerheblich ist, dass Gerichte einiger Bundesländer oder einzelne Gerichte die bundesweit einheitlich geregelten Scheidungsvoraussetzungen eventuell großzügiger auslegen als Gerichte anderer Bundesländer.

Eine **teilweise** die Gebietseinheiten übergreifende **einheitliche Regelung** scheidungsrechtlicher Fragen hindert die Anwendung des Art. 14 nicht.[20] In einem solchen Fall erlangt Art. 14 Ergebnisrelevanz freilich nur für Fragen, für die keine einheitliche Regelung in den Gebietseinheiten besteht. 15

II. Bezugnahme auf das Recht (lit. a)

Die erste der drei Alternativen des Art. 14 ist in **Art. 14 lit. a** die **Bezugnahme auf das Recht** des betreffenden Staates. Eine solche Bezugnahme kann durch Rechtswahl nach Art. 5-7 oder durch objektive Anknüpfung nach Art. 8 erfolgen. Falls die Anknüpfungsmomente des gewöhnlichen Aufenthalts oder der Staatsangehörigkeit greifen, sind Art. 14 lit. b bzw lit. c als vorrangige Regelung (s.o. Rn 11) einschlägig.[21] Deshalb erlangt Art. 14 lit. a nur bei der Wahl des **Rechts des Staates des angerufenen Gerichts** (nach Art. 5 Abs. 1 lit. d) oder dessen Anwendbarkeit infolge objektiver Anknüpfung nach Art. 8 lit. d Relevanz. Betreffend Gebietseinheit nach Art. 14 lit. a ist dann diejenige, in der das angerufene Gericht[22] seinen Sitz hat.[23] Im Instanzenzug entscheidend ist der Sitz des Ausgangsgerichts.[24] 16

III. Bezugnahme auf den gewöhnlichen Aufenthalt (lit. b)

Die **Bezugnahme auf den gewöhnlichen Aufenthalt** nach **Art. 14 lit. b** hat sowohl für Fragen der Rechtswahl nach Art. 5 Abs. 1 lit. a und b als auch für solche der objektiven Anknüpfung nach Art. 8 lit. a und b Relevanz. Der Begriff des gewöhnlichen Aufenthalts wird verordnungsautonom – und insbesondere nicht nach dem Verständnis des Rechts Mehrrechtsstaates, auf den verwiesen wird –[25] ausgelegt (näher zum Begriff Art. 5 Rn 34 ff). Art. 14 lit. b ordnet an, dass die Anknüpfung unter **Ausschaltung des interlokalen Privatrechts** des Mehrrechtsstaates direkt auf die betreffende Gebietseinheit durchgreift. 17

Dies hat **beispielsweise** zur Folge, dass für einen Mehrrechtsstaat Art. 5 Abs. 1 lit. a wie folgt zu lesen ist: Die Ehegatten können „das Recht der Gebietseinheit, in dem die Ehegatten zum Zeitpunkt der Rechtswahl ihren gewöhnlichen Aufenthalt haben," wählen.[26] Nicht erforderlich ist, dass die Ehegatten ihren gewöhnlichen Aufenthalt an demselben Ort in der Gebietseinheit haben. Leben sie getrennt, jedoch in derselben Gebietseinheit, steht ihnen die Rechtswahl offen. Liegt der gewöhnliche Aufenthalt hingegen in verschie- 18

---

17 Zu Art. 25 Rom II-VO s. BeckOK-BGB/*Spickhoff*, Art. 25 VO (EG) 864/2007 Rn 2; MüKo/*Junker*, Art. 25 VO (EG) 864/3007 Rn 7.
18 Dieser Gedanke findet sich ausführlich entwickelt in RGRK/*Wengler*, IPR I, S. 292–293.
19 Zur Auswirkung der deutschen Wiedervereinigung auf das Internationale Privatrecht s. *Mansel*, JR 1990, 441.
20 Entsprechend zu Art. 22 Rom I Staudinger/*Hausmann* Art. 22 Rom I-VO Rn 5; zu Art. 25 Rom II-VO MüKo/*Junker*, Art. 25 VO (EG) 864/3007 Rn 7. Die englische Sprachfassung „a set of rules concerning matters governed by this regulation" und die französische „son propre ensemble de règles ayant trait aux questions régies par le présent règlement" verdeutlichen dies besser als die deutsche.
21 *Franzina*, Le Nuove Leggi Civili Commentate 2011, 1435, 1526.
22 Der Begriff „Gericht" ist legaldefiniert in Art. 3 Abs. 2.
23 Erman/*Hohloch*, Art. 14 Rn 2.
24 Vgl die englische und französische Sprachfassung von Art. 8 lit. d: „where the court is seized" bzw „dont la juridiction est saisie".
25 Art. 14 lit. b spricht keine Qualifikationsverweisung aus.
26 Die Wahl des Rechts einer anderen Gebietseinheit des betreffenden Staates ist nicht möglich, s. jurisPK-BGB/*Ludwig*, Art. 14 Rn 3 (Ehegatten mit gewöhnlichem Aufenthalt in England können nicht schottisches Recht wählen).

nen Gebietseinheiten, ist keine Rechtswahl nach Art. 5 Abs. 1 lit. a möglich.[27] Es lässt sich hier auch nicht die Anknüpfungsleiter des Art. 14 lit. c direkt oder analog anwenden.[28] Der europäische Verordnungsgeber hat gerade davon abgesehen, eine solche Anknüpfungsleiter auch für den gewöhnlichen Aufenthalt einzuführen. Soweit der Bereich der Rechtswahl betroffen ist, würde eine vom Verordnungstext abweichende Lesart die Parteiautonomie zwar weiter stärken (vgl Erwägungsgrund 15 S. 2). Es bleibt jedoch zu berücksichtigen, dass Art. 14 lit. c Alt. 2 für die Staatsangehörigkeit ausdrücklich die Wahl des Rechts einer Gebietseinheit durch die Eheleute vorsieht. Es ist abzulehnen, über den Wortlaut von Art. 14 lit. b hinaus und gegen die Systematik des Art. 14 Eheleuten mit gewöhnlichem Aufenthalt in unterschiedlichen Gebietseinheiten eines Mehrrechtsstaat weitergehende Rechtswahlmöglichkeiten zu eröffnen.

IV. Bezugnahme auf die Staatsangehörigkeit (lit. c)

19 Die **Bezugnahme auf die Staatsangehörigkeit** nach **Art. 14 lit. c**, die in Art. 5 Abs. 1 lit. c und Art. 8 lit. c als Anknüpfungsmoment Verwendung findet, sieht im Gegensatz zu Art. 14 lit. b eine Anknüpfungsleiter vor, an deren **erster Stelle** das **interlokale Privatrecht** des betreffenden Mehrrechtsstaates steht. An **zweiter Stelle** können die Eheleute im Falle einer Rechtswahl nach Art. 5 Abs. 1 lit. c das Recht einer Gebietseinheit **wählen** (vgl auch Erwägungsgrund 28). In Ermangelung einer Rechtswahl[29] kommt es **an dritter Stelle** für Art. 5 Abs. 1 lit. c auf die **engste Verbindung** des betreffenden Ehegatten und für Art. 8 lit. c auf die **gemeinsame engste Verbindung** der Ehegatten zu einer Gebietseinheit an. Zum Problem der mehrfachen Staatsangehörigkeit s. Erwägungsgrund 22 und Art. 5 Rn 45.[30]

20 **1. Interlokales Privatrecht.** In jedem Mehrrechtsstaat besteht das Bedürfnis, die verschiedenen Partikularrechte zu koordinieren. Es wird sich deshalb praktisch stets zumindest eine **ungeschriebene Regel** des interlokalen Privatrechts finden, welche diese Koordinationsfrage löst.[31] Damit Art. 14 lit. c Alt. 2 und 3 nicht leerläuft, ist die Wendung „durch das Recht dieses Staates bezeichnete Gebietseinheit" dahin gehend auszulegen, dass die Bezeichnung durch legislativen Akt oder gefestigtes Gewohnheits- oder Richterrecht auf gesamtstaatlicher Ebene erfolgen muss.[32] Bestätigt wird diese Auslegung durch die Bezugnahme auf „Vorschriften" (englisch: „rules", französisch: „règles", italienisch: „norme", portugiesisch: „regras") in der Überleitung von Art. 14 lit. c Alt. 1 zu Art. 14 lit. c Alt. 2.

21 Die **Anknüpfungsmomente** des Art. 14 lit. c stehen ausweislich des Normtextes[33] in einem **Stufenverhältnis**. Die jeweils folgende Stufe darf erst herangezogen werden, wenn die Anknüpfung nach der vorhergehenden Stufe zu keinem Ergebnis führt.

Dies bedeutet: Führt die Anknüpfung nach interlokalem Privatrecht zu einer anderen Gebietseinheit als der gewählten, **setzt sich die interlokalprivatrechtliche Anknüpfung gegen** die **Wahl durch**. Sollte das interlokale Privatrecht jedoch dispositiv sein, so kann in der Wahl einer Gebietseinheit zugleich eine entsprechende anderweitige Parteivereinbarung liegen. Ob und ggf in welchem Umfang eine solche möglich ist, beurteilt sich nach dem betreffenden interlokalen Privatrecht.

---

[27] *Franzina*, Le Nuove Leggi Civili Commentate 2011, 1435, 1526. Hat beispielsweise von den Ehegatten einer seinen gewöhnlichen Aufenthalt im US-Bundesstaat New York und der andere seinen gewöhnlichen Aufenthalt im US-Bundesstaat Arizona, kann nach Art. 5 Abs. 1 lit. a weder das Recht des Bundesstaates New York noch das des Bundesstaates Arizona gewählt werden. In Betracht kommt ggf eine Rechtswahl nach Art. 5 Abs. 1 lit. b (für die objektive Anknüpfung nach Art. 8 Palandt/*Thorn* Art. 14 Rn 1).

[28] Hiefür aber iE Erman/*Hohloch*, Art. 14 Rn 2 (zunächst Befragung etwaigen interlokalen Rechts, sodann Feststellung der engsten Verbindung).

[29] Auch eine nachträgliche Rechtswahl geht der Anknüpfung nach Art. 14 lit. c, 3. Alt. vor, s. Erman/*Hohloch*, Art. 14 Rn 3.

[30] Ferner *Helms*, FamRZ 2011, 1765, 1770 f; *De Vido*, Cuadernos de Derecho Transnacional (Marzo 2012), vol. 4, Nr. 1, 222 ff.

[31] So kommt auch die ungeschriebene Regel in Betracht, dass die jeweiligen Gebietseinheiten selbst bestimmen dürfen, auf welche Sachverhalte in räumlicher Hinsicht ihr Scheidungsrecht Anwendung findet.

[32] Wie es beispielsweise in Artt. 13–16 des spanischen Código Civil der Fall ist, s. Palandt/*Thorn*, Art. 14 Rn 2; *Jayme*, Rechtsspaltung im spanischen Privatrecht, S. 156, 158.

[33] „Mangels einschlägiger Vorschriften" bzw „mangels einer Wahlmöglichkeit". Die deutsche Fassung „Wahlmöglichkeit" dürfte ein Übersetzungsfehler sein. Die Wahlmöglichkeit wird von Art. 14 lit. c, 2. Alt. selbst eingeräumt. Entscheidend ist, ob eine Wahl getroffen wurde. Dies verdeutlichen etwa die englische („absence of choice"), die französische („l'absence de choix"), die italienische („mancanza di scelta"), die portugiesische („falta de escolha") und die spanische („falta de elección") Sprachfassungen.

2. Wahl durch die Parteien. Die **Wahl** gemäß Art. 14 lit. c Alt. 2 **ist Rechtswahl iSd Artt. 5 bis 7**.[34] Es gelten deshalb insbesondere hinsichtlich des Zustandekommens und der Wirksamkeit Art. 6 Abs. 1 und hinsichtlich der Form Art. 7. **Wählbar** sind die **Rechte sämtlicher Gebietseinheiten**, die dem Staat angehören. Ein weitergehender Bezug einer oder beider Parteien zur Gebietseinheit, deren Recht gewählt wird, ist nicht erforderlich. Denn eine solche Einschränkung findet sich weder im Normtext noch im erläuternden Erwägungsgrund 28. Ob diese Regelung im Vergleich mit Art. 14 lit. c Alt. 1 zu stimmigen Ergebnissen führt, darf bezweifelt werden. Es leuchtet nicht ein, weshalb der aus Katalonien stammende spanische[35] Staatsangehörige ohne Wahlmöglichkeit auf das katalanische Recht festgelegt wird, während der aus Florida stammende US-amerikanische Staatsangehörige auch das Recht von Alaska wählen kann.[36]

3. Engste Verbindung. Die Bestimmung der **engsten Verbindung** nach Art. 14 lit. c Alt. 3 erfordert eine Gesamtabwägung im Einzelfall.[37] Relevante Faktoren sind: ein ehemaliger (gemeinsamer) gewöhnlicher Aufenthalt – auch außerhalb der zeitlichen Grenze des Art. 8 lit. b[38] –, ehemaliger oder gegenwärtiger schlichter Aufenthalt (auch im Rahmen von Urlaubsreisen), ehemaliger oder gegenwärtiger gewöhnlicher Aufenthalt näherer Verwandter – insbesondere von Eltern, Großeltern oder Abkömmlingen –, Ort der Eheschließung,[39] sprachliche Zugehörigkeit[40] (insbes. Dialekte oder Minderheitensprachen), soziale Beziehungen, kulturelle Verbundenheit und Rückkehrabsichten.[41]

C. Weitere praktische Hinweise

Territorial gespaltene Staaten sind unter anderem die **Volksrepublik China**,[42] **Kanada**,[43] **Mexiko**,[44] **Spanien**,[45] und die **Vereinigten Staaten von Amerika** (kollisions- und sachrechtliche Spaltung).[46] **Kein Mehrrechtsstaat** nach Art. 14 ist **Australien**.[47] Das Ehescheidungsrecht findet sich dort bundeseinheitlich im Family Law Act 1975 geregelt,[48] der mit section 42(2) auch eine Kollisionsnorm enthält.[49]

Weist ein Sachverhalt einen Bezug zu einer Teilrechtsordnung auf, sollten im Fall einer **Rechtswahl** aufgrund gewöhnlichen Aufenthalts diejenigen Umstände, welche für die Bestimmung des **gewöhnlichen Aufenthalts** in einer Gebietseinheit relevant sind, mit der Rechtswahl **dokumentiert** werden. Im Fall einer **Rechtswahl** aufgrund der **Staatsangehörigkeit** ist zu prüfen, ob interlokales Privatrecht existiert. Außerdem sollte im Fall einer Wahl auch die **Gebietseinheit**, deren Recht gewählt wird, **ausdrücklich** angegeben werden.

---

34 Vgl Erman/*Hohloch*, Art. 14 Rn 3; *Rauscher*, EuZPR/EuIPR, Art. 14 Rn 409; offen jurisPK-BGB/*Ludwig*, Art. 14 Rn 6; aA *Franzia*, Le Nuove Leggi Civili Commentate 2011, 1435, 1528; *ders.*, Cuadernos de Derecho Transnacional vol. 3 n. 2 (Oktober 2011), 85, 119 (Wahl kann in jeder Form, die geeignet ist, den Willen der Parteien adäquat festzuhalten, und noch nach Verfahrensbeginn erfolgen).

35 In Spanien kommt es nach dem auf bundesstaatlicher Ebene geregelten interlokalen Recht gemäß Art. 14 Abs. 1 Código Civil auf die „vecindad civil" an, s. OLG Karlsruhe IPRax 1989, 287 m.Anm. *Jayme*; *Kropholler*, S. 200.

36 Siehe auch *Gruber*, IPRax 2012, 381, 389 („überraschende Ergebnisse").

37 Vgl *Carrascosa González*, Cuadernos de Derecho Transnacional vol. 4 n. 1 (März 2012), 52, 83.

38 Vgl *Franzina*, Le Nuove Leggi Civili Commentate 2011, 1435, 1529.

39 *Franzia*, Cuadernos de Derecho Transnacional vol. 3 n. 2 (Oktober 2011), 85, 120.

40 Erman/*Hohloch*, Art. 14 Rn 3; *Franzia*, Cuadernos de Derecho Transnacional vol. 3 n. 2 (Oktober 2011), 85, 120.

41 Obgleich Art. 14 lit. c Alt. 3 autonom auszulegen ist, lassen sich die zu Art. 14 Abs. 1 Nr. 3 EGBGB erarbeiteten Kriterien fruchtbar machen. Zu diesen NK-BGB/*Andrae*, Art. 14 EGBGB Rn 27; *Spickhoff*, JZ 1993, 336, 341 ff.

42 Die Sonderverwaltungsregionen Hongkong und Macau weisen ein eigenes Rechtssystem auf. Hinzu tritt die Frage nach der Staatsqualität von Taiwan, die zumindest von der Volksrepublik China negativ beantwortet wird, näher *Nordmeier*, Zulässigkeit und Bindungswirkung gemeinschaftlicher Testamente im internationalen Privatrecht, 2008, S. 170 f. Für Macau finden sich Regelungen der Ehescheidungen in Art. 1628 ff des macauischen Código Civil.

43 Erman/*Hohloch*, Art. 14 Rn 1.

44 Erman/*Hohloch*, Art. 14 Rn 1; *Schröder*, Verweisung auf Mehrrechtsstaaten, S. 180–184; *v. Sachsen Gessaphe*, in: FS Jayme I, 2004, S. 773, 775 ff.

45 Ausführlich *Baier*, Die gesetzlichen Rechte des überlebenden Ehegatten nach dem deutschen und spanischen Kollisionsrecht, 2009, S. 112-141; *Schröder*, Verweisung auf Mehrrechtsstaaten, S. 177–180.

46 OLG Zweibrücken FamRZ 1999, 940; Erman/*Hohloch*, Art. 14 Rn 1; jüngst zum Erbrecht KG, Beschl. v. 3.4.2012 – 1 W 557/11, BeckRS 2012, 09253; allgemein *Hohloch*, JuS 2002, 616, 617.

47 AA Erman/*Hohloch*, Art. 14 Rn 1.

48 Staudinger/*Hausmann*, Anh. zu Art. 4 EGBGB Rn 46.

49 *Nygh/Davies*, Conflict of Laws in Australia, 7. Aufl. 2002, S. 487 f.

Artikel 15 Staaten mit zwei oder mehr Rechtssystemen – Kollisionen hinsichtlich der betroffenen Personengruppen

¹In Bezug auf einen Staat, der für die in dieser Verordnung geregelten Angelegenheiten zwei oder mehr Rechtssysteme oder Regelwerke hat, die für verschiedene Personengruppen gelten, ist jede Bezugnahme auf das Recht des betreffenden Staates als Bezugnahme auf das Rechtssystem zu verstehen, das durch die in diesem Staat in Kraft befindlichen Vorschriften bestimmt wird. ²Mangels solcher Regeln ist das Rechtssystem oder das Regelwerk anzuwenden, zu dem der Ehegatte oder die Ehegatten die engste Verbindung hat bzw. haben.

Literatur: *Gruber*, Scheidung auf Europäisch – die Rom III-Verordnung, IPRax 2012, 381; *Jayme*, Religiöses Recht vor staatlichen Gerichten, 1999; *ders.*, Zugehörigkeit und kulturelle Identität – Die Sicht des Internationalen Privatrechts, 2012 (zit.: Jayme, Zugehörigkeit und kulturelle Identität); *ders./Nordmeier*, Griechische Muslime in Thrazien: Internationales Familien- und Erbrecht in europäischer Perspektive, IPRax 2008, 369; ferner die Literaturnachweise bei Art. 14.

A. Allgemeines	1	III. Engste Verbindung (S. 2)	8
B. Regelungsgehalt	3	IV. Zusammentreffen territorialer und personaler Spaltung	10
I. Verschiedene Personengruppen	4		
II. Interpersonales Kollisionsrecht (S. 1)	6	C. Weitere praktische Hinweise	12

A. Allgemeines

1 Art. 15 behandelt **personal gespaltene Mehrrechtsstaaten**, dh Staaten, in für Angehörige bestimmter Personengruppen unterschiedliche Scheidungsbestimmungen existieren (zum Begriff s.a. Art. 14 Rn 3).[1] Sie geht zurück auf einen Vorschlag des Europäischen Parlaments.[2] Erwägungsgrund 27 Hs 2 umschreibt das Regelungsanliegen des Art. 15 dahin gehend, dass die Anwendung der Verordnung auf „verschiedene Kategorien von Personen" geregelt werden soll. Damit wird die Regelungsintention des Art. 15 jedoch nur umrissen. Präziser ausgedrückt bestimmt Art. 15, wie bei der Berufung eines personal gespaltenen Mehrrechtsstaates das anzuwendende Partikularrecht zu ermitteln ist. **Vorrangig** bestimmen nach **Art. 15 S. 1** Regeln des **berufenen Recht**s, welche den interpersonalen Konfliktfall lösen, das anzuwendende Partikularrecht.[3] Im Übrigen, dh in Ermangelung solcher Normen des berufenen Rechts, gibt nach **Art. 15 S. 2** die **engste Verbindung** den Ausschlag.

2 Anders als Art. 14 differenziert Art. 15 nicht danach, aufgrund welchen Anknüpfungsmerkmals das Recht des personal gespaltenen Mehrrechtsstaates berufen wird. Eine Unterscheidung zwischen gewöhnlichem Aufenthalt im Mehrrechtsstaat und der Staatsangehörigkeit dieses Staates findet sich nicht. Vielmehr ist rechtsfolgenbezogen nur entscheidend, dass das berufene Recht eine solche Spaltung aufweist. **Konzeptionell** folgt Art. 15 damit Art. 14 lit. a. Hinsichtlich der Bestimmung des anwendbaren Partikularrechts findet sich eine Parallele von Art. 15 zu Art. 14 lit. c, jedoch ohne Rechtswahlmöglichkeit gemäß Art. 14 lit. c Alt. 2.

B. Regelungsgehalt

3 Der von der Verordnung in Bezug genommene Staat muss **zwei oder mehr Rechtssysteme oder Regelwerke** aufweisen. Damit wird die Rechtsspaltung zwar sprachlich von Art. 14 leicht abweichend,[4] inhaltlich aber identisch beschrieben. Insbesondere sind die Begriffe Rechtssystem und Regelwerk wie in Art. 14 aufzufassen (näher Art. 14 Rn 13 ff).

---

1 Historischer Überblick bei *Neuhaus*, Die Grundbegriffe des Internationalen Privatrechts, 2. Aufl. 1976, S. 315 f.

2 Änderungsantrag Nr. 47 im Bericht über den Vorschlag für eine Verordnung des Rates zur Begründung einer verstärkten Zusammenarbeit im Bereich des auf die Ehescheidung und Trennung ohne Auflösung des Ehebandes anzuwendenden Rechts (KOM (2010)0105 – C7-0315/2010 – 2010/0067(CNS)), Dok. Nr. A7-0360/2010 v. 7.12.2010, S. 29.

3 Nach NK-BGB/*Freitag*, Art. 4 EGBGB Rn 36 soll hinter diesem Vorrang der Regeln des berufenen Rechts die Erwägung stehen, dass „das europäische Recht" grundsätzlich keine derartige Rechtsspaltung kenne und deshalb nicht in unmittelbar in der Lage sei, eine anwendbare Teilrechtsordnung zu bestimmen. Diese Begründung findet sich jedoch zumindest in den Materialien des Verordnungsgebungsprozesses nicht.

4 Dort ist von mehreren Gebietseinheiten, von denen jede ihr eigenes Rechtssystem oder ihr eigenes Regelwerk hat, die Rede.

I. Verschiedene Personengruppen

Die Rechtssysteme oder Regelwerke müssen **für verschiedene Personengruppen**[5] gelten. Damit ist die personale Rechtsspaltung für die in den Anwendungsbereich der Verordnung fallenden Rechtsfragen umschrieben. Die unterschiedliche Behandlung von Personengruppen betrifft zunächst **interreligiös gespaltene Rechte**.[6] Diese sehen, abhängig von der Religionszugehörigkeit der Parteien, die Geltung unterschiedlicher Bestimmungen des Scheidungs- und Trennungsrechts vor. Regelmäßig wird durch eine zumindest ungeschriebene interreligiöse Kollisionsnorm auf die Vorschriften der jeweiligen Religionsgemeinschaft verwiesen (näher unten Rn 7).[7] Die **interethnische Rechtsspaltung** ist insbesondere in Staaten bekannt, die indigenen Bevölkerungsgruppen Autonomie einräumen und deren Traditionen im Scheidungs- und Trennungsrecht rechtlich anerkennen. Aus der Zugehörigkeit zu einer indigenen Bevölkerungsgruppe folgt dann – ggf auch territorial beschränkt – die Geltung besonderer Bestimmungen. So sieht beispielsweise das panamnesische Recht für Angehörige der Volksgruppen der *Embera* und *Wounaan* die besondere Bedeutung der traditionellen Bräuche und die Garantie der diesen Volksgruppen eigenen Rechte auch im Trennungs- und Scheidungsrecht vor.[8] In mehreren afrikanischen Staaten – beispielsweise Angola, Mozambik oder Äthiopien – ergänzen traditionelle Stammesbestimmungen die im gesamten Staat geltenden Normen.[9] Interreligiöse und interethnische Rechtsspaltungen sind die häufigsten Fälle personal gespalteter Rechte. Es kommen aber auch andere Abgrenzungsmerkmale persönlicher Art – etwa nach Stand oder Kaste – in Betracht.[10]

4

Die **Zugehörigkeit** einer Person **zu einer Personengruppe** wird regelmäßig kraft Abstammung von einem Gruppenangehörigen oder durch eine bestimmte Aufnahmehandlung begründet.[11] Art. 15 S. 1 setzt eine solche Gruppenzugehörigkeit voraus, ohne ausdrücklich die Anwendbarkeit der für die Gruppenzugehörigkeit relevanten Normen – so solche existieren –, anzuordnen. Nach Sinn und Zweck des Verweises auf die interpersonalen Bestimmungen des berufenen Rechts wird die Feststellung der Gruppenzugehörigkeit auch als Frage der interpersonalen Rechtsspaltung diesem Recht zu entnehmen sein. Demnach ist nach den Vorgaben des berufenen Rechts zu prüfen, unter welchen Umständen eine Person einer Gruppe, für die ein besonderes Rechtssystem oder Regelwerk gilt, angehört.[12] Die Feststellung dieser Zugehörigkeit kann im Einzelfall – etwa bei Glaubenswechseln oder interreligiösen Mischehen – erhebliche Schwierigkeiten bereiten.[13]

5

II. Interpersonales Kollisionsrecht (S. 1)

Wird auf das Recht eines interpersonal gespaltenen Staates verwiesen, bestimmt sich das anzuwendende Partikularrecht gemäß Art. 15 S. 1 vorrangig durch die **im betreffenden Staat in Kraft befindlichen Vorschriften**, welche die Anwendbarkeit der Teilrechtsordnungen regeln (interpersonales Kollisionsrecht).[14] Art. 15 S. 1 ordnet nicht direkt die Anwendung interpersonaler kollisionsrechtlicher Bestimmungen an. Vielmehr wird beim Verweis auf einen interpersonal gespaltenen Mehrrechtsstaat ausweislich des Normtex-

6

---

5 Andere Sprachfassungen verwenden den Ausdruck „Kategorien von Personen", zB die französische („catégories de personnes"), die englische („categories of persons"), die italienische („categorie di persone) oder die portugiesische („categorias de pessoas").

6 *Gruber*, IPRax 2012, 381, 389; s.a. *Schröder*, Die Verweisung auf Mehrrechtsstaaten, S. 398; zur Ermittlung religiösen Rechts durch deutsche Gerichte *Jayme*, Religiöses Recht vor staatlichen Gerichten, S. 19.

7 Beispiel nach BGHZ 169, 240: Syrisches Staatsangehörigkeit führt zur Anwendung der Vorschriften des katholischen Ostkirchenrechts (mit in casu weitergehendem Problem der interreligiösen Eheschließung).

8 Art. 112 des Decreto Ejecutivo Nr. 84 vom 9. April 1999 por el cual se adopta la Carta Orgánica Administrativa de la Comarca Emberá Wounaan de Darién, zitiert nach der von der Interamerikanischen Entwicklungsbank herausgegebenen Compilación de Legislación sobre Asuntos Indígenas, 2004. Für die Auflösung des traditionellen Ehebandes durch Scheidung ist zudem nach Art. 47 Nr. 11 des Decreto Ejecutivo Nr. 84 vom 9. April 1999 die in der Provinz der Embera und Wounaan eingerichtete Cacique Regional als „pimera autoridad tradicional" zuständig.

9 Näher *Moura Vicente*, Direito Comparado Vol I, 2008, S. 432 f. So ist die Polygamie bei verschiedenen indigenen Gruppen gestattet, was Einfluss auf die Scheidungsvoraussetzungen hat.

10 Vgl *Franzina*, Le Nuove Leggi Civili Commentate 2011, 1435, 1530.

11 Vgl jurisPK-BGB/*Ludwig*, Art. 15 Rn 1.

12 Regelmäßig wird den jeweiligen Gruppen selbst die Definitionshoheit über die Bestimmung der Voraussetzungen der Gruppenzugehörigkeit zugestanden werden. Bei der Zugehörigkeit zu einer religiösen Gruppe kann es sich etwa um die Durchführung eines Aufnahmerituals (Taufe, Aussprechen des muslimischen Glaubensbekenntnisses, Untertauchen in einem Ritualbad, etc.) oder um die Beachtung bestimmter Verhaltensregeln handeln. Dann sind vom fremden Rechtsanwender die von der Gruppe selbst aufgestellten Voraussetzungen zu prüfen.

13 Näher *v. Bar/Mankowski*, § 4 Rn 170.

14 Erman/*Hohloch*, Art. 15 Rn 1.

tes die Bezugnahme auf ein Recht in der Rom III-VO dahin gehend ausgelegt,[15] dass sie das Rechtssystem,[16] welches durch das interpersonale Recht bezeichnet wird, meint. Damit wird das betreffende **interpersonale Kollisionsrecht** durch eine Auslegungsanordnung **in den Verweisungsbefehl** der Rom III-VO **inkorporiert**. Der Vorzug dieser Regelungstechnik im Vergleich zu schlichten Anwendbarkeitserklärung des fremden interpersonalen Kollisionsrechts erschließt sich nicht. Ihm kommt jedoch Bedeutung für die Frage zu, ob Normen des interpersonalen Kollisionsrechts an Art. 12 zu messen sind (hierzu Rn 7).

7 Interpersonales Kollisionsrecht kann sowohl als geschriebenes als auch als Gewohnheits- oder Richterrecht bestehen. Oftmals wird sich auch aus der Beschreibung des sachlichen Anwendungsbereichs der Partikularrechte oder aus Zuständigkeitszuweisungen von Scheidungssachen an religiöse Gerichte[17] eine Regel des interpersonalen Kollisionsrechts ableiten lassen.[18] Ob **interpersonale Kollisionsnormen** einen *ordre-public*-**Verstoß** nach Art. 12 begründen können – beispielsweise falls sie bei unterschiedlicher Religionszugehörigkeit der Ehegatten der Religion des Mannes den Vorrang für die Bestimmung des anwendbaren Partikularrechts einräumen – ist offen.[19] Da Art. 15 S. 1 das betreffende interpersonale Kollisionsrecht in den jeweiligen Verweisungsbefehl der Rom III-VO inkorporiert (s. Rn 6), kommt mE eine *ordre-public*-Kontrolle nicht in Betracht. Denn Gegenstand dieser Kontrolle ist nach Art. 12 die Anwendung von Vorschriften des nach der Rom III-VO bezeichneten Rechts, nicht hingegen der Verweisungsbefehl der Verordnung selbst (näher Art. 12 Rn 9).[20] Wegen der Inkorporation in den sekundärrechtlichen Verweisungsbefehl ist allerdings zu erwägen, die so inkorporierten Bestimmungen durch in der Normenhierarchie höherstehendes Primärrecht, insbesondere anhand der in Art. 6 Abs. 1 EUV anerkannten Rechte der EMRK, zu kontrollieren.[21] Dem liegt der Gedanke zugrunde, dass der europäische Normgeber das Primärrecht nicht aushöhlen darf, indem er primärrechtswidriges Recht durch eine Auslegungsanordnung in das Sekundärrecht inkorporiert. Die Frage kann zudem offengelassen werden, wenn das Partikularrecht, das durch eine eventuell primärrechtswidrige interpersonale Kollisionsnorm berufen wird, dasselbe ist, zu dem nach Art. 15 S. 2 die engste Verbindung (s. Rn 8 f) besteht.

Möglich ist (unproblematisch) zudem, dass die Anwendung der Vorschriften des ermittelten Partikularrechts einen *ordre-public*-Verstoß iSd Art. 12 begründet.

III. Engste Verbindung (S. 2)

8 Existieren keine interpersonalen kollisionsrechtlichen Regelungen, bestimmt sich das anwendbare Partikularrecht gemäß **Art. 15 S. 2** nach der **engsten Verbindung** des oder der Ehegatten zu einem Partikularrecht. Da auch ungeschriebenes interpersonales Kollisionsrecht nach Art. 15 S. 1 zu berücksichtigen ist, wird sich ein Rückgriff auf Art. 15 S. 2 regelmäßig erübrigen.

9 Zur Bestimmung der **engsten Verbindung** ist eine **Gesamtschau aller Umstände**, welche für die Beziehung des oder der Ehegatten zu dem infrage stehenden Partikularrecht relevant sind, erforderlich. Im Vordergrund stehen dabei Kriterien, nach denen die betreffenden Partikularrechte selbst differenzieren.[22] In die Bewertung fließen jedoch auch Aspekte ein, welche die Enge der Zugehörigkeit des oder der Ehegatten zu der in Frage stehenden Personengruppe belegen und welche deren kulturelle Identität[23] abbilden. Zu nennen sind etwa Bestand und Dauer der Zugehörigkeit, die Intensität von Kontakten zur Gruppe und deren Ange-

---

15 Nach der sprachlich ungenauen deutschen Sprachfassung ist die Bezugnahme im genannten Sinn „zu verstehen". Aus anderen Sprachfassungen (Englisch: „shall be construed"; Französisch: „est interprétée") ergibt sich deutlicher, dass es um Auslegung geht.
16 Im Normtext fehlt an dieser Stelle die Bezugnahme auch auf Regelwerke, die sich eingangs des Art. 15 S. 1 findet. Es handelt sich um eine redaktionelle Ungenauigkeit.
17 Vgl *Kropholler*, S. 211.
18 Vgl *v. Bar/Mankowski*, § 4 Rn 166 (einen Verzeicht auf ein einheitliches staatliches interpersonales Recht könne sich ein Land nicht leisten); *Franzina*, Le Nuove Leggi Civili Commentate 2011, 1435, 1531.
19 Bejahend *Franzia*, Cuadernos de Derecho Transnacional vol. 3 n. 2 (Oktober 2011), 85, 120 f; tendenziell ebenso Erman/*Hohloch*, Art. 15 Rn 1; *Gruber*, IPRax 2012, 381, 389, Fn 115.
20 Die Inkorporation in den Verweisungsbefehl der Verordnung nicht thematisierend *Franzia*, Cuadernos de Derecho Transnacional vol. 3 n. 2 (Oktober 2011), 85, 121..
21 *Franzina*, Le Nuove Leggi Civili Commentate 2011, 1435, 1532 mit Fn 12.
22 Erman/*Hohloch*, Art. 15 Rn 1 nennt als Beispiel die Religion bzw Religionsrichtung des bzw der Ehegatten. Hier wird sich freilich häufig auch eine ungeschriebene interpersonale Kollisionsnorm nach Art. 15 S. 1 feststellen lassen.
23 *Franzia*, Cuadernos de Derecho Transnacional vol. 3 n. 2 (Oktober 2011), 85, 106, 120; zur kulturellen Identität näher *Jayme*, Religiöses Recht vor staatlichen Gerichten S. 32 ff; s.a. *Mankowski*, IPRax 2004, 282 ff.

hörigen oder das nach innen und/oder außen manifestierte Bekenntnis der Zugehörigkeit durch Beachtung von spezifischen Verhaltensnormen dieser Gruppe.[24]

IV. Zusammentreffen territorialer und personaler Spaltung

Territoriale Spaltung nach Art. 14 und **personale Spaltung** nach Art. 15 können **zusammentreffen**.[25] So liegt es beispielsweise für im nordgriechischen Thrazien lebende Muslime (s.a. Art. 14 Rn 4). Voraussetzung der Anwendung des dort geltenden, aufgeklärten osmanischen Rechts[26] ist erstens die Zugehörigkeit zum islamischen Glauben sowie zweitens ein Wohnsitz[27] in Thrazien. In einem solchen Fall ist sowohl Art. 14 als auch Art. 15 anzuwenden. Der Annahme eines (Super-)Kollisionsrechts[28] zur Bewältigung der Mehrfachspaltung bedarf es unter der Rom III-VO nicht, da mit Artt. 14 und 15 zwei eigenständige Bestimmungen zur Verfügung stehen, die den territorialen bzw personalen Aspekt der Spaltung gesondert erfassen. Begehrt ein aus Westthrazien stammender Muslim, der dort geheiratet und mit seiner dort weiterhin lebenden Ehefrau gelebt hat, vor einem deutschen Gericht die Scheidung, so erfolgt bei objektiver Anknüpfung nach Art. 8 lit. b der Verweis in territorialer Hinsicht nach Art. 14 lit. b auf das in Thrazien geltende und nach Art. 15 S. 1 der Verweis auf das für Muslime geltende Recht. Dies führt im Ergebnis zum osmanisch-islamischen Scheidungsrecht.[29]

Kein Zusammentreffen territorialer und personaler Spaltung liegt vor, wenn das **interlokale Recht** eines territorial gespaltenen Staates **unvollständig** ist, weil es nur für bestimmte Personen – etwa die Staatsangehörigen des betreffenden Staates – eine Regelung zur Lösung der interlokalen Rechtskollision enthält.[30] In einem solchen Fall mangelt es bei aus Sicht des verwiesenen Rechts ausländischer Staatsangehörigkeit an einschlägigen Vorschriften iSd Art. 14 lit. c Alt. 1, sodass Art. 14 lit. c Alt. 2 und ggf. Alt. 3 zum Zug kommen. Ein interpersonaler Konflikt liegt hier nicht vor.

C. Weitere praktische Hinweise

Als **Beispiele** für **Staaten mit personaler Rechtsspaltung** im Ehescheidungsrecht[31] sind zu nennen: Griechenland (s.o. Rn 10), Indien,[32] Indonesien,[33] Israel,[34] Libanon,[35] Pakistan,[36] Panama (s.o. Rn 4), die Philippinen[37] und Syrien[38] sowie weitere Staaten des Nahen und Mittleren Ostens, Nord- und Westafrikas.[39] Länderspezifische Informationen finden sich in der Loseblattsammlung von *Bergmann/Ferid/Henrich*, Internationales Ehe- und Kindschaftsrecht.[40]

---

24 Beispielsweise die Einhaltung von in der Gruppe anerkannten Förmlichkeiten, Feiern gruppenspezifischer Feste, Befolgung gruppenspezifischer Ernährungsregeln, Achtung von in der Gruppe anerkannten Autoritäten oder Sprechen einer nur in der Gruppe gesprochenen Sprache bzw Verwendung gruppentypischer Begriffe im allgemeinen Sprachgebrauch.
25 Siehe auch *Schröder*, Verweisung auf Mehrrechtsstaaten, S. 83–96.
26 *Jayme*, Zugehörigkeit und kulturelle Identität, S. 44 f; *Jayme/Nordmeier*, IPRax 2008, 369, 370.
27 In der Praxis der für Scheidungen zuständigen Muftia von Komotini wird auch ein nicht mehr bestehender Wohnsitz in Thrazien für ausreichend erachtet, siehe *Jayme/Nordmeier*, IPRax 2008, 369, 370 mwN. Die islamische Religionszugehörigkeit ohne jeden räumlichen Bezug zu Thrazien genügt jedenfalls nicht. In Athen geborene und aufgewachsene Muslime können nicht nach den Bestimmungen des osmanischen Rechts Thraziens geschieden werden. Erman/*Hohloch*, Art. 15 Rn 1 bezeichnet hingegen die Anwendung islamischen Eherechts außerhalb Thraziens als streitig.
28 Hierfür *Schröder*, Verweisung auf Mehrrechtsstaaten, S. 96 zu Art. 4 Abs. 3 EGBGB.
29 OLG Hamm IPRax 2008, 353 m.Anm. *Jayme*; *ders.*, Zugehörigkeit und kulturelle Identität, S. 44.
30 So wird nach spanischem Recht die Foralrechtszugehörigkeit (*vecindad civil*), nach der sich die Anwendbarkeit der Foralrechte richtet (territoriale Spaltung, s.a. Art. 14 Rn 24), von der Staatsangehörigkeit abgeleitet, s. *Jayme/Zimmer*, IPRax 2013, 99, 100. Ausländer haben keine Foralrechtszugehörigkeit.
31 Zur personalen Rechtsspaltung im Eheschließungsrecht siehe die Nachweise bei Staudinger/*Mankowski*, vor Art. 13–17 b EGBGB Rn 30. Eine mit vielen Nachweisen versehene Zusammenstellung von Staaten mit personaler Rechtsspaltung findet sich bei Staudinger/*Sturm/Sturm*, Einl IPR Rn 875 ff.
32 Erman/*Hohloch*, Art. 15 Rn 1; *Nordmeier*, Zulässigkeit und Bindungswirkung gemeinschaftlicher Testamente im internationalen Privatrecht, 2008, S. 181 f.
33 IPG 1982 (Hamburg), Nr. 26; IPG 1999 (Köln), Nr. 21.
34 OLG Oldenburg StAZ 2006, 295; BayObLG FamRZ 1985, 1238; Erman/*Hohloch*, Art. 15 Rn 1.
35 OLG Zweibrücken NJW-RR 2002, 581; AG Esslingen FamRZ 1993, 250.
36 KG StAZ 1984, 309; OLG Köln FamRZ 2002, 1481.
37 Vgl BGH NJW-RR 2007, 145, 148, Tz 42; OLG München FamRZ 2011, 1506 f.
38 BGHZ 169, 240 m.Anm. *Rehm*, LMK 2007, 211665; OLG Karlsruhe IPRax 2006, 181 m.Anm. *Rauscher*, IPRax 2006, 140.
39 Erman/*Hohloch*, Art. 15 Rn 1.
40 Aktueller Stand: 196. Ergänzungslieferung Juni 2012.

Artikel 16 Nichtanwendung dieser Verordnung auf innerstaatliche Kollisionen

Ein teilnehmender Mitgliedstaat, in dem verschiedene Rechtssysteme oder Regelwerke für die in dieser Verordnung geregelten Angelegenheiten gelten, ist nicht verpflichtet, diese Verordnung auf Kollisionen anzuwenden, die allein zwischen diesen verschiedenen Rechtssystemen oder Regelwerken auftreten.

A. Allgemeines

1 Die Verordnung regelt nur Sachverhalte mit Bezügen zu mehreren Staaten. Deshalb wird ein teilnehmender Mitgliedstaat, dessen Recht interlokal oder interpersonal gespalten ist, nicht verpflichtet, die Verordnung auch zur Koordination seiner Partikularrechte in Fällen anzuwenden, in denen aus seiner Perspektive kein Auslandsbezug besteht. Die Kompetenzgrundlage des Art. 81 AEUV trägt die Regelung rein innerstaatlichen Sachverhalte nicht, da sie nach Art. 81 Abs. 1 AEUV nur „Zivilsachen mit grenzüberschreitendem Bezug" erfasst.[1] Art. 16 wurde auf Vorschlag des Europäischen Parlaments[2] in die Rom III-VO aufgenommen. Parallelbestimmungen finden sich in Art. 14 Abs. 2 Rom I-VO[3] und Art. 25 Abs. 2 Rom II-VO, die ihren Ursprung in Art. 19 Abs. 2 EVÜ. haben,[4] sowie in Art. 38 EuErbRVO.

B. Regelungsgehalt

2 Art. 16 hat für das **deutsche Recht keine Bedeutung**.[5] Als an der Verordnung teilnehmender Mehrrechtsstaat kommt nur Spanien wegen gesonderter Vorschriften im katalanischen Zivilgesetzbuch in Betracht.[6] Art. 16 bestimmt insoweit, dass für den teilnehmenden Mitgliedstaat keine Verpflichtung besteht, die Verordnung auch auf interlokale Kollisionen anzuwenden. Aus Sicht des deutschen Rechtsanwenders sind deshalb bei Relevanz interlokalen (Art. 14 lit. c Alt. 1) oder interpersonalen (Art. 15 S. 1) Kollisionsrechts eines Mitgliedstaates die nationalen Bestimmungen – und nicht diejenigen der Rom III-VO – anzuwenden, es sei denn, der betreffende Mitgliedstaat ersetzte autonom sein interlokales oder interpersonales Trennungs- und Scheidungskollisionsrecht durch die Rom III-VO.[7] Hierfür bestehen aber in Spanien keinerlei Anhaltspunkte.

Kapitel III
Sonstige Bestimmungen

Artikel 17 Informationen der teilnehmenden Mitgliedstaaten

(1) Die teilnehmenden Mitgliedstaaten teilen bis spätestens zum 21. September 2011 der Kommission ihre nationalen Bestimmungen, soweit vorhanden, betreffend Folgendes mit:

a) die Formvorschriften für Rechtswahlvereinbarungen gemäß Artikel 7 Absätze 2 bis 4, und
b) die Möglichkeit, das anzuwendende Recht gemäß Artikel 5 Absatz 3 zu bestimmen.

Die teilnehmenden Mitgliedstaaten teilen der Kommission alle späteren Änderungen dieser Bestimmungen mit.

(2) Die Kommission macht die nach Absatz 1 übermittelten Informationen auf geeignetem Wege, insbesondere auf der Website des Europäischen Justiziellen Netzes für Zivil- und Handelssachen, öffentlich zugänglich.

---

1 *Rossolillo*, Le Nuove Leggi Civili Commentate 2011, 1435, 1534.

2 Abänderung 46 der Legislativen Entschließung des Europäischen Parlaments vom 15. Dezember 2010 zu dem Vorschlag für eine Verordnung des Rates zur Begründung einer verstärkten Zusammenarbeit im Bereich des auf die Ehescheidung und Trennung ohne Auflösung des Ehebandes anzuwendenden Rechts (KOM (2010) v. 15.12.2010, P7_TA(2010)0477.

3 Näher *Nordmeier*, in: Gebauer/Wiedmann, Kap. 37 Rn 142; Staudinger/*Hausmann*, Art. 22 Rom I-VO Rn 13.

4 Vgl MüKo/*Martiny*, Art. 22 VO (EG) 593/2008 Rn 10.

5 Zur Parallelvorschrift Art. 25 Abs. 2 Rom II-VO BeckOK-BGB/*Spickhoff* Art. 25 VO (EG) 864/2007 Rn 3; zu Art. 22 Abs. 2 Rom I-VO MüKo/*Martiny*, Art. 22 VO (EG) 593/2008 Rn 10.

6 Näher Erman/*Hohloch*, Art. 16 Rn 1; aA (spanisches Recht nicht gespalten) Schulte/Hauß/*Rieck*, Art. 14 Rom III-VO Rn 1.

7 Hierzu ist er berechtigt, aber nicht verpflichtet, s. jurisPK-BGB/*Ludwig*, Art. 16 Rn 1.

A. Allgemeines

Die Rom III-VO nimmt hinsichtlich der Formvorschriften für Rechtswahlvereinbarungen (Art. 7 Abs. 4) und der Rechtswahl während eines bereits eingeleiteten gerichtlichen Verfahrens (Art. 5 Abs. 3) auf **nationales Recht** Bezug. Um die Anwendung der Verordnung insoweit zu erleichtern, verpflichtet Abs. 1 die teilnehmenden Mitgliedstaaten, entsprechende bestehende Vorschriften sowie etwaige spätere Änderungen der Kommission mitzuteilen.[1] Diese **veröffentlicht die Informationen** insbesondere im Europäischen Justiziellen Netz für Zivil- und Handelssachen (näher zu diesem unten Rn 6).

Das gewählte **Regelungskonzept**, nämlich die Kombination aus einer Mitteilungspflicht der Mitgliedstaaten und einer Veröffentlichungspflicht der mitgeteilten Informationen durch die Kommission, ist im europäischen Kollisionsrecht **etabliert**. Art. 26 Rom I-VO und Art. 29 Rom II-VO sehen eine solche Kombination von Mitteilungs- und Veröffentlichungspflicht für der Rom I-VO bzw der Rom II-VO vorrangige internationale Übereinkommen vor.

B. Regelungsgehalt

Adressaten des Abs. 1 sind die **teilnehmenden Mitgliedstaaten**. Abs. 2 verpflichtet die **Europäische Kommission**. Dem Rechtsanwender soll durch die Informationen die Handhabung der Rom III-VO an deren Schnittstellen zu nationalen Rechten erleichtert werden. Während Art. 7 Abs. 4 nur die Rechte teilnehmender Mitgliedstaaten betrifft, ist hinsichtlich Art. 5 Abs. 3 zu beachten, dass es sich beim Recht des Staates des angerufenen Gerichts nicht zwangsläufig um das Recht eines Mitgliedstaates handelt. Wird eine Rechtswahlvereinbarung während eines Verfahrens vor den Gerichten eines nicht teilnehmenden Mitgliedstaates oder eines Drittstaates getroffen, gelangt das Verfahren dort nicht zum Abschluss und wird vor den Gerichten eines teilnehmenden Mitgliedstaates sodann ein neues Verfahren eingeleitet, ist für die Frage der Wirksamkeit der Rechtswahl das Recht des nicht teilnehmenden Mitgliedstaates oder des Drittstaates entscheidend. Da Abs. 1 nur die teilnehmenden Mitgliedstaaten verpflichtet, finden sich Informationen nur zu deren Rechten.

Die **Mitteilung** durch die teilnehmenden Mitgliedstaaten **und** deren **Veröffentlichung** haben hinsichtlich der mitgeteilten Bestimmungen nur **Indizcharakter**. Sie entbinden den Rechtsanwender nicht von der **Prüfung**, ob die in Frage stehenden Bestimmungen **tatsächlich** im betreffenden Mitgliedstaat **in Kraft** sind[2] und den von der Kommission **veröffentlichten Inhalt** haben. Zudem kann die Bezeichnung einer Bestimmung durch die mitteilende Stelle eines Mitgliedstaates – regelmäßig durch eine Abteilung der Exekutiven – die übrigen mitgliedstaatlichen Gewalten nicht an das Verständnis und die Auslegung der betreffenden Bestimmungen durch die mitteilende Stelle binden. Deshalb ist es ggf weitergehend auch erforderlich, die Anwendung und Auslegung der Bestimmungen durch die Gerichte des in Frage stehenden Mitgliedstaates zu erkunden.

Art. 46 d Abs. 1 EGBGB sieht für vorprozessuale Rechtswahlvereinbarungen nach Art. 5 iVm Art. 7 Abs. 3 oder 4 die **notarielle Beurkundung**, Art. 46 d Abs. 2 EGBGB iVm § 127 a BGB für im Verfahren geschlossene Rechtswahlvereinbarungen die Aufnahme der Erklärung in das **gerichtliche Protokoll** vor (näher Art. 7 Rn 17 f). Weitere nach Art. 7 Abs. 3 und 4 relevante Vorschrift des deutschen Rechts ist das **Beurkundungserfordernis des Art. 14 Abs. 4 EGBGB**.[3]

C. Weitere praktische Hinweise

Das **Europäische Justizielle Netz für Zivil- und Handelssachen**[4] ist im Internet erreichbar unter folgender Adresse: http://ec.europa.eu/civiljustice/index_de.htm.[5] Die Seite soll die in Art. 17 genannten Informationen auch in deutscher Sprache zur Verfügung stellen, vgl Erwägungsgrund 17 S. 2. Zum Zeitpunkt der Drucklegung waren die Informationen noch nicht dort eingestellt. Es finden sich jedoch Angaben zu den materiellen Scheidungsrechten der Mitgliedstaaten.

---

1   Art. 17 gilt bereits ab dem 21.6.2011, damit die teilnehmenden Mitgliedstaaten die Informationen bis zum 21.9.2011, dh vor dem Zeitpunkt des Ingeltungtretens der Verordnung im Übrigen, übermitteln, s. Erman/*Hohloch*, Art. 17 Rn 1.

2   Zu bedenken ist beispielsweise die zeitlich verzögerte Mitteilung von Sachrechtsreformen durch die Mitgliedstaaten.

3   Erman/*Hohloch*, Art. 17 Rn 1. Zu den Anforderungen des Art. 14 Abs. 4 iE s. NK-BGB/*Andrae*, Art. 14 EGBGB Rn 43–51.

4   Eingerichtet auf Grundlage der Entscheidung 2001/470/EG des Rates vom 28.5.2001, ABl. EG L 174 v. 27.6.2001, S. 25. S.a. Erwägungsgrund 14, S. 2.

5   Letzter Abruf: 16.2.2013.

Artikel 18 Übergangsbestimmungen

(1) Diese Verordnung gilt nur für gerichtliche Verfahren und für Vereinbarungen nach Artikel 5, die ab dem 21. Juni 2012 eingeleitet beziehungsweise geschlossen wurden.

Eine Rechtswahlvereinbarung, die vor dem 21. Juni 2012 geschlossen wurde, ist ebenfalls wirksam, sofern sie die Voraussetzungen nach den Artikeln 6 und 7 erfüllt.

(2) Diese Verordnung lässt Rechtswahlvereinbarungen unberührt, die nach dem Recht eines teilnehmenden Mitgliedstaats geschlossen wurden, dessen Gerichtsbarkeit vor dem 21. Juni 2012 angerufen wurde.

Literatur: *Dimmler/Bißmaier*, „Rom III" in der Praxis, FamRBint 2012, 66; *Franzia*, The Law Applicable to Divorce and Legal Separation under Regulation (EU) No. 1259/2010 of 20 December 2010, Cuadernos de Derecho Transnacional vol. 3 n. 2 (Oktober 2011), 85; *Helms*, Reform des internationalen Scheidungsrechts durch die Rom III-Verordnung, FamRZ 2011, 1765.

A. Allgemeines

1 Die Norm behandelt unter dem Titel Übergangsbestimmungen die **zeitliche**, auch **intertemporale** genannte **Anwendbarkeit** der Rom III-VO. Neben dem sachlichen Anwendungsbereich (näher Art. 1 Rn 1 ff) und dem (universellen) räumlichen Anwendungsbereich (näher Art. 1 Rn 83 ff) ist die Eröffnung des zeitlichen Anwendungsbereichs Voraussetzung für die Anwendbarkeit der Verordnung überhaupt und sollte deshalb stets zu Beginn der Fallbehandlung geprüft werden.

2 Zur Bestimmung ihrer zeitlichen Anwendbarkeit legt die Verordnung einen **Stichtag**, den **21.6.2012, 0:00 Uhr**, fest. In nach diesem Zeitpunkt eingeleiteten gerichtlichen Verfahren und für nach diesem Zeitpunkt geschlossene Rechtswahlvereinbarungen wird das anwendbare Recht nach der Rom III-VO ermittelt. Rückwirkung entfaltet die Verordnung folglich grundsätzlich nicht.[1]

3 Neben den **Übergangsbestimmungen** des Art. 18 kennt die Rom III-VO das in Art. 21 Abs. 1 bestimmte **Inkrafttreten** und den in Art. 21 Abs. 2 geregelten **Geltungsbeginn** der Verordnung.[2] Sie ist am 30.12.2010 in Kraft getreten und gilt – bis auf den früher in Geltung tretenden Art. 17 – ab dem 21.6.2012 (näher Art. 21 Rn 2 ff).

B. Regelungsgehalt

4 Anzuwenden ist die Verordnung in **gerichtlichen Verfahren**, die ab dem 21.6.2012, 0:00 Uhr, eingeleitet wurden. Ein Verfahren ist gerichtlich, wenn es vor einer Stelle betrieben wird, die die Voraussetzungen des Art. 3 Abs. 1 Nr. 2 erfüllt (näher Art. 3 Rn 6 ff; zur Anwendbarkeit der Verordnung auf Privatscheidungen Art. 1 Rn 62 ff). Für den **Begriff der Verfahrenseinleitung** verweist Erwägungsgrund 13 S. 2[3] auf **Art. 16 EheVO 2003**,[4] jedoch mit der Einschränkung in der deutschen Sprachfassung „soweit zweckmäßig". Damit ist jedoch kein gerichtliches Ermessen hinsichtlich des Rückgriffs auf Art. 16 EheVO 2003 gemeint. Vielmehr kann in Einzelfragen von der Definition des Art. 16 EheVO 2003 abgewichen werden, wenn der internationalzivilprozessual Sinn und Zweck der Bestimmung vom kollisionsrechtlichen Regelungszweck des Art. 18 abweichen.

---

1 Erman/*Hohloch*, Art. 18 Rn 1.
2 Es sollte deshalb vermieden werden, vom Inkrafttreten der Verordnung am 21.6.2012 zu sprechen. Siehe aber *Finger*, FamFR 2011, 323193.
3 Eingebracht in den Verordnungsgebungsprozess durch Abänderung 10 der Legislativen Entschließung des Europäischen Parlaments vom 15. Dezember 2010 zu dem Vorschlag für eine Verordnung des Rates zur Begründung einer verstärkten Zusammenarbeit im Bereich des auf die Ehescheidung und Trennung ohne Auflösung des Ehebandes anzuwendenden Rechts (KOM (2010) – C7-0315/2010 – 2010/0067(CNS)) v. 15.12.2010, P7_TA(2010)0477.
4 Siehe Palandt/*Thorn*, Art. 18 Rn 1; *Reghizzi*, Le Nuove Leggi Civili Commentate 2011, 1435, 1536; *Helms*, FamRZ 2011, 1765, 1767.

5   Es kommt damit grundsätzlich auf die **Anhängigkeit des Verfahrens**,[5] nicht auf den nach deutschem Verständnis späteren Zeitpunkt der Rechtshängigkeit,[6] an.[7] Entscheidend ist vor deutschen Gerichten gemäß dem insoweit einschlägigen Art. 16 lit. a EheVO 2003 der Zeitpunkt **der Eingang des verfahrenseinleitenden Schriftstücks** bei Gericht, wenn die verfahrenseinleitende Partei die für die Zustellung erforderlichen Maßnahmen, welche sich aus der Verfahrensordnung des angerufenen Gerichts – vor deutschen Gerichten also dem deutschen Prozessrecht –[8] ergeben,[9] getroffen hat.

6   Auch ein **Antrag** auf **Prozess- oder Verfahrenskostenhilfe**, der einem Hauptsacheverfahren vorangeht, leitet ein gerichtliches Verfahren ein.[10] Eine Parallele zu den intertemporalen Vorschriften des deutschen FamFG zu ziehen und deswegen einen solchen Antrag nicht als verfahrenseinleitend iSv Art. 18 anzusehen,[11] verbietet der Grundsatz der autonomen Auslegung des Unionsrechts. Für den Begriff der Verfahrenseinleitung nach Art. 16 lit. a EheVO 2003 wird, insbesondere im Hinblick auf den Übergang zum Hauptsacheverfahren, die Erfüllung weiterer, im Einzelnen umstrittener Voraussetzungen gefordert.[12] Dahinter steht der Gedanke, dass durch einen Prozess- oder Verfahrenskostenhilfeantrag nicht die Sperrwirkung des Art. 19 EheVO 2003 erschleichbar werden soll. Für die kollisionsrechtlichen Zwecke des Art. 18 sollte auf solche weiteren Voraussetzungen verzichtet werden, da die genannte Gefahr hier nicht droht. Ein Statutenwechsel wegen intertemporaler Anwendbarkeit der Rom III-VO beim Übergang von Prozess- bzw Verfahrenskostenhilfeverfahren zum Hauptsacheverfahren ist zu vermeiden, zumal von ihm Rückwirkungen auf bereits eingeleitete Prozess- bzw Verfahrenskostenhilfeverfahren oder in solchen Verfahren getroffenen Entscheidungen ausgehen können. Die Gegenansicht gelangt zu einer zweifelhaften faktischen Vorwirkung der Verordnung vor dem 21.6.2012. Sie zwang den Antragsteller im Prozess- bzw Verfahrenskostenhilfeverfahren die etwaige Dauer dieses Verfahrens abzuschätzen und, sollte es vor dem 21.6.2012 nicht zu Ende geführt werden können, sich bereits vor diesem Datum nach dem durch die Rom III-VO bezeichneten Recht zu richten.[13]

Auch die Einleitung eines der Ehescheidung vorgeschalteten **Versöhnungsverfahrens**[14] genügt, wenn es vor einem Gericht iSd Art. 3 Nr. 2 geführt wird und sich das Hauptsacheverfahren anschließt.

7   Ist Voraussetzung der Scheidung eine in einem **vorgeschalteten** Verfahren durchzuführende **Trennung von Tisch und Bett**, gilt: Wird das Scheidungsverfahren bereits bei Einleitung des Trennungsverfahrens

---

5   Art. 16 EheVO 2003 lautet: „Ein Gericht gilt als angerufen
    a) zu dem Zeitpunkt, zu dem das verfahrenseinleitende Schriftstück oder ein gleichwertiges Schriftstück bei Gericht eingereicht worden ist, vorausgesetzt, dass der Antragsteller es in der Folge nicht versäumt hat, die ihm obliegenden Maßnahmen zu treffen, um die Zustellung des Schriftstücks an den Antragsgegner zu bewirken,
    oder
    b) falls die Zustellung an den Antragsgegner vor Einreichung des Schriftstücks bei Gericht zu bewirken ist, zu dem Zeitpunkt, zu dem die für die Zustellung verantwortliche Stelle das Schriftstück erhalten hat, vorausgesetzt, dass der Antragsteller es in der Folge nicht versäumt hat, die ihm obliegenden Maßnahmen zu treffen, um das Schriftstück bei Gericht einzureichen." – Siehe für Einzelheiten die Kommentierung NK-BGB/*Gruber*, Anh. I zum III. Abschnitt EGBGB, Art. 16 EheVO 2003 Rn 3–6.
6   Staudinger/*Spellenberg*, Art. 16 EheGVO Rn 4.
7   Erman/*Hohloch*, Art. 18 Rn 1; ähnlich jurisPK-BGB/*Ludwig*, Art. 18 Rn 2 (Anrufung des Gerichts). Das österreichische Recht bezeichnet den relevanten Zeitpunkt als den der Gerichtshängigkeit, näher *Mayr*, Europäisches Zivilprozessrecht, 2011, Rn III/7.
8   Zu diesen Geimer/Schütze/*Dilger*, IRV, Art. 16 EheVO 2003 Rn 6.
9   Statt aller: Musielak/*Borth*, FamFG, Art. 16 VO (EG) 2201/2003 Rn 1.
10 AA *Dimmler/Bißmaier*, FamRBint 2012, 66, 67; dem folgend OLG Stuttgart, Beschl. v. 31.7.2012 – 17 WF 156/12, zitiert nach juris, Tz. 2; *Strokal*, jurisPR-FamR 1/2013 Anm. 1.
11 So *Dimmler/Bißmaier*, FamRBint 2012, 66, 67.
12 Staudinger/*Spellenberg*, Art. 16 EheGVO Rn 4 verlangt Klageerhebung „demnächst". NK-BGB/*Gruber*, Anh. I zum III. Abschnitt EGBGB, Art. 16 EheVO 2003 Rn 5; *ders.*, FamRZ 2000, 1129, 1133 und ihm folgend MüKo-ZPO/*Gottwald*, Art. 16 EheGVO Rn 2, fordern, dass sogleich alle zur Entscheidung notwendigen Angaben gemacht werden. Geimer/Schütze/*Dilger*, IRV, Art. 16 EheVO 2003 Rn 6 verlangt vor deutschen Gerichten zudem die Einreichung der nach § 117 Abs. 2 S. 1, Abs. 4 ZPO erforderlichen Unterlagen. Magnus/Mankowski/*Mankowski*, Brussels II bis Regulation, 2011, Art. 16 Rn 20 möchte auf den Moment des Antrags auf Prozesskostenhilfe abstellen, wenn das Recht des Gerichtsstaates hierin bereits ein „bringing the entire proceedings to court" sieht.
13 Siehe OLG Stuttgart, Beschl. v. 31.7.2012 – 17 WF 156/12, zitiert nach juris, Tz. 2: Verfahrenskostenhilfeantrag vom 10.4.2012 für Verfahren der Trennung von Tisch und Bett nach italienischem Recht für in Deutschland lebende Ehegatten. Das OLG Stuttgart verweigert am 31.7.2012 Verfahrenskostenhilfe, da deutsches Recht anwendbar und das hiernach erforderliche Trennungsjahr (§§ 1565 Abs. 1, 1566 Abs. 1 BGB) noch nicht abgelaufen war. Im Ergebnis hätte sich der Antragsteller bereits am 10.4.2012 nach deutschem Recht richten müssen und den Verfahrenskostenhilfeantrag noch nicht stellen dürfen. Das überzeugt mE nicht.
14 Zu dessen umstr. Behandlung nach Art. 16 EheVO 2003 s. NK-BGB/*Gruber*, Anh. I zum III. Abschnitt EGBGB, Art. 16 EheVO 2003 Rn 7; Geimer/Schütze/*Dilger*, IRV, Art. 19 EheVO 2003 Rn 17 jeweils mwN.

zusammen mit diesem anhängig gemacht, kommt es für die intertemporale Anwendbarkeit der Rom III-VO nach Abs. 1 Unterabs. 1 auf den Zeitpunkt der Einleitung der beiden Verfahren an. Wurde das Trennungsverfahren vor dem 21.6.2012 abgeschlossen und wird das Scheidungsverfahren nach diesem Zeitpunkt eingeleitet, ist im Scheidungsverfahren – dem Wortlaut des Abs. 1 Unterabs. 1 folgend – die Rom III-VO anzuwenden, welche für die Umwandlung einer Trennung in eine Scheidung nach Art. 9 Abs. 1 das Trennungsstatut perpetuiert. Ist eine Umwandlung nach dem Trennungsstatut nicht vorgesehen, wird das auf die Scheidung anwendbare Recht in der beschriebenen prozessualen Konstellation nach Art. 9 Abs. 2 durch Art. 8 bestimmt.[15] Die getrennten Ehegatten werden aufgrund eines etwaigen Statutenwechsels durch die intertemporale Anwendbarkeit der Rom III-VO im Scheidungsverfahren nicht benachteiligt. Denn bereits bei Einleitung eines Trennungsverfahrens, das mit einer nicht umwandlungsfähigen Trennungsentscheidung endet, steht fest, dass ein weiteres, eigenständiges Verfahren mit dem Ziel der Scheidung notwendig sein wird.[16]

8   **Rechtswahlvereinbarungen**, die ab dem 21.6.2012 geschlossen wurden, sind gemäß Abs. 1 S. 1 nach Artt. 5 ff der Verordnung zu behandeln. Wie der **Zeitpunkt des Abschlusses** der Rechtswahl ermittelt wird, lässt sich der Verordnung nicht entnehmen. In Betracht kommen die Bestimmung nach dem durch die Rom III-VO bezeichnete Recht, nach dem Recht des angerufenen Gerichts,[17] das vor Inkrafttreten der Rom III-VO galt, oder die Schaffung eines eigenen Rechtswahlabschlusszeitpunktes für Zwecke der Rom III-VO. Vorzugswürdig ist es, auf das **durch die Rom III-VO bezeichnete Recht** abzustellen und diesem den Zeitpunkt des Abschlusses der Rechtswahlvereinbarung zu entnehmen.[18] Dies wird dem Rechtsgedanken des Art. 6 Abs. 1 gerecht und sichert die einheitliche Bestimmung des intertemporalen Anwendungsbereichs der Verordnung in den teilnehmenden Mitgliedstaaten.

9   Im Umkehrschluss aus Abs. 1 S. 1 ergibt sich, dass Rechtswahlvereinbarungen, die vor dem 21.6.2012 geschlossen wurden, nicht nach der Rom III-VO, sondern nach dem Internationalen Privatrecht des Forumstaates zu beurteilen sind. Dieser Grundsatz findet eine Abwandlung in *favore negotii* im nach der deutschen Sprachfassung missverständlichen[19] **Abs. 1 S. 2**. Danach sind Rechtswahlvereinbarungen, die vor dem 21.6.2012 geschlossen wurden und vom Internationalen Privatrecht des Forumstaates für unwirksam erachtet werden, dennoch wirksam, wenn sie den Anforderungen der Artt. 6 f der Verordnung genügen.[20] Dahinter soll der Gedanke stehen, es Ehegatten zu ermöglichen, bereits vor Beginn der Anwendbarkeit der Verordnung eine Rechtswahl auch unter deren formalen Voraussetzungen zu treffen.[21]

Ungeschriebenes Erfordernis des Abs. 1 S. 2 ist, dass das Verfahren nach dem 21.6.2012 eingeleitet wurde. Denn nur in diesem Fall kann es nach Abs. 1 S. 1 überhaupt zur Anwendbarkeit der Rom III-VO kommen.[22] Von Abs. 1 erfasst werden auch Rechtswahlvereinbarungen nach Art. 14 Abs. 2–4 EGBGB, obgleich sie das Ehescheidungsstatut nur über den Verweis des Art. 17 Abs. 1 S. 1 EGBGB regeln.[23] Denn die Regelungs-

---

15   *Reghizzi*, Le Nuove Leggi Civili Commentate 2011, 1435, 1537 möchte den Perpetuierungsgedanken des Art. 9 auch hier fruchtbar machen und in sämtlichen Scheidungsverfahren, die auf ein vor dem 21.6.2012 eingeleitetes Trennungsverfahren folgen, das im Trennungsverfahren angewandte Recht zur Anwendung bringen.
16   Hierzu wertungsparallel perpetuiert Art. 5 EheVO 2003 die internationale Zuständigkeit nur für die Umwandlung einer Trennung in eine Scheidung, nicht jedoch für ein vom Trennungsverfahren unabhängiges Scheidungsverfahren. Zur Bedeutung von Art. 5 EheVO 2003 für die Auslegung der Verordnung (insb. von Art. 9) s. Art. 9 Rn 3.
17   Unter Einschluss dessen Internationalen Privatrechts.
18   Zur ähnlich gelagerten Problematik der intertemporalen Anwendbarkeit der Rom I-VO s. *Nordmeier*, in: Gebauer/Wiedmann, Kap. 37 Rn 154. Dort ist freilich der Abschluss des sachrechtlichen Vertrags, nicht der Rechtswahlvereinbarung, Abgrenzungsmoment.
19   Die deutsche Fassung nutzt die Wendung „ebenfalls wirksam", welche das Regelungsanliegen nicht hinreichend zum Ausdruck bringt. Als klar erweist sich hingegen die englische Sprachfassung des Art. 18 Abs. 1 S. 2: „However, effect shall also be given to an agreement on the choice of the applicable law concluded before 21 June 2012, provided that it complies with Articles 6 and 7."
20   Ein Zusammenhang mit der Frage der Verfahrenseinleitung besteht entgegen Erman/*Hohloch*, Art. 18 Rn 1 nicht. Den Verweis in Art. 18 Abs. 1 S. 2 auf Artt. 6 f als weitergehendes Wirksamkeitserfordernis für alle vor dem 21.6.2012 geschlossenen Rechtswahlvereinbarungen auffassend *Helms*, FamRZ 2011, 1765, 1767. Auch der Kreis der gewählten Rechte ist entgegen jurisPK-BGB/*Ludwig*, Art. 18 Rn 6; *Reghizzi*, Le Nuove Leggi Civili Commentate 2011, 1435, 1536 Fn 3; *Franzia*, Cuadernos de Derecho Transnacional vol. 3 n. 2 (Oktober 2011), 85, 106 nicht auf die in Art. 5 genannten beschränkt. Auf Art. 5 wird ausdrücklich nicht verwiesen. Hierin dürfte auch kein Redaktionsversehen liegen (so aber Palandt/*Thorn*, Art. 18 Rn 1; *Gruber*, IPRax 2012, 381, 384 mit Fn 46; im Erg. auch Rauscher/*Rauscher*, EuZPR/EuIPR, Art. 18 Rn 822). Eine Absicht des Verordnungsgebers, den Kreis der wählbaren Rechte auf die durch Art. 5 bezeichneten zu beschränken, ist nicht ersichtlich. Eine solche Einschränkung würde ferner dem Gedanken des *favor negotii*, der Abs. 1 S. 2 zugrunde liegt, zuwiderlaufen.
21   *Franzia*, Cuadernos de Derecho Transnacional vol. 3 n. 2 (Oktober 2011), 85, 106.
22   Vgl Rauscher/*Rauscher*, Art. 18 Rn 822.
23   Zweifelnd wegen dieser Bezugnahme des Art. 17 Abs. 1 S. 1 EGBGB auf Art. 14 Abs. 2-4 EGBGB *Helms*, FamRZ 2011, 1765, 1767.

technik eines mitgliedstaatlichen Gesetzgebers vermag einer Rechtswahl, welche in den Anwendungsbereich der Rom III-VO fallende Fragen betrifft, nicht den Charakter einer Rechtswahl iSd Rom III-VO nehmen.

Das Zusammenspiel von **Verfahrenseinleitung und Rechtswahl** regelt **Abs. 2** ausschnittweise. Wird das Verfahren vor dem 21.6.2012 eingeleitet, die Rechtswahl aber ab dem 21.6.2012 – folglich während des laufenden Verfahrens – geschlossen,[24] und ist sie nach dem Internationalen Privatrecht des Forums wirksam, nach den Bestimmungen der Rom III-VO[25] hingegen unwirksam, schadet die Unwirksamkeit nach der Rom III-VO nicht. Zudem ist eine ab dem 21.6.2012 getroffene Rechtswahl in einem Verfahren, das vor dem 21.6.2012 eingeleitet wurde, wirksam, wenn sie den Anforderungen der Rom III-VO, nicht aber den Anforderungen des Internationalen Privatrechts des Forums genügt.[26] Denn Abs. 2 ordnet für vor dem 21.6.2012 eingeleitete Verfahren nicht die ausschließliche Anwendung des zu diesem Zeitpunkt bestehenden, nationalen Kollisionsrechts an. Vielmehr bleiben Rechtswahlvereinbarungen nach dem Internationalen Privatrecht des Forums „unberührt". Damit wird die bereits Abs. 1 S. 1 Alt. 2 zu entnehmende Anwendbarkeit der Rom III-VO auf Rechtswahlvereinbarungen, die ab dem 21.6.2012 in Verfahren, die vor dem 21.6.2012 eingeleitet wurden,[27] geschlossen werden, bestätigt. 10

Im Überblick ergeben sich für die zeitliche Abfolge von Verfahrenseinleitung und Rechtswahl folgende Konstellationen: 11

– Das **Verfahren** wurde **vor dem 21.6.2012** eingeleitet, die **Rechtswahl vor dem 21.6.2012** getroffen: Die Rom III-VO ist nach Abs. 1 S. 1 unanwendbar. Es gilt das Internationale Privatrecht des Gerichtsstaates.
– Das **Verfahren** wurde **vor dem 21.6.2012** eingeleitet, die **Rechtswahl ab dem 21.6.2012** getroffen: Die Rechtswahl beurteilt sich wegen Abs. 1 S. 1 Alt. 2 nach den Bestimmungen der Rom III-VO. Genügt die Rechtswahl nicht den Anforderungen der Rom III-VO,[28] aber dem Internationalen Privatrecht des Forums, ist sie nach Abs. 2 wirksam (näher Rn 10).
– Das **Verfahren** wurde **ab dem 21.6.2012** eingeleitet, die **Rechtswahl vor dem 21.6.2012** getroffen: Die Rom III-VO ist nach Abs. 1 S. 1 Alt. 1 anwendbar, die Rechtswahl wird gemäß Abs. 1 S. 1 Alt. 2 nach dem mitgliedstaatlichen Internationalen Privatrecht, das vor dem 21.6.2012 in Kraft war, behandelt. Genügt die Rechtswahl den Anforderungen dieses mitgliedstaatlichen Kollisionsrechts zwar nicht, erfüllt sie aber die Voraussetzungen der Artt. 6 f, ist sie nach Abs. 1 S. 2 wirksam (näher Rn 9).
– Das **Verfahren** wurde **ab dem 21.6.2012** eingeleitet, die **Rechtswahl ab dem 21.6.2012** getroffen: Die Rom III-VO ist nach Abs. 1 S. 1 anwendbar.

Der exakte, für Art. 18 relevante Zeitpunkt ist der **21.6.2012, 0:00 Uhr**. Verfahren, die am 21.6.2012 eingeleitet, und Rechtswahlen, die am 21.6.2012 geschlossen werden, fallen in den Anwendungsbereich der Rom III-VO. Dies ergibt sich aus den Formulierungen „ab dem 21.6.2012" in Abs. 1 S. 1 und „vor dem 21.6.2012" in Abs. 1 S. 2 und Abs. 2. In der Rom I-VO hatten Unklarheiten in der Formulierung des Art. 28 Rom I-VO eine Berichtigung des Verordnungstextes zur Folge, welche die auch in Art. 18 genutzte Terminologie einführte. 12

Wurde vor dem 21.6.2012 eine **Rechtswahl** getroffen und soll diese nach dem 21.6.2012 **abgeändert** werden, ist zu differenzieren: Fragen der Änderbarkeit – beispielsweise die Dispositivität der getroffenen Rechtswahl, Formerfordernisse zur Aufhebung – der Rechtswahl sind nach altem, vor der Rom III-VO geltendem Recht, Fragen der Änderung – beispielsweise die Wählbarkeit des neu gewählten Rechts nach Art. 5, Anforderungen an materielle Wirksamkeit und Form nach Artt. 6 f – nach der Rom III-VO zu beurteilen.[29] 13

---

24 Sind sowohl das Verfahren vor dem 21.6.2012 eingeleitet als auch die Rechtswahlvereinbarung vor dem 21.6.2012 geschlossen, findet die Rom III-VO bereits nach Art. 18 Abs. 1 S. 1 keine Anwendung. Erman/*Hohloch*, Art. 18 Rn 2 fasst Art. 18 Abs. 2 wohl als Klarstellung in diesem Sinn auf („selbstverständliche intertemporale Regelung").
25 Die Unwirksamkeit dürfte sich regelmäßig aus Art. 5 Abs. 2 ergeben, der als für die Rechtswahl spätestmöglichen Zeitpunkt den der Anrufung des Gerichts festlegt.
26 AA *Franzia*, Cuadernos de Derecho Transnacional vol. 3 n. 2 (Oktober 2011), 85, 106 (wohl für die Berufung nationalen Rechts über Art. 5 Abs. 3).
27 Auf das Verfahren hingegen ist die Verordnung in diesem Fall intertemporal nicht anwendbar, vgl *Reghizzi*, Le Nuove Leggi Civili Commentate 2011, 1435, 1537.
28 Was regelmäßig wegen Art. 5 Abs. 2 der Fall sein dürfte.
29 AA wohl jurisPK-BGB/*Ludwig*, Art. 18 Rn 8 (allgemein für Rom III-VO).

C. Weitere praktische Hinweise

14 Da die intertemporale Anwendbarkeit der Rom III-VO vom Stichtag des 21.6.2012 abhängt, empfiehlt es sich, den **Zeitpunkt** der Verfahrenseinleitung und/oder den der Rechtswahl **genau** zu **dokumentieren**. Zum Nachweis des Zeitpunkts der Verfahrenseinleitung sollte ggf eine Eingangsbestätigung oÄ des Gerichts, vor dem das Verfahren anhängig gemacht wurde, eingeholt werden.

15 Im Falle einer **Rechtswahl** sollten die Parteien zudem **ausdrücklich** festhalten, ob sie von der **Anwendbarkeit** der Rom III-VO ausgehen. Einem Irrtum über die intertemporale Anwendbarkeit der Rom III-VO, kann, wenn er zu einem Irrtum über das anwendbare Recht führt, ggf unter dem Gesichtspunkt des Handelns unter falschem Recht[30] Rechnung getragen werden.

Artikel 19 Verhältnis zu bestehenden internationalen Übereinkommen

(1) Unbeschadet der Verpflichtungen der teilnehmenden Mitgliedstaaten gemäß Artikel 351 des Vertrags über die Arbeitsweise der Europäischen Union lässt diese Verordnung die Anwendung internationaler Übereinkommen unberührt, denen ein oder mehrere teilnehmende Mitgliedstaaten zum Zeitpunkt der Annahme dieser Verordnung oder zum Zeitpunkt der Annahme des Beschlusses gemäß Artikel 331 Absatz 1 Unterabsatz 2 oder 3 des Vertrags über die Arbeitsweise der Europäischen Union angehören und die Kollisionsnormen für Ehescheidung oder Trennung ohne Auflösung des Ehebandes enthalten.

(2) Diese Verordnung hat jedoch im Verhältnis zwischen den teilnehmenden Mitgliedstaaten Vorrang vor ausschließlich zwischen zwei oder mehreren von ihnen geschlossenen Übereinkommen, soweit diese Bereiche betreffen, die in dieser Verordnung geregelt sind.

Literatur: *Helms*, Reform des internationalen Scheidungsrechts durch die Rom III-Verordnung, FamRZ 2011, 1765.

A. Allgemeines

1 Da die Rom III-VO auch im Verhältnis zu Drittstaaten Anwendung findet (s. Art. 4 Rn 1), besteht die Möglichkeit, dass ein **teilnehmender Mitgliedstaat** aufgrund bi- oder multilateraler Abkommen **völkerrechtlich verpflichtet** ist, im Verhältnis zu einem oder mehreren Drittstaaten im Anwendungsbereich der Rom III-VO Kollisionsnormen staatsvertraglichen Ursprungs anzuwenden. Diesen Konflikt löst **Abs. 1** zugunsten des **Vorrangs bestehender völkerrechtlicher Vereinbarungen** auf. Die Union verhielte sich selbst völkerrechtswidrig, wenn sie ihre Mitgliedstaaten zum Bruch deren völkerrechtlicher Verpflichtungen veranlasste.[1]

2 Ein etwaiger Konflikt völkerrechtlicher Verpflichtungen, die **nur zwischen teilnehmenden Mitgliedstaaten** bestehen, und der Rom III-VO wird hingegen nach **Abs. 2** zugunsten der Rom III-VO gelöst.

3 **Parallelbestimmungen** zu Art. 19 finden sich in Art. 25 Rom I-VO, Art. 28 Rom II-VO und Art. 75 EuErbRVO.

B. Regelungsgehalt

4 Abs. 1 betrifft **internationale Übereinkommen**, die Kollisionsnormen für Ehescheidung oder Trennung ohne Auflösung des Ehebandes enthalten. Erfasst sind folglich völkerrechtliche Verträge mit Regelungen, die in den sachlichen Anwendungsbereich der Rom III-VO (hierzu Art. 1 Rn 1 ff) fallen.[2] Als unproblematisch erweisen sich explizite Kollisionsnormen völkerrechtlichen Ursprungs, dh Bestimmungen, welche ausdrücklich die Frage nach dem anzuwendenden Recht beantworten. Vorrang vor der Rom III-VO genießen jedoch auch Abkommen, in denen sich implizite Kollisionsnormen finden. Zu denken ist insbesondere an Übereinkommen, die einheitliches Sachrecht für grenzüberschreitende Sachverhalte schaffen und deren Bestimmungen über ihren Anwendungsbereich kollisionsrechtlichen Gehalt aufweisen.[3]

---

30 Hierzu MüKo/*Sonnenberger*, Einl. IPR Rn 611-613; *Kegel/Schurig*, S. 66 f.
1 Zur Parallelvorschrift Art. 25 Abs. 1 Rom I-VO: Staudinger/*Magnus* Art. 25 Rom I-VO Rn 5.
2 Art. 19 Abs. 2 bringt dies sprachlich deutlicher als der den Art. 1 Abs. 1 wiederholende Art. 19 Abs. 1 zum Ausdruck. Inhaltlich bestehen keine Differenzen, da Abs. 1 und Abs. 2 beide die Überschneidung des sachlichen Anwendungsbereichs der Rom III-VO mit bestehenden völkerrechtlichen Verträgen regeln.
3 Zur Parallelproblematik bei Art. 25 Rom I-VO s. *Nordmeier*, in: Gebauer/Wiedmann, Kap. 37 Rn 148.

Der **Hinweis** auf den vorrangigen **Art. 351 AEUV** ist **deklaratorisch**, da die Rom III–VO als Sekundärrecht in der Normenhierarchie unter dem primärrechtlichen Art. 351 AEUV steht. Die Norm betrifft völkerrechtliche Verträge der Mitgliedstaaten, die vor dem 1.1.1958 bzw (bei späterem Beitritt) vor dem Zeitpunkt des Beitritts des jeweiligen Mitgliedstaates zur Europäischen Gemeinschaft bzw Union geschlossen wurden. Die Vorrangregelung des Art. 19 Abs. 1 trägt Art. 351 AEUV hinreichend Rechnung.

Relevanter Zeitpunkt ist für von Beginn an teilnehmenden Mitgliedstaaten – wie die Bundesrepublik Deutschland – derjenige der **Annahme** der Rom III–VO. Sie wurde am **20.12.2010** angenommen (s.a. Art. 21 Rn 5).[4] Mit Annahme der Verordnung ging auch die Außenkompetenz, in den Anwendungsbereich der Verordnung fallende, völkerrechtliche Verträge zu schließen, von den teilnehmenden Mitgliedstaaten auf die Union über.[5] Ab diesem Zeitpunkt konnte mangels Abschlusskompetenz der teilnehmenden Mitgliedstaaten keine der Rom III–VO entgegenstehende völkerrechtliche Vereinbarung mit Drittstaaten mehr getroffen werden, so dass der Konflikt, den Abs. 1 verhindern soll, nicht mehr auftreten konnte.

Für Mitgliedstaaten, die sich zu einem späteren Zeitpunkt zu einer Teilnahme an der Verordnung entschließen, wird auf den Moment der Annahme des Beschlusses nach Art. 331 Abs. 1 Unterabs. 2 oder 3 AEUV, der im Verfahren der verstärkten Zusammenarbeit die Teilnahme weiterer Mitgliedstaaten an einem Rechtsakt erlaubt, abgestellt.[6]

Zum Zeitpunkt der Annahme der Verordnung war die Bundesrepublik Deutschland durch das **deutsch-iranische Niederlassungsabkommen** von 1929[7] völkerrechtlich gebunden. Diesem Abkommen, dessen Art. 8 Abs. 3 S. 1 das gemeinsame Heimatrecht der Ehegatten für anwendbar erklärt, kommt deshalb Vorrang vor der Rom III–VO zu.[8] Es gelangt jedoch nur zur Anwendung, wenn alle Beteiligten dieselbe Staatsangehörigkeit haben,[9] folglich nicht bei deutsch-iranischen Doppelstaatern.[10] Offen ist, ob der Vorrang des Abkommens zur Folge hat, dass die Rom III–VO insgesamt verdrängt wird. Nach einem solchen Verständnis griffe die *ordre-public*-Kontrolle nach Artt. 10 und 12 nicht, und ein deutsches Gericht korrigierte *ordre-public*-widrige Ergebnisse im Verhältnis zum Iran auch nach dem 21.6.2012 nach Art. 6 EGBGB.[11] Nach diesem Ansatz wird die *ordre-public*-Kontrolle, die nicht ausdrücklich im Abkommen geregelt ist, in dieses hineingelesen. Zudem lässt Art. 19 Abs. 1 die Anwendung internationaler Übereinkommen unberührt, beschränkt sich dem Wortlaut nach folglich nicht auf die Anwendung der in den Übereinkommen enthaltenen Kollisionsnormen. Gegen einen Rückgriff auf mitgliedstaatliches Kollisionsrecht zur Ergänzung vorrangiger völkerrechtlicher Übereinkommen spricht hingegen, dass nach Abs. 1 nur die Anwendung internationaler Übereinkommen unberührt bleibt, nicht aber solche Übereinkommen ergänzende, nationale Bestimmungen. Hinsichtlich dieser liegt der von Abs. 1 zu lösende Konflikt zwischen völkerrechtlicher Bindung einerseits und der Pflicht, die Rom III–VO universell anzuwenden, andererseits, nicht vor. Die Bundesrepublik Deutschland verstößt nicht gegen ihre völkerrechtlichen Pflichten aus dem deutsch-iranischen Niederlassungsabkommen, wenn sie die *ordre-public*-Kontrolle im Verhältnis zum zur Islamischen Republik Iran nicht anhand von Art. 6 EGBGB vornimmt. Im Ergebnis dürfte sich die normative Verankerung der *ordre-public*-Kontrolle in Artt. 10 und 12 oder in Art. 6 EGBGB nur selten auswirken, da Art. 12 zur Festlegung, welchen Inhalt der *ordre public* hat, auf das Recht des Forumstaates verweist (näher Art. 12 Rn 11).

Ausschließlich zwischen **teilnehmenden Mitgliedstaaten** bestehende Übereinkommen verdrängt die Rom III–VO gemäß **Abs. 2**. Dahinter steht – wie bei den Parallelvorschriften Art. 25 Abs. 2 Rom I–VO und Art. 28 Abs. 2 Rom II–VO – die Überlegung, dass in einem solchen Fall völkerrechtliche Verpflichtungen zu Drittstaaten keine Rolle spielen und die teilnehmenden Mitgliedstaaten untereinander wegen des Vorrangs des Unionsrechts an die Verordnung gebunden sind.[12]

---

4 *Kohler/Pintens*, FamRZ 2011, 1433.
5 Siehe Staudinger/*Magnus* Art. 25 Rom I–VO Rn 3; MüKo/*Martiny*, Art. 25 VO (EG) 593/2008 Rn 7 (jeweils zu Art. 25 Rom I). Hieran ändert auch nichts, dass die Verordnung im Verfahren der verstärkten Zusammenarbeit in Kraft gesetzt wurde, s. *Biagioni*, Le Nuove Leggi Civili Commentate 2011, 1435, 1539.
6 Spezifisch für die Rom III–VO s. *R. Wagner*, NJW 2011, 1404.
7 Niederlassungsabkommen zwischen dem Deutschen Reich und dem Kaiserreich Persien vom 17.2.1929, RGBl 1930 II, S. 1006.
8 Erman/*Hohloch*, Art. 19 Rn 1; jurisPK-BGB/*Ludwig*, Art. 19 Rn 1; Palandt/*Thorn*, Art. 19 Rn 1; *Helms*, FamRZ 2011, 1765, 1767.
9 BGH NJW 1990, 636, 637.
10 BVerfG NJW-RR 2007, 577; OLG Hamm FamRZ 2012, 1498, 1499 m.Anm. *Henrich* FamRZ 2012, 1500; OLG München ZEV 2010, 255 (zum Erbrecht).
11 Hierfür Erman/*Hohloch*, Art. 19 Rn 1; wohl auch Palandt/*Thorn*, Art. 19 Rn 1 mit Art. 6 EGBGB Rn 11.
12 Zur Parallelvorschrift Art. 25 Abs. 2 Rom I–VO: Staudinger/*Magnus* Art. 25 Rom I–VO Rn 18; *Nordmeier*, in: Gebauer/Wiedmann, Kap. 37 Rn 149.

Die **Bundesrepublik Deutschland** ist durch keinen völkerrechtlichen Vertrag, der in der Rom III–VO geregelte Materien betrifft und dessen Parteien nur an der Verordnung teilnehmende Mitgliedstaaten sind, gebunden. **Abs. 2** hat deshalb aus deutscher Perspektive **keine Bedeutung**.[13]

Artikel 20 Revisionsklausel

(1) ¹Die Kommission legt dem Europäischen Parlament, dem Rat und dem Europäischen Wirtschafts- und Sozialausschuss spätestens zum 31. Dezember 2015 und danach alle fünf Jahre einen Bericht über die Anwendung dieser Verordnung vor. ²Dem Bericht werden gegebenenfalls Vorschläge zur Anpassung dieser Verordnung beigefügt.

(2) Die teilnehmenden Mitgliedstaaten übermitteln der Kommission zu diesem Zweck sachdienliche Angaben betreffend die Anwendung dieser Verordnung durch ihre Gerichte.

1 Eine **Berichtspflicht** der Kommission wird nach **Abs. 1** für Zwecke der **Verordnungsevaluation** begründet. Dies entspricht unionaler Rechtsetzungspraxis auf dem Gebiet des Internationalen Privat- und Zivilverfahrensrechts.[1] Für die Rom III–VO ist der Evaluationsprozess von besonderer Bedeutung, da er Gelegenheit gibt, weitere Mitgliedstaaten von der Teilnahme an der Verordnung zu überzeugen.[2] Die Kommission veröffentlicht Berichte der vorliegend betroffenen Art in aller Regel auf ihrer Internetseite.[3] Den Rechtsanwender kann ein Kommissionsbericht auf **Problemfelder**, die sich bei der Anwendung der Verordnung in den teilnehmenden Mitgliedstaaten zeigten, hinweisen.

2 Den teilnehmenden Mitgliedstaaten legt **Abs. 2** die Verpflichtung auf, die für den Kommissionsbericht relevanten Informationen an die Kommission aus der Praxis ihrer Gerichte[4] zu übermitteln. Es ist Aufgabe der **teilnehmenden Mitgliedstaaten**, diese Informationen zu sammeln und ggf hierfür erforderliche Berichtspflichten ihrer Gerichte zu schaffen. Abs. 2 begründet keine unmittelbaren, die mitgliedstaatlichen Gerichte treffenden Berichtsverpflichtungen.

Kapitel IV
Schlussbestimmungen

Artikel 21 Inkrafttreten und Geltungsbeginn

Diese Verordnung tritt am Tag nach ihrer Veröffentlichung im *Amtsblatt der Europäischen Union* in Kraft.

Sie gilt ab dem 21. Juni 2012, mit Ausnahme des Artikels 17, der ab dem 21. Juni 2011 gilt.

Für diejenigen teilnehmenden Mitgliedstaaten, die aufgrund eines nach Artikel 331 Absatz 1 Unterabsatz 2 oder Unterabsatz 3 des Vertrags über die Arbeitsweise der Europäischen Union angenommenen Beschlusses an der Verstärkten Zusammenarbeit teilnehmen, gilt diese Verordnung ab dem in dem betreffenden Beschluss angegebenen Tag.

Diese Verordnung ist in allen ihren Teilen verbindlich und gilt gemäß den Verträgen unmittelbar in den teilnehmenden Mitgliedstaaten.

A. Allgemeines

1 Die Norm betrifft die Anwendbarkeit der Verordnung in zeitlicher Hinsicht. Aus Sicht des Rechtsanwenders **ergänzt** sie die **zentrale Übergangsbestimmung** des **Art. 18**. Zudem weist sie auf den primärrechtlichen Anwendungsvorrang der Verordnung gegenüber mitgliedstaatlichem Recht hin. Parallelbestimmungen finden sich in Art. 29 Rom I–VO, Art. 32 Rom II–VO und Art. 84 EuErbRVO. Art. 32 Rom II–VO unterscheidet jedoch – anders als Art. 21 – nicht ausdrücklich zwischen Inkrafttreten und Geltungsbeginn.[1]

---

13 Vgl Erman/*Hohloch*, Art. 19 Rn 1.
1 Erman/*Hohloch*, Art. 20 Rn 1.
2 *Rossolillo*, Le Nuove Leggi Civili Commentate 2011, 1435, 1542.
3 <http://ec.europa.eu/index_de.htm>.

4 Es gilt insofern die Gerichtsdefinition des Art. 3 Nr. 2.

1 Vgl BeckOK-BGB/*Spickhoff*, Art. 32 VO (EG) 864/2007 Rn 2.

B. Regelungsgehalt

Neben den **Übergangsbestimmungen** des **Art. 18** kennt die Rom III-VO das in Art. 21 Abs. 1 bestimmte **Inkrafttreten** und den in Abs. 2 geregelten **Geltungsbeginn** der Verordnung.[2]

Sie ist, da sie am 29.12.2010 im Amtsblatt der Europäischen Union veröffentlicht wurde, am 30.12.2010 in Kraft getreten. Mit der Veröffentlichung wird die Verordnung den normunterworfenen Bürgern bekannt gemacht, ohne dass sie sofort Rechtswirkungen erzeugt. Damit blieb für die Rechtspraxis hinreichend Zeit, sich mit den neuen Bestimmungen vertraut zu machen.[3] Ob den teilnehmenden Mitgliedstaaten ab dem 30.12.2010 verwehrt ist, autonome, abweichende Regelungen zu erlassen,[4] scheint wegen des Anwendungsvorrangs der Verordnung, der kein Geltungsvorrang ist (näher unten Rn 6), fraglich. Es steht aber jedenfalls zu erwarten, dass der Vorrang der Verordnung von den teilnehmenden Mitgliedstaaten beachtet werden wird.

Die Verordnung **gilt** – bis auf den früher in Geltung tretenden Art. 17 – **ab dem 21.6.2012**. Dieses Datum findet sich auch in den Übergangsbestimmungen des Art. 18. Die Verordnung gelangt ab diesem Datum im Rechtsverkehr nach Maßgabe des Art. 18 zur Anwendung. Nationales Kollisionsrecht – in Deutschland insbesondere Art. 17 Abs. 1 EGBGB (zu dessen Anpassung an die Verordnung s.u. Rn 7) – wird im Anwendungsbereich der Verordnung durch diese verdrängt.

Art. 17 Abs. 1 begründet eine bis zum 21.9.2011 zu erfüllende Informationspflicht der Mitgliedstaaten. Deshalb war es erforderlich, diese Bestimmung bereits vor dem 21.6.2012, nämlich ab dem 21.6.2011 in Geltung zu setzen. Bei reibungslosem Verlauf hätte die Kommission die von den Mitgliedstaaten zur Verfügung gestellten Informationen nach Art. 17 Abs. 2 bereits vor dem Geltungsbeginn am 21.6.2012 veröffentlichen können.

Zeitpunkt der **Annahme** der Verordnung ist der **20.12.2010**.[5] Denn an diesem Tag wurde sie von den Justizministern der 14 teilnehmenden Mitgliedstaaten im Rat beschlossen.[6]

An den **Anwendungsvorrang** der Verordnung erinnert **Abs. 4**. Es handelt sich um eine Wiederholung des in der Normenhierarchie höherstehenden Art. 288 Abs. 2 S. 2 AEUV, aus dem sich die Verbindlichkeit und der Anwendungsvorrang der Verordnung vor nationalen Kollisionsnormen ergibt. Vorbehalten bleiben von Mitgliedstaaten vor dem Zeitpunkt der Annahme der Verordnung geschlossene internationale Übereinkommen nach Art. 19 (näher Art. 19 Rn 6). Als Folge des Anwendungsvorrangs wird entgegenstehendes nationales Recht verdrängt und ist deshalb unanwendbar.[7] Nichtig ist es freilich nicht. Dies gilt insbesondere für Art. 17 Abs. 1 EGBGB.

Die Bundesrepublik Deutschland hat das **EGBGB** wegen des Vorrangs der Verordnung durch das Gesetz zur **Anpassung** der Vorschriften des Internationalen Privatrechts an die Verordnung (EU) Nr. 1259/2010 und zur Änderung anderer Vorschriften des Internationalen Privatrechts[8] auf die Verordnung abgestimmt. Die Änderungen sind am 29.1.2013 in Kraft getreten. In Art. 3 Nr. 1 EGBGB wurde ein Buchstabe d) eingefügt, der auf die vorrangige Rom III-VO hinweist. Dieser Hinweis wird in Art. 17 Abs. 1 EGBGB wiederholt werden. Zudem unterstellt Art. 17 Abs. 1 EGBGB vermögensrechtliche Scheidungsfolgen, die nicht ausdrücklich im internationalen Familienrecht des EGBGB geregelt sind, dem durch die Verordnung bezeichneten Recht.[9] Eine Rechtswahlvereinbarung nach Art. 5 bedarf gemäß Art. 46 d Abs. 1 EGBGB der notariellen Beurkundung. Während des gerichtlichen Verfahrens können die Ehegatten nach Art. 46 d Abs. 1 EGBGB die Rechtswahl bis zum Schluss der mündlichen Verhandlung im ersten Rechtszug treffen.[10] Die Formvorschrift des § 127 a BGB gilt entsprechend. Zur intertemporalen Anwendbarkeit der Änderungen des EGBGB ordnet Art. 299 § 28 EGBGB an, dass sie in Verfahren anzuwenden sind, die nach dem 28.1.2013 eingeleitet worden sind.

---

2 Es sollte deshalb vermieden werden, vom Inkrafttreten der Verordnung am 21.6.2012 zu sprechen. Siehe aber *Finger*, FamFR 2011, 323193.
3 Vgl zur Parallelbestimmung Art. 29 Rom I-VO Staudinger/*Magnus*, Art. 29 Rom I-VO Rn 1. Zudem dürfte die Veröffentlichung im Amtsblatt die Frist zur Erhebung der Nichtigkeitsklage nach Art. 263 Abs. 6 AEUV in Gang setzen.
4 So Staudinger/*Magnus*, Art. 29 Rom I-VO Rn 2 zur Parallelbestimmung Art. 29 Rom I-VO.
5 Siehe auch den am Ende der Verordnung im Amtsblatt angebrachten Vermerk „Geschehen zu Brüssel am 20. Dezember 2010."
6 Siehe *Becker*, NJW 2011, 1543; *Brand*, DRiZ 2011, 56; *Kohler/Pintens*, FamRZ 2011, 1433.
7 EuGH, Slg 1964, 1251, Rn 12; BVerfG NJW 2010, 3422, 3423, Tz. 53; *Frenz*, Handbuch Europarecht V – Wirkungen und Rechtsschutz, 2010, Rn 139 ff.
8 BGBl 2013 I, S. 101; zum Gesetzesentwurf *Mansel/Thorn/R. Wagner*, IPRax 2013 1, 13.
9 Gedacht ist beispielsweise an die Nutzungsbefugnis für eine nicht in Deutschland belegene Ehewohnung, s. *Mansel/Thorn/R Wagner*, IPRax 2013 1, 13.
10 Wird die bereits geschlossene Verhandlung wiedereröffnet, lebt die Rechtswahlmöglichkeit wieder auf.

8   Aufgrund eines Verfahrens nach Art. 331 AEUV ist die Verordnung am 23.11.2012 für **Litauen** als 15. Mitgliedstaat am 23.11.2012 in Kraft getreten.[11] Sie gilt für Litauen ab dem 22.5.2014, wird also insbesondere von litauischen Gerichten ab diesem Tag angewendet (zur Unterscheidung von Inkrafttreten und Geltungsbeginn s.o. Rn 2 f). Aufgrund der universellen Anwendung der Verordnung (s. Art. 4 Rn 1) wirkt sich dies aus der Perspektive eines deutschen Rechtsanwenders prinzipiell nicht aus, der ab dem 21.6.2012 auch im Fällen mit Bezügen zu Litauen die Verordnung anzuwenden hat.

---

11   Art. 4 des Beschlusses der Kommission vom 21. November 2012 zur Bestätigung der Teilnahme Litauens an der Verstärkten Zusammenarbeit im Bereich des auf die Ehescheidung und Trennung ohne Auflösung des Ehebandes anzuwendenden Recht, ABl. EU 2012 L 323/18; *Mansel/Thorn/R. Wagner*, IPRax 2013, 1 und 10.

Überblick: EuErbRVO

Überblick: Die EU-Erbrechtsverordnung (EuErbRVO)

Literatur: *Janzen,* Die EU-Erbrechtsverordnung, DNotZ 2012, 484; *Lange,* Das geplante Europäische Nachlasszeugnis, DNotZ 2012, 168; *Lange,* Das Erbkollisionsrecht im neuen Entwurf einer EU-ErbVO, ZErb 2012, 160; *Remde,* Die Europäische Erbrechtsverordnung nach dem Vorschlag der Kommission vom 14. Oktober 2009, RNotZ 2012, 65; *Simon/Buschbaum,* Die neue EU-Erbrechtsverordnung, NJW 2012, 2393.

A. Kurzerläuterung der EuErbRVO 1	c) Subsidiäre Zuständigkeit (Art. 10) 7
I. Geschichte 1	4. Anwendbares Recht 9
II. Übergangsrecht/Inkrafttreten 2	5. Rechtswahl 12
III. Die wichtigsten Änderungen 3	6. Der Umfang des Erbstatuts 17
1. Überblick 3	7. Ordre public-Vorbehalt (Art. 35) 20
2. Anwendungsbereich und Begriffsbestimmung 4	8. Formwirksamkeit letztwilliger Verfügungen 21
3. Zuständigkeit der Gerichte (Kapitel II der EuErbRVO) 5	9. Materielle Wirksamkeit letztwilliger Verfügungen 22
a) Allgemeine Zuständigkeit (Art. 4) 5	10. Europäisches Nachlasszeugnis 25
b) Gerichtsstandvereinbarung bei Rechtswahl und Zuständigkeit bei Rechtswahl (Artt. 5 ff) 6	B. Text der EuErbRVO 28

A. Kurzerläuterung der EuErbRVO

I. Geschichte

Am 14.10.2009 wurde der Vorschlag der EU-Kommission für eine Verordnung (Nr. 650/2012) veröffentlicht,[1] die die internationale Zuständigkeit, das anwendbare Recht, die Anerkennung und Vollstreckung von Entscheidungen und öffentlichen Dokumenten auf dem Gebiet des Erbrechts regelt sowie die Schaffung eines europäischen Erbscheins vorsieht (EuErbRVO). Der Justizministerrat hat den Vorschlag der Verordnung am 7.6.2012 angenommen. Sie wurde am 27.7.2012 im Amtsblatt der Europäischen Union veröffentlicht.[2]

II. Übergangsrecht/Inkrafttreten

Die Verordnung trat am 16.8.2012 in Kraft und soll drei Jahre **nach ihrer Veröffentlichung** im Amtsblatt am 17.8.2015 gelten. Sie ist dann auf alle Erbfälle, die ab diesem Tag eintreten, anzuwenden (Artt. 83, 84).

III. Die wichtigsten Änderungen

1. Überblick

- Universelle Anwendung (*loi uniforme*): Die Kollisionsregeln sollen auch im Verhältnis zu Drittstaaten gelten (Art. 20).
- Nachlasseinheit (Art. 21): Es soll künftig keine Differenzierung in beweglicher oder unbeweglicher Nachlass vorgenommen werden.
- Aufgabe des Staatsangehörigkeitsprinzips: Die Anknüpfung erfolgt an den letzten gewöhnlichen Aufenthalt des Erblassers (Art. 21).
- Beschränkte Rechtswahlmöglichkeit (Art. 22): Der Testator kann in Form einer letztwilligen Verfügung sein Heimatrecht wählen.
- Gleichlauf zwischen internationaler Zuständigkeit und anwendbarem Recht (Artt. 4, 5).
- Neu geschaffen wird ein Europäisches Nachlasszeugnis.

2. Anwendungsbereich und Begriffsbestimmung

- Art. 1 umschreibt den Anwendungsbereich der EuErbRVO. Diese gilt für die **„Rechtsnachfolge von Todes wegen"**.
  Dazu gehören nicht Steuer-, Zoll- und Verwaltungsangelegenheiten. Auch Fragen des **Ehegüterrechts** werden von der EuErbRVO nicht erfasst. Es stellt sich nach wie vor das Problem der Einordnung des

---

1 KOM (2009) 154/3; einsehbar auf der Homepage des Deutschen Notarinstituts <www.dnoti.de>.
2 DE L 201/134.

§ 1371 BGB. Die hM qualifiziert diese Vorschrift güterrechtlich.[3] Das hat zur Folge, dass sich der gesetzliche Erbteil des überlebenden Ehegatten grundsätzlich auch dann um 1/4 erhöhen kann, wenn die Erbfolge ausländischem Recht unterliegt. Andere sprechen sich für eine Doppelqualifikation aus.[4] Eine Erhöhung der Erbquote wird zum Teil von den Obergerichten abgelehnt.[5] Die Verordnung bringt insoweit keine Klärung.

– Die EuErbRVO enthält auch keine Regelung hinsichtlich der Anknüpfung von **Vorfragen**, wie zB familienrechtliche Beziehungen (Ehe, Abstammung, Adoption, Güterstand und Scheidung) oder die Zugehörigkeit von Vermögensgegenständen zum Nachlass. Damit wird auch das Problem der selbstständigen oder unselbstständigen Anknüpfung nicht gelöst.

– Auch die Rechts- und Geschäftsfähigkeit natürlicher Personen unterfällt nicht dem Erbstatut (Art. 1 Abs. 2 lit. b). Etwas anderes gilt aber für die Testierfähigkeit, die von der Verordnung erfasst wird (Art. 26 Abs. 1 lit. a).

– Was den territorialen Geltungsbereich anbelangt, umfasst dieser die EU-Staaten, mit Ausnahme Dänemark, Großbritannien und Irland.[6]

5 **3. Zuständigkeit der Gerichte (Kapitel II der EuErbRVO). a) Allgemeine Zuständigkeit (Art. 4).** In der Regel bestimmt sich die internationale Zuständigkeit der Gerichte nach **dem letzten gewöhnlichen Aufenthalt** des Erblassers. Damit kommt es regelmäßig zu einem Gleichlauf zwischen dem anwendbaren Verfahrensrecht (*lex fori*) und dem anwendbaren materiellen Recht (*lex causae*).

6 **b) Gerichtsstandvereinbarung bei Rechtswahl und Zuständigkeit bei Rechtswahl (Artt. 5 ff).** Hat der Erblasser als Erbstatut das Recht eines Mitgliedstaats gemäß Art. 22 gewählt, können die betroffenen Parteien vereinbaren, dass ein Gericht dieses Mitgliedstaates zuständig sein soll. Das befasste Gericht kann auf Antrag einer Partei und wenn nach seinem Dafürhalten die Gerichte des Mitgliedstaats, dessen Recht der Erblasser gewählt hat, die Erbsache besser beurteilen können, das Verfahren aussetzen und die Parteien auffordern, die Gerichte des betreffenden Mitgliedstaats anzurufen (Art. 6).

7 **c) Subsidiäre Zuständigkeit (Art. 10).** Wenn kein Aufenthalt des Erblassers in einem Mitgliedstaat feststellbar ist, sind die Gerichte der Vertragsstaaten unter bestimmten Voraussetzungen gleichwohl für die Nachlassabwicklung zuständig:

– Es müssen sich in dem Mitgliedstaat **Nachlassgegenstände** befinden und der Erblasser **seinen vorhergehenden gewöhnlichen** Aufenthalt in dem betreffenden Mitgliedstaat gehabt haben, sofern dieser Aufenthalt nicht länger als fünf Jahre vor der Anrufung des Gerichts zurückliegt,

– oder hilfsweise der Erblasser im Zeitpunkt seines Todes die **Staatsangehörigkeit** dieses Mitgliedstaats besessen haben

– oder hilfsweise ein **Erbe** oder Vermächtnisnehmer seinen **gewöhnlichen Aufenthalt** in diesem Mitgliedstaat gehabt haben

– oder hilfsweise der **Antrag** ausschließlich diese Gegenstände betreffen (Art. 10 Abs. 2).

8 Probleme ergeben sich hinsichtlich der Frage der Belegenheit von Forderungen und wenn sich mehrere Erben in unterschiedlichen Mitgliedstaaten aufhalten.

9 **4. Anwendbares Recht.** Einschneidende Änderungen für das deutsche internationale Erbrecht ergeben sich daraus, dass die Verordnung die Anknüpfung des Erbstatuts an die **Staatsangehörigkeit** des Erblassers (Art. 25 Abs. 1 EGBGB) beseitigt und stattdessen eine Verweisung auf das am **letzten gewöhnlichen Aufenthalt** des Erblassers geltende Recht vorsieht (Art. 21).

10 Sonderregeln gelten für Erbverträge (Art. 25), Kommorienten (Art. 32) und erbenlose Nachlässe (Art. 33). Die mit der neuen Regelanknüpfung verbundene Abkehr vom Staatsangehörigkeitsprinzip soll auch die grenzüberschreitende Mobilität der Unionsbürger fördern.[7] Die Verordnung enthält keine Definition des gewöhnlichen Aufenthalts. Probleme ergeben sich bei Grenzgängern, bei zeitlich begrenztem Auslandsaufenthalt, bei „Mallorca-Rentner" und bei einem Gefängnisaufenthalt.

11 Insoweit präsentiert Art. 21 Abs. 2 nun auch noch eine „Ausweichklausel", wonach ausnahmsweise das Rechts des Staates, zu dem der Erblasser im Zeitpunkt seines Todes eine offensichtlich engere Verbindung hatte, anzuwenden ist, wenn sich dies aus der Gesamtheit der Umstände ergibt. Dies soll zB dann der Fall sein, wenn der Erblasser erst kurz vor seinem Tod den gewöhnlichen Aufenthalt in einen anderen Staat verlegt und weiterhin engere Verbindungen zu dem vorigen Aufenthaltsstaat beibehalten hatte.[8]

---

3 OLG München ZErb 2012, 220; Palandt/*Thorn*, Art. 15 EGBGB Rn 26 mwN; Staudinger/*Mankowski*, Art. 15 EGBGB Rn 341 mwN.
4 OLG Köln FGPrax 2011, 302.
5 OLG Stuttgart NJW 2005, 2164; aA OLG München ZErb 2012, 220.
6 *Janzen*, DNotZ 2012, 484.
7 *Lange*, ZErb 2012, 162.
8 Erwägungsgrund 25.

5. Rechtswahl. Mit der Anknüpfung an den letzten gewöhnlichen Aufenthalt ergibt sich das Problem der Wandelbarkeit des anzuwendenden Erbrechts. Das Erbrecht kann im Laufe des Lebens des Erblassers mehrfach wechseln, ohne dass es für die Beteiligten erkennbar ist.[9]

Der Erblasser hat jedoch die Möglichkeit, durch **ausdrückliche Erklärung** in Form einer Verfügung von Todes wegen die gesamte Erbfolge dem Recht des Staates zu unterstellen, dem er angehört (Art. 22; **Heimatrecht zur Zeit der Rechtswahl**).[10]

Damit ergibt sich künftig für die Erbfolge nach einem **deutschen Staatsangehörigen**, dass dieser nach einem ausländischen Recht beerbt wird, wenn er mit letztem gewöhnlichem Aufenthalt außerhalb Deutschlands verstirbt. Er kann dies nur verhindern, indem er eine ausdrückliche Rechtswahl zugunsten seines deutschen Heimatrechts trifft.

Ein **Ausländer** wird künftig nach **deutschem Recht** beerbt werden, wenn er mit letztem gewöhnlichem Aufenthalt in Deutschland verstirbt. Eine auf deutsches unbewegliches Vermögen beschränkte Rechtswahl (Art. 25 Abs. 2 EGBGB) wird nach Inkrafttreten der Verordnung nicht mehr anerkannt werden. Intertemporal wird sich die Verordnung auf alle Erbfälle erstrecken, die nach Inkrafttreten eingetreten sind. Eine vor Inkrafttreten getroffene Rechtswahl bleibt wirksam, soweit sie gem. Art. 22 EuErbRVO zulässig ist. Aus Art. 22 Abs. 2 ergibt sich, dass es unzulässig wäre, das Recht des Staates „dem der Erblasser zum Todeszeitpunkt angehören wird" zu wählen; vielmehr ist nur die Wahl des Rechtes der Staatsangehörigkeit zum Errichtungszeitpunkt möglich.

Beachte:
- Rechtswahl kann auch isoliert für gesetzliche Erbfolge erklärt werden.
- Rechtswahl ist auch schon „vorbeugend" möglich (Art. 83 Abs. 2).
- Die materiellrechtliche Wirksamkeit der Rechtswahlerklärung bemisst sich nach dem gewähltem Recht (Art. 22 Abs. 3).

6. Der Umfang des Erbstatuts. Dem Recht des letzten gewöhnlichen Aufenthalts bzw dem gewählten Erbrecht unterliegt die gesamte Rechtsnachfolge von Todes wegen (Art. 23).

Dazu gehören:
- die Gründe für den Eintritt des Erbfalls sowie dessen Zeitpunkt und Ort;
- die Berufung der Berechtigten, die Bestimmung ihrer jeweiligen Anteile und etwaiger ihnen vom Erblasser auferlegter Pflichten sowie die Bestimmung sonstiger Rechte an dem Nachlass, einschließlich der Nachlassansprüche des überlebenden Ehegatten oder Lebenspartners;
- die Erbfähigkeit;
- die Enterbung und die Erbunwürdigkeit;
- der Übergang der zum Nachlass gehörenden Vermögenswerte, Rechte und Pflichten auf die Erben und gegebenenfalls die Vermächtnisnehmer, einschließlich der Bedingungen für die Annahme oder die Ausschlagung der Erbschaft oder eines Vermächtnisses und deren Wirkungen;
- die Rechte der Erben, Testamentsvollstrecker und anderer Nachlassverwalter, insbesondere im Hinblick auf die Veräußerung von Vermögen und die Befriedigung der Gläubiger, unbeschadet der Befugnisse nach Art. 29 Abs. 2 und 3;
- die Haftung für die Nachlassverbindlichkeiten;
- der verfügbare Teil des Nachlasses, die Pflichtteile und andere Beschränkungen der Testierfreiheit sowie etwaige Ansprüche von Personen, die dem Erblasser nahe stehen, gegen den Nachlass oder gegen den Erben;
- die Ausgleichung und Anrechnung unentgeltlicher Zuwendungen bei der Bestimmung der Anteile der einzelnen Berechtigten und
- die Teilung des Nachlasses.

Insoweit gilt nun der Grundsatz der Nachlasseinheit. Gleichwohl sind noch Fälle der Nachlassspaltung denkbar, da Rück- und Weiterverweisungen unter den Voraussetzungen des Art. 34 zugelassen werden.

7. Ordre public-Vorbehalt (Art. 35). Der *ordre public*-Vorbehalt kommt dann in Betracht, wenn bei einer Rechtswahl nach Art. 22 auf das Heimatrecht verwiesen wird.

8. Formwirksamkeit letztwilliger Verfügungen. Die Formgültigkeit einer schriftlichen Verfügung von Todes wegen bestimmt sich nach Art. 27. Diese Regelung ist weitgehend dem Haager Übereinkommen über das auf die Form letztwilliger Verfügungen anwendbare Recht vom 5.10.1961 nachgebildet. Für Mitgliedstaaten, die wie Deutschland bereits dem Haager Übereinkommen beigetreten sind, ist dies nach wie vor vorrangig anzuwenden (Art. 75 Abs. 1).[11] Da das Haager Testamentsübereinkommen nicht für Erbverträge gilt, bemisst sich deren Formwirksamkeit bei Mitgliedsstaaten nach Art. 27.

---

9 *Süß*, ZErb 2009, 344.
10 *Dörner*, ZEV 2010, 226.
11 *Janzen*, DNotZ 2012, 488.

22 **9. Materielle Wirksamkeit letztwilliger Verfügungen.** Die materielle Wirksamkeit letztwilliger Verfügungen außer Erbverträgen richtet sich nach dem hypothetischen Erbstatut (Art. 24 Abs. 1 und 3), dh nach dem Recht, das nach der EuErbRVO anzuwenden wäre, wenn die Person, die die Verfügung errichtet hat, zu diesem Zeitpunkt verstorben wäre. Was die materielle Wirksamkeit von **Erbverträgen** anbelangt, findet sich in Art. 25 eine Regelung. Die Parteien können einen Erbvertrag dem Recht eines Staates unterstellen, das zumindest einer der Beteiligten hätte wählen können.

23 Was zur materiellen Wirksamkeit im Sinne der Artt. 24 und 25 gehört, bestimmt Art. 26:
- die Testierfähigkeit der Person, die die Verfügung von Todes wegen errichtet;
- die besonderen Gründe, aufgrund deren die Person, die die Verfügung errichtet, nicht zugunsten bestimmter Personen verfügen darf oder aufgrund deren eine Person kein Nachlassvermögen vom Erblasser erhalten darf;
- die Zulässigkeit der Stellvertretung bei der Errichtung einer Verfügung von Todes wegen;
- die Auslegung der Verfügung;
- Täuschung, Nötigung, Irrtum und alle sonstigen Fragen in Bezug auf Willensmängel oder Testierwillen der Person, die die Verfügung errichtet.

24 Hat eine Person nach dem nach Artt. 24 oder 25 anzuwendenden Recht die Testierfähigkeit erlangt, so beeinträchtigt ein späterer Wechsel des anzuwendenden Rechts nicht ihre Fähigkeit zur Änderung oder zum Widerruf der Verfügung (Art. 26 Abs. 2).

25 **10. Europäisches Nachlasszeugnis.** Im Kapitel VI des Verordnungsentwurfs ist die Einführung eines europäischen Nachlasszeugnisses vorgesehen. Damit soll die Nachlassabwicklung erleichtert werden. Das Zeugnis kann **neben einem nationalen Erbschein** erteilt werden (Art. 62 Abs. 2). Es tritt aber nicht an die Stelle des innerstaatlichen Erbscheins (Art. 62 Abs. 3).[12] Mit dem Zeugnis soll es für Erben und Testamentsvollstrecker bei grenzüberschreitenden Sachverhalten einfacher werden, ihre Rechtsstellung in einem anderen Mitgliedsstaat nachzuweisen (Art. 63 Abs. 1). Dieser beabsichtigte Zweck des Zeugnisses muss dem Nachlassgericht gegenüber nachgewiesen werden (Art. 65 Abs. 3 f). Letztlich soll das Europäische Nachlasszeugnis gerade bei grenzüberschreitenden Sachverhalten „zum Einsatz kommen". Es soll Angaben zum Gericht, zum Erblasser, zum Antragsteller, zu den Erben und deren Quoten, zu Vorbehalten bei der Erbschaftsannahme, zu Nachlassgegenständen, die einem bestimmten Erben oder Vermächtnisnehmer zustehen, und zur Stellung eines Testamentsvollstreckers bzw eines sonstigen Verwalters enthalten (Art. 68).

26 Ebenso sollen Nachlassgegenstände genannt werden, die einem bestimmten Erben oder Vermächtnisnehmer zustehen.

27 Dem Zeugnis kommen nahezu die gleichen **Gutglaubenswirkungen** wie einem deutschen Erbschein zu:
- Vermutungswirkung (Art. 69 Abs. 2): Bis zum Beweis des Gegenteils wird vermutet, dass der im Zeugnis Ausgewiesene zur Rechtsnachfolge berechtigt bzw mit den im Erbschein ausgewiesenen Befugnissen ausgestattet ist und keine anderen Verfügungsbeschränkungen als die im Zeugnis ausgewiesenen bestehen.
- Gutglaubenswirkung (Art. 69 Abs. 3 und 4): Wird an dem im Zeugnis Ausgewiesenen gutgläubig eine Leistung bewirkt, so wird der Leistende befreit. Ebenso kann ein Dritter von dem Ausgewiesenen gutgläubig erwerben. Zu beachten ist aber, dass Dritte bei Verfügungen des Scheinerben schon dann nicht mehr geschützt sind, wenn ihnen die Unrichtigkeit des Zeugnisses infolge grober Fahrlässigkeit nicht bekannt war (Art. 69 Abs. 4 aE).
- Legitimationswirkung (Art. 69 Abs. 5): Durch Vorlage des Zeugnisses erfolgt die Eintragung in ein öffentliches Register (zB Grundbuch).
- Gemäß Art. 69 Abs. 5, Art. 1 Abs. 2 lit. k und lit. l, Art. 31 bestimmt sich die Art der dinglichen Rechte und die Eintragung von Rechten an beweglichen oder unbeweglichen Vermögensgegenständen in einem Register nach dem Belegenheitsrecht (*lex rei sitae*). Die Kollision von Erb- und Sachenrechtsstatut wird dahin gehend entschieden, dass zB ein dinglich wirkendes Vermächtnis („Vindikationslegat") nicht zur Grundbuchberichtigung in Deutschland führen würde. Insoweit hätte der Vermächtnisnehmer nur einen schuldrechtlichen Anspruch auf Übereignung des Grundstücks („Damnationslegat").

28 Die internationale Zuständigkeit für die Erteilung des Zeugnisses richtet sich nach den allgemeinen Vorschriften der Artt. 4 ff. Die Bestimmung der örtlichen Zuständigkeit bleibt den nationalen Rechtsordnungen der Mitgliedstaaten überlassen (Art. 64). Für die deutschen Nachlassgerichte ergibt sich die örtliche Zuständigkeit aus § 343 FamFG. Das Erbrechtszeugnis kann **berichtigt** oder **eingezogen** werden (Art. 71). Jeder Mitgliedstaat muss ein entsprechendes Rechtsmittelverfahren einrichten (Art. 72).

---

12 *Simon/Buschbaum*, NJW 2012, 2397.

B. Text der EuErbRVO

Verordnung (EU) Nr. 650/2012 des Europäischen Parlaments und des Rates vom 4. Juli 2012 über die Zuständigkeit, das anzuwendende Recht, die Anerkennung und Vollstreckung von Entscheidungen und die Annahme und Vollstreckung öffentlicher Urkunden in Erbsachen sowie zur Einführung eines Europäischen Nachlasszeugnisses[1]

DAS EUROPÄISCHE PARLAMENT UND DER RAT DER EUROPÄISCHEN UNION –

gestützt auf den Vertrag über die Arbeitsweise der Europäischen Union, insbesondere auf Artikel 81 Absatz 2,

auf Vorschlag der Europäischen Kommission,

nach Stellungnahme des Europäischen Wirtschafts- und Sozialausschusses[2],

gemäß dem ordentlichen Gesetzgebungsverfahren[3],

in Erwägung nachstehender Gründe:

(1) Die Union hat sich zum Ziel gesetzt, einen Raum der Freiheit, der Sicherheit und des Rechts, in dem der freie Personenverkehr gewährleistet ist, zu erhalten und weiterzuentwickeln. Zum schrittweisen Aufbau eines solchen Raums hat die Union im Bereich der justiziellen Zusammenarbeit in Zivilsachen, die einen grenzüberschreitenden Bezug aufweisen, Maßnahmen zu erlassen, insbesondere wenn dies für das reibungslose Funktionieren des Binnenmarkts erforderlich ist.

(2) Nach Artikel 81 Absatz 2 Buchstabe c des Vertrags über die Arbeitsweise der Europäischen Union können zu solchen Maßnahmen unter anderem Maßnahmen gehören, die die Vereinbarkeit der in den Mitgliedstaaten geltenden Kollisionsnormen und der Vorschriften zur Vermeidung von Kompetenzkonflikten sicherstellen sollen.

(3) Auf seiner Tagung vom 15. und 16. Oktober 1999 in Tampere hat der Europäische Rat den Grundsatz der gegenseitigen Anerkennung von Urteilen und anderen Entscheidungen von Justizbehörden als Eckstein der justiziellen Zusammenarbeit in Zivilsachen unterstützt und den Rat und die Kommission ersucht, ein Maßnahmenprogramm zur Umsetzung dieses Grundsatzes anzunehmen.

(4) Am 30. November 2000 wurde ein gemeinsames Maßnahmenprogramm der Kommission und des Rates zur Umsetzung des Grundsatzes der gegenseitigen Anerkennung gerichtlicher Entscheidungen in Zivil- und Handelssachen[4] verabschiedet. In diesem Programm sind Maßnahmen zur Harmonisierung der Kollisionsnormen aufgeführt, die die gegenseitige Anerkennung gerichtlicher Entscheidungen vereinfachen sollen; ferner ist darin die Ausarbeitung eines Rechtsinstruments zum Testaments- und Erbrecht vorgesehen.

(5) Am 4. und 5. November 2004 hat der Europäische Rat auf seiner Tagung in Brüssel ein neues Programm mit dem Titel „Haager Programm zur Stärkung von Freiheit, Sicherheit und Recht in der Europäischen Union"[5] angenommen. Danach soll ein Rechtsinstrument zu Erbsachen erlassen werden, das insbesondere Fragen des Kollisionsrechts, der Zuständigkeit, der gegenseitigen Anerkennung und Vollstreckung von Entscheidungen in Erbsachen sowie die Einführung eines Europäischen Nachlasszeugnisses betrifft.

(6) Der Europäische Rat hat auf seiner Tagung vom 10. und 11. Dezember 2009 in Brüssel ein neues mehrjähriges Programm mit dem Titel „Das Stockholmer Programm – Ein offenes und sicheres Europa im Dienste und zum Schutz der Bürger"[6] angenommen. Darin hat der Europäische Rat festgehalten, dass der Grundsatz der gegenseitigen Anerkennung auf Bereiche ausgeweitet werden sollte, die bisher noch nicht abgedeckt sind, aber den Alltag der Bürger wesentlich prägen, z.B. Erb- und Testamentsrecht, wobei gleichzeitig die Rechtssysteme einschließlich der öffentlichen Ordnung (ordre public) und die nationalen Traditionen der Mitgliedstaaten in diesem Bereich zu berücksichtigen sind.

---

1 ABl. EU Nr. L 201/107 vom 27.7.2012, in der Fassung der Berichtigung vom 14.12.2012, ABl. EU Nr. L 344/3.
2 **Amtl. Anm.:** ABl. C 44 vom 11. 2. 2011, S. 148.
3 **Amtl. Anm.:** Standpunkt des Europäischen Parlaments vom 13. März 2012 (noch nicht im Amtsblatt veröffentlicht) und Beschluss des Rates vom 7. Juni 2012.
4 **Amtl. Anm.:** ABl. C 12 vom 15. 1. 2001, S. 1.
5 **Amtl. Anm.:** ABl. C 53 vom 3. 3. 2005, S. 1.
6 **Amtl. Anm.:** ABl. C 115 vom 4. 5. 2010, S. 1.

(7) Die Hindernisse für den freien Verkehr von Personen, denen die Durchsetzung ihrer Rechte im Zusammenhang mit einem Erbfall mit grenzüberschreitendem Bezug derzeit noch Schwierigkeiten bereitet, sollten ausgeräumt werden, um das reibungslose Funktionieren des Binnenmarkts zu erleichtern. In einem europäischen Rechtsraum muss es den Bürgern möglich sein, ihren Nachlass im Voraus zu regeln. Die Rechte der Erben und Vermächtnisnehmer sowie der anderen Personen, die dem Erblasser nahestehen, und der Nachlassgläubiger müssen effektiv gewahrt werden.

(8) Um diese Ziele zu erreichen, bedarf es einer Verordnung, in der die Bestimmungen über die Zuständigkeit, das anzuwendende Recht, die Anerkennung – oder gegebenenfalls die Annahme –, Vollstreckbarkeit und Vollstreckung von Entscheidungen, öffentlichen Urkunden und gerichtlichen Vergleichen sowie zur Einführung eines Europäischen Nachlasszeugnisses zusammengefasst sind.

(9) Der Anwendungsbereich dieser Verordnung sollte sich auf alle zivilrechtlichen Aspekte der Rechtsnachfolge von Todes wegen erstrecken, und zwar auf jede Form des Übergangs von Vermögenswerten, Rechten und Pflichten von Todes wegen, sei es im Wege der gewillkürten Erbfolge durch eine Verfügung von Todes wegen oder im Wege der gesetzlichen Erbfolge.

(10) Diese Verordnung sollte weder für Steuersachen noch für verwaltungsrechtliche Angelegenheiten öffentlich-rechtlicher Art gelten. Daher sollte das innerstaatliche Recht bestimmen, wie beispielsweise Steuern oder sonstige Verbindlichkeiten öffentlich-rechtlicher Art berechnet und entrichtet werden, seien es vom Erblasser im Zeitpunkt seines Todes geschuldete Steuern oder Erbschaftssteuern jeglicher Art, die aus dem Nachlass oder von den Berechtigten zu entrichten sind. Das innerstaatliche Recht sollte auch bestimmen, ob die Freigabe des Nachlassvermögens an die Berechtigten nach dieser Verordnung oder die Eintragung des Nachlassvermögens in ein Register nur erfolgt, wenn Steuern gezahlt werden.

(11) Diese Verordnung sollte nicht für Bereiche des Zivilrechts gelten, die nicht die Rechtsnachfolge von Todes wegen betreffen. Aus Gründen der Klarheit sollte eine Reihe von Fragen, die als mit Erbsachen zusammenhängend betrachtet werden könnten, ausdrücklich vom Anwendungsbereich dieser Verordnung ausgenommen werden.

(12) Dementsprechend sollte diese Verordnung nicht für Fragen des ehelichen Güterrechts, einschließlich der in einigen Rechtsordnungen vorkommenden Eheverträge, soweit diese keine erbrechtlichen Fragen regeln, und des Güterrechts aufgrund von Verhältnissen, die mit der Ehe vergleichbare Wirkungen entfalten, gelten. Die Behörden, die mit einer bestimmten Erbsache nach dieser Verordnung befasst sind, sollten allerdings je nach den Umständen des Einzelfalls die Beendigung des ehelichen oder sonstigen Güterstands des Erblassers bei der Bestimmung des Nachlasses und der jeweiligen Anteile der Berechtigten berücksichtigen.

(13) Fragen im Zusammenhang mit der Errichtung, Funktionsweise oder Auflösung von Trusts sollten auch vom Anwendungsbereich dieser Verordnung ausgenommen werden. Dies sollte nicht als genereller Ausschluss von Trusts verstanden werden. Wird ein Trust testamentarisch oder aber kraft Gesetzes im Rahmen der gesetzlichen Erbfolge errichtet, so sollte im Hinblick auf den Übergang der Vermögenswerte und die Bestimmung der Berechtigten das nach dieser Verordnung auf die Rechtsnachfolge von Todes wegen anzuwendende Recht gelten.

(14) Rechte und Vermögenswerte, die auf andere Weise als durch Rechtsnachfolge von Todes wegen entstehen oder übertragen werden, wie zum Beispiel durch unentgeltliche Zuwendungen, sollten ebenfalls vom Anwendungsbereich dieser Verordnung ausgenommen werden. Ob unentgeltliche Zuwendungen oder sonstige Verfügungen unter Lebenden mit dinglicher Wirkung vor dem Tod für die Zwecke der Bestimmung der Anteile der Berechtigten im Einklang mit dem auf die Rechtsnachfolge von Todes wegen anzuwendenden Recht ausgeglichen oder angerechnet werden sollten, sollte sich jedoch nach dem Recht entscheiden, das nach dieser Verordnung auf die Rechtsnachfolge von Todes wegen anzuwenden ist.

(15) Diese Verordnung sollte die Begründung oder den Übergang eines Rechts an beweglichen oder unbeweglichen Vermögensgegenständen im Wege der Rechtsnachfolge von Todes wegen nach Maßgabe des auf die Rechtsnachfolge von Todes wegen anzuwendenden Rechts ermöglichen. Sie sollte jedoch nicht die abschließende Anzahl (Numerus Clausus) der dinglichen Rechte berühren, die das innerstaatliche Recht einiger Mitgliedstaaten kennt. Ein Mitgliedstaat sollte nicht verpflichtet sein, ein dingliches Recht an einer in diesem Mitgliedstaat belegenen Sache anzuerkennen, wenn sein Recht dieses dingliche Recht nicht kennt.

(16) Damit die Berechtigten jedoch die Rechte, die durch Rechtsnachfolge von Todes wegen begründet worden oder auf sie übergegangen sind, in einem anderen Mitgliedstaat geltend machen können, sollte diese Verordnung die Anpassung eines unbekannten dinglichen Rechts an das in der Rechtsordnung dieses anderen Mitgliedstaats am ehesten vergleichbare dingliche Recht

vorsehen. Bei dieser Anpassung sollten die mit dem besagten dinglichen Recht verfolgten Ziele und Interessen und die mit ihm verbundenen Wirkungen berücksichtigt werden. Für die Zwecke der Bestimmung des am ehesten vergleichbaren innerstaatlichen dinglichen Rechts können die Behörden oder zuständigen Personen des Staates, dessen Recht auf die Rechtsnachfolge von Todes wegen anzuwenden war, kontaktiert werden, um weitere Auskünfte zu der Art und den Wirkungen des betreffenden dinglichen Rechts einzuholen. In diesem Zusammenhang könnten die bestehenden Netze im Bereich der justiziellen Zusammenarbeit in Zivil- und Handelssachen sowie die anderen verfügbaren Mittel, die die Erkenntnis ausländischen Rechts erleichtern, genutzt werden.

(17) Die in dieser Verordnung ausdrücklich vorgesehene Anpassung unbekannter dinglicher Rechte sollte andere Formen der Anpassung im Zusammenhang mit der Anwendung dieser Verordnung nicht ausschließen.

(18) Die Voraussetzungen für die Eintragung von Rechten an beweglichen oder unbeweglichen Vermögensgegenständen in einem Register sollten aus dem Anwendungsbereich dieser Verordnung ausgenommen werden. Somit sollte das Recht des Mitgliedstaats, in dem das Register (für unbewegliches Vermögen das Recht der belegenen Sache (lex rei sitae)) geführt wird, bestimmen, unter welchen gesetzlichen Voraussetzungen und wie die Eintragung vorzunehmen ist und welche Behörden wie etwa Grundbuchämter oder Notare dafür zuständig sind zu prüfen, dass alle Eintragungsvoraussetzungen erfüllt sind und die vorgelegten oder erstellten Unterlagen vollständig sind bzw. die erforderlichen Angaben enthalten. Insbesondere können die Behörden prüfen, ob es sich bei dem Recht des Erblassers an dem Nachlassvermögen, das in dem für die Eintragung vorgelegten Schriftstück erwähnt ist, um ein Recht handelt, das als solches in dem Register eingetragen ist oder nach dem Recht des Mitgliedstaats, in dem das Register geführt wird, anderweitig nachgewiesen wird. Um eine doppelte Erstellung von Schriftstücken zu vermeiden, sollten die Eintragungsbehörden diejenigen von den zuständigen Behörden in einem anderen Mitgliedstaat erstellten Schriftstücke annehmen, deren Verkehr nach dieser Verordnung vorgesehen ist. Insbesondere sollte das nach dieser Verordnung ausgestellte Europäische Nachlasszeugnis im Hinblick auf die Eintragung des Nachlassvermögens in ein Register eines Mitgliedstaats ein gültiges Schriftstück darstellen. Dies sollte die an der Eintragung beteiligten Behörden nicht daran hindern, von der Person, die die Eintragung beantragt, diejenigen zusätzlichen Angaben oder die Vorlage derjenigen zusätzlichen Schriftstücke zu verlangen, die nach dem Recht des Mitgliedstaats, in dem das Register geführt wird, erforderlich sind, wie beispielsweise Angaben oder Schriftstücke betreffend die Zahlung von Steuern. Die zuständige Behörde kann die Person, die die Eintragung beantragt, darauf hinweisen, wie die fehlenden Angaben oder Schriftstücke beigebracht werden können.

(19) Die Wirkungen der Eintragung eines Rechts in einem Register sollten ebenfalls vom Anwendungsbereich dieser Verordnung ausgenommen werden. Daher sollte das Recht des Mitgliedstaats, in dem das Register geführt wird, dafür maßgebend sein, ob beispielsweise die Eintragung deklaratorische oder konstitutive Wirkung hat. Wenn also zum Beispiel der Erwerb eines Rechts an einer unbeweglichen Sache nach dem Recht des Mitgliedstaats, in dem das Register geführt wird, die Eintragung in einem Register erfordert, damit die Wirkung erga omnes von Registern sichergestellt wird oder Rechtsgeschäfte geschützt werden, sollte der Zeitpunkt des Erwerbs dem Recht dieses Mitgliedstaats unterliegen.

(20) Diese Verordnung sollte den verschiedenen Systemen zur Regelung von Erbsachen Rechnung tragen, die in den Mitgliedstaaten angewandt werden. Für die Zwecke dieser Verordnung sollte der Begriff „Gericht" daher breit gefasst werden, so dass nicht nur Gerichte im eigentlichen Sinne, die gerichtliche Funktionen ausüben, erfasst werden, sondern auch Notare oder Registerbehörden in einigen Mitgliedstaaten, die in bestimmten Erbsachen gerichtliche Funktionen wie Gerichte ausüben, sowie Notare und Angehörige von Rechtsberufen, die in einigen Mitgliedstaaten in einer bestimmten Erbsache aufgrund einer Befugnisübertragung durch ein Gericht gerichtliche Funktionen ausüben. Alle Gerichte im Sinne dieser Verordnung sollten durch die in dieser Verordnung festgelegten Zuständigkeitsregeln gebunden sein. Der Begriff "Gericht" sollte hingegen nicht die nichtgerichtlichen Behörden eines Mitgliedstaats erfassen, die nach innerstaatlichem Recht befugt sind, sich mit Erbsachen zu befassen, wie in den meisten Mitgliedstaaten die Notare, wenn sie, wie dies üblicherweise der Fall ist, keine gerichtlichen Funktionen ausüben.

(21) Diese Verordnung sollte es allen Notaren, die für Erbsachen in den Mitgliedstaaten zuständig sind, ermöglichen, diese Zuständigkeit auszuüben. Ob die Notare in einem Mitgliedstaat durch die Zuständigkeitsregeln dieser Verordnung gebunden sind, sollte davon abhängen, ob sie von der Bestimmung des Begriffs „Gericht" im Sinne dieser Verordnung erfasst werden.

(22) Die in den Mitgliedstaaten von Notaren in Erbsachen errichteten Urkunden sollten nach dieser Verordnung verkehren. Üben Notare gerichtliche Funktionen aus, so sind sie durch die Zuständigkeitsregeln gebunden, und die von ihnen erlassenen Entscheidungen sollten nach den Bestimmungen über die Anerkennung, Vollstreckbarkeit und Vollstreckung von Entscheidungen verkehren. Üben Notare keine gerichtliche Zuständigkeit aus, so sind sie nicht durch die Zuständigkeitsregeln gebunden, und die öffentlichen Urkunden, die von ihnen errichtet werden, sollten nach den Bestimmungen über öffentliche Urkunden verkehren.

(23) In Anbetracht der zunehmenden Mobilität der Bürger sollte die Verordnung zur Gewährleistung einer ordnungsgemäßen Rechtspflege in der Union und einer wirklichen Verbindung zwischen dem Nachlass und dem Mitgliedstaat, in dem die Erbsache abgewickelt wird, als allgemeinen Anknüpfungspunkt zum Zwecke der Bestimmung der Zuständigkeit und des anzuwendenden Rechts den gewöhnlichen Aufenthalt des Erblassers im Zeitpunkt des Todes vorsehen. Bei der Bestimmung des gewöhnlichen Aufenthalts sollte die mit der Erbsache befasste Behörde eine Gesamtbeurteilung der Lebensumstände des Erblassers in den Jahren vor seinem Tod und im Zeitpunkt seines Todes vornehmen und dabei alle relevanten Tatsachen berücksichtigen, insbesondere die Dauer und die Regelmäßigkeit des Aufenthalts des Erblassers in dem betreffenden Staat sowie die damit zusammenhängenden Umstände und Gründe. Der so bestimmte gewöhnliche Aufenthalt sollte unter Berücksichtigung der spezifischen Ziele dieser Verordnung eine besonders enge und feste Bindung zu dem betreffenden Staat erkennen lassen.

(24) In einigen Fällen kann es sich als komplex erweisen, den Ort zu bestimmen, an dem der Erblasser seinen gewöhnlichen Aufenthalt hatte. Dies kann insbesondere der Fall sein, wenn sich der Erblasser aus beruflichen oder wirtschaftlichen Gründen – unter Umständen auch für längere Zeit – in einen anderen Staat begeben hat, um dort zu arbeiten, aber eine enge und feste Bindung zu seinem Herkunftsstaat aufrechterhalten hat. In diesem Fall könnte – entsprechend den jeweiligen Umständen – davon ausgegangen werden, dass der Erblasser seinen gewöhnlichen Aufenthalt weiterhin in seinem Herkunftsstaat hat, in dem sich in familiärer und sozialer Hinsicht sein Lebensmittelpunkt befand. Weitere komplexe Fälle können sich ergeben, wenn der Erblasser abwechselnd in mehreren Staaten gelebt hat oder auch von Staat zu Staat gereist ist, ohne sich in einem Staat für längere Zeit niederzulassen. War der Erblasser ein Staatsangehöriger eines dieser Staaten oder hatte er alle seine wesentlichen Vermögensgegenstände in einem dieser Staaten, so könnte seine Staatsangehörigkeit oder der Ort, an dem diese Vermögensgegenstände sich befinden, ein besonderer Faktor bei der Gesamtbeurteilung aller tatsächlichen Umstände sein.

(25) In Bezug auf die Bestimmung des auf die Rechtsnachfolge von Todes wegen anzuwendenden Rechts kann die mit der Erbsache befasste Behörde in Ausnahmefällen – in denen der Erblasser beispielsweise erst kurz vor seinem Tod in den Staat seines gewöhnlichen Aufenthalts umgezogen ist und sich aus der Gesamtheit der Umstände ergibt, dass er eine offensichtlich engere Verbindung zu einem anderen Staat hatte – zu dem Schluss gelangen, dass die Rechtsnachfolge von Todes wegen nicht dem Recht des gewöhnlichen Aufenthalts des Erblassers unterliegt, sondern dem Recht des Staates, zu dem der Erblasser offensichtlich eine engere Verbindung hatte. Die offensichtlich engste Verbindung sollte jedoch nicht als subsidiärer Anknüpfungspunkt gebraucht werden, wenn sich die Feststellung des gewöhnlichen Aufenthaltsorts des Erblassers im Zeitpunkt seines Todes als schwierig erweist.

(26) Diese Verordnung sollte ein Gericht nicht daran hindern, Mechanismen gegen die Gesetzesumgehung wie beispielsweise gegen die fraude à la loi im Bereich des Internationalen Privatrechts anzuwenden.

(27) Die Vorschriften dieser Verordnung sind so angelegt, dass sichergestellt wird, dass die mit der Erbsache befasste Behörde in den meisten Situationen ihr eigenes Recht anwendet. Diese Verordnung sieht daher eine Reihe von Mechanismen vor, die dann greifen, wenn der Erblasser für die Regelung seines Nachlasses das Recht eines Mitgliedstaats gewählt hat, dessen Staatsangehöriger er war.

(28) Einer dieser Mechanismen sollte darin bestehen, dass die betroffenen Parteien eine Gerichtsstandsvereinbarung zugunsten der Gerichte des Mitgliedstaats, dessen Recht gewählt wurde, schließen können. Abhängig insbesondere vom Gegenstand der Gerichtsstandsvereinbarung müsste von Fall zu Fall bestimmt werden, ob die Vereinbarung zwischen sämtlichen von dem Nachlass betroffenen Parteien geschlossen werden müsste oder ob einige von ihnen sich darauf einigen könnten, eine spezifische Frage bei dem gewählten Gericht anhängig zu machen, sofern die diesbezügliche Entscheidung dieses Gerichts die Rechte der anderen Parteien am Nachlass nicht berühren würde.

(29) Wird ein Verfahren in einer Erbsache von einem Gericht von Amts wegen eingeleitet, was in einigen Mitgliedstaaten der Fall ist, sollte dieses Gericht das Verfahren beenden, wenn die Parteien vereinbaren, die Erbsache außergerichtlich in dem Mitgliedstaat des gewählten Rechts einvernehmlich zu regeln. Wird ein Verfahren in einer Erbsache nicht von einem Gericht von Amts wegen eröffnet, so sollte diese Verordnung die Parteien nicht daran hindern, die Erbsache außergerichtlich, beispielsweise vor einem Notar, in einem Mitgliedstaat ihrer Wahl einvernehmlich zu regeln, wenn dies nach dem Recht dieses Mitgliedstaats möglich ist. Dies sollte auch dann der Fall sein, wenn das auf die Rechtsnachfolge von Todes wegen anzuwendende Recht nicht das Recht dieses Mitgliedstaats ist.

(30) Um zu gewährleisten, dass die Gerichte aller Mitgliedstaaten ihre Zuständigkeit in Bezug auf den Nachlass von Personen, die ihren gewöhnlichen Aufenthalt im Zeitpunkt ihres Todes nicht in einem Mitgliedstaat hatten, auf derselben Grundlage ausüben können, sollte diese Verordnung die Gründe, aus denen diese subsidiäre Zuständigkeit ausgeübt werden kann, abschließend und in einer zwingenden Rangfolge aufführen.

(31) Um insbesondere Fällen von Rechtsverweigerung begegnen zu können, sollte in dieser Verordnung auch eine Notzuständigkeit (forum necessitatis) vorgesehen werden, wonach ein Gericht eines Mitgliedstaats in Ausnahmefällen über eine Erbsache entscheiden kann, die einen engen Bezug zu einem Drittstaat aufweist. Ein solcher Ausnahmefall könnte gegeben sein, wenn ein Verfahren sich in dem betreffenden Drittstaat als unmöglich erweist, beispielsweise aufgrund eines Bürgerkriegs, oder wenn von einem Berechtigten vernünftigerweise nicht erwartet werden kann, dass er ein Verfahren in diesem Staat einleitet oder führt. Die Notzuständigkeit sollte jedoch nur ausgeübt werden, wenn die Erbsache einen ausreichenden Bezug zu dem Mitgliedstaat des angerufenen Gerichts aufweist.

(32) Im Interesse der Erben und Vermächtnisnehmer, die ihren gewöhnlichen Aufenthalt in einem anderen als dem Mitgliedstaat haben, in dem der Nachlass abgewickelt wird oder werden soll, sollte diese Verordnung es jeder Person, die nach dem auf die Rechtsnachfolge von Todes wegen anzuwendenden Recht dazu berechtigt ist, ermöglichen, Erklärungen über die Annahme oder Ausschlagung einer Erbschaft, eines Vermächtnisses oder eines Pflichtteils oder zur Begrenzung ihrer Haftung für Nachlassverbindlichkeiten vor den Gerichten des Mitgliedstaats ihres gewöhnlichen Aufenthalts in der Form abzugeben, die nach dem Recht dieses Mitgliedstaats vorgesehen ist. Dies sollte nicht ausschließen, dass derartige Erklärungen vor anderen Behörden dieses Mitgliedstaats, die nach nationalem Recht für die Entgegennahme von Erklärungen zuständig sind, abgegeben werden. Die Personen, die von der Möglichkeit Gebrauch machen möchten, Erklärungen im Mitgliedstaat ihres gewöhnlichen Aufenthalts abzugeben, sollten das Gericht oder die Behörde, die mit der Erbsache befasst ist oder sein wird, innerhalb einer Frist, die in dem auf die Rechtsnachfolge von Todes wegen anzuwendenden Recht vorgesehen ist, selbst davon in Kenntnis setzen, dass derartige Erklärungen abgegeben wurden.

(33) Eine Person, die ihre Haftung für die Nachlassverbindlichkeiten begrenzen möchte, sollte dies nicht durch eine entsprechende einfache Erklärung vor den Gerichten oder anderen zuständigen Behörden des Mitgliedstaats ihres gewöhnlichen Aufenthalts tun können, wenn das auf die Rechtsnachfolge von Todes wegen anzuwendende Recht von ihr verlangt, vor dem zuständigen Gericht ein besonderes Verfahren, beispielsweise ein Verfahren zur Inventarerrichtung, zu veranlassen. Eine Erklärung, die unter derartigen Umständen von einer Person im Mitgliedstaat ihres gewöhnlichen Aufenthalts in der nach dem Recht dieses Mitgliedstaats vorgeschriebenen Form abgegeben wurde, sollte daher für die Zwecke dieser Verordnung nicht formell gültig sein. Auch sollten die verfahrenseinleitenden Schriftstücke für die Zwecke dieser Verordnung nicht als Erklärung angesehen werden.

(34) Im Interesse einer geordneten Rechtspflege sollten in verschiedenen Mitgliedstaaten keine Entscheidungen ergehen, die miteinander unvereinbar sind. Hierzu sollte die Verordnung allgemeine Verfahrensvorschriften nach dem Vorbild anderer Rechtsinstrumente der Union im Bereich der justiziellen Zusammenarbeit in Zivilsachen vorsehen.

(35) Eine dieser Verfahrensvorschriften ist die Regel zur Rechtshängigkeit, die zum Tragen kommt, wenn dieselbe Erbsache bei verschiedenen Gerichten in verschiedenen Mitgliedstaaten anhängig gemacht wird. Diese Regel bestimmt, welches Gericht sich weiterhin mit der Erbsache zu befassen hat.

(36) Da Erbsachen in einigen Mitgliedstaaten von nichtgerichtlichen Behörden wie z.B. Notaren geregelt werden können, die nicht an die Zuständigkeitsregeln dieser Verordnung gebunden sind, kann nicht ausgeschlossen werden, dass in derselben Erbsache eine außergerichtliche einvernehmliche Regelung und ein Gerichtsverfahren beziehungsweise zwei außergerichtliche einvernehmliche Regelungen in Bezug auf dieselbe Erbsache jeweils in verschiedenen Mitgliedstaa-

ten parallel eingeleitet werden. In solchen Fällen sollte es den beteiligten Parteien obliegen, sich, sobald sie Kenntnis von den parallelen Verfahren erhalten, untereinander über das weitere Vorgehen zu einigen. Können sie sich nicht einigen, so müsste das nach dieser Verordnung zuständige Gericht sich mit der Erbsache befassen und darüber befinden.

(37) Damit die Bürger die Vorteile des Binnenmarkts ohne Einbußen bei der Rechtssicherheit nutzen können, sollte die Verordnung ihnen im Voraus Klarheit über das in ihrem Fall anwendbare Erbstatut verschaffen. Es sollten harmonisierte Kollisionsnormen eingeführt werden, um einander widersprechende Ergebnisse zu vermeiden. Die allgemeine Kollisionsnorm sollte sicherstellen, dass der Erbfall einem im Voraus bestimmbaren Erbrecht unterliegt, zu dem eine enge Verbindung besteht. Aus Gründen der Rechtssicherheit und um eine Nachlassspaltung zu vermeiden, sollte der gesamte Nachlass, d.h. das gesamte zum Nachlass gehörende Vermögen diesem Recht unterliegen, unabhängig von der Art der Vermögenswerte und unabhängig davon, ob diese in einem anderen Mitgliedstaat oder in einem Drittstaat belegen sind.

(38) Diese Verordnung sollte es den Bürgern ermöglichen, durch die Wahl des auf die Rechtsnachfolge von Todes wegen anwendbaren Rechts ihren Nachlass vorab zu regeln. Diese Rechtswahl sollte auf das Recht eines Staates, dem sie angehören, beschränkt sein, damit sichergestellt wird, dass eine Verbindung zwischen dem Erblasser und dem gewählten Recht besteht, und damit vermieden wird, dass ein Recht mit der Absicht gewählt wird, die berechtigten Erwartungen der Pflichtteilsberechtigten zu vereiteln.

(39) Eine Rechtswahl sollte ausdrücklich in einer Erklärung in Form einer Verfügung von Todes wegen erfolgen oder sich aus den Bestimmungen einer solchen Verfügung ergeben. Eine Rechtswahl könnte als sich durch eine Verfügung von Todes wegen ergebend angesehen werden, wenn z.B. der Erblasser in seiner Verfügung Bezug auf spezifische Bestimmungen des Rechts des Staates, dem er angehört, genommen hat oder das Recht dieses Staates in anderer Weise erwähnt hat.

(40) Eine Rechtswahl nach dieser Verordnung sollte auch dann wirksam sein, wenn das gewählte Recht keine Rechtswahl in Erbsachen vorsieht. Die materielle Wirksamkeit der Rechtshandlung, mit der die Rechtswahl getroffen wird, sollte sich jedoch nach dem gewählten Recht bestimmen, d.h. ob davon auszugehen ist, dass die Person, die die Rechtswahl trifft, verstanden hat, was dies bedeutet, und dem zustimmt. Das Gleiche sollte für die Rechtshandlung gelten, mit der die Rechtswahl geändert oder widerrufen wird.

(41) Für die Zwecke der Anwendung dieser Verordnung sollte die Bestimmung der Staatsangehörigkeit oder der Mehrfachstaatsangehörigkeit einer Person vorab geklärt werden. Die Frage, ob jemand als Angehöriger eines Staates gilt, fällt nicht in den Anwendungsbereich dieser Verordnung und unterliegt dem innerstaatlichen Recht, gegebenenfalls auch internationalen Übereinkommen, wobei die allgemeinen Grundsätze der Europäischen Union uneingeschränkt zu achten sind.

(42) Das zur Anwendung berufene Erbrecht sollte für die Rechtsnachfolge von Todes wegen vom Eintritt des Erbfalls bis zum Übergang des Eigentums an den zum Nachlass gehörenden Vermögenswerten auf die nach diesem Recht bestimmten Berechtigten gelten. Es sollte Fragen im Zusammenhang mit der Nachlassverwaltung und der Haftung für die Nachlassverbindlichkeiten umfassen. Bei der Begleichung der Nachlassverbindlichkeiten kann abhängig insbesondere von dem auf die Rechtsnachfolge von Todes wegen anzuwendenden Recht eine spezifische Rangfolge der Gläubiger berücksichtigt werden.

(43) Die Zuständigkeitsregeln dieser Verordnung können in einigen Fällen zu einer Situation führen, in der das für Entscheidungen in Erbsachen zuständige Gericht nicht sein eigenes Recht anwendet. Tritt diese Situation in einem Mitgliedstaat ein, nach dessen Recht die Bestellung eines Nachlassverwalters verpflichtend ist, sollte diese Verordnung es den Gerichten dieses Mitgliedstaats, wenn sie angerufen werden, ermöglichen, nach einzelstaatlichem Recht einen oder mehrere solcher Nachlassverwalter zu bestellen. Davon sollte eine Entscheidung der Parteien, die Rechtsnachfolge von Todes wegen außergerichtlich in einem anderen Mitgliedstaat gütlich zu regeln, in dem dies nach dem Recht dieses Mitgliedstaates möglich ist, unberührt bleiben. Zur Gewährleistung einer reibungslosen Abstimmung zwischen dem auf die Rechtsnachfolge von Todes wegen anwendbaren Recht und dem Recht des Mitgliedstaats, das für das bestellende Gericht gilt, sollte das Gericht die Person(en) bestellen, die berechtigt wäre(n), den Nachlass nach dem auf die Rechtsnachfolge von Todes wegen anwendbaren Recht zu verwalten, wie beispielsweise den Testamentsvollstrecker des Erblassers oder die Erben selbst oder, wenn das auf die Rechtsnachfolge von Todes wegen anwendbare Recht es so vorsieht, einen Fremdverwalter. Die Gerichte können jedoch in besonderen Fällen, wenn ihr Recht es erfordert, einen Dritten als Verwalter bestellen, auch wenn dies nicht in dem auf die Rechtsnachfolge von Todes wegen

anzuwendenden Recht vorgesehen ist. Hat der Erblasser einen Testamentsvollstrecker bestellt, können dieser Person ihre Befugnisse nicht entzogen werden, es sei denn, das auf die Rechtsnachfolge von Todes wegen anwendbare Recht ermöglicht das Erlöschen seines Amtes.

(44) Die Befugnisse, die von den in dem Mitgliedstaat des angerufenen Gerichts bestellten Verwaltern ausgeübt werden, sollten diejenigen Verwaltungsbefugnisse sein, die sie nach dem auf die Rechtsnachfolge von Todes wegen anwendbaren Recht ausüben dürfen. Wenn also beispielsweise der Erbe als Verwalter bestellt wird, sollte er diejenigen Befugnisse zur Verwaltung des Nachlasses haben, die ein Erbe nach diesem Recht hätte. Reichen die Verwaltungsbefugnisse, die nach dem auf die Rechtsfolge von Todes wegen anwendbaren Recht ausgeübt werden dürfen, nicht aus, um das Nachlassvermögen zu erhalten oder die Rechte der Nachlassgläubiger oder anderer Personen zu schützen, die für die Verbindlichkeiten des Erblassers gebürgt haben, kann bzw. können der bzw. die in dem Mitgliedstaat des angerufenen Gerichts bestellte bzw. bestellten Nachlassverwalter ergänzend diejenigen Verwaltungsbefugnisse ausüben, die hierfür in dem Recht dieses Mitgliedstaates vorgesehen sind. Zu diesen ergänzenden Befugnissen könnte beispielsweise gehören, die Liste des Nachlassvermögens und der Nachlassverbindlichkeiten zu erstellen, die Nachlassgläubiger vom Eintritt des Erbfalls zu unterrichten und sie aufzufordern, ihre Ansprüche geltend zu machen, sowie einstweilige Maßnahmen, auch Sicherungsmaßnahmen, zum Erhalt des Nachlassvermögens zu ergreifen. Die von einem Verwalter aufgrund der ergänzenden Befugnisse durchgeführten Handlungen sollten im Einklang mit dem für die Rechtsnachfolge von Todes wegen anwendbaren Recht in Bezug auf den Übergang des Eigentums an dem Nachlassvermögen, einschließlich aller Rechtsgeschäfte, die die Berechtigten vor der Bestellung des Verwalters eingingen, die Haftung für die Nachlassverbindlichkeiten und die Rechte der Berechtigten, gegebenenfalls einschließlich des Rechts, die Erbschaft anzunehmen oder auszuschlagen, stehen. Solche Handlungen könnten beispielsweise nur dann die Veräußerung von Vermögenswerten oder die Begleichung von Verbindlichkeiten nach sich ziehen, wenn dies nach dem auf die Rechtsnachfolge von Todes wegen anwendbaren Recht zulässig wäre. Wenn die Bestellung eines Fremdverwalters nach dem auf die Rechtsnachfolge von Todes wegen anwendbaren Recht die Haftung der Erben ändert, sollte eine solche Änderung der Haftung respektiert werden.

(45) Diese Verordnung sollte nicht ausschließen, dass Nachlassgläubiger, beispielsweise durch einen Vertreter, gegebenenfalls weitere nach dem innerstaatlichen Recht zur Verfügung stehende Maßnahmen im Einklang mit den einschlägigen Rechtsinstrumenten der Union treffen, um ihre Rechte zu sichern.

(46) Diese Verordnung sollte die Unterrichtung potenzieller Nachlassgläubiger in anderen Mitgliedstaaten, in denen Vermögenswerte belegen sind, über den Eintritt des Erbfalls ermöglichen. Im Rahmen der Anwendung dieser Verordnung sollte daher die Möglichkeit in Erwägung gezogen werden, einen Mechanismus einzurichten, gegebenenfalls über das Europäische Justizportal, um es potenziellen Nachlassgläubigern in anderen Mitgliedstaaten zu ermöglichen, Zugang zu den einschlägigen Informationen zu erhalten, damit sie ihre Ansprüche anmelden können.

(47) Wer in einer Erbsache Berechtigter ist, sollte sich jeweils nach dem auf die Rechtsnachfolge von Todes wegen anzuwendenden Erbrecht bestimmen. Der Begriff „Berechtigte" würde in den meisten Rechtsordnungen Erben und Vermächtnisnehmer sowie Pflichtteilsberechtigte erfassen; allerdings ist beispielsweise die Rechtsstellung der Vermächtnisnehmer nicht in allen Rechtsordnungen die gleiche. In einigen Rechtsordnungen kann der Vermächtnisnehmer einen unmittelbaren Anteil am Nachlass erhalten, während nach anderen Rechtsordnungen der Vermächtnisnehmer lediglich einen Anspruch gegen die Erben erwerben kann.

(48) Im Interesse der Rechtssicherheit für Personen, die ihren Nachlass im Voraus regeln möchten, sollte diese Verordnung eine spezifische Kollisionsvorschrift bezüglich der Zulässigkeit und der materiellen Wirksamkeit einer Verfügung von Todes wegen festlegen. Um eine einheitliche Anwendung dieser Vorschrift zu gewährleisten, sollte diese Verordnung die Elemente auflisten, die zur materiellen Wirksamkeit zu rechnen sind. Die Prüfung der materiellen Wirksamkeit einer Verfügung von Todes wegen kann zu dem Schluss führen, dass diese Verfügung rechtlich nicht besteht.

(49) Ein Erbvertrag ist eine Art der Verfügung von Todes wegen, dessen Zulässigkeit und Anerkennung in den Mitgliedstaaten unterschiedlich ist. Um die Anerkennung von auf der Grundlage eines Erbvertrags erworbenen Nachlassansprüchen in den Mitgliedstaaten zu erleichtern, sollte diese Verordnung festlegen, welches Recht die Zulässigkeit solcher Verträge, ihre materielle Wirksamkeit und ihre Bindungswirkungen, einschließlich der Voraussetzungen für ihre Auflösung, regeln soll.

(50) Das Recht, dem die Zulässigkeit und die materielle Wirksamkeit einer Verfügung von Todes wegen und bei Erbverträgen die Bindungswirkungen nach dieser Verordnung unterliegen, sollte nicht die Rechte einer Person berühren, die nach dem auf die Rechtsnachfolge von Todes wegen anzuwendenden Recht pflichtteilsberechtigt ist oder ein anderes Recht hat, das ihr von der Person, deren Nachlass betroffen ist, nicht entzogen werden kann.

(51) Wird in dieser Verordnung auf das Recht Bezug genommen, das auf die Rechtsnachfolge der Person, die eine Verfügung von Todes wegen errichtet hat, anwendbar gewesen wäre, wenn sie an dem Tag verstorben wäre, an dem die Verfügung errichtet, geändert oder widerrufen worden ist, so ist diese Bezugnahme zu verstehen als Bezugnahme entweder auf das Recht des Staates des gewöhnlichen Aufenthalts der betroffenen Person an diesem Tag oder, wenn sie eine Rechtswahl nach dieser Verordnung getroffen hat, auf das Recht des Staates, dessen Staatsangehörigkeit sie an diesem Tag besaß.

(52) Diese Verordnung sollte die Formgültigkeit aller schriftlichen Verfügungen von Todes wegen durch Vorschriften regeln, die mit denen des Haager Übereinkommens vom 5. Oktober 1961 über das auf die Form letztwilliger Verfügungen anzuwendende Recht in Einklang stehen. Bei der Bestimmung der Formgültigkeit einer Verfügung von Todes wegen nach dieser Verordnung sollte die zuständige Behörde ein betrügerisch geschaffenes grenzüberschreitendes Element, mit dem die Vorschriften über die Formgültigkeit umgangen werden sollen, nicht berücksichtigen.

(53) Für die Zwecke dieser Verordnung sollten Rechtsvorschriften, welche die für Verfügungen von Todes wegen zugelassenen Formen mit Beziehung auf bestimmte persönliche Eigenschaften der Person, die eine Verfügung von Todes wegen errichtet, wie beispielsweise ihr Alter, beschränken, als zur Form gehörend angesehen werden. Dies sollte nicht dahin gehend ausgelegt werden, dass das nach dieser Verordnung auf die Formgültigkeit einer Verfügung von Todes wegen anzuwendende Recht bestimmten sollte, ob ein Minderjähriger fähig ist, eine Verfügung von Todes wegen zu errichten. Dieses Recht sollte lediglich bestimmen, ob eine Person aufgrund einer persönlichen Eigenschaft, wie beispielsweise der Minderjährigkeit, von der Errichtung einer Verfügung von Todes wegen in einer bestimmten Form ausgeschlossen werden sollte.

(54) Bestimmte unbewegliche Sachen, bestimmte Unternehmen und andere besondere Arten von Vermögenswerten unterliegen im Belegenheitsmitgliedstaat aufgrund wirtschaftlicher, familiärer oder sozialer Erwägungen besonderen Regelungen mit Beschränkungen, die die Rechtsnachfolge von Todes wegen in Bezug auf diese Vermögenswerte betreffen oder Auswirkungen auf sie haben. Diese Verordnung sollte die Anwendung dieser besonderen Regelungen sicherstellen. Diese Ausnahme von der Anwendung des auf die Rechtsnachfolge von Todes wegen anzuwendenden Rechts ist jedoch eng auszulegen, damit sie der allgemeinen Zielsetzung dieser Verordnung nicht zuwiderläuft. Daher dürfen weder Kollisionsnormen, die unbewegliche Sachen einem anderen als dem auf bewegliche Sachen anzuwendenden Recht unterwerfen, noch Bestimmungen, die einen größeren Pflichtteil als den vorsehen, der in dem nach dieser Verordnung auf die Rechtsnachfolge von Todes wegen anzuwendenden Recht festgelegt ist, als besondere Regelungen mit Beschränkungen angesehen werden, die die Rechtsnachfolge von Todes wegen in Bezug auf bestimmte Vermögenswerte betreffen oder Auswirkungen auf sie haben.

(55) Um eine einheitliche Vorgehensweise in Fällen sicherzustellen, in denen es ungewiss ist, in welcher Reihenfolge zwei oder mehr Personen, deren Rechtsnachfolge von Todes wegen verschiedenen Rechtsordnungen unterliegen würde, gestorben sind, sollte diese Verordnung eine Vorschrift vorsehen, nach der keine der verstorbenen Personen Anspruch auf den Nachlass der anderen hat.

(56) In einigen Fällen kann es einen erbenlosen Nachlass geben. Diese Fälle werden in den verschiedenen Rechtsordnungen unterschiedlich geregelt. So kann nach einigen Rechtsordnungen der Staat – unabhängig davon, wo die Vermögenswerte belegen sind – einen Erbanspruch geltend machen. Nach anderen Rechtsordnungen kann der Staat sich nur die Vermögenswerte aneignen, die in seinem Hoheitsgebiet belegen sind. Diese Verordnung sollte daher eine Vorschrift enthalten, nach der die Anwendung des auf die Rechtsnachfolge von Todes wegen anzuwendenden Rechts nicht verhindern sollte, dass ein Mitgliedstaat sich das in seinem Hoheitsgebiet belegene Nachlassvermögen nach seinem eigenen Recht aneignet. Um sicherzustellen, dass diese Vorschrift nicht nachteilig für die Nachlassgläubiger ist, sollte jedoch eine Bestimmung hinzugefügt werden, nach der die Nachlassgläubiger berechtigt sein sollten, aus dem gesamten Nachlassvermögen, ungeachtet seiner Belegenheit, Befriedigung ihrer Forderungen zu suchen.

(57) Die in dieser Verordnung festgelegten Kollisionsnormen können dazu führen, dass das Recht eines Drittstaats zur Anwendung gelangt. In derartigen Fällen sollte den Vorschriften des Internationalen Privatrechts dieses Staates Rechnung getragen werden. Falls diese Vorschriften die Rück- und Weiterverweisung entweder auf das Recht eines Mitgliedstaats oder aber auf das

Recht eines Drittstaats, der sein eigenes Recht auf die Erbsache anwenden würde, vorsehen, so sollte dieser Rück- und Weiterverweisung gefolgt werden, um den internationalen Entscheidungseinklang zu gewährleisten. Die Rück- und Weiterverweisung sollte jedoch in den Fällen ausgeschlossen werden, in denen der Erblasser eine Rechtswahl zugunsten des Rechts eines Drittstaats getroffen hatte.

(58) Aus Gründen des öffentlichen Interesses sollte den Gerichten und anderen mit Erbsachen befassten zuständigen Behörden in den Mitgliedstaaten in Ausnahmefällen die Möglichkeit gegeben werden, Bestimmungen eines ausländischen Rechts nicht zu berücksichtigen, wenn deren Anwendung in einem bestimmten Fall mit der öffentlichen Ordnung (ordre public) des betreffenden Mitgliedstaats offensichtlich unvereinbar wäre. Die Gerichte oder andere zuständige Behörden sollten allerdings die Anwendung des Rechts eines anderen Mitgliedstaats nicht ausschließen oder die Anerkennung – oder gegebenenfalls die Annahme – oder die Vollstreckung einer Entscheidung, einer öffentlichen Urkunde oder eines gerichtlichen Vergleichs aus einem anderen Mitgliedstaat aus Gründen der öffentlichen Ordnung (ordre public) nicht versagen dürfen, wenn dies gegen die Charta der Grundrechte der Europäischen Union, insbesondere gegen das Diskriminierungsverbot in Artikel 21, verstoßen würde.

(59) Diese Verordnung sollte in Anbetracht ihrer allgemeinen Zielsetzung, nämlich der gegenseitigen Anerkennung der in den Mitgliedstaaten ergangenen Entscheidungen in Erbsachen, unabhängig davon, ob solche Entscheidungen in streitigen oder nichtstreitigen Verfahren ergangen sind, Vorschriften für die Anerkennung, Vollstreckbarkeit und Vollstreckung von Entscheidungen nach dem Vorbild anderer Rechtsinstrumente der Union im Bereich der justiziellen Zusammenarbeit in Zivilsachen vorsehen.

(60) Um den verschiedenen Systemen zur Regelung von Erbsachen in den Mitgliedstaaten Rechnung zu tragen, sollte diese Verordnung die Annahme und Vollstreckbarkeit öffentlicher Urkunden in einer Erbsache in sämtlichen Mitgliedstaaten gewährleisten.

(61) Öffentliche Urkunden sollten in einem anderen Mitgliedstaat die gleiche formelle Beweiskraft wie im Ursprungsmitgliedstaat oder die damit am ehesten vergleichbare Wirkung entfalten. Die formelle Beweiskraft einer öffentlichen Urkunde in einem anderen Mitgliedstaat oder die damit am ehesten vergleichbare Wirkung sollte durch Bezugnahme auf Art und Umfang der formellen Beweiskraft der öffentlichen Urkunde im Ursprungsmitgliedstaat bestimmt werden. Somit richtet sich die formelle Beweiskraft einer öffentlichen Urkunde in einem anderen Mitgliedstaat nach dem Recht des Ursprungsmitgliedstaats.

(62) Die „Authentizität" einer öffentlichen Urkunde sollte ein autonomer Begriff sein, der Aspekte wie die Echtheit der Urkunde, die Formerfordernisse für die Urkunde, die Befugnisse der Behörde, die die Urkunde errichtet, und das Verfahren, nach dem die Urkunde errichtet wird, erfassen sollte. Der Begriff sollte ferner die von der betreffenden Behörde in der öffentlichen Urkunde beurkundeten Vorgänge erfassen, wie z.B. die Tatsache, dass die genannten Parteien an dem genannten Tag vor dieser Behörde erschienen sind und die genannten Erklärungen abgegeben haben. Eine Partei, die Einwände mit Bezug auf die Authentizität einer öffentlichen Urkunde erheben möchte, sollte dies bei dem zuständigen Gericht im Ursprungsmitgliedstaat der öffentlichen Urkunde nach dem Recht dieses Mitgliedstaats tun.

(63) Die Formulierung „die in einer öffentlichen Urkunde beurkundeten Rechtsgeschäfte oder Rechtsverhältnisse" sollte als Bezugnahme auf den in der öffentlichen Urkunde niedergelegten materiellen Inhalt verstanden werden. Bei dem in einer öffentlichen Urkunde beurkundeten Rechtsgeschäft kann es sich etwa um eine Vereinbarung zwischen den Parteien über die Verteilung des Nachlasses, um ein Testament oder einen Erbvertrag oder um eine sonstige Willenserklärung handeln. Bei dem Rechtsverhältnis kann es sich etwa um die Bestimmung der Erben und sonstiger Berechtigter nach dem auf die Rechtsnachfolge von Todes wegen anzuwendenden Recht, ihre jeweiligen Anteile und das Bestehen eines Pflichtteils oder um jedes andere Element, das nach dem auf die Rechtsnachfolge von Todes wegen anzuwendenden Recht bestimmt wurde, handeln. Eine Partei, die Einwände mit Bezug auf die in einer öffentlichen Urkunde beurkundeten Rechtsgeschäfte oder Rechtsverhältnisse erheben möchte, sollte dies bei den nach dieser Verordnung zuständigen Gerichten tun, die nach dem auf die Rechtsnachfolge von Todes wegen anzuwendenden Recht über die Einwände entscheiden sollten.

(64) Wird eine Frage mit Bezug auf die in einer öffentlichen Urkunde beurkundeten Rechtsgeschäfte oder Rechtsverhältnisse als Vorfrage in einem Verfahren bei einem Gericht eines Mitgliedstaats vorgebracht, so sollte dieses Gericht für die Entscheidung über diese Vorfrage zuständig sein.

(65) Eine öffentliche Urkunde, gegen die Einwände erhoben wurden, sollte in einem anderen Mitgliedstaat als dem Ursprungsmitgliedstaat keine formelle Beweiskraft entfalten, solange die Einwände anhängig sind. Betreffen die Einwände nur einen spezifischen Umstand mit Bezug auf

die in einer öffentlichen Urkunde beurkundeten Rechtsgeschäfte oder Rechtsverhältnisse, so sollte die öffentliche Urkunde in Bezug auf den angefochtenen Umstand keine Beweiskraft in einem anderen Mitgliedstaat als dem Ursprungsmitgliedstaat entfalten, solange die Einwände anhängig sind. Eine öffentliche Urkunde, die aufgrund eines Einwands für ungültig erklärt wird, sollte keine Beweiskraft mehr entfalten.

(66) Wenn einer Behörde im Rahmen der Anwendung dieser Verordnung zwei nicht miteinander zu vereinbarende öffentliche Urkunden vorgelegt werden, so sollte sie die Frage, welcher Urkunde, wenn überhaupt, Vorrang einzuräumen ist, unter Berücksichtigung der Umstände des jeweiligen Falls beurteilen. Geht aus diesen Umständen nicht eindeutig hervor, welche Urkunde, wenn überhaupt, Vorrang haben sollte, so sollte diese Frage von den gemäß dieser Verordnung zuständigen Gerichten oder, wenn die Frage als Vorfrage im Laufe eines Verfahrens vorgebracht wird, von dem mit diesem Verfahren befassten Gericht geklärt werden. Im Falle einer Unvereinbarkeit zwischen einer öffentlichen Urkunde und einer Entscheidung sollten die Gründe für die Nichtanerkennung von Entscheidungen nach dieser Verordnung berücksichtigt werden.

(67) Eine zügige, unkomplizierte und effiziente Abwicklung einer Erbsache mit grenzüberschreitendem Bezug innerhalb der Union setzt voraus, dass die Erben, Vermächtnisnehmer, Testamentsvollstrecker oder Nachlassverwalter in der Lage sein sollten, ihren Status und/oder ihre Rechte und Befugnisse in einem anderen Mitgliedstaat, beispielsweise in einem Mitgliedstaat, in dem Nachlassvermögen belegen ist, einfach nachzuweisen. Zu diesem Zweck sollte diese Verordnung die Einführung eines einheitlichen Zeugnisses, des Europäischen Nachlasszeugnisses (im Folgenden „das Zeugnis"), vorsehen, das zur Verwendung in einem anderen Mitgliedstaat ausgestellt wird. Das Zeugnis sollte entsprechend dem Subsidiaritätsprinzip nicht die innerstaatlichen Schriftstücke ersetzen, die gegebenenfalls in den Mitgliedstaaten für ähnliche Zwecke verwendet werden.

(68) Die das Zeugnis ausstellende Behörde sollte die Formalitäten beachten, die für die Eintragung von unbeweglichen Sachen in dem Mitgliedstaat, in dem das Register geführt wird, vorgeschrieben sind. Diese Verordnung sollte hierfür einen Informationsaustausch zwischen den Mitgliedstaaten über diese Formalitäten vorsehen.

(69) Die Verwendung des Zeugnisses sollte nicht verpflichtend sein. Das bedeutet, dass die Personen, die berechtigt sind, das Zeugnis zu beantragen, nicht dazu verpflichtet sein sollten, dies zu tun, sondern dass es ihnen freistehen sollte, die anderen nach dieser Verordnung zur Verfügung stehenden Instrumente (Entscheidung, öffentliche Urkunde und gerichtlicher Vergleich) zu verwenden. Eine Behörde oder Person, der ein in einem anderen Mitgliedstaat ausgestelltes Zeugnis vorgelegt wird, sollte jedoch nicht verlangen können, dass statt des Zeugnisses eine Entscheidung, eine öffentliche Urkunde oder ein gerichtlicher Vergleich vorgelegt wird.

(70) Das Zeugnis sollte in dem Mitgliedstaat ausgestellt werden, dessen Gerichte nach dieser Verordnung zuständig sind. Es sollte Sache jedes Mitgliedstaats sein, in seinen innerstaatlichen Rechtsvorschriften festzulegen, welche Behörden – Gerichte im Sinne dieser Verordnung oder andere für Erbsachen zuständige Behörden wie beispielsweise Notare – für die Ausstellung des Zeugnisses zuständig sind. Es sollte außerdem Sache jedes Mitgliedstaats sein, in seinen innerstaatlichen Rechtsvorschriften festzulegen, ob die Ausstellungsbehörde andere zuständige Stellen an der Ausstellung beteiligen kann, beispielsweise Stellen, vor denen eidesstattliche Versicherungen abgegeben werden können. Die Mitgliedstaaten sollten der Kommission die einschlägigen Angaben zu ihren Ausstellungsbehörden mitteilen, damit diese Angaben der Öffentlichkeit zugänglich gemacht werden.

(71) Das Zeugnis sollte in sämtlichen Mitgliedstaaten dieselbe Wirkung entfalten. Es sollte zwar als solches keinen vollstreckbaren Titel darstellen, aber Beweiskraft besitzen, und es sollte die Vermutung gelten, dass es die Sachverhalte zutreffend ausweist, die nach dem auf die Rechtsnachfolge von Todes wegen anzuwendenden Recht oder einem anderen auf spezifische Sachverhalte anzuwendenden Recht festgestellt wurden, wie beispielsweise die materielle Wirksamkeit einer Verfügung von Todes wegen. Die Beweiskraft des Zeugnisses sollte sich nicht auf Elemente beziehen, die nicht durch diese Verordnung geregelt werden, wie etwa die Frage des Status oder die Frage, ob ein bestimmter Vermögenswert dem Erblasser gehörte oder nicht. Einer Person, die Zahlungen an eine Person leistet oder Nachlassvermögen an eine Person übergibt, die in dem Zeugnis als zur Entgegennahme dieser Zahlungen oder dieses Vermögens als Erbe oder Vermächtnisnehmer berechtigt bezeichnet ist, sollte ein angemessener Schutz gewährt werden, wenn sie im Vertrauen auf die Richtigkeit der in dem Zeugnis enthaltenen Angaben gutgläubig gehandelt hat. Der gleiche Schutz sollte einer Person gewährt werden, die im Vertrauen auf die Richtigkeit der in dem Zeugnis enthaltenen Angaben Nachlassvermögen von einer Person

erwirbt oder erhält, die in dem Zeugnis als zur Verfügung über das Vermögen berechtigt bezeichnet ist. Der Schutz sollte gewährleistet werden, wenn noch gültige beglaubigte Abschriften vorgelegt werden. Durch diese Verordnung sollte nicht geregelt werden, ob der Erwerb von Vermögen durch eine dritte Person wirksam ist oder nicht.

(72) Die zuständige Behörde sollte das Zeugnis auf Antrag ausstellen. Die Ausstellungsbehörde sollte die Urschrift des Zeugnisses aufbewahren und dem Antragsteller und jeder anderen Person, die ein berechtigtes Interesse nachweist, eine oder mehrere beglaubigte Abschriften ausstellen. Dies sollte einen Mitgliedstaat nicht daran hindern, es im Einklang mit seinen innerstaatlichen Regelungen über den Zugang der Öffentlichkeit zu Dokumenten zu gestatten, dass Abschriften des Zeugnisses der Öffentlichkeit zugängig gemacht werden. Diese Verordnung sollte Rechtsbehelfe gegen Entscheidungen der ausstellenden Behörde, einschließlich der Entscheidungen, die Ausstellung eines Zeugnisses zu versagen, vorsehen. Wird ein Zeugnis berichtigt, geändert oder widerrufen, sollte die ausstellende Behörde die Personen unterrichten, denen beglaubigte Abschriften ausgestellt wurden, um eine missbräuchliche Verwendung dieser Abschriften zu vermeiden.

(73) Um die internationalen Verpflichtungen, die die Mitgliedstaaten eingegangen sind, zu wahren, sollte sich diese Verordnung nicht auf die Anwendung internationaler Übereinkommen auswirken, denen ein oder mehrere Mitgliedstaaten zum Zeitpunkt der Annahme dieser Verordnung angehören. Insbesondere sollten die Mitgliedstaaten, die Vertragsparteien des Haager Übereinkommens vom 5. Oktober 1961 über das auf die Form letztwilliger Verfügungen anzuwendende Recht sind, in Bezug auf die Formgültigkeit von Testamenten und gemeinschaftlichen Testamenten anstelle der Bestimmungen dieser Verordnung weiterhin die Bestimmungen jenes Übereinkommens anwenden können. Um die allgemeinen Ziele dieser Verordnung zu wahren, muss die Verordnung jedoch im Verhältnis zwischen den Mitgliedstaaten Vorrang vor ausschließlich zwischen zwei oder mehreren Mitgliedstaaten geschlossenen Übereinkommen haben, soweit diese Bereiche betreffen, die in dieser Verordnung geregelt sind.

(74) Diese Verordnung sollte nicht verhindern, dass die Mitgliedstaaten, die Vertragsparteien des Übereinkommens vom 19. November 1934 zwischen Dänemark, Finnland, Island, Norwegen und Schweden mit Bestimmungen des Internationalen Privatrechts über Rechtsnachfolge von Todes wegen, Testamente und Nachlassverwaltung sind, weiterhin spezifische Bestimmungen jenes Übereinkommens in der geänderten Fassung der zwischenstaatlichen Vereinbarung zwischen den Staaten, die Vertragsparteien des Übereinkommens sind, anwenden können.

(75) Um die Anwendung dieser Verordnung zu erleichtern, sollten die Mitgliedstaaten verpflichtet werden, über das mit der Entscheidung 2001/470/EG des Rates[7] eingerichtete Europäische Justizielle Netz für Zivil- und Handelssachen bestimmte Angaben zu ihren erbrechtlichen Vorschriften und Verfahren zu machen. Damit sämtliche Informationen, die für die praktische Anwendung dieser Verordnung von Bedeutung sind, rechtzeitig im Amtsblatt der Europäischen Union veröffentlicht werden können, sollten die Mitgliedstaaten der Kommission auch diese Informationen vor dem Beginn der Anwendung der Verordnung mitteilen.

(76) Um die Anwendung dieser Verordnung zu erleichtern und um die Nutzung moderner Kommunikationstechnologien zu ermöglichen, sollten Standardformblätter für die Bescheinigungen, die im Zusammenhang mit einem Antrag auf Vollstreckbarerklärung einer Entscheidung, einer öffentlichen Urkunde oder eines gerichtlichen Vergleichs und mit einem Antrag auf Ausstellung eines Europäischen Nachlasszeugnisses vorzulegen sind, sowie für das Zeugnis selbst vorgesehen werden.

(77) Die Berechnung der in dieser Verordnung vorgesehenen Fristen und Termine sollte nach Maßgabe der Verordnung (EWG, Euratom) Nr. 1182/71 des Rates vom 3. Juni 1971 zur Festlegung der Regeln für die Fristen, Daten und Termine[8] erfolgen.

(78) Um einheitliche Bedingungen für die Durchführung dieser Verordnung gewährleisten zu können, sollten der Kommission in Bezug auf die Erstellung und spätere Änderung der Bescheinigungen und Formblätter, die die Vollstreckbarerklärung von Entscheidungen, gerichtlichen Vergleichen und öffentlichen Urkunden und das Europäische Nachlasszeugnis betreffen, Durchführungsbefugnisse übertragen werden. Diese Befugnisse sollten im Einklang mit der Verordnung (EU) Nr. 182/2011 des Europäischen Parlaments und des Rates vom 16. Februar 2011 zur Festlegung der allgemeinen Regeln und Grundsätze, nach denen die Mitgliedstaaten die Wahrnehmung der Durchführungsbefugnisse durch die Kommission kontrollieren[9], ausgeübt werden.

---

7   **Amtl. Anm.:** ABl. L 174 vom 27. 6. 2001, S. 25.
8   **Amtl. Anm.:** ABl. L 124 vom 8. 6. 1971, S. 1.
9   **Amtl. Anm.:** ABl. L 55 vom 28. 2. 2011, S. 13.

(79) Für den Erlass von Durchführungsrechtsakten zur Erstellung und anschließenden Änderung der in dieser Verordnung vorgesehenen Bescheinigungen und Formblätter sollte das Beratungsverfahren nach Artikel 4 der Verordnung (EU) Nr. 182/2011 herangezogen werden.

(80) Da die Ziele dieser Verordnung, nämlich die Sicherstellung der Freizügigkeit und der Möglichkeit für europäische Bürger, ihren Nachlass in einem Unions-Kontext im Voraus zu regeln, sowie der Schutz der Rechte der Erben und Vermächtnisnehmer, der Personen, die dem Erblasser nahestehen, und der Nachlassgläubiger auf Ebene der Mitgliedstaaten nicht ausreichend verwirklicht werden können und daher wegen des Umfangs und der Wirkungen dieser Verordnung besser auf Unionsebene zu verwirklichen sind, kann die Union im Einklang mit dem in Artikel 5 des Vertrags über die Europäische Union niedergelegten Subsidiaritätsprinzip tätig werden. Entsprechend dem in demselben Artikel genannten Grundsatz der Verhältnismäßigkeit geht diese Verordnung nicht über das für die Erreichung dieser Ziele erforderliche Maß hinaus.

(81) Diese Verordnung steht im Einklang mit den Grundrechten und Grundsätzen, die mit der Charta der Grundrechte der Europäischen Union anerkannt wurden. Bei der Anwendung dieser Verordnung müssen die Gerichte und anderen zuständigen Behörden der Mitgliedstaaten diese Rechte und Grundsätze achten.

(82) Gemäß den Artikeln 1 und 2 des dem Vertrag über die Europäische Union und dem Vertrag über die Arbeitsweise der Europäischen Union beigefügten Protokolls Nr. 21 über die Position des Vereinigten Königreichs und Irlands hinsichtlich des Raums der Freiheit, der Sicherheit und des Rechts beteiligen sich diese Mitgliedstaaten nicht an der Annahme dieser Verordnung und sind weder durch diese gebunden noch zu ihrer Anwendung verpflichtet. Dies berührt jedoch nicht die Möglichkeit für das Vereinigte Königreich und Irland, gemäß Artikel 4 des genannten Protokolls nach der Annahme dieser Verordnung mitzuteilen, dass sie die Verordnung anzunehmen wünschen.

(83) Gemäß den Artikeln 1 und 2 des dem Vertrag über die Europäische Union und dem Vertrag über die Arbeitsweise der Europäischen Union beigefügten Protokolls Nr. 22 über die Position Dänemarks beteiligt sich Dänemark nicht an der Annahme dieser Verordnung und ist weder durch diese Verordnung gebunden noch zu ihrer Anwendung verpflichtet –

HABEN FOLGENDE VERORDNUNG ERLASSEN:

KAPITEL I
ANWENDUNGSBEREICH UND BEGRIFFSBESTIMMUNGEN

Artikel 1 Anwendungsbereich

(1) Diese Verordnung ist auf die Rechtsnachfolge von Todes wegen anzuwenden. Sie gilt nicht für Steuer- und Zollsachen sowie verwaltungsrechtliche Angelegenheiten.

(2) Vom Anwendungsbereich dieser Verordnung ausgenommen sind:

a) der Personenstand sowie Familienverhältnisse und Verhältnisse, die nach dem auf diese Verhältnisse anzuwendenden Recht vergleichbare Wirkungen entfalten;

b) die Rechts-, Geschäfts- und Handlungsfähigkeit von natürlichen Personen, unbeschadet des Artikels 23 Absatz 2 Buchstabe c und des Artikels 26;

c) Fragen betreffend die Verschollenheit oder die Abwesenheit einer natürlichen Person oder die Todesvermutung;

d) Fragen des ehelichen Güterrechts sowie des Güterrechts aufgrund von Verhältnissen, die nach dem auf diese Verhältnisse anzuwendenden Recht mit der Ehe vergleichbare Wirkungen entfalten;

e) Unterhaltspflichten außer derjenigen, die mit dem Tod entstehen;

f) die Formgültigkeit mündlicher Verfügungen von Todes wegen;

g) Rechte und Vermögenswerte, die auf andere Weise als durch Rechtsnachfolge von Todes wegen begründet oder übertragen werden, wie unentgeltliche Zuwendungen, Miteigentum mit Anwachsungsrecht des Überlebenden (joint tenancy), Rentenpläne, Versicherungsverträge und ähnliche Vereinbarungen, unbeschadet des Artikels 23 Absatz 2 Buchstabe i;

h) Fragen des Gesellschaftsrechts, des Vereinsrechts und des Rechts der juristischen Personen, wie Klauseln im Errichtungsakt oder in der Satzung einer Gesellschaft, eines Vereins oder einer juristischen Person, die das Schicksal der Anteile verstorbener Gesellschafter beziehungsweise Mitglieder regeln;

i) die Auflösung, das Erlöschen und die Verschmelzung von Gesellschaften, Vereinen oder juristischen Personen;
j) die Errichtung, Funktionsweise und Auflösung eines Trusts;
k) die Art der dinglichen Rechte und
l) jede Eintragung von Rechten an beweglichen oder unbeweglichen Vermögensgegenständen in einem Register, einschließlich der gesetzlichen Voraussetzungen für eine solche Eintragung, sowie die Wirkungen der Eintragung oder der fehlenden Eintragung solcher Rechte in einem Register.

Artikel 2 Zuständigkeit in Erbsachen innerhalb der Mitgliedstaaten

Diese Verordnung berührt nicht die innerstaatlichen Zuständigkeiten der Behörden der Mitgliedstaaten in Erbsachen.

Artikel 3 Begriffsbestimmungen

(1) Für die Zwecke dieser Verordnung bezeichnet der Ausdruck
a) „Rechtsnachfolge von Todes wegen" jede Form des Übergangs von Vermögenswerten, Rechten und Pflichten von Todes wegen, sei es im Wege der gewillkürten Erbfolge durch eine Verfügung von Todes wegen oder im Wege der gesetzlichen Erbfolge;
b) „Erbvertrag" eine Vereinbarung, einschließlich einer Vereinbarung aufgrund gegenseitiger Testamente, die mit oder ohne Gegenleistung Rechte am künftigen Nachlass oder künftigen Nachlässen einer oder mehrerer an dieser Vereinbarung beteiligter Personen begründet, ändert oder entzieht;
c) „gemeinschaftliches Testament" ein von zwei oder mehr Personen in einer einzigen Urkunde errichtetes Testament;
d) „Verfügung von Todes wegen" ein Testament, ein gemeinschaftliches Testament oder einen Erbvertrag;
e) „Ursprungsmitgliedstaat" den Mitgliedstaat, in dem die Entscheidung ergangen, der gerichtliche Vergleich gebilligt oder geschlossen, die öffentliche Urkunde errichtet oder das Europäische Nachlasszeugnis ausgestellt worden ist;
f) „Vollstreckungsmitgliedstaat" den Mitgliedstaat, in dem die Vollstreckbarerklärung oder Vollstreckung der Entscheidung, des gerichtlichen Vergleichs oder der öffentlichen Urkunde betrieben wird;
g) „Entscheidung" jede von einem Gericht eines Mitgliedstaats in einer Erbsache erlassene Entscheidung ungeachtet ihrer Bezeichnung einschließlich des Kostenfestsetzungsbeschlusses eines Gerichtsbediensteten;
h) „gerichtlicher Vergleich" einen von einem Gericht gebilligten oder vor einem Gericht im Laufe eines Verfahrens geschlossenen Vergleich in einer Erbsache;
i) „öffentliche Urkunde" ein Schriftstück in Erbsachen, das als öffentliche Urkunde in einem Mitgliedstaat förmlich errichtet oder eingetragen worden ist und dessen Beweiskraft
   i) sich auf die Unterschrift und den Inhalt der öffentlichen Urkunde bezieht und
   ii) durch eine Behörde oder eine andere vom Ursprungsmitgliedstaat hierzu ermächtigte Stelle festgestellt worden ist.

(2) Im Sinne dieser Verordnung bezeichnet der Begriff „Gericht" jedes Gericht und alle sonstigen Behörden und Angehörigen von Rechtsberufen mit Zuständigkeiten in Erbsachen, die gerichtliche Funktionen ausüben oder in Ausübung einer Befugnisübertragung durch ein Gericht oder unter der Aufsicht eines Gerichts handeln, sofern diese anderen Behörden und Angehörigen von Rechtsberufen ihre Unparteilichkeit und das Recht der Parteien auf rechtliches Gehör gewährleisten und ihre Entscheidungen nach dem Recht des Mitgliedstaats, in dem sie tätig sind,

a) vor einem Gericht angefochten oder von einem Gericht nachgeprüft werden können und
b) vergleichbare Rechtskraft und Rechtswirkung haben wie eine Entscheidung eines Gerichts in der gleichen Sache.

Die Mitgliedstaaten teilen der Kommission nach Artikel 79 die in Unterabsatz 1 genannten sonstigen Behörden und Angehörigen von Rechtsberufen mit.

KAPITEL II
ZUSTÄNDIGKEIT

Artikel 4 Allgemeine Zuständigkeit

Für Entscheidungen in Erbsachen sind für den gesamten Nachlass die Gerichte des Mitgliedstaats zuständig, in dessen Hoheitsgebiet der Erblasser im Zeitpunkt seines Todes seinen gewöhnlichen Aufenthalt hatte.

Artikel 5 Gerichtsstandsvereinbarung

(1) Ist das vom Erblasser nach Artikel 22 zur Anwendung auf die Rechtsnachfolge von Todes wegen gewählte Recht das Recht eines Mitgliedstaats, so können die betroffenen Parteien vereinbaren, dass für Entscheidungen in Erbsachen ausschließlich ein Gericht oder die Gerichte dieses Mitgliedstaats zuständig sein sollen.

(2) Eine solche Gerichtsstandsvereinbarung bedarf der Schriftform und ist zu datieren und von den betroffenen Parteien zu unterzeichnen. Elektronische Übermittlungen, die eine dauerhafte Aufzeichnung der Vereinbarung ermöglichen, sind der Schriftform gleichgestellt.

Artikel 6 Unzuständigerklärung bei Rechtswahl

Ist das Recht, das der Erblasser nach Artikel 22 zur Anwendung auf die Rechtsnachfolge von Todes wegen gewählt hat, das Recht eines Mitgliedstaats, so verfährt das nach Artikel 4 oder Artikel 10 angerufene Gericht wie folgt:

a) Es kann sich auf Antrag einer der Verfahrensparteien für unzuständig erklären, wenn seines Erachtens die Gerichte des Mitgliedstaats des gewählten Rechts in der Erbsache besser entscheiden können, wobei es die konkreten Umstände der Erbsache berücksichtigt, wie etwa den gewöhnlichen Aufenthalt der Parteien und den Ort, an dem die Vermögenswerte belegen sind, oder

b) es erklärt sich für unzuständig, wenn die Verfahrensparteien nach Artikel 5 die Zuständigkeit eines Gerichts oder der Gerichte des Mitgliedstaats des gewählten Rechts vereinbart haben.

Artikel 7 Zuständigkeit bei Rechtswahl

Die Gerichte eines Mitgliedstaats, dessen Recht der Erblasser nach Artikel 22 gewählt hat, sind für die Entscheidungen in einer Erbsache zuständig, wenn

a) sich ein zuvor angerufenes Gericht nach Artikel 6 in derselben Sache für unzuständig erklärt hat,
b) die Verfahrensparteien nach Artikel 5 die Zuständigkeit eines Gerichts oder der Gerichte dieses Mitgliedstaats vereinbart haben oder
c) die Verfahrensparteien die Zuständigkeit des angerufenen Gerichts ausdrücklich anerkannt haben.

Artikel 8 Beendigung des Verfahrens von Amts wegen bei Rechtswahl

Ein Gericht, das ein Verfahren in einer Erbsache von Amts wegen nach Artikel 4 oder nach Artikel 10 eingeleitet hat, beendet das Verfahren, wenn die Verfahrensparteien vereinbart haben, die Erbsache außergerichtlich in dem Mitgliedstaat, dessen Recht der Erblasser nach Artikel 22 gewählt hat, einvernehmlich zu regeln.

Artikel 9 Zuständigkeit aufgrund rügeloser Einlassung

(1) Stellt sich in einem Verfahren vor dem Gericht eines Mitgliedstaats, das seine Zuständigkeit nach Artikel 7 ausübt, heraus, dass nicht alle Parteien dieses Verfahrens der Gerichtstandsvereinbarung angehören, so ist das Gericht weiterhin zuständig, wenn sich die Verfahrensparteien, die der Vereinbarung nicht angehören, auf das Verfahren einlassen, ohne den Mangel der Zuständigkeit des Gerichts zu rügen.

(2) Wird der Mangel der Zuständigkeit des in Absatz 1 genannten Gerichts von Verfahrensparteien gerügt, die der Vereinbarung nicht angehören, so erklärt sich das Gericht für unzuständig.

In diesem Fall sind die nach Artikel 4 oder Artikel 10 zuständigen Gerichte für die Entscheidung in der Erbsache zuständig.

Artikel 10 Subsidiäre Zuständigkeit

(1) Hatte der Erblasser seinen gewöhnlichen Aufenthalt im Zeitpunkt seines Todes nicht in einem Mitgliedstaat, so sind die Gerichte eines Mitgliedstaats, in dem sich Nachlassvermögen befindet, für Entscheidungen in Erbsachen für den gesamten Nachlass zuständig, wenn

a) der Erblasser die Staatsangehörigkeit dieses Mitgliedstaats im Zeitpunkt seines Todes besaß, oder, wenn dies nicht der Fall ist,
b) der Erblasser seinen vorhergehenden gewöhnlichen Aufenthalt in dem betreffenden Mitgliedstaat hatte, sofern die Änderung dieses gewöhnlichen Aufenthalts zum Zeitpunkt der Anrufung des Gerichts nicht länger als fünf Jahre zurückliegt.

(2) Ist kein Gericht in einem Mitgliedstaat nach Absatz 1 zuständig, so sind dennoch die Gerichte des Mitgliedstaats, in dem sich Nachlassvermögen befindet, für Entscheidungen über dieses Nachlassvermögen zuständig.

Artikel 11 Notzuständigkeit (forum necessitatis)

Ist kein Gericht eines Mitgliedstaats aufgrund anderer Vorschriften dieser Verordnung zuständig, so können die Gerichte eines Mitgliedstaats in Ausnahmefällen in einer Erbsache entscheiden, wenn es nicht zumutbar ist oder es sich als unmöglich erweist, ein Verfahren in einem Drittstaat, zu dem die Sache einen engen Bezug aufweist, einzuleiten oder zu führen.

Die Sache muss einen ausreichenden Bezug zu dem Mitgliedstaat des angerufenen Gerichts aufweisen.

Artikel 12 Beschränkung des Verfahrens

(1) Umfasst der Nachlass des Erblassers Vermögenswerte, die in einem Drittstatt belegen sind, so kann das in der Erbsache angerufene Gericht auf Antrag einer der Parteien beschließen, über einen oder mehrere dieser Vermögenswerte nicht zu befinden, wenn zu erwarten ist, dass seine Entscheidung in Bezug auf diese Vermögenswerte in dem betreffenden Drittstatt nicht anerkannt oder gegebenenfalls nicht für vollstreckbar erklärt wird.

(2) Absatz 1 berührt nicht das Recht der Parteien, den Gegenstand des Verfahrens nach dem Recht des Mitgliedstaats des angerufenen Gerichts zu beschränken.

Artikel 13 Annahme oder Ausschlagung der Erbschaft, eines Vermächtnisses oder eines Pflichtteils

Außer dem gemäß dieser Verordnung für die Rechtsnachfolge von Todes wegen zuständigen Gericht sind die Gerichte des Mitgliedstaats, in dem eine Person ihren gewöhnlichen Aufenthalt hat, die nach dem auf die Rechtsnachfolge von Todes wegen anzuwendenden Recht vor einem Gericht eine Erklärung über die Annahme oder Ausschlagung der Erbschaft, eines Vermächtnisses oder eines Pflichtteils oder eine Erklärung zur Begrenzung der Haftung der betreffenden Person für die Nachlassverbindlichkeiten abgeben kann, für die Entgegennahme solcher Erklärungen zuständig, wenn diese Erklärungen nach dem Recht dieses Mitgliedstaats vor einem Gericht abgegeben werden können.

Artikel 14 Anrufung eines Gerichts

Für die Zwecke dieses Kapitels gilt ein Gericht als angerufen

a) zu dem Zeitpunkt, zu dem das verfahrenseinleitende Schriftstück oder ein gleichwertiges Schriftstück bei Gericht eingereicht worden ist, vorausgesetzt, dass der Kläger es in der Folge nicht versäumt hat, die ihm obliegenden Maßnahmen zu treffen, um die Zustellung des Schriftstücks an den Beklagten zu bewirken,

b) falls die Zustellung vor Einreichung des Schriftstücks bei Gericht zu bewirken ist, zu dem Zeitpunkt, zu dem die für die Zustellung verantwortliche Stelle das Schriftstück erhalten hat, vorausgesetzt, dass der Kläger es in der Folge nicht versäumt hat, die ihm obliegenden Maßnahmen zu treffen, um das Schriftstück bei Gericht einzureichen, oder

c) falls das Gericht das Verfahren von Amts wegen einleitet, zu dem Zeitpunkt, zu dem der Beschluss über die Einleitung des Verfahrens vom Gericht gefasst oder, wenn ein solcher Beschluss nicht erforderlich ist, zu dem Zeitpunkt, zu dem die Sache beim Gericht eingetragen wird.

Artikel 15 Prüfung der Zuständigkeit

Das Gericht eines Mitgliedstaats, das in einer Erbsache angerufen wird, für die es nach dieser Verordnung nicht zuständig ist, erklärt sich von Amts wegen für unzuständig.

Artikel 16 Prüfung der Zulässigkeit

(1) Lässt sich der Beklagte, der seinen gewöhnlichen Aufenthalt im Hoheitsgebiet eines anderen Staates als des Mitgliedstaats hat, in dem das Verfahren eingeleitet wurde, auf das Verfahren nicht ein, so setzt das zuständige Gericht das Verfahren so lange aus, bis festgestellt ist, dass es dem Beklagten möglich war, das verfahrenseinleitende Schriftstück oder ein gleichwertiges Schriftstück so rechtzeitig zu empfangen, dass er sich verteidigen konnte oder dass alle hierzu erforderlichen Maßnahmen getroffen wurden.

(2) Anstelle des Absatzes 1 des vorliegenden Artikels findet Artikel 19 der Verordnung (EG) Nr. 1393/2007 des Europäischen Parlaments und des Rates vom 13. November 2007 über die Zustellung gerichtlicher und außergerichtlicher Schriftstücke in Zivil- oder Handelssachen in den Mitgliedstaaten (Zustellung von Schriftstücken)[10] Anwendung, wenn das verfahrenseinleitende Schriftstück oder ein gleichwertiges Schriftstück nach der genannten Verordnung von einem Mitgliedstaat in einen anderen zu übermitteln war. (3) Ist die Verordnung (EG) Nr. 1393/2007 nicht anwendbar, so gilt Artikel 15 des Haager Übereinkommens vom 15. November 1965 über die Zustellung gerichtlicher und außergerichtlicher Schriftstücke im Ausland in Zivil- und Handelssachen, wenn das verfahrenseinleitende Schriftstück oder ein gleichwertiges Schriftstück nach Maßgabe dieses Übereinkommens ins Ausland zu übermitteln war.

Artikel 17 Rechtshängigkeit

(1) Werden bei Gerichten verschiedener Mitgliedstaaten Verfahren wegen desselben Anspruchs zwischen denselben Parteien anhängig gemacht, so setzt das später angerufene Gericht das Verfahren von Amts wegen aus, bis die Zuständigkeit des zuerst angerufenen Gerichts feststeht.

(2) Sobald die Zuständigkeit des zuerst angerufenen Gerichts feststeht, erklärt sich das später angerufene Gericht zugunsten dieses Gerichts für unzuständig.

---

10   Amtl. Anm.: ABl. L 324 vom 10.12.2007, S. 79.

Artikel 18 Im Zusammenhang stehende Verfahren

(1) Sind bei Gerichten verschiedener Mitgliedstaaten Verfahren, die im Zusammenhang stehen, anhängig, so kann jedes später angerufene Gericht das Verfahren aussetzen.

(2) Sind diese Verfahren in erster Instanz anhängig, so kann sich jedes später angerufene Gericht auf Antrag einer Partei auch für unzuständig erklären, wenn das zuerst angerufene Gericht für die betreffenden Verfahren zuständig ist und die Verbindung der Verfahren nach seinem Recht zulässig ist.

(3) Verfahren stehen im Sinne dieses Artikels im Zusammenhang, wenn zwischen ihnen eine so enge Beziehung gegeben ist, dass eine gemeinsame Verhandlung und Entscheidung geboten erscheint, um zu vermeiden, dass in getrennten Verfahren widersprechende Entscheidungen ergehen.

Artikel 19 Einstweilige Maßnahmen einschließlich Sicherungsmaßnahmen

Die im Recht eines Mitgliedstaats vorgesehenen einstweiligen Maßnahmen einschließlich Sicherungsmaßnahmen können bei den Gerichten dieses Staates auch dann beantragt werden, wenn für die Entscheidung in der Hauptsache nach dieser Verordnung die Gerichte eines anderen Mitgliedstaats zuständig sind.

KAPITEL III
ANZUWENDENDES RECHT

Artikel 20 Universelle Anwendung

Das nach dieser Verordnung bezeichnete Recht ist auch dann anzuwenden, wenn es nicht das Recht eines Mitgliedstaats ist.

Artikel 21 Allgemeine Kollisionsnorm

(1) Sofern in dieser Verordnung nichts anderes vorgesehen ist, unterliegt die gesamte Rechtsnachfolge von Todes wegen dem Recht des Staates, in dem der Erblasser im Zeitpunkt seines Todes seinen gewöhnlichen Aufenthalt hatte.

(2) Ergibt sich ausnahmsweise aus der Gesamtheit der Umstände, dass der Erblasser im Zeitpunkt seines Todes eine offensichtlich engere Verbindung zu einem anderen als dem Staat hatte, dessen Recht nach Absatz 1 anzuwenden wäre, so ist auf die Rechtsnachfolge von Todes wegen das Recht dieses anderen Staates anzuwenden.

Artikel 22 Rechtswahl

(1) Eine Person kann für die Rechtsnachfolge von Todes wegen das Recht des Staates wählen, dem sie im Zeitpunkt der Rechtswahl oder im Zeitpunkt ihres Todes angehört.

Eine Person, die mehrere Staatsangehörigkeiten besitzt, kann das Recht eines der Staaten wählen, denen sie im Zeitpunkt der Rechtswahl oder im Zeitpunkt ihres Todes angehört.

(2) Die Rechtswahl muss ausdrücklich in einer Erklärung in Form einer Verfügung von Todes wegen erfolgen oder sich aus den Bestimmungen einer solchen Verfügung ergeben.

(3) Die materielle Wirksamkeit der Rechtshandlung, durch die die Rechtswahl vorgenommen wird, unterliegt dem gewählten Recht.

(4) Die Änderung oder der Widerruf der Rechtswahl muss den Formvorschriften für die Änderung oder den Widerruf einer Verfügung von Todes wegen entsprechen.

Artikel 23 Reichweite des anzuwendenden Rechts

(1) Dem nach Artikel 21 oder Artikel 22 bezeichneten Recht unterliegt die gesamte Rechtsnachfolge von Todes wegen.

(2) Diesem Recht unterliegen insbesondere:
a) die Gründe für den Eintritt des Erbfalls sowie dessen Zeitpunkt und Ort;
b) die Berufung der Berechtigten, die Bestimmung ihrer jeweiligen Anteile und etwaiger ihnen vom Erblasser auferlegter Pflichten sowie die Bestimmung sonstiger Rechte an dem Nachlass, einschließlich der Nachlassansprüche des überlebenden Ehegatten oder Lebenspartners;
c) die Erbfähigkeit;
d) die Enterbung und die Erbunwürdigkeit;
e) der Übergang der zum Nachlass gehörenden Vermögenswerte, Rechte und Pflichten auf die Erben und gegebenenfalls die Vermächtnisnehmer, einschließlich der Bedingungen für die Annahme oder die Ausschlagung der Erbschaft oder eines Vermächtnisses und deren Wirkungen;
f) die Rechte der Erben, Testamentsvollstrecker und anderer Nachlassverwalter, insbesondere im Hinblick auf die Veräußerung von Vermögen und die Befriedigung der Gläubiger, unbeschadet der Befugnisse nach Artikel 29 Absätze 2 und 3;
g) die Haftung für die Nachlassverbindlichkeiten;
h) der verfügbare Teil des Nachlasses, die Pflichtteile und andere Beschränkungen der Testierfreiheit sowie etwaige Ansprüche von Personen, die dem Erblasser nahe stehen, gegen den Nachlass oder gegen den Erben;
i) die Ausgleichung und Anrechnung unentgeltlicher Zuwendungen bei der Bestimmung der Anteile der einzelnen Berechtigten und
j) die Teilung des Nachlasses.

Artikel 24 Verfügungen von Todes wegen außer Erbverträgen

(1) Die Zulässigkeit und die materielle Wirksamkeit einer Verfügung von Todes wegen mit Ausnahme eines Erbvertrags unterliegen dem Recht, das nach dieser Verordnung auf die Rechtsnachfolge von Todes wegen anzuwenden wäre, wenn die Person, die die Verfügung errichtet hat, zu diesem Zeitpunkt verstorben wäre.

(2) Ungeachtet des Absatzes 1 kann eine Person für die Zulässigkeit und die materielle Wirksamkeit ihrer Verfügung von Todes wegen das Recht wählen, das sie nach Artikel 22 unter den darin genannten Bedingungen hätte wählen können.

(3) Absatz 1 gilt für die Änderung oder den Widerruf einer Verfügung von Todes wegen mit Ausnahme eines Erbvertrags entsprechend. Bei Rechtswahl nach Absatz 2 unterliegt die Änderung oder der Widerruf dem gewählten Recht.

Artikel 25 Erbverträge

(1) Die Zulässigkeit, die materielle Wirksamkeit und die Bindungswirkungen eines Erbvertrags, der den Nachlass einer einzigen Person betrifft, einschließlich der Voraussetzungen für seine Auflösung, unterliegen dem Recht, das nach dieser Verordnung auf die Rechtsnachfolge von Todes wegen anzuwenden wäre, wenn diese Person zu dem Zeitpunkt verstorben wäre, in dem der Erbvertrag geschlossen wurde.

(2) Ein Erbvertrag, der den Nachlass mehrerer Personen betrifft, ist nur zulässig, wenn er nach jedem der Rechte zulässig ist, die nach dieser Verordnung auf die Rechtsnachfolge der einzelnen beteiligten Personen anzuwenden wären, wenn sie zu dem Zeitpunkt verstorben wären, in dem der Erbvertrag geschlossen wurde.
Die materielle Wirksamkeit und die Bindungswirkungen eines Erbvertrags, der nach Unterabsatz 1 zulässig ist, einschließlich der Voraussetzungen für seine Auflösung, unterliegen demjenigen unter den in Unterabsatz 1 genannten Rechten, zu dem er die engste Verbindung hat.

(3) Ungeachtet der Absätze 1 und 2 können die Parteien für die Zulässigkeit, die materielle Wirksamkeit und die Bindungswirkungen ihres Erbvertrags, einschließlich der Voraussetzungen für seine

Auflösung, das Recht wählen, das die Person oder eine der Personen, deren Nachlass betroffen ist, nach Artikel 22 unter den darin genannten Bedingungen hätte wählen können.

Artikel 26 Materielle Wirksamkeit einer Verfügung von Todes wegen

(1) Zur materiellen Wirksamkeit im Sinne der Artikel 24 und 25 gehören:
a) die Testierfähigkeit der Person, die die Verfügung von Todes wegen errichtet;
b) die besonderen Gründe, aufgrund deren die Person, die die Verfügung errichtet, nicht zugunsten bestimmter Personen verfügen darf oder aufgrund deren eine Person kein Nachlassvermögen vom Erblasser erhalten darf;
c) die Zulässigkeit der Stellvertretung bei der Errichtung einer Verfügung von Todes wegen;
d) die Auslegung der Verfügung;
e) Täuschung, Nötigung, Irrtum und alle sonstigen Fragen in Bezug auf Willensmängel oder Testierwillen der Person, die die Verfügung errichtet.

(2) Hat eine Person nach dem nach Artikel 24 oder 25 anzuwendenden Recht die Testierfähigkeit erlangt, so beeinträchtigt ein späterer Wechsel des anzuwendenden Rechts nicht ihre Fähigkeit zur Änderung oder zum Widerruf der Verfügung.

Artikel 27 Formgültigkeit einer schriftlichen Verfügung von Todes wegen

(1) Eine schriftliche Verfügung von Todes wegen ist hinsichtlich ihrer Form wirksam, wenn diese:
a) dem Recht des Staates entspricht, in dem die Verfügung errichtet oder der Erbvertrag geschlossen wurde,
b) dem Recht eines Staates entspricht, dem der Erblasser oder mindestens eine der Personen, deren Rechtsnachfolge von Todes wegen durch einen Erbvertrag betroffen ist, entweder im Zeitpunkt der Errichtung der Verfügung bzw. des Abschlusses des Erbvertrags oder im Zeitpunkt des Todes angehörte,
c) dem Recht eines Staates entspricht, in dem der Erblasser oder mindestens eine der Personen, deren Rechtsnachfolge von Todes wegen durch einen Erbvertrag betroffen ist, entweder im Zeitpunkt der Errichtung der Verfügung oder des Abschlusses des Erbvertrags oder im Zeitpunkt des Todes den Wohnsitz hatte,
d) dem Recht des Staates entspricht, in dem der Erblasser oder mindestens eine der Personen, deren Rechtsnachfolge von Todes wegen durch einen Erbvertrag betroffen ist, entweder im Zeitpunkt der Errichtung der Verfügung oder des Abschlusses des Erbvertrags oder gewöhnlichen Aufenthalt hatte, oder
e) dem Recht des Staates entspricht, in dem sich unbewegliches Vermögen befindet, soweit es sich um dieses handelt.

Ob der Erblasser oder eine der Personen, deren Rechtsnachfolge von Todes wegen durch einen Erbvertrag betroffen ist, in einem bestimmten Staat ihren Wohnsitz hatte, regelt das in diesem Staat geltende Recht.

(2) Absatz 1 ist auch auf Verfügungen von Todes wegen anzuwenden, durch die eine frühere Verfügung geändert oder widerrufen wird. Die Änderung oder der Widerruf ist hinsichtlich ihrer Form auch dann gültig, wenn sie den Formerfordernissen einer der Rechtsordnungen entsprechen, nach denen die geänderte oder widerrufene Verfügung von Todes wegen nach Absatz 1 gültig war.

(3) Für die Zwecke dieses Artikels werden Rechtsvorschriften, welche die für Verfügungen von Todes wegen zugelassenen Formen mit Beziehung auf das Alter, die Staatsangehörigkeit oder andere persönliche Eigenschaften des Erblassers oder der Personen, deren Rechtsnachfolge von Todes wegen durch einen Erbvertrag betroffen ist, beschränken, als zur Form gehörend angesehen. Das Gleiche gilt für Eigenschaften, welche die für die Gültigkeit einer Verfügung von Todes wegen erforderlichen Zeugen besitzen müssen.

Artikel 28 Formgültigkeit einer Annahme- oder Ausschlagungserklärung

Eine Erklärung über die Annahme oder die Ausschlagung der Erbschaft, eines Vermächtnisses oder eines Pflichtteils oder eine Erklärung zur Begrenzung der Haftung des Erklärenden ist hinsichtlich ihrer Form wirksam, wenn diese den Formerfordernissen entspricht

a) des nach den Artikeln 21 oder 22 auf die Rechtsnachfolge von Todes wegen anzuwendenden Rechts oder
b) des Rechts des Staates, in dem der Erklärende seinen gewöhnlichen Aufenthalt hat.

Artikel 29 Besondere Regelungen für die Bestellung und die Befugnisse eines Nachlassverwalters in bestimmten Situationen

(1) Ist die Bestellung eines Verwalters nach dem Recht des Mitgliedstaats, dessen Gerichte nach dieser Verordnung für die Entscheidungen in der Erbsache zuständig sind, verpflichtend oder auf Antrag verpflichtend und ist das auf die Rechtsnachfolge von Todes wegen anzuwendende Recht ausländisches Recht, können die Gerichte dieses Mitgliedstaats, wenn sie angerufen werden, einen oder mehrere Nachlassverwalter nach ihrem eigenen Recht unter den in diesem Artikel festgelegten Bedingungen bestellen. Der/die nach diesem Absatz bestellte(n) Verwalter ist/sind berechtigt, das Testament des Erblassers zu vollstrecken und/oder den Nachlass nach dem auf die Rechtsnachfolge von Todes wegen anzuwendenden Recht zu verwalten. Sieht dieses Recht nicht vor, dass eine Person Nachlassverwalter ist, die kein Berechtigter ist, können die Gerichte des Mitgliedstaats, in dem der Verwalter bestellt werden muss, einen Fremdverwalter nach ihrem eigenen Recht bestellen, wenn dieses Recht dies so vorsieht und es einen schwerwiegenden Interessenskonflikt zwischen den Berechtigten oder zwischen den Berechtigten und den Nachlassgläubigern oder anderen Personen, die für die Verbindlichkeiten des Erblassers gebürgt haben, oder Uneinigkeit zwischen den Berechtigten über die Verwaltung des Nachlasses gibt oder wenn es sich um einen aufgrund der Art der Vermögenswerte schwer zu verwaltenden Nachlasses handelt.

Der/die nach diesem Absatz bestellte(n) Verwalter ist/sind die einzige(n) Person(en), die befugt ist/sind, die in den Absätzen 2 oder 3 genannten Befugnisse auszuüben.

(2) Die nach Absatz 1 bestellte(n) Person(en) üben die Befugnisse zur Verwaltung des Nachlasses aus, die sie nach dem auf die Rechtsnachfolge von Todes wegen anzuwendenden Recht ausüben dürfen. Das bestellende Gericht kann in seiner Entscheidung besondere Bedingungen für die Ausübung dieser Befugnisse im Einklang mit dem auf die Rechtsnachfolge von Todes wegen anzuwendenden Recht festlegen.

Sieht das auf die Rechtsnachfolge von Todes wegen anzuwendende Recht keine hinreichenden Befugnisse vor, um das Nachlassvermögen zu erhalten oder die Rechte der Nachlassgläubiger oder anderer Personen zu schützen, die für die Verbindlichkeiten des Erblassers gebürgt haben, so kann das bestellende Gericht beschließen, es dem/den Nachlassverwalter(n) zu gestatten, ergänzend diejenigen Befugnisse, die hierfür in seinem eigenen Recht vorgesehen sind, auszuüben und in seiner Entscheidung besondere Bedingungen für die Ausübung dieser Befugnisse im Einklang mit diesem Recht festlegen.

Bei der Ausübung solcher ergänzenden Befugnisse hält/halten der/die Verwalter das auf die Rechtsnachfolge von Todes wegen anzuwendende Recht in Bezug auf den Übergang des Eigentums an dem Nachlassvermögen, die Haftung für die Nachlassverbindlichkeiten, die Rechte der Berechtigten, gegebenenfalls einschließlich des Rechts, die Erbschaft anzunehmen oder auszuschlagen, und gegebenenfalls die Befugnisse des Vollstreckers des Testaments des Erblassers ein.

(3) Ungeachtet des Absatzes 2 kann das nach Absatz 1 einen oder mehrere Verwalter bestellende Gericht ausnahmsweise, wenn das auf die Rechtsnachfolge von Todes wegen anzuwendende Recht das Recht eines Drittstaats ist, beschließen, diesen Verwaltern alle Verwaltungsbefugnisse zu übertragen, die in dem Recht des Mitgliedstaats vorgesehen sind, in dem sie bestellt werden.

Bei der Ausübung dieser Befugnisse respektieren die Nachlassverwalter jedoch insbesondere die Bestimmung der Berechtigten und ihrer Nachlassansprüche, einschließlich ihres Anspruchs auf einen Pflichtteil oder ihres Anspruchs gegen den Nachlass oder gegenüber den Erben nach dem auf die Rechtsnachfolge von Todes wegen anzuwendenden Recht.

Artikel 30 Besondere Regelungen mit Beschränkungen, die die Rechtsnachfolge von Todes wegen in Bezug auf bestimmte Vermögenswerte betreffen oder Auswirkungen auf sie haben

Besondere Regelungen im Recht eines Staates, in dem sich bestimmte unbewegliche Sachen, Unternehmen oder andere besondere Arten von Vermögenswerten befinden, die die Rechtsnachfolge von Todes wegen in Bezug auf jene Vermögenswerte aus wirtschaftlichen, familiären oder sozialen Erwägungen beschränken oder berühren, finden auf die Rechtsnachfolge von Todes wegen Anwendung, soweit sie nach dem Recht dieses Staates unabhängig von dem auf die Rechtsnachfolge von Todes wegen anzuwendenden Recht anzuwenden sind.

Artikel 31 Anpassung dinglicher Rechte

Macht eine Person ein dingliches Recht geltend, das ihr nach dem auf die Rechtsnachfolge von Todes wegen anzuwendenden Recht zusteht, und kennt das Recht des Mitgliedstaats, in dem das Recht geltend gemacht wird, das betreffende dingliche Recht nicht, so ist dieses Recht soweit erforderlich und möglich an das in der Rechtsordnung dieses Mitgliedstaats am ehesten vergleichbare Recht anzupassen, wobei die mit dem besagten dinglichen Recht verfolgten Ziele und Interessen und die mit ihm verbundenen Wirkungen zu berücksichtigen sind.

Artikel 32 Kommorienten

Sterben zwei oder mehr Personen, deren jeweilige Rechtsnachfolge von Todes wegen verschiedenen Rechten unterliegt, unter Umständen, unter denen die Reihenfolge ihres Todes ungewiss ist, und regeln diese Rechte diesen Sachverhalt unterschiedlich oder gar nicht, so hat keine der verstorbenen Personen Anspruch auf den Nachlass des oder der anderen.

Artikel 33 Erbenloser Nachlass

Ist nach dem nach dieser Verordnung auf die Rechtsnachfolge von Todes wegen anzuwendenden Recht weder ein durch Verfügung von Todes wegen eingesetzter Erbe oder Vermächtnisnehmer für die Nachlassgegenstände noch eine natürliche Person als gesetzlicher Erbe vorhanden, so berührt die Anwendung dieses Rechts nicht das Recht eines Mitgliedstaates oder einer von diesem Mitgliedstaat für diesen Zweck bestimmten Einrichtung, sich das im Hoheitsgebiet dieses Mitgliedstaates belegene Nachlassvermögen anzueignen, vorausgesetzt, die Gläubiger sind berechtigt, aus dem gesamten Nachlass Befriedigung ihrer Forderungen zu suchen.

Artikel 34 Rück- und Weiterverweisung

(1) Unter dem nach dieser Verordnung anzuwendenden Recht eines Drittstaats sind die in diesem Staat geltenden Rechtsvorschriften einschließlich derjenigen seines Internationalen Privatrechts zu verstehen, soweit diese zurück- oder weiterverweisen auf:
a) das Recht eines Mitgliedstaats oder
b) das Recht eines anderen Drittstaats, der sein eigenes Recht anwenden würde.
(2) Rück- und Weiterverweisungen durch die in Artikel 21 Absatz 2, Artikel 22, Artikel 27, Artikel 28 Buchstabe b und Artikel 30 genannten Rechtsordnungen sind nicht zu beachten.

Artikel 35 Öffentliche Ordnung (ordre public)

Die Anwendung einer Vorschrift des nach dieser Verordnung bezeichneten Rechts eines Staates darf nur versagt werden, wenn ihre Anwendung mit der öffentlichen Ordnung (ordre public) des Staates des angerufenen Gerichts offensichtlich unvereinbar ist.

Artikel 36 Staaten mit mehr als einem Rechtssystem — Interlokale Kollisionsvorschriften

(1) Verweist diese Verordnung auf das Recht eines Staates, der mehrere Gebietseinheiten umfasst, von denen jede eigene Rechtsvorschriften für die Rechtsnachfolge von Todes wegen hat, so bestimmen die internen Kollisionsvorschriften dieses Staates die Gebietseinheit, deren Rechtsvorschriften anzuwenden sind.

(2) In Ermangelung solcher internen Kollisionsvorschriften gilt:
a) jede Bezugnahme auf das Recht des in Absatz 1 genannten Staates ist für die Bestimmung des anzuwendenden Rechts aufgrund von Vorschriften, die sich auf den gewöhnlichen Aufenthalt des Erblassers beziehen, als Bezugnahme auf das Recht der Gebietseinheit zu verstehen, in der der Erblasser im Zeitpunkt seines Todes seinen gewöhnlichen Aufenthalt hatte;
b) jede Bezugnahme auf das Recht des in Absatz 1 genannten Staates ist für die Bestimmung des anzuwendenden Rechts aufgrund von Bestimmungen, die sich auf die Staatsangehörigkeit des Erblassers beziehen, als Bezugnahme auf das Recht der Gebietseinheit zu verstehen, zu der der Erblasser die engste Verbindung hatte;
c) jede Bezugnahme auf das Recht des in Absatz 1 genannten Staates ist für die Bestimmung des anzuwendenden Rechts aufgrund sonstiger Bestimmungen, die sich auf andere Anknüpfungspunkte beziehen, als Bezugnahme auf das Recht der Gebietseinheit zu verstehen, in der sich der einschlägige Anknüpfungspunkt befindet.

(3) Ungeachtet des Absatzes 2 ist jede Bezugnahme auf das Recht des in Absatz 1 genannten Staates für die Bestimmung des anzuwendenden Rechts nach Artikel 27 in Ermangelung interner Kollisionsvorschriften dieses Staates als Bezugnahme auf das Recht der Gebietseinheit zu verstehen, zu der der Erblasser oder die Personen, deren Rechtsnachfolge von Todes wegen durch den Erbvertrag betroffen ist, die engste Verbindung hatte.

Artikel 37 Staaten mit mehr als einem Rechtssystem — Interpersonale Kollisionsvorschriften

Gelten in einem Staat für die Rechtsnachfolge von Todes wegen zwei oder mehr Rechtssysteme oder Regelwerke für verschiedene Personengruppen, so ist jede Bezugnahme auf das Recht dieses Staates als Bezugnahme auf das Rechtssystem oder das Regelwerk zu verstehen, das die in diesem Staat geltenden Vorschriften zur Anwendung berufen. In Ermangelung solcher Vorschriften ist das Rechtssystem oder das Regelwerk anzuwenden, zu dem der Erblasser die engste Verbindung hatte.

Artikel 38 Nichtanwendung dieser Verordnung auf innerstaatliche Kollisionen

Ein Mitgliedstaat, der mehrere Gebietseinheiten umfasst, von denen jede ihre eigenen Rechtsvorschriften für die Rechtsnachfolge von Todes wegen hat, ist nicht verpflichtet, diese Verordnung auf Kollisionen zwischen den Rechtsordnungen dieser Gebietseinheiten anzuwenden.

KAPITEL IV
ANERKENNUNG, VOLLSTRECKBARKEIT UND VOLLSTRECKUNG VON ENTSCHEIDUNGEN

Artikel 39 Anerkennung

(1) Die in einem Mitgliedstaat ergangenen Entscheidungen werden in den anderen Mitgliedstaaten anerkannt, ohne dass es hierfür eines besonderen Verfahrens bedarf.

(2) Bildet die Frage, ob eine Entscheidung anzuerkennen ist, als solche den Gegenstand eines Streites, so kann jede Partei, welche die Anerkennung geltend macht, in dem Verfahren nach den Artikeln 45 bis 58 die Feststellung beantragen, dass die Entscheidung anzuerkennen ist.

(3) Wird die Anerkennung in einem Rechtsstreit vor dem Gericht eines Mitgliedstaats, dessen Entscheidung von der Anerkennung abhängt, verlangt, so kann dieses Gericht über die Anerkennung entscheiden.

Artikel 40 Gründe für die Nichtanerkennung einer Entscheidung

Eine Entscheidung wird nicht anerkannt, wenn
a) die Anerkennung der öffentlichen Ordnung (ordre public) des Mitgliedstaats, in dem sie geltend gemacht wird, offensichtlich widersprechen würde;
b) dem Beklagten, der sich auf das Verfahren nicht eingelassen hat, das verfahrenseinleitende Schriftstück oder ein gleichwertiges Schriftstück nicht so rechtzeitig und in einer Weise zugestellt worden ist, dass er sich verteidigen konnte, es sei denn, der Beklagte hat die Entscheidung nicht angefochten, obwohl er die Möglichkeit dazu hatte;
c) sie mit einer Entscheidung unvereinbar ist, die in einem Verfahren zwischen denselben Parteien in dem Mitgliedstaat, in dem die Anerkennung geltend gemacht wird, ergangen ist;
d) sie mit einer früheren Entscheidung unvereinbar ist, die in einem anderen Mitgliedstaat oder in einem Drittstaat in einem Verfahren zwischen denselben Parteien wegen desselben Anspruchs ergangen ist, sofern die frühere Entscheidung die notwendigen Voraussetzungen für ihre Anerkennung in dem Mitgliedstaat, in dem die Anerkennung geltend gemacht wird, erfüllt.

Artikel 41 Ausschluss einer Nachprüfung in der Sache

Die in einem Mitgliedstaat ergangene Entscheidung darf keinesfalls in der Sache selbst nachgeprüft werden.

Artikel 42 Aussetzung des Anerkennungsverfahrens

Das Gericht eines Mitgliedstaats, vor dem die Anerkennung einer in einem anderen Mitgliedstaat ergangenen Entscheidung geltend gemacht wird, kann das Verfahren aussetzen, wenn im Ursprungsmitgliedstaat gegen die Entscheidung ein ordentlicher Rechtsbehelf eingelegt worden ist.

Artikel 43 Vollstreckbarkeit

Die in einem Mitgliedstaat ergangenen und in diesem Staat vollstreckbaren Entscheidungen sind in einem anderen Mitgliedstaat vollstreckbar, wenn sie auf Antrag eines Berechtigten dort nach dem Verfahren der Artikel 45 bis 58 für vollstreckbar erklärt worden sind.

Artikel 44 Bestimmung des Wohnsitzes

Ist zu entscheiden, ob eine Partei für die Zwecke des Verfahrens nach den Artikeln 45 bis 58 im Hoheitsgebiet des Vollstreckungsmitgliedstaats einen Wohnsitz hat, so wendet das befasste Gericht sein eigenes Recht an.

Artikel 45 Örtlich zuständiges Gericht

(1) Der Antrag auf Vollstreckbarerklärung ist an das Gericht oder die zuständige Behörde des Vollstreckungsmitgliedstaats zu richten, die der Kommission von diesem Mitgliedstaat nach Artikel 78 mitgeteilt wurden.
(2) Die örtliche Zuständigkeit wird durch den Ort des Wohnsitzes der Partei, gegen die die Vollstreckung erwirkt werden soll, oder durch den Ort, an dem die Vollstreckung durchgeführt werden soll, bestimmt.

Artikel 46 Verfahren

(1) Für das Verfahren der Antragstellung ist das Recht des Vollstreckungsmitgliedstaats maßgebend.

(2) Von dem Antragsteller kann nicht verlangt werden, dass er im Vollstreckungsmitgliedstaat über eine Postanschrift oder einen bevollmächtigten Vertreter verfügt.

(3) Dem Antrag sind die folgenden Schriftstücke beizufügen:

a) eine Ausfertigung der Entscheidung, die die für ihre Beweiskraft erforderlichen Voraussetzungen erfüllt;

b) die Bescheinigung, die von dem Gericht oder der zuständigen Behörde des Ursprungsmitgliedstaats unter Verwendung des nach dem Beratungsverfahren nach Artikel 81 Absatz 2 erstellten Formblatts ausgestellt wurde, unbeschadet des Artikels 47.

Artikel 47 Nichtvorlage der Bescheinigung

(1) Wird die Bescheinigung nach Artikel 46 Absatz 3 Buchstabe b nicht vorgelegt, so kann das Gericht oder die sonst befugte Stelle eine Frist bestimmen, innerhalb deren die Bescheinigung vorzulegen ist, oder sich mit einer gleichwertigen Urkunde begnügen oder von der Vorlage der Bescheinigung absehen, wenn kein weiterer Klärungsbedarf besteht.

(2) Auf Verlangen des Gerichts oder der zuständigen Behörde ist eine Übersetzung der Schriftstücke vorzulegen. Die Übersetzung ist von einer Person zu erstellen, die zur Anfertigung von Übersetzungen in einem der Mitgliedstaaten befugt ist.

Artikel 48 Vollstreckbarerklärung

Sobald die in Artikel 46 vorgesehenen Förmlichkeiten erfüllt sind, wird die Entscheidung unverzüglich für vollstreckbar erklärt, ohne dass eine Prüfung nach Artikel 40 erfolgt. Die Partei, gegen die die Vollstreckung erwirkt werden soll, erhält in diesem Abschnitt des Verfahrens keine Gelegenheit, eine Erklärung abzugeben.

Artikel 49 Mitteilung der Entscheidung über den Antrag auf Vollstreckbarerklärung

(1) Die Entscheidung über den Antrag auf Vollstreckbarerklärung wird dem Antragsteller unverzüglich in der Form mitgeteilt, die das Recht des Vollstreckungsmitgliedstaats vorsieht.

(2) Die Vollstreckbarerklärung und, soweit dies noch nicht geschehen ist, die Entscheidung werden der Partei, gegen die die Vollstreckung erwirkt werden soll, zugestellt.

Artikel 50 Rechtsbehelf gegen die Entscheidung über den Antrag auf Vollstreckbarerklärung

(1) Gegen die Entscheidung über den Antrag auf Vollstreckbarerklärung kann jede Partei einen Rechtsbehelf einlegen.

(2) Der Rechtsbehelf wird bei dem Gericht eingelegt, das der betreffende Mitgliedstaat der Kommission nach Artikel 78 mitgeteilt hat.

(3) Über den Rechtsbehelf wird nach den Vorschriften entschieden, die für Verfahren mit beiderseitigem rechtlichem Gehör maßgebend sind.

(4) Lässt sich die Partei, gegen die die Vollstreckung erwirkt werden soll, auf das Verfahren vor dem mit dem Rechtsbehelf des Antragstellers befassten Gericht nicht ein, so ist Artikel 16 auch dann anzuwenden, wenn die Partei, gegen die die Vollstreckung erwirkt werden soll, ihren Wohnsitz nicht im Hoheitsgebiet eines Mitgliedstaats hat.

(5) Der Rechtsbehelf gegen die Vollstreckbarerklärung ist innerhalb von 30 Tagen nach ihrer Zustellung einzulegen. Hat die Partei, gegen die die Vollstreckung erwirkt werden soll, ihren Wohnsitz im Hoheitsgebiet eines anderen Mitgliedstaats als dem, in dem die Vollstreckbarerklärung ergangen ist,

so beträgt die Frist für den Rechtsbehelf 60 Tage und beginnt mit dem Tag, an dem die Vollstreckbarerklärung ihr entweder in Person oder in ihrer Wohnung zugestellt worden ist. Eine Verlängerung dieser Frist wegen weiter Entfernung ist ausgeschlossen.

Artikel 51 Rechtsbehelf gegen die Entscheidung über den Rechtsbehelf

Gegen die über den Rechtsbehelf ergangene Entscheidung kann nur der Rechtsbehelf eingelegt werden, den der betreffende Mitgliedstaat der Kommission nach Artikel 78 mitgeteilt hat.

Artikel 52 Versagung oder Aufhebung einer Vollstreckbarerklärung

Die Vollstreckbarerklärung darf von dem mit einem Rechtsbehelf nach Artikel 50 oder Artikel 51 befassten Gericht nur aus einem der in Artikel 40 aufgeführten Gründe versagt oder aufgehoben werden. Das Gericht erlässt seine Entscheidung unverzüglich.

Artikel 53 Aussetzung des Verfahrens

Das nach Artikel 50 oder Artikel 51 mit dem Rechtsbehelf befasste Gericht setzt das Verfahren auf Antrag des Schuldners aus, wenn die Entscheidung im Ursprungsmitgliedstaat wegen der Einlegung eines Rechtsbehelfs vorläufig nicht vollstreckbar ist.

Artikel 54 Einstweilige Maßnahmen einschließlich Sicherungsmaßnahmen

(1) Ist eine Entscheidung nach diesem Abschnitt anzuerkennen, so ist der Antragsteller nicht daran gehindert, einstweilige Maßnahmen einschließlich Sicherungsmaßnahmen nach dem Recht des Vollstreckungsmitgliedstaats in Anspruch zu nehmen, ohne dass es einer Vollstreckbarerklärung nach Artikel 48 bedarf.
(2) Die Vollstreckbarerklärung umfasst von Rechts wegen die Befugnis, Maßnahmen zur Sicherung zu veranlassen.
(3) Solange die in Artikel 50 Absatz 5 vorgesehene Frist für den Rechtsbehelf gegen die Vollstreckbarerklärung läuft und solange über den Rechtsbehelf nicht entschieden ist, darf die Zwangsvollstreckung in das Vermögen des Schuldners nicht über Maßnahmen zur Sicherung hinausgehen.

Artikel 55 Teilvollstreckbarkeit

(1) Ist durch die Entscheidung über mehrere Ansprüche erkannt worden und kann die Vollstreckbarerklärung nicht für alle Ansprüche erteilt werden, so erteilt das Gericht oder die zuständige Behörde sie für einen oder mehrere dieser Ansprüche.
(2) Der Antragsteller kann beantragen, dass die Vollstreckbarerklärung nur für einen Teil des Gegenstands der Entscheidung erteilt wird.

Artikel 56 Prozesskostenhilfe

Ist dem Antragsteller im Ursprungsmitgliedstaat ganz oder teilweise Prozesskostenhilfe oder Kosten- und Gebührenbefreiung gewährt worden, so genießt er im Vollstreckbarerklärungsverfahren hinsichtlich der Prozesskostenhilfe oder der Kosten- und Gebührenbefreiung die günstigste Behandlung, die das Recht des Vollstreckungsmitgliedstaats vorsieht.

Artikel 57 Keine Sicherheitsleistung oder Hinterlegung

Der Partei, die in einem Mitgliedstaat die Anerkennung, Vollstreckbarerklärung oder Vollstreckung einer in einem anderen Mitgliedstaat ergangenen Entscheidung beantragt, darf wegen ihrer Eigenschaft als Ausländer oder wegen Fehlens eines inländischen Wohnsitzes oder Aufenthalts im Vollstreckungsmitgliedstaat eine Sicherheitsleistung oder Hinterlegung, unter welcher Bezeichnung es auch sei, nicht auferlegt werden.

Artikel 58 Keine Stempelabgaben oder Gebühren

Im Vollstreckungsmitgliedstaat dürfen in Vollstreckbarerklärungsverfahren keine nach dem Streitwert abgestuften Stempelabgaben oder Gebühren erhoben werden.

KAPITEL V
ÖFFENTLICHE URKUNDEN UND GERICHTLICHE VERGLEICHE

Artikel 59 Annahme öffentlicher Urkunden

(1) Eine in einem Mitgliedstaat errichtete öffentliche Urkunde hat in einem anderen Mitgliedstaat die gleiche formelle Beweiskraft wie im Ursprungsmitgliedstaat oder die damit am ehesten vergleichbare Wirkung, sofern dies der öffentlichen Ordnung (ordre public) des betreffenden Mitgliedstaats nicht offensichtlich widersprechen würde.

Eine Person, die eine öffentliche Urkunde in einem anderen Mitgliedstaat verwenden möchte, kann die Behörde, die die öffentliche Urkunde im Ursprungsmitgliedstaat errichtet, ersuchen, das nach dem Beratungsverfahren nach Artikel 81 Absatz 2 erstellte Formblatt auszufüllen, das die formelle Beweiskraft der öffentlichen Urkunde in ihrem Ursprungsmitgliedstaat beschreibt.

(2) Einwände mit Bezug auf die Authentizität einer öffentlichen Urkunde sind bei den Gerichten des Ursprungsmitgliedstaats zu erheben; über diese Einwände wird nach dem Recht dieses Staates entschieden. Eine öffentliche Urkunde, gegen die solche Einwände erhoben wurden, entfaltet in einem anderen Mitgliedstaat keine Beweiskraft, solange die Sache bei dem zuständigen Gericht anhängig ist.

(3) Einwände mit Bezug auf die in einer öffentlichen Urkunde beurkundeten Rechtsgeschäfte oder Rechtsverhältnisse sind bei den nach dieser Verordnung zuständigen Gerichten zu erheben; über diese Einwände wird nach dem nach Kapitel III anzuwendenden Recht entschieden. Eine öffentliche Urkunde, gegen die solche Einwände erhoben wurden, entfaltet in einem anderen als dem Ursprungsmitgliedstaat hinsichtlich des bestrittenen Umstands keine Beweiskraft, solange die Sache bei dem zuständigen Gericht anhängig ist.

(4) Hängt die Entscheidung des Gerichts eines Mitgliedstaats von der Klärung einer Vorfrage mit Bezug auf die in einer öffentlichen Urkunde beurkundeten Rechtsgeschäfte oder Rechtsverhältnisse in Erbsachen ab, so ist dieses Gericht zur Entscheidung über diese Vorfrage zuständig.

Artikel 60 Vollstreckbarkeit öffentlicher Urkunden

(1) Öffentliche Urkunden, die im Ursprungsmitgliedstaat vollstreckbar sind, werden in einem anderen Mitgliedstaat auf Antrag eines Berechtigten nach dem Verfahren der Artikel 45 bis 58 für vollstreckbar erklärt.

(2) Für die Zwecke des Artikels 46 Absatz 3 Buchstabe b stellt die Behörde, die die öffentliche Urkunde errichtet hat, auf Antrag eines Berechtigten eine Bescheinigung unter Verwendung des nach dem Beratungsverfahren nach Artikel 81 Absatz 2 erstellten Formblatts aus.

(3) Die Vollstreckbarerklärung wird von dem mit einem Rechtsbehelf nach Artikel 50 oder Artikel 51 befassten Gericht nur versagt oder aufgehoben, wenn die Vollstreckung der öffentlichen Urkunde der öffentlichen Ordnung (ordre public) des Vollstreckungsmitgliedstaats offensichtlich widersprechen würde.

Artikel 61 Vollstreckbarkeit gerichtlicher Vergleiche

(1) Gerichtliche Vergleiche, die im Ursprungsmitgliedstaat vollstreckbar sind, werden in einem anderen Mitgliedstaat auf Antrag eines Berechtigten nach dem Verfahren der Artikel 45 bis 58 für vollstreckbar erklärt.

(2) Für die Zwecke des Artikels 46 Absatz 3 Buchstabe b stellt das Gericht, das den Vergleich gebilligt hat oder vor dem der Vergleich geschlossen wurde, auf Antrag eines Berechtigten eine Bescheinigung unter Verwendung des nach dem Beratungsverfahren nach Artikel 81 Absatz 2 erstellten Formblatts aus.

(3) Die Vollstreckbarerklärung wird von dem mit einem Rechtsbehelf nach Artikel 50 oder Artikel 51 befassten Gericht nur versagt oder aufgehoben, wenn die Vollstreckung des gerichtlichen Vergleichs der öffentlichen Ordnung (ordre public) des Vollstreckungsmitgliedstaats offensichtlich widersprechen würde.

KAPITEL VI
EUROPÄISCHES NACHLASSZEUGNIS

Artikel 62 Einführung eines Europäischen Nachlasszeugnisses

(1) Mit dieser Verordnung wird ein Europäisches Nachlasszeugnis (im Folgenden „Zeugnis") eingeführt, das zur Verwendung in einem anderen Mitgliedstaat ausgestellt wird und die in Artikel 69 aufgeführten Wirkungen entfaltet.

(2) Die Verwendung des Zeugnisses ist nicht verpflichtend.

(3) Das Zeugnis tritt nicht an die Stelle der innerstaatlichen Schriftstücke, die in den Mitgliedstaaten zu ähnlichen Zwecken verwendet werden. Nach seiner Ausstellung zur Verwendung in einem anderen Mitgliedstaat entfaltet das Zeugnis die in Artikel 69 aufgeführten Wirkungen jedoch auch in dem Mitgliedstaat, dessen Behörden es nach diesem Kapitel ausgestellt haben.

Artikel 63 Zweck des Zeugnisses

(1) Das Zeugnis ist zur Verwendung durch Erben, durch Vermächtnisnehmer mit unmittelbarer Berechtigung am Nachlass und durch Testamentsvollstrecker oder Nachlassverwalter bestimmt, die sich in einem anderen Mitgliedstaat auf ihre Rechtsstellung berufen oder ihre Rechte als Erben oder Vermächtnisnehmer oder ihre Befugnisse als Testamentsvollstrecker oder Nachlassverwalter ausüben müssen.

(2) Das Zeugnis kann insbesondere als Nachweis für einen oder mehrere der folgenden speziellen Aspekte verwendet werden:
a) die Rechtsstellung und/oder die Rechte jedes Erben oder gegebenenfalls Vermächtnisnehmers, der im Zeugnis genannt wird, und seinen jeweiligen Anteil am Nachlass;
b) die Zuweisung eines bestimmten Vermögenswerts oder bestimmter Vermögenswerte des Nachlasses an die in dem Zeugnis als Erbe(n) oder gegebenenfalls als Vermächtnisnehmer genannte(n) Person(en);
c) die Befugnisse der in dem Zeugnis genannten Person zur Vollstreckung des Testaments oder Verwaltung des Nachlasses.

Artikel 64 Zuständigkeit für die Erteilung des Zeugnisses

Das Zeugnis wird in dem Mitgliedstaat ausgestellt, dessen Gerichte nach den Artikeln 4, 7, 10 oder 11 zuständig sind. Ausstellungsbehörde ist
a) ein Gericht im Sinne des Artikels 3 Absatz 2 oder
b) eine andere Behörde, die nach innerstaatlichem Recht für Erbsachen zuständig ist.

Artikel 65 Antrag auf Ausstellung eines Zeugnisses

(1) Das Zeugnis wird auf Antrag jeder in Artikel 63 Absatz 1 genannten Person (im Folgenden „Antragsteller") ausgestellt.

(2) Für die Vorlage eines Antrags kann der Antragsteller das nach dem Beratungsverfahren nach Artikel 81 Absatz 2 erstellte Formblatt verwenden.

(3) Der Antrag muss die nachstehend aufgeführten Angaben enthalten, soweit sie dem Antragsteller bekannt sind und von der Ausstellungsbehörde zur Beschreibung des Sachverhalts, dessen Bestätigung der Antragsteller begehrt, benötigt werden; dem Antrag sind alle einschlägigen Schriftstücke beizufügen, und zwar entweder in Urschrift oder in Form einer Abschrift, die die erforderlichen Voraussetzungen für ihre Beweiskraft erfüllt, unbeschadet des Artikels 66 Absatz 2:

a) Angaben zum Erblasser: Name (gegebenenfalls Geburtsname), Vorname(n), Geschlecht, Geburtsdatum und -ort, Personenstand, Staatsangehörigkeit, Identifikationsnummer (sofern vorhanden), Anschrift im Zeitpunkt seines Todes, Todesdatum und -ort;

b) Angaben zum Antragsteller: Name (gegebenenfalls Geburtsname), Vorname(n), Geschlecht, Geburtsdatum und -ort, Personenstand, Staatsangehörigkeit, Identifikationsnummer (sofern vorhanden), Anschrift und etwaiges Verwandtschafts- oder Schwägerschaftsverhältnis zum Erblasser;

c) Angaben zum etwaigen Vertreter des Antragstellers: Name (gegebenenfalls Geburtsname), Vorname(n), Anschrift und Nachweis der Vertretungsmacht;

d) Angaben zum Ehegatten oder Partner des Erblassers und gegebenenfalls zu(m) ehemaligen Ehegatten oder Partner(n): Name (gegebenenfalls Geburtsname), Vorname(n), Geschlecht, Geburtsdatum und -ort, Personenstand, Staatsangehörigkeit, Identifikationsnummer (sofern vorhanden) und Anschrift;

e) Angaben zu sonstigen möglichen Berechtigten aufgrund einer Verfügung von Todes wegen und/ oder nach gesetzlicher Erbfolge: Name und Vorname(n) oder Name der Körperschaft, Identifikationsnummer (sofern vorhanden) und Anschrift;

f) den beabsichtigten Zweck des Zeugnisses nach Artikel 63;

g) Kontaktangaben des Gerichts oder der sonstigen zuständigen Behörde, das oder die mit der Erbsache als solcher befasst ist oder war, sofern zutreffend;

h) den Sachverhalt, auf den der Antragsteller gegebenenfalls die von ihm geltend gemachte Berechtigung am Nachlass und/ oder sein Recht zur Vollstreckung des Testaments des Erblassers und/ oder das Recht zur Verwaltung von dessen Nachlass gründet;

i) eine Angabe darüber, ob der Erblasser eine Verfügung von Todes wegen errichtet hatte; falls weder die Urschrift noch eine Abschrift beigefügt ist, eine Angabe darüber, wo sich die Urschrift befindet;

j) eine Angabe darüber, ob der Erblasser einen Ehevertrag oder einen Vertrag in Bezug auf ein Verhältnis, das mit der Ehe vergleichbare Wirkungen entfaltet, geschlossen hatte; falls weder die Urschrift noch eine Abschrift des Vertrags beigefügt ist, eine Angabe darüber, wo sich die Urschrift befindet;

k) eine Angabe darüber, ob einer der Berechtigten eine Erklärung über die Annahme oder die Ausschlagung der Erbschaft abgegeben hat;

l) eine Erklärung des Inhalts, dass nach bestem Wissen des Antragstellers kein Rechtsstreit in Bezug auf den zu bescheinigenden Sachverhalt anhängig ist;

m) sonstige vom Antragsteller für die Ausstellung des Zeugnisses für nützlich erachtete Angaben.

Artikel 66 Prüfung des Antrags

(1) Nach Eingang des Antrags überprüft die Ausstellungsbehörde die vom Antragsteller übermittelten Angaben, Erklärungen, Schriftstücke und sonstigen Nachweise. Sie führt von Amts wegen die für diese Überprüfung erforderlichen Nachforschungen durch, soweit ihr eigenes Recht dies vorsieht oder zulässt, oder fordert den Antragsteller auf, weitere Nachweise vorzulegen, die sie für erforderlich erachtet.

(2) Konnte der Antragsteller keine Abschriften der einschlägigen Schriftstücke vorlegen, die die für ihre Beweiskraft erforderlichen Voraussetzungen erfüllen, so kann die Ausstellungsbehörde entscheiden, dass sie Nachweise in anderer Form akzeptiert.

(3) Die Ausstellungsbehörde kann — soweit ihr eigenes Recht dies vorsieht und unter den dort festgelegten Bedingungen — verlangen, dass Erklärungen unter Eid oder durch eidesstattliche Versicherung abgegeben werden.

(4) Die Ausstellungsbehörde unternimmt alle erforderlichen Schritte, um die Berechtigten von der Beantragung eines Zeugnisses zu unterrichten. Sie hört, falls dies für die Feststellung des zu bescheinigenden Sachverhalts erforderlich ist, jeden Beteiligten, Testamentsvollstrecker oder Nachlassverwalter und gibt durch öffentliche Bekanntmachung anderen möglichen Berechtigten Gelegenheit, ihre Rechte geltend zu machen.

(5) Für die Zwecke dieses Artikels stellt die zuständige Behörde eines Mitgliedstaats der Ausstellungsbehörde eines anderen Mitgliedstaats auf Ersuchen die Angaben zur Verfügung, die insbesondere im Grundbuch, in Personenstandsregistern und in Registern enthalten sind, in denen Urkunden oder Tatsachen erfasst werden, die für die Rechtsnachfolge von Todes wegen oder den ehelichen Güterstand oder einen vergleichbaren Güterstand des Erblassers erheblich sind, sofern die zuständige Behörde nach innerstaatlichem Recht befugt wäre, diese Angaben einer anderen inländischen Behörde zur Verfügung zu stellen.

Artikel 67 Ausstellung des Zeugnisses

(1) Die Ausstellungsbehörde stellt das Zeugnis unverzüglich nach dem in diesem Kapitel festgelegten Verfahren aus, wenn der zu bescheinigende Sachverhalt nach dem auf die Rechtsnachfolge von Todes wegen anzuwendenden Recht oder jedem anderen auf einen spezifischen Sachverhalt anzuwendenden Recht feststeht. Sie verwendet das nach dem Beratungsverfahren nach Artikel 81 Absatz 2 erstellte Formblatt. Die Ausstellungsbehörde stellt das Zeugnis insbesondere nicht aus,
a) wenn Einwände gegen den zu bescheinigenden Sachverhalt anhängig sind oder
b) wenn das Zeugnis mit einer Entscheidung zum selben Sachverhalt nicht vereinbar wäre.

(2) Die Ausstellungsbehörde unternimmt alle erforderlichen Schritte, um die Berechtigten von der Ausstellung des Zeugnisses zu unterrichten.

Artikel 68 Inhalt des Nachlasszeugnisses

Das Zeugnis enthält folgende Angaben, soweit dies für die Zwecke, zu denen es ausgestellt wird, erforderlich ist:
a) die Bezeichnung und die Anschrift der Ausstellungsbehörde;
b) das Aktenzeichen;
c) die Umstände, aus denen die Ausstellungsbehörde ihre Zuständigkeit für die Ausstellung des Zeugnisses herleitet;
d) das Ausstellungsdatum;
e) Angaben zum Antragsteller: Name (gegebenenfalls Geburtsname), Vorname(n), Geschlecht, Geburtsdatum und -ort, Personenstand, Staatsangehörigkeit, Identifikationsnummer (sofern vorhanden), Anschrift und etwaiges Verwandtschafts- oder Schwägerschaftsverhältnis zum Erblasser;
f) Angaben zum Erblasser: Name (gegebenenfalls Geburtsname), Vorname(n), Geschlecht, Geburtsdatum und -ort, Personenstand, Staatsangehörigkeit, Identifikationsnummer (sofern vorhanden), Anschrift im Zeitpunkt seines Todes, Todesdatum und -ort;
g) Angaben zu den Berechtigten: Name (gegebenenfalls Geburtsname), Vorname(n) und Identifikationsnummer (sofern vorhanden);
h) Angaben zu einem vom Erblasser geschlossenen Ehevertrag oder, sofern zutreffend, einem vom Erblasser geschlossenen Vertrag im Zusammenhang mit einem Verhältnis, das nach dem auf dieses Verhältnis anwendbaren Recht mit der Ehe vergleichbare Wirkungen entfaltet, und Angaben zum ehelichen Güterstand oder einem vergleichbaren Güterstand;
i) das auf die Rechtsnachfolge von Todes wegen anzuwendende Recht sowie die Umstände, auf deren Grundlage das anzuwendende Recht bestimmt wurde;
j) Angaben darüber, ob für die Rechtsnachfolge von Todes wegen die gewillkürte oder die gesetzliche Erbfolge gilt, einschließlich Angaben zu den Umständen, aus denen sich die Rechte und/oder Befugnisse der Erben, Vermächtnisnehmer, Testamentsvollstrecker oder Nachlassverwalter herleiten;

k) sofern zutreffend, in Bezug auf jeden Berechtigten Angaben über die Art der Annahme oder der Ausschlagung der Erbschaft;
l) den Erbteil jedes Erben und gegebenenfalls das Verzeichnis der Rechte und/oder Vermögenswerte, die einem bestimmten Erben zustehen;
m) das Verzeichnis der Rechte und/oder Vermögenswerte, die einem bestimmten Vermächtnisnehmer zustehen;
n) die Beschränkungen ihrer Rechte, denen die Erben und gegebenenfalls die Vermächtnisnehmer nach dem auf die Rechtsnachfolge von Todes wegen anzuwendenden Recht und/oder nach Maßgabe der Verfügung von Todes wegen unterliegen;
o) die Befugnisse des Testamentsvollstreckers und/oder des Nachlassverwalters und die Beschränkungen dieser Befugnisse nach dem auf die Rechtsnachfolge von Todes wegen anzuwendenden Recht und/oder nach Maßgabe der Verfügung von Todes wegen.

Artikel 69 Wirkungen des Zeugnisses

(1) Das Zeugnis entfaltet seine Wirkungen in allen Mitgliedstaaten, ohne dass es eines besonderen Verfahrens bedarf.

(2) Es wird vermutet, dass das Zeugnis die Sachverhalte, die nach dem auf die Rechtsnachfolge von Todes wegen anzuwendenden Recht oder einem anderen auf spezifische Sachverhalte anzuwendenden Recht festgestellt wurden, zutreffend ausweist. Es wird vermutet, dass die Person, die im Zeugnis als Erbe, Vermächtnisnehmer, Testamentsvollstrecker oder Nachlassverwalter genannt ist, die in dem Zeugnis genannte Rechtsstellung und/oder die in dem Zeugnis aufgeführten Rechte oder Befugnisse hat und dass diese Rechte oder Befugnisse keinen anderen als den im Zeugnis aufgeführten Bedingungen und/oder Beschränkungen unterliegen.

(3) Wer auf der Grundlage der in dem Zeugnis enthaltenen Angaben einer Person Zahlungen leistet oder Vermögenswerte übergibt, die in dem Zeugnis als zur Entgegennahme derselben berechtigt bezeichnet wird, gilt als Person, die an einen zur Entgegennahme der Zahlungen oder Vermögenswerte Berechtigten geleistet hat, es sei denn, er wusste, dass das Zeugnis inhaltlich unrichtig ist, oder ihm war dies infolge grober Fahrlässigkeit nicht bekannt.

(4) Verfügt eine Person, die in dem Zeugnis als zur Verfügung über Nachlassvermögen berechtigt bezeichnet wird, über Nachlassvermögen zugunsten eines anderen, so gilt dieser andere, falls er auf der Grundlage der in dem Zeugnis enthaltenen Angaben handelt, als Person, die von einem zur Verfügung über das betreffende Vermögen Berechtigten erworben hat, es sei denn, er wusste, dass das Zeugnis inhaltlich unrichtig ist, oder ihm war dies infolge grober Fahrlässigkeit nicht bekannt.

(5) Das Zeugnis stellt ein wirksames Schriftstück für die Eintragung des Nachlassvermögens in das einschlägige Register eines Mitgliedstaats dar, unbeschadet des Artikels 1 Absatz 2 Buchstaben k und l.

Artikel 70 Beglaubigte Abschriften des Zeugnisses

(1) Die Ausstellungsbehörde bewahrt die Urschrift des Zeugnisses auf und stellt dem Antragsteller und jeder anderen Person, die ein berechtigtes Interesse nachweist, eine oder mehrere beglaubigte Abschriften aus.

(2) Die Ausstellungsbehörde führt für die Zwecke des Artikels 71 Absatz 3 und des Artikels 73 Absatz 2 ein Verzeichnis der Personen, denen beglaubigte Abschriften nach Absatz 1 ausgestellt wurden.

(3) Die beglaubigten Abschriften sind für einen begrenzten Zeitraum von sechs Monaten gültig, der in der beglaubigten Abschrift jeweils durch ein Ablaufdatum angegeben wird. In ordnungsgemäß begründeten Ausnahmefällen kann die Ausstellungsbehörde abweichend davon eine längere Gültigkeitsfrist beschließen. Nach Ablauf dieses Zeitraums muss jede Person, die sich im Besitz einer beglaubigten Abschrift befindet, bei der Ausstellungsbehörde eine Verlängerung der Gültigkeitsfrist der beglaubigten Abschrift oder eine neue beglaubigte Abschrift beantragen, um das Zeugnis zu den in Artikel 63 angegebenen Zwecken verwenden zu können.

Artikel 71 Berichtigung, Änderung oder Widerruf des Zeugnisses

(1) Die Ausstellungsbehörde berichtigt das Zeugnis im Falle eines Schreibfehlers auf Verlangen jedweder Person, die ein berechtigtes Interesse nachweist, oder von Amts wegen.

(2) Die Ausstellungsbehörde ändert oder widerruft das Zeugnis auf Verlangen jedweder Person, die ein berechtigtes Interesse nachweist, oder, soweit dies nach innerstaatlichem Recht möglich ist, von Amts wegen, wenn feststeht, dass das Zeugnis oder einzelne Teile des Zeugnisses inhaltlich unrichtig sind.

(3) Die Ausstellungsbehörde unterrichtet unverzüglich alle Personen, denen beglaubigte Abschriften des Zeugnisses gemäß Artikel 70 Absatz 1 ausgestellt wurden, über eine Berichtigung, eine Änderung oder einen Widerruf des Zeugnisses.

Artikel 72 Rechtsbehelfe

(1) Entscheidungen, die die Ausstellungsbehörde nach Artikel 67 getroffen hat, können von einer Person, die berechtigt ist, ein Zeugnis zu beantragen, angefochten werden.

Entscheidungen, die die Ausstellungsbehörde nach Artikel 71 und Artikel 73 Absatz 1 Buchstabe a getroffen hat, können von einer Person, die ein berechtigtes Interesse nachweist, angefochten werden.

Der Rechtsbehelf ist bei einem Gericht des Mitgliedstaats der Ausstellungsbehörde nach dem Recht dieses Staates einzulegen.

(2) Führt eine Anfechtungsklage nach Absatz 1 zu der Feststellung, dass das ausgestellte Zeugnis nicht den Tatsachen entspricht, so ändert die zuständige Behörde das Zeugnis oder widerruft es oder sorgt dafür, dass die Ausstellungsbehörde das Zeugnis berichtigt, ändert oder widerruft.

Führt eine Anfechtungsklage nach Absatz 1 zu der Feststellung, dass die Versagung der Ausstellung nicht gerechtfertigt war, so stellen die zuständigen Justizbehören das Zeugnis aus oder stellen sicher, dass die Ausstellungsbehörde den Fall erneut prüft und eine neue Entscheidung trifft.

Artikel 73 Aussetzung der Wirkungen des Zeugnisses

(1) Die Wirkungen des Zeugnisses können ausgesetzt werden

a) von der Ausstellungsbehörde auf Verlangen einer Person, die ein berechtigtes Interesse nachweist, bis zur Änderung oder zum Widerruf des Zeugnisses nach Artikel 71 oder

b) von dem Rechtsmittelgericht auf Antrag einer Person, die berechtigt ist, eine von der Ausstellungsbehörde nach Artikel 72 getroffene Entscheidung anzufechten, während der Anhängigkeit des Rechtsbehelfs.

(2) Die Ausstellungsbehörde oder gegebenenfalls das Rechtsmittelgericht unterrichtet unverzüglich alle Personen, denen beglaubigte Abschriften des Zeugnisses nach Artikel 70 Absatz 1 ausgestellt worden sind, über eine Aussetzung der Wirkungen des Zeugnisses.

Während der Aussetzung der Wirkungen des Zeugnisses dürfen keine weiteren beglaubigten Abschriften des Zeugnisses ausgestellt werden.

KAPITEL VII
ALLGEMEINE UND SCHLUSSBESTIMMUNGEN

Artikel 74 Legalisation oder ähnliche Förmlichkeiten

Im Rahmen dieser Verordnung bedarf es hinsichtlich Urkunden, die in einem Mitgliedstaat ausgestellt werden, weder der Legalisation noch einer ähnlichen Förmlichkeit.

Artikel 75 Verhältnis zu bestehenden internationalen Übereinkommen

(1) Diese Verordnung lässt die Anwendung internationaler Übereinkommen unberührt, denen ein oder mehrere Mitgliedstaaten zum Zeitpunkt der Annahme dieser Verordnung angehören und die Bereiche betreffen, die in dieser Verordnung geregelt sind.

Insbesondere wenden die Mitgliedstaaten, die Vertragsparteien des Haager Übereinkommens vom 5. Oktober 1961 über das auf die Form letztwilliger Verfügungen anzuwendende Recht sind, in Bezug auf die Formgültigkeit von Testamenten und gemeinschaftlichen Testamenten anstelle des Artikels 27 dieser Verordnung weiterhin die Bestimmungen dieses Übereinkommens an.

(2) Ungeachtet des Absatzes 1 hat diese Verordnung jedoch im Verhältnis zwischen den Mitgliedstaaten Vorrang vor ausschließlich zwischen zwei oder mehreren von ihnen geschlossenen Übereinkünften, soweit diese Bereiche betreffen, die in dieser Verordnung geregelt sind.

(3) Diese Verordnung steht der Anwendung des Übereinkommens vom 19. November 1934 zwischen Dänemark, Finnland, Island, Norwegen und Schweden mit Bestimmungen des Internationalen Privatrechts über Rechtsnachfolge von Todes wegen, Testamente und Nachlassverwaltung in der geänderten Fassung der zwischenstaatlichen Vereinbarung zwischen diesen Staaten vom 1. Juni 2012 durch die ihm angehörenden Mitgliedstaaten nicht entgegen, soweit dieses Übereinkommen Folgendes vorsieht:

a) Vorschriften über die verfahrensrechtlichen Aspekte der Nachlassverwaltung im Sinne der in dem Übereinkommen enthaltenen Begriffsbestimmung und die diesbezügliche Unterstützung durch die Behörden der dem Übereinkommen angehörenden Staaten und

b) vereinfachte und beschleunigte Verfahren für die Anerkennung und Vollstreckung von Entscheidungen in Erbsachen.

Artikel 76 Verhältnis zur Verordnung (EG) Nr. 1346/2000 des Rates

Diese Verordnung lässt die Anwendung der Verordnung (EG) Nr. 1346/2000 des Rates vom 29. Mai 2000 über Insolvenzverfahren[11] unberührt.

Artikel 77 Informationen für die Öffentlichkeit

Die Mitgliedstaaten übermitteln der Kommission eine kurze Zusammenfassung ihrer innerstaatlichen erbrechtlichen Vorschriften und Verfahren, einschließlich Informationen zu der Art von Behörde, die für Erbsachen zuständig ist, sowie zu der Art von Behörde, die für die Entgegennahme von Erklärungen über die Annahme oder die Ausschlagung der Erbschaft, eines Vermächtnisses oder eines Pflichtteils zuständig ist, damit die betreffenden Informationen der Öffentlichkeit im Rahmen des Europäischen Justiziellen Netzes für Zivil- und Handelssachen zur Verfügung gestellt werden können.

Die Mitgliedstaaten stellen auch Merkblätter bereit, in denen alle Urkunden und/oder Angaben aufgeführt sind, die für die Eintragung einer in ihrem Hoheitsgebiet belegenen unbeweglichen Sache im Regelfall erforderlich sind.

Die Mitgliedstaaten halten die Informationen stets auf dem neuesten Stand.

Artikel 78 Informationen zu Kontaktdaten und Verfahren

(1) Die Mitgliedstaaten teilen der Kommission bis zum 16. Januar 2014 mit:

a) die Namen und Kontaktdaten der für Anträge auf Vollstreckbarerklärung gemäß Artikel 45 Absatz 1 und für Rechtsbehelfe gegen Entscheidungen über derartige Anträge gemäß Artikel 50 Absatz 2 zuständigen Gerichte oder Behörden;

b) die in Artikel 51 genannten Rechtsbehelfe gegen die Entscheidung über den Rechtsbehelf;

c) die einschlägigen Informationen zu den Behörden, die für die Ausstellung des Zeugnisses nach Artikel 64 zuständig sind, und

d) die in Artikel 72 genannten Rechtsbehelfe.

---

11 **Amtl. Anm.:** ABl. L 160 vom 30.6.2000, S. 1.

Die Mitgliedstaaten unterrichten die Kommission über spätere Änderungen dieser Informationen.

(2) Die Kommission veröffentlicht die nach Absatz 1 übermittelten Informationen im *Amtsblatt der Europäischen Union*, mit Ausnahme der Anschriften und sonstigen Kontaktdaten der unter Absatz 1 Buchstabe a genannten Gerichte und Behörden.

(3) Die Kommission stellt der Öffentlichkeit alle nach Absatz 1 übermittelten Informationen auf andere geeignete Weise, insbesondere über das Europäische Justizielle Netz für Zivil- und Handelssachen, zur Verfügung.

Artikel 79 Erstellung und spätere Änderung der Liste der in Artikel 3 Absatz 2 vorgesehenen Informationen

(1) Die Kommission erstellt anhand der Mitteilungen der Mitgliedstaaten die Liste der in Artikel 3 Absatz 2 genannten sonstigen Behörden und Angehörigen von Rechtsberufen.

(2) Die Mitgliedstaaten teilen der Kommission spätere Änderungen der in dieser Liste enthaltenen Angaben mit. Die Kommission ändert die Liste entsprechend.

(3) Die Kommission veröffentlicht die Liste und etwaige spätere Änderungen im *Amtsblatt der Europäischen Union*.

(4) Die Kommission stellt der Öffentlichkeit alle nach den Absätzen 1 und 2 mitgeteilten Informationen auf andere geeignete Weise, insbesondere über das Europäische Justizielle Netz für Zivil- und Handelssachen, zur Verfügung.

Artikel 80 Erstellung und spätere Änderung der Bescheinigungen und der Formblätter nach den Artikeln 46, 59, 60, 61, 65 und 67

Die Kommission erlässt Durchführungsrechtsakte zur Erstellung und späteren Änderung der Bescheinigungen und der Formblätter nach den Artikeln 46, 59, 60, 61, 65 und 67. Diese Durchführungsrechtsakte werden nach dem in Artikel 81 Absatz 2 genannten Beratungsverfahren angenommen.

Artikel 81 Ausschussverfahren

(1) Die Kommission wird von einem Ausschuss unterstützt. Dieser Ausschuss ist ein Ausschuss im Sinne der Verordnung (EU) Nr. 182/2011.

(2) Wird auf diesen Absatz Bezug genommen, so gilt Artikel 4 der Verordnung (EU) Nr. 182/2011.

Artikel 82 Überprüfung

Die Kommission legt dem Europäischen Parlament, dem Rat und dem Europäischen Wirtschafts- und Sozialausschuss bis 18. August 2025 einen Bericht über die Anwendung dieser Verordnung vor, der auch eine Evaluierung der etwaigen praktischen Probleme enthält, die in Bezug auf die parallele außergerichtliche Beilegung von Erbstreitigkeiten in verschiedenen Mitgliedstaaten oder eine außergerichtliche Beilegung in einem Mitgliedstaat parallel zu einem gerichtlichen Vergleich in einem anderen Mitgliedstaat aufgetreten sind. Dem Bericht werden gegebenenfalls Änderungsvorschläge beigefügt.

Artikel 83 Übergangsbestimmungen

(1) Diese Verordnung findet auf die Rechtsnachfolge von Personen Anwendung, die am 17. August 2015 oder danach verstorben sind.

(2) Hatte der Erblasser das auf seine Rechtsnachfolge von Todes wegen anzuwendende Recht vor dem 17. August 2015 gewählt, so ist diese Rechtswahl wirksam, wenn sie die Voraussetzungen des Kapitels III erfüllt oder wenn sie nach den zum Zeitpunkt der Rechtswahl geltenden Vorschriften des

Internationalen Privatrechts in dem Staat, in dem der Erblasser seinen gewöhnlichen Aufenthalt hatte, oder in einem Staat, dessen Staatsangehörigkeit er besaß, wirksam ist.

(3) Eine vor dem 17. August 2015 errichtete Verfügung von Todes wegen ist zulässig sowie materiell und formell wirksam, wenn sie die Voraussetzungen des Kapitels III erfüllt oder wenn sie nach den zum Zeitpunkt der Errichtung der Verfügung geltenden Vorschriften des Internationalen Privatrechts in dem Staat, in dem der Erblasser seinen gewöhnlichen Aufenthalt hatte, oder in einem Staat, dessen Staatsangehörigkeit er besaß, zulässig sowie materiell und formell wirksam ist.

(4) Wurde eine Verfügung von Todes wegen vor dem 17. August 2015 nach dem Recht errichtet, welches der Erblasser gemäß dieser Verordnung hätte wählen können, so gilt dieses Recht als das auf die Rechtsfolge von Todes wegen anzuwendende gewählte Recht.

Artikel 84 Inkrafttreten

Diese Verordnung tritt am zwanzigsten Tag nach ihrer Veröffentlichung im *Amtsblatt der Europäischen Union* in Kraft.

Sie gilt ab dem 17. August 2015, mit Ausnahme der Artikel 77 und 78, die ab dem 16. November 2014 gelten, und der Artikel 79, 80 und 81, die ab dem 5. Juli 2012 gelten.

Diese Verordnung ist in allen ihren Teilen verbindlich und gilt gemäß den Verträgen unmittelbar in den Mitgliedstaaten.

[...]

Stichwortverzeichnis

Einf = Buchkapitel 1: Das anwaltliche Mandat im internationalen Schuldrecht.

Abbruch von Vertragsverhandlungen
Rom II 12 Rn 25 f
Abgangsort Rom I 5 Rn 38
Ablieferungsort Rom I 5 Rn 22 ff
Abschlussprüfung Rom II 1 Rn 48
Absendeort Rom I 5 Rn 38
Absender Rom I 5 Rn 22
Abtretung *siehe* Forderungsabtretung
Abtretungsverbot Rom I 14 Rn 17
Abtretungswirkung gegenüber Dritten
Rom I 14 Rn 1 f, 10, 22 ff
– Anknüpfungsmöglichkeiten Rom I 14 Rn 23
– Maßgeblichkeit europäischen Kollisionsrechts
Rom I 14 Rn 22
– Mehrfachabtretung Rom I 14 Rn 24
Abtretungswirkung gegenüber Schuldner
Rom I 14 Rn 4, 10, 15 ff
– Abtretungsverbot Rom I 14 Rn 17
– befreiende Wirkung der Leistung durch den
Schuldner Rom I 14 Rn 21
– Bestandsinteresse Rom I 14 Rn 16
– Entgegenhalten der Übertragung
Rom I 14 Rn 20
– Gestaltungspraxis Rom I 14 Rn 18
– Leistung an den Altgläubiger Rom I 14 Rn 21
– rechtsobjektbezogene Anknüpfung
Rom I 14 Rn 15
– Reichweite des Abtretungsstatuts
Rom I 14 Rn 15 ff
– Übertragbarkeit der Forderung
Rom I 14 Rn 17 ff
– UN-Kaufrecht Rom I 14 Rn 16
– Verhältnis zum Zessionar Rom I 14 Rn 19
– Vorausabtretung Rom I 14 Rn 17
– Zessionsverbot Rom I 14 Rn 17
Abwahl staatlichen Rechts Rom I 3 Rn 29
Acta jure gestionis Rom II 1 Rn 29 f
Acta jure imperii Rom II 1 Rn 25 ff
Actio negatoria Rom II 1 Rn 7
Actio pauliana Rom II 1 Rn 5
Adhäsionsverfahren Rom II 1 Rn 14
AGB
– Einbeziehungskontrolle Rom I 10 Rn 14, 30
– Inhaltskontrolle Rom I 10 Rn 24 ff
– Rechtswahl (Rom I) Einf Rn 17;
Rom I 3 Rn 72 ff
– Rechtswahl (Rom I), Individualarbeitsverträge
Rom I 8 Rn 14
– Rechtswahl (Rom II) Einf Rn 37;
Rom II 14 Rn 35 f

– UN-Kaufrecht Einf Rn 25 f; Rom I 10 Rn 6
Aktivlegitimation
– außervertragliches Schuldverhältnis
Rom II 15 Rn 20
Akzessorische Anknüpfung *siehe* Anknüpfung,
akzessorische
Allgemeine Geschäftsbedingungen *siehe* AGB
Altersvorsorge, betriebliche Rom I 1 Rn 77 f
Amtshaftung Rom II 1 Rn 25 ff
Amtsstaatsprinzip Rom II 1 Rn 27
Anerkennungsrechtlicher ordre public
Einf Rn 56 f
**Anerkennung und Vollstreckung ausländischer
Entscheidungen** Einf Rn 40 ff
– außereuropäische Urteile Einf Rn 41
– europäischer Vollstreckungstitel Einf Rn 55
– Exequaturverfahren Einf Rn 55
– innereuropäische Urteile Einf Rn 42 ff
– internationale Zuständigkeit des Ausgangsgerichts
Einf Rn 42 f
– ordre public Einf Rn 56 f
– Rechtshängigkeitssperre Einf Rn 43
– Versagungsgründe Einf Rn 44 ff, 56
– Versäumnisurteil Einf Rn 44
– Vollstreckung aus notariellen Urkunden
Einf Rn 58
– Zuständigkeitswettlauf Einf Rn 43
– Zustellung verfahrensleitender Schriftstücke
Einf Rn 44 ff; *siehe auch* Zustellung ausländischer Schriftstücke
Anfängliche Unmöglichkeit, c.i.c.
Rom II 12 Rn 35
Angebot Rom I 10 Rn 11
Anknüpfung, akzessorische
– Arbeitskampfmaßnahme Rom II 9 Rn 39
– Produkthaftung Rom II 5 Rn 41, 111 ff
– unerlaubte Handlung Rom II 4 Rn 28, 155 ff
Anknüpfung, selbständige
– Arbeitskampfmaßnahme Rom II 9 Rn 39
Anknüpfung, unselbständige *siehe* Anknüpfung,
akzessorische
Anknüpfungsgerechtigkeit
– Immaterialgüterrechte Rom II 8 Rn 5
– Rechtswahl Rom III 5 Rn 6
Anknüpfungsleiter
– Arbeitskampf Rom II 9 Rn 52
– culpa in contrahendo Rom II 12 Rn 67 ff
– Produkthaftung Rom II 5 Rn 43
– Scheidungsstatut Rom III 8 Rn 8 ff

Stichwortverzeichnis

Anlagenverträge   Rom I 4 Rn 140
Anleihe   Rom I 4 Rn 150
Annahme   Rom I 10 Rn 11
Annahme der Verordnung   Rom III 21 Rn 5
Anscheinsvollmacht
– Haftungsverhältnisse aus   Rom II 1 Rn 4
Ansprüche, dingliche   Rom II 1 Rn 6 f
Ansprüche, nachbarrechtliche   Rom II 1 Rn 7
Ansprüche, öffentlich-rechtliche   Rom II 1 Rn 16
Ansprüche, privatrechtliche   Rom II 1 Rn 16
Anspruchsgegner
– außervertragliches Schuldverhältnis Rom II 15 Rn 7
Anspruchskonkurrenz, Prinzip der Rom II 4 Rn 7, 48 ff
Anspruchsübergang, außervertragliches Schuldverhältnis   Rom II 15 Rn 18
Anwaltliche Beratungspraxis   Einf Rn 12 ff
Anwaltsverträge   Rom I 4 Rn 31, 106
Anwendbarkeit   *siehe* Anwendungsbereich (EuErbRVO); Anwendungsbereich (Rom I); Anwendungsbereich (Rom II); Anwendungsbereich (Rom III)
Anwendung, universelle   *siehe* Loi uniforme
Anwendungsbereich (EuErbRVO)
– intertemporal   EuErbRVO Rn 2, 15
– sachlich   EuErbRVO Rn 4
– territorial   EuErbRVO Rn 4
Anwendungsbereich (Rom I)
– Anwendungsbeginn   Rom I 29 Rn 2
– Ausschlüsse   Rom I 1 Rn 18 ff
– Beweis und Verfahren   Rom I 1 Rn 79 f
– Inkrafttreten   Rom I 29 Rn 1
– räumlich   Rom I 1 Rn 81 f
– sachlich   Rom I 1 Rn 4 ff
– Verhältnis zu anderen Unionsrechtsakten Rom I 23 Rn 1 ff
– zeitlich   Rom I 28 Rn 1 ff
Anwendungsbereich (Rom II)   Rom II 1 Rn 1 ff
– Anwendungsbeginn   Rom II 31, 32 Rn 3 ff
– außervertragliches Schuldverhältnis Rom II 1 Rn 3 ff; *siehe auch* Außervertragliches Schuldverhältnis
– autonomes Kollisionsrecht   Rom II 1 Rn 2
– Beweis und Verfahren   Rom II 1 Rn 56 f
– culpa in contrahendo   Einf Rn 30
– Immaterialgüterrechte   Rom II 8 Rn 13 ff
– Inkrafttreten   Rom II 31, 32 Rn 2
– intertemporal   Rom II 31, 32 Rn 1 ff
– keine analoge Anwendung der Rom II-VO Rom II 1 Rn 2
– Liste vorrangiger Abkommen   Rom II 28 Rn 3, 6 f

– räumlich   Rom II 8 Rn 11 f
– sachlich   Einf Rn 29 f; Rom II 1 Rn 1 ff, 4 Rn 33 f, 15 Rn 1 ff
– territorial   Rom II 1 Rn 58 ff
– Verhältnis zu anderen Unionsrechtsakten Rom II 27 Rn 1 ff
– Verhältnis zum Völkerrecht   Rom II 28 Rn 1 ff
– Vertrag mit Schutzwirkung zugunsten Dritter Einf Rn 30
– zeitlich   Rom II 8 Rn 11 f, 31, 32 Rn 1 ff
Anwendungsbereich (Rom III)
– Anwendungsvorrang   Rom III 21 Rn 2, 6 f
– eingetragene Lebenspartnerschaften Rom III 1 Rn 37 ff
– Geltungsbeginn   Rom III 18 Rn 3
– gleichgeschlechtliche Ehe   Rom III 1 Rn 21 ff
– Inkrafttreten   Rom III 18 Rn 3
– intertemporal   Rom III 18 Rn 1 ff; *siehe auch* Intertemporalrecht (Rom III)
– Verhältnis zum Völkerrecht   Rom III 19 Rn 1 ff; *siehe auch* Völkerrechtliche Übereinkommen
– zeitlich   Rom III 18 Rn 1 ff; *siehe auch* Intertemporalrecht (Rom III)
Anwendungsvoraussetzungen   *siehe* Anwendungsbereich (EuErbRVO); Anwendungsbereich (Rom I); Anwendungsbereich (Rom II); Anwendungsbereich (Rom III)
Arbeitgeber, Arbeitskampf   Rom II 9 Rn 42 ff
Arbeitgeberorganisation, Arbeitskampf Rom II 9 Rn 42 ff
Arbeitnehmer, Arbeitskampf   Rom II 9 Rn 42 ff
Arbeitnehmerentsendung   Rom I 8 Rn 27 ff
Arbeitnehmerorganisation, Arbeitskampf Rom II 9 Rn 42 ff
Arbeitnehmerschutzbestimmungen (zwingende) des objektiven Vertragsstatuts   *siehe* Zwingende Arbeitnehmerschutzbestimmungen des objektiven Vertragsstatuts
Arbeitskampf   Rom II 9 Rn 1 ff
– Abgrenzung zwischen Arbeitskampfdeliktsstatut und Arbeitskampfstatut   Rom II 9 Rn 50, 73, 79
– Anknüpfung außerhalb von Art. 8 Rom I–VO Rom I 8 Rn 44
– Anknüpfungsgegenstand   Rom II 9 Rn 33 ff
– Anknüpfungsleiter   Rom II 9 Rn 52
– Anknüpfungspunkte   Rom II 9 Rn 22 ff, 53 ff, 59 ff, 63 ff
– Anspruchsteller   Rom II 9 Rn 48
– Arbeitgeber   Rom II 9 Rn 42 ff
– Arbeitgeberorganisationen   Rom II 9 Rn 42 ff
– Arbeitnehmer   Rom II 9 Rn 42 ff
– Arbeitnehmerorganisationen   Rom II 9 Rn 42 ff
– Arbeitskampfmaßnahme   Rom II 9 Rn 34 ff; *siehe auch* Arbeitskampfmaßnahme
– Arbeitskampfort   Rom II 9 Rn 53 ff

Stichwortverzeichnis

- Aussperrung   Rom II 9 Rn 35
- autonomes Kollisionsrecht, EGBGB   Rom II 9 Rn 50, 73, 79
- deliktsrechtliche Qualifikation   Rom II 9 Rn 21
- Deliktsstatut   *siehe* Arbeitskampfdeliktsstatut
- Dritthaftung   Rom II 9 Rn 41
- EGMR-Urteil „Demir und Baykara"   Rom II 9 Rn 15
- EGMR-Urteil „Enerji Yapı-Yol Sen"   Rom II 9 Rn 15
- Eingriffsnormen   Rom II 9 Rn 74 f
- einstweiliger Rechtsschutz   Rom II 9 Rn 80 f
- Entstehungsgeschichte   Rom II 9 Rn 2 ff
- Erhaltungs- und Notstandsarbeiten   Rom II 9 Rn 68
- EuGH-Urteil „Laval"   Rom II 9 Rn 13, 15, 80
- EuGH-Urteil „Rehder"   Rom II 9 Rn 56
- EuGH-Urteil „Torline"   Rom II 9 Rn 3, 8 ff, 49, 56, 59, 81
- EuGH-Urteil „Viking"   Rom II 9 Rn 15, 81
- EuGH-Urteil „Weber"   Rom II 9 Rn 56
- Fehlen einer Ausweichklausel   Rom II 9 Rn 29
- Flashmob   Rom II 9 Rn 47
- gemeinsamer gewöhnlicher Aufenthalt von Schädiger und Geschädigtem   Rom II 9 Rn 59 ff
- Geschäftsführung ohne Auftrag   Rom II 9 Rn 68
- Grundfreiheiten   Rom II 9 Rn 15 ff
- Grundrecht auf Kollektivverhandlungen und Kollektivmaßnahmen   Rom II 9 Rn 15 f, 31, 35, 46, 54
- grundrechtskonforme Auslegung   Rom II 9 Rn 31, 35
- Grundsatz der Statuseinheit   Rom II 9 Rn 66 ff
- Haftungsadressaten   Rom II 9 Rn 42 ff
- Handlungsort   Rom II 9 Rn 22 ff, 53 ff
- Heterogenität der mitgliedstaatlichen Arbeitskampfordnungen   Rom II 9 Rn 14
- isolierte Feststellung der Rechtswidrigkeit   Rom II 9 Rn 38, 50
- lex loci actus   Rom II 9 Rn 22 ff, 53 ff
- lex loci damni   Rom II 9 Rn 22 ff
- Marktbezogenheit   Rom II 9 Rn 20
- Maßregelungsverbot   Rom II 9 Rn 80 f
- Monti-II-Verordnung   Rom II 9 Rn 18
- Mosaikbetrachtung bei verschiedenen Handlungsorten   Rom II 9 Rn 58
- nahe stehende Personen   Rom II 9 Rn 44 ff
- Normzweck   Rom II 9 Rn 1
- ordre public   Rom II 9 Rn 77 ff
- politischer   Rom II 9 Rn 35, 61
- Prüfungsreihenfolge   Rom II 9 Rn 52
- Recht am eingerichteten und ausgeübten Gewerbebetrieb   Rom II 9 Rn 26
- Rechtswahl   Rom II 9 Rn 63 ff
- Reichweite des Arbeitskampfdeliktsstatuts   Rom II 9 Rn 66 ff
- Schaden   Rom II 9 Rn 49 ff
- Schadensersatzprozess   Rom II 9 Rn 64, 80
- Schadensort   Rom II 9 Rn 22 ff
- Seearbeitskampf   Rom II 9 Rn 54 ff, 59
- Sicherheits- und Verhaltensvorschriften   Rom II 9 Rn 76
- Solidaritätsstreik   Rom II 9 Rn 38
- Sonderanknüpfung   Rom II 9 Rn 74 f
- Streikaufruf   Rom II 9 Rn 40
- tarifvertragliche Friedenspflicht   Rom II 9 Rn 71
- unionsgrundrechtskonforme Auslegung   Rom II 9 Rn 31
- Unterlassungsklage (vorbeugende)   Rom II 9 Rn 50, 80 f
- Unterstützungsstreik   Rom II 9 Rn 38
- Verzichtsklauseln   Rom II 9 Rn 80 f
- vorbeugender Rechtsschutz   Rom II 2 Rn 5
- Wallis-Report   Rom II 9 Rn 4

Arbeitskampfdeliktsstatut
- Abgrenzung zum allgemeinen Arbeitskampfstatut   Rom II 9 Rn 50, 73, 79

Arbeitskampfmaßnahme
- Anknüpfung, unselbstständige/selbstständige   Rom II 9 Rn 39
- Mosaikbetrachtung bei verschiedenen Handlungsorten   Rom II 9 Rn 58
- Qualifikation   Rom II 9 Rn 34 ff
- Vorfrage   Rom II 9 Rn 39

Arbeitskampfort   Rom II 9 Rn 53 ff

Arbeitskampfstatut   *siehe* Arbeitskampf

Arbeitsrecht
- Arbeitskampf   *siehe dort*
- Arbeitsunfälle   Rom II 4 Rn 172
- Arbeitsverträge   *siehe* Individualarbeitsverträge; Kollektives Arbeitsrecht
- Eingriffsnormen   Rom I 8 Rn 5, 9 Rn 8, 35 f; Rom II 16 Rn 12
- faktisches Arbeitsverhältnis   Rom I 12 Rn 36
- Individualarbeitsvertrag   *siehe* Individualarbeitsverträge
- kollektives   Rom I 8 Rn 38 ff

Arbeitsunfälle   Rom II 4 Rn 172

Arbeitsverhältnis, faktisches   Rom I 12 Rn 36

Arbeitsverträge   *siehe* Individualarbeitsverträge; Kollektives Arbeitsrecht

Architektenverträge   Rom I 4 Rn 141

Arglistige Täuschung   Rom I 10 Rn 5, 17

Arzneimittelhaftung, Eingriffsnormen   Rom II 16 Rn 14

Arzthaftung, acta jure imperii   Rom II 1 Rn 30

Arztverträge   Rom I 4 Rn 30, 105

Asset deal   Rom I 4 Rn 22 f

Atomenergie, Schäden   Rom II 1 Rn 50 ff

Atomhaftungsrecht, internationales   Rom II 1 Rn 50 ff

Stichwortverzeichnis

Aufenthalt, gewöhnlicher *siehe* Gewöhnlicher Aufenthalt (EuErbRVO); Gewöhnlicher Aufenthalt (Rom I); Gewöhnlicher Aufenthalt (Rom II); Gewöhnlicher Aufenthalt (Rom III)

Aufenthaltsstatut Rom I 10 Rn 27 ff

Aufklärungspflichten, c.i.c. Rom II 12 Rn 27 f

Aufrechnung Rom I 12 Rn 30, 17 Rn 1 ff
– (außer)vertragliche Grundlage der Forderungen Rom I 17 Rn 5
– Aufrechnungsvereinbarung Rom I 17 Rn 11
– automatische Verrechnung Rom I 17 Rn 3
– Begriff Rom I 17 Rn 3
– compensation légale Rom I 17 Rn 3
– europäisch-autonome Auslegung Rom I 17 Rn 3
– Haupt- und Gegenforderung aus unterschiedlichen Rechtsordnungen Rom I 17 Rn 2
– Insolvenzaufrechnung Rom I 17 Rn 4
– Prozessaufrechnung Rom I 17 Rn 3 f, 10; *siehe auch* Prozessaufrechnung
– Recht der Hauptforderung Rom I 17 Rn 1
– Reichweite der Regelung Rom I 17 Rn 2 ff
– Umfang und Abgrenzung des Aufrechnungsstatuts Rom I 17 Rn 7 ff
– UN-Kaufrecht Rom I 17 Rn 6
– verschiedene Währung von Haupt- und Gegenforderung Rom I 17 Rn 9
– vertraglich vereinbarte Aufrechnung Rom I 17 Rn 1
– Zurückbehaltungsrecht des Schuldners Rom I 17 Rn 4

Auftrag Rom I 4 Rn 128

Aufwendungsersatz
– Geschäftsführung ohne Auftrag Rom II 11 Rn 6, 8
– ungerechtfertigte Bereicherung Rom II 10 Rn 6, 20

Auktionen *siehe* Versteigerungen

Auskunftsanspruch Rom II 15 Rn 16

Auskunftsvertrag Rom I 4 Rn 137

Ausländisches Recht
– Anwendung, als Reformthema Rom II 30 Rn 4 ff
– Feststellung Rom II 24 Rn 6
– Informationen zum *siehe* Ermittlung ausländischen Rechts
– Sorgfaltspflicht des Anwalts Rom II 15 Rn 28

Auslandsbeurkundungen (Form, Gleichwertigkeit) Rom I 11 Rn 15 ff

Auslegung
– culpa in contrahendo Rom II 12 Rn 11 f
– des Vertrags Rom I 12 Rn 7 ff
– des Verweisungsvertrags Rom I 12 Rn 12

Auslobung Rom I 1 Rn 8, 4 Rn 162

Ausrichten einer Tätigkeit Rom I 6 Rn 53 f

Außen-IPR
– Gemeinschaftsgeschmacksmuster Rom II 8 Rn 6
– Gemeinschaftsmarke Rom II 8 Rn 6

Außenkompetenzen
– Redelegation Rom II 3 Rn 2
– unionale Rom II 3 Rn 2

Außenwirtschaftsrecht, Eingriffsnormen Rom II 16 Rn 15

Außervertragliches Schuldverhältnis Einf Rn 31; Rom II 1 Rn 3 ff, 15 Rn 1 ff
– Abgrenzung zum Erbrecht Rom II 15 Rn 19
– Aktivlegitimation Rom II 15 Rn 20
– Anscheinsvollmacht Rom II 1 Rn 4
– Anspruchsgegner Rom II 15 Rn 7
– Anspruchsübergang Rom II 15 Rn 18
– Auskunftsanspruch Rom II 15 Rn 16
– Beseitigungsanspruch Rom II 15 Rn 16
– Beweis Rom II 22 Rn 1 ff
– culpa in contrahendo Rom II 1 Rn 4, 15 Rn 8
– Direktanspruch gegen Versicherer Rom II 18 Rn 5
– Dritthaftung Rom II 15 Rn 21 f
– Duldungsvollmacht Rom II 1 Rn 4
– Einwendungen Rom II 15 Rn 23 ff
– erfasste Rechtsfragen Rom II 15 Rn 3 ff
– Erfüllung Rom II 15 Rn 24
– gesetzlicher Forderungsübergang Rom II 15 Rn 18, 19 Rn 1 ff
– Haftung der Eltern Rom II 15 Rn 22
– Haftung des Arbeitgebers Rom II 15 Rn 22
– Haftung des Geschäftsherrn Rom II 15 Rn 22
– haftungsausfüllender Tatbestand Rom II 15 Rn 11
– Haftungsausschluss Rom II 15 Rn 9 f
– Haftungsbeschränkung Rom II 15 Rn 9 f
– höchstpersönliche Schuld Rom II 15 Rn 24
– mehrfache Haftung Rom II 20 Rn 1 ff
– Reichweite des Statuts Rom II 15 Rn 1 ff
– Schadensschätzung Rom II 15 Rn 12
– Sonderanknüpfung Einf Rn 31
– Umweltschädigung Rom II 7 Rn 1 ff
– Unmöglichkeit Rom II 15 Rn 24
– Unterlassungsanspruch Rom II 15 Rn 16
– Verjährung Rom II 15 Rn 25
– Vertreter ohne Vertretungsmacht Rom II 1 Rn 4
– Verwirkung Rom II 15 Rn 26
– Verzicht Rom II 15 Rn 27

Aussperrung, Arbeitskampf Rom II 9 Rn 35

Ausüben einer Tätigkeit Rom I 6 Rn 52

Ausweichklausel
– Beförderungsverträge Rom I 5 Rn 25
– culpa in contrahendo Rom II 12 Rn 61 ff, 76 f
– Erbstatut EuErbRVO Rn 11
– Großrisikoverträge Rom I 7 Rn 33
– Individualarbeitsverträge Rom I 8 Rn 34 ff

- objektive Anknüpfung nach Rom I
  Rom I 4 Rn 70 ff
- Produkthaftung   Rom II 5 Rn 105 ff
- unerlaubte Handlung   Einf Rn 31;
  Rom II 4 Rn 4, 27 ff, 137 ff

Auswirkungsprinzip
- Lauterkeitsrecht   Rom II 6 Rn 1, 16, 35 ff

Autonomes Kollisionsrecht, Verhältnis zur Rom II-VO   Rom II 1 Rn 2

B2C-Geschäfte   Rom I 6 Rn 31

Bankgeschäfte   Rom I 4 Rn 131 ff
- Auskunftsvertrag   Rom I 4 Rn 137
- Depotgeschäfte   Rom I 4 Rn 137
- Diskontgeschäft   Rom I 4 Rn 132
- Dokumentenakkreditiv   Rom I 4 Rn 133
- Effektengeschäfte   Rom I 4 Rn 137
- Einlagengeschäfte   Rom I 4 Rn 132
- Factoring   Rom I 4 Rn 134
- Forfaitierung   Rom I 4 Rn 135
- Girogeschäfte   Rom I 4 Rn 132
- Inkassogeschäfte   Rom I 4 Rn 136
- Investmentgeschäfte   Rom I 4 Rn 137
- Kreditverträge   Rom I 4 Rn 131

Bareboat charter   Rom I 5 Rn 15

Bauverträge   Rom I 4 Rn 139

Beförderer   Rom I 5 Rn 20

Beförderungsverträge   Rom I 5 Rn 1 ff
- Ausweichklausel   Rom I 5 Rn 25
- Güterbeförderungsverträge   Rom I 5 Rn 11 ff
- internationale Abkommen   Rom I 5 Rn 9, 24 ff, 36 ff
- ordre public   Rom I 5 Rn 6
- Personenbeförderungsverträge   Rom I 5 Rn 29 ff
- Rechtswahlgrenzen (Rom I)   Einf Rn 21
- renvoi   Rom I 5 Rn 5
- Transportschäden   Rom II 4 Rn 110
- Verbraucherschutz   Rom I 6 Rn 39 ff

Behauptung einer Verletzung   Rom II 8 Rn 57

Beherbergungsverträge   Rom I 4 Rn 110

Belegenheitsort   Rom I 6 Rn 42

Beratungsverträge   Rom I 4 Rn 106

Bereicherung, ungerechtfertigte   *siehe* Ungerechtfertigte Bereicherung

Bereichsausnahmen   Rom II 1 Rn 31 ff

Beseitigungsanspruch   Rom II 15 Rn 16

Bestimmungsort   Rom I 5 Rn 38

Bestimmungsrecht
- Umweltschädigung   Rom II 7 Rn 1, 9 ff

Betriebliche Altersvorsorge   Rom I 1 Rn 77 f

Betriebsverfassungsrecht, internationales   Rom I 8 Rn 39 ff
- betriebliche Mitbestimmung   Rom I 8 Rn 39

- Betriebsrat   Rom I 8 Rn 41
- Geltung des BetrVG   Rom I 8 Rn 39 f
- Personalvertretungsrecht   Rom I 8 Rn 39
- unternehmerische Mitbestimmung   Rom I 8 Rn 39

Beurkundung
- Gleichwertigkeit von Auslandsbeurkundungen   Rom I 11 Rn 15 ff
- Gleichwertigkeit von Inlandsbeurkundungen   Rom I 11 Rn 20

Beurkundungsverfahren, Form (Rom I)   Rom I 11 Rn 39 ff

Beweis (Rom I)
- Anscheinsbeweis   Rom I 18 Rn 10
- Beweisarten   Rom I 18 Rn 11
- Beweiskraft des Rechtsgeschäfts   Rom I 18 Rn 12
- Beweislast   Rom I 18 Rn 7, 9
- eines Rechtsgeschäfts   Rom I 18 Rn 2, 11 f
- europäisch-autonome Auslegung   Rom I 18 Rn 4
- Geschäftsstatut   Rom I 18 Rn 1
- gesetzliche Vermutungen   Rom I 18 Rn 7 f
- prozessuale Verfahrensregeln   Rom I 18 Rn 6
- Recht am Registerort   Rom I 18 Rn 12
- Reichweite der Regelung   Rom I 18 Rn 4 ff
- Verdrängung der lex fori   Rom I 18 Rn 1
- vertragliches Schuldverhältnis   Rom I 18 Rn 1 ff

Beweis (Rom II)
- Außervertragliches Schuldverhältnis   Rom II 22 Rn 1 ff
- Beweisarten   Rom II 22 Rn 3
- Beweislast   Rom II 22 Rn 1 ff; *siehe auch* Beweislast
- einseitige Rechtshandlung   Rom II 22 Rn 3

Beweis ausländischen Rechts   *siehe* Ermittlung ausländischen Rechts

Beweislast
- außervertragliches Schuldverhältnis   Rom II 22 Rn 1 ff
- Produkthaftung   Rom II 5 Rn 119 f
- vertragliches Schuldverhältnis   Rom I 17 Rn 7, 9
- zeitliche Anwendbarkeit von Rom II   Rom II 31, 32 Rn 16

Beweis und Verfahren   Einf Rn 14; Rom I 1 Rn 79 f; Rom II 1 Rn 56 f

Billigflaggenstaat   Rom I 5 Rn 19

Binnenmarktsachverhalt   Rom II 3 Rn 1
- Rechtswahl   Rom I 3 Rn 81 ff

Binnensachverhalt, Rechtswahl   Rom I 3 Rn 78 ff

Bogsch-Theorie   Rom II 8 Rn 35

Börsenmakler   Rom I 4 Rn 124

Botenschaft   Rom I 10 Rn 13

Brautgabe, Scheidungsfolgen   Rom III 1 Rn 104 f

Bringschuld   Rom I 12 Rn 15

Bürgschaft
- Bürgschaftsstatut   Rom I 4 Rn 152 f
- ordre public   Rom I 3 Rn 13

Büro Grüne Karte   Rom II 18 Rn 28

c.i.c.   *siehe* Culpa in contrahendo

C2B-Geschäfte   Rom I 6 Rn 31

C2C-Geschäfte   Rom I 6 Rn 31

CESL   *siehe* Gemeinsames Europäisches Kaufrecht

Cessio legis   *siehe* Forderungsübergang, gesetzlicher

Charakteristische Leistung   Rom I 4 Rn 62 ff
- Bestimmung   Rom I 4 Rn 63 f
- Kritik   Rom I 4 Rn 6
- maßgeblicher Zeitpunkt   Rom I 4 Rn 69
- Nichtermittelbarkeit   Rom I 4 Rn 66 ff

Charterverträge   Rom I 5 Rn 15

CIM   Rom I 5 Rn 29

CIV   Rom I 5 Rn 29, 43

CLIP (MPI)   Rom II 8 Rn 9

CMR   Rom I 5 Rn 28

Common Frame of Reference   Rom I 3 Rn 35

Consecutive voyage charter   Rom I 5 Rn 15

Consideration   Rom I 10 Rn 12

Construction clauses   Rom I 3 Rn 46, 12 Rn 9

Conversion   Rom II 1 Rn 7

COTIF   Rom I 5 Rn 29, 43

Culpa in contrahendo   Einf Rn 30; Rom II 12 Rn 1 ff
- Abbruch von Vertragsverhandlungen   Rom II 12 Rn 25 f
- Abgrenzung zu außervertraglichen Schuldverhältnissen aus unerlaubter Handlung   Rom II 4 Rn 6 ff, 71
- allgemeine Verkehrspflichten   Rom II 12 Rn 45
- anfängliche Unmöglichkeit   Rom II 12 Rn 35
- Anknüpfung   Rom II 12 Rn 46 ff
- Anspruchsgegner   Rom II 15 Rn 8
- Aufklärungspflichten   Rom II 12 Rn 27 f
- Auslegung   Rom II 12 Rn 11 f
- Ausweichklausel   Rom II 12 Rn 61 ff, 76 f
- Begriff   Rom II 12 Rn 17 ff
- Bruch der Vertraulichkeit   Rom II 12 Rn 34
- Dritthaftung   Rom II 12 Rn 36 ff, 64
- Einordnung als außervertragliches Schuldverhältnis   Rom I 1 Rn 76; Rom II 1 Rn 4
- Expertenhaftung   Rom II 12 Rn 37 ff
- indirekte Anwendbarkeit von Rom I   Rom I 12 Rn 26
- Informationspflichten   Rom II 12 Rn 27 ff
- Irrtumsanfechtung   Rom II 12 Rn 32
- nicht erwartungsgerechter Vertrag   Rom II 12 Rn 31 ff
- Offenlegungspflichten   Rom II 12 Rn 27 ff
- Qualifikation   Rom II 12 Rn 2
- renvoi   Rom II 12 Rn 16
- Sachwalterhaftung   Rom II 12 Rn 37
- Sicherheits- und Verhaltensvorschriften   Rom II 17 Rn 15
- Vertragsnichtigkeit   Rom II 12 Rn 30, 60
- Vertreter ohne Vertretungsmacht   Rom II 12 Rn 44
- zeitliche Anwendbarkeit von Rom I   Rom I 28 Rn 2

Dänemark   Rom I 1 Rn 81 f, 3 Rn 82, 24 Rn 3 ff; Rom II 1 Rn 61 f

Darlehensverträge   Rom I 4 Rn 146 ff

Datumtheorie   Rom II 17 Rn 5, 64 f

Dauerdelikt, intertemporalrechtliche Bedeutung   Rom II 31, 32 Rn 13 f

Dauerschuldverhältnisse
- Rückabwicklungsansprüche infolge Kündigung   Rom I 12 Rn 36
- zeitliche Anwendbarkeit von Rom I   Rom I 28 Rn 2

DCFR   Rom I 3 Rn 35

Delikte
- im Internet   Rom II 4 Rn 68, 111
- im Weltraum   Rom II 4 Rn 69, 109

Deliktsgerichtsstand   Rom II 8 Rn 57

Deliktsort   Rom II 4 Rn 19 ff; *siehe auch* Handlungsort; Erfolgsort

De minimis-Regel   *siehe* Spürbarkeitsgrundsatz

Demise charter   Rom I 5 Rn 15

Depotgeschäfte   Rom I 4 Rn 137

Deutsch-iranisches Niederlassungsabkommen   Rom III 19 Rn 7

Devisenrecht, Eingriffsnormen   Rom II 16 Rn 15

Dienstleistung, Begriff   Rom I 6 Rn 36

Dienstleistungen im Ausland   Rom I 6 Rn 34 ff

Dienstleistungsverträge   Rom I 4 Rn 28 ff, 103 ff
- Verbraucherverträge   Rom I 6 Rn 34 ff

Dingliche Ansprüche   Rom II 1 Rn 6 f

Dingliche Rechte   Rom II 1 Rn 6
- Verträge über   Rom I 4 Rn 35 ff, 77

Dingliche Surrogation   Rom I 15 Rn 2

Dingliche Verträge   Rom I 1 Rn 12

Direktanspruch gegen Versicherer   Rom II 18 Rn 1 ff
- Anspruchshöhe   Rom II 18 Rn 21
- außervertragliches Schuldverhältnis   Rom II 18 Rn 16
- Begriff   Rom II 18 Rn 6 ff
- Einwendungen und Einreden   Rom II 18 Rn 25
- Geschädigtenschutz   Rom II 18 Rn 4

- Geschädigter   Rom II 18 Rn 10 ff
- Günstigkeitsvergleich   Rom II 18 Rn 21
- internationale Zuständigkeit   Rom II 18 Rn 29
- Legalzession   Rom II 18 Rn 9
- Leistungsfreiheit   Rom II 18 Rn 24
- Rechtswahl   Rom II 18 Rn 17
- Schadenshöhe   Rom II 18 Rn 28
- Teilrechtswahl   Rom II 18 Rn 18
- Versicherungssumme   Rom II 18 Rn 23
- vertraglich vereinbart   Rom II 18 Rn 8
- wirtschaftliche Stärke des Berechtigten   Rom II 18 Rn 14

Direktanspruch in Mehrpersonenverhältnissen
- Einordnung als vertraglich   Rom II 1 Rn 4

Direktklage   *siehe* Direktanspruch gegen Versicherer; Direktanspruch in Mehrpersonenverhältnissen

Diskontgeschäfte   Rom I 4 Rn 132

Diskriminierung
- aufgrund der Geschlechtszugehörigkeit   Rom III 10 Rn 23 ff
- Begründung außervertraglicher Schuldverhältnisse   Rom II 4 Rn 67
- Lokalisierung von Schäden   Rom II 4 Rn 116

Dissens   Rom I 10 Rn 11

Distanzdelikte   Rom II 4 Rn 21, 77; *siehe auch* Erfolgsort; Handlungsort
- Produkthaftung   Rom II 5 Rn 77

Distanzgeschäfte
- Formstatut   Rom I 11 Rn 28 f
- Rechts-, Geschäfts- und Handlungsunfähigkeit   Rom I 13 Rn 7 f
- Zustandekommen und Wirksamkeit des Vertrags   Rom I 10 Rn 35

Dokumentenakkreditiv   Rom I 4 Rn 133

Domainregistrierungsverträge   Rom I 4 Rn 113 ff

Doppelstaater
- Scheidungsrechtswahl   Rom III 5 Rn 45
- Scheidungsstatut   Rom III 8 Rn 19

Dritthaftung
- Arbeitskampf   Rom II 9 Rn 41
- außervertragliches Schuldverhältnis   Rom II 15 Rn 21 f
- vorvertragliches Schuldverhältnis   Rom II 12 Rn 36 ff, 64

Drittstaaten
- Immaterialgüterrechte, Verletzungshandlung   Rom II 8 Rn 54
- internationaler Entscheidungseinklang   Rom II 24 Rn 3

Drittstaatenbezug, unionale Kompetenzen im IPR   Rom II 3 Rn 2

Drittstaatensachverhalt   Rom II 3 Rn 1, 3

Drohung   Rom I 10 Rn 5, 17

Dual-use-Verträge   Rom I 6 Rn 24

Duldungsvollmacht, Haftungsverhältnisse   Rom II 1 Rn 4

Dépeçage   *siehe* Teilrechtswahl

E-Commerce, Verbraucherschutz   Rom I 6 Rn 6

E-Commerce-Richtlinie
- keine Subsumtion unter Art. 27 Rom II-VO   Rom II 27 Rn 6; *siehe auch* Herkunftslandprinzip
- Lauterkeitsrecht   Rom II 6 Rn 21 ff

Effektengeschäfte   Rom I 4 Rn 137

EGBGB, Anpassung des   Rom III 21 Rn 7

EGMR-Urteil
- „Demir und Baykara", Arbeitskampf   Rom II 9 Rn 15
- „Enerji Yapı-Yol Sen", Arbeitskampf   Rom II 9 Rn 15

Ehelicher Güterstand   Rom I 1 Rn 25 f

Ehewohnung   Rom II 1 Rn 36

Eigenes Rechtssystem, Rechtsspaltung   Rom III 14 Rn 14

Eigenes Regelwerk, Rechtsspaltung   Rom III 14 Rn 14

Eigentümer-Besitzer-Verhältnis
- keine Anwendung der Rom II-VO   Rom II 1 Rn 7
- ungerechtfertigte Bereicherung   Rom II 10 Rn 14

Einbeziehungskontrolle, AGB   Rom I 10 Rn 14, 30

Eingehungsstatut, Scheidungsrechtswahl   Rom III 6 Rn 1 ff

Eingerichteter und ausgeübter Gewerbebetrieb   Rom II 4 Rn 73

Eingetragene Lebenspartnerschaften, keine Anwendung der Rom III-VO   Rom III 1 Rn 37 ff; *siehe auch* Lebenspartnerschaft

Eingriffskondiktion   Rom II 10 Rn 7 f, 12, 21

Eingriffslokalisierung, Immaterialgüterrechte   Rom II 8 Rn 34

Eingriffsnormen (Rom I)   Einf Rn 22 ff; Rom I 9 Rn 1 ff
- Arbeitsrecht   Rom I 8 Rn 5, 9 Rn 8, 35 f
- ausländische   Einf Rn 24; Rom I 9 Rn 4, 43 ff
- Außenhandel   Rom I 9 Rn 28
- Begriff   Rom I 9 Rn 15 ff
- Binnenmarktsachverhalt   Rom I 9 Rn 7
- Bürgschaftsrecht   Rom I 9 Rn 39
- Definition   Rom I 9 Rn 2
- Devisenrecht   Rom I 9 Rn 30
- Erfüllungsvereinbarung   Einf Rn 24
- Ermessen des Erlassstaats   Rom I 9 Rn 21
- EuGH-Urteil „Ingmar GB"   Rom I 9 Rn 13 f

Stichwortverzeichnis

- europäisch-autonome Auslegung
  Rom I 9 Rn 16, 44
- Gewerbe- und Berufsrecht   Rom I 9 Rn 32 ff
- grundstücksbezogene Vorschriften
  Rom I 9 Rn 31
- Handelsvertreterschutz   Rom I 9 Rn 40
- inländische   Einf Rn 22 f; Rom I 9 Rn 3, 24 ff
- Inlandsbezug   Rom I 9 Rn 24 ff
- innerstaatlicher Sachverhalt   Rom I 9 Rn 6
- internationaler Geltungswille   Rom I 9 Rn 22 f
- Kapitalmarktrecht   Rom I 9 Rn 41
- Kulturgüterschutz   Rom I 9 Rn 29
- Mieter- und Pächterschutz   Rom I 9 Rn 38
- ordre public   Rom I 9 Rn 11
- Rangverhältnis verschiedener Eingriffsnormen
  Rom I 9 Rn 53
- Sperrwirkung des Art. 9 Abs. 3 Rom I
  Rom I 9 Rn 52
- Transportrecht   Rom I 9 Rn 42
- Überblick   Rom I 9 Rn 1 ff
- Verbraucherschutz   Rom I 6 Rn 14 ff, 9 Rn 8, 37
- Verhältnis zu anderen Sonderanknüpfungen
  Rom I 9 Rn 5 ff
- Verhältnis zu Art. 11 Abs. 5 Rom I-VO
  Rom I 9 Rn 9
- Verhältnis zu Art. 12 Abs. 2 Rom I-VO
  Rom I 9 Rn 10
- Verhältnis zu Art. 21 Rom I-VO   Rom I 9 Rn 11
- Verhältnis zu Art. 3 Abs. 3 Rom I-VO
  Rom I 9 Rn 6
- Verhältnis zu Art. 3 Abs. 4 Rom I-VO
  Rom I 9 Rn 7
- Verhältnis zu Art. 6 Abs. 2 Rom I-VO
  Rom I 9 Rn 8
- Verhältnis zu Art. 8 Abs. 1 S. 2 Rom I-VO
  Rom I 9 Rn 8
- Zulässigkeit des Geschäftsinhalts
  Rom I 10 Rn 20
- zwingendes Recht   Rom I 9 Rn 17

Eingriffsnormen (Rom II)   Einf Rn 38;
  Rom II 16 Rn 1 ff
- Arbeitskampf   Rom II 9 Rn 74 f, 16 Rn 12
- Arzneimittelhaftung   Rom II 16 Rn 14
- Aufrechnungsverbot   Rom II 16 Rn 15
- ausländische   Rom II 16 Rn 6
- Außenwirtschaftsrecht   Rom II 16 Rn 15
- Begriff   Rom II 16 Rn 8
- Beispiele   Rom II 16 Rn 10 ff
- Devisenrecht   Rom II 16 Rn 15
- Haftungsprivilegien   Rom II 16 Rn 15
- Herkunft   Rom II 16 Rn 3
- inländische   Rom II 16 Rn 4
- Nichtdiskriminierung   Rom II 16 Rn 13
- Prospekthaftung   Rom II 16 Rn 15
- Rechtfertigungsgründe   Rom II 16 Rn 15
- Sicherheits- und Verhaltensvorschriften
  Rom II 17 Rn 6, 20 ff

- Sonderanknüpfung   Rom II 16 Rn 1 f
- Strafrecht   Rom II 16 Rn 11
- unerlaubte Handlung   Rom II 4 Rn 10
- unionsrechtliche   Rom II 16 Rn 5
- Verhältnis zu einseitigen Kollisionsnormen
  Rom II 16 Rn 9

Einheitliches Vertragsstatut   Rom I 12 Rn 2 f
Einheitsanknüpfung   Rom II 16 Rn 7
Einigung, vertragliche   *siehe* Zustandekommen des Vertrags
Einlagengeschäfte   Rom I 4 Rn 132
Einrede fehlender Zustimmung, Scheidungsrechtswahl   Rom III 6 Rn 8 ff
Einseitige Rechtshandlung   *siehe* Rechtsgeschäft, einseitiges; Rechtshandlung, einseitige
Einseitiges Rechtsgeschäft   *siehe* Rechtsgeschäft, einseitiges; Rechtshandlung, einseitige
Einstweiliger Rechtsschutz
- Arbeitskampf   Rom II 9 Rn 80 f
- außervertragliches Schuldverhältnis
  Rom II 15 Rn 17

Eintragungsverfahren, Immaterialgüterrechte
  Rom II 8 Rn 56
Einwendungen, außervertragliches Schuldverhältnis   Rom II 15 Rn 23 ff
Einwirkungsprinzip   *siehe* Auswirkungsprinzip
EisenbahnfahrgastrechteVO   Rom I 5 Rn 44
Eisenbahnverkehr, internationaler
  Rom I 5 Rn 29, 43 f
EJN   *siehe* Europäisches Justizielles Netz
EMRK
- Art. 6 Abs. 1 EMRK als Orientierungsmaßstab für den Begriff „Zivil- oder Handelssache"
  Rom II 1 Rn 16 f
- ordre public   Rom II 26 Rn 23 ff

Engste Verbindung   *siehe auch* Ausweichklausel
- Rechtsspaltung, personal   Rom III 15 Rn 8 f
- Rechtsspaltung, territorial   Rom III 14 Rn 23

Entgangener Unterhalt   Rom II 15 Rn 13
Entmündigung   Rom I 13 Rn 14
Entsende-Richtlinie   Rom I 8 Rn 5
Entsendung des Arbeitnehmers   Rom I 8 Rn 27 ff
EPÜ   Rom II 8 Rn 20 f, 49
Erbenlose Nachlässe   EuErbRVO Rn 10
Erbrecht   Rom II 1 Rn 39 f
Erbrechtliche Verträge, Rom I-VO
  Rom I 1 Rn 27; *siehe auch* Erbvertrag
Erbstatut   EuErbRVO Rn 9 ff
- Ausweichklausel   EuErbRVO Rn 11
- gewöhnlicher Aufenthalt   EuErbRVO Rn 9
- hypothetisches   EuErbRVO Rn 22
- Umfang   EuErbRVO Rn 17 ff

- universelle Anwendung   EuErbRVO Rn 3
- Wandelbarkeit   EuErbRVO Rn 12

Erbvertrag   EuErbRVO Rn 10; *siehe auch* erbrechtliche Verträge
- materielle Wirksamkeit   EuErbRVO Rn 22 ff

Ereignis, schadensbegründendes
Rom II 31, 32 Rn 9 ff

Erfolgsort
- Arbeitskampf   Rom II 9 Rn 22 ff
- Immaterialgüterrechte   Rom II 8 Rn 2, 32, 50
- Umweltschädigung   Rom II 7 Rn 1, 8
- unerlaubte Handlung   Einf Rn 31; Rom II 4 Rn 1, 4, 21 ff, 75 ff

Erfüllungsort
- Rechtswahl   Rom I 3 Rn 61, 80
- tatsächlicher   Rom I 12 Rn 38

Erhaltungs- und Notstandsarbeiten, Arbeitskampf   Rom II 9 Rn 68

Erklärungsbewusstsein, fehlendes
Rom I 10 Rn 24

Erlöschen von Verpflichtungen
Rom I 12 Rn 27 ff

Ermittlung ausländischen Rechts   Einf Rn 50 ff; Rom II 15 Rn 28; Rom III 11 Rn 11 ff
- Berufshaftpflichtversicherung   Rom III 11 Rn 12
- europäisches Rechtsauskunftsübereinkommen   Einf Rn 50 f
- Freibeweis   Einf Rn 51
- Kosten   Einf Rn 52 ff
- Nichtermittelbarkeit   Einf Rn 54
- Privatgutachten   Einf Rn 52
- Sachverständigengutachten   Einf Rn 51; Rom III 11 Rn 15

EuGH-Urteil
- „Ingmar GB"   Rom I 9 Rn 13 f
- „Laval", Arbeitskampf   Rom II 9 Rn 13, 15, 80
- „Rehder", Arbeitskampf   Rom II 9 Rn 56
- „Torline", Arbeitskampf   Rom II 9 Rn 3, 8, 49, 56, 59, 81
- „Viking", Arbeitskampf   Rom II 9 Rn 15, 81
- „Weber", Arbeitskampf   Rom II 9 Rn 56

EuGVVO, Verbraucherschutz   Rom I 6 Rn 74 ff

EU-Patent   Rom II 8 Rn 49

EU-Richtlinie, Anwendung im Wege des ordre public bei Falsch- oder Nichtumsetzung
Rom II 26 Rn 9

Europäischer Vollstreckungstitel   Einf Rn 55

Europäisches Justizielles Netz   Rom II 15 Rn 28; Rom III 5 Rn 17, 11 Rn 14

Europäisches Justizportal   Rom II 15 Rn 28

Europäisches Nachlasszeugnis   EuErbRVO Rn 3, 25 ff
- Berichtigung   EuErbRVO Rn 28
- Einzug   EuErbRVO Rn 28

- Erteilung, internationale Zuständigkeit   EuErbRVO Rn 28
- Gutglaubenswirkungen   EuErbRVO Rn 27
- Inhalt   EuErbRVO Rn 25 f
- Rechtsmittelverfahren   EuErbRVO Rn 28

Europäisches Übereinkommen betreffend Auskünfte über ausländisches Recht   Einf Rn 50 f; Rom III 11 Rn 14

Europäisierung des IPR   Rom II Vor 1 Rn 2

EVÜ
- Bezugnahmen auf das EVÜ   Rom I 24 Rn 9
- Verhältnis zur Rom I-VO   Rom I 24 Rn 1 ff

Exequaturverfahren   Einf Rn 40 ff, 55

Existenzvernichtender Eingriff, Zugehörigkeit zum Gesellschaftsrecht   Rom II 4 Rn 73

Expertenhaftung, c.i.c.   Rom II 12 Rn 37 ff

Factoring   Rom I 4 Rn 134

Fahrlässige Unkenntnis   Rom I 13 Rn 16

Faktisches Arbeitsverhältnis   Rom I 12 Rn 36

Familienverhältnisse   Rom I 1 Rn 23 ff
- enge Verbindung zur unerlaubten Handlung   Rom II 4 Rn 170
- Grundsätzliche Zuordnung zur Rom I-VO, Ausnahmen   Rom II 1 Rn 35 ff

Favor divortii   Rom III 5 Rn 8

Favor negotii   Rom I 4 Rn 90

Fehlendes Erklärungsbewusstsein
Rom I 10 Rn 24

Ferienhausmietverträge   Rom I 6 Rn 37

Ferienwohnungsmietverträge   Rom I 6 Rn 37

Finanzinstrumente
- spezielle Anknüpfungsform   Rom I 4 Rn 52 ff
- Verbraucherverträge   Rom I 6 Rn 45

Finanzmarktdelikte   Rom II 4 Rn 2, 74, 173
- Sicherheits- und Verhaltensvorschriften; Anknüpfung an Ort und Zeitpunkt der schädigenden Handlung   Rom II 17 Rn 50 ff

Flashmob, Arbeitskampf   Rom II 9 Rn 47

Floating choice of law   *siehe* Optionale Rechtswahl

Flüchtlinge
- Scheidungsrechtswahl   Rom III 5 Rn 47
- Scheidungsstatut   Rom III 8 Rn 20

Fluggäste-PersonenschädenVO   Rom I 5 Rn 44

FluggastrechteVO   Rom I 5 Rn 44

Folgen der Nichtigkeit   *siehe* Nichtigkeitsfolgen

Forderungsabtretung   Rom I 14 Rn 1 ff
- Abtretungsverbot   Rom I 14 Rn 17
- Begriff   Rom I 14 Rn 5
- Bestellung von Sicherungsrechten   Rom I 14 Rn 7
- Bestimmtheit des Zessionsgegenstandes   Rom I 14 Rn 13

Stichwortverzeichnis

- Einzugsermächtigung Rom I 14 Rn 7, 13
- Forderung, Begriff der Rom I 14 Rn 6
- Forderungen aus gesetzlichen Schuldverhältnissen Rom I 14 Rn 8
- Forderungen aus Rechtsbeziehungen außerhalb des Schuldrechts Rom I 14 Rn 8
- Immaterialgüterrechte Rom I 14 Rn 6
- Mehrfachabtretung Rom I 14 Rn 1 f, 24
- Mitgliedschaftsrechte Rom I 14 Rn 6
- Nießbrauch Rom I 14 Rn 7
- Regelungsgehalt Rom I 14 Rn 6 ff
- renvoi Rom I 14 Rn 8
- Sachnormverweisung Rom I 14 Rn 8
- Schuldanerkenntnis Rom I 14 Rn 29
- Schuldbeitritt Rom I 14 Rn 28
- Schuldübernahme Rom I 14 Rn 27
- Sicherungsabtretung Rom I 14 Rn 5 f, 13
- Sonderanknüpfung Rom I 14 Rn 25 f
- Subrogation Rom I 14 Rn 6
- Teilrechtswahl Rom I 14 Rn 14
- Übertragung von Sicherungsrechten an Forderungen Rom I 14 Rn 5
- UNCITRAL-Übereinkommen über die internationale Forderungsabtretung Rom I 14 Rn 2
- UNIDROIT-Übereinkommen über das internationale Factoring Rom I 14 Rn 2
- Unternehmensübernahme Rom I 14 Rn 31
- Verhältnis Zedent/Zessionar Rom I 14 Rn 3, 9 ff; *siehe auch* Zedent und Zessionar, Verhältnis
- Vermögensübernahme Rom I 14 Rn 31
- Vertragsübernahme Rom I 14 Rn 30
- Vollabtretung Rom I 14 Rn 5 ff
- Vorausabtretung Rom I 14 Rn 6, 13, 17
- Wirkung ggü dem Schuldner Rom I 14 Rn 4, 10, 15 ff; *siehe auch* Abtretungswirkung gegenüber Schuldner
- Wirkung ggü Dritten Rom I 14 Rn 1 f, 10, 22 ff; *siehe auch* Abtretungswirkung gegenüber Dritten
- Zessionsverbot Rom I 14 Rn 17

Forderungsübergang, gesetzlicher
- außervertragliche Schuldverhältnisse *siehe* Forderungsübergang, gesetzlicher (Rom II)
- vertragliche Schuldverhältnisse *siehe* Forderungsübergang, gesetzlicher (Rom I)

Forderungsübergang, gesetzlicher (Rom I) Rom I 15 Rn 1 ff
- Ablösungsrechte Dritter Rom I 15 Rn 2
- Anknüpfung Rom I 15 Rn 4 ff
- cessio legis außervertraglicher Forderungen Rom I 15 Rn 2
- dingliche Surrogation Rom I 15 Rn 2
- eigenständige Rückgriffsansprüche des Dritten Rom I 15 Rn 8
- Forderungsstatut Rom I 15 Rn 9
- freiwillige Drittleistung Rom I 15 Rn 2

- öffentlich-rechtliche Regelungen Rom I 15 Rn 7
- Reichweite des Statuts, Abgrenzung Rom I 15 Rn 1 f
- Schuldnerschutz Rom I 15 Rn 9
- Sonderanknüpfungen Rom I 15 Rn 3
- subsidiäre Verpflichtung des Dritten Rom I 15 Rn 4, 6
- Übertragbarkeit der Forderung Rom I 15 Rn 9
- Versicherungsvertragsrecht Rom I 7 Rn 7
- Zessionsgrundstatut Rom I 15 Rn 1, 5 ff

Forderungsübergang, gesetzlicher (Rom II) Rom II 19 Rn 1 ff
- Abgrenzung zur Abtretung Rom II 19 Rn 8
- Abgrenzung zur Gesamtschuld Rom II 19 Rn 6
- Direktanspruch gegen den Versicherer Rom II 18 Rn 9
- Übertragbarkeit des außervertraglichen Anspruchs Rom II 15 Rn 18
- Verpflichtung gegenüber dem Schuldner Rom II 19 Rn 7

Forderungsübergang, rechtsgeschäftlicher *siehe* Forderungsabtretung

Forfaitierung Rom I 4 Rn 135

Form (Rom I)
- Anknüpfung an das Ortsrecht Rom I 11 Rn 22 ff
- Anknüpfung an das Vertragsstatut Rom I 11 Rn 14 ff
- Anwendungsbereich Rom I 11 Rn 2 ff
- Beurkundungsverfahren Rom I 11 Rn 39 ff
- Distanzgeschäfte Rom I 11 Rn 28 f
- einseitige Rechtsgeschäfte Rom I 11 Rn 33
- Formerschleichung Rom I 11 Rn 22
- gesellschaftsrechtliche Vorgänge Rom I 11 Rn 17 ff, 24 ff
- Gleichwertigkeit einer Auslandsbeurkundung Rom I 11 Rn 15 ff
- Gleichwertigkeit einer Inlandsbeurkundung Rom I 11 Rn 20
- Grundstücksveräußerungsvertrag Rom I 11 Rn 19, 22, 36 f
- Nichtigkeitsfolgen wegen Formmangels, Anknüpfung Rom I 12 Rn 37
- Normzweck Rom I 11 Rn 5
- ordre public Rom I 11 Rn 11 f
- Qualifikation Rom I 11 Rn 8
- Rechtswahl Rom I 11 Rn 25 ff
- renvoi Rom I 11 Rn 10 f
- Substitution Rom I 11 Rn 9
- Unterschriftsbeglaubigung Rom I 11 Rn 18
- Verbrauchergeschäfte Rom I 11 Rn 35
- Verfahrenshandlungen Rom I 11 Rn 4
- Vertretergeschäfte Rom I 11 Rn 32
- vorrangige Regelungen Rom I 11 Rn 7
- Zustimmungserklärungen Rom I 11 Rn 33

Form (Rom II)
- einseitige Rechtshandlungen Rom II 21 Rn 1 ff

Form (Rom III)
- Scheidungsrechtswahl   Rom III 7 Rn 1 ff

Forum shopping   Einf Rn 3; Rom II 3 Rn 5, 24 Rn 7, 28 Rn 3, 8

Frachtverträge   Rom I 5 Rn 14

Franchiseverträge   Rom I 4 Rn 43 ff, 118

Freezing clauses   Rom I 3 Rn 26

Freiheitsberaubung   Rom II 4 Rn 62

Freiwillige Gerichtsbarkeit   Rom II 1 Rn 13

Friedenspflicht, tarifvertragliche   Rom II 9 Rn 71

Fristablauf   Rom I 12 Rn 31

Fund, Anwendbarkeit des Bereicherungsstatuts   Rom II 10 Rn 14

Garantiefonds, Ansprüche gegen   Rom II 1 Rn 10

Garantieverträge   Rom I 4 Rn 155

Gebietseinheit   Rom III 14 Rn 13

Gebrauchsmuster   Rom II 8 Rn 27

Gefährdungshaftung   Rom II 4 Rn 23, 42, 55, 5 Rn 35, 17 Rn 24, 37

Geistiges Eigentum   Rom II 8 Rn 21 ff
- gewerbliche Schutzrechte   Rom II 8 Rn 27 f
- Immaterialgüterpersönlichkeitsrechte   Rom II 8 Rn 29
- Leistungsschutzrechte   Rom II 8 Rn 26
- Urheberrecht und verwandte Schutzrechte   Rom II 8 Rn 24 f

Geltungswille, internationaler (Eingriffsnormen)   Rom I 9 Rn 22 f

Gemeinsames Europäisches Kaufrecht   Rom I 3 Rn 35 f; Rom II 27 Rn 3

Gemeinschaftsgeschmacksmuster
- Annexmaßnahmen   Rom II 8 Rn 52
- Außen-IPR   Rom II 8 Rn 6
- Innen-IPR   Rom II 8 Rn 6
- Universalitätsprinzip   Rom II 8 Rn 4
- Unteranknüpfung   Rom II 8 Rn 49 ff

Gemeinschaftsmarke
- Abgrenzungsprobleme   Rom II 8 Rn 19
- Annexmaßnahmen   Rom II 8 Rn 52
- Außen-IPR   Rom II 8 Rn 6
- Innen-IPR   Rom II 8 Rn 6
- Unteranknüpfung   Rom II 8 Rn 49 ff

Gemeinschaftsrechtsakte   *siehe* Unionsrechtsakte

Gemeinschaftsverhältnis, Ansprüche aus (Einordnung als vertraglich)   Rom II 1 Rn 4

Genfer Scheckübereinkommen   Rom I 1 Rn 29

Genfer Wechselübereinkommen   Rom I 1 Rn 29, 31

Geographische Herkunftsangaben   Rom II 8 Rn 49

Gerichtsstandsklausel   *siehe* Gerichtsstandsvereinbarung

Gerichtsstandsvereinbarung   Einf Rn 27; Rom I 1 Rn 60 f
- als Indiz für Rechtswahl   Rom I 3 Rn 51 ff, 4 Rn 92
- bei Wahl des Erbstatuts   EuErbRVO Rn 6
- forum shopping   Einf Rn 3
- Scheidung   Rom III Vor 1 Rn 86 ff
- Verbraucherverträge   Rom I 6 Rn 81 f

Gesamtschuld   *siehe auch* Haftung, mehrfache (Rom I); Haftung, mehrfache (Rom II)
- Abgrenzung zum gesetzlichen Forderungsübergang   Rom II 19 Rn 6
- mehrfache Haftung   Rom I 16 Rn 4
- ungerechtfertigte Bereicherung   Rom II 10 Rn 16

Gesamtverweisung durch Rechtswahl   Rom II 24 Rn 5

Geschäftsbesorgung   Rom I 4 Rn 130

Geschäftsfähigkeit   Rom I 1 Rn 18 ff, 13 Rn 12

Geschäftsfähigkeit, fehlende
- Erstattungsansprüche   Rom II 10 Rn 10
- Nichtigkeitsfolgen   Rom I 12 Rn 37

Geschäftsführung ohne Auftrag   Rom II 11 Rn 1 ff
- Abgrenzung zur ungerechtfertigten Bereicherung   Rom II 10 Rn 15, 11 Rn 10, 13
- Ansprüche   Rom II 11 Rn 6
- Arbeitskampf   Rom II 9 Rn 68
- Eigengeschäft   Rom II 11 Rn 6
- Ort der Geschäftsführung   Rom II 11 Rn 13
- Qualifikation   Rom II 11 Rn 4 ff
- Sicherheits- und Verhaltensvorschriften   Rom II 17 Rn 15, 37
- Tilgung fremder Schulden   Rom II 11 Rn 6, 8, 12, 14
- unberechtigte   Rom II 11 Rn 6, 11
- unerlaubte Handlung   Rom II 11 Rn 6, 11
- Verhältnis zu außervertraglichen Schuldverhältnissen aus unerlaubter Handlung   Rom II 4 Rn 6 f
- Vertragsnichtigkeit   Rom II 11 Rn 10

Geschäftsstatut   Rom I 10 Rn 31 f

Geschmacksmuster
- Gemeinschaftsgeschmacksmuster   *siehe dort*
- nationales Schutzrecht   Rom II 8 Rn 27

Gesellschaftsrecht   Rom I 1 Rn 62 ff; Rom II 1 Rn 45 ff

Gesetzlicher Forderungsübergang   *siehe* Forderungsübergang, gesetzlicher

Gesetzliches Verbot   Rom I 10 Rn 20

Gewaltschutz   Rom II 1 Rn 36, 16 Rn 9

Gewerbliche Schutzrechte   Rom II 8 Rn 27 f

Gewinnmitteilung   Rom I 1 Rn 9; Rom II 1 Rn 4

Gewinnzusagen Rom I 4 Rn 162 f
Gewöhnlicher Arbeitsort Rom I 8 Rn 22 ff
Gewöhnlicher Aufenthalt (EuErbRVO)
EuErbRVO Rn 9
Gewöhnlicher Aufenthalt (Rom I)
Rom I 19 Rn 1 ff
- Abgrenzung zu privaten Tätigkeiten natürlicher Personen Rom I 19 Rn 10
- Bestimmung des objektiven Vertragsstatuts Rom I 4 Rn 82, 19 Rn 1; *siehe auch* Objektive Anknüpfung (Rom I)
- europäisch-autonome Auslegung Rom I 19 Rn 3
- Fiktion Rom I 19 Rn 2
- Hauptniederlassung Rom I 19 Rn 9
- Hauptverwaltung Rom I 19 Rn 5
- mangels Rechtswahl anzuwendendes Recht, Dienstleistungsverträge Rom I 4 Rn 34
- mangels Rechtswahl anzuwendendes Recht, Franchiseverträge Rom I 4 Rn 45
- mangels Rechtswahl anzuwendendes Recht, Franchiseverträge, Vertriebsverträge Rom I 4 Rn 48
- mangels Rechtswahl anzuwendendes Recht, Kaufverträge über bewegliche Sachen Rom I 4 Rn 27
- maßgeblicher Zeitpunkt Rom I 19 Rn 11
- natürliche Personen Rom I 19 Rn 8 ff
- Nebenniederlassung Rom I 19 Rn 6 f, 9
- Personenzusammenschlüsse Rom I 19 Rn 4 ff

Gewöhnlicher Aufenthalt (Rom II)
Rom II 23 Rn 1 ff
- Änderung Rom II 23 Rn 19
- Begriff Rom II 23 Rn 5 ff
- Begriff (allgemeines Deliktsstatut) Rom II 4 Rn 121 f
- Begriff (Produkthaftung) Rom II 5 Rn 48 ff, 57 ff
- gemeinsamer gewöhnlicher Aufenthalt von Schädiger und Geschädigtem (Arbeitskampfmaßnahmen) Rom II 9 Rn 59 ff
- gemeinsamer gewöhnlicher Aufenthalt von Schädiger und Geschädigten (allgemeines Deliktsstatut) Rom II 4 Rn 4, 16, 25 ff, 118 ff
- gemeinsamer gewöhnlicher Aufenthalt von Schädiger und Geschädigten (Produkthaftung) Rom II 5 Rn 46 f, 52, 54
- gemeinsamer gewöhnlicher Aufenthalt von Schädiger und Geschädigten (Verhaltensvorschriften) Rom II 17 Rn 14
- Hauptniederlassung Rom II 23 Rn 12
- Hauptverwaltung Rom II 23 Rn 7
- juristische Personen Rom II 23 Rn 1, 5
- Kinder Rom II 23 Rn 20
- mehrfacher Rom II 23 Rn 17 f
- natürliche Personen Rom II 23 Rn 4, 12 ff
- Niederlassung Rom II 23 Rn 8
- Personenmehrheiten Rom II 23 Rn 5

- Schwerpunkt der Lebensverhältnisse Rom II 23 Rn 15, 17

Gewöhnlicher Aufenthalt (Rom III)
- Auslegung i.R.d. Scheidungsrechtswahl Rom III 5 Rn 37 ff
- Begriff Rom III 5 Rn 40 ff, 8 Rn 8
- der Ehegatten für die Scheidungsrechtswahl Rom III 5 Rn 34 ff
- Jahresfrist Rom III 8 Rn 14 f
- Rechtsspaltung Rom III 14 Rn 17
- Scheidungsstatut Rom III 8 Rn 8 ff
- Übereinstimmung mit der EheVO 2003 Rom III 3 Rn 15

Giroverträge Rom I 4 Rn 132
Gläubigeranfechtung Rom II 1 Rn 5
Gläubigermehrheit Rom I 12 Rn 15
Gleichgeschlechtliche Ehe *siehe auch* Lebenspartnerschaft
- Anwendung Rom III-VO Rom III 1 Rn 21 ff
- Kappungsgrenze Rom III 13 Rn 19 ff
- scheidungsfeindliches Recht Rom III 10 Rn 10 ff
- Scheidungszuständigkeit Rom III 13 Rn 35 ff
- Verweigerungsrechte Rom III 13 Rn 7 ff
- Vorfrage Rom III 13 Rn 11 ff

Gleichwertigkeit
- von Auslandsbeurkundungen Rom I 11 Rn 15 ff
- von Inlandsbeurkundungen Rom I 11 Rn 20

GoA *siehe* Geschäftsführung ohne Auftrag
Gran-Canaria-Fälle Rom I 6 Rn 59, 61
Großrisikoverträge Rom I 7 Rn 30 ff
- Ausweichklausel Rom I 7 Rn 33
- Begriff Rom I 7 Rn 30
- objektive Anknüpfung Rom I 7 Rn 32 ff
- Pflichtversicherung Rom I 7 Rn 33
- Rechtswahl Rom I 7 Rn 31
- Verbraucherverträge Rom I 7 Rn 34

Grundfreiheiten
- Arbeitskampf Rom II 9 Rn 15 ff
- ordre public Rom I 21 Rn 4

Grundrecht auf Kollektivverhandlungen und Kollektivmaßnahmen
- Arbeitskampf Rom II 9 Rn 15 f, 31, 35, 46, 54

Grundrechte
- Grundrecht auf Kollektivverhandlungen und Kollektivmaßnahmen *siehe dort*
- ordre public Rom I 21 Rn 4; Rom II 26 Rn 23 ff

Grundrechtecharta
- Arbeitskampf Rom II 9 Rn 31; *siehe auch* Grundrecht auf Kollektivverhandlungen und Kollektivmahßnahmen
- ordre public (Rom I) Rom I 21 Rn 4
- ordre public (Rom II) Rom II 26 Rn 23 ff
- ordre public (Rom III) Rom III 12 Rn 13 f

Stichwortverzeichnis

Grundrechtskonforme Auslegung, Arbeitskampf Rom II 9 Rn 31, 35

Grundsatz der Statuseinheit, Arbeitskampf Rom II 9 Rn 66 ff

Grundstückskaufverträge Rom I 4 Rn 97

Grundstücksmaklerverträge Rom I 4 Rn 123

Grundstücksmiete Rom I 4 Rn 35 ff, 142

Grundstückspacht Rom I 4 Rn 35 ff, 142

Grundstücksveräußerungsvertrag, Formstatut Rom I 11 Rn 19, 22, 36 f

Grüne Karte Rom II 18 Rn 28

Günstigkeitsprinzip *siehe* Günstigkeitsvergleich

Günstigkeitsvergleich *siehe auch* Zwingende Arbeitnehmerschutzbestimmungen des objektiven Vertragsstatuts
– Individualarbeitsverträge Rom I 8 Rn 10, 19 f
– Umweltschädigung Rom II 7 Rn 1 f, 9
– Verbraucherverträge Rom I 6 Rn 67 f, 71 f

Güterbeförderungsverträge Rom I 5 Rn 11 ff

Güterrecht Rom II 1 Rn 39 f

Güterstand, ehelicher Rom I 1 Rn 25 f

Haager Regeln Rom I 5 Rn 31

Haager Übereinkommen über das auf die Produkthaftung anzuwendende Recht
– Anknüpfung an den gemeinsamen gewöhnlichen Aufenthalt Rom II 4 Rn 25
– Ausschluss des renvoi Rom II 24 Rn 3
– Produkthaftung, Ähnlichkeiten mit und Unterschiede zu Art. 5 Rom II-VO Rom II 5 Rn 17
– Produkthaftung, Ansprüche gegen die Angestellten des Produzenten oder Händlers Rom II 5 Rn 39
– Produkthaftung, Entstehungsgeschichte Art. 5 Rom II-VO Rom II 5 Rn 6
– Produkthaftung, Fehlerhaftigkeit des Produkts Rom II 5 Rn 31
– Produkthaftung, mangelhafte oder fehlende Information über das Produkt Rom II 5 Rn 32
– Produkthaftung, vorrangige Anwendbarkeit Rom II 5 Rn 22
– Sicherheits- und Verhaltensregeln Rom II 17 Rn 7, 10, 54
– Verhältnis zur Rom II-VO Rom II 28 Rn 2

Haager Übereinkommen über das auf Straßenverkehrsunfälle anzuwendende Recht *siehe auch* Verkehrsdelikte; Verkehrsunfälle
– Anknüpfung an die Zulassung im selben Staat Rom II 4 Rn 169
– Ausschluss des renvoi Rom II 24 Rn 3
– Sicherheits- und Verhaltensvorschriften Rom II 17 Rn 7, 10
– Überprüfungsklausel Rom II 30 Rn 7
– Verhältnis zur Rom II-VO Rom II 4 Rn 57, 28 Rn 2, 8

Haager Übereinkommen über Rechtsauskunft, Vorarbeiten Rom II 30 Rn 6

Haager Unterhaltsprotokoll von 2007 Rom I 1 Rn 24

Haftung, mehrfache *siehe auch* Gesamtschuld
– außervertragliche Schuldverhältnisse *siehe* Haftung, mehrfache (Rom I)
– vertragliche Schuldverhältnisse *siehe* Haftung, mehrfache (Rom I)

Haftung, mehrfache (Rom I) Rom I 12 Rn 15, 16 Rn 1 ff
– Anwendungsbereich des Art. 16 Rom I-VO und Abgrenzung Rom I 16 Rn 1 ff
– Einwendungen und Einreden Rom I 16 Rn 7
– europäisch-autonome Auslegung Rom I 16 Rn 4
– Forderungsübergang Rom I 16 Rn 6
– Gesamtschuld, Begriff Rom I 16 Rn 4
– gesellschaftsrechtliche Gesamtschuldverhältnisse Rom I 16 Rn 3
– gleichrangige Haftung Rom I 16 Rn 4
– Haftung aus verschiedenen Rechtsgründen Rom I 16 Rn 2
– praktische Bedeutung Rom I 16 Rn 8
– Rückgriff Rom I 16 Rn 5 f
– Schutzklausel Rom I 16 Rn 7
– Zessionsgrundstatut Rom I 16 Rn 1

Haftung, mehrfache (Rom II)
– außervertragliche Schuldverhältnisse Rom II 20 Rn 1 ff
– Einreden des Regressschuldners Rom II 20 Rn 3, 7 f
– Freistellungsanspruch Rom II 20 Rn 5

Haftungsadressaten, Arbeitskampf Rom II 9 Rn 42 ff

Haftungsausfüllender Tatbestand, außervertragliches Schuldverhältnis Rom II 15 Rn 11

Haftungsausschluss Rom I 12 Rn 20; Rom II 15 Rn 9 f

Haftungsbeschränkung, außervertragliches Schuldverhältnis Rom II 15 Rn 9 f

Haftungsgrund, außervertragliches Schuldverhältnis Rom II 15 Rn 5

Haftungsumfang, außervertragliches Schuldverhältnis Rom II 15 Rn 6

Handelssystem, multilaterales Rom I 6 Rn 46

Handelsvertreterverträge Rom I 4 Rn 47, 119

Handlungsfähigkeit Rom I 1 Rn 18 ff, 13 Rn 12

Handlungsort
– Arbeitskampf, Deliktsstatut Rom II 9 Rn 22 ff, 53 ff
– Immaterialgüterrechte Rom II 8 Rn 49 ff
– Sicherheits- und Verhaltensvorschriften Rom II 17 Rn 1 f, 8; *siehe auch* Sicherheits- und Verhaltensvorschriften
– Umweltschädigung Rom II 7 Rn 1, 9

Stichwortverzeichnis

- unerlaubte Handlung   Rom II 4 Rn 19 ff, 35, 144

Hauptniederlassung, gewöhnlicher Aufenthalt
Rom II 23 Rn 12

Hauptverwaltung, gewöhnlicher Aufenthalt
Rom II 23 Rn 7

Hausreparaturvertrag   Rom I 4 Rn 139

Heilberufe   Rom I 4 Rn 30, 105

Heilpraktiker   siehe Heilberufe

Herkunftslandprinzip   Rom I 4 Rn 9;
Rom II 6 Rn 23 ff, 27 Rn 6; siehe auch E-Commerce-Richtlinie

Hinterlegung   Rom I 4 Rn 127, 12 Rn 27 f

Holschuld   Rom I 12 Rn 15

Homosexuelle Ehe   siehe Gleichgeschlechtliche Ehe

Immaterialgüterpersönlichkeitsrechte
Rom II 8 Rn 29

Immaterialgüterrechte   Rom II 8 Rn 1 ff
- Forderungsabtretung   Rom I 14 Rn 6
- Funktion   Rom II 8 Rn 3

Immaterialgüterverträge   siehe Verträge über geistiges Eigentum

Immissionen   Rom II 4 Rn 70

Immobilienverträge   Rom I 4 Rn 35 ff

Immunität, staatliche   Rom II 1 Rn 27

Incoterms   Rom I 12 Rn 10 f

Individualarbeitsverträge   Rom I 8 Rn 1 ff
- allgemeines Vertragsstatut, keine Anknüpfung nach der Grundnorm   Rom I 4 Rn 33, 104
- Arbeitnehmerüberlassung, grenzüberschreitende   Rom I 8 Rn 30
- Arbeitskampfrecht, internationales   Rom I 8 Rn 44
- Ausweichklausel   Rom I 8 Rn 34 ff
- Begriff   Rom I 8 Rn 6 ff
- Betriebsverfassungsrecht, internationales   Rom I 8 Rn 39 ff; siehe auch Betriebsverfassungsrecht, internationales
- Eingriffsnormen im Empfängerstaat   Rom I 8 Rn 5
- Entsende-Richtlinie   Rom I 8 Rn 5
- europäisch-autonome Auslegung   Rom I 8 Rn 3, 6
- faktisch wirkende Arbeitsverhältnisse   Rom I 8 Rn 7
- Flug- und Reisebegleiter   Rom I 8 Rn 26 f
- Form der Rechtswahl   Rom I 9 Rn 12
- gestufte Anknüpfung   Rom I 8 Rn 22 ff
- gewöhnlicher Arbeitsort   Rom I 8 Rn 22 ff
- Grenzen der Rechtswahl   Rom I 8 Rn 10
- Günstigkeitsvergleich   Rom I 8 Rn 10, 19 f; siehe auch Zwingende Arbeitnehmerschutzbestimmungen des objektiven Vertragsstatuts
- internationale Zuständigkeit   Rom I 8 Rn 45 ff
- Kollektivarbeitsrecht, Abgrenzung   Rom I 8 Rn 38 ff
- Kollektivverträge, Abgrenzung   Rom I 8 Rn 8
- lex loci laboris   Rom I 8 Rn 2, 23 f
- nichtige, in Vollzug gesetzte Arbeitsverträge   Rom I 8 Rn 7
- objektive Anknüpfung   Rom I 8 Rn 21 ff
- ordre public   Rom I 8 Rn 4
- Ort der Einsatzbasis   Rom I 8 Rn 26 f
- Ort der Einstellungsniederlassung   Rom I 8 Rn 31 ff
- Rechtswahl   Einf Rn 21; Rom I 8 Rn 10 ff
- Referenzstatut   Rom I 8 Rn 2
- Reichweite des Arbeitsvertragsstatuts   Rom I 8 Rn 9
- Rückkehrwille   Rom I 8 Rn 28
- Rumpfarbeits- und Lokalarbeitsverhältnis, Verhältnis   Rom I 8 Rn 28
- Sachnormverweisung   Rom I 8 Rn 3
- Seeleute   Rom I 8 Rn 36 f
- tarifvertragliche Arbeitsbedingungen   Rom I 8 Rn 5
- Tarifvertragsrecht, internationales   Rom I 8 Rn 42 f
- Verfahrensrecht   Rom I 8 Rn 45 ff
- Verhältnis des Arbeitsvertragsstatuts zu allgemeinen Regeln des IPR   Rom I 8 Rn 2 f
- Verhältnis des Arbeitsvertragsstatuts zu anderen Gemeinschaftsrechtsakten   Rom I 8 Rn 5
- vorübergehende Entsendung des Arbeitnehmers   Rom I 8 Rn 27 ff
- zwingende Arbeitnehmerschutzbestimmungen des objektiven Vertragsstatuts   Rom I 8 Rn 15 ff; siehe auch Zwingende Arbeitnehmerschutzbestimmungen des objektiven Vertragsstatuts
- zwingendes Recht   Rom I 8 Rn 10

Informationspflichten, c.i.c.   Rom II 12 Rn 27 ff

Ingmar-Rechtsprechung   Rom I 6 Rn 63

Inhaltskontrolle   Rom I 10 Rn 24 ff

Inkassogeschäfte   Rom I 4 Rn 136

Inlandsbeurkundung, Gleichwertigkeit
Rom I 11 Rn 20

Inlandsbezug
- inländische Eingriffsnormen   Rom I 9 Rn 24 ff
- ordre public (Rom I)   Rom I 21 Rn 7
- ordre public (Rom II)   Rom II 26 Rn 2 f, 19 ff
- ordre public (Rom III)   Rom III 12 Rn 17 ff

Inlandsfall
- Rechtswahl (Rom I)   Einf Rn 18 f; Rom I 3 Rn 78 ff, 9 Rn 6
- Rechtswahl (Rom II)   Einf Rn 38; Rom II 14 Rn 44 ff

Innen-IPR
- Gemeinschaftsgeschmacksmuster   Rom II 8 Rn 6
- Gemeinschaftsmarke   Rom II 8 Rn 6

Stichwortverzeichnis

Innerstaatliche Rechtskollisionen
  Rom II 16 Rn 1 f
Insolvenzanfechtung Rom II 27 Rn 5
Insolvenzverschleppung Rom II 4 Rn 73
Interethnisches Recht Rom III 15 Rn 4
Interlokales Recht Rom I 22 Rn 1 ff;
  Rom II 25 Rn 3; Rom III 14 Rn 1 ff, 20; *siehe auch* Mehrrechtsstaaten; Rechtsspaltung
Internationaler Entscheidungseinklang
– Dänemark Rom II 24 Rn 3
– Drittstaaten Rom II 24 Rn 3
– Sachnormverweisung Rom II 24 Rn 4
Internationaler Geltungswille
– Eingriffsnormen Rom I 9 Rn 22 f
Internationales Privatrecht
– Funktionen Einf Rn 1
Internationales Versicherungsvertragsrecht
  siehe Versicherungsvertragsrecht, internationales
Internationale Übereinkommen *siehe* Völkerrechtliche Übereinkommen
Internationale Zuständigkeit (EuErbRVO)
  EuErbRVO Rn 5 ff
– allgemeine Zuständigkeit EuErbRVO Rn 5
– bei Rechtswahl EuErbRVO Rn 6
– Gerichtsstandsvereinbarung EuErbRVO Rn 6
– Gleichlauf mit anwendbarem Recht EuErbRVO Rn 3, 5
– subsidiäre Zuständigkeit EuErbRVO Rn 7 f
Internationale Zuständigkeit (Rom I)
– arbeitsrechtliche Verfahren Rom I 8 Rn 45 ff
– Verbrauchersachen Rom I 6 Rn 74 ff
Internationale Zuständigkeit (Rom II)
– Direktanspruch gegen Versicherer Rom II 18 Rn 29
– Gleichlauf mit anwendbarem Recht Rom II 5 Rn 14
Internationale Zuständigkeit (Rom III)
– Umwandlung der Trennung ohne Auflösung des Ehebandes Rom III 9 Rn 28
Internationalisierung von Rechtsbeziehungen
  Einf Rn 5, 11, 13, 59
Internetauktionen Rom I 4 Rn 51, 75, 116 f
– Verbraucherverträge Rom I 6 Rn 36
Internetdelikte Rom II 4 Rn 68, 111
Internetverträge Rom I 4 Rn 111 ff
– Domainregistrierungsverträge Rom I 4 Rn 113 ff
– Internetauktionen Rom I 4 Rn 116 f
– Providerverträge Rom I 4 Rn 112
Interreligiöses Recht Rom III 15 Rn 1 ff
Intertemporalrecht (Rom II)
  Rom II 31, 32 Rn 1 ff

Intertemporalrecht (Rom III) Rom III 18 Rn 1 ff
– Änderung der Rechtswahl Rom III 18 Rn 13
– Anhängigkeit des Verfahrens Rom III 18 Rn 5
– Prozesskostenhilfe Rom III 18 Rn 6
– Rechtswahl Rom III 18 Rn 8 ff
– Trennung von Tisch und Bett Rom III 18 Rn 7
– Überblick Rom III 18 Rn 11
– Verfahrenseinleitung Rom III 18 Rn 4
– Verfahrenseinleitung und Rechtswahl Rom III 18 Rn 10
– Verfahrenskostenhilfe Rom III 18 Rn 6
– Zeitpunkt Rom III 18 Rn 12
Inverkehrbringen des Produkts Rom II 5 Rn 44, 49, 54, 61, 62, 68, 69, 72, 73 ff, 95 f, 117
Investmentverträge Rom I 4 Rn 137
Invitatio ad offerendum Rom I 10 Rn 11, 36
IPR *siehe* Internationales Privatrecht
Iran Rom III 19 Rn 7
Irrtum Rom I 10 Rn 17
Irrtumsanfechtung, c.i.c. Rom II 12 Rn 32
Kartellrecht, internationales
– Ansprüche aus Kartelldelikten Rom II 6 Rn 28 ff
– Kollisionsnormen, einseitige Rom II 16 Rn 9
– Streudelikte Rom II 6 Rn 37
Kaufmännisches Bestätigungsschreiben
  Rom I 3 Rn 71, 10 Rn 15, 30
Kaufmannseigenschaft Rom I 12 Rn 14
Kaufverträge Rom I 4 Rn 18 ff, 97 f
– Begriff Rom I 4 Rn 20
– bewegliche Sache Rom I 4 Rn 26
– Grundstückskaufverträge Rom I 4 Rn 94
– Rechtskauf Rom I 4 Rn 21, 38, 97
– Unternehmenskaufverträge Rom I 4 Rn 22
– Verbraucherverträge Rom I 4 Rn 25, 98
Kausalität ausgeübter/ausgerichteter Tätigkeit
  Rom I 6 Rn 60
Kernenergie
– Schäden Rom II 1 Rn 50 ff
Klageantrag
– Immaterialgüterrechte Rom II 8 Rn 58
Know-how-Verträge Rom I 4 Rn 168
Kollektives Arbeitsrecht Rom I 8 Rn 38 ff
Kollisionsrecht, autonomes (Verhältnis zur Rom II-VO) Rom II 1 Rn 2
Kollisionsrecht, interpersonales Rom III 15 Rn 6
Kollisionsrechtlicher ordre public Einf Rn 15 f; *siehe auch* Ordre public (EuErbRVO); Ordre public (Rom I); Ordre public (Rom II); Ordre public (Rom III)
Kommissionsverträge Rom I 4 Rn 47, 120
Kommorienten EuErbRVO Rn 10

Kompetenzen der EU im IPR Rom II 3 Rn 2
Konsultationsprozess Rom II 8 Rn 8
Kontrahierungszwang, Lauterkeitsrecht
  Rom II 6 Rn 31
Kooperationsverträge Rom I 4 Rn 67
Körperverletzungsdelikte Rom II 4 Rn 2, 61, 114
Krankenhaushaftung, acta jure imperii
  Rom II 1 Rn 30
Kreditgefährdung Rom II 4 Rn 65, 72
Kreditverträge Rom I 4 Rn 131
Kriegsschäden Rom II 1 Rn 28
Kriegsverbrechen Rom II 1 Rn 28
Kulturgüterschutz
– Eingriffsnormen Rom I 9 Rn 29
– Rückführung Rom II 4 Rn 64
Kündigung Rom I 12 Rn 21, 27 f, 36
Lauterkeitsrecht
– Abgrenzung zum Kartelldeliktsrecht
    Rom II 6 Rn 32
– Auswirkungsprinzip Rom II 6 Rn 1, 16, 35 ff
– Behinderungswettbewerb Rom II 6 Rn 13
– bilaterales Wettbewerbsverhalten
    Rom II 6 Rn 26
– E-Commerce-Richtlinie Rom II 6 Rn 21 ff
– Einwirkungsprinzip *siehe* Auswirkungsprinzip
– Günstigkeitsvergleich Rom II 6 Rn 24
– Herkunftslandprinzip Rom II 6 Rn 23 ff
– Kontrahierungszwang Rom II 6 Rn 31
– Marktortprinzip Rom II 6 Rn 1, 16 ff, 24
– Mosaikbetrachtung Rom II 6 Rn 19, 37
– Multi-State-Wettbewerbshandlungen *siehe*
    Streudelikte
– Nußbaum'sche Regel *siehe* Stahlexport-Doktrin
– Private Durchsetzung Rom II 6 Rn 29 ff
– Private Enforcement Rom II 6 Rn 29 ff
– Schutzzwecktrias Rom II 6 Rn 2
– Spill-over Rom II 6 Rn 19
– Stahlexport-Doktrin Rom II 6 Rn 26
– Streudelikte Rom II 6 Rn 19, 28, 36 ff
– Telemedien Rom II 6 Rn 22
Leasing
– Finanzierungsleasing Rom I 4 Rn 143 ff
– Immobilienleasing Rom I 4 Rn 39
– Operatingleasing Rom I 4 Rn 144
– Verbraucherverträge Rom I 4 Rn 145
Lebenspartnerschaft *siehe auch*
  Gleichgeschlechtliche Ehe
– keine Anwendung der Rom III-VO
    Rom III 1 Rn 37 ff
– keine Anwendung der Rom II-VO
    Rom II 1 Rn 37
– keine Anwendung der Rom I-VO
    Rom I 1 Rn 23

Lebensversicherungsverträge Rom I 7 Rn 40 ff
Legalzession *siehe* Forderungsübergang, gesetzlicher
Lehre vom Einheitsstatut Rom I 10 Rn 1 f
Leihe Rom I 4 Rn 142
Leistungskondiktion
– ungerechtfertigte Bereicherung Rom II 10 Rn 3,
    8, 20
Leistungsschutzrechte Rom II 8 Rn 26
Leistungsverweigerungsrechte Rom I 12 Rn 21
Leistungszeit Rom I 12 Rn 15
Letztverkäuferregress Rom I 1 Rn 10
Lex causae
– Immaterialgüterrechte Rom II 8 Rn 21, 51
Lex fori
– Immaterialgüterrechte Rom II 8 Rn 19, 21, 32,
    52, 58
– Scheidungsstatut Rom III 8 Rn 21 ff
– Scheidungsstatut, Favorisierung der lex fori
    Rom III 8 Rn 4
Lex loci actus, Arbeitskampf Rom II 9 Rn 22 ff,
  53 ff
Lex loci damni *siehe* Erfolgsort
Lex loci delicti Rom II 4 Rn 19 ff; *siehe auch*
  Handlungsort; Erfolgsort
Lex loci delicti commissi *siehe* Handlungsort
Lex loci laboris Rom I 8 Rn 2, 23 f
Lex loci protectionis, Immaterialgüterrechte
  siehe Schutzlandprinzip
Lex mercatoria, Rechtswahl Rom I 3 Rn 31 ff
Lex originis, Immaterialgüterrechte
  Rom II 8 Rn 32
Libel tourism Rom II 30 Rn 11
Lieferkette Rom II 1 Rn 4
Litauen Rom III 21 Rn 8
Lizenzverträge Rom I 4 Rn 167
Loi uniforme EuErbRVO Rn 3; Rom I 2 Rn 1 ff;
  Rom II 3 Rn 1 ff; Rom III 4 Rn 1 ff
– Unionsrechtsakte, Reichweite im Verhältnis zur
    Rom II-VO Rom II 27 Rn 4
Luftverkehr, internationaler Rom I 5 Rn 30
LugÜ Rom I 6 Rn 74 ff
Madrid Principles Rom II 30 Rn 5
Mahnung Rom II 21 Rn 3
Maklerverträge Rom I 4 Rn 123 ff
Marke Rom II 8 Rn 28
– Gemeinschaftsmarke *siehe dort*
– nationales Schutzrecht Rom II 8 Rn 30, 37
Marktortprinzip
– Lauterkeitsrecht Rom II 6 Rn 1, 16 ff, 24

- Produkthaftung   Rom II 5 Rn 11 ff, 82

Massenrisikoverträge u. Lebensversicherungsverträge, Risikobelegenheit außerhalb des EWR   Rom I 7 Rn 64 ff
- objektive Anknüpfung   Rom I 7 Rn 67 f
- Rechtswahl   Rom I 7 Rn 65 f
- Verbraucherversicherungsverträge   Rom I 7 Rn 69 ff

Massenrisikoverträge u. Lebensversicherungsverträge, Risikobelegenheit innerhalb des EWR
- Divergenz zwischen Risikobelegenheit und Ort der Risikoverwirklichung   Rom I 7 Rn 45 f
- Erweiterungen der Rechtswahlmöglichkeiten   Rom I 7 Rn 50 ff
- Lebensversicherungsverträge   Rom I 7 Rn 40 ff
- Möglichkeit einer einheitlichen Rechtswahl bei mehrfacher Risikobelegenheit   Rom I 7 Rn 49
- objektive Anknüpfung   Rom I 7 Rn 55
- Rechtswahlmöglichkeiten   Rom I 7 Rn 35 ff
- Risikobelegenheit zum Zeitpunkt des Vertragsschlusses   Rom I 7 Rn 37 f
- Staat des gewöhnlichen Aufenthalts   Rom I 7 Rn 39
- Versicherung von Risiken aus geschäftlicher Tätigkeit   Rom I 7 Rn 47 f
- Vertragsspaltung   Rom I 7 Rn 55

Maßregelungsverbot, Arbeitskampf   Rom II 9 Rn 80 f

Mehrere Geschädigte   *siehe* Streudelikte

Mehrfachabtretung   Rom I 14 Rn 1 f, 24

Mehrfache Haftung   *siehe* Haftung, mehrfache

Mehrfachrisikobelegenheit   Rom I 7 Rn 24 ff
- innereuropäische Mehrfachbelegenheit   Rom I 7 Rn 25
- Pflichtversicherung   Rom I 7 Rn 63
- Risiken innerhalb und außerhalb des EWR   Rom I 7 Rn 26
- Teilnichtigkeit   Rom I 7 Rn 27

Mehrrechtsstaaten   Rom I 22 Rn 1 ff; Rom II 25 Rn 1, 6; Rom III 14 Rn 1 ff; *siehe auch* Interlokales Recht; Rechtsspaltung
- interlokales Recht   Rom II 25 Rn 3
- Rechtswahl   Rom II 25 Rn 5
- Sachnormverweisung   Rom II 24 Rn 6
- Teilrechtsordnung   Rom II 25 Rn 4
- Unteranknüpfung   Rom II 25 Rn 2

Mehrstaater
- Scheidungsrechtswahl   Rom III 5 Rn 45
- Scheidungsstatut   Rom III 8 Rn 19

Menschenrechte, ordre public   Rom I 21 Rn 4

Miete
- beweglicher Sachen   Rom I 4 Rn 142
- kurzfristige   Rom I 4 Rn 36
- unbeweglicher Sachen   Rom I 4 Rn 35 ff, 77, 142

Mietverträge   Rom I 6 Rn 37, 42 ff

MiFID   Rom I 4 Rn 56

Minderung   Rom I 12 Rn 21

Mitgliedstaatliche Rechte, Informationen über   Rom III 17 Rn 1 ff

Mittelbar Geschädigter   Rom II 15 Rn 20

Mitverschulden   Rom I 12 Rn 20

Monti-II-Verordnung, Arbeitskampf   Rom II 9 Rn 18

Montrealer Übereinkommen   Rom I 5 Rn 30, 43

Morgengabe   Rom III 1 Rn 104 f

Mosaikbetrachtung
- Arbeitskampf, Arbeitskampfmaßnahme   Rom II 9 Rn 58
- Immaterialgüterrechte   Rom II 8 Rn 31, 53
- Lauterkeitsrecht   Rom II 6 Rn 19, 37
- unerlaubte Handlung   Rom II 4 Rn 24, 104; *siehe auch* Streudelikte

Mosaiktheorie   *siehe* Mosaikbetrachtung

MÜ   *siehe* Montrealer Übereinkommen

Multilaterales Handelssystem   Rom I 6 Rn 46

Multilaterale Systeme   Rom I 4 Rn 56 f

Multimodaler Transport   Rom I 5 Rn 13

Multi-State-Wettbewerbshandlungen   *siehe* Streudelikte

Multi voyage charter   Rom I 5 Rn 15

Nachbarrechtliche Ansprüche   Rom II 1 Rn 7

Nachlasseinheit   EuErbRVO Rn 3

Nachlasszeugnis, europäisches   *siehe* Europäisches Nachlasszeugnis

Namensrecht, Verletzung   Rom II 4 Rn 66

Natürliche Personen, Schwerpunkt der Lebensverhältnisse   Rom II 23 Rn 15 f

Nichterfüllung   Rom I 12 Rn 17 ff
- Rechtsfolgen   Rom I 12 Rn 21 f
- Voraussetzungen   Rom I 12 Rn 20

Nichtigkeit des Vertrags   *siehe* Nichtigkeitsfolgen; Vertragsnichtigkeit

Nichtigkeitsfolgen   Rom I 12 Rn 35 ff
- fehlende Geschäftsfähigkeit   Rom I 12 Rn 37
- Formmangel   Rom I 12 Rn 37
- Rückabwicklung unwirksamer Verträge   Rom I 12 Rn 35 f

Nichtigkeitsverfahren, Immaterialgüterrechte   Rom II 8 Rn 56

Niederlassung, gewöhnlicher Aufenthalt   Rom II 23 Rn 8

Niederlassungsort, Immaterialgüterrechte   Rom II 8 Rn 57

non-cumul, Prinzip des   Rom II 4 Rn 7, 48 ff

Notar   Rom I 4 Rn 31, 88, 106

Notarielle Praxis Einf Rn 8 ff
- Beteiligung ausländischer juristischer Personen Einf Rn 9
- grenzüberschreitende Zusammenarbeit von Notaren Einf Rn 11
- Haftung Einf Rn 10
- Informations- und Belehrungspflichten bei Zweifeln an Geschäftsfähigkeit einer Vertragspartei Einf Rn 8

Nußbaum'sche Regel *siehe* Stahlexport-Doktrin

Objektive Anknüpfung (Rom I)
- Abschlussort des Vertrags Rom I 4 Rn 86
- Anknüpfung der wichtigsten Vertragstypen Rom I 4 Rn 18 ff
- Anknüpfung einzelner Vertragstypen Rom I 4 Rn 97 ff
- Auffangnorm Rom I 4 Rn 12
- Ausweichklausel Rom I 4 Rn 70 ff
- Belegenheit des Vertragsgegenstands Rom I 4 Rn 83
- charakteristische Leistung *siehe* Charakteristische Leistung
- CISG Rom I 4 Rn 19, 50
- E-Commerce Rom I 4 Rn 9
- engste Verbindung *siehe* Prinzip der engsten Verbindung
- Erfüllungsort Rom I 4 Rn 84 f
- favor negotii Rom I 4 Rn 90
- Gerichtsstandsvereinbarung Rom I 4 Rn 92
- gewöhnlicher Aufenthalt Rom I 4 Rn 27, 34, 45, 48, 82
- Individualarbeitsvertrag Rom I 8 Rn 21 ff
- maßgeblicher Zeitpunkt Rom I 4 Rn 61, 69, 78, 96
- Mitwirkung Dritter Rom I 4 Rn 88
- objektive Vertragsspaltung Rom I 4 Rn 3
- ordre public Rom I 4 Rn 11
- Ort der Vertragsverhandlungen Rom I 4 Rn 86
- Ort des Vertragsschlusses Rom I 4 Rn 86
- PECL Rom I 4 Rn 95
- PICC Rom I 4 Rn 95
- Prinzip der engsten Verbindung *siehe dort*
- Prozessverhalten Rom I 4 Rn 91
- Regelungsstruktur Rom I 4 Rn 7 f
- Registerort Rom I 4 Rn 94
- renvoi Rom I 4 Rn 10
- Schiedsvereinbarungen Rom I 4 Rn 92
- Staaten, Verträge mit Rom I 4 Rn 93
- staatliches Recht Rom I 4 Rn 95
- Staatsangehörigkeit Rom I 4 Rn 89
- Staatsunternehmen, Verträge mit Rom I 4 Rn 93
- Statutenwechsel Rom I 4 Rn 61, 69, 78, 96
- Vertragssprache Rom I 4 Rn 87
- Vertragsstatut Rom I 4 Rn 1 ff
- Währung Rom I 4 Rn 87

Objektive Vertragsspaltung Rom I 4 Rn 3

Öffentliche Ordnung *siehe* Ordre public

Öffentlich-rechtliche Ansprüche Rom II 1 Rn 16

Optionale Rechtswahl
- Rechtswahl Rom I-VO Rom I 3 Rn 42 ff
- Scheidungsrechtswahl Rom III 5 Rn 49

Ordre public
- anerkennungsrechtlicher Einf Rn 56 f
- kollisionsrechtlicher Einf Rn 15 f; *siehe auch* Ordre public (EuErbRVO); Ordre public (Rom I); Ordre public (Rom II); Ordre public (Rom III)

Ordre public (EuErbRVO) EuErbRVO Rn 20

Ordre public (Rom I) Rom I 21 Rn 1 ff
- Abwehrwirkung Rom I 21 Rn 2, 9
- Anwendungsergebnis Rom I 21 Rn 5
- Bedeutung für die Praxis Rom I 21 Rn 10 ff
- Beförderungsverträge, praktische Relevanz des ordre public-Vorbehalts Rom I 5 Rn 6
- Begriff Rom I 21 Rn 3 f
- Berücksichtigung von Amts wegen Rom I 21 Rn 2
- Eingriffsnormen, Abgrenzung zum ordre public Rom I 9 Rn 11
- Einigung und materielle Wirksamkeit, praktische Relevanz des ordre public-Vorbehalts Rom I 10 Rn 5
- Einigung und materielle Wirksamkeit, Zulässigkeit des Geschäftsinhalts Rom I 10 Rn 22
- europäisches Primär- und Sekundärrecht Rom I 21 Rn 4
- Formstatut, praktische Relevanz des ordre public-Vorbehalts Rom I 11 Rn 11 f
- Funktion und Abgrenzung Rom I 21 Rn 1 f
- Grundfreiheiten Rom I 21 Rn 4
- Grundrechte Rom I 21 Rn 4
- Grundrechtecharta Rom I 21 Rn 4
- Individualarbeitsvertrag, praktische Relevanz des ordre public-Vorbehalts Rom I 8 Rn 4
- Inhalt Rom I 21 Rn 4
- Inlandsbezug Rom I 21 Rn 7
- Menschenrechte Rom I 21 Rn 4
- Objektive Anknüpfung, Verdrängung durch ordre public Rom I 4 Rn 11
- offensichtliche Unvereinbarkeit Rom I 21 Rn 5 f
- Rechts-, Geschäfts- und Handlungsunfähigkeit, praktische Relevanz des ordre public-Vorbehalts Rom I 13 Rn 3
- Rechtsfolge Rom I 21 Rn 9
- Rechtsprechungspraxis Rom I 21 Rn 10 ff
- Reichweite des Vertragsstatuts, Strafschadensersatz Rom I 12 Rn 25
- Reichweite des Vertragsstatuts, Unverjährbarkeit, zu lange/zu kurze Verjährungsfristen Rom I 12 Rn 5
- Reichweite des Vertragsstatuts, Vertragsstrafen Rom I 12 Rn 22

- Subjektive Anknüpfung, ordre public als Rechtswahlgrenze   Rom I 3 Rn 12 f
- Subjektive Anknüpfung, ordre public-Verstöße bei Bürgschaften   Rom I 3 Rn 13
- Versicherungsverträge, ordre public-widrige Ergebnisse der objektiven Anknüpfung   Rom I 7 Rn 81
- Voraussetzungen   Rom I 21 Rn 5 ff
- Zeitpunkt des Verstoßes   Rom I 21 Rn 8

Ordre public (Rom II)
- als Rechtswahlgrenze   Einf Rn 38 f
- Anschauungswandel   Rom II 26 Rn 17
- Anwendung   Rom II 26 Rn 2
- Arbeitskampfmaßnahmen, praktische Relevanz des ordre public-Vorbehalts   Rom II 9 Rn 77 ff
- Ausschlusswirkung   Rom II 26 Rn 27
- Auswirkungsregel   Rom II 26 Rn 11 ff
- EMRK   Rom II 26 Rn 23 ff
- Entstehung   Rom II 26 Rn 5
- Ersatzrecht   Rom II 26 Rn 28 ff
- europarechtskonforme Auslegung   Rom II 26 Rn 8
- Funktion   Rom II 26 Rn 4
- Gegenwartsbeziehung   Rom II 26 Rn 22
- Grundrechte   Rom II 26 Rn 23 ff
- Grundrechtecharta   Rom II 26 Rn 23 ff
- Inlandsbezug   Rom II 26 Rn 2 f, 19 ff
- Lückenschließung   Rom II 26 Rn 28 f
- nationale Standards   Rom II 26 Rn 2 f
- Nicht- oder Falschumsetzung von EU-Richtlinien   Rom II 26 Rn 9
- Offensichtlichkeit des Verstoßes   Rom II 26 Rn 18
- punitive und treble damages   Rom II 26 Rn 5, 28
- Rechtsfolgen des Verstoßes   Rom II 26 Rn 27
- Relativität   Rom II 26 Rn 4
- Rückgriff auf EGBGB   Rom II 26 Rn 2
- unerlaubte Handlung, Verdrängung der Grundnorm durch den ordre public-Vorbehalt   Rom II 4 Rn 14
- unionsrechtlicher   Rom II 26 Rn 6
- völkerrechtlicher   Rom II 26 Rn 7
- Voraussetzungen des Verstoßes   Rom II 26 Rn 10
- wesentlicher Rechtsgrundsatz   Rom II 26 Rn 14 ff

Ordre public (Rom III)
- Anwendungsfälle   Rom III 12 Rn 33 f
- Anwendungsgrenzen   Rom III 12 Rn 12 ff
- Bewertungszeitpunkt   Rom III 12 Rn 15
- Gegenstand der Vereinbarkeitsprüfung   Rom III 12 Rn 6 ff
- Grundrechtecharta   Rom III 12 Rn 13 f
- Inlandsbezug   Rom III 12 Rn 17 ff
- Mehrrechtsstaaten, personale Rechtsspaltung   Rom III 15 Rn 7
- offensichtliche Unvereinbarkeit   Rom III 12 Rn 16
- Rechte der Mitgliedstaaten   Rom III 12 Rn 8
- Rechtsfolgen des Verstoßes   Rom III 12 Rn 22 ff
- scheidungsfeindliches Recht   Rom III 10 Rn 7 ff
- trennungsfeindliches Recht   Rom III 10 Rn 15 ff
- Ungleichbehandlung aufgrund der Geschlechtszugehörigkeit   Rom III 10 Rn 23 ff
- Unscheidbarkeit der Ehe   Rom III 10 Rn 7 ff
- völkerrechtliche Übereinkommen, deutsch-iranisches Niederlassungsabkommen   Rom III 19 Rn 7
- Zweck der Vorbehaltsklausel   Rom III 12 Rn 1 f

Ort der Einsatzbasis, Individualarbeitsvertrag   Rom I 8 Rn 26 f

Ort der Einstellungsniederlassung, Individualarbeitsvertrag   Rom I 8 Rn 31 ff

Ort der Verletzungshandlung   siehe Handlungsort

Ort des schadensbegründenden Ereignisses   siehe Handlungsort

Ort des Schadenseintritts   siehe Erfolgsort

Ortsrecht, Formstatut   Rom I 11 Rn 22 ff

Pacht
- beweglicher Sachen   Rom I 4 Rn 142
- kurzfristige   Rom I 4 Rn 36
- unbeweglicher Sachen   Rom I 4 Rn 35 ff, 77
- Verbraucherverträge   Rom I 6 Rn 42 ff

Pacte civil de solidarité   Rom I 1 Rn 23

Parteiautonomie   siehe Rechtswahl

Parteiwille, hypothetischer   Rom I 3 Rn 49

Passivlegitimation, außervertragliches Schuldverhältnis   Rom II 15 Rn 7

Patent
- als gewerbliches Schutzrecht   Rom II 8 Rn 27
- EPÜ   Rom II 8 Rn 20 f, 49
- EU-Patent   Rom II 8 Rn 49
- nationales Schutzrecht   Rom II 8 Rn 49

Patronatserklärung   Rom I 1 Rn 10, 4 Rn 156

Pauschalreiseverträge   Rom I 5 Rn 9, 35
- Verbraucherverträge   Rom I 6 Rn 48 f

PECL   Rom I 3 Rn 33

Personale Rechtsspaltung   siehe Rechtsspaltung, personal

Personenbeförderungsverträge   Rom I 5 Rn 29 ff

Personengruppen, Rechtsspaltung   Rom III 15 Rn 4

Personenmehrheiten
- Handlungsfähigkeit   Rom II 23 Rn 6
- Parteifähigkeit   Rom II 23 Rn 6

Personenschäden   Rom II 4 Rn 114; *siehe auch* Körperverletzungsdelikte

Personenstand, Rom I-VO   Rom I 1 Rn 18 ff

747

Persönliche Rechtsspaltung *siehe* Rechtsspaltung, personal

Persönlichkeitsrechte
- keine Anwendung der Rom II-VO Rom II 1 Rn 53 ff, 4 Rn 65
- Überprüfungsklausel, Berichtspflicht der Kommission Rom II 30 Rn 8 ff

Pflichtenkollision Rom II 17 Rn 3, 22, 30, 63, 77 f; *siehe auch* Sicherheits- und Verhaltensvorschriften

Pflichtprüfung Rom II 1 Rn 48

Pflichtversicherung Rom I 7 Rn 56 ff
- Ermächtigungsnorm Rom I 7 Rn 61
- Mehrfachrisikobelegenheit Rom I 7 Rn 63
- Risikobelegenheit Rom I 7 Rn 60
- Sonderanknüpfung der besonderen Vorschriften zur Pflichtversicherung Rom I 7 Rn 60 f
- Versicherungspflicht Rom I 7 Rn 56 f

PICC Rom I 3 Rn 33

Polygame Ehe Rom III 13 Rn 45

Präklusion Rom I 12 Rn 34

Preisausschreiben Rom I 4 Rn 162

Principles Governing Jurisdiction, Choice of Law, and Judgments in Transnational Disputes Rom II 8 Rn 9

Principles on Conflict of Laws in Intellectual Property (MPI) Rom II 8 Rn 9

Prinzip der engsten Verbindung Rom I 4 Rn 79 ff
- Indizien Rom I 4 Rn 82 ff
- maßgeblicher Zeitpunkt Rom I 4 Rn 96
- Recht eines Staates Rom I 4 Rn 95

Private Enforcement, Lauterkeitstrecht Rom II 6 Rn 29 ff

Privatrechtliche Ansprüche Rom II 1 Rn 16

Privatrechtssache Rom II 1 Rn 18

Privatscheidung Rom III 1 Rn 62 ff, 3 Rn 8

Privatsphäre
- keine Anwendung der Rom II-VO Rom II 1 Rn 53 ff, 4 Rn 65
- Überprüfungsklausel, Berichtspflicht der Kommission Rom II 30 Rn 8 ff

Produkthaftung Rom II 5 Rn 1 ff
- Begriff des Produkts Rom II 5 Rn 24 ff
- Beweislast Rom II 5 Rn 119 f
- Bystander Rom II 5 Rn 40, 56, 67, 108
- Erwerb des Produkts Rom II 5 Rn 62 ff
- Fehlerhaftigkeit des Produkts Rom II 5 Rn 31
- gleichartige Produkte Rom II 5 Rn 78 ff, 84 ff
- Haager Übereinkommen *siehe* Haager Übereinkommen über das auf die Produkthaftung anzuwendende Recht
- Inverkehrbringen des Produkts Rom II 5 Rn 44
- Inverkehrbringen des Produkts Rom II 5 Rn 49, 54, 61, 62, 68, 69, 72, 73 ff, 95 f, 117
- konkret schädigendes Produkt Rom II 5 Rn 49, 78 ff
- Massenschäden Rom II 5 Rn 110
- Schaden durch ein Produkt Rom II 5 Rn 30 ff
- Sicherheits- und Verhaltensvorschriften Rom II 5 Rn 52, 116 f, 17 Rn 16, 54
- Streuschäden Rom II 5 Rn 110
- Voraussehbarkeit des Inverkehrbringens Rom II 5 Rn 3 ff, 9 ff, 13, 17, 52, 61, 68, 72, 97 ff, 119 f
- Zweiterwerb Rom II 5 Rn 109

Prospekthaftung Rom II 1 Rn 44, 46
- Eingriffsnormen Rom II 16 Rn 15

Providerverträge Rom I 4 Rn 112

Prozessaufrechnung Rom I 17 Rn 3 f, 10
- im Schiedsverfahren Rom I 17 Rn 10
- materiellrechtliche Bedingungen Rom I 17 Rn 10
- verfahrensrechtliche Fragen Rom I 17 Rn 4, 10

Prozesskostenhilfe, intertemporale Anwendbarkeit Rom III 18 Rn 6

Punitive und treble damages *siehe* Strafschadensersatz

Punktdelikt, intertemporalrechtliche Bedeutung Rom II 31, 32 Rn 12

Qualifikationsverweisung, Familienverhältnis Rom II 1 Rn 38

Rechnungsprüfer Rom II 1 Rn 48

Recht am eingerichteten und ausgeübten Gewerbebetrieb, Arbeitskampf Rom II 9 Rn 26

Rechtsfähigkeit Rom I 1 Rn 18 ff, 13 Rn 12 f

Rechtsgeschäft, einseitiges Rom I 1 Rn 8; *siehe auch* Rechtshandlung, einseitige
- Einordnung als vertraglich Rom II 1 Rn 4
- Formstatut Rom I 11 Rn 33

Rechtshandlung, einseitige *siehe auch* Rechtsgeschäft, einseitiges
- Beweis Rom II 22 Rn 3
- Formgültigkeit Rom II 21 Rn 1 ff

Rechtskauf Rom I 4 Rn 21, 38, 97

Rechtsnachfolge von Todes wegen EuErbRVO Rn 4

Rechtsnachfolge von Todes wegen, sachlicher Anwendungsbereich der Rom II-VO, Vererbbarkeit Rom II 15 Rn 19

Rechtsordnungsloser Vertrag Rom I 3 Rn 29

Rechtssicherheit Einf Rn 1 ff

Rechtsspaltung Rom III 14 Rn 1 ff; *siehe auch* Mehrrechtsstaaten
- Änderung der Staatsangehörigkeit Rom III 14 Rn 9

- Gebietseinheit Rom III 14 Rn 13
- intertemporal Rom III 14 Rn 8
- kollisionsrechtlich Rom III 14 Rn 5
- personal Rom III 15 Rn 1 ff; *siehe auch* Rechtsspaltung, personal
- Rechtswahl Rom III 14 Rn 6
- sachrechtlich Rom III 14 Rn 5
- teilweise Rom III 14 Rn 15
- territorial Rom III 14 Rn 1 ff; *siehe auch* Rechtsspaltung, territorial
- Verlegung des gewöhnlichen Aufenthalts Rom III 14 Rn 9
- Zusammentreffen territorialer und personaler Rom III 15 Rn 4

Rechtsspaltung, personal Rom III 15 Rn 1 ff
- engste Verbindung Rom III 15 Rn 8 f
- Gruppenzugehörigkeit Rom III 15 Rn 5
- interethnisch Rom III 15 Rn 4
- interpersonales Kollisionsrecht Rom III 15 Rn 6
- ordre public Rom III 15 Rn 7
- Rechtssystem Rom III 15 Rn 3
- Regelwerk Rom III 15 Rn 3
- Staatenliste Rom III 15 Rn 11
- ungeschriebenes interpersonales Recht Rom III 15 Rn 7

Rechtsspaltung, territorial Rom III 14 Rn 1 ff; *siehe auch* Interlokales Recht
- Bezugnahme auf das Recht Rom III 14 Rn 16
- Bezugnahme auf den gewöhnlichen Aufenthalt Rom III 14 Rn 17
- Bezugnahme auf die Staatsangehörigkeit Rom III 14 Rn 19
- engste Verbindung Rom III 14 Rn 23
- interlokales Privatrecht Rom III 14 Rn 20
- Rechtswahl Rom III 14 Rn 21 f
- Staatennachweis Rom III 14 Rn 24

Rechtsübertragung
- Immaterialgüterrechte Rom II 8 Rn 15 f

Rechtsvereinheitlichung
- forum shopping Rom II 24 Rn 7

Rechtswahl
- außervertragliche Schuldverhältnisse *siehe* Rechtswahl (Rom II)
- Erbstatut *siehe* Rechtswahl (EuErbRVO)
- internationales Scheckrecht Rom I 1 Rn 54
- internationales Wechselrecht Rom I 1 Rn 43
- Scheidungsrechtswahl *siehe* Rechtswahl (Rom III)
- vertragliche Schuldverhältnisse *siehe* Rechtswahl (Rom I)

Rechtswahl (EuErbRVO) EuErbRVO Rn 3, 12 ff
- ausdrückliche Erklärung EuErbRVO Rn 13
- Gerichtsstandsvereinbarung EuErbRVO Rn 6
- gesetzliche Erbfolge EuErbRVO Rn 16
- internationale Zuständigkeit EuErbRVO Rn 6
- materiellrechtliche Wirksamkeit EuErbRVO Rn 16
- vorbeugende EuErbRVO Rn 16

Rechtswahl (Rom I) Einf Rn 5, 17 ff; Rom I 3 Rn 1 ff; *siehe auch* Rechtswahlvereinbarung (Rom I)
- Abschlussort des Vertrags Rom I 3 Rn 61, 80
- AGB Einf Rn 17; Rom I 3 Rn 72 ff
- AGB, kollidierende Einf Rn 17; Rom I 3 Rn 74
- allgemeine Rechtsprinzipien Rom I 3 Rn 30
- anfänglich Rom I 3 Rn 62
- ausdrücklich Rom I 3 Rn 45
- Auslegung Rom I 3 Rn 48
- Beförderungsverträge Einf Rn 21
- Binnenmarktklausel Rom I 3 Rn 81 ff
- Binnenmarktsachverhalt Einf Rn 20
- construction clauses Rom I 3 Rn 46
- E-Commerce Rom I 3 Rn 9
- Eingriffsnormen Einf Rn 22 ff
- Eingriffsnormen, Binnenmarktsachverhalt Rom I 9 Rn 7
- Eingriffsnormen, Inlandsfall Rom I 9 Rn 6
- Entwicklung Rom I 3 Rn 2 ff
- Erfüllungsort Rom I 3 Rn 61, 80
- fehlender Auslandsbezug Rom I 3 Rn 80
- Forderungsabtretung, Teilrechtswahl Rom I 14 Rn 14
- Form Rom I 3 Rn 67, 76
- Formstatut, Formwahl-Verträge Rom I 11 Rn 25 ff
- Gerichtsstandsvereinbarung Rom I 3 Rn 51 ff
- Grenzen Einf Rn 18 ff
- Individualarbeitsverträge Einf Rn 21; Rom I 8 Rn 10 ff
- Individualarbeitsverträge, AGB Rom I 8 Rn 14
- Individualarbeitsverträge, Günstigkeitsvergleich Rom I 8 Rn 10, 19 f; *siehe auch* Zwingende Arbeitnehmerschutzbestimmungen des objektiven Vertragsstatuts
- Individualarbeitsverträge, konkludente Rechtswahl Rom I 8 Rn 13
- Individualarbeitsverträge, Rechtswahl durch Tarifvertragsparteien Rom I 8 Rn 12
- Individualarbeitsverträge, zwingende Arbeitnehmerschutzbestimmungen des objektiven Vertragsstatuts Rom I 8 Rn 15 ff; *siehe auch* Zwingende Arbeitnehmerschutzbestimmungen des objektiven Vertragsstatuts
- Individualarbeitsverträge, zwingendes Recht Rom I 8 Rn 10
- Inlandsfall Einf Rn 18 f; Rom I 3 Rn 78 ff
- internationales Einheitsrecht Rom I 3 Rn 37
- konkludent Rom I 3 Rn 49 ff
- lex mercatoria Rom I 3 Rn 31 ff
- negative Rom I 3 Rn 47
- optionale Rom I 3 Rn 42 ff
- ordre public Rom I 3 Rn 12 f

Stichwortverzeichnis

- Prozessverhalten   Rom I 3 Rn 58 ff
- Rechte Dritter   Rom I 3 Rn 68
- Rechtswahlfreiheit   *siehe* Rechtswahlfreiheit (Rom I)
- Rechtswahlklauseln   Einf Rn 17; Rom I 3 Rn 72 ff
- renvoi   Rom I 3 Rn 10 f
- Schiedsvereinbarung   Einf Rn 19; Rom I 3 Rn 54 f
- Staatsangehörigkeit   Rom I 3 Rn 80
- Stabilisierungsklauseln   Rom I 3 Rn 28
- Teilrechtswahl   Rom I 3 Rn 38 ff
- UN-Kaufrecht   Einf Rn 25 f; Rom I 3 Rn 37; *siehe auch* UN-Kaufrecht
- Verbraucherverträge   Einf Rn 21
- Verkehrsschutz   Rom I 3 Rn 77
- Versicherungsverträge   Einf Rn 21
- Versicherungsverträge, Großrisikoverträge   Rom I 7 Rn 31
- Versicherungsverträge, Massenrisikoverträge u. Lebensversicherungsverträge   Rom I 7 Rn 35 ff, 65 f
- Versteinerungsklauseln   Rom I 3 Rn 24 ff
- Vertragssprache   Rom I 3 Rn 61
- wählbare Rechte   Rom I 3 Rn 23 ff
- Währung des Vertrags   Rom I 3 Rn 61, 80
- Wirksamkeit   Rom I 3 Rn 69 ff
- Wirkungen   Rom I 3 Rn 8
- Zeitpunkt   Rom I 3 Rn 62 ff
- Zustandekommen   Rom I 3 Rn 69 ff
- zwingendes Recht   Einf Rn 18 ff

Rechtswahl (Rom II)   Einf Rn 32 ff; Rom II 14 Rn 1 ff
- AGB   Einf Rn 37; Rom II 14 Rn 35 f
- Arbeitskampf   Rom II 9 Rn 63 ff
- Ausschluss des renvoi nach Rom II-VO, Vereinbarung einer Gesamtverweisung   Rom II 24 Rn 5
- bei fehlender Sonderverbindung   Rom II 14 Rn 8
- bei Maßgeblichkeit von Einheitsrecht   Rom II 14 Rn 12
- bei vertraglicher Sonderverbindung   Rom II 14 Rn 10 f
- bei Vertragsanbahnung   Rom II 14 Rn 9
- bereichsspezifische Unzulässigkeit   Rom II 14 Rn 39
- Binnenmarktsachverhalt   Einf Rn 38; Rom II 14 Rn 44 ff
- Direktanspruch gegen Versicherer   Rom II 18 Rn 17
- Direktanspruch gegen Versicherer, Teilrechtswahl   Rom II 18 Rn 18
- Eingriffsnormen   Einf Rn 38
- Erklärungsbewusstsein   Rom II 14 Rn 21
- Grenzen   Rom II 14 Rn 42 ff
- Immaterialgüterrechte, Ausschluss der Rechtswahl   Rom II 8 Rn 1, 7, 55
- indirekt   Rom II 14 Rn 37
- Inlandsfall   Einf Rn 38; Rom II 14 Rn 44 ff
- konkludent   Einf Rn 34; Rom II 14 Rn 19 ff
- Mehrrechtsstaaten, Wahl des Rechts einer Gebietseinheit   Rom II 25 Rn 5
- nachträglich   Einf Rn 35 f; Rom II 14 Rn 32
- Nutzen und Relevanz   Rom II 14 Rn 5 ff
- ordre public   Einf Rn 38 f
- Produkthaftung   Rom II 5 Rn 17, 110, 118
- Rechte Dritter   Einf Rn 38; Rom II 14 Rn 42
- Rechtswahlbewusstsein   Rom II 14 Rn 21
- Rechtswahlstatut   Rom II 14 Rn 26 ff
- Sicherheits- und Verhaltensvorschriften   Rom II 17 Rn 19
- systematischer Kontext   Rom II 14 Rn 3
- Teilrechtswahl   Rom II 14 Rn 31
- Umweltschädigung   Rom II 7 Rn 1
- Umweltschädigung, Abgrenzung zum einseitigen Bestimmungsrecht   Rom II 7 Rn 13
- unerlaubte Handlung, kein fakultatives Kollisionsrechts   Rom II 4 Rn 102
- unerlaubte Handlung, Verdrängung der Grundnorm durch Rechtswahl   Rom II 4 Rn 13
- unerlaubte Handlung, Verhältnis der Rechtswahl zur akzessorischen Anknüpfung   Rom II 4 Rn 165
- Verbraucherverträge   Rom II 14 Rn 38
- vorherig   Einf Rn 35 f; Rom II 14 Rn 33 ff
- Wahl nichtstaatlichen Rechts   Rom II 14 Rn 13
- Zäsur des schadensbegründenden Ereignisses   Rom II 14 Rn 15 ff
- zwingendes Recht   Einf Rn 38; Rom II 14 Rn 44 ff

Rechtswahl (Rom III)   *siehe auch* Rechtswahlvereinbarung (Rom III)
- Anknüpfungsgerechtigkeit   Rom III 5 Rn 6
- Doppelstaater   Rom III 5 Rn 45
- Eingehungsstatut   Rom III 6 Rn 1 ff
- Einrede fehlender Zustimmung   Rom III 6 Rn 8 ff
- floating choice of law   Rom III 5 Rn 49
- Flüchtlinge   Rom III 5 Rn 47
- Form   Rom III 7 Rn 1 ff
- Funktionen   Rom III 5 Rn 5 ff
- gewöhnlicher Aufenthalt   Rom III 5 Rn 34 ff; *siehe auch* Gewöhnlicher Aufenthalt (Rom III)
- Information der Parteien   Rom III 5 Rn 16 ff
- Inhaltskontrolle   Rom III 5 Rn 20 ff
- intertemporale Anwendbarkeit   Rom III 18 Rn 8 ff
- konkludent   Rom III 5 Rn 11
- kumulativ   Rom III 5 Rn 12
- Mehrstaater   Rom III 5 Rn 45
- Protokollierung   Rom III 5 Rn 55 ff
- Recht der Staatsangehörigkeit eines Ehegatten   Rom III 5 Rn 44

- Recht des gewöhnlichen Aufenthalts der Ehegatten   Rom III 5 Rn 34 ff
- Recht des letzten gewöhnlichen Aufenthalts der Ehegatten   Rom III 5 Rn 42 f
- Rechtsspaltung   Rom III 14 Rn 6
- Rechtsspaltung, territoriale   Rom III 14 Rn 21 f
- Scheidungsrechtswahl nach Anrufung des Gerichts   Rom III 5 Rn 54 ff
- Schriftform   Rom III 7 Rn 5 ff
- Schutzmechanismen   Rom III 5 Rn 13 ff
- Staatenlose   Rom III 5 Rn 46
- staatliche Rechtsordnung   Rom III 5 Rn 12
- Teilrechtswahl   Rom III 5 Rn 12
- wählbare Rechtsordnungen   Rom III 5 Rn 26 ff
- Zeitpunkt   Rom III 5 Rn 51 ff

Rechtswahlfreiheit (Rom I)   Rom I 3 Rn 21 ff
- Gründe   Rom I 3 Rn 4 ff
- Schranken   Rom I 3 Rn 22

Rechtswahlvereinbarung (Rom I)
- Individualarbeitsverträge, Zustandekommen und Wirksamkeit der Rechtswahl   Rom I 8 Rn 11
- Inhaltskontrolle von AGB   Rom I 10 Rn 25 f
- kollidierende   Rom I 3 Rn 74
- Wirksamkeit   Rom I 10 Rn 8
- Zustandekommen   Rom I 10 Rn 8

Rechtswahlvereinbarung (Rom III)
- anwendbares Recht   Rom III 6 Rn 1 ff
- Auslegung   Rom III 5 Rn 12
- deutsche Formvorschriften für die Scheidungsrechtswahl   Rom III 7 Rn 17 ff
- Formvorschriften der Mitgliedstaaten   Rom III 7 Rn 13 ff
- Sittenwidrigkeit der Scheidungsrechtswahl   Rom III 6 Rn 5
- unionale Formvorschriften   Rom III 7 Rn 3 ff
- Wirksamkeit   Rom III 6 Rn 4 ff
- Zustandekommen   Rom III 6 Rn 3

Reisegemeinschaften   Rom II 4 Rn 171

Reiseverträge   Rom I 4 Rn 126

Renvoi   Einf Rn 4; *siehe auch* Sachnormverweisung
- Ausschluss nach Rom III-VO   Rom III 11 Rn 1
- Ausschluss nach Rom II-VO   Rom II 24 Rn 1 ff
- Ausschluss nach Rom I-VO   Rom I 20 Rn 1 ff
- internationales Scheckrecht   Rom I 1 Rn 46 f
- internationales Wechselrecht   Rom I 1 Rn 32, 34
- kein Indiz iSd Ausweichklausel   Rom II 4 Rn 151

Revision   Rom II 20 Rn 1 f

Risikobelegenheit   Rom I 7 Rn 10 ff
- Fahrzeugversicherung   Rom I 7 Rn 13 ff
- Pflichtversicherung   Rom I 7 Rn 60
- Reise- und Ferienversicherung   Rom I 7 Rn 16 ff
- sonstige Versicherungen   Rom I 7 Rn 19 ff
- Versicherung unbeweglicher Sachen   Rom I 7 Rn 11 ff

Rom II-Verordnung
- Entschließung zur Änderung der Rom II-VO   Rom II 30 Rn 11 ff
- Europäisierung des IPR   Rom II Vor 1 Rn 2
- Gegenstand   Rom II Vor 1 Rn 1 f
- Interessenpolitik   Rom II Vor 1 Rn 7
- nationale Gesetzgebung   Rom II Vor 1 Rn 4
- rechtspolitische Einordnung   Rom II Vor 1 Rn 5 f
- Verhältnis zu bestehenden internationalen Übereinkommen   Rom II 28 Rn 1 ff

Rom I-Verordnung
- Verhältnis zu bestehenden internationalen Übereinkommen   Rom I 25 Rn 1 ff
- Verhältnis zum EVÜ   Rom I 24 Rn 1 ff

Rotterdam Rules   Rom I 5 Rn 31

Rückabwicklung nichtiger Verträge, Nichtigkeitsfolgen   Rom I 12 Rn 35 f

Rücktritt   Rom I 12 Rn 21, 36

Rück- und Weiterverweisung   *siehe* Renvoi

Rückversicherung
- objektive Anknüpfung   Rom I 7 Rn 76
- Rechtswahl   Rom I 7 Rn 75 ff

Rückverweisung   *siehe* Renvoi

Sachbeschädigung   Rom II 4 Rn 63

Sachenrecht   Rom II 1 Rn 6

Sachnormverweisung   Einf Rn 4; Rom I 20 Rn 1 ff; Rom II 24 Rn 1 ff; Rom III 11 Rn 1; *siehe auch* Renvoi
- allgemeines Vertragsstatut   Rom I 4 Rn 10
- Ausweichklausel   Rom II 24 Rn 4
- Beförderungsverträge   Rom I 5 Rn 5
- culpa in contrahendo   Rom II 12 Rn 16
- Einigung und materielle Wirksamkeit   Rom I 10 Rn 5
- Forderungsabtretung   Rom I 14 Rn 8
- Formstatut   Rom I 11 Rn 10 f
- Immaterialgüterrechte   Rom II 8 Rn 1
- Individualarbeitsvertrag   Rom I 8 Rn 3
- Mehrrechtsstaaten   Rom II 24 Rn 6
- Rechts-, Geschäfts- und Handlungsunfähigkeit   Rom I 13 Rn 3
- Rechtswahl   Rom I 3 Rn 10
- Rechtswahl, Vereinbarung einer Gesamtverweisung   Rom I 3 Rn 11
- Reichweite des Vertragsstatuts   Rom I 12 Rn 4
- Scheidungskollisionsrecht   Rom III 11 Rn 1
- Verbraucherverträge   Rom I 6 Rn 7

Sachwalterhaftung, c.i.c.   Rom II 12 Rn 37

Schaden   *siehe auch* Erfolgsort
- Arbeitskampf   Rom II 9 Rn 49 ff
- Begriff   Rom II 2 Rn 1 ff, 4 Rn 79 ff

– Wahrscheinlichkeit der Entstehung
Rom II 2 Rn 4

Schadensbemessung Rom I 12 Rn 24 f

Schadenseintritt, Ort *siehe* Erfolgsort

Schadensersatz *siehe* Schadensbemessung

Schadensersatzpflicht Rom I 12 Rn 21

Schadensersatzprozess, Arbeitskampf
Rom II 9 Rn 64, 80

Schadensort *siehe* Erfolgsort

Schadenspauschalen Rom I 12 Rn 22

Schadensschätzung Rom I 12 Rn 24;
Rom II 15 Rn 12

Scheckrecht, internationales Rom I 1 Rn 45 ff, 4 Rn 14
– Form Rom I 1 Rn 49 ff
– internationales Einheitsrecht Rom I 1 Rn 29, 45
– Rechtswahl Rom I 1 Rn 54
– renvoi Rom I 1 Rn 46 f
– Scheckfähigkeit Rom I 1 Rn 47 f
– Sonderanknüpfungen Rom I 1 Rn 55
– Wirkungen der Scheckerklärung
Rom I 1 Rn 52 f

Scheidung
– Auslandsbezug Rom III 1 Rn 86 ff
– forum shopping Rom III Vor 1 Rn 16
– Gerichtsstandsvereinbarung
Rom III Vor 1 Rn 86 ff
– gleichberechtigter Zugang Rom III 10 Rn 23 ff
– nationales Scheidungsrecht
Rom III Vor 1 Rn 14
– optionales Instrument Rom III Vor 1 Rn 89 ff
– Privatscheidung Rom III 1 Rn 62 ff, 3 Rn 8
– Scheidungsfolgen Rom III 1 Rn 55 ff, 94 ff;
siehe auch Scheidungsfolgen
– Scheidungsgründe Rom III 1 Rn 41 ff
– Umwandlung der Trennung ohne Auflösung des Ehebandes Rom III 9 Rn 5 f
– Unscheidbarkeit Rom III 13 Rn 4 ff
– verfahrensrechtliche Fragen Rom III 1 Rn 49 ff
– Verweigerungsrecht Rom III 13 Rn 4 ff

Scheidungsfeindliches Recht, ordre public
Rom III 10 Rn 7 ff

Scheidungsfolgen
– Anknüpfung Rom III 1 Rn 94 ff
– Brautgabe Rom III 1 Rn 104 f
– Entschädigungsansprüche Rom III 1 Rn 99 f
– Haushaltsgegenstände Rom III 1 Rn 101 f
– Schenkungen Rom III 1 Rn 103
– Versorgungsausgleich Rom III 1 Rn 113 ff

Scheidungsfreiheit, ordre public
Rom III 10 Rn 2 f

Scheidungskollisionsrecht, renvoi
Rom III 11 Rn 1

Scheidungsrechtswahl *siehe* Rechtswahl (Rom III); Rechtswahlvereinbarung (Rom III)

Scheidungsstatut
– Anknüpfungsleiter Rom III 8 Rn 8 ff
– Doppelstaater Rom III 8 Rn 19
– Favorisierung der lex fori Rom III 8 Rn 4
– Flüchtlinge Rom III 8 Rn 20
– früherer gemeinsamer gewöhnlicher Aufenthalt
Rom III 8 Rn 12 ff
– gemeinsamer aktueller gewöhnlicher Aufenthalt
Rom III 8 Rn 8 ff; *siehe auch* Gewöhnlicher Aufenthalt (Rom III)
– gemeinsames Heimatrecht der Ehegatten
Rom III 8 Rn 16 ff; *siehe auch* Gewöhnlicher Aufenthalt (Rom III)
– lex fori Rom III 8 Rn 21 ff
– Mehrstaater Rom III 8 Rn 19
– objektive Anknüpfung Rom III 8 Rn 1 ff
– Staatenlose Rom III 8 Rn 20
– subjektive Anknüpfung Rom III 5 Rn 1 ff; *siehe auch* Rechtswahl (Rom III); Rechtswahlvereinbarung (Rom III)
– Umwandlung der Trennung ohne Auflösung des Ehebandes Rom III 9 Rn 14 ff

Schenkung Rom I 4 Rn 100 f

Schickschuld Rom I 12 Rn 15

Schiedsgerichte
– Geltung der Rom II-VO Rom II 1 Rn 15
– Geltung der Rom I-VO Einf Rn 19
– Rechtswahlgrenzen des Art. 3 Abs. 3 Rom I-VO
Einf Rn 19

Schiedsvereinbarung Einf Rn 28
– Indizwirkung für Rechtswahl Rom I 3 Rn 54 f, 4 Rn 92
– keine Anwendung Rom I-VO Rom I 1 Rn 60 f

Schockschäden Rom II 4 Rn 82, 112, 174, 15 Rn 20

Schriftform, Scheidungsrechtswahl
Rom III 7 Rn 5 ff

Schuldanerkenntnis Rom I 4 Rn 154, 14 Rn 29

Schuldbeitritt Rom I 14 Rn 28

Schuldnermehrheit *siehe* Haftung, mehrfache

Schuldstatutstheorie Rom II 16 Rn 7

Schuldübernahme Rom I 14 Rn 27

Schuldverhältnis, außervertragliches *siehe* Außervertragliches Schuldverhältnis

Schuldverhältnis, vertragliches *siehe* Vertragliches Schuldverhältnis

Schuldverhältnis, vorvertragliches *siehe* Culpa in contrahendo

Schuldversprechen Rom I 4 Rn 154

Schutzlandprinzip Rom II 8 Rn 1 ff, 32 ff
– und Territorialitätsprinzip Rom II 8 Rn 5

Stichwortverzeichnis

Schutzzwecktrias, Lauterkeitsrecht
Rom II 6 Rn 2

Schweigen Rom I 10 Rn 15, 30, 35

Schwerpunkt der Lebensverhältnisse, gewöhnlicher Aufenthalt Rom II 23 Rn 15

Schwerpunkt der Lebensverhältnisse, gewöhnlicher Aufenthalt Rom II 23 Rn 17

Seefrachtvertragsrecht, internationales
Rom I 5 Rn 31

Share deal Rom I 4 Rn 22

Sicherheits- und Verhaltensvorschriften
Rom II 17 Rn 1 ff
- allgemeines Deliktsstatut, Berücksichtigung von Sicherheits- und Verhaltensvorschriften Rom II 4 Rn 11, 24, 117, 136
- Angemessenheit Rom II 17 Rn 32, 34, 39, 53, 66 ff
- Arbeitskampf Rom II 9 Rn 76, 17 Rn 18
- außerrechtliche Verhaltensstandards Rom II 17 Rn 33 f
- Berücksichtigung Rom II 17 Rn 61 ff
- Ermessen des Richters Rom II 17 Rn 80
- Immaterialgüterrechte Rom II 17 Rn 18
- maßgeblicher Ort und Zeitpunkt Rom II 17 Rn 47 ff
- örtlich gebundene Regeln Rom II 17 Rn 38 f
- Produkthaftung Rom II 5 Rn 52, 116 f, 17 Rn 16, 54
- Sorgfaltspflichten und Sorgfaltsmaßstab Rom II 17 Rn 45 f
- Verhältnis zu Eingriffsnormen Rom II 17 Rn 20 ff
- Verhältnis zur Rechtswahl Rom II 17 Rn 19, 81 f
- Verwaltungsvorschiften und Verwaltungsakte Rom II 17 Rn 28 ff, 72
- Wettbewerbsrecht Rom II 17 Rn 17

Sicherungsabtretung Rom I 14 Rn 5 f, 13

Sicherungsverträge Rom I 4 Rn 151 ff
- Bürgschaft Rom I 4 Rn 152
- Garantievertrag Rom I 4 Rn 155
- Patronatserklärung Rom I 4 Rn 156
- Schuldanerkenntnis Rom I 4 Rn 154
- Schuldversprechen Rom I 4 Rn 154
- Vertragsstrafenvereinbarung Rom I 4 Rn 157

Sicherungszession *siehe* Sicherungsabtretung

Single voyage charter Rom I 5 Rn 15

Sittenverstoß Rom I 10 Rn 19

Sonderanknüpfung
- Abtretung dinglich gesicherter Forderungen Rom I 14 Rn 26
- Arbeitskampf Rom II 9 Rn 74 f
- außervertragliches Schuldverhältnis Einf Rn 31
- Eingriffsnormen *siehe* Eingriffsnormen (Rom I); Eingriffsnormen (Rom II)

- Form der Abtretung Rom I 14 Rn 25
- gesetzlicher Forderungsübergang Rom I 15 Rn 3
- internationales Scheckrecht Rom I 1 Rn 55
- internationales Wechselrecht Rom I 1 Rn 44

Sonderprivatrecht Rom II 1 Rn 19

Sortenschutzrecht Rom II 8 Rn 27, 49

Souveränität Rom II 1 Rn 27

Speditionsverträge Rom I 4 Rn 109, 5 Rn 14

Spezialanknüpfung *siehe* Sonderanknüpfung

Spiel- und Wettbewerbsverträge
Rom I 4 Rn 160 f

Spill-Over, Lauterkeitsrecht Rom II 6 Rn 19

Spürbarkeitsgrundsatz Rom II 8 Rn 37

Staatenlose
- Scheidungsrechtswahl Rom III 5 Rn 46
- Scheidungsstatut Rom III 8 Rn 20

Staatsangehörigkeit, Rechtsspaltung
Rom III 14 Rn 19

Staatsangehörigkeitsprinzip, Aufgabe
EuErbRVO Rn 3

Staatsbediensteter, Haftung Rom II 1 Rn 26

Staatshaftung Rom II 1 Rn 25 ff

Stabilisierungsklauseln, Rechtswahl
Rom I 3 Rn 28

Stahlexport-Doktrin, Lauterkeitsrecht
Rom II 6 Rn 26

Statuseinheit, Grundsatz (Arbeitskampf)
Rom II 9 Rn 66 ff

Statutenwechsel Rom I 4 Rn 61, 69, 78, 96

Stellvertretendes commodum Rom II 10 Rn 11, 17

Stellvertretung Rom I 1 Rn 66 ff, 10 Rn 4, 13, 13 Rn 9
- Formstatut Rom I 11 Rn 32
- juristische Personen Rom I 1 Rn 68 f
- organschaftliche Rom I 1 Rn 68
- rechtsgeschäftliche Rom I 1 Rn 66
- Vertretung ohne Vertretungsmacht Rom I 1 Rn 68
- Vertretung ohne Vertretungsmacht, Abgrenzung zur Sachwalterhaftung Rom II 12 Rn 44
- Vertretung ohne Vertretungsmacht, gesetzliche Ansprüche gegen den Vertreter Rom II 1 Rn 4
- Vollmachtstatut Rom I 1 Rn 67

Steuerberater Rom I 4 Rn 31

Störerhaftung Rom II 8 Rn 39

Strafrecht, Eingriffsnormen Rom II 16 Rn 11

Strafschadensersatz Rom I 3 Rn 13, 12 Rn 25; Rom II 5 Rn 37, 15 Rn 15, 26 Rn 5, 28

Straßengüterverkehr, internationaler
Rom I 5 Rn 27 f

Stichwortverzeichnis

Straßenverkehrsunfälle *siehe* Verkehrsunfälle
Streik *siehe* Arbeitskampf
Streudelikte *siehe auch* Mosaikbetrachtung
- Lauterkeitsrecht Rom II 6 Rn 19, 28, 36 ff
- Umweltschädigung Rom II 7 Rn 8
- unerlaubte Handlung Rom II 4 Rn 24, 78, 102, 104, 112, 125, 174

Subrogation
- Forderungsübergang Rom I 14 Rn 6

Substitution
- des EVÜ Rom I 24 Rn 2 ff
- Form (Rom I) Rom I 11 Rn 9
- Scheidung, IPR Rom III 9 Rn 18

Surrogation, dingliche Rom I 15 Rn 2

Tarifvertragsrecht, internationales Rom I 8 Rn 42 f

Tausch Rom I 4 Rn 20, 102

Täuschung, arglistige *siehe* Arglistige Täuschung

Technologieverträge Rom I 4 Rn 168

Teilanknüpfung Rom I 4 Rn 3

Teilrechtsgebiete Rom III 14 Rn 2

Teilrechtsordnung Rom II 25 Rn 1

Teilrechtswahl Rom I 3 Rn 38 ff, 14 Rn 14; Rom II 14 Rn 31, 18 Rn 18; Rom III 5 Rn 12

Teilzeitrechte *siehe* Timesharing

Territoriale Rechtsspaltung *siehe* Rechtsspaltung, territorial

Territorialitätsgrundsatz
- Bündel subjektiver Rechte Rom II 8 Rn 3
- Immaterialgüterrechte Rom II 8 Rn 3 ff, 34 ff, 45
- und Schutzlandprinzip Rom II 8 Rn 5

Thrazien Rom II 15 Rn 10

Tilgung fremder Schulden
- Geschäftsführung ohne Auftrag Rom II 11 Rn 6, 8, 12, 14
- ungerechtfertigte Bereicherung Rom II 10 Rn 22

Time charter Rom I 5 Rn 15

Timesharing Rom I 4 Rn 40 ff
- dingliches Rom I 4 Rn 40
- gesellschaftsrechtliches Rom I 4 Rn 41
- obligatorisches Rom I 4 Rn 40
- Verbraucherbeteiligung Rom I 4 Rn 42
- Verbraucherverträge Rom I 6 Rn 38, 44

Todeserklärung Rom III 1 Rn 80 f

Tötungsdelikte *siehe* Körperverletzungsdelikte

Transportschäden Rom II 4 Rn 110

Transportverträge *siehe* Beförderungsverträge

Trauerschmerzensgeld Rom II 15 Rn 11

Trennung ohne Auflösung des Ehebandes
- Begriff Rom III 1 Rn 7 f
- faktisches Getrenntleben Rom III 9 Rn 7
- gerichtlicher Trennungsausspruch Rom III 9 Rn 7 ff
- gleichberechtigter Zugang Rom III 10 Rn 31 ff
- Scheidungsstatut Rom III 9 Rn 14 ff
- Umwandlung in eine Scheidung Rom III 9 Rn 5 f
- umwandlungsfeindliches Trennungsstatut Rom III 9 Rn 21 ff

Trennungsfeindliches Recht, ordre public Rom III 10 Rn 15 ff

Trennung von Tisch und Bett Rom III 1 Rn 7 f
- intertemporale Anwendbarkeit Rom III 18 Rn 7

Trust Rom I 1 Rn 71 ff; Rom II 1 Rn 49

Übereinkommen, internationale *siehe* Völkerrechtliche Übereinkommen

Übergangsbestimmungen Rom III 18 Rn 3

Übernahmeort Rom I 5 Rn 22

Überprüfungsklausel Rom I 27 Rn 1 ff; Rom II 30 Rn 1 ff

Ubiquitätsregel, Umweltschädigung Rom II 7 Rn 1 f, 9

Umfang des Erbstatuts *siehe* Erbstatut

Umweltschädigung Rom II 7 Rn 1 ff
- Bestimmungsrecht Rom II 7 Rn 1, 9 ff
- Einfluss öffentlich-rechtlicher Genehmigungen Rom II 7 Rn 14 ff
- Emissionen Rom II 7 Rn 7
- Erfolgsort Rom II 7 Rn 1, 8
- Günstigkeitsprinzip Rom II 7 Rn 1 f, 9
- Handlungsort Rom II 7 Rn 1, 9
- Kernenergie Rom II 7 Rn 7
- Personen- und Sachschäden Rom II 7 Rn 1
- Rechtswahl Rom II 7 Rn 1, 13
- Regelanknüpfung Rom II 7 Rn 1
- sachenrechtliche Ansprüche Rom II 7 Rn 4
- Staatsverträge Rom II 7 Rn 5
- Streudelikte Rom II 7 Rn 8
- Ubiquitätsregel Rom II 7 Rn 1 f, 9
- Umweltschaden Rom II 7 Rn 3

UNCITRAL-Übereinkommen über die internationale Forderungsabtretung Rom I 14 Rn 2

Unerlaubte Handlung Rom II 4 Rn 1 ff
- akzessorische Anknüpfung Rom II 4 Rn 28, 155 ff
- Ausweichklausel Einf Rn 31; Rom II 4 Rn 4, 27 ff, 137 ff
- Begriff Rom II 4 Rn 38 ff
- Eingriffsnormen Rom II 4 Rn 10
- Erfolgsort Rom II 4 Rn 1, 4, 21 ff, 75 ff
- Funktion Rom II 4 Rn 29 ff
- Handlungsort Rom II 4 Rn 21 ff, 35, 144
- lex loci delicti Rom II 4 Rn 19 ff

- Mosaikbetrachtung Rom II 4 Rn 24, 104; *siehe auch* Streudelikte
- ordre public Rom II 4 Rn 14
- Rechtswahl Rom II 4 Rn 102; *siehe auch* Rechtswahl (Rom II)

Ungerechtfertigte Bereicherung
Rom II 10 Rn 1 ff
- Abgrenzung zu außervertraglichen Schuldverhältnissen aus unerlaubter Handlung, Abgrenzung Rom II 4 Rn 6 f
- Abgrenzung zu Geschäftsführung ohne Auftrag Rom II 10 Rn 15, 11 Rn 10, 13
- Bereicherungsort Rom II 10 Rn 25
- Eigentümer-Besitzer-Verhältnis Rom II 10 Rn 14
- Eingriffskondiktion Rom II 10 Rn 7 f, 12, 21
- Insolvenzforderung Rom II 10 Rn 13
- Leistungskondiktion Rom II 10 Rn 3, 8, 20
- Mehrpersonenverhältnisse Rom II 10 Rn 22
- Nichtberechtigter Rom II 10 Rn 8, 12, 14, 21
- Qualifikation Rom II 10 Rn 4 ff
- Reichweite des Vertragsstatuts, Rückabwicklungsansprüche Rom I 12 Rn 35 ff
- Rückabwicklung von Verträgen Rom II 10 Rn 10 f
- Rückgewähr von Schenkungen Rom II 10 Rn 11
- Sicherheits- und Verhaltensvorschriften Rom II 17 Rn 15
- Stellvertretendes commodum Rom II 10 Rn 11, 17
- Tilgung fremder Schulden Rom II 10 Rn 22
- unentgeltliche Verfügungen Rom II 10 Rn 8, 22
- Vermischung und Verarbeitung Rom II 10 Rn 14, 21
- Vertrag zugunsten Dritter Rom II 10 Rn 23

Ungleichbehandlung aufgrund der Geschlechtszugehörigkeit, ordre public Rom III 10 Rn 23 ff

Ungültigerklärung der Ehe Rom III 1 Rn 9

UNIDROIT-Übereinkommen über das internationale Factoring Rom I 14 Rn 2

Unionale Kompetenzen im IPR Rom II 3 Rn 2

Unionsrechtsakte
- internationales Versicherungsvertragsrecht Rom I 23 Rn 11
- Verhältnis zur Rom II-VO Rom II 27 Rn 1 ff
- Verhältnis zur Rom I-VO Rom I 23 Rn 1 ff
- zeitliche Vorwirkung Rom II 31, 32 Rn 8

Universalitätsprinzip
- formlos entstehende Rechte Rom II 8 Rn 4
- Immaterialgüterrechte Rom II 8 Rn 3 ff, 16

Universelle Anwendung *siehe* Loi uniforme

UN-Kaufrecht Einf Rn 25 f
- Abbedingung Einf Rn 25
- Abtretung Rom I 14 Rn 16
- Aufrechnung Rom I 17 Rn 6

- Einbeziehung von AGB Einf Rn 26; Rom I 10 Rn 6
- Rechtswahl Rom I 3 Rn 37

Unmöglichkeit
- als gesetzliche Einwendung Rom II 15 Rn 24
- anfängliche, culpa in contrahendo Rom II 12 Rn 35
- Anwendbarkeit des Vertragsstatuts Rom I 12 Rn 20, 27

Unscheidbarkeit der Ehe
- ordre public Rom III 10 Rn 7 ff
- Verweigerungsrecht Rom III 13 Rn 4 ff

Unteranknüpfung, Immaterialgüterrechte Rom II 8 Rn 49 ff

Unterhaltsverträge Rom I 1 Rn 24

Unterlassungen, intertemporalrechtliche Bedeutung Rom II 31, 32 Rn 15

Unterlassungsanspruch, außervertragliches Schuldverhältnis Rom II 15 Rn 16

Unterlassungsklage, (vorbeugende)
- Arbeitskampf Rom II 9 Rn 50, 80 f

Unternehmenskaufverträge Rom I 4 Rn 22

Unternehmensübernahme, Anknüpfung Rom I 14 Rn 31

Unternehmer Rom I 6 Rn 27 ff

Unterrichtsverträge Rom I 4 Rn 32, 107

Unterschriftsbeglaubigung, Form (Rom I) Rom I 11 Rn 18

Urheberrecht Rom II 8 Rn 4, 12, 16, 23 ff, 36 f, 47

Verarbeitung, ungerechtfertigte Bereicherung Rom II 10 Rn 14, 21

Verbandsrecht Rom II 1 Rn 45 ff

Verbindung zum Recht verschiedener Staaten, Anwendungsvoraussetzungen Rom II Rom II 1 Rn 8 ff

Verbraucher Rom I 6 Rn 20 ff
- dynamischer Rom I 6 Rn 51
- passiver Rom I 6 Rn 51

Verbraucherverträge Rom I 6 Rn 1 ff
- Dual-use-Verträge Rom I 6 Rn 24
- erfasste Vertragstypen Rom I 6 Rn 32 ff
- Form Rom I 6 Rn 73
- Formstatut Rom I 11 Rn 35
- Gerichtsstandsvereinbarung Rom I 6 Rn 81 f
- Großrisikoverträge Rom I 7 Rn 34
- internationale Zuständigkeit Rom I 6 Rn 74 ff
- juristische Personen Rom I 6 Rn 26, 30
- Kaufverträge Rom I 4 Rn 24, 98
- natürliche Personen Rom I 6 Rn 26, 30
- objektive Anknüpfung Rom I 6 Rn 64
- ordre public Rom I 6 Rn 8 ff
- Rechtswahl Rom I 6 Rn 65 f

Stichwortverzeichnis

- Rechtswahlgrenzen (Rom I)   Einf Rn 21
- renvoi   Rom I 6 Rn 7
- Rückausnahmen   Rom I 6 Rn 34 ff

Vereinsrecht   Rom I 1 Rn 62 ff; Rom II 1 Rn 45 ff

Verfahrensfragen, Rom I-VO   Rom I 1 Rn 79 f

Verfahrenshandlungen, Formstatut
Rom I 11 Rn 4

Verfahrenskostenhilfe, intertemporale Anwendbarkeit   Rom III 18 Rn 6

Verfügende Verträge   Rom I 1 Rn 12

Verfügung von Todes wegen
- Formwirksamkeit   EuErbRVO Rn 21
- hypothetisches Erbstatut   EuErbRVO Rn 22
- materielle Wirksamkeit   EuErbRVO Rn 22 ff
- Rechtswahl   EuErbRVO Rn 13

Vergleich   Rom I 4 Rn 158

Vergütungsansprüche, Immaterialgüterrechte
Rom II 8 Rn 47

Verjährung   Rom I 12 Rn 31 ff, 32, 33; Rom II 15 Rn 25

Verkehrsdelikte   Rom II 4 Rn 57 ff; siehe auch Haager Übereinkommen über das auf Straßenverkehrsunfälle anzuwendende Recht
- Eisenbahnverkehr   Rom II 4 Rn 58
- Luftverkehr   Rom II 4 Rn 59, 107
- Schiffsverkehr   Rom II 4 Rn 60, 106
- Sicherheits- und Verhaltensvorschriften   Rom II 17 Rn 14
- Straßenverkehrsdelikte   Rom II 4 Rn 2, 57, 169 f

Verkehrspflichten   Rom II 17 Rn 3, 41 ff; siehe auch Sicherheits- und Verhaltensvorschriften

Verkehrsunfälle   siehe auch Haager Übereinkommen über das auf Straßenverkehrsunfälle anzuwendende Recht
- Direktanspruch gegen Versicherer   Rom II 18 Rn 1 ff; siehe auch Direktanspruch gegen Versicherer
- Haager Übereinkommen über Verkehrsunfälle   Rom II 28 Rn 2, 8
- Haftung für Personenschäden   Rom II 30 Rn 18 ff

Verlagsverträge   Rom I 4 Rn 165

Verletzung von Namens- und Firmenrechten
Rom II 4 Rn 2

Vermischung, ungerechtfertigte Bereicherung
Rom II 10 Rn 14, 21

Vermögensdelikte   Rom II 4 Rn 72, 115

Vermögensschaden   Rom II 4 Rn 115

Vermögensübernahme   Rom I 14 Rn 31

Verordnung (EG) Nr. 662/2009   Rom II 3 Rn 2

Versäumnisurteil   Einf Rn 44

Verschulden
- des Schuldners   Rom I 12 Rn 20
- Dritter   Rom I 12 Rn 20
- vorvertragliches   Rom I 12 Rn 26

Verschulden bei Vertragsverhandlungen   siehe Culpa in contrahendo

Versicherer, Direktanspruch gegen
Rom II 18 Rn 1 ff; siehe auch Direktanspruch gegen Versicherer

Versicherungssumme, Direktanspruch gegen Versicherer   Rom II 18 Rn 23; siehe auch Direktanspruch gegen Versicherer

Versicherungsvertrag, Direktanspruch gegen Versicherer   Rom II 18 Rn 19 f; siehe auch Direktanspruch gegen Versicherer

Versicherungsvertragsrecht, internationales
Rom I 7 Rn 1 ff
- betriebliche Altersvorsorge   Rom I 7 Rn 6
- Direktklage   Rom I 7 Rn 7
- Eingriffsnormen   Rom I 7 Rn 79
- EWR-Mitgliedstaaten   Rom I 7 Rn 28 f
- Forderungsübergang   Rom I 7 Rn 7
- Mitgliedstaatsbegriff   Rom I 7 Rn 28 f
- ordre public   Rom I 7 Rn 81
- Qualifikation als Rückversicherungsvertrag   Rom I 7 Rn 8 f
- räumlicher Anwendungsbereich   Rom I 7 Rn 10 f
- Rechtswahlgrenzen (Rom I)   Einf Rn 21
- Reform EGBGB, EGVVG   Rom I 7 Rn 3
- Richtlinienkollisionsrecht   Rom I 7 Rn 82
- sachlicher Anwendungsbereich   Rom I 7 Rn 5 ff
- Solvabilität II   Rom I 7 Rn 4
- soziales Versicherungsrecht   Rom I 7 Rn 6
- Versicherungsvereine auf Gegenseitigkeit   Rom I 7 Rn 6
- vorherige Rechtslage   Rom I 7 Rn 1
- vorvertragliche Haftung   Rom I 7 Rn 7

Versorgungsausgleich   Rom III 1 Rn 113 ff

Versteigerungen   Rom I 4 Rn 49 ff
- Begriff   Rom I 4 Rn 50
- Internetauktionen   Rom I 4 Rn 51, 75, 116 f

Versteinerungsklauseln, Rechtswahl
Rom I 3 Rn 24 ff

Verträge über dingliche Rechte   Rom I 4 Rn 35 ff, 77

Verträge über geistiges Eigentum
- Know-how-Verträge   Rom I 4 Rn 168
- Lizenzverträge   Rom I 4 Rn 167
- Technologietransferverträge   Rom I 4 Rn 168
- Urheberrechtsverträge   Rom I 4 Rn 166
- Verlagsverträge   Rom I 4 Rn 165

Verträge zwischen Gesellschaftern
Rom I 4 Rn 164

Vertragliches Schuldverhältnis   Rom I 1 Rn 5 ff
- Ansprüche aus Gemeinschaftsverhältnissen   Rom II 1 Rn 4

- Direktanspruch in Mehrpersonenverhältnissen Rom II 1 Rn 4
- einseitige Rechtsgeschäfte Rom II 1 Rn 4
- Gewinnmitteilung Rom II 1 Rn 4
- Lieferkette Rom II 1 Rn 4
- Vertrag mit Schutzwirkung zugunsten Dritter Rom II 1 Rn 4

Vertrag mit Schutzwirkung zugunsten Dritter
- Einordnung als vertraglich Rom II 1 Rn 4
- sachliche Anwendbarkeit (Rom II) Einf Rn 30

Vertragsaufhebung Rom I 12 Rn 21, 27, 29

Vertragshändlerverträge Rom I 4 Rn 47, 121 f

Vertragsnichtigkeit *siehe auch* Nichtigkeitsfolgen
- culpa in contrahendo Rom II 12 Rn 30, 60
- Geschäftsführung ohne Auftrag Rom II 11 Rn 10
- ungerechtfertigte Bereicherung Rom II 10 Rn 10

Vertragsspaltung, objektive Rom I 4 Rn 3

Vertragsstatut *siehe auch* Wirksamkeit des Vertrags; Zustandekommen des Vertrags
- einheitliches Rom I 12 Rn 2 f
- objektive Anknüpfung Rom I 4 Rn 1 ff; *siehe auch* Objektive Anknüpfung (Rom I)
- Reichweite Rom I 12 Rn 2

Vertragsstrafen Rom I 12 Rn 22

Vertragsübernahme, Anknüpfung Rom I 14 Rn 30

Vertragsverhandlungen, unberechtigter Abbruch Rom II 12 Rn 25 f

Vertragsverletzung *siehe* Nichterfüllung

Vertrag zugunsten Dritter, ungerechtfertigte Bereicherung Rom II 10 Rn 23

Vertretung *siehe* Stellvertretung

Vertriebsverträge Rom I 4 Rn 46 ff, 121 f

Verwahrung Rom I 4 Rn 127

Verweisungsvertrag Rom I 3 Rn 45

Verwirkung Rom I 12 Rn 34; Rom II 15 Rn 26

Verzicht Rom II 15 Rn 27

Verzichtsklauseln, Arbeitskampf Rom II 9 Rn 80 f

Verzug Rom I 12 Rn 20

Verzugszinsen Rom I 12 Rn 23

Visby-Regeln Rom I 5 Rn 31

Völkerrechtliche Übereinkommen
- Verhältnis zu Rom I Rom I 25 Rn 1 ff
- Verhältnis zu Rom I, Verzeichnis Rom I 26 Rn 1 ff
- Verhältnis zu Rom II Rom II 28 Rn 1 ff
- Verhältnis zu Rom II, Verzeichnis Rom II 29 Rn 1 f
- Verhältnis zu Rom III Rom III 19 Rn 1 ff
- Verhältnis zu Rom III, teilnehmende Mitgliedstaaten Rom III 19 Rn 8
- Verhältnis zu Rom III, Vorrang bestehender Übereinkommen Rom III 19 Rn 4

Vollmachtstatut *siehe* Stellvertretung

Vollstreckung ausländischer Entscheidungen *siehe* Anerkennung und Vollstreckung ausländischer Entscheidungen

Vollstreckungstitel, europäischer Einf Rn 55

Vorausabtretung Rom I 14 Rn 6, 13, 17

Vorauszahlungsklausel, Direktanspruch gegen Versicherer Rom II 18 Rn 25

Vorbehaltsklausel *siehe* Ordre public

Vorbeugender Rechtsschutz Rom II 2 Rn 3 ff

Vorfrage
- Arbeitskampfmaßahme Rom II 9 Rn 39
- außervertragliches Schuldverhältnis Rom II 15 Rn 3
- Ehe Rom III Vor 1 Rn 67 ff, 1 Rn 14 ff, 13 Rn 46
- erbrechtlich Rom II 1 Rn 40
- güterrechtlich Rom II 1 Rn 40
- Immaterialgüterrechte Rom II 8 Rn 40
- sachenrechtlich Rom II 1 Rn 6
- Unterhaltspflichtverletzung für Scheidung Rom III 1 Rn 47

Vorvertragliches Schuldverhältnis *siehe* Culpa in contrahendo

WA *siehe* Warschauer Abkommen

Wahlgerichtsstand *siehe* Gerichtsstandsvereinbarung

Wahrung des öffentlichen Interesses, Eingriffsnormen (Rom I) Rom I 9 Rn 18 ff

Wallis-Report, Arbeitskampf Rom II 9 Rn 4

Warschauer Abkommen Rom I 5 Rn 30, 43

Wechselrecht, internationales Rom I 1 Rn 31 ff, 4 Rn 14
- Form Rom I 1 Rn 36 ff
- internationales Einheitsrecht Rom I 1 Rn 29, 31
- Rechtswahl Rom I 1 Rn 43
- renvoi Rom I 1 Rn 32, 34
- Sonderanknüpfungen Rom I 1 Rn 44
- Wechselfähigkeit Rom I 1 Rn 33 ff
- Wirkungen der Wechselerklärung Rom I 1 Rn 40 ff

Weiterverweisung *siehe* Renvoi

Weltraumdelikte Rom II 4 Rn 69, 109

Werklieferungsverträge Rom I 4 Rn 99

Werkverträge Rom I 4 Rn 138 ff

Wertpapiere Rom I 1 Rn 56 ff
- Begriff Rom I 1 Rn 42
- Handelbarkeit Rom II 1 Rn 43
- Reichweite des Vertragsstatuts Rom II 1 Rn 41

- Schuldverhältnis   Rom II 1 Rn 41 ff
- Verbraucherverträge   Rom I 6 Rn 45
- Wertpapierrechtsstatut   Rom I 1 Rn 57
- Wertpapiersachstatut   Rom I 1 Rn 58

Wette   Rom I 4 Rn 160 f

Wettlauf vor Gericht, Scheidungsanträge
Rom III 5 Rn 7

Widerruf   Rom I 10 Rn 18, 29, 37, 12 Rn 36

Willensmängel   Rom I 10 Rn 17, 29

Wirksamkeit des Vertrags   Rom I 10 Rn 10, 16 ff

Wirtschaftsprüfer   Rom I 4 Rn 31

Zedent und Zessionar, Verhältnis   Rom I 14 Rn 3, 9 ff
- Abtretung   Rom I 14 Rn 12
- Abtretungsanzeige   Rom I 14 Rn 12
- Anfechtbarkeit der Abtretung   Rom I 14 Rn 12
- Art und Weise der Abtretung   Rom I 14 Rn 12
- Bestimmtheit des Zessionsgegenstandes
   Rom I 14 Rn 13
- dingliche Aspekte   Rom I 14 Rn 9
- Einzugsermächtigung   Rom I 14 Rn 13
- gutgläubiger Erwerb   Rom I 14 Rn 12
- Inhaberschaft der abzutretenden Forderung
   Rom I 14 Rn 12
- Kausalverhältnis   Rom I 14 Rn 11
- Nichtigkeit der Abtretung   Rom I 14 Rn 12
- Registrierung der Abtretung   Rom I 14 Rn 12
- Sicherungsabtretung   Rom I 14 Rn 13

- Teilrechtswahl   Rom I 14 Rn 14
- Verhältnis, Begriff   Rom I 14 Rn 9
- Vorausabtretung   Rom I 14 Rn 13

Zessionsgrundstatut   Rom I 15 Rn 1, 5 ff
- mehrfache Haftung   Rom I 16 Rn 1

Zessionsverbot   siehe Abtretungsverbot

Zivil- und Handelssachen   Rom I 1 Rn 13 ff; Rom II 1 Rn 11 ff

Zurückbehaltungsrechte   Rom I 12 Rn 21

Zustandekommen des Vertrags
Rom I 10 Rn 10 ff, 23 ff

Zuständigkeit, internationale (Verbrauchersachen)   Rom I 6 Rn 74 ff

Zustellung ausländischer Schriftstücke
Einf Rn 44 ff
- Annahmeverweigerung   Einf Rn 45 ff
- Belehrungspflicht   Einf Rn 46
- Einschreiben und Rückschein   Einf Rn 49
- fremdsprachige Schriftstücke   Einf Rn 45 ff
- Schriftstück, Begriff   Einf Rn 48
- Zustellungsweg   Einf Rn 49

Zwingende Arbeitnehmerschutzbestimmungen des objektiven Vertragsstatuts
Rom I 8 Rn 15 ff
- Begriff   Rom I 8 Rn 15 f
- Verhältnis zu Art. 3 Abs. 3 und 4 Rom I
   Rom I 8 Rn 17
- Verhältnis zu Art. 9 Rom I   Rom I 8 Rn 18